八閩文庫

文獻集成 201

福建文獻集成

續編

目録 經部一

吳格 主編

海峽出版發行集團
THE STRAITS PUBLISHING & DISTRIBUTING GROUP
福建人民出版社

八閩文庫編纂委員會

福建文獻集成續編

主　編　吴　格

副主編　林振岳

編　委

龍向洋　眭　駿　王　亮　季忠平　欒　怡　秦　穎　郭秀梅

參　編

袁　靜　劉　堯　嚴天月　張曦文　馬步青　龐　琨　吴佳良

王曉晨　郝雪麗　盧義愷

八閩文庫總序

葛兆光　張　帆

一

在傳統中國的文化史上，福建算是後來居上的區域。經歷了東晉、中唐、南宋幾次大移民潮，浙、閩之間的仙霞嶺，早已不是分隔内外的屏障，而成了溝通南北的通道。歷史使得福建越來越融入華夏文明之中，唐宋兩代，特别是在「背海立國」的宋代，東南的經濟發達，海洋的地位凸顯，福建逐漸從被文明中心影響的邊緣地帶，成爲反向影響全國文明的重要區域。在七世紀的初唐，詩人駱賓王曾説「龍章徒表越，閩俗本殊華」（駱臨海集箋注卷二晚憩田家，陳熙晉箋注，上海古籍出版社一九八五年，第三六頁），前一句説的是華夏的衣冠對斷髮文身的越人没有用，後一句説的是閩地的風俗本來就與華夏不同，意思都是瞧不起東南。但是，到了十五世紀的明代中期，黄仲昭在弘治八閩通志序裏卻説，八閩雖爲東南僻壤，但自唐以來文化漸盛，「至宋，大儒君子接踵而出」，實際上它的文明程度，已經「可以不愧於鄒魯」（四庫全書存目叢書史部一七七册，齊魯書社一九九六年，第三六四頁）。

的確，自從福建在唐代出了第一個進士薛令之，而且晉江有歐陽詹，福清有王棨，莆田有徐夤、黄滔這些傑出人物之後，到了更加倚重南方的宋代，福建出現了蔡襄（一〇一二—一〇六七）、陳襄（一〇一七—一〇八〇）、游酢（一〇五三—一一二三）、楊時（一〇五三—一一三五）、鄭樵（一一〇四—一一六二）、林光朝（一一一四—一一七八）、朱熹（一一三〇—一二〇〇）、蔡元定（一一三五—一一九八）、陳淳（一一五九—一二二三）、真德秀（一一七八—一二三五）等一大批著名文人士大夫。這些出身福建或流寓福建的士人學者，大大繁榮和提升了這裏的文化，甚至使得整個中國的文化重心逐漸南移，也許，就像程顥説的那樣「吾道南矣」（宋史卷四二八道學楊時傳，中華書局一九七七年，第一二七三八頁）。也就是説宋代之後，原本偏在東南的福建，逐漸成了中國重要的文化區域。

不過，習慣於中原中心的學者，當時也許還有偏見。以來自中心的偏見視東南一隅的福建，那時福建似乎還是「邊緣」。雖然人們早已承認福建「歷宋逮今，風氣日開」（黄虞稷閩小紀序，撰於康熙五年，續修四庫全書史部七三四册，上海古籍出版社二〇〇二年，第一二七頁），但有的中原士人還覺得福建「僻在邊地」。像北宋樂史的太平寰宇記，一面承認「此州（福州）之才子登科者甚衆」，一面仍沿襲秦漢舊説，稱閩地之人「皆蛇種」，並引十道志説福建「嗜欲、衣服，别是一方」（樂史太平寰宇記卷一〇〇江南東道一二，中華書局二〇〇七年，第一九九一頁）。所以，歷史上某些關於福建歷史、文化和風俗的著作，似乎還在以中原或者江南的眼光，特别留心福建地區與核心區域不同的特異之處，筆下一面凸顯異域風情，一面鄙夷南蠻鴂舌。但是從大的方面説，我們看到宋代以降，實際上福建與中原的精英文化越來越趨向同一，正如宋人祝穆方輿勝覽所説，「海濱幾及洙泗，百里三狀元」，前一句裏所謂「洙泗」即孔子故鄉，這是説福建沿海文風鼎盛，幾乎趕得上孔子故里；後一句裏「三狀元」是指南宋乾道年間福建登第的三個狀元，即乾道二年（一一六六）的蕭國梁、乾道五年的鄭僑和乾道八年的黄定，他們都是福建永福（今永泰）這個地方的人（祝穆新編方輿勝覽卷一〇，施和金點校，中華書局二〇〇三年，第一六三頁）。

文化漸漸發達，書籍或者文獻也就越來越多，福建文獻的撰寫者中不僅有本地人，也有流寓或任職於閩中的外地人。日積月累，這些文獻記録了這個多山臨海區域千年的文化變遷史，而八閩文庫的編纂，正是把這些文獻精選並彙集起來，爲現代人留下唐宋以來有關福建的歷史記憶。

二

福建鄉邦文獻數量龐大，用一個常見的成語説，就是「汗牛充棟」。那麼多的文獻，任何歸類或叙述都不免挂一漏萬。不過，我們這裏試圖從區域文化史的角度，談一談福建文獻或書籍史的某些特徵。

毫無疑問，中國各個區域都有文獻與書籍，秦漢之後也都大體上呈現出華夏同一思想文化的底色，但各區域畢竟有其地方特色。如果我們回溯思想文化的歷史，那麼，唐宋之後福建似乎也有一些特點。恰恰因爲是後來居上的文化區域，所以福建積累的傳統包袱不重，常常會出現一些越出常軌的新思想、新精神和新知識。這使得不少代表新思想、新精神和新知識的人物與文獻，往往先誕生在福建。衆所周知的方面之一，就是宋代儒家思想的變遷。應當説，宋代的理學或者道學，最初乃是一種批判性的新思潮，一些儒家士大夫試圖以屬於文化的「道理」鉗制屬於政治的「權力」，所以，極力强調「天理」的絶對崇高，人們往往稱之爲道學或理學，也根據學者的出身地叫作「濂洛關閩之學」。其中，「閩」雖然排在最後，卻應當説是宋代新儒學的高峰所在，以至於後人乾脆省去濂溪和關中，直接以「洛閩」稱之（如清代張夏雒閩源流録），以凸顯道學正宗，恰在洛陽的二程與福建的朱熹，而道學最終水到渠成，也正是在福建。因爲宋代道學集大成的代表人物朱熹，雖然祖籍婺源，卻出生在福建，而且相當長時間在福建生活。他的學術前輩或精神源頭，號稱「南劍三先生」的楊時、羅從彦（一〇七二—一一三五）、李侗（一〇九三—一一六三），也都是南劍州即今福建南平一帶人，他的提攜者之一陳俊卿（一一一三—一一八六），則是興化軍即今莆田人，而他的最重要的弟子黄榦（一一五二—一二二一）是閩縣（今福州）人、陳淳是龍溪（今龍海）人。

正是在這批大學者推動下，福建逐漸成爲圖書文獻之邦。慶元元年（一一九五），朱熹在福州州學經史閣記中曾經説，一個叫常濬孫的儒家學者，在福州地方軍政長官詹體仁、趙像之、許知新等資助下，修建了福州府學用來藏書的經史閣，即「開之以古人斆學之意，而後爲之儲書，以博其問辨之趣」（朱文公文集卷八〇，朱子全書第二四册，上海古籍出版社、安徽教育出版社二〇一〇年，第三八一四頁）。宋代之後，經由近千年的日積月累，我們看到福建歷史上出現了相當多的儒家論著，也陸續出現了有關儒家思想的普及讀物。大家可以從八閩文庫中看到，這裏收録的不僅有朱熹、真德秀、陳淳的著述，也有明清學者詮釋理學思想之作，像明人李廷機性理要選、清人雷鋐雷翠庭先生自恥録等等，應當説，這些論著構成了一個歷經宋元明清近千年的福建儒家文化史。

三

説到福建地區率先出現的新思想、新精神和新知識，當然不應僅限於儒家或理學一系。更應當記住的是，從宋代以來，中國政治、經濟和文化的重心，逐漸從西北轉向東南，一方面由於中原文化南下，被本地文化激蕩出此地異端的思想，另一方面海洋文明東來，同樣刺激出東南濱海的一些更新的知識。

我們注意到，在福建文獻或書籍史上，呈現了不少過去未曾有的新思想、新精神和新知識。比如唐宋之間，福建不僅出現過譚峭（生卒年不詳）化書這樣的道教著作，也出現過像百丈懷海（約七二〇—

八一四）、溈山靈佑（七七一—八五三）、雪峰義存（八二二—九〇八）那樣充滿批判性的禪僧，還出現過禪宗史上撰於泉州的最重要禪史著作祖堂集。又如明代中後期，那個驚世駭俗而特立獨行的李贄（一五二七—一六〇二），有人說他的獨特思想，就是因爲他生在各種宗教交匯融合的泉州，傳說他曾受到伊斯蘭教之影響，當然更因爲有佛教與心學的刺激，使他成了晚明傳統思想世界的反叛者。而另一個莆田人林兆恩（一五一七—一五九八），則是乾脆開創了三一教，提倡「三教合一」，也同樣成爲正統的政治意識形態的挑戰者。再如明清時期，歐洲天主教傳教士「梯航九萬里」，也把天主教傳入福建，特別是明末著名傳教士艾儒略（一五八二—一六四九）應葉向高（一五五九—一六二七）之邀來閩傳教二十五年，從而福建才會有「三山論學」這樣的思想史事件，也産生了三山論學記這樣的文獻，無論是葉向高，還是謝肇淛，這些思想開明的福建士大夫，多多少少都受到外來思想的刺激。最後需要特别提及的是，由於宋元以來，福建成爲向東海與南海交通的起點，所以，各種有關海外的新知識，似乎都與福建相關，宋代趙汝适撰寫諸蕃志的機緣，是他在泉州市舶司任職；元代汪大淵撰寫島夷志略的原因，也是他從泉州兩度出海。由於此後福州成爲面向琉球的接待之地，泉州成爲南下西洋的航線起點，因而福建更出現了像張燮東西洋考、吴朴渡海方程、葉向高四夷考、王大海海島逸志等有關海外新知的文獻，這一有關海外新知的知識史，一直延續到著名的林則徐四洲志。老話説「草蛇灰線，伏脈千里」，歷史總有其連續處，由於近世福建成爲中國的海外貿易和海上交通的中心，所以，這裏會成爲有關海外新知識最重要的生産地，這才能讓我們深切理解，何以到了晚清，福建會率先出現沈葆楨開辦面向現代的船政學堂，出現嚴復通過翻譯引入的西方新思潮。

甚至還可以一提的是，近年來福建霞浦發現了轟動一時的摩尼教文書，這些深藏在道教科儀抄本中的摩尼教資料，説明唐宋元明清以來，福建思想、文化和宗教在構成與傳播方面的複雜性和多元性。所以，在八閩文庫中，不僅收録了譚峭化書，李贄焚書續焚書、藏書續藏書，林兆恩林子會編等富有挑戰性的文獻，也收録了張燮東西洋考、趙新續琉球國志略等關係海外知識的著作，讓我們看到唐宋以來，福建歷史上新思想、新精神和新知識的潮起潮落。

四

在八閩文庫收録的大量文獻中，除了福建的思想文化與宗教之外，也留存了有關福建政治、文學和藝術的歷史。如果我們看明人鄧原岳編閩中正聲、清人鄭杰編全閩詩録收録的福建歷代詩歌，看清人馮登府編閩中金石志、葉大莊編閩中石刻記、陳棨仁編閩中金石略中收録的福建各地石刻，看清人黄錫蕃編閩中書畫録中收録的唐宋以來福建書畫，那麼，我們完全可以同意歷史上福建的後來居上。這正如陳衍（一八五六—一九三七）在閩詩録的序文中所説「余維文教之開，吾閩最晚，至唐始有詩人，至唐末五代中土詩人時有流寓入閩者，詩教乃漸昌，至宋而日益盛」（續修四庫全書集部一六八七册，第四一一頁）。可見，宋史地理志五所説福建人「多向學，喜講誦，好爲文辭，登科第者尤多」，「今雖閭閻賤品處力役之際，吟詠不輟」（杜佑通典州郡十二），真是一點兒不假。

清代學者朱彝尊（一六二九—一七〇九）曾説「閩中多藏書家」（曝書亭集卷四四淳熙三山志跋，四部叢刊初編集部二七九册，上海書店一九八九年，第六〇一頁）。千年以來的人文日盛，使得現存的福建傳統鄉邦文獻，經史子集四部之書都很豐富，翻檢八閩文庫，就可以感覺到這一點，這裏不必一一叙説。需要特別指出的是，福建歷史上不僅有衆多的文獻留存，也是各種書籍刊刻與發售的中心之一。福建多山，林木蔥蘢，具備造紙與刻書的有利條件，從宋元時代起，福建就成爲中國書籍出版的中心之一。宋元時代福建的所謂「建本」或「麻沙本」曾經「幾遍天下」（葉夢得石林燕語卷八，侯忠義點校，中華書局一九八四年，第一一六頁），更有所謂「麻沙、崇安兩坊産書，號稱『圖書之府』」的説法（新編方輿勝覽卷一一，第一八一頁）。版本學家也許將它與蜀本、浙本對比，覺得它並不精緻，但是，從書籍流通與文化貿易的角度看，正是這些廉價圖書，使得很多文化知識迅速傳向中國四方，也深入了社會下層。淳熙六年（一一七九），朱熹在建寧府建陽縣學藏書記中曾説到，「建陽版本書籍行四方，無遠不至」，可當時嘉禾縣學居然藏書很少，「學於縣之學者，乃以無書可讀爲恨」，於是一個叫姚耆寅的知縣，就「鬻書於市，上自六經，下及訓傳、史記、子、集，凡若干卷以充入之」。當地刊刻的書籍，豐富了當地學者的知識，也增加了當地文獻的積累，甚至扭轉了當地僅僅重視「世儒所誦科舉之業」的風氣（朱文公文集卷七八，朱子全書第二四册，第三七四五頁），這就是一例。到了清代，汀州府成爲又一個書籍刊刻基地，近年特别受到中外學者注意的四堡，就是一個圖書出版和發行中心，文獻記載這裏「以書版爲産業，刷就發販，幾半天下」（咸豐長汀縣志卷三一物産）。所以，美國學者包筠雅（Cynthia J.Brokaw）文化貿易：清代至民國時期四堡的書籍交易（劉永華、饒佳榮等譯，北京大學出版社二〇一五年）就深入研究了這個位於汀州府長汀、清流、寧化、連城四縣交界地區的客家聚集區的書籍事業，繼承宋元時代建陽地區（如麻沙）刻書業，這裏再一次出現中國書籍出版史上佔據重要位置的福建書商群體。

可以順便提及的是，福建刻書業也傳至海外。福建莆田人俞良甫，元末到日本，由九州的博多上岸，寓居在京都附近的嵯峨，由他刻印的書籍被稱爲「博多版」。據説，俞氏一面協助京都五山之天龍寺雕印典籍，一面自己刻印各種圖書，由於所刊雕書籍在日本多爲精品，所以被日本學者稱爲「俞良甫版」。

從建陽到汀州，福建不僅刊刻了精英文化中的儒家九經三傳、諸子百家以及文選、文獻通考、賈誼新書、唐律疏議之類的典籍，也刊刻了很多大衆文化讀本，諸如西廂記、花鳥争奇和話本小説。特别在明清兩代書籍流行的趨勢和作爲商品的書籍市場的影響下，蒙學、文範、詩選等教育讀物，風水、星相、類書等實用讀物，小説、戲曲等文藝讀物，在福建大量刊刻。如果我們不是從版本學家的角度，而是從區域文化史的角度去看，這種「易成而速售」（石林燕語卷八，第一一六頁）的書籍生産方式，使得各種文獻從福建走向全國甚至海外，特别是這些既有精英的、經典的，也有普及的、實用的各種知識的傳播，是否正是使得華夏文明逐漸趨向各地同一，同時也日益滲透到上下日常生活世界的一個重要因素呢？

五

八閩文庫的編纂，當然是爲福建保存鄉邦文獻，前面我們説到，保存鄉邦文獻，就是爲了留住歷史記憶。這次編纂的八閩文庫，擬分爲三個部分。第一部分是「文獻集成」，計劃選擇與收録唐宋以來直到晚清民初的閩人各種著述，以及有關福建的文獻，共一千餘種，這部分採取影印方式，以保存文獻原貌。這是八閩文庫的基礎部分，按傳統的經史子集四部分類，這是爲了便於呈現傳統時代福建書籍面貌，因而數量最多；第二部分是「要籍選刊」，精選一百三十餘種最具代表性的閩人著述及相關文獻，以深度整理的方式點校出版，不僅爲了呈現歷代福建文獻中的精華，也爲了便於一般讀者閲讀；第三部分則爲「專題彙編」，初步擬定若干類，除了文獻總目之外，還將包括書目提要、碑傳集、宗教碑銘、官員奏折、契約文書、科舉文獻、名人尺牘、古地圖等，我們認爲，這是以現代觀念重新彙集與整理歷史資料的一個新方式，它將無法納入傳統的四部分類，卻是對理解福建文化與歷史至關重要的文獻，進行整理彙集，必將爲研究與理解福建，提供更多更系統的資料。

經歷幾年討論與幾年籌備，八閩文庫即將從二〇二〇年起陸續出版，力爭用十年時間，經過一番努力，打下一個比較完備的福建文獻的基礎。

當然，不能說八閩文庫編纂過後，對於福建文獻的發掘與整理就已完成。八閩文庫僅僅是我們這一兩代人的工作，還有更多或更深入的工作，在等待著未來的幾代人去努力。無論從舊材料中發現新問題，還是以新眼光發現新材料，都是建立在前人的基礎上，而又對前人的工作不斷修正完善的過程。還是朱熹寫給陸九齡的那句廣爲流傳的老話：「舊學商量加邃密，新知培養轉深沉。」用舊的傳統融會新的觀念，整理這些縱貫千年的歷史文獻，也就無論「人間有古今」了。

福建文獻集成續編前言

吴格　林振岳

福建地方文獻集成之編纂宗旨，已見於福建文獻集成初編出版前言（二〇二〇）。福建文獻集成續編（以下簡稱續編）延續前編，自二〇二二年以來，搜羅底本，精心審核，組織同行，分撰解題，工作有序而推進甚速。值兹編纂將竟，對續編工作略加説明。

續編凡兩百册，分經史子集四部，收録文獻都二百一十六種，其中經部三十二種、史部五十六種、子部三十七種、集部九十一種。續編沿襲前編之理念，其文獻收録及整理特色如下：

一、續編彙輯閩人著述，廣徵博採，所獲甚豐。所收文獻自以閩人著述爲主，其著者雖非閩人而撰作與閩地關係密切者，亦踵事增華，酌收若干。所收著作溯自宋代，至於民國，包括宋人著述十七種，元人四種，明人六十九種，清人一百十二種，民國十四種。宋人如柳永、陳襄、吕惠卿、陳祥道，明人如謝肇淛、世，現偏檢各家館藏，再事搜討，仍獲其稀見品種及版本加以影印。

徐㶚、黄道周，清人如李光地、陳壽祺、梁章鉅、謝章鋌，近人如林紓、江瀚、何振岱等，其著述雖多經傳

試以清長樂梁章鉅著述爲例，梁氏著述宏富，存世七十餘種，其刊行者固已甚多，所遺未刊稿抄本猶復不少。其如論語旁證、倉頡篇校證、三國志旁證、樞垣紀略、浪跡叢談續談三談、歸田瑣記、退庵隨筆、楹聯叢話續話、退庵詩存、退庵文存、文選旁證、制義叢話等，近年已經續修四庫全書、四庫未收書輯刊、清代詩文集彙編等大型叢書影印，而未經發掘者遺珠猶存。福建文獻集成初編已收入其刻本夏小正通釋（有佚名批校），抄本國朝臣工言行記，稿本稱謂録、文選旁證、乾嘉全閩詩傳等，續編繼續搜討，又收入梁氏退庵自訂年譜、武夷遊記武夷遊草、退庵題跋、長樂詩話、閩川詩話等多種。其中退庵自訂年譜，通行者皆清光緒間刻本（如北京圖書館藏珍本年譜叢刊、乾嘉名儒年譜所影印），乃梁氏道光二十四年所撰。此外又有退庵居士自敘年譜，撰於道光二十八年，後由其子梁恭辰補至次年（傳主卒年）。以上兩種皆行年簡譜，文字約略，今續編所影印抄本，乃道光十五年梁氏六十一歲時所訂，體例類似長編，内容較刻本爲詳。又梁氏武夷遊記、武夷遊草各一卷，流傳稀見（販書偶記續編所録同治十二年抄本下落不明），清華大學圖書館藏有「清抄稿本」，經目驗實爲擬刊而未刻之寫樣稿本，彌足珍貴，爰據以影印。退庵題跋稿本，存有梁氏親筆訂改。長樂詩話，據自訂年譜撰於嘉慶十一年，梁氏歸田瑣記卷六已刻未刻書目稱「未刻」，前知上海圖書館、中國科學院圖書館各藏有抄本，現乃據南開大學圖書館藏稿本影印。閩川詩話亦梁氏未刊著述，今

則據湖北省博物館藏清賭棋山莊抄本影印。以上數種梁氏遺著，皆首次影印，書緣正復不淺。

二、續編彙輯閩人著述，講究底本選擇，尤重稿抄校本。所收諸書版本，刻本計一百種（其中金刻本一種、元刻本一種、明刻本五十三種、清刻本四十三種、民國刻本二種），明、清活字本計二種，稿抄本計一百十四種（其中稿本四十八種，抄本六十六種，包括影宋、元抄本三種，明清以來抄本六十二種，日本江户間抄本一種）。稿抄校本數量超過刻本，既見訪書調查之深入，又反映存世文獻徵集之新趨向。稿抄校本歷來爲學者所重，蓋因稿本原自稀缺，抄本乃文獻流傳之最初形態。名家著述既經刊刻，後人取其稿本、抄本比勘，或可觀作者修改痕跡，或可窺流傳脉絡。續編爲地方文獻總彙，選書非僅重視文本差異，更因鄉賢手澤所存，尤懷恭敬之心。續編於稿抄本收録既不遺餘力，於鑑别處理又持謹慎態度，選録之書，多有可取之處，其例不勝枚舉：

清閩縣葉大莊再作禮記舊音考，初稿即以籤條黏貼於喪服經傳補疏紅印本上，此係特殊形式之稿本，並非絶無僅有。原以喪服經傳補疏著録，其實與補疏並非同書。編者目驗原本，辨其疑似，遂據卷首題名重訂書名，並加彩色影印，以便分别主次。他如丁震閩中石刻初編稿本，著録閩地歷代石刻，比肩馮登府金石志、陳棨仁金石略等專著，可增益閩中金石著録。又如近人長汀江瀚著作豐富，既有未經刊行者，亦有已刊而仍罕傳者，續編收集公私所藏，採入江氏詩經四家異文攷補、學海堂經解書目提要、孔學發微、石翁山房札記、慎所立齋文集詩集等著述多種。又清閩縣林春溥探稽古史，用力頗深，因長於考事繫年，所撰年表之作甚多，自成體系，於閩人著述中别具一格，惜多未刊行。續編不遺巨細，特收録其歷代年號分韻、竹書紀年六國年表、開闢至春秋年表、古帝王年疑等稿本四種。再如民國學人郭則澐知寒軒談薈，頗饒掌故，僅有油印本行世。續編訪得上海圖書館所藏郭氏稿本（附有張伯駒等題跋），遂取以影印。

續編所收抄本中，亦多稀見文獻。如北京大學圖書館藏民國間抄本古田縣教案紀實草，乃清末親歷其事者秦炳直追記於民國二十二年，實録可寶。清華大學圖書館藏清光緒間抄本製造無煙火藥案，係據光緒二十九年福建政府公文録副之本，乃清末閩中軍工業生産史料。而上海圖書館藏明抄本王皆山先生白雲樵唱集、影宋抄本拙齋文集、南京圖書館藏清抄本重廣陳用之真本入經論語全解義，乃清修四庫全書所用底本或進呈本。

三、續編彙輯閩人著述，注意避免無謂重複。續編書目調查之初，不僅鋭意檢索各地圖書館藏書目録，又注意據近年已出版之影印本叢書比對查重，凡遇已經相關叢書影印者，則盡量避免重複，不盲目求全，以節省資源。反之，部分珍貴文獻雖經影印，或因流傳其實未廣，或因影印效果未佳，則又不惜工本，重新攝製原件，爲提升質量而再加影印。如厦門大學圖書館藏豐州集、晉江黄尚書公全集兩稿本，雖已收入中國稀見史料第二輯（黑白印），然豐州集稿本中多批改之跡，晉江黄尚書公全集則因蟲蛀多孔，造成字跡重疊，筆畫難辨，此次代之以彩印，俾便呈現原本面貌。

四、續編彙輯閩人著述，重視引歸海外遺存文獻。續編收入日藏稀見閩人著述四十二種，内多海内外孤本，或國內雖藏而日藏本更勝一籌者。如所收日本宮內廳書陵部藏元刻本周易本義附録集註、明萬曆間刻本閩都記（孤本），日本靜嘉堂文庫藏明小草齋影宋抄本演山先生文集、明影元抄本鶴田蔣先生文集，日本内閣文庫藏本三十八種（内含明集十六種、清集二種），書品良好，名目稀見，均屬可遇而不可求之佳書。

茲以集部舉例，續編所收明侯官曹學佺石倉全集一百八卷，鴻篇巨製，陸續刻成，國內各家藏本多不全，配補不易，而日本内閣文庫所藏乃最全之本。明許友米友堂集，中國國家圖書館藏清初刻本二卷，然猶非完本，而日本内閣文庫所藏清初刻本米友堂詩集七卷文集一卷雜著四卷，實爲所見最全之本，故特據以影印。明建安楊應詔天游山人集二十卷，中國國家圖書館藏明刻本不全（僅存卷十至十三）。該本北京圖書館古籍珍本叢刊、明別集叢刊曾兩度影印。續編影印，底本係訪自日本内閣文庫之全帙。明閩縣林烴覆瓿草，四庫全書總目收入存目，浙江省第四次汪汝瑮家呈送書目著録「覆瓿草六卷，明林烴著，二本」，可知清修四庫全書時館臣尚見其本，而今國內僅見上海圖書館藏抄本（上圖另藏林烴文稿明抄本，已印入福建文獻集成初編），續編今據日本内閣文庫藏明萬曆間刻本影印。又閩縣林懋和櫟寄集，明萬曆十七年刻本，僅見日本尊經閣文庫、内閣文庫收藏，今據内閣文庫藏本影印。

其餘如明林瀚重刊林文安公詩集，林魁歸田雜録，林春澤人瑞翁詩集，鄧原岳碧雞集，陳鴻秋室編，王宇烏衣集、亦園文略詩略，鄭邦泰蓼園集，林銓林六長詩等，清高兆遺安草堂詩，曾沂潛園詩等，皆屬閩人詩文集之海内外孤本，流佈有待，茲經影印出版，化身千百，不僅爲閩中文獻增重，亦堪稱引歸海外遺籍之實績。

續編收録日本所藏閩人集部文獻以外，收入經部之周易占林（明活字本）、詩經宗義（明刻本），亦國内未見之藏本；慧眼山房説書二十卷（明刻本），國内僅漳州市圖書館藏有殘本（存卷七至八、十九至二十），而内閣文庫藏有全帙。收入史部之野紀矇搜（明刻本），僅見日本尊經閣文庫、内閣文庫有著録，民國間傳增湘曾至内閣文庫查閲其書；明季遂志録（清刻本）爲清代禁燬之書，亦傳本罕見。收入子部之岱陽答問（明萬曆間刻本）、恭敬大訓（明萬曆間刻本），雖清初曾經千頃堂書目著録，現亦未見國内收藏信息。凡此，今皆據内閣文庫藏本影印。

五、續編彙輯閩人著述，於影印編排精益求精。近代以來，隨影印技術傳入中國，古籍影印曾爲文獻傳播之重要手段，影響巨大。今隨傳媒技術手段進步，古籍數字化發展日新月異，漸成文獻傳播之新媒介。在此背景下從事古籍影印，選題選目更宜精要切題，技術標準更應精益求精，繼續體現印刷媒介之獨特價值，且啓導古籍數字化之深入。續編選目過程中，放眼古籍數字化整體建設前景，不僅重視對古籍影印書目查重，亦利用海内外各類數字化書目數據庫查重，優先選擇各館尚未數字化之文獻品種。如日本内閣文庫所藏古今人物大觀、明季遂志録、閩中海錯疏、重刊林文安公詩文集、覆瓿草、嘯菴蘭花詠、遺安草堂詩、潛園詩等，既經申請館方允准提供複製件，又因尚無現成電子産品，皆由申請方繳付複製費用後，館方始從事數字化作業，並將逐步發佈數字影像。以此可證，古籍影印實存啓導、推進典籍數字化之作用。

又如方是閒居士小藁，中國國家圖書館藏有六部抄本：清初毛氏汲古閣影元抄本（索書號：一〇八四五）、清初抄本（〇六〇九）、清彭氏知聖道齋抄本（〇一〇六一）、清抄本（〇一〇六二、八四八七、九六三九）。當續編規劃選目時，「中華古籍資源庫」已公佈其中四部，續編乃選擇其中未經數字化之清抄本（九六三九），此本乃黄丕烈舊藏，曾據汲古閣本對校，並有跋語。因黄氏朱筆批校覆蓋底本字跡，爲以最佳效果呈現原本面貌，故採用彩色影印。中國國家圖書館藏清勞權抄校本樂章集，雖已經該館公佈黑白影像，但原書筆畫纖細，影像中小字批註不易分辨，續編此次收入，乃採用彩色影印。因條件所限，部分藏館古籍數字化係由縮微膠卷轉化，讀者利用未能達到理想狀態，故優質之古籍影印，對古籍傳播多有貢獻，仍具發展空間。

古籍影印工作精益求精，又有配補殘缺，梳理錯葉，提供完善文本之效用。目前各館對館藏資源進行數字化作業，遵行忠於原本規則，底本不全或殘缺，仍依原貌複製。古籍影印之技術手段雖舊，百餘年來已形成基本方法，其長處亦有古籍數字化所難以比肩者，如秉持認真態度，利用現有資源，可創造出一紙質新文本，此爲二十世紀以來商務印書館、中華書局影印事業所證明。續編影印古籍時，充分利用海内外各家館藏資源，對已經選定之底本作適當配補，以克服各館藏本不同程度之缺失，呈現該文獻之足本，再利用影印技術創造出新印本。

如明嘉靖三十三年朱勤炏刻本遊梁集，國内僅中國國家圖書館、清華大學圖書館收藏，而兩家皆有殘損，續編影印以中國國家圖書館藏本爲底本，並據清華大學圖書館本作配補。又重慶圖書館藏明嘉靖間刻本鄭文，卷三缺第三十、三十一葉，乃據原北平圖書館舊藏甲庫善本縮微膠卷配補。又刻四書便蒙講述（明刻本），國内僅安徽省圖書館收藏，而日本内閣文庫藏有兩部，續編據以影印之内閣文庫藏本有數葉殘缺，乃據另一部配成完本。凡配補之葉，皆在解題加以説明（若殘損嚴重無法逐一説明，仍簡要説明配補底本來源）。

前人刊刻古籍，偶有葉碼重複或跳碼現象，出現「又葉□」及空白葉碼。破損書經後世修補重裝，亦易産生亂碼。如内閣文庫藏明刻本重刊林文安公詩集，原書卷三第十二葉、卷四第四葉誤訂於卷四之末，林文安公文集後敘則錯訂於卷八第八葉後，卷八第九葉又錯訂於第八葉之前，影印時均據原書葉碼乙正。又該本卷七葉碼有「又五」、「又六」、「又七」、「又八」，原來分别裝訂在第五、六、七、八葉後，實則此四葉内容應相連，今統一調整至卷七第五葉後。如此種種，皆續編影印中對於底本面貌之改善。

六、續編彙輯閩人著述，廣泛利用前賢相關成果。地方文獻之輯集並非始於當代，歷代前賢之成果，皆可爲今人所取資。前人擬編而未成之叢書及資料，尤其未可忽視。民國間人所編莆陽先賢叢書，其書未見刊行。一九六一年，謝國楨曾於中國書店購得該叢書零本數種（見於江浙訪書記）。福建師範大學圖書館所藏明林向哲甌離子集（抄本），即莆陽先賢叢書之一；該館又藏清宋際春緑天偶筆（抄本），似亦源出於該叢書，續編今皆據以影印。又福建省圖書館藏民國間抄本觀我録，所用即版心印有「福建叢書稿本」之專用稿紙。凡此，皆前人所編閩省地方文獻之遺存。

閩省地方文獻遺編外，續編搜討所及，亦利用前人所編叢書、家集之未刊稿抄本。如續編所收之南京圖書館藏宋侯官陳襄易講義（抄本），乃清張金吾編詒經堂續經解孑遺之一（經解迄未刊行，民國間曾爲涵芬樓購得大部，後遭戰火，焚燬殆盡，據涵芬樓燼餘書録，僅存三禮疑義一部，今藏中國國家圖書館）。此外，福建省圖書館藏龔燿孫希靜齋詩一卷詞一卷（稿本），係龔氏家言彙存之一，龔易圖烏石山房簡明書目「龔氏家言」條列龔氏著述，標記已刊、未刊，上書即龔氏家族叢書中未刊稿之一；又中國國家圖書館藏明郭應寵郭汝承集（清抄本）、明郭文祥郭孟履集（清抄本），均爲福清郭氏擬編入郭氏一家言者，亦尚未付刻而遭兵燹，僅此孤本兩種傳世，續編得此，亟付影印。

七、續編彙輯閩人著述，於底本徵集多得私家藏書之助。自公共圖書館事業興起，存世古籍，百川歸海，文獻公藏，久成定勢。然民間私家藏書，仍爲文獻採集利用之重要來源。續編利用之私家藏書，有鵬城王氏寄梅堂藏江瀚學海堂經解書目提要（稿本），福州盧氏揅瀘室藏何振岱我春室尺牘（抄本），武平馮氏望山小舍藏楊億武夷新集（民國間刻校樣本）、蔣玢玉筍堂詩集（清康熙間刻本）及林宗澤平治詩草（抄本）等，皆不見於公藏，孤本流傳，具有較高文獻價值，因加收録。

續編影印出版，多蒙中國國家圖書館、上海圖書館、北京大學圖書館、清華大學圖書館、福建省圖書館、福建師範大學圖書館、湖北省博物館、南京圖書館、南開大學圖書館、寧波天一閣博物院、厦門大學圖書館、重慶圖書館、日本宫内廳書陵部、日本内閣文庫、日本靜嘉堂文庫等公藏機構支持，並承上述福州盧氏㴱漚室、武平馮氏望山小舍、鵬城王氏寄梅堂等私人藏家慨助，衆本羅致，彙爲鉅編。所録諸書，又承各地同好分撰解題，以助導讀。福建人民出版社古籍編輯團隊明達幹練，合作順利。衆擎斯舉，全書以成，付印在即，謹致謝忱。

二〇二四年十月

福建文獻集成續編凡例

一、本編收録宋代以至民國初福建學人以傳統方式撰寫之著述，兼及與福建有關之著述，計二百一十六種，其中刻本一百種，活字本二種，稿本四十八種，抄本六十六種。

一、本編採用傳統四部分類法編次，獨撰或原載於郡邑、氏族類叢書者，均按其子目屬性分類收録。

一、本編收録之文獻，均依規範著録其書名、卷數、撰述者、收藏者等信息。書名多據卷端題名著録（稿抄本書名後人所擬欠妥者酌予改動）。原書卷册殘闕者，均注明實存卷數。稿抄本卷數無考或未分卷者，其篇幅有限者徑稱「一卷」，内容複雜或已分册者著録爲「不分卷」。撰述者爲閩人者，除標明時代外且注其籍貫（依當時之行政區劃）。

一、本編所收諸文獻底本，因各類原因編次存在舛譌者，如有發現，排版時悉予釐正，並在解題中附加説明。

一、本編所收文獻若屬刻本，底本如有殘闕，勉力徵求相同版本者予以配補。

一、本編收録諸本，以單色影印爲主。底本如珍貴屬宋元本者，有朱筆（或多色）批校、圈點者，或因蟲蛀破損等易使字跡滋誤者，酌情採用彩色影印方式。

一、本編收録各書原有浮籤、夾條等，均予保留，並各據版面情況，加以技術處理。

一、本編收録各書原有卷次，均於書眉加以標注；稿抄本卷次未清，或原未分卷者則省略。

一、本編收録各書，書前均附解題，相同撰述者之小傳或有重複，同册中則盡力避讓省略。

福建文獻集成續編目録

經部

第一册

易講義二卷 ［宋］侯官陳襄撰 南京圖書館藏清張氏詒經堂抄本

忘筌書十卷 ［宋］浦城潘殖撰 中國國家圖書館藏清嘉慶十六年刻浦城遺書本

西谿先生易説十二卷序説一卷（序説至卷三）［宋］興化李過撰 南京圖書館藏清抄本

第六册

洪範明義二卷初一卷終一卷（卷下至終卷）［明］漳浦黄道周撰　日本内閣文庫藏明崇禎間刻本

古文尚書條辨五卷　［清］長樂梁上國撰　中國國家圖書館藏清抄本

第七册

詩經宗義八卷　［明］惠安張瑞撰　日本内閣文庫藏明隆慶三年刻本

第八册

詩經治亂始末註疏合抄十四卷（卷一至卷九）［明］閩陳鴻謨撰　北京大學圖書館藏清抄本

第九册

詩經治亂始末註疏合抄十四卷（卷一〇至卷一四）［明］閩陳鴻謨撰　北京大學圖書館藏清抄本

第一〇册

毛詩國風繹一卷　［清］安溪陳遷鶴撰　中國國家圖書館藏清同治十三年木活字本

第一一册

第一二册

第一三册

第一四册

春秋左傳精義五十卷（卷一至卷一〇）　［清］長樂黄一桂輯　［清］長樂黄見三補輯　福建師範大學圖書館藏稿本

第一五册

春秋左傳精義五十卷（卷一一至卷二三）　［清］長樂黄一桂輯　［清］長樂黄見三補輯　福建師範大學圖書館藏稿本

第一六册

春秋左傳精義五十卷（卷二四至卷三五）　［清］長樂黄一桂輯　［清］長樂黄見三補輯　福建師範大學圖書館藏稿本

第一七册

春秋左傳精義五十卷（卷三六至卷五〇）　［清］長樂黄一桂輯　［清］長樂黄見三補輯　福建師範大學圖書館藏稿本

第一八册
大學參證二卷中庸參證二卷中庸心悟一卷　［清］侯官沈輝宗撰　中國國家圖書館藏清光緒四年刻本

第一九册
重廣陳用之真本入經論語全解義十卷　［宋］閩清陳祥道撰　南京圖書館藏清抄本

第二〇册
刻四書便蒙講述十一卷（卷一至卷四）　［明］福清盧一誠撰　日本内閣文庫藏明萬曆二十一年刻本

第二一册
刻四書便蒙講述十一卷（卷五至卷八）　［明］福清盧一誠撰　日本内閣文庫藏明萬曆二十一年刻本

第二二册
刻四書便蒙講述十一卷（卷九至卷一一）　［明］福清盧一誠撰　日本内閣文庫藏明萬曆二十一年刻本
慧眼山房説書二十卷（卷一至卷三）　［明］龍溪陳天定撰　日本内閣文庫藏明刻本

第二三册

慧眼山房説書二十卷（卷四至卷一〇）　［明］龍溪陳天定撰　日本内閣文庫藏明刻本

第二四册

慧眼山房説書二十卷（卷一一至卷一七）　［明］龍溪陳天定撰　日本内閣文庫藏明刻本

第二五册

慧眼山房説書二十卷（卷一八至卷二〇）　［明］龍溪陳天定撰　日本内閣文庫藏明刻本

四書翼註論文三十八卷（卷一至卷二）　［清］福清張甄陶撰　中國國家圖書館藏清乾隆五十二年刻本

第二六册

四書翼註論文三十八卷（卷三至卷一五）　［清］福清張甄陶撰　中國國家圖書館藏清乾隆五十二年刻本

第二七册

四書翼註論文三十八卷（卷一六至卷三〇）　［清］福清張甄陶撰　中國國家圖書館藏清乾隆五十二年刻本

第二八册

四書翼註論文三十八卷（卷三一至卷三八）　［清］福清張甄陶撰　中國國家圖書館藏清乾隆五十二年刻本

四書攷略七卷存二卷　［清］侯官鄭兆元撰　重慶圖書館藏稿本

第二九册

五經困學七十八卷（易經可説卷一至卷三）　［明］侯官曹學佺撰　日本内閣文庫藏明崇禎間刻本

第三〇册

五經困學七十八卷（易經可説卷四至卷七）　［明］侯官曹學佺撰　日本内閣文庫藏明崇禎間刻本

第三一册

五經困學七十八卷（書傳會衷卷一至卷七）　［明］侯官曹學佺撰　日本内閣文庫藏明崇禎間刻本

第三二册

五經困學七十八卷（書傳會衷卷八至詩經剖疑卷一二）〔明〕侯官曹學佺撰　日本内閣文庫藏明崇禎間刻本

第三三册

五經困學七十八卷（詩經剖疑卷一三至卷二四）〔明〕侯官曹學佺撰　日本内閣文庫藏明崇禎間刻本

第三四册

五經困學七十八卷（禮記明訓卷一至卷七）〔明〕侯官曹學佺撰　日本内閣文庫藏明崇禎間刻本

第三五册

五經困學七十八卷（禮記明訓卷八至卷一八）〔明〕侯官曹學佺撰　日本内閣文庫藏明崇禎間刻本

第三六册

五經困學七十八卷（禮記明訓卷一九至卷二七）〔明〕侯官曹學佺撰　日本内閣文庫藏明崇禎間刻本

第三七册

五經困學七十八卷（春秋傳删卷一至卷五）　［明］侯官曹學佺撰　日本内閣文庫藏明崇禎間刻本

第三八册

五經困學七十八卷（春秋傳删卷六至卷一〇）　［明］侯官曹學佺撰　日本内閣文庫藏明崇禎間刻本

第三九册

經義考異七卷附雜考一卷　［清］閩縣方邁撰　中國國家圖書館藏稿本

經義辨晰一卷　［清］侯官李彦彬撰　福建省圖書館藏清抄本

第四〇册

群經音辨二卷　［清］侯官林慶炳撰　中國國家圖書館藏清光緒十八年刻本

説文注辨段一卷　［清］侯官林昌彝撰　中國國家圖書館藏清同治十年刻本

説文字辨十四卷　［清］侯官林慶炳撰　上海圖書館藏清刻本

史部

第一册

史記考要十卷　［明］莆田柯維騏撰　中國國家圖書館藏明嘉靖間刻本

第二册

皇王大紀八十卷（卷一至卷一六）　［宋］崇安胡宏撰　上海圖書館藏明萬曆間刻本

第三册

皇王大紀八十卷（卷一七至卷三二）　［宋］崇安胡宏撰　上海圖書館藏明萬曆間刻本

第四册

皇王大紀八十卷（卷三三至卷四八）　［宋］崇安胡宏撰　上海圖書館藏明萬曆間刻本

第五册

皇王大紀八十卷（卷四九至卷六四）　［宋］崇安胡宏撰　上海圖書館藏明萬曆間刻本

第六册

皇王大紀八十卷（卷六五至卷八〇）　［宋］崇安胡宏撰　上海圖書館藏明萬曆間刻本

第七册

綱鑑要編二十四卷（卷一至卷五）　［明］莆田陳臣忠撰　上海圖書館藏明萬曆四十五年刻本

第八册

綱鑑要編二十四卷（卷六至卷一〇）　［明］莆田陳臣忠撰　上海圖書館藏明萬曆四十五年刻本

第九册

綱鑑要編二十四卷（卷一一至卷一五）　［明］莆田陳臣忠撰　上海圖書館藏明萬曆四十五年刻本

第一〇册

綱鑑要編二十四卷（卷一六至卷二〇）　［明］莆田陳臣忠撰　上海圖書館藏明萬曆四十五年刻本

第一一册

綱鑑要編二十四卷（卷二一至卷二四）　［明］莆田陳臣忠撰　上海圖書館藏明萬曆四十五年刻本

第一二册

歷代紀元宅都記略二卷附年號相同攷一卷　［清］侯官郭柏蒼輯　福建省圖書館藏稿本

編年紀事一卷　［清］侯官李彦彬撰　福建省圖書館藏清抄本

歷代年號分韻一卷　［清］閩縣林春溥撰　福建省圖書館藏稿本

竹書紀年六國年表一卷　［清］閩縣林春溥撰　福建省圖書館藏稿本

開闢至春秋年表一卷　［清］閩縣林春溥撰　福建省圖書館藏稿本

古帝王年疑一卷　［清］閩縣林春溥撰　福建省圖書館藏稿本

神宗皇帝即位使遼語録一卷　［宋］侯官陳襄撰　福建省圖書館藏清抄本

北狩行録一卷　［宋］莆田蔡絛撰　上海圖書館藏清初抄本

第一三册

後鑒録三卷　［明］閩縣謝蕡撰　上海圖書館藏明抄本
野紀矇搜十二卷（卷一至卷四）　［明］晉江黄汝良撰　日本内閣文庫藏明刻本

第一四册

野紀矇搜十二卷（卷五至卷一二）　［明］晉江黄汝良撰　日本内閣文庫藏明刻本

第一五册

威暨録五卷　［明］福清林兆鼎輯　日本内閣文庫藏明崇禎間刻本
津門客話一卷　［清］光澤何秋濤撰　湖北省博物館藏清抄本
咄咄録四卷　［清］侯官魏秀仁撰　福建省圖書館藏清光緒間抄本

第一六册

古田縣教案紀實草一卷　［清］秦炳直撰　北京大學圖書館藏民國間抄本
製造無煙火藥案一卷　［清］福建省會善後總局録　清華大學圖書館藏清光緒間抄本

兩廣疏略二卷附惠威録二卷省吾林公遺集二卷 [明]莆田林富撰 清華大學圖書館藏明隆慶五年刻本

陳若霖奏摺一卷 [清]閩縣陳若霖撰 福建省圖書館藏清抄本

第一七册

萬培因奏稿不分卷 [清]崇安萬培因撰 福建省圖書館藏清抄本

孔門源流考十卷(卷一) [明]長泰戴庭槐纂輯 日本内閣文庫藏明萬曆間刻本

第一八册

孔門源流考十卷(卷二至卷一〇) [明]長泰戴庭槐纂輯 日本内閣文庫藏明萬曆間刻本

第一九册

榕陰新檢十六卷 [明]閩縣徐𤊹撰 湖北省博物館藏清賭棋山莊抄本

第二〇册

古今人物大觀三十八卷(卷一至卷一一) [清]侯官林涵春撰 日本内閣文庫藏清刻本

第二一册

古今人物大觀三十八卷（卷一二至卷二四）　［清］侯官林涵春撰　日本内閣文庫藏清刻本

第二二册

古今人物大觀三十八卷（卷二五至卷三八）　［清］侯官林涵春撰　日本内閣文庫藏清刻本

第二三册

續高士傳五卷　［清］侯官高兆撰　日本内閣文庫藏清刻本

節義文章十二卷（卷一至卷五）　［清］侯官林涵春撰　福建省圖書館藏民國間抄本

第二四册

節義文章十二卷（卷六至卷一二）　［清］侯官林涵春撰　福建省圖書館藏民國間抄本

明季遂志録不分卷　［清］海澄鄭亦鄒撰　日本内閣文庫藏清刻本

第二五册

閩中文獻志五卷（卷一至卷三）　［清］惠安黄廷玉輯　福建師範大學圖書館藏稿本

第二六册

閩中文獻志五卷（卷四至卷五）　［清］惠安黄廷玉輯　福建師範大學圖書館藏稿本

退菴自訂年譜八卷　［清］長樂梁章鉅撰　清華大學圖書館藏清抄本

第二七册

觀我録一卷　［清］侯官林楓撰　福建省圖書館藏民國間抄本

鰲齋日記不分卷　［清］侯官陳則誠撰　福建省圖書館藏稿本

第二八册

葉恂予日記不分卷　［清］閩縣葉大焯撰　福建省圖書館藏稿本

史觽十七卷（卷一至卷三）　［明］長樂謝肇淛撰　上海圖書館藏明崇禎間刻本

第二九册

史觽十七卷（卷四至卷一七）　［明］長樂謝肇淛撰　上海圖書館藏明崇禎間刻本

第三〇册

晉書詮要十二卷（卷一至卷六）　［明］莆田陳臣忠輯　清華大學圖書館藏明刻本

第三一册

晉書詮要十二卷（卷七至卷一二）　［明］莆田陳臣忠輯　清華大學圖書館藏明刻本

第三二册

榕城歲時記一卷　［清］閩縣戴成芬纂輯　福建省圖書館藏稿本

［正德］福州府志四十卷（卷一至卷七）　［明］葉溥　張孟敬纂修　中國國家圖書館藏明正德十五年刻本

第三三册

［正德］福州府志四十卷（卷八至卷一四）　［明］葉溥　張孟敬纂修　中國國家圖書館藏明正德十五年刻本

第三四册

［正德］福州府志四十卷（卷一五至卷二二）　［明］葉溥　張孟敬纂修　中國國家圖書館藏明正德十五年刻本

第三五册

［正德］福州府志四十卷（卷二三至卷三〇）　［明］葉溥　張孟敬纂修　中國國家圖書館藏明正德十五年刻本

第三六册

［正德］福州府志四十卷（卷三一至卷四〇）　［明］葉溥　張孟敬纂修　中國國家圖書館藏明正德十五年刻本

第三七册

閩都記三十三卷（卷一至卷一八）　［明］倿官王應山纂　日本宮内廳書陵部藏明萬曆間刻本

第三八册
閩都記三十三卷（卷一九至卷三三）　［明］侯官王應山纂　日本宫内廳書陵部藏明萬曆間刻本
第三九册
武夷山志二十八卷（卷一至卷一〇）　［清］王梓編　北京大學圖書館藏清康熙四十九年刻本
第四〇册
武夷山志二十八卷（卷一一至卷一九）　［清］王梓編　北京大學圖書館藏清康熙四十九年刻本
第四一册
武夷山志二十八卷（卷二〇至卷二八）　［清］王梓編　北京大學圖書館藏清康熙四十九年刻本
第四二册
啓東録六卷　［清］閩縣林壽圖撰　上海圖書館藏清光緒間刻本
閩志雜録不分卷　［清］佚名輯　福建省圖書館藏清抄本

第四三册

碣石叢談十卷　［明］福清郭造卿撰　日本内閣文庫藏明萬曆三十八年刻本

武夷遊記一卷附武夷遊草一卷　［清］長樂梁章鉅撰　清華大學圖書館藏寫樣稿本

訒盦遊記不分卷　閩縣林葆恒撰　中國國家圖書館藏稿本

第四四册

福建省例三十六卷續十二卷再續四卷（卷一至卷六）　［清］佚名撰　上海圖書館藏清光緒間刻本

第四五册

福建省例三十六卷續十二卷再續四卷（卷七至卷一〇）　［清］佚名撰　上海圖書館藏清光緒間刻本

第四六册

福建省例三十六卷續十二卷再續四卷（卷一一至卷一五）　［清］佚名撰　上海圖書館藏清光緒間刻本

第四七册

福建省例三十六卷續十二卷再續四卷（卷一六至卷二〇）　［清］佚名撰　上海圖書館藏清光緒間刻本

第四八册

福建省例三十六卷續十二卷再續四卷（卷二一至卷二四）　［清］佚名撰　上海圖書館藏清光緒間刻本

第四九册

福建省例三十六卷續十二卷再續四卷（卷二五至卷二八）　［清］佚名撰　上海圖書館藏清光緒間刻本

第五〇册

福建省例三十六卷續十二卷再續四卷（卷二九至卷三一）　［清］佚名撰　上海圖書館藏清光緒間刻本

第五一册

福建省例三十六卷續十二卷再續四卷（卷三二至卷三三）　［清］佚名撰　上海圖書館藏清光緒間刻本

第五二册

福建省例三十六卷續十二卷再續四卷（卷三四至卷三六）　［清］佚名撰　上海圖書館藏清光緒間刻本

第五三册

福建省例三十六卷續十二卷再續四卷（續子集至續未集卷二）　［清］佚名撰　上海圖書館藏清光緒間刻本

第五四册

福建省例三十六卷續十二卷再續四卷（續未集卷三至續申集）　［清］佚名撰　上海圖書館藏清光緒間刻本

第五五册

福建省例三十六卷續十二卷再續四卷（續酉集至續丁集）　［清］佚名撰　上海圖書館藏清光緒間刻本

第五六册

學宫樂譜二卷　［清］晉江許宗鶴撰　中國國家圖書館藏清抄本

東關紀畧二卷東陽隨筆一卷　［清］侯官林慶炳撰　上海圖書館藏清光緒九年刻本

第五七册

閩案雜録不分卷　［清］佚名撰　上海圖書館藏清道光間抄本

閩水綱目十三卷存二卷　［清］光澤高澍然纂　南開大學圖書館藏清抄本

重編紅雨樓題跋二卷　［明］閩縣徐𤊹撰　［清］繆荃孫輯　北京大學圖書館藏清光緒三十三年稿本

學海堂經解書目提要一卷　長汀江瀚撰　鵬城王氏寄梅堂藏稿本

第五八册

閩中石刻初編十四卷存十一卷（卷一至卷八）　侯官丁震輯録　北京大學圖書館藏稿本

第五九册

閩中石刻初編十四卷存十一卷（卷九至卷一一）　侯官丁震輯録　北京大學圖書館藏稿本

閩中金石考略一卷　佚名撰　福建省圖書館藏民國間抄本

莆陽金石初編二卷　［清］莆田劉尚文編　上海圖書館藏清光緒間刻本

四明尊堯集四卷　［宋］沙縣陳瓘撰　中國國家圖書館藏明刻本

第六〇册

斯羽堂評點謝在杭先生史測二卷　［明］長樂謝肇淛撰　福建省圖書館藏明天啓間刻本

治園暇筆二卷　［明］侯官邵捷春撰　日本内閣文庫藏明崇禎三年刻本

子部

第一册

岱陽答問六卷　［明］長樂鄭世威撰　日本内閣文庫藏明萬曆十四年刻本

第二册

恭敬大訓十八卷（卷一至卷一〇）　［明］惠安張岳編　日本内閣文庫藏明萬曆間刻本

第三册

恭敬大訓十八卷（卷一一至卷一八）　［明］惠安張岳編　日本内閣文庫藏明萬曆間刻本

第四册

榕村語録續集二十卷（卷一至卷一二） ［清］安溪李光地撰 湖北省博物館藏清賭棋山莊抄本

第五册

榕村語録續集二十卷（卷一三至卷二〇） ［清］安溪李光地撰 湖北省博物館藏清賭棋山莊抄本

晚村駁義偶述一卷 ［清］閩縣方邁撰 中國國家圖書館藏清抄本

孔學發微三卷 長汀江瀚撰 北京大學圖書館藏稿本

第六册

孫武子會解四卷 ［明］莆田郭良翰輯 日本内閣文庫藏明崇禎間刻本

第七册

炳燭録二卷 ［清］侯官林喬蔭撰 北京大學圖書館藏清抄本

墨紗纂六卷 ［明］永福鄢茂材纂 中國國家圖書館藏明萬曆間刻本

第八册

退庵題跋不分卷　［清］長樂梁章鉅撰　清華大學圖書館藏稿本

春覺齋論畫不分卷　閩縣林紓撰　北京大學圖書館藏稿本

閩中海錯疏三卷　［明］屠本畯撰　［明］閩縣徐𤊹補　日本内閣文庫藏明萬曆二十四年刻本

第九册

四時對雪樓雜録二十四卷（卷一至卷八）　［清］閩縣陳登龍編　福建師範大學圖書館藏稿本

第一〇册

四時對雪樓雜録二十四卷（卷九至卷一七）　［清］閩縣陳登龍編　福建師範大學圖書館藏稿本

第一一册

四時對雪樓雜録二十四卷（卷一八至卷二四）　［清］閩縣陳登龍编　福建師範大學圖書館藏稿本

遂初樓雜録一卷　［清］閩縣陳壽祺撰　湖北省博物館藏清光緒间抄本

第一二册

西雲札記四卷　［清］福安李枝青撰　福建省圖書館藏清光緒間刻本

簡端臏義一卷　［清］閩縣林壽圖撰　福建省圖書館藏稿本

石翁山房札記九卷　長汀江瀚撰　北京大學圖書館藏稿本

第一三册

巵言餘録十三卷　［明］閩縣林炫撰　上海圖書館藏明抄本

第一四册

仁恕堂筆記不分卷　［清］長汀黎士弘撰　南京圖書館藏清抄本

閒居偶録十二卷（卷一至卷六）　［清］建寧徐時作撰　日本内閣文庫藏清乾隆間刻本

第一五册

閒居偶録十二卷（卷七至卷一二）　［清］建寧徐時作撰　日本内閣文庫藏清乾隆間刻本

于麓塾譚一卷　［清］長樂陳庚焕編　福建省圖書館藏清抄本

藍水書塾筆記一卷　［清］閩縣何則賢撰　湖北省博物館藏清賭棋山莊抄本

第一六册

緑天偶筆一卷　［清］莆田宋際春撰　福建師範大學圖書館藏抄本

蕉窗隨筆一卷　［清］閩縣戴成芬撰　福建省圖書館藏稿本

羼廬筆記一卷　［清］閩縣王葆辰撰　福建省圖書館藏抄本

聞香小舍雜記一卷　［清］侯官楊用霖撰　福建省圖書館藏稿本

圍爐瑣憶一卷籐陰客贅一卷　［清］長樂謝章鋌撰　清華大學圖書館藏稿本

第一七册

春明夢録二卷郡齋影事二卷西江贅語一卷客座偶談四卷　閩縣何剛德撰　福建省圖書館藏民國間刻本

第一八册

知寒軒談薈四卷　侯官郭則澐輯　上海圖書館藏稿本

第一九册

孤樹裒談二十卷（卷一至卷一〇）　［明］甌寧李默撰　上海圖書館藏明抄本

第二〇册

孤樹裒談二十卷（卷一一至卷二〇）　［明］甌寧李默撰　上海圖書館藏明抄本

第二一册

霧市選言四卷　［明］閩縣王宇輯　中國國家圖書館藏明刻本

稗乘新語四卷　［清］海澄高維檜撰　南京圖書館藏清康熙間刻本

第二二册

春臺贅筆五卷　［清］閩縣黄世發撰　上海圖書館藏稿本

備忘録不分卷　［清］長樂謝章鋌撰　北京大學圖書館藏稿本

恸盦叢録不分卷（一）　閩縣林葆恒撰　上海圖書館藏稿本

第二三册

恸盦叢録不分卷（二）　閩縣林葆恒撰　上海圖書館藏稿本

穆天子傳日譜一卷　［清］閩縣林春溥撰　福建省圖書館藏稿本

道德經釋略六卷　［明］莆田林兆恩撰　清華大學圖書館藏明萬曆間刻本

第二四册

壬辰重改證吕太尉經進莊子全解十卷　［宋］晋江吕惠卿撰　中國國家圖書館藏金刻本

集部

第一册

武夷新集二十卷楊文公逸詩文一卷（卷一至卷九）　［宋］浦城楊億撰　武平馮氏望山小舍藏民國十八年刻校樣本

第二册

武夷新集二十卷楊文公逸詩文一卷（卷一〇至楊文公逸詩文）　［宋］浦城楊億撰　武平馮氏望山小舍藏民國十八年刻校樣本

第三册

演山先生文集六十卷（卷一至卷二八）　［宋］延平黄裳撰　日本静嘉堂文庫藏明謝氏小草齋抄本

第四册

演山先生文集六十卷（卷二九至卷六〇）　［宋］延平黄裳撰　日本静嘉堂文庫藏明謝氏小草齋抄本

第五册

拙齋文集二十卷拾遺一卷附録一卷　［宋］侯官林之奇撰　上海圖書館藏清影宋抄本

第六册

澹軒集八卷　［宋］光澤李吕撰　中國國家圖書館藏清乾隆間翰林院抄本

網山集八卷　［宋］福清林亦之撰　中國國家圖書館藏清抄本

第七册

樂軒先生集八卷　［宋］長樂陳藻撰　上海圖書館藏清初抄本

方是閒居士小藁二卷　［宋］崇安劉學箕撰　中國國家圖書館藏清初抄本

第八册

圭峰盧先生集二卷 〔元〕惠安盧琦撰 中國國家圖書館藏明萬曆間刻本

鶴田蔣先生文集二卷 〔元〕建陽蔣易撰 日本静嘉堂文庫藏明影元抄本

第九册

雞肋集一卷 〔明〕侯官鄭珞撰 中國國家圖書館藏明嘉靖間刻本

王皆山先生白雲樵唱集二卷附録一卷 〔明〕閩縣王恭撰 上海圖書館藏明抄本

第一〇册

淇園編四卷 〔明〕莆田陳道潛撰 福建省圖書館藏清康熙九年刻本光緒六年補刻本

第一一册

旃山翁文集不分卷奏議三卷 〔明〕閩縣黄澤撰 福建省圖書館藏清抄本

重刊林文安公詩集八卷附録一卷文集九卷（詩集卷一至附録） 〔明〕閩縣林瀚撰 日本内閣文庫藏明嘉靖間刻本

第一二册

重刊林文安公詩集八卷附録一卷文集九卷（文集卷一至卷九）　［明］閩縣林瀚撰　日本内閣文庫藏明嘉靖間刻本

歸田雜録十一卷　［明］龍溪林魁撰　日本内閣文庫藏明嘉靖二十二年刻本

第一三册

人瑞翁詩集十二卷　［明］侯官林春澤撰　日本内閣文庫藏明萬曆間刻本

第一四册

鄭文十五卷　［明］閩縣鄭善夫撰　重慶圖書館藏明嘉靖間刻本

鄭少白詩集□卷存四卷　［明］閩縣鄭允璋撰　中國國家圖書館藏明嘉靖間刻本

天游山人集二十卷（卷一至卷四）　［明］建安楊應詔撰　日本内閣文庫藏明刻本

第一五册

天游山人集二十卷（卷五至卷二〇）　［明］建安楊應詔撰　日本内閣文庫藏明刻本

第一六册

松莊文集五卷 〔明〕晉江蔡元偉撰 上海圖書館藏明嘉靖間刻本

周子弼集不分卷 〔明〕晉江周天佐撰 中國國家圖書館藏明抄本

第一七册

遊梁集一卷 〔明〕閩縣陳全之撰 中國國家圖書館藏明嘉靖三十四年周藩刻本

櫟寄集四卷續刻一卷 〔明〕閩縣林懋和撰 日本内閣文庫藏明萬曆十七年刻本

第一八册

鳳崗存藁十六卷存十五卷 〔明〕惠安張宇撰 上海圖書館藏明萬曆間刻本

第一九册

覆瓿草六卷 〔明〕閩縣林烴撰 日本内閣文庫藏明萬曆間刻本

天寧先生詩選六卷 〔明〕閩縣周仕堦撰 日本内閣文庫藏明萬曆四十五年刻本

碧雞集一卷 〔明〕閩縣鄧原岳撰 日本内閣文庫藏明萬曆間刻本

第二〇册

讀史韻言二卷　［明］晉江蘇茂相撰　日本内閣文庫藏明刻本

雞肋删三卷（忠部壹至質部貳）　［明］晉江李叔元撰　中國國家圖書館藏明崇禎間刻本

第二一册

郭孟履集五卷（卷一至卷二）　［明］福清郭文祥撰　中國國家圖書館藏清抄本

郭汝承集八卷存四卷　［明］福清郭應寵撰　中國國家圖書館藏清抄本

雞肋删三卷（文部叁）　［明］晉江李叔元撰　中國國家圖書館藏明崇禎間刻本

第二二册

郭孟履集五卷（卷三至卷五）　［明］福清郭文祥撰　中國國家圖書館藏清抄本

夏父集一卷　［明］晉安馬陛撰　北京大學圖書館藏明萬曆間刻本

第二三册

秋室編八卷　［明］侯官陳鴻撰　日本内閣文庫藏清順治七年刻本

第二四册

石倉全集一百八卷（金陵初稿，金陵詩稿之金陵集，石倉文稿卷一）［明］侯官曹學佺撰　日本内閣文庫藏明末刻本

第二五册

石倉全集一百八卷（石倉文稿卷二至卷五）［明］侯官曹學佺撰　日本内閣文庫藏明末刻本

第二六册

石倉全集一百八卷（石倉詩稿之夜光堂近稿，石倉文稿之夜光堂近稿、浮山、渺軒，聽泉閣近稿，淼軒詩稿）［明］侯官曹學佺撰　日本内閣文庫藏明末刻本

第二七册

石倉全集一百八卷（林亭詩稿，林亭文稿，福廬遊稿，錢塘看春詩，游太湖詩，藤山看梅詩，續游藤山詩，潞河集，游房山詩，浮山堂集，芝社集，武林稿，苕上篇，玉華篇，天柱篇）［明］侯官曹學佺撰　日本内閣文庫藏明末刻本

第二八册

石倉全集一百八卷（春别篇，豫章遊稿，江上篇，掛劍篇，海色篇，桂林集，湘西紀行卷上）［明］侯官曹學佺撰　日本内閣文庫藏明末刻本

第二九册

石倉全集一百八卷（湘西紀行卷下，巴草，蜀草，雪桂軒草，兩河行稿，石倉三稿之西峰集詩部卷上至卷中）［明］侯官曹學佺撰　日本内閣文庫藏明末刻本

第三〇册

石倉全集一百八卷（石倉三稿之西峰集詩部卷下、西峰集文部、更生篇、賜環篇卷上）［明］侯官曹學佺撰　日本内閣文庫藏明末刻本

第三一册

石倉全集一百八卷（石倉三稿之賜環篇卷下、文部卷一至卷八）［明］侯官曹學佺撰　日本内閣文庫藏明末刻本

第三二册

石倉全集一百八卷（石倉三稿之文部卷九至卷一七）［明］侯官曹學佺撰　日本内閣文庫藏明末刻本

第三三册

石倉全集一百八卷（石倉三稿之文部卷一八至卷一九，石倉四稿之西峰六一艸、西峰六一文、西峰六二艸）［明］侯官曹學佺撰　日本内閣文庫藏明末刻本

第三四册

石倉全集一百八卷（石倉四稿之西峰六二文、西峰六四艸、西峰六四文，石倉五稿之西峰六三艸、西峰六三文卷一）［明］侯官曹學佺撰　日本内閣文庫藏明末刻本

第三五册

石倉全集一百八卷（石倉五稿之西峰六三文卷二至卷三、西峰六五艸、西峰六五文、西峰用六篇詩、西峰用六篇文）［明］侯官曹學佺撰　日本内閣文庫藏明末刻本

第三六册

石倉全集一百八卷（石倉六稿之西峰六七集詩、西峰六七集文、西峰六八集詩、西峰六八集文）　［明］侯官曹學佺撰　日本内閣文庫藏明末刻本

第三七册

石倉全集一百八卷（石倉六稿之西峰六九集詩、西峰六九集文、西峰古希集詩、西峰古希集文部、西峰古希集説部）　［明］侯官曹學佺撰　日本内閣文庫藏明末刻本

第三八册

烏衣集四卷　［明］閩縣王宇撰　日本内閣文庫藏明天啓間刻本

第三九册

亦園文略不分卷詩略一卷　［明］閩縣王宇撰　日本内閣文庫藏明天啓間刻本

蓼園集四卷　［明］福清鄭邦泰撰　日本内閣文庫藏明天啓四年刻本

第四〇册

蟫窠集二十一卷（卷一至卷一四）　［明］龍溪黄以陞撰　中國國家圖書館藏明崇禎間刻本

第四一册

蟫窠集二十一卷（卷一五至卷二一）　［明］龍溪黄以陞撰　中國國家圖書館藏明崇禎間刻本

還山草一卷荷薪集一卷塵韻一卷　［明］閩縣鄧慶寀撰　南京圖書館藏明崇禎間刻本

第四二册

林六長詩二卷　［明］侯官林銓撰　日本内閣文庫藏明崇禎間刻本

蜷蜞集十卷附録一卷（卷一至卷五）　［明］莆田林嵋撰　清華大學圖書館藏清初刻本

第四三册

蜷蜞集十卷附録一卷（卷六至附録）　［明］莆田林嵋撰　清華大學圖書館藏清初刻本

米友堂詩集七卷文集一卷雜著四卷（詩集卷一至詩集卷四）　［明］侯官許友撰　日本内閣文庫藏清初刻本

第四四册

米友堂詩集七卷文集一卷雜著四卷（詩集卷五至雜著）　［明］侯官許友撰　日本内閣文庫藏清初刻本

第四五册

甌離子集四卷　［明］莆田林向哲撰　福建師範大學圖書館藏民國間抄本

嘯菴蘭花詠一卷　［清］閩縣鄧會撰　日本内閣文庫藏江户間抄本

天海山人詩鈔一卷　［清］侯官許珌撰　北京大學圖書館藏清抄本

遺安草堂詩一卷乙巳夏詩一卷觀石録一卷鼓山看梅詩一卷　［清］侯官高兆撰　日本内閣文庫藏清刻本

第四六册

南窗草存六卷　［清］福清薛鎔撰　福建省圖書館藏清康熙間刻本

玉笥堂詩集三卷　［清］閩縣蔣玢撰　武平馮氏望山小舍藏清康熙間刻本

緑綺堂暘谷集詩集十五卷存十四卷文集五卷别集六卷（詩集卷一至詩集卷三）　［清］南安傅爲霖撰　中國國家圖書館藏清康熙間刻本

第四七册

緑綺堂暘谷集詩集十五卷存十四卷文集五卷別集六卷（詩集卷四至別集卷六）　［清］南安傅爲霖撰　中國國家圖書館藏清康熙間刻本

第四八册

濳園詩一卷　［清］侯官曾沂撰　日本内閣文庫藏清康熙間刻本

塔江樓文鈔六卷附河橋舒嘯一卷　［清］侯官林涵春撰　福建省圖書館藏清康熙間刻本

愧齋文集略一卷詩集略一卷　［清］建寧連青撰　中國國家圖書館藏清康熙間刻本

第四九册

南圃行業二卷北塘漫録二卷　［清］海澄高維檜撰　中國國家圖書館藏清康熙間刻本

不自棄亭文集五卷（卷一至卷二）　［清］晉江黄道泰撰　上海圖書館藏清雍正間刻本

第五〇册

不自棄亭文集五卷（卷三至卷五）　［清］晉江黄道泰撰　上海圖書館藏清雍正間刻本

方日斯先生詩稿不分卷文稿二卷（詩稿）　［清］閩縣方邁撰　中國國家圖書館藏稿本

第五一册

方日斯先生詩稿不分卷文稿二卷（文稿）　［清］閩縣方邁撰　中國國家圖書館藏稿本

第五二册

和杜哀吟一卷　［清］閩縣方邁撰　中國國家圖書館藏清康熙間方氏即石倉刻本

余京兆集一卷　［清］福清余甸撰　［清］拙菴跛道人選　北京大學圖書館藏清抄本

瓣香堂文集不分卷　［清］侯官林正青撰　湖北省博物館藏清抄本

青圃文鈔四卷詩賦鈔五卷（文鈔卷一至文鈔卷二）　［清］閩縣林枝春撰　中國國家圖書館藏清乾隆間刻本

第五三册

青圃文鈔四卷詩賦鈔五卷（文鈔卷三至詩賦鈔卷五）　［清］閩縣林枝春撰　中國國家圖書館藏清乾隆間刻本

第五四册

依園詩草不分卷黄葉村莊詩集不分卷西清存稿一卷　［清］安溪官獻瑶撰　福建省圖書館藏清抄本

緑筠書屋詩鈔十一卷存七卷　［清］閩縣葉觀國撰　福建省圖書館藏稿本

第五五册

樟汀詩草十卷存八卷　［清］將樂廖偉傳撰　福建師範大學圖書館藏稿本

炳燭齋詩集三卷補編一卷　［清］霞浦游光繹撰　湖北省博物館藏清賭棋山莊抄本

第五六册

拜雲樓詩集六卷青陽堂文集二卷（拜雲樓詩集卷一至青陽堂文集卷一）　［清］侯官許作屏撰　南京圖書館藏清抄本

第五七册

拜雲樓詩集六卷青陽堂文集二卷（青陽堂文集卷二）　［清］侯官許作屏撰　南京圖書館藏清抄本

左海文拾遺一卷　［清］閩縣陳壽祺撰　湖北省博物館藏清抄本

有不爲齋文稿一卷　［清］龍巖魏茂林撰　中國國家圖書館藏清抄本
魏茂林文鈔一卷　［清］龍巖魏茂林撰　中國國家圖書館藏清抄本
雙樹生詩草一卷　［清］龍巖林鎬撰　上海圖書館藏稿本

第五八册

瓊臺吟史詩初編二十七卷存二十六卷　［清］閩縣劉萃奎撰　福建省圖書館藏稿本

第五九册

晉江黄尚書公全集三十七卷（卷一至卷四）　［清］晉江黄宗漢撰　厦門大學圖書館藏稿本

第六〇册

晉江黄尚書公全集三十七卷（卷五至卷八）　［清］晉江黄宗漢撰　厦門大學圖書館藏稿本

第六一册

晉江黄尚書公全集三十七卷（卷九至卷一四）　［清］晉江黄宗漢撰　厦門大學圖書館藏稿本

第六二册

晋江黄尚書公全集三十七卷（卷一五至卷一八）　［清］晋江黄宗漢撰　厦門大學圖書館藏稿本

第六三册

晋江黄尚書公全集三十七卷（卷一九至卷二二）　［清］晋江黄宗漢撰　厦門大學圖書館藏稿本

第六四册

晋江黄尚書公全集三十七卷（卷二三至卷二六）　［清］晋江黄宗漢撰　厦門大學圖書館藏稿本

第六五册

晋江黄尚書公全集三十七卷（卷二七至卷□詩鈔賦鈔）　［清］晋江黄宗漢撰　厦門大學圖書館藏稿本

第六六册

晋江黄尚書公全集三十七卷（卷□兩浙輿頌至卷□告示）　［清］晋江黄宗漢撰　厦門大學圖書館藏稿本

第六七册

希靜齋詩一卷詞一卷　［清］閩縣龔燿孫撰　福建省圖書館藏稿本

玉籢别集一卷　［清］侯官楊浚輯　福建省圖書館藏稿本

隨菴遺稿二卷　［清］閩縣劉三才撰　福建省圖書館藏清抄本

道腴室遺稿二卷　［清］長汀江懷廷撰　上海圖書館藏清光緒間刻本

第六八册

葉大焯手稿不分卷　［清］閩縣葉大焯撰　中國國家圖書館藏稿本

薇花吟館初稿六卷　［清］晉江龔顯曾撰　中國國家圖書館藏清同治間刻本

第六九册

慎所立齋文集四卷詩集十卷　長汀江瀚撰　北京大學圖書館藏稿本

第七〇册

我春室尺牘一卷　閩縣何振岱撰　福州盧氏掬漚室藏抄本

平治詩草一卷　侯官林宗澤撰　武平馮氏望山小舍藏民國間抄本
全閩詩儁六卷（卷一至卷四）　［清］龍溪黄日紀輯　福建師範大學圖書館藏清乾隆間刻本

第七一册

全閩詩儁六卷（卷五至卷六）　［清］龍溪黄日紀輯　福建師範大學圖書館藏清乾隆間刻本
國朝閩詩選二卷　［清］建安黄景裳輯　福建省圖書館藏稿本

第七二册

豐州集十四卷首一卷（卷首至卷五）　［清］南安陳國仕輯　厦門大學圖書館藏稿本

第七三册

豐州集十四卷首一卷（卷六至卷一〇）　［清］南安陳國仕輯　厦門大學圖書館藏稿本

第七四册

豐州集十四卷首一卷（卷一一至卷一四）　［清］南安陳國仕輯　厦門大學圖書館藏稿本

石林倡和詩一卷　［清］侯官許鼎　長樂陳學良撰　福建省圖書館藏清康熙間刻本

第七五册

閩川詩話不分卷　［清］長樂梁章鉅撰　湖北省博物館藏清賭棋山莊抄本

長樂詩話六卷　［清］長樂梁章鉅撰　南開大學圖書館藏稿本

屺雲樓詩話六卷　［清］閩縣劉存仁撰　福建師範大學圖書館藏清刻屺雲樓集本

竹情齋詩話□卷存二卷　［清］侯官何軒舉撰　福建省圖書館藏清抄本

第七六册

樂章集三卷續添曲子一卷　［宋］崇安柳永撰　中國國家圖書館藏清勞權抄本

松陰詩餘二卷　［清］建寧朱佑撰　中國國家圖書館藏清乾隆間刻本

小庚詞存二卷　［清］閩縣葉申薌撰　湖北省博物館藏稿本

蘿月詞二卷　［清］甌寧許賡皞撰　上海圖書館藏清道光十九年刻本

本册目次

易講義二卷

〔宋〕倏官陳襄撰

南京圖書館藏清張氏詒經堂抄本

易講義二卷，宋陳襄撰。襄（一〇一七—一〇八〇），字述古，侯官人，學者稱古靈先生。慶曆二年（一〇四二）進士。官至尚書右司郎中、樞密直學士。撰有古靈先生集二十五卷。生平詳見宋史本傳、葉祖洽陳先生行狀、孫覺陳先生墓志銘、陳曄古靈先生年譜等。

陳氏之治易也，當程朱未起之時，開以理解易之先聲，排象數而崇義理，不拘於訓詁而務明人事倫理，頗具宋人治經「擺落漢唐，獨研義理」之特徵。如總講隨卦之名，曰：「君子小人皆有隨，君子之德高明剛直，若不委順下隨于物，則無以得天下之心、盡萬物之情以成功。彖辭所謂『隨，剛來而下柔』是也。」又持義理駁舊説，以拓寬卦義，如釋豫卦云：「諸儒解豫爲順動則萬民悦豫，非也。雜卦曰：『謙輕而豫怠。』夫豫則易怠，故不可不防微而豫戒也。又豫取備豫，繫辭曰『重門擊柝，以待暴客，蓋取諸豫』是也。今觀卦、繇、彖及六爻之辭，皆無備豫之義，惟取悦豫之豫者，蓋聖人于易道，推類不一，故又於繫辭取擊柝備豫之義，如屯卦取屯艱，彖辭又取屯盈之義也。」

此書無單刻本，僅見於古靈先生文集卷二十二、二十三，已非陳氏全稿。書分兩卷，卷一爲大有、謙二卦，卷二爲豫、隨、師三卦。其例頂格出卦名、卦辭、繇辭、彖傳、象傳之文，次行低兩格依文講解。此本亦當從文集抄出，版心下刻「詒經堂」，書耳鐫「昭文張金吾寫定續經解」，乃張氏愛日精廬抄藏者。檢愛日精廬藏書志無易講義，然卷三十集部別集類著録抄本古靈先生文集一部，其摘抄序跋中有陳曄題識，則此本來源或即宋紹興三十一年（一一六一）陳輝、陳曄父子贛州郡齋刻本文集。此本於刻本文字有所校訂，如卷一大有卦「繇辭曰大有元亨」下釋曰：「夫大有之主既大有天下之臣民萬物，所以曰元亨。」刻本「所」上有「此」字，脱「亨」字。然亦有脱誤者，如大有卦釋曰「凡有血氣莫不尊親」，刻本「氣」下有「者」字；又卷二豫卦釋曰「如屯卦取屯艱，繫辭又取屯盈之義也」，刻本「繫辭」作「彖辭」，是也。

此書乃張金吾編詒經堂續經解之一種。張氏世傳家學，代有藏書，金吾於嘉慶間廣摭宋、元兩代説經之書九十一種，輯成詒經堂續經解，以續清初徐乾學代納蘭性德輯刻之通志堂經解。然未及刊行，稿本已於太平天国時稍有散失，民國間經太倉顧氏謏聞齋入藏上海商務印書館涵芬樓，尚存八十六種。張元濟題張月霄詒經堂圖謂「其後又得太倉謏聞齋顧氏書千數百種，而以詒經堂寫本續經解爲最可貴。詒經堂者，昭文張月霄先生藏書之所也。曰續經解者，所以繼通志堂而作也」，即此。「一・二八」事變中，涵芬樓慘罹劫火，續經解絶跡天壤，僅三禮疑義一部，以北平圖書館借抄而幸存，見涵芬樓燼餘書録。三禮疑義今藏中國國家圖書館，所用稿紙與此本正同。此本並非涵芬樓所藏，乃經錢塘丁氏八千卷樓售歸江南圖書館者，護葉有丁氏浮籤跋，鈐「八千卷樓藏書之記」、「善本書室」朱文方印，善本書室藏書志著録。丁志别載左氏摘奇一部，今亦藏於南京圖書館（索書號：一一二二五九），同爲詒經堂續經解零種。張元濟云涵芬樓所得亦有此兩種，「似當時寫定者不止一部」，然已毁亡，今不可辨其異同矣。（韓　超）

易講義二卷 精抄本 張月霄藏

宋陳襄撰

右大有謙豫隨師六卦見於古靈先生集第二十二第二十三兩卷此張月霄摘出鈔本版匡外有昭文張金吾寫定樸硯解十字其寫手精工殆欲繼通志堂而起歟 存中以見贊概

易講義卷一

宋 陳襄 撰

䷍ 大有 乾下離上

此卦正與同人相反所以次同人者序卦曰與人同者物必歸之故受之以大有然則離乾二體何以為大有夫六五一陰得中而居尊位為上下五陽所歸又陽為大是所有者大也有其大者故曰大有以君臣言之是大有天下之衆賢以君民言之是大有天下之萬民也又陽為富實以富實言之是大有天下之萬物也夫大有天下之衆賢如書所謂九德咸事

俊乂在官野無遺賢是也夫大有天下之萬民如中庸所謂舟車所至人力所通天之所覆地之所載日月所照霜露所墜凡有血氣莫不尊親是也夫大有天下之萬物者荀子王制曰天之所覆地之所載莫不盡其美致其用北海走馬吠犬南海羽翮齒革曾青丹干東海紫紶魚鹽西海皮革文旄澤人足乎木山人足乎魚農夫不陶冶足器械工賈不耕田足菽粟矣

繫辭曰大有元亨

夫大有之主既大有天下之臣民萬物所以曰元亨

大有至德以富亨通也彖辭不言大亨而言元亨者言大有之君必有元善長人之德而致亨通也若言大則不能兼元善之仁言元可以兼大也

彖曰柔得尊位大中而上下應之曰大有

柔得尊位六五也居尊位是大也處上體之中是中也上下二體五陽皆歸之是上下應之也上下五陽皆應之陽為大故曰大有居尊以柔中之德以虛受人高明照物物必歸之以柔居中不尚剛武而用文德上下所歸

其德剛健而文明應乎天而時行是以元亨

乾在下體為內離在上體為外凡大有之君內有剛健之德施之於外則以文明而不以威武此天下之所歸也六五之陰下應乾九二之陽是應乎天也五居尊位有文明大中之德而能應順天道奉承天時而行動不違天之道此所以元亨也應乎天而行如乾文言所謂先天而天弗違後天而奉天時是也

象曰火在天上大有君子以遏惡揚善順天休命

天本剛健而高明火又文明而在其上此乃明盛之極至所以為大有也夫天道之至明惟其福善禍淫而已君子法此卦體居大有明盛之時天下之臣民

萬物既已富有宜何所為哉惟當遏惡揚善旌别淑慝遏其惡者揚其善者以順天休美之命也夫惡者遏止之則天下之惡莫不去惡悛矣善者稱揚之則天下之善者莫不勉勸使民日遷善遠罪而歸於至治矣夫大有之德無尚於此也

初九无妄害匪咎艱則无咎象曰大有初九无交害也

大有之卦火在天上文明之至者也又體有五陽陽為富實居文明富實之時能謙卑以下物物必歸之若自亢剛滿盈必致咎害故序卦曰有大者不可以盈故受之以謙又書云滿招損謙受益時乃天道是

也故大有之主六五以柔得尊位而為上下所歸故其爻辭曰厥孚交如吉初九居大有之初而體是陽爻處不以柔不得无咎害也任夫剛實以斯而往害之道也然居卦下無位之地不與物交剛而能謙物莫之害可以無咎故曰无交害匪咎交者交於物之謂六五曰厥孚交如隨初九曰出門交有功鴛鴦詩曰古者明王交萬物有道皆其義也艱則無咎者凡人居於大有豐富之時志易驕滿故於其初當自艱難惕厲不敢忽易居之則可以終保無咎故曰艱則無咎繫辭曰危者安其位者也亡者保其存者也亂

者有其治者也是故君子安而不忘危存而不忘亡治而不忘亂是以身安而國家可保也故聖人繫卦於事之初未嘗不存戒慎今初九戒之以艱則無咎者蓋居大有之初戒在盈滿忽易不可不慎也先儒多觧匪咎義連下文謂欲其匪咎艱則無咎此恐非也既云艱無咎義已足矣其上不須更言匪咎可也然則不云旡咎而云匪咎者蓋上文云無交害其下又云艱旡咎若更云無咎則不成文辭故變旡為匪文王三分天下有其二以服事商小心翼翼昭事上帝此之謂也

九二大車以載有攸往无咎

九二陽爻而居陰位不任剛實者也居中而上應六五是能以中道任君之事者也居大有之時雖體陽爻而能處柔順不任剛實以自盈滿又以中道任君之事如大車之任重載物也有攸往無咎者夫乾體本在上今居下體必往而進於上今二以中道上應於六五之君可以升進无咎也六五應之可往雖剛居順無咎履非其位合有咎然居中而上應終必進往无咎

象曰大車以載積中不敗也

九二以陽居陰而應於五又居下卦之中是六五之君委任以事能以中道任重厚載如大車之載物積聚於中而不傾敗也

九三公用享於天子小人弗克象曰公用享於天子小人害也

三居下體之極處重剛之上而獨履得其位故有公位之盛焉惟公用此位與德以亨通于天子夫九二居中九四尤近公位雖體陽爻皆不稱公而九三獨稱公何也蓋六五柔居九二九四皆處於柔順不及九三獨體剛而得位居下體之極為羣陽之長特見

尊任而寵納之權重位盛故曰公也小人弗克者繫詞曰三與五同功而異位三多凶五多功夫三非中位又居乾健之終在下體之極過亢則凶令大有之時上有柔君而三獨權重位盛君子居之則能乾乾夕惕危厲防其亢極可以通達天子若小人則不勝其任恃權剛亢必致凶害故曰公用享于天子小人害也

九四匪其彭无咎

彭字先儒多解為邉旁之旁王輔嗣云既失其位上近至尊之威下比分權之臣其為懼也可謂危矣惟

夫有聖智者乃能免斯咎三雖至盛五不可捨能辨斯數專心承五常匪其彭則无咎矣旁謂三也石守道亦取此說非也陸希聲云如非在五旁兢兢以自警不敢怙恃則無咎劉牧亦以旁為三當用而已居其上能自度其勢不勝於三不為三之事而避三之盛則知幾也此皆非也先儒不通彭字之義以彭為旁皆牽合彭旁二字義本不同也況九四陽爻自歸六五與九三情狀絶不相干為見三有公亨之辭遂引以為旁曲牽其義皆不可取周公闢雖解以彭為盛亦云九四體是離明能明九三專權不從九三之

盛專心奉五恐皆非爻辭之義彭字當為彭字步郎反
于寶云彭亨驕滿貌王肅云彭壯也夫大有之世戒
於剛亢盈滿故序卦曰有大者不可以盈是也況四
位逼近於君居多懼之地又是以柔位而以剛陽居
之此宜有咎也若知其失位而又逼近危懼不敢以
其壯盛盈滿之心處之則可以無咎匪其彭无咎猶
若不以壯盛居之則無咎也
象曰匪其彭无咎明辯晳也
離為文明陽爻又明知其以剛處柔履非其位而又
居逼君疑懼之地而能不自盛壯驕滿以見疑於上

是明智辨别之昭晳也辨君臣尊卑之分明見幾之
作明辨之宜早

六五厥孚交如威如吉

六五以一陰為五陽之主上下五陽無他陰以分其應皆宗于五五又不尚剛武而以文明虛中之德受之故其誠信孚於上下如交結然也故厥孚交如所謂威如吉者居大有之時以文明大中之德交孚於物而不尚威武而民自懷来畏服如有威然也此所以吉也若富有天下不以誠實文明之德使民心悅而誠服而徒威武刑罰以敺之人亦不畏也故書曰

德威惟畏德明惟明記曰有威可畏之謂威中庸曰不賞而民勸不怒而民威於鈇鉞故君子篤恭而天下平又詩曰予懷明德不大聲以色聲色之於化民末也此是威如之吉也

象曰厥孚交如信以發志也

夫五之所以有信交孚於物者蓋其至誠自然發于心志之中與物交結非有思慮造作而然也傳曰信不由衷質無益也

威如之吉易而無備也

五之為德天下之所以畏威者以文明而不以剛武

其道甚平易而無所備豫也又衆自威懷其文德端居和易而無用防備

上九自天祐之吉無不利

夫大有豐富之世戒於剛亢盈滿上九居一卦之極而以剛陽處於陰柔無位之地衆皆乘剛而已獨履六五之陰柔是思乎順者也五有信德交孚於上下而已履之是履信者也陽爲君子有剛明之德而潔身高尚不累於位是自尚其賢行也若大有之終兼此三德盡天人之助故曰自天祐之吉無不利謂自天以至於人皆福祐之也輔嗣之解皆是惟不見以

柔處剛爲思順之道也孔子繫辭曰天之所助者順也人之所助者信也履信思乎順又以尚賢也是以自天祐之吉無不利蓋言君子若所行履乎信所志思乎順又自賢其身行享富有之盛居於上極而不以物累其心有此三德則天人助之何往不利

象曰大有上吉自天祐也

處大有之上不累於位志尚乎賢者也餘爻皆乘剛已獨居陰而乘柔順也五爲信德而已履爲履信之謂也雖不能體柔而以剛居柔思順之義也居豐有之世不以物累其心高尚其志尚賢也

䷎謙 艮下坤上

艮為山坤為地為地山謙謙次大有者序卦意謂有大不可以盈故受之以謙蓋所有既大守卑謙則吉也地山二體所以為謙者夫山本高而在地之上今反卑而在地之下所以為謙也又九三一陽爻為五陰之主居艮體之極艮為止又陽得位為正是內有剛德而止於正也外體為坤坤德柔順內有剛德而止於正也外見柔順以行之此又見君子之謙德也若外雖柔順而內不剛正而止則流而為柔邪無所守也不足以為謙德也夫人之修身待物欲無悔吝憂

患不可以不持謙德也故孔子曰作易者其有憂患乎因此序九卦其二曰謙德之柄蓋言文王以聖人之德居紂之亂世故憂危之患若不持謙以為柄何以保身而無患又曰謙尊而光解在彖辭又曰謙以制禮夫聖人制禮將使人檢身無過其要以謙恭為本人有禮則安故序卦曰德言盛禮言恭謙也者致恭以存其位者也是謙者禮之本也故曰謙以制禮謙之於人大矣

繇辭曰謙君子有終吉

夫人能卑謙為德以身下物不自盈滿則物無不與

悔吝不至此所以亨通也書曰謙受益乃是謙亨之道也君子有終吉者言君子以謙恭為德以身下物則天下莫不與之此所以終亨其吉無有憂患悔吝也

彖曰謙亨天道下濟而光明地道卑而上行

此孔子斷謙亨君子有終之義夫天至高而居物之上其氣下降而交於地下降是天之謙也而三光全四時行萬物生其道益光明此是天道謙而亨也夫六氣上運三光下垂亦是下濟地道雖處於卑而其氣上躋而交於天處卑是地之謙也然而氣乃上行

以助天生物此是地道謙而亨也言天地者盖舉其大者有謙德而光亨則人道用謙而亨通固可知也既陳天地謙亨之德又歷陳天地人神之道皆貴謙而惡盈以明謙道之不可不務也

天道虧盈而益謙

夫天道陰陽寒暑迭爲盈虚消長長極則消盈極則虚此是盈則虧之也消極則長虚極則盈此是謙則益之也日中則昃月盈則食亦是虧盈也月晦則明復生是益謙也書曰滿招損謙受益時乃天道是天道虧盈而益謙也

地道變盈而流謙

夫地有山川丘陵至高之處必有崩陷如詩山冢崒崩高岸為谷易曰城復于隍水盈科而進是地之變盈也海水至畢四瀆百川之盈滿者莫不流而趨下以益之此是變盈流謙也

鬼神害盈而福謙

鬼神之道見之人盈滿者則陰陽禍以害之楊子曰高明之家鬼瞰其室是也鬼神視不見聽不聞依人而行人有持謙恭者則陰降福以福之石祁子兆於龜東方朔曰謙遜靜慤天表之應應之以福

人道惡盈而好謙

夫人之情莫不惡人之自盈滿者見人之驕亢踰分者舉皆惡之益上九人道惡盈怨者非一故易曰負千乘致寇至又曰莫益之或擊之此皆近乎惡盈也書曰志自滿九族乃離此人道惡盈也凡人有謙恭下物者則人情舉皆好樂之且未聞有卑謙自下者而人惡之故古之聖賢修身行已無不知以謙德為本故禹克勤於邦克儉於家不自滿假舜謂禹曰汝惟不矜天下莫與汝爭能汝惟不伐天下莫與汝爭功卑宮室惡衣服菲飲食禮曰后稷天下之為烈也

豈一手一足哉故自謂便人

謙尊而光卑而不可踰

夫謙之道無間尊卑貴賤但能持而行之莫不享而終吉故尊者用之則其道益光明卑者用之不可得而過越也踰過也凡人惟是驕亢盈滿賤而好自貴卑而好自尊則為物所惡有陵犯而過越之者若處卑而又謙物安得而踰爲故曰卑而不可踰也

君子之終也

夫謙居尊用之則道益光處卑用之則不可以過以此知謙之道是君子保身之終吉也此又解繇辭君

子有終也尊而居至貴卑而居至賤用之無不利也

象曰地中有山謙君子以裒多益寡稱物平施

夫山體本高今下處於地中謙之體也又一義山體本高今下處於地中是高者下之也地體本卑今反居於山上卑者舉之也夫高者下之卑者舉之此見益謙之義故君子法此卦體有益卑舉下之義裒取其盈滿者而增益其寡少者使之平也多猶盈滿也取富以益貧損有餘補不足皆可推類求之稱量其物而均平其施與不使多者益多而寡者益寡而不平也故聖賢君子得位行道不惟以身行謙而有終

吉又知此謙卦之義當抑退驕高盈滿之人而進益謙恭退讓之士平均其澤祿施也孔子曰求也退故進之由也兼人故退之亦近此也書無虐惸獨而畏高明詩不侮鰥寡不畏强禦哿矣富人哀此惸獨王輔嗣注云多者用謙以為裒寡者用謙以為益非也

初六謙謙君子用涉大川吉

居卦之下謙矣本是陽爻又以柔也惟君子為能用謙故曰謙謙君子凡人但患驕矜自滿無謙德則物不與也若能以身下物謙而又謙何事之不可濟何險難之不可涉哉故此居卑處柔謙謙之君子可用

此以涉大難獲其吉有助而無害也

象曰謙謙君子卑以自牧也

牧養也初六居謙之最下無位之地未施于物謙而又謙姑處卑以自養其德未足以有為也

六二鳴謙正吉

鳴謙者謂謙之聲鳴遠聞也六二以陰得位居下體中是謙而鳴者也居中履正而得謙譽乃是出於中心之正非要名取譽而得故曰正吉

象曰鳴謙正吉中心得也

雖有謙德聲譽旁達苟不由中心之正則是要名取

譽不足以為正吉今六二居中得位而鳴是發於中心之正得此譽也

九三勞謙君子有終吉象曰勞謙君子萬民服也

九三一陽為五陰之主合居尊位而下居於三是有謙德也五陰無他陽以分其應皆宗於已而已能上承于六四六五上六之尊而下接初六六二之衆可謂勞矣夫能勞而承上接下其志又謙此萬民之所以歸服也衆陰猶萬民也大凡人有善則矜之有勞則伐之今九三勞乘於上下其勞如此而能謙巽不以為德此所以保位有終而吉也禹治九州之水患

三過門而不入手足胼胝其勞如此而不矜其功故舜曰汝惟不矜天下莫與汝爭能汝惟不伐天下莫與汝爭功此正是勞謙也繫辭云勞謙君子有終吉子曰勞而不伐有功而不德厚之至也語以其功下人者也德言盛禮言恭謙也者致恭以存其位者也

六四無不利撝謙象曰無不利撝謙不違則也

此爻以陰居陰體柔得位上奉六五之君下附勞謙之賢奉上下下盡夫三德謙之至也故無不利夫人若體順居正順以事上恭以接下何所不利哉撝謙者謂有此三德盡謙之美舉措指撝皆得謙道動不

違於法則也坤六二體順得中履正曰無不利

六五不富以其鄰利用侵伐無不利

五本陽位而以陰體居之是居尊而能盡謙德者也夫居尊御物不以剛武而以謙順此天下之所歸也不富其鄰者陽為富而陰為虛今五以謙虛而得民是不以財富用諸其鄰也利用侵伐無不利者夫侵伐者古先帝王最為難行之事非有至謙至順之德不可以稱兵於天下故古者有不庭之國不軌之民王者必先躬行巽讓修文德以来之若其不服然後可以行師侵伐之也若謙德未至則不可以用侵伐

雖用之天下之心亦不服從也今此六五居中體柔
謙順之至方可利用侵伐無所不利若湯文王之德
方可當此爻湯之時葛伯不祀湯事之以犧牲粢盛
而終不從然後征之故征自葛始十一征而無敵於
天下文王以聖人之德當紂之亂內文明而外柔順
三分天下有其二以服事紂盡夫謙德始可以征緜
之詩曰昆夷駾矣維其喙矣虞芮質厥成文王蹶厥
生皇矣詩曰密人不恭敢距大邦侵阮徂共王赫斯
怒如湯文王如此謙恭然後可用侵伐不服之邦禹
受舜讓征三苗而不服益曰惟德動天無遠弗屆滿

招損讓受益時乃天道又言帝舜號泣旻天至誠感神之事禹乃班師振旅誕敷文德舞干羽於兩階七旬有苗格禹之聖如此益以未盡讓德可以格有苗以此明之讓之六五體柔居中盡夫讓道故利用侵伐不服之國無不利也

象曰利用侵伐征不服也

孔子解讓之六五何以利用侵伐蓋征不服者也

上六鳴謙利用行師征邑國

居于上極以陰得位體夫正順盡讓之美故曰鳴讓其讓德著聞如此亦足以利用行師然最處於外非

尊位非如六五可以侵伐天下之不服者但可以征
自己屬邑之不服者也
象曰鳴謙志未得也
雖謙而鳴可以師征然居非尊位不得如六五侵伐
無不利故曰志未得也但可以行師征己之邑國而
已也

易講義卷一

易講義卷二

䷏豫 坤下震上

為雷地豫豫者悅豫之名所以次謙者序卦曰有大而能謙必豫故受之以豫言君子居大有之時志易盈滿若能以謙恭處之則必身享悅豫故次謙卦夫悅豫之道本起於人心之和何以言之凡人之生有恭敬之心有和樂之心此禮樂之所由生也故禮主其敬樂主其和聖人知人心之有敬也故有君臣父子兄弟賓師尊卑貴賤之禮也若臣之於君子之於父弟之於兄賓主之相交尊卑貴賤之相接必有敬

爲是敬之生於人心也然而敬而不息則勞勞則人不能安養以久生必養之以和和亦生於人心夫人聞金石絲竹之音則悅于耳見干戚羽毛之文則悅於目聽興道諷誦之辭則悅於心此和之生於人心也故聖人作樂之聲音文章器用言語以道人和樂之心以安養其生然和樂之心不可使之放肆無節而流又修禮致敬以節制之必使禮樂相須以成其德是悅豫之道起於人心之和也故人情莫不欲致悅豫然而得其道由其義以致悅豫是得悅豫之正也若不以其道不由其義而得悅豫非豫之正甚者

以至盤遊逸樂或蔽於聲色荒於禽酒若孟子所謂流連荒亡為諸侯憂太康失邦盤游弗反之類此是豫之不以其道至於流蕩者也故君子之於豫必以身行順行居則其身逸豫動則其民悅樂若孟子所謂吾王不豫吾何以助一遊一豫為諸侯度書秦誓曰民訖自若是多盤又無逸曰先知稼穡之艱難乃逸此是得悅豫之正也諸儒解豫為順動則萬民悅豫非也雜卦曰謙輕而豫怠夫豫則易怠故不可不防微而豫戒也又豫取備豫繫辭曰重門擊柝以待暴客蓋取諸豫是也今觀卦繇彖及六爻之辭皆無

倫豫之義惟取悅豫之豫者葢聖人于易道推類不
一故又於繫辭取擊柝備豫之義如屯卦取屯難繫
辭又取屯盈之義也
繇辭曰豫利建侯行師
取象辭順動之義也古者分國建侯以一國生民之
命繫于一君得其人則一國之民安且治不得人則
一國之民危且亂故王者必順民心而建諸侯也夫
師旅之興聖人不得已而用之必上應乎天下順乎
人以誅暴亂拯民於塗炭之中惟順而動可也故曰
豫利建侯行師觀其卦體是以九四言之也九四一

陽為五陰之主五陰無他陽以分其應故皆宗於九四一陽如古者分建諸侯以天下之民蒙然無知既爭且亂不可以無主故聖人擇其賢明者分國以為諸侯以治其羣衆此建侯之道也今五陰昧弱皆以九四陽明之爻為之主有建侯之義故曰利建侯夫行師之道雖士卒之衆皆是匹夫不能以自正必得剛中之丈人為之主師然後大衆正焉今此卦五陰不能以自正皆宗九四以為之主有行師之義故曰利行師如屯卦初九利建侯亦是一陽為衆陰主師卦丈人吉亦是九二一陽為五陰之主其建侯行師

指九四而言之亦可知也

彖曰豫剛應而志行

九四剛陽下應初六又上下羣陰皆宗於已其志得行故曰剛應而志行

順以動豫豫順以動故天地如之而況建侯行師乎

凡順於義理而後動不違於人不戾於物不惟其身之悅豫至於萬物亦悅豫故曰順以動豫夫致悅豫之道能順以動其道即如天地之道日月莫不順行四時莫不和平萬物莫不化生而況建侯行師一小事乎其利可知也

天地以順動故日月不過而四時不忒

夫天道以元亨利貞而資始萬物地道以元亨利牝馬之正而資生萬物天以健行地以順成陽以生長陰以肅殺此是順動之道天地順動故日月皆循度而行無有過愆凡周天三百六十五度四分度之一日行遲一歲一周天月行速一月一周天此是日月循此度而不過也若天失元亨利正而不資始地失牝馬之正而不資生天不以健行地不以順成如此之類皆是不以順動日月之度亦過差也四時不忒者夫春蠢然以生物夏假大以長物秋收斂以成物冬

終以藏物各得其序而不差錯是不忒也

聖人以順動故刑罰清而民服

夫天地以元亨利正以生成萬物聖人之於天下也仁以愛之義以利之禮以明之信以成之樂以和之政以正之刑以平之賞必當功罰必當罪宥過無大刑故無小不行一不義不殺一無辜此聖人以順動也聖人順動如此則不妄刑罰於人故刑清而不濫天下之民莫不心悅而誠服也

豫之時義大矣哉

所謂豫之時者豫非常行之道有時而豫是豫之時

也若聖人身行順行履正道民安俗阜天下和平此
豫之時也非此之時而好悅豫是蕩逸之道也所謂
豫順以動是也孔子知豫之時與順動之義至大非
聖人道參天地莫能用之故曰豫之時義大矣哉
象曰雷出地奮豫
豫卦震在上體震為雷乾之一陽下交於坤之初為
震震為陽卦雷在地下為復卦言陽氣始復於地下
也雷出于地上為豫卦言陽氣出於地上奮動而悅
豫先儒皆云雷出地震奮而萬物悅豫非也夫雷是
陽氣之聲雷出地上是天陽和氣之聲奮動而悅豫

和氣之聲奮動而悅豫則萬物亦自然悅豫也如此
則義通聖人以順動則身享悅豫加于民物則民物
亦悅豫也
先王以作樂崇德殷薦之上帝以配祖考
夫天陽来復出於地上則震動萬物而成變化先王
有盛德大功和平天下故法此卦作為大樂以宣導
至和之氣以崇大其功德若堯作大章以章明其德
舜作大韶以明紹堯之功禹作大夏以大二帝之功
皆是作樂崇德也殷薦之上帝以配祖考者殷盛大
也周禮宗伯之職乃奏黄鍾歌大吕舞雲門以祀天

神五帝及日月星辰又樂至六變而天神皆降可得而禮此是盛薦之上帝也法雷出地其陽聲亦上向于天也以配祖考者言以樂薦祭上帝用祖用考以配上帝也若周夏正月郊祭感生帝靈威仰于南郊以祖后稷配之又以九月祭五方帝于明堂以文王為祖以配五天帝武王為考以配五人帝此是以配祖考也

初六鳴豫凶象曰初六鳴豫志窮凶也

凡豫之道不可窮極悦豫窮極則有流淫之患所宜見幾戒慎于其初也雖其時位可以悦豫猶當未以

為豫如康誥所謂乃汝盡遜曰時叙惟曰未有遜事如此可也况居豫之初而遂鳴乎鳴豫謂豫之聲名有聞也初六以陰居陽位已不正又特應於九四其志得行是豫之鳴者也居豫之初志遂如此况於終乎故聖人特於初戒之曰凶孔子曰鳴豫志窮凶者言悅豫之志窮極必凶也

六二介于石不終日貞吉象曰不終日貞吉以中正也

六二以陰居陰得位之正又居坤體之中坤體方静不動夫居中履正方静不動故剛介如石不惑于豫幾微之際則先知之不俟終日之間言知之速也故

繫辭曰知幾其神乎君子上交不諂下交不瀆其知幾乎幾者動之微吉之先見者也君子見幾而作不俟終日易曰介于石不終日正吉介如石焉寧用終日斷可識矣聖人特于此爻言幾事者蓋因初爻豫凶是不知幾之故也凡人皆有逸豫之心若不見幾前定失位不正而豫故曰鳴豫凶六三亦失位不正而豫故曰盱豫悔獨此六二爻居中履正雖與初六六三同坤一體然其志不同知其不正而豫必有凶悔凡人與上之人交則易得諂從與下之人交則易得褻瀆見幾前定介然自守上不諂于三下不瀆于

初居豫之時而知動之幾不俟終日得正之吉也王輔嗣注寧用終日云定之於始則是初之鳴豫不能定之於始也

六三盱豫悔遲有悔象曰盱豫有悔位不當也

睢盱張目貌或曰小人喜悅貌以陰居陽不正也處豫而不正宜其有悔九四為豫之主巳獨比近是諂而求豫者也夫心動則目睢盱以睢盱不正而求豫物所不與宜其悔也若知其不正而見幾早辨之則可以無悔如六二不俟終日則善矣今三遲緩而不見幾故曰遲有悔

九四由豫大有得勿疑朋盍簪

九四以一陽為衆陰所宗是豫之主也衆陰猶民也猶君子為豫之主衆由之而得悅豫故曰由豫如頤卦之上九為衆陰之主亦云由頤言衆民由之而養也不當至尊之位而上下由而歸之是大有得也勿疑朋盍簪者夫衆陰蒙昧不能自致悅豫又無他陽以分其應故皆由己以求悅豫己雖以陽居陰又不當尊位然上下衆陰自然歸己勿自疑慮其朋類並来合聚于己如髮之合集於簪也四以一陽貫于五陰之中五陰柔弱附陽安豫有類簪之總髮劉牧之

說爲是雖其取類至小然易義取譬於物多如此類如噬嗑曰頤中有物是指九四一爻言之也頤卦上止下動取頤之義如巽爲寡髪廣顙坎爲心病耳痛之類多矣

象曰由豫大有得志大行也

上下羣陰皆應之故其志大行也

六五貞疾恒不死象曰六五貞疾乘剛也恒不死中未亡也

以不正居尊下乘于四四以剛動爲衆陰之主而已乘之居不獲安如得正疾豫何有乎然亦未能害亡

于己可以守其常不至于死盖于中故也

上六冥豫成有渝无咎

處豫之極又陰為暗昧是冥昧于豫者也冥豫成者

謂其志耽逸豫至于窮極荒于禽酒溺于聲色流蕩

忘返冥昧已成者也若桀紂太康是也有渝无咎者

蓋聖人不絶人於亂亡與其改過自新云雖冥豫已

成如有改過變渝之志則猶庶幾可以无咎也

象曰冥豫在上何可長也

居上而冥豫何可長如此而不改有能渝變則無咎

聖人於豫之初則曰鳴豫志窮極必凶至于極則曰

寘豫盖豫不可長樂不可極故于始終垂戒

䷐隨 震下兌上

兌為澤震為雷澤雷為隨隨次豫者序卦云豫必有隨故受之以隨言人能順動而悅豫則必有隨時之道先儒多謂順動而豫為彼之所隨其義不通隨之為體陰陽相隨已之所以隨物所以隨已當互見其義也已之隨物如剛来下柔是也物之隨已如六二係小子六三求有獲是也夫隨者謂君子之道隨時而行時有險易消息盈虛不可固執一道見可則隨則其道大通而無過咎也然則澤雷二體何以為隨

澤雨之類也雷動則雨澤隨之故以澤雷為隨君子小人皆有隨君子之德高明剛直若不委順下隨于物則無以得天下之心盡萬物之情以成功彖辭所謂隨剛来而下柔是也故天之下隨於地則萬物生君之下隨於臣則業成天地交泰是也夫子下隨於婦則男女育咸卦男下女是也孔子嘆隨時之義大矣哉此也又君子内有常德而外隨時是隨之正也若内無常德而外從于物是回邪詭隨之道也此正如經權之義經者道之常權者經之變也故執經而無權則膠矣離經而用權則賊矣故荀子曰道者體

常而盡變是也孔子曰伯夷叔齊不降志辱身柳下惠少連降志辱身言中倫行中慮虞仲夷逸隱居放言身中清廢中權我則異於是無可無不可孟子曰孔子聖之時可以仕則仕可以止則止可以久則久可以速則速此皆隨時之義也小人之所隨為其冥昧無知不能以自治故暗者必隨于明柔者必隨于剛賤者必隨于貴如六二之從初九六三之從九四也

繇辭曰隨元亨利正无咎

元大也亨通也利者利天下之利也隨之為道必有

元大亨通利物正固四德則无咎若壯志在隨時而
無元善長人之德合亨通之會無所利於天下其自
守又不正固未免有咎故曰隨元亨利正无咎
彖曰隨剛来而下柔動而悅隨大亨正无咎而天下隨時
義時之義大矣哉
觀此卦體本因天地否卦所變否卦上體是乾下體
是坤今乾之上九剛爻下交於坤之初六柔爻是剛
来而下柔也又隨卦下體是震震為陽剛之卦上體
是兑兑為陰柔之卦今震在兑下亦是剛来下柔也
又初九之剛在六二與六三兩柔爻之下九四九五

之剛在上六柔爻之下亦是剛来下柔也夫剛合在柔上今反下從於柔故曰隨也夫居上而能下隨於物則物亦隨之不獨巳能隨物而物從而隨之可以相與而成事業故序卦曰以喜隨人者必有事故受之以蠱蠱事也故天之隨地而萬物生君之隨臣而功勲成夫之隨婦而成變化皆剛来下柔也動而悅隨者下體是震震動也上體是兊兊悅動而必以和悅是隨時之道也先儒多云動而悅為物之所隨夫隨時之義大亨正无咎而天下隨時者夫隨時之道若不元大亨通則違人逆物非隨之善也道雖大通

又須利以正若隨時而不以正則是回邪之道不能無咎也夫隨而有此四德則天下之事業無不得隨時之宜也故曰大亨正无咎而天下隨時孔子又歎隨時之義大矣哉非聖人不能與于是如三代聖王禮樂沿革之不同皆隨時以順民心忠敬文三者循環相尚以救時弊又所謂隨時之道主於從宜制度不可固執一端如堯舜之世畫衣冠三代肉辟至漢除肉刑後世笞杖之法周官三典平國中新國輕亂國重唐虞百官夏商官倍周官三百六十洪範又用三德强弗友剛克燮友柔克平康正直此皆是法制

隨時之宜也又聖人所為有隨時者若孔子可仕則仕可止則止魯人獵較孔子亦獵較在魯則遲遲而行去齊則接淅而行微子去殷箕子為奴比干諫死禹稷勞心苦體顏子樂陋巷夫聖賢之道則同所遇之時則異堯舜三王禹稷孔顏箕微之徒易地則皆然也

象曰澤中有雷隨君子以嚮晦入宴息

夫雷動物也震動出于地則振滯起蟄以生萬物今雷在澤中則靜伏而無為此雷之出處隨其時也君子法此澤雷隨時之宜晝則出而事有所營為向日

之晦則入而宴息此視時作息如雷之出處也夫人晝而作夕而息是隨時之所當然若居晝而反息向夕而反作是非隨時之道也諸儒所觧多以君子無事無為而天下隨之法此澤中有雷既取天下悅隨無事無為之義不當言向晦入宴息也

初九官有渝貞吉出門交有功

渝變也官有所專主者也有所專主則不可變渝易曰立不易方傳曰守道不如守官荀子曰精于道者治三官是也夫隨之為道主于隨時之宜以變不可固執一道不足以為隨今初九居隨之始為動之首

上無其應心不私係雖有官守不可以執一不變可隨則隨然惟義之比故曰官有渝又須以正則吉若渝其官守而詭隨不正則非隨之道也出門交有功者夫隨之六爻陰陽相隨居隨之初以剛下柔其志不係于一有来則隨而物亦隨之故曰出門交有功與物交而有功也

象曰官有渝從正吉也

凡官不可渝今若渝而隨時須從正則吉也

出門交有功不失也

六二失丈夫六三失小子皆有所係故也居初無係

出門而交不失其隨也

六二係小子失丈夫

小子初九也最居于下故曰小子丈夫九五也丈猶長也五居上位故曰丈夫今觀六爻陰陽相隨之義夫柔者必隨于剛暗者必隨于明弱者必隨于强也六二陰柔之爻不能以獨立必隨于剛陽然後能濟五雖已應遠不能通初近於已從宜而係之故曰係小子失丈夫

象曰係小子弗兼與也

夫人之所隨不可不慎係乎小子則失丈夫不可得

而兼與也

六三係丈夫失小子隨有求得利居正

係丈夫謂九四也四位于上故曰丈夫失小子謂初九也初位于下故曰小子為二所隔故失之六三本應上六今上六亦是陰爻不為巳應柔不自立近于九四之陽爻必隨於四然四本應于初初亦是陽不為巳應而六三亦無正應以此隨而求之其志相合故曰隨有求得雖求四而得四相隨然皆非正應又六三以陰居陽九四以陽居陰位皆不正又皆違中雖相近從宜配合須以正道相隨則可故曰利居正

象曰係丈夫志舍下也

柔之為道不利遠者惟陽剛之近巳者即隨而係之六二雖係初九又失九五六三雖係九四又失于初故曰係丈夫志舍下也三與初同是震體令以四近巳從宜相隨故舍于下下即初也夫隨之為道無所不隨故象曰天下隨時若係此失彼皆未盡隨之道故孔子無可無不可也

九四隨有獲正凶有孚在道以明何咎

九四以陽居陰履非其道又逼近君居多懼之之而下據其君之民六三陰爻與巳合志而求隨巳故曰

隨之世處非尊位而獲其民在于臣道正之凶也然四是陽明君子雖位違中失正居疑懼之地而獲其民然而有庇民之大德有事君之小心志無私邪有以孚信天下實在于道如此之明又何咎也

象曰隨有獲其義凶也有孚在道明功也

居非其位而獲其民若志在私邪不以其道則凶也若有孚信而在于道足以明其臣功也

九五孚于嘉吉象曰孚于嘉吉位正中也

孚信也嘉美也善也履正居中而應于下爲隨之主盡夫三德之美足以孚信于天下嘉美而吉故曰孚

于嘉吉

上六拘係之乃從維之王用亨于西山

上六居隨之極隨道已成已獨處外在後是悖慢而不隨者也當以恩威信令拘係之又從而維縶之西山者上體是兑兑為西方西方屬陰陰主暗昧山是險阻之所隨道已成而暗昧險阻之方有所不隨王用此係維之法以亨通之故曰王用亨于西山王者先儒或謂文王或謂非文王觀周公作爻辭孔子彖繫多寓文王之事但辭不直稱文王故止曰王聖如文王有聖人之德而天下隨之如詩云昆夷駾矣客

人不恭敢距大邦侵阮徂共皆是文王所通者也文辭之意雖非文王推此而言即謂文王亦可也然文王之國在西蓋當時有通西山之事故取其事以明此爻

䷆師 坎下坤上

師衆也凡人之衆多莫若行師用衆最為多也周官司徒職六卿有六師一師計一萬二千五百人故此一卦專明師旅之事然下文又云君子以容民畜衆又取民衆之義不言師旅何也蓋聖人推明卦體不專取一義或别有義可取亦兼取之如屯卦取屯難

之義又以屯訓為盈他皆倣此也然師卦所以次訟者蓋民之初生則有飲食之欲有欲則有爭有爭則有訟訟之不已則師衆起故序卦云飲食必有訟訟必有衆起故受之以師是也然則地水二體所以為師何也蓋卦五陰而一陽五陰衆多即為師旅九二一陽即為將臣專主之六五雖居尊位然體柔順亦當專委于二夫師旅之衆必主于一將主于一將則號令節制有所專授事無間而功可必成矣若主將二三則功不專一士無適從也如國朝之制遣帥將兵必使中貴人監之故雖有神明之將動有所牽不

得專制所以多無成功往歲西師屢衄由此患也夫軍中之法雖君命有所不受其可有所牽制乎

繇辭曰師正丈人吉无咎

師正者凡行師用兵必須以正用仁義之師即為正也湯伐桀武王伐紂義也拯民于塗炭以安天下仁也若私邪奇譎則不可也如湯武之征伐順天應人拯生民于塗炭之中非以自私為一身之利此是師之正也若心有所利取其民人奪其土地是不以正也齊人伐燕取之孟子曰今燕虐其民王往而征之民以為將拯已于水火之中簞食壺漿以迎王師此

是正也若殺其父兄係累其子弟毁其宗廟遷其重器如之何其可此是不正也如齊桓公伐楚責其包茅不入王祭不供昭王南征不還責之之義則正矣其心實不然假其義以伐之非為王室此是不正也丈人吉无咎者王輔嗣云丈人嚴莊之稱丈亦長者之稱凡行師用兵統御大衆必有嚴莊剛中之德可以長于衆人者為師之主如此則吉矣輔嗣云吉乃無咎非也夫兵者凶器戰者危事興大衆以毒役天下不能無咎悔然九二有剛果中正之德又上應于君又行危險之事往而能順以斯補過吉而無咎矣

彖曰師衆也貞正也能以衆正可以王矣

以猶用也能用師以正則可以王天下湯武是也湯征葛伯孟子曰爲其殺是童子而征之四海之内皆曰非富天下也爲匹夫匹婦復讐也故如征自葛十一征而無敵於天下東面而征西夷怨南面而征北狄怨曰奚爲後我此湯之所以王也武王伐紂王曰無畏寧爾也非敵百姓也又孟子曰武王一怒而安天下之民此武王所以王也此是能用師以正可以王天下者也又王往也用仁義之兵弔其民伐其有罪天下之民皆襁負其子而歸往之矣

剛中而應行險而順以此毒天下而民從之吉又何咎矣

若九二雖有剛中之德可以將大衆上若不順應之不寵錫之亦莫能大舉征伐行險而順者下卦屬坎險也上卦屬坤順也行危險之事而衆皆順之方可以用衆以有此二德乃可以毒使天下以往征伐而民順從又有何咎也

象曰地中有水師君子以容民畜衆

夫地道廣大深厚可以包容畜養水之為物流濕就下比而為百川四瀆最為衆多今在地中悉皆涵容畜養故君子法此二體容畜民衆如地中之容水也

夫將師之御大衆亦當包含畜養方能役使以成武功也

初六師出以律否臧凶象曰師出以律失律凶也

初陽位也以陰居之非正也故言失律之凶以戒之否訓不也言不以律也臧善也在師之始是方將出師之初時必須深慎預先戒誓簡閱其衆三令五申令有法律齊一然後舉無所失矣如周禮夏官司馬之法中春教振旅辨鼓鐸鐲鐃夏教茇舍選車徒讀書契辨號名秋教治兵辨旗物冬大閱四時皆教以坐作進退疾徐疏数之節皆是師之法律大畧也況

兵凶器戰危事持千萬夫之性命以臨陣敵得利則生若不戒勅訓練而輕出不幸而敗亂使千萬無辜之人肝腦塗地豈細事哉孔子所慎戰重人命也故聖人特于初爻以戒之言師出之初當齊之以法律否臧凶者謂若不以律雖幸而善勝終竟必致凶咎夫出師不以律雖以奇勝在王師之法亦所不取如孟子所載王良為嬖奚御王良辭曰吾為之範我馳驅終日不獲一為之詭遇一朝而獲十我不貫與小人乘不以法度雖幸而獲禽王良所不取況用師乎王輔嗣云否臧皆凶非也

九二在師中吉無咎王三錫命
在下體之中故云在師中在師而有剛明中正之德師衆所歸又上應柔順之君此其吉也以陽居陰雖失其位本宜有咎然御衆以中不失其正可以補過無咎也王三錫命者六五之君體于柔順自不能以剛武行師用兵以征不庭須下委將之有嚴莊剛中之德者再三錫命以褒寵委任之承天子再三之寵命吉莫大爲故曰王三錫命承天寵也以古人言之如武王之任太公成王之屬周公宣王之命召虎也大明詩曰維時尚父時維鷹揚涼彼武王江漢詩曰

王命召虎式辟四方釐爾圭瓚秬鬯一卣告于文人

錫山土田于周受命此猶錫命之類也

象曰在師中吉承天寵也王三錫命懷萬邦也

王所以委寄再三寵錫者以其能以王師弔民伐罪

懷來萬邦也

六三師或輿尸凶象曰師或輿尸大無功也

以陰居陽乘剛不正猶柔邪小人而欲任剛武之事

不可委用也如用之或至喪師覆衆有輿尸之凶或

云師衆也尸主也衆主之義恐非輔嗣注以陰處陽

以柔乘剛進無其應退無所守可取

六四師左次無咎象曰左次無咎未失常也

凡行師用兵須有剛武之德四雖得位而體柔順又非得中下無其應不宜行兵用衆可以止也但卽生地次舍不可以動可以保常無咎子夏左次者不用之地此可取老子曰偏將軍處左上將軍處右又曰君子居則貴左用兵則貴右皆通蓋左屬陽養生之地右屬陰刑殺之地先儒云行師之法欲右背高或云左不便于用或云左者逸右者勞恐皆非也

六五田有禽利執言无咎長子帥師弟子輿尸貞凶

六五柔順之君自不能以剛武躬行征伐必委剛中

之臣以爲將帥既以征伐委仗于臣下然師旅危險之事生靈死生之柄其任至大不可輕授于人故聖人特于此爻戒之若專委長子帥領其師衆則能行險而順懷来萬邦長子謂九二也子男子之稱若委任弟子謂六三也陰柔非正而居陽位其志欲任剛武之事者也授之匪人必致輿尸之敗用之雖正亦凶也

象曰長子帥師以中行也

任得其人以中正之道行也

弟子輿尸使不當也

聖人以師為大事人君選任統帥宜慎其人不可輕
授故于六五君文重戒人君之選任也
上六大君有命開國承家小人勿用
師道之終君有恩命以旌賞其功伐功大者俾其封
國為諸侯其次俾之承其家為卿大夫又慮成功之
臣或有小人古者使愚貪不可以有其功例授家國
終以致亂故聖人特于師道之成論功之際戒之若
小人有功但當賞以土田財利可也不可授以家國
言不可用之必凶
象曰闕

易講義卷二

易講義 三

詒經堂

昭文張金吾寫定續經解

忘筌書十卷

［宋］浦城潘殖撰

中國國家圖書館藏清嘉慶十六年刻浦城遺書本

忘筌書十卷，宋潘殖撰。殖字子醇，自號浩然子，浦城人。宋徽宗大觀年間，兩以鄉薦上禮部，不遇，建炎中始以累舉除官，調真州推官。性嗜學不倦，忘筌書外，又撰有性理書九篇。

潘氏初爲王安石新學，後悟新學之非，遂棄之，於是述忘筌書五卷，以闡發易理爲主，推演象數以悟河圖、洛書宗旨，又以九疇與卦德莫方不同而引類則一，各演爲圖，雖不免引及釋氏、老莊之説，然其大旨乃宗法孔孟以修明經世之學。故清人纂宋元學案補遺，歸之於「洛學私淑」一類，列劉子翬之後，云：「劉白水勉之、劉屏山子翬皆喜其書。屏山跋其後，極稱其得學易門户。」補遺録其守微説一篇（見忘筌書卷十），並引焦竑評云：「焦氏竑題安正忘筌集曰：『宋人嘗輯一代諸儒語爲鳴道集，而殿子醇、屏山、李純甫，一一評騭之，無少假借，獨于此集則以爲破後學之大夢。』又云：『發莫名之秘，以救生靈。』余故取其守微説，以備一格云。」潘氏議論之精純較程、朱或有不逮，然不乏獨到之見，故爲焦竑所稱。

是書於宋代曾經梓行，又收入宋人所輯之理學叢編諸儒鳴道中。陳振孫直齋書録解題卷九儒家類著録：「忘筌書二卷，浦城潘植子醇撰。多言易，亦涉異端，凡五十一篇。此書載鳴道集爲九十二篇，附見者又十有三，而館閣書目又稱七十七篇，皆未詳。」又卷十雜家類重出此書，云：「忘筌書二卷，潘植子醇撰。新安所刻本凡八十二篇，與館閣書目、諸儒鳴道集及余家寫本篇數皆不同。本已見儒家，而館目置之雜家者，以其多用釋、老之説故也。今亦別録於此。」知陳振孫嘗得見各種不同版本。明萬曆間刻本作安正忘筌集二卷，著者亦作「潘植」而非「潘殖」，與陳振孫著録同。是書在諸儒鳴道爲卷五九至六八，題名亦作安正忘筌集。

此清嘉慶十六年（一八一一）祝昌泰留香室刻浦城遺書本忘筌書十卷，半葉十行，行二十三字，黑口，四周雙邊，單魚尾。書名葉題「大清嘉慶辛未，潘子醇忘筌書，浦城祝氏留香室彫」，版心下鐫「留香室開雕」。各卷端題「後學祝昌泰較刊」。書末有祖之望跋，云：「是書久散佚，不知何人刻入鳴道集中，長樂梁芷鄰由福州鈔寄，不可謂非幸也。」可知留香室本係據鳴道集之鈔本重刊。宋本諸儒鳴道今仍存世，上海圖書館有藏本，孤本秘笈，世所稀見，不知梁章鉅（芷鄰）所據鈔者即此本否。以留香室本與宋本相較，卷二六九數篇以下編次並非全同。民國十五年（一九二六），傅增湘借周叔弢藏清初宋氏桀光樓鈔本諸儒鳴道校勘此書，訂正三百餘字。每卷末皆有傅氏校畢識語。（樊長遠）

蒲城遺書
忘筌書
上
上

大清嘉慶辛未

潛子醇思全書

浦城祝氏留香室彫

忘筌書卷之一

宋潘殖撰　　　　後學祝昌泰較刊

統論

聖人觀身心於易易無體是爲大象形所由生易無思是爲太極心所由起無體者身之本無思者心之源大象伊何形影未兆而非夢者是也太極伊何喜怒未發而在中者是也此以未始出吾宗故居形數之先制形數而非制於形數斯謂之常以無古今無去來上無初下無終涉萬變而此不變者也聖人方其與人爲徒則有身心於是獨觀其始以歸其宗故觀身於艮而得不獲其身之理觀心於復而得退藏於

密之道身心復本而即廣居正位以恬而養以虛而應無非順至理之自然故不識不知順帝之則去智與故循天之理其應而寂也亦猶響谷虛形燭影其淵靜夷易而略無難者後之學者不知不習之道由地道之光惟黃中通理則正位居體乃溺於楊墨之有取而畔援歆羨之心勝於是景仰其高明慕悅其功美循其步趨而從之跡則是矣其所詣則殊也皆原於不明而汩於有取有取則隨所見見則不離兩端兩端而有取則必倚於一偏兩端而偏重則傾而非中庸故不立中庸不可能唯兩端偏重之見熄則至焉中庸之為常蓋以身心之本也聖人體之以應萬變動而時中斯無往而

不立應已而寂不離本宗以循身心之本始不墮禍福之倚伏不明則取故慕其仁樂其義而學斯在外矣凡後學之失悉由於取楊墨之徒啓之以陷後學辨而出之亦不宜略聖道平易直詣本宗所以易簡而天下之理得理得而成位乎其中成位自成則無功而超詣矣

宅心

易有太極是生兩儀兩儀藴太極於中是爲天地之心而天地之心實無定體大包六合細入秋毫本無限量與太虚等虚包萬有而無畛所可證者感應而已故雖見其心於復乃無心之心唯見其情於咸而感應獨存焉有感斯應悉緣象

類感之以其道則正感之非其道則忒蓋以本自無心特隨感而應惟影響耳是以文武適正則致天之屆幽厲反是則天之方虐是則天地之心必待聖人而後立爲人上而思所以福天下豈他道哉愼所以宅心而已心之所居位正則體正體正則天地正是以陰陽寒暑七政四時靡不悉歸於正而天下和平災害不生禍亂不作質其本源由宅心正位而已正位之居喜怒哀樂未發之先也是謂大中唯兩端無偏重則至焉聖人之所以爲聖人如斯而已

中庸

神自正位出應所感唯獨理接事而已獨理則爲智接事則

爲行智所以知此者也知之斯能行之知之過則其行之甚
有獨高而不可以跂及者此賢智之名所以立也夫道不可
以不知既知矣則宜冥之以不知始安於正位而無我此理
不諭乃專以知爲事則其德反離而貳矣不知愚也知之智
也皆一偏之名也夫畜而不知者萬物也由而不知者衆人
也用而不知者百姓也是皆以不知爲患也此所以爲愚而
所謂智者則又無所不知而不悉多知之爲敗夫知以知不
知爲尙不爾則至宜不知處而反知焉祗所以爲病是以多
知爲患也此所以爲智智者過而愚者不及過與不及等耳
皆非中庸也嘗謂賢者過之爲趨高也其患在歆羨於外慕

舍其田而芸人之田也趨高以有蔽於外道若何而可明智者過之為其鑿也其患在居畔而援取邊境之人其名為竊也穿鑿以有窒於內道若何而可行蓋智慮外通故常思出其位外通則內暗而多窒黃中中通是以美在其中中通則朗徹而無礙唯黃中通理則正位居體得王有常茲謂中庸賢智居在一偏既不至中庸則反與愚不肖同科以既非正位居體則體皆裂其大全而麗一曲均墮於形數何足尚哉然中庸不可能也始以兩端有偏重引之出而麗於不正惟無兩端偏重之蔽而一視焉斯無繫而復正位故不期於中庸而自中庸矣以其不可能無所致力也其機在於外有繫

而中不止特齊其兩端而均無取焉自不繫而止其所斯中庸矣

傳道

大道之傳自堯舜以來前後相承若出一人聖道大備無不該貫而有至要者足以總括無外故孔子於終篇發明其旨其言曰堯曰咨爾舜天之歷數在爾躬允執其中舜亦以命禹是堯舜以來相傳者允執厥中也抑嘗即書考舜之命禹於允執厥中之前則曰人心惟危道心惟微惟精惟一允執厥中此堯舜以來相傳之實也嘗謂人心者變體之心也有思而有爲道心者妙體之心也無思而無爲有思有爲則其

慮宜深惟頻復始厲而無咎故惟危無思無爲則其藏宜密以復小而辨於物故惟微夷則微而於夷處則安居偏則危而於偏處則宜覺卽其反而則惟一矣於此精之又精則兩端不迷不見等差始一貫而會於大中中在喜怒哀樂未發之先位乎皇極之時也此時無我不待致力精者非他特卽偏而覺覺則自不迷復始則默而成之不言而信存乎德行偏而能覺反復其道神德行於向背之頃斯與道心脗合而會於大中是謂成位乎其中雖然此猶藉人功也迨燭盡兩端本異名而同實迺無可偏重者自不傾而麗有方矣非至精不能與於此後之不明其本而以私見取之若子莫之執

中此聖道之所以差也有取則所學者外雖中亦偏既非成位乎其中於是反不一偏之蔽要之道不可取惟不主一偏而兩端一貫焉自然復正位而中矣

治亂

堯舜之心天地之心也天地由太極以生堯舜由大中以立大中者人心道心合而爲一者是也虛以立一以行卷之不盈握舒之彌六合是爲妙用卷舒自如故無思無爲寂然不動者是其體變動不居周流六虛者是其用此其所以建立三極而範圍天地燮理陰陽也此道相傳自二帝與三代之盛前後一律文武重光之際宅心無貳故其馴致則由庚作

而陰陽得其道理崇丘作而萬物極其高大魚麗詠其盛多華黍歌其蓄積三登相仍以底太平皆原於以天地之心理天地故其成効如此自周公爲成王作康誥敘商耇成人之宅心其可考證者本於建用皇極而成王有重光奠麗陳敎則肆之訓爾後茲道漸不聞於在上之人而先王之澤竭故自成康以後漸以陵遲繼以五霸之假楊墨之取出而亂之遂失本宗此道湮沒不復見矣天之未喪斯文孔子集大成而終於獲麟孟子學孔子而終於無有乎爾道不行於上敎但垂於後而已直待黃石傳而漢興河汾盛而唐顯治安之術必由此道之行也噫大中之道由人心道心合而不貳以

致妙用故入而復本是其常出而致用是其應有本以立有用以行而妙用之功全旣失玆道專用人心背本逐末不復知反而道心屏蔽隱沒不可見矣人心適偏當危不安迷其所歸易常以妄是爲夢幻以夢幻之心應天地之本心其不合也較然非徒不合而亦隨之以變陰陽何由而和妖孽何由而熄禍亂何由而止周自成康以後治安不能十之一而亂離常至於十九民窮於兵革糜爛而莫之救使憂世之士不悟其所以然則已悟則豈不深痛之哉

大人

大人無已者養其大體而不徇區區之小已也不徇區區之

小已斯合併而爲公焉太虛無際藏諸方寸之間其分而爲天地運而爲日月變而爲四時列而爲鬼神脗然自會未嘗有二也故與天地合其德與日月合其明與四時合其序與鬼神合其吉凶天地之德天地之心也合天地之德由見天地之心也以天地之心爲心則合乎天地之德矣與日月合其明者審乎明之相推而生也坤道之光變乾爲離而乾亦變坤爲坎故日常用坤之光而月常歸坤之明體之者亦必用其光而復歸其明焉光明於是乎緝熙而與日月無異則合其明而見天地之心矣四時之運皆天行也見象而見天地之心則消息盈虛動以天行則與四時合其序矣神之所

爲占此而出也故鬼神無私惠迪則吉從逆則凶惟影響無私之德契乎冥漠則與鬼神合其吉凶矣動必符於幽明而不在區區之小己是其所以爲大故先天而天不違後天而奉天時天且不違而况於人乎况於鬼神乎允出此道則感之者化故一正君而國定矣

坎離

乾天也衆陽之所宗故爲大赤坤土也土之眞精天五沖氣位乎中央故其色黄赤則陽著見而已黄則地道光然故坤之中爻入乾之中爻則爲離斯謂之黄離乾之中爻入坤之中爻則爲坎故坎爲赤木煅以火土性盡則爲炭炭之再爇

唯赤而已不光也發以薪蒸灌以膏油以土之精加焉其焰則黃所以光也故凡有光者其色皆黃以土之眞精貪至陽以發也脈之六部皆有胃氣則生以有土也至發見乎色則黑欲如烏羽赤欲如帛裹朱砂皆有神光則生亦土之眞精發見乎外也故土之眞精爲常生而常明焉惟其然故坤之正位入乾之正位加一畫之上則爲離故離火外明以明來自外故也乾之正位入坤之正位加二畫之上則爲坎故坎水內明以明根於中故也內明水性則通徹無礙外明火性則蔽隔多暗蓋離上下皆陽畫則赤而已唯黃居中焉則光故離火本末皆赤至則於赤爲過矣隨而黑焉在人者奚可

恃外明以爲常然而不歸其明哉然光明皆資一以致用故眞一用其光復歸其明不迷復也用其光則離之性也歸其明則坎之性也坤旣變乾爲離故日常用其光以外照至於月則以坤之光旣變乾爲離矣故向日而明復歸背日而明漸徃所以有盈虧然其原由坤實本明也故反照則明復歸焉性之明由是也此大人所以與日月合其明於是用其光則可以觀生歸其明則可以觀象至如鳶飛魚躍而上下察則天地皆不外乎所觀矣土之數五唯六二一位變乾爲離而離爲目以司外視其在本體之明蓋多焉歸明於本以全坤德則其照益廣矣夫然後於明爲足言離特用坤之光故

火爲外景是以目之視也合明而明合暗則其明也合日火之明耳橫目之民見光而已以未嘗歸明於本以見曉於冥冥若是者安得不變而爲黑以與草木同盡哉故曰失吾道者上見光而下爲土目無見則爲土矣

精神

精神之學所以深究精神之旨精者神所藏神者精所應精神瀰滿於天地之間其氣爲陰陽其數爲一二其物爲水火皆宗於精神在天爲日月所以照燭幽隱在性爲光明所以炳察內外神貴乎黯黯而得休息此養神之道也所以貴於葆光襲明焉光明合乎日月常貴於歸其明而不用則蒙其

致用則徹故蒙以養正是其常徹以見獨是其適明之照事
察理則爲思祇於出其位則思不膺是爲理事之所役麗於
一方而罔覺理之暢者觸類而旁通是謂元通不在於苦思
苦思是中方窒而未通乃强以求通强以求通則愈窒而反
以累神苦思而不止則過於明明淫則爲心疾蓋以離火之
爲人心與爲横目一也皆察外而不自察見彼而不自見是
以麗於不正之體而起生滅惟能歸明於昧則復乎明之本
而爲元亦爲蒙元所以養神蒙所以養正此其所以作聖而
常人之思悉由偏重出麗一曲過是則思所不及若夫不出
位而無封畛之所常人則思無自而至此自非已覺則未嘗

於此游心能游心於無封畛之所則一念而作聖矣

清明

道心本天地未判之先人心由坎離既分之後君火之傳變乾爲離其在人也則爲人心爲橫目方其在天離常用坤之光坎常歸坤之明原於坤二變乾二而爲離乾者純陽用之而光獨熾明雖坤精乾陽已用而熾故月雖歸其明終不能勝火是以月之滿也唯望而已至如晦朔之際全不明者屢矣況人日樂外景而畧不知歸者邪歸明之艱雖坎之習不能常滿討天地猶無全功而聖人之心其體常睿常若滿月之燿夜故與日月合其明而獨能勝火乃足以補月之未至

者由強以自勝也故勝火者聖人之心也火勝者衆人之心也横目所睹濁明外景天光之發淸明內景外景則內晦內景則朗澈濁明則見光而已淸明則無幽不燭濁明偏而淸明備也月雖歸明實明之本舜之濬哲成之昭融皆淸明之在躬者也未見道之人全用者離全闕者坎欲進此者當使明夷而睿坎常勝復離月常勝火要其終猶能補天地之未至者矣至於不用則蒙以養正用則澈以見獨非月能勝火則未能兼有而具此者也

處明

君火不用事故常葆其光而襲其明居坤正位之時特黄中

而已未常曜也及變乾爲離而致用焉故曰乃用其光乾亦變坤爲坎而月復歸其明明歸本位矣宜其晦也而乃明焉以乾陽之一用之也惟明夷明入地中是復還其本位本性如其初矣故異於月之歸其明是月特坤體而已乾陽旣來巳爲之主所以歸其明而爲乾陽之所用是以致用而明還其本位本性乃坤之黃中也故言明夷務晦所尙者襲明也歸其明而致用故言月有明所尙者並照也人能歸其明則可兼是二者蓋用不用自如也然不照則昧是在坤之正也照則澈是致坎之用也蒙以養正所以作聖澈以見獨所以元通至能歸其明以全坤德則制之在我惟所以處之何如

耳二卦皆可倘也要之養正乃其常焉

本宗

枝幹有本流派有源嫡庶有宗臣民有主皆總於一而會於中聖人唯據會要而萬事皆畢故堯舜之傳所執者中孔子之傳所貫者一皆據會要之地也會要之地總括萬理演暢萬義蓋理窮義存而名亦不立之所於以兆理義者也由理而得義由義以生名名定而實辨焉後之人皆可循波而探其源也自其所生而求之如生兩儀生四象生八卦者可名曰極蓋以有中則有上下因兩儀而命極之名也自其所出而求之如降而爲德爲仁義爲禮智者可名曰道蓋以有道

則得此而爲德因德而命道之名也本自無名混爲一物特總於無名之樸所以會身心而身心藏於此所以爲密者緣也義而命之名名雖有萬而其本一也此理也知識可及焉而所謂名義者必有象以卓冠名義之先而名義之所自以出故立名義則象呈焉可驚可愕可愛可惡象呈於中而見於面者不可掩焉大象非知識所可見也必大目視之而後見焉見理者名義舉則見名義去則不見也見象而不俟名義則名義都忘而象自獨存謂大象象之帝也此之謂身之本而進道者之所必見者也夫神寓於知識則見其理神顯於光景則見其象見理猶與象隔見象遂與理該進道之的

實者乃在於見象大象為萬象之帝所以閱萬象者也天地之照也萬物之鑑也是以名義至而所立之名義其象自呈焉見夫大象是見身之本而心智之本亦賅而存者也所以照燭萬象者是也餘皆可忘矣等之筌蹄耳得象矣動而天行以順之保合太和以養之恬愉交暢以樂之優游自得以適之凡所以備其天養者無所不至而又持之以不倦之誠以曲全其天功時出而用以上下察上際下蟠與天地同流以縱精神之謂適爾其自神自明自適自悟自無古今自無去來其日用也應機而契無不如志矣夫是之謂實學

妙用

大道之傳自堯舜始宜不可以有加而仲尼賢之蓋堯舜得正位之妙體而仲尼擅眞一之妙用堯舜傳中所謂正位居體孔子傳一一常藏用而專妙用故神也者妙萬物而爲言體居於正位其道至簡而無窮之妙用雖陰陽不能測非至神孰能與於此妙用至神變動不居以酬酢萬變於以財成天地鼓舞萬物巳則藏用於正位是藏用致用利用孔子兼之也觀象而見象旣正位居體則不可測之妙用尤在所急兼此始全造化茲所以貴於神德行也一爲眞宰以專妙用猶之雷風至神變化不可縶繫當順其適恣其運用初若鳶飛魚躍以察乎上下至於周流六虛縱其調適即偏而無不

正矣而又藏用於正位當時命而盛行於天下則運動樞極斡旋天地而又一無跡均出此道者當兼盡堯舜孔子則天地造化斯無餘蘊

進此道

忘筌書卷之一　終

丙寅三月晦據影宋本校　訂正二十九字

忘筌書　卷一　三　留香堂開雕

忘筌書卷之二

宋潘殖撰　　後學祝昌泰較刊

易數

易之大旨有四謂言意象數而數尤其顯而易見者善學譬治木先其易者後其節目故學易數數既較然明辨斯不疑其所行而微妙處始可詣矣易數君於五而總於一故五之位在中而一與之俱爲山乎數而用數者蓋眞君眞宰妙體妙用之不相離也堯舜執中孔子貫一皆此位之數耳知至而至之則旁通並貫矣學者首當考諸數以知出數而用數者之成位至是位則超形於是止其位以觀象見象則見易

矣

六九數

數雖顯而所以爲數者隱學易者當探賾索隱以知易之本知本則末皆迎刃而解矣何謂易之本曰精神之大全者是也故易以沖氣爲宗沖氣含明精神之大全者也此易之數所以君於五天五沖氣天下之至精天下之至神以藴天下之至變於其間者也判則兆於一天下至精之變也易君於五判而兆於一故易變而爲一謂之一則一與五可知矣一與五爲六六則陰數窮矣窮則變變則迺易之所以爲易也陰窮則變而爲陽故一變而爲七謂之七則二與五亦可知

矣明舉成數者陽主進故也七變而爲九二反繼七者陽主進進則其道常饒故其數常衍所以七之後更申之以二也九者究也陽又窮矣乃復變而爲一者陰主退退則其道常乏故其數常耗所以反一無跡復歸於混淪陰陽巳兆於至變則天地由之以是輕清者上爲天而天總衆陽主進而數衍則九宜爲乾之數重濁者下爲地而地總羣陰主退而數耗則六宜爲坤之數九六之數旣有所寓聖人於是倚數於參天而一三五爲九倚數於兩地而二四爲六禮曰中立而不倚倚則各倚於一偏非其正也知倚數於參天兩地則可以知天下之至精天下之至神天下之至變是乃六九之所

題後列十數圖二又著數圖卦數圖河圖數圖六爻數圖元數圖均見後惟河圖數圖缺失

自起數之正也由此則可以知易之所以爲易矣陰陽者精神之一氣乾坤者陰陽之一物天地又乾坤之彰於有形者也易之取象以顯彰隱六九麗乎數天地麗乎形可以倚數而其旨遠矣可不鈎深知遠哉

元數

揚子草元推而至於八十一家老子論元演而至於八十一章皆著之德圓廣其一數耳自一屈信之頭暨千歲之日至皆不離此數所以天子王后設內外治之官小大相維其數固已如此皆輻湊會極之理漢儒苦元之難知豈非聖傳既絕時無知道者歟易之妙在坤之六五土之眞精位焉歸藏

此圖在行首占三行

於此爲密卦之德方包真精於中方者靜故藏密圓者動應密者之所以致用者也必精於藏密始無大患乃可以與權而致用於是吉凶可與民同患楊子作法言著潛心篇似矣然謂潛心於文王潛心於仲尼則是與畔援歆羨者亦無以異也外有繫矣心豈嘗潛藏也猶潛龍之潛藏身心於至密非外有繫者之所能也自知夫明雖闇有此理而不能詣也徒得一數而爲元未有甚補於聖道因並元之數而及焉

九疇數

九疇與卦德雖一類而數與卦德不同卦德奠方九疇引類故也奠方故八卦各相合而成十十地數也引類故八卦各

相合而成九九天數也地數以歸藏而藏密天數以皇極而經世益卦德主藏密而不用皇極主經世而致用所以名數不同卦亦有引類者至引類則亦同九疇乾坤生六子斯有類復遇姤生諸卦斯有數乾坤父母類也艮兌於男女俱少震巽俱長坎離俱中其數各相合而成九故經曰天一地八定位山七澤二通氣雷四風五相薄水六火三不相射八卦相錯卦德雖定數至引類則亦錯數況皇極所以經世豈得不用錯數然亦與卦德不同者用不用之異也皇極雖主經世亦必先藏密經世雖其疇用九藏密則皇極自居五數矣用故一與五俱顯不用則虛五而一於此藏焉探其所藏則

皆爲十五數矣

又九疇

箕子述九疇敘皇極於中於是莫不會其有極歸其有極輻湊謂之會止其所謂之歸是深明前聖卦之德方之旨與天下同歸之意疇類也如田疇之疇有疇類者爲疇無疇類者爲畸出疇類者所以君其疇類是謂皇極而皇極之建由兩端之類無偏黨者也皇有道而無爲之君所以立天下之正位者以此坤以土而稱主主有土者也極以道而稱皇皇有道者也皆所以爲眞君之稱然則進乎是者若文王之宅心其亦卦之德方退藏於密之旨歟商耇成人之宅心其亦建

此下有洛書圖半幅

用皇極歸其有極之旨歟苟得於道無施無不可乃若風后握奇制勝作八陣是亦卦之德方之意李靖因之作六花是亦蓍之德圓之意知此則知無物不然矣此中所以旁通一所以並貫也

洛書數

道常無名而無名之中至理畢具具而未形性名其理道由是顯而名謂何曰精曰神精神兆數則爲一二於是氣爲陰陽物爲水火皆自此而判也精神者水火之性水火者精神之物謂之性則彌滿太虛謂之物則分繫一偏在性則每會而爲一兆物則常析而爲二一會而爲一猶之夫婦析而爲二

是名冰炭水火異位南北殊方自坎左旋得陽之中而木位焉自離右轉得陰之中而金位焉陽動生木陰止生金四皆既成則有環衛於以知中虛之位以生有精神一貫乃易之成位乎其中其藏用妙用則至精之數是爲大一有至精則有至變應至變者是名至神神於數爲二至精無形故易無體精爲形本是爲本身攝用歸體神斯藏焉藏則復本故知精神之交初不相離是爲沖氣則以土之真精而數爲天五退藏於此息乎大陰是爲復本則雷在地中易之妙旨於此具矣聖人先立乎其大者方其藏用則併一而不貳自是致用雖併二亦不貳併二不貳則思不出位而思無疆則身未

嘗不藏焉既不貳矣斯不裂全體而可以出入大一既復成位在中得是者爲大德大德無方不滯一曲小德有體出入可議向明爲出出而之有背明爲入入而之無無出而陽無入而藏柴立乎中央聖人之成位也既會精神歸太極以養性矣於是交坎離濟水火亦所以全吾之生蓋大德不踰閑以麗有方則小德之有出入無不可者聖人唯全大德至於輔相天地燮理陰陽抑其過濟其不及使風雨常時年穀嘗豐而精神之運以交則降火升水以辨則分陰分陽雖小德之出入皆所不廢而亦每蹈乎大方不裂其全體矣

昔者聖人之作易也幽贊於神明而生蓍蓍數也由數則可以知位以見天下之大本而修身立命之旨在焉至其位則驗於河圖河圖者八卦成列數與位兼明者也藏用之位見矣蓍之德圓圓者三包一於中卦之德方方者四包一於中重三之圓則爲六六包一於中則爲七七七四十九爲蓍之數所以見用事則體因是而顯重四之方則爲八八八六十四爲卦之數以見不用事則體因是而隱言圓言方則俱包一矣但圓者動動則一以致用而顯方者靜靜則一以藏用而隱藏用而隱則有一而未形爲出乎數矣圓者動方者靜於以見天地之心得天地之心則復本矣以天地之心理天

地則是聖人代天地以理萬物者也河洛既示然後聖人繫
辭焉以申出蓍與圖書之旨自茲以往蔓衍愈多至巧歷不
能計要皆宗於蓍與圖書是蓍與圖書爲聖學之本源也後
學遠本不見指歸但循文索理章解句釋故所得者紙上語
雖言之或似祇以見彼且未免流於言語間豈所以爲實學
者哉蓍與圖書不示爻義而含天下之至理隱顯具足既無
爻義可稽必反諸在我者而求之求之而契則理自類通而
三者皆在我矣不爲爻義所眩而得人之得故聖人洗心藏
密所以由蓍圖之物卦德之方是以言天生神中聖人則之
河出圖洛出書聖人則之藏密在卦德之方因是而致用爻

在蓍德之圓要之備此者乃在於洛書洛書備見藏用利用之所於是併一以藏併二以應藏則常無應則常有且應且藏神德行於默而成之之際者且載之洛書既別爲洛書說以盡夫至機於是又申以茲說蓋箕子得是而陳洪範也

圖書奧旨

夫道有本末惟有本末則有內外惟有內外則有隱顯惑於此者所以分別眞妄析而爲二而有所取捨曾不知初無輕重惟無輕重則其無等差也亦明矣所以然者一物而二名故曰形而上者爲道形而下者爲器人以器粗而道精故器與道相遼絕曾不知器乃道之形而下者耳存於義者爲理

接於物者爲事人以事徵而理妙故理與事相隔越曾不知事乃理之彰於有者耳知道與器不殊理與事無二則一以貫之之學曉然洞照於中凡歷兩端者皆一矣奚有不通貫者哉義存而心盡矣自人事勝天理隱一物而二名者輕重而等差之錙銖於胷次遂隔於霄壤者紛紛皆是非徒無益而又偏重一端以陷溺其心從而恃私智以剖析之枝辨枝分白首窮年役於莫窮之名數而不得所歸者爲不通於一也天地豈得不以至機而示人哉河圖洛書所以爲此而出也天地之數五十有五而大衍之數五十是天五沖氣爲出數者也沖氣精神之大全故以陰陽言陰陽爲未分以水火

言水火爲未判判則兆於一故一爲形變之始出則散爲萬
而不同入則會於中而無二是一爲出數亦用數其常用者
四十有九而一常虛焉蓋一尊妙用爲出數者也出數者常
無麗數者常有然天下之物生於有有生於無無在中虛莊
子謂之是文中子謂之此有在一方君王皆謂之彼旣已謂
無矣將何自而名言蓋彼出於是是亦因彼彼旣有方而有
數數何自而出則是之無方而無數者可因彼而推知也故
洛書兼明之有方者藉變體而生待全體而成天五重氣爲
妙體是全體而未分者也天一元氣爲始變是一體而方判
者也判則以生水爲先一之再變則爲南方火故火數二是

二之爲數以一之再變名之也一之三變則爲東方木故木數三是三之爲數以一之三變名之也一之四變則爲西方金故金數四是四之爲數以一之四變名之也變體必待全體而後成故一得五而六二得五而七三得五而八四得五而九皆爲成數一二三四雖異辭詩所自來其實皆一之變而已特其變有次第故以變之次第紀之耳冲氣居中爲眞君而自生自成初無所待是其成也亦重五而已故天五之成生其實三五也知此則知河圖之縱横曲折皆不離三五正猶是也即有方者知皆一之變則知無方者雖是出數曾不離五與一也何以知之蓋是亦因彼是雖虛無不見乎事

之可跡而有是理也理彰於事可因彼而知之矣常用者四十有九則不用者常居中虛寂然而不動妙用者常是周流變動而不居常用者與不用而寓諸用者同實而異名則何用輕重而等差之哉第以居中虛者每越數而超形麗一方者每墮數而有體雖然彼是方生之說耳故彼亦一是非此亦一是非要之彼是莫得其偶始爲道樞見獨而詣夫生生之易與造物者遊矣學者當先明有極由有極而知一之爲妙用四十九數之爲常用而其實無二則不見等差無一偏之蔽而又既知其白復守其黑以歸於無極是則孔子之無知叩兩端而兼忘焉聖道斯爲盡矣作圖書奧旨

蓍卦

蓍德圓六包一於中而其數七七四十九蓍數也卦德方八包一於中而其數九一在天則至神而致用在坤則正位而歸藏既藏則超形而越數故河圖五居中而不敘判於一以示其藏密唯此為正位是以反一無跡餘位皆偏則不藏矣一既藏則其數唯八而已八八所以為卦數圓天象一於此用事而洞照故神以知來方地象一於此已事而歸藏故智以藏往用事則至靈而前知已事則至虛而總攝蓍揲而成卦卦成而象顯爻者因而重之者也五者爻之君所統之類其數亦五故爻為重五六發揮旁通情也爻者中之旁通

而復會宗於中焉故六爻之義易以貢蓍圓而神卦方以智皆包一於中爻復會宗於中聖人深鑑是理故以此洗心退藏於密而神智兼盡矣

九疇

聖人之學方其當剝雖吾之膚猶剝去之盡以有身為有大患之時至復歸於自然則又百物不廢况乎口之於味目之於色耳之於聲鼻之於臭四支之於安逸性也獨可遏絕之乎知此則知合內與外無非一真不容決擇夫五行布位八卦成列各有攸司循環迭用遞為君臣方其用事者為君則繼是者為之相已而繼是者又為君則所當繼者又為之相

會當其時更迭用事始能輔成中宮尊位無爲之功相繼迭用者特一時之君非常尊之主其有眞君存焉未判於名義不麗於形數名義形數所以可推者特有成理固存於其間而已故能歷萬變而常竝不動所以獨爲之宗而眞一之應常不出吾宗而已豈廢偏位而屏旁行者是以以九疇既謂之疇矣其數宜偶而反畸蓋有出乎疇類者君之是爲眞君而其成位則稱皇極所君者莫非疇類故通謂之九疇孔子之道竭於兩端也疇則兩兩相合如矧惟若疇之疇以其循序而遷更迭用事遞爲君臣以宗於有道而無爲之君皇極所以位乎五而居中處之正位有爲者莫不已事則會歸於有

極而獨爲之宗豈廢偏位之疇類而獨取皇極非疇類與皇極不可見矣蓋四營然後成易也惟其用事者不得不用而此獨無爲以用之所以爲獨尊耳居是位者爲正位而所謂先覺者特於正位能早復故常一而不貳耳

下接著數卦數圖

十數圖

九數 八數 七數 六埊
四 三 二 一數

九 八 七 六 五 四 三 二 一

莊子曰數一二三四是也四時其大者過是則何言而四時所自以行者矣合一二三四則十數備五則出數

又十數圖

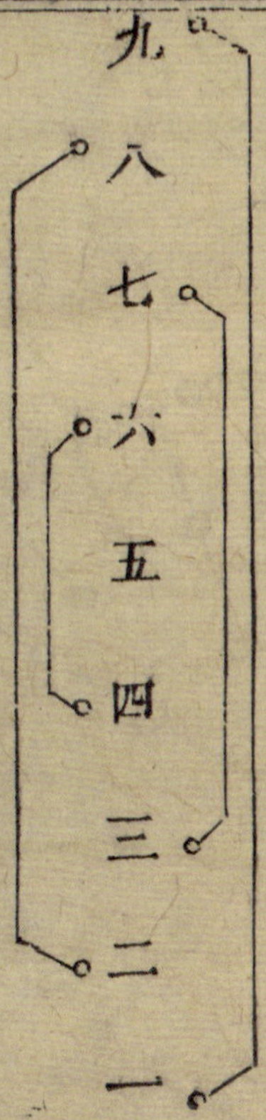

元數在六爻數後

元數圖

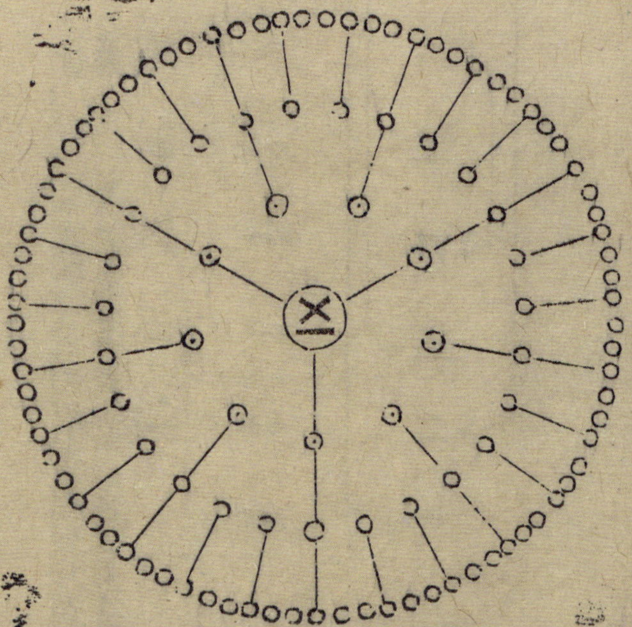

卷二

卦數有河圖數

卦數圖

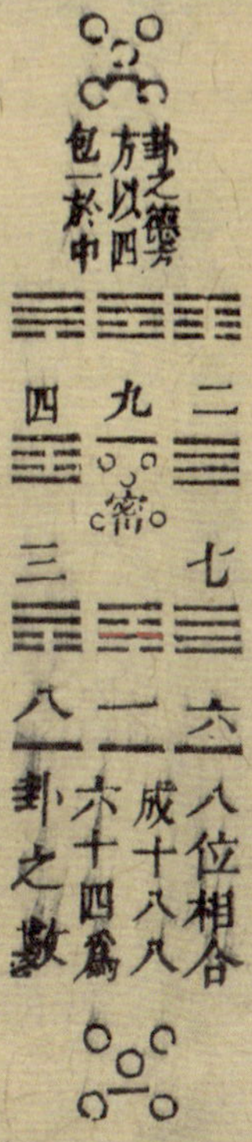

五與一同宫爲出乎數堯舜在上而傳中正位也孔子在下而傳一與宰也皆出乎此一於此藏用而無跡故密唯知其體周遍耳

蓍數圖

五十有五而除四十九則餘六是五與一出乎數

爻數圖

××××××

五爲君位出乎數者餘爻其數

六五皆眞君至德之所寓故神

忘筌書卷之二終

三月三十日訂正二十五字

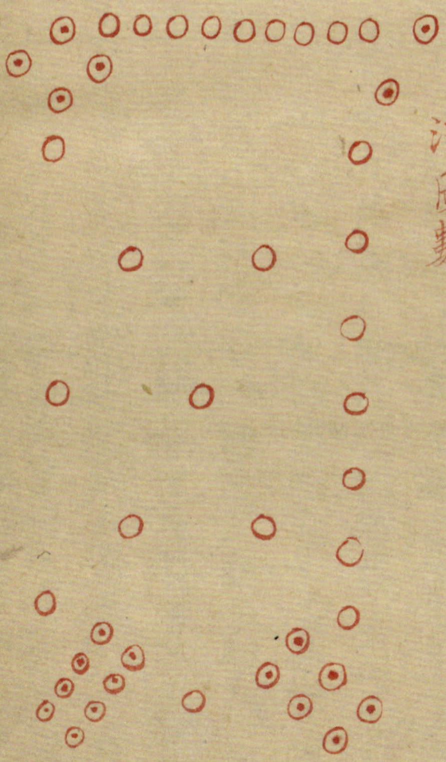

河圖數

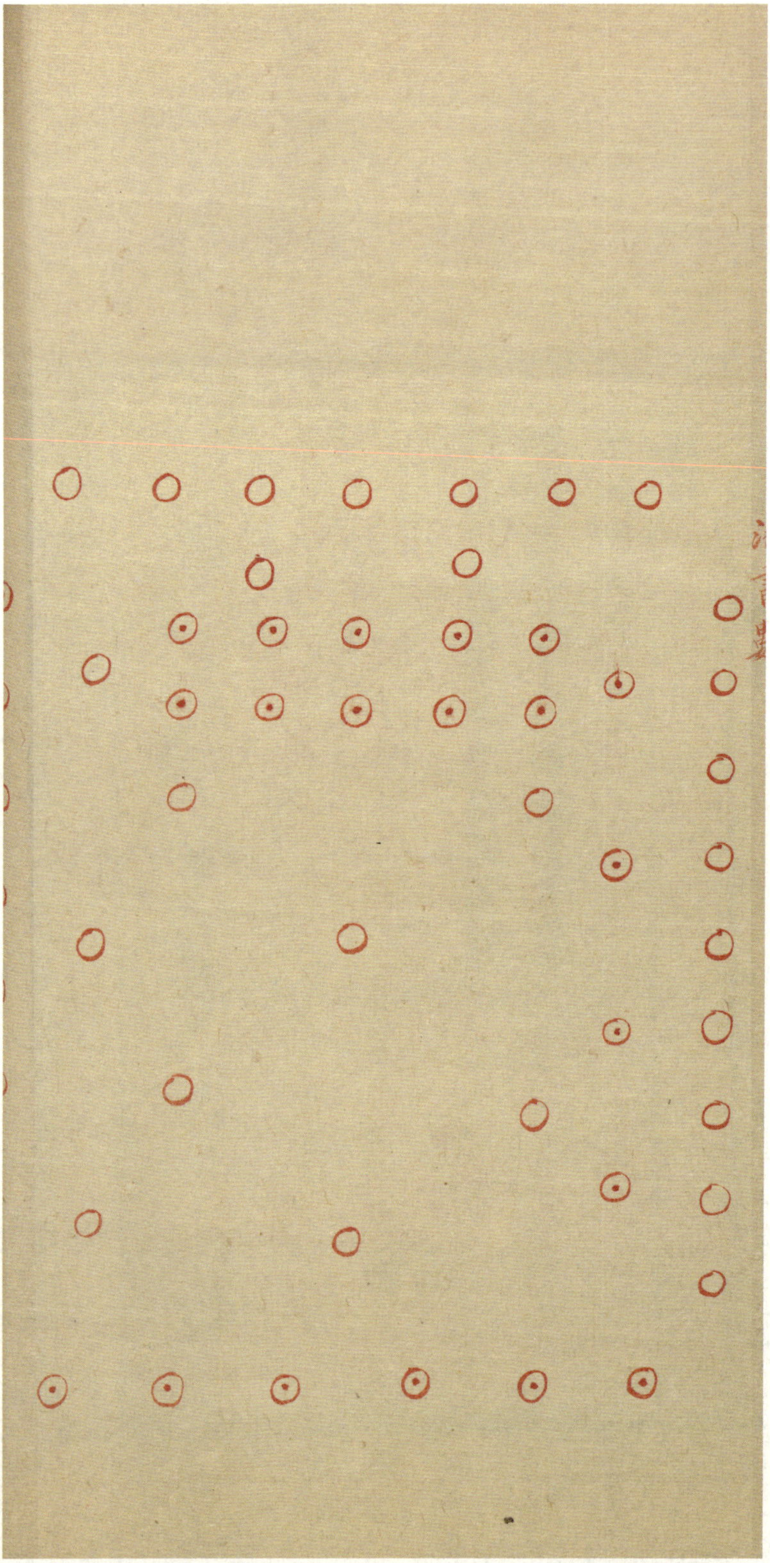

忘筌書卷之三

宋潘殖撰　後學祝昌泰較刊

洪範說

洪範前聖之大法也陳大法者本極之敷言而言無不從未詣皇極則大法其可易言哉法以何者爲大曰心而已故商耇成人以其所以宅心者陳焉後之人未得商耇成人之宅心爲不知訓矣不知訓而遽紛紛焉不幾於倒道而言者乎是亦易其言矣正恐作聖之路湮沒而背馳不已役於人心迷不知復而會歸有極之道遂晦則其得罪於大法莫此爲甚世之爲洪範說者多矣若其博貫倫類演繹詳密蔑之衆

說有一日之長蓋有之矣儻不知其旨皆於大法之要夫其本而徒摭其末不復可歸諸皇極唯皇極之歸爲立不歸皇極於道爲倒倒道而言則是近道而說而言亦不復從是直與亂朱亂雅者同其科而爲先聖之所惡也道由此而不明遺後人以迷而陷後世於不義爲可畏也愚雖述彝倫之大槩猶未敢輕爲剖發何慮後生以愚之輕言而彼亦從而輕聽言聽皆輕則洪範之道不重不重則得之亦不固惟恐以此獲罪於洪範且不敢輕出諸口况敢無忌憚未詣皇極而遽紛紛然哉夫以武王之聖德亦必訪于箕子然後箕子乃言知其信道也篤進道也力然後敢告也箕子豈以要君哉

此下有洪範圖

此間有建極定數經世錯數圖

蓋傳道必如是乃不虛發師嚴而道尊所以主張聖道而愼之所得者當然也故存大法之旨以竢齋心一志者告焉嗚呼有能得大法之旨則此書之外可以無書矣然則聖人正說此道之所以明也賢人倒說此道之所以不明也倒說作則道德下衰矣悲夫

皇極會要

建中所以常立兩端既平此中之所以建也建則不傾矣然後可用建之要在中故執中用之要在兩端故執兩端兩端用而中常不傾由併二而不貳用中所以適變兩端相濟此中之所以用也執兩端而權以濟焉此中所以不傾而常立

故無適而非中偏重則傾傾則背皇極以生人心心貳則屬生滅而墮失得之報

思無疆說 本心附

或謂易無思而詩言思無期思無斁詩易何相反也思無期思無斁當究其所自蓋爲思無邪思無疆而言之也正位旁逼不在一曲固無限域思在正位始名無疆無疆之思不可名言其所思者特以本根固存故不容其不存存耳出位繫境之思則無也是謂無思思出其位均謂之邪邪在一偏則有疆矣正位虛明包括無外不見封畛斯爲本心本心之中至理雖具名義未立豈有可指之思不可指名豈有定所之

思故謂之無疆思不出此斯爲克念念在本心乃能作聖洪範直指思之正位以警未悟故五曰思自有位而言之則眞君宜位乎中虛冲氣於此命萬物而眞君位焉無何有之鄉也思於此爲無疆無疆之思要在勿忘豈容閒斷是謂無期無斁黄中通理大陰解之所以默識元通游心乎此曾不知時之有久近與夫久則人情爲有厭怠也是謂無期無斁對有方之思麗乎一曲者言之則彼實有所思此實無所思雖無期無斁而謂之無思可也易之爲無思者如此噫法莫大乎宅心心莫大乎愼思念非其正外襲而蔽於事物內襲而蔽於理義卽有疆之所以生人心專用人心背本逐境於有

疆之思而無期無斁是謂太惑役於境上之心成大患矣豈諭無疆之思睿而作聖哉今夫寤而無思寐而無夢則是已復正位而至中庸天下之所同也若是則人皆可以爲聖人矣何爲民鮮久矣乃發聖人之論也蓋同歸雖一至起念則汨於偏重之見而生人心既專用人心非合境則念慮不起而思所不及每起於合境而境不可旣故動皆百慮之營營而所謂一致者已罔而失其本心原其始則人皆可以爲堯舜要其終則希濶而難逢職此之由於此正當自覺唯先覺之念不離本心雖念念不絕未嘗有一念之差思常在於無疆以期無斁正得本心此其所以爲克念也蓋一念不離乎

本心則優入聖域一念或失乎本心則蕩墮機穽起念之端可不謹乎聖道不在於多言但觀念之所起儻差若毫釐則相去已隔霄壤矣然則皇極之失正以失商耇成人之宅心則所思無非邪也欲追商耇成人之宅心則五行之五曰土五事之五曰思以至思曰睿睿作聖不可不深究得此則爲克念矣

本心 附

本心無他虛明而已惟其虛明故常在亡境之所有境則是人心矣故亡境而生者本心也合境而生者人心也亡境而生本於誠而有物自然存而勿忘然以思不出位是謂思無

疆思無邪克念而作聖矣惟其合境所以隨起隨滅逐境遷徙不歸大常此之謂失其本心達者至逐境處當早覺而早復使常不失其本心此治心之要也

大法要樞 兩端說 無知說附

洪範大法其疇有九總其機要者字有十焉自適道以至與立其最要者二而已餘多經世之所用也二字謂何曰欽也建也蓋五行之主曰土宜居中虛之位五事之主曰思亦宜不出乎中虛之位不出乎中虛之位斯不離乎本心所以虛明睿而作聖然未能歸其明滌除而復元覽則思用人心生於對境月不勝火僨驕難繫繫馬雖止倏已奔馳上聖探微

燭茲至理知縱馳則鶩於他境肅欽則復乎本位入道由五事而主之者思攝思於百慮之境以歸諸一致莫尚乎欽矣不出位則貌言視聽皆自此徹攝思以欽當不出位而虛明自照則可以道觀盡於是洗心而無好惡偏黨乃與道心會以復乎喜怒哀樂未發之先則地道之光斯全是謂天子之光洞鑒至機不惑多岐斯可以建皇極夫兩端不偏重然後能立物之理也人心由偏重而生則舉皆倒矣未有能立者唯洗心去此則無偏黨反側乃不偏重所以善建如有所立卓爾是爲聖道之極致探其源則自欽始前聖所以緝熙欽止而欽之戒以總於欽乃能緝熙于光明均此道也欲諭大

法宜論二字之爲樞要焉

兩端說 附

有兩端斯有中無兩端則中之名亦不立兩端不偏重則不偏廢此中之所以立也兩端有方在事爲實大中無方在道爲虛有實斯可執而無方者用之故曰執其兩端用其中于民兩端有之以爲利也大中無之以爲用也用中亦謂之執中即兩端而命之也皇極通謂之疇亦即兩端而命之也兩端相濟而適平焉無偏繫矣斯歸其有極乃自有極而建焉過此以往知見俱熄則復歸於無極矣箕子以皇極經世之道告者也有極足矣惡有明道矣而乃知有名而不諭無名

者哉不言而意已傳矣然無極豈可蹤取反爲空虛無所得之庸人終日無極了然不諭無極之旨爲實無知矣

無知說 附

知其白有知之時然也守其黑無知之時然也既知其白乃守其黑則自有極復歸於無極矣此聖道之所以竭焉者也

有序

語道而非其序者非其道也夫子入道之序有三可與適道可與立可與權是也所以發洪範之彝倫者矣武王之未訪箕子也固已諭皇極矣然必訪於箕子者是欲審知其序也自言惟天陰騭下民相協厥居則已審夫廣居正位而爲皇

極之主矣顧所訪者特在彝倫之敘故曰我不知其彝倫攸敘然箕子所陳要在彝倫之序而已自五行生五事而五事則自思睿而至作聖孔子之所謂可與適道者也適道矣以道觀盡然後由無作好惡以至歸其有極始爲善建孔子之所謂可與立者也自是而用三德以適變孔子之所謂可與權者也權以應天下之至變變而克正無適而非中則卽偏其反其室非遠不離廣居正位聖人之能事畢矣夫五事之數其四皆由五行之所生驗之於身肝生色貌色類也故屬木肝屬木而沉木生於亥潤下之性所生也故沉此貌之所以從水數故一曰貌肺生聲言聲類也故屬金肺屬金而浮

金生於巳癸上之性所生也故浮此言之所以從火數故二曰言肝主色而目見色視火也生於木所以由木數故三曰視肺主聲而耳聞聲聽水也生於金所以由金數故四曰聽唯五曰思則不離乎土之成位唯思不可出其位思不出位則自見而虛明虛明故睿而作聖思出其位則見彼而蔽隔蔽隔故障而止於橫目自五行而生五事五事由歸其明而思睿以至作聖則至矣然衆之於道其與睿何以異哉特自人者觀之失得之報爲有閒耳然一念而思不出位則爲聖一念而思出其位則爲庸聖與庸特在一念之當否其於出入得不危懼哉是專得治心之道而至此儻不盡夫至機則

有變焉一有偏取則人心復生不可潔矣要旣作聖而明睿於至機始爲可觀焉觀之而聖與庸隔霄壤則偏黨之見存是滌除偏見猶未盡人心勝而天地之心隱若是者至作聖則極矣不能成位乎其中也追視猶唯阿過與不及無異則偏黨之見熄而均爲無取始位乎皇極皇極者無偏黨而中立者也至此始藏諸用而反一無跡矣要必自無偏黨而歸焉蓋有偏黨則人心道心判而爲二無偏黨則人心道心合而爲一二心合始復乎天地之心而歸其有極矣歸其有極則大德不踰閑所謂復也復然後出入爲無疾故小德出入爲可焉自是而用三德以御人稽疑以去惑庶證以燮理禍

極以成終皆所謂可與權者也大德敦化不動而化也小德川流方至而不舍晝夜也出入雖未嘗止息而亦不離乎本宗原其功乃出於無偏黨之觀是以不倚於一偏而麗焉旁行不流而體用兼備矣堯舜傳中大德也所以歸諸體孔子傳一兼小德也所以致其用歸其有極固已至矣然天下皆歸焉而不覺也合二心而歸乎此其與同歸而殊塗者特隱迷悟唯出入無疾始變動不居周流六虛其善貸以成物則大均緣之小大多寡咸其自取與物而來來無所從與物而去去無所覰而上與造物者游彼萬物爲道之一偏者也一偏故爲物大均故爲造物爲物之與造物始相去遠此所以

自生民以來未有孔子也噫皇極固至矣然必由其序始盡聖學兼明出入之無疾而爲大一之能事文中子所以歎安得皇極之主而與之共敘九疇蓋傷無箕子之遇也

論習

道非不習所能至又非習之所能盡二者或偏不爲上達夫未嘗習而直語不習之妙則冥搜非灼見知習而不諭不習之旨則力致非混成習而成作聖之功不習而盡至德之奥者洪範之大法備矣洪範之法始於欽欽以攝心至思不出位而無方則虛明而睿睿斯作聖此由習也孔子所以首言時習者如此然道非有餘於聖亦非不足於庸故此至德天

下之所同歸凡厥庶民之所共由及其致用乃殊塗而自徇者日用而不知由之而不悟耳所以不悟者何一變而爲人心則生於偏重於是麗於有方而有私巳徇私巳則蔽於一曲而移於道之一方者害之也覩所以不極者由好惡偏黨洞照其害道者在此則大疵自去常復正位所謂成位乎其中者從初則然得性以來未嘗離此何事脩習反起疵病坤所以言不習者如此然則習猶坎之習不習猶坤之不習有習所以歸其明不習則以地道本自光而然也惟本自光故黄中通理則正位居體以地道光則自見何以習爲假坎之有習以歸其明燭坤之不習以居成位則歸有極矣極者中

此不習也

也中者藏也易於藏密必曰聖人以此洗心蓋洗心之理非明睿作聖則不能與此惟明睿然後洞照其所以戾皇極而徇私已者在好惡偏黨去其害道生人心而戾皇極者在此此所以無偏黨歸有極必在睿作聖之後故其洗心則已稱聖人也是則當習者必習不專習乃可以不習斯為大全者也中為大常得主故也立乎此不為物易始可以與權而經世由是千變萬轉泛應曲當無適而非中則洪範之大法於是乎不可有加矣

敘學

學有小學有大學雖不可以躐等又不可無志於聖域自棄

而遽中輟也若夫誦數以貫之思索以通之言成文章以求
世名質之經術以飾吏事聖傳既絶之後號爲名儒者唯此
而已至於身心之所歸宿曾不暇究既不足以爲己亦何自
而可以爲人哉以爲爲己邪則爲己之道奚若以爲爲人邪
則爲人之方何自聖學莫先於爲己惟其成己所以成物然
則爲己之學何如哉名實姑在所後不以賓懷而獨休息於
同歸一致者所以全其大體彼分於殊塗役於百慮而裂爲
小己者斯可以吾之所詣者警之故以先覺覺後覺則是爲
己者乃所以爲人也事空言之學爲兩無所補苟其質性之
良藉是以爲附飾可也聖學豈若是而已哉自有志於實學

者觀之雖通經如孫洪文章如江總於治効艮可歎也善學者當有志於大學所以備乎爲巳爲人而大學之道在明明德則當諭光明之所以緝熙物格知止則當諭於止得其所止謂退藏於密邪則何所爲密謂思不出其位邪則何位爲正審艮之反身始知身之所歸而造夫易之無體燭坤之歸藏乃知心之藏密而造夫易之無思圜動方靜復所見天地之心下山上澤咸所見感應之情超情者以得夫藏身之理越數者以論乎天五之位至此則位乎皇極而得皇極經世之道乃以天地之心理天地則天地以正陰陽以和妖孽無自而生禍亂無自而作是皆大學之明効也小學外學耳入

耳出口不離乎區區之私已囿於形數之間奚足以爲大哉至於大學則非特內學又以合內外之道混而爲一可以一指論天地毫末等邱山豈可小知之哉後之儒者不得聖門而入則必易儒而學佛佛必枯槁憔悴山林之人能之豈吾儒之所能哉釋氏唯正覺一位爲實際乃易之正位居體蓋中庸不可能而脩證之疵始去易之妙體見於坤唯能黃中通理自然正位居體今之竅而無思寂而無夢則是已復正位復正位乃得主而有常也思不出位無偏黨而麗有方不離黃中之虛明則常居正位矣世人反以有思有爲出麗諸方指爲實有以是爲常故背正位而入迷途務進此道而不

明則又無病自灸妄施功力揠苗助長是不明而祇以為贅也故不習之道戒於先迷後順得常又戒迷復不先事而招迷不即偏而迷復所謂先覺於此不迷而已聖道淵奧藏於冥冥必大目視之始能明徹非小知者之所能諭也今既曉然可不疑其所行則不須徒勞學佛矣學佛為自為之人耳學聖人而深造之不唯可以自覺又可以既位皇極而以是經世予以建立三極致君澤民躋時於太平躋民於仁壽其功利之博與獨善者豈同日語哉彼不及功利故其學則詣皇極而止至於與立而與權以盡貞宰之妙用則非所及也世儒之學諒已爛熟可不言而諭若夫大學乃聖人所以造

上達者纖悉盡載於諸篇願與同志共之

洪範圖

得天地之數而生者五行

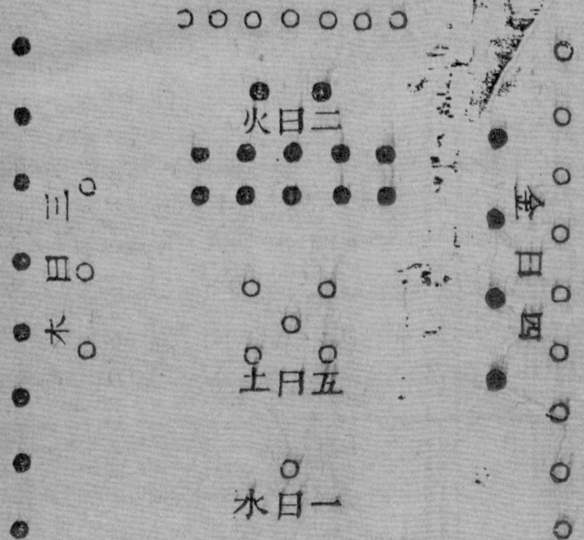

四方之土沖氣所生之實土也中央沖氣土之眞精出乎四十九數之外兆於一而爲用數者居中虛爲氣之母而以無生有至出數處而思不出位則越數而超形

得五行之數而生者

五事

二曰言

九曰思

一曰貌

聽曰四

川曰視

建極定數

經世錯數

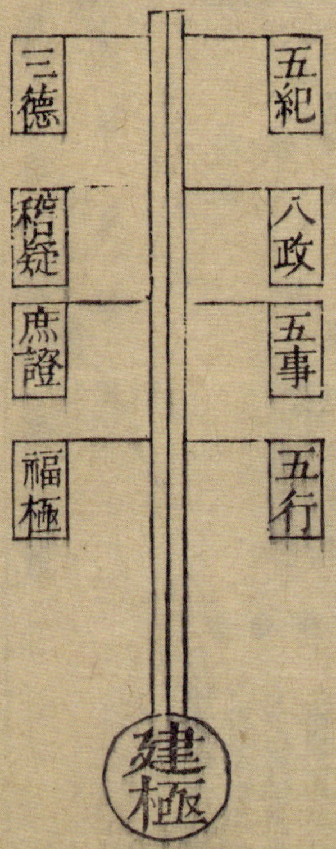

思不出位則思無邇不離本心之虛明所以睿而作聖

三月三十夜校訂正十八字

忘筌書卷之四

宋潘殖撰　後學祝昌泰較刊

指要

聖學不易知也曩誦論孟每歎孟子一何門庭之峻如此殆非孔子兼容並收爲甚夷易也及涉道稍深研味益至始知孟子眞有功於聖道百世之下聖道既絕而復屬彝軌而可詣者孟子之功也由是知孔子於諸子未有甚擯逐蓋方是時聖道猶有所傳雖或畔道而入異途亦未足以勝正不煩孔子之峻斥至孟子時王者之不作滋久異端已熾天下相率而趨於迷聖學掃迹後世無復可幸而入於覺此所以斥

五霸拒楊墨不容不若是之力而非好辨也初見其痛詆意其必與聖人之道大相矛盾至夷考其行略未見其有牴牾者愈令人茫然不悉其旨必至歷其藩翰然後知其背聖人之道自楊墨五霸始引天下後世相與而入於迷誠爲罪首理不可不斥抑知孔聖之門惡紫恐其亂朱惡鄭聲恐其亂雅非謂相矛盾也葢以似是而非始能相亂以陷溺天下前此差聖道者起於鄉原故聖人惡之已與斥五霸拒楊墨同其亂矣欲察其相亂當卽其相似者而攻之夫大道之傳自堯舜始而授之禹湯文武周公孔子不幸道德下衰相似者由而勝之葢不相似則不足以移人故也由是在上而引人

於迷者五霸是也以其道似三王在下而引人於迷者楊墨是也以其道似周孔遂使後世之賢君莫不以爲接武三王矣而識者始知其實襲五霸也後世之賢士莫不以爲追蹤周孔矣而識者始知其實襲楊墨也足以亂正如此此所以晚周之後寥寥不見聖人而自茲以往無有一士之趨於覺者也孟子預見其若此由二學之熾故聖道遂絶而不傳後人遂迷而罔覺其失之原有在於是是宜痛詆而力排也不痛詆而力排則後學無以悟其失欲有所悟必即其相似者而視之以究其失當知三王與五霸無異跡楊墨與周孔亦無異跡跡既不異然卒反乎聖人者何哉究其所自則可以

知其失知其失則可以改轍求聖門而入矣孟子斥五霸拒楊墨豈徒闢之而已哉既闢其不正又有以引人而入於正固有一言足以詆其失而亦有一言足以爲之指南其言甚近其守甚約而其道甚明即其一言而深諭之則聖道若指諸掌矣所謂一言者楊墨之失在取五霸之失在假楊氏爲我墨子兼愛子莫執中是與舜執其兩端用其中於民奚以異哉然不可以入乎舜之道者以其取也故留一言以覺後世曰楊子取爲我使人知道之不可取則不起畔援之心而心得其正矣五霸惟桓公爲盛葵邱之會載書具存無非仁義之說然非湯武之仁義者以其假也故留一言以覺後世

曰五霸假之使後之人知道之不可假則不起歆羨之心而心得其正矣蓋取也假也由有所願欲老子曰無名之樸亦將不欲無名之樸我所固有以無名之樸爲重不自見而願欲之則在彼矣不可得也故無取無假則物物皆眞有取有假則雖眞亦假取由外求假則借彼得人之得向而不及彼入吾舍此不得主眞斯假矣道貴自得無非固有一起畔援歆羨則心隨所繫而止非所止而止焉不復正位爲止非其所其跡不異於聖人而心則外有所繫背眞迷復不居天下之正位矣正位一而已過是皆非正位不居正位於道爲邪正則能覺以正位居體則無私已邪趨於迷以偏位有我乃

同夢幻人知其跡莫測其心唯達者能知其心之所止不居正位雖正亦邪是以生於其心害於其政發於其政害於其事跡雖不異於正而達者知其說爲邪說其行爲詖行其辭爲淫辭皆原其心不居正位則無非邪矣其跡之所涉則相似其心之所止則相遠此其似是而非者久假不歸人莫知其非有悅而効之所以遺後人以迷陷後世於夢幻莫覺莫悟流轉而無休已也旣闢其邪矣必有以納之於正故堯舜曰性之湯武曰身之帝王之道一也而有性之身之之異者由所遇之時異也帝者天道而性者天所命王者人道而身者人所有性之者明乎性之本也身之者明乎身之本也所

謂人心惟危道心惟微惟精惟一允執厥中者明本性之實也所謂艮其背不獲其身行其庭不見其人者明本身之實也身貴能反艮其背是也故又曰湯武反之蓋特言身之猶未足以啟後學故又言反之以明身貴乎反也反則背境故行其庭不見其人既不合境則見已熄身斯藏矣非夢之域也是以不獲其身所謂反復其道偏其反而皆由是也易於上經首明天道而乾言利正者性情也此天道所以在於明其性下經首明人道而咸言咸其脢無悔此人道所以在於明其身性之所自以入者惟精惟一是也此所謂無貳爾心身之所自以入者反身而誠是也此所謂無身有何患然則

取之假之得人之得也其學也外性之身之自得其得也其學也内内故入於覺外故趨於迷其跡不異所詣則殊差由毫釐繆乃千里此王霸孔墨之辨也然則闢其門以待後之學者不使之面牆悉皆孟子之功有志於道者必先研究孟子以求正路而入然後可以探孔子之賾惜乎孟子比肩於孔子而終不能齊其大者孔子毋我矣孟子猶未免乎有我孟子既謂立天下之正位矣惡得猶謂之有我蓋止乎其所不能知始爲正位居體故孔子於無我則先之以毋意毋必毋固然後能毋我是眞毋我而體與太虚等矣惟先毋意則不生分辨之識故其無知無言無思無爲皆孔子居正位而

毋我者也孟子猶未免交一臂而失其亦知見之未熄猶囿於理義之間至非言非嘿靜不證理則未能逮也是於過此以往則瞠乎其若後矣

論取

向以指要篇示同志同志者謂辨出取字甚妙前未有曉此者而止乎其所不能知亦最善又謂譬如一室中物若有取不過得一件是說所造已深矣然尚有說也聖人之所以爲聖人唯明此二字耳是入聖道之樞要也聖人無所不師而實無常師無所不取而實無偏取有取則有捨如室中之物有十取一則捨九是先失其九矣然取之則已是在外非我

固有而自足乎巳者奚可得哉是兼失也所謂下德不失德是以無德也無取則亦無捨志乎此而無所決擇卒於小大精粗悉歸度內由居正位而擅德業所謂上德不德是以有德也自孔孟以後於道皆取也楊墨啟之而巳取則繫於所取而止不復居正位反爲所取者入覊吾之圜鑑既不得主則爲其所推移蓋有所取則如老子語士成綺謂邊境有人焉其名爲竊是也慕外而馳偏不知反雖語至道實居邊而竊取中正之所也詩稱帝謂文王無然畔援謂不可居畔而援取堂奧之所也位居中正德爲長子盛德大業皆我固有何事乎取凡事乎取皆自見未明故外向而不居正位有取

乎道則不足以得道乃反墮失得之報有取乎物則便生染着孔子之磨不磷涅不緇者以不若匏瓜之有繫無繫即涅不淄矣謂無取也無取物無自而入雖善染者亦不能緇此天地之至機也大抵世之爲微妙語多以見道未明而以知識揣料故爲微妙語以眩惑乎人而自神有近似者亦非灼然見道皆不足以發人但深諭艮其止止其所則自思不出位即是正位既諭此矣然且麗於有方而止非其所止者即當觀其機是滌除私見未盡有取以發其機復生人心之爲患也取即在偏重之境焉生人心而繫之是見其人也非艮其背不獲其身也貳爾心而背皇極之至機全在此字唯孟

子深知之故能指楊墨之失以遺萬世規學道而欲盡天地之至機使機無自而發者宜悉此而謹之

鄉原

賊仁近鄉原仁復本者也非要譽色取可得人之爲仁徇末久矣脫未嘗一日用其力於仁安能復本夫復本非從事口語可能也必嘗用力焉故所謂習者併一而不貳是也所謂修者不往復是也所謂學者緝熙於光明是也三者之名不同要之皆歸其明以復本者也傳已必習習焉必察既習且察乃盡至機而機不得發矣始得安宅以居正位以立若是則已復本矣已復本而又了所以應物千轉萬變無往而非

中然後可以由極之數言則言不事擇而自從今但聞其說而未嘗一日用其力於仁遽入耳出口道聽塗說而輕議之聽其言則似矣然未嘗習則言行必相矛盾言必不顧行行亦不顧言其言雖似但過我門而已未嘗入我室也未嘗入室可易言聖人堂奧之旨哉是誠秪以惑聽者而引之於無實徒害仁而已故曰德之賊也然則聖道之失首由鄉原亂之孔子無所惡而惡鄉原以其爲德之賊也蓋聖道不可差毫釐差毫釐則隔霄壤鄉原特聖說而未嘗復本引後人徒事口耳而無實歸宿其差豈毫釐比哉欲聖道者當傳已而習習已而察不離乎安宅正位而無須臾之項曠舍焉如是

爲實有本原矣然後由極之數言則言而世爲法矣否則是倒道而言尤當以鄉原爲鑑

本末

聖人從本起末故本末一如所謂有始有卒者聖道之失一變而爲鄉原再變而爲楊墨鄉原談本而非本楊墨襲末非末本末皆失則聖道日益遠矣孔孟所以深惡之也

言德行附

德行行於默而成之之際併一併二均於不貳一屈信往來之頃皆不離此始爲德行皆默而成之也習慣自然從容中道口無擇言而言無不從始可以默而成之者發以告人是

爲善言德行大體聖言皆出乎此若未嘗行於默而成之之際遽恣爲高談亦何異於道聽塗說然則所謂善言者言所以默而成之之德行耳非苟云云也不爾則有言不必有德矣

傳習 附

道之所在聞之則誰不願傳然傳貴乎習不習則不能併一而不貳既習則又貴乎察不察則不知正位而居體傳已而習習已而察始造聖域一或闕焉豈能超諸徒借聖口以惑衆則爲鄉原之流矣傳而不習不如不傳習而不察不如不習傳者多習者寡習者多察者寡此至道之所以寥寥也傳不

習所謂秀才禪習不察所謂無眼禪

道德

顯道神德行一事也互見而已非捨神德行而事空言以爲顯道也善言德行即是顯道以所言者默而成之即是神德行艮言艮止也時止則止時行則行即是神德行動靜不失其時即是顯道劉炫見文中子說易終日不休文中子諭以一以貫之即是顯道然一以貫之必也併一而不貳始能貫三爲一之實也若捨神德行而爲高談則無實歸宿是鄉原之風未去也

故炫退則語門人曰默而成之不言而信存乎德行是一以貫之雖廷

以顯道必默而成之始是貫三爲一之迹

時習 附

學者緝熙於光明是也習者併一而不貳是也所以緝熙乎光明者乃在於併一而不貳謂之時習者消息盈虛動以天行自一歲言之秋徂冬爲復本春徂夏爲應末自一日言之向晦爲息向明爲動而是理肇於一動靜一語嘿屈信往來具焉靜也嘿也爲往而屈動也語也爲來而信凡信必先之以屈凡屈皆所以藏身藏身者龍蛇之蟄是也正位居體矣動靜語嘿之際悉諭屈信往來之理無須臾之頃失本宗焉是謂時習君子有四時唯夜以安身曾子日三省於傳習可謂時習矣

行之著附

執德者執中也中常旁通該本末斯能爲有爲亡能爲有者常有也能爲亡者常無也常有在致用而天下之至神存焉常無在藏用而天下之至精存焉致用藏用每行於嘿而成之之際自知而已不言而信也若是者無須臾之間是謂神德行成德爲行矣無隱而不形發而見乎外若唐棣之華者是謂可見之行以神德行而昭著者也書所謂行有九德與夫九德之行皆觀行可以知德以其行之著也儻嘿而成之者或問不用則何自而著斯無可觀者矣所謂行之而不著者如此也

利爲本附

故以往者言新以來者言往者屈也來者信也屈信相感而
利生焉利者故之本非利則故者安能彰往於千歲之日至
而畧無少差明乎此則千歲之日所積雖多亦同一頃刻耳
以利存乎其間無停留之者自然無爽非若人爲雖極精密
然銖銖而稱至石必差也儻非深於此則未易告故孔子罕
言之至述咸始言屈信相感而利生孟子又申以故者以利
爲本造夫此始爲大達蠖屈而信曾無滯礙大業富有無所
不利若故而已終繫一曲往而不反莫能新新不窮矣

踐形

施而至於博濟而及於衆此仁也而孔子則謂何事於仁必

也聖乎非仁之功不能至是也事於仁者之過也葢事於仁是取仁也是行仁也施且濟有時乎不及矣安能至於博且衆哉若是則墨子之兼愛亦能博施濟衆矣何至於以此教人恐非愛人以此自行固非愛已哉惟聖則踐形者也形者私而形形者公形者萬而形形者一聖人觀象而見象審夫受形之本所以明於庶物察於人倫者達本故也一受其成形見形不見象但知致用之時分於彼已而肝膽亦殊不知不用之時會歸大體而物我俱一豈諭天下同歸而殊塗一致而百慮哉見象則見易之無體是爲古人之大體於身爲天下身而知其所以形形者一也豈以致用暫殊疾痛不相

及遂不相卹也又安知負疾痛者正自相及本旣同矣疾痛安得畧不相及哉觳觫之牛見之而不忍入井之赤子覩之而怵惕牧人厚方苞之葦稚子惻方雛之雉當其情動於中葢有所自以至烏覆后稷虎乳鬬穀騶虞義獸猶不食生物不踐生草豈或使之然哉天性固自爾也特由之而不知末能曉然明其所以然耳唯聖人洞觀妙體知其動靜語嘿之際用則彼我萬殊不用則會歸一本由一體析而爲萬會萬形復歸一體私者殊而公者一旣同歸一體矣吾方擅其全彼則裂其偏旣裂則彼巳自徇而相傾擠此旣混爲一體於一體之中豈容決擇而有尺寸之膚不愛尺寸之膚不養夫

然施安得不博濟安得不衆哉仁者見之謂之仁彼其所以利之若梁王之移粟子產之濟人仁則仁矣求其施之博濟之衆則未也是皆徇末而事於仁非達乎仁之本也如是而取之斯墮失得之報非復本也形色均一天性聖人見象動以天行常公己於物而體物於己視萬形雖殊而均以一己待之是以禹思天下有溺者由己溺之稷思天下有飢者由己飢之伊尹一夫不獲則曰時予之辜彼其所以善之與己無間豈有自刈其手足自毀其髮膚者哉如是者非苟知之亦允蹈之始與造物者爲一而超形越數矣夫公己於物者物皆我體此其所以爲大私物於己者徇己而已此其所以

轉徙聖人之所以爲聖人唯公已於物而已故唯聖人然後可以踐形

誠信

五常宗於信故其數五位乎中而爲王焉有信則四端皆所以爲常無信不立而四端無所宗亦何常之有故必信以成之此學道者所以貴於信也篤信始能好學信道不篤則焉能爲有焉能爲亡盡道非虛無乃虛無中之實有者篤信而不疑則始能見焉見道矣則莫見乎隱莫顯乎微可以一二縷數也誠與信一也誠者天之道是自然也信者人之德是自然者之所稟賦而本無妄也由信遂可以入誠信則有諸

己不信是無諸己也誠則有物不誠是無物也立則見其叅於前在輿則見其倚於衡如在其上如是其下如在其左右不誠其能有物如是乎謂之物則宜有貌像聲色之可覩焉是謂無狀之狀無物之象恍惚之中固有象窈冥之中固有精與信惟其如此所以自古及今其名不去以閱衆甫老子言其狀則曰淵兮似萬物之宗莊子能言其狀則曰惛然若亡而存油然不形而神萬物畜而不知此之謂本根或狀之以无珠以其照用之珍或狀以無名之樸以其純素之質凡可以名狀者非一也夫易無體無形而聖則直指其要曰象故曰易者象也易以象爲主順而止之者所以觀象也見乃

謂之象後學之失唯恃聰明而以知識考究見理而已理已
窮之外混然全體則非所及曾不知聖學乃在於順止而觀
象見象是見碩果碩果所以剝而不能盡者以其信也故曰
碩果不食碩果既信矣入道者灼見其不食從而信之雖剝
膚喪我而不疑中既有主確乎不拔如是以觀則其象自然
昭著故入道者當以信爲主信而有諸已剝膚亦不畏道斯
可得矣荀子曰誠信生神神常自若也然不誠則無物是誠
信則有生之之理孟子萬物皆備於我矣反身而誠樂莫大
焉人人備萬物於象帝之先然而例皆卒於無物梏亡而至
於喪精失靈者不誠而委棄之也反身而誠則見大象所以

總括萬象而無物不有至於宗廟之美百官之富盛德大業艮貴至足無不備者奈何不歸其明以全地道之光暗於白見故不明而疑乃以不誠不信而盡失之可勝惜哉

志筌書卷之四終

四月初一日校訂正五十九字

忘筌書卷之五

宋潘殖撰　　後學祝昌泰較刊

克念

道不可須臾而或離仁不可以造次顛沛而或違念茲在茲至誠無息道斯載而與之具故惟聖罔念作狂惟狂克念作聖聖與狂正相反在念之得其道與不得其道耳則克念罔念不可不察也克能也確乎能其事者也念念常存於無方之方而不留繫於一曲以裂吾之全體於此無作輟之間則是君子存之之謂也其存之也亦存其自古以固存者耳罔則昧於所念之方不獲於內則獲於外毋繫一方常裂全體

而域於小已克念者勿忘之謂也詩稱文王曰於緝熙敬止
而羣臣進戒嗣王之詩亦曰學有緝熙于光明皆克念而勿
忘所以緝熙而不息有作輟則不一而爲外誘者勝之遂至
於空虛而無物而虛室反爲茅塞矣况於擲棄而未嘗一念
及之乃爲異念勝之乎聖何自而入哉罔念既昧於所念之
方則動違其理不在於無益而不芸則在於勸成而助長不
芸者既縱之而不制助長者又抑之而失中皆爲治心者之
病而有至於狂以爲無益而不芸者固不足道而勸成助長
每爲治心者之公患心火也火性炎上抑之失中則激其炎
上之性愈炎而發狂陽之疾已其疾者亦救之以克念使勿

忘而已如此則有復歸於睚之理此治心之要也夫龍升降自如非可畜而豢養有識其性如其嗜慾而順之則可擾而馴虎固不可養也亦有識其怒心者夫虎之殺物也必怒於是不敢以生物與之所以避其殺之之怒也其決物也亦必怒於是不敢以全物與之所以避其決之之怒也順其性而擾之久亦化而馴伏治心之術何以異此學易者必順而正之不敢求速而勸成故進道若退要在勿忘而已昔之問學皆求之放心後之學者不求之放心而求之紙上語蹈襲爲文章焉「爲文章則」皆外學也於我無補雖多亦奚以爲

進德

長子所以常復者一也餘子所未能進乎是者非至一也然則餘子亦可以漸進以全長子之德乎曰均具此矣安有不可哉患乎不悟而不知反耳不見可欲而偏取所以去欲之累不使之繫境生心違一而貳是乃洗心之道故復必先之以剝剝者剝則剝之所以剝去物我也親巳者莫若牀笫移人而使之溺愛所謂袵席之上也剝牀足進而剝牀辨愈親巳者愈剝去忘物之至者也又進而至於剝膚喪我之初也過是則宜不獲其身矣於是備物之養復還焉物我兼忘旣至矣而眞一之體有碩果之象者出焉是謂見乃謂之象見身之本也剝之上卦曰艮艮其背不獲其身而身之本見焉

一之至也物不可以終盡剝窮上反下故受之以復復者剝之反也象取雷在地中長子之復其位者也復曰反復其道此艮所以諭長子之身出必背境不見其人而反焉入道之以漸者也艮少子也少子而全長子之德以復正位益以比復好先而貴早復也久則難變矣故由少子而變焉其貴早復如此長子復之正少子必滌除乃全長子之德夫然後復豈絶其漸進者哉後之高明者遽以知識躐論至處殊不思自古雖上聖之資亦必尊積習明歸而身藏始可以語道斯不至口是而心非豈可求速成躐等以論而忽積習唯習慣自然得之斯固況餘人乎而易之要在象學必順而止以觀

焉止於正位不離一曲然後可以見大象庸可躐論而徒爲空言乎一旦旣覺悟而又逼始可視前日人事爲假途而論乎本來自爾也未濟而先捨舟航其何至哉

善剝

外護者不可絫而捉辦內鍵此自防衛之要道也夫嗜欲好惡性之所有聖人不絕也特有道以防之耳在卦則剝是也山附於地剝之象也盖取順而止焉順而止則何所用之亦觀象而已嗜欲長好惡則性命之情傷矣黜嗜欲擊好惡則耳目病矣遠屏而反諸本本勝而復還焉則嗜欲好惡旣無敗而性命耳目俱無患善之善也爲之有不必物物屏去苟

嗜慾好惡去之不可不有以御之則亦不可盈

明乎順而止則不事屏而自屏矣夫心有眼而外視此其所以致德也順而止以內觀此其所以為剝也剝之爻雖有剝牀剝膚淺深之異以明每爻之義而其要則在於順而止以觀象而已何事致力於外物物去之哉順止觀象則心眼自不外視此剝牀剝膚之源在爻特不得不有次第要之順而止則身猶不護況於物乎此剝之至要故於大象明之至見象獲碩果則貫魚之寵無不利既不病耳目亦不德性命之情後之人欲求入道者多不能諭此往往甘心視髮以致鈍根中人以下者之所為夫中人以下根性至鈍固當物物剝去然不知其要繁而捉用功至多收功全寡惡知順而止則

不事屏而自去此剝之要樞宜深悉之

熄見

夫道有本末有內外而本末內外之際祇以隱顯之相蔽而生感故枝而爲二要皆同實而異名初無眞僞無輕重譬諸草木根藏於隱花葉示於顯要之花葉卽本根之示見者耳無花葉則本根何所用無本根則花葉安能久豈以本根藏於隱人所不見則爲眞花葉示於顯人所常玩則爲妄乎人之不見道者唯逐事爲之末而背身心之本末勝而蔽焉則失其本宗無本而獨有末則爲妄矣聖人爲陳本末內外之說欲其不偏所以覺其背本而後學遂重本而輕末此學者

之過也獨有本而無末則是枯木朽株也獨有末而無本則是斷港絶潢也泛泛者皆斷港絶潢之流耳厭此者又甘心於枯木朽株是均失也安得源泉混混放乎四海有本者如是乎夫本末有先後無輕重本根於生出之序爲先故謂之始花葉於生出之序爲後故謂之卒本末一如始卒一視無偏取焉亦無偏廢是謂有始有卒此所以爲聖人聖人著書於本則約言於末則詳說盖本以正而平末以偏而不平平則坦然而甚夷同歸而物我相忘亦何事於防閑不平則然塗自狗而有競有爭故爲禮爲法以閑之盖不得而略也人心惟危以人之爲人有不平聖人出而覺之也以救其不平

彼平則我斯止矣此聖人之心也學道者毋溺禮法之家爲華末不學道者以學道之士爲空無皆非達士也蓋由私見各係所取而正不悟二者本一家也聖人以至平處爲常居以不平處爲泛應特泛應之時不離本宗故未嘗迷復耳歸根曰靜靜曰復命復命曰常此其所以爲中庸不知此者舉皆妄作無間於真僞知此則能兼容至於容乃公公乃正則又泛應而爲時中焉是皆容德無事決擇之所致也易本至精至神故其要在藏用致用而以無思無爲寂然不動者爲妙體而以變動不居周流六虛者爲妙用非體不立非用不行於此不生輕重之見則偏繫自熄常復正位聖人之至聖

人唯知兩端無輕重乃熄偏見之明効耳

迷悟

正位爲非夢之域故謂之覺特以別於夢而已居是位者尤戕於竊竊然知之祇所以爲病亦何事於覺偏位由偏重故所重者引之而出儻莫覺悟則隨物轉徙於夢幻之域故唯在偏位宜覺凡有思有爲於非其所麗於一方悉爲偏位正位已覺故無事於覺偏位方迷非覺則莫之救然則所謂覺者正宜施於偏位偏位宜迷而反覺者是乃正位覺而無覺之功正位正乎其所不知故眞覺無覺未之或知奚覺之可名然則覺之名並爲迷境而設故如坤之六五是謂正位而

復之中行亦復乎正位者也聖人於此不言覺唯戒其迷而
已不迷即是覺也坤戒先迷謂照非黃中乃不自見而繫於
未作之先復戒迷復謂往而不返斯罔於所復之位坤戒其
先爲學道而不明者言之也復戒其後爲失道而易位者言
之也救其失使不迷是其所以爲覺也然則涉乎迷途其求
免也奚可緩耶迷而罔覺莫免於夢幻也爲無期矣偏位不
覺是謂迷復誠可嗟也其覺者是謂德行以中行獨復默而
成之也大道甚夷人人具此固無賢愚之間所以分者唯迷
悟爲殊耳既悟矣舉本與末無非一真在偏與正皆不迷矣

宗元

聖學必統之有宗會之有元以貫萬理故煩而不憂亂而必有歸宿後世失是物物推索不出一本物自爲理莫見所宗遂使一理析而爲萬無所統一不見指歸則終日言而盡物矣道何由而明哉夫至道常寓於無名廹立名義則理皆自一而出出既無二兩端同實名緣義生曼衍滋多所宗者悉會歸於一歸一矣則可以見身心之本復於無名之樸而本末兼暢天下之理得斯成位乎其中則是成性存存而爲道義之門夫道義之出一門而已未嘗有二也一與言爲二二與一爲三自此以往巧歴不能筭而其實由於一所以貫兩端則知凡可言者無非兩端隱顯相勝而理愈紛紛耳由本

而照末則本末一如逐末而昧本則滯於末而已未嘗通也君子務本本立而道生孝弟也者其爲仁之本與夫孝德之本也教之所由生也脩道之謂教道生者以教生之也經析爲五教而周官則又從而申爲六德六行十有二教其大槩所宗者由於孝而廣其至德耳曾子諭一貫之旨夫子告以德之本而名篇以開宗明義宗者嫡庶之本人倫之源而義之所由出也開其宗所以明其義而理義既兆所以道生而達之天下也曾子深於孝是知德之本也夫子告以一以貫之而曾子深悉之曾子授子思孟子師之孟子謂孟施舍之守氣又不如曾子之守約而孟子又謂守約而施博者善道

皆一以貫之之道前後相承也易稱乾之德則首曰元由元而有亨利正元者善之長而四德之總也任乾之事爲乾之數九老陽也窮則變變則通通則久而任之者元蓋統之以一則事無不治故曰乾元用九天下治也而身心之治由是也道必貫之以一蓋以一貫夫三三與一混而不雜其德乃全是以一爲長子以專妙用由利用則可以見其致用者由用則可見藏用之所而身心之本在焉得其所歸則離形數是其所以超詣也

觀身

聖人肇學於未有書契之先河洛所示者易故聖學唯在師

易而已易兼三才其於卦也則乾爲天坤爲地艮爲人後聖有作用天正者其書首乾而謂之周易用地正者其書首坤而謂之歸藏用人正者其書首艮而謂之連山卦備於六十四而此三者獨謂之宗周易所以明變動不居之妙用歸藏所以秘退藏於密之妙體乾坤成列以生萬物乃有人焉得天地之大全其體其用所以兼備者也爲人則有身矣艮之妙言所以明夫身也艮反身身亦反艮蓋有身則有向背向陽而背陰向明而背晦於向爲動動則身斯顯故有夢則有身於背爲止止則身斯泯故無夢則無身有身之身爲變體所以與萬物並作無身之身爲妙體所以與天地相似妙體

止廣居之正位無我而與萬物爲一變體遂至變而旁行有我而與彼巳相辨旁行則易流惟作則觀復不繫有方故旁行而不流以克全貞宰之德常貫三焉乃與妙體融而爲一於是所過者化而不爲外物之所易用能常且其所而思不出其位亦猶雷風之行而常立不易方焉正位居體所以藏密是謂神無方而易無體夫易無形埒者也唯平而已平則止偏則行偏生於有見唯見熄則平以平入偏所遇皆平無偏重以留繫乃止於亡境之所是以無我此所以艮其背不獲其身由旣背境故行其庭不見其人是以其身歸藏而止其所也然則常止其所而不獲其身者唯見熄爲能與於此

此象學之所自由有身之身以觀無身之身也大目視之黄中通之而已知識不能及也後學之失失此而已象足以盡易故曰易者象也得此遂可以忘言而道存目擊矣

觀象

剝者陰勝陽而剝之以至於蔑正當是之時用靜則吉故其義取順而止之所以觀象陰勝陽之時動爲羣陰之所僨何可以往於是退縮順而止之㪲出則必有外患之時也損之爻損剝盡則見獨而其道乃復焉於是向之動足以僨吾性陰之情者今反爲善類以奉我魚陰類也貫魚則羣陰以序而進在宮以承我之寵㪲剝之爻自剝牀足進而剝牀辨則

平昔之安其身適其意者皆剝矣又進則至於剝膚六四艮之初剝膚肌之淺過是則宜不獲其身矣不獲其身斯無私已唯磨不磷涅不緇參萬歲而以成統者固存焉夫至陽無可盡之理坤雖純陰而上六猶龍焉剝極而不可剝者獨存則是爛熟而滌除既盡向之德我者舉化爲善類以奉我於是翕受太和之養焉所以然者蓋剝之要在觀象滌除盡始見象見象則是見碩果其所享宜如此也以二卦言之一陽在上爲艮之主艮其背不獲其身而大象自示所謂易者象也易無體是也至神藏乎是是爲天地之照萬物之鑑凡有貌像者於此肖形焉形之所由生也形於此乎顯亦於此乎

隱顯以照焉而徹隱以不照焉而昧大象包括萬象而形形形之大者於此乎生是爲碩果觀象有在於碩果故學易之要見象而已以爻言之自遇姤之陰消乾之陽漸進而至於六五極矣乾爲木果陽精結實於上碩果爲結實之大者剝極則見焉窮上反下轉而爲復生於地中又滋長而爲乾焉生乾之實也不實猶所謂不食吾言者謂其信也以其難信非至明不足以見之故顯言其不食所以使人信之而不疑雖剝膚亦不畏也然則所謂見象者見碩果也夫剝有君子之剝有小人之剝小人之剝六之備者何所用之君子之剝則與苦其心志者類也其旨乃天降大任耳夫死於安樂生

於憂患理也亦猶否以閉隔不通而君子以其彙正而明夷則以其利艱正蒙大難以成文王箕子之聖剝之理無以異此然則燕安爲酖毒非上智則處宴安者常不知自警故泰則宜知艱正不爾則無往不復爲可畏矣

觀生

聖人之觀其要在剝而又正名曰觀觀之上九觀已至矣觀其生而止於君子非不善也然特可以無咎而已若虞仲夷逸朱張柳下惠之徒皆君子而無咎者也抑又有進乎是者若夫子之無可無不可是矣而所以未能至者蓋由志未平也若志平則一視而無偏重偏廢是以無偏蔽謂進觀也觀

至於志平則易道無餘蘊矣易無形埒無等而平也志平則無所不平故無入而不自得而與易爲一此所以待上達故以志未平啓其端焉平則無所復觀矣無黨偏則歸有極之道也

生生

生生之謂易則凡有生者皆易之體也語生生則固應有殺生者矣生生者非他不生者生之也殺生者非他不死者殺之也如是則可以原始反終而知死生之說矣夫物之生皆我體是此未嘗死也彼生者不得不生而化者不得不化此個不與之俱是亦未嘗生也大易之體合則混離則散合而

爲一雖秋毫亦無有餘散而爲萬雖盈天地間亦無一不足是生生而凡有生者皆我體也此擅其全而常混彼裂其偏而暫假也復歸乎生生者果何道哉自顧其志平與未平耳以平入偏雖偏亦平以偏入平雖平入偏彼偏而我平則不見其偏無所不平則何取捨之有旣無取捨則何繫累之有用能常自復於至平之易生生而此不生化化而此不化參萬歲以成統視含生爲一體所謂聞道者聞此而已如此則未嘗死未嘗生之體亦顯然呈露夫易者象也大象無形故易無體無形之形無體之體日呈於前所謂見乃謂之象常止其所而見本體則是長於上古而不老者豈有生化之累

哉

戒偏

易無形埒者易之無形由無埒也以其位甚平故平則常復正位是謂皇極今無思無夢時正以無偏重而平是以止其所而復本位故無思無夢也此時惟妙體而已無私身也私身特一物是萬物之一偏也豈其大體哉所以然者由偏重而有所繫是以墮於一偏而有此身今有思有夢時正緣有偏重故常出而繫於所重之處域於小已以墮對代但知貪生而惡死不悟其倏起倏滅一何死生之多也以偏重而有此矣無暇論是非當否已知其失則均也觀之上九觀其生

而志未平雖曰君子已偏重而爲人矣人與人何足以相遠
哉學者切戒於偏重不得已而出乎此則當覺惟覺則偏而
知反自不留繫不害爲平若偏而當雖不失爲君子終不見
易由不平而不復正位遂累於有身易之正位無私身者也
所謂離形者如此唯平爲能至焉故無作好惡非用適偏而
生之人心斯會歸於有極矣而易之可名者以有太極也嘗
謂舜執其兩端用其中於民中由兩端而有微兩端則中之
名亦不立兩端可執故中亦謂之執亦因兩端而命之也兩
端兼忘則不用而藏密兩端相濟則致用而建中懋昭大德
建中於民惟是三者無所不容其德乃大兩端不偏廢亦不

偏重則動而時中是善建者一有偏焉重在一方隨而傾矣墮於起滅豈善建者哉人心惟危蔽於偏重危斯傾矣於道爲倒所謂善建者無偏重而常立也易與人相差特毫釐間而相去隔霄壤故曰善學易者唯志平爲能與於此平而常復正位保合內外之和尊莫尚焉此外又何求哉

忘筌書卷之五終

四月初二日校訂正四十三字

下

蒲城遺書 忘筌書

忘筌書卷之六

宋潘殖撰　後學祝昌泰較刋

絶四

聖人之所絶者四而其指歸乃在於毋我而所謂意也必也固也皆能發有我之機使向而不反身不藏而有我者也是以絶之夫神無方而易無體惟毋我始復乎太易之眞體復乎眞體則休息於無方之方矣生分辨之識有分辨之識則有一定之是故必有一定之是則執此而不化故固惟其有此所以向於一隅遂至迷復不居正位而有我意識在一隅非大方也艮其背不獲其身是毋我也以艮旣背境豈見其

人不見其人所以不出其位斯不獲其身矣有見則意必固相繼而起所以有我有我則滞於形數爲其所推移而易之眞體日益隱矣毋我則正位居體超形越數復歸乎太易非聖人孰能與於此

傳要

堯舜之傳所執者中孔子之傳所貫者一中者位眞君之妙體一者擅眞宰之妙用中所以旁通一所以該萬一得中而藏中得一以應二者本自相資不可偏廢語中則必有一語一亦不離乎中或舉其體或舉其用各適所宜而前聖後聖之傳其致一也所以易簡而天下之理得唯此而已成湯之

建中箕子之會極易之正位禮之中庸是皆以中而旁通也
老子之通一孟子之邇一曾子之守約虞舜之唯一是皆以
一而該萬也大本大宗舉在於是不離本宗則旁貫無窮者
皆自源而往者也今於語嘿動靜之際悉其乎是語也動也
人自為用而彼我則殊嘿也靜也廢而不用而會歸則一衆
人用則不知所自來不用則不知所自往姑認有用之際乃
以變體為常聖人則以成位乎其中者為常用能合異為同
總其樞要故不出戶而知天下不窺牖而見天道進是道者
基於用其光復歸其明歸明於昧蒙以養正常休息於非夢
之域則是會百慮於一致寘殊塗而同歸不出吾宗常據會

要旁貫無外觸類該遍而天下之能事畢矣一之所歸初緣人心惟用離之明外向即境而生焉不知反也而反亦不知由外明內暗不燭所詣遂失其宗而役役外徇以至梏亡下達者審是雖曰動出以應而常反復其道不迷歸宿斯與道心融而爲一而常藏用於中焉則向之所謂人心者化矣此聖傳之至要也謂儒者博而寡要以方是時聖傳旣絕所謂儒者博誦廣記惟以多聞相高以是爲儒矣豈未知眞儒者歟

眞博

儒者之學患乎不博至專於博反爲儒者之大患而至於多記損心所得者紙上語徒弊精神則所喪者乃天下之至眞

也聖道不在於多學而識特守約而施博耳其要在正位居體而已正位居體則覺覺則通通則貫兼乎大畜小畜之富而所謂前言往行與夫文德凡自此而出者亦復舉積於此也故先歸明于昧冥之以不知涵養滋久及其至也觸類而通由不知而知則至于無所不知蓋在窮理之際係意與識猶滯一曲而不知在理已窮之外非意識所及而亦不可爲畛域知者人所同而休息於不知者聖所獨造夫不知則兼忘而大同矣斯與道心會而不貳至此始爲天地之心而無所不包矣夫豈由博誦云乎哉自內而出則正位居體者所以旁行不流自外而入則旁行不流者用能正位居體聖人

導人多啓以入道之序如語言偏其反而是乃旁行不流也室是遠而是乃正位居體也堯舜之傳自人心惟危以適偏而旁行至惟精惟一乃能旁行不流如是乃會于大中斯爲允執厥中是乃正位居體也箕子謂無作好惡遵王道路是亦旁行不流至會其有極歸其有極亦是正位居體惟孟子先言居天下之廣居立天下之正位然後言行天下之大道與夫曠安宅而不居舍正路而不由皆以由之序言之又謂學問之道無他求其放心而已矣則啓後學以入道者亦不廢也正位爲覺覺則無所不通偏位爲迷迷則無所不惑覺無他焉惟在非夢之域以爲常而已非夢之域惟正位爲然

故凡言覺者謂正位也凡言迷者謂迷復也正位一而偏位
衆故覺少而迷多然迷悟對詞也非迷則悟非悟則迷苟自
省其未離偏位猶用人心乃是長處夢幻而未嘗覺則均爲
迷耳豈當甘心於迷而不究哉孟子曰聖人之於天道故聖
學上達與天爲一詣乎此者不分等差分等差者人而已故
未成乎心而有是非世之所謂是者不過得君子之名而已
非者不過得小人之名而已自人道人心而觀之君子小人
相去遠矣自聖人之天道言之君子小人雖有間爲累於有
身不居正位每即偏之危而爲人矣而其轉徙於夢幻之域
則均也安得不一視之哉中庸懼道之不明不行故於賢不

肯智愚所以一視過猶不及也齊之以是非者天道則然人之君子天之小人君子猶小况非君子者哉等差之觀皆非合併而爲大唯迷悟則嘗有之故旁行不流者緣不迷而正位居體者由夙悟當正位居體之時是眞覺無覺而所謂迷悟者猶是假途者設耳

能化

域於彼已則七尺之軀奚異於一漚會於本宗則方寸之地并包乎太虛一漚則有起滅太虛豈墮成毀有起滅則有眞妄有眞妄則有是非既離本宗則涉夢幻既涉夢幻無非妄偏非特妄者爲妄雖眞亦妄非特非者爲非雖是亦非刻意

而行擇地而處愈用心而愈乖愈用力而愈敝蓋以域於小已不見古人之大體則舉皆幻妄矣體有貴賤有小大無以小害大無以賤害貴養其小體爲小人養其大體爲大人無已休息於非夢之域以爲常而泛應成務則爲變變乃應時之謂常則萬古不動二者既明不繫一曲則其體與太虛等如是則舉眞與妄同歸一眞入而無爲是其藏用耳出而有爲是其致用耳用與不用悉歸妙用體既有常用亦隨之無有妄者向爲夢幻合爲一眞大而能化凡爾作用會于本宗舉偏與正悉爲無妄則優入聖域矣聖也者會心身之所歸宿者也夫以有患之身爲身以惟危之心爲心雖深沉之思

此下脫三十五行
常無常有句〻接第八葉
均爲大字云〻

不斁於心微妙之語不離於口秖益迷耳惟能化此身復歸於大象化此心復還乎太極身心俱化本正而末與之俱本末具真常無常有奈何偏蔽者不探其本故習空無者出而之有則昧麗者之機而每艱於出習實有者入而之無則失本宗之旨而每艱於入此天人所以判而大全所以裂也自天之人謂之出則垢淨相遂絕而不論神奇臭腐之更化由淨而入垢則穢安知垢淨本是私見自人之天謂之入則有爲無爲相矛盾而不論或使莫爲皆一曲由有爲而入無爲則戾安知有爲無爲本是卷舒惟空空然者元有大受空空之際盡有天循有然但叩兩端遂無餘蘊不然者由天而出

則常觀盡垢淨本是私見然後於出爲無㝵由人而入則當觀盡有爲無爲本是眷舒然後於入得所歸觀至此矣回視前之所向悉爲芻狗要必至兩端一貫斯爲大全而得游心之常而出入無疾矣然出入無疾於復首言之則出入俱無眚者非得大全何以至此抑亦見知道者必先詣本宗之奥有地雷復以見天地之心則天雷爲無妄而不失彛倫之序斯全大法矣

習坎 附

離麗也南方應接之地也其患常在著諸有坎陷也北方空虛之所也其患常在溺諸無患著諸有釋有而之無則又溺

於空而有不能出之患惟內明乃能尚習以出險故坎獨以習爲稱而以出險不陷爲善也水與月皆坎象月者水之精也水者月之類也故明水取諸月月坤體坤之光變乾爲離乾亦變坤爲坎故日常用坤之光月常歸坤之明明歸則水之德全方歸其明固已習諸月及出乎險又以習諸水月與水皆積習然後其德乃全惟理有出于積習故日就月將濬哲而睿乃灼妙理是以剛而不陷非明其孰能之乎于以通乎晝夜一其隱顯觀垢淨之出於私見觀有爲無爲之存乎卷舒則不滯一曲常蹈大方斯皆出險不陷之道也不陷由剛剛由明而明又由習此坎所以獨稱習也

讀文中子

嗚乎人之難知也久矣抑又省之非人之難知蓋道之難明也道苟明則不逃乎哲鑑奚患於難知質其言而黑白已判矣曩讀河汾王先生書泛然以諸子處之見其言而未見其道則亦未能悉其言而詰其所造非諸子也此豈王先生之未至乃愚之未諭也迨浸歷聖域稍自見其在我者不約而契矣述之於文已成編帙一日偶有中說當前因閑寓目適見李靖問道而王先生之答與董常聞而說之者顧與愚學道相符合驚愕久之始思先生自謂千載而下有紹仲尼之業者吾不得而避而以董常爲顏子之流斷不誣矣夫仲尼

之業其入道也始於蓍之德圓卦之德方以悟藏密之旨故申之以天生神物聖人則之河出圖洛出書聖人則之探河洛之妙則堯舜之執中箕子之會極昭然自契矣若王先生者端緒前聖之緒可謂精於河洛之圖書與箕子之洪範者也其言天下有道聖人藏焉其藏在反一無跡之所是深論龍蛇之蟄以存身之奧而其藏爲密棲身心於一貫則天人會矣死生一矣與物而來來者自造與物而去去者自化造化皆自吾之至一故其爲物也不貳則其生物也不測矣噫後之名儒唯恃聰明乃以多學而識不復回顧以契一以貫之之旨則學愈多去道愈遠以多學而識者滯於末也一以

貫之者達乎本也本常兼末以統於萬末不能兼本遂失其宗既失其宗卒爲虛文不堪實用以用主於一不容於二三則人之所治安能治人蓋末愈盛則本愈衰文愈有餘則用愈不足以離本愈遠而背馳日甚也要所以運動樞極則成天地者惟一爲貫三而其體常混斡造化於妙用非天下之至精合天下之至神其孰能與於此晩始得王先生信能紹仲尼之業抑知聖道更五百年必一大明於天下不爾則天地何賴焉自孔子沒周道衰至秦極矣黃石眞人以守微之道傳於漢已而歷魏晉滋以權詭相傾此風益扇聖道掃迹王先生講道河汾爲有唐育非常之材雖去聖人之世前後

而不下接第十葉覺始爲句

相望不無小差要之皆不遠五百之數焉乎文中子堙鬱有年矣和璧沉埋必有泣血以相明因讀其書痛惜其流於諸子仍信孟子嘗述五百之數果不虛也噫道不遠人悟焉則至大哉一乎天下皆歸焉而不均爲大常斯與易爲一是其所以爲大聖也

出入

聖學大全故利用出入歸諸自然不事習而無不利有習則未離一偏獨機未盡不見大全故出入俱滯不可謂利孔門高弟顏子也然於離形去智尚有所待故孔子告以克己復禮是有己宜克者固不容於不習有私己矣豈不待自勝以

克之必若是始能離形去智也顧其所累猶後於空空如也之鄙夫無所待而本自離形去智可以一言而悟叩兩端使灼見焉則聖學於是乎竭矣奚事習而以中庸爲可能哉降此必困於隱顯之相勝而蔽焉雖使智者亦於此大迷不能通乎晝夜之道而知曾不見天人本一而隱顯本無二也其一也一其不一也一其一與天爲徒其不一則與人爲徒天人不相勝也謂之眞人了知天人本一而不爲隱顯所勝則隨其所見而致力焉習于有者蔽于實有而不見夫空無卽實有習於空無者蔽于空無而不見夫實有卽空無歧而爲二則冰炭不相入矣易稱易無思也無爲也又曰易無體

（朱批：與　出入皆一矣何不利之有脱爲隱顯所勝則　智　智）

而又謂易無形埒人知遠求易於氣形質未兆之先而不知近取諸身則易已具于屈信往來之頃今無思無爲之時由不出吾宗與易奚有二哉此時卽無形無體爲非夢之域是乃易不可見之時所謂無如此而已及有思有爲則心迹呈露於是有形有體爲有夢之域是乃太一分爲天地之時所謂實有如此而已一屈而無天地混冥而萬事銷亡所謂乾坤毀者于此見也一信而有兩儀生而四象立所謂乾坤成列者亦於此見矣雖積至巧歷不能計均不離此數耳一屈而藏一信而著乾坤之成毀不離俄頃之久造乎此則自一屈伸而觀往來可以盡乾坤之成毀庸有微而不顯者哉加

心性俱盡矣下接第五葉
今何偏弊者云云

此則隱不得以勝顯顯不得以勝隱而相蔽焉隱不得以勝顯則顯常藏於隱吾見隱即顯也顯不得以勝隱則隱常彰於顯吾見顯即隱也隱顯不異則精神常一終日如愚蒙以養正兩端混合包括無外自此析而爲萬無非兩兩相合要可一以貫之則理窮義存而心性俱盡矣先覺也若王先生者可謂不惑於殊塗而獨據同歸之會要非應休期而號先覺者其孰能與於此

易圖

老子曰吾所以有大患者爲吾有身今吾無身吾有何患無身者復於大象之無形所謂易無體也深明不獲其身之旨

於艮見之身艮一也有向背之異耳向明爲身背明爲艮向明則動而身斯顯故有夢則有身背明則止而身斯泯故無夢則無身有身之身由逐境故隨起而隨滅無身之身由復本故萬古而常存蓋向境則旁行以適變背境則正位而體常故曰艮其止止其所也又曰兼山艮君子以思不出其位夫位之眞君則固應有位有位則固應有所皆從古則然非人有以處之也自然而已故無定所之可指特名義未立之初已兆是於河洛之圖書是爲成位乎其中而本位本所之身心皆本來者人狃於所見以其所見者認以爲常不復體認其本來者徒認今之身心而安於隨事物以止之偏位知

道者審其如是以正位周徧不可直指於是特戒於止非其所思出其位止非其所乃有定所之可知思出其位乃有定位之可名則凡有定所定位皆一曲也繫於一曲乃有自私之身心於是擾擾萬緒起且轉徙於出沒之途由有偏重之私心即繫於偏位而有我既有我矣雖世之所謂甚美者皆不善也有我之原皆自人心初因偏重而出不知並作則觀復以體反身之艮遂至迷復而執此身乃與真體隔取而麗著以至我繫彼所彼留我室向之虛室今已茅塞而不得主既易其位迷不知所歸眉睫之際彼我遂分有我則勞思厭其生乃至釋有以趨無物之所離世異俗以規苟免終不能

適殊不悟有身之爲患由止非其所之爲累也正位居體則身藏而體妙身藏則見大體是爲大象與太虛等列子曰易無形埒而經曰神無方而易無體蓋無埒則無形無方則無體凡麗一曲皆是有方凡涉有方皆由有埒兩端無繫賢愚兼忘即居正位而無方無體無埒無形故易之妙旨無取無繫而得藏身之道者也神猶火也藏諸木石是本位本所即是本體故徧體皆是且無自焚之患是謂君火明之本也變乃成離其麗諸有如傳於薪其藏諸無如宿於灰既有定體實所必資人事以處之則處之無由得所也空有析而爲二矣惟明者重光冥麗則必常麗於正位而體亦從而不貳聖

人於剝則順止而觀象見象則身安於所歸而忘身雖剝膚何畏而大耋亦不足嗟矣以得其所止復本而休息其應感而出斯不迷復而真體常混故剝極而碩果出生乾之實剝盡而見盡有天循有照而成性具存所謂見乃謂之象於是向之五陰能爲吾患者今反如貫魚之宮人以承其寵而又聲色臭味之品皆所輔吾之和而養吾之性此獲果得輿之效也宮人象貫魚言有次序如逆旅之妾惡者貴而美者賤乃反黜其美猶避溼非順常理而無繫也聖人動也無妄一任常理之自然夫人品高下天所爲也吾何易焉自平是矣若以惡者居上美者處下彼既易位我豈能止不止則不安

惟危之心也夫易所居而安者也安於其止止則無我倒置則心爲不平故不止不止則有我大象包括無外爲萬象之帝莫非我之眞體處彼非其所卽是處我非其所故禹思天下有溺者由巳溺之蓋彼不得所我亦不能自止也如是愚智處宜貴賤履位仁賢不肖藝情在我者斯止得所而和平矣止則無我在寤爲無思在寐爲無夢不可知也知則巳判乎夢與思離而貳於眞體矣過此以往未之或知所以神窮而合於無莫知神之爲無而無之爲神爲不貳矣乃能化出萬有而變化自如故止乎其所不能知則至矣達者惟審夫旣止其所則是巳復正位此時皆無所繫昧者乃以偏位條

起之變體認爲眞我一不復察夫有貴於巳者於是遂加修爲
苦心勞神釋位以處而愈不能適殊不悟眞體自然不假人
事一任至理無施不宜學者不見大全因爲此圖以明有我
之機庶幾可指諸掌

是春增改凢四十字訂正能化讀文中子出入三篇錯簡
四月初一日藏園主人

忘筌書卷之六終

忘筌書卷之七

宋潘殖撰　　後學祝昌泰較刊

黃中

智慮外通所見者在彼故知人者智黃中中通所觀者自性故自知者明所見者在彼體亦從而與之旁行所觀者自性體亦從而居於正位謂之黃者土之真精含萬物而化光者也精神大全內外景備於火為君而光之本是為地道之光故其色黃麗乎外則為黃離以變乾為離來自外而外照歸其明復為黃中以地道之光根於中而內照黃中內照自見而非見彼無所蔽而洞徹無礙是謂清明在躬以之察理則

卷中凡朗徹俱作朝徹乃避諱非誤也

觸類而長六通四闢萬理盡解而無所不通中既明徹不疑所行故神德行之所詣是以眞體常居正位故君子黃中通理正位居體而與太易融而爲一矣神歸藏者也正位居體身斯藏焉如龍蛇之蟄矣故正位居體則體妙偏位居體則體變正位自乾坤未成列天地未定位而所謂神帝者已居焉涉千變萬化而正位則一定而不易者也是中宮之虛位眞君眞宰之所歸宿而爲妙體妙用者也必於坤六五明之者本冲氣之精於精神爲大全中正之至者也推此故五行之土五色之黃五聲之宮五味之甘凡此類所以各尊於其類者由眞君之正位以類而旁通故也黃中通理以達其本

聖人之所以造上達也正位居體所以歸其宗聖人所以未始吾宗也雖然非偏不足以成正非變不足以體常然則正位其定居偏位其旁行知正之爲常而有歸知偏之爲應而能反則出入無不可而均爲無妄矣偏位隨所變而有不可旣也私見取焉所取之物得以入而役我則體亦變矣是不得主乃爲物役而以妄爲常也蠢蠢者舉皆累此非眞一之不迷復者也然則偏位乃旁行之次可經而不可處經焉以酬酢萬變而成正位無爲之功惟其可經而不可處此常久之象所以取諸雷風以成立不易方之正蓋天位乎上地位乎下水陷於坎火麗于離山上澤聚皆有定體惟雷震之疾

風行之迅經物而不留定體則休息於無方之方聖人所以於立不易方取象雷風而謂之常焉夫大方無隅神帝之舍長子同德不遷偏位以其一也雷風皆動則有止止則有鼓舞之神功無麗着之實體雷爲長子巽其合德者也長子傳正幹蠱而克家其運如此斯爲妙用所過者化故能旁行而不流所存者神故與妙體而爲一以會於神明之舍矣夫神明之舍專毓神明不容留物物其所治非治我者豈容其入而留於神明之舍哉物所以得而入者蓋有以招之也由不自見而見彼乃有取焉惟見彼則我留彼所不自見則彼留我室室之虛則無所不燭物既留則無所不昧虛則專毓神

明實則尊塡事物事物爲主則我反爲役向之至貴者巳杳隔而區區者化爲奴隸而罔覺可勝惜哉非特常人如此雖甚聰明者亦有此患不自立正位而爲大丈夫乃甘與物役熱燋火而寒凝冰爲孰使之殊不悟其見彼而彼得以入神明不毓而明者巳昧夫歸其明以熄見而爲黄中之學問不用則茅塞其心神明豈來舍哉故入道在熄見熄見則不見彼不見彼則自見故利用出入皆鑑知豈取物而反以物易巳爲其所役哉孟子所以富貴不能淫貧賤不能移威武不能屈者以居天下之廣居立天下之正位也正位神明之舍至聖之大寶是謂皇極尊以御物莫不賓服是以服不能易

夫是之謂大丈夫豈倒置失位而不得主罔於或使乃反不悟而以客氣爲剛勇哉

虛中

聖人之學近取諸身遠取諸物皆足以顯道故黃中通理而無所不通是以物格而知止理窮而性盡所謂正位居體者無一物不可以見焉如龜之負圖則坎一離九震三兌七乾六巽四坤二艮八其數皆相合而成十獨虛中宮之五爲妙體以起妙用藏一而用八卦焉故八卦成列象在其中蓍應天地之數而止於其用四十有九乃虛五以位眞君虛一以當眞宰其數之備見於洛書出數之五與一居中虛之位而

以大方體之爲天下同歸之所反本者於是乎休息歛萬爲一不見有餘體混而已散一爲萬不見不足體分而已誠以虛而無際故無所不包亦無所不貸及其用也皆居中者不用而寓諸庸乃判於一而致用此其所以獨神也蓍龜洛書之數皆天五冲氣居中而眞一用之以與神遇至於手之捉足之行口之言形之動凡此皆於用處有中以默契乎神而其機適相會也形著于解牛承蜩之類凡技之精者率皆用此況知道者乎爲百姓者特日用而不知耳眞一之用皆用地道之光離明固以此寓之於目自目視之餘凡所以默辨而動契其機者無非內景之清明者從而致用此中宮之虛

明所以爲至而天子之光所以在于皇極也冲氣在中故土居中宮而戊巳屬土坤以類行位亦在五行故坤屬土其位在未爲中央故其季辰戌丑未皆屬土其眞精則位中宮之虚位以命萬物故無一物不虚是焉如兩端則虚中四端則虚信其數一二三四而成十則虚五其時春夏秋冬而成歲則虚中央土天下之物生於有有生於無中宮虚位名義未立起出形數眞君眞宰於此乎運造化者也自兩儀之序言之則此當三自四象之序言之則此當五蓋太極含三大衍餘五皆爲冲氣也天地設位于上下而冲和之氣居中而爲人故人實擅此是以三謂之參五謂之伍三則以人參之故

爲參伍則以人伍之故爲伍天地之性人爲貴宜其擅此所以能變化成萬物也虛所以用物故三十輻共一轂當其無有車之用鑿戶牖以爲室當其無有室之用以至若動若植若顯若幽莫不虛中宮之位以無爲而虛一以致用也虛不可以測度故正位居體所以爲藏密謂復本也正位居體則其體與太虛等故其利用出入皆不外乎太虛之室而未嘗有我否則覊於有方眉睫之際彼我分矣

正旁

學易之要正位居體而已唯正位居體者爲能旁行不流故眞一日應萬變而未嘗離乎中虛之位也然正位無定位之

可指自有皇極之會歸而言之則宜指曰正位旁行亦無旁之可別自有理事之束役而言之則宜指曰旁行正位一而已至聖之大寳也利其正而求歸焉則偏矣偏則有方是以宜覺君子惟悟其偏而反焉知反足矣自然止其所是謂成位無事察察然省其爲正也正與偏俱不可廢也特以正爲常則舉皆常矣夫物有所藴發而見乎外則爲甚美之華人有所藴發而見夫外則爲甚美之行唐棣之華物之有所藴發而見乎外者人之美行猶是也然正以平故止偏以側故行既偏矣雖美必知反焉斯不失歸藏之密者室則藏密之所也是謂正位學易者首當明辨正位而又審其已居正位

順於此保合太和養之而已修爲人事不萌於其間明而不能至者有矣未有不明而能至者也明已而又至焉止乎其所不知矣始能契無體之易無方之神至無體無方矣合內外窮高厚皆一體又奚正旁之可名出入之可跡哉然則神無方而易無體爲已至者言之也正位旁行爲方至者言之也此學易之要宜深論此

位尊

易無體彰之者乾坤也所以爲易之門乾以易知坤以簡能易則易知簡則易從易簡而天下之理得天下之理得則不疑所行乃詣夫成位觀天地設位乾坤成列則易行其中矣

易簡稱賢人非賢於人也不居其聖耳成位乎其中是乃正
立乎其中者也不言而諭可灼見夫成位乎其中矣
位居體者也眞君無爲常不用而寓諸庸故必退託乎虛位於
未嘗先人者也是以其德則稱賢而不稱聖其卦則處坤而
不處乾於服則言裳而不言衣於數則居六而不居九然成
位乎其中則立天下之正位茲所以爲皇極也尊莫加焉人
以其尊之至而聖道之極致也固有歎其不可階而升至公
孫丑則謂道則高矣美矣宜若登天然道雖若此而位則居
中天下同歸德與簡易一以該萬易所以無等而至平有足
者皆可至特不可階而升徒囿于等級耳倘未覩易簡之若
此則起歆羨之心乃至超出事物之表以求之于是循階歷

級而進焉然以不見道而賢者過之故終莫能與之俱也故
有亞聖之大賢而又有上賢次賢又其次則等級不可以悉
數而謂之某賢於某若干既有等差易斯變矣皆慕高美之
過也於是易者變而爲難簡者變而爲煩此大道所以不明
而聖傳所以不屬也遂使後學乃謂宜若登天猶不可及況
易簡之甚耶聖人絶類離倫一何簡易之若此是使入聖之
路所以卒至於湮沒皆不明之過由照非黃中之患也然則
高者特高而已非尊也蓋高者等級之崇而尊者乃自然之
成位非人力之可能也高者以等級多而位衆故不尊而自
然之成位則一而已無爲而生萬物至一而總羣動玆所以

獨尊焉尊無二上故也此真土之精中蘊君火具內外之景而無生滅者也生生之易如斯而已過是則位雖高終不與此愈用力而愈遠矣學者安可不深明易簡之理得易簡之理則高美之道舉積此矣知學者而不知明辨正非善學也

一家

天下一家中國一人聖時之盛也論者每以車書混同無異區為天下一家億兆欣戴無異俗為中國一人是知聖治之成效而不見聖人之能事所以致是者雖復詠歎其功美無補於求治也聖人非有他術特洞照本宗知天下同歸而殊途一致而百慮夫塗殊於所由不殊于所歸同歸則宗一室

吾見天下本一家也慮百於所思不百于無思無思則均一體吾見中國本一人也衆人徇私而自蔽見有用則彼巳不通不見不用而會歸則一每每自徇則雖父子猶有爲豺狠兄弟猶有爲參商况他舍外人乎聖人深探本源灼見要歸用雖以一已爲我不用則萬物皆我故一日克巳復禮而用已藏則歸一本矣本正而末隨則天下歸仁得所同也所同在此是萬體一體而聖人以天下身受天下訓故均以一體待之休戚一焉是謂踐形由是樂民之樂而民亦樂其樂憂民之憂而民亦憂其憂憂樂不以一已而以一體視天下此天下所以一家中國所以一人也蓋無體者總衆體不形者

統萬形無體之體不形之形是乃眞君之妙體唯聖人見象而與之爲一此方擅其大全彼旣裂其一偏於是訓皇極而作父母主至一以總羣生推之於天下所以爲眞主而其成効如此也

爻象

八卦成列象在其中則象者無體之體是爲正位之妙體居天伍之位在八卦之中焉因而重之爻在其中是天五之尊位寓於眞一之妙用故爻爲重五以明其爲時中也故其時[illegible]位皆天五虛中之妙體託之於妙用此其所以前知而獨[illegible]其在人則凡作用處莫非天五托之于妙用其所用處

皆有中焉以爲儀則而默與神遇然其機密庸所以百姓日
用而不知非特人也如器之有四管者沒于水則其中獨不
濡爨火而大沸其臍獨不熱木刳其中以容萬斛而獨能浮
金鏃其中雖體至重而不能溺凡以虛中之位出乎形數者
用焉故其神如此況人居三極之中擅冲氣之大全盡人道
而與天地參復其中之成位乎夫易所以至神者由爻象皆
五而五爲君位焉故曰易者中也象不言五以其因而重之
爻在其中而爻爲重五則象居五之正位而爲妙體則其爲
五可知矣大體無物不出于易凡有貌像者若隱若顯皆于
此稟受天地雖大未離其內秋毫雖小待之成體所以物物

皆是苟爲既違則物物皆足以明道此聖人明道所以由著
龜也

君火

八卦皆重而成如震但言洊雷坎但言洊至雷與水無二體
特繼續不絕耳惟離獨言明兩作離以火有二體妙體不用
而襲明坤之所以稱黃中也變體致用而外照離之所以爲
繼明也故六氣有君火相火焉君火當坤之正位是爲少陰
居眞土之宮爲冲氣而爲氣之母以孕至精至神其內外之
景而未用以無爲而寄位于辰辰土氣之所聚也君火爲之
注眞土爲之位融而爲一而光之所自起坤所以含萬物而

化光而土所以爲萬物元居于中虛未立名義之所非有實位之可指所謂神無方而易無體君火不用而寓諸庸相火致用而性有所麗以有所麗故其卦稱離離者麗也以出而有體則必有所麗矣有麗乃成其體而有麗之性非正則窮於爲薪故重明則不可不麗於正是以在人有道心有人心道心甚夷常居本位易之正也人心已偏常繁一曲易之變也無思無爲其藏至密非智慮可及於名義未立之所惟歸其明斯合爲一明歸而中自朗徹則見之竊竊然知之君乎牧乎則固矣知止乎其所不知斯復爲一矣以偏故變於偏而覺乃克知反惟精惟一斯復成位乎其中則麗於正昔君

文武重光奠麗所以相傳有在于是

自然

沖氣常含和生生而不自生故能長生孕眞火而不麗着用其光復歸其明故能常明此皆有自然之成位其由此而出者亦自然而復不俟人有以處之正體居自然之成位融而爲一其常生也眞土爲可名其常明也眞火爲可名要之常生者常明常明者常生是以黃中通理爲常明矣正位居體爲常生矣二者必相須也而眞一妙用出于妙體不即不離其致用也亦自然藏用略不容人事一涉人事反爲藏用之疵是本無思而加苦思本無爲而加修爲本寂然不動而容

蹈乎動之機易道變矣於是無麗著者變而爲麗着無生滅者變而爲生滅是皆未諭不習之道故不知中庸不可能而反贅以人事之過也學易者無他惟當見正位之體而已正體與太虛等所謂易也直寓六骸象耳目而已至於寓事而變象呈於圓鑑之中而出示於容色之間乃麗乎今之身今之身乃變體之所示也未用之前自與太虛等以喜怒哀樂未發而在中者未嘗動也直苦不自覺耳以認誤變體爲正體此其所以迷復也大體聖經皆有要旨如詩之思無邪禮之無不敬皆可斷以一言而易爲天人之書無不該貫尤當識其要若諭黄中通理正位易體則易道幾無餘蘊見正位

之體即是大象所謂天下身也同歸而宗一體矣此自古以固存者存存而不忘足矣無生滅者也生生之易有在乎是皆自然也一涉人事適起生滅之端可不審哉

知至知終

知至至之可與幾也知終終之可與存義也此名義未立至理具而未形之虛位故不可以知識然至非不可知也至於至之則非知之所能至也終非不可知也至於終之則非知之所能終也知至至之而又能至之聖人神德行之所詣也知終之而又能終之聖人顯道之極致也神德之所詣不可知也默而成之耳惟默而成之則亦默諭乎動之微矣故曰可

與幾顯道之極致不可知也默而識之耳惟默而識之則亦默諭乎義之府矣故曰可與存義也唯知止乎其所不知則二者兼進理事俱盡心性亦盡而無餘蘊矣至此則體同太虛心還太極何哀樂能入哉飲人以和正容而物悟矣夫何言哉

不習

麗乎形者終于壞而大象爲無形隨乎數者終于盡而天五爲出數惟出乎形數此所以居名義未立之先非智之所能知非思之所能至若是豈修爲之功所能逮哉故直方大不習無不利不習無不利者地道光也光既內融正位居體宜

熄人事而貴不習此而習之適起疵病故習之於無事之先是迷而失道若已適偏不可不反惟後順者乃為得主而有常道之至要悉總于坤人法地者其在茲乎若夫地法天者天成象地成形坤至靜天行健故也天法道者道常無為天則無為為之者也道法自然者人迹泯矣從來若是而已矣此一事也自有次第而備言之則如此人道盡則畢備矣人道以法乎地者為始至道以法乎自然者為終耳大體坤作成物不先造事若先造事亦違坤德

一貫

冲五未見之氣為氣之母孕精神之大全以縕天下之至變

由是而變則判爲陰陽生爲水火皆分爲二惟精神常合爲一故精神之運未嘗相離以有用不用之異以强名之神從精則藏精入神則應從精而藏于數爲一而二實存焉入神而應于數爲二而一實寓焉其應其藏未嘗不貫乎三異名同實常不貳也藏用致用之頃而精神之理具矣精神爲水火之性水火爲精神之物謂之精神則一而不離謂之水火則判而不合判則兆於一故一爲形變之始一生二二生三則離而爲萬物一與言爲二二與一爲三則析而爲萬理然貫者居一二之間而與之參者也陰陽分而沖氣在其間爲眞一之全體貫三爲一不離沖氣其體常混據會要則離爲

萬物析爲萬理者皆此總之天地之數備于五十有五所以成變化行鬼神而成之行之者於蓍見之蓍備天地之數所虛者五與一出乎數而虛之所以致其實用幹造化於無形者也眞君無爲寓其庸於眞宰顧其成効皆眞一妙用之功而四十九數麗於有乃眞一用之於虛不知所以然而然其分而爲天地轉而爲陰陽變而爲四時列而爲鬼神昭示爲萬象成形爲萬物其多不可旣而以其多者號而謂之每謂之萬者莫非精一之體擅其全而此常貫三冝乎此者各得其偏也一麗乎體於是認而有之役於殊途不見大方乃自徇殊面不復反本是其不免于轉徙也聖人達本每據會要

以觀方來不離環中以應無窮逼於一而萬事畢乃以一而知萬也夫子之道在于一以貫之者如此然眞一出于眞君而宰其事者其義則取諸長子要之合之則同離之則異盖眞一之用變動不居周流六虛之時所謂眞君者寂然而未嘗動也此其名所以不得不異若夫非合非離惟一貫者盡之聖人深於此故常蒙以養正乃戒於雜則多多則擾所以易簡而天下之理得矣也

是卷校正九五十七字　初四日津門寓中

忘筌書卷之七終

忘筌書卷之八

宋潘殖撰　　後學祝昌泰較刊

地類

天五者眞君之位眞君者眞土之神以其德全眞土故以數言之則五以色言之則黃以地言之則平以位言之則中正以道言之則公以德言之則直方大而至靜柔順而沖和含洪而光大簡易而坦夷以其含洪是以著德圓而包以三卦之德方而包以四圓者動方者靜故坤至柔而動也剛至靜而德方然天高地下者據人所見如此也而地實位乎其中自日之行以觀之明入地而夷是日之運乎其下也明出地

而晉是日之運乎其上也日月星辰環衛乎地於其中是其正位所以爲極尊焉玆謂成位乎其中而坤自定位而言之則亦居中蓋土爲萬物之元所以君同類西南坤之定位也故得朋而以類行帝出乎震震起也居東方木之位爲長子以先諸卦至巽則木成而生火故繼以離火生土而坤繼焉土生金於是繼以兌與乾皆金也金生水而繼以坎則五行畢矣艮則成終成始而獨立非以類行者故坤在西南本位則得朋東北艮位則喪朋西南則統類而居中東北則相合而成剝剝則剝之剝之爲無咎所以剝去五陰之類者也爲喪朋焉喪朋於一時之事雖不利至獲果得輿則終有慶矣

大正

明則虛虛則無所不包故能有至大背則止止則無所不畜故能止至健大者乾之體健者乾之德有至大止至健非小者之所能惟先天地生而至大不麗形數者爲可以與於此故於大有曰大中大畜曰大正如坤黃中正位乃大中大正也而不稱大蓋黃則尊莫加焉以其獨尊而大則不言而諭矣眞君退託而位乎坤故避此也今此稱大蓋猶大象大樸之類明其在未有象樸之先旣有則麗於一方卒皆小矣以其背之所以似之而非也楊墨之行非邪也以其有取乎正則不足以得正孟子所以欲息其邪説子莫所執非偏也以

其有取乎中則不足以得中孟子所以又惡其賊道蓋以不居正位於道皆邪不歸皇極於道皆倒如是者久假不歸以自表襮人莫燭其非有歆羨而效之陷天下後世流於小成終不曉正位而歸焉其爲邪而賊道所害豈不大哉苟出於大正矣雖若舜執其兩端固無不可也苟出於大中矣雖若禹之偏枯亦無不可也正位既在所安居則旁行亦何所害哉正位既終以迷復則取正又安可得哉舜禹無取而自得是上德也所謂苟得乎道則無自而不可楊墨子莫有取而得彼是下德也所謂先焉則無自而可正出於中而正位神帝之居在天地未判之初中爲太極在乾坤成列之始人能

正位居體斯復其初而大中大正兼得之矣

文德

大小畜皆畜乾乾天也天爲空中之細物有中之最巨者天在山中是於有中則見其大風行天上是於空中則見其小大畜則畜之者小受畜者大小畜則畜之者大受畜者小聖教莫先於文行而前言往行之與文德未可以差殊觀也大畜言多識前言往行則爲大自有中而言之也所畜如此則已大矣小畜言君子以懿文德則爲小自空中而言之也所畜如此猶爲小焉蓋文以該衆理衆理錯綜於天地之閒故唯文爲能經緯天地是理義猶囿於兩儀之閒也空無盡而

文有既受畜者止於如此所以猶爲小焉蓋天地雖大猶未能無窮者也聖學終於知終終之可與存義義存則無義而理亦窮矣理窮則非理之所能該義存則非義之所能與而性與心俱盡以大而畜小彼囿於兩儀者既小而文所不能貫矣聖學至此忘言忘知其體始與太虛等夫是之謂終然則懿文德在天地之間則大出六合之外則小彼察察然矜智慮於理義之閒豈聖學之至哉聖人知終而又能終之以至存義則非特天地之間能事畢矣而六合之外亦無餘蘊是則其有知也則亦六合之內而已其無知也則六合之內[illegible]兼盡矣

師

荀子曰非我而當者吾師也夫師無他以其於道爲是是以非我而當然則師者師其是而已矣以爲是而謹守之所以肖之而小天地肖易則已小人肖天地則又小如珠之肖月則又小是不能用其師而爲師之所用乃墮於形數之內所以上達者用其師而不用於其師孟子願學孔子故未得爲孔子徒以私淑諸人孔子當仁不避於師所以賢於堯舜師徒能使人向巳而倘離不能使人自向而倘艮旣向則忘反我繫乎師而師常留吾之胸次彼此易位則何以能中行獨復是則獨有之學超乎象帝之先非肖其師而墮乎形數之

內者可至也孔子學易莊子之徒師雕刻衆形者是皆師造化也至索其隱役造化而不役於造化則亦何常師之有役造化之道則當先歷試於能移我者而因以觀其機焉機旣洞然不匿厥肯然後能役造化如金也天地清氣之所生其所自來本清氣也至取師則不師清氣而師於火以火能克我而勝之動爲所移而鑠也若經百鍊而火自銷金不亡是眞金也其剛可以役造化矣剝極而碩果出是剝者聖人之師也夫嗜慾爲德性命之宄者是必有至機焉蹈其機而不悟者乃所以致德省其機而無隱者皆所以致養能使德性命之情者乃若貫魚而在宮又承寵焉而無不利則能德人

之機已廢矣非碩果之至一不可泯者豈能與於此碩果[illegible]然而成所以别異於常果常果俟種植栽培乃成碩果則獨成於天矣剝極無我遂見也然則孔子之學在磨不磷涅不緇非遠於磨且涅也何則磨涅乃吾師磨涅而向磷緇則可乘是而觀其機至不磷緇則是至一不貳而後能獨運造化矣然則有繫者皆蹈磷緇之機見熄則無取無取則無繫斯不若匏瓜之有繫而有區區之小已則孰爲磷緇哉剖造化之機者如斯而已如是乃能用易而不爲易之所用此聖人用其師之道也貫魚論爻之五陰蓋聲色臭味之品各五而宮人之品亦五皆嗜慾之能億性命之情者如是者皆薦天

地之和以養吾性命之情而常和斯爲碩果之効非用造化者未可以與於此碩果復能生乾豈非性命之至大者哉

咸感

人之大患在於有身故艮爲人道其爻則兼明乎一身咸以艮爲主又以申明乎妙體而爲窮神之道艮向爲身身背爲艮艮既背矣無可言者唯身泯而神得安定休息藏乎正位故謂之止夫屈信往來則有可蹤跡自利用安身以上則進乎是是未感之先也其曰過此以往謂進乎是者也其要在未之或知未之或知神斯窮焉合於無矣是其所以爲艮爲咸也艮之要在不見其人咸之要在不見可說故艮之者在

艮其背咸之吉在咸其脢謂不見也皆所以深明乎見之與夫達道之士唯務自觀不務見彼以其務自觀是以順而止之所以觀象以其不務見彼是以不逆詐不億不信夫逆詐億不信之人其心唯見其人而已不知自省由我之不平惟平則復正位斯爲天地之心是以至先覺不平則動皆等差之見是人心而已其何能覺哉不逆詐不億不信則不信者吾亦信之而在我者平平則正正則覺此其所以稱先覺也惟其如是故智愚賢不肖並觀所以至中庸不見其人所以不獲其身不逆詐不億不信所以稱先覺其吉一也機在見之熄耳夫見熄則不見彼不見彼則自見卦曰憧憧往來朋

從爾思此見彼不自見之患也而象以爲未光大蓋光則大暗則小方其天下同歸歸而一致則正位居體矣惟不自見所以不悟故昧不見泰山而細乃察秋毫營營徇物而汨於殊塗之百慮動則又憧憧往來朋從爾思達者視之不得不大警而救其溺也是則黄中通理者正位居體而横目見光者自徇外面此不貳者所以擅其全而貳者所以裂其偏觀體之小大貴賤則其人不可度矣聖人既安於同歸一致矣由是而思思亦無思由是而爲爲亦無爲常蹈大方不麗一曲則併二而不貳其爲物也不貳則其生物也不測兹所以同乎造物則是正位居體者超形越數而自徇外面者出生

入死自見之與見彼其相遠也知此重光之際可不謹哉聖人窮神知化而爲德之盛者無以尙此乃自憧憧往來朋從爾思發之雖觸類而通要之不善者亦吾師也知見一也均爲人心見熄則知亦熄矣故艮之背咸之脢皆知見熄之象也及其向也其說也則知見起矣知見之起皆由兩端之偏重而有去取者也然則兩端有去取是害道之尤者夫子叩兩端而竭焉乃在於無知欲深諭此安得不熄知見哉易道至此忘言忘知窈然藏密而獨棲息乎本位本體知其初矣至是則神窮神窮則合於無而萬有不能累矣夫合於無者神之息也合於有者神之應也既息矣莫知其所雖陰陽不

能測以無方也無方之方是謂大方大方體之與太虛等神猶火也藏於木石是成性存存也今指木石曰此火也有在則自焚矣豈所謂成性而火果安在哉火性無乎在亦無乎不在此之謂正位特在其中而已及鑽之而烟飛擊之而光發則又隨所感而應焉本無乎在亦無乎不在特隨感而應故謂之咸咸周徧之名也私身則泯矣是其體與太虛等也神窮則不可測矣唯以類感則以類應故彰往察來而微顯闡幽以化出萬有爲可知焉是眞一之妙用出而有應則可知也神窮則不可測所可知者化也以一知萬而萬有本一體也一在木下爲本是歸根復命而合於無也一在木上爲

未是分枝布葉而散爲萬也合而歸於無散而麗於有其此一耳深明乎一之體斯不貳而窮神知化矣變化者神之所爲知神之所爲至矣學而至此既能冥之以未之或知又能照之以無所不知斯爲德之盛而莫加焉後之不明乎妙體之本合於無矣不可知也而乃竊竊然知之殊不悟既知則已在變體而貳矣反有私己之爲患是非善觀其復也惡其爲患而思屏去之譬如宿火於灰自以爲藏於密矣不知由則燎原以人者藏之非正位之自藏者也窮神斯諭真君之妙體與真一混知化斯諭真一之妙用由真君出真一妙用感而遂通千變萬化不可致詰所可知者類感則以類應是

至理極於象類感應而已茲下經所以首咸也

大小畜

物之相緼固無定體天地至大也然亦空中之細物有中之最巨者易在未有形氣之先已緼乾坤於其中迨既有太極而生兩儀乾坤成列乃緼太易於其中則物之相緼豈有定體哉固有小而緼大亦有大而緼小而其卦小畜大畜所以皆畜乾也艮爲山以止靜爲德止靜則內明剎所以順止而觀象也止而觀則靜中乃見其至大者今有爲渾天者必有一天昭著於方寸間於是其象已呈然後微顯於中闡幽於外而成渾儀焉是天在山中也大象之含萬象順其類感以

彰往察來微顯闡幽而化出萬有均是一理非有天人之異見而爲象形而爲器物莫不然天在山中特舉其大者而小者可知也各有儀則無微而不然山敦實靜重而善藏者也自山而言天則知天在山中所畜者大故爲大畜是有中之最巨者若夫風則神之在天者固無實體而以無有入於無間由無實體而觀是知風行天上所畜者小故爲小畜是空中之細物也然則大小豈有定體也相形則見之耳天在山中大畜惟能止而觀象者見之風行天上小畜惟即空而觀有者見之

神德行

聖學之要在顯道神德行夫艮爲門闕神所自以出入者也向則爲出出則由震之大塗然當慮於有身而萬緒俱起背則爲入入則復坤之正位故不獲其身而一物皆無神合於無則安定休息而莫測其所藏向而未嘗不背應而未嘗不寂唯神德行者能之神不疾而速不行而至者也神德行則黙而成之於向背之頃耳夫何言哉艮所以思不出其位是謂復也見天地之心矣天地之心以爲心太虛之體以爲體生生之易如斯而已學易而不務神德行乃獨以知識察其理是妄意也非灼見也雖或偶中猶是見彼况不中哉雖已灼見方是顯道猶待神德行始得所歸况循文索理而已徒

勞而無補是以易書之傳於世也久矣孔孟已往道浸不顯知識至此而愈迷猶擿埴索塗冥行而已安能燭所歸止其所而有所詣顯道有要即正位而歸其明則向之變而爲黃離者今已奠麗而復歸乎黃中以是而觀焉是謂黃中通理涵養既久方寸朗澈及其通也觸類而長則隨所觸而通至於天地無餘機前聖無餘蘊又奚事智慮搜索揣摩以辨認哉聖學在神德行必先顯道如燭之照不疑所行然後有所至此所以正位居體而正位居體所以由黃中通理也然則成王之初羣臣進戒以學有緝熙于光明則曰示我顯德行而易則曰神德行何哉蓋自用其光復歸其明言之則宜曰

顯德行自不疾而速不行而至言之則宜曰神德行而其實一也以用也歸也不越俛仰之頃耳與日月合其明相推而生焉是謂緝熙于光明而其所以緝熙而無頃刻之間者乃在於神德行葢用其光復歸其明之頃可謂疾且速故曰神德行

筌蹄

造化以至機役萬物墮其機者出生入死轉徙於無窮其機甚神不可以智知不可以識識有至神者乘其機而還以照其隱又還以其機役造化而不役於造化故我常無爲而坐觀天地之勞功造者不得不造而化者不得不化也達者靈露

其端世人宗其說其在中國者曰孔子曰孟子此外又有老
子莊子其自西域而來者又有釋氏其在六合之內蓋不知
其幾國莫不各有先覺以立其極其爲師蓋不知其有幾其
在中國顯顯而可知者如此其晦而不顯者又不知其有幾
如韓文公書毛十八翁先知若神而其學則既不由孔聖道
亦不由釋老教其自通悟有如此者非特人也靈龜負圖曲
盡天人之賾而又千年五聚問無不知當其聚也必有傑然
者爲之師如此者又不知其有幾非特動物之有知者如蓍
產於地其德則圓而神其數則有大衍非有聲音之相接待
以神氣之所感如此者又不知其有幾動植皆爾況於百姓

與能者乎聖人以天下身受天下訓以爲有師則此類皆吾師也是以孔子之學三人行必有我師而前聖之學凡在天之有文者皆可觀地之有理者皆可察而又及於鳥獸之文與地之宜近取諸身遠取諸物是故天生神物聖人則之天地變化天垂象見吉凶聖人効之河出圖洛出書聖人則之聖人之於師無所不取者如此葢無適而非造化之機也而莊子之書又謂吾師乎整萬物而不爲戾澤及萬世而不爲仁所以師造化也師之者正欲觀其機觀其機至無餘蘊然後能役造化至此則昔之所學皆筌蹄耳有師者皆墮其數內雖肖之而細非所以超形越數唯至於無知未之或知而

知已泯良其背咸其腓而見已熄則歸於無極至此則凡流於言語可以傳授者皆筌蹄耳如此則用其師而不用於其師獨往獨來而獨有則雖先聖之言亦假以修身耳昔人以先達者立其名傳其義遂使後世循其名失其旨黨同伐異紛紛不已嗚呼遠哉上達之道其旨在於得魚兔而不在於守筌蹄凡屬名實而有說者悉爲筌蹄苟爲可以得魚兔矣何筌蹄而不可用苟爲旣已得魚兔矣何筌蹄而復當守顧所得之大象其中之所蘊至矣至盛德大業觸類而通日新而無窮用之不知何時而竭也如此者是眞能用其師而獨有矣夫唯師不能易則超乎形數之外可以運造化矣

無大過

五十而學易可以無大過矣聖人至學易始與天地並故消息盈虛動以天行嘗卽天之行而觀之春秋陰陽之適中無過者也自是以往陽浸長而至於酷暑陰浸長而至於沍寒亭毒更用豈得當若春秋陰陽之適中而無小過哉聖人以中庸爲本以時中爲用以其道參其時而折衷焉始與事情適稱方折衷之時抑揚損益豈無小過也嘗謂聖人有小過無大過賢人有大過無小過賢人趨高而捐下取長而捨短能爲人所不能天下之美皆在已惡有小過也然道之不明自賢者始道苟明則小過庸何傷道不明則害及當時禍延

後世陷後世之人背正理適迷途其所感召則天反時地反物妖孽生禍亂作每每不可救者其原皆自賢者恃私見暗大理之所致也自處於過人之地以所長表襮於世使天下學士大夫歆豔而影從之跂仰而不知反芸人之田以至思出其位背本迷復曠正位而不居入邪途而罔覺行雖美如唐棣之華偏必知反始得所歸儻不知反適爲中庸之罪人雖有大聖復生猶未易救其失其爲過豈不大哉聖人道中庸居正位以先覺覺後覺矣由是以應至變損益以適時之宜其有小過非聖人之過也是自然之理尚消息盈虛而以天行當如是也學易者唯在志平而一視焉非爲賢不肖智

愚而有取捨用能不滯兩端常復正位而道中庸得主有常斯入聖人之域易之正位其與中庸異名而同實道中庸則舉無妄作豈有大過學者期無大過足矣奚取賢者之無小過而等楊墨之流貽禍於天下後世哉人與天相應人心復正位則天心復正位否則緣類所感從人而變故天之方難天之方虐皆由人也聖人宅心正位而天地之心正故皇極之敷言而帝訓之然則由聖學以適正者可有毫釐之差哉夫聖之與脩性本無異同歸則一百慮自殊故所以異者特在迷悟耳本末得序之謂悟本末舛逆之謂迷得序者復本以應末舛逆者逐末而背本繇之殛也以不畀洪範九疇彝

倫攸斁而禹之興也以天錫洪範九疇彝倫攸敘所謂攸敘
者初自五行以生五事而五事則由思睿以至作聖既睿乃
可燭至機故自無偏黨而歸有極既歸有極則可自皇極而
用三德皇極以正位居體由皇極而用三德則體用一如本
末有序無相奪倫是謂攸敘此其所以爲神禹也進此道者
唯在明悟不在知識明則自見悟則非夢故悟者毋休息於
非夢之域以爲常即是皇極而以道爲循斯須非夢之域無
方無體儻不自見則認有方有體者以爲常則客反爲主本
末舛逆所以迷也知識所以見彼纖悉開析宜若有得隱然
盡備而不堪實用特人心聖說耳循文索理亦囿於此而學

者但當知堯舜與人同則知智愚賢否舉相似不足以相遠齊其二者乃入中庸若但論堯桀之是非則生取捨於是畔援歆羨之心起雖日誦堯言行堯行固不失爲賢者然是堯而已矣終肖之而小以流於小成而道之所以隱也蓋堯之心雖後聖復起不能易堯之行適當時之宜而不膠失其心而羨其跡非堯之所以爲堯然則允執厥中自孔子發之眞得堯舜之心而盡祖述之懿得其本則末亦不廢特由其序故不流於末所以悟耳

忞筌書卷之八終

初五日訂正八字

忘筌書卷之九

宋潘植撰　　後學祝昌泰較刊

言行

成位乎其中故有盛德之至明足以燭甚微之理大業之至富足以給方來之事理達而爲言事舉而爲行言行有常豈苟然哉抑有自來矣故言必先王之法言行必先王之德行是則言行容有出於非先王者又在於多識多識前言往行所以畜其德也夫葆光天府其畜尚矣前言往行之所自出又還以畜之畜之大者唯大正爲可當謂中正同出而中在兩端適等混而未判之先是謂太極太極含陰陽而未分陰

陽之理具則有動靜一有偏焉靜而麗乎至幽則爲陰動而麗乎至明則爲陽陽自生出之序言之則陰爲先自可稱之德言之則陽爲先陰幽故爲小人其道邪陽明故爲君子其道正要之槩以大中之道則均爲偏矣以未出於正也賢者無所不擇必取夫正然已與邪爲對代矣對代則迭爲賓主正足以勝邪而邪亦足以勝正方其當爲邪之所勝雖强矯固執亦必變矣力出人事有時而盡盡則正復爲奇以對代者必變也剝自乾陽爲陰所剝初爻二爻皆蔑正凶以爲陰所勝也正必大正以其正位居體則超乎形數故能旁行不流而物不能勝若利之而取焉則亦小矣故剝則蔑焉以不可

以磨湼也如剝上九一陽在上獨尊而能勝陰故剝極而健
體獨存以本非可剝者也是謂大正不涉對代故可以化不
善亦可以止至健此能止健所以稱大正然則太極之爲中
大正之爲正其實無二皆以未分對代之先混然全體大畜
亦畜之先前言往行由之而出今也畜之盛則至於日新不
論此者乃始外立其德是爲奇言異行斯日敝矣夫日運而
無息者也日運而春盛德在木而木德日新所謂木德開闢
以來未嘗有增損也春已而夏盛德在火是火德日新木德
往而藏用矣前言往行畜而藏之適其可而致用乃所以爲
日新也苟求其故則故已而新皆猶是也伊尹曰終始惟一

時乃日新是一德卷舒如環無端方用則見其新殊不離前言往行也此大畜所以發明剛健篤實輝光日新其德而象又謂君子以多識前言往行以畜其德畜盛則故者新也噫後學自束髮讀書以至頭童齒豁其識前言往行非不多也然所以畜此者畧不之覯而徒爲誦説之儒旣不見所畜則亦不知以是而畜其德迨年齒長聰明衰物侵靈府役而奪之至不能記省甚則旋踵遺忘矣所務得者外學所虧損者眞理眞理虧則外學豈能獨存至明盡而暗夙昧所藏明不復本梏亡而盡外學又失内外俱泯復憒然矣是未睹所謂天在山中也自聖人順止觀象之學旣失則所學皆外試詰

其身心之所歸宿則莫測其所詣是火勝月而月不勝火之所致清明之在躬者闇然也前言往行之所畜者莫諭其所藏聖人所以於天在山中之象發明之然則多識前言往行以畜其德藏往者能之剛健篤實輝光日新其德彰往者能之直覩大畜之所藏則前言往行無非一眞豈有内外之間哉不然則古人之糟粕矣無補於得也

人文

人位天地之間以一心而總萬理以萬理錯綜於天地之間乃貫而會於一心其顯者則正名曰文天文則日月星辰經緯昭回之度是也以序而遷循乾而運其行之遲速與夫合

散犯守陵歷關食而時變斯可察因求其所以致此者由人理該通其有順有逆則格於幽而彰於顯故動於中而應上者不可掩焉理藏於隱而旁暢交通間不容髮感則隨應無有遠近幽深如陽燧方諸上格於至高之日月不旋頃而應情感理通故陳於顯者隨之而變燭理者知其莫見乎隱則理之貫通者甚昭昭也在人得之是謂人文人文者人之理也人之理兼三才而該貫無遺者也近取諸身則理備於一身經絡分布無所不通經脈之貫於藏猶經水之注於海而絡脈則羅布並運交通而胥會焉猶百川分流不舍晝夜而亦俱會於海明醫者爲之若禹之行水無非水道故用鍼補

瀉無不相應以順其所由之理理之在身者如此由貫通乎天地者本如此故也而神之所觀元通默識以周乎大業之富有盛德之日新者何可勝言也以順而格則諸福之物可致之祥莫不畢至蓋順之實如此人文之大致雖用於君臣父子兄弟夫婦長幼朋友之間修紀盡倫秩然條理而上際下蟠無所不格以理無不通蓋文者經緯天地者也彌滿於覆載之間無非理也而通是者在言行居其室出其言善則千里之外應之無他理順故也居其室出其言不善則千里之外違之無他理逆故也言出乎身加乎民行發乎邇見乎遠言行之所以動天地者皆理之貫通不間遠邇故言悔則

液且生渴且止梅固未嘗有也一發於言則梅之象已著象著則情已感情感則理已通液不期生而生渴不期止而止而行之或德者皆足以感動幽隱如匹夫懷憤六月飛霜匹婦銜怨三年亢陽是言行所以通眾理天之高地之厚鬼神之幽皆不異乎一身順而喜逆而怒隨感而必應者也而儒者助人君順陰陽三公之論道經邦變理陰陽皆明至理而順之也至理具乎易而未形者也名義立而隱者顯故觸類則通旁達於幽無形深不測而盛德大業酌焉而不竭聖人洞照乎此知不間於小大精粗故其作易也仰以觀象於天俯以觀法於地觀鳥獸之文與地之宜近取諸身遠取諸物

其理於是乎貫通天文有象地文有法聖人兼之則人文爲備不止施諸章句間也其用於人理而舉無逆則天下化成矣理之所會者心心位乎正位則所通者皆正心適乎偏位則所通者皆邪故言由皇極之敷言行由皇極以經世則言爲法言行爲德行矣然正位一而偏位不可旣聖人以偏爲變餘人以偏爲常故正常不足邪常有餘於偏而反則復正位而體亦正矣於偏而向常偏而已其如小己之爲大患何爲人上者當宅心正位克全大體敘彝倫位皇極以作民父母成位乎其中而天下之理得豈曰小補之哉

仁義

舜由仁義行非行仁義行仁者墨子之兼愛是也行義者楊氏之爲我是也必待由仁義行然後爲舜何哉蓋世之利仁義者衆慕悅巳陳之跡而蹱之求速効而巳未有能一日用其力於仁是以舜之至德不傳於後學不能用其力於仁者是未覩用其力之方也用其力之方伊何克巳復禮與藏諸用之二者而巳是又當質之於自知之明若未離形去智而尚有私巳則當强矯勝私以禮制心而使之復乎正位也儻洞照同歸而常安於正位本無私巳矣則亦常藏諸用而巳能藏諸用則止於安宅矣其由而致用也自然顯諸仁以隱者彰也人固甘於終身行仁義矣而不喜一日用其力於仁

是利仁義之末效而失仁義之本旨蓋由楊墨之取五霸之
假紛然亂之也若是則學既在外而仁義亦常在外毋不復
本身心俱貳而失得之報姑以稱其功力而已所謂眞仁義
者未之聞也孟子所以歎息於斯而哀其曠安宅而不居舍
正路而不由也仁安宅也有在內之理義正路也有在外之
理告子所以有仁內義外之說孟子所以深悉其皆由於性
者蓋以深悉其由仁義行也人之有仁義是天之有春秋也
由而行之特安其所安不安其所不安而已春則其德仁其
情愛聖人所以勸賞是安其所安也秋則其德義其情悲聖
人所以長刑是不安所不安也堯之安安由仁而行也安其

所安之謂也武王之不敢替厥義德由義而行也不安其所不安之謂也安其所不安故止乎正位是以無我所謂仁者人也不安其所不安以遵乎王路是以有我所謂義者我也有我者權無我者常此天地自然之理也因天地之性順自然之理動而以天行豈不簡且易哉又何必利之而規速效襲其陳跡而失其本心益心君正位矣其有行也投足而當不識不知順帝之則而已是之謂由仁義行其所自以入則在於一日用其力於仁不曠安宅而不居不舍正路而不由耳利仁義而取之悉爲外作遂墮失得之報一昧本宗差若毫釐卒以相遠而仁義常在外祇以禍仁義豈不惜哉

坤藏

震出而艮反復復而坤藏學易之旨也明此則愈應而愈寂愈動而愈靜以得其歸宿所居而安者也五行唯土爲善藏散而施之百昌皆生斂而入之一物無有夫物紜紜各歸其根歸根曰靜靜曰復命復命曰常蓋歸藏乎土者也往來屈信之頃已常藏乎是在八卦則坤以藏之坤者退藏之所也心藏於此寤爲無思身藏於此寐爲無夢天下同歸混然全體爲天下身聖人擅之其取諸物則龍蛇之蟄是也冬也者中也中也者藏也坤適當位蟄者畢矣聖人故於此藏用自是而酬酢萬變乃足以祐神體用惟一不裂其全斯無人道

之患矣是以善學者唯務知所歸宿卽是中庸動皆太常殊非妄作坤所以爲歸藏者蓋萬物資沖氣以立命不可須臾離也故罹偏氣則成疾偏不反則致死是沖氣所以命萬物也故物之出入必隨之火入之後陽極下陰極上而沖氣適居土中物所以順之而蟄飲沖氣以生而莫測其生之德聖人悟此故於此藏用斯爲密焉是立命之所藏身之位也萬物由之得坤而藏遇震而出囿於化機之密庸而悟不悟無足怪者惟人萬物之靈宜有先覺判然照此而亦無悟者宜發聖人之歎也天下同歸卽與龍蛇之蟄無以異也幸同歸矣而乃殊塗幸一致矣而乃百慮身心已得天地之純全古

人之大體未幾而殊塗百慮反於正位之體又裂其一偏之支而墮生滅可勝惜哉聖人所以見其憧憧往來朋從爾思屢歎其何思何慮也聖人者深悟神無方而易無體故常蹈大方不麗一曲而全天下之身古人之大體則出入皆不裂其全若游夏分其一顏閔具而微槩之全體已爲疵矣知至矣而止乎其所不知始名不貳而與造物者爲一故體同太虛憧憧者汩於外誘罔其所歸又於萬物之中裂其一偏豈不小哉湯武之所相傳者身身在象學克全無體之體以與造物者遊斯爲至矣今夫藏用之頃即同未生之前酬酢之頃即同既生之後一動一靜即同出生入死人莫不然特以

燭歸根之爲常而泛應之爲變則卽偏必反乃同造物認出應之爲常至歸宿則不諭而失其所止卽是物於物易之大旨如此後之人不明其本徒殢其文若但循文索理則反爲經之所用而又唯見差殊莫覩無二聖人學易與人殊者能用易而不爲易之所用坤善藏有含洪之德其取諸物則蓍與卦圓方雖異而皆包一於中此天五沖氣所以位乎中虛太一眞精所以與之合德而致用焉超乎形數者也沖氣充滿乎宇宙之間孰非中乎不麗有方則皆中也一常不離乎此故聖人藏乎是是皆用易之實初無名義也坤所謂黃中者葆光韜明者也不出本位庸何患焉及黃離外照則是經

明宜出而重光也爲有所麗矣有所麗則有邪正故交武重
光則莫麗而離則重明以麗乎正是以初升於天後入於地
終不離乎坤之正位而明足以自見本體夫先之所麗則爲
有體矣麗一曲則其體偏而屬生滅麗正位則其體全而當
滿空此莫麗所以爲交武相傳之實也

養中

道生一一生二二生三既生則陰陽已備陰陽會而精神交則
萬物以生此三所以居一二之間而參爲萬物受之以立命
故謂之中以其居一二之間所以負陰於後而抱陽於前適
當交會之際無偏者也故沖氣以爲和自有生之初則然矣

中者和之本和者中之達而中存於喜怒哀樂未發之先和見於喜怒哀樂既發之際中以立本及其發也偏則知反自然適中相濟而和夫人心惟危離正位之乎旁繫於境而生則危矣既非成位乎其中而常繫於境斯爲物之所役物侵吾舍而爲之主由是動無非物矣夫動無非我則治動無非物則亂爲物役而不悟莫能勝物則動爲物之所移故喜則毗陽怒則毗陰樂則陽溢哀則陰損喜怒哀樂由物而不由中客乃爲主主反爲役則何以不至於乖戾哉既失其和乎不得主亦復何養聖人獨見至理故中爲正位得主有常物乃旁應經而不處定乎內外之分物莫能移故止則其位常

中發則其情常和和以養中吉祥來止傳曰民受天地之中以生所謂命也能者養之以福不能者敗以取禍所謂福者壽考康寧百順咸備是也而所謂能者亦不過保合太和恬養乎中而已堯舜之世和三事以養民而躋之於仁壽彼仁壽者人皆有之特心有所累利害焚如不能訖之于和以養中此所以不終其天年達者觀之可太息也然則和以養中莫非恬愉之德聖人所以自養與所以養天下者均此道也

致養附

坤之正位不唯歸藏抑又致養故順沖氣而出蟄則養以平和之味順沖氣而在蟄則養以中和之氣君火襲明於其間

是謂成位乎其中在人則無思無爲之時是也如龍蛇之蟄矣則同乎易故曰易無思也無爲也寂然不動夫無思則心還於太極而惟危之心爲已復無爲則心還於大象而大患之身爲已藏達者於無思無爲則洞照其已歸於太易而正位居體矣豈可復贅以人事唯順其自然還以太和養之任其優游自適而已是謂備其天養

用艮附

龍蛇出蟄在天則續以君火變離之時在人則宜悉重光麗正之理離主向向則麗不知莫麗則背本忘歸而屬生滅是宜用艮艮主背背則止於止得其所止則復還乎君火之成

位方無思無爲則是已復正位不自見而拘繫之是謂先迷失道及有思有爲則是物交物則引之而向能知幾而用艮止止是謂後得主而有常

欽和 附

欽以致肅所以收放心和以達順所以若常性欽和雖未嘗相離要用各有所主當其用艮以背則主於欽及其居坤之正則主於和欽所以防其縱弛而釐着和所以順其安恬而自養居常則以和爲先遇變則以欽爲主久則思不出位而無變矣唯以和爲貴此三事所以尙和焉

利用

正位居體恬養有素於是用坎以照則內明明澈而又仰觀俯察以縱精神任其四達並流已則奠麗而復正位習慣自然則斡旋妙用舉皆在我所以超形數而運形數雖周流六虛會不出吾之全體無復裂爲一境麗有方而徇私已則在無爲常無在有爲常有而均爲無妄矣

得輿

水行莫如用舟陸行莫如用車舟車皆所以載人而人之所以行於世也水之勢最弱而舟所容之重雖萬斛必載非水獨能多力也是乘木舟虛而中虛之位極尊焉虛者受之故虛勝之而輕雖萬斛之多猶不能以其至重壓其至弱者故

水至弱必載之等於鴻毛而未嘗覺萬斛之爲重焉輿之載
人猶舟輿坤德也坤之眞土位乎中虛故坤亦水載於兩儀
之間亦未嘗覺其爲重也剝爛而滌除滌除極而碩果出在
君子其象猶之得輿所乘者獨而承之者衆也夫大輿象坤
民所任以載有德而在上者所謂侯王若能守萬物將自賓
也輿非小人之所可乘是君子之器所以民載有德以卦言
之一陽在上爲剝剝本乾體坤承之也一陽在下爲復復乃
乾元坤藏之也坤承之故曰輿見衆陰之戴己焉坤藏之其
象雷見衆陰之保己焉戴己則其道之所以行保己則其藏
之所以密一則獨往獨來而獨有者也故爲衆之所宗如此

既不貳矣衆陰戴之故有得與之象

忘筌書卷之九終

初六日訂正十字

忘筌書卷之十

宋潘殖撰　　後學祝昌泰較刋

韓文公

悟固有淺深悟有淺深者由通爲無窮通所無窮者由藏於隱賾者多隨所詣始能燭之也通非智慮搜索之所及徒事穿鑿而理愈窒塞祇所以害道蓋通猶庖丁之解牛依乎天理因其固然動刀甚微劃然已解經肯綮且未嘗矧有大軱之窒礙乎致此者由歸明恬養觸機緘而鍵自闢畜藏隱微處自然昭晰矣聖人肇學於未有書契之先於至幽深處豈有簡編可稽以資智慮特黄中內明觸類旁通則機發鍵闢

而盛德大業之所畜者雖陰陽之荒性命道德之妙皆暴白
於前爲顯道至於河洛圖書所示至隱名義未立莫測所以
聖人剖之而天地無機餘豈非至明觸機而發則衆理自解
乎孔子所以觸類而長顏子所以聞一而知十皆含明既久
每發於所觸之機故無所不通不如是則知一而不知二矣
何以至於事無不通者哉內融自悟者初不因人因人而悟
則悟而已猶未免肖其師之所尚由德未充於大一故莫能
該道並貫而至於無餘蘊也唯自得則通悟兼之以自誠而
明燭乎至機者盡也乃若自明而誠者正宜於誠而無人僞
處涵養俟其自通不當守其師之說以爲至而自畫又不當

欲速而以私見小知臆探至隱能如是則與自誠而明者亦無以異誠明所燭自見要歸則中有主以止而師之說皆外有正以行耳若止效其步趨動肖其師雖盡窮其步趨亦不過具體而微蓋有肖其師則師居正位我不歸有極則動爲其所移所以肖之而細是當仁而避其師也求超其數而昧其旨者往往才歷門庭遂操其戈以矯其跡是背師也抑又非矣其要在定內外之分而已得主在我質正在外外必有正者是就有道而正焉者也中自得主不主於師而特以爲外正則盛德大業皆我固有觸類則通豈有餘蘊是真能用其師而師亦不得留吾之虛室矣若但肖其師之所尚豈能

通貫如韓文公非不悟也而未能兼通觀其作雙鳥詩如日月難旋軸造化皆停留之語則固嘗有所悟矣然謂雙鳥海外來意以方外處之故未盡善蓋塵機自在方中盡塵機與之漸漬而不緇始能超造化之外而役造化又豈專在方外也至謂大法失九疇以至孔某不爲某若爾則是孔子無所用於二子之問也一何終身由之而不知其道者哉由孔子之道則又將使日月得天而久照四時變化而久成其道甚大百物不廢於以旋日月之軸運造化之機何至於其軸停其機而已哉日月難旋軸造化皆停留特聖人能止健之一事耳止而畜之天地爲大至於運而畜之則天地爲小矣聖

道至此爲不可量噫大一之道力旋天地者也聖人全之見於妙用則範圍天地曲成萬物而未嘗驚駭人之耳目彼雖食牛盈千飲海至竭自聖道觀之猶爲未正也怪力亂神聖人所不語豈以此矜耀哉文公自謂世無孔子不當在弟子之列是以孔子自居也於孔子之道猶畧不知況敢望他人之知乎宜孔子自謂知我者其天也孔子之門下學爲詳要以扶世立教上達本也下學末也末自本而出者也末旣旁備與本貫通而無一舛迕者非甚有本能若是乎人狃於下學而莫察其上達宜其謂孔子由於方中而已不知其無不曲盡也葢上達隱而下學顯隱顯常相勝顯者彰則隱者微

顯者蔽之則隱者自秘諒非大目不能見也所以非天不能知以下學雖知識猶可及其大畧如上達非黃中通理者不能察葢不自見則不能見孔子之道當時雖無行而不與二三子然猶疑其隱也黃中通理者鮮宜不知孔子況去聖人之世若此其遠乎上達之學尤貴於元通乃可以詣凡有言無言有情無情至幽至深至纖至悉無不洞徹始不疑其所行體太易而能用之獨有而不墮其術中不然則小智間間矣何足以悟大方之元同哉

上下經

易兼三才天統在乾地統在坤人統在艮上經首乾與坤則

下經宜首艮矣下經不首艮乃濟以兌而首咸然則下經首咸則上經宜首泰矣上經不首泰者以明天地定位故也下經不首艮而首咸者以明天地定位則山澤通氣故也天地非不交而主於辨故先定位人道非不辨而主於交故先通氣咸雖通氣而主於辨故止而說其交也以止爲主則辨在其中矣夫少男少女之相感常人之情必至於男女相說而咸獨全感應之道者不見可說也故咸之象其要在咸其脢謂不見也夫動則說而主於止見可欲乃說而主於不見是其所以爲咸咸以無心感也心有眼則見可說咸擧無是也夫然後和其交也以止爲主則和而不流斯無惡於交矣是

善交者也

積習

聖人觀心於艮觀心於復而見身心之本自然不貳天下同歸不事修習故不習之說見於坤由地道之光灼見正位之體也至於初學汨於外照明未嘗歸則未得其門而先廢修習唯知誦紙上語而以知識解析往往智者過之恃聰明以躐論極致曾不悟其爲聞彼見彼口似而心非何足以爲聰明哉聖人洗心藏密之道遂爲虛設而學亦徒爲空言聖人於是即二卦之爻備載人道之端夫往而未嘗不復者天理也復之而復者人事也動而未嘗不止者天理也止之而止

者人事也復之初九曰不遠復無祗悔而象曰以修身艮之初六曰艮其趾利永貞而象曰未失正蓋接事之初身既外向已非大方必資調習挽使之歸以復乎正位復貴復之於初以其出未遠又貴止之於初以其趾方動此復好先而貴早復漸染滋久則難爲功此復也止也皆在於其初迨不離本宗天光內融虛室生白然後反諸自然歸乎不習蓋離趨明而自向坎求歸而必習水火之性然也非習明入地中爲明夷而明夷則以襲明爲尚務暗而已終非坎之內明也故坎貴習人之爲人惟局離之明外照而已未有能歸其明以求復其初能歸其明而反照焉始全坎之德明既復於中則

地道之光斯全中既明澈彼不得道則不疑其所行至此則又何事於習如是始名黄中通理正位居體也夫明歸而物去則室虛明在而物入則茅塞而理義未澈用智慮而强以求通不能去懷而塡乎胸次亦爲翳也此所以有迷悟堯舜以來相傳者中即是正位居體大道既隱人恃私見規求速効踵躡其跡而失其心於是名存實去慕其執中爲無過若子莫之執中徒歆羨而竊取之也雖已非中然猶見於力行歸於小成特昧全體而戾聖域有害大道尚足以賢於人德又下衰流於言語變爲文章之流凡所陳者既非性之所自得亦非取之而强行特藻繪文采以襲說之空言務鏗鏘粲

爛以求悅人之耳目而已嗚呼背馳至此天地之心何由而見堯舜之治何由而致既不可以立我烝民莫非爾極而欲望可封之俗成庶頑之習格豈不難哉然則爲堯舜之罪人者子莫之徒也爲子莫之罪人者文章之流也極者皇之正位正位之體爲正體在易爲大象在人爲本身故所謂修身者修此而已不遠復則復正位斯不裂其全體此外無他學也荀子曰併一而不貳所以成積也積者積習也時習而非一日也謂欲併一而不貳則宜尊積習也尊積習在併一而不貳亦猶復之而復所以爲修身也習併一者葢所以習歸其明詩曰學有緝熙於光明惟習歸其明則坎離乃始迭用

不偏廢坎而清明在躬無間不用而斷損斯爲緝熙夫是之謂學是則方當緝熙於光明則不可以無學方當併一而不貳則不可以無習方當不遠復則不可以無修三者之名不同而其實一也所謂學也修也習也唯此而已矣餘雖兀兀窮年貪多務得非不學也不得其道徒耗精神無補於得故存積習之說以資入道之門焉噫文中子被夫子之德謂過於天地父母參天地之覆載父母之生育其德我宜莫大矣然不能成我至德合太極以超形超數而運形數以與造物者遊若此者非天地父母所能及也況三極必待聖道然後立一或舛迕則天地先罹其禍上悖日月之光下爍山川之

精中墮四時之施喘蝡之羣肖翹之物皆失其性苟得其道則若有夏先后方懋厥德罔有天災山川鬼神亦莫不寧暨鳥獸魚鼈咸若聖道失則害如此聖道得則利如此曷可騁聰明矜智慮未歸有極而輕議聖道貽禍於高厚與天下後世哉夫以小知而探大道稍差遠盛奚翅用管窺天以蠡測海一失其吉遂壞大法旣以自誤又以誤人於以釋經則開明之學蔽於矇瞽於以作人則中林之材廢爲薪蒸於以感召則天反時地反物矣聖道三靈所賴是治亂之原非細事也苟不見焉不可強見而使三靈皆違其理豈特失所以財成輔相而已哉

明報

易無體是謂大象無形大象爲萬象之帝總括萬象於無方以圓鑑而閱萬象者也象足以盡易故直指曰易者象也有象斯有類有類則各以類感亦各以類應寂然不動感而遂通天下之故易之理也虛明併包均一圓鑑孰逃其所鑑哉聖人因象類感通以麗鑑中而化出萬狀其應如形之召影人之所作其報也緣類而應理亦無二故闡是理因民之貳以濟民行以明失得之報夫不貳者生物之大本也在人唯中行獨復者至焉獨往獨來是謂獨有獨有之人是謂至貴獨則超出對代何報之足云中行則成德爲行行於默而成

之之際所以歸不貳者也乃若民行特旁行而已旁行而不
流則是併一而不貳是乃成德爲行日可見之行者亦何異
於中行惟民之初均出大本天下同歸歸而一致本不貳矣
奈何汨於自徇遂分彼已向之同歸一致者已罔而失本宗
動皆旁行而流是終不知反以趨於惟精惟一則貳矣貳則
裂其全體而墮形數動有禍福爲失得之報斯可畏矣安得
不救之哉聖人所以因貳而濟之也旁行而流則將殞於深
淵濟之者使登於岸耳謂惟精惟一復歸於不貳向之罔於
同歸一致者今已釋然而悟斯獨復而超形數則不墮失得
之報矣此天機也其機密庸聖人急於救人故不免彰其隱

也失得之報冥冥之中故未必無司之者天命有德天討有罪人實代天則在天宜有司之者矣聖人尤探其賾乃畧此而不論顧其要乃在於以類而感故易於彰往察來之後發明是理夫生生之易是爲象帝以順萬象之感故類感而萬物化生以類感焉故往者乃彰而來者遂察無形之中微顯於冥冥而胚渾已定闡幽於昭昭而貌像斯著以薰感則薰應以蕕感則蕕亦應蓋惟如是斯爲造物如是亦爲鬼神矣然則民行之失得爲之於顯明格之於幽漠其感其應緣類而至無毫釐之差何以異此故謂之報猶響答也作善降殃而其報又因其所作洪纖厚薄率稱是焉惠廸而吉從逆而

凶惟影響耳何必歸諸司是者然後可知也聖人以易之象類感應明失得之報誠知言矣所作既以類報而禍福倚伏亦遞爲報是墮此數則麗對代所不可脫雖得之報在人以爲善然亦無往不復猶晝夜相承試自省其所造儻未足以超此數正當以爲大戒然則世之所謂大賢者皆未足以超出而免此姑就得之報耳唯大聖藏密德全大一身心不貳爲超形越數而用形數則上與造化者遊始無此患先得後失序也易多言失得失尤可畏是以先之所以示戒也賢者善擇避失而規得曾不悉此正唯阿耳違者觀之相去幾何居得之報則泰之時也而泰當慮城復於隍是天下之理無

乎不陂其勢然也則失之報豈不繼之何從而免哉聖學可
尚者以能超形越數同乎造物遂脱此耳

守微

孟子戒以燕伐燕正以當時之君地醜德齊莫能相尚既非
得常勝之道爲有德不可敵者又非同力度德同德度義有
以出其右特尚權謀以詭詐相傾要亦較勝負於幸不幸之
間耳盛時則不然舜敷德而苗格文修教而崇降湯躋聖欽
布昭者聖武武有聖德自稱者有道當時輔佐亦皆同德之
人故聿求元聖既獲仁人於是以有道攻無道以至仁伐至
不仁此其所以屈人兵於奉辭罰罪乃先勝於師出有名之

際而不專在行陣閒也詩書所載時有潤畧能敘其君臣之美而簡其所以致是者黃石公書正傳是道推是亦可以兼知前聖之所得矣其言曰莫不貪强鮮能守微莫能守微乃保其生聖人存之動應事機舒之彌四海卷之不盈懷居之不以室宅守之不以城郭藏之胸臆而敵國服此誠深得大一所以獨往獨來卷舒自如之能事而亦足以發明前世聖人之所以聖有道者之所以有道者也老子曰朴雖小天下莫能臣侯王若能守萬物將自賓微固摶之不得然莫顯乎是信能守之而勿忘則不失所謂至尊至貴者夫然後眞君足以高天下眞宰足以制萬物是以力旋天地莫覩其健威

服海内不名以武在易之師謂之長子以其一也一則不貳武王所以無貳爾心而以之勝商長子擅負一之妙用其藏也至密混淪於希夷之表其用也至利充塞乎宇宙之内萬物莫不尊四方無不服天下之林林者本吾一體而分無非赤子而皆日用吾之善貸者故咸宗於我是以仰之若父母率其子弟攻其父母生民以來未有能濟倘何於亦下較也追浸失茲道專事權詐徇末忘本天方扶漢而排楚黃石眞人預遺孺子以書使爲帝王師其要可以發明帝王之蘊而見前聖後聖其揆則一必明至道斯爲父母神武不殺以服天下豈事區區權詐而以是用兵爭强哉是道也他人不能

知而高祖獨超詣卽言下而已判然豈非天授遠追前聖之
盛而得是道者適當二五之大人歟終以守微之功潛挫項
王之强方項王失龍且之後固知事去思一挑戰以决雌雄
高祖以不鬬力屈之則項王之强已無所施矣觀其逆知未
然動應事機皆出守微之効嗚呼此道自成康以後浸不復
明於在上之人更數百年民被荼毒其禍以熾至是天厭禍
而欲平治天下故眞人授書則與河出圖洛出書奚以異哉
漢祖深探其賾所以獨追三代之隆人知因時起以布衣提
三尺劍而有天下終四百年之盛曾不知其所自來因爲守
微說以明之

子房

楊子謂張子房之智而史氏以爲無智名觀子房爲漢謀臣運籌決勝舉無遺策可謂智矣史氏謂無智名豈未知子房邪曰非也夫謀出千慮而有得焉此智也子房於幾微之際悉猶目擊曷嘗事千慮也借筯食頃躡足於應接之間不越於須臾之久而大疑立判機沉冥冥脗然自契就使謀夫極竭翼翼之思不能至是後之人君得一謀臣遽比之子房是知子房之智而不知其已進無智之妙若子房者靈府朗澈心如鑑事如物對之而自呈雖深情厚貌非可測究者皆不能道也所以然者眞得黃石守徵之道者也聖人存之動應

事機此其所以爲子房也然則漢之興楚之亡非判於垓下已判於下邳橋上天將啟漢祚眞人之授孺子其旨意已有所在矣漢高猶洞曉是應天運而天誘其衷則黃石之道傳之當其人爲足以濟世矣高祖既進乎是於是在在處處神物護持穹蒼保輔瑞氣爲龍凝結庇覆天之眷佑若此豈人力所能敵哉方子房與高祖相遇於留而天以子房遺漢明良相遇豈偶然嗚呼今黃石公書行於世更歷之時久矣而此道未明良可惜也敘七書者不冠此於首使輝映六經而亦無證其失則世無子房幾年矣區區謀臣而欲比之非其倫矣

題忘筌集後

聖繼之傳於世者其道有二不爲指南卽是良藥非空言而已也知洪範自五行而生五事而五事則由思睿以至作聖旣作聖矣斯可以道觀盡而歸於皇極然後自皇極而用三德以經世此所謂指南也作聖之人是宜已得皇極之道然猶未者誠以人者有心必待制之以禮故用五事以禮制之始思不出位則明睿而作聖正藉人事以勝之殊非成能而無所待者也其功效相遼則聖之與庸不同日而語而有極則人人會歸無間於聖庸旣人人會歸而中庸之德夫子以謂民鮮久矣何哉蓋心本無心悉位皇極奈何人恃私見溺

於所偏從而縈慮以生人心營營百慮不復知反爲皇極之疵病者動必有之天下同歸自然成位不事修習但灼見至理滌除疵病有足皆至所謂疵病者兩端之際私見取捨而有好惡則有偏黨有偏黨則反側而背皇極矣既背皇極罔於所詣唯執私見有我而已難治之疾也洪範所陳德之至者不事修爲特去乎致疾者無作好惡則是已疾之良藥也既曰天下同歸亦何事彝倫之序以爲指南蓋此爲德之至而不可有加矣乃反簡易若此自非明睿作聖而驟語之猶井蛙之語海適足以駭觀聽而不之信空空 然有大受者良不易得故敘彝倫致明睿然後語之則自明而誠者庶幾可

待也洪範大法本天錫九疇而帝且訓於皇極之敷言宜天人之所師承豈當與文人之文爲一律若止務誦憶解釋演繹綴緝爲辭章則是毀聖人有用之實學而附飾爲無用之虛文旣非祖述之意且非美身之道欲優入聖域者豈得不以此爲大戒也

題明報篇

儒者貌欽孔子心許釋氏正以爲儒者之學止於摭言語爲辭華所規者拾青紫耳孔門實學初未嘗經意宮牆數仞難得其門徒用智慮妄意窺測躐取極深研幾之語以事空文則智豈足以知聖人宜乎號爲方中之士追景迫桑榆倦飛

思還當質所歸旣以孔子爲不足以盡此必轉而之彼勢使然也深悼惋之今以平生忝歷聖域者悉剌爲一書以發聖人之隱而生生之謂易者坦然可詣如明報之說乃孔子以濟民行者要之吾儒最不可不知惟知百爲皆麗此數雖大賢亦卒不免則知求聖人所以超形越數不墮失得之報正位居體以復歸乎無體之易則諸篇之曲盡此者自然游心而期精一矣無慮眈異學者逃墨逃楊而識所宗况儒釋二家歸宿相似設施相遠故功用全殊此雖運動樞極財成天地終不駭異而三靈祓德以彼所長施於中國亦猶軒車適越冠冕之野決非所宜儒者當詣皇極而以皇極經世乃反

一無跡而超形越數何至甘爲無用之學也哉

安正集

忘筌書卷之十終

四月初六日校凡订正二十七字

此潘子醇忘筌書爲邑先輩遺書之一也宋自熙寧以來王學盛行配享孔子廟庭二程之說未列於學宮子醇爲建炎進士獨能悟王氏之非是書因讀易而推明象數悟圖書宗旨又以九疇與卦德奠方不同而引類則一各演爲圖宜劉子翬稱其得學易門戸於易之復書中筌蹄及題明報等篇雖有引及二氏之說且襲用老莊語然借以旁證孔孟之學非詆其虛無是時朱子未生孟子始列於經老莊並爲經典唐陸德明經典釋文有老莊而無孟子是其明徵而子醇由讀易之後宗孔孟而修明經世之學雖議論精純不逮程朱然其中有獨見者矣是書久散佚不知何人刻入鳴道集中

長樂梁芷隣由福州鈔寄不可謂非幸也同邑後學祖之望題後

西谿先生易説十二卷序説一卷（序説至卷三）

〔宋〕興化李過撰

南京圖書館藏清抄本

西谿先生易説十二卷序説一卷，宋李過撰。過字季辨，興化人。活動於南宋孝宗至寧宗間。閩中理學淵源考卷二十七曰：「鄭思忱，字景千，安溪人。授尚書於西溪李季辨。」今傳世著述，唯此一書。

此書成於宋寧宗慶元四年（一一九八），董真卿周易會通因革謂有李氏自序云「幾二十年」，蓋其經意之作。書前有序説，乃此書總綱，論畫卦、重卦及卦辭、爻辭之作始於何時，辨三易之名及其肇始等，皆易學中不可不論者。其説亦時有新見，如曰：「至於周易而稱『周』，因代以顯周而已。文王演易雖在商末，自武王革命之後，周之子孫所世守以爲卜筮之書，與三易並藏，故稱『周』以別餘代，亦猶周書、周禮之立名耳。」例之周書、周禮，明周易之「周」乃代際之分。然以毛漸三墳爲可信，據以論易之源流脉絡，遂多滋誤解，如云：「今約諸儒之説，當至三墳毛漸所得之書而後定。蓋伏羲、神農、黄帝各有易，其卦已重爲六十四，夏、商、周易名，特循三皇之舊耳。」至正文注六十四卦，亦循宋儒以理解經之法，以「易即理也，理在物先」爲根本，此宋學風氣使然也。

此書今無刻本流傳。南京圖書館藏有抄本三部，其一爲過雲樓舊藏（索書號：顧〇五二二一），江澄波古刻名抄經眼録曾著録，曰：「明嘉靖間白棉紙紅格抄本。每半葉十二行，行二十五字。鈐有『金星軺藏書記』、『鶴逸』兩朱記。」今定其爲清抄本，抄寫時代較早。一爲清黑格抄本（索書號：一一五三四三），經汪喜孫、焦循遞藏。另一則此本，舊藏丁氏八千卷樓，善本書室藏書志經部易類著録，書末有「光緒辛卯嘉惠堂丁氏所得書」朱文長方印，乃光緒十七年（一八九一）所得。紅格抄本「貞」、「恒」、「慎」皆缺筆避宋諱，或源出於宋本。此本及黑格抄本，與紅格抄本當出同源，然於紅格抄本所缺之字多有補充。如卷十二未濟卦「上九有孚於飲酒」注曰「天地之化不過陰陽，五行之用莫先水火」，紅格抄本缺「之化」、「之用」四字。此本卷一以下各卦皆未畫卦形，書中有佚名朱筆校改。中國國家圖書館別藏清抄本一部（索書號：〇三三四二），書前有落款爲「乾隆五十一年十月」之四庫提要，蓋源出南三閣本。四庫本文字與以上三本略有不同，又卷一「初九潛龍勿用」文言「君子弗用也」以下，各本均有所缺，而四庫本較諸本更缺「（上）不在九五之天，下不在九二之田，其位危而不安，惟不安故惕」一句。蓋今傳此書可分兩大系統：一則以南圖藏紅格抄本爲代表，其源或出自宋本；一爲四庫全書本。今據南京圖書館藏丁氏八千卷樓舊藏本影印。（韓　超）

欽定四庫全書提要

西谿易說十二卷

宋李過撰過字季辨興化人董真卿周易會通稱此書有過自序在慶元戊午謂幾二十年而成此本佚去其序而書中亦多闕文蓋傳抄訛脫又非真卿所見之舊矣其書首為序說一卷分上下經依文講解不及繫辭以下馮椅易學稱其多所發明而議其以毛漸三墳為信又多割裂經文如乾坤初爻初九潛龍勿用以下即接以象曰潛龍勿用陽在下也又接以文言曰潛龍勿用下也

卦

潛龍勿用陽氣潛藏初九曰潛龍勿用何謂也至是以君子勿用也汨亂顛倒殆不可訓亦大為胡一桂所譏其論爻辭為文王作謂先儒以西山等字指文王者為鑿而說明夷一卦以上三爻為箕子事下三爻為文王事則仍不免自亂其例蓋過晚而喪明冥心默索不能與師友相訂正意所獨造或不免毅然自為而收視返聽用心刻摯亦往往發先儒所未發其亂經之罪與詁經之功固約畧可以相當也

西谿先生周易序說

六經中惟大易一書可見聖人之心蓋自秦人焚滅先王典籍後漢興遂旋收拾雖能略備如詩書二禮春秋皆不免有散失秖㮕惟易以卜筮獨存故大易一書不經秦火為聖人全書學者欲見文王孔子之心當於此書求之

易即理也理在物先故有是理然後有是物無是理則無是物未有天地萬物先有天地萬物之理所謂道在太極之先者是也於未見氣之前元有此易之理故繫辭曰易有太極是太極因易而有也太極既判然後有天

卦

地有萬物即得依此理故未有天地是理隱於無形既有天地是理行乎天地陰陽君臣事物之間未嘗一日廢也是理也天不能秘然後河圖出聖人不敢私然後八卦畫天不能不以此理示人故寓其數於河圖雖然河圖不苟出也有聖人出然後河圖出聖人之心與天合得此理於未兆之先不敢以為己私也於是因河圖而畫封自夫八卦既畫始有古語文字之可傳故未畫之先易存乎理既畫之後則易存乎書前輩所謂畫前元有易是也

聖人既畫八卦因强名之曰易易者以變易為言也繫辭

曰易之為書也不可遠其為道也屢遷變動不居周流六虛上下無常剛柔相易不可為典要惟變所適又曰剛柔相易變在其中矣繫辭焉而命之動在其中矣又曰化而裁之之謂變推而行之之謂通又曰非天下之至變其孰能與於此蓋是理也與天地相為變通而未嘗有所止窮也古文日月為易亦取來往不窮之意

先儒言重卦不一王弼以為伏羲重鄭元以為神農重孫盛以為夏禹重司馬遷以為文王重陸德明又謂伏羲畫八卦因而重之為六十四文王作卦辭周公作爻辭據諸儒紛紛之說特未定者以未曾見三皇易與夏商

易故也蓋自伏羲而下歷代各自有易已有六十四卦

先儒未之知也

繫辭中所載聖人制器取象十三卦自伏羲神農黄帝堯舜氏已有取諸益取諸睽取諸隨取諸渙之類先儒以謂伏羲只畫八卦卦未重而聖人能取其象者蓋已然之理存乎天地之間聖人得此理於未兆之先故也然亦未免為率爾之談也蓋亦未嘗見三皇易與夏商易故也

先儒謂伏羲作網罟取離不外八純卦神農而下方取重卦以證伏羲所畫止八卦不知伏羲作書契代結繩之

政已取諸夬矣安知其所畫止八卦哉

據山海經伏羲氏得河圖夏后因之曰連山黄帝氏得河圖商人因之曰歸藏列山氏得河圖周人因之曰周易是河圖不特出於伏羲氏之世也夫子曰河不出圖吾已矣夫是有聖人出則河圖必出也故伏羲黄帝列山氏皆得河圖而作易然神農氏制器尚象見於繫辭甚明今所載乃遺神農氏而著列山氏未知所據

周禮太卜掌三易一曰連山二曰歸藏三曰周易杜子春云連山伏羲易歸藏黄帝易鄭元易贊及易論云夏曰連山商曰歸藏周曰周易釋云連山者象山之出雲連

連不絶歸藏者莫不萬物歸藏於地中周易者言易道
周普無所不偹如此則杜子春之言與山海經合而鄭
元所釋連山歸藏周易之義又皆無據恐未足憑也
按世譜群言神農一曰連山氏亦曰列山氏黄帝一曰歸
藏氏既連山歸藏並是代號而神農氏號連山與列山
則山海經所載不應序在黄帝之後既是曰連山又不
應易名不取連山而反取乾坤要之諸儒之説所以紛
紛不定者只緣不見三皇與夏商易耳
攟本朝元豐中毛漸奉使京西至唐州得三墳書於民家
墳皆古文有曰山墳氣墳形墳蓋山墳為天皇伏羲氏

形

連山易氣墳爲人皇神農氏歸藏易形墳爲地皇黃帝氏乾坤易其經卦皆八每卦之下皆有七卦遂爲八八六十四山墳爻卦大象曰崇山君伏山君臣列山民兼山物潛山陰連山陽藏山兵疊山象八卦其崇山君下則有君臣相君民官君物龍之類七卦氣墳爻卦大象曰天氣歸地氣藏木氣生風氣動火氣長水氣育山氣止金氣殺八卦其氣歸下則有歸藏定位歸生宛歸動乘舟之類七卦形墳爻卦大象曰乾坤天坤形地陽形日陰形月水形川雨形雲風形氣八卦其乾形天下有地天降氣日天中道月天夜明之類七卦如此則三墳

代

者三皇易也已亦有連山歸藏乾坤之名卦亦已有六
十四曰君臣民物陰陽兵象歸藏生動長育止殺天地
日月山雲氣者即乾坤震巽坎離艮兑之別名也其君
臣相歸藏定位地天降氣等卦即六十四卦之別女名
也

今以毛漸所得三墳易質之諸儒所載皆互相得失山海
經載伏羲黃帝氏得河圖而列山氏似失之贅杜子春
謂連山伏羲黃帝歸藏而不著夏商文幾鹵莽世譜以
列山連山為神農氏號與山海經所次又失先後之序
鄭氏所釋三易之義固可以牽合然以三墳卦名考之

所謂周晋之義善本作 今約都儒之說疑乃諸
非民田

如崇山君伏山臣豈有象山出雲連連不絕之意如天氣為歸地氣為藏豈有專取歸藏於地之意至於周易而稱周因代以顯周而已文王演易雖在商末自武王革命之後周之子孫所世守以為卜筮之書與三易並藏故稱周以別餘代亦猶周書周禮之立名耳其所謂周晋之義果安在哉今約者儒之說當至三墳毛漸所得之書而後定蓋伏羲神農黃帝各有易其卦已重為六十四夏商周易名特循三皇之舊耳

夏后氏連山易不可得而見商人歸藏易今行於世者其經卦有八重卦已有六十四經卦八謂坎為犖犖者勞

也以萬物勞乎坎也謂震為釐釐者理也以帝出乎震萬物所始條理者也餘六卦同又其餘六十四卦名與周易卦名同者三之二曰屯蒙訟師比畜履次序大略亦同卦名不同者如謂需為傉小畜為小毒畜大畜為大毒畜臨為林禍之類如此則文王重易止因商易之舊今以周易質之歸藏不特卦名用商卦辭亦用商如屯之屯膏師之帥師漸之取女歸妹之承筐明夷之垂其翼皆因商易舊文則六十四卦不在文王時重自伏羲以來至于夏商其卦已重矣方知繫辭所載取象十三卦皆當時所有之易也故曰先儒未曾見三皇夏商

易所以紛紛之說特未定

據文王卦名用商卦辭亦用商則文王所以重之易重箇甚麼蓋商易但有卦辭而無六爻如屯卦但曰屯不言某上某下爲屯蒙卦但曰蒙不言某上某下爲蒙此惟文王之心與湯之心脗合然後能逆推得坎上震下爲屯艮上坎下爲蒙之類既二卦相重便有六畫因六畫之剛柔以推一卦之變於是繫辭焉以斷其吉凶而謂之爻蓋文王所重重易六爻也易爻既重於是合天地陰陽君臣民物事理之會前乎千百世之已往後乎千百世之未來其無窮之變盡揔括於三百六十四爻而

絶

無遺矣故易自伏羲而始歷夏商至文王而大備云

文王之易維備然其理尚隱也越五百載而夫子生其潛心於文王非一日也於是盡得文王之心於韋編三稽之後始作彖象文言繫辭等以明文王之易曰彖者所以明文王之卦辭也曰大象者所以明二象之得為此卦也曰小象者所以明爻辭也曰文言者所以明彖辭爻辭未盡意也曰繫辭者所以反覆易道無窮也之秘也聖人有功於文王之易者非一使當時無彖象文言等後世學者欲求文王之易信難矣文中子曰成我者夫子也通於夫子受罔極之恩見得聖人有功於後學與

序

天地相為無窮也故曰易至文王而備至夫子而顯然既有文王孔子之易矣自孔子而下二千年來傳易者凡幾家僅未有得文王孔子之心者故易至夫子而顯至先儒而晦夫子之心惟其盡合文王之心也故能贊易如曰文王既沒文不在茲乎見得文王未嘗沒每謂楊子雲作太元以擬易亦必有所見如法言曰春木之芚兮援我手之鶉兮去之五百載其人若有兮以此觀之子雲必有所得

三易首卦先儒議論不同薛氏注歸藏以為商易首坤自立道以來序合如此引繫辭曰立天之道曰陰與陽皆

先陰而後陽立地之道曰柔與剛皆先柔而後剛則商易[illegible]首坤爲得先陰後陽先柔後剛之義然只言商易首坤可也至連山首艮則其說窮矣易鈔云有天地然後有萬物夏易者首艮是物先乎天地矣夏易所以不傳天尊地卑乾坤之定位也商易首坤是地尊乎天也商易所以不得傳惟周易首乾後坤次六十四卦爲得天尊地卑有天地然後有萬物之義此夏商易所以不傳而周易独傳也其說固善然亦未免爲牽强之談以文王之道傳于禹湯若謂夏商之易不及周是禹湯之聖不及文王安在其爲相傳哉如以夏商之易爲失義理而不

地

傳文大不可夫子故曰我欲觀夏道是故之杞不足徵也吾得夏時焉我欲觀商道是故之宋不足證也吾得坤乾焉吾坤乾商易也苟失義理而不傳則夫子曷爲於此而觀道哉不知夏商周易首卦不同蓋寓三統之義夏商周所建之正不同夏后氏建寅以正月爲歲首爲人統天地二十四位艮連於寅萬物終乎艮又始乎艮也夏正建寅艮連於寅只得首艮商人建丑以十二月爲歲首取丑未之衝爲北統坤爲地商用地統只得首坤周人建子以十一月爲歲首爲天統乾爲天周用天統只得首乾只緣所建之正不同故于易之首卦各見

疇

真義

先儒謂文王重易周公作爻辭余謂周公無預於易文王在羑里中重易周公或未生就使既生必在襁褓豈能預文王之易則為子雲家之童烏也聖人不如此聖人者出各自擔當一件事如伏羲畫卦夏禹叙疇文王重易夫子六經周公禮樂各自擔當一件事不曾攙越亂

筋

爻

文王在縲囚中重易周公豈得預爻辭果爾則周公同在囚也必不如此

先儒以周公為易爻辭引左傳韓宣子適魯見易象春秋曰

與

吾乃今知周公之德為周之所以王為周公與文辭之據不知宣子之歎蓋歎魯也他国不存易象春秋而魯獨存者魯周公後也故周之典禮在焉如必以宣子之言為證則當時所見易象與春秋並謂周公預易象可也然則亦預魯春秋乎即此可見

然則先儒言周公作爻辭者以爻辭中有王用亨于西山王用亨于岐山語為文王亨王業事故不敢謂文王自言遂以為周公作余謂文王事商之心天地鬼神寔臨之豈容有亨王業于岐西之意若以謂周公作尤不可夫子去文王五百歲尚能明文王之心自三分天下有其

寵

王

二以服事殷周之德可謂至德也已矣周公爲子而不明其父之心以爲文王有亨王業之意尚得爲達孝也哉王用亨于西山自是隨卦之王王用亨于岐山自是升升卦之王何關文王若必以王爲文王則王用三驅五假有家亦文王耶岐山西山固周山也以普天之下莫非王土言之則皆商之疆理也豈容必盡指爲周哉

以文王重易正使有亨王業之意豈宜自言其事且如夫子作春秋夾谷之會夫子定攝相事斥萊人誅侏儒使齊人惶懼侵地復歸皆夫子之功而春秋所載只曰夏公會齊侯于夾谷公至自夾谷齊侯來歸鄆讙龜陰田

若使無他傳記所載則後世安知其事出于天子聖人不便欲自表如此曾謂文王乃自言亨王業之意於易哉春秋定十年春王正月及齊平夏公會云云

先儒說易遇西字盡指為文王事如西山西鄰西郊皆曰文王事也其至西南得朋亦曰文王事此皆言易之弊初何關于文王如謂東鄰不如西鄰為紂不如文王果有此義豈聖人所謂明哲保身之道乎韓文公羑里操曰臣罪當誅兮天王聖明此真見得文王之心也文王豈怨紂乎然夫子繫辭又曰作易者其有憂患乎其當殷之末世文王與紂之事何耶夫子此語蓋為明夷卦

哉

焉晉

辭託贊

顯

發也文王事只見于明夷文王重易至于晉明夷之事有感焉晉卦明主在上而康侯修朝覲之禮于王有不可得者此文王之所遇也故于明夷卦言巳之事且不敢明言之婉其辭而託諸箕子夫子贊易得其心知其不止箕子事也文王事亦在焉故于彖中別言之曰內文明而外柔順以蒙大難文王以之內難而能正其志箕子以之則文王寔用此卦也故就六爻分之上三爻為箕子事下三爻為文王事于二爻象曰六二之吉順以則也分明顯出文王名字以示人也蓋順則文王事也文王出羑里之難全是順天理以聖人心迹明白如

此先儒說易未有能知之者反以岐山西山為文王事豈不負文王孔子云

先儒言易有改竄易本文者如漸卦二爻鴻漸于陸上爻亦鴻漸于陸先儒謂自初爻鴻漸于干以次而進至上爻當漸于天不應又漸于陸遂改陸為逵曰逵雲衢也不知大易一書不經秦火本無抵捂安可改竄鴻漸之所以有取于易者正以上爻鴻漸于陸者見鴻之德先儒未之知也

又如繫辭能研諸侯之慮皆以為羨侯之二字不知易文又安能有羨此自王弼作明爻有能說諸心能研諸慮

疊徽
國

語故諸儒循習之而不察夫子立言之意據繫辭本文論乾坤易簡之道繼以能說說諸心能研諸侯之慮定天下之吉凶成天下之亹亹者蓋聖人之易即此心之微推而至于大而有國又大而有天下皆不能外是理也故以諸侯代有國字以成文云耳安得為羨耶

又先儒說易有解釋不行處則曰占辭也如漸之夫征不復發睽之載鬼一車之類皆隸之占辭殊不知三百八十四爻皆占辭也豈將解釋不行處便為占辭聖人之易惟其盡天地陰陽君臣民物事理之會參行乎幽明之間可以酬酢可以佑神故君子將有為也將有行也問

潛

等

始

焉而以言其受命也如嚮故雖占辭亦皆天理

近世言易者又盡以三百八十四爻併卦辭盡歸之占辭曰如此而有此占然易固卜筮之書亦不止卜筮之書夫子固曰易有君子之道四以言者尚其辭以動者尚其變以制器者尚其象以卜筮者尚其占然則卜筮者易道之一端也曰尚其辭尚其變尚其象豈止為卜筮設哉

近世學易者則曰夫子五十而後學易則亦未可以遽言也不知五十以前皆潛心文王之日月也曰云爾者蓋五十以後姑盡得文王之心於是始作彖象文言繫辭彖

曰無大過者謂無大過差於文王之心也聖人不敢自謂盡得文王之心故曰無大過謙辭也

三墳

山墳天皇伏羲氏連山易

爻卦大象

崇山君云云　伏山臣云云　列山民云云

兼山物云云　潛山陰云云　連山陽云云

藏山兵云云　疊山象云云

傳

崇山君崇其高君之象也云云伏山臣潛伏其山臣之象也云云

兼

潛

潛

兼藏歸

列山民山有行列民之象也云云 兼山物高下相兼物之象也云云

潛山陰潛其山陰之象也云云 連山陽山之相連如陽氣也云云

藏山兵藏岡地内兵之象也云云 疊山象疊疊其上如天之象云云

氣墳人皇神農氏歸藏易

爻辭大象

天氣歸云云　地氣藏云云　水氣生云云

風氣動云云　火氣長云云　水氣育云云

山氣止云云　金氣殺云云

傳

天氣歸聖人以禮下賢智云云 地氣藏聖人以藏智於國云云

木氣生聖人以行仁政云云　風氣動聖人以宣號令云云
火氣長聖人以明長民云云　水氣育聖人以教民育財云云
山氣止聖人以安萬國云云　金氣殺聖人以順天殺物云云
形墳地皇軒轅氏乾坤易

爻卦大象

乾形天云云　坤形地云云　陽形日云云
陰形月云云　土形山云云　水形川云云
雨形雲云云　風形氣云云

傳

乾形天聖人以仰觀天象云云　坤形地聖人以辨方隅云云

陽形日聖人以繼明照下云云　陰形月聖人以命相代政云云

土形山聖人以正名岳鎮云云　水形川聖人以議法無弊云云

雨形雲聖人以雲瑞紀官云云　風形氣聖人以決治亂云云

據

三墳卦每下有七卦皆以上卦下一字相連取名如山墳爻卦大象之崇山君下有君臣相君民君物龍之類七卦餘準此氣墳爻卦大象之天氣歸下有歸藏定位歸生冕歸動乘舟之類七卦餘準此唯形墳一篇六十四卦皆將上卦下一字於第二字取名如乾形天下卦云地天降氣日天中道月天夜明之類七卦皆以此取名與前二墳不同撮其大略記之以見一書之義

商歸藏易

歸藏初經

初乾其爭言云云

初艮徼徼鳴狐云云

初犖為慶身不動云云

初釐燂若雷之聲云云

歸藏齊母經

田舊言之擇新言之念云云

乾 屯 蒙 溽 訟 師 比

少毒畜 履 泰 否 同人 大有 很

初坤榮榮之華云云

初兌廿言語敦云云

初離[illegible]云云

初即[illegible]鳥[illegible]而垂翼云云

[illegible] 大過 頤 困 井 革 鼎

旅 豐 小過 林禍 觀 萃 稱

僕 復 毋亡 大毒畜 瞿 散家人 節

奐 蹇 荔 員 誠 欽 恒

規 夜 巽 兑 離 犖 兼

分 歸妹 漸 晉 明 岑霽 未濟

周易經卦

上經

乾 坤 屯 蒙 需 訟 師

比 小畜 履 泰 否 同人 大有

謙 豫 隨 蠱 臨 觀 噬嗑

賁 剥 復 无妄 大畜 頤 大過 坎 離

下經

咸 恒 遯 大壯 晉 明夷 家人

睽 蹇 解 損 益 夬 姤

萃 升 困 井 革 鼎 震

艮 漸 歸妹 豐 旅 巽 兑

渙 節 中孚 小過 既濟 未濟

西谿先生易說卷之一

上經

䷀乾上乾下　乾

乾元亨利貞

伏羲始畫八卦卦止三畫以三畫倂[illegible]一道既重爲
六十四則卦有六畫以六、畫備三[illegible]繫辭所謂六
畫而成卦兼三才而兩之是也立[illegible]立曰陰與陽立
地之道曰柔與剛立人之道曰[illegible]義自立道以來合
下有兩故以六倫三才之首[illegible]之理也未有天先
有乾之理易有太極[illegible]中太極既判天就

體

易中稟得剛德中正〻乾伊川云天
專言之則道也分而言之〻主宰謂之
帝以功用謂之鬼以妙用謂之之乾性情
以所稟言也四德見性六爻見此以貞文王
卦辭也揔言一卦之體彖夫子作〻之卦辭
也一卦之義盡見於彖旁通於爻大作言二象
之所以得爲此卦也小象夫子作所以〻〻王之爻辭
也乾坤二卦夫子說盡只緣先儒不明作卦体統千言
萬緒只是私意學者即看彖象文言繫辭義理自見〇
大抵元亨利貞乾之德天道不能易其序元始也其胚

哉

首

腪處也亨通也其發達處也利宜也其成遂處也貞固也其一成而不可變處也在時為春夏秋冬在卦為震離兌艮在人為仁義禮智在物則元者物之始亨者物之長利者物之成貞者物之終既終而化生意已寓元又在其中矣此天道之所以相循而無終窮也前輩謂事事物物皆有元亨利貞信矣然非事事物物能有元亨利貞也當知乾道無乎不在

彖曰大哉乾元萬物資始乃統天雲行雨施品物流行大明終始六位時成時乘六龍以御天乾道變化各正性命保合太和乃利貞者出庶物萬國咸寧

道

乾卦所次與諸卦特異者夫子存文王易以于人以見彖大小象文言皆夫子作今輒着其下云○大哉乾元萬物資始乃統天元也雲行雨施品物流形亨也大明終始六位時成時乘六龍以御天利也乾坤變化各正性命保合太和貞也總言利貞○萬物始乎一天道運行而元氣總攝之故曰萬物資始乃統天潤澤流布萬物發達故曰雲行雨施品物流形或潛或見或飛或躍各當其可以順天變至於天下萬物各全其禀賦之正一成而不可易則乾道備矣故曰乃利貞首出庶物萬國咸寧乾君道也體乾以出道功用如此惟九五當之

文言曰元者善之長也亨者嘉之會也利者義之和也貞者事之幹也君子體仁足以長人嘉會足以合禮利物足以和義貞固足以幹事君子行此四德者故曰乾元亨利貞

游氏曰道者天也道爲萬物之奥故足以統天仁者人也仁爲衆善之首故曰體仁足以長人猶之萬物蠢動於春而震爲長子也大爲之制經爲三百曲爲之防詳爲三千要皆歸於大中而已故曰嘉會足以合禮猶之萬物相見於夏而離爲文明也義主於制刻而利不生於其間則不知先王之義勞之乃所以逸之故民生於

忘其勞殺之乃所以生之故民至於忘其死蓋利之實行乎其中矣故曰利物足以和義猶之萬物凋悴於秋而說言乎兑也事以智謀物以智創智而不貞則事不立貞者正而固也謀之不正則異議得以屈之守之不固則衆力得以傾之豈事之幹耶故曰貞固足以幹事猶之萬物終藏於冬而成言乎艮也君子行此四德者乾道在我矣故曰乾元亨利貞此觧甚善

乾元者始而亨者也利貞者性情也乾始能以美利利天下不言所利大矣哉大哉乾乎剛健中正純粹精也六爻發揮旁通情也時乘六龍以御天也雲行雨施天下平也

乾元者始而亨者也合元亨為一自元始中已有亨意利貞者性情也合利貞為一貞近性利近情情即性之動也雖然未離乎二也故又曰乾始能以美利利天下不言所利大矣哉是就元始中已能以美利利天下則利字已在元字中矣至於利盡萬物而天道又歸於不言之中則貞字又在元字中矣是合元亨利貞為一也當萬物歸根復命之時天道又泯於不言則不言所利貞體備矣只緣元者善之長也下分作四字說至此又合作一字看此夫子之易所以深有功於後學○大哉乾乎剛健中正純粹精也七字方能訓得乾字剛其德

健其行也是體用剛則不屈健則不息中則不倚正則不偏粹故不雜精故不粗非七字不足以盡乾六爻發揮旁通情也爻言其動也故曰旁通情時乘六龍以御天也乾之六爻終而復始所以運乎天也雲行雨施天下平也平均也惟雲行雨施之功無徃而不均也再發前彖未盡之意

象曰天行健君子以自强不息

八卦有自然之象如天地雷風水火山澤之類聖人有以見天下之賾擬諸其形容而象其物宜是故謂之象所以明其得為是卦也乾為天故曰天行健他卦象皆

賾

純

指名獨此不言乾而言健蓋乾字大須是剛健中正能粹精七字方能盡得乾就天行處觀之即是健而已未敢謂其能盡得乾也至健莫如乾周天三百六十五度四分度之一一日而一周非健則息矣君子體此自强不息所以法天行之健然天道無息惟聖人然後能配天其運堯之廣運舜之由行文王之純亦不已乃無息地位學者未敢言無息且自息不入故由不息以至無息自强又不息之功也乃其用力處於三爻四爻見之

初九潛龍勿用象曰潛龍勿用陽在下也文言曰潛龍勿用下也潛龍勿用陽氣潛藏初九曰潛龍勿用何謂也子

曰龍德而隱者也不易乎世不成乎名遯世無悶不見是而無悶樂則行之憂則違之確乎其不可拔潛龍也君子以成德為行日可見之行也潛之為言也隱而未見行而未成是以君子弗用也

原書缺

剛

上不在九五之天下不在九二之田其位危而不安惟不安故惕

九四或躍在淵無咎象曰或躍在淵進無咎也文言曰或躍在淵自試也或躍在淵乾道乃革九四或躍在淵無咎何謂也子曰上下無常非爲邪也進退無常非離群也君子進德脩業欲及時也故无咎九四重剛而不中上不在天下不在田中不在人故或之或之者疑之也故无咎

乃知四離下體而處上體之下德未至五然處三位之上故躍躍者未飛而習飛也聖人脩德惟務日進無中間立得道理一止便退用力至此易得放下故象曰進

進 變學

无咎雖字只訓造字雖則有上下有進退曰非 爲邪者志不在君位而在德也非離群者身未在天而在淵也蓋九四乾道一変故有此戒曰進无咎曰自試曰欲及時皆進脩之功曰疑之故無咎君子之斈惟自以爲是則不復用力疑之一字乃進德之階此聖學之所以不自止也孔門之斈多自疑中入樊遲問仁智子貢問政之類自今觀之如樊遲子貢之所疑皆後世之所不必疑者也惟其如此所以爲孔門之學

九五飛龍在天利見大人象曰飛龍在天大人造也文言曰飛龍在天大上治也飛龍在天乃位乎天德九五曰飛龍

聲風下　此

在天利見大人何謂也子曰同声相應同氣相求水流濕火就燥雲從龍風從虎聖人作而萬物覩本乎天者親上本乎地者親下則各從其類也夫大人者與天地合其德與日月合其明與四時合其序與鬼神合其吉凶先天而天弗違後天而奉天時天且弗違而况于人乎况于鬼神乎陽進至五剛而居中君德成矣乃當天位人必利見已在二矣况正九五之位乎故君德自二至五天地日月四時鬼神无一不合　自天地鬼神且不能違而况于氣形之相感者乎　天地間物同声必相應同氣必相求水必流濕火必就燥雲必從龍風必從虎　此天理不約而

遞

自符者聖人既作所以必萬物之咸覩也盖天德之孚有不期然而然者是雖君德之終而天下文明非一日之積也聖人者天地萬物之主故一作於上而天下萬物皆得所翰飛戾天魚躍于淵凡在聖人道化之中皆得以見聖人也故曰本乎天者親上本乎地者親下則各從其類也雖然君德終矣乾乾之功進可已乎兢兢業業堯舜未嘗一日廢盖聖學之始不免於持中間正在用力至此則從容中道无一毫矯拂勉强之意堯之安安舜之由行文王之陟降夫子之不踰矩但見其與天運相與為無窮而已雖然此君德也堯舜禹湯有其事

看

九五則有其理前輩言顏淵龍德而隱者也天下文明則遯也夫子夫子惟不得邦家而已苟得邦家綏來動和皆乾道保合之功用也○易即理也理之所在先天後天不能違也理在聖人是人先乎天也天不能違聖人理在天是人後乎天也聖人只得奉天天與聖人本无先後但一于理而已程氏曰鬼神者造化之跡南軒曰鬼神者二氣之良能皆善言鬼神者也最好看

上九亢龍有悔象曰亢龍有悔盈不可久也文言曰亢龍有悔窮之災也亢龍有悔與時偕極上九曰亢龍有悔何謂也子曰貴而无位高而無民賢人在下位而無輔是以

以動而有悔也知進而不知退知存而不知亡知得而不知喪其唯聖人乎知進退存亡而不失其正者其唯聖人乎

五居中位過中則亢六陽已極物極必反故亢則有悔居五居母之上雖貴而無位取初遠雖高而无民二非已應賢人無輔堯舜相禪所以高乎千古者知進退存亡而不失其正者乎雖然必得其如九五大人之德 然後可以去故堯必得舜然後堯可以去舜必得禹然後舜可以去孟子曰以天下與人易 為天下得人難為天下得人聖人無窮已之仁也 不然亢而知退特堯舜之細爾

變

用九見群龍无首吉象曰用九天德不可爲首也文言曰乾元用九天下治也乾元用九乃見天則

乾坤二卦獨有用九用六二爻者以純陽純陰故也一陽生進而至六則亢而有悔然天道功成者退必有以变而爲道之故又言所以用九之道群龍六陽也謂六陽並見則必退不爲首則吉也蓋天道盈虚消息自如此曰天德不可爲首曰天下治曰乃見天則則即理也理之至當而不可過故謂之則用九無首以見天則之不可過也然夫子又曰乾元用九者蓋四德之在六爻潛龍元也見龍亨也飛龍利也亢龍貞也天道至貞處又

反歸反歸於元故六陽之亢則必以元用之是反而歸于潛龍也此天道之所以相循而無窮也

䷁ 坤下坤上 坤

坤元亨利牝馬之貞君子有攸往先迷後得主利西南得朋東北喪朋安貞吉

未有地先有坤之理太極判地就易中稟得柔順之理故曰坤乾至健坤至順地道也妻道也臣道也故坤卦六爻皆人臣之道坤四德與乾同而貞体異曰牝馬者取乾之配也乾爲馬坤爲牛不言牛而言牝馬象乾之配也牝馬能載而又能生育坤所以載萬物而資生也

體

體

坤

哉

故為牝馬之貞陽唱而陰和男行而女隨此理也君子体之而有所行為先則迷為後則得主而利以陰道不為倡也西南陰位朋類也自巽至兊皆坤之類故往則得己之朋東北陽位自乾至震皆乾之類故往則喪己之朋坤体静故安貞吉

彖曰至哉乾元萬物資生乃順承天坤厚載物德合無疆含弘光大品物咸亨牝馬地類行地無疆柔順利貞君子攸行先迷失道後順得常西南得朋乃與類行東北喪朋乃終有慶安貞之吉應地無疆

至哉坤元萬物資生乾大坤亦至其大不敢與乾並故

坤顯麗

稱至以別乾萬物賦形於天必托地以生故曰萬物資資生乃順承天萬物始於一乾知太始坤作成物謂坤元者順承天之理奉行乎天也此言坤元坤厚載物德合無疆至厚莫如地故能載物此其處用也以坤固有此德合乎地之無疆含宏光大品物咸亨萬物發生非坤之大不足以發生之不足以居之而物無所麗自坤道敷暢萬物盡在并色兼容之中而施生之理益顯故曰含宏光大品物咸亨此言亨之亨牝馬地類行地無疆柔順利貞君子攸行坤母道也故牝馬地類地雖無疆牝馬之力足以行之故象爲柔順利貞坤骵以柔順爲

亦

彖

變

利六以柔順為貞牝馬惟柔順也是以能載能生育之又能為乾之配故卦辭言利牝馬之貞彖辭亦總言柔順利貞也先迷失道後順得常西南得朋乃與類行東北喪朋乃終有慶既曰喪朋安得有慶蓋陰不從陽不能生育故女必能男臣必從君地必承天舍其疇類從陽則有慶也夫子此意可以發文王未盡之蘊安貞之吉應地無疆君子體坤之德安貞而不変所守應乎地德之無疆也乾德在不息坤德在无疆〻字有个形体限極可久之德自不息中來可大之業自无疆中來

文言曰坤至柔而動也剛至靜而德方後得主而有常含

剛

勢

萬物而化光坤道其順乎承天而時行

坤道至柔且静然不剛不方則何以載物而不移聖人恐剛字害坤骵故曰動也剛動其發用處也坤骵静微有震動便為災變所以能安静者以其德方故也惟方故止而静乾以圓轉坤以方止故曰其德方陰陽寒暑生殺榮悴一出於天而地一切聽命焉方其煖然為春也地亦與之為春也及其淒然為秋也地亦與之為秋蓋順者坤之道也故承天而時行一切奉行於天而已

象曰地勢坤君子以厚德載物

地勢順下坤之象也君子不体順而体厚蓋勢不順下

陰所

無以見地之厚愈下而地愈厚也所謂載華岳而不墜振河海而不洩河海之下猶有地焉方見其厚也故君子以厚德載物

初六履霜堅冰至象曰履霜堅冰疑始凝也馴致其道至堅冰也文言曰積善之家必有餘慶積不善之家必有餘殃臣弒其君子殺其父非一朝一夕之故其所由来者漸矣由辯之不早辯也易曰履霜堅冰至蓋言順也

六爻自二至五為坤之德初戒履霜終戒龍戰坤六爻純陰臣道也一陰之生其勢浸長積而至六則難理矣故於履霜之始而知其有堅冰之漸也古之大臣雖大

此勢

亂

剛

有勤勞於天下而執德愈謙者蓋其智足以察此也勢
至莽卓雖欲不為乱不可得矣故曰由辨之不早辨也

六二直方大不習無不利象曰六二之動直以方也不習
無不利地道光也文言曰直其正方其義也君子敬以直
內義以方外敬義立而德不孤直方大不習無不利則不
疑其所行也

此中四爻為坤之德六五在坤為人臣之極位而事業
所由以著見然坤之德則二爻已盡見之矣曰直方大
不習無不利則全彖中所謂含宏光大與文言所謂柔
而動剛靜而德方二皆備其体蓋坤臣道也壯之所行

窮所

此聖

無

即幼之所學達之所施即窮之所養堯舜君民之學方
其在下時蘊蓄當素倫故坤德盡見於二而三四五則
出而見於事業故三爻便從王事然未得位故無成四
位雖尊而君民之心未孚故但括囊至五爻為人臣之
極位而又得君則其可以有為矣故元吉此聖人重乾
卦之綱領也直方大三者坤之德然惟直方故能大象
只言六二之動直以方也文言亦指言直方敬存於中
其內自直程氏言主一之謂敬無適之謂一學者且須
持敬勿忘勿助則其存養之道也人常能持此心如過
獨木橋時節便見主一此心純一而無間則思慮所措

焉

體

哉

爲往而不得其正集義在我則無是餒而所向莫吾撓矣敬義既立直方俱備而德不孤則左右逢原而德性洪矣此直方所以爲大也坤德既備推而行之無往不利尚何疑爲不習不疑也地道之光故不疑也以此見之事業自然也章明也

六三含章可貞或從王事无成有終象曰含章可貞以時發也或從王事知光大也文言曰陰雖有美含之以從王事弗敢成也地道也妻道也臣道也地道無成而代有終也

三雖出從王事然未得位故但含其章而守貞將以代

變隱　變　專

時而發也无成有終非見理之審者不能故曰知光大

又曰地道無成而代有終者蓋陰道不居成功始終歲功皆在乎陽陰特輔陽以有為爾故曰无成而代有終也

六四括囊无咎无譽象曰括囊无咎慎不害也文言曰天地變化草木蕃天地閉賢賢人隱易曰括囊无咎蓋言謹也

四居上體坤道一變六爻純陰天地不交而卦氣在十月乃閉塞成冬之時也雖處尊位而群臣未相信故但括囊而毀譽不加則遠害之道也文言以專以閉塞為義

發體

解

六五黃裳元吉象曰黃裳元吉 文在中也文言曰君子黃中通理正位居體美在其中而暢于四支 發于事業美之至也

六五以柔居中在坤爲人臣之極位進而至五則可以有爲矣故文辞但贊其事業之美黄中色裳身之章也言事物之美發見于外粲然有文由直方大之体藴蓄於中者素位倫故能如此象曰文在中也文字解裳字中字解黃字文言曰君子黃中通理解黃字正位居体解裳字美在其中 又解黃字暢於四支發于事業又解裳字美之至也解元吉字言直方大之体通徹于中進而

此　此

至五正大臣之位居柔中之体以其蘊蓄發見乎外其事業設施非一日之積也蓋自二爻坤德已備事業自有當如此如周公處師保之位既成其君德而後制禮作樂以文太平之功也先儒謂黃中色裳下服五君位故有居中處下之戒然文王夫子无此意初上已戒而五又有戒是坤元德之可取也當從象與文言說

上六龍戰于野其血玄黃象曰龍戰于野其道窮也文言曰陰疑于陽必戰為其嫌于無陽也故稱龍爲猶未離其類也故稱血爲夫玄黃者天地之雜也天玄而地黃

戰曰龍戰者陰疑于陽也嫌其非君故亦稱龍如新莽

雜
嘗
變

之即真是也血屬陰稱血者謂未離乎陰類也故稱血以别之雖然其血則離而玄天色也黃地色也其血黃即則嘗僭號其血玄即是則篡奪之臣故曰玄黃者天地之雜也然君臣之分終不可得而亂天玄地黃千歲之日自不相紊見得太變極亂之後天地之定分終不可易者夫莽卓輩雖能爲亂要之則是篡奪之臣故終之曰天玄而地黃

用六利永貞象曰用六永貞以大終也

六柔道可以常守而不變故曰利永貞擬陽爻用九陰爻用六天地生數也然合成數言之則九爲天之極天

變數

難

雨滿

難興

拳

下之理極則必變用九元首六爲地數之中天下之理惟中故可常故曰用六利永貞就爻言龍龍能變而鯉不能變故能之鱗八十一九九數也鯉之鱗三十六六六數也此亦陽理物理之自然者

䷂ 震下坎上 屯

屯元亨利貞勿用有攸往利建侯彖曰屯剛柔始交而難生動乎險中大亨貞雷雨之動滿盈天造草昧宜建侯而不寧

屯難也天地交而雲雷興雲雷興而天地晦冥難作而未明之象也草木方萌拳曲而未伸亦爲屯聖人謂作

變國

易者其有憂患乎看屯卦聖人之憂後世者深矣就六
爻觀之九五墮險中六二陰柔不足以濟難上六泣血
而窮三即鹿而吝初以陽剛在下全卦象辭盡屬在初
四初應爻也求婚媾而吉聖人重易至此蓋知後世有
非常之變湯武革命猶曰有国初九在下而得民其三
代未有之變乎其知周秦之後紛紛乎匹夫起而覬非
望前此未有也不如是何以為草昧之運雖然未起事
也其在劉項縱觀之時乎何者九五之君位猶存也六
二之去就未決也三猶有即鹿之意也初九可以得民
尚盤桓而未往也此天地晦冥之時也卦辭曰屯元亨

此難　留韓

利貞勿用有攸往利建侯此章盡在初爻象曰剛柔始交而難生動乎險中九五之君在險中也大亨貞大亨此難宜居正也雷雨之動滿盈天造草昧宜建侯而不寧造運也當此晦昧之運不建侯無以示天下之公其知秦之破壞封建乎曰不寧其知漢封建之患乎千萬世無窮之變盡見于易憂患之深未有如屯也

象曰雲雷屯君子以經綸

雲雷興而未雨雖作未明之象君子經綸盡在此時當楚漢雌雄未決時天下大計盡在韓信蕭何晉侯胷中當孫曹劉據時天下大計盡在諸葛孔明胷中

爻

初九磐桓利居貞利建侯　象曰雖磐桓志行正也以貴下賤大得民也

磐桓勿用有攸往也利居貞大亨貞也利建侯宜建侯也屯難之世一陽在下衆陰所歸五猶正位未可遽往也故磐桓然有正天下之志也非示公無以一天下之心故利建侯是道陳吳楚漢皆用之象又贊之曰以貴下賤大得民也他時得民必在此又

六二屯如邅如乘馬班如匪寇婚媾女子貞不字十年乃字象曰六二之難乘剛也十年乃字反常也

二應在五無濟難之才故欲進而不能進邅如復班如

從

也不從初乖從五婚媾有是心也貞固自守不守於初然後為初所字也曰十年者互體坤坤數十二求五越坤卦而四應初有婚媾之吉遂輦連而從初也象曰六二之難乘剛也　乘剛者從初九之剛欲從五而掣肘於初也十年乃字反常者反正應而從初也

六三即鹿无虞惟入于林中君子幾不如舍往吝象曰即虞以從禽也君子舍之往吝窮也

三居下卦之上亦為衆所推故有逐鹿之志不自知其才不足上六已不之應已泣血而窮故曰无虞在二陰之間故曰惟入于林中　君子見幾不如无往也象曰往吝

求
膏
畢
闕

窮往則必窮也且如陳吳輩
六四乘馬班如求婚媾往吉无不利象曰求而往明也
四近五班如未知所向也正應在初初必求己以共事
如婚媾也初必得民故往吉无不利象曰求而往明相
知之深也正如蕭曹之從沛公也
九五屯其膏小貞吉大貞凶象曰屯其膏施未光也
五君位也初雖起事未至九五膏澤尚屯如萃卦人心
求聚之時五為萃之主則曰萃有位渙卦人心渙散之
時五為渙之主故曰渙王居此初爻為主必竟處屯之
數施澤未能光大如高帝入関順民心作三章之約秦

民亦大喜惟恐沛公不為秦王然未能遽洽猶須轉戰五六年而後定蓋其數如此當戰爭未定之時必有机會若當机會之小者守貞可也當机會之大而守貞則失功無緣能集故小貞則吉大貞則凶如當始興之時食其欲立六国後固不可也至固陵之會不割地則不足以致三將之命滎陽成皐之困深溝高壘不與楚戰可也垓下之圍不一戰之則不足以速項氏之亡象曰施未光也以所施未能光大也

上六乘馬班如泣血漣如象曰泣血漣如何可長也

雖高而無位故窮而泣血惟項氏當之其辭與垓下之

變

事合聖人重易止有一个推求藏往之理後世刻故自
然脗合

剛

䷃ 坎下艮上 蒙

蒙亨匪我求童蒙童蒙求我初筮告再三瀆瀆則不告利
貞彖曰蒙山下有險險而止蒙蒙亨以亨行時中也匪我
求童蒙童蒙求我志應也初筮告以剛中也再三瀆瀆則
不告瀆蒙也蒙以養正聖功也

以蒙繼屯只是反對序卦云屯者物之始生也物生必
蒙故受之以蒙蒙者物之穉也人之初生天理渾融私
意不作未知所向故曰蒙山下出泉泉之始出泥沙不

混莫清如之性善之端也既出而混少加澄治元性自在猶之學焉將以反其初也本性之外未嘗加益曰聖與賢不過存得童蒙處在故孟子論性善之端必自孩提之童稚之楊子雲謂天降生民倥侗顓蒙未害也必曰恣於情性聰明不開然後訓諸理則已失聖人論蒙之義也曰蒙亨亨其發處也匪我求童蒙童蒙求我教人與受教之事也初筮告謂其始進則宜以善道告之再三瀆瀆則不告再筮三筮則天性已混未可遽告之發蒙之道也五文四文三文當之利貞貞正也能貞守得童蒙處則本然之性見而無所偏倚矣彖以上為体

言山下有險遇險而止未知所向之象也蒙而亨善端之發也性情之發無有不善者就其發處推之無非天理也故曰以亨行時中也亨就亨處行之無非時中之道也此正孟子所謂凡有四端於我者知皆擴而充之若火之始然泉之始達莫之能禦也曰時中者所謂君子之中庸君子之時中也告蒙在二而五求之曰匪我求童蒙童蒙求我教人者與受教者之事也故曰志應筮進也艮体在上一畫為山初進而五曰童蒙山下之泉也本性渾然宜告以剛中之道剛中謂二也再筮而困三筮而為有不躬之女其出已遠物欲混之矣故曰

再三瀆瀆則不告勿娶而吝也何以不告蒙處已瀆也故曰瀆蒙也聖人之教人物欲之深者不遽告也啟發之机必遲於憤悱之後是亦教也存而養之蒙處常在略無偏倚作聖之功也釋卦辭利貞

象曰山下出泉蒙君子以果行育德

山下之泉水性之至清者也蒙之象也當泉之始出而酌之冷然清也稍遠則必為泥沙所混德性也君子育德必貴所行之果稍放下則必為物所汩故果行所以育德也

初六發蒙利用刑人用說桎梏以往吝象曰利用刑人以

正法也
以六處下小人之蒙也小人不畏威則不能寡衆故發小人之蒙當用刑聖人用刑一懲而百戒刑一人是脫衆人於桎梏桎梏且不犯無刑可也帝王之世不能不正法法立具而不試者以此道也雖然發蒙之道如此初應在四四困而不發初六才不能發執此道以往亦吝蓋四以困而吝也象曰以正法也

九二包蒙吉納婦吉子克家象曰子克家剛柔接也
二以陽居中而五以童蒙求之告蒙者也言告蒙之道包蒙告人者之量納婦受告者之禮聖人教人不擇才

贄

也柴愚參魯師辟由喭皆有以成就之此天地生物之心也故曰包蒙吉然其至也非致敬以有禮則不受也必如納婦然六禮不備是爲道也若以贄見之禮來聖人未嘗無誨也故曰納婦吉二以臣告君子而克家也五盡納婦之禮二有包蒙之量君臣志應故曰剛柔接也伊尹之於成湯周公之於成王用此道也

六三勿用取女見金夫不有其躬无攸利象曰勿用取女行不順也

三居互體坤之下坤爲女三居其下女子之蒙女以六居三其位不中九居上爲己正應金夫也三見金夫不

能有其躬以從之女子之無知也故勿用取女象曰行不順也以其不待媒妁之言是苟合也男先下女則順也

六四困蒙吝象曰困蒙之吝獨遠實也二陽告蒙者也六四困於二陰之間而不能從陽困而不學者也故吝象曰獨遠實也陽為實也

六五童蒙吉象曰童蒙之吉順以巽也山下出泉六五當之正童蒙也然五君位在乾卦大人居之大人與天地合德何取乎童蒙哉此正孟子所謂大人者不失其赤子之心者也聖人所以為至者無他

所聖

止全得童蒙所在便是聖人彖言蒙以養正聖功也蓋謂此故曰童蒙吉象曰順以巽者言順言巽蓋性分上不容加毫末循性而行全是天理子思於此言率性之謂道

上九擊蒙不利為寇利禦寇象曰利用禦寇上下順也

上應在三三女子之象也不有躬而來踰垣穴隙寇道也而已應之是不利為寇也故必擊去之是禦寇也象曰上下順也只緣三行不順已擊而去然後自上求下則其行順矣故曰利用禦寇上下順也

䷄ 乾下坎上 需

需有孚光亨貞吉利涉大川彖曰需須也險在前也剛健而不陷其義不困窮矣需有孚光亨貞吉位乎天位以正中也利涉大川往有功也

需須也需求也亦須待也坎險在前三陽進而遇險不可陷也當少需以待之其卦為需此義先儒盡發之而全卦大意則未之見序卦云需飲食之道也全卦只説飲食事聖人曷為屑屑於飲食哉夫飲食人之大事也君臣之交賓主之歡室家之慶兄弟之和樂鄰墻之往來皆飲食也烏可忽哉六爻五為飲食之主三陽在下賢者也進而求之然險在前未可遽進也故名卦為需

與賢

卦辭有孚光亨貞吉謂九五也利涉大川謂下三陽也彖曰需須也險在前也有求於上而遇險乾体剛健中有所主也能不犯險以求之義存於中故不困窮也然以九居五為飲食之主有孚光亨而貞吉者也飲食則有相孚之意不自有其飲食將光明而亨大之下之求上與正則吉也曰位乎天位以正中也聖人惟知此位為天位非己之所得私故必與賢者共天職也必與賢者食天祿也賢者、得食則天下獲所願矣利涉大川往有功也遇險而需濟則有功也

象曰雲上於天需君子以飲食宴樂

雲上於天將欲雨也萬物皆有望潤澤之意求飲食於上之象也君子體此必推其飲食與天下共宴樂之不以為己私也古之人有行之者文王是也鹿鳴以宴嘉賓四牡以宴使臣棠棣以燕兄弟伐木以宴朋友菁莪以樂育才南有嘉魚以樂與賢非自宴樂也

初九需于郊利用恒无咎象曰需于郊不犯難行也利用恒无咎未失常也

三陽求五而遇險未可遽進故需于郊于沙于泥初在下去險尚遠故曰郊以常道自守則无咎象曰不犯難行者以剛健而能不犯未失恒者不失其所守也世之

緩

求爵祿而喪失其所守者多矣
九二需于沙小有言終吉象曰需于沙衍在中也雖小有
言以吉終也
二處險近又近在沙矣五已之應求而不得則必有言
五居坎中坎為小有言所謂民之失德乾餱以愆者也
古之君臣固有以微罪去者燔肉酒醴之類是也然九
五之君與天下共飲食者也故終吉象曰衍在中也和
緩以待之也雖小有言以吉終也
九三需于泥致寇至象曰需于泥災在外也自我致寇敬
慎不敗也

遇

三已近險故需于泥四在君側抑已不得進有求而遇寇自取之也象曰災在外者四居外卦也敬慎不敗者以剛健而能自反也

六四需于血出自穴象曰需于血順以聽也

三陽方進已以陰柔處君之側先得飲食者也然陽進必爭豈容一陰柔之才據尊位以妨賢者路故傷而見血當出穴以避之象曰順以聽者退避之辭也

九五需于酒食貞吉象曰酒食貞吉以中正也

五居坎坎爲酒食處君 位爲天下飲食之主天下之求飲食者皆求於五五能 正中 以天祿與賢者共之貞而

吉也故曰以中正也

上六入于穴有不速之客三人來敬之終吉象曰不速之客來敬之終吉雖不當位未大失也

二陰近君先得飲食者也而上六以陰柔之不處尊位得祿以自奉故曰入于穴三陽方進得食在後有不平之意故不速而來上六不可與爭也故敬三人則終吉雖然三陽之來皆賢者也爲飲食而來非能自重者也故聖人特筆以貶之曰不速而來則其來也爲無據曰敬之終吉則其得食也爲可賤夫飲食之人人賤之充此而不反則墦間饜足之道也君子觀

此則於飲食之道可以自知所處象曰雖不當位未大失也亦不罪上六也

西谿先生易説卷之一

西谿先生易說十二卷 抄本

是書爲宋李過撰。過字季辯，興化人。前有自序、說圖，後分上下經，依文講解。不及象數之辭，以下西谿晚年費盡其心，默定不能與師友相訂正，是所稱遺稿之崇。前人所未發，成書於慶元戊午，閱幾二十年之功也。

西谿先生易説卷之二

上經

坎下
乾上
訟

訟有孚窒惕中吉終凶利見大人不利涉大川彖曰訟上剛下險險而健訟訟有孚窒惕中吉剛來而得中也終凶訟不可成也利見大人尚中正也不利涉大川入于淵也上剛下險險而健訟以健遇險内險外健皆所以爲訟也若健而不險則不生訟險而不健則不能訟也險而又健是以訟也卦辭訟有孚既訟矣安得有孚哉夫人之生與萬物同一體也私欲固蔽動與物敵兩不相下則

成訟却於私意方熾之時天理亦自在故曰訟有孚今人之訟曲直未嘗不自知也既自知則有孚矣天理本明也有所窒而訟既訟必惕惕自危也所以危者勝負未可知也自危而中止則吉終其訟則凶苟終其訟負者固凶而勝者亦凶蓋以訟而勝所喪已多矣彖剛來而得中也自需卦反剛居二五皆得中也故能窒惕中吉訟不可成雖勝亦凶也利見大人九五為聽訟之主主天下所取中也不利涉大川入于淵也求濟其訟其患愈深也

象曰天與水違行訟君子以作事謀始

天一生水其本同也然其終也天道左旋而百川東注違行而訟之象也君子以作事謀始夫人之訟皆始合而終競始之不謹終必致訟故君子必於始謀之

初六不永所事小有言終吉象曰不永所事訟不可長也雖有小言其辨明也

初居訟之始以柔處下其訟不長方訟之始而能止也坎為小有言故不免訟與四正應四即命渝故不成訟而終吉也象曰其辨明也以己與四本無他終辨明

九二不克訟歸而逋其邑人三百户旡眚象曰不克訟歸逋竄也自下訟上患至掇也

二居坎中恃險而訟五以臣訟君宜不克也君臣之分
豈有纖毫鏬隙升降揖遜少不如意則不明法而罪人
矣而況於訟乎既不克訟則歸而逋其邑險故能奉身
以竄不可復事君也九五中正之主雖罪人不獲其註
誤者當與自新邑人三百戶非其眚也所謂纖厥渠魁
脅從罔治是也患至掇九二之自禍
六三食舊德貞厲終吉或從王事无成象曰食舊德從上
吉也
舊德舊事也三與上正應本有舊事三處險上險極故
食其舊事而訟如左氏不食其言之食然三體柔又處

上

危位故能自危而守貞是以終吉夫明者爭之府三居互體離之中明見致爭之由在於居其成功也故從王事而无成惟能自克則訟已者不期而釋矣象曰從王吉者不與上訟而從三則吉也

九四不克訟復即命渝安貞吉象曰復即命渝安貞不失也

四與初訟而近五九五元吉之主能弭天下之訟者也故四求決而自不成訟復即命渝自反而就命變其始訟之意以為事而正理依然不失也正如虞芮之爭至文王之境而善心油然以生相遜而去也曰安貞不失即

本然天理未嘗喪

九五訟元吉象曰訟元吉以中正也

九五處中位以聽天下之訟然古人不貴於聽訟而貴於无訟令也五為聽訟之主而合衆議觀之初不永其訟二不克訟三貞厲而吉四即命而渝上得服而褫皆不成訟是天下无訟也此九五之君所以得元吉也

上九或錫之鞶帶終朝三褫之象曰以訟受服亦不足敬也

上與三訟而三遜功故上九勝而受服然知其不足敬也故不待終朝而三褫之九健極其始也以剛健之資

而勇於訟其終也以剛健之資而勇於義惟勇於義故不待終朝而三褫

坎下
坤上　師

師貞丈人吉无咎彖曰師衆也貞正也能以衆正可以王矣剛中而應行險而順以此毒天下而民從之吉又何咎矣

序卦云訟必有衆起故受之以師師之興必有不爭也為卦坤上坎下以二體言之地中有水聚水也為衆聚之象用兵行師所以聚大衆也以二卦之義言之內險外順險道而以順行之師之義也以爻而言一陽為衆

陰之主統衆之象也比以一陽為衆陰主而在上君之象也師以一陽為衆陰主而在下將帥之象也卦辭師貞丈人吉无咎貞正也王者之兵直是行一不義殺一不辜而得天下不為故曰能以衆正可以王矣丈人謂九二以剛中之才當主帥之任也互體有震二居震初震為長子丈人之象六五為遣將之主故又有長子帥師弟子輿尸之戒聖人之兵以順動然猶曰毒天下見得用兵終不是好事雖以順動亦不免一个毒字此聖人特筆以示戒

象曰地中有水師君子以容民畜衆

保

地中有水澤水也水在澤中則聚而不散師所以聚衆也師敗則潰也君子觀此則當容保其民而使衆得所養古人之兵起於鄉遂民皆兵也平時不恤其民老弱轉死而不顧一日有事則求其為上用者難矣

初六師出以律否臧凶象曰師出以律失律凶也

初行師之始律法制也行師且當明一人法制也湯武用兵不免撫衆五步六步七步六伐七伐皆不可亂周公司馬法造作進退皆有常節魯侯撫師馬牛臣妾戒以勿逐以其亂部分後不可以為師也故失律雖善亦凶觀漢李廣可見

九二在師中吉旡咎王三錫命象曰在師中吉承天寵也王三錫命懷萬邦也

坤爲衆二以一陽居下卦之中爲衆所主主帥之象古人遣將君爲之推轂曰閫外之事將軍主之故軍中之事主帥得專也故曰在師中吉王者之兵不在多殺錫命至三謹之至也象曰承天寵也師中之事主帥得專則衆知有將而不知有君矣必曰承天寵也奉君命而行使三軍之衆知命出於君也曰懷萬邦者聖人用兵不得已多殺非其心也故三錫之意只在綏懷藝祖遣將必戒以謹毋殺人如曹彬等下諸國未嘗妄戮一人

正所謂王三錫命懷萬邦也

六三師或輿尸凶象曰師或輿尸大无功也

二師師三以陰柔居二之上是輿尸之象輿衆也尸主也任將必專而衆以主之則自相節制安能成功後世用兵多敗皆緣宦者監軍而節制互不一之故

六四師左次无咎象曰左次无咎未失常也

六四居外卦師也已失出量敵而後進慮勝而後會人命所係不失為過謹也上體坤坤以順動故左次无咎前世用兵趨小利而敗者多

六五田有禽利執言无咎長子帥師弟子輿尸貞凶象曰

長子帥師以中行也弟子輿尸使不當也

五居君位為師之主故言出師遣將之道坤以明動奉辭代罪之兵也故曰田有禽利執言兵以去害田而有禽害民之稼故宜獵取之執言奉辭也後世用兵起於私意若秦皇漢武皆窮山林以索禽獸也非田有禽也任將授師之道當以長子長子謂二也弟子輿尸謂三也自古任將不專而致敗者如晋荀林父邲之戰唐郭子儀相州之敗也

上六大君有命開國承家小人勿用象曰大君有命以正功也小人勿用必亂邦也

師歸而賞功也開國言分封承家言襲爵夫有功而賞必分封襲爵以至有土則行師之始小人斷不可用小人有功而不賞則非報功之意賞則必邦亂是去一患而生一患也先儒只言漢韓彭不當封不知王者用兵如韓彭輩合下不用用而有功安得不賞故象曰小人勿用必亂邦也文王卦辭專言丈人吉於此又有開國承家之戒此義微矣皆先儒所略

坤下
坎上 比

比吉原筮元永貞无咎不寧方來後夫凶彖曰比吉也比輔也下順從也原筮元永貞无咎以剛中也不寧方來上

保

下應也後夫凶其道窮也
一陽居五五陰輔之其卦為比天下之衆不能相一也
奉一人而戴之俛首聽命於其下將以求一日之安也
曰比吉比而得主則吉矣原始也筮進也元善也永之
也貞正也始進而求比當備此三體然後无咎蓋人之
求比當比於善不當比於惡當比於久不當比於暫當
比於正不當比於邪比之不苟如此也不寧方來求比
者以不能自相保之故也有為之主則同趨大安之域
矣舜巡方岳群后畢朝禹會塗山玉帛萬國皆來求比
寧者也後夫凶五為比主上下皆應比而求比不速故

宜取凶六爻九五得元永貞之體故彖曰以剛中也五陰皆應不寧方来也故曰上下應也後夫凶謂上六也无首後夫也故彖曰其道窮也正如漢之田橫真人既作而已翺翔海島將何為也前輩謂如高帝不可事則橫將誰事終於自絕窮可知矣

象曰地上有水比先王以建萬國親諸侯

地上有水流水也必有所歸江漢萬派朝宗于海天下比君之象也聖人不自有其天下封建萬國而使之小大相比則親諸侯乃所以親民也

初六有孚比之无咎有孚盈缶終来有他吉象曰比之

初六有他吉也

六爻皆要比五初取五最遠四已應也上比於五近而得比初未能比五有援在四故先比四四居坎體坎為有孚故曰有孚比之旡咎言比四而得四也五居坎中缶之象也初因四比五比而相信有孚盈缶也始也比四終焉比五終来有他吉也正如韓信陳平輩因蕭何魏無知而得高帝也

六二比之自内貞吉象曰比之自内不自失也

二居内卦之中與五為君臣正應不獨已求五而五亦求二中心相應而比也他爻以陰而外比於陽已以正

應而内相比得比之正也故曰比之自内貞吉象曰不自失也正道相應由内以比不自失也汲汲而求比非君子自重之道也乃自失也後世如子房事高帝方可謂之不自失

六三比之匪人象曰比之匪人不亦傷乎
衆皆比五三係於上上六无首後夫也而三比之比之匪人也象曰不亦傷乎深可憫也客五百人從田横以死其義可重也其愚可哀也

六四外比之貞吉象曰外比於賢以從上也
四應在初舍内比外得正而吉也九五之賢在己之上

衆所同比故象曰外比於賢以從上也

九五顯比王用三驅失前禽邑人不誡吉象曰顯比之吉位正中也舍逆取順失前禽也邑人不誡上使中也

以九居五處君位爲比之主上下皆應之王者無私比皇極一敷偏陂不立天下皆近光之民也故曰顯比王者之於民聽其自歸來者不拒往者不追也若田獵然禮止三驅前禽不逐也然聖人雖無心於晋天下而天下自不能釋然於聖人故攸徂之民室家胥慶王師所至元黄以迎有不待告語而自孚者王者之事也故曰邑人不誡吉象曰顯比之吉位正中也以所比者無偏

誠之私也舍逆取順失前禽也不强天下以從之也邑人不誡上使中也其使下也以心感也故不用誡

上六比之无首凶象曰比之无首无所終也

衆皆比五已獨居後後夫之凶也首先也无首不能為先也象曰无所終也言其身將无所措也正如田横

乾下巽上　小畜

小畜亨密雲不雨自我西郊彖曰小畜柔得位而上下應之曰小畜健而巽剛中而志行乃亨密雲不雨尚往也自我西郊施未行也

畜止也小畜大畜皆以止健為義小畜臣畜君也大畜

君畜民也以臣畜君畜道之小者以小而畜大也上巽
下健順而止之畜君之道也以陰居四處五陽之間五
剛為一柔所畜也四大臣位上畜九五而乾體在己之
下剛健為四所止也卦辭曰小畜亨密雲不雨自我西
郊臣之畜君其畜固難畜而亨則畜道成矣所以必亨
者以柔得位而上下應之受畜於四故亨陰陽和則為
雨然須陽唱而陰和則為雨可必陰唱而陽和亦可以
雨然陽不遽和也俗人占雨謂朝看東南暮看西北朝
屬陽故須陽暮屬陰故須陰東南陽方也西北陰方也
今以臣畜君陰唱也自西郊而往也故但密雲而不成

懿

雨然至暮而雨是唱者急而和者緩喻臣畜君之難也然終必成雨則畜道成矣故卦辭言不雨畜未成也上九言既雨畜道成也象言施未行未成畜也言尚往不以未成畜而止也參酌而觀之然後聖人之意可見

象曰風行天上小畜君子以懿文德

撓萬物莫疾乎風風者天之所以止萬物者也令不行於下而行於上是自下止上臣止君之象也然風卦有撓形其撓物也吹噓而披拂之有柔行巽入之意臣之畜君全用不得剛須雍容和緩乃告君之體故曰君子以懿文德看文字又看懿字全是柔蓄之意龍逢比干

非不忠終非盛世事

初九復自道何其咎吉象曰復自道其義吉也

蓄君之道蓄之於始則易蓄之於終則難當健之初而止之其反道也易故曰復自道何其咎吉象曰其義吉也正之於始義當吉也

九二牽復吉象曰牽復在中亦不自失也

二居健之中蓄之之道也已不如初之易須用力牽挽而復然亦吉諫而納君於善亦蓄道之美所以能復者以二居中故也故象曰云云

九三輿説輻夫妻反目象曰夫妻反目不能正室也

保

三而止則難矣故必說輻毀其車而使之不得行又不從也則夫妻反目君臣將不相保也蓋引裾折檻而不從則繼之以死也象曰不能正室蓋不能正之於始也至反目末則之何矣

六四有孚血去惕出无咎象曰有孚惕出上合志也

四以柔居大臣之位上蓄九五剛固難蓄也必君臣相信而後志行故曰有孚血去惕出有孚相信之深也血傷也所傷既去無說輻反目之嫌也出發也惕懼也使其惕懼之心兢兢而發以復於道則君臣无咎矣象曰上合志也合九五之志也

此懿

九五有孚攣如富以其鄰象曰有孚攣如不獨富也
五有孚與四相從攣如固結之深受蓄於四也陽為富
四己之鄰也不有其富尚以厚其鄰尊敬之至也如太
甲成王之敬伊尹周公也象曰不獨富也言能謙恭待
下不有其富也
上九既雨既處尚德載婦貞厲月幾望君子征凶象曰既雨
既處德積載也君子征凶有所疑也
密雲不雨蓄未成也既雨既處蓄道成矣處止也載成
也以六四有懿德而成蓄道也雖然臣之於君猶婦之
於夫也貞守義而不變則危月幾望則與日敵人臣挾

蓄君之功以居上位勢將敵君矣非保身之道也故曰君子征凶於此而更征則凶也故太甲成王既悔過而自悟而伊尹周公也已有告歸之志矣象曰有所疑也蓋欲其保終吉也

履

兌下乾上 履

履虎尾不咥人亨彖曰履柔履剛也說而應乎乾是以履虎尾不咥人亨剛中正履帝位而不疚光明也

序卦物蓄然後有禮故受之以履履禮也天上澤下上下之分尊卑之等禮之所由起也履行也制行莫如禮動容周旋皆中禮盛德之至也惟聖人然後可以言

人倫之至曰履虎尾不咥人亨虎西方之獸也兑西方也有虎象虎尾在三而五陽履之履虎尾之象也履虎尾蹈危機也人惟履患難而不爲患難所傷然後爲履道之亨此古人制行必以禮喜怒哀樂有常節尊卑貴賤有常級飲食起居有常處耳目手足習熟乎此無敢過而不及也則異時死生利害之變卒然遇之若平時虞舜歌南風文王演周易雍容暇逸恐懼不足以累其心此是踐形之至者能之而學者則由禮以入也平時耳目聲色之娱不足以動念則異時死生利害之變不足以易其所守履虎尾而不咥然後可以見踐履之熟

跋之几爲陳蔡之弦歌至生死交變乎前而此心不亂其必有道矣彖曰履柔履剛也六爻一柔履五剛也剛不足以制天下之剛惟柔足以制之虎尾在三而五爻皆剛非履之善也故必以柔履説而應乎乾兑説體也乾純剛也純剛非履之善須用説體以應之然後得剛柔之中是以履虎尾不咥人亨故初素履二坦履三愬履四視履皆柔履也皆用説應乾也剛中正履帝位而不疚光明也五君位也君位須用剛履然後不疚而光明蓋患難在三初二四上爻履患難者也當用柔履五君位人君去天下之患難者也不當言履患難故五爻

曰夬履夬決也用剛一決去天下之患難也此文王盡發在三爻曰眇能視跛能履謂諸爻言也即彖所謂柔履剛説而應乎乾也武人為于大君謂五爻言也即彖所謂剛中正履帝位而不疚光明也以虎尾在三故文王於三爻發其義質上下五爻則履卦之義明矣

夫子又就彖中詳言之學者以彖觀三爻以三爻

象曰上天下澤履君子以辨上下定民志

上天下澤禮之所由起也君子辨上下定民志先王觀象制禮以節人心名教等級升降揖遜皆有常節所以習人於死生利變之也民志既定然後可以履患難故

夫子於三爻發其義夫子又就彖中詳言之學者以彖

守魯之義絃歌如故壞宅之變絲竹不絶旡他志定故也

初九素履往旡咎象曰素履之往獨行願也

虎尾在三而上下五剛皆履之初處下卦之下虎尾在下體之上而人之涉世舉足皆危機也唯能素其位而行則各安其當然之分而不蹈危機故素富貴行乎富貴素貧賤行乎貧賤素患難行乎患難以此而往何咎之有象曰獨行願也蓋所願者在我人惟所願乎外故蹈危機而不自知也

九二履道坦坦幽人貞吉象曰幽人貞吉中不自亂也

虎尾在三而二近之危機在前非可履也當求坦道以履所謂脚踏寔地也當如幽人守貞則吉二得中故能守貞象曰中不自亂謂此

六三眇能視跛能履履虎尾咥人凶武人為于大君象曰眇能視不足以有明也跛能履不足以與行也咥人之凶位不當也武人為于大君志剛也

虎尾在三此位乃危機之所在也凡履此者必如眇者之視然後謂之能視必如跛者之履然後謂之能履象曰不足有明不足與行盖眇者惟不足於明故其視必審跛者惟不足於行故其動必謹若自以為有餘則必

猖狂而妄動曰履虎尾咥人凶此機不當履則必為所傷自此以上為初二四上爻言也曰素履坦履愬履視履皆致審致謹之意武人為于大君為五爻言也大君之位當用武不如是不足以去天下之患難故五曰夬履夬決也視天下患難所在而以剛決也象曰志剛也去天下之患難者必有自强之志而後可如漢之威靈唐之敬穆豈足以去天下之患難正緣虎尾在三故為諸爻發義

九四履虎尾愬愬終吉象曰愬愬終吉志行也

虎尾在下而四在上是履虎尾者也愬愬畏懼貌有畏

懼之志則不至於輕舉妄動以蹈此危機也故終吉象曰志行也蓋畏懼乃所以行其志也如孟施舍之畏三軍不勝猶勝也顔子之犯而不校乃所以為大勇也

九五夬履貞厲象曰夬履貞厲位正當也

九五君位夬決也視天下患難之所在或在權臣或在宦官或在女子或在小人或在夷狄五威福之權在己一决而去之可也區區而守貞不發則必危故曰貞厲象曰位正當也以其所居之位正當故可以用夬履

上九視履考祥其旋元吉象曰元吉在上大有慶也

上九處履之終回視吾之所履六爻皆得履之當則可

以考祥降祥在天不必考之於天即視吾之所履永言配命自求多福使吾之動容周旋中禮則爲盛德之至而天下之意可合矣故曰其旋元吉至此履道亨矣象曰大有慶也夫禍福無門惟人自召古人不求福於天而求福於己盡易之道則可以酬酢可以佑神矣夫子曰我祭則受福又曰吾之禱久矣此豈可辨於臨事之頃哉其平時陟降周與鬼神同其吉凶矣履之有慶當以是觀

西谿先生易說卷之二

西谿先生易說卷之三

上經

䷊ 乾下坤上 泰

泰小往大來吉亨彖曰泰小往大來吉亨則是天地交而萬物通也上下交而其志同也內陽而外陰內健而外順內君子而外小人君子道長小人道消也

論天地之位則乾上而坤下論天地之交則天氣必下降地氣必上騰天地之氣交然後生萬物故論天地之交則必乾下而坤上是天地之氣交也其卦為泰三陽在內三陰在外陽為君子陰為小人治世則君子在內

內

小人在外也內健而外順內剛而外柔又君子之道也蓋小人之道色厲而外荏與君子相反故泰卦為君子道長之義曰小往大來吉亨小者往而居外謂陰消也大者來而居內謂陰陽長也陰消陽長君子之道吉者亨也然太平之功固難居六爻反復言之所以處太平之道彖辭義甚明

象曰天地交泰后以財成天地之道輔相天地之宜以左右民

一天地交而生萬物必聖人財成輔相之而後可天地之力有不及必聖人財成之如穿牛絡馬類之類天地之

道有當然必聖人輔相之如春耕夏耘之類天地之際本和同然不能以詔乎民民不能以授於天聖人財成輔相之功所以左右乎民也

初九拔茅茹以其彙征吉象曰拔茅征吉志在外也

時泰則賢者可以引類而進志在外應五也

九二包荒用馮河不遐遺朋亡得尚于中行象曰包荒得尚于中行以光大也

九二臣位當泰之世君子在內而小人在外為大臣者必得所以處君子小人之道君子固當用小人亦不可使之失所包荒用馮河用君子之道也用賢之道貴廣當

猗

明時不可有棄才一智一能皆得自效馮河之勇者亦得用也不遐遺朋亡處小人之道也遐遠也小人遠而在外不當有厭棄之意疾惡太甚則小人之怨生矣朋亡善惡不可立黨黨立則相傾而亂生此皆鈞軸天下者之任也故於九二言之得尚于中行言鈞軸天下者能如此然後可以上任六五之責也象曰以光大也正所謂如有一个臣斷斷倚无他技其心体休焉其如有容焉以保我子孫黎民也前世朋黨之禍皆起於君子不善處小人之故

九三无平不陂無往不復艱貞无咎勿恤其孚于食有福

象曰无往不復天地際也

三居下體之上上下之交否泰相反之際也三陽既極陰道將反聖人預為之戒曰无平不陂无往不復天下之理无常平安而不險陂者謂无常泰也无常往而不反者謂陰當復也君子處此當知致治之艱難而謹之則吉雖然小人將復否之憂也吾君臣相信之深无隙之可投則小人何所容其姦君臣相孚則于食有福也前世小人乘間多起于君臣不相信象曰天地際也此言泰否之交也

六四翩翩不富以其鄰不戒以孚象曰翩翩不富皆失實

也不戒以孚中心願也

以卦之內外言之陽內而陰外以卦之上下言之陽下而陰上是小人猶在上也將使之不有其富以其鄰翩翩而下退聽以避賢者路則必有感服其心而後可非告戒所能令也故治世君子必有以服小人之心而使之自不為亂非必盡去其黨也象曰中心願也言小人之服當自出小人之心然後可也司馬溫公處元祐間事正坐如此

六五帝乙歸妹以祉元吉象曰以祉元吉中以行願也

五泰之主也天地交則為泰君臣泰則為泰君臣交際

莫大于歸妹古者王姬亦下嫁諸侯五歸妹而二尚主交際之盛以祉元吉祉福也言錫福于二也象曰中以行願也言君臣之交出于中心之誠也

上六城復于隍勿用師自邑告命貞吝象曰城復于隍其命亂也

泰極則否理所必至城復于隍矣濬隍之土以築城今城之土又復于隍弊壞之象也太平之禍多起用兵當此之時何暇遠略退治吾國可也故曰勿用行師自邑告命若貞守初意則吝象曰其命亂也言否將至也

坤下乾上 否

否之匪人不利君子貞大往小來彖曰否之匪人不利君子貞大往小來則是天地不交而萬物不通也上下不交而天下无邦也內陰而外陽內柔而外剛內小人而外君子小人道長君子道消也

否泰之反彖辭皆與泰反乾上坤下是天地不交不生萬物閉塞而成冬之時也小人居內君子居外是小人道君長君子道消也又內柔而外剛內順而外健皆小人之道曰否之匪人小人不幸至于大獘極壞而非人為之咎則天數也然後可以言否不然禍亂自己致而歸咎于天命則非陰陽消長自然之理故曰否之匪人言

在

非由人致也蓋禍亂出於天脩人事以應之天命尚可回出於人則不可逭矣不利君子貞小人道長故不利君子之正也彖辭天下无邦蓋大亂之世下陵上替不復能事君

象曰天地不交否君子以儉德避難不可榮以祿君子處亂世之道也

初六拔茅茹以其彙貞吉亨象曰拔茅貞吉志君也

時既否君子引其類而退則吉既否矣安得亨然必曰亨者无終否之理君子所性感行不加窮居不損衆人以為否君子未嘗不亨也象曰志在君也君子雖退心

未嘗一日在君所謂中心藏之何日忘之是矣
六二包承小人吉大人否亨象曰大人否亨不亂羣也
當否之世小人在内君子皆奉身而退則國何所倚九
五有休否之君二得其應君臣之情猶孚也故包承而
不去夫包承于羣小人之間小人固吉大人固否然實
則亨也他時所賴抗羣小而君子之道復還者皆今日
不去之力也象曰不亂羣也處羣小之間而不為所亂
大人之事也王文正公用此文
六三包羞象曰包羞位不當也
三不中正處尊位而不去苟禄者也故曰漢張禹孔光

无

五代馮道其流也若為貧而仕抱關擊柝可也安用據上位哉故象曰包羞位不當也

九四有命无咎疇離祉象曰有命无咎志行也

此天道之一變也易為君子慮不為小人謀天地一變三陽將復君子之道復還矣謂君子曰天命未艾无咎我尤也天將福吾類矣謂君子曰蓋為君子喜也象曰志行也君子將得行其志也

九五休否大人吉其亡其亡繫于苞桑象曰大人之吉位正當也

九五陽剛之德能休否者也大人否於二至此吉可知

矣雖然三陰猶在内小人未盡去位也不可以不謹故曰其亡其亡繫于苞桑如以其身托于苞桑然桑柔脆之木也方苞之桑又柔脆之甚也危之至也常若危亡之在旦夕也古之人主禍難纔平而安意肆志若唐德宗憲宗者多矣繫辭曰危者安其位者也亡者保其存者也亂者有其治者也是故君子安而不忘危存而不忘亡治而不忘亂是以身安而國家可保也易曰其亡其亡繫于苞桑

上九傾否先否後喜象曰否終則傾何可長也

物極必反故上傾否否極則泰來矣泰極則否否極則

喜豈有長否之理反危為安易亂為治必有陽剛之才而後能也故否之上九則能傾否屯之上六則不能變屯也

離下乾上　同人

同人于野亨利涉大川利君子貞彖曰同人柔得位得中而應乎乾曰同人同人曰同人于野亨利涉大川乾行也文明以健中正而應君子正也唯君子為能通天下之志

天理一而已矣无往而不同也天下之人所稟各異等倫則相絕也然其中有不約而同者即天理之一也目有同視耳有同聽至于心獨无所同然乎此同人所以

名卦也然其理甚隱卦體一陰在二五陽皆欲同也是舉天下皆知子都之姣者也人心至一處也然非五陽之同皆能同也六爻有正應之同二五以正應而同上下四陽皆退聽其始之欲同者天理之同也其終之退聽者亦天理之同也此聖人設同人之義也卦辭云同人于野亨无往而不同此理也利涉大川同舟遇風波胡越共濟此可以見同也利君子貞君子一理同是正同也彖曰柔得位得中而應乎乾曰同人柔居二而得中上應乾體之九五得正應之同故曰同人也曰同人于野亨利涉大川乾行也在野而同共舟而同天理不

約而同故曰乾行也文明以健中正而應君子正也以一陰在二五陽之所欲同也然一陰雖五陽之欲同也非正應之同不能同下體文明上體剛健終之以二為文明之中五為剛健之中剛柔正應君子之正同也惟以正同則天下旡往而不合向之欲同者莫不退聽也故曰惟君子為能通天下之志以六爻言之初出門遇二而同三伏戎近二而同四乘墉望二而同上處郊遠二而同此非正應而同終不克同也故初止旡咎三不敢與四不敢攻上志未得終也五克衆陽而遇二二去其宗而同五二爻相遇蘭臭交契誠發乎中達于面目

先之以泣而繼之以喜也蓋其同也以正而衆陽之所同退聽也故繫辭贊之曰二人同心其利斷金同心之言其臭如蘭天理顯矣

象曰天與火同人君子以類族辨物

天在上火炎上氣類之同是同人之象也君子觀此則類族辨物萬物之生同乎一氣然而羣分而類聚君子於天下有大同之理然須有个差等内外親疎大小遠近之差不同所以有至同也不然便是墨子之愛故貴于類族而辨物

初九同人于門无咎象曰出門同人又誰咎也

一陰在二衆陽所欲同也初近之出門而相遇故曰同人于門相遇而同又誰咎也

六二同人于宗吝象曰同人于宗吝道也

衆陽皆欲同二二未應五與下體同同于宗也然非正故吝

九三伏戎于莽升其高陵三歲不興象曰伏戎于莽敵剛也三歲不興安行也

三欲同二而懼五故伏戎于草莽又升其高陵以窺伺然正理不容故三歲不敢興三取五越隅三爻故曰三歲象曰敵剛也剛謂五也三歲不興安行也知其非是

退而順理也

九四乘其墉弗克攻吉象曰乘其墉義弗克也其吉則困而反則也

四欲同二而隔九三故乘九三之墉然義弗克攻也故從義而吉象曰困而反則也困憊而反乎天理也則天理之不可踰越者也觀三四二爻見天理在人不可泯沒

九五同人先號咷而後笑大師克相遇象曰同人之先以中直也大師相遇言相克也

五與二同本正應也爲三四所間二又所親與居下體

同故必欲用大師以先下三陽然後得與二相遇凡人久闊而相面未有不垂泣者其中心之誠不約而然也故先號咷而後笑可以見同心之至諸陽不能同二而終與五同此君子以理同也同之正也象曰以中直也中心達于面目而號咷繫辭曰君子之道或出或處或嘿或語二人同心其利斷金同心之言其臭如蘭

上九同人于郊无悔象曰同人于郊志未得也

二居内而九在郊遠而不得同也然本非己應何悔之有象曰志未得也言未得遂其所同之志也

乾下離上　大有

大有元亨彖曰大有柔得尊位大中而上下應之曰大有
其德剛健而文明應乎天而時行是以元亨
大有盛大富有之時也離上乾下日當中天物無不照
柔當君位五陽皆歸陽為富天下之富皆歸五富有四
海之象也卦辭云大有元亨天下富有亨通之時也彖
曰柔得尊位大中而上下應之曰大有謂上下五陽皆
歸君也柔居五持盈守成之主也乾下離上其德剛健
而文明六爻皆善天命祐之應乎天而時行也是以元
亨他卦如泰如豫如豐如既濟皆言治世事也而六爻
之變皆未盡善唯大有六爻皆善故卦无他辭但曰元

亨夫子彖辭推原所以元亨之意以二體互有剛健文明之德故動而皆善六爻並吉善處大有以得天祐是以元亨也

象曰火在天上大有君子以遏惡揚善順天休命

天上有火日火也離日當天萬物皆相見之時盈多之象也當太平之世倖門易啟一小人用則足以虧大有之功故君子體離照之象遏惡揚善以順天休命蓋天意生賢所以佑大有之君也而遏惡揚善所以順承天之休命也開元太平之威罷張相李而亂階已成非天不相唐唐之君無以受天命也

初九无交害匪咎艱則无咎象曰大有初九无交害也人君一心攻之者甚衆既居大有之始好惡未萌衆說雜然以投皆讒害人主之心術者也投而中則大有之志荒矣故于初爻便戒之无交害不交其害則投者去矣故匪咎然好大喜功人主易有此也唯思念祖宗所以致此之艱難則不敢輕試矣故曰艱則无咎象曰大有初九无[illegible]交害也言當察之于初也正如武帝承文景富庶之後開邊神禮[illegible]祥瑞萬物皆足以中其欲則虛耗之形見矣

九二大車以載有攸往无咎象曰大車以載積中不敗也

九二以陽剛之才居臣位能任天下之重五為正應能推誠而尚賢君臣相與以濟大有故往而无咎也象曰積中不敗也言克負荷大有之責也

九三公用亨于天子小人弗克象曰公用亨于天子小人害也

三居下卦之上諸侯之位也大有之世衆陽皆歸五三而歸五諸侯覲王之象也諸侯以其國之富貢于天子也故曰公用亨于天子若小人處此則多斂巧取以逢人主之欲矣故曰小人勿用克後世日進月進皆小人之逢君者也而民亦困矣故象曰小人害也

心

九四匪其彭无咎象曰匪其彭无咎明辨晳也
四陽歸五其富極矣纔有其富侈心便生故曰匪其彭
彭大也不自有其大則无咎也象曰明辨晳也明其盛
大之不可居故不敢有其富也以居離體故其見明
六五厥孚交如威如吉象曰厥孚交如信以發志也威如
之吉易而無備也
五以柔居尊位處大有之世而居中得大中之體者也
衆陽歸已天下之富皆歸君六五何以處之以誠信之
道受之可也故曰厥孚交如威如吉然太平之世禍患
皆起於无虞故必威如而後吉譏玩易則无備也

上九自天祐之吉无不利象曰大有上吉自天祐也

合大有一卦六爻皆善初无交害二大車以載三用亨于天子四匪其彭五厥孚交如善處大有者也宜其得天佑故于終爻特贊之曰自天祐之吉无不利揔一卦而言之非止謂上九也繫辭曰天之所助者順也人之所助者信也履信思乎順又以尚賢也是以自天祐之吉无不利言五履信四思順二與三皆賢得上爻於五也如此而後可以得天人之助

西谿先生易説卷之三

八閩文庫

文獻集成
202

福建文獻集成

續編 經部 二

吴格 主编

海峽出版發行集團
THE STRAITS PUBLISHING & DISTRIBUTING GROUP
福建人民出版社

本册目次

西谿先生易説十二卷序説一卷（卷四至卷一二）

[宋] 興化李過撰

南京圖書館藏清抄本

西谿先生易說卷之四

上經

艮下坤上 謙

謙亨君子有終彖曰謙亨天道下濟而光明地道卑而上行天道虧盈而益謙地道變盈而流謙鬼神害盈而福謙人道惡盈而好謙謙尊而光卑而不可踰君子之終也

坤上艮下山本高也今在地下地高於山謙而下人之義湘鄉云矯亢為行其運必窒中信遜為行無敵不通

謙所以亨也九三以勞謙為謙卦之主故君子有終謙道至難小人非不能免強於日月然不能持久惟君子

乃能終身行之天居上惟其下濟萬物故生生之道顯
然可見是天道以謙而光明也地惟順下故其氣上騰
而能交于天是地道以謙而上行也謙而亨天地之理
也日盈則昃月盈則蝕天道虧盈而益謙也水流而不
盈盈科而必行地道變盈而流謙也高明之家鬼闞其
室虛室生白吉祥必至鬼神害盈而福謙也自後者人
先之自下者人高之人道惡盈而好謙也尊者謙則愈
光卑者謙則不可踰所以君子始終乎謙也
象曰地中有山謙君子以裒多益寡稱物平施
山合在地上今四圍地高而山在其中猶人降尊而就

裒

卑之象也故為謙君子覾此則裒多益寡稱物平施論天下之勢有上下尊卑貴賤多寡至懸絶也至于謙則上有以待下尊有以降卑貴有以下賤多有以益寡而無適不平矣故裒多益寡稱物平施謙之事也

初六謙謙君子用涉大川吉象曰謙謙君子卑以自牧也

以六居下謙之至也故曰謙謙君子以謙為德衆所共與用以濟難何往不吉二三四互體為坎坎居其前大川之象象曰卑以自牧也牧養也言君子處卑其自養之道當如此

六二鳴謙貞吉象曰鳴謙貞吉中心得也

初以謙自牧守已而謙也二鳴謙謙形於言也言心聲也卑辭遜語以為謙則易流于諂必出于中心之正則吉故曰鳴謙貞吉象曰中心得也非徒飾辭于外以為謙也二居互體坎下坎為有言謙之見于言也

九三勞謙君子有終吉象曰勞謙君子萬民服也

卦為一陽居艮體之上處坤體之下地中之山三爻當之勞謙有功而謙也此爻居互體之中萬物勞乎坎故能勞謙君子有終此爻居艮之上萬物終乎艮故能有終正如周公有大勳勞于天下居二公之位而躬吐握之禮以下士也卦辭君子有終吉惟此爻盡之繫辭曰

勞而不伐有功而不德厚之至也語以其功下人者也德言盛禮言恭謙也者致恭以存其位者也象曰萬民服也天下惟謙可以服人之心矜伐則爭之者至矣

六四无不利撝謙象曰无不利撝謙不違則也

四居上體坤下坤天下之至順也四位柔以柔居之順之至也謙而至此指揮動作但見其无不順爾故曰无不利撝謙堯之允恭克遜舜之温恭允塞夫子之恭而安是也象曰不違則至此從容中道動容周旋皆中禮與道為一安得違曰不違則見謙之成熟處

六五不富以其鄰利用侵伐无不利象曰利用侵伐征

後

不服也

五君位以柔居之處君位而能謙也君有天下之富者也不有其富而以與其鄰以大事小樂天者也正如湯事葛文王事昆夷是以天地為心而與物无競謙道之至者也以此事人而猶不服則征葛事昆夷非湯文之咎也故曰利用侵伐无不利象曰征不服也如六五之謙而猶不服然又可用侵伐也

上六鳴謙利用行師征邑國象曰鳴謙志未得也可用行師征邑國也

六五侵伐在六五侵伐固无慊然自以為无慊而侵伐

便害謙體以侵伐非謙者之事也故上六又聲言謙之道以贊之曰以謙道行師固无不利矣然不若退而自征邑國謂且宜自治未可便歸咎他人也正如舜征有苗舜之已德固以无慊（歉）矣方命禹以徂征而益猶贊於禹曰滿招損謙受益時乃天道蓋譏以已為无慊（歉）而以人有罪可伐便是自滿便害謙體便非天道禹聞益言而遂班師便為敷文德卒之干羽舞而有苗格征伐果不用也故五爻則湯文用之上爻則舜禹用之象曰志未得也以上六之志不滿於征伐故有言曰可用行師征邑國也謂征伐固可以用不如自治也必有此二爻

然後見謙道之至

坤下震上 豫

豫利見侯行師彖曰豫剛應而志行順以動豫豫順以動故天地如之而况建侯行師乎天地以順動故日月不過而四時不忒聖人以順動則刑罰清而民服豫之時義大矣哉

一陽在下體為謙一陽在上體為豫下體艮艮止也故為謙上體震震動也動則豫豫逸也卦一陽在四居大臣之位上下所由以取逸也人情莫不欲安也莫不欲逸也然宴安不可懷懷安必敗名豫固難處也曰利建

侯行師建侯王者不自亨其逸與天下共有土也行師
惟聖人然後内外无患安而不忘危也六爻无此意故
彖以一卦之德言之剛居四而上下應求者得所願與
者无所疑志行也下體順上體動以順而動天地不能
違而况建侯行師内不自逸外不忘危其得順動之體
乎故古之明王立后王君公曰不惟逸豫惟以亂民夏
諺曰吾王不豫吾何以助一遊一豫為諸侯度豫之建
侯意蓋如此曰詰爾戎兵周公以告成王曰張皇六師
召公以命元子二公當周室威治之時乃汲汲以兵為
言豫之行師意蓋如此天地惟以順動而不自已也故

日月不過而四時不忒聖人惟以順動而不自逸也故
刑罰清而民服蓋樂民之樂者民亦樂其樂也刑罰安
用哉以此觀之豫之時義大矣

象曰雷出地奮豫先王以作樂崇德殷薦之上帝以配祖

考

雷天地之樂也雷出地奮草木甲拆而百蟲啟蟄豫之
象也王者功成作樂天下安逸樂所宜作也歌頌功德
以薦上帝而配祖考聖人不敢自有其功謂凡所以致
此者皆天命之佑祖考積德之功非己之所能為也此
不有其豫之意也夫惟如此然德後可以長守其豫

初六鳴豫凶象曰初六鳴豫志窮凶也

當豫之世上下皆求豫于四四雖已應而已在下為先者所得故不得其平而鳴非能安者也故曰志窮凶也

六二介于石不終日貞吉象曰不終日貞吉以中正也

二與五有君臣之分而九四居大臣之位為豫卦之主故豫必求四夫望風掃門以求富貴君子不屑然也二純坤體坤順也居互體艮之下艮止也四居互體坎之中坎險也二能順而止不肯行險以求四明知逸樂之不可為也故介然自守如石之不可轉曾不俟終日易曰介于石不終日貞吉

六三盱豫悔[illegible]遲有悔象曰盱豫有悔位不當也
三不迎上而迎四趍趄囁嚅以求豫者也夫以諂事人
雖得富貴其終必敗故悔所以悔者見幾不敏也故又
曰遲有悔盱徐也趍趄囁嚅之貌也
九四由豫大有得勿疑朋盍簪象曰由豫大有得志大行
也
天下之求豫者皆由四由四而得豫故曰由豫大有得
四以君之祿為天下求士來者與之而无疑則士至矣
朋類也士以類至皆㦸㦸然纓其冠矣故曰勿疑朋盍
簪正如周公居大臣之位以禮下士凡執贄還贄而見

見者周公无敢驕吝也象曰志大行也言上下之志得也

六五貞疾恒不死象曰六五貞疾乘剛也恒不死中未亡也

以柔居君位處豐亨豫大之世易耽于逸樂者也然九四大臣六五之畏相也貞正也以九居四五病其制已以貞為病也所賴者有九四之大臣故六五之君其中心之有常者猶得以不死蓋人之有欲天理未嘗泯也能有所畏而為善以天理之常者不泯耳正如伊尹周公成就太甲成王為令王誠非能于太甲成王天性上有所增益也即是遂得太甲成王本然之性在天理之

外不容加毫末也象曰乘剛也爲九四之剛所制也中未亡者以天理在中未嘗亡也

上六冥豫成有渝无咎象曰冥豫在上何可長也

上六以陰柔之資處豫之極顛冥乎逸豫而不知反也故曰冥豫然惡既成矣渝變也茍能變而從善亦可无咎蓋爲善爲惡之機相去不隅蝇翼書曰吉人爲善惟日不足凶人爲不善亦惟日不足其不足之心則一也轉惡從善特一轉樞之力爾雖然以六處上无行健之德非能自克也故象曰何可長也

震下兑上　隨

隨元亨利貞旡咎彖曰隨剛來而下柔動而悅隨大亨貞
旡咎而天下隨時隨時之義大矣哉
兌上震下上體說下體動動而悅隨人之義也元亨利
貞旡咎謂之九五也以九居五為隨之主備大亨正之
體而上下五爻皆隨之故曰大亨正旡咎而天下隨時
天下皆隨隨之義大矣然不能遠隨也必當其時之可
彖辭所以貴于隨時也在六爻五為隨主上下皆當隨
五然不容遠至五也初必隨二故出門交二二必隨三
故係三小子三必隨四故係四丈夫皆有次第終之九
四合下三爻以上隨五故五孚于嘉以其不能遠隨故

彖發隨時之義上六失時而不隨者也故取拘係

象曰澤中有雷隨君子以嚮晦入宴息

澤中有雷息雷也雷雲興則為雨既雨則止而雷息于澤既息而動則澤氣又隨之而升既升乎天則又決而為雨君子于此得隨時之義蓋天下屈伸一理也動息一機也此時之屈乃所以為異日伸今日之息乃所以為後日之動也故君子當嚮晦之時且須入宴息

初九官有渝貞吉出門交有功象曰官有渝從正吉也出門交有功不失也

古者官有定守祝不治庖而工不易技當隨之時天下

從君初居震欲動以隨將離其官守以往也從君理之正也故吉然二三四在前時未得隨也出門交二隨二而進則有功矣象曰從正吉也謂從君正也曰不失者交二而終得五不失其所隨也

六二係小子失丈夫象曰係小子弗兼與也

隨之六交以漸而隨不能越次故初隨二二隨三三隨四四合而隨五二雖五之應然未能隨五也且隨三小子三也丈夫初也隨三不隨初上進也象曰弗兼與也當舍初隨三也

六三係丈夫失小子隨有求得利居貞象曰係丈夫舍志

舍下也

上隨九四係丈夫也舍下六二失子小子也求四必得四故曰隨有求得當以正隨故曰利居貞以三位不中易于詭隨故有此戒象曰志舍下也言舍二也

九四隨有獲貞凶有孚在道以明何咎象曰隨有獲其義凶也有孚在道明功也

下三爻上隨而四得之故曰隨有獲然九五在上爲隨之主豈容天下隨四以正言之凶也然四志在隨五非利人之已隨也五孚于嘉有孚在道之君也能明已志故无咎也象曰明功也率天下以隨五皆四之功也五

繫係

終能明之
九五孚于嘉吉象曰孚于嘉吉位正中也
五居君位得大亨正之體為隨之主天下之善皆歸之
為九五者必有以誠服其心則吉矣故曰孚于嘉吉象
曰位正中也以五居中正之位而天下得所願矣
上六拘繫之乃從維之王用亨于西山象曰拘繫之上窮
也
衆爻皆隨五而六在外失時而不隨者一夫不隨非隨
之善故必拘繫又從維之不容其不隨也王九五也得
上六則隨道亨矣六居兑上西山之象也象曰上窮也

窮而後隨故取拘居係如藝祖皇帝遣将平諸僭偽必戒之曰會取會取他本無罪即是自家着他不得盖此意也

巽下艮上 蠱

蠱元亨利涉大川先甲三日後甲三日彖曰蠱剛上而柔下也巽而止蠱蠱元亨而天下治也利涉大川往有事也先甲三日後甲三日終則有始天行也

蠱壞也於文皿蟲爲蠱器蛀爲蠱艮上巽下風落山物之蠱也卦自泰來自古壞亂之原多起于太平之世天下不常治治亂相因成毁相仍理之常也既蠱矣安得

蟲蛀

元亨蓋天下之理不亂則不治不毀則不新君得幹蠱之臣父得幹蠱之子則蠱可亨矣然必曰元亨者就元處亨乃幹蠱之道也今器皿蠱壞枉樸在取元存枉樸而修飾之則器復新矣天下雖大弊極亂要之祖宗法度紀綱只在但廢壞不修爾取猶存之法度紀綱一振而起之則天下復治矣故就元取亨乃治蠱之道也利涉大川不以既蠱而止共濟艱難可也先甲三日後甲三日天地之道終而復始出甲于甲奮軋[illegible]於乙明炳於丙大盛於丁藏茂於戊埋死於己斂庚於庚息辛於辛懷妊於壬陳揆於癸既陳揆於癸依然出甲於甲今

曰先甲三日而得毋曰後甲三日盖先甲三而得辛後曰後甲三日盖後甲三日而得丁治蠱之道不過就息辛中取得種子來陳撥而數萏之依前出甲奮軋而大盛於丁矣此即蠱元亨之意也彖曰蠱剛上柔下卦自泰來初剛居上上柔反下物之傾撓皆以下柔故剛上柔下為蠱義巽順也艮止也順而止之治蠱之道也臣幹君子幹父全用不得剛全卦皆以順正為義蠱而亨之天下復治曰往有事求以濟蠱也書曰予惟往求朕攸濟曰往曰來乃有事之意聖人以義斷命不委於命一以人合天不委於天故曰往有事終則有始天行也

徙

未有終而不始者無終蠱之理也天道自如此

象曰山下有風蠱君子以振民育德

風落山蠱之世象也風落山則草木皆落實然生意以已存於所落之實君子體此則振民育德蓋大弊極壞之世不過窮民流徙而賢者失職振而育之使流徙之民得所歸失職之賢者有所養則天下復治矣夫子曰謹權量審法度修廢官舉逸民天下歸心焉夫子處春秋之世不過如此廢官逸民乃治蠱之種子也

初六幹父之蠱有子考无咎厲終吉象曰幹父之蠱意承考也

全卦之義在順而止為臣子者得幹蠱之名而使君父受致蠱之咎非臣子之意也故必置君父于无過然後為治蠱之善此順止之義也初六當蠱之始事方弊壞而治之易為力曰蠱幹父之蠱有子考无咎謂有幹蠱之子當先意承志使人不知其為考之咎也厲終吉始雖危然終吉也象曰意承考也謂以善繼志也如夫子稱孟莊子之孝然後盡幹父之道

九二幹母之蠱不可貞象曰幹母之蠱得中道也

二居内卦之中母之蠱幹母之蠱尤當遜順不可貞固所謂見志不從又敬不違也象曰得中道也不至太過

責

也
九三幹父之蠱小有悔无咎象曰幹父之蠱終无咎也
三位剛又以九居之以剛居剛過乎剛也過乎剛非幹
蠱之善故小有悔然意在幹蠱故无大咎正如章子之
責善
六四裕父之蠱往見咎象曰裕父之蠱往未得也
四位柔以柔居柔過乎柔也過乎柔又不足以幹蠱反能
增益父之蠱而已故曰裕父之蠱往必有見吝象曰往
未得也
六五幹父之蠱用譽象曰幹父用譽承以德也

五君父之位所致蠱者皆五爲之也今以六居之柔而得於中故盡幹蠱之善曰用譽者不惟使其考无咎又能揚名以顯其父母也象曰承以德也以德承父宜其名之彰也至此然後盡幹蠱之道也如有禹則鯀得與於郊其安世延年則張湯杜周得免於酷吏乃所謂以德承考者也

上九不事王侯高尚其事象曰不事王侯志可則也

九居上不事王侯不與蠱幹蠱者也當天下弊壞之時君子所當用力豈容上九之高尚蓋下五爻皆有事則幹蠱有人矣故已可以長往有臯夔稷契則巢許可以

寇

去有太公閎散則夷齊可以去蕭有張信越則黃綺諸公可以去有寇鄧賈景則嚴陵可以去雖然非苟去也清風義槩使人遐想千載而下所賴以激貪而起懦則是或以道也故曰志可則也

西谿先生易説卷之四

西谿先生易說卷之五

上經

臨 兑下坤上

臨元亨利貞至於八月有凶彖曰臨剛浸而長説而順剛中而應大亨以正天之道也至于八月有凶消不久也

二陽生卦乃為臨臨君臨之道也陽生于二何以為君道也當看乾卦二爻見龍在田天下已有利見大人之意蓋二雖非君位君德已施普而天下已文明此二陽生所以為君臨之道也二爻曰咸臨君位在五而感通已在二故也故曰臨臨元亨利貞一陽生復二陽生臨

剛浸而長也德說而順二剛得中天下感應陽道大亨而正天運方來理之必感也至于八月有凶陰陽之道消長不窮二陽方生聖人已為之戒防患之早也蓋二陽生臨三陽生泰四陽生壯五陽生夬六陽純乾一陰生姤二陰生遯三陰生否四陰生觀是八月也二陽已消而在上矣臨卦二陽生方來之勢也觀卦二陽消已去之勢也聖人于陽氣方生之時預為陽氣已消之戒故彖曰消不久也聖人之慮遠矣

象曰澤上有地臨君子以教思無窮容保民無疆

澤所以聚水也澤水更有地儘有可容處臨下之道當

以正寬者必有容天下之量故君子體臨之象教思必
无窮保民必无疆也教思无窮體兑之説保民无疆體
坤之厚

初九咸臨貞吉象曰咸臨貞吉志行正也
初九一陽初生已有感意臨人之道善意方萌已感之
矣感人以善臨之正也故曰咸臨貞吉象曰云云

九二咸臨吉无不利象曰咸臨吉无不利未順命也
二陽生地上天下文明矣故曰咸臨貞吉无不利象曰
未順命也既曰吉无不利何故未順命蓋二陽方生天
下已感五正君位方能制命順命在五而感道在二感

人之道當感之於未順命之先猶之乾爲飛龍在五而
二已利見也故曰未順命也
六三甘臨无攸利既憂之无咎象曰甘臨位不當也既憂
之咎不長也
三居兑上説體兑爲口舌以甘言臨人者也故无攸利
然三爻多憂故言語不足以感人而危之可无咎象曰
位不當也言所居不正也既憂之咎不長也既憂無其
非則得所以感人之道矣故咎不長
六四至臨无咎象曰至臨无咎位當也
卦之至于八月有凶數月至八四陰生而二陽消正此

爻故曰至臨知患之至而能豫防之臨道之善也故无咎象曰位正當也謂四陰之生正當此位也

六五知臨大君之宜吉象曰大君之宜行中之謂也

五君位君道利明不利幽故智臨為得宜然臨人之道必以寬簡何至于用智五純坤體含弘光大之君也故惟寬大之君然後可以用智否則苛察矣故曰大君之宜吉言寬大之君則宜用智而吉也象曰行中之謂也言中則不至于過也

上六敦臨无咎吉象曰敦臨之吉志在内也

上六居體之極澤上有地即此爻也故曰敦臨言其德

厚无疆也故吉无咎象曰志在内也言志在保民其中足以有容也

坤下巽上 觀

觀盥而不薦有孚顒若彖曰大觀在上順而巽中正以觀天下觀盥而不薦有孚顒若下觀而化也觀天之神道而四時不忒聖人以神道設教而天下服矣

二陽在上為四陰所觀天下觀化於上之象也陽尊君位以臨四陰履順而巽居中履正以觀天下故五觀之主大觀在上者也四陰在下觀化于下者也在上則為君子之觀在下則為小人之觀君子為人所觀者也小

盥

人觀於人者也曰觀盥而不薦有孚顒若顒仰望也下仰化于上要以誠感人之薦鬼神也當盥手而執々鬯之時誠意專一至薦食之後誠意少衰故化人之道當觀于方盥之時而不觀于既薦之後也夫五方之民異性而千里百里不同風俗然聖人設教自有不疾而速不行而至者觀感之機不待家至而户曉也意誠于此而民孚于彼要之吾身自有本也故曰觀天之神道而四時不忒聖人以神道設教而天下服是則大觀之君所為也

象曰風行地上觀先王以省方觀民設教

風行地上无遠近高下莫不旁周而徧及聖人所以為省方之禮以觀民俗而設教化也

初六童觀小人无咎君子吝象曰初六同觀小人道也

以柔居最下去二陽遠非能觀者童子之觀也卦以上體為觀之善故君子處此則吝小人觀于人者也其道固如此也

六二闚觀利女貞象曰闚觀女貞亦可醜也

以柔居内卦之中處下體而不能上進簾視壁聽女子之觀也

六三觀我生進退象曰觀我生進退未失道也

壁

童

三取上體近然未離乎下進則為君子之觀退則同小人之觀但觀其所取也象曰未失道也處下卦之上去闚同觀為有間矣進退尚未決故未失道也

六四觀國之光利用賓于王象曰觀國之光尚賓也

四居羣陰之上進居上體而切近九五諸侯賓于天子觀光于上國之象也庭實旅百奉之以玉帛禮之至也進得所觀而受殊禮也屬觀之善者也

九五觀我生君子无咎象曰觀我生觀民也

五大觀在上居中履正以觀天下為觀之主君子之觀也一人之身天下風俗之所繫笑顰以下皆觀感之樞

機也故不必觀化于天下而常觀化于已觀我生
而无咎則天下无咎矣象曰觀我生觀民也觀我生乃
所以觀民也蓋君民无二本也
上九觀其生君子无咎象曰觀其生志未平也
五觀我生矣上又觀其生者合已與物而觀之也是亦
君子之觀故无咎然以卦中六爻觀之初童觀小人之
觀也非觀之善二曰闚觀女子之觀也非觀之善三曰
進退去就特未決也亦非觀之善已以賢德在上為天
下之觀而下體皆未善是天下未能觀化道德未能一
風俗未能同也故象曰觀志未平也

震下離上 噬嗑

噬嗑亨利用獄彖曰頤中有物㊀彖曰噬嗑噬嗑而亨剛柔分動而明雷電合而章柔得中而上行㊀而雖不當位利用獄也

噬齧也嗑合也彖謂頤中有物曰噬嗑頤中四陰上下二陽如人之頤頷然今噬嗑九四一陽梗其中是頤中為物所梗頤中有物必噬而嗑之乃亨道也故卦名噬嗑震下離上震為雷離為電天地生萬物有為造化之梗者必用霣電以擊搏之聖人之所以治天下有為萬民之梗者必用刑獄以斷制之故噬嗑所以去天下之梗

中之梗者雷電所以去天地之梗刑獄所以去天下之梗也卦辭曰利用獄言有小人為天下之梗者宜刑獄用刑獄以去之也六爻只言用獄之道彖顧中有物曰噬嗑噬嗑而亨言噬而嗑乃亨也剛柔分六爻剛與柔等也動而明震體動而離明體明也雷電合而章雷之擊物必與電合然後成章也人之頤中自有雷電齒剛而舌柔雷之擊搏必與電合齒之噬嗑必與舌俱然後成章也柔得中而上行謂六五得中而居上以柔居五雖不當位然後亦得治獄之道也蓋聖人用刑出不得已以柔治獄聖人之仁也此義見在五爻

滅

象曰雷電噬嗑先王以明罰勑法
天地去萬物之梗必以雷電猶去頤中之梗必以噬嗑先王體之有小人之梗必用刑獄故體離之照以明罰體震之威以勑法

初九履校滅趾无咎象曰履校滅趾不行也
六爻皆説用獄初為悪之始上為悪之終四中爻同頤中之物六爻節目如此初最下小人之為悪者也為悪之始姑少懲之以履校而滅其趾令不得行而聽其改過也故因滅趾而无咎周禮坐之圜土納之嘉石乃其義也繫辭曰小人不恥不仁不畏不義不見利不勸不

胏

威不懲小懲而大戒此小人之福也易曰履校滅趾旡咎
初
二噬膚滅鼻旡咎象曰噬膚滅鼻乘剛也
以六爻之位言之五君位也為治獄之主四大臣位也
為治獄之卿又其下也為治獄之吏頤中之物最大乾
胏是也乾胏乾肉之有骨者最難噬也六二體柔以噬
膚之道噬之自傷其鼻然亦旡咎也治獄者也故咎不
在已象曰乘剛也謂九四剛物也已以柔道乘而噬也
故傷也
六三噬腊肉遇毒小吝旡咎象曰遇毒位不當也
六三體亦柔見二之傷以噬腊肉之道噬之亦遇其毒

胏　胏　敢

蓋不虞乾胏之有骨也遂為所毒雖小吝亦无咎意在去惡已則何咎象曰位不當也以三體柔也

九四噬乾胏得金矢利艱貞吉象曰利艱貞吉未光也

頤中之梗正在此爻九四近君治獄之卿也諸爻以柔噬九四獨以剛噬乾胏乾肉之有骨者此小人難噬正如乾胏而九四體剛以噬乾胏之道噬之遂得其情故曰噬乾胏得金矢古者司寇以兩劑禁民獄入鈞（鈞）金然後聽之既得其情則得鈞金以兩造禁民訟入束矢然後聽之既得其情則得束矢曰得金矢謂得其情也然不聽以為能也宜以艱貞之道自守則吉象曰未光也

蓋刑期于無刑治獄者之職也今猶有小人之梗非治獄之善也古人治獄得其情則哀矜而勿喜蓋謂此也

六五噬乾肉得黃金貞厲无咎象貞厲无咎象曰貞厲无咎得當也

六五君位所謂柔得中而上行者也九四噬嗑既得其情矣以獄之成告于六五五柔主也依前以噬乾肉之道噬之乾肉無骨者也蓋以柔噬之也於是不忍用刑者曰得黃金用贖刑也古者金作贖刑如呂刑五刑之贖皆有罰以千鍰為差是也九四以剛噬六五以柔噬以剛噬者有司執法之公以柔噬者人君不忍之仁也

然猶貞厲則无咎貞厲謹懼也正如穆王訓夏贖刑刑
既輕矣猶曰朕言多懼是也象曰得當也言以柔用獄
得用獄之當也看得聖人一个惻怛心更無窮也
上九何校滅耳凶象曰何校滅耳聰不明也
九處卦之中終小人為惡之大者也故滅其耳係辭曰
善不積不足以成名惡不積不足以滅身小人以善少
為無益而弗為也以少惡為无傷而弗去也故惡積而
不可揜罪大而不可解易曰何校滅耳凶

離下艮上 賁

賁亨小利有攸往彖曰賁亨柔來而文剛故亨分剛上而

文柔故小利有攸往天文也文明以止人文也觀乎天文
以察時變觀乎人文以化成天下

賁飾也以文爲飾物相合則必有文人道無本不立無
文不行君臣之交賓主之歡父子兄弟夫婦之好皆當
有文以相接禮儀三百威儀三千非徒爲是繁縟有本
者固如是也卦自泰變陰陽往來交錯而成文曰賁亨
小利有攸往止得從彖解曰柔來而文剛故亨上體本
坤上六一柔下來文二成離離爲文明故亨下體本乾
九二以剛往而文上成艮艮止也故小利有攸往剛柔
往來交錯成文此天文也如日月之晝夜陰陽之寒暑

百穀草木之榮枯皆相錯而後成文此自然之文也故曰天文以六爻之象言也以人道言之則離義取明艮義取止文明以止人文也六爻之義上下賁相文五居君位以上文下吉而有喜是文明以亨也初二三四臣位也以下文上則不可遽進文明以止也小利有攸往之義也此人事故曰人文也賁亨屬五爻小利有攸往屬下四爻蓋君以禮遇臣君臣會通無往不亨士之在下自文其身以待上求非其禮物之物則不輕售安可以驟進哉皆不往而止以上來成離下往成艮為義也曰觀乎天文以察時變觀乎人文以化成天下日月星

辰往來運行天文也而時變繫焉君臣父子夫婦朋友相接之禮人文也而教化繫焉人文既備則天下化成矣

象曰山下有火賁君子以明庶政无敢折獄

山下有火野燒之火也焚薙榛棘然後草木敷暢物得其賁所以為文君子體此以明庶政无敢折獄禮樂明備百度修舉所以飾國也獄貴成實無所用文故不敢以文折獄

初九賁其趾舍車而徒象曰舍車而徒義弗乘也

下四爻皆取自文其身不遠往為義初居最下趾之象也趾所以行自賁其所行也所樂在我无用乘人之車

也故寧舍之而徒也象曰義弗乘也以義為重前車後車乘繫馬千駟不足貴也

六二賁其須象曰賁其須與上興也

二居中離體文明道德積中達于面目所謂仁義禮智根于心其生色粹然見于面者也其所賁與初文賁一體者異矣象曰與上興也言五自上而求賁則可與興起然不先往也

九三賁如濡如永貞吉象曰永貞之吉終莫之陵也

濡潤澤也文明之極其德之盛足以潤其身也故賁如又濡而如清明在躬志氣如神者也又與賁其須者異

矣然亦未可進也故曰永貞吉象曰終莫之陵也言終當大用也

六四皤賁如皤如白馬翰如匪寇婚媾象曰六四當位疑也匪寇婚媾終无尤也

四在三上賁盛于三蓄德老成可為典刑者也故曰賁如皤如華髮黃耇之象也白馬翰如其馬亦潔白班翰而不進不輕屈于人所謂皎白駒在彼空谷者也匪寇婚媾非禮而來皆寇我者也之人也安可以寇得哉婚媾則往矣言備禮也正如黃綺諸公不肯為嫚罵折及呂澤之聘幣至羽翼翩然而起矣蓋自賁其足以至蓄

丘

德老成是惟无用用則和家有光矣然六五束帛已戔
戔然而來天下將被潤澤矣象曰當位疑也言不輕往
也曰終无尤也言出處之節无一毫瑕尤也
六五賁于丘園束帛戔戔吝終吉象曰六五之吉有喜也
有老成之人在下而五欲求之必得所以賁之之道禮
物不可輕也故束帛戔戔然至于丘園之下將庶幾其
賁乎上下相賁文明而亨此其時也雖然我何以聘幣
為哉三至然後翻然故始未免吝終則吉象六五之吉
有喜也其肯來賁喜可知也
上九白賁无咎象曰白賁无咎上得志也

至五爻相賁文之極也物極則反故上九處賁之極
又反而歸于白賁以質為貴也所謂甘受和白受采繪
事後素是也曰白賁者所以反禮之本者也象曰上得
志也謂得其志本然之志也易道履賁素履賁尚白賁
皆貴質之義　又說上九處卦之上而无位剛上而止
自潔其身非六五束帛之能賁也箕潁之下烟霞泉石
自是一種人物是以白為賁者也有道之世如是白賁
者多矣象曰尚得志也得遂其素志也

坤下艮上　剝

剝不利有攸往彖曰剝剝也柔變剛也不利有攸往小人

陰

人長也順而止之觀象也君子尚消息盈虛天行也陰陽消長天之理也一陰生姤積而至五陽將盡矣其卦為剥五陽剥一陽衆小人剥君子之象雖然剥不盡則不復碩菓不食生意已在其中矣此天運之所以不窮也曰不利有攸往君子處剥不宜往也彖曰剥剥也柔變剛也五柔變一剛也不利有攸往小人長也小人長君子當順受也順而止之觀象也坤體順艮體止順而止之處小人之道也自古小人之禍皆成于君子之争盖争則小人必勝也君子尚消息盈虛天行也消息盈虛天運之自然矣有善必有惡有君子必有小人其

以

六二

天地陰陽之數歟

象曰山附于地剝上于厚下安宅

山夷而附于地剝剝象也然山雖夷其下愈厚其土依然在也小人之剝法度壞亂君子德澤在[illegible]人心未泯民心不搖則天道可回矣厚下安宅所以固人心也

初六剝牀以足蔑貞凶象曰剝牀以足以滅下也

自下剝上君子在上處牀也小人自下剝之漸而毀也

初且剝足意在蔑正也象曰以滅下也

初六剝牀以辨蔑貞凶象曰剝牀以辨未有與也

二陰生剝至辨也亦蔑貞凶象曰未有與也言黨猶未

威且剥辨也

六三剥之无咎象曰剥之无咎失上下也

聖人未嘗不開小人為善之門一陽在上君子也三與上正應己小人也處羣小人之中自異而應上聖人許之曰剥之无咎象曰失上下也言失上下㊃四陰而應上九也

六四剥牀以膚凶象曰剥牀以膚切近災也

四陰生牀剥盡而及膚矣是君子之自己被其傷矣故曰切近災也不言蔑貞者蓋四陰生小人之道已盛而為君子者猶未能見幾而去則非蔑貞之罪也

得輿

六五貫魚以宮人寵无不利象曰以宮人寵終无尤也
五陰在下韋連而進如貫魚然自古小人之亂皆由人
主委以大兵大權故其勢得以害君子若以閹人掃除
之職主之則无不宜矣五君位故言所以待小人之道

上九碩果不食君子得輿小人剝廬象曰君子得輿民所
載也小人剝廬終不可用也

剝而至此陽將盡矣剝盡則復陽未嘗絕也人之食果
以漸而剝必留一碩大者不剝其所以不剝而食者留
以為種子此大者剝下生意已存于不食之中故剝卦
賴乎此陽剝盡遂反為復以喻君子之不可盡剝也君

得

子德輿小人剥廬在下而載其上小人之事一陽在上衆陰自下載之有君子德〔得〕輿之象廬居上而庇其下君子之事一陽在上而衆陰自下剥之有小人剥廬之象初剥林之足剥之不已則剥其辨又剥之不已則剥其膚至剥之極則剥及于廬是自剥其廬也盖一君子在上小人猶得所庇君子盡去則小人无托身之所矣象曰君子德〔得〕輿民所載也小人剥廬終不可用也盖小人極感然後君子爲民所屬望禍亂既極然後知小人之不可用也

震下坤上 復

復亨出入旡疾朋來旡咎反復其道七日來復利有攸往

彖曰復亨剛反動而以順行是以出入旡疾朋來旡咎反復其道七日來復天行也利有攸往剛長也復其見天地之心乎

序卦物不可以終盡剥窮上反下故受之以復物旡剥盡之理故剥極則復來陰極則陽生陽剥于上而復生于下窮上而反下也卦一陽生五陰之下陰極而陽復也陽君子之道陽消極而復反君子之道消極而復長也故為反善之義曰復亨陽道長矣是以亨也陽長而出陰消而入順消息盈虚之理旡相疾害一陽方動衆

陽從之以類而升何咎之有反復其道七日來復謂消長之道反復迭至陽之消至七日而來復姤陽之始消者也七變而成復故云七日謂七更矣陽進則陰退君子之道長小人道消故利有攸往彖剛反動而以順行陽反于下下體為震震動也上體為坤坤順也陽動于下上體皆坤以順而長也是以无疾曰七日來復天行也蓋陰陽消長天運自然也曰利有攸往剛長也一陽來復以漸而長是君子之道長也復其見天地之心乎一陽生于下乃天地生物之心也夫窮冬積陰之時天地幾于无生意矣而陽氣已動于黃泉之下猶之人焉

方其物欲之深也幾于無天理矣而性善之端要不可泯也必有時而發就其發處而觀之則天地之心見矣程氏曰先儒以靜見天地之心蓋不知動乃見天地之心非知道者孰能識之

象曰雷在地中復先王以至日閉關商旅不行后不省方

陽氣相摶而成雷雷以十月閉蟄十一月一陽生陽氣已動于地下是雷已動而未發雷動于地陽復于下之象也雷動于冬而春發生陽復于冬而春發生雖其氣尚微先王以至日閉關商旅不行后不省方恐其踐履陽氣也聖人輔相天地之道也

初九不遠復无祇悔元吉象曰不遠之復以修身也

一陽在下天地之心性善之端也故六爻以復善爲義初復之始始而知復知善未遠不遠復也故不至悔象曰以修身也學者宜以此修身也繫辭曰君子知微知彰萬夫之望子曰顏氏之子其殆庶幾乎有不善未嘗不知知之未嘗復行也易曰不遠復復无祇悔元吉

六二休復吉象曰休復之吉以下仁也

休善也二取初以近從善而復也故吉象曰以下仁也仁人心也善端之發莫切于仁初復于仁而二下之也

六三頻復厲无咎象曰頻復之厲義无咎也

三不正而位危又取初遠屢失而屢復也屢失故厲屢復故无咎遇而復之也

六

四中行獨復象曰中行獨復以從道也

四處五陰之中取初雖遠而獨與初應以道自復者也初曰以修身二曰以下仁四曰以從道蓋修身以道修身以仁无二理也

六

五敦復无悔象曰敦復无悔中以自考也

五居中體純坤天性之至厚者也雖取初遠而以性復中以自考言反求于己不困人而復也

上六迷復凶有災眚用行師終有大敗以其國君凶至于

于十年不克征象曰迷復之凶反君道也
上取初遠物欲之深迷而不知復者也妄動固有災眚
好大喜功敗而不悟[illegible]至于十年不克征其秦皇漢武
之所為乎故象曰反君道也

震下乾上　无妄

无妄元亨利貞其匪正有眚不利有攸往彖曰无妄剛自
外來而為主于內動而健剛中而應大亨以正天之命也
其匪正有眚不利有攸往无妄之往何之矣天命不祐行
矣哉
程氏曰无妄序卦復則不妄矣故受之以无妄復者反

於道也既復於道則合於理而无妄故復之後受之以
无妄也故卦乾上震下震動也動以天為无妄動以人
欲則妄矣无妄聖人可也學者未敢言无妄且自不妄
入也故由不妄以至无妄所謂自明而誠也如司馬温
公教學者以誠又未敢言无妄且自不妄語入是又略
下教人也曰无妄元亨利貞大亨以正无妄之理也初
二四五爻得之其匪正有眚不利有攸往其處不正則
妄矣故有災眚而不利有攸往三與上當之彖曰剛自
外來而為主於内一陽自之卦之外居内卦之下變坤
為震遂成无妄蓋无妄寔理也天地人同就太虚中稟

得天地得之以為天地得人得之以為人非有附麗而來也與他卦之變不同故曰自外來故初爻為无妄之主而六爻惟初得吉蓋初動之始无一毫私意全无妄之體者也動而健剛中而應震動而乾健五剛得中二陰又得中而相應无妄之義也大亨以正天之命也无妄誠也誠者天之道也元亨利貞天德之全也无妄則與天為一而天德純全故曰天之命也子思于中庸言誠首篇便曰天命之謂性蓋本諸此其匪正有眚不利有攸往无咎之往何之矣天命不祐行矣哉此釋上卦辭也言无妄之往何往而不可若有眚則天命不祐何

行哉言有眚則不利有攸往也

象曰天下雷行物无妄先王以茂對時育萬物

天下雷行萬物肅然而聽命其心至一也天與萬物未甞相誤故曰物與无妄聖人充此心勿忘勿助茂對時育萬物全是順天理

初九无妄往吉象曰无妄之往得志也

一陽自外來居无妄之初成卦由之動以應乾其動以天无妄之至也故往吉象曰得志也以理而動无往不可其心泰然矣

六二不耕穫不菑畬則利有攸往象曰不耕穫未富也

无妄誠也寔理也盡人物之性于己也有一毫求得於外心便害无妄之體耕而獲菑而畬求得於外也必无耕獲菑畬之心然後可以有所往以陰居陰雖得中然未實也中未實則必外求因有此戒故象曰未富也樊遲之學稼許子之並耕皆耕獲菑畬者也

六三无妄之災或繫之牛行人之得邑人之災象曰行人得牛邑人災也

以六居三其位不正處動之始極動而得災然无妄得災非己所致也不言悔吝蓋无妄而災眚至皆吾進德之驗也有一毫咎人之心則妄矣

九四可貞无咎象曰可貞无咎固有之也

九四心位也咸卦可見本然之心无一毫之妄也存得本然之心則天理見矣故曰可貞无咎言此心可貞守之而无咎也○象曰固有之矣言此心固有非外鑠我也

九五无妄之疾勿藥有喜象曰无妄之藥不可試也

五居乾體而得中純乎天理而與天為一者也必至此而後可以言命无妄不宜疾也而得疾則天也故可以勿藥而有喜如子疾病子路請禱子曰吾之禱久矣伯牛有疾子曰亡之命矣夫如夫子伯牛之得疾然後謂

之无妄之疾聖賢平時陟降无非對越上帝時也疾何用禱哉妄而得疾藥无及矣象曰无妄之藥不可試也

上九无妄行有眚无攸利象曰无妄之行窮之災也

處卦之中其位不正所謂匪正有眚者也

西谿先生易説卷之五

西谿先生易說卷之六

上經

乾下艮上　大畜

大畜利貞不家食吉利涉大川彖曰大畜剛健篤實輝光日新其德剛上而尚賢能止健大正也不家食吉養賢也利涉大川應乎天也

大畜小畜皆止健也小畜君畜臣大畜君畜民以臣畜君當用巽止君之于民可以令行[illegible]而禁止之也故用艮止五方之民皆有性凡有血氣者皆有爭心天下之健固難畜也必有道以貞守之故曰利貞不家食吉賢者

然後不食家蓄道成則舉天下皆不食之賢者也堯舜比屋皆可封之民成周之世人人皆有士君子之行則不食家之謂也彖曰大畜剛健大畜天下之至剛健也篤實輝光日新其德蓄健之道也大凡血氣之剛與理義之剛相對日新其理義既勝則血氣之強自消故聖人止健只就日新其德上着工夫剛上而尚賢謂上九也以九居上蓄道成矣有賢德之可尚止健之道至此大正也不家食吉養賢也天下皆可養之賢也利涉大川應乎天也謂蓄道既濟則何天而亨也

象曰天在山中大畜君子以多識前言往行以蓄其德

應

天在山中天地發生之意山中之天常在後天陽一數无物不暢而窮山絶谷之中猶凝然蓋涸陰沍寒之地許多陽氣為積陰所斬未得發達也此天在山中為止健之象君子觀此多識前言往行以蓄其德大其所蘊蓄而不遽發一發則沛然矣猶之山中包含許多生意積陰既散發生之意不可禦矣古詩人間四月芳菲盡山寺桃花始盛開即此理也

初九有厲利已象曰有厲利已不犯災也

六文皆以蓄健為義自初而上以漸而蓄蓄而止上九蓄道乃成故初有厲二説輻三馬逐此三文健體蓄之

頗用力四童牛五積豕二爻陰體已受蓄矣上九何天
蓄道成矣不假蓄矣初蓄之始健體欲動必戒之曰動
則有危難且宜止也以災厲而恐懼之也初能受畜故
不犯災矣

九二與說輹象曰輿說輹中无尤也
二健欲動如車有輪爲說其輹使不得行二得中亦能
受畜故曰中无尤也小畜亦說輹然以臣畜君則犯堂
陛之分故說輹必反曰大畜君畜民可以令行而禁止
之故說輹則受畜

九三良馬逐利艱貞曰閑輿衛利有攸往象曰利有攸往

上合志也

蓄健至三受蓄者半矣而未受蓄者猶半也良馬逐未蓄者也如良馬之逐逐然則宜以艱貞之道止之閑輿衛已受蓄者也班閑其輿衛而不進則宜與之往此聖人抑揚之道正如由也兼人故退之求也退故進之象曰利有攸往上合志也謂閑與衛者志與上合故得與進也

六四童牛之牿元吉象曰六四元吉有喜也

蓄而至四以六居之其性柔矣良馬之性畜爲童牛牛性順童牛又順者然未免觸故以木牿其角而後馴變觸

牿

健為順蓄之易矣故元吉而喜

六五豶豕之牙吉象曰六五之吉有慶也

蓄乎至于五柔而得中蓄道成矣豶豕去勢之豕也豕既去勢不復躑躅以就馴養四之童牛未免加牿五之豶豕併牿去之其性熟矣不惟有喜又有慶也

上上九何天之衢亨象曰何天之衢道大行也

蓄而至此蓄道成矣四通八達防閑不立而天下相忘於道術之中如何天之衢然了無窒礙也所謂千年古道萬年堤老枯馴馴不解迷牧子不知何處去亂山芳草鷓鴣啼是也象曰道大行也蓄道至此而後大行古

者所謂大同之世也如堯舜之世康衢之童子擊壤之
老人皆天衢中瑞物也

震下艮上 頤

頤貞吉觀頤自求口實彖曰頤貞吉養正則吉也觀頤觀
其所養也自求口實觀其自養也天地養萬物聖人養賢
以及萬民頤之時大矣哉
上下二陽中四陰外實中虛頤之象也卦艮上震下艮
止震動上止而下動亦頤之象也頤養也頤之飮食所
以養體也曰頤貞吉觀頤自求口寔彖頤貞吉也人生
有口體之累孰不求養然得之必有道故曰養正則吉

擊

也有大人之養有小人之養養其大體則爲大人養其小體則爲小人觀其所養觀其所從養也飲食不可自外求之求所以得飲食之道求在我者也故曰自求口實觀其自養也從而推之天地養萬物聖人養賢以及萬民則頤之時大矣哉六爻一陽在上爲頤之主上體止而下體動以應之故下之求食者皆由上而得故上爲由頤然口容止貴止不貴動上三爻止而皆吉下三爻動而皆凶

象曰山下有雷頤君子以謹言語節飲食

山下有雷蟄雷也震在下艮止之故爲蟄雷復卦雷在

施

地中上體順陽動於下而以順行此卦上體止陽動於下而艮止一畫止之其聲閉而不能出故在復為雷之動在頤為雷之蟄夫雷所以發號令而於潤澤也今蟄於山下號令不發而潤澤不施是天地之口閉也君子體此以自養天不發號令故謹言語天不施潤澤故節飲食

初九舍爾靈龜觀我朶頤凶象曰觀我朶頤亦不足貴也

六爻貴止不貴動口之飲食上止而下動初九在頤下震體動求飲食之人也靈龜心也朶頤口也常謂人曰舍汝養心之道而觀我養口體故凶飲食之人人賤之

故曰不足貴

六三顛頤不拂經于丘頤征凶象曰六二征凶行失類也

二當上應五近初反隨下體之動故曰顛頤拂逆也經正也五在上居艮丘頤也二應之正也逆正而從下故曰拂經于丘頤以此而往凶也象曰行失類也拂上從下失其黨類也

六三拂頤貞凶十年勿用无攸利象曰十年勿用道大悖也

三當應上九居上體爲頤之主應之正也三亦拂之而隨下體之動以正言之凶也志求飲食爲人所惡至于

十年而不見用三取上隅互體坤坤数十故曰十年既
不為上用何利之有象曰十年勿用道大悖也
六四顛頤吉虎視眈眈其欲逐逐无咎象曰顛頤之吉上
施光也
四居上體與初為應亦曰顛頤然四艮體止于上而初
動以應之故吉蓋已不求人而人求我也虎視眈眈其
欲逐逐四居上位如虎之據而視下其状皃眈眈然而
所欲物逐逐以奔赴之已之威嚴不失也何咎象曰上
施光也以居上體而所施光大也
六五拂經居貞吉不可涉大川象曰居貞之吉順以從上

也

五正當應二以二從初故拂經而居貞自止其所也止則吉然居五不為頤之主下无與不可以濟難故曰不可涉大川象曰以從上也言舍二而從上九也

上九由頤厲吉利涉大川象曰由頤厲吉大有慶也

以九處上為頤之主體純止天下之求養者皆由之以成功故曰由頤如人之頤然上體不全則下雖動而无所應飲食之道廢矣然居上位危將應天下之求能危懼則吉故曰厲吉下皆從之可以濟難故曰利涉大川象曰大有慶也頤之功成故大有慶天地養萬物聖人

養賢以及萬民功用全屬此爻

巽下兑上 大過

大過棟撓利有攸往亨彖曰大過大者過也棟撓本末弱也剛過而中巽而說行利有攸往乃亨大過之時大矣哉剛過乎陰大者過也天下之理惟中而已安可過也然有過而後中者君子之時中也卦中六爻陽雖過而陽得中故雖過而可用古之聖人有行之者湯武之君也湯武之過不害為湯武之中周公之兄弟周公之過也不害為周公之中所為過而中也然大過必曰棟撓卦中四陽在中上下皆柔猶之棟柱然中實而上下撓也

六爻分明有此象古之聖人有不得已而于過中取中者皆出于撓敗之世故湯武處君臣之變然後以弒君為中周公處兄弟之變然後以弒兄弟為中彼其犯大義虧人倫而不顧者其所遇然也使所處者在乎治世安用過以處中哉故大過必曰棟撓曰利有攸往亨以撓者不以撓敗而止也必求所以濟撓敗者往則亨也彖曰大過大者過也謂陽過也棟撓本末弱也謂上下皆柔也剛過而中巽而說行以六爻言之剛雖過而二五得中以二卦之義言之則下巽而上說以此而行宜可以濟故往而亨也當大過之時而不往求濟是聽

他

其撓敗而委之无可奈何也自古聖人固有以身當天下之變者蓋因時而制宜也故曰大過之時大矣哉全卦之象上下皆撓故曰棟撓分上下卦而觀之上卦上撓而下實下實則猶可立故四居上卦之下而曰棟隆吉下卦下撓而上寔下撓則上必傾故三居下卦之上而曰棟撓地爻不取撓象而二與四爻取者分上下體而言也初爻言過謹上爻言過勇二爻五爻言陰陽之過三四言言棟撓此六爻之大略也

象曰澤滅木大過君子以獨立不懼遯世无悶

木在地上江水在澤中常理也今以澤水氾濫而滅木

是大過之象也君子觀此所以大過于人者獨立不懼遯世无悶而已盖水无常滅木之理水勢殺則木見矣君子所以貴於獨立也

初六藉用白茅无咎象曰藉用白茅柔在下也

一柔在四陽之下以柔藉剛猶以茅藉物然過乎謹也過謹又何咎繫辭苟錯之地可矣藉之用茅何咎之有慎之至也夫茅之為物薄而用可重也慎斯術也以往其无所失矣

九二枯楊生梯老夫得其女妻无不利象曰老夫女妻過以相與也

有

二應五而得兑兑為少女老夫得其女妻也陽過乎陰
雖過無害故象曰過以相與也
九三棟撓凶象曰棟撓之凶不可以相輔也
下卦上寔而下弱下弱則上傾故居下卦之上而曰棟
撓凶象曰不可以有輔也言下弱而无助也
九四棟隆吉有它吝象曰棟隆之吉不撓乎下也
上卦上弱而下實則可戴故四居上卦之下而曰棟隆
吉撓在上六非已吝故有它吝象曰不撓乎下也謂下
實也此二爻當分上下體看
九五枯楊生華老婦得其士[illegible]夫无咎无譽象曰枯楊生

華何可久也老婦士夫亦可醜也
五應二而得巽巽為長女老婦得其士夫也陰過乎陽
不能生育故象曰亦可醜也卦止二女疑无夫象與頤
對值頤卦震下震為長男故下卦對之為老夫頤卦上
艮艮為少男故上卦對之為士夫

上六過涉滅頂凶无咎象曰過涉之凶不可咎也
六居澤上澤方滅木而已欲過涉過而滅頂過乎勇也
故凶然无咎者可以死勇死害也求仁于井固不可陷
君父之難義在必死則冒白刃蹈水火不可已也捨生
取義可畏滅頂象曰不可咎也言之不可罪也設此義

以為逃難偷生者之戒

坎下坎上 習坎

習坎有孚維心亨行有尚象彖曰習坎重險也水流而不盈行險而不失其信維心亨乃以剛中也行有尚往有功也天險不可升也地險山川丘陵也王公設險以守其國險之時用大矣哉

習重也坎險也上下皆坎險難之極也然坎之德中實而有孚故能濟險難者亦必坎如也何以見之坎為水水為之為水日流而不息既盈而復進至于海然後得水之平其未至海也歷險多矣雖瞿塘灩澦不辭也故

天下善出險无如水人之處險難能如水之不息則何難之不濟自止于心則无可亨之理矣故曰有孚維心亨行有尚彖曰水流而不盈行險而不失其信水之流不以盈而止盈則復往矣其行險也日以繼夜未嘗少息也故有信矣莫如水比坎之所以為有孚也維心亨乃以剛中也坎能出險以其中寔以心而亨也六爻二雖剛中在重坎之下故求小得未能出坎也九五剛中處坎上卦其險可出全卦之德盡屬五然一陽陷二陰之間亦未能出也以有坎之德方在濟險則无咎然亦未出險也故卦辭云行有尚而彖曰往則有功也天險

不可升也地險山川丘陵也王公設險以守其國險之
時用大矣哉夫險固難也而用險之功亦不可少也築
城鑿池背山阻河亦所以固國也恃險而不修德固不
可恃德而不修險亦大不可固故夫子于彖言之
象曰水洊至習坎君子以常德行習教事
洊至相繼而至也君子處坎如水之流則出坎矣常德
行習教事所當盡其在我者曰常曰習不息之功也
六初六習坎入于坎窞象曰習坎入坎失道凶也
處重坎之下坎貴乎出而初習坎宜其凶也今水之流
先者入坎後至者出坎入坎而盈既盈而出者至海而

得

入者在坎是先至者為後至者之藉也初在先故入坎
象曰失道凶違行而失道所以凶也
九二坎有險求小得象曰求小得未出中也
二五君臣也二遠君而在下非惟共謀以濟者為國守
險以俟時平可也故曰坎有險求小者不可大用也象
曰未出中也以在重坎之中未能出也如張巡許遠所
處乃為國守險者也
六三來之坎坎險且枕入于坎窞勿用象曰來之坎坎終
无功也
三處一坎又一坎來之坎坎處險又枕險雖在下卦之

上猶在上卦之下是為一坎之藉也故亦入坎而不可用象曰終旡功也三不中正也非有常德故終坎而旡功

六四樽酒簋貳用缶納約自牖終旡咎象曰樽酒簋貳剛柔際也

九五為濟難之君四近君為腹心共濟之臣投機之會間不容髮腹心之臣非他人比相與謀帷密而不泄禮不必備止以樽酒不容他人惟陳貳簋器不必文用缶而已不可庭議自牖納約坎難之時君臣交際固當如此正如藝祖夜半冒風雪幸大臣之第以議南征北

伐之計熾炭燒肉蓋普妻行而已君臣相遇如此何難不濟

九五坎不盈祇既平无咎象曰坎不盈中未大也

五濟難之君也有孚維心亨全在五如水流而不盈行險而不失其信者然後可以去難故曰坎不盈不以盈坎而止也須止于既平然後无咎如水至于海既得水之平然後其流息也蓋當患難之世天下之才何限智者思獻謀勇者思効力惟患人主無平難之心苟[illegible]有其心天下莫不與也象曰中未大也謂五在險中方圖濟險尚未能光大也

纆

上六係用徽繩寘于叢棘三歲不得凶象曰上六失道凶三歲也

上六處坎之極其難深矣如被繩縛又墜於叢棘之中无可出之理也至于三歲之久而竟不得脫盖已應在三越三爻以求援又入于坎窞故曰三歲不得凶象曰上六失道凶三歲也盖以柔居上非濟難之才故不能出坎

離下離上 離

離利貞亨畜牝牛吉彖曰離麗也日月麗乎天百穀草木麗乎土重明以麗乎正乃化成天下柔麗乎中正故亨是

以畜牝牛吉也

據此一卦乃重明繼離之象辭彖辭與大象皆極善而爻之變三日為昃之離四爻死于弃如六五正重明之主也乃出涕戚嗟重明之義安在前輩也以出嗟涕戚嗟為謙恭夫謙恭可也安用涕哭為哉殊不知重明之象以明繼明文王於此為萬世定立君之法盡在於是惟夫子知之彖象所釋其辭甚嚴先儒皆求之能察也盖唐虞夏殷周繼世以子三代共之夫繼而立子必以嫡此又聖人立一定不易之法萬世莫能改也故文王於此六爻中詳之上下二體皆重明繼離也故下體之離既

西谿先生易說卷之七

下經

艮下兌上 咸

咸亨利貞取女吉彖曰咸感也柔上而剛下二氣感應以相與止而悅男下女是以亨利貞取女吉也天地感而萬物化生聖人感人心而天下和平觀其所感而天地萬物之情可見矣

上經有乾坤下經首咸恒序卦云有天地然後有萬物有萬物然後有男女有男女然後有夫婦有夫婦然後有父子有父子然後有君臣有君臣然後有上下有上

下然後禮義有所错咸恒者夫婦之道也咸言夫婦之
咸恒言夫婦之正感道莫感於夫婦故男下女為咸之
義然咸感也不曰感而曰咸謂感人之道不可以有心
也易無思也无為也寂然不動感而遂通天下之故有
心於求感非易之道也故去其心而名卦以咸〻皆也
无心於感者无所不感也大而天地陰陽之交小而啁
啾犹壮之好天機所動不約自隨聖人洗心退藏萬物
酬酢相代乎吾前所存者神所過者化此心雖不隨於
物而天下萬物卒不能外聖人之心則得其所感矣曰
咸亨感而亨者也利貞感以正也取女吉人道之感莫

大於夫婦兑上艮下男下女取女之義也彖曰咸感也柔上而剛下卦自否来否天地不交也今六三一柔上居上六上九一剛下居九三是天地之氣交也故上體成兑下體成艮〻爲少男兑爲少女艮止而兑説故曰二氣感應以相與止而説男下女是以亨利貞取女吉也泛觀天地萬物機者自動籟者自鳴同聲必相應同氣必相求莫不有自然之感聖人之治天下感應之道亦若是而已矣故曰觀其所感而天地萬物之情可見矣

象曰山上有澤咸君子以虛受人

澤本在山下而山上有澤〻之氣通乎山也山澤通氣自然之感以虛受人天下之理惟至虛者為能受苟先有以安乎其中雖投之不入矣

初六咸其拇象曰咸其拇志在外也

全卦六爻為人象初為拇二為腓三為股四為心五為脢六輔頰舌惟四得貞吉餘爻皆不善蓋三爻為足〻欲動而感五為脢以背感上為口以言感皆非感之善四守貞無心於感者也故於四爻發明感人之道初居最下拇大指也應在四足往而拇隨以拇而感未能感也象曰志在外言志在應四也

六二咸其腓凶居吉象曰雖凶居吉順不害也

二居拇上足之肚也行而感則凶順而居則吉設兩端以聽其自擇也象曰順不害也曰能順則不害也

九三咸其股執其隨往吝象曰咸其股亦不處也志在隨人所執下也

三下體上股足之上也拇與腓從股以動者也三位又不正舉股而動以隨人其感亦勞矣守此吝道也象曰咸其股亦不知處也志在隨人所執下也

九四貞吉悔亡憧憧往来朋從爾思象曰貞吉悔亡未感害也悔亡憧憧往来未光大也

四處心位有心於感則害咸體故不言心曰貞吉悔亡守貞不動則得咸之吉而悔亡矣萬物往来於吾前苟此心憧憧然與之為往来是以思感也以思而感則思之所不及者不能感矣但朋從而已象曰未感害也貞而不感未有害也以思而感則未光大也繫辭子曰天下何思何慮天下同歸而殊塗一致而百慮天下何思何慮日往則月来月往則日来日月相推而明生焉寒往則暑来暑往則寒来寒暑相推而歲成焉往者屈也来者信也屈信相感而利生焉尺蠖之屈以求信也龍蛇之蟄以存身也精義入神以致用也利用安身以崇

德也過此以往未之或知也窮神知化德之盛也

九五咸其脢无悔象曰咸其脢志末也

脢心至輔之下人之背也以背感人怛然忘懷可以无悔矣然有背无心又感道之病蓋此心又不可無所主也故象曰志末也○又説四以心感則曰悔亡是有悔而亡也五以背感則曰无悔是无復有悔也則背感為善矣知背感為感之善則知心感為感之末故象曰志末也

上六咸其輔頰舌象曰咸其輔頰舌滕口説也

上以口舌感人其感人也末矣合咸卦六爻觀之辭皆

未善四得貞吉又有憧〻往來之戒然則感道安在聖人固曰易无思也无為也寂然不動感而遂通天下之故非天下之至誠其孰能與於此夫惟盡誠者然後能感所以六爻皆未善以見感道之難

巽下震上 恒

恒亨无咎利亨利有攸往彖曰恒久也剛上而柔下雷風相與巽而動剛柔皆應恒〻亨无咎利貞久於其道也天地之道恒久而不已也利有攸往終則有始也日月得天而能久照四時變化而能久成聖人久於其道而天下化成觀其所恒而天地萬物之情可見矣

不息

泰

恒久也天下之理可以常久而不變者以其正也卦震
上巽下咸男下女夫婦之始今也男上女下男外女内
為夫婦之正道之可常者惟其正而已曰恒亨利貞无
咎道之恒者可以通行而无咎也利貞利夫正也正則
可恒矣利有攸往乃所以為恒也往而不息不息則久
天地之道不過如此子思得此而言中庸蓋中者正也
庸者常也惟中故可恒、則不息則久則悠久悠久則
无疆其比之謂欤彖曰恒久也剛上而柔下雷風相與
巽而動剛柔皆應恒此就卦取恒義也卦自泰来泰天
地之交也今初九一剛上居九四一四一柔下居初六

女

故上體為震下體為巽震為長男巽為長女男上而安下男女定位也其位既定然後二象相與剛動於外柔巽於内上下二體剛柔皆相應所以為恒也恒亨无咎利貞久於其道也天地之道恒久而不已也利有攸往終則有始也天地之道所以恒久者在於不已利有攸往不已之事也曰終則有始蓋天地之道終始往来相循於无咎（窮）所以為恒也所存者益神所過者常化貞无咎所存者神之謂也利有攸往所過者化之謂也此終則有始之意也日月得天而能久照四時變化而能久成聖人久於其道而天下化成日月四時天地所以為

常也故以其化而見其恒久於道聖人所以體其常也故以其常而見其化泛觀天地日月之往来陰陽之代謝百穀草木之榮悴與夫生民之日用飲食其相循於无窮者皆常之功用也故曰天地萬物之情可見矣

象曰雷風恒君子以立不易方

震為雷巽為風天下之至震動者莫如此二者雖聖人至此亦當祇畏故迅雷烈風必變蓋衆人當風雷震動之時則必倉皇自失改其常度與平居暇日全相背也惟德至於舜然後能弗迷是舜能有恒故處雷風震動之時視之如平日也於此之時視之如平日然後見冐

中之有常故君子於此當立不易方若做个這事確爾
如是初不因人作輟也
初六浚恒貞凶无攸利象曰浚恒之凶始求深也
浚深也人情物理深必有漸初處恒之始遽以深為常
既凶而且无所利也人道之交如君臣相交夫婦相與
朋友相際其始皆未可深也由淺而深其深必久始而
求深其壞必遽象曰始求深也賈誼劉蕡皆始求深者
也
九二悔亡象曰九二悔亡能久中也
以九居二剛柔得中可恒之道也故悔亡象曰九二悔

兩兩

亡能久中也以剛柔得中故可久也子思言中庸蓋本諸此惟中故可常也然九二所以得剛柔之中者九剛也二柔也剛柔兩用所以為中也中庸曰舜執兩端用其中於民蓋立道以來合下有兩立天之道曰陰與陽立地之道曰柔與剛皆兩也執兩所以用中執一則非中也二之得中其謂是歟

九三不恒其德或承之羞貞吝象曰不恒其德无所容也

以剛居剛而位不中是不恒其德則羞辱或承之矣以此而不變吝也象曰无所容也為衆所羞則无所容其身矣子曰不得中行而與之必也狂狷乎中行恒德之

人也狂猾過與不及之人也恒卦六爻惟二與五以中行
而有常故二悔亡而五恒其德貞初與四不及中三與
上又過中皆不恒其德者也故初浚恒凶三不恒而羞
四曰无禽上振恒凶也

九四田无禽象曰久非其位安得禽也

上體五得中四位不中田所以從禽也然亦必以正所
謂範我馳驅詭遇之禽雖若丘陵君子不取也故曰田
无禽以此而田未必无禽然猶无禽也象曰久非其位
蓋君子之恒者也惟正而已所謂立天下之正位是也
況非其位而可久乎所以无禽也

巳

六五恒其德貞婦人吉夫子凶象曰婦人貞吉從一而終也夫子制義從婦凶也

五德中能恒其德者故曰恒其德貞卦男上女下五雖男位而以六爲常二雖女位而以九爲常以五之柔從二之剛夫柔而婦剛非可恒也故曰婦人吉謂貞於柔婦人則吉也夫子貞於柔凶之象也故象曰婦人貞吉從一而終也夫子制義從婦凶也謂從婦人之道也

上六振恒凶象曰振恒在上大无功也

處震之終震動也位又不正以妄動爲常凶道也故象曰振恒在上大无功也合恒卦六爻觀之辭亦未善初

三四上皆凶二五雖得中以夫子制義言之又失剛柔之正然則恒道安在聖人固曰中庸之為德其至矣乎民鮮能久矣久於中亦聖人事也夫惟聖人然後能體恒所以六爻皆未善以見常道之難

艮下乾上　遯

遯亨小利貞彖曰遯亨遯而亨也剛得位而應與時行也小利貞浸而長也遯之時義大矣哉

一陰生姤二陰生遯陰長而陽遯也小人漸長則君子當見機而去所謂隱居以求其志行義以達其道曰遯亨雖遯也乃所以為亨也然二陰漸長猶未盛也勢尚

可為君子皆全身而去非所望也聖賢處亂世當亂形
未見當維持危行遜言以漸而正之不害為遯也故曰
小利貞春秋戰國之時人道絶矣而孔孟猶不去蓋
聖賢無不可為之時如曰天下有道吾不與易也聖人
正欲易亂世如沮溺輩則無如之何也但以陰陽二氣
觀之一陰生午二陰生未陽宜遯矣而勢焰特盛畢竟
還他成許多生物之功然後已全身遠害特遯之細事
也彖曰遯亨遯而亨也言遯乃所以亨也剛得位而應
與時行也三陰雖長九五以剛居君位六二居中而五
應之君臣之情未睽也烏可遯去哉當觀時而動也小

利貞浸而長也謂陰長以漸尚可貞也遯之時義大矣哉謂非止為尚去也卦中六爻惟上九肥遯五為嘉遯之主下四爻皆可以去可以无去者也

象曰天下有山遯君子以遠小人不惡而嚴

天至高也天下便見山極高之山所謂泰山巖巖魯邦所瞻者是也世不亂無以見君子小人方長君子為天下所屬望正當巍巍自立使小人不可得而依附則不能為已害也不惡而嚴乃遠小人之道也

初六遯尾厲勿用有攸往象曰遯尾之厲不往何災也

初居遯之始位最微尾在後之物也象既遯矣已獨在

後見機不敢也必為小人所害故厲然已處下不繫成敗可以去可以无去者也故勿用有攸往象曰不往何災與其遯而危不若不遯之无災也古之人有仕亂世而不去者多矣位卑故也

六二執之用黄牛之革莫之勝説象曰執用黄牛固志也

二居中九五之君剛當位而應已君臣之情甚厚也故二爻特不言遯是以可以无遯也所當固守其志不為小人所亂黄牛之革言其自固所謂危行也莫之勝説所謂言遜也危行以自固遜言以避禍雍容於羣小之間而使國勢猶有所倚則六二之為也象曰固志也

九三係遯有疾厲畜臣妾吉象曰係遯之厲有疾憊也畜臣妾吉不可大事也

三與下二陰同體爲小人所技係不得遯也自古小人之進皆君子援引之方其援引不知其害已也故曰係遯有疾厲然小人何世无之不宜引致高位以臣妾畜之則吉矣非可使在人上象曰有疾憊也謂小人技係必爲己害也不可大事也小人大用則必亂

九四外遯君子吉小人否象曰君子外遯小人否也

四離下體而居上无所牽係見幾而去得遂其志願而遯也故曰外遯君子得遯則君子之道伸矣世皆小人

則人心離而生亂則小人必為天下戮實小人之否也故一君子在小人之間猶為小人之福君子去則小人危矣

九五嘉遯貞吉象曰嘉遯貞吉以正志也

以陽剛之君而居中所謂陽當位者也已為遯之主使小人得進而君子弃去誰之咎也必不得已當致禮以褒寵之以示崇尚之意故曰嘉遯如鳴騶入谷鶴書赴壠物色立園皆所以嘉其遯也使其肯来欤尚足以共國使其不肯来欤亦清風義槩又賴以激貪而起懦故爻曰貞吉象曰以正志也

上九肥遯无不利象曰肥遯无不利无所疑也
處遯之上在一卦之外高飛遠舉翩然長往本无心於用世以遯為肥者子雲所謂山雌之肥是也非如下四爻意在得時行道遇世不可為而後遯者也之人也飄然物外憂患之所不加故曰无所疑也

乾下震上 大壯

大壯利貞彖曰大壯大者壯也剛以動故壯大壯利貞大者正也正大而天地之情可見矣
四陽長陽為大大者壯也利貞陽壯而正也陽生至四陰凝始退陽氣方正〻故利也彖曰大壯大者壯也剛

以動故壯大壯利貞大者正也正大而天地之情可見矣大者正也陽為大陽進至四陽壯也下體剛上體動以剛而動故名卦以壯也貞正也大壯利貞陽進至四陽氣始正也陽正則萬物發生〻物之心天地之真情也故曰天地之情可見矣全卦六爻以剛動為義凡人之生所禀不同而血氣之剛為難制故君子必以理義制之四陽方壯不可禦也猶人血氣之盛故六爻皆以進為戒以貞為吉惟四爻陽正以正而動君子之道則曰壯于大輿之腹

象曰雷在天上大壯君子以非禮弗履

程氏曰雷震於天上而壯也君子觀其壯之象以行其壯君子之大壯者莫若克己復禮古人云自勝之謂强中庸於和而不流中立而不倚皆曰强哉矯赴湯火蹈白刃一勇之决者可能也至於克己復禮則非君子之大壯不可能也故云非禮弗履

初九壯於趾征凶有孚象曰壯于趾其孚窮也

初陽方壯其心常動趾所以行也以剛而動未必中理征而得凶既凶而窮天理乃復故曰征凶有孚象曰其孚窮也賴乎困窮而天理復還也所謂困于心衡於慮而後得操心危慮患深而後達者也

九二貞吉象曰貞吉以中也

剛而得中能禮者也以理勝氣守中而吉象曰九二貞吉以中也

九三小人用壯君子用罔貞厲羝羊觸藩羸其角象曰小人用壯君子罔也

三以剛居剛位不中正小人處此必用其壯君子則忘其壯理義與血氣之别也貞守其剛而不變則厲羝羊喜觸之物三勇于進四一陽在上止之觸而不勝至羸其角小人動乎血氣自取撓敗之象也三居剛極故設此戒

夬

九四貞吉悔亡藩决不羸壯于大輿之輹象曰藩决不羸尚往也

陽進至四陽氣正矣壯而得正吉且悔亡二陰在上其藩已決可无羸角之患輹所以行也以此而行莫之能禦矣象曰尚往也陽壯至四而得正故可往也與下體異

六五喪羊于易无悔象曰喪羊于易位不當也

一陰在上四陽並進非己之能有五陽生則為决一陰必决非可久居故羣陽之進非一陰能主喪之而去略無芥蔕則无悔猶君子並進不容小人更據尊位所宜

退聽以避賢然後可免也象曰位不當也謂陽進此則決矣以陰居之故不當也

上六羝羊觸藩不能退不能遂无攸利艱則吉象曰不能退不能遂不詳也艱則吉咎不長也

陽壯至六則成純乾其陽必亢亢則不知進退存亡故曰不能退不能遂无攸利也艱則吉謂知進退存亡之理而自守則吉蓋亢而能用故也象曰不詳也謂不明消息之理也曰咎不長者以陽為君子君子知艱故咎不長然上體六陽進此為義故六五一爻當以決卦五爻觀上六一爻當以乾卦上爻觀

馬

晉（坤下離上）

晉康侯用錫馬蕃庶晝日三接彖曰晉進也明出地上順而麗乎大明柔進而上行是以康侯用錫馬蕃庶晝日三接也

晉明也（進也）明體在上坤進而上行諸侯覲王王錫之殊禮而其數有加也故卦辭止云康侯用錫馬蕃庶晝日三接彖曰晉進也明出地上順而麗乎大明離居坤上大明之世也六五以柔順之道麗乎君位也柔進而上行三為諸侯之位下卦純柔體進至三方得諸侯之位又進則五方得受錫故五為晉之王三為康侯之位進而

上行五接以禮是康侯用此卦而錫馬蕃庶晝日三接也

象曰明出地上晉君子以自昭明德

日出地上大明之主在上也居南面以聽天下諸侯北面而朝之晉之事也古者分茅胙土以象賢德君子必自昭明德然後可以受王命

初六晉如摧如貞吉罔孚裕无咎象曰晉如摧如獨行正也裕无咎未受命也

卦之三爻為康侯之位初在下未得位晉如欲上進也摧如又退折也未可上進貞守則吉也故曰晉如摧如

貞吉罔孚德未孚于衆也退而自裕以修德則无咎象曰獨行正也獨行吾之正也裕无咎未受命也諸侯必受命于天子以未受命故未可進也

茲

六二晉如愁如貞吉受兹介福于其王母象曰受兹介福以中正也

二與五分雖君臣然非諸侯之位欲晉如又愁如未得所願也亦未可進守貞則吉六五以柔居君位是以母

茲

道王天下也二應在五進而至五則受錫矣故曰受兹介福于其王母言受兹介福必進至王母之所今尚居二未可以受福也象曰以中正也以進而至五然後得

中正也

六三衆允悔亡象曰衆允之志上行也

三正康侯之位退而至三可以進矣初之罔孚衆未允也二之愁如猶有悔也三居上位德孚于衆而衆允進得所願而悔亡故曰衆允悔亡如此則可以受錫于王矣象曰衆允之志上行也謂上進于五也

九四晋如鼫鼠貞厲象曰鼫鼠貞厲位不當也

四近五卿士之位也古之諸侯有入為王卿士者二進覲五而至四苟有覬覦卿士之心則覲王之心已不純故以鼫鼠為戒鼫鼠貪物也如周人將畀虢公政鄭伯

質

失卿士之位而怨周既交惡又交質其終也帥師取成周之麥又取成周之禾是鼫鼠也故曰晉如鼫鼠至此固當守而以危懼自戒則將敬以受錫矣故曰貞厲象曰位不當也謂此位非諸侯之所當覬也

六五悔亡失得勿恤往吉无不利象曰失得勿恤往有慶也

進而至五進于王所矣君臣交際享禮命宥得其所願悔既亡矣雖然知覲君而已錫禮之得與否勿憂也錫馬之多三接之勤繼此而至矣故曰失得勿恤往吉无不利象曰往有慶也謂勿恤而往則受殊禮而有慶也

上九晉其角維用伐邑厲无咎貞吝象曰維用伐邑道未光也

角極也進而至五已受錫矣又進而上諸侯受錫之極則命為方伯錫以斧鉞便得專征伐諸侯有不庭者則奉王命以討之故曰晉其角維用伐邑然專征大事也必謹奉王命則吉而无咎故曰厲吉无咎然極治之時為二伯者卒東方諸侯入應門左卒西方諸侯入應門右安有不庭而尚勞征伐哉至于維用伐邑則亦吝矣況可恒哉故曰貞吝象曰道未光也必無事征伐則方伯之職舉而道光矣

西谿先生易説卷之七

西谿先生易說卷之八

下經

離下坤上 明夷

明夷利艱貞彖曰明入地中明夷內文明而外柔順以蒙大難文王以之利艱貞晦其明也內難而能正其志箕子以之

明明出地上明世也明入地中晦世也晉變而明夷文王之心其在是乎夫子曰作易者其有憂患乎其當殷之末世文王與紂之事乎吾獨于晉明夷見之晉之君臣與禮相遇交際之盛夏商盛時亦莫不然有如文王之

羑

事商而不免于囚箕子之事商而不免于狂此非箕子文王之所當得也蓋至此而後可以言命重易而至明夷離居坤下明不當天而入于地中其己之所遇歟楊雄曰龍以不制為龍聖人以不平為聖人以文王之純德陟降上帝而羑里之難固不足為文王累以事君小心天實臨之而不免于疑與囚文王豈能釋然於其心哉故其重易也于明夷畧見一二且婉其辭而托諸箕子越五百歲而夫子繫易始探其心于韋編三絶之後於是乎作彖而明言其事曰内文明而外柔順以蒙大難文王以之利艱貞晦其明也内難而能正其志箕子

知

茲

以之又作象以繫于爻辭之下而于內卦之六二曰六二之吉順以則也蓋文王至是而昭〻矣夫子曰文王既沒文不在兹乎信夫其神交而精契也就六爻觀之外卦則箕子用之內卦則文王用之卦辭利艱貞文王為箕子發也蓋內難而能正其志箕子之事也使彖不言文王之爻既言之矣孰知乎內明外順以蒙大難之為文王耶然夫子既明言之二千年來談易者未有得其心者噫聖人賢契合固如是之難也哉

象曰明入地中明夷君子以涖衆用晦而明

日入于地明夷之象也晦其明以涖衆處明夷之世之

縶

道也君子處亂世惟其有平治之（天下）志故遵養于其間而
不為苟去外雖用晦而中蓋甚明也
初九明夷于飛垂其翼君子于行三日不食有攸往主人
有言象曰君子于行義不食也
内卦文王事初文言其被囚而去也當明夷之時飛而
垂翼縲其手也君子于行受贄而已也不三日不食受患
之至也聖人處患難何憂哉親之過大而不怨是愈踈
也主人有言君有疑言象曰義不食也以君臣之義言
之故當不食也
六二明夷于左股用拯馬壯吉象曰六二之吉順以則也

羑

羑遷

二言其在羑里也傷及其股謂其足梏而不得行也用拯馬壯吉聖人已有知患難之理方其在難也人以為難聖而聖人已拯壯馬以出之時之不能害已也象曰順以則也此看得夫子盡文王之心聖人舉措純乎天理文王之出患難自循天理之外不容一毫私意詩曰帝謂文王不大聲以色不長夏以革不識不知順帝之則文王純乎順帝則也其出羑里用此道也司馬廷作史記乃謂閎散輩以計出文王如此立言其得罪於聖人也不可贖

九三明夷于南狩得其大首不可疾貞象曰南狩之志乃

羑

瑕

大得也

三言其出羑里受命為西伯也文王之化行于南國故出而南狩伐崇庸伐密兵得其大首也然文王征伐止此而已所謂三分天下有其二以服事殷者其事殷之心直不可得而瑕疵也故文王處明夷則以不可疾為貞箕子處明夷則以利艱為貞二者各當其事可也故曰不可疾貞象曰乃大得也江漢以南皆被文王之化可謂大得志也然文王在囚而重爻猶未出難也安知其南狩之事哉曰聖人重易于萬世無窮之變可以逆定況于其身而當世之事變耶

奴

六四入于左腹獲明夷之心于出門庭象曰入于左腹獲心意也

外卦箕子用之此言其佯狂時也入于左腹狂左道也入于紂腹于是得紂之心意乃出紂之門庭而紂不加罪故曰于出門庭象曰獲心意也言得紂之心意也當是時微子不免于行道比干不免于焚炙而箕子獨以双免非入于左腹安可得也

六五箕子之明夷利貞象曰箕子之貞明不可息也

五言箕子之能正其志也卦辭利艱貞全屬箕子艱者難也貞者正也言箕子處内難而其志則正也故於此

國

曰箕子之明夷利貞謂如箕子之處明夷志正則宜也
象曰明不可息也言箕子之明處未嘗息也武王興縲
囚釋而洪範作彝倫九疇絕而復續非晦于昔而明于
今也天理本未嘗息也
上六不明晦初登于天後入于地象曰初登于天照四國
也後入于地失則也
此言紂也不明晦言明入地中不明而晦也始亦正位
故初登于天後失君道故後入于地象曰初登于天照
四國也後入于地失則也理之至當而不可過為則君
自有君之則紂失君道故曰失則○看明夷卦毋謂文

義

圖

王之心千載而上惟夫子知之千載而下惟韓子知之箕子之志千載而上惟夫子知之千載而下惟柳子知之韓文公羑里操曰目閉、兮其凝其盲耳肅、兮聽不聲聞朝不見日出兮夜不見月與星有知無知兮為死為生臣罪當誅兮天王聖明可謂見得文王之心柳子厚作箕子廟碑陰云當是時周時未至商祀未殄微子已去比干已死向使紂惡未稔而先斃武庚念亂以圖存國無其人誰與共理此則人事之或然者也先生隱忍而就此其亦有志于斯乎可謂見得箕子之心

離下巽上 家人

家人利女貞彖曰家人女正位乎内男正位乎外男女正
天地之大義也家人有嚴君焉父母之謂也父〻子〻兄
弟〻夫〻婦〻而家道正正家而天下定矣
家人正家之道也有男女而後有夫婦有夫婦而後有
父子有父子而後有兄弟夫婦父子兄弟人之大端也
古人自脩身齊家推之於治國平天下莫不以此卦九
居五男在外也六居二女在内也齊家之道莫先于正
女〻正則内治内治則外治矣故曰利女貞據彖辭六
爻皆說盡大抵男女各有其位而不相亂也古人治家
莫先于辨男女之位如内言不出于閫外言不入于閫
辨

之類卦分內外男女之位也內卦之位女正之外卦之位男正之故下三爻內正之事也上三爻外正之事也女人之道其始也為人女其中也為人婦又其終也為人母男子之道其始也為人子其中也為人夫又其終也為人父初爻閑有家為人女之道也二爻在中饋為人婦之道也三爻家人嗃嗃為人母之道也即此彖辭所謂正位乎內也四爻富家吉為人子之道也五爻假有家為人夫之道也上爻威如吉為人父之道也即彖辭所謂正位乎外也三曰嗃嗃上曰威如威如嗃嗃嚴貌也父母之道也故曰家人有嚴君焉父母之謂也是

母道亦貴乎嚴也男女之位正則家道正家道正則天下定矣

象曰風自火出家人君子以言有物而行有恒

風自火出槖籥之火也大凡鼓鑄須是鼓得許多風從火裏出故風自火出槖籥自有一个户庭闉與家之象也就中必有模範風也火也金也器也皆有模範君子體之言有物行有恒正家以身言行身之模範也物常其則也一身之模範一家之模範也一家之模範天下之模範也

初九閑有家悔亡象曰閑有家志未變也

初言為人女之道女子生則願為之有家當閑之于未從人之時則可以无悔後悔也故曰閑有家悔亡象曰志未變也女子從人則志變矣

六二无攸遂在中饋貞吉象曰六二之吉順以巽也

二言為人婦之道婦道不敢成事故曰无攸遂戢在飲食之事故曰在中饋不與外言故曰貞吉所謂無非無儀惟酒食是議者是也象曰順以巽也順以從夫也所謂以順為正者也

九三家人嗃〻悔厲吉婦子嘻〻終吝象曰家人嗃〻未失也婦子嘻〻失家節也

三言為人母之道也嗃〻嚴肅貌母道尚嚴太嚴則不和故有悔而厲然與其狎而慢寧若嚴而肅故吉若家政縻弛婦子嘻〻然無所恐懼則母道失矣故終吝象曰嗃〻未失也謂雖過嚴母道未失也嘻〻則失節矣

六四富家大吉象曰富家大吉順在位也

四言為人子之道子而克家則其家富矣故曰富家大吉象曰順在位也居巽體巽順也言在子之位而能順事父母也

九五王假有家勿恤吉象曰王假有家交相愛也

五言為人夫之道居五應二二盡婦道五假而有之五

君位故曰王假有家得内助則无憂矣故曰勿恤吉象

曰交相愛也

上九有孚威如終吉象曰威如之吉反身之謂也

上言爲人父之道父子相遇必以誠故曰有孚義方之訓必以嚴故曰威如此家道之終也一卦六爻皆善父子夫婦男女皆得其正也一家皆正則有終而吉矣象曰反身之謂也推原所以致吉由修身而致也蓋身修則家齊家齊則國治國治則天下平矣。卦中六爻不惟男女之位定剛柔之位亦不可易上爻父道也父道貴嚴以九居之五夫道也夫道貴義以九居之四子道也子道貴順以六居之三毋道也毋道貴嚴以九居之二婦道也婦道貴順以六居之初女子之道安得用剛蓋女子之未從人也當以禮自防不然則為不有躬之女故亦以九居之六爻剛柔皆當所以為家道之善

睽 離上 兑下

睽小事吉彖曰睽火動而上澤動而下二女同居其志不同行說而麗乎明柔進而上行得中而應乎剛是以小事吉天地睽而其事同也男女睽而其志通也萬物睽而其事類也睽之時用大矣哉

睽離也離與合對天下之物不遽合也必以離而合聖

辭

人重卦兌下離上名卦以睽澤性潤下火性炎上固相違也取義為睽然水火未嘗不相為用也是以睽而合也卦辭曰睽小事吉當睽之時未可遽合也其合必以漸故小事吉彖曰火動而上澤動而下水火之性睽也二女同居其志不同行離與兌二女也女子始雖同居終不同行各從所適也此聖人取睽之義也然天下未有不以睽而合者曰小事吉蓋就卦中以二象言之雖睽以六爻言之下三爻居說體上三爻居明體離以麗也以說而麗乎明終必合也六五以柔居上體得中而下應九二之剛為剛柔正應故可以有事也以睽之功

用言之大而天地則日月星辰之相為紀風雨霜露之
相為教陰陽寒暑之相為亭毒山岳川瀆之相為融結
莫不以睽而相合者至于人則男女之相求賓主之相
合君臣之相遇朋友之相親莫不以睽而合者微而至
于物則金木水火土之相為用鹹酸甘苦之相為味玄
黄赤白之相為文金石絲竹之相為節又莫不以睽而
成功者故曰天地睽而其志同男女睽而其志通萬物
睽而其事類則睽之一卦思過半矣六爻中綱領甚好
人倫有五父子兄弟其本同也不以睽而合夫婦君臣
朋友則以睽而合者也故初與四言朋友之睽二與五

喪

言君臣之睽三與上言夫婦之睽蓋三者不睽則不能合也

象曰上火下澤睽君子以同而異

火炎上澤潤下物之睽也而水火未嘗不相為用是以睽而同也同而異異而同異同之理惟君子能知之

初九悔亡喪馬勿逐自復見惡人无咎象曰見惡人以辟咎也

初與四言朋友之睽以剛應剛朋友義合者也同德相應其交以誠故曰悔亡然有喪我而去者不必逐之聽其自復可也蓋朋友之道不可預為決擇惡人之來不

可絶也見之則无咎孔子於孺悲陽貨亦為盡禮也子夏所謂我之不賢歟人將拒我如之何其拒人也比之可者與之不可者拒之則狹矣

九二遇主于巷无咎象曰遇主于巷未失道也

二五君臣之位故曰君臣之睽君臣之以睽而合者非有所謂堂陛之素半面之雅也故曰遇主于巷伊尹之莘野太公之渭濱諸葛孔明之草廬皆自巷遇主也故當事勢睽離之時君臣相求必欲拘堂陛之常分則賢者無自而進矣遇主于巷處睽之時則然未失道也

六三見輿曳其牛掣其人天且劓无初有終象曰見輿曳

暴

位不當也无初有終遇剛也

三與上應言夫婦之睽也夫婦之道其未合之時皆判然也未知上為已之應也輿曳牛掣見其車敗也其人髡首而劓鼻見其人刑也然車非真敗人非真刑也以禮自防无因而至者皆強暴也故見其敗且刑然賴乎始之睽故有終而合也故曰无初有終不如是則不有其躬矣

九四睽孤遇元夫交孚厲无咎象曰交孚无咎志行也

四與初應所以睽者上不下接也四居上體故睽孤在四以九居初元善之夫也四能往遇則交孚而相得矣

又須嚴厲自將則无咎蓋交際之心不可不孚而終始之義不可不敬所謂晏平仲善與人交久而敬之是也

象曰志行也朋友之義合則其志同矣

六五悔亡厥宗噬膚往何咎象曰厥宗噬膚往有慶也

五與二應睽而相遇情好款密宜悔之亡也二五正應本同宗也委巷相遇誓言之信不必歃牲之備也噬膚可矣古人有齧臂以相盟者噬膚之謂也然後不輕就也義在君往往故曰往何咎象曰往有慶也君臣之義合其慶可知也

上九睽孤見豕負塗載鬼一車先張之弧後說之弧匪寇

六

難

婚媾往遇雨則吉象曰遇雨之吉群疑亡也

上九六三之夫也當睽之時其見三也見豕負塗見其行也載鬼一車見其怪也先張之弧欲與之敵也後說之弧又欲與之親也上離也三坎也以離遇坎則敵也然上九也三六也以六應九則又親也是非寇也乃婚媾也見豕見鬼張弧說弧皆妖穢乖邪之事陰陽氣沴所致陰陽和則無是矣故往遇雨則吉雨陰陽和也象曰群疑亡也夫婦之情合則向者敗刑汙怪之疑盡解矣

艮下坎上 蹇

蹇利西南不利東北利見大人貞吉彖曰蹇難也險在前

滯難

也見險而能止知矣哉蹇利西南往得中也不利東北其道窮也利見大人往有功也當位貞吉以正邦也蹇之時用大矣哉

蹇滯也何以滯遇難而滯也天下之爲君子之學者孰不欲得時行道中天下而立定四海之民然後陰陽消長與時偕行君子之道不能常通也則遇險而止姑退以自守以大吾所養天爵有平治天下之意雷雨作而朋至斯孚矣此聖賢之所以處蹇也卦坎上艮下坎難也艮止也見難而止也曰利西南不利東北坎艮東北之卦也合域而成蹇故不利東北舍東北而西南則蹇退

矣利見大人大人九五也得與五遇則蹇道亨矣人主造命者也天下之貧富貴賤窮達亨否皆由其軒輊蹇所以利見大人也然未可遽往也故曰利貞彖蹇難也險在前也見險而能止知矣哉知時之不可為而止惟知者能之小人行險以求利自以為知人見其未嘗不愚也難不在西南故往得中難在東北失道而行宜其窮也大人蹇之主謂九五有大蹇之志往遇之則有功也卦中六爻各當其可君子體之是惟無用〻則正君國定矣故曰以正邦也惟不終蹇也則蹇之時用大矣哉

象曰山上有水蹇君子以反身修德

山上有水止水也夫水之流斯為川塞斯為淵蹇而不流蹇之象也然水居山上其蓄益大君子觀之反身修德以大其所養則如萬仞之淵決而濟物之功成矣

初六往蹇來譽象曰往蹇來譽宜待也

以柔在下去五最遠往而遇險必蹇不若退而自修以成君子之名故曰往蹇來譽象曰宜待也以待時之可也

六二王臣蹇〻匪躬之故象曰王臣蹇〻終无尤也

五爻皆往蹇而來二獨不言而曰王臣蹇〻蓋他爻非

賢

有官守者也二與五為正應居王臣之位進退不能自必也前遇互體為二坎蹇而又蹇也處重蹇之下遇難而死難可也所以然者既以委質為臣去就不由已也故曰匪躬之故象曰終无尤也謂能匪躬則臣節无尤矣

九三往蹇來反象曰往蹇來反内喜之也

三臨於險而居艮得所止者也往遇蹇則退而自反故曰往蹇來反象曰内喜之也言反之得所樂也

六四往蹇來連象曰往蹇來連當位實也

五非四應往則必蹇三善于止不若退而連故曰往蹇

来連象曰當位實也三有實德已與之連而得當也

九五大蹇朋来象曰大蹇朋来以中節也

以九五之君正位在乾卦則賢者雲龍風虎之會也而處蹇之世使在下者皆懷有不自滿之意而去其為九五之累多矣五有其德大亨天下之蹇使之各以朋類而来則賢者無濡滯之歎矣故曰大蹇朋来象曰以中節也賢者無濡滯之歎則得喜怒哀樂之正故曰中節

上六往蹇来碩吉利見大人象曰往蹇来碩志在内也利見大人以從貴也

碩大也六往遇蹇退而得五五已有大蹇之志矣故曰

滯

往蹇来碩利見大人象曰志在内也上位在外来與五
遇故曰志在内也陽貴陰賤利見九五故曰以從貴也

坎下震上 解

解利西南無所往其来復吉有攸往夙吉彖曰解險以動
動而免乎險解利西南往得衆也其来復吉乃得中也有
攸往夙吉往有功也天地解而雷雨作雷雨作而百果草
木皆甲拆解之時大矣哉

蹇變而解坎險居下震動居上動而出乎險難解之象
也曰利西南无所往其来復吉有攸往夙吉此卦乃蹇
卦之反處蹇之時則利西南无所往而来復則得吉如

往蹇来反之類令蹇散而為解則向之利西南无所可
往而来反則得吉者令可以有所往而豫知其得吉也
故曰有攸往夙吉先儒不知卦自蹇来反逆牽于无所
往吉又有攸往吉故其説不定彖曰解險以動﹅而免
乎險解震在坎上動處險之外是動而免乎險也難在
東北則利在西南宜其得衆也其来復吉乃得中也未
可往則以来復為中也令難既解則往而有功也是以
有所往為功也蓋天地之理不終難也難極則必解天
地未解之時則雲雷為屯天地既解則雷雨作萬物皆
有發生之意矣當君子未解難之時天下之人在蹇政

膏火中人未知有生々之所君子既解難則人命始有所延續矣故曰解之時大矣哉

象曰雷雨作解君子以赦過宥罪

雲雷未成則為屯雷雨既作則為解陰陽之氣欝結而解散則成雨難解之象也當難解而赦過宥罪與之日新則小人无所疑也

初六无咎象曰剛柔之際義无咎也

六爻二陽而四陰當君子解小人之象時小人尚據尊位蓋解卦為患難方解之始小人猶未去君子正當用力九二九四當解之責六三六五上六為在位小人初

六一陰居二陽之下是自知退聽者也小人自知退而咎之可无也蓋君子不為已甚象曰剛柔之際義无咎也初六一柔本在上體反而居下與二陽遇宜其无咎也

九二田獲三狐得黃矢貞吉象曰九二貞吉得中道也

二為解難之君子田獲三狐得黃矢蓋三則為群謂上二陰也必盡小人之群而得之而利器未嘗失獲狐得矢不遺一鏃也以此解難得正而吉也象曰得中道也以二得中故為解難之善

六三負且乘致寇至貞吝象曰負且乘亦可醜也自我致戎又誰咎也

暴

當解難之時六陰也猶據下卦之上小人而乘車也據非其所其禍必至故曰負且乘致寇至象曰負且乘亦可醜也非其所據衆所始也自我至戎又誰咎也禍自已致又將誰咎繫辭子曰作易者其知道乎易曰負且乘致寇至負也者小人之事也乘也者君子之器也小人而乘君子之器也盜思奪之矣上慢下暴盜思伐之矣慢藏誨盜冶容誨淫易曰負且乘致寇至

九四解而拇朋至斯孚象曰解而拇未當位也

拇最下以九居四為解難之君子而下應初六猶有保祐小人之意必解去之則君子之朋至而相孚矣象曰

未當位也四不得中故有此戒

六五君子維有解吉有孚于小人象曰君子有解小人退

也

六五為解之主已居君位當解之時小人猶得君而未

去然君子之解不可已也六五何以處之孚于小人使

之自為去就以避賢者路可也象曰君子有解小人退

也言君子必解難則小人自當退也　仁祖處陳執中

正得此意

上六公用射隼于高墉之上獲之无不利象曰公用射隼

以解悖也

既解至五而陰猶據六是在高墉之象也公謂九四也必射而獲之然後盡解之善而解道成矣蓋此一陰獨據高位竊威福之權而在已者解而不獲必反為害所謂斷蛇不殊者也象曰以解悖也獲此一陰則亂去矣繫辭子曰隼者禽也弓矢者器也射之者人也君子藏器於身待時而動何不利之有動而不括是以出而有獲語成器而動者也必成器而後動謹之至也

西谿先生易說卷之九

下經

兑下艮上 損

損有孚元吉无咎可貞利有攸往曷之用二簋可用享彖曰損下益上其道上行損而有孚元吉无咎可貞利有攸往曷之用二簋可用享二簋應有時損剛益柔有時損益盈虚與時偕行

損下益上其卦為損卦自泰變損三一陽上益上九故下為兑而上為艮是損下益上之義也天下之人皆有愛君之心故相與出力以奉上聖人為之斟酌立為一

定之法夏商周之貢助徹不過什一皆損下益上之義
也其義盡見于損卦曰損有孚元吉可貞利有攸往損
之始出于斯民奉上之誠心故曰有孚必得六五之位
然後亦以受天下之益故曰元吉无咎其法不過天下
之中正故曰可貞出力奉上然後已得其治故曰利有
攸往曷之用二簋可用享然不可多損也謂將何用欤
苟有愛君之誠心不必其物之備也野人得芹且以獻
主而筐筥錡釜之器亦可羞於王公如其益止雖二簋
可用享也故彖曰二簋應有時損剛益柔有時損益盈
虛與時偕行蓋多取不若少取歲之豐歉無常不可以

豐

豐年取盈如二簋亦有時而用也
象曰山下有澤損君子以懲忿窒欲
損澤之上以益山則澤益下而山益高損下益上之象
也君子觀此當天下奉上之時財賦充溢宜懲忿而窒
欲蓋忿心不懲則必窮兵欲心不窒則必極侈窮兵極
侈則聚斂猶不足供其用矣
初九已事遄往无咎酌損之象曰已事遄往尚合志也
遄速也言下之益上農事纔已便當速往則无咎所謂
我稼既同上入執宫功之類此在下者之職也酌損之
因其奉上不可多取也宜斟酌而損之此在上者之

也蓋遄往者下人奉上之誠而酌損者上人愛民之
也聖人本無取民之心於損之初便言酌損象曰尚合
志也下遄往而上酌損君民之心無二本也

九二利貞征凶弗損益之象曰九二利貞中以為志也
初酌損得宜矣二又損則過故曰利貞征凶謂宜以中
正之法取民過征則凶也什一之法天下之中制多取
之則為桀少取之則為貉不可得而損益也故曰弗損
益之象曰中以為志也謂以中正之法為志也以二爻得
中故寓聖人立法之意

六三三人行則損人一人行則得其友象曰一人行三則

兩

疑也

損卦之成由此一爻上往故言損剛益柔之義謂下卦三爻同行則損一陽以益上一陽既往一陰順下而成應故曰三人行則損一人一人行則得其友言剛柔損益盈虛之理也象曰一人行三則疑也言三陽並行兩不成奇一不成耦必一陽上往然後剛柔相應而奇耦立故三則疑已繫辭於中又取致一之義曰天地絪緼萬物化醇男女搆精萬物化生易曰三人行則損一人一人行則得其友言致一也

六四損其疾使遄有喜无咎象曰損其疾亦可喜也

四初應受初之益疾害也當損去蠹財害民之政使往奉上者皆有樂輸其上之意如我朱孔陽為公子裳言私其豵獻豜于公之類則无咎故曰損其疾使遄有喜象曰亦可喜也

六五或益之十朋之龜弗克違元吉象曰六五元吉自上祐也

六五之君受天下之益古者以龜為貝十龜曰朋十朋言其數之多也民之奉君禮所當然不可得而辭也故曰弗克違元吉象曰自上祐也六五居上位天下皆祐之也

上九弗損益之无咎貞吉利有攸往得臣无家象曰弗損益之大得志也

居損之極不可復損也宜思所以益民故曰弗損益之則无咎而貞吉先王受地之制補助賑救之政皆所以益民也宜以此往益之則普天之下皆國爾忘家之臣也故曰利有攸往得臣无家象曰大得志也聖人取民未幾而與民之意已繼之矣蓋與民者聖人之本心也故曰大得志也

震下巽上 益

益利有攸往利涉大川象曰益損上益下民説无疆自上

下下其道大光利有攸往中正有慶利涉大川木道乃行
益動而巽日進无疆天施地生其益无方凡益之道與時
偕行
損上益下其卦為益受損以益君民之相與也如此古
人之於民夫受百畝凡而室廬服食器用之需皆上之
人與之至於賑賙之法補助之政又有以濟其不及盖
下之人既出力以奉上上之人必有實惠以及民此損
損上益下之所以為益也卦自否來四一陽下益初九
損上益下之義也曰利有攸往利涉大川古者君民相
親相接如省耕省斂之類皆是言夙駕以說于農郊者

也故曰利有攸往得衆則可以濟難故曰利涉大川彖損上益下民説无疆在上既有以與民恩義浹洽宜其説之无疆也上之人自上下下其道乃益大光明古者君民雖若等夷而君尊未嘗失也顧以下下而光明以益民之道往君民相得宜其有慶巽體居下以巽順下何難不濟故木道乃行聖人益民无有窮已卦動而巽故日進无疆惟恐其不益也天施地化其益无方凡益之道與時偕行天地益萬物更无限極聖人益民必欲與天地同大所謂配天其澤也故其益无方然天地之益萬物無時而不益未嘗有所止息也聖人之益民

與天運為不息則益道至矣故與時偕行蓋損上益下
聖人之本心也故其象辭賛之不容口

象曰風雷益君子以見善則遷有過則改

天地之益萬物萬過於風雷長養以風發生以雷然風
所以長養萬物亦所以肅殺萬物雷所以發生萬物亦
所以擊搏萬物發生長養天地興利之事也擊搏肅殺
天地除害之事也益民之事莫過于興利除害見善則
遷興利者之事也有過則改除害者之事也

初九利用為大作元吉无咎象曰元吉无咎下不厚事也

初居最下受益于上正當此爻君之益民豈必其盡出

楫

已物以與之但民生利用之具大為之興作則凡日用飲食無非聖人之賜是千萬世无窮之益也如作罔罟取諸離作耒耨取諸益作宮室取諸大壯作舟楫取諸渙之類所謂因民之利而利之也如此則得元吉而无咎象曰下不厚事也謂爻中既得元吉矣復止无咎何也蓋聖人與盡天下之利未嘗以為己功也獨以塞吾責而已故天下之人受聖人之益安于自能亦不知聖人之為厚我也故曰下不厚事也老人曰我耕田而食鑿井而飲帝力于我何加哉皆下不厚事之謂也惟不知其益所以為益之大

六二或益之十朋之龜弗克違永貞吉王用享于帝吉象
曰或益之自外來也
二臣位人臣受益于君者也十朋之龜言錫禮之蕃也
弗克違君命不敢辭也永貞吉受以正則吉也王用享
于帝吉人臣受益之極則左右奉璋以助祭如相維辟
公天子穆〻是也王九五也用二以助享于帝也象曰
自外來也謂五自外卦而來益已也
六三益之用凶事无咎有孚中行告公用圭象曰益用凶
事固有之也
三居下卦之上在下而長民奉君命以益民者也凶荒

及

札瘥益之用凶事者也謂當凶荒之年宜發倉廩以行賑救也如此則无咎有孚中行心苟自信則酌中而行之不必待君命也事已然後用圭而告公上蓋民之食必待中覆則無後矣正如汲黯河内事象曰固有之也謂天灾流行固有之事也

六四中行告公從利用為依遷國象曰告公從以益志也

六四近君非六三比益民之事須先告公上既從然後行之不然則為擅命遷國規民之利而遷之如盤庚遷都之類皆所以利民也損上益下正屬此爻故以遷國言之象曰以益志也君從臣行是以九五益民之意

益之也

九五有孚惠心勿問元吉有孚惠我德象曰有孚惠心勿問之矣惠我德大得志也

五君位處可為之勢有益民之實則順吾心而行之不待問于下也如此則元吉民受實賜然後惠我德而不忘於心矣故曰有孚惠我德象曰有孚惠心勿問之矣惠我得大得志也民惠我德是大得天下之心也

上九莫益之或擊之立心勿恒凶象曰莫益之偏辭也或擊之自外來也

下四爻皆受益而上九居外无職事之間民也古者民

也

有常數士農工商不易其業豈容有一不耕不販之閒夫哉故莫益之而擊之故田不耕者出屋粟宅不毛者有里布閒民无常職者轉移執事之類所以然者以其立心之勿恒也古者民有常産而有常心既无常心宜其凶也故曰立心勿恒凶象曰莫益之偏辭之不士不農不工不商求益偏之辭也或擊之自外來也所以擊之者以其不在四民之中自外而來也

乾上兑下　夬

夬揚于王庭孚號有厲告自邑不利即戎利有攸往彖曰夬決也剛決柔也健而說決而和揚于王庭柔乘五剛

孚號有厲其危乃光也告自邑不利即戎所尚乃窮也利有攸往剛長乃終也

夬決也五陽決一陰也然一陰在五陽之上小人之據尊位雖五陽並進而一陰在君側小人之善固結其君而不去者也將誅君側之小人辭雖直而勢不順自古寡謀淺慮輕動妄舉身戮而國隨以亂者皆不明夬決之理也故決衆小人易決一小人難衆皆去而一獨留且據尊位而得君必其巧詐之深而未易動也故處夬之道其為危懼戒謹之辭者不一聖人之示後世者深矣故曰夬揚於王庭小人據尊位彌縫之計密而君不

以為疑也必揚其過于王庭使人主明知其為小人也君既信矣然後號令于衆謂將有危事也使舉朝皆知其為小人也不利即戎小人竊威福之權利在興兵君子于此欲舉兵以誅之則惡在君側其勢不順而小人必勝矣故不利即戎而利有攸往陽氣方長陰道必終往則有功也彖夬決也剛決柔也衆剛決一柔也健而説決而和決小人之道也揚于王庭柔乘五剛也柔乘五剛之上小人據尊位者也必揚其罪于王庭使人主知其惡也孚號有厲其危乃光以危事警衆而豫防之則小人不能為害其危乃光也小人利在興兵若與兵

以應之是小人之計中而君子敗矣所尚乃窮也然剛長至五不容一陰之獨留往則必決故曰剛長乃終也

象曰澤上于天夬君子以施祿及下居德則忌

夫水升之則為雲降之則為雨澤氣升于天將決而為雨夬決之象也君子既去小人當振拔困窮而施之以祿若自居其功而澤不及下則自流于小人冒嫉之行矣

初九壯于前趾往不勝為咎象曰不勝而往咎也

陽進而決陰初居最下至微者也趾欲動也已居最微而欲輕動以誅君側之小人往必不勝而為咎矣李訓

鄭注未及舉事身巳膏斧鉞正坐此爾象曰不勝而往咎也

九二惕號莫夜有戎勿恤象曰有戎勿恤得中道也

二與九五同德既信于君矣但謹懼而施號令于邑使小人无所容則其勢自衰小人罪彰利在爲亂故莫夜有與兵之意九二不可啟兵端但勿恤之則其計不行象曰得中道也以九二得中故能盡決之道也

濡

九三壯于頄有凶君子夬夬獨行遇雨若濡有慍无咎象曰君子夬夬終无咎也

三與上六正應六在上頄也巳應之壯于頄也衆陽決

陰而已與之同凶道也君子處此當以義斷夬而又夬
重之也獨往遇六六必與和既爲所汚而能愠怒以絶（絶）
之猶可无咎象曰君子夬夬終无咎也
九四臀无膚其行次且牽羊悔亡聞言不信象曰其行次
且位不當也聞言不信聰不明也
四與上六同在君側位望已重无意除亂欲止則衆陽
並進于下勢不得安故曰臀无膚欲往則與六同事心
不能斷故曰其行次且若能牽引群陽以進則悔可亡
然四不中正又居説與六同體非能决者雖聞此言亦
必不信象曰位不當也以所居之位不中也聰不明也

以耳目聰明爲富貴利欲所蔽故終不能自决也自古大臣無意于决小人者皆其位望隆重而自懷顧惜之意

九五莧陸夬〻中行无咎象曰中行无咎中未光也

五君位當夬之時尚以一陰在上獨據尊位與衆陽之敵皆九五保祐之也莧陸至微物也蘋蘩蕰藻之菜尚可羞于王公莧陸匹夫之所不饗而今以薦玉食以喻小人不應至君側也爲九五者决〻而又决〻則可以居中履正而无咎矣故曰莧陸夬〻中行无咎象曰未光也小人猶在上非九五之明德也

上六无號終有凶象曰无號之凶終不可長也
就爻位言之則以陰據尊位就名卦言之則陽決而陰
消矣決而至此不假號令亦知其有凶矣象曰終不可
長也陰居上終豈有復長之理○卦雖五陽決一陰而
五陽皆未善初不能決二未成決三與爲應四與同體
五有保祐之意以見小人爲計之密君子受其欺而不
知覺聖人于爻辭反覆設諭獨詳于他卦于三爻四爻
猶致意君子處此可以自謹

巽下乾上　姤

姤女壯勿用取女彖曰姤遇也柔遇剛也勿用取女不可

與長也天地相遇品物咸章也剛遇中正天下大行也姤之時義大矣哉

姤遇一陰也一陰決畫反而在下與五陽遇故曰姤繫辭曰作易者其有憂患乎聖人重卦至此密知後世有非常之變重卦至姤其憂患又有甚于此者卦初六一柔以漸而長既進而二又進而三未有咎也進而至四則有无魚之凶進而至五則有自天之禍及進而至上則始有上窮之吝而於卦辭則曰女壯勿用取女一陰尚微聖人已預言女壯而戒以勿取重卦至此其三代未有之變乎其知漢唐之女禍乎武王數商之罪曰牝

雞無晨牝雞之晨惟家之索然不過惟婦言是聽而已
未至如後世之冠履易位也漢之吕氏猶曰與帝並輿
雖制政房闈而于大臣猶有所畏憚至唐武氏之變則
矯假威福臨制天下使天下之人重跡寢息厥角稽首
以聽命而不敢作為天地為之易位者數十載此三代
以來所未前聞也聖人逆知之而于姤卦見其義曰女
壯勿用取女一陰在下方來之勢下體為巽﹅﹅為長女
此女必壯勿取之可也蓋陰取初爻其位不正取之必
有凶也彖姤遇也柔遇剛也柔下而與剛遇也勿用取
女不可與長也女之于道易以說人一為所牵則事去

矣不宜與之長也然天地陰陽之遇不可絶也而況于
人道乎咸之取女歸妹之歸媵此天地之大義也所謂
剛遇中正者此也義又在一卦外故夫子于彖辭中推
廣言之曰姤之時義大矣哉
象曰天下有風姤后以施命誥四方
天之遇萬物以風而風行必出于天聖人體天風之象
以出命而制命之權則必出于人主夫惟人主能自有
其權而大臣奉行之則天下常治權不自立而或在奸
臣或在外戚或在宦官或在女子而亂階成矣故曰后
以施命誥四方誥命出于后則無姤之變

初六繫于金柅貞吉有攸往見凶羸豕孚蹢躅象曰繫于金柅柔道牽也

初六一陰生而五陽在上止之柅所以止車也五爻皆剛金柅也然柔道常善扳援雖欲止之而已係于金柅矣幸其微能貞守之則吉與之往則見凶蓋一陰位不正包藏之意已不可禦豕陰類也豕惟羸其性蹢躅不可忽也自此以往進以九五則姤之變成矣故有蹢躅之戒象曰柔道牽也以柔道扳援故五陽為所牽係也

九二包有魚无咎不利賓象曰包有魚義不及賓也

進而至二入而之包也魚陰類也故曰包有魚此位尚

微未有害也故曰无咎賓與主敵體者也以微賤自守則可與主之敵體非所宜也故曰不利賓象曰義不及賓也以義分之貴賤等級可不踰越使之及賓則敵體矣然女子之道非能安義分者也

九三臀无膚其行次且厲无大咎象曰其行次且行未牽也

又進而三居下體之上矣然意在蹢躅非能安于三位也欲居則不安故臀无膚欲進則未可往故其行次且厲危也事已危矣猶未進上體故无咎象曰行未牽所以次且而未進者以九五尚未為所牽也

九四包无魚起凶象曰无魚之凶遠民也

進而至四已居上體去五已遠不安陰類故曰包无魚
其進至此包藏禍心非一日之積也起則變成矣故曰
起凶象曰獨遠民也初爻民位至微者也扳援至此耶
初遠矣故曰遠民

九五以杞包瓜含章有隕自天象曰九五含章中正也有
隕自天志不舍命也

進而至五五君位也豈柔道之所當乎瓜藤蔓之物也
謂初六也杞高木也謂九五也柔道扳援而至此皆自
九五包之也其始相遇未始不中正故曰含章蓋陰道

能含其美也然不應至此必有自天之禍漢唐之事屘履倒置天地易位宗社幾危而戶庭蹀血其變故蓋有不忍言矣故曰有隕自天象曰中正也姤之始遇固出中正義分猶存也至變故之成則必不安命矣蓋夙夜在公抱衾與裯女子之知命者也推原所以至者只緣不安命之故

上九姤其角吝无咎象曰姤其角上窮吝也

及進而至上居姤之極物極必反故吝然无咎者姤道既吝則正道無咎蓋呂氏不誅則劉室不安武后不滅則唐祚不復故曰吝无咎象曰上窮吝也

坤下
兑上 萃

萃亨王假有廟利見大人亨利貞用大牲吉利有攸往彖
曰萃聚也順以説剛中而應故聚也王假有廟致孝享也
利見大人亨聚以正也用大牲吉利有攸往順天命也觀
其所聚而天地萬物之情可見矣
患難方興其卦為屯難興必散其卦為渙散則求聚其
卦為萃萃而得主其卦為比萃者人情欲合各成聚落
之時也卦四陰二陽以陽為主三應于上二爻皆陰非
萃之善初應於四聚而得吉元萃之位二應于五五正
君位成萃之功大畧如此曰萃亨散而復聚則亨也宗

廟者人心所係武王伐商載主而行高帝初興立漢社稷皆以係人心也故曰王假有廟必得九五之位然後爲萃之主故曰利見大人萃不以正其終必離故曰利貞天子祭天地皆用太牢君位既正方用大牲故曰大牲吉既用大牲萃道成矣故曰利有攸往彖曰萃聚也順以説剛中而應故聚也以二體言之下順而上説五剛得中下與二應得所聚也廟社人心所係所以假廟者示天下必有親也故曰致孝享大人萃之主見大人則得萃之正故曰聚以正至用大牲則天命定矣如用元牡之類故曰順天命泛觀天地間物蜂有屯蟻有

聚鴻雁之能群蚊蚋之雜襲莫不群分而自適皆其天
理之不可改則萃之情見矣
象曰澤上于地萃君子以除戎器戒不虞
澤所以聚水水溢地上未得所歸人情渙而求聚之象
也人情未一患故不測故除戎器以戒不虞
初六有孚不終乃亂乃萃若號一握為笑勿恤往无咎象
曰乃亂乃萃其志亂也
初與四應以陰求陽宜相孚也四位不當終不成萃故
曰有孚不終心不能定去就不決故曰乃亂乃萃萃而
以理不約而合若嬰兒之號泣然雖崇物以事之其號

泣自若也為父母者一握其手則為笑矣此見天理之萃故曰若號一握為笑四既無位進而萃五得萃之正勿恤而往可以无咎故曰勿恤往无咎象曰其志亂也

六二引吉无咎孚乃利用禴象曰引吉無咎中未變也五為萃主六二為正應下連三陰相引萃五萃之吉也故曰引吉无咎禴祭之薄也心苟相孚不必備礼故曰孚乃利用禴象曰中未變也往而即孚其志一也

六三萃如嗟如无攸往无咎小吝象曰往无咎上巽也三應上六六既齎咨故萃而嗟如往而萃五則无咎殆嗟終萃故小吝象曰往无咎上巽也互體為巽五居巽

上三居巽下同體而萃故曰上巽

九四大吉无咎象曰大吉无咎位不當也

四以陽居上體三陰下從故曰大吉不為萃主故止无咎以非君位終不成萃故象曰位不當也

九五萃有位无咎匪孚元永貞悔亡象曰萃有位志未光也

五得君位為萃之主故曰有位无咎渙而方萃人情未孚必元永貞然後悔亡蓋萃而得君其卦為比元永貞比之道也萃而成比則悔亡矣故曰匪孚元永貞悔亡象曰志未光也謂有位而精未孚故未光也惟其如此故

只成聚落

上六齎咨涕洟无咎象曰齎咨涕洟未安上也

五既正位六居五上失萃之時涕泣求五乃得无咎故

曰齎咨涕洟无咎象曰未安上也所處不安故涕泣也

慶

西谿先生易說卷之十

下經

巽下坤上 升

升元亨利見大人勿恤南征吉彖曰柔以時升巽而順剛中而應是以大亨用見大人勿恤有慶也南征吉志行也坤上巽下木生地中自下升上之義也古之賢者升進于上其道不一有自司徒命鄉論秀而升者自司徒升之司樂〻正升之司馬司馬升之王所有自侯方歲貢而升者天子得試之射宮中多者得與於祭有自三年大比因賢能之書而升者天子拜受登于天府古者進

升之道大略如此其條目纖悉見于周官之職掌與王
制所載而其義則隱于易之升蓋木之升也其句未萌
甲未折之時枝柯幹葉皆備於未升之時及其得地故
其升也莫能禦猶賢者方其未進也道德藴蓄皆當素
備故一出而名實遂孚矣卦辭升元亨君子之升大亨
之道也用見大人勿恤大人九五也升而至五則見君
矣宜無憂也自巽至坤皆離位也故南征吉象曰柔以
時升謂初六柔自下而升九二剛得中六五在上為巳
之應是以大亨也得見大人則有慶矣故无憂也卦屬
南方離明萬物相見木道至此其志乃行故曰南征吉

志行也

象曰地中生木升君子以順德積小以高大

地中生木以漸而升君子之升不能遽進也體二象之

順積小以高大蓋坤以順為德巽亦以順為德也古人

進身自有次第不容躐等

初六允升大吉象曰允升大吉上合志也

允信也初在下猶其未升也須誠實充足然後進而大

吉故賢者之未升必其行進于家德信于鄉然後可以

論進此自鄉大夫而升命鄉論秀而升皆自下推擇而

進也象曰上合志也謂上合六五之志也

九二孚乃利用禴无咎象曰九二之孚有喜也

進而至二五為正應潛德之孚于君矣故宜用禴不必禮文之備也此不由三道而升自以德孚于君是以為不次之升如傳説之于高宗以夢而升是也太公之于文王以卜而升是也象曰有喜也君臣相孚故有喜也

九三升虛邑象曰升虛邑无所疑也

又進至二三諸侯之位邑國也進而至此則一國皆推其善士矣又何疑焉此自侯國而升也故曰升虛邑象曰无所疑也謂德孚於邑國可以无疑也

六四王用亨于岐山吉无咎象曰王用亨于岐山順事也

四卿位至此所謂升之司馬將論以進于王也王即六五也岐山西山也此互體兑之上故曰岐山言六五之王將論定而官之是亨于岐山也象曰順事也進而至此既得卦體故曰順事

六五貞吉升階象曰貞吉升階大得志也

至此則進於天子之階矣或升之王或試之射宫或登之天府皆所謂升階也則升道亨矣故曰貞吉象曰大得志也升而至階得志可知也

上六冥升利于不息之貞象曰冥升在上消不富也

處升之極知進而不知退則顛冥乎利達者也君子知

彖

進退存亡故宜貞守貞守乃所不息也猶如木升之極必歸根復命雖華實剝落而生生之意又寓于其中矣所謂利不息之貞也象曰冥升在上消不富也升極則反其道消矣以柔居之故曰不富

坎下兌上　困

困亨貞大人吉无咎有言不信象曰困剛揜也險以說困而不失其所亨其惟君子乎貞大人吉以剛中也有言不信尚口乃窮也

困剛揜也三陽處三陰之間陽為陰所掩是君子為小人所困也然困而亨蓋惟君子為能處困身處困而道

未嘗不亨也貞大人吉謂九五也九五為困之主舉小人而去之則君子之道亨而得貞吉矣有言不信君子處困正當自守難以口舌辨也彖困剛揜也剛為陰所揜也卦坎險而兑悦險難而以説處之困而不失其所亨用此道也此惟君子能之被兵于匡宋絶糧于陳蔡而道未嘗少貶皆聖人事也九五以剛居中能亨困者也故曰以剛中也處困之時遜言以避禍故尚口乃窮也六爻之義聖人却有深意據君子為小人所困陽爻為君子陰爻為小人則陽爻當困而陰爻當吉然聖人設義初為陰爻困于株木三為陰爻困于蒺蔾上為陰

爻困于葛藟三陰爻皆凶九二雖困乃朱紱方來九四雖困其終反吉九五雖困乃徐有說三陽爻反吉以見小人之困君子君子終不可困而小人實自困也自古小人之困君子未有不自敗者聖人設此義以防民而後世小人猶有无忌憚者

象曰澤无水困君子以致命遂志

君子處困之道固如此

初六臀困于株木入于幽谷三歲不覿象曰入于幽谷幽不明也

初與九四為正應四君子也今有困君子之意故為九

四所絶四處互體巽〻爲木初欲托芘于其下已不能
矣故困于株木自處坎之下坎北方幽都也故曰入于
幽谷越三爻而求九四不能覿言爲君子所弃也象曰
幽不明也
九二困于酒食朱紱方來利用享祀征凶无咎象曰困于
酒食中有慶也
二處坎中坎爲酒食上下爲同體二陰所困所困特飲
食言所困之者少也朱紱君之服謂九五也詩曰朱紱
斯皇室家君王言九五將以同德來相求也故曰方來
君臣同德則可以受福故利用享祀然處二陰之中未

一可往也故征凶其困終亨故无咎象曰中有慶也見得君子未嘗困

六三困于石據于蒺藜入于其宫不見其妻凶象曰據于蒺藜乘剛也入于其宫不見其妻不祥也

三陰爻本欲困君子今乃麗于二陽之間反為君子所困前遇君子困于石也退遇九二據于蒺藜也上六已應也已困于葛藟是不見其妻也象曰乘剛也謂乘九二之剛也不見其妻不祥也繫辭子曰非所困而困焉名必辱非所據而據焉身必危既辱且危死期將至妻其可得見乎

九四來徐〻困于金車吝有終象曰來徐〻志在下也雖不當位有與也
三陽以同德相光九二在下陷乎二陰之間未能即來也故來徐〻上休兑為金下體坎為輪是金車也金車可以行處困之時未得行也雖吝然終必相求故有終
象曰來徐〻志在下也謂九二也雖不當爲位有與也
四爻所處之位雖不當然君子以同德相求故有與前輩謂小人无黨盖小人以利合終必相傾君子以理合故終必相與
九五刖劓困于赤紱乃徐有説利用祭祀象曰劓刖志未

體

得也乃徐有說以中直也利用祭祀受福也

五以陽剛處君位乃使小人得以用君子是誰之咎也

五威福之權在己不過去上下之小人則君子亨矣劓

刖也者用劓刖以劓在上之小人謂上六也用刖刑以

刖在下之小人謂三與初也赤紱臣服詩曰彼其之子

三百赤芾謂九二也上下小人既去則向者所困之赤

紱乃徐徐而來以同德而相說也君臣同德則必受福

故利用祭祀象以君子未得志而施刑故曰志未得也

九二居中而相應故曰以中直祭必受福故曰受福

也

上六困于葛藟于臲卼曰動悔有悔征吉象曰困于葛藟未當也動悔有悔吉行也

小人扳援而據上位猶葛藟也然小人不在宜上故臲卼不安九五之君有施刑之志聖人故戒之曰動必悔不容幸免也必有悔而往則吉謂小人无故困君子不獲罪而去則終必有无余之禍故曰動悔有悔吉行也謂小人苟能有悔而去則是小人之福也是以爲吉行也

巽下坎上　井

井改邑不改井无喪无得往來井井汔至亦未繘井羸其

瓶凶彖曰巽乎水而上水井〻養而不窮也改邑不改井乃以剛中也汔至亦未繘井未有功也羸其瓶是以凶也

巽下坎上木上有水為井木井幹也轆轤之幹也汲井者必登于水幹之上上水下木井之象也邑人所居其中有井都邑有遷徙而井常不移故曰改邑不改井无喪无得往來井〻湘鄉云利物而不費无喪也功成而不居无得也來而汲則不拒汲而去則不追人有往來而井之為井常自若也汔至則亦未繘井汔水涸也繘綆也當水涸而至則未施綆而汲〻則羸其瓶蓋井水

既涸則无以受瓶也象巽乎水而上水井此汲井之義也汲者以器巽乎水然後汲而上井道以出為功故曰上水井井養而不窮也此言井之德養物之功更無窮極惟有井之德所以酌而不匱也邑可改而井不可改者以二五剛得中惟中有定守所以不隨世變移也當水涸而至未能有功是以有羸瓶之凶見在二爻

象曰木上有水井君子以勞民勸相

勞民勸相則恩意浹洽猶井之澤也七月之詩九月之歌沐浴膏澤而歌咏勞苦皆古人勸相之事也

初六井泥不食舊井无禽象曰井泥不食下也舊井无禽

時舍也

井卦六爻綱領最好初井泥二井谷皆廢井也三井渫則渫初之泥四井甃則甃二之谷泥既渫谷既甃則井道全矣故五爻井洌而泉寒上爻則收而勿幕功用始及物而井道大成矣初六處最下坎為井泥井水貴清而泥濁之宜其不食故井廢而舊禽亦不往焉謂失井之道為時所棄也故曰時舍也

九二井谷射鮒甕敝漏象曰井谷射鮒无與也

二居初之上而體則巽下是井湮而為谷也井既為谷其水必涸但鮒幕相射而已於此施綆甕必敝漏蓋无

惻

以受甕也即彖所謂羸其瓶是也象曰无與也謂二所以為谷者以无與也四為之甃則有與矣

九三井渫不食為我心惻可用汲王明並受其福象曰井渫不食行測也求王明受福也

三言井渫〻初之泥也所謂浚井也井泥雖浚人猶未食故至者心測然以井澤未能及物也雖然亦可用汲矣猶之人也已德既治有明王在上汲而進之則天下蒙福矣象曰行惻也言行者見之惻然也求王明受福也

六四井甃无咎象曰井甃无咎修井也

四井甃〻二之谷也所謂修井也谷既甃則井之體全矣象曰修井也初與二爻在下體爲井之地故初井泥二井谷三與四居人位必盡人事故三井渫而四井甃以人事言人五與上則得之天矣是以三才之位取義也

九五井洌寒泉食象曰寒泉之食中正也

井至五爻初泥已浚二谷已修井道已全則井洌而泉寒爲時所食所謂養而不窮往來井〻皆在此爻象曰中正也

上六井收勿幕有孚元吉象曰元吉在上大成也

五爻井冽可食上爻水已在井上綆汲而水出功用及
物矣幕所以盖井也井功貴出无用幕也澤既及物故
曰有孚井道大成故曰元吉象曰元吉在上大成也

離下
兌上 革

革已日乃孚元亨利貞悔亡彖曰革水火相息二女同居
其志不相待曰革已日乃孚革而信之文明以説大亨以
正革而當其悔乃亡天地革而四時成湯武革命順乎天
而應乎人革之時義大矣哉

氵
澤上火下澤所以瀦水也水涸而火居焉非常之變也
其卦為革唐虞禪夏后殷周繼聖人以天下世其子然

得

繼

能

不佞必後世子孫之皆賢也有聖人起而易置之是其心也聖人不忍天下之塗炭乃身負犯上之名以合天人之心此天地之大變也而其事見于革文王三分天下有其二以服事商其事見于明夷文王非不能革也時未當革聖人不敢先時而當革聖人不敢後聖人不能違時不能失時而已文王晦其事于文夫子發其秘于彖學者即彖以觀文則革之義著矣曰革已日乃孚時既當革則信于心而革之雖聖人不敢私也利貞革以正也有湯武之志則可無湯武之志則亂也悔亡聖人舉事必得萬全事已而孚安得有悔彖義甚明

曆

鞏

伏

象曰澤中有火革君子以治曆明時

澤而有火澤之變也治曆明時所以察時之變

初九鞏用黃牛之革象曰鞏用黃牛不可以有為也

居革之下未嘗革也則固守臣節而不敢以妄動牛革堅忍之至言以此自固也時未可革湯武未嘗一日有無君之心也象曰不可以有為也

六二已日乃革之征吉无咎象曰已日革之行有嘉也

以臣革君自此而往已日時已至也時既當革則往而得吉且无咎也湯以七十里武王以百里天應人順湯武不敢辭但東征而壺漿迎伏鉞而元黃至是惟无往〻

則无敵于天下矣象曰行有嘉也

九三征凶貞厲革言三就有孚象曰革言三就又何之矣

三處疑也聖人以身任天下之变雖欲无革不容无革曰征凶貞厲進退皆危機也故言必三復既信而後行之升陑之師必在伊尹五就之後而孟津之役亦遲于三年觀兵之餘皆革言三就之義也象曰又何之矣三就之後何往不可

九四悔亡有孚改命吉象曰改命之吉信志也

四處下卦之上乾道乃革之會也变夏為商变商為周

時之既至聖人不能却其來悔既亡衆既孚則改命而吉矣象曰信志也湯武之革湯武之心固自信天下之心亦无不信蓋非利也為匹夫匹婦復仇也

九五大人虎變未占有孚象曰大人虎变其文炳也

五正君位聖人既作萬物咸覩天下皆利見也然攸徂之民室家胥慶于未來蘇之前孟津之師八百國不期而自至天下之孚不在于既占之後也故曰大人虎变未占有孚象曰其文炳也

上六君子豹变小人革面征凶居貞吉象曰君子豹变其文蔚也小人革面順以從君也

至此天下咸革矣君子自奮以副拔濯小人洗濯以聽
新政然征伐非聖人之得已也事已則歸馬放牛載櫜
弓矢示不復用盖既革之後不可復征也故于既革之
終戒以征凶居貞吉象曰君子豹變其文蔚也小人革
面順以從君也

巽下離上　鼎

鼎元吉亨彖曰鼎象也以木巽火亨飪也聖人亨以享上
帝而大亨以養聖賢巽而耳目聰明柔進而上下得中而
應乎剛是以元亨

鼎〻象也全卦有鼎象初為鼎足二三四為鼎實五為

失

鼎耳上爲鼎鉉離火巽木以木巽火又鼎之用也故名卦以鼎大抵聖人制器皆有个自然之象昔禹平水土九牧貢金于是象物以鑄鼎示人知所避歷代傳之以爲寶器武王克商遷九鼎于洛邑成王宅洛郏鄏卜世三十卜年八百及秦周之衰楚子問鼎周人假設以對以爲在德不在鼎秦漢而下[鼎]已淪亡武帝得寶鼎于汾陰荐告宗廟作爲詩歌載于史冊然則鼎者國家之重器也聖人重易巽下離上已有其象故曰鼎〻重器也主器必長子故曰元得鼎則昌大鼎則亡故曰吉用以享上帝養聖賢可以通于神明矣故曰亨象曰鼎象也

言卦有其象也以木巽火亨飪之義也亨以享上帝大亨以養聖賢皆鼎之用也下體巽體上離〻為目為文明五為鼎耳故曰巽而耳目聰明六五一柔進居君位下應九二之剛此蓋鼎之實在二鼎耳在五二五相應鼎道乃全故曰得中應乎剛是以元亨

象曰木上有火鼎君子以正位凝命

正位凝命主器者之事也離麗乎上所以正位巽申乎下所以凝命

初六鼎顛趾利出否得妾以其子无咎象曰鼎顛趾未悖也利出否以從貴也

以全卦之象言之初為趾二三四為實五為耳上為鉉
全體一鼎象也分上下體之象而觀之則上下體為二
鼎下體之鼎有足而无耳故九三云鼎耳革六爻皆是
取象故彖總言之曰鼎象也初為鼎足趾足也鼎有三
足今二而已蓋顛傾也傾則見其二而已顛趾則傾鼎
以出穢否穢也出穢以納新也取新之義也凡人納妾
多出于夷俘賤隸但以其子之可貴豈計其所出之卑
汚也亦弃穢取新之義也子以主器故于鼎之初言之
如是則雖顛趾而无咎矣象曰未悖也言趾非真顛也
以出穢而顛是故鼎道未悖利出否以從貴也妾以子

貴故也

九二鼎有實我仇有疾不我能即吉象曰鼎有實慎所之也我仇有疾終无尤也

二為鼎實以剛居中有實之象也五二之匹也五為鼎耳麗乎上體不能下接有相疾之象然二麗鼎上若圯而下則鼎虧矣雖不我即然終吉也象曰慎所之也耳麗乎上二為鼎實不能上往故曰慎所之賴乎二不上往五不下接而鼎道全故終无尤

九三鼎耳革其行塞雉膏不食方雨虧悔終吉象曰鼎耳革失其義也

塞

三在下體之上分上下體言之有足而无耳〻革則不能舉以行而其行塞離為上為雉鼎既无耳雉无所立故不下食觀高宗則曰雉升鼎耳而鳴今鼎耳既革宜其不食也若與上體合陰陽相合而鼎体全而悔散矣故曰方雨虧悔終吉象曰失其義也言耳革則失鼎之義也

九四鼎折足覆公餗其形渥凶象曰覆公餗信如何也

四居上體之下分上下體而言之有耳而无足〻既折其餗必覆不勝鼎之任也故慙靦見于色而其形渥然

象曰信如何也係辭曰德薄而位尊知小而謀大力小而任重鮮不及矣易曰鼎折足覆公餗其形渥凶言不勝其任也

六五鼎黃耳金鉉利貞象曰鼎黃耳中以為實也

五鼎耳也鼎之舉動在耳五為鼎主位得中黃中色也故曰黃耳鉉所以舉鼎而行九居上金絃也五必得上鼎體乃全未與上合利在乎貞蓋未可行也象曰中以為寔也以黃取中義

上九鼎玉鉉大吉无不利象曰玉鉉在上剛柔節也

上鼎之鉉玉為和物也鼎道貴和得玉鉉則陰陽和也

而鼎之功成矣鉉一也五取金鉉上取玉鉉金以剛為義玉以和為義五體柔故以剛為貴上體剛故以和為貴離上為火而鉉居之金畏火而玉不畏火故成鼎之功以玉為貴也鼎之功成則享帝養賢而鼎道亨矣故大吉无不利象曰剛柔節也言陰陽和而得剛柔之節也

西谿先生易説卷之十

觀

西谿先生易說卷之十一

下經

震下震上 震

震亨震來虩〻笑言啞〻震驚百里不喪匕鬯彖曰震亨震來虩〻恐致福也笑言啞〻後有則也震驚百里驚遠而懼邇也出可以守宗廟社稷以為祭主也

洊雷為震雷天地之威也莫震如之處震驚而不動然後可以觀人之所養人固有也疾雷破山而耳不拚泰山隨前而目不瞬者其中有主而所存者素定也其義則見於震曰震亨恐懼而至亨也虩〻恐懼貌當天地

動威之時不可不恐懼故震來虩虩然君子所履出處語嘿皆有常則不以恐懼而變也故笑言啞啞震驚百里震之極也當其承宗廟祭祀手執匕鬯以交鬼神此時此心純一无間雖震驚百里而所執不喪也人心常如、執匕鬯之時則天下患難莫之恐懼矣雖六五爻可以當之彖曰震亨震來虩虩恐致福也以恐懼而致福也笑言啞啞後有則也雖處恐懼而出處語嘿之常則不失也驚遠懼邇震之極也震處之極而此心不動則可以守宗廟而主祭矣此就不喪匕鬯之中取義也

象曰洊雷震君子以恐懼修省

來

彖

恐懼修省此心無時而不存也

初九震來虩〻後笑言啞〻吉象曰震來虩〻恐致福也

笑言啞〻後有則也

震之初言所以處震之道已見於彖

六二震來厲億喪貝躋于九陵勿逐七日得象曰震來厲

乘剛也

雷陽氣也陽居初與四為洊雷二與三為初所震五與

上為四所震六二以柔居柔中无所主者也為初所震

大喪其所有之貝互體有艮升艮之上而至六五〻能

无喪六二之貝既喪而復得艮少陽其數七越艮而得

五是七日也故曰躋于九陵勿逐七日得謂六二中无所守能和六五之有事則可以无喪也象曰乘剛也謂乘初九之剛為初所震也

六三震蘇〻震行无眚象曰震蘇〻位不當也

以六居三其位本危方處震六為初所震氣息僅存故震蘇〻然以恐懼而行亦可无眚不失為戒謹之事也象曰位不當也以三位不正也

九四震遂泥象曰震遂泥未光也

四處洊雷陷互體坎中遂泥之象也象曰未光也以中行剛非善處恐懼者

匕

六四震往來厲億无喪有事象曰震往來厲危行也其事在中大无喪也

五為洊雷所震初震纔往四震又來故曰震往來厲以柔處剛中有所主故震而无喪其所以无喪者以其有事也孟子所謂必有事焉而勿正曰有事存養之功也此心所存當如執匕鬯之時則何恐懼之可變故六五有事雖洊雷而不能震也不失匕鬯此爻當之象曰震往來厲危行也謂莫危於洊雷也其事在中大无喪也惟此心主一其中有事則大无喪也億大也

上六震索索視矍矍征凶震不于其躬于其隣无咎婚媾

有言象曰震索〻中未得也雖凶无咎畏鄰戒也
處震之極為洊雷所恐故索〻而又矍〻驚懼如此征則必凶然四震在五非震六也震不在己之躬而在己之鄰因鄰致戒可以无咎蓋恐懼戒謹不失為謹獨之學也已應在三婚媾也三居坎下坎為小有言三震蘇蘇豈能救已所以有言象曰震索〻中未得也以中未有所得故其恐索〻雖凶无咎畏鄰戒也凶而无咎者因鄰致戒聖人與之

艮下艮上　艮

艮其背不獲其身行其庭不見其人无咎彖曰艮止也時

止則止時行則行動静不失其時其道光明艮其止止其所也上下敵應不相與也是以不獲其身行其庭不見其人无咎也

艮止也止其所而不與物接也不與物接則與物背故但見其背而已咸與物感故咸卦六爻人之前艮與物背故艮卦六爻言人之背曰艮其背不獲其身行其庭不見其人既與物背人所見者背而已是以不獲其身也庭者交際之所既與物背雖行於交際之所亦不得見其人也彖曰時止則止時行則行動静不失其時其道光明艮固止也然亦不終止可以出則出可以處則

處各當其時之可而已故曰不失其時其道光明聖人此意于學者深有功艮其止〻其所也萬物各有所止能止於當止之所則止道得矣上下六爻剛柔不能相應无相與之義惟不相與故與物背而但見其背惟其如是故不獲其身行其庭不見其人无咎也

象曰兼山艮君子以思不出其位

言止其所也如立天下之正位素其位而行不在其位不謀其政皆位也

初六艮其趾无咎利貞象曰艮其趾未失正也

六爻皆言人之背以正為義欲止而不欲動趾在下而

不動則无咎利永貞人有止於暫而不能止于久者非善止也故曰利永貞象曰未失正也能止于初故未有失

六二艮其腓不拯其隨其心不快象曰不拯其隨未退聽也

二居趾上腓也物在前而足向後但見其腓而已與物皆故不拯而隨物然心固難持也足雖不拯而心常不快故止不在腓而在心〻止則腓止是止腓之道也象曰未退聽也言未正心而正腓故腓未退聽也

九三艮其限列其夤厲薰心象曰艮其限危薰心也

限者背之下股之上腰折處也夤累肉也人身欲轉力在夤限三位當之故艮其限列其夤使不相屬所以然者恐行與物接則危懼足以薰心也蓋蹶者趋者是氣也而足以反動其心也象曰艮其限危薰心也恐危難薰汝心也

六四艮其背身无咎象曰艮其身止諸躬也

四在夤上通以身言之身既止則止其所矣象曰止諸躬也

六五艮其輔言有序悔亡象曰艮其輔以中正也

五處躬上輔頰之兩旁骨背後可得而見者咸説前故

兩

並見頰舌艮説後故止見其輔口言則輔動輔止則言寡故言有序象曰以中正也止而至此得止之正矣

上九敦艮吉象曰敦艮之吉以厚終也

自趾之輔皆得所止則止道厚矣故艮之終但賛以厚艮吉象曰敦艮之吉以厚終矣○易中惟咸與艮言人之身咸言人前艮言人背艮卦艮其腓咸亦咸其腓咸卦咸其輔艮亦艮其輔蓋腓雖在後前可得而見故咸卦得兼艮之腓輔雖在前後可得而見故艮卦得咸之輔

艮
巽　漸

漸女歸吉利貞彖曰漸之進也女歸吉也進而得位往有功也進以正可以正邦也其位剛得中也止而巽動不窮也

漸進以漸也止而巽漸之義也水之流也以漸木之生也以漸鴻之飛也亦以漸至漸莫如水而木漸鴻漸如之象取木漸以二體言之六爻則取鴻漸以物之有德者言也自初漸于干以次至五乃漸于陵此言漸進之義而鴻之德則在上爻鴻漸于陸君子恥一物之不知論格物之學未有如易之畫者觀漸可見卦辭曰女歸吉進之漸莫如歸女〻子從人必待六禮之備至不苟

也納吉納采問名納幣請期親迎各有其序不可遽合也卦則九居五夫道也六居二婦道也二進歸五如鴻之漸故曰漸女歸吉利貞進以正也彖進得位往有功也其位剛得中也指二五言也進以正可以正邦也未有已不正而能正人者也止而巽動不窮也止于其所以順往則得動靜之故時，其動不窮此漸進之義所謂非其往不往非其居不居之意也

象曰山上有木漸君子以居賢德善俗

木之生也其進必以漸善俗之道要非一日王豹處于淇而河西善謳杞梁之妻善哭其夫而変國俗漸之道

盖如此

初六鴻漸于干小子厲有言无咎象曰小子之厲義无咎
也鴻物

鴻物之隨陽者也寒氣復則自北而南其來也必以漸
六爻設鴻漸最有綱領就物理觀之鴻之飛其群不亂
其長幼有序其飲食不貪其夫婦相保其防患有道此
物之有德者也據六爻則鴻于上群雁也鴻之飛長在
前而幼在後此其序也干水湄也初漸于干以次而進
所謂非其居而不居也初處最下小子也厲危也鴻之
進也常有弓繳之危故小子厲有言遇有危事則鴻以

警衆即俗語所謂雁奴是也其防患有道故雖危无咎象曰小子之厲義无咎也防患如此宜其无咎也

六二鴻漸于磐飲食衎衎吉象曰飲食衎衎不素飽也

磐水中之石二進止磐止而食也所謂君看隨陽雁各有稻粱謀是也然鴻食則呼衆故飲食衎衎衎衎和鳴也象曰不素飽也言其飲食不貪也

九三鴻漸于陸夫征不復婦孕不育凶利用禦寇象曰夫征不復離群醜也婦孕不育失其道也利用禦寇順相保也

陸平地鴻之所遵也三進至陸雁爲陽鳥卦中三陽上

與五在前九三處二陰之間失群雁也所謂誰憐一念影相失萬重雲者也應在上夫也往而不復已婦也失配故孕而不育然雁群不亂止則相保故利用禦寇不可他配也象曰離群醜也言上九離其類而去也婦孕不育失其道也失陰陽之道也利用禦寇順相保也謂上九依前漸陸而相保也

六四鴻漸于木或得其桷无咎象曰或得其桷順以巽也

四進至木居巽體巽為木雁足有蹼不能爪木桷木之平處故亦可止巽體順故為得桷象曰順以巽也

九五鴻漸于陵婦三歲不孕終莫之勝吉象曰終莫之勝

吉得所願也

五漸至陵二巳應也在後不孕然女歸以漸故終莫之勝象曰得所願也

上九鴻漸于陸其羽可用為儀吉象曰其羽可用為儀吉不可亂也

飛極則止上應在三依前遵陸以求巳配蓋其群不亂鴻之德也聖人觀此羽毛其飛有序其止有所其飲食不饒其群不亂其夫婦相保其防患又有道是物之有知而又有義者也故可用以為儀如贄見執雁婚禮奠雁之類謂其德可以配禮也象曰不可亂也三言順相

保上言不可亂于此可觀物理

兌下震上　歸妹

歸妹征凶无攸利彖曰歸妹天地之大義也天地不交而萬物不興歸妹人之終始也說以動所歸妹也征凶位不當也无攸利柔乘剛也

咸言取女漸言女歸又說歸妹何也歸妹歸娣也古者諸侯一娶九女以娣從之無娣則以姪從故一國之女不以異姓娣之年未及則待年于父母之邦及期然後迎以歸故歸妹人之終也謂嫡婦巳久姪娣之媵待年而歸既歸則終事也然娣媵之歸必以禮迎女子從人

其歸以漸不待禮而進非夫婦之義故曰征凶歸妹之禮不能如嫡故曰无攸利彖古人歸妹蓋廣繼嗣之道故曰天地之大義也天地不交而萬物不興男女不交而萬物不生曰歸妹人之終始也嫡既歸矣繼以娣媵終事也故曰人之終始兑説而震動歸妹之義也媵道居五禮迎後歸餘爻未迎義不當歸故曰位不當也以六居五其袂雖良其禮則殺故曰无攸利柔乘剛也

象曰澤上有雷歸妹君子以永終知敝

澤上有雷水氣隨之而升則陰陽和而為雨是天地之交歸妹之象也歸妹人道終始故君子以永終知敝

初九歸妹以娣跛能履征吉象曰歸妹以娣以恒也跛能履吉相承也

初處兑下兑為少女娣之象也兑為毁折跛之象也為其非嫡宜亦不足如跛能履以此往則吉謂能自降於嫡也象曰以常者謂此是天子諸侯之常道也吉相承者以其嫡媵之相承所以吉也

九二眇能視利幽人之貞象曰利幽人之貞未變常也

二應在五而五歸之五柔二剛故戒以眇能視謂非可以與嫡並宜亦不足如眇能視以幽人之道自守則吉象曰未變常也謂以義分自守也

六三歸妹以須反歸以娣象曰歸妹以須未當也
三年未及而欲歸者也須待也謂年未及尚待年也俟
嫡反歸而以娣行則方可往也象曰未當也言未當歸
也
九四歸妹愆期遲歸有時象曰愆期之志有待而行也
四年已及而未歸者也故曰愆期然其歸亦有時矣謂
其歸亦不久也象曰愆期之志有待而行也
六五帝乙歸妹其君之袂不如其娣之袂良月幾望吉象
曰帝乙歸妹不如其娣之袂良也其位在中以貴行也
五歸妹之主君嫡也其娣新歸故其嫡之袂不如新歸

之袂良人情喜新厭舊故幾望則吉謂於禮宜殺也望則與嫡敵體矣象曰其位在中以貴行也歸妹在五歸而從君是以貴行也

上六女承筐无實士刲羊无血无攸利象曰上六无實承虛筐也

无實无血謂非嫡也筐者所以承告虔之物也承筐无實不贄見也士謂夫也殺牲所以告廟也血毛必具刲羊无血不告廟也以其歸也不贄見不告廟所以无實无血也爲設嫡媵之禮使知貴賤等數之異三代盛時爲娣媵者能以義命自守而无上僭之蔽者以禮教素

明也故聖人於歸妹上爻特設其義其意遠矣象曰上六无寔承虛筐也

離下震上　豐

豐亨王假之勿憂宜日中彖曰豐大也明以動故豐王假之尚大也勿憂宜日中宜照天下也日中則昃月盈則食天地盈虛與時消息而況於人乎況於鬼神乎

豐大也言光明盛大之時也卦震上離下六五之君出震在上天下之明皆歸之故豐曰豐亨大而亨也王假之謂王者當天而假此也勿憂天下无虞也宜日中日君象也日之方中天下无不被其臨照有日中之主在

上則天下常如豐亨之時也彖豐大也明以動故豐天下盛大之時設施注措无不光明故曰明以動故豐也皆王者積累艱難之所至故曰尚大也日中之主在上天下皆在臨照則能有其豐矣故曰宜照天下也治亂安危與世推移日中之主不常出也大弊極壞之形常出於豐亨豫大之後故曰日中則昃月盈則食天地盈虛與時消息此理也雖天地如之人與神安得而違也故曰而況於人乎況於鬼神乎以卦辭言宜日中故彖重發此意以為後世習治者之戒

象曰雷電皆至豐君子以折獄致刑

去四
八

雷天地盛大之氣也電天地光明之氣也盛大光明豐亨之象也為豐之主體光明之氣以折獄體盛大之氣以致刑折獄致刑明以動者之事也

初九遇其配主雖旬无咎往有尚象曰雖旬无咎過旬災也

豐卦六爻以五為日中之主在五上下五爻皆當歸五初與五遠以求九四配主也謂剛柔相配也下體離：數以越四而得五旬日方遇也苟往而得君雖旬无咎但往則有尚象曰過旬災也過旬而不至則必有災蓋求主不可後也

六二豐其蔀日中見斗往得疑疾有孚發若吉象曰有孚發若信以發志也

二離體在下六五日中之主也日中之主在上豈容在下者得耀其明豐其蔀自蔽其明也盖五日既中見巳之明猶斗之明然也當日之中斗安得明所謂日月出而爝火息也遽以明往其君必疑君德既孚然後發巳之志以上應則得吉象曰信以發志也

九三豐其沛日中見沬折其右肱无咎象曰豐其沛不可大事也折其右肱終不可用也

三居下卦之上在下而得民者也欲自施沛澤以收衆

心故曰豐其沛然日中之主在上豈容三施澤但見其
如水之沫然自然消爍也所謂雨雪瀌〻見晛曰消者
也苟欲无咎勢當自傷以示无用然後可故曰折其右
肱无咎象曰豐其沛不可大事也蓋小之也折其右肱
終不可用也謂其自傷以求免禍
九四豐其蔀日中見斗遇其夷主吉象曰豐其蔀位不當
當也日中見斗幽不明也遇其夷主吉行也
四近五居大臣之位依日月之光可也亦當先自蔽其
明日既中矣見四之明亦如斗然夷平也謂六五也以
六居五為夷平之主往遇之則吉象曰豐其蔀位不當

也以居位不當宜自蔽其明日中見斗幽不明也謂日
既中斗不應有明也往遇夷主以明歸君是以吉行也
六五來章有慶譽吉象曰六五之吉有慶也
六五爲日中之主天下之明盡歸來之故曰來章所謂
室家種葵藿也不惟得位又且得名故曰有慶譽吉
象曰六五之吉有慶也所謂王假尚大宜照天下皆在
此爻宜其有慶也
上六豐其屋蔀其家闚其户闃其无人三歲不覿凶象曰
豐其屋天際翔也闚其户闃其无人自藏也
上六居卦之外不受六五之照臨者也既豐其屋又蔀

其家深自掩蔽自處于覆盆之下怡聲屏氣視之若无人焉然日中之主出矣豈容其偃然自大若三歲不覿則六師夷之矣以堯舜之世十日在上而三子偃于蓬艾之間雖堯舜不能釋然于南面况下于堯舜者哉三歲不覿是自取凶也象曰豐其屋天際翔也闚其戶閴其无人自藏也

離上艮下 旅

旅小亨旅貞吉彖曰旅小亨柔得中乎外而順乎剛止而麗乎明是以小亨旅貞吉也旅之時義大矣哉

旅商旅之道也商旅至微也聖人設卦安用屑屑於商

旅哉古者四民商居其一洪範八政繼食以貨盖懋遷
有無阜通貨賄亦有國者之先務也九旅行者為商坐
者為賈揔名之旅也卦辭小亨言旅貞吉又言旅與他
卦辭異者以卦中有二旅者也有出塗之旅行商是也
有坐肆之旅坐賈是也卦艮下離上離明乎外艮止乎
內小亨在外之旅出塗之旅也貞吉在內之旅坐肆之
旅也貴內旅貴處艮止之義外旅貴出離明之義明而
出則亨止而處則貞故外卦三爻貴出內卦三爻貴處
彖柔得中乎外而順乎剛外旅之事也六五一柔麗乎
二剛之間非順不能也止而麗乎明內旅之事也下體

雖止非麗乎上體之明則無以通遠方之貨惟其如此
故外者小亨而内者貞吉也
象曰山上有火旅君子以明慎用刑而不畱獄
山上有火明足以及遠商旅覘四方物價之低昂而操
其利非明足以見遠不能也君子觀旅之象明慎用刑
而不畱獄蓋貨財貴阜通而刑獄不欲積滯也財利君
子不言故體其象以明獄
初六旅瑣〻斯其所取災象曰旅瑣〻志窮災也
六在下最賤旅之童僕也為言待童僕之道人以待童
僕苟屑〻焉惟毫末是計則其下必不安而反有脱遺

之患故曰旅瑣瑣斯其所取災象曰志窮災也童僕之志窮則為變矣

六二旅其次懷其資得童僕貞象曰得童僕貞終无尤也

在內為坐肆之旅二爻當之故曰旅即次即其資而次止也故其資不散童僕在下切近于己而已得之則可以貞守而吉也象曰終无尤也

九三旅焚其次喪其童僕貞厲象曰旅焚其次亦以傷矣以旅與下其義喪也

三下體宜處者也上係于離離火也為離所焚故旅焚其次其次既焚童僕亦喪蓋初童僕也已為二得已不能

有取也既焚且喪雖貞亦厲象曰旅焚其次亦以傷矣
以旅與下其義喪也
九四旅于處得其資斧我心不快象曰旅于處未得位也
得其資斧心未快也
四上體宜出者也下連于艮艮止也為艮所止故曰旅
于處宜出而處何以獲利但得其資斧而已故其心不
愜快象曰旅于處未得位也以未至五也得其資斧心
未快也
六五射雉一天亡終以譽命象曰終以譽命上逮也
上卦為在外之旅五當之旅乘時射利者也如射雉然

矢

不斬一矢之亡然後可以得禽必委千金之資然後可以謀什百之利亡矢得禽委資而得利旅道之善也然後可以當富商巨賈之名故終以譽名象曰上逮也謂有道以至此也

上九鳥焚其巢旅人先笑後號咷喪牛于易凶象曰以旅在上其義焚也喪牛于易終莫之聞也

五既得譽可以貞守矣而利心无厭處離之極乃焚其巢拔援不已義必喪也方其焚也以身免為喜故先笑反其定也資斧皆喪莫之追悔故後號咷牛所以載資斧也牛既喪則資斧喪可知聖人故戒之曰所以喪牛

者以利心拔援不能持重故也喪牛於易象曰以旅在上其義焚也謂拔援不止義當焚也喪牛于易終莫之聞也人之利心不可過雖戒之以輕喪終如不聞也聖人設此義後世謀利者莫不脗合

巽下巽上 巽

巽小亨利有攸往利見大人彖曰重巽以申命剛巽乎中正而志行柔皆順乎剛是以小亨利有攸往利見大人巽順也下也柔行巽入之道小人之事不可以常也巽為風為君者體之以出令上以言巽下〻因言以巽上則不害其為巽故巽之道在上行之則為恭為謙為敬

體

有禮在下行之則為諂為佞為巧言令色足恭六爻綱領亦取此為義上三爻在上者之巽也故上三爻皆善下三爻在下者之巽也故下三爻皆未善曰巽小亨以柔巽人非大亨之道利有攸往柔行巽入无往而不可利見大人見君之初未可求深故雍容和緩為告君之禮然不可以順為正為小亨之道也所謂仁言不如仁聲言語之感人也末彖言重巽以申命亦小亨之道也卦二五剛皆得中以巽而吉二柔處四剛之下皆順乎剛體上下二卦之義乃善于用柔者是以小亨利有攸往利見大人者之所為也

象曰隨風巽君子以申命行事

象義甚明

初六進退利武人之貞象曰進退志疑也利武人之貞志治也

進退趑趄囁嚅之象也以柔處下而巽乎上其行進退易流于諂濟之以剛猶无害也故利武人之貞象曰進退志疑也利武人之貞志治也人惟以志為帥則不為血氣所動

九二巽在床上用史巫紛若吉无咎象曰紛若之吉得中也

下

二處重巽〻在床下過于巽也以九居二猶為得中小亨可也故用之史巫繁縟之禮則吉亦非君子事神之道象曰得中也

九三頻巽吝象曰頻巽之吝志窮也

三處重巽之間巽而又巽以巽為常者也已不中正以巽為常吝道也象曰頻巽之吝志窮也

六四悔亡田獲三品象曰田獲三品有功也

四與五在上體處上而巽不害為恭四以柔處衆剛之間以巽得上下之心故曰田獲三品田獵得禽一乾豆二賓客三充軍之庖象曰有功也

九五貞吉悔亡无不利无初有終先庚三日後庚三日吉
象曰九五之吉位正中也
以君位處巽而得中居上而下ㄧ君德之善也故貞吉悔亡无不利君之巽下必以言重巽申命未從而命是无初也既命而從是有終也先庚三日後庚三日申命之道也先庚三日而得丁後庚三日而得癸人君申命必須大告天下使明知上意然後陳揆而行之故大盛於丁而陳揆於癸也
上九巽在牀下喪其資斧貞凶象曰巽在牀下上窮也喪其資斧正乎凶也

處巽之極過乎巽也在上而巽固巽之善用巽而過又正乎凶二處下體巽在牀下未害也已處上體巽在牀下則反失威重併其資斧喪之矣古人有行之者夷主下堂見諸侯未害為恭也而諸侯反不至正謂此也象曰巽在牀下上窮也喪其資斧正乎凶也

西溪先生易說卷之十一

西溪先生易說卷之十二

下經

兌 兌下兌上

兌亨利貞彖曰兌說也剛中而柔外說以利貞是以順乎天而應乎人說以先民民忘其勞說以犯難民忘其死說之大民勸矣哉

兌說也上之使下〻之事上非相說則不相得然有君子之說有小人之說君子易事而難說以理義而說也小人難使而易說以勢利而說也陽為君子陰為小人卦中六爻陽爻吉而陰爻凶君子小人之說固不同也

兑亨說而亨也說則上下之情通利貞說以正也彖說之大民勸矣哉夫天地萬物不說則不能以相得而况乎君與民哉豳風七月皇華四牡爲之歌咏其辛勤勞苦皆古者勸民之大畧也

象曰麗澤兑君子以朋友講習

朋友講習所以求理義之說

初九和兑吉象曰和兑之吉行未疑也

處下而說易於同流而合汚不同之謂和有柳下惠之志然後可以言和兑象曰行未疑也所謂遺逸而不怨阨窮而不憫皆行未疑之事也

九二孚兑吉悔亡象曰孚兑之吉信志也

二應五君臣同德而相説孚兑之吉也象曰信志也

六三來兑凶象曰來兑之凶位不當也

以六居三上與六應小人之相説也小人易説故來則説

九四商兑未寧介疾有喜象曰九四之喜有慶也

四與初同德而説于三陰故去就不決商議而未寧若介然疾三之陰而説初之剛則有喜象曰有慶也

九五孚于剥有厲象曰孚于剥位正當也

五與二相孚而上六説之小人之説君將以剥君子也

九五剛中之君當以嚴厲待之則得遠小人之道故曰有厲象曰孚于剝位正當也

上六引兑象曰上六引兑未光也

上與三應而相説小人之説也小人相濡沫皃女之常事也不言吉凶象曰上六引兑未光也

渙 坎下兑上

渙亨王假有廟利涉大川利貞彖曰渙亨剛來而不窮柔得位乎外而上同 王假有廟王乃在中也利涉大川乘木有功也

渙散而未得所萃之時也九五爲渙之主渙而欲萃必

萃于五卦爻皆歸五渙亨渙有亨之理王假有廟宗廟人心所係有廟則人心定矣利涉大川上下共濟則渙而萃矣彖曰剛來而不窮卦自否來九四一剛來居九二與五為同德之應相與以濟渙柔得位乎外而上同六二一柔上居六四得大臣之位而上同於五〻為渙臣主所以成渙之功者以此二爻一為近臣一為正應之臣故也王假有廟王乃在中也在中謂九五也卦中巽木居坎上有舟可以濟難故曰利涉大川乘木有功也

象曰風行水上渙先王以享于帝立廟

享帝立廟則渙之主定矣

初六用拯馬壯吉象曰初六之吉順也
當渙之時人必求主五為渙主初居最下非壯馬則不
能遠征故拯馬吉象曰初六之吉順也
九二渙奔其机悔亡象曰渙奔其机得願也
二與五應而又同德奔五則登五之机謂五設机以待
其來也如信往而登壇良往而帷幄皆奔其机之謂也
象曰渙奔其机得願也
六三渙其躬无悔象曰渙其躬志在外也
三與上應而上无位不若自身拔而歸五故曰渙其躬
无悔如信布等棄楚而歸漢也象曰渙其躬志在外也

六四渙其群元吉渙有丘匪夷所思象曰渙其群元吉光大也

六四近五任五腹心之寄群集天下之才以為五用故渙其群元吉丘者物之所聚凡一智一能收拾无遺如丘之聚物又當脫畧邊幅不可有等夷之思則人才萃而九五之功濟矣漢之蕭何唐之元齡皆當此任不然則人才之歸无所受也象曰渙其群元吉光大也居此位者非光大之臣不可所謂其心休〻其如有容者也然後可以受天下之才

九五渙汗其大號渙王居无咎象曰王居无咎正位也

五為涣主濟涣之功既正君位則大告天下令出如汗可出不可反故曰涣汗其大號涣王居即王者之居也

象曰王居无咎正位也

上九涣其血去逖出无咎象曰涣其血遠害也

九居卦上涣功成而論賞也當涣之時患難相同未必心异功成居賞則君疑而邪念起矣當此之時高飛遠引不以爵邑為事如子房之長往則无良弓走狗之禍矣故曰涣其血去逖出无咎象曰涣其血遠害也盖君臣以涣而合非有堂陛之素必不能相終凡此皆遠害之道也

兑下坎上　節

節亨苦節不可貞彖曰節亨剛柔分而剛得中苦節不可貞其道窮也説以行險當位以節中正以通天地節而四時成節以制度不傷財不害民

天下之物莫不有節〻則也理之不可過者也天下之財有限而人主之欲无窮聖人立為中正之制凡衣服飲食器用之具多寡之數尺寸之度皆有常則而不可過故儉為聖人之美德然儉不中節則于礼无取茅茨土階卑宮菲食聖人躬行之然而各當其可墨子之治喪必尚儉晏子豚肩不掩豆以為禮又非可以通行而

强衆聖人節天下以禮〻者制中之禮非可太過而不及曰節亨節所以通也聖人不强人所不能節而極為苦節非可常之道也故曰苦節不可貞彖以二卦言之可以見節之義六爻剛與柔分而二五剛皆得中所以无太過不及而可以通行者也如苦節則失之太過而極不能强制故其道窮也下體説上體險人心險于山川其欲至難節也非其中心之樂則不能説以行險是以能節也六爻九五居中為節之主剛當其位節以中正得節天下之道故曰當位以節中正以通天地之道亦莫不有節也陰陽寒暑之運未嘗有過然後四時相

推而成歲聖人觀天地之節為天下立一定之制凡而貴賤等級衣服器用皆有常則以其所入供其所出與天下共由之而君民无有餘不足之患故周人以千八百國之財奉千八百國之君而天下常富秦人以千八百國之財奉一人之身而天下常貧由制度之立與不立也故曰節以制度不傷財不害民

象曰澤上有水節君子以制度數議德行

澤所以節水今澤上猶有水未歸隄防也必思隄防之功所謂川有防器有範見禮教之至制度數節于外也議德行節于內也德不稱位則不窮天下以奉一己之

欲

初九不出户庭无咎象曰不出户庭知通塞也

處下居節之始人心與物交則為物所引傷財害民皆由此生能謹密而不出則无咎矣故曰不出户庭无咎象曰知通塞也當其在下可以无出然非終无出也二爻則出矣故曰知通塞

九二不出門庭凶象曰不出門庭凶失時極也

時行時止所謂時中也初在下不出户庭可也二不出門庭則非時中之道矣處顔子時閉户可也處禹稷時則以被髮纓冠為中矣象曰失時極也極中也所謂時

中之道也

六三不節若則嗟若无咎象曰不節之嗟又誰咎也

三柔體位不當不能節者也窮則必嗟〻則反乎節故无咎武帝三十年兵禍漢幾危矣輪臺一悔尚足為國故不節之嗟聖人許之象曰不節之嗟又誰咎也

六四安節亨象曰安節之亨承上道也

四大臣之位古者王后之用有司不敢會大臣得以九式而樽節之然不可太過也以萬乘之尊使其自奉无以異于閭閻之匹夫則其心必不安故曰安節吉使君心安于節則吉也象曰承上道也節君之道如此也

亨

九五甘節吉往有尚象曰甘節之吉居位中也

處君位而能節必其心之樂惡衣菲食弋綈革舃必其所樂之不存者彼自以爲甘也以此而往吉莫大矣故曰甘節吉往有尚象曰居位中也以所居位中當以節者也

上六苦節貞凶悔亡象曰苦節貞凶其道窮也

處節之極節之苦也不可貞之道也然而苦節而凶必无傷財害民之弊故悔亡象曰苦節貞凶其道窮也

兌下巽上　中孚

中孚豚魚吉利涉大川利貞彖曰中孚柔在內而剛得中

中說而巽孚乃化邦也豚魚吉信及豚魚也利涉大川乘
木舟虛也中孚以利貞乃應乎天也
湘鄉云孚郊也羽物之郊化也外實中孚虛節之象也
之致用則中故曰中孚仁及草木難仁也誠動金石言
金石難信也信及豚魚言豚魚難信也草木金石豚魚
天也天則眞君臣父子兄弟夫婦朋友人也人則情聖
人與天同德任眞不任情故信及豚魚然後爲吉中孚
六畫有舟之象故利涉大川彖柔在內而剛得中二柔
居三四柔雖在內二五以剛得中下體說而剛上體巽以
理用相孚五爲中孚之主化邦之道亦由是也故曰孚

乃化邦也豚魚難信也信及豚魚信之至也六爻中虛有舟象焉上體爲木故曰乘木舟虛也人心之孚出于天理之正則无往而不虛矣^孚故曰中孚以利貞乃應乎天也卵化之孚全是天理六爻初言人心之孚三與四取舟義二與五與上言卵化之道

象曰澤上有風中孚君子以議獄緩死

澤水平得風便成濤其感至易定而能應之象也議獄緩死哀矜惻怛出于至誠皆可以中孚

初九虞吉有它不燕象曰初九虞吉志未变也

虞吉也葬反而虞所謂其去也如慕其反也如疑此心

純孚親也有它不燕所謂食旨不感（甘）聞樂不樂也可以見中孚故于初爻言之曰志未變也言其純一而未變也能常存此心如有它不燕時則中孚之理具矣

九二鳴鶴在陰其子和之我有好爵吾與（亦）靡之象曰其子和之中心願也

孚羽物之卵化者惟卵化可以見中孚卵化之物啐啄同時鶴鳴于陰子和于卵母子未相知也而啐啄已相應此繩乎天理而不容以人參也相孚之道莫切于此人之相孚形體雖有爾我之異而天爵之同處不約而合故曰我有好爵吾與爾靡之象曰中心願也係辭子

曰君子居其室出其言善則千里之外應之況其邇者乎居其室出其言不善則千里之外違之況其邇者乎言出乎身加乎民行發乎邇見乎遠言行君子之樞机樞机之發榮辱之主也言行君子之所以動天地也可不慎乎

六三得敵或鼓或罷或歌或泣象曰或鼓或罷位不當也中孚有舟象三四二陰處舟之中位皆不正不能相孚同舟而遇風波胡越可以共濟心苟二三則舟中之人皆敵國三與四不孚而敵故曰得敵或鼓或罷或泣或歌方其敵則鼓而泣敵已則罷而歌小人喜怒無常之

態也象曰位不當也言所居之位不正故小人之情態
自見
六四月幾望馬匹亡无咎象曰馬匹亡絶類上也
四陰在上體近五幾望也匹敵也二陰同類而敵四能
不與三比亡其匹而獨處則无咎象曰馬匹亡絶類上
也三已之類絶之而居上也
九五有孚攣如无咎象曰有孚攣如位正當也
五與二相孚鶴鳴在二而子和在五相孚也以天攣如
卵化之物方其拳然之時已有孚感之意然後可以言
天理之孚故以攣如言之象曰位正當也言所居之位

正故其中以孚也

上九翰音登于天貞凶象曰翰音登于天何可長也

說闕

艮下震上 小過

小過亨利貞可小事不可大事飛鳥遺之音不宜上宜下大吉彖曰小過小者過而亨也過以利貞與時行也柔得中是以小事吉也剛失位而不中是以不可大事也有飛鳥之象焉飛鳥遺之音不宜上宜下大吉上逆而下順也

小過陰過乎陽也二陽失位而不中陰得位而中故為小過小過亨小者過而亨也小人之道不可過也過安

得亨蓋雖小道必有可觀惟致遠則恐泥故君子弗由言必信行必果雖非大人之事而言行信謹又非始學之可忽故小道亦有時而亨也利貞陰不可長利乎貞也亦不可常貞故彖曰與時行也所謂大德不踰閑小德出入可也柔得中可小事也剛失中不可大事也卦有飛鳥之象上體飛而下〻體飛而上飛鳥遺之音謂上六也六極而亢有遺墜之音初飛而上六飛而下飛上者逆飛下者順陰道不可令居上故卦言不宜上宜下彖言上逆而下順也

象曰山上有雷小過君子以行過乎恭喪過乎哀用過乎

儉

雷在天則爲雨雷而在山則不成雨蓋陰氣盛陽氣微陽雖唱而陰不和故不成雨是陰過之象也君子行過乎恭喪過乎哀用過乎儉此小而可過者也若大德則不踰閑

初六飛鳥以凶象曰飛鳥以凶不可如何也

卦有飛鳥之象初飛而上陰不宜上故象曰不可如何也

六二過其祖遇其妣不及其君遇其臣无咎象曰不及其君臣不可過也

永

三二之父四二之祖過其祖而遇六是遇妣也五居位陽不居之不及其君也而公在焉是遇其臣也然以二遇五同為陰過故无咎象曰不及其君臣不可過也

九三弗過防之從或戕之凶象曰從或戕之凶如何也

三居下卦二陰過而陽不過三必防之若從之則被其戕而凶也象曰從或戕之凶如何也

九四无咎弗過遇之往厲必戒勿用永貞象曰弗過遇之位不當也往厲必戒終不可長也

四居上體二陰過而四不過然陰得位而在己上與之遇則可以免害往見小人危道也必加謹戒然後權則

可非可用以為常也故勿用永貞象曰弗過遇之位不當也往厲必戒終不可長也四與三同弗過而三以防小人為義四以遇小人為義者蓋三處二陰之上小人在已下不可得而防也四處二陰之下小人在已上不可得而防也故必往遇

六五密雲不雨自我西郊公弋取彼在穴象曰密雲不雨已上也

五君位而陰居之陰唱則不成雨君子失位此非陰所宜據也欲不得于君子一陰猶據上能就穴弋而取之以自納則猶可也臣爵極于公故言公象曰密雲不雨

已上也

上六弗遇過之飛鳥離之凶是謂災眚象曰弗遇過之已亢也

四與 遇而六不遇六過而上也故曰弗遇過之五有弋已之意已〻麗六五之易弋據高不下災至而凶矣故曰飛鳥離之凶象曰弗遇過之已亢也言柔不當亢而在上也

離下坎上 既濟

既濟亨小利貞初吉終亂彖曰既濟亨小者亨也利貞剛柔正而位當也初吉柔得中也終止則亂其道窮也

既濟時之既濟也水在火上水火之功成火在水上水
火之情睽既濟未濟之别也古人洪濟艱難不敢自止
所謂若涉淵水予惟往求朕攸濟必往必求安得不濟
全卦有狐象以正體互體皆爲坎離坎離水火也狐能
水火故有狐象老狐能濟者也少狐不能濟者也既濟
以九居初老狐也濡尾而曳輪未濟以六居初少狐也
濡尾而不往既濟未濟合在初爻故既濟初曳輪三伐
國五成既濟之功未濟二曳輪四伐國六成未濟之功
大抵爻遇陽則能濟遇陰則不能濟爻之陰陽相間全
係初一爻曰既濟亨既濟則亨也又曰小利貞彖中解

作小者亨也利貞剛柔正而位當也蓋老狐能濟者也能濟則以濟為常少狐不能濟者也不能濟則以濟為喜老狐既濟則少狐亦隨之而濟老狐以濟為常安其享者也少狐以濟為喜有其亨者也苟有其亨則不能保既濟之功故既亨之後則小者當利貞以小者有其亨故也剛柔正而位當則成功可保矣至上六爻以柔居中終反成濡首之害是不能貞小之驗也禹與稷盡天下之飢溺而不自矜伐齊威公才服江黃便有震矜之色　无他此緣　器小　故文王卦辭曰既濟亨小利貞者之彖辭曰小者亨也蓋惟小者有其亨故

當利貞初吉曳輪也而吉也終亂濡首而亂也不難于初而難于終所貴乎利貞彖既濟亨小者亨也小者有其亨也利貞剛柔正而位當也剛柔位正故能保既濟之功也初吉柔得中也初之所以吉者以初也曳輪而二柔終猶得中終止則亂其道窮也

象曰水在火上既濟君子以思患而預防之

水在火上水火之功成既濟之象也思患預防在既濟之後安而不忘危也四爻見之

初九曳其輪濡其尾无咎象曰曳其輪義无咎也

六爻陽善陰不善二戒喪茀四戒衣袽六戒濡首皆陰

居之初善曳輪三善代國五善受福皆陽居之蓋濟事在剛不在柔也初以陽居濟之始剛而能濟者也曳輪而往雖濡尾不恤也故能成既濟之功象曰曳其輪義无咎也

六二婦喪其茀勿逐七日得象曰七日得以中道也

以六居二婦道也濟而喪茀車蔽也勿逐而往越次得五濟道成矣坎數七故曰勿逐七日得謂不可喪茀而不往也象曰七日得以中道也謂柔得中猶可濟也

九三高宗伐鬼方三年克之小人勿用象曰三年克之憊也

三居既濟之中以陽居陽用力以濟者也如高宗伐鬼方三年而後克之不以師老而止也位在三故曰三年然三代之兵不用小人蓋无所用小人也象曰三年克之憊也三年而後克兵力亦憊矣苟有小人間其中是平一亂而生一亂也聖人此意甚微學者宜思之

六四繻其衣袽終日戒象曰終日戒有所疑也

三既克國以六處四安必忘危茹所以塞舟漏也治平之世罅漏易生故必思患而預防之終日之間无時而不戒所以保成功也象曰終日戒有所疑也

九五東隣殺牛不如西隣之禴祭寔受其福象曰東隣殺

吉

境

牛不如西隣之時也實受其福吉大來也
五為既濟之主三既伐國矣夫人處功成治定之後必生侈心古之聖人其　也必　為四時之定祭外此皆微福者也故于五爻有殺牛之戒禴則四時之定祭也後世人主邊鄙無事則禱祠之事起漢唐英主皆所不免且如高宗中興之賢君伐國之後黷於祭祀有所不免以來鼎雉之變祖己作戒見于書者可覆也故聖人于此卦三爻取高宗伐國五爻以祭祀言之其為後世慮者深矣故象曰不如西鄰之時也以禴者四時之定祭也外此而殺牛皆諂也

上六濡其首厲象曰濡其首厲何可久也

以六居上非能守既濟之功者也所謂終止則亂者也故濡首而且危治亂无常惟人所召既濟之終亂形已兆所以成未濟也象曰濡其首厲何可久也

坎下
離上 未濟

未濟亨小狐汔濟濡其尾无攸利彖曰未濟亨柔得中也小狐汔濟未出中也濡其尾无攸利不續終也雖不當位剛柔應也

火在水上水火之情睽故成未濟以六居初濡尾而不能曳輪故不成濟然卦有三陽曳輪伐國无異于既濟

共

但初爻得陰故曳輪不在初而在二伐國不在三而在四飲酒不在五而在六故未濟不如既濟之初既濟不如未濟之終陰陽之自然也曰未濟亨未濟而求所以濟也小狐汔濟汔水涸也狐之老者能濟故未涸而亦濟既濟之初濡尾而曳輪是也狐之小者不能濟必待涸而後濟未濟之初濡尾而不曳輪是也以六居初小狐也小狐汔濟所以成未濟也濡其尾无攸利皆指初六彖未濟亨柔得中也以六居五柔得中能資衆陽以共濟故未濟而亨也小狐汔濟未出中也如既濟柔處二而得中雖婦道亦濟也未濟柔居　能出中故謂小

狐汔濟也濡其尾无攸利也不續終也以　曳輪非
可繼之道也雖位初不當然六爻剛柔皆相應以六五柔
主資九二陽剛之大臣故二曳輪而四伐國未濟也
之功成矣故曰雖不當位剛柔應也
象曰火在水上未濟君子以慎辨物居方
火在水上水火不相射則各從其類當未濟之時紀綱
多壞亂辨物居方君子急務蓋平亂之道要在夫紀綱
定
初六濡其尾吝象曰濡其尾亦不知極也
以柔居未濟之初非能濟者故濡尾而吝卦所謂小狐

汔濟者也象曰亦不知極也極終也濡尾不往莫知所終即所謂不續終也

九二曳其輪貞吉象曰九二貞吉以行正也

二陽剛得中健而能濟有應在五可以成未濟之功故初不曳輪而二曳輪得正而吉也象曰九二貞吉以行正也

六三未濟征凶利涉大川象曰未濟征凶位不當也

以六居三處坎之極非能濟者以未濟而征凶也涉坎則利矣故曰利涉大川象曰未濟征凶位不當也

九四貞吉悔亡震用伐鬼方三年有賞于大國象曰貞吉

悔亡志行也

涉坎居之以九居之未濟而能濟者也故曰貞吉悔亡當伐國之任用此以伐鬼方可三年而克〻則行賞于大國行賞在上九興師在九四〻勝任故并言之象曰貞吉悔亡志行也

六五貞吉无悔君子之光有孚吉象曰君子之光其暉吉也

六五為未濟之主離明居中貞吉而无悔矣下得二陽之助二陽君子也進遇離明之主相與共濟君子之道光矣六五君位下得陽助剛柔相孚吉孰大焉象曰君

亦知

子之光其暉吉也
上九有孚於飲酒无咎濡其首有孚失是象曰飲酒濡首
亦不失節也
四代國逆　六甫三年功成行賞之時也古者師行
受脤反　策勳
也　相孚故曰有孚于飲酒當此
賞功之時思既濟之　而失有孚之道者正此
此爻今濟道既成宜用以　有孚失是蓋以九
居上故能保成功如此象曰亦不知節也當飲酒之時
而思濡首之戒可謂不失節也未濟與既濟只爭一爻

生

聖人設卦不終既濟而終未濟者序卦云物不可窮故受之以未濟終焉終未濟所以寓先生不窮之意也然上經首乾坤終坎離下經首咸恒終既濟未濟亦坎離也天地之化不過陰陽五行之用莫先水火上經首天地陰陽之正也下經首夫婦陰陽之交也故以水火之交終焉終始之義意其出此

西谿先生易說卷之十二

周易本義附録集註十一卷（卷一至卷三）

[元] 建安張清子撰

日本宫内廳書陵部藏元刻本

周易本義附録集註十一卷，元張清子撰。清子字希獻，號中溪，建安人。由宋入元，不仕。至元十七年（一二八〇）任武夷書院教授。

朱子於易學尤所究心，所撰易本義一書，與程傳同爲元代科舉之範本。而以附録纂注之體，彙輯各家注解，羽翼易本義之作，乃通行有元一代。是書意在廣朱子之説，亦採此體。首有張氏自序，據末署「大德癸卯冬至」，知成書當在元大德七年（一三〇三）以前。次姓氏。次正文，卷一至三上經，卷四至六下經，卷七至八繫辭傳上下，卷九説卦傳，卷十序卦傳，卷十一雜卦傳，末附周易五贊一卷。

各卷經文之下，先列朱子本義。次爲「附録」，擷取朱子文集、語録所載師友問答之語，多沿自胡一桂易本義附録纂疏。又次爲「集註」，纂輯子夏、王弼、韓康伯、孔穎達及宋元人易説，多至百家，頗採自楊文煥五十家易解，又多引閩中學者徐幾、丘富國之説，或爲張氏所增補。末殿以張氏自注，除繫辭傳以下無注外，幾遍於每卦每爻，然實多襲用别家之説。

是書雖以本義爲宗，然考其體例、注釋，與朱子易學亦有不盡相合者。以經傳離合論，本義用吕祖謙經傳分離之古易十二卷本，而張氏以爲有見經不見傳之弊，未便觀覽，乃轉用王弼以傳附經之本。以注解論，此書較元人同類之作，「附録」所引朱子論説雖頗簡略，而「集註」纂輯衆説則多有增益，且其説有與本義迥異者。所爲自注，亦不盡遵朱子之説，如注大壯六五「喪羊于易」，釋「易」爲和易，乃從程傳而不取朱子容易、疆埸之説。至於論繫辭傳「太極」，乃引楊誠齋「元氣渾淪」説，與朱子之太極理本論相悖；論河圖、洛書，引錢氏説，以九宫圖爲河圖，五行生成圖爲洛書，又與朱子之河洛圖式相反。則張氏雖自述以「未嘗悖朱子之意，適所以廣朱子之説」者，實未能盡循其宗旨也。

是書於元至明初流傳頗廣，元人熊良輔、俞琰、董真卿、解蒙等易著均曾引述。明初修周易傳義大全，徵引此書之繁，僅次於董真卿周易會通。明以後似未單刻，公私目録罕見記載，朱彝尊經義考僅據董真卿之説著録，而注曰「佚」，四庫全書總目亦未著録，流傳極稀。今存世者僅元刻二部與影元抄本一部，均藏於日本。此爲日本宫内廳書陵部藏元刻本，其版式小字密行，左右雙邊，細黑口，雙順魚尾，均爲南宋末至元代之建本風格，故日本學者阿部隆一定其爲建安元刊本。又有日本德富蘇峰成簣堂舊藏元刻本，今藏石川武美紀念圖書館，其卷端、卷末題名有挖改，卷中亦有補版修版痕跡，當爲後印本。又有静嘉堂文庫藏清影元抄本，原爲陸心源舊藏，據儀顧堂題跋所著録之卷端題名，當自後印本抄出。（謝　輝）

張氏周易本義附録集注 一

○周易本義肇於朱子之手厥旨深矣眞可以探先天之蘊而發前聖未原之理其極救漢儒變亂古易之失於後學不爲小補豈云乎哉但學者見卦爻而未見乎彖見彖而未見乎象或以是書猶未便於觀覽焉乎晩年頗知喜易而未造其閫奥近嘗思之㫖以　朱子本義所傳卦爻彖象文言之說師友問答講明之旨合而録之于梓且參攷古今諸儒議論而以己說附其後庶學者易於觀覽此則癸之嘗悖

朱子之意適所以廣　朱子之說是易也將不見其
始之合而終之離始之離而終之合矣於是乎志其
爲僭今之知易者其然之否愚則未敢以爲然也請
問之　包儀大德癸卯冬至建安後學中溪張清子
謹誌

大德元成宗年号　癸卯七年也

周易本義附録集註姓氏

○本義

○朱晦菴撰

○附録

○朱晦菴師友問荅、　○易學啟蒙附、

○黄榦 直卿 勉齋 三山人　○李方子 公晦 果齋 邵武人　○廖德明 子晦 南劍人

○陳埴 器之 永嘉人　○陳淳 安卿 臨漳人　○董銖 叔重 鄱陽人

○晏淵 亞夫 運□ 川人 子午鳳　○黄杲 升卿　○黄𤇆 子耕 豫章人

○輔廣 漢卿 上饒人、　○龔蓋卿 夢錫 衡陽人　○潘柄 謙之 三山人

○沈僩 莊仲 建安人、　○甘節 吉父 臨川人、　○萬人傑 正淳 興國人

○余大雅 正叔 上饒人　○金去僞 敬直　○陳文蔚 才卿 上饒人

○程洵　○葉賀孫 味道 括蒼人、　○曾祖道

○李彥祖守約，邵武人。　○楊道夫仲思，建安人。陵人。　○吳伯豐必大，興國人。

○黃義剛毅然，臨川人。　○林學蒙正卿，弟學履。　○潘時舉子善，天台人。

○黃士毅子洪　○林夔孫子武，三山人。　○游敬仲連叔，南劍人。

○周謨舜弼，南康人。　○童伯羽蜚卿，建安人。　○滕璘德粹，弟珙德章。

○李季札季子，婺源人。　○方士繇　○張洽元德，清江人。

○蔡念成　○林賜聞一　○呂燾

○湯泳叔永，丹陽人。　○何鎬叔京，邵武人。　○范念德伯崇。

○范元裕　○廖謙益仲，衡陽人。　○黃顯子

○黃有開　○魏椿元壽，建安人。　○劉砥用之。

○郭友仁德元，山陽人。　○度正耆性　○林砥履之，弟礪用之。

○徐容仁甫，弟寓居甫。　○鍾鎮　○舒高

○蕭佐　○竇從周 文卿 丹陽人

集註

○卜商 子夏 受易於孔子　○王弼 輔嗣 注六十四卦　○韓伯 康伯 注係辭

○孔穎達 仲達 作周易疏　○安定胡瑗 翼之　○徂徠石介 守道

○康節邵雍 堯夫　○濂溪周端頤 茂叔　○明道程顥 伯淳

○伊川程頤 正叔　○橫渠張載 子厚　○涑水司馬光 君實

○東坡蘇軾 子瞻　○臨川王安石 介甫　○東萊呂祖謙 伯恭

○南軒張栻 欽夫　○廣平游酢 定夫 建安人　○龜山楊時 中立 南劍人

○誠齋楊萬里 廷秀　○章溪王宗傅 景孟　○兼山郭忠孝 立之

○白雲郭雍 子和　○京口先生　○西溪李過 季辨

○漢上朱震 子發　○陸希聲　○潘夢旂 天錫

○耿希道　○王郎公　○鄭東卿 一丹道人

○劉牧　○林榕檯　○林栗黄中

○鄭汝諧舜舉　○宋齊愈　○錢濂

○陳于明　○都絜聖與　○薛氏

○龔氏　○于氏　○李氏

○凌氏　○景氏　○牧氏

○辛氏　○孫氏　○徐氏

○袁樞機仲，建安人，梅岩　○楊文煥彬夫

○程迥可久，沙隨　○馮時行當可　○毛璞伯玉

○李開去非　○馮椅奇之　○項安世

○李子思　○黄以翼宗台　○晁說之以道

○劉彌邵壽翁，莆人　○吳綺宗武，三山人　○蔡淵伯靜，建安人，節齋

○徐幾子與，建安人，進齋　○丘富國行可，建安人　○張清子希獻，建安人，中溪

周易上經卷第一

晦庵朱熹傳

建安後學中溪 張 清子 編

周易

本義 晦庵曰周代名也易書名也其卦本伏羲所畫有交易變易之義故謂之易其辭則文王周公所繫故繫之周以其簡袠重大故分爲上下兩篇經則伏羲之畫文王周公之辭也并孔子所作之傳十篇凡十二篇中閒頗爲諸儒所亂近世晁氏始正其失而未能盡合古文吕氏又更定著爲經二卷傳十卷乃復孔氏之舊云

附録 晦庵曰伏羲易自是伏羲易文王周公易自是文王周公易孔子易自是孔子易今人讀易當分作三等將伏羲畫底卦做一樣看文王周公說底做一樣看孔子說底做一樣看方得伏羲是未有卦時畫出來文王周公是就那見成底說孔子大槩都說從理上去必欲牽合作一意看不得董銖問看先天圖則有八卦便有六十四卦伏羲已有六畫矣如何曰周禮三易經卦皆八其別皆六十有四便見不是文王重○伏羲已上但有此六畫而無文字可傳到得文王周公乃繫之以辭董銖變易便是流行底交易便是對待

底。變易如以陽變而陰，陰變而陽，老陰變少陽，老陽變少陰之類，正是筮占之法。交易如陽交於陰，陰交於陽之類，卦圖上謂天地定位，山澤通氣，雷風相薄，水火不相射，八卦相錯是也。答呂□其解一部易只是作卜筮之書，今人說得來太精了，更入粗不得。如某之說雖粗却入得精，繫辭所謂昔者聖人之作易，設卦觀象係辭焉而明吉凶許得幾多分曉。答沈僩易是箇有道理底卦影，易以卜筮作，許多理便也在裏。答葉賀孫今人要爭精微，是之謂易自是不甚着事，只懸空說一樣道理，不比似他書各着事上說。答□象

【集註】【虞翻曰】易字從日下月。○程伊川過襄陽，楊子安問易從甚處起，時方揮扇，伊川以扇畫地一下，曰從這裏起。○楊龜山在黃岡，學者嘗問易，龜山取一幅紙畫一圈子，用墨塗其半，曰這便是易。

【吕忠叔曰】周禮筮人及太卜掌三易之法：連山以重艮為首，象人歸藏以重坤為首，象地；周易以重乾為首，象天。杜子春以連山為伏羲易，以歸藏為黃帝易，周易為文王易。鄭玄又謂夏曰連山，商曰歸藏，周曰周易。若以三易為三代之易，吾斯之未能信。又以為三皇之易，吾尤未之敢信。然則三易如何？曰：三極之道也。

䷀ 乾下乾上

乾元亨利貞。六畫者伏羲所畫之卦也。一者奇也，陽之數也。乾者健也，陽之性也。本注乾字三畫卦之名也，下者內卦也，上者外卦也。經文乾字六畫卦之名也。伏羲仰觀俯察，見陰陽有奇耦之數，故畫一奇以象陽，畫一耦以象陰。見一陰一陽有各生一陰一

陽之象，故自下而上，再倍而三，以成八卦。見陽之性健，而其成形之大者為天，故三奇之卦，名之曰乾，而擬之於天也。三畫已具，八卦已成，則又三倍其畫，以成六畫，而於八卦之上，各加八卦，以成六十四卦也。此卦六畫皆奇，上下皆乾，則陽之純而健之至也，故乾之名、天之象，皆不易焉。元亨利貞，文王所係之辭，以斷一卦之吉凶，所謂彖辭者也。元，大也。亨，通也。利，宜也。貞，正而固也。文王以為乾道大通而至正，故於筮得此卦，而六爻皆不變者，言其占當得大通，而必利在正固，然後可以保其終也。此聖人所以作易教人卜筮，而可以開物成務之精意。餘卦放此。晦庵本義。

附錄　晦庵曰：乾一而實，坤二而虛。○數者莫是氣之分限節度處，得陽必奇，得陰必偶，凡物皆然，故聖人以之畫卦也。杳董銖。元便是生物之仁。○正字不能盡貞之義，須用連正固說其義方全。杳楊道夫。

集註　孔氏曰：卦者，掛也，言懸掛物象以示人也。陳希夷曰：羲皇始畫八卦，重為六十四卦，不立文字，使天下之人默觀其象而已。程伊川曰：乾，天也。天者天之形體，乾者天之性情。張横渠曰：乾之四德，終始萬物，迎之不見其首，隨之不見其後。京口先生曰：乾，天道也，道降而為德，則有元亨利貞之名。李西溪曰：四德見性，六爻見情。丘行可曰：元亨利貞，是為卦辭，文王所作，陸德明所謂彖之經也。張清子曰：乾，健也，辭乃乾之去声也。陽畫奇，陰畫偶。方其一畫之時，一奇一偶，只可謂之陰陽，未可謂之乾坤。自一生二，二生三，三畫而後有乾坤之名。重三而六，六畫皆奇，是為純乾。蓋乾下者洪範曰貞，是內乾；乾上者洪範曰悔，是外乾也。乾為天，天以形也；乾猶神也，神所以使其形者也。元亨者[illegible]

震是也其於時爲夏之長相見乎離是也利即秋之成說言乎兌是也貞即冬之藏勞乎坎是也故曰萬物之所歸也元而貞貞而元玄室鄭序

初九潛龍勿用初九者卦下陽爻之名凡畫卦者自下而上故以下爻爲初陽數九爲老七爲少老變而少不變故謂陽爻爲九潛龍勿用周公所係之辭以斷一爻之吉凶所謂爻辭者也潛藏也龍陽物也初陽在下未可施用故其象爲潛龍其占曰勿用凡遇乾而此爻變者當觀此象而玩其占也餘爻放此【附錄】易如一箇鏡相似看甚物來都能照得如所謂潛龍只是有箇潛龍之象自天子至於庶人都使得董銖【集註】【伊川曰】此聖人之側微時也【涑水曰】龍神獸也變化無常故象陽也潛龍之時伏於泉未可用也【王介甫曰】龍行天之物也故以象乾馬行地之物也故以象坤【楊誠齋曰】九六者天地之生數積天數之一三五不曰九乎積地數之二四不曰六乎【陸農師曰】乾爲馬而謂之龍以行天言也周官廋人八尺以上爲龍古者天子乘龍則馬之稱龍也尚矣【馮厚齋曰】初位也九揲蓍所得之數也【鄱氏曰】以時言之有初則有終以位言之有上則有下以數言之有二三四五則有一六此三者互文以見也初不謂之下者一陽數而下之位卑非所宜居也曰初則有克終之意上不謂之終者終則窮矣曰上則有反下之意也【蔡節齋】曰初位也九爻也初二三四五上爲位之陰陽九六爲爻之陰陽○潛象初龍象在【張清子曰】說卦以乾爲馬而又稱龍者蓋龍爲陽物而神於變化也昔有龍圖出於河者獨非龍馬乎晉五馬渡江而一馬化爲龍以是知馬化則然亦龍矣

九二見龍在田利見大人二謂自下而上第二爻也後放此九二剛健中正出潛離隱澤及於物物所利見故其象為見龍在田其占為利見大人九二雖未得位而大人之德已著常人不足以當之故值此爻之變者但為利見此人而已蓋亦謂在下之大人也此以爻與占者相為主賓自為一例若有見龍之德則為利見九五在上之大人矣[集註]揚子雲曰龍之潛亢不獲其中矣過中則惕不及中則躍唯二與五得中得正故皆曰利見大人[伊川曰]出潛之田漁時也文曰乾坤純体不分剛柔而以同德相應[郭兼山曰]大人者其道大之人也[張清子曰]六畫之卦以下二爻為地二在地上故曰田田以喻聖人應世之迹爾而龍豈真在是哉○內卦三位二以耦而居奇中外卦三位五以奇而居耦中是乾上下一体已具伏离矣

九三君子終日乾乾夕惕若厲无咎九陽爻三陽位重剛不中居下之上乃危地也然性体剛健有能乾乾惕厉之象故其占如此君子指占者而言言人能憂懼如是則雖處危地而无咎也[附錄]厉无咎是一句如頻復厉无咎是也厉多是陽爻說吝多是陰爻說无咎是上不至於吉下不至於凶平平恰好處吝呂暉九三不言象亦不可曉若說龍時這亦龍之在元九旱處晏時[集註][王輔嗣曰]无音無易內皆用此字[伊川曰]此舜之玄德升聞時也[illegible]曰乾乾行事不息也下乾終而上乾繼之故曰乾乾[illegible]曰終日乾乾夕惕若者自朝而至於夕中爻也君子之自強不息可以无厉矣九五二三以陽居陽在下体之上居上下危疑之

厲之地。人能於此日夕乾乾，惕然以懼，則雖危无咎。【張清子曰】上一畫之其
三爲人位，非龍之所處，故三不言龍，而獨以君子言之。文言曰中不在
人，是夫子亦指九三爲人位矣。

九四，或躍在淵，无咎。或者，疑而未定之辭。躍者，无所緣而絕於地，特未飛爾。淵者，上空下洞，深昧不測之所。龍之在是，若下於田，或躍而起，則向乎天矣。九陽四陰，居上之下，改革之際，進退未定之時也。故其象如此，其占能隨時進退則无咎也。

【附錄】田是平所在，縱有水亦淺。淵是深處，不可測。躍得便上天，去不得，依舊在淵裏，皆不可測，不似九二安穩。此時進退不得，皆不由我，只聽天時了。（董銖）

【集註】【伊川曰】此舜之歷試時也。【李去非曰】或躍，陽使之也。在淵，陰係之也。【程迥曰】初與二皆稱龍，本爻雖不稱龍，則上文知其爲龍也。亦猶大壯九三羝羊觸藩，羸其角，而九四不言羊，而藩決不羸，即羊也。【徐行可曰】九四居上之上，卦之下，危地也。躍者，跳也，未飛而習飛之象。九爲陽，陽動，故言躍。四爲陰，陰虛，故象淵。或者，疑之也。進則躍，退則在淵，出處如此，可无咎矣。【張清子曰】躍淵，龍之象也，而四不言龍者，疑於五也。

九五，飛龍在天，利見大人。剛健中正，以居尊位，如以聖人之德居聖人之位，故其象如此，而占法與九二同，特所利見者在上之大人爾。若有其位，則爲利見九二在下之大人也。

【附錄】趙太祖問王昭素曰：九五飛龍在天利見

大人常人何可占得此卦昭素曰何害若臣等占得則陛下是飛龍在天臣等利見大人是利見陛下此說得最好重錄 集註 節齋曰此舜之謳歌朝覲時也 誠齋曰 九天德也龍象也五天位也飛而在天之象也當其在田天下猶利見之況今在天乎 張清子曰 六畫之卦以上二爻為天五為天位天位不可階而升也故稱飛龍飛而在天則萬物之覩不亦宜乎乾為天道主爻在五

上九亢龍有悔

上者最上一爻之名亢者過於上而不能下之意也陽極於上動必有悔故其象占如此 附錄 康節多以盛滿為戒如云只喜成微醺不喜成酩酊是也又曰康節多於消長之交看錄 集註 子夏曰亢極也 伊川曰 九五者位之極中正者得時之極過此則亢矣上九至於亢極故有悔也 丘行可曰 此堯老而舜攝之時也 張清子曰 六陽為乾至上而亢惟亢故有滿盈之悔

用九見羣龍无首吉

用九言凡筮得陽爻者皆用九而不用七蓋諸卦百九十二陽爻之通例也以此卦純陽而居首故於此發之而聖人因繫之辭使遇此卦而六爻皆變者即此占之蓋六陽皆變剛而能柔吉之道也故為羣龍无首之象而其占為如是則吉也春秋傳曰乾之坤曰見群龍无首吉此即純坤卦辭牝馬之貞先迷後得東北喪朋之意 附錄 六陽已盛如群龍然龍之剛猛在首故見其无首則吉大意只是要剛而能柔杏林錄 集註 伊川曰 以剛為天下先凶之道也 楊氏曰 九者爻也九變而為一用之者所以欲其為一也 潘氏曰 六龍變化孰知其首尾无首循環无端之象也乾元之圓是已 節齋曰 群龍六龍也六爻

皆老陽則變而之坤矣蓋元也坤元迷故不可為首○用九用六唯乾坤有之此不變卦之凡例也用九故老陽變而少陰用六故老陰變而少陽不用七八蓋少陽少陰不變也【張清子曰】參同契云二用无爻位周流行六虛蓋用九用六雖无爻位而常周流乎乾坤六爻之間也

彖曰大哉乾元萬物資始乃統天此專以天道明乾義又析元亨利貞為四德以發明之而此一節首釋元義也大哉歎辭元大也始也乾元天德之大始故萬物之生皆資之以為始也又為四德之首而貫乎天德之始終故曰統天【附錄】乾者萬物之始對坤而言天地之道也元者萬物之始對亨利貞而言四時之序也荅連言萬物【集註】【伊川曰】四德之元猶五常之仁偏言則一事專言則包四者【龜山曰】乾坤之衷元為之体而亨利貞出焉其用雖殊其体則會於元而已【蘭東劉曰】乾元者太陽一元之氣亦如人之有元氣也人知萬物之生於地而不知天以乾元之氣為之始亦如人之生於母而不知資於父父之元氣也始之於未生之前生之於有始之後【位行可曰】此孔子所作之彖辭隱意明所謂彖之傳也彖斷也以斷一卦之義大哉天道流行發育萬物者皆元氣為之也資始者謂萬物皆取乾一元之氣以為始此其所以大也以四德言雖有元亨利貞之分而其所以无間斷者亦推一元之運行有所摠攝也【張清子曰】乾知大始故萬物資始也

雲行雨施品物流形此釋乾之亨也【集註】【楊氏曰】自夫一元之氣運行乎亨毒之表騰而為雲散而為雨或徂乎上或流乎淵[illegible]

品彙之物翼而飛者介而潛者林林戢戢不流形於宇宙之間豈非所謂亨也乎 楊誠齋曰 彖言元利貞而獨不言亨者雲行雨施即氣之亨也品物流形即形之亨也

大明終始六位時成時乘六龍以御天

始即元也終謂貞也不終則无始不貞則无以為元也此言聖人大明乾道之終始則見卦之六位各以時成而乘此六陽以行天道是乃聖人之元亨也

附錄 乾道終始即四德也始即元終即貞六爻之位由此而立爾以時成者言各以其時而成潛見飛躍皆以時爾然皆四德之流行也初九至九二之半即所謂元九二之半至九三即所謂亨九四至九五之半即所謂利九五之半至上九即所謂貞蓋聖人大明乾道之終始故見六位各以時成此六位之時以當天運而四德之所以終而復始循環變化而不窮也 錄

集註 丘行可曰 聖人體乾之元亨而以終始言之何也蓋終始以重卦言乾下三爻元亨也而九三為下乾之終故九三曰終日乾乾終乾上三爻利貞也而九四為上乾之始故九四曰乾道乃革所以先言終後言始也終始之間功用交甫陽變而陰春夏變而秋冬此正是造化過接處故聖人以大明之以成其化之功也 張元德曰 聖人體乾之元亨也終始者貞德之終始也大明者聖人大明之也以上下定位言之謂之六位以陽氣變化言之謂之六龍時成謂六爻所處之位各以其序而成也時乘謂乘時而動以此六陽之氣而控御乎天運也 張清子曰 終始云者自下起元也

乾道變化各正性命保合大和乃利

貞 變者化之漸化者變之成物所受爲性天所賦爲命大和陰陽會合冲和之氣也各正者得於有生之初保合者全於已生之後此言乾道變化無所不利而萬物各得其性命以自全以釋利貞之義也

附錄 變者化之漸化者變之成如昨日是夏今日立秋爲變到那全然天涼没一些熱是化 朱子語錄 又曰性命便是當初合下分付底 林賜 問保合大和乃利貞曰天之生物莫不各有箇軀殼如人之有體果實之有皮核有箇軀殼保合以全之則真性常存生生不窮如一粒之穀外面有箇殼以裹之方其發一萌芽之始是物之元也及其抽枝長葉則是物之亨到得生實欲成未成之際此便是利及其既實而堅此便是貞矣蓋乾道變化發生之始此是元也到各正性命小以遂其小大以遂其大則是亨矣能保合以全其大和之性則可利貞 黃有開 又曰保合大和即是保合此生理也天地氤氳乃天地保合此生物之理及其萬物化生之後則萬物各自保合其生理不保合則無物矣 呂煇 又曰循環不已者乾道變化也合而成質者各正性命也 又曰動而生陽元未有物且只是如此動盪所謂化育流行也靜而生陰然後萬物各正性命 吾易翁

集註 **進齋曰** 此釋乾彖利貞義也變化乃天道之更端即九四之乾道乃革也蓋天道之流行自陽而變陰自元亨而復利貞也 **張清子曰** 乾道變化是天理流行之妙如性命是天賦物受之理而洪纖高下莫不各得其正也大和者即陰陽中融之氣保而合之則生理渾然矣此乃利貞之道也

首出庶物萬國咸寧 聖人在上高出於物猶乾道之變化也萬國各

得其所而咸寧猶万物之各正性命而保合太和也此言聖人之利貞也蓋嘗統而論之元者物之始生亨者物之暢茂利則向於實也貞則實之成也實之既成則其根蔕脱落可復種而生矣此四德之所以循環而无端也然而四者之間生氣流行初无間斷此元之所以包四德而統天也其以聖人而言則孔子之意蓋以此卦為聖人得天位行天道而致太平之占也雖其文義有非文王之舊者然讀者各以其意求之則並行而不悖也坤卦放此【附録】首出庶物須是聰明睿知高出庶物之上以君天下方得万国咸寧【集註】丘行可曰此聖人体乾之利貞也元首君之象也聖人出乎其類足以有臨於天下然後万国咸底輯寧矣張清子曰首出庶物万国咸寧者君道能畢也

象曰天行健君子以自彊不息天乾卦之象也凡重卦皆取重義此獨不然者天一而已但言天行則見其一日一周而明日又一周若重複之象非至健不能也君子法之不以人欲害其天德之剛則自強而不息矣【附録】象者皆是假此以示人共曉之物以形容此事之理使人知所取舍而已云葉賀孫天之氣運轉不息故閣得地在中間如弄椀珠只運動不住故在空中不墜少有息則墜矣若重鉄又曰胡安定說得好曰天者乾之形乾者天之用天形蒼然南北極入地下三十六度北極出地上三十六度狀如倚杵其用則一晝一夜行九十餘万里天之行健可知故君子法之以自強不息云答呂子明

集註 伊川曰 卦下彖解一卦之彖，爻下象解一爻之象。●理无形也，故
假象以顯義。郭氏曰 不獨是天地雷風水火山澤之謂象，只卦
畫便是象。孔氏曰 六十四卦象通上下，則称君子，施於天子不兼在下
則称先王，其兼諸侯則称后，而卦又有称上、称大人者，上九在人上者
皆是大人，則以德言也。程沙隨曰 傳謂天形如雞子，上規之星常見，
下規之星常隱，兩中乃日月五星之所由，二十八宿列于其間，半覆
地上，半繞地下，故觀天之運有以見重乾之象也。丘行可曰 自強者
体下乾之象，不息者体重乾之象。張清子曰 易六十四卦大象皆称
卦名，夫子獨於乾大象不名之以乾，而止言天行健者，蓋乾爲君爲
父，君父其可名乎？不名者正所以尊乾也。詩曰維天之命於穆不已，
即天行健之義；文王之德之純，純亦不已，即君子自強不息之意。天
行健乃在天之乾，自強不息乃在我之乾，所以法天行之健，故象以
君子與天字對說，以強字與健字對說。体天之健爲我之強，自者求
之在我而已。惟不息可以見其強，少有間斷則非強矣。易大象自乾
爲頭皆著一以字，以者用也。君子苟能体其天德之健而用之，則一
心之乾合運，潛庸与之偕行，无一息而非天矣。●至誠无息，天行健
也。人未能无息而不息者，君子之自強也。

潛龍勿用，陽在下也。陽謂九，下謂潛。集註 進齋曰 潛
龍所以未可用者，以其猶在地下也。若在地上，則爲見龍而可用
矣。陽釋龍字，下釋潛字，在下故潛，潛故勿用。張清子曰 此龍蟠于
泥之時也。

見龍在田，德施普也。附錄 如日方升而其光已无所不被矣。吞皇錄 集註 進齋

曰德龍德也在地下則澤乎物故施普也【張清子曰】此由微而著之時也終日乾乾反復道也反復重複踐行之意【集註】【進齋曰】反謂自上而反下復謂自下而復上也上下皆乾反復皆道此君子自強不息之象【張清子曰】此夙夜匪懈之時也或躍在淵進无咎也可以進而不必進也【集註】【進齋曰】爻但云或躍无咎象乃謂進无咎也蓋以進為无咎退為有咎也【張清子曰】此與其進也之時也飛龍在天大人造也造猶作也【集註】【進齋曰】大人造者聖人作也龍以飛而在天猶大人以聖而居位大人釋龍字造釋飛字【張清子曰】此聖造富貴之時也亢龍有悔盈不可久也【集註】【陳水曰】上九陽之亢也當是之時万物枯落宇宙揫然盡歸於極則衰盈極則虧也【進齋曰】盈謂陽極不可久謂陰生以盈釋亢字不可久釋有悔字人知其不可久而防於未亢之先則有悔者无悔矣【張清子曰】此天道虧盈之時也用九天德不可為首也言陽剛不可為物先故六陽皆變而吉○天行以下先儒謂之大象潛龍以下先儒謂之小象後放此【附錄】乾為万物之始故天下之物无不資之以始但其六爻有附而皆變故有群龍无首之象而君子体之則當謙恭卑順不敢為天下先爾謂可天德而不可為首若曰乾不為首則万物何所資始而又誰為之首乎【集註】【伊川曰】用九天德也天德陽剛復用剛而好先則過矣【張清子曰】此易窮則變之時也用者亦變也九為剛用則為柔

高明，而亢天之德也，不可為首，釋見群龍无首之義

文言曰 此篇申彖傳象傳之意，以盡乾坤二卦之蘊，而餘卦之說因可以例推云 【集註】【隆山李氏曰】文飾也，錯雜彖象之言而文飾之，以盡其意。孔子之辭也。唯乾坤有之。【張清子曰】梁武帝以文言為文王所制，恐非也。

元者善之長也，亨者嘉之會也，利者義之和也，貞者事之幹也 元者生物之始，天地之德莫先於此，故於時為春，於人則為仁，而衆善之長也。亨者生物之通，物至於此莫不嘉美，故於時為夏，於人則為禮，而衆美之會也。利者生物之遂，物各得宜，不相妨害，故於時為秋，於人則為義，而得其分之和。貞者生物之成，實理具備，隨在各足，故於時為冬，於人則為知，而為衆事之幹。幹，木之身，枝葉所依以立者也。【附錄】元亨利貞皆是善，而元則為善之長；亨利貞皆自這裏來。仁義禮知亦皆是善，而仁則為善之首；義禮智皆從這裏出。[illegible] 又曰：氣无始无終，且從元處說起，元之前又是貞了。如子時是今日，子之前又是昨日之亥，无空缺時。又曰：他這箇只管運轉，一歲有一歲之運，月有一月之運，一日有一日之運，一時有一時之運，雖一息之微，亦有四箇段子，恁地運轉。楊道夫 ○利是那義裏面生出來底。凡事處置得合宜，利便隨之，所以云利者義之和。[illegible] 又曰：義自是箇斷制底氣象，有凜然不可犯處，似不和矣，然實則和。蓋分別後，萬物各得其所，却是和。若上下交征利，則上下相侵奪，便是不義，不義便

不和矣黄有開又曰幹如木之身事如木之枝葉貞固者正而固守之貞固在事是與立箇骨子所以為事之幹欲為事而非此貞固便植立不起自然倒了答周謨【集註】節齋曰幹猶骨也常存事物之中所以立事也【[illegible]子曰】夫肇而吾君謂之元故為萬善之長亨者物之暢茂故為百嘉之會利者非特財利之利只義之和然便是利不義則非利矣貞者正而固也**君子體仁足以長人嘉會足以合禮利物足以和義貞固足以幹事**以仁爲體則無一物不在所愛之中故足以長人嘉其所會則無不合禮使物各得其利則義無不和貞固者知正之所在而固守之所謂知而弗去者也故足以爲事之幹【附錄】元者善之長以下四句說天德之自然君子體仁以下四句說人事之當然答陳文蔚【集註】【丘行可曰】六十四卦辭曰元亨利貞者乾坤屯隨臨无妄革也如坤之元亨利牝馬之貞屯隨之大亨貞臨无妄革之大亨以正皆只是大亨而利於正獨乾謂之四德者非夫子所自取也按左氏傳襄公九年穆姜往東宮筮之遇艮之隨至二十二年而孔子始生上距穆姜十四年穆姜之時已誦隨之辭曰元體之長也今左傳作善之長也亨嘉之會也利義之和也貞事之幹也體仁足以長人嘉德足以合禮今德作會利物足以和義貞固足以幹事古無四者亨者十字其言比今文繞易數字則知四德之論蓋古有是言非出於孔子明矣特夫子係易之時見此四字所該甚大隨卦不足以盡之故削其辭而附于乾然元亨利貞在乾可以四德言他卦只當依本

文王之言而釋之也【張子思曰】果木之實其中有生性者皆謂之仁此造化之本主而生物之元也【進齋曰】躰者以身法之也仁乃天地生物之心君子能体之以身則念念皆仁而有博施濟衆之功故足以長人長猶克長克君之長是也嘉會者謂嘉其所會致美於動息合周旋之間而三千三百之儀莫不各中其節故足以合禮利物者使天下之物各得其宜也推君子有利物之公而無利己之私故足以和合於義貞者正也知其為正而固守之則事有所依而立故足以為之幹也【張清子曰】君子四德之中指元亨利為仁禮義而獨不指貞為智者蓋智者藏諸用也

行此四德者故曰乾元亨利貞非君子至健无以行此故曰乾元亨利貞○此第一節申彖傳之意與春秋傳所載穆姜之言不異疑古者已有此語穆姜稱之而夫子亦有取焉故下文別以子曰表孔子之辭蓋傳者欲以明此章之為古語也【附錄】生是元長是亨收斂是利藏是貞只是一氣理無形故就氣上看理也是恁地○吞某節又曰仁為四德之首而智則能成終而成始猶元為四德之長然元不生於元而生於貞蓋天地之化不翕聚則不能發散理固然也仁智交際之間乃万化之機軸此理循環不窮脗合無間不貞則無以為元也共是重錄【張清子曰】君子行之四德即乾之四德矣此四德者亦惟体天行健自強不息而已【集註】【進齋曰】人皆有此四德惟君子能躰乾而行之則元

初九曰潛龍勿用何謂也子曰龍德而隱者也不易乎

世不成乎名遯世无悶不見是而无悶樂則行之憂則違之確乎其不可拔潛龍也龍德聖人之德也在下故隱易謂變其所守大抵乾卦六爻文言皆以聖人明之有隱顯而無淺深也【附錄】確乎其不可拔非專謂退遯不以其操爲憂樂行違時焉而已其守無自而可奪亦以富貴不淫貧賤不移之意也要淵【集註】鄭汝諧曰遯世无悶獨善其身也不見是而无悶人不知而不慍也行其所可樂違其所可憂顔子所以不改其樂而人不堪其憂也張清子曰龍德聖人則健之德也隱謂潛而在下也不易乎世者不變於俗也不成乎名者不求聞於人也遯世而无悶者不怨天也天下自有公是人不見知不以我爲是而亦无悶者不尤人也樂則行吾之道以從容憂則与世相違而退遯特立獨行堅不可拔此則潛龍之德也

九二曰見龍在田利見大人何謂也子曰龍德而正中者也庸言之信庸行之謹閑邪存其誠善世而不伐德博而化易曰見龍在田利見大人君德也正中不潛而未躍之時也常言亦信常行亦謹盛德之至也閑邪存其誠無斁亦保之意言君德也者釋大人之爲九二也【附錄】既處無過之地則惟

在閑邪存誠而已雖曰无過然而不閑則有過矣荅況僴【集注】【王弼曰】九二德施周普居中不偏雖非君位君之德也【西溪曰】天理人欲不兩存其閑得一分人欲便存得一分天理又曰聖人之文言以誠意便是治国平天下底事信謹之始便要善世不伐德博而化盡君德權輿於此矣楊氏曰德博而化乃釋九二小象德施普之義【張清子曰】化者龍之才正中者龍之德

九三曰君子終日乾乾夕惕若厲无咎何謂也子曰君子進德脩業忠信所以進德也脩辭立其誠所以居業也知至至之可與幾也知終終之可與存義也是故居上位而不驕在下位而不憂故乾乾因其時而惕雖危无咎矣忠信主於心者无一念之不誠也脩辭見於事者无一言之不實也雖有忠信之心然非脩辭立誠則无以居之知至至之進德之事知終終之居業之事所以終日乾乾而夕猶惕若者以此故也可上可下不驕不憂所謂无咎也【附錄】忠信猶言實其善之謂脩辭實其爲善之意自是住不得德不期進而自進猶飢之欲食自不可已啓蒙又曰因舉破釜甑燒廬舍持三日粮示士卒必死无還心如此方會斬殺忠信便是有這心如此方會進德若林賜又曰大抵以忠信爲本忠信只是實若无實如何會進如播種明

似須是實有種子下在泥中方會見白日發生若把个空殼下在裏面如何會發生須是實見得若徒將耳聽過將口說過濟甚事實齋

又曰進德則所知所行自進不已居業則只在此住了不去了看進字居字可見進者日新而不已居者一定而不易[illegible]又曰誠便只是忠信脩省言辭便是要立得忠信若口不擇言則忠信亦被他汨沒動蕩立不住了節齋又曰道之浩浩何處下手惟立誠才有可居之處有可居之處則可以脩業也

集註 伊川曰知至至之致知也求知所至而後至之知之在先故可與幾所謂始條理者智之事也知終終之力行也既知所終則力進而終之守之在後故可與存義所謂終條理者聖之事也 誠齋曰終日乾乾必有事焉无事而勤徒勤也勤於進脩德業則非徒勤矣然進脩必有地德業必有物忠信辭誠所以指其地實其物也苟知德業所至而不至之不可與幾也知德業所終而不終之不可與之以存義也以知至至之知終終之則以此居二之上高而不泰在四之下卑而不戚終日乾乾惕以得位爲懼亦雖危何咎 張清子曰知至至之已至至者也謂自初至三爲乾道之小成也已既幾矣知終終之未至者也自四至上是也自四以往終之則大成此六位時成之義

九四曰或躍在淵无咎何謂也子曰上下无常非爲邪也進退无恆非離群也君子進德脩業欲及時也

才 以卦以德爻以卦以時言進義九三備矣此則欲其及時而進也 九四則進

四則退【横渠曰】上下進退字釋躍義下與退字釋在淵義无常无恒釋或義非為邪非離群釋无咎義【易氏曰】上下以位論離下躰而升上躰進退以爻論退則三而進則五也【張清子曰】九四居下躰之上其位逼於五矣而聖人以或躍在淵象之故或上或下之无常而非敢有為邪之心或進或退之无恒而非敢離同群之陽君子於此德業欲及時而進猶試其可以上進則躍而進矣故无咎

九五曰飛龍在天利見大人何謂也子曰同聲相應同氣相求水流濕火就燥雲從龍風從虎聖人作而萬物覩本乎天者親上本乎地者親下則各從其類也

作起也物猶人也覩釋利見之意也本乎天者謂動物本乎地者謂植物物各從其類聖人人類之首也故興起於上則人皆見之【附錄】本乎天者親上凡動物首向上是親乎上人類是也本乎地者親下凡植物首向下是親乎下草木是也禽獸首多橫所以天者此本東萊邵氏董鉷【集註】【伊川曰】人之於聖人類也五以龍德升尊位人之類莫不歸仰况同德乎【誠齋曰】雲從龍釋飛龍在天之義【楊氏曰】凡物声以同而相應氣以同而相求水必流溼火必就燥龍飛而雲從虎嘯而風從先聖人者作而万物莫不爭先快覩況也

此本乎天者親附乎上日月麗乎天是也本乎地者親附乎下百穀草木麗乎土是也所以各從其類也【附錄】清江子曰雲者水之氣故隨從水族之龍風者怒號之氣故隨從威猛之虎

上九曰亢龍有悔何謂也子曰貴而无位高而无民賢人在下位而无輔是以動而有悔也賢人在下位謂九五以下无輔以上九過高志滿不來輔助之也。此第二節申象傳之意。【附錄】問王弼說初上无陰陽定位如何曰伊川說陰陽奇耦豈容无也乾上九貴而无位需上六不當位乃爵祿之位非陰陽之位此說極好 啓家【集註】丘行可曰陽爲貴上爲高陽雖居上而无位无民賢雖在下而非己之輔以此而動動則有悔也【進齋曰】文辭但言有悔而夫子以動釋之蓋吉凶悔吝生乎動也【復清子曰】乾下體由潛而見故聖人勉九三以終日之乾乾其上體由躍而飛故聖人戒上九以亢龍之有悔

潛龍勿用下也見龍在田時舍也言未爲時用也終日乾乾行事也或躍在淵自試也未遽有爲姑試其可飛龍在天上治也居上以治下亢龍有悔窮之災也乾元用九天下治也言乾元用九見与他卦不同君道剛

而能柔天下无不治矣【集註】伊川曰此一章言乾之時張橫渠曰潛○此第三節再由前意而爲用以其位於下也見而在田隨其時而用也終日乾乾健於行事也或躍在淵將以自試可進則躍而進矣飛而在天則居人上者可以出治矣亢而有悔則時極而必至矣乾元用九者窮則變變則通天下其有不治者乎

潛龍勿用陽氣潛藏見龍在田天下文明雖不在上位然天下已被其化終日乾乾與時偕行時當然也或躍在淵乾道乃革離下而上變革之時飛龍在天乃位乎天德天德即天位也盖唯有是德乃宜居是位故以明之亢龍有悔與時偕極乾元用九乃見天則剛而能柔天之法也○此第四節又申前意【集註】伊川曰此章言乾之義橫渠曰五曰大人造又曰聖人作大人而升聖乃位乎天德也單氏曰乾六爻皆天德也而五爲天位此天德之得位者也李氏曰時行則偕行可也時極則偕極是爲不知變林黃中曰此章言上下之應初四爲始初則潛龍勿用而四乃革矣二爲革潛爲躍也五爲中上則文明而五乃位乎天德矣言德稱其位也三上爲終三則与時偕行上則与時偕極矣言道窮則當反也隨齋曰乾以德明爻初曰德之隱二曰德之中三四皆曰進德五曰位乎天德獨上不言德者過中非德亢則有悔故不言德與

程子曰陽氣潛藏者陽在地中猶未出也天下文明者陽顯見也上六爻皆見之與時偕行者居下之上正當人位時行則行也乾道乃革者離下居上此乾道變革之時也乃位乎天德者以德居位而稱其德也与時偕極者處上之窮動則有悔時止則止也乃見天則者六陽過亢以元用之則反窮而通乃見天道運行之法則也

乾元者始而亨者也始則必亨理勢然矣利貞者性情也收斂歸藏乃見性情之實

附録 始而亨是生出去利貞是收斂了方見性情所以言元亨誠之通利貞誠之復若林録又曰性情是乾元之性情始而亨時是乾之發用處共是一箇性情到那利貞處一箇有一箇性情百穀草木皆有箇性情了元亨方是他開花結子時到利貞時方見得他底性情就這上看乾之性情便見得這是箇誠之復處最親又曰人只到秋冬疑若不見生意不知都已收斂在内揚録又曰如樹上開一花結一子未到利貞處尚是運用下面氣去會生他及到利貞處自不用恁地杏甘録

集註 節齋曰乾以一元之氣運轉於六虚之中始而終終而始其發生者元也其歸宿者貞也而利貞乃其間之功用析而細之則為四時合而兩之則為陰陽貫而一之則渾然一元之氣也朱子曰始而亨者是一元之發達處以至於利貞乃見乾之實體萬物到秋冬收斂成實方見得本質故曰性情

乾始能以美利利天下不言所利大矣哉始者元之亨也利天下者利也不言所利者貞也或曰坤利牝馬則

言所利矣【集註】莊子曰天地有大美而不言豈盡語哉【明道曰】不言所利者不有其功也【張清子曰】始元也乾元能以美利利天下而不言所利者此其所以為大也若言所利則非利之大矣所者指其物而言也**大哉乾乎剛健中正**

純粹精也剛以體言健兼用言中者其行无過不及正者其立不偏四者乾之德也純者不雜於陰柔粹者不雜於邪惡蓋剛健中正之至極而精者又純粹之至極也或疑乾剛无柔不得言中正者不然也天地之間本一氣之流行而有動靜爾以其流行之統体而言則但謂之乾而无所不包矣以其動靜分之然後有陰陽剛柔之別也【集註】【伊川曰】大哉贊乾道之大也以剛健中正純粹六者形容乾道精謂六者之精極【張清子曰】剛健中正純粹精者何謂也蓋乾為陽故曰剛健陽居二五故曰中正乾以剛健而居中正六陽純而不雜故得此天粹天精之妙粹則玉也精則金也故乾為玉為金**六爻發揮旁通情也**旁通猶言曲盡

時乘六龍以御天也雲行雨施天下平也言聖人時乘六龍以御天則如天之雲行雨施而天下平也○此第五節復申首章之意【集註】【潘氏曰】時乘六龍以御天者乾之用也雲行雨施天下平者乾之功也【張清子曰】彖言行施而以品物流形繼之則雲雨為乾之雲雨此言行施而以天下平也繼之則聖人之功即乾之雲雨乃聖人之德澤也

君子以成德為行日可見之行也潛之為言也隱而未

見行而未成是以君子弗用也成德已成之德也初九固
成德但其行未可見尒集註
童溪曰夫行之於德猶影之隨形不可強無之也特因其所效者何如
尒時乎隱伏則雖有是德而無是行乃若出潛離隱則以是德爲行也
猶物拒於幽暗之地表未始不存而影未始可見何隱使然也若發之於
顯明之地則表立而影隨矣此德之在我患未成爾行之未成非所慮也
初之龍德隱而未見行而未成則吾之所欲施者亦未見其可也張清
子曰德之成而形於事者爲行乃日用常行之可見者也初九隱於下而
未見行於事而未成德已成
而行未成是以君子弗用也

君子學以聚之問以辨之寬以居之仁以行之易曰見
龍在田利見大人君德也蓋由四者以成大人之德再言
君德以深明九二之爲大人也集註
橫渠曰心大則百物皆通心小則百物皆病游氏曰乾之道不盡於九
二故有學問坤之道盛於六二故不習无不利白雲曰學聚問辨寬居
之者期於仁以行之尒潘氏曰聚則雜必有以辨之居則止必有以行
之君德之所由成也張清子曰德者人所得於天之理皆我之所固有
然亦未嘗不散在事事物物之間苟不務學則無以會聚衆理而泛
濫已也學而弗問則無以辨別衆理使之條件不紊而精粗本末或
不知所擇也故必以學聚以辨講究得是的將身心學問且頓放在寬
大田地自此心廣體胖充拓出去可到那德博而化地位仁之全體

大用備矣由寬而仁而居而行乃爲學問之極功此又以聖學而爲君德也

九三重剛而不中上不在天下不在田故乾乾因其時而惕雖危无咎矣重剛謂陽爻陽位【集註】【進齋曰】重剛重乾也下卦以二爲中上卦以五爲中二居二下卦之上偏乎中也四居五下不及乎中也故皆曰不中在天五也在田二也三下未至於五下已離乎二而中處人位唯乾乾不息則雖處危地而无咎【張清子曰】三之位上不在天下不在田處天與田之間其危厲可知故以終日乾乾因其時而懷怵惕之心則雖危而无咎矣

九四重剛而不中上不在天下不在田中不在人故或之或之者疑之也故无咎九四非重剛重字疑衍在人謂三或者隨所而未定也【集註】【厚齋曰】天人與田皆不在者則其在淵也明矣【節齋曰】以六爻之卦言之則三四居中以重剛三爻之卦言之則二五爲中三四非中矣【張清子曰】九四居上卦之下故上不在天下不在田而中則出於人位之上矣此處多懼之地或進或退疑而未決相時而動動則无咎重卦六爻以五上爲天位三四爲人位初二爲地位雖三與四俱爲人位但九三下近於地人體附地則三爲人位也九四上近於天下遠於地非人所處故云中不在人

夫大人者與天地合其德與日月合其明與四時合其序與鬼神合其吉凶先天而天弗違後天而奉天時天且弗違而況於人乎況於鬼神乎大人即釋爻所謂利見之大人也有是德而居其位乃可當之人與天地鬼神本无二理特蔽於有我之私是以梏於形體而不能相通大人无私以道爲體曾何彼此先後之可言哉先天不違謂意之所爲默與道契後天奉天謂知理如是奉而行之回紇謂郭子儀曰卜者言此行當見一大人而還其占蓋與此合若子儀者雖未及乎夫子之所論然其至公無私亦可謂當時之大人矣

附錄 天地只以形言先天而天弗違者如禮雖先王未之有而可以義起之類蓋雖天之所未爲而吾意之所爲自與道契天亦不能違也後天而奉天時如天敘有典天秩有禮之類雖天之所已爲而理之所在吾亦奉而行之耳蓋大人無私以道爲體此一節是釋大人之德

集註 伊川曰大人與天地日月四時鬼神合者合乎道也又曰鬼神者造化之迹 橫渠曰鬼神者二氣之良能 兼山曰天人於四者之間各有所合而終无所留究其道則无不周考其迹則无可係此莊子所謂反一无迹者也反一无迹惟飛龍能盡之不然釋飛龍何與於四合也 蔡淵曰先天而天弗違時之未至我則先乎天而爲之而天自不能違乎我後天而奉天時時之既至我則後乎天而奉之而我亦不能違乎天天且弗違況於人與鬼神乎 張清子曰先天而

天弗違大人即天也後天而奉天時天即大人也五言不知其以爲乎雖先後天而奉天猶有天也先天而天弗違則大人之外無天矣

亢之爲言也知進而不知退知存而不知亡知得而不知喪所以動而有悔也其唯聖人乎知進退存亡而不失其正者其唯聖人乎知其理勢如是而處之以道則不至於有悔矣固非計私以避害者也再言其唯聖人乎始若設問而卒自應之也○此第六節復申第二第三第四節之意

集註 誠齋楊氏曰其唯聖人乎以申言之者子稱賢哉回也亦先後申言之 張清子曰亢者極也位至於亢極則但知進知存知得而不知退與亡喪處窮而不知變豈能无悔哉其唯聖人乎然後能知之既知之又能處之不失其正亦何亢之有非聖人其能如是乎

總論 俞琰曰乾純陽之卦天道也物之陽者莫神乎龍故以龍象乾六龍六爻之象也初在下卦之下爲潛龍潛故勿用上在上卦之上爲亢龍惟亢故有悔二在下卦之中二地位也故爲見龍在田五在上卦之中五天位也故爲飛龍在天四在上卦之下已離乎下而未升乎天進退未定之位也故爲躍淵之龍此五爻皆以龍言也獨九三居下卦之上人位也若言龍則不足以盡爻義故變言君子所以明乾乾夕惕之義也

☷ 坤下坤上

坤元亨利牝馬之貞君子有攸往先迷後得主利西南得朋東北喪朋安貞吉 ☷者耦也陰之數也坤者順也陰之性也註中者三畫卦之名也經中者六畫卦之名也 陰之成形莫大於地此卦三畫皆耦故名坤而象地重之又得坤焉則是陰之純順之至故其名與象皆不易也牝馬順而健行者陽先陰後陽主義陰主利西南陰方東北陽方安順之爲也貞健之守也遇此卦者其占爲大亨而利以順健爲正如有所往則先迷後得而主於利往西南則得朋往東北則喪朋大抵能安於正則吉也 晦庵本義

附録 坤卦利牝馬之貞不可將利字自作一句後云主利却當如此絕句 蒼錄 楊必大問牝馬取其柔順行健之象坤順而言健何也曰守得這柔順亦堅確故有健象柔順而不堅確則不足以配乾矣 董銖人傑錄 陰截陽一半就前後言沒了前一截就四方言沒了東北一截陽却是全躰 晏淵 又曰文王後天之易只就伏羲先天之易而演之後八卦之位而變之乾居西北坤居西南乾坤父母退處於不用之地而任震坎艮巽離兌六子以成天地之用也 杏林疏

集註 伊川曰 坤乾之對也四德同而貞躰則異乾以剛固爲貞坤則以柔順爲貞牝馬柔順而健行故取其象曰牝馬之貞 楊氏曰 馬本乾爲而坤利之者道柔中之剛也然其所利者又宜君乾之不言也哉 丘行可曰 馬象乾而坤言牝馬者明其爲乾之匹也 李氏曰 坤順也自有大亨之道而利以牝馬

爲貞坤者乾之配乾爲馬坤爲牛不言牝牛而言牝馬者牝馬取其柔順而行健能靜中有動也言有乾健於行而坤不行者臣子有攸往若隨乾而有所行也先迷者坤无首也陰不可居先迷錯之道後得主利者陰從陽也陰居陽後則得陽爲主而有利矣西南陰方坤方與巽離兌同往西南則得朋東北陽方坤方與震坎艮同往東北則喪朋得朋以陰從陰也喪朋以陰從陽也惟安於柔順之貞則吉矣 張清子曰 坤字左旁從土土乃地氣所積故坤爲地道也右旁從申申屬西南方故西南得朋

彖曰至哉坤元萬物資生乃順承天 此以地道明坤之義而首言元也至極也比大義差緩始者氣之始生者形之始順承天施地之道也 集註 誠齋曰乾之元物資以始坤之元物資以生若氣之元生者形之元坤之生物豈自爲之哉順以承天而已 徐進齋曰 至哉者贊坤元承乾元之大无所不至也万物資乾元以始者必得其氣必資坤元以生而成其形蓋生者乃流形發露之時獨陽不生獨陰不成其生物者亦在乎順承天施而已 張清子曰 乾坤爲万物之大父母復姤爲万物之小父母

坤厚載物德合无疆含弘光大品物咸亨 言亨也德合无疆謂配乾也 集註 白雲曰 剛健中正此乾之所以大含弘光大此坤之所以至含弘言其靜而翕也光大言其動而闢也万物資生而得咸亨者本於含弘光大而已 張清子曰 乾戢覆坤戢載凡物之天下哉

於坤者，厚之為之也。博厚高明同乎悠久，乃合乎天覆物之德而无疆矣。疆即乾之不息也，不息故可以无疆，故可大。含弘，坤之事也；光大，乾之事也。德合乎乾，故含弘亦可至於光大，而品物咸亨矣。

牝馬地類，行地无疆，柔順利貞，君子攸行

言利貞也。馬，乾之象，而以為地類者，牝，陰物，而馬又行地之物也。行地无疆，則順而健矣。柔順利貞，坤之德也。君子所行如此，則其占也。如下文所云也。【集註】【伊川曰】取牝馬為象者，以其柔順而健行，地之類也。行地无疆，謂健也。乾健坤順，坤亦健乎？曰：非健何以配乾？未有乾行而坤止也。其動也剛，不害其為柔也。【張橫渠曰】牝馬，地類，能負載，亦能生育，此所以行地无疆，而又有資生之功。為柔順利貞，坤之德也。亦君子所行之德也。

先迷失道，後順得常。西南得朋，乃與類行；東北喪朋，乃終有慶。

陽大陰小，陽得兼陰，陰不得兼陽。故坤之德常減於乾之半也。東北雖喪朋，然反之西南，則終有慶矣。【附錄】以文王八卦論之，則自西北之乾，以至東方之震，皆父與三男之位也；自東南之巽，以至西方之兌，皆母與三女之位也。故彖辭以東北為陽方，西南為陰方。[illegible]表抵。又曰：乃終有慶，既言終有慶，則慶不在今為也。貞也，為柔順底物。東北陽方，非他所安之地，自是喪朋。喪朋於東北，則必反於西南，是終有慶也。又曰：大抵柔順中正底人，做常過分事不得，只是循常守分。時又却做得他底事。文蔚

【集註】【丘行可曰】坤道主成，成由後，故先乾而動則迷而失其道，後乾而動則順而得其常。西南為後

於坤為得地故往西南則與類行東北為先於坤為不得地故往東北則必喪朋喪於東北則必反於西南乃終有慶然後也言其有慶當在東北之後也張清子曰坤西南之卦也而利西南當利順之時貴安靜而守其位也蹇解東北之卦也而利西南當蹇難解散之時宜運動而適變也

安貞之吉應地无疆 安而且貞地之德也

集註 楊氏曰 君子苟能安於承順之貞則得其吉而能應地之无疆矣 張清子曰 坤彖言三无疆字其指各異德合无疆指乾之无疆也行地无疆指坤之无疆也應地无疆者君子之无疆也合而觀之則天地人之道備矣无疆者無疆界也又曰以乾坤二彖互攷之乾元言大哉万物資始乃統天故坤元止稱至哉万物資生乃順承天乾言雲行雨施品物流形故坤止言含弘光大品物咸亨乾言時乘六龍以御天故坤止言牝馬地類行地无疆乾曰乾道變化各正性命乃利貞故坤止曰柔順利貞君子攸行於此二彖可見乾尊坤卑之義矣

象曰地勢坤君子以厚德載物 地坤之象亦一而已故不言重而言其勢之順則見其高下相因之无窮至順極厚而无所不載也

附錄 高下相因只是順若厚又是一箇道理然推其厚所以上下只管相因去自得他順若是薄底物高下只管相因則傾陷了不能如此之无窮矣惟其高下相因无窮所以為至順也君子躰之推至厚為能載物也 語録

集註 伊川曰 地厚而其勢順傾故取其順厚之象而云地勢坤也 陳 希夷曰 天高西北地傾東南勢順乎天 張清子曰 坤取地勢然

乾言天行，天之行以健；地之勢以順。地愈積則愈厚，其勢順而傾，不徧東
南皆水，天下皆西而與水接。坤之所以順承天者，豈非此哉？地勢下，故爾高以
下爲基，地勢順然而下，則於物無不持載矣。【張清子曰】坤相疊如地
有高下相因之勢，故君子體其博厚以厚其德，体其持載以載萬物。蓋
地之所以能載
者，以其厚也。

初六，履霜堅冰至。六，陰爻之名。陰數六老而八少，故謂陰爻爲六也。
霜，陰氣所結，盛則水凍而爲冰。此爻陰始生於下，
其端甚微，而其勢必盛，故其象如履霜，則知堅冰之將至也。夫陰陽者，
造化之本，不能相無，而消長有常，亦非人所能損益也。然陽主生，陰主
殺，則其類有淑慝之分焉。故聖人作易，於其不能相無者，既以健順仁
義之屬明之，而無所偏主；至其消長之際，淑慝之分，則未嘗不致其扶
陽抑陰之意焉。蓋所以贊化育而參天地者，其旨
深矣。不言其占者，謹微之意已可見於象中矣。【附錄】如履霜堅冰至，則一
陰之生，便如一賊，故
戒之在初。揚道夫

象曰：履霜堅冰，陰始凝也；馴致其道，至堅冰也。按魏志作初六
履霜，今當從之。馴，順習也。【集註】【京氏曰】霜者，陰之始凝，而堅冰者，陰之極也。履霜
自其下言之也，至堅冰，其終言之也。馴之爲言順
也，故文言曰：蓋言順也。【揚氏曰】霜亦冰也，而聖人復言冰者，蓋冰甚於
霜也。荀子曰：冰，水爲之，而寒於水。【劉壽翁曰】坤初六在姤爲五月，一陰

始生便有漸滋之意驗之於泉已寒然未冰霜之時尚遠聖人見微知著謂所循者始凝之霜則致其道則至堅冰矣〔節齋蔡氏曰〕履象初霜象六〔丘氏富國曰〕曰乾之初九小象釋之以陽在下坤之初六小象釋之以陰始凝聖人欲明九六之爲陰陽故於乾坤之初書之言之〔張清子曰〕霜陰氣始凝也堅冰陰氣已盛此識者賤霜則知堅冰之必至蓋取冰至者要其終也至堅冰者探其本也馴字左旁從馬致字左旁從至馴致其道者謂由霜而冰若馬之順行有必至之理也

六二直方大不習无不利 柔順正固坤之直也賦形有定坤之方也德合无疆坤之大也六二柔順而中正又得坤道之純者故其德內直外方而又盛大不待學習而无不利占者有其德則其占如是也〔附錄〕方是一定不變之意坤受天之氣而生物故其直止是一定答呂燁又曰坤是純陰卦諸爻皆不中正五雖中亦以陰居陽唯六二居中得正爲坤之最盛者故有是三者之德而不習无不利陳文蔚

象曰六二之動直以方也不習无不利地道光也〔集說〕〔伊川曰〕直方大孟子所謂至大至剛以直也在坤體故以方易剛言氣則先大大氣之體也於坤則由直方而大也又曰乾坤純體以位相應二乃坤之主故不取五應不以君位處五也乾則二五相應〔陳求曰〕直方大直者言其氣也方者言其形也大者兼形與氣而言之也〔游氏曰〕坤之六

二爻則爲中正，動則爲直方。坤之道盛於六二，而直方因動而後見也。【雙湖胡氏曰】天得一以清，地得一以寧。乾之得一者九五，最也；坤之得一者六二，最是也。【易氏曰】光亦大之發也。【進齋徐氏曰】生物而无所用其排，非直乎？賦形而无所移易，非方乎？【張清子曰】坤地道也，二爻在一卦之二，以陰居陰，而在地位，故卦德之美惟此爻盡之。生物莫撓，是其直也；賦形有定，是其方也。內直外方，無物不利，是其大也。況二柔順中正，得坤之體，故不繩而直，不矩而方，無疆而大。然坤靜也，六二之動者，靜中有動，故象曰坤至柔而動也剛。惟剛故直，惟剛故方，惟剛故大。莫之致而致，莫之爲而爲，故不習无不利，而地道之光，自有不容掩者也。

六三，含章可貞，或從王事，无成有終。六陰三陽，內含章美，可貞以守。然居下之上，不終含藏，故或時出而從上之事，則始雖无成，而後必有終。爻有此象，故戒占者有此德則如此占也。【附録】六三便夾些陽了，含章爲是有陽半動半靜之爻。若六四則渾是柔了，所以括囊晏淵。

象曰：含章可貞，以時發也；或從王事，知光大也。【集註】【康節】曰：陽知其始而享其成，陰效其法而終其勞。【荀九家曰】以六居三，下有伏陽，而坤陰含藏不顯。【朱漢上曰】含章者，坤之靜也；以時發者，坤之動也。【白雲郭氏曰】含而不知終，則必失待時之義也。【進齋徐氏曰】六三以陰爻處陽位，以柔文剛，故謂之章。內含章美，不至發露，可以守貞。然三居下體之上，若義所當爲則以時而發不可終於含藏或出而從王之事則不居其功之先大終不專成其事亦不可以含章自處而不終其事有終陰之事也陽不足於後代其終者陰也或者不敢自決之辭從者不敢造始之意【張清子曰】坤之三五皆陰而陽內以柔文剛故三曰含章五曰文在中也而文言釋之或曰有美或曰美在其中蓋文章皆美物故也三五同功而其位亦有從王事之象

六四括囊无咎无譽　括囊言結囊口而不出也譽者過實之名謹密如是則无咎而亦无譽矣六四重陰不中故其象占如此蓋或事當謹密或時當隱遁也【附錄】陰而又陰其結塞不開則爲括囊矣　楊道夫

象曰括囊无咎慎不害也【集註】【厚齋曰】下卦之坤是囊群陰在上閉塞其路四爲囊口故有括之象【林黄中曰】陰當其位是以无咎或无陽而見以无文言【節齋曰】二爻陰而位陽故有含有發四爻位俱陰故爲閉爲結括【節齋呂氏曰】擯釋括囊義不害釋无咎義慎則不害不慎則害矣【張清子曰】吉凶悔吝生乎動不動則深藏於密如括囊然故无咎亦无文言

六五黄裳元吉　黄中色裳下飾六五以陰居尊中順之德充諸內而見於外故其象如此而其占爲大善之吉也占者德必如是則其占亦如是矣春秋傳南蒯將叛筮得此爻以爲大吉子服惠伯曰忠信之事則可不然必敗外彊內溫忠也和以率貞信也故曰黄裳元吉黄中之色也裳下之飾也元善之長也中不忠不得其色下不共不得其飾事不善不得其極且夫易不可以占險三者

有關飛雖當未也後蒯果敗此可以見占法矣【附錄】信齋曰五之柔順從那六裏來　晏溯

象曰黃裳元吉文在中也文在中而見於外也【集註】伊川曰黃裳元吉黃中色裳下服守中而居下則元吉謂守其分也【誠齋楊氏曰】剛柔雜為文六柔也五剛也文在中者有文德而居中也又曰五君位也六臣道也坤之六五文皆順承乾五之一君也故坤之五不得為君位【鄭東谷曰】他卦六二則為不中不正六五則為暗為弱唯坤則為章為文以其有默識者【節齋蔡氏曰】黃象五裳象六【張清子曰】荀九家坤為裳為黃黃者地之色也所以承天之玄裳者下之飾也所以承上之衣為臣者苟能以坤六之道而處坤五之位則得黃裳之元吉文在中者美積於內而不顯於外也若居盛位而昭其文采於外寧无僭竊之咎乎

上六龍戰于野其血玄黃陰盛之極至與陽爭兩敗俱傷其象如此占者如是其凶可知

象曰龍戰于野其道窮也【集註】【介甫曰】陰盛於陽故與陽俱稱龍陽衰於陰故與陰俱稱血【節齋曰】陰極生陽故稱龍陰與陽敵故戰野地之上也血傷也玄陽也黃陰也陰道既窮窮則必爭此正陰陽交戰之地也【張清子曰】說卦云戰乎乾蓋陰陽相薄而勝負之機決於此時也

用六利永貞用六言凡得陰爻者皆用六而不用八亦通例也以此卦純陰而居首故發之遇此卦而六爻俱變者其占如此辭

蓋陰柔不能固守變而爲陽則能永貞矣故戒占者以利永貞即乾之利貞也自坤而變故不足於大亨也云【附錄】乾吉在无首坤利在永貞又曰坤利在永貞言坤卻不得見他元亨只得永貞坤本卦固有元亨變卦卻无 晏淵 又曰乾道奮發而有爲坤道靜定而有守 董銖 又曰乾從知處說坤從守處說 晏淵

象曰用六永貞以大終也初陰後陽故曰大終【集註】【子夏曰】柔戒於邪長貞乃利也【正義】曰用者變也六用而七老陰變而少陽故利在永貞求貞陽也陰柔不能固守變而之陽則能永貞矣【張清子曰】六爲柔用則爲剛外著剛克地之德也大爲陽小爲陰始小而終大故曰以大終也坤体柔而用剛

文言曰坤至柔而動也剛至靜而德方剛方釋牝馬之貞也方謂生物有常【附錄】靜無形方有体方謂其德方正一定確然不易而生物有常也董銖【集註】【李西溪曰】聖人恐剛字害坤体故曰坤至柔而動也剛蓋動其發用處也【進齋徐氏曰】柔剛釋牝馬靜方釋貞又曰以陰陽大分言之則動而剛者爲陽靜而柔者爲陰以互爲陰陽者言之則陽之中自有剛柔動靜而陰之中亦自有剛柔動靜故係辭言坤靜翕動闢而說卦言地道曰柔與剛則坤亦不專於柔而靜也【俞石澗曰】坤至柔而動也剛動謂爻之變也坤不動則已動則陽剛見焉在初爲復在二爲臨在三爲謙自是以往皆

剛也 後得主而有常 【程傳】曰主下當有利字 含萬物而化光 復明亨利 【集註】【大全】曰天藏化精也隱晦於柔所謂含萬物也 【進齋徐氏】曰含物化光即含弘光大之謂 坤道其順乎承天而時行 復明順承天之義○此以上申彖傳之意 【附録】且如乾施物坤不應則不能生物既會生物便是動若不是他健後如何配乾只是健得來順 【集註】【丘行可】曰坤体本至柔及其生物發動処柔中未嘗無剛也本至静而大德曰生賦形一定不易故此可見其德之方也後得主而有常謂必後順乾則坤得乾以為主而生物有常雖包含不露而功化亦光大矣 【張清子】曰陰陽寒暑生殺榮悴一出於天而地但聽命焉方其煖然為春地亦與之為春及其凄然為秋地亦與之為秋也坤道其順乎亦惟上承天施而與時皆行尓

積善之家必有餘慶積不善之家必有餘殃臣弑其君子弑其父非一朝一夕之故其所由來者漸矣由辯之不早辯也易曰履霜堅冰至蓋言順也 古字順慎通用按此當作慎言當辨之於微也 【附録】陰陽皆自微至著履霜堅冰只是説那微時便須着慎來所以説蓋言慎也 答晏淵 【集註】【伊川】曰天下之事未有不由積而成霜而至於冰小悪而至於大皆事勢之順長也 【石澗俞氏】曰孔子言積善之家必有餘慶勸忠臣孝子也積不善

之家必有餘殃懼亂臣賊子也屏乎為臣子者希福而至為善懼禍而不敢為悪也 揚氏曰 毫末不札將尋斧柯涓涓不已將成江河一新不滅炎炎奈何見善明者可不戒之於其微辨之於其早乎 自齋曰 初六非積善之家而必言先及積善者因明善與不善皆在所積知不善之不可積則善為可積矣以積不善明履霜義以然此明其小義 張清子曰 陽為善陰為悪善悪者要之對積久則成慶殃此始之霜終之冰也

直其正也方其義也君子敬以直内義以方外敬義立而德不孤直方大不習无不利則不疑其所行也此以文子言之也

正謂本体義謂裁制敬則本体之守也直内方外程傳備矣不孤言大也疑故習之而後利不疑則何假於習 附録 敬立而内自直義形而外自方若是以敬要去直内以義要去方外則非矣又曰方外之方謂有義以処之事皆合宜移易不得如物之方截然不可動若圓物則可運而轉矣 揚必大又曰忠信進德處是健底意思是硬立脚做去敬以直内是順底意思是持也收斂做去 谷孫寓

集註 李子思曰 乾之二言誠言仁坤之二言敬言義蓋無誠敬者乾坤之別仁義者陰陽之辨也 張清子曰 夫敬者主一無適之謂人能持此心始焉獨不橋便見得主一無適底意思不曰正以直内而曰敬以直内者正指卦德而言敬則不失其正指人心而言也敬以直内者誠於中也義以方外者形於外也敬義立内外交相養則德盛而不孤由直方以至於大不待學習而无所不利信其所行不復疑矣

陰雖有美含之以從王事弗敢成也地道也妻道也臣道也地道无成而代有終也〔集註〕伊川曰地道代天終物而成功則主於天也妻道臣道亦然康節曰乾无亡不足於後也坤无一亡不足於首也丘行可曰以卑隨乾則乾得坤乃有終矣以乾唱坤則坤得乾而有首矣此地道无成而代有終也張清子曰美陽也六三以柔居剛陰中有陽故曰有美此釋含章義也言三雖有美但當含之而使之不露以者用也或用之以從王事則勿弗敢始事而有其成功焉弗敢云者非其才有所不足於其分有所不敢也九也之於天子妻之於夫臣之於君其道皆當如是則得以陰從陽之正而能代上以終其事也下獨言地道者蓋舉其大者爾

天地變化草木蕃天地閉賢人隱易曰括囊无咎无譽蓋言謹也〔集註〕劉牧曰四爲坤位六亦坤爻而言天地變化草木蕃盛聖人欲明否泰之機故兼天地言之張清子曰賢人隱矣隱則謹以避咎此六四所謂括囊无咎无譽者也言其謹密而自守也

君子黄中通理黄中言中德在内釋黄字之義也正位居體雖在尊位而居下體釋裳字之義也美在其中而暢於四支發於事業美之至也美在其中復釋黄中

暢於四支幾釋發体[附錄]天地之間万物粲然而陳者皆陰一藏於陽其美在外見者也六二六五皆以陰居陽然二方進而位不中

者也故陰雖有美而尚含之五正位而居体者也故美在其中而發於事業人臣事業之著者於世固自有時殆不可執才能而躐進以敢

三五同功嫌迫之禍也[集註][俞氏曰]參同契云黃中漸通理潤澤達肌膚但作用不同此互義理存養皆天公諸人也彼爲血氣保固由人私諸己也[潘氏曰]或謂坤无君位正位居体非君而何六十四卦皆以五爲君位虽德有剛柔焉有无君之時哉[進齋曰]

正位者當在中之位也居体者守爲下之体也又曰二五皆中二爲内卦之中其發見於外者不敢其所行而也五爲外卦之中其發於外者則有事業之可觀故曰美之至也[張清子曰]美在其中而暢於四支發於事業此和順積中而英華發外也

陰疑於陽必戰爲其嫌於无陽也故稱龍焉猶未離其類也故稱血焉夫玄黃者天地之雜也天玄而地黃疑謂鈞敵

无小大之差也坤雖无陽然陽未嘗無也血陰屬蓋氣陽而血陰也玄黃天地之正色言陰陽皆傷也●此以上申象傳之意

[集註][童溪曰]易於嫌疑之地聖人每致意焉乾之九四言或躍在淵而不稱龍者爲其嫌於近五故也坤之上六言龍戰于野而稱龍者爲其嫌於无陽故也然九四之或乃自疑也上六之疑則陽疑之也自疑則自省也人疑之則不知省矣[西溪曰]玄天色也黃地色也雖曰

天地之雜，然天地定分終不可易，故終之以曰天玄而地黃。【張清子曰】天子有征而无戰，戰者敵國之事也。坤陰盛則與陽敵矣，而履霜之心生焉。其所以必戰也。且天道不可一日而无陽，天下不可一日而无君子。聖人爲其嫌於无陽也，故稱龍焉，以存陽也。然陽未嘗无也，坤六爻皆陰，而當生之理无間可容息，一陽爲生於子而實始於亥，自小雪後陽一日長一分，十月之陽特未成全爻，陽生到冬至方是得一爻成爾。蓋取此義

【總論】【俞石澗曰】坤純六陰爲乾之四而有臣道焉。在六爻初上言陰道之消長，中四爻言臣道之顯晦。初陰之微，故曰履霜堅冰，以忌其長也。上陰之盛，故曰龍戰于野，著其窮也。此以陰道之消長言也。二五居得中位，臣道之顯者。二位內，故曰直方大，言其德之成也。五位外，故曰黃裳元吉，言其業之美也。三四居位不中，臣道之晦者。三爻陰位陽，靜中有動，故曰含章可貞，則有時而發也。四爻位俱陰，靜而无動，故曰括囊，括則无時而可出矣。此以臣道之顯晦言也。合坤六爻而以陰道、臣道分之，一卦之義粲然可覩矣。

䷂ 震下坎上

屯元亨利貞勿用有攸往利建侯

震、坎皆三畫卦之名。震一陽動於二陰之下，故其德爲動，其象爲雷。坎一陽陷於二陰之間，故其德爲陷、爲險，其象爲雲、爲雨、爲水。屯，六畫卦之名也。難也，物始生而未通之意。故其爲字，象屮穿地始出而未申也。其卦以震遇坎，乾坤始交而遇險陷，故其名爲屯。震動在下，坎險在上，是能動乎險中。能動雖可以亨，而在

險則宜守正而未可遽進故雖得之者其占爲大亨而利於正但未可遽有所往耳又初九陽居陰下而爲成卦之主是能以賢下人得民而可君之象故筮立君者遇之則吉也○本義【集註】伊川曰屯有大亨之道而處之利在貞固非貞固何以濟屯方屯之時未可有所往也天下之屯豈獨力所能濟必廣資輔助故利建侯也【南軒曰】一元之氣動乎重陰之下險陷未通所以爲屯分物之始萌必勾萌拳曲可見屯之義【李子思曰】乾坤之後次以屯蒙此乾坤以生育之功付之二子也屯初建侯蒙二克家五童蒙蓋謂是也屯震下坎上蒙坎下艮上○【白雲曰】震爲侯國語云震雷也屯豫皆利建侯蓋指震之陽爻以爲侯也故屯以初九爲侯豫以九四爲侯【五行可曰】天下之難未有久結而不解者故屯有亨義然久也難之世易於失守而妄動故所利在乎貞正坎險居前乃戒之以勿作用而輕有所往也況天下泯泯棼棼未有所主故又利於建立在下剛明之賢以爲之侯而後可以解其屯也○【張清子曰】夫盈天地之間者萬物也而萬物以人爲首故屯爲人道之始具四德而繼乾坤也

彖曰屯剛柔始交而難生 以二體釋卦名義始交謂震難生謂坎【附錄】剛柔始交指震言所謂震一索而得男也【集註】伊川曰以雲雷二象言之則爲剛柔始交也始交而未能通暢則艱屯故曰難生【張清子曰】乾坤之後一索得震爲始交再索得坎而難生屯者坎上震下之卦所以合震坎之義而釋其爲屯也

動乎險中

大亨貞　以二體之德而釋卦辭動震之爲也險坎之地也自此以下釋元亨利貞乃用文王本意〔附録〕文王本意說元亨利貞只是說乾道大通而至正故筮得者其占當得大通而利於貞固至孔子方作四德說後人不知將謂文王作易便作四德說則非也如屯卦所謂元亨利貞者以其能動則可以亨而在險則宜守貞故筮得之者其占爲大亨而利於貞初非謂德也董銖〔集註〕趙汝楳曰元之義二曰始曰大一元肇判始于乾坤乾爲陽始坤爲陰始是也乾坤交而陰陽雜不得復爲始故餘卦皆以大釋元而於此發其例曰大亨貞〔張清子曰〕動乎險中以震坎二德言動則有出險之理故能大亨而必守之以貞也

雷雨之動滿盈天造草昧宜建侯而不寧　以二體之象釋卦辭雷震象雨坎象天造猶言天運草乱雜昧冥晦也陰陽交而雷雨作雜乱晦冥塞乎兩間天下未定名分未明宜立君以統治而未可遽謂安寧之時也不取初九爻義者取義多端姑舉其一也〔集註〕〔伊川曰〕屯者盈也亦物之始生也萬物始生鬱結未通故爲盈塞於天地之間至通暢茂盛則塞意亡矣〔潘氏曰〕屯有亨之道亦有貞則爲雲雷屯已亨則爲雷雨解故曰大亨貞雷雨之動滿盈也猶妊解猶産〔節齋曰〕象曰雲雷屯者坎上震下爲屯之象彖曰雷雨之動滿盈者乃動乎險中大亨貞以後之時也雲上騰之物故象曰雲雷雨下濟之物故彖曰雷雨〔張清子曰〕方其陰陽始交未能偏暢故曰雲雷屯及其動乎險中陰陽和洽則成雷雨其澤已流動充滿乎兩間矣蓋雲在雨之先雨在雲之後雲猶爲雨而未成

者雨則必待雲騰而後致也草昧者草萌地中未明之象當此天造草昧
之時世道屯塞民無所主有德而在下者宜建之以爲侯而不遑寧處也

象曰雲雷屯君子以經綸坎不言水而言雲者未通之意經綸治絲之事經引之綸理之也屯難之世君子有爲之時也【集註】伊川曰坎不云雨而云雲者雲爲雨而未成者也未能成雨所以爲屯也 自雲曰坎在上爲雲故雲雷屯坎在下爲雨故雷雨作解雲而未雨其象爲屯經綸者經綸天下之事建侯而不寧之謂也 鄭齋曰經緯織紝乃成布帛猶雲雷交錯乃成雨澤也 張清子曰雲坎象雷震象雲合雷動而雨未作屯之象也屯者結而未解之義君子觀雲雷方屯之象以理世道之屯如治棼絲經之綸之斯可以解其屯結而使就條理也

初九磐桓利居貞利建侯磐桓難進之貌屯難之初以陽在下又居動體而上應陰柔險陷之爻故有磐桓之象然居得其正故其占利於居貞又本成卦之主以陽下陰爲民所歸侯之象也故其象又如此而占者如是則利建以爲侯也

【附錄】卦辭偏論一卦所謂侯乃屬他人即爻之初九也爻辭專言一爻所謂侯者乃其自己也 楊道夫

象曰雖磐桓志行正也以貴下賤大得民也【集註】毛璞曰利居貞者其利在我利建侯者其利在民 進齋曰陽剛當位而爲動主故屯之卦德備于初爻磐桓即彖之勿用有攸往居貞即彖之元亨利貞

利建侯即彖之利建侯也或問利建侯彖曰不寧宜急爻言磐桓宜緩何也曰彖中建侯者言將有以濟屯不可以不急爻中言爲侯者而言既建已爲侯則當蕃固根本相時而動乃能濟屯不容不緩道並行而不悖也【丘行可曰】屯卦一陽皆當位而五不如初者初震陽動而五坎陽陷也惟動則有可屯之用而陷則不能出險矣【張清子曰】初九乃震下一畫之陽也震者屯難之始治屯之道不可太驟故曰磐桓九事利在居正以守之又利往建立陽明之侯惟初居不失正則其行亦不失正矣是以爻曰居貞而象以行正釋之言其志也陽貴陰賤陽大陰小民亦陰象初九以一陽而在三陰之下爲以貴下賤大得民之象

六二屯如邅如乘馬班如匪寇婚媾女子貞不字十年乃字

班分布不進之貌字許嫁也禮曰女子許嫁笄而字六二陰柔中正有應於上而乘初剛故爲所難而邅迴不進然初非爲寇也乃求與己爲婚媾耳但己守正故不之許至于十年數窮理極則妄求者去正應者合而可許矣爻有此象故因以戒占者

象曰六二之難乘剛也十年乃字反常也

【集註】【子夏曰】班如相牽不進貌【涑水曰】六二女子貞不字十年乃字爲臣之道患不正不患不二與五一而正終反常也雖十年之屯猶一日矣【潘氏曰】屯女貞不守則異乎常分之見至矣夫不有窮矣【雎齋曰】易之道有已正而他爻取之以爲邪者有已凶而他爻得之以爲吉者此之初非不正也而二

近之則爲寇旅之上非不以中而五承之則有言命張清子曰寇初也婚媾五也女子二也二與五爲正應故曰婚媾下迫於初九之剛是寇我者也故屯難邅迴乘馬欲進而班如復止設匪爲初所寇則十與五爲婚媾矣女子貞不字乃二拒初而不許嫁之也十年乃字乃二應五而許嫁之也六二乘初之剛爲強暴所陵不肯苟合於初故寧守正而不字至於十年之久天道反常正理終明乃與五應而字育矣女子守其貞節猶且如此況君子守其貞節者乎

六三即鹿无虞惟入于林中君子幾不如舍往吝陰柔居下不中不正上无正應妄行取困爲逐鹿无虞陷入林中之象君子見幾不如舍去若往逐不舍必致羞吝戒占者宜如是也

象曰即鹿无虞以從禽也君子舍之往吝窮也

集註

唐郭京曰元本即鹿无虞何以從禽也今本脫何字丘行可曰屯四陰爻二四上皆言乘馬并三獨言即鹿者蓋二四上爻皆以陰居陰才位俱柔不能進者故有乘馬班如之象班者將進而止不能進者也六三以陰居陽爻柔位剛躁於進者故有即鹿无虞之象无虞即鹿者不占畢而進從勢而無功也張清子曰即就也鹿陽獸也初陽動於下鹿之象也虞人掌山澤之官所以導獵者六三无應是无虞也二陰躁妄動欲從初九而陷於二陰之中猶逐鹿而无虞人以引導之惟陷入于林莽陰翳之中而無所得矣君子見幾

不如舍而去之若貪以從禽自然而往則可羞吝致窮必矣

六四乘馬班如求婚媾往吉无不利陰柔居屯不能上進故爲乘馬班如之象然初九守正居下以應於己故其占爲下求婚媾則吉也

象曰求而往明也〔集註〕伊川曰六四居近君之位而其才不足以濟屯欲進而復止乘馬班如也然四與初爲正應己之婚媾也若能求初九之婚媾往與共輔九五之君濟時之屯則吉无不利求賢而後往在六四亦可謂明矣丘行可曰三四皆欲從初者也四以應而往則吉三以不應而往則吝往同而吉吝異者應不應故也張清子曰屯卦辭曰勿用有攸往而六四之往聖人乃許之以吉无不利者初九建侯之力也

九五屯其膏小貞吉大貞凶九五雖以陽剛中正居尊位然當屯之時陷於險中雖有六二正應而陰柔才弱不足以濟初九得民於下衆皆歸之九五坎體有膏澤而不得施爲屯其膏之象占者以處小事則守正猶可獲吉以處大事則雖正而不免於凶

象曰屯其膏施未光也〔集註〕子夏曰无膏澤以及天下此小貞而自守可也將以大貞凶

之道也【介甫曰】膏者陽之澤【李子思曰】坎為水膏之象也【節齋曰】
初與五皆剛而初得時五雖以剛居中正之位弗及之矣坎陷故也
【張清子曰】九五坎体得位失時膏澤不下於民豈非人君之屯乎小
貞吉得位也大貞凶失時也當膏澤不下之時而欲大貞是速其凶
也光陽德也五陽体本明以陷于坎中為二陰所
揜故曰施未光也小貞吉与坎九二求小得同義

上六乘馬班如泣血漣如 陰柔无應處屯之終進无所之憂懼而已故其象如此

象曰泣血漣如何可長也

（集註）【楊氏曰】坎上為血卦故曰泣血 左傳班馬註云班分也乃分列不行之義【胡氏曰】二乘初上乘五四應初亦云乘三爻俱言乘馬班如者蓋皆取以柔乘剛以上乘下之義【張清子曰】屯卦言乘馬班如者三
蓋六二之乘馬班如者待九五之正應十年乃字也六四之乘馬班如
者待初九之正應來求婚媾也若夫上六之乘馬班如者下无正應在
屯之極處坎之終以柔不能進莫知所為
故有泣血漣如之象危窮如此其能久乎

總論【丘行可曰】屯卦六爻二陽四陰凡卦以陰陽爻之少者為主
故二陽為四陰之主然五坎体陷而失勢初震体動而得時
故初又為屯之主也其曰利居貞利建侯則卦之所主可知矣至九
五則但曰屯其膏小貞吉而已其餘陰爻皆因初以起義四應初則
往吉二不應初則往吝三乘初而應五則遭如而
不能進上遠初而處卦之窮則又泣血漣如也

䷃ 坎下艮上

蒙亨匪我求童蒙童蒙求我初筮告再三瀆瀆則不告利貞

艮亦三畫卦之名一陽止於二陰之上故其德爲止其象爲山蒙昧也物生之初蒙昧未明也其卦以坎遇艮山下有險蒙之地也内險外止蒙之意也故其名爲蒙亨以下占辭也九二内卦之主以剛居中能發人之蒙者而與六五陰陽相應故遇此卦者有亨道也我二也童蒙幼穉而蒙昧謂五也筮者明則人當求我而其亨在人筮者昏則我當求人而亨在我人求我者當視其可否而應之我求人者當致其精一而扣之

附錄 蒙之意是指心下鶻突 答呂煇 而明者之養蒙與蒙者之自養又皆利於以正也

集註 伊川曰蒙有開發之理亨之義也 徐古爲曰乾爲父坤爲母六子者乾坤之六子也繼父母而用事者男也震長男也坎中男也艮少男也故乾坤之後繼之以屯屯卦義也下震上坎卦体也九畫卦者皆自下起下者爲先也長男先中男次之繼屯者蒙蒙卦義也下坎上艮卦体也中男先而少男次之矣父母之生子也長男少男各一而已居長少之間者皆中男也故自屯至比中男者六也 隨齋曰蒙家无終蔽之理開發則亨矣我謂九二也童謂六五也童蒙幼穉而未啓發者也童求我匪我求童乃五求於二非二求於五也筮占決也初筮乃謂蒙者方筮以一誠而來求決其蒙則九二當以一誠答之再三瀆瀆則

不告謂蒙者求筮之意不專至於再三瀆則九二不告告語之
矣利貞若發蒙之道利在守正也【張清子曰】屯有君道故利建侯
蒙有師道故童蒙求我
天地既位君師立矣

彖曰蒙山下有險險而止蒙以卦象卦德釋卦名有兩義【附錄】山下有險是卦
象險而止是卦德蒙有二義險而止險在內止在外自家這裏先
自不安穩了外面更去不得便是蒙昧之象若見險而能止則爲
蹇却是險在外自家這裏見去不
得所以不去故曰知矣哉谷晏州【集註】【張清子曰】象曰山下出
泉蒙者以象專言之也彖曰蒙山下有險險而止
蒙者以象與德兼言之也**蒙亨以亨行時中也匪我求童
蒙童蒙求我志應也初筮告以剛中也再三瀆瀆則不
告瀆蒙也蒙以養正聖功也**以卦體釋卦辭也九二以可亨
之道發人之蒙而又得其時之
中謂如下文所指之事皆以亨行而當其可也志應者二剛明五
柔暗故二不求五而五求二其志自相應也以剛中者以剛而中
故能告而有節也瀆筮者二三則問者固瀆而告者
亦瀆矣蒙以養正乃作聖之功所以釋利貞之義也【集註】【南軒曰】大人不
失其赤子之心者童稚之時純一不雜人欲未起天理實存謂之
大人者守此而已謂之小人者失此而已【誠齋曰】瀆之爲言褻也

再三問者褻也再三告者亦褻也問之褻則昧告之褻則棄張清子曰蒙亨者善端之發也以亨行者推就其善端發処充而行之當其可之謂時此即時中之道也

象曰山下出泉蒙君子以果行育德泉水之始出者必行而有漸也附録育德有山之象果行有水之象集註錢氏曰泉養源於山故其出不窮流於川瀆而放於海君子之果行育德當若此而已[illegible]山下之泉自出充而出未知所適蒙之象也君子觀象故以之果决其行而養育其德夫見之行者之謂行不果則行不達足乎已者之謂德不育則德不成果行即象之所謂以亨行也育德即象之所謂以養正也中庸曰溥博淵泉而時出之皆果行育德之事也張清子曰坎為水象不言水而言泉者蓋泉之始達有蒙亨之義

初六發蒙利用刑人用說桎梏以往吝以陰居下蒙之甚也占者遇此當發其蒙然發之之道當痛懲而暫舍之以觀其後若遂往而不舍則致羞吝矣戒占者當如是也

象曰利用刑人以正法也發蒙之初法不可以不正懲戒所以正法也集註伊川曰治蒙之初威之以刑者所以說去其昏蒙之桎梏也或疑發蒙之初遽用刑人毋乃不教而誅乎何以利為殊不知立法制刑乃所以教也

【介庵曰】不能正法以懲其下，而縱之以往，則吝道也。【李子思曰】嚴而警之於始，則知所趍避，而終身无復罹於刑者，此用説桎梏之道也。【楊氏曰】發蒙而用刑者，如記曰夏楚二物以收其威，書曰朴作教刑是也。【丘行可曰】初六以陰暗之蒙而上比九二陽明之賢，足以開發之，故曰發蒙。而發蒙之道，尚嚴故利用刑人，蓋治蒙之道，開示之以刑，則人知警畏，自可撤去其昏蒙之蔽，而无拘攣之患。開發之機，由此而始，以往者謂過此以往也。夫言不能禁之於未發之初，而制之於已往之後，是待其爲寇而後禦之，則不可以正救矣。故曰以往吝。【張清子曰】以法正人曰刑，如刑于二女、刑于寡妻之義，非必殺戮之也。

九二：包蒙吉，納婦吉，子克家。九二以陽剛爲内卦之主，統治羣陰，當發蒙之任者也。然所治既廣，物性不齊，不可一槩取必，而其德剛而不過，爲能有所包容之象，又以陽受陰，爲納婦之象，又居下位而能任上事，爲子克家之象，故占者有其德而當其事，則如是而吉也。【附録】九二剛中，故能包蒙，不剛則方且爲物所蒙，剛而不中，亦不能包蒙，如上九過剛而不中，所以爲擊蒙。

象曰：子克家，剛柔接也。指二五之應。【集註】【胡旦曰】卦有二陽，治蒙者也，其餘四陰爲蒙者也。上九過剛无位，惟九二居中應五，爲一卦之主，克當治蒙之任者也。蒙衆柔之象，而二能包容之，則吉。婦，六五也，二與之應，而納之亦吉故恒卦亦以六五爲婦九二爲夫也下体坎爲中男乃其蒙多難矣故曰子克家猶言能家也人子長而能家則爲之納婦矣剛柔接者謂二五之正應也使蒙者與發蒙者之情一不相接則雖有善教无從入也【張清子曰】二雖剛而在下五雖柔而在上君蒙而臣發之父蒙而子發之刑法所不施也惟包蒙乃吉爾

六三勿用取女見金夫不有躬无攸利　六三陰柔不中不正女之見金夫而不能有其身之象也占者遇之則其取女必得如是之人无所利矣金夫蓋以金賂己而挑之若魯秋胡之爲者

象曰勿用取女行不順也　順當作愼蓋順愼古字通用荀子順墨作愼墨且行不愼於經意尤爲親切今當從之

【集註】【李氏曰】屯之六二近初九之陽而正應在五故曰女子貞不字十年乃字此女子之屯者也蒙之六三近九二之陽而正應在上然坎之性陷而趨下舍上而從二故曰勿用取女見金夫不有躬此女子之蒙者也【進齋曰】六三柔而不正近係於二女之淫邪者也九二乾体乾爲金故曰金夫蓋已嫁則爲婦未嫁則稱女二与五應已納五之婦矣六三見九二爲群陰所歸故舍上之正應以從之是不正之女動於欲而不能保有其身無所利矣故戒九二以勿用取如是之女也以小象觀之舍應從比行不順也見利忘義不可取也【張清子曰】在九二則曰納婦吉在六三則曰

勿用取女所戒之位不同故得失亦異

六四困蒙吝既遠於陽又无正應爲困於蒙之象占者如是可羞吝也能求剛明之德而親近之則可免矣

象曰困蒙之吝獨遠實也實叶韻去声集註進齋曰六四以陰處陰又隔於二陰之中此困於蒙者也其可吝甚矣實陽也蒙卦四陰皆欲從陽初三近九二之陽五則應陽而四獨遠之故曰獨遠實也張清子曰夫天下之蒙皆可教也苟能隆師親友則困而知者與生知者知一也若終於困則吝矣

六五童蒙吉柔中居尊下應九二純一未發以聽於人故其象爲童蒙而其占爲如是則吉也

象曰童蒙之吉順以巽也集註兼山曰順也者順於理也巽也者入於道也隆山曰夫童稚之時天理渾然純一未發孟子所謂赤子之心是也養正作聖之功此其時乎六五雖君而陰柔童蒙也九二雖臣而陽剛發蒙者也上以幼穉之主而下求剛明之賢屈尊就卑能順以巽豈无啓發之功是以吉也此所以嗣王必求伊尹之訓而伊尹何求於嗣王冲人以求周公之誨而周公又何求於冲人蓋此又斈爲而後臣之者也張清子曰六五艮体也艮爲少男故曰童蒙

上九擊蒙不利爲寇利禦寇以剛居上治蒙過剛故爲擊蒙之象然取必太過攻治太深則必反

爲之害惟捍其外誘以全其真純則雖過於嚴密乃
爲得宜故戒占者如此凡事皆然不止爲誨人也

象曰利用禦寇上下順也 御寇以剛上下皆得其道 集註 伊川曰治人之蒙乃禦寇也肆爲剛暴乃爲寇也 趙氏曰蒙以九二之剛爲主上九過剛不中而欲分九二治蒙之權是爲寇者也故聖人以不利爲寇戒之所利者禦寇而已 張清子曰上九與六三爲正應三以不正之陰若應而從比見金夫不有躬是蒙然无所知識而爲寇者也二爲坎体故曰寇寇而能禦則爲寇者不利而禦寇者得其利矣況之所行不順上九之才可以擊治其蒙而禦之則上下翕然而順矣

總論 丘行可曰蒙卦六爻二陽四陰故亦以二陽爲四陰之主然九二得中得時上九過中失時故二又爲蒙之主其曰包蒙吉納婦吉則爻之所指可見矣至上九則但擊蒙禦寇而已其上下四陰爻皆因二以起義五應二則爲童蒙之吉初承二則爲發蒙之利四遠二不明者也則爲困蒙之吝三乘二不順者也故又不以蒙待之故此爻不言蒙

䷄ 乾下坎上

需有孚光亨貞吉利涉大川 需待也以乾遇坎乾健坎險以剛遇險而不遽進以陷於險待之義也孚信之在中者也其卦九五以坎体中實陽剛中正而居尊位爲有孚得正之象坎水在前乾健臨之將涉水而不輕進之象故

占者爲有所待而能有信則光亨矣若又得正則吉而利涉大川正固无所不利而涉川尤貴於能待則不欲速而犯難也

附錄 易中利字多爲占者設如利涉大川是利於行此也利有攸往是利於啓行也

集註 伊川曰乾健之性必進者也乃遇坎險之下險爲之阻故須待而後進也 誠齋曰傳曰需事之賊言猶豫不決之害事也易之需非不決之需乃需待之義也 進齋曰需以乾坎成卦三陽自下而上遇險而未敢輕進故爲需待之義坎体中實故爲有孚之象光亨陽德也惟動險而有孚信故能光亨當需之時必居中守正然後獲吉大川坎也乾健於行能需待而不陷於坎險故利涉也 張清子曰需待也有孚者充實之誠也光亨者輝光之大也貞吉者正則吉也以健遇險故利涉大川

彖曰需須也險在前也剛健而不陷其義不困窮矣此以卦德釋卦名義需有孚光亨貞吉位乎天位以正中也利涉大川往有功也以卦体及兩象釋卦辭

集註 楊氏曰需之義有二有需於人者有爲人所需者需於人者初二三四上是也爲人所需者五是也惟爲人所需者既中正而居天位則雖險在前而終必克濟非若蹇之見險而止也雖坎居上而剛健不陷非若困之剛揜也 進齋曰需者須也險在前坎也剛健乾也不陷乾不陷於坎也凡以剛遇險者易失於躁進故多爲

險所陷今以乾遇坎而需待之是以不至於陷也以義求之則不至於困窮矣需有孚光亨貞吉以九五位乎天位有剛健中正之德也需而後往則雖險不陷而有利涉大川之功也丘行可曰乾在坎下爲需剛健而不陷故云利涉大川乾在坎上爲訟健无所施故云不利涉大川張清子曰需合乾坎成卦乾三陽進迫乎坎遇險而能需者也坎一陽居中守正處險而能需者也遇險而能需則不至犯險處險而能需則又將出險矣

象曰雲上於天需君子以飲食宴樂雲上於天無所復爲待其陰陽之和而自雨爾事之當需者亦不容更有所爲但飲食宴樂俟其自至而已一有所爲則非需也

集註丘行可曰需者飲食之道也人非飲食不生而飲食者所以養人也夫渴者莫不欲飲飢者莫不欲食而欲安欲逸亦人之情是天下之所深需莫大乎飲食而宴樂者乃使人樂其所養也在上之君子出而位乎天位以遂天下之所需非特爲一人之奉尊一己之樂而已正欲各遂其相生相養之願也然天下之廣万民之衆安得人人而飲食之惟使之各以耕鑿之利亦又安得人人而宴樂之亦惟使之仰事俯育而樂其生理幸無疾首蹙頞而相告者見之矣天下之有待於上者不過如是張清子曰坎在上爲雲在下爲雨蓋雲升天上則万物需其甘澤之降以爲養君處人上則万民亦需其膏澤之下以爲養也

初九需于郊利用恒无咎郊曠遠之地未近於險之象也而初九陽剛又有能常於其所之象故戒占者能如是則无咎也

象曰需于郊不犯難行也利用恒无咎未失常也【集註】潘氏曰去險尚遠知我不進郊非善地也若將終身焉張清子曰需下三爻皆以去險之遠近為吉凶初於坎為最遠故曰需于郊郊言遠地也需于遠地惟宜安常守故而不犯險難以行則无躁進之咎亦未失需待之常道也

九二需于沙小有言終吉沙則近於險矣言語之傷亦災害之小者漸進近坎故有此象剛中能需故得終吉戒占者當如是也

象曰需于沙衍在中也雖小有言以吉終也衍寬意以寬居中不急進也【集註】潘氏曰九二需于沙沙近於水雖非陷溺亦侵溺矣故曰小有言寬裕居中所以終吉張清子曰需貴乎遠而不貴乎近初九之需于郊於險為遠九三之需于泥於險為近二居郊與泥之間故曰需于沙觀其所處之地雖不及於郊而猶勝於泥焉衍在中者二以剛居柔不過於剛故能寬綽從容以動下卦之中縱雖有言語之傷必以吉而善終也

地

九三需于泥致寇至泥將陷於險矣寇則害之大者九三去險愈近而過剛不中故其象如此

象曰需于泥災在外也自我致寇敬慎不敗也外謂外卦敬慎不敗發明占外之占聖人示人之意切矣集註誠齋曰初需于郊正而不敢進二需于沙進而不敢逼三需于泥則進而逼於水矣然坎猶在外也災在外而我逼之是水不溺人而人自狎水也狎水死者勿咎水致寇敗者勿咎寇自我致之故也既有寇矣能敬慎以禦之猶不敗也張清子曰泥逼近水矣然坎險在外未嘗逼人自我逼之不謹則敗矣

六四需于血出自穴血者殺傷之義穴者險陷之所四交坎體入乎險矣故為需于血之象然柔得其正需而不進故又為出自穴之象占者如是則雖在傷地而終得出也

象曰需于血順以聽也集註誠齋曰陰陽相勝亦相伺也乾之三陽所以需而未敢進者伺坎之衰也丘行可曰需之三四乾坎之會也三恃健冒險而進四據險以待乾之來聖人於三之象以敬告之三能敬則不犯坎矣於四之象以順告之四能順則不忤乾矣二者交盡其道此處需之要也張清子曰六四居坎險之下而當三陽上進之衝其勢不可遏寧無傷乎故曰需于血血陰傷也陰傷於陽則出穴以避之避則順以聽命於陽矣出穴即晉公子重耳出奔之時也坎為血卦穴亦坎也

九五需于酒食貞吉酒食宴樂之具言安以待之九五陽剛中正需于尊位故有此象占者如是而正固則得吉也

象曰酒食貞吉以中正也集註謝疊山曰坎爲酒離爲食坎離合爲酒食何耶蓋坎爲水爲險爲毒兼水之險毒者酒也離卦中有鼎兆有革爲亨飪之象尤卦言食言肉者必有坎離水火既濟亦烹飪之水火也需三至五爲互離四至上爲坎離下坎上是爲既濟隨齋曰九五爲需之主以一陽處二陰之中以待下三陽同德之援者也陽剛而進陰引而退自此坎可平險可夷矣人君於此復何爲哉惟出而位乎中正之位需于酒食優游宴樂與天下相安於太平醉飽之域可也雲上於天物需雨澤以爲養也需于酒食以爲養也丘行可曰需者飲食之會酒食所以待賓也下三陽爲客于郊于沙于泥需時而來五以一陽而爲之主故需于酒食以待其來明良慶會共成涉川之功何吉如之禮速客之辭曰主人待矣是也按酒食義張清子曰經曰酒所以養陽食所以養陰人生天地間負陰抱陽者莫不需待酒食以養其生惟恃操威福之權者得以旨酒大食爲一已之養而已上以享帝中以養聖賢下以養万民得需道之正則吉也否則宴酗无度非正也能无凶乎

上六入于穴有不速之客三人來敬之終吉陰居險極无復有需有陷而入穴之

象下應九三九二與下一陽需極並進爲不速客三人之象柔不能禦而能順之有敬之之象占者當陷險中然於非意之來敬以待之則得終吉也

象曰不速之客來敬之終吉雖不當位未大失也以陰居上是爲當位言不當位未詳

集註 立行可曰上六處需之終無所需而待故獨不言需而曰入于穴召之使至曰速詩云以速諸父是也乾下三陽客也坎上一陰主也是陰爲主而陽爲客陽非在下之物需待而進需既極矣故三客不待上之速召而自來主弱客強既不能遏其來不若退入于穴靜以待之況上與九三爲正應陽亦不與之競上能敬之如賓終必獲吉 張清子曰出自穴者謂四當三陽之衝故出以避之入于穴者謂上與九三居相應之地不拒其進故入以待之彼有待而來者三人矣吾可无以待其來乎亦曰敬之而已矣

總論 立行可曰需以乾坎成卦乾健上行前遇坎險而不遽進需之象也在六爻以坎中一陽爲主其下乾三陽則以去坎之遠近取義其上坎二陰則以遇乾之遠近取義以三陽言初去險最遠則曰需于郊二去險漸近則曰需于沙三已迫險則曰需于泥此三陽以去坎遠近取義也以二陰言六四下逼三陽而遏其進陽以見傷故當出穴以避其來上六下遠三陽而與之應陽不與競故惟入穴以待其至此二陰以遇乾遠近取義也惟九五一陽處二陰之中以待下三陽同德之援故但需于酒食而已

健

此寧所道之至善也

☰☵ 坎下乾上

訟有孚窒惕中吉終凶利見大人不利涉大川 訟爭辯也上乾下坎

乾剛坎險上剛以制其下下險以伺其上又爲內險而外健又爲己險而彼健皆訟之道也九二中實上无應與又爲加憂且於卦變自遯而來爲剛來居二而當下卦之中有有孚而見窒能懼而得中之象上九過剛居訟之終有終極其訟之象九五剛健中正以居尊位有大人之象以剛乘險以實履陷有不利涉大川之象故戒占者必有爭辯之事而隨其所處爲吉凶也 集註 伊川曰 訟者求辯其曲直也故利見大人大人則能以其剛明中正決所訟也訟非和平之事當擇安地而處故不利涉大川也 王湘卿曰 坎中實窒也坎爲加憂惕也 張清子曰 訟以內險外健成卦是以訟也訟字言旁從公凡人有爭不能直之於私故言之於公也言出乎公則其訟有理言不出乎公則爲詭爲訴其訟非理矣九二剛中爲有孚之象然上則无應彼此之情猶窒塞而未通故不可不怵惕而知懼也訟本凶德也得其中則吉至於終則凶訟有曲直一見九五中正之大人則判然可見豈非利乎大川者坎在內也爭訟而蹈危涉險則不利矣

彖曰訟上剛下險險而健訟 以卦德釋卦名義 集註 子夏曰 兩其情則上剛而

下險兼其象則以險而行健能无訟乎上剛下險以彼此言之險而健以一人言之【毛伯玉曰】訟有孚窒惕中

吉剛來而得中也終凶訟不可成也利見大人尚中正也不

利涉大川入于淵也以卦變卦體卦象釋卦辭【附録】問剛來而得中曰大抵上體是剛下体是柔一剛下而变柔則爲剛來今訟之上体是純剛安得謂之剛來耶以其觀之訟卦本是遯卦變來遯之六二上爲訟之六二其九二卻下而爲九二乃爲訟爾答潘時举

【集註】【伊川曰】健而不險不生訟也險而不健不能訟也險而又健所以訟也【龜山曰】剛來而陷乎險中見窒也【楊氏曰】虞芮爭田之訟必欲見文王故其訟之理決鼠牙雀角之誣僞必欲見召伯故其訟之理明爲聽訟之大人者不尚中正可乎【進齋曰】訟上剛下險以一体言是上三爻与下三爻訟也初四二五三上各相對而相訟天下唯剛者能訟柔者不訟以險而遇健所以訟也二以剛中則爲有孚但二五剛敵而不相應上下猶有窒塞之情必因其窒塞而懷吾怵惕憂懼之心不過於訟則爲吉以其剛来而得中也訟卦下体本艮今九自三来居于下卦之中而成訟故得訟之中吉終極而成則凶故又以不可成而戒之大人五也利見則訟者利見之也聽訟而得見中正之大人則無偏當之患訟乃至險之事大川且不利涉况深入于淵乎【丘行可曰】剛来而得中此卦變也易中言卦變始於此剛自上而反下爲来柔自下而升上爲往今遯乃卦上言剛柔上下之往來者該二陰二陽之卦

謂内外兩体之變也如蠱一卦貞之類是也有四陽二陰四陰二陽之卦亦言剛來柔進者謂上下一爻之變也如訟晉之類是也聖人之言卦變於此見其兩端焉【張清子曰】險欲陷健遠之可也故不利涉大川涉之則入于淵矣需之利涉險在前而不陷也訟之不利涉險在下而爲陷也

象曰天與水違行訟君子以作事謀始

天上水下其行相違作事謀始訟端絕矣

【集註】【龜山曰】天左旋而水東注違行也作事至於違而後謀則无及矣【郝氏曰】天爲三才之始水爲五行之始君子法之作事謀始【楊氏曰】乾与坎均在北方其始本无訟及其分子之位既分則天向上而水趨下其勢逆而不順天傾西北地不滿東南其形低昂而不合此訟之所由始歟【立行可曰】天一生水其初同也天性上行水性下注天傾西而水必東行乃相違此訟之象也人之相与其初未始不同自其一健一險之性少或違戾則彼此異情天淵迥隔君子觀象知人情有爭訟之端故凡有爭訟之事必謀於始謀者計也凡事始爲必先計其理之是非曲直公私邪正而後作爲絕訟端於事之萌則非理之訟無由而生始謀既審文定自終凶之患哉然君子之謀始蓋亦謀及乃心謀及乃心是自訟於心也善訟者訟心不善訟者訟人【張清子曰】坎旁卦也故以之作事乾先太始故以之謀始

初六不永所事小有言終吉陰柔居下不能終訟故其象占如此

象曰不永所事訟不可長也雖小有言其辯明也集註

毛氏曰所事爭辯之事也有言爭訟之言也不永謂柔不能丘行可曰初以陰柔居卦之始未能好訟者也以初與四應四來訟初初不得已而應之然初六才弱故有不永所事之象訟非可長之事故不永也小有言謂微有言語之傷无大害也但四既有言在初以當與四辯明則由在四而直在初故得終吉也訟之六爻而言吉者四與訟之吉也无訟之吉也張清子曰初柔也四剛也柔不敢以訟剛起而與柔訟者以剛也雖九四以陽剛之才出而與我訟然在我常以柔順應之則其訟必不克矣

九二不克訟歸而逋其邑人三百戶无眚九二陽剛爲險之主本欲訟者也然以剛居柔得下之中而上應九五陽剛居尊勢不可敵故其象占如此邑人三百戶邑之小者言自處卑約以免災患占者如是則无眚矣

象曰不克訟歸逋竄也自下訟上患至掇也掇自取也集註

白雲郭氏曰初四剛柔相應故其辯易明二五兩剛相敵則不應故患至如掇蘭氏曰一爲遠竄之臣大夫之位古者大夫食二百八十八人之祿

三百戶言其入數也。【□□子曰】九二剛自外來而為內險之主位亦
五應訟五者也然五為君位以二訟五是以臣訟君也君可訟乎況
五以剛居剛二以剛居柔五之剛又非二之剛所能敵故曰不克訟
二苟知其不能敵歸而逋竄不與五爭則可无眚禍二坎體坎為隱
伏以一剛而隱伏於二柔之中有歸逋之象或謂遯之九二來居二
而成訟二復歸三而成遯則訟息矣此亦歸逋之一說也三百戶邑
之小者戶過三百非制也豈竄者之所宜居苟歸逋之後猶強大
則跡尚可疑能无眚乎若叔段請京不度武仲據防求後豈理也哉
嗚呼下而訟上臣而訟君則憂患
之至猶拾掇然言取禍之易也

六三食舊德貞厲終吉或從王事无成

食猶食邑之食言所享也六三陰柔非能訟者故守舊居正則雖危而終吉然或出而從上之事則亦必无成功占者守常而不出則善也

象曰食舊德從上吉也

從上吉謂隨人則吉明從王事則无成功也【集註】【伊川曰】柔者

德而受食舊德謂處其素分而无求則不訟矣【進齋曰】訟之六爻
六三不言訟非不訟也力不足也食猶享也舊德謂素分也三與上
應上以剛健之極而訟三以柔弱非敵惟安其素分而不爭守其正
道而處固始若危厲終必獲吉訟卦四剛二柔聖人於初三兩柔爻
皆係之以終吉之辭所以勉人之无訟也苟知柔而不喜訟者終吉
則知剛而好訟者終凶矣或不得已出而從上之人以直其訟事于

王則亦不敢終其事而有所成王事即訟事无成即彖之訟不可成也【張清子曰】勢鈞則訟力弱則從二與五訟以剛遇剛也六三以柔而居二剛之下惟當以下從上以柔從剛故不言訟

九四不克訟復即命渝安貞吉　即就也命正理也渝變也九四剛而不中故有訟象以其居柔故又為不克而復就正理渝變其心安处於正之象占者如是則吉也

象曰復即命渝安貞不失也【集註】【龜山曰】命天理也知義不克自反而即理則非迷而不復者【西溪曰】四與初訟而近五故四求决於五而自不成訟反而就於命義惟能變前之為則能安於正理而不失矣正所謂內之争至於王之境而遂心生也【丘行可曰】二四皆以剛居柔其不克訟雖同而所以不克則異二以不敢敵五之剛而不克四以不欲敵初之柔而不克者也二迫於勢四屈於理此二之美所以止於无眚而四之貞所以獲吉也【張清子曰】四與初應則訟初者四也初柔不敵四又居柔故亦不克訟也物之逆其天者其終必還為四者苟能反而思之屏去私忿復就命義之正渝變其争競之心而安於正理尚可獲吉而不至有終凶之失也

九五訟元吉　陽剛中正以居尊位聽訟而得其平者也占者遇之訟而有理必獲伸矣

象曰：訟元吉，以中正也。中則聽不偏，正則斷合理。【集註】丘行可曰：訟非德也，而聖人乃以元吉予之，何哉？蓋九五以剛健中正爲聽訟之主，必也使無訟乎。故初則不永，三則從上，皆以陰柔而獲終吉。二四雖剛，二以不克訟而逋乃得无眚，四以不克訟命渝亦獲貞吉。惟上九終凶，乃聖人所深戒。此聽訟者必以元訟爲元吉也。張清子曰：九五出而聽天下之訟，惟中則無偏聽之病，惟正則無私係之失。奉天下之事是非曲直一以中正之道裁之，訟其決矣，此所以大吉。彖曰尚中正，象曰以中正，則知人君之聽訟當以中正爲主也。獄訟之歸舜，虞芮之質文，九五有之。

上九：或錫之鞶帶，終朝三褫之。鞶帶，命服之飾。褫，奪也。以剛居訟極，終訟而能勝之，故有錫命受服之象。然以訟得之，豈能久安？故又有終朝三褫之象。其占爲終訟无理，而或取勝，然其所得終必失之。聖人爲戒之意深矣。

象曰：以訟受服，亦不足敬也。【集註】兼山曰：鞶帶，大帶也。男子帶鞶，婦人帶絲，蓋爵命之服，非以賞訟也。張清子曰：上九以剛健之極，終於訟者也。上與三爲應，三剛而三柔，則上勝而三負。倘或訟勝而受服予之鞶帶，終一朝而三見褫奪，隨得隨失，斯亦不足敬也已。

【總論】丘行可曰：訟之一卦，以二象言，天水違行而成訟；以二體言，上剛下險而成訟；以六爻言，則上乾三爻與下坎三爻皆訟也。

九五居尊爲聽訟之主故訟元吉餘五爻則皆訟者也然天下之必惟剛者訟柔者不訟初與三柔也故初不永所事而終吉三食舊德而終吉二四上剛也二與五對揆勢不敵而不訟四與初對䟽理不可而不訟亦以貞居柔故二无眚而四安貞也獨上九處卦之窮下與三對柔不能抗故有錫鞶帶之辭焉然一日三褫辱亦甚矣訟之勝者何足敬乎

䷆ 坎下坤上

師貞丈人吉无咎

師兵衆也下坎上坤坎險坤順坎水坤地古者寓兵於農伏至險於大順藏不測於至靜之中又卦惟九二一陽居下卦之中爲將之象上下五陰順而從之爲衆之象九二以剛居下而用事六五以柔居上而任之爲人君命將出師之象故其卦之名曰師丈人長老之稱用師之道利於得正而任老成之人乃得吉而无咎戒占者亦必如是也

集註 子夏曰丈人作大人 **伊川曰** 師之道以正爲本興師動衆以毒天下而不以正民弗從也強驅之爾 **誠齋曰** 師之丈人指九二也若黃髮之尚父元老之方叔足以當之廉頗趙充國抑其次焉 **節齋曰** 丈人二吉无咎斷辭也 **丘行可曰** 師以坎下坤上成卦五陰雖衆而九二以一陽統之有將帥居中統衆之象五陰耦立有五人爲伍五旅爲師之象矣兵凶事也然其吉且无咎乎蓋爲民除害去兵不可也出師有名師師有人則吉而无咎矣正者出師之名丈人者帥師之人也 **[illegible]清子曰** 方陰而一陽取其兵出於一也

彖曰師衆也貞正也能以衆正可以王矣此以卦体釋師貞之義以謂能左右之也一陽在下之中而五陰皆為所以也能以衆正則王者之師矣【集註】誠齋曰能以衆正者如八百諸侯三千臣心皆欲伐紂則伐紂者非一武王也衆也諸侯王皆欲擊楚之殺義帝者則擊楚者非一高祖也衆也以者用也一君能因衆心之正用之以正彼之不正而已以此王天下孰能禦之【張清子曰】師衆也王旅嘽嘽如江如漢非衆而何貞正也堂堂之陣正正之旗非正而何況王者之師有征無戰征者正也湯伐桀曰予畏天命不敢不正武王伐紂曰將有大正于商皆能以衆正而征之則吊民伐罪皆徯我后以此王天下誰曰不可剛中而應行險而順以此毒天下而民從之吉又何咎矣又以卦体卦德釋丈人吉无咎之義剛中謂九二應謂六五應之行險謂行危道順謂順人心此非有老成之德者不能也毒害也師旅之興不無害於天下然以其有是才德是以民悅而從之也【集註】【丘行可曰】剛中而應者一而有剛中之才可以為將者也六五應之是又善將將者也蓋師之道不剛則不足以制衆過剛則不足以懷衆有剛中之才而上之信任不專亦不能有成功此師之所以貴乎剛中而應也行險而順者兵凶戰危其行險可知矣然敵之犯已不得已而興師動衆禁暴除亂則生之所以為仁而殺之亦所以為仁民之聽命如水之就下此師之所以貴乎行險而順也【張清子曰】夫驅民於鋒鏑之下以

乎毒之矣，而民從之者何哉？蓋以兵行險而毒天下，猶藥用烏喙以伐其病也。然師出而名正，人皆樂從，若猶良醫能用烏喙以起其疾也，奚其毒？行師本凶而有吝，今以至仁伐至不仁，東征而西怨，南征而北怨，動罔不吉，咎於何有？

象曰：地中有水，師。君子以容民畜衆。 水不外於地，兵不外於民，故能養民則可以得衆矣。

集註 李氏曰：容民則无流民，畜衆則无叛衆。龔氏曰：散漫而不一者，水也，師之象也；翕受而无遺者，地也，君子之德也。劉壽翁曰：地中有水，即水由地中行也。夫江河川澤雖皆為畜水之地，然畜之者細也，非若地中之水則无所不容畜焉。君子觀象，以地之容水者而容受其民，以地之畜水者而畜聚其衆。古者兵農合一，居則為比閭族黨之民，役則為卒伍軍旅之衆，容之畜之於无事之時，而用之於有事之日，比衆即此民也。張清子曰：地中有水，伏而不見，遇險則出，乃寓兵於農之象。

初六，師出以律，否臧凶。 律，法也。否臧，謂不善也。晁氏曰：否字先儒多作不，是也。在卦之初，為師之始，出師之道，當謹其始，以律則吉，不臧則凶。戒占者當謹始而守法也。

象曰：師出以律，失律凶也。 集註 東坡曰：以律者正勝，不以律者奇勝，既失律矣，勝亦凶也。張清子曰：初六，師之始也，故言出師之義。師出有名，以法律為尚，失其律則不臧矣，寧無凶乎？

九二在師中吉无咎王三錫命九二在下爲衆陰所歸而有剛中之德上應於五而爲所寵任故其象占如此

象曰在師中吉承天寵也王三錫命懷萬邦也【集註】伊川曰在師中吉者若大專則失爲下之道不專則无成功之理故得中爲吉胡氏曰一命受爵再命受服三命受車馬丘行可曰九二即師之丈人也以一陽統衆陰而居下卦之中有帥師之象唯二以剛居柔得師之中无過不及故吉无咎獨與卦辭同也況上承天子之寵任而以兵權屬之錫命至三使之得專閫外之事然王者用兵非得已者惟能推本於懷綏萬邦而已張清子曰衆陰爲師二在下卦之中爲師之將五居君位下與二應爲命將之君

六三師或輿尸凶輿尸謂師徒撓敗輿尸而歸也以陰居陽才弱志剛不中不正而犯非其分故其象占如此

【附錄】問伊川訓輿尸謂衆主如何曰從來有輿尸血刃之說看來只是兵敗輿尸而歸之義劉砥

象曰師或輿尸大无功也【集註】伊川曰倚付二三安能成功豈唯无功抑且致凶也毅齋曰河曲之師趙盾爲將而令出趙穿邲之師荀林父爲將而令出先縠熟後世復有中人監軍者師焉往而不敗龜山曰唐九節度使不

立統帥雖李郭善兵猶不免敗衄則輿尸之凶也張清子曰輿尸而嵩趙括長平之戰是也六三才弱不當與居九二强將之上尚既用九二爲將而復用六三參之則兵權不一或有輿尸之凶大無功者我師敗績也故爲輸故曰輿

六四師左次无咎左次謂退舍也陰柔不中而居陰得正故其象如此全師以退賢於六三遠矣故其占如此

象曰左次无咎未失常也知難而退師之常也

集註

誠齋曰善戰者不必進而退亦進也禹之班師晉文之退舍是已使高帝不至白登太宗不渡鴨綠咎於何有張清子曰左次師春秋次于郎之次師以右爲重左蓋不用之地也四以柔居柔固非勇於戰者然師不進則退兵家之常四量其才力未能必勝完師而左可无覆敗之咎亦未失兵家之常也

六五田有禽利執言无咎長子帥師弟子輿尸貞凶六五用師之主柔順而中不爲兵端者也敵加於己不得已而應之故爲田有禽之象而其占利以搏執而无咎也言語辭也長子九二也弟子三四也又戒占者專於委任若使君子任事而又使小人參之則是使之輿尸而歸故雖正而亦不免於凶也

象曰長子帥師以中行也弟子輿尸使不當也

集註

伊川曰田有禽利執言乃秦辟戎罪爾故无咎若秦皇漢武皆窮山林以索禽獸者也非田有禽也郭京曰元本田有禽利執之无咎後人字作

書向下引脚似言字今本誤作言楊氏曰傳曰師出無名事故不成明其爲賊敵乃可服是以利執言无咎行何曰六五以柔順爲師之主故言田師用將之道長子九二也弟子六三也若使長子帥師又使弟子得以分其權必有輿尸之禍雖貞亦不免於凶矣以中行者謂九二以剛中之道而行師也使不當者謂六三才弱不足倚仗必至喪師而歸是任使之不當也張清子曰田有禽者謂若田有禽害我苗稼也利執言者謂執此害稼之言獵而取之何往不利故无咎

上六大君有命開國承家小人勿用 師之終順之極論功行賞之時也坤爲土故有開国承家之象然小人則雖有功亦不可使之得有爵土但優以金帛可也戒行賞之人於小人則不可用此占而小人遇之亦不得用此文也

附録 開国承家一句是公共得底未分別君子小人小人勿用則是更分用他言之謀議計畫爾漢光武能用此道自定天下後一例論功行封其所以用之在左右者則鄧禹耿弇賈復數人他不與焉 右董銖

象曰大君有命以正功也小人勿用必亂邦也 聖人之戒深矣

集註 白雲郭氏曰武成之終曰列爵惟五分土惟三又曰敦信明義崇德報功則盡上六之義其武王乎崇德則小人勿用矣 丘行可曰初言師之出上言師之還至此則功成凱奏之時也大君必有賞功之命開国功之大者也承家功之小者也以正功者言爵賞之命

乃所以上諸將武功之等差也然兵行詭道而販鬻屠狗之人輒不顧出奇以立功而立功不必皆君子也此又曰小人勿用何耶蓋以小人有功固當例以賞之若使之參預國家之謀議則挾功以逞必生僭竊亂邦之禍故於小人則戒以勿用勿者禁辭也必者斷辭也

張清子曰師休之後而用非其人則一亂去而一亂生矣

總論　彖曰師衆也卦以九二一陽統衆陰有大將總兵之象故卦名師出師之道不可不正故曰師貞師師之任不可非人故曰丈人吉无咎乃彖上七字而用師之道盡矣初六師之始故曰師出以律上六師之終故曰開国承家師之次序然也中四爻六五爲任將之君故又以長子弟子係之二三四爻則皆用師之將也九二以剛居柔威而不暴持重之將也故有師中之吉即五所謂長子也六三以柔居剛輕躁妄動覆師之將也故有輿尸之凶即五所謂弟子也六四以柔居柔僅知自守未嘗度德量力之人固無戰勝之功亦無喪敗之禍比於左次无咎而已四之无咎不如二之吉而三之凶又不如四之无咎聖人以万出用兵利害而權輕重於吉凶无咎四字之間後之出師命將者盍亦致謹於斯乎

䷇ 坤上 坎下

比吉原筮元永貞无咎不寧方來後夫凶　比親輔也九五以陽剛居上之中

而得其正上下五陰比而從之以一人而撫万邦以四海而仰一人
之象故筮者得之則當爲人所親輔然必再筮以自審有元善長永
正固之德然後可以當衆之歸而无咎其未比而有所不安者亦將
皆來歸之若又遲而後至則此交已固彼來已晚而得凶矣若欲比
人則亦以是而反觀之不〔集註〕伊川曰人相親比自爲吉道故必推原占決所
比得元永貞則无咎〔蔡氏曰〕易乾坤繼之以屯
蒙需訟師比六者皆有坎聖人防患備險之意深矣吾行可以人相
親比之吉之道也原筮占之至用也元永貞指五也處比之時將原筮
其所從其唯元永貞乎无是三者則小人之比亦能无咎乎人不能自
底於安寧方來求比於我比貴先而不貴後後則凶矣夫陽也張清
子曰比陰以陽爲夫指九五也比道貴先上獨後
之是後其夫也五爲君位是亦後其君者也故凶

彖曰比吉也此二字疑衍文比輔也下順從也此以卦體釋卦名義〔附錄〕比輔也解
比字下順從也解吉字原筮元永貞无咎以剛中也不寧方來上下
應也後夫凶其道窮也亦以卦體釋卦辭剛中謂五上下謂五陰〔集註〕〔蔡氏曰〕比輔者
臣親其君也下順從者民親其君也物不可以苟合雖臣民之親其
君亦必筮占而後從乾之四德始於元元者物之資始也坤之用六
利永貞永貞者坤之以大終也元永貞謂有始有終也原筮而有始
有終則可以相親比而保其无咎矣〔鄭氏曰〕原筮者不豫以神筮爲

信也進齋曰後夫凶如万国朝禹而防風後至天下歸漢而田横不來如隗囂公孫述之徒終何如哉道窮致凶所自取也丘行可曰蒙內卦坎為初筮彖釋之曰以剛中謂九二也比外卦坎為原筮彖釋之曰以剛中謂九五也張清子曰彖不言上下順從而但言下順從者以下四陰皆順從九五而上為後夫凶也當比之時上下不寧方奔走而來以求應於君惟恐或後而上六獨後於九五陽剛之夫何來之暮而其道窮也烏得而不凶

象曰地上有水比先王以建萬國親諸侯地上有水水比於地不容有間建国親侯亦先王所以比於天下而無間者也彖意人來比我此取我往比人集註子夏曰地得水而柔水得地而流鄱氏曰万国猶地也諸侯之得国猶水之居地也李子思曰於師得古聖人井田之法於比得古聖人封建之法漢上曰建萬國者眾建也建萬國則民比其国君親諸侯則国君比于天子封建自上古聖人至于三代不廢享国長久秦罷侯置守二世而亡此封建不可廢之驗也東封建不得其道爾得其道則建萬國是也夏承唐虞執玉帛者萬國成湯之時七千七百七十三国成周千八百国而天子必曰建万国者眾建諸侯而少其力也眾建則多助少其力則易制觀此則周官諸侯之制疑若非周公之意也楊氏曰地為水所比則聽其自流而信其自去此其所以得比之之義丘行可曰夫水與地相親比有合無間也古先哲王觀比之象以建萬国親諸侯不曰親万国而曰親諸侯

若蓋人君以一身而尊九重之位，間闊之情未易上達，況萬國之衆，此其廣，万民所比，其衆安得人人而親比之，必也分建萬国而先親諸侯，使諸侯又親万国之民，則執玉帛者，逾山航海而來，皆有尊君親上之意，可以得其驩心矣。周官曰：五家爲比，此又萬民相比之義也。【張清子曰】水不離地而行，有親比之象。

初六，有孚比之，无咎。有孚盈缶，終來有他吉。比之初，貴乎有信，則可以无咎矣。若其充實，則又有他吉也。

象曰：比之初六，有他吉也。【集註】【子夏曰】非應稱他，位行可曰孚。【兑】四也，以陰從陰，曰可无咎。繼言有孚，從陽是以吉也。他吉，非本有也，是他人之吉。初六言有孚，孚于五也，因四比五，陰得融欲歸光武，以河西隔遠，不能自通，乃從隗囂受漢正朔，未幾決策東向，正合此爻之義。【張清子曰】比之道在乎始，初六処比之先，當求其有孚者而比之，乃可无咎。缶者，器之質信之充實於胷中，猶物之充盈於缶中，又何假外飾以求比乎。有他，指五也。初與五非應，故曰有他。初與四爲應，初惟積其誠意，因四以比五，則始之有孚，而終可來有他之吉也。

六二，比之自内，貞吉。柔順中正，上應九五，自内比外，而得其正，吉之道也。占者如是，則正而吉矣。

象曰比之自内不自失也得正則不自失矣、集註進齋曰二柔順中正上應九五由内比外、故曰自内以中正相應故曰貞吉象言不自失則又推原二之比五、必當反求諸内自无所失而後可以比於人也張清子曰小人比而不周所悪於比者爲其不正也苟比之以正則无悪於比矣五爲比之主二其應也以陰從陽各當其位故曰貞吉、

六三比之匪人陰柔不中正承乘應皆陰所比皆非其人之象其占大凶不言可知

象曰比之匪人不亦傷乎集註進齋曰匪人謂上六五爲比主上獨背之而六三位不中正復與之應是所比之非其人也張清子曰六三處群陰之中有小人近小人之象匪人非所當比之人也而三比之不亦傷乎、

六四外比之貞吉以柔居柔外比九五爲得其正吉之道也占者如是則正而吉矣、

象曰外比於賢以從上也集註陸氏曰内比者以專其應爲比外比者以非其應爲比王[illegible]曰九五爲比之主六二自内卦應之六四自外卦承之況二四以陰居陰位得其正故皆曰貞吉張清子曰以位言之五在四之外也五有剛中之德是爲賢君四外比於賢君而佐之即彖所謂比輔也君剛臣柔以下從上得比之正者故曰貞吉、

九五顯比王用三驅失前禽邑人不誡吉一陽居尊剛健中正卦之群陰皆來比己

顯其比而无私，如天子不合圍，開一面之網，來者不拒，去者不追，故爲用三驅失前禽，而邑人不誠之象。蓋雖私屬亦喻上意，不相警備以求必得也。凡此皆吉之道，占者如是則吉也。

象曰：顯比之吉，位正中也。舍逆取順，失前禽也。邑人不誠，上使中也。由上之德，使不偏也。

〔集注〕趙氏曰：諸爻不論應否，但以比五爲吉。郭氏曰：一陽之卦，得位者師、比而已。得君位者爲比，得臣位者爲師。進齋曰：夫五以剛健而居正中之位，能顯明比道於天下，比以顯而言，則天下皆依光之臣、近光之民矣，其吉可知。王者田獵，合三面之網而開其一面，以驅禽獸，至再至三，使之可去。背順而來者則取之，以喻下四陰之順乎五也；其逆而去者則舍之，以喻上一陰之後乎五也。前禽指上六也。一卦五陰，而四陰從陽，上獨背之，是失前禽也。然聖人雖无心於留天下，而天下自不能釋然於聖人，有不待告誡而邑人皆順從之，蓋以上之使下皆合乎中道，而无偏比之私故也。丘行可曰：舍逆謂舍上一陰，而陰以乘陽爲逆也；取順謂取下四陰，而陰以承陽爲順也。夫上故曰失前禽。張清子曰：由上下五陰皆曰比之，比比乎五者也。九五獨稱顯比，則爲人所比者也。

上六，比之无首，凶。陰柔居上，无以比下，凶之道也，故爲无首之象，而其占則凶也。

象曰比之无首无所終也以上下之象言之則為无首以始終之象言之則為无終无首則无終矣

集註 馮椅曰卦言其才則夫當順從而不可後爻言其變則首當統下而不可无其凶一也 楊氏曰万物莫不有首鳥之於鳳凰獸之於麒麟是鳥獸之類不可以无首也上六比之无首烏得而不凶 丘行可曰或謂乾用九无首則吉比上六无首則凶何也曰乾純六陽不可過盛而用九无首則吉者戒陽也比惟一陽不可不尊而上六比之无首則凶者戒陰也 張清子曰凡卦以初為趾上為首若大過之滅頂既濟未濟之濡首皆以上為首也蓋形以首為尊而君象元首也九五居顯比之主下四陰莫不承五而上獨乘之衆皆比五而上獨後之是不有所尊也故曰无首自陰而无首則无所適從而有後夫之凶故象以无終釋无首之義

總論 丘行可曰比卦六爻一陽五陰九五居得尊位為顯比之主五陰爻皆求比者也比貴急不貴緩彖曰後夫凶是也初六比之始先於比者故有它吉上六比之終後於比者故无首凶二以應五而内比四以承五而外比以柔比剛得比之正者故皆曰貞吉三於五非近非應不知比五反應上六上六无位之爻故有匪人之傷

☰☴ 乾下巽上

小畜亨密雲不雨自我西郊巽亦三畫卦之名一陰伏於二陽之下故其德為巽為入其象為風

爲不小陰也畜止之之義也上巽下乾以陰畜陽又卦唯六四一陰上下五陽比之爲所畜故爲小畜又以陰畜陽能繫而不能固亦爲所畜者小之象內健外巽二五皆陽各居一卦之中而用事有剛而能中其志得行之象故其占當得亨通然畜未極而施未行故有密雲不雨自我西郊之象蓋密雲陰物西郊陰方我者文王自我也文王演易於羑里視岐周爲西方正小畜之時也筮者得之則占亦如之其象云

附錄

小畜但能畜得九二一爻而已九三是近他底那兩爻自牽連上來沓畧淵問密雲不雨自我西郊曰此是以巽畜乾巽順乾健畜他不得故不能雨凡雨者陰氣盛凝結得密故溫潤下降爲雨且如飯甑蓋得密了氣鬱不通四面方有溫汗今乾上進一陰止他不得所以彖云尚往也是指乾欲上進之義卦上九畜極則散遂爲既雨既處矣答潘時舉

集註

伊川曰小畜之不能成大猶西郊之雲不能成雨也

白雲曰有止而畜之者畜之大也有入而畜之者畜之小也

鄭少梅曰小畜五兩假而權歸四大畜五謙虛而權歸已得權者畜人失權者畜於人

丘行可曰乾本在上之物今在巽下則爲彖所畜故曰小畜巽爲陰爲陽推巽順爲能畜乾健之性但六四以一陰而畜止五陽能係其志而不能固其志也又畜道之小者也夫物畜則止止極則行故小畜亦有亨義象云密雲陰氣也自二至四互兌屬西方故曰西郊四以柔居柔故有此象自我指四也九五云自東而西則雨自西而東則不雨陰先唱也小畜以柔爲主不能固陽而止之故雲雖密而不雨

張清子曰九陰陽適相當而和則雨陰過不及則不雨小畜小過皆陰用事

小畜陰不及也，小過陰過也，故二卦皆曰密雲不雨自我西郊。

彖曰：小畜，柔得位而上下應之，曰小畜。以卦體釋卦名義。柔得位，指六居四。上下，謂五陽。健而巽，剛中而志行，乃亨。以卦德卦體而言，陽猶可亨也。密雲不雨，尚往也；自我西郊，施未行也。尚往，言畜之未極，其氣猶上進也。【附錄】密雲不雨尚往也。蓋止是下氣上升，所以未能雨，必是上氣蔽蓋無發泄處，方能有雨。答錢木之。以陰畜陽，二陽上往，而陰畜不住，所以不雨，正如甑蒸飯，偏氣則無水。【集註】【節齋曰】剛中，五也。志行，五與四合而小畜之陰下也。答呂燾。止志得行也。【進齋曰】柔得位者，以六居四也。上下應者，五陽應之也。凡卦一陰五陽，則一陰為之主。小畜以四為主，而又得位，故上下五陽皆為所畜也。然四得位而不能大有所畜者，以柔故爾。此卦之所以為小畜也。健而巽，以二德言；剛中以二五言，志行謂陽之志可以行也。亦釋亨義。尚往，陽也，言陽升而陰不能固止之也。施未行，陰也，言陰未能畜陽，降而成雨也。言不行者，則終不行矣。【張清子曰】彖既言志行，而又言施未行，何哉？蓋志行者主二五兩陽而言，謂陽以得行為亨也；施未行者主六四一陰而言，謂其未能畜陽而成雨也。

象曰：風行天上，小畜。君子以懿文德。風有氣而無質，能畜而不能久，故為小[illegible]

之象，蘊文德言耳，能厚積而遠施也。【集註】進齋曰：風行天上，小畜但取巽柔畜剛之義，所以不取巽畜乾天之象。張清子曰：夫高莫高於天，而風又行天之上，蓋風有氣而無質，有聲而無形，所以超出乎耳目之表，氣愈高則勢愈勁，旋轉而下，震撼飄蕩，其風力亦可以回天矣。然其鼓舞之功，行於天上而未及於天下之万物，故君子觀小畜之象，但以之懿美其文德而已。

初九，復自道，何其咎，吉。下卦乾體，本皆在上之物，志欲上進，而為所畜。然初九乾體居下得正，前遠於陰，雖與四為正應，而能自守以正，不為所畜，故有進復自道之象。占者如是，則无咎而吉也。【附錄】復與復卦之復不同，復卦言已前不見了這陽，如今復在此；復自道，則復他本位，從道路上去，如无往不復之復。答吳伯

象曰：復自道，其義吉也。【集註】位行可曰：九陽升而上曰復。道，猶路也。小畜以巽畜乾者也。初九性上進，雖與四應，未肯受四之畜，故進復其所必由斯道而行矣，其占吉。張清子曰：復自道者，言初九之復自此路也。

九二，牽復，吉。三陽志同，而九二漸近於陰，以其剛中，故能與初九牽連而復，亦吉道也。占者如是則吉矣。

象曰：牽復在中，亦不自失也。亦者，承上文義。【集註】位行可曰：九二以陽剛而在下体之中，亦欲上進，然六四所能畜者，與初九陽類牽連而進，復其本位，亦不至自失其中道也。張清子曰：夫復待於牽者，已不如初復之

爲易，然牽而能復，亦吉之道也。

九三，輿說輻，夫妻反目。九三亦欲上進，然剛而不中，迫近於陰，而又非正應，但以陰陽相說而爲所係畜，不能自進，故有輿說輻之象。然以志剛，故又不能平而與之爭，故又爲夫妻反目之象。戒占者如是，則不得進而有所爭也。

象曰：夫妻反目，不能正室也。程子曰：說輻、反目，三自爲也。集註 伊川曰：三以陽爻居不得中，而密比於四，爲陰畜制，猶車輿說其輪輻，言不能行也。陰制於陽者也，今反制陽，如夫妻之反目。自古未有夫不失道而妻能制之者也。龜山曰：輿說輻，不能有行也。重剛不中，切比於四，爲陰所畜，則道不行於妻子矣。鄭氏曰：妻用事，夫必不能夫也。既不能夫矣，又進而迫之，則其失不得不責乎三也。漢上曰：妻爻也，敵夫之所，初、二皆復，三獨於四而不復者，比而說之也。陽無失道，陰豈能畜之哉。丘行可曰：九三剛而不中，外比於陰，而非正應，爲六四所畜制者也。行或尼之，故有輿說輻之象。三乾體，夫也；四巽體，妻也。三雖陽剛，乃暱於六四不正之陰，爲其係畜而不能進，至於反目，皆三有以自取之也。夫制於妻，則其正家之道蓋可知矣。孔子曰：大車無輗，小車無軏，其何以行之哉？此之謂也。張清子曰：妻在上，夫在下，反目者，妻視夫也。體有巽，巽爲多白眼，有反目之象，蓋指四也。

六四，有孚，血去惕出，无咎。以一陰畜衆陽，本有傷害憂懼，以其柔順得正，虛中巽體，二陽助之，是有

血去惕出之象也无咎宜矣故
戒占者以有其德則无咎也
象曰有孚惕出上合志也【集註】【胡氏曰】二陽上進而六四獨當其鋒將拒而止之必
爲所傷然以中之信依附上之二陽與之合志而共畜之則可以
血去惕出而无咎矣【張清子曰】六四爲小畜之主以陰之寡而畜陽
之衆本有所傷而且多懼然四與五同體其徂有孚于五而上合其志
從得陽剛之助以共成畜止之功則傷害可以去危懼可以出故有
血去惕
出之象
九五有孚攣如富以其鄰 巽体二爻同力畜乾鄰之象也而
九五居中處尊勢能有爲以兼
乎上下故爲有孚攣固用富厚之力而以其鄰之象以猶春
秋以某師之以言能左右之也占者有孚則能如是也【附錄】
以統体言之固是以一陰畜五陽然就九五而言則下與四比上與
上連爲鄰之象謂巽三爻同力畜乾却是負得自上畜下意分明
答晏偶問小畜以一陰而畜五陽於九五乃云富以其鄰是與六四
之陰并力而畜下三陽不知九五何故反助陰耶曰九五上九同巽体也
象曰有孚攣如不獨富也【集註】【進齋曰】陽實則富陰虛
則不富易中於陽爻而言
富以其鄰者小畜之九五是也於陰爻而言不富以其鄰者泰六四
謙六五是也【丘行可曰】小畜初九九二皆未受畜故初曰復二亦曰

復六四九五皆以畜乎故四曰有孚而五亦曰有孚然就論四爻之強弱則初以剛居剛二以剛居柔二之力弱於初故一二不能自復而牽初以爲援四以柔居柔五以剛居剛五之力強於四故推其有餘而牽四以爲鄰也下二爻相牽以求復上二爻相孿以畜之曰牽曰孿而畜乾之義見矣【張清子曰】五以剛居中故曰有孚孿者固結也鄰四也四既與五合志而有孚五亦與四爲鄰而有孚此交孚之宜其固結而不可解也六四雖以柔得位而力弱必藉九五剛健中正之主以爲之助五能不獨有其富而推以及鄰故能助六四共成畜止之功雖曰以巽畜乾實則以乾畜乾也此五與四同體惟其同體相孚所以同力相助也

上九既雨既處尚德載婦貞厲月幾望君子征凶畜極而成陰陽和矣故爲既雨既處之象蓋尊尚陰德至於積滿而然也陰加於陽故雖正亦厲然陰既盛而抗陽則君子亦不可以有行矣其占如此爲戒深矣【附錄】既雨既處言便做畜得住了做得雨後這氣畢竟便透出散了德積是說陰德婦人雖貞亦危月纔滿便與君子敵到此亦行不得這是那陰陽皆不利之象蓋卿

象曰既雨既處德積載也君子征凶有所疑也【集註】【伊川曰】大畜畜之大故極而散小畜畜之小故極而成【楊氏曰】此……之戢非尚力也乃尚德而已【胡氏曰】陰德積載婦貞厲此爲……

月幾望君子征凶此爲夫占君子戒婦貞言也【進齋曰】上九處畜之極畜道成而陰陽和矣昔之不雨者今既雨昔之尚往者今既處矣然以上與三與應所以能畜三而使之輿說輻者非以尚力而以尚德故曰尚德載也婦陰也巽爲長女上以剛居柔乃婦之悍者婦悍則制其夫雖使得正亦危道也月亦陰也月幾望則將與日敵陰敵盛則將與陽敵陰既敵陽則君子豈容有所征乎征則凶矣【丘行可曰】卦辭言不雨未成畜也上九言既雨畜道成矣此卦爻互辭以見意也如履卦不咥人卦爻言咥人凶亦與此類同【張清子曰】妻者夫匹也三反目則輿言相敵也婦若順也上既雨則稱婦言相順也

【總論】【丘行可曰】小畜以巽畜乾巽陰卦陰小也故爲小畜在六爻上二爻巽爲畜者也下三爻乾爲受畜者也初與四應未受四之畜故初復自道而四有孚血去也二與五應然爲五所畜故二牽復而五有孚攣如也此四爻皆未成畜者至三與上以同德相應始爲上所畜而不能進焉故三言輿說輻上言既雨既處也畜而至此畜道成矣

䷉ 兌下乾上

履虎尾不咥人亨　兌亦三畫卦之名一陰見於二陽之上故其德爲說其象爲澤履有所躡而進之意也以兌遇乾和說以躡剛強之後有履虎尾而不見傷之象故其卦爲履而占如是也人能如是則處危而不傷矣【附錄】履卦以陰

躡陽是隨後躡也如躡他脚跡所以云履虎尾是隨後履也毛故於卦之三四爻發虎尾義便是陰去躡他陽背後處

集註 伊川曰履踐也藉也履物為踐履於物為藉以柔藉剛故為履也 誠齋曰凡有血氣者皆有爭心故天下之亂是家宴慘乎爭心而勇為下禮一行辱擾斯恭撙斯順爭斯遜矣若蹈虎尾亦不咥人矣豈惟不咥又且亨焉大哉禮乎 胡氏曰三言履虎尾是以一三履四也則以乾為虎而四為尾也四言履虎尾以兌為虎而三為尾也又以兌位西乾位西北由西而北兌正履乾後以柔履剛是為履虎尾之象 丘行可曰兌下乾上為履乾三陽為虎寅為虎之象也上為首則四為尾以兌說而履於乾剛之後故有履虎尾不咥人亨之象人之所履如此則雖蹈危險之地亦不至於傷害此其所以亨也 張清子曰履虎尾即書言云心之憂危若蹈虎尾是也

彖曰履柔履剛也以二体釋卦名義**說而應乎乾是以履虎尾不咥人亨**以卦德釋彖辭**剛中正履帝位而不疚光明也**又以卦体明之指九五也

集註 龜山曰履禮也禮之用和為貴說而應乎乾和之至也履和而至雖以至危之地無所傷矣 張敬常曰剛莫如虎何柔能履之禮之可尚也如此 張氏曰為政之善猛虎渡河況踐履之進乎天欲說而巽孚可以及豚魚說而應乾可以履虎尾皆一理爾 項平甫曰履不如也履正訓行人之所行未有能外於禮者故序卦以履為禮以禮訓履也大壯曰非禮弗履亦以履為行而已此以

而履藉於兌剛之後故曰柔履剛也又六三兌之主亦以剛爲主爻之履

剛之象兌說也以兌說而應乎乾則所行無忤履雖危而不傷矣

周曰虎媚貪已甚須也惟柔順而說則履虎尾而不咥人已有能亨

之理惟剛中而正則履帝位而不疚疚病也不疚病則光明矣光明

陽德也【竹溪曰】此卦下兌上乾乾体純剛有虎象四在後爲尾兌

以六三一柔躡之猶虎前而人履之於後也虎尾不可履而履之危

之甚也然而不見咥者則以兌之說應乾之健有以柔其剛而殺其

暴故耳【張清子曰】履虎尾安有不咥人者此特寓言履危而不危之象爾

象曰上天下澤履君子以辯上下定民志 程傳備矣【集註】張清子曰

夫天高乎天莫卑乎地澤卑於地又卑之卑者象不言天地而言

天澤者則上下之分益明矣履者礼也人受天地之中以生其初豈

不知有上下冠履之分自其嗜慾之心一萌貴者莫不欲富賤者莫

不欲貴長此不已則僭亂之事無所不爲僭圯之心莫盛於利天下

紛紛何時定乎君子大於此以礼分履觀其象以辨別上下之名分使

萬世而後皆識尊卑之等截然有若天淵之迥隔不敢越厥志而

各安於止知止而後有定民志不定天下不可得而治也昔先聖所以制綿

蕞野外之儀尚可以銷擊柝之風况礼儀三百威儀三千之大備乎

初九素履往无咎 以陽在下居履之初未爲物遷率其素履者也占者如是則往而无咎也

象曰素履之往獨行願也【集註】潘氏曰踐履之初不失其素素富貴行乎富貴素貧賤行

乎貧賤，非若素隱行怪者也。張清子曰：初九居一卦之下，素在下者也。安履其在下之素，以獨行吾之志願而已，往則无咎。申齋曰：君子素其位而行，不願乎其外，初九有焉。

九二，履道坦坦，幽人貞吉。剛中在下，无應於上，故為履道平坦，幽獨守貞之象。幽人履道而遇其占，則貞而吉矣。

象曰：幽人貞吉，中不自亂也。集註 進齋曰：初二皆陽剛而說體，故有素履幽人之戒。文皆无應於上，故初曰獨行願也，二曰中不自亂也。丘行可曰：履以陽爻處陰位為美，二與四同也。而二有坦坦之易，四有愬愬之懼者，二得中而四不得中也。二與五均得中位，而五貞厲者，二以剛居柔，五以剛居剛也。故履卦諸爻唯九二為能盡履道之義。張清子曰：道猶路也。坦坦，平易也。二以剛履柔而得中，進退遇柔，其所履者坦坦然也。君子所履如此，而又守之以幽人貞靜之節，則其中恬然，必不為外物所撓亂，吉可知也。顏子在陋巷不改其樂是也。

六三，眇能視，跛能履，履虎尾，咥人凶。武人為于大君。六三不中不正，才柔志剛，以此履乾，必見傷害，故其象如此，而占者凶。又為剛武之人得志而肆暴之象，如秦政、項籍，豈能久也。

象曰眇能視不足以有明也跛能履不足以與行也咥人之凶位不當也武人爲于大君志剛也【集註】耿氏曰視欲正視而不正則眇者也行欲中行而不中則跛者也故歸妹初九在下也初九不中則爲跛能履九二不正則爲眇能視履亦在下也六三不中又不正故眇跛兼焉【董眞卿曰】九二以陽履陰其才剛明自如陰晦幽人也六三以陰履陽爻陰暗而內剛躁武人也【徐古爲曰】互体有離象離爲目亦有巽象巽爲多白眼故眇能視三爻柔位剛而不中兌爲毀折故跛能履居兌之終故有虎尾之象以柔履剛故咥人凶武人爲于大君亦位剛不中之象爭而無禮者也【白雲曰】六三以陰居陽無中正之道又承五剛之中履於上則不能履於下視於前則不能視於後常有不足之患故眇也跛也剛武人視不勝猶勝則其視一於進而已雖千万人吾往矣則其履亦一於進而已此所以唯武人可用是道以爲大君也【胡氏曰】或謂六三陰柔非武人之象不知陽類多是寬和仁淳底人陰類多是爭敢強暴狠戾人陽主生陰主殺陽之氣溫厚陰之氣嚴凝也【李去非曰】兌西主肅殺武人用事之象【馮厚齋曰】卦之履虎尾而不咥人者以兌履乾後說而相應也爻之履虎尾而咥人者以三應乎上履尾而首應則必咥也【進齋曰】三以陰暗而內剛猛武人也大陽也三以一陰爲五陽之主故曰大君而大君豈武人之所宜爲哉【丘行可曰】眇跛爻柔也能視能履位剛也但眇者之視則明不足以燭遠跛者之履則行不足以致遠也上三陽虎也九四爲虎

尾。六三以柔而躡剛之後，是履虎尾也。蹈危履險，必見傷害。武人爲于大君者，六三質柔而志剛，如武暴之人好躡居人上而肆行剛躁之事，呼此武人之履也。武人可以蹈白刃，豈特履虎尾而已哉。又曰：履之六三曰「武人爲于大君」，象曰「志剛也」。互体有巽，其究爲躁，故巽之初六亦曰「利武人之貞」，象曰「志治也」。然利武人之貞猶可也，大君豈武人之所宜爲哉。張清子曰：卦本履而兼言視者，視而後能履也，故書曰云若跛弗視，非所以足用陽。

九四，履虎尾，愬愬，終吉。九四亦以不中不正履九五之剛，然以剛居柔，能戒懼而得終吉。

象曰：愬愬終吉，志行也。集註 子夏曰：愬愬，恐懼貌。誠齋曰：上三陽，虎也；九四，虎尾；六三履之。易以在下爲尾，故遯之初六、既濟之初九、未濟之初六皆爲尾，而履以九四爲尾。京口曰：履言人道之患，而三四人位也，故皆有履虎尾之象。然三多凶之地，四多懼之地，懼則善於防患，故得終吉，而三則以柔大。胡氏曰：卦象爻之辭言履虎尾者，九四以卦象言，則兌以和說而履乾剛之後，非決行不顧者，故不咥人亨；以爻言，三二正當兌口，以柔爻而蹈剛位，和說之体，六三貞所以咥人凶；四位雖不正，然以剛履柔，剛不在於強，而在所以能戒懼而終吉，故不言咥人也。游氏曰：說卦以艮爲虎，艮屬寅，寅爲虎也；或以兌爲虎，兌西方屬金，西方白虎位也；或以乾爲虎，乾爲金，金亦白虎之象，故。張清子曰：乾剛在前爲虎，兌乃其尾也，二自後而躡之，是履虎尾也。下而四亦言履者，承一二而言。

也愬愬恐懼貌四体剛而心柔故愬愬然知所畏懼是以終吉而其志得行也

九五夬履貞厲九五以剛中正履帝位而下以兌說應之凡事必行无所疑礙故其象爲夬決其履雖使得正亦危道也故其占爲雖正而危其戒深矣

象曰夬履貞厲位正當也傷於所恃

集註 丘行可曰履卦以位言則五爲履主以爻言則三爲履主故三有爲大君之心夫履以行爲義雖不在下履而進三勢已迫矣今躡四之後進而不已則將及五能無告乎在五必當決三而去之故曰夬履然必三方得時未易去也故曰貞厲又夬履一卦皆五陽一陰夬以五決上履以五決三六三則爲純乾故卦爻之義略同但夬上六以孤陰處窮失勢之小人也在九五決之易故无咎履六三陰暗剛很而在高位得時之小人也在九五決之難故占曰貞厲若以二体言夬兌在乾上履乾在兌上上下卦互易則履復爲夬又上天下澤履上於天其象亦相對也 張清子曰諸爻履字並九五剛決去邪難者也故曰夬履亦象所謂履帝位而不疚者歟

上九視履考祥其旋元吉視履之終以考其祥周旋无虧則得元吉占者禍福視其所履而未定也

附録 上居履之終視其所履而考其祥祥備得周備底則大吉若是半截時无由考得其祥後面半截卻不好未可知旋是那圓

旋來却到那起
頭處者吳澥

象曰元吉在上大有慶也若得元吉則大有福慶也【集註】介甫曰其旋元吉進齋曰履至上九履道成矣吉祥在天不必求之於天惟視吾之所履何如爾使其動容周旋之際無不合禮則以獲元吉且大有慶也張清子曰履不處也初言其往履之始也上言其旋履之終也旋反也

【總論】丘行可曰履以上天下澤為象則履者禮也彖言履虎尾則踐履之象也在六爻則皆主踐履之義言之初上履之始終也故言往言旋一往一進一反而履之象見矣中四爻以剛履柔者吉以柔履剛者凶以剛履剛者厲以剛履柔者能行而不輕於行九二之幽人貞吉九四之愬愬終吉是也以柔履剛者不能行而强於行六三之眇履是也以剛履剛者能行而果決於行九五之夬履是也王輔嗣曰陽爻處陰位謙也故此一卦皆以陽處陰為善也

周易上經卷第一

建安後學張[illegible]點校

張氏月洲書院新刊

張氏周易本義附録集注 二

周易上經卷第二

晦庵朱熹傳

建安後學中溪張清子編

☷☰ 乾下坤上

泰小往大來吉亨 泰通也為卦天地交而二氣通故為泰正月之卦也小謂陰大謂陽言坤往居外乾來居內又自歸妹來則六往居四九來居三也占者有剛陽之德則吉而亨矣本義 集註 龜山曰往自內出也來自外至也小者未往則陰為內主陽無自而至故小往而後大來 白雲曰泰道之大者也通不足以盡之故曰泰○陽來故吉道交故亨○消長有漸之辭 張清子曰乾下坤上其卦為泰然乾尊坤卑号萬古不易之極而交不交者陰陽往來之氣爾小陰也坤本在下之物自下而上故曰往大陽也乾本在上之物自上而下故曰來況上下二体陰陽各相集交則能通故吉而且亨也

彖曰泰小往大來吉亨則是天地交而萬物通也上下交而其志同也內陽而外陰內健而外順內君子而外小人

君子道長小人道消也

【附錄】天地之化不越乎一陰一陽兩端而已其性雖未嘗一日不相反然亦不可以一日而相無也聖人作易常以陽爲君子而引翼扶持惟恐其不盛陰爲小人而排擯抑黜惟恐其不衰也○陰陽各有一半聖人於泰否只爲陽說道理若是聖人出來做須有一箇道理使得天下皆爲君子世間人多言君子小人常相半不可太去治之急迫之却爲害不然如舜湯舉皋陶伊尹不仁者遠自是小人皆不爲非被君子夾持得皆革面做好人了、林砥、【集註】閩見六十四卦只得乾坤之一體若乾上下之卦亦八只言健順言剛柔不言陰陽獨乾坤泰否四卦言陰陽何也蓋泰否即乾坤之上下往來諸卦或得乾而不得坤或得坤而不得乾泰則坤上而乾下否則乾上而坤下得其乾坤之二体若故言陰陽也然【毅仲曰】泰之道長君子也於用則吉於時則亨【節齋曰】上下指君臣言天地君臣其位已定所交者氣與志爾○太極理也陰陽氣也剛柔質也健順德也乾者太極之動故釋彖不言陰陽剛柔坤主質故以剛柔言泰否言不交氣也各具乾坤之体故皆以陰陽言否不交以道者故兼以剛柔言蓋卦各滯乎物故不言陰陽上言剛柔健順【楊氏曰】君子在內則朝廷之上无小人矣小人在外則居野之間无君子矣【丘行可曰】彖曰泰小往大來吉亨者先舉卦辭而釋之也唯泰否二彖爲然天地之形不可交而以氣交氣交而物通者天地之泰也上下之分不可交而以心交心交而志同者人之泰也上下即君臣也以內外釋往來之義以陰陽健順君子小人釋小大之義内爲來外爲往陽爲君子爲大陰爲小人爲小陰陽以氣言健順以德言君子小人以類言陽則内之陰則外之陽日以長陰日以消也天地之道不能有陽而无陰人之道不能有君子而无小人泰否卦陰陽適平君子小人各相半焉但時乎泰通則陽在内而爲主陰在外而爲客小者不能以長大往者不能以遏求陰時出而佐陽小人日聽命於君子此其所以吉而亨也時乎否塞則反是

張清子曰君子之道日長如草木之漸長焉而自然高大也小人之道日消如陰陽之漸消焉而自然銷化也否之陰長陽消亦然

象曰天地交泰后以財成天地之道輔相天地之宜以左右民

財成以制其過輔相以補其不及

附録 天地交泰萬物各遂其理聖人自此方能致用若天地閉塞萬物不生聖人亦无所施其巧呂燾 財成是截做段子底輔相是佐助他底天地之化滾侗相續下來聖人便截做段子如氣化一年一周聖人與他截做春夏秋冬四時晏淵

集註 節齋曰天地之道以氣形全体言天地之宜以時勢所適言財成者因其全体而裁制其節使不過輔相者隨其所宜而贊助其所不及如氣化流行籠統相續聖人則爲之裁制以分春夏秋冬之節地形廣邈經緯交錯聖人則爲之裁制以分東西南北之限此財成天地之道也春生秋殺此時運之自然高黍下稻亦地勢之所宜聖人則輔相之使當春而耕當秋而斂高者種黍下者種稻此輔相天地之宜也

呉忠劍曰易大象言后者惟泰與姤而已按紀原曰后者繼体之君也繼天之子

後是爲后也泰卦後合與乾体繼天故曰后也【丘富國曰】天地之氣互交則爲泰聰明元后出而宗主乾坤知陰陽錯綜游氣紛擾闔闢往來不能無過不及之差其非聖人有以財成輔相之亦安能如此齊整是皆天地之所不能爲而聖人能之所以贊天地之化育而功與之參矣以此左右斯民使之順天時因地利由其道得其宜此聖人所以能中天地而爲民物之主也書曰予欲左右有民即以左右民之意【張清子曰】地天爲泰象不曰地天泰而曰天地交泰者蓋天地之形雖有高卑上下天地之氣則降騰於其間此二氣交感而万物所以化生也泰之互卦爲兌震於此又可見天地交泰

初九拔茅茹以其彙征吉【注】三陽在下相連而進拔茅連茹之象征行之吉也占者陽剛則其征吉矣

郭璞洞林讀至彙字絕句下卦放此【附錄】拔茅茹者物象也以其彙者人也揭道夫

象曰拔茅征吉志在外也【集註】【[illegible]曰】征正行也利於正行故吉【張清子曰】茅者叢生之物三陽同体相連象茹者根也初在下象彙類也初二陽象以者初以之也泰下三陽初爲之首拔其初則二三陽類聚牽引而進如拔茅則掇茹牽連而起以其彙之象也二三者初之彙茹者茅之彙拔則連之故以上征爲吉君子在內而志在外出陽欲上進也泰否之初皆曰拔茅茹以其彙信乎君子小人未有不資朋類之牽引而能進者也

九二包荒用馮河不遐遺朋亡得尚于中行九二以剛居柔在下之中上有六五之應主乎泰而得中道者也占者能包容荒穢而果斷剛決不遺遐遠而不昵朋比則合乎此爻中行之道矣【附録】包荒便用馮河不遐遺便朋亡意只如此大全纂念成

象曰包荒得尚于中行以光大也【集註】伊川曰二以陽剛得中上應於五五以柔順得中下應於二所謂上下交而其志同也【藍田呂氏】曰包荒者包初九也用馮河者用九二也不遐遺者不遠忘二陰也朋亡者二陽為朋不相黨也○九二以陽居陽過於勇者也故有馮河之象用馮河者九二以三有濟險之才而可用也【張清子】曰二居臣位以剛應五泰之主爻也坤地廣博象有荒之象天闕乎地包荒也无舟渡河曰馮即易覧馮河之事包荒所向者遠也用馮河所用者勇也不遐遺謂不遺棄也君子不黨則朋比之私皆亡四者乃大臣處泰之道唯其有九二剛中之德故得以配合六五中行之君也尚者配也然爻之言四者之德象但舉其包荒之量蓋止言其大者而已一言得尚于中行與五言中以行顯一與五應則泰治以之光明盛大也

九三无平不陂无往不復艱貞无咎勿恤其孚于食有福將過乎中泰將極而否欲來之時也恤憂也孚所期之信也戒占者艱難守正則无咎而有福【附録】治久必亂亂久必治

天下无久而不變之理。董銖
于食有福，如食舊德之食。劉砥

象曰：无往不復，天地際也。【集註】除古昌曰：陰陽迭運，否泰相仍，時勢如此，然此陂往復者，天運之不能无者；艱難貞固者，人事之所當盡。天人有交勝之理，如其否復其會，當者必有變化持守之道，若一諉之天運，以為无預於人事，則非矣。隆曰：天下之理，未有平而不陂者，亦未有往而不復者。復隍者，平之陂，陽將消也；翩翩者，往之復，陰將長也。艱貞无咎，言处三之時，當艱難其念慮，貞固其操守，不可以二陽之將陂者而怠其心，亦不可以三陰之將復者而動其念，斯能无咎。勿憂恤，必孚我之所期，于食有福，乎以享其禄位也。蓋陽往則陰來，此理之常。九三、六四，其乾坤之交際乎！陰陽消長，當於其際謹之。張清子曰：我有道穀之時，是以于食有福也。

六四：翩翩不富，以其鄰，不戒以孚。已過乎中，泰已極矣，故三陰翩然而下復，不待富而其類從之，不待戒令而信也。其占為有小人合交以害正道，君子所當戒也。陰虛陽實，故凡言不富者，皆陰爻也。【附錄】不富以其鄰，言不待富而之力而能用其鄰也。[illegible]淵

象曰：翩翩不富，皆失實也。不戒以孚，中心願也。陰本居下，在上

爲失實（集註）伊川曰三爲將中知戒則可保泰四已過中矣理必變也（進齋曰）翩翩烏疾飛貌坤本在下之物今反在上故三陰之志皆欲下復六四陰而過中率其陰類自下而復如群鳥翩翩然飛而下集不待誥之以財利之富自以其位之鄰類而相從也不待警之以誥復之戒自以其心之孚合而相與也陽爲富爲實三爻皆陰故不富皆失實之象中心願者謂三陰欲復乃其中心之所願也（行可曰）泰至六四已過中矣三陰將復其位而五上不敢遏而下之其象翩翩然如鳥之疾也不富陰也陰虛故不富鄰類也謂五與上以四以之也泰上三陰失位皆欲下復而四爲之首四先復則五上二陰亦隨之而復以其鄰者也夫人富厚而能以其鄰者謂其力足以用之也今四不富而能用其鄰則以其心之同爾此二陰之復有不待告戒而自相孚信者矣（張清子）曰初言拔茅以其彙拔者以二陽自下而上進之難也四言翩翩以其鄰翩翩者以二陰自上而下復之易也

六五帝乙歸妹以祉元吉以陰居尊爲泰之主柔中虛己下應九二吉之道也而帝乙歸妹之時亦嘗占得此爻占者如是則有祉而元吉矣凡經以古人爲言如高宗箕子之類者皆放此

象曰以祉元吉中以行願也（集註）（子夏曰）帝乙歸妹湯之歸妹也（□希□曰）以柔居尊帝女之象配於二下嫁之象（行可曰）乾下坤上爲泰其間互体則兌下震上是爲歸妹之卦兌爲少女而妹乃女之少者也商之君以

天干甲乙丙丁亦以爲次乙乃制王姬下嫁之禮者也歸者嫁也歸帝
之妹則陰雖貴必從下降以就於陽乃泰之義以此受祉斯獲元吉
由其合以中道而得行其志願也張清子曰六五位尊而德柔故取
帝乙歸妹之象又況泰之二四爻陰陽往來互易亦爲歸妹之卦泰
之五即歸妹之五故其爻辭皆曰帝
乙歸妹甲者陽之尊乙者陰之尊

上六城復于隍勿用師自邑告命貞吝 十七

泰極而否城復于隍之象戒占者不可力爭但
可自守雖得其貞亦不免於羞吝也 附錄 城隍邑皆土地坤象晏溪

象曰城復于隍其命亂也

命乱故復否吝命所以治之也 集註 伊川曰上泰之終六
以小人処之行將否矣龍山曰上六泰之終泰反爲否上下分崩離
析之時也命乱而不一衆其可用乎衆不可用而告命不出夫吾邑
則雖正亦吝矣皇甫曰城以有阤也城反於隍君道地矣進齋曰人
君処既泰之後或安逸而不戒卒至於喪師敗国窮守一邑而播告
之修不能及遠雖貴固自保卒貽千古之羞者蓋不知此爻之義也
節齋曰泰過九三則曰无平不陂過六五則曰城復于隍泰以二
五爲中不可過也過則否矣坤土本在下之物在上則有傾頹之理
復于隍者反其本也坤上爲泰坤下爲否此特以陰陽之氣言小
雲峯曰自乾十變而成泰猶取隍土積累以成城也上六処泰之極
極則必反泰一變則否矣猶城之傾頹而復反于隍也當此之時雖

有衆甚可用，乃自邑告命。命自大夫出也，時將否而方告命，則其命亂矣。不能布之天下，而僅止於一邑，雖出於正，亦可羞吝也。詩曰「高岸爲谷」，上六有之。

〔總論〕〔陳行可曰〕泰，通也。卦以小往大來爲義，故內三陽爻屬泰，外三陰爻屬否。初九言拔茅，則君子進用之始；九二言包荒，則大臣致泰之功；九三言无平不陂，則世道盛衰消長之會。此三爻皆以泰言也。至六四言翩翩不富，則泰已過中，而否欲來之時也；六五言帝乙歸妹，則人君保泰之事；上六言城復于隍，則泰轉而爲否矣。天下豈有常泰之時乎！

☷☰ 坤下乾上

否之匪人，不利君子貞，大往小來。

否，閉塞也，七月之卦也。正與泰反，故曰匪人，謂非人道也。其占不利於君子之貞。蓋乾往居外，坤來居內，又自漸卦而來，則九往居四，六來居三也。或疑之匪人三字衍文，由比六三而誤也。傳不特解其義，亦可見。〔集註〕〔子夏傳〕曰：明否閉矣，然後人之道也。〔湘鄭〕曰：當是時也，小人以邪而利，君子以正而不利。王景〔孟曰〕不利君子貞，以小人之吾忌也。當此之時，君不得不往，以聽其來也。鄭〔汝諧〕曰：否，塞也。二氣不交而爲否，否者天也，非人也。不利君子貞，若陰小居內，雖以君子之貞，亦不利也。〔□□〕曰：泰先言小往大來，而後言吉亨，是以天運而推之人事。否先言匪人不利君子貞，而後言

大往小來是以人事而參之天運也言泰則歸之天言否則責之人
聖人之意深矣〔五行〕可曰否者泰之反對也否即古否字故通則爲
泰不通則爲否〔否之匪人者〕否乃小人非君子之人也君子正道否
塞不行故不利君子之守正者而君子之不利乃小人之利也大往
陽往而居於外也小來陰來而主於內也其凶不言
可知矣〔張清子曰〕否之匪人以在內者皆非其人也

彖曰否之匪人不利君子貞大往小來則是天地不交而
萬物不通也上下不交而天下无邦也內陰而外陽內柔
而外剛內小人而外君子小人道長君子道消也〔集註〕〔伊川〕
曰凡生天地之中者皆人道也天地不交則不生万物是無人道故
曰匪人〔郭伯逸曰〕謂內外者不惟在位在野而已但信而往之則爲
內疏而遠之則爲外〔節齋蔡氏曰〕彖言陰陽者惟泰否而已蓋泰否二卦
皆具乾坤之体也而泰言健順則乾坤之德否言柔剛則其質也否
者氣藏乎質而不交故不可以德言但言其質而已〔臨川吳氏曰〕否
之匪人不利君子貞大往小來者乃象卦辭而釋之也夫天氣炎烝
於上地質然於下天氣不降地氣不騰則是天地不交而萬物不
通也剛不下交而君之礼不逮其臣柔不上交而臣之情不通於
君君臣隔絕而国非其国矣則是上下不交而天下无邦也所
謂无邦者邦未嘗无也特上下不交則有邦猶无邦爾以天道

言內陰而外陽，以地道言，內柔而外剛；以世道言，內小人而外君子。與是小人道長，君子道消也。【張清子曰】合否而觀之，消長二字而已。否卦九爲小人之道者皆長，爲君子之道者皆消，泰則反是。故泰否二彖皆以君子小人消長之道而終言之。

象曰：天地不交，否；君子以儉德辟難，不可榮以祿。收斂其德，不形於外，以辟小人之難，人不得以祿位榮之。【集註】橫渠張氏曰：天地閉則賢人隱，否於此時，期於无咎无譽，言定矣。童溪王氏曰：否，君子道消之時也，聖人每稱君子云者，亦猶坤之上六爲其嫌於无陽，故稱龍焉之意也。【丘行可曰】乾上坤下，天地之定位也，而反爲不交者，天地之氣不交爾。君子觀否塞之象，惟以固窮勵約之德而辟小人之難，不可榮之以祿位也。以儉德辟難，象坤陰之吝；不可榮以祿，象乾德之剛。如坤六四之括囊无咎，即儉德辟難也；乾初九之遯世无悶，即不可榮以祿也。【張清子曰】孔子曰：邦無道，穀，恥也，何榮之有。

初六：拔茅茹以其彙，貞吉亨。三陰在下，當否之時，小人連類而進之象，而初之惡則未形也，故戒其貞則吉而亨。蓋能如是，則變而爲君子矣。

象曰：拔茅貞吉，志在君也。小人而變爲君子，則能以愛君爲念，而不計其私矣。【集註】伊川曰：否之三陰，上皆有應，在否塞之時，隔絕不相通，故無應義。蔡氏曰：泰之初九，一君子進而有拔茅之象，此其所拔者蘭也；否之初

六二小人進而亦有拔茅之象此其所拔者秀也拔蘭者與根于盈
拗拔莠者其根可末小人之類進甚於君子之類進也項氏曰泰之
初九君子始以類進君子并進故聖人勉之以征否之初六小人始
以類進小人進而爲邪故聖人戒之以貞程行可曰君子小人本無
定名唯正與不正而已正便是君子不正便是小人否之小人長之卦
不利君子正時也以下三陰爻言之則皆爲時之小人唯初六之過
未形易於從善聖人於此即以正勉之蓋小人而能正則變爲君子
矣故彖辭以貞字屬君子而初六以貞字訓小人所以爲小人謀則
所以爲君子謀也或曰否彖言貞則不利初六言貞則吉亨何也曰
彖言不利者君子之貞也以君子之正而處否則爲小人所傾故不
利所以戒君子也爻言吉亨者小人之貞也小人處否而能以貞自
守則化爲君子故吉亨所以勸小人也張清子曰否下卦三陰同体相
連有小人引類而進之象故亦以茅爲喻指初也其彙一與二三也當
否之時小人引類於其首也然初六乃一陰方萌之始惡未形之迹未
著而爲善之心可回若能引其同類固守以正則小人變而爲君子否
轉而泰矣聖人於泰之彖言吉亨於否之初亦言貞吉亨者聖人所
以開小人忻善之門而勉之以
正也陽爲君志在君者應陽也

六二包承小人吉大人否亨 陰柔而中正小人而能包容承順乎君子之象小人之吉道也故占者小人如是則吉大人則當安守其否而後道亨蓋不可以彼包承於我而自失其守也

附錄 包承也是包得許多承順底意思銖

象曰大人否亨不亂羣也言不亂於小人之羣 集註 潘氏曰六二居中得正上應九五中正之君能包含以承順之有坤卦含之以從王事之道故曰小人吉小人陰也陰道之吉也九五大人頼此以濟乎否故曰大人否亨在羣陰之中而其德如此故曰不亂羣也○六二曰小人吉九五曰大人否亨者臣對君各以其中正者言之也胡氏曰當否之時陰得位而爲主於内君子小人之中能包下而承上也張清子曰六二以柔居柔包承陰謀以承順其上當此之時羣小弾冠相慶所謂小人吉矣惟大人之德以儉約自守不求榮禄身之否乃道之亨故曰大人否亨爻以小人大人對言象乃不言小人而獨言大人否亨者以其不雜亂於羣小之類也所可惜者處否之時上下不交君臣无相接之情故六二之大人不得以上應九五之大人然君子以道處否則六二雖否而大人未嘗不亨九五休否而大人未嘗不吉也

六三包羞 以陰居陽而不中正小人志於傷善而未能也 附録 初六是小人欲爲惡而未發露之時到六二包承則已打破頭面了然尚自承順那君子未肯十分做小人到六三便全做小人了所以包許多羞恥○六三所以不能害君子亦是被他陽盛了但包羞而已包羞是他做得不好事只得慚惶更不敢對人説

象曰包羞位不當也 集註 龎氏曰泰之否時雖不同而往來循環之理則一也泰否九三而否

之形已兆於此時否至六二而泰之形亦兆於此時何也此盖天地
交際之時也○節齋蔡氏曰否下三爻雖皆陰類然初六六二則猶介乎
君子小人正邪之間獨六三則邪而不正純乎小人矣宜其不顧羞
辱而包羞也○張清子曰否以六居三位不當也知進而不知退
知榮而不知辱其視禮義廉恥爲何物哉欲包掩其羞慚殊不知
愈盖而愈彰小人之情狀於此可見後之持祿保位貪饕無厭甚而
至於辱身辱家辱
國者可以鑑死矣

九四有命无咎疇離祉否過中矣將濟之時也九四以陽居陰不極其剛故其占爲有命无咎而疇類三陽皆獲其福也命謂天命

附録 否已過中上三爻是說君子言君子有天命而无咎晏湖

象曰有命无咎志行也

集註 伊川曰有君命則得无咎乃可以濟否其志得行也○蘭氏曰陰陽皆以類而進退故泰否之初皆稱彙以其主下三爻之進退也泰之四稱鄰否之四稱疇以其主上三爻之進退也○東谷曰君子不可榮以祿盖爲不在位者設也四居近君之位濟否之責在焉辟難可乎○丘行可曰否至九四已過中矣此否而泰之時也命天命也否而泰者乃天理之循環也君子憂否知有天命存焉其間則无咎也九四既能下過三陰之進則在下陽類亦賴其得載可以附麗其福祉矣疇類也離麗也○張清子曰四本與初爲正應在否不敢相應之義故初六之志在君而不得行至九四之位近君其志始得行矣

九五，休否，大人吉。其亡其亡，繫于苞桑。陽剛中正以居尊位，能休時之否，大人之事也。故此爻之占，大人遇之則吉。然又當戒懼如係辭傳所云也。【附錄】自古由治而入亂者易，由亂而入治者難。治世稍不戒否，便入亂去。亂時須是大人休否方得。○答鄭閔其亡其亡係于苞桑，曰能戒懼危亡，則如係于苞桑，堅固不拔矣。答黃㽦

象曰：大人之吉，位正當也。【集註】郭子思曰：六二居三陰之中，故小人吉；九五居三陽之中，故大人吉。【節齋蔡氏曰】泰，陽來也；否，陽往也。然皆以陽爲用，故泰之九二則光大，否之九五則吉也。【誠齋曰】否，六二象也，故以大人小人對言。蓋雖否塞之時，未嘗无陽類也。九五剛也，故以大人獨言吉焉。大人則九五也。【丘行可曰】三陽在內而爲泰，泰之六五以應陽爲主，故有帝乙歸妹之辭，欲其下應九二也。三陰在內而爲否，否之九五以不應陰爲善，故有係于苞桑之戒，欲其不應六二也。【張清子曰】大人，五也。當否塞之時，以大德之人而處之，則有休否之吉。然三陰在下，勢必上進，人君不可恃其有休否之道，而自謂其亡其亡之戒，如繫絲于叢生之苞桑，則治本深固而不可拔矣。然處否而能獲吉者，以其有大人之位正當也。有其德而无其位，則否安能吉哉？此漢世祖自謂蜀號平之後，未嘗不存苞桑之戒者是也。

上九，傾否，先否後喜。以陽剛居否極，能傾時之否者也。其占爲先否後喜。【附錄】大抵易爲君子謀，且如否

內三爻是小人得志時，然不大段會做得事，初則如此，二又如此，三雖做得些箇，也不濟事，到四便說君子得時，否漸以反泰底道理，五之包桑，上之傾否，到這裏便傾了否做泰。（翁愛洲）

象曰：否終則傾，何可長也。集註 伊川曰：傾否為泰，必有陽剛之才而後能，故否之上九則能傾否也。屯之上六則不能變也。吳氏曰：泰否之機，常相待也，亦常相倚也。先天之卦，泰以否繼；後天之卦，泰以否對，對則遠而繼則近也。先天自乾八卦便至泰，泰二十一卦方至否，泰易而否難也。後天自乾十卦乃至泰，泰一卦便至否，泰難而否易也。雖否而泰，泰而否，有若循環。然泰之中又有否，否之中又有泰，倚伏之機可畏也。臨川子曰：否亦不終否，否終自有傾之理，今上九不曰否傾，而曰傾否，則傾之者又有人焉，不可委之天也。秉否之終，傾者覆之，則否無餘矣。天下又豈有長否之理哉？先否者否也，先天下之憂而憂者也；後喜者泰也，後天下之樂而樂者也。

總論 五行何曰：否，塞也。卦以大往小來為義，故內三陰爻屬否，外三陽爻屬泰。初六言拔茅，則小人用事之始；六二言包承，則小人得君之時；六三言包羞，則小人欲傷善而未能之意，此三爻皆以否言也。至九四言有命无咎，則否已過中而泰欲來之時也。九五言係于苞桑，則人君休否之事；上九言先否後喜，則否傾而為泰矣。天下豈有終否之時乎。

䷌ 離下乾上

同人于野亨利涉大川利君子貞 離亦三畫卦之名一陰麗於二陽之間故其德爲麗爲文明其象爲火爲日爲電同人與人同也以離遇乾火上同於天六二得位得中而上應九五又卦唯一陰而五陽同欲之故爲同人于野謂曠遠而无私也有亨道矣以健而行故能涉川爲卦內文明而外剛健六二中正而有應則君子之道也占者能如是則亨而又可涉險然必其所同合於君子之道乃爲利也

集註 〔伊川曰〕卦惟一陰諸陽所欲同此同人之義野謂曠野取遠與外之義〔節齋郭氏曰〕同人卦辭與否相反否皆曰也不利君子貞今也利君子貞自朋及野君人之道也故昭九各郊无悔野方亨〔行可曰〕同人一卦以六二爲主而上下五陽皆欲同之同人之義也以三畫卦言之二五皆在人位也相應則相同故曰同人野者廣大曠遠之地川者險阻艱難之所于野而亨者大同也涉川而利者此同舟共濟何患胡越之異心也利君子貞者蓋正則同邪則異正則公邪則私所以利君子之守正也〔張清子曰〕同人于野亨此卦辭也然以爻而觀則于宗不若于門于門不若于郊而于郊又不若于野之亨矣

彖曰同人柔得位得中而應乎乾曰同人 以卦體釋卦名義柔謂六二乾謂九五

同人曰 衍文 同人于野亨利涉大川乾行也文明以健中正而

應，君子正也。唯君子為能通天下之志。以卦德卦體釋卦辭。通天下之志，乃為大同。不然，則是私情之合而已，何以致亨而利涉哉？【附録】乾行也，言須是這般剛健之人，方做得這般事。若是柔弱者，如何會出去外面同人，以上去涉險者曼附。【集註】【誠齋曰】人與人羣居天地中，能高飛遠走，不在人間乎？而獨與人異，何也？人異乎人者物之齊，人同乎人者物之歸。然同而隘則其同不大，同而曠則其同不公。同人于野，公而大也。【張清子曰】同人柔得位者，六居二也。得中者，得下卦之中也。而乾体一應五應，故曰應乎乾。野者，極外之地，謂上九。同人以五陽而同一陰，六二之同必至於上九，則極於至遠，五陽無不同矣，故曰于野。亨而利涉大川者，以乾乘離也。離中虛有舟象，乾健於行，故利涉。文明以健者，合乾離二德而言；中正而應者，則是二以柔順中正而應乎五，五亦以剛健中正而應乎二。此二五之君子貞也，以正道而相應也，故曰利君子貞。又曰君子正也。唯君子先得我心之所同然者，故能以大公至正之道而通天下大同之志也。

象曰：天與火，同人。君子以類族辨物。天在上而火炎上，其性同也。類族辨物，所以審異而致同也。【附録】類族是就人上說，辨物是就物上說。天下自有個同、有個異，皆同之理，於隨他地頭去分別。類族，如分姓氏，張姓作一類，李姓作一類；辨物，如牛是一類，馬是一類。就其異處以致其同，此其所以為同也。【集註】【東谷鄭氏曰】水之於地，為與火之於

天☐爲同人，然比以無所不比爲比，同人以有所不同爲同也。〔張清子〕
曰：乾上離下爲同人，不曰天下有火而曰天與火者，蓋欲見其炎火
相與之同。今夫天自天，火自火，其象則異，而天在上，火炎上，其性則
同。君子体天火相同之象，亦有以同乎人也。然亦必辨其分之殊，而後
能盡其理之一。物者合人物而言，凡天下之物莫不各有一族，如堯時
十六相爲一族，四凶又爲一族，茍非有能以品類而辨之，則十六相
爲四凶之族，四凶爲十六相之族，而君子小人無
所區別矣。易曰方以類聚，物以群分，正此意也。

初九，同人于門，无咎。同人之初，未有私主，以剛在下，上无係應，可以无咎，故其象占如此。

象曰：出門同人，又誰咎也。〔集註〕〔蔡氏〕曰：門室之始，初九同人之始，君與人會，當其不同隔之
者門也。九以一出門，則天地四方孰不吾同，若何咎之有？〔☐☐☐〕曰：同
人明隨之初九曰出門，以前遇六二也。九陽前遇陰，無所窒礙，則
有可出之象。按同人之初出門而同，則先無隨之初出門而交，則有
功，以其可出而出也。若節初九之遇九二，前爲剛塞，則以不出戶庭
爲无咎。九二之遇六三，可以出而不能出焉，則又以不出門庭爲凶
也。是知出與不出，所以出處者時也。以卦象言之，兩戶爲門，一戶
宜者
人隨之初九、節之九二，皆前遇耦，故謂之門；一
之象。節之初九亦前遇奇，故謂之戶。
也。同人之☐☐
☐☐人之☐☐出☐

咎既與我同則誰復我咎也此出門如見大賓之時也

六二同人于宗吝宗黨也六二雖中且正然有應於上不能大同而係於私吝之道也故其象占如此附錄悔者自凶而趨吉吝自吉而趨凶蒼甫錄

象曰同人于宗吝道也集註伊川曰二與五為正應故曰同人于宗宗謂宗黨也同於所係雖是有所偏與在同人之道為私狹矣故可吝張清子曰宗有宗主之義指九五也六二上與五應五乃二之主也故曰同人于宗一卦五陽中皆欲同二而二守其中正唯同於五其於為已過於吝無非大同之道者然陰無兼陽之理以正合者安肯邪合如二之吝固二之分也苟當其分則非吝也而實合乎道也故小象以吝道也釋之以遁者皆福然而然也吝既合道則亦無悔於吝矣

九三伏戎于莽升其高陵三歲不興剛而不中上無正應欲同於二而非其正懼九五之見攻故有此象附錄問三四皆有爭奪之義何也曰只是爭九二一爻答機以大

象曰伏戎于莽敵剛也三歲不興安行也言不能行集註伊川曰二以中正之道與五相應三以剛強居二五之間欲奪而同之然理不直義不勝故不敢顯發伏藏兵戎于林莽之中懷惡而內負不直故又畏

懼，時升高陵以顧望，亦出乎於三歲之久，終不敢興。此爻深見小人之情狀，然不言凶者，既不敢發，故未至凶也。【西山真氏曰】天下之理一聚則必爭。卦以相同為義，爻三則伏戎，四則乘墉，五則大師克相遇，二應五而三四據之，所以爭也。【節齋蔡氏曰】伏戎于莽，以伺五之隙；升其高陵，以窺二之動。【誠齋楊氏曰】戎，兵也。離象，三居上卦之下，伏戎象；居下卦之上，有升其高陵象。【平菴項氏曰】九三以剛居剛，過於强暴者也。下比六二，而與五為正應。三欲劫二以同己，又間九五之剛非己之所可敵也，不敢鼓行而前，乃伏藏其兵，戎于林莽之中。三居下体之上，又有升其高陵之象，雖或伏或升，伺釁而動，殊不知二近同有可得之理，而五剛則有難犯之勢，躊躇顧望，雖歷三歲之久，命亦終不敢興。縱欲行師將安之乎。

九四，乘其墉，弗克攻，吉。 剛而不中，又無正應，亦欲同於六二，而為三所隔，故有乘墉以攻之象。然以剛居柔，故有自反而不克攻之象。占者如是，則是能改過而得吉也。

象曰：乘其墉，義弗克也。其吉，則困而反則也。 乘其墉矣，則非其力之不足也，特以義之弗克而不攻耳。能以義斷，困而反於法則，故吉也。【集註】【陳氏曰】伏戎于莽，下襲也；乘其墉，凌下也。三不興而四弗攻者，以順其勢也。【誠齋曰】九三、九四皆欲同於六二，然二乃五正應，宗不可奪，則九三有伏戎，九四有乘墉，將何施乎五。【西溪曰】四欲同二而攻

九三故乘九三之墉齊氏曰九四承其墉其志亦欲阻二以攻五也
然九三以剛敵剛猶不能行其欲況九四之非全剛乎故弗克也故吉
矣進齋曰四介乎三五之間其爭二之心猶三也然三與五爲比應
三比於二且不能奪況四遠而在三之外乎其不得乎二也必矣四
不能得二於是乎乘三之墉以伺之乘者自上乘下之義墉者內外
之限謂三也四欲求二而三阻其中猶隔一墉也乘墉者乘此墉伺
隙而欲劫二以同己乎其以剛居柔力弗克攻義弗能勝困心衡慮
然後自反乎命義之正而不敢越其則焉四之困而反則與人子之
以吉者也比欲反天下之睽異而爲同也何氏曰或謂同人之世二
五正應當同者也而三四介乎其間皆欲爭之其不顧命義一也而
商其罪之輕重則三爲甚何也曰三近二而爭者也四遠二而爭者
也四之乘墉乃窺伺之意而三之伏戎已見爭奪之形矣四之反
則則知義之不勝而止而三之不興則畏勢之不敵而不敢爭況四
之所欲攻者二三亦同人之寇也三之欲敵者五五君位同人之
主也其逆順之勢又不侔矣噫此四之吉所以異乎三之不興
故張清子曰三四劫人同已非同人之道故兩爻皆不言同人

九五同人先號咷而後笑大師克相遇五剛二柔中正相應同心者也而爲三四所隔不得
其同然理義所同物不得而間之故有此象然八二柔
弱而三四剛強力敵故必用大師以勝之然後得相遇也號咷

象曰同人之先以中直也大師相遇言相克也直謂理直

集註 伊川

曰九五君位當與天下大同而獨私一人非君道也又先隔則號咷後遇則笑是私昵之情非大同之体也二之在下尚以同于宗爲吝况人君乎五既於君道無取故條辟止云二人同心其利斷金同心之言其臭如蘭之義【朱子語録曰】天火同人変則爲比水師此則以有用兵之象【張清子曰】九五以剛健爲同人之主六二乃其正應何至於先號咷耶盖三四以兩剛介乎二五之間腹心之憂非小也烏得不號咷於其先及用大師克之而後正應始得以相遇故後笑此始於憂勤終於逸樂之意歟中直即中正也但言中直則其理直不得伸之意所以先憤抑而至於號咷克者力勝之辭用大師以相克則又有以見三四之强五必力勝而後服所以笑必於其後此亦始異而終同者也

上九同人于郊无悔 居外无應物莫與同然亦可以无悔故其象占如此郊在野之内未至於曠遠但荒僻无與同

【附録】同人于野是廣大無我之意同人于郊是無可與同之人取義不同自不相悖 潘時舉

象曰同人于郊志未得也【集註】【蔡氏淵曰】上九動同人之世其志豈不欲與人同者哉時以一卦五陽皆欲同二而三伏戎四乘墉五用師相刃相靡不舍不暇而已猶欲於無與同之地超然出于群爭之表於人固無所失矣而於已亦未有得也周公於爻以不累於人者喜之故言其无悔孔子於象以不能同於人者病之故釋之曰志未得也【張清子曰】国

外曰郊，郊外曰野。郊則未至於曠遠之地。上九處一卦之外，下無應
與，而去二最遠，雖欲同人，而人皆同乎五矣，誰我同哉？不過同人于
荒郊之地而已矣。于郊則出於利害之外，雖不同於人，亦不失於人，
固無爭奪之悔。但則同人之世而無與同者，又豈上九之本心哉？故
曰志未
得也。

〔總論〕〔丘行可曰〕同人六爻以六二一陰爲卦主，上下五陽皆欲同
之，同人之義也。同人之道貴廣不貴狹，卦言于野是也。在
諸爻以比應爲同，故不能盡合卦義。合而論之，有應而同者，有比而同
者，有遠而無與同者，有爭而不能同者。二與五應，以正道相同，在二
言于宗，五言相遇，此應而同者也。初在卦下，出即遇二，無爭於五，故同
人于門，此比而同者也。上處卦外，無應於五，亦無得於二，故同人于郊，此
遠而無與同者也。三四介乎二五之間，與五爭二，而不知天理之同，物
莫能間，故三伏戎不興，四乘墉弗克，此爭而不能同者也。同人之道難
矣哉！然則世之與人同者，與其爲初之比而同，不若五之應而同者
之出於正；爲三四之爭而不能同，不若上之遠而無與同者之無所爭也。

䷍ 乾下離上

大有元亨 大有，所有之大也。離居乾上，火在天上，无所不照。又六
五一陰居尊得中，而五陽應之，故爲大有。乾健離明，居
尊應天，大有亨之道，占者
有其德，則大善而亨也。〔集註〕〔丘行可曰〕一陰在上卦之中，而五
陽宗之，居尊能衆物之所與，而諸

爻之有，皆六五之有也。豈不大哉！推其所有者大，故其卦亦大也。張清子曰：大有，富有之謂大業是也。○易中以大名卦，九四大有、大畜、大過、大壯是也。大者為陽，此皆陽多之卦也。

彖曰：大有，柔得尊位大中，而上下應之，曰大有。以卦体釋卦名義。柔謂六五，上下謂五陽。其德剛健而文明，應乎天而時行，是以元亨。以卦德卦体釋卦辭。應天，指六五也。【集註】伊川曰：六五居尊執柔，物之所歸也。上下應之，為大有之義。○誠齋楊氏曰：同人大有，一柔五剛均也。柔在下者曰得位，曰得中，曰應乎乾而為同人，我同乎彼之辭也；柔在上者曰尊位，曰大中，曰上下應而為大有，我有其大之辭也。節齋曰：大有者盛大之時也。柔得位大中，以盛受之，能有其大也。蘭溪曰：夫衆不能治衆也，善治衆者不以衆而以寡；剛不能制剛也，善制剛者不以剛而以柔。然則大有之五剛，孰能有之？曰：惟六五以一柔而居尊者則能有之也。丘行可曰：大有六五以柔居尊，故曰尊位；處剛而中，故曰大中；卦惟一柔，而二体皆以剛應，故曰上下應之，此所謂大有也。剛健，居內乾德也；文明，居外離德也。五以柔而應二之剛，是應乎天也。順時而行，是以大亨也。張清子曰：剛為大而柔有之，乾為大而離有之。

象曰：火在天上，大有。君子以遏惡揚善，順天休命。火在天上，所照者廣為大有之象所有既大无以治之則釁孽萌於其間矣天命有善而无惡故遏惡揚善所以順天反之於身亦若是而已矣【附錄】堯舜之治既平一元亦必放共驩凡此易所謂遏惡揚善順天休命者也善惡者天理之本然惡者人欲之邪妄是知天之為道既福善禍淫又以賞罰之權寄之司牧使之有以補助其禍福之所不及戊申封事【誠齋曰】天討有罪吾遏之以【集註】夫天命有德吾揚之以天吾何與於此舜禹有天下也不與也故曰順天休命同人離在下而權不敢專故止於類而辨大有離在上而權由己出故極於遏而揚【陳】【顧老曰】舜於善則揚矣而於惡則不遏後為之隱何也蓋隱惡揚善者養己之德也遏惡揚善者治人之權也夫奄有四海而君之儻縱其為惡隱而不遏是導天下而為盜賊之歸也又豈明君哉【張清子】曰離炅高乎天而火在天上其光遠被故照見万物之盛多是以大有君子以明居上凡天下之善惡皆无所遁惡者則遏而止之善者則揚而顯之此亦天道福善禍淫之意故能順承上天之休命以此見大有以五陽而歸于一陰者非歸其柔也歸其明也遏惡揚善象離順天休命象乾

初九无交害匪咎艱則无咎

雖當大有之時然以陽居下上无係應而在事初未涉乎害者也何咎之有然亦必艱以處之則无咎戒占者宜如是也【附錄】易之書大抵教人戒謹恐懼无有以為易而欲之者雖至易之事亦必以艱難處之然後无咎若沈僩

象曰：大有初九，无交害也。【集註】〔隆齋〕曰：世之在下位不獲乎上者，動生怨尤，以未知此爻之故之義也。〔雙湖〕胡氏曰：六五爲大有之主，柔得尊位大中而上下應之。二應乎五，三亨于天子，四與上皆比乎五，而初獨遠於下，與五无交焉。爻以上下應之義，乎當大有之世，无以交結於君，所以害也。在五曰交如，而初曰无交，則知初之无交乃无交於五也。然有害而匪咎者，盖咎非已致也。以位則卑，迹不能進；以勢則遠，而不能通。初之无交於五，皆此也，又豈初之罪哉？苟能艱難以處之，而不貪其有，則其咎可无。象言大有初九者，盖大有其時也，初九其位也。時位如此，是以无交害也。

九二：大車以載，有攸往，无咎。剛中在下，得應乎上，爲大車以載之象。有所往而如是，可无咎矣。占者必有此德，乃應其占也。

象曰：大車以載，積中不敗也。【集註】〔伍行可〕曰：大，陽也，謂九載承五也。二以剛中之才居大臣之位，上承六五文明之君，以大才當大任，有大車以載之象。盖車大則力充，力充則任重致遠，无所往而不可。若車小而載重，則積於中者必不獲成矣。張清子曰：伊尹任天下之重，此爻足以當之。

九三：公用亨于天子，小人弗克。亨，春秋傳作享，謂朝獻也。古者亨通之亨、享獻之享、烹飪之亨，皆作

彭音郎反

亨宗九三居下之上公侯之象剛而得正上有六五之君虛中下賢故為亨于天子之象占者有其德則其占如是小人无剛正之德則雖得此爻不能當也〔附錄〕古文无享字亨即享亨通用如公用亨于天子解作亨字便不是晉蒙如隨之王用亨于西山亦是祭亨之亨无異

象曰公用亨于天子小人害也〔集註〕京房曰亨獻也胡氏曰春秋傳曰晉文公將納王使卜偃筮之遇大有之睽曰吉遇公用亨于天子之卦戰克而王亨吉孰大焉則是卜偃時已讀為亨矣張清子曰九三居大有下体之上故稱公亨者乃禮之盛者九州四海之所有皆君物也公用亨于天子是為公者能以君之所有亨獻于天子小人則私其有而弗能以其有為天子之有故有匹夫懷璧之罪是大有反為小人之害也

九四匪其彭无咎彭字音義未詳程傳曰盛貌理或當然六五柔中之君九四以剛近之有僭逼之嫌然以其處柔也故有不極其盛之象而得无咎戒占者宜如是也

象曰匪其彭无咎明辯晢也晢明貌〔集註〕子夏曰彭作旁鄭作郭雍曰九四居四陽之首而率諸陽與之偕進其盛多矣盛者彭矣然明不能獨理君不能慮遠以其盛多故昔而震之必非柔中之君所能安也下三陽皆健

体四乃明之首也有明辨之哲則匪其彭然後无於咎【張清子曰】九四居近君之位乾下三陽並進上迫乎五其勢太盛矣九四又在離体以剛居柔有若無實若虛不居其盛故知匪其彭之戒其所以无咎者非明辨之哲則不能也其盛貌匪其彭不有其盛也明哲保身九四有之詩載驅曰行人彭彭並指大明曰駟騵彭彭亦取其人馬盛多之義

六五厥孚交如威如吉 大有之世柔順而中以處尊位虛己以應九二之賢而上下歸之是其孚信之交也然君道貴剛太柔則廢當以威濟之則吉故其象占如此亦戒辭也

象曰厥孚交如信以發志也 一人之信足以發上下之志也 **威如之吉易而无備也** 太柔則人將易之而无畏備之心

【集註】陳氏曰厥孚交如者信發於中而應之者交至也夫以柔德而主衆剛推誠任物易而无備所可戒者在於無威故曰威如吉【張清子曰】六五為大有之主離体中虛有厥孚之象柔得尊位而上下應之故曰交如以我之誠心而發彼之誠心此其所以交孚也然當大有海內富庶之時人心易至玩弛寬裕温柔雖足以有容非發強剛毅則不足以有執故交如之後繼之以威如則可以保其吉也苟有以孚之而無以威之則慢易之心生而忘其猶矣此威如之所以吉者聖人正欲為易而无備者之戒也

上九自天祐之吉无不利大有之世以剛居上而能下從六五是能履信思順而尚賢也滿而不溢故其占如此【附錄】五之孚信也而上能履之謙退不居思順也志從於五尚賢也天之所助者順人之所助者信所以有自天祐之吉无不利之象

象曰大有上吉自天祐也【集註】潘氏曰當大有之世居無位之地不有其有者也天祐之吉宜亦宜乎張清子曰上九居大有之極胡然乃有吉无不利之占蓋以其剛離体之上唯至明為能不誇其大不居其有而從乎五故自天祐之吉无不利也

【總論】節齋蔡氏曰大有一柔五剛故以柔為一卦之主而衆爻皆于五取義初以遠五而有害二以應五而无咎三以公位而用亨于天子四以能謙承五而无咎上以近五而獲自天之祐也

䷎ 艮下坤上

謙亨君子有終謙者有而不居之義止乎内而順乎外謙之意也山至高而地至卑乃屈而止於其下謙之象也占者如是則亨通而有終矣有終謂先屈而後伸也【集註】李氏子思曰此易中最吉之卦而天下最難行之事唯君子之人

然後能久，非君子則吾固知其不能終也。〔正義〕何曰：謙有不自滿之意，盈者謙之反也。書曰「滿招損，謙受益」是也。〔通釋〕謙彖以盈為戒，指九四爲尊。卦曰有大者不可以盈，故受之以謙。則知盈非謙之道也。人能動已以謙，則何往而不宜乎。易六十四卦惟謙六爻無凶悔吝之辭者，能下故也。〔語類〕朱子曰：君子，陽也，指九三而言。有終者，三居下卦之終也。卦惟一陽，故彖辭專主九三言之，而九三亦曰君子有終，吉。

彖曰：謙，亨，天道下濟而光明，地道卑而上行。言謙之必亨。天道虧盈而益謙，地道變盈而流謙，鬼神害盈而福謙，人道惡盈而好謙。謙尊而光，卑而不可踰，君子之終也。變，謂傾壞。流，謂聚而歸之。人能謙，則其居尊者其德愈光，其居卑者人亦莫能過，此君子所以有終也。〔附錄〕福善禍淫，其常理也，若不如此，便是天也把捉不定了。○變盈流謙，揚子雲言山殺瘦，澤增高，此是說山上土爲水漂流下來，山便瘦，澤便高。○鬼神言禍福，是有些造化之柄，如言與鬼神合其吉凶，鬼神便說吉凶字，人道說好惡。〔集註〕伊川曰：濟當作際。下際，謂下交也。〔通釋〕自天道下濟而光明下，六句是釋謙亨之理，謙尊而光下二句是釋君子有終之義。○謙尊而光，即天道下濟而光明；卑而不可踰，即地道卑而上行。上以天地之道言，此以人道體天地者而言也。〔何〕何可曰：九卦以一陽爲主者，釋彖皆以剛言，復曰剛反，豫曰剛應，師、比曰剛中，剝曰變剛，皆言乎剛也。謙主九三，而彖不言剛者，

謙無用於剛也蓋謙以卑巽柔順爲義用剛則不能謙矣惟三不待
其剛之過而能休艮之止行坤之順有剛而不用其剛此其所以爲
謙歟然有剛不用固所以爲謙若柔不復用柔則反爲謙之過而人不
服矣故五侵伐而上行師爻以剛用柔而救其謙之失也 蔡淵曰天
之氣下降以濟萬物天之謙也化育之功光明著見則謙之亨也地
勢卑順處萬物之下地之謙也其氣上行以交於天則謙之亨也莫大
乎天地而天地猶不敢以自滿况於人與鬼神乎尊者二居下卦之
上也光以降也卑者三居上卦之下也不可踰謂位雖居下而德剛
莫有過之者蓋以謙居尊而道光以謙居卑而德不可踰此專以九
三一爻言君子有終之義也 張清子曰夫謙者天益之地流之鬼神
福之人好之盈者天虧之地變之鬼神害
之人惡之此聖人所以形盈而勸謙也

象曰地中有山謙君子以裒多益寡稱物平施 以卑蘊高謙之象也裒多益寡所以稱物之宜而平其施損高增卑以趣於平亦謙之意也

附錄 大抵人多見得在己者高在人者卑謙則抑己之高而卑以下人便是平也 語錄

集註 伊川曰地體卑下山之高大而在地中外卑下而內蘊高大之象故爲謙也 誠齋曰山不能有乎地而地能有乎山君子觀此而得謙之理 楊氏曰且夫在山中大莫卑於地豈有蘊天之理哉而曰天在山中若取象而已此云地中有山謙者地爲有蘊山之理哉取象而已取地山之象惜夫有卑然之對而自處於卑下也五行可曰山高地卑勢本不等地中有山則高者

降而卑，中者升而高，高卑適平，謙之象也。裒多，謂取物之多者而寡之；益寡，謂增物之寡者而多之也。夫物之不能無多寡者，物之情也。惟君子體謙之象，裒之益之，如權之稱物，至平而止，則所施無偏重之患矣。張清子曰：舊說以山能下於地為山之謙。

初六：謙謙君子，用涉大川，吉。以柔處下，謙之至也，君子之行也。以此涉難，何往不濟，故占者如是則利以涉川也。

象曰：謙謙君子，卑以自牧也。【集註】項平甫曰：六，謙德也；初，卑位也。以謙德而處卑位，謙而又謙者也，故曰謙謙。【行可曰】初六以柔而處下卦之下，謙之謙者也。以此謙順之道而涉險，何往不濟？吉可知也。象言卑以自牧者，君子以卑遜而自養其謙謙之德也。蓋養德之地，未有不基於至卑。所養者至，則愈卑而愈不卑矣，此則自牧之道也。牧，養也。【張清子曰】上體之坎在前，故曰用涉大川。

六二：鳴謙，貞吉。柔順中正，以謙有聞，貞而且吉者也，故其占如此。【附録】鳴謙在六二，又言貞者，言謙而有聞，須得其貞則吉。蓋六二以陰處陰，所以戒他要貞。謙而不貞，則近於邪佞。上六之鳴，却不同，處謙之極而有聞，則失謙本意。蓋謙本不要人知，況在人之上而有聞乎？此所以志未得也。

象曰鳴謙貞吉中心得也【集註】童溪曰六二以謙德而居下之正位則得其所欲矣故發於聲音也無非中心之誠然者故曰鳴謙貞吉中心得也張清子曰物有所感則鳴六二柔順中正能以謙而鳴者也故曰貞吉然二比九三陰感乎陽而有所得唱則必和宜其聲動而應鳴也故象以中心得言之謂中心感而有得乎三也

九三勞謙君子有終吉 卦惟一陽居下之上剛而得正上下所歸有功勞而能謙尤人所難故有終而吉占者如是則如其應矣

象曰勞謙君子萬民服也【集註】毅齋曰萬民服者非服其勞也服其勞而能謙謙而有終故吉【童溪曰】舜之賢禹也而曰降水儆予成允成功惟汝賢此服其勞也又曰汝惟不矜天下莫與汝爭能汝惟不伐天下莫與汝爭功此服其勞而能謙也夫功吾功也能吾能也天下何與焉矜伐之心一不克去則天下群起而與之爭何以致萬民之服哉【楊氏曰】大哉謙德也而三則以九居之何邪曰所以成天下之功者非剛明之才不可也今九三以剛明之才上爲君所任下爲衆所倚信勞而有功矣然勞而不伐有功而不德也君子恭以存其位之道也故能有終之吉張清子曰諸卦言吉勞卦萬物之所歸也故曰勞乎坎九三爲謙之主爻正冠五陰之中故曰勞謙況三以一陽爲上下衆陰所歸上不負君之所任下不負民之所望勞謙匪懈此有功而不德者

宜其万民服也民為陰万民服者衆陰服也君子有終者謂三居下卦之終也

六四无不利撝謙柔而得正上而能下其占无不利矣然居九三之上故戒以更當發揮其謙以示不敢自安之意也

象曰无不利撝謙不違則也言不為過【集註】伊川曰撝施布之象如人手之撝也張清子曰六四顯三之上而用謙是自上而下下也其所以无不利者以指撝之間皆謙也撝有施布之義蓋九三一陽衆陰皆欲求之而四與三近先為四所得此五上之所必爭故五侵伐而上行師也四者當以其所得於陽者撝而散之以與衆共而不敢自專則五上皆得其利而不違乎稱物平施之法則也

六五不富以其鄰利用侵伐无不利以柔居尊在上而能謙者也故為不富而能以其鄰之象蓋從之者衆也猶有未服者則利以征之而於它事亦无不利人有是德則如其占也【附録】問謙是不與人爭如何五上言侵伐行師曰謙自是用兵之道只退聽一步爾所以利用侵伐也陳文蔚

象曰利用侵伐征不服也【集註】誠齋楊氏曰征不服者不服而征不得已爾征苗不得已也武征商亦不得已乎歐陽氏曰六爻惟五不言謙者謙非征伐之事也白雲郭氏曰或謂四五爻皆言无不利而言之先後不同何也曰先言无

不利而後言爲謙者謂四之所以无不利者在乎散已之所有者以爲謙也五先言用伐而後言无不利者謂五必侵伐乎四而後可以得三而无不利也【進齋曰】陽爲富六五陰爻故稱不富三剛近爲四所得而五無得乎剛故有不富而用其鄰之象鄰上也上應乎三而求之之志與五同故五用之侵伐乎四也或曰謙至九三而萬民服矣而六五且有不服之征何耶曰九三剛也剛可以服柔故衆柔莫不服乎三六五柔也柔不可以服柔故四不服乎五五必征之而後服也【丘行可曰】陰以得陽爲富鄰指四也卦唯九三一陽已先爲其隣六四之所得矣六五乃柔順之主所以不得九三之富者以其鄰六四間隔之也四間隔之是不服矣在五利用侵伐乎四不服而征之則四服矣四服則六五可以下得乎三而无不利也四近乎五故以侵伐言【張清子曰】夫六五謙柔之主而利用侵伐毋乃內謙而外好勝乎盍知推辟作福作威而威武乃文德之輔助也其有梗化而不服者如之何而勿征征則无不利倘君道專用謙柔則流於姑息之驕縱乃謙之過也非謙之盛也

上六鳴謙利用行師征邑國謙極有聞人之所與故可用行師然其質柔而无位故可以征己之邑國而已【附錄】上六取象行師有由處多言師如泰上六城復于隍勿用師之類是也

象曰鳴謙志未得也可用行師征邑國也陰柔无位才力不足故其志未

得而不私行師然亦適
足以治其私邑而已、【集註】丘行可曰謙二上兩爻皆曰鳴謙以有感乎三也然六二近剛則先得乎剛
二比三近也故中心得上應三遠也故志未得隔閒者也物不得其
平則鳴而九三乃上六之正應而二比乎四四先為四所得上獨遠乎
三而未應雖謙者亦有不平之鳴是其志未得遂也在
上者以利用行師以征乎四而後可以得乎三也

【總論】丘行可曰謙者有而不居之義象以艮山之高而屈於坤地之中卦
以一陽止於二陰之下皆謙之義六爻五陰一陽陽貴陰賤
陰皆有求於陽者故以九三一陽為卦主陰爻則以去三遠近取
義二四兩爻與三最近皆為得乎陽者故二鳴謙貞吉而四无不利撝
謙也初在下欲進而求三則隔乎二五上在上欲下而求三則隔乎四
皆无得乎陽者故初用涉吉而五侵伐上行師也胡氏曰謙一卦六爻下
三爻皆吉而无凶上三爻皆利而無害易中吉利罕有若是純全者
謙之效固如此然艮体称吉而坤体称利者靜則多吉順則多利也

䷏ 坤下震上

豫利建侯行師 豫和樂也人心和樂以應其上也九四一陽上下應之其志得行又以坤遇震為順以動故其卦為
豫而其占利以立君用師也 【集註】伊川曰上動而下順諸侯從王師衆順之
象君為萬邦聚大衆非和說不能使之服從也
白雲云臣居封同姓五十而天下不以為私順故也所謂利建侯也湯
東西南北之征而天下不以為怨亦順故也所謂利行師也丘行可

曰屯有震無坤則言利建侯而不言行師謙有坤無震則言行師而不言建侯此合坤震成卦故兼之張清子曰坤下震上爲豫地以靜鎮建侯也雷以威動行師也

彖曰豫剛應而志行順以動豫（以卦体卦德釋卦名義）豫順以動故天地如之而況建侯行師乎（以卦德釋卦辭）天地以順動故日月不過而四時不忒聖人以順動則刑罰清而民服豫之時義大矣哉（極言之而贊其大也）【集註】晁氏曰剛應志行以爻言豫之才也順以動豫以卦言豫之德也。張清子曰九四以一陽專主乎豫而衆陰應之其志得行此九四釋彖所言志大行也順動以二德言豫順以動則雖天地之大與之相似而況建侯行師乎天地以順動則日月之度不至過差四時之行不至差忒聖人以順動則刑者罰之重必無濫刑罰者刑之輕亦無濫罰可以一洗其冤而清之此虞朝流放竄殛四罪而天下咸服也歟樂豫之時得和豫之義其大矣哉

象曰雷出地奮豫先王以作樂崇德殷薦之上帝以配祖考（雷出地奮和之至也先王作樂以象其聲又取其義殷盛也）【附錄】象其聲者謂雷取其義者謂和崇德謂[illegible]德

作樂所以發揚其德以普播時平

集註

鄭汝曰順以動者天理出而奮也有天聲焉東山曰大司樂以圜鍾為宮雷鼓雷鼗孤竹之管雲和之琴瑟雲門之舞於地上之圜丘奏之此夏十一月律也則知先王象雷出地奮而作樂崇德殷薦之上帝以配祖考其在斯乎進齋曰先王之一動一靜皆所以奉天從事方雷在地中伏而未發則以之閉關而不行而后不省方法其靜也及出地上奮而成聲則以之作樂崇德薦上帝而配祖考法其動也曰閉曰不行曰不省皆靜之意曰作曰崇曰薦配皆動之意也並行可曰震居坤下則為雷在地中之復而陽氣閉藏震居坤上則為雷出地奮之豫而發聲有聲此和豫之義也先哲王作樂以象其聲正欲發揚崇德而盛祭於上帝以配祖考也作樂震動象崇德坤順象張清子曰夫樂者所以美盛德之形容以其成功告於神明也萬物本乎天人本乎祖故郊祀后稷以配天配以祖也宗祀文王於明堂以配上帝配以考也作樂所以崇德即大韶大武之類是也

初六鳴豫凶

陰柔小人上有強援得時主事故不勝其豫而以自鳴凶之道也故其占如此卦之得名本為和樂然卦辭為眾樂之義爻辭除九四與卦同外皆為自樂所以有吉凶之異

象曰初六鳴豫志窮凶也

窮謂滿極

集註

潘氏曰凱豫之時有應於上聽於逸樂吉聞於外小人得寵意滿極宜其凶也張清子曰鳴者感其應而有求也初六以柔邪之小人而獨應於九四不勝其說豫而至於鳴豫若滿

是而能極其心志之所欲取以之道也然謂六二之鳴則吉豫初六之鳴則凶何耶蓋以謙遜而鳴可也以豫說而鳴可乎初之豫逸豫也

六二介于石不終日貞吉 豫雖主樂然易以溺人溺則反而憂矣卦獨此爻中而得正是上下皆溺於豫而獨能以中正自守其介如石也其德安靜而堅確故其思慮明審不俟終日而見凡事之幾微也大學曰安而后能慮慮而后能得意正如此占者如是則正而吉矣

象曰不終日貞吉以中正也 【集註】 【附錄】蔡氏根曰或問比豫皆以一陽為卦主而比之諸爻以承乘乎陽者吉豫之諸爻以承乘乎陽者凶何也曰豫與比反比五乃剛君故欲群陰之比五而不比者凶豫四乃強臣故不取群陰之宗四而不宗者吉四何曰豫諸爻以無所係應者為吉豫初應四而三五比四皆有係者也是以為凶為悔為疾獨六二一陰靜而中正與四無係特立於衆陰之中而無遲遲聽恐之意方其靜也則確然自守而介于石及其動也則見幾而作不俟終日盡其所居得正故動靜之間不失其正吉可知矣張清子曰石者安靜之物介于石者取其靜也互體為艮有石象

六三盱豫悔遲有悔 盱上視也陰不中正而近於四四為卦主故其象如此而其占為事當速悔若悔之遲則必有悔也 六三上視於四而下溺於豫宜有悔者也故 【附錄】盱豫悔言覩著九四之豫便當速悔遲時便有悔語錄

象曰盱豫有悔位不當也【集註】王湘卿曰豫事宜早盡於未形事已彰著駿規而盱能無悔介盱睢而張目仰視也【丘行可曰】六三以陰動陽其位不當以陰比陽又非正應但睢盱仰視上求九四之說豫能無悔乎故曰盱豫悔而知盱豫之致悔則當速改若復猶豫不決遲回顧戀去之不勇則既悔而又有悔矣故復曰遲有悔【張清子曰】聖人於六三一爻凡兩言悔者始則示人以致悔之端終則速人以改過之道也三之豫猶豫也

九四由豫大有得勿疑朋盍簪九四卦之所由以為豫也故其象如此而其占為大有得然又當至誠不疑則朋類合而從之矣故又因而戒之簪聚也又速也【附錄】由豫猶言由頤 沓姜淵

象曰由豫大有得志大行也【集註】【誠齋曰】神禹集治水之大勳伊尹任伐桀之大事周公決東征之大議此皆大有得之事而小象亦曰志大行也【丘行可曰】九四為豫之主五陰由之以為豫故曰由豫大者為陽以一陽而得五陰故曰大有得然位迫乎五獨當其責任威權太盛易以致疑九四苟能推至誠以事其主勿懷疑則衆陰朋類自然合聚以順從之也為九四者必有伊周之志然後可以為伊周之大事業故曰志大行也【張清子曰】盍合也簪聚也簪笄屬所以聚髮者也卦中五柔爻皆斷一剛爻獨連五柔為髮一剛為簪貫其中髮之有簪也安有髮之柔附而不從簪之剛直者乎四之豫和豫也

六五貞疾恒不死當豫之時以柔居尊沈溺於豫又乘九四之剛衆不附而大勢危故爲貞疾之象然以其得中故又爲恒不死之象即象而觀占在其中矣

象曰六五貞疾乘剛也恒不死中未亡也

集註 伊川曰六五以陰柔居君位當豫之時沈溺於豫不能自立者也居得君位貞也受制於下疾也六居五位權雖失而位未亡故云貞疾恒不死如漢魏末世之君是也若五不失君道而四主於豫乃是任得其人安享其功如太甲成王也蒙亦以陰居尊位二以陽爲蒙之主然彼吉而此疾者蓋蒙相應則倚任者也豫相逼則失權者也 童溪曰 六二於貞則吉以中正故也六五於貞則疾以不正故也孟子曰入則無法家拂士出則无敵國外患者國恒亡然後知存於憂患而亡於宴樂也然則六五之得九四所謂法家拂士也故雖當豫之時不得以縱其所樂此其所以恒不死也 王宗傳曰 六二之貞吉以上不係於四而中且正也六五之貞疾以下乘乎四雖中而不正也當豫之時不爲豫者六二不得豫者六五也此豫之六爻惟二五不言豫 胡氏曰 履失其正下乘權臣所存者位與號而已 張清子曰 六五尊居君位貞也以柔乘剛疾也九四位迫於君權歸於己君弱臣強非六五之所能制故有貞固之疾然六五權雖旁落而位未滅亡故又有恒不死之說止而不死止而未亡者蓋君臣之分不可泯沒爾

上六冥豫成有渝无咎 以陰柔居豫極爲昏冥於豫之象以其動體故又爲其事雖成而能有渝之象戒占者如是則能補過而无咎所以廣遷善之門也

象曰冥豫在上何可長也 （集註）張清子曰上六处豫之終昏迷於豫而不知反者也故爲冥豫已成之象然以其爲震之極震動則有能渝變之理苟能知逸豫之不可長惕然而改安知冥者其不昭昭乎何咎之有

（總論）丘行可曰豫有二義和豫也逸豫也彖言豫順以動象言雷出地奮豫和豫之豫也六爻惟九四由豫與卦辞同至諸爻有心於求豫則失豫之正流爲逸豫矣故在豫以四之一陽爲主初以應四而豫故曰鳴豫凶三以比四而豫故曰盱豫悔五以乘四而豫故有貞疾恒不死之證上去四雖遠而與震同体則亦冥然爲豫而已皆有繫乎四者也惟六二去四最遠中正無係獨能介于石不終日焉蓋見幾者也故爻以貞吉歸之豫之不可溺也蓋如此進齋曰豫有三義曰和豫曰逸豫曰備豫彖象所言和豫也六爻所言逸豫也豫備不虞卦爻無此義傳曰重門擊柝以待暴客蓋取諸豫此備豫也

䷐ 震下兌上

隨元亨利貞无咎 隨從也以卦變言之本自困卦九來居初又自噬嗑九來居五而自未濟來者兼此二變皆剛

來隨柔之義。以二体言之，爲此動而彼說，亦隨之義，故爲隨。己能隨物，物來隨己，彼此相從，其通易矣，故其占爲元亨，然必利於正，乃得无咎。若所隨不正，則雖大亨而不免於有咎矣。春秋傳穆姜曰：有是四德，隨而无咎，我皆无之，豈隨也哉。今按四德雖非本義，然其下云云，係得占法之意。【集註】伊川曰：凡人君之從善，臣子之奉命，學者之從義，臨事而從長，皆隨也。隨之道，利在於貞正。隨得其正，然後能大亨而无咎，失其正則有咎矣，豈能亨乎。張倩子曰：隨而得其道，則可以致大亨，然隨之道利於正，不正則爲詭隨，雖大亨而有咎，故必大亨而利於正，然後无咎，亦猶影之隨形，響之隨聲也。

彖曰：隨，剛來而下柔，動而說，隨。以卦變、卦德釋卦名義。大亨貞无咎，而天下隨時。王肅本時作之，今當從之。釋卦辭，言能如是，則天下之所從也。隨時之義大矣哉！王肅本時字在之下，今當從之。【集註】節齋曰：天下所隨者，聖人之時，而聖人制作又當隨天下之時，禮樂法度始於伏羲，成於周者，豈聖人知慮有所不及哉？此隨時之義所以大也。此行可卜，隨一卦具數義，卦以物隨爲義，爻以隨物爲義，彖以隨物而動爲義，象以隨物而息爲義，其義不同而隨則一也。張清子曰：隨，從也。剛來而下柔者，以初上兩爻言，陽隨陰也；動而說者，以震兌二德言，陰隨陽也。苟能大亨以守正，則隨之利也，不言可知，此彖之所以不復言利也，又何咎爲？況天下之所隨者時也，而君子之所隨

者正焉而已矣隨時之宜而當其可則不失乎正其義亦大矣哉

象曰澤中有雷隨君子以嚮晦入宴息雷藏澤中隨時休息【集註】誠齋曰兌正秋也收雷之時也君子觀象而得息之義日入而息君子獨能違而不隨時乎童溪曰天時之運於天也有明而有晦則君子之隨夫時也亦有動而有息黃宗台曰人當日晝之時酬酢萬變至於昏晦則入居宴息者非君子有厭倦之心也蓋一動一靜交相爲養者然日役役而不知止息則神疲力竭而無以繼矣大傳曰尺蠖之屈以求伸也龍蛇之蟄以存身也非知道者孰能識之石行可曰雷陽声也發声於春夏其動也收声於秋冬其靜也澤中有雷其秋冬之時乎君子体天行事故動與雷俱出而靜與雷俱入如雷出地奮豫以之作樂崇德雷在天上大壯以之非礼弗履天下雷行无妄以之對時育物皆法雷之動也如雷在地中復以之閉關息旅后不省方澤中有雷隨以之嚮晦宴息皆法雷之靜也或曰周公坐以待旦孔子終夜不寢果嚮晦入宴息之義哉曰嚮晦入宴息者君子隨時之義待旦不寢者學者救時拯世之心也張清子曰澤者水之息其中有雷隨之而息此收声於兌秋之時乃隨時之象也況日出於東而入於西自震方而兌方自朝而夕則明者晦矣出者入矣君子於日入而息之時觀象取法能不隨時而宴安休息乎卦爻取隨時而動者固所以爲隨大象又取隨時而息者亦所以爲隨也

初九官有渝貞吉出門交有功卦以物隨爲義爻以隨物爲義初九以陽居下爲震之主卦之所以爲隨者也既有所隨則有所偏主而變其常矣惟得其正則吉又當出門以交不私其隨則有功也故其象占如此亦因以戒之

象曰官有渝從正吉也出門交有功不失也集註張清子曰官主守有渝變也當隨之初剛來下柔爲震之主震動也官有渝是主守有變動之象官貴事而有渝謂隨時而動有所變易也然變而從其正則吉出門謂二也六爻貴於出與二交也出門而交即同人于門之意初剛當位二柔順中正得陰陽相隨之正而不牽於私則有功而無失矣

六二係小子失丈夫初陽在下而近五陽正應而遠二陰柔不能自守以須正應故其象如此凶咎可知不假言矣

象曰係小子弗兼與也集註伊川曰初陽在下小子也五正應在上丈夫也蓋人之所隨得此則失彼係小則失大弗能兼與也楊氏曰以剛隨人者謂之隨以柔隨人者謂之係剛有以自立而柔不足以自立也故初九九四九五不言係而六二六三上六皆言係者職此之由也張清子曰小子初也丈夫五也係者有所牽也六二以陰居陰不能自立近於陽則隨於陽者也下係於初之近昵則上失乎五之正應二者不可得兼故聖人弗兼與之也

六三係丈夫失小子隨有求得利居貞丈夫謂九四小子亦謂初也三近係四而失於

初其象與六二正相反四陽當任而已隨之有求必得然非正應故有不正而爲邪媚之嫌故其占如此而又戒以居貞也

象曰係丈夫志舍下也 集註 進齋曰以六居三不正也以九居四亦不正也以不正相比必至於詭隨故又以居貞爲利也二在三下上而舍之而隨四故曰志舍下也〇丘行可曰丈夫四也小子初也三以陰柔而近九四故牽係九四之丈夫而所失初九之小子以陰隨陽舍下隨上不求則已有求必得但所利者在乎處之以正可也然六二隨上而不隨下其志亦可嘉矣〇張清子曰二之所係與三之所係爻辭特相反何邪蓋二係乎初則下隨者也故失丈夫三係乎四則上隨者也故所失特小子而已

九四隨有獲貞凶有孚在道以明何咎 九四以剛居上之下與五同德故其占隨而有獲然勢陵於五故雖貞而凶唯有孚在道而明則上安而下從之可以无咎也占者當時之任宜審此戒

象曰隨有獲其義凶也有孚在道明功也 集註 進齋曰六二九四以不正相比而相得三言有得者得乎四也四言有獲者獲乎三也然民者君之所有四以陽剛之才處近君之位而得民之隨獲非其有非隨之正也故曰貞凶有孚孚于五也言四勳大臣危疑之地必當有以取信於君而自明其功則已無逼上之嫌上之人亦坦然信之而無疑何咎之有〇丘行可曰豫隨九四皆大臣也豫四之有得坤三爻之豫也隨四之有獲獲震二爻之隨也但豫象君在上而四之志

可以行故其戒在君而五貞吉隨剛君在上非四之所可犯故其戒在於而四貞凶也然則如豫隨九四之位者柰何曰唯有以信而孚於上下之心斯免矣是以豫四勿疑則朋盍簪而從之隨四有孚于則可以自明其功而无咎也【附錄】胡氏曰九四居君位之側得民心之隨隨而有獲雖出乎下卦義亦凶然其有孚於君之誠盡事君之道而以明哲處之乃保功成而无咎也

九五孚于嘉吉【本義】陽剛中正下應中正是信于善也占者如是其吉宜矣

象曰孚于嘉吉位正中也【集註】項氏曰婚禮曰嘉以正合也九五陽剛中正下爲隨之主得衆爻之隨者而五之正應唯在於二故曰孚于嘉吉此隨之至善者也象以位正中釋之明五之於二皆得乎位之正中也【附錄】隨子曰九五居正中之位爲隨之主而下得六二之正應相應則相孚上下得則下隨其嘉之會也故其吉可知象曰大亨貞无咎而天下隨時九五足以當之

上六拘係之乃從維之王用亨于西山居隨之極隨之固結而不可解者也誠意之極可通神明故其占爲王用亨于西山亨亦當作祭享之享自周而言岐山在西凡筮祭山川者得之其誠意如是則吉也

象曰拘係之上窮也窮極也【集註】鄭氏曰王用亨于西山則歸市之隨至此亦莫大之御矣

周家王業始基之地也。張清子曰：上六處隨之窮，居兌之上者也。易言文王之事，多取象於岐西，岐山、西郊，皆兌方，蓋文王顯于西土也。拘係之，乃若其居窮之時也。後世為西伯，乃從維之也。維有羈縻之象。上无正應，惟當柔順以從五，比文王有君民之大德，有事君之小心是也。

總論 丘行可曰：隨，剛來而下柔，動而說隨，此成隨之義也。以卦言，則為剛隨柔；以爻言，則為柔隨剛。蓋柔性無常，比剛則合。二近初，則下隨初，故係小子；三近四，則上隨四，故係丈夫；上近五則無所隨，故拘係之。言係五而隨五也。卦以三陰隨三陽，故陰皆以係言。若三陽爻，初言出門交有功，是與二一交而隨二也；四言隨有獲，是與三近而得三之隨也；五言孚于嘉吉，是下與二應，而兼得衆爻之隨也。然以陰隨陽者言，則上之陽可隨，而下之陽不可隨。此三隨四所以有得，上隨五所以用亨，而二隨初所以有係小子之失。以陽得陰之隨者言，則五為君位，當為人所隨；四居臣位，不當為人所隨。此四得陰之隨，所以貞凶；五得陰之隨，所以貞吉。隨之不可苟也如此。山湯氏曰：陽者陰之唱，陰者陽之隨。以一卦言之，則五為隨之主；以六爻言之，則三陽為三陰所隨，故陰爻皆言係。二係於初也，三係於四也，上係於五也。一陰係一陽，有兩兩相隨之義。然隨不正則吝。陽先而陰隨，正也；陰先而陽隨，非正也。初之二為貞吉，五之上為嘉吉，得隨道之正也。六三陰也，先陽而有求；九四陽也，後陰而有獲，果得隨之正乎？

䷑ 巽下艮上

蠱元亨利涉大川先甲三日後甲三日蠱壞極而有事也其卦艮剛居上巽柔居下上下不交下卑巽而上苟止故其卦為蠱或以剛上柔下謂卦變自賁來者初上二下自井來者五上上下自既濟來者兼之亦剛上而柔下皆所以為蠱也蠱壞之極亂當復治故其占為元亨而利涉大川甲日之始事之端也先甲三日辛也後甲三日丁也前事過中而將壞則可自新以為後事之端而不使至於大壞後事方始而尚新然便當致其丁寧之意以監前事之失而不使至於速壞聖人之深戒也

附錄 皿蟲為蠱言器中盛那蟲教它自相并便是積蓄到那壞爛底意思一似漢唐之衰弄得來到那極弊大壞時所以言元亨蓋極弊則將復治故言元亨吝曼淵

集註 伊川曰既蠱則有復治之理自古治必因亂亂則開治蠱則能致元亨也蠱之大者濟時之艱難險阻也故利涉大川 李氏曰器陳則蠱穀腐則蠱事惰則蠱蠱為敗意 張清子曰蠱字上從蟲下從皿蓋器久不用則積蠹而成蠱也蠱非訓事也乃事之已壞者爾然亂則復治此始而亨者也故蠱有元亨之理當是時也苟有治蠱之才冒出而濟斯世之艱險則蠱壞者可救興天下為未故有利涉大川之象甲者天干之首人事之端也先於甲之三日而原其始後於甲之三日而圖其終□弊哉撥弊可革而利可興矣

彖曰蠱剛上而柔下巽而止蠱以卦體卦變卦德釋卦名義蓋如此則積弊而至於蠱矣

附録　剛上而柔下巽而止蠱此是言致蠱之由非治蠱之道楊[illegible]又曰大凡看易先看成卦之義險而健則成訟巽而止則成蠱○又曰剛居上柔居下上高亢而不下交下卑巽而不能救此所以蠱壞也巽而止只是巽順便止了更无所猷為如何治蠱廖德明

蠱元亨而天下治也利涉大川往有事也先甲三日後甲三日終則有始天行也

釋卦辭治蠱至於元亨則亂而復治之象也亂之終治之始天運然也

集註　誠齋曰蠱者泰之變蓋泰初上兩交互易而為蠱而蠱亦泰之壞也甲始也先後各三日思之詳也終則有始者亦以後甲爲重也後甲終也能謹其終則能有其始矣○厲氏曰蠱者事之壞也事變至蠱則當復於故故蠱謂之甲甲者事之始也蠱之六五復變爲巽蠱既始事巽又申之事之申重者非更則不續故於巽謂之庚庚更也續也蠱以全卦言故於卦辭中言甲巽至於上卦而後爲重故於九五言庚○雙湖胡氏曰易曰蠱事也夫蠱非事也以天下爲無事而不事事則後有不勝事矣此蠱之所以爲事也剛上艮也柔下巽也在上者有止息而無動作在下者有巽順而無違忤則禍亂之萌乃生於已安已治之中遂至於敗壞而不可勝矣此剛上而柔下巽而止所以成蠱也○胡氏曰蠱者事也壞也事蠱而不發者謂之蠱猶子之蠱也其必腐木之蠹也其以必壞未有事而不壞者也蠱之所以元亨者以能飭之耳飭之則不壞矣易窮則變變則通是以事之壞者又當振而起之苟巽而順者因無剛斷之才復止於此故其所以蠹而為蠱也

辭古爲蠱先三後三者其六爻也爻終於六七則更爲之端矣七日得七日來復皆其義也所謂終則有始天行也張清子曰剛上而柔下以卦變言巽而止以二德言巽順於下而不能爲艮止於上而不復爲則積弊而至於蠱元者始也事不終於蠱終則始而尋蠱壞之後可與天下之治也方其蠱壞之始宜涉艱險以濟往而有所事可也苟事之已壞而又不事其事則弊日滋而蠱日甚矣必也原始於先甲之三日要終於後甲之三日監其舊而圖其新蠱極復飭乱極復治終則有始循環不窮天時之行亦如是夫此夜而晝冬而春也

象曰山下有風蠱君子以振民育德山下有風物壞而有事矣而事莫大於二者乃治已治人之道也【集註】單溪曰其於民也務振作其氣使之力其所謂相生相養之道而無廢惰自安之人其在已也務涵養自德使之日新又新而無逸豫自止之意則君子之所謂事孰有外於此二者乎【張清子曰】山下之風薄山而迴吹落山下之草木物皆撓乱有蠱壞之象左氏傳云風落山女惑男以長女下少男乱其情者是也然振萬物者莫疾乎風而鼓舞撓蕩者風之才也育萬物者莫盛乎山而蓄畜養蘊藏者山之才也故君子体巽風之動以之振民則天下之蠱治矣体艮山之止以之育德則人欲之蠱飭矣

初六幹父之蠱有子考无咎厲終吉幹始木之幹枝葉之所附而立者也蠱者前人已壞之緒故諸爻皆有父母之象子能幹之則飭治而振起矣初六蠱未深而事易濟故其占爲有子則能治蠱而考得无咎然亦危矣戒占

者宜如是又知危而能戒則終吉也【附録】問有子考无咎與意承考之考皆是指父在父在而得云考何也曰古人多通言如康誥言大傷厥考心可見　朱子語錄

象曰幹父之蠱意承考也【集註】張清子曰蠱下體本乾乾為父以乾初九往居坤上六之位而成艮卜為父自內而外退處其身於无位无事之地而傳其位付其事於子也坤爻變乾為巽乃父之蠱也蠱者前人已壞之事而非創始者也初六能幹父之蠱是有子矣有子則可以致厥考於无咎之地然事至蠱敗則亦危矣必常懷惕厲之心乃保終吉象言意承考者蓋不承其事而承其意此善繼父之志者也

九二幹母之蠱不可貞　九二剛中上應六五子幹母蠱而得中之象以剛承柔而治其壞故又戒以不可堅正言當巽以入之也

象曰幹母之蠱得中道也【集註】丁寬曰幹內雅柔承母之事　伊川曰子之於母當以柔巽輔導之使得於義不順而致敗蠱則子之罪也從容將順豈无道乎若伸己陽剛之道遽然矯拂則傷恩所害大矣亦安能入乎【龍山】曰門內之治恩掩義故不可貞或曰卦以五為君位而可以母言乎曰母者陰尊之稱如晉六二王之稱王母小過六二之稱遇其妣皆謂六

五也。【白雲曰】初六以陰承陽，故言幹父；九二以陽應陰，故言幹母。【子思曰】蠱者，艮而為蠱者，巽在蠱之患，非徒生乎陽，而陰實為之，故母亦稱蠱。【張清子曰】蠱上体本坤，坤為母，變坤為艮，乃母之蠱也。夫五以柔居尊，二以剛居內，而與五應，是為子而治母事於內者也。貞本幹事之德，而二之幹蠱，且言不可貞者何耶？蓋九二以陽剛之才而幹陰柔之事，則有餘力矣。然幹母之蠱，與幹父之蠱不同，子之於母，但當卑柔行巽入以飭治其蠱，若專尚剛直，反行拂亂反正之事，則於中道未為得也。

故无大咎，任之雖過

九三：幹父之蠱，小有悔，无大咎。過剛不中，故小有悔；巽体得正，故无大咎。

象曰：幹父之蠱，終无咎也。【集註】【王朋卿曰】以九居三，剛之至也。以此為臣，是諍君之臣；以此為子，是諍父之子。諍則有不順之名，故小有悔；然不陷君父於不義，故无大咎。【張清子曰】九三以剛居剛，過於剛者也，以此幹父之蠱，其才力足以[illegible]，剛則微有悔，然巽体本順，必无大過之失，故終无大咎。

六四：裕父之蠱，往見吝。以陰居陰，不能有為，寬裕以治蠱之象也。如是則蠱將日深，故往則見吝。戒占者不可如是也。【附錄】三四兩爻，說得悔吝最分明。九三有悔而无咎，由凶而趨吉也；六四雖目下无事，然卻終吝，由吉而趨凶也。問：劉莘老、劉器之之徒以欲只去小人，卻是未免有悔，其[illegible]欲且寬裕无事。曰：大段敝壞，頓不知目前雖遮掩拖延得過，後面亘壞

本有此二字

之蠱

卦爻多寄以見聖人之深戒。語錄

象曰：裕父之蠱，往未得也。【集註】子夏曰：柔位而柔，如之不能敏於事者，是寬其事而无幹也。劉壽翁曰：強以立事為幹，怠而委事為裕。事弊而裕之，弊益甚矣。○六四居艮体之止，而又爻位俱柔，其才不足以幹事，而止者怠，柔者懦，皆增益其蠱者也，持是以往，吝道也，安能治蠱耶？毛璞曰：九二之敏，失之過，故悔。六四之緩，失之不及，故吝。以不得已，寧悔毋吝，此治亂興亡之機也。張清子曰：六四以陰居陰，非善幹者也。但能寬裕其父之蠱，而未能飭治之。如此則蠱將日甚，蠱壞之事，而以寬裕處之，必至敗極，翁謂必矣。往則見吝，而未為得也。

六五：幹父之蠱，用譽。柔中居尊，而九二承之以德，以此幹蠱，可致聞譽，故其象占如此。

象曰：幹父用譽，承以德也。【集註】總論曰：孝經云：立身行道，揚名於後世，以顯父母，此用譽之謂也。伊川曰：太甲、成王皆以臣而用譽者也。馮氏曰：周宣王承厲王之烈，能用仲山甫令譽之臣，當此爻也。進齋曰：六五柔中之主，本无幹蠱之才，而九二陽剛得中，又處多譽之地，位與五應，而五能用之，是用譽也。此五所以有幹譽之美歟。丘行可曰：上九為父，五以柔居尊，欲飭父之蠱，而用九二彥髦之大臣以幹之，則事之蠱者治矣。幹而用譽，此五所以能順承上九之德，而述其事也。張清子曰：六五以柔順在上，其才若不足，而言幹父用譽者，是不以才幹，而以德幹者也。

上九，不事王侯，高尚其事。剛陽居上，在事之外，故爲此象。而占與戒，皆在其中矣。【附録】不事王侯，无位之地，如何出得來？便是幹蠱，用譽也。〇楊氏曰：……

象曰：不事王侯，志可則也。【集註】【誠齋曰】上九在蠱之終，事之蠱壞者，至上、六五而幹之畢矣。

此上九得以高尚其事也。【張清子曰】蠱諸爻中，幹父蠱者五，幹母蠱者唯一，皆任治蠱之責者也。上九在蠱之終，無蠱可幹，故此爻獨不言蠱，超然事之外，若乎王侯，五也。此居其上，則不復屈身而事於王侯矣。況上處艮山之巔，知止則止，超然有高尚之節，此則明哲君子之事，振蠱壞之風，使懦夫有立志，其志誠可以爲天下之儀則也。

【總論】【丘行可曰】蠱者壞極而有事也。其卦變自泰來，上九本乾初，進而處於極尊之位，爲父；六五本坤體，附父而處於次尊之位，爲母。故六爻取家事爲象，上爲父，故本爻不稱父，而他爻言父；五爲母，故本爻不言母，而他爻言母。在下四爻，則皆子也。然子幹父母之蠱，惟剛柔相濟者爲善。初爻柔位剛，故无咎；三爻剛位柔，故得中；二爻位俱剛，過於剛者，故小有悔；四爻位俱柔，過於柔者，故往未得。此四位剛柔之異，而得失之判也。然五上二爻，以家事言，則上爲父，五爲母，下爻爲子；以國事言，則五爲君，下四爻爲用事之臣，上一爻……

爲不事之臣，故曰不事王侯，高尚其事。觀下五爻，以爻言，則爻之位存矣。觀上一爻，以王侯言，則君之位存矣。此易之道所以變通而不可爲典要也。

䷒ 兌下坤上

臨，元亨利貞。至于八月有凶。臨，進而凌逼於物也。二陽浸長以逼於陰，故爲臨。十二月之卦也。又其爲卦下兌說上坤順，九二以剛居中，上應六五，故占者大亨而利於貞。然至于八月當有凶也。八月謂自復卦一陽之月至于遯卦二陰之月，陰長陽遯之時也。或曰八月謂夏正八月，於卦爲觀，亦臨之反對也。又因占而戒之。

附録 問八月有兩說孰長？曰：前說是周正八月，後說是夏正八月，恐文王作卦辭時只用周正紀之，不可知也。蒼董銖

集註 伊川曰：至于八月有凶者，大率聖人爲戒，必於方盛之時。方盛而慮衰，則可以防其滿極，而圖其永久。若既衰而後戒，亦无及矣。陸希聲曰：臨下兌，故曰八月；復下震，故曰七日，自然之數也。張清子曰：臨，元亨利貞，非乾四德之比，特大亨利於貞而已。至于八月有凶者，自一陽始於復，二陽長於臨，至六陽而爲乾，則陽極矣。一陰生於下爲姤，二陰長而爲遯，自復至遯，凡經八爻，自丑至未，凡歷八月。聖人於二陽之方長，而豫言二陰之必至。盖盛者必衰，長者必消，有以占其戒陽之辟也。

彖曰臨剛浸而長以卦體釋卦名說而順剛中而應以卦德卦體言卦之善大亨以正天之道也當剛長之時又有此善故其占如此也至于八月有凶消不久也言雖天運之當然君子宜知所戒【附録】剛浸而長以下三句解臨字大亨以正便是天之道也解元亨字須用說八月有凶者盡要反那二陽說公息婁渊【集註】【誠齋楊氏】曰自一卦言則二陽對四陰為君子寡而小人衆自六爻言則六二一爻為小人【隆山李氏】曰浸漸也陰將行經曰天地之道浸不用此義臨行可曰臨剛浸而長浸有漸尚盛之意復始一陰一陽其氣甚微泰否三陰三陽雖已均等猶不可言長唯臨遯乃陰陽方盛之時故以浸言之爻二陽長消陰陰勢猶盛陽剛未可驟進而與之角惟以漸而長【融齋】如水之浸使陰柔之氣消陰弱而退此君子勝小人之道也【□□】曰天一氣不頓進自復一陽生積而至臨則二陽長矣故曰剛浸而長遯為臨之反也臨彖曰剛浸而長易為君子謀也遯彖不曰柔浸而長乃止曰小利貞浸而長易不為小人謀也說而順以二德言內兌為說說則一陽之進也為不逼外坤為順順則四陰之從也為不逆二以剛中而應乎五故能大亨而得正剛貴乎長也有成乾之勢天之道也臨之丑為遯之未凡八月歷時尚久而曰消不久者以其方長之時而告之以將消之理則庶乎知所戒也

象曰澤上有地臨君子以教思无窮容保民无疆地臨於澤

上臨下也，君皆臨下之事。教之无窮者，兑也；容之无疆者，坤也。【集註】伊川曰：天下之物密近相臨者，莫若地與水，故地上有水則為比，澤上有地則為臨也。龔原曰：教思无窮，澤潤地之象；容无疆，地也。大澤之象。張清子曰：澤上有地，其地為岸，地臨乎澤，故謂之臨。君子体兑澤之不竭，而教思无窮；体坤地之厚載，而容保民无疆。然則无窮之與无疆，其亦相為悠久也。

初九，咸臨，貞吉。卦唯二陽，徧臨四陰，故二爻皆有咸臨之象。初九剛而得正，故其占為貞吉。

象曰：咸臨貞吉，志行正也。【集註】龔原曰：咸臨，咸，感也。陰陽之氣相感而相應，故也。初九當君子道長之初，所居者正位，所行者正道，而所與相感而相應者又皆獲正之人。當此之時，行正莫吉焉，故曰貞吉。蓋四與初居相應之地，皆以正而相與。其勢又足以援初，故初之志得以行正也。[illegible]司曰：咸，皆也。以二陽而臨四陰，陽雖長而陰猶盛，非協力不足以勝。故初二皆曰咸臨。當臨之始，初能固守其正以從二，則陽剛浸長，群陰退聽而得吉也。以其未當臨陰之任，故曰志行正而已。張清子曰：咸，感也。若四柔一剛，柔非剛之所能敵；在二剛，必有以感之，而進不驟，則陰陽交感，柔道可以潛消，而剛德駸駸以長矣。初與四應，故曰咸臨。初剛四柔，各當其位，故曰貞吉。

九二，咸臨，吉无不利。剛得中而勢上進，故其占吉而无不利也。

象曰咸臨吉无不利未順命也【集註】運齋曰臨之初九曰咸臨貞吉而九二則曰咸臨吉无不利何也曰初未得中未當臨陰之任故在初惟當固守其貞志以從二得貞而吉也二得中則勢之進已當臨陰之任矣在二不過率初之陽以同往則柔不能拒是以吉而无不利也貞吉者戒初之辭吉无不利者勉二之辭也○未順命者言四陰黨勝未順一陽之命一陽尚能協力以臨之則臨進爲泰而內健外順矣豈終於不順哉特未而已矣○何可曰臨之下体初二皆剛臨之上体四五皆柔初應四二應五此感彼應此說彼順故初二兩爻皆曰咸臨二上俱柔故不取感應之義況當一陽浸長之時爲君子者所宜以道正君未可遽順六五之命以爲容說也【張清子曰】二應乎五感以臨君也二爲剛中之大臣若順於五則剛德不長豈得吉无不利者必未順命也

六三甘臨无攸利既憂之无咎陰柔不中正而居下之上爲以甘說臨人之象其占固无所利然能憂而改之則无咎也勉人遷善爲教深矣【附錄】三近二陽也去臨他如小人在上位却把甘言好語臨在下之君子○答劉砥

象曰甘臨位不當也既憂之咎不長也【集註】雲峯胡氏曰說極而憂生焉剛上交已此三之憂也小人之業而君子之歸其所獲大矣豈不補其前愆耶故曰既憂之无咎【李子思曰】象以八月有凶警君子爻以既憂之无咎勉小人其意深矣然臨之二曰无不利而三曰无攸利者盖臨爲剛長之卦二之剛无不利則三之柔自无攸利矣○何可曰六三一爻居

兌體之上而下臨二陽，為二陽所逼，而以㑥說取容。兌為口，此言甘誘我者也。居剛長之世，而以甘說臨人，此則剛正者之所疾也，果何所利哉？為六三者，苟知其位之不當，既能憂懼，則舍柔邪而從二剛，夫何咎之有？象言咎不長者，乃聖人開小人遷善之門而速之入也。臨之六三，三變而為泰，咎且能久乎？此一爻深見君子得時，小人說媚取容之狀也。〔張清子曰〕節之九五以中正為甘則吉，臨之六三以不正為甘，則无攸利。

六四至臨无咎　處得其位，下應初九，相臨之至，宜无咎者也。〔附録〕至臨无咎，未是極好，只是與初相臨得切至，故謂之至。咎刘砥

象曰至臨无咎位當也〔集註〕位行可曰：陰柔與臨人之德，三與四同也，然三无攸利而四无咎者何邪？蓋四之至臨異乎三之甘臨，三乘陽而四應陽，三位不當而四位當故也。〔張清子曰〕六四居坤之下，兌之上，以地臨澤，以上臨下，乃臨之切至者也，宜矣其咎。

六五知臨大君之宜吉　以柔居中，下應九二，不自用而任人，乃知之事，而大君之宜，吉之道也。

象曰大君之宜行中之謂也〔集註〕〔誠齋楊氏曰〕天五帝三王之聖一也，舜曰大舜，禹曰大禹，

者好問拜昌言而已爾〔民曰〕以至剛而臨人可乎曰太剛則折以至柔而臨人可乎曰大柔則弱行剛柔之中以臨人者其六五是也五居大君之位秉中道以臨民乃大君之所宜以是臨人則謂之知臨矣〔雲峯胡氏曰〕陽長之卦九遇陰柔之五則未嘗不順之故復臨泰升六五之爻皆以下順陽剛而得居上之体作易者以此垂訓要所以為君子之地也〔愚嘗攷〕復六五敦復无悔臨六五知臨大君之宜泰六五帝乙帰妹升六五貞吉升階皆順陽之辭也〔隆山李氏曰〕人君知天下之大不可以勢臨而以知臨之此六五之見所以為天下也○臨六五之行中者與師六五之以中行泰六五之中以行願同〔張氏清子曰〕夫一人出而君天下自任者其知小任人而不自任者其知大况當二剛浸長之時六五居上與九二為正應不忌其進而以柔道接之則剛中而應反為吾用苟能兼衆智以臨天下亦聰明睿智足以有臨者也為大君之道固宜如是况行之以中吉可知矣此帝舜能用禹皐而臨下以簡亦以為大智也歟

上六敦臨吉无咎

居卦之上處臨之終敦厚於臨吉而无咎之道也故其象占如此〔附錄〕上六敦臨自是臨積累到極處有敦篤之義艮上九亦謂之敦艮復上六下好了所以只於六五謂之敦復居臨之時二陽得時上進陰不敢與之爭而志與之應故象所謂志在內者非謂正應只是內卦與二陽應也荅刘砥

象曰敦臨之吉志在內也

〔集說〕〔程子曰〕四五皆應於陽上為坤至順亦帰而從之遠而

志於陽，厚於君子之道，順時知幾，吉又何咎。〔白雲〕曰：有感而應，理之常也。無感而志在内，若蓋二陽方進，爲君子道長之時，不以尊高自居，而有下賢之志，是厚於君子而薄於小人，德之盛者也。其有敦臨之吉，宜矣。〔馮氏〕曰：六五之臨，智也；上六之臨，仁也。以知臨人，則欲其用晦而明；以仁臨人，則欲其由厚以終。敦臨吉无咎，以位雖在外，而志常在内也。〔徐古爲〕曰：臨上六志在内，與否初六志在君，同否之初六，本非應五，臨之上六，亦非應二，此可以志論爾。〔丘行可〕曰：敦臨取敦厚之義，〔爾雅〕云：丘一成爲敦丘，釋云：成，重也。言丘上更有一丘，相重累者，爲敦丘。〔張清子〕曰：敦，厚也。上六以坤厚之極，以敦厚之德而臨乎下，不特吉而已，且无咎也。上與初二，皆非正應，然陰志求陽，未嘗不在乎内。二陽之勢漸長，終將進已，是以望之深，而求之切也。呼此不當以位言，而當以志論爾。

總論

〔丘行可〕曰：臨有浸逼之義，以下之二陽，而凌乎上之四陰也。然二當任，而初不當任，故二爲臨主，是以在二曰咸臨吉无不利，而初曰咸臨貞吉而已。其上四陰，則皆受陽之臨者，而遠者吉，近者凶。三其最近者也，故甘臨无攸利；四五則漸遠矣，故四至臨无咎，五知臨吉也；唯上去陽獨遠，而志應乎内，故有敦臨吉无咎之辭。陰陽非臨之道，利遠而不利近者乎。〔胡氏〕曰：二剛浸長進逼於柔，此雖成卦之体，而雜卦又曰臨觀之義，或與或求。與者又言上下相與，爲臨而成卦之辭，初二咸臨，此下臨上，剛臨柔也；三甘臨，四至臨，五知臨，上敦臨，此上臨下，柔臨剛也。上下相臨，所謂與也。

䷓ 坤下巽上

觀盥而不薦有孚顒若 觀者有以示人而爲人所仰也九五居上四陰仰之又内順外巽而九五以中正示天下所以爲觀盥將祭而潔手也薦奉酒食以祭也顒若尊嚴之貌言致其潔清而不輕自用則其孚信在中而顒然可仰戒占者宜如是也或曰有孚顒若謂在下之人信而仰之也此卦四陰長而二陽消正爲八月之卦而名卦繫辭更取他義亦扶陽抑陰之意

【附錄】且祭祀無不薦者此是假設來說薦是用事了盥是未用事之初云不薦者言擇持得這誠敬如盥之意常在若既薦則无復有初意矣 右蒙 問四陰長而二陽消而名卦係辭不取此義何也曰只爲九五中正以觀示天下事都別了 荅 董銖 此卦取義不同蓋陰雖盛而於九五之君乃當正位故只取爲觀於下之義而不取陰盛之象也 澹軒李氏 自上示下曰觀去聲自下觀上曰觀平聲故卦名之觀去聲六爻之觀皆平聲 蔡淵

【集註】伊川曰居上者正其表儀以爲下民之觀當莊嚴如始盥之初勿使誠意少散如既薦之後則天下之人莫不盡其孚誠顒然瞻仰之矣 童溪曰觀盥而不薦猶夫子所謂禘自既灌而往者吾不欲觀之之意也 陸行可曰觀示也二陽位乎四陰之上則陰皆仰觀其所示也 蘭程曰盥謂之觀全卦具艮體艮爲門闕有觀之象盥將祭而潔手也薦奉酒食以進於神也觀盥而不薦則誠意未散至於薦則誠意始散矣大觀在上 潔手致敬 正如承祭之時但不薦爾下之觀

上示猶觀祭，當其方盥之時，不當於既薦之後。有孚，五也。五剛中，有信實之義。顒若，卬貌。言四陰信五之德，從聽然瞻仰，可望而不可即也。當觀之世，一陽在上，九五尊位中正，有輝光之德，以示下，而下之四陰巽順從之，而不敢逼近，此所以為觀也。觀盥而不薦者，上之觀下也；有孚顒若者，下之觀上也。隆山李氏曰：陰長未有不消陽之理，亦猶祭祀无不薦者，今言盥而不薦，則是設辭而言，但欲見一陽可敬而不可近，所以致扶陽之意也。

彖曰：大觀在上，順而巽，中正以觀天下，以卦体卦德釋卦名義。觀盥而不薦，有孚顒若，下觀而化也。釋卦辭。觀天之神道而四時不忒，聖人以神道設教而天下服矣。極言觀之道也。四時不忒，天之所以為觀也；神道設教，聖人之所以為觀也。

附錄 盥非薦之義，盥本為薦，而不薦，是欲致其誠意以觀示民，使民觀感而化之義。有孚顒若，便是那下觀而化也。荅晏湖

集註 馮厚齋曰：在易陽長之卦，九五，復、臨、泰、壯、夬也。聖人於復曰剛反，於臨曰剛浸而長，於泰曰小往大來，於壯曰大壯，於夬曰剛長乃終，皆以陽消陰者言也。陰長之卦亦五，姤、遯、否、觀、剝也。聖人於姤曰柔遇剛，於遯曰小利貞，於否曰大往小來，於剝曰柔變剛，皆以陰消陽者言也。獨於觀則不取此義，而以大觀在上，中正觀天下者言之，此聖人尊陽之意也。進齋曰：大觀在上，以位言

順巽中正以德言有其位无其德不足以觀天下有其德无其位亦
不足以觀天下【張清子曰】四陽長則曰大壯四陰長不曰小壯而曰
大觀乃取觀仰之義何耶蓋大者爲陽大觀在上以五位言謂陽德
在上可以示下之四陰也順而巽以二德言上巽則有接下之意下
順則无違上之嫌中正謂九五居中得正也五爲天位在五之下故
曰天下況九五爲大觀之主二体巽順陰无侵陽之意彼既巽順則
我當中正然後可以觀示於天下此九五獨爲天下之表儀而上九
不与焉夫盥者將祭之始薦者已祭之後盥而不薦上之人正欲以
一誠而示下民使之有所孚信而顒然瞻仰之故下之觀祭者亦於
其盥而不於其薦也下觀而化者下謂四陰觀謂觀五之盥也化謂
四陰皆爲五所化也觀而至於化則知四陰不惟不敢進逼乎陽且
有孚顒若而信從之矣況神者妙萬物而爲言不知其所以然而然
者也天道至神故不見天之使四時而四時自不忒聖人体
天之神道以設教亦不見聖人之使天下而天下自服矣

象曰風行地上觀先王以省方觀民設教 省方以觀民設教以爲觀

【集註】【伊川曰】省方觀民也設教爲民觀也【節齋曰】風行地上徧觸萬物
有周觀之象先王体之得風以動之教以化之之象故省方觀民設
教【毛璞曰】出於上者謂之風化成於下者謂之風俗猶風行而草偃
也【丘行可曰】坤爲土有土此有民省方觀民乃坤之象巽以申命設
教乃巽之象【張清子曰】風行天上則不見其吹噓之迹風行地上則
所加者衆所觸者動人皆因物而見之矣此風之行地上所以爲觀之

象占先哲王觀此之象而見風化無不及之義是以巡省四方徧觀下民之習俗設爲教以則下觀而化此君子之德風也小人之德草也草上之風必偃豈有草而不順風者乎

初六童觀小人无咎君子吝卦以觀示爲義據九五爲主也爻以觀瞻爲義皆觀乎九五也初六陰柔在下不能遠見童觀之象小人之道君子之羞也故其占在小人則无咎君子得之則可羞矣

象曰初六童觀小人道也集註潘氏曰一陽在上推近若可以觀其光初六在重陰之下如兒童然所觀者小在小人以爲得在君子則以爲吝也張清子曰童稚也初象觀謂觀五觀以九五爲主下四陰皆以去五之遠近而爲所見之晦明初柔在下獨遠於五遠則無所見如童蒙之觀此得小人之道爾不足咎也君子爲大觀之世而爲童稚之觀則可羞吝矣

六二闚觀利女貞陰柔居內而觀乎外闚觀之象女子之貞也故其占如此丈夫得之則非所利

象曰闚觀女貞亦可醜也在丈夫則爲醜也集註誠齋曰六二之闚觀在女則貞在士則醜童溪曰闚觀如所謂窺豹之一斑是也潘氏曰二五正應陰陽相合則有可見矣觀見九五之道德輝光則未也陰而居內簾視壁聽婦人女子之道爾大觀在上豈闚覘所能及哉雖不失中正是亦醜也張清子曰大觀在上二五相應而言闚觀何也蓋坤爲闔

户六二以柔暗之資處群陰之中而前為二四所蔽獨覘門中以窺五所見狹小特妾婦之道爾雖曰柔居内以觀外當如女子之在閨門守正則利然一非其正則流於鑽穴隙以相窺亦可醜也

六三觀我生進退我生我之所行也六三居下之上可進可退故不觀九五而獨觀己所行之通塞以為進退占者宜自審也

象曰觀我生進退未失道也【集註】【童溪曰】我生者吾身之動作施為也六三處進退之間且誰從曰進退者時也可以進可以退者我也觀我生以決其進退爾【馮氏曰】觀我生而進退是所謂可以仕則仕可以止則止我無官守我無言責則進退之間豈不綽綽乎有餘裕哉【王湘溪曰】生如生涯生計治生營生之生謂所作事業也【陳清子曰】我三也我生者吾身之動為也五為觀之主近五者宜進遠五者宜退三居二四之間非近非遠尚可以觀吾身之所存而為進退也若初一去五遠則無可進之理四去五近則用賓于王矣雖欲退得乎可進可退唯三之時為然道觀之道也觀四陰爻四得觀之道初一失觀之道三之進退在我故曰未失道也

六四觀國之光利用賓于王六四最近於五故有此象其占為利於朝覲仕進也

象曰觀國之光尚賓也【集註】【觀溪曰】箕子近天子之光觀國也王訪于箕子尚賓也【楊氏曰】

六四之位最近君觀光上國之時也古之人君於大賢則置以賓師
之位若湯之於伊尹者謂之賓則就之而不敢召也張清子曰光陽
德也國之光謂五而四切近之觀光者也五居君位為主賓則四也
六四最近陽明之君盡所觀之美故獨言觀國之光而主者所以待
加尊尚而賓禮之果何用而不利哉或謂觀乃四陰盛長之
卦而四之位上與五接人君以賓待之則九五之主存矣

九五觀我生君子无咎 九五陽剛中正以居尊位其下四陰仰
而觀之君子之象也故戒居此位得此
占者當觀己之所行必其陽剛
中正亦如是焉則得无咎也

象曰觀我生觀民也 此夫子以義言之明人君觀己所行不但
一身之得失又當觀民德之善否以自省
察也 集註 童溪王氏曰書之所謂大監即易九五之大觀也潘氏曰九
五居尊動而正為觀於下反觀諸己所為而皆君子則可
以无咎又必觀民以察己使天下之民皆是善而後已道為善也 進齋
曰我五也我生五之所為也九五為大觀之主觀乎在上乃天下之
儀表在下四陰莫不仰之然民皆仰乎五五其天五將何所觀乎亦惟先
觀我身之所行揭其中正以觀示於天下可也亦以我為陽明之君
子乃能盡觀我之道而無陰侵陽之咎 丘行可曰象言觀民者蓋觀民
正所以為觀我之鑑欲觀吾身所行之當否但觀民俗之善惡而已
此本諸身而發諸民是也書云當於民監亦此意也 張清子曰觀乃
四陰方長二陽向消之卦而九五一位適當消長之衝四陰進則消

九五矣五君位也君位其可無乎是以作易者婉其辭而名之以觀所以存君位也更不取剥陽之義

上九觀其生君子无咎 上九陽剛居尊位之上雖不當事任而亦爲下所觀故其戒辭畧與五同但以我爲其小有賓主之異耳

【附錄】問觀我生觀其生之別曰我者彼我對待之言是以彼觀此觀其生是以此自觀荅沁砥上九之觀其生則就自家視聽言動應事接物處自觀荅沁個觀我是自觀如視履考祥底語勢觀其亦是自觀却從別人説易中其字不説別人只是爻自家如乘其墉之類荅沁個

象曰觀其生志未平也 志未平言雖不得位未可忘戒懼也

【集注】【伊川曰】上九以剛陽之德處於上爲下之所觀而不當位是賢人君子不在於位而道德爲天下所觀仰者也【胡氏曰】此卦四陰長二陽消名卦係辭雖取仰義而初則稱小人无咎而致戒於君子之吝至於五上則皆稱君子无咎者盖居上二爻皆陽陽爲君子君子以陽明用事則陰濁聽命故无咎處但五得位而上无位尔【張清子曰】上九居五位之上望已重矣當自反觀其身之所爲果有君子陽明之德乃能盡反觀之道而無愧侵陽之咎然上九爲在外之君子當大觀之時我則貴而无位高而无民憂以天下者故志未平也孟子曰如有用我者豈徒齊民安天下之民舉安觀孟子之言則其志之未平者可見矣

周易上經卷第二

建安後學張　公埜　點校

總論　丘行可曰觀有觀示之義以上二陽而示乎下四陰也然九五得位而上九不得位故五爲觀主是以在五曰觀我生而上曰觀其生而已其下四陰則皆以陽爲觀者而近者吉遠者凶初其最遠者也故曰童觀君子吝二三則漸近矣故二曰闚觀女貞三曰觀我生進退也惟四去陽獨近盡所觀之美故有觀光賓王之象焉豈非觀之道利近而不利遠者乎

文化乙丑

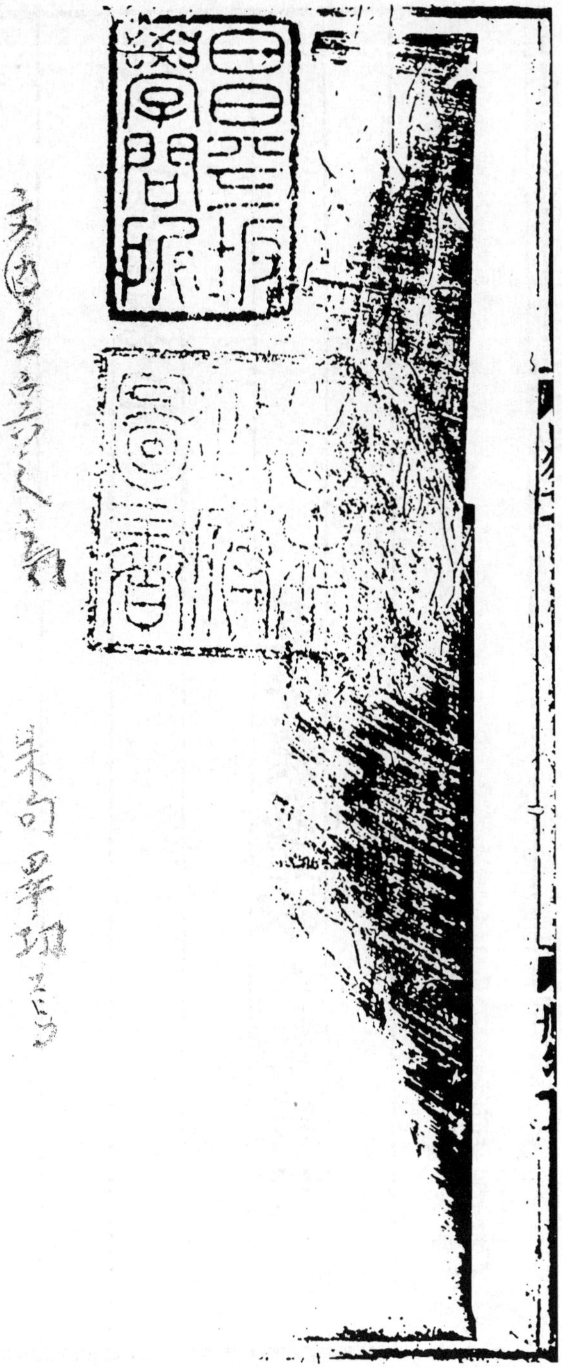

張氏周易本義附録集注

三

周易上經卷第三

晦菴朱熹傳

建安後學中溪張清子編

䷔ 震下離上

噬嗑亨利用獄 噬，齧也。嗑，合也。物有間者，齧而合之也。為卦上下兩陽而中虛，頤口之象。九四一陽間於其中，必齧之而後合，故為噬嗑。其占當得亨通者，有間故不通，齧之而合則亨通矣。又三陰三陽，剛柔中半，下動上明，下雷上電，本自益卦六四之柔上行以至於五而得其中。是知以陰居陽，雖不當位，而利用獄。蓋治獄之道，惟威與明，而得其中之為貴，故筮得之者，有其德則應其占也。

集註 伊川曰：卦上下二剛爻而中柔，外剛中虛，人頤口之象也。中虛之中又一剛爻，為頤中有物之象。口中有物則隔其上下，不得嗑，必齧之則得嗑，故為噬嗑。噬嗑亨，卦自有亨義也。天下之事所以不得亨者，以有間也。噬而嗑之則亨通矣。利用獄，噬而嗑之之道，宜用刑獄也。天下之間，非刑獄何以去之。不云利用刑而云利用獄者，卦有明照之象，利於察獄也。獄者，所以究察情偽，得其情則知為間之道，然後可以設防與致刑也。**張清子曰**：易卦辭惟噬嗑取象於獄者，以上下兩陽而中虛有獄之象，九四一陽梗於其中有獄因之象明照而威震必察情噬而嗑之則塞者通矣故曰噬嗑亨然所以去天下之強梗而使之合者非用獄以治之則不可去其梗所以除其害故以用獄爲利也

彖曰頤中有物曰噬嗑以卦体釋卦名義**噬嗑而亨剛柔分動而明雷電合而章柔得中而上行雖不當位利用獄也**又以卦名卦体卦德二象卦變釋卦辭

【集註】項氏曰聖人用獄不過於剛惟柔中者能之故曰柔得中而上行雖不當位利用獄也虞書曰刑期於无刑民協于中此盖以柔中爲主也童溪曰易之立卦其命名立象各有所指鼎井大過損益小過飛鳥若此類者遠取諸物艮背頤頤噬嗑頤中有物若此類者近取諸身也進齋曰剛柔分未噬之象動而明方噬之象雷電合而章已噬之象猶噬物然噬則順分嗑則順合此二句解噬嗑而亨義丘行可曰頤卦初上二爻皆陽其間四爻皆陰有順口之象噬嗑變六四而爲九四則爲頤中有物之象去其所謂物者合則无間矣故曰噬嗑夫噬嗑乃賁之反對皆順中有物之象噬嗑得頤之下動則九四爲梗賁得頤之上止則九三爲梗上止而下不動則无可合之理上止而下動則有噬而合之之象噬嗑而亨乃噬去強梗无所間隔而自亨通也◐剛柔分者盡分乾五之剛以居初分坤初之柔以居五也噬嗑與節二彖皆言剛柔分但噬嗑剛柔分而柔得中以六居五爲不當也節剛柔分而剛得中

以九居五是也大抵皆二陰二陽之卦爾○動而明者震動於下離明於上威明並用所以合而章者也張清子曰或謂剛柔云云分雷電云云合者何耶蓋震下離上則剛柔分矣合震離而成噬嗑威明並用則雷電合而章矣六五以柔得中處九重之上而行其權此聖人用獄以噬頑民使合於善也雖以柔居剛則不當位然以柔用剛以明用威乃利於用獄之道而不至於過剛太暴也況獄乃刑人之事何以利用爲哉蓋用獄所以治天下之強梗猶噬之使嗑去其害民所以爲利也

象曰雷電噬嗑先王以明罰勑法雷電當作電雷

附録 噬嗑明在上動在下是明得事理先立這法在此未有犯底人故云明罰勑法豐威在上明在下是用這法時須用明見下情曲折方得不然威動於上必有過錯故折獄致刑楊道夫

集註 伊川曰雷電相須並見之物亦有嗑象郭子思曰離配諸卦者七豐噬嗑旅賁象辭皆言刑獄非天下之至明者其孰能得之進齋曰明罰者所以示民而使之知所避勑法者所以防民而使之知所畏此先王忠厚之意也然罰之當與人猶有冒罰而爲之法之可畏人猶有犯法而不顧者先王必不得已而後用刑也張清子曰雷電皆至豐又曰雷電噬嗑大象无重複亦无倒置按石經作電雷噬嗑疑此文互也古之王者觀此之象體電而明示其罰薄以懲之使免於刑此金作贖刑之意也體雷而勑正其法豫以戒之使避於刑此畫象而民不犯之意也勑則欲人之戒此卦言用獄而不言用刑者蓋威以治獄明以察獄

之成而非其罪則不用刑者有之矣故噬嗑之明罰勑法則未至於典之折獄致刑也明罰爲噬象勑法爲豐象雷震而電閃以動而合噬嗑之象也

初九屨校滅趾无咎　初上无位爲受刑之象中四爻爲用刑之象初在卦始罪薄過小又在卦下故爲屨校滅趾之象止惡於初故得无咎占者小傷而无咎也

象曰屨校滅趾不行也　滅趾又有不進於惡之象〔集註〕誠齋曰屨校不懲以至何校滅趾不誡必至於滅耳初九之小人能懲於薄刑止其惡而不行則不貽上九惡積罪大之凶禍矣〔張清子曰〕屨履也校械也六爻未而爲之也趾在下之象人有小過則屨校而滅其趾戒趾者此五刑之所謂刖也趾既滅矣則可以禁止其惡而不敢行也繫辭曰小懲則大誡此小人之福也止惡於初過可補矣故得无咎此在四以九而居者異已

六二噬膚滅鼻无咎　祭有膚鼎非羹肉之柔脆噬而易嗑者六二中正故其所治如噬膚之易然以柔乘剛故雖甚易亦不免於傷滅其鼻占者雖傷而終亦无咎也

象曰噬膚滅鼻乘剛也〔集註〕荀九家曰艮爲鼻六二連上一爻有艮象〔陳氏曰〕噬嗑食物故以食物明之〔楊氏曰〕噬膚而滅鼻亦有懲其不貞也〔張清子曰〕膚皮之表也鼻膚之中正者也六二居中守正有鼻之象用刑得其中

正故易爲力猶所噬者膚淺而易入也然二以柔而乘初之剛而剛則未服反傷我中正之体故有滅鼻之象然刑協于中然亦无咎滅鼻如劓也五刑之所謂劓也

六三噬腊肉遇毒小吝无咎腊肉謂獸腊全体骨而爲之者堅韌之物也陰柔不中正治人而人不服爲噬腊遇毒之象占雖小吝然時當噬嗑於義爲无咎也附録腊肉遇毒則是所噬者堅韌難合六三以陰柔不中正而遇此所以遇毒而小吝然此亦是合當用治者但難治爾治之雖小吝終无咎也

象曰遇毒位不當也集註誠齋曰九四爲一卦之梗若腊之堅而難噬也六三以柔弱之才居剛決之位此弱於齒而噬夫堅者也能不遇毒乎故曰位不當也進齋曰腊若肉見於外骨藏於內人所不察也以六居三外柔內剛亦有此象張清子曰周礼注小物全乾曰腊毒指四也六三以柔居剛則位不當也其才本弱而欲噬去九四之強梗是用刑於剛梁之人而人不服猶齧乎乾腊堅韌之肉而反遇乎毒故小有吝然亦去其所當去之梗故曰无咎三近离火故曰腊肉

九四噬乾胏得金矢利艱貞吉胏肉之帶骨者与胾通周礼獄訟入鈞金束矢而後聽之九四以剛居柔得用刑之道故有此象言所噬愈堅而得聽訟之宜也然必利於艱難貞固則吉戒占者宜如是也

象曰利艱貞吉未光也【集註】【子夏曰】胏乾脯【徐氏曰】胏者骨見於外肉附其間其強可見也以九居四有以剛內柔象乾爲火乾之也○此爻之象以卦言則頤中之物爲間者也以爻言則剛直之才去間者也然噬中四爻三柔一剛剛者噬之用也又卦以少者爲主故四爲噬之主是以他爻但曰无咎而四獨言吉也【誠齋曰】九四一卦之梗也乾胏有骨之肉一物之梗也九四自爲梗而曰噬乾胏則噬之者誰歟以九四剛直之大臣噬九四強梗之大臣也蓋居大臣之位而近君者豈一人而已哉舜与共驩雜處堯朝而去共驩之強梗者即舜也與管蔡並居周位而去管蔡之強梗者亦旦也金言剛矢言直君子之剛直者剛之善也小人之強梗者剛之惡也得九四剛直之君子以去同位強梗之小人則害除而治可通猶得剛直之金矢以解強梗之乾胏則骨去而肉可噬然用刑於同列之人利在艱難貞固其事乃能獲吉象言未光者以九四剛而不中其道未至於光大也【楊氏曰】噬嗑頤中有物皆見九四也六二六三六五有上下衆齒噬齧之象皆欲噬去九四之強梗者也六二以柔居柔其齒之最弱者乎故但能噬其膚而已六三六五皆以柔居剛乃齒之剛者也故曰噬腊肉噬乾肉然九四自爲強梗而亦曰噬乾胏者何哉蓋九四之才獨剛亦齒之最剛者以九四剛直之君子而噬其同位強梗之小人亦猶得剛直之金矢而去其強梗之乾胏間者合而順養之道得矣所謂利艱貞之吉者蓋去惡實難必克艱而貞然後可以保其吉也【丘行可曰】噬嗑惟四五兩爻能盡治獄之道彖以五之柔爲[illegible]彖得中而上行雖不當

位利用獄也。利用之言，獨歸之五，而他爻不与焉。爻以柔之剛為主，故曰噬乾胏得金矢，利艱貞吉，只吉之言，獨歸之四，而他爻謂之无咎也。主柔而言，以仁為治獄之本；主剛而言，以威為治獄之用。仁以寓其哀矜，威以懲其奸慝，剛柔迭用，長短兼施，治獄之道得矣。【劉氏曰】以全体言，九四為一卦之間，則受噬者在四，卦辭利用獄是也。以六爻言，則受噬者在初上，故初上皆受刑，四反為噬之主，与二陰爻同噬初上者也。卦言其位，則獄在其中；爻言其才，則剛足以噬其所取。義故不同也。○周禮秋官大司寇以兩造禁民訟，入束矢於朝，然後聽之。矢者取其直也。以兩劑禁民獄，入鈞金三日，乃致于朝，然後聽之。鈞者取其堅也。【徐氏曰】噬嗑三柔爻皆用獄者也，而五最勝。五之位与二同，而五能噬乾肉，二但能噬膚者，二以柔居柔，而五以柔居剛。五之才勝乎二之才也。五之才与三同，而五得黃金，三不免遇毒者，三之柔不中，五之柔得中，五之位勝乎三之位也。六五之才之位視二三固有間矣，而爻辭但言无咎，而不及九四之吉者，貞五之柔，又不如四之剛也。然則欲盡噬嗑治獄之道，捨九四其何以哉。【張清子曰】九四以剛而貫乎二柔之間，亦有金矢之象。

六五，噬乾肉，得黃金，貞厲，无咎。噬乾肉，難於膚而易於腊胏者也。黃，中色。金，亦謂鈞金。六五柔順而中，以居尊位，用刑於人，人无不服，故有此象。然必貞厲乃得无咎，亦戒占者之辭。

象曰：貞厲无咎，得當也。【集註】【橫渠曰】得黃金者，得居中持堅之義。【西溪曰】六五所謂柔得中而上行者也九四噬嗑既得其情矣以獄之成告于主六五柔主也以噬乾肉之道噬之盡不忍用刑而曰得黄金用贖刑也古者金作贖刑吕刑五刑之屬皆有罰以百鍰千鍰爲差而大象亦以明罰爲言也○九四以剛噬而六五以柔噬以剛噬者有司執法之公以柔噬者也人君不忍之仁也【張清子曰】乾肉亦指四也离爲牛爲日解牛而炟之以日乾肉也故説卦曰离爲乾卦六五以柔居尊下无正應而得九四之近臣以輔之有九四剛直之君子則足以噬其同位強梗之小人而五之噬乾肉宜其易於噬腊胏也黄中色金剛物五以柔處剛又得中道以用獄而人无不服故有噬乾肉得黄金之象聖人猶以貞厲戒之蓋於用獄之際尚能守之以貞處之以危則无咎矣得當者謂處剛而得中也剛則不苟中則不偏五貞厲无咎者其以骨故脯周禮腊人掌乾肉註云火物能肆乾之謂之乾肉

上九何校滅耳凶何負也過極之陽在卦之上惡極罪大凶之道也故其象占如此

象曰何校滅耳聰不明也滅耳蓋罪其聽之不聰也若能審聽而早圖之則无此凶矣

【集註】

【蔡氏曰】初九滅趾故惡不行上九滅耳以聽不明使耳而聰聰而明則聞過而改矣何至於惡積罪大而有滅耳之凶乎【馮氏曰】以噬嗑初上取象而觀初則屨校滅趾震爲足下震有趾之象上則何校滅耳坎爲耳互坎有耳之象上九一畫横貫其上有何校滅耳之象○【張清子曰】上九居噬嗑之極爲用獄之終是小人惡積罪大始終而不悛者也故有何校滅耳之凶滅耳者即五刑之所謂刵也蓋耳在

上所司者聰也乃塞其聰而若罔聞知戚之者責其有耳之形而无耳之用故不能明聽懇誠之言所以終至於凶也

【總論】【丘行可曰】噬嗑去間之卦也故六爻皆言用獄之事初上无位為受刑之人初過小而在下為用獄之始故以屨校滅趾為象上惡極而怙終為用獄之終故以何校滅耳為象中四爻有位為治獄之人然卦才之剛柔不同故所噬之難易亦異六二以柔居柔能以柔治柔者故象為噬膚膚易噬之物也六五以柔居剛為剛柔得中於象為噬乾肉乾肉比膚則難矣六三以柔中有剛故為噬腊肉腊則有骨矣比乾肉又難也九四剛中有柔故為噬乾胏胏則骨大於腊噬之最難者也然二噬膚滅鼻三噬腊遇毒四噬乾胏艱貞五噬乾肉貞厲者皆言治獄之道不可不謹也至上古辭三爻无咎四獨吉者則治獄又以剛為尚也柔豈去間之道哉

䷕ 離下 艮上

賁亨小利有攸往 賁飾也卦自損來者柔自三來而文二剛自二上而文三自既濟而來者柔自上來而文五剛自五上而文上又內離而外艮有文明而各得其分之象故為賁占者以其柔來文剛陽得陰助而離明於內故為亨以其剛上文柔而艮止於外故小利有攸往【集註】【伊川曰】物有飾而後能亨故曰无本不立无文不行有實而加飾則可以亨矣文飾之道可增其光彩故能小利於進也【張子曰】賁飾也因其質而加文曰賁九賁之道能為之文而已不能增其質也卦体三剛三柔往來交錯而

成文賁之象也柔得剛而得柔以文之故剛者亨也小柔也坤本柔而得剛以文之微故小利有攸往

彖曰賁亨（亨字疑衍）柔來而文剛故亨分剛上而文柔故小利有攸往天文也（以卦變釋卦辭剛柔之交自然之象故曰天文先儒說天文上當有剛柔交錯四字理或然也）

【附錄】古註說賁卦自泰來先儒非之以爲乾坤合而爲泰豈有泰復變爲賁之理若論伏羲畫卦則六十四卦一時都了雖乾坤亦无能生諸卦之理皆在裕

文明以止人文也（又以卦德言之止謂各得其分）觀乎天文以察時變觀乎人文以化成天下（極言賁道之大也）

【集註】伊川曰有質則有文一不獨立二則爲文天文天之理也人文人之道也【白雲曰】由二卦之變觀之則六二上九爲主艮爲乾坤之變也地道无成而代有終則是地來文天天往文地皆以天爲主地在其中爾故獨曰天文也【項氏曰】剛上柔來謂之天文則天文以二爻變卦言也故曰以察時變文明以止謂之人文則人文以離成卦言也故曰以化成天下【丘行可曰】柔自上而下曰來剛自下而上曰上【張清子曰】純乎陽者謂之乾純乎陰者謂之坤陰陽交錯者謂之文夫賁本坤之變也以乾剛爲質於內以坤之上六來居乎二文乎下而成離二得中位故亨由柔爲賁於外以乾之九二往居乎上文乎上而成艮上不當位故小利有攸往剛柔交錯六爻也文明以止人文也天文者日月星辰麗乎天是也觀天文

則可以察四時之變遷矣人文者三綱五常禮樂刑政有文可見也
觀人文則可以成天下之化矣此是聖人用賁之道也

象曰山下有火賁君子以明庶政无敢折獄山下有火明不及遠明庶政事之小者折獄事之大者內離明而外艮止故取象如此【附錄】明庶政是就離上說无敢折獄是就艮上說庶政是事之小者可以用明獄是大事一折便了明在內不能及他故止而不敢折也○賁象是內明外止雖然內明是箇止殺底明所以不敢用其明以折獄此與山上有火旅君子以明愼用刑而不留獄相似而相反賁內明外止旅外明內止其象不同如此○僴【集註】伊川曰折獄者專用情實有文飾則沒其情矣故无敢用文以折獄也○沙隨曰離為用獄之象凡四卦賁旅不嫌於用明故於火豐噬嗑於雷者斷明於幽暗之間不以為常也○張清子曰艮山之下有離火焉故照見山下草木之光輝君子觀山下之火用之以為斯世之賁者也然離為獄折獄非明不可而曰无敢者離明於內艮止於外所宜審克故不敢輕用其明也蓋明於內者但可修其庶政以著典章文物之盛獄為大事則止而不敢折折獄乃刑之已斷者也若輕於折獄則恐以賁飾之文勝乃不得其情實豈明以止之象乎此大象但言明而不言止蓋文飾非折獄之道也明庶政離象无敢折獄艮象

初九賁其趾舍車而徒剛德明體自賁於下為舍非道之車而安於徒步之象占者自處當如是也

象曰舍車而徒義弗乘也君子之取舍決於義而已〔集註〕〔伊川曰〕初比二而應四不近與於二而遠應於四舍易而從難如舍車而徒行也〔鄧氏曰〕无所乘而行世謂之徒行乃易之義所乘者在下乘之者在上比初在下卦之下无所乘也〔張清子曰〕初九居卑下體之下趾之象也賁其趾者乃自賁飾其所行而已初與四為正應而九二隔之未能遠合雖比於二則非正也舍之而從初也舍車而徒以義不當乘二之車則寧從步而行往以從四也車何足以賁吾趾哉古之人有係馬千駟而不顧者初九有之

六二賁其須二以陰柔居中正三以陽剛而得正皆无應與故二附三而動有賁須之象占者宜從上之陽剛而動也

象曰賁其須與上興也〔集註〕〔子夏曰〕柔依剛而成文〔伊川曰〕卦之為賁雖由兩爻之變而文明之義為重二實賁之主也凡飾於物者不能大變其質也因其質而加飾爾〔龜山曰〕陰麗乎陽者也二蓋為文明之中然亦以陰麗陽而已〔[illegible]氏曰〕須需也二居文明之中而上无應援柔不能自奮正二以柔居柔餙其德以須時用待文于而後興者也〔進齋曰〕須附頤而生者也賁上四爻外實中虛有頤之象六二柔順无應而上比九三故依附九三之陽以為之主乃賁飾其頤下之須者也二才柔不能自興隨三而興亦猶須之附頤而動者也故曰與上興也〔張清子曰〕六二自坤上六而來居離之中為賁之主能佐因文明之治者

也。陰者待也，与者許也。与五本无應義，亦必須待六五柔順之君，
下求六二文明之臣，加以束帛之聘，然後乃合其君以作賢賁公之妃
此六二以待聘
而為光賁也。

九三，賁如濡如，永貞吉。一陽居二陰之間，得其賁而潤澤者也。然不可溺於所安，故有永貞之戒。

象曰：永貞之吉，終莫之陵也。【集註】誠齋曰：賁盛德在九三貞，千載一時，比其當貴之文章，周之禮樂之英乎？蓋九三處文明之極，聚剛柔之文，皆由二四以柔而文三之剛，三以剛而文二四之柔，制作備矣，文物著矣，聲明之於物，光華潤澤，其有沃而濕之乎？【童溪曰】剛柔相賁，相与潤色以成其文，此所謂賁如濡如也。六二、六四柔之比也，九三剛之比也，相比而相賁，不失比道，則吉於貞矣。【潘氏曰】陵，勝也。終莫之陵者，文終不能以勝質也。【節齋曰】三陷二柔之中，有坎象，故曰濡如。以剛中心亨，故永貞吉。【張清子曰】九三処文明之極，上无正應，而下比六二，与之相賁，故曰賁如。陰陽和洽，自然潤澤，故曰濡如。詩云六轡如濡，又云六轡沃若，不取光潤之義。然三与六二自足相賁以潤色之，若溺於六四，則柔勝於剛，文過於質，不可以久，惟永久其貞，則為吉也。陵若以上陵下也。三能以剛貞自守，則六四終莫之得陵也。

六四，賁如皤如，白馬翰如，匪寇婚媾。皤，白也。馬，人所乘，人白則馬亦白矣。四与初相賁者，乃為

九三所隔而不得遂故皤如而其往求之心如飛翰之疾也然九三剛正非為寇者也乃求婚媾爾故其象如此

象曰六四當位疑也匪寇婚媾終无尤也 當位疑謂所當之位可疑也終无尤謂若守正而不与亦无他患也【集註】項氏曰三當賁道之隆四當賁道之変也 張清子曰賁至六四已過中矣由離入艮漸反於賁此文明以止之時也四与初剛柔相應故曰賁如四為九三所隔不能遂合未免初九之賁者也故曰皤如皤白也馬在下而動者謂初九翰如飛也馬以白言亦未受六四之賁者也此言初九欲求六四之正應飾其趾而來疾如飛翰之馬白馬即輸書白馬之白是已翰如即詩云如飛如翰是已寇三也婚媾初也匪為九三之寇所隔則四與初為婚媾矣象言當位者以六居四也疑謂疑三也言六四當位得正不暱於邪故有疑三之心況四本多懼以柔而下乘九三之剛宜不懷疑乎然初四正應終必相賁亦无怨尤也

六五賁于丘園束帛戔戔吝終吉 六五柔中為賁之主敦本尚實得賁之道故有丘園之象然陰性吝嗇故有束帛戔戔之象束帛薄物戔戔淺小之意人而如此雖可羞吝然禮奢寧儉故得終吉【附錄】賁取賁飾之義他今却來賁田園為農圃之事當賁之時若是鄙吝然却得終吉則有喜故象云有喜也 答劉砥

象曰六五之吉有喜也【集註】子夏曰帛五疋為束三玄二纁象陰陽 張清子曰六五為賁之

主五在外而高者丘園也上九居艮山之上故曰丘園丘園者賢俱
之幸傳之賁于五以柔居尊必須禮貌上九在外高尚之賢賁而
於丘園之隱者加以一束㦮㦮之帛而往聘之聘賢之禮雖吝而
求賢之意則隆厚故始若吝而終必吉六五坤体為吝嗇象言六
五之吉而有喜者蓋人主以為天下得人而喜
亦猶詩君子能長育人才則天下喜樂之也

上九白賁无咎 賁極反本復於无色善補過矣故其象占如此

象曰白賁无咎上得志也 集註 誠齋曰上九本自下卦之一分而文上六之柔志在
成賁者也不成賁以賁而成賁以白然後賁之始成而賁之功不
作上九始得志矣 馮氏曰如賁之極文變為素而繁白自守其志得矣
楊氏曰五色之飾拘於目者白者能黃拘於赤者赤而不能黑
惟白之為物可以青可以黃可以黑者以其質而受飾者無也此白賁所
以為无咎上九之白賁聖人取之者以其如賁之極而能白可謂既
雕既琢還反於朴之謂也賁極而反朴則瑤池肉林瑤臺瓊室无
所不至矣 張清子曰上九處賁之極飾反於素有白受采之質故曰
白賁雜卦云賁无色也无色即白也天賁有天玄地黄火赤山青
之色於上九賁反而白則无色矣无色則无
文之文必有過飾之咎上九始得遂其志矣

總論 丘行可曰賁之一卦以爻言則柔來文剛剛上文柔而為
賁以二体言則下離上艮以文明以止而為賁以六爻言則

三陽三陰相比相賁而爲賁然陰陽一物有應者以應而相賁无
應者以比而相賁四与初應求賁於初故初賁趾而四皤如也二
比三而賁乎三故二賁須而三濡如也五比上而賁乎上故五賁
丘園而上白賁也初与四應而相賁者也二与三五与上比而相
賁者也此賁六爻之大旨也【雙湖曰】內三爻離体以文明爲賁初賁
其趾二賁其須三濡如皆有所設飾也外三爻艮体以篤實爲賁四
皤如五丘園上白賁皆尚質
素无假外飾故曰賁无色也

䷖ 坤下 艮上

剝不利有攸往 剝落也五陰在下而方生一陽在上而將盡陰盛長陽消落九月之卦也陰盛陽衰小人壯而君子病又內坤外艮有順時而止之象故占得之者不可以有所往也【集註】【伊川曰】剝者群陰長盛消剝於陽之時故君子不利有所往【張横渠子曰】剝者削也乃五陰浸長一陽將消之時也君子於此時則不宜有所往往則見害於小人矣故不利也

彖曰剝剝也柔變剛也 以卦体釋卦名義言柔進于陽變剛爲柔也 不利有攸往小人長也順而止之觀象也君子尚消息盈虛天行也 以卦体卦德釋卦辭【集註】【晁公武曰】剝剝也至小人長也以六爻言致剝之象也順而止之至天行也以二体言処剝之道也

進齋曰剥彖曰君子尚消息盈虚天行也復彖亦曰反復其道七日來復天行也言天行者盡物極則反數窮則變乃天道流行循環不窮也。臨川吴氏曰一柔變剛而為姤再變遯三變否四變觀五變剥更進則盡變而卦為純坤矣聖人於姤言柔遇剛者始相邂逅之謂也於此言柔變剛則盡反其所為君子柔為小人矣天下之事有不忍言者故遇可為也變不可為也○剥之柔變剛言小人長則復之剛反為君子長可知矣剥言不利有攸往則曰順而止復言利有攸往則曰以順行於柔長而戒之使止者所以憂小人之進於剛長而勉之使行者所以喜君子之來觀聖人利不利之所以知其為君子發也。張清子曰剥卦本是乾變自下而上剥而消之一陰至於五陰則五奇亦變為五耦矣此柔變剛之義也君子不利有攸往者以小人之道長也順而止之者君子觀坤艮之象順時而止之則知五陰剥一陽之義然陽无可盡之理剥極於上則復生於下陽消而息陰盈而虚此天道運行陰陽代謝之常也是以君子尚之又豈終於艮止也哉

象曰山附於地剥上以厚下安宅。

附録 厚下者乃所以安宅如山附於地惟其地厚所以山安其居而不摇人君厚下以得民則位亦安而不摇猶所謂本固邦寧也。[illegible]沈僩

集註 伊川曰山高起於地而反附著於地圮剥之象也上之人觀剥之象而厚固其下所以安其居也故上之剥必自下下剥則上危矣。進齋曰厚其地山不摧厚其下上不危

節齋曰卦以下剥上取義乃小人剥君子也象以上厚下取義乃人君厚生民也下剥上者成剥之義上厚下者治剥之道也厚下坤象安宅艮象艮為門闕 立行可曰 山附於地剥損山之高以益地之厚也地中有山謙損山之尊以降地之卑也比一爻象就山高地卑取義 游氏曰 山至大類以下不厚而上危故也 張清子曰 山附於地上未可言剥高山其頹傾附於地則艮剥為坤山剥為地矣君居民上損已益民下既厚則上安其居者益下者上之本未有本固而邦不寧者也○大象不言君子而言上者蓋剥以上九一陽為重也為人上者柰何不敬

初六剥牀以足蔑貞凶（蔑亡結反）剥自下起蔑貞則凶故其占如此蔑滅也

象曰剥牀以足以滅下也（滅或作蔑）集註 伊川曰以牀為象者取身之所處也自下而剥漸至於身也剥牀以足剥牀之足也剥始自下故為剥足陰自下進漸消蔑於貞正凶之道也 進齋曰 蔑貞猶言无以正之也當陰柔方長之初苟有陽剛以正之則其禍猶可及止今一柔取剛既衰則是无以正之矣蔑皆曰蔑貞聖人惜其无陽剛以正之以至於凶也六二六五兩爻則一應一近有以正之故二无咎而五无不利也 張清子曰 牀者人之所藉以安者也牀有上實下虛之象故以為象義初六在下體之下有足之象以陰剥陽自下而始猶剥其牀之足也蔑者无也剥則陽類是无正道矣其凶可知以滅下者消滅初九變為初六也

六二剝牀以辨蔑貞凶 辨牀幹也進而上矣

象曰剝牀以辨未有與也 言未大盛 【集註】【誠齋曰】辨牀之幹也牀之幹猶國之有幹大臣國之幹也二大臣之位今二柔進而變二剛此小人進為大臣而退君子之大臣也【楊氏曰】辨者牀之貴也【丘行可曰】與應與也凡陰陽相應則為有與如困九四之應初六而言有與是也陰陽不相應則為无與如井九二不應九五而言无與是也咸六爻皆應則謂之感應以人相與艮六爻皆不應則謂之敵應亦不相與皆以應言與也剝之未有與者是言當剝之時在上未有陽剛以應陰則无以止陰柔之進也大凡小人之為言使其間有一君子與之為應以遏止之則其心猶有所顧忌而不敢肆雖使為惡亦未至如此之甚也惟其未有與焉此剝道所以浸長而不可救也聖人於此不謂之无與而謂之未有與蓋不忍陰邪之害正而猶冀有君子以正之也其意深矣【張清子曰】辨者牀身之下足之上也乃辨別上下處六二下未有陽剛之應故陰剝陽而漸長由牀足而牀辨蔑削正道愈盛則愈凶剝初六六二皆言蔑貞凶蓋兩爻皆无陽剛之應无以正之故皆曰凶

六三剝之无咎 衆陰方剝陽而已獨應之失其黨類而從正无咎之道也占者如是則得无咎

象曰剝之无咎失上下也 上下謂四陰 【集註】【沙隨曰】六三獨應上九是失上下而无咎猶朋

妾朋而終有慶也【蔡氏曰】剥爲小人之事以近陽爲善以有應於陽次之近陽者六五是也故可以治剥有應者六三是也故不爲剥〇【丘行可曰】剥下五陰皆剥陽者而三處其中獨與上應不忍爲黨邪以害正是小人而知有君子也故在剥之時爲无咎上謂四五下謂初二遠去四陰而獨從剛故曰失上下也【張清子曰】六三居上下四陰之中能舍其陰類而獨應上九是則小人中之君子也雖上失乎四五下失乎初二而於上九之陽則有得矣故无剥陽之咎此爻與復卦中行獨復同義但剥之六三則失上下之四陰而獨應上九之陽復之六四則舍上下之四陰而獨應於初九之陽於今三陰居剛而非剛則有陽以爲之與矣

六四剥牀以膚凶陰禍切身故不復言蔑貞而直言凶也

象曰剥牀以膚切近災也【集註】【丘行可曰】陰至五爲剥今及於四剥未深傷已切近於五之身矣故曰膚膚者在皮再進則滅其身矣當是時剥道已成故直言凶而不言蔑貞也四卦之上體爻位俱柔有膚象剥將及己故曰切近災也【張清子曰】六四爲剥之上體乃牀之上者也膚者人之肌膚也牀既剥矣將及其膚次及其身則切近災矣豈惟蔑貞所不凶也

六五貫魚以宮人寵无不利魚陰物宮人陰之美而受制於陽者也五爲衆陰之長當率其類受制於陽故有此象而占者如是則无不利也

象曰以宮人寵終无尤也〔集註〕子夏曰爲剝之主能得其中正承于陽乃正群小猶之貫魚寵以宮人不害於政何不利焉終无尤也〔陸績曰〕貫穿也魚陰物也五耦駢首相次而集上有一陽以繫之乃貫魚之象宮人謂下四陰求寵妾於上者也六五以柔居尊爲群陰之長總率群陰順序以聽上九之命有后妃以宮人備數進御於君之象上之人苟能以使嬖妾令之道待之是以宮人之寵寵之也一陽在上自有順上貫寵之道不使之柄乎政福如宮人然無與外事以此而待小人則小人不能爲君子之害即无不利也終亦无怨尤矣〔丘行可曰〕遯剝皆陰長之卦遯陰長而猶微可制也在遯之九三言陽制陰之道故曰畜臣妾吉剝陰長而已極不可制矣故不復言陽之制陰而言陰之從陽是以六五曰貫魚以宮人寵畜陰之權在陽則吉陽以制陰之道剝陽之權在陰則教陰以從陽之道聖人於陰長之卦其委曲爲君子謀者如此〔張清子曰〕五爲君位剝而至於君位有不容言者故此爻獨不言剝坤也剝也遯也明夷也歸妹也旅也此卦人君所處故皆不取君義

上九碩果不食君子得輿小人剝廬一陽在上剝未盡而能復生君子在上則爲衆陰所載小人居之則剝極於上自失所覆而无復碩果得輿之象取象既明而君子小人其占不同聖人之情益可見矣〔附錄〕只不食便有復生之意若方士說陰到這裏時把他這些二陽都剝了此是自剝其廬舍无安身處小人託一君子爲庇覆若更剝了是自剝其廬舍便

不成剝了。是歲自觀至剝三十日，剝方盡；自剝至坤三十日，復方成坤。二十日陽漸長，到冬至方是一陽，第一陽方從此生。去陰剝每日剝三十分之一，一月方剝得盡；陽長每日長三十分之一，一月方長得成一陽。陰剝時一日十二時，亦每時中漸漸剝，全一日方剝得三十分之一；陽長之漸亦如此。康節曰：冬至子之半，正是及子之半方成一陽，子之半後第一陽方生。

象曰：君子得輿，民所載也。小人剝廬，終不可用也。【集註】楊氏曰：貫魚者，眾陰在下之象也；碩果者，一陽在上之象也。閻氏曰：上居无位之地，不為時君所任，有碩果不食之象，猶井之渫不食、鼎之雉膏不食也。進齋徐氏曰：君子者一陽也，輿者以下載上之物，亦一陽乘眾陰之義。主陽而言，故有君子得輿之象。陰為民，民所載者，眾陰共載一陽也。坤體居下，坤為大輿，故以輿取象。小人者眾陰也，廬者以上庇下之物，亦一陽覆五陰之象，主陰而言，故有小人剝廬之象。眾陰上進而剝一陽，是小人自剝其所憑之廬而棄之，終亦何所用哉。而上之安宅小廈而不可居矣。艮體居上，艮為門闕，故以廬取象。○夬者剝之反對，夬五陽決一陰者也，陰小人之道也，故但言陰之消亡爾，便不復言陰生之義。五行可曰：剝，爛也；復，反也。剝之上九變則為復之初九，自最上而最下，自剝爛而復生，故有碩果不食之象，未脫僵立，幾无一髮生意者，此純坤之象也，而生意已存其根矣，此自坤而復也。木猶有碩大之果，不為人所食，則亦剝爛墜地而已矣。墜地則生之所起，果中有核實也，核中有仁也，仁則生矣。此自剝而復也。陽无可盡之理故剥即爲復不必六自坤而復也【張清子曰】剥卦以上九爲主陽將剥盡而上九一陽獨居衆陰之上猶碩大之果而不食者也吾固幸其一陽之尚存也乾爲木果而木生於亥亥者乾之位也木有生而未芽芽則在子矣子者孳也生而未芽者根於剥上之陽如碩果在木末而不食焉及其剥爛而自隕於地則其核方見而又萌芽矣此乃復下之陽也復下之陽即剥上之陽剥上一陽將盡復下一陽已生剥復之間其陽氣之種乎艮亦爲果蓏

【總論】【丘氏曰】剥者言一陽在五陰之上而爲陰所剥也故卦以上九爲主其曰碩果不食幸一陽之存也在下五陰爻則有与乎陽者吉无与乎陽者凶六三應陽則无咎六五承陽則无不利以其有与乎陽也餘三陰无陽可与則皆謂之凶然初六六二去陽遠而剥未盡故初蔑貞凶二亦蔑貞凶也至六四則已迫乎陽而剥極矣故不言蔑貞而直言凶也

䷗ 震下坤上

復亨出入无疾朋來无咎反復其道七日來復利有攸往（復陽復生）於下也剥盡則爲純坤十月之卦而陽氣已生於下矣積之踰月然後一陽之体始成而來復故十有一月其卦爲復以其陽既往而復反故有亨道又内震外坤有陽動於下而以順上行之象故其占又爲己之出入既得无疾朋類之來亦得无咎又自五月姤卦一陰始

生至此七爻而一陽來復乃天運之自然故其占又爲反復其道至於七日當得來復又以剛德方長故其占又爲利有攸往也反復其道往而復來來而復往之意【附錄】陽无驟生之理如冬至前十月中七日者所占來復之期也氣是小雪陽已生三十分之一分到得冬至前幾日須已生到二十七八分到至日方成一畫不是昨日全无今日一旦便都復了大抵剝盡處便生如列子所謂運轉无已天地密移疇覺之哉凡一氣不頓進一形不頓虧亦是不覺其進不覺其虧蓋陰陽浸消浸長人之一身自少至老亦莫不然○蔡節齋曰天運流行本无一息間斷豈解一月无陽且如木之黃落時萌芽已生了不特如此木之冬青者必先萌芽而後舊葉方落若論變時天地无時不變如楞嚴經第二卷首段所載非惟一歲有變月亦有之非惟月有變日亦有之非惟日有變時亦有之但人不知爾此說亦是黃義剛【集註】【子夏曰】陽反入于下而復其所出而動以順行出入无閒何疾之有一陽長而群陽至焉君子之道通也又何咎乎【伊川曰】出入无疾謂微陽生長无害之者也既无害之者其類漸進而來則將亨盛故无咎也一陽始生至微雖未能勝群陰而發生万物必待諸陽之來然後能成生物之功而无差忒以朋來而无咎也【張清子曰】復者陽窮上而反下也六陰爲坤則反於下則變坤爲復而復乃坤之第一爻也一陽來復則有自道之理一陽出於剝上而入於坤下以爲復此氣纔出而復入出者咎之入者主之何疾之有疾者病也復之一陽方生未有朋類而謂之朋來者蓋一陽既生則衆陽將引其朋類而來何咎之有反復其道者此天道之循

環也自一陰之姤至一陽之復凡歷七爻於月經七月故曰七日或復不言月而言日者猶詩言一之日二之日也陽類方來進而不已自此以往何不利之有日爲陽月爲陰復言七日來復者言其陽來之速也臨言八月有凶者言其陰來之遲也

彖曰復亨剛反剛反則亨附錄剛反二字是解復亨動而以順行是解出入无疾以下諸句動而以順行是以出入无疾朋來无咎以卦德而言反復其道七日來復天行也陰陽消息天運然也附錄消息之道自然如此故曰天行如陰之極亂者復治往者復還凶者復吉危者復安天地自然之運也答問大抵發生都則是一箇陽氣只是有消長上面陽消一分下面便陰長一分不是別討箇陰來只是陽消處便是陰故陽來謂之復復是本來物事陰來謂之姤姤是偶然相遇看來天地中間此氣升降上下當分作六層十一月冬至自下面第一層生起直到第六層上是天爲四月陽氣純生足便消下面陰氣便生只是這一氣升降循環不已往來乎六層之中也利有攸往剛長也以卦体而言既生則漸長矣復其見天地之心乎積陰之下一陽復生天地生物之心幾於滅息而至此乃復可見在人則爲靜極而動惡極而善本心幾息而復見之端也程子論之詳矣而邵子之詩亦曰冬至子之半天心无改移一陽初動處万物未生時玄酒味方淡大音聲正希此言如不信更請問包羲至哉言也學者宜盡心焉附錄陽

之時万物番新只見物之盛大天地之心却不可見唯是一陽初復
万物未生冷冷静静而一陽既動生物之心闖然而見雖在積陰之
中自掩藏不得此所以必於復見天地之心也 蒼董銖 這處在天地
則爲陰陽在人則爲善惡有不善未嘗不知知之未嘗復行不善処
便是陰知処便屬陽上五陰下一陽是當沉迷蔽固之時忽然一夕
醒覺便是陽動処齊宣王因甲兵危士臣構怨於諸侯可謂極矣及
其不忍觳觫即見善端之萌肯從這處做去雖三王事業何患不到
徐寓 天地若果无心則須牛生出馬桃樹上發李花他又却自定心
便是主宰処所以謂天地以生物爲心 楊道夫 十月陽氣收斂一時
闔閉得只天地生物之心固未嘗息但无端倪可見惟一陽初動則
生意始發露出乃見端緒言動之頭緒於此處起方得見天地之心
也 董銖 繫辭曰復小而辨於物蓋復卦是一陽方生於群陰之下如
幽暗中一點白便是小而辨也 周謨 冬至子之半是康節常要就中間
說子之半則是未成子方離於亥而爲子方四五分常要說陰陽之
間動静之間与周程之說不同周程只是說体用動静互換
无極康節只要說循環便[illegible]息動静之間而言 啓蒙 集註 伊川
曰一陽復於下乃天地生物之心也先儒皆以静爲天地之心蓋不
知動之端乃天地之心也[illegible]曰復何以亨曰剛反何以出入无疾
朋來无咎曰動以順行何以反復其道七日來復曰天行何以利有
攸往曰剛長[illegible]曰一陽復于下而五陰在上則陽微而陰猶盛小
人衆而君子獨動而不以順行則去之者至焉不能保尚何朋來之
有○七日謂自姤至復凡四時六變爰而爲寒暑固非一日之積也

天且不能爲主之況於人乎○[illegible]曰窮冬積陰之時幾於无生意矣而陽氣已動於黃泉之下猶人爲方其物欲之深也幾於无天理矣而性善之端要不可泯也必有時而發就其發處觀之則天地之心見矣○潘氏曰剥以順而止復以順而行君子以道消之極至道長之初未嘗一毫之不以順也○吳忠甫曰反復其道七日來復者反是復之味至也復是反之已至也不曰一陽來復而曰七日來復者天行也如人出遠外回來七箇月行程自五月發脚是反也至十一月歸到家是復也○進齋曰復者反也復之所以爲者以一陽在五陰之下而來反也動而以順行者震動之始以坤順而行也出入朋來陽之動也无疾无咎以順行也反復其道者即陰陽往來消息之道歷七日而來復亦天道運行之妙自此而往无所不利以其剛道之浸長也○一陽復於積陰之下乃見天地生物之心然復未足以見天地之心復之動而生物方可以見天地之心也若觀之於萃於咸乃見天地之情爾○丘行可曰復彖初言剛反言剥之一剛窮上反下而爲復也終言剛長言復之一剛自下進上爲臨爲泰以至爲乾也以其既去而來反也故曰以其既反而浸長也故利有攸往剛反言方復之初剛長言已復之後復其見天地之心蓋天地以生物爲心而一陽初動乃生物之端即其心也人欲識得天地心惟於陽動之初驗之則見矣○張清子曰日爲陽月爲陰七爲陽八爲陰復言七日臨言八月者盖日月乃陰陽之象也七八乃陰陽之數也

象曰雷在地中復先王以至日閉關商旅不行后不省方安靜

以養微陽也月令是月齋戒掩身以待陰陽之所定【附錄】至日閉關正是於巳動之後要以安靜養之蓋一陽初復陽氣甚微勢動他不得故當安靜以養微陽如人善端初萌正欲靜以養之方能盛大晉叢錄【集註】誠齋曰當此之時五陰雖冰於地上而一陽巳萌於地中故萬物皆寒而井泉獨溫此雷在地中復之義也【白雲曰】雷在地中動巳前矣而未奮也【鄭氏曰】舜十一月朔巡守而此言后不省方則知巡守者是月也不省方者是月之至日也【項氏曰】彖象異義彖取陽之復來故主乎動象取雷在地中故戒以動【吳思齋曰】至日閉關者取坤闔之義也【進齋曰】震雷伏於坤地之中擇陽未壯正當培養故商旅勿使發泄而夭閼之至日陽至之日也古先哲王觀復之象於是日也則閉塞關門使商旅不得行而作后者亦不省察此四方之事以靜養動而愛護微陽此則順天而行化也商旅不行此震塗之象后不省方此坤土之象【丘行可曰】地靜雷動雷在地中靜養動也關宜開者也而閉商旅出諸塗者也而不行古者歲十一月朔巡守而后於是日則不省方皆法雷在地中之義而養微陽也○【張清子曰】古者仲冬則門閭无閉縱陽而暢之也至日則閉關商旅不行后不省方閉陽以養之也

初九不遠復无祇悔元吉

一陽復生於下復之主也祇抵也又居事初失之未遠能復於善不抵於悔大善而吉之道也故其象占如此【附錄】初九之復以善言之是善端方萌処以惡言之是昏昧中有些悟回善意便是復如睡到忽然醒

竟時亦是復氣象　答陳淳

象曰不遠之復以脩身也 集註 伊川曰復爲反善之義失而後有復不失則何復之有惟失之不遠而復則不至於悔大善而吉也 李子思曰承剝之後而一陽來復乃生生之本也天地之運一息不留剝終復始不容少緩若稍遲不及則生意息矣 王景孟曰剝之上九雖居五陰之上其勢往而爲此一陽之窮也復之初九雖居五陰之下其勢來而伸此一陽之亨也 丘行可曰坤上震下爲復上體乃坤而靜之時下體乃震而動之始初九又復而反之機初以一陽爲五陰之主居復之最先不遠而復故不至於悔而得大善之吉者也脩以脩身惟不貳過之顏子其殆庶幾乎 張清子曰復爲陽種子初九是也

六二休復吉 柔順中正近於初九而能下之復之休美吉之道也

象曰休復之吉以下仁也 集註 雷氏曰里之有仁猶以爲美二能下仁爲休宜矣 進齋曰復主初陽在下五陰皆以去初遠近取象六二柔順中正最近於初能隨初而復復之休美者也故吉仁初也一陽初復乃天地生物之心所謂仁也二雖非仁下而比初曰下仁 丘行可曰人不能皆賢親賢則賢矣六二下仁之謂也卦惟初九一爻爲陽二非陽而能下之則陰變而陽小人變而君子亦復之六二亦變而爲臨之九二矣烏得而不吉 張清子曰六二以中正比初九之陽親仁善鄰此復之休美者也夫九

爲陽陽爲仁二居初之上而初九爲克己
復礼之仁比而下之所以有休哉之吉也

六三頻復厲无咎 以陰居陽不中不正又処動極復而不固屢失屢復之象屢失故危復則无咎故其占又如此

象曰頻復之厲義无咎也 集註 伊川曰 復貴安固頻復頻失不安於復也復善而屢失危之道也聖人開遷善之道与其復而危其屢失故云厲无咎不可以頻失而戒其復也頻失則爲危屢復何咎過在失而不在復也 誠齋曰 初九无一過六二則貳過六三則過至於再三矣屢過屢復故曰頻復厲危也非頻復之危也頻過之危也危而无咎者復於義則无咎也聖人危其頻過故曰厲以警之開其頻復故曰无咎以勸之 進齋曰 惟頻故厲惟復故无咎

子曰 六三之頻復不如初九之不遠復故吾曰三省之曾子亦不如一日克己復礼之顏子也

六四中行獨復 四処群陰之中而獨与初應爲与衆俱行而獨能從善之象當此之時陽氣甚微未足以有爲故不言吉然理所當然吉凶非所論也 董子曰 仁人者正其誼不謀其利明其道不計其功於剝之六三及此爻而見之

象曰中行獨復以從道也 集註 自齋曰 剝六三及復六四皆對其義相類在剝則取其失上下以應乎陽在復則取其獨復以從道 楊氏曰 以六四居四陰之中獨與初九相應而復者是所謂與上下而從道耳自非離群絕俗之

幾何而不爲陰所化哉。〔張清子〕曰：中行者，謂六四以一陰而行乎上下四陰之中，不與陰類爲黨，而獨應初九之一陽，可謂獨復者也。道謂初也。四能從初九有道之君子，則求仁而得仁矣。六二近而比之則曰下仁，六四遠而應之亦曰從道，誠以道之所在，可從而不可違也。

六五，敦復，无悔。以中順居尊，而當復之時，敦復之象，无悔之道也。

象曰：敦復无悔，中以自考也。考，成也。〔集註〕〔丘行可〕曰：二四待初而復，故曰下仁、曰從道。五不待初而復，故曰自考。二、四其爭力之功，五其天資之美歟。〔張清子〕曰：六五爲坤之主，厚德載物，故曰敦復。敦厚其德以復於善，則其无悔。然所以无悔者，由其以柔居中，能自成其順德也。

上六，迷復，凶，有災眚。用行師，終有大敗，以其國君凶，至于十年不克征。以陰柔居復終，終迷不復之象，凶之道也。故其占如此。以，猶及也。

象曰：迷復之凶，反君道也。〔集註〕〔進齋〕曰：上六以坤之窮，去初九遠，无陽以明之，迷而不復者也。天災外至，人眚內作，以之行師則大敗，以之用國則君凶，十年不克征，敗之之辞也。陽爲君，君謂初九，反道謂反其復善之道也。初不遠而上迷其道，猶損之爾。若四與初應，故曰從道。道字皆指初而言也。〔張清子〕曰：復貴不遠，遠則迷矣。上六以陰暗之極，所以有迷復之凶也。

總論丘行可曰復反也言一陽在五陰之下而來反也在卦以初九爲主其言不遠復无祗悔者言一陽之來也其它五陰爻
則有得乎陽者吉无得乎陽者凶二比初則曰下仁四應初則曰從
道此皆有得乎陽者餘三陰无得乎陽五去初雖遠以居得中行自
厚於復无悔三處位不中以去初未遠頻失而頻復者也故雖厲而
可以无咎獨上六一爻最遠乎初又居一卦之窮迷而不復者也故凶

䷘ 震下乾上

无妄元亨利貞其匪正有眚不利有攸往无妄實理自然之謂史記作无望謂无所期望而有得焉者其義亦通爲卦自訟而變九自二來而居於初又爲震主動而不妄者也故爲无妄又二体震動而乾健九五剛中而應六二故其占大亨而利於正若其不正則有眚而不利有所往也附錄无望字出春申君傳下云无妄之災亦見得古人相傳尚識當時此意也答董銖无妄是箇不指望偶然底事忽然而有福忽然而有禍如人之病勿藥而愈是所謂无妄也據諸爻名義合作无望不知孔子何故説爲无妄沈僩又曰災是偶然生於彼者眚是過誤致然書曰眚災肆赦春秋曰肆大眚皆以其過誤而赦之也沈僩

集注伊川曰動以天爲无妄動以人欲則妄矣丘行可曰无妄卦辭利貞主初九言故爻言无妄往吉匪正主上九言以九居上不正也又乾体在上進无所之不利於動也故爻言无妄行有眚往也正則利不正則不利節齋蔡氏曰无妄者真實无虛妄之謂

爲卦震下乾上，震義爲動，乾象爲天，其動以天，皆實理也，故卦名无妄。元亨利貞，言无妄有大亨之理，而利於正也。苟理雖无妄而動匪正，則爲妄動，而有過眚，有所往哉？

彖曰：无妄，剛自外來而爲主於内，動而健，剛中而應，大亨以正，天之命也。其匪正有眚，不利有攸往，无妄之往，何之矣？天命不佑，行矣哉？以卦變、卦德、卦體言卦之善如此，故其占當獲大亨而利於正，乃天命之當然也。其有不正，則不利有所往，欲何往哉？蓋其逆天之命而天不佑之，故不可以有行也。**附録** 剛自外來，說卦變；動而健，說卦德；剛中而應，說卦體；大亨以正，說元亨利貞，天之命也，即天之道也。晏湖 **集註** **白雲曰** 動而健者，動以天，不以人也。**進齋曰** 妄者，不正之名也，无妄則正矣。剛自外來而爲主於内，以卦變言，則下體乾交坤而爲震也，非本卦剛柔之往來，故曰外來。初九爲震動之主爻，故曰爲主於内。動而健，以二德言。九五居剛中之位，而與六二爲正應，故其道大亨而行之以正，是乃天之命也。天命則天理之正，其匪正者則有災眚，故不利有攸往。既无妄矣，而又有所往，則將何所之矣？及入於妄而已。此天命之所不祐，欲行之，其何以行之哉？其實匪正之爲害也。行矣哉，即州里行乎哉之義。**隆山李氏曰** 惟其无妄，所以无望也。苟其處心未免於妄，則无道以致福而妄欲徼福，非所謂无望之福；有過以召災而妄欲免

必非所謂无望之災也此皆未免容心於禍福間非所謂无妄也若真實无妄之人則純乎任理禍福一付之天而无苟得幸免之心也

【張清子曰】无妄信也中孚亦信也中孚之信其自然之誠乎无妄之信是或使之也蓋孚信之道本自中出今剛自外來而爲主於內此无妄所以異乎中孚也无妄上九反而居下則成中孚此无妄一變則至於中孚矣

象曰天下雷行物與无妄先王以茂對時育萬物 天下雷行震動發生萬物各正其性命是物物而與之以无妄也先王法此以對時育物因其所性而不爲私焉 【集注】【伊川曰】對時謂順合天時【張清子曰】乾天之下震雷行焉分至啓閉各得其時此天所爲也與者應也雷者天之號令天下雷行付物以命而物皆應之不違其則況万物資乾以始各正性命无少差妄雷以時行而无妄物與雷偕行而亦无妄動則難之故曰物與无妄以此觀之雷行以時而物與之皆无妄也雷行非時而物不與之者妄也如陰閉而出雷亦有非時而發声者然其發爲妄而物不與也茂盛也對猶當也先王觀象當造化生物之時各因其所以生者育之而不害即所謂對也蓋不茂則不足以育物不對則妄矣對時者當其可之謂時也中庸曰大哉聖人之道洋洋乎發育万物峻極于天天之生物不違乎時至誠贊化亦不違乎時聖人與天同一无妄此所謂動以天也

初九无妄往吉 以剛在內誠之主也如是而往其吉可知故其象占如此

象曰无妄之往，得志也。【集註】伊川曰：卦言不利有攸往，既无妄不可復有往也，過則妄矣。爻言往吉，謂以无妄之道而往則吉也。【張清子曰】天下之理，虛則妄，實則无妄；邪則妄，正則无妄。初以陽剛實也，居當其位正也。初九以剛自外來而為主於內，主震體乾，本无私係，以貞實无妄而往，則不失其正，何所不吉？此初九所以得行其志也。序卦曰：復則无妄，初九以之。

六二，不耕穫，不菑畬，則利有攸往。【本義】柔順中正，因時順理，而无私意期望之心，故有不耕穫、不菑畬之象。言其无所為於前，无所冀於後也。占者如是，則利有所往矣。【附録】看得來只是不耕也不穫，只見成領會他物事。[illegible]此爻乃自始至終都不營為，而偶然有得之意。耕穫菑畬，舉事之始終而言也。若以義言，則聖人无為而治，學者不要人爵而人爵從之，皆是也。大抵六二則自有无妄之福，而六三則有无妄之禍也。黄英晋

象曰：不耕穫，未富也。【本義】富如非富天下之富，言非計其利而為之也。【集註】伊川曰：不耕而穫，不菑而畬，因其事之當然，既耕則必有穫，既菑則必成畬，非必以穫畬之富而為之也。其始耕菑，乃設心在於求穫畬，是以其富也。心有欲而為者，則妄也。【[illegible]曰】无妄，誠也，實理也。有一毫求得於外之心，即害无妄之体。耕而穫，菑而畬，求得於外也。必无耕穫菑畬之心，然後可以有所往。二以陰居陰，雖得中，然未實也。未實則必外求，因以此戒。○【進齋徐氏曰】耕者農功之始，穫者農功之終。治田一歲曰菑，三歲曰畬。耕

卅上在前穫畬在後六二上應乎五下比乎初以一柔而接二剛最易有所偏係又居動体易失柔順中正之道故有不耕穫不菑畬則利有攸往之戒謂二居无妄之時不可私意妄動但當守中居正无所作爲於始无所期望於終因時順理一付自然乃獲无妄之福如是而動則利有攸往【白雲曰】无妄之卦不利有攸往而六二則利有攸往何哉蓋合天理而動則利有攸往爲无妄往吉之義同其匪正則不利有攸往則之一字盡之矣【立行可曰】夫陰以得陽爲富六二与九五爲正應非初九所能間隔雖未得陽而終於得陽故曰未富也未富与不富異蓋未富終有可富之理而不富則終於不富矣【張清子曰】禮於坊記引易曰不耕穫不菑畬凶既言凶則不利有攸往矣故其辞義與此文不同

六三无妄之災或繫之牛行人之得邑人之災

卦之六爻皆无妄者也六三處不得正故遇其占是无故而有災如行人牽牛以去而居者反遭詰捕之災也【附錄】六三便是无妄之災或繫之牛行人之得何預邑人事而邑人之災刻祗

象曰行人得牛邑人災也【集註】【立行可曰】初体震動是爲行人三与二鄰是爲邑人【張清子曰】六三不中不正而居震体之極故有无妄之災何謂无妄之災蓋災害極至出於意料之外者也牛二也或係之五也牛順物六二[illegible]

而爻以耕穫菑畬爲象則牛亦耕者之具矣二本應五則二乃五之物也而初爲動主以近得之初得二則五失二矣五既失二求之非獲以三爲之鄰故有疑三之意此三所以被其災也正猶孫升於此行者牽之而去居者不幸乃罹其禍猶非天妄之災乎此城門失火殃及池魚之類也

九四可貞无咎 陽剛乾體下无應与可固守而无咎不可以有爲之占也

象曰可貞无咎固有之也 有猶守也 集註 進齋曰九四得乾体之剛下无係應无妄者也但可貞与利貞不同利貞謂利於貞也可者僅可之辭謂以九居四剛而不中僅可以守其剛貞而勿動尔妄動則有咎也 張清子曰貞者正也人之本性粹然一出於正非外鑠我者也我固有之也因其固有之正性可以操而存之則无妄動之咎矣

九五无妄之疾勿藥有喜 乾剛中正以居尊而下亦中正无妄之至也如是而有疾勿藥而自愈矣故其象占如此 附録 无妄之疾此是不期而有但聽其自尔久則自定所以勿藥有喜而无疾也大抵无妄一卦固是无妄但亦有无故非意之事故聖人因象而戒 荅董銖

象曰无妄之藥不可試也 既已无妄而復藥之則反爲妄而生疾矣試謂少嘗之也 集註 王氏

曰藥攻有妄者也无妄之疾勿藥自復【張清子曰】五居尊位剛中而應此无妄之至者也或有疾蓋亦本應二而二近於初先爲初所得故无失其應是有疾也然此特无妄之疾耳五雖以初爲疾而中正之應終非初之所能間猶无妄之疾不待攻治而自瘳此所以勿藥而有喜也君子内省不疚夫何憂何懼況无妄則无疾矣无妄而有疾焉則勿藥而自愈苟无妄而疾焉又无妄而藥焉則反爲妄而起其疾矣此无妄之藥所以不可試也孔子曰某未達不敢嘗蓋聖人不試无妄之藥嘗即試也

上九无妄行有眚无攸利上九非有妄也但以其窮極而不可行爾故其象占如此

象曰无妄之行窮之災也【集註】【張清子曰】上九居乾之終則純乎天矣尚復動而妄行則失於亢故有災眚而无所利卦辭所謂匪正有眚不利有攸往指此爻也漢武漠北之征唐皇雲南之師非窮之災乎

【總論】【丘行可曰】无妄之動以天故六爻皆稱无妄然卦爻之有利不利則以其居之正不正也初九六二九五居當其位正也故初往吉二利有攸往五勿藥有喜卦辭所謂元亨利貞是也六三九四上九居不當位匪正也故上行有眚雖三上亦言其貞三四二爻亦皆不正也然推詳爻義則初之往吉以動而利也五之勿藥以不動而利也二之不耕穫不菑畬以不自動因人之動而利也上之行有眚則動而不利也三无妄之災則不動亦不利矣四可貞无咎則亦不動僅免咎而未見其利也此无妄六爻之大旨也

☶☰ 乾下艮上

大畜利貞不家食吉利涉大川大陽也以艮畜乾又畜之大者也又以內乾剛健外艮篤實輝光是以能日新其德而為畜之大也以卦變言此卦自需而來九自五而上以卦體言六五尊而尚之以卦德言又能止健皆非大正不能故其占為利貞而不家食吉也又六五下應於乾為應乎天故其占又為利涉大川也不家食謂食祿於朝不食於家也

集註 伊川曰艮在上而止乾於下乃蘊畜至大之象也楊氏曰畜者陰畜陽也卦別以小大者言畜其上為陰卦以一陰居四獨力畜乾故曰小畜艮上為陽卦以四五二陰併力畜乾故曰大畜李子思曰以陰畜陽所畜之力小故謂之小畜以陽畜陽所畜之力大故謂之大畜○沙隨曰大畜者大人之所蘊畜也白雲曰不家家而食之唯養賢以及乃民而已丘行可曰大陽也畜止也為卦乾下艮上乾健上進而艮止之艮陽卦故為大畜利貞言所畜者大而利於貞正也不家食吉言賢者當置之共天位享天祿食於朝而不食於家則吉也涉者所畜者必有所用有所養者必有所施賢人又當出而濟天下之艱險以充大畜之才故曰利涉大川利涉者乾健於行也張清子曰賢不家食者祿之也推賢非君不食蓋古人不仕无祿則耕而食之於家也仕而祿足以代耕則不耕矣

彖曰大畜剛健篤實輝光日新其德以卦德釋卦名義 附錄 篤實便有輝光

艮止便能篤實 黄顯祖 剛上而尚賢能止健大正也以卦變卦體釋卦辭 附錄 能止健不

說健而止見得是艮來止乾 是以艮之上止乾之健 晏斛 不家食吉養賢也亦取尚賢之象 利涉大

川應乎天也亦以卦體而言 集註 鄭汝諧曰 畜有三義以畜養言之畜賢也以畜止言之畜健也以蘊畜言

之畜德也養賢以及万民畜養之大者乾天下之至健四五能畜之

畜止之大者剛健篤實輝光日新其德蘊畜之大者三者所以爲大

畜也 呂祖謙曰 彖一賢字尚賢以上九一陽言養賢以在下三陽言

上九位在五上登尊則有德之臣尚則有孚焉而後臣之意所以畜在

己之德也下乾三陽並進登庸則有才之臣養之則志之其天位食天

祿所以畜天下之才也爲六五之君能尚賢以畜天德養賢以畜人

才則天下之艱險無不濟矣故利涉大川 張清子曰 乾体剛健艮体

篤實乾健艮止皆陽卦陽明故輝光人之進德止以剛健則悠久而不息

充以篤實則堅確而不變誠中形外輝光發越所以日新其德也孟子

曰充實而有輝光之謂大正此意也剛上指上九也德剛爲賢六五

又從而尊尚之其賢可知矣止健以二德言不曰健而止而曰能止

健者蓋乾之爲物也最健而加於艮之下甘受其畜止而不與以剛

畜剛乃大者之正也故曰大正此釋卦辭利貞之義卦自三至上有

頤口之象頤養也養賢者養在下之三陽也乾陽上進爲艮陽所畜

故有養賢之象以釋卦辭不家食吉之義乾爲天六五下

與乾應故曰應乎天苟所行能應乎天則大川不難涉矣

象曰：天在山中，大畜。君子以多識前言往行，以畜其德。天在山中，不必實有其事，但以其象言之爾。【附録】山是篤實之物，故能力畜三陽，而是巽軟之物，止能小畜之而已，[illegible]大畜多識前言往行以畜其德，小畜只微得言此文德，而威儀文辭之類是也。【集註】【鄭氏曰】山非能畜天者，言以小畜大，方寸至微，大包天地。以形言，有大小之別；以理言，唯小爲能畜大。【立行可曰】風以氣畜，氣息則散，故風行天上爲小畜；山以形畜，形畜則固，故天在山中爲大畜。大畜言畜其德，小畜言懿文德。畜德雖同，而文德則德之小者也。【張清子曰】乾居下體，其卦有八，唯天在山中，若充實象，夫豈真有天而在於山之中者，是山能畜天也。山豈能畜天哉？此當以氣論，不當以形觀也。天，陽氣也，而地能藏納之，所謂天地之氣者，亦以氣言也。地有厚德，固足以畜陽氣之，以山則所畜愈厚。雖然，此非畜其形也，乃畜其氣爾。凡山中空虛，有雷雨風雲之氣者，皆天也。山而畜天，則所畜者大矣。君子體畜聚之象，於前人之言、往聖之行，必多識之，用此以蘊畜其身中之德，充而實之，則亦剛健篤實而輝光，唯君子所識者多，則德之所畜者大矣。

初九，有厲，利已。乾之三陽爲艮所止，故內外之卦各取其義。初九爲六四所止，故其占往則有危，而利於止也。

象曰：有厲利已，不犯災也。【集註】【子夏曰】居而俟命則利，往而違上則厲。【伊川曰】在他卦四與初爲正應相援者也任大畜則相應乃爲相止畜上與三皆陽則爲合志【張清子曰】初九乾体志於上進六四下與之應而畜止之四雖柔爲止体當畜之時剛不能進初若恃其陽剛方銳之勢而欲遽往則爲所畜制而有厲矣故曰有厲利已已者止也言初進則危行止則利也有厲災也進已故不犯

九二輿說輹 九二亦爲六五所畜以其處中故能自止而不進有此象也

象曰輿說輹中无尤也【集註】【龍溪曰】小畜之九三見畜於六四而曰輿說輻四說其輻也大畜之九二受畜於六五亦曰輿說輹見自說其輹也夫說人之輻者自說其輹者可見其勢之逆順耳有間矣何者九二剛尚而九二則剛得中故也剛而得中則進止无失夫何尤乎【蒙上曰】初剛正也二剛中也四五柔也柔能畜剛剛知其不可陵犯而安之時也夫氣雄九軍者或屈於賓贊之儀才力蓋世者或聽於委裘之命故曰大畜時也【進齋曰】或問小畜以上九之剛而說九三之輻大畜以六五之柔而說九二之輹何以異曰九三之輻釋文謂輪也輹說其輻則有所傷敗而不能行九三過剛而不中故也九二之輹釋文謂車下縛也輿說其縛則自然止而不進九二剛而得中故也此大畜之說輹所以異乎小畜之說輻矣【張清子曰】九二居乾体之中亦受畜於六五之柔止者也五以艮止之勢敵亦止之二知其勢之不可進亦遂說輹止而不行如以中道自无愆尤也

九三良馬逐利艱貞日閑輿衛利有攸往 三以陽居健極上以陽居畜極極而通之時也又皆陽爻故不相畜而俱進有良馬逐之象焉然過剛銳進故其占必戒以艱貞閑習乃利於有往也曰當爲日月之日

附録 問九六爲正應皆陰皆陽則爲无應獨畜不爾何也曰陽爲陰所畜九三與上九皆陽皆欲上進故但以同類相求也儲時舉 上九已通時无疑曰自外蹈陷去九三過剛銳進故戒以艱貞閑習蓋初二兩爻皆爲所畜獨九三一爻自許進爾 晉董銖

象曰利有攸往上合志也 集註 潘氏曰九三欲進而上九合志輿馬皆可往矣艱正自守日加防閑慎之至也 張清子曰大畜九二已成畜矣九三居乾體之上以剛居剛獨不受艮上九之畜止者也況下有初九九二以驅逼九三之進上有同類之陽以援其進乾爲良馬是良馬四之亦相逐也然曰利艱貞曰閑輿衛戒之也艱則知難而不輕進貞則守正而不妄行曰閑習其輿衛之具然後驅逐良馬於天衢之上何往不利而与上九合志矣卦辭所謂利貞不家食吉利涉大川唯九三足以當之六五由之中焉屬陽牛豕屬陰六四童牛未角六五豶豕去勢皆畜止初二之爲乎良馬者也九三以剛居剛獨不受其畜止此其所以爲良馬也歟

六四童牛之牿元吉 童者未角之稱牿施橫木於牛角以防其觸詩所謂楅衡者是也止之於未角之時爲力則易大善之吉也故其象占如此學記曰禁於未發之謂豫正此意也

象曰六四元吉有喜也【集註】【丘行可曰】或謂小畜大畜皆以六四下畜乾而在小畜有復自道之吉在大畜有有厲利已之戒何也曰小畜以巽畜乾巽陰卦也而四又柔爻故未能畜而大畜以艮畜乾艮陽卦也四雖柔爻而實艮以不故初為所畜而不能進一爻雖同為柔而艮與巽畜乾之義異矣【張清子】

【子曰】牛之性觸物以角童牛之角繭栗而已力在角其陽尚微故角童牛之象牿者所以防其抵觸之具也童而牿之則抵觸之性不發而畜止之道為易六四居大臣之位當止健之任能於初九陽微之時而畜止之則不勞於為力此六四以陰居陰能得用柔畜剛之道所以獲大善之吉而且有喜也

六五豶豕之牙吉 陽已進而止之不若初之易矣然以柔居中而當尊位是以得其機會而可制故其象如此占雖吉而不亢也

象曰六五之吉有慶也【集註】【呂藍田曰】六四六五皆止健者也牛之剛健在角豕之剛健在牙【鄭氏曰】初與二受制於四五柔制剛弱勝強也【馮氏曰】以柔畜剛苟不有以制之將不免觸噬之禍若拒畜材雖負天下之健者亦俯伏奔走而為我之用此二陰所以能成畜之功也【毗齋曰】牡豕曰豭攻其特而去之曰豶所以去其勢也豕之害物在牙人不能去其牙之猛利惟去其勢以柔其剛躁之性則牙雖存而不能害物矣豕牙二也豶之者五也二陽已壯則難制五得其要領而能制九二於乎壯

之後猶欲去豕牙之害而獲之此六五亦得用柔中副之道所以吉而有慶也蒲翔云人有慶兆民賴之六五是也

上九何天之衢亨何天之衢言何其通達之甚也畜極而通豁達无礙故其象占如此 附録 三以良馬逐為象上其應也故以天衢為象吝周說

象曰何天之衢道大行也 集註 伊川曰小畜畜之小故極而成大畜畜之大故極而散 陳皐曰陽爻被物亨通故曰何天之衢亨也 張清子曰艮為路艮体在上則路在天際故曰天衢大畜至於六五而畜道已成至上九則畜極而通此極而行矣何設問之辭也何天之衢亨謂何其天衢如是之亨乎蓋以大畜之道至此空豁无礙可以大行也

總論 沈氏可已曰大畜以艮畜乾艮陽卦陽大也故為大畜在六爻上三爻艮為畜者也下三爻乾受畜者也初與四應受四之畜者故初言有厲利已四言童牛之牿二與五應受五之畜者故二言輿說輹而五言豶豕之牙此四爻皆已成畜者也至三與上應故曰上合志而同進也故三言良馬逐而上言天衢亨也畜極而至此畜道散矣

䷚ 震下艮上

頤貞吉觀頤自求口實 頤口旁也口食物以自養故為養義為卦上下二陽中含四陰外實內虛上止下動

君頤之象養食之義也貞吉者得貞則吉觀頤謂觀其所養之道自求口實謂觀其所以養身之術皆得貞則吉也【附錄】頤養須是貞則吉何以觀其貞不貞蓋觀頤是觀其養德是貞不貞自求口食是又觀其養身是貞不貞晏謝【子夏曰】頤【集註】養也下動上止為頤身由之而養也○止而待之養之道也動而求之見利遷也頤下震而上艮其吉凶之判乎【伊川曰】頤之道以正則吉也人之養身養德養人養於人皆以正道則吉也【丘行可曰】頤頷也養也輔上九之象車初九之象中四陰排齒之象上覆下承排齒森然全頤之象見矣【張清子曰】頤養也口之於飲食所以致養此養之義也貞吉頤養之道得貞則吉也觀頤者觀其所養之道於人也主上下二陽而言陽為實惟實故能養人自求口實者觀其自養之道於己也主中四陰而言陰為虛惟虛故求口實何謂口實蓋飲食所以為口體之實之道也夫陽實則能養陰陰虛則受養於陽頤養之道當以靜為本靜則知止而不妄求所以得貞而吉一累於動專為口体之奉則失所養之正而凶矣

彖曰頤貞吉養正則吉也觀頤觀其所養也自求口實觀其自養也釋卦辭天地養萬物聖人養賢以及萬民頤之時大矣哉極言養道而贊之【附錄】觀其所養只是說君子之所養與食浩然之氣模樣自養則如爵祿下至於飲食之類是說自求

口實是也【集註】李季辨曰人生有口體之累孰不求養然得之必以其道故曰貞吉李子思曰頤以有物曰噬嗑頤中有物則害其所以爲養故不取噬嗑之義而頤中之虛示未有物則以貞吉告之方其未受外物之間要當擇其所養故正則吉不正則不吉也○項氏曰觀其所養指上九言之觀其自養指初九言之初上二陽則上下兩卦之主爻也馮椅曰天上九地初九聖人上九賢初九萬物萬民中四陰也卦以二陽養四陰故有此象張清子曰夫頤之貞吉者人之所養得其正貞則吉也觀其所養謂自內觀外觀夫人之所養者正與不正觀其自養謂自外觀內凡求飲食以自實諸口者正與不正口象中虛而無飲食以實之則不足以養其生必求以實其口也古者士農工商各食其業所以口實貴乎自求而不貴乎求於人也自求者養之正也求於人者則非養之正矣聖人極言頤時之大如春夏之生養乃天地養萬物之時也人君養育賢材與之共天位食天祿則賢澤下於民乃聖人養賢以及萬民之時也萬物萬民之生養時焉而已矣豈不大矣哉

正以始之大以終之頤無餘蘊矣

象曰山下有雷頤君子以慎言語節飲食二者養德養身之切務【附錄】或云禍從口出病從口入甚好曰前輩嘗用以解慎言語節飲食輔廣【集註】誠齋曰慎言非默言當其可則諫死不忌苟括囊節食非絕當其不可撤徹不羨林肉張清子曰山止雷動山下有雷止而動也有頤之象焉言語飲食震動象慎節艮止象君子觀上止下

動之象而取上其動為義故以之慎言語節飲食蓋慎言語所以養其德也出而動者為言語不慎則妄出而招禍節飲食所以養其体也入而動者為飲食不節則貪妄入而致疾慎節之義不可不察也

初九舍爾靈龜觀我朶頤凶 靈龜不食之物朶垂也朶頤欲食之貌初九陽剛在下足以不食乃上應六四之陰而動於欲凶之道也故其象占如此

象曰觀我朶頤亦不足貴也 集註 胡氏曰 頤卦惟有二陽上九在上謂之由頤因為所養之主初九在下亦足以為自養之賢上為卦主故捨我群從我而求養者其所也初九本無所求亦似而觀我有靈而不自足有貴而不自珍宜其凶也初九本靈本貴聖人以其為動之主居養之初故深戒之 進齋曰 以頤一体合而觀之似乎離体之中虛故為龜推虛故靈故曰靈龜龜能咽息不食以氣自養可以不求養於外者也尔者初也我者四也舍尔觀我四語初之辭也靈龜以静而為養朶頤以動而為養養於朶動也初九居震体之下亦足以為自養之賢而不以求養於人今九舍尔靈龜而朶頤於我失其静養之道而溺於動養之欲雖与四為正應下能自守乃仰觀六四而朶頤是陽說於陰而動者垂涎矣苟至於觀我而朶頤斯亦不足貴也已孔子曰棖也慾焉得剛則所謂剛者以其不屈於欲也 張清子曰 初九陽本可貴而累於動本縱慾而動則飲食之人人皆賤之焉得而不凶此與正子之旨

餔啜所以見斥於孟子，必孟子不受万鍾之祿，然後能養其至大至剛浩然之氣也。

六二顛頤，拂經于丘頤，征凶。求養於初則顛倒而違於常理，求養於上則往而得凶。丘，土之高者，上之象也。

附録 頤中四爻各以是顛拂二字求養於下則為顛，求養於上則為拂。六二比初而求上，故顛頤當為句，拂經于丘頤為句，征凶則其占辭也。六二拂頤雖與上為正應，然畢竟是求於上以養已，所以有拂頤之象，故雖貞亦凶也。六四顛頤固與初為正應，然畢竟是賴初之養以養人，故雖顛亦吉。只六五拂經則是比于上，所以有拂經之象，然是賴上九之養以養人，所以居貞而吉，但不能自養，不可涉大川爾。

象曰：六二征凶，行失類也。

集註 胡氏曰：頤養之道，以安靜為无失。二三動体，故顛拂而凶；四五靜体，故雖顛拂亦吉。呂氏曰：頤卦四陰皆待養於上者，然養之道貴靜止而不貴躁求。在二雖當待上之養，已則為得頤道之正。若不待其顛而自往求之，則拂其經常之正，是以凶也。蓋二之於上，非近非應，惟二失於躁動，有拂經往求之意，故象以征凶失類戒之。張清子曰：顛倒也，拂違也。自上而養下為顛，以下而求上之養為拂。經者，中常正理，謂二居中得正也。丘，外而高者，指上九而言，艮上為山丘土高之上九，以求養，故曰拂經于丘頤，往則凶矣。六爻之中，惟初九、上九二陽能自求口實，其中四陰爻求顛頤則拂頤也。六二以陰居陰，虛不能自養，必求養於陽，俯求於初則為顛，仰求於上則為拂。六二顛拂兼之，以征則凶。二之征何以凶也？二以陰而求養於陽，行則失

其陰類矣

六三拂頤貞凶十年勿用无攸利　陰柔不中正以處動極拂於頤矣既拂於頤雖貞亦凶故其象占如此

象曰十年勿用道大悖也【集註】【張清子曰】三与上爲正應上爲頤養之主三食上之德乃其正也而言拂頤貞凶何哉蓋以六三乃處中之下幽噬物而動者也位不中正而拂違乎頤養之道雖与上九爲正應亦不免於凶矣十年勿用謂終不可用无所往而利彼於理豈不大悖戾哉得釋拂義

六四顛頤吉虎視眈眈其欲逐逐无咎　柔居上而得正所應又正賴之以養而施於下故雖顛而吉虎視眈眈下而專也其欲逐逐求而繼也又能如是則无咎矣【附錄】問其欲逐逐如何曰求養於下以養人必當繼繼求之不厭乎數然後可以養人而无窮不然則所以養人者必无繼矣以四而賴養於初亦是顛倒但是求養食以養人所以爲顛而吉

象曰顛頤之吉上施光也【集註】【節齋曰】以體靜止是能靜以待養於初故吉【張清子曰】六四以陰居陰与初九爲正應四陰柔不能自養而下求於初九之養故曰顛頤而得養正之吉虎視眈眈者虎下視之貌六四下視初九有如虎之下視則凡事居下之貪欲之心必逐逐而又逐聽而去之不敢肆其欲於食之原乃得无咎然顛頤一也六二顛頤所以凶者非初之正

應也六四顛頤而吉者四乃初之正應也況六四居近君之位下賢初九陽剛之才以養其德也人君養天下則上之拂逆者亦洸大矣

六五拂經居貞吉不可涉大川六五陰柔不正居尊位而不能養人反賴上九之養故其象占如此

【附錄】六五不能養人反賴上九之養是已拂其常矣故守常則吉涉險則不可也所謂居貞吉正如洪範用靜吉用作凶是也

象曰居貞之吉順以從上也【集註】【徐古爲曰】上養下者常也五以君位无剛健之德不足以養天下乃待上九之養亦拂其常者也於是獨不言頤而於上九言由頤其意微矣【丘行可曰】豫五不言豫以豫說之權由乎四而象釋之曰大有得也頤五不言頤以頤養之權由乎上而象釋之曰大有慶也五位君也而豫頤六五不能自有其權者以弱君而迫於臣故也頤五承剛故雖拂經而居則貞吉豫五乘剛是以有貞疾不上之戒【張清子曰】五爲君位乃養天下者也其才柔弱不足以濟反賴上九之養是拂其經常之道者也然必以貞正則可獲吉艮爲止故居貞則吉涉大川則不可其所以獲居貞之吉者蓋五不恃其尊能柔順以從上九之賢賴之以養天下真聖人養賢以及万民之事也然六二拂經而凶者以動而求上也六五拂經而吉者以靜而從上也

上九由頤厲吉利涉大川六五賴上九之養以養人是物由上九以養也位高任重故厲而吉陽剛在上故利涉川

象曰由頤厲吉大有慶也【集註】【楊氏曰】頤者養也九陽實則能養陰陰虛則能受養於陽

頤之上九一陽爲之主四陰由之以養也初亦陽爻居在卦下自養可也亦爲養人何 胡氏曰 頤中四陰爻多言顛拂者顛主上九而言謂陽自上而養下也拂主四陰而言謂陰自下而求養於上也 張清子曰上九爲頤之主則四陰在下皆由我以養之故曰由頤然養人之權在五而上居其上爲衆陰所歸易失之專故必常懷惕厲之心則可保其吉况上九以一陽而得於四陰之上剛足以有爲故有利涉大川之象雖勿危厲而獲吉亦有大慶也此則伊尹以天下爲己任之事也○五之陰柔貧人以養故不可涉大川上之陽剛足以養人故利涉大川

總論 丘行可曰 頤養也卦二陽四陰陽實陰虚實者養人虚者求人之養故四陰皆求養於陽者然養之權在上故二陽又以上爲養之主而初陽亦求養者也且以上曰由頤而初但言觀我朶頤而已其在中四陰隨上陽止而爲養者吉隨初陽動而爲養者凶四五二陰隨上陽而止者故四顛頤之吉五拂經居貞之吉二三兩陰隨初陽而動者故二拂頤貞凶二于丘頤征凶也 李西溪曰 口容止故頤貴止不貴動而艮上三爻皆吉震下三爻皆凶

☱☴ 巽下兌上

大過棟橈利有攸往亨

大陽也四陽居中過盛故爲大過上下二陰不勝其重故有棟橈之象又以四陽雖過而二五得中内巽外兌有可行之道故利有所往而得亨也 集註 伊川曰 小過陰過於上下大過陽過於中陽過於中而上下弱矣故

爲陰抗之象陰弱而陽强君子盛而小人衰故利有攸往而亨也○

【雙湖胡氏曰】大過者陽盛過也六畫之卦三陰三陽則剛柔分此卦四陽二陰陽盛於陰故爲大過棟屋極也橈曲而折也大過四陽連貫乎中一而初五比上各一陰一陽非過者也過在三四兩爻乎三四又居全卦之中比有棟象初上雖與三四爲應然初上皆柔不勝其重有橈象屋之乍重皆在棟棟之力在本末兩端本末弱則棟橈而屋壞不可不往以救之也故利有攸往往則能亨亨有大厦將顛支而輔之之義

彖曰大過大者過也 以卦體釋卦名義 棟橈本末弱也 復以卦體釋卦辭本謂初末謂上弱謂陰柔 剛過而中巽而說行利有攸往乃亨 又以卦體卦德釋卦辭 【附錄】棟橈是以卦體本末弱而言卦體自不好了却因剛過而中巽而說行如此所以利有攸往乃亨也劉砥 大過之時大矣哉 大過之時非有大過人之材不能濟也故歎其大 【附錄】大過便如堯舜之揖遜湯武之征伐這都是常人做不得底事唯聖人做得故曰大過大過是大過人底事小過便如行過乎恭喪過乎哀用過乎儉事小過得些子底常人皆能之若當大過之時做大過底事當小過之時做小過底事 【集註】【進齋徐氏曰】卦以初爲本上爲末初上皆柔故曰本末弱剛過而中以二五言巽而說行以二德言如大過之世四陽過盛必用剛而得中內巽而外說則可以抑其陽之過而扶本末之弱雖過不過矣以是而往宜其亨也○

〔介軒胡氏〕曰：棟橈，本末弱，此以成卦之義言大過也。剛過而中，巽而説行，此以卦才言所以救過之道。蓋剛而得中則不過，巽而説行則能往，所以亨也。〔熊倩子〕曰：大過謂陽大過乎陰也。棟之傾橈，以本末俱弱故也。本謂初六承剛者也，末謂上六乘剛者也。蓋四陽雖過而二五皆得其中，下巽上説，以此而行，則何所往而不利。彖辭於利有攸往之下，以乃亨言之，乃者然後也，謂大過無自亨之理，以往而後亨也。此大過之時所以大矣哉。

象曰：澤滅木，大過。君子以獨立不懼，遯世无悶。澤滅於木，大過之象也。不懼无悶，大過之行也。〔附録〕澤在上，木在下，澤水高漲，是爲大過。木雖爲水浸而木皆動，故君子觀之，而獨立不懼，遯世无悶，此。

〔集註〕〔董氏〕曰：當大過之時，獨立不懼，遯世无悶，非所養之大過人者，不足以語此。孔子曰：勇者不懼，仁者不憂，是已。〔蔡氏〕曰：兑爲澤，巽爲木，楊澤木也。〔介軒胡氏〕曰：滅，沒也。兑澤在巽木之上，澤滅木也。夫澤本潤木，今在木上，而至於沒木，大過之象。然木在澤下則澤滅之，木不可不如此。君子觀象以之立大過人之行，故用之則獨立不懼，舍之則遯世无悶。人之常情，獨立而莫我輔者必懼，遯世而莫我知者必悶，唯聖賢之卓行絶識，大過乎人，故能不懼无悶。獨立不懼，是巽象，周公當之；遯世无悶，是説象，顔子當之。〔熊倩子〕曰：澤岸上而木下蔽之，象也。滅木，澤之過也。

初六藉用白茅无咎當大過之時以陰柔居巽下過於畏慎而无咎者也故其象占如此白茅物之絜者

象曰藉用白茅柔在下也集註張清子曰藉承也象初白茅柔絜之物象六初六當陽過之世以柔處下承在上之剛如用茅藉物過於畏謹故得无咎又茅之爲物雖薄而以之藉薦則其用可重陰之爲体雖柔然以之承陽而知所慎謹則處大過之世亦可以无過矣白茅柔物也巽爲白

九二枯楊生稊老夫得其女妻无不利陽過之始而比初陰故其象占如此稊根也榮於下者也榮於下則生於上矣夫雖老而得女妻猶能成生育之功也

象曰老夫女妻過以相與也集註陳水曰大過剛已過矣止可濟之以柔不可濟之以剛也大過之陽皆以居陰爲吉不以得位爲美隆山曰楊陰木也感於陽而易生者九二居陰而乘柔枯楊之象二居大過之時陽雖大過而陰已感之矣生稊之象也老夫猶枯楊也得女妻有生育之道焉猶生稊也蓋巽乾体也一索而得女居乾体者夫也而下比於初得女妻之象也大者過而陰比之則成生育之功焉何不利之有蜀僧曰四爻之剛雖同爲木然或爲楊或爲棟棟者衆材則木之强者也楊爲易凋則木之弱者也此卦本末皆弱二近於本五近於末故均爲木之弱也張清子曰楊者近澤之木求楊木過於老者謂二也生稊

根榮於下者謂初也九二爲老夫之夫而得初六之女妻猶能成生育之道而無所不利矣○楊雖枯猶能生稊而榮於下也老夫女妻宜其相與過於常情此則異乎五之可醜也

九三棟橈凶三四二爻居卦之中棟之象也九三以剛居剛不勝其重故象橈而占凶

象曰棟橈之凶不可以有輔也集註鄭氏曰四陽棟也其本末則皆陰也上承虛而無所庇下乘虛而無所據棟雖隆安得而不橈哉張清子曰雜卦云大過顛也大過之顛非一木所能支九三居巽體之上巽爲木亦有棟象不三以剛居剛剛之過者過剛則折故棟橈之凶九三獨當之况三與上爲正應上復以柔居柔不勝其重故曰不可以有輔也

九四棟隆吉有他吝以陽居陰過而不過故其象隆而占吉然下應初六以柔濟之則過於柔矣故又戒以有他則吝也

象曰棟隆之吉不橈乎下也集註西溪曰下卦上實而下弱下弱則上傾故三居下卦之上而曰棟橈凶言下弱而無助也上卦上弱而下實下實則可載故四居上卦之下而曰棟隆吉言下無弱而不橈也此二爻蓋分上下體鄭氏曰大過棟橈由本末弱然實以本爲重四居大臣之位而推乎初救其本也救其本於未過之初故棟隆而不橈乎下其下不橈則棟烏得而不隆故二所居不得位而推乎上救其末也救其末必已過之後故棟橈而不可以有輔則知救過於其末不若救過於其本也王景孟

曰九四以陽居陰而初六又以陰居陽其本不搖而所支載者亦不至剛過此棟之所以隆而不見撓於初六也 潘氏曰 九四為大臣之位亦棟象也以剛居柔乃適其平是以隆而吉也然下與初六之小人為應非惟不足以信用而又益以陰則反過乎柔矣故有他則吝惟不撓曲以就下乃得吉 丘行可曰 九四乘九三棟橈之上故有棟隆之吉蓋四以陽居陰則為得中而不過於剛此其所以吉也若又係於初六之陰則又過乎柔而害已之剛乃吝道也故曰有他吝他指初也惟四不係於初則剛不撓於柔故象以不撓乎下而釋之也 張清子曰 九四雖與初六為應而上附九五之君不為初六所撓故得棟隆之吉

九五枯楊生華老婦得其士夫无咎无譽九五陽過之極又比過極之陰故其象占皆與二相反

象曰枯楊生華何可久也老婦士夫亦可醜也

集註 東坡曰 九五不能過小者又為小者所乘而又承焉故曰老婦得其士夫 盧田曰 九二在初六之上老於初六故曰女妻女未嫁者也九五在上六之下少於上六故曰士夫士未娶者也 李子思曰 四陽居中而二五又居用事之地擯二陰於初上无位之所可謂陽大過而陰太弱也 張舜元曰 枯楊生華未厭卦亦 徐古為曰 二以剛居柔初以柔居剛比不過者也又在卦初故其過以相去可以成生育之功五以剛居剛上以柔居柔皆過者也又在卦終故其陰陽相比祇以為醜 丘行可曰 九五本居尊位以下無應過極不能成大過人之功雖比上六之陰如枯楊不根

而生華弃榮於上不能成實而華復耗矣其能久乎以上六之老婦得九五之士夫有生育之道雖能无咎而已婦老如此無足稱者故无咎言也譽雖无咎言之亦可醜也○巽下爲長女而曰女妻兌上爲少女而曰老婦其義未詳【張清子曰】九五以剛居中非有過也其過在上六也何者以陰乘陽以妻乘夫故也

上六過涉滅頂凶无咎【本義】處過極之地才弱不足以濟然於義爲无咎矣蓋殺身成仁之事故其象占亦如此

象曰過涉之凶不可咎也【附錄】象曰不可咎也某謂東漢諸人不量淺深至於殺身亡家此是凶然而其心何罪故不可咎也林賜【集註】【伊川曰】上六以陰柔處過極是小人過常之極者也小人之所謂大過非能爲大過人之事也直過常越理不恤危亡履險蹈禍而已如過涉於水至滅沒其頂其凶可知【誠齋曰】水溢而過於涉者不足以濟川而徒沒其頂任重而過其才者不足以濟難而徒滅其身其凶大矣【張清子曰】涉流澤象頂上象上以陰柔而躡居四陽之上乃過之首者首即頂也若過涉於水不審有濟苟不量深淺而至於滅沒其頂凶則宜矣非无咎也不可歸咎於人當自咎爾

【總論】【丘行可曰】大過四陽二陰陽過乎陰陽大也故曰大過論全卦則三四兩爻重剛不中過者也重剛而不中則是過在三四而不在二五論爻位則二四以剛居柔不過者也故二吉而四利三五以剛居剛過者也故三凶而五可醜是過在三五而不在二四觀

卦爻所指之辭可見矣至初上二柔亦以不過者爲美初陰伏於四
陽之下承剛也故藉用白茅无咎上陰踰乎四陽之上乘剛也故過
涉滅頂凶是知頤大過之世不怕不欲剛之過而柔亦不容過於剛
也胡氏炳文曰易大抵上下畫停者從中分反對爲象非他卦相應之例
也頤中孚小過皆然而此卦尤明三與四對皆爲棟象上隆下撓也
二與五對皆爲枯楊之象上華下稊也初與上對初爲藉用白茅之
慎上爲過涉
滅頂之凶也

☵坎下坎上

習坎有孚維心亨行有尚

習重習也坎險陷也其象爲水陽陷陰中外虛而中實也此卦上下皆坎是重險也中實爲有孚心亨之象以是而行必有功矣故其占如此

附録曰以看文字一節論之如到那一處見這說又好見那說又是如此而有礙如彼而不通便是險阻處到這裏須討一條路去方透便是習坎心亨荅沈僩

集註伊川曰陽實在中爲中有孚心亨維其心誠一故能亨通以誠一而行則能出險有可嘉尚也○節齋曰陰陽之精互藏其宅誠齋曰坎本坤也乾一陽交於其中而生水水內陽而外陰故其明內景離本乾也坤一陰交於其中而生火火內陰而外陽故其明外景李子思曰坎者陰中之陽離者陽中之陰中實者坎之用中虛者離之用丘行可曰人之處坎身可陷而心不可陷故曰維心亨心亨則非坎矣心不亨則失處險之道張清子

曰坎字土旁從欠乃土之欠缺處也坎險也上下皆險故曰習坎二五剛實爲有孚居二体之中爲心維以有孚之心而行險則窒塞者亨通誠可嘉尚也不行則常在險中而不能出矣

彖曰習坎重險也釋卦名義水流而不盈行險而不失其信以卦象釋有孚之義言內實【附錄】水流不盈纔是一坎滿便流出去行險不失其信是說決定如此維心亨乃以剛而行有常也

中也行有尚往有功也以剛在中心亨之象如是而往必有功也天險不可升也地險山川丘陵也王公設險以守其國險之時用大矣哉極言之而贊其大也

【集註】【蘭廷瑞曰】水注萬仞之山要下即下無復凝滯人在險前惟知有義理而已復何迴避所以心通【節齋曰】盈滿則溢也水流乎坎而不盈若坎体陷也行險而不失其信有孚也剛中二五也往有功動則出坎也【毛氏曰】水之性行則亨止則盈水以亨爲用不以盈也盈則有泛溢之患惟其不盈此所以適於既平也【丘行可曰】坎爲水流水也兌爲澤止水也兌陰卦陰靜故止坎陽卦陽動故流惟流故不盈惟不盈故可出險若待盈而後流則澤水也又陰虛陽實兌以一陰處二陽之上陽實則窒故不流坎以一陽處二陰之中陰虛則流故亨通○坎六爻四陰陷二陽四陰坎也二陽坎中之水也君子觀二陽中實之象故体水之德爲有孚維心亨所以處險也觀

四陰陷陽之象故因坎之形設險守臣所以用險也彖易聖人於往有功以上專以水言而明外險之道自天險不可升以下專以險言而明用險之方也 **張清子曰** 習以有重險之義天一生水陽性本動故有水流之象止則盈流則不盈流而不盈斯坻既平矣夫天下之物至有信者莫水若也其流行也不舍晝夜雖歷涉千方里之險阻能不失其信而斷斷乎必至者此所謂坎有孚也譬之潮焉一日九兩至雖潮盈虛各以其時是時亦未嘗无信也九二九五陷於坎中而剛德自若此維心亨之象也以此而行豈惟涉險而且有功之可嘉尚焉水之性而有功也則爲江爲海君子之行而有功也則爲治天下平究其本原之所自出亦曰有孚維心亨而已矣坎上爲天險則天之高不可階而升也坎下爲地險則山川丘陵而已天地之險自然之險也五爲王二爲公其守國亦不可无險以自捍是故設險焉設之者三里之城七里之郭深溝高壘之防此其爲險所以不可犯也然天時不如地利地利不如人和此又所謂在德而不在險者也堯舜嘗欲土階未嘗設險也而天下治此以堯舜之時而能用其无形之險者也秦皇築城万里未嘗不設險也而天下亂此以嬴秦之時而欲用其有形之險者也然則外險之時明險之用亦大矣哉

象曰水洊至習坎君子以常德行習教事 治己治人皆必重習然後熟而安之

集註 **項氏曰** 水之流也習而不止以成大川人之學也習而不止以成大器故君子以常德行習教事 **蒲氏曰** 六子皆重卦也

坎曰水流不盈，離曰明兩作，震曰洊雷，艮曰兼山，巽曰隨風，兌曰麗澤，
皆取重複之義也。何氏曰：洊，再也。水再至，則為重習之坎。初六乃
內水之方至者也，六四乃外水之洊至者也。君子體之，常德行者，以
此進德也；習教事者，以此教民也。張清子曰：習教事者，教武事也。如
詩云常德以立武事是也。常德如水之就下，洊而有常也。坎
險也，武事者，亦用之以行險者，教之不可以不習熟，故取以為象。

初六：習坎，入于坎窞，凶。以陰柔居重險之下，其陷益深，故其象占如此。

象曰：習坎入坎，失道凶也。集註 誠齋曰：初六陰柔之小人，設險以陷君子，猶以為未，又設險上
之險。坎，險也；窞，險中之險也。虞翻曰：險中小穴曰窞。以坎為未盡，而
復穴其中，其陷君子不遺餘巧矣。張清子曰：水性就下，兩坎相重，而
下坎為最險。初以陰柔而在下坎之下，可謂險矣，復究其坎中以為
窞，乃險而又險者。初六入險也深，則失其出險之道，其凶可知。是以
君子惡居下流也。初畫偶而中缺，有窞之象。

九二：坎有險，求小得。處重險之中，未能自出，故為有險之象。然剛而得中，故其占可以求小得也。

象曰：求小得，未出中也。集註 潘氏曰：陽剛之才而在險中，可以小得而未能出險也。張清子曰：九
二以剛中之才而陷于二陰之間，是坎有險也。二五皆剛，无應，我二
舍五而比初，僅可以求小得而已。若求其出險難之中，則未也。小為

陰指初六也

六三來之坎坎險且枕入于坎窞勿用以陰柔不中正而居重險之間來往皆險前險而後枕其險益深不可用也故其象占如此枕倚着未安之意 附録 來之自是兩字各有所指謂下來亦坎上往亦坎之之往也進退皆有險也 荅董銖 險且枕只是前後皆險枕便如枕頭之枕以砥

象曰來之坎坎終无功也 集註 童溪曰乾之九三処二乾之間故曰終日乾乾坎之六三処二坎之間故曰來之坎坎 張清子曰之往也三以陰柔而処于二坎之間欲進然而來則逢下坎欲往有所之則又逢上坎進退皆險故曰坎坎枕有倚藉之義險者下險也且枕者又枕乎上險也下坎已終而上坎繼之况六四居上坎之下又穴其坎中以爲窞此六三將入于坎窞之中謹勿作用而終无功也又曰初之坎窞下坎之下也以本爻言三之坎窞上坎之下也以六四言三已出下坎之上將入上坎之下又有入于坎窞之象

六四樽酒簋貳用缶納約自牖終无咎晁氏云先儒讀樽酒簋爲一句貳用缶爲一句今從之貳益之也周禮大祭三貳弟子職右執虛豆左執挾匕周旋而貳是也九五尊位六四近之在險之時剛柔相際故有但用薄禮益以

誠以進結自牖之象。牖非所由之正，而室之所以受明也。始雖艱險，終得无咎，故其占如此。【附錄】貳是副貳之義。蓋[illegible]不由户而自牖，以言艱險之時不可直致也。李季札

象曰：樽酒簋貳，剛柔際也。陸氏《釋文》本无「貳」字，今從之。【集註】【潘氏曰】樽酒簋貳用缶，与損之二簋可用享同意，皆言其窮約之時不事多儀而尚誠實也；納約自牖，与睽之遇主于巷同意，皆言其艱難之時自間道而通於君也。六四居大臣之位，當坎險之時，尽其誠實飾自牖而納約，非貞正之道，終无咎也。若治平之世，由間道而結於君，則不可矣。睽睽坎之時焉，然剛柔際，君臣相接也。【蔡清子曰】六四方出下坎之上，又入上坎之下，如艱險之時，將欲結知於九五剛中之主，惟在乎誠意之簡朴而已。簋一樽之酒，以缶簋貳之，所用不過吾平質素之器，即此信約而自其開明之牖以通之，將其中孚去其外飾，則君臣之際自可交接，故終无咎也。六四上比九五，有剛柔際之義。

九五：坎不盈，祗祗音支既平，无咎。九五雖在坎中，然以陽剛中正居尊位，而其時亦將出矣，故其象占如此。【附錄】祗字只得作抵字解。不盈是未平，但將來必會平。二五雖是陷于險中，畢竟是陽，會動，陷他不得。如有孚維心亨，行有尚，皆是此意。答劉砥

象曰：坎不盈，中未大也。有中德而未大。【集註】【潘氏曰】人君雖在險中艱難之中，不患其不能濟，患其既

濟而怠也故坎不盈非詠所憂及其既平之後能自祗敬乃无咎也中未大者方在險中未能光大也楊氏曰盈則出險平則无險物理之常也九五居上体而為上所揜是欲平險而未能故曰中未大也○張清子曰九五尊居君位謂宜有濟險之功乃以出不盈言之何哉盖九五下无應助以一陽而陷於上坎二陰之中水不盈則未能出坎之險然陽動物也安能終陷必至於水之既平乃能无咎夫水不盈則不平不平則險未出雖以剛居中其道亦未能光大也

上六係用徽纆寘于叢棘三歲不得凶以陰柔居險極故其象占如此

象曰上六失道凶三歲也集註丘行可曰坎以四陰陷二陽四陰為險者也然就四陰而論與初上之陰尤甚初陷于下使二之坎有險若初為之也上陷于上使五之坎不盈若上為之也故二爻釋象皆以失道罪之然初之失道也則自入于坎窞而已上之失道也則為人係縛之以徽纆而寘于叢棘之中是知初陷二之罪輕而上陷五之罪重也張清子曰上以陰柔乘九五之剛而居坎險之極以陷于刑禍故有係用徽纆寘于叢棘之象索之三股曰徽兩股曰纆叢棘所謂棘寺是也險極禍深故係之以徽纆囚之於棘寺至於三歲不得免焉盖由上六高危而失中如坎之道乃陷于深險之中而不能出凶三歲者其終凶可知也坎上六三歲不得与困初六三歲不覿皆言其久也

【總論】【丘行可】坎陷也，以一陽而陷于二陰也。上下皆坎，則二五皆陷，然坎之性下，下坎則爲陷之太甚，故上坎爲安，以五得位而二不得位。坎五之祇既平，異乎二之求小得也。其四陰之則処陽外，无陷陰者最凶，是以初言入于坎窞，上言寘于叢棘，以皆在二五兩陽之外也。若中二陰，三則失位乘陽而无功，四則得位承陽而无咎也。

☲ 離下離上

離利貞亨畜牝牛吉

離，麗也。陰麗於陽，其象爲火，体陰而用陽也。物之所麗，貴乎得正。牝牛，柔順之物也。故占者能貞則亨，而畜牝牛則吉也。

【附錄】離便是麗，麗附着之意。易中多說故麗也，有兼說明処也，有說明処。明是離之体，麗是麗着底意思，若是說淵。

【集註】【伊川曰】人之所麗，利於貞正，得其正則可亨通，故曰離利貞亨畜牝牛吉，謂養其順德則吉也。【康節曰】乾坤交而爲泰，坎離交而爲既濟，又參同契以乾坤坎離爲首卦列也。蒙以下六十卦，大抵以坎離爲重。【誠齋曰】牝牛謂二陰，皆坤，坤爲牝牛，畜養也。【厚齋曰】先天之易，離東而坎西，陰陽之中也；後天之易，坎子而離午，天地之中也。【李子思曰】天一下降，坎中在物爲水，而在人爲精，以昏觀之，坎之一陽居中而中實，即精藏于中而水積于淵之象也。地二上升，离中在物爲火，而在人爲神，以啓覌之，離之一陰居中而中虚，即神寓于心而火明于空之象也。【丘行可】離，麗也。離以柔爲主，柔之爲物，不能自立，必附麗於陽，利在貞正乃能得通爻一体。柔皆得中，亦有能貞之義。牛爲順物，而牝牛爲順之至者也。畜牝牛吉者，蓋離体本明，而養之以柔則吉也。於坤只貞利牝馬，取順而健行之義。於離則畜牝牛，取順而得正之義。

張膚子曰：陰居中，二陽在外，弱之畜牝牛之象也。

彖曰：離，麗也。日月麗乎天，百穀草木麗乎土，重明以麗乎正，乃化成天下。釋卦名義。

【附録】重明是五二君臣重明之義，與大象說大人繼世重明之義不同。語錄。

柔麗乎中正，故亨，是以畜牝牛吉也。以卦体釋卦辭。

【附録】六二中正，六五中而不正。今言麗乎中正，次第說六二分數多。此卦唯這爻較好，故元吉。六五雖柔麗乎中，而不得其正，特借中字而包正字爾。

【集註】李仲永曰：离有不離之義，故曰麗也。日月運行不離乎天，故曰麗乎天。百穀草木不離乎土，故曰麗乎土。**項氏曰**：天所惡於柔順者，謂其弱於邪也。此言離之二五皆麗於中正，則无惡於柔順矣，故畜牝牛吉。**丘行可曰**：離有附麗之義，万物莫不各有所麗。在人則爲相親附之義，而所麗不可不得其正。五爲天位，故离上有日月麗乎天之象，此以氣麗氣者也。二居地位，故离下有百穀草木麗乎土之象，此以形麗形者也。上下皆離，故曰重明。大人以重明相繼而麗乎正，則可以成天下文明之化。柔麗乎中正，言二五兩柔麗乎上下体之中也。二又得正，故能亨。畜牝牛吉者，養其順德，所以吉也。**張膚子曰**：离爲日，兼月而言者，蓋月受日之光，可以兼舉言之也。

象曰明兩作離大人以繼明照于四方也【附錄】明兩作猶言水洊至今日明來日又明若說兩明却是兩个日頭答吳某湖【集註】龜山曰一則无所麗兩而後有所麗故曰明兩作離取希道曰彖言二五君臣故以上下重明言之象言明兩作皆君也故以先後繼明言之【白雲曰】六十四卦惟離象獨稱大人大人者與日月合其明故繼明然稱大人【徐氏幾曰】天有日月此明兩作離之象然日月因代明矣而今日之日與來日之日今夕之月與來夕之月又自爲兩所以致其明於不息也故曰明兩作離大人以繼明照于四方以明繼明也【張氏清子曰】明離象兩重也作起也猶賢聖之君六七作之作明兩作者一明起而一明繼也大人法重離之象故以後明繼前明而照于四方蓋兩明相繼則其明也始始不息矣以是知續其明於不息者兩也

初九履錯然敬之无咎以剛居下而處明體志欲上進故有履錯然之象敬之則无咎矣戒占者宜如是也

象曰履錯之敬以辟咎也【集註】【誠齋楊氏曰】初九以陽剛而居離明之初以火之始然爲日之始旦雖在下无位而未進其踐履之實錯然於天下已不可掩矣非晦其明則衆之所忌咎之所集矣故若畏謹以晦其明也故无咎邪无咎也敬畏以辟之也【張氏清子曰】履在下象錯然交錯貌初居離之始所履之邪正善惡紛錯而未知適從也不敬則妄動而獲咎矣故履錯之敬可以辟咎

六二，黃離，元吉。黃，中色。柔麗乎中而得其正，故其象占如此。

象曰：黃離元吉，得中道也。【集註】【胡氏曰】二中正，故元吉；五中而不正，故雖吉而不可謂之元。【張清子曰】黃，中色也。二以柔而麗剛，居中履正，得其所麗，故曰黃離。盡一卦之美，故獨得大善之吉。然所以元吉者，二居下体之中，能得中道故也。象言柔麗乎中正，此爻有之。二五兩柔皆離之主，而五不如二者，二正而五不正尒。

九三，日昃之離，不鼓缶而歌，則大耋之嗟，凶。重離之間，前明將盡，故有日昃之象。不安常以自樂，則不能自處，而凶矣。戒占者宜如是也。

【附錄】夭死生常理也，若不能安常以自樂，則不免有嗟戚。答潘時舉

象曰：日昃之離，何可久也。【集註】【伊川曰】九三居下体之終，乃前明已盡，後明將繼之時，人之始終，時之革易也，故爲日昃之離。【趙庸齋曰】離爲日，三過中，前明將已，有日昃之象。於是時也，鼓缶而歌，是以樂消日也，王羲之所謂年在桑榆，正賴絲竹陶寫是也；大耋之嗟，是以憂嗟日也，趙孟所謂吾儕偷食，朝不謀夕是也。【胡氏曰】耋，七十曰耋。左傳云天子以伯舅耋老，老是也。【張清子曰】離爲日，以三畫之離言之，初爲日出，二爲日中，三爲日昃。至九四則上離繼之，爲重明之象，苟日之夕矣，不能自樂以安其天，徒自嗟爾，則耋之凶，凶之道也。

九四突如其來如焚如死如棄如 後明將繼之時而九四以剛迫之故其象占如此 【附錄】九四有侵陵六五之象故曰突如其來如離爲火則有自焚之義故曰焚如死如棄如言其焚死而棄也

象曰突如其來如无所容也 无所容言焚死棄也

【集註】【童溪曰】離爲日爲火九三曰日昃之離此取日以爲義也九四曰焚如此又取火以爲義也【張清子曰】九四居重離之下輒進妄動突如其來失善繼之道也況離火之性炎上四以陽剛居近君之位有陵轢乎上之勢氣燄熏灼故曰焚如然以剛躁而不中弗戢將自焚必至於死及亡而後已故曰死如衆所棄絕歷餘燼而无足取故曰棄如以其所爲則進退无所容其身矣

六五出涕沱若戚嗟若吉 以陰居尊柔麗乎中然不得其正而迫於上下之陽故憂懼如此然後得吉戒占者宜如是也

象曰六五之吉離王公也

【集註】【潘氏曰】五居尊位天下之所麗也明德在中慮事深遠出涕戚嗟憂懼之至所以吉也離王公若天下皆附于上也【節齋曰】坎之時用在中二五皆卦之中也五當位而二不當位故五爲勝離之時用在中二五皆卦之中也二當位而五不當位故二爲勝○【張清子曰】六五以文明之主謂宜以得位爲樂而乃有出涕戚嗟之

事何耶？言五以一柔麗乎二剛之間，而為剛所迫，故涕沱而戚嗟也。居至於嗟若，惟人君當嗣位繼明之時，以先天下之憂而憂，戚有是逸豫之心，故占得其所以吉者，由所麗得其王公之正位，爾不如同人之五先號咷而後笑也。

上九，王用出征，有嘉折首，獲匪其醜，无咎。剛明及遠，威振而刑不濫，无咎之道也，故其象占如此。

象曰：王用出征，以正邦也。【集註】南軒曰：離有甲冑戈兵之象，而周官司馬之職，列於夏官，蓋有以也。林氏曰：離性炎上，在上體之上，則炎上之太過者也，故出下流在下卦之下，則下流之已甚者也。張清子曰：王，五也；用，五用上也。離為甲冑戈兵，又外卦，故以出征言之。上九處重離之極，明足以察，剛足以斷也。五以文明柔順之君，將欲征其不附麗者，惟用上九以出征，則威武可以為文德之輔，而有可嘉之功，折首獲匪其醜，則无窮兵黷武之咎，又安有不歸附之人哉？征之為言正也，故曰以正邦也。書曰：殲厥渠魁，脅從罔治是已。

【總論】丘行可曰：離，麗也。以一陰而麗乎二陽，則上下皆離。則二五皆麗乎陽者也。離之性上炎，上離則炎上之太過，故下離為安。以二得位，而五不得位也，故二之黃離元吉，異乎五之出涕沱若，吉也。其四陽爻則以陽而為陰所麗者，自取以是，以三言日昃之離，四言焚如棄如，以皆在二五兩陰之內也。若初上二陽，初明在下，則知以敬而无咎，上剛在外，則能以征而正邦也。

建安後學張公埜點校

周易上經卷第三

張氏可軒書院新刊

文古宾相月　日　朱句擇切

八閩文庫

文獻集成 203

福建文獻集成

續編 經部 三

吴格 主编

海峽出版發行集團
THE STRAITS PUBLISHING & DISTRIBUTING GROUP
福建人民出版社

本册目次

周易本義附録集註十一卷（卷四至卷一一）

［元］建安張清子撰

日本宮内廳書陵部藏元刻本

張氏周易本義附錄集注 四

周易下經卷第四

晦菴朱熹傳

建安後學中溪張清子編

䷞ 艮下兌上

咸亨利貞取女吉 咸交感也兌柔在上艮剛在下而交相感應又艮止則感之專兌說則應之至又艮以少男下於兌之少女男先於女得男女之正婚姻之時故其卦爲咸其占亨而利貞取女則吉蓋感有必通之理然不以貞則失其亨而所爲皆凶矣 本義 〔附録〕 伊川曰咸有亨之理利貞相感之道利在於正也取女吉以此義取女則得正而吉也 林黄中曰男不下女而女從之非貞女也如是者不可取矣 閭丘昕曰感非其正則夫婦不以淫合君臣不以道合朋友不以義合終必至於睽離 張清子曰咸者皆也感也咸一上一下皆有剛柔感應之義物之相感莫如男女之少者故二少爲咸上下六爻感則有亨通之理然相感之道利在守正以此道而取女其吉可知

彖曰咸感也 釋卦名義 集註 伊川曰感動也有感必有應凡有動者皆爲感感則必有應所應復爲感所感復有

有應所以不已也【合訂】何曰咸者感也所以感皆心也無心者不能
感故咸加心而為感有心於感者亦不能感故感去心而為咸咸
皆也惟无容心於感然後無所不感聖人以咸名卦而彖以感釋之
所以互明其旨也先儒皆以咸為无心之感非也既無心矣又焉能
感哉所謂无心者特無容心於感爾故易大傳曰易无思也無為也
寂然不動感而遂通天下之故是咸感之義也又雜卦曰咸速也咸
亦無速義惟感故速爾故咸者感之本速者感之效咸故感感故速
不可便以感速訓咸也如書咸有一德咸庭五長有皆義無感義如
字二義之不咸則有不相
合之意又義近於感爾　**柔上而剛下二氣感應以相與止而說男**
下女是以亨利貞取女吉也　以卦体卦德卦象釋卦辭或以卦變言柔上剛下之義曰咸自旅來柔上
居六剛下居五也亦通【集註】【徐古爲曰】咸感也咸有感義非以咸訓感感不必
有應无獨以有者相得而相為感應者咸也故不
相得者謂之不咸彖言二氣感應以相與感應者感之義也相與
者咸皆之義也曰天地感則天與地感矣曰聖人感人心則聖人與
人心感矣皆感應以相與之義也【合訂】何曰柔上也六本居三上
與乾交而為兌也剛下也九本居上下與坤交而為艮也二氣感
應以相與山澤通氣也不言山澤者言山澤則不見相與之義故以
二氣言之觀雷風相與則知二氣相與之為山澤明此釋咸亨
義止而說以二德言人心之說動易失正惟止而能說則無徇情縱
欲之失此釋利貞義男下女以二象言謂以艮之少男下於兌之少

女也。乃婚姻之道，先女先男者，以女守貞靜，男先下之，則爲得男女之正，此推娶女吉義，故下以是以二字總結之。天地感而萬物化生，聖人感人心而天下和平，觀其所感而天地萬物之情可見矣。極言感通之理。集註 馮氏曰：乾陽化爲兌，坤陰化爲艮，陽化柔上剛下之象也。張清子曰：天地之感以氣，聖人之感以心，以公天地無心之感，而万物有化生之理；聖人感人心而天下有和平之治。寂然不動，性也；感而遂通，情也。於其所感而觀之，而天地万物之情可得而見矣。情者，感而動者也。

象曰：山上有澤，咸。君子以虛受人。山上有澤，以虛而通也。附録 上兌下艮，兌上缺有澤口之象，兌上一陽畫有澤底之象，艮上一陽畫 丘行可曰 山有土之象，下二陰畫中虛，便是滲水之象。答劉砥 集註 上有澤，其中必虛，虛則山澤之氣通而感應之理以生，君子觀虛而能感之象，而以虛受人之一心，其寂然不動感而遂通者，虛故也。苟以私意實之，則先入者爲主，而感應之機窒，雖有至者，皆捍之而不受矣。故山以虛則能受澤，心以虛則能受人。白雲曰 山澤通氣而後万物化生，君子法之以虛受人，惟虛故受，受故能感，不能感者以不能受，故地不能受者以不能虛中以也。張清子曰 水之性潤下，土之性受潤，山上有澤，卽山澤通氣之義。君子觀咸之象，則以虛受人，蓋土之中虛者，則於潤无所不受；心之中虛者，則於人無所不容；實則不能相受

初六咸其拇　拇足大指也咸以人身取象感於最下咸拇之象也感之尚淺欲進未能故不言吉凶此卦雖主於感然六爻皆宜靜而不宜動也〔附錄〕艮雖是止然咸有交感之義都是要動所以都說動卦体雖說動然纔動便不吉動之所以不吉者以其內卦屬艮故也　沈僩

象曰咸其拇志在外也〔集註〕子夏曰拇作踇〔莊子曰〕拇支指也呂藍田曰初与四應四以心感而初以足行不正足而曰拇者以陰居下靜而未行蓋心感而跡未應也〔張清子曰〕初六處下体之下故曰咸其拇拇者足之大指居下而向外者也初与四為正應所感雖淺然觀其拇之動則知其志已在乎外卦之九四矣

六二咸其腓凶居吉　腓足肚也欲行則先自動躁妄而不能固守者也二當其處又以陰柔不能固守故取其象然有中正之德能安其所故其占動凶而靜吉也

象曰雖凶居吉順不害也〔集註〕〔鄭汝諧曰〕二与五應二待五之感而應可也而二之体則腓也其性无故而自動不待感而動者也鍾不扣而鳴則妖石不言之物而言則怪物有不感而自動者乎故以居為吉〔楊氏曰〕六二之咸以腓可謂凶矣然居而不行靜而不動故可以免凶吉居吉而利矣〔張清子曰〕六二在下体之中故曰咸其腓腓者足之肚行則先動

若也二與五爲正應當待五之感而後動今乃不待九五之感而先
動躁妄自失所以凶也然以柔復柔則當其位苟能居以俟之不亦
吉乎陰性本靜一能順其性而不動則不至有
私感之害矣六二之居吉即時乾之用靜吉也

九三咸其股執其隨往吝股隨足而動不能自專者也執者主當
持守之意下二爻皆欲動者三亦不能
自守而隨之往則吝
矣故其象占如此

象曰咸其股亦不處也志在隨人所執下也言亦者因前二爻
皆欲動而云也二
爻陰躁其動也宜九三陽剛居
止之極宜靜而動可吝之甚也集註丘行可曰下卦二陰感物而
動故不知止三剛而止體乃
亦如二陰之爲故曰亦不處陽在上而下隨二陰故曰所執下也○
張清子曰九三居下体之上故曰咸其股股不能自行而隨足以動
是自執下隨之說者也以止而往誠可羞吝亦不處謂三爲艮陽之
主有應在上而反下隨乎二亦躁動而不知所止矣志在下隨則所
執者不
亦卑乎

九四貞吉悔亡憧憧往來朋從爾思九四居股之上脢之下又當
三陽之中心之象咸之主也
心之感物當正而固乃得其理今九四乃以陽居陰爲失其正而不
能固故因占設戒以爲能正而固則吉而悔亡若憧憧往來不能正

固而累於私感則但其朋類從之不復能以遠矣

象曰貞吉悔亡未感害也憧憧往來未光大也感害言不正而感則有害

也【集註】南軒曰咸六爻未嘗言心初二五曰志而四曰思志者心之所之而思者心之用心之相感惟物誘於外然後心往赴之發而爲情矣此所以不言心歟誠齋曰九四適當心位不言心而言思者貴其發心而任思也以思窮物適以物役窮思安能窮神知化而成光大之盛德哉子曰天下何思何慮此之謂也張清子曰以卦體觀之九四居三陽之中適當心位而不言咸其心若无咎心於感所爾然爻言思象言感者即心也夫本然虛靜之天純乎貞一未有私感之害故吉而悔亡憧憧字左旁從立心九四之心憧憧然往來乎比類之間則意向不定其所感者狹而從爾思者朋而已矣朋其朋則不從故曰未光大也朋者九三九五是也

九五咸其脢无悔脢背肉在心上而相背不能感物而无私係九五適當其處故取其象而戒占者也能如是則雖不能感物而亦可以无悔也

象曰咸其脢志末也志末謂不能感物【集註】子夏曰在脊曰脢西溪曰九四之悔亡是有悔而亡九五之无悔是无復有悔張清子曰脢背肉也无可感无慮故亦无悔九五尊居君位可以感人心而天下和平矣而僅能无悔何耶蓋

五與六二爲應，又比上六，係二而説上，所感以私，非聖人感人心之正道，亦猶背肉之脢與心相背而昧無所見，所感不能行其正，則其志淺末可知矣。

上六，咸其輔頰舌。 輔頰舌皆所以言者，而在身之上。上六以陰居説之終，處咸之極，感人以言而無其實，又兌爲口舌，故其象如此，凶咎可知。【附録】咸上一畫如人口，中二畫有腹背之象，下有人脚之象。杏如砥。

象曰：咸其輔頰舌，滕口説也。 滕、騰通用。【集註】童溪曰：上六居感之極，常以兌之口舌發爲言説，諂媚極感之事，此小人女子之常態，故曰咸其輔頰舌。夫以心感人，所感已狹，况滕口説以求感，其能感人乎？此感道之衰也。張清子曰：上六居兌體之上，有口之象，溺於容説者也。感不以心而以輔頰舌，其蘇秦、張儀之徒鼓縱横其説，即滕口説也。

【總論】丘行可曰：咸六爻以人身取象，上卦象上體，下卦象下體。初在下體之下爲拇，二在下體之中爲腓，三在下體之上爲股，此下卦三爻之序也。四在上體之下爲心，五在上體之中爲脢，上在上體之上爲口，此上卦三爻之序也。拇、腓、股隨體而動，難感者也；脢不能思，無感者也；輔頰舌以言爲説，不足以感人者也，皆不能盡乎感之道。惟四於心位爲感之主，似知感之義者，然無心者固無所感，而有心者憧憧往來，亦不能以咸感，感之道其難哉！大傳曰：夫易无思也，無爲也，寂然不動，感而遂通天下之故，必如是而後可以言咸感之道。

䷟ 巽下震上

恒亨无咎利貞利有攸往 恒常久也為卦震剛在上巽柔在下震雷巽風二物相與巽順震動為巽而動二體六爻陰陽相應四者皆理之常故為恒其占為能久於其道則亨而无咎然又必利於守貞則乃為得所常久之道而利有所往也

【附錄】恒非一定之謂故晝則必夜夜而復晝寒則必暑暑而復寒若一定則非常也其在人冬日則飲湯夏日則飲水可以仕則仕可以止則止今日道合便從明日不合則去又如孟子辭齊王之金而受薛宋之餽皆隨時變易故可以為常也 楊道夫 君尊臣卑分固不易然上下不交也不得 ○體之常所以為用之變用之變所以為體之常 ○又曰能常而後能變及其變也常亦只在其中 沈僩

【集註】【伊川曰】恒者常久也恒之道可以亨通恒而能亨乃无咎也恒所以能亨由貞正也夫所謂恒乃可常久之道非守一隅而不知變也【建安邱氏曰】恒一也而有二義利貞者不易之恒也利有攸往者不已之恒也 自其不易者而觀之則窮天地亘古今而不可變自其不已者而觀之則寒暑晝夜之往來其變亦未嘗息【誠齋楊氏曰】利貞體常也利有攸往盡變也【丘行可曰】咸一少相交者夫婦之始也所以論一時交感之情故以男下女為象男先下於女婚姻之道成矣恒一長相承者夫婦之終也所以論万世處家之道故以男尊女卑為象女下於男居室之倫正矣或曰卦以二少二長相重者不有損

兼山曰損雖二少亦男下女咸感之義微矣若雖一長而女居男上恒久之義著矣此下經所以不首損益而首咸恒也。張清子曰恒常久也恒字左旁從立心右旁從一日亙心如一日也男在女上男尊女卑長男居外長女居内乃居室之恒故爲恒也恒而可久有亨之理亨則无咎而利於貞正利有攸往也

彖曰恒久也剛上而柔下雷風相與巽而動剛柔皆應恒以卦體卦象卦德釋卦名義或以卦變言剛上柔下之義曰恒自豐來剛上居二柔下居初也亦通　恒亨无咎利貞久於其道也天地之道恒久而不已也恒固能亨且无咎矣然必利於貞乃爲久於其道不貞則久非其道矣天地之道所以長久亦以貞而已矣　利有攸往終則有始也久於其道終也利有攸往始也動靜相生循環之理然必靜爲主也　日月得天而能久照四時變化而能久成聖人久於其道而天下化成觀其所恒而天地萬物之情可見矣極言恒久之道　集註　童溪曰恒之六爻剛柔皆應自初至上三剛三柔各居相應之地卑之常也　張清子曰不能終常者不可與盡變不能久變者不可以體常天地所以能常以常者以其能盡變也經曰易窮則變變則通通則久

久久而无弊者其变之謂乎知柔上剛下者皆会变則知剛上
柔下者爲常矣知震雷巽風爲变則知雷風相与爲常矣

象曰雷風恒君子以立不易方【集註】誠齋曰終始变化者恒之道所以久而不
窮立不易方者恒之體所以久而不变【童溪曰】大多王曰於止知其
所止而其所止之目則曰爲人君止於仁爲人臣止於敬爲人子
止於孝爲人父止於慈与國人交止於信此不易之地也君子立
其身於此也則所謂有常之德也【漢上曰】方者理之所不可易者
也【楊氏曰】迅雷風烈必变故知不終朝而止者非常也成王周公盡弁而啓
金縢之書有以敵天之变也盖雷風不恒則傷物爲風之作貴乎常
也【張清子曰】巽其入也而在内震其出也而在外二者各居其位則謂之
雷風恒故君子体之卓乎如有所立而不变其方所若震居乎内而
巽居乎外二者互易其位則謂之風雷益矣故君子体
之亦有遷善改過之義此恒益二象之所以不同也

初六浚恒貞凶无攸利 初与四爲正應理之常也然初居下而在
初未可以深有所求四震体而陽性上而
不下又爲二三所隔應初之意異乎常矣初之柔暗不能度勢又
以陰居下爲巽之主其性務入故深以常理求之浚恒之象也占
者如此則雖貞亦
凶而无所利矣

象曰浚恒之凶始求深也【集註】進齋曰大凡交際之道自有淺
深交之深則可求之深若交淺

而遂以深望之，豈常理哉？【張清子曰】浚如浚井之浚，浚而深之也。初與四為正應，相比。然初以陰柔而居下，狃常而不知變，相應之始而求望於九四者太深，是浚恒也。雖貞亦凶，无所利矣。巽入也，故有深入之凶。蘇軾以浚言深，君子所戒是也。

九二悔亡。以陽居陰，本當有悔，以其久中，故得亡也。

象曰：九二悔亡，能久中也。【集註】【白雲曰】可久之道无他，中焉而已矣。過猶不及，皆非可久也。○【沙隨曰】大壯九二、解初六、咸九二，爻辭皆不著其所以然者，以其象意明也。【張清子曰】二以陽而居陰，非恒也。爻非其恒宜有悔也。然二五相應，惟能恒久於中道，守而不變，其悔乃亡也。一也以剛居之，故久，而象亦曰能久中也。

九三不恒其德，或承之羞，貞吝。位雖得正，然過剛不中，志從於上，不能久於其所，故為不恒其德，或承之羞之象。或者，不知其何人之辭。承，奉也。言人皆得奉而進之，不知其所自來也。貞吝者，正而不恒，為可羞吝，申戒占者之辭。【附錄】承如承奉之承，如人送羞辱與之也。答呂燾。

象曰：不恒其德，无所容也。【集註】【兼山曰】九三剛已過中，而巽其為不果，進退无常，不恒其德者也。【張清子曰】三以剛躁而處雷風之交，德之不恒者也。不恒其德，則或承受其羞辱矣。雖貞亦吝。孔子曰：人而无常，不可以作巫醫，巫醫尚然，

役也无常之人且不可爲况其他乎宜其无所容身於天地間也

九四田无禽以陽居陰又非其位故爲此象占者田无所獲而凡事亦不得其所求也

象曰久非其位安得禽也集註節齋曰四爲震体而處位不中好變者也以好變之心雖浚恒之初以不能相有也故曰无禽張清子曰九四爲震動之主而位不中正乃攺其常者也初爲禽四雖与初爲正應而驅馳田獵竟無一禽之獲如非其位雖久果何所利哉久居而不去貪得而不厭此持禄保位者之爲也何足取哉

六五恒其德貞婦人吉夫子凶六五有恒其德貞之象占者若婦人則吉夫子則凶所謂吉凶者非爻之能吉凶爻有此象而占者視其德而有吉凶爾董銖

象曰婦人貞吉從一而終也夫子制義從婦凶也集註童溪曰恒其德貞不恒其德反九三剛大過而六五柔居中故也進齋曰以柔中爲常者婦人之事故恒其德貞在婦人則吉占若夫子當以剛中爲德苟亦如婦人之爲則反常而爲凶矣立齋曰二以陽居陰五以陰居陽皆位不當而得中者也在二則悔亡而五有夫子凶之戒者蓋二以剛中爲常而五以柔中爲常也以剛如常能常若此其悔可亡以柔爲常則是婦人之道非夫子所尚也六五所以有從婦之凶

恒九四之才與二同而位異故四之爻不如二之爻六五之位與二同而才異故五之柔中又不如二之剛中也是以爻辭於四言无禽於五言夫子凶而於二獨稱悔亡【張清子曰】五以陰柔而應於二之陽剛居尊得中能恒久其德而貞固者也守貞婦之節無違夫子從一人而終其身在婦人則吉也為夫子者則又當斷制以義若但區區惟婦是從此則凶之道也况五乃君之位以柔順為常此豈君道也哉

上六振恒凶　振者動之速也上六居恒之極處震之終恒極則不常震終則過動又陰柔不能固守居上非其所安故有振恒之象而其占則凶也

象曰振恒在上大无功也【集註】【楊氏曰】在下以入為常浚恒也求浚非也在上而求振亦非也上六之振恒宜乎其无功【張清子曰】上六居恒終震極之位而以振動為恒此凶之招也况居上而以振動為常豈特凶而已矣而且大无功也天下本無事庸人自擾之是之謂矣

【總論】【丘行可曰】恒中道也中則能恒不中則不恒矣恒卦六爻無上下相應之義惟以二体而取中焉則恒之義見矣初在下体之下四在上体之下皆未及乎恒者故泥常而不知變是以初浚恒四田无禽也三在下体之上上在上体之上皆已過乎恒者故好變而不知常是以三不恒而上振恒也惟二五得上下体之中似知恒之義者而五以陰爻居尊位以柔中為恒故不能制義而但為婦人之

吉二位柔爻剛以剛中爲恒而居位不當亦不能
久守常之義故特言悔亡而已恒之道豈易言哉

艮下
乾上

遯亨小利貞遯退避也爲卦二陰浸長陽當退避故爲遯六月之
卦也陽雖當遯然九五當位而下有六二之應若猶
可以有爲但二陰浸長於下則其勢不可以不遯故其占爲君子能
遯則身雖退而道亨小人則利於守正不可以浸長之故而遂浸迫
於陽也小謂陰柔小人也此卦之附錄慶元乙卯先生欲上封事以蓍
之占與否之初二兩爻相類以之遇遯之同人退取稾焚之
遂更號遯翁伊川曰小人道長之時君子遯退乃其道之亨也不可
遯翁集註大貞而尚利小貞也李仲求曰一陰方生而知退者
聖人之知幾也二陰浸長而能遯者君子之見幾也白雲曰二陰浸
長不利君子進則否而遯則亨也丘行可曰遯亨爲君子言也告君
子使去不去則見害於小人矣安得亨小利貞爲小人言也勉小人
以正小人而不守正則浸迫乎君子雖已亦有所不利也卦辭止五
字聖人雖爲君子謀亦未嘗不爲小人謀也張清子曰遯字從豚從
走豚雖曰豚微物而消遯盡遯取豚之消遯也遯退也陰進陽退此
君子見幾而作之時也然貞之節乃道之亨也小者爲陰陰雖浸長
而利於守貞不可侵迫乎陽也自遯二而上更進一陰則不利君子
貞無復小利
貞之望矣

彖曰遯亨遯而亨也剛當位而應與時行也以九五一爻釋亨義小利貞浸而長也以下二陰釋小利貞【附錄】問小利貞浸而長也是見其浸長故設戒令其貞正且以寬君子之患然亦是他之福曰然荅劉砥遯之時義大矣哉陰方浸長處之爲難故其時義爲尤大【集註】易傳曰遯而亨者非遯而後亨也雖遯亦亨也【張清子曰】遯本無亨義蓋以小人道長之時君子身雖退遯而道未嘗不亨也故卦止曰遯亨彖則曰遯而亨也其間加一而字其義明矣剛當位而應者以九居五而應乎二也二陰在下長而未盛四陽居上盛而未衰尚可与時消息以行其道未可專諉於遯藏而退避不為也小利貞者陰柔之道利於守貞不可以浸長之故而侵迫乎陽剛浸長者如水之浸物以漸而長也況二陽為臨一陰為遯遯者臨之反對也臨之彖曰剛浸而長遯之彖不曰柔浸而長而止曰浸而長者蓋剛之長可言也柔之長不可言也君子觀乾健艮止之義則知陰毋迫陽之意善處遯者貴隨退之時去就之義亦大矣哉

象曰天下有山遯君子以遠小人不惡而嚴天體無窮山高有限遯之象也嚴者君子自守之常而小人自不能近【附錄】問遯字雖是逃隱大抵亦取遠去之意天上山下相去甚遼絕象云君子以遠小人則君子如天小人如山相絕之義須如此方得所以六爻在上而漸遠者愈善也曰然啓蒙【集註】[illegible]溪曰遯之名所有取於天

下有山言天非有心而與山較高下也而山之於天自有不可復
不可及之勢焉其曰天下有山則吾非欲去之也而彼自不吾及也故
爲遯之象君子之於小人也亦然　誠齋曰地中有山謙象也天下有
山遯義也　張清子曰天之与山勢本隆絕山雖峩然而起似有干霄
陵上之意而天穹然甚高自不可迫也蓋自下觀之而山之巔即天也
及登山之巔以觀天而天愈高愈遠愈不可及矣此遯之象也君子
善於退遯故以遠小人爲事使之自不可近不特惡声之至而慄乎
有不可犯之嚴則小人自遠矣不惡而嚴則不怒而威也遠小人亦
欲小人而遠之之意遠小人艮
止之象不惡而嚴乾剛之象

初六遯尾厲勿用有攸往 遯而在後尾之象危之道也占者不可以有所往但晦處靜俟可免災爾

象曰遯尾之厲不往何災也 集註 龜山曰二陰進矣而隨其後遯之尾也故厲然柔方变剛隨而往則侵而爲不宜矣能無災乎故勿用有攸往　張清子曰尾之爲物最在体之後者也遯者乃陽之遯也非陰之遯也初以柔居下見四陽之遯亦隨後而遯故曰遯尾不當遯而遯故厲也勿用有攸往謂不可用之而有所往往則有厲不往何災也

六二執之用黃牛之革莫之勝說 以中順自守人莫能解必遯之志也占者固守亦當如是

象曰執用黃牛固志也 集註 呂忠甫曰 六二居大臣之位任国家之責不當遯者也故六二不言

遯【張清子曰】遯之所以為遯者，六二也。苟陽遯而陰亦與遯，則陰有浸陽之意，所以執之用黄牛之革，皆亦欲其以中順之道而留止陽於下陰類之進也。非有小可間之固志，能如是乎？

九三，係遯，有疾厲。畜臣妾吉。下比二陰，當遯而有所係之象，有疾而危之道也。然以畜臣妾則吉。蓋君子之於小人，惟臣妾則不必其賢而可畜耳，故其占如此。

象曰：係遯之厲，有疾憊也。畜臣妾吉，不可大事也。【集註】【子晉】二爲小人所係不能遯也。【節齋蔡氏曰】昵係非大人之事也，臣妾小人之事也。以己臣妾人則吉，以己臣妾於人則厲。【進齋徐氏曰】係者我為彼所係，陰為主也；畜者彼為我所畜，陽為主也。故以陰係陽則有疾憊，以陽畜陰則吉也。【丘行可曰】遯初六、九三皆比六二者也。在初以遯而厲，在三以不遯而憊何也？蓋遯之時，剛者當遯，柔者不當遯；前者可遯，後者不可遯。今初以柔而在二之後，不當遯也，不當遯而遯，故厲。三剛也，又在二陰之前，可以遯矣，乃係於柔而不能去，故亦厲。是知六二以遯可以无遯，時焉而已矣。【張清子曰】九三上無應與，而下比六二，陽志說陰，係乎二者也。蓋二陰浸長於下，以勢觀之，九三不可以不遯，當遯而係，故有疾而厲，至於憊之也。為九三者，惟當以剛自守，止在下之二陰而畜之，以臣妾之道，然後獲吉，又豈可當大事乎？艮為閽寺臣妾之象也。所遯為二陰之主，浸長不已，遯之[illegible]亦臣所為六二

則遯其否矣可不謹哉

九四好遯君子吉小人否 下應初六而乾体剛健有情好而能絕之以遯之象也惟自守之君子能之而小人不能故占者君子則吉而小人否也

象曰君子好遯小人否也 集註 龜山楊氏曰 健而止乎外而初以柔應之其遯非不得已也故曰好遯君子吉然居遯之時有應於下小人則相與而爱剛矣尚何遯之有 張清子曰 九四與初爲正應是四與初有所好也故曰好遯然九四以剛而位乎柔乃有君子小人之別陽爲君子雖其心有所好義之當遯則以剛斷絕其私爱勇退而不顧所以吉也小人溺於私好則不能遯故否也

九五嘉遯貞吉 剛陽中正下應六二亦柔順而中正遯之嘉美者也占者如是而貞則吉矣

象曰嘉遯貞吉以正志也 集註 白雲郭氏曰 以正志者九五嘉遯隨而不流無係也無執也無好也不事於外正其在我之志而已此其所以爲嘉也 丘行可曰 九五與六二爲應二象曰執之以固志固二之志也二不能自守其志則陰柔必至於盛長而有害於陽矣五象釋之以正志正五之志也五不能自守其志則陽剛必有所係累而見害於陰矣 趙氏善譽曰 九五當

位雖與二應而與時皆行當遯則遯不以事於應也豈非遯之嘉
美者歟 張清子曰 彖所謂剛當位而應者指此爻也九五與六二
爲正應必能守貞則吉何以貞吉由正其嘉遯之志也然遯非九五
之事人君之遯不過遠去小人而已嘉善遠小人者即遯之嘉美也

上九肥遯无不利 以陽剛居卦外下无係應遯之遠而處之裕者也故其象占如此肥者寬裕自得之意

象曰肥遯无不利无所疑也 集註 誠齋曰 上九以剛健之極居遯出无位之地遯之首
若非有道德之豐腴仁義之膏澤安能去之无不利決之无所疑
乎 張清子曰 上九居一卦之外下又無應故能先遠遯而肥遯矣肥
饒裕也自非質体肸剛而善斷安能決然遯
去而无所疑乎○上九乾体剛太有肥之義

總論 丘行可曰 遯剛退也一陰長而四陽退也而六二乃遯之所以為遯者故此爻不言遯而曰執之用黄牛之革莫之
勝說言恐其迫陽之遯也遯貴速而遠緩則不能去矣其上四剛
爻三与二最近係而不能遯故曰係遯有疾厲四遠二而應初則
為好遯而有小人之戒五得中而應二則為嘉遯而有貞吉之戒
以皆有累於陰也至上則取二遠且无應於內遯之從容優裕者
也故曰肥遯无不利推初與二同体而位在衆陽之後則又以不遯
為无咎也或謂遯下二爻艮也艮主於止故為不往為執為係上三
爻乾也乾主於行故為
好遯為嘉遯為肥遯

䷡ 乾下震上

大壯利貞　大謂陽也四陽盛長故為大壯二月之卦也陽壯則占者吉亨不假言但利在正固而已　集註　伊川曰大壯之道利於貞正大壯而不得其正強猛之為小非君子之道也　楊氏曰姤者女之壯也大壯者陽之壯也陰陽之理迭為羸壯彼羸則此壯此壯則彼羸女而壯者非女之所宜陽而壯者則為陽之常理大壯之時三陽過於泰矣二陰而當四陽之進則陽者壯而陰者羸矣　丘行可曰　遯小利貞小者利於貞也指二陰言大壯利貞大者利於貞也指四陽言陰之進不正則小人得以陵君子陽之進不正則君子亦不能勝小人皆扶陽抑陰之意也　張清子曰　大者陽也壯者強盛也六爻之卦二陰四陽則小大均等至于四陽浸長則大壯於小故名大壯然大壯之道利於貞正不得其正又奚利哉

彖曰大壯大者壯也剛以動故壯　釋卦名義以卦体言則陽長過中大者壯也以卦德言則乾剛震動所以壯也　大壯利貞大者正也正大而天地之情可見矣　釋利貞之義而極言之　附錄　問大者正與正大不同上大字是指陽下大字是說理曰然亦緣上面有大者正字方說此發蒙正大便見得天地之情天地只是正大未嘗有些子邪處楊道夫　集註　進齋曰夫大者壯乃壯之本体也而大者正則所以用壯

之首也正大而天地之情可見則又推極其理而言之也【丘氏曰】
心動物也情則心之動而見於外者也復震下坤上靜中有動故
曰見天地之心大壯乾下震上動已發於外故曰見天地之情此以
動有内外爲心情之别○觀四陰徃則消九五壯四陽進則消六
五五君位之陽不可以消長係之其意微矣【張清子曰】大壯陽壯也
内卦乾不変外卦本坤乾一索於坤而得震乾剛而震動所以壯也
大壯之道利於貞正大者爲陽一出於正正大而天地之情於此可
見矣復雷在地中則見天地生物之機伏而未露聖人有以見其心大
壯雷在天上則天地生物之心
已達於外聖人有以見其情也

象曰雷在天上大壯君子以非禮弗履自勝者强

【附録】雷在天上是甚生威嚴人之克已能如雷在天上則威嚴果決以去其惡而必於爲善若半上落下則不濟事何以爲君子須是如雷在天上方能克去非礼[illegible]

【集註】【漢上】曰雷在天上非所履而履故史墨謂雷乘乾爲臣強之象乃履非礼也非礼弗履所以全其壯也【潘氏】曰雷在天上爲大壯天下雷行爲无妄皆天理也非人爲也【楊氏】曰雷出地中陽氣之潛伏也雷在天上陽氣之壯盛也【丘行可】曰非礼勿履者復之事也不止大壯則動皆天理无待於勿故君子以非礼弗履勿者禁止之辭弗者則自不爲矣礼即天理也乾象履不如也履象【張清子】曰雷之威本震乎而在天上乃雷声之壯盛者也君子有浩然之氣而大公自其動以天然後能非礼弗履焉非非礼而履則曹

審非時而處又何足以爲君子之大壯哉

初九壯于趾征凶有孚 趾在下而進動之物也剛陽處下而當壯時壯于進者也故有此象居下而壯于進其凶必矣故其占又如此

象曰壯于趾其孚窮也 言必困窮 【集註】【蘭氏曰】壯之初九與夬之初九也或爲壯趾或爲前趾而何也曰夬五陽已盛而將决一陰初九往前而不可遏故謂之前趾而戒之以往不勝爲咎大壯則四陽雖壯而二陰未消上无應者未可遽往而自縱之以征凶有孚也【進齋曰】初與四无應初之壯趾其意因欲求孚於四然四務上進何有于初故其孚亦窮初健體銳於進故以征凶戒之【張清子曰】初以陽剛而居下有趾之象在下而壯于進其致凶誠然可必也象言其孚窮者蓋征則有必然困窮之理也

九二貞吉 以陽居陰已不得其正矣然所以得中則猶可因以不失其正故戒占者使因中以求正然後可以得吉也

象曰九二貞吉以中也【集註】【白雲曰】卦辭言利貞指九二也然九二以剛而居下體之中未能純天德之用故但曰貞吉而已若九二者君子思不出位非禮弗履之士也【張清子曰】中正而不倚強哉矯九二有焉

九三小人用壯君子用罔貞厲羝羊觸藩羸其角 過剛不中當壯

之時是小人用壯而君子則用罔也罔无也視有若无君子之過於勇者也如此則雖貞亦危矣羝羊剛壯喜觸之物藩籬也羸困也貞厲之占其象如此

象曰小人用壯君子罔也小人以壯敗君子以罔困【集註】京房曰壯一也小人用之君子有而不用【陸氏曰】以剛居剛小人之用壯也君子之用罔如是故曰罔也折角之凶君子宜辛於斯乎【張清子曰】九三居乾健之極小人則用其強狠以為壯君子如此則无所用其壯也罔无也九三重剛而不中雖占亦貞厲況不貞乎三以四為藩者也羝羊者以壯也其壯喜觸至於羸敗其角者以其在下体之上也三欲進而觸於四猶羊觸藩而羸其角蓋治壯不可過於強狠而用壯乃小人之事君子則不然也自二至五為互兌兌為羊

九四貞吉悔亡藩決不羸壯于大輿之輹貞吉悔亡與咸九四同占藩決不羸承上文而言也決開也三前有四猶有藩焉四前二陰則藩決矣壯于大輿之輹亦可進之象也以陽居陰不極其剛故其象如此

象曰藩決不羸尚往也【集註】【丘富國曰】九二但曰貞吉而九四則曰貞吉悔亡君子觀二四爻辭之異則知大壯之主不在二而在四也明矣【張清子曰】九四為大壯之主其與下三陽皆當進者也以四以動四以剛居柔非止也必得貞

正則吉冝悔亡或四在三前爲三之捍蔽而四以九居之前畫中聯有藩之象五在四前爲四之捍蔽而五以六居之耦畫中斷有藩決之象九三以剛決九四之剛故羸觸藩而羸九四以剛決六五之柔故不羸觸藩而決藩則既爲大塗羣羊並驅无前尚有往進之喜而无羸困之患輿之行在輹輹壯則大輿由大塗而往四陽上進將爲夬之決乾之純矣九四下乘三陽故取大輿壯輹之義

六五喪羊于易无悔卦體似兑有羊象焉外柔而內剛者也獨六五以柔居中不能抵觸雖失其壯然亦无所悔矣其象如此而占亦与咸九五同易容易之意言忽然不覺其亡也或作疆埸之埸亦通漢食貨志埸作易

象曰喪羊于易位不當也【集註】王氏曰按上九喪牛于易与此文辭義相類【張清子曰】五以柔處剛其位不當又值乾陽下進之衝勢不容遏故有喪羊之象然柔而得中不與剛抗能以和易處之則衆陽无所用其壯而強暴之氣屈矣然則喪羊雖五之不幸而于易亦五之善處也然以和易則不至有悔漢光武曰吾治天下以柔道行之六五之謂矣喪羊即亡羊之意

上六羝羊觸藩不能退不能遂无攸利艱則吉壯終動極故觸藩而不能退然其資本柔故又不能遂其進也其象如此其占可知然猶幸其不剛故能艱以處則尚可以得吉也【附錄】壯終動極无可去処如其羊之角掛于藩上不能退遂然艱則占者畢竟有可進之理但必艱始吉耳答董銖

象曰不能退不能遂不詳也艱則吉咎不長也【集註】楊氏曰當以羸壯五上二爻觀之觀四陰盛五上則言化小人之道壯四陽盛五上則言勇君子之道亦有嫌於君位故非【進齋曰】上六雖與九三爲正應然三欲進而礙乎上乃爲九四所隔故抵觸而不能遂上欲退而礙乎三又窮極於上亦抵觸而不能退後不能退前不能遂皆无所利由自處之不詳審故也苟知其艱難順守以待終亦獲吉蓋有致咎求不長久也【丘行可曰】當以壯上遯初二爻觀之遯剛遯也初六以彖勵遯之下見剛者遯亦從而遯焉聖人謂彖者不當遯也故有勿用有攸往之戒壯剛壯也上六以彖勵壯之終見剛者壯亦從而用壯焉聖人謂彖者之不能壯也故有无攸利艱則吉之戒俾人有是才而後可以爲是事无其才而冒爲其事則取矣【張清子曰】九三居乾体之極上六居震体之極故皆取羝羊觸藩之象也三以九勵之則爲有角之羊上以六勵之則爲无角之羊其所以羝觸者盡物之情使然也

【總論】【丘行可曰】大壯剛進也一陰退而四陽進也九四乃壯之所以爲壯者其曰藩決不羸壯于大輿之輹蓋許陽之壯也壯貴進不累過剛則決其所以爲壯矣其下三剛爻當遁四而壯不利自由初三皆以剛居剛以好進者也故初征凶而三之羸其角二以剛處柔居中能守不進者也故貞吉若上之一陰五柔居中而能安陽之壯故喪羊于易而无悔上柔居壯之終不能壯者也必終用壯焉故有不能退不能遂之戒艱則吉補曰未有違謙越禮能全其壯者也故陽爻皆以處陰位爲美用壯則處壯則觸藩矣

☷坤下
☲離上

晉康侯用錫馬蕃庶晝日三接 晉進也康侯安國之侯也錫馬蕃庶晝日三接言多受大賜而顯被親禮也蓋其為卦上離下坤有日出地上之象順而麗乎大明之德又其變自觀而來為六四之柔進而上行以至於五占者有是三者則亦當有是寵也

【集註】伊川曰晉之明盛故更不言吉亨 誠齋曰康侯治安之侯也錫馬蕃庶而見之者衆晝日三接而禮之者頻也 進齋曰康侯用錫馬蕃庶晝日三接言諸侯有安民之功故用此以受君之錫子而彼其親禮也左傳僖公二十八年晉文公朝王受賜之車輅弓矢命之曰敬服王命以綏四國受策而出出入三覲是也 張清子曰晉者進也康侯猶禮所謂寧侯也錫馬坤之象晝日離之象三接下三陰也當晉進之時大明在上而下體皆同德順附有君明臣順諸侯承王之象治進而盛蹟一世於康寧之域侯之力也不惟錫馬蕃庶可見賜予之厚而止晝盛明之際乃三接其臣尤見親禮之至也

彖曰晉進也 經釋卦名義 明出地上順而麗乎大明柔進而上行是以康侯用錫馬蕃庶晝日三接也 以卦象卦德卦變釋卦辭

【集註】白雲曰火在天上君道也明在地上臣道也 鄭氏曰君明而下不臣順而附治安之出光華之日也寵錫之蕃接納之數不亦宜乎 進齋曰明出地上離東坤也

順而麗乎大明坤附離也以順德之臣而附麗乎大明之君宜六五以柔進而上行也凡離居上体皆言柔進而上行是以康侯用此順德以受錫馬蕃庶之恩晝日三接之礼也【丘行可曰】彖曰晉進也雜卦曰晉晝也蓋晉之義不特以進爲進而必以明爲進也【張清子曰】以訟受服則終朝三褫以侯受馬則一晝三接其得失蓋不同也

象曰明出地上晉君子以自昭明德昭明之也【集註】【誠齋曰】日出如躍昭德如濯。

【進齋曰】日初出地進而上行爲晉之象然日出地則明入地則晦之明本无增損也蔽翳不蔽之隔亦猶人之德性得於天者自体本明特爲物欲所蔽不能无少昏昧而本然之明則未嘗息也君子觀明出地上之象皆性分之本明故以之自昭其明德也【丘行可曰】晉之自昭明德者君子致知之事也乾之自強不息者君子力行之事也易大象惟乾晉二象以自言之信矣知行之序皆君子己分所當爲之事也【張清子曰】日之体本明而出于地上升而益明故爲晉明德乃我之固有者也君子体晉進之象以自昭其明德則明者愈盛矣此大亨之道在明明德是也乾之自強晉之自昭天行日進孰使之哉

初六晉如摧如貞吉罔孚裕无咎以陰居下應不中正有欲進見摧之象占者如是而能守貞則吉設不爲人所信亦當處以寬裕則无咎也

象曰晉如摧如獨行正也裕无咎未受命也初居下位未有官守之命【集註】橫渠曰居晉之初止以見摧故摧如不害於貞吉也未孚於人或未見聽責以居之乃无咎　張清子曰以陰柔遇晉之初其勢必至於為人所摧抑然摧如在彼而此不可以不貞初在下而始進豈能遽見信於人然罔孚在彼而此不可以不裕能守貞者不顧其進與摧而獨行吾之正道故貞則吉能寬裕者又安有貪進之咎初方欲進而未得位是未受君之爵命者也故可勉之以寬裕而有官守者不見信於上而亦以寬裕處之則必至於曠官廢職豈能无咎乎

六二晉如愁如貞吉受兹介福于其王母六二中正上无應援故欲進而愁占者如是能守貞則吉而受福于王母也王母指六五蓋享先妣之主曰王母而六以陰居尊故有是象也

象曰受兹介福以中正也【集註】進齋曰以六居二進得其位而愁如者為四所阻也愁若憂其不得通於五也在二必以中正之道自守而後吉故曰貞吉王母陰之尊謂六五介福大福也二與五為應而同德相援九四不能終間之故有受福于王母之象受福即象之錫馬蕃庶晝日三接也○張清子曰六二以柔居柔欲進而无應援故不以進為喜而以進為憂此晉如所以繼之以愁如也苟能貞固自守以二五同德而相與則可以獲吉受此錫馬蕃庶之大福于其六五之王母也其所以受

福者以六二能居中得正故也

六三衆允悔亡 三不中正宜有悔者以其與下二陰皆欲上進是以爲衆所信而悔亡也

象曰衆允之志上行也 集註 誠齋曰大則如二老歸周而天下從小則若一隗入燕而衆賢至是已下二陰皆順故曰衆允 丘行可曰人三爲衆衆允信從也三以柔進在下卦之上欲附六五而亦爲四所隔是有悔也以在下二柔信從於己又與五近四雖能間其悔可亡然二柔之所以信己者以其志同乎上行也 張清子曰六三位不中正有悔宜也然三能率初二以順上六五衆皆允信而從之故其悔可亡蓋六三順極而明近離而麗乎大明此衆所同允故皆有上行之志也

九四晉如鼫鼠貞厲 不中不正以竊高位貪而畏人蓋危道也故爲鼫鼠之象占者如是雖貞亦危也

象曰鼫鼠貞厲位不當也 集註 子夏曰鼫鼠作碩鼠 東坡曰互艮爲鼠而陽爻故曰碩鼠如剝之上九而云碩果也 童溪曰當柔進之時九四獨以剛進故進之義於貞爲厲於位爲不當也 丘行可曰四以陽居陰不中不正而竊據近君之位此貪而且懼者也貪者有上僭六五之心而不敢進以其近上之明而不可揜也懼者有下忌三陰之意而不容進以其衆之從而有所牽也貪而且懼有若鼫鼠之爲雖貞亦厲況不貞乎 張清子曰昔東方朔用之則爲虎不用之則爲鼠詩以碩鼠刺貪而

晉四亦以鼫鼠取象則其貪於進也可知矣

六五悔亡失得勿恤往吉无不利 以陰居陽宜有悔矣以大明在上而下皆順從故占者得之則其悔亡又一切去其計功謀利之心則往吉而无不利也然亦必有其德乃應其占爾 附錄 失得勿恤此說失得都不須問他自是好猶言勝負兵家之常云爾此卦六爻無如此爻吉 晏湖

象曰失得勿恤往有慶也 集註 白行可曰五以柔居尊位為離明之主彖所謂柔進而上行者也在上三陰皆欲附己而九四阻之本當有悔以同德相孚其勢必合故得亡也失得主三陰言為四所間失也終與己合得也勿恤不必憂也言五但當往而上進三柔志在上行終必從己而或得或失皆當置而勿問則自然吉无不利矣五爻柔疑於進故勉之 張清子曰得衆允而悔亡者賢人也六三是也不待衆允而悔亡者聖人也六五居尸有得喪者賢人也無得喪者聖人也六五為自昭明德之主天下臣民莫不順而麗之何悔不亡失得不累於心勿憂恤得此以往吉无不利

上九晉其角維用伐邑厲吉无咎貞吝 角剛而居上上九剛進之極有其象矣占者得之而以伐其私邑則雖危而吉且无咎然以極剛治小邑雖得其正亦可吝矣 附錄 易中言伐邑皆是用之於小若伐國則其用大矣 楊

伐邑，亦隋書貴墮邑之類是也。董銖。

象曰：維用伐邑，道未光也。【集註】丘行可曰：上與三應，三乃上之邑也，而九四以剛據之，在上必當用兵伐之，以去其間，則三來應己，是危而得吉，吉乃无咎也。然以極剛居上，不能使人從己，而猶待於伐，於正道亦可羞吝也，故曰貞吝。上陽徙本光，以四據其應，陽不得用，故道未光。如屯陰爲初九所據，晉陰爲九四所據，故九五皆以未光言之。【徐氏曰】此爻剛而在上，有角之象，進而至於角，窮而無所往，獨可用其剛而伐邑，以治其內。以常懷兢惕爲自危之心，則吉而无咎矣。上雖貞固以自守，聖人則知其爲慊吝。維用伐邑，則用者小，而於晉進之道未爲光大也。【張清子曰】晉其角與姤其角，皆取剛上之象。

【總論】【丘行可曰】晉，進也，柔進而上行也，故卦專主柔進爲義。以爻四柔二剛，六五一柔自四而升，已進者也，故往吉无不利。下坤三柔，皆欲進者，而九四以剛間之，故有晉如鼫鼠之象。二與五近，下接二柔，志在上行，四豈能間，故曰衆允悔亡。二在下卦之中，去五斷遠，則憂其不得進，故晉如愁如。初最遠於五，當進之始，上與四應，反爲所抑，故晉如摧如也。上以剛居一卦之窮，無可進之地，故有晉其角之象。

䷣ 離下坤上

明夷利艱貞夷傷也爲卦下離上坤日入地中明而見傷之象故爲明夷又其上六爲暗之主六五近之故占者利於艱難以守貞而自晦其明也【集註】【伊川曰】君子當明夷之時利在知艱難而不失其貞正也【張清子曰】離下坤上爲明夷離日爲坤地所掩有傷其明之象斯時也宜克艱貞心而不失乎貞正此則處明夷之道也

彖曰明入地中明夷以卦象釋卦名內文明而外柔順以蒙大難文王以之以卦德釋卦義蒙大難謂遭紂之亂而見囚也利艱貞晦其明也內難而能正其志箕子以之以六五一爻之義釋卦辭內難謂爲紂近親在其國內如六五之近於上六也【附錄】文王箕子大槩皆是晦其明然文王之外柔順是本分自然做底箕子晦其明又曰艱貞是他那徃徃底意思便是艱難底氣象[illegible]【集註】[illegible]曰離日在坤地之下故曰明入地中日出地則明入地則晦故以晦爲夷大難以文王一身關係天下者而言內難以箕子一身關係宗社者而言【臨川可曰】彖曰明入地中明夷與大象辭同疑彖辭衍也文王得明夷之體之義內有文明之德而外以柔順掩之故雖蒙被大難而卒能脫身求美里者用此道也箕子得明夷六五一爻之義故處艱難之世而知以艱貞爲利晦其明而不耀其明屈其身而能正其志況以闇君在上事之不可諫之不行不忍其宗國之顛亡惟此內難而能正乎其志而免禍者用此道也【張清子曰】以全卦言離明內王象坤

晦紂彖以坤乘離是文王之明爲紂所蔽也以一爻言是五爲箕子家五体本陽以六居之爲陰中藏陽是箕子自晦其明也

象曰明入地中明夷君子以涖衆用晦而明【附録】晦卽象明曰家晦即是不察察若晦而不明則晦得没理會了故外晦而內以明乃好 蔡象【集註】白雲曰明入地中而後爲明夷夷之爲傷於毁其明也晦其明而不晦其明則有終明之道是亦艱貞之君子所以能用晦而明也【丘行可曰】離日也坤地也方其明出地上則爲晉及其明入地中則爲明夷然明入於地乃日落西山之境明可以掩而不可以息亦向晦乎君子觀外晦內明之象故以之涖衆不用明而用晦此其所以明也用晦而明離象【張清子曰】明入地中其明雖傷然谷之咸也入于昆吾而後升于扶桑又豈終晦也哉

初九明夷于飛垂其翼君子于行三日不食有攸往主人有言 飛而垂翼見傷之象占者行而不食所如六合時義當然不得而避之也

象曰君子于行義不食也 惟義所在不食可也【集註】【進齋徐氏曰】内卦離爲雉故取于飛之象垂翼而飛者翼垂而趨下也翼者傷則垂君子見幾而作不俟終日故亟去唯恐下行而去之至于三日而不暇食君子舍上六四之主人而有所往則有言矣【丘行可曰】明夷之時君子去亡初体離明去上最遠見傷即避有飛而垂翼之象垂翼不敢上進也避身避禍也君子知幾義當速去盡可

以不食而亦不可以不去去重於食故也主人之主我者也謂初與四為應也有言謂訝其去之早也　張清子曰小象云君子于行義不食也此伯夷叔齊知商紂之不可事周粟之不可食遁於首陽之下而餓死不顧又豈止三日不食哉

六二明夷夷于左股用拯馬壯吉傷而未切救之速則免矣故其象占如此

象曰六二之吉順以則也　集註　伊川曰股者所以行也股在脛足之上於行之用為不甚切左又非便用者手足之用以右為便唯蹶張用左蓋右以為本夷于左股蓋傷害其行而不甚切也　韓氏曰傷于左股害未大也策馬去之順乎理也　徐行可曰離之所以為明者以二也六二于卦處明夷大臣之位義不容去故傷其所行而曰夷于左股焉指九三拯救也陽剛故壯六二上比九三之剛足以援己故又有用拯馬壯之象股雖傷而得壯馬以拯之策之而去則不害乎行矣所以吉也文王當紂之時得閎夭之徒以脫羑里之難此爻足以當之象云順以則者即詩云順帝之則也　張清子曰股肱左右者皆大臣之象然手足之用尚右夷于左股則非右也

九三明夷于南狩得其大首不可疾貞以剛居剛又在明體之上而屈於至闇之下正與上六闇主為應故有向明除害得其首惡之象然不可以亟也故有不可疾貞之戒成湯起於夏臺文王興於羑里正合此爻之義而小事亦有然者

象曰南狩之志乃大得也集註丘行可曰他卦二與上為正應在明夷則為以至明伐至暗之彖也故曰明夷于南狩南者進而往前之方狩者畋而去之事大首指上六得其大首者殲厥渠魁也九二出而專南狩之權以推上六柔暗之敝為民除害一舉而獲其首惡之大者以招去昏以順取逆猶此以往則南狩可以大得其志矣然九三以剛居剛又有不可疾貞之戒不可疾貞者猶冀其改過遷善則伐可不爭矣張清子曰是狩也必有湯武之志然後可以行湯武之事也

六四入于左腹獲明夷之心于出門庭此爻之義未詳姑疑左腹者幽隱之地獲明夷之心于出門庭者得意於遠去之義言筮而得此者其自處當如是也蓋離體為至明之德坤體為至暗之地下三爻明在暗外故隨其遠近高下而處之不同六四以柔正居暗地而尚淺故猶可以得意於遠去五以柔中居暗地而已迫故為內難正志以晦其明之象上則極乎暗矣故為自傷其明以至於闇而又足以傷人之明蓋下五爻皆為君子獨上一爻為闇君也

象曰入于左腹獲心意也集註李氏曰自初至三為離體二則武王之事自四至上為坤體上則商末之事也蓋四與上同體既親且近處腹心之地矣然六乃不用之地然處腹心不見信任於是深知其心之不可與存商則出門庭以遜避也丘行可曰坤為腹左者隱僻之所也六四進居坤體之下故曰入于左腹傷人之明者上也六四深入其腹而得其傷明之心

故曰獲明夷之心，言六四與上同體，於此而得其密意，於上之闇主不可輔，舍而去之，以成九三之明，故有于出門庭之象。此微子於紂爲同姓肺腑之親，非其意之不可諫，舍商紂而歸武王。書云吾家耄遜于荒，我不顧行遯，正得此爻之義矣。張清子曰：明夷之世，紂爲大首，文王爲股肱之臣，箕子爲腹心之任，然皆不爲紂所用，故二曰左股，四曰左腹也。

六五：箕子之明夷，利貞。居至闇之地，近至闇之君，而能正其志，箕子之象也。貞之至也。利貞，以戒占者。附錄 箕子比干都是一樣，箕子偶然不撞着紂之怒，自不殺他，然他見比干恁地死，若更死諫無益於國，徒使人君有殺諫臣之名，死他処，此最難。微子去却易，比干一向諫死，又却索性。箕子在半上落下，最是難処，被他監係在那裏，不免佯狂，所以易中特說箕子之明夷，可見其難処。答徐寓。

象曰：箕子之貞，明不可息也。集註 龜山曰：書曰云囚奴正士，以其蒙難而不失其正也。王湘卿曰：微子去之，利而不貞；比干諫而死，貞而不利。惟箕子囚奴，利且貞也。以六居五，乃能利貞。進齋曰：上六爲明夷之主，則闇君也，而六五近之，雖當明夷之時，然居得中，守其明而不息，此箕子之貞也。箕子紂之諸父，乃貴戚之卿，微子既去，則義不當去；比干既死，則不可復死，以重君之過，坐視紂之惡而依阿苟容，則非其心，不得已，徉狂爲奴，外有以晦其明，內有以正其志，此利貞之義也。張清子曰：五爲君位而以箕子當之，蓋爲紂諱也。箕子於紂爲同姓之卿，或其位當時天下之望，以其明德時以乘六五之位，故以其時爲同姓，以免內難恐爲昏暗之所傷，故自晦其明，以利於貞固，以正其志也。然箕子之明可晦而不可息，蓋貞明也，內故爾。爻言利貞，即象所謂利艱貞也。

上六：不明晦，初登于天，後入于地。以陰居坤之極，不明其德以至於晦。始則處高位以傷人之明，終必至於自傷而墜厥命，故其象如此，而占亦在其中矣。

象曰：初登于天，照四國也；後入于地，失則也。照四國，以位言。【集註】【陳氏曰】失則者謂國家之所以立者法也，所以爲上者規矩繩墨，不可去也。爲國者禮樂法度不可失也。厲王而兼失綱紀，而綱紀紊法度毀而國家從之，可不戒哉？【胡氏曰】紂之嗣位，聞見甚敏，材力過人，其初登于天，照四國之時也。及其昏棄典常，敗而爲獨夫，其後入于地，而失則之時乎？【王相卿】曰：到五爻皆言明夷，猶有明可夷也。上居明夷之極，無明可夷，其不明而晦矣。【丘行可曰】明夷六二一爻，又人之傷者，以其順則故卒能自全其明而免禍。上六傷人之明者，以其失則，故至於自墜厥命而喪邦，則守其道之正者也，此其可失乎？【張清子曰】上六處明夷之極，是終於不明而極其昏暗者也。初登于天，足以臨照於四國，後入于地，乃失其照臨之法則，識者知紂之亡以順，則而明則知紂以失則而亡也。

【纂疏】【丘行可曰】明夷以一體言，則離明爲坤暗所傷，以六爻言，則上一爻爲暗君，自五而下皆爲所傷，於以下五爻皆曰明夷

此殷傷者也上一爻曰不明晦而獨不言明夷此傷人之明者也父子
以諸周之事與氏論則上一爻指昵為紂之昏棄五近暱宜箕子之囚
奴四與三同体從暗就明為微子之遯去三去上惡以明忠昭為武
王之伐紂一在大吕之位藏明於晦為文王之羑里初去晦稍遠見
幾而避其危夷太公居海濱之事
乎明夷六爻之義於此可見矣

䷤ 離下巽上

家人利女貞家人者一家之人卦之九五六二外内各得其正故為家人利女貞者欲先正乎内也内正則外无不正矣

集註 伊川曰家人之道利在女貞女正則家道正矣 丘行可曰女二也貞正也在卦二五雖皆得正而卦以内為本主二言之故曰利女貞 張清子曰夫家人之義以内為主六二居内而位正故曰利女貞女正則家道成矣或謂男女皆正家人而獨曰利女貞者何邪蓋家人合巽離而成卦巽長女而位四離中女而位二居家各得其正此亦利女貞之義皆有刑于二女正合家人巽離之象

彖曰家人女正位乎内男正位乎外男女正天地之大義也以卦体九五六二釋利女貞之義

家人有嚴君焉父母之謂也亦謂二五父父子子兄兄弟弟夫夫婦婦而家道正正家而天下定矣上父初子五三夫四二婦五兄

三象以卦畫推之文有此象。

【集註】誠齋曰：正莫易於天下而莫難於一家，莫易於一家之父子兄弟而莫難於一婦。婦正家正，一家正天下定矣。故家人之卦辭曰利女貞。【楊氏曰】自古敗家亡国亂天下者婦也，兄家御国一天下者亦婦也。幽王於褒姒一婦人，求足以釁後也，史傳所載終始得罪於褒姒之惑亂者，以女位之不正也。文王於太姒一婦人，求足以思後也，史傳所載終始皆歸美於太姒之内助者，以女位之正也。内而為女者正，則外而為男者正。男女正，天地之大義然也，詎止一家而已哉。【丘行可曰】彖辭既言男女之正，至此又推本於父母之嚴，故曰家人有嚴君焉。君謂父母，即一家之君長也。君長嚴則臣下肅，父母嚴則家道齊。父母之嚴於其子，如君之嚴於其臣，則倫理一定，尊卑截然，无干名犯分之事，而家道正。家道既正，則天下莫不一於正矣。【張清子曰】卦辭但言利女貞，而彖辭則曰男女正，蓋離下巽上則為家人，故內卦以六居二，陰得陰位，則女正位乎內也；外卦以九居五，陽得陽位，則男正位乎外也。男女位各得其正，乃天地陰陽之大義也。家人有嚴君焉，父母之謂也。九五為父，六四為母，父母一家之尊，故居上卦。五為君位，故以父為嚴君。然父固嚴也，而母慈亦能嚴乎？蓋慈母敗子，母之不嚴，家之所以壞也。父母俱嚴，則家道肅矣。又五為父，初為子，三為兄，初為弟，五與二為夫婦，初与四為夫婦，居五位之上者則父之父也。蓋為父子兄弟夫婦者皆各盡其義，而後家道正，家道正而天下其有不定者乎？此家人六爻各以陰陽而分別其男女之位也。

象曰風自火出家人君子以言有物而行有恒身脩則家治矣【附錄】火中有風如一炉火光此氣自熏蒸上出【集註】【伊川曰】正家之本在正其
是也此只是言自內及外之意呂遍身正身之道一言一動不
可易也【張清子曰】巽為風離為火火熾則風生而火者風之母也
君子知風自火出之象則知風化之本自家而出而家之本又自身
而出也夫身之所出惟言與行物猶不誠无物之物謂事實也恒常
度也言有物則非虛言行有恒則非僞行言行相顧則其身脩身脩
則家齊國治天下平
矣此知風之自也

初九閑有家悔亡初九以陽剛處有家之始能防閑之其悔亡矣戒占者當如是也

象曰閑有家志未變也志未變而預防之【集註】【庸齋曰】閑於始則人之志未變无傷恩害義
之事故悔亡數婦初來教子嬰孩是也【張清子曰】離外實中虛有家
之象九三為家人之主初以剛明之才居其下得防閑之道於其始而
群居紛爭之際然後圖之君行其家瀆而後嚴之志已變
而後治之則誠刑不恐乎而有悔矣此其所以貴於初之道也

六二无攸遂在中饋貞吉六二柔順中正女之正位乎內者也故其象占如此

象曰六二之吉順以巽也【集註】【潘氏曰】六二以中正之德行順巽之道上承乎九五之陽剛不

須外事而惟主饋食得也道一九成之一義无牝雞司晨之失如閨閫之至靜者也所以能此成有家之功【張清子曰】此所謂利女貞者指此爻也二以柔中之德居闔內之正位无所遂事以尊其夫五其貞靜祀以共乃戰此六二得正而吉者以其能順從九五之比應而卑巽之也春秋大夫无遂事即无攸遂之意

九三家人嗃嗃悔厲吉婦子嘻嘻終吝 以剛居剛而不中過乎剛者也故有嗃嗃嚴厲之象如是則雖有悔厲而吉也嘻嘻者嗃嗃之反吝之道也占者各以其德為應故兩言之、【附錄】禮本天下之至嚴行之各得其分則至和又如家人嗃嗃悔厲吉婦子嘻嘻終吝卻是此理、

象曰家人嗃嗃未失也婦子嘻嘻失家節也【集註】【王弼曰】與其瀆寧過乎嚴【張清子曰】三以陽爻居陽位而過乎剛乃家人嗃嗃而相敬畏者也其非一家之兄欲治家嚴急寧无傷恩之悔而知謹畏必獲貞吉此猶未失治家之道也若九三以剛比而狎於二四之間與二陰相比以狎戲則有婦子嘻嘻之象笑樂无度終至羞吝且失治家之節乎

六四富家大吉 陽主義陰主利以陰居陰而在上位能富其家者也、

象曰富家大吉順在位也【集註】【項氏曰】富家者非必金帛寶玉而後為富但以父父子子兄兄弟弟

弟夫夫婦婦各安其位順而无悖能保有其家而不敗則所謂富也上言矣夫焉若父子兄弟夫婦之間各失其道則家敗无日富何得乎【白雲郭氏曰】家人利女貞則女貞者家之本也一卦四陽二陰陰皆得位女正之象也女子之道以順為正聖人於二十之象曰順以巽於四之象曰順在位以言女子未有不順其夫而家道得其正者故二象皆以順言之【張清子曰】陽為富六四上與初九為正應又介乎九三九五之間以柔得剛以虛受實故能富盛其家而有大吉之占六四以巽順之德而在高位其一家之母歟記曰父子篤兄弟睦夫婦和家之肥也家之肥即家之富也

九五王假有家勿恤吉假至也如假于太廟之假有家猶言有國也九五剛健中正下應六二之柔順中正王者以是至於其家則勿用憂恤而吉可必矣蓋聘【附錄】王假有家言到納后妃之吉占而九有是德者遇之則吉也言重其得許多物當有妻有妾方始成箇家【本義】有家之有只是如夙夜浚明有家亮采有邦之有【語錄】

象曰王假有家交相愛也程子曰夫愛其內助婦愛其刑家【集註】【饒氏曰】以五為君以九姒為妃以王季為父以太任為母以武王為子以邑姜為婦其不交相愛乎故仲尼頌之曰無憂者其惟文王乎此勿恤吉也詩人歌之曰刑于寡妻至于兄弟以御于家邦此交相愛也【雙湖胡氏曰】以二五言之則二又居相應之地二有內助之德而五愛之五有刑家之道而二

愛之此所謂交相愛也【楊氏曰】閑有家則閑之於其始假有家則假之於其終也【丘行可曰】三五陽剛皆主治家者也三剛而不中失之過嚴未免有悔厲之失五剛而得中威而能愛盡乎治家之道者故人无不化可以勿恤而吉也或曰治家之道尚嚴在象以敬止爲吉五以相愛爲義何也曰嚴以分言正家之義也愛以情言假家之義也假有感格之義故象以相愛言之【張清子曰】馬融傳云假大也五爲君位故曰王假有家有家猶非一人之家乃奄有四海以爲家而君之也勿用憂恤其吉可知夫夫婦婦其不交相愛乎始則正家以嚴終則睽家以愛剛柔相濟恩威兩盡此九五所以得爲一家之王也歟

上九有孚威如終吉 上九以剛居上在卦之終故言正家久遠之道占者必有誠信嚴威則終吉也

象曰威如之吉反身之謂也 謂非作威也反身自治則人畏服之矣【集註】【丘行可】曰夫子於家人一卦其初曰閑有家悔亡二三曰嗃嗃悔厲上曰威如終吉所以示治家之道以威嚴爲尚也然威嚴徒欲施之家而不能反諸已則怨已責人徒威而人不服故釋象又以反身之謂終之是知身者家之本者而君子所當自反也【張清子曰】处家之道必有孚信上九剛實爲有孚之義蓋恩勝則奪其義故有孚之後必繼之以威如乃獲終吉况上爲一家之長不重則不威不威則瀆矣然正家之本在乎反身以自脩孟子所謂身不行道不行於妻子是也

【總論】節齋可曰：家人一卦，先儒謂內卦三爻，女子之事也；外卦三爻，男子之事也。女子之道始也，爲人女，故初閑有家；中也，爲人婦，故二在中饋；終也，爲人母，故三家人嗃嗃，即彖辭女正位乎內也。男子之道始也，爲人子，故四富家吉；中也，爲人夫，故五假有家；終也，爲人父，故上威如吉，即彖辭男正位乎外也。

兌下離上

睽，小事吉。睽，乖異也。爲卦上火下澤，性相違異，中女少女，志不同歸，故爲睽。然以卦德言之，內說而外明；以卦變言之，則自離來者，柔進居三，自中孚來者，柔進居五，自家人來者兼之；以卦體言之，則六五得中而下應九二之剛，是以其占不可大事，而小事

尚有吉【伊川曰】睽者本同也，本不同則非睽也。【節齋可曰】小

之道也【進齋】柔也。小事吉，言柔爲卦主也。九卦陽剛爲主，則可以大

事；睽合分離成卦，而柔進乎五，其才不能大有所爲，故以之小

事則猶可得吉也。【張清子曰】天離下兌上爲革，兌下離上爲睽。革

以九居五而六居二，剛柔得位，故曰元亨利貞；睽以六居五而九居

二，剛柔失位，故曰小事吉。若革之九五，則可以大有爲矣，湯武之革

命，順天而應人是也。

彖曰：睽，火動而上，澤動而下，二女同居，其志不同行。以卦象釋卦名義。

說而麗乎明柔進而上行得中而應乎剛是以小事吉以卦德卦變卦體釋卦辭天地睽而其事同也男女睽而其志通也萬物睽而其事類也睽之時用大矣哉極言其理而贊之【集註】【林黃中曰】離火兌澤同賦形於天地中女季女同鞠育於閨門其始未嘗不同也火性炎上澤性潤下及其嫁也中女歸坎季女歸艮其終未嘗不睽也【耿希道曰】一陰一陽有相求之道故水火相遇則為既濟不相遇則為未濟二陰無相求之道故澤火相遇則為革不相遇則為睽【夏溪曰】以三才推廣卦義且恐人謂吉止小事故推時用之大者以明之【張清子曰】火澤无相得之性一反有難和之情所以為睽、

象曰上火下澤睽君子以同而異二卦合體而性不同【附錄】此是取兩象合体為同而其性各異在人則是和而不同之意蓋其趣則同而所以為【集註】伊川同則異如伯夷柳下惠伊尹三子所趣不同而其歸則一、曰君子觀睽異之象於大同之中而知所當異也【誠齋曰】禹顏同道而異趨夷惠同聖而異行求足為同之異也孔子一孔子也而去魯之去齊異遲速孟子一孟子也而今昔之餽異辭受此同而異也○【鄭汝諧曰】君子同於為善而制行則殊故伯夷柳下惠夫子之所同聖也異者清和時也【丘行可曰】離火兌澤二陰同體而炎上潤下所性異趨睽之象也故君子體之以同而異同以理言異以事言也蓋天下无不同之理而有不同之事異其事而同其理所以同而異非苟異矣【張清子曰】離兌皆陰卦其體同也然火炎上澤潤下所不相合此所以異也君子以同而異者即周而不比群而不黨之義也故同必於暌之中而見其同則非苟同暌於同之中而知其異則非苟異

初九悔亡喪馬勿逐自復見惡人无咎上无正應有悔也而居暌之時同德相應其悔亡矣故有喪馬勿逐而自復之象然亦必見惡人然後可以避咎如孔子之於陽貨也【附錄】喪馬勿逐自復大率暌之諸爻都如此多說先異而後同是也

象曰見惡人以辟咎也【集註】【伊川曰】惡人與己乖異者也見者與之相通也【誠齋曰】水在火下故為辟咎【楊氏曰】見惡人以辟咎者猶水避礙則通諸侮君子避侮則通諸理而況於辟咎乎【丘行可曰】初與四本无應又為六三所間劫有喪馬之悔馬指四也然天下无不合之暌初四同德三其能間之乎執不待逐馬而馬將自復此悔所以亡也三陰柔而不中正若惡人之象亦既見之則无暌異之咎而象曰辟咎何哉蓋既見惡人則非辟矣唯初九不以避為避而以見為避化惡人而為善人然後能合初四之暌而无咎也【張清子曰】見者遇而勿絕之辭非必欲見之也

九二遇主于巷无咎二五本陰陽正應居暌之時乖戾不合必委曲相求而得會遇乃為无咎故其象占如此

象曰遇主于巷未失道也 本其正應非有邪也【集註】誠齋曰睽之諸爻皆睽之睽惟九二六五乃睽之合故曰遇主于巷巷者道路之至隘小逕者偏近之道然此又有二人而東西行者適相遇於隘巷之中避之則无餘地路之狹無地可避雖欲逃之猶將遭之雖欲隔之猶將覿之此一與一故也合諸爻皆不遇六五而九二剛正之大臣乃得遇之六五寬柔之明主六五皆大臣諸爻而乃獨應九二此應之之實而莫之介遇之之獨而莫之並也【丘行可曰】主五也遇二也二遇之也巷中之委曲之道也當睽之時二五正應非安不合在二必委曲求與五應故有遇主于巷之象二以睽而所為如此求失事君之道也故无咎【張清子曰】在睽之時唯九二獨遇六五之主故曰遇主于巷象所謂得中而應乎剛者指此爻也詩云誕寘之隘巷與此巷同

六三見輿曳其牛掣其人天且劓无初有終 六三上九正應而三居二陽之間後為二所曳前為四所掣而當睽之時上九猜狠方深故又有髡劓之傷然邪不勝正終必得合故其象占如此【附錄】天合作而剃髡須也篆文天作而卷李方子

象曰見輿曳位不當也无初有終遇剛也【集註】誠齋曰六三兩体為輿為牛○【張清子曰】二與四本為正應非睽者也但三以孤陰而介於二剛之間則睽我者二與四也輿所以載己者也牛所以引車者也六三居

不當前故欲進而應乎上則九二曳之於後九四掣之於前者掣之而不得行後者曳之而不得止進退艱難間而未合故上乃刑之使

脈其人且有睽剝之傷无初謂與上睽也有終謂與上合也以二應上以柔遇剛睽極自有後合之理也

九四睽孤遇元夫交孚厲无咎 睽孤謂无應遇元夫謂得初九交孚謂同德相信然當睽時故必危厲乃得无咎占者亦如是也

象曰交孚无咎志行也 【集註】【誠齋曰】元夫善士也【童溪曰】四之遇初則曰元夫初之見四則曰惡人【李子思曰】六爻或遇主或遇元夫或遇雨其始之睽終必有遇不至窮睽无所歸也【丘行可曰】四與初本无應以備陽而处於二陰之間故曰睽孤孤則危故曰厲四方孤而欲合乃專一而欲安者遇初九之元夫同德相與二誠交孚則孤者合危者安宜其无咎而二陽之志得以行矣初九陽之陽九四陽之陰故四目初為元夫【張清子曰】元夫者大丈夫也

六五悔亡厥宗噬膚往何咎 以陰居陽悔也居中得應故能亡之厥宗指九二噬膚言易合六五有柔中之德故其象占如此 【附錄】宗如同人于宗之宗（略見同人）

象曰厥宗噬膚往有慶也 【集註】【誠齋曰】厥宗者乃與六二應爲宗臣也【丘行可曰】六五以陰

柔而居尊位，且其有悔也。然得中而應剛，則其悔亡矣。厥宗謂
二也。噬膚言其膚淺而易合也。睽卦自二至上乃頤中有
物之象，所以間隔二五而未合者，九四梗之也。九四一剛中之大臣，所能
噬九四之膚以去其梗，則二五之睽合矣。往則何咎，且有慶也。張清
子曰：二以五爲主，下當以分嚴上
也；五以二爲宗，上當以情親下也。

上九：睽孤，見豕負塗，載鬼一車，先張之弧，後說之弧，匪寇婚媾，往遇雨則吉。睽孤，謂六三爲二陽所制，而己以剛處明極睽極之地，又自猜狠而乖離也。見豕負塗，見其汙也。載鬼一車，以无爲有也。張弧，欲射之也。說弧，疑稍釋也。匪寇婚媾，知其非寇而實親也。往遇雨則吉，疑盡釋而睽合也。上九之與六三，先睽後合，故象占如此。附錄 小畜之上九曰既雨既處，睽之上九曰往遇雨則吉，蓋畜極則通，睽極則和，陰陽之氣至是而大暢也。

象曰：遇雨之吉，羣疑亡也。集註 潘氏曰：上九與六三爲正應，本孤也。睽極而疑生，非孤而以爲孤。无豕而言負塗，无鬼而言兩車，非寇而張之弧，皆疑心所生也。則反疑心既亡，百怪不作，說弧不射，乃知其爲婚媾也。往吉之遇斯得合矣。蔡氏曰：先張之弧，疑四爲寇；後說之弧，知四匪寇。上剛自猜狠也。丘行可曰：上本與三應，無孤也，爲九四所間，不能遇合，故小曰睽孤。豕鬼皆指三也。上睽疑而未敢親，近乎二，如見豕背之負泥塗，知其汙我也。又如載鬼滿于一車之中，疑其祟我也。豕猶有之

見則妄矣始焉致疑則張弧終焉釋疑則説弧知其非寇而婚媾乃我之偶備也自此以往上与三合陰陽和暢遇雨則吉向之疑心所由起者至此盡釋而亡矣張清子曰弧矢取諸睽故有張弧説弧之象

總論蔡節齋曰睽乖之時猶而難合然在象爲尤甚一與五應而五柔故必待噬膚而一遇巷也二與上應而三柔故必待輿曳牛掣天且劓而上遇雨也獨初與四皆剛故有相遇有不待刑者然初有悔亡勿逐見惡人之戒者居睽之初而四非正應故初宜絶其援之之道而四乃交孚也張當可曰内卦皆睽而有所待外卦皆反而有所應初喪馬勿逐至四遇元夫而初四合矣二委曲以求遇至五往何咎而二五合矣三輿曳牛掣天且劓上遇雨而三上合矣天下之理固不能久合亦未有終睽也

䷦ 艮下坎上

蹇利西南不利東北利見大人貞吉蹇難也足不能進行之難也爲卦艮下坎上見險而止故爲蹇西南坤易東北險阻又艮方也方在蹇中不宜走險又卦自小過而來陽進則往居五而得中退則入於艮而不進故其占曰利西南不利東北當蹇之時必見大人然後可以濟難又必守其貞然後得吉而卦之九五剛健中正有大人之象自二以上五爻皆得正位則又貞之義也故其占又曰利見大人貞吉蓋見險者貴於能止而又不可以終於止處險者利於進而不可失其正也

附録 大率陽卦多自陰來陰卦多自陽來坎艮是坤第二畫 集註 伊川
交自見坤第三畫亦交往往只取坎艮必交坤説李老子 曰注
蹇難之時利於順以平易之地不利止於危險也 進齋曰 夫合艮
坎而爲蹇坎北方也艮東北方也而乃利西南不利東北何邪蓋
處蹇難之時當適他方所以利於坤西南之平易也不宜止於危
險之地所以不利於坎艮東北之險阻也大人指九五也當蹇厄
之時利見大德之人以濟大蹇是之謂難由正濟故曰貞吉处雖失正
其能吉乎 立行可曰 東北艮方體止而險蹇之地也西南則其對方
体平而易坤之地也往東北則未離乎蹇故不利捨之而往西南
則出蹇矣所以利也 張清子曰 処蹇之時居易以俟命而已行險以
僥倖不可也故利
西南不利東北

彖曰蹇難也險在前也見險而能止知矣哉 以卦德釋卦名義而賛其美
蹇利西南往得中也不利東北其道窮也利見大人往有功
也當位貞吉以正邦也蹇之時用大矣哉 以卦變釋卦辭而賛其時用之大也

集註 童溪曰 九五從坎体而謂之利西南者蓋坎本坤体本坤九往居中
而成坎夫九以剛明之才而往處坤之中位則利西南往得
中之義乎若不知西南之爲利而反其所嚮則有所不利矣故
曰勿於此指其所之而避其所忌而以利不利明吉之利見大人往

有功也此六二往蹇九五而有濟蹇之功也【楊氏曰】大禹之行水行其所无事而已故孟子以大智許之蹇之所以為知者其亦大禹之智也歟【張清子曰】蹇之所以為難者以其險之在前也見坎險之難而明艮止之義非智者孰能識之往得中指五也夫以乾剛之才由四而往居坤之五以為坎於得其中將出坎而為坤此西南所以利也其道窮指三也三為艮体之主止而不進則常在險中其道窮矣此東北之所以不利也惟利見九五之大人而往則有濟蹇之功居二五而各當其陰陽之位故得正而吉可以正邦國而使之无難然蹇之時濟蹇之用其義亦大矣哉

象曰山上有水蹇君子以反身脩德【集註】【白雲曰】夫蹇利得朋而象言反身脩德者蓋君子愛人不親反其仁治人不治反其智禮人不荅反其敬反而求之則皆不出於吾身其身正而天下歸之故得朋之道莫大於反身脩德之要也【胡氏曰】反身即思不出位之義艮象也脩德即常德行之義坎象也此在艮下為蒙家而君子以果行育德坎在艮上為蹇而君子以反身脩德蓋反身如山不動而脩德如水潤乎山之象【張清子曰】山上有水者澗谷之泉也石礙而止之不能流行其象為蹇孟子曰行有不得者皆反求諸己此君子所以反身脩德也反身取艮之背脩德取坎之心

初六往蹇來譽往遇險來得譽

象曰往蹇來譽宜待也集註子夏曰往則之蹇來則見譽○洪邁曰六非濟蹇之才初非濟蹇之位往則犯難來則獲見險能止之譽潘氏曰往則入險不如有所待也張清子曰初以柔居下上無應與冒患難而進則益入于蹇不往而來待時而動則有見幾知止之令譽也

六二王臣蹇蹇匪躬之故柔順中正正應在上而在險中故蹇而又蹇以求濟之非以其身之故也不言吉凶占者但當鞠躬盡力而已至於成敗利鈍則非所論也

象曰王臣蹇蹇終无尤也事雖不濟亦无可尤集註毅齋曰蹇蹇者多難而非一難也大臣任天下之多難而捐軀以求濟何尤之有然以六二之匪躬而不聞濟難何邪蓋捐軀在忠濟難在才六二陰柔短於才也聖人不尤之者雖有其忠而恐其才也洪邁曰外卦一坎諸爻所同而自六二推之上承九三六四又互坎體是一卦之中已有一坎言蹇蹇猶言坎坎也張清子曰九五為王六二為王者之臣一動上坎互坎之下故曰蹇蹇其多難何如上應乎五志在乎國捐軀委質匪為我躬之故為君故也蹇而又蹇終无悲尤六二其忠臣哉夫蹇之四爻皆有往蹇之說是聖人不許其往但許其來也而來之辞則不同爾惟二五居中得位濟蹇者也故不言往蹇之事蓋當蹇之時一五君臣同處艱者也此豈可以往而避難乎當往不往則是坐視國家之多

難而不救天下之蹇無可濟之時矣

九三往蹇來反 反就二陰得其所安

象曰往蹇來反內喜之也 集註 潘氏曰往則入險不如反乎內也內二陰樂於從陽故喜 合訂

困學 蹇卦六爻二剛四柔九五一剛自陷於險而不能出四柔爻又弱於才而不能推所恃以任濟蹇之責獨九三一剛而已故上下諸爻皆欲求之九五資之以為援故欲其朋來六二恃之以為主故言其內喜六四與之比也則曰來連而象以為當位實上六其難也則曰來碩而象稱其志在內要無非倚九三之剛以為重也三之才如此而爻無吉辭何也蓋以衆爻視九三固皆倚之以為重以九三自視則上於險下而不進反不能助衆爻以成濟蹇之功聖人於爻辭而以來反言之正欲其近合六二之交以共濟天下之蹇也 張清子曰 九三以剛居剛本有濟蹇之才與五非應非比無援以進上雖比之雖高而無位故往所蹇也不若來反而就於二則二在王臣之位蹇蹇居險方欲資剛二與之比苟能以剛輔柔同心協力則濟蹇之功成矣內喜者二喜三之來反也反者既往復返之義

六四往蹇來連 連於九三合力以濟

象曰往蹇來連當位實也 集註 楊氏曰六四居二陽之間求之已者衆是謂之陰而當位實

者以陰比於陽也易之爲義以得陽爲實以失陽爲虚如解解不富皆失實者爲無陽故爾【張清子曰】四爲近臣當值國家多難之際其可坐視而不救乎故其心亦欲往也然其才柔弱不足以濟大蹇不若來連九三之剛而與之比合柔得剛助連合以進則雖有大蹇何難濟乎象言當位實者蓋四得三之陽則爲實也

九五大蹇朋來 大蹇者非常之蹇九五居尊而有剛健中正之德必有朋來而助之者占者有是德則有是助矣

【附録】人君當大蹇之時須屈羣策用羣力乃可濟也 誠齋

象曰大蹇朋來以中節也【集註】【蘇氏曰】五君位也而在坎中蹇孰大焉然動而不失中正之節故能感其朋之來以共成正邦之功也【丘行可曰】人君處蹇非得陽剛之助何以克濟二以衆爻皆柔莫能援五獨三剛實可以濟難此五所以待其來也雖五之於三非比非應不能自致其來惟以二應已且與三比五因二可以致三之來也所謂以中節者言五能致二之來者以二在下卦之中而能盡王臣之節義也【徐氏曰】朋謂二五與三比陽故曰朋【胡氏炳文曰】五爲濟蹇之主二爲濟蹇之臣故五稱大蹇二稱蹇蹇【張清老曰】九五以陽剛而陷于坎中是遺大投艱於朕身矣豈小蹇也哉斯時也正望羣賢之來出其險以拔其禍辛而下有六二柔順之大臣爲之正應必能朋合來譽來反來連來碩之才翕然而至并與同心協力共濟九五大蹇之難而非二居下

体之中能盡匪躬之節又安能朋合衆賢于于而來哉

上六往蹇來碩吉利見大人已在卦極往无所之益以蹇爾來就九五與之濟蹇則有碩大之功大人指九五曉上六若宜如是也〔附録〕諸爻皆不言吉上言吉者未離乎坎中也至上六往蹇來碩吉卦是蹇極有濟之理 吝董銖

象曰往蹇來碩志在内也利見大人以從貴也〔集註〕〔丘行可曰〕上六才柔本不足以有得助猶可以有為下與三應即其助也惟不往而來與三同力則何蹇不濟所以吉也來碩應三也陽為大故曰碩大人五也上既得三之應則宜與之共見大人而成濟蹇之功矣先言來碩後言利見者蓋上得三而後可以援五也〔張清子曰〕上居坎上之上將出蹇矣而亦曰往蹇何哉蓋上之才雖柔而下有九三陽剛之才為之正應相與共濟九五之蹇不往而來則有碩大之功而此爻所以獨言吉也三内卦也上應之故曰志在内也五大人也上利見之故曰以從貴也

〔總論〕〔丘行可曰〕蹇難也詳六爻之義則蹇者五也五在坎中爲蹇難者故王臣蹇蹇者二也二與五應與君同患而思往故爻以往來爲辭然諸爻中惟二有剛貫之才可以濟蹇之責是以喜來與五非近非應不能從五惟反而就二則可與之同往而濟君之難故爻言其來反而象以内喜釋之言二亦喜三之來也在四而言來

連者比三也，故象稱其當位實，蓋上而言來碩者應三也，故象稱其志在內，蓋當蹇之世，五方待三之來者也，三未則衆爻俱來而無所可濟矣。獨初六才柔九四果未能有為，故以來譽免之，此皆衆爻之大旨也。

䷧ 坎下震上

解利西南无所往其來復吉有攸往夙吉解難之散也居險能動則出於險之外矣

解之象也難之既解利於平易安靜不欲久為煩擾且其卦自升來三往居四入於坤體二居其所而又得中故利於西南平易之地若无所往則宜來復其所而安靜若尚有所往則宜早往早復不可久為煩擾也【集註】伊川曰无所往謂天下之難已解散无所為也有攸往謂尚有所當解之事也【節齋曰】坎難震動動則離乎難解之義也利西南者坎震東北之卦也難解於東北至西南則无不利矣【張清子曰】解合坎震而成卦震東方也坎北方也而乃利西南何耶蓋西南乃坤方平易之地當蹇難解散之時人情喜於安靜故但以西南為利而不復言東北之險則知震上已動乎東而向乎南而其險出矣震艮坤第一畫變坎艮坤第二畫變亦當取震坎變坤之義夫天下无難則无所往无難而往則生事矣不若來而復歸於安靜之中則吉也然斯時尚有未解之難則又當有所往而早為之圖故以夙為吉也合而觀之則往而復復而往无非欲於坤方平易之地矣

彖曰解險以動動而免乎險解（以卦德釋卦名義）解利西南往得衆也其來復吉乃得中也有攸往夙吉往有功也（以卦辨釋卦辭坤爲衆得衆謂九四入坤体得中有功皆指九二也）天地解而雷雨作雷雨作而百果草木皆甲拆解之時大矣哉（極言而贊其大也）

【附錄】陰陽之氣閉結之極忽然迸散出做這雷雨只管閉結了若不解散如何會有雷雨作小畜所以不能成雨者畜不極也（朱子語類）

【集註】誠齋楊氏曰當解之時如冬閉之幽而忽逢春生天地之蟄者散雷雨之靜者作萬物之甲者拆大哉解之時乎

林東山中曰蹇之時陷於險中見坎不利西南不利東北解出險以動是以但言西南之利而不言東北之不利也蹇利西南謂九五也不利東北謂九二也解利西南謂九四也

鄭氏曰遇險而止者才之不足也遇險而動者才之有餘之才故能動而免乎險所以爲解也解利西南往得衆者西南得朋之地也得朋而動乃能濟險故蹇之大蹇朋來與解之朋至其字皆一道也

楊氏曰當解之時非與天地合德有雷霆之號令雨澤之散施者未易以濟此解之時大矣哉

趙氏曰解之反坎上震下曰雲雷屯坎下震上曰雷雨作解也則動乎險中解則動乎險以險而能動動則免乎險矣往得衆指四也坤爲衆變坤成震九四往坎於西南平易之地則得衆心而无難矣其來復吉乃得中指二也蓋天下禍亂已散來則復反於安靜之域不尋煩擾此以靜而吉也往有

功亦指二也謂當時或有未解之難則宜亟往而散之夙則有功此又以德而言也雷雨作者氣之解也百果草木皆甲坼者形之解也形脩氣而解則動者伸鬱者暢生意流行充周普徧而之解其大矣哉【節齋曰】大抵处之時方平者易於除惡不盡者易發聖人於患難方平之際既不欲人以多事自擾又不欲人以无事自怠也【張清子曰】剝之碩果不食者藏天地生物之仁也解之百穀草木皆甲坼者發天地生物之仁也

象曰雷雨作解君子以赦過宥罪【集註】【郭氏曰】釋之者貰以肆赦過宥者刑國之三赦三宥是已【節齋曰】赦宥解義過震動象罪坎陷象【節齋】曰雷雨交作天地以之而解萬物之比赦過宥罪君子以之而解万民之難【張清子曰】天以雷雨交作則為解雷者天之威雨者天之澤威中有澤刑獄之有赦宥也有過者赦而不問有罪者宥而從輕此君子所以推廣天地之仁心也

初六无咎難既解矣以柔在下上有正應何咎之有故其占如此

象曰剛柔之際義无咎也【集註】【伊川曰】爻之辭寡所以示意【張清子曰】居解之初難雖方散之時也初才柔位卑未能有為幸而初四相應剛柔交際以此處解難之於義自无咎也

九二田獲三狐得黄矢貞吉此爻取象之意未詳或曰卦凡四陰除六五君位餘三陰則三狐之象也大抵此爻爲卜田之吉占亦爲去邪媚而得中直之象能守其貞則無不吉矣

象曰九二貞吉得中道也【集註】【伊川曰】三狐指卦之三陰時之小人也獲謂能變化除去之如田之獲狐也【張淸子曰】田者獵而取之也狐者獸之邪媚也六三亢伏於下坎爲隱伏之體爲狐六三負小人之妖者乎九二爲解難之臣上與五應雖二爻陰柔介乎其間必能射而獲之黄爲中矢爲直苟非得中直之象何以去邪媚之狐九二所以致守正之吉者以其能得居中之道也

六三負且乘致寇至貞吝繫辭備矣貞吝言雖以正得之亦可羞也唯避而去之爲可免耳【附錄】六居三大率少有好底占則負且乘聖人這裏又見得有這箇小人乘君子之器底象故又於此發出這道理來◦荅吳斗南

象曰負且乘亦可醜也自我致戎又誰咎也【集註】【洪邁曰】解卦下震上動而免乎險矣六三將出坎乃有負乘致寇之咎豈非上承九四六五又爲坎耶坎爲輿爲寇既獲出險而復蹈焉宜其可醜而致戎也【何可曰】當解之時患難所以未解者皆以六三一陰爲之也故諸爻皆有去之之意九二則以之爲狐而田之上六則以之爲隼而射

射之九四則以之爲駢附之拇而解之九五則以之爲陰險之小人而退之君臣上下協力亦惟一小人之去盡小人不去則天下之難不解此尤聖人之所深致意也【張淸子曰】負者小人之事乘者君子之器六三以柔媚之小人而居九二大臣之上則負荷之小人而一旦乘君子之器非小人之僭者乎必致寇奪之至雖貞亦吝醜敗之人而旦乘車取非其據竊位而已亦可醜也寇戎之至自我招之將誰咎乎我指三也戎指上也若據本爻而言則上六爲陰柔之材小人之資也三爲崇高之位君子之器也以六居三有負乘之象况六三上負九四下乘九二爲上六所射亦有負乘致寇之象吁作易者其知盜乎

九四解而拇朋至斯孚　拇指初初與四皆不得其位而相應應之不以正者也然四陽初陰其類不同若能解而去之則君子之朋至而相信矣【附録】四能解其拇者以四雖陰位而才則陽與初位六陰柔則爲有間所以能解去其拇故得陽剛之朋類至而相信矣　苔重録

象曰解而拇未當位也【集註】楊氏曰咸其拇與解而拇取義同【張淸子曰】而汝也謂四拇本注亦謂四震体爲足而六三附之有駢拇之象朋九二也二與四皆剛故曰朋解難之時二四本自相孚而未能即合者以六三間之也小人之間既入君子之交必疑四若暱於六三之私比則九二之朋望然而去難以孚合爲九四者必解去附己之小人猶解其拇而去之然

後九二之陽，朋翕然而至，至斯孚矣。四以剛居柔，故有未當居位之戒。

六五，君子維有解，吉，有孚于小人。卦九四陰，而六五當君位，與二陰同類者，必解而去之，則吉也。孚，驗也。君子有解，以小人之退為驗也。

象曰：君子有解，小人退也。【集註】〔坵行可〕曰：險難，小人之為也。小人情狀最為不一，狐以言其蠱惑，隼以言其鷙害，拇以言其附麗，負且乘以言其僭竊也。聖人於諸爻所以斥六三者，已極其形容矣，至此復明以小人斥之，以小人者所以顯其罪而去之也。然生天下之難者莫甚於小人，而人君能解天下之難者莫大於君子，惟六五得二四上衆君子以為解難之助，此三之小人所以心服而退聽也。或曰：易以陽為君子，二四固君子矣，上六陰柔，亦得為君子乎？曰：解六爻不正，惟上六獨正。〔張清子〕曰：六五以柔順居尊位，應於二而比於四，維用二四陽剛之君子，乃有解散小人之道，何也？蓋為人主者必汲汲焉以純用君子為心，平時有以取信於小人，使之知上意之所主，自然心悅誠服，退而聽命於君子，則小人之黨散矣，其吉可知。

上六，公用射隼于高墉之上，獲之，无不利。〔係辭〕備矣。

象曰：公用射隼，以解悖也。【集註】〔鄭汝諧〕曰：隼謂三也，墉乃外之限，二所居之地也。解之不解者惟三用其所應得解之獲之必矣故曰无不利【張清子曰】公者大臣之稱即上六也隼者鷙害之禽也六三負且乘竊據高位乃高墉也上與六三既無應乃其敵也故公用射六三之隼于高墉之上獲之无不利上六處解之終爲小人之鷙者既射而獲之則天下之悖亂者皆解散矣

【總論】〔五行問曰〕解散也散天下之難也然小人者難之根故蹇難之後尤當思於去小人解本小人之卦也卦以六三一陰爲主其爻曰負且乘致寇至言三以小人陰險之才竊非其據而召天下之兵也在諸爻皆欲去三者一在三下而言獲狐者獲三也四與三上而言解拇者解三也上與三應而言射隼者射三也五解之主而言有孚于小人者退三也觀上下諸爻莫不一於去六三之小人不去難根不除此作易聖人之所深懼也惟初六才柔位卑不任解難之責故爻無他辭但曰无咎而已此解六爻之大旨也

䷨ 兌下艮上

損有孚元吉无咎可貞利有攸往曷之用二簋可用享 損減省也爲卦損下卦上畫之陽益上卦上畫之陰損兌澤之深益艮山之高損下益上損內益外剝民奉君之象所以爲損也損所當損而有孚信則其占當有此下四者之應矣曷之用二簋可用享言當損時則至薄無害【附錄】二簋與簋貳字不同其義亦不同若是爾【集註】

伊川曰損之道必有孚誠非有孚則無吉而有咎非可貞之道不可行也節齋蔡氏曰內本乾外本坤乾上爻與坤上爻往來剛得柔為損本柔得剛為益凡卦以內為貞主貞而吉故為損誠請乎曰損上之剛益下之柔則為益損下之剛益上之柔則為損況下二爻與艮上三爻皆相應故為有孚之象損下豈聖人之得已哉則之有誠實之道不可也損而有孚則元吉无咎可貞利有攸往矣可貞者可以貞固守此也曷之用者問辭二簋可用享者答辭下之奉上皆謂之享即損享之享也而者享禮以四簋為中陳饋八簋為盛當損之時二簋雖薄亦可用享也

彖曰損損下益上其道上行以卦體釋卦名義損而有孚元吉无咎可貞利有攸往曷之用二簋可用享二簋應有時損剛益柔有時損益盈虛與時偕行此釋卦辭時謂當損之時【集註】廣平游氏曰損泰變也損九三以益上六也益上矣而謂損何也龜山楊氏曰損上以下為基譬之築墻損其基以增上之高則危矣非益也南軒張氏曰百姓足君孰與不足此損上所以為益也百姓不足君孰與足此益上所以為損也潘氏曰於時為損則享祀何所用哉曰二簋足矣蓋處損之時則可若夫豐亨之時則大壯矣通略曰卦辭曰損有孚彖辭曰損而有孚加以而之一字則其義曉然矣四行何曰損之名由有餘而起益之名自不足而生損有餘所以

補不足也故過滿則抑損謙則受益若多寡適稱則無所損益矣今觀損下体本乾三畫皆陽過於富實當損者也上体本坤三畫皆陰過於虛乏當與益者也當其損而損當其益而益是乃理之正而事之宜也聖人豈以損民之不足者為損哉【張清子曰】損者損下益上之卦自三而上其益在上故曰其道上行道者當然而然之謂以下奉上損實益虛損有餘益不足其道當如是非過損也○夫當其可之謂時當損而損時也不當損而損則非時矣損其盈者益其虛者適時之宜與之偕行雖聖人亦不能違乎時也故彖辭言時者九二焉則知損之害乎有時也明矣

象曰山下有澤損君子以懲忿窒欲 君子脩身所當損者莫切於此【附錄】懲忿如救火窒欲如防水○余大雅或問觀山象以懲忿曰人怒時自是恃地突兀起來故孫權曰令人氣涌如山又問觀澤象以窒欲曰欲如汚澤然其中多穢濁解汚染人須當塡塞了○懲是戒於後窒是塞於初古人說情竇意竇是罅隙須窒其罅隙【集註】【臨川曰】君子之脩德所可損者莫過於忿欲忿之不懲必至於忮怒欲之不窒必至於淫貳過否塞曰損德之脩也然欲者此居無時不生故直要窒之務則有時而作也遇作之時則懲之而已否行可曰忿欲者吾身愛惡之私皆所當損也然懲忿易窒欲難蓋忿屬陽其發也氣勢暴悍如山之突兀人皆知之故懲之易欲屬陰其溺人也如水之浸淫泯無痕迹使人不覺陷其中而不能出故窒之難懲忿惟用心之剛者即能

制之窒欲不惟用剛非見理之精未易容也張清子曰忿者氣若山壑故懲之者當若摧山欲者深壑無厭故窒之者當塞其源懲忿艮山象窒欲兌澤象

初九已事遄往无咎酌損之初九當損下益上之時上應六四之陰輟所爲之事而速往以益之无咎之道也故其象占如此然居下而益上亦當斟酌其淺深也

象曰已事遄往尚合志也尚上通

【集註】廣平曰損之初九曰已事遄往所謂事者損之事也言損初之實以益四之虚也未事而先往則於人未孚已事而後往則於時無損四之志欲損其疾而初遄往使遄有喜焉故曰尚合志也然損下以益上者或失其節則後雖繼故以酌損之張清子曰初與四爲應損初之剛益四之柔此以下奉上之道也亦猶出粟米絲枲以佐貢也已事遄往者謂國家有事當輟我之事遄往以益之乃得无咎然損下太甚則其本傷矣必斟酌其所損之宜則無過不及可以上合六四之志也

九二利貞征凶弗損益之九二剛中志在自守不肯妄進故占者利貞而征則凶也弗損益之言不變其所守乃所以益上也

代或作待

象曰九二利貞中以爲志也【集註】伊川曰不自損其剛貞則能益其上乃益之也若失其剛貞而用柔說適足以損之而已【耿氏曰】損上益下過亦無傷損下益上過則有害故初九已有酌損之戒九二損既得中故利貞征則過矣【張清子曰】損之爲道貴乎得中九二居下體之中者也損之六三既損下以益上若九二復損其剛正以益五則是不當損而損其損過矣故利在守正而勿征征則以凶况以九二陽剛之德而輔六五陰柔之君豈有益哉因者多矣此所以弗待損已以益人即所以益之也故曰弗損益之詰其所以然曰中以爲志而已矣

六三三人行則損一人一人行則得其友【本義】下卦本乾而損上爻以益坤三人行而損一人也一陽上而一陰下一人行而得其友也兩相與則專三則雜而亂卦有此象故戒占者當致一也【附録】三人行損一人三陽損一人行得其友一陽上去換得一陰來 [illegible]

象曰一人行三則疑也【集註】伊川曰損者損有餘也益者益不足也三人謂下三陽上三陰三陽同行則損九三以益上三陰同行則損上六以益三三人行則損一人也初與四應二與五應三與上應皆兩相與則其志專皆爲得其友也蓋天下無不二者一與二相對代生生之本也三則餘而當損矣明道曰道二仁與不仁而已自然理如此道無無對有陰則有陽有

善則有惡無一亦無二故曰三人行則損一人一人行則得其友

只是一二也〔西山真氏〕曰萬化不窮惟一而已二則爲贅所當損也〔臨川吳氏〕

曰此爻乃損之所以爲損也下体之乾三陽並進三人行也九二

一爻損而上之三人行則損一人也九三上而爲上則上六下而爲

三剛柔偶合一人行則得其友也〔張清子〕曰損之六爻惟三當可損

之時三人行乾之三陽也陰陽對待惟二而已三則餘其一而當損

此所以損九三而益上六也故曰三人行則損一人此一人也獨往

以應上則艮兊相合男女構精而有萬物化生之功矣故曰一人行

則得其友夫一陰一陽之謂道苟參之以三則疑心生焉此聖人因

一人之行而得致一之理也損之三人行即需之三人來也

六四損其疾使遄有喜无咎 以初九之陽剛益己而損其陰柔之疾惟遄則善戒占者如是則无咎也

象曰損其疾亦可喜也〔集註〕〔節齋〕曰當損而不損過也不當損而損亦過也四損之弗損益

之者言不過損也所謂損一人損其疾者皆理之所當損也〔雲峰〕曰

意必固我人之疾也孔子絶之子貢過人之疾也顔子去之所謂

損其疾者此也〔楊氏〕曰物不得剛柔之中者俱謂之疾偏乎剛者忿

之疾也偏乎柔者慾之疾也六四以柔居柔偏乎柔者之疾也得初

九之陽以爲之應損其疾者也損其疾則喜者速矣〔張清子〕曰四與

初爲應四以陰居陰有過柔之疾疾在四而欲損其陰柔之疾必使初

九速往以應己則以剛濟柔損其不善而從其善四之疾瘳而有喜

矣初言遄往四言使遄蓋初之遄實四有以使之也有疾而使之速

治何咎之有？為六四者，苟能自損其陰柔之疾，而益之以初九陽剛之剛，則喜而无咎，亦有喜也。

六五，或益之十朋之龜，弗克違，元吉。柔順虛中，以居尊位，當損之時，受天下之益者也。兩龜為朋，十朋之龜，大寶也。或以此益之而不能辭，其吉可知。占者有是德，則獲其應也。

附録 損益二卦說龜，一在二，一在五，是顛倒說。上未濟與既濟說鬼方亦然。答呂煇。

象曰：六五元吉，自上祐也。

集註 丘行可曰：六五以柔居尊位，與九二為應，虛中以受下之益者也。而上九與五相比，又從其上而益之，故曰或益之，此指上九也。朋指二與上也。損全卦具離體，故取龜象。按元龜資貝廿六，貝雙貝曰朋，十朋之龜，乃有國之大寶。言五受益之多也。益之者衆而弗克違，乃得大善之吉。小象曰自上祐也，亦指上九。朱清子曰：十朋之龜弗克違，則天下之益皆歸焉。

上九，弗損益之，无咎，貞吉，利有攸往，得臣无家。上九當損下益上之時，居卦之上，受益之極而欲自損以益人也。然居上而益下，有所謂惠而不費者，不待損己，然後可以益人也。能如是則无咎，然亦必以貞則吉而利有所往。惠而不費，其惠廣矣，故又曰得臣无家。

象曰弗損益之大得志也【集註】伊川曰得臣謂得人心歸服无家謂无遠近內外之限也【白雲】曰一人行而得其友者上九也故无咎貞吉利有攸往爻辭與卦辭大略相類是皆其道上行之所致也【丘行可曰】上九一爻本損九三而爲上九也以剛居上而損於下非爲上之道故上九既受三之益不復有損下之心故曰弗損然上雖受三之益以其受益於己者而益於君故曰益之如此則无剝下之咎而得守正之吉往則有利豈不大得志乎【[illegible]曰】何謂得臣无家蓋三得上之應故爲得友上得三之應故爲得臣以內爲家三位本于上九之家也今棄三而居上自內而往外故曰无家上九得六三无家之臣則但知益人之國而已不知有家此國

亦忘家者也

【總論】【丘行可曰】損者損下乾之陽以益上坤之陰也合六爻觀之損在下則益在上矣其在下卦初爻位俱剛可損也故曰酌損之[illegible]不得中不可損矣故曰弗損益至三則有餘於陽當損其一以奉上故曰損一人此三爻皆知損者也其在上卦四陰虛賴初之陽以爲益故曰損其疾五受二之益而又得上之益故曰或益之上與三爲往來之爻既得三之益不待損人以益己故曰弗損益此三爻則知損而得益者也

䷩ 震下 巽上

上

益利有攸往利涉大川益增益也爲卦損上卦初畫之陽益下卦初畫之陰自上卦而下於下卦之下故爲益卦之九五六二皆得中正下震上巽皆木之象故其占利有攸往而利涉大川也集註伊川曰益合震巽而成卦震巽皆由下變而成陽變而爲陰者損也陰變而爲陽者益也張清子曰益增也其卦下体本坤上体本乾損乾下爻以益坤下爻其益在下故曰益處益之時无所不利以行則利往以濟則利涉也

彖曰益損上益下民說无疆自上下下其道大光以卦体釋卦名義利有攸往中正有慶利涉大川木道乃行以卦体卦象釋卦辭附録有八卦之金木水火土有五行之金木水火土如乾兌爲金是易中之金也兌之金五行之金也巽爲木卦中取象也震爲木乃東方屬木五行之木也五行取四維也卦[illegible]焉益動而巽日進无疆天施地生其益无方凡益之道與時偕行動巽二卦之德乾下施坤上生亦上文卦体之義又以此極言贊益之大集註白雲曰以陽饒陰乏言之則爲損上益下民說无疆也以陽貴陰賤言之則爲自上下下其道大光也或問在損則兼益曰損益盈虛在益則曰凡益之道不兼損者損則求益益則不求損故也雙湖胡氏曰二卦之損剛益柔一也而損下爲損損上益下爲益何耶蓋損下非聖人之得已而益下乃聖人

之本心。庸齋所謂吾身猶天下，肥亦此意也。【隆山曰】利涉大川，言木道

三爻益也，渙也，中孚也，皆巽也。【丘行可曰】時有損益之理也。上不足而

下有餘，則當損下而益上；可損而損，此損之時也。若下不足，則不當

損矣。上有餘而下不足，則當損上而益下；可益而益，此益之時也。若

下有餘，則不必益矣。時者當其可之謂，此損益二彖所以皆以時言

也。然人君之於己也，與其益也寧損；於民也，與其損也寧益。○乾陽

居初，天氣下降；坤陰居四，地氣上騰。此天施地生，其益廣大而無方。

天且損上而益下，而況於人乎？則知凡有益下之道，必與時而偕行

也。【張清子曰】神農氏斲木為耜，揉木

為耒，蓋取諸益，是亦木道之行也。

象曰：風雷益，君子以見善則遷，有過則改。風雷之勢交相助，益乎善，改過，益之

大者，而其相

益亦猶是也。【附錄】風是一箇急底物，見人之善，已將不及，遷之如風

之急；雷是一箇勇決底物，已有過，便斷然改之，如

雷之勇決，不容其些子遲緩。遷善須是如慘淡之物，要使之白；改過如黑

底物，使之白。自是用力不同。遷善者是見人做得一事強似我，心有

所未安，即便遷之。若改過須

是大段勇猛始得，合會相道。【集說】【丘富國曰】雷以動之，風以散之，萬物

皆益也。【節齋蔡氏曰】風得雷而增威，雷

得風而愈迅，益之象也。雷以動之，遷善之象也；風以散之，改過之象

也。【進齋徐氏曰】見善則遷而改過愈勇，有過則改而遷善愈速，亦風雷相

益之義也。【張清子曰】夫撓萬物者莫疾乎風，動萬物者莫疾乎雷。風

雷交相助益，君子取象於此，見善則遷之必如風之速，有過則

改之必亟，當之迅，則有即之義。此則遷則改，所以貴乎疾也。得善則遷，有過則改。所

齊曰：不貳過，惟顏氏子得之，而聞善不能徙，不善不能改者，夫子所以深憂之也。

初九，利用爲大作，元吉，无咎。初雖居下，然當益下之時，受上之益者也。不可徒然无所報效，故利用爲大作，必元吉，然後得无咎。【附録】初九在下，爲四所任，而作大事，必盡善而後无咎。若所作不盡善，未免有咎也。○厉人傑

象曰：元吉无咎，下不厚事也。下本不當任厚事，故不如是，則不足以塞咎也。【集註】鄭舜舉曰：有攸往，益損之上三爻，惟上得益；益之下三爻，惟初得益。故損曰利有攸往，益曰利用大作。【王氏曰】居下非厚事之地，在卑非任重之勳。大作非小功所濟，時可以大作，而下不可以厚事，得其時而无其位，故元吉乃得无咎也。【蘭氏曰】初上應於四，剛柔相濟，利爲大有益之事，然在下而爲大事，必元吉而後得无咎。厚事即大作之義。【羽清子曰】初九爲震動之主，上應六四近君之臣，則初受四之任者重矣，故利用爲大作，以厚之事，而所作之事，以得大善之吉，乃得无咎。惜乎初居下，不可以任厚事。若進而居大臣之位，則可以當厚事矣。

六二，或益之十朋之龜，弗克違，永貞吉。王用享于帝，吉。六二當益下之時，虚中處下，故其象占與損六五同，然爻位皆陰，故以永貞爲戒，以其居下而受上之益，故又爲卜郊之吉占。

象曰或益之自外來也或者衆无定主之辭【集註】【蘭氏曰】六二柔順為受益之臣九五之王用之則可享于天帝而獲吉已如成湯之用伊尹而能享天也【丘行可曰】益者損之反益之六二損之六五也損卦其益在上故上焉六益五而五吉之近故曰或益之上益五也益卦其益在下故初焉益上而二吉之近故亦曰或益之初益二也十朋之龜弗克違義吉損同但損之五曰元吉則謂其居得尊位以柔履剛為善益之二曰永貞吉則以爻位皆柔不能固守故以永貞為戒也○凡卦象消息者皆有龜象頤之自初至上為損之自二至上益之自初至五皆外實中虛所以取諸龜也【張清子曰】六二以柔居中有虛中受益之象大滿則招損虛則受益二既虛中故或有可益之事則衆皆朋之而益之故曰十朋之龜弗克違

六三益之用凶事无咎有孚中行告公用圭六三陰柔不中不正不當得益者也然當益下之時居下之上故有益之以凶事者蓋警戒震動乃所以益之也占者如此然後可以无咎又戒以有孚中行而告公用圭也用圭所以通信【附錄】益之用凶事猶書言用降我凶德嘉績于朕邦荅余寄高

象曰益用凶事固有之也益用凶事欲其困心衡慮而固有之也【集註】【黃中曰】歉歲曰凶今益之時損上益下其凶荒瘥札之時乎【陳氏曰】汲黯擅發倉廩以救飢民益之用凶事也何咎之有【楊氏曰】告公用圭卽書云禹錫玄圭告

既成功者固不錫介圭以作爾寶是也。進齋曰：凶難之事雖盛時固不能免，如堯水湯旱與成周之難厄皆是，故曰益用凶事固有之也。張清子曰：六三乃受上九之益者也，而曰益之用凶事何哉？蓋上九有或擊之凶，三與上為應援，所謂凶事者，其凶之事也。用之於其凶之事，必其无咎，蓋三與上應而有孚，又居二陰之中，以中道而行，則不至過於窮黷，是即所以益之也。然必告於公上以稟其命，用此圭玉以通其信，乃无專擅之咎。況三居多凶之地，其為凶危之事，若輕用之，則不惟无益，且有損矣。象曰益用凶事固有之也，蓋凶害之事亦古今所固有者，非曠世所无之事也。

六四，中行告公從，利用為依遷國。三四皆不得中，故皆以中行為戒。此言以益下為心而合於中行，則告公而見從矣。傳曰：周之東遷，晉鄭焉依。蓋古者遷國以益下，必有所依然後能立。此爻又為遷國之吉占也。

象曰：告公從，以益志也。

集註　誠齋曰：周遷依晉鄭，邢遷依齊許，遷依楚，皆弱故也。若盤庚之遷亳，高祖之遷長安，光武之遷洛，何依人之有。進齋曰：四與初為應，是損四以益初也。然四居近君之位，必得中道而行，則告諸公上而見從。況四與初為往來之爻，而有上遷之象，遷國順下而動也，而利於用。若為依衆心之所欲，雖遷徙國都之大勢，亦可成功而致益。九四苟能歷告曰九五以益下之志，則公從之矣。丘行可曰：三曰中行，四亦曰中行，皆指五而言也，與泰九二得尚于中行同義。蓋五在上卦之中而為益下之主，三之救凶，四之遷國，則皆國家大事，在下而奉之，必當告于九五中行之主而後行，則不至有專權之咎矣。**張清子曰**：初本坤体而上進於四，有遷國之象，必依五也。以四依五，是以柔附剛，以弱附強，得所依矣。用之遷國，何往不利？益志謂益民之志也。夫遷國者，不以利己，惟欲益民，此所以告公上而見從也。觀盤庚三篇，可見古人益民之實矣。

九五：有孚惠心，勿問元吉。有孚惠我德。上有信以惠于下，則下亦有信以惠于上矣。不問而元吉可知。

象曰：有孚惠心，勿問之矣。惠我德，大得志也。**集註** **丘行可曰**：損之上九，益之九五，皆以不損於下為大得志，蓋聖人之志惟在乎益民而已。吾於損之上、益之五見之。**張清子曰**：施焉上之孚下，則以心為惠，終焉下之孚上，則以德為惠。所謂勿問者，則孚之以心，非孚之以口舌也。豈惟勿問，而九五且不言益矣。不言其所，則其益无方，亦猶乾不言所利，大矣哉。

上九：莫益之，或擊之，立心勿恒，凶。以陽居益之極，求益不已，故莫益而或擊之。立心勿恒，戒之也。

附録 立心勿恒，勿字只是不字，非禁止之辭也。董銖

周易下經卷第四

象曰莫益之偏辭也或擊之自外來也莫益之者猶從其求益之偏辭而言也若究而言之則又有擊之者矣【集註】瀘川曰以剛居上既無以益乎人故自益莫益其已人之所不與也擊之者至矣用心不常焉得不凶張清子曰夫居上而莫益之者此偏於求益之辭也或有擊之者則衆聞自分而求矣

【總論】益六爻曰益者損上乾之陽以益下坤之陰也合六爻觀之損在上則益在下矣其在下者初與四為往來之爻受四之益者故曰利用為大作二得五之益而又受初之益故曰或益之三處益時惟凶事則不可不益故曰益用凶事此三爻皆受益者也其在上卦四以順下之動而為益故曰利用遷國五以惠人以誠而致益故曰有孚惠心上則不知損己反以求人之益而人或擊之矣故曰莫益之或擊之此三爻則處益而當損者也

建安張公霖點校

文選六之敵

句讀四聲切

張氏周易本義附録集注

五

周易下經卷第五

晦菴朱熹傳

建安後學中溪張清子編

乾下兌上

夬揚于王庭孚號有厲告自邑不利即戎利有攸往 夬決也陽決陰也三月之卦也以五陽去一陰決之而已然其決之也必正名其罪而盡誠以孚號其衆相與合力然亦尚有危厲不可安肆又當由治其私而不可專尚威武則利有所往也皆戒之之辭

附録 上卦有兌体兌爲口故多言號 董銖

集註 伊川曰小人衰微君子道盛當顯行於公朝使人明知善惡故云揚于王庭

張清子曰 夬決也剛之決柔自下而上揚播也以一陰而居五陽之上有乘陵之勢必明揚其罪於君位之前而顯其有當決之罪此揚于王庭之意也是以孚信其號令使五陽皆知一小人之在前尚有危厲之患故[illegible]之修自私邑而四方声其罪而決之也夫威天下者不以兵革之利況以衆君子而決一小人固自有道存焉又奚假威力以勝之[illegible]以不利即戎也一決之後則由夬而乾純乃利矣故曰利有攸往

彖曰夬決也剛決柔也健而說決而和釋卦名義而贊其德揚于王庭
柔乘五剛也孚號有厲其危乃光也告自邑不利即戎所
尚乃窮也利有攸往剛長乃終也此釋卦辭柔乘五剛以卦體言謂以一小人加于衆
君子之上是其罪也剛長
乃終謂一變則爲純乾

集註

項氏曰其危乃光與中未光相應人君與小人比故爲未光小人危則君德明是以乃光光者陽德也剛長乃終與終有凶相應剛長未終陰猶在上剛長既終則陰有凶矣終者上爻也陽長爲復故曰利有攸往剛長也陽長將終爲夬故曰利有攸往剛長乃終也此又與復之剛長相應也

丘行可曰孚號與爻辭二號字相應皆兊口象字號五也五與上比邇其有危故孚四陽而告之也惕號二也二與五應聞五之號而惕然以懼也无號上也謂上六得勢自恣淩衆陽畧無畏忌而不知戒也觀五之孚號二之惕號則知君子雖盛而猶畏小人觀上之无號則知小人之衰而不畏君子也不利即戎與莫夜有戎相應莫夜有戎言小人常伺隙以兵冦君子不利即戎言君子不當專尚威力以勝小人蓋君子之治小人固自有道若徒以力角力則君子未必有加於小人而適以敗天下之事爾此聖人之所以深戒也

張清子曰以六爻言則五陽而決去上六之一陰以二體言則内体乾健而能決外体兊說而能和上健而以說行之則剛不失之暴決不至於躁此去小人之要道也九五位乎王

庭也。朝多君子，一小人雖居其上，當以其罪罪無而猶揚于王者之庭，使國衆咸知其罪，此刑人於朝與衆棄之也。孚其號而警其厲，則雖處於危亦能光大，故曰其危乃光也。於是私告其都邑曰決小人自有勝之道，若專事即戎，則君子之技窮矣，故曰所尚乃窮也。一陰尚存，以五陽決而去之，則无不利，故曰剛長乃終也。聖人於彖辭首以柔乘五剛一語而釋揚于王庭之義，以稱小人之罪狀；以乃光乃窮乃終三語釋孚號有厲以下之義，所以示君子去小人之法也。其言利有攸往，蓋欲其爲乾；純言不利有攸往，蓋不欲其爲純坤，此亦崇陽抑陰之微意也。

象曰：澤上於天，夬。君子以施祿及下，居德則忌。澤上於天，潰決之勢也。施祿及下，潰決之意也。居德則忌，未詳。

集註 伊川曰：不云澤在天上而云澤上於天，則意不安而有潰決之勢；云在天上，乃安辭也。張清子曰：雲上於天，雲則澤不及下；澤上於天，夬則天之所以[illegible]澤乃物者決矣。君子觀澤決於上而注於下之象，則施祿其仁澤以及於下也。居者，止也；若自止其德澤不下，則非夬決之義矣，故忌。

初九，壯于前趾，往不勝爲咎。前猶進也。當決之時，居下任壯，不勝宜矣，故其象占如此。

附録 壯于前趾與大壯初爻同，此卦大率似大壯，只爭一畫。（答吳某）

象曰不勝而往咎也 集註 誠齋曰勝在往先者勝往在勝先者負此不勝在往先者乎故周公
言往不勝而往允斷之曰不勝而往咎也 童溪曰首決彖之謀者必
有全勝之道而後可以勝不勝而往咎將誰執則夫首決彖之謀者
其可輕動而躁進也哉 蘭氏曰趾在下而先動者也初九在四陽
之下首以剛進壯于前趾也陰居高位而初欲決之猶布衣論權
臣不量力之甚往則不勝其咎宜也 張清子曰大壯初九曰壯于趾
夬初九則曰壯于前趾大壯二陰在上其勢猶盛夬一陰在上而將
窮其勢衰矣故於趾特以前言之此見夬初之勇於進而无前也
陰居高位而初欲決之往以不勝徒取咎釁知其不勝而自往焉
能无咎乎

九二惕號莫夜有戎勿恤 九二當決之時剛而居柔又得中道故
能憂惕號呼以自戒備而莫夜有戎亦
可无患也

象曰有戎勿恤得中道也 集註 誠齋曰九二以剛陽之才當夬決之時能居柔以晦其剛得中
而戒於過雖與四陽之盛而決一陰之衰乃惕然若臨大敵謀然若
警又微有備如此雖有兵戎而驟至亦勿憂恤矣此所以人傑從容存
害之事也 張清子曰二以陽居陰故不專恃其剛強此心惕然加以
號召而警戒之謹畏如此雖莫夜之中有寇盜之至勿勞憂恤矣惑

至而勿憂以九二得處中之道
而不亢戒備故也○頄求龜反

九三壯于頄有凶君子夬夬獨行遇雨若濡有慍无咎 頄顴也九三當決之時以剛而過乎中是欲決小人而剛壯見于面目也如是則有凶道矣然在衆陽之中獨與上六爲應若能果決其決不係私情則雖合於上六如獨行遇雨至於若濡而爲君子所慍然終必能決去小人而无所咎也溫嶠之於王敦其事類此

附録 君子之去小人不必悻悻然見於面目至於遇雨而爲所濡濕雖爲衆陽所慍然志在決陰必能終去小人故亦可得无咎也蓋九三雖志上爲應而實以剛居剛有能決之象故壯于頄則有凶而和柔以去之乃无咎 晏淵

象曰君子夬夬終无咎也 集註 誠齋曰 九三處五陽衆君子之林而獨與上六一小人爲正應此小人之謀也聖人曉之曰衆汝九三取凶在汝取无咎亦在汝汝君子從也舍君子從小人凶之道也決然舍小人從君子无咎之道也然九三者盍亦謹所擇乎 丘行可曰 復六四處五陰之中與初九應故爻言獨復夬九三處五陽之中與上六應故爻言獨行獨者遠衆而自立之辭也陰處陰中獨復以應陽陽善也則爲捨小人從君子陽處陽中獨行以應陰陰惡也則爲捨君子從小人聖人於此爻故以獨言之 張清子曰 頄者頰之骨在上體之上者也三與上爲應初爲趾四爲臀而三反爲頄是臀在上而頄在下於義未順此

上而輔之所以指上六爲頄也頄音逵又音求上日平

九四臀无膚其行次且牽羊悔亡聞言不信以陽居陰不中不正居則不安行則不進若不與衆陽競進而安出其後則可以亡其悔然當決之時志在上進必不能也占者聞言而信則轉凶而吉矣牽羊者當其前則不進縱之使前而隨其後則可以行矣

象曰其行次且位不當也聞言不信聰不明也【集註】【横渠曰】牽羊讓而先之羞牽羊者非挽拽之謂也讓之使先行則有肯前之勢故也【鄭汝諧曰】羊之性狠居前而力挽之則忿而不行却行而使之先則行矣【張清子曰】九四在兌體之下故曰臀臀无膚者後傷於三也其行次且者前阨乎五也四以陽居陰其位不當進退俱不可也然己之所傷者在三故不忌遯三而使之先往若牽羊然縱之使前則其悔可亡然四質剛而位柔雖聞牽羊悔亡之言怙不之信則其司聰之不能明聽也臀音豚

九五莧陸夬夬中行无咎莧陸今馬齒莧感陰氣之多也九五當夬之時爲夬之主而切近上六之陰如莧陸然若決而決之而又不爲過暴合於中行則无咎矣戒占者當如是也【附錄】莧陸是兩物莧者馬齒莧陸者章陸皆感

陰氣多之物也藥中用商陸其子紅、名當象、

象曰中行无咎中未光也程傳闕矣集註丘行可曰夬五陽爻而三五皆稱夬夬者蓋三應上五比上皆當決柔之任故欲其決而又決而不係累於柔也又皆以剛居剛亦有夬夬之義張清子曰允為澤莧陸乃澤中一草之名感陰氣之多者而柔脆者此指上六也以九五夬夬之大君而決去一小人如刈莧陸之草脆而易折以言將摧枯拉朽之比哉然五爲決陰之主而比乎上必以中而行則無偏私之咎小有所係則於中道未爲光大也

上六无號終有凶陰柔小人居窮極之時黨類已盡无所號呼終必有凶也占者有君子之德則其敵當之不然反是

附録觀上六一爻則小人勢窮无號有凶之時而君子去之之道猶當如此嚴謹自做手腳蓋不可以其勢力衰而安意自肆也董銖

象曰无號之凶終不可長也集註潘氏曰小人在上高而危滿而溢豈能長守富貴哉无用號呼終於凶爾張清子曰以一柔而乘五剛之上怙終不悛其罪大矣其危且亡矣決而去之則夬其乾矣陽長陰消理之必然勿用號咷其終有凶不可以久處也終即彖辭剛長乃終之終號平声

總論丘行可曰夬者決也以五陽而決上之一陰也故六爻以上陰為主而下五陽則皆以上取義九陽之決陰遠則不能相

又惟比于應當之五比上者也故曰莧陸夬夬二三應上者也故曰君
子夬夬夬夬者言當決而又決不可係累於陰也四介三五兩剛之
間亦欲決上以進則礙五居則礙三故有臀无膚行次且之象至二
去上遠則無相及之理矣故但惕號以爲莫夜有戎之備而已初又
最遠者也故有壯
趾往不勝之戒

☴下☰上

姤女壯勿用取女 姤遇也決盡則爲純乾四月之卦至姤然後一陰
可見而爲五月之卦以其本非所望而卒然值之
如不期而遇者故爲遇遇已非正又一陰而遇五陽則女
德不正而壯之甚也取以自配必害乎陽故其象占如此【附録】不是
說陰
漸長爲女壯乃是一陰遇五陽大率一箇女遇五陽是箇不正當底
如人盡夫也之事以下呂燾淵上面五爻皆陽下面只一陰五陽便立不
住了以下俞大雅【集註】【誠齋曰】陰陽之相爲消長始循環然剝極爲
復不旋踵而一陽生夬極爲
姤不旋踵而一陰生當一陽之生也聖人未敢爲君子而喜必曰朋
來无咎言一陽未易勝五陰也當一陰之生也聖人已爲君子而憂
遂曰女壯言一陰已有敵五陽之志也既曰女壯又曰勿用取女申
戒五陽以勿輕一陰之微而親暱之也【項氏曰】姤一陰方長已言女
壯聖人之意深矣體坤之初六但言堅冰也其勢方與不至於盡滅
諸陽不止也是以取女者忌之○陽至四而後壯陰方生而即壯亦

見君子小人之情不同也【吳忠誠曰】姤𥘉爻五月之卦五月律中蕤賓曰賓云者陽已爲之客矣此姤主陰而客陽陰始遇陽也【張清子曰】姤字從女后從女者陰也以一陰處五陽之下而始與陽遇也夫一陰方生始與陽遇而遽曰女壯何也蓋陰長陽往消之幾不容息未有剥而不復者既未有夬而不姤者夬一陰决於上而一陰已生於下陽不禦陰之來而與之邂逅故名曰姤自姤以往爲遯爲否爲觀爲剥爲坤皆初六之爲也非女壯而何女壯則男弱故以勿用取女戒之也

彖曰姤遇也柔遇剛也釋卦名【附録】姤一陰生而五陽便立不住了谷余大雅録自下而上只有六箇陽到地面上時地下便冷了只是這六位陽長到那第六位極了無去處上面便消次消去些一箇添下面便生些一箇了那便是陰

勿用取女不可與長也釋卦辭天地相遇品物咸章也以卦體言剛遇中正天下大行也指九五【附録】姤不是好底卦然天地相遇以下却又甚好蓋天地相遇又自別取一義剛遇中正只取九五或謂亦以九二言非也董銖姤之時義大矣哉幾微之際聖人所謹【附録】上面說天地相遇至天下大行正是好時節而不好之漸只生於微矣故當謹於此啓蒙【集註】【伊川曰】姤者女遇男也已推而言之天地不相遇則萬物不生君臣不相遇則政治不興姤之時與義皆大也【張清子曰】姤之所以爲遇者以一柔而遇五剛也既在下爲長女有女壯

之象勿用取女者蓋女不可壯女而壯則敵夫矣其可娶乎故曰不可與長也五陽在上而一陰生於下以陰遇陽是天地相遇也於時爲夏至夫天地不遇則已遇則品物皆茂育而章著矣乃物相見乎離亦有品物咸章之義

象曰天下有風姤后以施命誥四方【集註】誠齋曰天以風誥物后以命誥民○趙汝楳曰天下有風與風行地上義頗同姤爲太虛之風自上而下觀爲地上之風旁行而遍歷太虛之風吹號萬籟后之出命象之○張清子曰乾上巽下爲天下有風施命誥四方之象四方即天下也施命以誥即有風也風者天之號令所以鼓舞萬物命者君之號令所以鼓舞萬民風自天而下無物不遇而君之命令實似之人君尊居九重與下民本無相遇之理惟王言一布則萬民爭先快覩莫不鼓舞於其下而君民之心始遇矣

初六係于金柅貞吉有攸往見凶羸豕孚蹢躅柅所以止車以金爲之其剛可知一陰始生靜貞則吉往進則凶故以二義戒小人使不害於君子則有吉而無凶然其勢不可止也故以羸豕蹢躅曉君子而戒之

象曰係于金柅柔道牽也牽進也以其進故止之【集註】漢上曰一陰雖弱方來也五陽雖盛而往也其可忽諸○丘行可曰夫姤之所以爲姤者在此一爻也一陰始生九二不幸與之遇於其家羸弱之豕係于金柅

之死而使之不得進則陰矣止於靜貞尚可獲吉若縱其有所往而无羸豕之貞則以貞凶矣豕羸以孚信乎蹢躅之心非以金柅係之則柔道何所牽制而不敢進雖然一陰方生其勢漸長終有不容遏者係之正所以防之也 張清子曰 初六取象非一於本爻觀之則曰豕於一四觀之則曰魚於九五觀之則曰瓜大抵皆取陰物而在下之象也然以一柔遇剛而成卦遇非正道乃適然相值者也惟近者得之則无咎遠者雖非應而反凶矣

九二包有魚无咎不利賓 魚陰物也二與初遇爲包有魚之象然制之在已故猶可以无咎若不制而使遇於衆則其咎爲害廣矣故其象占如此

象曰包有魚義不及賓也 集註 伊川曰 始遇也二與初密比相遇者也在他卦則初正應於四在姤則以遇爲重奇者貴專也魚陰物故初取魚象二於初若能固畜之如包苴之有魚則於遇爲无咎矣 潘氏曰 初六與九四爲正應而近比於九二既有魚則不利於四反指四爲賓而不及之故四无魚也 張清子曰 魚陰物之美者指初六也初與四爲正應魚本四之有也今九二无所與初遇以陽納陰包而有之則二爲主而四爲賓矣然豈四之利乎故曰不利賓然當遇之時一二近四遠一陰不能兼二陽按之於義則不及賓也譬衆漁之取魚先至者之手網而得之後至者雖善漁而利不彼及矣近則先遇二何咎哉

九三臀无膚其行次且厲无大咎九三過剛不中下不遇於初上无應於上居則不安行則不進故其象占如此然既无所遇則无陰邪之傷故雖危厲而无大咎也

象曰其行次且行未牽也【集註】進齋徐曰姤者夬之反姤之三即夬之四也故皆有臀无膚其行次且之象但夬一陰在上故下之五陽皆趨而上姤一陰在下故上之五陽皆反而下其陰陽相求之情則然也夫九三之志亦在乎初初比二應四與三无係三乃介乎其間求初之遇而承乘皆剛進退不能故曰臀无膚其行次且　張清子曰九三居九二之上爲二所傷故曰臀无膚一陰在下已爲九二先遇者有之矣故曰其行次且然三之行亦未爲初所牽也苟知危懼則无大咎孟子曰雖不得魚无後災正此意也

九四包无魚起凶初六正應已遇於二而不及於己故其象占如此

象曰无魚之凶遠民也民之去己猶己遠之【集註】童溪曰夫遠民者民亦遠之近民者民亦近之九四遠而包初象失其應而曰无魚起而索之凶之道也　張清子曰四與初爲正應宜相遇也二先於近初而以陽而包初之陰已先有其魚矣四遠而不遇雖曰正應包則无魚苟起而爭之則必有凶无他二於初爲近而四於初爲遠也民陰也遠民則二必偏民盗

九五，以杞包瓜，含章，有隕自天。瓜，陰物之在下者，甘美而善潰。杞，高大堅實之木也。五以陽剛中正主卦於上，而下防始生必潰之陰，其象如此。然陰陽迭勝，時運之常，若能含晦章美，靜以制之，則可以回造化矣。有隕自天，本无而倏有之象也。

附録 有隕自天，言能回造化，則陽氣又自天而隕，復生上來，都换了這時節。答晏淵。

象曰：九五含章，中正也。有隕自天，志不舍命也。

集註 潘氏曰：杞梓良材，君子也。瓜瓞微物，小人也。九五中正，包含章美，思得君子以制小人，君德如是，天將祐之，而篤生賢佐矣。張清子曰：杞指九二，瓜指初六也。杞之為木，柔大而美，瓜之為實，潰始於內。五為君位，下有二應，以二制初，有以杞包瓜之象。以杞包瓜而潰亂是防，有隕自天，猶碩果不食而剝，落復生。此言陰陽升降消長循環之理也。剝之上九，天位也；復之初九，地位也。碩果自天而剝，落於地，復有生意存焉，豈非有隕自天乎。况五有剛健中正之德，於一陰始生之際，而知一陽復生之機，含晦章美，以待乎時，其志亦欲盡人謀以聽天命而已。

上九，姤其角，吝，无咎。角，剛乎上者也。上九以剛居上而无位，不得其遇，故其象占與九三類。

象曰：姤其角，上窮吝也。

集註 潘氏曰：高而傷物者角也，以此遇合，誰其與之。張清子曰：姤其角與晉其角，皆取上窮之義。

【總論】【合沙鄭氏曰】姤遇也以一陰而遇上之五陽也故一卦六爻以初陰爲主而上五陽則皆以初取義九陽之於陰遠則不遇唯近者得之二與初最近遇之最先者故曰包有魚四雖應初而初爲二得非復己有故包无魚三介二四兩剛之間亦欲遇初以爲己則礙四進則礙二故有臀无膚行次且之象至五王公初遠則无相得之理矣故但含章以聽天命之自至而已上又最遠者也故有姤角上窮吝之戒

䷬ 坤下兑上

萃亨王假有廟利見大人亨利貞用大牲吉利有攸往萃聚也坤順兑說九五剛中而二應之又爲澤上於地万物萃聚之象故爲萃亨字衍文王假有廟言王者可以至乎宗廟之中王者卜祭之吉占也【發義】曰假于大廟是也廟所以聚祖考之精神又必能聚己之精神則可以至于廟而承祖考也物既聚則必見大人而後可以得亨然又以利於貞所聚不貞則亦不能亨也大牲必聚而後有聚則可以有所往皆占吉而有戒之辭【附錄】大率人之精神聚於己祖之精神聚於廟人才人擇日祀神多取神在日亦取聚意吝重錄【集註】【平川曰】王者萃聚天下之道至於有廟極也【張清子】曰萃爲豐盛之時則祭享之礼其用宜稱故用大牲則吉也觀萃之時人心翕合以順而行故利有攸往也

彖曰：萃，聚也。順以說，剛中而應，故聚也。以卦德卦體釋卦名義。王假有廟，致孝享也。利見大人亨，聚以正也。用大牲吉，利有攸往，順天命也。釋卦辭。【附録】順天命，伊川説萃時君子不用大牲便是那以天下儉其親相似也，有此理，這時節比不得那利用禴之事。觀其所聚，而天地萬物之情可見矣。極言其理而贊之。【集註】進齋曰：天地萬物高下散殊，咸則見其情之通，恒則見其情之久，萃則見其情之同，不于其聚而觀之，情之一者不可得而見矣。【張清子】曰：萃之所以爲聚者，以其坤順而兌説也。上有剛中之主，而下得衆心之應，此君臣聚會之際也。王者至于有廟之中，致其孝享之誠，此敬之所聚也。天下咸仰大德之人以爲萃聚之主，故利見之則能亨通，蓋見大人則其聚以正道也。物萃則豐盛，於此時而用大牲祭則受福，宜其吉也。凡有所往，率天下不利，亦順天命而行也。夫天地萬物之情所以萃聚者，不過順説而已，於其所聚者而觀之，則天地萬物之情豈容有所遯乎。

象曰：澤上於地，萃。君子以除戎器，戒不虞。除者，脩而聚之之謂。【附録】大凡物聚衆盛，必有事故，當預爲之備。如人少則必無爭競，人多必閙，便自有爭，所以當預爲之防也。又澤本地中，今却上於地上是水溢有潰決奔突之憂故其取象如此（沈僩）【集註】吕氏曰衆之聚也不可以无防。

【丘行可曰】天生五材誰能去兵兵引也去兵亦亂也君子當萃聚之世而除戎器非去武也特戒不虞而已如秦皇之銷鋒鏑鑄金人李唐之議銷兵則非謂之除戎器矣武帑又負當世之極至於窮兵黷武以事四夷又豈戒不虞之義乎【張清子曰】兌澤之水上於坤地之上有散而方聚之象水聚而不防則潰衆聚而不防則亂除者去舊取新之謂戎器久則以弊弗當簡治而除其弊壞也則知除戎器者非銷兵也亦非耀武也特戒備其不虞爾左氏傳曰不備不虞不可以師是之謂矣

初六有孚不終乃亂乃萃若號一握為笑勿恤往无咎（初六上應九四而隔於二陰當萃之時不能自守是有孚而不終志亂而妄聚也若呼號正應則衆以為笑但勿恤而往從正應則无咎矣戒占者當如是也）

象曰乃亂乃萃其志亂也【集註】【楊氏曰】初六之號咷至於貽笑於當時者以其所執者小也以一握觀之非小而何【張清子曰】初與四為正應本有孚信之道而六二比四亦有聚合之嫌故初疑四不已應是有孚而不終也持不終之孚而致乃亂乃萃之萃則相信之志惑亂而不一雖欲撰合而不可得也若至於號咷則一把可于陰類皆為之譏笑矣初六之勿恤

憂恤，往求正應，必无不終之咎也。一握者，一聚也，謂下三陰也。○初爲四爲應，初若號呼九四以求一握手之援，雖爲四所笑，而勿恤往，則无咎。

六二：引吉，无咎。孚乃利用禴。二應五而雜於二陰之間，必牽引以萃，乃吉而无咎。又二中正柔順，虛中以上應。九五剛健中正，誠實而下交，故卜祭者有其孚誠，則雖薄物亦可以祭矣。

象曰：引吉无咎，中未變也。集註 丘富國曰：二與五爲正應，二居中守不變，以待九五之引而進之，然後往，是所以吉而无咎，乃君臣相孚之後，上下皆以誠實相與，不尚虛文，猶用薄祭亦可薦之於神明矣。尚未孚而用禴，則非所利也。

張清子曰：王以用大牲爲吉，而二乃以用禴爲利，何歟？曰：備物乃王者所以隨其時，有孚乃臣下所以得乎上也。

六三：萃如嗟如，无攸利，往无咎，小吝。六三陰柔不中不正，上无應與，欲求萃於近而不得，故嗟如而无所利。惟往從於上，可以无咎。然不得其萃，困然後往，復得陰極无位之爻，亦可小羞矣。戒占者當近捨不正之強援，而遠結正應之窮交，則无咎也。

象曰：往无咎，上巽也。上六。集註 徐進齋曰：萃初三兩陰皆萃四者，聖人不欲其以不正相萃，故於初曰乃亂乃萃，於三曰萃如嗟如，深戒夫四之不可萃也，而又皆勉以往无咎之辭。往則從也，初應四而萃五也，三應上而萃五也。萃五則可矣，以正相聚，何咎之有張清子曰二爲下体无應近比於四聚不以正故欲萃如而反嗟如也萃如者喜得其聚也嗟如者悔其聚之非也如此則无所利矣然九五乃萃之主爲二者與其近而萃於不正之四不若往而萃於中正之五則得其所聚而无咎此聖人所以勸其往也往而无咎以下能巽順乎五也但二三以陰而求萃於陽未免小有羞吝爾昔臣馬援遨遊二帝間舍其故人之子陽而從光武其亦知於邪正之間而皆所擇矣

九四大吉无咎上比九五下比衆陰得其萃矣然以陽居陰故戒占者必大吉然後得无咎也

象曰大吉无咎位不當也【集註】丘行可曰此爻與隨九四同義隨而以上承九五而致天下之隨亦有強臣偪君之象在隨以有孚而後何咎在萃以大吉而後无咎聖人之戒深矣張清子曰四处近君之位應初比三皆有求萃於四之意然四以陽居陰位則不當以臣得民聚不以正必得大吉而無僭竊之咎否則強君在上威權太逼未有不召篡產禍者九四可以戒矣

九五萃有位无咎匪孚元永貞悔亡九五陽剛中正當萃之時而居尊固可无咎若有未信則脩其元永貞之德而悔亡矣戒占者當如是也【附録】問以九五而居尊位宜得乎又有匪孚曰此言有位而無德則雖萃而不能使人

信故人有不信當脩其元永貞之德而後悔亡也。董銖

象曰：萃有位，志未光也。未光謂匪孚。

集註　丘行可曰：元永貞之德，惟比萃二卦有之，然比言於彖則吉，萃言於五則止於悔亡，何也？曰：比以一陽統五陰，一陽為之主也，一則專，專則衆陰順從，惟五之歸，故五有顯比之吉；萃以二陽統四陰，二陽為之主也，二則分，分則衆陰有疑，而四者有萃五者，而五不得以專其萃，故在五有匪孚未光之戒。比萃天下之道，不如比天下之廣也。張清子曰：萃之九五有其位矣，何以守位？曰仁，元即仁也，推知王位之在德，元則永貞而悔亡可也，又安有匪孚之咎哉？

上六：齎咨涕洟，无咎。處萃之終，陰柔无位，求萃不得，故戒占者必如此，然後可以无咎也。

象曰：齎咨涕洟，未安上也。

集註　丘行可曰：上六居萃之終，終之極，聚極則散，説極而悲，理之常也。上六苟能於聚終説極之時，而以憂戚懼之，則无咎矣。張清子曰：五為萃主，而上乘之，故其心憂懼，未敢自安於上也。

總論　丘行可曰：萃，聚也。卦惟二陽而四陰皆聚萃於陽者，然九五得位失權，九四有權无位，故五萃有位匪孚，四大吉无咎。二與五應，萃五者也，以其得正，則引吉无咎；初應三比，萃四者也，以其不正，則初乃亂乃萃，三萃如嗟如。聖人欲其舍四而往萃於五，故初與三皆言往无咎，而上以乘剛，則齎咨涕洟矣。

䷭ 巽下坤上

升元亨用見大人勿恤南征吉升進而上也卦自解來柔上居四內巽外順九二剛中而五應之是以其占如此南征前進也【附錄】南征吉是巽坤二卦拱得箇南如看命人虛拱底說話刘砥【集註】潘氏曰升自下而上者也方升之初具擇所從惟見大德之人則無憂而向陽明之方則得吉也【進齋徐氏曰】南征指二也人背北面南故皆以面所向為南南征者謂二前進應五則吉也以卦義言則升合巽坤成卦下卦巽東南也上卦坤西南也自巽升坤必涉乎離離南方也有南征之義【張清子曰】升進也升而上之則有大通之理是以元亨大人二也用見五應之也勿恤勿勞憂恤也南征前進也二能前進以應乎五則吉矣明矣合坤離成卦故九二亦謂之南狩

彖曰柔以時升以卦變釋卦名巽而順剛中而應是以大亨以卦德卦體釋卦辭用見大人勿恤有慶也南征吉志行也【集註】【童溪王氏曰】彖以時升云者時之在天也積百刻而成一日積日而成月積月而成歲初若甚微終則甚著彖之能升也蓋亦如此而已矣坤順也巽亦順也其曰巽而順則亦無適而不用其順也以此為升宜乎有未亨者乎【[illegible]氏曰】用見大人勿恤戒陰也南征吉勉陽也【胡氏曰】易以陽為大巽順不足以大亨以剛中而應是以大亨【雙湖胡子曰】彖指六四也柔本居三進而為四自下升上時為而已故曰柔以時升以巽順以二德言以九二剛

或本小註二以
下有成字

守之臣上應六五柔中之君陰得陽助是以大亨若升階曰闕中行孫
難萃剛中在下其衆以聚升剛中在下其勢以進故萃以五為大人
升以二為大人聚者下之所樂故利見大人進者上之所忌故勿恤以
用見大人勿恤者言上之三陰勿以陽升為憂而陽升則有慶矣南
征前進也九二苟能前進以輔六五則己之志得行宜其貞吉
也○言有喜則象之有慶也五言大得志即象之志行也

象曰：地中生木，升。君子以順德，積小以高大。王肅本順作慎。今按他書引此，亦多作慎，意尤明白，蓋古字通用也。說見上篇蒙卦。

附錄 曾[illegible]考究猶木之生日滋長若一日不長便將枯瘁便是理不揚學者之於學不可一日少懈大抵德須日日要進若一日不進便退便只可近求學者若緩緩相陳便都放了其弊蓋以此若揚必大

集註 楊氏曰：木之高大非木之高大也，時以升而已。方木之在地中也，雖云其為木哉，及夫萌蘗於子，紐芽於丑，舍甲於寅，大發於丁，明炳於丙，然後木之高大可得而見。以理觀之，自下而上，順之而已。君子以順德而任之自然，因性循理，俾之自小而至高大矣。嘗戕其天性而曰我升，山之木則其為升也，无所[illegible]。楊子曰：地中有不順其生理，則自萌蘖而拱把，自拱把而棟梁，長而不已，升之象也。蓋物之高大者必以積，其所積者必以順。木之始生[illegible]十地中，積之不已，其高可以干霄，其大可以蔽日，未見其升者，以順故也。○君子體此其順之象，以其順德自微小積之，可以至高大也。順德，坤地象；積小以高大，巽木象。

初六允升大吉初以柔順居下巽之主也當升之時與六於二陽上者如之則信能升而大吉矣

象曰允升大吉上合志也【集註】【誠齋曰】初六陰柔在下无應於上才不能升然比九二剛中之臣陰陽志合而相允九二援而升之所以大吉賢者在下而无與非遇有德之知何以自奮且哉【進齋曰】升晉皆以柔為主剛則有躁進之意晉自觀來六四上而為六五故曰柔進而上行升自解來六二上而為六四故曰柔以時升晉以五為主升以四為主也晉下三柔與五同志故六三言眾允而象釋以志上行升下一柔與四合志故初六言允升而象釋以上合志允者信從之義也在下之人未有不信其上而能自進其身者也【復齋王曰】巽為木乃木之始生者坤四初為十而能生木者也木與土相信而相生則木之升也誠不可禦其初四雖無應而以順遇順同德相孚援已以進在下位而有獲乎上其升必矣故曰允升苟非初六能上合六四之志又安能允升而大吉哉

九二孚乃利用禴无咎義見萃卦

象曰九二之孚有喜也【集註】【□行可曰】二與五為正應九二為巽木剛直之質六五在坤地之中而能生木者也二五相應而相孚猶用薄祭亦可薦之於神明矣九二雖不言升而上下既已交孚豈惟无咎且有升進之喜也【□□□□】

曰萃六二以中虛爲孚，而與九五應；升九二以中實爲孚，而與六五應。二爻虛實雖殊，其孚則一也。孚則雖用禴而亦利，故二爻皆曰孚乃利用禴。彖言剛中而應，指此爻也。

九三升虛邑。陽實陰虛，而坤有國邑之象。九三以陽剛當升時，而進臨於坤，故其象占如此。

象曰：升虛邑，无所疑也。【集註】【丘行可曰】九三居巽體之上，乃木之生而將出於地也，其升也不容遏。【張清子曰】陰爲虛，坤爲邑。三以陽實之才而升于陰虛之地，如入无人之境，何所疑慮？況有上六爲之應乎？

六四王用亨于岐山，吉无咎。義見隨卦。【附錄】王亨于岐山，與亨于西山，只是說祭山川。婁淵 問升萃二卦多是言祭享，萃固取聚義，不知升取何義。曰：人積其誠意以事鬼神，有升而上通之義。

象曰：王用亨于岐山，順事也。以順而升，登祭于山之象。【集註】【進齋徐氏曰】岐山在周西岐州境，西南坤西南象。王者指文王而言也。六四坤體，本順，又以柔居柔，順之至也。以順道而升，此岐之下，衆所以亨也，故有吉而无咎。或曰：升卦二四不言升，何也？曰：五君位，升也；二應五，大臣也；四承五，近臣也。其位不可升也，升則疑於五，而有逼上之嫌矣，故在二言孚，在四言順，其義可默見也。【節齋曰】循卦震而兌爲亨于西山，此巽而坤，求南往，取于南，故亦云亨于岐山也。【丘行可曰】昔文王用亨于岐山若以順事也蓋乎言大王邑岐山文王治岐則岐蓋有周興王之地也【蔡清曰】二三四爻為互體之兌兌為西方岐山也文王當居用此爻以盡臣節而終能使周之王業基于岐山之下三分天下有其二而文王以服事殷豈非順事乎宜其有基于岐山之吉而无僭逼之咎六四不言升者可以昭文王順事之心也

六五貞吉升階 以陰居陽當升而居尊位必能正固則可以得吉而升階矣階升之易者【附錄】升六五貞吉升階與萃有位匪孚元永貞悔亡皆謂有其位必當有其德若无其德則萃雖有位而人不信雖有升階之象而不足以升矣若董銖

象曰貞吉升階大得志也【集說】【雷氏曰】六五貞吉升階此以為踐祚言必貞吉然後可以升天子之位也【楊氏曰】六五以柔得尊位其進退易故曰升階此人君大得志之時也若夫天之高則不可階而升矣凡有階可升者何浪踐到哉【蔡清曰】坤為土故曰階六五柔進而上行貞正則吉階而升之則由岐山而升王位可以尊如九階之上矣況有九二剛中之臣自下而應五能以柔虛受之剛柔相接又有賓主揖遜而升之象為六五者豈不大得志哉

上六冥升利于不息之貞 以陰居升極昏冥不已者也占者遇之无適而利但可反其不已於升之心施於不息之貞而已

象曰：冥升在上，消不富也。【集註】蘭氏曰：升豫皆以陰居上，故豫曰冥豫，升曰冥升。【息齋曰】消息一理，有息則富，而消則不富也。【張清子曰】上六以坤之上升之極，昏冥晦暗之時，而猶升焉，以此進而不息者也。然貞而不息則利，不貞而不息則何利之有？若能以升位之心而移之升德，則譬山之積壤，海之積流，愈增高大也。坤為貞，晦陰象，為不富；貞晦在上，猶且升而不息，豈知升極當降，長極當消，消則不富矣。易曰：終日乾乾，自強不息。詩云：文王之德之純，純亦不已。此利于不息之貞也。

【總論】【臨川吳氏曰】升卦之義，以卦變言，則柔以時升，六自三上升而為四也；以二體言，則以巽升坤，下三爻為方升之人，上三爻皆受其升者。以六爻言，則六五貞吉升階，居得尊位，為升之主；下四爻則皆來升者也。初與二於五非近非應，無嫌於五，故初允升，三升虛邑，蓋可升而升者也。如九二一應五，則嫌疑而不得進，故孚而用禴；六四近五，則進而不敢逼，故亨而順事，是知不可升而不升者也。故二爻不言升。至上則窮極之地，不當升而猶升焉，是則冥升而已矣。升之道可易言哉！

䷮ 坎下兌上

困：亨，貞，大人吉，无咎。有言不信。困者，窮而不能自振之義。坎剛為兌柔所揜，九二為二陰所揜，四五為上六所揜，所以為困。坎險兌說，處險而說，是身雖困而道則亨也。二五剛中，又有大人之象，占者處困能亨，則得其貞矣，非大人集註倪氏曰如其孰能之故曰貞又曰大人者明不正之小人不能當也有言不信又戒以當務晦默不可尚口益取困窮卦之才則困而能亨且得貞正乃大人處困之道也故能吉而无咎有言不信當困而言人誰信之丘行可曰困二五不雅故有言不信張清子曰當困窮之時縱使有言人亦不信默以自守其處困之道哉

彖曰困剛揜也以卦體釋卦名險以說困而不失其所亨其唯君子乎貞大人吉以剛中也有言不信尚口乃窮也以卦德卦體釋卦辭集註伊川曰卦所以爲困以剛爲柔所揜蔽也陷於下而揜於上所以困也陷亦揜也誠齋曰坎一陽陷二陰之中兌一陰揜二陽之上皆剛揜於柔也剛揜於柔君子揜於小人皆困乎然困而亨向也身不于其身亨其心不于其時亨其道也張清子曰處險而說如顏子在陋巷而不改其樂柳下惠阨窮而不憫夫子厄於陳畏於匡孟子毀於臧倉君身弥困而道弥亨唯君子能之

象曰澤无水困君子以致命遂志水下漏而澤上枯故曰澤无水致命猶言授命言持以與人而不之有也能如是則雖困而亨矣附錄君子道窮之時但當委致其命以遂吾之志而已致命猶洗言命與他不復爲我之有雖委致其命而志則自遂無所回互論語中致字都是委致之致事君能致其身與士見危致命見危授命皆是此意

授亦致字之意，言將遂命授與之也。坎陷〔集註〕鄭氏曰：道之將廢也與，命也，所謂致命也；如不可求，從吾所好，所謂遂志也。〔徐進齋曰〕夫兌上離下，其卦為革，聖人象之曰澤中有火；兌上坎下，其卦為困，聖人宜象之以澤中有水，而曰澤无水，何哉？曰澤中不宜有火也，而有火，所以為革之象；澤中宜有水也，而反无水，非困而何哉？然亦言有水則困之義隱矣。看无二字，聖人蓋有深意存焉。〔張清子曰〕澤所以瀦水，今水在澤下，則澤涸而无水，所以為困。其亦竭澤而漁者乎。君子觀困窮之象，但委命於天而成吾之志而已。拘羑里以演易，厄陳蔡而弦歌，此皆善處困者也。致命遂志，猶殺身以成仁也。致命有坎險之象，遂志有兌說之象。

初六，臀困于株木，入于幽谷，三歲不覿。臀，物之底也。困于株木，傷而不能安也。初六以陰柔處困之底，居暗之甚，故其象如此。〔附錄〕初六在困之下，至困者也。株木不可坐，臀在株木上，其不安可知。臀象

象曰：入于幽谷，幽不明也。〔集註〕〔漢上曰〕私見曰覿，見也。〔誠齋曰〕初柔本欲揜剛而為剛所困，故其象如此。〔丘行可曰〕初六居困体之下，故曰臀困于株木，乃木之無枝葉者，指九四也。初本與四相應，四乃為上六所揜，猶無枝葉之木，不能庇覆之，故初不安其居，是臀困于株木也。初又處坎之下，是入于幽暗之谷，雖歷三歲之久而不覿乎四。此皆初六之陰暗所以幽而不明也。〔張清子曰〕人之体行則趾為下，坐則臀為下。初六困而不行，此坐困之象也。

九二困于酒食朱紱方來利用享祀征凶无咎困厭飫苦惱之意酒食人之所欲然醉飽過宜則是反為所困矣朱紱方來上應之也九二有剛中之德以處困時雖無凶害而反困於得其所欲之多故其象如此而其占利以享祀若征行則非其時故凶而於義為无咎也【附錄】問朱紱方來利用享祀曰以之事君則君應之以之事神則神應之　答呂燁

象曰困于酒食中有慶也【集註】【白雲曰】九二剛中之大臣困而不失其所亨者君子困於家食之際無飲食宴樂之奉其道則不可得而困九五之君方將以同德而來求則困于酒食非所憂也【張清子曰】坎為水水潤萬物所飲食之養人故需而五困二下上卦有坎体者亦皆有酒食之象況九二以剛居中自有方來之慶又豈真困于酒食也哉

六三困于石據于蒺蔾入于其宮不見其妻凶陰柔而不中正故有此象而其占則凶石指四蒺蔾指二宮謂三而妻則六也其義則繫辭備矣【附錄】上六三陽之陰上六陰之陰故將六三言之則上為妻矣　答晏婁甫

象曰據于蒺蔾乘剛也入于其宮不見其妻不祥也【集註】

童溪曰：六三陰也，而居陽，自以為陽也，故求配於上六，然上六皆則是也，而非其妻，故曰入于其宮，不見其妻。張清子曰：石之為物堅確而不納者也，指九四。四與初為應，三雖比四，而四不納之矣。坎為叢棘，乃蒺蔾也。六三進則遇乎九四之陽，如石壓其上，而无所納，是困于石也；退則乘乎九二之陽，如蒺蔾刺其下，而失所憑，是據于蒺蔾也。六三以陰居陽，而上六以陰居陰，故三以上為妻。然三與上无應，无應而入于其宮，不見其匹耦，而為不祥之兆也。

九四，來徐徐，困于金車，吝，有終。初六、九四之正應。九四處位不當，不能濟物，而初六方困於下，又為九二所隔，欲之而不可得，故其象如此。然邪不勝正，故其占雖為可吝，而必有終也。金車為九二，象未詳，疑坎有輪象也。

象曰：來徐徐，志在下也。雖不當位，有與也。集註：中行可曰：四與初為應，然隔於九二之陽，故來徐徐。張清子曰：坎為輿，九二居坎體而又剛健，故曰金車。初六之來徐徐者，以困于九二之金車也。然四之志則在乎初，始若可吝，久必有終。以陽居陰，雖不當位，然自有初六之正應，為之黨與也。

九五，劓刖，困于赤紱，乃徐有說，利用祭祀。劓刖者，傷於上下。下既傷，則赤紱无所用，而反為困矣。九五當困之時，上為陰揜，下則乘剛，故有此象。然剛中而說體，故能遲久而有說也。占具象中。又利用祭祀，久當獲福。

象曰劓刖志未得也乃徐有說以中直也利用祭祀受福也

集註 蒲氏曰二五皆以剛德居中且以直道相與故九二徐徐而來徐乎九五自坎而之兌自險而之說所以有說也 丘行可曰困卦二五蓋君臣同德以拯困彖所謂貞大人吉者也卦於二爻互明其義故在二言朱紱而五言赤紱在二言享祀而五言祭祀至小象二言中五言中直所以釋彖辭貞字之義二言有慶五言受福所以釋彖辭吉字之義 張清子曰人所藉以通者鼻也所藉以行者足也劓其鼻則不通刖其足則不行九五有可通之聰而不通於上也九二有可行之才而不能行於下也

上六困于葛藟于臲卼曰動悔有悔征吉

以陰柔處困極故有困于葛藟于臲卼曰動悔之象然物窮則變故其占曰若能有悔則可以征而吉矣

象曰困于葛藟未當也動悔有悔吉行也

集註 馮氏曰葛之附木最出木杪此上六困于葛藟之象也 張清子曰困至上六困之極矣二非上之應徒以陰柔相纏係而已非能脫己之困也故曰困于葛藟九五不可乘也而上以陰柔乘之豈其所安故又曰于臲卼上六於是乃悟而自為之謀曰我困而窮動輒得悔必知有悔之心則有可出困窮之道故聖人特以征吉勉之蓋處困之志行則能吉不行則常在困中而不能出矣

【總論】丘富國曰：困，剛揜也。卦以二柔揜二剛爲象，然剛爲柔揜若吉，以柔揜剛者凶。下卦則以初三之柔揜九二之剛，然初言困于株木，三言困于石，二則言困于酒食，而象以爲中有慶，是初三凶而二吉也。上卦以上六之柔揜四五之剛，然四言徐有終，五言徐有說，而上則言困于葛藟，而象以爲未當，是四五吉而上凶也。象曰困而不失其所亨，其惟君子乎，二剛爻之謂矣。

☵☴ 巽下坎上

井，改邑不改井，无喪无得，往來井井。汔至亦未繘井，羸其瓶，凶。

井者，穴地出水之處。以巽木入乎坎水之下，而上出其水，故爲井。改邑不改井，故无喪无得，而往者來者皆井其井也。汔，幾也。繘，綆也。羸，敗也。汲井幾至，未盡綆而敗其瓶，則凶也。其占爲事仍舊无得喪，而又當敬勉，不可幾成而敗也。

【附錄】井是那撥不動物事，所以改邑不改井。董銖。汔至亦未繘井，羸其瓶，是幾至而止，如綆未及井而瓶敗，言功不成也。[illegible]

【集註】伊川曰：邑可改而之他，井不可遷也，故曰改邑不改井。汲之而不竭，存之而不窮，无喪无得也。至者皆得其用，往來井井也。无喪无得，其德常也；往來井井，其用也周。漢上曰：古者八家爲井，四井爲邑，邑改而井不改者，井德之不變也。白雲曰：井之爲物，常在下也，今汲水爲上而爲井者，以在下則无用，在上則出而有功。丘行可曰：改邑不改井，井之體也；无喪无得，井之德也；往來井井，井之用也。此二者以言井之事汔至亦未繘井未及於用也羸其瓶則并失其用也此二句言汲井之事【張清子曰】下韓嗣後周書云黄帝穿井世本化益作井宋衷云化益伯益也堯臣夫井德之地也而以不变為德下体本乾上体本坤初五剛柔相易而成井坤為邑変坤為坎所邑也坎水為井五以剛居中而不変是不改井也邑居其所而能聚可改而就井井皆有所而有常不可改而就邑汲之而不竭故无所丧不汲之而不盈故无所得剛柔居五不求居初往者得水而上来者求水於下往来皆井其井則无飢渇之害矣故曰往来井井汔至五自其成乎也繘者汲水之綆也言水成乎井上而未得水於与未垂繘於井者同也此以掘井九仞而未及泉猶為棄井之類羸者汲水之器也今羸而毀之則有水无器安得上之此特未有功也終於无功焉爾矣

彖曰巽乎水而上水井井養而不窮也 以卦象釋卦名義 改邑不

改井乃以剛中也汔至亦未繘井未有功也羸其瓶是以凶也 以卦体釋卦辭无丧无得往来井井兩句意与不改井同故不復出剛中以二五而言未有功而敗其瓶所以凶也

【附録】象言巽入取巽入之義不取木義若只泉升

【集註】【郭雍曰】巽入也巽乎水者入乎井也入乎井而能上乎水則井之功行入乎井而不能上乎水則井之功廢堯舜之世以禹稷為井春秋戰国之世以孔孟為井然禹稷能濟天下之飢溺而孔孟不能者德盛而

功艱也功之艱則人之凶而不幸也井何以哉【鄭子思曰】不汲羸缾也
昔韓信以木罌渡師疑古以木爲缾餅文從缶亦有瓦爲之者◎
【項氏曰】汔至而未至者有未而已猶可勉也一羸其瓶繩斷瓶破
不可爲矣【胡雲峯曰】巽乎水者入乎水而上乎水也【丘行可曰】巽爲木而
義則入也坎爲水巽木入於坎水之下而能上乎水也井之爲道以
下給上者也泉必有源愈汲愈清民非水不生活養之不窮則用之
不竭矣先儒以三陽爲泉二陰爲井此乃陽實陰虛之象剛中五也
獨非有泉之井乎剛則不變故邑可改而井不可改以其以上乎
水爲功汔至亦未繘井猶未可以得水故未有功也羸不得水凶
與其瓶而羸之則以之用發矣是以凶也繘汲器繩象瓶必全羸象◎
【張清子曰】所惡於智者爲其鑿也鑿
斯井也養而不窮亦何惡於鑿哉

象曰木上有水井君子以勞民勸相木上有水津潤上行井之象也勞民者以君養民勸相者使民相養皆取井養之義

【附録】問木上有水之義曰如草木之生津潤皆上行直至樹末此即木上有水之義
雖至小之物亦然如石菖蒲每晨葉尾皆有潮水如珠顆雖藏之密室亦
然非露水也又云上面露珠便是下面水氣上去答沙隨木上有
水便如井中之水却能汲上來供人食用故取象如此答晏淵

【集註】【誠齋曰】水下有木以器之入也木上有水汲器之出也◎
【項氏曰】草木之液自下而升上出其杪往來而不息者自然之井
也【丘行可曰】井之水自下而上是木入乎水而能上乎水者也生

木之水亦自下而上故取以爲象五爲君初爲民其本乾下坤上泉自上而下以順乎初勞民也剛自下而上以益乎五勸相也无君子莫治野人无野人莫養君子君勞乎民民助乎君古者井田之制或取諸此勞民故象勸相巽象 張清子曰 勞民者即輔書勞之來之匡之直之之義勸相者亦輔書鄉田同井守望相助之意也

初六井泥不食舊井无禽 井以陽剛爲泉上出爲功初六以陰居下故爲此象蓋井不泉而泥則人所不食而禽鳥亦莫之顧矣

象曰井泥不食下也舊井无禽時舍也 言爲時所棄 集註 潘氏曰 居井之底泥而不清禽且舍之人誰食哉 張清子曰 初六一陰居下而溺此甲汚之甚者也井而泥矣而且舊焉非惟人所不食而禽亦不至毋亦廢井而爲當時之所棄者歟

九二井谷射鮒甕敝漏 九二剛中有泉之象然上无正應下比初六功不上行故其象如此

象曰井谷射鮒无與也 集註 子夏曰 鮒謂蝦蟇 張清子曰 井谷者井旁穴也一有剛中之才本可以濟物上无應與則无汲引之功井而谷矣則水旁出而就下僅射注於初六泥中之蛙鮒而已是甕敝而水漏而井養之功

缺矣彖言羸其瓶即爻言甕敝漏
也蓋井體本覆乎四亦有甕敝漏之象

九三井渫不食為我心惻可用汲王明並受其福渫不停污也井渫而不食而
使人心惻可用汲矣王明則汲井以及物而施者受者並受其
福也九三以陽居陽在下之上而未為時用故其象占如此

象曰井渫不食行惻也求王明受福也行惻者行道之人皆以為惻也

集註

誠齋曰可食者泉也不食者人也井何惻焉人之行者惻之非為
井惻也為有才德之君子不見用於上者惻也井一用一否受其
福君子一用天下受其福有美井无善汲則如无井有賢者无明
王則如无賢仲尼曰明王不興天下孰能宗予然則九三之惻也
井一云乎哉君子一云乎哉故微明揚之堯帝則大舜雷澤之漁父微
明君之高宗則傅說岩野之胥靡李元卓曰井泥而不食自取之
也渫而不食常不惻然哉張清子曰九三以陽剛之才而居一井之
半則泥者去今在者深此渫治之井泉可食矣泉可食而人莫之食
非惟其心惻也亦行者過之亦為之惻然也然三雖四比而四
為近君之臣若四能佐九五而汲三是有可用汲之道也三有甘
絜之泉而上渫汲者之明則美泉見食而邑人皆受其井養之功
猶下有陽剛之才而上遇王者之明則賢才見用而天下並受其
利澤之福求王明者蓋人
而有才則欲汲求用也

六四井甃无咎以六居四雖得其正然陰柔不泉則但能脩治而无及物之功故其象爲井甃而占則无咎占者能自

脩治則雖无及物之功而亦可以无咎矣

象曰井甃无咎脩井也集註子夏曰甃脩治也丘行可曰三在內卦而言井渫渫者渫井內以

致其潔也四在外卦而言井甃甃者甃井外以禦其汙也蓋不渫則井之汙者自不潔不甃則井之潔者易汙此君子內外交相養之道也張清子曰井甃者甃砌而脩之也井而甃矣則舊井完而新之俾勿壞然六四以柔雖未能施其井養之用而近承九五井冽之主苟能甃而治之脩而潔之則將有汲引上出之功而无汙濁不食之咎矣

九五井冽寒泉食冽潔也陽剛中正功及於物故爲此象占者有其德則契其象也

象曰寒泉之食中正也集註晁氏曰井者陰之資也故靜而虛泉者陽之用也故動而實程沙隨程氏曰水始達曰泉坎水之正性曰寒坎北方也毛氏曰三與五皆泉之潔者也三居甃下未汲之泉也故曰不食五出乎甃上汲之泉也故曰食丘行可曰以卦變言下卦本坤分乾初九上居坤中則爲井之坎上此天一生水而水由地中行也井六爻惟五曰泉言九五爲井之主位中而正比泉冽而寒井之德已盡美矣井至九五雖未能收上出之功而寒泉之食則異乎井泥之不食井渫

之不食者非坎中之泉冽而且寒則人亦將出而吐之況食之乎傳說非其后不食于此意也【張清子曰】井以陽爲泉者水因天之陽而生也

上六井收勿幕有孚元吉收汲取也晁氏曰收鹿盧收繘者也亦通幕蔽覆也有孚謂其出有原而不窮也井以上出爲功而坎口不揜故上六雖非陽剛而其象如此然占者應之則必有孚乃元吉也

象曰元吉在上大成也【集註】【丘行可曰】上六有井口之象收者汲器之出也幕者覆井之具也勿者禁止之也井以上出爲功繘至於收而井養之用成矣聖人之心以博施濟衆爲公而不以井養之利爲私故勿幕焉夫惟收而勿幕然後天下信其心之公而有孚故獲大善之吉苟收繘之後復幕其井則非元吉在上井道之大成矣蓋內卦井道之小成外卦井道之大成然爲轆在井之上而下垂其繩亦有收繘之象【張清子曰】夫井与鼎皆養人之具也鼎井之上功已成矣則不可以无鉉井之上功已成矣則不可以有幕故鼎上玉鉉則大吉井上勿幕則元吉

【總論】【丘行可曰】井卦六爻合而觀之三井也泉井賓也先儒以二陽爲泉三陰爲井陽實陰虛之象也九二言井谷射九三言井渫不食九五言井冽寒泉曰射曰渫曰冽井泉之象初六言井泥不食六四言井甃无咎上六言井收勿幕曰泥曰甃

曰以卦井之象乎以卦序而言則一二之射鮒井之泉也三之渫井已潔之泉也五之冽則可食之泉矣初之泥方掘之井也四之甃尚脩之井也上之收則出汲之井矣○又以二爻爲一例則初二皆在井下不見於用故初爲泥而二爲谷三四皆在井中將見於用故三爲渫而四爲甃五上皆在井上而已見於用矣故五言食而上言收也【楊氏曰】以六位陰陽分之二四上陰位井之所也初三五陽位泉之冽也

䷰ 離下兌上

革巳日乃孚元亨利貞悔亡 革變革也兌澤在上離火在下火然則水乾水決則火滅中少二女合爲一卦而少上中下志不相得故其卦爲革也變革之初人未之信故必巳日而後信又以其內有文明之德而外有和說之氣故其占爲有所更革皆大亨而得其貞所革皆當而所革之悔亡也一有不貞則所革不信不通而反有悔矣【通釋】革睽相類睽上火下澤則不相入此火在澤下有變革之理睽中女在前少女在後有相與之義而此以中女繼少女故曰革【集注】【伊川曰】革者變其故也變其故則人未能遽信故必巳日然後人心信從【東萊曰】革巳日乃孚者不信於革之日而信於巳革之日也【王氏曰】民可与習常難与適變可与樂成難与慮始革之所以巳日乃孚也【誠齋曰】革變革也巳日者巳一日也乃孚者

然後也。孚者，人信之也。夫革不可虞，亦革之始，人心方疑，必已日
乃孚也。既革而孚，當得大通之理，故曰元亨。然必利於守正，則不
至大有更革，而其悔可亡。革而
非正，則悔生乎動，革可輕乎哉。

彖曰：革，水火相息，二女同居，其志不相得，曰革。以卦象釋卦名義，大略與
睽相似，然以相違而為睽，相息而為革也。息，滅息也，又為生息之義。滅息而後生息也。已日乃孚，革而信
之。文明以說，大亨以正，革而當，其悔乃亡。以卦德釋卦辭。天地革而
四時成，湯武革命，順乎天而應乎人。革之時大矣哉。極言而贊
其大。附録革是更革之謂，到是翻轉更變一番。所謂上下與天地同
流，豈曰小補之哉！小補之者，謂扶衰救弊，逐些補緝，如錮
露家事相似。若是更革，則須徹底重新鑄造一番，非止補其罅漏而
已。湯武順天應人是如此。○順天應人，革就革命上說，言順天
理應人心，胡至當。集註介甫曰：澤火非如坎離，有陰陽相逮之
情見，中彈得好。道其相遇則相息而已，其相息也，唯其
者能革，革其不勝者。白雲郭氏曰：文明故見於未革之先，說故見於已
革之後。隋氏曰：革則已有悔在其中，唯革而當，則其悔乃亡。
曰：革而當者，如湯武之伐，始則其民之不亡，及其後天下於一定，
安然無所疑矣，其悔乃亡。使其革而不當，則是亂，秦廢井田而

陌之取封建而郡縣之取鄉遂而兵農之安能究其所謂悔亡【徐氏】
【曰】離兌同自坤來而居於乾變乾而為離兌故二卦相值為二女之
同居雖水火異性其相違則為睽相遇則為革【附録】【何可曰】睽者□之
反火離火炎上兌澤潤下二女同居其志不同行所以為睽澤在上
而下遇火是水息火而火滅也火在下而上遇澤是火息水而水涸
也此水火之相滅息也離中居下兌少女居上此二女同居其志不
相得所以為革然水火相息者物之情二女不相得者人之情事有
不得已而變更者人心豈能遽信必已日乃孚變革之後人始信而
從之內文明而外說則有大亨通之理以正守之則於革之事皆當
乎理其悔於是乎亡矣大而天地造化家運隆替革春而為夏革秋
而為冬陰陽代謝而四時以成況古往今來世代更變則革夏而為
商革商而為周非湯武強為之也不過順天應人而已【雙峯子曰】夫
時未當革聖人不能先時而當革聖人不敢後時上順天命
下應人心革而當其可之謂時故彖辭贊之曰革之時大矣哉

象曰澤中有火革君子以治歷明時四時之變革之大者【附録】水能滅火則火是論

陰盛陽衰火盛則克水水盛則克火此澤中有火之象使有
那四時改革底意思君子觀這象便去治歷明時[illegible]【集註】楊氏
曰相生相剋者五行之自然水上火下相剋之義也澤中有火則相
息必矣然不有剋何以相生不有革何以相因君子觀革之象知天
地之氣革也如此於曆數以推之則時氣以明之則千歲之日可坐
而致者也无他治曆以明之也聖如堯舜猶曰天之曆數在爾躬況

其九乎。林黄中曰：澤中有火，其氣烝必變，或爲溫泉，爲丹砂硫黄者是也。
所革也。漢上曰：日，火也；月，水也。冬至日起牽牛一度，右行周十二
度，起斗二十六度，則復還牽牛一度，而曆更端矣。牽牛者，星紀也，
水之位也。日月交會于此，澤中有火之象也。曆更端者，革也。昔黄
帝迎日推策，始作調曆，歷世十一，曆凡五千而更七曆，至漢造曆，
歲在甲子，乃十一月冬至甲子朔爲入曆之始，是時日月如合璧，
復會于牽牛，距上元太初十四万二千一百二十七歲。盖日月盈
縮，與天錯行，積久閏差，君子必脩治其曆，以明四時之正。所謂四
時之正者，冬至日月必會于牽牛一度，而弦望晦朔分至啓閉皆
得其正矣。日月不會者，曰曆之過也。牽牛一度者，乃上元太初起
曆之元也。李去非曰：晝夜者，一日之革；晦望者，一月之革；分至者，
一歲之革；曆元者，无窮之革。洪邁曰：按唐大衍曆日度議曰：顓
帝曆上元甲寅，正月甲寅晨初合朔立春，七曜皆直艮維之首。蓋
作新曆，更以十一月合朔冬至爲上元，周人因之。此謂治曆也。至
於三統之建，夏以寅爲歲首，得人統；殷以丑爲歲首，得地統；周
王以從子爲得天統。此所謂明時也。丘行可曰：火就燥之物也，以
澤中有之，是以水剋火也，故爲革。曆數時會，存乎變也。日行周天，
歲差甚微，積之久則差始見，而曆法不容不更，故治曆取諸革也。以
之明四時之變，則各有序，此堯典首以曆象授時爲先務也。隨
子曰：革居周之四十九，而大衍之用亦四十有九，則知治曆明時爲
革之重
事也。

初九鞏用黄牛之革雖當革時，居初无應，未可有爲，故爲此象。鞏，固也。黄，中色。牛，順物。革，所以固物，亦取卦名而義不同也。其占爲當堅確固守，而不可以有爲。聖人之於變革，其謹如此。

象曰鞏用黄牛不可以有爲也集註厚齋曰：變革之革，字同而義異，如獲之爲礼，賤盬之爲市，合易中率取字同則不拘於本義也。張清子曰：鞏革有拘束之義，革皮之堅韌者也。革下卦離，黄牛象。初剛在外，爲革。蓋初動變革之始，在下則非可革之位，居初則非當革之時，上无應援，豈宜輕躁？但當用此中順之道，固執而堅守之，如用黄牛之革焉，而不可妄動以有爲也。

六二已日乃革之征吉无咎六二柔順中正而爲文明之主，有應於上，於是可以革矣。然必已日然後革之，則征吉而无咎。戒占者猶未可以遽變也。

象曰已日乃革之行有嘉也集註楊氏曰：已日乃孚，人君之革也；已日乃革之，人臣之革也。進齋曰：已日猶云終日也。卦以一爻當一日，自初至二，已日之象，乃然後也。征謂往革之也。六二當革之時，上應九五，其才文明，其體柔順，其征行中正，備此三者，如革之至善者也。然猶已日而後革者，亦不輕變也。故以之征行則吉而无咎，而有可嘉之功也。九卦中言

嘉若皆曰王與五應如胞之孚于嘉遯之嘉遯是也【張清】
【蒙引】彖言已日乃孚爻言已日乃革惟孚故能革也

九三征凶貞厲革言三就有孚過剛不中居離之極躁動于革者也故其占有征凶貞厲之戒然其時則當革故至於革言三就則亦有孚而可革也【附錄】革言三就言三番結果成就如第一番商量這箇是當革不當革說成一番又更如此商量一番然後說成了爲斷

象曰革言三就又何之矣言已審【集註】【子夏曰】令已成民已信又何之乎【童溪曰】以革道言之自初至三已三就矣謂革道之小成也【進齋曰】九三居下卦之上以遇過剛故以征則凶雖貞亦厲也然事有當革苟容不爲不言則已言必有信而言有未信者則從而改之謀至於三乃可成就且有孚信初未可革一乃革之三則有孚而改革之事成矣凡事詳審至再至三則止矣革至於就又何往焉【丘行可曰】革之征一也而二征吉三征凶者蓋以六居二其才順而位中及時而革革而當者也故以征則吉以九居三其才剛而位偏過時而革革之不當者也故以征則凶革雖同而時位異也【張清子曰】當與五相遇革變必以五就况革言之三就乎

九四悔亡有孚改命吉以陽居陰故有悔然卦已過中水火之際乃革之時而剛柔不偏又革之用也是以

悔亡然必有孚然後革乃可獲吉明占者有其德而當其時又必有信乃悔亡而得吉也

象曰改命之吉信志也【集註】節齋曰革則有悔悔亡革而當也當貞則人心皆信之矣故可以改之命令湯武革命是也【徐氏曰】居大臣之位為王所信事所當革雖有君命猶將改之塗詔批勑是也然改命不可詔也非誠有其志者不可改也故孟子曰有伊尹之志則可而象曰信志也【張清子】曰革至於四則革者當矣彖所謂革而當其悔乃亡是也故乾九四亦曰乾道乃革有孚謂上下信之也九四居近君之位信而後諫上之命令或有未當為臣者得以改而正之君改臣之命而獲吉者以上下有相信之志也

九五大人虎變未占有孚虎大人之象變謂希革而毛毨也在大人則自新新民之極順天應人之時也九五以陽剛中正為革之主故有此象占而得此則有此雖然亦必自其未占之時人已信其如此乃足以當之尔【附錄】堯克明俊德然後黎民於變此大人虎變之事也

象曰大人虎變其文炳也【集註】蘭氏曰乾之飛則曰龍革之變則曰虎變之為大人則一也堯舜之揖遜天下推德之見故曰龍湯武之征伐則有威存焉故曰虎【楊氏曰】夫大人者與天地合其德與鬼神合其吉凶何待占而後孚哉其文炳者礼

衆咸変煥然一新是也周能変二代之忠質而爲文孔子美之采
文炳者能如是乎張清子曰九五大人以爲革命之主以時措之宜
可革之象炳如虎変之文也故不待占決已有孚矣虎兌象或曰
乾革九五皆稱大人而象有龍虎之異者蓋龍陽変之物也而虎
陰変之物也乾二体純乾故五稱飛龍革上体兌陰故五稱虎変
龍以德言虎以威言乾之五堯舜之事革之五湯武之事乎故曰
湯武革命順乎
天而應乎人也

上六君子豹變小人革面征凶居貞吉革道已成君子如豹之變小人亦革面以聽從矣不可以往而居貞則吉變革之事非得已者不可以過而上六之才亦不可以有行也故占者如之附録事有新故革者變故而爲新也下三爻則故事也未變之時必當謹審於其先上三爻則變而爲新事矣故漸漸好成豹象

象曰君子豹變其文蔚也小人革面順以從君也集註張湜曰虎變文章大故炳豹變文章小故蔚王湘卿曰豹虎之小者文次於虎均爲能變特其文有炳蔚不同虎文疎而著故曰炳豹文密而理故曰蔚五与上革道成矣故皆言變九居五者皆陽也大人虎變之象六居上者皆陰也君子豹變之象天文尾爲虎箕爲豹水也離陽坎陰之義也楊氏曰不得尊位大中而變者文蔚然非若虎變之炳也上六居過中之位時位不及於九五而

所謂變者自足以革小人之面而不足以革小人之心也五爲覆以力
假仁豈能變其心哉發於一時之威權而不得已也張清子曰剥
小於虎者也亦兑象君子易於感化如豹之變彰中彪外其文
然小人下愚不移難以心化但能革其外皃使之說順面從以遵
上之教令而已上六處革之終革道既成若征進
不已則有紛更之凶惟安居而守貞則吉處革之道也
總論閻行可曰革之彖曰已日乃孚又曰革而當其悔乃亡孚謂
信於人心當謂合乎天理此革之道也在革六爻初未可革
故曰鞏用黃牛之革而象言其不可有爲二之時可革矣故曰已
日乃革而象稱其行有嘉三革道已成无所事革故曰革言三就
有孚而象以又何之釋之此革三爻之序也至上四則因下卦革
之未善者而更改之故曰有孚改命吉改則軏於革矣五言大人
虎變上言君子豹變則論從革之效變者革之成改又不足論矣
張清子曰彖言已日乃孚革而信之爻之三四五皆曰有孚則
知變革之道非有人心之孚信不可爲也下卦三爻皆言革
上卦三爻或言改或言變蓋變乃革之成而改猶未也

䷱ 巽下離上

鼎元吉亨 鼎亨飪之象爲卦下陰爲足二三四陽爲腹五陰爲耳
上陽爲鉉有鼎之象又以巽木入離火而致亨飪鼎之
用也故其卦爲鼎下巽巽也上離爲目而五爲耳有內巽順而外
聰明之象卦自巽來陰進居五而下應九二之陽故其占曰元亨

吉衍文也【集註】伊川曰卦才可以致元亨也止當云元亨文羨吉字兼山曰聖人名卦以以道獨於鼎以器者道器一也由道可見器由器可推道也張清子曰鼎重器也以二体觀之离虛在上巽足在下承之有鼎之象觀鼎之才則有大亨之理至謂之元亨則吉在其中矣

彖曰鼎象也以木巽火亨飪也聖人亨以享上帝而大亨以養聖賢以卦体二象釋卦名義因極其大而言之亨帝貴誠用犢而已養賢則饔飧牢禮當極其盛故曰大亨

巽而耳目聰明柔進而上行得中而應乎剛是以元亨以卦象卦變卦体釋卦辭【集註】子夏易曰初分趾也以實腹也中虛耳也上剛鉉也故曰鼎象也其義則以木巽火有亨飪之道取民曰巽乎水而上水於井也井汲引之用也以木巽火非鼎也鼎所亨飪之用也張清子曰鼎者所以制器而取象也以木巽火巽入也木入火然則可以成亨飪之用聖人制器豈自為口体之奉而已亨上帝尚質故止曰亨養聖賢貴乎盛故曰大亨然聖人於上帝也不徒亨之必歆饗後以尊之於聖賢也不徒養之天工必使之代陰必使之饗理所以非大亨不足以養聖賢也上帝指上九聖賢也凡二九三九四也上体离也离為目而兼耳言之者蓋以六五為鼎而耳也五以柔進而上行得上卦之中而下應九二之剛是以[illegible]

善亦可享通也

象曰木上有火鼎君子以正位凝命鼎重器也故有正位凝命之意凝猶至道不凝之凝傳所謂協于上下以承天休者也

附錄 正位凝命言人君臨朝也須端莊安重一似那鼎相似安在這裏不動然後可以凝住那天之命 陳文蔚

集註 鄭東谷曰革以改命鼎以凝命知革而不知鼎則天下之乱滋矣 童溪曰李博士云木上有火非鼎也鼎之用也木上有水非井也井之功也語井而不及功語鼎而不及用非觀象知意也夫鼎之為器也其形端正其体鎮重其用日新故鼎之奠於此也而木上之火亦凝然於此而後其鼎之功見焉君子之觀此象也則亦正其位而已矣其位既正其命令亦於此而凝焉如水火之凝然於鼎也則造化之功亦於此見矣蓋木火相資以成造化有凝命之象凝聚也中庸曰苟不至德至道不凝焉予亦曰苟不木火鼎之用不凝焉然則鼎之用不究則鼎也者无用之器也君子之命不凝則位也者亦豈非无用之器乎 丘行可曰革者变也聖人於革四言改命而受革以鼎鼎又以凝命言之蓋凝其已改之命也 張清子曰巽木之上而有离火以木從火者也上下互体又為兌之金乾之水則烹飪之用成矣故曰鼎君子取其端正之象則以正其所履之帝位取其凝定之象則以凝其所施之命令正位离象离有南面之位凝命巽象巽有申命之權

初六鼎顛趾利出否得妾以其子无咎居鼎之下鼎趾之象也上應九四則顛矣然當卦初鼎未有實而舊有否惡之積焉因其顛而出之則爲利矣得妾而因得其子亦猶是也此爻之象如此而其占无咎蓋因敗以爲功因賤以致貴也

象曰鼎顛趾未悖也利出否以從貴也鼎而顛趾悖道也而因可出否以從貴則未爲悖也從貴謂應四亦爲取新之意

附録 鼎顛趾本是不好因顛而出鼎中惡穢之物所以反得利而无咎非是故意欲翻轉鼎趾而求利也萬人傑

集註 西溪曰全体一鼎分上下体蓋一有鼎上体之鼎有耳而无足故九四之鼎折足下体之鼎有足而無耳故九三之鼎耳革 丘行可曰初居下体之下有鼎趾之象用鼎之初必蕩滌舊穢顛倒其趾傾去敗惡以取新絜然後可施其飪之功故以出否爲利也妾初也子四也妾以卑從尊之象也從剛應四以其子也言得妾雖賤而從子則貴又安有上僭之咎鼎而顛倒其趾似悖理矣然物忌頤蠹侵惟鼎顛覆後而除惡故亦未爲悖也利於出其否惡者蓋指其妾之賤以從其子之貴也 張清子曰鼎足三則滿而初陰耦立則虧其一矣故在初爲顛趾而應四爲折足也

九二鼎有實我仇有疾不我能即吉以剛居中鼎有實之象我仇謂初陰陽相求而

正則相陷於惡而爲仇矣二能以剛中自守則初雖近不能以就之是以其象如此而其占爲如是則吉也

象曰鼎有實慎所之也我仇有疾終无尤也有實不慎所往則爲仇所即而陷於惡矣。【集註】潘氏曰陽實陰虛二以剛居中如鼎中之有實可以養人負此德而應於六五得所用矣初六陰柔之疾近在其下如仇讎然有疾妬之心九二能却而絕之使不能我即則吉也大臣任重尤宜輕有所往故曰慎所之也二五正應初六雖妬終何尤哉【張清子曰】二以剛居中乃鼎有實之象怨耦曰仇二本與五應而比於初柔近而非正是初爲我仇也初方自有顛趾之疾雖我仇而不能我即也故可獲吉

九三鼎耳革其行塞雉膏不食方雨虧悔終吉以陽居鼎腹之中本有美實者也然以過剛失中越五應上又居下之極爲變革之時故爲鼎耳方革而不可舉移雖承上卦文明之腴有雉膏之美而不得以爲人食然以陽居陽爲得其正苟能自守則陰陽將和而失其悔矣占者如是則初雖不利而終得吉也、【附錄】五是鼎耳鼎無耳動不得革是換變之義三在上下之間與五不相應是鼎耳變革了不可移舉雖有雉膏而不食此是陽爻陰陽終必和故有方雨之吉

象曰鼎耳革失其義也【集註】丘行可曰鼎中三陽有鼎腹之象而九三又居鼎腹之中者也五爲

刑剭　鄭云
重刑也　京云
刑在頄為
剭

鼎耳革者，以參革爲異也。其行也又爲九四所塞而不通。離爲雉，乃文明之禽。雉膏喻禄食之美者。九三有剛實之才，可以成其飪餗之用也。以六五非正應而有革異之情，故其行則不通，於雉膏則不食。猶人有才德而不爲時用，不獲嘗鼎養之美禄也。方雨虧悔終吉者，以陰陽未和者必和，以能損其革異之悔而終有遇合之吉也。張清子曰：凡物皆以足行，而鼎獨以耳行者，鼎待鉉而舉也。三爲鼎耳，三非五應而其應在上，以剛遇剛，則鼎耳革。其耳革則其行塞而不可用矣。

九四：鼎折足，覆公餗，其形渥，凶。晁氏曰：形渥，諸本作刑剭，謂重刑也。今從之。九四居上，任重者也，而下應初六之陰，則不勝其任矣。故其象如此，而其占凶也。

象曰：覆公餗，信如何也。言失信也。

集註　丘行可曰：足，初也。餗，鼎實也。謂四。四下應初，初之趾顛，則四之足折矣。足折則鼎覆，鼎覆則其中所有皆淋漓於外，而鼎之形象渥然污辱矣。大鼎本以享上帝而致用，今乃至於折足而覆餗，則享上帝養聖賢之具皆發矣。自其凶也。四處大臣之位，以剛居柔，下復應柔，力小不能任重，且所用非人，無以自輔，卒至覆敗人天下國家之事，而負君上之所托，亦何異乎鼎之折足覆餗也。張清子曰：初之顛趾，即四之折足也。初利而四凶，何也？初在鼎下，未有實之時也；鼎未有實，則趾可顛，顛之所以有出否之利。四在鼎中，已有實矣；鼎既有實，則足不可折，折之則有覆[illegible]

凶或時位不同故其吉凶亦異也又頤與折異頤則舍舊而求新其所信任之人果如何剛

折其鼎鼎毀而用廢矣折故凶也以此觀之

六五鼎黄耳金鉉利貞五於象爲耳而有中德故云黄耳金謂九二之堅剛故其象如此而其占則利在貞固而已或曰金鉉以上九而言更詳之

附錄 六五只爲上已當玉鉉了却下取九二之應求當金鉉蓋推排到這裏無去處了 答吴晏

象曰鼎黄耳中以爲實也 集註 立行可曰實謂陽也謂六五之中以爲實者蓋虛中所以爲受實之地也 張清子曰鼎耳本虛而受鉉中以爲實黄中也柔耦峙於鼎上爲耳黄耳六五之象金剛也剛横貫於耳中爲鉉金鉉上九之象耳以虛受鉉而五以虛中之体鉉以剛貫耳而上有剛實之才耳以鉉貫鼎以耳行而可飪之功成矣然鼎以正爲体六五以柔懼其不正也故以利貞戒之中以爲實者耳耦而虛鉉以奇而實之則可以扛鳴鼎而舉之矣或以九二爲金鉉蓋二雖五之應然鉉當在上而不當在二故特以上九爲金鉉而玉鉉亦上九也

上九鼎玉鉉大吉无不利上於象爲鉉而以陽居陰剛而能温故有玉鉉之象而其占爲大吉无不利

象曰玉鉉在上剛柔節也 集註 立行可曰在上者爲鉉之象五與上之鉉一也而有金玉之異

向與義金〔一〕於剛玉則剛而能溫也蓋五以柔中而受上之剛故取金鉉而言上九以剛而位柔亦剛柔有節故取玉鉉而言〔命〕象亦以剛柔節釋之也〔張清子曰〕五既言黄耳金鉉上又言玉鉉何也蓋耳不附於鉉未爲鼎功之成鉉未至於玉未得爲鼎功之大成也

〔總論〕〔俞石澗曰〕鼎卦六爻合而觀之一鼎也初畫耦而承之在鼎之下爲足二三四畫奇而實居鼎之中爲腹五畫耦而虛在腹之上爲耳上畫奇而貫貫耳之上爲鉉初爲足故曰顛趾二三四爲腹故曰有實曰雉膏曰公餗五爲耳故曰黄耳上爲鉉故曰玉鉉此豈非全鼎之象乎然初曰趾四亦曰足者以四應乎初而四之足即初之趾也上曰鉉而五亦曰鉉者以五附乎上而五之鉉即上之鉉也五曰耳而三亦曰耳者則以三無應乎五而有鼎耳革異之象蓋易道變通不窮義各有當也

䷲ 震下震上

震亨震來虩虩笑言啞啞震驚百里不喪匕鬯　震動也一陽始生於二陰之下震而動也其象爲雷其屬爲長子震有亨道震來當震之來時也虩虩恐懼驚顧之貌震驚百里以雷言匕所以舉鼎實鬯以秬黍酒和鬱金所以灌地降神者也不喪匕鬯以長子言也此卦之占爲能恐懼則致福而不失其所主之重〔附録〕朱子曰震來虩虩是震之初震得來如此言人常以那震來時虩虩地便能笑言啞啞到得震驚百里時也不喪匕鬯是處〔集註〕〔伊川〕易[illegible]

下而上進有亨之義【張清子曰】一陽反於二陰之下故曰震亨虩

虩者恐懼顧慮之貌蓋震來則恐懼顧慮而恐懼之後則笑言

啞啞而和適自若也雷声之發可以震驚百里言祭祀之時誠

一雖當震懼之來而不喪匕鬯此主敬而不失其所守者也

彖曰震亨震有亨道不待言也震來虩虩恐致福也笑言啞啞後有

則也恐致福恐懼以致福也則法也震驚百里驚遠而懼邇也出可以守宗廟

社稷以為祭主也程子以為亦也下脫不喪匕鬯四字今從之出謂繼世而主祭也或云出即鬯字之誤

【集註】【猶涼曰】此卦純以君出子在而言則震之体全而用顯故曰出可以守宗廟社稷不雜言君父共国之時也【誠齋曰】震雷能驚百

里而不能失匕鬯於主祭之手者蓋執匕鬯以祭則一敬之外無餘

念一鬯之外無餘物當是之時白刃前臨猛虎後迫皆莫之顧故震

雷驚百里亦莫之動敬有所甚而懼有所忘也【進齋曰】震之所以

亨者當震之來則虩虩然恐懼而顧慮乃因恐以致福也笑言啞

啞所以繼於恐懼之後定而后能安自覆有法則矣雷之震又於

百里遠者驚而近者懼震為長子出則可以守宗廟社稷以為祭主

也【丘行可曰】驚若卒然遇之而動乎外懼者惕然畏之而存于中

也驚者懼之始懼亦甚言雷威之可畏也【張清子曰】出者猶詩云明天子

出矣之出說卦帝出乎震之謂也曰主者猶詩云百神爾主矣則亨

卦主器莫若長子之謂也若舜之烈風雷雨弗迷可以出而嗣位

宅之難于上帝矣而劉備聞迅雷失匕箸者其可出為祭主乎

象曰洊雷震君子以恐懼脩省【集註】誠齋曰恐懼以先之脩省以繼之脩省者恐懼之功用也脩其身省其過則恐無恐懼無懼矣白雲曰陽居初與四為洊雷故二三為初所震五上為四所震丘行可曰兩震相重故曰洊雷洊雷天威也方其乃存而至聞之者莫不恐懼而君子於恐懼之後必以脩省繼之者所以盡畏天之實也徒恐懼而不脩省則變至而憂變已而休德無懼爾恐懼者憂其變之來初震象脩省者思其變之弭洊震象張清子曰洊雷者上下一体皆震也君子身恐懼矣又脩省焉蓋体存雷震而又震之象宜于居盛世之君也遇災而懼側身脩行景公宋小國之君也反身脩德災惑亦為之退舍此皆恐懼而能脩省者也

初九震來虩虩後笑言啞啞吉成震之主動震之初故其占如此

象曰震來虩虩恐致福也笑言啞啞後有則也【集註】項氏曰震有二義有震動之震有震懼之震初九九四二爻乃震之所以為震者震動之震也二三五上四陰爻乃為陽所震者震懼之震也[illegible]曰震之所在下初與四皆在卦之下四泥於衆而未光剛也[illegible]乃震之[illegible]又恐懼然[illegible]而後笑言啞啞蓋其震先而後[illegible]

恐而後安且貞吉也初九爻辭與卦彖辭同者以初九爲成卦之主也以一体而觀初九九四俱爲震動之主又其餘四陰爻皆

震雷而恐

懼若也

六二震來厲億喪貝躋于九陵勿逐七日得六二乘初九之剛故當震之來而危厲也億字未詳又當喪其貨貝而升於九陵之上然柔順中正足以自守故不求而自獲也此爻占具象中但九陵七日之象則未詳爾

象曰震來厲乘剛也集註白雲郭氏曰震來初也厲一也初震而上二乃乘之安得不厲䣮王云十萬爲億言大也貝所有之資也初震之來勢非六二所能過必大喪其所有之貝九陵即九四也下体互艮有山陵之象二五雖无應而動有應之位二乃登躋於九陵之上以避初震之來勿用追逐至于七日之久時過事已則危者安而喪者得矣張清子曰初九震之主也以九之剛威動而上者孰能禦之者而六二乃以至柔當其鋒豈不殆乎殆哉

六三震蘇蘇震行无眚蘇蘇緩散自失之狀以陰居陽當震時而居不正是以如此占者若因懼而能行以去其不正則可以无眚矣

象曰震蘇蘇位不當也集註童溪王氏曰前之震懼未去後之震懼又來六三處兩震之間不敢

寧居自適无所懼故得以起發其竦神思氣醒而生意復還矣故曰震蘇蘇【張清子曰】三以柔居剛位不當也初震之來已及乎二而未及乎三震少緩矣故曰震蘇蘇蘇息也即后來其蘇之義三於此時可以去矣懼而去之則能免禍故曰震行无眚

九四震遂泥 以剛處柔不中不正陷於二陰之間不能自震也遂者無反之意泥滯溺也

象曰震遂泥未光也【集註】【子夏曰】剛可震也而居於二陰之中泥者也【徐進齋曰】互体為艮故有震遂泥之象而失其所以為震矣【張清子曰】九四亦震上之主爻以一陽陷于四陰之間不能自奮是震遂泥矣雖則陽明亦未能光大也

六五震往來厲億无喪有事 以六居五而處震時无時而不懼也以其得中故无所喪而能有事也占者不失其中則雖危无喪矣

象曰震往來厲危行也其事在中大无喪也【集註】【丘行可曰】震往來指四也厲指五也以重震觀之上体之五即下体之二也然二乘乎初初之震來有可懼之勢故厲而有喪五乘乎四四既下牽於柔震往而後來遂至於泥而其震緩矣故雖厲而无喪使六五而知九四往之已勢能以危懼而行則不至大喪失其所有之事事即已也六五之中乎之以主宗廟社稷者也億无喪猶云萬萬无喪失也億大也【[illegible]曰】四之震往來厲所以不如初震來厲之可畏而亦无之言

恐致異乎二之億喪貝也

上六震索索，視矍矍，征凶。震不于其躬，于其鄰，婚媾有言。以陰柔處震極，故爲索索矍矍之象。以是而行，其凶必矣。然能及其震未及身之時，恐懼修省，則可以无咎，而亦不能免於婚媾之有言。戒占者當如是也。

象曰：震索索，中未得也。雖凶无咎，畏鄰戒也。中謂中心。

【集註】何曰：震至上六，則去四稍遠，已索索然而無聲矣。上居震動之極，而視矍矍者，方瞻卻顧，猶恐其震之或相及也。動極而尚征焉，安得不凶？【張清子曰】以一卦體而觀，初震猶及乎二，故行則无眚；四震不及乎上，故征則有凶。震不于其躬，于其鄰者，上與四相遠，四之震不于上而于五，故上無震躬之咎而有震鄰之恐。然猶之婚媾，則有言而無難矣。

【總論】【白行可曰】震，動也，以一陽動于二陰之下也。故震六爻以初、四爲主，而四之震下牽二柔，有互艮之體，失其所以爲震矣。而全震之時，用者獨在乎初，故初震來虩虩，而四震遂泥也。其上四陰爻則皆爲陽所震者，二乘初剛，不可犯也，故震來厲，億喪貝；而三遠之，則震蘇蘇而聲漸緩矣。五乘四剛，已无足畏，故但震往來厲，億无喪；而上遠之，則震索索然而無聲矣。合二體觀之，而重震之義明矣。

䷳ 艮下艮上

艮其背，不獲其身，行其庭，不見其人，无咎。艮，止也。一陽止於二陰之上，陽自下升，極上而止也。其象為山，取坤地而隆其上之狀，亦止於極而不進之意也。其占則必能止于背而不有其身，行其庭而不見其人，乃无咎也。蓋身，動物也，唯背為止。艮其背，則止於所當止也。止於所當止，則不隨身而動矣，是不有其身也。如是則雖行於庭除有人之地，而亦不見其人矣。蓋艮其背而不獲其身者，止而止也；行其庭而不見其人者，行而止也。動靜各止其所，而皆主夫靜焉，所以得无咎也。

【附録】[illegible]艮其背，背只言止。人之四体皆能動，惟背不動，取止之義也。答廖不獲其身，但見得事之當止，不見此身之為利害。纔將此身預其間，則道理便壞了。古人所以殺身成仁，舍生取義者，只為不見此身，方能如此。答呂象明道曰：與其非外而是內，不若內外之兩忘也。說得最好，便是不獲其身，行其庭不見其人，不見有物，不見有我，只見其所當止也。如為人君止於仁，不知下面道如何，只是我當止於仁；為人臣止於敬，不知上面道如何，只是我當止於敬。只認我所當止也，以至父子夫婦朋友大事小事，莫不皆然。輿貢孫艮其背，不獲其身，是靜之止；行其庭，不見其人，是動之止。答呂象

【集註】[illegible]曰：看一部易，并錄[illegible]一下如看一艮卦，不特艮之本卦吉凶。艮居對卦者七，亦皆吉，只大過一箇止字，是本分底說[illegible]外以[illegible]內，故不可。當是而止，乃得止之道，於止為无咎之也。[illegible]

曰艮之二体如二人相向皆背而立也艮之貞面内而背外是艮其背不獲其身也艮之悔亦面前人之背而不見後人之面是行其庭而不見其人也觀内貞之背忘我者也觀外悔之背忘物者也物我兩忘何咎之有【集説】曰人之耳目鼻口皆有欲也至於背則无欲矣【潘夢旂】曰艮似身字之反書反身而求故曰艮其背艮爲山山之脊亦謂之背人之四体皆動惟背獨静艮其背者止於不動之地止於不動則不見可欲使心不乱人已兩忘而唯見其所當止之地乃无咎也

彖曰艮止也時止則止時行則行動静不失其時其道光明

此釋卦名艮之義則止也然行止各有其時故時止而止止也時行而行亦止也艮体篤實故又有光明之義大畜於艮亦以輝光言【附録】行固非止然行而不失其理乃所止也【沈僴】問艮之象何以爲光明曰定則明凡人胷次煩擾則愈見昏昧中有定止則自然光明莊子所謂泰宇定則天光發是也 路象

艮其止止其所也上下敵應不相與也是以不獲其身行其庭不見其人无咎也

此釋卦辭易背爲止以明背即止也背者止之所也以卦体言内外之卦陰陽敵應而不相與也不相與則内不見己外不見人而无咎矣晁氏云艮其止當依卦辭作背【附録】八純卦皆不相與只緣艮卦是止尤不相與内不見己是内卦外不見人是外卦兩卦各自去 劉淵【集註】【節齋】曰時止則

止時行則行行止皆循時之宜而何如亦所謂止其所也人心知
行中之止然後可言艮之義【隆齋曰】光明陽德也艮以一陽進
居二陰之上高明著見非陰暗所能掩蔽故其道自然光明彖言
艮其止艮釋卦辭艮其背之義君子之止其所者猶止艮之居其
所也君止於仁臣止於敬父止於慈子止於孝事事物物莫不各
止其所此於止而知其所止也上下重艮皆以陰陽敵應而无相
與之義彖辭先言艮其止然後言身以不獲其身行其庭不見其人
无咎也以此見止則不獲身見其身行則不見其人者皆艮其
背之效驗也【立行可曰】艮其背止也行其庭行也止而不獲其身
不知有己也行而不見其人不知有人也无人无己惟見義理之當
止所謂止其所也所者止之地也得其所而不止固為不知止不得
其所而止又豈止其所之義哉○有止之時有止之所止之時如夫
子之仕止久速各當其可是也止之所如大學之仁敬孝慈各得其
分是也釋彖自艮止也而下言止之時自艮其止而下言止之所○
【張清子曰】艮之所以為止者非止而不行之謂也時止則止靜之
止也時行則行動之止也行止動靜不失其時而必以止靜為主

象曰兼山艮君子以思不出其位【集說】【子夏曰】位者身所止也思不出其位止其
止也【伊川曰】位者所處之分也万事各有其所得其所則止而安若
當行而止當速而久或過或不及皆出其位也況踰分非據乎
【[illegible]曰】艮象山合兩艮成卦故曰兼山位者止之所也思不出其位
於止知其所止猶兩山對峙不相侵越之狀不出位如大學言

臣敬父慈子孝書中□言兼言其行富貴素富貴行貧賤素貧賤之□其義也凡人之所爲所以易至於出位者以其不能思也思則心止所居知其所當止之地而得所止矣張清子曰艮爲山上下重艮是爲兼山此止止之義也止字与山字相類故止字有山之形山相兼則其字爲出故君子以思不出其位不出者亦兼山止止之義○君子觀艮止之象體山之靜不動而豈敢越思故其思不出其位

初六艮其趾无咎利永貞以陰柔居艮初爲艮趾之象占者如之則无咎而又以其陰柔故又戒其利永貞也

象曰艮其趾未失正也集註□□也陳水曰君子於其所止不可不謹止於求貞則莫大焉張清子曰初在艮體之下爲趾趾字足旁從止盖足容止也止不善在趾初則所行不失於正道故无咎而利在常求貞固以守之亦

六二艮其腓不拯其隨其心不快六二居中得正既止其腓矣三爲限則腓所隨也而過剛不中以止乎上二雖中正而体柔弱不能往而拯之是以其心不快也此爻占在象中下文倣此附錄艮其腓腓是動物不能拯其隨所以其心不快咸其腓亦是欲隨股而動動則凶不動則吉否黄留

象曰不拯其隨未退聽也三止乎上亦不肯退而聽乎二也集註誠齋曰六二有艮其腓之象九三居艮体之上則猶背也九三陽也六二陰也陽唱則陰和今以六二之柔而欲止九三之剛以六二之腓而欲止九三之背吾知

六二不拯其隨也王曰好色而輖亦曰太王好色王曰好貨而輖亦
曰公劉好貨輖豈不拯其隨者哉輖之心則不快也況以九三之剛而躐
居六二之上六二力不能拯不得已而隨之又豈其心之所欲然亦
未肯退而聽其上之輕動也君子於艮之六二可以察其跡而哀其
心矣【誠齋楊氏曰】腓足肚也股之下足之上也然股動則腓動股止則
腓止是動止之權不在腓也九三居下体之上為艮之主二既不得
以柔中之道而拯救九三過剛之失而亹亹
隨之又豈其心之所欲哉故其心不快也

九三艮其限列其夤厲薰心

限身上下之際即腰胯也夤膂也止
于腓則不進而已九三以過剛不中
當限之処而艮其限則不得屈伸而上下
判隔如列其夤矣危厲薰心不安之甚也

象曰艮其限危薰心也【集註】

【節齋蔡氏曰】九三可而橫有門限之
象艮為門闕【進齋徐氏曰】艮一陽爻
也而曰我心不快艮二剛文也而曰厲薰心何也蓋六二之柔為剛
者所制故我心不快也九三之剛為柔者所陷故厲薰心也【丘行可】
曰艮者震之反艮之三即震之四也震之用在下故震陽之最下
者為獨言君震四之陽則連下二陰為君艮之体止則失其所以
為震矣故有震遂泥之象艮之用在上故艮陽之最上者為艮
若艮三之陽則連上二陰為互震之体動則失其所以為艮矣
有列其夤之象【附錄朱子曰】九三上九皆有背之象蓋艮既
言背則如文辭不復言背然二五上則背之內外同見矣

六四艮其身无咎以陰居陰時止而止故爲艮其身之象而占得无咎也

象曰艮其身止諸躬也集註楊氏曰六四居上体能自止其身而无咎者也然聖人就曰身不以文曰躬者蓋身者伸也躬者屈也伸屈在我而不在物以六居四在而不伸止而不行此君子知出処之大義也張清子曰諸卦惟咸吉艮以身取象此近取諸身者也艮四正當心位不言心而言身者蓋心不可見而身者心之區宇也觀其身之止則知其心之止又安有妄動之咎哉

六五艮其輔言有序悔亡六五當輔之処故其象如此而其占悔亡也悔謂以陰居陽附録當說賈誼固有才文章亦雄偉只是言語太迫切蓋進言之序看有甚事都一齊說了宜乎絳灌之徒不說而文帝謙遜未遑也

象曰艮其輔以中正也正字羨文協韻可見集註伊川曰輔与頰舌皆言所由出而輔在中六五艮其輔謂止於中也誠齋曰商宗三年不言一言而四海咸仰楚王三年不鳴一鳴而百臣震驚六五所以能艮其輔而言有序者以其德之中正而已所謂有德者必有言也楊氏曰艮其輔者非止其口而不言也是而有序則悔亡矣使其沛然而出皆咎言有序哉胡氏曰咸九四為心而艮九三為心咸上六為輔而艮六五為輔要欲以九為心以六為輔故艮爻視咸爻退一位爾張清子曰輔者

頰車也言之所由出也五以柔居尊而得其中發則爲絲綸之言故與其言未中倫孰若止其輔而不言於不言也不輕言也言不妄出則秩秩德音自然有序而其悔乃亡故咸上六曰咸其輔頰舌而夫子亦以滕口說爲戒也

上九敦艮吉　以陽剛居止之極敦厚於止者也

象曰敦艮之吉以厚終也【集註】【呂東萊曰】艮乾體也人能知山之在地上而不知山自天來也【陳希夷曰】卦有卦脉蓍則天地萬物之理得觀艮畫則知山自天來觀坎畫則知水自地出以艮得乾上爻故山自天際坎居坤中位故水由地中行是也蓋自天地開闢以來便有山水山與天近水與地近也【丘行可曰】艮以人身取象艮止體身動物也六爻自初之趾至五之輔皆閑於一體而未能盡止道之善惟止於无咎悔亡而已獨上九爲成艮之主於當止之地而能止焉所謂止於至善者聖人以爲非形之可拘故曰敦艮吉其與悔亡无咎之辭異矣【吳草廬曰】上九在艮山之極亦猶臨泰山之巓也上剛健篤實可謂敦厚於艮終者也止於至善故六爻之中惟此獨吉上九亦上體之背故曰敦尊他卦如敦臨敦復者亦皆取敦厚其德之義也

【總論】【丘行可曰】艮止也以一陽止於二陰之上也故艮六爻以三上爲主而九三適上二陰有互震之體失其所以爲艮止之義爻而全艮之時用者獨在乎上故上敦艮吉而三艮其限厲薰心也其下四陰爻則皆指陽而止者五近上亦艮故艮其輔言有序

四遠之則亦艮其身而无咎也二近下艮故艮其腓不拯其隨初遠之則但艮其趾未失正而已合一体觀之而重艮之義可識矣

䷴ 艮下巽上

漸女歸吉利貞（漸漸進也爲卦止於下而巽於上不遽進之義有女歸之象焉又自二至五位皆得正故其占爲女歸吉而又戒以利貞也）【集註】【伊川曰】乾坤之變爲巽艮巽艮皆重而爲漸在漸体而言中二爻交也由二爻之交然後男女各得其正位初終二爻雖不當位亦陽上陰下得尊卑之正男女各得其正亦當位也与歸妹正相對女之歸能如是之正則吉也。【白雲曰】女歸不以漸則貞奔也漸則爲歸故女歸以漸爲吉【[illegible]】曰漸者進以序而不迫之義女巽也適人爲歸故曰女歸以二体言艮男下於巽女亦爲女歸之義故聖人取女歸以明漸進之象所以爲吉然女歸固以漸爲吉而其利尤在於得正也以中四爻而觀雖陰陽皆當位而三四相比非正應也唯二五相應爲正故曰利貞

彖曰漸之進也女歸吉也（之字疑衍或是漸字）進得位往有功也進以正可以正邦也（以卦變釋利貞之意蓋此卦之變自渙而來九進居三自旅而來九進居五皆爲得正之位）其位剛得中也（以卦体言謂九五）止而巽動不窮也（以卦德言漸進之義）【集註】[illegible]

俗下有脫字　別本

二至五互爲坎離，坎下離上，男下女也。男居下卦之上，女居上卦之下，上下各當其位。【丘行可曰】進得位往有功，言六四之柔得正也。進以正可以正邦也，其位剛得中，言九五之剛得正也。○進得位往有功，是釋女歸吉之義；進以正可以正邦，其位剛得中，是釋利貞之義。【張清子曰】漸之進非躁動也，以卦變言，下體本坤，上體本乾，六自二進四，所以爲巽，女自内而適外，亦有女歸之象。凡女子之適人，不可遽合，必待六禮備而後行，故女歸以漸爲吉。自二進四，其進有序，於六居四，其位則當，不往則已，往則有功也。進以正，可以正邦者家道正而天下定也。九五居尊位，剛而得中，能如是乎。艮止於内，巽以行之，動而不暴，則不至於困窮也。

象曰：山上有木，漸。君子以居賢德善俗。二者皆當以漸而進。疑賢字衍，或善下有脫字。

【集註】【楊氏曰】地中生木，以時而升；山上有木，其進以漸。君子知木之生也，至微之物，猶不可以不漸，而況於居賢德善俗乎？居賢德而以漸修，而後至勤而後精，此揚子云所謂始乎爲士，終乎爲聖也。善俗而以漸者，而始然後而後成，此孔子所謂善人爲邦百年，可以勝殘去殺矣。【毛氏曰】漸一也，卦取於女，象取於木，爻取於鴻，各有理焉，不相悖也。【丘行可曰】夫居德則艮，而漸進言居賢德何也？蓋君子以漸次爲義，漸以積累爲義故也。【張清子曰】艮山之上有喬木，木愈長則山愈高，其高有漸而非驟也。君積也，賢德者衆賢之德也。居賢德善俗，言聚衆賢之德，以善其風俗，使人人以之化也。蓋山不聚衆木則無以成其高，君子不聚衆賢之德則無以成其

衎苦旱反

化惟賢德以漸而居則風俗以漸而善矣君居賢德艮止象善俗巽入象

初六鴻漸于干小子厲有言无咎鴻之行有序而進有漸干水涯也始進於下未得所安而上復無應故其象如此而其占則爲小子厲雖有言而於義則无咎也

象曰小子之厲義无咎也集註丘行可曰鴻水鳥也至有時而群有序故取以爲家干水湄也上三爻互坎坎爲水而初近之水干之象當漸之始次水鳥而止干水湄其進不躁得漸之義張清子曰漸之六爻皆以鴻取義鴻水鳥也木落南翔冰泮北徂其往來也有時其先後也有序漸之象也干者水之湄也鴻爲水泊之物初在卑下有鴻漸于干之象外子而進既又安知鴻之志哉縱使危厲而有言於義則无咎也艮爲少男故曰小子

六二鴻漸于磐飲食衎衎吉磐大石也漸遠於水進於磐而益安矣衎衎和樂意六二柔順中正進以其漸而上有九五之應故其象如此而占則吉也

象曰飲食衎衎不素飽也素飽如詩言素餐得之以道則不爲徒飽而處之安矣集註誠齋楊曰鴻自干而至于磐石之上則安而高矣此六二之漸進而居大臣之位也食君之祿必豈素餐之乎亦欲置國家於磐石之安然人

民於和衎之樂而已故傳說之志在中興商而求占則不食其祿
孫叔之志在平治天下而食則方丈則得志不爲【張清子曰】六爻禽鳥
之奇也俛而啄仰而四顧一或驚之則與飛而去六二以鴻漸而進于干
于而愈于磐之上高而不危飲食衎衎何其容也二與五爲正應進
居大臣之位猶鴻漸于磐也安然飲食衎衎和樂之意又豈素餐
以求飽者哉其言可知艮爲石故曰磐下體互坎故取飲食之象

九三鴻漸于陸夫征不復婦孕不育凶利禦寇　鴻水鳥陸非所安也九三過剛
不中而无應故其象如此而其占夫征則不復婦孕則不育凶莫甚焉然以其過剛也故利禦寇【附録】九三爻辭不以夫征不復婦孕不育爲吉而利禦寇今術家擇日利婚姻忌日不宜用兵利相殺伐不宜婚姻正與此意蓋用兵則要相殺相勝婚姻則要和合故用有不同也語錄

象曰夫征不復離羣醜也婦孕不育失其道也利用禦寇順相保也【集註】【李氏曰】夫九三也婦六四也卦以三四兩爻相則所成故有夫婦之家九自四之三成艮艮男在下復與二下以爲而非其耦夫征不復也六自三之四成巽巽女上復與五正而非其配婦孕不育也惟夫征不復而不歸其婦婦孕而不育云不夫其夫一者皆曰不得夫夫婦婦之正是以凶也害已者謂明六家利禦寇謂去其害已者也三亦二而與五

口義曰三爻以艮之上有鴻之于于上故為陸至于高平之陸也夫
陽也征往也三爻四陰往不以正故征則不敢復而婦孕其婦亦
婦陰也孕得陽也四從三陽合不以正故孕則不敢育而夫亦棄其
夫矣吴以為因卦有女歸之象故以夫婦言群謂五也三本
居四與五上同体而皆剛今以柔進居四而剛退居二故曰離群
陽則從陰從其類則可醜也夫非其正失其道也婦孕而不貞可育
乎利用禦寇者三爻與上无應而彼此剛敵則寇我者上也三以剛
居下體之上而為艮之主欲以禦之上之寇不我勝則夫婦猶得
順其道而相保矣此爻凶而不利而惟利禦寇者蓋三四情好相
比同心協力以吾加其可以戰兵師之寡而禦奸宄之寇也利禦寇艮止象

六四鴻漸于木或得其桷无咎鴻不木棲桷平柯也或得平柯則可以安矣由六四柔順而能巽也
象如此占者如之則无咎也

象曰或得其桷順以巽也【集註】【紀齋曰】四出艮入巽其為木為風故乘風而升于木【張清子曰】
巽為木以巽四乘艮三之上乃山上之木鴻漸于木則又在于陸
之上矣鴻水鳥也趾連不能握枝薄者則安而棲木則危今漸進
于木有不安之象桷者橫平之柯或得其平柯而棲橫桷者而棲之
則无傾危之咎蓋六四不當踐居九三之上然進居巽体而能順
承九五之君則或得其桷而安者矣

或本勝之下有吉字

九五鴻漸于陵婦三歲不孕終莫之勝吉 陵高阜也九五居尊六二正應在下而為三四所隔然終不能奪其正也故其象如此而占者如是則吉也

象曰終莫之勝吉得所願也 集註 古汴何可曰 漸卦二三四相比以情合也惟非夫而孕是以不育二五相應以理合也將為三四所間是以久而不孕正也孕而不育則失身矣出之變身事人者避其邪理既合終為婦孕不育之凶不若定交後求而為二三歲不孕之吉也 ○ 張清子曰 然漸于陵陵為高阜下視于磐于陸則于陵為最高比人君剛九五位之象也九五與二為正應則二乃五之婦一漸進以歸於五也雖三欲塞之四欲間之歷三歲而不孕然二五以中正之道相應終得成其室家之願彼不中不正者終莫能奪而勝之宜其吉也卦以巽為女艮為夫而爻以五為夫二為婦者蓋以二五陰陽相應而言取義不同此其所以為變易也

上九鴻漸于陸其羽可用為儀吉 胡氏程氏皆云陸當作逵謂雲路也今以韻讀之良是儀羽旄旌纛之飾也上九至高出乎人位之外而其羽毛可用以為儀飾位雖極高而不為无用之象故其占為如是則吉也

象曰其羽可用為儀吉不可亂也 漸進愈高而不為无用其志卓然豈可得而亂哉

【集註】【俞石澗曰】上九居漸之極，故曰鴻漸于陸。胡安定以陸為逵。逵，雲路也。猶鴻自江干漸進于山，而雲飛也。羽乃鴻所用以進者，而其進豈不有漸。可以為儀也。賢達之人進動高潔，不累於位，非外物之所能屈其心而亂其志，斯亦足以為天下之儀表，何吉如之。【張清子曰】詩云鴻鴈于飛，肅肅其羽，此可用以為儀者也。

【總論】【俞石澗曰】漸，進也。六爻皆以進為象。鴻，水鳥也。初言于干，進之始也。二言于磐，則進于干矣。三言于陸，則又進于磐矣。至四于木，五于陵，則鴻之漸愈高，而无可進之地，故以鴻飛為象。言兩者，以其在天位之外也。然漸卦以女歸為義，故中四爻有夫婦之象。二與五與二應，夫婦之正配也，故以婦三歲不孕終莫之勝為象。三與四比，夫婦之邪匹也，故以婦孕不育失其道也為象。蓋夫婦之交，亦宜以漸，苟患正配之難合而樂邪匹之易從，則亦失漸之義者也。

䷵ 兌下震上

歸妹征凶，无攸利。婦人謂嫁曰歸。妹，少女也。兌以少女而從震之長男，而其情又為以說而動，皆非正也，故卦為歸妹。而卦之諸爻，自二至五皆不得正，三、五又皆以柔乘剛，故其占征凶，而无所利也。【集註】【伊川曰】兌說震動，以說而動，動則凶也。不獨女歸，无所往而利也。【誠齋曰】歸妹者，幼少之女也。不父而有兄之辭也。豈有父在而女稱妹者。歸妹，婦於人，令兄歸之

也。兌爲之兄，震是也。故兌爲震之妹，震爲兌之兄也。丘行可曰：漸、
歸妹，否泰三四爻之變也。以其主陰爻之進退而言，故一稱女，一
稱妹也。女之言歸者，以自三之四，變乾成巽，女自內而適外，故
曰女歸，歸於人也，爲嫁女者言也。妹之言歸者，以自四之三，變乾
成兌，女自外而反內，故曰歸妹，歸於我也，爲娶婦者言也。其歸同
而所以歸者異也。然漸以六進四，以柔居柔，爲得其位，故吉；歸妹以
六退三，以柔乘剛，爲非其位，故无攸利。張清子曰：婦人謂嫁曰歸。妹
字從女從未，乃女之未嫁者也。震爲長男，兌爲少女，以少女而歸
長男，歸妹之象也。易言帝乙歸妹，則詩所謂俔天之妹也。古者男
二十而娶，女二十而嫁，是男貴乎長，而女貴乎少也。征，行也。女子
之適人也，有待而後行，若不待父母之
命、媒妁之言，以征則凶，无所往而利矣。

彖曰：歸妹，天地之大義也。天地不交而萬物不興。歸妹，人之
終始也。釋卦名義也。歸者女之終，生育者人之始。說以動，所歸妹也。又以卦德言之。附錄 歸妹之有不好底，只是說以動，帶累他。征凶，位不當也。无攸利，柔乘剛也。又以卦體釋卦辭。男女之交本皆正理，惟若此卦則不得其正也。集註 伊川曰：天地不交則萬物何從而生？女之歸男，乃生生相續之道。男女交而後有生息，有生息而後其終不窮。前者有終而後者有始，相續不窮，是人之終始也。[illegible]以卦爻言之，二四以陽居

男以不正從女之象三五以陰居陽有女以不正從男之象陰皆失正故爲征凶上卦以六五乘九四下卦以六三乘九二有夫屈于婦婦制其夫之象故爲无攸利也　胡氏曰動而說爲隨此陽唱而陰和男行而女從得男女之正故元亨利貞說以動爲歸妹則是陰先唱而陽和女先行而男從失男女之正故征凶无攸利○進齋徐氏曰位不當四也九居四故不當柔乘剛三也三在九二之上爲乘剛位不當則悖男女内外之正柔乘剛則悖夫婦唱隨之理所以征凶而无攸利也　丘行可曰歸妹自泰來泰天地交而萬物通泰三四爻互易而爲歸妹則天地不交而萬物不興泰將轉而爲否矣漸自否來否上下不交而天下无邦否三四爻互易而爲漸則進以正可以正邦否斷反而爲泰矣

[illegible]子曰女子之嫁子道終於此毋道始於此

象曰澤上有雷歸妹君子以永終知敝　雷動澤隨歸妹之象君子觀其合之不正知其終之有敝也推之事物莫不皆然　集註　伊川曰天下之事莫不有終有敝莫不有可繼可久之道也觀歸妹則當思永終之戒也　丘行可曰雷震澤上水氣隨之而升女子從人之象也永終知敝謂婚姻之道欲其永遠而有終也必預有以知其不終之敝女子從人以說而動至於失身敗德不能求其所終者多矣所謂敝者脩色衰復相棄背者是也而原其所以則由於說而爲夫婦徇情肆欲之所致而不知其敝之過也向使於說動之時而爲終敝之戒則無此失矣　張清子曰物生必有終有以永之則不終事

久必有敝有以知之則不敝然求之非艱而知之惟艱苟能知其敝斯可以求其終而君子偕老矣

初九歸妹以娣跛能履征吉 初九居下而無正應故爲娣象然陽剛在女子爲賢正之德但爲娣之賤僅能承助其君而已故又爲跛能履之象而其占則征吉也

象曰歸妹以娣以恒也跛能履吉相承也 恒謂有恒久之德

集註 楊氏曰 初九居下卦之下娣之義也九二居下卦之中嫡之義也六五居上卦之中夫之象也以二從五爲嫡從夫以初從二爲娣從嫡娣非嫡則不能以有行初九之跛能履非可曰適千里而其所以行者恃人而已歸妹以娣禮之常也跛而能履二承五初承二吉相承也 丘行可曰 卦辭言歸妹征凶者蓋歸妹以說而動故征則凶也初九歸妹以娣及言征吉者蓋初九以娣承君故征則吉也 ○張清子曰 歸妹下二爻乃兑少女之象初九爲陽亦言歸妹者乃女子有陽剛貞正之德也娣女弟也女居下位而無正應特因娣之歸以爲娣媵者爾依人而行有跛然能履之象歸妹而用娣媵此理之恒者雖所處卑下如跛者之能履而不足以致遠然且征吉者以其能相承助也

九二眇能視利幽人之貞 眇能視承上文而言九二陽剛得中女之賢也上有正應而反陰柔不正

賢而配不良不能大成内助之功故爲眇能視之象而其占則利幽人之貞也幽人亦抱道守正而不偶者也

象曰利幽人之貞未變常也【集註】【董氏曰】二少女而体剛五長男而体柔婦剛夫柔失其正矣二処得中道有節不敢妄且僅如眇者之能視殺其剛果之才守其幽貞之正以奉承乎五可謂賢矣幽女德也夫变女德之常也世之婦備叔其夫者由有才而不知道也【胡氏曰】初二既眇跛皆折象兌卦六三亦兌体故取象焉【丘行可曰】歸妹以九二應六五有妻從夫之象以初九承九二有娣從嫡之象然娣之從嫡必當如跛者之履而不足以與行則無僭上之疑而嫡妾之分明妻之從夫必當如眇者之視而不足以有明則無反目之嫌而夫婦之倫正是妾婦之常道也舉象於初曰以恒於二曰未變常惟各安其常也初之所以吉二之所以利也【張清子曰】九二不言歸妹者乃正妹之身也已配夫成婚在婦順成其夫貴乎明而婦不貴乎明也以九二而曰眇能視則婦亦明矣但以眇能視不敢自眩其明也然二與五爲正應一以剛居柔得其中道僅如眇者之視守以幽人之貞以奉承乎五則亦未全变乱其婦德之常也

六三歸妹以須反歸以娣六三陰柔而不中正又爲説之主女之不正人莫之取者也故爲未得所適而反歸爲娣之象或曰須女之賤者

經傳 須待也 未有所適也

象曰歸妹以須未當也 集註 丘行可曰須女之賤者有陰賤也 六三陰柔不正故有此象而比上
无正應未有受之者故以須而從二然二剛中而應九小君之貴也
而已乘之如此則是以卑賤之妾驕而上僭其爲一所棄必矣往
三不若反歸於下娣初之爲以娣媵之禮事之則爲當位而无驕
僭之患象言未當者以六居三象乘剛賤陵貴皆未當之義張清
子曰在三爲兌得女之位此乃兌之少女爲說之主者也然近於九
四之長男又非正應所以六三居位未當亦女之不正者也當以說求
歸待爲再示不利定爲人之配矣爲三之計不若反歸於下以娣媵
之禮事乎上一庶幾免上僭之失天文書曰織女三星天女也須女四
星賤妾之稱

九四歸妹愆期遲歸有時 九四以陽居上體而无正應賢女不輕從人而愆期以待所歸之象正與
六三相反

象曰愆期之志有待而行也 集註 胡氏曰二爲說主四爲動主彖傳謂說以動所歸妹也
是也四男而二女明矣今爻辭四亦以女言至於二爻稱賢女而
以五爲不良之配則二女而五男也至五又稱帝女以下嫁於二
爲下嫁之義則五亦爲女而二爻爲男矣皆不可爲典要如此
[illegible]

未飾以合而歸妹所以待期也然以貞明之賢女寧可[illegible]歸而[illegible]不可苟合姑少俟之則二五正應終有可歸之時故象釋之曰愆期之志有待而行也

六五帝乙歸妹其君之袂不如其娣之袂良月幾望吉六五象中居尊下應九二尚德而不貴飾故爲帝女下嫁而服不盛之象然女德之盛无以加此故又爲月幾望之象而占者如之則吉也

象曰帝乙歸妹不如其娣之袂良也其位在中以貴行也以其有中德之貴而行故不尚飾

集註 胡氏曰君女之尊稱謂五娣謂初與二故兩文皆稱娣也 丘行可曰五雖陰居柔而爲震躰居得尊位下應九二故曰帝乙歸妹妹指二也帝乙歸之以爲后也嫡夫人曰小君其君指二也其娣指初也然婦人所以爲容飾也二剛失位雖貴而无飾初剛得位雖賤而有華故曰君袂不如娣袂之良也然二之容飾雖不及初而居位得中上承六五其德可貴蓋以容飾況以君娣媵之事若其貴之女則尚德而不尚飾其良不在袂也月亦二也分陰象月与日望則陰与陽敵幾望則陰未至於盈極婦雖至貴而不敢有亢其夫之心爲吉也其位在中乃二之位在下卦之中也亢二爲陽陽爲貴故曰以貴行也 蔡淵曰歸妹乃泰三四爻之變歸妹之六五即泰之六五也但泰下体本坤坤女卦也所謂妹者指坤体六五本爻而言歸

娣上体本震震則長男卦也所謂娣者指下体九二應爻而言[illegible]五以類則帝女下嫁之象歸妹之六五以類則天子歸妹之[illegible]辭同其旨異

上六女承筐无實士刲羊无血无攸利上六以陰柔居歸妹之終而无應約婚而不終者也故其象如此而於占為无所利也

象曰上六无實承虛筐也

集註 丘行可曰女指兌女言士指震言下卦兌少女也上卦震長男也震体上虛有筐象而二承之承筐也兌体在下有羊象上刲之刲羊也二女皆陰虛故无實无血夫女承筐所以承祀士刲羊所以致祭而上之所主乃无血三之所承乃无實之筐士刲羊所以致祭而上之所主乃无血之羊如此則夫婦无相應之義而不足以承祭祀矣果何往而利[illegible]

[illegible]曰婦道者所以奉宗廟之祭祀不能奉祀不可以為婦矣震自上而承筐之象兌為羊指六三也上六如歸妹之終而无應如女承筐而夫贈幣帛以實其中則无以祭古者婦人[illegible]士刲羊血亦无以祭六陰也兌為馬故曰无實上六不言婦而言士女士乃未娶之夫女乃未嫁之婦筐无實羊无血是夫婦合不足以供祭祀无所往而利矣

[illegible]曰女[illegible]歸妹合兩卦[illegible]長男也[illegible]六爻[illegible]

歸妹之主也六五[illegible]居於卦之中而不言歸妹者與正妹之
身也初三乃娣之也[illegible]五[illegible]皆執娣于歸妹之下初在三下即娣之以
吉相承于妹者二在一上即娣之以賤而踰居於貴者一以少女
之身幽靜之德体陰而性陽質柔而德剛皆常德之不可變者貞
妹之賢者也六五以帝乙之賢貴而尊之雖謙而歸其妹以德禮為光
華而守以衣服為容飾故曰其君之袂不如其娣之袂良也初以
陽明安分為美二以柔邪[illegible]為嫌二爻能不務其才自遜其美
何吉如之在九四為三五正應之間則言歸妹之愆期以遲其歸
卦之極則以言夫婦
之終而不言歸妹

周易下經卷第五

建安後學張公霖點校

文化乙丑

張氏周易本義附録集註

六

豐 巽 兌 渙 節 中孚 小過 既濟

未濟 旅

而擊之同時而至，則天威不至妄動。蓋以明而動，亦君子法雷電之
明可以折斷獄情，體雷之威可以致用刑殺。苟威至而明不至，則
片言可以折獄，明至而威不至，則姑息何以[illegible]
致刑。必威明皆至，而後可以成豐亨之功。

初九，遇其配主，雖旬无咎，往有尚。配主謂四。旬，均也，謂皆陽也。當豐之時，明動相資，故初九之遇九四，雖皆陽剛，而其占如此也。

象曰：雖旬无咎，過旬災也。戒占者不可求勝其配，亦爻辭外之意。〔集註〕〔馮氏椅曰〕應在四，兩陽也，均為陽剛，旬也。明動相資，雖均何咎？然二剛相遇，可往不可過也。〔丘行可曰〕凡卦爻多論陰陽正應，惟豐以明動相資成卦，故不論正應，而以兩剛相遇為同德，是以初四兩爻，體雖均而无咎也。往謂應，而同即配義，謂初能往而求四，則得尚于四矣。然兩剛相遇，勢已均等，不可復過矣。過則偏勝之患生，是有災也。初爻位俱陽，德盛於四，稍或過旬，能无災乎？〔徐古為曰〕旬，均也。然諸卦爻義，或言三年、十年，或言三日、七日，旬之取義亦或然也。〔張清子曰〕初九、九四皆以陽剛之德而相配，四乃遠臣之所為主，初以近臣為所主，配主猶九四也。初九遇九四同德之配主，勢雖均敵，而無相逼之咎，往而配之，則自可嘉尚者矣。若過於強盛，則兩剛相敵，必至於亢而有災，故曰「過旬災也」。

六二豐其蔀日中見斗往得疑疾有孚發若吉六二、一五豐之時爲離之主至明者也而上應六五之柔暗故爲豐蔀見斗之象蔀障蔽也大其障蔽故日中而昏也往而從之則昏暗之主必反見疑唯在積其誠意以感發之則吉戒占者宜如是也虛中有孚之象

象曰有孚發若信以發志也【集註】楊氏曰曆法曰章蔀者章以明之蔀以周之【張清子】曰離以六二爲主居中得正其明盛矣但上應六五柔暗之君是其明爲物所蔀蔽也居豐盛離明之時不能光大其德而乃掩蔽其明是日中而見斗也斗以昏見今乃日中而見斗是晝晦而斗見也乃俚書作夜乎其雲霧掩日者甚矣六二以此而往則遇六五之暗主反得其猜疑而已疾猶然臣之事君不可以君之明暗而異其心一於孚信終可以感發六五之志而行其道顧不吉歟

九三豐其沛日中見沫折其右肱无咎沛一作旆謂旛幔也其蔽甚於蔀矣沫小星也三處明極而應上六雖不可用而非咎也故其象占如此

象曰豐其沛不可大事也折其右肱終不可用也【集註】【程頤】曰沛旛幔也旛幔圍蔽於內所以御盛光者沫斗後之輔星光之微者卦以六五當斗象而上在五後故有沫象三與上應爲其所蔽其

暗尤甚於二四故曰豐其沛日中見沬字林沬作昧【丘氏富國曰】斗星之大者六五以陰居陽雖暗而有明斗也二應而四近之故皆有豐蔀見斗之象沬星之小者上六以陰居陰其暗特甚沬也三當之應故有豐沛見沬之象沛之蔽過於蔀沬之暗過於斗此以五上爲位之異而爲各爻所見之別也【張清子曰】九三豐其沛則不可以出任大事至於斷折其右肱則雖有左在而隻手亦終不可以有所用也如此則无所措手又何所歸咎乎

九四豐其蔀日中見斗遇其夷主吉象與六二同夷等也謂初九也其占爲當豐而遇暗主下就同德則吉也

象曰豐其蔀位不當也日中見斗幽不明也遇其夷主吉行也【集註】【鄭汝諧曰】遇其夷主吉志行也今本脱志字【項安世曰】六五暗主在上二應而四承之所觀均也故皆曰豐其蔀見斗夷等夷也初四皆剛故曰夷如豐盛之時四以剛明之才上爲闇主欲有所發則已亦居陰明不足也故不若資人以同往初剛在下而離體至明之才上與己應可以助己四若資之以輔五則昏蔽之主可開而豐盛之治可保宜其吉也【張清子曰】九四以陽剛爲震之主可以動而有爲者也不幸而近六五陰暗之君方豐盛而擁蔽之蔀亦如日中之見斗幽隱而不明也又幸其下遇初九之正應同有陽明

之德相爲善者以上之可以致吉初四以同德相應故於以四爲配
主四以初爲夷主也自下謂上曰配自上遇下曰夷

六五來章有慶譽吉 質雖柔暗若能來致天下之明則有慶譽而吉矣蓋因其柔暗而設此以開之占者能如是則如其占矣

象曰六五之吉有慶也 集註 白雲郭氏曰六爻中稱豐者皆無善道而六五不言豐獨爲可尚也 李仲求曰二三四皆稱日中而有所蔽唯此爻不稱日中蓋宜日中而无所蔽也 丘行可曰二四以五爲蔀在上而暗也五以二四爲章在下而明也二言往四言行者從五之君也五言來者致二四之臣也二之應五未信則不可往往則反得其疑推積誠以感之而後五之蔽可開故曰有孚發若吉四之比五无助則不可行行則未必見信推求初九同德之賢以助己而後五之昏可輔故曰遇其夷主吉此人臣事暗君之訓也六五陰暗在上處豐之時本无慶譽以在下有二四剛明之臣可以輔己其君虚意下之賢人之明以爲明則不推有慶有譽而且得吉宜也此諸君用臣之訓也 張清子曰 五爲豐之主以柔居剛不過於震動故能招來六二章明之才六五本是雷質與六二亦是電象君雷而臣電威明並用斯可共成天下豐大之治又不唯上有福慶而且有令譽吉可知也

上六豐其屋蔀其家闚其戶闃其无人三歲不覿凶 以陰柔居豐極處動終明

極而反昭者也故爲豐大其屋而反以自蔽之
之義无人不覿亦言障蔽之深其凶甚矣

象曰豐其屋天際翔也闚其戶閴其无人自藏也藏謂障蔽〔附録〕天際

翔也是其屋高大至於天際〔集註〕〔楊子〕曰炎炎者滅隆隆者絕觀
卻只是自障蔽若吕晏渊雷觀火爲盈爲實天收其聲地藏
其熱高明之家鬼瞰其室是之謂矣〔誠齋楊氏曰〕自古小人損其君之明
者不過欲豐乎己之室而已不知豐其屋者適以損其家而不亡又
不過欲高其位而天飛而已不知高其位者適以空其門而自喪其家
之損也閴之空也自此三歲而潛竊行於室處鹿遊於臺矣豈復覿
汝家之有人哉乎凶莫大焉〔張清子曰〕上六務天位之上過於自高
乃豐大其屋如翬斯飛於天際而翱翔敷豐盛而自滿如此家必
覆矣闚其戶則閴然虛寂如入无人之境至於三歲之久而不相
覿豈極妄動自絕於人則人誰與之惟有深自退藏於密而已其
凶可知

〔纂註〕〔徐進齋曰〕豐大也以卦体言則明動相資而成豐以卦以豐
名而爻象反多戒辭豐多故也六五爲豐盛之主其諸爻皆
從五者也五以柔居君位而言來章者乃來二四剛明之臣也四比
五而二應五以五之暗也故二四皆有豐蔀見斗之象二言有孚發
若者發乎五也四言遇其夷主者欲得初以共輔乎五也初去五
最遠不能自發故則遇四之配主而同往焉此四爻所以吉也獨九

三不知從五而遠應上六故有折肱之患上處豐盛之障蔽之甚亦卒至亡其部其家而闃其無人也豐其可恃乎哉

䷷ 艮下離上

旅小亨旅貞吉旅羇旅也山止於下火炎於上爲去其所止而不處之象故爲旅以六五得中於外而順乎上下之二陽艮止而離麗於明故其占可以小亨而能守其旅之貞則吉旅非常居若可苟者然道无不在故自有其正不可須臾離也

集注 伊川曰如卦之才可以小亨得旅之貞正而吉也 楊氏曰春秋之時以孔子爲一旅人若孔子則可謂以旅而正吉者也 ○張清子曰以卦變言則旅自否來六本居三今往居五而麗於外推人失其所居而客於外乃旅之象也凡人處旅本无大通之理羇旅而亨者雖大亦小也所貴者守正則貞吉爾

彖曰旅小亨柔得中乎外而順乎剛止而麗乎明是以小亨旅貞吉也以卦體卦德釋卦辭旅之時義大矣哉旅之時爲難處

集注 介甫曰入而麗乎明所以爲家人止而麗乎外所以爲旅 吳氏澄曰旅非商賈之謂凡羇於外者皆是也天子有天子之旅天王出居于鄭是也諸侯有諸侯之旅公孫于齊是也大夫有大夫之旅孔子去魯是也聖賢有聖賢之旅孔子之轍環孟子之歷聘是也旅豈一槩哉 張清子曰

六五以一柔麗外卦之中而順乎上下之二剛以艮附離順於止知其所止而附麗乎明得其所依雖未能大通亦可小亨也旅有若之中而行以貞固如之何而勿吉不寧惟是亦寓形於天地之間者皆旅也此旅之時之義所以爲大

象曰山上有火旅君子以明慎用刑而不留獄。慎刑如山，不留如火。

集註 [illegible]曰：失其所居曰旅火焚其山鳥獸草木皆失其居旅之象 [illegible]曰：山者火之所旅久則延燒獄者囚之所旅留則淹滯旅有行而不處之象故火不可使久留於山囚不可使久留於獄此明慎用刑象火之燭物慎象山之靜 [illegible]曰：山在內爲主火在外爲客山止而不遷猶館舍也火行而不居猶旅人也君子體火行山上而不留之象而以之用刑明則无遁情慎則无濫罰明慎既盡斷決隨之聖人取象於旅正恐其留獄也

初六旅瑣瑣斯其所取災。當旅之時以陰柔居下位故其象占如此

象曰旅瑣瑣志窮災也 集註 [illegible]曰：初以陰柔而在下是卑賤之人處旅不得其所而困窮者也不務遠大而局於瑣屑此其所以自取災殃 [illegible]曰：詩云瑣兮尾兮流離之子初六有焉

六二旅即次懷其資得童僕貞。即次則安懷資則裕得其童僕之貞信則无欺而有賴旅之最吉者也

也二五有柔順中正之
德故其象占如此

象曰得童僕貞終无尤也【集註】【童溪曰】次旅之居也資旅之用也童僕旅之役走者也旅
即次則其所舍也有其居懷其資則其所畜也有其用得童僕則
其所以卑陋而服役也又有其人旅道何修而得此哉蓋以六居
二爲正故也【鄭清之曰】六二居位得中旅即次也上承九三之剛
懷其資也下乘初六之卑得童僕也人之处旅有次可安有資可用
又有童僕之忠貞者可託役
在旅爲尚何以中然无悔尤矣

九三旅焚其次喪其童僕貞厲過剛不中居下之上故其象占如此喪其童僕則不止於失其心矣
故貞字連
下句爲義

象曰旅焚其次亦以傷矣以旅與下其義喪也以旅之時而與下之道如此義當
喪也【集註】【馮氏曰】居剛而用剛下時猶不可況旅乎以此與下焚次喪僕固其宜也九三以剛居下體之上則焚次
上九以剛居上體之上則焚巢未如愈高剛愈亢則禍愈深矣【丘行可】
曰九三六爻皆言二五之二爻即次而三焚次二得童僕而三喪二之貞況
木而三六爻則旁皆柔順得中三過剛不中故也過剛且處旅之
道於【項平甫曰】九三剛而不中又近離火故焚其居而焚其次舍則傷

亦以喪矣。童僕指初也。柔在下故從剛，三位過高，无以得童僕之心焉。二所得則三喪之矣。然以柔中為貞，三雖剛貞而不中，危厲可知焉。旅之時而待下若此，揆之於理，能无喪乎？

九四：旅于處，得其資斧，我心不快。以陽居陰，處上之下，用柔能下，故其象占如此。然非其正位，又上无陽剛之與，下唯陰柔之應，故其心有所不快也。【附錄】資斧，有做齊斧說底。資斧在離上，說也自分曉，然而旅中亦宜可无備，然亦底物事。這便身。夔孫淵

象曰：旅于處，未得位也。得其資斧，心未快也。【集註】【子夏曰】資斧，亦作齊斧。【張清子曰】九四雖在近君之地，而如于羈旅之中，此其所以不得位也。雖得其資斧之利，而以剛居柔，未能盡行其志，故我心未快也。按漢書王莽遣王尋屯洛陽，將發，亡其黃鉞，其士房揚曰：「此經所謂喪其資斧者也。」張軌二云：「齊斧，蓋黃鉞之斧。」應邵云：「齊，利也。讀如齊衰之齊。資、齊音同，說作資。」

六五：射雉，一矢亡，終以譽命。雉，文明之物，離之象也。六五柔順文明，又得中道，為離之主，故得此爻者，為射雉之象。雖不无亡矢之費，而所喪不多，終有譽命也。【附錄】易中凡言終吉者，皆是初不甚好。

象曰終以譽命上逮也上逮言其令譽命聞於上也【集註】[illegible]曰諸爻皆言旅五君位王者无外何旅之有故六五獨不言旅【張清子曰】離文明之物離象旅真上卦本乾六五以二升五變乾中一畫而成離身離也乾陽剛直之矢之象故其中之一是一矢亡也亡一矢而得離焉所喪不多而終有所獲之象終以譽命者獲乎上也惟五以柔而承上之剛故上終以譽命而及五也逮及也

上九鳥焚其巢旅人先笑後號咷喪牛于易凶上九過剛處旅之上離之極驕而不順凶之道也故其象占如此

象曰以旅在上其義焚也喪牛于易終莫之聞也【集註】[illegible]曰旅之極居高用剛始意甚快其如終何焚巢喪牛然後凶而泣也于易者禍生於所忽而莫之察也【[illegible]曰】大壯六五喪羊于易旅上九喪牛于易易者不憂險難之謂也【楊氏曰】巢者鳥之所安次者旅之所即鳥之焚其巢則旅之焚其次也不言可知矣【[illegible]曰】同人親也故先號咷而後笑親寡旅也故先笑而後號咷【趙善譽曰】鳥巢于高者也上九高亢象離為火象故焚鳥焚其巢譬則旅人高亢而失其居也先笑者以好高為喜後號咷者悲其失所托而無歸也牛者所以載負也負旅之所賴也以旅在上不能謹重而以

慢易失之，其終若罔聞知，豈能無凶乎。張清子曰：離爲雉，於木爲科上槁，鳥之巢也。其高危可知。在旅之窮而有處上人之意，則非其據也。義者宜也。離火炎上，且如鳥之焚其巢，而无所依附也。諸爻皆言旅，而上九獨言旅人，蓋上處旅窮之極，則終於旅人矣。以旅人居高位，始快其意，故先笑；繼而焚其巢，終無所棲，故後號咷。牛爲順物，易，慢易也。旅失順德，在于慢易而終莫之聞知，所以凶也。

總論 節齋蔡氏曰：雜卦云親寡旅也。旅之窮者也。故處旅之道以得中爲善，卑則取辱，高則召禍。初處最下，卑者也，故以瑣瑣而取災；三在下之上，上在上之上，高者也，故三焚次喪僕，上焚巢喪牛。也四處上之下，雖不太高，太卑之失亦未得中，故雖得資斧而心未快也。惟二五得一體之中，故二即次懷資而得僮僕，五亦終有譽命之榮也。然二當位而五不當位，故五不免射雉亡矢之患。若旅道之善者，其唯六二乎。

䷸ 巽下巽上

巽小亨，利有攸往，利見大人。巽，入也。一陰伏於二陽之下，其性能巽以入也。其象爲風，亦取入義。陰爲主，故其占爲小亨，以陰從陽，故又利有所往。然必知所從乃得其正，故又曰利見大人也。集註 伊川曰：巽與兌皆剛中正而兌亨，巽小亨者，雖兌成卦皆于柔，然兌陰在外，其用柔也，故亨；巽陰在內，其性柔也，故小亨。[illegible]曰：巽，順也，入也。小[illegible]初四二陰也。

順則能亨故曰小亨而利有攸往者剛得中也大人者二五也利見之者則初四也

彖曰重巽以申命釋卦義也巽順而入必究乎下命令之義重巽故為申命也

附録 申字當知叮嚀反

巽之意風无所不入如命令之叮嚀告戒无所不至故象以之 啓蒙

剛巽乎中正而志行柔皆順乎剛是以小亨利有攸往利見大人以卦體釋卦辭剛巽乎中正而志行指九五柔謂初四也

集註 命詔可曰 重巽上下皆巽也巽之德順而善入而於象為風風者天之號令故有命令之象內巽者命之始外巽者申前之命也君子於命令重複而叮嚀之則柔順而入人也易故曰重巽以申命此以上下兩体釋巽小亨之義巽二五剛也巽雖主於柔而二五之剛得中故論成卦則以初四之柔為主論六爻則以二五之剛居重準二五之剛能巽乎中正則剛不過而志得行矣故曰剛巽乎中正而志行此以二五兩爻釋利有攸往之義柔謂初四剛謂二五也皆順謂初順二四順五也柔者多不能自振故必順乎剛則柔得剛助而後可行故曰柔皆順乎剛此以初四兩爻釋利見大人之義 吳中叔曰 乾坤定位震巽一交也震一交陽少則陰尚多巽一交陰少而陽尚多陽猶在下之物而居下安得而不動乎陰本在下之物而處下安得而不入乎 張清子曰 夫巽体以一柔伏於下而剛能入之是之謂命而申命者叮嚀告戒之叮也然在巽之時二五以陽剛而巽乎中正則是剛亦巽矣

剛乃能巽則順乎中而不偏順乎正而不邪而其志得行故初與以柔而順乎九二之剛四又以柔而順乎九五之剛是謂皆順柔順乎剛陰得陽助則柔道亦能亨通是以小亨利有攸往利見二五文德之人也

象曰隨風巽君子以申命行事隨相繼之義

集註 李子思曰天下有風始所以施命若風相隨而至則是申命不一之象古之出命者必反復申戒之然後其事可行於天下 丘行可曰巽爲風而風者所以發揚天之號令風隨風而不逆此重巽之象也在上之君子体隨風之巽出而發號施令凡事必申復詳審一再命之然後見之行事則四方風動順而易入申命者所以致其戒於行事之先行事者所以踐其言於申命之後重巽有申命之象隨風有行事之象 張清子曰易於巽主教命徵詩之言風也故觀則省方觀民設教姤則施命誥四方皆主巽一体而言也

初六進退利武人之貞初六以陰柔居下爲巽之主卑巽之過故爲進退不果之象若以武人之貞處之則有以濟其所不及而得所宜矣

象曰進退志疑也利武人之貞志治也

集註 誠齋曰巽之初六用之進退而其志疑用之武人將帥而其志治矣 丘行可曰初六不武甚矣故或躁而進或遲而退其志疑而未決也然初則其位剛故利用武人剛

貞之道矣武人志於剛烈者有進無退者能以其剛烈之氣而矯其巽懦不立之志然後得其正而向之志疑者轉而未治也苟過於強悍不得其正則其志亂矣何治之有治者定也巽爲不果故進退又其究爲躁卦故云 張清子曰 履之六三曰武人爲于大君此初六亦曰利武人之貞六者柔也武者剛也以剛濟柔其志治矣

九二巽在牀下用史巫紛若吉无咎 二以陽處陰而居下有不安之意然當巽之時不厭其卑而二又居中不至已甚故其占爲能過於巽而丁寧煩悉其辭以自道達則可以吉而无咎亦竭誠意以祭祀之吉占也

象曰紛若之吉得中也 集說 自行可曰 牀下祈也古者尊者坐於牀卑者拜跪於下牀下者卑者之所處也二以陽居陰失位不安乃欲巽柔而處卑巽在牀下之象 張清子曰 巽爲木牀也牀者人之所安也其体上實下虛巽之象也九二雖剛而居柔執卑故有巽在牀下之象中爻兌史也兌爲巫也紛若多也此事過巽於牀所宜唯用史巫紛然其多則可以導達其誠意於神明人能以事神之禮而事上則吉而无咎是蓋以九二得乎中道故也

九三頻巽吝 過剛不中居下之上非能巽者勉爲屢失吝之道也故其象占如此 附錄 頻巽不比頻復復是好事所以頻復爲无咎巽不是大故頻底事九三剛無能爲只管今日巽了明日又巽自是可吝

程傳三品
[illegible]
一[illegible]
[illegible]
一[illegible]

象曰頻巽之吝志窮也【集註】【童溪曰】九三居兩巽之間一巽既盡一巽復來故曰頻巽夫謂之頻巽則頻失可知蓋九三以剛處剛卑巽之志不出於自然而勉爲之則前踞後恭動而易窮其志散故吝而象曰志窮也○【張清子曰】九三以剛居剛位在巽下之上豈甘於巽者强爲多巽之狀而巽至於頻其亦可鄙矣志窮者志極乎剛也

六四悔亡田獲三品　陰柔无應承乘皆剛宜有悔也而以陰居陰處上之下故得悔亡而又爲卜田之吉占也三品者一爲乾豆一爲賓客一以充庖

象曰田獲三品有功也【集註】【進齋徐氏曰】田獵也功謂田獵有獲也【張清子曰】六四居陰无應宜有悔也然柔能巽於上下乃居上而能下人者也故其悔可亡不惟悔亡如是田而獲其三品則獲禽之多故有功矣

九五貞吉悔亡无不利无初有終先庚三日後庚三日吉　九五剛健中正而居巽體故有悔以有貞而吉也故得亡其悔而无不利有悔是无初也亡之是有終也庚更也事之變也先庚三日丁也後庚三日癸也丁所以丁寧於其變之前癸所以揆度於其變之後有所變更而得此占者如是則吉也【附録】蠱之先甲三日是辛後甲三日是丁此卦先庚三日卻是丁丁與辛皆是古人祭祀之日但癸日不見用[illegible]

象曰九五之吉位正中也（集註）明道曰甲者事之始也庚者所革也自甲至丁戊己春夏生物之氣已備庚者秋冬成物之氣也故有所革丘行可曰九五以剛健居中正之位以出命令之主也夫命令出於上則下无不從能貞而吉則其悔可亡且无所往而不利矣申命以後巽以為用故曰无初有終[illegible]曰蠱言先後甲而巽言先後庚而曰无初有終何耶盖甲者十干之首事之端也故蠱謂之終則有始庚者十干之過中事之當更者也故謂之无初有終於巽九五乃蠱六五之變蠱者事之壞也以造事言之故取諸甲巽者事之權也以更事言之故取諸庚易於甲庚皆曰先後三日者盖聖人謹始慮終之意也

上九巽在牀下喪其資斧貞凶巽在牀下過於巽者也喪其資斧失所以斷也如是則雖貞亦凶矣居巽之極失其陽剛之德故其象占如此

象曰巽在牀下上窮也喪其資斧正乎凶也（集註）正乎凶言必凶[illegible]曰巽之四陽皆奇列於上有牀簀之象二陰皆耦峙于下有牀足之象丘行可曰牀下四也資貨財也陽實之象斧威斷也陽剛之象[illegible]曰二處下體之中巽在牀下未害也上處上體之上巽在牀下則反失威重為人之所行之者害之甚也是也下

堂而見諸侯似未害其為巽而諸侯反不至也

總論　丘行可曰巽順也以一陰而順乎上之二陽也在卦以二柔為巽主初柔居剛未安於巽故有進退之疑四柔居柔巽其安矣故有功三與五皆以剛居剛而五得中故五吉而三吝二與上皆以剛居柔而二得中故二吉而上凶大抵巽之為卦以居中得位為善二得中而失位三四得位而失中初上則位與中俱失皆不能盡巽之道也唯以九居五位乎正中此所以貞吉而為申命之主歟

☱ 兌下兌上

兌亨利貞兌說也一陰進乎二陽之上喜之見乎外也其象為澤取其說萬物又取坎水而塞其下流之象卦體剛中而柔外剛中故說而亨柔外故利於貞蓋說有亨道而其妄說不可以不戒故其占如此又柔外故為兌亨剛中故利於貞亦一義也

附録　川壅為澤坎為川兌為澤澤是水不流底坎下一畫閉合時便成兌卦便是川壅為澤之象答晏淵

集註　伊川曰兌說也說致亨之道也然為說之道利於貞正故戒以利貞也　丘行可曰嘗攷三女之卦聖人多以貞戒之離曰利亨貞巽曰利貞兌曰亨利貞皆以正言也三男之卦則不言貞震曰亨坎曰心亨艮曰艮其背而已蓋陰柔之質多累於不正而陽剛之體為能有立也○

【張清子曰】夫兌乃不言之說也說有能百之理為說之道利在貞正說之不以其道則不說也蓋不以其道則非貞矣

彖曰兌說也釋卦名義剛中而柔外說以利貞是以順乎天而應乎人說以先民民忘其勞說以犯難民忘其死說之大民勸矣哉以卦體釋卦辭而極言之【附錄】說若不是剛中便是違道干譽便成邪媚下面許多道理都從這个剛中柔外來朱子語錄

【集註】【伊川曰】一陰居二陽之上陰說於陽而為陽所說也【白[illegible]】曰兌之義說也剛中指二五柔外指三上外雖柔說中實剛介故兌亨利在貞正是以上順天理下應人心革兌二彖皆有順天應人之說革之順應以湯武革命而言也兌之順應以剛中柔外說以利貞而言也兌上為君兌下為民夫逸者生人之所好勞與死人之所惡此常情也今乃忘勞忘死豈人之情也哉殊不知說以先民則勞之者正所以逸之也說以犯難則生之所以為仁殺之亦所以為仁也其說之大民不期勸而自勸矣【張清子曰】禹之隨山濬川非說而忘勞者乎湯之東征西怨非說而忘死者乎

象曰麗澤兌君子以朋友講習兩澤相麗互相滋益朋友講習其象如此【集註】【進齋徐氏】曰從容而說以講之於先切實體驗以習之於後則心與理相涵而所知愈精麗澤之益莫大乎其有相資之實而其說在我矣【張清子曰】

二澤相附麗有互相滋潤之象君子體之是以朋友講習之不亦說乎有朋自遠方來不亦樂乎兑為口兩兑皆說有講誦重習之象

初九和兑吉 以陽爻居說體而處最下又无係應故其象占如此

象曰和兑之吉行未疑也 居卦之初其說也正未有所疑也 集註 誠齋曰兑以說為說和兑以不說為說 進齋徐氏曰疑謂比於陰也卦四陽惟初去陰无係故未疑若二則比於三五則比於上矣 張清子曰初九爻位皆剛上无應志不比於柔得說之正和而不流者也所行未有疑惑其吉可知若四比於三則有商兑之疑矣

九二孚兑吉悔亡 剛中為孚居陰為悔占者以孚而說則吉而悔亡矣

象曰孚兑之吉信志也 集註 進齋徐氏曰二孚兑之有悔雖不若初和兑之吉視五之孚于剝則有閒矣 張清子曰九二剛實故為孚兑上近六三之柔故有悔居中故吉而悔亡二如大臣之位當兑說之世而天下視其所說以為趨向者也苟非孚信出於剛中之志鮮不為六三說媚之所惑矣

六三來兑凶 陰柔不中正為兑之主上无所應而反來就二陽以求說凶之道也

象曰來兑之凶位不當也 集註 童溪王氏曰六三居兩兑之間一兑既盡一兑復來故曰來兑夫

下四剛皆君子也三以小人厠乎其間而位則不當乎君若迎逢非以容說爲事此小人之失正者故於兌爲凶【白雲郭氏曰】六三柔而不中故來就在下之陽而有妄說之凶无他以柔居剛位不當故也來者反而之內也【張清子曰】上下承乘皆剛而獨來就九二何耶蓋二與三同居下体性順而就下也

九四商兌未寧介疾有喜四上承九五之中正而下比六三之柔邪故不能決而商度所說未能有定然質本陽剛故能以介然守正而疾惡柔邪也如此則有喜矣象占如此爲戒深矣

象曰九四之喜有慶也【集註】【誠齋楊氏曰】九四近君之臣也故於兌說之時彷徨焉躊躇焉商搉而諫擇焉其心安肯而自寧也何也懼容說之小人有以妄說而蠱吾君之心也六三之來兌即容說之小人也非九四之剛直介而隔之使不得近於九五其不爲疾者鮮矣六三者君心之膏肓也九四者膏肓之鍼艾也故九四者六三之所甚不喜也六三不喜則九四有喜矣非九四之私喜也天下國家之大慶也【吳氏曰】曰商兌未寧商者傷也九四下比六三之陰剛爲柔所傷故云未寧兌屬商商金也【張清子曰】四處三五之間上承下比一剛一柔未能自決此正天理人欲公私界限處不可不商度其可說者而後說之故於心未安疾者比乎六三之小人而爲我病者也然九四之質本剛苟能介然自守又而擇其所疾使諂媚之小人不能爲我之病則

上兼九五之中正而得君臣相說之道豈不有喜而有慶乎

九五孚于剝有厲 剝謂陰能剝陽也九五陽剛中正然當說之時而居尊位密比上六上六陰柔爲說之主處說之極能妄說以剝陽者也故其占但戒以信于上六則有危也

象曰孚于剝位正當也 与履九五同 集註 吳思齋曰 八月爲正秋兌之中也陰陽於此時而中分九五不言兌而言剝者蓋以八月爲兌過八月而九月則爲剝矣陰剝陽則有厲故以爲戒 丘行可曰 九五剛中當位說將極而密与上比陽方有說陰之意而上復引之以爲說君臣不虞其害已而妄信之則將見剝於陰矣故曰孚于剝柔剝剛則剛危故有厲五位雖正而所說不正故也 張清子曰 九五剛中有孚信之義剝者陰消陽也君側密近乎上六說媚之小人當信其邪之能消陽必有危厲之患幸而以九居五位則正當決不受其說媚之惑也苟不信乎上六之能剝陽居然溺之居安而不慮危則說媚之計得行而其困危矣爲人上者奈何不戒

上六引兌 上六成說之主以陰居說之極引下二陽相与爲說而不能必其從也故九五當因戒而此爻不言其吉凶

象曰上六引兌未光也 集註 胡雲峯曰 上六六三皆兌之小人也故上者引則下者來而上有加

五剛明之君下有九四剛明之臣以隔六三之來比小人之道所以未光也雖兜爲共工而堯吁僉言爲鯀而堯咈皆引兌而未光者故

張清子曰 柔道以牽爲引上六柔居兌上能牽誘五而爲說媚者也然九五乃陽明之主以剝爲懼不信上六之牽引故小人說媚之跡隱晦而未至於光顯也

總論 **丘行可曰** 兌說也以一陰而說乎下之二陽也在卦以一陰爲說主四陽則皆爲所說者也三以柔居剛爲下兌之主動而求陽之說故曰來兌上以柔居柔爲上兌之主靜而誘陽之說故曰引兌來兌之惡易見故本爻凶引兌之情難知故此爻當戒見以四陽爻在下兌者多吉在上兌者多凶初剛在下與陰无係故和兌吉二比近三入說猶幾故孚兌吉悔亡四入上兌處三五之間莫知所决故有商兌未寧之象五與上比處說將極故孚于剝則有厲矣

☴☵ 坎下巽上

渙亨王假有廟利涉大川利貞

渙散也爲卦下坎上巽其風行水上離披解散之象故爲渙其變則本自漸卦九來居二而得中六往居三得九之位而上同於四故其占可亨又以祖考之精神既散故王者當至于廟以聚之又以巽木坎水舟楫之象故利涉大川其曰利貞則占者之深戒也

附錄 坎固是有鬼神之義然此卦未必因此爲義且作因渙散

而立廟矣 集註 伊川曰渙離散也能收合人心則散可聚也明道曰說啓蒙 若渙卦言王假有廟因其精神之聚而形於此爲其渙散故立此以收之 丘行可曰 卦變三剛三柔各以類聚今散四之剛而下居於二散二之柔而上居於四亦渙之義也 張清子曰 十三卦之制器舟楫之利蓋取諸渙則是黃帝堯舜之時已皆取此象爲利涉之用矣

彖曰渙亨剛來而不窮柔得位乎外而上同 以卦變釋卦辭 附録 剛來而不窮是居位得中若在下則窮矣 啓蒙

王假有廟王乃在中也 中謂廟中 附録 此卦只是卜祭吉又更宜涉川王乃在中是指廟中言王指九五言宜在廟祭祀 啓蒙翼傳

利涉大川乘木有功也 集註 誠齋曰濟難者才也散難者非才也德也巽之才木也其德風也水之殘則溺萬物然乘一木則悠然而濟水之怒則央力山然遇一風則欣然而散才以濟之德以散之天下之大難一朝渙然而不復聚渙之所以亨也 丘行可曰 以卦變言剛來而不窮二也柔得位乎外而上同四也剛來濟柔柔往輔剛而濟渙之功已成所以亨也王乃在中五也五陽剛居尊爲渙之主而在上卦之中假有廟也乘木謂巽木在坎水之上有功謂利涉也在彖雖不釋利貞之義然尚論成功之由已明指四五言之意可見矣 張清子曰 萃言王假有廟者因萃聚而有聚會精神之意渙言王假有廟者因渙散而有收合人心之義所謂大川者以乘巽木於坎水之上所以有利涉之功也

象曰風行水上渙先王以享于帝立廟皆所以合其散集註胡曰享于帝
昊天有成命是也立廟清廟是也丘行可曰風行水上融液泮散
渙之象也君子觀象以之享于帝立廟鬼神之道幽深飄渺不可
要思惟至誠貫徹潛乎冥感如水之遇風渙然相受則精浸交通
有合無間所以爲而天神假廟焉而鬼神享矣張清子曰巽風行於
坎水之上則水有流動散漫之象古先哲王用
此享祀上帝建立宗廟于所以收合人心也

初六用拯馬壯吉居卦之初渙之始也始渙而拯之爲力既易又
有壯馬其吉可知初六非有濟渙之才但能順
承九二故其
象占如此

象曰初六之吉順也集註臨川曰六爻獨初不言渙者離散之
勢辨之宜早方始而拯之則不至於
渙也誠齋曰馬壯指九二九二乾爻乾爲馬張清子曰初六居渙
之始其散未極亟用拯救之道所以拯之者以九二行健之馬也
馬壯則可以致遠而成拯渙之功初與二雖非正應而以同體相比象
言初六之吉者以柔順乎剛也坎體爲馬明夷自二至四爲互坎故六
二亦曰用拯馬壯
吉馬指九三也

九二渙奔其机悔亡九而居二宜有悔也然當渙之時來而不窮能
亡其悔者也故其象占如此蓋九奔而二机也

附録 九二渙奔其机以人事言之是來就安處 啓蒙

象曰渙奔其机得願也 集註 鄭東谷曰渙之時必剛柔上下相合則不散初柔也在二之下二剛也在初之上柔而在下者必有所賴以爲援剛而在上者必有所折以爲安故初之得二爲壯馬馬壯則可賴以爲援二之就初爲奔机得机則可藉以爲安比初之從二爲順於理而二之就初爲得所願也 張清子曰奔者來之速也二剛自外來有奔之象机在下之物已憑之以爲安者夫當渙散之時陰陽相比則有相符之勢今二來就初憑以爲安則剛得柔助而濟渙之功成矣二以陽居陰本宜有悔以得中故悔亡且得遂其欲安之願矣

六三渙其躬无悔 陰柔而不中正有私於己之象也然居得陽位志在濟時能散其私以得无悔故其占如此大率此上四爻皆因渙以濟渙者也

象曰渙其躬志在外也 集註 潘氏曰居下之上有應於外其志將以身濟渙也何悔之有○張清子曰渙六爻惟六三與上有應雖未能散乎天下之難亦可以自散其一己之難而無坎陷之悔志在外志應乎上九也

六四渙其群元吉渙有丘匪夷所思 居陰得正上承九五當濟渙之任者也下無應與爲

能散其朋黨之象占者如是則大善而吉文言能散其小群以成大群使所散者聚而若丘則非常人思慮之所及也

【附錄】老蘇云渙之六四曰渙其群元吉夫群者聖人之所欲渙以混一天下者也蓋六四能渙小人之私群成天下之公道此所以元吉也

象曰渙其群元吉光大也【集說】【丘行可曰】群類也四本居二與初三皆柔群也今六上居四九來居二三陰之群散矣故曰渙其群人能散其群類之私則無所係累大善而吉也故曰元吉丘聚之大者謂九五下連二爻為艮艮為山丘也四上同五是以渙散之中而得所聚之大故曰渙有丘夷等夷也六謂初與二班豐卦遇其夷主之夷同義夫馴渙之世二柔安於在下而不知變已獨擢之而從五此豈二柔思慮之所及哉故曰匪夷所思此言四處渙離之時能不溺於在下之私群而上附乎陽剛之主所散者小而所聚者大濟渙之功莫盛於此故爻稱其元吉而象賛其光大也【張清子曰】六四出坎体之上能輔佐九五之君渙散小人之群類所以元吉然於群小渙散之後而衆正聚之若丘此又豈平常之思慮所能及哉其濟渙之功所以光明而盛大歟夷平也彖言柔得位乎外而上同指此爻也

九五渙汗其大號渙王居无咎陽剛中正以居尊位當渙之時能散其號令與其居積則可以濟渙而无咎也故其象占如此九五陽体有號令之象汗謂如汗之出而不反也渙王居如陸贄所謂散小儲而成大儲之意

【附録】人君之號令當出乎人君之中心由中而外由近而遠雖至幽至遠之處無不被而及之亦猶人身之汗出於中而浹于四体也楊道夫號令所以散如汗之出于毛百骸中浹散出來自有不及底意思 答吴蜚

象曰王居无咎正位也【集註】誠齋楊氏曰商民所大病者其政貪散財發粟之令一出而四海服秦民所大病者其政酷約法三章之令一下而萬民從不然則令之以薄斂而行之以重賦令之以輕徭而行之以勞役令之以省刑而行之以峻法是反汗也令出而民從之令反而民去之天下之離何時而散乎【曾穜曰】禹別九州而始於冀湯勝夏而歸于亳武王勝商而至于豐王正位則渙散者知所歸矣【閻氏曰】爲渙之主號令乎於天下如汗之浹其身也渙王居揚于王庭之謂也【張清子】曰九五以巽順之大君而發渙汗之大號此令出惟行弗惟反猶身之有汗出而不可反也然當天下渙散之時民思其主必有王者出而居中正之位乃可成濟渙之功而无反汗之咎也

上九渙其血去逖出无咎 上九以陽居渙極能出乎渙故其象如此血謂傷害逖當作惕與小畜六四同言渙其血則去渙其逖則出也

象曰渙其血遠害也【集註】鄭氏曰處渙之外遠害遠去下雖有應不復顧矣血去逖出害已遠也

遠去也。楊氏曰：需于血，出自穴，未若渙其血去逖出也。丘行可曰：三上兩爻，陰陽相應，蓋相援者也。然三渙躬而曰志在外，上渙血而曰遠害。三欲出其應上，上不欲出其應三，何也？蓋三處險內而應在外，應外則爲有所攀援而出險，故三以有應於上爲善；上處險外而應在內，應內則爲有所係累而不能去，故上以不應於三爲善。又易中以陰應陽，陽則爲柔得剛援；以陽應陰，則爲剛以柔累。以陰爻應陽多吉，陽爻應陰多凶也。張清子曰：上九下應六三，居坎之上，坎爲血，故稱血。坎難在內，四五得位，皆以散其難爲功。上九處渙之外，將欲出渙而遠害，必能渙其六三坎血之傷，散而去之，逖而出之，退處無位之地，庶免傷害之咎矣。此張子房從赤松子游，大夫蠡去越之時也。

總論　丘行可曰：渙，散也。當渙之時，惟剛柔上下相合而不散者然後能拯渙。在渙六爻，初柔也，二剛也，二俯就初，在下相合，以任拯渙之責，故初拯馬壯吉，而二奔机得願也。五剛也，四柔也，四上同五，在上相合，以成濟渙之功，故四渙群元吉，而五渙汗无咎也。此四爻皆協力以拯渙者。至三、上居相應之位，以遠而不能相及，故三則但能渙其躬之難而无悔，上則不過渙血以遠害而已。節齋曰：渙散也，以成卦言之，則在一與四；以治渙言之，則惟五與四。當位故於五曰正位，於四曰得位。四能渙其群而上同，五能正王位而出令。其初與二救渙者也，三則自治其渙，上則避渙而已。厚齋馮曰：渙六爻皆以兩兩相比爲象。初承焉而二奔机，三渙其躬而四渙其群，五渙其

汗而上渙其血蓋當用物情渙散之時皆相比以相依也

䷻ 兌下坎上

節亨苦節不可貞 節有限而止也爲卦下兌上坎澤上有水其容有限故爲節節固自有亨道矣又其体陰陽各半而二五皆陽故其占得亨然至於太甚則苦矣故又戒以不可守以爲貞也【集註】伊川曰事既有節則能致亨通節貴適中過則苦矣不可固守以爲常不可貞也【潘上曰】凡物過則苦求之過正形之過勞心之過思皆曰苦苦節則違情性之正物不能堪豈正道也哉申屠狄之潔陳仲子之廉非不力也立節太苦不可貞也【江古心曰】甘用其常苦用其極【張清子曰】凡事有節則裁制得中可以通行而無弊故亨苦節不可貞謂上六太節中道也過而不節非中也節而至於苦者亦非中也苦則人病其難行而不可固守以爲貞也

彖曰節亨剛柔分而剛得中 以卦体釋卦辞 苦節不可貞其道窮也 又以理言 說以行險當位以節中正以通 又以卦德卦体言之當位中正指五又坎爲通 【附録】說則欲進而有險在前進去不得故有節止之義 天地節而四時成節以制度不

傷財不害民。極言節道。【附錄】天地節而四時成，天地轉來，到這裏相
接了，更沒去處。今年冬盡了，明年又是
春夏秋冬。到這裏更匝了，更去不得。這一箇折做兩截，兩截又折
做四截，便是春夏秋冬。他是自然之節，初無人使他，聖人則因
其自然之節【俞氏曰】節下卦乾分上爻剛以節坤，上卦坤
而節之。星湖【集註】分中爻柔以節乾，天地節也。天地之氣運而有
節，則分至啟閉、弦望晦朔，四時不差而歲功以成。聖人体節之義，
則立為制度，量入為出，無過取，無泛用，有損己益人之實而無剝
下奉上之事，故不傷財則不害民矣。語曰"節用而愛人"，正此意也。
【易說曰】夫喜怒哀樂未發謂之中，發而皆中節謂之和。節之見
於用，得宜而和者也。中節則貞，和不貞則不和。稼穡作甘，以得中央之
土也；火炎上作苦，亦以焦枯之極也。剛得中而能節，乃為九五之甘；
柔失中而過節，則為上六之苦。故物得中則甘，失中則苦。此節則
貞而苦不可貞也。【張清子曰】天地節者，剛節柔，柔節剛也。剛節柔
猶冬之有春，柔節剛猶夏之有秋。不
然則大冬大夏而已，安能成四時乎？

象曰：澤上有水，節。君子以制數度，議德行。【集註】【潘氏曰】論節之義，曆
家最明。二十四氣半謂之節，半謂之中。蓋物不可以無節，節不可
以無中，當乎此則節之為義，患過乎【張清子曰】兌澤之上而有
坎水，其間豈無限量，必有以節之，乃無泛濫盈溢之患。君子以之制立
數度，評議德行，求以中節也。數度，節於外者也；德行，節於內者也。

初九，不出户庭，无咎。户庭，户外之庭也。陽剛得正，居節之初，未可以行，能節而止者也，故其象占如此。

象曰：不出户庭，知通塞也。【集註】【毛元鼎曰】前陽奇故稱户，前陰耦故稱門。【厚齋曰】初四有應，宜出者也，然前有陽爻為蔽塞，一不可比也；四為坎體，應則入于坎窞，二不可出也；剛在下而無位，三不可出也。不出則免咎，無陽爻之塞，坎窞之險，陵節之僭矣，此知節者也。【[illegible]曰】初九在節之始，可以處未可以出，故所節不出於户庭之外，无咎。然節之道貴知時通塞，塞則行之户庭而準，通則放之四海而準，此其出處所以能中節也。或謂塞者，九二以剛塞乎初之前也，初惟知其塞，故不出焉，通則出矣。不出户庭，猶陋巷之顏子也。

九二，不出門庭，凶。門庭，門内之庭也。九二當可行之時，而失剛不正，上無應與，知節而不知通，故其象占如此。

【附録】若以道理言之，則有可為之時，乃不出而為之，這便是凶之道，不是別更有凶。晏淵。

象曰：不出門庭，失時極也。【集註】【南軒曰】初九无位之人，雖其證而不出户庭，亦无咎。九二有位大臣，雖不出門庭，猶凶，蓋當顏子之出，不可為禹稷之事；當禹稷之位，不可守顏子之節。反是，失節也。【進齋曰】一户曰户，二户曰門。門庭，門内之庭也。三在二前，陰耦而闢，門之象也。不出二也。二剛得中，前無剛塞，可出之時也，以君位不當，故亦堅守其節，如初之為也。

此則是不知通塞而失時中之義矣焉得而不凶【進齋曰】通塞在時出處在己時之通則出爲是其不出者非也時之塞則不出爲是而出者非也若初之不出戶庭則以其猶未得位前遇剛塞可以不出也故不出則无咎二之不出門庭則以其既得中位宜無窒塞不可以不出也而亦不知出焉此其所以凶歟【蔡清曰】九二居大臣之位上逢九五剛中同德之君謂宜佐其制數度議德行出於險之中以成節亨之功可也而乃不出門庭其所節者亦欲矣所以凶者蓋以其失時之極也

六三不節若則嗟若无咎 陰柔而不中正以當節時非能節者故其象占如此

象曰不節之嗟又誰咎也 此无咎與諸爻異言无所歸咎也【集註】【進齋曰】六三居以兌說之上過於奢者而不知節者也說極悲生故有不節之嗟不能自節則咨嗟嘆之咎將誰歸【蔡清曰】三居兌澤之上有溢而不節之象兌爲口有嗟之象

六四安節亨 柔順得正上承九五自然有節者也故其象占如此

象曰安節之亨承上道也【集註】【進齋曰】九五爲甘節之主乃得六四安節之大臣以順承其上之道此天下所以蒙不傷財不害民之福也故亨非六四之亨天下之亨也【蔡清曰】六四以柔順而居近君之位安於節者

強於節者也。安於臣節而致亨者，以其承順在上之君，而得其道也。

九五，甘節，吉，往有尚。 所謂當位以節，中正以通者也，故其象占如此。【附録】九五甘節，與禮之用和爲貴相似，是不辛苦喫力底意思。甘便對那苦。苦，𧄍黄蘗。

象曰：甘節之吉，居位中也。【集註】鄭氏曰：土爰稼穡，稼穡作甘。土於五爲中，而其味爲甘。○厚齋馮氏曰：五爲節之主，節度之所出者也。不強人以所難，然後天下甘之。○張清子曰：味之甘，人所嗜也；味之苦，人所不嗜也。今九五爲節之主，行於節而不苦於節，持此以往，有可嘉尚，故人皆説從而嗜甘味而無艱苦之態。況甘者味之中，五者位之中，所以吉者，以其位之居中也。

上六，苦節，貞凶，悔亡。 居節之極，故爲苦節。既處過極，故雖得正而不免於凶。然禮奢寧儉，故雖有悔而終得亡之也。

象曰：苦節貞凶，其道窮也。【集註】子夏曰：居極乘剛，苦之極也。其在節極，則自苦也，凶其宜矣。悔小疵也，又何加焉。○來氏曰：二論極而過乎中，故曰不節若，則嗟若；上亦論極而過乎中，故曰苦節。不可貞節之苦也，故於貞爲凶。其道窮者，謂其道不可通行於世也。○王用賓曰：甘節，良臣也；苦節，忠臣也。苦節，君子不得已而行之，若以爲常，則凶矣。然以貞誠在

亦无後悔。【丘行可曰】苦者甘之反。五之節得乎中，故甘；上之節過

乎中，故苦。甘苦之分，中與不中而已。【徐進齋曰】上六居節之終，過於節則苦而難行，雖貞亦凶也。然用過乎儉，悔猶可亡。其所節約之道，亦窮極矣。所謂伯夷之隘是已。卦言苦節不可貞，特此爻也。

【總論】【丘行可曰】節之彖曰當位以節，故節六爻大率以當位爲善，不當位爲不善。初九、六四、九五當位者也，故五吉、四亨、初无咎。九二、六三不當位者也，故二凶而三嗟。上雖當位而亦凶者，則以其當節之極，居卦之窮，故其取義又不同也。若以兩爻相比者觀之，則又各相比而相反。初與二比，初不出戶庭則无咎，二不出門庭則凶。二反乎初者也。三與四比，四柔得正則爲安節，三柔不正則爲不節。三反乎四者也。五與上比，五得中則爲節之甘，上過中則爲節之苦。上反乎五者也。聖人於爻義用意之精如此。

䷼ 兌下 巽上

中孚豚魚吉利涉大川利貞孚，信也。爲卦二陰在內，四陽在外，而二五之陽皆得其中。以一卦言之爲中虛，以二體言之爲中實，皆孚信之象也。又下說以應上，上巽以順下，亦爲孚義。豚魚无知之物，又木在澤上，外實內虛，皆舟楫之象。至信可感豚魚，涉險難而不可以失其貞，故占者能致豚魚之應則吉，而利涉大川，又必利於貞也。【附錄】中孚是箇卵象，是鳥之未出殼底，孚亦是那孚膜意思。節齋蔡氏曰：孚字許氏字說：孚字從爪從子，如鳥抱子之象，今之乳字也。一說從孚，蓋中所抱者實有

物也中閒實有物所以人自信之啓蒙集註伊川曰[illegible]誠信之本中實[illegible]之質[illegible]魚[illegible]物之難感者也孚信能感於豚魚
則無所不至矣所以吉也忠信可以蹈水火況涉川乎守信之道在乎堅正故利於貞也橫渠曰上以巽施之下以說承之其中必
有感化而出者焉孚者覆乳之象也夫覆乳者必剛外而柔內雖柔內非陽則不能生故剛得中而為孚也白[illegible]曰中謂上下二
体之中孚陽之實也豚魚二陰象利涉大川巽木涉兌澤象利貞二五得中也張清子曰信由乎中故曰中孚孚而不中猶未孚也
兌澤巽風豚魚生於澤而知風其難感之物孚且及之則天下感孚必可知矣故吉不在澤上故利涉大川二五皆以剛居中故
利貞合[illegible]鄭[illegible]有孚中孚乳之說故中孚卦取鶴鳴鷇音之象又鳥之孚卵皆如期不失信也

彖曰中孚柔在內而剛得中說而巽孚乃化邦也以卦體卦德釋卦名義
豚魚吉信及豚魚也利涉大川乘木舟虛也以卦象言中孚以
利貞乃應乎天也信而正則應乎天矣集註陸氏曰教化之極必始於情性之際若自孚卵而鷇以後
羽翼成焉故中孚之變小過有飛鳥之象張清子曰六三六四以柔而在中孚全体之中是中虛也九二九五以剛而得中孚二体
之中是中實也虛者所以受信實者所以為信皆中孚之義也下說以孚乎上上巽以孚乎下則何往而不孚可以感化乎[illegible]邦也

豚魚宜昧無知之物飾之以信則應期而集孚誠之道何以尚此象則天下無難感之物矣卦之全体外實中虛有舟虛之象乎不異之木而其中存然以此而行乎兌澤之上則利涉大川又豈復有風濤之患哉中孚而以貞正則利此天有所孚感則可以上應乎彼天矣

象曰澤上有風中孚君子以議獄緩死風感水受中孚之象議獄緩死中孚之意

【附錄】議獄緩死只是以誠意求之澤上有風感得水動議獄緩死則能感人心晏湖梅氏曰澤之大者方能從乎風若深淵之水其性急流就下風又不奈他何

【集註】伊川曰澤上有風感于澤中水体虛故風能入之人心虛故物能感之風之動乎澤猶物之感乎中故爲中孚之象誠齋曰風無形而能震川澤鼓幽潛誠無象而能動天地感人物此澤上有風所以爲中孚故君子以之議獄緩死蓋好生治民窮之中孚也不化有司天下之中孚也天下中孚則萬心一心矣鳥巢可窺況豚魚乎無他不殺之心孚于鳥鷗使無誠愨好生之心巢中之鳥不爲海上之鷗乎議獄者求其入中之出緩死者求其死中之生若元惡大憝不在是典故四凶無議法小大無緩矣張清子曰風動感澤澤虛受風有感斯應中孚之義也合中孚上下二体而觀似乎離蓋離中虛爲獄之象兌爲口議也巽爲不果緩也詳議獄情宜緩死刑推有孚信之道感化于中不能已也昔唐太宗錄問囚徒縱死罪數百人還

家期以明年秋即刑及期皆詣獄無後者上嘉其誠信悉原之夫錄囚縱歸議獄乎縱之還家縱死乎及期而至嘉其誠信非中孚乎嗚呼孰謂其仁哉

初九虞吉有他不燕當中孚之初上應六四能度其可信而信之則吉復有他焉則失其所以度之正而不得其所安矣戒占者之辭也

象曰初九虞吉志未變也集註誠齋曰閑有家志未變見於家人之初九閑家之法也虞吉志未變見於中孚之初九防心之法也白行可曰初九與六四爲應有始交而求信之意虞其吉謂初當度四之可信而後信之則吉也蓋柔性无常比剛則合初雖應四而四復比五則應初不專是有他也四有他則初失所信而不能自安矣故曰有他不燕也九與六相信者亦難哉其始於其始也而必能察其中心無他者與之交則可以保其終之无悔不然我方信彼彼復有他我之待彼者雖專而彼之應我者不一亦終於不相信而已張清子曰初九居中孚之始與四爲正應初專其可以孚感者无如六四故有相應相孚之吉若舍六四之正應而有他志則不得享其燕安矣故識者必於初志未變動之際而度其可孚者孚之一專不僞一誠无妄戒幾兼有他向一而孚感得其正矣

九二鳴鶴在陰其子和之我有好爵吾與爾靡之九二[illegible]之實其子以九五亦以中孚之實應之故有鶴鳴子和我爵爾靡之象鶴在陰謂九居二好爵謂得中靡與縻同言懿德人之所好故好爵雖我之所獨有而彼亦系戀之也

象曰其子和之中心願也【集註】【誠齋原曰】鶴祥禽也以喻九二之賢也在陰以陽處陰也其子同類者也【張清子曰】二與五同德而居相應之位分則君臣也情則父子也故以類相求鶴陽鳥謂九也在陰謂二也鶴鳴於幽陰之地而其子和之鶴鳴而感者指二而言子和而應者指五而言蓋出於中心所願也我爵指五五為君位故以爵言吾亦五也爾指二靡係二於五也二五以誠實相與故其象如此

六三得敵或鼓或罷或泣或歌敵謂上九信之窮者六三陰柔不中正以居說極而與之為應故不能自主而其象如此

象曰或鼓或罷位不當也【集註】【漢上曰】敵者勢均而不相下者也【張清子曰】六三雖得上九之應然為四所敵然三居兌說之極中心亡不知所主故或鼓而前或罷而止或泣而悲或歌而樂或之者疑之也亦以其所居之位不當故也

六四月幾望馬匹亡无咎 六四居陰得正位近於君爲月幾望之象馬匹謂初與己爲匹四乃絶之而上以信於五故爲馬匹亡之象占者如是則无咎也

象曰馬匹亡絶類上也 集註 楊氏曰中孚之四初與其以陰居陰而陰爲至盛絶類而上應乎五則陰德而將盛而不敵是以无咎也 張橫渠子曰 月受日光望則與日敵矣六四以陰柔居近君之位故有月幾望之象四與初爲正應馬匹謂初九也四能下絶初九之匹類而上從九五是馬匹亡矣何咎之有

九五有孚攣如无咎 九五剛健中正中孚之實而居尊位爲孚之主者也下應九二與之同德故其象占如此

象曰有孚攣如位正當也 集註 丘行可曰 居九五之位爲中孚之主以至誠而感孚天下之心孳孳然而固結之若拘攣然則无咎也諸爻皆不言孚而九五獨言有孚者蓋非天下之至誠孰能與於此哉 張橫渠子曰 中孚爲繩故取攣如之象蓋人心固結而不可解有如此者

上九翰音登于天貞凶 居信之極而不知變雖得其貞亦凶道也故其象占如此雞曰翰音乃巽之象居巽之極爲登于天雞非登天之物而欲登天信非所信而不知變亦猶是也

象曰翰音登于天何可長也【集註】東坡曰音登于天而實不登于天也誠齋曰先以聲千里者鴻鵠也翔于千仞者鳳凰也欲而飛九萬里者鵬也何也彼誠有其才德也曾謂一雞而能登天乎【王景監曰】雞之鳴也必鼓其羽故曰翰音【鄭康成曰】翰音登天者聲聞過情君子恥之〇【張清子曰】巽為雞禮曰雞為翰音上九居天位之上故曰翰音登天雞雖能鳴又安能脫樊籠而一飛登天乎有孚之名無孚之實也特假虛声而好高者也雖正亦凶何可長也

【總論】【丘行可曰】中孚之彖曰柔在內而剛得中則剛中者成孚之象也在六爻以二五之剛爲主故二言鶴鳴子和五言有孚攣如其餘四爻初上以實應虛三四則以虛應實而所居之位又復不中皆未能有孚者也初之應四初實而四虛也故初虞四之有他而四絕初之類而從五也三之應上三虛而上實也故三之應上則鼓罷歌泣之不常而上之應三則如翰音登天之无實也合中孚六爻而詳其虛實之義則剛中爲孚之象昭昭矣

䷽ 艮下震上

小過亨利貞可小事不可大事飛鳥遺之音不宜上宜下大吉小謂陰也爲卦四陰在外二陽在内陰多於陽小者過也既過於陽可以亨矣然必利於守貞又不可以不戒卦之二五

皆以柔而得中故可小事三四皆以剛失位而不中故不可大事卦体内實外虚如鳥之飛其声下而不上故能致飛鳥遺音之應則宜下而大吉亦不可大事之類也

【集註】伊川曰在小過也所過當如飛鳥之遺音鳥飛迅疾声出而身已過然豈能相遠也身不能甚遠於声事不可遠過其常在得宜不過　張清子曰卦体二剛四柔柔過於剛小過之義過未至於太甚亦有可尚之理然必利於貞正所謂小過者但可施於小事不可施於大事蓋事之大者豈可過也小過中二爻象鳥之身上下四爻象鳥之翼横飛之鳥其勢平凍身已飛過而微有遺音繇不宜上宜下順陰性也故大吉

彖曰小過小者過而亨也以卦体釋卦名義與其辭過以利貞與時行也柔得中是以小事吉也以二五言剛失位而不中是以不可大事也以三四言有飛鳥之象焉飛鳥遺之音不宜上宜下大吉上逆而下順也以卦体言

【集註】馮氏曰時當小過不稍過則執而不通小過所以通也故曰亨然必利於正而後可通　丘行可曰陽大陰小此卦陰多陽寡故曰小者過所過者化自然亨通過而利於貞正乃合時宜而与時偕行也六五六二柔居二五之中是以小事吉也九三九四剛而不中是以不可大事也大事亦陽剛得位之才則不可爲也以全体觀之有飛鳥之象焉遺之音者言其進飛

而音尚遺過之不遠者也陰以承陽爲順乘陽爲逆上逆而下
明不宜上宜下之義【張清子曰】中孚有卵象小過有飛鳥之象

象曰山上有雷小過君子以行過乎恭喪過乎哀用過乎儉

【集註】山上有雷其声小過三者之過皆小者之過可過於小而不可過於大可以小過而不可甚過彖所謂可小事而宜下者也【晁氏曰】恭過則卑哀過則毀儉過則陋而君子以之者蓋有爲而爲之將矯之以爲中也時有奢踰禮之費故王者以矯之以實時有拘忌之宰事古闊寡矯之以泣血時有二婦反古之禮故君子矯之以斬衰饘粥中行亦足以矯時厲俗也【石徂徠曰】晏子一狐裘三十年祭豚肩不掩豆人皆謂之不知禮獨晏子以爲國奢則示之以儉蓋有奢侈之甚晏子能矯時之弊是得小過之義【進齋曰】雷之發聲當在仲春故雷在天上大壯此屬四陽之月也今山上有雷方在艮震之交先驚蟄而發故曰小過曆法卦氣小過在立春後然亦近春生之時雷雖發聲而不大爲苗矣君子用之則過於爲善故曰過恭過哀過儉此三者惟恐其不及微所過何病焉【李子思曰】行已之際恭可過而傲不可過臨喪之際哀可過而樂不可過制用之際儉可過而奢不可過曰恭曰哀曰儉此皆過於爲善而非過於爲惡者也【丘行可曰】雷陽声也方伏於地中其声未發於卦爲復及出於地上其声和暢於卦爲豫在於天上則震薄宇宙於卦爲大壯今在于山上則已離於地未升於天其声小過而已【張清子曰】孔子對林放之問曰禮与其奢也

寧儉之意其易也寧戚正此意歟

初六飛鳥以凶 初六陰柔上應九四又居過時上而不下者也飛鳥遺之音不宜上宜下故其象占如此郭璞洞林占得此者或致羽蟲之孽 附録 飛鳥之凶只是取其飛過了不是取遺音之義 荅呂燁

象曰飛鳥以凶不可如何也 集註 李子思曰大過之棟寄於三四棟梁之用必処于宇之中也小過之飛鳥寄於初上飛鳥之迹順見於上下故也初之飛在下以其係應而上飛勢不可遏以此取凶 張清子曰 卦四陰二陽二比二五比四各一陰一陽非過也如此則小過不在二五而在初上二陰爾初上兩爻各有鳥翼之象故皆稱飛鳥彖言不宜上宜下大吉初六居下宜下者也而曰飛鳥以凶何歟蓋初柔本下而上與四應四爲震體而從四以動如鳥之過於高飛者也失宜下之義故以凶以者協以四而致凶也不可如何者猶言无可奈何也

六二過其祖遇其妣不及其君遇其臣无咎 六二柔順中正進則過三四而遇六五是過陽而反遇陰也如此則不及六五而自得其分是不及君而適當其臣也皆過而不過守正得中之意无咎之道也故其象占如此 附録 三父四祖五便當妣過祖而遇其妣是過陽而遇陰然而陽不可過則不能及至六五却反回來六二上面 荅蔡淵

象曰：不及其君，臣不可過也。所以不及其君而遇臣者，以臣不可過故也。【集說】過乎祖則有繼世之嫌，過乎君則有犯上之嫌，故象曰不及其君，臣不可過也。【潘氏曰】過其祖遇其妣，過九四而遇六五也。然二五有相應之位，而二陰无相應之道，不及其君遇其臣，不及六五而遇九四，乃一陰一陽之謂道也，所以无咎。【張清子曰】祖，剛也；妣，柔也。九三者，六二之父；九四者，父之父；六五以陰居尊，祖妣之象。過其祖者，過九四也；遇其妣者，遇六五也。過其祖遇其妣，上逆也；不及其君遇其臣，下順也，順則无咎。妣與君皆謂五，祖與臣皆謂四，然五柔而四剛，故五為妣而四為祖；五上而四下，故五為君而四為臣。何謂不及其君？蓋君尊臣卑，為臣者不可陵及其君爾。而象言臣不可過者，亦臣之分也。

九三：弗過防之，從或戕之，凶。小過之時，事每當過，然後得中。九三以剛居正，衆陰所欲害者也，而自恃其剛，不肯過為之備，故其象占如此。若占者能過防之，則可以免矣。

象曰：從或戕之，凶如何也。【集註】【潘氏曰】柔過之時，九三獨得位，不過為之防，則橫逆至矣。【張清子曰】九三以陽居陽，過於剛者也，豈不為衆陰之所忌，故戒之曰弗過者，蓋陰過之時，陽弗能過乎陰也。防之者，防在下之二陰也。為九三君子者，不過防二陰浸長之患，而輒從之，或者得以戕君子之陽，其凶當如何也。凡事不可過，惟君子之防小人，不可不過為之慮也。

九四无咎弗過遇之往厲必戒勿用永貞（當過之時以剛處柔過乎恭矣无咎之道也弗過遇之言弗過於剛而適合其宜也往則過矣故有厲而當戒陽性堅剛故又戒以勿用永貞言當隨時之宜不可固守也或曰弗過遇之若依六二爻例則當如此說若依九三爻例則過遇當如過防之義未詳孰是當闕以俟知者）

象曰弗過遇之位不當也往厲必戒終不可長也（爻義未明此亦當闕）

集註 潘氏曰 九四之遇六五君柔臣剛也四弗過用其剛乃可遇之也過剛以往則危厲必須謹戒勿用其剛乃得永貞也位不當故有是戒過剛以往豈可長哉 張清子曰 四古三皆稱弗過而三以防小人爲義四以遇小人爲義者蓋三處二陰之上小人在已下可得而防也四處二陰之下小人在已上不可得而防也故必遇之

六五密雲不雨自我西郊公弋取彼在穴（以陰居尊又當陰過之時不能有爲而弋取六二以爲助故有此象在穴陰物也兩陰相得其不能濟大事可知）

象曰密雲不雨已上也（已上太高也） 集註 丘行可曰 陰陽和而後雨小過陰過而六五又居二陽之上陰氣閉結陽不得達故但能爲密雲而不能爲雨自我五也西郊陰方五下連二陽互兌体兌正西允密雲自東而西[illegible]

自西郊則是陰先唱也故不雨公亦五也弋射取之[illegible]
陽言小過全体有坎以一陽陷四陰中故有穴象猶藏穴射出之而
四上二爻亦稱穴也五柔居尊位以陰道浸盛故弋取彼在穴之二
陽以助已而不知陰之上者不能下陽之陷者未能出陰柔雖盛
又安能有所爲乎此小過所以不可大事也 張清子曰小畜小過皆
言密雲不雨自我西郊何也曰陰陽二氣以均調適平而後雨陰多
陽少陽多陰少則皆不雨也小畜以一陰畜五陽陰少於陽則不能
以固乎陽故曰密雲不雨尚往也言陽尚往則不與陰和而不能雨
矣小過以四陰而包二陽陽少於陰則不能制乎陰故曰
密雲不雨已上也言陰已上則不與陽和而不能雨矣

上六弗遇過之飛鳥離之凶是謂災眚 六以陰居動体之上處陰過之極過之已高而
甚遠者也故其象占如此或曰遇過恐
亦只當作過遇義同九四未知是否

象曰弗遇過之已亢也 集註 誠齋曰上六以陰柔之資居震動之体皆權不与二陽相遇而已自
欲超而過之出其上極其高如飛鳥亢而高如此豈不罹災眚之
凶乎 楊氏曰弗肯遇之而過之此上六之居六五之上弗過遇之則
在可知之域弗遇過之則有枯終之意亢則凶矣 胡氏曰此爻與
四正相反九四曰弗過遇之者陽微而非能過乎陰反遇乎陰也
上六曰弗遇過之者陰上而弗能遇陽反過乎陽也小過陰過而
陽弗過之時故四言弗過而上言過四而有陰有相過之理上已

過陽無復遇之期故四言遇而上言弗遇亦可見也飛鳥離之取遠過之象陰過如此非陰之福也必責存至凶孰甚焉此可爲小人過盛者之戒 進齋曰 上六與九三本爲正應上居陰過之時弗與三遇而且過之蹤其上極其亢如鳥之不肯戢翼垂翅而超然有高飛之意上而不能下故曰飛鳥離之凶 丘行可曰 聖人於小過之卦其致意於初上二陰也爲尤切初言飛鳥以凶上言飛鳥離之凶以凶與離之凶其辭意輕重可見矣

〇張清子曰 飛鳥離之即詩云鴻則離之之義

總論 丘行可曰 小過四陰二陽陰過於陽陰小也故爲小過合六爻而論初上兩爻皆陰不中過者也故初飛鳥以凶上飛鳥離之凶皆戒其過也二五兩爻二比三五比四剛柔相濟位復得中不過者也故二言遇其臣五言弋在穴亦无凶咎之戒此上下四陰爻之別也至三四兩陽在三則曰弗過防之防謂防下二陰也使三在二陰之上而不謹爲之防則陰柔必至害己故曰從或戕之凶四曰弗過遇之遇謂遇上二陰也使四在二陰之下一或輕動而與之遇則危厲之事也故曰往厲必戒然陰在陽上其害猶可避陰在陽下其禍不可測矣是以九三凶而九四无咎此又中兩陽爻之別也觀小過者苟能於爻位陰陽求之則過與不過之義得矣

䷾ 離下坎上

既濟亨小利貞初吉終亂 既濟事之既成也爲卦水火相交各得其用六爻之位各得其正故爲既

濟亨小當爲小亨大抵此卦及六爻占辭皆有警戒之意時當然也【附錄】既濟是已濟了大事都已亨過了只更小小底正在亨通若能戒謹恐懼得常似今猶自得不然便一向不好去了啓蒙【集註】【子夏曰】陽已下陰萬物皆成【伊川曰】初吉去濟之時也終亂濟極則反也【隨氏曰】坤上乾下爲泰以天地之交也坎上離下爲既濟以水火之交也以畫觀之則乾居坤中爲坎坎者乾之中也故乾居西北而坎居正北坤在乾中爲離離者坤之中也故坤居西南而離居正南坎離者乾坤之大用也故泰六爻雖相應而二五易其位既濟六爻不惟皆相應而剛柔無一之不當以是爻居易位其應者皆正水火相交而剛柔正應其爲既濟豈不大哉【郭氏曰】一卦三陰皆在三陽之上亦有小者在上而亨之義【[illegible]】曰大涉川曰濟既濟者已登彼岸也既未濟皆有坎體坎在外則內無險故爲既濟坎在內則內有險故爲未濟小者爲陰六二以陰居陰故所亨者小利貞者六位當也初吉者一也終亂者上也離內坎外出離入坎則既濟爲未濟矣

彖曰既濟亨小者亨也濟下疑脫小字利貞剛柔正而位當也以卦體言初吉柔得中也指六二終止則亂其道窮也【集註】【[illegible]】曰古今治乱之變何有窮也治極生乱乱極生治此雖天運實人事也人之常情無事則止止生止則怠有所怠而不復進此乱之所從起

多事則怠心生，戒則心有所畏而不敢肆，此治之所由治、亂之所由亂者，天也；所以制其治亂者，人也。[illegible]曰：既濟之亨，何以謂之小者亨也？蓋爻有六位，三陰得位而三陽下之，故曰小者亨也。既濟之道，所利者貞，謂初九、九三、九五陽皆居陽，六二、六四、上六陰皆居陰，此剛柔各得其正，而位當也。初吉者，以六二之柔而得下卦之中也。終止則亂者，蓋既濟之後，不可有止心，心有所止則治不復進，治極而亂生，此聖人所以憂其道之窮，必有以通其變於未窮也。卦曰終亂，而彖曰終止則亂，非終之能亂也，於其終而有止心，此亂之所由生也。

象曰：水在火上，既濟，君子以思患而豫防之。【集註】白雲郭氏曰：既濟之後，君子以思患而豫防，成湯之危懼，成王之小毖，皆思患豫防之謂也。故卦言終亂，彖言豫防，爻有濡首之厲，其義一也。徐古爲曰：水性潤下而居上，火性炎上而居下，交則相濟，此既濟之象也。既濟豈非有患之時，而患每生於既濟之後，君子於此慎思而豫爲之防，則不至於患矣。坎險在外，故當思患；離明在內，故能豫防。○[illegible]子曰：水在火上，乃能成既濟之功，然水覆亦能滅火，故君子以思患而豫防之。

初九：曳其輪，濡其尾，无咎。輪在下，尾在後，初之象也。曳輪則車不前，濡尾則狐不濟。既濟之初，謹戒如此无咎之道占若如是則无咎矣【附錄】曳輪濡尾不是不欲濟是要濟也未敢輕濟如曹操臨敵意思安閑如不欲戰者所謂君子之涉川之象涉則畢竟涉只是畏那寒了未敢便涉

象曰曳其輪義无咎也【集註】【童溪曰】九剛動之才也故有輪象初一卦之後也故有尾象○【張清子曰】坎為輪四坎体輪也曳衘挽之也初與四應曳四之輪者初也尾在後指初而言坎為水濡初之尾者四也輿以輪而行曳其輪則不前不敢行也獸必揭其尾而後濟濡其尾則不掉不速遂濟也初以剛居剛而應乎四當濟之始勇於上進故以此戒之則无咎也

六二婦喪其茀勿逐七日得二以文明中正之德上應九五剛健中正之君宜得行志而九五居既濟之時不能下賢以行其道故二有婦喪其茀之象茀婦車之蔽言失其所以行也然中正之道不可終廢時過則行矣故又有勿逐而自得之戒

象曰七日得以中道也【集註】【子夏曰】茀作髴謂馬髴也【張清子】曰婦二也茀所以蔽車者婦人出門必有茀自蔽而後行二應在五以五溺於上柔未即應已故有喪茀之象然二五以中道相應得喪茀所喪也勿用逐以求於五而七日自得卦有六位七則變矣自能得其所喪之茀詩云翟茀以朝是也彖言初吉柔得中者指此爻也爻辭曰勿逐七日得與震六二同

九三高宗伐鬼方三年克之小人勿用既濟之時以剛居剛高宗伐鬼方之象也三年克之言其久而後克戒占者不可輕動之意小人勿用占法與師上六同【附錄】高宗伐鬼方疑是高宗舊日占得此爻故聖人引之以證此爻之吉凶如箕子之明夷利貞帝乙之歸妹皆恐是如此者呂燾

象曰三年克之憊也【集註】丘行可曰自古力能治內者而後窮兵以事外者多矣九三以剛居剛故聖人則以過於用剛為戒高宗商之賢君也鬼方幽遠小國也詩商頌篇云鬼遠也三近於上有鬼方之象離為戈兵有伐之象以高宗之賢君伐一鬼方至於三年之久而僅克之師老財匱其困憊亦已甚矣○張清子曰小人喪邦皆為唯類若鬼方既克之後而復用小人則不惟挑釁兵以生戎心是去一狄於外又生一狄於內也況戎狄之禍遠小人之禍近故作易者於用兵之後必以小人勿用戒之如師之上六既濟之三是也

六四繻有衣袽終日戒既濟之時以柔居柔能預備而戒懼者也故其象如此程子曰繻當作濡衣袽所以塞舟之罅漏【附錄】六四以柔居柔能思患豫防蓋是心低小底人便能慮事柔善底人心不會麄事細密剛果之人心粗不解如此

象曰終日戒有所疑也【集註】蔡氏曰繻帛之美者袽衣之敝者繻者過中時且變矣故曰有衣袽

之戒言繻雖美則必至衣袽敗事雖濟則必至於未濟矣【張清子曰】六四出離入坎坎水也濟
乎此則憂患可釋而不失於終亂矣
首將革之時也濟道將革則罅漏必生於此四坎体也故取漏舟為
戒爾繻曰戒者見其全之不忘戒備常若坐漏舟而水驟至焉斯可以
免覆溺之患人之於事惟其有所戒於心然後能
思所以勵之此君子所以思患而豫防之也

九五東鄰殺牛不如西鄰之禴祭實受其福東陽西陰言九五居尊而時已過不如六二之在下而始得時也又當文王與紂之事故其象占如此象辭初吉終亂亦此意也【附錄】問九五爻以言紂雖貴為天子祭祀之盛而不若文王之薄祭却可以受福蓋時之興衰自是如此曰猶十六七八日雖缺未多更圓似生明之時畢竟是漸缺去月初雖小於生明時畢竟是長底時節者是衰底

象曰東鄰殺牛不如西鄰之時也實受其福吉大來也【集註】東鄰陽也謂五西鄰陰也謂二殺牛盛祭也禴薄祭也盛不如薄者時不同也【合沙曰】祭之盛者非无誠也然以物為主祭之薄者非无物也然以誠為主物過於誠則物勝誠而誠日以衰誠過乎物則誠勝物而誠日以著是以【張清子曰】既濟之後惟恐過盛以祭言之于斯時也豈不如約故東鄰不如西鄰牛不如禴蓋祭而得其時雖禴亦足以受其福而吉之大來可知矣

上六濡其首厲既濟之極，險體之上，而以陰柔處之，爲狐涉水而濡其首之象。占者不戒，危之道也。

【附錄】既濟上三爻皆漸漸不好，蓋出明而入險。四有衣袽之象，已有所疑也，便是不美之端倪自此已露。五殺牛，則太自過盛。上濡首，則極而亂矣。○時運到那裏都過了，便是所謂飲酒酩酊者。[illegible]所以有這般不好底意思出來。答象

象曰濡其首厲何可久也【集註】【[illegible]曰】上六以柔懦之資，懷苟庸之志，居治安之極，如已濟大川，自謂後世无風濤之虞矣。不知濟其一又遇其一，求載而無宿舟，求涉而無善游，褰裳焉。何濡至於首，則溺其身可知矣。【張清子曰】初九濡其尾而无咎者，以既濟之初則吉也。上六濡其首而厲者，以既濟之終則亂也。

【總論】【丘行可曰】既濟合離坎成卦，坎在外，无險矣，故爲既濟。合六爻言之，內三爻離明也，初言曳輪无咎，二言喪茀勿逐，三言伐鬼方而克之，象也，已濟之事也。外三爻坎險也，在四則有衣袽之戒，五則嘆東鄰殺牛不如西鄰之時，而上又有濡首厲何可久之訓，則既濟爲未濟矣。

䷿ 坎下離上

未濟亨小狐汔濟濡其尾无攸利未濟，事未成之時也。水火不交，不相爲用。卦之六爻皆失

六行故爲未濟汔幾然後濟而濡尾猶未濟也占者如此何所利哉【集註】伊川曰未濟[illegible]次第也未窮則有生生之義哉王輔嗣曰既濟已矣未濟方然未而既者人也既而未者天也此易以爲主主也【節齋曰】既濟之後必亂故主在下卦而取其二未濟之後必濟故主在上卦而取五【進齋曰】未濟者未登彼岸也未濟有終濟之理故其占能渡水濡尾則不能濟以六居初小狐也汔幾也尾謂初也幾濟而濡其尾則力竭而不能濟无所利矣。【白行可曰】未者有所待之辭未濟非不濟也待時而濟爾故未濟有亨義既濟之亨已然之亨也未濟之亨方來之亨也【張清子曰】濟之名由坎而得坎在外濟曰既坎在內濟曰未是一卦之難主坎而亨主離主坎而言則既濟之難在五未濟之難在二主離而言則既濟之亨在二未濟之亨在五

彖曰：未濟亨，柔得中也。指九五言小狐汔濟，未出中也。濡其尾，无攸利，不續終也。【附錄】不續終也首尾相濟而尾濡不能濟不相接續矣故曰不續終也狐尾大濡其尾則不濟不得了雖不當位，剛柔應也。【集註】【毛氏曰】未濟之初六陰也小狐之象小人也非濡尾之不可濟而小人之不足以濟也【白行可曰】未濟非終於不濟欲濟而未隂柔得中謂五以柔而得中位也未出中謂二以剛而未出險中也言坎九二未出中同義不續終指初出下坎象狐初其尾也二之相能出險者以初柔力微而不能續其後也正猶狐幾濟而濡其尾也

濟而尾未濟也何所利乎六爻剛居陰位柔居陽位雖未濟也而一陰一陽各相應上下協力故終有出險之功也【張清子曰】雜卦云未濟男之窮謂三陽皆失位也

象曰火在水上未濟君子以愼辨物居方 水火異物各居其所故君子觀象而審辨之

【集註】【耿氏曰】旣濟未濟之所以不同者分定與亂爾故君子愼辨物使物以群分愼居方使方以類聚如此則分定而不亂爲旣濟矣【白雲郭氏曰】水火不交不相爲用所以爲未濟亦猶天地不交而爲否也物之有可辨者如水火之性異也居方者猶居上居下是也君子觀未濟之象而愼於辨物居方者欲其所居各得交濟之道毋若火在水上而不相爲用也不然則物自各止其所君子何愼之有【丘行可曰】辨物如火之明居方如水之聚猶火在天上大有亦以類族辨物言之其義可見【張清子曰】火炎上而在上水潤下而在下二者不相爲用未濟之象也蓋水火一物南北二方君子用此之象以謹愼而明辨其物性之異使之各居其方如水北火南之類

初六濡其尾吝 以陰居下當未濟之初未能自進故其象占如此

象曰濡其尾亦不知極也 極字未詳考上下韻亦不叶或恐是敬字今且闕之【附錄】

成云當作撥字〔集註〕〔誠齋曰〕既濟初九當於才者也，已濟而濡其尾，質其濟而後之備也，故无咎。未濟初六弱於才者也，幾濟而濡其尾，憂其濡而不濟也，故吝。〔張清子曰〕初以陰柔而涉險，小狐欲渡，必濡其尾，亦不知其勢殫力極，強欲求濟而倫胥以溺，其行可知。既濟之初九，因曳輪而濡尾，力剛能濟而不輒濟者也，下體離明，故才不咎。未濟之初六，不上言曳輪，則是自濡其尾矣，才柔欲濟而不能濟者也，下體坎險，故吝。

九二：曳其輪，貞吉。以九二應六五，而居柔得中，爲能自止而不進，得爲下之正也，故其象占如此。

象曰：九二貞吉，中以行正也。九居二，本非正，以中故得正也。〔集註〕〔蕃氏曰〕九二剛中之臣，上應柔中之君，力足以援其君以濟艱，其身正在坎中，如坎之九二，可以求小得，未可以大用，故曳其車輪，不敢輕進，守其中以行其正，待時而動，乃爲吉也。不量時度力而勇於赴難，濟以敗事者多矣。〔丘行可曰〕坎爲輪，離牛曳之。既濟坎在外，所謂輪者四也。初與四應，故自內曳之，而使之止，恐其入於坎也。不曳則四進而五陷於險中，而爲未濟矣。未濟坎在內，所謂輪者二也。五與二應，故自外曳之，而使之行，欲其出於坎也。不曳則二在險中，終不能出，而爲既濟矣。既濟之曳，指本爻言；未濟之曳，指應爻言。〔張清子曰〕既濟初九曳輪而已濟者也，未濟九二曳輪而將濟者也。

六三未濟征凶利涉大川 陰柔不中正居未濟之時以征則凶然以柔乘剛將出乎坎有利涉之象故其占如此蓋行者可以水浮而不可可以陸走也或疑利字上當有不字

象曰未濟征凶位不當也 集註 潘氏曰 既曰征凶又曰利涉者以失位言之則征凶以出險言之則利涉也 張清子曰 征凶者未濟之事利涉者既濟之事然則六三九四其未濟既濟之交乎

九四貞吉悔亡震用伐鬼方三年有賞于大國 以九居四不貞而有悔也能勉而貞則悔亡矣然以不貞之資欲勉而貞非極其陽剛用力之久不能也故為伐鬼方三年而受賞之象 附録 未濟既濟諸爻頭尾相似中間三四兩爻如損益模樣顛倒說了 晏淵

象曰貞吉悔亡志行也 集註 誠齋曰 既濟伐鬼方而憂其憊者既濟之世利用靜也未濟伐鬼方而得其賞者未濟之世利用動也 張清子曰 未濟之時與既濟不同既濟所伐者在上鬼方寇于外也聖人以事外故戒之未濟所伐之初鬼方寇于內也攘寇所以安夏故美之

六五貞吉無悔君子之光有孚吉 以六居五亦非正也然文明之主居中應剛虛心以求下之助

故得正而吉且无悔一爻有文
之盛信實而无妄又吉而又吉也
象曰君子之光其暉吉也暉者光之散也集註童溪曰暉者光之發也光盛則有暉然則
暉生於光而光又生於謙此六五所以爲未濟之謙主也張清子曰
五爲未濟之主柔居尊位非貞也然以文明得中能固守其正則吉
而无悔君子謂二四陽明故光五應二而比四皆陽明用事之臣
故曰君子之光五言貞吉而二四亦言貞吉五與二四有孚一臣
同心佐治則未濟者終濟此
君子所以有光暉之吉也
上九有孚于飲酒无咎濡其首有孚失是以陽明居未濟之極時將可以有爲而自
信自養以俟命无咎之道也若縱而不反如狐附錄大象既濟是
之涉水而濡其首則過於自信而失其義矣鄭曰中爲晡
時候盛了只向衰去未濟是那五更初時只是向明去聖人
當時見這箇意思便說出這一爻來答吳□
象曰飲酒濡首亦不知節也集註子夏曰濡者自飲謙者自
濟之初志存不懈以全於濟信有其樂也其飲酒也亦何咎哉然樂
不可極極而至濡首則又失矣故濡其首信失其樂也誠齋曰既濟上六之濡
首者水也未濟上九之濡首者非水也酒也水之溺人溺其一身酒
之溺人溺其心以及其天下國家故濟水之害小於飲酒之害□

旨酒之功大於平險水【丘行可曰】未濟主上九則未濟又將為既濟
矣節時也須信哉上下以孚誠相與不過飲酒燕樂而已故得无
咎然既言飲酒之无咎復言飲酒濡首之失何耶蓋飲酒可也耽
飲而至於濡首則昔之有孚者今失於是亦可謂不知節之甚矣
【熊清子曰】夫易六十四卦以乾為首者尊乾也而易无終窮之理
故以未濟終焉九三百八十四爻陰陽各相半必以乾之初九始
焉未濟之上九終焉蓋
始終皆為君子謀也

【總論】【丘行可曰】未濟合坎離成卦坎在內猶有險也故為未濟合
六爻言之內三爻坎險也初言濡尾之吝二言曳輪之貞三
有征凶位不當之戒此皆未濟之事也外三爻離明也四言伐鬼方有
賞五言君子之光有孚上言飲酒无咎則未濟為既濟矣【厚齋曰】未
濟之卦彖與爻象故繫尾濡首一卦皆同而伐鬼方曳其輪
又先後一位爾蓋未濟之二乃既濟之初未濟之四乃既濟之三
所不同者時與位之
異故吉凶亦異焉

總論上下經【集註】【李西溪曰】上篇首乾坤終坎離下篇首咸恒
終既濟未濟亦坎離也天地之道不過陰陽
[illegible]之長男長女水火上篇首天地陰陽之正也故以水火之[illegible]
焉下篇首夫婦陰陽之交也故以水火之交終焉【李隆山曰】易陽
之氣往來乎天地之間或不能无過差故聖人作易於頤大過之
後繼之以坎離蓋以陰陽之中而救大過之弊也於中孚小過之

後終之以既濟未濟，故文陰陽之交而道而數小過之……

馮厚齋曰：乾上坤下，離東坎西，此先天之位，天地相用之四正。故易下經之始終，以立造化之體，山澤通氣，雷風不相悖，水火相濟，此後天之易六子之用也。故居下經之始終，以發造化之用。濟之後，猶有未濟者，示造化之用終則有始也。馮奇之曰：上下經皆以坎離終者，在天成象則為日月，在地成形則為水火，盡日月東西之相望，水火南北之相交也。丘行可曰：按說卦曰天地定位，山澤通氣，雷風相薄，水火不相射。此八卦者，上下經成始成終之義也。上經首以乾坤者，天地定位之象也。下經首咸而次恒者，咸者山澤通氣之象，恒者雷風相薄之象也。上經終以坎離，下經終以既濟未濟，又水火不相射之象也。然水火天地之大用也，男以艮兌之用，各一而坎離獨中也。乾坤者，父母之道，坎離者，男女之道，有父母而後有男女，此上經始終之義也。咸者，少男少女之合，恒者，長男長女之合，既濟未濟，中男中女之合。男女一配則成夫婦，此下經始終之義也。

建安後學張公霖點校

周易下經卷之六

此書

○是時歲次龍集在攝提格月維秋九哉望也已前共

六冊句讀一筆而畢功焉三年通籍人

髮之晉而服也暇數多矣墨筆遂下休暇之一也

幾乎稍慎焉緩措是書之所深識也遺處白

爲朋翼譚焉入豈前因然識語

㊈ [illegible]

張氏周易本義附錄集註

七之十一

周易繫辭上卷第七

晦菴朱熹傳 [illegible]

建安後學中溪張清子編

本義 繫辭本謂文王周公所作之辭繫于卦爻之下者即今經文此篇乃孔子所述繫辭之傳也以其通論一經之大體凡例故無經可附而分上下云

集註 [illegible]曰上下經稱繫辭者四曰繫辭焉而明吉凶曰繫辭焉以斷其吉凶曰繫辭焉以盡其言曰繫辭焉以命之則知所稱繫辭皆指卦爻下之辭爲繫辭也謂也

天尊地卑乾坤定矣卑高以陳貴賤位矣動靜有常剛柔斷矣方以類聚物以群分吉凶生矣在天成象在地成形變化見矣

者陰陽形氣之實體乾坤者易中純陰純陽之卦名也卑高者天地萬物上下之位貴賤者易中卦爻上下之位也動者陽之常靜者陰之常剛柔者易中卦爻陰陽之稱也

若具易中卦爻陰陽之稱也大謂事情所向言事物善惡各以類分而吉凶
者易中卦爻占決之辭也象者日月星辰之屬形者山川動植之屬變化
者易中蓍策卦爻陰變為陽陽化為陰者也此言聖人作易因陰
陽之實體為卦爻之法象莊周所謂易以道陰陽此之謂也 本義 附錄
善有善類惡有惡類各隨其善惡而類聚群分善 集註 橫渠曰 乾坤易之
惡吉凶者凶而吉凶亦由是而生爾 咎晏刪 門也不言高卑而
者卑高者亦有義高以下為基亦是人先見卑處然後見高也 東坡曰 天
地一物也陰陽一氣也或為象或為形所在之不同故云在者明其一也
象者形之精華發於上者也形者象之體質留於下者也人見其上下直
以為兩矣豈知其未嘗不一邪由是觀之世之所謂變化者未嘗不出於
一而兩於所在邪自兩以往有不勝計者矣故在天成象在地成形變化
之始也 龜山曰 變化者神之所為也其所以變化動從而見之因其成象
於天成形於地然後變化可得而見焉 □氏曰 乾坤本无体天地之位定
則乾坤斯定不有天地乾坤何辨 □氏曰 八方異俗各有其類万物不齊
各有其群有類有群以聚以分互有失得吉凶自然而生矣又曰南方之人
喜聞楚語北方之人喜聞燕語方以類聚也鵲之巢夫鳥之子思之窟穴
獨之以群分也善惡異之分聚不分而聚散異尚好惡相攻由是吉凶生
焉 自齋曰 有物可見无物可執之謂象有物可見有物可執之謂形日月
在天象也山川在地形也天垂日月之象故易之坎離可見是故剛柔相摩
見天之變化地出山澤之形故易之艮兌可見地之變化
八卦相盪 此言易卦之變化也六十四卦之初剛柔兩畫而已
兩相摩而為四四相摩而為八八相盪而為六十四 附錄 一事 如

在一物上面摩旋底意思亦如今人磨子相似下面一片不動上面一片只管摩旋推盪是不曾住自兩儀生四象以至自八卦而生六十四皆是從上加去下不動每一卦生八卦故謂摩盪答董銖摩是那兩箇物事相摩戛盪是圜轉推盪將出來摩是八卦以前事盪是八卦以後爲六十四卦底事盪是有那八卦了圜旋推盪那六十四卦出來淵書所謂盪盪是圜轉去殺他恁地轉他底意思答晏淵

集註

伊川曰道理皆自然若安排定則更有甚理天地陰陽之變便如二扇磨升降盈虧剛柔初未嘗停息陽常盈陰常虛故便不齊譬如磨既行齒都不齊既不齊所以生出萬變故物之不齊物之情也而釋氏強要齊物然而物終不齊也堯夫有言泥空終日著有物[illegible]丘行可曰剛柔者乾坤奇耦之畫相摩謂相磨錯也乾以剛畫摩坤而生震坎艮之三男坤以柔畫摩乾而生巽離兌之三女六子生而乾坤震巽坎離艮兌之八卦互相盪於天地之間而變化見矣

鼓之以雷霆潤之以風雨日月運行一寒一暑此變化之成象者

乾道成男坤道成女此變化之成形者此兩節又明易之見於實體者與上文相發明也

附錄

乾道成男坤道成女則凡天下之男皆乾之氣凡天下之女皆坤之氣從這裏便徹上徹下都即是一箇氣答葉賀孫成男成女是通人物而言之雖物亦有牝牡之類皆是陰陽二字不得答晏淵豈得男便都無陰女便都無陽這般須錯看答李閎祖剛柔相摩八卦相盪方是說做這卦做這卦了那雷霆風雨日月寒暑之變化皆在這卦中那成男成女之變化也在這卦中見造化關捩子纔動那許多物事都出來易只是模寫他這箇答

蒙引陰陽循環如磨磨游氣紛擾如磨中出者易曰剛柔相摩八卦相盪鼓之以雷霆潤之以風雨日月運行一寒一暑此陰陽之循環立天地之大義也乾道成男坤道成女此游氣紛擾生人物之万殊也蒼李閎祖【集註】【立齋劉曰】前以乾坤貴賤剛柔者以變化言是對待之陰陽交易之体也此以摩盪鼓潤運行言是流行之陰陽變易之用也至下文則言乾坤之德行而繼以人体乾坤者終之

乾知大始

坤作成物知猶主也乾主始物而坤作成之承上文男女而言乾坤之理蓋凡物屬乎陰陽者莫不如此大抵陽先陰後陽施陰受陽之輕清未形而陰之重濁有迹也【附錄】乾只是氣之性統天所不包但自其氣之動而言則為陽自其氣之靜而言則為陰所以陽常兼陰陰不得兼陽陽大陰小陽全陰半陽饒陰乏而陰必附陽皆此意也○知訓管字如知州知縣之知不當解作知見之知蒼甘節大始是万物資始成物是万物資生太始未有形知之而已之成物乃流行之時故有為蒼蓋卿【集註】【康節邵曰】陽不能獨立必得陰而後立故陽以陰為基陰不能自見必待陽而後見故陰以陽為倡陽知其始而享其成陰效其法而終其勞也【白雲曰】易於乾坤而乾又為坤之始是為太始也自物言之則万物始於坤坤始於乾亦為大始也故曰万物資始

乾以易知坤以簡能乾健而動即其所知便能始物而无所難故為以易而知太始坤順而靜凡其所能皆從乎陽而不自作故為以簡而能成物【附錄】乾健不息惟主於生物都无許多艱深險阻故能以易而知太始坤順承天惟以成物都无許多繁擾作為故能以簡而作成物蒼董銖健則自是易且如龍興而雲從虎嘯而風生鴻毛之遇順風

氣之縱大壑都不費力劉砥乾只管上一截事到下一截去屬坤其於
易坤只是承乾不着做上一截事只做下面一截從簡如乾以易知坤以
簡能知是做起頭能是做了斷隤然確然亦可見易簡之理銖
集註潘氏曰乾主宰太始坤作成萬物此謂乾坤之職也使爲乾者用力之難爲坤者用功之繁則乾坤亦勞矣惟乾以易知故主宰太始不以爲難惟坤以簡能故作成萬物不以爲繁也

易則易知，簡則易從。易知則有親，易從則有功。有親則可久，有功則可大。可久則賢人之德，可大則賢人之業。

人之所爲如乾之易則其心明白而人易知如坤之簡則其事要約而人易從易知則與之同心者多故有親易從則與之協力者衆故有功有親則一於內故可久有功則兼於外故可大德謂得於己者業謂成於事者上言乾坤之德不同此言人法乾坤之道至此則可以爲賢矣

附錄以人事言之兩箇易字又自不同一箇是簡易之易一箇是難易之易陳文蔚可久可大則爲賢人之德業而今工夫易得間斷便是不能久見道理窒滯不開既便是不能大須是兩頭齊着工夫方始得沈僩鵝湖之會子靜作詩云易簡工夫終久大彼所謂易簡者苟簡容易爾全看得不仔細乾以易知者乾是至健要做便做直是易坤是至順順理而爲故曰簡

集註楊氏曰行其所無事不亦易乎一以貫之不亦簡乎項氏曰此稱賢人者蓋明乾坤德業人皆可以進脩而至非獨聖人而後可爲也丘行可曰此知猶識也與上文易知之知異

易簡而天下之理得矣，天下之理得而成位乎其中。

矣成位謂成人之位其中謂天地之中至此則體道之極功聖人之能事可以與天地參矣○此第一章以造化之實明作經之理又言乾坤之理分見於天地而人兼體之也

聖人設卦觀象繫辭焉而明吉凶象者物之似也此言聖人作易觀卦爻之象而係以辭也剛柔相推而生變化言卦爻陰陽迭相推盪而陰或變陽陽或化陰聖人所以觀象而係辭衆人所以因蓍而求卦者也

是故吉凶者失得之象也悔吝者憂虞之象也吉凶悔吝者易之辭也得失憂虞者事之變也得則吉失則凶憂虞雖未至凶然已足以致悔而取羞矣蓋吉凶相對而悔吝居其中間悔自凶而趨吉吝自吉而向凶也故聖人觀卦爻之中或有此象則係之以此辭也【附錄】悔屬陽吝屬陰悔是逞快做出事來了有錯失處這便生悔所以屬陽吝則是那隈隈衰衰不分明底所以屬陰亦猶驕是氣盈吝是氣歉○悔便悔不及便吝吝嗇必大【集註】廣氏曰陰窮則反陽陰以陽變則是剛推柔而生變陽窮則反陰陽以陰化則是柔推剛而生化饒氏曰憂在心虞在物在心則方有端而與患成悔而已矣悔者心每有之而不充故積之以成吝虞在物則已有形而可虞非悔之可及也故成吝吝者者已以爲是文過而不改也故積之以成凶

變化者進退之象也剛柔者晝夜之象也六爻之動三極之道也柔變而趨於剛者退極而進也剛化而趨於柔者進極而退也既變

而剛則晝而陽矣既化而柔則夜而陰矣六爻初二爲地三四爲人五上爲天動即變化也極至也三極天地人之至理三才各一太極也此言剛柔相雜以成變化而變化之極復爲剛柔流行於一卦六爻之間而占者得因所值以斷吉凶也

【附錄】以一歲言之自冬至到春分是進到一半所以謂之分自春分到夏至是進到極處故謂之至進之過則退至秋分是退到一半處到冬至也是退到極處天下事物皆有此兩箇 蓋卿

問變者化之漸化者變之成蓋化無痕跡變有頭面漸漸消縮去無痕迹以至於無者化也陽化爲陰剛化爲柔暖化爲寒是也其勢漸長突然改換有頭面者變也陰變爲陽柔變爲剛寒變爲暖是也陽化爲陰是進極而回故爲退陰變爲陽則退極而上故爲進故曰變化者進退之象也先生云得之 荅董銖

【集註】節齋蔡氏曰陰陽之進退至神而無跡易爲象之以變化晝夜之往來循環而無窮易爲象之以剛柔乎獨不觀之剝復夬姤乎夬以五陽決一陰陽進極矣進極以退於是一變爲姤而陽退焉剝以五陰剝一陽陽退窮矣退窮必進於是一變爲復而陽進焉吾之變化一出而彼之進退無跡者有跡矣又不觀之坎離乎月往則日來日昱乎晝其卦爲離人見其烜乎外而不知一陰之精已娠於其中蓋至剛之中涵至柔也日往則月來月昱乎夜其卦爲坎人見其清於外而不知一陽之精已娠於其中蓋至柔之中涵至剛也吾之剛柔一陳而彼之晝夜無端者有端矣

【附錄】進者息也退者消也變化者爻之動也剛變化而爲柔則柔進剛退之象可見柔變化而爲剛則剛進柔退之象可見此剛柔之質也剛晝陽也柔夜陰也故剛用事則晝之象可見柔用事則夜之象可見動變易也極者太極也以其變易無常乃太

極之道也三極謂三才各具一太極也○爻至六爻則一卦之体具而三才之道備矣○此言上文剛柔相推而生變化之義是故君子所居而安者易之序也所樂而玩者爻之辭也易之序謂卦爻所著事理當然之次第玩者觀之詳【附錄】易之序如潛見躍飛循其序則安也　否楊道夫是故君子居則觀其象而玩其辭動則觀其變而玩其占是以自天祐之吉无不利象辭變已見上凡單言變者化在其中占謂其所值吉凶之決也○此第二章言聖人作易君子學易之事【附錄】易有象然後有辭蓋有變然後有占象之變也在理而未形於事者也辭則各因象而指其吉凶占則因吾所值之辭而決焉其示人也益以詳矣故君子居而學易則既觀象矣又玩辭以考其所處之當否動而諏祝則既觀變矣又玩占以考其所值之吉凶是吉而言者則行否而凶者則止是以動靜之間舉無違理而自天祐之吉无不利也觀者一見而決玩者反覆而不舍之辭也　否立子野【集註】節齋蔡曰觀象玩辭學易也觀變玩占用易也學易則無所不盡其理用易則唯盡乎一爻之時也

彖者言乎象者也爻者言乎變者也彖謂卦辭文王所作者爻謂爻辭周公所作者象指全体而言變指一節而言【附錄】爻是兩箇交爻看來只是爻變之義卦分明似未一六未畫卦於壁上所以為卦吉凶者言

乎其失得也悔吝者言乎其小疵也无咎者善補過也此卦爻辭之通例

集註 獻翁曰吾身之過猶吾衣之破也衣有破補之斯全身有過補之斯還還者何復於善也補不善以復之於善何咎之有故曰无咎者善補過也 楊氏曰 吉凶者失得之報有失則有得无失則无得矣悔吝者无大咎也言乎小疵而已无咎者本有咎也以其善補過故无咎

是故列貴賤者存乎位齊小大者存乎卦辯吉凶者存乎辭位謂六爻之位齊猶定也小謂陰大謂陽

附録 問貴賤之位何也曰二四則四貴而二賤五三則五貴而三賤上初則上貴而初賤上雖无位然本是貴重所謂貴而无位高而无民在人君則爲天子父爲天子師在他人則清高而在物外不預事者此所以爲貴也〇答董銖

集註 楊氏 曰天道貴陽而賤陰陰陽有貴賤之理而列貴賤者必托六位而後明陽大而陰小陰陽有小大之理而齊小大者必假卦象而後顯貴賤者如以貴下賤大得民之辭皆爻位之所列也小大者如小往大來大往小來之辭皆由彖之所齊也 楊氏曰 小者往大者來所以爲泰也而大者亦時乎往小者亦時乎來大者之能畜小而小者亦時乎能畜大大者之能過小而小者亦時乎能過大並立之謂齊

憂悔吝者存乎介震无咎者存乎悔介謂辨別之端蓋善惡已動而未形之時也於此憂之則不至於悔吝矣震動也知悔則有以動其補過之心而可以无咎矣

附録 問悔吝未至於吉凶是那初萌動可以向吉凶之微處介又是悔吝之微處介字如所謂界至界限之界是善惡初

分界處於此，憂之則不至於悔吝矣。」曰：「然。」呂燾 【集註】伊川曰：介者，謂纖微
震，動也。欲動而无咎，當存乎悔。吝周謨 柳下惠不以三公易
其介，是毫毛无動其心也。〇震懼而得无咎者，以能悔也。【南軒曰】易三百
八十四爻，憂悔吝而存乎介者多矣，惟豫之六二介于石，不終日，貞吉，在
豫之時能介而自守者乎？震无咎而存乎悔者多矣，惟復之初九不遠復，
无祗悔，元吉，在復之初能悔而改過者乎？【郭氏曰】憂其悔吝者，以思患豫
防而防禍於其始；震而无咎者，必恐懼脩省而省過於其終。【丘行可曰】第
三章則就吉凶悔吝无咎說，既欲人於悔字上著力，尤欲人於介字
上用工。蓋人知悔則以善補過而无咎，雖未至吉，亦不至凶也。若又於悔
吝之介而憂之，則但有吉而已，所謂幾者動之微而吉之先見者也，併悔
亦皆无矣。

是故卦有小大，辭有險易。辭也者，各指其所之。

小險大易，各隨所向。〇此第三章，釋卦爻辭之通例。

【附錄】看來只是好底卦便是大，不好底卦便是小。如復，如泰，如大有、夬之類，是好底卦；如睽，如困，如小過之類，是不好底卦。譬如人光明磊落便是好人，昏昧迷暗便是不好人，所以謂卦有小大。辭有險易，大卦辭便平易，小卦辭便艱險，即此可見矣。

【集註】【誠齋曰】何謂卦有小大，辭有險易，辭也者各指其所之？蓋讀謙、復之辭者，如行夷塗，如逢春陽，如對鈞韶，如居孔顏，何其氣象之和樂也！其辭夷易，而指人以所之之得且吉也。讀遯、剝之辭者，如涉風濤，如履霜雪，如對桀紂盜跖，何其氣象之慘栗也！其辭艱險，而指人以所之之失且凶也。〇【潘氏曰】卦有小有大，隨其消長而分；辭有險有易，因其安危而別。辭者各指其所向，凶則指其可避之方，吉則指其可趨之所，以示乎人也。

易與天地準，故能彌綸天地之道。易書卦爻具有天地之道，與之齊準。彌如彌縫之彌，有終竟聯合之意；綸有選擇條理之意。【附録】如天地之化，雖是周密渾然，無有縫罅，而其中萬事萬物莫不各有條理，此易彌綸之理然也。聖人用易彌綸天地之道，亦如是也。○吳淵凡天地有許多道理，易上皆有，所以與天地準而能彌綸天地之道。

仰以觀於天文，俯以察於地理，是故知幽明之故；原始反終，故知死生之說；精氣為物，游魂為變，是故知鬼神之情狀。此窮理之事。以者，聖人以易之書也。易者，陰陽而已。幽明死生鬼神，皆陰陽之變，天地之道也。天文則有晝夜上下，地理則有南北高深。原者推之於前，反者要之於後。陰精陽氣聚而成物，神之伸也；魂游魄降散而為變，鬼之歸也。【附録】觀察天地之文理，是就這裏天盤地盤上言；始終生死，以循環言；精氣鬼神，以聚散言。其實不過陰陽兩端而已。答萬人傑　問：天文為陽，地理為陰，是否？曰：是。然天地亦各具陰陽。日是陽，月是陰；晝是陽，夜是陰。地東南是陽，西北是陰；平坦是陽，險阻是陰；高者是陽，下者是陰。答碩父大　問原始反終。曰：反只如折轉來，謂方推原其始，却折轉來看其終。原字、反字，皆就人說，反如回頭之意。楊從大　問：天地之化，雖則生生不窮，然而有聚必有散，有生必有死。能原始而知其聚而生，則知其終必散而死。能知其生也得於氣化之自然，初無精神寄寓於太虛之中，則知其死也與氣俱散，無復更有形象尚留於冥漠之內。曰：死便是散無了。○精氣為物，游魂為變。天地陰陽之氣交合，便成人物；到得魂氣歸于天，體魄降于

地是為鬼便是変了荅兼賀孫精氣為物是合精與氣而成物精魄而氣
魂也游魂為変變則是魂魄相離獨說游魂而不言魄魂離魄之意自可
見矣○若以精氣言則是有精氣者方有魂魄但出底氣便是魂精便是
魄譬如燒香燒得出來汁子便是魄那成煙後香底便是魂魂者魄之光
燄魄者魂之根本荅黃義剛陽魂為神陰魄為鬼鬼陰之靈神陽之靈此
以二氣言也然二氣之分實一氣之運故凡氣之來而方伸者為神氣之
往而既屈者為鬼陽主伸陰主屈此以一氣言也故以二氣言則陰為鬼
陽為神以一氣言則方伸之氣亦有伸有屈其方伸者神之神其既屈者
神之鬼既屈之氣亦有屈有伸其既屈者鬼之鬼其來格者鬼之神天地
神物皆然不離此氣之往來屈伸合散而已此所謂可錯綜者也荅董銖
精聚則魄聚氣聚則魂聚是以為人物之体至於精竭魄降則氣散魂游
而無所歸矣降者屈而無形故謂之鬼游者伸而不測故謂之神　卞尊易
集註 宰我曰 吾聞鬼神之名不知其所謂子曰氣也者神之盛也魄也者
鬼之盛也合鬼與神教之至也註謂口鼻噓吸為氣耳目聰明為魄
氣屬陽魄屬陰 伊川曰 原始則足以知其終反終則足以知其始死生之
說如是而已故以春為始而原之其必有冬以冬為終而反之其必有春
死生者其與是類也 横渠曰 精氣為物游魂為変精氣者自無而有游魂
者自有而無自無而有神之情也自有而無鬼之情也自無而有故顯而
為物自有而無故隱而為変顯而為物者神之狀也隱而為変者鬼之狀
也大意不越有無而已物雖是實本自虛來故謂之神変是用虛本緣實
得故謂之鬼○陰陽氣散則萬殊人莫知其一也合則混然人莫知其殊
也形聚為物形潰反原反原者其游魂為変乎所謂変者對聚散存亡為之

文非如莊周寓言之比指前後身而爲説也○氣之於人生而不離死而游散
謂魂一成而不變者爲魄○物生之初氣日至而滋息物生既盈氣日反
而游散至之謂神以其伸也反之謂鬼以其歸也○氣聚則離明得施而
有形氣不聚則離明不得施而無形方其聚也安得不謂之客方其散也
安得遽謂之無故聖人仰觀俯察但云知幽明之故不云知有無之故彼
異學則皆歸之空虛蓋徒知乎明而已不察夫幽所見一偏○海水凝
則冰浮則漚然冰之才漚之性其存其亡海不得而與焉推是足以究死
生之説【潘氏曰】知鬼神之情狀只是説游魂一句【誠齋曰】氣始而息者
生之徒氣終而消消者死之徒物有始而不反其終者乎原其初知其反
不足怪也春必反秋晝必反夜旅必反家生必反死死者物之復也是故
聖人觀天地陰陽消息之理而得人物生死之解也至於鬼神也者无聲
無臭何爲而有狀狀且無也何爲而有情聖人又何以知其情狀也以陰陽
之聚散而知之也陰陽至精之氣聚而有形之謂物散而无形之謂魂傳
曰人之精爽是謂魂魄記曰魂氣歸於天物者其形者也魂者使其形
者也魂止則物存魂游則物亡游者亡之變也亡者存之變也觀其聚散
則鬼神之情狀可知矣然則鬼神之狀何如也記曰鬼神之爲德其盛矣
乎視之而不見聽之而不聞體物而不可遺洋洋乎如在其上如在其左
右孔子曰祭神如神在此其狀也鬼神之情何如也易曰與鬼神合其吉
凶又曰鬼神害盈而福謙此其情也是故聖人觀天地陰陽聚散之理而
得鬼神造化之用也【楊氏曰】通乎晝夜之道而知則人鬼死生皆由原始曰
見初無二致也故問事鬼告以事人問死告以知生此夫子所以直告路
之問而不隱也【朱氏曰】道无終始物有死生寄於大化之中適然有受則

氣聚形成強名曰生轉於造化之機適然有潰則氣散形壞強名曰死死生之名有對而立死變而生原始而探其所自明則知之矣生而死反終而探其所自歸則知之矣死生相代理實有感推真知者然後能識其所不可識匹形者生於精者也精者生於道者也氣者與精融而生形者也至精凝寂本未嘗動非氣不作二氣回旋從无所依非精不成自然相會而後物生焉魂乘乎一氣而浮遊乎无窮其於形也自寄焉而不與形俱墜魄陰物形之主也魂陽物然神而已其物交者魄也其所與交物者神也其守形而不離者魄也然而有異於此者特爲其幽浮而未槁且往來而不得也形之未槁者以精存也息之未盡者以氣寓也然則精氣爲物言物之生可驗矣若夫人之死精水耗而就涸其耗也麗乎土氣火散而不收其耗也隨乎風是故魂游而爲變者乃與氣同散而已然則游魂爲變言物之死可驗矣【疏】曰天文謂氣象之所成日月星辰之類以其在上仰觀則見地理謂形之所成高下流峙之類以其在下俯察則知察者觀之詳此曰觀而彼曰察者天文屬陽陽明也明者易見故可觀地理屬陰陰幽也幽者難知故當思察故所以然也人於仰觀俯察之中而求天地所以然之故則幽明之理可識矣夫有死必有生有生必有死晝夜之常人能推原其始於未生之前而反觀其終於已死之後則始何爲而生終何爲而死死生之理可得而見矣然說明原其理下也

與天地相似故不違知周乎萬物而道濟天下故不過旁行而不流樂天知命故不憂安土敦乎仁故能愛聖人盡性與天地準也天地之道知仁而已知周萬物者知也道濟天下者仁也知

曰仁。則此而不過矣。旁行者，行權之知也；不流者，守正之仁也。旣樂天理
而又知天命，故能不憂，而其知益深；隨處皆安，而无一息之不仁，故能不
忘其濟物之心，而仁益篤。蓋仁者愛之理，愛者仁之用，故其相爲表裏如此。
【附錄】與天地相似，方且无外，凡事都不出這天地範圍之內，所
以方始得知周乎萬物而道又能濟天下。旁行，便也不走作。合萬人。緣安
土者隨寓而安，敦是敦厚乎天心，巳私渾是天理，更无夾雜，充足圓滿，便是
敦厚於仁，仁宜是敦仁。【橫渠曰】旁行而不流，圓神不倚也。【□氏曰】
是体然後能愛，愛是用。揚以大【集註】安土則九夷可居，不擇其陋；敦仁則行章
勿施不謂其微。【□氏曰】天地之功大矣，準之者易也；似之者聖人也。易本
无体，只準於天地，則與之平準，均一而无間。聖人本有其似於天地，則
如泉似之似，準與似，所言自然。○天地與聖人无二道也，列之爲三，則相似
而已，性情似，然後能樂天而不憂也。【節齋蔡氏曰】所安，於天者順而安之，謂之樂
天；樂天則知天命也。所遇於地者，擇而安之，謂之安土；安土則敦乎仁矣。
仁者人也，命者天也，土者地也。樂天而知命，安土而敦仁，則三才之道備
矣。旁行而不流，則所謂時中者也。

範圍天地之化而不過，曲成萬物而不遺，通乎晝夜之道而知，故神无方而易无體。

此聖人至命之事也。範，如鑄金之有模；範，圍，匡郭也。天地之化无窮，而聖
人爲之範圍，不使過於中道，所謂裁成者也。通，猶兼也。晝夜，即幽明生死
鬼神之謂。如此然後可見至神之妙，无有方所；易之變化，无有形體也。○
此第四章，言易道之大，聖人用之如此。
【附錄】問範圍天地之化而不過。曰：天地之化，滔滔无
窮，如一爐金汁，鎔化不息，聖人則爲之鑄寫成

發揮模範乾坤耶不使過於中道也書曰人傑就喜怒哀樂而言喜得其所當喜怒得其所當怒哀得其所當哀樂宜其所當樂皆範圍也○範圍天地是模範其大而言曲成萬物是模範其小並言範圍[臨川曰]範圍天地之化天如大德敦化曲成如小德川流書曰人傑[集註]本節然之无窮但人以目力所及見其寒暑之序日月之行立此規模以窺測他天地之化不過天地之化其体有如城郭之類郭盛其氣縱横言曰彌降於三万里其不可道三万里列更立范物又如天地开晗於八方星中不可道八方星列天地不辛者晏墨識天地之化如此言之甚与天地不相似其卒必有益[節齋]曰大哉天地之運日往月來而為夜月往日來而為晝耶測其所以然哉聖人乃能通而知之者蓋往者屈也來者信也晝夜者一日之屈信也晷者一歲之屈信也死生者一世之屈信也古今者万世之屈信也耶手人何以通而知之用易而已[楊氏曰]神者妙万物而為言易者生生之謂天局也下以有方矣神則无方天圓地方以有体矣易則无体无在而无乎不在无為而无所不為也

一陰一陽之謂道

陰陽迭運者氣也其理則所謂道[附錄]陰陽是氣不是道所以一陰一陽循環不已者乃道也大傳既曰形而上者謂之道矣而又曰一陰一陽之謂道此豈真以陰陽為形而上者哉正所以見一陰一陽雖屬形器然其所以一陰而一陽者乃道体之所為也答陸九淵自一日言之則晝陽而夜陰自一月言之則望前為陽望後為陰語類自一歲言之則春夏為陽秋冬為陰從古至今恁地衮將去只是這陰陽是孰使之然哉乃道也答楊陰陽之端動靜之機而已動極而靜靜極而動故陰中有陽陽中有陰未有獨立而孤居者此一陰

一陽所以為道也下放此【集註】【明道曰】一陰一陽之謂道即一闔一闢謂之變

繼之者善也成之者性也道具於陰而行乎陽繼言其發也善謂化育之功陽之事也成言其具也性謂物之所受言物生則有性而各具是道也陰之事也周子程子之書言之備矣

【附録】太極動極而靜靜而生陰不成動以前便無靜程子言動靜無端陰陽無始蓋此亦且從那動處說起若論那動以前又有靜靜以前又有動如云一陰一陽之謂道繼之者善也言繼者便是動之頭若只一闔一闢而無繼便是合殺了黄義剛只是這箇理在天則曰命在人則曰性流行於造化處是善凝成於我即是性繼是接續綿綿不息之意成是凝成有主之意義剛大雅繼善是動處成性是靜處繼善是流行出來成性則各自成箇物事繼善便是元亨成性便是利貞譬如禾穀一般到秋斂冬藏千條萬穗各自成一箇物事了及至春又各自發生出來黄義剛周子通書曰誠者聖人之本大哉乾元萬物資始誠之源也乾道變化各正性命誠斯立焉純粹至善者也故曰一陰一陽之謂道繼之者善也成之者性也元亨誠之通利貞誠之復大哉易也性命之源乎晦庵釋之曰陰陽氣也形而下者也所以一陰一陽者理也形而上者也道即理之謂也繼之者氣之方出而未有所成之謂也善即理之已行而未有所立之名也陽之屬也誠之源也成則物之已成性則理之已立者也陰之屬也誠之立也元始亨通利遂貞正乾之四德也通者方出而賦於物善之繼也復者各得而藏於己性之成也天地之間陰陽交錯而實理流行一賦一受於其中亦猶是也又通書後録曰善之與性固不可謂有二物也然繼之者善自其陰陽變化而言也成之者性自夫人物稟受而言

也陰陽變化流行而未有窮陽之動也人物稟受一定而不可復易陰
之靜也以此辨之亦安得无二者之分哉然性善形而上者也陰陽形
而下者也周子之意亦豈直指善為陽而性為陰哉但語其分則以為當
屬之此爾 峇方人僣 繼善成性分屬陰陽乃通書首章之意蓋天地變化
不為无陰然物之未形則屬乎陽物正其性不為无陽然形器已定則屬
乎陰 廖德明問明道曰人生而靜以上不容說才說性便已不是性也凡
人說性只是說繼之者善也孟子言人性善是也夫所謂繼之者善也者
猶水流而就下也已上繼之者善也指發動而言之也性之在人猶水之
在山其清不可得而見也流出而見其清然後知其本清也所以孟子只
說見孺子入井皆有怵惕惻隱之心處指以示人使知性之本善也易所
謂繼之者善也在性之先此所引繼之者善也在性之後蓋易以天道之
流行者言此以人性之發見者言惟天道流行如此所以人性發見亦如
此 李閎祖 繼之者善也周子是說生生之善 【集註】 明道曰天只是以
程子說作人性之善用處各自不同 峇方人僣 生為道繼此生理
者即是善也善便有一箇元底意思元者善之長萬物皆有春意便是
繼之者善也成卻待萬物自成其性須得 東坡曰 善者道之繼而指以
為道則不可 游氏曰 一陰一陽交相為用所以為道繼之者无間斷
善也成之者混然天成性也 節齋曰 繼善陽也陽動之始純粹不雜元者
善之長是也成性陰也陰靜之終物各有受各正性命是也● 繼善陽也
成性陰也此以天命之序而言陰陽也仁者陰也知者陽也此以物受之
性而言陰陽也然陽之所以為陽者皆動而无体也陰之所以為陰者皆
靜而有休止也 丘行可曰 一陰一陽之謂道是說造化流行上說成之者性

是說人心稟受之說繼之者善是說天所賦之於所受中間過接處以上說

如書言帝降之衷中庸言天命之謂性所謂降所謂命即繼之之義也

仁者見之謂之仁知者見之謂之知百姓日用而不知故君子之道鮮矣仁陽知陰各得是道之一隅故隨其所見而目爲全體也日用不知則莫不飲食鮮能知味者是又其每下者也然亦莫不有是道焉或曰上章以知屬乎天仁屬乎地與此不同何也曰彼以清濁言此以動靜言

【附録】此言万物各具是性但氣稟不同各以其性之所近者闚之故仁者只見得他發生流動處所以爲仁知者只見得他貞靜處便以爲知下此一等百姓日用之間習矣不著行矣不察所以君子之道鮮矣　者呂海

【集註】丘行可曰此言性成之後人稟陽之動者爲仁稟陰之靜者爲知惟其所稟之各異是以所見之各偏仁者見仁而不見知故謂其道止於仁知者見知而不見仁故謂其道止於知至於百姓日用飲食而於斯道之中而不知有斯道爲此君子之道所以鮮也

顯諸仁藏諸用鼓萬物而不與聖人同憂盛德大業至矣哉顯自内而外也仁謂造化之功德之發也藏自外而内也用謂機緘之妙業之本也程子曰天地无心而成化聖人有心而无爲

【附録】顯諸仁是元亨誠之通藏諸用是利貞誠之復顯諸仁是用底所藏諸用是仁底心顯諸仁是流行發見處藏諸用是流行發見底物事顯諸仁千頭万緒藏諸用只是一箇物事作顯諸仁底骨子顯諸仁如春生夏長其發生處露可見者藏諸用是所以生長若藏在裏面而不可見者萬人[illegible]天地是化是自然聖人雖生知安行然

畢竟是有心去做所以說不與聖人同憂。春暑淵仁本在內以其發出在外故曰自內而外用本是在外以其收藏在內故曰自外而內如春夏之生長一一物便是顯諸仁至秋冬則收藏成實便是藏諸用春夏是顯秋冬所藏之仁秋冬是藏春夏所顯之用蒼黃餘

【集註】【伊川曰】聖人人也故不能无憂患天則不為堯存不為桀亡也【龜山曰】聖人之與天地可同者顯仁藏用之德業也不可同者天地无心聖人有心也聖人仁萬物而獨任其憂天地鼓萬物而不與聖人同其憂蓋聖人有心則有憂天地无心則无憂矣【游氏曰】天地之大德曰生其生可見也所以生之者用也故曰顯諸仁藏諸用其生也其殺也咸其自取天地不能加毫末於其間也尚何與聖人同憂哉蓋聖人者與人群也其憂樂以天下則與天地異矣【王氏曰】乘乎其乘神光與形滅工夫乘光則猶之火也托新以見顯諸仁之謂也與形滅亡則猶以事已所見者顯而已其藏深矣不可測究藏諸用之謂也

富有之謂大業日新之謂盛德

張子曰富有者大而无外日新者久而无窮又曰謂之名文也之謂直為也

【附錄】富有之謂大業言其萬物萬事无非得此理所謂富有者有也日新是只管運用流行生生不已富有之謂大業以人言之須是天下事无不理會方得若才工夫不到業无由大小間皆置事業使有欠闕此便有病蒼沈僩

【集註】【節齋蔡氏曰】富有者廣大而不禦日新悠久而无窮天高地下萬物散殊其富有之謂歟陰陽升降變化不窮其日新之謂歟

生生之謂易

陰生陽陽生陰其變無窮理與書皆然也

成象之謂乾效法之謂坤

效呈也法謂造化之詳密而可見者

【附錄】成象之謂效法法陰

謂坤效只畧成一箇形象到得坤便都呈見出許多法來○象是大綱效是詳
成之意便如日月星辰亦無實体只是箇懸象如此效陳也呈也一以謂
效羊效太效馬又如效順效忠效力之效有陳獻底意思言陳出許多物
事皆是間法是一成已定之物如條法亦是一成已定之法可以形狀者
乾便畧坤便備答楊公大【集註】伊川曰有陰便有陽有一便有二纔有一二便有三已往便無窮者亦言三生萬物此是生生之謂易
理自然如此繼天之命於穆不已是理自相續不已非是人爲之如使可
爲雖百萬般安排也須是有息時只爲無爲故不息中庸言不見而章不動
而變無爲而成天地之道可一言而盡也【張子曰】生物者不生而不生者
能生【節齋曰】易者變易而不窮故曰生生象者法之未定法者象之已形
乾主氣故曰成象坤主形故曰效
法乾坤成而易則肇乎先者也

極數知來之謂占通變之謂事蔡氏曰占

也事之未定者屬乎陽也事行事也占之已決者屬乎陰也極
數知來所以通事之變音張忠定公言公事有陰陽意蓋如此【附錄】言事
殺人便依他這箇做便是通變之謂事○張乖崖說公事未判時屬陽已
判後屬陰便是此意公事未判生殺輕重都未定今已判了更不可易

【集註】節齋曰數蓍策數也變卦變也物莫逃乎數故極占

陰陽不測之謂神張子曰兩在故不測○此第五章言道之体用不外乎陰陽而其所以然者則未嘗倚於陰陽也【集註】節齋曰上章言易無体此言生生之謂易惟其生生所以無体上章言神無方此言陰陽不測之謂神惟其不測所以無方言易而以乾坤繼之乾坤毀則無以見易也言

蓍而以知占事先之占事則神所託而顯者也神易用而變化無窮易其實則不越乎陰陽兩端而已矣

夫易廣矣大矣以言乎遠則不禦以言乎邇則靜而正以言乎天地之間則備矣不禦言無盡靜而正言即物而理存備言無所不有

集註 陶仲子曰易無所不在故強名之曰廣無所不周故強名之曰大自其遠而言之則變化之神出入六合游乎九州而莫之能禦自其近而言之則有常之性寂然不動而貞夫一自天地之間言之則萬物皆備於我而六極四隅無在不在也楊氏曰易滿天下猶水之由地中爲瀦而爲澤者謂之澤掘而爲井者謂之井或泒而爲百川或流而爲滄溟其名雖殊而爲水一也

夫乾其靜也專其動也直是以大生焉夫坤其靜也翕其動也闢是以廣生焉乾坤各有動靜於其四德見之靜体而動用靜別而動交也乾一而實故以質言而曰大坤二而虛故以量言而曰廣蓋天之形雖包於地之外而其氣常行乎地之中也易之所以廣大者以此

附録 乾不專一則不能直遂坤不翕聚則不能發散奇與廣伸天之性情寔而無息其靜也專是性直其動也直是情伸乃然○專言則只是一物直去翕闢則是二箇翕則闔闢則開此奇耦之形也○陰偏只得一半兩箇方做得一箇故曰象陰是兩件陰爻兩畫是兩開去參是兩合參擬必大以形言之則天包地外地在天中所以說天之質大以氣言之則天合包著地天之氣却盡在地之中盡承天交得那天之氣所以說地之量廣天只是一箇物事一故實從裏面便廣出來

流行發生只是一物事所以說一而實地雖堅實然却虛所以天之氣流行乎地之中皆從地裏發出來所以說二而虛○天之形如一箇鼓鞴中間包得許多氣開闔消長中間盡是這氣升降往來緣中間虛所以容得以其包得地所以說其質之大以其容得天之氣所以說其量之廣非是說地之形有盡故以量言也【集註】隆山李氏曰周官大司徒周知廣輪之數則東西為廣南北為輪廣方也蓋地不滿東南故坤之象曰地勢坤言順而下也

廣大配天地變通配四時陰陽之義配日月易簡之善配至德

易之廣大變通與其所言陰陽之說易簡之德配之天道人事則如此○此第六章【附錄】廣大配天地以下以易配天易簡之善配至德以易配人於萬人傑【集註】南軒張氏曰乾之大生以資其始坤之廣生以統其形此廣大配天地也闔闢往來終則有始此變通配四時也渾言之曰陰陽析之為義臨言八月以陰長為戒此陰陽之義配日月也中庸之德中人以上可俯而就此易知也中人以下可跂而及此易從也故曰易簡之善配至德

子曰易其至矣乎夫易聖人所以崇德而廣業也知崇禮卑崇效天卑法地

十翼皆夫子所作不應自著子曰字疑皆後人所加也窮理則知崇如天而德崇循理則禮卑如地而業廣此其取類又以清濁言也【附錄】知崇天也是致知事禮卑地也是踐履事知識貴乎高明踐履貴乎著實知既高明須是放低著實做去董銖

知却要極於高明，礼却要極於卑順。如礼儀三百，威儀三千，纖悉委曲，無非至卑之事。○兩脚踏地方做得。若是着件物事填一二尺高，便不穩了。如何會廣，地卑便會廣，世上更無卑似地底。吾曼衡 如太學之格物致知，便是知崇之事；誠意正心修身治國平天下，便是礼卑之事。吾曼賀孫

集註 楊氏曰：易曰「知崇礼卑」，蓋知極其高，故以知性知天，故崇；礼可履而行，故卑。崇卑其猶天地設位乎。 丘行可曰 聖人之知如天之崇，故所知日進於高明，而德以崇；礼如地之卑，故所行日就於平實，而業以廣。

天地設位，而易行乎其中矣。成性存存，道義之門。

天地設位而變化行，猶知礼存性而道義出也。成性，本成之性也。存存，謂存而又存，不已之意也。○此第七章。

附錄 性是自家所以得於天底，道義是衆人公共底。吞林夔孫 天地設位而易行乎其中，以造化言之也；乾坤成列而易行乎其中，以卦位言之也。嵩淵

集註 誠齋曰 吾身之性與天地之性均具是道，而固存者也。固存者，性之生；存其固存者，性之成。生者天也，成者人也。 楊氏曰 知之至者極高明，不曰崇效天乎？礼之至者極卑遜，不曰卑法地乎？崇也卑也，非聖人也，自天地設位，卑高以陳，而易之道已存乎兩間矣。聖人之知與礼因之而已。 節齋曰 位謂有位可居，門謂有門可出，存存謂存而又存，使之有体，如天地也。故有天地之位，而後易行；有知礼之門，而後道義出。

聖人有以見天下之賾，而擬諸其形容，象其物宜，是故謂之象。

賾，雜乱也。象，卦之象，如說卦所列者。

附錄 賾，古傳嘖，看須言之嘖同，那從口從臣，是箇口裏說話多雜乱底意思，所以下面說不可惡。若喚做

八

好字不難説箇可字也採賾索隱若與人説話時也須聽他雜乱説將出來底方可索他那隱處若是聖人只是見陰陽之変化雜出絶畫如一畫便有一箇象只管生去只管不同六十四卦自六十四卦更生到千以上卦亦自一卦一様容象聖人見那陰陽之変化擬諸其形容未便是説那水火風雷之形容方是擬議信卦看是甚形容始去象那物之宜二陽在二陰之下則為雷象一陰在二陽之下則為風象擬則比度之義【集註】劉氏曰乾道無形聖人獨見乾之賾於是取龍以象乎乾言健而神也坤道無形聖人獨見坤之賾於是取馬以象乎坤言順而載也是知象者所以形天下無形之理○固有言天下之至賾而可畏者矣異端之虚玄寂滅是也易則不然龍血玄黄雨于何地日中見斗災于何地載鬼一車詣于何人然狠不以為誣君子不以為怪何也其象也非貫也【單氏曰】形容者乾為圜坤為大輿之類是也物宜者乾稱龍坤称牝馬之類是也非聖人有以見天下之賾其孰能擬象乎

聖人有以見天下之動而觀其會通以行其典禮繫辭焉以斷其吉凶是故謂之爻

會謂理之所聚而不可遺處通謂理之可行而無所礙處如庖丁解牛會則其族而通則其虚也【附録】會是衆理聚處雖斉覓得有許多窒礙必於中有一箇通底道理乃可行耳若必大會便見四邊合聚來則通便是空處行得處便是通荅道夫【集註】呂氏曰觀乾之初九其龍為潛是所會未通也則斷之以勿用之辭觀乾之九二其龍為見是所會之通也則斷之以利見之辭三百八十四爻皆同類而推之【劉氏曰】爻者陰陽之交也

言天下之至賾而不可

惡也言天下之至動而不可亂也思猶厭也【附錄】先儒多以賾字爲至賾之意若如此說則何以謂之不可惡賾只是箇雜亂冗鬧底意思言之而不可惡若精粗本末無不盡也　答周謨　不可惡者言雖是雜乱聖人却於雜乱中見其不雜乱之理　答楊必大【集注】馮氏曰象之所言如牝馬牝牛匪人女壯臀豶豕之類若可惡矣然天下之至賾所在而不可惡也爻之所言如出戶庭无咎而門庭則凶弗過遇之而弗遇過之先號後笑而先笑後號若甚亂矣然天下之至動所關而不可乱也擬之而後言議之而後動擬議以成其變化觀象玩辭觀變玩占而法行之此下七爻則其例也【附錄】此變化只就人事說擬議只是裁度自家言動使合於理變易以從道之意如擬議得是便吉擬議未善則凶　答周謨

鳴鶴在陰其子和之我有好爵吾與爾靡之子曰君子居其室出其言善則千里之外應之況其邇者乎居其室出其言不善則千里之外違之況其邇者乎言出乎身加乎民行發乎邇見乎遠言行君子之樞機樞機之發榮辱之主也言行君子之所以動天地也可不慎乎釋中孚九二爻義【附錄】鶴鳴子和我爵爾靡此本是說誠信感通之理夫子却專以言行論之蓋誠感通莫大於言行　答周謨【集注】楊氏曰君子之道樞化樞書之君若樞機張

揚子之奧而後發焉機之謂也 李氏曰 言有啟閉樞如之行有弛張機如之啟閉弛張有常則吉否則咎隨之矣 黄宗台曰 言雖以孚和言樂厚以好爵言蓋言莫尤于寡悔祿在其中矣所以有好爵者有與之靡而不吝至於動天地則所關者大而人之違應有不足言者觀此節五事皆謂可見 丘行可曰 釋中孚九二爻義以君子比鶴以居其室釋在陰義以出其言釋鳴義以千里應之釋其子和之之義蓋天地中間惟感與應君子之言行本諸身而感應之驗著於千里之外天地之大善則從不善則違是樞機之發所係甚重不可以不謹也

同人先號咷而後笑子曰君子之道或出或處或默或語二人同心其利斷金同心之言其臭如蘭 釋同人九五爻義言君子之道初若不同而後實無間斷金如蘭言物莫能間而其言有味也

附錄 同心之利雖金石之堅亦被他斷決將去斷是斷做兩段 參閱

集註 伊川曰 同者一也一不可分分乃二也一可以通金石冒水火無所不能入故一云其利斷金 [illegible]曰 金石至堅也然不堅於人心故二人一心則石可裂金可折所謂同舟而濟胡越何患乎異心也故曰二人同心其利斷金猶同器一童子能辨之臭味不同故也取南山之蘭雖之北山之蘭其薰所不能分貧矣言故也所謂聲君子之聲似宋君之聲也故曰同心之言其臭如蘭 [illegible]曰 亦異而心同不害其為同心異而亦同相望為愈遠金至堅也而同心者斷之蘭至馨也而同心之言如之

初六藉用白茅无咎子曰苟錯諸地而可矣藉之用茅何咎之有慎之至也夫茅

之為物薄而用可重也慎斯術也以往其无所失矣釋大過初六爻義【集注】誠齋曰天下之事將由夫苟者為之乎率是物措諸地斯以為可矣然坐身於地未席則寒履於地未屨則傷無以藉之故也藉物於地無以藉之可乎將由夫慎者為之乎薄莫薄於茅也然重莫重於藉也有茅以藉是物則茅雖薄而用可重矣故以茅承幣不嫌其賤不見非白藉不行酒皆有以藉之也慎之至而无失无咎也春秋粢盛羞于先王之白茅而行一切之敬苟則可矣初咎何節齋曰物之置於地也亦可安矣而又藉之以茅過於慎也凡天下之事過則有失然唯過於慎則無所失故无咎

勞謙君子有終吉子曰勞而不伐有功而不德厚之至也語以其功下人者也德言盛禮言恭謙也者致恭以存其位者也釋謙九三爻義德言盛禮言恭言德欲其盛禮欲其恭也【集注】南軒曰大抵屈己之不厚者不能負其大翼水之不厚者不能負大舟君子處人不厚則恃勞而傲物擢功而忽人矣安能以其功而下人乎誠齋曰人之謙與矜係其德之厚與薄德厚者無盈色德薄者無卑辭如鍾鼓若焉愈厚者無愈驕德薄者反是故有勞有功而不伐不德惟至厚者能之其德愈盛則其禮愈恭矣馮氏曰不德者即有德色之德

亢龍有悔子曰貴而无位高而无民賢人在下位而无輔是以動而有悔也釋乾上九爻義溫屬文言此蓋重出【集注】楊氏曰乾上九獨居於九五之上雖貴於五而无位焉雖高於五而無民

与雖尊於五而无輔焉是以動而有悔也不出戶庭无咎子曰亂之所生也則言語以爲階君不密則失臣臣不密則失身幾事不密則害成是以君子慎密而不出也【釋】節初九爻義【集註】【伊川曰】節初九曰不出戶庭无咎象恐人之泥於言也故復云不出戶庭知通塞也通則行塞則止義當出則出矣尾生之信水至不去不知通塞也故君子貞而不諒【誠齋曰】夷考幾事者戒漏言害成者戒君以上有儀教我以發汝此君不密則失臣也陳蕃之言臣章以示密害者此臣不密則失身也夫臣失身可悼也戒事不密害遂至周漢之際爲魏尤可悼也然則謹密出而不出遂志世乎曰仲尼不云乎邦有道危言危行邦无道危行言孫【[illegible]曰】又義主出處之節而言此兼及於言語之節者節卦下兌兌爲口舌亦其象也蓋口舌乃人一身之門戶一語不謹則失臣失身或禍立至此尤君子之所重也故夫子因明謹行而又推之謹言也子曰作易者其知盜乎易曰負且乘致寇至負也者小人之事也乘也者君子之器也小人而乘君子之器盜思奪之矣上慢下暴盜思伐之矣慢藏誨盜冶容誨淫易曰負且乘致寇至盜之招也【釋】解六三爻義○此第八章言卦爻之用【集註】【誠齋曰】司馬氏安能盜魏曹操教之也蕭衍安能盜齊蕭道成教之也故仲尼曰慢藏誨盜非盜能盜小人之有也小人實教盜以盜

己之有也

天一地二天三地四天五地六天七地八天九地十　此簡本在第十章之首程子曰宜在此今從之此言天地之數陽奇陰耦即所謂河圖者也其位一六居下二七居上三八居左四九居右五十居中就此章而言之則中五爲衍母次十爲衍子次一二三四爲四象之位次六七八九爲四象之數二老位於西北二少位於東南其數則各以其類交錯於外也

【附錄】一二三四五天地之生數也五中數故不用六七八九十天地之成數也十全數故不用而河圖洛書之四象亦无所當於五與十焉故四象之書成而以一二三四紀其次九八七六積其實揲蓍之法具而掛扐之五與六以一其四而爲奇九與八以兩其四而爲耦　答吳澗

【集註】【伊川曰】天一生數地六成數才有上五者便有下五者二五合而成陰陽之功萬物變化鬼神之用也【南軒曰】陽數奇一三五七九是也陰數偶二四六八十是也故生於天者成於地生於地者成於天而天地五十五之數所以成變化行鬼神【東坡曰】水至陰也必待天一加之而後生者陰不得陽則終不得而成也火至陽也必待地二加之而後生者陽不得陰則无所得而見也五行皆然莫不生於陰陽之相加陽加陰則爲水爲木爲土陰加陽則爲火爲金奇不相加則雖有陰陽之資而无五行之用【楊氏曰】一三五七九陽之奇也二四六八十陰之耦也奇者生耦者成生成之數五行造化合而爲五十五策去其五而爲大衍虛其一而備太極揲之四而配四時生蓍生卦生爻俱不外乎此數之生成者【鄭氏曰】天地者陰陽對待之定體

也一至十者陰陽奇偶之次序也然對待非流行則不能變化流行非對待則不能自行而五十五者則流行之細分也

天數五地數五五位相得而各有合天數二十有五地數三十凡天地之數五十有五此所以成變化而行鬼神也

此簡本在大衍之後今按宜在此天數五者一三五七九皆奇也地數五者二四六八十皆耦也相得謂一與二三與四五與六七與八九與十各以奇耦為類而自相得有合謂一與六二與七三與八四與九五與十皆兩相合二十有五者五奇之積也三十者五耦之積也變化謂一變生水而六化成之二化生火而七變成之三變生木而八化成之四化生金而九變成之五變生土而十化成之鬼神謂凡奇耦生成之屈伸往來者

附錄 相得各有合在十干甲乙木丙丁火戊己土庚辛金壬癸水便是相得甲與己合乙與庚合丙與辛合丁與壬合戊與癸合便是各有合 啓蒙

集註 南軒曰夫天地自然之數盈虛消息往來不停變化錯綜而數有以成之若月令所謂鷹化為鳩雀化為鴿桃木乃茂草木萌滋可以曆數推而知之者此天地之數有以成其變化也鬼神雖幽而數有以行之若其神句芒其神祝融其神蓐收其神元冥各司其時各治其職者此天地之數有以行乎鬼神也 潘氏曰洛書之數天地自然之數也以天之一三五七九揔之則為二十五此天數二十有五也以地之二四六八十揔之則為三十此地數三十也又以天之二十五地之三十揔之則為五十有五成變化而行鬼神不過乎此數也天數二十有五五其五也地數三十六其五也莫不用五微之

大衍之數五十其用

四十有九分而為二以象兩掛一以象三揲之以四以象四時歸奇於扐以象閏五歲再閏故再扐而後掛

大衍之數五十蓋以河圖中宮天五乘地十而得之至用以筮則又止用四十有九蓋皆出於理勢之自然而非人之知力所能損益也兩謂天地也掛懸其一於左手小指之間也三三才也揲間而數之也奇所揲四數之餘也扐勒於左手中三指之兩間也閏積月之餘日而成月者也五歲之間再積日而再成月故五歲之中凡有再閏然後別起積分如一掛之後左右各一揲而一扐故五者之中凡有再扐然後別起一掛也

附錄

大衍之數五十而蓍一根百莖可當大衍之數者二故揲蓍之法取五十莖為一握置其一不用以象太極而其當用之策凡四十有九蓋兩儀體具而未分之象也○河圖積數五十五其五十者皆因五而後得獨五為五十所因而自無所因故虛其一則用四十有九○分而為二者以四十九策分置左右兩手象兩者左手象天右手象地是象兩儀也掛一者掛猶懸於右手之中取一策懸於左手小指之間象三者所掛之策所以象人而配天地是象三才也揲之以四者揲數之也謂先置右手之策於一處而以左手四四而數左手之策又置左手之策於一處而以右手四四而數右手之策也象四時者皆以四數是象四時也歸奇於扐者奇零也扐勒也謂既四數兩手之策則其四四之後必有零數或一或二或三或四左手者歸於第四第三指之間右手者歸於第三第四指之間而扐之也象閏者積分而成閏月也五歲再閏故再扐而後掛者凡前後閏相去大略三十二月在五歲之中此掛一揲四歸奇之法

亦一變之間九一掛兩揲兩扐爲五歲之象其閏九再扐以象閏是五歲之中凡有再閏然後置前掛扐之策復以見存之策分二掛一而爲第二變也○河圖五十五是天地自然之數大衍五十是聖人去這河圖裏面取那天五地十衍出這箇數不緊要河圖是自然底大衍是用以揲蓍求卦底者義剛或問大衍之義曰天地之數五十有五虛其中金木水火土五數便是五十又虛天一故用四十有九此一說也叅天兩地便是虛去天一只用天三對地二又五爲生數之極十爲成數之極以五乘十以十乘五亦爲五十此又一說也○奇者左右四揲之餘也扐指間也謂四揲左手之策而歸其餘於无名指間四揲右手之策而歸其餘於中指之間也答鄭子和一掛之間九再扐即五歲之間凡再閏之象也答鄭子和係辭言蓍法想別有文字今不可見但如天數五地數五此是舊文五位相得而各有合是孔子解文天數二十有五地數三十凡天地之數五十有五此是舊文此所以成變化行鬼神也亦是孔子解文分而爲二是本文以象兩是解文掛一揲之以四歸奇於扐皆是本文以象三以象四時以象閏之類皆是解文也

集註

保川曰大衍之數五十數始於一備於五小衍之而成十大衍之則爲五十五十數之成也成則不動故損一以爲用

潔齋曰且天下之數止於十窮則自十而反一又當止於九其言十者九之耦也○六七八九十五四三二一此相間循環之數也

節齋曰大衍之數五十其用四十有九者非不用一也方其初也而一已在其中矣且道生於一立於兩成於三揲蓍之法虛一爲无用之用所以象道之用四十九數會而總之所以象道之未判分之於左右手離之以爲二所以象兩者不止於兩儀也凡所謂兩者无所不象也掛一於指所以象三

蓍不止於三才九所謂三者无所不象也揲之以四分蓍以揲之皆以四
四為數者所以象四時也歸奇於扐歸其四之餘蓍合於掛者所以象閏
五歲再閏故再扐而後掛再扐再歸奇也兩也二也四時也閏月也皆自
然之數也【蔡西山曰】五歲再閏者一變之中自有五節掛一為一節揲左
為二節歸左之奇於扐為三節揲右為四節歸右之奇於扐為五節一節
象一歲三節一歸奇象三歲一閏五節再歸奇象五歲再閏【節齋曰】天參
地兩合而為五行每行各衍之為十故曰大衍【鄭氏曰】天地之數五十有
五而大衍之數五十者蓋數備於五而五十所宗者五也大衍之數五十
而其用四十有九者蓋數始於一而四十有九數之所宗者一也【凌氏曰】
天地之數宗於五大衍之數宗於一生於道而道本非數是故謂之大數
行乎天地之間如水之行數有窮而數數者无窮是故謂之衍【楊氏曰】張
衡假此為渾天儀張□假此為太初一行假此為籌數皆不離乎大衍之
數也【呂氏曰】參天兩地以為五小衍之為十兩其五也大衍之為五十十
其五也【張氏曰】地數无過天數之理豈有地大於天乎故知數止於九九
陽數也十也者所為五之偶焉耳○土之為數終於地十過此以往万億
无窮不越十終天一而已陽極於九陰終於十數乃成五行奇偶乃備過
此周而復始滋至无窮亦不越於是【潛室曰】十為數也不可衍也故虛其一
以象太極四十有九者七七之數也故可衍而用之也【□衍可曰】河圖五
十五數以五居中而五十數之在外者亦皆因五而後得則是中五之數
各衍之以極于中也今衍之數五十數取河圖中五參天兩地之數以為
衍母也今按河圖五十五數皆中五之數衍之而成五十也故一合五成
六而居北二合五成七而居南三合五成八而居東四合五成九

一而居於西，五合五成十而居於中，位本方之外，是中五者衍之母，而五十者衍之子也。故曰大衍之數五十。● 大衍之數五十而止，四十九者，又就河圖五十數之外，若虛其天一之數而不用也。蓋一者數之始，天下之數無窮而一無為，故先為之，以象太極。● 天地之數三百六十，每歲氣盈六日，朔虛六日，一歲餘十二日，三歲餘三十六日，以三十日為一月，更餘六日，又二歲餘二十四日，合前所餘六日為三十日，再閏。

乾之策二百一十有六，坤之策百四十有四，凡三百有六十，當期之日。此

策數生於四象，蓋河圖四面，太陽居一而連九，少陰居二而連八，少陽居三而連七，太陰居四而連六。揲蓍之法，則通計三變之餘，去其初掛之一，凡四為奇，凡八為偶，奇圓圍三，偶方圍四，三用其全，四用其半，積而數之，則為六七八九，而第三變揲數策數亦皆符會。蓋餘三奇則九，而其揲亦九，策亦四九三十六，是為居一之太陽；餘二奇一偶則八，而其揲亦八，策亦四八三十二，是為居二之少陰；二偶一奇則七，而其揲亦七，策亦四七二十八，是為居三之少陽；三偶則六，而其揲亦六，策亦四六二十四，是為居四之老陰。是其變化往來進退離合之妙，皆出自然，非人之所能為也。少陰退而未極乎虛，少陽進而未極乎盈，故此獨以老陽老陰計乾坤六爻之策數，餘可推而知也。期，周一歲也，凡三百六十五日四分日之一，此特舉成數而概言之耳。

【附録】乾之策二百一十有六，坤之策百四十有四，則斷之以當期之日；二篇之策萬有一千五百二十，則斷之以當萬物之數。於此可見。蓋周禮策者蓍見之策數，曲禮所謂策為筮者是也。大傳所謂乾坤二篇之策者，正以其掛扐之外見存蓍數為言耳，蓋無

揲蓍之法九三揲掛扐通十三策而見存三十六策則爲老陽之爻三揲掛扐通十七策而見存三十二策則爲少陰之爻三揲掛扐通二十一策而見存二十八策則爲少陽之爻三揲掛扐通二十五策而見存二十四策則爲老陰之爻大傳以六爻乘二老而言故曰乾之策二百一十有六坤之策百四十有四凡三百有六十其實六爻之爲陰陽者老少錯雜其積而爲乾者未必皆老陽其積而爲坤者未必皆老陰其爲六子諸卦者或陽或陰亦互有老少焉蓋老少之別本所以生爻而非所以名卦今但以乾有老陽之象坤有老陰之象六子有少陰陽之象自取其策數又偶合焉而因假此以明彼則可若便以乾六爻皆爲老陽坤六爻皆爲老陰六子皆爲少陰少陽則恐其未安也但三百六十者陰陽之合其數必齊若乾坤之爻而皆得於少陰陽也則乾之策六其二十八而爲百六十八坤之策六其三十二而爲百九十二其合亦爲三百六十此則不可易也答

程迥太九易數皆六十三十六對二十四三十二對二十八皆六十也以六十甲十二辰亦陵倒六十也鍾律以五聲十二律亦積爲六十也以此知天地之數皆至六十爲節答余大雅

【集註】白雲曰策者揲其所得之數也乾坤之策皆取老陰老陽之數老陽之數三十有六六之則乾之策故二百一十有六老陰之數二十有四六之則坤之策故百四十有四二篇之策凡陽爻百九十有二皆乾之九也陰爻百九十有二皆坤之六也合而爲策萬有一千五百二十以象萬物之數也乾坤之策三百六十而日當期之日者三百六十中數也二十四氣過之故曰氣盈十二月不及焉故曰朔虛氣盈朔虛積而爲閏者也聖人率中道言之故曰當期之日

【李氏曰】天度者所以制日月之行也周天三百六十五度四分度之一自

一晝一夜行十三度有奇故其周於天度則爲一日日一晝一夜得行一度而已故其周於天度則爲一歲一歲之日當三百六十有五又有四分度之一焉以四分之一亦當一日朞三百有六旬可知矣然而地數三十月數亦如之故一月之日三十而逢朔統有四時爲孟爲仲爲季而日皆九十以九十而四之則得三百六旬而已是故三百六旬者數之正也其五日與四分度之一皆餘分之積也故一歲之日當以三百六十爲率自五日爲候三候而成氣三氣而卦體成焉八卦用事各得四十有五日月之行遲則一氣而成體者每有餘分月之行則一望一晦而成月或有不足傳曰當朞之數過者謂之氣盈不足者謂之朔虛因日之分而積者有六日之餘此所謂氣盈也因月之不足而積者有十二日亦有六日焉此所謂朔虛也合二者而計之則統一歲十有二日矣五歲而爲日六十所以再閏也始於一終於九積而爲二十有五始於二終於十積而爲三十是其各有合而成體也○運而爲無止之時形而爲有生之物莫不有數存乎其間故乾坤二篇之策與朞之日物之數有適然相當之理焉**丘行可曰**筮卦之法合四十九蓍以四揲之通計三變之餘去其掛扐之一九四爲奇九八爲偶其掛扐得三奇之數者爲老陽用九之象而過揲所存之數三十六則乾之策也其掛扐得三偶之數者爲老陰用六之象而過揲所存之數二十四則坤之策也一卦六爻徧乾六爻以三十六計之則爲二百一十六通坤六爻以二十四計之則爲百四十有四合乾坤兩策言之凡三百六十期周一歲也朞三百六旬有六日此畧其餘者舉成數也若乾之少陽一爻二十八策六爻則有一百六十八坤之少陰一爻三十二策六爻則有一百九十二合之亦三百六十易以變爲用故特據老陰老陽

變爻而言之耳

二篇之策萬有一千五百二十當萬物之數也二篇謂上下經凡陽爻百九十二每爻各三十六策積之得六千九百一十二策陰爻百九十二每爻各二十四策積之得四千六百八策合之得萬有一千五百二十數也

【附錄】二篇之策當萬物之數亦是取象之辭不是萬物恰有此數答楊必大

是故四營而成易十有八變而成卦四營謂分二掛一揲四歸奇也易變也謂一變也三變成爻十八變則成六爻也【附錄】營謂經營易即變也謂分二掛一揲四歸奇凡四度經營蓍策乃成一變也積十二營三掛八扐乃成三變從成爻十有八變而成卦者謂既三變而成一爻復合四十九蓍如前經營以爲一變積十八變則成六爻而爲一卦也【集註】童溪曰營者求用蓍之法以四而揲之成易之數以四而求之故老陽數九四而求之其策三十有六老陰數六四而求之其策二十有四至於少陽數七亦四而求之其策二十有八少陰數八亦四而求之其策三十有二陰陽老少六爻之本也故曰四營而易成若夫乾坤之策三百有六十而二篇之策萬有一千五百二十亦以四而求之故乾陽爻六六九五十有四四而求之則二百一十有六坤陰爻六六六三十有六四而求之則百四十有四以乾之五十有四合坤之三十有六爲九十焉亦四而求之則三百有六十而二篇之策陽爻一百九十有二其數一千七百二十有八陰爻一百九十有二其數一千一百五十有二總而言之二千八百八十亦四而求之則萬有一千五百二十也凡此皆求以四而得之此易之書所以營於四營也

八卦而小成謂九變而成三畫得內卦也

引而伸

之觸類而長之天下之能事畢矣謂已成六爻而視其爻之變與不變以為動靜則一卦可變而為六十四卦以定吉凶凡四千九十六卦也顯道神德行是故可與酬酢可與祐神矣道因辭顯行以數神酬酢謂應對祐神謂助神化之功【附録】道較微妙無形影因卦辭說出來道這是吉這是凶這可為這不可為德行是人做底事因數推出來方知得這不是人硬恁地做都是神之所為 啓蒙 此說蓍龜之用也道理因此顯著德行是人事却須取決於蓍既知吉凶而後可以酬酢事變神又不能自說吉凶與人以侯易於著見是易能祐助於神也 答董銖子曰知變化之道者其知神之所為乎變化之道即上文數法是也皆非人之所能為故夫子嘆之而門人加子曰以別上文也○此第九章言天地大衍之數揲蓍求卦之法然亦略矣意其詳具於太卜筮人之官而今不可考耳其可推者啓蒙備言之【附録】問陽化為陰陰變為陽者變化也所以變化者道也曰然 答董銖【集註】南軒曰變者自無而有化者自有而歸無【潘氏曰】分而為二以象兩一營也掛一以象三二營也揲之以四以象四時三營也歸奇於扐以象閏四營也四營而一揲經三揲而一爻成十有八揲則成六爻而為一卦八卦則小成六十四卦則大成推而廣之天下之事事物物未有能外此數者顯之於道故可與酬酢乎萬變神之於德行則可與祐神明矣故知易之變化則知神之所為矣

易有聖人之道四焉以言者尚其辭以動者尚其變以制器者尚其象以卜筮者尚其占四者皆變化之道神之所為者也【附錄】辭占是一類若曉得辭方知得占若與人說話曉得他言語方見他肚中底藴變是事之始象是事之已形者故亦是一類○啓蒙易有聖人之道四焉今且以乾之初九一爻明之如初九潛龍勿用辭也有九則有六九老陽也六老陰也陽至九而極則變為陰陰至六而極則變為陽此變也潛龍象也勿用占也推之三百八十四爻莫不皆然也輔廣【集註】【南軒曰】易有聖人之道四焉故指其所之者易之辭也以言者尚之則言無不當矣化而裁之者易之變也以動者尚之則動無不時矣象其物宜者易之象也制器者尚象之則可以盡制物之智極數知來者易之占也卜筮者尚之則可以窮先知之神【鄭氏曰】易有聖人之道四焉卜筮者特其一耳柰何後世乃指為卜筮之書乎是以君子將有為也將有行也問焉而以言其受命也如嚮无有遠近幽深遂知來物非天下之至精其孰能與於此此尚辭尚占之事言人以蓍問易求其卦爻之辭而以之發言處事則易受人之命而有以告之如嚮之應聲以決其未來之吉凶也以言與以言者尚其辭之以言義同【集註】【歐陽氏曰】物之命則將筮而告蓍之語冠禮筮日宰自右贊命是也來若遠在八荒之上深在六極之下吾能知之此則天地之鑑也萬物之照也參伍以變錯綜其數通其變遂成天

地之文極其數遂定天下之象非天下之至變其孰能與於此此尚象之
事變則象之未定者也參者三數之也伍者五數之也既參以變又伍以
變二先一後更相考覈以審其多寡之實也錯者交而互之一左一右之
謂也綜者總而挈之一低一昂之謂也此亦皆是揲蓍求卦之事蓋通三
揲兩手之策以成陰陽老少之畫究七八九六之數以定卦爻動靜之象
也參伍錯綜皆古語而參伍尤難曉按荀子云窺敵制變欲伍以參註
曰省同異之言以知朋黨之分偶參伍之驗以責陳言之實又曰參之以比
物伍之以合參史記曰必參而伍之又曰參伍不失【附錄】參以三數之也伍
漢書曰參伍其賈以類相準此足以相發明矣以五數之也如云
什伍其民如云或相什伯非直為參而伍也蓋紀數之法以三數之
則遇五而齊以五數之則遇三而會○錯綜是兩樣錯是往來交錯之義
有迭相為用之意綜者條而理之也如機上織底綜一箇上去一箇下來
陽上去做陰陰下來做陽如綜相似○答吳斐錯綜其數便又是七八九六
九對六便是東西相錯六上生七為陽【集註】【南軒曰】二三五天也參而伍
九下生八為陰便是上下為綜黃義剛之人也【耿氏曰】錯其數若七
九八七六迭用於四營之中是也綜其數若以五五而綜天地之數以一而
綜大衍之數是也【錢氏曰】三二而參之分為九宮乃河圖數也五而伍之
列為五位乃洛書數也三變參之而為八卦五變參之而為七八九六是參伍以
變也○綜河圖之數則四十五綜洛書之數則五十五錯綜其數則為百
以其百數而兩之則為大衍之數兩是錯綜其數也該通三五之變則
能易奇偶相生而天地之文於是成焉究極錯綜之數以近取諸身

而語物而天下之象定焉【王氏曰】參伍以變者二相參爲三五相伍爲一說
也以乾之畫爲參坤之畫變之爲震坎艮以坤之畫爲參乾之畫變之爲巽離
兌參以變也一與九相伍二與八相伍三與七相伍四與六相伍五與十
相伍合爲大衍之數以用四十有九之變伍以變也錯綜其數者錯三少
之數綜而爲老陽錯三多之數綜而爲老陰錯兩多一少之數綜而爲少
陽錯兩少一多之數綜而爲少陰也【胡氏曰】楊倞荀子註伍參猶雜也使
閒揉或參之或伍之於錯雜閒而盡知其事故說引
周書曰必參而伍之註三卿五大夫欲更議也

易无思也无爲也寂然不動感而遂通天下之故非天下之至神其孰能與於此

此四者易之體所以立而用所以行者也易指蓍卦无思无爲言其无心也【附錄】易是箇無情底物事寂然者感之體感通者寂之用人心之妙其動靜亦如此故寂然不動占之者吉凶善惡隨事而著見乃感而遂通也答潘時舉寂是體感是用當其寂時理固在此必感而後發如仁感爲惻隱未感時只是仁義感爲羞惡未感時只是義答吳[illegible]【集註】【伊川曰】寂然不動萬象森然已具感而遂通感則只是自內感不是外面將一件物來感於此也○周之不窮實知其鄉故名之曰神【[illegible]氏曰】易无思慮无作爲寂然不動若無與於物然一有所感則天下之故無不通若感於離則通乎[illegible]固名之故感於一人則通乎一書易之故六合而天此微而鳥獸近而一身遠而萬物苟有感焉無不通若然非極乎天下之至神者不能也【李氏曰】所感不一有因而却是爲天下之故鑑無常形隨物應形谷無常聲隨物答聲物形既去鑑實自若乃其至也水止故應物響聲既寂谷實自若乃其介也

亦無故藏密觀此理則寂然不動感而遂通天下之故可得而知之矣

夫易聖人之所以極深而研幾也研猶審也幾微也所以極深者至精也所以研幾者至變也【附錄】問如何是極深曰聖人都曉得至深難見底道理都就易中見得問如所謂幽明之故死生之說鬼神之情狀之類否曰然問如何是研幾曰便是研磨出那幾微處且如一箇卦在這裏便有吉凶有悔吝那幾微毫釐處都研出來荅楊道夫

唯深也故能通天下之志唯幾也故能成天下之務唯神也故不疾而速不行而至所以通志而成務者神之所爲也【附錄】深就心上說幾就事上說幾便是有那事了雖是微畢竟是有深在心甚玄奧幾在事半微半顯荅晏淵深是幽深通是開通人所以蔽塞只爲他淺若是深後便能開通人志道理若淺如何開通得人荅晏淵【集註】饒氏曰天下之理唯疾故速推行故至未有不疾而速不行而至者也蓋不如是不足以爲神也然則聖人之神果何物也心之精也豈惟心之能神哉物理亦有之銅山東傾而洛鍾西應東西異地頃應同時此一物之理相感有不疾而速者也豈惟物理哉人氣亦有之其母囓指而其子心動毋未嘗往子未嘗來此一人之氣相同有不行而至者也而況聖心之神乎是故範圍天地而一念不踰時豈假疾而後速經綸萬方而半武不出戶豈假行而後至何爲其然也心之神也

子曰易有聖人之道四焉者此之謂也○此第十章承上章之意言易之用有此四者

子曰夫易何爲者也夫易開物成務冒天下之道如斯而已者也是故聖人以通天下之志以定天下之業以斷天下之疑

開物成務謂使人卜筮以知吉凶而成事業冒天下之道謂卦爻既設而天下之道皆在其中

附錄 易之爲書大抵皆因卜筮而設逐卦逐爻開示吉凶包括無遺如將天下許多道理覆冒在其中故曰冒天下之道今人說易所以不將卜筮爲主者只是怕小却這道理故憑虛失實茫昧臆度而已殊不知由卜筮而推上通鬼神下通事物精及於無形粗及於有象皆包罩在此隨取隨得居則觀象玩辭動則觀變玩占只是體察便自見吉凶之理又不待卜而後見也

集註 楊氏曰易有一三五七九二四六八十之數宜乎其有以冒天下之道也冒之者猶天之無不覆冒爾

是故蓍之德圓而神卦之德方以知六爻之義易以貢聖人以此洗心退藏於密吉凶與民同患神以知來知以藏往其孰能與於此哉古之聰明叡知神武而不殺者夫

圓神謂變化無方方知謂事有定理易以貢謂變易以告人聖人體具三者之德而無一塵之累無事則其心寂然人莫能窺有事則神知之用隨感而應所謂無卜筮而知吉凶也神武不殺得其理而不假其物之謂

附錄 蓍以七爲數是未成卦時所用未有定體故其德圓而神所以知來卦以八爲數是因蓍有之變而成已有定體故其德方以知所以藏往者何緣○以那蓍來筮罷

自家心了更沒些子私意小智在裏許聖人便似那易了（答吳[illegible]）一卦之中
凡爻許所載皆是已著底道理此藏往也占得此爻却因已見底道理推
未來底事何異知來（答楊必大）神以知來如明鏡然事物來都看見知以
藏往只是見在有底事他都識得藏得都藏得在那裏面（啓蒙）聖人於天
下自是所當者推所向者伏然而他都不費手腳這便是神武不殺（啓蒙）

【集註】

【誠齋曰】蓍曲情者也而有應之與否皆吾心之所召也○貞者
鬭也乎來鬭下是也○易中神武不殺之君惟旣濟九三之爻辭稱高宗
伐鬼方三年克之小人勿用惟不殺故三年而後克惟小人好殺故勿用
也【龜山曰】六經不言无心惟釋氏言之亦不言脩性惟揚雄言之心不可
無性不假脩故易止言洗心盡性中庸止言尊德性孟子止言存心養性
【藍田呂氏曰】圓神故能通天下之志方知故能定天下之業易貢故能斷天下
之疑易書成三者備吾患明聖人得以洗濯其心而退藏於密矣【鄭氏曰】
蓍之數七七而四十九奇數也故圓卦之數八八而六十四耦數也故方
【龔氏曰】神武而不殺者則不以威刑而服萬物也此皇與帝之事聖賢則
以殺也王者之事也【張氏曰】吉凶同患者凶雖民之所患吉亦民之所患
也既得其吉又患其凶故老子曰寵辱若驚也【丘行可曰】四十九蓍員分掛
揲扐陰陽老少變化无方故其德圓而神六十四卦象辭森列吉凶得失
一定不易故其德方以知三百八十四爻剛柔迭用九六相推
其理又變易以告人故其義易以貢是以明於天之道而察於民之故是興神物以前
民用聖人以此齊戒以神明其德夫（神物謂蓍龜湛然純一之謂齊肅然警惕之謂戒明天道故設之）

神物之可與察只故知其用之不可不有以開其先見以作爲卜筮焉教人而於此焉齊戒以考其占使其心神明不測如鬼神之能知來也

附錄 便是聖人也要神明這本來是一箇靈聖底物事自家齊戒便會靈聖不齊戒便不靈聖古人所以七日戒三日齊 谷黃義剛

集說 誠齋曰蓍者神物也卜者鬼謀也吾之一心能神明夫蓍之德則蓍亦神明而戀之吾之一心將草芥夫蓍之德則蓍亦草芥而瀆之曰神明其德者尊之之謂也 南軒曰 夫蓍植物也足以揲天地之數龜動物也足以見天下之家故天然生之而不能與之惟聖人用其四十九而幽贊於神明者所以興其蓍也鑽之七十二而置之前列者所以興其龜也天下之民其終不倦而樂於有為實踐不窮而勇於有行者以其有蓍以前之也然後聖人深居簡出利用安身齊以去其不一之思戒以防其不測之患神明自將有莫知其所以然者矣 進齋曰 聖人以易洗心是以明於天之道與民同患是以察於民之故明天道故知神物之可興察民故故知民用之不可闕神物即蓍龜也蓍龜之物既興而卜筮之法以立使斯民皆有以前知其行事之吉凶而聖人憂世之心有所托矣齊戒以神明其德教人卜筮之法也其德即蓍卦神知之德凡人於占筮能以誠敬之心求之則隨叩輒應受命如響其彰往察來顯然猶神明之不可測矣 李氏曰 以爲神耶則既物於物以爲物矣則神所寄焉夫是之謂神物均是物也而使無蓍龜爲神者以知象數故也 丘行可曰 心即神明之舍古人能洗之而使無一點之累則此心靜與神明一於揲蓍求卦之時能以齊戒存之則此心動與神明通心在則神在矣今不然蓍卦特枯莖靈策耳何以神明其德靈應如此哉

是故闔戶謂之坤闢戶謂之

乾一闔一闢謂之變往來不窮謂之通見乃謂之象形乃謂之器制而用之謂之法利用出入民咸用之謂之神闔闢動靜之機也先言坤者由靜而動也乾坤變通者化育之功也見象形器者生物之序也法者聖人脩道之所爲而神者百姓自然之日用也

附錄 見乃謂象只是說動而未形有無之間者幾底意思幾雖見未形然畢竟是有箇物事 答吳淵

集註 伊川曰凡物之散其氣遂盡無復歸本原之理天地間如洪鑪雖生物銷鑠亦盡況既散之氣豈有復在天地造化又爲用此既散之氣其造化自是生氣至於海水潮日出則水涸是潮退也其涸者已無也月出則潮水生也非是將已涸之水爲潮此是氣之終始開闔便是易一闔一闢便是變⊙真元之氣氣之所生不與外氣相雜但以外氣涵養而已若魚在水魚之性命非是水爲之但必以水涵養魚乃得生爾人居天地氣中與魚在水無異至於飲食之養皆是外氣涵養之道出入之息者闔闢之機而已所出之息非入之氣但真元自能生氣所入之氣止當闔時隨之而入非假此氣以助真元也 漢上朱氏曰坤自夏至以一陰右行乃物由之而入故曰闔戶乾自冬至以一陽左行萬物從之而出故曰闢戶坤闔於陽而交於陰乾闢於陰變而陽故謂之變闔者往闢者來往來相感其機不息故謂之通氣聚而可見故謂之象物成而有形故謂之器象其形制其器故謂之法利用此道以動靜出入而民咸日用莫知其然故謂之神 呂氏曰夫氣本一所以爲陰陽者闔闢而已氣闢則溫燠發生闔則收斂肅殺也一體二用不可以二物分之分之則闔闢之機露而生生之用息矣

曰戶一而已坤則闔之乾則闢之【進齋曰】天道流行有動有靜猶戶之闔
闢也陽之動也戶之闢也群蟄由是而作也是謂之乾陰之翕也戶之闔
也群動由是而息也是謂之
坤先坤後乾陰陽之義也是故易有太極是生兩儀兩儀生四象
四象生八卦一每生二自然之理也易者陰陽之變太極者其理也兩儀者始為一畫以分陰陽四象者次為二畫以分太少八卦者
次為三畫而三才之數始備此數言者實聖人作易自然之次第有不假絲毫智力而成者畫卦揲蓍其序皆然詳見序例啓蒙

附錄

此太
極却是為畫卦說當未畫卦前太極只是一箇渾淪底道理裏面包含陰
陽剛柔奇偶無所不有及畫一奇一偶便是生兩儀再於一奇畫上加一奇
此是陽中之陽又於一奇畫上加一偶此是陽中之陰又於一偶畫上加一
奇此是陰中之陽又於一偶上加一偶此是陰中之陰是謂四象所謂
八卦者一象上有兩卦每象各添一奇一偶便是八卦荅周謨太極不
離乎兩儀四象八卦如曰一陰一陽之謂道指陰陽為道固不可而道則
不離乎陰陽也荅楊以大太極便是一到得生兩儀時這太極便在兩儀
中生四象時這太極便在四象中生八卦時這太極便在八卦中楊道夫
節齋師云一分為二二分為四四分為八八分為十六十六分為三十二三
十二分為六十四猶根之有幹幹之有支愈大則愈小愈細則愈繁而明
道以為加一倍法其發明孔子之言切矣荅郭子和易有太極散為
六十四卦三百八十四爻而一卦一爻莫不具一太極啓蒙易有太極一
羲畫易之心總全在此不可容易輕說荅袁樞無極即是無形太極雖無
形而有理也荅陸子美問易有太極則不可謂之無[illegible]後乃有無極之說

何也曰有太極是有此理無極是無形器方体可求。兩儀有象太極則無
象。答李閎祖 靜者性之所以立也動者命之所以行也然其實則靜亦動
之息爾太極說太極是天地人物萬善至好底表德 答家參謙 道生一一生
二二生三此道字即易之太極一乃陽數之奇二乃陰數之偶三乃奇偶
之積耳曰二生三者猶所謂二與一爲三也若直以一爲太極則不容復
言道生一矣詳其語勢與列子易變而爲一之語正同所謂一者皆形變
之始耳不得爲非數之一也 答程泰之 天地間只有箇奇偶奇是陽偶是
陰春是少陽夏是太陽秋是少陰冬是太陰自一而二自二而四自四而八只恁推
去都是不得 答潘時舉 集註 誠齋楊曰 一元氣渾淪陰陽未分是謂太極當是之時易
之道已具矣故曰易有太極然則非太極之能有夫
易而易能有夫太極也○儀者極之著象者儀之形故一氣者二氣之祖
也二氣者五行之母也 劉習靜曰 易有太極文公謂兩儀亦易之中自有
太極之理是指陰陽中之太極節齋祖太極圖而太
極是指未生兩儀之太極推本而論節齋之說爲長 八卦定吉凶吉凶生
大業 有吉有凶是生大業 附錄 八卦定吉凶吉凶既決定而不差則
以之立事而大業自此生矣 葉賀孫 是故法象
莫大乎天地變通莫大乎四時縣象著明莫大乎日月崇高莫大
乎富貴備物致用立成器以爲天下利莫大乎聖人探賾索隱鉤
深致遠以定天下之吉凶成天下之亹亹者莫大乎蓍龜 富貴謂有天下

履帝位立下疑有闕文亹亹 附錄 問定吉凶成亹亹莫大乎蓍龜如何曰人到疑而不能決便放倒了不肯猶勉勉也疑則怠決故勉向前既得卜筮知其吉凶自然勉勉住不得則其所以亹亹者是卜筮成之也 荅揚必大 集註 林[illegible]閩曰 賾與隱象之所裁也深與遠數之所托也賾非探而不出隱非索而不得深非鈎而不及遠非致而不至龜神物可以知象探賾索隱以象求之也蓍植物可以知數鈎深致遠以數求之也 進齋曰 賾隱以物象言深遠以事理言賾謂物之雜亂者隱謂微而不顯者探之索之則賾者陳而隱者顯矣深遠言不可以淺近求也鈎謂曲而取之致謂推而求之則深者出而遠者極矣

是故天生神物聖人則之天地變化聖人效之天垂象見吉凶聖人象之河出圖洛出書聖人則之此四者聖人作易之所由也河圖洛書詳見啓蒙 集註 南軒曰 通於天者河也有龍馬負圖而出此聖人之德上配於天而天降其祥也中於地者洛也有神龜載書而出聖人之德下及於地而地呈其瑞也聖人則之故易興於世然後象數推之以前民用卦爻推之以前民行而示天下後世也

易有四象所以示也繫辭焉所以告也定之以吉凶所以斷也四象謂陰陽老少示謂示人以所值之卦爻●此第十一章專言卜筮 集註 錢氏曰 有其象亡其辭則示人以其意而已聖人懼後世不能與知也於是係之辭以告之定其辭以斷之曰示則使人有所見曰告則使人有所知曰斷則使人無所疑也

易曰自天祐之吉无不利子曰祐者助也天之所助者順也人之所助者信也履信思乎順又以尚賢也是以自天祐之吉无不利也釋大有上九爻義然在此無所屬或是錯簡宜在第七章之末 集註 郭氏曰前擬議七爻皆不稱易曰後往來屈伸以下十八爻皆稱易曰此錯簡當在勿益之下

子曰書不盡言言不盡意然則聖人之意其不可見乎子曰聖人立象以盡意設卦以盡情僞繫辭焉以盡其言變而通之以盡利鼓之舞之以盡神言之所傳者淺象之所示者深觀奇偶二畫包含變化無有窮盡則可見矣變通鼓舞以事而言兩子曰字宜衍其一蓋子曰字皆後人所加故有此誤如近世通書乃周子所自作亦爲後人每章加以周子曰字其設問答處正如此也

附録 看來情僞只是箇好與不好如剝五陰只是要害一箇陽這是不好底情便是僞如復如臨便是好底卦便是真情啓蒙變而通之以盡利言占得此卦陰陽老少交變因其變便有通之理鼓之舞之以盡神未占得則有所疑既占則无所疑自然使人脚輕手快行得順便如大衍之後言顯道神德行是故可與酬酢可與祐神定天下之吉凶成天下之亹亹者皆是鼓之舞之之意答范元裕因舉橫渠云巫風其鼓舞之盡神者歟巫字從工兩邊人字是取象其舞巫者祀神如舞雩之類皆須舞盡以通暢其和氣達于神明答沈僴 集註 郭氏曰天下之動與神鼓之

也巫之為人若風行於物至於動而已故以好歌舞為巫風【歐文忠曰】古之聖人用易之道以利天下者變通而已故棟宇生於巢居之窮舟楫生於車馬之窮變而通之所以鼓之舞之也穴居病而得棟宇孰不鼓舞於棟宇車馬阻而逢舟楫孰不鼓舞於舟楫何則困於此窮必快於所變也變而通之則天下之利皆可得而盡鼓之舞之則聖人之道皆精入於神非聖人之神也易道之神也故曰鼓之舞之以盡神○夫言無窮而書有止以有止之書載無窮之言故書不盡言意無形而言有聲以有聲之言述無形之意故言不盡意【劉氏曰】鼓取者聲相准也舞者形自得也【耿氏曰】鼓天下之動則使天下之動進退遲速有節若周官或鼓而進或鼓而退或鼓而遲或鼓而驟也【丘行可曰】書以記言言有非書所能述言以道意意有非言所能達於是聖人為之立象以示人使之觀象而意自得為之係辭以斷吉凶使之玩辭而言以明情實也偽虛也人之情偽何啻萬端自六十四卦既陳而是非得失居然可見故足以盡情偽變通以事言謂因其卦之變而通之使人凡有所為知所趨避故足以盡利鼓舞以心言謂其奮然有所興起也方其未占則人心未免有疑而不敢為既占則自然作興亹亹而不厭故足以盡神立象設卦係辭三者言作易之体變通鼓舞二者言用易之事

乾坤其易之縕邪乾坤成列而易立乎其中矣乾坤毀則无以見易易不可見則乾坤或幾乎息矣縕所包畜者猶衣之著也易之所有陰陽而已凡陽皆乾凡陰皆坤畫卦定位則二者成列而易之体立矣乾坤毀謂卦畫不立乾坤息謂變化不行【附錄】向論衣縕袍縕是絮絮胎今看進

編字正是如此取義易已著此理乾坤則是体骨 答揚父大 乾坤成列便是乾一至坤八都成列了其變易方立其中 答蒙 易不過只是一箇陰陽奇偶千變万變則易之体立若奇偶不交變奇純是奇偶純是偶去那裏見易易不可見則陰陽奇偶之用亦何自而辨 答范元裕 【集註】伊川曰且喚做中若以四方之中爲中則四邊无中乎 【節齋曰】六十四卦其陽爻皆乾之自出其陰爻皆坤之自出乾坤一耳卦乃六十四卦之奧府三百八十四爻之宝藏也乾坤立則易立乎乾坤隱則易隱非乾坤有毀息之理也言易与乾坤不可以相无也 【雨軒曰】乾坤其易之門邪言易出入於乾坤也乾坤其易之緼邪言易含畜於乾坤也故乾成位乎上坤成位乎下而易立乎其中矣 【立齋可曰】易未嘗无乾坤亦未嘗息特以卦畫不立无以見其變易之理而併与乾坤之功用不可得而見尔

是故形而上者謂之道形而下者謂之器化而裁之謂之變推而行之謂之通舉而措之天下之民謂之事業

卦爻陰陽皆形而下者其理則道也因其自然之化而裁制之變之義也變通二字上章以天言此章以人言 【附錄】形以上底虛渾是道理形以下底實便是器 答□□ 器亦道也道亦器也道未嘗離乎器道只是器之理 答□□ 化是漸漸消化去壹壹地去有漸底意思不見其化之迹且如而今天氣漸漸化去將到得立秋便截斷這已後是秋便是變 ○只就那化中裁截取便是變 答楊道夫 化是因其自然而化裁是人爲變是變了從這頭初一至三十日便是化到這三十日截斷做一月明日便屬後月便是變又如一年三百六十日須待日日漸次進去到那滿時這便是

化自春而夏夏而秋秋而冬聖人去這裏截做四時這便是變又如子丑寅卯十二時皆以漸而化不見其迹及至子時便截取子屬明日所謂變也化不是一日內便頓然恁地人之進德亦如此三十而立不到那三十時便立須從十五志學漸漸化去方到 荅吳斗南 化而裁之方是分下頭項推而行之便是見於事如堯授舜舜授禹分命羲和許多事便是化而裁之到敬授人時便是推而行之發蒙處得恰好處便是通推而行之便是就這上行得去且如亢龍有悔是不通了處得來无悔便是通變是就時就事上說通是就上面處得行處說故曰通其變 荅楊道夫 集註 [illegible]氏曰當人之卒以益而莫自知也仲尼行者習與異於他人十五至七十化而裁之其進德之盛者歟○變則化由粗之精也化而裁之謂之變以著顯微也化而裁之存乎變謂存四時之變則周歲之化可裁存晝夜之變則百刻之化可裁推而行之存乎通謂推四時而行則能存周歲之通推晝夜而行則能存百刻之通 南軒曰 道不離形特形而上者而已器具於道以形而下者也易之論道器特以一形上下而言之也然道無形器而道必托於器禮樂刑賞是治天下之道也禮雖非玉帛而禮不可以虛拘樂雖非鐘鼓而樂不可以徒作刑本遏惡也必托於甲兵以寫究懷撲賞本揚善也必表之以旗常銘之以鐘鼎故形而上者之道托於器而後行形而下者之器得其道而無弊故聖人悟易於心竟易於性在道不溺於無在器不墮於有也 誠齋曰 形而上二者以无形而使有形也形而下二者以有形而使於无形也 馮氏曰 凡一事一物有形而下者必有形而上者上者其理下者其事物也理无体故謂之道事物有体故謂之器 節齋曰 形謂動而可見之時自此而上无体故以道名之自此而下有体故以器名之

周易繫辭上卷之七

建安後學張公楚點校

是故夫象，聖人有以見天下之賾，而擬諸其形容，象其物宜，是故謂之象。聖人有以見天下之動，而觀其會通，以行其典禮，繫辭焉以斷其吉凶，是故謂之爻。（重出以起下文）極天下之賾者存乎卦，鼓天下之動者存乎辭。（卦即象也，辭即爻也）化而裁之存乎變，推而行之存乎通，神而明之存乎其人，默而成之，不言而信，存乎德行。（卦爻所以變通者在人，人之所以能神而明之者在德○）

此第十二章

【附録】變化字多相對説，化裁之變又説得來重，如云幽則有鬼神，鬼神本皆屬幽，然以鬼神二字相對説，則鬼屬幽，神又自屬明；變化相對説，則變是長，化是消。（杏溪斷）

【集註】【誠齋曰】易有三：一曰天易，二曰竹易，三曰人易。天尊地卑，乾坤定矣，天易也；書不尽言，言不尽意，竹易也；存乎其人，存乎德行，人易也。有聖人焉，能行易之道，神而明之，默而成之，則易不在天，不在竹，而在人矣。【侯行可曰】上文五謂者，皆聖人作易之用；此六存者，則聖人之用夫易也。前言變通而歸之事業，推易道於民也；此言變通而歸之德行，存易道於已也。

張山長宅中溪書院新刊

周易繫辭下卷第八

晦菴朱熹傳

建安後學中溪張清子編

八卦成列象在其中矣因而重之爻在其中矣成列謂乾一兌二離三震四巽五坎六艮七坤八之類象謂卦之形体也因而重之謂各因一卦而以八卦次第加之為六十四也爻六爻也既重而後卦有六爻也本義

附錄 八卦所以成列乃是從太極兩儀四象漸次生出以至於此畫成之後方見其有三才之象非聖人因見三才遂以己意思惟而連畫三爻以象之也因而重之亦是因八卦之已成各就上面接次生出逐爻則更加三變方成六十四卦若待生出全卦則只用一變便成六十四卦雖有遲速之不同然皆自然漸次生出各有行列次第畫成之後方見其可盡天下之變不是聖人見下三爻不足以盡天下之變然後別生計較又并畫上三爻以盡之也此等皆是作易妙處方其畫時雖是聖人亦自不知裏面有許多巧妙奇特直是要人細心体認不可草草立說答袁樞

集註 卓軒曰謂在其中者言非自外至也王氏曰聖人因象以設卦則象在卦先設卦以立象則象在卦中

剛柔相推變在其中矣繫辭焉而命之動在其中矣剛柔相推而卦爻之變往來交錯無不可見聖人因其如此而皆係之辭以命

其吉凶則占者所值當動之爻象亦不出乎此矣 附錄 爻各是就剛柔交錯而成卦爻上言動是專指當占之爻言之〻爻變則占者以上爻爲主這上爻便是動如五爻變一爻不變則占者以不變爻爲主則這不變底便見動處也 啓蒙

吉凶悔吝者生乎動者也 吉凶悔吝皆辭之所命也然必因卦爻之動而後見 集註 濂溪曰吉凶悔吝生乎動噫吉一而已動可不慎乎王氏曰動然後有悔不動則貞而已潘氏曰八卦既列則天地雷風水火山澤之象在其中因而重之爲六十四卦則三百八十四爻在其中一剛一柔相推不窮則變在其中係辭焉以指人之所之則動在其中故曰六爻之動三極之道也由所命之辭而動則動罔不吉至無凶悔吝也

剛柔者立本者也變通者趣時者也 一剛一柔各有定位自此而彼變以從時 附錄 此兩句亦相對說剛柔者陰陽之質是移不得之定体故謂之本若剛變爲柔柔變爲剛便是變通之用 荅楊必大 剛柔兩箇是本變通便只是其往來者 啓蒙

吉凶者貞勝者也 貞正也常也物以其所正爲常者也天下之事非吉則凶非凶則吉常相勝而不已也 附錄 吉凶二者常須有一箇勝故曰貞勝貞所以訓常者易傳解此處多云正固固乃常也爲正字盡貞不得故又着一固字謂如雖是正又須常固守之然後爲貞 集註 進齋曰先言變動而後獨言吉凶悔吝生乎動者以動詳於變故也此言吉凶悔吝而後止言吉凶者以吉凶者悔吝之積也五行句曰有剛柔而後有變通剛柔者變通之体故曰立本變通者剛柔之用故曰趣時

天地之道貞觀者也日月之道貞明

者也天下之動貞夫一者也觀示也天下之動其變無窮然順理則吉逆理則凶則其所正而常者亦一理而已矣

【附録】天下之事不是吉勝凶便是凶勝吉二者常相勝故曰貞勝天地之道則常示日月之道則常明天下之動則常貞夫一者也天下之動雖不齊常有一箇是底故曰貞夫一答陳文蔚

【集註】楊氏曰貞正也正者靜一之性雖天地日月聖人有所不能外天運乎上地亹乎下終古不息者以正觀也日顯乎晝月顯乎夜其明不已者以正明也天下之動紛至沓來皆有以一之者以正其幹也經曰貞者事之幹非此之謂歟

夫乾確然示人易矣夫坤隤然示人簡矣確然健貌隤然順貌所謂貞觀者也

爻也者效此者也象也者像此者也此謂上文乾坤所示之理爻之奇偶卦之消息所以效而像之

【附録】問效此是效乾坤之變化而分六爻像此是像乾坤之虛實而為奇偶曰效此便是乾坤之理象只是像其奇偶啓蒙

爻象動乎內吉凶見乎外功業見乎變聖人之情見乎辭內謂蓍卦之中外謂蓍卦之外變即動乎內之變辭即見乎外之辭

【附録】功業見乎變是就那動底爻見得這功業字似吉凶生大業之業啓蒙

【集註】潘氏曰確然隤然乾坤之体也隤与頹同乾坤之所以示人者易而不難簡而不繁爻者效此易簡者也象者像此易簡者也及其爻象動乎卦之內則吉凶見於事之外功業見於變通之間蓋動則有吉凶不動則吉凶無自而生變則有功業不變則功業無自而成聖人之情則見於爻辭象辭之間所以指人以所之也

天地

之大德曰生聖人之大寶曰位何以守位曰仁何以聚人曰財理財正辭禁民爲非曰義曰人之人今本作仁呂氏從古蓋所謂非衆罔與守邦○此第一章言卦爻吉凶造化功業【附録】天地以生物爲心蓋天地之間品物萬形各有所事惟天則確然於上地則隤然於下一無所爲只以生物爲事故易曰天地之大德曰生答張欽夫【集註】白雲郭氏曰天地以生物爲德故人以大德歸之聖人得崇高之位然後成位乎中而贊化育故以位爲大寶也大寶者亦非聖人自以爲寶也天下有生之聖人之得位以象其澤故天下以爲寶也進齋曰天地之大德曰生聖人之守位曰仁而理財正辭曰義合而觀之曰亦有仁義而已矣

古者包犧氏之王天下也仰則觀象於天俯則觀法於地觀鳥獸之文與地之宜近取諸身遠取諸物於是始作八卦以通神明之德以類萬物之情王昭素曰與地之宜諸本多有天字俯仰遠近所取不一然不過以驗陰陽消息兩端而已神明之德如健順動止之性萬物之情如雷風山澤之象【附録】陰陽雖是兩箇字然却是一氣之消息一進一退一消一長進處便是陽退處便是陰長處便是陽消處便是陰只是這一氣消息便做出古今天地間無限事來所以陰陽做一箇說亦得做兩箇說亦得古者伏羲觀鳥獸之文與地之宜那是未有文字只是仰觀俯察而已想得聖人心細雖以鳥獸羽毛之微也盡察得有陰陽今人心粗如何察得或曰伊川見兎曰察此亦可畫卦便是此義○凡

草木禽獸无不有陰陽鯉魚脊上有三十六鱗龍脊上有八十一鱗龍亦
背見鯉鱗有以驗自上文中間一段幾成五段文兩邊各挿四段共成八
交文八方之外兩邊周圍共二十四段中間五段者五行
也兩邊挿八段者八卦也周圍二十四段者二十四氣也集註朱子語類曰言鳥獸之
文者蓋東方之宿爲蒼龍南方之宿爲朱鳥西方之宿爲白虎北方之宿
爲龜蛇節齋蔡氏曰聖人所畫之卦精可以通神明之德粗可以類萬物之情
神明之德不可見者也故曰通
萬物之情可見者也故曰類

作結繩而爲罔罟以佃以漁蓋取諸離

兩目相承而物麗焉集註馮氏曰離有二義曰象曰理理謂麗也象謂鳥獸魚鼈
麗乎罔罟也象謂罔罟中間空之目虛也南軒曰古者禽獸
多而人民少故伏羲氏爲之罔罟以佃以漁使民皆知鮮食之利抑亦去
其害而安其居也取諸離者蓋離以一陰麗乎二陽之間則鳥獸之罹乎罔罟
之麗乎罟
其義可推矣

包犧氏沒神農氏作斲木爲耜揉木爲耒耒耨之
利以教天下蓋取諸益

二體皆木上入下動天下之益莫大於此附錄問上入下動於取象
有所未曉曰耜乃今之
之犁鏵耒乃犁柄鏵是下入耒竟是上面用力方得入答象如取諸離諸益
不見先有見乎離而後爲罔罟先有見乎益而後爲耒耜之屬聖人亦
只見魚鳥之屬欲有以取之遂做物事去欄截他欲得耕種見土
地硬遂做物事去剔起他此合於離之象合於益之象大臣葉賁集註
正義以爲取二木成卦如有斲木爲耜揉木爲耒之象而其象皆本直乃
行〔小道〕也以先六爻須從其才務橫罔罟田漁之制立然後耒耜之利見況

天下蔡氏曰炎帝時民厭蜯蛤而食草木之實於是始爲耒耜以教天下故曰神農氏 雙峯饒氏曰 教民肉食自包犧教民粒食自神農始 鄭氏曰 耜耒首也斲木之銳而爲之耒耜柄也揉木使曲而爲之

日中爲市致天下之民聚天下之貨交易而退各得其所蓋取諸噬嗑

日中爲市上明而下動 耿氏曰 有菽 又借噬爲市嗑爲合也 集註 粟者或不足

平爲與有餘與者或不足於布帛金璧者无所取積者无所散則利市不利養不均矣於是日中爲市以爲日中者萬物相見之時也當日方物相見之時而致天下之民聚天下之貨使遷其有无則得其所矣 鄭氏曰 五十里有市市而各致其民則天下之民无不致矣市各聚其貨則天下之貨无不聚矣於是以其所有易其所无交易而退各得其所則動而噬嗑以爲噬者蓋取諸噬嗑也 鄭少梅曰 十二卦始離次益次噬嗑所取者食貨而已食貨者生民之本也 進齋曰 噬嗑離明在上日中象震動于下致民交易於市之義 蔡氏曰 天下之民不同業天下之貨不同用致而聚之噬而嗑之之義

神農氏沒黃帝堯舜氏作通其變使民不倦神而化之使民宜之易窮則變變則通通則久是以自天祐之吉无不利黃帝堯舜垂衣裳而天下治蓋取諸乾坤

乾坤變化而无爲 附錄 黃帝堯舜氏創造詩候以當由衣此亦是易窮則變道理亦如此垂衣裳而天下治是大變化以前衣平了 答

問通其變須是得一箇人通其變若聽其自變又如何得 答葉賀孫

【集註】【王氏曰】舟楫杵臼而次以一聖人足以具此，必云出於五六聖人而後具焉何也？聖人因物之變而通者也。物之所未厭，聖人不遷之；物之所不安，聖人不強行也。故曰通其變使民不倦。【耿氏曰】莊子云：不離於精謂之神人，兆於變化謂之聖人。以神農、黃帝者聖人事也。然則自神農而上則神人之事，所謂不離於精者也；自神農而下則聖人之事，所謂兆於變化者也。兆於變故通於變，兆於化故神而化之。通其變使之不倦，則民困不勝矣；神而化之，順其自然，則民宜之矣。○包犧、神農之事，始於佃漁，終於交易，則養天下而已；黃帝、堯、舜之事，始於衣裳，終於書契，則天下治也。【王師心曰】可使由之者法也，不可使知之者道也。【劉氏曰】易无有窮也，而數窮易來有變也，而時變數窮時變終而復始，未嘗已也。故變則通，通則久。【鄭氏曰】窮則變者，陰陽之窮也。陰窮於六，陽窮於九。六九變之策也。乾坤一也，故自用九用六之辭也。【丘行可曰】十三卦制器而以象皆通其變以宜民之事，特於黃帝堯舜氏言之者，蓋衣裳之時人害雖消，而人以未有衣食，雖得而禮義未興，故為之君者方且與民並耕而食饔飧而治，蓋取諸蠶桑。上下不識所謂上下尊卑之分，於是三聖人者仰觀俯察於乾坤之象，正衣裳之儀，使君臣民分義截然於天尊地下之間，天下其有不治乎？始時也，其道一新之會，而移民以變之之深意也。

刳木為舟，剡木為楫，舟楫之利，以濟不通，致遠以利天下，蓋取諸渙。木在水上也。致遠以利天下，疑衍。

【集註】【南軒曰】衣裳之垂，因以致遠近之正不亂，而後可以涉川。涉之險既，則有所不通，推夫舟楫之利既興，則日月所照，霜露所墜，無不至焉。天下如一家，中國如一人矣。舟楫以剡其木之所

千盡刳其楫而未銳舟所以象而楫所以進舟致遠以利天下而取諸渙者蓋取渙之成卦上巽下坎象曰利涉大川乘木有功也**服牛乘**

馬引重致遠以利天下蓋取諸隨下動上說【集註】【伊川曰】服牛乘馬皆因其性而為之胡不乘牛而服馬乎理之所不可【胡安定曰】隨者是動作以隨於人以之遠則隨於人以之近則亦隨於人【馬氏曰】大車牛駕之載物而重者也小車馬駕之載人而輕者也牛曰服取力曰乘取其實負駕車之稱牛馬行而車隨之所以引重而致遠故取諸隨【虞上曰】上古牛未穿馬未絡至皇帝始服乘之○【毛氏曰】古牛以駕後世始以耕耒耜為始耕之木以人為耦所以代之古者四馬駕一車多至六馬後世始以騎【李氏曰】刳木為用剡木為楫因植物之材而川通矣服牛乘馬引重致遠因動物之性而涂通矣牛以順為道故服而馴之以引重馬以行為事故乘而駕之以致遠牛非不可以致遠於引重為力而已馬非不可以引重於致遠為敏而已引重謂之引以有所陞為義致遠謂之致以有所至為義○夫牛馬四足是謂天絡馬首穿牛鼻是謂人服牛乘馬雖人為也然亦因彼之天而初不嘗以人滅之故有隨之道**重門擊柝以待暴客蓋**

取諸豫豫備之意【附錄】重門擊柝以待暴客只是豫備之意却須待用互體推艮為門闕震雷震乎外之意坎為弧剡木為矢只是睽弧故有威天下之象亦以待穿窬附會就卦中推出制器之義殊不知卦中但有此理而已【谷周謨】【集註】【進齋曰】內坤為闔戶艮為門闕重門之象震為木為動為鳴不動而鳴擊柝之象二陰在外暴客之象九四以一陽禦之待之之象【虞上曰】上古外戶不閉禦風氣而

已至是始有暴客之防【楊氏曰】川途既通則暴客至矣又不可無禦禦之之術故取諸豫重門以禦之擊柝以警之則暴客無所而至二陰在前重門之象也一陽在下擊柝之象也三陰安於內說豫之象也斷木為杵掘地為臼臼杵之利萬民以濟蓋取諸小過下止上動【集註】【誠齋曰】耒耜耕耨之始杵臼脫粟之始○【郭氏曰】耒耜所以實穀臼杵所以別穀別穀為米民食其穀矣猶創者咸賴以濟為杵能勝穀而動乎上臼能受穀而止乎下【耿氏曰】豫恐暴客不至而居者安可以治粟矣【進齋曰】震長上艮下止動而下止上杵臼之象民粒食矣又杵臼以治之而使精小有所過而利人者也【丘行可曰】以象言之上震為木下艮為土互兌為金震木而兌金制之斷木之象艮土而兌金迎之掘地之象震木上動艮土下止杵臼治米之象弦木為弧剡木為矢弧矢之利以威天下蓋取諸睽睽乖然後威以服之【集註】【南軒曰】外有擊柝以防暴客於內有杵臼以治粒食而無以威其不服則雖有險而不能守雖有粟而不得食也弧矢之利不可緩也【誠齋曰】行己睽之上九曰先張之弧謂睽下卦初為弧二為弦而相附者也後說之弧謂上卦上之弦不附於四之弧也三與五乃二矢象也【番氏曰】木而加弦使之彎以為弧木而剡之使之銳以為矢弧矢相因足以及遠所以威也睽之上九有張弧之義【耿氏曰】孔子先足食次足兵蓋守當畏狄也○【[illegible]曰】其害之大者以重門擊柝不足以待之故必有弧矢以威之利天下也威天下者義也【丘行可曰】離坎皆有木而坎為矯輮弦木為弧以兌之金制之剡木也上古穴居而野

處後世聖人易之以宮室上棟下宇以待風雨蓋取諸大壯壯固之意

【集註】【鄭康成曰】棟屋脊標也宇椽也棟直承而上故曰上棟宇兩垂而下故曰下宇棟取四剛義宇取一柔義【李氏曰】大壯之卦二陰在上猶風雨之如晦也四陽在下猶棟宇之克壯也陰終不足以凌陽則以待風雨之象也【進齋曰】冬穴處無以待風夏野處無以待雨故宮室不得不興焉風凌雨然後知廈屋之爲解檬故棟宇不可不因大壯之意也

古之葬者厚衣之以薪葬之中野不封不樹喪期无數後世聖人易之以棺椁蓋取諸大過送死大事而過

於厚【集註】【南軒曰】君子不以天下儉其親於此而過亦無害又大過成卦四奇畫實其中內棺之象兩耦畫周乎外外椁之象【誠齋曰】大過以巽兌成卦巽入也兌說也天見狐狸食之以爲戚則見棺椁入藏以爲說矣○以全卦而觀中四陽爲棺椁初上二陰爲土有棺椁入土之象【鄭氏曰】棺椁而藏之深則自遠戚末之象○夫杵臼棺椁所以使民養生送死無憾也所以依於人者過厚也然養生不足以當大事故取小過之義而已送死足以當大事故取大過之義焉【鄭少梅曰】大壯外震震動也風雨飄搖之象大過內巽巽入也入土之象【耿氏曰】生而庇大廈死而衣之厚薪不可也生而動死而棄之中野不可也於是棺椁興焉【項氏曰】大壯以二陰覆四陽爲棟宇覆人之象大過以二陰包四陽爲棺椁包人之象

上古結繩而治後世聖人易之以書契百官以治萬民以察

蓋取諸夬。明決之意。○此第二章，言聖人制器尚象之事。【附録】上古結繩而治，後世聖人易之以書契。以下事有古未之爲，而後人爲之，固不可无者，此類是也。【集註】耿氏曰：已前不云上古，已下三事或言上古，或言古，與上文不同者，蓋未造此器之前，更無餘物之用，非是後世以替前物，故不言上古也。此已下三事，皆是未造此物之前，已更別有所用，今將後用而代前用，故本之云上古及古者。○十二卦之符，或言利，或不言利，何也？因器濟不爲利也。然必耒耜杵臼而後能裕萬民之食，是則因器之利不足言，而耒耜杵臼之利大矣，所以言利也。門柝非不爲利也，然門柝則能保其內，使暴客不能入而已；弧矢則又能威其外，使暴客不能至。是則門柝之利不足言，而弧矢之利大矣，所以言利也。獨於舟楫馬牛言利天下者，舟楫馬牛之利無所不通，可以周天下故也。【進齋徐氏曰】上古民淳事簡，事之小大，惟結繩以識之，亦足以爲治。至後世風俗淪薄，欺詐日生，而書契不容不作矣。書，文字也；契，合約也。言有不能記者，書識之；事有不能信者，契驗之。取明決之義。蓋夬乃君子決小人之卦，而造書契者，亦所以決去小人之僞而防其欺也。

是故易者，象也；象也者，像也。易卦之形，理之似也。【附録】易也者，象也；象也者，像也。只是髣髴說，不可求得太深。若苗佐

彖者，材也。彖言一卦之材。**爻也者，效天下之動者也。**效，放也。**是故吉凶生而悔吝著也。**悔吝本微，因此而著。○此第三章。【集註】南軒曰：悔者有改過之意，全不改，吉則悔之著也。吝者[illegible]

文有文過之意至於凶則咎之深也故悔吝者未疵而吉凶則言夫失得之至於吉凶乃悔吝之昭著而不可掩者焉 龍與氏曰 動者形而吉凶者影響也吉凶因於得失故曰生言有本者如是也悔吝者小疵也故曰著言由微以至著也 劉氏曰 吉凶生於悔吝吉凶言生則原其始也悔吝之著為吉凶悔吝言著則要其終也

陽卦多陰陰卦多陽震坎艮為陽卦皆一陽二陰巽離兌為陰卦皆一陰二陽其故何也陽卦奇陰卦耦凡陽卦皆五畫凡陰卦皆四畫其德行何也陽一君而二民君子之道也陰二君而一民小人之道也君謂陽民謂陰○此第四章 附錄 一君一民試數一箇民而有兩箇君看是甚模樣者是衍 集註 進齋曰 君子之道以陽統陰小人之道以陰統陽○ [illegible]曰 夫少者多之所宗一者衆之所歸陽卦二陰故奇為之君陰卦二陽故偶為之主

易曰憧憧往來朋從爾思子曰天下何思何慮天下同歸而殊塗一致而百慮天下何思何慮引咸九四爻辭而釋之言理本無二而殊塗百慮莫非自然何以思慮為哉必思而從則所從者亦狹矣 集註 橫渠曰 憧憧往來心之往來不已也不能虛以接物而有所係著非行其所無事也○咸之九四有憧憧

初思其朋是感其心也不言心而言心之事不能虛以受人乃憧憧而致其思感道失矣【南軒曰】天地之道日月寒暑往來之自運初無思慮万物之理只蠖龍蛇妄形之自然初无思慮也【龜山曰】夫心猶鑑也居其所而物自以形來則所鑒者廣矣若執鑑隨物以度其形所照幾何○朋從尔思者爾所感也不從爾思者非爾所感其往來自相感也○咸九四一爻由一身觀之則心是也獨不言心蓋有心以感物則其應必狹矣惟无心以待物之感故能无所不感【進齋曰】天事緒万端不過一理途雖殊而歸同則往來自不容无而加之憧憧則私矣慮雖百而致一則思亦人心所當有而何於朋從則狹矣人於此但當以貞守之不必自爲紛紛也

日往則月來月往則日來日月相推而明生焉寒往則暑來暑往則寒來寒暑相推而歲成焉往者屈也來者信也屈信相感而利生焉言往來屈信皆感應自然之常理加憧憧焉則入於私矣所以必思而後有從也

【附録】日往則月來一段乃承上章憧憧往來而言蓋嘗如日往月來寒往暑來皆是常理只著箇憧憧便鬧了　廖德明　如日往則感得那月來月往則感得那日來寒往則感得那暑來暑往則感得那寒來一感一應一往一來其機无窮感應之理是如此

【集註】伊川曰感動也有感必有應凡有動皆爲感感則必有應所應復爲感感復爲應所以不已也【進齋曰】屈信相感而利生焉感以誠也情僞相感而利害生焉以僞也誠齋曰吾觀諸日今夕之往所以爲來朔之來吾觀諸月今夕之來所以爲來朔之往吾觀諸前之屈乃後之信也吾觀諸寒暑析

之寒不生於寒而生於烈日之暑暑不生於暑而生於堅冰蓋天之之信乃甚之屈也 尺蠖之屈以求伸也龍蛇之蟄以存身也精義入神以致用也利用安身以崇德也因言屈信往來之理而又推以言學亦有自然之機也精研其義至於入神屈之至也然乃所以為出而致用之本利其施用无適不安伸之極也然乃所以為入而崇德之資內外交相養互相發也

附錄 尺蠖屈便要求伸龍蛇蟄便要存身精研義理無毫釐絲忽之差入那神妙處這便是要出來致用外面用得利而安身乃所以入來自崇己德致用之用即是利用之用所以横渠云精義入神事豫吾內求利吾外利用安身素利吾外以致養吾內 答吳渊 義者宜也精義者精諸此而已義至於精則應事接物之間無一非義不問小事大事千變万化改頭換面出來自家應副他如利刃快刴相似迎刃而解件件判作兩邊去 答葉賀孫

過此以往未之或知也窮神知化德之盛也 下言之事只力於精義利用而交養互發之機自不能已自是以上則亦无所用其力矣至於窮神知化乃德盛仁熟而自致耳然不知者往而屈也自致者來而信也是亦感應自然之理而已 張子曰氣有陰陽推行有漸為化合一不測為神此上四節皆以釋咸九四爻義

附錄 過此以往未之或知亦只是雖欲從之末由也已之意 答廖德明 天下何思何慮便是先打破那思字却說那同歸殊途一致百慮又再說天下何思何慮謂何用如此憧憧往來而為此朋從之思也 日月寒暑之往來尺蠖龍蛇之屈伸皆是自然底道理不往則不來不屈則不能伸也精義入

神用力於內，乃所以致用於外；利用安身以求利於外，乃所以崇德於內。只是如此做將去，雖至於窮神知化，地位亦只是德盛仁熟之所至，何思何慮之有。答周謨（集註）伊川曰：窮神知化，化之妙者，神也。○道無本末精粗之別。灑掃應對，形而上者存焉。（饒氏）曰：一故神，兩故化。兩在故不測。○窮神知化，不知到化後如何。○化事之變也，大可爲也，大而化之不可爲也，在熟而已。易謂窮神知化，德盛仁熟之至，非知力能強也。○窮神是窮盡其神也，入神是僅能入於神也。言入如自外而入，義固自有淺深。（誠齋）曰：精於庖者，其刀入神；精於射者，其矢入神；苟入神矣，其致用於庖丁射也。何有精於技者猶若是，而況精於義理而入神者乎？（王思）曰：其藏深也，不可測究，尚可得而窮之乎？所謂窮者，以不窮窮之矣。

易曰：困于石，據于蒺蔾，入于其宮，不見其妻，凶。子曰：非所困而困焉，名必辱；非所據而據焉，身必危。既辱且危，死期將至，妻其可得見邪？

釋困六三爻義。（附録）朱子曰：非所困而困焉，名必辱，大意指困于石說。石是挨動不得底物事，自是不須去動他，若只管去用力，徒自困耳。答蒙（集註）谷行可曰：石非可困之物而困焉，則用力於不當用之地，名烏得而不辱？蒺蔾非可據之物而據焉，則寘其身於不當寘之所，身烏得而不危？人不能豫患難而行，而陷獲於貧賤，則其困也乃自取尓。

易曰：公用射隼于高墉之上，獲之，无不利。子曰：隼者，禽也；弓矢者，器也；射之者，人也。君子藏器於身，待時而動何不利之有動而不括是以出而有獲語成器而動者也括結礙也此釋解上六爻義子曰小人不恥不仁不畏不義不見利不勸不威不懲小懲而大誡此小人之福也易曰屨校滅趾无咎此之謂也此釋噬嗑初九爻義【集註】蓼齋曰不以不仁爲恥故見利而後勸於爲仁不以不義爲畏故畏威而後懲於不義善不積不足以成名惡不積不足以滅身小人以小善爲无益而弗爲也以小惡爲无傷而弗去也故惡積而不可揜罪大而不可解易曰何校滅耳凶此釋噬嗑上九爻義【集註】白行可曰惡小而不能懲則罪大而不可解猶滅趾不防而至於滅耳也烏得而不凶子曰危者安其位者也亡者保其存者也亂者有其治者也是故君子安而不忘危存而不忘亡治而不忘亂是以身安而國家可保也易曰其亡其亡繫于包桑此釋否九五爻義【附錄】呉氏曰常有危亡與亂之慮可以安其位保其存有其治啓蒙【集註】誠齋曰前二人者以驕敗後二人者以憂畏能一再憂其亡則其固如係於桑本矣苞桑木物之至固而不可拔

者況又係之于其本乎 子曰德薄而位尊知小而謀大力小而任重鮮不及矣易曰鼎折足覆公餗其形渥凶言不勝其任也此釋鼎九四爻義

集註

誠齋曰量力而負其人不敗量器而受其足不折今也鼎足之弱而負亦實之豈有不折已之足覆人之餗敗己之身者乎

子曰知幾其神乎君子上交不諂下交不瀆其知幾乎幾者動之微吉之先見者也君子見幾而作不俟終日易曰介于石不終日貞吉介如石焉寧用終日斷可識矣君子知微知彰知柔知剛萬夫之望此釋豫六二爻義漢書吉之之間有凶字

附錄

漢書上引此句說幾者動之微吉凶之先見者也似說得是幾自是有善有惡君子見幾亦是見得方舍惡從善不能無賢孫幾是動之微是欲動未動之間便有善惡便須就這處理會若至於發著之甚則亦不濟事矣更怎生理會 答楊道夫

集註

伊川曰幾者始動之微也吉凶之端可先見而未著者也獨言吉者見之於先豈復至有凶也 誠齋曰夫石者至靜而无欲至重而不動者也今也君子介然如石天下之可欲者何物能動之乎其見幾寧用終日而後識之乎 橫渠曰幾者象見而未形者也形則涉乎明不待神而後知也 馮氏曰柔者物之所以濟剛則至剛則必生費矣詩所以柔微言微亦柔也微亦剛也是乾 進齋曰上卦交多在六二也下卦交多在初也當豫之世四爲權臣三比而諂

應之比惟自六三與也之於四宗无係應以位在初二三之間所比非人易為所累一或不謹而溺遺焉則陷於逸豫不能見幾而作矣

子曰顏氏之子其殆庶幾乎有不善未嘗不知知之未嘗復行也易曰不遠復无祇悔元吉

殆危也庶幾近意言近道也此釋復初九爻義

附錄 殆是幾乎之意●殆危是兩此二字底意思 啓蒙 有只是顏子天資好如至清之水纖芥必見 答王盈卿

集註 伊川曰顏子无形顯之過夫子謂其庶幾乎乃无祇悔也 冥沖來曰 聖人无不善賢人則容有不善但未嘗不知知之未嘗復行也 丘行可曰 庶近也与庶乎屢空之庶同義●夫子知幾顏子庶幾此其去聖所以未達一間尔、

天地絪縕萬物化醇男女構精萬物化生易曰三人行則損一人一人行則得其友言致一也

絪縕交密之狀醇謂厚而凝也言氣化者也化生形化者也此釋損六三爻義

附錄 致一是專一之義天地男女都是兩箇方得專一若三箇便亂了 啓蒙

集註 伊川曰損者損所餘也益者益不足也三人謂下三陽上三陰三陽同行則損九三以益上三陰同行則損上六以居三三人行則損一人也上与三雖本相應由二爻升降而一卦乃成兩相與也初二兩陽四五兩陰同德相比三与上應皆兩相與則其志專皆為得其友也三雖与四相比然異体而應上非同行者也三人則損一人一人則得其友蓋天下无不二者一与二相對待生生之本也三則餘而當損矣此損益之大義也 宋氏曰 天合乃地女皆二而一者也 丘行可曰

曰損自泰來以未成卦言之下乾爲天上坤爲地以乾上之一爻交坤上之一爻而爲損有天地絪縕之象以既成卦言之上坤變爲艮艮爲少男下乾變兌兌爲少女有男女構精之象**子曰君子安其身而後動易其心而後語定其交而後求君子脩此三者故全也危以動則民不與也懼以語則民不應也无交而求則民不與也莫之與則傷之者至矣易曰莫益之或擊之立心勿恒凶**此釋益上九爻義●此第五章【附録】先儒以爲心平氣和則能言易曰易其心而後語是也

子曰乾坤其易之門邪乾陽物也坤陰物也陰陽合德而剛柔有體以體天地之撰以通神明之德諸卦剛柔之體皆以乾坤合德而成故曰乾坤易之門撰猶事也【附録】乾坤易之門不是乾坤別有易只易便是乾坤乾坤便是那兩扇門相似一扇開便一扇闔只是一箇陰陽做底如闔戶謂之坤闢戶謂之乾皆易是闢【集註】【誠齋楊氏】曰天地之撰如二子之撰撰之言爲也□氏曰乾坤物於陰陽而由陰陽以闔闢故曰乾陽物也坤陰物也□□曰若子言道之爲物有物混成則道亦物也乾純陽坤純陰皆此類尚故乾曰陽物坤曰陰物【建安丘氏】曰自形而上者言之故先陰而後陽自形而下者言之故先剛而後柔**其稱名也雜而不越於稽其類其衰世之意邪**

雜多云不止於陰陽之交故卦六爻之義雖雜出而不差繆然非上古【附錄】
淳質之時思慮所及也故以為衰世之意蓋指文王與紂之時也

其稱名也雜是指卦名而言啓蒙於稽其類異說稽考其事類啓蒙翼傳

【集註】誠齋曰乾之所名或為龍或為馬或為玉為金其所稱雖雜而不越乎陽物也坤之所名或為牛或為牝馬或為輿為金其所稱雖雜而不越乎陰物也【節齋蔡曰】君辭所稱事物之名雖雜出而不越陰陽而已於此而稽考則各從其類可知也聖人稱名稽類如此其至者其衰意為衰世出易道不明之慮爾

夫易彰往而察來而微顯闡幽開而當名辨物正言斷辭則備矣而微顯恐當作微顯而開而之而亦疑有誤啓蒙

【附錄】問彰往察來若神以知來知以藏往相似往是已定底如天地陰陽之變皆已見在這卦上了曰是啓蒙微顯闡幽幽者不可見便就這顯處說出來顯者便就上面尋出這不可見底教人知啓蒙

【集註】【節齋蔡曰】往者易沒而易能彰之來者雖明而易能察之顯者微之使求其原幽者闡之使見其端開為事物萬殊開其各當名也乾馬坤牛之類辨物也利貞之類正言也吉凶之類斷辭也易之為書備於此矣

其稱名也小其取類也大其旨遠其辭文其言曲而中其事肆而隱因貳以濟民行以明失得之報肆陳也貳疑也●此第六章多闕文疑字不可盡通後皆放此

【集註】【進齋徐曰】報應也失得之報吉凶之應也因民之疑貳而決其所以濟其所行有以明著其吉凶之應也

（七）

易之興也，其於中古乎？作易者，其有憂患乎？夏商之末，易道中微，文王拘於羑里而繫彖辭，易道復興。是故履，德之基也；謙，德之柄也；復，德之本也；恒，德之固也；損，德之脩也；益，德之裕也；困，德之辨也；井，德之地也；巽，德之制也。

履，禮也。上天下澤，定分不易，必謹乎此，然後其德有以爲基而立也。謙者，自卑而尊人，又爲禮者之所當執持而不可失者也。九卦皆反身脩德以處憂患之事也，而有序焉。基，所以立；柄，所以持；復者，心不外而善端存；恒者，守不變而常且久；懲忿窒慾以脩身；遷善改過以長善；困以自驗其力；井以不變其所；然後能巽順於理以制事變也。

附録　巽只是低心下意。要制事須是將心入那事裏去，順他道理，方能制事，方能行權。若心粗，只從事皮上綽過，如此，權便錯了。學蒙　井，德之地也。地是那不動地頭。學蒙　巽爲資斧，所以多作斷制之義。蓋巽之義非順字所能盡，順而能入之謂巽。一陰而在二陽之下，是入細直徹到底，不是只到皮子上。若如此，方斷得殺。若不見得盡，如何可以行權？答楊必大

集註　進齋曰：履，踐也。基，猶基址。禮卑如地，人之踐履一循乎禮，是從實地上立脚，步步皆實，則德有其基，自下積累而上，故曰德之基。復爲反善之義，人非聖人，不能不流於惡，能於念慮之萌，人所不知、己所獨知之處，審其幾而復於善焉，是德有其本也。人動困窮，出處語默之間，取予辭受之際，最可觀德。當義則爲君子，違理則爲小人，明辨於此，以自審其所守云。

履和而至，謙尊而光，復小而辨於

物恒雜而不厭，損先難而後易，益長裕而不設，困窮而通，井居其所而遷，巽稱而隱。此如書之九德，礼非強世，然事皆至極。謙以自卑而尊且光，復陽微而不乱於群陰，恒處雜而常德不厭，損欲先難，習熟則易，益但充長而不造作，困身困而道亨，井不動而及物，巽稱物之宜而潛隱不露。

附録　復是一陽生於群陰之下，如幽暗之中一點白，便是白而辨也。復雖一陽生，然而与衆陰却不相乱，人之善端方萌，雖小，然而衆惡却遏他不得。谷[illegible]　損先難而後易，不探虎穴，安得虎子，須是捨身入裏面去，如搏寇讎方得之，若輕可地就得，不濟事。谷黃顯子　如子産為政，鄭人歌之曰：孰殺子産，吾其與之。及三年人後歌而頌之，蓋事之初，在我亦有所勉強，在人亦有所難堪，久之當事理順人心，言遣事方易。谷沈僩　井居其所而遷，井是撥不動物事，然却可隨所汲而往，如道之正体雖一定，於此而隨事制宜，自莫不當。谷葉賀孫　巽稱而隱，如巽見而巽伏也，巽是箇隱伏底物事，蓋巽一陰在下，二陽在上，陰初生時已自稱量得箇道理了，不待顯而後見，如事到面前，自家便有一箇道理處置他，不待發露出來。○隱不見，如風之動物，無物不入，但見其動而不見其形。權之為用，亦猶是也。谷沈僩

履以和行，謙以制禮，復以自知，恒以一德，損以遠害，益以興利，困以寡怨，井以辨義，巽以行權。寡怨謂少所怨尤，辨義謂安而能慮。○此第七章，三陳九卦，以明處憂患之道。

附録　井以辨義，謂安而能慮，蓋守得自家心先定，方能辨事之是非，若自家心[illegible]

定事到面前，安能辨其義耶。今說僩中巽只是柔順低心下意底意義。人至於行權處，不少巽順，如何行得。蓋卿。這說在九卦之後，是這八卦事了方可以行權。【集註】【東節曰】人道不能无怨，故言寡怨，所謂怨是用希是也。【白雲曰】權者反於經者也，古皆於今之權也。堯舜傳賢，禹傳子，權也；夏尚忠，商尚質，周尚文，亦權也。【韓氏曰】權反經而合道，必合乎巽順而後可以行權矣。○【李氏曰】德二三則所謂不恒其德者也，終始惟一，乃日新，是以能久。【胡氏曰】九卦皆即以之一字言之，亦如六十四卦大象皆着一以字，蓋以明其用易也。

易之爲書也不可遠，爲道也屢遷，變動不居，周流六虛，上下无常，剛柔相易，不可爲典要，唯變所適。遠，猶忘也。周流六虛，謂陰陽流行於卦之六位。【附錄】易不是確定硬本子，有陽居陽爻而吉底，又有凶底；有有應而吉底，又有有應而凶底，是不可爲典要之書。這箇是有許多變，所以如此。[illegible]【集註】【節齋曰】卦雖六位，而剛柔爻畫往來，如寄非實有也，故以虛言。○此言易道之屢遷也。不居，猶不止也。六虛，六位也。位未有爻，故曰虛。易之變動无定位，故周流六虛也。或自上而降，或自下而升，故上下无常。柔來文剛，分剛上而文柔，此剛柔相易也。典，常也；要，約也。其屢遷无常，不可以爲典要，亦惟變所適而已。【白雲曰】人之於道，不可須臾離也，故於易不可遠。可離者非道，可遠者亦非易也。

其出入以度，外內使知懼，此句未詳，疑有脫誤。又明於憂患與故，无有師保，如臨父母。雖无師保，而常若父毋臨之形懼之至【集註】【李氏曰】出以度有功矣欲出者固无咎矣然不出戶庭者在節乃爲知時入于林中者固吝矣入于坎窞者固勿用矣然視履而旋者在履後乃爲有慶是其可懼也如此【節齋曰】此言易書之不可遠也出謂爻自內而往入謂爻自外而來以度謂其出入皆有節度也外內使知懼如夬之卦乾出外而知懼也如剝之卦復入內而知懼也故所以也又明所當之憂患與致憂患之所以也是雖无師保亦如臨乎父母之側言其愛敬之至而不可遠也

初率其辭而揆其方既有典常苟非其人道不虛行方道也始由辭以度其理則見其有典常矣然神而明之則存乎其人也○此第八章【附錄】既有典常是一定了占得他這爻了吉凶自定上便是有典常 答吳淵【集註】【節齋曰】率循也辭卦爻之辭也揆度也方事情所向也初循其辭而度其事情之所向則其爲書也既有典常矣然非聰明睿智神武而不殺者其道亦不能自行也

易之爲書也原始要終以爲質也六爻相雜唯其時物也質謂卦体卦必舉其始終而後成体爻則唯其時物而已【集註】【錢氏曰】六爻相雜唯其時之不同而其事物亦異如漸之取鴻一物也而于干于磐于陸于木之不同者時也如乾之取龍亦一物也或潛或見或躍或飛之不同者亦時也【進齋曰】時謂六位之時物謂陰陽二物也

其初難知其上易知本末也初辭擬之卒成之終此言初上二爻【集註】【節齋曰】初之未

卦之本，本則其質未明，故難知；上爻者卦之末，末則其質已著，故易知。難知則所係之辭必擬議而後得，易知則卒其卦之辭而成其卦之終也。

若夫雜物撰德，辨是與非，則非其中爻不備。此謂卦中四爻。

附録 先儒解此多以爲互體，如屯卦震下坎上，就中間四爻觀之，自二至四則爲坤，自三至五則爲艮，故曰"非其中爻不備"。○互體說，漢儒多用之，左傳中亦得觀卦处亦辛得分明看，此說不可廢。啓蒙

集註 蒲氏曰：雜物者，剛柔相雜而有等也；撰德者，撰述之也。物之所以相雜者，撰其德而已。物之相雜也正，則德之所撰者吉；物之相雜也不正，則德之所撰者凶。然而不言吉凶而曰辨是與非，則吉凶可見矣。洪邁曰：中爻者，謂二三四五、三四五也。如坤坎爲師，而六五之爻曰"長子帥師"，以正應九二而言，蓋指二至四爲震也。坤艮爲謙，而初六之爻曰"用涉大川"，蓋自二而上，則六二、九三、六四爲坎也。節齋蔡氏曰：此言二三四五四位之爻也。雜物撰德，雜陰陽二物以爲德也。辨是與非，辨其德之是非也。中爻在初上之中也。

噫！亦要存亡吉凶，則居可知矣。知者觀其彖辭，則思過半矣。彖統論一卦六爻之體。

二與四同功而異位，其善不同，二多譽，四多懼，近也。柔之爲道，不利遠者，其要无咎，其用柔中也。此以下論中爻。同功，謂皆陰位；異位，謂遠近不同。四近君，故多懼。柔不利遠，而二多譽者，以其柔中也。

集註 蒲氏曰：二與四功同乎陰，而位有內外之異。二遠於君，雖在下而多譽；四近於君，雖在上

而多懼然以柔之道遠則難二之遠而大要无咎者以其雖柔而居下体之中也

三與五同功而異位三多凶五多功貴賤之等也其柔危其剛勝邪三五同陽位而貴賤不同然以柔居之則危唯剛則能勝之○此第九章

集註 潘氏曰三與五功同乎陽而位有貴賤之異三以臣之賤而居下卦之上故多凶五以君之貴而居上体之中故多功然五君位也柔居之則危剛居之則能勝其事故六居五多危九居五多吉也

易之為書也廣大悉備有天道焉有人道焉有地道焉兼三才而兩之故六六者非他也三才之道也三畫已具三才重之故六而以上二爻為天中二爻為人下二爻為地

集註 誠齋曰易之未重三才各處其一初為地二為人三為天及其既重三才皆合而兩初與二為地三與四為人五與上為天兼三才而兩之是一三才為兩三才也合為一卦則陰或居上安知地之不為天陽或居下安知天之不為地五為君則天道為人道矣二為臣則地道為人道矣

道有變動故曰爻爻有等故曰物物相雜故曰文文不當故吉凶生焉道有變動謂卦之一体等謂遠近貴賤之差相雜謂剛柔之位相間不當謂爻不當位○此第十章

集註 進齋曰卦之全体三才之道也道則變動不居如潛見躍飛之類皆道之變動而謂之爻爻也者效天下之動也或剛或柔而小大有等故謂之物

物卽陰陽二物也一不獨立二則爲文陰陽兩物交相錯雜故謂之文陽居陽位陰居陰位當也陽居陰位陰居陽位不當也吉凶由是而生則可以觀變玩占而見其文之著矣

易之興也其當殷之末世周之盛德邪當文王與紂之事邪是故其辭危危者使平易者使傾其道甚大百物不廢懼以終始其要无咎此之謂易之道也危懼故得平安慢易則必傾覆易之道也○此第十一章

集註 誠齋曰紂殷王也仲尼殷後也而仲尼反殷爲末世德周爲盛德指紂之名而不諱稱文王之王而不抑其不以一家之私沒天下之公歟文王遭紂羑里之禍而演易其心危故其辭亦危危者使平易者使傾其處憂患之道甚大故其取喻於物者甚詳日月星辰蓋取諸天山泉水風蓋取諸地右股左股蓋取諸身金矢玉鉉蓋取諸器莧陸瓜隕蓋取諸草棘隆棟下蓋取諸木鴻鵠鴻漸蓋取諸禽狐牛獲狐蓋取諸獸天下之物苟可爲得失吉凶之象者有一物之廢者乎 節齋蔡曰文王與紂之事故文王爲易其辭多以憂危之事危者使平文王也易者使傾紂也易之道大百物皆不能廢此懼卽憂危之謂苟能懼以終而循始焉則要其終而无咎矣 進齋徐曰危者使平易者使傾卽天之生物必因材而篤焉故栽者培之傾者覆之亦自然之理也

夫乾天下之至健也德行恒易以知險夫坤天下之至順也德行恒簡以知阻至健則所行无難故易至順則所行不煩故簡然於其事皆有以知其難而不敢易以處之也是以其有憂患則健者如自高臨下而知其險順者如自下趨上而知其阻蓋雖易而能知險則不陷於險矣既簡而又知阻則不困於阻矣所以能危能懼而无易者之傾也

[附錄] 易之道正是要人知進退存亡之理若恃其至健而不恤險難知進而不知退知存而不知亡豈乾之道邪惟其至健而知險故止於險而不陷於險也若說個乾健而以易臨下故知下之險險底意思在下坤順而以簡承上故知上之阻阻是自家低他却高底意思自上面下來到那去不得處便是險自下而上到那去不得處便是阻答[illegible]淵頭因登山就山上得其說自上而下所見為險故以乾言自下而上所向為阻故以坤言

[集註] [南軒曰] 健者疑若不知險也今乾為天下之至健其德行常易故知險而不為陰所陷順者疑若不知阻也今坤為天下之至順其德行常簡故能知阻而不為陽所拒

能說諸心能研諸侯之慮定天下之吉凶成天下之亹亹者侯之二字衍說諸心者心与理會乾之事也研諸慮者理因慮審坤之事也說諸心故有以定吉凶研諸慮故有以成亹亹

[附錄] 且以做事言之吉凶未定時人自意思懶散不肯做去吉凶定了他自勉強做將去答[illegible]淵凡事自得通透了自是悅說既說諸心是都理會得了於事上更審一番便是研諸慮研是更去研磨他定天下之吉凶是剖判得這事成天下之亹亹是做得事業[illegible]

是故變化云為，吉事有祥，象事知器，占事知來。變化云為，故象事可以知器；吉事有祥，故占事可以知來。【附録】在陰陽則為變化，在人事則為云為。吉事自有祥兆，惟其理如此，故於變化云為則象之而知已有之器，於吉事有祥則占之而知未然之事也。又問器字，則是凡於有形之實事者皆為器，只是然否？曰：然。荅晏淵

天地設位，聖人成能，人謀鬼謀，百姓與能。天地設位，而聖人作易以成其功，於是人謀鬼謀，雖百姓之愚，皆得以與其能。【附録】成能與與能，雖大了不同，然亦只是小小底造化之功用。然百姓與能，卻須因蓍龜而方知得。荅晏淵　人謀鬼謀，與幾絕之謀，乃心謀，及卜筮謀，及卿士謀，及庶人相似。

八卦以象告，爻彖以情言，剛柔雜居而吉凶可見矣。象謂卦畫，爻彖謂卦爻辭。

變動以利言，吉凶以情遷，是故愛惡相攻而吉凶生，遠近相取而悔吝生，情偽相感而利害生。凡易之情，近而不相得則凶，或害之，悔且吝。不相得，謂相惡也。凶害悔吝，皆由此生。【附録】遠而不相得，則安能為害？惟切近不相得，則凶害便能相及。如一箇凶人在五湖四海之內，安能害自家？若與之為鄰近，則有害矣。又問：云此如今人占火珠林課底，若是凶神動與世不相關，不能為害；惟是克世，則方能為害否？曰：然。淵【集註】進齋徐氏曰：此言聖人命爻之義。爻之所以變動，出乎自然，所謂利也。然或吉或凶，以其情有所遷也。如同人二與

其所謂愛惡相攻者也始之五取之遠者也象之三取之近者也占之四以情感者也儒之二以僞感者也凡此者皆以情而近也近而不相得故之二離之四是也或害之解之三夬之四是也凶悔吝之辭寓以是而取也將叛者其辭慙中心疑者其辭枝吉人之辭寡躁人之辭多誣善之人其辭游失其守者其辭屈卦爻之辭亦由是介東曰易之辭必不慙枝游屈也節齋也○此第十二章集注曰漸三所係將叛者之辭也睽上所係中心疑者之辭也臨二所係吉人之辭也睽二所係躁人之辭也中孚三所係誣善之人之辭也節上所係失其守者之辭也進齋曰叛者叛也背叛正理其中有慊則發於辭自然慚怍也枝如木之有枝開兩岐疑者可否未決則其辭不直截成兩岐也誣善者謂譏毀為惡言語不實如物在衣上浮游不定失其守者言見理不定无所操執其辭多屈而不伸也

周易繫辭下卷之八

建安後李張公楚點校

張氏月洲書院新刊

周易說卦卷第九

晦菴朱熹傳

建安後學中溪張清子編

昔者聖人之作易也幽贊於神明而生蓍幽贊神明猶言贊化育龜筴傳曰天下和平王道得而蓍莖長丈其叢生滿百莖　本義【附錄】蓍便是大衍之數五十能贊化育和氣充塞所以生出這物事　晏淵【集註】丘行可曰蓍神草所以用筮而求卦者贊神明猶言贊化育言聖人作易幽則贊於神明而生蓍以為筮卦之用蓍草生則易之數有所托而易之用行矣【吳東叔】曰蓍者耆也從耆草之壽者也爾雅云人生六十曰耆耆老之占卦六十四數雖於此時物出云蓍者老故知吉凶蓍者鍾天地陰陽之氣而生一根百莖傳曰上有叢蓍下有伏龜史記曰蓍生滿百莖者其下必有神龜守之其五百二十年則皆伏於此其氣上蒸號曰蔡蓍蔡者龜也相為用故係辭交以蓍龜而兼言也其數天一地六水地二天七火天三地八木地四天九金天五地十土蓍生百莖除四十五洛書之數用河圖五十五內除五行五數又除大極一數其用四十有九數也乾鑿度曰垂皇策者羲伏羲用蓍則卦已重矣上古世質民淳惟用七八六十四卦皆不動乾止於乾坤止於坤不變也連山歸藏皆以七八為占到文王時則世變日降故周易占法始用九六之變若不如此則不足盡天下之變也周易六十四卦皆

則若乾之六爻皆九坤之六爻皆六至於六十四卦亦非九六之用古法之用七八者少陽少陰也周易之用九六者老陽老陰也人心世變淳而漓治而亂故聖人以此明陰陽之變吉凶之理即蓍求卦始不得不用七八而發不得不用九六陰陽由少而老其理如此【楊氏曰】天地生蓍以之靈也固可以揲而成卦衍而為數矣有聖人幽賛於神明則混同於陰宇之間與凡草木俱腐不神明之道何自而通乎

參天兩地而倚數

天圓地方圓者一而圍三三各一奇故參天而為三方者一而圍四四各二偶故兩地而為二數皆倚此而起故揲蓍三變之末其餘三奇則三三而九三偶則二二而六兩二一三則為七兩三一二則為八【附錄】問參天者參之以三兩地者兩之以二也以方圓而言參兩如天之圓徑一則以圍三而參之地之方徑一則以圍四而兩之否曰是楊道夫一箇天參之而為三一箇地兩之而為二三三三為九二二二為六兩其三一其二為八兩其二一其三為七者謂高倚數云者似把幾件物事挨放這裏且如先得箇三再得箇三只成六又得箇三方成九若得箇二便成八恁地倚得數出來　荅冩淩淵【集註】【橫渠曰】一物兩体氣也一故神兩在故不測兩故化推行於一此天之所以參也兩不立則一不可見一不可見則兩之用息【陸氏曰】象數卦爻易之粗也道德性命易之妙也參天兩地謂五也數數者必以五雖窮乎十百千万必以五數之所以倚數也【丘行可曰】天陽也陽象奇奇一畫中實得三分參天之數地陰也陰象偶偶一畫中虛比陽闕一分而得二分兩地之數倚依也言卦畫之數依此而起也故三奇為乾則三其參天之數而為九是謂老陽三偶為坤則三其兩地之數而為六是謂老陰二奇一偶為巽離兌則二參一兩而為

八是謂少陰二偶一奇爲震坎艮則一兩一參而爲七是謂少陽因七八九六之數以定陰陽老少之畫此立卦生爻之本也

觀變於陰陽而立卦發揮於剛柔而生爻

〔通釋〕觀變於陰陽近於造化而言發揮剛柔近於人事而言且如泰卦以卦言之曰小往大來陰陽消長之意爻重表而便有包荒之類皆人道也觀變於陰陽且統說有揲蓍畫陽畫陰成箇甚卦發揮剛柔卻是就七八九六上說初間做這卦時未曉得是變與不變及至發揮出剛柔了方斷是老陰少陰老陽少陽

〔集註〕〔誠齋楊曰〕數與形矣卦斯立焉聖人因其變之或九或七而爲陽因其變之或六或八而爲陰柔爻至于十有八而卦成焉聖人无与也特觀其變而立之爾故曰觀變於陰陽而立卦卦既立矣爻斯生焉聖人因其數之陽而發明其爲爻之剛因其數之陰而發明其爲爻之柔聖人无与也特發揮之爾故曰發揮於剛柔而生爻〔節齋蔡曰〕變即十有八變之變也陰陽七八九六也觀七八九六之變而卦可得而立矣陰陽之變即所以爲爻復言發揮剛柔而生爻者蓋未入用則謂之陰陽已入用則謂之剛柔也

和順於道德而理於義窮理盡性以至於命

和順從容无所乖逆統言之也理謂隨事得其條理析言之也窮天下之理盡人物之性而合於天道此聖人作易之極功也 ● 此第一章

〔附錄〕問和順道德而理於義是就聖人上說是就易上說曰是說易蒙和順道德是默契本原處理於義是應事各得其宜處物物皆有理須一一推窮性則是自家所以得之於天底故云盡命則性之所自來處故云至吾許者窮理是理會得道理窮盡了又盡性是做到盡處如能事父然後盡仁之性

能事君然後盡【集註】問○只是窮理便能盡得已之性則推類又盡
義之性 李閎祖 人之性既盡得人之性須併万物之性一切盡得
如此然後至於天道也其間煞有事豈有當下便理會了若者須是窮理
為先如此則方有下落○言知命与至於命亦有遠近豈可以知便謂之至
也○世之言道以性命為高遠孝悌為淺近而不知其一統底道元无本末
精粗之別洒掃應對形而上者存焉也豈无孝悌之人而不能盡性至於命
不由之而不知也【横渠曰】釋氏之徒求能窮理盡性而驟語命焉此所謂
流遁而失其指歸【進齋曰】如乾為天道而彖之元亨利貞則其德爻之潛
見躍飛則其義以一卦而統言之所謂和順也就六爻而言之所謂理也
若六畫多寡推爻義以窮天下之理明卦德以盡一己之性窮理盡性則進
惟存亡得喪之天道可以知而天命在我矣

昔者聖人之作易也將以順性命之理是以立天之道曰陰與陽立地之道曰柔與剛立人之道曰仁與義兼三才而兩之故易六畫而成卦分陰分陽迭用柔剛故易六位而成章 兼三才而兩之總言六畫又細分之則陰陽之位間雜而成文章也○此第二章【附錄】問道理也是陰陽氣也何故以陰陽為道曰形而上者謂之道形而下者謂之器明道以為須著如此說然器亦道道亦器也道未嘗離乎器道只是器之理如人身是器語言動作便是人之理理只在器上所以一陰一陽之謂道者陳淳問

陰陽以氣言，柔剛則有形質可見矣，至仁與義則又合氣與形而理具焉。然亦只一而已矣。今蓋陰陽者陽中之陰陽，柔剛者陰中之陰陽也。仁義者陰陽合氣剛柔成質而是理始為人道之極也。然仁為陽剛，義為陰柔；仁主發生，義主收斂，故其分屬如此。或謂揚子雲說君子於仁也柔，於義也剛，蓋自其用處之末流言之，亦所謂陽中之陰、陰中之陽，曰仁體剛而用柔，義體柔而用剛。荅董銖　鄉飲酒義云：溫厚之氣盛於東南，此天地之仁氣也；嚴凝之氣盛於西北，此天地之義氣也。荅沈僴　仁義禮智既知得界限分曉，又須知四者之中仁義是箇對立底關鍵。蓋仁仁也，而禮則仁之著；義義也，而智則義之藏。春夏秋冬雖為四時，然春夏皆陽之屬也，秋冬皆陰之屬也。故曰立天之道曰陰與陽，立地之道曰柔與剛，立人之道曰仁與義。是知天地之道不兩則不能以立，故端雖有四而立之者則兩爾。荅陳埴　問兼三才如何分？曰：以一卦言之，上兩畫是天，中兩畫是人，下兩畫是地。初剛而二柔，三仁而四義，五陽而上陰。兩卦各自看，則上與二為天，五與三為人，四與初為地。●問：以八卦言之，則九三者天之陽，六三者天之陰；九二者人之仁，六二者人之義；初九者地之剛，初六者地之柔。不知是否？曰：恁地看也得。如上便是天之陰，三便是天之陽；五便是人之仁，二便是人之義；四是地之柔，初是地之剛。荅楊道夫　天下道理只是一箇包兩箇。五行五箇便是十箇：甲乙便是兩箇木，丙丁便是兩箇火，戊己便是兩箇土，金水亦然。所謂兼三才而兩之，便都是如此。荅黃義剛

集註 **誠齋曰**：方其二畫而未重也，初為地，二為人，三為天。當是時，三才之道奇而未偶，孤而无鄰也。及其重而為六也，初與二為地，初剛也，二柔也，剛柔以質言；三與四為人，三義也，四仁也，仁義以性言；五與上

爲天五陽也上陰也陰陽以氣言當其時三才之道耦而不奇鄰而不孤矣夫德不孤必有鄰道亦然陰陽立而天之道不孤柔剛立而地之道不孤仁義立而人之道不孤天下之理未有孤而能立者故曰兼三才而兩之

【仙汀可曰】上文言窮理盡性知命此言順性命之理則易中所言之理皆性命也然所謂性命之理即陰陽柔剛仁義是也以爻分之則上一爻爲天之陰陽下一爻爲地之柔剛中一爻爲人之仁義陰陽以氣言柔剛以質言仁義以德言也兼三才而兩之謂重卦也方卦之小成三畫已具三才之道至重而六則天地人之道各兩所謂六畫成卦也分陰分陽以位言凡卦初三五位爲陽二四上位爲陰自初至上陰陽各半故曰分迭用柔剛以爻言柔謂六剛謂九也位之陽者剛居之柔亦居之位之陰者柔居之剛亦居之或柔或剛更相爲用故曰迭分之以示其經迭用以爲之緯經緯錯綜粲然有文所謂六位成章也

天地定位山澤通氣雷風相薄水火不相射八卦相錯邵子曰此伏羲八卦之位乾南坤北離東坎西兌居東南震居東北巽居西南艮居西北於是八卦相交而成六十四卦所謂先天之學也

【附錄】澤氣升於山爲雲爲雨是山通澤之氣山之泉脈流於澤爲泉爲水是澤通山之氣否楊道夫水火本相害之物便如未濟之水火亦是中間有物隔之若无物隔之則相害矣此乃以其不相害而明其相射也●水火不相射謂水火下然上沸而不相熄也吝沈僴問八卦相錯曰乾坤自是箇不動底以事動是陰陽如一陰對一陽二陽對一陰六十四卦圓轉皆如此相錯只坤說卦天地定位一節先天圖乾一兌二離三震四巽五坎六艮七坤

八之序皆本於此若自八卦之上又放此而生之至于六畫則八卦相重而成六十四卦矣六十四卦之上又放此而生之至于十二畫則六十四卦相重而成四千九十六卦矣焦贛易林是也虞大中

集註 項氏曰八卦既成按而數之天地以上下直對水火以東西横對雷風山澤以四角斜對八卦相錯粲然有倫也

數往者順知來者逆是故易逆數也

起震而歷離兌以至於乾數已生之卦也自巽而歷坎艮以至於坤推未生之卦也易之生卦則以乾兌離震巽坎艮坤為次故皆逆數也○此第三章

附錄 數往者順逆一段是從卦氣上看來也是從卦畫生處看來答晏州以横圖看之有乾一而後有兌二有兌二而後有離三有離三而後有震四有震四而則巽五坎六艮七坤八亦以次而生焉此易之所以成也而圓圖之左方自震初為冬至離兌之中為春分以至於乾之末而交夏至焉皆退而得已生之卦猶自今日而追數昨日也故曰數往者順右方自巽之初為夏至坎艮之中為秋分以至於坤之末而交冬至焉皆進而得未生之卦猶自今日而逆計來日也故曰知來者逆然本易之所以成則其先後始終如横圖及圓圖右方之序而已故曰易逆數也

集註 伊川曰易逆數者此未到泰之上六便要知泰將極也未到否之上九便要知否欲傾也○易之為書皆要知則未萌事若已往事何用知之數亦不必逆筭弄盡數者理也理有必然如既往大夫五世希不失陪臣執国命三世希不失故也 康節曰 自震至乾為順自巽至坤為逆 横渠曰 數往在順知來逆易逆數類孟子曰苟求其故千歲之日致可坐而定也 南軒曰 易之於天下皆逆數而察其來故易逆數也逆而逆者逆實頑為之於路也 丘行可曰 易言

藏往知來言之數往察來又言數往知來則方來已往之事易皆有以知之然往者已過而易知來者未形而難見易之占筮專爲知來而設故曰易逆數也如所謂占事知來所謂遂知來物所謂前民用皆逆數之謂也

雷以動之風以散之雨以潤之日以烜之艮以止之兌以說之乾以君之坤以藏之此卦位相對與上章同○此第四章【附錄】雷以動之四句取象義多故以象言艮以止之四句取卦義多故以卦言【集註】潘氏曰上文先言乎天地之无爲後言乎六子之相爲用言天地之用六子也此章先言乎六子之用後言乎乾坤之道言六子非乾坤无以主之藏之【節齋曰】動則物萌散則物具二者言生物之功也潤則物滋烜則物舒二者言長物之功也止則物成說則物遂二者言收物之功也君則物有所主藏則物有所息二者言藏物之功也乾至陽也居上而臨下故爲君坤至陰也居下而有終故爲藏【丘行可曰】雷動風散乾坤初爻相易而爲震巽也雨潤日烜乾坤中爻相易而爲坎離也止之說之乾坤終爻相易而爲艮兌也此六子生物之序也然六子致用主於乾而動歸於坤而藏此又父母之功也故以乾坤終之

帝出乎震齊乎巽相見乎離致役乎坤說言乎兌戰乎乾勞乎坎成言乎艮帝者天之主宰邵子曰此卦位乃文王所定所謂後天之學也【附錄】帝出乎震萬物發生便是他主宰從這裏出假

戰乎乾曰是商秋殺收成底時節故曰戰勞乎坎曰忍

是万物有所歸有箇勞倦安定他之義杳楊道夫

集註

伊川曰齊乎巽言万物潔齊乎

巽方非巽有齊義也戰乎乾乾非有戰義也文至一陽生每遇至陽則

倍寒何也陰陽消長之際天人戰然斷絕之理故相撥掩過如天將曉復明

至陰黑亦是理也節山曰成言乎艮艮者万物之所成終而成始也止於

此矣復出乎震不終止也故艮曰時止則止時行則行誠齋曰比章前言

帝出乎震之八者後言万物出乎震震之八者所以釋前言也夫万物云云

造端乎春故曰万物出乎震震春也風之被物也齊然汛掃何穢不蠲

哉塵遇之而清暑遇之而冷穢遇之而潔焉潔齊万物莫如乎風

故曰齊乎巽天地非日輒與物兩離万物非日輒與照臨日一出矣然後物

與物拒戴也不然宇宙之間其不具其爲大幽之室乎故曰相見乎離役物

以養之者物也役已以養物者地也人皆知之術乎母莫知其疲於乳哺

故曰致役乎坤歲之秋矣万宝既成万物既盈暢不欣乎情故曰說言

乎兌乾西北也乾陽而西北陰陰陽相逢不戰則攻其戰不力其生物

不疆故曰戰乎乾水之爲用也兼天万物未嘗德其德不舍晝夜未嘗不

力其力故曰勞乎坎艮東北也北者冬也物所終而東者春也物復動

而始動而復止止而復動物莫窮其用始而復終終而復始物莫知其

際艮也者其造化循環无端之樞紐歟然則造化之仁庸有既乎天地大

德曰生吾於艮見之矣孰爲此者蓋有妙万物而不知其所以然者也

林栗曰出而齊齊而相見見而致養養而後說說而後戰戰而後勞勞

而後成成而後復出自然之序也胡氏曰自巽至兌九

皆陰卦忽然遇乾陰陽必戰故曰戰乎乾

萬物出乎震震東

方也齊乎巽巽東南也齊也者言萬物之絜齊也離也者明也萬物皆相見南方之卦也聖人南面而聽天下嚮明而治蓋取諸此也坤也者地也萬物皆致養焉故曰致役乎坤兌正秋也萬物之所說也故曰說言乎兌戰乎乾乾西北之卦也言陰陽相薄也坎者水也正北方之卦也勞卦也萬物之所歸也故曰勞乎坎艮東北之卦也萬物之所成終而所成始也故曰成言乎艮上言帝此言萬物之隨帝以出入也○此第五章所推卦位之說多未詳者

附錄 乾陽也乃居西北故曰陰陽相薄○帝出乎震與萬物出乎震這兩段說文王卦問何以明為文王卦曰邵子謂此皆據道夫

集註 以通曰兌言正秋則四時可推坎言正北則四方可推坎言水坤言地則八物可知坤不言方致役不係於方也乾不言方物戰不係於物也聖人於離有所取則他卦可以通其類焉

節齋曰帝之出入不可見而為物若可見故又以物言焉氣無物不行物無氣不生然氣之生也有漸不能遽徧乎物自帝出乎震至成言乎艮一氣流行之漸生成之功也震巽離乾坎艮皆以方言兌以時言坤以地言所以然者夫子欲備二者之義互言之亦

進齋曰坎離天地之大用也得乾坤之中氣故離火居南坎水居北也震動也

物生之初也故居東兌説也物成之後也故居西此四者各居正位也震屬木巽亦屬木震陽木也巽陰木也故巽居東南巳之位也兌屬金乾亦屬金兌陰金也乾陽金也故乾居西北亥之方也坤艮皆土也坤陰土艮陽土坤居西南艮居東北者所以均旺乎四時也此四者分居四隅也後天八卦震巽離坤兌乾坎艮爲次者震巽屬木木生火故離次之離火生土故坤次之坤土生金故兌乾次之金生水故坎次之水非土亦不能以生木故艮次之水土又生木木又生火八卦之用五行之生循環无窮此所以爲造化流行之序也　楊氏曰　帝出乎震至於成言乎艮者帝之所乘以出入万物出乎震而齊乎巽成言乎艮者又万物之所主也震東方也主春離南方也主夏兌西方也主秋坎北方也主冬有四方則有四維故巽爲東南而主春夏之交坤爲西南而主夏秋之交乾爲西北而主秋冬之交艮爲東北而主冬春之交春者物之所出春夏之交者物之所齊夏者物之所相見夏秋之交者物之所致役秋者物之所説秋冬之交者物之所戰冬者物之所勞冬春之交者物之所成此八卦也帝乘之万物生之豈无其故邪蓋其帝太皥者青帝也其帝炎帝者赤帝也其帝少皥者白帝也其帝顓帝者黒帝也由神帝而言其有迹則月令之所謂者亦既幾矣孳萌於子紐芽於丑引達於寅冒茆於卯振美於辰已盛於巳咢布於午昧薆於未申堅於申留孰於酉畢入於戌該閡於亥出甲於甲奮軋於乙明炳於丙大盛於丁豐茂於戊理紀於己斂更於庚悉新於辛懷任於壬陳揆於癸由八卦而言則万物皆不能外者也聖人象八卦而爲治故南面而治取諸離者明也明之卦万物文相見之時其家曰大人以繼明照四方以之而爲政豈不宜哉然聖人不獨取諸離以爲治至於坎

乾坎艮震陽卦坤巽離兌之於方各取之也易舉其一則其他可以類推
坎物皆觀之帝與萬物所乘者皆八卦也於帝獨言致役乎坤而萬物言
致養何耶曰不知坤於帝言致役者蓋坤臣也帝君也君之於臣役之而
已於萬物言致養者蓋坤母也萬物子也母之於子養之而已至於他卦
不言戰而乾言戰則乾西北之卦九十月之交陰盛陽微之時故不能无
戰何則陰疑於陽必戰不然則坤之上六十月之卦也何以言龍戰于野
由此而觀則言陰陽相
薄之語不爲虛設矣

神也者妙萬物而爲言者也動萬物者莫疾乎雷橈萬物者莫疾乎風燥萬物者莫熯乎火說萬物者莫說乎澤潤萬物者莫潤乎水終萬物始萬物者莫盛乎艮故水火相逮雷風不相悖山澤通氣然後能變化既成萬物也此去乾坤而專言六子以見神之所爲然其位序亦用上章之說未詳其義○此第六章

附錄

此兩段並去了乾坤者一句神也者妙萬物而爲言引起則乾坤在其中矣且如雷風水火山澤自不可便喚做神神者乃其所以動所以撓者是也云撓道夫文主八卦則兌震以長男而合少女艮巽以長女而合少男皆非其偶故自動万物者莫疾乎雷至終万物始万物者莫盛乎艮皆別言六子之用故以四時之次言之而用主八卦之序下則推其所以成用於陰陽各得其偶故用伏羲八卦者上用伏

六

義卦次則四時失其序未明文王八卦則兌震艮巽其位皆非其耦矣伏義卦序與今卦序不同不知孔子創爲之邪序卦邪抑自文王周公繫辭之後已更伏義之序如此而孔子特以序卦明義耶答董銖

集註

南軒曰夫八卦各有所在也而神則無在而無不在八卦各有所爲也而神則无爲而無不爲强名之曰神者即其妙萬物而爲言也

沙隨曰始言六子之材各有所長終言六子之情各有所合

郭氏曰離帝而爲神則其運無方其居无迹非妙萬物者能如是乎○前論震離坎兌艮巽之屬則兼乾坤而言之此不言乾坤而止言六子者皆非乾坤其始往六子以成功又其終也六子成其功以歸於乾坤乾坤則有所不與乎孔子曰天何言哉四時行焉百物生焉

潘氏曰主宰造化者帝蒙造化之生者萬物皆自震而出至艮而終復自艮而始始終終始循環無窮也絜齊者絜且齊也絜新也勞乎坎言自震而出經歷八方之勞也神者所以超乎萬物而萬物則周遊乎神妙之中而不自知也水火相逮雷風不相悖山澤之氣相通六子相爲用然後能變化而成萬物也

進齋曰伏義八卦方位主造化對待之體而言文王八卦方位主造化流行之用而言對待非流行則不能變化流行非對待則不能自行

丘行可曰此章前用文王卦位後用伏義卦位專序六子之用不及乾坤者六子之用皆乾坤之爲也五卦皆言象而艮不言象者終始萬物義不係於山也

周易本義附錄

第七章

乾健也坤順也震動也巽入也坎陷也離麗也艮止也兌說也此言八卦之性

附錄

八卦謂之性者言其本性如此謂之情者言其發用亦如此

[illegible]曰萬物之情盡於八卦而震巽坎離艮兌又總於乾坤

曰動曰陷曰止皆健底意思曰麗曰說曰入皆順底意思聖人下此八字極狀得八卦情盡蓋揚必大伏羲八卦只此數畫該盡天下萬物之理陽在下爲震震動也在上爲艮艮止也陽在下自動在上自止 輔廣 【集註】伊川曰坎卦中一陽上下二陰陽實陰虛上下無據一陽陷於二陰之中故爲坎陷之義○離麗也明也取其陰麗於上下之陽則爲附麗之義取其中虛則爲明義 【南軒曰】乾之純陽故其性健也震得其陽而在下故動也坎得其陽而在中故陷也艮得其陽而在上故止也凡此者皆得其陽而不全者也坤之純陰故其性順也巽得其陰而在下故入也離得其陰而在中故麗也兌得其陰而在上故說也凡此者皆得其陰而不全者也

（八）乾爲馬坤爲牛震爲龍巽爲雞坎爲豕離爲雉艮爲狗兌爲羊

遠取諸物如此 【附錄】易象也須有此理但恁地零零碎碎去牽合附會得來不濟事須是見他一箇大原許多名物件數皆貫通在裏面方是 答林顯子

○此第八章 【集註】[illegible]曰馬善行而健牛善順而順龍剛動而上雞柔伏於下豕內剛躁雉外文明狗外剛而禦物羊內狠而外說此言八卦遠取諸物也

（九）乾爲首坤爲腹震爲足巽爲股坎爲耳離爲目艮爲手兌爲口

近取諸身如此 【附錄】問艮何以爲手曰手去捉定那物便是艮 答黃義剛

○此第九章 【集註】丘行可曰首會諸陽尊而居上腹藏諸陰大而容物

足在下而動股兩垂而下耳輪陷內陽在內而聰目精附外陽在外而明手剛在前口開于上此言八卦近取諸身也○震陽動于下爲足艮陽止于上爲手手上而足下也巽陰兩開于下爲股兌陰兩折于上爲口口上而股下也

乾天也故稱乎父坤地也故稱乎母震一索而得男故謂之長男巽一索而得女故謂之長女坎再索而得男故謂之中男離再索而得女故謂之中女艮三索而得男故謂之少男兌三索而得女故謂之少女

索求也謂揲蓍以求爻也男女指卦中一陰一陽之爻而言○此第十章【附錄】大槩只是坤求於乾而得震坎艮乾求於坤而得巽離兌一二三者以其畫之次序言也 杏林顯子【集註】【康節曰】母孕長男而爲復父生長女而爲姤【節齋曰】乾坤交而生震巽坎離艮兌故以能生者爲父母而生者爲子一索再索三索者以初中終三畫而取此長中少之序也震坎艮皆陽故曰男巽離兌皆陰故曰女【平菴項氏曰】乾爲天萬物之所資始故稱父坤爲地萬物之所資生故稱母乾坤交而六子生索求也坤求於乾得其初畫之陽而爲震是爲長男乾求於坤得其初畫之陰而爲巽是謂長女坤再求而得乾中畫之陽以爲坎是謂中男乾再求而得坤中畫之陰以爲離是謂中女坤三求而得乾終畫之陽以爲艮是謂少男乾三求而得坤終畫之陰以爲兌是謂小女【沙隨程氏曰】巽離兌雖各得坤一爻而生然本乾體故皆從父於東南震坎艮雖各得乾一爻

而生然本坤體故皆從母於西北方若文王八卦乾統三男於西北坤統三女於東南是既生之後男皆從父女皆從母又自不同也

乾為天為圜為君為父為玉為金為寒為冰為大赤為良馬為老馬為瘠馬為駁馬為木果 荀九家此下有為龍為直為衣為言 【集註】韓康伯曰荀爽有九家集解 虞氏曰圜無端也 陽氏曰果實而不剝於陰為木果如剝之須果不食是也 翟氏曰乾居西北卦象為立冬之節水始冰之時也故為寒為冰 荀爽曰積陽故為天陽體動故為圜尊而上故為君父性剛故為玉為金純陽故色為大赤健故為良馬陽之極故又為老馬為瘠馬圜而往上故為木果寒冰駁馬未詳或曰純陽之反又曰駁馬其色中正相半也

坤為地為母為布為釜為吝嗇為均為子母牛為大輿為文為眾為柄其於地也為黑 荀九家有為牝為迷為方為囊為裳為黃為帛為漿 【集註】進齋曰坤積陰於下故為地物資以生故為母動闢而廣故為布為均虛而容物為釜靜翕而不施故為吝嗇體順故為子母牛厚而載物故為大輿坤畫偶故為文偶畫多故為眾有形可執故為柄純陰故於色為黑

震為雷為龍為玄黃為旉為大塗為長子為決躁為蒼筤竹為萑葦其於馬也為善鳴為馵足為作足為的顙其於稼也為反生其究為健為蕃鮮 荀九家有為玉

爲蕃鮮 集註 毅齋曰其於稼也爲反生乃實墜於土而再生者也潘氏曰竹蒼東方之色也善鳴雷聲象也反生下實也健乾体也蕃對長也
節齋曰陽動于陰下故爲雷陰陽始交故爲玄黃陽氣始施故爲專力物闢出故爲大塗動故爲決躁氣始亨故於馬爲善鳴陽在下故又爲馵足
爲作足陰在上故爲的顙的白也而顙在上也詩所謂白顛傳所謂的顙是也剛反動於下故於稼爲反生陽長終於乾故其究爲健進齋曰馵足
後足白也作謂双舉也巽爲木爲風爲長女爲繩直爲工爲白爲長爲高爲進
退爲不果爲臭其於人也爲寡髮爲廣顙爲多白眼爲近利市三
倍其究爲躁卦荀九家有爲楊爲鸛 集註 潘氏曰巽德一陽在上也利市順而有應也進齋曰巽以入也物之善入者
莫如木氣之善入者莫如風繩糾木之曲而取直者工引繩之直而制木
者巽德之制故爲繩直爲工巽少陰陰故於色爲白木下入而上升故爲長
爲高陰性多疑故爲進退爲不果陰伏於下氣鬱不散故爲臭髮陰也陽
盛於上爲寡髮二陽在上爲廣顙離爲目反離中交於下故爲多白眼陰
得乎陽故爲近利市三倍或謂離日中爲市而巽近之故
有此象震爲決躁巽其二爻皆變則爲震故其究爲躁卦坎爲水爲溝瀆
爲隱伏爲矯輮爲弓輪其於人也爲加憂爲心病爲耳痛爲血卦
爲赤其於馬也爲美脊爲亟心爲下首爲薄蹄爲曳其於輿也爲

多眚為通為月為盜其於木也為堅多心荀九家有為宮為律為可為棟為叢棘為狐為蒺藜

為桎梏【集註】潘氏曰隱伏陷也矯輮弓輪一象在外也加憂心病耳痛皆中實也血水之周流也赤色正也美脊中高也輿多眚上下險也通水之性也月水之精也盜中心險也堅多心中剛也【進齋曰】內明外暗者水與月也坎內陽外陰故為水為月水流而不盈故為溝瀆陽匿陰中故為隱伏為盜太元以水為盜矣陰陽家以玄武為盜以其皆屬北方之坎也陽在陰中剛而能制故為矯輮為弓又輪矯者矯曲而使之直輮者輮直而使之曲也弓蓋二十八所以象其車之上輪輻三十所以載其下弓与輪皆矯輮之所成也陽陷陰中故為加憂心耳皆以虛為体坎中實則為病為耳痛二畫之卦上畫為馬頭下畫為馬足坎中畫陽故為美脊為亟心上象故又為下首下象故又為薄蹄為曳象在下不任重故於輿為多眚坎維心亨故為通剛在中故於木為堅多心或曰人之有血如地之有水又其色赤皆坎之象故爻辭言血者類有坎

離為火為日為電為中女為甲胄為戈兵其於人也為大腹為乾卦為鼈為蟹為蠃為蚌為龜其於木也為科上槁荀九家有為牝牛【集註】節齋曰內暗外明者火與日也離內陰外陽故為火為日陰麗於陽則明故為電剛在外故為甲胄為戈兵中虛故於人為大腹火熯燥故為乾卦外剛內柔故為鼈為蟹為蠃為蚌為龜中虛故於木為科上槁科空也木既中空上必枯槁矣【馮氏曰】剛在外以捍敵乎又象有甲胄之象剛在上而銳有戈兵之象二象未來而文

剛則乾而已，既來之後始謂之離。離繫性靜，取其中畫之柔；蟹性躁，取其上下二畫之剛；蠃取其溢體之象；蚌取中虛之象；龜取文明之象。

艮為山，為徑路，為小石，為門闕，為果蓏，為閽寺，為指，為狗，為鼠，為黔喙之屬，其於木也，為堅多節。荀九家有為鼻，為虎，為狐。【附錄】陳安文曰：說卦衣易以艮為鼻，先生曰：鼻者面之山，晉管輅已如此說者。【集註】【項氏曰】乾純陽，故但云木果；艮一陽一陰，故為木之果。黃義剛之類。上一陽為果，下二陰為蓏。震為旉，為蕃鮮，草木之始也；艮為果蓏，草木之終也。果蓏能終又能始，故於艮之象為坊。【白雲曰】二陽卦艮獨不言為馬者，其剛在上，所用為止，故於獸為无行健之功，故有此喻。噬之象。【胡氏曰】周官閽人掌王宮中門之禁，止物之不應入者；寺人掌王之內人及宮女之戒令，止物之不得出者。皆為阻於前而衛內之柔者也。

兌為澤，為少女，為巫，為口舌，為毀折，為附決，其於地也，為剛鹵，為妾，為羊。荀九家有為常，為輔頰。●此第十一章，廣八卦之象，其間多不可曉者，求之於經亦不盡合也。【集註】【進齋曰】陰停於外，故為澤；巫，口舌之官，以口語說神者，兌上折，口象，故為巫，為口舌；金氣始殺，條枯實落，故為毀折；柔附於剛，剛乃決柔，故曰附決；兌闕陵，故為剛鹵。剛在下為剛，陰在上為鹵，剛鹵之地不能生物，鹵水之氣也，決水流于下，亦澤見于上，則足以為鹵而已矣；少女從娣為妹，故為妾。

【附錄】[illegible]乾[illegible]陽物也，乾為圓，陰物也，牛，故為坤，析東方之宿[illegible]之勢[illegible]未方也，故為龍，又六平未乃位坎，故亦皆為龍[illegible]

謂之朱鳥雉南方也雉亦朱鳥之屬其性介其色文雉陽物也宅至夏與
先鮮潔謂之夏翟是也巽東南方也象爲雉雉以雉而文采不彰盡得離
之餘此雞將號擊羽以後有聲貴巽風也【沙隨曰】八卦之象八物而已
究其類則有所謂百物不廢者極其詳則又可以類萬物之情然說卦
之象有與卦爻相符者如乾爲天坤爲地之類是也有不與卦爻相符者
如乾坤稱龍而不必在震坤也稱馬而不必在乾之類是也有見於卦爻
而說卦不載者如漸之鴻中孚之豚魚之類是也有見於說卦而卦爻无
之者如爲釜爲布爲羸爲蚌之類是也若夫大琴謂之離小琴謂之坎此
見於他書與易爲說卦又可以類推也【項氏曰】乾爲父坤爲母震爲長男
巽爲長女離爲中女兌爲少女皆見於象而中男少男獨不重見乾爲馬
坤爲牛震爲龍艮爲狗兌爲羊皆見於象而巽雞坎豕離雉獨不再出巽
爲躁卦坎爲血卦離爲乾卦而五卦皆不稱卦震究爲健爲蕃鮮巽其究
爲躁而六卦皆不稱究蓋互相爲例也●言馬者三卦乾震坎也震乾之初
爻坎乾之中爻皆乾類也馬之健在足故震馬多善鳴坎下首則蹄薄而
身矣艮之健全在上故爲狗而不爲馬【龔氏曰】豕其色黑北方水也羊其
色白西方金也人之竅耳則腎神在腎其竅則耳目用目而視離日中書
出陰則用耳而晝伏月主夜也坎陽陷於陰故耳居陰而能聽離陰麗
於陽故目資陽而後視【丘行可曰】先儒謂易象有相因而成者嘗試推
之震陽動於下爲大塗艮陽止於上則爲徑路乾純剛故爲木果艮一陽
二陰故爲木之果又爲草之蓏震東方主春春發生故震爲旉爲蕃鮮巽究
西方主秋秋搖落故兌爲毀折以人言之巽陰開於下爲股離陰虛其中
爲大腹兌陰折於上爲口舌以數言之震剛動于下爲足坎剛在中爲心

艮剛動于上爲喙以木言之坎剛在中爲堅多心艮剛在外爲堅多節離陰中虚爲科上槁其他如乾純陽爲大赤坎得乾中陽故亦爲赤坎水也爲血卦離火也亦爲乾卦【徐氏曰】易道無窮苟通其類可以盡利于辭所謂立象忘言因此說卦之意而推明附益於說卦之後亦豈足以盡擬議之神哉

周易說卦卷第九

建安後學張公麓點校

張氏可軒書院新刊

周易序卦卷第十

晦菴朱熹傳

建安後學中溪張清子編

序卦

【附録】問序卦或以謂非聖人之書信乎曰此沙隨程氏之說也先儒以爲非聖人之蘊某以爲謂非易之精則可謂非易之蘊則不可周子分精與蘊字甚分明序卦卻正是易之蘊事事夾雜有在裏面又問何謂易之精曰如易有太極是生兩儀兩儀生四象四象生八卦這便是易之精○今按先儒或謂易上經三十卦下經三十四卦多寡不均何也曰卦有正對有反對乾坤坎離頤大過中孚小過八卦正對也正對不變故反覆觀之止成八卦其餘五十六卦反對也反對者皆變故反覆觀之共二十八卦以正對卦合反對卦觀之總而爲三十六卦其在上經不變卦凡六乾坤坎離頤大過是也自屯蒙而下二十四卦反之則爲十二以十二而加六則十八也其在下經不變卦凡二中孚小過是也自咸恒而下三十二卦反之則爲十六以十六而加二亦十八也其多寡之數則未嘗不均也

【集註】伊川曰乾坤天地之道陰陽之本故爲上篇之首坎離陰陽之成質故爲上篇之終咸恒夫婦之道生育之本故爲下篇之首

未濟則坎離之合既濟則坎離之交合上而交則生物終始之功也故爲下篇之終二篇之卦既分然後推其義而爲之次序卦是也

有天地然後萬物生焉盈天地之間者唯萬物故受之以屯屯者盈也屯者物之始生也物生必蒙故受之以蒙蒙者蒙也物之稺也物稺不可不養也故受之以需需者飲食之道也飲食必有訟故受之以訟訟必有衆起故受之以師師者衆也衆必有所比故受之以比比者比也比必有所畜故受之以小畜物畜然後有禮故受之以履履而泰然後安故受之以泰（晁氏云鄭無而泰二字）泰者通也物不可以終通故受之以否物不可以終否故受之以同人與人同者物必歸焉故受之以大有有大者不可以盈故受之以謙有大而能謙必豫故受之以豫豫必有隨故受之以隨以喜隨人者必有事故受之以蠱（集註）伊川曰蠱非訓事蠱乃有事也蠱者事也有事而後

可大故受之以臨【集註】南軒曰一陽進而四陰退陽長已向於大矣臨者大也物大然後可觀故受之以觀【集註】南軒曰天下皆山也惟泰山可觀天下皆水也惟東海可觀蓋物大然後可觀況於人乎可觀而後有所合故受之以噬嗑嗑者合也物不可以苟合而已故受之以賁【集註】楊氏曰物不可以苟合合以天矣無故而合者以無故而離又在乎賁以飾之賁者飾也致飾然後亨則盡矣故受之以剝剝者剝也物不可以終盡剝窮上反下故受之以復復則不妄矣故受之以无妄【集註】伊川曰復者反於道也既復於道則合正理而无妄故復之後受之以无妄也有无妄然後可畜故受之以大畜物畜然後可養故受之以頤【集註】伊川曰无妄則為有實故可畜聚大畜所以次无妄也物既畜聚則必有以養之頤所以次大畜也頤者養也不養則不可動故受之以大過物不可以終過故受之以坎坎者陷也陷必有所麗故受之以離離者麗也右上篇【集註】楊氏曰坎者陷也必有所麗則麗可以扶危極陷不有所麗而一於陷者不可也作易者於坎後必繼之以離豈無仁民愛物之心哉

有天地然後有萬物有萬物然後有男女有男女然後有夫婦有夫婦然後有父子有父子然後有君臣有君臣然後有上下有上下然後禮義有所錯【附錄】問序卦下經不言咸何也曰夫婦之道即咸也曰亦如上經不言乾坤但言天地則乾坤可見否曰然 答楊道夫【集註】楊氏曰乾坤乃物之父母咸恒人之父母

夫婦之道不可以不久也故受之以恒恒者久也物不可以久居其所故受之以遯遯者退也物不可以終遯故受之以大壯物不可以終壯故受之以晉【附錄】問物不可以終壯故受之以晉何也曰物固有壯而後進者亦有進而後壯者自以十二月卦論大壯之為夬夬之為乾豈非壯而後進乎至乾乃極而衰爾又問壯與晉何別曰不但如此壯而已矣又更須進一步也 答楊道夫

晉者進也進必有所傷故受之以明夷夷者傷也傷於外者必反於家故受之以家人家道窮必乖故受之以睽睽者乖也乖必有難故受之以蹇蹇者難也物不可以終難故受之以解解者緩也【附錄】問緩字恐不是遲緩之緩乃是懈怠之意故曰解緩也曰緩字是散意 答楊道夫

緩必有所失，故受之以損。損而不已必益，故受之以益。益而不已必決，故受之以夬。夬者決也，決必有所遇，故受之以姤。姤者遇也，物相遇而後聚，故受之以萃。萃者聚也，聚而上者謂之升，故受之以升。升而不已必困，故受之以困。【集註】伊川曰：物之積聚而益高大，聚而上也，故為升，所以次萃也。升者自下而上，自下升上，以力進也，不已必困矣，故升之後受之以困。困乎上者必反下，故受之以井。井道不可不革，故受之以革。革物者莫若鼎，故受之以鼎。【集註】伊川曰：井之為物，存之則穢敗，易之則清潔，不可不革者也，故井之後受之以革也。鼎之為用，所以革物也，變腥而為熟，易堅而為柔，水火不可同處也，能使相合為用而不相害，是革物也，鼎所以次革也。主器者莫若長子，故受之以震。震者動也，物不可以終動，止之，故受之以艮。艮者止也，物不可以終止，故受之以漸。漸者進也，進必有所歸，故受之以歸妹。得其所歸者必大，故受之以豐。豐者大也，窮大者必失其居，故受之以旅。旅而無所容，故受之以巽。【集註】伊川曰：巽者入也，羇旅親寡非巽順何以取容苟能巽順雖旅困之中何往而不能入巽所以次旅巽者入也入而後說之故受之以兌兌者說也說而後散之故受之以渙渙者離也物不可以終離故受之以節節而信之故受之以中孚有其信者必行之故受之以小過有過物者必濟故受之以既濟物不可窮也故受之以未濟終焉右下篇

周易序卦卷第十

周易雜卦卷第十一

晦菴朱熹傳

建安後學中溪張清子編

雜卦

附錄 雜卦反對之義只是反覆則其吉凶禍福動靜剛柔皆相反也 苍虞大中

集註 張南軒曰：序卦所以言易道之常，雜卦所以言易道之變，此古有是言也。殊不知易之雜卦乃言其卦畫反對，爻以類而言之，雖雜也，於雜之中而有不雜者存焉。

乾剛坤柔，比樂師憂。臨觀之義，或與或求。以我臨物曰與，物來觀我曰求。或曰：二卦互有與求之義。本義 勝庵

附錄 剛柔雖各有所偏，必相錯而後得中。然在乾坤二卦之全體，當剛而剛，當柔而柔，則不待相錯而不害其全卦六爻位之无過不及者，如乾坤之二五，亦不待相錯而不害其爲中矣。陰陽變化，而太極之妙无不在焉，於此蓋可見也。今觀乾剛坤柔各有所偏，然於一卦之爻乃二五之爻有不偏者 苍虞大中 臨觀更有與求之義。臨以二陽言之，則二陽可以臨上四陰；以其六爻言之，則六五上六又以上而臨

下觀自下而觀上則為觀平声九五在上而為物之觀是去声荅楊道夫 集註 楊氏曰乾剛坤柔以其動靜者常也至於變動不居則剛柔不足以斷乾坤矣

屯見而不失其居蒙雜而著 屯震遇坎震動故見坎險不行也蒙坎遇艮坎幽昧艮光明也或曰屯以初言蒙以二言 集註 橫渠曰險在外故不失其居 節齋曰屯物之始故見主初也未得位而利居貞故不失其居蒙然而生故雜二為蒙主而能治之使明故著

震起也艮止也損益盛衰之始也大畜時也无妄災也 止健者時有適然无妄而災自外至 集註 潘氏曰震動起也艮居其所止也 隆齋曰陽在上之物震陽在二陰之下故起艮陽在二陰之上故止損極則益生故為盛之始益極則損生故為衰之始

萃聚而升不來也謙輕而豫怠也 附錄 謙抑者只自謙抑不自尊重荅楊道夫 集註 節齋曰澤聚而[illegible]下木升而上 項氏曰怠或為怡蓋以怡時來於韻為協耳然怠字何嘗不協平上去入之分自沈約始贊易時固未分也 張氏曰謙而不恃重者失於輕也豫而不警戒若失於怠也○噬嗑除其間所以養其生故曰食也賁者設飾然於白賁故无色也

噬嗑食也賁无色也 白受采

兌見而巽伏也 兌陰外見巽陰內伏 集註 楊氏曰柔一也居於上者為見巽於下者為伏

隨无故也蠱則飭也 隨前无故蠱後當飭 集註 隆齋曰事有所因為故動而說隨无所因也故曰无故事至於壞則必飭蠱者事之壞也

剝爛也復反也晉晝也

也明夷誅也誅傷也【集註】【進齋曰】剝爛則陽窮於上復反則陽生於下猶果之爛墜于下則可種而生矣【節齋曰】晉離在上而明著夷離在下而明傷井通而困相遇也剛柔相遇而剛見揜也【集註】【胡氏曰】以通與遇反對則遇爲相抵不通之象矣自乾坤至此凡三十卦正與上經之數相當而下經亦以咸恒爲始以此見卦雖以雜名而乾坤咸恒上下經之首則未嘗雜也【節齋曰】井在上而不窮故爲通困剛揜也剛與柔相遇也○【進齋曰】木入坎下巽而上水是水不幸而相成故曰通坎從兌下澤中无水是澤水不幸而相抵故曰遇井下巽之九二上遇坎之六四四體陰虛故通困下坎之六三上遇兌之九四四體陽實故塞而不通此不幸而相遇者也咸速也恒久也咸速恒久【集註】【楊氏曰】以虛受人則人以虛應之如谷應聲而響之隨應故爲速四時變化而能久成日月得天而能久照故爲久渙離也節止也解緩也蹇難也睽外也家人內也否泰反其類也大壯則止遯則退也止謂進不退【附錄】緩散意如縱弛之類蹇艱難夫【集註】【節齋曰】巽風散水故離兌澤防水故止【張氏曰】天下之難既解故安於佚樂每失於緩蹇是者見險而止故爲難【蔡氏曰】大壯陽止遯陽退【進齋曰】睽者疏而外也家人者親而內也否大往小來泰小往大來故曰反其類○雜卦言止者三艮之止與震之起對謂陽升于上止而不進天之道也節之止與渙之離對謂有所限節而爲之止人之力也大壯則止者與遯則退對謂四陽方壯止而不退亦天道也大有衆也同人親也

革去故也鼎取新也小過過也中孚信也豐多故也親寡旅也

既明且動其故多矣【集註】【進齋曰】所有者大故衆能與人同故親革卦者必去其故鼎卦者必取其新小事之過是亦過也中既有孚能无信乎【張氏曰】小過過而未踰●天之生民其中有信此信由中也故爲中孚【項氏曰】卦名皆以小者取頤孫也以多故對寡親則故非事故之故矣【司曰】故親故也人處豐盛則故舊合在羈旅則親寡【雲峯胡氏曰】物盛則多故旅寓則少親【楊氏曰】昔華封祝堯而堯曰多男子則多懼以豐則多故以爾孔子當西周之時栖栖然一旅人者以旅則親寡矣

離上而坎下也小畜寡也履不處也

火炎上水潤下小畜以一柔畜剛不處行【集註】【丘行可曰】故宜盛役以行爲義故不處履之義

需不進也訟不親也

大過顛也姤遇也柔遇剛也漸女歸待男行也

【附錄】女待男而行所以爲漸之義【集註】【南軒曰】需者有所待故不進訟者險而健人誰親之●過至於大故顛【楊氏曰】以柔遇剛柔之幸也故爲遇【孫氏曰】本末弱故顛大者也

頤養正也既濟定也

【集註】【南軒曰】所養不正曰頤其小者以害其大當故定【潘氏曰】事已[illegible]六位皆[illegible]

歸妹女之終也未濟男之窮也

【附錄】失位[illegible]以爲斯義也[illegible]隱者見張欽夫說伊川之在涪也一日讀易有箍桶人以此爲問伊川不能答其人云三陽失位故伊川記之不知此語大抵伊川上已有蓋伊川不問其君

雜焉所以破也說動乃谷爲淵【集註】饒氏曰女得所歸終身之托也張氏曰雜卦先儒以雜故後言既濟未濟則上下經之終亦皆有錯亂

也

夬，決也，剛決柔也，君子道長，小人道憂也。

自姤以下卦不反對或疑其錯簡今以韻協之又似非誤未詳何義【集註】節齋蔡氏曰自姤以下有亂簡按雜卦例皆反對協韻爲序今以其例改正之大過顛也頤養正也既濟定也未濟男之窮也歸妹女之終也漸女歸待男行也姤遇也柔遇剛也夬決也剛決柔也君子道長小人道憂也愚謂今依蔡易讀之則頤大過既濟未濟歸妹漸姤夬八卦既得以類相從而正定窮終行剛柔憂之韻亦協但不當擅改經文亦【胡氏曰】雜卦以乾爲首不終之以他卦而必終之以夬者蓋夬以五陽決一陰決去一陰則復爲乾矣故曰君子道長小人道憂也易爲君子謀於此可見

周易雜卦卷第十一

建安後學張熙孫點校

周易五贊

晦庵朱熹述

建安後學中溪張清子編

原象

太一肇判陰降陽升陽一以施陰兩而承惟皇昊羲仰觀俯察
奇偶既陳兩儀斯設既幹乃支一各生兩陰陽交錯以立四象
奇加以奇曰陽之陽奇而加偶陽陰以章偶而加奇陰內陽外
偶復加偶陰與陰會兩一既分一復生兩三才在目八卦指掌
奇奇而奇初一曰乾奇奇而偶兌次二焉奇偶而奇次三曰離
奇偶而偶四震以隨偶奇而奇巽居次五偶奇而偶坎六斯睹
偶偶而奇艮居次七偶偶而偶八坤以畢初畫爲儀中畫爲象
上畫卦成人文斯朗因而重之一貞八悔六十四卦由內達外

交易為體往此來彼變易為用時靜時動降帝而王傳夏歷商
有占無文民用弗章文王繫彖周公繫爻視此八卦二純六爻
乃乾斯父乃坤斯母震坎艮男巽離兌女離南坎北震東兌西
乾坤艮巽位以四維建官立師命曰周易孔聖贊之是為十翼
遭秦弗燼及宋而明邵傳羲畫程演周經象陳數列言盡理得
彌億萬年永著常式

○述旨

昔在上古世質民淳是非莫別利害不分風氣既開乃生聖人
聰明睿智出類超群仰觀俯察始畫奇偶教之卜筮以斷可否
作為君師開鑿戶牖民用不迷以有常守降及中古世變風移
淳澆質喪民偽日滋穆穆文王身蒙大難安土樂天惟世之患
乃本卦義繫此彖辭爰及周公六爻是資因事設教丁寧詳密

必中必正，乃亨乃吉。語子惟孝，語臣則忠。鉤深闡微，如日之中。爰暨末流，淫于術數。僂句成欺，黃裳亦誤。大哉孔子，晚好是書。韋編既絕，八索以祛。乃作彖象，十翼之篇。專用義理，發揮經言。居省象辭，動察變占。存亡進退，陟降飛潛。曰毫曰釐，匪差匪繆。假我數年，庶無大咎。恭惟三古，四聖一心。垂象炳明，千載是臨。惟是學者，不本其初。文辭象數，或肆或拘。嗟予小子，既微且陋。鑽仰沒身，奚測奚究。匪警滋荒，匪識滋漏。維用存疑，敢曰垂後。

明筮

倚數之元，參天兩地。衍而極之，五十乃備。是曰大衍，虛一無為。其為用者，四十九蓍。信手平分，置右於几。取右一蓍，掛左小指。乃以右手，揲左之策。四四之餘，歸之于扐。初扐左手，無名指間。右策左揲，將指是安。再扐之奇，通掛之算。不五則九，是謂一變。

蓍，此掛扐再揲三揲皆然，分掛揲歸，復準前式，三亦如之，奇皆四八。
三變既備，數斯可察，數之可察，其辨伊何，四五爲少，八九爲多。
三少爲九，是曰老陽，三多爲六，老陰是當，一少兩多，少陽之七，
孰八少陰，少兩多一，既得初爻，復合前蓍，四十有九，如前之爲。
三變一爻，通十八變，六爻發揮，卦體可見，老極而變，少守其常，
六爻皆守，彖辭是當，變視其爻，兩兼首尾，變及三爻，占兩卦體，
或四或五，視彼所存，四二五一，二分一專，皆變而他，新成舊毀，
消息盈虛，舍此視彼，乾占用九，坤占用六，泰愕匪人，姤喜來復。

○稽類

八卦之象，說卦詳焉，考之於經，其用弗專，彖以情言，象以象告，
唯是之求，斯得其要，乾健天行，坤順地從，震動爲雷，巽入木風，
坎險水泉，亦雲亦雨，離麗文明，電日而火，艮止爲山，兌說爲澤，

以是舉之，其覈斯得。凡卦六虛，奇偶殊位，奇陽偶陰，各以其類。得位爲正，二五爲中，二臣五君，初始上終。貞悔體分，爻以位應，陰陽相求，乃得其正。凡陽斯淑，君子居之；凡陰斯慝，小人是爲。常可類求，變非例測，非常曷變，謹此爲則。

警學

讀易之法，先正其心，肅容端席，有翼其臨。于卦于爻，如筮斯得，假彼象辭，爲我儀則。字從其訓，句逆其情，事因其理，意適其平。曰否曰臧，如目斯見；曰止曰行，如足斯踐。毋寬以略，毋密以鑿，毋固而可，毋必而通。平易從容，自表而裏，及其貫之，萬事一理。理定既實，事來尚虛，用應始有，體該本無。稽實待虛，存體應用，執古御今，由靜制動。潔靜精微，是之謂易，體之在我，動有常吉。在昔程氏，繼周紹孔，奧指宏綱，星陳極拱。惟斯未啓，以俟後

小子狂簡敢述而申

周易贊

季章寓于京之龔峯下僑類前後書亂
姜積乳子之後者名曰春者適數於此于時年
財三十又二三也。夫孔聖尚晚學易之殺於今之世乎
或者其太早也。予今也論於四旬無益時矣
張氏是書其間多難程令應錄極難說
習所演善者而解未能以分一二顧後
之文章高了者一時　文中八月朔五　雅[illegible]
季

周易占林四卷（卷一至卷二）

［明］閩縣王宇撰　［明］閩縣徐𤊹編

日本内閣文庫藏明活字本

周易占林四卷，明王宇撰，明徐𤊹編。宇字永啓，閩縣人。生於萬曆二年（一五七四）。萬曆三十八年（一六一〇）進士，歷南京兵部武選員外郎。嘗有德於南都武弁，衆建祠雨花臺祀之。後擢山東督學參議，又轉北户部員外郎。撰有周易占林四卷、烏衣集四卷等。

是書前有徐𤊹萬曆二十九年序，略云：「王子永啓潛心易數，鉤深索隱，欲使占者不待推求本卦、之卦，而失得憂虞，□□立見，允爲筮書之懸鏡，紫陽之藎臣矣。」可知此爲考求周易變占之作。之卦即變卦，凡筮得一卦，若干爻陰陽變易，轉爲新卦，而解占之法因遂有異。考之卦之説，其源甚古，左傳莊二十二年「遇觀之否」、閔二年「遇大有之乾」，國語周語「遇乾之否」等，皆爻變而得之卦史例。然於易占筮例，漢唐以來，尚無專門之總結。迨朱子撰易學啓蒙而專闢考變占一章，乃據爻變多寡，順而述之，以定一卦所占之彖爻辭。

據朱子六爻變例説，一卦可變爲六十四卦，而所占筮之彖辭（案此彖辭爲卦下之辭）、爻辭各異。循此而以六十四卦各求之，計得四千九十六卦。是書即本朱子之法，首有占例一篇，自注「卦卦皆然，著一乾以見例」，蓋取乾卦以推演其法。於下先據爻變多寡之序析爲七類，取易學啓蒙之説曰「凡六爻不變者，占本卦彖辭」，「一爻變者凡六，以本卦變爻辭占」，「二爻變者十五，以本卦二變爻之上爻辭占」，「三爻變者二十，以本卦爲貞，之卦爲悔，前變十卦主貞，占本卦彖辭，後變十卦主悔，占之卦彖辭」，「四爻變者十五，以之卦二不變爻之下爻辭占」，「五爻變者六，以之卦不變爻辭占」，「六爻變者一，乾、坤占二用，餘卦占之卦彖辭」。類下各據爻位自下而上變化之序，録之卦卦形及占筮之法。如乾之二、四爻變而爲家人卦，當占本卦二變爻之上爻辭，即書「占乾四爻」；又如乾之初、二、三、四爻變而爲觀卦，當占之卦二不變爻之下爻辭，即書「占觀五爻」。最末結云「大凡諸卦前三十二俱占本卦彖爻辭，後三十二俱占之卦彖爻辭。惟乾、坤占本卦者三十三，占之卦者三十一。其例如此」。

正文四卷，卷一乾至謙十五卦，卷二豫至離十五卦，卷三咸至困十七卦，卷四井至未濟十七卦。卷内依次羅列六十四卦之本卦、之卦及占辭，用便檢覽。如蒙卦初、二、三爻變而爲賁卦，當占本卦彖辭，檢卷一「蒙」下「賁」，正爲蒙卦彖辭「蒙：亨。匪我求童蒙，童蒙求我。初筮告，再三瀆，瀆則不告。利貞」。則凡筮得某卦，即出是册以檢占辭，可省推求之勞，故徐㴤譽之爲「筮書之懸鏡，紫陽之藎臣」。

是書名「占林」者，依古人著述之例，以「林」字示「多」義，如「詞林」、「典林」然。明史藝文志入之子部五行類，視王宇爲數術家。然徐序云「永啓經生也。今世經生，所急者訓詁，所資者名理。永啓乃能通羲、文、周、孔之意而游神于辭占象變之先」，而所爲此書，能篤守朱子之學，則永啓實經生而非數術家也。（金曉東）

周易占林　一　吉

周易占林序

夫易者卜[illegible]一書也係[illegible]

卜筮者尚其占易豈易言哉

蓋占法所設其來尚矣迨紫陽

先生著爲啟蒙分合進退從術

逆順明著策考變占極河圖積

數之微闡貞悔吉凶之奥決疑
定嫌義例顯著滑聖人之用心
開末學之矇蔽至為精密無復
尚之王子永哉潛心易數鈎深
索隱嘗取　之辭每一卦廣
為六十卦名曰周易占林歘

使占者不待推求本卦之卦而
失得憂虞　立見允爲筮書
之懸鏡紫陽之蓋臣矣夫永啓
經生也今世經生所急者訓詁
所資者名理永啓乃能通義文
周孔之意而游神于辭占象變

之先其於易也殆庶幾乎昔鬼
谷善易遁跡雲夢之山子雲善
易位不過執戟君平善易隱于
成都卜肆希夷堯夫善易皆終
身布衣　化之秘而真宰
黙儺也永戕學易猶未免為經

生且将揣摩訓釋之理泛事帖括以取世﹅﹅于玄虛要眇之論則當屬之林壑隱遯之夫茲事也請君勿譚為世儒之所姍笑也

萬曆辛丑歲仲春晦前一日友

人徐𤊹惟起書于綠玉山房

占例 卦卦皆然著一乾以見例

凡六爻不變者占本卦彖辭

乾 ䷀ 占乾彖

一爻變者凡六以本卦變爻辭占

姤 ䷫ 初爻變占乾初爻　同人 ䷌ 二爻變占乾二爻　履 ䷉ 三爻變占乾三爻

小畜 ䷈ 四爻變占乾四爻　大有 ䷍ 五爻變占乾五爻　夬 ䷪ 六爻變占乾六爻

二爻變者十五以本卦二變爻之上爻辭占

遯 ䷠ 初二爻變占乾二爻　訟 ䷅ 初三爻變占乾三爻　巽 ䷸ 初四爻變占乾四爻

鼎 ䷱ 初五爻變占乾五爻　大過 ䷛ 初上爻變占乾上爻

无妄 ䷘ 二三爻變占乾三爻　家人 ䷤ 二四爻變占乾四爻　離 ䷝ 一五爻變占乾五爻

革䷰ 二上爻變占乾上爻

中孚䷼ 三四爻變占乾四爻　睽䷥ 三五爻變占乾五爻　兌䷹ 三上爻變占乾上爻

大畜䷙ 四五爻變占乾五爻　需䷄ 四上爻變占乾上爻

大壯䷡ 五上爻變占乾上爻

三爻變者二十以本卦為貞之卦為悔前變十卦主貞占本卦彖辭后變十卦主悔占之卦彖辭

否䷋ 初二三爻變占乾彖　漸䷴ 初二四爻變占乾彖　旅䷷ 初二五爻變占乾彖

咸䷞ 初二上爻變占乾彖

渙䷺ 初三四爻變占乾彖　未濟䷿ 初三五爻變占乾彖　困䷮ 初三上爻變占乾彖

蠱䷑ 初四五爻變占乾彖　井䷯ 初四上爻變占乾彖

恒　初五上爻變占乾彖

益　二三四爻變占益彖　噬嗑　二三五爻變占噬嗑彖　隨　二三上爻變占隨彖

賁　二四五爻變占賁彖　既濟　二四上爻變占既濟彖

豐　二五上爻變占豐彖

損　三四五爻變占損彖　節　三四上爻變占節彖　歸妹　三五上爻變占歸妹彖

泰　四五上爻變占泰彖

四爻變者十五以之卦二不變爻之下爻辭占

觀　初二三四爻變占觀五爻　晉　初二三五爻變占晉四爻　萃　初二三上爻變占萃四爻

艮　初二四五爻變占艮三爻　蹇　初二四上爻變占蹇三爻　小過　初二五上爻變占小過三爻

蒙　初三四五爻變占蒙二爻　坎　初三四上爻變占坎二爻　解　初三五上爻變占解二爻

[illegible]

升 ䷭ 初四五上爻 變占升二爻

頤 ䷚ 二三四五爻 變占頤初爻　屯 ䷂ 二三四上爻 變占屯初爻　震 ䷲ 二三五上爻 變占震初爻

明夷 ䷣ 二四五上爻變 占明夷初爻　臨 ䷒ 三四五上爻 變占臨初爻

五爻變者六以之卦不變爻辭占

剝 ䷖ 初二三四五爻 變占剝上爻　比 ䷇ 初二三四上爻 變占比五爻　豫 ䷏ 初二三五上爻 變占豫四爻

謙 ䷎ 初二四五上爻 變占謙三爻　師 ䷆ 初三四五上爻 變占師二爻　復 ䷗ 二三四五上爻 變占復初爻

六爻變者一乾坤占二用餘六十二占之卦彖辭

坤 ䷁ 六爻皆變占 乾用九爻

大凡諸卦前三十二俱占本卦彖爻辭後三十二俱占之卦

彖爻辭惟乾坤占本卦者三十三占之卦者三十一其例如此

紀卦

卷之一

乾為天　坤為地　水雷屯　山水蒙　水天需　天水訟

地水師　水地比　風天小畜　天澤履　地天泰　天地否

天火同人　火天大有　地山謙

卷之二

雷地豫　澤雷隨　山風蠱　地澤臨　風地觀　火雷噬嗑

山火賁　山地剝　地雷復　天雷无妄　山天大畜　山雷頤

澤風大過　坎為水　離為火

卷之三

澤山咸　雷風恒　天山遯　雷天大壯　火地晋　地火明夷

風火家人　火澤睽　水山蹇　雷水解　山澤損　風雷益

澤天夬　天風姤　澤地萃　地風升　澤水困

卷之四

水風井　澤火革　火風鼎　震為雷　艮為山　風山漸

雷澤歸妹　雷火豐　火山旅　巽為風　兌為澤　風水渙

水澤節　風澤中孚　雷山小過　水火既濟　火水未濟

周易占林卷之一

閬中王宇永啟考輯
友人徐㘅惟起編訂

乾　乾元亨利貞

乾　見群龍无首吉

坤　磐桓利居貞利建侯

屯　包蒙吉納婦吉子克家

蒙　亢龍有悔

需　君子終日乾乾夕惕若厲无咎

訟

師　在師中吉无咎王三錫命

比　顯比王用三驅失前禽邑人不誡吉

小畜　或躍在淵无咎

履　君子終日乾乾夕惕若厲无咎

泰　泰小往大來吉亨

否　乾元亨利貞

同人　見龍在田利見大人

大有　飛龍在天利見大人

謙　勞謙君子有終吉

豫　由豫大有得勿疑朋盍簪

隨　隨元亨利貞无咎

蠱　乾元亨利貞

臨　咸臨貞吉

觀　觀我生君子无咎

噬嗑　噬嗑亨利用獄

賁　賁亨小利有攸往

剥　碩果不食君子得輿小人剥廬

復　不遠復无祇悔元吉

无妄　君子終日乾乾夕惕若厲无咎

大畜　飛龍在天利見大人

頤　舍爾靈龜觀我朶頤凶

大過　亢龍有悔

坎　坎有險求小得

離　飛龍在天利見大人

咸　乾元亨利貞

恒　乾元亨利貞

遯　見龍在田利見大人

大壯　乾元亨利貞

晉　晉如鼫鼠貞厲

明夷　明夷于飛垂其翼君子于行三日不食有攸往主人有

言

家人　或躍在淵无咎

睽　飛龍在天利見大人

蹇　往蹇來反

解　田獲三狐得黄矢貞吉

損　損有孚元吉无咎可貞利有攸往

益　益利有攸往利涉大川

夬　亢龍有悔

姤　潛龍勿用

萃　大吉无咎

升　孚乃利用禴旡咎

困　乾元亨利貞

井　乾元亨利貞

革　亢龍有悔

鼎　飛龍在天利見大人

震　震來虩虩後笑言啞啞吉

艮　艮其限列其夤厲薰心

漸　乾元亨利貞

歸妹　歸妹征凶旡攸利

豐　豐亨王假之勿憂宜日中

旅　乾元亨利貞
巽　或躍在淵无咎
兌　亢龍有悔
渙　乾元亨利貞
節　節亨苦節不可貞
中孚　或躍在淵无咎
小過　弗過防之從或戕之凶
既濟　既濟亨小利貞初吉終亂
未濟　乾元亨利貞
坤

周易占林卷一　四

坤　坤元亨利牝馬之貞君子有攸往先迷後得主利西南得朋東北喪朋安貞吉

乾　利永貞

屯　黄裳元吉

家　龍戰于野其血玄黄

需　需于血出自穴

訟　不永所事小有言終吉

師　直方大不習旡不利

比　黄裳元吉

小畜　有孚血去惕出旡咎

履　眇能視跛能履履虎尾咥人凶武人爲于大君

泰　坤元亨利牝馬之貞君子有攸往先迷後得主利西南

得朋東北喪朋安貞吉

否　否之匪人不利君子貞大往小來

同人　同人于宗吝

大有　厥孚交如威如吉

謙　含章可貞或從王事无成有終

豫　括囊无咎无譽

隨　坤元亨利牝馬之貞君子有攸往先迷後得主利西南

得朋東北喪朋安貞吉

蠱　蠱元亨利涉大川先甲三日後甲三日

臨　直方大不習无不利

觀　龍戰于野其血玄黃

噬　坤元亨利牝馬之貞君子有攸往先迷後得主利西南

嗑　得朋東北喪朋安貞吉

賁　坤元亨利牝馬之貞君子有攸往先迷後得主利西南

得朋東北喪朋安貞吉

剝　龍戰于野其血玄黃

復　履霜堅氷至

无妄　不耕穫不菑畬則利有攸往

大畜　童牛之梏元吉

頤　龍戰于野其血玄黄

大過　藉用白茅无咎

坎　黄裳元吉

離　黄離元吉

咸　咸亨利貞取女吉

恒　恒亨无咎利貞利有攸往

遯　遯尾厲勿用有攸往

大壯　喪羊于易无悔

晋　龍戰于野其血玄黄

明夷　含章可貞或從王事无成有終

家人　无攸遂在中饋貞吉

睽　見輿曳其牛掣其人天且劓无初有終

蹇　黄裳元吉

解　括囊无咎无譽

損　坤元亨利牝馬之貞君子有攸往先迷後得主利西南得朋東北喪朋安貞吉

益　坤元亨利牝馬之貞君子有攸往先迷後得主利西南得朋東北喪朋安貞吉

夬　无號終有凶

姤　繫于金柅貞吉有攸往見凶羸豕孚蹢躅

萃　黃裳元吉

升　含章可貞或從王事无成有終

困　困亨貞大人吉无咎有言不信

井　井改邑不改井无喪无得往來井井汔至亦未繘井羸
其瓶凶

革　已日乃革之征吉无咎

鼎　鼎顛趾利出否得妾以其子无咎

震　括囊无咎无譽

艮　龍戰于野其血玄黃

漸　漸女歸吉利貞

歸妹　坤元亨利牝馬之貞君子有攸往先迷後得主利西南
得朋東北喪朋安貞吉

豐　坤元亨利牝馬之貞君子有攸往先迷後得主利西南
得朋東北喪朋安貞吉

旅　旅小亨旅貞吉

巽　進退利武人之貞

兌　來兌凶

渙　渙亨王假有廟利涉大川

節　坤元亨利牝馬之貞君子有攸往先迷後得主利西南

得朋東北喪朋安貞吉

中孚　得敵或鼓或罷或泣或歌

小過　括囊无咎无譽

既濟　坤元亨利牝馬之貞君子有攸往先迷後得主利西南

得朋東北喪朋安貞吉

未濟　未濟亨小狐汔濟濡其尾无攸利

屯

屯　屯元亨利貞勿用有攸往利建侯

乾　潛龍勿用

坤　屯其膏小貞吉大貞凶

家　勿用取女見金夫不有躬无攸利

需　即鹿无虞惟入于林中君子幾不如舍往吝

訟　食舊德貞厲終吉或從王事无成

師　屯元亨利貞勿用有攸往利建侯

比　磐桓利居貞利建侯

小畜　小畜亨密雲不雨自我西郊

履　履虎尾不咥人亨

泰　泰小往大來吉亨

否　屯元亨利貞勿用有攸往利建侯

同人　同人于野亨利涉大川利君子貞

大有　无交害匪咎艱則无咎

謙　屯元亨利貞勿用有攸往利建侯

豫　屯元亨利貞勿用有攸往利建侯

隨　乘馬班如求婚媾往吉无不利

蠱　裕父之蠱往見吝

臨　屯其膏小貞吉大貞凶

觀　乘馬班如泣血漣如

噬嗑　噬嗑亨利用獄

賁　賁亨小利有攸往

剥　屯元亨利貞勿用有攸往利建侯

周易古林卷之一　乙

復　屯其膏小貞吉大貞凶
无妄　乘馬班如泣血漣如
大畜　有厲利已
頤　乘馬班如泣血漣如
大過　枯楊生華老婦得其士夫无咎无譽
坎　屯如邅如乘馬班如匪寇婚媾女子貞不字十年乃字
離　履錯然敬之无咎
咸　屯元亨利貞勿用有攸往利建侯
恒　振恒凶
遯　執之用黄牛之革莫之勝説

大壯　壯于頄征凶有孚

晉　晉如愁如貞吉受茲介福于其王母

明夷　明夷于左股用拯馬壯吉

明夷　出其首小貞吉大貞凶

家人　乘馬班如泣血漣如

睽　悔亡喪馬勿逐自復見惡人无咎

蹇　即鹿无虞惟入于林中君子幾不如舍往吝

解　負且乘致寇至貞吝

損　損有孚元吉无咎可貞利有攸往曷之用二簋可用享

益　乘馬班如泣血漣如

夬　夬揚于王庭孚號有厲告自邑不利即戎利有攸往

姤　以杞包瓜含章有隕自天

萃　乘馬班如求婚媾往吉无不利

升　王用享于岐山吉无咎

困　屯元亨利貞勿用有攸往利建侯

井　屯元亨利貞勿用有攸往利建侯

革　乘馬班如求婚媾往吉无不利

鼎　鼎元吉亨

震　屯其膏小貞吉大貞凶

艮　艮其腓不拯其隨其心不快

漸　屯元亨利貞勿用有攸往利建侯

歸妹　歸妹征凶无攸利

豐　豐亨王假之勿憂宜日中

旅　旅即次懷其資得童僕貞

巽　悔亡田獲三品

兌　乘馬班如求婚媾往吉无不利

渙　屯元亨利貞勿用有攸往利建侯

節　屯如邅如乘馬班如匪寇婚媾女子貞不字十年乃字

中孚　乘馬班如泣血漣如

小過　過其祖遇其妣不及其君遇其臣无咎

既濟　即鹿无虞惟入于林中君子幾不如舍往吝

未濟　汔濟征凶利涉大川

蒙

蒙　蒙亨匪我求童蒙童蒙求我初筮告再三瀆瀆則不告

利貞

乾　見龍在田利見大人

坤　擊蒙不利爲寇利禦寇

屯　即鹿无虞惟入于林中君子幾不如舍往吝

需　需于沙小有言終吉

訟　童蒙吉

師　擊蒙不利爲寇利禦寇

比　比吉原筮元永貞无咎不寧方來後夫凶

小畜　蒙亨匪我求童蒙童蒙求我初筮告再三瀆瀆則不告

利貞

履　蒙亨匪我求童蒙童冡求我初筮告再三瀆瀆則不告

利貞

泰　蒙亨匪我求童蒙童蒙求我初筮告再三瀆瀆則不告

利貞

否　否之匪人不利君子貞大往小來

同人　同人于郊无悔

大有　蒙亨匪我求童蒙童蒙求我初筮告再三瀆瀆則不告

利貞

謙　謙亨君子有終

豫　豫利侯建行師

隨　係丈夫失小子隨有求得利居貞

蠱　勿用取女見金夫不有躬无攸利

臨　擊家不利為寇利禦寇

觀　童蒙吉

噬嗑　蒙亨匪我求童蒙童蒙求我初筮告再三瀆瀆則不告

利貞

賁　蒙亨匪我求童蒙童蒙求我初筮告再三瀆瀆則不告

剝　利貞
　包蒙吉納婦吉子克家
復　蒙亨匪我求童蒙童蒙求我初筮告再三瀆瀆則不告
　利貞
无妄　无妄之災或繫之牛行人之得邑人之災
大畜　勿用取女見金夫不有躬无攸利
頤　包蒙吉納婦吉子克家
大過　藉用白茅无咎
坎　擊蒙不利爲寇利禦寇
離　出涕沱若戚嗟若吉

咸　咸其拇

恒　恒亨无咎利貞利有攸往

遯　遯尾厲勿用有攸往

大壯　貞吉

晋　困蒙吝

明夷　入于左腹明獲夷之心于出門庭

家人　富家大吉

睽　困蒙吝

蹇　往蹇來譽

解　擊家不利爲寇利禦寇

損　發家利用刑人用說桎梏以往吝

益　蒙亨匪我求童蒙童蒙求我初筮告再三瀆瀆則不告

　　利貞

夬　惕號莫夜有戎勿恤

姤　姤女壯勿用取女

萃　有孚不終乃亂乃萃若號一握爲笑勿恤往无咎

升　擊家不利爲寇利禦寇

困　困亨貞大人吉无咎有言不信

井　井改邑不改井无喪无得往來井井汔至亦未繘井羸

　　其瓶凶

革　革巳日乃孚元亨利貞悔亡

咼　困蒙吝

震　震蘇蘇震行无眚

艮　勿用取女見金夫不有躬无攸利

漸　漸女歸吉利貞

歸妹　蒙亨匪我求童蒙童蒙求我初筮告再三瀆瀆則不告
利貞

豐　來章有慶譽吉

旅　旅小亨旅貞吉

巽　童蒙吉

兊　孚兊吉悔亡

渙　童蒙吉

節　蒙亨匪我求童蒙童蒙求我初筮告再三瀆瀆則不告

利貞

中孚　童蒙吉

小過　飛鳥以凶

既濟　繻有衣袽終日戒

未濟　困蒙吝

需

需　需有孚光亨貞吉利涉大川

乾　入于穴有不速之客三人來敬之終吉

坤　括囊无咎无譽

屯　需于泥致寇至

蒙　包蒙吉納婦吉子克家

訟　不克訟歸而逋其邑人三百户无眚

師　需有孚光亨貞吉利涉大川

比　需有孚光亨貞吉利涉大川

小畜　入于穴有不速之客三人來敬之終吉

履　履虎尾不咥人亨

泰　需于酒食貞吉

否　休否大人吉其亡其亡繫于苞桑

同人　同人于野亨利涉大川利君子貞

大有　大有元亨

謙　需有孚光亨貞吉利涉大川

豫　冥豫成有渝无咎

隨　隨元亨利貞无咎

蠱　需有孚光亨貞吉利涉大川

臨　需于酒食貞吉

觀　觀國之光利用賓于王

噬嗑　屨校滅趾无咎

賁　賁亨小利有攸往

剝　剝牀以膚凶

復　復亨出入旡疾朋來旡咎反復其道七日來復利有攸
往

旡妄　旡妄往吉

大畜　入于穴有不速之客三人來敬之終吉

頤　含爾靈龜觀我朶頤凶

大過　需于血出自穴

坎　需于泥致寇至

離　履錯然敬之旡咎

咸　需有孚光亨貞吉利涉大川

恒　需有孚光亨貞吉利涉大川

遯　係遯有疾厲畜臣妾吉

大壯　需于酒食貞吉

晉　晉康侯用錫馬蕃庶晝日三接

明夷　需于酒食貞吉

家人　入于穴有不速之客三人來敬之終吉

睽　悔亡喪馬勿逐自復見惡人无咎

蹇　需于沙小有言終吉

解　田獲三狐得黃矢貞吉

損　損有孚元吉无咎可貞利有攸往曷之用二簋可用享

益　益利有攸往利涉大川

夬　需于血出自穴

姤　需有孚光亨貞吉利涉大川

萃　萃有位无咎匪孚元永貞悔亡

升　需于酒食貞吉

困　需有孚光亨貞吉利涉大川

井　需于郊利用恒无咎

革　需于血出自穴

鼎　鼎有實我仇疾不我能即吉

震　震來虩虩後笑言啞啞吉

艮　艮其限列其夤厲薰心

漸　需有孚光亨貞吉利涉大川

歸妹　歸妹征凶无攸利

豐　豐亨王假之勿憂宜日中

旅　旅焚其次喪其童僕貞厲

巽　入于穴有不速之客三人來敬之終吉

兑　需于血出自穴

涣　需有孚元亨貞吉利涉大川

節　需于泥致寇至

中孚　入于穴有不速之客三人來敬之終吉

小過　弗過防之從或戕之凶

既濟　需于沙小有言終吉

未濟　曳其輪貞吉

訟

訟　訟有孚窒惕中吉終凶利見大人不利涉大川

乾　食舊德貞厲終吉或從王事无成

坤　履霜堅氷至

屯　即鹿无虞惟入于林中君子幾不如舍往吝

蒙　訟元吉

需　需于沙小有言終吉

師　師貞丈人吉无咎

比　比吉原筮元永貞无咎不寧方來後夫凶

小畜　訟有孚窒惕中吉終凶利見大人不利涉大川

履　不永所事小有言終吉

泰　包荒用馮河不遐遺朋亡得尚于中行

否　不克訟歸而逋其邑人三百户无眚

同人　訟有孚窒惕中吉終凶利見大人不利涉大川

大有　訟有孚窒惕中吉終凶利見大人不利利大川

謙　謙謙君子用涉大川吉

豫　豫利建侯行師
隨　訟有孚窒惕中吉終凶利見大人不利涉大川
蠱　蠱元亨利涉大川先甲三日後甲三日
臨　咸臨吉无不利
觀　不克訟復即命渝安貞吉
噬嗑　訟有孚窒惕中吉終凶利見大人不利涉大川
賁　白賁无咎
剥　剥不利有攸往
復　頻復厲无咎
无妄　不克訟歸而逋其邑人三百户无眚

大畜　輿說輹

頤　拂頤貞凶十年勿用无攸利

大過　或錫之鞶帶終朝三褫之

坎　或錫之鞶帶終朝三褫之

離　突如其來如焚如死如棄如

咸　咸亨利貞取女吉

恒　恒亨无咎利貞利有攸往

遯　食舊德貞厲終吉或從王事无成

大壯　貞吉

晉　訟元吉

明夷　明夷利艱貞

家人　王假有家勿恤吉

睽　訟元吉

蹇　往蹇來譽

解　或錫之鞶帶終朝三褫之

損　訟有孚窒惕中吉終凶利見大人不利涉大川

益　訟有孚窒惕中吉終凶利見大人不利涉大川

夬　訟有孚窒惕中吉終凶利見大人不利涉大川

姤　食舊德貞厲終吉或從王事无成

萃　或錫之鞶帶終朝三褫之

升　允升大吉

困　或錫之鞶帶終朝三褫之

井　井改邑不改井无喪无得往來井井汔至亦未繘井羸其瓶凶

革　悔亡有孚改命吉

鼎　訟元吉

震　震蘇蘇震行无眚

艮　艮其趾无咎利永貞

漸　漸女歸吉利貞

歸妹　訟有孚窒惕中吉終凶利見大人不利涉大川

豐　豐其蔀日中見斗遇其夷主吉

旅　旅小亨旅貞吉

巽　不克訟復即命渝安貞吉

兌　或錫之鞶帶終朝三褫之

渙　不克訟復即命渝安貞吉

節　訟有孚窒惕中吉終凶利見大人不利涉大川

中孚　不克訟復即命渝安貞吉

小過　飛鳥以凶

既濟　東鄰殺牛不如西鄰之禴祭實受其福

未濟　訟元吉

師

師　師貞丈人吉无咎

乾　見龍在田利見大人

坤　在師中吉无咎王三錫命

屯　師貞丈人吉无咎

蒙　大君有命開國承家小人勿用

需　師貞丈人吉无咎

訟　訟有孚窒惕中吉終凶利見大人不利涉大川

比　田有禽利執言无咎長子帥師弟子輿尸貞凶

小畜　牽復吉

履　履道坦坦幽人貞吉

泰　師或輿尸凶

否　拔茅茹以其彙貞吉亨

同人　同人于野亨利涉大川利君子貞

大有　大車以載有攸往无咎

謙　師或輿尸凶

豫　師左次无咎

隨　係丈夫失小子隨有求得利居貞

蠱　大君有命開國承家小人勿用

臨　師出以律否臧凶

觀　觀盥而不薦有孚顒若

噬嗑　噬腊肉遇毒小吝无咎

賁　賁如皤如白馬翰如匪寇婚媾

剥　大君有命開國承家小人勿用

復　在師中吉无咎王三錫命

无妄　无妄之災或係之牛行人之得邑人之災

大畜　師貞大人吉无咎

頤　師貞丈人吉无咎

大過　大過棟撓利有攸往亨

坎　田有禽利執言无咎長子帥師弟子輿尸貞凶

離　出涕沱若戚嗟若吉

咸　咸其拇

恒　師左次无咎

遯　遯尾厲勿用有攸往

大壯　師貞丈人吉无咎

晉　晉康侯用錫馬蕃庶晝日三接

明夷　師貞丈人吉无咎

家人　富家大吉

睽　師貞丈人吉无咎

蹇　蹇利西南不利東北利見大人貞吉

解　師左次无咎
損　大君有命開國承家小人勿用
益　益之用凶事无咎有孚中行告公用圭
夬　惕號莫夜有戎勿恤
姤　繫于金柅貞吉有攸往見凶羸豕孚蹢躅
萃　萃亨王假有廟利見大人亨利貞用大牲吉利有攸往
升　師或輿尸凶
困　田有禽利執言長子帥師弟子輿尸貞凶
井　田有禽利執言无咎長子帥師弟子輿尸貞凶
革　君子豹變小人革面征凶居貞吉

鼎　鼎元吉亨

震　師貞丈人吉无咎

艮　艮其背不獲其身行其庭不見其人无咎

漸　鴻漸于干小子厲有言无咎

歸妹　師左次无咎

豐　來章有慶譽吉

旅　旅瑣瑣斯其所取災

巽　巽小亨利有攸往利見大人

兌　師貞丈人吉无咎

渙　大君有命開國承家小人勿用

節　田有禽利執言无咎長子帥師弟子輿尸貞凶

中孚　師貞丈人吉无咎

小過　小過亨利貞可小事不可大事飛鳥遺之音不宜上宜下大吉

既濟　繻有衣袽終日戒

未濟　大君有命開國承家小人勿用

比

比　比吉原筮元永貞无咎不寧方來後夫凶

乾　飛龍在天利見大人

坤　顯比王用三驅失前禽邑人不誡吉

屯　有孚比之无咎有孚盈缶終來有它吉

蒙　蒙亨匪我求童蒙童蒙求我初筮告再三瀆瀆則不告

利貞

需　比吉原筮元永貞无咎不寧方來後夫凶

訟　訟有孚窒惕中吉終凶利見大人不利涉大川

師　顯比王用三驅失前禽邑人不誡吉

小畜　有孚血去惕出无咎

履　眇能視跛能履履虎尾咥人凶武人爲于大君

泰　翩翩不富以其鄰不戒以孚

否　比之无首凶

同人　同人于宗吝

大有　大有元亨

謙　顯比王用三驅失前禽邑人不誡吉

豫　顯比王用三驅失前禽邑人不誡吉

隨　外比之貞吉

蠱　幹父之蠱有子考无咎厲終吉

臨　比吉原筮元永貞无咎不寧方來後夫凶

觀　比之无首凶

噬嗑　噬膚滅鼻无咎

賁　賁其須

剥　比之无首凶

復　顯比王用三驅失前禽邑人不誡吉

无妄　比吉原筮元永貞无咎不寧方來後夫凶

大畜　童牛之牿元吉

頤　比吉原筮元永貞无咎不寧方來後夫凶

大過　大過棟撓利有攸往亨

坎　比之自内貞吉

離　黄離元吉

咸　外比之貞吉

恒　浚恒凶无攸利

遯　遯亨小利貞

大壯　羝羊觸藩不能退不能遂无攸利艱則吉

晉　晉康侯用錫馬蕃庶晝日三接

明夷　比吉原筮元永貞无咎不寧方來後夫凶

家人　比吉原筮元永貞无咎不寧方來後夫凶

睽　見輿曳其牛掣其人天且劓无初有終

蹇　比之匪人

解　解利西南无所往其來復吉有攸往夙吉

損　三人行則損一人一人行則得其友

益　比之无首凶

夬　莧陸夬夬中行无咎

姤　繫于金柅貞吉有攸往見凶羸豕孚蹢躅

萃　外比之貞吉

升　升元亨用見大人勿恤南征吉

困　外比之貞吉

井　比之匪人

革　比吉原筮元永貞无咎不寧方來後夫凶

鼎　鼎顛趾利出否得妾以其子无咎

震　比吉原筮元永无貞咎不寧方來後夫凶

艮　艮其背不獲其身行其庭不見其人无咎

周易占林 二 山

漸　比之无首凶

歸妹　歸妹以須反歸以娣

豐　豐其蔀日中見斗往得疑疾有孚發若吉

旅　旅瑣瑣斯其所取災

巽　巽小亨利有攸往利見大人

兌　比吉原筮元永貞无咎不寧方來後夫凶

渙　比之无首凶

節　比之自內貞吉

中孚　比吉原筮元永貞无咎不寧方來後夫凶

小過　小過亨利貞可小事不可大事飛鳥遺之音不宜上宜

下大吉

既濟　比之匪人

未濟　濡其尾吝

小畜

小畜　小畜亨密雲不雨自我西郊

乾　有孚血去惕出无咎

坤　括囊无咎无譽

屯　屯元亨利貞勿用有攸往利建侯

蒙　小畜亨密雲不雨自我西郊

需　既雨既處尚德載婦貞厲月幾望君子征凶

訟　小畜亨密雲不雨自我西郊

師　在師中吉无咎王三錫命

比　外比之貞吉

履　有孚血去惕出无咎

泰　既雨既處尚德載婦貞厲月幾望君子征凶

否　休否大人吉其亡其亡繫于苞桑

同人　有孚血去惕出无咎

大有　有孚攣如富以其鄰

謙　勞謙君子有終吉

豫　豫利建侯行師

隨　官有渝貞吉出門交有功

蠱　有孚攣如富以其鄰

臨　臨元亨利貞至于八月有凶

觀　小畜亨密雲不雨自我西郊

噬嗑　屨校滅趾无咎

賁　有孚攣如富以其鄰

剥　剥牀以膚凶

復　不遠復无祗悔元吉

无妄　无妄利貞其匪正有眚不利有攸往

大畜　有孚攣如富以其鄰

頤　頤貞吉觀頤自求口實

大過　小畜亨密雲不雨自我西郊

坎　小畜亨密雲不雨自我西郊

離　離利貞亨畜牝牛吉

咸　咸其股執其隨往吝

恒　悔亡

遯　小畜亨密雲不雨自我西郊

大壯　大壯利貞

晋　晋其角維用伐邑厲吉无咎貞吝

明夷　明夷利艱貞

家人　　牽復吉

睽　　睽小事吉

蹇　　小畜亨密雲不雨自我西郊

解　　田獲三狐得黄矢貞吉

損　　有孚攣如富以其鄰

益　　輿說輻夫妻反目

夬　　既雨既處尚德載婦貞厲月幾望君子征凶

姤　　有孚血去惕出无咎

萃　　萃有位无咎匪孚元永貞悔亡

升　　小畜亨密雲不雨自我西郊

困　困于酒食朱紱方來利用享祀征凶无咎

井　既雨既處尚德載婦貞厲月幾望君子征凶

革　革巳日乃孚元亨利貞悔亡

鼎　小畜亨密雲不雨自我西郊

震　震來虩虩後笑言啞啞吉

艮　小畜亨密雲不雨自我西郊

漸　牽復吉

歸妹　歸妹以娣跛能履征吉

豐　遇其配主雖旬无咎往有尚

旅　旅焚其次喪其童僕貞厲

巽　復自道何其咎吉

兌　兌亨利貞

渙　輿說輻夫妻反目

節　既雨既處尚德載婦貞厲月幾望君子征凶

中孚　輿說輻夫妻反目

小過　弗過防之從或戕之凶

既濟　既雨既處尚德載婦貞厲月幾望君子征凶

未濟　曳其輪貞吉

履

履　履虎尾不咥人亨

乾　眇能視跛能履履虎尾咥人凶武人爲于大君

坤　含章可貞或從王事无成有終

屯　屯元亨利貞勿用有攸往利建侯

蒙　履虎尾不咥人亨

需　需有孚光亨貞吉利涉大川

訟　素履往无咎

師　在師中吉无咎王三錫命

比　比之匪人

小畜　履虎尾愬愬終吉

泰　拔茅茹以其彚征吉

否　履道坦坦幽人貞吉

同人　眇能視跛能履履虎尾咥人凶武人爲于大君

大有　夬履貞厲

謙　謙亨君子有終

豫　盱豫悔遲有悔

隨　視履考祥其旋元吉

蠱　幹母之蠱不可貞

臨　臨元亨利貞至于八月有凶

觀　履虎尾不咥人亨

噬嗑　夬履貞厲

賁　賁其趾舍車而徒

剥　剥之无咎

復　不遠復无祗悔元吉

无妄　履道坦坦幽人貞吉

大畜　大畜利貞不家食吉利涉大川

頤　頤貞吉觀頤自求口實

大過　履虎尾不咥人亨

坎　履虎尾不咥人亨

離　離利貞亨畜牝牛吉

咸　貞吉悔亡憧憧往來朋從爾思

恒　悔亡

遯　履虎尾不咥人亨

大壯　大壯利貞

晉　履虎尾不咥人亨

明夷　明夷于飛垂其翼君子于行三日不食有攸往主人有言

家人　家人利女貞

睽　夬履貞厲

蹇　大蹇朋來

解　履虎尾不咥人亨

損　夬履貞厲

益　履虎尾愬愬終吉

夬　視履考祥其旋元吉

姤　眇能視跛能履履虎尾咥人凶武人爲于大君

萃　履虎尾不咥人亨

升　孚乃利用禴无咎

困　視履考祥其旋元吉

井　井谷射鮒甕敝漏

革　革巳日乃孚元亨利貞悔亡

鼎　履虎尾不咥人亨

震　震亨震來虩虩笑言啞啞震驚百里不喪匕鬯

艮　敦艮吉

漸　鴻漸于陵婦三不歲孕終莫之勝吉

歸妹　視履考祥其旋元吉

豐　遇其配主雖旬无咎往有尚

旅　旅于處得其資斧我心不快

巽　履虎尾不咥人亨

兌　視履考祥其旋元吉

渙　履虎尾愬愬終吉

節　視履考祥其旋元吉

中孚　履虎尾愬愬終吉
小過　无咎弗過遇之往厲必戒勿用永貞
既濟　曳其輪濡其尾无咎
未濟　夬履貞厲
泰
泰　泰小往大來吉亨
乾　乾元亨利貞
坤　泰小往大來吉亨
屯　屯元亨利貞勿用有攸往利建侯
蒙　泰小往大來吉亨

需　帝乙歸妹以祉元吉

訟　不克訟即復命渝安貞吉

師　无平不陂无往不復艱貞无咎勿恤其孚于食有福

比　外比之貞吉

小畜　城復于隍勿用師自邑告命貞吝

履　素履往无咎

否　否之匪人不利君子貞大往小來

同人　同人于門无咎

大有　城復于隍勿用師自邑告命貞吝

謙　包荒用馮河不遐遺朋亡得尚于中行

豫　貞疾恒不死

隨　官有渝吉出門交有功

蠱　城復于隍勿用師自邑告命貞吝

臨　无平不陂无往不復艱貞无咎勿恤其孚于食有福

觀　觀國之光利用賓于王

噬嗑　屨校滅趾无咎

賁　城復于隍勿用師自邑告命貞吝

剥　剥牀以膚凶

復　无平不陂无往不復艱貞无咎勿恤其孚于食有福

无妄　无妄往吉

大畜　城復于隍勿用師自邑告命貞吝

頤　頤貞吉觀頤自求口實

大過　泰往小大來吉亨

坎　泰小往大來吉亨

離　離利貞亨畜牝牛吉

咸　咸其股執其隨往吝

恒　翩翩不富以其鄰不戒以孚

遯　係遯有疾厲畜臣妾吉

大壯　翩翩不富以其鄰不戒以孚

晉　悔亡失得勿恤往吉无不利

明夷　包荒用馮河不遐遺朋亡得尚于中行
家人　家人利女貞
睽　睽小事吉
蹇　泰小往大來吉亨
解　泰往小大來吉亨
損　城復于隍勿用師自邑告命貞吝
益　利用爲大作元吉无咎
夬　帝乙歸妹以祉元吉
姤　包有魚无咎不利賓
萃　齎咨涕洟无咎

升　拔茅茹以其彙征吉

困　困于酒食朱紱方來利用享祀征凶无咎

井　帝乙歸妹以祉元吉

革　革巳日乃孚元亨利貞悔亡

鼎　泰小往大來吉亨

震　震亨震來虩虩笑言啞啞震驚百里不喪匕鬯

艮　泰小往大來吉亨

漸　鴻漸于陸夫征不復婦孕不育凶利禦寇

歸妹　翩翩不富以其鄰不戒以孚

豐　翩翩不富以其鄰不戒以孚

旅　旅焚其次喪其童僕貞厲

巽　泰小往大來吉亨

兌　兌亨利貞

渙　渙奔其机悔亡

節　帝乙歸妹以祉元吉

中孚　中孚豚魚吉利涉大川利貞

小過　泰小往大來吉亨

既濟　帝乙歸妹以祉元吉

未濟　曳其輪貞吉

否

否　否之匪人不利君子貞大往小來

乾　否之匪人不利君子貞大往小來

坤　坤元亨利牝馬之貞君子有攸往先迷後得主利西南

得朋東北喪朋安貞吉

屯　否之匪人不利君子貞大往小來

蒙　蒙亨匪我求童蒙童蒙求我初筮告再三瀆瀆則不告

利貞

需　需于酒食貞吉

訟　包承小人吉大人否亨

師　師出以律否臧凶

比　傾否先否後喜

小畜　有孚攣如富以其鄰

履　包承小人吉大人否亨

泰　泰小往大來吉亨

同人　包羞

大有　匪其彭无咎

謙　謙謙君子用涉大川吉

豫　傾否先否後喜

隨　傾否先否後喜

蠱　幹父之蠱有子考无咎厲終吉

臨　甘臨无攸利既憂之无咎

觀　有命无咎疇離祉

噬嗑　休否大人吉其亡其亡繫于苞桑

賁　賁其須

剥　休否大人吉其亡其亡繫于苞桑

復　休復吉

无妄　拔茅茹以其彙貞吉亨

大畜　何天之衢亨

頤　否之匪人不利君子貞大往小來

大過　大過棟撓利有攸往亨

坎　習坎有孚維心亨行有尚

離　否之匪人不利君子貞大往小來

咸　傾否先否後喜

恒　浚恒貞凶无攸利

遯　包羞

大壯　貞吉悔亡藩決不羸壯于大輿之輹

晉　休否大人吉其亡其亡繫于苞桑

明夷　明夷夷于左股用拯馬壯吉

家人　否之匪人不利君子貞大往小來

睽　否之匪人不利君子貞大往小來

蹇　蹇利西南不利東北利見大人貞吉

解　解利西南无所往其來復吉有攸往夙吉

損　三人行則損一人一人行則得其友

益　有命无咎疇離祉

夬　臀无膚其行次且牽羊悔亡聞言不信

姤　包羞

萃　傾否先否後喜

升　允升大吉

困　傾否亢否後喜

井　井泥不食舊井无禽

革　否之匪人不利君子貞大往小來

鼎　鼎元吉亨

震　否之匪人不利君子貞大往小來

艮　艮其背不獲其身行其庭不見其人无咎

漸　有命无咎疇離祉

歸妹　歸妹以須反歸以娣

豐　豐其蔀日中見斗往得疑疾有孚發若吉

旅　休否大人吉其亡其亡繫于苞桑

巽　巽小亨利有攸往利見大人

兌　否之匪人不利君子貞大往小來

渙　有命无咎疇離祉

節　不節若則嗟若无咎

中孚　否之匪人不利君子貞大往小來

小過　小過亨利貞可小事不可大事飛鳥遺之音不宜上宜下大吉

既濟　婦喪其茀勿逐七日得

未濟　休否大人吉其亡其亡繫于苞桑

同人

同人　同人于野亨利涉大川利君子貞

乾　同人于宗吝

坤　直方大不習无不利

屯　屯元亨利貞勿用有攸往利建侯

蒙　擊蒙不利爲宼利禦宼

需　需有孚光亨貞吉利涉大川

訟　同人于野亨利涉大川利君子貞

師　師貞丈人吉无咎

比　比之自内貞吉

小畜　乘其墉弗克攻吉

履　伏戎于莽升其高陵三歲不興

泰　拔茅茹以其彚征吉

否　伏戎于莽升其高陵三歲不興

大有　同人先號咷而後笑大師克相遇

謙　鳴謙貞吉

豫　介于石不終日貞吉

隨　同人于郊无悔

蠱　幹父之蠱小有悔无大咎

臨　咸臨貞吉

觀　同人于野亨利涉大川利君子貞

噬嗑　同人先號咷而後笑大師克相遇

賁　同人先號咷而後笑大師克相遇

剥　剥牀以辨蔑貞凶

復　不遠復无祗悔元吉

无妄　伏戎于莽升其高陵三歲不興

大畜　大畜利貞不家食吉利涉大川

頤　頤貞吉觀頤自求口實

大過　同人于野亨利涉大川利君子貞

坎　坎不盈祗既平无咎

離　同人先號咷而後笑大師克相遇

咸　同人于郊无悔

恒　不恒其德或承之羞貞吝

遯　同人于門无咎

大壯　大壯利貞

晉　同人于野亨利涉大川利君子貞

明夷　明夷利艱貞

家人　乘其墉弗克攻吉

睽　睽小事吉

蹇　同人于野亨利涉大川利君子貞

解　解而拇朋至斯孚

損　已事遄往无咎酌損之

益　乘其墉弗克攻吉

夬　同人于郊无悔

姤　同人于宗吝

萃　同人于野亨利涉大川利君子貞

升　升虛邑

困　來徐徐困于金車吝有終

井　井渫不食爲我心惻可用汲王明並受其福

革　同人于郊无悔

鼎　同人于野亨利涉大川利君子貞

震　震亨震來虩虩笑言啞啞震驚百里不喪匕鬯

艮　同人于野亨利涉大川利君子貞

漸　乘其墉弗克攻吉

歸妹　歸妹以娣跛能履征吉

豐　同人于郊无悔

旅　同人先號咷而後笑大師克相遇

巽　同人于野亨利涉大川利君子貞

兑　兑亨利貞

渙　渙汗其大號渙王居无咎

節　不出户庭无咎

中孚　中孚豚魚吉利涉大川利貞

小過　同人于野亨利涉大川利君子貞

既濟　同人于郊无悔
未濟　貞吉悔亡震用伐鬼方三年有賞于大國
大有
大有　大有元亨
乾　厥孚交如威如吉
坤　黃裳元吉
屯　盤桓利居貞利建侯
蒙　大有元亨
需　需有孚光亨貞吉利涉大川
訟　大有元亨

同占卜卷一　同之

師　在師中吉无咎王三錫命

比　比吉原筮元永貞无咎不寧方來後夫凶

小畜　厥孚交如威如吉

履　厥孚交如威如吉

泰　自天祐之吉无不利

否　有命无咎疇離祉

同人　厥孚交如威如吉

謙　勞謙君子有終吉

豫　由豫大有得勿疑朋盍簪

隨　官有渝貞吉出門交有功

蠱　匪其彭无咎

臨　臨元亨利貞至于八月有凶

觀　觀其生君子无咎

噬嗑　公用享于天子小人弗克

賁　匪其彭无咎

剥　貫魚以宫人寵无不利

復　不遠復无祇悔元吉

无妄　无妄元亨利貞其匪正有眚不利有攸往

大畜　匪其彭无咎

頤　頤貞吉觀頤自求口實

大過　大有元亨

坎　坎有險求小得

離　大車以載有攸往无咎

咸　咸其股執其隨往吝

恒　自天祐之吉无不利

遯　大有元亨

大壯　自天祐之吉无不利

晉　大有元亨

明夷　明夷利艱貞

家人　家人利女貞

睽　公用享于天子小人弗克

蹇　往蹇來反

解　大有元亨

損　匪其彭无咎

益　利用爲大作元吉无咎

夬　自天祐之吉无不利

姤　厥孚交如威如吉

萃　大吉无咎

升　大有元亨

困　困于酒食朱紱方來利用享祀征凶无咎

井　井谷射鮒甕敝漏

革　革巳日乃孚元亨利貞悔亡

咼　旡交害匪咎艱則旡咎

震　震亨震來虩虩笑言啞啞震驚百里不喪匕鬯

艮　大有元亨

漸　鴻漸于陸夫征不復婦孕不育凶利禦寇

歸妹　自天祐之吉旡不利

豐　自天祐之吉旡不利

旅　大車以載有攸往旡咎

巽　大有元亨

兌　兌亨利貞

渙　渙奔其机悔亡

節　不出戶庭无咎

中孚　中孚豚魚吉利涉大川利貞

小過　大有元亨

既濟　曳其輪濡其尾无咎

未濟　公用亨于天子小人弗克

謙

謙　謙亨君子有終

乾　君子終日乾乾夕惕若厲无咎

坤　勞謙君子有終吉

屯　謙亨君子有終

蒙　蒙亨匪我求童蒙童蒙求我初筮告再三瀆瀆則不告

利貞

需　謙亨君子有終

訟　不永所事小有言終吉

師　勞謙君子有終吉

比　不富以其鄰利用侵伐无不利

小畜　輿說輻夫妻反目

履　履虎尾不咥人亨

泰　鳴謙貞吉

否　拔茅如以其彙貞吉亨

同人　同人于宗吝

大有　公用亨于天子小人弗克

豫　无不利撝謙

隨　係小子失丈夫

蠱　鳴謙利用行師征邑國

臨　謙亨君子有終

觀　觀盥而不薦有孚顒若

噬嗑　噬膚滅鼻无咎

賁　鳴謙利用行師征邑國

剥　鳴謙利用行師征邑國

復　勞謙君子有終吉

无妄　不耕穫不菑畬則利有攸往

大畜　謙亨君子有終

頤　謙亨君子有終

大過　大過棟撓利有攸往亨

坎　習坎有孚維心亨行有尚

離　謙亨君子有終

咸　不富以其鄰利用侵伐无不利

恒　无不利撝謙

遯　遯亨小利貞

大壯　謙亨君子有終

晋　晋康侯用錫馬蕃庶晝日三接

明夷　謙謙君子用涉大川吉

家人　謙亨君子有終

睽　悔亡厥宗噬膚往何咎

蹇　不富以其鄰利用侵伐无不利

解　解利西南无所往其來復吉有攸往夙吉

損　損其疾使遄有喜无咎

益　或益之十朋之龜弗克違永貞吉王用享于帝吉

夬　壯于頄有凶君子夬夬獨行遇雨若濡有慍无咎

姤　繫于金柅貞吉有攸往見凶羸豕孚蹢躅

萃　萃亨王假有廟利見大人亨利貞用大牲吉利有攸往

升　鳴謙貞吉

困　臀困于株木入于幽谷三歲不覿

井　不富以其鄰利用侵伐无不利

革　謙亨君子有終

鼎　鳴元吉亨

震　謙亨君子有終

艮　鳴讙利用行師征邑國

漸　鳴讙利用行師征邑國

歸妹　帝乙歸妹其君之袂不如其娣之袂良月幾望吉

豐　无不利撝謙

旅　鳴謙利用行師征邑國

巽　巽小亨利有攸往利見大人

兑　引兑

渙　用拯馬壯吉

節　安節亨

中孚　月幾望馬匹亡无咎

小過　无不利撝謙

既濟　不富以其　利用侵伐无不利

未濟　濡其尾吝

周易占林卷之二終

周易占林　三　悔

周易占林卷之二

閩中王宇永啟考輯

友人徐𤏡惟起編訂

豫

豫　豫利建侯行師

乾　或躍在淵无咎

坤　由豫大有得勿疑朋盍簪

屯　豫利建侯行師

蒙　蒙亨匪我求童蒙童蒙求我初筮告再三瀆瀆則不告

利貞

周易占林卷之二

需　八于穴有不速之客三人來敬之終吉

訟　訟有孚窒惕中吉終凶利見大人不利涉大川

師　由豫大有得勿疑朋盍簪

比　貞疾恒不死

小畜　小畜亨密雲不雨自我西郊

履　眇能視跛能履履虎尾咥人凶武人爲于大君

泰　帝乙歸妹以祉元吉

否　冥豫成有渝无咎

同人　同人于宗吝

大有　匪其彭无咎

謙　由豫大有得勿疑朋盍簪

隨　貞疾恒不死

蠱　幹父之蠱有子考无咎厲終吉

臨　豫利建侯行師

觀　觀盥而不薦有孚顒若

噬嗑　冥豫成有渝无咎

賁　賁其須

剝　冥豫成有渝无咎

復　由豫大有得勿疑朋盍簪

无妄　豫利建侯行師

大畜　豶豕之牙吉

頤　豫利建侯行師

大過　大過棟撓利有攸往亨

坎　習坎有孚維心亨行有尚

離　豫利建侯行師

咸　貞疾恒不死

恒　盱豫悔遲有悔

遯　遯亨小利貞

大壯　豫利建侯行師

晋　冥豫成有渝无咎

明夷　豫利建侯行師

家人　无攸遂在中饋貞吉

睽　豫利建侯行師

蹇　蹇利西南不利東北利見大人貞吉

解　介于石不終日貞吉

損　三人行則損一人一人行則得其友

益　或益之十朋之龜弗克違永貞吉王用享于帝吉

夬　臀无膚其行次且牽羊悔亡聞言不信

姤　繫于金柅貞吉有攸往見凶羸豕孚蹢躅

萃　貞疾恒不死

升　升元亨用見大人勿恤南征吉

困　貞疾恒不死

井　井泥不食舊井无禽

革　豫利建侯行師

鼎　鼎元吉亨

震　鳴豫凶

艮　艮其背不獲其身行其庭不見其人无咎

漸　鴻漸于干小子厲有言无咎

歸妹　介于石不終日貞吉

豐　盱豫悔遲有悔

旅　冥豫成有渝无咎

巽　進退利武人之貞

兑　豫利建侯行師

渙　用拯馬壯吉

節　不節若則嗟若无咎

中孚　得敵或鼓或罷或泣或歌

小過　盱豫悔有遲悔

既濟　婦喪其茀勿逐七日得

未濟　冥豫成有渝无咎

隨

隨　隨元亨利貞无咎

乾　乾元亨利貞

坤　隨元亨利貞无咎

屯　隨有獲貞凶有孚在道以明何咎

蒙　勿用取女見金夫有躬无攸利

需　需有孚光亨貞吉利涉大川

訟　隨元亨利貞无咎

師　師或輿尸凶

比　隨有獲貞凶有孚在道以明何咎

小畜　復自道何其咎吉

履　拘係之乃從維之王用亨于西山

泰　拔茅茹以其彙征吉

否　拘係之乃從維之王用亨于西山

同人　拘係之乃從維之王用亨于西山

大有　无交害匪咎艱則无咎

謙　鳴謙貞吉

豫　孚于嘉吉

蠱　蠱元亨利涉大川先甲三日後甲三日

臨　臨元亨利貞至于八月有凶

觀　隨元亨利貞无咎

噬嗑　拘係之乃從維之王用亨于西山

賁　賁其趾舍車而徒

剥　剥牀以辨蔑貞凶

復　孚于嘉吉

无妄　拘係之乃從維之王用亨于西山

大畜　有厲利已

頤　頤貞吉觀頤自求口實

大過　隨元亨利貞无咎

坎　隨元亨利貞无咎

離　離利貞亨畜牝牛吉

咸　係丈夫失小子隨有求得利居貞

恒　田无禽

遯　隨元亨利貞无咎

大壯　大壯利貞

晉　隨元亨利貞无咎

明夷　明夷利艱貞

家人　家人利女貞

睽　睽小事吉

蹇　隨元亨利貞无咎

解　隨元亨利貞无咎

損　已事遄往无咎酌損之

益　拘係之乃從維之王用亨于西山

夬　係丈夫失小子隨有求得利居貞

姤　包无魚起凶

萃　官有渝貞吉出門交有功

升　冥升利于不息之貞

困　係小子失丈夫

井　井洌寒泉食

革　係丈夫失小子隨有求得利居貞

鼎　鼎折足覆公餗其刑渥凶

震　孚于嘉吉

艮　艮其腓不拯其隨其心不快

漸　鴻漸于磐飲食衎衎吉

歸妹　孚于嘉吉

豐　孚于嘉吉

旅　旅即次懐其資得童僕貞

巽　貞吉悔亡无不利无初有終先庚三日後庚三日吉

兑　係小子失丈夫

涣　涣其躬无悔

節　隨有獲貞凶有孚在道以明何咎

中孚　中孚豚魚吉利涉大川利貞

小過　隨元亨利貞旡咎

既濟　隨有獲貞凶有孚在道以明何咎

未濟　未濟征凶利涉大川

蠱

蠱　蠱元亨利涉大川先甲三日後甲三日

乾　蠱元亨利涉大川先甲三日後甲三日

坤　坤元亨利牝馬之貞君子有攸往先迷後得主利西南

待朋東北喪朋安貞吉

屯　乘馬班如求婚媾往吉旡不利

蒙　幹父之蠱小有悔无大咎

需　蠱元亨利涉大川先甲三日後甲三日

訟　訟有孚窒惕中吉終凶利見大人不利涉大川

師　不事王侯高尚其事

比　有孚比之无咎有孚盈缶終來有他吉

小畜　幹父之蠱用譽

履　履道坦坦幽人貞吉

泰　不事王侯尚其事

否　拔茅茹以其彚貞吉亨

同人　伏戎于莽升其高陵三歲不興

大有　裕父之蠱往見吝

謙　不事王侯高尚其事

豫　鳴豫凶

隨　隨元亨利貞无咎

臨　蠱元亨利涉大川先甲三日後甲三日

觀　觀盥而不薦有孚顒若

噬嗑　噬乾肉得黄金貞厲无咎

賁　幹母之蠱不可貞

剥　幹父之蠱小有悔无大咎

復　中行獨復

无妄　无妄行有眚无攸利

大畜　幹父之蠱有子考无咎厲終吉

頤　蠱元亨利涉大川先甲三日後甲三日

大過　大過棟撓利有攸往亨

坎　習坎有孚維心亨行有尚

離　蠱元亨利涉大川先甲三日後甲三日

咸　咸其拇

恒　不事王侯高尚其事

遯　遯亨小利貞

大壯　蠱元亨利涉大川先甲三日後甲三日

晉　晉康侯用錫馬蕃庶晝日三接

明夷　蠱元亨利涉大川先甲三日後甲三日

家人　蠱元亨利涉大川先甲三日後甲三日

睽　蠱元亨利涉大川先甲三日後甲三日

蹇　蹇利西南不利東北利見大人貞吉

解　解利西南无所往其來復吉有攸往夙吉

損　幹父之蠱小有悔无大咎

益　中行告公從利用爲依遷國

夬　惕號莫夜有戎勿恤

姤　幹父之蠱用譽

萃　有孚不終乃亂乃萃若號一握爲笑勿恤往无咎

升　不事王侯高尚其事

困　臀困于株木入于幽谷三歲不覿

井　不事王侯高尚其事

革　征凶貞厲革言三就有孚

鼎　裕父之蠱往見吝

震　震往來厲億无喪有事

艮　幹母之蠱不可貞

漸　幹父之蠱用譽

歸妹　眇能視利幽人之貞

豐　豐其沛日中見沫折其右肱旡咎

旅　裕父之蠱往見吝

巽　幹父之蠱用譽

兌　孚兌吉悔亡

渙　幹父之蠱用譽

節　不出門庭凶

中孚　蠱元亨利涉大川先甲三日後甲三日

小過　小過亨利貞可小事不可大事飛鳥遺之音不宜上宜下大吉

既濟　高宗伐鬼方三年克之小人勿用

未濟　裕父之蠱往見吝

臨

臨　臨元亨利貞至于八月有凶

乾　潛龍勿用

坤　咸臨吉无不利

屯　知臨大君之宜吉

蒙　敦臨吉无咎

需　知臨大君之宜吉

訟　不克訟歸而逋其邑人三百户无眚

師　咸臨貞吉

比　臨元亨利貞至于八月有凶

小畜　小畜亨密雲不雨自我西郊

履　履虎尾不咥人亨

泰　井臨无攸利既憂之无咎

否　包羞

同人　同人于門无咎

大有　大有元亨

謙　臨元亨利貞至于八月有凶

豫　臨元亨利貞至于八月有凶

隨　隨元亨利貞无咎

蠱　臨元亨利貞至于八月有凶

觀　觀我生進退

噬嗑　噬嗑亨利用獄

賁　賁亨小利有攸往

剥　臨元亨利貞至于八月有凶

復　咸臨吉无不利

无妄　无妄往吉

大畜　敦臨吉无咎

頤　敦臨吉无咎

大過　枯楊生稊老夫得其女妻无不利

坎　知臨大君之宜吉
離　履錯然敬之无咎
咸　咸其輔頰舌
恒　臨元亨利貞至于八月有凶
遯　遯亨小利貞
大壯　至臨无咎
晉　衆允悔亡
明夷　井臨无攸利既憂之无咎
家人　閑有家悔亡
睽　敦臨吉无咎

蹇　往蹇來連

解　至臨无咎

損　敦臨吉无咎

益　益利有攸往利涉大川

夬　夬揚于王庭孚號有厲告自邑不利即戎利有攸往

姤　包有魚无咎不利賓

萃　萃如嗟如无攸利往无咎小吝

升　䢃臨无攸利既憂之无咎

困　臨元亨利貞至于八月有凶

井　臨元亨利貞至于八月有凶

革　鞏用黄牛之革

鼎　鼎有實我仇有疾不我能即吉

震　至臨无咎

艮　艮其身无咎

漸　鴻漸于木或得其桷无咎

歸妹　至臨无咎

豐　豐亨王假之勿憂宜日中

旅　射雉一矢亡終以譽命

巽　巽在牀下用史巫紛若吉无咎

兑　知臨大君之宜吉

渙　臨元亨利貞至于八月有凶

節　知臨大君之宜吉

中孚　敦臨吉无咎

小過　密雲不雨自我西郊公弋取彼在穴

既濟　既濟亨小利貞初吉終亂

未濟　臨元亨利貞至于八月有凶

觀

觀　觀盥而不薦有孚顒若

乾　飛龍在天利見大人

坤　觀其生君子无咎

屯　其其生君子无咎

蒙　觀我生君子无咎

需　需于血出自穴

訟　觀國之光利用賓于王

師　師貞丈人吉无咎

比　觀其生君子无咎

小畜　觀盥而不薦有孚顒若

履　觀盥而不薦有孚顒若

泰　翩翩不富以其鄰不戒以孚

否　觀國之光利用賓于王

同人　觀盥而不薦有孚顒若

大有　自天祐之吉无不利

謙　謙亨君子有終

豫　豫利建侯行師

隨　觀盥而不薦有孚顒若

蠱　蠱元亨利涉大川先甲三日後甲三日

臨　井臨无攸利既憂之无咎

噬嗑　觀盥而不薦有孚顒若

賁　觀盥而不薦有孚顒若

剥　觀我生君子无咎

復　觀盥而不薦有孚顒若

无妄　觀國之光利用賓于王

大畜　童牛之牿元吉

頤　觀我生君子无咎

大過　藉用白茅无咎

坎　觀其生君子无咎

離　黄離元吉

咸　咸亨利貞取女吉

恒　浚恒貞凶无攸利

遯　觀國之光利用賓于王

大壯　大壯利貞

晉　觀我生君子无咎

明夷　明夷夷于左股用拯馬壯吉

家人　觀我生進退

睽　見輿曳其牛掣其人天且劓无初有終

蹇　觀其生君子无咎

解　无咎

損　觀盥而不薦有孚顒若

益　童觀小人无咎君子吝

夬　莧陸夬夬中行无咎

姤　姤女壮勿用取女

萃　觀其牛君子无咎

升　允升大吉

困　困亨貞大人吉无咎有言不信

井　井改邑不改井无喪无得往來井井汔至亦未繘井羸其瓶凶

革　巳日乃革之征吉无咎

鼎　鼎顛趾利出否得妾以其子无咎

震　震來厲億喪貝躋于九陵勿逐七日得

艮　觀拯生君子无咎

漸　觀我生進退

歸妹　歸妹以須反歸以娣

豐　豐其蔀日中見斗往得疑疾有孚發若吉

旅　旅小亨旅貞吉

巽　觀我生進退

兑　來兑凶

渙　闚觀利女貞

節　觀盥而不薦有孚顒若

中孚　闚觀利女貞

小過　飛鳥以凶

既濟　觀盥而不薦有孚顒若

未濟　未濟亨小狐汔濟濡其尾无攸利

噬嗑

噬嗑　噬嗑亨利用獄

乾　乾元亨利貞

坤　噬嗑亨利用獄

屯　屯元亨利貞勿用有攸往利建侯

蒙　噬嗑亨利用獄

需　需于郊利用恒无咎

訟　噬嗑亨利用獄

師　師或輿尸凶

比　比之自内貞吉

小畜　復自道何其咎吉

履　噬乾肉得黃金貞厲无咎

泰　拔茅茹以其彙征吉

否　噬乾肉得黃金貞厲无咎

同人　噬乾肉得黃金貞厲无咎

大有　噬腊肉遇毒小吝无咎

謙　鳴謙貞吉

豫　何校滅耳凶

隨　何校臧耳凶

蠱　幹父之蠱用譽

臨　臨元亨利貞至于八月有凶

觀　噬嗑亨利用獄

賁　噬乾胏得金矢利艱貞吉

剥　噬乾胏得金矢利艱貞吉

復　何校滅耳凶

无妄　噬乾肉得黄金貞厲无咎

大畜　大畜利貞不家食吉利涉大川

頥　噬乾胏得金矢利艱貞吉

大過　棟隆吉有它吝

坎　來之坎坎險且枕入于坎窞勿用

離　噬腊肉遇毒小吝无咎

咸　咸其腓凶居吉

恒　田无禽

遯　噬嗑亨利用獄

大壯　大壯利貞

晉　屨校滅趾无咎

明夷　明夷利艱貞

家人　家人利女貞

暌　噬膚滅鼻旡咎

蹇　王臣蹇蹇匪躬之故

解　噬嗑亨利用獄

損　噬乾胏得金矢利艱貞吉

益　噬乾肉得黄金貞厲旡咎

夬　壯于前趾往不勝爲咎

姤　包旡魚起凶

萃　噬嗑亨利用獄

升　貞吉升階

困　困于石據于蒺藜入于其宮不見其妻凶

井　井改邑不改井无喪无得往來井井汔至亦未繘井羸

其瓶凶

革　革巳日乃孚元亨利貞悔亡

鼎　噬嗑亨利用獄

震　何校滅耳凶

艮　噬嗑亨利用獄

漸　鴻漸于磐飲食衎衎吉

歸妹　何校滅耳凶

豐　何校滅耳凶

旅　噬腊肉遇毒小吝无咎

巽　巽在牀下喪其資斧貞凶

兌　兌亨利貞

渙　渙其躬无悔

節　不出户庭无咎

中孚　中孚豚魚吉利涉大川利貞

小過　噬嗑亨利用獄

既濟　曳其輪濡其尾无咎

未濟　噬膚滅鼻无咎

賁

賁　賁亨小利有攸往

乾　乾元亨利貞

坤　賁亨小利有攸往

屯　屯元亨利貞勿用有攸往利建侯

家　賁亨小利有攸往

需　需有孚光亨貞吉利涉大川

訟　或錫之鞶帶終朝三褫之

師　師左次无咎

比　比之自内貞吉

小畜　賁于丘園束帛戔戔吝終吉

履　素履往无咎

周易占林卷二　十一

泰　白賁旡咎

否　包承小人吉大人否亨

同人　賁于丘園束帛戔戔吝終吉

大有　賁如皤如白馬翰如匪寇婚媾

謙　白賁旡咎

豫　介于石不終日貞吉

隨　官有渝貞吉出門交有功

蠱　賁其須

臨　臨元亨利貞至于八月有凶

觀　賁亨小利有攸往

噬嗑　賁如皤如白馬翰如匪寇婚媾

剥　賁如濡如永貞吉

復　白賁无咎

无妄　无妄元亨利貞其匪正有眚不利有攸往

大畜　賁其須

頤　賁如濡如永貞吉

大過　棟撓凶

坎　樽酒簋貳用缶納約自牖終无咎

離　賁如皤如白馬翰如匪寇婚媾

咸　咸其腓凶居吉

恒　不恒其德或承之羞貞吝

遯　賁亨小利有攸往

大壯　大壯利貞

晉　賁亨小利有攸往

明夷　白賁无咎

家人　賁于丘園束帛戔戔吝終吉

睽　睽小事吉

蹇　賁亨小利有攸往

解　君子維有解吉有孚于小人

損　賁如濡如永貞吉

益　賁于丘園束帛戔戔吝終吉

夬　壯于前趾往不勝爲咎

姤　臀无膚其行次且厲无大咎

萃　引吉无咎孚乃利用禴

升　賁亨小利有攸往

困　困亨貞大人吉无咎有言不信

井　井渫不食爲我心惻可用汲王明並受其福

革　革巳日乃孚元亨利貞悔亡

鼎　賁亨小利有攸往

震　震亨震來虩虩笑言啞啞震驚百里不喪匕鬯

艮　賁其趾舍車而徒

漸　賁于丘園束帛戔戔吝終吉

歸妹　歸妹以娣跛能履征吉

豐　白賁无咎

旅　賁如皤如白馬翰如匪寇婚媾

巽　賁亨小利有攸往

兑　和兑吉

涣　涣其群元吉涣有丘匪夷所思

節　不出户庭无咎

中孚　中孚豚魚吉利涉大川利貞

小過　賁亨小利有攸往

既濟　白賁无咎

未濟　貞吉无悔君子之光有孚吉

剝

剝　剝不利有攸往

乾　亢龍有悔

坤　碩果不食君子得輿小人剝廬

屯　剝不利有攸往

蒙　剝牀以辨蔑貞凶

需　需于血出自穴

訟　訟有孚窒惕中吉終凶利見大人不利涉大川

師　碩果不食君子得輿小人剥廬

比　碩果不食君子得輿小人剥廬

小畜　有孚血去惕出旡咎

履　眇能視跛能履履虎尾咥人凶武人爲于大君

泰　翩翩不富以其鄰不戒以孚

否　貫魚以宫人寵旡不利

同人　同人于宗吝

大有　厥孚交如威如吉

謙　碩果不食君子得輿小人剥廬

豫　碩果不食君子得輿小人剥廬

隨　係小子失丈夫

蠱　剥之无咎

臨　剥不利有攸往

觀　貫魚以宫人寵无不利

噬嗑　剥牀以膚凶

賁　剥之无咎

復　碩果不食君子得輿小人剥廬

无妄　剥不利有攸往

大畜　剥不利有攸往

頤　剥牀以足蔑貞凶

大過　藉用白茅无咎

坎　習坎有孚維心亨行有尚

離　剥不利有攸往

咸　咸其拇

恒　浚恒貞凶无攸利

遯　遯亨小利貞

大壯　喪羊于易无悔

晉　剥牀以膚凶

明夷　剥不利有攸往

周易占林 四 吝

家八　剥不利有攸往

睽　剥不利有攸往

蹇　蹇利西南不利東北利見大人貞吉

解　解利西南无所往其來復吉有攸往夙吉

損　剥牀以辨蔑貞凶

益　貫魚以宫人寵无不利

夬　夬揚于王庭孚號有厲告自邑不利即戎利有攸往

姤　繫于金柅貞吉有攸往見凶羸豕孚蹢躅

萃　萃亨王假有廟利見大人亨利貞用大牲吉利有攸往

升　升元亨用見大人勿恤南征吉

困　臀困于株木入于幽谷三歲不覿

井　井泥不食舊井无禽

革　巳日乃革之征吉无咎

鼎　鼎元吉亨

震　剥不利有攸往

艮　剥之无咎

漸　貫魚以宫人寵无不利

歸妹　歸妹以須反歸以娣

豐　豐其蔀日中見斗往得疑疾有孚發若吉

旅　剥牀以膚凶

巽　巽小亨利有攸往利見大人

兌　來兌凶

渙　貫魚以宮人寵无不利

節　不節若則嗟若无咎

中孚　剥不利有攸往

小過　小過亨利貞可小事不可大事飛鳥遺之音不宜上宜下大吉

既濟　婦喪其茀勿逐七日得

未濟　剥牀以膚凶

復

復　復亨出入无疾朋來无咎反復其道七日來復利有攸往

乾　潛龍勿用

坤　不遠復无祇悔元吉

屯　敦復无悔

蒙　復亨出入无疾朋來无咎反復其道七日來復利有攸往

需　需有孚光亨貞吉利涉大川

訟　食舊德貞厲終吉或從王事无成

師　休復吉

比　敦復无悔

小畜　復自道何其咎吉

履　素履往无咎

泰　頻復厲无咎

否　包承小人吉大人否亨

同人　同人于門无咎

大有　无交害匪咎艱則无咎

謙　頻復厲无咎

豫　中行獨復

隨　敦復无悔

蠱　裕父之蠱往見吝

臨　休復吉

觀　復亨出入无疾朋來无咎反復其道七日來復利有攸往

噬嗑　迷復凶有災眚用行師終有大敗以其國君凶至于十年不克征

賁　迷復凶有災眚用行師終有大敗以其國君凶至于十年不克征

剝　迷復凶有災眚用行師終有大敗以其國君凶至于十年不克征

无妄　无妄元亨利貞其匪正有眚不利有攸往

大畜　大畜利貞不家食吉利涉大川

頤　迷復凶有災眚用行師終有大敗以其國君凶至于十年不克征

大過　過涉滅頂凶无咎

坎　復亨出入无疾朋來无咎反復其道七日來復利有攸往

離　離利貞亨畜牝牛吉

咸　咸其腓凶居吉

恒　恒其德貞婦人吉夫子凶

遯　執之用黄牛之革莫之勝說

大壯　大壯利貞

晉　復亨出入旡疾朋來旡咎反復其道七日來復利有攸

往

明夷　頻復厲旡咎

家人　家人利女貞

睽　睽小事吉

蹇　復亨出入旡疾朋來旡咎反復其道七日來復利有攸

往

解　復亨出入旡疾朋來旡咎反復其道七日來復利有攸

往

損　迷復凶有災眚用行師終有大敗以其國君凶至于十

年不克征

益　迷復凶有災眚用行師終有大敗以其國君凶至于十

年不克征

夬　壯于前趾往不勝爲咎

姤　姤女壯勿用取女

萃　復亨出入无疾朋來无咎反復其道七日來復利有攸

往

升　復亨出入无疾朋來无咎反復其道七日來復利有攸

往

困　困于石據于蒺藜入于其宮不見其妻凶

井　井甃无咎

革　革巳日乃孚元亨利貞悔亡

鼎　鼎黃耳金鉉利貞

震　中行獨復

艮　復亨出入无疾朋來无咎反復其道七日來復利有攸

往

漸　鴻漸于磐飲食衎衎吉

歸妹　中行獨復

豐　中行獨復

旅　旅即次懷其資得童僕貞

巽　悔亡田獲三品

兌　兌亨利貞

渙　渙其躬无悔

節　敦復无悔

中孚　中孚豚魚吉利涉大川利貞

小過　復亨出入无疾朋來无咎反復其道七日來復利有攸

往

既濟　敦復无悔

未濟　未濟征凶利涉大川

无妄

无妄　无妄元亨利貞其匪正有眚不利有攸往

乾　无妄之災或繫之牛行人之得邑人之災

坤　直方大不習无不利

屯　无妄行有眚无攸利

蒙　勿用取女見金夫不有躬无攸利

需　需于郊利用恒无咎

訟　不耕穫不菑畬則利有攸往

師　師或輿尸凶

比　无妄元亨利貞其匪正有眚不利有攸往

小畜　小畜亨密雲不雨自我西郊

履　不耕穫不菑畬則利有攸往

泰　拔茅茹以其彚征吉

否　无妄往吉

同人　无妄之災或繫之牛行人之得邑人之災

大有　大有元亨

謙　鳴謙貞吉

豫　无妄元亨利貞其匪正有眚不利有攸往

隨　无妄行有眚无攸利

蠱　不事王侯高尚其事

臨　咸臨貞吉

觀　可貞无咎

噬嗑　无妄之疾勿藥有喜

賁　賁亨小利有攸往

剥　无妄元亨利貞其匪正有眚不利有攸往

復　復亨出入无疾朋來无咎反復其道七日來復利有攸往

大畜　有厲利已

頤　无妄之疾勿藥有喜

大過　棟隆吉有它吝

坎　來之坎坎險且枕入于坎窞勿用

離　旡妄之疾勿藥有喜

咸　旡妄元亨利貞其匪正有眚不利有攸往

恒　田旡禽

遯　旡妄之災或繫之牛行人之得邑人之災

大壯　壯于趾征凶有孚

晉　旡妄之疾勿藥有喜

明夷　明夷于飛垂其翼君子于行三日不食有攸往主人有言

家人　可貞无咎

睽　无妄之疾勿藥有喜

蹇　王臣蹇蹇匪躬之故

解　負且乘致寇至貞吝

損　損有孚元吉无咎可貞利有攸往曷之用二簋可用享

益　可貞无咎

夬　夬揚于王庭孚號有厲告自邑不利即戎利有攸往

姤　无妄元亨利貞其匪正有眚不利有攸往

萃　无妄行有眚无攸利

升　升元亨用見大人勿恤南征吉

困　无妄元亨利貞其匪正有青不利有攸往

井　井冽寒泉食

革　无妄行有眚无攸利

鼎　鼎折足覆公餗其形渥凶

震　无妄行有眚无攸利

艮　艮其腓不拯其隨其心不快

漸　无妄元亨利貞其匪正有青不利有攸往

歸妹　歸妹征凶无攸利

豐　豐亨王假之勿憂宜日中

旅　无妄元亨利貞其匪正有眚不利有攸往

巽　貞吉悔亡无不利无初有終先庚三日後庚三日吉

兊　无妄行有眚无攸利

渙　无妄元亨利貞其匪正有眚不利有攸往

節　節亨苦節不可貞

中孚　可貞无咎

小過　過其祖遇其妣不及其君遇其臣无咎

既濟　既濟亨小利貞初吉終亂

未濟　无妄元亨利貞其匪正有眚不利有攸往

大畜

大畜　大畜利貞不家食吉利涉大川

乾　豶豕之牙吉

坤　括囊无咎无譽

屯　磐桓利居貞利建侯

蒙　良馬逐利艱貞曰閑輿衛利有攸往

需　何天之衢亨

訟　不克訟歸而逋其邑人三百戶无眚

師　大畜利貞不家食吉利涉大川

比　外比之貞吉

小畜　豶豕之牙吉

履　履虎尾不咥人亨

泰　何天之衢亨

否　傾否先否後喜

同人　同人于野亨利涉大川利君子貞

大有　童牛之梏元吉

謙　大畜利貞不家食吉利涉大川

豫　貞疾恒不死

隨　官有渝貞吉出門交有功

蠱　有厲利已

臨　何天之衢亨

觀　觀國之光利用賓于王

噬嗑　噬嗑亨利用獄

賁　輿說輹

剥　大畜利貞不家食吉利涉大川

復　復亨出入无疾朋來无咎反復其道七日來復利有攸往

无妄　无妄往吉

頤　良馬逐利艱貞曰閑輿衛利有攸往

大過　枯楊生稊老夫得其女妻无不利

坎　坎有險求小得

離　童牛之梏元吉

咸　咸其股執其隨往吝

恒　大畜利貞不家食吉利涉大川

遯　係遯有疾厲畜臣妾吉

大壯　何天之衢亨

晉　悔亡失得勿恤往吉无不利

明夷　何天之衢亨

家人　豶豕之牙吉

睽　童牛之梏元吉

蹇　往蹇來反

解　田獲三狐得黃矢貞吉

損　良馬逐利艱貞曰閑輿衛利有攸往

益　益利有攸往利涉大川

夬　夬揚于王庭孚號有厲告自邑不利即戎利有攸往

姤　大畜利貞不家食吉利涉大川

萃　萃亨王假有廟利見大人亨利貞用大牲吉利有攸往

升　何天之衢亨

困　困于酒食朱紱方來利用享祀征凶无咎

井　大畜利貞不家食吉利涉大川

革　鞏用黃牛之革

鼎　童牛之牿元吉

震　震來虩虩後笑言啞啞吉

艮　輿說輻

漸　大畜利貞不家食吉利涉大川

歸妹　歸妹征凶无攸利

豐　豐亨王假之勿憂宜日中

旅　大畜利貞不家食吉利涉大川

巽　豶豕之牙吉

兌　和兌吉

渙　大畜利貞不家食吉利涉大川

節　節亨苦節不可貞

中孚　豶豕之牙吉

小過　弗過防之從或戕之凶

既濟　既濟亨小利貞初吉終亂

未濟　大畜利貞不家食吉利涉大川

頤

頤　頤貞吉觀頤自求口實

乾　潛龍勿用

坤　由頤厲吉利涉大川

屯　由頤厲吉利涉大川

蒙　顛頤拂經于丘頤征凶

需　需于郊利用恒无咎

訟　食舊德貞厲終吉或從王事无成

師　頤貞吉觀頤自求口實

比　頤貞吉觀頤自求口實

小畜　小畜亨密雲不雨自我西郊

履　履虎尾不咥人亨

泰　泰小往大來吉亨

否　頤貞吉觀頤自求口實

同人　同人于野亨利涉大川利君子貞

大有　大有元亨

謙　頤貞吉觀頤自求口實

豫　頤貞吉觀頤自求口實

隨　隨元亨利貞无咎

蠱　頤貞吉觀頤自求口實

臨　由頤厲吉利涉大川

觀　拂經居貞吉不可涉大川

噬嗑　顛頤吉虎視眈眈其欲逐逐无咎

賁　拂頤貞凶十年勿用无攸利

剥　舍爾靈龜觀我朶頤凶

復　由頤厲吉利涉大川

无妄　拂經居貞吉不可涉大川

大畜　拂頤貞凶十年勿用无攸利

大過　大過棟橈利有攸往亨

坎　來之坎坎險且枕入于坎窞勿用

離　顛頤吉虎視眈眈其欲逐逐无咎

咸　咸其腓凶居吉

恒　恒其德貞婦人吉夫子凶

遯　執之用黄牛之革莫之勝説

大壯　壯于趾征凶有孚

晋　顛頤吉虎視眈眈其欲逐逐无咎

明夷　由頤厲吉利涉大川

家人　拂經居貞吉不可涉大川

睽　顛頤吉虎視眈眈其欲逐逐无咎

蹇　王臣蹇蹇匪躬之故

解　負且乘致寇至貞吝

損　顛頤拂經于丘頤征凶

益　拂經居貞吉不可涉大川

夬　壯于前趾往不勝爲咎

姤　姤其角吝无咎

萃　引吉无咎孚乃利用禴

升　王用亨于岐山吉无咎

困　困于石據于蒺藜入于其宫不見其妻凶

井　井甃无咎

革　鞏用黄牛之革

鼎　鼎黄耳金鉉利貞

震　由頥厲吉利涉大川

艮　拂頥貞凶十年勿用无攸利

漸　頥貞吉觀頥自求口實

歸妹　歸妹征凶无攸利

豐　豐亨王假之勿憂宜日中

旅　頤貞吉觀頤自求口實

巽　悔亡田獲三品

兌　和兌吉

渙　頤貞吉觀頤自求口實

節　節亨苦節不可貞

中孚　拂經居貞吉不可涉大川

小過　過其祖遇其妣不及其君遇其臣无咎

既濟　既濟亨小利貞初吉終亂

未濟　頤貞吉觀頤自求口實

大過

大過　大過棟橈利有攸往亨

乾　過涉滅頂凶无咎

坤　履霜堅冰至

屯　屯其膏小貞吉大貞凶

蒙　發蒙利用刑人用說桎梏以往吝

需　棟隆吉有它吝

訟　過涉滅頂凶无咎

師　師貞丈人吉无咎

比　比吉原筮元永貞无咎不寧方來後夫凶

小畜　大過棟橈利有攸往亨

履　大過棟橈利有攸往亨

泰　大過棟橈利有攸往亨

否　否之匪人不利君子貞大往小來

同人　大過棟橈利有攸往亨

大有　大過棟橈利有攸往亨

謙　謙亨君子有終

豫　豫利建侯行師

隨　大過棟橈利有攸往亨

蠱　蠱元亨利涉大川先甲三日後甲三日

臨　咸臨吉无不利

觀　童觀小人无咎君子吝

噬嗑　噬乾胏得金矢利艱貞吉

賁　賁如濡如永貞吉

剥　剥牀以足蔑貞凶

復　迷復凶有災青用行師終有大敗以其國君凶至于十年不克征

无妄　可貞无咎

大畜　輿說輹

頤　頤貞吉觀頤自求口實

坎　棟隆吉有它吝

離　日昃之離不鼓缶而歌則大耋之嗟凶

咸　枯楊生稊老夫得其女妻无不利

恒　枯楊生華老婦得其士夫无咎无譽

遯　過涉滅頂凶无咎

大壯　枯楊生華老婦得其士夫无咎无譽

晉　晉如摧如貞吉罔孚裕无咎

明夷　明夷于南狩得其大首不可疾貞

家人　家人嗃嗃悔厲吉婦子嘻嘻終吝

睽　遇主于巷无咎

蹇　棟隆吉有它吝

解　枯楊生華老婦得其士夫无咎无譽

損　利貞征凶弗損益之

益　有孚惠心勿問元吉有孚惠我德

夬　藉用白茅无咎

姤　過涉滅頂凶无咎

萃　棟橈凶

升　枯楊生華老婦得其士夫无咎无譽

困　棟橈凶

井　棟隆吉有它吝

革　枯楊生稊老夫得其女妻无不利

鼎　過涉滅頂凶无咎

震　震遂泥

艮　艮其趾无咎利永貞

漸　漸女歸吉利貞

歸妹　大過棟撓利有攸往亨

豐　大過棟撓利有攸往亨

旅　旅小亨旅貞吉

巽　過涉滅頂凶无咎

兌　棟撓凶

渙　渙亨王假有廟利涉大川

節　大過棟撓利有攸往亨

中孚　鳴鶴在陰其子和之我有好爵吾與爾靡之

小過　枯楊生華老婦得其士夫无咎无譽

既濟　大過棟撓利有攸往亨

未濟　未濟亨小狐汔濟濡其尾无攸利

坎

坎　習坎有孚維心亨行有尚

乾　見龍在田利見大人

坤　坎不盈祗既平无咎

屯　坎有險求小得

蒙　係用徽纆寘于叢棘三歲不得凶

需　來之坎坎險且枕入于坎窞勿用

訟　係用徽纆寘于叢棘三歲不得凶

師　坎不盈祇既平无咎

比　坎有險求小得

小畜　習坎有孚維心亨行有尚

履　習坎有孚維心亨行有尚

泰　習坎有孚維心亨行有尚

否　否之匪人不利君子貞大往小來

同人　同人先號咷而後笑大師克相遇

大有　大車以載有攸往无咎

謙　謙亨君子有終

豫　豫利建侯行師

隨　習坎有孚維心亨行有尚

蠱　蠱元亨利涉大川先甲三日後甲三日

臨　坎不盈衹既平无咎

觀　係用徽纆寘于叢棘三歲不得凶

噬嗑　噬腊肉遇毒小吝无咎

賁　賁如皤如白馬翰如匪寇婚媾

剝　剝不利有攸往

復　習坎有孚維心亨行有尚
无妄　无妄之災或繫之牛行人之得邑人之災
大畜　輿說輻
頤　拂頤貞凶十年勿用无攸利
大過　樽酒簋貳用缶納約自牖終无咎
離　離利貞亨畜牝牛吉
咸　咸亨利貞取女吉
恒　恒亨无咎利貞利有攸往
遯　遯尾厲勿用有攸往
大壯　貞吉

晉　晉如摧如貞吉罔孚裕无咎

明夷　入于左腹獲明夷之心于出門庭

家人　富家大吉

睽　遇主于巷无咎

蹇　來之坎坎險且枕入于坎窞勿用

解　坎不盈祇既平无咎

損　習坎有孚維心亨行有尚

益　習坎有孚維心亨行有尚

夬　習坎有孚維心亨行有尚

姤　姤女壯勿用取女

萃　樽酒簋貳用缶納約自牖終无咎

升　坎不盈祗既平无咎

困　樽酒簋貳用缶納約自牖終无咎

井　來之坎坎險且枕入于坎窞勿用

革　大人虎變未占有孚

鼎　鼎顛趾利出否得妾以其子无咎

震　震蘇蘇震行无眚

艮　艮其趾无咎利永貞

漸　漸女歸吉利貞

歸妹　習坎有孚維心亨行有尚

豐　豐其屋蔀其家闚其户闃其无人三歲不覿凶

旅　旅瑣瑣斯其所取災

巽　係用徽纆寘于叢棘三歲不得凶

兑　樽酒簋貳用缶納約自牖終无咎

渙　係用徽纆寘于叢棘三歲不得凶

節　習坎入于坎窞凶

中孚　係用徽纆寘于叢棘三歲不得凶

小過　飛鳥以凶

既濟　習坎有孚維心亨行有尚

未濟　未濟亨小狐汔濟濡其尾无攸利

離

離　離利貞亨畜牝牛吉

乾　出涕沱若戚嗟若吉

坤　直方大不習无不利

屯　磐桓利居貞利建侯

蒙　童蒙吉

需　需于郊利用恒无咎

訟　不克訟復即命渝安貞吉

師　田有禽利執言无咎長子帥師弟子輿尸貞凶

比　比之自內貞吉

小畜　小畜亨密雲不雨自我西郊

履　履虎尾不咥人亨

泰　泰小往大來吉亨

否　離利貞亨畜牝牛吉

同人　出涕沱若戚嗟若吉

大有　黄離元吉

謙　離利貞亨畜牝牛吉

豫　離利貞亨畜牝牛吉

隨　隨元亨利貞无咎

蠱　離利貞亨畜牝牛吉

臨　咸臨貞吉

觀　闚觀利女貞

噬嗑　日昃之離不鼓缶而歌則大耋之嗟凶

賁　突如其來如焚如死如棄如

剥　離利貞亨畜牝牛吉

復　復亨出入无疾朋來无咎反復其道七日來復利有攸往

无妄　出涕沱若戚嗟若吉

大畜　突如其來如焚如死如棄如

頤　突如其來如焚如死如棄如

大過　棟橈凶

坎　習坎有孚維心亨行有尚

咸　離利貞亨畜牝牛吉

恒　離利貞亨畜牝牛吉

遯　出涕沱若戚嗟若吉

大壯　王用出征有嘉折首獲匪其醜无咎

晋　日昃之離不鼓缶而歌則大耋之嗟凶

明夷　王用出征有嘉折首獲匪其醜无咎

家人　出涕沱若戚嗟若吉

睽　日昃之離不鼓缶而歌則大耋之嗟凶

蹇　王臣蹇蹇匪躬之故

解　解而拇朋至斯孚

損　損有孚元吉无咎可貞利有攸往曷之用二簋可用享

益　益利有攸往利涉大川

夬　夬揚于王庭孚號有厲告自邑不利即戎利有攸往

姤　離利貞亨畜牝牛吉

萃　引吉无咎孚乃利用禴

升　升虛邑

困　來徐徐困于金車吝有終

井　井渫不食爲我心惻可用汲王明並受其福

華　王用出征有嘉折首獲匪其醜无咎

㒸　黄離元吉

震　王用出征有嘉折首獲匪其醜无咎

艮　突如其來如焚如死如棄如

漸　離利貞亨畜牝牛吉

歸妹　歸妹征凶无攸利

豐　王用出征有嘉折首獲匪其醜无咎

旅　履錯然敬之无咎

巽　頻巽吝

兊　和兊吉

渙　渙其血去逖出旡咎

節　不出户庭旡咎

中孚　虞吉有它不燕

小過　王用出征有嘉折首獲匪其醜旡咎

既濟　既濟亨小利貞初吉終亂

未濟　離利貞亨畜牝牛吉

周易占林卷之二終

八閩文庫

文獻集成 204

福建文獻集成

續編 經部 四

吴格 主編

海峽出版發行集團
THE STRAITS PUBLISHING & DISTRIBUTING GROUP
福建人民出版社

本册目次

周易占林四卷（卷三至卷四）

[明] 閩縣王宇撰　[明] 閩縣徐𤊹編

日本内閣文庫藏明活字本

周易占林

五 憂

周易占林卷之三

閬中王宇永啓考輯
友人徐𤇍惟起編訂

咸

咸

咸亨利貞取女吉

乾

咸亨利貞取女吉

坤

坤元亨利牝馬之貞君子有攸往先迷後得主利西南得朋東北喪朋安貞吉

屯

咸亨利貞取女吉

蒙

發蒙利用刑人用說桎梏以往吝

需　咸亨利貞取女吉

訟　訟有孚窒惕中吉終凶利見大人不利涉大川

師　師出以律否臧凶

比　貞吉悔亡憧憧往來朋從爾思

小畜　輿說輻夫妻反目

履　履虎尾愬愬終吉

泰　无平不陂无往不復艱貞无咎勿恤其孚于食有福

否　咸其輔頰舌

同人　咸其輔頰舌

大有　公用亨于天子小人弗克

謙　咸其脢无悔

豫　咸其拇无悔

隨　咸其股執其隨往吝

蠱　幹父之蠱有子考无咎厲終吉

臨　敦臨吉无咎

觀　觀盥而不薦有孚顒若

噬嗑　噬膚滅鼻无咎

賁　賁其須

剥　剥牀以足蔑貞凶

復　休復吉

无妄　咸亨利貞取女吉

大畜　良馬逐利艱貞曰閑輿衛利有攸往

頤　顛頤拂經于丘頤征凶

大過　咸其腓凶居吉

坎　習坎有孚維心亨行有尚

離　咸亨利貞取女吉

恒　咸其脢无悔

遯　咸其輔頰舌

大壯　咸亨利貞取女吉

晉　晉康侯用錫馬蕃庶晝日三接

明夷　咸亨利貞取女吉

家人　咸亨利貞取女吉

睽　睽孤遇元夫交孚厲无咎

蹇　貞吉悔亡憧憧徃來朋從爾思

解　解利西南无所徃其來復吉有攸徃夙吉

損　損有孚元吉无咎可貞利有攸徃曷之用二簋可用享

益　或益之十朋之龜弗克違永貞吉王用享于帝吉

夬　咸其腓凶居吉

姤　咸其輔頰舌

萃　咸其股執其隨徃吝

升　升元亨用見大人勿恤南征吉

困　咸其股執其隨往吝

井　貞吉悔亡憧憧往來朋從爾思

革　咸其脢

鼎　鼎元吉亨

震　咸亨利貞取女吉

艮　艮其背不獲其身行其庭不見其人无咎

漸　咸其輔頰舌

歸妹　歸妹愆期遲歸有時

豐　咸其脢无悔

旅　咸其輔頰舌

巽　巽小亨利有攸往利見大人

兌　咸亨利貞取女吉

渙　用拯馬壯吉

節　苷節吉往有尚

中孚　有孚攣如无咎

小過　咸其脢无悔

既濟　貞吉悔亡憧憧往來朋從爾思

未濟　濡其尾吝

恒

恒　恒亨无咎利貞利有攸往

乾　恒亨无咎利貞利有攸往

坤　坤元亨利牝馬之貞君子有攸往先後迷得主利西
　　得朋東北喪朋安貞吉

屯　乘馬班如泣血漣如

蒙　蒙亨匪我求童蒙童蒙求我初筮告再三瀆瀆則不告
　　利貞

需　恒亨无咎利貞利有攸往

訟　訟有孚窒惕中吉終凶利見大人不利涉大川

師　田无禽

比　有孚比之无咎有孚盈缶終來有它吉
小畜　牽復吉
履　履道坦坦幽人貞吉
泰　田无禽
否　拔茅茹以其彙貞吉亨
同人　伏戎于莽升其高陵三歲不興
大有　振恒凶
謙　田无禽
豫　不恒其德或承之羞貞吝
隨　隨有獲貞凶有孚在道以明何咎

蠱　振恒凶

臨　恒亨无咎利貞利有攸往

觀　童觀小人无咎君子吝

噬嗑　噬乾胏得金矢利艱貞吉

賁　賁如濡如永貞吉

剝　剝牀以足蔑貞凶

復　敦復无悔

无妄　可貞无咎

大畜　恒亨无咎利貞利有攸往

頤　拂經居貞吉不可涉大川

大過　恒其德貞婦人吉夫子凶

坎　習坎有孚維心亨行有尚

離　恒亨无咎利貞利有攸往

咸　恒其德貞婦人吉夫子凶

遯　遯亨小利貞

大壯　浚恒貞凶无攸利

晉　晉康侯用錫馬蕃庶晝日三接

明夷　恒亨无咎利貞利有攸往

家人　家人嗃嗃悔厲吉婦子嘻嘻終吝

睽　恒亨无咎利貞利有攸往

蹇　蹇利西南不利東北利見大人貞吉

解　不恒其德或承之羞貞吝

損　利貞征凶弗損益之

益　益利有攸往利涉大川

夬　恒其德貞婦人吉夫子凶

姤　振恒凶

萃　萃亨王假有廟利見大人亨利貞用大牲吉利有攸往

升　田无禽

困　恒其德貞婦人吉夫子凶

井　恒其德貞婦人吉夫子凶

萃　恒亨无咎利貞利有攸往
鼎　振恒凶
震　恒亨无咎利貞利有攸往
艮　艮其背不獲其身行其庭不見其人无咎
漸　鴻漸于干小子厲有言无咎
歸妹　不恒其德或承之羞貞吝
豐　悔亡
旅　振恒凶
巽　巽小亨利有攸往利見大人
兑　恒亨无咎利貞利有攸往

渙　用拯馬壯吉

節　不出門庭凶

中孚　鳴鶴在陰其子和之我有好爵吾與爾靡之

小過　悔亡

既濟　高宗伐鬼方三年克之小人勿用

未濟　振恒凶

遯

遯　遯亨小利貞

乾　執之用黃牛之革莫之勝說

坤　履霜堅冰至

屯　屯如邅如乘馬班如匪寇婚媾女子貞不字十年乃字

蒙　發蒙利用刑人用說桎梏以往吝

需　需于泥致寇至

訟　係遯有疾厲畜臣妾吉

師　師出以律否臧凶

比　比吉原筮元永貞无咎不寧方來後夫凶

小畜　遯尾小利貞

履　遯尾小利貞

泰　无平不陂无往不復艱貞无咎勿恤其孚于食有福

否　係遯有疾厲畜臣妾吉

周易占林卷三

同人　遯尾厲勿用有攸往

大有　遯亨小利貞

謙　謙亨君子有終

豫　豫利建侯行師

隨　遯亨小利貞

蠱　蠱元亨利涉大川先甲三日後甲三日

臨　臨元亨利貞至于八月有凶

觀　好遯君子吉小人否

噬嗑　遯亨小利貞

賁　遯亨小利貞

剥　剥不利有攸往

復　休復吉

无妄　係遯有疾厲畜臣妾吉

大畜　良馬逐利艱貞曰閑輿衛利有攸往

頤　顛頤拂經于丘頤征凶

大過　肥遯无不利

坎　習坎入于坎窞凶

離　嘉遯貞吉

咸　肥遯无不利

恒　恒亨无咎利貞利有攸往

大壯　小人用壯君子用罔貞厲羝羊觸藩羸其角

晉　嘉遯貞吉

明夷　明夷夷于左股用拯馬壯吉

家人　好遯君子吉小人否

睽　睽孤遇元夫交孚厲无咎

蹇　肥遯无不利

解　无咎

損　弗損益之无咎貞吉利有攸往得臣无家

益　遯亨小利貞

夬　遯亨小利貞

姤　執之用黃牛之革莫之勝說
萃　肥遯无不利
升　允升大吉
困　困亨貞大人吉无咎有言不信
井　井改邑不改井无喪无得往來井井汔至亦未繘井羸
　　其瓶凶
革　肥遯无不利
鼎　嘉遯貞吉
震　震來厲億喪貝躋于九陵勿逐七日得
艮　嘉遯貞吉

周易占林卷三　十

漸　好遯君子吉小人否

歸妹　歸妹以須反歸以娣

豐　遯亨小利貞

旅　嘉遯貞吉

巽　好遯君子吉小人否

兌　商兑未寧介疾有喜

渙　渙亨王假有廟利涉大川利貞

節　井節吉往有尚

中孚　有孚攣如无咎

小過　肥遯无不利

既濟　遯亨小利貞

未濟　未濟亨小狐汔濟濡其尾无攸利

大壯

大壯　大壯利貞

乾　羝羊觸藩不能退不能遂无攸利艱則吉

坤　黃裳元吉

屯　磐桓利居貞利建侯

蒙　包蒙吉納婦吉子克家

需　喪羊于易无悔

訟　不克訟歸而逋其邑人三百户无眚

師　大壯利貞

比　比之无首凶

小畜　小畜亨密雲不雨自我西郊

履　履虎尾不咥人亨

泰　貞吉悔亡藩決不羸壯于大輿之輹

否　有命无咎疇離祉

同人　同人于野亨利涉大川利君子貞

大有　羝羊觸藩不能退不能遂无攸利艱則吉

謙　大壯利貞

豫　大壯利貞

隨　隨元亨利貞无咎

蠱　大壯利貞

臨　貞吉悔亡藩决不羸壯于大輿之輹

觀　觀盥而不薦有孚顒若

噬嗑　噬嗑亨利用獄

賁　賁亨小利有攸往

剥　貫魚以宫人寵无不利

復　復亨出入无疾朋來无咎反復其道七日來復利有攸往

无妄　无妄往吉

大畜　羝羊觸藩不能退不能遂无攸利艱則吉

頤　舍爾靈龜觀我朶頤凶

大過　喪羊于易无悔

坎　坎有險求有得

離　羝羊觸藩不能退不能遂无攸利艱則吉

咸　大壯利貞

恒　壯于趾征凶有孚

遯　係遯有疾厲畜臣妾吉

晉　晉如鼫鼠貞厲

明夷　貞吉悔亡藩决不羸壯于大輿之輹

家人　閑有家悔亡

睽　羝羊觸藩不能退不能遂无攸利艱則吉

蹇　往蹇來反

解　小人用壯君子用罔貞厲羝羊觸藩羸其角

損　損有孚元吉无咎可貞利有攸往曷之用二簋可用享

益　利用爲大作元吉无咎

夬　喪羊于易无悔

姤　大壯利貞

萃　大吉无咎

升　貞吉悔亡藩决不羸壯于大輿之輹

困　大壯利貞

井　大壯利貞

革　喪羊于易无悔

咢　羝羊觸藩不能退不能遂无攸利艱則吉

震　小人用壯君子用罔貞厲羝羊觸藩羸其角

艮　艮其限列其夤厲薰心

漸　鴻漸于陸夫征不復婦孕不育凶利禦寇

歸妹　小人用壯君子用罔貞厲羝羊觸藩羸其角

豐　貞吉

旅　大壯利貞

巽　巽在牀下用史巫紛若吉旡咎

兑　喪羊于易旡悔

渙　渙奔其杌悔亡

節　節卦苦節不可貞

中孚　虞吉有它不燕

小過　貞吉

既濟　既濟卦小利貞初吉終亂

未濟　大壯利貞

晉

晉　晉康侯用錫馬蕃庶晝日三接

乾　或躍在淵旡咎

坤　晉其角維用伐邑厲吉旡咎貞吝

屯　屯如邅如乘馬班如匪寇婚媾女子貞不字十年乃字

蒙　晉如鼫鼠貞厲

需　需有孚九亨貞吉利涉大川

訟　悔亡失得勿恤往吉旡不利

師　師貞丈人吉旡咎

比　比吉原筮元永貞旡咎不寧方來後夫凶

小畜　既雨既處尚德載婦貞厲月幾望君子征凶

履　晉康侯用錫馬蕃庶晝日三接

泰　帝乙歸妹以祉元吉

否　悔亡失得勿恤往吉无不利

同人　晉康侯用錫馬蕃庶晝日三接

大有　晉康侯用錫馬蕃庶晝日三接

謙　謙亨君子有終

豫　晉其角維用伐邑厲吉无咎貞吝

隨　晉康侯用錫馬蕃庶晝日三接

蠱　蠱元亨利涉大川先甲三日後甲三日

臨　甘臨无攸利既憂之无咎

觀　悔亡失得勿恤往吉无不利

噬嗑　晉如摧如貞吉罔孚裕无咎

賁　晉康侯用錫馬蕃庶晝日三接

剥　晉如鼫鼠貞厲

復　晉康侯用錫馬蕃庶晝日三接

无妄　悔亡失得勿恤往吉无不利

大畜　豶豕之牙吉

頤　晉如鼫鼠貞厲

大過　藉用白茅无咎

坎　習坎入于坎窞凶

離　衆允悔亡

咸　咸亨利貞取女吉

恒　恒亨无咎利貞利有攸往

遯　悔亡失得勿恤往吉无不利

大壯　貞吉悔亡藩决不羸壯于大輿之輹

明夷　明夷夷于左股用拯馬壯吉

家人　无攸遂在中饋貞吉

睽　晉如愁如貞吉受茲介福于其王母

蹇　往蹇來譽

解　晉其角維用伐邑厲吉无咎貞吝

損　晉康侯用錫馬蕃庶晝日三接

益　晉康侯用錫馬蕃庶晝日三接

夬　臀无膚其行次且牽羊悔亡聞言不信

姤　姤女壯勿用取女

萃　晉其角維用伐邑厲吉无咎貞吝

升　允升大吉

困　困亨貞大人吉无咎有言不信

井　井泥不食舊井无禽

革　巳日乃革之征吉无咎

鼎　衆允悔亡

震　晉其角維用伐邑厲吉无咎貞吝

艮　晉如鼫鼠貞厲

漸　漸女歸吉利貞

歸妹　晉康侯用錫馬蕃庶晝日三接

豐　晉康侯用錫馬蕃庶晝日三接

旅　衆允悔亡

巽　進退利武人之貞

兑　來兑凶

涣　涣亨王假有廟利涉大川利貞

節　不節若則嗟若旡咎

中孚　得敵或鼓或罷或泣或歌

小過　晉其角維用伐邑厲吉无咎貞吝

既濟　婦喪其茀勿逐七日得

未濟　晉如愁如貞吉受兹介福于其王母

明夷

明夷　明夷利艱貞

乾　潛龍勿用

坤　明夷于南狩得其大首不可疾貞

屯　箕子之明夷利貞

蒙　困蒙吝

需　箕子之明夷利貞

訟　訟有孚窒惕中吉終凶利見大人不利涉大川

師　明夷利艱貞

比　明夷利艱貞

小畜　小畜亨密雲不雨自我西郊

履　素履往无咎

泰　明夷夷于左股用拯馬壯吉

否　包承小人吉大人否亨

同人　同人于野亨利涉大川利君子貞

大有　大有元亨

謙　明夷于飛垂其翼君子于行三日不食有攸往主人有

言

豫　明夷利艱貞

隨　隨元亨利貞无咎

蠱　明夷利艱貞

臨　明夷于南狩得其大首不可疾貞

觀　闚觀利女貞

噬嗑　噬嗑亨利用獄

賁　不明晦初登于天後入于地

剥　明夷利艱貞

復　明夷于南狩得其大首不可疾貞

无妄　无妄往吉
大畜　不明晦初登于天後入于地
頤　不明晦初登于天後入于地
大過　棟橈凶
坎　樽酒簋貳用缶納約自牖終无咎
離　不明晦初登于天後入于地
咸　明夷利艱貞
恒　明夷利艱貞
遯　執之用黄牛之革莫之勝説
大壯　入于左腹獲明夷之心于出門庭

晋　晋如愁如貞吉受茲介福于其王母

家人　不明晦初登于天後入于地

睽　悔亡喪馬勿逐自復見惡人无咎

蹇　箕子之明夷利貞

解　君子維有解吉有孚于小人

損　損有孚元吉无咎可貞利有攸往曷之用二簋可用享

益　益利有攸往利涉大川

夬　夬揚于王庭孚號有厲告自邑不利即戎利有攸往

姤　臀无膚其行次且厲无大咎

萃　引吉无咎孚乃利用禴

升　明夷夷于左股用拯馬壯吉

困　困于葛藟于臲卼曰動悔有悔征吉

井　明夷利艱貞

革　箕子之明夷利貞

鼎　鼎耳革其行塞雉膏不食方雨虧悔終吉

震　入于左腹獲明夷之心于出門庭

艮　不明晦初登于天後入于地

漸　明夷利艱貞

歸妹　歸妹征凶无攸利

豐　入于左腹獲明夷之心于出門庭

旅　明夷利艱貞

巽　頻巽吝

兌　和兑吉

渙　渙其群元吉渙有丘匪夷所思

節　節亨苦節不可貞

中孚　虞吉有它不燕

小過　入于左腹獲明夷之心于出門庭

既濟　箕子之明夷利貞

未濟　貞吉无悔君子之光有孚吉

家人

家人　家人利女貞

乾　富家大吉

坤　直方大不習旡不利

屯　有孚威如終吉

蒙　困蒙吝

需　有孚威如終吉

訟　訟元吉

師　師左次旡咎

比　家人利女貞

小畜　旡攸遂在中饋貞吉

履　履虎尾不咥人亨

泰　泰小往大來吉亨

否　家人利女貞

同人　富家大吉

大有　大有元亨

謙　家人利女貞

豫　介于石不終日貞吉

隨　隨元亨利貞无咎

蠱　家人利女貞

臨　咸臨貞吉

觀　家人嗃嗃悔厲吉婦子嘻嘻終吝
噬嗑　噬嗑亨利用獄
賁　王假有家勿恤吉
剥　家人利女貞
復　復亨出入无疾朋來无咎反復其道七日來復利有攸往
无妄　富家大吉
大畜　王假有家勿恤吉
頤　王假有家勿恤吉
大過　棟撓凶

坎　樽酒簋貳用缶納約自牖終无咎

離　王假有家勿恤吉

咸　家人利女貞

恒　不恒其徳或承之羞貞吝

遯　富家大吉

大壯　壯于趾征凶有孚

晉　晉如愁如貞吉受茲介福于其王母

明夷　有孚威如終吉

睽　悔亡喪馬勿逐自復見惡人无咎

蹇　有孚威如終吉

解　解利西南无所往其來復吉有攸往夙吉

損　損有孚元吉无咎可貞利有攸往曷之用二簋可用享

益　家人嗃嗃悔厲吉婦子嘻嘻終吝

夬　夬揚于王庭孚號有厲告自邑不利即戎利有攸往

姤　家人利女貞

萃　引吉无咎孚乃利用禴

升　升虛邑

困　劓刖困于赤紱乃徐有説利用祭祀

井　家人利女貞

革　有孚威如終吉

䷱ 鼎　鼎耳革其行塞雉膏不食方雨虧悔終吉

震　震來虩虩後笑言啞啞吉

艮　王假有家勿恤吉

漸　閑有家悔亡

歸妹　歸妹以娣跛能履征吉

豐　豐亨王假之勿憂宜日中

旅　家人利女貞

巽　无攸遂在中饋貞吉

兑　和兑吉

渙　家人利女貞

節　節亨苦節不可貞

中孚　家人嗃嗃悔厲吉婦子嘻嘻終吝

小過　過其祖遇其妣不及其君遇其臣无咎

既濟　有孚威如終吉

未濟　有孚于飲酒无咎濡其首有孚失是

睽

睽　睽小事吉

乾　悔亡厥宗噬膚往何咎

坤　含章可貞或從王事无成有終

屯　磐桓利居貞利建侯

睽　睽孤遇元夫交孚厲无咎

需　需于郊利用恒无咎

訟　悔亡厥宗噬膚往何咎

師　睽小事吉

比　比之匪人

小畜　小畜亨密雲不雨自我西郊

履　悔亡厥宗噬膚往何咎

泰　泰小往大來吉亨

否　睽小事吉

同人　同人于野亨利涉大川利君子貞

大有　見輿曳其牛掣其人天且劓无初有終

謙　不富以其鄰利用侵伐无不利

豫　睽小事吉

隨　隨元亨利貞无咎

蠱　睽小事吉

臨　睽孤見豕負塗載鬼一車先張之弧後說之弧匪寇婚

　　媾往遇雨則吉

觀　觀我生進退

噬嗑　遇王于巷无咎

賁　賁亨小利有攸往

剝　睽小事吉

復　復亨出入无疾朋來无咎反復其道七日來復利有攸往

无妄　悔亡厥宗噬膚往何咎

大畜　睽孤遇元夫交孚厲无咎

頤　睽孤遇元夫交孚厲无咎

大過　枯楊生稊老夫得其女妻无不利

坎　坎有險求小得

離　見輿曳其牛掣其人天且劓无初有終

咸　貞吉悔亡憧憧往來朋從爾思

恒　睽小事吉

遯　好遯君子吉小人否

大壯　睽孤見豕負塗載鬼一車先張之弧後說之弧匪寇婚

晉　遇王于巷无咎

明夷　嫥往遇雨則吉

明夷于飛垂其翼君子于行三日不食有攸往主人有

言

家人　閑有家悔亡

蹇　蹇利西南不利東北利見大人貞吉

解　睽孤見豕負塗載鬼一車先張之弧後說之弧匪寇婚

媾往遇雨則吉

損　睽孤遇元夫交孚厲无咎

益　益利有攸往利涉大川

夬　夬揚于王庭孚號有厲告自邑不利即戎利有攸往

姤　睽小事吉

萃　萃如嗟如无攸利往无咎小吝

升　孚乃利用禴无咎

困　睽小事吉

井　井谷射鮒甕敝漏

革　鞏用黃牛之革

䍐　見輿曳其牛掣其人天且劓无初有終

震　睽孤見豕負塗載鬼一車先張之弧後說之弧匪寇婚

　　媾往遇雨則吉

艮　艮其輔言有序悔亡

漸　鴻漸于陸其羽可用爲儀吉

歸妹　睽孤見豕負塗載鬼一車先張之弧後說之弧匪寇婚

　　媾往遇雨則吉

豐　豐亨王假之勿憂宜日中

旅　睽小事吉

巽　巽在牀下用史巫紛若吉无咎

兊　睽孤見豕負塗載鬼一車先張之弧後說之弧匪寇婚
　　媾往遇雨則吉

渙　睽小事吉

節　節亨苦節不可貞

中孚　悔亡厥宗噬膚往何咎

小過　弗過遇之往厲必戒勿用永貞

既濟　曳其輪濡其尾无咎

未濟　悔亡喪馬勿逐自復見惡人无咎

蹇

蹇　蹇利西南不利東北利見大人貞吉

周易占林　六　失

乾　君子終日乾乾夕惕若厲无咎

坤　大蹇朋來

屯　往蹇來反

蒙　發蒙利用刑人用說桎梏以往吝

需　王臣蹇蹇匪躬之故

訟　不永所事小有言終吉

師　師貞丈人吉无咎

比　往蹇來反

小畜　蹇利西南不利東北利見大人貞吉

履　夬履貞厲

泰　蹇利西南不利東北利見大人貞吉

否　否之匪人不利君子貞大往小來

同人　蹇利西南不利東北利見大人貞吉

大有　公用亨于天子小人弗克

謙　大蹇朋來

豫　豫利建侯行師

隨　蹇利西南不利東北利見大人貞吉

蠱　蠱元亨利涉大川先甲三日後甲三日

臨　至臨无咎

觀　往蹇來碩吉利見大人

噬嗑　噬膚滅鼻无咎

賁　蹇利西南不利東北利見大人貞吉

剥　剥不利有攸往

復　蹇利西南不利東北利見大人貞吉

无妄　不耕穫不菑畬則利有攸往

大畜　良馬逐利艱貞曰閑輿衛利有攸往

頤　顛頤拂經于丘頤征凶

大過　往蹇來連

坎　往蹇來反

離　黄離元吉

咸　往蹇來連

恒　恒亨无咎利貞利有攸往

遯　往蹇來碩吉利見大人

大壯　小人用壯君子用罔貞厲羝羊觸藩羸其角

晉　晉如摧如貞吉罔孚裕无咎

明夷　大蹇朋來

家人　往蹇來碩吉利見大人

睽　睽小事吉

解　无咎

損　損其疾使遄有喜无咎

益　蹇利西南不利東北利見大人貞吉

夬　蹇利西南不利東北利見大人貞吉

姤　姤女壯勿用取女

萃　徃蹇來連

升　大蹇朋來

困　困亨貞大人吉无咎有言不信

井　王臣蹇蹇匪躬之故

革　徃蹇來連

鼎　鼎顛趾利出否得妾以其子无咎

震　震來厲億喪貝躋于九陵勿逐七日得

艮　往蹇來碩吉利見大人

漸　往蹇來碩吉利見大人

歸妹　女承筐无實士刲羊无血无攸利

豐　蹇利西南不利東北利見大人貞吉

旅　旅小亨旅貞吉

巽　往蹇來碩吉利見大人

兑　孚于剥有厲

渙　渙亨王假有廟利涉大川利貞

節　蹇利西南不利東北利見大人貞吉

中孚　月幾望馬匹亡无咎

小過　大蹇朋來
既濟　往蹇來譽
未濟　濡其尾吝
解
解　解利西南无所往其來復吉有攸往夙吉
乾　見龍在田利見大人
坤　解而拇朋至斯孚
屯　即鹿无虞惟入于林中君子幾不如舍往吝
蒙　公用射隼于高墉之上獲之无不利
需　需于沙小有言終吉

訟　公用射隼于高墉之上獲之无不利

師　解而拇朋至斯孚

比　比吉原筮元永貞无咎不寧方來後夫凶

小畜　牽復吉

履　解利西南无所往其來復吉有攸往夙吉

泰　解利西南无所往其來復吉有攸往夙吉

否　否之匪人不利君子貞大往小來

同人　乘其墉弗克攻吉

大有　解利西南无所往其來復吉有攸往夙吉

謙　謙亨君子有終

豫　田獲三狐得黄矢貞吉

隨　觧利西南无所往其來復吉有攸往夙吉

蠱　蠱元亨利涉大川先甲三日後甲三日

臨　觧而拇朋至斯孚

觀　童觀小人无咎君子吝

噬嗑　觧利西南无所往其來復吉有攸往夙吉

賁　賁于丘園束帛戔戔吝終吉

剥　剥不利有攸往

復　觧利西南无所往其來復吉有攸往夙吉

无妄　无妄之災或繫之牛行人之得邑人之災

大畜　輿說輹

頤　拂頤貞凶十年勿用无攸利

大過　君子維有解吉有孚于小人

坎　君子維有解吉有孚于小人

離　突如其來如焚如死如棄如

咸　咸亨利貞取女吉

恒　負且乘致寇至貞吝

遯　遯尾厲勿用有攸往

大壯　負且乘致寇至貞吝

晋　公用射隼于高墉之上獲之无不利

明夷　箕子之明夷利貞

家人　家人利女貞

睽　公用射隼于高墉之上獲之无不利

蹇　往蹇來譽

損　觧利西南无所往其來復吉有攸往夙吉

益　益之用凶事无咎有孚中行告公用圭

夬　觧利西南无所往其來復吉有攸往夙吉

姤　姤女壯勿用取女

萃　君子維有觧吉有孚于小人

升　觧而拇朋至斯孚

困　君子維有解吉有孚于小人

井　井改邑不改井无喪无得往來井井汔至亦未繘井羸其瓶凶

革　悔亡有孚改命吉

𡿺　公用射隼于高墉之上獲之无不利

震　田獲三狐得黃矢貞吉

艮　艮其趾无咎利永貞

漸　鴻漸于干小子厲有言无咎

歸妹　亐咎

豊　解利西南无所往其來復吉有攸往夙吉

旅　旅小亨旅貞吉

巽　進退利武人之貞

兑　君子維有解吉有孚于小人

渙　渙亨王假有廟利涉大川利貞

節　解利西南无所往其來復吉有攸往夙吉

中孚　鳴鶴在陰其子和之我有好爵吾與爾靡之

小過　負且乘致寇至貞吝

既濟　濡其首厲

未濟　公用射隼于高墉之上獲之无不利

損

損　損有孚元吉无咎可貞利有攸往曷之用二簋可用享

乾　乾元亨利貞

坤　損有孚元吉无咎可貞利有攸往曷之用二簋可用享

屯　屯元亨利貞勿用有攸往利建侯

蒙　已事遄往无咎酌損之

需　需有孚光亨貞吉利涉大川

訟　損有孚元吉无咎可貞利有攸往曷之用二簋可用亨

師　弗損益之无咎貞吉利有攸往得臣无家

比　比之匪人

小畜　或益之十朋之龜弗克違元吉

履　或益之十朋之龜弗克違元吉

泰　弗損益之无咎貞吉利有攸往得臣无家

否　包羞

同人　同人于門无咎

大有　損其疾使遄有喜无咎

謙　无不利撝謙

豫　盱豫悔遲有悔

隨　官有渝貞吉出門交有功

蠱　三人行則損一人一人行則得其友

臨　弗損益之无咎貞吉得臣无家

觀　損有孚元吉无咎可貞利有攸往曷之用二簋可用亨

噬嗑　損其疾使遄有喜无咎

賁　三人行則損一人一人行則得其友

剝　利貞征凶弗損益之

復　弗損益之无咎貞吉利有攸往得臣无家

无妄　无妄元亨利貞其匪正有眚不利有攸往

大畜　三人行則損一人一人行則得其友

頤　利貞征凶弗損益之

大過　枯楊生稊老夫得其女妻无不利

坎　損有孚元吉无咎可貞利有攸往曷之用二簋可用亨

離　離利貞亨畜牝牛吉
咸　咸亨利貞取女吉
恒　悔亡
遯　肥遯旡不利
大壯　大壯利貞
晉　損有孚元吉旡咎可貞利有攸往曷之用二簋可用享
明夷　明夷利艱貞
家人　家人利女貞
睽　損其疾使遄有喜旡咎
蹇　往蹇來連

解　損有孚元吉无咎可貞利有攸往曷之用二簋可用亨

益　或益之十朋之龜弗克違元吉

夬　壯于前趾往不勝爲咎

姤　包有魚无咎不利賓

萃　萃如嗟如无攸利往无咎小吝

升　損有孚元吉无咎可貞利有攸往曷之用二簋可用亨

困　困于酒食朱紱方來利用亨祀征凶无咎

井　井谷射鮒甕敝漏

革　鞏用黄牛之革

鼎　損有孚元吉无咎可貞利有攸往曷之用二簋可用享

震　震亨震來虩虩笑言啞啞震驚百里不喪匕鬯

艮　損有孚元吉无咎可貞利有攸往曷之用二簋可用享

漸　鴻漸于木或得其桷无咎

歸妹　弗損益之无咎貞吉利有攸往得臣无家

豐　遇其配主雖旬无咎往有尚

旅　射雉一矢亡終以譽命

巽　損有孚元吉无咎可貞利有攸往曷之用二簋可用享

兌　兌亨利貞

渙　或益之十朋之龜弗克違元吉

節　弗損益之无咎貞吉利有攸往得臣无家

中孚　或益之十朋之龜弗克違元吉

小過　密雲不雨自我西郊公弋取彼在穴

既濟　曳其輪濡其尾无咎

未濟　損其疾使遄有喜无咎

益

益　益利有攸往利涉大川

乾　乾元亨利貞

坤　益利有攸往利涉大川

屯　莫益之或擊之立心勿恒凶

蒙　益利有攸往利涉大川

需　需有孚光亨貞吉利涉大川

訟　益利有攸往利涉大川

師　師或輿尸凶

比　莫益之或擊之立心勿恒凶

小畜　益之用凶事无咎有孚中行告公用圭

履　中行告公從利用爲依遷國

泰　拔茅茹以其彚征吉

否　中行告公從利用爲依遷國

同人　中行告公從利用爲依遷國

大有　无交害匪咎艱則无咎

謙　鳴謙貞吉

豫　介于石不終日貞吉

隨　莫益之或擊之立心勿恒凶

蠱　裕父之蠱往見吝

臨　臨元亨利貞至于八月有凶

觀　利用爲大作元吉无咎

噬嗑　有孚惠心勿問元吉有孚惠我德

賁　有孚惠心勿問元吉有孚惠我德

剝　有孚惠心勿問元吉有孚惠我德

復　莫益之或擊之立心勿恒凶

无妄　中行告公從利用爲依遷國

大畜　大畜利貞不家食吉利涉大川

頤　有孚惠心勿問元吉有孚惠我德

大過　枯楊生華老婦得其士夫无咎无譽

坎　益利有攸往利涉大川

離　離利貞亨畜牝牛吉

咸　咸其腓凶居吉

恒　恒亨无咎利貞利有攸往

遯　益利有攸往利涉大川

大壯　壯于趾征凶有孚

晋　益利有攸往利涉大川

明夷　明夷利艱貞

家人　益之用凶事无咎有孚中行告公用圭

睽　睽小事吉

蹇　益利有攸往利涉大川

解　負且乘致寇至貞吝

損　有孚惠心勿問元吉有孚惠我德

夬　壯于前趾往不勝爲咎

姤　以杞包瓜含章有隕自天

萃　益利有攸往利涉大川

升　王用亨于岐山吉无咎

困　困于石據于蒺蔾入于其宮見不其妻凶

井　井甃无咎

革　革巳日乃孚元亨利貞悔亡

鼎　鼎王鉉大吉无不利

震　震亨震來虩虩笑言啞啞震驚百里不喪匕鬯

艮　益利有攸往利涉大川

漸　益之用凶事无咎有孚中行告公用圭

歸妹　歸妹以娣跛能履征吉

豐　遇其配主雖旬无咎往有尚

旅　旅即次懷其資得童僕貞

巽　益利有攸往利涉大川

兑　兑亨利貞

涣　或益之十朋之龜弗克違永貞吉王用享于帝吉

節　莫益之或擊之立心勿恒凶

中孚　或益之十朋之龜弗克違永貞吉王用享于帝吉

小過　過其祖遇其妣不及其君遇其臣无咎

既濟　莫益之或擊之立心勿恒凶

未濟　未濟征凶利涉大川

夬

夬　夬揚于王庭孚號有厲告自邑不利即戎利有攸往

乾　无號終有凶

坤　龍戰于野其血玄黄

屯　屯元亨利貞勿用有攸往利建侯

蒙　包蒙吉納婦吉子克家

需　臀无膚其行次且牵羊悔亡聞言不信

訟　夬揚于王庭孚號有厲告自邑不利即戎利有攸往

師　在師中吉无咎王三錫命

比　顯比王用三驅失前禽邑人不誡吉

小畜　无號終有凶

履　无號終有凶

泰　莧陸夬夬中行无咎

否　有命无咎疇離祉

同人　无號終有凶

大有　无號終有凶

謙　勞謙君子有終吉

豫　由豫大有得勿疑朋盍簪

隨　壯于頄有凶君子夬夬獨行遇雨若濡有慍无咎

蠱　幹母之蠱不可貞

臨　臨元亨利貞至于八月有凶

観　観我生君子无咎
噬嗑　屨校滅趾无咎
賁　賁其趾舍車而徒
剥　剥不利有攸往
復　不遠復无祇悔元吉
无妄　无妄元亨利貞其匪正有眚不利有攸往
大畜　大畜利貞不家食吉利涉大川
頤　舍爾靈龜觀我朶頤
大過　壯于前趾往不勝爲咎
坎　夬揚于王庭孚號有厲告自邑不利即戎利有攸往

離　離利貞亨畜牝牛吉

咸　惕號莫夜有戎勿恤

恒　莧陸夬夬中行无咎

遯　夬揚于王庭孚號有厲告自邑不利即戎利有攸往

大壯　莧陸夬夬中行无咎

晉　晉如鼫鼠貞厲

明夷　明夷利艱貞

家人　家人利女貞

睽　睽小事吉

蹇　夬揚于王庭孚號有厲告自邑不利即戎利有攸往

解　夬揚于王庭孚號有厲告自邑不利即戎利有攸往

損　已事遄往无咎酌損之

益　利用爲大作元吉无咎

姤　无號終有凶

萃　夬揚于王庭孚號有厲告自邑不利即戎利有攸往

升　夬揚于王庭孚號有厲告自邑不利即戎利有攸往

困　壯于頄有凶君子夬夬獨行遇雨若濡有愠无咎

井　臀无膚其行次且牽羊悔亡聞言不信

革　惕號莫夜有戎勿恤

鼎　夬揚于王庭孚號有厲告自邑不利即戎利有攸往

震　震亨震來虩虩笑言啞啞震驚百里不喪匕鬯

艮　艮其限列其夤厲薰心

漸　鴻漸于陸夫征不復婦孕不育凶利禦寇

歸妹　莧陸夬夬中行无咎

豐　莧陸夬夬中行无咎

旅　旅焚其次喪其童僕貞厲

巽　夬揚于王庭孚號有厲告自邑不利即戎利有攸往

兑　壯于頄有凶君子夬夬獨行遇雨若濡有愠无咎

渙　渙奔其机悔亡

節　臀无膚其行次且牽羊悔亡聞言不信

中孚　中孚豚魚吉利涉大川利貞

小過　夬揚于王庭孚號有厲告自邑不利即戎利有攸往

既濟　臀无膚其行次且牽羊悔亡聞言不信

未濟　曳其輪貞吉

姤

姤　姤女壯勿用取女

乾　繫于金柅貞吉有攸往見凶羸豕孚蹢躅

坤　履霜堅冰至

屯　屯其膏小貞吉大貞凶

蒙　蒙亨匪我求童蒙童蒙求我初筮告再三瀆瀆則不告

利貞

需　姤女壯勿用取女

訟　臀无膚其行次且厲无大咎

師　師出以律否臧凶

比　有孚比之无咎有孚盈缶終來有它吉

小畜　包无魚起凶

履　臀无膚其行次且厲无大咎

泰　包荒用馮河不遐遺朋亡得尚于中行

否　臀无膚其行次且厲无大咎

同人　包有魚无咎不利賓

大有　以杞包瓜含章有隕自天

謙　謙謙君子用涉大川吉

豫　鳴豫凶

隨　隨有獲貞凶有孚在道以明何咎

蠱　以杞包瓜含章有隕自天

臨　咸臨吉无不利

觀　觀盥而不薦有孚顒若

噬嗑　噬乾胏得金矢利艱貞吉

賁　賁如濡如永貞吉

剥　剥牀以足蔑貞凶

復　復亨出入无疾朋來无咎反復其道七日來復利有攸往

无妄　姤女壯勿用取女

大畜　姤女壯勿用取女

頤　由頤厲吉利涉大川

大過　姤其角吝无咎

坎　習坎有孚維心亨行有尚

離　姤女壯勿用取女

咸　姤其角吝无咎

恒　姤其角吝无咎

遯　包有魚无咎不利賓

大壯　姤女壯勿用取女

晋　晋康侯用錫馬蕃庶晝日三接

明夷　明夷于南狩得其大首不可疾貞

家人　姤女壯勿用取女

睽　姤女壯勿用取女

蹇　蹇利西南不利東北利見大人貞吉

解　解利西南无所往其來復吉有攸往夙吉

損　利貞征凶弗損益之

益　有孚惠心勿問元吉有孚惠我德

夬　姤其角吝无咎

萃　萃亨王假有廟利見大人亨利貞用大牲吉利有攸往

升　升元亨用見大人勿恤南征吉

困　姤其角吝无咎

井　姤其角吝无咎

革　姤女壯勿用取女

鼎　以杞包瓜含章有隕自天

震　震遂泥

艮　艮其背不獲其身行其庭不見其人无咎

漸　包无魚起凶

歸妹　眇能視利幽人之貞

豐　豐其沛日中見沫折其右肱无咎

旅　以杞包瓜含章有隕自天

巽　包无魚起凶

兑　姤女壯勿用取女

涣　包无魚起凶

節　不出門庭凶

中孚　姤女壯勿用取女

小過　小過亨利貞可小事不可大事飛鳥遺之音不宜上宜下大吉

既濟　高宗伐鬼方三年克之小人勿用

未濟　以杞包瓜含章有隕自天

萃

萃　萃亨王假有廟利見大人亨利貞用大牲吉利有攸往

乾　或躍在淵无咎

坤　萃有位无咎匪孚元永貞悔亡

屯　大吉无咎

蒙　發蒙利用刑人用說桎梏以往吝

需　需于酒食貞吉

訟　齎咨涕洟无咎

師　師貞丈人吉无咎

比　大吉无咎

小畜　有孚攣如富以其鄰

履　萃亨王假有廟利見大人亨利貞用大牲吉利有攸往

泰　城復于隍勿用師自邑告命貞吝

否　齎咨涕洟无咎

同人　萃亨王假有廟利見大人亨利貞用大牲吉利有攸往

大有　匪其彭无咎

謙　謙亨君子有終

豫　萃有位无咎匪孚元永貞悔亡

隨　有孚不終乃亂乃萃若號一握爲笑勿恤往无咎

蠱　幹父之蠱有子考无咎厲終吉

臨　丼臨无攸利既憂之无咎

觀　齎咨涕洟无咎

噬嗑　萃亨王假有廟利見大人亨利貞用大牲吉利有攸往

賁　賁其須

剥　剥不利有攸往

復　萃亨王假有廟利見大人亨利貞用大牲吉利有攸往

无妄　齎咨涕洟无咎

大畜　大畜利貞不家食吉利涉大川

頤　顛頤拂經于丘頤征凶
大過　萃如嗟如旡攸利往旡咎小吝
坎　大吉旡咎
離　黄離元吉
咸　萃如嗟如旡攸利往旡咎小吝
恒　恒亨旡咎利貞利有攸往
遯　齎咨涕洟旡咎
大壯　貞吉悔亡藩決不羸壯于大輿之輹
晉　齎咨涕洟旡咎
明夷　明夷夷于左股用拯馬壯吉

家人　无攸遂在中饋貞吉

睽　見輿曳其牛掣其人天且劓无初有終

蹇　大吉无咎

解　萃有位无咎匪孚元永貞悔亡

損　三人行則損一人一人行則得其友

益　萃亨王假有廟利見大人亨利貞用大牲吉利有攸往

夬　萃亨王假有廟利見大人亨利貞用大牲吉利有攸往

姤　姤女壯勿用取女

升　允升大吉

困　引吉无咎孚乃利用禴

井　井改邑不改井无喪无得往來井井汔至亦未繘井羸
　　其瓶凶
萃　萃如嗟如无攸利往无咎小吝
鼎　鼎顛趾利出否得妾以其子无咎
震　萃有位无咎匪孚元永貞悔亡
艮　艮其趾无咎利永貞
漸　漸女歸吉利貞
歸妹　萃亨王假有廟利見大人亨利貞用大牲吉利有攸往
豐　萃亨王假有廟利見大人亨利貞用大牲吉利有攸往
旅　旅小亨旅貞吉

巽　進退利武人之貞

兌　引吉无咎孚乃利用禴

渙　渙王假有廟利涉大川利貞

節　萃亨王假有廟利見大人亨利貞用大牲吉利有攸往

中孚　得敵或鼓或罷或泣或歌

小過　萃有位无咎匪孚元永貞悔亡

既濟　萃亨王假有廟利見大人亨利貞用大牲吉利有攸往

未濟　未濟亨小狐汔濟濡其尾无攸利

升

升　升元亨用見大人勿恤南征吉

乾　見龍在田利見大人

坤　升虛邑

屯　乘馬班如求婚媾往吉无不利

蒙　冥升利于不息之貞

需　貞吉升階

訟　不永所事小有言終吉

師　升虛邑

比　比吉原筮元永貞无咎不寧方來後夫凶

小畜　升元亨用見大人勿恤南征吉

履　履道坦坦幽人貞吉

泰　允升大吉

否　拔茅茹以其彙貞吉

同人　伏戎于莽升其高陵三歲不興

大有　升元亨用見大人勿恤南征吉

謙　孚乃利用禴无咎

豫　豫利建侯行師

隨　拘係之乃從維之王用亨于西山

蠱　冥升利于不息之貞

臨　升虛邑

觀　童觀小人无咎君子吝

噬嗑　噬乾肉得黄金貞厲无咎

賁　升元亨用見大人勿恤南征吉

剥　剥不利有攸往

復　升元亨用見大人勿恤南征吉

无妄　无妄元亨利貞其匪正有眚不利有攸往

大畜　寘升利于不息之貞

頤　顛頤吉虎視眈眈其欲逐逐无咎

大過　貞吉升階

坎　貞吉升階

離　日昃之離不鼓缶而歌則大耋之嗟凶

咸　咸亨利貞取女吉

恒　王用亨于岐山吉旡咎

遯　遯尾厲勿用有攸往

大壯　王用亨于岐山吉旡咎

晋　晋如摧如貞吉罔孚裕旡咎

明夷　孚乃利用禴旡咎

家人　家人嗃嗃悔厲吉婦子嘻嘻終吝

睽　遇主于巷旡咎

蹇　貞吉升階

解　王用亨于岐山吉旡咎

損　升元亨用見大人勿恤南征吉

益　中行告公從利用爲依遷國

夬　升元亨用見大人勿恤南征吉

姤　姤女壯勿用取女

萃　有孚不終乃亂乃萃若號一握爲笑勿恤往无咎

困　困亨貞大人吉无咎有言不信

井　貞吉升階

革　征凶貞厲革言三就有孚

鼎　冥升利于不息之貞

震　震往來厲億无喪有事

艮　冥升利于不息之貞

漸　漸女歸吉利貞

歸妹　升元亨用見大人勿恤南征吉

豊　升元亨用見大人勿恤南征吉

旅　旅小亨旅貞吉

巽　冥升利于不息之貞

兊　孚兊吉悔亡

渙　渙亨王假有廟利涉大川利貞

節　升元亨用見大人勿恤南征吉

中孚　鳴鶴在陰其子和之我有好爵吾與爾靡之

小過　王用亨于岐山吉旡咎

既濟　升元亨用見大人勿恤南征吉

未濟　未濟亨小狐汔濟濡其尾旡攸利

困

困　困亨貞大人吉旡咎有言不信

乾　困亨貞大人吉旡咎有言不信

坤　坤元亨利牝馬之貞君子有攸往先迷後得主利西南

得朋東北喪朋安貞吉

屯　困亨貞大人吉旡咎有言不信

蒙　蒙亨匪我求童蒙童蒙求我初筮告再三瀆瀆則不告

利貞

需　困亨貞大人吉无咎有言不信

訟　困于葛藟于臲卼曰動悔有悔征吉

師　劓刖困于赤紱乃徐有說利用祭祀

比　來徐徐困于金車吝有終

小畜　牽復吉

履　困于葛藟于臲卼曰動悔有悔征吉

泰　包荒用馮河不遐遺朋亡得尚于中行

否　困于葛藟于臲卼曰動悔有悔征吉

同人　乘其墉弗克攻吉

大有　大車以載有攸往无咎

謙　謙謙君子用涉大川吉

豫　劓刖困于赤紱乃徐有說利用祭祀

隨　困于酒食朱紱方來利用亨祀征凶无咎

蠱　幹父之蠱有子考无咎厲終吉

臨　困亨貞大人吉无咎有言不信

觀　觀盥而不薦有孚顒若

噬嗑　噬腊肉遇毒小吝无咎

賁　賁亨小利有攸往

剥　剥牀以足蔑貞凶

復　頻復厲无咎

无妄　困亨貞大人吉无咎有言不信

大畜　輿說輹

頤　拂頤貞凶十年勿用无攸利

大過　困于石據于蒺藜入于其宮不見其妻凶

坎　來徐徐困于金車吝有終

離　突如其來如焚如死如棄如

咸　困于石據于蒺藜入于其宮不見其妻凶

恒　劓刖困于赤紱乃徐有說利用祭祀

遯　遯亨小利貞

大壯　困亨貞大人吉无咎有言不信

晉　晉康侯用錫馬蕃庶晝日三接

明夷　不明晦初登于天後入于地

家人　王假有家勿恤吉

睽　困亨貞大人吉无咎有言不信

蹇　蹇利西南不利東北利見大人貞吉

解　劓刖困于赤紱乃徐有説利用祭祀

損　利貞征凶弗損益之

益　益之用凶事无咎有孚中行告公用圭

夬　困于石據于蒺藜入于其宮不見其妻凶

姤　困于葛藟于臲卼曰動悔有悔征吉

萃　困于酒食朱紱方來利用亨祀征凶无咎

升　升元亨用見大人勿恤南征吉

井　來徐徐困于金車吝有終

革　困亨貞大人吉无咎有言不信

鼎　鼎元吉亨

震　困亨貞大人吉无咎有言不信

艮　艮其趾无咎利永貞

漸　鴻漸于干小子厲有言无咎

歸妹　劓刖困于赤紱乃徐有說利用祭祀

豐　豐其蔀日中見斗遇其夷主吉

旅　旅瑣瑣斯其所取災

巽　巽小亨利有攸往利見大人

兌　臀困于株木入于幽谷三歲不覿

渙　困于葛藟于臲卼曰動悔有悔征吉

節　來徐徐困于金車吝有終

中孚　困亨貞大人吉无咎有言不信

小過　小過亨利貞可小事不可大事飛鳥遺之音不宜上宜

下大吉

既濟　東鄰殺牛不如西鄰之禴祭實受其福

未濟 困于葛藟于臲卼曰動悔有悔征吉

周易占林卷之三終

周易占林

七 得

周易占林卷之四

閩中王宇永啓考輯

友人徐𤊹惟起編訂

井　井改邑不改井无喪无得往來井井汔至亦未繘井羸其瓶凶

乾　井改邑不改井无喪无得往來井井汔至亦未繘井羸其瓶凶

坤　坤元亨利牝馬之貞君子有攸往先迷後得主利西南得朋東北喪朋安貞吉

屯　井改邑不改井无喪无得往來井井汔至亦未繘井羸其瓶凶

蒙　蒙亨匪我求童蒙童蒙求我初筮告再三瀆瀆則不告利貞

需　井泥不食舊井无禽

訟　訟有孚窒惕中吉終凶利見大人不利涉大川

師　井洌寒泉食

比　井渫不食爲我心惻可用汲王明並受其福

小畜　井收勿幕有孚元吉

履　履道坦坦幽人貞吉

泰　井洌寒泉食

否　拔茅茹以其彚貞吉亨

同人　伏戎于莽升其高陵三歲不興

大有　大車以載有攸往无咎

謙　井洌寒泉食

豫　鳴豫凶

隨　孚于嘉吉

蠱　井收勿幕有孚元吉

臨　井改邑不改井无喪无得往來井井汔至亦未繘井羸

其瓶凶

觀　觀盥而不薦有孚顒若

噬嗑　噬嗑亨利用獄

賁　賁如濡如永貞吉

剥　剥牀以足蔑貞凶

復　中行獨復

无妄　无妄之疾勿藥有喜

太畜　井改邑不改井无喪无得往來井井汔至亦未繘井羸

其瓶凶

頤　顛頤吉虎視耽耽其欲逐逐无咎

大過　井㽉无咎

坎　井渫不食爲我心惻可用汲王明並受其福

離　日昃之離不鼓缶而歌則大耋之嗟凶

咸　井甃无咎

恒　井冽寒泉食

遯　遯亨小利貞

大壯　井改邑不改井无喪无得往來井井汔至亦未繘井羸

其羸凶

晉　晉如摧如貞吉罔孚裕无咎

明夷　井改邑不改井无喪无得往來井井汔至亦未繘井羸

其羸凶

家人　井改邑不改井无喪无得往來井井汔至亦未繘井羸

其瓶凶

睽　遇主于巷无咎

蹇　井谷射鮒甕敝漏

解　解利西南无所往其來復吉有攸往夙吉

損　利貞征凶弗損益之

益　中行告公從利用爲依遷國

夬　井甃无咎

姤　井收勿幕有孚元吉

萃　萃亨王假有廟利見大人亨利貞用大牲吉利有攸往

升　井洌寒泉食

困　井甃无咎

革　井改邑不改井无喪无得往來井井汔至亦未繘井羸其瓶凶

鼎　鼎元吉亨

震　震索索視矍矍征凶震不于其躬于其鄰无咎

艮　艮其背不獲其身行其庭不見其人无咎

漸　井收勿幕有孚元吉

歸妹　眇能視利幽人之貞

豐　豐其沛日中見沬折其右肱无咎

周易占林卷四

旅　旅瑣瑣斯其所取災

巽　井收勿幕有孚元吉

兌　井改邑不改井旡喪旡得往來井井汔至亦未繘井羸

其羸凶

渙　井收勿幕有孚元吉

節　井渫不食爲我心惻可用汲王明並受其福

中孚　井改邑不改井旡喪旡得往來井井汔至亦未繘井羸

其羸凶

小過　小過亨利貞可小事不可大事飛鳥遺之音不宜上宜

下大吉

既濟　井谷射鮒甕敝漏

未濟　濡其尾吝

革

革　革巳日乃孚元亨利貞悔亡

乾　君子豹變小人革面征凶居貞吉

坤　直方大不習旡不利

屯　悔亡有孚改命吉

蒙　蒙亨匪我求童蒙童蒙求我初筮告再三瀆瀆則不告

利貞

需　悔亡有孚改命吉

訟　不克訟復即命渝安貞吉

師　大君有命開國承家小人勿用

比　華巳日乃孚元亨利貞悔亡

小畜　小畜亨密雲不雨自我西郊

履　履虎尾不咥人亨

泰　泰小往大來吉亨

否　華巳日乃孚元亨利貞悔亡

同人　君子豹變小人華面征凶居貞吉

大有　大有元亨

謙　華巳日乃孚元亨利貞悔亡

豫　革巳日乃孚元亨利貞悔亡

隨　征凶貞厲革言三就有孚

蠱　幹父之蠱小有悔无大咎

臨　咸臨貞吉

觀　闚觀利女貞

噬嗑　噬嗑亨利用獄

賁　賁亨小利有攸往

剝　剝牀以辨蔑貞凶

復　復亨出入无疾朋來无咎反復其道七日來復利有攸往

无妄　君子豹變小人革面征凶居貞吉

大畜　有厲利已

頤　舍爾靈龜觀我朶頤凶

大過　已日乃革之征吉无咎

坎　坎不盈祇既平无咎

離　君子豹變小人革面征凶居貞吉

咸　鞏用黄牛之革

恒　革巳日乃孚元亨利貞悔亡

遯　君子豹變小人革面征凶居貞吉

大壯　大人虎變未占有孚

晋　晋如愁如貞吉受兹介福于其王母

明夷　大人虎變未占有孚

家人　君子豹變小人革面征凶居貞吉

睽　悔亡喪馬勿逐自復見惡人无咎

蹇　悔亡有孚改命吉

解　解而拇朋至斯孚

損　已事遄往无咎酌損之

益　益利有攸往利涉大川

夬　已日乃革之征吉无咎

姤　革已日乃孚元亨利貞悔亡

萃　征凶貞厲革言三就有孚

升　升虛邑

困　革巳日乃孚元亨利貞悔亡

井　革巳日乃孚元亨利貞悔亡

鼎　鼎耳革其行塞雉膏不食方雨虧悔終吉

震　大人虎變未占有孚

艮　艮其腓不拯其隨其心不快

漸　革巳日乃孚元亨利貞悔亡

歸妹　歸妹征凶无攸利

豐　大人虎變未占有孚

旅　革已日乃孚元亨利貞悔亡

巽　頻巽吝

兌　征凶貞厲革言三就有孚

渙　渙汗其大號渙王居无咎

節　節亨苦節不可貞

中孚　扆吉有它不燕

小過　大人虎變未占有孚

既濟　悔亡有孚改命吉

未濟　貞吉悔亡震用伐鬼方三年有賞于大國

咒

䷀　䷀元吉亨

乾　䷀黃耳金鉉利貞

坤　履霜堅氷至

屯　屯元亨利貞勿用有攸往利建侯

蒙　䷀折足覆公餗其形渥凶

需　需于沙小有言終吉

訟　䷀黃耳金鉉利貞

師　師貞丈人吉无咎

比　有孚比之无咎有孚盈缶終來有它吉

小畜　鼎元吉亨

履　鼎元吉亨

泰　鼎元吉亨

否　否之匪人不利君子貞大往小來

同人　鼎元吉亨

大有　鼎顛趾利出否得妾以其子无咎

謙　謙亨君子有終

豫　豫利建侯行師

隨　隨有獲貞凶有孚在道以明何咎

蠱　鼎折足覆公餗其形渥凶

臨　咸臨吉无不利

觀　童觀小人旡咎君子吝

噬嗑　㽞元吉亨

賁　㽞元吉亨

剥　剥不利有攸往

復　敦復旡悔

旡妄　可貞旡咎

大畜　㽞折足覆公餗其形渥凶

頤　拂經居貞吉不可涉大川

大過　㽞王鉉大吉旡不利

坎　習坎入于坎窞凶

離　鼎有實我仇有疾不我能即吉

咸　咸亨利貞取女吉

恒　鼎玉鉉大吉无不利

遯　鼎黄耳金鉉利貞

大壯　鼎玉鉉大吉无不利

晉　鼎耳革其行塞雉膏不食方雨虧悔終吉

明夷　明夷于南狩得其首大不可疾貞

家人　家人嗃嗃悔厲吉婦子嘻嘻終吝

睽　鼎耳革其行塞雉膏不食方雨虧悔終吉

蹇　往蹇來譽

解　鼎王鉉大吉无不利

損　鼎元吉亨

益　莫益之或擊之立心勿恒凶

夬　鼎元吉亨

姤　鼎黄耳金鉉利貞

萃　有孚不終乃亂乃萃若號一握爲笑勿恤往无咎

升　鼎王鉉大吉无不利

困　困亨貞大人吉无咎有言不信

井　井改邑不改井无喪无得往來井井汔至亦未繘井羸其瓶凶

革　征凶貞厲革言三就有孚

震　震遂泥

艮　咼拆足覆公餗其形渥凶

漸　漸女歸吉利貞

歸妹　咼元吉亨

豐　咼元吉亨

旅　咼有實我仇有疾不我能即吉

巽　鼎黄耳金鉉利貞

兑　孚兑吉悔亡

涣　涣亨王假有廟利涉大川利貞

[illegible]

節　不出門庭凶

中孚　鳴鶴在陰其子和之我有好爵吾與爾靡之

小過　咼王鉉大吉无不利

既濟　高宗伐鬼方三年克之小人勿用

未濟　咼耳革其行塞雉膏不食方雨虧悔終吉

震

震　震亨震來虩虩笑言啞啞震驚百里不喪匕鬯

乾　潛龍勿用

坤　震遂泥

屯　震往來厲億无喪有事

蒙　勿用取女見金夫不有躬旡攸利

需　需于郊利用恒旡咎

訟　食舊德貞厲終吉或從王事旡成

師　震亨震來虩虩笑言啞啞震驚百里不喪匕鬯

比　震亨震來虩虩笑言啞啞震驚百里不喪匕鬯

小畜　復自道何其咎吉

履　履虎尾不咥人亨

泰　泰小往大來吉亨

否　震亨震來虩虩笑言啞啞震驚百里不喪匕鬯

同人　同人于野亨利涉大川利君子貞

大有　大有元亨

謙　震亨震來虩虩笑言啞啞震驚百里不喪匕鬯

豫　震亨震來虩虩笑言啞啞震驚百里不喪匕鬯

隨　震往來厲

蠱　幹父之蠱用豫

臨　震遂泥

觀　闚觀利女貞

噬嗑　震索索視矍矍征凶震不于其躬于其鄰无咎婚媾有

言

賁　賁亨小利有攸往

剝　震亨震來虩虩笑言啞啞震驚百里不喪匕鬯

復　震遂泥

无妄　震索索視矍矍征凶震不于其躬于其鄰无咎媾婚有言

大畜　有厲利已

頤　震索索視矍矍征凶震不于其躬于其鄰无咎婚媾有言

大過　棟隆吉有它吝

坎　來之坎坎險且枕入于坎窞勿用

離　震索索視矍矍征凶震不于其躬于其鄰无咎媾婚有

言

咸　震亨震來虩虩笑言啞啞震驚百里不喪匕鬯

恒　震亨震來虩虩笑言啞啞震驚百里不喪匕鬯

遯　執之用黃牛之革莫之勝說

大壯　震蘇蘇震行无眚

晉　震索索視矍矍征凶震不于其躬于其鄰无咎婚媾有

言

明夷　震遂泥

家人　閑家有悔亡

睽　震索索視矍矍征凶震不于其躬于其鄰无咎婚媾有

言

蹇 王臣蹇蹇匪躬之故

解 震來厲億喪貝躋于九陵勿逐七日得

損 損有孚元吉无咎可貞利有攸往曷之用二簋可用享

益 益利有攸往利涉大川

夬 夬揚于王庭孚號有厲告自邑不利即戎利有攸往

姤 包无魚起凶

萃 震往來厲億无喪有事

升 貞吉升階

困 震亨震來虩虩笑言啞啞震驚百里不喪匕鬯

井　井收勿幕有孚元吉

革　震往來厲億无喪有事

㬆　㬆拆足覆公餗其形渥凶

艮　艮其腓不拯其隨其心不快

漸　鴻漸于磐飲食衎衎吉

歸妹　震來厲億喪貝躋于九陵勿逐七日得

豐　震蘇蘇震行无眚

旅　震亨震來虩虩笑言啞啞震驚百里不喪匕鬯

巽　巽小亨利有攸往利見大人

兌　震往來厲億无喪有事

渙　渙其躬无悔

節　節亨苦節不可貞

中孚　虞吉有他不燕

小過　震蘇蘇震行无眚

既濟　既濟亨小利貞初吉終亂

未濟　震亨震來虩虩笑言啞啞震驚百里不喪匕鬯

艮

艮　艮其背不獲其身行其庭不見其人无咎

乾　君子終日乾乾夕惕若厲无咎

坤　敦艮吉

屯　屯如邅如乘馬班如匪寇婚媾女子貞不字十年乃字

蒙　艮其限列其夤厲薰心

需　需于泥致寇至

訟　不永所事小有言終吉

師　師貞丈人吉无咎

比　比吉原筮元永貞无咎不寧方來後夫凶

小畜　艮其背不獲其身行其庭不見其人无咎

履　視履考祥其旋元吉

泰　艮其背不獲其身行其庭不見其人无咎

否　否之匪人不利君子貞大往小來

同人　艮其背不獲其身行其庭不見其人无咎

大有　艮其背不獲其身行其庭不見其人无咎

謙　敦艮吉

豫　豫利建侯行師

隨　係小子失丈夫

蠱　艮其腓不拯其隨其心快（不）

臨　至臨无咎

觀　艮其輔言有序悔亡

噬嗑　艮其背不獲其身行其庭不見其人无咎

賁　艮其趾无咎利永貞

剥　艮其限列其夤厲薰心

復　艮其背不獲其身行其庭不見其人无咎

无妄　不耕穫不菑畬則利有攸往

大畜　艮其腓不拯其隨其心不快

頤　艮其限列其夤厲薰心

大過　藉用白茅无咎

坎　習坎入于坎窞凶

離　艮其身无咎

咸　咸亨利貞取女吉

恒　恒亨无咎利貞利有攸往

遯　艮其輔言有序悔亡

大壯　小人用壯君子用罔貞厲羝羊觸藩羸其角

晋　艮其身无咎

明夷　敦艮吉

家人　艮其輔言有序悔亡

睽　悔亡厥宗噬膚往何咎

蹇　敦艮吉

解　无咎

損　艮其背不獲其身行其庭不見其人无咎

益　艮其背不獲其身行其庭不見其人无咎

夬　壯于頄有凶君子夬夬獨行遇雨若濡有愠无咎

姤　姤女壯勿用取女

萃　有孚不終乃亂乃萃若號一握爲笑勿恤往无咎

升　敦艮吉

困　臀困于株木入于幽谷三歲不覿

井　井改邑不改井无喪无得往來井井汔至亦未繘井羸其瓶凶

革　巳日乃革之征吉无咎

咢　艮其身无咎

震　震來厲億喪貝躋于九陵勿逐七日得

漸　艮其輔言有孚悔亡
歸妹　帝乙歸妹其君之袂不如其娣之袂良月幾望吉
豐　艮其背不獲其身行其庭不見其人无咎
旅　艮其身无咎
巽　艮其輔言有孚悔亡
兑　兑亨利貞
涣　涣亨王假有廟利涉大川利貞
節　安節亨
中孚　月幾望馬匹亡无咎
小過　敦艮吉

[…]四　[…]一八

既濟　艮其背不獲其身行其庭不見其人无咎

未濟　未濟亨小狐汔濟濡其尾无攸利

漸

漸　漸女歸吉利貞

乾　漸女歸吉利貞

坤　坤元亨利牝馬之貞君子有攸往先迷後得主利西南
得朋東北喪朋安貞吉

屯　漸女歸吉利貞

蒙　蒙亨匪我求童蒙童蒙求我初筮告再三瀆瀆則不告
利貞

需　漸女歸吉利貞

訟　訟有孚窒惕中吉終凶利見大人不利涉大川

師　師出以律否臧凶

比　鴻漸于陸其羽可用爲儀吉

小畜　鴻漸于磐飲食衎衎吉

履　夬履貞厲

泰　无平不陂无往不復艱貞无咎勿恤其孚于食有福

否　鴻漸于木或得其桷无咎

同人　鴻漸于木或得其桷无咎

大有　公用亨于天子小人弗克

謙　鴻漸于陸其羽可用爲儀吉

豫　鳴豫凶

隨　係小子失丈夫

蠱　鴻漸于陵婦三歲不孕終莫之勝吉

臨　至臨无咎

觀　鴻漸于陸夫征不復婦孕不育凶利禦寇

噬嗑　噬膚滅鼻无咎

賁　鴻漸于陵婦三歲不孕終莫之勝吉

剥　鴻漸于陵婦三歲不孕終莫之勝吉

復　休復吉

无妄　漸女歸吉利貞

大畜　漸女歸吉利貞

頤　漸女歸吉利貞

大過　大過棟撓利有攸往亨

坎　習坎有孚維心亨行有尚

離　漸女歸吉利貞

咸　鴻漸于陸其羽可用爲儀吉

恒　浚恒貞凶无攸利

遯　鴻漸于木或得其桷无咎

大壯　小人用壯君子用罔貞厲羝羊觸藩羸其角

晉　晉康侯用錫馬蕃庶晝日三接

明夷　漸女歸吉利貞

家人　鴻漸于干小子厲有言无咎

睽　睽孤見豕負塗載鬼一車先張之弧後說之弧匪寇婚

媾往遇雨則吉

蹇　鴻漸于陸其羽可用爲儀吉

解　无咎

損　損其疾使遄有喜无咎

益　鴻漸于陸夫征不復婦孕不育凶利禦寇

夬　壯于頄有凶君子夬夬獨行遇雨若濡有慍无咎

姤　鴻漸于木或得其桷无咎

萃　萃亨王假有廟利見大人亨利貞用大牲吉利有攸往

升　升元亨用見大人勿恤南征吉

困　臀困于株木入于幽谷三歲不覿

井　鴻漸于陸其羽可用爲儀吉

革　漸女歸吉利貞

鼎　鼎元吉亨

震　震來厲億喪貝躋于九陵勿逐七日得

艮　鴻漸于陵婦三歲不孕終莫之勝吉

歸妹　歸妹征凶无攸利

豐　豐其蔀日中見斗往得疑疾有孚發若吉

旅　鴻漸于陵婦三歲不孕終莫之勝吉

巽　鴻漸于磐飲食衎衎吉

兑　孚于剝有厲

渙　鴻漸于陸夫征不復婦孕不育凶利禦寇

節　安節亨

中孚　漸女歸吉利貞

小過　小過亨利貞可小事不可大事飛鳥遺之音不宜上宜下大吉

既濟　鴻漸于陸其羽可用爲儀吉

未濟　濡其尾吝

歸妹

歸妹　歸妹征凶无攸利

乾　乾元亨利貞

坤　歸妹征凶无攸利

屯　屯元亨利貞勿用有攸往利建侯

蒙　歸妹征凶无攸利

需　需有孚光亨貞吉利涉大川

訟　歸妹征凶无攸利

師　歸妹愆期遲歸有時

比　比之匪人

小畜　復自道何其咎吉

履　女承筐无實士刲羊无血无攸利

泰　歸妹愆期遲歸有時

否　包羞

同人　同人于門无咎

大有　女承筐无實士刲羊无血无攸利

謙　不富以其鄰利用侵伐无不利

豫　眇能視利幽人之貞

隨　帝乙歸妹其君之袂不如其娣之袂良月幾望吉

蠱　幹母之蠱不可貞

臨　歸妹愆期遲歸有時

觀　觀我生進退

噬嗑　女承筐无實士刲羊无血无攸利

賁　賁其趾舍車而徒

剥　剥之无咎

復　歸妹愆期遲歸有時

无妄　无妄元亨利貞其匪正有眚不利有攸往

大畜　大畜利貞不家食吉利涉大川

頤　頤貞吉觀頤自求口實

大過　歸妹征凶无攸利

坎　歸妹征凶无攸利

離　離利貞亨畜牝牛吉

咸　貞吉悔亡憧憧往來朋從爾思

恒　歸妹以須反歸以娣

遯　好遯君子吉小人否

大壯　歸妹以須反歸以娣

晉　歸妹征凶无攸利

明夷　明夷利艱貞

家人　閑有家悔亡

睽　女承筐无實士刲羊无血无攸利

蹇　往蹇來碩吉利見大人

解　歸妹以娣跛能履征吉

損　女承筐无實士刲羊无血无攸利

益　利用爲大作元吉无咎

夬　帝乙歸妹其君之袂不如其娣之袂良月幾望吉

姤　包有魚无咎不利賓

萃　歸妹征凶无攸利

升　歸妹征凶无攸利

困　帝乙歸妹其君之袂不如其娣之袂良月幾望吉

井　井谷射鮒甕敝漏

革　革巳日乃孚元亨利貞悔亡

歸妹征凶无攸利

震　眇能視利幽人之貞

艮　艮其輔言有序悔亡

漸　漸女歸吉利貞

豐　歸妹以須反歸以娣

旅　旅于處得其資斧我心不快

巽　巽在牀下用史巫紛若吉无咎

兌　帝乙歸妹其君之袂不如其娣之袂良月幾望吉

渙　渙奔其杌悔亡

節　帝乙歸妹其君之袂不如其娣之袂良月幾望吉

中孚　中孚豚魚吉利涉大川利貞

小過　歸妹征凶无攸利

既濟　曳其輪濡其尾无咎

未濟　女承筐无實士刲羊无血无攸利

豐

豐　豐亨王假之勿憂宜日中

乾　乾元亨利貞

坤　豐亨王假之勿憂宜日中

屯　屯元亨利貞勿用有攸往利建侯

蒙　童蒙吉

需　需有孚光亨貞吉利涉大川

訟　不克訟復即命渝安貞吉

師　田有禽利執言无咎長子帥師弟子輿尸貞凶

比　比之自内貞吉

小畜　復自道何其咎吉

履　素履往无咎

泰　豐其蔀日中見斗遇其夷主吉

否　包承小人吉大人否亨

同人　豐其屋蔀其家闚其户闃其无人三歲不覿凶

大有　豐其屋蔀其家闚其户闃其无人三歲不覿凶

謙　豐其蔀日中見斗遇其夷主吉

豫　豐其沛日中見沬折其右肱无咎

隨　來章有慶譽吉

蠱　幹父之蠱小有悔无大咎

臨　臨元亨利貞至于八月有凶

觀　闚觀利女貞

噬嗑　豐其屋蔀其家闚其户闃其无人三歲不覿凶

賁　豐其屋蔀其家闚其户闃其无人三歲不覿凶

剝　剝牀以辨蔑貞凶

復　豊其蔀日中見斗遇其夷主吉

无妄　无妄元亨利貞其匪正有眚不利有攸往

大畜　大畜利貞不家食吉利涉大川

頤　頤貞吉觀頤自求口實

大過　豊亨王假之勿憂宜日中

坎　係用徽纆寘于叢棘三歲不得凶

離　豊其屋蔀其家闚其户闃其无人三歲不覿凶

咸　來章有慶譽吉

恒　豊其蔀日中見斗往得疑疾有孚發若吉

遯　豐亨王假之勿憂宜日中

大壯　豐其蔀日中見斗往得疑疾有孚發若吉

晋　豐亨王假之勿憂宜日中

明夷　豐其蔀日中見斗遇其夷主吉

家人　家人利女貞

睽　睽小事吉

蹇　豐亨王假之勿憂宜日中

解　豐亨王假之勿憂宜日中

損　已事遄往无咎酌損之

益　利用爲大作元吉无咎

夬　來章有慶譽吉

姤　臀无膚其行次且厲无大咎

萃　豐亨王假之勿憂宜日中

升　豐亨王假之勿憂宜日中

困　來徐徐困于金車吝有終

井　井渫不食爲我心惻可用汲王明並受其福

革　來章有慶譽吉

鼎　豐亨王假之勿憂宜日中

震　豐其沛日中見沬折其右肱无咎

艮　豐亨王假之勿憂宜日中

漸　鴻漸于磐飲食衎衎吉

歸妹　豊其沛日中見沬折其右肱无咎

旅　豊其屋蔀其家闚其户闃其无人三歲不覿凶

巽　頻巽吝

兌　兌亨利貞

渙　渙亨王假有廟利涉大川利貞

節　不出户庭无咎

中孚　虞吉有它不燕

小過　遇其配主雖旬无咎往有尚

既濟　來章有慶譽吉

未濟　貞吉悔亡震用伐鬼方三年有賞于大國

旅　旅小亨旅貞吉

乾　旅小亨旅貞吉

坤　坤元亨利牝馬之貞君子有攸往先迷後得主利西南得朋東北喪朋安貞吉

屯　屯如邅如乘馬班如匪寇婚媾女子貞不字十年乃字

蒙　蒙亨匪我求童蒙童蒙求我初筮告再三瀆瀆則不告利貞

需　需于泥致寇至

訟　訟有孚窒惕中吉終凶利見大人不利涉大川

師　師出以律否臧凶

比　有孚比之无咎有孚盈缶終來有它吉

小畜　輿說輻夫妻反目

履　履虎尾愬愬終吉

泰　无平不陂无往不復艱貞无咎勿恤其孚于食有福

否　射雉一矢亡終以譽命

同人　射雉一矢亡終以譽命

大有　旅即次懷其資得童僕貞

謙　鳥焚其巢旅人先笑後號咷喪牛于易凶

豫　鳥焚其巢旅人先笑後號咷喪牛于易凶

隨　係小子失丈夫

蠱　旅于處得其資斧我心不快

臨　知臨大君之宜吉

觀　覲盥而不薦有孚顒若

噬嗑　旅焚其次喪其童僕貞厲

賁　旅于處得其資斧我心不快

剥　旅于處得其資斧我心不快

復　休復吉

无妄　旅小亨旅貞吉

周易占林

八 虞

大畜　旅小亨旅貞吉

頤　旅小亨旅貞吉

大過　大過棟撓利有攸往亨

坎　習坎入于坎窞凶

離　旅瑣瑣斯其所取災

咸　鳥焚其巢旅人先笑後號咷喪牛于易凶

恒　鳥焚其巢旅人先笑後號咷喪牛于易凶

遯　射雉一矢亡終以譽命

大壯　旅小亨旅貞吉

晉　旅焚其次喪其童僕貞厲

明夷　旅小亨旅貞吉

家人　旅小亨旅貞吉

睽　旅小亨旅貞吉

蹇　蹇利西南不利東北利見大人貞吉

解　解利西南无所往其來復吉有攸往夙吉

損　或益之十朋之龜弗克違元吉

益　或益之十朋之龜弗克違永貞吉王用亨于帝吉

夬　壯于頄有凶君子夬夬獨行遇雨若濡有慍无咎

姤　射雉一矢亡終以譽命

萃　萃亨王假有廟利見大人亨利貞用大牲吉利有攸往

升　升元亨用見大人勿恤南征吉

困　臀困于株木入于幽谷三歲不覿

井　井泥不食舊井无禽

革　旅小亨旅貞吉

鼎　旅即次懷其資得童僕貞

震　旅小亨旅貞吉

艮　旅于處得其資斧我心不快

漸　射雉一矢亡終以譽命

歸妹　歸妹愆期遲歸有時

豐　鳥焚其巢旅人先笑後號咷喪牛于易凶

巽　巽小亨利有攸往利見大人

兑　商兑未寧介疾有喜

渙　用拯馬壯吉

節　節亨苦節不可貞

中孚　翰音登于天貞凶

小過　鳥焚其巢旅人先笑後號咷喪牛于易凶

既濟　婦喪其茀勿逐七日得

未濟　旅焚其次喪其童僕貞厲

巽

巽　巽小亨利有攸往利見大人

乾　悔亡田獲三品

坤　履霜堅氷至

屯　乘馬班如求婚媾往吉无不利

蒙　貞吉悔亡无不利无初有終先庚三日後庚三日吉

需　巽在牀下喪其資斧貞凶

訟　悔亡田獲三品

師　師貞丈人吉无咎

比　比吉原筮元永貞无咎不寧方來後夫凶

小畜　進退利武人之貞

履　巽小亨利有攸往利見大人

泰　巽小亨利有攸往利見大人

否　否之匪人不利君子貞大往小來

同人　巽小亨利有攸往利身大人

大有　巽小亨利有攸往利見大人

謙　謙亨君子有終

豫　鳴豫凶

隨　孚于嘉吉

蠱　貞吉悔亡无不利无初有終先庚三日後庚三日吉

臨　咸臨吉无不利

觀　頻巽吝

噬嗑　何校滅耳凶

賁　巽小亨利有攸往利見大人

剥　剥不利有攸往

復　中行獨復

无妄　无妄之疾勿藥有喜

大畜　貞吉悔亡无不利无初有終先庚三日後庚三日吉

頤　顛頤吉虎視眈眈其欲逐逐无咎

大過　巽在牀下喪其資斧貞凶

坎　巽在牀下喪其資斧貞凶

離　日昃之離不鼓缶而歌則大耋之嗟凶

咸　咸亨利貞取女吉

恒　恒亨无咎利貞利有攸往

遯　悔亡田獲三品

大壯　貞吉

晉　晉如摧如貞吉罔孚裕无咎

明夷　明夷于南狩得其大首不可疾貞

家人　巽在牀下用史巫紛若吉无咎

睽　遇主于巷无咎

蹇　巽在牀下喪其資斧貞凶

解　无咎

損　巽小亨利有攸往利見大人

益　巽小亨利有攸往利見大人

夬　巽小亨利有攸往利見大人

姤　悔亡田獲三品

萃　有孚不終乃亂乃萃若號一握爲笑勿恤往无咎

升　巽在牀下喪其資斧貞凶

困　困亨貞大人吉无咎有言不信

井　巽在牀下喪其資斧貞凶

革　征凶貞厲革言三就有孚

蠱　貞吉悔亡无不利无初有終先庚三日後庚三日吉

震　震亨震來虩虩笑言啞啞震驚百里不喪匕鬯

艮　貞吉悔亡无不利无初有終先庚三日後庚三日吉

漸　巽在牀下用史巫紛若吉无咎

歸妹　眇能視利幽人之貞

豐　豐其沛日中見沬折其右肱无咎

旅　旅小亨旅貞吉

兑　孚兑吉悔亡

涣　頻巽吝

節　巽小亨利有攸往利見大人

中孚　頻巽吝

小過　飛鳥以凶

既濟　巽小亨利有攸往利見大人

未濟　未濟亨小狐汔濟濡其尾无攸利

兌

兊　兊亨利貞

乾　引兊

坤　含章可貞或從王事无成有終

屯　商兊未寧介疾有喜

蒙　包蒙吉納婦吉子克家

需　商兌未寧介疾有喜

訟　引兇

師　兇亨利貞

比　兇亨利貞

小畜　小畜亨密雲不雨自我西郊

履　引兇

泰　泰小往大來吉亨

否　兇亨利貞

同人　同人于野亨利涉大川利君子貞

大有　大有元亨

謙　鳴謙利用行師征邑國

豫　兌亨利貞

隨　孚兌吉悔亡

蠱　幹母之蠱不可貞

臨　孚于剥有厲

觀　觀我生進退

噬嗑　噬嗑亨利用獄

賁　賁其趾舍車而徒

剥　剥之无咎

復　復亨出入无疾朋來无咎反復其道七日來復利有攸往

无妄　引兊

大畜　有厲利已

頥　舍爾靈龜觀我朶頥凶

大過　來兊凶

坎　商兑未寧介疾有喜

離　履錯然敬之无咎

咸　兊亨利貞

恒　兊亨利貞

遯　好遯君子吉小人否

大壯　孚于剥有厲

晉　衆允悔亡

明夷　明夷于飛垂其翼君子于行三日不食有攸往主人有言

家人　閑有家悔亡

睽　引兌

蹇　大蹇朋來

解　孚于剥有厲

損　損有孚元吉无咎可貞利有攸往曷之用二簋可用享

益　益利有攸往利涉大川

夬　來兌凶

姤　兌亨利貞

萃　孚兌吉悔亡

升　孚乃利用禴旡咎

困　和兌吉

井　兌亨利貞

革　來兌凶

鼎　鼎有實我仇有疾不我能即吉

震　孚于剝有厲

艮　艮其背不獲其身行其庭不見其人旡咎

漸　鴻漸于陵婦三歲不孕終莫之勝吉

歸妹　孚于剥有厲

豐　豐亨王假之勿憂宜日中

旅　旅于處得其資斧我心不快

巽　巽在牀下用史巫紛若吉无咎

渙　兑亨利貞

節　商兑未寧介疾有喜

中孚　引兑

小過　无咎弗過遇之往厲必戒勿用永貞

既濟　既濟亨小利貞初吉終亂

未濟　兑亨利貞

渙

渙　渙亨王假有廟利涉大川利貞

乾　渙亨王假有廟利涉大川利貞

坤　坤元亨利牝馬之貞君子有攸往先迷後得主利西南得朋東北喪朋安貞吉

屯　渙亨王假有廟利涉大川利貞

蒙　渙汗其大號渙王居旡咎

需　渙亨王假有廟利涉大川利貞

訟　渙其群元吉渙有丘匪夷所思

師　渙其血去逖出旡咎

比　渙其血去逖出无咎

小畜　渙其躬无悔

履　渙其群元吉渙有丘匪夷所思

泰　包荒用馮河不遐遺朋亡得尚于中行

否　渙其群元吉渙有丘匪夷所思

同人　同人先號咷而後笑大師克相遇

大有　大車以載有攸往无咎

謙　撝謙君子用涉大川吉

豫　鳴豫凶

隨　係丈夫失小子隨有求得利居貞

蠱　渙汗其大號渙王居无咎

臨　渙亨王假有廟利涉大川利貞

觀　渙奔其杌悔亡

噬嗑　噬腊肉遇毒小吝无咎

賁　賁如皤如白馬翰如匪寇婚媾

剥　渙汗其大號渙王居无咎

復　頻復厲无咎

无妄　渙亨王假有廟利涉大川利貞

大畜　渙亨王假有廟利涉大川利貞

頤　渙亨王假有廟利涉大川利貞

大過　大過棟撓利有攸往亨

坎　渙其血去逖出无咎

離　王用出征有嘉折首獲匪其醜无咎

咸　咸其拇

恒　浚恒貞凶无攸利

遯　遯亨小利貞

大壯　貞吉

晉　晉康侯用錫馬蕃庶晝日三接

明夷　入于左腹獲明夷之心于出門庭

家人　渙亨王假有廟利涉大川利貞

睽　渙亨王假有廟利涉大川利貞

蹇　蹇利西南不利東北利見大人貞吉

解　解利西南无所往其來復吉有攸往夙吉

損　渙汗其大號渙王居无咎

益　渙奔其杌悔亡

夬　惕號莫夜有戎勿恤

姤　渙其群元吉渙有丘匪夷所思

萃　萃亨王假有廟利見大人亨利貞用大牲吉利有攸往

升　升元亨用見大人勿恤南征吉

困　渙其血去逖出无咎

井　渙其血去逖出无咎

革　大人虎變未占有孚

鼎　鼎元吉亨

震　震蘇蘇震行无眚

艮　艮其背不獲其身行其庭不見其人无咎

漸　渙其躬无悔

歸妹　眇能視利幽人之貞

豐　豐亨王假之勿憂宜日中

旅　旅瑣瑣斯其所取災

巽　渙其躬无悔

渙　渙亨王假有廟利涉大川利貞

節　渙其血去逖出旡咎

中孚　用拯馬壯吉

小過　飛鳥以凶

既濟　繻有衣袽終日戒

未濟　渙汗其大號渙王居旡咎

節

節　節亨苦節不可貞

乾　乾元亨利貞

坤　節亨苦節不可貞

屯　不出門庭凶
蒙　節亨苦節不可貞
需　不節若則嗟若无咎
訟　節亨苦節不可貞
師　卄節吉往有尚
比　不出門庭凶
小畜　苦節貞凶悔亡
履　苦節貞凶悔亡
泰　卄節吉往有尚
否　包羞

同人　同人于門无咎
大有　无交害匪咎艱則无咎
謙　无不利撝謙
豫　盱豫悔遲有悔
隨　安節亨
蠱　幹母之蠱不可貞
臨　甘節吉往有尚
觀　節亨苦節不可貞
噬嗑　屨校滅趾无咎
賁　賁其趾舍車而徒

剥　剥之无咎

復　井節吉往有尚

无妄　无妄元亨利貞其匪正有眚不利有攸往

大畜　大畜利貞不家食吉利涉大川

頤　頤貞吉觀頤自求口實

大過　節亨苦節不可貞

坎　不出户庭无咎

離　履錯然敬之終吉

咸　咸其脢无悔

恒　悔亡

遯　嘉遯貞吉

大壯　大壯利貞

晋　衆允悔亡

明夷　明夷利艱貞

家人　家人利女貞

睽　睽小事吉

蹇　節亨苦節不可貞

解　節亨苦節不可貞

損　苦節貞凶悔亡

益　苦節貞凶悔亡

夬　安節亨

姤　包有魚无咎不利賓

萃　節亨苦節不可貞

升　節亨苦節不可貞

困　安節亨

井　不節若則嗟若无咎

革　革巳日乃孚元亨利貞悔亡

咼　咼有實我仇有疾不我能即吉

震　震亨震來虩虩笑言啞啞震驚百里不喪匕鬯

艮　艮其身无咎

漸　鴻漸于木或得其桷无咎

歸妹　珥節吉往有尚

豐　遇其配主雖旬无咎往有尚

旅　旅小亨旅貞吉

巽　節亨苦節不可貞

兌　安節亨

渙　苦節貞凶悔亡

中孚　苦節貞凶悔亡

小過　弗過遇之飛鳥離之凶是謂災眚

既濟　不節若則嗟若无咎

未濟　曳其輪貞吉

中孚

中孚　中孚豚魚吉利涉大川利貞

乾　月幾望馬匹亡无咎

坤　含章可貞或從王事无成有終

屯　翰音登于天貞凶

家　有孚攣如无咎

需　翰音登于天貞凶

訟　月幾望馬匹亡无咎

師　中孚豚魚吉利涉大川利貞

比　中孚豚魚吉利涉大川利貞

小畜　得敵或鼓或罷或泣或歌

履　月幾望馬匹亡无咎

泰　泰小往大來吉亨

否　中孚豚魚吉利涉大川利貞

同人　同人于野亨利涉大川利君子貞

大有　大有元亨

謙　无不利撝謙

豫　盱豫悔遲有悔

隨　隨元亨利貞无咎

蠱　中孚豚魚吉利涉大川利貞

臨　翰音登于天貞凶

觀　鳴鶴在陰其子和之我有好爵吾與爾靡之

噬嗑　噬嗑亨利用獄

賁　賁亨小利有攸往

剥　中孚豚魚吉利涉大川利貞

復　復亨出入无疾朋來无咎反復其道七日來復利有攸往

无妄　月幾望馬匹亡无咎

大畜　有孚攣如无咎

頤　有孚攣如无咎

大過　枯楊生稊老夫得其女妻无不利

坎　翰音登于天貞凶

離　履錯然敬之无咎

咸　咸其脢无悔

恒　悔亡

遯　嘉遯貞吉

大壯　壯于趾征凶有孚

晉　衆允悔亡

明夷　明夷于飛垂其翼君子于行三日不食有攸往主人有

言

家人　得敵或鼓或罷或泣或歌

睽　有孚攣如无咎

蹇　往蹇來連

解　田獲三狐得黄矢貞吉

損　有孚攣如无咎

益　鳴鶴在陰其子和之我有好爵吾與爾靡之

夬　夬揚于王庭孚號有厲告自邑不利即戎利有攸往

姤　中孚豚魚吉利涉大川利貞

萃　萃如嗟如无攸利往无咎小吝

升　孚乃利用禴无咎

困　中孚豚魚吉利涉大川利貞

井　中孚豚魚吉利涉大川利貞

革　鞏用黄牛之革

鼎　鼎有實我仇有疾不我能即吉

震　震來虩虩後笑言啞啞吉

艮　艮其身无咎

漸　中孚豚魚吉利涉大川利貞

歸妹　歸妹征凶无攸利

豊　遇其配主雖旬无咎徃有尚

旅　鳥焚其巢旅人先笑後號咷喪牛于易凶

巽　得敵或鼓或罷或泣或歌

兌　翰音登于天貞凶

渙　虞吉有它不燕

節　翰音登于天貞凶

小過　小過亨利貞可小事不可大事飛鳥遺之音不宜上宜下大吉

既濟　既濟亨小利貞初吉終亂

未濟　中孚豚魚吉利涉大川利貞

小過

小過　小過亨利貞可小事不可大事飛鳥遺之音不宜上宜下大吉

乾　君子終日乾乾夕惕若厲无咎

坤　无咎弗過遇之往厲必戒勿用永貞

屯　屯如邅如乘馬班如匪寇婚媾女子貞不字十年乃字

蒙　發蒙利用刑人用說桎梏以往吝

需　需于泥致寇至

訟　不永所事小有言終吉

師　師貞丈人吉无咎

比　比吉原筮元永貞无咎不寧方來後夫凶

小畜　輿說輻夫妻反目

履　履虎尾愬愬終吉

泰　小過亨利貞可小事不可大事飛鳥遺之音不宜上宜
　　下大吉

否　否之匪人不利君子貞大往小來

同人　小過亨利貞可小事不可大事飛鳥遺之音不宜上宜
　　下大吉

大有　小過亨利貞可小事不可大事飛鳥遺之音不宜上宜
　　下大吉

謙　无咎弗過遇之往厲必戒勿用永貞

豫　弗過防之從或戕之凶

隨　小過亨利貞可小事不可大事飛鳥遺之音不宜上宜下大吉

蠱　蠱元亨利涉大川先甲三日後甲三日

臨　知臨大君之宜吉

觀　童觀小人无咎君子吝

噬嗑　小過亨利貞可小事不可大事飛鳥遺之音不宜上宜下大吉

賁　小過亨利貞可小事不可大事飛鳥遺之音不宜上宜下大吉

剝　剝不利有攸往

復　小過亨利貞可小事不可大事飛鳥遺之音不宜上宜

下大吉

无妄　不耕穫不菑畬則利有攸往

大畜　良馬逐利艱貞曰閑輿衛利有攸往

頤　顛頤拂經于丘頤征凶

大過　密雲不雨自我西郊公弋取彼在穴

坎　習坎入于坎窞凶

離　弗遇過之飛鳥離之凶是謂災眚

咸　密雲不雨自我西郊公弋取彼在穴

恒　過其祖遇其妣不及其君遇其臣无咎

遯　弗遇過之飛鳥離之凶是謂災眚

大壯　過其祖遇其妣不及其君遇其臣无咎

晉　弗遇過之飛鳥離之凶是謂災眚

明夷　无咎弗過遇之往厲必戒勿用永貞

家人　无攸遂在中饋貞吉

睽　睽孤遇元夫交孚厲无咎

蹇　密雲不雨自我西郊公弋取彼在穴

解　弗過防之從或戕之凶

損　或益之十朋之龜弗克違元吉

益　或益之十朋之龜弗克違永貞吉王用享于帝吉

夬　小過亨利貞可小事不可大事飛鳥遺之音不宜上宜

　　下大吉

姤　姤女壯勿用取女

萃　密雲不雨自我西郊公弋取彼在穴

升　无咎弗過遇之往厲必戒勿用永貞

困　困亨貞大人吉无咎有言不信

井　井改邑不改井无喪无得往來井井汔至亦未繘井羸

　　其瓶凶

革　密雲不雨自我西郊公弋取彼在穴

鼎　弗遇過之飛鳥離之凶是謂災眚

震　弗過防之從或戕之凶

艮　弗遇過之飛鳥離之凶是謂災眚

漸　漸女歸吉利貞

歸妹　小過亨利貞可小事不可大事飛鳥遺之音不宜上宜下大吉

豐　飛鳥以凶

旅　弗遇過之飛鳥離之凶是謂災眚

巽　進退利武人之貞

兌　商兌未寧介疾有喜

渙　用拯馬壯吉

節　苦節貞凶悔亡

中孚　中孚豚魚吉利涉大川利貞

既濟　小過亨利貞可小事不可大事飛鳥遺之音不宜上宜下大吉

未濟　未濟亨小狐汔濟濡其尾无攸利

既濟　既濟亨小利貞初吉終亂

乾　乾元亨利貞

坤　既濟亨小利貞初吉終亂

屯　高宗伐鬼方三年克之小人勿用

蒙　困蒙吝

需　婦喪其茀勿逐七日得

訟　或錫之鞶帶終朝三褫之

師　師左次旡咎

比　高宗伐鬼方三年克之小人勿用

小畜　濡其首厲

履　素履往旡咎

泰　東鄰殺牛不如西鄰之禴祭實受其福

否　包承小人吉大人否亨

同人　濡其首厲

大有　无交害匪咎艱則无咎

謙　東鄰殺牛不如西鄰之禴祭實受其福

豫　介于石不終日貞吉

隨　繻有衣袽終日戒

蠱　幹父之蠱小有悔无大咎

臨　臨元亨利貞至于八月有凶

觀　既濟亨小利貞初吉終亂

噬嗑　屨校滅趾无咎

賁　濡其首厲

剥　剥牀以辨蔑貞凶

復　東鄰殺牛不如西鄰之禴祭實受其福

无妄　无妄元亨利貞其匪正有眚不利有攸往

大畜　大畜利貞不家食吉利涉大川

頤　頤貞吉觀頤自求口實

大過　既濟亨小利貞初吉終亂

坎　既濟亨小利貞初吉終亂

離　離利貞亨畜牝牛吉

咸　繻有衣袽終日戒

恒　不恒其德或承之羞貞吝

遯　既濟亨小利貞初吉終亂

大壯　大壯利貞

晋　晋如愁如受兹介福于其王母

明夷　東鄰殺牛不如西鄰之禴祭實受其福

家人　濡其首厲

睽　悔亡喪馬勿逐自復見惡人无咎

蹇　曳其輪濡其尾无咎

解　君子維有解吉有孚于小人

損　已事遄往无咎酌損之

益　濡其首厲

夬　繻有衣袽終日戒

姤　臀无膚其行次且厲无大咎

萃　既濟亨小利貞初吉終亂

升　既濟亨小利貞初吉終亂

困　劓刖困于赤紱乃徐有說利用祭祀

井　婦喪其茀勿逐七日得

革　繻有衣袽終日戒

鼎　鼎耳革其行塞雉膏不食方雨虧悔終吉

震　震亨震來虩虩笑言啞啞震驚百里不喪匕鬯

艮　既濟亨小利貞初吉終亂

漸　濡其首厲

歸妹　歸妹以娣跛能履征吉

豐　東鄰殺牛不如西鄰之禴祭實受其福

旅　旅即次懷其資得童僕貞

巽　既濟亨小利貞初吉終亂

兌　兌亨利貞

渙　渙其群元吉渙有丘匪夷所思

節　高宗伐鬼方三年克之小人勿用

中孚　中孚豚魚吉利涉大川利貞

小過　既濟亨小利貞初吉終亂

未濟　未濟亨小狐汔濟濡其尾无攸利

未濟

未濟　未濟亨小狐汔濟濡其尾无攸利

乾　未濟亨小狐汔濟濡其尾无攸利

坤　坤元亨利牝馬之貞君子有攸往先迷後得主利西南得朋東北喪朋安貞吉

屯　即鹿无虞惟入于林中君子幾不如舍往吝

蒙　貞吉悔亡震用伐鬼方三年有賞于大國

需　需于沙小有言終吉

訟　貞吉无悔君子之光有孚吉

師　有孚于飲酒无咎濡其首有孚失是

比　有孚比之无咎有孚盈缶終來有它吉

小畜　牽復吉

履　貞吉无悔君子之光有孚吉

泰　包荒用馮河不遐遺朋亡得尚于中行

否　貞吉无悔君子之光有孚吉

同人　乘其墉弗克攻吉

大有　未濟征凶利涉大川

謙　謙謙君子用涉大川吉

豫　有孚于飲酒无咎濡其首有孚失是

隨　係丈夫失小子隨有求得利居貞

蠱　貞吉悔亡震用伐鬼方三年有賞于大國

臨　未濟亨小狐汔濟濡其尾旡攸利

觀　觀盥而不薦有孚顒若

噬嗑　曳其輪貞吉

賁　賁于丘園束帛戔戔吝終吉

剥　貞吉悔亡震用伐鬼方三年有賞于大國

復　頻復厲旡咎

旡妄　未濟亨小狐汔濟濡其尾旡攸利

大畜　未濟亨小狐汔濟濡其尾旡攸利

頤　未濟亨小狐汔濟濡其尾无攸利

大過　大過棟撓利有攸往亨

坎　習坎有孚維心亨行有尚

離　未濟亨小狐汔濟濡其尾无攸利

咸　咸其拇

恒　有孚于飲酒无咎濡其首有孚失是

遯　遯亨小利貞

大壯　未濟亨小狐汔濟濡其尾无攸利

晋　曳其輪貞吉

明夷　箕子之明夷利貞

家人　有孚威如終吉

睽　濡其尾吝

蹇　往蹇來譽

解　有孚于飲酒无咎濡其首有孚失是

損　貞吉悔亡震用伐鬼方三年有賞于大國

益　益之用凶事无咎有孚中行告公用圭

夬　惕號莫夜有戎勿恤

姤　貞吉无悔君子之光有孚吉

萃　萃亨王假有廟利見大人亨利貞用大牲吉利有攸往

升　升元亨用見大人勿恤南征吉

困　有孚于飲酒无咎濡其首有孚失是

井　井泥不食舊井无禽

革　悔亡有孚改命吉

鼎　未濟征凶利涉大川

震　未濟亨小狐汔濟濡其尾无攸利

艮　艮其背不獲其身行其庭不見其人无咎

漸　鴻漸于干小子厲有言无咎

歸妹　有孚于飲酒无咎濡其首有孚失是

豐　豐其蔀日中見斗遇其夷主吉

旅　未濟征凶利涉大川

巽　巽小亨利有攸往利見大人

兌　未濟亨小狐汔濟濡其尾无攸利

渙　貞吉无悔君子之光有孚吉

節　不出門者

中孚　未濟亨小　卦　見　无攸利

小過　小過亨利貞可小吉　不可大事飛鳥遺之音不宜上宜

下六吉

既濟　既濟亨小利貞初吉終亂

周易占林卷之四終

易本象四卷（卷一）

〔明〕漳浦黃道周撰

福建省圖書館藏清康熙間刻本

易本象四卷，明黄道周撰。道周（一五八五—一六四六），字幼玄，一字螭若，號石齋，漳浦人。天啓二年（一六二二）進士，崇禎中官至少詹事。明亡後佐唐王朱聿鍵，爲武英殿大學士。督師出婺源，遇清兵，師潰遭執，不屈而死。事具明史本傳。

是書前二卷，以變卦解易中卦爻辭。具體而言，以六爻俱靜解本卦卦辭；以一爻動所涉本卦、之卦合解本卦爻辭；以六爻俱變解乾之用九、坤之用六。其法大體以本卦爲體，之卦爲用；本卦爲主，之卦爲客也。故乾具大德而能小畜，因有「或躍在淵」之象；屯不可益而竟益之，遂得「泣血漣如」之占。其理略以之卦旨趣縮入本卦一爻之中，又兼辨德才時位、上下卦象，故於通解易中語辭，幾無疑滯。篇中每有論議，多引詩書，以儒理爲旨歸也。是書係石齋早歲所作，至晚年撰易象正，亦恪循變卦體例，唯每爻之下，必列本卦、之卦卦辭，而一爻之旨，則多依二卦辭合解。如坤六四坤之豫，爻辭云「括囊，无咎无譽」，易本象云「順而行豫，夫何害乎咎譽之來」，此但取豫之豫備義；而易象正則尤重豫卦辭「利建侯行師」，乃申論云「建侯行師，括囊之大者也」。又如頤六五頤之益，爻辭云「拂經，居貞吉，不可涉大川」，易本象云「上有欲而益其志，益而拂其道」，此但以益取增益義；而易象正則執著益卦辭「利涉大川」，乃謂「天下之不可益者，獨頤耳」，試調和於利與不利之間，而託以易之致戒。自上舉二例可知，易象正必執二卦辭合解，或可推闡爻辭之旨，或則自陷矛盾之中，其得失若此，似不如易本象於卦辭或用或否，而純取合於解説爻辭者爲優。然石齋於易象正，所以變舊時用例而歸諸此法者，蓋篤信文周法度，有一以貫之者也。是故易象旁衍，觀象則論説千端；卦辭唯一，據辭則義理純粹。千端之説，恐生人心；純粹之義，便乎宣化。石齋之解爻辭也，變達爲約，蓋有慮焉。

前二卷重在解易三百八十四爻辭，此皆一爻變者。然筮占之時，固不限於一爻動。一卦可變爲六十四卦，六十四卦自可衍至四千九十六卦。而易中三百八十四爻，不足百一。故後二卷意在推衍非一爻變者，謂之變例。其例大體以朱子變占圖爲次，但取卦圖諸爻動之首卦爲例，悉以本卦及之卦辭合解。蓋昔聖不爲二爻動以上者繫辭，其於解説時未有爻辭足以限止貞、悔卦旨之取捨，故後二卷常徑用二卦辭合説，然亦非必固守，偶或截取卦辭文句，或純説卦名大旨，大致以本卦爲主體，之卦爲時用，要在闡發義理而已。此與易象正爲反復不衰諸卦五爻俱變及旁通諸卦六爻俱變别設占辭者，體例正相似也。審其解占之法，則異於朱子。朱子啓蒙謂「凡卦六爻皆不變，則占本卦彖辭。一爻變，則以本卦變爻辭占，仍以上爻爲主。二爻變，則占本卦及之卦之彖辭。四爻變，則以之卦二不變爻占，仍以下爻爲主。五爻變，則以之卦不變爻占。六爻變，則乾、坤占二用，餘卦占之卦彖辭」，其説流傳甚廣。然石齋不論卦中幾爻動，皆以貞、悔卦辭合解。按春秋内外傳所載筮案，以一爻動者爲最多，二爻動以上則鮮見，是以體例如何，實難歸納，故不能執以朱子之説而遽論石齋爲非也。襄公九年左傳唐孔穎達疏云：「若一爻獨變，則得指論此爻。遇一爻變以上或二爻三爻皆變，則每爻義異，不知所從，則當總論彖辭。」是二爻動以上諸例，前人已有異説。石齋既以易中一爻之辭本乎爻動前後二卦之旨，則二爻動以上諸例，自當順其理而同歸是旨。否則，乾之遯若依朱子以乾之初九、九二爻辭作占，其在石齋，則恐將合乾、姤、同人三卦而論列二爻旨趣，然則之卦遯者，又將何處安放矣？故石齋以四千九十六變俱歸諸貞、悔卦旨之組合，内洽於其學，若用朱子占法，反爲自亂體例。

變卦之説，肇自左國，至宋之沈該、都絜，元之吴澂、陳應潤諸家，雖則本諸春秋舊法，然皆限於解説易中三百八十四爻，至於明石齋先生，乃能别舉二爻動以上者，較沈、都、吴、陳爲博也。雖然，石齋二書所示諸例，仍頗有限，終不似易林窮盡四千九十六變，是石齋不及焦氏處也；然而易林不適經説，别繫林辭，終自摒絶於儒門之外，則是焦氏不及石齋處也。石齋純儒，本舊例以裁新，談儒理而尤厚，更因名節卓立，久聞於世，其人其學，皆可法則。六庵黄壽祺先生詩云「石齋易學誠堪尚，節義還須共仰攀」，豈虚譽哉？

是書卷端有康熙三十八年（一六九九）漳陽學署藍陳略序，云此係石齋昔年漳浦講學時所作，藍氏於前一年冬自石齋嗣君處得之，遂付剞劂。福建省圖書館所庋，即此本也，亦今所據以影印者。原書卷首序第一至三葉，目次第一至四葉，卷一第一葉、第三十七葉、第四十一葉、第九十八至一百二葉，卷二第一至四葉、第六十七葉，卷三第一至四葉、第五十八至五十九葉，卷四第六十八至六十九葉殘損，兹據湖北省圖書館藏本配補。湖北藏本序後有參校姓氏一葉，亦據補入。又北京故宫博物院藏有同槧，書前别綴張師誠提要一篇，蓋張氏獻書朝廷時所擬也，其書久在宫闈，張氏提要，則未獲覩。（蔡飛舟）

易本象四卷

明黃道周著

見練若亭 董習錄

序

易有象乎、河出圖、洛出書、聖人則之、圖書象也、象以啓易、厥後文象周爻、近取諸身、遠取諸物、龍馬風雷飛走、草木、以及耳目首足、種種物也、而易

户一

復因象顯、由是緣象著辭、繫之以占、教人卜筮之道、吉凶悔吝、趨避隨時、而九六迭用、三百八十四爻、爲七百六十有八、本者、若此、之者若彼、變化罔測、則象之有造于人大矣、晦菴朱

夫子註釋經傳于易獨覺未暢嘗謂
燭籠添骨子便易障光明然自本義
而外諸說紛紜各抒已見非不于易
有所發明若夫象變自然之理四聖
人所以開物前民之藴鮮有揭其奥

序二

者、石齋黄先生著易象正三易洞機
二書、久傳於世、惟昔年漳浦講學時、
遺本象一册、未及梓行、戊寅冬、先生
四嗣君衡表姻翁、借其長公衣伯以
恩援北上、過潭陽、造署發篋、以是書

授予、予焚膏披閱、其指朗、其義該、其學博而綜、其理條而貫、象變自然之理、闡發無遺、三百八十四爻之占、瞭若指掌、嗟夫、先生義膽忠肝、亘天地、昭今古、其人品行事、大都可法可傳

序三

垂諸不朽、奚啻區區著述足爲先生重、然先生以廣淵之才、綌往哲、開來者、當日大滌書院、如陳臥子朱美之及涂德公楊維斗諸公、賞奇析疑、聲甲天下、雖詔獄中、怡怡自若、其所講

問益多、是品爲斯世之楷模、而學爲
斯世之指南也、是書不傳、使天下後
世讀易求卦之人、以象掌意、以意造
解、進退危疑之變、趨凶背吉、不特先
生著作之苦衷、湮沒不彰、郎援諸四

聖人開物前民之心當有慭然抱憾
于千百禩之上者茀易以本義爲正
先生繼不勦襲成說或嘈嘈喞喞于
晦菴夫子實相刺謬亦何樂得是書
而傳之今編中每有發議皆與本義

引伸觸類，能使燭龍之照，倍覺光明，
是象之有造於人，得先生而造爾大
也，爰謀剞劂，而與海內公之，
旹
康熙歲在已卯二月既望漳浦後學

序五

藍陳畧書於潭陽學署中

叅校姓氏

同學

羅嘉賢象先　歸化　陳見龍雲襄　蘇州

蔡登龍聲夫　同安　洪　逵幼鴻　晉江

施德馨聞于　南靖　何其芬苾卿　龍溪

受業門人

朱振葉梅谿　建陽　李善繼寧齋　建寧

陳宗典元謨　漳州　林秉懿民

借姓廖　龍溪

叅校姓氏

參校姓氏

黃花傳 景山 龍溪 吳長葵 季向 平和

蔡祚圻 元侯 漳浦

男藍綿逵 季中 海澄

姪藍綿琛 伯獻 漳浦 藍景宸 册崖 福清

藍王權 元班 寄籍昭平 藍　麟 玉峯 閩縣

姪孫藍三祝 唐民借姓許 漳浦 藍學舜 子執 福清

壻徐其選 雲士 漳浦 許廷偉 平士 漳浦

姓氏終

易本象目次

上經　卷一

師 師之臨　師之坤　師之升　師之解
師之坎　師之蒙

比 比之屯　比之坎　比之蹇　比之萃
比之坤　比之觀

小畜 小畜之巽　小畜之家人　小畜之中孚
小畜之乾　小畜之大畜　小畜之需

履 履之訟　履之无妄　履之乾　履之中
孚　履之睽　履之兌

泰 泰之升　泰之明夷　泰之臨　泰之大
壯　泰之需　泰之大畜

否 否之无妄　否之訟　否之遯　否之觀
否之晉　否之萃

同人 同人之遯　同人之乾　同人之无妄
同人之家人　同人之離　同人之革

大有 大有之鼎　大有之離　大有之睽
大有之大畜　大有之乾　大有之大壯

剝　剝之頤　剝之蒙　剝之艮　剝之晉
剝之觀　剝之坤

復　復之坤　復之臨　復之明夷　復之震
復之屯　復之頤

无妄　无妄之否　无妄之履　无妄之同人
无妄之益　无妄之噬嗑　无妄之隨

大畜　大畜之蠱　大畜之賁　大畜之損　大
畜之大有　大畜之小　大畜之泰

頤　頤之剝　頤之損　頤之賁　頤之噬嗑
頤之益　頤之復

大過　大過之夬　大過之咸　大過之困　大
過之井　大過之恒　大過之姤

坎　坎之節　坎之比　坎之井　坎之困
坎之師　坎之渙

離　離之旅　離之大有　離之噬嗑　離之
賁　離之同人　離之豐

下經卷二

睽　睽之未濟　睽之噬嗑　睽之大有　睽之損　睽之履　睽之歸妹

蹇　蹇之既濟　蹇之井　蹇之咸　蹇之謙　蹇之漸　蹇之比

解　解之歸妹　解之豫　解之師　解之困　解之未濟　解之恒

損　損之蒙　損之頤　損之睽　損之中孚　損之臨　損之大畜

益　益之觀　益之中孚　益之家人　益之无妄　益之頤　益之屯

夬　夬之大過　夬之革　夬之兌　夬之需　夬之大壯　夬之乾

姤　姤之乾　姤之遯　姤之訟　姤之巽　姤之鼎　姤之大過

萃　萃之隨　萃之困　萃之咸　萃之比　萃之豫　萃之否

歸妹　歸妹之解　歸妹之震　歸妹之大壯
歸妹之臨　歸妹之兌　歸妹之睽

豐　豐之小過　豐之大壯　豐之震　豐之
明夷　豐之革　豐之離

旅　旅之離　旅之鼎　旅之晉　旅之艮
旅之遯　旅之小過

巽　巽之小畜　巽之漸　巽之渙　巽之姤
巽之蠱　巽之井

兌　兌之困　兌之隨　兌之夬　兌之節
兌之歸妹　兌之復

渙　渙之中孚　渙之觀　渙之巽　渙之訟
渙之蒙　渙之坎

節　節之坎　節之屯　節之需　節之兌
節之臨　節之中孚

中孚　中孚之渙　中孚之益　中孚之小畜
中孚之履　中孚之損　中孚之節

需之蹇　需之比　需之萃　需之豫　需之
晉
訟之无妄　訟之同人　訟之家人　訟之賁
訟之明夷
師之復　師之明夷　師之豐　師之革　師
之同人
比之節　比之需　比之夬　比之大壯　比
之大有
小畜之漸　小畜之觀　小畜之否　小畜之
晉　小畜之豫
履之否　履之遯　履之漸　履之艮　履之
謙
泰之謙　泰之坤　泰之豫　泰萃　泰之
否
否之履　否之乾　否之小畜　否之大畜
否之泰

噬嗑之未濟　噬嗑之鼎　噬嗑之蠱　噬嗑
之巽　噬嗑之井
賁之蠱　賁之蒙　賁之未濟　賁之訟　賁
之困
剝之損　剝之大畜　剝之大有　剝之乾
剝之夬
復之師　復之升　復之恒　復之大過　復
之姤
无妄之訟　无妄之姤　无妄之巽　无妄之
蠱　无妄之升
大畜之艮　大畜之剝　大畜之晉　大畜之
否　大畜之革
頤之蒙　頤之蠱　頤之鼎　頤之姤　頤之
大過
大過之革　大過之隨　大過之屯　大過之
復　大過之頤

下經變例　卷四

明夷之升　明夷之師　明夷之解　明夷之
困
家人之巽　家人之渙　家人之訟　家人之
未濟　家人之解
睽之晉　睽之旅　睽之艮　睽之漸　睽之
蹇
蹇之需　蹇之節　蹇之兌　蹇之歸妹　蹇
之睽
解之震　解之豐　解之明夷　解之既濟
解之家人
損之剝　損之艮　損之旅　損之遯　損之
咸
益之渙　益之巽　益之姤　益之鼎　益之
恒
夬之咸　夬之萃　夬之比　夬之坤　夬之
剝

艮之大畜　艮之損　艮之睽　艮之履　艮
之兌
漸之小畜　漸之中孚　漸之履　漸之睽
漸之歸妹
歸妹之豫　歸妹之小過　歸妹之謙　歸妹
之蹇　歸妹之漸
豐之恒　豐之解　豐之師　豐之坎　豐之
渙
旅之大有　旅之睽　旅之損　旅之中孚
旅之節
巽之家人　巽之益　巽之无妄　巽之噬嗑
巽之震
兌之萃　兌之咸　兌之蹇　兌之謙　兌之
艮
渙之益　渙之家人　渙之同人　渙之離
渙之豐

目次終

易本象卷之一

上經

☰☰ 乾上乾下

乾、元亨利貞、

象曰、大哉乾元、萬物資始、乃統天、雲行雨施、品物流形、大明終始、六位時成、時乘六龍以御天、乾道變化、各正性命、保合太和、乃利貞、首出庶物、萬國咸寧、

文言曰、元者、善之長也、亨者、嘉之會也、利者、義之和

也貞者事之幹也君子體仁足以長人嘉會足以合禮利物足以和義貞固足以幹事君子行此四德者故曰乾元亨利貞

象曰天行健君子以自強不息六爻俱靜

本象一者陽初萌也襲一之陽陽幾成也陽生於三以內貞也君子存理以致其道敏行亹亹以竟其志動於知不足以明行明於行不足以就德就德成行不足以變化故陽而積之所以成德也體內

因外、所以變化也、德不積、不足以上治、敬不一、不
足以享帝、物生乎子、而極於午、消息時乘、萬化以
行、故得其不變、而變化者見矣、

初九、潛龍勿用、初九動

象曰、潛龍勿用、陽在下也、

本象 勿用、言不可動也、用之爲姤、姤曰、勿用取女、女
柔而易動、伏而用壯、見利而趨上、賢人無位、伏而
不悔、幽德若默、見乘而不載、故懷利者敗名、輕與

者喪節嚴嚴之行僨於躁隆隆之國隕乎女禍道

莫一乎潛志莫定乎不見氷沍淵藏性命以正萬

物化施於是乎定子曰不易乎世不成乎名不見

是而無悶女子之貞所慎始也慎始及終故以長

世長世滋和萬國以寧　乾之姤

九二見龍在田利見大人　九二動

象曰見龍在田德施普也

本象　在田利見言同人也同人於野廓乎冒矣君子

才不以矯俗辨不以議世和不以謀利夫以乾德

而與乎衆施莫厚焉被莫外焉子曰庸德之行庸

言之謹言之有倫行之有則君臣父子夫婦昆弟

長幼朋友以同乎人化莫易焉書曰無黨無偏王

道便便利見大人天下文明此之謂也乾之同人

九三君子終日乾乾夕惕若厲无咎九三動

象曰終日乾乾反復道也

本象君子日夕何惕若也賢人處高則思其危勵進

則思其退履曰履虎尾不咥人亨履虎咥人何輟

防也君于日而講德夜而思過道濟天下猶如敵

國武王曰一反一側不可以忘故君子就德常如

不克欲休不休喻於履虎履虎乾乾夫何以寧乾之履

九四或躍在淵无咎　九四動

象曰或躍在淵進无咎也

本象　畜極離濳可以進矣進之不極畜之不止故曰

疑也脊雲不雨濟未施也君子德以足位天下扼

巳卑躬如遜去之是以格乎帝命施乎後世文王

曰慎以明德德當天而慎下慎下翼上其德乃行

故德薄位高其棄必速志銳進速其享必薄大德

小畜夫何咎哉乾之小畜

九五飛龍在天利見大人九五動

象曰飛龍在天大人造也

本象子曰聖人作而萬物覩日月麗天萬象以新故

造作者莫大乎聖人遷化者莫大乎日月施命者

莫大乎富貴富貴茂成終始大明乾而大有至矣

盡矣彖曰剛健而文明應乎天而時行應天時行

未足名也乾之大有

上九亢龍有悔上九動

象曰亢龍有悔盈不可久也

本象盈不可久又何怪也從陽曰升從陰曰降升曰

從上降曰從下水盈而未所從下也夫氣肅於上

則沍繼之矣天子喪𠚤於其豐大君子敗德於其

果决子曰處上者譬之緣木托上益高則畏下益甚詩曰溫溫恭人如集於木夫處陽極夬意而已又誰輔之無輔無民何以宅貴詩曰天位殷適使不挾四方 乾之夬

用九見羣龍无首吉 六爻皆動

象曰用九天德不可爲首也

本象 天德無首不有覩乎從而行之不有功乎之九而六不已隆乎隆而合施不有終乎肅之以秋而

宅於冬四時遞成天地以平雲龍於飛牝馬構精

詩曰周王於邁六師及之王龍也六衆也邁而及

之善爲用也乾之坤

☷☷ 坤上 坤下

坤元亨利牝馬之貞君子有攸往先迷後得主利西

南得朋東北喪朋安貞吉

彖曰至哉坤元萬物資生乃順承天坤厚載物德合

无疆含弘光大品物咸亨牝馬地類行地无疆柔順

利貞君子攸行先迷失道後順得常西南得朋乃與
類行東北喪朋乃終有慶安貞之吉應地无疆
文言曰坤至柔而動也剛至静而德方後得主而有
常含萬物而化光坤道其順乎承天而時行
象曰地勢坤君子以厚德載物六爻俱静
本象二者陰初萌也襲二之陰陰幾成也陰成於三
以外承也君子無位不議作不顯德不考上憲得
其位不以貴離物不以意作法故順於身未足以

教國順於國未足以教世故二而積之所以惠家也體内因外所以怙冒也德不溥不足以廣大大不厚不足以彌遠厚博彌遠施及萬世上功不稱上治不贊故衆履土不知其便物死於亥魄歸於坤反復藴生不知其根消息時乘以應乎乾故知乾之變而其不變者見矣

初六履霜堅氷至　初六動

象曰履霜堅氷陰始凝也馴致其道至堅氷也

本象馴致其道不漸盛乎堅水已盛言利動也君子履霜則車將濟矣履水則舟將濟矣子曰積善之家必有餘慶積不善之家必有餘殃故爲惡無微爲善無細報至知善不已後乎詩曰士如歸妻迨水未泮霜積水合而天地之情見焉復曰七日來復利有攸往蓋言順也馴致而動又何害焉坤之復

六二直方大不習无不利六二動

象曰六二之動直以方也不習无不利地道光也

本象六二之動水在地也直方以大潛行體也不習

无不利員行外也厚以載物貞以格衆民勤而不

勞上佚而不惰正而行之旁而達之達於無形行

於有名干羽於階有苗格之剛中乎外豈俟習哉

坤之師

六三含章可貞或從王事无成有終六三動

象曰含章可貞以時發也或從王事知光大也

本象含章可貞不已亨乎无成以從不有終乎卑以

地道卑不可踰含美而發利焉阜之故君子佐上而不言德載下而不言惠抑已而愈尊翕已而愈肆象地之謙誰則易之詩曰彼徂矣岐有夷之行阻危也夷平也阻以周德夷以服事知孰大焉子曰地道也妻道也臣道也地道无成而代有終有終謙也 坤之謙

六四括囊无咎无譽 六四動

象曰括囊无咎慎不害也

本象順而行豫夫何害乎咎譽之來於其言也慧人不豫其言必躁木人不豫其言不導武人不豫其言必逆文人不豫其言必執順而文明守之若緘

記曰安定辭安民哉疑事勿質直而勿有地維默成咎譽不名　坤之豫

六五黄裳元吉　六五動

象曰黄裳元吉文在中也

本象六五之動大順而比比以萬國正位居體子曰

美在其中暢於四肢河漢出地天下利之詩曰克明克類克順克比比於文王其德靡悔是之謂也
坤之比

上六龍戰于野其血玄黄上六動

象曰龍戰于野其道窮也
本象道之既窮何攸往也戰而見血不巳剝乎夬而曰消剝而曰息玄黄互雜天地反易坤之剝

用六利永貞六爻俱動

象曰用六永貞以大終也

本象坤承乾也異體而同用異質而同化乾始於復而極乎夬坤始於姤而極乎剝故乾生物者也坤成物者也生物庸慈成物庸嚴故天以時順地以時健非健不升非順不降降以就闔升以就闢故乾出坤者也坤育乾者也世先陰而後陽道先靜而後動以坤從乾從其位也坤以從乾其道益光坤乾合成變化乃明子曰坤乾者天地之門戶乎

坤乾毀則無以見易坤乾之義大矣哉坤之乾

䷂震下坎上

屯元亨利貞勿用有攸往利建侯

象曰屯剛柔始交而難生動乎險中大亨貞雷雨之動滿盈天造草昧宜建侯而不寧

象曰雲雷屯君子以經綸六爻俱靜

初九磐桓利居貞利建侯初九動

象曰雖磐桓志行正也以貴下賤大得民也

本象天造草昧濟之以輔磐桓而往非爲邪也長子懷仁丕應以從不寧方來非爲功也震發於地雲沛於上降而成川其比無方雲雷之變屯不長也君子際屯患其無比比而順應以獲百國書曰民非后罔事后非民罔使比以有功屯之道也屯之比

六二迍如邅如乘馬班如匪寇婚媾女子貞不字十年乃字六二動

象曰六二之難乘剛也十年乃字反常也

本象六二之動不亦剛乎蒙難而乘剛不降其志不汚其身不亦忠乎女子之貞苦而反常不亦亨乎屯而守節撑主而合往不趨殆止不趨福君子處之以見其節　屯之節

六三即鹿无虞惟入於林中君子幾不如舍往吝六三動

象曰即鹿无虞以從禽也君子舍之往吝窮也

本象屯勿攸往往而必濟何所利焉君子窮不以趨富賤不以趨貴窘不以趨便滯不以趨徑濟曰小

亨初吉終亂小事之亨繼之以亂逐禽隕身何所從乎夫火在下也水在上也雲雷不交彼澤焉施動不可爲故曰窮也屯之旣濟

六四乘馬班如求婚媾往吉无不利六四動

象曰求而往明也

本象彼求而往得所隨也臣以隨君衆以隨聖信以隨正禮以隨義乘剛而行明哲以從時運將隆隨之以興機遘將合隨之以成迹而能隨帝命以恭

元亨無咎何不利哉 屯之隨

九五屯其膏小貞吉大貞凶 九五動

象曰屯其膏施未光也

本象 剛反動而用柔爲惠而懷利澤足以濟天下而施之不弘者阻險而志慄者也君子小信以乘其時信而能通以謀其幾反復之數不遠其日陽作而還潛内動而失位雖有攸往未大利也 屯之復

上六乘馬班如泣血漣如 上六動

象曰泣血漣如何可長也

本象屯而益之亦何可長也君子久抑以長其智動而出險不已其日寔應且憎亦已焉哉屯之益

䷃ 坎下艮上

蒙亨匪我求童蒙童蒙求我初筮告再三瀆瀆則不告利貞

象曰蒙山下有險險而止蒙蒙亨以亨行時中也匪我求童蒙童蒙求我志應也初筮告以剛中也再三

瀆瀆則不告瀆蒙也蒙以養正聖功也

象曰山下出泉蒙君子以果行育德六爻俱靜

初六發蒙利用刑人用說桎梏以往吝初六動

象曰利用刑人以正法也

本象正法之損所以去邪也損其始蒙所以有明也

始蒙志柔其進不前愓之以刑舍之以安陰志日

損其進也大矣記曰蛾子時術之始駕馬者反之

車在馬前夫損從陽而行以爲源育者深以爲駕

致者遠以爲險易於始以爲動動不可止故知乎
初六者其發蒙也易矣 蒙之損
九二包蒙吉納婦吉子克家 九二動
象曰子克家剛柔接也
本象蒙巳壯矣壯而有室剛柔遘合其志不忒羣陰
喁喁剛寔胃之羣陰假假剛寔濟之記曰湳假乃
不受德詩曰民之靡盈誰夙知而暮成夫幼而滿
志不可以得於父母况彼國乎兌命曰遜志務時

敏厥脩乃來善學勉勉得之不遠故文學於太姒

且學於虢叔少和於家則長遜於國矣詩曰兄弟

既翕和樂且湛宜爾室家樂爾妻帑故損損蒙者

也剝剝蒙者也陽剛在上剝巳從人或從包之明

有尊也剝曰君子以厚下安宅 蒙之剝

六三勿用取女見金夫不有躬无攸利 六三動

象曰勿用取女行不順也

本象 六三取女言不可動也動而得蠱豈女順乎蠱

惑也蒙蔽也蠱老也蒙幼也坎以中男飾其少女非人求我我求之也先甲三日後甲三日各麗陰也蒙以陰小往其邪耦雖有師傳何能說之蒙之蠱

六四困蒙吝 六四動

象曰困蒙之吝獨遠實也

本象 蒙而未濟不已困乎困而莫告不已吝乎夫水在火上飪以熟薦火遠於水自揭而巳山土剛燥川澤以竭詩曰池之竭矣不云自頻泉之竭矣不

云自中未濟曰小狐汔濟濡其尾無攸利小狐之
蒙疑而不終不享其實所自弊也　蒙之未濟
六五童蒙吉　六五動
象曰童蒙之吉順以巽也
本象　六五之動不已巽乎巽而渙之其蒙乃散記曰
無遽色無傲言笑不至矧怒不至詈有受而無正
有聽而無難風行於水其力也易矣　蒙之渙
上九擊蒙不利爲寇利禦寇　上九動

象曰利用禦寇上下順也

本象利用禦寇大人吉也師不過剛以導彼蒙詩曰天之牖民如壎如篪桎梏不說必有棄法以我為寇乃滋之亂夫民沲不可以日督士知不可以鑿上厲壯不可以為率君子誨人如金就鎔小人誨人如斧入木記曰善歌者舂容善待問者如撞鐘夫知乎此者可以師蒙矣蒙之師

䷅乾下坎上

需有孚光亨貞吉利涉大川

象曰需須也險在前也剛健而不陷其義不困窮矣

需有孚光亨貞吉位乎天位以正中也利涉大川往有功也

象曰雲上於天需君子以飲食宴樂 六爻俱静

初九需於郊利用恒无咎 初九動

象曰需於郊不犯難行也利用恒无咎未失常也

本象 往來井井不犯難行也邑不改井未失常也需

而有孚雖遠必至食我精德以涉乎遠即未往也又何害焉需之井

九二需於沙小有言終吉九二動

象曰需於沙衍在中也雖小有言以吉終也

本象既濟之衍不在中乎需其既濟而後行之其亨雖小不失正也需其既濟而復之其終有吉不及亂也夫水既濟而沙見焉需於其後尚有利焉君子懲往以思來遠小以圖大外迫中裕是以不得

不足戒也需之既濟

九三需於泥致寇至九三動

象曰需於泥災在外也自我致寇敬慎不敢也

本象泥生於澤不已險乎剛而知節不已慎乎知節

知制不自我致如自致之其爲節也不亦大乎君

子弭禍不俟其起也離禍不俟其止也俟起俟止

其計待也不亦晚乎詩曰迨天之未陰雨言善待

也需之節

六四需於血出自穴六四動

象曰需於血順以聽也

本象剛健之需夫已至矣至而決之何不聽也雲上於天決而成澤柔以從剛外以從內動而不躁待而不再穴壍於下禍遠於外君子修德使寇自化需之於血夫已濟矣需之夬

九五需於酒食貞吉九五動

象曰酒食貞吉以中正也

本象 需於酒食其色宛宛坦坦期之其奎不遠小往大來百福來反詩曰既醉以酒既飽以德福祿來反君子處泰致用而已又何待哉 需之泰

上六入於穴有不速之客三人來敬之終吉 上六動象曰有不速之客來敬之終吉雖不當位未大失也

本象 需而不雨猶在穴也穴不當位視吾德也命德以敬敬以畜衆主客桀强不易吾和非我致寇何疑慮焉故君子處險而不懼處異而不疑非時而

不躐當大衆而不憚敬以畜之待勢而動文王之謂也需之小畜

☰☵ 坎下乾上

訟有孚窒惕中吉終凶利見大人不利涉大川

象曰訟上剛下險險而健訟訟有孚窒惕中吉剛來而得中也終凶訟不可成也利見大人尚中正也不利涉大川入於淵也

象曰天與水違行訟君子以作事謀始六爻俱静

初六不永所事小有言終吉初六動

象曰不永所事訟不可長也雖小有言其辯明也

本象訟以明履何事長也履而訟之言何卹也明履之訟何不辯也君子疑不以察察辯不以默默履不陷其失詞不爭其得柔以居下而思其直詩曰彼其之子邦之司直訟之履

九二不克訟歸而逋其邑人三百戶无眚九二動

象曰不克訟歸逋竄也自下訟上患至掇也

本象天水之違訟所由也天地之違否不大哉否而歸逋夫何以容子曰天地不交天下無邦小人得志君子蔽藏邑三百戶喪而無戚免死而已非爲得也訟之否

六三食舊德貞厲終吉或從王事无成六三動

象曰食舊德從上吉也

本象食舊從上何不吉乎變動以從更反共終夫訟而得姤剛從于上陰伏于下鮮不變矣夫訟不守

常邪志以逷上攺辭以致法從而有成不亦鮮乎

訟之姤

九四不克訟復卽命渝安貞吉九四動

象曰復卽命渝安貞不失也

本象渝渙也匪渙厥辭渙厥德也復卽命求其則也

安貞吉遠无患也王假有廟誠奏格也子曰必也

使无訟乎大畏民志此謂知本智者在上民爭不

齒禮者在上民爭不事仁者在上民爭不意渝不

克訟非使之也渙訟之

九五訟元吉九五動

象曰訟元吉以中正也

本象水與火違訟水火背趨不亦易乎君子止訟于

其未濟上明而辨下實而聽故情不遁而事有則

詩曰神之聽之終和且平以中正也訟之未濟

上九或錫之鞶帶終朝三褫之上九動

象曰以訟受服亦不足敬也

本象有言不信以終服也不亦難乎長而終凶以自榮也不亦戮乎雨降驟不祟朝言市巧不反踵險而說人或說之也險且至矣詩曰豈不爾受既其爾遷慎爾言也謂爾不信困之謂也訟之困

䷆ 坎下坤上

師貞丈人吉无咎

彖曰師衆也貞正也能以衆正可以王矣剛中而應行險而順以此毒天下而民從之吉又何咎矣

象曰地中有水師君子以容民畜衆六爻俱靜
初六師出以律否臧凶初六動
象曰師出以律失律凶也
本象律以臨師出无咎矣失律喪險險授敵矣律者
正也正衆命也君子驅民必以其義死民必以其
志役民必以其時詩曰六月棲棲戎車旣飭四月
者六月也六月者八月也臨曰元亨利貞至于八
月有凶夫師一而動衆誅賞不二以行其信擇險

而處以行其勇誓曰上帝臨爾无二爾心內自二也以反其時凶何咎矣以此行毒不自毒哉師之臨

九二在師中吉无咎王三錫命九二動

象曰在師中吉承天寵也王三錫命懷萬邦也

本象在師中何謂也尊不以侈貴威不以示武一不以鳴孤智不以偏斷苦樂同衆飲食同伍順承自天承以坤也夫坤靜而直大寧而應豈有事焉在師中寓无患也詩曰赳赳武夫公侯干城盛世之

師營于鉏衰世之師營于兵周書曰執彼玉珪以居其宇无拂其取咸耕厥土故有四海 師之坤

六三師或輿尸凶 六三動

象曰師或輿尸大无功也

本象 輿乘木也尸羣陰也以柔制剛知遠而不知近知得而不知失知進而不知退寘升而已君子升高睬其車右降下睬其轍遠辨其氣近睬其色登車而呼側于羣尸三鼓而竭夫何績哉 師之升

六四師左次无咎 六四動

象曰左次无咎未失常也

本象 靜以歷險動而改之雖不上武未爲醜也夫戎不欲竟寇不欲窮利不欲牢多不欲矜乘人之害而扼之吭仁不爲也激已之力而斃其末智不爲也令辭不巽唯力是格禮不爲也約備約政未服而競信不爲也有是四者以解其師而服于霸不亦鮮乎 師之解

六五田有禽利執言无咎長子帥師弟子輿尸貞凶

六五動

象曰長子帥師以中行也弟子輿尸使不當也

本象 師而習坎權旁分也疑於長子乃益之險雖有實也其號不專夫師多險必自陷之況爲敵焉乃爲之寇四臂一弧何以從禽一死一生順德所羞

中行濟濟必无咎矣 師之坎

上六大君有命開國承家小人勿用 上六動

象曰大君有命以正功也小人勿用必亂邦也

本象 開國承家以成吾師君于蒙義小人蒙利義以及世利以勸恥及世以功勸恥以正水行于地祀以澤瀆遡源于山而宗百嶽是以封建姬姓四十二國小人瀆武瀆武不祥其何以長蒙曰再三瀆瀆則不告 師之蒙

䷇ 坤下坎上

比吉原筮元永貞无咎不寧方來後夫凶

彖曰比吉也比輔也下順從也原筮元永貞无咎以剛中也不寧方來上下應也後夫凶其道窮也

象曰地上有水比先王以建萬國親諸侯 六爻俱靜

初六有孚比之无咎有孚盈缶終來有他吉 初六動

象曰比之初六有他吉也

本象 比而得屯雖未有往積亦厚矣比于始吉于終屯所通也意外之慶非所衷也君子正行不以干祿取友不以藉勢巽下不以近利終有他吉天合

而已豈其志哉 比之屯

六二比之自內貞吉 六二動

象曰比之自內不自失也

本象 比之六二得吾自也子曰人非人不彰水非水不行入水者明入地者昏火就燥水就濕故賢者從賢佞者從佞確者從確韋者從韋比於其身不比於人比於其人謀于身比之不違不喪乎外詩曰伐柯伐柯其則不遠比坎之謂也 比之坎

六三比之匪人動六三

象曰比之匪人不亦傷乎

本象君子在下位不援上行不近難進不違素詩曰

泉源在左淇水在右君子獨行坦坦必達而已夫

水在下也山在上也非吾類也人厭柔而喜剛道

厭常而喜壯去順即逆自斃其足東北喪朋不亦

傷乎比之蹇

六四外比之貞吉六四動

象曰外比於賢以從上也

本象 賢比羣萃比也大矣夫賢者貴不得臣等不得友邈焉遠至不亦外乎君子名不患不彰智不患不廣交臂百年不得十賢詩曰藹藹王多吉士唯君子使媚于天子比賢上從象雲與龍天下將亂君子喪比詩曰墓門有棘有鴞萃止鴞萃其國鳳凰棄之詩曰匪鶉匪鳶翰飛戾天 比之萃

九五顯比王用三驅失前禽邑人不誡吉 九五動

象曰顯比之吉位正中也舍逆取順失前禽也邑人不誡上使中也

本象 比而大順非聖人而能之乎舍逆取順所大順也前迷後得失而不誡所无失也親比之道顯于上下故上不以速責化下不以細望利武王曰受有臣億萬人維億萬心予有臣三千人維一心詩曰羣黎百姓徧爲爾德 比之坤

上六比之无首凶 上六動

象曰比之无首无所終也

本象夫爲中男以比其母雖不得長猶得位也爲只女以比其母首无所得終何以託故比順也過乎巽則不比水之行地有源有壑風之行地块然去矣故君子比下非爲觀也比以爲觀小人以邪君子以詞君子負恥小人負媢故曰君子不比比之窮也无所終也比之觀

䷈ 乾下巽上

小畜亨密雲不雨自我西郊

象曰小畜柔得位而上下應之曰小畜健而巽剛中而志行乃亨密雲不雨尚往也自我西郊施未行也

象曰風行天上小畜君子以懿文德六爻俱靜

初九復自道何其咎吉初九動

象曰復自道其義吉也

本象柔得位以待時其施不宏故曰小畜巽而復之復不在外也自得而已臣畜德以共其君子畜德

以共其父承上反下必加巽焉巽曰小亨得其目道未及衆也畜之初動如是而已小畜之巽

九二牽復吉九二動

象曰牽復在中亦不自失也

本象復畜也畜之于家不在中乎傳曰孝所以事君也弟所以事長也慈所以使衆也記曰父以賑其君亞以賑其臣壼內賑宮梱外賑國聲以賑令向以賑化取與程量以賑賞罰故聖不王王於家賢

不政政于下牽復在中又何失乎　小畜之家人

九三輿說輻夫妻反目　九三動

象曰夫妻反目不能正室也

太象畜而中孚何反目乎季女同居志不相得所畜者小孚未極也詩曰宴爾新婚如兄如弟輿脫輻不能行也君子不以鹽說紛其志不以小利廢其事所畜者小所戀者至剛以說人亦可羞矣記曰從之色以覲其常昵之以觀其不狎怒之以觀其

定君子畜德自內而裕裕以孚外天下信之是以

愼也子曰輿說輻弖之而已夫妻反目合之而已

忘我小怨思我大德止而孚之正未廢也小畜之中孚

六四有孚血去惕出无咎六四動

象曰有孚惕出上合志也

本象血已去矣惕已出矣上合志矣柔從于剛其體

不傷鹽唯止德慾唯柔腸彭彭之夫其志不將去

而出之何所咎也計大作者棄小惠畜大慮者恐

小恥與上合志類于乾德乾德亹亹誰則止之小畜
之乾

九五有孚攣如富以其鄰九五動

象曰有孚攣如不獨富也

本象畜以小而成大聚而能散散而能聚多積而無患有而不居上虛而下盈天子之畜畜于兆姓故不食於家食於國不食於國食於天下內以合志外以合體信不誅結結不謀解富有大宇以役四

海四海信之不獨富也子曰宗廟享之子孫保之

小畜之大畜

上九既雨既處尚德載婦貞厲月幾望君子征凶上九動

象曰既雨既處德積載也君子征凶有所疑也

本象小畜而需雲既雨矣顧我樂郊得所處矣水盛於天積盈在中反於其巽不亦厲乎婦人之貞畜而多需詩曰鹿斯之奔維足伎伎君子待時不以蓄疑尚德既滿安處而巳小畜大盈以號其成或

窺其中寇盜以興故氣盛于下意滿於上雖有積

載必敗而已婦人之畜滿而險險而有征不亦危

乎昭事上帝聿懷多福畜之極也畜而有待滿而

不盈故月不望征不凶坎月也君子征凶征有需

也　小畜之需

☱☰　兌下乾上

履虎尾不咥人亨

彖曰履柔履剛也說而應乎乾是以履虎尾不咥人

亨剛中正履帝位而不疚光明也
象曰上天下澤履君子以辯上下定民志六爻俱靜
初九素履往无咎初九動
象曰素履之往獨行願也
本象初九行願訟自內也素吾志也素履之往思其
是也履以明辯訟以明志獨知而已詩曰魚在于
藻有頒其首魚依藻而首見焉士初動而志見焉
自訟不已乃合於理窒而惕中以涉大川未爲失

也履之訟

九二履道坦坦幽人貞吉　九二動

象曰幽人貞吉中不自亂也

本象中不自動志无妄也剛而志柔動而志靜子曰爲人上可望而知也爲人下可述而志也坦坦容容則人不疑夫道平者莫若禮禮以一行行以一誠動而悅人悅而不震外剛而不格子曰无禮則手足无所措譬之永夜求于幽室非燭則何所見

矣故禮者所以去妄也去妄而動動而安安不遷

故曰幽人貞吉　履之无妄

六三眇能視跛能履履虎尾咥人凶武人爲于大君

六三動

象曰眇能視不足以有明也跛能履不足以與行也

咥人之凶位不當也武人爲于大君志剛也

本象　履在下而過于壯邪行而謀上躡危而不聳不

說人而自用多得而趨勇武人之行也故斷以爲

義訐以爲智衆以謀人聖以自擬違不可脫者

可下譎則近賊正則上霸治則戮于帝亂則進于

理履之咥人不于其身也以視以履獨用而已共

工氏之行也履之乾

九四履虎尾愬愬終吉九四動

象曰愬愬終吉志行也

本象危矣哉行世之難也君子正其行不計其便思

其患不祈其安履之愬愬不已過乎危哉行之難

也君子行思善如恐退思不善如恐越言不期乎
於人期乎於中危哉乎人之難也子曰言忠信行
篤敬雖蠻貊之邦行矣詩曰天命不徹我不敢傚
我友自逸 履之中孚
九五夬履貞厲 九五動
象曰夬履貞厲位正當也
本象 夬履貞厲睽之道也金既決則不堅水既決則
不怒怒既決則不激剛決三睽又何怪焉夫履至

剛而違其性雖得乎正遠於道矣子曰廉夫剛哉

山太銳則不高水太㥞則不深炎極體而寒盛極

世而陵傳曰平世之風委以清君子驅車雍雍殷

殷詩曰匪風發兮匪車揭兮顧瞻周道中心怛兮

顧瞻周道所履夬也履之睽違雖當其位又何福

哉履之睽

上九視履考祥其旋元吉上九動

象曰元吉在上大有慶也

本象

夫履視其身不視其人視其内不視其外内説其身而外應之得于其初以觀其終得于其下以觀其上人道用勤天道用順勤以爲修順以爲應修以貞德應以正命故禍莫大乎終凶福莫大乎无咎无咎以和和德以禮詩曰禮儀卒度笑語卒獲

履之兑

䷊ 乾下坤上

泰小往大來吉亨

象曰泰小往大來吉亨則是天地交而萬物通也上下交而其志同也內陽而外陰內健而外順內君子而外小人君子道長小人道消也

象曰天地交泰后以財成天地之道輔相天地之宜以左右民 六爻俱静

初九拔茅茹以其彙征吉 初九動

象曰拔茅征吉志在外也

本象 志在外者升就上也泰而羣升以其彙也南無

之吉明而正也君子善恥其獨爲薦而嘉其始拔

茅以根思其初也子曰薦人之賢尚乎於賢矣詩

曰采葑采菲无以下體茹之于茅豈有害焉君子

舉人從其德不利其報順而稱之非爲私也書曰

明明揚側陋亦各舉其彙耳泰之升

九二包荒用馮河不遐遺朋亡得尚于中行九二動

象曰包荒得尚于中行以光大也

本象泰之明夷光大何也日潛而行靜處乎昧昧不

失其正故柔其中非爲邪也與外俱晦非爲不令也萬象以闔二氣以翕萌芽以滋纒度不失冐險而出炤乎外國故明不旣于上不蔽于下傳曰武王不泄邇不忘遠故處于泰常冇幽色日昃于午而明于亥詩曰不顯維德百辟其刑之包荒馮河艱貞之謂也泰之明夷

九三无平不陂无往不復艱貞无咎勿恤其孚于食冇福九三動

象曰无往不復天地際也

本象　往復之疑疑于消也泰以夏正消以八月借以爲慮艱孰過之艱貞无咎氣未降也勿恤其孚剛尚中也臨之元亨未至凶也先事而患患乃去于食有福福生于懼以臨天下調而輔之說而大順來有艾也　泰之臨

六四翩翩不富以其鄰不戒以孚　六四動

象曰翩翩不富皆失實也不戒以孚中心願也

本象泰既進矣萬物變矣震動于上天下應之翩翩不富豈不富乎不戒以孚豈不孚乎夫當于泰而用大壯可以孚衆而失其實夏正曰雉治雉百虫始戒故震于正月物動于下聲失于上君子處泰未以鼓衆意之所向天下喻之翩翩而往適意而已泰之大壯

六五帝乙歸妹以祉元吉六五動

象曰以祉元吉中以行願也

本象歸妹需時所受福也帝乙歸妹室之而已猶有
待焉雖盛世亦有蹇遇君子不以際泰而急于庸
不以時至而治其身不无媒而利人詩曰招招舟
子人涉卬否卬須我友夫招賤命也涉利慮也須
獨志也賤而就利損其獨志故不爲也行願以忠
福寔降之泰之需
上六城復于隍勿用師自邑告命貞吝上六動
象曰城復于隍其命亂也

本象勿用師畜之大也自邑告命畜自內也城隍于隍泰莫戒也物極而敢何可止也止亂於初力且小止亂於終力且大百年之運世不終泰泰升之極必降而已侈而後約窮而後反失之國求之邑周諺曰狐有牙不以噬虎在阱思於豕始之不畜畜之不止極泰之告告之雖貞不亦吝乎泰之大畜

䷋ 坤下乾上

否之匪人不利君子貞大往小來

彖曰否之匪人不利君子貞大往小來則是天地不交而萬物不通也上下不交而天下無邦也內陰而外陽內柔而外剛內小人而外君子小人道長君子道消也

象曰天地不交否君子以儉德辟難不可榮以祿六爻俱靜

初六拔茅茹以其彙貞吉亨初六動

象曰拔茅貞吉志在君也

本象君子齋以遘其君矢其言如祝之誓進其人如㮚之寔於籩可不謂無妄乎匪人無妄道在變也變動于下誠格于下拔其茅去其根可不謂貞乎謀父曰爾毋以嬖御固莊后爾毋以嬖御士疾大夫卿士丕乃利于宗汝以家相亂王室乃亦不利于而宗夫君小惠在嬖士嬖士小惠在君愛不割不可以明德拔茅去根可不謂志在君乎否之无

六二包承小人吉大人否亨六二動

象曰大人否亨不亂羣也

本象 小人包承乎惕中也小人之吉吉終凶也利見大人不利濟川否未伸也否而能亨訟以貞也否而行訟小人居羸君子敢言其道尚明子曰邦無道危行言孫孫而言之小人不怨塞以巽通善類未遠故曰亨否之訟

六三包羞六三動

象曰包羞位不當也

本象陽侵下而遯君子在外以清君側小人不遯何所利也詩曰維鵜在梁不濡其味小人志下而處上位窮而無據逃避而已詩曰有狐綏綏在彼淇厲志遯而不遷懷安而貪忍垢而藏穢斂乎惡名以貽其君詩曰有靦面目視人罔極否之遯

九四有命无咎疇離祉九四動

象曰有命无咎志行也

本象有命无咎何也上觀天道下觀其彙復則反之

戻則違之禮義以正明哲以退于曰維天子受命

于天士受命于君君命順則臣有順命君命逆則

臣有逆命詩曰各敬爾儀天命不又言否際也際

否獲福視於所觀不亦大哉否之觀

九五休否大人吉其亡其亡繫于苞桑九五動

象曰大人之吉位正當也

本象火出地去幽而明以出于否不亦休乎君子克

敵常有危色濟洪波者顧於康莊其心蕩焉工者

晝日灌其葦束作于昏夜則不逮矣日出晉照其
幽室書曰怨豈在明不見是圖女曰雞鳴士曰昧
旦是之謂也否之晉
上九傾否先否後喜上九動
象曰否終則傾何可長也
本象上九傾否泰不至乎匪人極而賢人萃草昧不
寧賢人漸生周諺曰覆其棨筐以承互筐其維其
特治否之道如是而已否之萃

離下乾上

同人于野亨利涉大川利君子貞

彖曰同人柔得位得中而應乎乾曰同人同人曰（三字衍文）同人于野亨利涉大川乾行也文明以健中正而應君子正也唯君子爲能通天下之志

象曰天與火同人君子以類族辨物（六爻俱靜）

初九同人于門无咎（初九動）

象曰出門同人又誰咎也

本象同人于野廓在外也同人于門止在內也以事同人志在深藏衆私遯矣出无咎矣故同于禍猶及止也同于禍未奔利也詩曰知子之來之雜佩以贈之知子之順之雜佩以問之公之于外止之于內遠之若近近而不亂同人之遯所自遠也同人之遯

六二同人于宗吝 六二動

象曰同人于宗吝道也

本象同人吝道利自疆也傳曰毋大于而家以偶于
而國記曰毋作不順而施不怨六二之動顧其壯
不顧其下詩曰椒聊之實蕃衍盈匊彼其之子碩
大且篤椒聊且遠條且夫日下于天以同羣類厭
明而就剛厭弱而就强宜行而巳雖以謀大豈有
就焉詩曰無田甫田維莠驕驕驕而宜行吝之道
也同人之乾
九三伏戎于莽升其高陵三歲不興九三動

象曰伏戎于莽敵剛也三歲不興安行也

本象伏戎于莽動在下也升其高陵德在上也遠伏安行衆无妄也君子辨以破其疑學以積其德破疑則不憂積德則不懼好問則善人聚修業則壬人去故誠其德不獨其慮服其衆不師其智君陳曰出入自爾師虞庶言同則繹繹以庶言故同於誠同于誠故流言不止涸言莫紀升高以辨而邪聽不起也 同人之无妄

九四乘其墉弗克攻吉 九四動
象曰乘其墉義弗克也其吉則困而反則也
本象 九四之動同于家人衆而係于私私而外剛固其垣墉深其扃藏私人之行也困而反則以和有衆不以私利害其公義詩曰兄弟鬩于墻外禦其侮雖同乎人志在內也乘其墉弗克攻義同害也故有尚則同趨有寇則同力反其私繫而困无咎矣諺曰中流有風秦越遘言反則也 同人之家人

九五同人先號咷而後笑大師克相遇 九五動

象曰同人之先以中直也大師相遇言相克也

本象 中直正而未合也相克勻而力敵也先離而後合志匹也克而後遇虛而一也同人之離離而合交道也詩曰豈曰無衣與子同袍王于興師修我戈矛二人同心其利斷金此之謂也 同人之離

上九同人于郊无悔 上九動

象曰同人于郊志未得也

本象巳日乃孚胡不得矣說而遠之相慕無巳二女巽室其志暫得君子慕賢巽其勢小人慕功巽其地君子慕賢同世未必親小人慕功同地而必傾

同人于郊所无悔也　同人之華

乾下離上

大有元亨

彖曰大有柔得尊位大中而上下應之曰大有其德剛健而文明應乎天而時行是以元亨

象曰火在天上大有君子以遏惡揚善順天休命 六爻俱靜

初九无交害匪咎艱則无咎 初九動

象曰大有初九无交害也

本象 大有初爻豈有害乎富其裒健而下安而不遷宜慎而不宜易故交非咎也交而易之是爲咎也

君子蓄德恐其不厚蓄既厚恐不固蓄既固恐不能讓既能讓恐不能誨也譬之積入恐裕出恐不

順在慎而已大有之鼎

九二大車以載有攸往无咎九二動

象曰大車以載積中不敗也

本象大有而重明德積于内聲施于外任重而不傾致遠而不蹶天下歸之不以爲大仁積世而不承道淑古而不駭夏禹是也書曰克勤于邦克儉于家不自滿假惟爾賢天下大富粥成五服而中常虚者下車清問維明之謂也大有之離

九三公用亨于天子小人弗克 九三動

象曰公用亨于天子小人害也

本象 上明而下用媚上有而下用利君子用媚說上志也小人用利動斯枝也記曰君子不大言而小祿不小言而受大祿小人之祿動而違謀上而生害是以君子睽而逼小人睽而悖上有外畜下有私積所以病國也 大有之睽

九四匪其彭无咎 九四動

象曰匪其彭无咎明辯晳也

本象明而止望之若欽就之若溝多得迪理而匪其識多應外裕而匪其肆盛而庶以爲禮動而安以爲智宏而任不以好施聚而益不以封巳富有四海不以利爲世斂德而人不歸正于南成于東北財阜于天寶出于地大有之畜天覆而巳彭匪其爲又何咎哉　大有之大畜

六五厥孚交如威如吉　六五動

彖曰厥孚交如信以發志也威如之吉易而无備也

本象交如之孚有交之利也威如之吉无易之咎也明而應乎乾動而達乎義詩曰明明在下赫赫在上天難忱斯大有之乾未可忱也夫以大有而能畏者鮮矣不敬不畏何以昭假昭假不允何以成式詩曰畏天之威于時保之書曰凛乎如朽索之馭六馬蓋言保也保盛者甚于衰保富者甚于貧夫以大有不知乎而有終者鮮矣 大有之乾

上九自天祐之吉无不利 上九動

象曰大有上吉自天祐也

本象 震上于天從離之類何不順也四陽上盈伏虫

作形何不信也滿而不驕泰而不惰思發其藏沛

澤將行故國有長器庚有厚積其上不尸其民不

痿如此則可以王矣故大者所以居體也有者所

以利用也静而有動而壯可以集福也儉國以壯

可以固富國以壯可以霸仔以四海其壯天下家

曰大者正也正大而天地之情可見矣天地之情

見鬼神之意得賢人之致一是以自天祐之吉无

不利也故曰元亨利貞吉大有之大壯

☶☷ 艮下坤上

謙亨君子有終

彖曰謙亨天道下濟而光明地道卑而上行天道虧

盈而益謙地道變盈而流謙鬼神害盈而福謙人道

惡盈而好謙謙尊而光卑而不可踰君子之終也

象曰地中有山謙君子以裒多益寡稱物平施六爻俱靜

初六謙謙君子用涉大川吉初六動

象曰謙謙君子卑以自牧也

本象謙之明夷大艱貞也明而用晦文而用質安而用戒福至而懼子曰尊仁畏義恥費輕實忠而不犯義而順文而靜寬而有辨虞帝氏之行也傳曰舜其大知也與舜好問而好察邇言陽動于下柔而不替惕而不可止虛念好問非以爲名欲辨先

從非以爲狥逡巡而行不後于時史曰後其身而
身愈先謙謙之謂也　謙之明夷
六二鳴謙貞吉　六二動
象曰鳴謙貞吉中心得也
本象　夫謙積于行則見之于詞矣行者止也詞者巽
也巽于意四體則之巽于家一國則之詩曰琴瑟
在御莫不静好家則女淑聘自外至土有璧升于
氣顏子曰徑尺之寶藴于璞雖十仞不迸其光故

舜有鰥德以升動曰汝諧居則不能詩曰鼓鐘于宮聲聞于外心得于中故聞外也謙之升

九三勞謙君子有終吉九三動

象曰勞謙君子萬民服也

本象子曰道之至者其惟地乎載而不重振而不洩閟于萬仞不知其深穴于大行不知其高生則託之死則歸之譽之而不厚薄之而不嗇食人而不報踐于人而不惰子曰勞而不伐有功而不德厚

之至也言以其功下人者也德言盛禮言恭謙也

者致恭以存其位者也　謙之坤

六四无不利撝謙　六四動

象曰无不利撝謙不違則也

本
象謙之小過豈違則哉行過乎恭辱未至也喪過

乎哀毀未至也用過乎儉吝未至也旣不違則何

不利哉　謙之小過

六五不富以其鄰利用侵伐无不利　六五動

象曰利用侵伐征不服也

本象順而服險不得已也以寡而用衆以静而用動以柔而用克以和而用毅難矣哉謙而用侮反其恭謙而受卑反其義謙而蹇所以濟治也謙而蒙難所以濟亂也西伯戡黎其政乃行詩曰臨衝閑閑崇墉言言執訊連連攸馘安安六五之謂也謙之蹇

上六鳴謙利用行師征邑國 上六動

象曰鳴謙志未得也可用行師征邑國也

本象鳴謙之師克已而已猶謙于聲乃近乎名居謙之終德不益道不廣安其善譽志何得乎故君子有行欲人之謂我遜也當于身不欲人之謂我避也進退以度作止合德不以謙名人孰惡之艮其背不獲其身行其庭不見其人无咎君子挹身不以避患善下不以動衆去私而已故鳴謙近名者也終謙近身者也謙以敬敬以止動于一身見于天下詩曰穆穆文王於緝熙敬止 謙之艮

䷏ 坤下震上

豫利建侯行師

彖曰豫剛中而志行順以動豫豫順以動故天地如之而况建侯行師乎天地以順動故日月不過而四時不忒聖人以順動則刑罰清而民服豫之時義大矣哉

象曰雷出地奮豫先王以作樂崇德殷薦之上帝以配祖考 六爻俱静

初六鳴豫凶　初六動

象曰初六鳴豫志窮凶也

〃本豫而鳴之大不祥也震出于地順而動以悅百姓先而鳴何不祥乎室中之樂不可告于門戶中之樂不可告于庭君子將然其志不言曰陳其爇盜窺于樊故備則莫人之備之也意則莫人之意之也氣先洩則爲氣水先洩則爲灑喜先洩則爲巫怒先洩則爲枉豫而鳴之所自窮也周書曰彗

若匹夫之有婚妻曰寻獨服在寢以自露厥家夫
豫而鳴自淺人也水淺不舟器淺不載與之同事
共震也夫 豫之震
六二介于石不終日貞吉 六二動
象曰不終日貞吉以中正也
本象 豫而解乎難定乎解也內豫而惕中動而必克
持滿而發發必中介孰如之夫震動于上亦降于
下以解厥澤豈終日乎君子樂而不淫哀而不傷

解乎亂不再興解乎憂不再引解乎疑不再言確乎其致也裕乎其无事也判乎其巳也大甲曰若虞機張往省括于度則釋六二之謂也六二知幾知幾以釋子曰知幾其神乎 豫之解

六三盱豫悔遲有悔 六三動

象曰盱豫有悔位不當也

本象 盱豫若怒憂將至矣盱豫若趑哀將至矣盱豫若矇死將至矣然且不悔何所也君子貌過于恭

不過于慢言過于恪不過于諂朋過于愼不過于比行過于踽不過于縱情過于内不過于外豫而小過猶及止也遲乃不止禍乃至記曰君子不使其躬一息儳焉如不終日肹豫而動動而无過豈不順哉豫之小過

九四由豫大有得勿疑朋盍簪九四動

象曰由豫大有得志大行也

本象上豫而下順丕變而大信禮作以陽樂作以陰

陽以干羽陰以管籥陽以九陰以六豫而後動動
而後變變而後化故曰雲門雲門者天神也故曰
六英六英者地精也豫作于上而雷下降豫作于
下而祇上出是以黎民時雍鬼神來格庶政協和
百姓惟德詩曰昔吾有先正其言明且清天地清
明百物以成傳曰君子賢其賢而親其親小人樂
其樂而利其利是以沒世而民不忘也豫之坤

六五貞疾恆不死六五動

象曰六五貞疾乘剛也恒不死中未亡也

本象 豫而說說而莊知上而不知下夫說萃于上則戚伏于下矣豫者虞之門也夫豫之六五其有懼之心乎柔而剛剛而惕中懼而得正故燕處則思賢獨樂則思衆笑語則思謀聞琴瑟而思憂聞磬而思患聞鐘鼓而思弗亂疾在庶人恆于困疾在君子恒于豫以爲无疾疾且至恆疾者多存暴疾者多亡康誥曰時乃大明服惟民其勅懋和若有疾

惟民其畢棄咎詩曰修爾車馬弓矢戎兵萃之象
曰君子以除戎器戒不虞豫之萃
上六冥豫成有渝无咎上六動
象曰冥豫在上何可長也
本象冥豫有渝言速變也静而極動不已冥乎冥而
得晉不已光乎冥豫者淫人之行也渝者明哲之
象也詩曰式號式呼俾晝作夜君子慮恐不長樂
恐不長君子日以作道夜以計過不以意遁人之

目不以目遁巳之意示眛眛而行不寢寢而若寐

詩曰雨雪瀌瀌見晛曰消小人之豫語于君子不

亦戾哉 豫之晉

䷐ 震下兌上

隨元亨利貞无咎

彖曰隨剛來而下柔動而說隨大亨貞无咎而天下

隨時隨時之義大矣哉

象曰澤中有雷隨君子以嚮晦入宴息 六爻俱靜

初九官有渝貞吉出門交有功初九動
象曰官有渝從正吉也出門交有功不失也
本象官有渝變隨時也交有功賢人萃也畢命曰道
有升降政由俗革不臧厥臧民罔攸勸變志者唯
賢革俗者同衆故曰十裘一裼醜而就臧夫動而
順則衆不疑變而正則天下信之一師十友言而
百里百友十師其績如絲與君子處日進其志進
而逼乃與化值夫屢易其行而得乎衆者其惟初

九乎　隨之萃

六二係小子失丈夫　六二動

象曰係小子弗兼與也

本象係小子說之而巳夫隨以說人知利而不知患

知玩而不知制知一而不知二舍其長子從其季

女婦人之行也　隨之兌

六三係丈夫失小子隨有求得利居貞　六三動

象曰係丈夫志舍下也

本象係丈夫志變也夫隨而知革內明而外說從乎君以易其世從乎聖以易其道從乎賢以易其志金火相從器用以瑩與民同時不與民同事與民同化不與民同義雲從龍風從虎龍從房虎從昴丕應之際隨有求得得乎其正遷變不失君子之行也　隨之革

九四隨有獲貞凶有孚在道以明何咎　九四動

象曰隨有獲其義凶也有孚在道明功也

本象　隨而得屯雖有所獲不旣凶乎屯而經綸有孚是從不宥功乎正以隨人動而得險雖合乎道哲人弗爲也安其時正其命觀化時遷免咎而已隨之屯

九五孚于嘉吉　九五動

象曰孚于嘉吉位正中也

本象　夫隨而動民者其爲力也不亦優乎王動視維古先民動視維時賢動民以賢動賢以身故腓隨股也股隨體也體隨首也君陳曰簡厥修亦簡其

或不修進厥艮以率其或不艮惟民生厚因物有遷夫民遷而不嘉則上隨之咎矣伊尹曰維民歸于一德德維一動罔不吉德二三動罔不凶故孚于嘉所以善動也成王之孚所以動衆也夫上動而嘉則下亦隨之矣詩曰實右序有周薄言震之莫不震疊夫隨而震之莫不震疊有嘉之孚亦孰大焉詩曰成王之孚下土之式 隨之震

上六拘係之乃從維之王用亨于西山 上六動

象曰拘係之上窮也

本象 甚哉從賢之難也貳于志則腊其車貳于言則苴其履矣君子之從賢也常恐後之維賢也常恐不後也君陳曰凡人未見聖若不克見既見聖亦不克由聖詩曰彼求我則如不我得執我仇仇亦不我力凡人之從賢不若其從色信賢不若其信佞也君子有從必齋其志屏好黜慮竈命而筮致夫如是則可謂能隨者矣 隨之无妄

䷑ 巽下艮上

蠱元亨利涉大川先甲三日後甲三日

彖曰蠱剛上而柔下巽而止蠱蠱元亨而天下治也利涉大川往有事也先甲三日後甲三日終則有始天行也

象曰山下有風蠱君子以振民育德 六爻俱静

初六幹父之蠱有子考无咎厲終吉 初六動

象曰幹父之蠱意承考也

本象幹爻之蠱大畜德也德不畜不足以蓋愆畜不
至不足以光烈上往而未頹下動而不怠往者止
也動者厲也厲以行健而得其志故乾有成而惡
不外大誥曰厥父菑厥子乃弗肯播矧肯穫子弗
肯播何所畜也新穀不斂棄舊滋甚盤庚曰若乘
舟汝弗濟臭厥載我則弗濟以起其穢我何以償
于先亦何以食于後蔡仲之命曰慎厥終維厥初
終不以困不維厥終終以困窮慎初慎終乃以得

吉畜之大者也 蠱之大畜

九二幹母之蠱不可貞 九二動

象曰幹母之蠱得中道也

本象 有母之蠱何謂也止而從下者也不可貞順而

孚也夫上柔而居下動而不止則其蠱也大矣君

子之過于人之所見則乾乾乎愓也于所不見速

止之而已故棟將撤則易之甍將撤則葺之耳詩

曰不競不絿不剛不柔敷政優優 蠱之艮

九三幹父之蠱小有悔无大咎 九三動

象曰幹父之蠱終无咎也

本象 九三幹蠱內有險也山下有源得其正也君子有顯過不自謂是去壯以受誨矜巽而終攺記曰過言弗極流言弗再蠱蒙之謂也或曰幹父也非父蠱也我幹之耳再三則勞勞而不怨蒙曰匪我求童蒙再三瀆小有悔蓋謂是也 蠱之蒙

六四裕父之蠱往見吝 六四動

象曰裕父之蠱志未得也
本象 蠱而鼎之志欲往也志未得者未勝任也夫鼎盛器也蠱腐敝也不更其材未可行也君子改過不匪躬不成其名不變質不見其性裕而往之何所得乎裁獘衣不可以爲裳積獘筐不可以爲箱詩曰或以其酒不以其漿敗而見吝也 蠱之鼎

六五幹父之蠱用譽 六五動

象曰幹父用譽承以德也

本象　重巽而申命雖以弊事可用譽矣夫言順而疑者泮焉行順而戾者反焉埋順而惑者斷焉順德不已乃成君子記曰名不正則言不順言不順則事不成名者所以取譽也蠱者所以成事也子曰君君臣臣父父子子　蠱之巽

上九不事王侯高尚其事　上九動

象曰不事王侯志可則也

本象　升事之尚者也天下將弊君子高舉山嶽藏形

長往不止故蠱積下者也升積上者也氣升而蠱不入焉物升而蠱不及焉風行于地處下而上不事王侯其風以清傳曰頑夫廉懦夫有立志伯夷氏之尚也蠱之升

☱☷ 兌下坤上

臨元亨利貞至于八月有凶

彖曰臨剛浸而長說而順剛中而應大亨以正天之道也至于八月有凶消不久也

象曰澤上有地臨君子以教思无窮容保民无疆六爻

俱靜

初九咸臨貞吉　初九動

象曰咸臨貞吉志行正也

本象臨其師得其丈人无不徧也師順下而上承在

輿而不傾在險而不爭下所欲動而上從之闕其

澤得其通闕其川得其風波君子不以勢臨下不

以已所繫驅人百姓夫咸臨之師則可謂无私者

矣 臨之師

九二咸臨吉无不利 九二動

象曰咸臨吉无不利未順命也

本象 臨而復民歸于一然而未說也傳曰伯者之民驩虞如也非不說未大順也記曰後有作者虞帝其弗可及也生无私死不厚其子承而嬗之民不知其易世也夫民𡙇而蕪亂而復德知利而未知義知動而未知禮多方曰爾惟和哉爾尚不忌于

凶德爾曷不惠王熙天之命故使民復命不若使
民順命之爲大也 臨之復
六三甘臨旡攸利既憂之无咎 六三動
象曰甘臨位不當也既憂之咎不長也
本象 泰者君子之所以敗也臨泰而說說而動動而
逸豫甘言相餡以世爲餳周公曰維後立王不知
稼穡之艱難維躭樂是從亦罔或克壽詩曰心之
憂矣于我歸說夫臨知憂者也憂之无咎其泰乃

常語曰于何覆車不于九子之嵎于五父之衢臨之泰

六四至臨无咎六四動

象曰至臨无咎位當也

本象得其長子以臨少女何不當也帝乙尚賢以歸其妹至而親之臨而有尊士愛其大夫卿愛其公詩曰優哉游哉亦是戾矣動于上說于下得則用之于國不得則用之于家以道臨人而人歸之臨之至者也臨之歸妹

六五知臨大君之宜吉　六五動

象曰大君之宜行中之謂也

本象　夫臨人而非節則何所宜之矣節而不中則誰可下之矣見于一身出于天下非知則何以中之也記曰古之君子必佩玉右徵角左宮羽趨以楚茨行以肆夏周旋中規折旋中矩進則揖之退則揚之故道而各中其節也是以君子聞乎和鸞則知其頗正聞佩玉則知其貞淫聞鐘籥知其休咎

聞金鼓知其勝敗吉凶夫聰明不節可以言知則

冕而王者不用此旒纊者矣　臨之節

上六敦臨吉无咎　上六動

象曰敦臨之吉志在內也

本象損下而厚奉上厚道也何厚道也悅而順順而

止下先求上而上應之上後求下而下不悖也夫

上應下者倍而下應上者一焉上應下无其慈下

應上有其尊悅于其內順于其外知止而不多時

損而不過志在三內何咎之有　臨之損

䷓ 坤下巽上

觀盥而不薦有孚顒若

彖曰大觀在上順而巽中正以觀天下觀盥而不薦有孚顒若下觀而化也觀天之神道而四時不忒聖人以神道設教而天下服矣

象曰風行地上觀先王以省方觀民設教

初六童觀小人无咎君子吝　初六動

象曰初六童觀小人道也

本象 夫民順于下觀上而動動而得其益故作鐘而民有耳作闕而民有目作制而民有手足故君子之入學也不與于祫祭不屆則不試也上動而民則之上薦而下分惠之子曰百姓者則君而以自治者也養君而以自安也事君而以自顯也故君子之益觀民者也小人之益觀上者也 觀之益

六二闚觀利女貞　六二動

象曰闚觀女貞亦可醜也

本象 女子闚觀道不卑也見不博則形遁目覗不諦則物遁情詩曰人知其一莫知其他君子之觀則必于道之藪也博而知其旨諦而知其要故立而觀之者衆也學不辨法不會識不定表不確則立而人去之矣有所見則于荒寂之境矣夫山川異辨羣動異故不問之內者道不聚也 觀之渙

六三觀我生進退 六三動

象曰觀我生進退未失道也

本象觀我生進退以其漸也君子之進必以禮退必以義禮以委蛇義以壹致故君子三讓而進一揖而退退何漸也愛將弛必見于色賓將散必見于器退而有漸所以遠禍也詩曰就其深矣方之舟之就其淺矣泳之游之觀漸之道也 觀之漸

六四觀國之光利用賓于王 六四動

象曰觀國之光尚賓也

本象 天地定位觀其象也動有尊明有順非不泰也順以明尊下所交也詩曰彼交匪紓天子所予盛世之王宜卑衰世之王宜尊故地天者所以達化也天地者所以明分也薦之時貴其尊灌之時貴其降觀者所以爲薦也詩曰彼都人士狐裘黄黄其容不改出言有章行歸于周萬民所望夫觀者望而知其辨者乎 觀之否

九五觀我生君子无咎 九五動

象曰觀我生觀民也

本象剝曰順而止之觀象也君子尚消息盈虛觀之身以作其進退觀之民以作其治亂凜乎執玉而盈于手夫衆所共議莫過乎位所共取莫過乎貴損富以與民日損而有不足也剝體以附民日剝而有不足也夫觀于剝則凜凜乎懼矣恐不保乎其上矣故觀于剝者善觀象者也觀之剝

上九觀其生君子无咎上九動

象曰觀其生志未平也

本象觀其生者思其比也志未平者來不寧也君子懋政思比于賢懋德思比于聖懋治思比于百姓君子觀于比而知其難也伊尹曰七世之廟可以觀德萬夫之長可以觀政君子比民而民爪遠則其薄也至矣君子之睠與民同色聽與民同響體與民同便而觀望殊者其志異也詩曰監觀四方求民之莫志未平者求民莫也 觀之比

☲☳ 震下離上

噬嗑亨利用獄

彖曰頤中有物曰噬嗑噬嗑而亨剛柔分動而明雷電合而章柔得中而上行雖不當位利用獄也

象曰雷電噬嗑先王以明罰勑法 六爻俱靜

初九屨校滅趾无咎 初九動

象曰屨校滅趾不行也

本象 初九動而下順順而不震雷電息而白日出也

小人姦于幽而止于明溺于邪而制于法子曰不恥不仁不畏不義不見利不勸不威不懲小懲而大誡小人之福也甫刑曰德威維畏德明維明曰敬忌罔有擇言在躬君子戢過于其小不于其大使其不行不使其不延子曰浸潤之譖膚受之愬不行焉可謂明也已矣浸潤之譖膚受之愬不行焉可謂遠也已矣　噬嗑之晋

六二噬膚滅鼻无咎　六二動

象曰噬膚滅鼻乘剛也

本象下行睽而上用法法者所以止違也君子立法使民遠之不亦可乎康誥曰劓刵人毋或劓刵人刑故无小宥過无大是不亦異乎甫刑曰察辭于差非從惟從睽之謂也君子乘剛其法用嚴毋以响响長其觝格扞挌曰爾故違于法我則磔搏噬之

噬嗑之睽

六三噬腊肉遇毒小吝无咎 六三動

象曰遇毒位不當也

本象噬腊肉遇毒傷于察也上之求人也深則民之

備上也詩矣夫察者闤市之行也日以求民必窮

其情若原氏之薙草也既蘊藏之又行火焉上既

嗜法益之以察武吏用斷明德以替雖无大咎不

亦吝乎咎繇曰好生之德洽于民心兹用不犯于

有司　噬嗑之離

九四噬乾胏得金矢利艱貞吉　九四動

象曰利艱貞吉未光也

本象物在于頤化未能也噬乾胏未得入也得金矢未得出也觀其辭見其情上欲止而下不息猶未平也夫頤噬物有利之也嗑之于頤防害之也矢者下之所以入辭也金者下之所以出過也頤者所以受之也甫刑曰毋或私家于獄之兩辭貨獄非寶維府辜功君子之治也无難辭而有難情敬之哉敬厥典艱貞之道也　噬嗑之頤

六五噬乾肉得黃金貞厲无咎　六五動

象曰貞厲无咎得當也

本象　无妄所以得當也无妄曰元亨利貞其匪正有

眚不利有攸往有眚不利何得當也康誥曰人有

小罪非眚乃維終自作不典式爾有厥罪小乃不

可不殺乃有大罪非終乃維眚災適爾既道極厥

辜時乃不可殺與其殺不辜寧失不經何非正也

正而无妄允執如之詩曰允矣君子展也大成　噬嗑

之无妄

上九何校滅耳凶　上九動

象曰何校滅耳聰不明也

本象　耳滅以校不亦震乎震用不聽不亦凶乎用威之窮不得已也子曰善不積不足以成名惡不積不足以滅身小人以小善爲无益而弗爲也以小惡爲无傷而弗去也故惡積而不可掩罪大而不可解詩曰无縱詭隨以謹无良式遏寇虐憯不畏

明言刑邇而服遠也震曰震驚百里驚遠而懼邇
疾雷毀山聾虫不驚亦未如之何也巳　噬嗑之震

䷕ 離下艮上

賁亨小利有攸往

彖曰賁亨柔來而文剛故亨分剛上而文柔故小利有攸往天文也文明以止人文也觀乎天文以察時變觀乎人文以化成天下

象曰山下有火賁君子以明庶政无敢折獄　六爻俱靜

初九賁其趾舍車而徒　初九動

象曰舍車而徒義弗乘也

本象　賁其趾止也義弗乘弗尚行也君子行不以其時扃其戸牖遠于千里一言不以施于人有實有榮不以爲名故修其辭足以自華也晦其行足以自明也窮理不怠誨人不倦足以爲動也和其琴瑟緩而歌之足以爲聲也詩曰坎坎伐檀兮寘之河之干兮河水清且漣漪檀文木也寘止也清而

漣漪喻適意也伐檀弗淶止之清漣相彼河水胡

不文思　賁之艮

六二賁其須　六二動

象曰賁其須與上興也

本象　天下无道則言有枝葉賁其須何也傳曰言不

文則行不遠砥礪廉隅近文章君子之行也君子

言以明道則寤而作焉以經世則畫而合焉畜之

者大則發之者厚矣畜之于中言而宣之如須于

口非飾之故也君子不以記問飾其口不以小道飾其辨子曰國有道其言足以興大畜之謂也賁之大畜

九三賁如濡如永貞吉九三動

象曰永貞之吉終莫之陵也

本象賁之頤莫之陵何也君子言以禮則莫之致亂言以義則莫之敢議貧人不失其道弱國不失其辭則必由言焉言以明明發而動人雖在于顧其

濡也遠矣賁如濡如詩曰蛇蛇碩言出之口矣賁之顧

六四賁如皤如白馬翰如匪寇婚媾

象曰六四當位疑也匪寇婚媾終无尤也

本象君子獨行不以駭俗尚質不以矯世亦各從其道也詩曰邦國若否仲山甫明之明其德不明其餙麗乎正而得其服昭昭乎揭其日月世信之則從之疑之則維之皤如乎其老矣翰如乎其不服矣詩曰有客有客亦白其馬當疑也有萋有苴敦

琢其旅殷人也益孔氏之行也賁之離

六五賁于丘園束帛戔戔吝終吉

象曰六五之吉有喜也

本象賁于丘園家人也子曰書云孝乎唯孝友于兄弟是亦爲政君子入其家見其老鮮如也見其伯季整如也見其幼鱗如也見其夫婦藹藹如也詩曰悅懌美女彤管有煒束帛戔戔豈不喜乎詩曰豈其娶妻必齊之姜豈其食魚必河之魴賁之家

上九白賁无咎 上九動

象曰白賁无咎上得志也

本象 傷于明反其淳賁之明夷何得志也天下從泰吾得吾素天下從華吾得吾度畢命曰政貴有恆辭尚體要不唯好異商俗靡靡利口惟賢餘風未殄公其念哉賁而明夷陳範者之行也 賁之明夷

☶☷ 坤下艮上

剝不利有攸往

彖曰剥剥也柔變剛也不利有攸往小人長也順而止之觀象也君子尚消息盈虚天行也

象曰山附於地剥上以厚下安宅　六爻俱靜

初六剥牀以足蔑貞凶　初六動

象曰剥牀以足以滅下也

本象　剥之初六得其貞猶足以自養也无其貞乃剥也極世將亂君子顧德極家將荒小人顧畜詩曰我有旨畜亦以御冬剥足无貞不自足矣剥不啻

足雖以其體養人而不能養也詩曰冽彼下泉浸

彼苞稂 剝之頤

六二剝牀以辨蔑貞凶

象曰剝牀以辨未有與也

本象剝之六二得其貞猶足以養正也无其貞亦猶

下也廬巳廢不以籧篨竈巳傾不以甑柀鼎巳落

不以蔦蘿蒙蒙之知夫何所施詩曰鳲鳩鳲鳩既

取我子 剝之蒙

六三剝之无咎 六三動

象曰剝之无咎失上下也

本象 无咎何謂也循足以止也剝上以與下過于謙

剝下以與上過于剝動而无咎能剝彼者也剝彼

而止詩曰君子如祉亂庶遄巳 剝之艮

六四剝牀以膚凶 六四動

象曰剝牀以膚切近災也

本象 剝之晉者也剝牀以晉且及其膚詩曰天方薦

瘥喪亂弘多君子漁民不愼于初必自及比于內

不止必亡其身記曰賢人之爲善則日進之也不

賢人之爲不善則亦日進之也賢人視日常恐短

小人視日常恐長剝之來也晝日三接不速𡚁乎

剝之晉

六五貫魚以宮人寵无不利六五動

象曰以宮人寵終无尤也

本象夫處乎剝而能觀其原者鮮矣剝之來也于其

牀也漸而及膚君子外以僉壬內以女蠹外膚剝
于斧藏內膚剝于茵褥夫處乎剝而能觀其原者
鮮矣六五之動陰而復陽危而思全順道而行割
愛而存以人而服躬毋以躬而殉以人詩曰匪教
匪誨時維婦寺故君子靜而觀其情而其故得也
動而觀其序而其法得也牀之剝始于足體之剝
始于姤也詩曰赫赫宗周褒姒滅之君子見情以
知其序見序以知其辨傳曰之子于歸宜其家人

宜其家人胡不教國人剝之觀

上九碩果不食君子得輿小人剝廬上九動

象曰君子得輿民所載也小人剝廬終不可用也

本象剝之上九碩果也碩果不食亦自落矣君子之

治剝也以順其民民終載之小人之治剝也使之

露處民絫覆之甚哉終剝之難也剝而善動還其

百姓其夫復也近矣剝之極之存無日也詩曰徹

我牆屋田卒汙萊君子剝民以極其身使衆去之

而忘其上不亦難乎剝之坤

䷗ 震下坤上

復亨出入无疾朋來无咎反復其道七日來復利有攸往

彖曰復亨剛反動而以順行是以出入无疾朋來无咎反復其道七日來復天行也利有攸往剛長也復其見天地之心乎

象曰雷在地中復先王以至日閉關商旅不行后不

省方 六爻俱靜

初九不遠復无祗悔元吉 初九動

象曰不遠之復以脩身也

本象 復之義復矣盡矣復之坤復而大順者也雷復于地動而不見仁義无名道德无形見靜而已靜而見動動而見一自一而已物出曰遠物入曰近陽復于地入出以平不知其親不遠而已故言道而不言情也言聖而不言意也傳曰上天之載无

聲无臭至矣復之坤

六二休復吉六二動

象曰休復之吉以下仁也

本象復而臨人仁賢上從相說而動以思其休夫復

以長民者其擇善也必審執德也必固出謀也必

誠去利也必甚太甲曰與治同道者罔不興弗慮

胡獲弗爲胡成一人元良萬邦以貞夫太甲者則

可謂復臨者也詩曰何天之休不競不絿不剛不

柔復之臨

六三頻復厲无咎　六三動

象曰頻復之厲義无咎也

本象　无咎之義利艱貞也明而見夷不已厲乎夷而明之不已頻乎日月晨夕不改其度盈縮不減其德夫學之未底者如雛羽之霫霫也拂而墜之亦其志也日之始晋昨晦昨翳君子不以小紊怠其成績不以改爲辱不以屢喪棄人之行故曰一霜

一陽猶有茂桑一梂十徙下无柔楊太甲曰弗克于厥初尚圖維厥終復而頻之尚未有程念滅而巳歌曰一人三失怨豈在明復之明夷

六四中行獨復六四動

象曰中行獨復以從道也

本象獨復從道可以主器矣君子一念善則必思擴之也動之于衷則必表之也積誠之彌足以惠獨則足以動衆矣獨而戒之虩虩以恐不忘道也小

上六迷復凶有災眚用行師終有大敗以其國君凶

至于十年不克征　上六動

象曰迷復之凶反君道也

象以其國君凶上居下也不變者也迷復之凶疑之也復之顚者也若復之若剝之攺而不速以爲

口實至于十年而不能行小人之言也詩曰聽言則對誦言如醉君子攺過見之躬不嘗之于口乍

動而止是維口禍太甲曰天作孽猶可違目作孽

不可遁復之願

☳震下
☰乾上

无妄元亨利貞其匪正有眚不利有攸往

彖曰无妄剛自外來而爲主於内動而健剛中而應大亨以正天之命也其匪正有眚不利有攸往无妄之往何之矣天命不祐行矣哉

象曰天下雷行物與无妄先王以茂對時育萬物六爻俱靜

人慎禍君子慎道震驚百里不失其志故微衆毀
乃以脩德微監不遠乃以自惕中行獨復豈志譽
者哉 復之震
六五敦復无悔 六五動
象曰敦復无悔中以自考也
本象 屯故敦之也以經綸必厚其德以濟險必固其
志以待時必積其道以免悔必大其學問必篤其
性天雲雷不合而雨者陽氣盡也雲雷合而不雨

者陽氣盛也盛而發之其溼必大矣士之淺功則于其驟發也士之驟發則于其薄畜也復而敦之乘時以施雖未有往可以濟矣子曰仁者右也道者左也休復從右者也獨復從左者也仁者人也道者義也厚于仁者薄于義親而不尊厚于義者薄于仁尊而不親道有至有義有考至道以王義道以霸考道以爲无失夫考道无失獲于其中則其復也以爲經綸不亦大乎　復之屯

初九无妄往吉 初九動

象曰无妄之往得志也

本象 无妄之否君子往也運之亨君子尚道運之塞

君子尚志詩曰不狩不獵胡瞻爾庭有懸貆兮 无妄

之否

六二不耕穫不菑畬則利有攸往 六二動

象曰不耕穫未富也

本象 富而禮附之中人之行也富而妄繼之小人之

行也不富而禮无妄人之行也履其道不謀其利正其行不慮其後履之坦坦何不得哉无妄之履

六三无妄之災或繫之牛行人之得邑人之災六三動

象曰行人得牛邑人災也

本象无妄之災以同乎人不足懼也无妄同人而有災何也正而疑于邪義而疑于利故君子不樂與細人處與細人處則疑之者至矣同人于野其害遠焉十室之邑必有攘寇詩曰匪雞則鳴蒼蠅之

聲小人亂聲可以惑聽雖匪雞也同有聲耳君子

不以无妄可以絕禍以同乎人亦已泰矣子曰人

遺弓人得之所以无怨也人有謗人分之所以引

道也故曰與人同功其仁未可知也與人同過而

後其仁可知也是之謂矣 无妄之同人

九四可貞无咎 九四動

象曰可貞无咎固有之也

本象 无妄之益非鑠我也固有之也守其无妄德雖

不廣豈有損哉君子不欲色內日腴不欲富貴內
日豫不欲逸樂內日固不欲邪僻內日茂不欲與
小人居內日弘不欲作无益內日壯詩曰如取如
攜攜无曰益自益之也无妄之益
九五无妄之疾勿藥有喜九五動
象曰无妄之藥不可試也
本象无妄之疾何事藥乎藥獄也獄以創邪小人之
德不創不誅君子之過過非其故自化而已君子

善不近于名惡不近于刑不以懲小人而懲其身所以終慮也詩曰既明且哲以保其身此之謂矣

无妄之噬嗑

上九无妄行有眚无攸利　上九動

象曰无妄之行窮之災也

本象　无妄之行宜獨行矣獨行隨人何爲者也无妄而窮窮而隨人雖不變節何不貞也君子爲德不以貧賤挫其志不以可否售于人不以内无咎而

託于通不以轉徙出處異其慮故无妄之初易爲

退者也无妄之終不易爲進者也无妄之初不殉

達者也无妄之終不殉窮者也无妄之利貞大矣

哉无妄之隨

䷙ 乾下艮上

大畜利貞不家食吉不利涉大川

彖曰大畜剛健篤實輝光日新其德剛上而尚賢能

止健大正也不家食吉養賢也利涉大川應乎天也

象曰天在山中大畜君子以多識前言往行以畜其

德六爻俱靜

初九有厲利已初九動

象曰有厲利已不犯災也

本象畜而得蠱物積于上而獘于下是不有厲乎先

甲三日則其害我者也後甲三日則其以利我者

也是不可以已乎畜者止也時大止而我先動必

有禍焉畜蠱者非所爲福也詩曰莫予荓蜂自求

辛螫肇允彼桃虫拚飛維鳥甲而丁寧所以止也

大畜之蠱

九二輿說輹　九二動

象曰輿說輹中无尤也

本象文明以止德雖畜亦不可行也夫賁者物之動者也畜者物之靜者也畜之賁雖有利足何往矣輿說輹雖有輿未可乘也君子養德裕而肆外肆外而虛其中大畜之賁文在中也文在中者顯不

以榮悔不以潛輿雖說輹中何尤哉　大畜之責

九三良馬逐利艱貞曰閑輿衛利有攸往　九三動

象曰利有攸往上合志也

本象　畜既濡矣動宜損矣馬艮畜也艱貞所以濟損也閑輿衛不自濡也君子以畜舉于人不以畜先於人積剛而能說則非其力之請也盛德從人常若不足良馬在前常若削木損曰可貞利有攸往

二簋可用亨二簋用亨非薄畜也合志而已　大畜之損

六四童牛之牿元吉 六四動

象曰六四元吉有喜也

本象 童牛大畜之大者也然而大順也大順而防害

富而能儉貴而能降義而有禮文而有制天下服

勞不弛其備天下大豐不弛其貯故有三年之積

十年之楙百年之患大有曰元亨元亨有喜也天

下盛明君子去智詩曰秋而載嘗夏而楅衡白牡

騂剛犧尊將將大有之謂也 大畜之大有

六五豶豕之牙吉六五動

象曰六五之吉有慶也

本象　豕大畜之小者也然而尚動也動而壯不可不

慎也故豶其牙雖小患不可以不備武王曰毋謂

胡傷其禍將長周公曰自一話一言我則末惟成

德之彥以乂我受民夫敗畜瀦者則于蟻穴也敗

畜帛者則于鼠窶也世極治亂以僕寺國極康弱

以姬姜天下將平小人去能小人无能國患不生

詩曰誰謂雀无角何以穿我屋　大畜之小畜

上九何天之衢亨　上九動

象曰何天之衢道大行也

本象　大畜之泰吾道大際也孔子曰大道之行也天下爲公人不獨親其親不獨子其子老有所終壯有所用幼有所長鰥寡孤獨貧疾皆有所養男有分女有歸貨惡其棄于地也不必藏于巳力惡其不出于身也而不必爲巳是之爲畜不亦泰乎詩

曰受小共大共爲下國駿厖何天之龍孔子曰大
道之行也與三代之英丘則未之逮也夫丘則未
之逮也大畜之泰

☶☳震下艮上

頤貞吉觀頤自求口實

彖曰頤貞吉養正則吉也觀頤觀其所養也自求口
實觀其自養也天地養萬物聖人養賢以及萬民頤
之時大矣哉

象曰山下有雷頤君子以慎言語節飲食 六爻俱靜
初九舍爾靈龜觀我朶頤凶 初九動
象曰觀我朶頤亦不足貴也
本象 養民尊賢是不足貴乎棄其百姓以養一人剝
且及體而何所容夫民若穀既于螟蝨稽何所亨
故龜食墨而吉凶見焉民食火而好醜見焉棄龜
不卜棄民不長民吾寶也貨吾禍也民所生我也
貨所死我也舍生從死舍民從我書曰維用自絕

故天棄我不有康食不有康食以求朶頤尚可得

乎頤之剝

六二顛頤拂經于丘頤征凶六二動

象曰六二征凶行失類也

本象顛頤上止而下動顛頤上從下也上有欲而損其

志損而拂其道其養賢也薄于其養衆也此于丘

頤也衆人之道也君子養賢若將釀之養老若將

乳之養而拂于損衆不見腴而上見病也行之失

類是莫大焉詩曰有鶖在梁有鶴在林鶖不見益
鶴不損乎則病者乎 頤之損
六三拂頤貞凶十年勿用无攸利 六三動
象曰十年勿用道大悖也
本象 夫賢之受養也以文又何利焉養不以寔等乎
餌之也十年勿用則亦无用也矣詩曰於我乎每
食四簋今也每食不飽于嗟乎不承權輿養雖正
也而道則悖洛誥曰儀不及物惟曰不享惟不役

志于享凡民惟曰不享惟事其爽侮事旣爽侮尚亦有利哉 頤之賁

六四顚頤吉虎視眈眈其欲逐逐无咎 六四動

象曰顚頤之吉上施光也

本象 六四顚頤又何吉也養而後教之以其利人者刑人以其刑人者利乎人反復道也虎視眈眈其欲逐逐噬嗑之象也 頤之噬嗑

六五拂經居貞吉不可涉大川

象曰居貞之吉順以從上也

本象 拂經亦未得乎頤之正也上有欲而益其忘益而拂其道其愛一人也厚于愛其身也家人之道也書曰官惟其人曰祿弗及世曰罔違道以干百姓之譽小人之行厚賞而无功多與而无繼腆其有居以涉大川何以極之君子居常不與衆較祿居變則與衆較志益所當益又孰辨焉詩曰瑣瑣姻婭則无膴仕 頤之益

上九由頤厲吉利涉大川 上九動

象曰由頤厲吉大有慶也

本象 由頤觀頤也上所自養則養人也由之矣下所爲養以視其則亦不遠也太甲曰民非后罔克胥匡以生后非民罔以辟四方故上之養民若雨之于淵也民養上若雲之于雨也反復其道化必由之復曰出入无疾朋來无咎夫明乎復者雖有大險豈不濟哉 頤之復

☱☴ 巽下兑上

大過棟橈利有攸往亨

象曰大過大者過也棟橈本末弱也剛過而中巽而

說行利有攸往乃亨大過之時大矣哉

象曰澤滅木大過君子以獨立不懼遯世无悶 六爻俱靜

初六藉用白茅无咎 初六動

象曰藉用白茅柔在下也

本象 棟之將撓也先治其下柔在下而上隆所自危

也國將顛必愼其民貳將殆必愼其家臣剛以決柔巽而使健疆本而支末治亂之道也爲車者堅而輪𨋀而上藉之以蒲所以防危也君子之于過也決去之𡈼過始于荏而失于不愼周諺曰墻以高基以下防乎雨夫質弱而任重其撓也必滅身夬曰孚號有厲告自邑言愼之至也大過之夬

九二枯楊生梯老夫得其女妻无不利

象曰老夫女妻過以相與也

本象時已過而咸老夫娶女尚有利也失道而得賢

失勢而得民詩曰標有梅其實三兮求我庶士迨

其今兮夫德足以感人雖後其時尚有爲也感得

其道乃无過得其人過乃以平詩曰薄言追之左

右綏之既有淫威降福孔夷言追時也以得人也

大過之咸

九三棟橈凶　九三動

象曰棟橈之凶不可以有輔也

太象棟之撓也必于上大過而困又孰輔之下實不
支而生險心上猶說焉以恣其過不亦困乎詩曰
員于爾輻屢顧爾僕言乎其未覆者也夫過而困
坐仆而已大過之困
九四棟隆吉有它吝九四動
象曰棟隆之吉不撓乎下也
本象大過之井何謂也改邑不改井改室改棟棟隆
尚存其材不亡君過而臣貞君失而臣守國有冢

宰家有家相維商亦有微子微仲王子比干箕子
膠鬲詩曰之死矢靡他國將替賢人易位大厦將
崩其棟必衰書曰我自顛隮我不顧行遯遯而有
他詩曰瞻烏爰止于誰之屋汔至亦未繘井羸其
瓶是之謂也大過之井
九五枯陽生華老婦得其士夫无咎无譽九五動
象曰枯陽生華何可久也老婦士夫亦可醜也
本象 大過之恆何可恆也時已過而以爲利德已過

而以爲當雖无咎譽何可用也君子善退以保其
福善藏以厚其德過而有榮雖不受責莫賞之矣
賞不至責不與莫齒之矣故德而人賓之功而人
不利焉雖不失常不可常矣恒之謂也 大過之恒
上六過涉滅頂凶无咎 上六動
象曰過涉之凶不可咎也
本象 深則厲淺則揭過涉之凶何不可咎也過而健
健而不說則憂將至矣未過于已夫已過矣過于

巳而姤生焉日中以仄歲暮以淹時移于上物遷于下將誰咎乎詩曰我生之初尚无爲君子爲德不能及中過而不止與世俱斃云利有往過往而悔日持其華以待于衰詩曰昔我往矣黍稷方華今我來思雨雪載塗 大過之姤

䷜ 坎下坎上

習坎有孚維心亨行有尚

彖曰習坎重險也水流而不盈行險而不失其信維

心亨乃以剛中也行有尚往有功也天險不可升也
地險山川丘陵也王公設險以守其國險之時用大
矣哉
象曰水洊至習坎君子以常德行習教事六爻俱靜
初六習坎入于坎窞凶初六動
象曰習坎入坎失道凶也
本象節者道之窮也險者節之盡也苦節入險亦艱
矣哉周史曰是亦戮人之行也夫亦不得已也夫

坎之節

九二坎有險求小得　九二動

象曰求小得未出中也

本象　險而有所比比得其正持危扶顛賢人來輔相亂川者託于壼相濆邦者託于家君子入國問其禁見其政求其賢人居其國患其政求其百姓在夷狄求其信在禍患求其智極則必順雖未大順豈大失哉　坎之比

六三來之坎坎險且枕入于坎窞勿用 六三動

象曰來之坎坎終无功也

本象 坎而得井動而復險枕于坎入于井以逃難難愈至初雖順而後不利悚悚乎其來也扁扁乎其將寢也羸羸乎其臨之也獨行而无智多恐而不治機自躬也跰自致也以是爲用不喪其身亦喪其股肱矣 坎之井

六四樽酒簋貳用缶納約自牖終无咎 六四動

象曰樽酒簋貳剛柔際也

本象 困者、君子之福也、困以固其志、困以長其智、困以謹其言語、以慎其取與、夫坎而困、則其慮患也至矣、樽酒者、所以爲柔也、用缶者、所以爲實也、納約自牖、所以信言也、貳而將之、所以信行也、君子未有困而終害者也、坎之困

九五坎不盈祗既平无咎 九五動

象曰坎不盈中未大也

本象坎不盈坤之象也祗既平險用夷也險而得衆
可以建國中未大者未知難也險動而順履順而
中未安召誥曰王用顧畏民碞服于土中夫民猶
碞也碞險也以伏險雖近締幄猶不得順焉水在
地而生風波民在衆而生寇盗險而得衆其孚未
深无咎而已 坎之師
上六係用徽纆寘于叢棘三歲不得凶 上六動
象曰上六失道凶三歲也

本象師得衆者也渙失衆者也得衆旣平猶有險焉險而衆渙何所恃乎夫險之窮也動而親離也詩曰不明爾德以无背无側爾德不明以无陪无卿人之將亡蒐魄不完言語不一志慮不專左右去之係于叢棘手足獲全不亦幸乎　坎之渙

☲☲　離下
離上

離利貞亨畜牝牛吉

彖曰離麗也日月麗乎夫百穀草木麗乎土重明以

麗乎正乃化成天下柔麗乎中正故亨是以畜牝牛吉也

象曰明兩作離大人以繼明照于四方六爻俱靜

初九履錯然敬之无咎初九動

象曰履錯之敬以辟咎也

本象履錯然旅人之行也咎之來則于外行也君子之明也動而止止以觀內明以觀外我敬人則人敬之矣我敬衆也則衆敬我也不寡矣君子敬慝

无擇身无擇人无擇位以慢而受禍則多于其路人也詩曰佻佻公子行彼周行既往既來使我心疚夫知乎旅者則其履之慎也細矣哉離之旅

六二黃離元吉六二動

象曰黃離元吉得中道也

本象大有德之至大者也離之大有以文明也聖人在上天下大足日月以明雨暘以時幽遠以章蒙昧以知鰥寡不哀匹夫无私是爲大順順道大明

故事大積焉而不苑細行而不斷茂而有間連而
不相及道之往于天下若明兩之出入也禹謨曰
六府三事允治萬世永賴離之大有无愧也哉離之
大有
九三日昃之離不鼓缶而歌則大耋之嗟凶九三動
象曰日昃之離何可久也
本象日昃之離言盡乎其內者也極明者危極盛者
衰極樂者哀言乎其象者也獄不可極察不可窮

刑不可長貪不可從言乎其噬嗑者丞噬嗑明而
就陰言乎其動者也離之噬嗑
九四突如其來如焚如死如棄如九四動
象曰突如其來如无所容也
本象火動而燥者也賁餙而滅質者也燥已極而動
賁以炎而燃突如而來來而止止而就燥不亦可
醜乎口猶火也火猶禍也多言自焚狂言廢倫以
爲兵戈灾其國家聞人之害過于盜死如棄如盖

少正氏之行也離之賁

六五出涕沱若戚嗟若吉六五動

象曰六五之吉離王公也

本象戚嗟若吉何謂也同人之憂者也麗于王公天下之憂必且歸之以爲痌瘝戚莫過焉說命曰予弗克俾厥后惟堯舜其心愧恥若撻于市一夫不獲則曰時予之辜夫離以極明而慮其傷位以極高而虞其蹈弔亂卹窮省災號凶臨民之喪泣罪

下車憂以同人蓋夏殷氏之行也　離之同人

上九王用出征有嘉折首獲匪其醜无咎　上九動

象曰王用出征以正邦也

本象　離之豐亦離之極也明照于外以震四方豈有格焉豐曰王假之勿憂所以有嘉也宜日中所以无咎也折其首不獲其醜亦善于用明者矣君子不以豐大而肆其力不以明而竭其照節其光其光乃厚善其明武武乃富詩曰明明天子令聞不

已矢其文德洽此四國上九之謂也離之豐

易本象卷之一終

卷一

八閩文庫

福建文獻集成

續編　經部　五

吴格　主編

八閩文庫
文獻集成
205

海峽出版發行集團
THE STRAITS PUBLISHING & DISTRIBUTING GROUP
福建人民出版社

本册目次

易本象四卷（卷二至卷四）

［明］漳浦黄道周撰

福建省圖書館藏清康熙間刻本

易本象卷之二

下經

☶艮下
☱兌上

咸亨利貞取女吉

彖曰咸感也柔上而剛下二氣感應以相與止而說男下女是以亨利貞取女吉也天地感而萬物化生聖人感人心而天下和平觀其所感而天地萬物之情可見矣

象曰山上有澤咸君子以虛受人 六爻俱靜

初六咸其拇 初六動

象曰咸其拇志在外也

本象 拇非咸之故也動之最下者也下不止而懷其私取外之剛以濟其柔以利感民其民必躁始念不止變必由之夫內懷私以說其外兩利必爭兩逐必違二女同居其志不得感非其義說而无制所自邪也君子感不以其道不動其志不入其鼻

口耳而況其行之者乎君子行而天下從之變化之原不可以不審也 咸之華

六二咸其腓凶居吉 六二動

象曰雖凶居吉順不害也

本象 咸其腓咸之大過者也咸在中而過盛內盈而外弱故有憂死之華踼枯之葉夫陰以感陽愈進而愈過動而上漸極則凶居不動者也不動則未大過者也下巽而動猶未害也 咸之大過

九三咸其股執其隨往吝三爻動

象曰咸其股亦不處也志在隨人所執下也

本象萃內順以從人者也順以悅人少男而老婦之行也視利所聚感必從之雖以求陰失其道矣咸之萃

九四貞吉悔亡憧憧往來朋從爾思四爻動

象曰貞吉悔亡未感害也憧憧往來未光大也

本象感於患難者也艱而貞之何所悔也臨患思平臨難思靖慎所感之何不可乎子曰尺蠖之屈以

求伸也龍蛇之蟄以存身也精義入神以致用也

恆人去欲則必于難焉去蔽去佚則必于困焉淫

比之亡則于險阻也夫感于險阻者則其不思者

寡矣詩曰天之方蹶无然泄泄咸之蹇

九五咸其脢无悔九五動

象曰咸其脢志末也

本象咸其脢咸之小過者也大過陰感上也臣之唉

其君者也不宜下者也小過剛居柔也君之敉其

臣者也宜下者也咸其脢違其心雖小過未大失也書曰爾毋靣從而背用違咸之在脢不亦可乎詩曰江有汜之子歸不我以不我以其後也悔悔者所以无悔也　咸之小過

上六咸其輔頰舌　上六動

象曰咸其輔頰舌滕口說也

本象　遯者感之窮者也感在下而不止則變在外也感在上而不說則遯在內矣故感在拇愼于行感

於輔慎在言言行感人不可以不慎也行以先之言以後之行以內之言以外之休咎未分遠矣哉行而得變言而得窮以此感人不亦危乎咸之遯

䷟巽下震上

恒亨无咎利貞利有攸往

彖曰恒久也剛上而柔下雷風相與巽而動剛柔相應恒恒亨无咎利貞久於其道也天地之道恒久而不已也利有攸往終則有始也日月得天而能久照

四時變化而能久成聖人久於其道而天下化成觀
其所恒而天地萬物之情可見矣
象曰雷風恒君子以立不易方　六爻俱靜
初六浚恒貞凶无攸利　初六動
象曰浚恒之凶始求深也
本象　浚恒之凶動不巽也履乎常德而用大壯健而
動處下而用剛事必求有成行必求有名作必殊
乎人井有源故入之地巳靜故穴之室巳堅故削

之紛已安故琢之言語已平故復之近于爲巽之行者也周諺曰人以爲哇彼必以爲谿人以爲汙邪彼必以爲市夫居恆而有求亦已過矣况其浚之乎恆之非

九二悔亡九二動

象曰九二悔亡能久中也

本象小過何以悔亡也恆之小過過于恆耳言過于信守過于靜事過于約處過于一士貧賤不羞不

變得一言不羞不益小後于時不先時而躁競子曰夫輕絕貧賤而重絕富貴則其人好賢不堅而惡惡不著矣君子之過過于厚守常不遷非以爲愞也詩曰獨寐寤言永矢弗諼恒之小過

九三不恒其德或承之羞貞吝九三動

象曰不恒其德无所容也

本象恒而解變其德也夫恒之時險而不懾貧而不憂樂而不亂懾而不詭憂而不媚亂而固其正言

語以時出入以倫夫恒之將淫也渙渙乎若氷之將泮也若日霽霽而雨之也南人有言曰人而无恒不可以爲卜筮是之謂也恒之解

九四田无禽九四動

象曰久非其位安得禽也

本象恒之升固其位者也據位而恒則拂乎進者矣德不足以濟變而智足以久寵者宵人也夫縻人祿而扼人途業无聞焉以久其位不亦難乎木不

得生斧柯獸不得生網羅木窮蘖斧獸窮焚羅田而无禽以爲虞者不亦難乎詩曰彼君子兮不素餐兮田无禽素餐者也 恆之升

六五恆其德貞婦人吉夫子凶 六五動

象曰婦人貞吉從一而終也夫子制義從婦凶也

本象 恆而大過從一者也詩曰无非无儀是不過恆乎君子動與時俱屈伸進退以相其宜故時從義皆也恆從一者也无咎從時者也大過從恆者也

休徵曰時咎徵曰恒媜人之恒也故信過諒以亡其身守過確以滅其性道過隘以傷乎命知其近而不可遠行之朝夕而違乎大者媜卣之行也詩曰不敢暴虎不敢馮河人知其一莫知其他恒之大過

上六振恒凶上六動

象曰振恒在上大无功也

本象鼎從革者也恒而鼎甚不革也時守常而振其事撟處而思建釁而發先地而動匹夫而議作君

服箱以田而思乎千里也稼就耘而鼎之不可以爲粢魚在淵而鼎之不可以爲醢桃在墠而鼎之不可以爲獻魯語曰仍舊貫如之何何必改作振恆之謂也恆之鼎

䷠艮下乾上

遯亨小利貞

彖曰遯亨遯而亨也剛當位而應與時行也小利貞浸而長也遯之時義大矣哉

象曰天下有山遯君子以遠小人不惡而嚴　六爻俱靜

初六遯尾厲勿用有攸往　初爻動

象曰遯尾之厲不往何災也

本象　遯尾窮而同人者也尾縮而懦隨物而馳道不足以持氣言不足以首義往不足以明幾止不足以居勢逋藪之行也君子遯不獨舉作而多疑衆去而後從之以爲言避于曹非以爲行託于衆指詩曰發言盈庭誰敢執其咎此夫遯尾者也勿用

有往尚无害也　遯之同人

六二執之用黃牛之革莫之勝說　二爻動

象曰執用黃牛固志也

本象　利貞所以爲執也勿用取女莫之說也遺其冠者不以其纓遺其劍者不以其室遺爵位者不以其利去禍于隆避戮于寵以獨勝不以辨衆此夫觀其姤者也君子燭幾必于惟微其進也難退則邀乎其莫之挽也詩曰我心匪石不可轉也　遯之姤

九三係遯有疾厲畜臣妾吉　九三動

象曰係遯之厲有疾憊也畜臣妾吉不可大事也

本象　有疾厲遯之否者也外剛而內柔遯而係于內賢人將亡國命以頹書曰商今其有災我興受其敗係遯之厲王子以之畜臣妾者近而不遠遠而不近不得爲德以免于慼曰惟我家之臣僕者箕子之行也　遯之否

九四好遯君子吉小人否　九四動

象曰君子好遯小人否也

本象 好遯獨行非以求進也天下求之非以爲名也女歸曰漸遯而漸者得所往也遯而媒進女奔之道也逃名得名初遯終進不亦羞乎水之漸也志在退也女之漸也志在家也以遯爲進所以好遯也詩曰鴻飛遵渚公歸无所鴻飛遵陸公歸不復得夫遯之序者也漸也此夫女歸之行也 遯之漸

九五嘉遯貞吉 九五動

象曰嘉遯貞吉以正志也

本象 旅非遯者也觀利以爲進退者也君子進退以乘其時可則從之否則違之行不遠乎道往不絶乎俗衆處而獨志先不以爲望後不以爲扼去而人不疑藏而不失其事者嘉遯也嘉遯難矣哉遯而旅老于途纍纍然而行者夫子之行也 遯之旅

上九肥遯无不利 上九動

象曰肥遯无不利无所疑也

本象記曰君子祿讓厚而居薄則職可報也位讓高而居下則免乎禍也名維其小不維其大則責者可不過也此三者所以自保也君子動不謀利不以肥其身則其感人也至矣詩曰民之无良相怨一方受爵不讓至于已斯亡君子爭利小人疑之上九之遯以感百姓豈不利哉　遯之咸

䷡　乾下震上

大壯利貞

彖曰大壯大者壯也剛以動故壯大壯利貞大者正也正大而天地之情可見矣

象曰雷在天上大壯君子以非禮弗履　六爻俱靜

初九壯于趾征凶有孚　初九動

象曰壯于趾其孚窮也

本象　趾在下而用壯躁而不貞所自凶也有孚恒也大壯而得其常征而必克則驕者也行而未遠出于戶思乎內動于氣思乎志則巽者也夫大壯而

能制其恒者則鮮矣其習然者若性者也則安之也剛陽之行持之甚盈夫以爲久也而不知其不可久也以大壯而恒用乎者鮮矣大壯之恒

九二貞吉九二動

象曰九二貞吉以中也

本象大壯而得豐亦可憂矣豐曰勿憂宜日中王者之盛也夫氣盈而不虛貌廓而不寃瀰其外而實于內以給天下豈有肭蒿君子勇足以大致禮足

以大餙致足以大建餙足以大粲記曰不臨深以
高不加少以多貞吉之謂也大壯之豐
九三小人用壯君子用罔貞厲羝羊觸藩羸其角九三動
象曰小人用壯君子罔也
本象征凶无攸利歸妹也用壯以罔亦何所利乎羝
羊乾而兌之也觸藩壯以從動也羸其角柔其剛
也動過于壯所從敗也初剛而終柔初厲而終荏
歸于妹也歸于妹不足以有明也始正而終壞也

歸妹之象曰君子以永終知蔽（大壯之歸妹）

九四貞吉悔亡藩決不羸壯于大輿之輹（九四動）

象曰藩決不羸尚往也

（本象）藩決之動剛化柔也決而不羸剛柔際也大輿之輹健在下也貞吉悔亡壯而泰者也泰而前進所往尚也君子剛以窒慾健以懋德毅以作斷武以亂亂壯而泰天下之害盡矣壯于大輿所以任載也詩曰駕彼四牡四牡騤騤君子所依小人所

腓九四之謂也　大壯之泰

六五喪羊于易无悔　六五動

象曰喪羊于易位不當也

本象　健而動動以悅人位未當也居乎大壯而用其夬夬而潰其喪羊也必矣羊喜險者也喪之于易險之决也氣之平也行之復也告自邑不利卽戎所以慮喪也夫以大壯而行夬者其不悔則寡矣

大壯之夬

上六羝羊觸藩不能退不能遂无攸利艱則吉上六動

象曰不能退不能遂不詳也艱則吉咎不長也

本象不能退不能遂壯之窮也壯而懷其利者也夫小人樂禍君子自喜皆壯者也壯而富富而自用進不足以沛澤退不足以行禮驕而吝繼之矣雷動于上而火麗之陽盛而未降陰富而未泮艱而守正久而合之其道乃得故靜曰利貞動曰元亨艱以利貞從以元亨艱則吉是之謂也大壯之大有

䷢ 坤下離上

晉康侯用錫馬蕃庶晝日三接

彖曰晉進也明出地上順而麗乎大明柔進而上行是以康侯用錫馬蕃庶晝日三接也

象曰明出地上晉君子以自昭明德 六爻俱靜

初六晉如摧如貞吉罔孚裕无咎 初六動

象曰晉如摧如獨行正也裕无咎未受命也

本象 甚哉始進之難也小人始進如闚于穴君子始

進如闞于獄毋以果行意毋以利行便毋以人爲必予信毋以斷爲必予聽此四者所以慎事也夫貞而能寬雖未獲上可以免禍矣摧如裕如蓋言慎也慎而孚用獄之道也觀夫噬嗑而知晉者不亦難乎　晉之噬嗑

六二晉如愁如貞吉受茲介福于其王母　二爻動

象曰受茲介福以中正也

本象　晉如愁如一剛一柔一進一退雖有其孚未忘

患也善進以禮善禮以遜遜以成事成事以懼詩曰在彼无惡在此无斁庶幾夙夜以永終譽言不忘戒也未濟汔濟猶或戒之晉如摧如可受福乎故夫未濟者所以敬命也晉如若未濟所以中正也晉如愁如豈爲過乎　晉之未濟

六三衆允悔亡　三爻動

象曰衆允之志上行也

本象　衆旅也君子道足以格上必足以孚衆衆之不

允則其晉也誶矣故州里所以觀順也旅伍所以觀義也朋友所以觀德也多口所以稽行也衆順而允允而從明義不援上止而進之詩曰庶无罪悔以迄于今晉之旅

九四晉如鼫鼠貞厲四爻動

象曰鼫鼠貞厲位不當也

本象九四陰之晉也進而剝人者也邪而上行貪而附君足以自固不足以免禍也鼫鼠在位則其剝

下者甚矣剝下損上其進人也刀鱠而毒致之也故曰拱鼠致饋莫或受之小人上禮不足貴也晉之剝

六五悔亡失得勿恤往吉无不利五爻動

象曰失得勿恤往有慶也

本象 賢人在廷庶政未明何足疑乎維明主不以小失棄莊士維賢士不以未泰病其君嘗之苦不以吐授之輕不以置明而遲之久而必合日將出必有大暗憂心悄悄慍于羣小文王之行也失得勿

恤雖以見恤終必泰矣詩曰邦國若否仲山甫明之晉而明否何不可乎晉之否

上九晉其角維用伐邑厲吉无咎貞吝上爻動

象曰維用伐邑道未光也

本象豫利行師晉而豫伐邑而已厲吉戒懼者也貞吝志必克者也君子未進不可以言進進矣不可以言逸進之終不可以言樂晉其角豫進者也行師者和于始戒于登車凛于致命愼終如初所以

獲吉也君子未進而豫其動動之極且豫之也形未作而角先見焉行未遠而意先盡焉雖得其正亦可羞矣晉之豫

☷☲ 離下坤上

明夷利艱貞

彖曰明入地中明夷內文明而外柔順以蒙大難文王以之利艱貞晦而明也內難而能正其志箕子以之

象曰明入地中明夷君子以蒞衆用晦而明六爻俱靜

初九明夷于飛垂其翼君子于行三日不食有攸往

主人有言初九動

象曰君子于行義不食也

本象謙所以隱德也明夷之謙所以避難也往而得

窮所以用晦也隱德而用晦匪遇也蒙難而見德

非智也蹈地必擇非義也詩曰彼君子兮不素飧

兮明夷之謙

六二明夷夷于左股用拯馬壯吉 二爻動

象曰六二之吉順以則也

本象 順而動動而則具焉健也健以用正得乾者焉內健而外順先夷而後泰得其拯之者也仲以衛征少以歸綸夏得二康焉戊以祥桑丁以雊雉商得二宗焉盈龍瑚野跋胡東山周得二公焉盤庚曰各非敢違卜用宏茲賁用宏茲賁拯馬壯也此夫明夷而泰者也 明夷之泰

九三明夷于南狩得其大首不可疾貞　三爻動

象曰南狩之志乃大得也

本象　此夫明夷之復者也日之南至寒暑以廻脩景以還天地以變根芽以生明夷之晦不求者也夫日南狩而大首得焉君子復命而帝錫見焉行以其節進以其序西伯歸程密人以成復志者也南單之臺分天之明出震者也望羊皓首末而受命不疾者也詩曰昭假遲遲上帝是祗帝命式于九

圍武王之謂也

六四入于左腹獲明夷之心于出門庭

象曰入于左腹獲心意也

本象　明夷之盛者也觀其體得其幾觀其事得其意

明夷之盛者也豐曰亨王假之勿憂宜日中此夫

姜望之所也順而動後動而先静入晦而出明出

于門庭藏光而靈與時偕行詩曰其誰知之其誰

知之盖亦勿思此夫散宜生南宫适氏之行也

之豐

六五箕子之明夷利貞　五爻動

象曰箕子之貞明不可息也

本象　夫行義以殄其親仁者不爲也行義以殄其身知者不爲也岨崍當車而馬濟焉艮御見矣洪波阻川沔舟濟焉艮帆見矣箕子之貞必濟者也王子之貞必死者也夫如箕子者則可以與于文者矣

明夷之革

上六不明晦初登于天後入于地 上六動

象曰初登于天照四國也後入于地失則也

本象 時不可逆者也治不可飾者也晦不可動者也不明乎晦者庸主之行也道淺而嗜王國小而嘗霸世亂而聲治此三者後世有爲者亂相艷也日始乎子則照長始乎午則照促矣君子謀福恒于其禍以榮謀榮豈有得焉詩曰羔裘如膏日出有曜豈不爾思中心是悼言不明悔者也不明乎晦

以處患難就土而已顛覆失則未爲過也明夷之賁

☲☴ 離下巽上

家人利女貞

彖曰家人女正位乎內男正位乎外男女正天地之大義也家人有嚴君焉父母之謂也父父子子兄兄弟弟夫夫婦婦而家道正正家而天下定矣

象曰風自火出家人君子以言有物而行有恆六爻俱靜

初九閑有家悔亡初爻動

象曰閑有家志未變也

本象 志未變者始于漸者也婦歸而女三月而後稱婦焉閑其訓則於始也閑始如終則于其漸也夫家以順家以戾家以淫家以貞則必于婦焉內者所以漸外也邇者所以漸遠也伊訓曰若嗣德罔不在初立愛惟親立敬惟長始于家邦終于四海詩曰刑于寡妻至于兄弟以御于家邦言其漸也所以變志也 家人之漸

六二无攸遂在中饋貞吉 二爻動

象曰六二之吉順以巽也

本象 小畜動而見畜宜小而不宜大亦家人之道也柔得位而上下應之健而止于巽不危色不厲志亦可以言順矣无攸遂言畜者也在中饋畜而小者也是亦家人之正者也 家人之小畜

九三家人嗃嗃悔厲吉婦子嘻嘻終吝 三爻動

象曰家人嗃嗃未失也婦子嘻嘻失家節也

本象　家人嗃嗃動而震者也婦子嘻嘻巽而吝者也動而震以御乎巽所以爲益也刑家者以嚴齊家者以廉嚴以明訓廉以慎事志日以明道日以治吉以後戢吝以終棄所失者鮮益莫大焉詩曰不僭不賊鮮不爲則　家人之震

六四富家大吉　四爻動

象曰富家大吉順在位也

本象　富家家之同人者也旅順于下婦順于內德順

于中聲順于外滿而不厲明德剛志行巽以利詩曰侯主侯伯侯亞侯旅侯彊侯以有嗿其饁思媚其婦有依其士大順以富莫之能閒同八之謂也家人之同人

九五王假有家勿恤吉五爻動

象曰王假有家交相愛也

本象是家之賁者也黼黻合而裳粲焉琴瑟和而音薦焉纁玄合而幣辨焉父父子子兄兄弟弟夫夫

嬪嬪文之假者也故禮莫大乎有辨樂莫大乎有節辨莫大乎不瀆節莫大乎不亂傳曰君子樂其本動其象然後治其飾有家之賁非所事飾也禮樂之所由出也詩曰琴瑟在御莫不靜好王者正化先內而外大婚以宜大舞以作悠哉悠哉展轉反側所以勿恤也琴瑟友之鐘鼓樂之所以獲吉也九五之謂也 家人之賁

上九有孚威如終吉 上爻動

象曰威如之吉反身之謂也

本象威如反身何謂也慎終如始以成其治不亦難哉有孚之道未濟者也威如之吉旣濟者也事畢而弛祭撤則懈弓以弢而背紳以解而委皆于旣濟者也旣濟而怠亦不足信也濟曰初吉終亂嘻嘻之故吝寔在焉君子成治不弛其閑不輟其信億世无斁則正之謂也正以爲威威而安詩曰諸宰君婦廢徹不遲諸父兄弟備言燕私家人之旣濟

䷥ 兌下離上

睽小事吉

彖曰睽火動而上澤動而下二女同居其志不同行說而麗乎明柔進而上行得中而應乎剛是以小事吉天地睽而其事同也男女睽而其志通也萬物睽而其事類也睽之時用大矣哉

象曰上火下澤睽君子以同而異 六爻俱靜

初九悔亡喪馬勿逐自復見惡人无咎 初爻動

象曰見惡人以辟咎也

本象 火靜而上水動而下无所乘也勿逐自復得其故也君子之于小人若水火之不相入也見之而違違其素不違其則也睽而未濟明昧之際也子曰素患難行乎患難淺求沒身危行取窮是果于濟違者也君子未濟辟咎而已 睽之未濟

九二遇主于巷无咎 二爻動

象曰遇主于巷未失道也

本象九二遇主宗噬膚也上明而下悅之悅而動不失其道若頤之嗑物也若獄之用斷也始雖違之終必合焉遇之于巷得情之難也臣而剛欲合其君則必從柔者矣言不以爲腴亦勿以爲毒則未失道矣詩曰人亦有言柔則茹之剛則吐之維仲山甫柔亦不茹剛亦不吐噬嗑之道也 睽之噬嗑

六三見輿曳其牛掣其人天且劓无初有終 三爻動

象曰見輿曳位不當也无初有終遇剛也

本象位不當者時尚違也遇剛有終大有之道也掣於前曳于後雖未往猶得駕也違其時劓其人雖近刑非其罪也駕以待時德以滅咎健以持巳明以得衆免禍而從福違道而得利君子不爲也見難而知違見患而知去不亦大哉睽之大有

九四睽孤遇元夫交孚厲无咎四爻動

象曰交孚无咎志行也

本象睽孤損者也損剛以就柔損勢以悅下上下交

而其志行也君子違其國不失其上卿違其邦不失其大夫違其鄉不失其士故雖獨行而志常適事雖悖而道不亂也遇元夫交孚睽損之謂也夫損以孚下者時事雖違豈有咎哉睽之損

六五悔亡厥宗噬膚往何咎五爻動

象曰厥宗噬膚往有慶也

本象厥宗噬膚能改過者也六五以之得所履者也君子違於時必合于度失乎勢不悖乎禮渙其交

不反平信得其所履衆用不貳往而有慶豈外至哉睽之履

上九睽孤見豕負塗載鬼一車先張之弧後說之弧匪寇婚媾往遇雨則吉上爻動

象曰遇雨之吉羣疑亡也

本象睽之歸妹其志通也衆睽以疑衆和以誠女无媒不行雨不合不零先張而後說先阻而後合詩曰折薪如之何匪斧不克娶妻如之何匪媒不得

過雨之謂也君子欲行不得其鄰道高而无名身汚而未清動與衆遠明使衆震其不終睽者寡矣

睽之歸妹

艮下坎上

蹇利西南不利東北利見大人貞吉

彖曰蹇難也險在前也見險而能止知矣哉蹇利西南往得中也不利東北其道窮也利見大人往有功也當位貞吉以正邦也蹇之時用大矣哉

象曰山上有水蹇君子以反身脩德六爻俱靜

初六往蹇來譽初爻動

象曰往蹇來譽宜待也

本象蹇其往者也既濟其來者也蹇之既濟宜待者也蹇而不待以智嘗險以伎角化詩曰如彼朔風亦孔之僾揖不待不以亂川駟不待不以蹁登往不待來其道必窮蹇之既濟言善待者也蹇之既濟

六二王臣蹇蹇匪躬之故二爻動

象曰王臣蹇蹇終无尤也

本象 蹇蹇井井也往來井井未失德也改其過不改其志見險而不止巽而不濟知其分不知其躬艱而能井畫一之道也記曰君子不以身爲壑爲澮溝瀆者井井之蹇也 蹇之井

九三往蹇來反 三爻動

象曰往蹇來反內喜之也

本象 往蹇剛上致也來反喜順易也喜之爲福衆親

比也蹇而衆比之以柔行剛以和行義智足以拂亂仁足以擾衆故在難而衆歸之者太王是也盤庚曰予豈爾威用奉畜爾衆君子不獨行而犯難不憂患而專其意動而能和賢人來輔故比于衆可以禦寇比于賢可以圖治賢人比權天地以旋詩曰无棄爾輔員于爾輻比之謂也蹇之比

六四往蹇來連四爻動

象曰往蹇來連當位實也

本象咸以濟蹇者也衆合志也來連際陽也險動而說說以得賢蹇乃往矣書曰野无遺賢萬國咸寧仁以感帝否運以泰義以感民羣醜以賴賢人彙從以風以雲往蹇來連尚何難哉蹇之咸

九五大蹇朋來五爻動

象曰大蹇朋來以中節也

本象蹇而謙行不近于安志不近於逸小濟不喜大勇若懼見色而下聞德而企直言砭性嘉猷益慮

匹夫匹婦則以儆乎大蹇之行也詩曰溫溫恭人如集于木惴惴小心如臨于谷可不謂謙乎謙以集德集德以濟大誥曰乎惟小子若涉水淵乎惟求攸濟敷賁夫謙而獲助天下順焉大蹇朋來尚何難哉 蹇之謙

上六往蹇來碩吉利見大人 上爻動

象曰往蹇來碩志在內也利見大人以從貴也

本象 蹇之漸者也蹇而漸解動之極也蹇往碩來所

以吉也險而巽巽而止所以內志也止而進進而
得其序先阻而後利先險而後泰水流以科風行
以時蹇而後進大人之義也蹇之漸

☵☳坎下震上

解利西南无所往其來復吉有攸往夙吉

彖曰解險以動動而免乎險解解利西南往得衆也
其來復吉乃得中也有攸往夙吉往有功也天地解
而雷雨作雷雨作而百果草木皆甲拆解之時大矣

哉

象曰雷雨作解君子以赦過宥罪　六爻俱靜

初六无咎　初爻動

象曰剛柔之際義无咎也

本象　歸妹剛柔際也雷雨解而男女合患難平而哲人出女蟄以待泮士蟄以待泰善觀其義者也咎所由來以鬪濟鬩也解難以和解怨以平解競以不爭智者不從於險不以身嘗亂絲理而後經之

繩理而後緡之詩曰之子于狩言韔其弓之子于釣言綸之繩言歸而際其義者也解之歸妹

九二田獲三狐得黃矢貞吉二爻動

象曰九二貞吉得中道也

本象田獲三狐何所疑也得黃矢樂而得其正者也君子離禍而樂其身釋疑而慊其志行于中道胡不豫焉此夫君子之得志者也君子危行足以得疑正直足以取信獲狐得矢解而樂之憂者无毗

者也豫者无悈者也詩曰旣見君子云胡不夷言足以解之者也解之豫

六三負且乘致寇至貞吝三爻動

象曰負且乘亦可醜也自我致戎又誰咎也

本象乘者求安者也負者未免難也夫无德藝智術而習于患者亦可醜矣患稍解而以爲安竊而遊之而以爲幸負議而不知去見恤而不知止諱言而樂于无事衆去而獨存衆不是而獨上時往而

尚居時變而尚守當遷而留當散而鳩此數者皆
解之恒者也子曰負者小人之事乘者君子之器
也小人而乘君子之器則盜思奪之矣无解紛之
才而困于其位不亦危哉解之恒
九四解而拇朋至斯孚四爻動
象曰解而拇未當位也
本象解而拇動于外者也朋至斯孚師之道也外而
无私雖未得位可以得衆矣衆先渙而後合先解

而後繫象指而行觀外而動夫師之應上若踵之視拇也動而順則下從之出于患難易爲恩解其困厄易爲德故足未及遠而應四至詩曰恵于朋友庶民小子子孫繩繩萬民靡不承解之師

六五君子維有解吉有孚於小人五爻動

象曰君子有解小人退也

本象小人退者所以解困也維者縶也駑馬爭軛艮驥縶足不亦困乎維有解小人信也信于小人不

亦難乎君子從維天下將窮解而得吉以誠取信動而說衆不言而解則其信者至矣困曰聞言不信信非言之故也解之困

上六公用射隼于高墉之上獲之无不利上爻動

象曰公用射隼以解悖也

本象解動而利者也未濟待時者也君子智足以解悖信足以解疑動无不中當若未濟益其愼也太甲曰愼乃儉德惟懷永圖若疑機張往省括于度

則釋解者釋也未濟省括者也子曰隼者禽也弓矢者器也躬之者人也君子藏器于身待時而動何不利之有夫志解亂而果于濟躁發輕至鬼瞷於先其不反中者鮮矣　解之未濟

䷨　兌下艮上

損有孚元吉无咎可貞利有攸往曷之用二簋可用享

彖曰損損下益上其道上行損而有孚元吉无咎可

貞利有攸往曷之用二簋可用享二簋應有時損剛益柔有時損益盈虛與時偕行

象曰山下有澤損君子以懲忿窒慾（六爻俱静）

初九已事遄往无咎酌損之（初爻動）

象曰已事遄往尚合志也

本象　蒙事之昧者也已而遄往何所咎乎酌損者損之蒙者也蒙志而未定慮而未决利損而不利益去垢若浣抑智如削惡不可長志不可貶翫不可

狎任不可撅故學欲其積意欲其割問欲其多擇欲其約趨欲其高念欲其下以之制事近于理故不悔遠于咙故不厭子曰往者不悔來者不豫過言不再流言不極損掌之謂也　損之掌

九二利貞征凶弗損益之　九二動

象曰九二利貞中以爲志也

本象　中以爲志養德者也弗損益之所以裕養也損下養上非所以爲益也益下損上非所以爲養也

中以爲志裕其内而固其外動而止虚而不盈温而莊積而不滿日減以畜氣專以柔不見損益而德日宏者損之頤是也然而未遠也損之頤

九三三人行則損一人一人行則得其友三爻動

象曰一人行三則疑也

本象三人行志不一也畜之損者也一人行志同也損之畜者也損博以就約損衆以就適損柔以剛損健而止則其畜也大矣記曰莫三人而迷三人

者所自迷也迷以畜疑日損而不已不得其藏不底于成子曰二人同心其利斷金夫審慮利衆斷不利衆者也三人畜疑乃以自迷詩曰如彼築室於道謀是用不潰于成　損之大畜

六四損其疾使遄有喜无咎　四爻動

象曰損其疾亦可喜也

本象　二女悖言疾所由也損其疾說而上明見醜而避見難而退從其益而違其害違道而貧不以富

違表之言不以信子曰貧與賤是人之所惡也不以其道得之不去也此損之違者也損而睽違得其道不足以爲疾去柔從剛其志乃明反而用之違乃日亡故志合則欲其日益也道忤則欲其日損也道我益則欲其親之也我損則欲其背之也去惡者損之若火澤之不相入也康誥曰若有疾維民其畢棄咎損睽之謂也　損之睽

六五或益之十朋之龜弗克違元吉　五爻動

象曰六五元吉自上祐也

本象　損之六五德也虛而益保世之道也貴而不驕高而不危抱巳以從下貶世而尚德詩曰世德作求永言配命成王之孚夫損以作信者不求益而或益之善乎動者也禹謨曰汝維不矜天下莫與汝爭能汝惟不伐天下莫與汝爭功居上而損以成其信益莫大焉自上而祐可以格帝此夫禋意而未祭者也　損之中孚

上九弗損益之无咎貞吉利有攸往得臣无家上爻動

象曰弗損益之大得志也

本象得志而大臨之道也居上而濟天下已不損而大其益不自植而馭天下利日宏而勢日獨者聖人也得臣无家治尚一也臨曰元亨利貞道之至大者也天子以道臨其天下諸侯以道臨其四國自滿則傾自益則亡詩曰无封靡于爾邦維王其崇之損臨之謂也損之臨

䷩ 震下巽上

益利有攸往利涉大川

彖曰益損上益下民說无疆自上下下其道大光利有攸往中正有慶利涉大川水道乃行益動而巽日進无疆天施地生其益无方凡益之道與時偕行

象曰風雷益君子以見善則遷有過則改 六爻俱靜

初九利用爲大作元吉无咎 初爻動

象曰元吉无咎下不厚事也

本象

下不厚事何謂也巽而順也觀上而動者也受上之益觀之而動故上行信下行義上行德下行力上行恕下行勞上行寛下行勤益之厚而不敢居受之名而不敢主觀其令應以四方觀其德僘以衆慮詩曰德音孔昭視民不佻文王曰民物多變民何嚮非利利維生痡何嚮非私私維生亡夙夜勿亡若民之嚮引夫上損下以益其身而下僘之其不悖者鮮矣益之觀

六二或益之十朋之龜弗克違永貞吉王用享於帝
吉 二爻動
象曰或益之自外來也
本象 益之六二誠也盈而虚受命之道也天下歸之
不以爲疑內動而滿而人不忮下悅而上巽動中
而際上是以富有盛而无間詩曰假以溢我我其
收之駿惠我文王曾孫篤之如是則可謂能益者
矣益自外而信於內益而信大而无外其受益也

不亦篤乎此夫祭而實受其福者也益之中孚

六三益之用凶事无咎有孚中行告公用圭三爻動

象曰益用凶事固有之也

本象益之家人明于內而巽乎外有孚中行以家治也益其家者不以讌譽不以笑語不以巫酣酒恒舞益用凶事何不可乎信于內而外順之告公用圭中行道也君子道祈于信不祈于福修其吉不諱乎凶故家曰嚴國曰虞記曰聚國族于斯哭泣

于斯則善乎言益者也（益之家人）

六四中行告公從利用爲依遷國（四爻動）

象曰告公從以益志也

（本象）以益志志无妄也中行不比邪也從而益下道遍怙不以市德結衆志不以射利巽而健不以撓衆故止而人居之去而人追之上巽而不柔下動而不亂爲依遷國何不利乎故以益衆天下信之盤庚曰王用丕欽罔有逸言民用丕變曰予亦不

敢動用非德者太王之行也益之无妄

九五有孚惠心勿問元吉有孚惠我德五爻動

象曰有孚惠心勿問之矣惠我德大得志也

本象益以養民勿問之矣益以養賢信順吾志不亦大乎外固而中裕上下合德終始合志故賢降而止民上而不貳德日以益化日以被下不見盈而澤四至上若祀厥帝下若哺厥子詩曰民之質矣日用飲食羣黎百姓徧爲爾德九五之謂也益之頤

上九莫益之或擊之立心勿恒凶上爻動

象曰莫益之偏辭也或擊之自外來也

本象益不益動而成險意于損人者也剛柔交而難生澤上屯而不施氣上薄而不濟夫據其有不以爲利則下思利之矣恒者益下者也立心勿恒意于悖常者也薪故積者焚築故崇者崩故形人者危故斂人者亡故貨維火也火維禍也焫熖不分終以滅家富專于上則臂攘于下周記曰樂盡于

君權盡于臣刑盡于民盡而无益雖欲益之何可

得哉益之屯

䷪乾下兌上

夬揚于王庭孚號有厲告自邑不利即戎利有攸往

象曰夬決也剛決柔也健而說決而和揚于王庭柔乘五剛也孚號有厲其危乃光也告自邑不利即戎所尚乃窮也利有攸往剛長乃終也

象曰澤上於天夬君子以施祿及下居德則忌六爻俱靜

初九壯於前趾往不勝爲咎　初爻動

象曰不勝而往咎也

本象　夬而大過先動而趨禍任不度體行不度利小忿而決小智而忮往必壞而不改者小人之行也兌命曰若跣弗視地厥足用傷跣弗視地猶弗慎耳壯于前趾穽未作先盜之機未叩先撥之詩曰老夫灌灌小子蹻蹻　夬之大過

九二惕號莫夜有戎勿恤　二爻動

象曰有戎勿恤得中道也

本象夬陽盛而去柔陰弱而无權莫夜有戎何足革也夬而革志剛而得其正小怒不以震衆小忿不以滅身志存乎變而不弛其懼夬則不柔存乎變則不剛詩曰馬斯剛矣轡斯柔矣馬亦不剛轡亦不柔健則馬也說則轡也力雖足不敢盡途雖莊不敢騁夬之惕號以至剛不近乎翫不翫不厲戎乃終去中道自處何不得焉夬之革

九三壯於頄有凶君子夬夬獨行遇雨若濡有慍无咎　三爻動

象曰君子夬夬終无咎也

本象　夬夬重夬也獨行剛也遇雨說也說而見濡終不能柔柔見於面剛見於志和以行智健以行義慍于羣小何足恤焉壯于頄小人之道也哲人去惡若陽于氷衆人去惡若戈于城故邪避正若潑水邪避衆若賓君子夬夬雖濡于雨何所咎哉　夬之兌

九四臀无膚其行次且牽羊悔亡聞言不信　四爻動

象曰其行次且位不當也聞言不信聰不明也

本象　時乎夬而需者媍人之慈也自我作險非險在前也損其志非不陷義也需而不行進而後時得羣而攜聞義而疑故賢人泮渙而嘉謀不至也宜進而退故喪其位宜發而阻故聵其行无位无朋邪將下乘託曰當斷不斷終受其亂飲食宴樂此夫以去惡爲戲者也　夬之需

九五莧陸夬夬中行无咎　五爻動

象曰中行无咎中未光也

本象　莧陸夬夬動而麗陰疑于消也中行以往健而動大壯之道也夬而大壯者見難而畜裕德而上退不失其剛進不失其利雖歉乎乾亦已壯矣君子當夬競其德不競其氣故不言壯而動乎天下詩曰執競武王无競維烈大壯之道也君子大壯非以右烈以去亂免過而已　夬之大壯

上六无號終有凶　上爻動

象曰无號之凶終不可長也

本象　爲小人謀者也窮也極而反窮而復惕厲不存禍亂必萌數盈于上機伏於下外儆絕儆其國必汰有汰國必有威君有威君必有厲士有厲士必有悍子皆夬之健者也夬而乾則姤從之長何可得乎泰不兩世治不百年唐虞誅凶僉壬不淹邪之與正世終始也此爲君子謀者也有終之凶亦

危矣哉 夬之乾

䷫ 巽下乾上

姤女壯勿用取女

彖曰姤遇也柔遇剛也勿用取女不可與長也天地相遇品物咸章也剛遇中正天下大行也姤之時義大矣哉

象曰天下有風姤后以施命誥四方 六爻俱靜

初六繫于金柅貞吉有攸往見凶羸豕孚蹢躅 初爻動

象曰繫于金柅柔道牽也

本象繫于金柅動成乾也柔道牽者羸豕孚也車繫而止止而得其貞退其長女遇其父謹于屋漏就其德宜所而不往宜陽而不陰宜固而不進宜動而不靜豕孚蹢躅柔在下也陰柔羣牽乃解其柅曳輿以豕往而不止所遇得醜皆失其類必剝而已不亦凶哉　姤之乾

九二包有魚无咎不利賓　二爻動

象曰包有魚義不及賓也

本象遇而遯爲私者也私不及公去之而已君子遇非道不以見績遇非禮不以詭合義不及賓何以進也故不樂貧惡與衆同富不樂賤惡與衆同貴不樂遯惡與衆同遇夫有私姤而因以著者墻陰之行也君子行不絶羣義有不得避志不絶孤義有不得著故遇不謝合遯不謝舉詩曰山有榛隰有苓榛之與苓義顯者也魚隱者也君子不以細

義引其尙志詩曰桑者閑閑兮行與子還兮則進之遯者也姤之遯

九三臀无膚其行次且厲无大咎三爻動

象曰其行次且行未牽也

本象險動於下剛在乎外遇而阻違以成訟剛險相遘而難始生行遠乎謙言遠乎巽辨而不釋惕而不合雖莫之繫猶或尼也君子遇樂其順不樂其爭近理者廢辨近利者黜意姤而訟剛柔互持動

而不利免咎而已　姤之訟

九四包无魚起凶　四爻動

象曰无魚之凶遠民也

本象　九四无魚者也動而无魚若取乎下以寔其上往而起之不如其止二女相遇其志不行下順上從其令不明上臨无莊下貢无情上下相遇志柔而不振者巷竇之行也　姤之巽

九五以杞包瓜含章有隕自天　五爻動

象曰九五含章中正也有隕自天不舍命也

本象 姤而鼎君臣遇而得其賢知愼而重知合而變知剛畜柔知柔化成木火相遇而人道見矣遇際有功而人文見矣家莫大乎位內國莫大乎主器姤以得鼎而受福祉故姤始志者也鼎凝命者也鼎以成姤姤杞以包瓜詩曰南有樛木葛藟纍之樂只君子福履綏之亦是謂也 姤之鼎

上九姤其角吝无咎 上爻動

象曰姤其角上窮吝也

本象　姤而大過剛中而不孚豐裏而薄末姤而反於外壯而无四上下殊行號孚而不親亦窮也矣大姤遇志者也內志不得猶或失焉姤其角夫何得乎詩曰俾出童羖大過之姤亦猶是也夫姤之大過

☷☱ 坤下兌上

萃亨王假有廟利見大人亨利貞用大牲吉利有攸往

彖曰萃聚也順以說剛中而應故聚也王假有廟致孝享也利見大人亨聚以正也用大牲吉利有攸往順天命也觀其所聚而天地萬物之情可見矣

象曰澤上于地萃君子以除戎器戒不虞六爻俱靜

初六有孚不終乃亂乃萃若號一握爲笑勿恤往无咎初爻動

象曰乃亂乃萃其志亂也

本象夫德不足以命萃萃而隨人賢人而爲之乎言

无以樹的行无以一衆羣議而迷羣居而滑語託
於人之頤奏託于人之拇志不亦亂乎志亂而號
衆必咲之故隨人于萃動而號呼者窮民之行也
動不敢呼憂恤後從孽妾之行也定其志一其慮
隨時而往往而不亂則庶乎隨而不詭者矣萃之隨
六二引吉无咎孚乃利用禴二爻動
象曰引吉无咎中未變也
本象萃而困引吉何謂也困事之至利者也精所由

出意所結也萃而享廟皇皇祈祈萃而得衆瞿瞿
其思如不得見如不得就如不得比如不得入遺
回往來殫神而存者知萃之道者也詩曰我孔熯
矣式禮莫愆是以用禴何不利焉萃之困
六三萃如嗟如无攸利往无咎小吝三爻動
象曰往无咎上巽也
本象萃而感嗟如何謂也感事之至難者也止于下
而悅乎上聚動而不順曰以悅衆故不給也百感

來集憧憧爾思思維患患維生戚戚維生死死維生亂此嗟之內至者也夫善于感者感而衆萃焉萃而感焉不亦難乎雖以免咎不免乎咎傳曰毋以衆生慮毋以我悅衆是明乎感之義者也萃之感

九四大吉无咎四爻動

象曰大吉无咎位不當也

本象位不當者以比上也萃而比大矣哉賢人輔功天下來同精神聚而上合百姓萃而下比故可以

比衆則可以假廟可以比賢則可以享帝矣夫旣

大吉雖未當位又孰咎之（萃之比）

九五萃有位无咎匪孚元永貞悔亡（五爻動）

象曰萃有位志未光也

（本象）志未光者以志豫也夫責攸萃則憂將至矣萃

有位不以得志悅衆志不以得巳故隨遠此者也

困知此者也咸陷此者也比明此者也不知不明

以位爲豫知合而不知散知初而不知終衆雖悅

之後必有悔謂責萃也匪孚元永貞則可謂善動者矣動而无悔豫莫大焉故以悅衆亦難矣哉萃之豫

上六齎咨涕洟无咎六爻動

象曰齎咨涕洟未安上也

本象萃之否有衆而无時者也時之未利衆萃不棄涕泗咨嗟何不安乎夫道足以得衆而世故塞者賢人成林天地不遁善類栖遲其途將窮是亦可哀也矣詩曰瞻彼中林侯薪侯蒸民今方殆視天

夢夢是猶君子之遇也萃之否

䷭巽下坤上

升元亨用見大人勿恤南征吉

彖曰柔以時升巽而順剛中而應是以大亨用見大人勿恤有慶也南征吉志行也

象曰地中生木升君子以順德積小以高大六爻俱靜

初六允升大吉初爻動

象曰允升大吉上合志也

本象　巽而動健而順元氣以旋二儀達情泰山巖巖膚寸成雲德動于下而格于上麟游以歭鳳栖以梧聖人遭逢天下文明書曰溫恭允塞玄德升聞乃命以位虞氏之行也君子有德難其時有其時難其遇薦之于天其道乃光詩曰梧桐生矣于彼朝陽菶菶萋萋巽而出地允升合志盍謂是歟升之泰

九二孚乃利用禴无咎　二爻動

象曰九二之孚有喜也

本象升謙之合德者也利用禴謙之見志者也夫升而能謙道得時不以泰居其位不以專文德而用質顯行而不競好問而下人享于帝而親乎百姓故用无儉言无信皆足以見德免過而合乎正故有喜喜其動動而止止而合乎義也升之謙

九三升虛邑三爻動

象曰升虛邑无所疑也

本象升其輿以爲丈人升其墟乃行于神動于九地

之下而入不疑者險而順者也君子明德以用其衆進不以克退不以固進退裕如其往不流其止不居潛以形升以氣去非其害取非其利因其道以爲勢因其志以爲事往而莫禦詩曰如川之流綿綿翼翼不測不克則升之師者也 升之師

六四王用亨于岐山吉无咎 四爻動

象曰王用亨于岐山順事也

本象 升而恆德之世者也自太伯王季至于文土以

紹爾祖其德靡悔聲聞于天久而在上上帝眷之豈有厭焉夫德升而久久而不壞者上象之道也詩曰如月之恒如日之升升而恒中而不昃盈而不虧夫志上而得是道者鮮矣升之恒

六五貞吉升階五爻動

象曰貞吉升階大得志也

本象升階升自近者也近而有序巽而濟乎險往來井井志不亂也故升以致遠貞以固德致遠固德

足以獲福太甲曰若升高必自卑若陟遐必自邇

善始慮終以善其升升若緣階其何有凶固其初

志不大得乎升之井

上六冥升利于不息之貞上爻動

象曰冥升在上消不富也

本象蠱升積而弊巽出于地止而蠱進不能明退不

能固更新其道何可息也夫蠱則壞壞則不富先

甲三日後甲三日終則有始不亦正矣乎不息之二

貞所以元亨也此夫高位而防其情者也 升之蠱

䷮ 坎下 兌上

困亨貞大人吉无咎有言不信

彖曰困剛揜也險以說困而不失其所亨其唯君子乎貞大人吉以剛中也有言不信尚口乃窮也

象曰澤无水困君子以致命遂志 六爻俱靜

初六臀困于株木入于幽谷三歲不覿 初爻動

象曰入于幽谷幽不明也

本象 幽谷重澤也不明乎困困而過于悅危不知懼暗不知脫寘于重陰而不惕其志者顛寘之人也善處困者如盲之不忘視也義以礪志慮以明謀苦以凝性智以窺禍詩曰溫溫恭人如集于木惴惴小心如臨于谷憂患者所以明慮也憂患戲豫困于木入于谷三歲不覿則終之也已矣 困之兌

九二困于酒食朱紱方來利用亨祀征凶无咎 二爻動

象曰困于酒食中有慶也

本象　萃王假有廟困于酒食朱紱用享雖无所往何得咎乎君子蒙難而誠足以動衆者无大困也困于酒食困素而已王不享乎多儀神不享乎腆昵居足以自結而來福未遠者則困之所慶者也困之萃

九三困于石據于蒺蔾入于其宮不見其妻凶三爻動

象曰據于蒺蔾乘剛也入于其宮不見其妻不祥也

本象　困而大過不亦凶乎君子擇地而蹈擇人而託愼事而與愼福而處履于患不履于害困其意不

困其命故能保身以有其家困而乘剛亦已過矣夫不忍詬以習智不去忿以定性不隨機以觀命不定氣以裕德不相理以質言不避位以晦難不決去以果志不委蛇以自治貪名保爵安衽金革此十者皆所以死敗也子曰非所困而困焉名必辱非所據而據焉身必危既辱且危死期將至妻其可得而見耶 困之大過

九四來徐徐困于金車吝有終 四爻動

象曰來徐徐志在下也雖不當位有與也
本象來徐徐習坎也困于金車不能勝也困而重險
雖有孚其行未亨志在于下說變于上賢人无位
動而滯卑而見恥然而无憖者以明志也君子處
困不以險為辭遲遲而行不以為疑剛中有孚朋
來將光客有終終以得亨維心之謂也困之坎
九五劓刖困于赤紱乃徐有說利用祭祀五爻動
象曰劓刖志未得也乃徐有說以中直也利用祭祀

受福也

本象　劓刖不悅動也于赤紱險在下也乃徐有說解者也困而解雷動雲從氣蒸雨施精意上交介福下蹵志雖未得誠以致之行雖未尚夙往易之困而解患將去福將至利用祭祀所以行志也　困之解

上六困于葛藟于臲卼曰動悔有悔征吉　上爻動

象曰困于葛藟未當也動悔有悔吉行也

本象　困而訟何以安乎曰動而悔其悔也衆矣夫困

者行宜危言宜孫危不及難孫不及恥靜而觀化以極其至故无悔也困以行訟若繫萑葦巢而風之也詩曰匪大猷是聽維邇言是爭動而見悔悔于終而慎于初慎初以行守言如緘困極則反不亦可乎　困之訟

䷯ 巽下坎上

井改邑不改井无喪无得往來井井汔至亦未繘井羸其瓶凶

彖曰巽乎水而上水井井養而不窮也改邑不改井乃以剛中也汔至亦未繘井未有功也羸其瓶是以凶也

象曰木上有水井君子以勞民勸相六爻俱靜

初六井泥不食舊井无禽初爻動

象曰井泥不食下也舊井无禽時舍也

本象巽而健健以燥澤下而不上井泥不清以待乎渫待在下而上不應賢人下蒙瞷者不明君子乎

汚以晦其身雖有妻子不知其慮時舍而藏非以待行夫井之需下不援上左右无助以待乎亨亦難矣哉井之需

六二井谷射鮒甕敝漏二爻動

象曰井谷射鮒无與也

本象水上于山以爲谷射乎鮒以爲甕漏于下此井而蹇者也德足養人而蒙乎難澤旁寄而不光惠棄下而无用君子薄仕豢畜以見其志輕與以見

其利久而不濟死而无悔此夫厚畜而時非其遇者也井之蹇

九三井渫不食爲我心惻可用汲王明並受其福三爻動

象曰井渫不食行惻也求王明受福也

本象井而坎水用潔也重泉以清亦可汲也周書曰若稼穡耕而不耨維草其宅之田有秋而不穫維禽其孚之渫井有禽亦不祥也見賢不知謂之矇知賢不舉謂之尪舉賢不用謂之擁腫詩曰泂酌

彼行潦挹彼注茲可以餴饎行潦濁水也濁水以
清猶或酌之水出重泉不汲于行王明不明福咎
以平此夫脩德將薦而行者也井之坎
六四井甃无咎四爻動
象曰井甃无咎脩井也
本象井无過者也井之大過何謂也脩治其事者也
君子行過于辨體過于餝邊幅過事廉隅過職若
井之甃何所咎乎詩曰抑抑威儀維德之隅井之大過

九五井洌寒泉食　五爻動

象曰寒泉之食中正也

本象　水出于地得水而上濟取乎下而薦乎上側陋明明碩德彙升故潔用以盥明用以祀清用以鑒以蠲垢滌疵中正之道莫大乎此詩曰瑟彼玉瓚黃流在中言中正也　井之升

上六井收勿幕有孚元吉　上爻動

象曰元吉在上大成也

本象 井而巽有孚不蔽子曰禮以行之孫以出之信以成之君子作法以利天下不隘其道不拂乎衆不多取而嗇與不有求而不給不作應而私其心不順上而違其下上下俱巽往來井井過剛羸瓶乃鮮克終夫知乎此者則其養不窮也矣養之不窮故曰大成 井之巽

䷰ 離下兌上

革巳日乃孚元亨利貞悔亡

象曰革水火相息二女同居其志不相得曰革巳日乃孚革而信之文明以說大亨以正革而當其悔乃亡天地革而四時成湯武革命順乎天而應乎人革之時義大矣哉

象曰澤中有火革君子以治曆明時六爻俱靜

初九鞏用黃牛之革初九動

象曰鞏用黃牛不可以有爲也

本象晦其明初動而止是慼乎變以守其故者也變爻

故之感愼矣哉從物而遷其道不貞與時偕行其德未成事將更戒乎躁亂將作戒乎動靜以相幾則可謂智者矣守晦全身則可謂知命者矣變故之感以用乎是故世殊操而行一致也革之咸

六二巳日乃革之征吉无咎六二動

象曰巳日革之行有嘉也

本象動而剛至于終則巳日矣是決于變者也去惡從善天下乃變去陰從陽天下乃明君子夬夬以

行其革揚于王庭孚號以征故文足以成化勇足以作令德足以著法明足以更新動之不驟易之不震欲之非棘裕之非病當革之時取行其決而猶巳日者是明于格志之道者也革之夬

九三征凶貞厲革言三就有孚九三動

象曰革言三就又何之矣

本象征凶隨人者也革言三就隨時者也夫革而往往而不得其道天下將變動而隨之亦危矣哉以

人隨我以我隨時故久而後誠誠而後動動而後變變而後化隨感而得又何之矣古之人有行之者盤庚是也革之隨

九四悔亡有孚改命吉九四動

象曰改命之吉信志也

本象革之既濟大革命也水火成化萬物大變聖人用時品彙彰明是以更作而世不異動之非常而人不疑雖有慚德不悖乎義用以天下信以萬世

古之人有言之者仲虺之誥是也革之既濟

九五大人虎變未占有孚九五動

象曰大人虎變其文炳也

本象豐之時大矣哉丕變而大黎民時雍禮樂盈庭厥功无名虞帝曰予欲觀古人之象日月星辰山龍華蟲作會宗彝藻火粉米黼黻絺繡以五采彰施于五色作服汝明予欲聞六律五聲八音在治忽以出納五言汝聽禮樂之革自此始也革而豐

大萬化以作應天時行天下文明子曰天有四時春秋冬夏風雨霜露无非教也地載神氣神氣風霆風霆流形庶物露生无非教也君子成教以變天下體乎二儀道莫大焉子曰巍巍乎其有成功也煥乎其有文章則革之盛者乎革之豐

上六君子豹變小人革面征凶居貞吉上六動

象曰君子豹變其文蔚也小人革面順以從君也

本象變而同人亦大矣哉宇內大同品物聿新君子

成德小人順命書曰平章百姓百姓昭明詩曰濟
濟多士文王以寧肅肅兎罝椓之丁丁大革之時
朝藪一倫聖人啓運後王保之保以居貞萬世作
程詩曰昊天有成命二后受之成王不敢康夙夜
基命宥密則善于終革者矣革之同人

䷱ 巽下離上

鼎元吉亨

彖曰鼎象也以木巽火亨飪也聖人亨以享上帝而

大亨以養聖賢巽而耳目聰明柔進而上行得中而應乎剛是以元亨

象曰木上有火鼎君子以正位凝命 六爻俱靜

初六鼎顛趾利出否得妾以其子无咎 初六動

象曰鼎顛趾未悖也利出否以從貴也

本象 初六汚而在下者也顛趾出否動而剛者也出否從貴以大有也中女乘乾長女无言得子以位以德以貴以統天下以新帝錫何所咎乎君子棄

惡以畜其德滌垢審覆以成其務去舊以新富莫大焉顛趾出否豈爲悖哉失其道而悖者殷帝元子受是也　鼎之大有

九二鼎有實我仇有疾不我能即吉　九二動

象曰鼎有實慎所之也我仇有疾終无尤也

本象　鼎之旅攺行易德用以越國慎所之者以實行也終无尤以避難也仇疾之來則於旅賤也鼎有實言忠信行篤敬危邦不入亂邦不居施不以悠

反不以悔我仇有疾我何毒焉詩曰庶幾夙夜以

永終譽鼎之旅

九三鼎耳革其行塞雉膏不食方雨虧悔終吉九三動

象曰鼎耳革失其義也

木象火在上水在下行不可濟飪不可食氣不可升

雨不可澤革其鼎耳其用未得君臣未合朋友未

交時事未利剛柔未聚失之不遠以思其義反覆

其道以求其濟革其耳濡其尾愼始慮終其行乃

幾則庶乎終吉者矣鼎之未濟

九四鼎折足覆公餗其形渥凶九四動

象曰覆公餗信如何也

本象鼎而蠱負重而獘上堅而下衂蠱生于腐蠱生于朽生下而壞上覆公餗其形渥不亦凶乎子曰德薄而位尊知小而謀大力小而任重鮮不及矣君子觀位以信其德觀事以信其道觀量以信其器鼎以爲餗鼎而覆之以爲鮮則以朽以爲鼎則

以獘皿以爲彊力則以茬詩曰芄蘭之支童子佩觽 鼎之蠱

六五鼎黄耳金鉉利貞 六五動

象曰鼎黄耳中以爲實也

本象 鼎足在下而實于上黄耳以柔金鉉以剛固其德而下載之載而不覆陽盛於上陰伏于下是亨之既飪者也則姤之象也 鼎之姤

上九鼎玉鉉大吉无不利 上九動

象曰玉鉉在上剛柔節也

本象 鼎堅也玉鉉以溫也剛柔以中以得其常恒德之至平也子曰君子賤珉而貴玉何也溫潤而澤縝密以栗廉而不劌垂之若隊瑕瑜相宣孚尹旁達聲越以長氣清如虹可不謂恒乎夫鼎而能恒者居高位不失其性處重任不失其志富而不淫貴而不驕文而不亂剛而不折則可謂鼎之至者矣鼎之恒

䷲ 震下震上

震亨震來虩虩笑言啞啞震驚百里不喪匕鬯

象曰震亨震來虩虩恐致福也笑言啞啞後有則也震驚百里驚遠而懼邇也出可以守宗廟社稷以爲祭主也

象曰洊雷震君子以恐懼脩省 六爻俱靜

初九震來虩虩後笑言啞啞吉 初九動

象曰震來虩虩恐致福也笑言啞啞後有則也

本象震而豫豫而悅禮先束而後暢樂先辨而後適君子戒懼而後得其志小人懲創而後得其慮詩曰旣敬旣戒惠此南國震之豫

六二震來厲億喪貝躋于九陵勿逐七日得六二動

象曰震來厲乘剛也

本象雷上于澤木動乎上金動乎下乘剛而危有征而凶雖有行喪未大失也以柔乘剛則无所利躋于九陵億而喪貝此以危道而歸其妹者也上下

不寧君子不行上下不豫君子不舉小人好利嘗
人之怒君子時乘觀時之平勿逐七日乃豫是從
此其相于出處之辨者也　震之歸妹

六三震蘇蘇震行无眚　六三動

象曰震蘇蘇位不當也

本象　震之盛者也震盈於內動于外雷電交作極而
將散君子盛怒必其平小人愚懼必其安君子當
震不以明刑小人當震不以謀事故怒必足以安

衆懼必足以成謀行如風霆作若鬼神雷動于天
以濟萬民而後行之舉世不疑者文王是也震之豐

九四震遂泥九四動

象曰震遂泥未光也

本象復未震者也震而遂泥夫何怪焉居下位而行其志有言不揚有勵不宏者是震而遂泥者也故有作必俟其時有動必積而發見影而求衣聞響而求器猶以爲蚤也況于覘蹤而動者乎子曰若有

車必見其軾若有衣必見其袂震方復而遂動遂動遂泥亦天地所謂不祥者矣震之復

六五震往來厲億无喪有事六五動

象曰震往來厲危行也其事在中大无喪也

本象往來皆厲震隨之也億而有事動則戒也君子惕中與時考旋憧憧爾思出入未安禍與福相從譽與咎偕行震而往來无喪爲懷其事在中獲安于危詩曰是究是圖亶其然乎震之隨

上六震索索視矍矍征凶震不于其躬于其鄰无咎婚媾有言　上六動

象曰震索索中未得也雖凶无咎畏鄰戒也

本象　震之噬嗑震而近于刑者也刑不可長索索而征不亦凶乎君子見不善若邇於火棄而驚顧若聞臭敗惕乎恐及其身書曰我不可不鑒于有夏鑒于有殷君子夙夜以免无咎不傷其膚用以孝不訟于庭用以義不怒而威以得天下之志不武

以斷以明天下之是改過從善雷厲而電行是則

有言不足卹矣子曰君子懷刑懷刑而動雖未化

也不進德哉　震之噬嗑

䷳ 艮下艮上

艮其背不獲其身行其庭不見其人无咎

彖曰艮止也時止則止時行則行動靜不失其時其

道光明艮其止止其所也上下敵應不相與也是以

不獲其身行其庭不見其人无咎也

象曰兼山艮君子以思不出其位　六爻俱靜

初六艮其趾无咎利永貞　初六動

象曰艮其趾未失正也

本象　趾初動者也初動而止自餙其身抱其文德以處乎下言如綸不以爲聲行如圭不以爲章周以規折以矩舍之則藏不隱其文詩曰風雨凄凄鷄鳴喈喈君子不以不庸使道不明不沒世而晦其名故言不出戶流于四海則艮之賁者也　艮之賁

六二艮其腓不拯其隨其心不快 六二動

象曰不拯其隨未退聽也

本象 腓則艮矣其隨不拯動而巽巽而欲退退而進

進退不謀則病者乎德未至行未止獨立而欲傾

謀退而有繫其持不固久而欲壞剛在外柔在下

動而不勝止而鯱虒四體未從何以快乎故夫幹

蠱先下者也艮體後上者也君子學艮先于步止

步止既祥而後從之不拯其隨厥心未寧壞敗所

由何可言也艮之蠱

九三艮其限列其夤厲熏心九三動

象曰艮其限危熏心也

本象危熏心自剝者也艮之剝隔而不通陰氣上從陽極於限絕而不靈故升者不降剝者將盡邪爲下弱疹於上壅陽革以燥陰乘以動視其限夤鑿若堅城故火生于陰者也陰革于陽者也陽維生柔陰維生燥危以熏心其人必狂故有狂行有狂

家有狂國狂行之限于居處動以從邪其剝必刑

狂家之限于户屏動以從邪其剝必傾狂國之限

於其大夫卿動以從邪其剝必亡艮者不動者也

極而動則害之也水力壅而後潰其傷必多艮限

不流其人必窮黃帝氏之道也 艮之剝

六四艮其身无咎 六四動

象曰艮其身止諸躬也

本象 旅行者也出身以世難矣哉艮其身涉而不流

往而不遷不交于物不逐于欲與衆俱動而羣不亂者止諸躬者也故得不以泰失不以困遇不以喜厄不以怨夫旣艮矣往來旅旅又何咎哉艮之旅

六五艮其輔言有序悔亡六五動

象曰艮其輔以中正也

本象六五艮之輔也言有序序以漸也風麗于山言麗於身出乎邇而至乎遠者不漸則不巽不巽則戾矣則悖傳曰言悖而出者亦悖而入人有恒言

天下國家家足以教天下從之君子不以意而成
理不以故而逆設不以智先人不以佞作給以聲
作律以則作籥因人之慮以爲壥因巳之性以爲
梧以序以漸天下應之内止而外巽太甲曰有言
逆于汝心必求諸道有言遜于汝志必求諸非道
以巽乎外亦循是與艮之漸

上九敦艮吉上九動

象曰敦艮之吉以厚終也

本象謙地道之至厚者也止而謙高而志下靜而愼動復乎无咎猶若不免太山陵遲萬仞以成君子溫恭其道以尊敬以立志重以制務一以觀化虛以善下故嶽有麓山有谷詩曰瞻彼旱麓榛楛濟濟豈弟君子干祿豈弟艮而謙豈弟之謂也謙之

䷴ 艮下 巽上

漸女歸吉利貞

彖曰漸之進也女歸吉也進得位往有功也進以正

可以正邦也其位剛得中也止而巽動不窮也

象曰山上有木漸君子以居賢德善俗 六爻俱靜

初六鴻漸于干小子厲有言无咎 初六動

象曰小子之厲義无咎也

本象 漸于家人女子之貞非其媒不行守口如瓶守戶如其退以尋進以尺若相以避若繫以止待時而往擇主而匹見利而不動徑而不趨滯不以為憂獨樂于家而无悶見其妻子兄弟父母日得其

序曰就于理以爲政莫大乎是故進而止止而有悔者童蒙之言也失其便營營以維者小人之言也顧其義不繫其利漸于邦止于家動而无過女貞之大者也漸之家人

六二鴻漸于磐飲食衎衎吉六二動

象曰飲食衎衎不素飽也

本象漸以巽進而得衆既和且悅不以先人故人不疑不以迫人故人无慼巽而進故安于其位食亻

其德居處以時飲啄以常詩曰燕笑語兮是以有譽處兮漸之巽

九三鴻漸于陸夫征不復婦孕不育凶利禦寇九三動

象曰夫征不復離羣醜也婦孕不育失其道也利用禦寇順相保也

本象漸之觀陰漸進而將剝往而不止變以從外此夫禍之漸而彰道之漸而散者也離其羣失其道漸以不保夫禦寇而觀其漸則亦庶乎其可矣漸之觀

六四鴻漸于木或得其桷无咎六四動

象曰或得其桷順以巽也

本象桷非鴻之性也遯非賢之故也居不得安不適于危行不擇利不向乎害相機而遯遯以漸所以爲順也詩曰考槃在陸碩人之軸君子有道以順化无道以順命殆以求安陂以求平不失其正者所以安身也漸之遯

九五鴻漸于陵婦三歲不孕終莫之勝吉九五動

象曰終莫之勝吉得所願也

本象 陵艮也三歲不孕進而止也得所願不妄動也進以禮止以義夫誰勝之故崇高者莫大乎禮剛果者莫大乎義裕福者莫大乎止故不孕不失其育不禦寇不失其勝道不濟天下不失其治行止以時其道常寧夫漸而知艮者不亦鮮哉 漸之艮

上九鴻漸于陸其羽可用爲儀吉 上九動

象曰其羽可用爲儀吉不可亂也

本象不可亂進而知難者也知難而退斯亦可矣進而值之何所避也君子臨義死不可亂殺身成仁仁者爲之故曰鴻飛寘寘智之事也以干以羽文之事也亢其途存其名慕義之事也是以遇難必有二道上智存身中智存名相其可否以行其宜夫可進而不可亂高飛寘寘不亦賢矣哉　漸之蹇

䷵ 兌下震上

歸妹征凶无攸利

彖曰歸妹天地之大義也天地不交而萬物不興歸妹人之終始也說以動所歸妹也征凶位不當也无攸利柔乘剛也

象曰澤上有雷歸妹君子以永終知敝 六爻俱靜

初九歸妹以娣跛能履征吉 初九動

象曰歸妹以娣以恒也跛能履吉相承也

本象 娣少女而賤者也跛能履說而險也征吉難之既解者也娣妹以寵疑患將作履而能承乃解厥

澤是以賤不妨貴卑不絕御詩曰肅肅宵征抱衾與裯實命不猶可不謂恆者乎　歸妹之解

九二眇能視利幽人之貞　九二動

象曰利幽人之貞未變常也

本象　歸妹而震以戒以動陽不求四以不悅乎其外柔乘剛而知懼動以長男制其少女雖不見遠本失明也歸妹之震不知其道順以從人笑言啞啞以爲不利莫大乎此　歸妹之震

六三歸妹以須反歸以娣　六三動

象曰歸妹以須未當也

本象　反歸以娣兌從陽也歸之于壯者也大壯合兌者也有待于內者也懌時者也以待年也詩曰江有汜之子歸不我以不我以其後也悔悔此道者也歸妹之人悲

九四歸妹愆期遲歸有時　九四動

象曰愆期之志有待而行也

本象遲歸有時震從陰也歸之待所臨者也臨合震者也有待于外者也擇配者也以待賢也詩曰大邦有子俔天之妹文定厥祥親迎于渭得此道者也

歸妹之臨

六五帝乙歸妹其君之袂不如其娣之袂良月幾望吉

象曰帝乙歸妹不如其娣之袂良也其位在中以貴行也

本象　六二在下而不爲匹也六五在上而不爲貴也不爲匹者內外戒也不爲貴者上下悅也二五恒德也下恒以從變而居貞上恒以倨變而遜下月幾望婦德之盛者也詩曰諸娣從之祁祁如雲韓侯顧之爛其盈門　歸妹之兌

上六女承筐无實士刲羊无血无攸利　上六動

象曰上六无實承虛筐也

本象　歸妹之睽事違而不逼男女異行實以喪不可

以祭不可以宴人道无始其禮不終夫解者沛澤者也睽者乖忤者也夫婦反目家以不福承其虛筐何所將之詩曰于以奠之宗室牖下誰其尸之有齊季女是得乎歸妹之正者也　歸妹之睽

䷶　離下震上

豐亨王假之勿憂宜日中

象曰豐大也明以動故豐王假之尚大也勿憂宜日中宜照天下也日中則昃月盈則食天地盈虛與時

消息而況於人乎況於鬼神乎

象曰雷電皆至豐君子以折獄致刑 六爻俱靜

初九遇其配主雖旬无咎往有尚 初九動

象曰雖旬无咎過旬災也

本象 雖旬无咎過之小者也過旬而災過之大者也天下豐大其下不匱故有萬乘之國必有千乘之佐鄉千乘之國必有百乘之大夫百乘之家必有陪士食八人夫子曰益均无貧和无寡安无傾豐

之小過小過于均豐大之國无羸百姓无等勢而隸事等位而服使雖有從汰不至於亂有尚无咎是之謂也 豐之小過

六二豐其蔀日中見斗往得疑疾有孚發若吉 六二動

象曰有孚發若信以發志也

本象 豐宜虛而不宜盈宜巽而不宜壯豐大以滿健以自用蔽所由來喪其明也滿而无明讒人將行聽用不聰疑疾以生果于去蔽而天下之志得矣

是以居豐易以蔽易以復有孚發若審於用丱者也豐之大丱

九三豐其沛日中見沫折其右肱无咎九三動

象曰豐其沛不可大事也折其右肱終不可用也

本象豐其沛豐之動者也日中見沫不明甚也折其右肱動以不明震以驚也國富而奢其動必竭國富而兵極動必窮貨竭兵窮其豐必亡然而无咎者知所懼者也豐之震

九四豐其蔀日中見斗遇其夷主吉 九四動

象曰豐其蔀位不當也日中見斗幽不明也遇其夷主吉行也

本象 日中豐豐而明夷位不當也晦蝕之義也遇其夷主明有所始也光盛則昃數窮則蝕反於其主而復見焉故明生于夷者也盛生于衰者也保治於患養明于晦故繼世之主多介于小眚而失於无事固于大艱而喪於逸德大誥曰民獻有十夫

予翼以於敉寧武圖功我有大事休朕卜并吉之人有陳之者鵙鴞之言是也豐之明夷

六五來章有慶譽吉六五動

象曰六五之吉有慶也

本象富而教之其化也易矣來章有慶明而說也明以說外以革其素故驕變以下奢變以約奢變以儉逸變以勞利變以義故治瘠國利乎因治富國利乎作豐之革君子革志小人革貌書曰舊染汚

俗咸與維新詩曰我求懿德肆于時夏則六五之
譽者也豐之革
上六豐其屋蔀其家闚其戸閴其无人三歲不覿凶
上六動
象曰豐其屋天際翔也闚其戸闃其无人自藏也
本象豐之義反矣哉豐而用其壯則以疑豐而用其
動則以傷豐而用其明則以不利豐之義反矣哉
豐者盛于自奉而厚於自薇者也處于高位而自

謂明入于幽室而不知其昧深于自掩而託乎照

闚其戶闃若无人則巧於藏者也故尊非養者也

優非處者也明非所據者也是以自壯而得其疾

自動而折其用自明以高而得其凶則世未隙念

未戒門庭遠而讒蔽衆者也豐之離

䷷ 艮下離上

旅小亨旅貞吉

彖曰旅小亨柔得中乎外而順乎剛止而麗乎明是

以小亨旅貞吉也旅之時義大矣哉

象曰山上有火旅君子以明慎用刑而不畱獄六爻俱静

初六旅瑣瑣斯其所取災初六動

象曰旅瑣瑣志窮災也

本象離動而躁往而不止士有行役役爲明盜謀其身士適國察察爲智必喪其事宜止而起前有機穽宜晦而見前有危地周誠曰角之美殺其牛榮華之言後有尋君子初動未免乎旅旅而不知乎

晦之義者其於去禍也遠矣旅之離
六二旅即次懷其資得童僕貞六二動
象曰得童僕貞終无尤也
本象鼎有實懷其資鼎有足得童僕君子以出懷其
道得其助不邀乎命言正而已正已而不求乎人
則无怨上不怨天下不尤人記曰出疆必載質忠
信者質也仁義者身也逼之者紹也與之者人也
身有其質待用而已何咎何福不謀而定斯不亦

正而固乎 旅之鼎

九三旅焚其次喪其童僕貞厲 九三動

象曰旅焚其次亦以傷矣以旅與下其義喪也

本象貞厲何謂也明乎外不明乎內過于進不惠其下自明而不用乎人故焚其次喪其童僕也或曰旅者路人之行也晉者康侯之道也路人而襲康侯之道則衆思遠之矣傳曰素貧賤行乎貧賤素患難行乎患難素夷狄行乎夷狄旅以窮困不行

乎素動欲自耀不免乎危則亦難矣旅之晉

九四旅于處得其資斧我心不快九四動

象曰旅于處未得位也得其資斧心未快也

本象旅于處旅之止者也得其資斧不償願也旅而既止老于行疲于往來苟罷車必寘其輹苟逸馬必維其足擇地而寢得所而安得其資斧雖小用之何以適乎榛有刺不可以擊苓有耳不可以聽故曰山有榛隰有苓云誰之思西方美人君子非

其願與而不利當其止逼而不起故貧非好也斧非寶也小人所快君子所撅詩曰稼穡維寶代食維好　旅之艮

六五射雉一矢亡終以譽命　六五動

象曰終以譽命上逮也

本象　射雉亡矢君子去國而遺其爵從尚而捐其利不以退爲過不以失爲恥安于命止於義旅之遯者也夫作易者其有引避之心乎　旅之遯

上九鳥焚其巢旅人先笑後號咷喪牛于易凶上九動

象曰以旅在上其義焚也喪牛于易終莫之聞也

本象旅小過疾于飛鳥焚其巢其德未裕剛而犯難者也先笑後號易之過者也夫旅亦難矣哉畜百德未足以一祀具百行未足以一試誦詩三百意不達未足以使事詩曰豈敢憚行畏不能趨老死於途終莫之聞亦危矣哉詩曰蜉蝣掘閱麻衣如雪心之憂矣於我歸說此夫旅而爲飛鳥之象者

也　旅之小過

䷸ 巽下巽上

巽小亨利有攸往利見大人

彖曰重巽以申命剛巽乎中正而志行柔皆順乎剛

是以小亨利有攸往利見大人

象曰隨風巽君子以申命行事　六爻俱靜

初六進退利武人之貞　初六動

象曰進退志疑也利武人之貞志治也

本象 志疑畜之小者也志治剛以彙斷也志太遜則疑生焉進以健而類見焉小人之作制于果君子之作制於讓故不知禮則不學者也知禮而不知節則博而不約者也知禮知節不足以行義則其氣不裕其質下者也夫禮者非小人所以進退也君子之言下人而未始不上也行後人而未始不先也小人之詞兩端行跲焉不知其度志欲然而往不任故曰武人之貞所以破疑者也 巽之小畜

九二巽在牀下用史巫紛若吉无咎九二動

象曰紛若之吉得中也

本象史巫之言近于薦也雖遠于誠巽而入入之以漸稟于神史巫之行近于敬者也雖遠於敬巽而進進之以漸稟于明女相見必妁士相見必紹國君相見必有擯相祀享廟亦必有祝君子居下不獲乎上進以道不遠其助故知人曰明薦人曰能明以用其智能以用其薦用史巫紛若夫何咎哉

巽之漸

九三頻巽吝　九三動

象曰頻巽之吝志窮也

本象　頻巽巽不中也巽其志莫爲之主數而屢巽貌恭而不貞意柔而數避女子之行乍往乍止若求乎外若忌乎内羣黨不來意氣將頽作德不宏意氣將窮行之可吝莫大乎此　巽之渙

六四悔亡田獲三品　六四動

象曰田獲三品有功也

本象　巽以申令風下于天上健而下巽君子出言而人不議行而衆以爲合志居乎上以交乎下巽而不失其義故衆樂用動而得其意此夫柔而不違乎剛女而不避乎壯者也姤之象曰后以施命誥四方施命以剛而制乎巽雖有壯志懾之鮮矣此其遇于田而三品之獲者也　巽之姤

九五貞吉悔亡无不利无初有終先庚三日後庚三

曰吉九五動

象曰九五之吉位中正也

本象蠱可幹者也巽以申命以治其蠱柔用厥剛和用厥厲故人不駭而事不廢蠱曰元亨利涉大川先甲三日後甲三日先庚者後甲者也後庚者從甲者也故申命者所以揆事也揆以就辛皆剛而用柔者也事更始必以順民志不和上德不成夫巽而知儆雖有小悔豈不利哉利貞元亨大有利

也巽之蠱

上九巽在牀下喪其資斧貞凶上九動

象曰巽在牀下上窮也喪其資斧正乎凶也

本象巽之上窮險動于外志畢於內入乎井不足以濟難自取其侮乃喪厥利記曰大國遜志不失其威小國遜志不失其義巽既極矣降之愈甲其令不終未繘井羸其瓶是之謂也巽之井

䷹兌下兌上

兌亨利貞

彖曰兌說也剛中而柔外說以利貞是以順乎天而應乎人說以先民民忘其勞說以犯難民忘其死說之人民勸矣哉

象曰麗澤兌君子以朋友講習 六爻俱靜

初九和兌吉 初九動

象曰和兌之吉行未疑也

本象 說之困以順道而勞其身以佚道而勞其民與

同其患而不爲胼獨受其難而安之若命故險如夷患如泰貧如富賤如貴没如存危如恒于盡于其父臣盡於其君弟盡于其兄此三者不以困爲患者也得乎仁而遺其名得乎義而遺其身得乎道而處亂世此三者不以困爲怨者也上下方兑而履乎險其志不疑是之謂也兑之困

九二孚兑吉悔亡九二動

象曰孚兑之吉信志也

本象信志說已者也兌之說已隨義者也小人之行有詭是有詭喜有詭與此悅于從人者也君子言而莫敢不信行而莫敢不服出於心而和于民以信其志天下從之悔何從乎詩曰王國庶定時靡有爭王心載寧夫說孚志天下和平上燕于心百姓與偕說之於隨不亦大哉 兌之隨

六三來兌凶 六三動

象曰來兌之凶位不當也

本象　來兌何謂也內之不悅以來乎遠不亦難哉故兌不自外來者也君子快意陽見于面使人悅已甚于已而悅人者矣詩曰有洸有潰旣貽我肄不念昔者伊余來塈爲上勞民使民不怨勿亟子來道何由矣　兌之夬

九四商兌未寧介疾有喜　九四動

象曰九四之喜有慶也

本象　商兌未寧言說而知節者也夫說而不節則意

將便意將便則佞人將入佞人將入則怨毒將至矣故說之節若樂之有磬柷敔也若川之有坊隄渠也以節其流以節其平頌曰鞉鼓淵淵嘒嘒管聲既和且平依我磬聲亦有和羹既戒既平奏假无言時靡有爭是之謂也兌之節

九五孚于剝有厲　九五動

象曰孚于剝位正當也

本象孚于剝何謂也貶勢以附民剝上以親其下者

也兌而歸妹陽就乎柔以說其民則得矣損其長男少女是從湛樂之道也詩曰士之湛兮猶可說也女之湛兮不可說也歸妹曰征凶无攸利貞厲之謂也言爲上而說非其類也　兌之歸妹

上六引兌　上六動

象曰上六引兌未光也

本象　說人之履未足以動人也夫道足以名而爲者近于爲人者也知其可說而先之近于爲身者也

君子爲仁无其意爲禮无其色履以引兌行而收利于人居上引下而恐其不救者爲道而未至于王者也兌之履

渙亨王假有廟利涉大川利貞

彖曰渙亨剛來而不窮柔得位乎外而上同王假有廟王乃在中也利涉大川乘木有功也

象曰風行水上渙先王以享于帝立廟六爻俱靜

初六用拯馬壯吉初六動

象曰初六之吉順也

本象初六之順中孚者也馬將逸蕩用維之衆用渙信以固之故孚者所以拯渙也維衆則萬志則一以令齊民寔蕃有徒以信齊民不見其人善馭馬者使馬輕其車愛其正而親其御故馬力而不竭與久而不敗約不待束各順其志詩曰濟濟多士克廣德心桓桓于征狄彼東南馬壯之謂也孚以

一渙以亂天下无不可者而況於順者乎而況於

復治者乎渙之中孚

九二渙奔其机悔亡九二動

象曰渙奔其机得願也

本象机隱而不見者也渙奔其机渙之顯者也順乎

內而巽乎外往无所疑來无所滯動于身而天下

信之是觀以立衆者也君子動以至公至公以行

不期而至不速而致故能大而斂大以去私斂以

有功渙奔其机庶乎是者矣渙之觀

六三渙其躬无悔六三動

象曰渙其躬志在外也

本象志在外者以同巽也渙其躬大巽志也渙而巽不以天子侈于百姓不以百姓奉一人爲人臣不以其家爲人子不以其室志在于外道莫大焉君子得位不有其位必善下如祭受福之必以敬也將之必以奔走承順也湯誥曰其爾萬方有罪在

予一人予一人有罪无以爾萬方則渙之巽者也

渙之巽

六四渙其羣元吉渙有丘匪夷所思 六四動

象曰渙其羣元吉光大也

本象 渙其羣則庶乎无訟者矣渙有丘匪夷所思公道以明公是陳書曰刑期于无刑恊于中時乃功故聽欲其无聽者也斷欲其无斷者也民散而能聚聚而能散是非之明不以言民志之來不以明

渙而能聚則渙亦大矣　渙之訟

九五渙汗其大號渙王居无咎　九五動

象曰王居无咎正位也

本象　渙其蒙大號以發天下之志明德普敷布濩无外故民不儆其耳目王不蔽其心志故汗而邪積者出焉渙而私畜者去焉王言以章民聽以光民視以趣使民不愚禁民以過使民不惰渙以養蒙雖有天子以正其位故有儲教有傅有保而况於

百姓聽命者乎 渙之蒙

上九渙其血去逖出无咎 上九動

象曰渙其血遠害也

本象 遠害者渙其險者也坎所以爲害也入于險出之以渙居乎渙以遠乎險此二者非智其孰能辨之乎血陰戰也逖險攻也旣去旣出所以爲渙也血不去逖不出則終于險而已私維生慮慮維生憂憂維生懼四積相攖以免乎咎不亦難哉 渙之坎

䷻ 兌下坎上

節亨苦節不可貞

彖曰節亨剛柔分而剛得中苦節不可貞其道窮也說以行險當位以節中正以通天地節而四時成節以制度不傷財不害民

象曰澤上有水節君子以制數度議德行　六爻俱靜

初九不出戶庭无咎　初九動

象曰不出戶庭知通塞也

本象 節之初九知險而固見難而守受德不回與時偕塞故行不染而志不改不出門庭夫何咎哉此夫未入於險而先著者故守其正而道不失也 節之坎

九二不出門庭凶 九二動

象曰不出門庭凶失時極也

本象 險而不出固其所也屯而不出大不智也守節而屯若女待年媾而將娶者也屯而守節若女待耦媾而不合者也故其道異也節之屯不出門庭

非以待時非以待人剛柔未交而難以生不祥巳

哉節之屯

六三不節若則嗟若无咎 六三動

象曰不節之嗟又誰咎也

本象 節以有待者也待過于時則固不節矣不節之

嗟自咎而已詩曰標有梅頃筐墍之所以爲節也

君子守正與時偕行所持者大所期者遠應之者

桴蹈之君 然飲食宴樂以需其作作而詳慮必中

其節故見而天下聘之聘而天下信之无咎之云所自來也不節之嗟譬之宴樂時過而哀至詩曰靜言思之躬自悼矣　節之需

六四安節亨　六四動

象曰安節之亨承上道也

本象　節而說安於節者也靖其分則說於事共其位則說于義協其數則說于度守其正則說于无所競節而說忠不以厲言不以謏行不以爭志不以

佞以承上福道莫利焉兌曰亨利貞六四之道也

節之兌

九五甘節吉往有尚　九五動

象曰甘節之吉居位中也

本象　節以臨民居位之中下悅而上順時其飲食節其苦樂因其居以制其利因其使以制其事因其君長以制其服使因其意以制其貢獻方義斧斤以慈網罟以廉銍穫廩庾以和書曰暨鳥獸魚鼈

咸若聖人有道以節天地天下趨之如孩就乳甘節之謂也節之臨

上六苦節貞凶悔亡上六動

象曰苦節貞凶其道窮也

本象節之窮不諒於人孚于中詩曰不諒人只君子持節終以正斃出其中扃以劵萬世挺然爲之犯於衆諱而已不疑必或信之何悔之有詩曰我心匪石不可轉也我心匪席不可卷也死而无怨是

之謂也節之中孚

☱☴兌下巽上

中孚豚魚吉利涉大川利貞

彖曰中孚柔在內而剛得中說而巽孚乃化邦也豚魚吉信及豚魚也利涉大川乘木舟虛也中孚以利貞乃應乎天也

象曰澤上有風中孚君子以議獄緩死 六爻俱靜

初九虞吉有他不燕 初九動

象曰初九虞吉志未變也

本象　渙渙之未定者也詩曰將予就之繼猶泮渙吉其未足以自信也中孚之初虞而往譬以爲度一於內以度乎外長短廣狹絜于正故羣類不一於信時序不齊齊于誠雜以疑疑以危危以不寧虞吉有他不燕中孚之謂也　中孚之渙

九二鳴鶴在陰其子和之我有好爵吾與爾靡之　九二動

象曰其子和之中心願也

本象信以受益傳曰忠信重祿則士之報禮重官盛任使則大臣勸故有材臣以共其爵位有德臣以共其國家故彼享其名我享其實詩曰爾公爾侯逸豫无期周書曰爾有嘉謀嘉猷則入告爾后于內爾乃順之于外曰斯謀斯猷維我后之德鶴鳴陰而子和之君鳴內而臣宣之詩曰王之喉舌賦政于外四方爰發以此受益不亦大乎　中孚之益

六三得敵或鼓或罷或泣或歌　六三動

象曰或鼓或罷位不當也

本象中孚利涉可以往矣乍往乍止或罷或泣中孚小畜疑未去也夫小畜者澤積而未降意釋而未泮故鼓而罷泣而歌此小人之道也諺曰疑勿用用勿以疑以疑以孚其孚不中得位制命而若此者鮮有終事者矣 中孚之小畜

六四月幾望馬匹亡无咎 六四動

象曰馬匹亡絕類上也

本象无咎履之足信者也月幾望將及中也馬匹亡獨從陽也道足以信而行之行不藉勢不及黨不類已而悦不殊已而爭詩曰獨行踽踽豈无他人不如我同父孚在于中行之家國而无不當者履之遠于過者也　中孚之履

九五有孚攣如无咎　九五動

象曰有孚攣如位正當也

本象中孚之損損下益上而志益固者其信之非暫

者也夫誠信既至取與不貳其損民也如其損巳者也詩曰緇衣之好兮敝予猶改造兮適子之館兮還予授子之粲兮中孚之損

上九翰音登于天貞凶上九動

象曰翰音登于天何可長也

本象節信之小者也以其小節信其大故奚可哉中孚之節

艮下震上

小過亨利貞可小事不可大事飛鳥遺之音不宜上
宜下大吉
彖曰小過小者過而亨也過以利貞與時行也柔得
中是以小事吉也剛失位而不中是以不可大事也
有飛鳥之象焉飛鳥遺之音不宜上宜下大吉上逆
而下順也
象曰山上有雷小過君子以行過乎恭喪過乎哀用
過乎儉　六爻俱靜

初六飛鳥以凶　初六動

象曰飛鳥以凶不可如何也

本象　初六之動雷作於上霆擊于下迅以掣近于小過之大者也小過曰中昃必至矣挽之不止損之不已豐以大過曰以進詩曰戎雖小子而式弘大飛鳥以凶如之何哉　小過之豐

六二過其祖遇其妣不及其君遇其臣无咎　六二動

象曰不及其君臣不可過也

本象是不觀之祭乎諏其孫以爲尸居其位被其衣薦其器馮其序是不小過乎孫以爲祖臣不以爲君君臣者恒道也祭祀者神教也故祖有作世易之祖有法世通之天子制度世不敢議是不可以爲恒乎故子與父妣可以小過者也臣與君不可以小過者也傳曰子得罪于父謝以昆弟弟得罪於昆謝以姊妹君得罪于民无所謝焉而況于臣之過其君者乎

小過之恒

九三弗過防之從或戕之凶　九三動
象曰從或戕之凶如何也
本象　防宜豫者也小過將害者也周書曰毋謂胡傷其禍將長毋謂胡害其害將大蓋言豫也小過弗防從之以戕斧柯江河其變不常小過之豫誠不大哉　小過之豫
九四无咎弗過遇之往厲必戒勿用永貞　九四動
象曰弗過遇之位不當也往厲必戒終不可長也

本象　謙小過謙謙可不謂无咎乎然未能改也去而不遠猶與過遇自守其謙以爲永貞譬有疾節其飲食細其言語以獲有康綏之道矣書曰若藥不瞑眩厥疾不瘳召予修德過无小善无大負小訾如刺在膚行小偏如虎兕在居故謙者无過之事小過永謙未无過也往厲必戒勿用永貞則可謂得其道者矣　小過之謙

六五密雲不雨自我西郊公弋取彼在穴　六五動

象曰密雲不雨已上也

本象 巳上過之也密雲不雨感自小過者也山澤通氣可以雨矣小過而不雨陽亢於上陰毆於下弋取彼穴可以爲感乎小過不除大澤不弘故嘉猷莫信嘉謀莫同遺累在先有施无功故望困乎上援窮乎下其行已往其應方作弋而有獲不亦難乎 小過之咸

上六弗遇過之飛鳥離之凶是謂災眚 上六動

象曰弗遇過之已亢也

本象小過之旅過行而得困者也夫旅難處也小過而旅難與也詩曰有兎爰爰雉離於羅飛鳥之禍動而躁往而多過過之初凶以蹤過之終凶以受禍故滅過莫如豫持過莫如謙夫此二者猶弗過也飛鳥之翼一上一下故鳥受禍必以翼人受禍必以耳目手足詩曰我生之初尚无爲我生之後逢此百罹 小過之旅

䷾ 離下坎上

既濟亨小利貞初吉終亂

象曰既濟亨小者亨也利貞剛柔正而位當也初吉柔得中也終止則亂其道窮也

象曰水在火上既濟君子以思患而豫防之六爻似靜

初九曳其輪濡其尾无咎初九動

象曰曳其輪義无咎也

本象曳輪濡尾言其蹇也蹇而不往舟既濟戒於波

車既濟戒于康莊而況其險者乎險而退非以遠患且以持獘故曰義也 既濟之蹇

六二婦喪其茀勿逐七日得 六二動

象曰七日得以中道也

本象 勿逐自得得所待也夫既濟而知防之以待治非以待亂也剏者獲福利于動守者獲福利于靜極衰以盛相幾而行故曰中興興以中也夫既濟而待若車之不忘轅舟之不忘檝也輻益員楫益

衆時未至事已備時既徃事不失婦喪其茀待于

七日豈爲過哉　既濟之需

九三高宗伐鬼方三年克之小人勿用　九三動

象曰三年克之憊也

本象　克之三年不亦屯乎屯以建侯所以有功也小人恃濟所以无終也既濟而屯不以輕來咎不以迅取敗雖近於憊何所嫌乎　既濟之屯

六四繻有衣袽終日戒　六四動

象曰終日戒有所疑也

本象既濟之革事久則變作故岸以舍檝而舟以漏覆夫既濟不戒則後有不得濟者矣天下之亂多於其治也人之敗德多于其富貴也治忽貴賤何常之有終日戒所以待變也既濟之革

九五東鄰殺牛不如西鄰之禴祭實受其福九五動

象曰東鄰殺牛不如西鄰之時也實受其福吉大來也

本象明夷之時明在西鄰也東鄰殺牛險以治順也既濟之明夷日晦而將旦昧以爲爽故享則得其時祭則受其福故其已往不若其方動者矣其極盛不若其方致者矣此得夫明夷之時者也既濟之明夷

上六濡其首厲上六動

象曰濡其首厲何可久也

本象既濟既久可以止矣濡其首何不止也家人曰

利女貞女而不貞若潰百川而波其家也故處既濟利用守女既適利用一狐濡其首既濟不濟則可謂溺矇者矣微子曰今殷其淪喪若涉大水其无津涯此不知夫家人之道者也既濟之家人

䷿ 坎下離上

未濟亨小狐汔濟濡其尾无攸利

彖曰未濟亨柔得中也小狐汔濟未出中也濡其尾无攸利不續終也雖不當位剛柔應也

象曰火在水上未濟君子以慎辨物居方　六爻俱靜

初六濡其尾吝　初六動

象曰濡其尾亦不知極也

本象　不知極无所終也未濟濡尾尚未訖濟以隕其身可謂有極乎故睽者亂終者也已濟而睽尚或亂之睽於未濟自喪而已不亦吝乎　未濟之睽

九二曳其輪貞吉　九二動

象曰九二貞吉中以行正也

本象未濟之道可以濟者也未濟而晉登其輿曳其輪以若轍戒于覆以若駕戒于驟以若徑戒于提以若載戒于輕曳其輪進若不進故爲貞吉也未濟之晉

六三未濟征凶利涉大川六三動

象曰未濟征凶位不當也

本象未濟之鼎虛器也賢人未遘進而見擲倏之才終利必我卽詩曰誰能亨魚漑之釜鬵君子遘其

將得其位見其人而後將之故可以享可以祀可以宴樂進而不當徙以自汚豈可乎哉　未濟之鼎

九四貞吉悔亡震用伐鬼方三年有賞于大國　九四動

象曰貞吉悔亡志行也

本象　未濟之蒙以養正作聖于初欲未戰害未熾然而已薇巳囊伐鬼方以致其威賞于大國以信其命故邪以服善以勸志以不疑進以不阻不以未濟而弛其事故貞而吉用遠其悔也　未濟之蒙

六五貞吉无悔君子之光有孚吉　六五動

象曰君子之光其暉吉也

本象　明動而健以作事謀始審其諱是觀其曲致以水火氷炭區別其類賁若華木動必麗之是以居則无逸作則无過有孚在中光見于外正而固終免乎悔謂悔自內作者也未濟而訟訟以謀始以爲暉光豈不大哉　未濟之訟

上九有孚于飲酒无咎濡其首有孚失是　上九動

象曰飲酒濡首亦不知節也

本象 未濟之解禍不涉難不至用以自樂何不可乎解而失節則衆亦去之矣故不往无咎可以信也未患而无咎不可以信也難解而安可以信也解難解節不可以信也夫當於未濟者雖未邇患猶有患心焉有孚失是是之謂乎 未濟之解

易本象卷之二終

易本象卷之三

上經變例

乾之坤六爻俱動

見羣龍无首吉經文

乾之遯初二爻動

亨小元之降者也元運也利貞性情也運以易性以不變故亨則異貞則一也陰浸以長歲浸以變智者達化賢者存務大以須時小以藏幾時之以天幾之

以人蹇而行通乃聖乃神通而不變其操變而不汚其德行遯以靜靜以觀動動則知乎易之用者矣

二爻變自遯至大壯十五卦占貞卦象辭合悔卦象例同

乾之否　三爻動

利貞不利君子貞悔可以固德顯不可以固位匪人方來君子守常何所爲也大者往往而能藏小者來來而无害通則視世窮則視身保身待世故元德不喪而亨道无滯是亦近乎遯者也

三爻變自否至泰二十卦
占貞卦彖合悔卦彖例同

乾之觀　四爻動

元亨利貞盥而不薦有孚顒若夫具是四德則可以表世可以表世則可以格廟可以格廟則可享帝矣詩曰顒顒卬卬如圭如璋令聞令望豈弟君子四方爲綱故君子威勸不見于色獲福不存于戒尸居屏處而天道見焉者有存乎大者也

四爻變自觀至臨十五卦
占貞卦彖合悔卦彖例同

乾之剝　五爻動

不利有攸往利貞而已亨者德也不利者時也固以待終元之道也天地周旋二氣分行治不百年陰不絕萌君子明哲能使人不柯其身不能使人易種乎天下詩曰握粟出卜自何能穀此未得乎乾之道者也

五爻變自剝至復六卦占貞卦合悔卦象例同

坤之乾　六爻俱靜

利永貞經文

坤之臨初二爻動

坤而臨元亨乃利牝馬之貞先迷者從邇者也後得者從臨者也君子于靜觀其動則必有得乎時者矣得乎時則必有偕之行者矣臨者長人之道也坤者臣道也子道也妻道也長人者宜健下人者宜順長人者從陽順人者從陰則必有類矣西南者八月也八月者六月也臣黨于下則禍作于後東北喪朋所

自迷也夫以坤道臨人者守不必正志不必固以保有吉不亦難哉

二爻變自臨至觀十五卦占貞卦象合悔卦象例同

坤之泰三爻動

剛來而自內陰往而後得君子攸往小人攸藏大順之世賢人在位意氣感孚不謀而正故類非其朋邪非其遠溫恭安安元良以賡故不言貞大吉以亨坤之泰順矣哉此夫臣而善得其君者也

三爻變自泰至否二十卦
占貞卦象合悔卦象例同
坤之大壯　四爻動
利貞安而利于正也天下大靜作而大壯非主乎利
民不樂乎動故建大務興大役作于胥久而人不疑
者非大且正而何所命之
四爻變自大壯至遯十五卦
占貞卦象合悔卦象例同
坤之夬　五爻動
夫道足以去邪行之而不近于暴者則坤之夬者乎

孚號不利即戎是也坤之夬有四道焉以去慾不愛其利以絶黨不顧其親以從剛不任其氣以從柔不任其意揚于王庭朋類以平小人攸去君子攸往則庶乎不以諂而爲順者也

五爻變自夬至姤六卦占貞卦象合悔卦象例同

屯之坎初二爻動

雲雨不施習坎以生剛柔再交戰而未升故屯而險險者遇也信者德也君子涉難而志益篤遇益屯行

益勵具有四德以孚於心雖扃其戶尚於天下維心
之亨以建有君其爲亨也不亦大乎
一爻變自坎至頤十五卦
占貞卦象合悔卦象例同
屯之井　三爻動
傳曰國有道不變塞焉國无道至死不變屯之利貞
不以運爲變也改邑不改井无喪无得處屯畜德不
徼福不避患往來以正死而後已故用以居經綸以
積用以君贊助以職雖久乎難豈有慭焉

三爻變自井至噬嗑二十卦
占貞卦象合悔卦象例同

屯之大過 四爻動

勿用以往而因以利屯之過過而反者也君子處屯思以建國難矣哉草昧之士材可大夫其主伯也草昧之臣其材卿佐其主王也屯已利矣而士有材佐有功滿而不損近于亡也此二者可以觀屯也是以智士理屯則居屯過則去居以固國去以固身屯以事其君過以遠其身棟撓不生厭其亨乎此爲相而

審乎屯者也

四爻變自大過至離十五卦
占貞卦合悔卦象辭例同

屯之恒　五爻動

屯以建侯非得之也裕者久也久而後有所往矣故去國而復復不越境境不越載則其得之也不能一歲或不二三歲君子積屯屯而後亨雖過其期不以爲咎故患溢數者闕而大福豫溢數者闕而大禍君子遭屯守正而已觀于其恒而後知亨之故也

五爻變自大過至離十五卦

占貞卦彖辭合悔卦彖例同

屯之鼎 六爻俱動

屯以建侯鼎以正位具有四德待時而動元吉以亨何不可乎風雷水火合以成用帝命在上明德在下詩曰時純熙矣是用大介我龍受之蹻蹻王之造是可以嗣乾者矣

六爻俱動者一

占貞悔卦例同

蒙之頤 初二爻動

夫養蒙者非言者也以言養蒙若餔以餳長而乳之也觀其言見其誠撤其蒙長其幾皆利于正者也正而導之不近于邪故言不繁稱諭不瀆聽畢命曰辭尚體要不惟好異商俗靡靡利口惟賢餘風未殄公其念哉君子教人必以德小人教人必以辭君子教人常後于人小人教人常先于人教之利貞正矣哉

二爻變自頤至坎十五卦

占貞卦象合悔卦象例同

蒙之賁　三爻動

亨利貞小利有攸往利貞明在內者也小利攸往明在外者也外明而中暗雖小有往不如止矣夫止在于外而戰于內君子克治其何以寧飾行售人飾辭瀆蒙小人之亨不可爲也

三爻變自賁至困二十卦占貞卦象合悔卦象例同

蒙之離　四爻動

順者誠也誠者正也養其正以得其順故麗乎明而蒙乃不蔽蒙之離應矣哉日月麗山其居爲陰山陰

而水陽君子誨蒙各因其宜畜以牝牛乃順乃利詩
曰載色載咲匪怒伊教則可謂畜順者也
四爻變自離至大過十五卦
占貞卦象今悔卦象例同
蒙之同人　五爻動
蒙險而止險而利涉非主乎蒙者也君子集思以廣
其益類聚以辨其智尊賢取友以崇其德出乎鄉國
以選其義若木若愚以得衆志洪範曰汝則有大疑
謀及乃心謀及卿士謀及庶人謀及卜筮汝則從龜

從筮從卿士從庶民從是之謂大同身其康彊子孫其逢吉故君子无有私智无有獨慮无有作意作難利君子貞貞則不瀆故无瀆爻无瀆聽同人之亨亦猶是也

五爻變自同人至咸六卦

占貞卦象合悔卦象側同

蒙之革 六爻俱動

巳日乃孚大革蒙也蒙而大變內明而外說險化于內故不悔動和于外故亨利具有四德丕變其志貞

以去瀆其孚巳日此夫誠積于內而教成乎天下者
也
六爻俱動者一占貞悔卦辭同
需之蹇　初二爻動
剛健而不陷光以待亨見險而止雖不出險得其正
矣夫待其平而反得難待其通而反得阻剛健而止
不亦難乎剛而用柔柔以獲應故雖蒙難而上信之
固于其道以待乎終其數以極其患以散故坤而離

西南之地也行于西南不必六月時巳利矣道巳得矣君子需時不以見險而改其慮小止小往大止大亨小人用剛君子用和利見大人是之謂也

初二變自蹇至大畜十五卦占貞卦彖合悔卦彖例同

需之比 三爻動

需位乎天位天下來比故以濟險則親乎賢以裕治則親乎民親乎賢者我待人者也親乎民者人待我者也以我待人剛而不敢有其決健而不敢有其勇

以人待我我先而人不敢後我順而人不敢違故健而順順而健有孚以先元德永貞託乎高位坤乾以寧是亦王者之謂也

三爻變自比至大有二十卦占貞卦象合悔卦象例同

需之萃 四爻動

險濟而說柔順于中道應乎外君子待賢賢人景從是以聚精可格乎神聚利可格乎人聚德可格乎天聚民聚人可格乎聖賢物未聚必先待之也待而後

聚聚而後舉此夫百世之道行之而无獘者也

四爻動自萃至睽十五卦占貞卦象合悔卦象例同

需之豫　五爻動

見險不陷待順而動是不可以言智乎此夫乾德而善其用者也需曰君子以飲食宴樂抱德而待遇者也時至而往險去而動豫莫大焉知乎豫者故歷險而不憂久困而不懼不以樂陷德不以私失乎衆志詩曰豈弟君子干祿豈弟則庶矣乎

五爻變自豫至噬嗑六卦
占貞卦象合悔卦象例同

需之晉 六爻動

需而後晉晝日三接光亨元吉勿問之矣

六爻變動者一
貞悔占象例同

訟之无妄 初二爻動

利見大人利貞者也不利涉大川其匪正者也乎窒惕中所以无妄也君子言出而審其辨相其可否而後行之長不欲矜爭不欲多詩曰匪先民是程匪大

猷是經維邇言是聽維邇言是爭有眚不利有攸往終凶之謂也
二爻變自无妄至解十五卦占貞卦象合悔卦象例同
訟之同人三爻動
訟而同人不以健而求勝不繫乎私而毀其貞明以承上去險而順故有言與衆辨之辨與衆聽之詩曰發言盈庭誰敢執其咎故訟不于庭而于其野傳曰謀之于野則獲是之謂也

三爻變自同人至師二十卦

占貞卦象合悔卦象例同

訟之家人 四爻動

婦人之言不出于閫故內則言內外則言外君子有過辨之于中不俟其聲之也夫過而俟乎聲之則其凶也亦不俟乎終之矣

四爻變自家人至升十五卦

占貞卦象合悔卦象例同

訟之賁 五爻動

夫言有辨而文見焉者諍以明理議以正誼直以擁

行駁以裁禮其大者也訟之小利涣過而餙束者也不利涉川終而有凶明而止之不違不爭亦庶乎其免禍者耳

五爻變自賁至謙六卦占貞卦彖合悔卦彖同

訟之明夷俱動六爻

明夷之夷不見人人順而見違直不獲伸艱貞也者所以晦德也晦德而求濟不禍乎哉

六爻俱動者一占貞悔彖例同

師之復　二爻動

吉者行无疾也无咎者類不喪也復之道以潛而爲
動因敗而爲勝者也夫師動而貳貳而疑疑而阻出
人多滯內難以起往于百里喪其長子以云復也則
絕之而已矣

一爻變自復至渙十五卦

占貞卦象合悔卦象例同

師之明夷　三爻動

師之明夷喪其丈人利爲寇不利禦寇爲其陰也謀

在下也志傷之也艱貞以守守而失險雖有正道何之矣

三爻變自明夷至訟二十卦占貞卦象合悔卦象例同

師之豐四爻動

夫師所以用衆非所以圖大也王以德不以功伯以功不以多師以多不以利師者王者之所懼也王假之勿憂勿憂其維王者乎冊書曰以仁得之以仁守之其量百世以不仁得之以仁守之其量十世以不

仁得之以不仁守之必及其世必及其世就沒而已十世之昃以澤其光不亦希乎

四爻動自豐至姤十五卦占貞卦象合悔卦象例同

師之革　五爻動

師以革衆以變其志古之人有行之者格苗是也釋而與之修德而復之暨于三年不巳日乎詩曰臨衝茀茀崇墉仡仡是伐是肆是絶是忽四方以无拂武王之行也具有四德其悔乃亡有虔遏劉其言不慚

仁不瀆武天下信之多方曰爾乃自作不典圖忱于正我維時其教告之我維時其戰要囚之至于再至于三乃有不用我降爾命我其大罰殛之夫仁以革衆衆猶不革乃動其師貞矣吉矣悔吝之來非所聞者也

五爻變自革至遯六卦
占貞卦彖合悔卦彖例同

師之同人　六爻俱動

丈人之吉君子貞也險而順故不以危嘗艱明而健

故不以勇嘗禍士不貳故將得其志將不驕故士得其利剛以馭柔故士從令柔以馭剛故士從意得之馮几橫之千里須爵賚功而將不居者君子之道也是與衆而同其休害者也

六爻俱動卦一占貞悔象例同

比之節　二初爻動

後夫之凶慮乎剝也剝則窮比而不中雖順不光故原筮也原筮元永貞以求中也夫比于道道有偏比

于義義有患比于禮禮不一致比于樂樂不一節夫比于君子猶且難之而况於小人乎比而節元而永貞則庶乎其免于凶者矣

二爻變自節至剝十五卦占貞卦象合悔卦象例同

比之需　三爻動

不寧方來以爲需也不亦大乎王者之德必以世善人之化必以百積順而後健待時而後作重譯來王不一歲禮樂六裕不一世詩曰文王旣勤止我應受

之敷時繹思我徂維求定大誥曰予惟往求朕攸濟
敷賁前人受命夫審其比待而後動雖有大艱肆其
靖之利涉大川則是之謂也
三爻動自需至晉二十卦
占貞卦象合悔卦象例同
比之夬　四爻動
告自邑原筮之道也夫比有類于小人者五焉勢處
下比以就利爲人臣比以阿其君得厚爵比以藉援
近于左右比以寵事處高位比以終福是皆所以當

夬也夬者君子之志而武人之行也以君子而志武人之行也不審乎比則厲也矣是未具乎四德再筮而往以審其可否者也

四爻動自夬至旅十五卦占貞卦象合悔卦象例同

比之大壯　五爻動

比健而動非衆順之亦不壯矣是未得乎亨也夫比之時上下方親其志未固上以實其德下以虛其慮王人无逸佐人无權詩曰經營四方告成于王四方

既平王國庶定時靡有爭時无有爭乃底于平故國方睦則不利用壯君子用壯必攜其下小人用壯必危其上夫非貞固以健而動其爲不利又孰大焉

五爻變自大壯至鼎六卦占貞卦象合悔卦象例同

比之大有六爻俱動

比之大有其內則泰者也其外則既濟者也合乎朝宁比于薄海元亨永貞詩曰四海來假來假祈祈景員維河殷受命咸宜百祿是何

六爻俱動卦一

占貞悔卦例同

小畜之漸　初二爻動

小畜之漸漸而長乎內陰得其位謀而用遂陰畜而陽上乾授季男制乎長女故國有威之戚家有尚之婦密雲不雨女不歸也自我西郊行從陰也漸而進進而八月不守其德家不治國不正小畜之時宜防矣哉

二爻變自漸至泰十五卦

占貞卦彖合悔卦彖例同

小畜之觀　三爻動

密雲不雨往可尚也盈而不薦浚可望也自我西郊有孚遠也君子畜德不俟其言文見乎外天下儀之是以澤不沛而民不慭賞不及怒不加而民不貳此大信于微而畜之素者也

三爻變自觀至大壯二十卦占貞卦象合悔卦象辭例同

小畜之否　四爻動

小往大來君子成羣止于陰人詩曰維彼不順征以

中垢陰人居中庶士不庸詩曰大風有隧貪人敗類聽言則對誦言如醉道將否上先疑畜疑以迎君子不承詩曰亂之初生譖始旣涵亂之又生君子信讒雖有剛人不克甘言甘言諛容畜亂以窮詩曰靡不有初鮮克有終

四爻變自否至歸妹十五卦占貞卦彖合悔卦彖例同

小畜之晉　五爻動

畜德不賚以覲乎臣畜澤不施以覲乎君故有明君

不急下之德有良臣不急上之澤詩曰蓼被蕭斯零
露濃濃旣見君子鞗革冲冲和鸞雝雝萬福攸同畜
用康侯以天子艮其藩屏賞罰不替盖王之盛者也
五爻變自晉至震六卦
占貞卦象合悔卦象同
小畜之豫六爻俱動
豫西伯之道也
六爻俱動卦一
占貞悔卦例同
履之否初二爻動

説以從乾志行也柔以從乾志不行也近以悅遠以來故履帝位往而不咎內柔而外剛內陰而外陽喪其馬壯以從彼虎內志將替外難將作以履乎素猶且不可而況于天位者乎

二爻變自否至歸妹十五卦占貞卦象合悔卦象辭例同

履之遯　三爻動

履而遯以避禍也遯而宜亨小利于貞是以君子隱德以有爲避世而不遠不以長往終得其志不以人

類終絶其患故遯以免咎非正之大者也詩曰愼爾優游勉爾遯思愼而勉之小利於貞是善乎履者矣三爻動自遯至臨二十卦占貞卦象合悔卦象例同

履之漸 四爻動

乘剛而不躁止而巽行必有序進必以道非中于禮而能若是乎子曰禮莫大乎敬敬莫大乎大昏故冕以親迎仕以贄見女三月而廟見士三月而試政女以媒士以紹女受誡不諱出士受誡不諱黜女下堂

必以燭士出疆必以鴈故大昏者人道之所從起也

四爻動自漸至泰十五卦
占貞卦彖合悔卦彖例同

履之艮 五爻動

知止而止則可以免咎矣夫處危地而不見蹤躡人後而患不及者則止之謂也止以褆躬不獲其身止以平情不見其人履于虎尾而衽若席者則止之謂也

五爻變自艮至明夷十五卦
占貞卦彖合悔卦彖辭例同

履之謙六爻動

履之謙百神爾主矣愬愬悔悔何所危也

六爻皆變卦一占貞悔象例同

泰之謙初二爻動

唐虞之朝君不若臣夏商之朝治不若朋帝曰吁臣哉鄰哉鄰哉臣哉名誥曰王敬作所不可不敬德我不可不監于有夏亦不可不監于有殷此夫泰而能謙者也

二爻變曰謙至小畜十五卦
占貞卦象合悔卦象例同

泰之坤　三爻動

泰而大順西南得朋不亦宜乎夫泰則逸逸則好利利則好侈侈則諛諛則小人至矣大來而往亦可羞也先得而後迷先治而後亂一國以是而不知其非者泰之順也是以席治而无外患國恆以亡國无外患朝无拂臣此以國而爲腊者也詩曰名彼故老訊之占夢具曰予聖誰知烏之雌雄

三爻變自坤至乾二十卦

占貞卦象合悔卦象例同

泰之豫　四爻動

利建侯脈有德也用行師征邑國也

四爻動自豫至履十五卦

占貞卦象合悔卦象例同

泰之萃　五爻動

陰陽以和祭享以時騶虞以游鳴鳥以來六畜以蕃百穀以昌以集厥祥以離百殃詩曰濟濟多士秉文之德對越在天駿奔走在廟泰而萃能者在國賢者

在位萬國攸同百神上從亨吉以亨吉莫大焉夫維帝者亦猶是也此夫交于鬼神以行乎天地者也

五爻變自萃至无妄十五卦占貞卦象合悔卦象辭例同

泰之否 六爻俱動

泰之否君子戒也戒无害也故泰而天地之情見焉否而天地之質見焉觀于其情行乎其質動以靜而天地之性見焉一往一來二氣以環智者見初以觀其終夫泰而知否則不亦賢者乎

六爻俱變卦一
占貞悔卦例同

否之履　二爻動

否而得其行說以履剛危行而言遜不潔其身不廢其倫不以身而代阱不樂從事不喜避難而免乎咥人者此難于行遜者也君子遇窮大往小來忠以明志信以成事慎以藏智謹以行誼有是四者出而各中乎禮者雖有匪人亦不能爲之眚也矣詩曰嗟爾君子无恒安處靖共爾位正直是與神之聽之式穀

與女

二爻變自履至豫十五卦

占貞卦彖合悔卦彖例同

否之乾 三爻動

否而行健健以有爲則于否之窮也否之方來小人疆陽饕餮戚羣擬于浚明詩曰皇父孔聖作都于向擇三有事亶侯多藏夫內君子而外小人君子無權小人自賢欲易其類不亦難乎

三爻變自乾至坤二十卦

占貞卦彖合悔卦彖例同

否之小畜　四爻動

狐在田不足以爲媚也獸在檻不足以爲噬也惡來在行不足以讎也蠢小醜不足以亂治也微降霜雪以取松栢不足以言志也否之小畜終亦必亡而已

四爻變自小畜至謙十五卦占貞卦象合悔卦象辭例同

否之大畜　五爻動

利涉大川近于濟否者也然而利貞貞猶疑也君子欲進小人欲止以君子而止小人毋以小人而止君

子也夫陰得朋以畜其謀小人得君雖處于外其制之也亦已大矣諺曰猛獸在谷失其藜藿畜貍以捕失其雞梟否之大畜以涉大川則亦必俟其終也哉

五爻變自大畜至升六卦

占貞卦象合悔卦象例同

否之泰 六爻俱動

否而泰勿問之矣

六爻俱變卦一

占貞悔卦例同

同人之姤 初二爻動

柔得中而從下志乎遇而私志陽爲健而邪內此與人以爲利者也詩曰野有蔓草零露溥兮有美一人清揚婉兮邂逅相遇適我願兮

二爻變自姤至豐十五卦

占貞卦象合悔卦象例同

同人之訟 三爻動

利見大人 君子貞也君子與人必以禮行禮必以讓讓以爲和禮以爲大有孚以窒衆志乃得詩曰秉心塞淵騋牝三千故以同人者公而行信信而行正正

以不議信以不辨同人而訟則亦不貞也已不貞終凶以涉大川豈有利哉

三爻變自訟至明夷二十卦占貞卦象合悔卦彖例同

同人之渙　四爻動

渙亡其明以中行也君子同人以德不以意渙之于野其道得矣利貞君子貞也君子之貞不結而固是以執鬯而撫四海夫以人同人不出其門持衷以陳不出二人同而渙之其爲道也不廣矣哉

四爻變自渙至復十五卦

占貞卦象合悔卦象例同

同人之蒙　五爻動

匪我求人維人求我以同人也不亦正乎蒙之利貞不以瀆夫有瀆交必有瀆詞有瀆詞必有瀆責有瀆責必有瀆禍瀆而後異從之矣故一而誠誠而正正乃无私與无私取无私告无私應則蒙之謂也

五爻變自蒙至臨六卦

占貞卦象合悔卦象例同

同人之師　六爻俱動

貞丈人吉君子貞也利涉大川以行其師何不可乎故明者所以用陽也誠者所以用陰也陽所以用人也陰所以用神也明而御剛使剛以柔故衆以和志以行以內取外以一制衆剛柔時行各得其宜者則是之謂也

六爻俱變卦一占貞悔彖例同

大有之旅　二爻動

時大亨而行不光者材薄而无貴仕者也國有道言

必揚得其輿不以徒旅大而小用之者也

二爻變自旅至夬十五卦

占貞卦合悔卦象例同

大有之晉　三爻動

火上于天出乎地大人應離天下文明詩曰彤弓弨

兮受言藏之我有嘉賓中心貺之

三爻變自晉至需二十卦

占貞卦象合悔卦象例同

大有之剝　四爻動

夫傲而好侈者來于富者也樊而就壞者襲于善者

也越而賤人者世于泰者也驕而好兵者壯之害也
大樕之靡不知其就上也茂葉之隕不知其就下也
善政之蠹不知其就薄也故世大裕而人好蹶世大
美而人好佞佞人棄利賤貨棄地剝而往之何所利
也

四爻變自剝至節十五卦

占貞卦象合悔卦象例同

大有之觀　五爻動

子曰夫入其境溝澮甚辨草萊甚闢其教民也敬以

信也入其邑墉屋甚尊樹木甚茂其教民也寬以忠
也聽其聲不問其令覩其色不問其政彬彬振振王
道將陳穆穆皇皇王政將明夫若此則可以爲民表
也矣可以保富而世其大也矣

五爻變自觀至屯六卦占貞卦象合悔卦象同

大有之比六爻俱動

旅獒曰嗚呼明王愼德四夷咸賓德盛不狎侮狎侮
君子罔以盡人心狎侮小人罔以盡其力比者狎之

近也比而不貞雖有萬方玉食以傾夫比之邪則多於其大行者矣洪範曰無偏無黨王道便便無反無側王道正直會其有極歸其有極則善于比者矣

六爻俱動卦一占貞悔象例同

謙之泰　初二爻動

泰謙之大者也泰以君而下臣虛已以交見善若賓故帝用師王用賓地氣用升天道虧盈賢人用謙不以取賢聖人用謙不以取聖仲虺之誥曰予聞之能

自得師者王謂人莫已若者亡好問則裕自用則小

下交之貴者也

二爻變自泰至漸十五卦

占貞卦象合悔卦象例同

謙之臨　三爻動

大謙非以取名也所以慮禍也非慮禍所以圖終也

君子圖終則不必于虧者矣屋既周而闕之衣既成

而摺之繭以溫產則於二月也枲以涼產則於八月

也故臨則慮乎其觀也爲上則慮乎其下也爲初則

慮乎其終之也慎初如終慎之爲謙不旣大乎

三爻變自臨至遯二十卦

占貞卦合悔卦象例同

謙之歸妹　四爻動

謙止以順者也歸妹說以動者也往而益柔以媚于人妾婦之道也子曰巧言令色鮮矣仁言乎其謙而不光也

四爻變自歸妹至否十五卦

占貞卦象合悔卦象例同

謙之兌　五爻動

亨利貞夫說而貞則恭而能安者矣飾行下人使中抱慙君子不爲也佝僂以趨行若負箕君子不爲也背以抵足舌以承言君子不爲也意爲挹損黽勉以從君子不爲也出于正則行之順行之順則履之安安則庶幾无拂乎人无拂乎已者矣

五爻變自兌至訟十五卦占貞卦彖合悔卦象例同

謙之履　六爻動

慎而有禮恭而不悖以處高位而死不改者善乎守

者也守謙以居禍患乃去子曰以約失之者鮮矣

六爻俱動卦一

占貞悔卦例同

豫之歸妹　一初爻動

建侯行師无攸利也以柔乘剛以弱導強以逸喪志以悅喪義主維逸逸維不壽師維不戒不戒乃亡夫豫而近於欲則動而无可也矣歌曰內作色荒外作禽荒甘酒嗜音峻宇雕墻有一於此未或不亡

二爻變自歸妹至否十五卦

占貞卦彖合悔卦彖例同

豫之大壯　三爻動

壯而利貞所以善動也順以爲仁健以爲義刑罰清而庶民服兵革息而禮樂作以賞有功以誅不睦詩曰烝烝皇皇不吳不揚不告于訩在泮獻功則得于天地之正大者乎

三爻變自大壯至觀二十卦占貞卦象合悔卦象例同

豫之泰　四爻動

雷出于地以行其賞罰是以君子在内小人在外元

凱在職岳牧式佐饕餮檮杌以禦魑魅是以朝聘以時厚往薄來和氣上流百禮萃從詩曰汎汎楊舟紼纚維之樂只君子天子葵之樂只君子福祿膍之樂只豫者也膍泰者也

四爻動自泰至漸二十卦占貞卦象合悔卦象例同

豫之需五爻動

豫以待者也夫豫而動則可以動矣然且待之者孚之深也君子立國豫之百年行師豫之十載以待孚

德且志豫也故順以一國天下未從而上不動者王
季之行也順以天下萬世未從而上不動者文王之
行也豫而待以涉大川故曰利也

五爻動自需至巽六卦
占貞卦合悔卦象例同

豫之小畜六爻俱動

賞不欲濫師不欲暴國之制也悅以弛敬樂以生懈
情之制也毋爲福先毋爲禍始道之制也建利于時
行利于勢事之制也毋以久畜疑毋以躁趨利義之

制也豫之小畜道可以亨成敗由中其義廣哉

六爻俱動卦一占貞悔卦例同

隨之困　二爻動

隨時至而後行言動于後行動于前隨而得困喜動而陷禍此以言而得咎者也夫隨小子之事也困大人之道也小人而履於難智不深慮不遠嘵嘵而鳴於人者以解其咎何所得焉是未至于正者也正與時窮正與蒔絀是以得困无咎也矣

二爻動自困至噬嗑十五卦

占貞卦象合悔卦象例同

隨之大過　三爻動

隨守而不劊迣於不違時過而不知改者棟橈者也夫知往而往之旁行而不詭於正者是不亦亨乎其行无咎故遠于禍遠于禍故其通之者易也

三爻動自大過至頤二十卦

占貞卦象合悔卦象例同

隨之井　四爻動

井則善于爲繼者也夫善于爲繼者不自爲智不自

爲壯守途若規其行如繩始始終終繩繩薨薨善人爲紀百年不更善人爲綱與世俱興隨之于井孰羸其瓶詩曰不愆不忘率由舊章無怨無惡率由羣匹往來井井无得无喪是之謂也

四爻動自井至賁十五卦占貞卦象合悔卦象例同

隨之升　五爻動

利見大人用得隨也勿恤南征正无咎也隨得其羣順而上行雲從龍風從虎賢以從聖良以從明其道

用利其功用因詩曰予曰有先後予曰有疏附予曰有奔奏予曰有禦侮大亨利貞是之謂也是爲臣而際其利者也

五爻動自升至大畜十五卦
占貞卦合悔卦象例同

隨之蠱六爻俱動

蠱終則有始山有木匠則度之薪可載斧則穫之故薪隨樊者也治隨亂者也先甲三日後甲三日反復道也智不一設事不一作寒往暑來晦明相隨夫能

爲隨時者則其事大矣哉

六爻俱動卦二占貞悔卦例同

蠱之賁　初二爻動

蠱而後飭之小攸利也巽而止止而文明積垢以新積弊以興巽而火從出焉賁乃得于後甲之道者也是以聖人以時改火以新民之用以時作用以振民之德弊而方張道雖未光以得乎亨故利有往是亦可以言文者矣

二爻動自賁至井十五卦
占貞卦象合悔卦象例同

蠱之頤　三爻動

頤積虛而不頹以爲復則澤茂上以爲剝則禮承下
未有所事故養之也夫養蠱者非以畜敗也欲動而
止止而得其所動而得其制故陰不下瘦陽不中墮
元亨貞吉亦所以无悔也

三爻動自頤至大過二十卦
占貞卦象合悔卦象例同

蠱之噬嗑　四爻動

蠱有慎之道焉慎以用獄用去害也獄蘊隆而蠱見焉治蠱以亨而情得焉法太嚴則弊起焉剛柔不和朽蠹以成雷電合章沴氣以平夫知乎噬嗑者則其治獄也易矣

四爻動自噬嗑至困十五卦占貞卦象合悔卦彖例同

蠱之无妄　五爻動

蠱有眚也无妄居正也甚哉吏作之難也物已蠱而遠于正則亦已矣夫觀于蠱者觀於其所致之也致

之无妄雖云有災亦何眚也故蠱而飾之飾而不過不彰其惡不改其度拯止以健拯巽以動動而求於无過此亦善于述志之道者也

五爻動自无妄至萃六卦占貞卦象合悔卦象例同

蠱之隨 六爻俱動

隨无故也非我蠱之也蠱而飾隨之不啓其惡以終其福元亨利貞何所咎哉

六爻俱動卦一占貞悔象例同

臨之坤 初二爻動

夫八月者以順天下則得矣以臨天下則未也臨而與人以順者必保乎其順也制作不施榮敷不章而天下大之者此必有善乎靜者也

二爻動自坤至中孚十五卦
占貞卦象合悔卦彖例同

臨之謙 三爻動

臨而謙從道而行體剛以柔亨而有終所以无凶也

夫觀於天地之道鬼神之吉復盈虛虧方長慮終若

戒若懼而保有世則可以滋大矣詩曰淑人君子正是國人正是國人胡不萬年

三爻動自謙至履二十卦占貞卦象今之卦象例同

臨之小過四爻動

夫與人而中不一者或動而利上或止而利下剛進而迫中過所由也臨以與人知節而不過處上而就下故民親之而上不懼伊尹曰萬夫之長可以觀政夫長有閭井一動一止猶不敢慾而況其大者乎

四爻動自小過至乾十五卦
占貞卦象合悔卦象例同

臨之咸五爻動

風以呼也高以招也咸則速者也八月之月陰感而方盛陽感陰故善下陰感陽故善上內說而止外順而說則其感也大矣是皆利乎貞者也夫其不貞則凶也矣謂夫感非其道而以邪爲令者也詩曰曰爲改歲入此室處言從其令也

五爻動自咸至同人六卦
占貞卦象合悔卦象例同

臨之遯 六爻俱動

遯則凶矣遯之利貞當夫臨而憂者也詩曰憂心愈

愈是以有侮憂之不蚤耳夫何侮之有

六爻俱動卦一

占貞悔象例同

觀之中孚 初二爻動

有孚顒若不諫孚矣子曰無聲之樂志氣既得無體

之禮威儀翼翼無服之喪施及四國無聲之樂志氣

既從無體之禮上下和同無服之喪以畜萬邦傳曰

墟墓之間未施哀於民而民哀社稷宗廟之中未施敬於民而民敬之者是之謂也

二爻動自中孚至坤十五卦占貞卦彖合悔卦彖例同

觀之小畜　三爻動

行禮者則始之忠也行義者則始之信也恕以行仁則始之平也故澤未下而氣先浹者則不俟其發也

周官曰民有五氣喜怒欲懼憂喜氣內蓄雖欲隱之陽喜必見怒氣內蓄雖欲隱之陽怒必見欲懼憂之態

皆有陽氣以見其畜故觀于人與其自觀者則必有
積之於先者矣子曰苟有車必見其軾苟有衣必見
其敝亦言乎其畜者也

三爻動自小畜至豫一十卦

占貞卦象合悔卦象例同

觀之乾 四爻動

知幾其神乎觀其將窮乾乾而行者所以範人而安
其危者也故儀物之道尚其尊體物之道尚其健澤
物之道尚其肎成物之道尚其繼繼則大矣哉所以

爲人求而无失者也詩曰亹亹文王令聞不已覯而乾巽順而健來而不窮化乃以成以此服民民孰貳之

四爻動自乾至小過十五卦占貞卦彖合悔卦彖例同

觀之大有 五爻動

大矣盛矣觀道之成者也詩曰遹求厥寧聿觀厥成文王烝哉

五爻動自大有至恒六卦占貞卦彖合悔卦彖例同

觀之大壯六爻俱動

子曰莊以莅之動之不以禮未善也厲主在朝其民多刑弱於視下與剛于行令者是皆未得乎正者也君子儀出必飾意出必裕制出必決謀出必慮求于巳者直以摯求于民者和以恕故壯而正正以著意意以著令故武而不賊莊而不僻生可以爲像沒可以爲謚也

六爻俱動卦一

占貞悔象例同

噬嗑之未濟 初二爻動

雷電合而澤不濟飲食具而飪不時者此法之不可以式者也夫有所間之也爲法者必謹其左右協其出入料其終始左右爲奸必有寃入必有戾出入出不平故有百年之法而無百年之人賢人作維謹始於微毒不嘗而後賓藥不茹而後味法不弊而後理慎先而終慎紀於綱故曰亨也

二爻動自未濟至隨十五卦

占貞卦彖合悔卦彖例同

噬嗑之鼎 三爻動

鼎立法者也鼎重矣哉刑一人而萬民服者非絹之故也甫刑曰維克天德自作元命配享在下鼎以克德以配有命故能作法以爲民極書曰人維求舊器維求新鼎所以新之也新以維敝非掇之也詩曰周雖舊邦其命維雜鼎以作法則其新命者矣

三爻動自鼎至屯二十卦

占貞卦象合悔卦象例同

噬嗑之蠱 四爻動

食而蠱戒之莫已矣陰畏於陽朽蠹在中動先斃也而後蠱入之夫邪之中人則多於其高明者矣物之壞則多於其好動者矣六典之作而刑多禍者其用之速而往之察也噬嗑之蠱蓋其慎哉

四爻動自蠱至既濟十五卦占貞卦彖合悔卦彖例同

噬嗑之巽 五爻動

巽以申命申命乃入之也物〃在於順得之不難故用巽也巽而後情自貢之矣君子以志入人之言而

志揖之以出焉詩曰秩秩大猷聖人莫之他人有心
予忖度之夫以志入人之言與夫言入人之志則非
智者不能也
五爻動自巽至需六卦
占貞卦象合悔卦象同
噬嗑之井六爻俱動
夫以下而通乎上若汲而取之也以上而汲乎下則
非其養之不與也噬嗑在上而反於下反則逼逼則
无滯夫无滯獄則无弗政无〃弗政則无弗百姓夫然

後其以治之者養之也養得其道而終其事其所用之也不既利乎

六爻俱動卦一占貞悔象例同

賁之蠱　初一爻動

飾之飾者也文滅質也言滅蓋義也禮滅信也飾其事者也飾壞者也素以紫忘其敗[illegible]石以櫝利其倍飾而從蠱則不可以再矣山有木從之以火山有火不從以木後丁三日其无當於蠱也雖小有往未之任也

二爻動自蠱至既濟十五卦
占貞卦象合悔卦象例同

賁之彖　三爻動

文雜而著也卜筮之義也教誨之道也鄉曲之燕祭祀也明則可以不蔽也不明則蔽之也夫明非其文之謂也以言導人者不若以其志導人者也故賁明而暗蒙昧而蔣彰焉晝之視火不若夜之視水也獸之照不若魚之寐也夫賁而得其正正而後將出焉此夫修詞而立其誠者也以此觀文以得其原則庶

其不蔽也矣

三爻動自蒙至革十五卦

占貞卦象合悔卦象例同

賁之未濟 四爻動

君子言必有則行必有禮闇然其光雖未有濟何所慮乎小人之與人也交則未終事則未孚餙意而恐敗餙色而恐无彩以外篤從而中不及者凜凜乎其危之也小狐濡尾盖其類也

四爻動自未濟至隨十五卦

占貞卦象合悔卦象例同

賁之訟 五爻動

小利有往不可從險也飾以從訟言之害也君子致詞不致其辨致其辨不文其義紫紺亂色利口亂義小人之心日若詬罵以言窺人恐不得下故聽而禍從之刑戮以生爭奪以起貿以售害巧以售利其持有故而言成理者是之謂也

五爻動自訟至兌十五卦

占貞卦象合悔卦象例同

賁之困 六爻俱動

亨貞大人吉无咎污而能潔困而不穢其節是不亦可乎夫以飾行而招之困小利而大險尚口以窮乃莫之謀也是知飾而不知晦知辨而不知默者也

六爻俱動卦一
占貞悔卦例同

剝之損 初二爻動

剝息之窮也損消之始也損下雖孚不於其剝也剝而損則以薄而爲道也君子之所不用也

二爻動自損至此十五卦
占貞卦彖合悔卦象例同

剝之大畜　三爻動

非其時以固其藏藏則豫矣柯攺葉落而畜已壯則近於泰者也君子窮以厚其性拂以積其慮剝其口體以就其心志始於不利而後利焉則其利者大矣

三爻動自大畜至萃二十卦占貞卦象合悔卦象例同

剝之大有　四爻動

剝而大有進於畜矣馴致其道以合乎上陽麗于天日行其中則近於乾者也夫非盛德必有窮道知之

於先以裕其終故時雖剝而困不及焉詩曰綏萬邦
屢豐年是剝而後大者也
四爻動自大有至咸十五卦
占貞卦象合悔卦象例同
剝之乾 五爻動
夫觀消息而與天行以時畜德以運立命聖賢之所
有事也聖賢之作則多於剝者矣剝而四德具焉者
上帝之所假命也天地之意見於剝落聖賢之意見
於衰世君子行健以體其義詩曰維此二國其政不

獲維彼四國爰究爰度上帝耆之憎其式廓則得乎
是道者也
五爻動自乾至大過六卦
占貞卦象合悔卦象例同
剝之夬六爻俱動
龍戰而未決道戰而未一雖有貞勝其爲戒也不亦
難乎君子斲喪極而取償一往一還生乎其餘夬之
一陰尚危之也孚號有厲是非劀於剝者乎故曰爲
善務滋去惡務盡小人去人決於斧君子去人傷於

乳夫監之而反噬者則鮮矣

六爻俱動卦一占貞卦悔象例同

復之師 初二爻動

得其長子以爲丈人陽進而上行馭衆以權位乎其中而天下從之君子誠意以格其衆承一以制其權者時行者也位者時定者也動而後險者出焉潛而後利者見焉險以爲順利以去害出入无疾以動大衆豈有敗焉

二爻動自師至益十五卦

占貞卦象合悔卦象例同

復之升　三爻動

陽動於下木蘖於上復而徐升天之道也君子積德畜以待薦克巳以仁行法以命仁則其爲之也命則其俟之也學則有本而業見焉居則有出而用見焉業之茂也下而上用之茂也内而外復而升大矣哉

三爻動自升至无妄二十卦

占貞卦象合悔卦象例同

復之恆　四爻動

一陂一平天道之恒復而其不變者見焉不變而天地之情可得矣

四爻動自恒至同人十五卦占貞卦彖谷悔卦象例同

復之大過 五爻動

懲惡而已過愈於爲善而不足也創之若驚馮若堅城守而過於一也執而過於固也猶靡之也爲其氣之决也任之苦也於義則近於仁則猶遠也然而如此不利有往則亦鮮矣

五爻動自大過至乾六卦
占貞卦象合悔卦象例同

復之姤 六爻俱動

剛柔始交則母制男也剛柔終交則巽顚婦也幽哉是之道乎夫其不善於動也坤而能乾震而授於巽是皆不可以為長也家道之有疾痁國道之有危亂也雖有善政而不能永也君子相幾其行不遲則於斯將者乎

六爻俱動卦
占貞悔象例同

无妄之訟 初二爻動

无妄則受之矣不受而訟乃與天違夫降之儆之也而以爲濫君子之讎其夏楚也欲反之而无所逃之也始以爲災終乃以爲青力不必屈戾先受之太甲曰天作孽猶可違自作孽不可活往既不利而必求勝之者小人之健也健於外動而見險詩曰民今方殆視天夢夢既克有定靡人不勝

二爻動自訟至震十五卦占貞卦象合悔卦象例同

无妄之姤　三爻動

无妄而遇之剛遇柔也小人之逢其君也女奔者也詩曰乃如之人也懷昏姻也大無信也不知命也

三爻動自姤至復二十卦

占貞卦象合悔卦象例同

无妄之巽　四爻動

巽其志以承乎天福從善禍從咎正而受之者賢人也夫旣非眚妄乃遠災乃去以爲攸往何不利哉

四爻動自巽至明夷十五卦

占貞卦象合悔卦象例同

无妄之蠱 五爻動

先甲後甲度无妄也事之壞也壞不由我與其適至災何異乎恆人之懟以駕之天十不一也尤以駕人十可百也蠱非我作亦不他咎盡其事以符其天則進於誠者乎

五爻動自蠱至泰六卦
卜貞卦象合悔卦象同

无妄之升 六爻俱動

无妄而動則可以進矣匪正則恤之无妄而又何恤

也是前所謂元亨者也君子明德患不懋不患不庸不懋不庸乃與禍行君子觀正以得其性觀變以得其命健以體性順以行命是以南征進於明明而无所橫之也

六爻俱動卦一占貞卦悔例同

大畜之艮　初二爻動

健而能止大德不耀大識不察厚其畜不以震俗美其藝不以矜世故衆以爲利而上不以疑是非急於

用者也急則薄也矣君子之裕則必於止者也艮背忘身其輔之也不旣幽乎行庭无人其藏之也不旣深乎是其德未俱而不易乎爲出者也

二爻動自艮至需十五卦占貞卦象合悔卦象例同

大畜之剝 三爻動

財聚於上而病其下腴其輔削其隨是可以有行乎畜而非其道則衆思奪之矣夫其剝民也不知乎剝其身也衆將害之而彼猶以爲順之也剝乎畜者亦

不可以養賢也君子見時知止而止故祿不餌而禍不孽祿不餌禍不孽故小人興而我不受其敗也

二爻動自剝至夬二十占貞卦象合悔卦象例同

大畜之晉　四爻動

大畜而晉不愧其德不尸其食祿以休之爵以光之吉士之道也朝以時覲以歲聘享有常述職不外匪頒以禮慶地以最康侯之道也詩曰既見君子爲龍爲光其德不爽壽考不忘德不爽而後錫之錫以車

馬以彰其畜書曰明試以功車服以庸誰敢不讓敢不敬應是所以爲晉也

四爻動自晉至兌十五卦占貞卦彖合悔卦彖例同

大畜之否 五爻動

是則其時也時旣云矣夫何咎乎詩曰遵養時晦固吾畜耳雖不利貞豈有攸焉

五爻動自否至隨六卦占貞卦合悔卦例同

大畜之萃 六爻俱動

大孝之道也得衆志也天下順也健以止所以爲敬也順以說所以爲愛也敬其尊也愛其親也尊以至帝愛以至百姓也至愛者近乎皇至尊者近乎王與衆作化畜者大也傳曰富有四海之內宗廟饗之子孫保之

六爻俱動卦一占貞卦悔卦同

頤之彖　初二爻動

是皆所以養正也以我求養則賤之也已

二爻動自蒙至屯十五卦
占貞卦象合悔卦象例同
頤之蠱　三爻動
蠱不可以實也頤之蠱戒之也養木者去其蠱乃以實也養德者去其蠱乃以直也終則有始所以无害也觀其所利以及其害有亨之道是以貞吉也
三爻動自蠱至隨二十卦
占貞卦象合悔卦象例同
頤之鼎　四爻動
頤所以養之也鼎所以盛之也夫有重祿而德不厚

則亦不任也故有任而器見焉有器而所豎建者見焉聖人養德以立其身養賢宥民以立乎天下是以化育必由以出詩曰民之質矣日用飲食羣黎百姓徧爲爾德則其養之大者也

四爻動自鼎至革十五卦占貞卦象合悔卦象例同

頤之姤 五爻動

養虛以柔冲而徐盈故氣不溢於內畜不洩於下養滿而假則邪遇之矣極盛之棱極壯之勢此皆不足

以言養者也聖人者必无已過之行巳甚之事不使中之不裕後之不繼壯見於面則不繼矣詩曰於我乎夏屋渠渠今也每食無餘于嗟乎不承權輿言乎養而不終其事也

五爻動自始至夬六卦占貞卦合悔卦彖例同

頤之大過六爻俱動

顛頤滿而顛顛之以爲器則覆也以爲木則折也夫物之固則必於始末也屈伸則於首足也大過而顛顛

而撓是何所養乎詩曰顛沛之揭枝葉未有害本實先撥言其大過者也

六爻俱動卦一

占貞悔卦例同

大過之革初二爻動

過而大變可以信矣謂其大者也過與功俱天下利之而君子悔焉者則革之難也詩曰成王之孚下土之式君子動之而天下信之猶且戒焉多方之誥是也

二爻動自革至鼎十五卦

占貞卦象合悔卦象例同

大過之隨 三爻動

陽壯於中巽以悅而隨乎人者此必有爲者也時已過而道用順入於澤而道尚動者此必有觀於其機者也夫言非不足而訥之行非不足而踧之儆之於先退之於終先必處前終必處後雖非中道則亦有以過人者矣

三爻動自隨至蠱二十卦

占貞卦象合悔卦象例同

大過之屯 四爻動

巽而說若可以往也往而屯勿用之矣可以爲君不可以爲輔可以俟遇不可以久處謂其過而初変於外也險所由來雖得其位而時不利也顛則持之撓則維之得其人猶可以易世也

四爻動自屯至蒙十五卦占貞卦象合悔卦象例同

大過之復　五爻動

大過而復復則何過矣是雖有疾不過七日則反而遠於死者也

五爻動自復至剥六卦
占貞卦合悔卦彖例同

大過之頤六爻俱動

大者已過養而使正易其本末以養其定觀其盈以知其虛觀其終以知其初故得其所養也得其養而中不亂矣是非養過者也正也

六爻俱動卦一
占貞悔彖例同

坎之屯初二爻動

有孚維心可以行矣行而方屯草昧之道也動以內

適宜內而不宜外宜近而不宜遠以承其上而上信之是以患難必无諛臣其守者固而盤桓者一也夫如此則亦可以利往矣雖以待時終必亨矣

二爻動自屯至蒙十五卦占貞卦象合悔卦彖例同

坎之既濟 三爻動

出於坎窞者也猶戒之也謂夫中人之衆也險則思患逸則思豫以樂而償困恐其不足以泰而掩齊恐其億於躬則揚揚乎其得之多戢戢乎其慮之寡也

是以終亂者也

三爻動自既濟至未濟二十卦

占貞卦彖合悔卦彖例同

坎之革　四爻動

夫信不足以服民令而變之則疑者也信以行志達外則犯乎難可以不懼矣是以實中可以變諼果毅可以變懦義以犯難生可以死而況其習行者乎

四爻動自革至鼎十五卦

占貞卦彖合悔卦彖例同

坎之豐五爻動

坎可以勿憂也入於重坎見日之中則可以不死矣明而動出於穴實行在中而上信之雖未有行必有明也夫以爲大則難旣大矣又孰大哉是始於昧昧而終於皥皥者也

五爻動自豐至旅六卦占貞卦象合悔卦象同

坎之離六爻俱動

所謂旣濟者也

六爻俱動卦一
占貞悔卦例同

離之鼎 初二爻動

離重明以照天下中正而大亨庶類以疇萬事以新夫道而得其繼變化之象始必由之湯之盤銘曰苟日新日日新又日新重離以照日新以明以成其鼎吉孰大焉

二爻動自鼎至革十五卦
占貞卦彖合悔卦彖例同

離之未濟 三爻動

火動而上水動而下不降其志以爲民用者也不降爲用故性既得而質不化儀其則而不獲其利近於幽人之行者也

三爻動自未濟至既濟二十卦占貞卦彖合悔卦彖例同

離之彖　四爻動

麗於彖重明方升日月蔽虧君子不以利而弱其志不以欲而昧其行夫明而眇之視健而跛之履此必有所爲者也以從邪也大人童志瀆詞喪義則亦不

足以有爲也矣

四爻動自蒙至屯十五卦占貞卦彖合悔卦彖例同

離之渙　五爻動

離之渙夫何所屬之也匪夷所思神明之道也神而明之觀乎離散而知所屬者親親之始也火麗於木木出於水動而反始或然者也夫不知乎祀之義者則散之也矣路人之矣族以異氣氣以異類泮乎不知其所紀矣聖人享帝以合其祖百姓一始萬物一

祖覆以親親高以尊尊者親親以爻尊尊以君夫合衆爻以成一君則其道大矣哉不渙則不見其大者也

五爻動自渙至節六卦占貞卦彖合悔卦彖同

離之坎六爻俱動

是所謂未濟者也坎而離則熱之也離而坎則滅之也咎也坎而離則柔之也離而坎則酋之也德也坎而離明內者也離而坎明外者也所以无悔也易之

道視乎其違者也變化之故未可以一類也

六爻俱動卦一

占貞卦合悔同

易本象卷之三終

易本象卷之四

下經變例

咸之夬　初二爻動

治之作莫大乎法象法之作莫大乎刑家刑家以健健而能說故嚴而不厲不厲而平吉自內以孚自外陽道以升陰道以退說降二剛以與乎下則近乎泰者也夫感乎陽不感乎陰出於山乘於天而後澤行焉者成男之道也乾道成男感而行之不亦利哉

二爻動自夬至旅十五卦
占貞卦彖合悔卦彖例同

咸之兌 三爻動

是皆所謂亨利貞者也說感之亨也利貞性情也亨而得其正故感而人說之說其內以和其外詩曰鼓鐘於宮聲聞於外感而不得其正則過於說說斯過戚斯至戚生於邪邪則不利是以通而爲否者也詩曰窈窕淑女鐘鼓樂之則可謂能感者矣

三爻動自兌至艮二十卦
占貞卦彖合悔卦彖例同

咸之節 四爻動

山澤通而險是趨者爻母命而女不適幣帛具而士不見剛以阻中上下不從以水濟澤幽而不通者違道之誼棄時若蓬古之人有行之者不知其爲何人也

四爻動自節至剝十五卦占貞卦象合悔卦象例同

咸之臨 五爻動

所謂咸臨者也感而與之大而方長天地將交萬物

將新男將以生父將以成是方泰而感乃正者也咸之臨大矣哉

五爻動自臨至蒙六卦占貞卦彖合悔卦彖同

咸之損六爻俱動

男損陰以從陽女損陽以從陰下損其剛上損其柔志氣交得以相濟也故上損費而百姓足下損靡而輸上便上有蠲賑下有徵發以此感人而忘其出也裁成之義也是亦其時也

六爻俱動卦一

占貞悔象例同

恒之豐　初二爻動

久而後大矣大而未久其積之也君子繼德不見其益不變厥性乃進乎盛故曰殷墓之桐非殷庭之桒也忠信无名其効百年需乎其治以溥以辰聖人久道天下化成詩曰如月之恒如日之升

二爻動自豐至姤十五卦

占貞卦象合悔卦象例同

恒之震　三爻動

時恆而震近於樂動者也動則躁躁以受禍雖未有禍亦戒之矣以爲无事而常懷懼者則不以久爲偷者也知變者也說命曰惟口起羞惟甲胄起戎惟衣裳在笥惟干戈省厥躬是則達於常變之度矣

三爻動自震至巽二十卦占貞卦彖合悔卦彖例同

恆之復 四爻動

觀於終始不違乎性者則可與言德乎恆所以立德也復所以立命也恆盡事也復盡性也人而天之所

以作聖也詩曰天生烝民其命匪諶靡不有初鮮克有終復於恒則幾乎其无間者矣

四爻動自復至渙十五卦占貞卦象合悔卦象例同

恒之屯五爻動

恒而守其時可以往者道也勿往以用者德也久於塞者遇之久而通者義也不以難爲阻不以後爲滯維正是守者是可與久遠者矣

五爻動自屯至觀六卦占貞卦象合悔卦象同

恆之益　六爻俱動

學不已則進也業不已則盛也富以勉也治以積也輟之則墜也躓之則病也以爲異則人爭棄之也以爲常則人爭利之也楙木者利之於十年之後也詩曰楙之榛栗椅桐梓漆爰伐琴瑟

六爻俱動卦一占貞悔象例同

遯之乾　初二爻動

遯之乾以有爲也先德未殄以復時也保乎其治然

而必虧也謂其極之反者也雖有德不再世也

二爻動自乾至小過十五卦

占貞卦象合悔卦象例同

遯之履 三爻動

夫避乎小人逡巡而行非以爲懦也見危而戒惴乎若殆非以爲患也衰世之道乃无剛人非无剛人不如智也龍戰於田陂汲于淵深山巨澤猶不以安詩曰其虛作紆其邪作徐旣亟只且柔履剛也紓徐之謂也

三爻動自履至謙二十卦

占貞卦象合悔卦象例同

遯之中孚　四爻動

以其柔道而擇于中以下則悅以上則巽不失其初志獨行而不違雖在乎位而日有遠心者非人之所能用也詩曰獨寐寤宿永矢弗告是不可以爲信者乎

四爻動自中孚至坤十五卦占貞卦象合悔卦象例同

遯之損　五爻動

遯而後漸損之矣損上就下而不見其利者賢日降

而權日去也

五爻動自損至師六卦

占貞卦合悔卦象同

遯之臨六爻俱動

知戒知豫而禍不去者不亦鮮乎天下有速變之形

速化之咎出於一念而氣應之者亦以其類也夫及

其未否臨之以善則濟之矣成形之非成事之德或

相代也作之善降之百祥是之謂與

六爻俱動卦一

占貞悔象例同

大壯之小過　初二爻動

不宜上動之過者也宜下動之止者也止則无過矣上動而下止故大壯而小過之也夫觀於此者猶必詳於動也動之不詳圖大遺小過於用壯則顛也矣詩曰無田甫田維莠驕驕過壯之謂也

二爻動自小過至乾十五卦

占貞卦彖合悔卦象例同

大壯之豫　三爻動

健而順以動天下威福維辟而斧鉞不用者此以王

者而帝者之道也是以明主以儀以意尊以嚴慈以親遠則有望近則不厭望以作天下之義和以通天下之志故師建而四方來附樂作而鬼神合德大壯之豫不大矣哉

三爻動自豫至小畜二十卦占貞卦彖合悔卦彖例同

大壯之坤　四爻動

舍下以順何不貞也後之方得而復喪之是迷於利者也東北是違自喪其朋柔以從邪乃與陰行得其

道者以柔以和含弘光大故剛而不折勇而不敗甚哉夫得其道之難也以利喪義以荏喪氣則靡之也矣詩曰莫高匪山莫浚匪泉山至高而斧入之泉至深而人汲之者以利故也人至壯而妾婦之行者是亦以利也利之非順夫誰其辨之也

四爻動自坤至中孚十五卦占貞卦象合悔卦象例同

大壯之比 五爻動

壯而得其輔非彼親衆則衆去之也矣正而大不繫

於私而衆以利者動而順也順以有位高而下賢故民懷其德而服其義泰誓曰維我文考若日月之照臨光於四方顯于西土維我有周誕受多方則可謂大壯之比者矣

五爻動自比至益六卦占貞卦象合悔卦象同

大壯之觀六爻俱動

貌失實也威失義也行異事也所謂像君者也詩曰節彼南山維石巖巖赫赫師尹民具爾瞻是可以爲

觀乎

六爻俱動卦一

占貞卦彖例同

晉之睽初二爻動

進而相違道不同行可與議而不可與圖也可以曹務不可與同功也睽而有功怨隙以張若駕之南北也絜其遠則屆也束之合轍則敗也此夫御而調其良相其志以用其材者也

二爻動自睽至萃十五卦

占貞卦彖合悔卦彖例同

晉之大有 三爻動

君子不言祿非不欲出也不言功非不欲用也不言利非不欲富也故學就則願致矣時至則言遇矣功不足以被世澤不足以厚天下而君子不晉者有待之也故曰賢人之才朔之月能人之才望之沫聖人在上而出無名者此猶君子之所不爲也晉而大有則庶乎其可矣

三爻動自大有至此二十卦占貞卦象合悔卦象例同

晉之大畜四爻動

晝日三接用不家食主則以明臣則以良詩曰菶菶萋萋雝雝喈喈君子之車既庶且多君子之馬既閑且馳晉之大畜大蕃庶也明主于天以涉大川禹曰吁知人則哲能官人安民則惠黎民懷之能哲而惠何憂乎驩兜何遷乎有苗何畏乎巧言令色孔壬子曰邦有道貧且賤焉恥也夫當于時而食乎家若日以蔀而秉燭而行之也夫亦可羞也哉

四爻動自大畜至蹇十五卦
占貞卦彖合悔卦彖例同

晉之小畜

晉而小畜見其輿止其輪道則就也行則未畢也我待之矣厥澤未施非屯乃膏信之自上觀之自下而我未獲者將有所爲也是非緩于功非薄于得位者也

五爻變自小畜至升六卦
占貞卦彖合悔卦彖例同

晉之需 六爻俱動

有孚而光利涉大川晉而不躁緩而不失其道澤濟天下而後行之困則以實用則以師詩曰招招舟子人涉卭否人涉卭否卭須我友

六爻俱變卦一占貞悔彖例同

明夷之升 初二爻動

明夷勿恤未得道也南征之吉進有時也陰降其志陽居厥中巽而後上乃至于亨夫明夷者未可以類行者也外柔順而巽其志其晦德也不亦大乎木下

於上履未之及積而後上近於出難者也謂明所託

麗而化也

二爻動自升至家人十五卦

占貞卦象合悔卦象例同

明夷之師　三爻動

夷傷也師憂也夷之時未可以行也丈人之貞貞而艱也不以難而蹈難者也

三爻動自師至同人二十卦

占貞卦象合悔卦象例同

明夷之解　四爻動

利西南明夷地也解難復道也來復之吉靜以行也夙之吉晉將暉也君子常難居而无怨出而无繫无怨故人不疑无繫故禍不罣止若盈坎動若雷震處則不先往則不後復以保身夙以乘會故動而天下貴之交王之行也

四爻動自解至无妄十五卦占貞卦象合悔卦象例同

明夷之困 五爻動

大人之吉默以容也明夷以言自取窮也火以明故

見傷言以辨故見賤夫思遠難而括囊以藏則莫大乎言者矣有言不信王者之行也

五爻動自困至履六卦占貞卦象合悔卦例同

明夷之訟 六爻俱動

乾止于北而坎始之坤正於南而離始之故水上於天而獲其利火出于地而得其用夷者傷也訟者違也火入地而夷水下天而違失其利而不得其用猶以言爭之者反昧之行也

六爻俱動卦一占貞悔卦例同

家人之巽初二爻動

剛不失道下柔以從故子不必諍弟不必拂夫不必克佐序无辨在壺无謬諄諄而行者順乎其道者也家道以順故令以嚴君序以衆政正而順大義以和衆志以應風而從化從好若命詩曰爾之教矣民胥傚矣君子有徽猷小人與屬申命之道也

二爻動自巽至明夷十五卦占貞卦彖合悔卦彖例同

家人之渙　二爻動

渙散而聚一而不比成文而不亂風出於火而行於水默而喻往而莫阻故以正位則得其明以濟險則得其誠譬之陽燧雖以日不以遠也譬之舟楫雖以川不以險也家人之志雖萬有衆可以一矣謂其貞也貞而永之類於鬼神以尊以親和氣旁行故在家者尚其用在廟者尚其本木得乎離而始於坎詩曰雝雝在宮肅肅在廟不顯亦臨無射亦保不顯無射

渙之道也

三爻動自渙至豐二十卦

占貞卦彖合悔卦例同

家人之訟　四爻動

訟非所以一志也有孚威如或以小利也然而終不

可事也

四爻動自訟至震十五卦

占貞卦彖合悔卦彖例同

家人之未濟　五爻動

家道未成未輟閑也子以諍其父弟以謫其兄婦以

贊其夫雖有聖人不廢維防善厥始乃圖厥終梓材曰若稽田既勤敷菑惟其陳修爲厥疆畎若作家室既勤垣墉惟其塗墍茨若作梓材既勤樸斲惟其塗丹雘詩曰就其深矣方之舟之就其淺矣泳之游之是則善於圖濟者也

五爻動自未濟至歸妹六卦占貞卦彖悔卦彖例同

家人之解六爻俱動

風火相息靜以禮雷雨交作動以義解所以振德而

利用作者也夙往夜來其道用直靜而專動而直故家旡宿言戶旡宿傳一唯一趨貌容旡徐故入庭旡爭入戶旡怒以性以情以道而平解之時不亦大哉

六爻俱動卦一占貞悔卦例同

睽之晉　初二爻動

志未通而獲大福與之者淺受之者深君子反顧而內未慰若也夫朋友之道異於君臣之誼也交利於新仕利於親故朋來以違情多而不衰遠臣多恩驟

合而近危故交跡而合合則進仕疎而貴貴則退小
事則吉是之謂也
二爻動自晉至兌十五卦
占貞卦象合悔卦象例同
睽之旅 三爻動
是皆不可以大事也用以行旅以違有家守其正不
覬其利不陷其害詩曰百爾君子不知德行不忮不
求何用不臧
三爻動自旅至節二十卦
占貞卦象合悔卦象例同

睽之艮　四爻動

遠乎人而難不近者絶世者也遠乎理而身不涉者知止者也詩曰豈不懷歸畏此反覆則難不近矣書曰罔違道以干百姓之譽則咎不涉矣夫譽且不可而况其咎者乎論不合則弭之道不同則已之行於无人以獲其平則睽之艮者也

四爻動自艮至需十五卦

占貞卦象合悔卦象例同

睽之漸　五爻動

睽而後合男女異姓以義而進始則違之也終則歸之也然而利貞故合必以義進必以漸漸而後萬物之情不隔矣

五爻動自漸至既濟六卦占貞卦象合悔卦彖例同

睽之蹇 六爻俱動

大亨而小貞通者君子之道固者小人之務也君子獨行臨難而不援小人禍志違命而多怨夫志不同而行于通非盛德而能之乎睽而蹇固其所也道薄

則言命命窮則言志擇地而後蹈不謀其助不喪其利則庶乎獨立而無懼者矣

六爻俱動井一
占貞悔象例同

蹇之需　初二爻動

徤動而止則其需也不旣久乎道多阪不千里水潊險不沸瀦舟待楫也車待輔也前歌而後趨所以為舉也上呼而下鼓所以為杵也獨維待衆衆維待聖夫處乎難能畜而不范者則其徃也不尚有利哉

二爻動自需至艮十五卦
占貞卦象合悔卦象例同
蹇之節　三爻動
好行其所難於也險不可往動而悅之乘乎危而陷
乎澤執其道而循不悔者是亦不可以爲正也君子
秉義以成其志不及其君不忘其身夫以險阻易其
溝壑者窮民之行也君子之所不蹈也
三爻動自節至旅二十卦
占貞卦象合悔卦象例同
蹇之兌　四爻動

夫履乎患難而不喪其志者則其得之也利矣君子有三難而遇不與焉者智不足以濟變則其憂日至也孝不及於其親則終其身也學絀而近於窮則與困爲行也道足以自榮信足以自持日處于塞而中常快者斯不亦說矣乎說者所以適於道而順於命也

四爻動自兌至晉十五卦占貞卦彖合悔卦彖例同

蹇之歸妹 五爻動

利見大人歸妹凶也

五爻動自歸妹至未濟六卦

占貞卦象合悔卦同

蹇之睽 六爻俱動

大人志違其道乃危退而阻於險進而失其類睽西南之地也然而悖道故不利也小事則吉大則凶君子遇難不免其始而貳其終不獨自爲智而衆異視蹇而睽乃不濟蹇夫何怪哉

六爻俱動卦一

占貞悔象例同

解之震　初二爻動

解用震震險既往而動常戒笑言啞啞震驚虩虩來復夙吉避所患也君子无事不弛其懼而況其出蹇者乎

二爻動自震至訟十五卦

占貞卦象合悔卦象例同

解之豐　三爻動

出之兵革與以車服則不憂出之饑凍與以千篇則不慢出之刑戮與以誦習則不怒故生而後富之富

而後盛之與之樂必其不困與之大必其不窮物甲折而後暢氣泮合而後動澤不降則土不洽土不洽則生不茂子曰昔之用民者由前今之用民者由後夫前則必有始之也始而後進之也厥澤未施而望之隆不幾乎以民而爲貌者哉

三爻動自豐至渙二十卦

占貞卦合悔卦象例同

解之明夷 四爻動

无所往而晦是藏者不喜乎免不樂乎動者也處衰

世而涉乎患不以禍爲一去不以智爲百至難日往
而慮日固者是亦其義也

四爻動自明夷至巽十五卦
占貞卦彖合悔卦彖例同

解之既濟　五爻動

既濟之亨不可大也解既濟若雨之霽也濟而不復
則勢必亢亢而極終莫之解所以敗也是以小國不
樂恆勝不樂乎敵而得其命百里之城以勝爲榮其
主必亡困主圍城以成爲平其國必傾治亂之道亦

循是也

五爻動自既濟至漸六卦占貞卦象合悔卦卦象同

解之家人六爻俱動

天地以和家道以平刑罰去而善教見焉督設去而謗論見焉外侮既寧寇讎既平含齒戴髮乃惟家人康誥曰元惡大憝矧惟不孝不友夫去其惡故民有尊導其善故民有親既尊以親故家曰家政父曰嚴君四海惟家天子惟親詩曰洞酌彼行潦挹彼注兹

可以餘饎豈弟君子民之父母
六爻俱動卦一
占貞悔彖同
損之剝 初二爻動
損而剝曷之用必窮而已矣
二爻動自剝至節十五卦
占貞卦彖合悔卦彖例同
損之艮 二爻動
夫獲於身有宜損者五焉耳目損厭聰明乃啬意慮
損騁神明乃固服食損便乃得其度智慧損作作乃

約言語損發發乃赴持此五損以止其所於辨色无紛聽言无咙人无衆行无庶獨居而无愧衾行而不禦則損在上而天下哀之者是也

三爻動自艮至兌二十卦占貞卦象合悔卦象例同

損之旅　四爻動

損而寡親損從上而寄於外二篋之享所以用也故行有道而應有時居不欲近於啬行不欲近於靡旅之小亨盖得乎儉者也君子往不疲其民不盤於遊

悔賁是從故天下附之猶若寡親踽踽而行不求於
人者抑夫衆志者也詩曰誠不以富亦祇以異
四爻動自旅至夬十五卦
占貞卦象合悔卦象例同
損之遯五爻動
過於損下以益其上上健而極下止而不悅則衆思
去之矣夫至於遯則陽浸損而陰浸長也君子曰退
而治道日去也是不知乎附下以厚其上者也
五爻動自遯至革六卦
占貞卦象合悔卦象同

損之咸六爻俱動

夫民知生而不知弊也知作而不知計也知取而不知制也禁以其欲令以其時裁以其道樽節權衡以觀其宜故損而後可裕焉裕而後可繼焉上不侈而後教民儉上不盈而後教民積損上益下反覆其故而天下信之者感之至大者也

六爻俱動卦一

占貞悔象例同

益之渙初二爻動

大夫言富不以筐篚國君言富不以帑藏天子之富貯於百姓故損一人而及於億萬人者王者之道也自上下下散其財以利其民益之有情聚之无形故无私畜之臣奸宄之百姓剖之成川瀕之成淵有歲惡不時而寇攘莫起者其藏之者博也故皆曰利涉大川

二爻動自渙至復十五卦

占貞卦象合悔卦彖例同

益之巽 三爻動

益動而巽日進无疆夫物不巽則其附之太絶入之
太驟也記曰安上治民莫善於禮禮之教化也微其
止邪也於未形使人日徙善遠罪而不自知也故君
子欲與民厚而示之以祭欲與民茂德而示之以蓺
欲與民无怨而示之以飲禮然後隆爵以因其所服
厚賞以因其所勸則其與之民者懋矣君子懋修亦
各巽之以得其志也巽而不厭不厭而益益而不已
德乃大說命曰惟學遜志務時敏厥修乃來允懷於

兹則益之巽者也

三爻動自巽至震二十卦

占貞卦象合悔卦象例同

益之姤 四爻動

益之極下滿而上盈上之所與而還取之下之所反而還遇之故人各封其私而虧之者自下也是不知夫益之而損伏焉者也

四爻動自姤至豐十五卦

占貞卦象合悔卦象例同

益之鼎 五爻動

益以享帝百植蕃而柴瘞格也益以享士寵祿渥而敬命至也益受以虛盛以實盛之者義也受之者器也耳目聰明德言易入莫之或損而道可立也詩曰不聞亦式不諫亦入德弘乎內儀象於外乃成其器天下則之元亨之謂也

五爻動自鼎至大壯六卦占貞卦象合悔卦同

益之恆六爻俱動

雷以起之風以長之雷以作之風以繼之解凍而蟄

啓所以爲大也震呴而景俱所以爲久也巽而動故可常動而巽故可大天施地生與時偕行益之恒不利矣哉

六爻俱動卦一占貞悔彖例同

夬之咸 初二爻動

決而和往而不厲小人知避君子知義大罰不誅而元惡自遠者其道足以感人者也告自邑不利卽戎則足以感人矣

初二爻動自咸至大有十五卦
占貞卦象合悔卦象例同

夬之萃　三爻動

揚於王庭去惡而從善故小人去而賢人聚也去惡者內宜健集賢者內宜順健而順往之以說故釁不作而善不忌也詩曰視爾友君子輯柔爾顏不遐有愆君子之待小人也不惡而嚴其待君子也漆漆乎恐失之也君子下萃則小人避位誠足以格道足以福大人之亨固如此矣

三爻動自萃至大畜二十卦
占貞卦彖合悔卦彖例同

夬之比 四爻動

比於君不比于臣比於父不比於妻比而內順順於理以行其義故有威而无怨有罰而无惡詩曰無怨無惡率由羣匹謂得其正者也比而不得其正羣陰是從內外以諛乃有獨主出言莫違以云夬夬不亦危哉

四爻動自比至損十五卦
占貞卦彖合悔卦彖例同

夬之坤五爻動

陰下而決陽剛極而不終得之以順失之以患不籥彝之嘉則反決之凶故坤可以行禮而不可以行義也可以終而不可以始也婦人之慈不可與有事也

五爻動自坤至頤六卦

占貞卦象合悔卦象同

夬之剝六爻俱動

夬而剝反悖道也

六爻俱動卦一

占貞合悔例同

姤之同人　初二爻動

遇而志其私異而明不淫比乎人故遇則衆見之非則衆發之處於衿第而不以爲獨者是行與理遇者也而况其與衆會者乎

二爻動自同人至恒十五卦

占貞卦象合悔卦彖例同

姤之无妄　三爻動

行之與值也災之與際也適也不足以怪也困難相離不擇坦途小人相難不擇聖賢故約者証其會不

証其遇射者証其的不証其意故正則无害也眚則无利也有眚之行雖獲百朋猶爲禍乘而况其不正者乎

二爻動自无妄至升二十卦占貞卦象合悔卦象例同

姤之益　四爻動

益以長女而乘乎男陰益以長陽益以降勿用之也夫姤而獲其益者則不亦鮮乎乾以巽而巽以動則桑爲作而剛无事也剛遇乎桑而受其利雖享有家

不可以光益之時尚宜戒哉

四爻動自益至師十五卦
占貞卦象合悔卦象例同

姤之頤　五爻動

譬之垣矣墉固而廡以庨則衆必由也墻高而基甚下則剝所究也夫姤者基剝者也頤者孚志者也姤之於行若路之也頤之于言若轁之也履邪納汙志不同而用則異也夫觀乎此者則其養之不旣正乎

五爻動自頤至坤六卦
占貞卦象合悔卦象同

姤之復（六爻俱動）

姤之復勿辨之矣

（六爻俱動卦一占貞悔象同）

萃之兌（初二爻動）

萃可以義而不可以利也萃而說之可以得而不可以市也順而重說乃聚乃利言无遠色趣无違志就之若雲與之若嗜故有億萬衆而若其兄弟父子者得其正者也不正不順貌愉不從以霸得民不可以

王故有辟有衆可以得國不可以行師可以行師不可以祭可以祭不可以作樂者則萃之兌其講之未信而得之未固也

二爻動自兌至晉十五卦占貞卦象合悔卦象例同

萃之夬　三爻動

君子成羣以剛決柔公道在邑公言在庭先順而後健故得其君而服其衆言而民信動而民悅澤聚於地而後決之若雨之決於天而注于百川也賢人聚

順以信於君則有信賞則有信罰同志而號可達於
天而况於其私類者乎
三爻動自夬至剝二十卦
占貞卦象合悔卦象例同
萃之需　四爻動
澤萃於地氣未上也水需于天利未降也夫萃則可
以進矣萃而猶需非祭不足以當之詩曰禮儀既備
鐘鼓既戒孝孫徂位工祝致告則需之謂也
四爻動自需至艮十五卦
占貞卦象合悔卦象例同

萃之泰　五爻動

記曰福者備也備百順也齊者齊也齊百禮也百順不致不可以言福百禮不具不可以言格君子之志類於百姓而後察于神神者統衆志而幽其明者也故禮始於執事中于執鬯終於致福神始於禋中於灌終於醉德故祭自下而上者也交於鬼神而行其情也詩曰威儀孔時君子有孝子孝子不匱永錫爾類夫惟不匱則可以言萃者矣

五爻動自泰至蠱六卦
占貞卦象合悔卦例同
萃之大畜六爻俱動
假於廟不食於家大夫得賢以利其辟辟得賢以利
其天子天子得賢以利其七廟萃而畜得時以應故
時有疏附有先後有奔走有禦侮以治以亂取之維
富故曰國家畜材常踰百年詩曰濟濟多士秉文之
德對越在天駿奔走在廟則萃之大者也
六爻俱動卦一
占貞悔象例同

升之明夷　初二爻動

木以長來其斧士以進速其禍夫智者謂其退也不謂其進也謂其保之也不謂其禍也始勿以恤則恤且至矣利其前忘其後故升不來者也周祝曰葉之美也解柯柯之美也離其枝枝之美也拔其本儀矢將至不可以无盾升而明夷明夷艱貞是之謂也

二爻動自明夷至巽十五卦

占貞卦象合悔卦象例同

升之復　三爻動

巽而後動動不遠則出入无咎天下順之君子進不以喜黜不以怒用人者必觀其原用於人者必觀其誠愼維其始動維其幾往惟禮止惟義察於消息以行其用舍進退者則有得於復之故者也

三爻動自復至姤二十卦占貞卦象合悔卦象例同

升之震　四爻動

夫處高而不懼雖有明主不足以爲治也矣以一託衆以單集亢若巢於顛而中不戒者是以位爲恣者

也詩曰溫溫恭人如集于木惴惴小心如臨于谷君子一日在民上如鳥有鳩繒弋在下故爲職恐陷於刑爲相恐輟其成爲天子恐得罪于百姓武王曰夫名難得而易失也毋憨弗誌而曰我知之乎毋憨弗及而曰我杖之乎耰鉏以泥之若風將至必先搖搖雖聖人不能爲謀也夫以保名猶曰難之而況於執鬯者乎

四爻動自震至訟十五卦

占貞卦彖合悔卦彖例同

升之隨　五爻動

龍雲從之矣蠖伸屈則以勢木曲直則以時隨乎其義以得其志巽而順則不阻動而説則不攜君臣相得同行而不替故名有附而彰功有藉而起者來善從而往善繼者也

五爻動自隨至否六卦占貞卦象合悔卦象同

升之无妄　六爻俱動

木有幹則以茀鴻有羽則以發膚有氣則以合子冂

天地將雨山川出雲騰蛇將騰疾雷成羣君子積德格以玄薦與之尊位而中不歉者升之无妄者也

六爻俱動卦一占貞悔象例同

困之隨 初二爻動

夫富貴而不陷於難者則觀於其言者矣貧賤而不陷於難則觀於其行者矣困而不徙于便不誘於利不遯於勢不可否於衆與道偕行以從其宜不亦難乎

二爻動自隨至未濟十五卦

占貞卦彖合悔卦象例同

困之革三爻動

有言不信惕未出也巳日乃孚柔得中也困而變其志非誠悃積何以得之君子出險不俄頃改玉受福不畢故革之甚易亨之甚利然而有時者其積之者素也是以君子无決去之貧賤无驟得之富貴无戚戚之憂嗥嗥之樂者是道也

三爻動自革至蒙十五卦

占貞卦象合悔卦象例同

困之既濟 四爻動

君子處泰不忘乎塞故可以濟天下之厄也處適意不忘銜慮故可以治天下之紀也處富貴不忘貧賤故可以利天下不思其報也夫人濟困得其慮以自爲智得其行以自爲藝涉而忘其濡者不亦衆乎君子視世无未至之福无已逝之患无未至之福故无祥言无追行无已逝之患故履於坦途顧其坎窞日夕惕計而不以爲過也

四爻動自既濟至蠱十五卦
占貞卦象合悔卦象例同

困之明夷　五爻動

夫晦其德一其志處溷而不潔處類而不角以困濟困而中无悔者皆非躁人之所能爲也君子莅困若不見困者爲內明而外順明故不疑順故不忌不疑故不攺其德不忌故不陷於難不攺其德不陷于難故困其遇不喪其性命者貞而能亨者也

五爻動自明夷至艮六卦
占貞卦象合悔卦象例同

困之賁六爻俱動

往而小利勿利之矣夫當乎困而易于常者則衆必以爲賤人也當乎困而餙其行者則以詭爲名者也去其餙不穢其志闇其无色而采將受之者是亦所以明志也

六爻俱動卦一占貞悔彖例同

井之旣濟初二爻動

旣濟通之終也汔至繘且慎之也羸其瓶吉而亂所

終凶也夫事有始爲養而終爲禍者矣人有始用之而終棄之者矣通則竭竭則塞井以爲利而不虞其盡也汲以爲用而不虞其絕也皆既濟而因以敗者也君子觀于眘井而舊德是念者夫亦謂是也

二爻動自既濟至蠱十五卦占貞卦彖合悔卦彖例同

井之屯　三爻動

雷伏於水水初脉而養未施屯所以貯積而養其豫者也君子仁足以及物材足以濟衆然常乎屯不見

其德者所以畜裕也

三爻動自屯至鼎二十卦

占貞卦彖合悔卦彖例同

井之隨 四爻動

井何以隨也其爲動也巽以說酌則與之探則取之

應善如響從志如舉言其用也原之逢而遇各從也

君子正行亦以其類不以矩不可以爲規不以璜不

可以爲圭方而能員直而能隨則可謂得其體者矣

四爻動自隨至未濟一十五卦

占貞卦彖合悔卦彖例同

井之震 五爻動

井不出乎險闞乎下而如恐其道宜靜不樂乎動井之震震羸其瓶所自來也戒而能保則亦有之矣

五爻動自震至晉六卦占貞卦象合悔卦象同

井之噬嗑 六爻俱動

動而明明以出井井通而合德故可以食可以飯濯可以溉善可以蠲惡是井之所有合也夫合而有不利者存焉故君子因憲而以作法憲有不更法有可

通故有一定之理无必定之命所以防害而通其弊
也

六爻俱動卦一
占貞悔象例同

革之大過　初二爻動

革而陽過於壯有位則光无位則顛小人以疑於耆
以達君子當時行之不辭其象虺虺而巽以悅者德
之所合也夫革而免於過雖有聖人亦難矣哉聖人
受過小人受利以小人而行之則亦必害也矣

二爻動自大過至離十五卦

占貞卦象合悔卦象例同

革之困　三爻動

革而受困不如其已已日不孚乃不孚矣德雖大不以不時而鼓其衆言雖善不以无位而託乎令積之薄發之躁不幾病乎君牙曰乃惟由先正舊典是式民之治亂在茲不度其務不權其勢多行取窮是亦小人之徒也

三爻動自困至賁二十卦

占貞卦象合悔卦象例同

革之坎　四爻動

維心之亨所以孚也變革而險其爲時也不亦難乎時方艱而艱其貞衆志皇皇大人維誠誠可以信信可以久久則不變以變而一詩曰羔裘如濡洵直且侯彼其之子舍命不渝

四爻動自坎至頤十五卦占貞卦彖合悔卦彖例同

革之師　五爻動

革變也師憂也衆志不寧大役以勤得已而爲之則

以爲不祥也不得已而爲之則不以爲常也是皆尚於正者也正而動乃免於悔是以君子愼之也

五爻動自師至損六卦占貞卦彖合悔卦彖同

革之彖六爻俱動

革不可數數則亂民志乃亂民行乃蔽亂國之政數改其令亂國之令數改其信子曰不戒視成謂之暴慢令致期謂之賊彖者爲上而童行也童言不程數易其成詩曰折柳樊圃狂夫瞿瞿不能晨夜不夙則

莫

六爻俱動卦一

占貞悔彖例同

鼎之離　初二爻動

鼎而麗於正火而重明其用以成聖人在上旒纊不除而見邇及遠者得乎其道者也

二爻動自離至大過十五卦

占貞卦彖合悔卦彖例同

鼎之噬嗑　三爻動

鼎而飲食固其義也

三爻動自噬嗑至井二十卦

占貞卦象合悔卦象例同

鼎之頤

觀其所受而與之祿觀其所養而居其器材有辨而利有異者君子之所善用也

四爻動自頤至坎十五卦

占貞卦象合悔卦象例同

鼎之益 五爻動

以言乎往則取之也膚臨之羞也犆牲之將也仁足以薎禮足以動也以言乎來則與之也潔維敬納維

信也受之維和居之維正也夫鼎義以爲體仁以爲用禮以孚之信以固之則无所往而不得其益者矣

五爻動自益至比六卦占貞卦象合悔卦象同

鼎之屯六爻俱動

鼎其用未著而足以儀者屯之時也君子成器待時而作其道未施言未光州閭是居則而望之謂其信之者器也人維舊器維新器而獲用則新者矣詩曰周雖舊邦其命維新夫有新命雖處舊服天下皆之

利用建侯是之謂也

六爻俱動卦一占貞悔彖例同

震之解 初二爻動

震而雨則旣解矣震以主器德澤下曁以恐致福動而遠乎禍是以仁者不怒智者无懼怒以行仁故九怒懼以成智故无懼[illegible]以靜則不憂動則无悔來而復所以不憂夙而吉所以无悔也

二爻動自解至无妄十五卦占貞卦彖合悔卦彖例同

震之恒　三爻動

動而不失其常是以恐懼不亂其性禍難不忒其度震來虩虩省內疚也不喪七鬯主中正也震而有恒則維其時天子春月行其施慶秋月行其討令動民之道莫大乎誅賞齊民之道莫大乎恒亘震而恒其爲義也不亦大乎

三爻動自恒至益二十卦

占貞卦彖合悔卦彖例同

震之升　四爻動

動於內而震乎外名以見遠而邇不居者具有德而才足見之也君子名不欲太躁才不欲太著震則有恤矣勿恤之吉巽而順也君子有動聞於天下巽而出之匪夷之行行而不疑故有盛名有顯位可以主祭可以帥衆可以守宗廟社稷則是之謂也

四爻動自升至家人十五卦占貞卦象合悔卦象例同

震之井　五爻動

處險而戒戒而動於險可謂有則者乎往來井井所

以爲則也君子慮常近於患行常近於實慮以圖終行以正始禍福攺數不攺其義是以善汲於其未羸善保於其未敗震之虩虩非爲禍至也无豫无廢如此而已詩曰敬天之怒無敢戲豫敬天之渝無敢馳驅井井之義也

五爻動自井至小畜六卦占貞卦象合悔卦象例同

震之巽六爻俱動

震之巽是可以爲益乎動而不厲戒而得其志柔當

乎位以應於男者雖有弱行不悖道矣夫剛爲道而行以巽雖有聖人將必由之未得其大而小有攸往者是亦所以善動而免乎患者也

六爻俱動卦一占貞悔象例同

艮之大畜 初二爻動

艮其背其象俯也畜之大其義聚也積之不厚則求之者索求之者索則用之不給君子觀人必於其動動而躁其中必露若鳥之鬱器之虧木削之曳也子

曰夫儒之爲貌也衣冠中動作慎大讓如慢小讓如僞大則如威小則如愧其難進而易退粥粥乎其若無能也是以可近而不可狎可望而不可闞可得而不可竟也夫若此則可以食於朝而涉於川也矣

二爻動自大畜至蹇十五卦
占貞卦彖合悔卦彖例同

艮之損　三爻動

止非不可以爲動也損非不可以爲益也損益行止應以時時止而不行蒔虧而不盈車既懸則去其軾

馬不服則去其策道不用則貶其作君子曰大道之行也與三代之英而未之逮也吾老於德而損其爲仁義者焉老於志而損其爲禮樂者焉舜之有其天下也繪衣裳制器以律而不爲益也益之喪其天下也約衣獘冠而不爲損也止其所也子曰禹吾無間然矣菲飲食而致孝乎鬼神惡衣服而致美乎黻冕卑宮室而盡力乎溝洫禹吾無間然矣

三爻動自損至咸十五卦

占貞卦象合悔卦象側同

艮之睽　四爻動

何以止難莫之辨也何以止怨莫之爭也夫止而違之者遠矣止而有違是非紛馳而禍不歸者謂其殊位也故不相與則不相事不相事則不相及守職若城衆言以平是以无咎小事則吉也

四爻動自睽至萃十五卦

占貞卦象今悔卦象例同

艮之履　五爻動

履則得所止矣子曰王道將墜禮樂廢缺正而行之

吾豈敢哉吾亦好其統紀者也艮其德行於躬不出戶庭千里可程以步以趨自光其身前有峻嶺後有長阪而轍不亂者是不以止而輟其正者也

五爻動自履至困六卦占貞卦彖合悔卦彖同

艮之兌六爻俱動

是可以為咸乎止於此而悅於彼執德不遷感化若神不言而信無為而應不亦速乎夫止而能悅則非其惠之謂也以惠悅人雖以夏后氏之駿告之而不

不致也

六爻俱動卦一占貞悔彖例同

漸之小畜 初二爻動

子曰績組紃女子之所有事也黼黻文章婦人之大功也十五以往漸乎二十然後可通乎此事通乎此事然後可與乎籩豆薦其筐筥故漸從夫者也小畜從父者也士不學不足以舉學不裕不足以仕女畜德以時士畜德以學故士比年入學中年考校一

年視離經辨志三年視敬業樂羣五年視博習親師七年視論學取友謂之小成九年知類通達强立不反謂之大成然後足以化民易俗悅近懷遠而適乎大道也夫觀乎此則可以知漸之畜者矣

二爻動自小畜至謙十五卦

占貞卦象合悔卦象例同

漸之中孚　三爻動

進而天下信之前其身非以爲市也因其時非以爲利也禮儀既備志氣既得交之曰泰行之曰義然後

以進進而無愧焉者中行之道也

三爻動自中孚至小過二十卦

占貞卦象合悔卦象例同

漸之履四爻動

柔履剛也女從者也君子進不忘其戒履道而多畏雖有褒衮以爲鑕斧雖有輿席以爲險阻然而不可以不進者亦各行其義也進而善履故高不貽之危險不臨乎害嚴主无威嚴行无忌者得是道也

四爻動自履至豫十五卦

占貞卦象合悔卦象例同

漸之睽 五爻動

漸之睽不如其止矣

五爻動自睽至解六卦
占貞卦合悔卦象例同

漸之歸妹 六爻俱動

說而動說於利也君子進常若欲止者焉故柔以從剛不剛而往乎柔漸則歸男者也妹則歸女者也進之以義居之以利先正而後邪故始得位而終以不當始以吉而從以凶以義媒利是以終无所利之也

六爻俱動卦一

占貞悔彖例同

歸妹之豫　初二爻動

說以動私者也順以動公者也說而順乎理是以夫不制乎婦妾不耦乎嫡家室以和冢子以寧人道始終是乎成也詩曰雖無德與女式歌且舞以德歌舞則可以言豫者矣

二爻動自豫至復十五卦

占貞卦彖合悔卦彖例同

歸妹之小過　二爻動

兌而艮少女從男其娣剛也娣剛之過過而在下制
以長男其志不行下止而上動止以無權動以用壯
是以壼內之過不聞於庭妾婦之言不聞於人宜小
而不宜大宜下而不宜上者是之謂也

三爻動自小過至中孚二十卦
占貞卦象合悔卦象倒同

歸妹之謙 四爻動

謙以有終有終无弊六五之道也詩曰維鵲有巢維
鳩居之鳩謙之也止而順婦道也順於夫乃順於家

帝妹雖貴不驕其家紐勢而尚賢非夫王者而能之乎

四爻動自謙至小畜十五卦
占貞卦象合悔卦象例同

歸妹之蹇　五爻動

喜動而險從之利乎往而不得不止蹇其足不可以有行也昧其目不可以有明也以柔乘剛而陷於陰故行而棠難動而見凶居則失其位往則失其道盖亦人道之窮者也

五爻動自蹇至家人六卦

占貞卦象合悔卦象例同

歸妹之漸六爻俱動

漸以往不急於征聘而後行時而後動利以見其宜貞以見其性不出門庭與時偕行妹之女歸固其正也詩曰翹翹錯薪言刈其楚之子于歸言秣其馬薪非貴也而楚可刈焉游女非正也而子可愛焉歸妹非吉也而漸則吉焉歸以爲終漸以爲始愼終於始乃得其義詩曰德音莫違及爾同死

六爻俱動卦一

占貞悔象例同

豐之恒　初二爻動

盛而不衰王者之所不能也可大而不可久王者之所不爲也爲道者有千年之綱百年之紀領惡而全好經遠而立體因於天地與之无斁故象不滅禮不熄氣不絕樂不廢傳曰推之四海而準施之萬世而無所朝夕者則必有得乎是者也

二爻動自恒至同人十五卦

占貞卦象合悔卦彖例同

豐之解 三爻動

雷電合而澤解君明而動仁而不壅禮以崇其厚義以贊其決霸者之功薄而不存惠者之慈藐而不行有大德故有大惠有大積故有大散宜於日中以照天下而衆患皆去者誠有所作以溥其德不以盈虧以爲切切者也

三爻動自解至家人十五卦占貞卦彖合悔卦彖例同

豐之師 四爻動

履盈之主尚大必憂師所以爲憂也憂生於欲欲生於豫夫有修願必有大舉願而不得則必有衆焉以殉之矣故謂豐多故者也荒國無人儉國不兵豐而後故多焉詩曰綏萬邦屢豐年天命匪懈桓桓武王以此行師乃如日中則庶乎其可以勿憂者矣

四爻動自師至益十五卦占貞卦彖合悔卦彖例同

豐之坎 五爻動

天子有道守在四國豐而設險非以爲固也盛必衰

大必分誠慮之矣詩曰太師維垣价人維藩大邦維屏大宗維翰則大而具險之道者也

五爻動自坎至中孚六卦占貞卦象合悔卦象例同

豐之渙六爻俱動

渙而不繫於私大而普日月一握遍於窔谷非明之散也無所而不之見也聖人作禮無不見其尊作樂無不見其親不以意喻於百姓而百姓自命者不亦大乎是以聖人有其倉庚不必其積有其錙賑不必

其發有其棟宇不必蔀覆有其亞旅赤子不必其給之者則誠有進於大者也

六爻俱動卦一
占貞悔象例同

旅之大有　初二爻動

旅而有衆得其道猶足以王得其勢猶足以霸善其交足以爲聖善其進退猶足以榮身者是無位而遇其時以得其藉者也

二爻動自大有至咸十五卦
占貞卦象合悔卦象例同

旅之睽 三爻動

寡親而處外外内相違其交日疎出而求入不亦難乎失國之諸侯不睽其卿失位之士不睽其大夫君子在道不與童僕携貳其志士雖獨行不遠其情悖情離羣其道必亡詩曰匪兕匪虎率彼曠野

三爻動自睽至蹇二十卦占貞卦象合悔卦象例同

旅之損 四爻動

旅止而能說則損其固而益以和也明而能止則損

其智而益以定也損益屈伸各因其宜是以至薄而可以享至賤而可以泰至微而可以貴故有軒冕下於匹夫而不見為益者其所用之者適也

四爻動自損至比十五卦占貞卦彖合悔卦象例同

旅之中孚 五爻動

子言之矣立則見其參於前也在輿則見其倚於衡也在前所以為親也在衡所以為憑也君子旅則无所謀之所謀者道耳道不越敬敬不越信敬以立身

信以得衆立身則免乎難得衆則免乎怨无難无怨

故智不必設而謀不必百也

五爻動自中孚至坎六卦占貞卦象合悔卦象例同

旅之節六爻俱動

旅行也行則尚其通故輿不方其輪水不膠其德臨難不守其服小信不執其節旅所謂智者而愚者之行也磽磽之缺安處守福猶或難之而況其與衆爲行者乎

六爻俱動卦一

占貞悔象例同

巽之家人 初二爻動

巽其道未光行志自邇以漸乎遠是以小人親其德而信其令是爲柔道以正乎暴者也夫水維弱故民狎之翫故多死焉毋維慈故子狎之狎故多驕子焉巽而家人乃與翫鄰君子申命則必於巽正行則必於義康叔之誥曰亦惟君惟長不能厥家人越厥小臣大放王命亦乃非德用乂則得乎申命之道者矣

二爻動自家人至升十五卦

占貞卦象合悔卦象例同

巽之益　三爻動

夫好問則善日積也善下則譽日得也志貴則益之位也志長則益之齒也有巽志故有巽詞有巽詞則有巽行巽詞入人使人不敢矜巽行動人使人不敢先巽與謙同志者也巽以命志以取乎人而有不與焉者寡矣

三爻動自益至恆二十卦

占貞卦象合悔卦象例同

巽之无妄 四爻動

巽而下宜靜而不宜動動以无妄何不可乎君子聞人善則譽之而不以譽行售也聞人惡則蓋之而不以蓋行佞也是以從人而崇其身順人而直其道正則合之否則違之柔顏卑躬而不近於妾婦之道者則其非眚而利有攸往者也

四爻動自无妄至解十五卦占貞卦彖合悔卦彖例同

巽之噬嗑 五爻動

夫爲法者不可以太壯也見夫折獄厲辭而弁志者矣見夫明刑毅往而後悔者矣見夫食驟而噎者矣見夫齒剛而瘦者矣見夫獸鳴噬而害者矣見夫以道死人而人不愛者矣君子欲得民之情成民之信而非巽則何所繫之也

五爻動自噬嗑至豫六卦占貞卦象合悔卦象例同

巽之震六爻俱動

是不可以爲恒也亦有之矣女位乎內男位乎外動

必從之是則可以久也君子臨事必戒必懼太甲曰有言遜於爾志必求諸非道是以得志不敢以爲得順命不敢以爲順其貌若懦而中若惼者武人之所羞而君子之所貴也

六爻俱動卦一占貞悔卦例同

兑之萃　初二爻動

下悅而順上得其志故衆歸之而已不辭上居之而衆不貳此非仁者而能之乎仁以說衆衆還順之非

以報也各其志也詩曰鳳凰于飛翽翽其羽亦傅於
天藹藹王多吉人維君子命媚於庶人
二爻動自萃至睽十五卦
占貞卦象合悔卦象例同
兌之咸　三爻動
說以感之利取女不利女歸者也夫以說感人不若
以正感人之爲得也美顏可借甘言可市以得其應
非曰不速而難爲繼也故下於我則我悅之上於我
則我止之矣詩曰士之耽兮猶可說也女之耽兮不

可說也言不以我而市於人者也

三爻動自咸至損二十卦

占貞卦彖合悔卦彖例同

兌之蹇　四爻動

利西南說不可包也利見大人說不可懷也說而无實煦煦之言不出於仁愉愉之行不出於義則色動而衆去之矣兌而蹇以見惠也不亦難乎

四爻動自蹇至大畜十五卦

占貞卦彖合悔卦彖例同

兌之謙　五爻動

君子承人常若有餘居已常若不足言容愉愉貌容踖踖子曰善則稱人過則稱已則民不爭善則稱君過則稱已則民作忠君陳曰爾有嘉謀嘉猷入告爾后於內爾乃順之於外曰此謀此猷唯我后之德是以上說其誠下得其義言之而不作行之而无忌處位日高愛敬日至則得乎此而非以餙於世者也

五爻動自謙至賁六卦占貞卦象合悔卦例同

兌之艮六爻俱動

是不可以爲損也亦有之矣說而止艳躬以下不上於人不求多於百姓者是亦戒於滿盈者也君子幽獨以儉其性約躬順命以悅乎天得失睽合散而日去是以艮其背不獲其身行其庭不見其人以我自說而无有咎者也

六爻俱動卦一占貞悔象例同

渙之益 初二爻動

利涉大川木道乃行木滋以源其益乃弘志不廣則

不足以受學不博則不足以進知積而不知散則不足以利乎天下是以一人之智无以大一人之惠无以濟裒多益寡聚衆合德則存乎涣者矣伊訓曰嗚呼七世之廟可以觀德萬夫之長可以觀政是之謂也

二爻動自涣至益十五卦

占貞卦象合悔卦象例同

涣之家人　三爻動

涣之家人大矣哉王者无家則以四海故親以尊敬

以序和以摯三者所以始政也孝友睦婣任卹六者所以行志也動以乾故稱大父焉靜以坤故稱大母焉得其父母則宜其兄弟宜其妻子天下之大不出乎此詩曰桓桓武王保有厥士于以四方克定厥家王者之盛者也

三爻動自家人至解二十卦

占貞卦象合悔卦象例同

渙之同人　四爻動

夫物離則不合合則近於比巽而能同疏而能親動

而不繫於意集於四海而各得其志者非夫聖人而能之乎子曰民維后作胥后維民作體同以見其胥渙以見其體泰誓曰受有臣億萬惟億萬心予有臣三千惟一心渙而同人不亦難哉

四爻動自同人至恆十五卦占貞卦象合悔卦象剛同

渙之離五爻動

渙何所麗之矣渙而麗於正日月重明王道大行是以鳥獸麗乎風雷草木麗乎雨露山川麗乎星漢百

姓麗乎綱常聖人正位以照四國傳曰天之所覆地之所載日月所照霜露所隊凡有血氣者莫不尊親是之謂也

五爻動自離至小過六卦占貞卦彖合悔卦彖例同

渙之豐六爻俱動

渙其有衆大得民也勿憂散可合也合則大大則一物散以成大合以成一以照天下无遠不服夫必有道以保无失焉者也

六爻俱動卦一

占貞合悔例同

節之比　初二爻動

夫爲輕重往比乎權爲脩短往比乎度準所由設則觀於水之行地也器所由設則觀於澤之受水也陶人始器器有溢注準亦見焉匠人始準準有衡仄器亦見焉器亦比於度準亦比於權記曰良弓之子善於箕良冶之子善於裘言其近也近而度之詩曰伐柯伐柯其則不遠

二爻動自比至損十五卦
占貞卦象合悔卦象例同

節之蹇　三爻動

利見大人與大行也節而蒙難得其正則何以身不得其正則何以名不可貞而貞之故危而不榮死而不光是抱小信而昧乎大人之哲者也

三爻動自蹇至睽十五卦
占貞卦象合悔卦象例同

節之咸　四爻動

甚哉禮之足以感人也幣不腆而中乎度不敢以爲

薄行不華而中乎履不敢以爲輕言不詖而中乎則不敢以爲不信故得其節則從之也易矣詩曰誰謂雀無角何以穿我屋誰謂女無家何以速我獄雖速我獄室家不足夫禮不足雖重以刑不速婦人而況於有衆者乎

四爻動自咸至大有十五卦占貞卦彖合悔卦彖例同

節之小過　五爻動

是猶可貞也不宜上宜下田畯之行其責不弘小事

而已

五爻動自小過至離六卦

占貞卦彖合悔卦彖例同

節之旅六爻俱動

節而寡親乃無所容其逋者乎夫猶不離乎正也正而旅雖窮不違舍車而徒未失其宜是以小亨能正而吉古之人有行之者矣

六爻俱動卦一

占貞悔彖例同

中孚之觀初二爻動

信在此者也敬在彼者也信不足以媒敬而世則之其發之有的也詩曰發彼有的以祈爾爵故信於身以符於人爲人君以爲臣的爲人父以爲子的爲人兄以爲弟的的有中否有賞有罰近而不敢狎遠而不敢亂懸賞於侯不顧其鵠不敢爲意故曰酒清人渴而不敢飮也肉乾人饑而不敢食也位設士貪而不敢攘也非以不敢其所觀望固有在也

二爻動自觀至臨十五卦

占貞卦象合悔卦象例同

中孚之漸 三爻動

子曰信乎親則獲乎友獲乎友則信乎上矣未信而進是以賓爲盜者也是奔爲聘者也雖有嘉言不以其序王不下其目雖有嘉獻不以其序尸不舉其享雖有嘉禮不以其序賓不侑其爵此以疑而行信者也行信以疑需進何時詩曰豈不爾思室是遠而類乎信而不知其漸者也

三爻動自漸至歸妹二十卦

占貞卦彖合悔卦彖例同

中孚之遯 四爻動

信則漸之何以遯也君子道長必有禎祥君子道消必有妖孽信以利貞用其小亨故獨往而不顧獨行而无咎詩曰只有肅心莽云不逮是之謂也

四爻動自遯至[illegible]共十五卦

占貞卦彖合悔卦爻與例同

中孚之蛊 三爻變

中孚之旅[illegible]是可行

五爻動自旅至豐六卦

占貞卦合悔卦彖例同

中孚之小過　六爻俱動

信之過則過於執者也信而中虛則足以通信而中盈則果之徒也子曰果哉末之難哉

六爻俱動卦一占貞卦合悔同

小過之大壯　初二爻動

飛鳥之疾厲也小人之義過於自是也夫爲信與義而不知學學而不通乎禮者則必小人而聖之心也矣過已不貞而益以壯悖事亂邦蓋必由之是以用

人利乎老成改過存乎悔吝小過大壯亦足羞也

二爻動自大壯至遯十五卦

占貞卦象合悔卦象例同

小過之歸妹　三爻動

陰既得位乃乘乎剛陰多而有恃陽卑而无權婦人之過過於揜陽是以相反而无功相從而无終不當其位所利乃去詩曰綠兮衣兮綠衣黃裏心之憂矣曷維其已

三爻動自歸妹至漸二十卦

占貞卦象合悔卦象例同

小過之臨 四爻動

小過復德陽就位也過而知改則免於過免於過則可以君長乎百姓矣太甲曰旣往背師保之訓弗克於厥初尚賴匡救之德圖維厥終伊尹曰脩厥身允德協於下惟明后夫明主之治過於盛則憂過於泰則懼方盛方泰猶有計慮況以薄德而當時之旣逝者乎德協乎下以圖厥終則知夫臨之義者矣

四爻動自臨至觀十五卦

占貞卦象合悔卦象例同

小過之節　五爻動

止而欲動說而遇險何不時也夫免乎過者時止則止遇險則退過於節奚可哉譬之食過節則不中於膚肥過節則不中於趨小過小也而過則大矣益之以節乃執其過子曰廉夫剛哉山太銳則不高水太慊則不深夏虫之言不可語冰蓼蟲之苦不可語甘詩曰彼人是哉子曰何其

五爻動自節至渙六卦

占貞卦象合悔卦象同

小過之中孚 六爻俱動

與過於詐而過於信不亦可乎固人之行亦足以孚夫臨乎難涉居而不遷畀託而不化以求其人亦已難矣君子不以小節信人之行亦不以小過棄人之德子曰與人同功而後其仁可知也觀過知仁是之謂與

六爻俱動卦一占貞悔彖例同

既濟之井 初二爻動

祭繼以火必息也矣浴同於川必亂也矣爨者既畢則滅其火汲者既足則棄其水人情倦勤物理紕羸故既濟者所以善終也井者所以慎始也慎始善終所以養治也物必下而後濟下必上而後既故木下於水而通火下於水而亨羸瓶以凶滅火无功下而不上故鮮克終大觀乎此則盡乎取與存亡終始上下之義者矣

二爻動自井至賁十五卦

占貞卦象合悔卦象例詞

既濟之坎　三爻動

坎已出而存乎坎難已過而存乎患維心之亨所以不亂也

三爻動自坎至離二十卦占貞卦象合悔卦象例同

既濟之困　四爻動

困將反者也从而必反乃濟乃亂小人之智多倏厥成成事揚言其聲盈庭謂人莫傾其禍乃崩大人者有防陸之揖有在車之涉守行以待時慮後以待來

事集而不以爲利險出而不以爲通夫以亨小而行
其大則庶乎進於大者矣
四爻動自困至噬嗑十五卦
占貞井象合悔卦象例同
既濟之解五爻動
既濟而緩則自以爲无患也矣緩必怠怠必弛夙往
夙復何不弛也君子不以既濟而忽於行擇地而蹈
相幾而動安行不疑以見其智夫以緩而弛之者則
終亦必亂也矣

五爻動自解至睽六卦
占貞卦彖合悔卦例同

旣濟之未濟六爻俱動

易道之興也其有後世之思乎

六爻俱動卦一
占貞悔彖例同

未濟之噬嗑初二爻動

未濟而有所合夫不愼則何所合矣爲獄者非始之難則終之難也爲濟者非就之難則至之難也諺曰馳道百里半於九十築室十年廢於一時飭法於先

一成不更至於後時猶且違之而况於乘務者乎

二爻動自噬嗑至困十五卦

占貞卦象合悔卦象例同

未濟之離 三爻動

事未集而逆其成禍未遠而逆其除非智者而能之乎君子幾於先覺乎正以待其命是以不急而事自集不去而禍自遠吉則從之凶則違之未見其作而履其成以完以虧即始知終甚矣以身涉之其行乎正者尟也

三爻動自離至坎二十卦

占貞卦彖合悔卦彖例同

未濟之賁　四爻動

未濟故可以濟也无色故可以餙也未有攸往故可以往也賁小有攸往未濟也君子道未行則行其言澤未見則見於文載道者存於言創作者存於文故有學以豫之有餙以致之見之曰兆播之曰音施乎已者曰禮及乎人者曰義是以君子抱道不濟而德常見之遠邇者夫有所利之也詩曰深則厲淺則揭

以厲以揭未有不濟者也
四爻動自賁至井十五卦占貞卦彖合悔卦彖例同

未濟之家人 五爻動

未濟以待時也時得則駕鹿珍是庸古之君子裕德而後見三往而後至古之小人四十而始仕三十而始娶處女之行聖賢不違不違其初其終乃光遠厥初乃亂厥終詩曰淇水湯湯漸車帷裳女也不爽士貳其行

五爻動自家人至蹇六卦
占貞卦彖合悔卦彖例同

未濟之既濟六爻俱動

易道其窮也哉事未集而以爲成笑言啞啞乃諠乃暇易道其通也哉其往未利而兆先見也爲之者人也成之者天也窮者事也通者命也知始知終聖人之慮也謀終於始聖人之事也以始以終易道其與也哉

六爻俱動卦一
占貞悔卦例同

上下二經變例三百二十卦中六十四卦在初動

易本象卷之四終

洪範明義二卷初一卷終一卷（初卷至卷上）

［明］漳浦黃道周撰

日本内閣文庫藏明崇禎間刻本

洪範明義二卷初一卷終一卷，明黃道周撰。道周（一五八五—一六四六），字幼玄，又字細遵、螭若、螭平，號石齋、石道人，漳浦人。明天啓二年（一六二二）進士。崇禎時，歷官翰林院編修、詹事府少詹事兼翰林院侍讀學士。南明弘光時，官至禮部尚書；隆武時，任吏部、兵部尚書，武英殿大學士。自請募師，北上抗清，兵敗被俘，不屈死。隆武帝謚以「忠烈」，贈「文明伯」，清乾隆間謚以「忠端」。其學識淵博，著述宏富，後人彙刻爲石齋先生經傳九種、黃漳浦全集等。

石齋之學，以易爲筦鍵，其次重洪範，以爲「自易象而外，惟有洪範一書，爲堯舜所授於禹湯，周公所得於箕子者」，聖道之要領也。崇禎十年（一六三七），道周任經筵日講官時，奉旨纂修此書，次年與儒行集傳、月令明義、緇衣集傳四種進呈，而會遭降謫。後應漳郡諸生之請，出笥中所存原稿，上卷依進呈之本，下卷再事釐正，乃付刊行。是書分初、上、下、終四卷。首有自序，略述此書體制云：「其上卷皆言天人感召、性命相符及好德用人之方；下卷皆言陰騭相協、彝倫條貫，旁及陰陽曆數之務；初、終兩卷，乃正定篇章，分別倫序，以及聖神授受之統。」其次目録，卷各有序，敘撰作之由及内容大旨。

初卷改訂洪範原文，自謂考篇中有錯簡三，訛字三。錯簡者，其一「四，五紀」段，據蘇軾、洪邁、張九成、葉夢得之説，移後文「曰王省惟歲」至「則以風雨」八十七字於「五曰曆數」下；其二「五，皇極」段，據金履祥之説，移本段「斂時五福」至「作汝用咎」一百四十六字於下文「六曰弱」後；其三「六，三德」段，移本段「惟辟作福」至「民用僭忒」四十四字置全篇末。訛字者，其一曰「農用八政」之「農」疑作「晨」，其二曰「六極」之「極」疑作「殛」，其三曰「衍忒」之「忒」疑作「弌」。上卷析洪範原文爲十一章，出己意爲解，又多採摭衆家之言，旨在疏通文意，宣明經國理民之方。下卷依所正定之本，發揮漢代以降五行災異、推演範數之説，又别爲二十六圖、二十八紀，以河圖、洛書牽合洪範九疇。終卷再定今文一篇，於前所更定之本，經文復有移易，後附六府河圖、三事雒書等七圖。

以圖數之學演繹洪範，權輿於宋，至元明而斯風愈熾，其極至於蔓衍無紀，反與經義無關。清修四庫全書，多摒之入子部術數類存目。是書亦沿其餘波，於河圖洛書、八卦九疇之説多所推衍，以發明陰騭相協之理。而石齋又邃於數術，凡所闡繹，往往牽附易曆天象之學，如以洪範八政與先後天圖相合，以五行配曆等，莫不排比其辭、鋪陳其説焉，而終不免膠固穿鑿。然統觀全書，究以發明義理爲主，其上卷釋經又多取程朱理學之言，以爲歸趣。故四庫館臣謂「其意存啓沃，借天人相應之理，以感動恐懼脩省之心，其文不盡合經義，其意則與經義深有合焉」，入之經部，良有以也。（金曉東）

洪範明義

上

共二冊

恭

進洪範明義序

臣觀五帝三皇之道備在易象自易象而外惟有洪範一書爲堯舜所授於禹湯周公所得於箕子者易於明夷之卦推崇箕子明義文之道在箕子非它作者之所敢望也漢興伏鼂口授不真厥後諸儒皆因伏鼂以證古簡是以訛舛相沿失其倫脊五十九篇之中時有依託先後閒出然皆

史家述記之言雖巔末稍殊無傷大義如武成雒誥先儒之所正定後人不以爲非獨洪範一書以理義古奥條貫錯綜沿二千年未之有改使禹箕之結撰與史記同觀神聖之微言爲耄口所亂良可惜也臣攷篇中有錯簡者三訛字者三錯簡如五紀三德敷言錯而在後威福建極敷言錯而在前訛字如晨爲農弌爲武㱮爲極之類皆伏鼂之所不稽鄭孔所未説宋元諸

儒稍發其端

明興諸賢未竟厥緒臣下愚迂昧繹思此義

近二十年幸逢

聖主留神經籍奉

旨纂輯乃復不揣爲明義四卷其上卷皆言天

人感召性命相符及好德用人之方下卷

皆言陰騭相協彝倫條貫旁及陰陽曆數

之務初終兩卷乃正定篇章分別倫序以

及聖神授受之統凡八萬七千六百餘言

臣下愚迂昧私意以爲古今典籍自易象春秋而外所可敦崇紬繹未有過於斯書者也

崇禎十年十一月朔奉

旨纂述

經筵日講官

左春坊左諭德掌司經局事臣黄道周纂

右春坊右諭德翰林院侍講臣黄景昉

翰林院編修臣楊廷麟

臣吳偉業

臣陳之遴

簡討臣王部

臣沈延嘉同纂

洪範明義目錄

日講官臣黄道周謹定

初卷有序

羲易既營禹疇乃作咸稽天道以贊圖籙
文王演象與箕同時洪範始著爲周公師
此五聖人寔明曆數爰本圖書以揆世度
易託卜筮播於昭夏範多精言傳者益寡
伏生口授章義已離孔壁中湮涸漶與淄
五紀之文錯於庶徵三德之下威福是承

維此建用敍捴庻極先後背馳大義乃失
幸有條貫未墜捴地以圭測日不乖其次
乃理舊章以定厥經如彼五緯從月與星
寔採先儒仰質
聖明是爲明義初卷
原本古文一篇
正定今文一篇
五紀下依蘇軾有王省惟歲至則以風雨
八十七字
皇極下依金履祥有無偏無陂至爲天下
王一百字

三德下去惟辟作福至民用僭忒四十四字移置篇末

皇極下移歛時五福至作爾用咎一百四十六字於福極之後惟辟之前

凡正定四處刊譌三字農作晨忒作弋極作殛

上卷有序

匪明曷述匪聖曷作有典有則言循其故

煌煌

聖謨闡繹自天九用主敬精一出焉孔言止善

範言好德惟此善德建爲皇極肅乂哲謀

與聖相從虞夏昭玆

宣肅二宗念我下民寔卯陰騭爰去淫比以就斂一俊民與稽信於蓍龜天視天聽則何所疑毋曰威福所出惟辟天敘彝倫亦有興廢乃紹聞衣爲十一章視彼日餘與易同行爲明義上卷

章分可不錄以是篇原未有章分故依原文別其次第凡五十六字并洪範原文一千三十九字當一歲日餘之分所謂以閏月定四時成歲者也

下卷　有序

疇範之原負於神物性命旣治象數乃出
二五衍化中和所敷生克比倫乃與天俱
禍福將興兆於四體山川雲漢蓋亦猶是
事則有徵政則有稽以紀紀德何福不齊
乃悟人天寔萃一斂凶以靜消吉以善應
威福之窮則惟滿盈無平不陂無亢不傾
至道精微察彼三五剝復夬姤皆於月取
睿聖玄通默如不知龜朋筮昆日君月卿

上確下貫明明圖史往藏來知孰彼伐此
二十六圖二十八紀勿謂繁幽邈不足理
爲明義下卷
雒書九疇圖一
河圖五行圖二
河圖五事圖三
八政分配河圖四
八政互治河圖五
八政先天雒書六

洪範明義　目録

以上凡二十六圖二十八紀合五十四篇間有不入圖紀者槩見經文之下其章次皆依正定今文與圖紀相麗爲疇範之璣衡彝倫之闢奧

終卷有序

古哲云遐師心則殆微言無章亦靡所屆維此

聖人爰擇蒭蕘理當息喧言清霧消繹彼經文

既踰十載雖有前緒未豁厥眛泛之泳之舟之方之乃知古人亦有未詳譬彼耕耘徃而反始一畝百反乃知其理皇皇者極是歛威福帝訓丁寧皆思其復九疇既終爰申帝訓福與德偕言爲道貫非曰五中卽爲福極終念父毋以作爾辟堯舜所傳禮樂始興惟和惟修簫韶乃成仲尼祖述肇稱絜矩寔配九疇以式下土上下四方居然圖書建極用中周流六虛徛扵盛哉

禹箕之言亦三千年誰承厥流誰開厥先
非逄
聖人壹何以傳是爲眀義終卷
再定今文一篇
五紀下如前有王省八十七字
三德下如前移惟辟四十四字
嚮威下有惟辟四十四字其歛時五福至
爲天下王二百四十六字俱在終篇
皇極下只有皇建其有極五字
又庶民惟星一段二十九字在師尹惟日
之下在歲月日時無易之前尚依原文未
變
凡再定下卷今文一處

右除平格圖合前通圖六十并平格圖六
十有一

此書肇於丁丑冬仲奉
命纂修凡十閱月至戊寅八月與儒行月令緇衣四種甫及就緒值建言降謫乃脩束
進呈未謄副本只存原草藏於笥中己卯春間漳郡諸生咸云書經
進呈必須傳播以揄颺
聖德敷闡文治乃稍簡原草繆付剞劂三書頗有次第讐較易成獨此書下卷紊亂未遑釐正又會有檻車之事度無完理不圖蒙
恩重荷
環命感餘生之幾何歎微言之未絕乃再簡下卷以付諸生事從文遷間與
進呈原本稍別而其梗槩理義一也上卷則依原本無有差池言念微勞不成報章復識異同以俟袞鉞云癸未八月望臣道周再識

洪範明義 目錄 九

洪範明義初卷

日講官臣黄道周謹輯

洪範

洪大範法也言天地之大道百世所取法也書序云武王勝殷殺受立武庚以箕子歸作洪範孔安國以是書箕子所作蓋自夏商而下聖賢之筆僅有存者獨是篇耳神禹既殁至道難聞湯伊所傳極於人事是篇統括天人綱紀萬象信易學之闡奧聖道之要領也後世聖人有志於堯舜之道傳神禹之學者必在是篇焉篇中有錯簡三四處讀者相沿迷其條貫今先爲甄别釐正而後明釋其義皆仰藉

聖謨遠資

祖訓庶可質諸無疑俟而不惑焉

原本古文　上卷皆依原文

惟十有三祀王訪于箕子王乃言曰嗚呼箕子
惟天陰騭下民相協厥居我不知其彝倫攸叙
箕子乃言曰我聞在昔鯀陻洪水汩陳其五行
帝乃震怒不畀洪範九疇彝倫攸斁鯀則殛死
禹乃嗣興天乃錫禹洪範九疇彝倫攸叙
初一曰五行次二曰敬用五事次三曰農用八
政次四曰協用五紀次五曰建用皇極次六曰
乂用三德次七曰明用稽疑次八曰念用庶徵

次九曰嚮用五福威用六極嚴疑作嚴極疑作殛

一五行一曰水二曰火三曰木四曰金五曰土

水曰潤下火曰炎上木曰曲直金曰從革土爰

稼穡潤下作鹹炎上作苦曲直作酸從革作辛

稼穡作甘

二五事一曰貌二曰言三曰視四曰聽五曰思

貌曰恭言曰從視曰明聽曰聰思曰睿恭作肅

從作乂明作哲聰作謀睿作聖

三八政一曰食二曰貨三曰祀四曰司空五曰

司徒六曰司寇七曰賓八曰師

四五紀一曰歲二曰月三曰日四曰星辰五曰

曆數

宋臣蘇軾云此下有曰王省惟歲至則以
風雨八十七字自洪邁張九成欒夢得皆
云然當從之爲正

五皇極皇建其有極

蘭溪金履祥云此下有皇極之敷言自無
偏無陂至以爲天下王一百字理亦當然
其斂時五福至作汝用咎三段一百四十
六字宜在末章五福六極之下

斂時五福用敷錫厥庶民惟時厥庶民于汝極

錫汝保極凡厥庶民無有淫朋人無有比德惟
皇作極
凡厥庶民有猷有爲有守汝則念之不協于極
不罹于咎皇則受之而康而色曰予攸好德汝
則錫之福時人斯其惟皇之極
無虐煢獨而畏高明人之有能有爲使羞其行
而邦其昌凡厥正人既富方穀汝弗能使有好
于而家時人斯其辜于其無好德汝雖錫之福
其作爾用咎

臣按此三段一百四十六字皆言好德錫福之事爲箕子既叙九疇又申錫其義以明皇極爲九用之宗壁書滲簡誦習既稀閒有斷落遂取諸有錫極字類者皆繫于建極之下不知其爲申明福極之說締繹先後其條貫自明也

無偏無陂遵王之義無有作好遵王之道無有作惡遵王之路無偏無黨王道蕩蕩無黨無偏王道平平無反無側王道正直會其有極歸其有極

臣按此皇極敷言循周公致戒孺子其朋之意即繫皇建有極之下與金履祥說合無疑也

曰皇極之敷言是彝是訓于帝其訓凡厥庶民極之敷言是訓是行以近天子之光曰天子作民父母以爲天下王

臣按此兩段一百字皆皇極之敷言箕子既述敷言又申其說猶五紀之下有曰王省惟歲至則以風雨八十七字也凡厥庶民下有皇字

六三德一曰正直二曰剛克三曰柔克平康正直彊弗友剛克爕友柔克沈潛剛克高明柔克

臣按此一段三十六字皆本王道以成三德與下文威福之義無涉

惟辟作福惟辟作威惟辟玉食臣無有作福作

威玉食臣之有作福作威玉食其害于而家凶于而國人用側頗僻民用僭忒

臣按此一條四十八字即在斂福錫極三段之後蓋合福極嚮威而言之以明兩用之歸于皇極以終九疇之義也

七稽疑擇建立卜筮人乃命卜筮曰雨曰霽曰蒙曰驛曰克曰貞曰悔凡七卜五占用二衍式

衍式猶大衍之掛一也因上文有忒字遂誤作忒字相近也

立時人作卜筮三人占則從二人之言汝則有大疑謀及乃心謀及卿士謀及庶人謀及卜筮

汝則從龜從筮從卿士從庶民從是之謂大同
身其康彊子孫其逢吉汝則從龜從筮從卿士
逆庶民逆吉卿士從龜從筮從汝則逆庶民逆
吉庶民從龜從筮從汝則逆卿士逆吉汝則從
龜從筮逆卿士逆庶民逆作內吉作外凶龜筮
共違于人用靜吉用作凶
八庶徵曰雨曰暘曰燠曰寒曰風曰時五者來
備各以其敘庶草蕃廡一極備凶一極無凶
曰休徵曰肅時雨若曰乂時暘若曰哲時燠若

曰謀時寒若曰聖時風若曰咎徵曰狂恆雨若曰僭恆暘若曰豫恆燠若曰急恆寒若曰蒙恆風若

曰王省惟歲卿士惟月師尹惟日歲月日時無易百穀用成乂用明俊民用章家用平康日月歲時既易百穀用不成乂用昏不明俊民用微家用不寧庶民惟星星有好風星有好雨日月之行則有冬有夏月之從星則以風雨

臣按此一段八十七字爲五紀演疇如蘇軾之說也宜在第四疇五紀之下

九五福一曰壽二曰富三曰康寧四曰攸好德五曰考終命

六極（極當作殛）一曰凶短折二曰疾三曰憂四曰貧五曰惡六曰弱

臣繹二條文義未終古人立言各有綱紀次第其歛時五福用敷錫厥庶民三段一百四十六字宜在此下無疑也又惟辟作福四十八字皆嚮威之義與剛克無涉亦與是相聯則文義燦然條貫備舉矣或疑無偏無陂兩段與是嚮威義亦相聯當爲此篇一大縮束則文意悠揚前後無憾然古人文字不作修倩只要綱紀分明自四五紀而下各有演疇則皇建其有極而下亦須分疏但不得以保極作極會極歸極

之類涯于一處耳今定中條爲皇極之敷
言凡演一百字自五福六極而下有歛時
五福三段一百四十六字結以惟辟作福
一段四十八字體嚴義足無所復疑凡洪
範一篇一千二百九十五字無有闕漏但
段落錯置耳今定爲經文如左

正定今文 下卷皆依今文

惟十有三祀王訪于箕子

王乃言曰嗚呼箕子惟天陰騭下民相協厥居

我不知其彝倫攸敘

箕子乃言曰我聞在昔鯀陻洪水汨陳其五行

帝乃震怒不畀洪範九疇彝倫攸斁鯀則殛死

禹乃嗣興天乃錫禹洪範九疇彝倫攸敘
初一曰五行次二曰敬用五事次三曰農用八
政次四曰協用五紀次五曰建用皇極次六曰
乂用三德次七曰明用稽疑次八曰念用庶徵
次九曰嚮用五福威用六極農用之農疑作晨六極之極當作殛
一五行一曰水二曰火三曰木四曰金五曰土
水曰潤下火曰炎上木曰曲直金曰從革土爰
稼穡潤下作鹹炎上作苦曲直作酸從革作辛
稼穡作甘

二五事一曰貌二曰言三曰視四曰聽五曰思貌曰恭言曰從視曰明聽曰聰思曰睿恭作肅從作乂明作哲聰作謀睿作聖

三八政一曰食二曰貨三曰祀四曰司空五曰司徒六曰司寇七曰賓八曰師

四五紀一曰歲二曰月三曰日四曰星辰五曰曆數

此下依蘇軾曰王省惟歲至則以風雨八十七字

曰王省惟歲卿士惟月師尹惟日歲月日時無

易百穀用成乂用明俊民用章家用平康日月
歲時旣易百穀用不成乂用昏不明俊民用微
家用不寧庶民惟星星有好風星有好雨日月
之行則有冬有夏月之從星則以風雨
五皇極皇建其有極
此下依金履祥無偏無陂一百字
無偏無陂遵王之義無有作好遵王之道無有
作惡遵王之路無偏無黨王道蕩蕩無黨無偏
王道平平無反無側王道正直會其有極歸其

有極

臣按此五十六字爲皇極敷言下段四十四字宜爲終篇之末簡

曰皇極之敷言是彛是訓于帝其訓凡厥庶民極之敷言是訓是行以近天子之光曰天子作民父母以爲天下王

臣按此四十四字宜在威福篇末詳定于後

六三德一曰正直二曰剛克三曰柔克平康正直彊弗友剛克燮友柔克沈潛剛克高明柔克

舊本惟辟作福四十八字今移在五福六極之後

七稽疑擇建立卜筮人乃命卜筮曰雨曰霽曰
蒙曰驛曰克曰貞曰悔凡七卜五占用二衍忒
立時人作卜筮三人占則從二人之言汝則有
大疑謀及乃心謀及卿士謀及庶人謀及卜筮
汝則從龜從筮從卿士從庶民從是之謂大同
身其康彊子孫其逢吉汝則從龜從筮從卿士
逆庶民逆吉卿士從龜從筮從汝則逆庶民逆
吉庶民從龜從筮從汝則逆卿士逆吉汝則從
龜從筮逆卿士逆庶民逆作內吉作外凶龜筮

其違于人用靜吉用作凶

八庶徵曰雨曰暘曰燠曰寒曰風曰時五者來

備各以其叙庶草蕃廡一極備凶一極無凶

曰休徵曰肅時雨若曰乂時暘若曰晢時燠若

曰謀時寒若曰聖時風若

曰咎徵曰狂恆雨若曰僭恆暘若曰豫恆燠若

曰急恆寒若曰蒙恆風若

九五福一曰壽二曰富三曰康寧四曰攸好德

五曰考終命

六極一曰凶短折二曰疾三曰憂四曰貧五曰惡六曰弱

斂時五福用敷錫厥庶民惟時厥庶民于汝極錫汝保極凡厥庶民無有淫朋人無有比德惟皇作極

凡厥庶民有猷有爲有守汝則念之不協于極不罹于咎皇則受之而康而色曰予攸好德汝則錫之福時人斯其惟皇之極

無虐煢獨而畏高明人之有能有爲使羞其行

而邦其昌凡厥正人既富方穀汝弗能使有好于而家時人斯其辜于其無好德汝雖錫之福其作汝用咎

三段一百四十六字言斂福好德以終建極之義與威福相聯

惟辟作福惟辟作威惟辟玉食臣無有作福作威玉食臣之有作福作威玉食其害于而家凶于而國人用側頗僻民用僭忒

臣按全篇文義曰皇極之敷言一段四十四字移足于此則條貫完好先儒未開此義姑以敷言兩段相承世遠文湮無徵弗信尚俟

聖明獨斷定其式序以貽來人也

門人胡夢篛較

洪範明義卷上

日講官臣黄道周謹輯

訪箕章第一

惟十有三祀王訪于箕子

殷曰祀周曰年逸周書大匡篇亦曰十有三祀則是周未改年也武王承文王之統致辟于殷釋箕子於囚因而訪道易言箕子之明夷明禹湯之道在于箕子也道在箕子則武王必就學于箕子古稱武王師於箕子大戴禮曰先王之道不比商王行西折東商而立師尚父西商道書之言則訪道之禮或當然也孟子曰湯之於伊尹學焉而後臣之湯於伊尹武王於箕子葢皆師也舊書序稱武王勝殷殺受立武庚

以箕子歸作洪範云

王乃言曰嗚呼箕子惟天陰騭下民相協厥居

我不知其彝倫攸叙

陰靜騭定也相助協和也彝倫常理也言上天靜默品騭下民作君作師以相助和協其天下必有常理叙布其間循之者治紊之者亂是以天人感應百世不爽是聖學之首務也蓋天以二氣五行化生萬物形質不齊因其生克以爲倫叙而人所受于天者曰命曰性性命之原本於太極至善不雜至一不二陰陽五行以是分化廸吉逆凶是生治亂衆人皆知爲善之得吉爲惡之得凶而不知其條理倫次毫髮不爽嘿操其柄品騭于上謂之帝天精明其道叙布于天下謂之聖人聖人之於天道

猶日用之於飲食也武王生備聖德老紹家學於天人感應陰騭相協之道蓋深知之而猶云不知將以發其義類垂憲百世盛德之至也

箕子乃言曰我聞在昔鯀陻洪水汩陳其五行帝乃震怒不畀洪範九疇彝倫攸斁鯀則殛死禹乃嗣興天乃錫禹洪範九疇彝倫攸敘

陻塞汩亂也畀與斁敗也九疇即洪範之目其文縱横如田畝之有疇烈也

箕子承武王之問乃荅言在昔堯時鯀恃其力不率水性陻塞洪水亂五行之烈上帝乃震怒不畀以洪範九疇民既不得安居彝倫亦以斁敗蓋五行生人水爲之始水既亂行則土不稼穡火不炎上金木因之不遂其性蓋天地之有五行猶人之有

五質五質循敘而後性命之理可求也緜恃其力以拂天地之性其始以爲物皆可以力爭其終至於敗壞不可收拾緜則殛死禹乃嗣興禹順水性以修幹蠱之業不樂其有奇功而樂其有常理上帝知禹不拂人性以汨天道乃錫禹洪範九疇以隲下民奠厥居而五常之理無復紊亂是禹順水性即所以順天地之性順天地之性即以立萬民之命其道不敝其理一也周靈王二十二年穀洛鬭壞王宮王子晋論其工伯緜之意亦若此

程頤曰聖人能使天下順治非能爲物作則也惟止之各于其所而已物各止其所而天之彝倫乃叙故曰相協厥居蘇軾曰隲升也通也天人有相通之道若顯然命之則家爲巫史矣惟達者默然心通謂之陰隲君子不默通天道則無以助民而合其居王肅曰陰隲者上天之事相協者人

君之事言上天深定下民與以五常之性王者當助天和協其居以遂天性也先臣劉三吾嘗引王肅之說以詆蔡傳其實陰騭相協皆本於天書曰協和萬邦詩曰克定厥家雖人事亦天道也自三代而下皆以五常爲性本人而得其體故有仁義禮智信之名三代而上皆以五常爲命本天而得其用故有雨暘燠寒風之實稽其淵源皆根本太極分布二五命之曰性率之曰道修之曰教歸于至善好德而已故洪範一書言天人感應一以好德爲主孟子言人性好善猶水就下周敦頤言五行本於太極意亦如此其一九二八三七四六縱橫十五皆貫串皇極以敍九疇自人視之則爲至道自天視之則爲常理自聖人視之則以爲皆上天相協之事陰騭之心而已

叙疇章第二

初一曰五行

此叙疇之綱也洛書九疇始於天一天一爲坎坎以從坤萬物所生天子負扆而立嚮明出治昏旦中星皆見於南方故離乾者聖人所爲治坤坎者聖人所爲宅也萬物之生各有從始五行既具陰隲始著其理以爲五德五性其質以爲五體五色其氣以爲五聲五味聖人本于太初以立命始以得五行精一之致以辨德性氣質之類以進其不及裁其太過是爲相恊之始事後世人主以八柄在握威福自用未有原本五行而稽天若者故初一曰五行所以陰隲下民先立其命也一與九合昏旦之星南北反易太史治之先儒曰五行不言用無適而非用也

宣宗章皇帝曰首以五行本諸天也

次二曰敬用五事

二者西南之位也坤與巽合萬物之所從入人事動于朝而息于夕五行晦于晝而辨於夜故天所爲五行人所謂五事萬物成形禍福以分則敬用者立極之始也帝王敬身即以敬天事身即以事天天道而後次以帝德則敬立而體用乃備矣二與八應坤艮震巽互相爲治此天人之要路也天子有道師保傳治之

宣宗章皇帝曰五事所以治心脩身爲皇極之要敬之一言又五事之要人君爲治之心法也

臣按武王克商既訪道于箕子及踐阼之三日召士大夫問曰惡有藏之約行之行可萬世爲子孫恒者乎諸大夫謀于師尚

父乃召師尚父問曰黃帝顓頊之道猶有存者亦可得見與師尚父曰在丹書王欲聞之則齊矣齊三日王端冕出師尚父亦端冕奉書入負屏而立王下堂師尚父曰先王之道不北面王西行折而南東面而立師尚父西面道書之言曰敬勝怠者吉怠勝敬者滅義勝欲者從欲勝義者凶凡事不強則枉弗敬則不正枉者滅廢敬者萬世王聞之惕若恐懼於席四端於機鑑盤楹帶履觴豆戶牖杖劍弓矛皆爲銘儆焉此二事者若相發明而洪範之言大備矣

太祖高皇帝
世宗肅皇帝皆有觀心亭銘敬一之箴義出於此皆以保治萬世陰騭相協之要道也

次三曰農用八政

農疑作晨師古曰農厚也鄭玄曰農讀爲醲重用之也諸以農爲八政之首者非是三者正東方之位也震與兌合人官與鬼神互相爲治故有天命則有人官有五事則有八政五事以正性命八政以正禮樂人託於坤而出于震自黄鍾而林鍾而太蔟八律之序也自姑洗而夷則而黄鍾五位之等也故卯辰之間先王所以重其事也天子有道冢宰治之

次四曰協用五紀

四者巽東南之位也巽與乾合帝天神人之變也二氣五行互相爲治故有八政則有五紀八政以仁天下五紀以仁萬世協者天人之合也自震而巽順行以通于極繇是則萬物皆協矣天子有道卿士師尹治之

宣宗章皇帝曰疏前四疇皇極之所以立疏後
四疇皇極之所以行也

次五曰建用皇極

皇天也極君也極即北極洪範以天道治
天下俯而垂象故八政在左立而監本故
五行在後以人道南面仰而則之則東西
南北互爲用也聖人本天以爲體本心以
爲用建於不動以爲衆動之樞易有太極
是生兩儀蓋此謂也天體中分一百八十
三度北極出地三十六度則南極入地亦
三十六度人不見南極而見北極皇皇在
上至精至微至中至一凡萬物之所謂命
謂性謂心皆出于此也自其分布流行合
理與氣而言之則爲五行自其運持推移
動靜不分而言之則謂皇極大學之所謂
至善中庸之所謂獨也後世儒者不知其
說以爲王者建事皆用大中無太過不及

之弊因時調停爲羣情取衷卒使邪正混淆賢奸并用而維皇之極始不可建今觀日月運行春秋之中去極各九十一度北進二十四度日永而暑暑則萬物蕃榮民得免於沍陰湫滯之患南進二十四度日短而寒寒則萬物歸根民得免于癘疫耗泄之患天地之意皆以生人也而所裁制其間損益進退不爲寒暑燥溼所動者率於近極六十七度之端凛凛乎見之學者不觀於極則不知天地所以立心不知天地所以立心則不知生民之所以立命推其原本則正要執樞淵然不動無喜怒哀樂之私有戒慎恐懼之實是建用之微旨也

次六曰乂用三德

六西北乾位也乾秉三德以應五紀有三德而後五紀成其功乂治也剛柔正直與

陰陽共為治也君子成德于身以協五紀
雖歲月有百世之治焉乂協亦敬也非敬
則無以治身無以治身則無以治卿士
庶人故乂協之通于皇極乾坤之順治也
自乂協而外羸乏異數曲折殊位矣以乂
道承之則乂協敬念亦互為用也其在先
天託於艮兌岳牧治之

次七曰明用稽疑

七正西兌位也兌為明澤以稽八政天下
之叢疑者莫八政若也明以稽之明農互
用明農之猶言明晨也古之尊神集于西
首神人參稽而哲后謀夫無有自專其智
者矣故兌者悅也明而後不疑不疑而後
悅悅而後天子有以正其德庶民有以厚
其生天地有以利其用八政之行行于流
水則明用之効也其在先天託于坎離太

卜太祝治之

次八曰念用庶徵

八東北艮位也艮成萬物以徵五事人事盡于下符驗充于上念省也省亦敬也人之情魄天之知氣互相爲治省懼多則民寡過知順積則物無戾其協于歲月稽于卜筮驗于災祥非過也亦循是天性之自爲命令也其在先天託于震巽太史太師治之

次九曰嚮用五福威用六極

嚮明也威畏也極疑作殛九爲乾離以納坤坎故八方分用而九得二焉其五福之用嚮於皇極六殛之用威于五行故南北正治嚮明操術則取諸此矣皇極不言福

五行不言威而九以乾離併而取之易曰乾元用九天下治夫是二者皆天用之非君用之也天之所嚮則福之天之所威則殛之一本之五行若云其命則然自取之耳詩曰自求多福書曰自作孽夫是則亦天子之所自治也然則五行不言一用九位兼言二用何也五行藏用者也九位顯仁也藏用則歸于一歸于一則無所不用顯仁則合於兩合于兩則無所不用者皆化矣故人君之八柄皆非人君之所自用也五行之數根伏於地而動着於南方爲人君者敬以居之虛以取之嚮之威之與天下共聽與天下共睹如此而已矣

五行之根伏于地而動着于南方何也人着地而生嚮明而立見其用則藏其體見其體則藏其用故見北極不見北極而下者猶艮之止其背也故體者極也用者目也不見其體則其用著見其用則其體隱

矣日在于子五行之所從始一歲之月一日之辰經緯所歷于是藏用猶人主之有後宮故後天謂之坎先天謂之坤萬物所宅故謂之幼日在于午五行之所從著一歲之月一日之辰經緯所歷于是顯仁猶人主之有前朝故後天謂之離先天謂之乾萬物所治故日感日嚮日在于卯五行之所覿從一歲之月一日之辰經緯所歷于是利見猶朝宁之有東序八政出焉夙夜匪懈以厚其事故謂之晨日在于酉五行之所離舍一歲之月一日之辰經緯所歷于是靜定猶朝宁之有西序疑事稽焉動靜吉凶不違其物故謂之明四者天地日月之正位也冬至前後日出辰而入申五事五紀互相爲治天人于是辨其端夏至前後日出寅而入戌三德庶徵互相爲治天人于是盡其緒五事五紀三德庶徵四者皆五也寅戌陬一辰申陬九皆十有

五也然而不貫于極故五事庶徵五紀三德以坤貝巽乾自爲治也凡疇之爲象三疇相乘而謂之兆太卜有原兆玉兆瓦兆相乘之兆七百二十有九其縱橫十五者得八而已天子所執以治八方非聖人則莫之能用也因天之象俯以示人則九乾一坤南首北尾三震七兌左肱右臂人仰而睹之以皇極見天之心因地之象仰以睎天則一坎九離北首南尾三震七兌左肱右臂天俯而矚之以皇極見人之心故語天道則北極出地三十六度而下五行所宅初一之用皆不可見爲獨威之根自出地而上六十七度夏至以南福極所宣皆聖人體天與天下之所共見語地道則南極入地三十六度而下五行所宅初一之用皆不可見爲獨威之根自出地而上三十一度冬至以北福極所宣皆聖人體天與天下之所共見天下之所共見非所

不見者用之不神故敬一之要脩之於深
宫仁義禮智之端藏之于幽獨左有賓師
右有蓍龜事紀在前德徵在後是以福應
不大衮鉞不試而天下治平詩曰帝謂文
王予懷明德不大聲以色不長夏以革不
識不知順帝之則其天所錫範于文王者
乎
宣宗章皇帝曰天以二氣五行生育萬物而理
行乎其中人君以其理脩己治人而氣參
乎其上故九疇于天道人事皆互言之至
哉
皇言衍其選矣
臣按漢唐諸儒以皇極爲大中不知精一
危微之旨本於辰極即所謂以敬作所者
也皇極之義不明所以曾布王淮亂之于
始韓侂胄濶之于終唐之建中大中宋之
建中致和率是訛也今既原本天地取表
日月以至善爲建極之準以慎獨爲建極

之要則紛紜之論庶有折衷邪說詖行可以不作西漢諸儒惟董仲舒達于性命然其時舜典未著不聞精一之旨其論中和者曰天有兩和以成二中歲立其中用之不窮是故北方之中陰合陽而生始動于下南方之中陽合陰而養始美于上動于下者不得東方之和不能生中春是也養于上者不至西方之和不能成中秋是也生至東方之中而所生大成養至西方之中而所養大成一歲四起業而必止于中中之所爲而必就於和故和者天地之正也陰陽之平也陽之行始于北方之中而止于南方之中陰始于南方之中而止于北方之中陰陽之道不同至于盛而皆止于中中者天地之極日月之所至而却也仲舒此論亦與建極之義相參然天惟一中歲有四和日月之運行以寒暑爲冬夏以風雨爲春秋春秋二中不過晝夜所爲

不等非天地建中立極之義如云中者天
地之極日月所至而却則又遠于居所不
動之旨矣大約漢唐而下此義久湮求其
精要莫明于大學莫備于中庸大學之始
篇言綱歸于止至善中庸言明誠歸于無
聲無臭至矣至者極也維皇所建不假慶
感不煩賞怒爲性命之淵源中和之根氐
自洙泗外無得而聞焉周敦頤作太極圖
言自無極而太極太極動而生陽動極而
靜靜而生陰靜極復動一動一靜互爲其根
分陰分陽兩儀立焉陰變陽合而生水火
木金土五氣順布四時行焉五行一陰陽
也陰陽一太極也太極本無極也五行之
生各一其性二五之精妙合而凝五性感
動而善惡分萬事出矣聖人定之以中正
仁義主靜而立人極焉朱子深信其書以
爲出于洪範然洪範所稱皇極確有建用
之文濂溪所稱無極已墜玄虛之藏五性

感動已流氣質之間主靜立人亦乘敬一之旨也古人觀象至精不以一爲太極而以一爲五行不以五爲五福而以五爲皇極明以一皆當五五即爲一人包五氣五質而生心不在五氣五質之數此極旣建則萬象環生先儒曰皇極不言數不可以數明也詩曰商邑翼翼四方之極又曰穆穆文王於緝熙敬止明于二詩則知建用之義矣

五行章第三

一五行

一曰水二曰火三曰木四曰金五曰土

五行分化序其生者所謂初也陰陽之精見于水火剛柔之義著于金木土載其下

以通地天有是五者以别男女以正性命陰陽相交剛柔相推變化錯綜或當或爽而治亂出焉帝王之生皆本五德以長天下而其說奧渺不可復稽但以數而言則一六二七三八四九五十爲生成之次以象而言則一北二南三左四右五中爲分布之等故人生而有體魄氣候榮衛經絡推于四海日月出入無不同者干支所配日用所資皆是物也聖人觀形以知理觀性以知命觀其生勝配合以知陰騭相協之意故生者以協父子勝者以協君臣並者以協兄弟因君臣以協夫婦因兄弟以協朋友智繇此出禮繇此作仁繇此奮義繇此制信繇此立腑臟官骸繇此以理道化政刑繇此以設于以制器利用則大備矣聖人雖不明著其事而福殛之所繇生燦然可見要以原本太極脩道明教納民于至善之域則非聖人不足以語此也

孔頴達曰萬物成形自微漸著五行先後亦以微着爲序水最微爲一火漸着爲二木形實爲三金體固爲四土質博爲五五行之形布于地其氣運行于天故其宿次分野禍福驗于人事劉向曰精發于地而華形于天易傳曰在天成象在地成形非聖賢格物窮理何以知此

朱子曰五行質具于地而氣行于天以質而語其生之序則曰水火木金土以氣而語其行之序則曰木火土金水又曰河圖以生爲序故自北而東而南而中而西雒書以尅爲序故一六在西北七二在西南四九在東南三八在東北此但語其概耳其實五行之理無所不周以類族辨物正位居方則其序備在圖書若舉五德之運帝王所以升降萬物所以興衰斷依洪範爲序如人初生一月而生津液二月而生氣息三月而生體質四月而生骨骼五月

而成膚肉人道之成先有男女而後有夫婦有夫婦而後有父子有父子而後有君臣兄弟朋友親戚上下貴賤在天以爲常理在人以爲彝倫大易叙卦亦依此意諸云生尅者按圖摸索不足稱也

臣按古聖少言天道其言天道者惟洪範堯典二篇爲千古曆數之所從出仲尼子産未之談也凡仲尼言般曆夏曆皆謂之曰禮子産言陰陽五行皆以禮明之故洪範者夏般之禮書也子太叔曰吉也聞之先大夫曰禮天之經地之義民之行也則天之明因地之性生其六氣用其五行氣爲五味發爲五色章爲五聲淫則昏亂民失其性故爲六牲五畜三犧以奉五味爲九文六采五章以奉五色爲九歌八風七音六律以奉五聲爲君臣上下以則地義爲夫婦內外以經二物爲父子兄弟婚媾姻婭以象天明爲政事庸力行務以從四

時爲刑獄撻罰以類其震曜殺戮爲溫慈和惠以効其生殖長育是故好惡不忒哀樂不失乃能協于天地之性是以長久故人能自曲直以赴于禮者謂之成人此章語意粗與範合至如戴氏五德之說鄒生五勝之運莫之能詳也間嘗流覽歷數紬繹義類自夏殷而上文獻無徵繇周而來二千七百餘歲以易象準之天地之歷上下各二千一百八十七歲前盛者後衰前分者後合五行之令各以成數經其體數滿其體數而去其生數凡得五德之運皆一水二火三木四金土居兩端以承前後水德之運二百四十其行潤下以六經九自九而八而七而六而十又與五合其餘作鹹作鹹之數九十火德之運二百八十其行炎上以七經六自六而七而八而九而十去其五生其餘作苦作苦之數一百有五木德之運三百二十其行曲直以八

經八自八而七而六而九而十去其五生
其餘作酸作酸之數一百二十金德之運
三百六十其行從革以九經九自九而六
而七而八而十去其五生其餘作辛作辛
之數一百三十有五三分損益以復于土
其金德不敗不復于土土德之運兩復兩
襲五百五十其行稼穡自五而九而六而
八而七而十復以十經之幷其五生其餘
作甘作甘之數二百七十五以合于水前
後二千四百七十五歲損益三百有五而
五德再周德盛者一姓而再興德衰者一
運而數姓前並則後離前渙則後萃杞宋
有徵則顓暭而上猶可屈指也故知聖神
之文必無虛設書意之間常未盡言影響
傳會以求精微去之遠矣

世宗肅皇帝曰天以二氣運育萬物五行受令
無一不然人君能體天心牧天民以五行
爲法聽政施令皆上合天意下合民心是

即所以福乎民也

水曰潤下火曰炎上木曰曲直金曰從革土爰稼穡

此言五行之質舉質而性見舉性而德亦見焉水居北方質潤而善下火居南方質炎而善上善上善下則物以生善上則物以熱木居東方善曲以直金居西方善從以革曲直則物得其用從革則物得其利土則無所不周也凡人之生水降而下以受其精火升而上以受其氣左手曲直為柔以便右手從革為剛以利腑臟受物縱橫吐納若稼穡也聖人觀于五行得其常質又推其德性以施于物故于潤下得其智于炎上得其禮于曲直得其仁于從革得其義于稼穡得其信人主智不足以泌物則

爲木不潤下禮不足以興文則爲火不炎上仁不能旁達蠱生芭蘖則爲木不曲直義不能裁決作作止則爲金不從革詩書不御人民不殖政令變更教諫不入則爲土不爰稼穡也

五行傳曰田獵不反宿飲食不饗出入無節奪民農時作爲姦謀以奪民財是爲木不曲直信道不篤或燿虛僞讒夫昌邪勝正棄法律縱情欲是爲火不炎上治宮室飾臺榭內淫孌犯親戚侮父兄是爲稼穡不成貪欲恣睢務立威勝輕百姓好攻戰是爲金不從革簡宗廟虒禱祠廢祭祀逆天時是爲水不潤下

潤下作鹹炎上作苦曲直作酸從革作辛稼穡作甘

此言五行之氣舉氣而理見舉理而功亦見焉古人之味道也微有舍聲色而得其用者矣視玄而聽羽視赤而聽徵視青而聽角視白而聽商視黃而聽宮人所能也味智而得其鹹味禮而得其苦味仁而得其酸味義而得其辛味信而得其甘與夫味甘而得信味辛而得義味酸而得仁味苦而得禮味鹹而得智此非人所能也天人之間以氣相取能者用以作福不能者用以作殛不待察其聲色而氣先取之矣人主不納忠言見利速功則水不作鹹不寶儀物簡衆便獨則火不作苦重細過易入人之罪則木不作酸好姑息讒間得入則金不作辛仁賢在野莫與盡力則土不作甘子產言天有六氣降生五味子產之智則足以知此也古之聖人觀物之質而知其性觀物之氣而知其命觀其所作而知造物者之性之命禮之察之服習既久

則彝倫畢見仁義禮智皆根于心而後發爲事業猶五臟之達于面目雲雨之發于山川色聲臭味之發于物則也若是而後可通于五行之用者矣

五事章第四

二五事

一曰貌二曰言三曰視四曰聽五曰思

天道言行天之所自行人道言事人之所有事也天有災祥惟水最大而火次之人有吉凶惟貌最著而言次之物有利害惟木與金人有邪正惟視與聽火之爲災烈於水言之取凶迅於貌金之害人重於木聽之入邪深于視此四者行事之所以相配也以事從行取其用者以察災祥辨吉凶審利害別邪正則亦無所不用矣敬者

思之權量也五事皆敬則無所不休五事
皆肆則無所不咎以敬爲事因之以爲德
性因之以爲學問而後天人之行事可得
而言矣先儒曰貌澤水也言揚火也視散
木也聽收金也思通土也夫是之謂質又
曰人之生而形質具既生而聲音發从之
而後能視从之而後能聽又从之而後能
思五事之有先後猶五形之有微着夫是
之爲氣氣與質皆可與辨體未可與明用
也體用之原出于動靜動靜之本出于陰
陽陰陽之用合于剛柔水以陽用陰體動
而用靜貌得其事故以貌爲水天下之作
態多姿者皆水也火以陰用陽體靜而用
動言得其事故以言爲火天下之着筆着
舌者皆火也木以柔用陽以動而爲靜金
以剛用陰以靜而爲動視以動爲靜陽而
近柔聽以靜爲動陰而近剛故以視爲木
以聽爲金天下之接而易合者皆木納而

易斷者皆金也古之聖人遠觀近取或得之意或得之象醫者得之意卜者得之象卦以象爲體範以意爲用配屬不齊又何怪乎

臣按五事配屬諸家互異素問以生爲序則貌土言金視水聽木思火五行傳以尅爲序則貌木言金視火聽水思土然以五事庶徵推之則洪範之序自有一水二火三木四金五土與二家者各自分行也諸說參差俗情取似但謂貌以作肅似宜屬木視爲內景自宜屬水耳漢唐諸儒皆謂震東方爲木震爲足以動容貌西方兌爲口兌以出詞氣南方離爲火火以離爲目比方坎爲水水以坎爲耳其實不然者易有易之序範有範之序其一二三四的然不爽豈宜背馳且如醫家以木屬肝肝屬目萬物齊潔以魂相視以汗屬水汗發于廣顙達于四肢又何疑于貌之非水視之

非木乎

黄幹曰五行之序所配與所屬不同配者對峙為體循易之先天卦圖屬者流行為用循易之後天卦圖洪範對峙言其所配二家流行言其所用是說近之然自古聖人立言有確然不易之處非苟然分繫而已凡人先氣而後質先精而後魄五氣之用藏于腑臟為五行之實人所以生五精之用達于顏面為五行之華人所以榮天人交應皆取其華實如主客然面相覿也天道仰而成圖以南為首人道立而成象以北為脊南北交濟精神在面面有鼻口目耳物有臭味色聲人物之生始于鼻神鬼之通始于臭故鼻主貌而潤下口主言而炎上目主眎而曲直耳主聽而從革心主思而稼穡內發于腑臟外達于事物次第較然不可易也知其不可易者而後以稽于或易不易之故而後天人交應之義

可微言也

貌曰恭言曰從視曰明聽曰聰思曰睿

人事者天道之精神也天人之精神皆聚于敬非敬則五事無其體非敬則五行無其用貌敬則恭言敬則從視敬則明聽敬則聰思敬則睿貌言視聽思五者皆人也人而天之恭從明聰睿則皆非人也貌恭不在于潤下言從不在于炎上視明不在于曲直聽聰不在于從革思睿不在于稼穡善變其氣質則氣質皆變矣縱横稼穡以爲睿思與化從革以爲聰聽以道曲直以爲明視炎上不焚以爲從言潤下不流以爲恭貌善存其德性則德性皆存矣古之聖人載籍簡少皆未有所學學水之善下以爲恭貌學火之善揚以爲從言學木之曲直不蔽其質以爲明視學金之從革

不主先入以爲聽，聽學士之稼儒耕之耨之以爲睿思如此則可謂之知道矣

恭作肅從作乂明作哲聰作謀睿作聖

天德者人事之精魄也敬其體則其用具敬其用則其體備舉矣恭從明聰睿猶有其氣質焉肅乂哲謀聖則無復有其氣質焉鼻口目耳之化於心思猶水火金木之化於太極也天下之人食于鹹苦酸辛不知其爲水火木金也猶食于肅乂哲謀不知其誰之鼻口目耳也聖人自敬其身以及其身之天世亦因而天之天下之吉德美事則皆以爲聖人之爲之故其恭從明聽發于一身而肅乂哲謀著于天下天下從之以爲聖人是則思之爲用與皇極同用無不敬儼若思是之謂也

朱子曰洪範五事以思爲主四者可見思不可見而行乎四者之間然其操存之漸

必自可見者爲之曾子告孟敬子曰動容貌斯遠暴慢矣正顏色斯近信矣出辭氣斯遠鄙倍矣故君子之學自外以斂之內自其可見以斂于不可見者繇貌而言繇言而眎而聽而思彌近彌親以爲操存之序凡若是者所以爲仁也仁則誠誠則天天與人合故行事不二神化不測也傳曰五行之秀爲人人之精神爲聖書曰亶聰明作元后然其操存之序皆與下學同功孔子告顏淵曰非禮勿視非禮勿聽非禮勿言非禮勿動其說詩曰思無邪此五者又敬事之實也

世宗肅皇帝曰敬用五事者言人君能誠以脩身而聰明于視聽恭于貌順于言又思微察邇是乃所以建極而爲福民之要也

八政章第五

三八政

一曰食二曰貨三曰祀四曰司空五曰司徒六曰司寇七曰賓八曰師

八政立而後五事備五事備而後五行之用得其所民生而有食有食而後有貨食貨具而後有以明報祀充養生而後有以安其居安居重遷而後可教可教而後可禁可禁而後可與禮樂可與征伐故八政以緩急爲次八政之始于食猶五行之終于味也五行之用鹹苦辛酸皆可以食要之于甘可以養性鹽鐵泉布皆可以貨要之稼穡可以養命故五祀皆可報也而重于社稷五土皆可居也而詳于曠虗五教皆可敷也而慎于徒衆五禁皆可勑也而嚴于寇攘五等皆可賓也而尚有德五戎

皆可師也而要止亂周公生于夏殷之後彝倫糜斁故其典制詳于官師大禹生于唐虞之間愼徽尚存故其闡揚精于性命孟軻與庸王誦説故以田畝樹畜留八政之餘箕子與聖人敷陳故以政事福威寓五行之内是以九疇皆有演説而八政獨否將其大者存于典謨精者存于皇極太宰所職循在官師未足以罄天德王道之旨歟

臣按八政盡在舜典故洪範不復敷詞如食哉惟時柔遠能邇惇德允元而難任人巳盡八政之義至于后稷播穀伯夷秩宗禹平水土契司親遜皐陶明允龍作納言通于賓益作朕虞通于貨總師之人通于徂征則彝倫咸在矣又如禹貢之致詳于食貨時巡之咸秩于禋望古今八政備在三篇是以作者不復敷詞也正義曰八政皆以及民非獨王家之事食貨祀賓師旣

皆指事爲名司空司徒司寇又皆指官爲號者三卿所典多方意非一義所盡也周禮食貨出于司徒統在太宰賓祀皆在宗伯協于司徒司馬總六師之職司寇與克詰之征獨司空無事從力于虞危之間夏人尊司空以尚司徒故特稱三卿也故洪範之意皆以五行爲土人事天工皆爲五行之相協舉三卿以治五行則食一爲水貨二爲火賓三爲木師四爲金祀五爲土也舉三事以正五官則司空爲水治北方司寇爲火治南方賓政爲木治東方師政爲金治西方司徒爲土治中央也

臣按易之爲道與範表裏範言天德以章王道體九而用八易言王道以章天德體八而用九易之體八者如乾以自強坤以厚載坎以常習離以繼照震以脩省艮以止思巽以申命兌以麗澤皆藏道而顯德未嘗及政也巽一及之而非其至也範之

用八者如食一貨二祀三司空司徒司寇
七賓八師皆藏德而顯道若未嘗及于性
命者間以五行屬之而亦非其至也今觀
二書互爲體用易言其體範言其用綱領
各八其別六十四以六十四乘之四千九
十六如食以養生貨以阜民祀以報本司
空掌土司徒掌教司寇掌禁賓以柔遠師
以除暴每政之中各有八政八八相起而
禮樂變化施于無窮唐虞成周官制相參
循爲未備矣八政之中賓簡于祀祀簡于
貨然是三者精微相依循金木之於乾坤
風雷之下水火不因微著以爲次序必如
易象所屬則乾兌兩金震巽兩木坤艮兩
土司空兩水司徒兩土司寇兩火因而重
之之多寡饒乏各不相礙也因别爲圖著于
後篇

世宗肅皇帝曰農用八政者言人君以此庶政
施于朝廷無一不舉而天下之人各厚其

生亦所以福乎民也

五紀章第六

四五紀

一曰歲二曰月三曰日四曰星辰五曰曆數

五紀者五行之總也人生于五行而紀于五曆天德王道繇此以協不協五紀則天德王道亦無以終始也歲有陰陽五行分合天氣乘之各以作慝五陽之年氣或先天是爲太過五陰之年氣或後天是爲不及平氣之年不害主客聖人皆先有以處之使歲不爲厲月有交會是生薄蝕因其纏次以測分野定其閏積以正氣候視其明魄以別旱潦故天道之親人者莫如月也日有剛柔聖人察之外事用剛內事用

柔先甲用辛後甲用丁庚之申令戊之癸
馬聖人亦採之以正刑德以度內外使知
懼又因日出眡其煇氣以察善敗故天道
之可尊者莫如日也星有離合五行凌犯
災眚所生視其纒次以別分野或水或火
或荒或兵皆先設之以前民患四者既備
而後曆數可得而舉也凡聖人之爲是四
者皆以憂民意不主于曆數然而曆數備
是矣古之秀民遵道就路自飭躬勵行而
外無後文之字技巧累其心思惟是二氣五
行循飲食之有醯醬也二氣明而後二氣
節宣鬼神不奸其令五行明而後災祥眚
赦天地不違其和有是五者以恊五事紀
八政而後帝王之曆數脩短次第燦然可
數矣
臣按五紀不復敷詞其文盡在堯典或云
逸在下章也堯典乃命羲和欽若昊天曆
象日月星辰敬授人時分命羲仲日中星

鳥以殷仲春申命羲叔日永星火以正仲夏分命和仲宵中星虛以殷仲秋申命和叔曰短星昴以正仲冬曰咨爾羲曁和朞三百六旬有六日以閏月定四時成歲則曆數之義大備然觀千古聖人欽若天憲覽時對物推閏考差占星正物不過就數年上下測驗取合因前揣後不失纏次而已至其終始損益象有定理理有定數千年億世猶之一日決非占風步景之所能知易稱伏羲神農黃帝堯舜始作易其勑無有言辭不過以紀歲月日星曆數之事今推其義亦本于自然使人知有統體分殊之理而已凡易與律律與曆三者同質而異名律以九起易以八乘七八九六各自相因律歸于九易歸于八圓方相割以歸于曆八卦九律凡十八變而歲月日星

帝王曆數一一可禮也

凡論曆數之道須先明方圓之極方起于

卦圓起于律生三分徑圍得其餘分以爲損
益方五損一生內而圓贏圓四益一生外
而方縮圓十去一生內而方饒方九益一
生外而圓乏九置方田四徑一百二十八
以規規之而得天行之常度徑一之數不
及三圍日日差于天月差于日火差于木水
差于土日月星辰相差之數皆從此起也
古之聖人不貴難知之事不作無益之器
如使歲月日時果無當于政事則已璿璣玉
衡可使靡矣歷家測歲星左右之說久靡
不驗管子春爲歲德夏爲日德秋爲月德
冬爲星德之說文于義未詠考洪範之法
以九乘九得八十一以九乘八十一得三七
百二十九以六乘七百二十九得四千三
百七十四故以四千三百七十四爲歲以
七百二十九爲月以八十一爲日以九一
爲星辰以五十三萬一千四百四十爲曆
數凡一歲之日退九辰八十一歲之日退

兩月之辰二百四十三歲之日退半歲之月凡四百八十六歲而退一歲之辰四千三百七十四歲而退九歲之月于是而五紀之數大略可考也自上元以來至于春秋甲子巳巳甲戊巳卯壬九百四十四歲在軒轅之初日纏營室又歷有八元甲申巳丑甲午巳亥甲辰巳酉甲寅巳未凡十有一元五千三百四十六歲斗柄之退八十一度故周在婁女虞夏而上在於虛危春秋而降際于牛斗五紀之所從次則必在此矣古之聖人仰觀天道遐測邃動知曆數之所在有道以持之慎之于祈係之于中輩之于終吿申伯仲山甫衛武公其人也不輩知五紀不知歲月日星曆數之所在與氣浮沈動或違時若趙孟萇弘單襄公其人也今以範卜通卦為五紀之法約有三等凡卦六十四為爻三百八十四四各自相乘為卦四千九十六為爻二萬四千五

百七十六通乘之數一百二十七萬二千八百六十四以爻協日則爲四千三百六十九歲之日以爻協時則爲四千三百六十九月之時以其歲月約其日時進退氣朔則爲一歲十有二月之日十有九歲一章七閏之月也此一等但取每卦三乘之爻兩定六十七歲餘分之日以爲歲月日辰曆數而閏餘朔交斗差之法定爻易卦六十四乾坤坎離頤大過中孚小過八體反覆爲七十二亦自相乘爲卦五千一百八十四爲爻三萬一千一百四通乘之數二百二十三萬九千四百八十八以爻協歲則爲五百一十一歲之辰以爻協月則爲六千一百三十二月之閏兩其日餘四分之一減其餘分一之六一千以上追斗差下齊朔會則不出卦爻之內以日通歲以月通時而可坐得四千三百六十九歲之大都立成五百一十一歲之密步也此

一等但取本卦三乘之爻定爲七歲餘分之積又成七歲成歲之積無復餘分視其盈縮以定差閏以爲歲月日辰曆數而交會大小差閏之法亦定合于疇法以弁曆律刓方削圓交致其用協是三者而侔倫容成大大意盡矣故五紀之道非可意爲加損也亦非可隨時更革自爲明治也知其損益以得差數明其消長以證常度古之聖人不出戶牖知天道不越圖書見百世職此故也易大傳曰天確然示人易矣如必比會節部旁求巧合雖隸首循爲勞矣至于五緯運行各自爲度體質有重輕則行離有遲速去日有遠近則伏見有順逆熒惑七十九年四十二周歲星八十三年七周鎮星五十九年二周皆在三萬一千一百四爻之內金水依日纏次易推諸星凌犯或難悉數要觀于圖書之相加微乎一三著于三九極于五十三萬一千四百

二十四而五行相沴交會之說大備間有次舍分野不齊皆可義取以古準今未爲潤也聖人觀曆而知其紀知歲月日辰之所分屬與卿士師尹分合爲治諸如建候行師作樂般薦勑法省方赦過宥罪治戎防患勞民勸相之類一一得其綱目順時條布使子孫率繇雖千載無弊可耳或曰卦象出于文周疇範本于虞夏疇有數無文範有詞無卦安得以文周之卦爻合于虞夏之歲月其實畫卦有象已在羲農之時疇象遺詞並可坐合文周之指但以五行配于五紀三變之內文義已多況以八政領其五行倍乘之餘曆數俱在世有精能之士以是紀歲紀月紀日紀星紀辰授之天子卿士師尹庶民則天人之故燦如指掌至于帝王五德盛衰之治斷自五行中分疇象二千有百九十一載左順右逆一負一勝惟有德者能持其後不至困窮

其精義與是相起云

世宗肅皇帝曰協用五紀者五紀乃相天之五行人君能致此五紀順序若時合于天道亦所以福乎民也

臣按先儒蘇軾洪邁張九成葉夢得金履祥皆稱庶徵章王省惟歲以下八十五字宜繫于此今未敢遽定別正後篇

皇極章第七

五皇極

皇建其有極

皇即天也箕子初言帝天爲錫畀之主因舉五行五事八政五紀次第言之而天人之道已略可見至于稱建用者必有一物確在二氣五行之上以爲二五樞要元宰

綱紀乃質言以明之曰所謂五皇極者乃
皇天所建其自有之極即北極也二氣五
行無此北極不能自立人君雖尊猶如帝
星繞極而動當思皇天所建之極以爲極
主故上曰建用皇極者人君之事此曰皇
建其有極者上天之事也八疇皆不言用
此獨言建以明君用之爲天體天之所建
即君之所樹人君舍天所建必無復有以
自樹者故敬指而質言之若天之所命人
君者然陰騭之至也極者至也止也大學
曰止至善中庸曰無聲無臭至矣聖賢學
問皆從此出而人君又爲辰極之本所以
立性造命錫福于天下當涵養德性又加
以學問取法北極無一毫搖惑偏倚之私
久而造于至精至微至純至一之域故謂
之至善善即德也德即福也天建有此至
善以發皇其用至于極廣極大極高極明
而皆不離此物人君法之以建極于必故

曰建其有極雖爲天之事亦卽君之事也
下文所稱皇者皆天所稱予者爲帝所稱
汝而者爲君乃上天訓君之詞非箕子對
王之詞也
金履祥曰皇建其有極而下卽宜次以無
偏無陂之文爲皇極之敷言繼上文五紀
曆數之下卽宜次以王省惟歲之文爲五
紀之敷言也別定後篇今依原文序次如
左

斂時五福用敷錫厥庶民惟時厥庶民于汝極
錫汝保極

天度中分九十有一北極出地三十六度
餘五十五度在北極之前所謂天地之福
圖也五十五度中割二十四度爲夏至前
後日道餘三十有一併于天中三十六度

得六十有七天地之中數也天以此道立
性造命錫福羣生比極不動臨之于上以
德斂福凡在天地之中吉祥善事皆斂聚
于皇極之前皇天用此敷錫庶民庶民以
此各正性命環拱歸嚮無有違畔于極人
君深知此意以此斂福敷錫天下故聲色
不動而天下從之也先儒疑建極而下遍
稱五福條貫未明其實皇極在于五中五
即福也五常五德五質五氣天子與庶民
同一福倫序天子能建其極則庶民咸受其
福考其微義當以敬爲建極之本蓋萬物
之生非敬不聚敬而後靜靜而後一一而
後變化不測故福雖有五極一而已嚮雖
有九敬一而已天以一極而斂五福分界
庶民使庶民共知其有君君以一斂而斂
五福分界庶民使庶民共知其有一天于是
庶民皆以君爲極願保君爲萬年之主蓋
天所錫民與民所錫君者皆本于至善純

一不二性命之故還相與也

凡厥庶民無有淫朋人無有比德惟皇作極

凡厥庶民受命于天以天爲極即有淫比之心以天示之無不惕然敬念者蓋上天皇皇二五運行鬼神工師各共爲治庶民不見主德惟利是視嚮利者爲恩背利者爲仇恩仇分而朋比立其所從來皆歛福之力少而敷錫之義廢也君既建極以善與人協于善者君錫之福雖五臣相推十六族並舉不謂之淫朋不協于善者君示之威雖共工滔天伯鯀圮族不謂之專德猶之皇天爲民作極禍福善敗一無所私聽民自取民亦何私之有惟環向歸命于天而已此所以至善立民之性也

凡厥庶民有猷有爲有守汝則念之不協于極

不罹于咎皇則受之

此所謂中德也中德即天德也凡人有私不能鑒別賢否惟天無私居高視下庶民賢否貞如草木善則畀福不善則畀威然天實以生物爲心養民爲事善善之意常多惡惡之威間用猶雷霆之于雨露時有之耳民之有猷有爲有守此得于天性天所鍾美以命于君君則念之君不敢自以爲福民之未有猷爲操守亦未有顯過敗類此得于物命天所泛愛以寄于君君雖不用天則受之君不敢自以爲威益君雖有威福之柄而皆命之于天民雖有賢否之殊亦皆受之于天必如共鯀兜苗則與衆棄之謂是天之所不受也此所謂以至善立民之命也

臣按古今庶民以朋比取敗者多矣然是皆無猷無爲無守之人欲以罔利營宦故

朋謀其敗如其人尚有猷爲操守又無可
營罔取利之事必不宜以朋比目之不協
于極不罹于咎皇則受之此天德之原帝
道之總也

而康而色曰予攸好德汝則錫之福時人斯其

惟皇之極

風霆晦冥非天之正色也厲色示民則民
滋懼矣古之聖人廸知天心謂惟皇天好
善故天之訓君若曰而康豫爾之顏色開
示民心但曰予帝天所好者德耳人知天
之好德則人人歸于好善雖不必盡與以
爵祿而可其免于罪罟是即汝錫之福也
凡厥庶民皆天所生皆天所養與之善則
無不善與之至善則無不至故曰時人斯
其惟皇之極所謂人者天之心也舊說小
人革面則大君錫命皆文義背違小人之

所稽口可爲鑑戒

無虐煢獨而畏高明

凡淫朋比德在下位者極少而處高明者爲甚位處高明則權勢足恃羽翼既成依附者衆雖明主猶有畏憚之心或見一二特立之士意見不侔反以朋比傾之聖人以天爲心所好惟德德之所在煢獨可尊德所不在高明可黜何私之有水之于火火之于金不避其高明金之于水水之于木不傷其煢獨而況于皇極乎聖人在上與煢獨者造命則天下皆至命與高明者治性則天下皆至性無他誘之好德以歸于善如是而已

人之有能有爲使羞其行而邦其昌

皇極之中不着一物其若有物者惟賢才
及諸庶民耳歛福之中不繫一事其宂有
事者惟念人才及受諸庶民耳箕子親見
賢人在野耄遯于荒商室所以亡四爻在
御十亂咸弜周室所以興故其書懇懇以
上天好德聖王念才爲言益上天所職惟
在生人其人之有能有爲則山川之精爽
日星之光華皆在焉生之甚難用之不易
自舜禹以來其寶惓顧復大意如此也

凡厥正人既富方穀汝弗能使有好于而家時
人斯其辜

才者天也情亦天也君用人才亦用人情
書曰百姓有過在予一人凡人君所惡臣
下者不過二端一曰朋比一曰貪黷然比
德之興始于違才賢能失職則疑謗者多

小人之害君子必皆以朋比害之人君好
德則賢能並用何朋比之有貪行之輿始
于祿薄家食不肥則人有市心不肖之徒
用盜竊不悔人君制祿足好其家則廉隅
共礪何黷辜之有故好德而錫福時人斯
則曰皇之極福歸于天也不好德而作辜
則曰時人斯其辜辜不敢歸之天也高宗
彤日曰王司敬民民與天一而已

于其無好德汝雖錫之福其作汝用咎

天之錫民凡為好德耳人無好德而君錫
之福則下拂人性上違天心雖雨暘時若
寒燠得度循謂之作咎也凡皇極之篇專
言好德德好德德之用見于知人用人好惡一
偏則人才喪敗人才喪敗則邦家隨之古
之聖人以天生才敬思其用乖戾之氣不
萌于中忿疾之意不形于色但曰予攸好
德故舜舉皐陶不仁者遠湯舉伊尹不仁

者遠四凶既殄則不才之才不可勝誅付之天耳至于天所寶惜何恐忘也

許衡曰學未造于至德則皆謂之偏才皐陶言九德六德三德舉德以包才箕子言有猷有爲有守舉才以進之德也其實上天愛才人君好德以好德之心求才則有全德以前才之心言德則無全才亦合其性命才情以歸于善有當于天而已篇中凡再言凡厥庶民再言時人斯皆以反復丁寧上天敬民愛才之意又歸于好德以要其極眞千古之道法百王之模範也

金履祥曰自此以上皆五福之敷詞今依原文歸于皇極者皇極體虛以建大用五德五福于九者其交于五者其實貫故前代諸儒皆謂之中德也

無偏無陂遵王之義無有作好遵王之道無有

作惡遵王之路

此皇極之敷言也皇極之不建皆生于好惡好惡者仁人之大用作好作惡者小人之私情作好惡則不能作極惟皇作極皇無私者也人則有私有私好而後作好有私惡而後作惡作好作惡而偏陂橫生皇途蓁塞矣凡好惡偏陂皆生于利不生于義也利之所在衆胥好之雖共鯀而謂之好利所不在衆共惡之雖夷繇而謂之醜聖人憂心極虛極平其取義極精去利極微上揆天心下揆人性因好惡之自然而一無所作焉故自皇建之爲極自王制之爲義自庶民繇之謂之道路其致一也

臣按春秋傳楚莊王既立孫叔敖爲相王召而問國是焉孫叔敖曰國之有是衆所惡也臣恐王之不能定也王曰何如孫叔敖曰君驕士士亦驕君則是非好惡無繇

定矣夏桀殷受不定國是而以一己之好惡取舍爲國是故危亡而不知楚王曰善吾頤相國與大夫國人共定國是矣吾終不敢以好惡取舍爲國是

無偏無黨王道蕩蕩無黨無偏王道平平無反無側王道正直會其有極歸其有極

道卽天也有天德而後語王道聖人之好惡本于天德好而知惡惡而知美利之所在以義裁之故正直而蕩平衆人之好惡本于人欲好復作好惡復作惡道之所在以意裁之故偏黨而反側萬物之生如星麗天雖有好惡或風或雨至于天氣淸明熛炎消滅平旦北極燦于天中纖毫不動誰敢撓之又誰敢干之故極者天道之所會歸也惟皇作極而天下會歸賢愚有一定之性貴賤有一定之命爲攸好以念賢

才而人不敢以爲私爲皇受以寬中人而人不敢以爲繼爲時幸以卹下士而人不敢自爲爲貪爲用咎以儆無良而人不敢自爲競故曰建其有極會其有極歸其有極反復推明欲萬世人君知辰極之道不依左右不分中外一以敬靜明健爲本所以樞紐天下轉運六合非如臣庶一念阿私則天道人事共得而彈治之也詩曰神之弔矣詒爾多福民之質矣日用飲食羣黎百姓徧爲爾德德即福也人君能爲天下造德而後造福被于天下

臣按古今朋黨之論皆從此出周公作洛誥重言孺子其朋毋若火始燄燄厥攸灼序弗其絕武王作泰誓先言播棄犂老昵比罪人臣下化之朋家作仇益朋比之興皆生于君心之有偏頗君心無有偏頗則比間族黨一好一惡官師能治之大小臣工與主同好者必榮與主異好者必辱誰

樂以一身之戮辱殉下民之好惡者後世小人欲空人國必先唱爲朋黨之論以惑王聽遂使聖賢建極洗心之談移爲奸邪蒙蔽攬權之竇今攷書中所稱好德錫福蓋行呂邢念才容衆無一語欲使人才孤立者所稱無偏無陂無偏無黨無有作好無有作惡皆自君心直言之以明皇極之靜專至中至正非爲臣庶建也大臣責難不敢以此匡君而樂于以此匡下其說易從而行之得快所欲是以朋家作侁燄燄弗絕不至于賢才盡去貨賂公行爵祿如市不止雖有明君悔而挽之難爲力矣臣考春秋傳范宣子滅欒氏囚叔向樂王鮒欲救之叔向不許室老恠之叔向曰樂王鮒從君者也何能救我祁大夫外舉不避讐內舉不失親其祁大夫乎于是祁奚救之祁奚不言叔向亦不謝也先是祁奚請老問嗣焉稱解狐其讐也將立之而卒又

問對曰午也可于是羊舌職死矣晉侯曰孰可代者曰赤也可于是使祁午爲中軍尉羊舌職佐之左氏曰君子謂祁奚爲能舉善矣稱其讐不爲諂立其子不爲比舉其偏不爲黨書曰無偏無黨王道蕩蕩祁奚之謂夫漢文帝時有田叔者守漢中上召問曰公知天下長者乎對曰臣何足知之上曰公長者宜知之頓首曰故雲中守孟舒長者也上曰舒守雲中不自堅士卒陷死長者固殺人乎叔頓首曰是乃舒所爲長者也方貫高反時舒自髡鉗隨張王豈自知當爲雲中守哉匈奴寇雲中孟舒愛士卒欲戰不忍言士爭致死如子弟爲父兄以故死者數百是孟舒所爲長者也上曰賢哉復召孟舒異日有馮唐者以代人爲中郎署上過之問知其代人也曰吾居代時聞李齊之賢戰于鉅鹿吾每飯意在鉅鹿也公知之乎唐曰是尚不如廉頗、

李牧上既聞廉頗李牧拊髀歎曰嗟乎吾不得如此人爲將豈憂匈奴哉唐曰恐陛下得廉頗李牧不能用也上怒起良久召唐曰公何以知我不能用頗牧唐曰臣大父言李牧爲趙將居邊軍市之租皆用饗士百金之士數萬今魏尚爲雲中守用軍市租養士五日一椎牛殺虜甚衆坐上首虜差六級下吏削爵罰作之夫士卒田家子安知尺籍伍符終日力戰一言不相應文吏法在必用臣愚誠恐陛下得廉頗李牧不能用耳上說即日赦魏尚復爲雲中守史遷曰二君所稱說近而不黨書不黨不偏王道便便二公有焉其實田叔馮唐皆生值聖主虛懷好問心無偏黨故二臣得畢其說非二臣之能也方貞觀時太宗勵精求治魏徵屢有諫爭一日召魏徵問曰今日所行何如往者魏徵曰貞觀之初恐人不言常導使諫三年以後見人諫諍

悦而從之一二年來雖勉聽受終有難色
上曰何至如此魏徵一一陳之上曰誠如
公言非公無能道此者人苦不自覺公未
道時都謂不差聞公說乃驚覺但存此心
終不違公是則太宗虛心先無偏黨故納
魏徵之說非魏徵之能也及魏徵既殁不
聞讒論卒謂魏徵阿黨傾仆其碑故小人
之害君子必以阿黨爲說蓋君子好善好
善則寡于錄人之過小人營私營私則深
于文法之求君子與小人並居則水火之
形必立水火之形既立則門戶之禍遂分
天下既未有不邪不正之人則古今亦未
有不治不亂之事以皇受之量施于不好
德之徒亦經文所謂用咎也歐陽修不知
朋黨之說出于建極歎曰如爲朋黨之論
者其甚于作俑歟王巖叟不知反側之徒
甚于禍亂歎曰此曹何爲有反側之心朝
廷何憂有慰安之詔是以上下相求黑白

互煎李之小人常勝君子常敗有爲有守者不用而淫朋比德者日進其所繇來皆不知建極之說求端于君心而循遵王之文取辜于臣庶是以好惡日生寒暑反易猶移比極以代冬夏之行進風雨以濡旬陳之路欲其正直蕩平豈可得乎楊時嘗進分別邪正之疏而錄歐陽修朋黨論于後李綱追究禍源亦引歐陽修朋黨論以進大約言欲空人之國而去其君子者必以朋黨中之則無免者矣欲孤人主之勢而蔽其耳目欲奪國而與人必先以朋黨之言進然後小人得恣意于無所不爲漢魏梁唐之際是也其論在五代史中今不敢復錄錄其概云

曰皇極之敷言是彝是訓于帝其訓

以上皆皇極之敷言也皇極敷言百九十一字可細繹者八可詠歌者七皆丁寧于

好惡用舍之際使人得其性情知天之愛人人之好善以德爲福而已凡人性本善生而好德告以好善好德雖凶邪之人無不可歸于道義者孟子曰禹聞昌言則拜大舜有大焉善與人同樂取諸人以爲善取人爲善是與人爲善也敷言中如曰予攸好德一語眞可以消融羣心共登至極箕子恐人視爲敷陳之言故又申之曰是彝倫之訓卽帝天之訓所教誠聖賢垂範百世親切如此

凡厥庶民極之敷言是訓是行以近天子之光

曰天子作民父母以爲天下王

天子于庶民性一而已天子錫福庶民保極天子好德庶民亦好德上無作好作惡之君則下無淫朋比德之民雖其秉彝使然亦資彝訓之力也凡天子居高體虛初

無好惡其好惡偏黨皆生于左右暬御親近之人不稽古訓不告彝言時作好惡以嘗天子久而天子信之至以朋比歸于下民反側歸于臣庶世道繇此不能蕩平其實天生五行各自爲稟一水二火三木四金雖相連顯意義不同得其用者異其稟相資不得其用同類相棄天子但宜憂其相競不必憂其相比要以性情之歸于好德則四海一也詩曰鳲鳩在桑其子七兮淑人君子其儀一兮天子之愛臣庶猶父母之愛子臣庶之敬君甚于君之敬天故惟天子有父之親有天之尊親之則曰父母尊之則曰天下王極親極尊而皇極亦建矣

太祖高皇帝給民大誥減等及徇六訓于路義亦如此

臣按古今無有訓詁暬御之法其訓詁暬御僅見于此周書立政曰左右常伯常任

準人綴衣虎賁休茲知恤鮮哉一天文志句
四星名四輔謂之抱極星極東一星曰柱
史傍一星曰女史垣匡十五星爲宿衛周
廬之官太微垣中近五帝坐曰幸臣四星
曰內平後聚十五星蔚然曰郎位天市垣
中有候星在帝座東北微茫四星爲宦者
去極雖有遠近而皆得依帝座之光旣依
帝座之光而不得辰極靜專之理則或有
傾側芒耀變易常度悖于彝訓者矣聖賢
揩意精微益選士豫教自其爲庶民時已
漸于禮樂日就親遜候明撻記惟修惟和
循周家所謂三德六行皆少而習之以靖
獻明廷故其好惡淸而是非定性情平而
道義立也人之性情不平學術不正又非
其素所訓討者驟見勢利則顛倒薰心而
好惡混淆是非紊亂了不自覺如久坐日
下瞪視日光以入靜室別黑白論蒼素無
復常度非其目力不同其蓄精不瘏爲日

光之所耀奪也洪範一書直指皇極爲天
子之心猶天之有北極日月兩曜爲水火
之精造極而行天川嶽二藏爲金木之府
奉極而居地諸有猷有爲有守者皆天地
精靈分寄上下不可不自愛惜但恐有左
右比暱作好作惡以利破義以術破道遂
至是非淆亂顛倒邪正而不自知故文深
以敷言爲訓是乃帝天之訓可言可行無
論庶民皆當以攸好德爲心攸好德爲事
不攸好德則必有偏陂之心偏黨之事不
能蕩平正直以事天子必不可近天子之
光燾天子乃天之極爲天下性命才情之
所從出從其生人而言則曰父母從其成
人而言則曰天下王父母帝王乃生成天
下之統名非可竊其光耀以倫亂天下也
上文專曰皇者稱天以告君所謂統體之
極此曰凡厥庶民者稱庶民以告左右所
謂各具之極其要于好德以定性立命原

本一也

三德章第八

六三德

一曰正直二曰剛克三曰柔克

三德者五紀所取裏也天子以道治天下而終不能廢刑罰不能廢刑罰而欲以剛治天下則敗矣天下神器還以天治之故禮樂刑罰道德三者同治而聖人之意常恐自治不如治人之嚴故或取之二氣或取之五行天所自治聖人之師也聖人欲使天下士皆知所自治而後有以治人故有選舉之法以治之于先有讞斷之法以治之于後譬如人皆正直可以無過然亦有正直而過于剛者亦有正直而過于柔

者正直而過于剛則禍患中之正直而過于柔則陰邪牽焉君子皆有以自克而後有以克人猶二氣五行之自相治也治人而不言刑正直而不言克聖人之意益循不敢云治也云安之耳其在皐陶曰寬而栗柔而立愿而恭亂而敬擾而毅直而溫簡而廉剛而塞強而義隨舉三者皆可以選士可以選士亦可以明法矣詩曰好是正直又曰柔亦不茹剛亦不吐三德之謂也凡三德者聖人皆以自治非以治人也

平康正直彊弗友剛克爕友柔克沈潛剛克高明柔克

二五之意皆在于生而其功皆在于克正直雖不克而繩準所及匡扶大矣平康之世平康之人平康之事斧斤鍼石皆可不用置繩準焉無克之費有克之功古之大

人皆用之矣至于君子小人天下雖有氣質之變遷化不齊約之曰陽剛陽柔陰剛陰柔而已克陰剛者以剛克陽柔者以柔此正用克之也克陰柔者以剛克陽剛者以柔此直用克之也故以剛克施于彊弗友沈潛以柔克施于燮友高明者或以對治或以交濟對治若施于小人交濟若施于君子凡以變其氣質成其德性去偏即彝歸于至善之域而已凡姦邪盜賊僞言僻行皆世間恒有之事恒有之物聖人先示之正直服而不變然後用克焉剛克之用鈇鉞柔克之用鍼石其于繩準之義一也先儒曰正直之用一而剛柔之用四聖人撫世酬物因時制宜三德乂用陽以舒之陰以斂之執其兩端用其中于民所以納天下風俗範于皇極者如此皇極章中無虐煢獨而畏高明三段亦此意大抵皇極章中通舉九疇之義非如五紀威福易

別出也

臣按古今經義攸明三千年來宼蒙晦者莫如洪範八政不明明其端皇極不明明其本如三德者不明其用遂不知三德于九疇中何屬也其實九疇一體一用惟皇極無不爲體無不爲用此三德則所謂五紀之用也五紀一歲二月三日四星辰五曆數此五者揖遜征誅假竊篡逆之所從出也歲德之大莫著于土日月之德著于水火星辰之德着于金木五行合德見于曆數天下之道未有不于二五焉取者也不取其數而取其義不取其物而取其意故君子之于制勝皆用之矣堂皇之間縣象布和正直之德取于稼穡過此以往金木水火互爲治也非禮祀順彊禦不共金火治之委隨虐疏從習若流水木治之頑冥鈍遲慶鋝善疑金火治之陽驕爽中趾視俱高木木治之夫是所謂不德者也聖人所

治則其德也而循以從革治沸爻曲直治
變爻炎上治沈潛潤下治高明故五行之
用聖人無日不以自治也治已以及于鄉
士師尹而後以及于百姓金之克木木之
克土火之克金水之克火聖人皆取以自
治而獨以平康正直者厚殖稼穡以遺福
于天下百世故上者萬物之所從克萬物
之所從生也土爲水克又復生水故不以
尅水木既克土上復生木故不避木克聖
人之養賢人以阜萬民蓋取諸此也班固
曰臣法君何法法金正木也子諫父何法
法火揉直木也君子遠子近孫何法法木
遠火近土也臣諫君不從則去何法法水
潤下達于上也親屬臣諫不去何法法水
木枝葉不相離也父爲子隱何法法水之
藏火也子爲父隱何法法水逃金也男不
離父母何法法火不離木也女離父母何
法法水流去金也子之復讐何法法土勝

水水勝火也蘇軾曰沈潛地也地至柔而動也剛高明天也天剛德猶不干時言人臣當執剛以正君人君當體柔以納臣也班蘇殊論雖非本意然而皆近于古如後世者直以訊獻聽察之一事耳何德之有然則是于五紀何協焉曰五紀之皆以剛柔爲用也干支方位爻象則皆有取焉然而聖人不用者聖人之用以治天下不以治書數然則刑德之在陰陽無有歟曰治則其刑也刑而服之則其德也歲德治之不服則有月刑月德治之不服則有歲刑剛柔四用則是太少者自爲陰陽也然則五刑所聚下有勝國聖人從之可取天下爲德爲數何居之乎曰吾從德焉耳歲月從德日星從德曆數從德德者五紀之所從協也孟子曰行一不義殺一不辜而得天下弗爲則又何取于刑德而服之乎先儒皆以此下惟辟作福四十八字宜在

九疇之末今依原文序次如左

惟辟作福惟辟作威惟辟玉食臣無有作福作威玉食臣之有作福作威玉食其害于而家凶于而國人用側頗僻民用僭忒

聖人不樂用威不得已而用威五行之克勝非樂勝之也謂德不勝物則物亦無賴焉上天建極以授惟辟陰陽剛柔惟所用之而臣下與之汨陳則始矣天之勝日日之勝月月之勝星此終古而不變也木重而勝金金重而勝火火重而勝水水重而勝土此則朝夕而變矣聖人防其甚重思其終變故于所生之中而常有以勝之詩曰靖共爾位好是正直神之聽之介以景福正直則受福不正直則受禍聖人非樂

禍之以爲人臣既不正直害家凶國椓我人民則皇天降威其禍有甚于我禍之者故定之以名分制之以等級使貴不迫上福不踰德其稍有過差則五行之吏自足克之剛以制剛柔以制柔陰陽剛柔又或相制是以金木不蕩水火就治土居其中人得衣食也晏子曰夫福如布帛之有幅焉民生厚而利用于是乎正德以幅之使無黷嫚過則爲敗吾不敢貪所謂幅也人臣如晏子者可矣仲尼于管仲譏其不儉于晏子無譏蓋猶近于正直者焉

世宗肅皇帝曰乂用三德者言人君能時措正直剛柔之德以爲治化而在下無敢竊弄威福之權又所以福乎民也

稽疑章第九

七稽疑

擇建立卜筮人乃命卜筮

用人則無不擇人者至于卜筮而末矣謂是神明所馮而擇之建之立之鄭重乃命之夫以敬天亦以敬身也蘇軾曰是將與卿士共謀之可不慎乎夫將與天地神鬼共謀之而况于卿士乎庶民乎夫是則皆爲八政設也八政何疑而卜之筮之曰祀曰戎兩者而已夫皆民事也民事之受于天猶子室之于父母不知其謦咳則過而伺之不敢不鞠則猶之子道也食貨司空司徒司寇及賓則其成憲焉取之何卜之有曰成憲之變弊則守創其制古之爲車右者且謀之卜之而况于其大者乎周禮大貞卜立君卜大封則眂高作龜大祭祀則眂高命龜小事涖卜國大遷大師則貞龜凡旅陳龜凡喪事命龜若是則八政通卜也九筮曰筮更筮咸筮式筮目筮易筮

比筮祠筮參筮環筮是則八政通筮也古之聖人不敢自謂神明故常以神明奉人如自以爲神明則天下無復神明者矣易曰神而明之存乎其人夫謂其存之者也不言而信存乎德行德行則可以成信矣

曰雨曰霽曰蒙曰驛曰克

五占不言所屬約如五行之次而蒙爲中土也通驗曰地氣作而天不應曰蒙故蒙與聖對爲風先儒以蒙昧爲木落驛爲金交錯爲土云古法皆然姑用之

曰貞曰悔

貞不動者也悔動者也或曰貞內也悔外也秦伯代晉卜徒父筮之遇蠱曰貞風而悔山則是貞內而悔外也公子重耳筮歸國遇貞屯悔豫皆八則是體貞而之悔也

八者坤也言兩卦一貞一悔皆動得坤也禮先筮而後卜此先言卜而後言筮何也曰是其體象皆有之也何謂皆有之也坎之似雨離之似霽坤艮相蒙震巽落驛乾兌似克今之灼龜兆成或變體色墨坼各有內外故曰皆有之也聖人之爲此者何也悔吝吉凶皆生乎動天地貞觀日月貞明貞也而動俱焉聖人立于無悔以御其有悔者曰吾得其正焉耳吉凶則不之知也然且不敢不知之者以示夫疑之未爲害聖悔之未爲失道也

九七卜五占用二衍忒忒字誤當作弌

卜筮皆卜也五占者五行之占二用者二氣之用卦象之成雖有陰陽亦以五行爲占及其用之則曰九六大衍五十去其一數故四十九一者衍也九疇之一無異文

而大衍之式有異文何也別其爲法也天地中際一百八十三裁其中際四十有九以爲二至之日道兩極端餘各六十有七故以二十有四爲二分之赤道以六十有七爲一卦之歲數參差微強爲二五之餘分而十筮生焉故筮者天地之精蘊也筮十有八變內六以御冬至外六以御夏至中六以御二分坤初之履霜乾上之亢悔泰否之交際筮皆取之故以一二三四觀五行之生以九六八七觀二氣之應凡內卦之數八十有八則自冬至南來當春分前三日而交赤道外卦之數九十有三則自夏至北來當秋分後三日而交赤道內卦之數九十有一則自春分南上九十三日而交夏至外卦之數八十有八則自秋分北下八十八日而交冬至三九而贏三六而縮七八加九而贏七八加六而縮縮者前進贏者反卻此其大略也聖人之于

天道益顯手舉措而無非是也故以調陰陽以忿寒暑以吉凶與民同患以先天不違後天奉時以施于百辟卿士庶民各敬天若無敢攜貳益亦陰騭之至也

立時人作卜筮三人占則從二人之言

三者天地之參也參而從兩是天道也傳曰莫三人而迷益謂時人也楚伐鄭欒武子書救鄭楚師還晉遂侵蔡楚以申息之師救蔡知莊子范文子韓獻子皆不欲戰于是軍帥之欲戰者衆或謂欒武子曰聖人與衆同欲是以濟盍從衆乎子之佐十一人其不欲戰者三人耳商書曰三人占從二人之言從衆也武子曰善鈞從衆夫善衆之主也三卿爲主可謂衆矣從之不亦可乎乃遂還甚矣武子之通于道也建立極者也極立善者也善立而天地從之而況于人乎而況于鬼神乎

汝則有大疑謀及乃心謀及卿士謀及庶人謀及卜筮

乃心王心也而謀之而及之謀之者誰及之者誰也古人之事心也如其天焉如其君焉如其祖禰師保焉故尊而謀之不謀及之則其言教猶未可親也何也謂其猶知有王也卿士庶民猶知有王也龜筮則不知有王也其皆謀及之何也謂其皆天也天者萬物之極也

臣按卜筮之法至秦漢乃廢秦漢之主不賢于三代而斷大疑立大謀獨果于三代者其敬慎之意微而聖神之號著也唐虞之民命盤庚之三誥東山之徂征此三卜者皆可以不設然且聖人質為之仲尼質存之仲尼周公箕子此三人者非時立而同迷也以大禹之聖勋在萬世命謀枚卜

苟有不同帝舜不敢違于神宗以耿圯于河民生盡劉非稽靈卜盤庚不敢遷于殷以西土不靜十夫同心非休卜并吉周公亦無以誥大衆或以爲聖人有所託而爲之則是聖人爲僞也予曰君子敬則用祭器是以不廢日月不違龜筮以敬事其君長是以上不瀆于民下不褻于上

汝則從龜從筮從卿士從庶民從是之謂大同身其康彊子孫其逢吉

朱子曰心者人之神明虛靈知覺無異于鬼神雖龜筮之靈不踰于人故始謀也先人而後龜筮然鬼神無心而人有欲人之謀慮未必無私故定謀也先龜筮而後人夫聖人之定謀非皆爲身與其子孫也而天愛其身必及其子孫聖人之謀周于天

猶天之謀周于聖人也詩曰詒厥孫謀以
燕翼子

汝則從龜從筮從卿士從庶民逆吉

龜筮之信于庶民何也士民之智絀于天
也惟君同天不殉士民吾敬天焉耳

卿士從龜從筮從汝則逆庶民逆吉

君之絀于卿士何也天同卿士吾敬卿士
焉耳

庶民從龜從筮從汝則逆卿士逆吉

君之絀于庶民何也庶民同天吾從庶民
焉耳

汝則從龜從筮逆卿士逆庶民逆作內吉作外
凶

龜筮之用等也龜爲前兆而蓍爲圓神內外之作等也內之吉靜而徵外之凶動而着天子之事內祀而外戎周禮小司寇掌外朝之政以詢萬民曰詢國危詢國遷詢立君此三者則無所別內外也令有大衆大役外不可已之事君龜已告士民參同而筮獨違則爲之乎曰是在士民矣有內寧亦有外憂君子不以內憂圖外功

龜筮共違于人用靜吉用作凶

夫以古之君臣齋戒洗心歛福敷民古之庶民遵道遵路誦行彝訓而共不如一蓍龜者何也天下之事可靜而不作者多矣不得已而作之得已而靜之以聖人之聖而因靜于蓍龜則亦莫之敢動也故天下之歛福者莫如敬天下之去咎者莫如靜也益之初九利用爲大作何也曰是必龜筮之所共予也若春至之于耒耜啓蟄之

于風雷不假龜筮而天下奮動聖人謂是不作則下不享事云爾寇攘式內蠻夷不恭聖人于此勢不得靜然亦有靜之而得者大禹之舞干殷宗之恭嘿是也聖人既有聖德又據尊位常苦欲作而莫之敢違惟龜筮有墨色繇兆之違故聖人皆重之仲尼曰夏道尊命敬鬼神而遠之殷道尊神率民而事神夫是其殷道歟則猶大禹之遺也成王立于明堂周公常立于前謂之道史佚常立于後謂之承太公常立于左謂之克召公常立于右謂之疑皆游心無事體道秉德以待天子之疑問夫是則猶賢于著龜矣禹之治天下也得咎繇杜子業既子得施子闈季子寗然子堪輕子玉七大夫以佐其身故不用著龜而天下治湯治天下得慶誧伊尹湟里且東門虛南門蝡西門疵北門側七大夫以佐其身故不用蓍龜而天下治蓍龜不用而後天

下治蓍龜不用而後天子自爲聖神聦鑒不設羣臣緘默前後左右之臣又勞于簿書瑣于庶務譬爲蓍龜終日叩索循十應九錯而况于人乎况于卿士庶民乎然則所貴于作睿作聖者何也曰古之聖人有睿聖之事無睿聖之心

世宗肅皇帝曰明用稽疑者言人君于乃心所疑聽納賢人君子之言力用而信之辨識奸邪去之不惑如此去凶用吉亦所以福乎民也

庶徵章第十

八庶徵

曰雨曰暘曰燠曰寒曰風曰時疑有曰恆二字省文也

庶徵之序皆與五行五事相次孔傳曰雨以潤物暘以乾物煖以長物寒以成物風

以動物是五氣之効也語其効不語其本則疑五氣之與五行殊用矣是皆本于太極也以陰陽而分寒暑則謂之二氣以燥溼而分剛柔則謂之五行水是生雨火是生暘木是生燠金是生寒土是生風故雨宜潤下暘宜炎上燠宜曲直寒宜從革風宜稼穡也然則土是生風何也曰地周天中一日不及一度高下異執南北殊勢坱軋摩盪而風生焉風有紓疾以別寒暑災祥所出天地所爲聖度也百果五穀視風以爲生熟雨暘燠寒視風以爲司化樹本穀然宜疏以風稼穡從之乃與時逢或曰風發于土囊之口是其噓氣盪軋之所從出也聖人有道八風從序風亦時也然而風不謂之時者風有時恆猶思之有聖蒙五行因之以爲休咎五徵凡二曰時曰恆時恆之于五徵猶貞悔之于五卜也然則貞悔猶之時恆有正變而無內外歟曰猶

之筮也少者多貞老者多悔少者乃正老者乃變

五者來備各以其叙庶草蕃廡一極備凶一極無凶

正義曰所言時者謂當至則來當止則去無常時也冬寒夏燠雖有定時而夏須漸熱冬須漸寒雨足思暘暘極思雨亦無定時故時非恆也極暘之時必皆無雨極燠之時必皆無寒雨暘猶可相須而寒燠必雜參用令使燠時微寒寒時微燠必有逆令之占違時之咎而是言極備凶極無凶何也曰是即言恆者也雨暘燠寒歲僅此數有極備則有極不備者矣天子之慶賞盡于貴近則其祿與必缺于臣下天子之威怒殫于臣下則其誅討必缺于寇敵循備寒之必有偏燠備雨之必有偏暘非謂

雨須微暘寒須微燠也故聖人以極備極無互見而言之所以本於至當建中和之極也然則是極備極無循之六極也而必以六極爲極者何也曰是爲過失之文非爲威殛之用也天過則人憾人過則天刑然則五徵之序不與四時同致歟曰循之四時也春雨夏暘秋燠冬寒八節四時各以其風然則周春子丑是不得雨是、金沴木夏正卯辰反多得雨是水沴火五徵異序而四序愆期何以正之曰循是夏令也周人改政而不改令改名而不改實觀于豳風之詩月日春秋之記冰烝而四時五徵先後之叙槩可知矣子丑之月間多雨雪草木之所勾萌卯辰之候陰陽始中日月之所界道午未之間木繁將落而稱明視酉戌之際蟲吟將寂而稱聽聽雨暘燠寒或言其生或言其成未爲悖也要自成其洪範之序而已

曰休徵曰肅時雨若曰乂時暘若曰哲時燠若

曰謀時寒若曰聖時風若

作肅之時雨猶作鹹之潤下火藏而敬恭鷄鳴而束身關雎鵲巢之詩是也念德而不刑于色則天下之水德可得而治也作乂之時暘猶作苦之炎上教令以時不赦不揚文王大明之詩是也秉禮而不違脩詞而不怒則天下之火德可得而治也作哲之時燠猶作酸之曲直能賢布列疇采奮庸若鹿鳴伐木之詩是也致和而審其材則天下之木德可得而治也作謀之時寒猶作辛之從革與義是圖無有偏聽皇華常棣之詩是也當則從之否則違之若此則天下之金德可得而治也四德既治則聖風時至易緯云冬至四十五日而條風至立春四十五日而明庶風至春分四

十五日而景風至立夏四十五日而颾風至夏至四十五日而涼風至立秋四十五日而閶闔風至秋分四十五日而不周風至立冬四十五日而廣莫風至太平之時五風十雨蓋風以五五爲候九五四十五爲作甘之土縱橫稼穡在九疇之內也五行傳以雨屬木暘屬金燠屬火寒屬水風屬土鄭孔皆以爲然然劉歆又以燠屬土劉向又以風屬木雜取諸書無有定論惟休咎二徵言之甚明蓋以雨暘分於南北則水火正其位燠寒分于東西則金木奠其體五行之著命威福之著令八政之可明視七卜之可聽聰分次較然不可易也然則董仲舒夏侯始昌所別五行五事大抵與洪範差池何也曰當孝武時壁經未著諸儒以聞于伏生者轉相授受間有差池雖歆向父子不復相襲則它可知矣

曰咎徵曰狂恆雨若曰僭恆暘若曰豫恆燠若

曰急恆寒若曰蒙恆風若

休咎之與敬肆恆相反也肆非性也人之始肆曰性旣肆若習以而後若其恆性然則不可改矣雨衆所望也恆雨則泄泄而渫渫則人望而厭之狂者不肅無復時雨則不如不雨也雨之將止也肅然而止其不止則狂故敬者常念狂也見恆雨則若謂吾恆狂者然繇是無所不念也知狂則知僭矣知僭則知豫矣知豫則知急矣知急則知風矣僭之恆暘若火之爍金也傳曰譆譆出出又曰無若火之炎炎豫之恆燠若寐之不寤也詩曰或息偃在牀或不知叫號或棲遲偃仰或湛樂飲酒急之恆寒若絃之屢絕也詩曰顛之倒之自公召之倒之顛之自公令之蒙之恆風是不思

也詩曰終風且霾惠然肯來終風且霾不
曰又曉古之聖人考德于詩書出觀于風
雨陰晴寒暑皆怵然深念見火氣恆暘必
曰吾得無有不乂之言長讒破禮者乎見
木氣恆燠必曰吾得無有不明之視冥豫
長姦者乎見金氣恆寒必曰吾得無輕于
戮人聞言不詳乎易曰發蒙利用刑人君
子之刑人用以自刑也見天地之咎徵而
推過于羣下則是羣下之氣足以撓五行
之柄是故聖人不爲也

世宗肅皇帝曰念用庶徵者言人君能徵氣候
之應驗于人事克己自脩勿令一之有闕
勿令一之有過務以成若所以福乎民也
五行傳曰貌之不恭是謂不肅厥咎狂厥
罰恆雨厥極惡時則有服妖龜孽時則有
下體生上之痾時則有青眚青祥惟金沴
木言之不從是爲不乂厥咎僭厥罰恆暘
厥極憂時則有詩妖時則有犬禍時則有口

舌之痾時則有白眚白祥惟木沴金視之不明是謂不哲厥咎舒厥罰恒燠厥極疾時則有草妖時則有羸蟲之孽時則有羊旤時則有目痾時則有赤眚赤祥惟水沴火聽之不聰是謂不謀厥咎急厥罰恒寒厥極貧時則有鼓妖時則有魚孽時則有豕旤時則有耳痾時則有黑眚黑祥惟火沴水思之不睿是謂不聖厥咎霧厥罰恒風厥極凶短折時則有脂夜之妖時則有華孽時則有牛旤時則有心腹之痾時則有黄眚黄祥時則有金木水火沴土皇之不極是謂不建厥咎眊厥罰恒陰厥極弱時則有射妖時則有龍蛇之孽時則有馬旤時則有下人伐上之痾時則有日月亂行星辰逆陳

臣按五行傳伏勝所作爲朱室諸儒掊擊盡矣然攷昌邑王時大將軍有事王方出游夏侯勝當乘輿諫曰天久陰不雨臣下

有謀上者出將何之王怒以妖言縛屬吏霍光召問之勝曰語出鴻範傳云皇之不極厥罰常陰時則下人有伐上者又當其時有徇冠赤青施于後世龍蛇之孽常應君上夏侯勝去伏生不遠已習其書則書必古人所作非伏生無疑也但其繫屬不類先木金而後水火倫序既殊則繁言無稱矣諸儒以皇極不宜與庶徵同建六極不宜與皇極分徵文義近之然冬夏寒暑皆生于極極居中央以運二五使陰陽亂行五行汨陳皇極之中不爲無過也古人著書不貴銖兩但取其用意略其偏踳可也至於五行之序則一水二火三木四金五土見於明文不容置喙矣

曰王省惟歲卿士惟月師尹惟日

先儒謂王省以下五紀之敷詞也然自漢諸儒不然者五行傳曰凡六沴之作歲之

朝月之朝日之朝則后王受之歲之中月之中日之中則正卿受之歲之夕月之夕日之夕則庶民受之其二辰以次相將其吹受之鄭玄曰二辰謂日月也如歲之朝也日月中則上公受之月月夕則下公受之歲之中也日月朝則孤卿受之日月夕則大夫受之歲之夕也日月朝則上士受之日月中則下士受之郎顗曰正月三日至乎九日上公卦也蓋于省月之中文分公卿大夫古人窮理不避枝節逆逆如此所以收攝身心得其實用也

臣按春秋五始之義與五紀相協洪範傳分屬之例却于經文皆馳攷其災有大小則應有遠近或于月得歲或于日得月或于星辰得歲日月如魯隱公丁卯九年春三月癸酉大雨震電庚辰大雨雪丁卯之刑着于癸酉下卿祀其君公子翬受之莊公甲午四月辛卯夜恒星不見夜中星隕

如雨辛卯夜中則辰當庚子甲午之刑着于庚子天子失其民郯國受之文公二年丙申自十二月不雨至于秋七月月在甲午可雨矣歲朝至歲中卿大夫皆受之公孫敖公子遂叔孫得臣皆與有咎也丁未自正月不雨至于秋七月月在丙午則遂不雨矣雨而世室屋壞季孫行父獨受之國之上卿天子之上大夫也春秋雖不着事應而書其歲月日時則必有義存焉不然則庚甲巳日古人皆可以不取也周禮太宰歲終受百官之會而詔王廢置小宰月終受羣吏之要宰夫旬終正時皆以參稽得失分慮歲事此獨就庶徵言者亦以分別詳悉亦如太卜灼龜王之眡體孤卿眡色大夫眡墨卜士眡坼不相瀆也譬如風雨雷雹災眚變怪凌犯皆可以日計不可以月計旱潦燠寒皆可以月計不可以日計饑饉豐歉皆可歲計不可時計不正

以春秋之義而空舉周官之法則省念甚
疎而功歌不効矣虞夏建官爲數甚簡必
如周制爲孤卿十二師尹三百六十庶官
四千三百二十歲時省念誥誡于王則春
秋之法與周官同吉也

歲月日時無易百穀用成乂用明俊民用章家
用平康

日月薄蝕各有其數風霆霜露各有其候
以歲統月以月統日三時無易五備來序
則是五事敬用建極之報也觀百穀以知
歲觀乂明以知月觀俊章以知日觀平康
以知時統統言之則爲休徵析言之則細有
其應也

日月歲時既易百穀用不成乂用昏不明俊民

用微家用不寧

日月有易歲無易也日月易則歲亦易矣自歲月折之日時可以舉其日自日月統之歲歲時可以舉其綱故互言之不然則無所取之也聖人于庶草之中而貴百穀于庶民之中而貴俊民其所側身脩行敬言敬動若不敢寧者咸爲俊民百穀耳無百穀則無用一蕃庶草無俊民則無用長庶民貌言視聽一肆于上雨暘燠寒終亂于下三德昏而八政忤賢人微而天下微始于一念之不敬而僻忒政成凶家害國一至于此也

臣按康寧之福自三代而下必稱文景方文景時亦數數有災文帝已巳長星出于東方庚午大旱癸酉河決東郡景帝二年星孛于西南庚寅冬大雷雨癸巳甲午星孛于西北丙申秋東闕災戊戌夏地大雹

烽燧之警無虞無之然其時君知敬民尊賢禮士亦稱富庶亞于成康往僭豫急蒙之罰亦稍稍簡省也漢獻帝三十一年之間五咎之罰不見甚者惟薄蝕星犯間之不失其軌而天下夌夷遂至易姓故人主惟敬五穀以及百草敬俊民以及庶民則國有寧家家有寧國矣權貴之臣威福玉食俊乂之臣藜藿不飽雖風雨式序寒燠以時猶未免于凶害也故古之聖人日夕糾虔稽疑念徵勤省不懈無非教敬教善以事上帝不敢有汩陳自用之心

庶民惟星星有好風星有好雨日月之行則有冬有夏月之從星則以風雨

此言庶民之可敬取徵之在上也大學傳曰君子之道本諸身徵諸庶民庶民既與

洪範明義　卷上　五二

師尹分念于時日又自懷其好惡趣舍變遷若風雨然然其性受于人其命定自天歷于歲月日時之下視天以爲居纏視時以爲好惡并有變幻不可省念也凡天之微星萬有一千五百二十各依列宿以爲分野南北則視兩極中間則視日月五緯領之以察灾祥別善惡而其體實不動與極滯通近極者多暑暑則多雨遠極者多寒寒則多風寒暑風雨生于日月之行不生于星辰之次也上古日在虚危仲春纏于畢是時多雨謂之好雨季秋纏于箕是時多風謂之好風其實星無所好猶之比極但知環極不知風雨日之從星一歲而行三百六十五度四分之一明歲日至復逢是星月之從星一歲而行四千六百四十五度明歲朔夕復逢是星星則一也而日月異矣堯舜之側無暴民桀紂之側無仁者夫豈其人之黨異哉其所率而行之

異也故卿士師尹未必有常行揆之皇極
皇極不動即極燠極寒亦南北定理不爲
庶民惡寒而轂其冬百姓庶民未必有常
好觀之日月日月乖違即從箕從畢亦東
西殊路不謂師尹御民而守其故要于無
偏無陂無反無側各止其所而已凡北極
出地三十六度每度差地三百六十里出
地所治一萬三千里過此不占殽函之中
不占海外蒲萁而上不占越裳或在萬里
之內風雨寒燠從于日月不占可也
臣按星辰分野之説起于戰國而降非復
保章之舊伶州鳩以鶉火爲周裨竈以鶉
尾爲楚董固以實沈爲晉梓慎以大火爲
宋雖皆有所據至如大梁爲趙昴畢占胡
疑非春秋時書矣僧一行以兩戒分河漢
之流粗有統紀然如析木屬燕而在河南
星紀屬吳反分河北失其義矣放其法視
四輔星抱極之口以爲南向居乾向巽以

分天下南北覆首東西反易故曰在牛斗而首當井鬼晉趙曾衛齊室左而反右周楚宋鄭室右而反左也吳越爲三江之道燕碣爲九河之委天漢分流故亦互易河漢之分南北循陰陽之分左右也今日在析木則首在寳沈左右之勢未變也然而洪範無稱焉史稱日變脩德月變脩刑星變結和又稱太上脩德其次脩政其次脩救其次脩攘正下無之庶民既無結和之權又無脩攘之職惟以風雨寒暑仰聽于日月自非五緯凌犯隕雨不見則亦不占矣蘇軾曰月在箕則多風月在畢則多雨言歲之寒燠繇日月其風雨繇星辰以明卿士之能爲國休戚庶民之能爲家禍福也其實不然者風雨寒暑皆生于日月不生于星辰禍福休戚皆生于卿尹不生于黎庶古者月在箕而風在畢而雨今在箕而寒在畢而燠建極之世君敬其民民敬

其君卿士師尹共爲著龜偏黨反側無所
置之則亦但曰居所星共而已古人訓惟
爲是言王省是歲卿士是月師尹是日庶
民是星象其繁簡以爲輕重亦以去極遠
近上下進退爲中和之軌而先儒曰王職
大故以歲卿士次大故以月師尹次小故
以日若一月一日之間天氣不順而歲事
無傷則卿士師尹之責而王者不爲憂矣
又曰卿士師尹各有常職豈能徇民之欲
王者大德博施不能從民之異欲如日月
有常行不能從星之殊好此則亂世之言
不可爲王者道也
仁宗昭皇帝曰在天爲五行在人爲五事五事
脩則休徵應失則咎徵應天人感應之機
神矣惟天心仁愛人君常示變以儆之惟
明君敬天所儆皆有惕厲脩省之誠未嘗
少忽是則明于天人之際者矣

福威章第十一

九五福

一曰壽二曰富三曰康寧四曰攸好德五曰考
終命

夏道尊命一之與九終始皆命也壽富康
寧考終四者皆命也有性焉好德之謂也
天子建極嚮明出治斂用五福敷錫兆民
使二氣五行各適其時災沴不作又爲節
其嗜欲謹其婚聚去其蠱慝敬老慈幼不
傷其生則天下皆壽矣賦斂有恆施祿及
下貴農而賤貨則天下皆富矣簡重工徒
士不亂行替御守和率繇舊章則天下康
寧矣甄拔俊明尚禮樂下拔藝見過則改
聞昌則拜與賢士大夫處則天下好德矣

刑罰不煩䘏往厚終不盡人之力不窮人之情無厭飽之心則天下考終命矣凡此五者皆天子之所得爲而又皆奉之以歸于天若曰此皆人之所自取天子得而歛之不得而私之所以廣德示人克敬也內經曰鬲肓之上中有父母七節之傍中有小心是謂五藏心藏神肺藏魄肝藏魂脾藏意腎藏志腎爲蟄藏之本精之處也人之壽夭必起于腎智慧所出以爲命門其富達必見于聲禮樂所出以爲心竅其和澤必發于肝肝仁也其感通必發于肺肺義也其終始皆載于脾脾信也失信者凶終失義者敗德失仁者蹈禍失禮者窮失智者折若是則皆人所自取也聖人又皆爲歛之以告于天而後敷錫于天下故九五之位天下所正其性命也而不知者以爲權府故聖人以是教敬云爾

蘇洵曰九疇之于五行可以條入者五事

一也庶驗二也驗之肅乂哲謀聖一出于五事事之貌言視聽思一出于五行此理之自然箕子已明言之其他八政五紀三德稽疑福極其大歸雖無越于五行非可條而入之也條而入非理之自然必鈎援文致而強附之立言如此亦勞矣其實古聖立言皆無虛下庶徵之應五事曰雨暘燠寒風以水火木金而歸之土三德之應五紀曰正直剛克柔克以中德而領陰陽剛柔一爲五五行一爲六氣五行之福歸于九之陽曰壽富康寧攸好德考終命六氣之威歸于九之陰曰凶短折疾憂貧惡弱統言之則曰五行六氣分言之則水壽火富木康寧金好德土考終陰之太剛曰凶短折其少剛曰疾曰憂陰之少柔曰貧其太柔曰惡曰弱愈折愈精安可易言乎

六極一曰凶短折二曰疾三曰憂四曰貧五曰

惡六曰弱

極疑殛之訛也經傳無以極爲咎者素問極作竭蓋襲用之誤或曰極備極無不時之咎易云失時極也

五福之命得于五行六極之命受于六氣氣有剛柔剛畏其驟柔畏其竭雷雨不時驟暴横隕爲凶短折陽氣亢熱遺于心督其咎爲疾燠氣煩冤勾萌不達其咎爲憂寒邪交搏不能自和其咎爲貧四時之風入居禁衞變色發厲其咎爲惡受氣不固如栝蔓離于敗纊其咎爲弱漢儒言極不建爲弱蓋謂柔之過也天子旣能建極不偏不頗無怨無惡以就道路而見賢不舉舉不能先見邪不退退不能遠不能自克歛福以乂萬民故辰極不移而五行災沴世世未絶也天子敬治水德愼房闥道溝瀆避濕去熱使人多壽當其時冬無發蟄

萌芽勾固及冬而後道無橫夭天子敬治火德雩祀焚擣守圭璧去緣飾使人多富其時夏無伏慝閭巷條達及夏而後蟲蛾不作天子敬治木德拔幽滯去讒佞剔蠹去蝥使人康寧其時春無棄種根荄朽敗及春而後百族蕃阜天子敬治金德通帛布斥賄賂陳詩納貢使人好德其時秋無封靡遺秉滯穗及秋而後人有享藏天子敬治土德不增高益庳與山川爭明使人正命其時四季和平肢體無孽閭巷生子者無僂醜怪變惡殊狀至于五德和咸六時式序人生剛柔皆能自克故危不至凶困不至疾居憂如素居貧如客惡而能棄弱而能立則行健之用舉可知也內經曰心者君主之官神明出焉肺者相傅之官治節出焉肝者將軍之官謀慮出焉膽者中正之官決斷出焉膻中者臣使之官喜樂出焉脾胃者倉廩之官五味出焉大陽

者傳道之官變化出焉小腸者受盛之官化物出焉腎者作强之官伎巧出焉三焦者決瀆之官水道出焉膀胱者州都之官津液藏焉氣化則能出矣此十二官者與王相得不相失也主明則下安以此養生則壽歿世不殆以爲天下則大昌主不明則十二官危使道閉塞不通形乃大傷以此養生則殃以爲天下大危其宗此雖衛生之言其於思爲事本好德錫福之旨一也思不敬則心不治心不治則五臟不治五臟不治則六腑不治六腑不治則凶短折疾憂貧惡弱不絶于世矣凶短折惡極備之咎疾憂貧弱極無之咎太剛不克是有凶折少柔不克是有疾憂少剛不克是有貧惡太柔不克是名曰弱君子以敬治思以思治貌言視聽而後克復之道可得而言也

臣按此章以好德當福以憂貧當極是聖

人立教之精心調爕之大事益州父老曰人身國也心其主也旁列臟腑宰輔也外具九竅羣臣也君亂于上則臣下咸病故心病而身不可救也欲身無病必先正心不使氣索不使思往不使嗜慾迷惑則心無病心無病則其餘臟腑有病不難療而外九竅亦無繇受病矣人主百病只生于不好德小人百病只生于憂貧憂貧之病雖人主亦有之是雖不近天刑而亦稱極者無好德之樂受作私之害也聖人在上不能使世無六極之民必不忍使世有六極之事故斂福則皆君之福斂禍則皆君之禍君向德則天下皆德嚮威則天下皆威爲君代天陰騭下民不能使雨暘得時寒燠循序使抱疾痛于水火災沴之中已爲過矣而又從威以逞若與二五分咎者然甚非惟辟之意也先儒曰以王道言之凶短折者凶惡之人殛之使短折也疾者

墨劓刵宮殘疾其體也憂者徒流髡鉗以惱其情也貧者籍其所有使之貧也惡者錄其過惡申明之彰其罰也弱者剪其羽翼使之弱也甚矣斯言之不仁也聖人建極必使天下蕩平家錫之福於變時雍比戶可封必不得已又制爲衞生之說與患之方以俾二五所不逮猶之官師布和治事又考之卜筮綴之史巫以丁寧其說故于天人性命之際詳哉言之然且云匹夫匹婦不獲其所痌瘝乃身而謂箕子教武王以六極之刑是辛受接踵于世也凡箕子爲上天陰騭相協而言推本于二氣五行四時寒暑吉凶貞悔循以爲未足而原始于北極上下窮精極微教人以善之即性性之即命命之可以化氣性之可以化質性命合而爲德氣質化而爲福未暇及于政刑之末蓋自武周孔孟而外未有窺其藩籬者而諸儒假以陋說茨棘其閒甚

矣

黼扆之聽言不可不愼也

又按上文雖有威福惟辟之言然不過爲貴臣申鑒未嘗以作威作福爲建極之事其曰嚮用威用徧言趨嚮畏惡爲好善惡惡之實耳好善惡惡爲世間第一要事庶民之趨福避禍與人主之嚮明畏幽性情相若慶威好惡上下皆同所不同者人主則能造命庶民則不能造命耳人主斂念一偏則二氣五行一齊汨亂民彝斁敗所傷極多雖有威福安施乎故九疇皆有敷言而八政獨否以明八政即二五之命吏二五即八政之令旨嚮用取南威用取北嚮用以東南參于西北威用以東北又于西南皆相居互宅之義專言威福者何足知此

又按此章爲洪範之終篇九疇之要宿所以備舉五行氣質變化而歸之二氣陰陽

其陽者本性而得善其陰者依質而間惡質則有惡而性矜無惡故爲善則天降之福肅人多壽乂人多富哲人多康謀人多德聖人永命武王曰火滅脩容慎戒必恭恭則壽自前代聖賢如堯舜伊尹召畢諸公皆百二三十歲爲惡則天降之禍狂人多折僭人多疾豫人多憂急人多貧蒙人多惡不克之人多弱陽以致生陰以致克五福多生六極多克易曰積善之家必有餘慶積不善之家必有餘殃盜跖雖有百年之壽而攖疾惡之實雖不短折已備諸凶德若世有聖人則跖壽顏夭聖人皆正其性命非必加之威福而陰陽生克自有得其平者矣劉陶曰天之與民猶首之與足相須而行聖人建極于首足之際獨得本心觀于龜文盡其義矣

世宗肅皇帝曰終疇曰嚮用五福威用六極者言人君先欲斂其五福集于臣民使之俱

入于雍熙泰和之域而無凶夭折疾憂貧惡弱之患則極建于上而可永綏乎天祿矣

門人胡夢錆較

八闽文库

八閩文庫

文獻集成

206

福建文獻集成

吴格 主編

續編 經部 六

海峽出版發行集團
THE STRAITS PUBLISHING & DISTRIBUTING GROUP
福建人民出版社

本册目次

洪範明義二卷初一卷終一卷（卷下至終卷）

［明］漳浦黄道周撰

日本内閣文庫藏明崇禎間刻本

洪範明義 下

洪範明義卷下

日講官臣黄道周謹輯

訪箕章第一

惟十有三祀王訪于箕子

王乃言曰嗚呼箕子惟天陰騭下民相協厥居

我不知其彝倫攸叙

陰騭下民本之於天相協厥居參之於地彝倫攸叙稽之於人是三極之總也易曰立天之道曰陰與陽立地之道曰剛與柔立人之道曰仁與義陰陽剛柔一仁義也仁義在天以騭陰陽在地以協剛柔武王所問箕子所答皆是物也

箕子乃言曰我聞在昔鯀陻洪水汨陳其五行帝乃震怒不畀洪範九疇彝倫攸斁鯀則殛死禹乃嗣興天乃錫禹洪範九疇彝倫攸叙

武王為九疇而問箕子為九疇而答大禹之道將明於周體國經野設官分職皆從此出故三代之法禹立其極矣鯀陻洪水削高就下山川之叙失其行然益天地之用著於五行五行之質着於山川垂象成形人民攸託雖聖人不能盡知亦莫之敢亂也乃震乃錫胥發帝天寶愛之道為聖人敬受張本於陰陽剛柔仁義之說有獨得其微者矣下章稽疑庶徵嚮威之用皆明帝天震錫之意以五行五事相終始云

叙疇章第二

初一曰五行

陰陽者天地之氣五行者天地之質氣質其而性命行乎其中氣非質不具理與氣其質故但曰五行不曰二氣二氣者易之治五行者範之治易與範其爲治也一爲十始復起於十天地所爲用即天地所爲體故統領其文不復言用明疇體之有九用初一之備十體也

次二曰敬用五事次三曰晨用八政（晨原本農）次四曰協用五紀次五曰建用皇極次六曰乂用三德次七曰明用稽疑次八曰念用庶徵次九曰嚮用五福威用六極（極原作極）

是九疇之目蓋兼圖書而用之也河圖有文自一至十故曰一六居上二七居下三八居左四九居右五十居中是依五行之位以爲彝倫範之正也雒書有文去十爲九故曰戴九履一左三右七二八通肩六四通足五居其中是準十五之數以爲疇然範之奇也雒書以九而致用故五事敬用是生晨協建乂明念嚮威之用河圖以十而命體故五行爲體是通事政紀德疑徵福極之體圖書分說雖有異同其於不汨五行不斁倫序居一以御萬執兩而用中發揮皇極原本帝天則其義一也世儒不知圖書爲易範之原始但以辨方正位粗舉其端又不知五行爲相協之大事但以生克順逆略綜其槪凡自漢儒而下錯舉陰陽災異之說皆一併詆爲矯誣妖妄是以震錫莫開君心不戒禹箕之學無得而稱焉今以雒書分疇具圖於後

雒書原圖

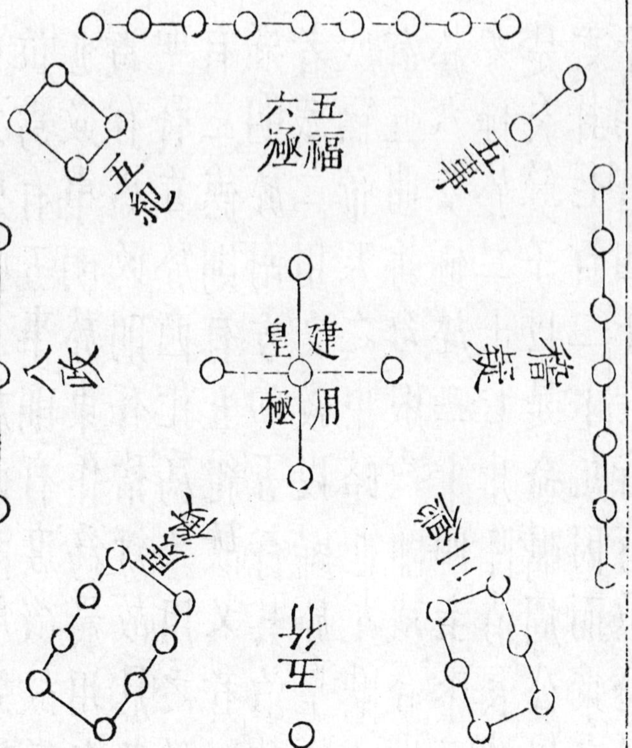

是即所謂戴九履一左三右七二八通肩六四通足五居其中者也神龜所負文有

疇一然聖人則之以觀象設教五行出於北極一者辰極極之位故五行宅焉二者鬼神所宗鬼神立於西西南爲敬用之始故五事位焉有五事則有庶徵故敬者所以致念也政事明於東作爲晨用之始故八政位焉有八政則有稽疑故晨者所以致明也聖賢立於西北爲乂用之始故三德位焉有三德則有五紀故乂者所以致協也福極明於南方與五行其治嚮之者福悖之者威二用交致以歸於皇極故皇極五行威福帝天之中路也九疇八貫四過各十有五兩折勾股或離或合出入皇極少極於六多極於二十四圭參三重少極於三多極於二十七升降消長朔望盈虛備於是矣箕子以是命疇周公以是命卦九疇之卦七百二十九因而乘之五十三萬一千四百四十一皆有敬念晨明協乂建嚮威之用猶易之有出齊見役說戰勞成也

易用八而疇用九以易之太極爲疇之建用則亦皆九矣以疇之九數歸易之六爻則亦皆八矣易主日月疇主星辰二五參合天道乃明周濂溪曰陰陽一五行也五行一太極也語雖渾圇而意不甚失臣觀古人天人精蘊備在是疇箕子爾時必有圖象繫綴明白易言圖書不稱爲箕子所作蓋義禹以前有之箕子必述舊法先爲圖象後以敷言分屬其下也其法以君心爲主謂之皇極上下四旁備然天人以鑒觀省察互成其用一天而九人爲性命之本三人而七天爲事業之原四天而六人以考成政治二人而八天以終始道德左右天人一貫互用以易稽之則乾坤震三者易之綱領皆爲人事艮巽兌三者易之妙應皆爲天道坎離戊巳則帝天操柄與王者相參鬼神臣工所從取命也知其說者之於天下其如示諸掌乎

五行章第三

一五行

一曰水二曰火三曰木四曰金五曰土

水曰潤下火曰炎上木曰曲直金曰從革土爰稼穡

潤下作鹹炎上作苦曲直作酸從革作辛稼穡作甘

質非性也質具而性見焉體非用也體具而用見焉因其質以爲人事因其用以爲道化故有潤下炎上曲直從革稼穡之事而王者及物之功皆盡有作鹹作苦作酸

作辛作甘之化而聖人體物之情皆見矣
是章五行之序皆在河圖因列河圖於後

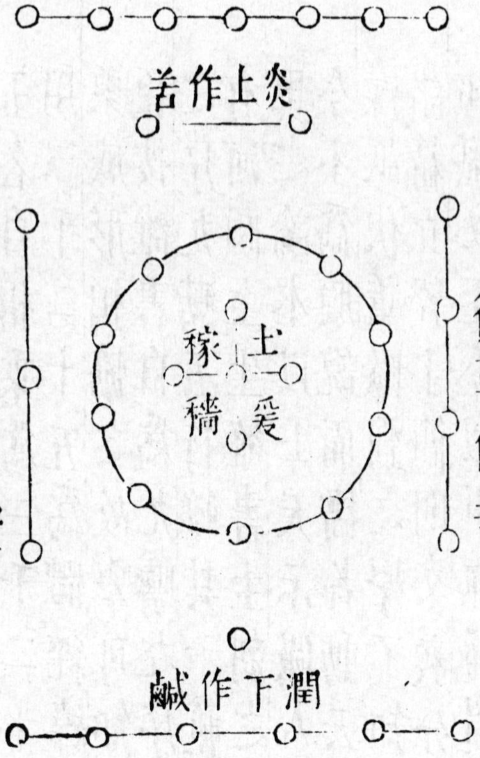

是即所謂一六居後二七居前三八居左
四九居右五十居中者也五行生成各以

其方圓而視之其象六乘彼此參變爲數百萬故河圖以五十五爲象以百萬爲數水之潤下火之炎上木之曲直金之從革縱横稼穡與土相得不可易也以五十有五各自相乘爲三千二十五故以百萬爲用三千二十五爲體經緯六十四卦而成象成形相協之故擧可知也

臣按雒書自爲九疇之序河圖自爲五行之序九疇五行雖共一範而各自爲序非有河圖主生雒書主剋之說也惟五行災異之論本以上天示儆人主省愆稽古證今不爲臆說而儒者動云春秋不書事應深詆伏董歐劉之學不知春秋事應散見諸篇立經上簡則文義分行爲傳尚通則組織必至今以世無通貫之經而謂經無證應之義可乎故復以河圖再繫五事而略擧徵應錯見於後云

五事章第四

二五事

一曰貌二曰言三曰視四曰聽五曰思

貌曰恭言曰從視曰明聽曰聰思曰睿

恭作肅從作乂明作哲聰作謀睿作聖

範爲五行攸序而作則五事之從五行倫次秩然不可易也伏歐夏劉以木金火水爲序近於汩陳五行者矣然其所錄春秋事應亦多不符五沴之候蓋天道人事互相表裏天作於先而人應之謂之明聖人作於先而天應之謂之譴告因天以儆人因人以祗天書參之蓍龜夜卜之夢寐仰觀俯察皆以敬事爲本作聖爲終雖古今

其說不必盡符併存其意可也

五事配合五行圖

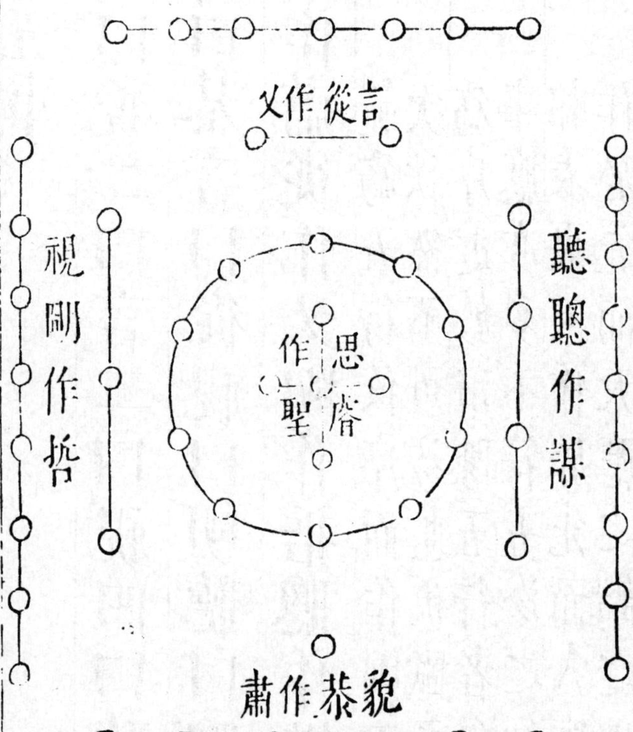

在天曰五行在人曰五事五行居於正北而五事處於西南五行與福極爲衡其道

甚大五事與庶徵相會其幾甚細故以五行抵五事其應不能悉合以五事抵庶徵其兆亦不能甚着也要以地道用六天道尚九三微成着天人呼應近者三年之內遠者九載之外神竈策陳五年而封申亂推燕一紀乃復而今定以春秋指其事應雖蘭菊不能必其皆華露霜亦有爽其節候矣必總攝一君該貫時事理數參同可得而言焉

水行汨敘

魯桓公元年秋大水鍾巫之餘沴也

桓公十三年夏大水彭生之先兆也

莊公七年秋大水防穀之沴再見

莊公十一年秋宋大水明年宋萬弒其君

莊公廿四年秋大水姜氏入宗婦覿用幣

莊公廿五年秋大水慶父之先兆也

宣公十年秋大水亦爲貴戚主兵
成公五年秋大水亦爲貴戚主兵
襄公二十三年穀洛水鬬毀王宮王室主災
襄公二十四年秋大水亦爲國弱兵繁
秦武王三年渭水赤商鞅王災
漢惠帝三年四年八年河南漢中皆水
文帝十二十五年東郡藍田大水夷狄犯邊
武帝建元二年春平原水溢始用衞青
元光三年春河徙入渤海冬殺竇嬰
元鼎二年夏大水殺丞相青翟逼使大宛
元帝初元元年二年五年諸郡水應在石顯
成帝建始三年河平三年三輔水應在諸舅
漢光武六七八年郡國水不應
建武二十四年睢水逆流三十一年災不應
明帝永平三年七年京師郡國水不應
和帝永元元年郡國秋大水應在竇氏
永元十年十二年夏大水應在鄧氏
殤帝延平元年大水是應亦在鄧氏

安帝永初元年冬河南湧水兵起應在鄧氏
永初三四五年京師郡國大水鄧閶合沴
永初六年河東池水赤鄧氏主災
延光三年大水王聖主災殺太尉楊震
順帝永建四年五郡大水十九侯之餘沴也
質帝本初元年北海溢梁冀主災於王堂
桓帝建和二年秋京師大水陳留長平溢起
建和三年永興元年二年水溢應在梁氏
永壽元年雒水溢入城門中官始行三年喪
延熹八年九年夏濟北平原河清立竇氏
靈帝建寧四年春河清夏水湧侯覽主災
熹平二三四年水溢是有宣陵孝子
中平五年六郡國水湧張讓主災
獻帝建安二年秋漢水溢殺太尉彪
建安十八年秋水溢應在曹氏
建安二十四年秋漢水溢孫權襲殺關羽
以上四十災有徵應者三十七建武有廢
郭后及東海王事永平有馬氏之立及陰

太后喪沴發中宫借其前平以毖後艱天
心仁愛於是可見也
魏黄初四年夏伊雒溢先主崩於永安
景初元年冀兖徐豫四州水應在司馬氏
吳赤烏八年十三年三十年水溢應在與魏
晉武帝泰始四年秋青徐兖豫大水應賈氏
咸寧二年魏郡水溢荆州大水上大斂色
咸寧三年夏秋冬俱水賈充主災
太康二年泰山江夏滂水大選吳伎於宫中
太康五年任城水赤六七年郡國水應胡災
惠帝元康五年六年荆揚大水應在賈氏
元康八年金墉城井溢趙王倫主災
永寧元年宫中井溢秋大水齊王冏主災
太安元年兖豫徐冀四州水應在張方
元帝大興三年四年大水石頭之先兆也
明帝大寧元年諸郡大水王敦主災
成帝咸和元年夏大水應在庾氏
□帝□二年京師大水蘇峻主災

穆帝永和四五六年夏大水亦爲國弱兵繁
永和七年秋濤水入石頭亦爲權貴王兵
升平四年姑臧澤有火五年大水應在桓氏
太和六年夏水浸太廟桓溫主災
簡文咸安元年冬濤水入石頭喪重於兵
孝武帝大元三五六年大水應在符兵
太元八年十年十三年大水亦爲國弱兵繁
太元十五年夏濤入石頭玄恭之先兆也
安帝隆興三年夏荆州大水應殷仲堪
隆興五年夏大水應在孫恩
元興三年濤入石頭漂萬舟桓玄主災自滅
義熙三年濤入石頭應在劉氏
義熙十年十一年夏秋湧水浸太廟應劉氏
以上自漢至晉終六百二十一年災之正
應五十八惟哀平十二年懷愍十年水災
不告非哀平懷愍貌皆作肅亦非哀漢亂
晉水獨潤下也其丁寧於先譴告不倦在
元成武惠之間譴讁也多及於哀平懷愍

安受其敗雖諓告之無益矣留覽之下可
以深省也
宋文帝元嘉五年七年都下大水無應
元嘉十二十七八九年都下大水無應
元嘉二十五年水潦謂之地鏡魏宋乖殃
齊廢帝永元元年秋都下大水應在南康
梁天監二年夏南郡水應在陳劉
天監六七十十二年南康大水淮堰主災
大通五年御道没水災在浮圖
後周大象元年咸陽水為血是為闔殃
隋文帝開皇十八年河南八州水楊素主災
仁壽二年河南北大水廢蜀王秀應在子廣
煬帝大業三年水漂河南三十郡應在長城
唐太宗貞觀三年山東六郡水應在大安宮
貞觀十一年榖水入宮毁宮門應在武氏
貞觀十六年至廿二年諸州皆水應在武氏
貞觀十四年至調露二年河水屢清應革命
宗永徽元年郡國大水災應王后

永徽五年夏水入玄武門溺衛士武氏主災
顯慶元年東海溢廢子忠立卯
顯慶四年漣州湧水殺趙公無忌
總章二年東海溢冀州大水咎在李勣
咸亨元二四年水溢應在武承嗣
上元三年東海溢青齊大水天后殺太子卯
永隆元二年河南北大水廢太子賢
永淳元二年洛水溢河溢應在乾陵
如意元年夏秋洛水大溢諸王災是革唐正
長壽二年棣河溢神功元年括州水
聖曆二年洛水壞天津橋三四年諸州大水
神龍元年夏大水秋洛水溢武廢復立韋氏
神龍二年地鏡見洛水壞天津橋是殺五王
景龍三年容州水四年井溢韋氏主災
玄宗開元三四五年洛瀍溢應在契丹
開元八年穀洛溢入上陽宮興道坊陷
開元十年伊水溢諸郡水應在楊思勗
開元十四五年河南北大水澗穀溢

開元十八年洛水溢壞橋梁是毎東宮
開元二十二年關輔水應在李林甫
開元二十三年江淮大水應在壽王妃
開元二十九年洛毀上陽宮安祿山主災
天寶四載河南大水冊貴妃
天寶十載廣陵溢爲祿山起第
天寶十三載瀍洛壞十九坊盡易漢將
代宗寶應元年河清李輔國主災
廣德二年洛壞二十坊應在僕固懷恩
大曆二年七年十二年年十諸道水應在吐番
大曆十一二年京畿大水是毎諸鎮
德宗建中元年幽鎮魏博大水應在盧杞
貞元二三年東都大水應閒架除陌錢
貞元四年河水黑流入汴吐番主災
貞元十一十二年朗蜀建州水是毎實霍
貞元十八年申蔡大水吳少誠主災
貞元二十一年五溪水鬬
憲宗元和四年渭南暴水應在吐突承璀

元和七八年百川俱洸賊及宰輔

元和十一十二年京畿水傾毁枉乃平吳蔡

元和十五年南郡水應在王守澄

穆宗長慶二四年郡國大水是死諸閹

敬宗寶曆元年京畿水劉克明主災

文宗太和二年至八年諸郡大水訓注主災

開成元年至四年郡國大水仇魚主災

宣宗大中十二三年郡國大水王宗實主災

懿宗咸通元年水毁諸門河東諸軍亂

咸通六七十四年諸郡水劉韓主災

僖宗中和三年汴淮鬭黄巢主災

光啓元年潤州江水赤田令孜主災

昭宗乾寧三年夏盜决滑河乃淹諸州

後唐同光三年雒壞天津橋伶人主災

長興三年諸州大水應在石氏

晋天福四年伊雒瀍澗皆溢契丹之餘沴也

周廣順二三年諸州大水應在柴氏

宋太祖建隆元年二年河决汴溢無應

乾德二年至六年河皆溢無應
開寶四五年汴決京師大水爰放宮人
開寶六七八九年郡國京師皆水是將易嫡
太平興國二年至九年郡國皆水應在大宗
端拱元年英州水契丹入涿及祁
淳化元年至四年諸郡大水應在趙保吉
至道元年二年郡國大水應在永熙陵
眞宗咸平元年至五年諸州大水應在契丹
景德元年至四年河溢是和戎天書將下
大中祥符二年至九年諸州水是漂天書
天禧三年河決浸徐州應在乾祐山
仁宗天聖四年六年郡國水無應
嘉祐元年大水壞壇壝災在皇嗣
神宗熙寧元二年河決應在王氏
熙寧七八九十年河決應諸新法
元豐四年諸郡水李憲王災
哲宗元符元年二年河溢章蔡王災
徽宗崇寧元年京城水應在端禮門

大觀元二年京畿大水河又數清應在童蔡

政和五年東郡大水童貫領六路邊

宣和元年京師大湧水馬政主災應郭藥師

高宗紹興十二年涇渭灞滻皆竭

紹興十四年凶水自闢井溢如雷金來冊命

紹興廿八三十年大水金殺宋遼宗室

孝宗隆興元二年吳越大水應在和議

乾道二四五六年諸郡大水應于鞏洛之原

淳熙元四年濤决錢塘無應

淳熙十五年諸郡大水災在德壽宮

光宗紹熙四年諸郡大水災在重華宮

寧宗慶元元二三年東郡大水籍僞學逆黨

開禧元二年大水以伐金詔四方

嘉定十二年鹽海失故道金犯京東西州

理宗紹定二年台州大水李全主災

淳祐十三年諸郡大水應在賈氏

元世祖至元十四年潮入臨安宋室以沒

至正二十廿二年郡國大水應會稽諸陵

至正廿二至廿七年大湧水應在元主

成宗元貞元年蘭河清南郡大水應在緬甸

大德元四六年諸路大水應在中宮

武宗至大元年至四年諸路水胡僧主災

仁宗皇慶元二年諸路大水鐵木迭兒主災

英宗至治元年北地大水是兆南坡

泰定帝元年北地河俱溢兆在懷梁

文宗至順元年江南大水是六載四君

順帝元統元年京畿大水燕鐵木兒主災

至元元年至六年郡國大湧水伯顏主災

至正元年至八年百川皆湧江水溢兵起

至正十八年京師及諸郡水是洗胡膻

以上自劉宋至元末九百四十五年災之正應一百十八惟元嘉一二十年建隆乾德一二十年無事耳唐僖宗十餘年元祐八年不見水災元祐之災壓於德乾符廣明之災分於賊何可同也齊梁魏周之間壞地分裂有難爲紀者矣要於女主奸

夷狄盜賊陰邪之沴皆察以貌何可誣也

火行汨叙

魯桓公十四年御廩災屢盟長亂祭祠不時

僖公二十年西宫災南門之餘沴也

宣公十六年成周宣榭火召毛之訟不治也

成公三年新宫災亦以禮儆也

襄公九年宋災是𡊮楚鄭之師

襄公三十年宋災弭兵城杞向華受之

昭公六年鄭災爲鑄刑書與火爭明

昭公九年陳火殺偃師之餘沴也

昭公十八年宋衛陳鄭災四國同禮

定公二年雉門及兩觀災𡊮在鸜鵒

哀公三年桓釐宫災實使季氏以爲災主

哀公四年亳社災以戒亡國

威烈王三年火下於晉有聲如鼓三國受之

漢高后元年趙崇臺災呂女與譭趙王受之

惠帝四年未央宮凌室織室災應在後宮
文帝七年東闕罘罳災應在諸侯王
景帝中五年東闕災匈奴入鴈門
武帝六年遼東高廟災高園便殿火有喪
太初元年栢梁臺災是遣貳師應在浚稽
昭帝元鳳四年孝文廟災是上冠應在皇躬
宣帝甘露元年太上皇及孝文廟火
甘露四年未央宣室火有狄來應在皇躬
元帝初元三年茂陵白鶴館災應在石顯
永光四年杜陵東闕災石顯殺張猛
成帝建始元年皇考廟災禮不應也
鴻嘉三年孝景廟北闕災廢許皇后
永始元年凌室及戾后園災應在昭儀
永始四年臨華殿東司馬門霸陵東闕災
哀帝建平三年鴻寧殿災應在傅氏
平帝元始五年高廟殿門災王莽禍著
新室地皇三年霸橋災兵起
光武建武六年雒陽市火是有越禮

建武廿四年高廟北門災亦有狄來
章帝建初元年壽安殿災亂應清河
元和三年火燒北宮西闕應皇躬
和帝永元八年火燒南宮宣室有喪
永元十三年北宮饌閣火明年陰后廢
安帝永初元二年南郡皆火南單于叛
永初四年杜陵園火鄧氏受之
元初四年武庫火是主叛羌
延光元年陽陵寢殿災宋楊京閻主之
順帝永建三年茂陵寢殿災孫程王康主之
陽嘉元年恭陵災及東西幕府立梁皇后
永和元年承福殿災有東來蠻叛
漢安元年洛陽火是屢有大喪盜發憲陵
桓帝建和六年掖庭德陽殿火有喪
延熹四年南宮武庫屢有火所在盜起
延熹五年宮中六處火諸常侍主災
延熹八年宮中火八九處立竇皇后
延熹九年火流京師民相驚是有黨獄

靈帝熹平四年延靈園災內署悉用中官
光和四年掖庭災五年永樂宮災張角亂
中平二年雲臺災延及諸殿盜寇幽冀諸州
晉武帝太康十年崇賢殿災應在諸卿
惠帝元康五年武庫火兆廢子遹
永興二年尚書曹火延諸閣道諸王災
懷帝永嘉四年襄陽大火應在洛陽
元帝永昌二年京都大火王敦主災上受之
明帝太寧元年京師火王敦主災劉趙應之
成帝咸和二年京師火蘇峻主災
穆帝永和五年石趙諸殿災乃滅
武帝寧康元年京師火桓溫受之
太元十三年延賢堂災及則百堂道子爲政
安帝元興元年尚書曹火桓玄主災
義熙十一年京都大火兆在彭城公
宋文帝元嘉七年都下火子劭主災
元嘉廿九年都下火應在子劭
梁武帝天監元年盜燒總章觀是有兵禮

普通二年琬琰殿災亦爲禮罰
中大通元年災正同泰
陳武帝永定三年重雲殿災是爲捨身
隋大業十二年廣陽門災是爲自焚
唐太宗貞觀三年甲弩庫火大喪
貞觀十三年雲陽石自燃是有思摩可汗
證聖元年周明堂火火正水所未滅也
景龍四年凌空觀災應在神龍殿
玄宗開元五年定陵寢殿火是亦有乖禮
開元十八年飛龍廐災是主王毛仲
天寶二載東都災不絶是有胡來
天寶十載武庫災應在親仁坊
大曆十年火從浮圖中出田承嗣主災
德宗貞元十三年東都尚書省災主裴延齡
長慶三年幽州地有火變爲池應在清思院
文宗太和二三年禁仗火亂在興元
太和八年禁中及揚州火李仲言主災
昭宗大順二年雨與火鬭於汴盜陷成都

後唐天成四年火燒汝州營東西川亂
長興二年汴州災殺安重誨
宋太祖建隆三年京輔火是擴都城
開寶八年洚皤亳永四州火
太平興國九年乾元文明二殿災應在廷美
雍熙二年楚王元佐宮焚廢元佐
端拱二年有烏啣火燔衙州作開寶寺塔
淳化四年永州大火夏攻靈州盜陷成都
景德四年鄆州火有喪
大中祥符八年榮王宮火延秘閣是燔天書
仁宗天聖七年昭應宮災是燔天書
明道元年火燔八殿應在元昊
英宗治平四年睦親宮火應在新政
神宗熙寧七年三司火應在條例
元豐八年開寶寺火焚試卷應在新學
建中靖國元年集禧觀火蔡京主災
政和八年掖庭大火災在神霄九毀
高宗紹興元二三四年行在皆火應在上皇

紹興九十年行都又火秦檜主災
紹興十一年發州建康大火是殺岳飛
紹興十二年行都又火金來册命
紹興二十年行都又火秦檜受之
乾道二年諸州軍壘火以示罷兵
淳熙七八九年吳越楚蜀諸郡火是禁僞學
光宗紹熙二年行都及徽州大火中宮主災
嘉泰元年行都大火民舍幾盡乃弛學禁
嘉泰四年行都大火撤廟移主韓侂胄主災
嘉定十一十二年行都火災應在大慶殿
理宗寶慶四年行都大火延太廟應在李全
嘉熙元年行都大火輿訟濟王竑
元順帝至正元年臨安大火
至正二十年火流自萊山焚大都元祚乃訖

災上之災鮮有不應者然亦至喪亂而哀矣熒惑之勤不及寇攘漢自靈獻而下唐自敬文之餘寡稱焉亦以卓催巢溫灰燼已極奸人騁於波濤工匠輟其盤礴人竇

既寒大功亦紓也獨在南宋行都省署無日不災火盜之殃滑河學徒之焚館舍與乾道嘉泰之間大人互用均致其罰也大率火爲禮候水爲淫徵禮失而寇攘爲災國淫而奸邪縱肆夷狄乘之底於滅亡火輕則爲喪水輕則爲盜思亂先治存乎禮法漢儒所分以耀虐僭縱情欲爲火不炎上簡宗廟廢祭祀爲水不潤下尚有偏觀未爲通論也

木行汨叙

魯僖公三十三年冬李梅實君不制主災

漢惠帝五年冬桃李華棗實近恆燠也

昭帝時斷柳起生枝葉應在戾園

昌邑國社枯樹復榮亦應在戾園

元帝初元四年王氏墓梓柱榮上莽乃生

建昭五年山陽槐樹斷復起應在民社復續

成帝永始元年河南樗樹生人頭應新都侯
哀帝建平二年西平仆柱生人形應董賢
建平三年零陵大樹斷自續應同山陽槐
桓帝延熹九年雒陽竹栢葉自傷應黨錮
靈帝熹平三年右校樗樹暴化胡形應傕汜
熹平五年殿後槐皆反撥
後主景耀五年宮中大樹自折漢遂滅
建安十五年洛陽伐樹見血災應伏氏
晉惠帝元康九年桑暴長東宮廂應太子遹
永康元年東宮桑又暴長應皇孫臧
西明木變胡形是應劉曜
壯武桑化爲栢是應張華
懷帝永嘉二年項縣桑哭應東海王越
永嘉六年豫章樟復榮應瑯琊
元帝大興四年王敦鈴仗生菡菼敦主災
明帝太寧元年剡縣木生人面災在越城
成帝咸和六年曲阿柳起吳縣楡起應瑯琊
哀帝興寧三年廬陵栗樹復起應在昌明

帝奕太和元年凉州楊生松應張天錫
齊後主武平五年鄴城桐作人形應在平陽
隋文帝開皇八年人家桁生條篩楚爲災
仁壽元年蘭州楊生松是易樹子
唐高祖武德九年樓柱傾復起玄武門主災
長壽二年神宮櫸杉皆變爲柏應女乘男
德宗貞元四年雨木于陳留神策士爲災
憲宗元和十五年樹無風自拔中尉主災
懿宗咸通十四年成都李實變木瓜主易姓
宋太平興國六年解木有字是爲天書
神宗熙寧二年建州獲木龍災應新法
高宗紹興廿一年桑生李栗生桒是爲易種
孝宗淳熙十六年桑生瓜櫻桃生茄
光宗紹熙五年行都雨木韓侂胄主災
元世祖十九年樟樹生梨食果異類也
順帝至正廿二年祥符樹皆篆泥象澤滅木
曲直之災始於桑穀草實之瑞表於嘉禾
雖見書序聖人不錄葢其取用既繁而見

沴者必不得云田獵不反宿飲食不節優
釀是災要如賢奸不别邪正不分則懷棟
几筵皆成灾具矣天水而後爭言速理木
芝艸解文爲瑞其實華夷不别朋類混淆
如木枝理不循彝序皆妖孽也

金行汨叙

威烈王廿三年九鼎震
顯王三年雨金于櫟陽秦人應之
赧王五十九年秦取鼎一淪泗水孔氏應之
漢武帝征和二年春涿郡鐵飛應在巫蠱
成帝河平二年沛郡鐵鳴冶爲分災應諸舅
魏明帝時西取承露盤銅狄有淚
晉惠帝元康三年殿前六鐘皆涕應在金墉
永興元帝成都王軍戟刄皆有火應在蕩陰
懷帝永嘉元年石碑生金應在石氏
石勒時鄴城銅雀飛入海

陳後主貞明二年東冶鐵飛光隕自天

唐垂拱三年魏州出鐵船廣州雨金是有兵

神龍元年東都鐵像頭自隕是誅亂宮

天寶十載殿鐘自鳴鐺鼎鬪拆耳是應左相

肅宗乾元二年渾儀汗應在西內

長慶中閣下鈴自鳴

昭宗光化四年殿前鐘忽嘶應式微

漢乾祐元年中書廚釜鳴郭威王災

宋建隆二年神山縣有方鐵泥水是釋重兵

至道二年桂陽鎔銀自成山岳是爲佞金

咸平四年亳州太清宮鐘自鳴是爲媢鐘

慶曆四年撫州得生金山是刑元昊

崇寧四年禮九鼎漏於北方是服女眞

紹興十一年金虜戈戟夜生火光是將銷刄

紹興廿六年天雨冰是外大喪

寧宗慶元二年吳縣錢羣飛是聽學禁

凡從革汨行皆爲兵戈之咎不專若鐵銷羣飛而已隋堯君素守蒲州兵器夜有光

如火劉武周據幷州矟刃夜每有火光晉成都王伐長沙戈戟上夜皆有火光此郎金不從革與火災相通聽不作謀之罰也如金石之變寥寥耳石言於晉寶化爲石自不在此例也

五行汨叙

周幽王二年三川皆震是徙厥都

魯僖公十四年八月辛卯沙麓崩覇主應

魯文公九年九月癸酉地震災應公子遂

襄公十六年五月甲子地震災應季孫宿

昭公十九年五月巳卯地震季氏主災

昭公二十三年八月乙未地震公疾乃復

哀公三年四月甲午地震應在洛陽

秦始皇十五七年平陰大震是多營築

漢惠帝二年正月隴西地震應在呂氏

高后二年武都山崩震自正月至八月

文帝五年二月地震

景帝後元五月地震應在匈奴

武帝元光四年五月地震應在後宮

後元元年秋七月地震應在鉤弋

宣帝本始四年河南琅琊大震應在霍氏

地節二年八月大震壞宗廟城郭霍氏主災

元帝初元二年二月大震殺蕭望之

永光三年冬地震石顯主災

成帝河平三年犍為山崩壅江震

元延三年岷山崩江逆流應在王氏

綏和二年九月丙辰大震應在皇躬

新室天鳳三年二月地震壅涇水

建武廿二年郡國四十二地震應武谿蠻

章帝建初元年三月山陽東平震

和帝永元元年會稽南山崩竇憲主災

永元四年郡國十三地震竇氏應之

永元七年九月京都震鄭衆蔡倫主災

永元九年三月隴西震應在羌

永元十二年夏秭歸山崩乖廢陰后
元興元年雍地裂
殤帝延平元年恆山崩應在清河
安帝永初元年郡國十八地震應在鄧氏
永初二年至五年郡國三十五震
永初六年豫章原山崩震
永初七年春郡國十八地震太后王災
元初元年春日南地坼郡國十五地震
元初二年河南地坼郡國十地震
元初三年至六年郡國九十地震
永寧元年郡國二十三地震
建光元年冬郡國三十五地震
延光元年春郡國二十七震秋十三震
延光二年京都郡國三十二震冊陽山崩
延光三年京都郡國二十三震閬中山崩
延光四年京都郡國十六地震越巂山崩
凡安帝永初至延光十九年郡國京師三百七十餘震災異頻仍益戚晼女謁閹寺

之盛未有過於安順之際者也

順帝永建三年春京師漢陽大震

陽嘉二年洛陽地坼京師震山陽君主災

陽嘉四年冬京師地震

永和二年至五年京師八地震梁冀主災

漢安二年秋至建康元年夏百八十日震

桓帝建和元年夏秋京師再震殺李固杜喬

建和三年秋京師震憲陵屋壞郡國地裂

和平元年秋梓潼山崩

元嘉元年二年冬春京師震王甫主災

永興二年東海朐山崩瑯琊盜起

永壽二年京師震河東地裂

延熹元年雲陽地裂三年漢中山崩

延熹四五年京師地震泰山博尤來山解

延熹八年京師震緱氏地裂

永康元年洛陽上黨地裂

靈帝建寧四年春地震夏河東地大裂

熹平二年夏地震六年冬地震捕繫諸生

光和元年至三年京兆及酒泉地八十餘震
獻帝初平二年夏地震應關東諸侯
興平元年夏地震應在關東
後主炎興二年蜀地震黄皓主災
魏咸熙二年太行山崩乃亡
晉武帝泰始四年泰山崩五年地震
咸寧二年秋河南河東地震
咸寧四年夏陰平廣武滸震兆在賈氏
太康五年宣廟地陷六年新興山崩
太康七年瀘山崩震仇池崖隕
太康八年殿前地陷震應在三陽
太康九年郡國歲十六震諸王應之
太康十年冬太熙元年春地震災當皇躬
惠帝元康元年冬京師震
元康四年郡國山崩地大震陷賈氏主災
元康五六八年地震
太安元年西墉崩二年震當陽地裂諸王主災
太安三年東道山崩四年鄢山崩張方主災

懷帝永嘉元年洛陽地陷有蒼鵝
永嘉三年四年諸州地震
愍帝建興二年三年地震劉石王災
元帝大興元年二三年諸郡震崩王敦王災
大興四年常山崩滹沱溢毀匹磾祖逖殁
成帝咸和二年春夏郡國震蘇峻王災
咸和四年廬山西北崖崩盜殺劉胤
穆帝永和元二三四五年地震應在失柄
永和九十十一年地震政在桓氏
哀帝隆和興寧三年俱震
帝奕太和元年涼州地震水湧應在海西
孝武太元二年至十八年地生毛屢震羣小
王災
安帝隆安四年地震生毛
義熙三四五八十年地生毛震陷是將易姓
宋文帝元嘉十二年郡下地震劭濬王災
孝武大明七年兖州大震是應玉燭殿
齊東昏永元元年秋冬震百八十日爲凶徵

梁天監五年冬京師震是主飢
普通三年正月京師震義州刺史叛
大同三年七年建康地震生毛是主饑兵
太清三年建康地震臺城主災
陳永定二年建康地震應在王琳
後魏武定二年西河地陷高氏爲應
後齊河清二年并州地震應和士開
隋文帝開皇十四年夏京師震主中宮
開皇二十年十一月戊子立子廣天下大震
仁壽二年夏岐雍大震廢蜀王秀
仁壽三年梁州山崩漢諒主災
唐武德二年京師震殺劉文静
武德七年嶲州地震山摧突厥主災
太宗貞觀七年冬京師地震應在上皇
貞觀二十三年河東晉州大震當上躬
高宗永徽元二年晉州定襄濟震應在始封
儀鳳二年永淳元年垂拱三四年京師皆震
垂拱二年雍州湧山永昌中華州山晝徙

睿宗景雲三年并汾絳三州震應在內禪

玄宗開元十七年藍田山摧應楊思勗

開元廿二年秦州大震應李林甫

開元廿六年京師地震不利立子

肅宗至德元載河西震裂是應安史

代宗大曆二三年京師地震魚朝恩主災

大曆六年藍田西原陷九年同州山徙

大曆十二年寧晉地裂應在元載

德宗建中元年三四年京師震李希烈主災

貞元二三四年京師洊震地生毛應吐蕃

貞元八九十年洊震湧樹應在諸鎮

憲宗元和八年大隗山崩地震

元和十十一年洊震皇甫鎛主災

元和十五年春正月穆宗即位震中尉主災

文宗太和九年京師大震仇士良主災

開成四年京師震仇魚主災

宣宗大中二年河西大震有喪

懿宗咸通八年晉絳大震主兵

僖宗乾符三年雄州地陷水涌羣盜應之
光啓二年渀震三年維州山崩壅江水
後唐長興三年赤甲山崩秦王從榮主災
宋雍熙三年階州山崩壅江水應契丹
宋真宗景德元年京師地渀震應在澶淵
景德四年益州地震有喪
大中祥符二四年諸州地震應在中宮
仁宗景祐四年忻代幷大震元昊主災
寶元元年慶曆三年幷忻代震是應西夏
慶曆六年嘉祐五年京師地震應中宮
神宗熙寧元年秋冬郡國大震王韶主災
熙寧五年少華山崩
元豐八年京師震賓州地陷應皇躬
哲宗紹聖元二三四年諸郡地震是應紹述
建中靖國元年冬太原震童蔡主災
宣和六年京師渀震熙河蘭州地陷
高宗建炎二年長安大震虜遂入
紹興三年六年江南大震劉豫主災

孝宗隆興元年洊震湯思退主災
光宗紹熙四年劍門山崩
寧宗慶元二年黃巖有山自徙清潭山移韓
佗冑主災
嘉定九年東西川大震山崩
元成宗大德七年延安山移地震應在緬向
大德八九十年晉平陽屢大震應在懷宣
仁宗延祐元年諸路地震
延祐二四五年諸路地震應在君身
泰定帝四年諸路震應在君身
文宗天曆二年諸路地震應在漠北
順帝元統二年京師震山陷爲池
至元元年至五年諸路皆震
至正元年至十二年諸路洊震
至正十三年至廿八年諸路皆震元祚乃訖

六府言穀五行言土土非穀也雖云稼穡言其作稼穡者不指稼穡如山川疇然不即云畝澮也土自應地饑自應歲故以百

敎用成對庶草蕃廡言之如土行失序自當以山崩川竭大地震動爲主蓋土比四行其用至大故上天見災譴告至密猶之思睿無所不該不得移省歲之文於作甘之內也以上百八十餘條惟宋自景德而上至少惟漢自永元而下至多坤儀不靖雖建武亦有崩搖前座將傾在太康屢先者乖五代之餘天告已哀至正之間地維遂絕觀其震數反於睿思亦可以作聖也

八政章第五

一曰食二曰貨三曰祀四曰司空五曰司徒六曰司寇七曰賓八曰師

八政之行不依疇然其以八官寄於四方王立於中則循之疇序也但其數目不用

爲次耳古人制象彼此相兼不定一方要以河圖爲體雒書爲用體不過一易用有三易五易九易者如八政與皇極合爲九疇先行南北一食在北二貨在南三宗伯從左四司空從右司寇據七司貨於南方司徒據六司食於北方實以震出據八而從宗伯師以順動據九而從一司空此其始易者也又因而遞更其位則一食居三立於左內二貨居四立於右內三祀居二立於南內四司空居一立於北內五司徒居八立於外東六司寇居九立於外西七賓居七立於南外八師居六立於北外此其再易也五行爲易之佐八政爲易之官陰隲相協皆在八政爲圖如左

凡八政官位皆以五前爲內方五後爲外方刑德剛柔可以義取師與司寇不處左方賓與司徒不立右際食祀之位親於司徒工貨之官隣於司寇亦情分之當然人

天所共叫也及其用之乃有一八二七三六四五對待之文各見下章

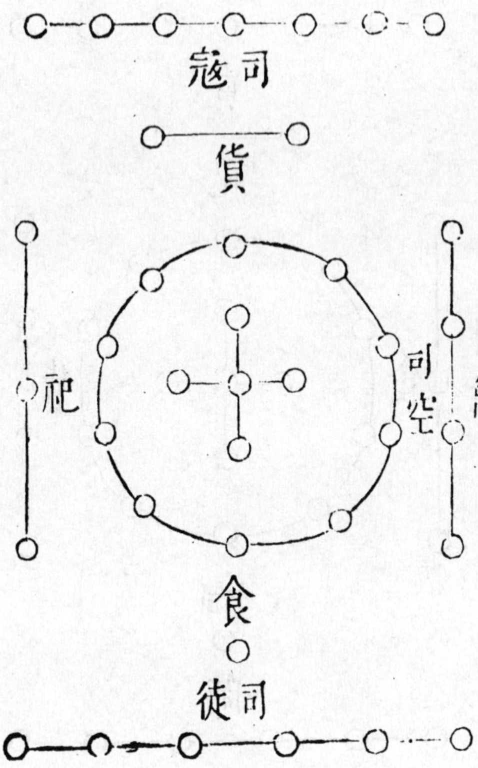

右八政分配之位

唐虞官百夏殷再倍三司相協乃約五命
度其兼職可以義推

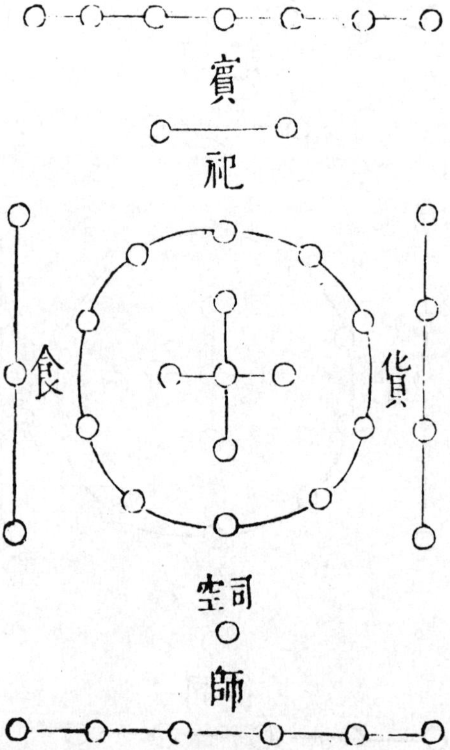

右八政互易之位

八政互通而農用乃備食一爲比政賓本地德始平水土稼穡乃成徒衆乃與徂征之命是也天子南面賓祀在前五王三帛夾以虎旅暨覲羣后無有不服寅清之命是也東作敷教亦治邦政田賦出焉三八之間爰通賓食稷契其事以輔文思在寬之命是也寇賊奸宄厥厲在貨禹及皐陶其理夷夏萬物歸命爲刑爲德明允之命是也王中無爲省視八官內體五事微察五行明察五紀稟此十五以成福治五者爲福六者爲極十一之行過猶不及因而推之北方坤坎有食與師統於司空是爲地官而兼司空司馬南方乾離有貨賓祀而統宗伯是以宗伯而兼司徒司寇東方離震有賓與食而統司徒是以司徒而兼宗伯司空西方坎兌有貨與師而統司寇是以司寇而兼司空司馬故謂唐虞世有專官官不相兼者亦偏結未融矣其尤然

命官配于八卦以先後天分序別圖如左

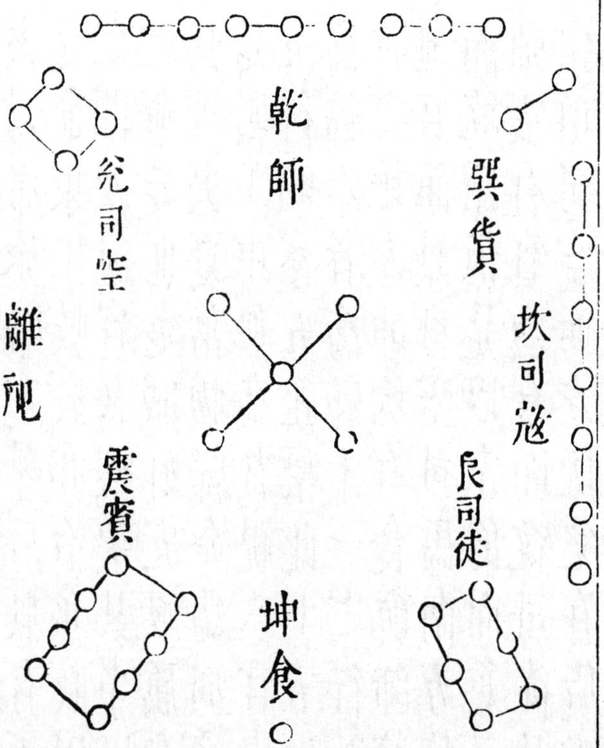

右先天序卦政官之位

序卦本於河圖其體屢遷而四方八位理有一定疇象相參約歸二者不可易也

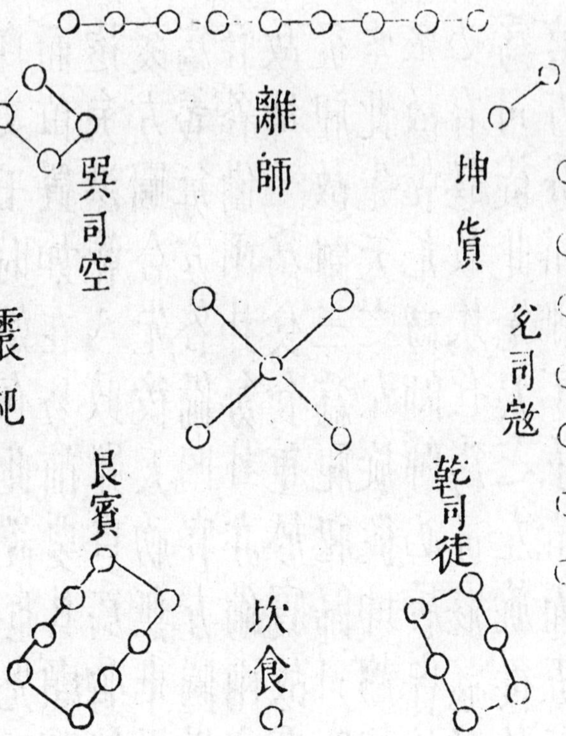

右後天序卦政官之位

凡易在範前疇序皆出於易雖云後天出於文王而帝出乎震齊乎巽相見乎離役乎坤悅乎兌戰乎乾勞乎坎成乎艮決非自文王時始有此說也先天圖至宋始出而位置如在易前要其顯晦有時而源瀾遠矣洪範八政雖自爲疇然而從圓圖以變方圖合先後天初無乖異圓圖以相代爲義每方各備四官方圖以相交爲義每官各備兩卦每卦亦備兩官如民食於土故坤一爲食食重於賓故震八爲賓賓貴從祀故離三爲祀祀歸司空故兌四爲司空此先天之左旋從坤趨乾者也師動大衆故乾九爲師師必居貨故巽二爲貨貨必有寇故坎七爲司寇寇歸司徒故艮六爲司徒此先天之左旋從乾趨坤者也其官方分拆雖不依位而五行陰陽命官之意本於圓圖不少爽也又如後天乾統六師以處西北坎爲司空以一次之司徒治

地亦爲司空以八次之震爲司東作亦爲司徒以三次之巽治貨賦亦爲司徒以四次之離居乾位是爲司寇以九次之司寇與司空對治坤居西南是爲秩宗以二次之秩宗與司徒對治兌掌賓政亦爲秩宗以七次之賓政與食政對治是後天八政亦本圖圖之大要以西方之政通於北陸北陸之政通於東方東方之政通於南陸南陸之政通於西方其南北東西不相易也故一六二七水火不相射三八四九金木不相代云云

臣攷周易與洪範表裏而周官一書皆出於九疇雖云六官三百六十屬而以八政齊之各復得八八則通爲六十四官三百八十四屬矣八政雖無天官司馬宗伯之目而食貨隸於天官賓祀載於宗伯六師統於司馬職有繁簡則政可相資總以分代天工陰騭相協故復舉八政而序與卦象

分配焉

八政疇序先天圓圖

一坤食二巽貨三離祀四兌司空

六艮司徒七坎司寇八震賓九乾師

一食政坤土行坤序

食之食坤以厚德載物其於政也以祖識地德其於物也為反生為上供其於官也為后稷農師為饎庖人

食之貨升以積德高大其於政也為日中市尚穀帛其於物也為耒耜釜布絣甑其於官也為甸師獸𩏩鱉人

食之祀明夷以用晦莅眾其於政也為農社報賽其於物也為脯腊脩鱐昔酒其於官也為酒正充人亨人𩵋人

食之司空臨以教思容保其於政也以省

試稱事其於物也爲班水形鹽其於官也

爲醯人漿人凌人

食之司徒謙以裒益平施其於政也爲須

祿施斂其於物也爲簠簋斗斛其於官也

爲稍人委人倉人上廩大夫

食之司寇師以容民畜衆其於政也以謹

蓋藏厲濫禁其於物也爲藥石疢毒其於

官也爲食醫疾醫瘍醫

食之賓復以閉關養陽其於政也以享老

字幼其於物也爲籩豆几杖户牖其於官

也爲司尊彝几筵幕人

食之師泰以財成輔相其於政也爲養壯

使禮俊民其於物也爲籍田爲采爲廩餼

其於官也爲内外饔爲鬱人鬯人玉府

二貨政 木行 與序

貨之貨與以申命行事其於政也以利民

阜財其於物也爲矯揉箘簵輪梓其於官

也爲大府內外府
貨之祀家人以有物有恆其於政也以贊
佑神明其於物也爲嶧桐泗磬菁茅畎翟
其於官也爲典路爲都宗家人
貨之司空中孚以議獄緩死其於政也以
禬郵賑助其於物也爲磬錯琢鐵鉛松怪
石其於官也爲追師丱人[illegible]人掌炭
貨之司徒漸居賢善俗其於政也以登良
散捨其於物也爲漆絲纖縞纖皮其於官
也爲司會職歲
貨之司寇渙以享帝立廟其於政也以散
小貯禁賄賂其於物也爲包爲篚其於官
也爲關梁司門
貨之賓旅以遷善改過其於政也以遠玩
賤異厚往薄來其於物也爲盤鑑劍屨生
死贄其於官也爲掌節典庸器屨人鞮鞻
氏
貨之師小畜以懿文德其於政也以平均

價治軍市其於物也爲金錯鬭[illegible]羽毛齒
革其於官也爲質人廛人角人[illegible]人韎師
貨之食觀以省民議教其於政也以引非
示儉其於物也爲絺綌紵枲其於官也爲
場人囿人稻人

三祀政 火行 離序

祀之祀以繼照四方其於政也以明禮禝
格其於物也爲鬯匏繭栗其於官也爲宗
伯肆師大小司樂
祀之司空睽以同而異其於政也以瘞骼
掩胔其於物也爲俎椰歛具明罷其於官
也爲喪祝甸祝冢人墓大夫
祀之司徒旅以愼不留獄其於政也以禮
山川墳衍原澤其於物也鼗鼓琴瑟羽籥
其於官也爲籥師典同宮人掌次
祀之司寇未濟以辨物居方其於政也以

戢北淫厲其於物也爲砮丹畫于戚其於
官也爲占夢眡祲馮相氏
祀之賓噬嗑以明罰勑法其於政也以敬
慎禍日諏士其於物也爲遁籥耄箠其於
官也爲大小史司裘司祧
祀之師大有以遏惡揚善其於政也以顯
禡禰社其於物也爲樊纓旞旃旟旐其於
官也爲典瑞大卜大祝庭氏射鳥服不氏
祀之食晉以自昭明德其於政也以餕飫
逮下其其於物也爲犧牲粢盛其於官也爲
宫伯內宰籩人冪人
祀之貨禺以正位凝命其於政也以貞嬍
起度除慝其於物也爲球圖刀訓圭瓚鼎
彝其於官也爲巾車典祀內外宗

四司空政　金行　兊序

司空之司空兊以麗澤講習其於政也以
諏四民興利去害其於物也爲度量權衡

繩準其於官也爲山虞林麓川澤人

司空之司徒感以虛受人其於政也以晉

原菱曠土其於物也爲鑄函盧弓車其於

官也爲土均土訓旅師

司空之司寇困致命遂志其於政也以治

邊竟去盜去虣其於物也爲蕃薄渠答席

落其於官也爲掌固掌險掌疆

司空之賓隨以嚮晦入息其於政也以簡

庶務理廢墜其於物也爲舟梁隄防其於

官也爲懷方合方野廬氏

司空之師夬以施祿及下其於政也以度

田徹糧正車賦其於物也爲畝澮隍墉牛

馬駒犢其於官也爲職方載師圉師遂師

遂大夫

司空之食萃以庀戒不虞其於政也以宅

流宥訓討無藝其於物也爲邊市租萑蒲

舟鮫其於官也爲柞氏薙氏庶氏穴氏

司空之貨大過獨立不懼其於政也以治

材木施棺槨其於物也爲築治摶埴鞼裘
其於官也爲川人澤人封人
司空之祀革以治曆明時其於政也以表
方正位相民居其於物也爲璿璣玉衡其
於官也爲雞人保章氏

五司徒政 土行 民序

司徒之司徒艮以思不出位其於政也以
安民不遷敷教成治其於物也爲城郭壇
壝象魏其於官也爲黨正州長鄉大夫
司徒之司寇蒙以果行育德其於政也以
去殺勝殘其於物也爲鼓爲舞爲觥朴爲
桎梏其於官也爲司諫司救
司徒之賁順以慎節養正其於政也以明賞
信罰褒有行其於物也爲法簡賢書其於
官也爲師氏保氏司服司祿
司徒之師大畜以多識言行其於政也以

文德致民彙土其於物也爲金玉象鉤爲
旗爲鐸其於官也爲內外史爲行司馬爲
匡人撢人
司徒之食剝厚下安宅其於政也以薄歛
蠲逋其於物也爲公田公桑耕籍其於官
也爲典命掌葛掌染典婦功
司徒之貨蠱以振民育德其於政也以歲
時勞士出陳納新其於物也爲泉布疏纊
其於官也爲閭師司市
司徒之祀貢以明糜政無敵折獄其於政
也不廢詁誓其於物也爲井竈戶行門霤
其於官也爲司盟司約
司徒之司空損懲忿窒慾其於政也以明
正疆界其於物也爲表署道路杵臼鍜厲
其於官也爲閭師比長鄰長形方氏

六司寇政 水行 坎序

司寇之司寇坎以德行教事其於政也以
布憲讀法禁非刑亂其於物也爲五書五
戒五極其於官也爲卿爲鄉士遂士朝士
士師
司寇之賓屯以經綸其於政也以詢衆致
謀其於物也爲墻垣鉶豆牢飡其於官也
爲伊耆氏爲掌環人挈壺氏
司寇之師需飲食待時其於政也以先治
內後治外其於物也爲矛戟斧鑕其於官
也爲司隸掌察條狼氏脩閭氏
司寇之食比以建萬國親諸侯其於政也
以除蠱服禴不餒辜人其於物也爲冥羅
壺涿其於官也爲翦芟諸奄獸醫
司寇之貨井以勞民勸相其於政也以弛
責焚券其於物也爲鍰金矢其於官也爲
職金司厲
司寇之祀既濟以思患豫防其於政也以
用饑致蜡息老物其於物也爲沈貍疈辜

其於官也爲司烜司爟司寤氏
司寇之司空節以議數度制德行其於政
也以鍵閉愼固察創視坼其於物也爲爨
浴垂域其於官也爲司圜爲雍人萍氏
司寇之司徒蹇反身脩德其於政也以執
簡正禮其於物也爲嘉石肺石其於官也
爲司刺調人詛人

七賓政 木行 震序

賓之賓震以恐懼脩省其於政也以興滅
繼絕有慶有刑其於物也爲宗彝丹圖其
於官也爲大小行人行夫
賓之師大壯以非禮不履其於政也以大
饗射選士澤宮其於物也爲雁熊豹豻正
鵠其於官也爲司勳司士諸子
賓之食豫以崇德殷薦其於政也爲臨雍
乞言餽餉其於物也爲四齊八珍其於官

也爲五叟三老
賔之貨恆以有物有恆其於政也以敷奏
明庋命車服其於物也爲圭馬璋皮璧帛
琮錦琥繡璜黼其於官也爲司儀掌賄
賔之祀豐以拆獄致刑其於政也以聽質
平外國其於物也爲膰脤珥刉其於官也
爲都宗家人甸祝神士
賔之司空歸妹永終知敝其於政也爲協
出入止通藪其於物也爲廛舍鄰次其於
官也爲象胥土方氏
賔之司徒小過以致恭致哀致儉其於政
也無忘舊章其於物也爲折俎殽烝其於
官也爲掌客都則都士
賔之司寇解以赦過宥罪其於政也以柔
遠無以暴令其於物也爲僚爲符節其於
官也爲御史爲掌交掌訝

八師政　金行　乾序

師之師乾以自彊不息其於政也以止戈克詰爰有七德其於物也爲剛馬戎路其於官也爲大御太僕大小司馬

師之食否以儉德辟難其於政也以庀糧糗不貪遠功其於物也爲米粟秸服銍總其於官也爲載師縣師遂大夫

師之貨姤以施誥四方其於政也以軍爵賚武衛其於物也爲鹽鐵雜錯其於官也爲馬質司兵掌賄

師之祀同人以類族辨物其於政也爲蒐苗獮狩別井里物采其於物也爲饁獸表貉禜酇其於官也爲祭僕旧僕圉師巫馬

師之司空履以辨分定志其於政也以保疆靖民治溝洫陀塞其於物也爲虎皮魚服其於官也爲道僕牧師廋人繕人稾人

師之司徒遯以嚴遠小人其於政也不以介冑涵文治其於物也爲介冑犀兕其於官也爲犬人隸僕閽人寺人

師之司寇訟以作事謀始其於政也以請姦宄威蠻夷其於物也爲形弓形矢盧弓盧矢其於官也爲虎賁旅賁司右趣馬師之賓无妄以茂對時育其於政也以顯忠遂良尊賢禮士其於物也爲秬鬯鍾卣其於官也爲準夫牧伯大都阪尹吉士

右八政一篇依圓圖爲序

八政一章既無敷言又從無繫屬蘇洵以五紀八政皆不可牽合是也然自古無位次汨陳之書亦無離圖書自爲倫序之物今如先天一坤九乾二巽八震三離七坎四兌六艮皆以五十相合分而行之則坤行從右有巽離兌之三陰以爲食貨祀司空乾行從左有震坎艮之三陽以爲師賓寇司徒其以父母均分六子一也其所不得不易者乾兌離震陽畫右旋巽坎艮坤陰畫右轉不得不依兩畫爲序故以一九

二八三七四六分爲食師貨賓祀寇空徒則坤乾巽震離坎兌艮八卦分政燦然明矣易曰天地定位山澤通氣雷風相薄水火不相射又曰雷以動之風以散之雨以潤之日以烜之艮以止之兌以悅之乾以君之坤以藏之皆以一九六四八二七三相涵爲序也故範疇之數金水木火皆以首尾相應內嚮爲序循九六七八之合爲十五也初學矯強意爲安排如食貨賓師之類皆以對待起卦以乾坤坎離爲佽不知其初出圖本於自然有倫有脊無復繁簡出入之殊若以意爲之則豁竇百出去古滋遠矣今再以後天八政屬綴如左

又八政疇序 後天方圖

一坎食二坤貨三震祀四巽司空

六乾司徒七兌司寇八艮賓九離師

一食政　坎序

坎亦爲司空

食之食坎以常德行習教事

食之貨師以容民畜衆

食之祀解以赦過宥罪

食之司空渙以享帝立廟

食之司徒訟以作事謀始

食之司寇困以致命遂志

食之賓蒙以果行育德

食之師未濟以愼辨物居方

二貨政　坤序

坤亦爲祀

貨之食比以建萬國親諸侯

貨之貨坤以厚德載物

貨之祀豫以崇德殷薦

貨之司空觀以省民設教

貨之司徒否以儉德不榮

貨之司寇萃以庀戒不虞

貨之賓剝以厚下安宅

貨之師晉以自昭明德

祀政 震序 震亦爲食

祀之食屯以經綸

祀之貨復以閉關

祀之祀震以恐懼脩省

祀之司空益以遷善改過

祀之司徒无妄以茂對時育萬物

祀之司寇隨以嚮晦宴息

祀之賓頤以慎節養正

祀之師噬嗑以明罰勅法

司空政 巽序 巽亦爲貨

司空之食井以勞民勸相

司空之貨升以順積德

司空之祀恒以立不易方

司空之司空巽以申命行事

司空之司徒姤以施命誥四方

司空之司寇大過以獨立不懼

司空之賓蠱以振民育德

司空之師鼎以正位凝命

司徒政乾序乾亦爲師

司徒之食需以宴樂待時

司徒之貨泰以財成輔相

司徒之祀大壯以非禮不履

司徒之司空小畜以懿文德

司徒之司徒乾以自彊不息

司徒之司寇夬以施祿敷德

司徒之賓大畜以多識畜德

司徒之師大有以遏惡揚善

司寇政兊序兊亦爲賓

司寇之食節以制德行議數度

司寇之貨臨以容保教思

司寇之祀歸妹以永終知敝

司寇之司空中孚以議獄緩死

司寇之司徒履以非禮不履

司寇之司寇兑以麗澤講習

司寇之賓損以懲忿窒慾

司寇之師睽以同而異

賓政 艮序 艮亦爲司徒

賓之食蹇以反身脩德

賓之貨謙以稱物平施

賓之祀小過以過恭過哀過儉

賓之司空漸以居賢德善俗

賓之司徒遯以嚴遠小人

賓之司寇咸以虛受人

賓之賓艮以思不出位

賓之師旅以明慎不留獄

師政 離序 離亦爲司寇

師之食既濟以思患豫防
師之貨明夷以用晦莅衆
師之祀豐以折獄致刑
師之司空家人以言有物行有恒
師之司徒同人以類族辨物
師之司寇革以治曆明時
師之賓賁以明庶政無敢折獄
師之師離以繼明照四方

右八政分序凡二篇各六十四其別各四千九十六

臣攷八政與周易周官同用而異體所以然者以其同出於圖書以式序五行相協民居一也民居之於五行猶醯醬之於飲食日用不離先王之於八政亦猶是也八政分屬皆從後天然以乾坤坎離定位分從則亦皆先天也有是八政以求五行然後五紀有所麗四克有所用休咎貞悔有所徵天地之爲蓍龜帝王之爲蓍龜與蓍

龜所自爲天地帝王者一也以是八政叅於七十而人神始協因而叅於五事驗於庶徵稽於五紀正以三德而上天陰騭之道條貫備矣此下未有敷訶葢以是爲綱自相經緯其文義浩重不可單舉要本於皇極以務民敬事則是八政者亦合爲九疇而虛其一耳八政分屬與此卷明義不同彼槩五行此隷八卦非有矛楯也

五紀章第六

四五紀

一曰歲二曰月三曰日四曰星辰五曰曆數

王省惟歲卿士惟月師尹惟日 章上有曰字衍

歲月日時無易百穀用成乂用明俊民用章家

用平康

日月歲時既易百穀用不成乂用昏不明俊民用微家用不寧

庶民惟星星有好風星有好雨日月之行則有冬有夏月之從星則以風雨 此節疑在師尹惟日之下

臣攷前章所敷五行五事八政皆從河圖而出雖略舉體用以性情事物立天人之總猶未明言其疇象分微之數即云以九命數以五命理亦大槩綱領得其款項耳必使天人交動各有條貫觀日知歲觀辰知月觀一世得百世則五紀者天地之版籍也堯典首舉閏朞春秋始正日月攷其細微莫過疇象疇象以九起數以六積之

爲五十三萬一千四百四十一爲一百二十年之曆外贏五千四百八十一又六乘七百二十九之數每歲縮九則一百二十歲當縮一千八十合贏縮之數外距天行每百二十歲其餘六千五百六十一以四乘之凡四百八十歲而餘六歲之歷又贏五十四辰歸於斗分故以四百八十六爲限以四百八十五爲實者是疇之所以命歲也以四百八十五爲歲五千八百三十爲月又一百七十九爲閏是疇之所以命月也以五千九百九十九爲月則以十七萬七千一百四十六爲日以三乘之爲一百二十歲之疇五十三萬一千四百四十一以十二乘之爲二百一十二萬五千七百六十四辰也凡天地之數成於九極於六參拾三要之以四則歸一矣故六九之積爲一百二十一歲之星參其六積爲四百八十六歲之日是律度權衡之所繇總

也然皆不煩摩揣但以九起六積而得之一再屈指而具百二十一歲之曆此範疇之至微要也古今算歷者皆不論辰但以日開分以分開秋於四分曆中減溜上下自謂精矣而施之非久輒不復驗卽如三統大衍皆原本河圖約略爻象其揣者不過於揲蓍九六胃其成數耳今以疇起曆以曆分辰以辰分星以星約日以日會月以月成歲語歲則有四百八十五歲語月則有五千九百九十九月語日則有十七萬七千一百四十六日語辰則有二百一十二萬五千七百六十四辰語曆數則是五千八百二十歲之曆去其差數舉其實數九十二元範實五千七百六十因而重之二十四周萬有一千五百二十之星也要其始終皆出圖書故後具圖如左

五紀略衍

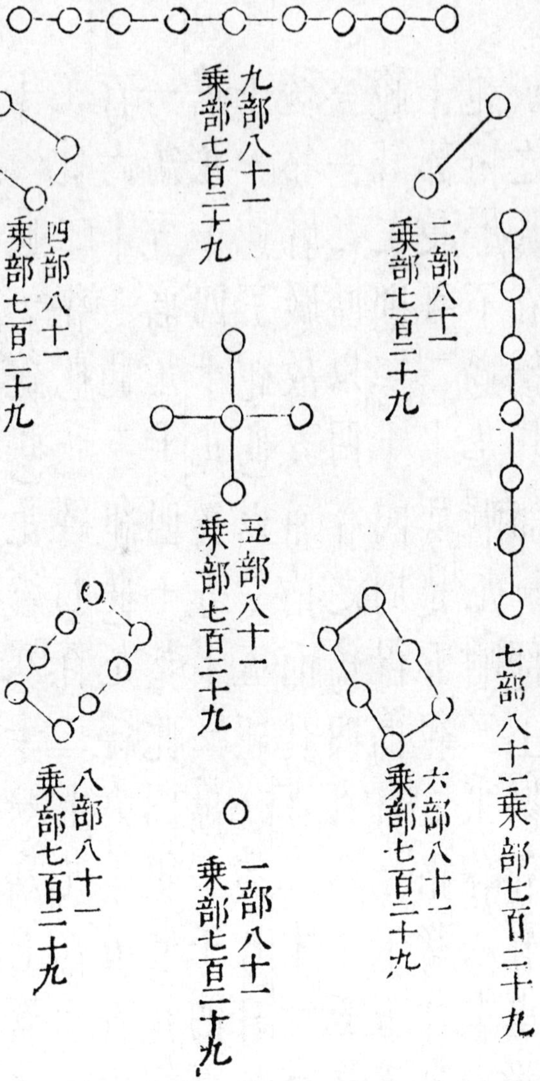

凡雒書一九三七二八四六之文談者雒
習而數多不盡以五行五事論之亦曰一

水二火三木四金五土一貌二言三視四聽五思天生地成以六成水以七成火以八成木以九成金以十歸五猶此四十五之文耳必以五紀論之則九疇相經各八十一此一紀也九經八十一爲七百二十九此二紀也九經七百二十九爲六千五百六十一此三紀也九經六千五百六十一爲五萬九千四十九此四紀也九經五萬九千四十九爲五十三萬一千四百四十一此五紀也以是五紀分歲月日辰而統扵曆數故五屈指而具百二十一歲四分一之歷以四合之爲四百八十五歲以範計之則二十四周得萬有一千五百二十部長百二十歲是五紀之所繇作也五紀所歷不過九疇九疇三乘各八十一生成之數各須其部一部主象各有重數如一一二二二之類每部重數二十五參數五十六合爲八十一得其重數則知其每

部九九部七百二十九以七百二十九自相
乘即百二十一歲強之歷因分部爲圖如左

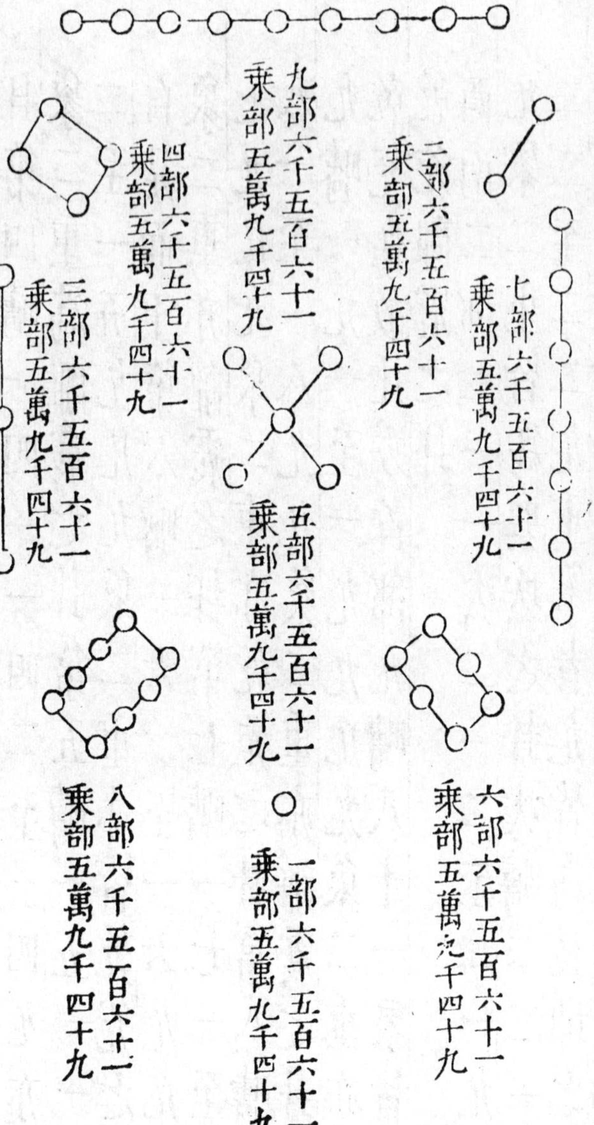

北方一部一一次一二至一一九九
九象皆爲乾兌之卦重象者九爲水行盛

始第二疇一二一一二二至一二九凡九象二重皆爲離震之卦第三疇一三一一三二至一三一九凡九象二重亦皆乾兌之卦第四疇一四一一四二至一四九亦九象二重爲離震之卦第五疇一五一一五二至一五九凡九象二重亦皆乾兌之卦自是而下第六疇一六一至一六九凡九象二重亦離震之卦第七疇一七一至一七九凡九象二重亦乾兌之卦第八疇一八一至一八一九九象二重亦離震之卦第九疇一九一一九二至一九九凡九象二重亦皆乾兌也故北方首部九九疇八十一象皆爲乾兌離震之卦

西南二部二一一次二一二至二一九凡九象二重皆爲巽坎之卦次疇二二一二二二至二二九重象者九皆爲艮坤之卦故西南九疇八十一象皆爲巽坎艮坤之卦

正東三部三一一次三一二至三一九九象二重皆爲乾兌之卦次疇離震三疇三一三至三三三至三一九三重象者九亦乾兌也故東方九疇八十一象皆爲乾兌離震之卦

東南四部四一一次四一二至四一九九象二重皆爲巽坎之卦暨第四疇四四一至四四四四至四四四九重象者九皆爲艮坤故東南九疇八十一象皆爲巽坎艮坤之卦

中央五部五一一次五一二至五一九九象二重皆爲乾兌之卦次疇五二一至五二九皆爲離震第五疇五五一至五五五五至五五五九重象者九皆爲乾兌故中央九疇亦乾兌離震也五分戊巳或交於前或交於後一變而一不變則乾兌通於巽坎離震變爲艮坤故中央九疇八十一象得通八卦遍乘九部得五萬九千四十九

卦凢疇㑲部各五萬九千四十九卦西北六部六一一次六一二至六一九凢九象二重皆爲巽坎卦第六疇六六一至六六六至六六九重象者九皆爲艮坤故西北九疇八十一象皆爲巽坎艮坤之卦正西七部七一一次七一二至七一九凢九象二重皆乾兊卦次疇離震第七疇七七一至七七七至七七九重象者九皆乾兊也故正西九疇八十一象皆爲乾兊離震之卦

東北八部八一一次八一二至八一九凢九象二重皆巽坎卦第八疇八八一至八八八至八八九重象者九皆艮坤也故東北九疇八十一象皆爲巽坎艮坤之卦正南九部九一一次九一二至九一九凢九象二重九皆乾兊卦乾兊與離震間行第九疇九一九九二九至九九九重卦者九文皆乾兊也故正南九疇八十一象皆

爲乾兌離震之卦
凡疇九部每部八十一象得七百二十九象爲命曆之本每部各以八十一乘七百二十九得五萬九千四十九爲十三年半又餘一百二十一辰五分以九乘之爲五十三萬一千四百四十一得一百二十一年半餘一千九十三辰五分以四收之爲四百八十五年之歷内少九辰所以内少九辰者凡春秋命歷以疇範爲本疇範命九春秋命六六其七百二十九爲四千三百七十四比一歲之歷常欠九辰積一百二十二年而紬一千九十八辰以四積之而紬四千三百九十二辰爲四百八十七年紬四千三百八十三辰之實春秋所用二百四十三年郤退半載以就獲麟之會故合之爲四百八十五載而得兩疇範之實也千古疇範之學託於仲尼觀於繫卦春秋得其藴矣自春秋而上曆數莫攷

但以春秋證之文獻有徵所附春秋曆數及圖書所推五行曆數於後焉

曆數統紀

上元甲子四百八十五年
二百一十二萬五千七百五十五辰

二元己巳九百七十年
四百二十五萬一千五百一十辰

三元甲戌一千四百五十五年
六百三十七萬七千二百六十五辰

四元己卯一千九百四十年
八百五十萬三千二十辰

五元甲申二千四百二十五年
一千六十二萬八千七百七十五辰

六元己丑二千九百一十年
一千二百七十五萬四千五百三十辰

七元甲午三千三百九十五年
一千四百八十八萬二百八十五辰

八元巳亥三千八百八十年

一千七百萬六千四十辰

九元甲辰四千二百六十五年

一千九百一十二萬一千七百九十五辰

十元巳酉四千八百五十年

二千一百二十五萬七千五百五十辰

十一元甲寅五千三百三十五年

二千三百三十八萬三千三百五辰

十二元巳未五千八百二十年

二千五百五十一萬九千六十辰

右自太古上元義農之前至魯隱公元年巳未入十一元自隱公元年以前凡五千三百三十五年至秦王政九年又得四百八十五年歲在癸亥彗星出長竟天明年甲子秦王政十年又起中元此端門之次符也又四百八十五年魏嘉平元年加司馬懿九錫之歲歲在巳巳爲中元之二會又四百八十五年開元二十二年春秦州

大震冬十二月戊子朔食歲在甲戌爲中元之三會又四百八十五年宋寧宗嘉定十二年爲元太宗真十四年歲在己卯其年金人破武關分犯諸州爲中元之三會以後一百四十五年而聖人始出凡自春秋而後終於元季二千八十九年除秦政以前四百八十五年爲端門之末會以後金木火水相次爲治復歸於土與周比隆雖損益間殊而疇象不變苟求其故千歲可知也

河圖歷數略　自東周至元末二千一百三十八年

土稼穡歷

體數五百五十餘二百七十五在前際合損一百一十今存之以河圖領雒書爲前

　嬴曆

周平王元年辛未至惠王十六年庚申凡

百一十年中更桓莊釐惠五王爲稼穡初
際
周惠王十七年辛酉至靈王二十年庚戌中
更惠襄頃匡定簡六王爲稼穡二際
周靈王二十一年辛亥至定王廿八年庚子
中更靈景敬元定五王爲稼穡三際
周考王元年辛丑至顯王三十八年庚寅中
更考威安烈顯五王爲稼穡四際
周顯王三十九年辛卯至秦始皇元年庚辰
凡一百一十年中更周顯慎赧秦昭文莊
襄二姓七王始命皇帝爲稼穡五際
凡稼穡之數以十命十下得一十以十命
九下得二十以十命八下得三十以十命
七下得四十以十命六下得五十往反疇
然得五百五十爲稼穡之成數又其前段
以五命十下得一五至以六命五下得二
十五往反疇然得一百七十五凡稼穡生
成八百二十五參而兩之爲周室命曆前

後兩際稼穡前際是通水火嬗於夏殷稼
穡後際是通金木嬗於漢晋凡五行之序
西金東木北水南火經於中土二百七十
五又復兩之五百五十而西金東木北水
南火互相起也凡河圖體數三千二十五
以五百五十爲成二百七十五爲生參兩
生成八百二十五自中極而下合得八百
二十五其五十之中九六七八兩兩相合
亦得八百二十五故以五百五十爲本而
參其八百二十五則得三千二十五是河
圖之體數也曆數皆用雒書而河圖立體
天地所命始故周曆前段二百七十五不
除五十後段五百五十不除一百爲周曆
八百二十五之實施於五行末際皆去十
存九只得六百七十五以三乘之爲二千
二十五與五德循環入於曆始復加百五
十配於卦象中分天地爲其五行參兩十
十之法繫於下章

金從革歷

體數四百九十五合損九九十存四百有五

以下皆依雒書除十起例三際各百三十

五

秦始皇帝元年辛巳至漢昭帝始元元年乙未凡一百三十五年中更秦皇二世高惠文景武二姓六王爲從革初際

漢昭帝始元二年丙申至光武建武二十六年庚戌凡一百三十五年中變昭宣元成哀平莽光武兩姓八王爲從革中際

漢世祖建武二十七年辛亥至靈帝中平二年乙丑凡一百三十五年中變明章和殤安順沖質桓靈九王爲從革末際

自周曆稼穡本於河圖合十存體至始皇而下五行相次皆準雒書以九爲用焉

凡從革之數以九命十下得一九以九命九下得二九以九命八下得三九以九命七

下得四九以九命六下得五九往反疇於
得四百九十五爲從革之體數以雒書之
用去十爲體合去九十只餘四百有五參
而兩之中於成帝鴻嘉四年甲辰孝景闕
災廢許皇后之歲也明年王莽始爲新都
侯故從革之曆起於秦并六國卒於三國
分漢中於王氏革命皆革也其味作辛以
干戈武力仗義取天下

木曲直曆

體數四百四十合損八十存三百六十三
際各一百二十
漢靈帝中平三年丙寅至晉惠帝永興二年
乙丑凡一百二十年中更獻帝昭烈後主
魏吳晉三姓爲曲直初際
晉惠帝光熙元年丙寅至宋文帝元嘉二年
乙丑凡一百二十年中更懷愍元明成康
穆哀奕簡武安恭晉十三主及宋祖少帝

二姓十五主爲曲直中際

宋文帝元嘉三年丙寅至梁武帝大同十一年乙丑凡一百二十年中更宋武文孝武明廢及齊太武昭業明昏和梁武三姓十二主爲曲直末際

凡曲直之數以八命十下得一八以八命九下得二八以八命八下得三八以八命七下得四八以八命六下得五八往反疇然得四百四十爲曲直之體數以雜書之用去十爲體合去八十只餘三百六十參而兩之中於海西公之太和元年前年稅帝崩是年慕容恪陷秦洛陽其先五十四年石勒陷洛陽後五十四年劉裕弑零陵王曲直之初漢靈以天子躬爲市販曲直之終梁武以黃屋捨於僧奴皆棄其準繩引於苞蘖作酸之味以蠅營徇苟隕其身

火炎上歷

體數三百八十五合損七十存三百一十

五三際各一百有五

梁武帝大同十二年丙寅至唐高宗永徽元年庚戌凡一百五年中爻梁武簡文元晉安陳高蒨伯宗頊叔寶隋文煬唐高祖太宗四姓十四王爲炎上初際

唐高宗永徽二年辛亥至唐玄宗天寶十四載乙未凡一百五年中爻高宗中宗武后睿宗四王爲炎上中際

唐肅宗至德元載丙申至唐懿宗咸通元年庚辰凡一百五年中爻肅代德順憲穆敬文武宣十王爲炎上末際

凡炎上之數以七命十下得一七以七命九下得二七以七命八下得三七以七命七下得四七以七命六下得五七徙反疇終得三百八十五以雒書之用去十爲體

合去十[illegible]其餘三百一十五參而兩之[illegible]

於睿宗[illegible]元[illegible]上五十二年皆武[illegible]

亂之唐室因以改命下五十二年皆安祿山亂之玄宗以奔蜀炎上之前七十二年華夷間雜炎上之後七十二年藩鎮怙終炎上者皆餘曲直者多枝此其大較也

水潤下歷

體數三百三十合損六十存二百七十三際各九十

唐懿宗咸通二年辛巳至漢少主乾佑三年庚戌凡九十年中變唐懿僖昭廢帝梁晃友貞及唐晉漢五姓十二主爲潤下初際

周主威廣順元年辛亥至宋仁宗康定元年庚辰凡九十年中變周二主宋太祖太宗真仁兩姓六主爲潤下中際

宋仁宗慶曆元年辛巳至宋高宗建炎四年凡九十年中變仁英神哲徽欽六主爲潤下末際

凡潤下之數以六命十下得一六以六命

九下得二六以六命八下得三六以六命七下得四六以六命六下得五六往反疇然得三百三十爲潤下之體數以雜書之用去十爲體合去六十只餘二百七十參而兩之中於宋太宗至道之元年兩分之際前有九十九年之代謝僅開三十六載之昇平後有九十九載之昇平遂開三十六年之禍敗傾流既倒不可復支益亦潤下之數然也自建炎而後但號江南雖正朔尚存而曆數不與

土稼穡歷

體數二百七十五合損五十存二百二十五三際各七十五年

宋高宗紹興元年辛亥至寧宗開禧元年乙丑七十五年中更金天會皇統天德貞元正隆大定明昌承安泰和凡九改元爲稼穡初際

宋寧宗開禧二年丙寅至元至元十七年庚辰七十五年中覂金永濟大安崇寧貞佑四元及元濶台貴由蒙哥忽必烈四主爲稼穡中際

元世祖至元十八年辛巳至順帝至正十五年乙未七十五年中覂世祖成宗武宗仁宗英宗泰定帝明宗文宗寧宗九主爲稼穡末際

是亦稼穡也從河圖則存五十爲二百七十五從雒書則去五十爲二百二十五去五十則天中之曆止於龍飛乙未之初存五十則龍飛之元通於燕京定鼎之際聖人之於天地交取之也然此爲曆數下際既用二百二十五則當以四百五十爲正每際一百五十年自洪武乙未至弘治乙丑爲一際又自弘治丙寅至崇禎丙申爲一際周得河圖以王參覇後兩覇而前一王明得洛書以治正亂前一亂而後兩治

參兩五十天之所命以爲曆數之綱維五行之終始非可意爲損益也

以上河圖領雒書先用河圖五百五十起東周止於秦皇以下各用雒書本數得五行週歲一千五百七十五若以雒書領河圖則於五百五十中去一百一十爲四百四十起春秋止於赧王三十二以下各用河圖本數得四行本數一千六百五十總自春秋至明始二千九十數得相通也故其成法凡五行相涵金水八百二十五去百五十爲六百七十五火木八百二十五去百五十亦爲六百七十五去者爲用不去者爲體金水火木合體一千六百五十加四百四十爲二千九十金水火木合用一千三百五十加七百七十五爲二千一百二十五所加七百七十五者兩土之合去其五十故河圖雒書體用之數相爲終始也兩用相與餘三十五爲聖人受命終

始之符凡五行出入各有變動九六七八
互移其居不能如卦象範疇與天度俱整
故曆數所存在於疇象而疇象參兩與五
行相揩必求其故則河圖命始者以金水
木火發於西方左行爲序雒書命始者以
金木水火發於南方右行爲序始於河圖
者終於雒書始於雒書者終於河圖體用
十五前後相權以成五紀不可易也今以
雒書之領河圖始於春秋終於明始者再
着爲序俾後得參攷焉

雒書曆數略 自春秋元至元末二千九十年

土稼穡曆

用數四百五十又二百二十五在前際合
加一百五十分去之以雒書領河圖爲前
縮曆
周平王四十九年己未至周簡王十三年戊

于凡一百五十年中變平桓莊釐惠襄頃
匡定簡十王爲稼穡初際
周簡王十四年己丑至周威烈王三年戊午
凡一百五十年中變襄頃匡定簡靈景敬
元定考十二王爲稼穡中際
周威烈王四年己未至周赧王四十二年戊
子凡一百五十年中變威安烈顯慎赧六
王爲稼穡末際
凡稼穡用數去十存五以五命九下得一
五以五命八下得二五以五命七下得三
五以五命六下得四五凡得五十者四爻
以五命五爲二百二十五合爲四百五十
四百五十在前則二百二十五在後前後
表裏相爲終始周前三百二十四進一百
二十六則在太王之前退九十九則在穆
王十七八上下所不加減前段者謂春秋
後際盡於赧王四十二年當加四十五以
生金四十五與五十五損益十載得相通

也故自赧王四十三巳丑至章武三年昭烈崩於永安之歲爲四百九十五益䅣穡四十五而得從革之末候是謂先用後體雒書之領河圖金水木火因以相次焉

金從革曆

用數四百有五合益九十爲四百九十五三際各一百六十五以下依河圖加十起然

周赧王四十三年己丑至漢武帝元封三年癸酉一百六十五年中更秦昭文襄始皇漢高惠文景武兩姓九主爲從革前際

漢武帝元封四年甲戌至漢明帝永平元年戊午一百六十五年中變武帝昭宣元成哀平莽光武兩姓九主爲從革中際

漢明帝永平二年己未至漢昭烈章武三年癸卯一百六十五年中更明章和殤安順冲質桓靈獻昭烈一姓十二主爲從革末

際

體數起例具在前篇

中分三際二百四十七爲漢成帝河平三年乙未犍爲山崩江水逆流冬十月乙卯朔食之歲也參而伍之各九十九分爲五際一漢文帝六年丁卯一爲孝昭元鳳六年丙午一爲世祖元年乙酉一爲安帝延光三年甲子以至昭烈崩於永安之歲故

漢道之貴從革漢運之繫昭烈曆數在天而方士繆應黃龍之祥魏室僞奸卯金之位可謂汩陳五行失其倫序者矣

水潤下歷

用數二百七十合盈六十爲三百三十每際各一百一十

漢後主建興二年甲辰至晉成帝咸和八年癸巳一百一十年中變後主晉武帝惠懷

愍元明成兩姓八主爲潤下初際
晉成帝咸和九年甲午至宋文帝元嘉二十
年癸未一百一十年中要晉成康穆哀奕
簡武安恭及宋高文兩姓十一主爲潤下
中際
宋元嘉二十一年甲申至梁主繹二年癸酉
一百一十年中要宋文帝孝武子業明廢
齊高武昭業明昏和梁武帝簡文三姓十
三主爲潤下後際
體數起例具在前篇
中分三際一百六十五爲晉孝武太元十
四年己丑呂光姚萇破符秦之歲也是時
夷華殽亂中原腥膻水行潤下北而趍胡
南渡四朝頹瀾莫反參而伍之各六十六
一晉武帝太康十年己酉明年武帝崩一
晉穆帝永和十一年乙卯是年秦符生始
立一晉恭帝元熙二年辛酉晉室已終宋
魏秦夏俱起一齊永明四年丁卯魏作明

堂碎雍於是道在元魏至臺城之後侯景立豫章僧辯立湘東明年宇文泰立齊王廓而下流愈頽河洛俱竭矣故潤下之歷歸於朔方齊周隋唐緣此萌蘖也

火炎上歷

用數三百一十五合益七十爲三百八十五每際各一百二十八畸

梁元帝繹二年甲戌至唐高宗開耀元年辛巳一百二十八年中更陳武帝文帝伯宗宣帝後主隋文煬唐高祖太宗高宗三姓九主爲炎上初際

唐高宗永淳元年壬午至唐憲宗元和四年巳丑一百二十八年中更高中睿玄肅代德順八主爲炎上中際

唐憲宗元和五年庚寅至晉天福三年戊戌一百二十九年中更唐宣宗懿僖昭廢梁唐晉四姓十王爲炎上末際

中分三際一百九十二半爲唐玄宗天寶之四載立貴妃楊氏之歲也參而伍之各七十七歲一爲貞觀四年庚寅俘頡利可汗之歲一爲景龍元年丁未太子重俊誅武三思之歲一爲德宗興元元年甲子朱泚破長安上幸梁州之歲一爲懿宗咸通二年辛巳杜悰平章之歲以至於石晉戊戌而契丹稱遼遼之爲槪與宋終始五代之錯於火德猶焚燎之爲首尾上有梁陳隋下有梁唐晉難夷狄不競而寇攘奸回女謁宦侍可備炯戒者至炎上之歷皆備矣以河圖左旋之曆推之室爲曲直而五行互起不循生序故復以炎上繼於潤下猶九六七八之相亞也

木曲直歷

用數三百六十合益八十爲四百四十每際一百四十六強

晉王敬塘天福四年己亥至宋神宗元豐七年甲子一百四十六年中夏晉漢周四姓七主及宋太祖太宗真仁英五主爲曲直初際

宋神宗元豐八年乙丑至宋理宗紹定五年壬辰一百四十八年中夏哲宗徽欽高孝光寧理七主爲曲直中際

宋理宗紹定六年癸巳至明洪武十年戊午一百四十六年中夏宋理度及元世祖成武仁泰定明文寧順帝二姓十一主爲曲直末際

中分三際二百二十爲紹興二十三年癸酉金貞元元年遷都于燕之二歲也參而伍之各得八十八年一仁宗天聖四年丙寅京師及諸軍大水十月癸酉朔日食一徽宗政和四年甲午女直始敗遼于混同江一寧宗嘉泰二年壬戌始弛僞學之禁一元至正廿七年庚寅武平江陰諸路地

震大水載及戊午而宇宙廓清日月宣朗萬物之所終始也是歷以金水火木相克爲序漢晉唐宋各居四歷之中必以水火木金依數求之則自明戊午至咸淳戊辰爲水未際又至紹興戊寅爲水中際又至慶曆八年戊子爲水初際參而兩之以寧嘉二年壬戌爲中際上下華胡未有分據又進求火運三百八十五年自慶曆丁亥至末唐大祐十七年庚辰爲火末際又至德宗貞元八年壬申爲火中際又至高宗麟德元年甲子爲火初際參而兩之以咸通五年甲申爲中際治亂終始亦未有停又進求木運自唐龍朔三年癸亥至梁天監十五年丙申爲木末際又至海西公太和四年己巳爲木中際又至漢後主建興元年癸卯爲木初際參而兩之以魏太平真君作壇受符之歲在元嘉壬午爲中際徒具成數而已郎以金水木火求之第三

運移火從木自梁王縛至宋太宗淳化癸巳四百四十年中分二百二十爲天寶十三載得其中際猶不得前後故知河圖順行雒書逆轉之爲膠柱水一火二木三金四之爲腰鼓也要以數十千年之内五行屈伸貫穿五十周游八處何者不屈聊舉成數以引其端云耳

以上所論歲月日星辰曆數皆有定序千古不易間有易者若五行曆數循環起止前後易序無關災咎箕子所稱歲月日時不易日月歲時既易者必如古人所稱蛇乘龍星紀浮於玄枵之説然歲星遁移陰陽縣絶春秋所怪今皆爲常必如歲鎮熒惑金水錯行黄道皆上歷太微下連箕斗於奎婁角亢之間與日月出入不能無相凌犯要不至大易其序皆爲常行如古者不知日月食朔之説即十月之詩驚詫異常今皆豫刻分秒不失纏度則不宜以異

常目之然以月掩日以日衡月則眞可謂易矣月行至低去日皆十三度外則去歲塡熒惑金水亦可十三四度有道經三垣及諸次舍吞掩諸星從下視之如有反易實不相干五星相差高下去天各可數度每度視地三百六十餘里如船帆影相去三百里外決無關虧之虞但因人所見以爲反常則隨地脩省耳秦漢以下歲立官次分野然國皆非職方保章之舊必如曰某星犯某國犯某官主有某災則鬬爭搏擊之說皆因而起決非聖人之所推求又如水貌火言木眎金聽古人不用辰熒歲白之占亦以爲兵喪水旱雜著其兆耳今依春秋再舉日食彗孛歲饑之年以爲五紀反易餘不暇詳焉

日月失紀

魯隱公三年二月己巳朔日食

桓公三年七月壬辰朔日食

桓公十七年十月朔食明年夏喪至自齊

莊公十八年五月壬子朔食

莊公廿五年七月辛未朔食

莊公廿六年十二月癸亥朔食

僖公五年九月戊申朔食

文公元年三月癸亥朔食

文公十五年六月辛丑朔食

宣公八年七月甲子朔食既時楚人始覇

宣公十年四月丙辰十七年五月癸卯朔食

成公十六年六月丙寅十七年十一月丁巳朔食

襄公十四年二月乙未十五年八月丁巳朔食

襄公二十年十月丙辰廿一年九月庚戌朔食

襄公廿三年二月癸酉朔食

襄公廿四年七月甲子朔食既

襄公廿七年十一月乙亥朔食明年靈王崩

昭公七年四月甲辰朔食

昭公十五年五月丁巳十七年六月甲戌朔食
昭公二十一年七月壬午朔食明年王室亂
昭公二十四年五月乙未朔食明年孫于齊
昭公三十一年十二月辛亥朔食明年薨乾侯
定公五年辛亥朔食十二年十一月丙寅朔食
定公十五年八月庚辰朔食是年夏薨高寢
哀公十四年五月庚申朔食是爲春秋之終

凡日食有常行而詩刺不臧亦藉以示儆也惟王省歲蓋以憫農敬義統歲之成猶之受終擧要云耳卿士惟月師尹惟日此皆不關朔食之事然曆數推行則必以朔食爲始春秋三十六食不書事應而紀君之變容與相符亦猶之以日當辟也昭公三十一年十二月辛亥朔食史墨以爲吳將入郢則是以楚當日也凡日月之食因地所見以爲淺深是時魯事楚而不事周故以辰尾爲楚以楚當日猶之本國所見亦當其本國之君也此特擧善象而言不

闕省惕之義如五紀本意則以九疇相起
二十六萬二千九百八十爲六十歲週甲
之辰四週加二謂之曆數以歲分之每歲
各得四千三百七十四謂之歲數以月分
之每月各得三百六十四半謂之月數以
日分之每日各得十二謂之日數以星分
之每星一辰謂之辰數此歲月日辰皆大
者舉綱小者舉目重者舉全輕者舉碎猶
六爻一卦十有八變統得四千九十六其
物六變可以得歲其中六變可以得月其
末五變可以得日其上末一變可以得辰
總六十四卦則可以得閏得交得食而成
曆數繇是以辨省位則初六一變爲王中六
變爲卿士末五變爲師尹上一變爲庶民
因世所居視其貞悔以風雨寒溫爲候前
世之有道術者皆所用之使八政之官皆依
此起事以得其陰騭所在恰當不易不然
則五紀八政未有所繫猶帝王之自爲疇

象非曠象之自爲天地也春秋紀歲必紀日紀日必紀其干支一一不爽則當時所爲歲月日日月歲之説必有確然可據者古學久湮俗禁反泥故復以春秋而下日月交食之數次於後焉

漢高帝三年十月甲戌晦食

高帝九年六月乙未晦食既是呂氏殺趙王

惠帝七年十二月辛未朔食是猶之前食應

高后二年六月丙戌七年正月己丑食應

文帝二年十一月癸卯三年十月丁酉食

文帝三年十一月丁卯四年四月丙辰食

文帝七年正月辛未朔食是皆不應

景帝三年壬午食是皆應諸侯王

景帝七年十二月庚寅朔食是廢太子榮

中元元年十二月甲寅三年九月戊戌食

中元六年八月辛亥朔食

後元元年八月己巳朔食又明年應陽陵

武帝建元二年二月丙戌三年九月丙子食
元光元年二月丙辰七月癸未日食
元朔二年二月巳巳元狩元年五月乙巳食
元鼎五年四月丁丑大始四年十月甲寅食
征和四年八月辛酉食將旣又明年應雲陵
昭帝始元三年十一月壬辰朔食
元鳳元年七月巳亥朔食是有燕王旦之誅
宣帝地節元年十二月癸亥食應楚王延壽
五鳳元年十二月乙酉食殺韓延壽
五鳳四年四月辛丑朔食殺楊惲
元帝永光二年三月壬戌四年七月戊寅食
建昭五年七月壬申食明年應渭陵
成帝建始三年十二月戊申朔食
河平元年四月巳亥食日旣時大封諸舅
陽朔元年三月丁未朔食王鳳殺王章
永始元年九月丁巳食時莽封新都侯
永始二年三月乙酉三年二月巳卯食
永始四年八月辛未朔食

元延元年正月己亥朔食
哀帝元壽元年正月辛丑朔食殺王嘉
元壽二年四月壬辰朔食六月應義陵
前漢二百一十二年日食五十三應王躬
者七
光武建武元年正月庚午朔食應更始
建武二年正月甲子朔三年六月乙卯朔食
建武六年十月丙寅朔七年四月癸亥朔食
建武十六年三月辛丑十七年二月乙未食
建武廿二年五月乙未廿五年三月戊申食
建武廿九年二月丁巳朔食
建武三十一年六月癸酉朔食
中元元年十一月甲子朔食明年應原陵
明帝永平三年九月壬申朔食
永平八年十一月壬寅朔食
永平十三年十一月甲辰朔食楚王英罪廢
永平十六年六月戊午朔食
永平十八年十二月甲辰朔食是歲應節陵

章帝建初五年二月庚辰朔食
和帝永元四年六月戊戌朔食
永元七年四月辛亥朔十二年七月辛亥朔食
永元十五年五月甲子朔食是立鄧后
安帝永初元年三月癸酉朔食
永初五年正月庚辰七年五月丙申朔食
元初元年十月戊子朔食明年立閻后
元初二年十月壬午三年三月辛亥朔食
元初四年二月五年八月六年十二月皆食
延光三年十月庚寅朔食是廢太子保
順帝永建二年七月甲戌朔食
永和三年十二月戊戌五年六月己丑食
永和六年九月辛亥朔食梁冀爲大將軍
桓帝建和元年正月辛亥朔食殺杜喬李固
建和三年五月丁卯朔食
元嘉二年七月庚辰朔食
永興二年九月丁卯朔食是瑯琊盜起
延熹八年二月丙申朔食鄧皇后自殺

永康元年六月壬子朔食是應宣陵
靈帝建寧元年五月丁未十一月甲辰朔食
建寧四年三月辛酉朔食
熹平二年三月癸酉朔食秋捕繫太學生
光和元年二月辛亥朔十一月丙子朔食
光和二年四月甲戌朔食是殺宋廢后
光和四年九月庚寅朔食
中平六年四月丙午朔食丙辰是應文陵
獻帝初平四年正月甲寅朔食
興平元年七月乙巳朔食明年露次曹陽
建安五年九月庚午朔食曹操滅董氏
建安六年三月丁卯十月癸未朔食
建安十三年十月癸未十五年二月己巳朔食
建安十五年二月乙巳十七年六月庚寅食
建安廿一年五月己亥朔食曹操稱魏
建安廿四年三月壬子朔食明年改命
後漢百九十六年日食七十二應王躬者
五

章武二年正月丙寅朔食明年是應惠陵
建興二年十二月戊辰朔食
建興九年十二月戊戌朔食
建興十一年閏五月庚寅朔食明年獻帝薨
延熙八年十一月戊申朔十年三月庚午朔食
延熙十一年二月甲子朔食
景耀二年七月戊子朔食
景耀三年正月乙酉朔食司馬昭弑曹髦
景耀五年十一月己亥朔食明年成都陷
晉武帝泰始二年三月庚戌七月丙午朔食
泰始七年十月丁丑朔食安樂公卒
泰始八年十月辛未朔九年四月戊辰朔食
泰始十年四月癸亥朔食
咸寧元年八月甲申三年二月丙子朔食
咸寧四年正月庚午朔食
太康四年三月辛丑七年正月甲寅朔食
太康八年正月戊申十二月戊申朔再食
永熙元年正月壬申朔食四月應含章殿

惠帝元康九年十一月甲子朔食廢太子適
永康元年正月己卯四月辛卯食應趙王倫
光熙元年正月七月十二月皆食是殂惠帝
懷帝永嘉元年十一月二年正月食
愍帝建興四年六月十二月食
建興五年五月十一月并食是應在平陽
元帝大興元年四月丁丑朔食亦應劉聰
明帝大寧三年十一月癸巳朔食明帝先殂
成帝咸和二年五月甲申六年三月壬戌食
咸和九年十月乙未朔食
咸康元年十月乙未七年二月甲子朔食
咸康八年正月乙未朔食成帝乃殂
穆帝永和二年四月七年正月八年正月食
升平四年八月辛丑朔食明年穆帝乃殂
哀帝隆和元年三月十二月食政在桓氏
帝奕太和三年三月五年七月食
孝武寧康三年十月癸酉朔食
太元六年六月九年十月十七年五月食

太元二十年三月庚辰朔食明年應清暑殿
安帝隆安四年六月庚辰朔食是應桓氏
元興二年四月癸巳朔食冬上遷于潯陽
義熙十三年正月甲戌朔食明年弑于東堂
恭帝元熙元年十一月丁亥朔食是乃革命
宋文帝元嘉元年二月己卯食是廢少帝
元嘉三十年閏七月辛丑朔食先應子劭
孝武孝建元年七月丙申朔食既
明帝太始四年四月庚午十月丁卯朔食
廢帝元徽六年三月九月朔食明年革命
齊高祖建元三年七月己未朔食明年上殂
武帝永明元年十二月乙巳朔食
廢帝隆昌元年五月甲戌朔食是廢兩帝
東昏侯永元三年正月丙辰七月癸巳朔食
梁武帝天監元年七月丁巳食是殺東昏
天監十五年三月戊辰朔既是去宗廟犧牲
普通三年五月壬辰朔既
大通八年四月癸丑朔食北魏始亂

太清元年正月己亥朔食
太清二年七月庚寅朔食明年夏陷臺城
陳武帝永定三年五月丙辰朔食陳主殂
宣帝大建七年十二月辛亥朔食
大建八年六月戊申朔食周始滅齊
周靜帝大象二年十月癸丑朔食明年入隋
隋文帝開皇七年五月乙亥朔食明年滅陳
仁壽元年二月乙卯朔食
煬帝大業十二年五月丙戌朔食既
凡日食史不能盡書書不能盡應自晉五代至隋三百五十四年間日食應主皆在南朝惟梁陳而後永定三年五月丙辰朔食其年夏陳主覇先殂冬齊主高洋殂以高洋後於覇先猶應無二日之義也其先梁大通八年四月癸丑朔食冬宇文泰酖魏主脩於長安高歡立清河世子於洛陽差有其應蓋是時梁主已從胡教而天道北行其先四朝二十二主應者十三故知

上天陰騭纖毫不爽卿尹月日總爲省歲
而生歲時剋應不在三朝之限舊法論日
食必眂星纏若文伯之稱去衛地而如魯
地劉向之以奎爲卑賤婦人東井上應京
師是也然合而稽之皆未必然雖日月干
支歲德歲刑金稔木惡火旱水饑之說皆
參半不驗惟修德修刑修救差爲近之後
世五行家剋應皆以日辰爲主亦士民沿
習不關君相之事也唐宋而下日食視上
世加詳又弁繫於後云

唐高祖武德元年十月壬申朔食
武德九年十月丙辰朔食是貞觀之始
貞觀元年閏三月癸丑九月庚戌朔食、
貞觀二年三月戊申三年八月巳巳朔食
貞觀四年閏正月丁卯六年正月乙卯朔食
貞觀九年閏四月丙寅朔食上皇乃崩
貞觀十一年三月丙戌朔食冬入武氏
貞觀十七年六月巳卯朔食廢太子

貞觀廿二年八月己酉朔食明年應翠微宮
高宗顯慶五年六月庚午朔食武氏親萬幾
上元元年三月辛亥朔食秋稱天后
永隆元年十一月壬申朔食應太子賢
永淳元年四月甲子十月庚申食明年上崩
垂拱四年六月丁亥朔食大殺唐宗室
中宗神龍三年六月丁卯十二月乙丑朔食
玄宗先天元年九月丁卯朔食
開元三年七月庚申朔食明年上皇崩
開元二十年十二月甲戌廿一年七月乙丑食
開元廿二年十二月廿三年閏十一月朔食
天寶元年七月癸卯五載五月壬子朔食
天寶十三載六月乙丑朔且既明年祿山反
肅宗至德元載十月辛巳朔食是上在成都
代宗大曆三年三月乙巳朔食
大曆十四年七月戊辰朔食是年德宗立
德宗貞元八年十一月壬子朔食
貞元十二年八月己未十七年五月壬戌食

憲宗元和三年七月辛巳十年八月己亥食
元和十三年六月癸丑朔食應又明年正月
穆宗長慶二年四月辛酉三年九月壬子食
文宗太和八年二月壬午朔食應在李訓
武宗會昌三年二月庚申朔食
會昌五年七月丙午朔食明年立太叔
宣宗大中八年正月丙戌朔食
懿宗咸通四年七月辛卯朔食
僖宗六年四月庚申朔食盜巢陷湖南
文德元年三月戊戌朔癸卯僖宗崩
昭宗天佑元年十月癸卯朔食秋應於椒殿
梁太祖開平五年正月丙戌朔食明年見弒
唐同光三年四月癸亥朔食明年應於伶人
晉天福七年閏四月甲寅朔食晉主殂
漢隱帝乾佑三年十一月甲子朔食應是月
周太祖廣順二年四月丙戌朔食
宋太祖建隆元年五月己亥朔食
建隆二年四月癸巳朔食六月杜太后崩

開寶元年十二月己酉朔食
開寶三年四月四年十月五年九月朔食
開寶八年七月辛未朔食明年上崩
太宗二年十一月丁亥朔食
雍熙二年十二月庚子三年六月戊戌朔食
淳化二年三年四年二月皆食
真宗咸平元年五月十月五年七月朔食
天禧五年七月甲戌朔食明年上崩
仁宗乾興元年七月甲子朔食既
天聖六年三月丙申七年八月丁亥朔食
明道二年六月甲午朔食冬廢郭后
至和元年四月甲午朔既
神宗熙寧元年正月甲戌朔食始用王安石
元豐六年九月癸卯朔食
徽宗大觀元年十一月壬子朔食
大觀二年五月庚戌四年九月丙寅朔食
政和三年三月壬子五年七月戊辰朔食
政和八年五月壬午朔食時約金伐遼

宣和元年四月丙子朔食時師敗於朔方
高宗建炎三年九月丙午朔食時苗劉事起
紹興五年正月乙巳朔食上皇殂于金
紹興三十二年正月戊申朔食上乃内禪
孝宗隆興元年六月庚申朔食時師潰符離
淳熈十年十月壬戌朔食時禁僞學
寧宗慶元元年三月丙戌朔食殺趙汝愚
開禧二年二月壬子朔食韓侂胄用事
嘉定十六年九月庚子朔食金主珣卒
寳慶三年六月戊申朔食元主殂于盤山
恭帝德祐元年六月朔日食旣宋祚乃絶
元至元二十九年正月甲午朔食
至元三十一年六月朔食世祖先應
成宗大德元年四月癸巳朔食
仁宗延祐六年二月丁亥朔食明年英宗立
英宗至治二年十一月甲午朔食明年見弒
泰定帝四年九月丙申朔食明年殂于上都
文宗至順二年八月甲辰朔食明年文宗

順帝元統二年四月戊午八月甲戌朔食
至正十八年六月戊辰十二月乙丑朔食
至正廿一年四月辛巳七月辛酉朔食
自唐武德至元終四百四十七年四十五
主應者二十六君惟嘉定十六年九月庚
子朔食應金主珣寶慶三年六月戊申朔
食應元主眞㚷於盤山是時宋祚式微雖
云正朔而天命不歸元雖夷狄而混一天
下八九十年之間日德屢微觀於武德貞
觀建隆開寶之際天意丁寧長慶太和熙
寧宣和上下薄蝕鮮少而陰騭相協之故
槩可知矣宋世諸臣每當日食猶以陰雲
不見爲瑞可歎也夫

星辰失紀

魯莊公七年四月辛卯恒星不見星隕如雨
僖公十六年正月戊申朔隕石于宋五

文公十四年七月有星孛于北斗

昭公十年冬有星孛于大辰

哀公十三年十一月有星孛於東方

貞定王二年彗星見

考王八年彗星見

赧王十年十二年十九年彗星見

秦始皇七年五月彗星見西方

始皇九年四月彗見西方又出北方斗下

始皇十三年正月彗見東方

始皇三十三年彗出西方

漢高帝三年七月有星孛于大角

文帝後七年有星孛于西方直尾箕指虛危

景帝二年彗出西南

景帝中元三年三月彗見西北出觜觿

武帝建元三年二月有星孛于注張歷紫宮

建元三年四月有星孛于天紀至織女

建元六年六月孛于北方八月孛于東方

元狩四年四月長星出西北

元封元年五月星孛東井及三台
征和四年二月隕石于雍二
宣帝地節元年正月星孛于西方
黄龍元年三月有星孛入紫宫
元帝初元元四年四月有星孛于參
建昭元年正月戊辰隕石于梁六
成帝建始元年正月有星孛於營室
建始四年正月癸卯隕石于槀肥累
陽朔三年隕石白馬八
永始二年二月癸未夜中星隕如雨
元延元年七月有星孛于東井踐五諸侯
哀帝建平二年二月彗出牽牛
王莽地皇三年十一月有星孛于張
光武建武十五年春彗見昴畢入東壁
建武三十年閏四月水在東井犯蕐爲孛
明帝永平三年夏彗出天船入於亢
永平八年夏彗出柳張犯上階遣使之天竺
永平十八年夏彗出張南入太微秋上崩

章帝建初元年秋彗出天市入牽牛

建初元年冬彗出婁稍入紫宮

殤帝延平元年九月隕石陳留四

安帝永初三年冬彗出天苑

順帝永建六年春彗出奎婁入軒轅

桓帝建和元年秋彗出天市

延熹四年夏客星在營室發芒入心

延熹七年二月癸亥隕石右扶風一鄠二

靈帝光和元年彗出亢比入天苑

光和三年秋彗出三台下入太微

光和五年春彗出奎入紫宮

獻帝初平三年秋蚩尤旗出角亢南

初平四年冬孛見兩角入天市

建安五年冬有星孛于大梁

建安九年冬有星孛于東井

建安十一年春有星孛于斗中

建安十二年冬有星孛于鶉尾

建安十七年冬有星孛于五諸侯

建安廿三年春孛歷五車軒轅大微
建興三年冬有星孛于少微收南中四郡
建興九年冬有星孛于翼破殺張郃
建興十四年冬孛見大辰入天紀
延熙元年秋彗見張明年春魏王叡殂
延熙三年冬彗出尾拂牽牛
延熙八年秋彗見七星蔣琬董允卒
延熙九年春孛于昴入于軫
延熙十四年冬有星孛于營室
延熙十五年春彗出于胃夏吳王權殂
延熙十六年冬彗大出軫明年魏廢其君
延熙十八年春彗出于箕尾
景耀五年冬彗出亢
魏咸熙二年夏彗出東壁秋晉受魏禪
晉武帝泰始四年春彗出軫五年秋孛于紫宮
泰始四年七月星隕如雨皆西流
泰始十年冬有星孛于軫
咸寧二年秋有星孛于大角及太微

咸寧三年春孛于胃秋孛于紫宮
咸寧四年夏蚩尤旗見五年孛三見于太微
太康二年秋有星孛于張
太康四年春孛于鶉尾八年秋彗著于南斗
太康九年八月壬子星隕如雨
太熙元年夏孛于紫宮帝乃崩
惠帝元康五年夏彗見于西方至三台大陵
永康元年冬彗出牽牛指天市
太安元年夏彗星晝見諸王相屠
太安二年春彗見東方指三台
永興二年秋孛于昴畢冬孛于北斗旋璣
成帝咸和四年秋孛犯斗冬石勒虜劉曜
咸康二年春彗出奎六年春孛于太微
康帝建元元年冬彗見于亢明年上崩
穆帝永和五年冬彗見于亢石氏乃滅
穆帝永和六年春彗再見于亢五胡乃爭
升平二年夏彗出胃
哀帝興寧元年秋孛見于角亢假桓温黄鉞

孝武寧康元年彗星三見

太元十五年秋彗著于河戍入胡門

安帝隆安四年春孛著于奎經太微端門

隆安四年冬有星孛于貫索孫劉乃叛

義熙十一年夏彗星二出天市掃帝座

義熙十四年夏有星孛于斗魁中應在東堂

恭帝元熙元年星孛于太微西蕃是乃革命

宋武帝永初三年孛再見于北方

少帝景平元年孛再見于東北

文帝元嘉十九年冬孛在北斗掃五車

元嘉廿六年廿八年彗再見太微應在兇劭

齊東昏永元三年彗長竟天蕭梁革命

梁武帝普通元年彗見爾朱榮破魏

中大通四年七月甲辰星隕如雨

大同五年冬彗出南斗東魏喪師

陳文帝天嘉六年夏彗見上台齊王內禪

陳宣帝大建七年夏星孛于大角周滅齊

大建十二年冬彗見西南明年周禪於隋

隋開皇三年彗星著于房心是陳後主元年
開皇五年八月戊申有星隕如雨
開皇八年冬星孛于牽牛
開皇十四年冬彗見于奎婁
煬帝大業三年春彗見西方竟天秋再見
大業四年彗出五車掃文昌
大業十一年夏有星孛于文昌
大業十三年夏彗見于太微是乃革命
唐高祖武德九年春有星孛于昴胃是革政
太宗貞觀八年秋有星孛于玄枵
貞觀十三年春有星孛于大梁
貞觀十五年夏有星孛于太微
高宗龍朔三年秋彗見于左攝提
乾封二年夏彗見于五車
上元二年冬彗見于角亢南三年秋見東井
開耀元年彗見天市
中宗文明元年秋天欃見于西方
景龍元年冬二年春有星孛于昴胃

玄宗開元二年五月乙卯晦有星大小無數
皆西北流
開元十八年夏彗出五車孛見昴畢
開元二十六年孛見于紫微
肅宗乾元三年夏彗着于婁胃
代宗廣德二年十二月丙寅徹夜星流如雨
大曆五年夏彗着于五車又着于北方
德宗興元元年六月戊午星什伍皆隕
憲宗元和十年彗犯軒轅
元和十二年春彗見於畢是誅元濟
穆宗長慶元年春孛見太微夏彗見于昴
文宗太和四年六月辛未乙夜星流無數
太和七年六月戊子夜星流無數
太和八年秋彗着于太微
開成二年春彗星守危至于軒轅秋彗見玄枵
開成三年冬彗出箕尾亘天
開成四年春彗出卷舌二月乙亥星俱西流
開成五年春冬彗再見魚仇廢太子

武宗會昌元年秋冬孛見營室
宣宗大中六年春彗出觜參
懿宗咸通六年大流星偕諸小星自南徂北
咸通九年春彗見婁胃明年秋見大陵
僖宗中和元年八月巳丑大小星隕如雨
光啓二年五月有星孛于尾箕明年如鳥翔
昭宗大順二年夏彗出三台掃天市
景福二年彗着于太微李茂貞犯京師
天祐二年夏彗着于軒轅是乃革命
梁乾化二年夏彗出張是應交珪
後唐明宗元年六月乙未衆小星交流
天成三年彗出牽牛
長興元年九月辛酉夜衆小星交流而隕
末帝太清三年秋彗出天哭自焚於懷州
晉天福六年冬彗掃天市垣明年晉主殂
周世宗顯德三年正月有星孛于參
宋太祖開寶八年彗着于柳至東壁
太宗端拱二年夏彗出東井

淳化二三年併有流星分一爲三相從而沒
真宗咸平元年春彗出營室六年冬見井鬼
景德三年五月乙卯客星出天津分爲四沒
天禧二年彗着扵斗魁歷軒轅七星
仁宗乾興十年八月星出胃逆爲六七西流
景祐二年秋孛見于張翼冬廢后郭卒
景祐四年七月戊申星數百西南流
皇祐元年春彗出虛入于婁
嘉祐元年秋彗出紫薇
英宗治平三年春彗着扵營室明年上崩
神宗熙寧八年冬彗出軫中是罷手實法
哲宗紹聖四年秋彗出氐中入天市
徽宗崇寧五年春彗出奎入扵濁
靖康元年夏彗出紫微垣
高宗紹興十五年夏彗出參
紹興廿二年秋彗出井金遷都于燕
孝宗淳熙二年秋星孛扵紫微垣
寧宗嘉定十五年秋孛出右攝提

元世祖至元元年秋彗出輿鬼
至元三十年彗入大微垣明年鐵木耳立
成宗大德八年彗守營室
仁宗皇慶二年彗出東井
順帝至正三年夏彗著于東北
順帝二十六年孛見于紫微
至正二十八年春彗出于昴畢没于昴
凡史家占驗著于五星而春秋所書止及隕孛葢隕孛之象着而五星之緯微易曰天垂象見吉凶聖人則之亦取其明着者而已戰國以來所言星辰皆不應經義郎如五運六氣大過不及之說以氣生運爲順化若甲子甲午甲寅甲申火下生土壬辰壬戌水下生木乙丑乙未土下生金辛卯辛酉金下生水癸巳癸亥木下生火之類以氣克運曰天刑若庚子庚午庚寅庚申火下克金戊辰戊戌水下克火辛丑辛未土下克水丁卯丁酉金下克木己巳己

亥木下克土之類運生氣曰小逆相得則微壬子壬午壬寅壬申木上生火庚辰庚戌金上生水癸丑癸未火上生土巳卯巳酉土上生金辛巳辛亥水上生木之類運克氣曰不和不相得則甚如丙子丙午丙寅丙申水上克火甲辰甲戌土上克水丁丑丁未木上克土癸卯癸酉火上克金乙巳乙亥金上克木之類若此則專倚干支亦春秋之所不訓且聖人以五紀反易其所關係獨在俊民必非泛泛如年穀不登水旱疾疫之說易曰天地閉賢人隱誠使春行秋令夏隕冬霜賢人君子必有不獲康寧者至如南宋之季月或一年四食日多頻月無光則亦巧曆所遺中隸首之算外也歲饑與食些殊倫似不足紀然聖人首重民命百穀着于功歌以春秋洪範之所弁錄故亦屬綴于後焉

歲時失紀

魯莊公六年螟七年無麥苗十七年多麋
莊公二十年齊大災二十八年大無麥禾
文公三年雨螽于宋
宣公十年饑十三年螽十五年蝝生饑
襄公二十四年大饑哀公十三年螽
秦皇十六十九年大饑
漢高祖二年關中大饑民就食蜀漢
武帝建元三年元鼎三年平原關東民相食
元帝初元元年秋二年夏饑關齊民相食
光武二年關中大饑
安帝永初三年京師人相食
桓帝延熹九年豫州民饑死什四五
靈帝光和五年京師大疫
獻帝興平二年關中民相啖白骨委積
晉愍帝建興四年大饑
元帝大興二年吳郡無麥禾

成帝咸和五年無麥禾穆帝永和十二年饑
孝元太元六年無麥禾安帝元興元年大饑
北齊武平四年山東大饑
隋煬帝大業五年燕代齊魯皆饑
唐貞觀元年關內饑
高宗總章二年郡國大饑
儀鳳四年春東都饑調露元年秋關中饑
永隆元年冬東都饑永淳元年京師人相食
垂拱三年大足元年景龍二三年郡國饑
先天二年京師岐隴饑
開元十六年河北饑時立長征酬勳格
乾元三年春京師饑廣德二年秋關輔饑
貞元元年二年大饑時作大盈庫初稅茶
貞元十四年十九年饑時裴延齡用事
元和七年至十一年皆饑
長慶二年江淮饑大和四六九年郡國大饑
大中五年六年九年湖南淮南饑
咸通九年東都大饑龐勛陷淮南五州

乾符三年京師饑時天平軍亂
光啟二年荊襄人相食時朱玫王行瑜亂
大順二年春淮南大饑時王師潰於趙城
天祐元年京師大饑時有椒殿之變
宋明道二年江南餉種皆絕時劉后見太廟
建炎元年汴京大饑人相食道殣無算
建炎三年金陷東郡饑盜載尸爲糧
紹興元年至五年十年十一年郡國皆饑
紹興十八年紹興府大饑時竄胡銓于嶺南
紹興廿八九年大饑
隆興元年江南大饑時王師潰于符離
淳熙元二三年至九十年皆大饑無麥禾
淳熙十一二年嶺東西大饑時禁僞學
紹熙二四五年江淮食草木時李氏殺貴妃
嘉泰元年至四年江上下皆饑時金人乞和
嘉定元年至十六七年皆饑猶受寶大慶殿
嘉熙四年臨安市賈人肉時史嵩之爲政
元至元廿一年至廿八九年郡縣多大饑

成宗元貞二年至大德十一年郡縣多饑
武宗至大元年江南大饑東郡父子相食
仁宗延佑二年至七年郡國大饑
順帝至正元年至五年畿輔人皆相食
至正十四年江嶺間饑父子相食
自春秋至元終二千九十年惟漢文景昭宣四朝不饑百穀用成及前宋百六十年間少饑耳饑之甚至父子相食惟三代之季若漢安帝永初而下唐德宗貞元而下南宋建炎紹興而下無歲無地不饑百姓彫劫國祚隨之書云四海困窮天祿永終故水火疾疫歲皆不成而歲事不成兼有旱蝗兵革之變洪範說省歲專指百穀固應以農事為本而五行庶徵別自分繫亦各從其類也

皇極章第七

五皇極

皇建其有極

無偏無陂遵王之義無有作好遵王之道無有作惡遵王之路無偏無黨王道蕩蕩無黨無偏王道平平無反無側王道正直會其有極歸其有極

曰皇極之敷言是彝是訓于帝其訓凡厥庶民極之敷言是訓是行以近天子之光曰天子作民父母以爲天下王

皇極一章未有敷言其斂時五福至以爲天下王一百四十字皆在嚮威之末叅敬晨協乂明念嚮威此八用者皆建極之義合是八用則極無繇建故以建極之意寓八用之中恐其意義未明乃於篇終敷言發揮錫極保極作極協極會極歸極諸義以暢前意自古學久湮篇章淆亂伏生以下未能句讀徒裒輯成文以就縫綻而巳今欲更定無憾必須移斂時五福百四十字盡歸篇末而歷代諸賢未抽其緒姑依金履祥之說以無偏無陂一百字繫爲敷言其實皇極不須敷言即皇建其有極五字巳該無限精義下章百四十字皆爲威福用人而發恐天子行其好惡以傷害俊民開天下偏黨之釁非專爲民訓也看敷言章另說庶民意義燦然不過恐庶民之近天子者假偏黨以行其淫比耳庶民不學以天子之好惡爲好惡俊民好德以

上帝之好惡爲應違天子不念俊民而徒云與民同其好惡又不念庶民而實欲自行其好惡則平康正直之誼衰而嚮福威極之權皆倒矣上章言日月之行有冬有夏月之從星則以風雨循言風雨生於日月不生於星辰寒暑生於冬夏不生於風雨明天子當與俊民共治庶民不當與近臣共爲好惡也下章言平康正直明是無有偏黨無作好惡而剛柔四克其權出於一皇極天子所爲道義與王民所爲道路一也三代而下天子已尊俊民已謏語皇極則云天子所以正庶民之偏黨語三德則云天子所以充臣下之偏私終日求之臣民而天子無事焉所以五紀失序而咎徵日見也今以皇極不用敷詞八用總歸一建復舉五作九用分屬圖書以發明皇極繫於左焉

作聖建用圖

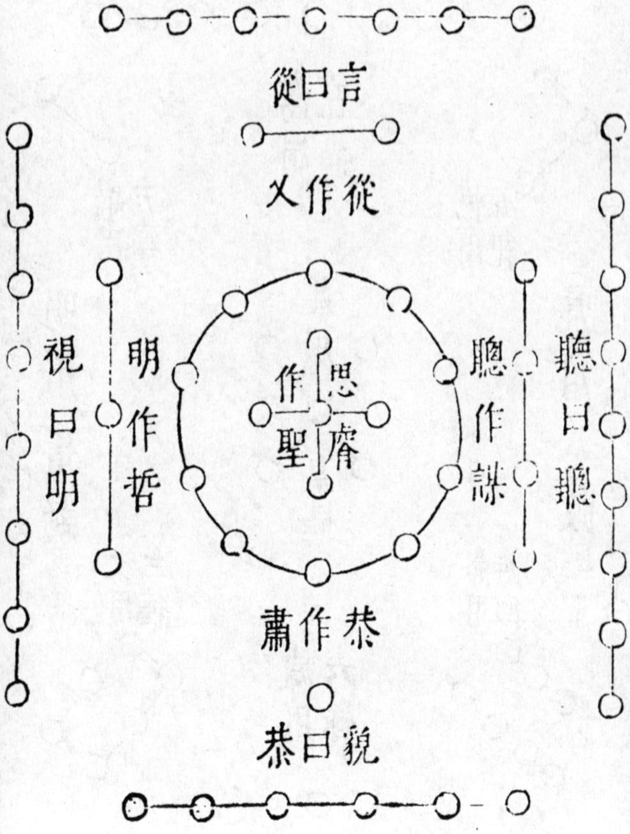

思睿作聖卽皇極也而又不指爲皇極者蓋作聖爲天子之體而建極爲天子之用

語體則肅乂哲謀皆作聖之體語用則敬晨協乂明念嚮威皆建極之用也

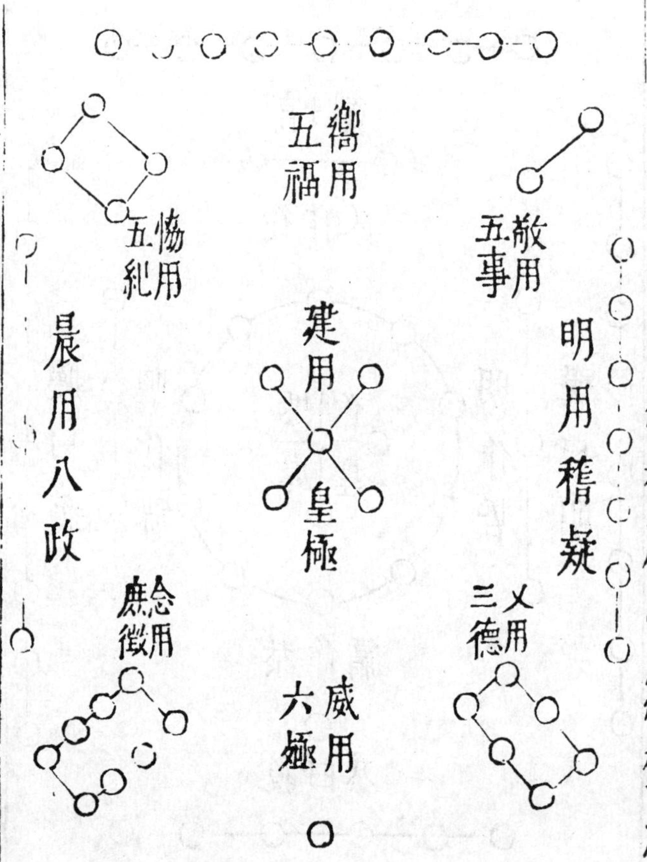

五行物不言用蓋以五行爲本嚮之則福背之則威雖有嚮極之福坎有背極之威

然體天爲用者祕無威福以威福託於天
而敬建歸于已則皇極之建亦可不言五
行不言威福也人主不以威福爲用而以
睿聖爲體農八政而明稽疑乂三德而協
五紀敬五事而念庶徵雖不作威福威福
已著於天下矣上章言庶民惟星星有好
風星有好雨必使庶民皆無好惡王者不
能必使王者皆從民之好惡天地亦不能
也天地日月無私好惡王者法之以建天
地而行日月使八政稽疑五事庶徵三德
五紀相爲參贊不撓嚮威之明不汨五行
之序而已詩曰敬天之怒無敢戲豫敬天
之渝無敢馳驅一敬而後喜怒哀樂各中
其節中節而後位育致也然則所稱遵王
者何也曰王一天也天子作民父母以爲
天下王不爲民父母則無以作天子天子
亦天也惟王稱天天子之法天猶後王之
法前王孟子曰遵先王之法而過者未之

有也以中和法天以道義法先王然後可稱建極矣又作中和圖如左

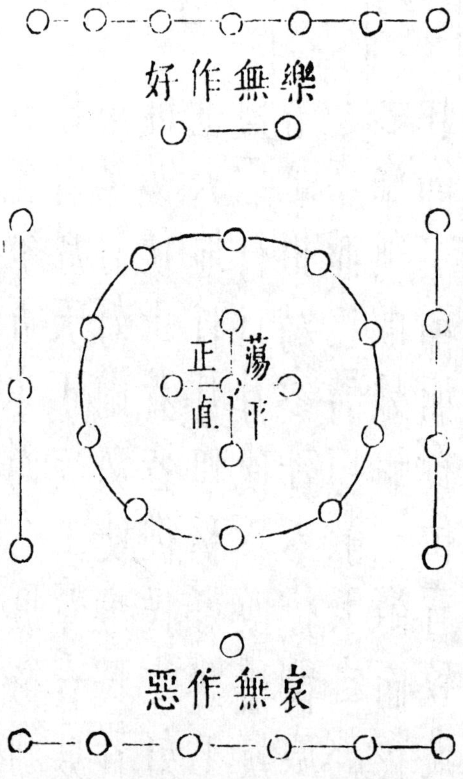

喜怒哀樂是生好惡蕩平正直即爲中和蕩平可以稱道正直可以稱義道義並稱

中和致中和致而皇極可建也皇極無偏
一敬本獨故曰愼獨所作愼獨圖如左

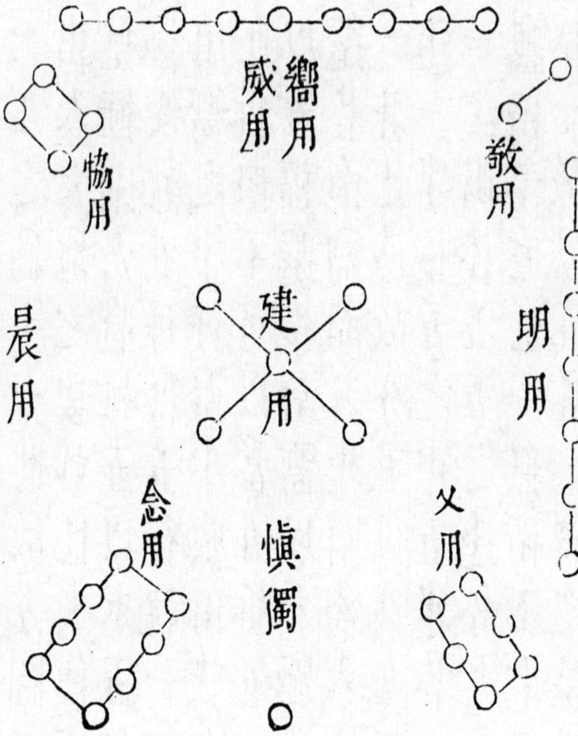

九兼兩用而五行不言用五行寄諸用者
也五不言五行而一言五行五行貫於獨

者也皇極宜言獨而不言獨五行宜言五而不言五故以獨寓五以五寓於獨獨之寓於五五之寓於獨猶一用之爲兩用一九之爲十一也故方圖之南北與中央出入天地之要妙也夫使五爲一五行一爲皇極則人將執五以求五行執一以求皇極使執五可得五行執一可得皇極則是用嚮之半可得半威用威之半可得半嚮也拆四不可以當五拆五不可以當六故以五福還於南嚮以六極還於北威五福還於南嚮而五非南嚮六極還於北威而一非北威故分五以爲九用留一以爲獨建一建於五五之中五建於一之內人知夫一之街於五五之逵於九而不知夫一之無所不宅也一無所不宅而復還於五歸於一故以五居一謂之皇以獨命五謂之極敬晨協乂明念嚮威皆慎也慎則無所不敬敬而不晨不協不乂不明不念則猶

若有所未慎也有所未慎則八政稽疑五紀度徵猶在眎聽聞睹之內一慎祇敬則七卜五占五休五咎皆不在眎聽聞睹之內眎聽聞睹不在形聲而後喜怒哀樂與天地同體與天地同體而後與天地同用矣然則嚮威福極何所用之曰嚮威福極天地之大用也聖人不用則還諸天地還諸天地而五行可吏也衆人欲用天地而率不勝天地以其好惡爭勝五行而率爲五行所勝者比比也

三德章第八

六三德

一曰正直二曰剛克三曰柔克

平康正直彊弗友剛克爕友柔克沈潛剛克高

明柔克

臣故三德之正五紀猶中氣之和歲會歲有太過名曰先天歲有不及名曰後天五陽先天氣交於大寒之前五陰後天氣交於大寒之後故爲中氣以和之五運六氣互相克制中和始得故曰天子建中和之極言天子以八政剛柔正陰陽之治也剛柔寄於八政陰陽辨於五紀歲月不殊而人民異動故爲四克以平之平而後正正而後乂乂而後明故爲稼穡以乂平康爲從革以乂乂弗交爲曲直以乂變交爲炎上以乂沈潛爲潤下以乂高明斧鉞弓旌鞀鐸琴瑟爲合爲正直之用也孔安國曰地雖至柔亦有剛克能出金石天爲剛德亦有柔克不干四時喻臣當執剛以正君君亦當執柔以納臣蘇軾深取是說然猶迂闊遠於情實其情實者亦曰克己復禮而

已已者人也禮者天也疆弗爻爕爻沈潛高明皆人也剛克柔克皆天也天即禮也有禮則正直正直則四克有所措不然亦猶之鹽梅麴蘖歸於調停而已乾以弗爻而用離離以然而成其兊坤以爕爻而用坎坎以順而成其利坎以沈潛而用震震奮而知省離以高明而用兊兊悅而趍事西方之用巽東方之用兊君子亦各有取之也堂皇之間縣象布和正直不克取諸稼穡邊圉之間正辭伐罪以剛克疆取諸從革親黨之間惠懋保和以柔克爕取諸曲直閫閾之內有物有恆以剛克柔取諸炎上臣隣之間有法有巽以柔克剛取諸潤下周官柞氏掌攻草木及林麓夏日至令刊陽木而火之冬日至令剝陰木而水之若欲其化也則春秋變其水火薙氏掌殺草春始生而萌之夏日至而夷之秋繩而芟之冬日至而耜之若欲其化也則以

水火變之其刑陽木而火剋陰木而水此猶之弗友剛克燮友柔克也其春秋變水火及以水火變之此則所謂沈潛剛克高明柔克也凡已私之難克猶草木之有根芽非水火互用不能殄絕聖人以正直爲心剛柔爲用先正已而後正人先直已而後直人知柔知剛以變化成其順治其所以成治者皆八政之用而克復歸仁在八政之先非主敬君子未之能省也

凡八政之官分治四克而平康正直獨以物格歸於皇極沈潛主貌貌之恭肅爲克取剛貌無剛克則玩褻乘之與物俱波詩曰洵有情兮而無望兮高明主言言之從乂爲克取柔言無柔克則鄙倍乘之與物俱焚詩曰辭之輯矣民之洽矣燮友主眎眎之明哲爲克取柔視無柔克則驕亢不下與物無親詩曰相在爾室尚不愧于屋漏彊弗友主聽聽之聰謀爲克取剛德無

剛克則譏毀入焉與物俱化詩曰君子信盜亂是用暴盜言孔甘亂是用餤故先王之爲八政分寄四克以治九官食與司徒居於東方以治木德喜氣萃之貨與司寇居於西方以治金德怒氣萃之祀與司空居於比方以治水德哀氣萃之賓與司馬居於南方以治火德樂氣萃之喜怒哀樂各以中和爲節中和之治寄於愼獨禮樂之用着於克巳故知中和之本於愼獨禮樂之要於克巳者可與言三德之乂矣

凡五倫五典之數不分方位文王之敬止只言父子君臣仲尼之未能兼及兄弟朋友益五行之數只有生克生者以爲父子克者以爲君臣因其父子以制君臣因其君臣以制夫婦夫婦之取於君臣循朋友之取於兄弟也五倫之間皆有疆弗褻友沈潛高明之別箕子之稱三德臯陶之稱九德差數雖殊而要以源本五行綱紀八

政斂受敷施以致四克之用則其義一也
今別爲圖以便考焉

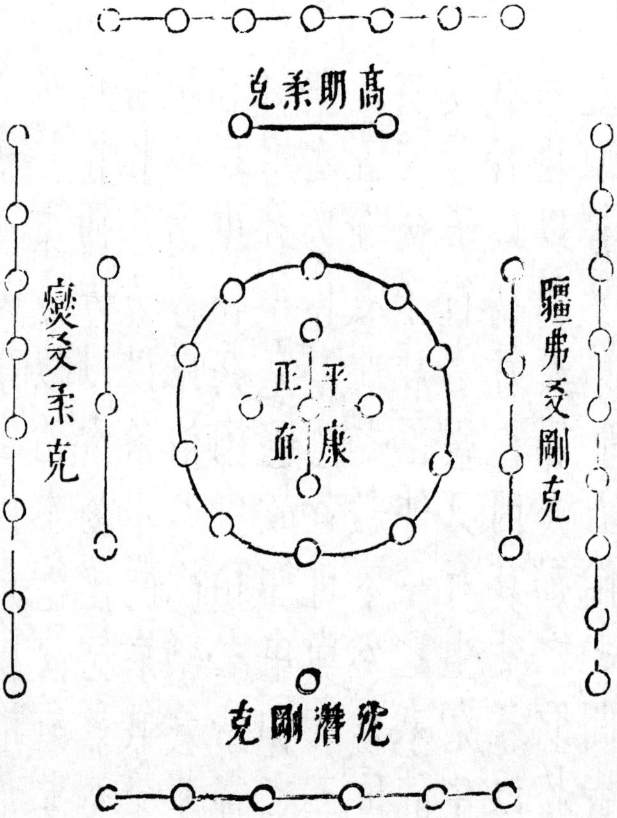

右三德四克之圖

洪範言三德皐陶言九德其實皆五德也
九德三德各有克制與河圖相參

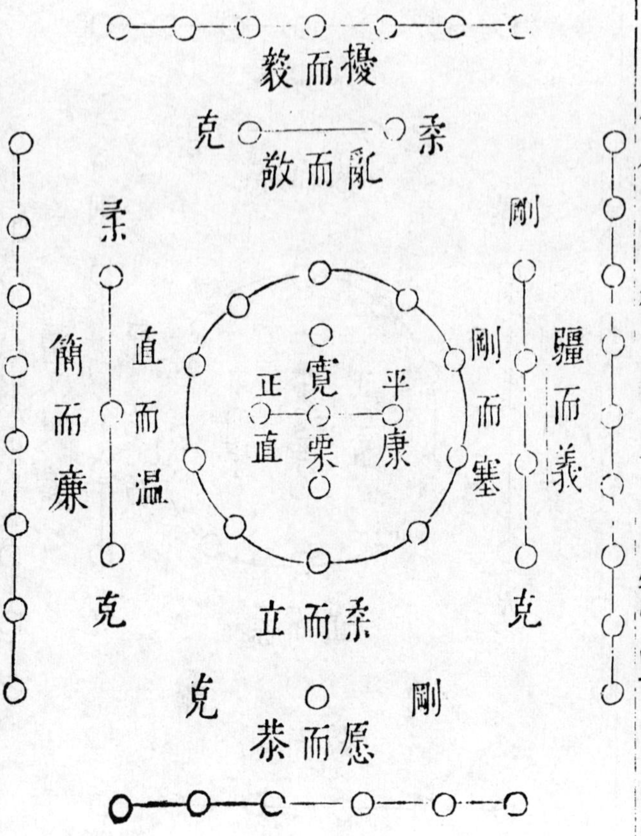

右九德配三德之圖

九德各有克制亦依河圖生成相參

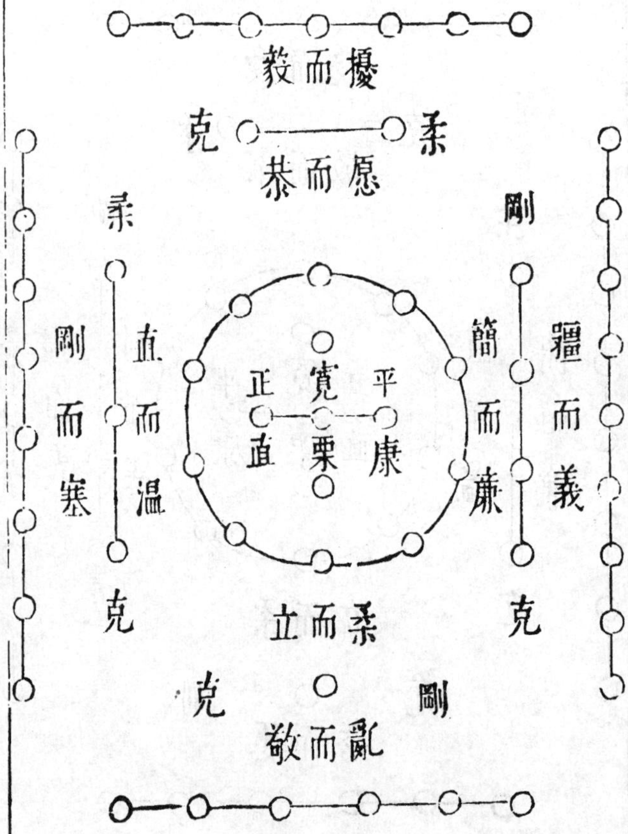

右九德配四克之圖

皐陶九德出於河圖寬栗屬土爲正直中和之所立體因而推之北方水德一柔而立六愿而恭南方火德二亂而敬七擾而毅東方木德八直而溫三簡而廉九剛而塞四彊而義此五德之方也文別其陰陽彼此相濟始其生者後其成者故一柔而立二愿而恭六亂而敬七擾而毅三直而溫四簡而廉八剛而塞九彊而義此五德之制也蓋以柔立愿恭皆爲水德則近於沈潛故以六爲亂而敬觀九河北流天下會同知水德之高明也以亂敬擾毅皆爲火德則近於高明故以二爲愿而恭觀五秩南行萬物相見知火德之沈潛也以直溫簡廉皆爲木德則近於燮友故以八爲剛而塞觀壬林之盛萬物出震知柔克之不畸柔也以剛塞彊義皆爲金德則近於彊弗故以四爲簡廉觀兌悅之源諸流潔清知剛克之不畸剛也故生於柔者成於

剛成於剛者生於柔天道不克剛柔不得
故復爲四克歸仁圖附焉

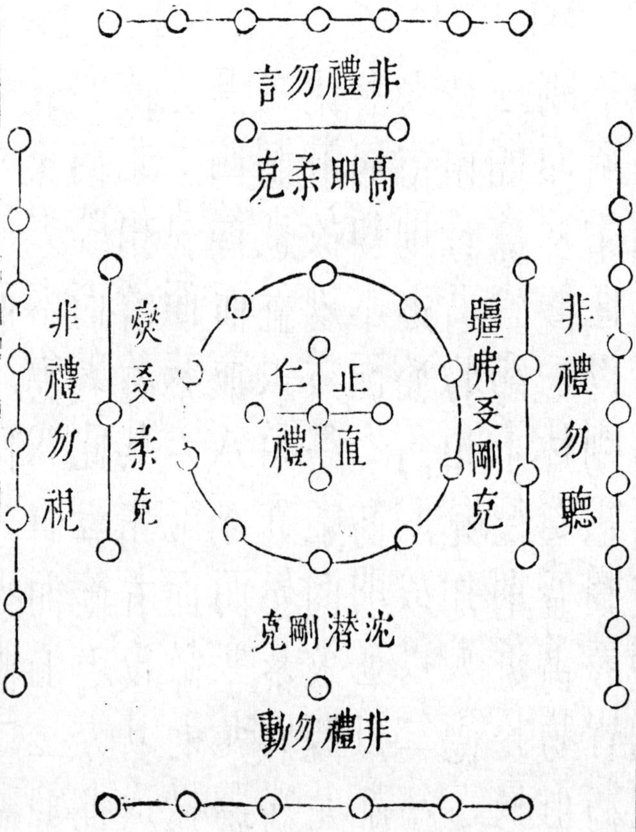

右四克歸仁圖

凡禹皐之學同出於虞廷顔思之學同出於孔氏禹稱三德皐稱九德皆以剛柔克化爲用顔稱克復思稱中和皆以天人貞勝爲本要以變化氣質會歸理極則一也人生而禀於陰陽毓於五行以爲氣質不過彊弗燮友沇潛高明四端有以克之則氣質皆化爲道德無以克之則性情皆化爲氣習中庸稱容敬執別而先以有節論語稱泰威惠勞而歸於不貪雖不言克制而克制之道彼此互見世儒以此爲制伏臣下之方謬而且陋矣或謂河圖主生自水而木而火而土而金故以生爲序雒書主克自水而火而金而木而土故以克爲序九金彊弗故以七火克之此彊弗之剛克也八木燮友故以四金克之此燮友之柔克也六水沇潛故以五土克之此沇潛之剛克也七火高明故以一水克之此高明之柔克也於義雖通而皇極睿思之理

未能甚叶要知水火金木各有剛柔非經睿思不能致克仁義禮智亦有孤行本於聖心乃成𢻹用然則聖人之專言歸仁復禮不有所倚歟曰仁有五生禮有五克仁禮之於五行猶土也然已後已歸之後則非猶土也雷龍神鬼皆出於土而入於土使土猶之五行者則所克不過沈潛所生不過疆弗非復九德咸事之義矣孟子曰仁之於父子也義之於君臣也禮之於賓主也智之於賢者也聖人之於天道也命也有性焉以性制命以命制性故自孔顏而下爲禹皐之學者莫孟子若也性命互克不復爲圖別具圖於後焉

稽疑章第九

擇建立卜筮人乃命卜筮曰雨曰霽曰蒙曰驛

曰克曰貞曰悔

凡七卜五占用二衍忒

立時人作卜筮三人占則從二人之言

汝則有大疑謀及乃心謀及卿士謀及庶人謀

及卜筮

汝則從龜從筮從卿士從庶民從是之謂大同

身其康彊子孫其逢吉

汝則從龜從筮從卿士逆庶民逆吉

卿士從龜從筮從汝則逆庶民逆吉

庶民從龜從筮從汝則逆卿士逆吉

汝則從龜從筮逆卿士逆庶民逆作內吉作外凶龜筮共違于人用靜吉用作凶

聖人作睿而猶有疑思肅乂哲謀而猶有疑事所以參挾天人不與鬼神爭智也七卜之有五五占皆龜也用二衍一皆筮也龜者疇也筮者易也疇之象甚著而其辭已微故用龜者觀其象易之象雖微而其辭甚著故用蓍者玩其辭雨霽蒙驛克皆象也象經三兆兆經八體三八二十四以五乘之其體百有二十以十乘之其變千有二百故曰大卜掌三兆之灋一曰玉兆二曰瓦兆三曰原兆經兆之體皆百有二十

其須皆千有二百然而未盡也何爲其未盡也曰古之用法者不一而其取法者常有所不盡易之爲象六十四其須四千九十六又再進之爲二十六萬二千一百四十四則象不勝情而詞不豫設疇之爲數縱橫十五分爲八方據三而成卦三八二十四以五占之爲百二十然其原田各八句股各八圭黍各八或重或單出入成巳不可以百二十盡也今曰體色墨坼別以四六以五乘之以十衍之爲千二百是言其毛耳以言其象則固未盡也圖書兩象其文皆龜也參疇爲三通五爲九三乘九九七百二十九以毛經之二千一百八十七著陰陽六月之合也方圓爲玉橫縱爲原衰拆爲尾三分體卦各二百四十三各有五占雨霽蒙驛克爲毛一千二百一十五立三人而參之備兩歲之日一朞之辰是鬼神所執吉凶之契也吉凶之契不可

膠剌而從逵之象其變多方總以雒書爲據故復爲雒書占象如左

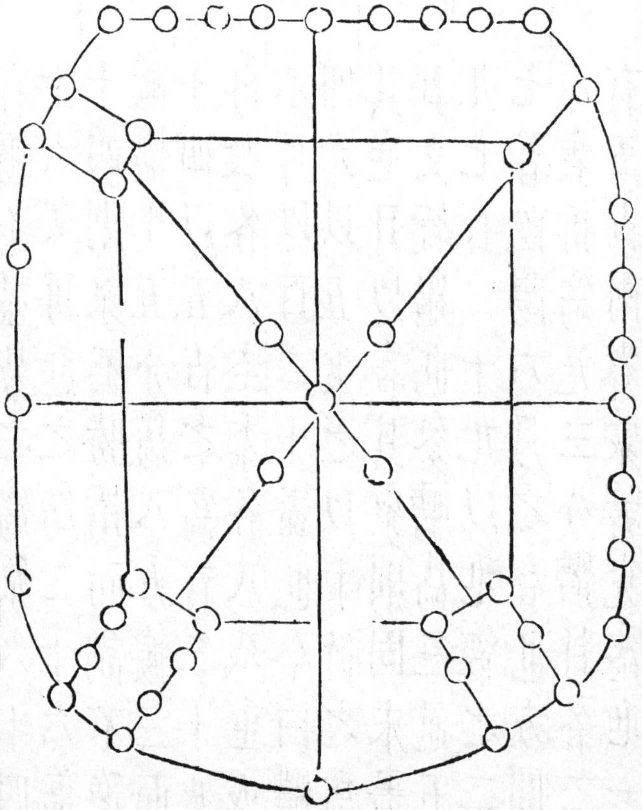

五占之解舊各不同孔氏以驛爲落驛氣不連屬鄭氏以圍爲光明色澤光𤏸然其

以水火金木土爲序則一也占法殊方古今異變孔穎達云今之用龜兆橫者爲土立者爲木斜向徑者爲金背徑者爲火因兆而細曲者爲水賈公彥云兆直上向背者爲木直下向足者爲水邪向背者爲火邪向下者爲金橫者爲土其實皆不然者五行不專一事五變不專一態爲玉兆者體色墨坼皆似於玉爲原兆者體色墨坼皆似於原爲瓦兆者體色墨坼皆似於瓦三兆旣分然後以五占別之五占可以兼三兆而三兆不可以兼五占故言五占而不言三兆也然則雨之爲象三兆皆雨霽之爲象三兆皆霽蒙之爲象三兆皆蒙驛之爲象三兆皆驛克之爲象三兆皆克則何適主與曰以事爲主古之用筮有九用龜命八一征二象三與四謀五果六至七雨八瘳又云立君大封大祀大遷大師大喪是於五者各有好惡猶月之從星而有

風雨也然則五占之用獨貴霽克者何也曰火土者天地之晝氣也命雨而得霽命與而得克則無爲貴霽克矣然則王兆皆無墨坼而貴璺食深晰者何也曰璺食者日月之交氣也大象不愆大謀不私亦無爲貴璺坼深晰矣然則古之用火灼龜何也曰人生扵日日灼扵地而百草以蕃春夏自南而北秋冬自北而南視高蓺箠則取扵此也然則火灼龜而成體兆日灼地而成煇祥大地之煇祥着扵龜腹之體兆而聖人獨以龜腹尚扵日煇者何也曰日煇尊也尊命扵天不可以旦告龜腹親也親命扵人則可以旦告然且聖人不廢眂祲亦猶之占兆也然則食貨祀司空司徒司寇賓師以其位而取之乎抑以其兆而取之乎曰以其位而取之也以其位取之而又眂其所交別其體色墨坼則未有遯者矣然則一九之交曰食與師而亦曰剝

空司寇三七之交曰祀司寇而亦曰食與賓二八之交曰貨與賓而亦曰祀與司徒四六之交曰司空司徒而亦曰貨與師一方四官一象兩治五占雜應奚取之乎曰取其正者而其應交屬然則五行所屬圓圖正位不復爲據與曰其數固自在也金火交於西南水木安於東北易曰利西南言其交者也曰不利東北言其不交者也象不交則不神道不交則不通水火木金變色致氣以動天地日煇動而蓍龜乘動而微聖人取微焉耳然則占象之猶有異同何也曰精魄着人思擬各別日煇射旁而左右異視連山之時未有歸藏歸藏之時未有周易然且顓頊黃帝不循一師然則聖人亦有悔與曰何爲其無悔也不悔則不動不動則卜筮可以不設卜筮可以不設則煇祲可以不眠煇祲可以不眠則日食彗隕皆無可動聖人者而聖人之智

尊於鬼神大於天地
五占濛既不傳眂祲亦五占之屬故復以
歷代氛祲繫焉

煇占紀異

漢高帝七年六月月暈圍參畢七重應白登
武帝建元二年四月戊申如日夜出應衛氏
建元四年夏有風赤如血
昭帝元平元年正月寅子風師見狀如亂髼
元平二年二月乙酉祥雲如狗夾漢西行
元帝永光元年四月日青白亡景應石顯
成帝建始元年八月戊午兩月重見應王氏
河平元年正月壬寅日月皆赤無光中食墨
永始二年二月癸未東南有赤氣索索如樹
應樊並蘇令
哀帝建平元年正月丁未尺練南行聲如雷
王莽地皇元年二月壬申日正黑

世祖建武七年四月丙寅日抱白虹貫暈
中元元年十一月甲辰日月中衆星出入齒齒
章帝建初元年七年屢有白虹貫日應竇憲
和帝永元十六年四月紫宮着粉絮應大喪
殤帝延平元年夏冬日屢有璚背兩珥
順帝永建二年六年春屢有虹貫日珥暈
永和六年正月巳卯白虹貫暈兩珥
桓帝建和三年二月巳巳黃氣抱日突兩珥
靈帝熹平二年八月白練衡比斗主兵
光和元年六月丁丑天投蜺墜溫明殿
中平五年正月日中墨食如飛鵲
獻帝初平元年二月壬辰白虹貫日
興平二年十二月月重暈兩珥在端門
先主章武三年冬月暈比斗應永安宫
晉武帝泰始元年七月日暈再重貫白虹
泰康元年正月巳丑朔雜氣貫日有光
惠帝元康九年正月日中墨食如鸞
永康元年正月癸亥朔日暈三重冬晝晦

永興元年冬日中有墨分着是年十二月壬
寅夜赤氣有聲
光熙元年五月壬辰日散如血流暎地是年
十二月甲申白氣若虹夜見五日
懷帝永嘉二年二月白虹貫日有暈五重
永嘉五年三月庚申日散血中着墨燕
愍帝建興二年正月己巳朔霧着人如墨
建興二年正月庚申有日隕别光逆行
建興五年正月庚子日三出重暈兩珥
元帝大興元年十一月乙卯日夜出有珥
永昌元年十月京師大霧晝晦
成帝咸康元二八年屢有白虹貫日
穆帝永和十十一年日中着墨見三足烏
帝奕六年三月辛未日暈五重貫白虹
孝武大元十三四年日屢有黑子
安帝隆安元年十二月壬辰日暈有背璚
元興元年二三月白虹屢貫日應極玄
義熙元年五月日有采珥六年五月有璚

義熙七年七月五虹射東方
恭帝元熙二年日兩直珥貫白虹應革命
宋文帝元嘉四年晝晦十日自是天下無王
元嘉三十年正月朔青黑氣覆宮殿
梁武帝太清二年五月有兩月相承如鉤
太清三年正月庚申白虹貫日三重應侯景
元帝承聖元年十一月丙子見兩日應革命
陳文帝天嘉七年二月庚午日無光烏見
宣帝太建五年六月西北黑雲屬地散如豕
太建十二年壬寅白虹見西方
周武帝天和二年十月黑杯食日六日乃滅
隋文帝仁壽四年七月乙未日青八日乃復
煬帝大業十三年十一月辛酉日光散如流血
唐太宗貞觀十一年七月朔黃氣竟天
貞觀十七年四月青氣遶東宮殿
貞觀十八年六月壬戌青黑氣亘天
高宗咸亨元年永淳元年春日皆如赭
中宗景龍二年七月癸巳夜赤光照地三日

玄宗開元二十九年三月丙午晝昏
天寶三載正月庚戌日暈五重
代宗寶應元年七月赤光貫紫微大光明年
幸陝吐番入長安
大曆二年七月日旁屢建旗白氣亘天
大曆二年十月黑塵彌北方
大曆三年正月日屢有青赤冠珥
德宗貞元二年閏五月壬戌日有黑暈
貞元二年十一月壬午赤氣五出亘天
憲宗元和二年十月壬午日傍獻馘應李錡
元和十三年十二月丙辰白虹東西亘天
敬宗寶曆元年六月甲戌赤虹貫日
寶曆元年十二月乙酉夜赤霧彌天
文宗太和元年庚戌赤白氣間出北方
太和三年八月西方有日氣如柱
太和六年三月有黑祲與日鬬
太和八年十月白虹貫日上有背玦應李訓
開成元年正月辛丑朔白虹貫日應崔仇魚

開成五年正月巳丑虹環貫珥應在內庭
武宗會昌元年十一月庚戌晝食日
宣宗大中四年正月壬寅黑氣東西際天
大中十三年四月甲午晝晦
懿宗咸通元年七月白虹亙西方
咸通六七年日屢有白黑貫氣重暈
咸通十四年七月黑氣盤屬殿乃應僖宗
僖宗乾符元二年日中有鸞應田令孜
乾符六年十一月丙辰朔兩日出鬬應盜巢
中和二年七月丙午絳氣竟天
中和三年三四月日屢有青黃暈
昭宗景福元年五月日色散如黃金
光化二年日中白氣直坤艮
光化三年冬日有虹蜺背璚彌旬應劉季述
天復元年十月日色散如金應韓全誨
天復二年二月日貫赤氣亙東南北
天祐元年二月丙寅日中見比斗
天祐二三年正二月屢有黃白環青赤背氣

晉高祖天福二年正月赤氣如火見紫宫
天福九年正月霧中二白虹相偶
宋太祖開寶七年正月丙戌日中着二黑子
太平興國四年四月乙未白氣壓北斗
真宗咸平三年十月黑氣貫北斗
景德元年十二月甲辰出如日者三
仁宗景祐元年八月壬戌黄白氣出張翼積
三十三日應在元昊
神宗熙寧二年十一月赤氣着西北
哲宗元祐三年七月丁卯夜東北明如晝
徽宗建中元年正月朔夕赤氣間白直坤艮
自熙寧至宣和間日屢有黑子應諸邪佞
自元符至靖康間日屢有背戟纓履格暈
靖康二年正月丁未晝晦二月壬午戊子白
氣貫斗
高宗建炎三年春白虹屢貫日
建炎三年二月甲寅日傍兩格如人
建炎四年五月夜赤光亙東北如火

建炎四年五月壬子夜白氣維出北方
建炎廿七年赤氣出紫宫
建炎三十年西北赤氣如火屢見
紹興元年正月壬戌日有背氣
紹興六年至八年日屢有黑子
紹興七八年春秋屢有赤氣亘坤艮
紹興二十七年至卅二年屢有赤氣隨日
孝宗乾道元年正三四月屢有白氣貫三垣
乾道元年八月壬午赤氣亘中天
乾道二年二月庚辰日有直氣六月傍倚戟
乾道三年三四五月日屢有赤黄暈
乾道四年三月巳丑大霾
乾道五年正月甲申晝晦
淳熙十三年五月巳卯日暈中有黑子
淳熙十五年丙申日有背氣
光宗紹熙四年秋日戴且背夜有赤白雲氣
寧宗慶元元年正月丙辰白虹貫日
慶元六年十月赤氣夜發亘天

嘉泰四年二月庚申夜有赤雲間白亘天

開禧元年四月辛丑日中墨食

嘉定六年四月日暈亘黃赤

自漢至元末日暈珥璚背抱之至多者莫過於宋眞仁英神哲五朝之間而奏者皆以爲瑞或以爲主明臣蔽主賢臣不賢之占可謂諛諂極矣凡大地之氣祲見於天上皆謂之反易雖黽魄不同體色各異而人主因之可以自審猶太陽之盛衰視暈祲之伏現也火之灼龜一告之後龜不復用日之灼地神物者天一告再告則精爽幾窮矣六朝自齊梁而後亦氣祲至多而史官皆不盡錄猶之孔聖之夫不信龜筮則七十五占可以盡廢故亦略存其槪以識稽疑云

庶徵章第十

八庶徵

曰雨曰暘曰燠曰寒曰風曰時

五者來備各以其叙庶草蕃廡一極備凶一極無凶

曰休徵曰肅時雨若曰乂時暘若曰晢時燠若曰謀時寒若曰聖時風若

曰咎徵曰狂恒雨若曰僭恒暘若曰豫恒燠若曰急恒寒若曰蒙恒風若

百穀用成此俊民之徵也庶草蕃廡此庶民之徵也俊民調時者也庶民趍時者也

民無好惡以時爲好惡時當則與之時過則去之極備過時者也極無不及時者也過時則不及時不及時則亦過時矣易曰恆其德貞婦人吉夫子凶天能爲雨暘寒燠而不能使雨暘寒燠之皆時故時者天所以應聖人亦聖人所以用天地也五行之吏各司其官使五行常自爲政則五行必交勝於天地五行交勝於天地則雨暘寒燠必有不得其平者矣故貌言視聽讓權以與思雨暘寒燠讓權以與風五者交讓也而奉權以與聖故聖人者天地之心師也使天地不用其心師則五行與五官貌不相涉即聖人之耳目四肢亦各自爲治耳目四肢各自爲治則循之庶民耳然且庶民知時者也庶物庶草則不知時者也時能爲恆恆不能爲時

臣按洪範五行傳皆爲此章而設雖其體屬不同而源本一也故復以歷代庶徵附

焉歷代庶徵不言所屬而其大要五行與
五事同次

庶徵紀異

恆雨徵異

魯隱公九年三月癸酉大雨震電庚辰大雨雪

漢昭帝始元元年七月大雨至十月

成帝建始三年秋大雨四年秋大雨應宫掖

世祖建武六年秋大雨十七年暴雨壞民居

和帝永元十年至十五年皆雨傷稼

安帝永初元年四年秋郡國雨傷稼

永寧元年郡國三十餘雨傷稼應及耿寶

建光元年京師及郡國雨多傷稼應京閏

延光元年二年郡國三十餘雨傷稼

順帝永建四年荆豫兗冀淫雨傷稼

桓帝延熹二年夏淫雨彌月

靈帝建寧元年夏淫雨逾兩月應在曹王

熹平元年夏霪雨七十餘日侯覽自殺
中平六年夏淫雨八十餘日張讓劫車駕
魏明帝太和元年數暴雨殺鳥雀
吳孫亮太平二年二月大雨震電大雨雪
晉武帝泰始六年六月大淫雨漂民居
太康五年秋郡國暴雨雪傷稼
元帝太興三年春二月雨至于四月應王氏
永昌元年春晝夜震電雨五十餘日
成帝咸康元年秋荆楚大雨傷稼
梁武帝天監七年七月雨至十月
陳宣帝太建十二年秋大淫雨應始興王
東魏武定五年秋大雨七十餘日應元瑾
齊後主武平七年七月大淫雨應駱提婆
唐永徽六年秋京師大雨廢王后及蕭淑妃
顯慶元年秋霖雨九旬廢太子忠
天寶十三載秋大淫雨逾六旬
肅宗上元元二年秋淫雨連月
代宗大曆四年四月雨至于九月

德宗貞元二年正月八雨雪七日
憲宗元和十二年秋雨四十日東郡漂民居
敬宗寶曆元年六月雨至八月漂民居
宣宗大中十年四月雨至于九月
僖宗乾符五年秋大淫雨害稼應田令致
後唐同光三年淫雨六月至九月
周廣順二年七月暴風雨京師水數尺
宋太祖乾德六年郡國二十三淫雨壞民居
太宗雍熙四年七月京師大雨逾旬
真宗咸平四年六月京師大雨漂民舍
天禧四年七月連雨泛民舍及冬乃止
仁宗天聖七年自春涉夏雨不止
嘉祐元年五月丁未雨壞大社大稷
英宗治平元年雨壞諸陵基
治平二年八月庚寅大雨沒殿班殺人畜
元祐八年自四月恆雨至八月
紹聖三年七月久雨昇輿陷泥中
崇寧元年秋久雨壞京師廬舍

崇寧四年五月京師久雨至十月

靖康元年四月京師雨霢寒至六月傷稼

紹興元年行都雨壞城郭

紹興三年行都雨自元旦至二月

紹興五年九月雨至于明年正月

紹興二十三年大雨壞軍壘民田

乾道二年正月淫雨至于四月

淳熙十二年五月霖雨至六月

紹熙四年四月淫雨至五月壞圩田害稼

慶元二年行都霖雨五十餘日

慶元五年行都大雨壞城六月浙東雨至于

八月

開禧元年行都淫雨自十月至明年三月

嘉定四年十一月雨雪積陰至明年二月

元英宗至治元年六月安陸大雨七日害人民

順帝至元三年六月京師大淫雨沒人畜

至正三年益都淫雨饑民相食

凡大雨與水災通其甚壞廬舍殺人民者備見水災中不肅之罰在漢元成唐高中間最著餘如雨血雨毛雨金雨木雨土之類不可勝書亦不可盡求事應也

恒暘徵異

魯莊公三十一年冬不雨

僖公三年春夏不雨至于六月

僖公二十年冬十月不雨

僖公二十一年夏大旱

文公二年自十二月不雨至于秋七月

文公十三年自正月不雨至秋七月

宣公七年秋大旱

襄公五年秋大雩八年秋廿八年秋大雩

昭公三年八月六年九月十六年九月大雩

昭公二十四年八月二十五年七月大雩

定公十年九月大雩

秦始皇十二年自六月不雨至八月

漢惠帝五年大旱江河谿谷皆絶
文帝三年秋大旱後六年九年天下大旱
景帝十三年秋大旱後二年秋大旱
武帝建元四年夏大旱元光六年夏大旱
元朔五年春大旱元狩三年夏大旱發謫吏
天漢元年夏三年夏大旱時頻師于余吾
征和元年夏大旱時大捜上林
昭帝元始六年大旱明年誅桑弘羊上官桀
元鳳五年夏大旱乃發惡少屯遼東
宣帝本始元年大旱是起平陵
元帝建昭二年大旱殺京房
成帝永始三年夏大旱鐵官徒叛
世祖建武二年秋五年夏旱時禰廟受璽
章帝建初二年四年夏旱乃理楚獄
和帝永元六年秋旱應女謁
安帝永初六年七年夏旱元初二三年夏旱
順帝永建三年五年夏旱陽嘉二年夏旱
桓帝元嘉元年延熹元年夏大旱應外戚

靈帝熹平五六年光和五六年夏旱應常侍
獻帝興平元年秋旱應盜賊
魏明帝太和五年自去冬十月至三月不雨
晉武帝泰始九年自正月不雨至六月
泰始十年夏旱時大采女
太康五年夏旱應在荀馮楊賈
太康六年至十年皆旱十年夏新廟梁拆
惠帝永寧元年自夏及秋旱五王兵起
懷帝永嘉三年夏大旱河洛江漢皆可涉
元帝大興元年四年夏旱
永昌元年夏大旱川谷皆竭是應王躬
明帝太寧三年自春不雨至于六月
成帝咸和元年夏秋皆旱庾亮殺司馬宗
咸和五六年夏秋皆大旱
咸和九年自四月不雨至于八月
咸康元二三年夏皆旱
穆帝永和五年七月不雨至十月
升平三年四年冬大旱

簡文咸安二年夏太旱應王躬
孝武太元四八十年夏秋皆旱
太元十三十五十七年并旱應在丘尼姍姘
安帝隆安二年冬旱又甚寒應王庾殷楊
隆安五年夏秋大旱應司馬元顯
元興元年秋饑冬大旱二年夏冬又旱
宋孝武大明八年東郡大旱饑
梁武帝天監元年大旱饑
簡文大寶元年夏大旱都下人相食
陳宣帝太建十二年春正月不雨至四月
隋大業八年十三年天下大旱時征高麗築長城
唐高祖武德三年夏旱至八月乃雨
武德四年自春不雨至於七月
太宗貞觀元年至四年春夏皆旱
貞觀十二年吳楚巴蜀皆大旱
永徽二年九月不雨至明年二月
儀鳳二三年夏旱永淳元二年夏旱
中宗神龍二年冬不雨至于明年五月

玄宗開元十四十五十六年諸郡皆旱
代宗永泰二年自三月不雨至六月
大曆六年春旱至八月
德宗建中三年自五月不雨至七月
貞元元年春旱無麥苗至八月滻灞垂竭
貞元十九年正月不雨至七月
順宗永貞元年秋江淮湖鄂皆旱
文宗太和九年京兆諸州皆旱
武宗會昌六年春旱冬不雨至明年二月
懿宗咸通二年秋河淮間不雨至明年六月
昭宗光化三年冬京師旱至于明年二月
宋太祖建隆三年京師春夏皆旱
建隆四年京師夏秋旱
乾德四年至八年京師皆旱
太宗興國二年至四年京師皆旱
雍熙二三四年京師皆旱
端拱二年夏京師旱秋七月至十一月不雨
淳化元年正月至四月不雨

至道元二年春夏旱冬無雪

眞宗咸平元年春夏京畿皆旱

景德元年京師夏旱人多暍死

大中祥符二年春夏京師及河南皆旱

天禧元年京師春秋皆旱

仁宗明道二年江淮間大旱餉種皆絶

慶曆三年京師自春至夏不雨

神宗熙寧七年京東西兩淮春夏皆旱

哲宗紹聖三年江東大旱溪河涸竭

徽宗大觀三年江淮東西諸路夏秋皆旱

政和元三年淮南江東旱人多疫

高宗紹興三年夏旱至七月七年春旱至六月

紹興二十九年二月不雨至五月首種不入

孝宗乾道七年江湖淮浙歲大旱冬無雪

淳熙七八年行都自七月不雨至九月十一月

淳熙九年至十一年夏秋江南皆大旱

光宗紹熙元二三四五年吳越楚蜀皆旱

寧宗嘉泰二年春旱至于夏秋

元文宗天曆元年陝西旱饑人相食
順帝元統二年湖廣河南夏秋皆旱
至正二年河北大旱饑人相食
至正二十二年河南大旱人相食
凡雨暘之數贏絀相倚雨積之後必暘暘亢之餘饒雨唐貞觀永徽之間以爲毗水滅火故多水然而盛暘之歲亦與水平宋紹興淳熙而後以爲毗金毀木故多水然而盛暘之歲亦與水平聖人在上要有財成豫防不至捄敗而已徃僭之慾何事蔑有以爲上皆聖神則下皆徃僭卿尹而下不肅不乂亦未剋應至此也

恒燠徵異

魯桓公十五年春無冰
僖公三十三年十二月隕霜不殺草梅李實
襄公二十八年春無冰
秦始皇五年冬雷

漢惠帝五年冬雷桃李華棗實
文帝六年冬十月桃李華
武帝元狩六年冬無氷
景帝六年冬十二月雷霖雨
昭帝始元二年冬無氷
元鳳五年十一月大雷
王莽始建國二年十二月雷
漢世祖建武七年遼東雷草木華實
和帝元興元年十一月郡國四處雷
殤帝延平元年九月乙亥陳留雷
安帝永初六年十月丙戌六郡聞雷
永初七年十月戊子郡國三聞雷
元初元年十月癸巳郡國三聞雷
元初三年十月辛亥汝南樂浪雷
元初四年十月辛酉郡國五聞雷
元初六年十月丙子郡國五聞雷
永寧元年十月郡國七聞雷
建光元年十月郡國七聞雷

靈帝熹平六年冬十月東萊聞雷
中平四年十二月晦雨水大雷電
獻帝初平三年五月丙申無雲而雷
初平四年五月癸酉無雲而雷
晉武帝太康六年十二月甲申朔淮南震電
太康七年十二月己亥毗陵震電
太康十年十二月癸卯廬江建安震電
惠帝永興二年十月丁丑雷震
懷帝永嘉四年十月震電
愍帝建興元年十一月戊辰會稽大雨震電
元帝大興元年十一月乙卯暴雨震電
成帝咸和元年十月己巳會稽大震電
穆帝永和七年十月壬午震電
升平元年十一月庚戌雷乙丑又雷
安帝義熙四年十一月癸丑雷
義熙六年十二月壬辰大雷
義熙九年十一月甲戌雷乙亥又雷
後齊天保八年三月大熱人或暍死

唐中宗證聖元年正月丁酉雷
武后延載元年九月梨華
中宗神龍二年陳州李盛華如春
玄宗天寶元年冬無冰
德宗十四年夏五月始雷遂大燠至于十月
憲宗元和十一年冬雷
穆宗長慶二年冬無冰草木萌芽如初春
武宗會昌三年冬沁源桃李華
僖宗廣明元年冬山華皆榮
宋太祖乾德五年秋熱冬無雪
開寶元年三年京師皆熱無雪
宋太宗淳化二年冬京師無冰
淳化五年夏大疫
至道元年二年京師春夏旱冬無雪
大中祥符二年冬溫無冰有雷
真宗咸平元年正月戊寅震雹
咸平三年冬黃州雷作如盛夏時
咸平三四年京師多溫江南大疫

仁宗天聖五年秋大暑毒熱中人
嘉祐六年冬京師無氷
英宗治平四年冬無雪
神宗元豐八年冬無雪
哲宗元祐元年冬無雪
元祐四年冬無雪
元祐五年冬無氷雪
徽宗大觀三年十月戊子大雷雹而雨
高宗紹興三年潼川路不雨氣如仲夏日月
皆赤
紹興五年大燠人多死暍
紹興五年至十五年多冬雷
紹興二十一年十一月辛未十二月癸酉皆震雷
紹興三十一年冬無雪
孝宗乾道二年十一月戊辰日南至大震雷
乾道三年冬溫少雪無冰
乾道五年冬溫無雪
乾道六年冬溫無氷雪

光宗紹熙四年十一月己卯日南至雷
寧宗慶元元年冬無雪
慶元四年冬無雪初春燠而雷
慶元六年冬無雪蟄蟲不藏桃李華
開禧三年冬少雪
嘉定元年春燠如夏
嘉定六年冬有雷蟄蟲不藏
嘉定八年夏大燠百泉竭人多疫暍
嘉定九年冬無雪
嘉定十三年春暴熱土燥泉竭
元世祖至元十三年冬無雪
臣按紀載燠皆與暘同占其少別者曰冬無冰雪耳其實雨暘行於萬物燠寒中於人身六運有風熱暑濕燥寒寒熱中人甚於水火所以然者藏冰不固發陽太早耳史記燠條皆入於旱雨條皆入於水而冬月有雷皆不入燠故復略別其同異以熱殊微猶憤盈之時元氣泄越庶草與百穀

爭秀厖民與俊民同榮亦陽明之膹屬風
勢之餘孽也

恆寒徵異

魯桓公八年十月雨雪
僖公二十九年秋大雨雹
成公十六年正月雨木氷
昭公三年大雨雹
定公元年十月隕霜殺菽
周考王六年六月秦雨雪
威烈王四年四月晉大雨雪
漢文帝四年六月大雨雪
景帝中六年三月雨雪
武帝元狩元年十二月大雨雪民多凍死
元光四年四月隕霜殺草木
元鼎二年三月雪平地五尺應嚴青翟張湯
元鼎三年三月水四月雨雪大雨雹
元封三年冬十二月雷雨大雹

地節四年山陽濟陰大雨雹殺飛鳥

元帝永光元年三月雨雪隕霜殺桑

永光元年九月二日隕桑殺稼應蕭周張賈

建昭二年冬齊楚雪深五尺應房傅

建昭四年三月雨雪殺燕敗蠶功

成帝陽朔四年四月雨雪殺燕雀

王莽天鳳元年四月隕霜殺草木

天鳳三年二月大雨雪深一丈竹栢皆枯

天鳳四年八月大寒殺人馬

和帝永元五年八月郡國大雨雹咎在周紆

安帝永初元二三年屢大雨雹

延光元年四月郡國大雨雹

桓帝延熹七年五月己丑京都大雨雹

靈帝光和六年冬大寒井底氷盈尺

獻帝初平四年六月大寒右扶風雹殺人

魏黃初六年正月雨木氷

吳赤烏四年正月大雪殺鳥獸

晉武帝泰始九年四月隕霜

咸寧三年六月八月郡國隕霜傷稼
咸寧五年夏郡國大雨雹壞民居
太康元年二年春河東皆隕霜夏郡國大雨雹
太康五年九月南安大雪折木
太康六年三月齊郡琅琊河間皆隕霜傷稼
太康八九十年郡國屢隕霜雹
惠帝元康三年夏滎陽弘農大雨雹深數尺
元康五年六月東海雨雹深五尺
元康六年三月東海雨雪殺麥
光熙元年閏八月霰集上乃殂
元帝大興二年三月成都風雹殺人
明帝太寧二年四月京師大雹殺燕雀
太寧三年三月丁丑雨雪癸巳隕霜
康帝建元元年八月大雪
穆帝永和三年八月冀方大雪殺牛馬
永和十年五月涼州雪十一年四月隕霜
孝武太元二十一年四月大雹上纍隕
安帝義熙五年三月己亥雨雪數尺

義熙六年八年十年夏皆雨雹
梁武帝天監三年六年三月皆隕霜殺草
普通三年三月大雪平地三尺
大通元年四月大雨雹
大同三年六月七月東郡霜雪害稼
陳宣帝大建二年六月大雨雹
大建十年四月雨雹八月隕霜殺稻菽
齊武成河清二年二月大雪連月繁霜晝下
唐高宗永徽二年冬凍霧封林連日不解
顯慶四年二月壬子大雨雪
咸亨元年十月癸酉大雪殺人畜
咸亨二年四月大雨雹震電風拆木落鴟尾
儀鳳三年五月丙寅雨驟寒凍殺衛士
久視元年三月大雪六月曹州大雨雹
神龍元年三月乙酉睦州人寒冰夏大雨雹
玄宗開元二十九年九月丁卯大雨雪拆木
德宗貞元元年正月屢風雪殺人畜
貞元十二年冬大寒殺竹栢柿樹

貞元十七年二月雹霜震雹雪繼下

貞元十九年三月大雪

貞元廿年二月庚戌始雷雨雹震電大雨雪

元和八年十月東都大寒隕霜殺鼠雀

元和十二年九月巳丑雨雪冰殺人

穆宗長慶元年二月海州海水冰數百里

文宗太和六年正月雨雪至二月

武宗會昌三年春大雪凍殺人畜

僖宗乾符六年五月大雹時方宣制

廣明元年四月東都大雹拔木殺鳥獸

昭宗天復三年浙西大雪江海皆冰

天祐元年九月壬戌大寒浙東西積雪

後晉開運二年春東京城壕皆有冰繪

宋建隆三年春延寧雪盈尺溝洫皆冰

乾德二年夏秋鄜國多雨雹害民田

太平興國七年三月宣州霜雹殺桑稼

雍熙七年南康大雪江水冰

端拱元年東都大雹殺麥苗

淳化元年夏許州大雹壞民舍
淳化三年三月商州霜殺草木
淳化四年二月商州大凍殺人畜
咸平四年三月丁丑畿輔風雪大損桑
景德四年七月渭州早霜傷稼
天禧元年春永州大雪冬京師大凍殺人畜
至和元年正月京師大雪殺人畜
嘉祐四年冬至正月地盡冰
熙寧八九十年夏諸郡大雨雹
元祐二年冬大雪至于正月
政和三年冬大雪經旬平地盈丈殺飛鳥
建炎三年八月甲戌大雨雹
建炎三十一年正月戊子大雨雪至巳亥
紹興三年正月辛未雨震雹
紹興五年秀州大雨雹壞舟覆屋
紹興七年二月既雹復雪大雨雹
乾道二年春大雨寒至三月損蠶麥
乾道元二三四五六年春皆雨雹

淳熙十二年春淮水冰斷流
淳熙十六年七月陝西霜盡殺稼
紹熙二年春雷雪雜行凍雨彌月
慶元六年五月亡暑氣如凜秋
開禧二年正月己酉雨雹而雷
嘉定六年六月亡暑夜寒
元中統二十一年三月山東隕霜盡殺蠶桑
中統廿六七年夏秋河東北隕霜傷稼
元貞二年九月河間益都霜大殺蠶桑
至大元年四五月東都皆雹管城雹深一丈
至大二年春夏晉州雹大殺人畜
皇慶七年八月益津雨玄霜
元統二年八月高郵寶應雹専殺稼
元統三年三月大雨雪十日殺牛畜幾盡
元統五年瑞州路雨水冬至二月始解
元統十一年彰德雹折大樹殺人畜
元統二十七年三月彰德大雪殺民畜
元統二十八年春汴梁冰繪五日乃解

臣攷舊史皆云周衰無寒歲秦亡無燠年以爲周法替而秦威峻也前漢制主多有霜雹亦云刻急之應晉當水令太康而下水不順行變汨爲災宜也如宋雍淳盛時法令甚寬元中統而下綱紀甚縱而亦氷雹異常無歲不有葢世少睿思五行擅令調燮之權稀神明之憤積雖天地性情有不得其平者矣恆寒之數比恆燠爲多然史所記多寒暑反易夏行冬令者乃不恆之徵而非恆也恆如氷雪過時自冬涉春之類舊以歲時反易恆亦不時之徵故亦雜附如舊云

恆風徵異

魯僖公十六年正月六鷁退蜚過宋都

漢武帝元光五年秋七月大風拔木

征和二年夏四月大風發屋折木

元帝建始元年十二月大風拔甘泉畤中木

王莽地皇元年七年大風毀王路堂
和帝永元五年五月戊寅南陽大風拔樹木
安帝永初元年大風拔樹
永初二年六月京師及郡國四十大風
永初三年五月癸酉京師大風拔南郊道樹
永初七年八月丙寅京師大風拔樹
元初二年二月癸亥京師大風拔樹
元初六年夏四月沛郡大風拔樹三萬枝
延光二年春夏郡國十一大風
延光三年京師及郡國三十六大風
靈帝建寧二年四月癸巳大風雹拔郊道樹
中平五年六月丙寅大風拔樹
獻帝初平四年六月右扶風大風發屋拔木
魏正始九年冬大風連月動太極東閣
嘉平元年正月壬辰大風發屋拆樹
晉武帝泰始三年三月丁未晝晦
泰始五年五月辛卯朔廣平大風
咸寧元年五月廣陵大風壞民居

太康二年夏秋郡國大風發屋摧木
太康八年九年京師郡國屢大風
惠帝元康四年六月大風雨拔樹
元康五年夏秋皆暴風
元康九年冬京師連大風發屋拆木
永康元年二月大風拔木十一月揚沙六日
永寧元年郡國三大風
懷帝永嘉四年十一月辛卯晝晦至庚子
自永寧而下盡懷愍皆無異風蓋亂徵畢
至人急兵火史不暇書也
元帝永昌元年秋颶風拔木發屋
孝武康寧元年三月京師大風火起
太元二年二月乙丑朔三月甲子朔俱大風
太元十二年正月七月有暴風
太元十三年十二月巳未大風晝晦
安帝元興二年二月夜風雨拆大航門
義熙五年閏十一月丁亥大風發屋
義熙六年五月壬申大風拔北部樹

義熙十年夏秋屢有風拔木壞屋
宋文帝元嘉二十九年三月壬午大風拔木
齊武帝永明八年六月都下大風
梁武帝天監六年八月戊戌大風折木
元帝承聖二年十月丁卯大風晝晦
陳文帝天嘉六年七月癸未大風毀靈臺摟
陳宣帝太建十二年夏秋再有大風
陳後主禎明三年元旦晝晦六月大風揚潮
隋文帝開皇二十年冬京師大風發屋拔木
唐武德二年十二月壬子大風
太宗貞觀十四年六月乙酉大風拔木
高宗弘道元年十二月壬午晦宋州風拔木
中宗嗣聖元年四月丁巳寧州風拔木
垂拱四年十月辛亥大風拔木
自垂拱天授而下幾二十年皆無異風益史亦漏紀循久昧而下皆無霜雹或霜雹與亟水同官異風無滅火之義所以稔毒於牝后毅戒於僞朝也

神龍元年三月乙酉睦州大風
景龍元年秋宋州鄆州皆發屋推木
玄宗開元二年六月京師大風發屋盡拔木
開元四年六月辛未京師華陝大風拔木
開元十四年六月戊午大風發端門瓦
開元廿二年五月戊子大風拔木
天寶十一載五月甲子東京大風拔木
天寶十三載三月辛酉大風拔木
代宗永泰元年三月辛亥大風拔木
大曆七年十年五月皆大風
德宗貞元元年秋七月庚子大風拔木
貞元八年五月巳未暴風發太廟屋瓦
憲宗元和元年六月丙申大風拔木
元和三年四月壬申大風毀含元殿檻
元和五年三月丙子大風毀崇陵宮瓦
元和八年六月庚寅京師大風雨毀民居
元和十二年春青州暴風如大兵
穆宗長慶二年三年正月皆有暴風

長慶四年六月庚寅大風毀延喜及景風門
文宗太和八年六月癸未暴風發長安縣署
太和九年四月辛丑大風壞城樓拔殿樹
太和九年十一月戊辰晝晦
開成五年夏秋三大風明年爲會昌元年
懿宗咸通六年春絳州大風冬大風毀潼關
僖宗乾符二年寧武黑風雨土
廣明元年四月甲申京師及東都大風拔木
末帝天祐元年閏四月乙未朔大風雨土
後漢乾祐三年京師暴風飄城門壞營舍
宋乾德二三年夏揚州皆大風
開寶八年夏宋州大風壞官舍民居
太平興國二年夏曹州大風壞縣廨軍營
端拱二年春晝晦
景德四年三月甲寅京師大風害桑稼
大中祥符二年四月乙未京師大風竟日
仁宗天聖六年二月庚辰大風晝晦
英宗治平二年二月乙巳大風晝晦

治平四年正月庚辰朔大風晝晦明年熙寧

神宗熙寧四年春夏京師大風霾

元豐四年秋江上下諸郡大風壞民廬舍

靖康元二年數有異風正月己亥丁未晝晦

建炎元年二月乙酉大風拔木

紹興八年三月甲寅晝晦

紹興二十八年七月平江風潮壞田舍

紹興三十二年七月大風拔木

隆興元年浙東西大風傷稼

乾道五年正月甲寅晝晦

淳熙四年明州大風壞海岸没廬舍

淳熙五年四月丁丑晝晦

紹熙五年行都大風拔木壞舟甚衆

慶元元年二月己卯三年二月丁卯皆晝晦

嘉定三年八月癸酉大風壞陵木千餘株

元文宗大曆二年八月晝晦自庚子至丙午

順帝至元十三年五月潯州風飄民居

至元二十七年三月京師大風晝晦

右紀恆風百五條并晝晦繫焉風之與蒙相麗也凡雨暘寒燠皆生於風寒雨之風極備暘燠之風極不備極備之風發屋折木極不備之風旋霾晝晦故晝晦者蒙之極也恆風之類皆不書事應其應亦無所不之咎聖之王因而究思雖八風以時不廢儆惕可也

五行傳災沴之外有鱗介毛羽裸蟲之孽以水火木金土爲序則當云鱗羽毛介裸也而毛羽之間難分火木風裸之屬不宜繫人分別愈支則意象雜舛故寧闕不談也大抵占象以天地爲著龜其水火金木土雨暘燠寒風雨霽雺驛克之類皆舉象見意使天地之言教見於文義爲敘用端本猶京焦二家所用風雨寒溫爲候也易言正應範言敘念易以一四二五三六爲象範以一九二八三七四六爲候皆因時觸事本天立教并復執券責其左驗云

五行傳自伏夏京劉配屬雖有異同要以疇序爲主再繫圖於後

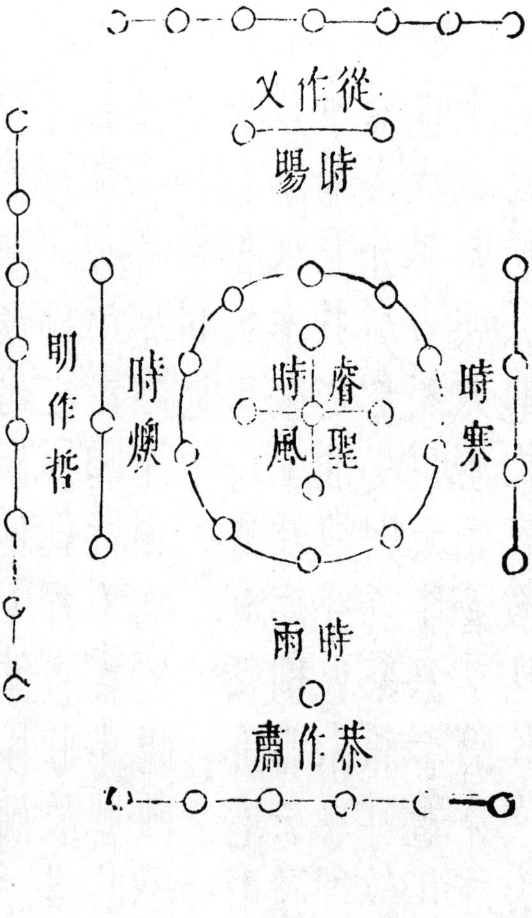

右休徵圖位

左咎徵圖位

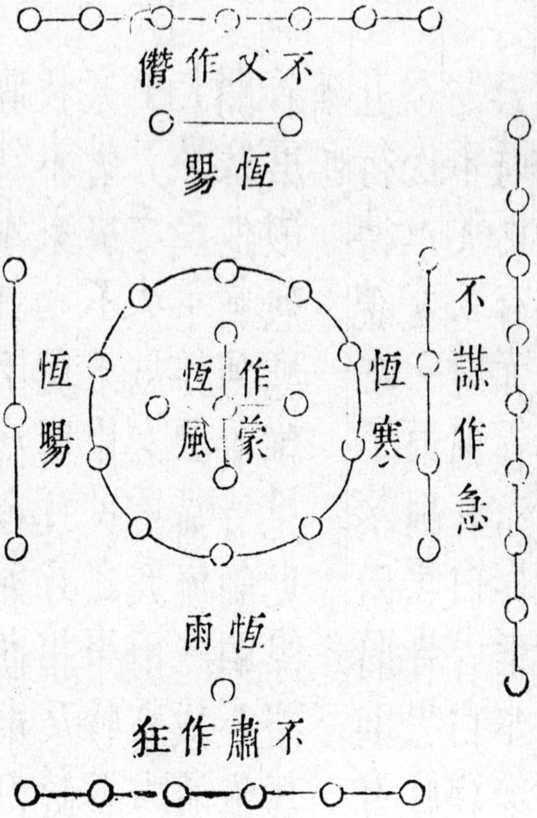

潤下之貌易爲狂炎上之言易爲僭曲直之眎易爲豫從革之聽易爲急急者不謀

豫者不哲狂者不肅僭者不乂蒙者不睿
雨暘燠寒風之應各有其類也然則蒙宜
屬土而五卜之蒙屬木何也曰五卜之蒙
古云雺也雺與圛對雺晦而圛明故鄭以
晦爲木氣圛爲金氣也東山不明而大風
拔木蒙之與聖實乃相反繇是而觀風雨
寒暑決不干臣民之事軫壁箕參亦皆本
上天之次度女號天雨霜六月渟于隕命
大旱三年雖云溝壑之感通亦關神明之
開塞也舊傳若皆訓順今依字爲若何之
若庶徵尅應雖見史傳觀其主相不煩旁
屬也
五行傳貌之不恭云時則有青眚青祥惟
金沴木空云時則黑眚黑祥惟火沴木言
之不從云時則有白眚白祥惟木沴金宜
云時則有赤眚赤祥惟水沴火四顆反易
故其所稱妖孽痾眡皆仍其舊略不復著
云

福威章第十一

九五福

一曰壽二曰富三曰康寧四曰攸好德五曰考終命

六殛一曰凶短折二曰疾三曰憂四曰貧五曰惡六曰弱

福殛之并處扵南方何也曰是天子之所嚮也嚮則當言福而并言威何也曰未有福而不威者也福五而威六何也曰明嚮者得福幽嚮者得威五明而六幽立極而命福則不以一與五不以一與五則五奉一令其南嚮取極者皆福也不立極而命

福則是以一與五以一與五則五撓一柄其比嚮取福者皆威也故九者領四而趨五六者領五而漥一領五而漥一則克也領四而趨五則德也故刑德生克非建極者莫之敢用也以為是萬物之終數故守五者不過六守九者不過十守十者不過一

斂時五福用敷錫厥庶民惟時厥庶民于汝極錫汝保極凡厥庶民無有淫朋人無有比德惟皇作極

凡厥庶民有猷有為有守汝則念之不協于極不罹于咎皇則受之而康而色曰予攸好德汝

則錫之福時人斯其惟皇之極
無虐煢獨而畏高明人之有能有爲使羞其行
而邦其昌凡厥正人既富方穀汝弗能使有好
于而家時人斯其辜于其無好德汝雖錫之福
其作汝用咎
三節丁寧錫福之主深念俊民乃協上天
好德之心乃體上天陰騭之事其於庶民
淫朋比德一以皇極化之益深慮後世有
以朋比誅俊乂以五福錫不善人者其垂
訓深至如此三節原文繫皇極之下今定
於此
惟辟作福惟辟作威惟辟玉食臣無有作福作

威玉食臣之有作福作威玉食其害于而家凶于而國人用側頗僻民用僭忒

福威皆出於天君之從天與臣之從君一也君無好惡以天爲好惡故好好德而惡不好德者君無威福以天爲威福故天之威福君亦威福之書曰作之君作之師謂其作之於天故亦曰作福作威使天子可作威福則庶民亦可作好惡矣是皆爲近天子之光者反復著戒不欲以威福玉食導天子以開頗僻之路也舊文繫於三德之下今繹文義實與三德四克無涉故從諸儒再定於此若以皇極敷言爲一百字或四十四字綜結終篇則文義完好俟

聖明之獨裁非迂儒所敢與也

臣繹經典精奧之言無踰洪範又繹洪範精奧之義無逾一爲五行九爲嚮威者上

篇雖言一九五藏五運六氣繫於南方猶非其至也夫子一生沱研洪範凡詩春秋紬伸進退皆從此出所爲歲月日辰閏食休咎民生所繫陰騭相協盡在於此非虛存五六之文泯除十五之義也故春秋經行每歲紬九二百四十三歲當紬半歲之辰倍而引之四百八十六歲當紬一歲之辰故春秋再合與河圖同運每四百八十六歲得四百八十五歲之實所以然者天行六十年不及範數二千七百四十半以八積之爲五五年之辰小餘一九故春秋行四百八十五年而與天洪範共會於二萬一千九百二十四之端是春秋所以兩倍追天與範之實也詩經行每歲紬九三百單五歲當紬二千七百四十五以八積之爲五年之辰小餘四十五故詩行二千四百三十五歲而與天洪範共會於二萬一千九百六十之端是詩所以五倍追天與

範之實也詩與春秋異行而皆以範爲體以天爲用進退九五以集命疇之端故九者詩春秋所爲慶也五者詩春秋所爲盈也六者詩春秋所爲虛也盈虛五六疇威以生皆集於九以分十一閏以此閏食以此食故一歲盈虛十日九分能者叙之以福不能者汩之以敗一月之辰三百五十有四餘三一歲之日三百五十有四餘三統餘十一以定威福故詩有舍範而從易春秋有舍易而從範詩之從易春秋之從範兩者仲尼之所獨取也易之紬十四範之紬九紬十四者從五五其六十而復加五紬九者從六六其八十而復加六爲五六者天地所爲威福也天地以是行其敗福聖人以是救其善敗故日二十餘五而戒盈三十餘九而戒虛辰三百十二而戒盈四百六十八而戒虛兩者天地之大限也兩戒相乘百二十六而疇威參半故天

子有所不能壽於民諸侯有所不能富於民天子有所不能凶折於民諸侯有所不能憂疾於民得其道者可以歛福錫極於天下不得其道者以憂疾惡弱攖其身無它曰仁也義也禮也智也根心生色如此而已

然則庶民之生皆有福極命與性與道與教與曰以天治之則皆命也道也以君治之則皆性也教也然則凶疾康寧可以相矯富壽惡疾可以互借與曰是已言之八政之事也八政四克剛柔相濟值其所不濟而後委之於命然則聖人亦言命與何爲其不言命也易八百三十六以五乘之而以爲詩有性有情有功有德壽富康寧好德考終五福者皆出焉春秋七百二十九以六乘之而以爲春秋有伐有侵有執有滅凶短折疾憂貧惡弱六極者皆出焉兩者性命道教之所係總也然則詩皆言

福春秋皆言極者與曰何爲其然也其求之之法理窮性盡則至於此也然則詩以五乘八百三十六復益五焉尚餘一百三十一春秋以六乘七百二十九無餘矣然則詩有餘福春秋無餘極與曰何爲其然也洪範餘天每歲四十五以九遇之尚餘三十六詩餘天一百三十一以十約之不及十一不及十一不謂之弱過四十五不謂之強福者本也極者末也取福太盡則餘極隨之矣然則是皆治其末者與曰其治之皆有兩限焉詩之限五一也限十四二也限五者每限八百五十限十四者每限三百有五是皆無閏之歲星月主之春秋之限限九一也限六二也限九者每限四百八十六限六者每限七百二十九是皆有閏之歲歲日主之詩之主月春秋之主日福極衡威互相治也然則春秋十積詩八積二千四百三十而贏絀五歲何也曰

疇主進春秋主部進部之間詩裁其間詩
日以贏春秋日絀故極之數不侈於福也
不知詩與春秋贏絀之數者則不知天所
陰騭下民斂福錫極終始之義矣
然則範疇之進四十強五詩易之退一十
弱四範疇詩易進退合差不及六十左右
分行而春秋以九乘除其間九得十一爲
九十九以九十九分治福極而又曰進部
之間詩裁其間何也曰春秋與範疇同體
者也詩易同用者也春秋與範疇皆用九
故以詩易爲之權衡詩易皆用十四弱故
以春秋範疇爲首尾權衡猶之月交首尾
猶之交壞月交猶之炁孛交壞猶之羅計
四者皆相爲用而交壞無爲月交有象故
使範疇春秋自爲進部而以詩易裁之然
則範日以贏春秋日以絀詩易無所贏絀
而又變辭以治之何也曰辭不盡意言不
盡象得其通數而後其正數可治也

洪範斂福錫極圖

凡論去極皆以土中爲準土中北極出地三十六度則北極而南五十五度至於天中此五十五度者五行之府神明所棲故宿皆陳於前七緯與之出入所謂福圖也

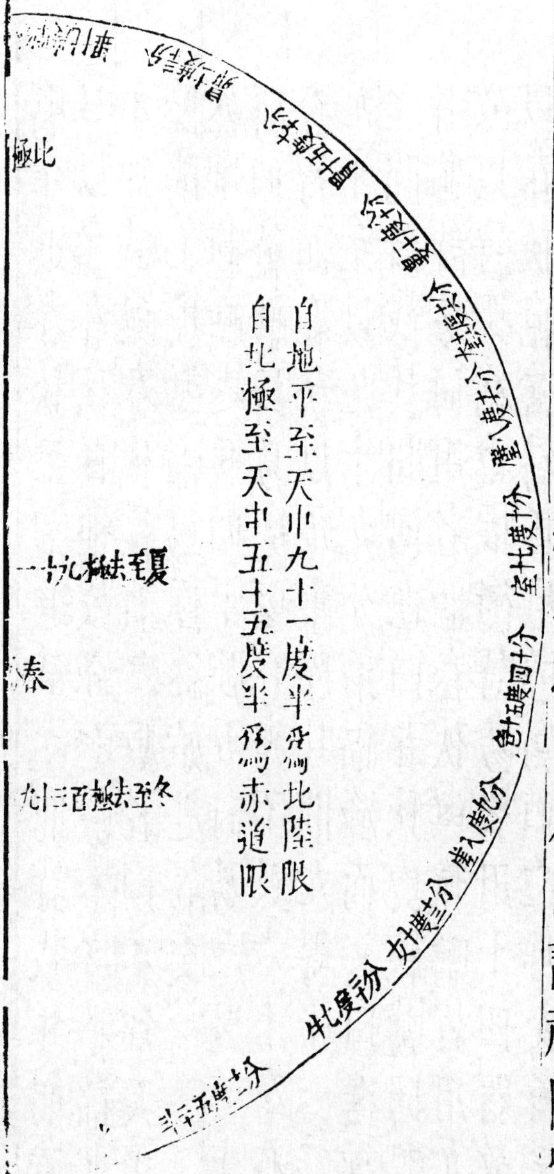

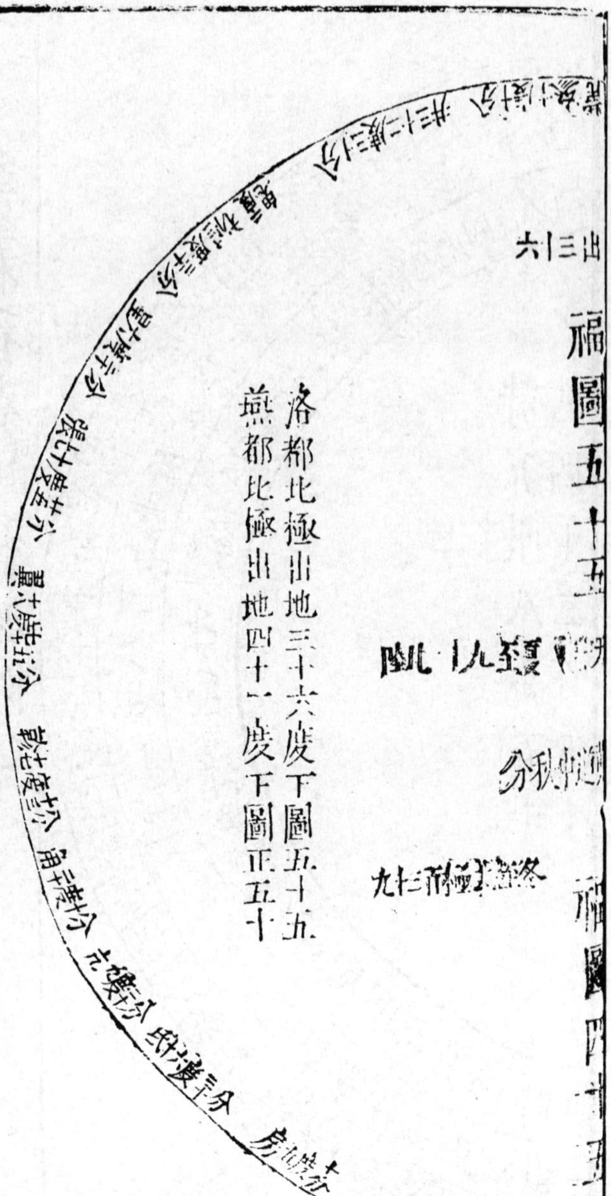

黃赤道上下各二十四度合爲四十八者法之所從生自天中至南地平九十一度半除黃赤道四十七半下餘四十五弱故北陸而上五十五強至於北極以爲河圖南陸而下四十五弱至於地平以爲雒書

日月之行經於其中六九而北五九而南凡十一九以分南北而威福出焉聖人用福而去威威主用威而去福威福之端各去其一以立皇極故皇極者威福之準也

詩春秋合用嚮威圖二

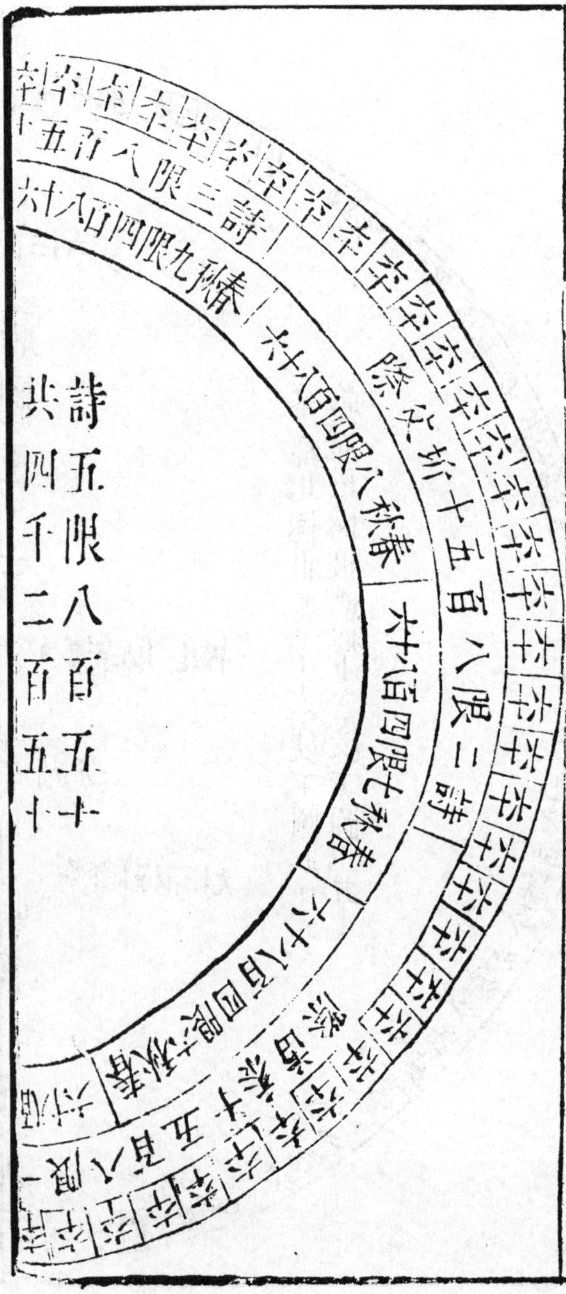

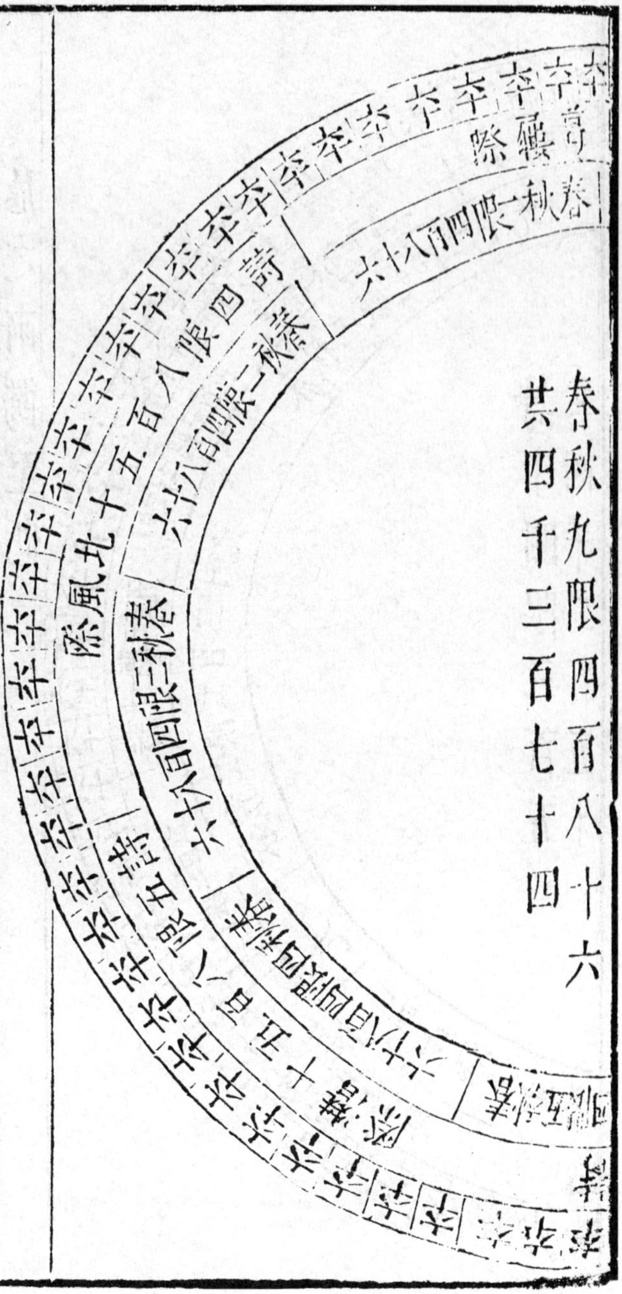

凡詩五限四千二百五十尚縮一百三十二半為整十一日於十二朔中虛一閏日春秋九限四千三百七十四尚餘一百二十四辰以九限盈之於十二朔中亦贏一閏日故以九為端以十一為候散於諸限

之中御禍威福之所從出也五行之行各有餘沴出而與肅乂哲謀聖值則咎反爲休出而與狂僭豫急蒙值則人既天刑交中之矣詩以性情扶命春秋以禮樂扶法其於稽疑驗徵不假占卜以知天道則仲尼之所獨至也

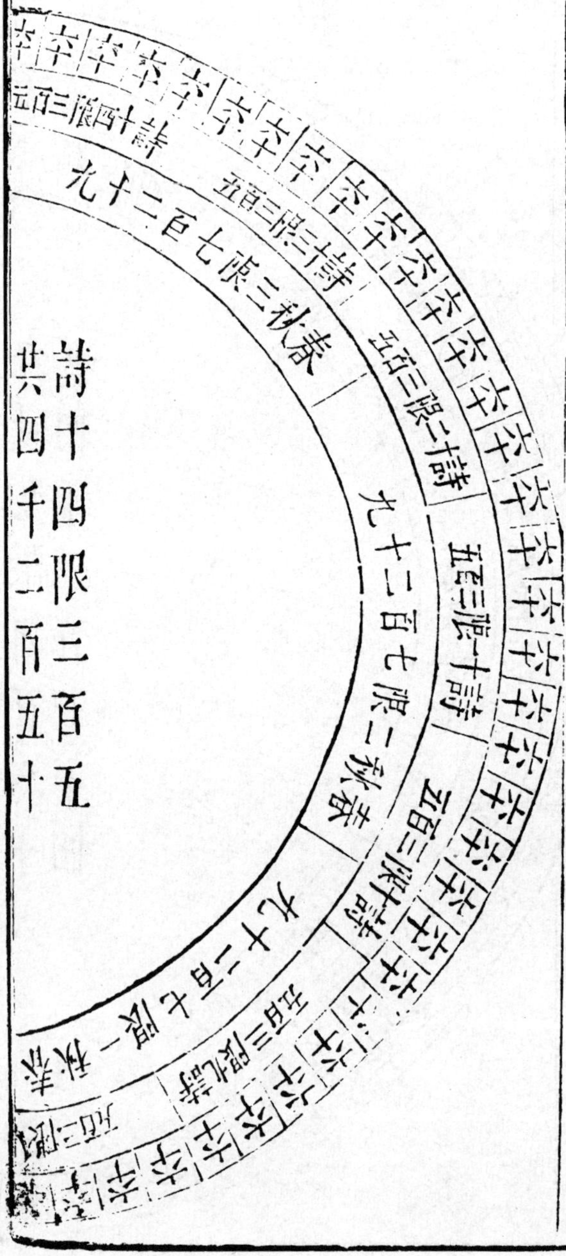

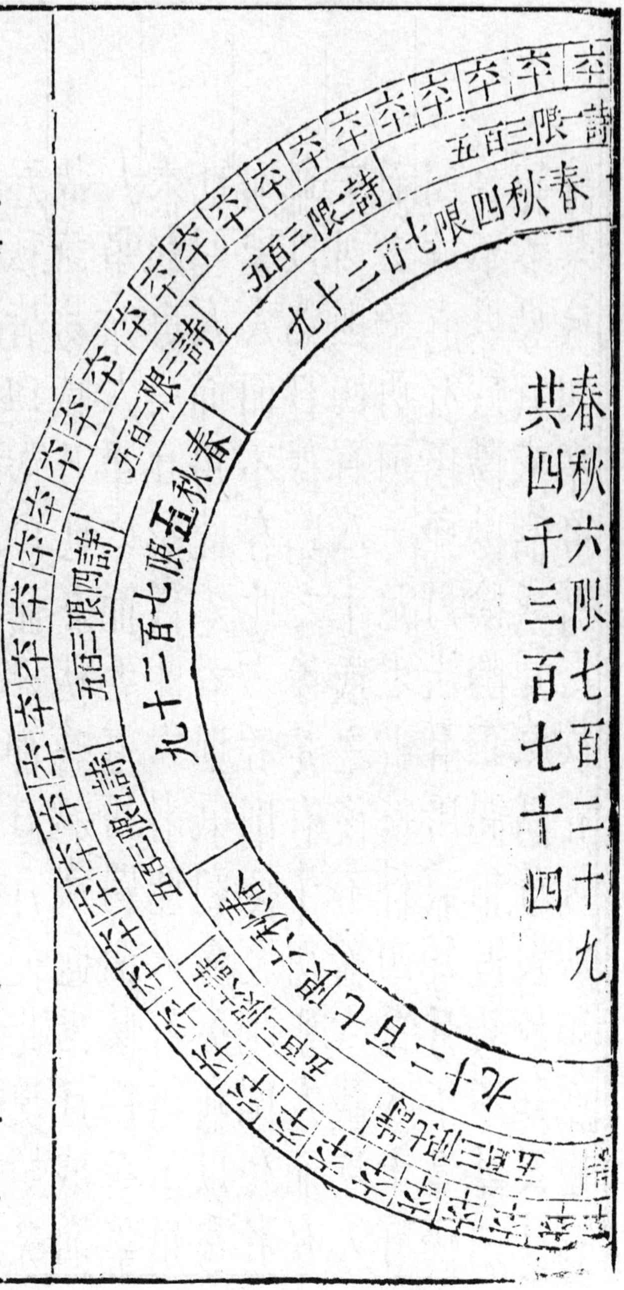

凡詩十四限之數即十二朔之月與五限八百五十十相通即易六十一歲之縮餘也易六十歲縮分八百三十六加一歲爲八百五十故五其六十一而易與朔會易與朔會則詩與易會詩易合朔而鬼神日月

從此更始矣春秋六限之數即十二月之氣與九限八十六相通亦八十一歲之縮餘也疇八十歲縮分七百二十加一歲爲七百二十九故六其八十一而疇與歲會疇與歲會則易詩春秋皆與歲會疇易詩春秋皆與歲會而鬼神日月從此更始矣故詩易職月也春秋疇職歲也歲月成而人事察人事察而天道可別南陔白華華黍繇庚崇丘繇儀此六者聖人有所不用也聖人而用此六者則氣朔盈虛無以爲別聖人而不存此六者則後之測閏食者無以爲日獲麟之後是有辛酉聖人而存辛酉則四百八十歲之後不盈六載聖人而去辛酉則一元之數僅得四百八十有四故道有所弁用法有所兼寄月不專福日不專威陽陰正閏相追易不專朔範不專氣或嚮或背威福乃大故知天易詩春秋四序追疇之故者可以知會極歸

極之義矣
凡疇本數至多天次之春秋次之易與詩
又次之疇每歲四千四百二十八六分七
氂五毫天之比疇減四十五辰六分七氂
五毫春秋之比疇減五十四辰六分七氂
五毫易之比疇減五十九六分○○八毫
三絲詩之比疇減七十四六分七氂五毫
凡天春秋易詩之數皆不及疇故立四序
以追之天之追範九十六年而少一周四百
八十年而大周春秋之追範八十一年而
少周四百八十六年而大周易之追範七
十三年而少周三百六十五年而大周詩
之追範五十八年而少周二百九十年而
大周凡大周之限皆盡於二千四百三十
以八乘乘詩限而退九十六月之朔實以十
乘春秋限而進二十五歲之氣分以爲未
齊而極於四千三百九十八歲則全範之
福威皆盡矣故福者所以爲休也威者所

以爲咎也福威歲分一百三十一約十一
微弱以是微弱數徃而得其餘分以是微
弱數來而得其末路故十一微弱天地之
所輩後也五精之徤給物而少蕲福有所
不縱威有所不騁故弱者威福之餘沴也
天地以是十一寄其皇柄使世之作辟者
仰受威福而皆有憚心威福饕猖則萬物
紾絶以是皇柄測其餘沴乘其本數而不安
其末路則萬物之錫殛亦皆有命之矣天
地之心微神明之肯綱二十六萬二千一百
四十四去其十三一分而集於闔陽之端七
精還元五百二十四去其十三一分而聖期庢
定聖人以其不獲已拜福於天地以其不
獲已命威於百姓圓方二圖易詩春秋所
爲威福之本也聖人而無是三本者則八
政無所麗九用無所措聖人亦不知所爲
錫極保極之事故範者天地所以立法也
詩者聖人所以致思也立法績詳致思[illegible]

微賢者見端明者審幾察是三本以十一御之故休咎不以撓聖人威福不以撓天地

範疇天度春秋詩易積微圖

天退範四十五六分七氂
春秋退範五十四六分七氂

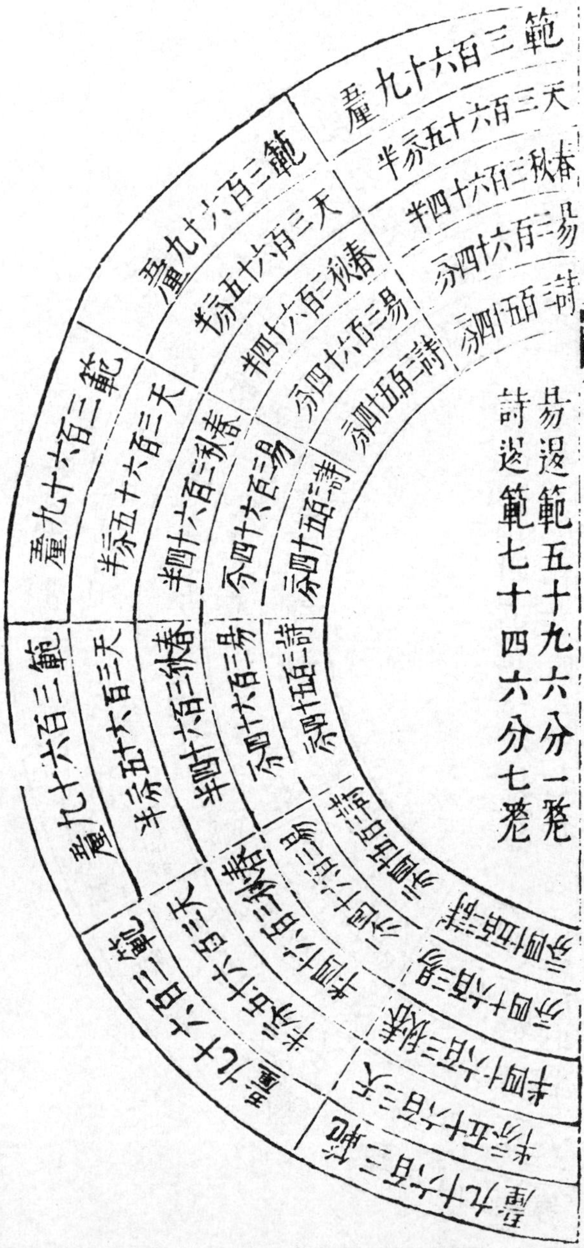

凡詩與易同度無易則詩無所據差數雖殊而限分一也易一周六十歲詩一周六十日以易之歲當詩之日以詩之日去易之歲故五周而存皇極之中六周而去河

圖之體蓋以大衍而爲歲朔之分蓋以圓
圖而爲天行之序也三本雖以追天而實
追範天之追追範不及四十五春秋追範不
及五十四易之追追範不及六十至於六十
而日月干支可合矣詩易體分四千二百
五十一有六以百三十一會之而閏朔始
并以三十三乘之而得四千三百二十三
不及六十此詩易差範之微端也凡二千
一周而得二十六萬二千一百三十一故
一百三十一者皇極嚮威以爲端始蓋十
三微強而與範會萬物福極從此禀受性
者以爲性命者以爲命道者以爲道教者
以爲教危微精一去其十三而集於微端
是維皇之極而聖人之所命獨也故君子
之學不患不大於天地而患不細於絲髮
以絲髮之大而猶不足以比細故凶短折
疾憂貧惡弱乘於氣質挾於五行以中賢
者雖賢者有不能免也然則爲之如何曰

好德而已好德則不貧好德則不憂好德則不惡不惡則不疾不疾則不凶短折司寇五極吾知免也然則弱之爲患有值之者乎曰弱者五精之致斬亦其好德有所不至也然則五精羸絀皆出於閏與曰歲月日辰巳稟之也五紀之精以爲五物五物之游以爲五閏五閏五變值其不及則天地亦不能益之矣然且聖人能益之曰遷善改過是也顏子善學壽於天地展禽多識富於齊景然則五紀命物生數常少成數常多陰數常羸陽數常乏以陽值生數不過八爲之如何曰五行生成亦各互取三鐘之行上有生木三呂之行上有生金故亥非一水巳非二火以癸從亥原非二水以丁從巳原非四火入限淺深而乘數羸縮死魄變異故辰星之變枉矢破女拂樞滅寶繞蜒驚祀熒惑之變天陰晉若官張赫雀聑明蚩旗歲星之變棓槍猾對

國蝗及熒太白之變祚衍伏靈徇戕卒起鎮星之變五殘獄漢大賁絀流旬始孳咎此三十星者各乘其餘沴以汩彝倫惟聖人能以四克扶其正直正直四克皇極乃立皇極既立乃命威福柔者以剛弱者以強雖龍蛇之孽不爲憂也

嚮威限圖

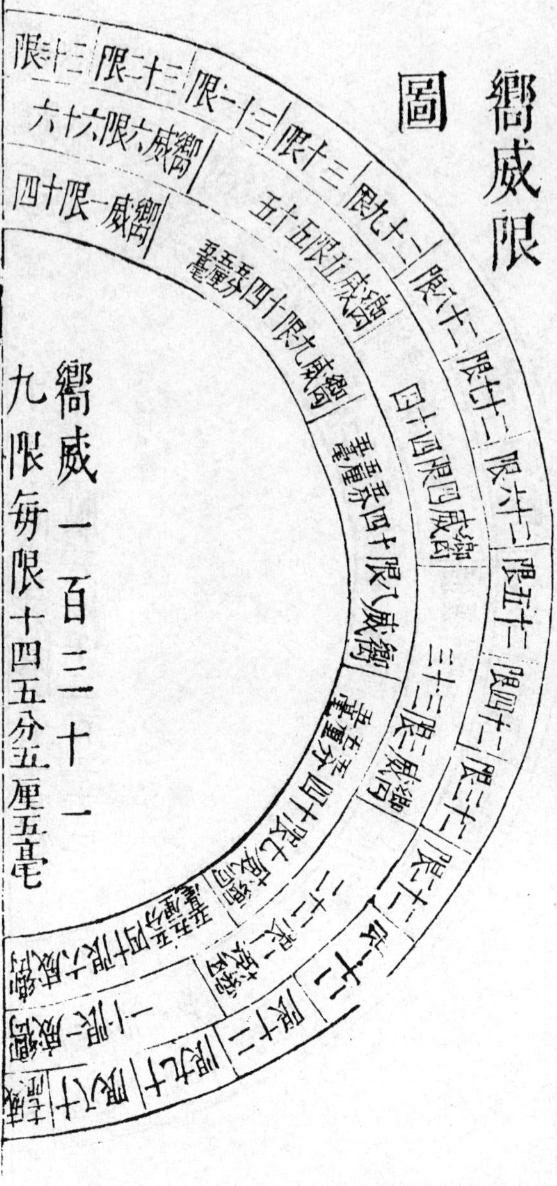

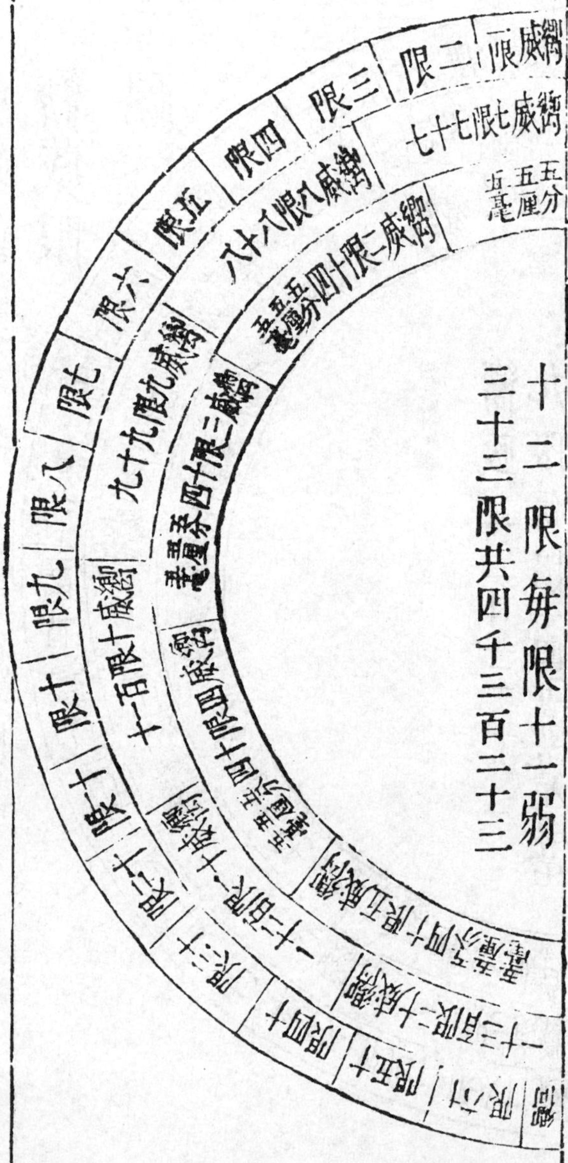

凡是閏分一百三十一爲天地纏戚之本
分枒九宫每宫四百八十六而退一度各
得十四辰五分五氂五毫枒九宫中分爲
三十三限得四千三百二十三外虚六十
爲歲月日星辰曆數贏縮進退之路九八

閏不及十四命物過於六十入限過於八十皆爲極備極無天地補救之所不逮故德行數度君子之所共議也君子食不爽其度貨不爽其度祀不爽其度工不爽其度用衆用刑不爽其度用賓用師不爽其度然則聖人之使五行治食禍威治師宗伯治八政司寇治稽疑五事治貨庶徵治賓五紀治工三德治徒何也曰是固所以治之也人食於五行五行不求報於人人實其五事五事不與人爲市神明其政則政不淫蓍龜其刑則刑不濫司空治曆則辨制司徒選德則盡義休咎以觀賓則内慝不作威福以觀師則王柄不落人而神之地而天之散而精之衍而專之故九疇分布而八政不失也然則威福之用獨爲師用也而上貫五行中總皇極以爲是天地帝王所神明其事者何也曰師者一政之治疇者八政之治也政有所不治疇無

所不治賓師從疑則筮龜與稽威福從辟則五行爲吏夫是則天地與帝王其治也然則五福六極之於五行庶徵亦有繫屬與曰聖人之言也不離其類順者爲福逆者爲極以類求之十不失一又爲休咎福極圖終焉

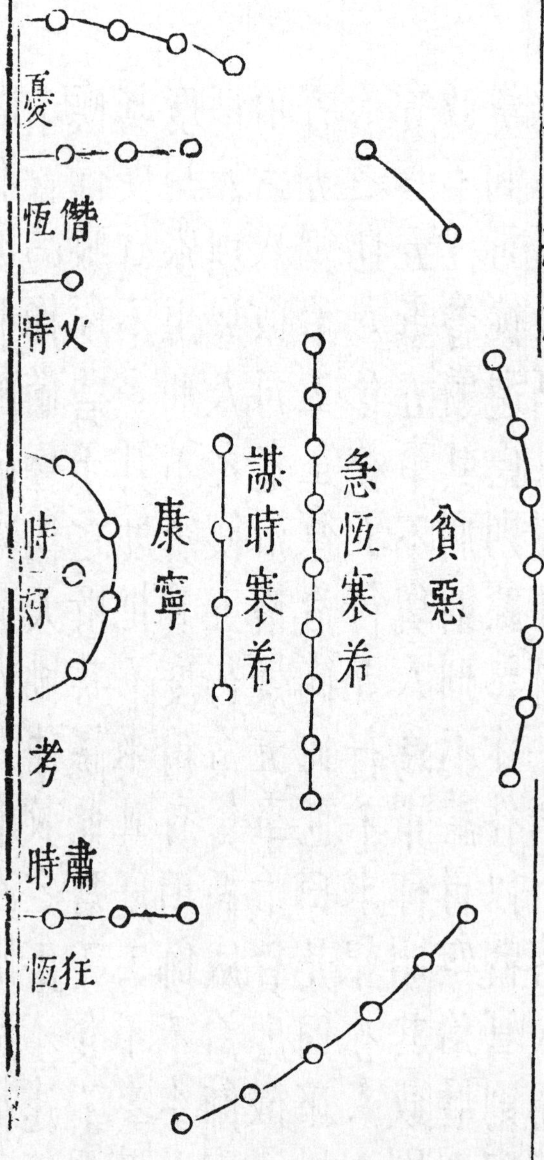

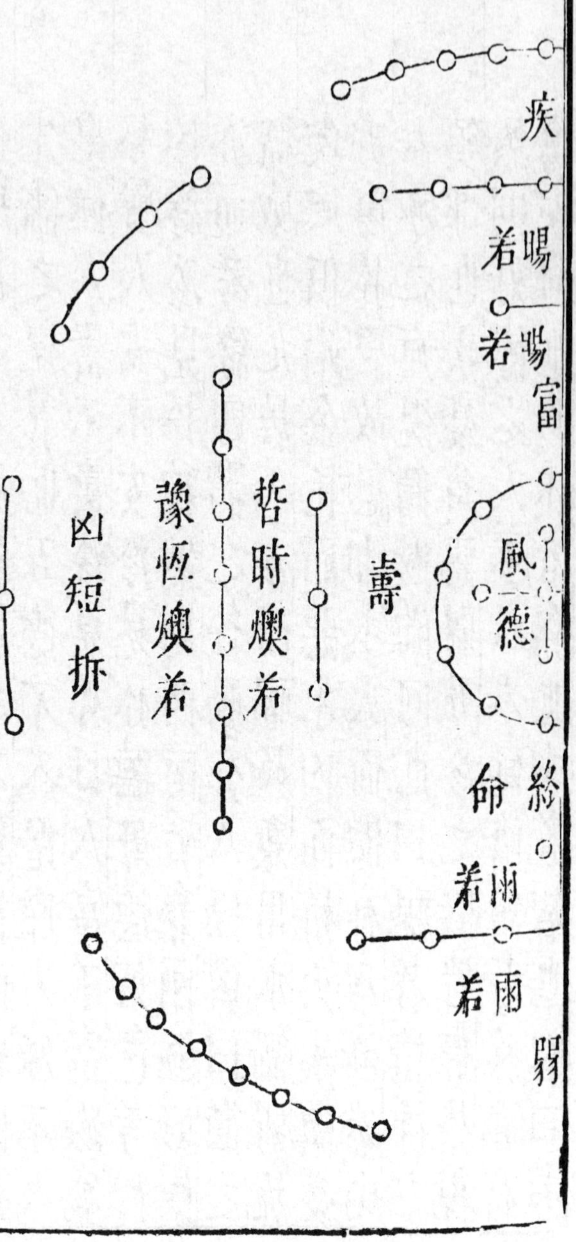

恆雨之貌爲上沴水恆暘之言爲水沴火
恆燠之眎爲金沴木恆寒之聽爲火沴金
土之沴水厥貌羸弱水之沴火多疾多憂
金之沴木是凶短折火之沴金是醜衰貝
羸弱之人是無肅貌疾憂之人是無乂言

凶短折者必無哲視醜寒之人亦無謀聽幷是而觀星辰川嶽所命五物所播五體動静吉凶舉可知也然則康寧不屬土德惡弱不幷沴貌與曰好德則思永康寧則聽聰好德和風康寧祛寒是其別也然則凶短折之不屬貌弱之不屬極何也曰是先儒之疑義也五德不入邊際六極不入皇極人壽不壽沴見於日人富不富沴發於聲人安不安沴見於聽好德好色考祥凶終沴見於貌然則西南皆兼兩極好德亦通考終四體之咎動分八極與曰循之彌威也九居一方而福極兼用水獨弱流與風俱竭金耗而惡木凶而折火疾與憂亦傷於思故思御水火而體有八極然則六極之疴視獨過備何也曰視者精神之領部也疾憂貧惡弱五沴之徵皆標於視然則好德之人不入六極脩短考終亦有傷歟何也曰木者仁也水者智也智曰考

祥智曰考終易曰有子考無咎聖人之於
生死壽夭休咎福極則必有以處之也然
則是爲考終而發與曰範詩春秋皆爲考
終而發也範往而進詩來而退春秋以九
除於其間雖百三十一而詩之從易春秋
之從範皆藏於十四類於四十五六分之
間以九九權之以命名物天地之精游不
專爲閏也然則五行之數不復孤行與曰
五行之數存於九部而見端於其未惻隱
羞惡辭讓是非五德之見端也見端者知
性見性者知命然則聖人之屬比爲此者
何與曰命體致用聖人之本事也窮神知
化則不可知夫以考德居業觀政明治交
察天人之故以和順於理義則舍此莫以
矣然則陰陽相協是皆人事與曰是天道
也則亦地道也天別陰陽地察剛柔五十
之中君子以居夫使水不沴火火不沴金
金不沴木集五德以免六極之患非神禹

而能如此乎

門人胡夢鏛較

洪範明義終卷

日講官臣黃道周謹輯

洪範

再定今文

惟十有三祀王訪于箕子王乃言曰嗚呼箕子惟天陰騭下民相協厥居我不知其彝倫攸敘

箕子乃言曰我聞在昔鯀陻洪水汨陳其五行帝乃震怒不畀洪範九疇彝倫攸斁鯀則殛死禹乃嗣興天乃錫禹洪範九疇彝倫攸敘

初一曰五行次二曰敬用五事次三曰農用八政次四曰協用五紀次五曰建用皇極次六曰乂用三德次七曰明用稽疑次八曰念用庶徵次九曰嚮用五福威用六極

一五行一曰水二曰火三曰木四曰金五曰土水曰潤下火曰炎上木曰曲直金曰從革土爰稼穡潤下作鹹炎上作苦曲直作酸從革作辛稼穡作甘

二五事一曰貌二曰言三曰視四曰聽五曰思

貌曰恭言曰從視曰明聽曰聰思曰睿恭作肅
從作乂明作哲聰作謀睿作聖
三八政一曰食二曰貨三曰祀四曰司空五曰
司徒六曰司寇七曰賓八曰師
四五紀一曰歲二曰月三曰日四曰星辰五曰
歷數曰王省惟歲卿士惟月師尹惟日歲月日
時無易百穀用成乂用明俊民用章家用平康
日月歲時既易百穀用不成乂用昏不明俊民
用微家用不寧庶民惟星星有好風星有好雨

日月之行則有冬有夏月之從星則以風雨

上三疇皆未有數言至五紀而有者五行之用存於五紀詳五紀以協五行之用也

五皇極皇建其有極

皇極數詞皆在末段此處提綱只用一語足以上包四疇下該五用也

六三德一曰正直二曰剛克三曰柔克平康正直彊弗友剛克燮友柔克沈潛剛克高明柔克

此亦提綱不用數言九疇惟皇極有數言五紀庶徵嚮威雖有數言猶之提綱也

七稽疑擇建立卜筮人乃命卜筮曰雨曰霽曰蒙曰驛曰克曰貞曰悔凡七卜五占用二衍忒

立時人作卜筮三人占則從二人之言汝則有大疑謀及乃心謀及卿士謀及庶人謀及卜筮汝則從龜從筮從卿士從庶民從是之謂大同身其康彊子孫其逢吉汝則從龜從筮從卿士從庶民逆吉卿士從龜從筮從汝則逆庶民逆吉庶民從龜從筮從汝則逆卿士逆吉汝則從龜從筮逆卿士逆庶民逆作內吉作外凶龜筮其違于人用靜吉用作凶

八庶徵曰雨曰暘曰燠曰寒曰風曰時五者來

備各以其叙庶草蕃廡一極備凶一極無凶
曰休徵曰肅時雨若曰乂時暘若曰哲時燠若
曰謀時寒若曰聖時風若
曰咎徵曰狂恆雨若曰僭恆暘若曰豫恆燠若
曰急恆寒若曰蒙恆風若
九五福一曰壽二曰富三曰康寧四曰攸好德
五曰考終命
六極一曰凶短折二曰疾三曰憂四曰貧五曰
惡六曰弱

維辟作福惟辟作威惟辟玉食臣無有作福作威玉食臣之有作福作威玉食其害于而家凶于而國人用側頗僻民用僭忒

此條舊在三德之下定本移爲終篇其實篇意未盡當與嚮威相聯而終於好惡之義蓋威福之源出於好惡五行之用着於喜怒帝天所爲命聖人所爲性合而建之以爲皇極故五建之文未用數言至是始合闡其義細繹其文久當自見也

斂時五福用敷錫厥庶民惟時厥庶民于汝極錫汝保極凡厥庶民無有淫朋人無有比德惟皇作極凡厥庶民有猷有爲有守汝則念之不

協于極不罹于咎皇則受之而康而色曰予攸好德汝則錫之福時人斯其惟皇之極無虐煢獨而畏高明人之有能有爲使羞其行而邦其昌凡厥正人既富方穀汝弗能使有好于而家時人斯其辜于其無好德汝雖錫之福其作爾用咎
無偏無陂遵王之義無有作好遵王之道無有作惡遵王之路無偏無黨王道蕩蕩無黨無偏王道平平無反無側王道正直會其有極歸其

有極

曰皇極之敷言是彝是訓于帝其訓凡厥庶民
極之敷言是訓是行以近天子之光曰天子作
民父母以爲天下王

臣按自斂時五福至天下王二百四十六
字文氣聯屬原彙一處不須動移惟王省
一段移歸五紀惟辟一段移歸威福則通
篇條序燦然更無乖錯矣想古人著範別
有成圖逐段分繫既合成篇則段數差池
若依再定之文則首尾完好意義具足雖
分繫圖象而皇極敷言自爲一處五紀獨
威各有綱領更不相瀾也臣研思十載繆
存是說著於終篇亦因先儒之緒以俟
聖明鑒定不敢自謂臆據焉

九功圖附後

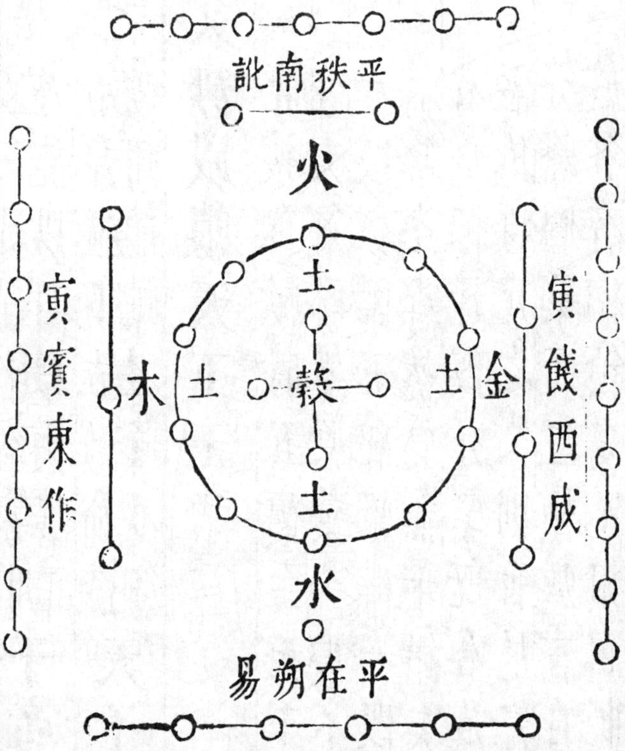

河圖之有五十所謂六府也十者謂之土五者謂之穀二典之源亦出於圖書九疇

與二典相爲表裏水火金木皆附於土五
土之英皆發於穀故範言土不言穀也

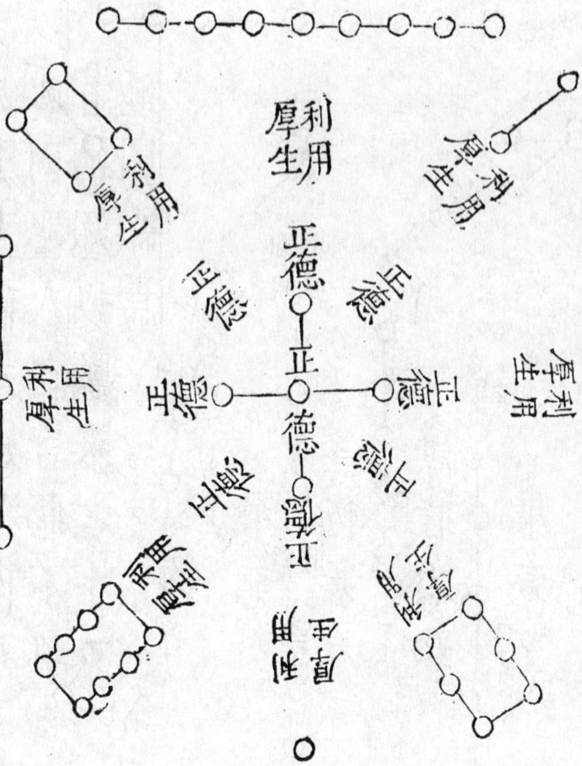

雒書之有三疇所謂三事也三三爲九二
九十八六爻三變皆以二五爲正德初四

三上爲利用厚生此據其三疇中五者而言之其五在初四三上則八疇自爲正德

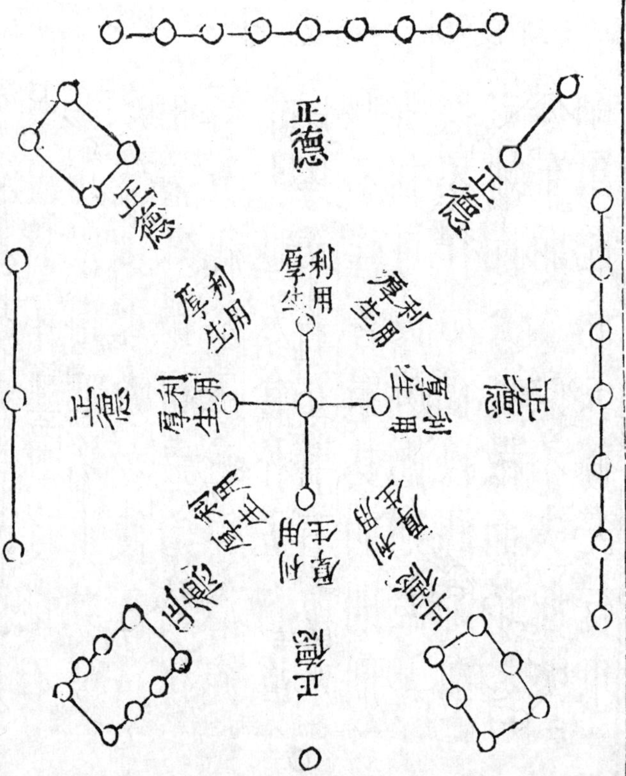

此據六爻之五數或在初四或在三上者言之其六爻或無五數則八疇自爲三事

凡九疇分於六爻各存五則得八十一名
去五則得六十四六十四者自爲三事

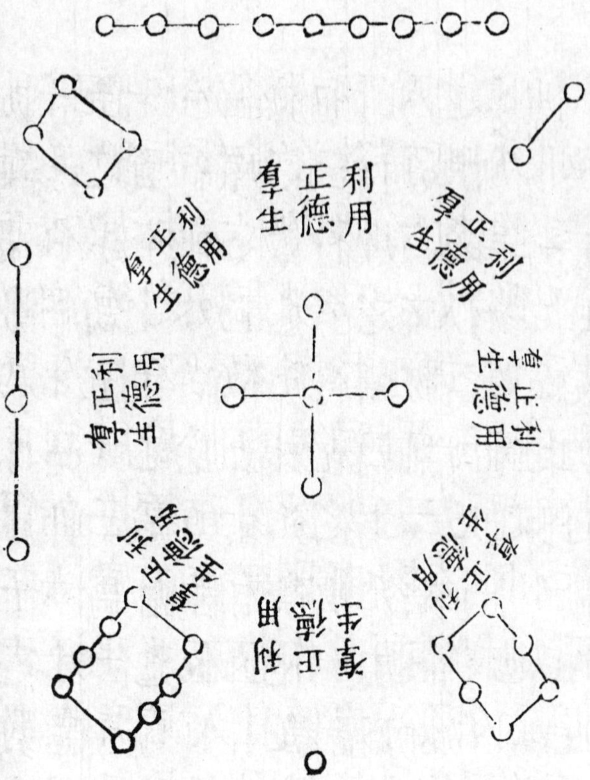

凡九疇合言土穀則得九九其八十一爲
七百二十九乘數五十三萬一千四百四

十一分言土穀則得十十其百爲千乘數百萬合除四十六萬八千五百五十九凡九疇乘數內除得五之數爲二十六萬二千一百四十四卽六十年之縮曆不除得五之數爲五十三萬一千四百四十一卽一百二十年之羸曆也羸歷滿分自二曜合行而外尚餘五千五百爲水火木金土循環之區故五十有五者帝天所錫福會極之數也凡卦九疇兩九十八因而三之毋三三得六得乾之疇一萬五千六百二十五得坤之疇四千九十六乾坤之交九千八百六十物無三疇俱得乾坤者故中數之限交於二萬九千六百爲八十一歲之日爲陰陽九疇之中也二九之間祊四爲利用二五爲正德三上爲亨生六府之行各其所値惠之而得福逆之而得極福極之分三事之等也然則威福繫於惟辟則帝天無權與曰惟辟之威福卽帝天之威

福也維皇建極則天無多辟詩曰蕩蕩上帝下民之辟疾威上帝其命多辟又曰天生烝民其命靡諶靡不有初鮮克有終故正德者利亨之原好德者考終之極也

右九功圖義

凡唐虞作事皆本於圖書震怒之帝與錫禹之天其所授受上下一也堯典言曆象日月星辰洪範言歲月日星辰曆數蓋自義黃以來本天相傳禮樂刑政皆從此出舜典言歲二月東巡守至于岱宗柴望秩于山川肆覲東后協時月正日同律度量衡修五禮五玉三帛二生一死贄如五器卒乃復五月南巡守至于南岳八月西巡守至于西岳十有一月朔巡守至于北岳歸格于藝祖五載一巡守羣后四朝皆用河圖也漢初議禮樂者皆用河圖雖劉歆說無甚深義而其淵源去古未遠即如流

有五刑曰鞭作官刑朴作教刑金作贖刑
眚災肆赦怙終賊刑其義亦取於河圖土
當肆赦東南當於鞭朴西北底於贖終也
繇是而推吉禮二七凶禮一六軍禮四九
賓禮三八戎以賓吉遞爲東南軍凶遞爲
西北嘉禮四周闢詢於中是亦河圖也至
如九官之制燦然雜書伯禹作司空治於
正北棄作后稷治於中土契作司徒治於
正東皋陶作士治於正西垂作共工治於
西北益作虞治於東北伯夷作秩宗治於
正南夔典樂治於東南龍納言治於西南
東南定位而四方底從其外以四岳十二
牧分治侯國四三十二與時月協以象日
月星辰曆數合於九官二十五人以代天
工故曰合二十五人之智智於神禹夫有
所本之也故詩書訛舛非稽古則莫之正
也因是而推五典五惇五服五章五刑五
用皆出於河圖而爲縱橫十五皆通於雜書

九族九功九德九歌九載九共皆出於雒書而六九虛中皆貫於河圖大槩然矣

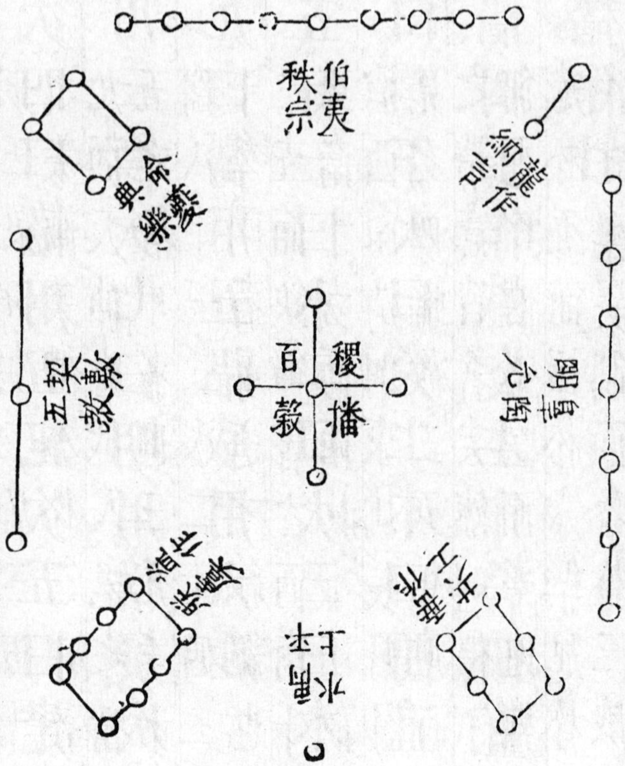

右九宮圖義

然則五品五教五禮五惇皆然以五而叉曰三禮何也曰三五者聖人之常致也五刑三就五宅三居三五十五十五而叅兩之義備矣禮本於三中於五行於九至於九而天神地祇人鬼之精意皆着矣三者五之着中者也三九二十七三其二十七爲八十一三八二十四三其二十四爲七十二兩者易道之綱紀也故曰三五而盈三五而鈌雒書之西南十八而東北十二東南十六而西北十四啟西北長則東南消西南消則東北長月行九道夬姤剝復見之四端故三五相應而天神地祇人鬼之精意皆着矣然則禮不言九而樂言九何也曰禮本陰而率地樂本陽而率天禮成於五而極於六樂起於六而極於九三代之樂異制而叅於三成起於六律終於九變其義一也然則樂之有九變何也曰環宮也環宮之不十二變何也曰三時之

用各有所不盡焉猶百二十二之止於八十一也體四用三體三用兩樂律所繇始也然則樂律之始八十有一而其細數至於十七萬七千一百四十七何也曰是猶三分之一也體三用兩九數之極爲五十三萬一千四百四十一

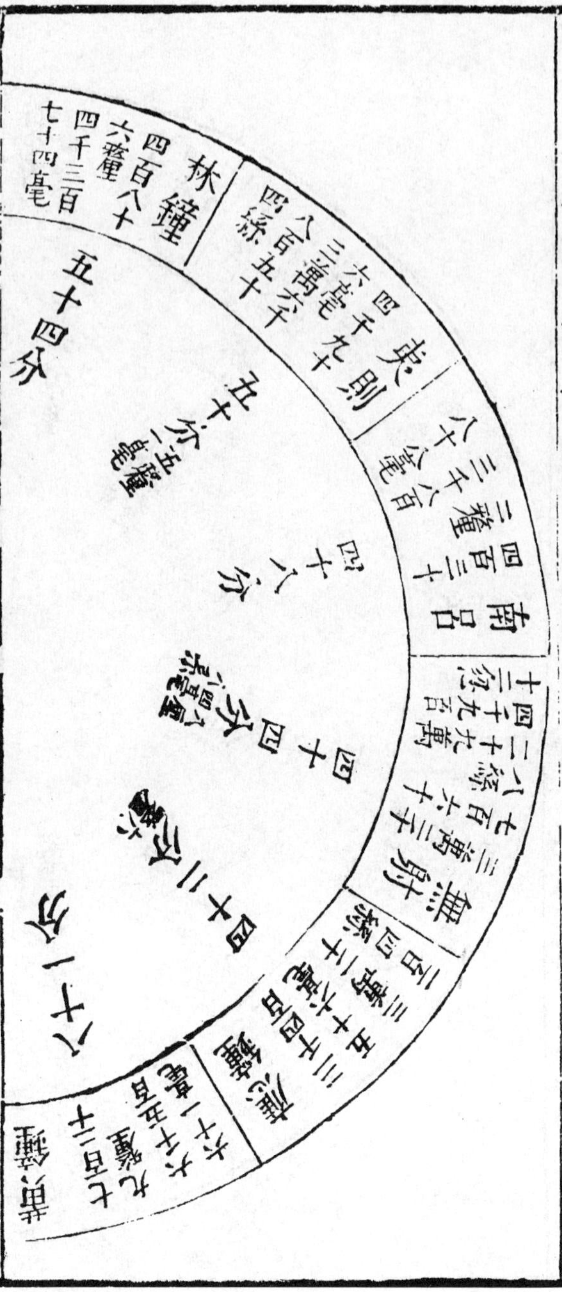

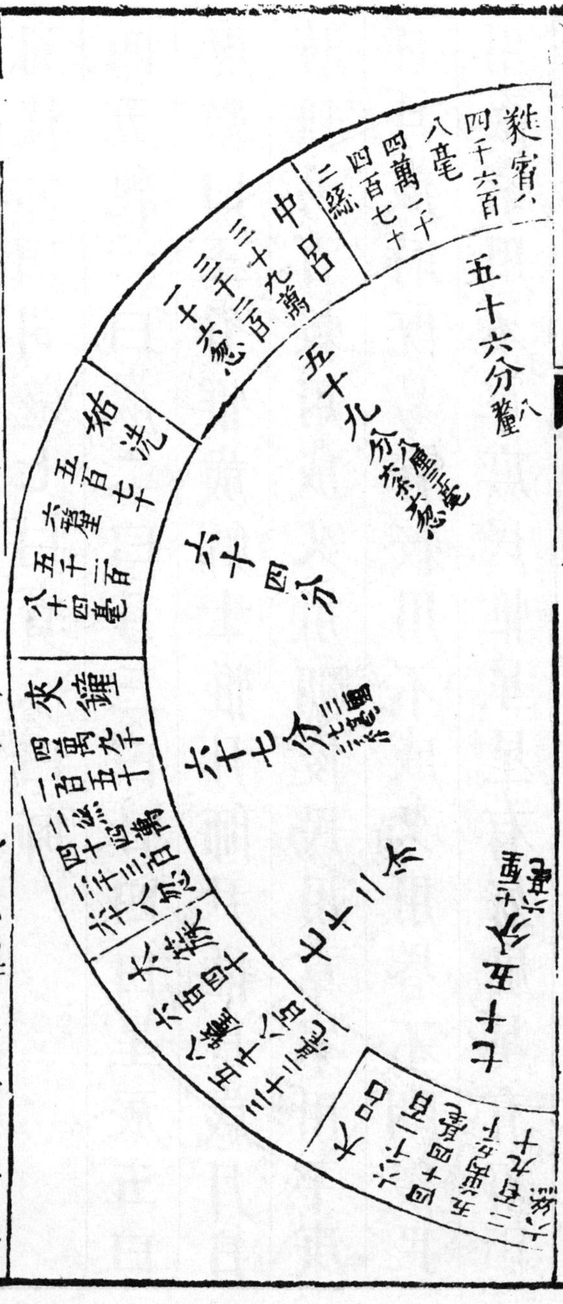

九變律不得七百二十九只得七百一十七以七百一十七相乘只得五十一萬四千八十九何也曰律皆左旋天恆右轉左旋皆遜右旋比疾範與天右旋春秋與易詩與律皆左轉以次見遜故範四百八十六年而進五年律每六十年而退一年天

行其中酌爲斗差故極遲之差八十一年極速之差五十九年而天差一度六乘五十九爲天朞之常周是二典所造端於曆象也然則律行五十一萬四千九十乃百二十歲而部一歲今以六十約之何也曰律六正而六間用正合間故以律包呂也然則樂貴全分黄鐘九寸全分以統天林鐘六寸全分以統地太簇八寸全分以統人及祀天神乃用夾鐘爲宮祀地祇用林鐘爲宮祀人鬼用黄鐘爲宮者何也曰三統之用各有所取之天取於日地取於月人取於陰陽之交四聲相間取於星辰虞夏殷周各不同用也必以爲夾鐘生於房心天社出於井鬼宗廟著於虛危則三代上下相越二宮宮律正應與之俱變矣然則天神言六變地祇言八變人鬼言九變者何也曰自質而文自簡而繁簫韶九成禮樂之極致也

右九變圖義

凡洪範之本出於唐虞唐虞之用極於禮樂故道至禮樂而九用之精義皆盡矣自洪範言九疇皇極而後惟大學絜矩用極之說獨闢其宗故復爲絜矩用極圖如左

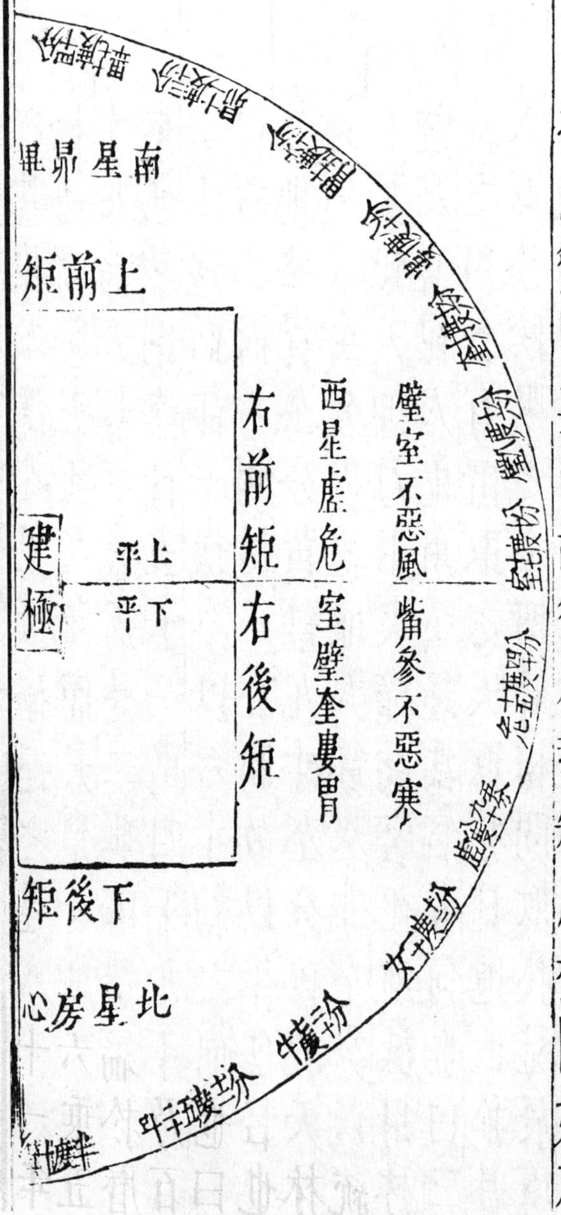

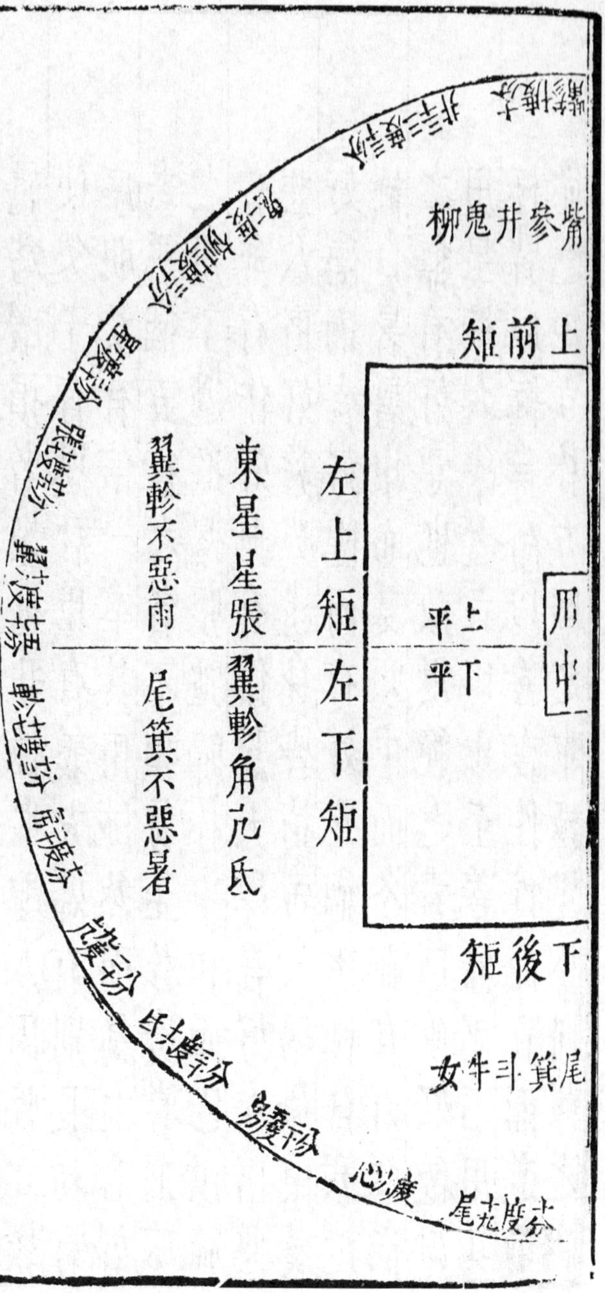

凡星辰皆無好惡因日月之行以爲好惡
日行去極遠則星寒去極近則星暑星寒
爲冬星暑爲夏壁室未嘗好雨寒遝而多
雨翼軫未嘗好風暑遝而多風庶民亦無
好惡因君相之行以爲好惡堯舜與而民

洪範明義　卷　十二

好善幽厲興而民好暴然則大學稱民之所好好之民之所惡惡之何也是言民性也民性好善而惡不善好善之性循水之潤下火之炎上木之曲直金之從革土之稼穡不與堯舜幽厲爲增損其與堯舜幽厲爲增損者教也非性也聖人因性立教使父子有恩君臣有義夫婦有別長幼有序朋友有信一本其所誠然而爲之召好去惡猶五行之各不相易至於慶賞刑威之用不過進退張弛歸於中和而已洪範言無有作好無有作惡大學言好人所惡惡人所好災必逮身皆指帝天錫命秉彝好德而言好德而有好惡猶遠極自寒近極自暑暑中而夏寒中而冬雖有好惡猶之無有好惡也故洪範之旨曰攸好德建用皇極大學之旨曰止至善無所不用其極皆以極言命以善言性性命立而道教從之矩立於方圖之中極建於圓圖之內

參兩天地以得其平其所以平之亦曰中和而已洪範之言領好絜矩之言去惡皆根極至命達於天地之情故不知洪範建極之義者則觀大學絜矩之法舜禹仲尼所以開創傳受範圍曲成者燦然睹矣上卷皆言止善立極性命之理下卷頗舉象數以綜天人之務恐觀者眩於象數故復原本二典以至大學用中用極之意爲平格陰騭圖終焉

右平格陰騭圖義

終卷九功九官九變平格凡七圖附於再定今文之末

崇禎十六年五月朔

漳州府漳浦縣儒學生員門人林有柏

洪範圖象 終卷

胡逢甲

商應椿

林　　賓

林秀參

龔

古文尚書條辨五卷

〔清〕長樂梁上國撰

中國國家圖書館藏清抄本

古文尚書條辨五卷，清梁上國撰。上國（一七四八—一八一五），字斯儀，一字九山，長樂人。少爲大興朱珪賞識，入「讀書社」。乾隆四十年（一七七五）登進士第，改翰林院庶吉士。未久，丁父憂。再散館，授編修，分纂國史。乾隆間開四庫館，于敏中奏舉入館，任總目協勘官。嘉慶二年（一七九七）擢山東道監察御史，歷太僕寺少卿，官至太常卿。嘉慶二十年卒於慶遠試院。生平質直好學，治經不苟同於人，曾撰古文尚書條辨八卷、山左山右遼瀋粵西遊記四卷、九山詩文集十二卷。

東晉梅賾所上古文尚書，宋人吴棫、朱熹始啓其疑，元吴澄、明梅鷟等繼攻其僞。清初閻若璩撰尚書古文疏證，爲之條分縷析，一一抉摘僞跡，又經四庫館臣及惠棟、王鳴盛、丁晏等揚波助瀾，而僞書之説，學者多稱定案。然左袒古文者，亦與疑僞者相終始，或堅執古文爲真，或以古文所載皆聖謨嘉言，道義大節之所關，雖僞而不可廢。

梁氏當乾嘉考據昌盛之日，力主古文尚書不僞，撰是書以辨正閻氏疏證，百計求勝，可謂逆於時流。是書專駁疏證第一至五、八十七至九十二、九十七、一百、一百十九數條，皆先録疏證原文，後陳己見。全書首辨古文尚書之篇數、篇名、次第及流傳，次取疏證所考古文經及孔傳與史相悖者駁之。若第一條，疏證謂漢時古文尚書增多今文十六篇，載於漢書，與梅本增多二十五篇不合；而梁氏以爲十六篇不過班固偶沿劉歆移讓太常博士書之語，溯源於史記，僅以「十餘篇」語約舉其數。第九十七條，疏證謂古文尚書用語每拘於爾雅，不敢或違，質之今文，反多未合；梁氏乃反復援證，務明古文有據。其他各條類如此，而不免紆曲强辨之言。然平心而論，閻氏疏證雖名擅當時，亦非無輾轉牽附之失，梁氏與之折衝辨難，其弊固與閻氏等，其確斷者，適足以匡疏證之弗逮，此學術以相爭而相濟也。

是書迄未刊行，翁方綱復初齋文集卷一有古文尚書條辨序三篇，其第二序記成書始末，曰梁氏「兄子芷林始以所爲古文尚書辨諸條輯抄來示」。又曰「惟其中太過者，則十六篇之説不可駁也」，則覃溪雖亦袒護古文，而於是書尚不無微詞。此鄭振鐸舊藏本，卷端鈐「長樂鄭振鐸西諦藏書」朱文方印。眉端間有批語，不知出何人手，皆訂砭梁氏罅漏者。如第一條，梁氏以班固、馬融言古文十六篇，皆聞自劉歆，而批曰「十六篇之説，既有劉歆、班固、馬融諸人言之鑿鑿，何可一概抹殺，然則漢人之言無一足信耶」；第二條批曰「閻氏所謂亡于東晉者，指古文逸十六篇而言，何嘗謂馬鄭注本也」，斥其溷同逸十六篇與馬鄭本，俱見審裁之精。

此本之外，中國國家圖書館別存一清抄本。二本相較，眉批、行款皆同，而字句多此本不誤、別本誤者。如此本第一條「古文尚書者，出孔子壁中」，別本「壁」訛「璧」；「此亦如班固古文禮記、論語、孝經數十篇之云云」，別本「十」訛「千」；第二條「乃一概棄而不省」，別本「省」訛「者」；眉批「則必反以馬鄭本之二十九篇爲今文」，別本「文」訛「人」，是以知此本爲優也。（金曉東）

古文尚書條辨卷

長樂梁上國九山撰

第一條

若璩原文　漢書儒林傳孔氏有古文尚書孔安國以今文字讀之因以起其家逸書得十餘篇蓋尚書滋多於是矣藝文志古文尚書者出孔子壁中武帝末魯共王壞孔子宅得古文尚書及禮記論語孝經凡數十篇皆古字孔安國者孔子

後也悉得其書以考二十九篇得多十六篇安國獻之遭巫蠱事未列於學官楚元王傳魯共王壞孔子宅欲以為宮而得古文於壞壁之中逸禮有三十九書十六篇天漢之後孔安國獻之夫一則曰得多十六篇再則曰逸書十六篇是古文尚書篇數之見于西漢者如此也後漢書杜林傳林前於西州得漆書古文尚書一卷常寶愛之雖遭艱困握持不離身後出示衛宏

等遂行於世同郡賈逵為之作訓馬融鄭康成之傳註解皆是物也夫曰古文尚書一卷雖不言篇數然馬融書序則云逸十六篇是古文尚書篇數之見於東漢者又如此也此書不知何時遂亡東晉元帝時豫章內史梅賾忽上古文尚書增多二十五篇無論其文辭格制迥然不類而只此篇數之不合僞可知矣

【辨正】閻氏獨援班孟堅不溯源于司馬子長是為數

典忘祖夫子長之於古文不及細詳篇數（說在下文）故史記儒林傳但曰得十餘篇而已曰尚書滋多而已十六篇一語僅見於劉歆讓博士書（載漢書楚元王傳）班固偶從而襲之此外無有也歆之言曰逸禮有三十九書十六篇春秋左氏邱明所修多者二十餘通藏于秘府伏而未發夫禮古今經五十六卷除儀禮十七非三十九耶安國獻尚書四十六卷除今文二十九及古序一卷非十六耶春秋左氏傳三十卷而公羊僅

十一卷穀梁亦然非多二十餘通耶歆之意實不過如此夫左氏之多于公穀距止二十餘通而已二十餘通云者不過就卷數差歧之大校約舉羸餘非求精核以此推之尚書其簡括數目亦猶是耳蓋逸礼篇目易稽也惟書與左氏難以遽數難遽數者欲驟數之故只得計其粗率譬如握算家固有容率然其粗率亦可言也今必執十六之説而指古文為僞則亦將援二十餘通之説而疑左傳非其不大謬耶或

曰歆既移書博士欲立古文所宜詳悉而臚列之而乃如此率略何也曰諸博士不肯置對當時所争不在篇數也歆正病衆經師苟安寡陋嫉異黨同顧先以篇帙張皇徒增其畏憚耶或曰太史公既特載古文顛末而不明言篇數何也曰彼時行文有未暇覼縷者欲單詞確断則不能了然故甯缺而不言也不言何害於古文此亦如班固古文礼記論語孝經數十篇之云云假令强而断之則必如劉歆之失實矣然則學者欲考書篇盍先

觀百篇書序乎書序與詩序不同有各篇各序者有數篇共序者百篇凡六十七序孔疏謂六十三序蓋除咎單咸有一德立政無逸四篇不叙所由故不數安國所獻之五十八篇其序四十有六乃引序冠其篇首即以四十六序為四十六卷故漢書藝文志曰尚書古文經四十六卷又曰經二十九卷二十九者伏生之所傳四十六者安國之所上也二十九卷亦稱二十九篇則既卷可稱篇篇可稱卷矣乃二十九中有分篇實不止二十九四十六中

十六篇之說既有劉歆班固馬融諸人言之鑿鑿何可一概抹殺然則漢人之言無一足信耶

有分篇亦不止四十六同序同卷則孰合異序異卷又孰分孰爲古卷之所增孰爲今卷之所缺此豈片言所能畢耶今而後知太史公不言篇數非草草者也或曰班固馬融亦言十六篇何也曰班固馬融皆聞所聞於劉歆者也固惟于藝文志偶襲劉歆之說而至于儒林傳則謹遵司馬所書而莫之能改益可知十六篇云云原非的據若馬融逸十六篇絕無師說此馬融書傳序之言見堯典孔疏云者尤顯然爲傳疑之語不但

無十六篇者在融乎中亦并無十六篇者經融眼中假若在融乎中則融必注之者抑經融眼中則融目擊全豹不必斤斤於泰誓而疑之矣夫融之疑泰誓也既案其文而嗤其淺露且斥其神怪以為在子不語中（見書首卷孔疏及泰誓篇內又左傳襄三十一年卷內）然猶從而注之而此十六篇者既無所嫌而反不肯註雖至愚者亦知其必不然矣惟其所註漆書之本不出伏勝之篇而所謂孔壁增多者（此指二十五篇）自光武中興久已裁汰為王

莽立學故也詳在後雖草茅好學之士不無私傳之而私習之者而東觀蘭臺太常博士則泯然無存焉是以馬季長總莫由見也十六篇本無其書二十五篇経裁汰後融亦不得見今閩氏乃曰賈逵作訓馬融鄭康成之傳註解皆是物也夫所謂是物者何物也二十九篇耶十六篇耶如止二十九篇也即非安國之本如謂十六篇也則融明言絕無師說矣而顧以衛賈馬鄭之有師說者混冒之且武斷之曰皆是物也愈影附而愈相矛盾吁若壉之

憒憒如此奈何妄詆聖經哉

若璩原文論衡正説篇云孝景時魯恭王壞孔子教授堂以為殿得百篇尚書於墻壁中武帝使使者取視莫能讀者成帝時張霸僞造百兩之篇帝出秘百篇以校之云帝使使者取視不云安國獻之此何據也

辨正 論衡因百篇書序遂有秘百篇之説原屬傳訛然亦足見漢人言漢事固已自相差歧是仲任之正

説其子駿之移書均不無憑臆失真之處而閻氏乃曰見於西漢者如此見於東漢者又如此噫亦誣甚矣至所云武帝使使者取視則未可厚非考後漢書獻紀注引漢官儀武帝時安國為侍中以儒者特掌御座朝廷榮之安見不於此時從容奏對動漢王之旁求因取視而後進獻乎而究之此等事不関古文典要無須深辨也

餘論 前漢書房鳳傳云歆白左氏春秋可立哀帝

納之以問諸儒皆不對歆於是數見丞相孔光爲
言左氏以求助光卒不肯遂移書責讓博士後漢
書賈逵傳云逵奏帝曰建平中侍中劉歆欲立左
氏不先暴論大義而輕移大常恃其義長詆挫諸
儒諸儒内懷不服相與排之孝哀皇帝重逆衆心
故出歆爲河内太守從是攻擊左氏遂爲重讎以
是觀之歆此舉專爲左氏張本意不在尚書是以
言之草率其云左氏多者二十餘通蓋務爲減約

詞旨顯然且當時盛氣疾書未必能平心以僂數也片語之輕浮即貽誤後人若此

第二條

若璩原文 嘗疑鄭康成卒於獻帝時距東晉元帝尚百餘年古文尚書十六篇之亡當即亡於此百年中

【辨正】若璩此說毫無證據只是憑空武斷真妄誕之極矣夫康成所注只是二十九篇與馬融正同載於隋書經籍志唐時猶存孔穎達陸德明皆見之豈得曰亡於百年內耶志明言梁陳所講有孔鄭二家齊

閻氏所謂亡于東晋者指古文逸十六篇而言何嘗謂馬鄭注本也

代惟傳鄭文至隋孔鄭並行柰何妄謂其亡於東晉以前耶隋志又言馬注十一卷鄭注九卷王肅注十一卷蓋三家篇數皆同並不出伏生二十九篇之外安有所謂十六篇耶若璩欲捕風捉影而實無此書則其說終于必敗故妄造為百年中當亡之說嗟乎如此虛談謂足以遥斷古事意欲欺人徒見其自欺之甚矣

若璩原文讀隋書經籍志晋世秘府所存有古文尚

書經文今無有傳者及永嘉之亂歐陽大小夏侯尚書並亡濟南伏生之傳惟劉向父子所著五行傳是其本法而又多乖戾至東晉豫章内史梅賾始得安國之傳奏之予然後知古文尚書自鄭康成注後傳習者已希而往往秘府有其文亦猶西漢時安國止傳其業於都尉朝司馬遷數人而中秘之古文固具在也

辨正 若璩章引隋志者欲以證鄭注傳習之稀也夫

三家之學東漢弥盛觀後漢書及隸釋漢碑可見不得亡衰亦不得云康成以後三家遂無人論論

既以隋志為可據而志中明言梁陳講孔鄭二家齊代惟傳鄭文至隋孔鄭並行等語乃一概棄而不省妄云傳習者稀豈不自相矛盾耶究之考證古文不宜倚伏隋志蓋成書在穎達之後也志所言歐陽大小夏侯並亡於晉永嘉時此與鄭注何涉今乃據三家被廢之時代作為鄭注亡佚之歲月豈不太附會耶夫歐陽等三家在西漢最盛而東漢則漸衰至馬鄭王有注而康成復崇衛賈馬二三君子之業而疾

隋志晋世秘府所存有古文尚書經文此斷非虛造之言豈可詆為無據

歐陽等蔽冒失義疑惑未悛自斯以後三家無人誦讀安得不日黜豈必待永嘉之亂而後亡乎隋志以三家滅歸咎永嘉本屬臆想而若璩遂謂鄭注亦亡於此時亦真所謂蔽冒者矣至隋志謂晉世秘府有所存古文原無確據即果爾亦與孔鄭之流傳無涉而若璩乃援漢代中古文以證秘府之說又以安國傳業之寡證康成誦習之稀附葛攀藤抑何疑惑未悛至此耶安國傳業司馬遷此語亦易悞人夫司馬

氏嘗從安國問故非恪守師傳者也猶之倪寬受業孔安國而寬所傳之歐陽生子乃世世相承而歐陽學豈必遵用壁經乎以史遷廣蒐博覽於安國之古文必曾盡取而披讀之矣故作史記多採古文之說所採處後人多悞指另有條辨在下卷然不肯專於一家甚至有顛[illegible]古文相悖者亦不妨互見焉以廣異聞如引克明馴德及以父義和為語重耳之類曾子所讀之克明俊德定係古書原文史記乃引馴德存別解也晉世家

大學出於曾子亦宋儒臆說豈可執為確據

叙重耳事特言周作晉文侯命且又引王若曰父義和至永其在位四十三字注引馬融從王順之説曰父能以義和我諸侯蓋必前漢别有此説為史遷所用故馬融遂從之耳世之學者因有問故於安國一事輒謂龍門所引乃真孔壁之古文則何以處史記中兩説並存者乎

若璩原文嘗為之説曰古文尚書不甚顯於西漢而卒得立於學官者劉歆之力也雖不立於學官

而卒得大顯於東漢者賈逵之力也

【辨正】劉歆移書博士時王莽之奸謀未起真忱好古義正詞嚴後之讀是書者宜其推服乃當日諸儒皆怨恨賢如龔勝至願乞骸骨正如師丹亦奏歆改亂舊章非毀先帝所立歆既忤執政又見訕衆儒懼誅求出歷三郡守病免復起為安定于是王莽得寵絡之矣初莽與歆俱為黄門郎素重歆又曾舉歆有林行擢為侍中至是秉大權直留歆為右曹大中大夫

累官而至封侯歆由此變節盖不待改名劉秀字穎叔始覺判然兩截人也故班固曰王莽簒位歆為國師後事皆在莽傳考其所為乃聖經中之亂臣賊子而若璩乃以為有功抑獨何哉後人只讀移博士一書與儒林傳之叙古文曰王莽時諸學皆立劉歆為國師王璜塗惲傳古文者皆貴顯云云情事相應遂謂孔氏古文得立學官矣孰知新室一敗光武中興凡歆莽之所造作一概擯絕范史云先是四方學士多懷

挾圖書遁逃林藪大非刑禁之嚴亦何必遁逃若是哉史又言建武二年立博士十四人各以家法教授後漢百官志曰易四書三歐陽大小夏侯詩三礼春秋各二其曰各以家法則十四家之外一概删除也審矣即有嗜古如杜林斷不敢抗違嚴令不得不割去滋多之新目以符伏氏之原編庶幾科斗舊文可保全而無累也林自言流離兵亂恐斯經將絶史亦載其漆書一卷常寶愛之雖遭艱困握持不離身夫曰一卷

則其勢非多曰握持不離則艱困之際亦斷斷不敢多矣此所以止於二十九篇斷斷無疑也歟後鄭興衛宏除巡等並師其學而杜林之漆書遂行至章帝時選高才生受古文尚書雖擢高第終不立學官故賈逵雖悉傳父徽之業（賈徽受古文尚書于塗惲）而仍守大夏侯以為教授其所集之同異三卷均不出於二十九篇外也而若璩乃謂大顯於東漢豈非憒憒者乎

（若璩原文）當安國之初傳壁書也原未有大序與傳

馬融尚書序所謂逸十六篇絕無師說是

辨正 安國書未成時原無暇作大序若謂既成書而兀然無序則若據何從閲見而如此武斷乎至謂無序並無傳則真狂瞽妄斷而蔽冒未悛者矣史記載孔氏有古文尚書而安國以今文讀之因以起其家夫既無傳矣何以云起家家也者一家之言起也者從此立論起說前所未有而今特創起也又索隱引安國兄孔臧云舊書潛於壁室歘尔復出古訓復申

夫無傳何以謂之申安國不作傳何以云複申耶（史記注索隱云起者謂起發以出也亦是有傳之意）今之妄攻古文者初謂安國無獻書之事繼自知無理又改為安國不作傳之說劉歆曰傳問民間則有魯國栢公（謂逸礼）趙國貫公（謂左氏傳）膠東庸生（謂古文尚書）之遺學與此同抑而未施歆又曰此數家之言所以兼包大小之義夫膠東庸生安國之正傳也若僅有經文而無傳則何以列為數家之言又何以稱為遺學且所謂施者施行其說也若

本無傳說則何以曰未施哉班固曰遷書載堯典禹貢洪範微子金縢諸篇史記所採止此數篇不多古文說夫古文有說非孔傳而何且曰多其說則採取豈此一條哉假令無傳文以供搜採則安國豈能一一耳提面命便馬遷登之史編乎此必不然之事矣班固藝文志云尚書古文經四十六卷杜林傳曰漆書古文一卷若謂安國只經文而無傳說則較之杜林倍蓰數卷足矣而何以有四十六卷之多哉攻孔傳者理屈

以十六篇歸之張霸乃孔冲遠謬說奈何信之

詞窮於是援馬融十六篇絕無師說之一語以為據孰知馬融所云十六篇有錄無書即馬融亦未之信故穎達指為張霸之徒蓋張霸之外又有此一重魔障也余正因其無師說一語而確然知十六篇者與安國無涉何者安國書裒然四十六卷而弟子歷夫七傳都尉朝膠東庸生清河胡常賈徽而得號徐敖王璜塗惲桑欽曰絕無師說也哉

若璩原文及漢室中興衛宏著訓旨於前賈逵撰古

文同異於後馬融作傳鄭氏作注而孔氏二家
之學粲然矣

【辨正】若璩既執馬融無師說之語而茲忽有衛宏之
訓旨與賈逵之同異然則馬融之前師說已多何其
自相矛盾耶蓋若璩於此其蔽冒非止一端夫衛宏
賈逵皆杜林之漆書與安國無涉而往往易為所溷
者特以賈逵父賈徽嘗受業於塗惲耳而逵仍以大
夏侯尚書教授載於漢史則父子豈必一轍耶荀崧傳曰

融專指古篇無
師說而衛賈之
書仍止二十九篇
閻氏本未嘗溷
奈何譏其矛盾
杜林漆書亦與
安國書二而一者
也

向歆漢之碩儒猶父子各執一家莫肯相從況逵父徽受劉歆左氏逵傳業乃以左氏為專攻雖亦兼聞壁書之緒言而其篇目則不過如杜林而已逵自言永平中上言左氏與圖讖合帝寫其傳詁藏之秘書肅宗時逵又言五經家皆無以圖讖證劉氏為堯後者而左傳獨有之故范史譏其附會文致得以貴顯蓋趨時之學也所撰歐陽大小夏侯古文同異集為三卷皆廿九篇以內也安有所謂十六篇耶若璩謂衛宏賈逵著撰即安

國之學其憒憒者一也又謂馬融康成所指之十六
篇即衛賈之學其憒憒者二也至援無師說之十六
篇乃孔壁之真古文此其病入於膏肓矣觀此段統
四家以為一家近以合於杜林遠以蒙於安國其胸
中全無分曉從何處與辨哉

若璩不意鄭氏之後寖以微滅雖博極羣書如

原文

王肅孫炎輩稽其撰著並無古文尚書豈其時
已錮于秘府而不復流傳耶何未之及也

辨正　此亦信口武斷之詞觀其後卷第一百六條與此大相矛盾則若璩之妄言無據概可知矣彼云馬鄭王三家本係真古文宋代已不傳幸猶見於陸氏釋文及孔疏愚故摘出之以竢後之君子或有李陽冰其人請其手一書此三十一篇於石未必非崇正復古之一助云云夫既謂王肅與馬鄭同係真古文矣兹乃云肅輩撰著並無古文非所見之不真即昧良而妄斷究此自相悖之兩説無一是者也夫馬鄭

王之古文即杜林之古文祇二十九篇而止耳詎得曰真古文耶按三國志載王朗子肅善賈馬之學不好鄭氏采會同異為尚書解列于學官或得肅說多同孔氏殆私見孔傳而秘之或疑孔傳為王肅所作皆聞聲而亂吠者而若璩此條之浮誕不經則尤為可笑者矣

若璩原文果秘府有其書猶得流傳於人間惟不幸而永嘉喪乱經籍道消凡歐陽大小夏侯學號

為經師遞相講授者已掃地無餘又何況秘府所藏區區簡冊耶故古文尚書之亡實亡於永嘉嗟乎嗟乎出於伏生之口者秦火不得而焚之出於孔氏之壁者晉亂遂得而滅之矣

【辨正】晉元帝初立欲簡省博士荀崧事之謂宜留鄭易鄭儀禮公穀春秋博士議者欲從崧請而元帝獨以穀梁膚淺罷之夫穀梁尚有時而見罷而況歐陽等三家蔽冒失文曾為馬鄭所深疾者乎是三家雖

梁武帝所謂古文指梅本所謂今文指馬鄭本蓋以梅本為真古文則必反以馬鄭本之二十九篇為今文唐人亦然梁武安得見三家亡于永嘉非閻氏之言此條大誤

漸廢棄而古文之在人間豈宜與之俱滅若璩所謂真不根之甚者矣

隋志尚書大義二十卷梁武帝撰（梁主言本有兩秦誓蕭而存之古文伐紂今文觀兵時事）據此則梁武之時三家具在也而若璩謂亡於永嘉何其謬哉

（若璩原文）予又思秘府果存其書雖世有假託偽撰之徒出秘書以校之其偽可以立見成帝時徵天下能為古文學東萊張霸以所造百兩篇應

帝以秘書校之非是遂下張霸於吏若元帝時秘書猶有存者則梅賾所上之傳何難立窮其僞哉

【辨正】秘書校張霸之事誰不知之若璩引此何益譬如聽訟官於兩造之虛實真僞既不能洞見底裏又不肯虛心研鞫以成信讞而徒紛紛然引舊行成案混人耳目遂欲徑定其爰書其可乎若璩之影響游談何以異於是

若璩原文惟秘府既已蕩而為烟化而為埃矣而凡傳記所引書語諸儒並引為逸書不可的知者此書皆采輯掇拾以為證驗

辨正 昧者徒聞劉石憑陵一語遂以為前晉書籍均當如孔聖遺履漢高斬蛇劍穿屋飈飛而不可復得也孰知聖籍與器物不同漢世中古文不但與膠東庸生都尉朝清河胡常外內相應即安國之子孫豈能無一經以垂世守假令天祿之閣忽遇栢梁之灾

或竟無中文可校彼張霸樊並之流遂得以售其欺哉而若璩乃謂秘府古文一失即得采掇輯拾以肆行其偽而莫之能覺也真不通之論矣即如王莽時偽書多矣偽嘉禾偽武成偽伊訓偽畢命偽古文月采篇其力能滅中文而獨行亦何處有中秘書為之照鏡哉

嘉禾武成伊訓畢命等篇皆真古文見漢書律志否則班志豈以王莽之偽書載之國史而無一言正之哉

若璩原文其言率依於理非張霸偽書之比世無劉向劉歆賈逵馬融輩之鉅識安得不翕然信之

以為真孔壁復出哉

【辨正】適來攻古文者實已不遺餘力乃攻之卒不能破則謂其率依於理而姑置之此遁詞不足畀辨至所列劉向劉歆賈逵馬融以為鉅識則不過隨聲標榜欲飾智以驚愚耳今試進而核之四人中首數劉向抒忠漢室真可謂不負所學若謂其有功聖籍而特以鉅識推之則殊不然何也何以中古文證張霸之偽固屬大快人心然此事不待劉向而後能也史

言成帝即位更生乃進用更生劉向原名上方精於詩書觀古文詔向領校中五經秘書假令向於此時即請建立孔壁古文則不必求助於孔光豈必移讓於太常博士而成帝已改容聽納且不但帝之聽納而已即丞相平當輩豈不同聲相應焉此真千載一時也何劉向乃竟不出此劉歆前後兩截人尤不可同日語也

第三條

若璩原文鄭康成注書序自爲一篇唐世尚存孔穎達尚書疏備載之所云尚書亡逸篇數迥異孔傳不合孔則增多於伏生者二十五篇鄭則增多於伏生者十六篇二十五篇者即今所行之大禹謨五子之歌允征仲虺之誥湯誥伊訓太甲三篇咸有一德説命三篇泰誓三篇武成旅獒微子之命蔡仲之命周官君陳畢命君牙冏

命是也十六篇者即永嘉時所亡失之舜典一汩作二九共九篇三大禹謨四益稷五五子之歌六允征七典寶八湯誥九咸有一德十伊訓十一肆命十二原命十三武成十四旅獒十五冏命十六是也十六篇亦名二十四篇蓋九共乃九篇析其篇而數之故曰二十四篇也

又若據原文鄭康成注書序於今安國傳所見存者仲虺之誥太甲三篇説命三篇微子之命蔡仲

之命周官君陳畢命君牙十三篇皆注曰已於今安國傳所絕無者汩作九共九篇典寶肆命原命十三篇皆注曰逸不特此也又於安國傳所分出之舜典益稷二篇皆注曰逸（於此二篇尤徵若璩之憒憒其所云注逸者本不足信也）是孔鄭之古文不獨篇名不合者其文詞不可得而同即篇名適合其文詞豈得而盡同哉然則豫章晚出之書雖名為源流於鄭沖正未必為孔壁之舊物云

鳴盛原文　閻氏若璩不知益稷當為棄稷不知冏命當為畢命並誤

【辨正】鄭康成所注書序又分别其亡逸篇目孔穎達深知其不可信故於虞書疏詳列而明辨之今即取鄭注以校鄭說即一家之言已多相矛盾宜穎達不之信也夫既以亡者為絶無逸者但不立於學而已如此分别嚴不可混矣而何以咸有一德篇鄭於礼記注明言今亡而此書序下乃列為逸何以同一鄭

注而兩經之内彼此互相牴牾也又如武成一篇康成明言建武之際亡（穎達正義引之）而此乃曰逸又何以同一鄭注而一經之中前後自相刺謬也又如畢命篇據此書序注不在十六逸之内明明以為亡矣而孔疏引鄭曰今其逸篇云云夫逸則非亡又何其矛盾耶王鳴盛附和若璩者乃獨於畢命之篇覺其扞格於是自作聰明逞移竄畢命於十六逸之内而删去冏命以協其數坐使冏命一篇鄭序僅注為逸者嗚

蓋强指為亡惝怳迷離游移失據噫將使後之學者何從而稽考也哉

礼記緇衣篇引尹告惟尹躬及湯咸有一德鄭注曰尹告伊尹之誥也書序以為咸有一德今亡夫必曰書序以為則是除書序外無可據者益信鄭氏之不見古文也既據書序而斷曰今亡則於書序注下必不敢妄題為逸也然則書序之注逸未必為康成親筆蓋後人增竄者多矣至其曰建武之際亡建武所亡之武

成非今書之武成鄭於二者並未見夫自建武至康成晚年二百有餘載終東漢一代並無此武成之篇以康成注序豈有不實著其亡而謬擬為逸之理耶此又足證注逸者之非鄭筆矣若畢命序篇明言作冊畢公分居里成周郊史記同此注乃云今其逸篇有冊命霍侯之事不與此序相應稽之律歷志所引豐刑之語又不合豈似畢公分里之外別有兩畢命也者言豐刑者不及霍侯言霍侯者不及豐刑皆不可解也然鄭注尚書謂

以二十四篇為張霸之徒偽造此誠無稽之言沖遠徒以奉勅撰疏專用梅本故為此謬說以抑鄭最是奇寃何以信之

之逸篇與書序之注曰亡則儼然背馳矣若璩輩堅謂鄭注古文亡於永嘉而於此書序則六唐世猶存皆自相矛盾直不足置辯

孔穎達曰孔君所傳值巫蠱不行以終前漢諸儒知孔本有五十八篇不見孔傳遂有張霸之徒按之徒二字所包衆者於鄭注之外偽造二十四篇以足鄭注三十四篇為五十八篇其數雖與孔同其篇有異二十四篇者則鄭注書序舜典一汩作二九共九篇十一大禹謨十二益稷十三五子之歌十四允征十五湯誥十

六咸有一德十七典寶十八伊訓十九肆命二十原命二十一武成二十二旅獒二十三冏命王鳴盛武断径改為畢命二十四也二十四即十六穎達從二十四數之者祇期明辨於書序若壉改從十六數之者喜其巧合於劉歆十六篇之根於劉歆說其實皆子虛烏有然穎達實事求是不失為細心若壉捉影捕風徒形其浮氣蓋讀書者至是多此葛藤矣

孔穎達偽造之云非憑虛臆断者即如十六篇開首

謂美新非子雲作本於明人不足信美新但虛言欲撰擬一篇耳何以據為實事且文未明言舊三為一謂並二典而為三又合三篇而為一也總以為莽補舜典則不應曰舊三為一矣

之舜典乃王莽時偽造證據確鑿人自不考耳不觀漢人美新之篇乎夫美新斷非子雲之作謂篇中有子雲身後事如王莽九廟作於地皇年間時子雲死已久矣其為嫁名無疑然班孟堅嘗評隲之則其文可借證也文稱漢祖帝天下秦餘制度項氏爵號雖違古而猶襲之是以帝典缺而不補至大新受命發秘府覽書林神卦靈兆古文畢發制成六經絀少典之苗著黃虞之裔帝典缺者已補後又云宜命賢哲作帝典一篇舊三為一襲以示於

人摘之罔極蓋撰美新者秖知漢世有堯典一篇故鄙薄之以為不補旋見莽時有新補之舜典故頌揚之美其已補也又欲莽倣放堯舜亦自作一典與二典鼎立故曰三為一襲也然彼補舜典者雖不係張霸豈可謂非張霸之徒乎

或曰安國析出之舜典已上秘府彼新莽果欲補缺豈不知成篇現在而乃特煩撰作耶曰彼之特撰私意多矣蓋孔析之舜典無當於王莽之奸謀亦不合

於僞造者之意見一也且秘府有其成篇若顯出之即不得嗤漢世之不補二也沿襲前人所已成之功不足以著莽勳德三也今考太平御覽引尚書逸篇曰堯子不肖舜使居丹淵為諸侯與劉歆三統歷所特載者正合三統多引書為證夫帝堯何事不可紀而獨載丹淵諸侯一事他日莽封孺子為安漢公蓋援例於此知作僞者專為莽地矣莽制廟祀必曰予之皇始祖考受嬗於唐其行酷刑必曰投四裔禦魑魅如皇

始祖考虞帝故事故劉歆用左氏明劉氏為堯後其處者為劉氏句蓋劉歆所增入今偽造者亦欲以舜典明王莽之為舜後然則安國之成篇詎足供奸莽之采取哉

或曰漢書儒林傳言莽時諸學皆立劉歆為國師璜惲皆貴顯夫王璜塗惲傳安國之尚書者也造舜典者雖私心為莽而璜惲之篇目顯然具在獨不慮參稽而敗露耶曰璜惲藉莽歆而貴顯則安國之書璜惲不敢為政矣於是削彼舊典造我新篇斯不致相

形而見絀蓋第今新室舜典存則孔氏舜典雖亡弗之邸矣既偽造勢必如此此班固藝文志所以於尚書古文經四十六卷之下自注曰為五十七篇而原數五十八篇所以缺一也顏師古引鄭氏敘贊云後又亡其一篇故五十七按敘贊不言所亡何篇蓋未見實證故不肯指名慎之至也至於武成則直云建武之際亡蓋劉歆凡三引其書鑿鑿如彼而建武以後絕無之則宜急道其實也但此等莽歆所作光武命尹敏蠲去者不得請後亡一篇則知敘贊所稱亡一者自異武成之不相干涉若璩等因其語並出康成遂張冠而李戴之亦太為鹵莽矣

鄭明言武成建武之際亡今必以為之敘贊所稱以亡一篇者與武成無涉而特出莽補舜典之說以易之與孔沖遠以二十四篇偽之張霸何異

或曰前漢書言食貨志莽性躁急不能無為每有所興造必欲依古得經義又云莽誦六藝以文奸言莽傳贊是作偽者莽之素性若刘歆則博通好古覌其移太常一書令人讀而起敬此其人詎肯為張覇之所為乎曰刘歆果不作偽何以改名刘秀以竄冒赤伏之符公孫禄何以云國師嘉信公顛倒五經毀師法使學士疑惑請莽誅之以謝天下乎当其在哀帝朝讓論侃侃有公義而無私心千載以猶震其大名者祇

為此書也無如守道不堅自責讓博士以執政嫉讐
羣儒訕謗遂乃懼誅求出蹭蹬郡守以病免官王莽
持權特加拔擢由是歆大變節前後如出兩人其於
王莽則功之首其於吾道則罪之魁也觀三統歷所
引尚書自欺欺人猶竄名讖緯之狡計若張霸者不
足責而在刘歆則实堪痛恨云
或曰王莽傳言刘歆典文章當是時偽書多矣其羣
臣上奏所引則有假王莅政之嘉禾而刘歆所自引

又有伊訓武成畢命等篇兹據美新文又有舜典之篇其丹淵諸侯未揭篇名者且不必數知此外未露於書傳者不知凡幾殆當時欲補足百篇矣其書說則有君奭之說謂周公南面朝羣臣是也洛誥之說解復子明辟謂周公稱王命專行是也康誥之說謂王若曰乃周公居攝而称王是也人有成湯之服伊尹越茀祀方明之說刘歆所自引以解伊訓非伏此專為王莽祭祀而設非孔非三家無非為奸莽文奸言者歆雖典文章豈能一人獨造耶曰漢書載莽為學者築舍萬區益博

士員徵天下逸礼古書等文字通知其意者皆諸公車至者前後千載而平帝紀亦載元始五年徵逸經古記及以五經教授者爲駕一封軺傳遣詣京師至者數千人當是時諸學既皆立矣更有何逸經古記之可徵而此數千人者趨承莽旨日作何事所謂張霸之徒非即此輩爲之耶歆爲此輩領袖即不動筆能解免於張霸之徒耶且張霸當成帝時敗露而平尚周敞皆勸上存之後雖因樊並而被黜安知莽徵

古逸時此等書不死灰重燃觀班固儒林傳曰世所傳百兩篇云云夫班固稱為世所傳可知莽末東漢初此書猶有人傳誦矣不然王充作論衡何由而得引之耶王莽之嘉禾不在十六中而在百篇內若非張霸原書即係莽臣撰作以此見孔穎達張霸之徒云云未可非議也

或曰王莽之書固多偽造矣今試計彼十六目之內豈無奸莽之所不必需而偽手之所不能辨者乃穎達概目為偽造豈一一具有其篇歟曰不必有其篇

也但令虛借其目以擬足十六逸之數即同於僞造矣蓋將無作有非僞而何曰何以言其無也曰汨作九共等篇者若果從孔壁而出則馬遷既問故於安國當採入史記中矣將謂二紀事蹟已多不必採及古文乎則寥寥堯典舜典至旁羅孟子及左傳史克之餘論以足之不得謂已多矣何於汨作九共并不一及且夫九共九篇加汨作一篇凡十篇亦豈同淺鮮者乃讀堯舜紀於戰國春秋之說尚且兼採無遺而

此十篇之古經乃盡行擯棄而一語不收豈龍門無此情事又考汨作九共古序曰帝釐下土方設居方別生分類云云今細核龍門本紀之文無所謂釐下土也無所謂設居方也並無所謂別生分類也豈此十篇者太史公不得而見矣而後人反得而有之乎夫尚書獨載堯以來而太史公之紀堯舜乃深太息曰書缺有間矣有間云者正謂此汨作九共之篇冊曠然無可追尋假令此十篇者燦然具在則太史公

胡為而發此歎乎乃覺頡達以張霸致譏不為誣罔而若璩鳴盛輩譸張為幻真所謂蔽冒未恢者矣或曰汨作九共之虛幻則易瞭然矣乃彼僞擬者又取夫舜典益稷之篇然今尚書已有也萬不能效莽臣之故智刪削今書則將與今篇並列歟乃欲並列之而現存者旁見側出赫然有徵虛擬者捉影捕風無徵不信詎但龍門紀中之彼無而此有也此亦一大破綻矣彼僞擬者奈何不知歟曰附和是說者若

璩鳴盛到此已自相齟齬矣鳴盛悍然不顧堅謂今舜典外別有一舜典今益稷外別有一益稷抵死弗移而若璩則稍露天良知彼此之大未安也於是變動其說曰鄭氏於安國所分出之舜典益稷二篇皆注曰逸云云已詳於前若璩原語提醒分出字面意欲兩歧歸一則立說庶幾無病不知其病乃百出也試思安國所分出者慎徽五典以下帝曰來禹汝亦以下人人共讀此伏生早有之何以得目為增多即且壁出以

前經師已教於齊魯廷臣已受之伏生何以鄭氏得注為逸耶且此二篇至今現在若據何以云云水嘉亡失之舜典一益稷五耶若據左支右詘迄無一是如此一篇不足信則他篇率不足信矣而何以曉曉為哉

古文尚書條辨卷二

長樂梁上國九山撰

第四條上

若璩原文漢書藝文志載尚書古文經四十六卷即安國所獻之壁中書也次載經二十九卷即伏生所授之今文書班固於四十六卷之下自注曰為五十七篇顔師古於五十七篇之下引鄭康成叙贊注曰本五十八篇此句乃師古引孔序之文若璩闌入

又叙贊下為朦混殊後又亡其一篇此六字叙贊語故五十七此四字又是師古語與原注相應若據重混矣愚嘗疑不知所亡何篇後見鄭康成有言武成逸書建武之際亡武成孔疏所引立駁之曰偽武成也彼則知所亡者乃武成篇也若據武斷令依此五十七篇叙次之則堯典一舜典二汨作三九共九篇十二汨作九共皆子虛烏有若據妄矣大禹謨十三皋陶謨十四益稷十五禹貢十六甘誓十七五子之歌十八允征十九是為虞夏書湯誓二

十典寶二十一亡湯誥二十二咸有一德二十
三伊訓二十四肆命二十五亡原命二十六亡
盤庚三篇二十九高宗肜日三十西伯戡黎三
十一微子三十二是為商書偽泰誓三篇曰偽泰誓
是若據天良未昧靄然不得不姑取此三篇以求數篇之曲合三十五牧誓三
十六若據於此亡削武成靄洪範三十七旅獒三十八金
滕三十九大誥四十康誥四十一酒誥四十二
梓材四十三召誥四十四洛誥四十五多士四

十六無逸四十七君奭四十八多方四十九立政五十顧命五十一康王之誥五十二冏命五十三費誓五十四呂刑五十五文侯之命五十六秦誓五十七是為周書以五十七篇釐為四十六卷此謬妄之最顯然者詳亦在下則堯典卷一舜典鳴盛增注曰別有舜典卷二汨作卷三九共九篇卷四大禹謨卷五皋陶謨卷六益稷鳴盛作棄稷增注曰別有棄稷卷七禹貢卷八甘誓卷九五子之歌卷十允征卷十一

湯誓卷十二典宝卷十三湯誥卷十四咸有一德卷十五伊訓卷十六肆命卷十七原命卷十八盤庚三篇卷十九高宗肜日卷二十西伯戡黎卷二十一微子卷二十二僞泰誓三篇卷二十三若據雖知其僞然去之則卷數不敷故違心而列之至嗚戚則愈奇竟刪去僞字堅說是真而已牧誓卷二十四若據於此當刪武成一卷洪範卷二十五旅獒卷二十六金縢卷二十七大誥卷二十八康誥卷二十九酒誥卷三十梓材卷三十

一名誥卷三十二洛誥卷三十三多士卷三十四無逸卷三十五君奭卷三十六多方卷三十七立政卷三十八顧命卷三十九康王之誥卷四十鳴盛忽以兩卷合為一篇前後所無是自亂其例且明擬古文而暗襲今文半古半今最破綻之可笑冏命卷四十一惠棟鳴盛於此竄徑添出畢命而刪去冏命其誣冏又甚於若璩費誓卷四十二呂刑卷四十三文侯之命卷四十四秦誓卷四十五百篇序合為一篇卷四十六若璩扣除然後符於四十六設令武成不亡則溢為四十七矣豈當

日之舊耶其欺人類如此凡此皆按之史傳參之注疏反覆推究所按所參所推究皆誤以求合乎當日之舊此四字朦混之極想若璩之意謂漢書所載卷數即鄭康成卷數耳殊不知康成所注乃二十九卷加序為三十析盤庚偽泰誓為篇三十四無所謂四十六卷五十八篇也今強以偽擬之十六湊足鄭數是取今文之篇卷與古文雜抄之已不成片段況其牴牾百出何得稱當日之舊耶詳辨在後

辨正 漢書藝文志載尚書古文經四十六卷此是臨淮奏書之卷數刘中壘別錄早筆之非至孟堅始為釐定也其亡去一篇係彼後代之事今若璩乃除後

亡之篇卷謂適合於當日之舊此已大可笑矣且復將典作有續狗為貂即如僞泰誓三篇若璩既不敢不明標其僞而乃遷就而强取之以圖充數此所以屢形破綻也夫武帝之末得民獻泰誓與博士使讀説之數月皆起傳以教人孔疏引刘氏别録與王充房宏所言宣帝時女子等説皆不同而刘歆移太常書云泰誓後得博士集而讀之此皆西漢之人所自別白者也前賢則有廿八宿之譬玩刘歆以尚書為備一語足信二十八宿之稱已久甚確後學則有子不語之

許孔壁中安得有是耶且明明嚴而覈之曰古文經四十六卷而忽夾襍以今文之偽篇何名實之相背耶若璩謬矣夫若璩之構造經篇孟浪如此益信孔沖遠所嗤張霸輩東京當必有其人彼聞劉歆有十六之浮說遂擬十六以實之此見孟堅有四冊六之明文遂編排冊六以冒之皆不必現有其書但以篇目為海市蜃樓已足令人眩惑矣於戲孔沖遠詢有特鑒哉論衡正說篇稱魯共王壞宅得百篇尚書於墻壁中武帝使使者取視莫能讀者遂秘之

中成帝時有張霸偽造帝出秘百篇以校之云云夫王充在東京宜得備聞數篇數乃以博洽之儒其敘述模糊尚如此又何論其他然則璜惲廢退以至五後漆書盛行此時之耳食訛傳亦勢所不免耳十八篇中所缺之一數若果繫武成則敘贊早應揭出乃僅曰後又亡其一篇何耶曰後又亡者當對壁中朽折者而言曰其一者承班氏自注之意雖未明著篇目而斷乎非指武成何者武成謂偽武成駢亡於建武不可以一篇言也蓋亦思建武之際書篇之所以亡耶史言光武中興愛好經術范升陳元鄭興杜林

刘昆衛宏桓榮之徒維踵而集維時五經博士各依家法更定易書詩礼春秋限十四博士太常差次總領焉（以書儒林傳）其森嚴如此史又言建武初元陳元上疏曰陛下撥乱反正深懋經義謬雜真偽錯乱每臨朝輒延羣臣講論云云（陳元傳）彼其曰謬曰雜将訾誰氏曰偽曰乱果屬何人非莽歆孰足以當之英主臨朝直臣講論不得不水落石出當是時偽國師舊典之文章如三統厤所綴武成篇伊訓篇畢命豐刑篇

古文月采篇及莽臣所奏之嘉禾等篇雖欲僥倖不亡亦必不可得之數矣不但此數篇莽歆所作多矣今皆亡夫當莽勢未敗時公孫祿尚能面斥歆輩謂其顛倒五經前書莽傳光武欲立一左氏諸儒尚能論議讙譁公卿以下廷爭之使之中止陳元傳儒林傳亦言李封為左氏博士封卒光武重違衆議因不復補況以新政之肅清滌被奸言之文飾則豈必如尹敏其人受詔帝前而後敢蠲去之哉尹敏待詔公車帝以敏博通經記使蠲去王莽所著錄次比見敏本傳吁一亡書也繫以建武之際則其

書不問可知矣若璩奈何遽冒認之建武之際不但經有亡史亦有亡者不但偽經亡偽傳亦並亡矣史通云史記漢武之泰初後好事者若使岑梁審肆仁晉馮雍肅金丹馮衍韋融蕭奮劉恂等相次撰續迄於哀平間猶名史記至建武中司徒掾班彪謂其言鄙俗不足踵前史乃採其舊事旁貫異聞作後傳六十五篇其子固以為漢書是眾作俱黜而史有亡者矣莽傳載君奭說曰周公服天子之冕南面朝羣臣發號施令嘗稱王命召公賢人不知聖人之意故不悅也洛誥復子明辟說曰周公常稱王命專行不報故言我復子明君也康誥王若曰孟侯朕其弟說曰此周公居攝稱王之文也周公所定蓋為後法此等書說然則定驕亡於建武而若璩僅識一武成何耶

漢志自注曰為五十七篇究竟所短何篇曰舜典是

也嘗博稽先漢遺文如劇秦美新者蓋莽時庸手所扨断非子雲筆也（另有辨）然藉以徵證莽事則莫確於斯矣其咎漢曰帝典缺而不補知莽篡之前必有割舜典而燬之者蓋將獻新舜典必預除其舊舜典故先時以闕聞也觀於元始間徵天下通經古記皆令記說廷中謂以正乖謬壹異說（互見本紀與莽傳）此正在已闕未補時矣其詇新曰紹少典之苗著黃虞之裔帝典闕者已補蓋以莽為舜裔少典黃虞大抵偽典所

取用而三統厤所綴堯使子朱處丹淵爲諸侯舜使子商均亦爲諸侯皆其語也是莽篡之後儼然別一舜典而補其闕矣建武之際此類必盡掃除但恨闕者仍闕耳其末曰宜命賢哲作帝典一篇舊三爲一襲以示來人擕之罔極言於堯典舜典外更有一帝典與舊爲三典也嗟乎煌煌兩帝典不但可闕可以補而且可以增此正公孫祿所謂顛倒陳長孫所稱僞亂宜乎建武之興一舉而蕩滅之耳

新論實是除序計之故曰四十五卷

此條徒執新論之四十五卷爲闕舜典一卷而不悞新論固云五十八篇則何闕之有今冒置此句不辨矣可哉

按舜典之亡也於西漢末又有書爲證焉曰桓譚新論（太平御覽卷六百八學部所引）新論之言曰古文尚書舊有四十五卷爲五十八篇據此則較之刘氏別録明少一卷少一卷而特標舊有則如此所闕者定屬乎莽歆之世而無渫於建武之年矣漢志存其原卷（四十六）卷而核減其篇曰爲五十七新論存其原篇（五十八）篇而核減其卷曰舊有四十五其慎重一也新論又載連山歸藏各若干言及古帙礼記古論語古孝經若干卷若干

章若干字皆不云舊有而獨於古文尚書鄭重加舊有二字舊之云者當平帝立古學擴惲賈顯時也舊有云者此四十五卷舊時實有之見此後不能有也考桓譚自成帝時以文任爲郎歷哀平不遷官繼爲王莽掌樂大夫講學祭酒世祖即位徵待詔以宋宏薦拜議郎給事中出爲六安郡丞年七十餘卒於建武之代筮仕於建武新論中所言缺卷安知非指建武所亡耶曰此大不然當建武初年譚已獻新論蓋

去漢書之成尚三十餘載矣班固作漢書告成一章帝建初中而昧者謂其起官建武所記者即建武之亡篇殊不知世祖初興譚早獻新論世祖善焉今考其書皆雜記前朝掌故無一語指斥時事者若謂建武篇亡而譚現記之則當曰今存四十五卷不得曰舊有四十五卷矣況其時璜惲已退漆書已行十四博士已定誰復取罷廢之殘篇特為考核篇卷耶此必無之事矣且四十六卷中他篇不亡而無故獨亡一武成此又

必典之理矣然則新論之闕卷必係舜典而斷非武成真可謂確無疑義者也按此四十五卷之古文適東漢三國而後出現東漢時為杜林所掩三國時又以戰爭未遑也孔沖遠前晉奏上其書已亡舜典至晉末范甯為解猶不得馬大航頭之獻議者隨寢隋開皇三年購募遺典乃得之武成正義大告武成條下記引鄭元武成逸書建武之際亡一語不云是敘贊蓋與漢書注所引敘贊渺不相涉也沖遠嘗言孔君作序鄭元謂之贊然則敘贊者鄭書之總序耳堯典疏引鄭序云虞夏書二十篇商書四十篇周書四十篇此

是總論百篇顏師古所引六字想近此總論百篇之下至他疏引叙贊雖多并無五十八篇之説今若壉乃添唇助舌取上文師古之别語闌入鄭氏口中攙入添一本字又取下文故五十七四字師古所以收結已注迴應孟堅之自注者亦混為鄭氏之詞壹似康成实有五十八之篇卷燦然在其手中目中嗟乎若壉之鹵莽滅裂欲迷人而適以自迷也已

第四條下

若據原文始之而不得其說則茫然以疑此時天良未昧知其無可鑿空既之而忽得其說則不覺欣然以喜至是除去武成一篇自謂得把柄矣孰知益謬以為雖寡昧如予猶得與聞於斯文也詎不快哉

嗚戯原文尚書卷篇之數千載夢夢矣妄極直至閻惠方加鑿正影響妄談何得謂之鑿正十得八九猶不無小誤至予論始定

辨正 惠棟王鳴盛皆致尤於若璩者其非列篇卷務彌縫若璩之破綻究之齊則失矣楚亦未為得也惠棟不敢議卷數惟有汩作下列九共一九共二九共三九共四九共五九共六九共七九共八九共九鳴盛又於舜典卷二下注曰別有舜典棄稷卷七下注曰別有棄稷蓋謂舜典非慎徽以下棄稷非來禹以下也若果如此則舜典棄稷合之汩作九共壁中已多得虞書十二篇時龍門方作史記采輯堯舜事乃於十二篇之唐虞古

書竟屏置而不用一字有是理耶此其捕風捉影蓋不待辨而明矣至若璩除武成以合數鳴盛亦自覺其非遂於洪範之上仍列武成卷二十五而改洪範為卷二十六以下層層遷改是若璩所見自欣快見此當一旋面目乃虛卷作補於行間而溢額早浮於數外於是求合者之伎倆又窮不得已復倒戈於若璩彼之鋪排為兩卷者我乃擠并於一卷其捉襟露肘之態較若璩加甚焉獨不思惟三家今文知有顧

命不知有康王之誥是以誤連為一若夫古文經則儼然兩篇其序亦劃然兩序太史公從臨淮聞故亦各括其大意分隸成康事中而犂然不相假借蓋壁文既分明則讀者斷不容以復溷也今鳴盛强而合之是學步三家仍作今文篇卷矣古不古而今不今何以誇論定耶不特此也篇題各異迥非盤庚泰誓之比觀上下文從無異名而同卷者鳴盛於此竟自相矛盾而不恤此即若璩亦應竊笑耳且尤有可怪

者既堅執亡逸之謬説以張僞懺則畢命本注曰亡
冏命本注曰逸而嗚盛於此兩篇槩與悖違本曰逸
者指爲銷燬使不得爲逸本曰亡者指爲傳授使不
得爲亡標之曰畢命卷四十一而冏命則空焉進退
罔據棄取任情是明明以僞託之鄭注爲不足信矣
一篇不足信則篇篇皆不足信乃反嗤千載爲夢夢
何其無忌憚乎
嗚盛誤悶惠以爲十得八九不過立標榜以欺人耳

今平心察之其刪除後亡之篇目謂恰合壁出之真文是若璩之敗迹也然篇不刪除則卷必贏溢遂欲抹摋康王篇以伸其邪說是鳴盛之敗迹也惠棟但列篇名而不敢配列卷數似遁逃於二敗之外矣然畢命冏命逞臆改移則惠棟鳴盛兩人同一敗迹也其餘各篇之虛張雜湊與三泰誓之不辨古今則若璩惠棟鳴盛三人之同入迷塗而莫能相救者也作僞者自誇得與於斯文效尤者僭稱至予論始定夫

誰欺欺天乎
馬鄭之古文所以能有偽泰誓者以説難承孔学而
篇則仍用今文也東漢一代所稱治古文尚書者莫
敢不遵循此格觀賈逵受詔撰歐陽大小夏侯及古
文同異逵集為三卷足明徵矣夫非古文與三家篇
目均齊則此羸而彼絀彼半而此全体段迥殊將何
以參稽其同異其逵即欲强撰之則所集詎三卷之
可了耶後刘陶推三家與古文尚書是正文字蓋亦
如此倘非古今文編軼相符陶何得謂之推

何憑以為正乎即如馬融著三傳異同晉劉兆作春秋調人亦皆以其經之同而後殊其傳之異然則賈逵撰集並無二十九以外之篇於茲益信夫賈逵本以大夏侯教授於今文固所夙習乃其父賈徽受學塗惲獨得孔壁之真傳論者遂怪逵躬同撰集何故削徽書之半不知非逵削之杜林已先削之矣林以名德為群僚所尊憚見本傳衛宏又從而定之疏云衛宏定古文尚書有序今典既定謂建武定十四博士定也者定以博士之篇次弗使二十九篇以外仍得闌入其中也當是時也雖有百賈逵其能孰憚

徽之私書而畀為抗論耶即康成恒稱世祖之興衛賈馬二三君子居賈先而有衛而衛實畀杜同符然則東漢之古文杜林其初祖也衛宏為之定則繼祖而為宗者也賈逵以下古文皆杜衛之嫡傳正脈也後起雖賢安能軼出乎祖傳之外耶夫杜林精小学而嗜奇字其淵源最遠西京時有杜林訓纂篇又有杜林蒼頡故一篇載在藝文志班固云蒼頡古字俗師失其讀宣帝時徵齊人能正讀者張敞從受之傳至外孫之子杜林為作訓故是也杜鄴及林本傳言鄴母張其母張敞女敞子吉吉子竦皆博学有文采初鄴從言学後竦又從鄴学竦

尤長小学而文雅過其祖敞至鄭子林又從孜林以竦学好古而博洽故世言小学者由杜公建武六年辭隗囂而還三輔自言於西州得漆書古文尚書一卷常宝愛之雖遭艱困握持不離身夫訖言西州者不過隱諱其仕莽之蹟前書莽傳言莽築新廟王尋王邑持節侍中常侍執法杜林等將作又張竦為陳崇草奏頌莽功德復為劉嘉作奏莽大悅封竦為淑德侯莽製六体書一古文二奇字即孔氏壁中之体林之漆書一卷必錄得於是時也而道其实曰一卷必無三家以外之篇跡其艱困不離豈能以孔壁所滋多盡入之握持之內哉矧林所為嗜祇此蝌

斛異文原不必為遺經計厥後鄭興一見而詣衛宏闇然而服徐巡更受業且愛以勿悔此時塗惲雖擯林書獨張騰而揚眉所恃者與三家篇目有畫一而無乖異耳作史者為之大書特書曰古文由是遂行不善讀者謂壁經到此幸行矣其善讀者則謂杜林之古文行而臨淮之古文遂不得行也此一代傳經之大關鍵也學者誠知治古文之源流如此則知馬鄭之泰誓亦祗疑以傳疑所謂過而廢也毋寧過而

存之而已而孰料瞶瞶者竟以今文三僞臚成古卷之三篇又以成康兩書效作今篇之一卷謂為古文則不是古文謂為今文又不是今文馬非馬驢非駘淂毋從龜茲國讀來者耶比杜林之西州更遠矣一笑

若據原文百篇次第鄭以咸有一德在湯誥後孔則在太甲後鄭以費誓在呂刑前孔則在文侯之命後鄭依賈逵所奏別錄為次而孔則自為之說也

【辨正】孔沖遠正義云百篇次第孔鄭不同者孔依壁内篇次及序爲文鄭依賈氏所奏別録爲次考論次第孔義是也蓋當沖遠之世鄭書現存亦附百篇之序故沖遠得而互校之而又經一番考論然後知孔義之爲是彼實數自異空談矣今若據反末爲本竊沖遠之唾餘以訾沖遠其口給可憎類如此嘗攷馬鄭王三家既各有別録（皆疏所引）則不必盡然如一疏謂鄭依賈爲次亦不過想當然耳大衛宏手定經文已不

復與壁篇相顧而況此有錄無書者家家能詮叙之此豈足以難孔哉即如咸有一德鄭氏見礼記有尹躬暨湯句故以連湯誥之篇猶夫說五子之歌據左傳亂其紀綱二語即可指為夏桀之時何足怪耶又如費誓篇鄭氏不後於文侯之命衹以時代在前且魯宜先晉耳殊不知論時代則宜高於君陳何得次呂刑之後乎沖遠以孔義為是確乎可憑若璩之索垢吹毛欲變亂其黑白而已矣王應麟藝文志云二戴皆傳儀礼而十七

篇次第大小戴先後不同惟刘向別錄大射以上七篇與小戴同又樂記正義引刘向別錄第七篇樂化之後曰樂學曰賓年賈曰師乙曰魏文侯而今鄭注之本於樂象改次以魏文侯次以賓年賈次以樂化而終以師乙與別錄次序不符然則古經篇日经後人移掇者指不勝屈矣若璩奈何多所怪乎

若璩原文又按四十六卷之分鄭以將無作有同題者同卷異題者異卷已釐次之上矣明明若璩自釐次鄭則何曾有孔則以同序者同卷異序者異是耶欺人至于如此真不可解卷篇各有序者四十卷通共序者六卷故四十六卷也然鄭注四十六卷鄭注廿九篇加序只三十卷何得云鄭注

四十六卷原無武成而以百篇序寘為末卷孔則有武成一篇篇自為序已足四十六卷之數故不便以百篇序復為一卷只得引之各冠其篇首曰宜相附近此則遷就之詞云

辨正 若璩真張霸後身矣所臆造之四十六卷破綻百出即其附和之黨尚有入室而操戈者況公論乎乃前幅乍強顏摹擬此幅遂直書鄭注四十六卷又有鄭以同題曰日見鬼竟似有鄭書四十六卷之在

其把握也者若璩祇自欺乎抑謂天下皆可欺乎夫計篇不計卷似乎易以編排然已不克售欺者蓋古今文之雜半難以掩飾也至以五十八而縮成四十六則除臨淮同序同卷之外彼僞作者鮮不敗露矣不然惠棟何以不敢言卷數鳴盛何以必添入武成異題異卷者何以康王篇之忽違此例左支右絀百孔千瘡雖至愚亦知其不類矣且若璩於此其尤可笑者又有六焉夫沖遠所闢之張霸十六篇有武成

在内者也若據既持之以為真鄭注乃至此忽曰鄭氏無武成轉瞬間已自相矛盾此其可笑一也知此武成果亡於建武而鄭氏果無之則十六之為僞本一可破其餘乃於此不恍然大悟竟乃將錯就錯堅稱鄭注有四十六卷此其可笑二也欲作鄭卷四十六而數实浮一於是刪去彼武成以為彼真序末卷之地其可笑三也先誣盡鄭注後乃及於孔傳謂鄭無武成而孔獨有武成以致百篇序無卷可安其可

笑四也先嗤其無卷實序而後斥其別冠篇首出於不得已之為便孔傳之瑕疵愈顯其可笑五也昔毛公引詩序各冠篇首(鄭康成說)若璩不知孔傳之有所本而謂因其卷數已足始遷就而如此其可笑六也若璩之譸張不足責奈何以此貽誤後人獨不思此古文經四十六卷者劉中壘別錄所載即臨淮作傳時所分彼時篇卷具全何曾有亡缺之事乃自劉迄班四十六之數已確然不移如此不知百篇序早已無

專卷而所謂析置篇首者蓋即臨淮起家時之本来面目矣此理甚明易曉一虛心静勘已得之若璩口似捷給心实蒙昏固宜其始終夢囈也乃復有惠棟王鳴盛輩隨聲而附和之此天下之最不可解者矣若璩原文又按虞書夏書之分实自安國傳始馬融鄭康成王肅别錄題皆曰虞夏書無别而稱之者鄭康成序曰虞夏書二十篇商書四十篇周書四十篇三科之條五家之數是虞夏同科也

余觀揚子法言亦曰虞夏之書渾渾尔可證西漢時未有別虞書夏書而為二者杜元凱僖公二十七年左傳注曰尚書虞夏書也西晉時猶未有別虞書夏書而為二者逮東晉梅氏書出然後書題卷數篇名盡乱其舊

辨正 若璩又大謬矣左傳文公十八年有虞書數舜之功曰慎徽五典云云專称虞書不稱虞夏書也其引夏書者凡十五處皆專称夏書不兼言虞也蓋自

孔筆删定以來早已別而稱之矣若璩奈何挾馬融鄭康成王肅諸人欲凌駕於孔筆之上耶又許氏說文引虞書洪水浩浩又木部虞書曰予乘四載五句辵部引虞書曰旁求孱功眊字下引虞書耄字从此旻字下引虞書仁閔覆下則稱旻天史記樂書太史公曰予每讀虞書至於君臣相敕元帝時以京房知音律之數使韋元成問焉房引虞書曰律和聲此據後書律志班固律歷志開首即引虞書曰同律度量衡是兩

漢儒者均遵孔筆異左氏合轍何得謂西漢西晉末有別虞書夏書而為二者乎何得謂梅氏書出盡亂其舊乎孔沖遠曰伏生雖有虞夏傳以外亦有虞傳夏傳此其所以宜別也夫虞傳夏傳尚可分稱虞書夏書何為獨不可耶孔疏引伏生大傳于虞傳之上更有唐傳見玉藻正義鄭之三科一虞夏二商書三周書似犁然不可易乃墨子引湯五年旱不曰商書而曰殷書左傳洪範不曰周書而曰商書此豈可據鄭以難彼兩家耶至揚子

雲稱虞夏之書渾渾爾此偶尒泛談何足引證若據之言皆冀土也乃欲以誤我後学何哉

古文尚書條辨卷三

長樂梁上國九山撰

第五條

若璩原文　古文武成篇建武之際亡建武亡者莽歆所作之武成非劉子歧所校之武成也當建武以前劉向劉歆父子校理秘書劉歆一生作兩截人不得與刘向並語其篇固具在也故劉向著別錄云尚書五十八篇別錄只有卷數班固志藝文尚書五十七篇則可見矣劉歆作三統曆引

劉向別錄云五十八篇見尚書正義卷二不得云只有卷數

武成篇八十二字其辭曰惟一月壬辰旁死霸若翌日癸巳武王迺朝步自周於征伐紂粵若來二月既死霸粵五日甲子咸劉商王紂惟四月既旁生霸粵六日庚戌武王燎於周廟翌日辛亥祀於天位粵五日乙卯乃以庶國祀馘於周廟

【辨正】三統厤所引武成除首節五句外其首節即用孔壁古文不曾改其餘皆逸周書世俘解之文蓋劉歆輩偷竊詞句

為古武成以欺王莽者也今世俘解成篇具在試取
而校之自粵若來以下至祀馘於周廟凡十二句句
句抄襲無一字出乎其外例之以穿窬之盜此所謂
真贓現獲若璩乃鄭重分明而錄之而數之自負發
奸擿伏之能而轉置真盜於不問則亦劉歆張霸之
續而已矣
按世俘解一篇當分二十二節
第一節惟四月乙未日武王成辟四方通殷命有國

此首段十七字作偽者不敢
劈頭便取之其肺肝如見

第二節惟一月丙辰旁生魄若翼日丁巳王乃步自于周征伐商王紂次段廿四字以張麻考之一月之丙辰丁巳係廿六廿七與戊午孟津語牴牾作偽者若依樣取之不足以欺王莽矣故開首聊勦孔壁舊文而乃字紂字則仍襲取也○今盧刻逸周書徑改丙辰為丙午丁巳為丁未大謬此丙辰丁巳安知非壬辰癸巳之訛生魄二字安知非死魄之訛乎

第三節越若來二月既死魄越五日甲子朝至接于商則咸刘商王紂執矢惡臣百人三段三十字作偽者抄襲始此而刪

朝至按于商則六字又刪執夫惡且百人六字○朝至按二月癸亥夜陳此事明見於國語何得云甲子朝至耶朝至之失實作偽者所知故避而不用至於越五日云者則彼未嘗經意故承訛襲謬而抄錄之也其踪跡顯然也

第四節

記丁卯事○太公望至告誡俘

第五節

記戊辰事○追祀文王○立政

第六節

記壬申事○荒新至告誡俘

第七節

記辛巳事○俟來至告誡俘

第八節

記甲申事○百弇伐衛告誡俘○按甲申後六日為閏二月庚寅朔下文庚子乙巳二事

宜在此甲申之後辛亥之前蓋閏月十一日庚子十六日乙巳而辛亥則閏月二十二日也

第九節記辛亥事○薦俘殷王鼎○告天宗上帝○王不革服格於廟太王王太伯王字虞公文王邑考以列升○王秉鉞正國伯

第十節記壬子事○王服袞衣格廟○秉鉞正邦君

第十一節記癸巳事○薦殷俘王士百人○王奏庸大享

第十二節記甲寅事○謁戎殷於牧野○

第十三節記乙卯事○籥人奏崇禹生開三終

第十四節記庚子事○陳本伐磨百韋伐宣方○新荒伐蜀

第十五節記乙巳事○陳本新荒至告馘俘○百韋至告禽宣方○武王狩○武王遂征四方

凡熟國九十有九○按此上兩節宜在第九節之前蓋簡冊混淆日辰舛亂作偽者自第四節至此皆不敢採之至下節乃敢復採

第十六節時四月既旁生魄越六日庚戌武王朝至燎於周惟子沖子綏文武王降自車乃俾史佚繇書于天號武王朝至于周語本分明向中衍一燎字作偽者又添廟字而錯誤成矣武王降自車史佚書天號皆庚戌日事當與翼日辛亥連接書於天號祀於天位亦宜相屬而類次之乃有三錯簡隔斷其間并不覺祀天之太急而燎廟又重擠於此時矣試思未降車何以能燎廟耶既誣以燎廟之文須刪

其朝至之字既刪朝至不得不刪降車其書天號也
可削則削之其祀天位也可存則存之於是古逸之
世俘解變為壁出之武成篇劉歆作
偽之臣子固應綽然為王莽國師哉

第十七節言武王廢紂矢惡臣百人而伐其小子又伐其四十夫家之事○廢紂矢惡臣相接
上執矢惡臣條下○
此下三節皆錯簡

第十八節○武王乃夾于廟門用俘皆施佩衣先馘入此節先馘入與下節先馘入當是一事

第十九節武王在祀太師負商王紂縣首白旂妻二
首赤旂乃以先馘入燎於周廟白旂赤旂二事何以敘在四月至周之後大非事理盧抱經曰此當在甲子下今據文義通前後細繹之其錯簡確然無疑武王在祀即前文追祀

文王之敘祀及第九節十節兩稱假廟是也燎周廟一事當亦次此於前條今錯簡在此致誤衍燎字於朝至之下作僞者合而篡之仍以燎於周廟四字與翼日辛亥連文此破綻之最可笑者

第二十節若翼日辛亥祀於位用籥於天位越五日乙卯武王乃以庶國祀馘於周廟翼予沖子斷牛六斷羊二

此段三十九字作僞者首刪若字去冗也中間祀下刪于位用籥四字並兩句為一句免其複也乙卯下刪武王二字汰其贅也未刪翼予沖子以下共十字除其支蔓也畧加繩削便成典貴之高文此刘歆等之所能也故上足以欺王莽而下足以眯若璩之流

第二十一節

自庶國乃竟告至用小牲羊豕於百神水土社二千七百有一共八十字

第二十二節自商王紂于商郊時甲子夕至俘商舊玉億有百萬計八十一字

不知僞武成盡採此篇而刘歆未舉引之歟或此外兼竊他書而湊集以成片段歟莫窺全豹僅露斑文堪悵悵也惟是世俘解文多訛舛語多荒唐彼勦剽者有所擇而後取之其痕跡倍為彰著請觀建武之及汲除燬則在彼時尚不許售欺而謂可以欺天下後世哉

若據原文武王以一月三日癸巳伐商二月五日統三

厤所竊世俘解本是既死魄粤五日甲子誅紂若據改作二月五日即此已見其誕

是歲閏二月庚寅朔三月己未朔孔疏推長厤是庚申朔

四月己丑朔此則長厤與三統相符

辨正 癸巳伐商甲子誅紂壁文已自分明何勞獻諛於三統但三統既冒取壁文為武成篇首世俘解第二節有誑三統避不敢用故及壁文說已見上竊當知此開頭旁死魄三字乃書日之例定可據也蓋一月辛卯朔其壬辰旁死魄初二日也以此推之二月辛酉朔其死魄為初二壬戌

加以既字曰既死魄則初三癸亥召誥二月既望疏以長麻推之十五己丑望既望庚寅十六日則以初三癸亥連次日甲子曰翼日爲宜何云五日耶或謂既字當勿泥則由初二壬戌數於甲子亦祇越三日斷不得爲越五日矣於是有爲調停之說者謂二月辛酉朔此特傳疏之所推孔傳解甲子爲初四日正義用杜預長麻核之無異而三統則二月之朔乃庚申非辛酉也就令如其說展出一日初一庚申初二辛酉由辛酉朏死魄數至甲子亦只得曰越四日若并庚

申而數之則越字又何以處置乎然則世俘解二月既死魄越五日甲子其五日當是翼日或三日之訛作僞武成者不知其訛仍曰越五日甲子若璩遂徑改爲二月五日附會之洵自欺者哉

朱子曰以上文一月壬辰旁死魄推之（孟康曰月二日以往月魄死）則二月之死魄且當爲辛酉或壬戌而甲子未得爲後五日此漢志之誤也是此病早經朱子之明眼識破然朱子云漢志之誤蓋深咎孟堅不宜採入正

史以誤後人若刘歆三統之編為王莽而撰造逸周書世俘之解經聖筆之刪除則置之不論議可矣前漢藝文志載有厤譜十八家漢初原有六厤至元封七年始改用太和厤故孔傳所注月日正義皆謂其推厤而得之而正義又用杜氏之長厤覆審詳核與孔傳無異自堪傳信於後學若三統所書之月朔有與傳疏差一日者三人占從二人斷不能據劉以難孔也劉三統篇中固自記其歧說乎如春秋魯僖公五年正月辛亥朔殷厤以為壬子成公十二年正月

庚寅朔殷厤以為聿卯定公七年正月己巳朔殷厤以為庚午之類春秋以前如此者六春秋以後如此者五皆無關經傳痛癢何煩覈辨即如伐紂之二月或謂庚申朔或謂辛酉朔均不足以正越五日之訛然平心而論則辛酉朔較為可信何者庚申為上月晦日則廿八戊午度孟津廿九己未大巡六師明誓衆士無陳不違晦之嫌尤想見王師之整暇耳

偽武成勦竊世俘解雖多謬誕而其庚戌為四月二十二日則諸厤與三統推算相符然其曰越六日云

者須自十七日起算厥數方合乃玩原文既生魄未必到十七如果既生魄在十七則既死魄亦必在初三無疑矣夫生魄越六日得及於廿二之庚戌而死魄越五日僅限於初五之甲子此其錯誤益屬顯然援後參前不又得此天然之證佐乎至旁之之解乃劉歆之穿鑿夫生死魄未有不自旁而起者今解為旁之謂另有旁之之一日已形牽强而又加一既字以為既已旁之此成何文理乎

武王燎于周廟祀于天位以庶國祀馘于周廟其事之有無何關象緯就令有其事矣豈復象緯之所能占乃若璩特詡詡然挾此以制人者蓋亦有故彼見劉歆三統於武成篇前先鋪張伶州鳩之語一句一解一事又一徵後乃雜以僞武成詞語若璩眼花撩亂遂謂此武成者非劉歆占之於象緯莫能得也令後之學者咋舌箝口莫置一詞而若璩之邪説乃肆行而無忌矣夫伶州鳩所談固真象緯也然其文一

一具在與武成迴不相涉學者何難詳說以窺其底蘊乎

伶州鳩對周景王曰昔武王伐殷歲在鶉火月在天駟天駟房星日在析木之津辰在斗柄辰日月所會星在天黿星晨星即水星也天黿元枵也星與日辰之位皆在北維北維北方水位顓頊之所建也帝嚳受之顓頊以水德王北方帝嚳木德受之于水即周之先祖也我姬氏出自天黿元枵齊分野王季母太姜逢伯陵之後齊女也及析木者有建星及牽牛焉建星即斗則我皇妣太姜之姪伯陵之

後逢公之所憑神也逢公者太姜之姪殷之諸侯封於齊地故祀天黿死而配食爲其神主故曰憑歲之所在則我有周之分野也歲星所在利伐人月之所在辰馬農祥也辰馬即天駟房心也房心晨正而農事起故謂之農祥我太祖后稷之所經緯也王欲合是五位三所而用之五位歲月日星辰三所逢公所憑分野所在后稷所經緯也伶州鳩所談之象緯其故實不過如此就令彼武成千真萬真試問有何語足相比附而況其顯然層鼎乎上文注中三所乃韋昭之說詩太明孔疏改之曰星日辰皆在北歲在南月在東是五物而居三處韋昭之言非也

若據原文今後出之武成以四月哉生明為王至于豐其說既無所本以丁未祀周廟越三日庚戌柴望又與其事相乖此二條强攻無理可笑之極且尤可議者古人之書時記事有一定之体名誥篇惟三月丙午朏越三日則為戊申顧命篇丁卯命作冊度越七日則為癸酉所謂越三日七日者皆從前至今為三日七日耳非離其日而數之也今丁未既祀于周廟矣越三日柴望則為己酉

豈庚戌乎甲子之不詳而可以記事乎此一條尤拘牽可鄙夫一古文也劉歆見之於三百年前信而有徵如此梅賾獻之於三百年後僞而無稽如此學者將從遠而可信者乎遠即可信耶張霸之古文豈不比劉歆更遠抑從近而不足信者乎左氏晚出比公穀為近毛詩後立比齊魯韓為近近果不如遠乎

辨正 若璩謂四月哉生明王至于豐具說無所本夫正月上日受終於文祖月正元日舜格于文祖此月

日當何所本若璩將曰本之於彖緯乎人問若璩庚戌武王燎于周廟辛亥祀於天位此何所本若璩當曰此本之逸周書世俘解矣皆可發一大噱至孔壁舊古文丁未祀于周廟越三日庚戌柴望大告武成此四月事錯簡也宜移於列爵惟五之上從我　朝李文貞說不必如蔡傳之糾紛若璩謂與其事相乖其事者誰之事耶所謂乖者何指耶想若璩之意必以劉歆之武成有燎廟祀馘祀天位等事此皆無之則與彼事相乖矣如此持論謬妄至極今

有人失身從賊受號令及見朝廷法律轉大駭怪謂其事與賊相乖若璩不以為意且悖乎如此條者直不足與辨矣

於丁日後數至庚日稱曰越三日坑越字之義則知三日者於甲乙非外於文理非礙也不外不礙無庸執名詰顧命以糾之故孔氏正義謂史官不同立文自異其議論最為平允嘗攷漢處士嚴發碑文有曰戊申朔五日癸丑其從戊數癸稱五日而戊申不在

五日之内此足見古人行文通變原不能拘定一律知孔疏之言確矣且古書數日離本日起數者原是正倒連本日起數者却是變例觀逸周書立春之日東風解凍又五日蟄蟲始振又五日魚上冰如若壉之說則此五日者當連解凍之本日而數之數之而日數皆不𤔡矣

又杜氏說左傳癸亥門其三門門五日戊寅濟洧阪一條蓋晉之攻鄭開首一門五日離癸亥而數之自

甲子至戊辰也次一門五日亦離戊辰而數之自巳巳至癸酉也最後一門五日又離癸酉而數之自甲戌至戊寅也是日罷攻而從去其說至確知若璩記事定体云云大不然矣

且周史立文之異不但此三日庚戌也如篇首惟一月壬辰書一月不書正月或曰未入商郊稱一月克商後乃稱正月此不然觀逸周書月解明言越我周王伐商以垂三統而開首於日南至仍書一月不書正月知非閏克商未克商以為分別也又月以繫日而洛誥戊辰下乃倒綴十有二

月句又顧命哉生魄下不云越幾日直出甲子云云

人即世俘解首節四月乙未日干支之下贅出曰字

皆立文之異者安得執一定之體以繩之乎

疏又云或此三當為四由字積而誤吳仁傑兩漢刊

誤補遺云積畫之誤積畫者即孔疏所謂字積蓋古

字四作三積兩二也亖與三形似致訛古書如此類

多矣子夏之己亥渡河已可訛為三亖不可訛三耶

要之沖遠兩說俱於理可通無論異文訛畫均與大

體無閏而若璩乃嘵嘵然詆之不亦多事矣乎按此說越四日於事理較為穩愜蓋丁未祀廟庚戌柴望中間空兩日為宜若只空一日似未免太迫耳

若璩原文武王以周正月三日癸巳伐商二十八日戊午三統厤於癸巳後戊午前誤入丙午還師一旬若璩諱而不言度於孟津二十九己未晦冬至明日庚申二月朔四月癸亥至牧野五日甲子商王紂死三十日己丑晦大寒中明日閏二日庚寅朔此劉歆三統厤載之最悉者

辨正 孔沖遠有言伶州鳩所言五位星宿度數自非用算無以推之是矣但自古及今詎止一刘歆為能用算哉孔疏又言鄭注尚書伐紂時日皆用殷厤然刘向五紀論載殷厤之法惟有氣朔而已其推星在天元則無術焉今观三統譜遂并所列亦不过干支氣朔惟武王十三年乃能博引繁称如此是伶州鳩之助以波瀾耳豈刘氏之能用算耶三統厤所援之國語不足以粧飾武成惟為世俘篇證佐月日則燦

然可觀兵故若據於其干支氣朔間輒嘖嘖而不能
置盖先聲所奪也
三統於伐紂之條不但引外傳而已又雜引書經牧
誓古文泰誓序今文泰誓篇洪範序洪範篇僞武成
篇文王世子篇名誥篇僞書月采篇不但洛誥篇
最可駭者癸巳之後戊午之前忽闌入丙午還師一
句考伏生周傳有惟丙午王還師前師乃鼓鼓譟師
乃慆前歌後舞等語此乃十一年觀兵時事其語在

惟四月太子發上祭于畢之末世所掇拾今文泰誓之上篇即此是也夫四月上祭於畢隨即下至於孟津則其丙午還師非四月即五月矣安得入之十三年正月内耶史記周本紀齊世家皆有還師之語至後年畢伐即無此事矣雖後人為之調停改還為逮然秖一丙午而兩舉混焉歆能免於耳食之譏耶按觀兵之說實不足信然伏生火傳首載孟津還師且係以丙午之日故漢儒競為是說牢不可破也刘歆作三統既信十一年觀兵之事而敘之於前矣乃於十三年正月之丙午又誤演此語何耶嘻三統據典引經無非依草附木以取

信於新莽曷嘗為厤法計耶若璩謂其載之最悉真
所謂瞎贊矣
若璩原文今安國傳於時甲子昧爽下曰是克紂之
月甲子之日二月四日孔穎達又從而傳之曰
二月四日者以厤推而知之也又曰二月辛酉
朔甲子殺紂果爾則己未冬至不得在晦日誰云
必得在晦日在卄其己丑大寒不得在閏前之
九日有何不可耶二月辛酉朔己丑晦大寒在月晦小盡
一日矣正閏前之一日也明日庚寅閏月朔此

長厤與三統相符若璩何憒憒耶推厤者固如是乎若璩妄杜元凱注左傳先修長厤據以正絳傳甲子之誤司馬公編通鑑亦用劉羲叟長厤為之據古大儒著書莫不精明厤理如此此豈可為淺見寡聞者道哉若璩往往為飾智驚愚之語所以其說多不可信

【辨正】若璩開口一今字已為可笑夫安國傳何以謂之今耶貴耳賤目成見塞胸無怪其薰蕕黑白之莫能辨識矣夫正月廿八戊午為師度孟津之日廿九

已未為冬至之日尚有庚申為月晦大盡之日是以次月未即逢閏至二月己丑晦大寒在焉故次月即閏所謂閏二月庚寅朔是也以此歎傳疏之推厤的確不差如此至三統以己未冬至為月晦乃劉歆之偶疏若璩遂即執此在晦者為鐵案以駮詰夫不在晦者如此倒持真昧却本來面目矣

後漢書律厤志注載杜元凱之言曰劉子駿造三統厤以說春秋春秋日食有甲乙者三十四而三統厤

惟得一食厤術比諸家旣最疏又六千餘歲輒益一
日凡歲當累日爲次而無故益之此不可行之甚者
夫日食於朔此乃天驗經傳又書其朔食可謂得天
而劉賈諸儒說皆以爲月二日或三日公違聖人明
文其蔽在於守一元而不與天消息也
又安帝延光二年尚書令忠奏言哀平之際同承太
初厤法及劉向子歆欲以合春秋橫斷年數損夏益
周考之表紀差謬數百

晉書律厤志武帝咸寧中善筭者李修夏顯造乾度厤時尚書及史官以乾度與泰始厤參校古今記注乾度厤殊勝因上言乾度勝於泰始者四十五事今其術具存又并考古今十厤（漢初六厤○太初○三統○四分○乾象也）以驗春秋知三統厤之最疏也

又晉書志云漢武帝始詔司馬遷等議造漢厤乃行夏正其後劉歆更造三統厤以說左傳辯而非實班固惑之採以爲志

東晉孝武太元間天水姜岌造三紀甲子元厤嘗言日服虔解春秋傳用太極上元太極上元乃三統厤劉歆所造元也何緣施及於春秋於春秋而用漢厤於義無乃遠乎

又日歆於春秋日食只得一朔其餘多在二日因附五行傳著朓朒側匿之説云春秋時諸侯多失政故月行恒遲歆不謂其厤之失天而爲之差説夫日之蝕朔乃天驗也而反據已厤以誣月遲此冘天而負

時厤也

宋世治厤何承天曰劉歆三統法尤疏濶方之四分厤六千餘年又益一日揚雄心惑其說採為太元唐書厤志云夏商周各用其正朔為厤不同至漢造厤始以八十一分為統毋其數起於黃鍾之籥蓋其法一本於律矣其後又以春秋易象世經中多春秋易象總論中多推合其數蓋附會之說也

觀此數條若璩之謬悠益顯矣吁縱令三統之法至

密至精實足超前而絕後然彼真贓現獲者不能掩也若璩柰何欲倚此以爲護庇耶

此處削去若璩一段

辨正 若璩於此處重録世俘解自四月既旁至馘于周廟三十八字謂其武成篇合次舉世俘訛文連下越若來至咸劉商王紂一節謂甚大可議也夫上節訛文僞武成既未之採何庸深辨至其越若來以下四句正三統之所盜竊者若璩既奉爲真古文而此

處忽統合於上節謂其大可議又不言所以可議神魂顛倒矣次又將劉歆及伶州鳩詞語重行衍述曰此驗之天文者次又以師行三十里孟津九百里某日度津某日至牧野曰此驗之地理者贅之又贅然後以周書訛誤之丙辰丁巳生魄等遂一坐實而謂駁之曰豈西師竟飛渡耶且斥曰作僞者愚且妄也觀者見其雄談博辯鋒不可當遂謂此老之所掊擊無不粉碎者矣而豈知吠影吠聲之皆無當乎嗟乎

俘或作傳

盜憎主人真贓既被獲未有不欲抹摋之以滅口者也夫世俘解乃一野史情殊於作僞若璩以僞爲非僞宜以非僞爲僞故此條浮辭三百七十一字今概削之

若璩原文又按三統厤引武成篇見漢律厤志班固分爲三截班固何由分之惟一月壬辰旁死魄爲一截粵若來二月既死魄爲一截惟四月既旁生魄爲一截各以他語間隔之僞作古文者似只瞥

見第一截援入今武成妄誣無理○蓋歆輩避世俘之訛文不敢襲用聊勦壁文之首節而用之此鑿鑿有據者而第二第三截竟爾遺闕能援第一截何故遺其二三截若璩妄議乃如此顏師古注誤以為皆今文尚書之詞師古誤記何足辨惟孔穎達指為逸書誠是孔疏曰漢世謂之逸書是孔意未許為逸書也莽傳引書逸嘉禾則漢世所謂逸書豈足信耶若璩不但誣漢又誣孔矣但謂是焚書之後有人偽為之亦夫謬孔疏不謬若璩謬

【辨正】若璩又妄說矣劉歆三引武成豈班固為之分

截耶按律厤志自首至故述焉本班固之文自夫厤春秋者以下至小餘二十一皆劉歆之著述正載厤法俱未暇引書或言歆增損太初而易其名為三統蓋太初用夏正而新室用建丑之殷正故以三統為名其實未至三百年改憲之期可不必汲汲更造也歆祇以媚莽耳其言厤只此足矣乃此下又作世經一篇何為也哉世經便於引據所以迎合王莽也如堯讓天下於虞使子朱處丹淵為諸侯舜讓天下於禹使子商均為諸侯世經於唐虞兩代僅載此二事何耶顧寧人曰夏商以前天子之子封國而為公侯者不見於經然則此二事為劉

歆臆撰明矣藉令漢平帝考終王莽必援此朱均故事以為口實厥後定安冊封而以平原五縣方百里為定安公即孺子嬰之國蓋國師公三統麻中早已為之張本矣

又如世經言春秋僖十六年歲在壽星重耳過衛得土塊子犯曰後十六年歲復於壽星必獲諸侯又因董因君以辰出而以參入必獲諸侯之語故王莽曰予受命即真歲在壽星填在明堂觀晉掌歲龜筮告

從其以此年二月建寅之月東巡狩漢書晉灼注曰
視晉讖太歲所在宿度所合卜筮皆吉故莽欲法之
也
又如世經言春秋盡哀十四年凡二百四十二年云
云而王莽曰孔子作春秋為後王法至於哀之十四
而一代畢協之於今亦哀之十四也赤世計盡不可
强濟皇天明威黃德當興隆顯大命屬予以天下竝見
莽傳夫聖人作經自有起訖而王莽以為一代畢此非

劉歆啟之乎吁班固謂劉歆作譜（譜即世經）以說春秋春秋何曾說及而譜之為禍乃如此夫

又如世經篇中有曰得周公七年復子明辟之歲夫武王之後自有成王之年可紀今乃曰周公七年此何說耶復子明辟四字縱由前漢諸儒之誤解然經劉歆之標揭以出遂成王莽之一大牠柄是以莽撰逸嘉禾有曰假王蒞政勤和天下且解曰此周公攝政贊者所稱又解曰周公常稱王命專行不報故言

復子明君也後居然即真猶言曰昔周公復子明辟今予獨逼天威不得如意云云此豈非劉歆階之厲乎夫以六經文奸言莽之譎術也故有經言可借以文則直用經言如明堂位等篇是也散句如復子明辟之類不勝枚舉無經言可文則偽造其經如伊訓畢命武成嘉禾等篇是也至偽經又不足則偽史以佐之如三統厤之有世經是也若璩不能辨臧否是以依附莽歆奉為著蔡何足怪歟

原文若璩又按朱子嘗疑漢志庚戌燎于周廟庚乃剛日而宗廟內事非所宜用不如經文丁未合且庚戌至乙卯僅六日間耳三舉大祭數煩不敬不知劉歆何所據而云尓余謂外事以剛日內事以柔日曲禮文也若璩又欺人此証止曲禮文耶果可為周一代之定制乎果為定制則洛誥戊辰王在新邑烝祭歲何解若璩説錯無怪盲辨

辨正 偽武成盜竊世俘解此書妄誕之處盜竊者有

能知有不能知如庚戌燎廟以前世俘之言祭者已有六七追祀文王一○薦俘殷鼎二○告天宗上帝三○不革服格廟四○服衰衣格廟五○薦殷俘王士奏庸大享六○注中又有稷太牢別于天也句則正文脫之矣及茲六日三祭後又有斷牛六斷羊二告于天子稷用小牲羊豕于百神于水土于誓社又曰用牛于天于稷立百有四用小牲羊豕于百神水土社二千七百有一嗟乎放飯流啜安問無齒決如此記載豈有剛柔之義疏數之宜是以作武成者不敢多所勦剽惟於此三節酌

擇而采取之以為極似聖經矣然其中之紕謬作僞者尚不及知也故終不能逃有識者之洞鑒若璩乃喋喋然强為之解説獨何心耶

剛日柔日我夫子實言之矣不但曲禮篇所記也夫子言曰昔三代明王皆事天地之神明無非卜筮之用又曰大事有時日小事無時日有筮外事用剛日内事用柔日不違龜筮牲牷禮樂齊盛是以無害乎鬼神無怨乎百姓此經文也孔正義曰大事謂征代

出師及巡狩也其實是中事對小事爲大耳崔灵恩云外事指用兵之事內事指宗廟之祭也崔氏說曲禮疏所引被疏已析出郊天社地言郊社尊不敢同外內之義也又孔表記正義曰外事若甲午祠兵治兵必有祭祀故公羊以祠兵言之吉日庚午之屬是也內事若宗廟少牢用丁亥之屬是也此經皆論祭祀之事無害無怨是聖人表著不違之功效愚按葬事亦內事也故顧甯人日春秋葬皆用柔日宣八年十月己丑葬小君敬嬴定十五年九月丁巳葬我君定公是也皆以雨不

克葬本卜己丑者重書庚寅本卜丁巳者重書戊午事之變也非用剛日也即所書他國之葬亦無非柔日者惟成十五年葬宋共公係庚辰剛日其亦雨不克葬之故歟孔穎達子軍禮篇凡類禡皆用甲丙戊庚壬之剛日由此觀之此剛日柔日者三代明王祀神之通典周公定之孔子聞之春秋謹之曲臺記之而周漢之交講求軍禮者猶能述之而若璩以爲非周代之定制何其妄歟

洛誥戊辰王在新邑記成王就居洛邑之日孔傳曰以十二月戊辰晦到是也正義曰知其晦日始到者此歲入戊午蔀五十六年由三月丙午朏推之三月甲辰朔大四月甲戌朔小五月癸卯朔大六月癸酉朔小七月壬寅朔大八月壬申朔小九月辛丑朔大閏九月辛未朔小十月庚子朔大十一月庚午朔小十二月己亥朔大三十日戊辰晦到洛也此傳疏所推與三統術大同小異

近代有三統術衍一書用劉歆之法推是歲朔晦其三月四月五月與孔疏並同惟六月癸酉朔大七月癸卯朔小八月壬申朔大九月壬寅朔小閏九月辛未朔大（閏月原有大盡或謂皆小盡非也）十月辛丑朔小十一月庚午朔大十二月庚子朔小稍覺不同耳三統直曰是歲十二月戊辰晦周公以反政故洛誥篇曰戊辰王在新邑云云此則與傳疏所推恰符若據信尊三統如奉神明至此欲伸邪說忽爾背馳而王鳴盛者遂

謂召誥丙午朏係周公攝政之五年甚至欲改二月為一月以遷就之愈差謬而不可訓矣謂召誥為五年事者據伏生大傳一年救亂二年克殷三年踐奄四年建侯衛五年營成周六年制禮作樂七年致政此籠統酌畧之詞不可據為鐵案夫舍召誥洛誥確實之經文而從大傳依稀謬悠之浮說嗚戲之欺誣直不足置辨矣

無此戊辰二字則王在新邑句何所麗無王在新邑句則烝祭歲以下八句何所繞標戊辰到日所以別於上文之往事王在新邑四字則下文一節之提綱

也讀者不之察而多所誤認遂謂戊辰上宜有某月日王至新邑之文而新安陳櫟亦疑三月至十一月王必嘗親至洛行大祀禮受大朝賀發大號令今脫去矣不知經文其在非脫也名誥太保以庶邦冢君取幣入錫拜手稽首旅王若公此非大朝會而何本讀篇首節四方民大和會侯甸男邦采衛益明白百工播民和見士於周周公咸勤乃洪大誥治此非大號令而何惟大祭祀公不敢代耳故誥王第一義即曰王肇稱殷礼祀於新邑

咸秩無文此時周公已自洛歸鎬太保錫幣旅王一節載之甚明勸王即時莅洛曰予齊百工伻從王曰以在周工往新邑曰汝往敬哉曰彼裕乃民則王之至洛經文已自瞭然而公不必偕行也曰伻從曰汝自教工曰撫事如予曰周不若予曰予明農哉則公未偕行經文又已瞭然王至洛報公之詞所謂和恒居師者初復新邑誇公定宅之功也朱子曰居師營所洛邑定民居也謂惇宗稱秩者還答其肇稱咸秩等語也惇宗古注訓厚尊蔡氏謂其下宗礼同誤矣周公以祀新邑記功宗為兩事不可混為一般礼既已肇稱沖人獨任毖祀所有先上下施四方迓衡勤教云云仍

求公以來助也於是公感王意不敢執明農之説而重至於洛矣

公功棐迪篤罔不若時則成王見公復來喜悦而嘉歎之詞也王氏樵謂周公位冢宰兼師保輔佐啟迪云云何其複贅而無味予小子其退即辟于周則公來而王可退遂定計歸鎬命公留後之詞也漢儒以退即辟為退此坐而就君位其命公後為立公子伯禽三統麻曰此伯禽俾侯于魯之歲也皆大誤王自念到洛以來諸典具舉惟功宗一節未能行由於宗礼未定尚有待監之士師工也

王謹記功載之一言今仍以責成於留後也中間揷未救公功向豫逗出再至之端俛而公定予往數語則竟是王與公臨行訣別之所丁寧矣朱子曰此王與公訣而歸之言也自茲以下則王已歸鎬公獨在洛拜手稽首而言曰王命予來敘王命所以鄭重此來也孺子來相宅又追敘王來之事孺子以下七句與予旦以下六句兩邊對舉許與王分任其責蓋所以慰王也陳氏大猷曰此處上下疑有闕文疑王之歸鎬與伻來以下皆公之來洛並無明文也蓋讀之疏忽

言實事秬鬯曰明禋命祭文武也（從王介甫之說）惠篤叙及王伻殷節共七句則明禋時禱祝之詞

按惇宗將礼一段當屬夏祭此秬鬯明禋一段當屬秋祭後文太室入祼顯然冬祭皆用夏正（祭字用夏正見周月）解其周礼仲冬大閱入獻禽以享烝正合又有功祭於大烝故功宗特附於此祭而作冊祝此時克敉公功矣如此遂層說下通篇乃了然而戊辰王在新邑亦不至說錯矣

洛誥篇者雖冠以惟三月其實全篇作於冬盡建丑之月烝祭逸祝之後也自朕子懷德以上皆追叙因記言多而記事少自不能詳其月日惟王在新邑以後祇記事而不記言故標出戊辰王在以釐異於追記之前文若必於上文即詳係月彼時當亦能之但無此体冗散複沓而不成篇法矣歲之一字鄭康成從劉說謂為成王元年此大誤或又謂文武騂牛乃因事告祭其烝祭非一事倘令真屬告祭愈不得加

歲字矣且咸格於殺禋入祼於太室反不屬於烝祭而屬於告祭乎歲之一字無論屬告祭屬烝祭豈有戊辰一干支而包下歲字乎

古文尚書條辨卷四

長樂梁上國九山撰

第八十七

若璩原文應劭有言曰自秦用李斯議分天下為三十六郡主漢又復增置九郡或以列國陳魯齊吳是也或以舊邑長沙丹陽是也或以山陵泰山山陽是也或以川原西河河東是也或以所生金城之下得金酒泉之味如酒豫章樟樹生

庭雁門雁之所育是也或以號令禹合諸侯大計東冶之山因名會稽是也因考漢昭帝紀始元六年庚子秋以邊塞濶遠置金城郡地理志金城郡班固注並同不覺訝孔安國為武帝時博士計其卒當於元鼎末元封初方年不滿四十故太史公謂其早卒何前始元庚子三十載輒知有金城郡名傳禹貢　積　山在金城西南耶或曰郡名安知不前有所因如陳魯長沙

之類余曰此獨不然應劭曰初築城得金故名金城臣瓚曰稱金取其堅固榆墨子言雖金城湯池一説以郡置京師之西故名金城金西方之行則始元庚子以前此地並未有此名矣而安國傳冞有之固注積石山在西南羌中傳亦云在西南宛出一口殆僞安國者當魏晉忘却身係武帝時人耳

辨正

金城有縣有郡縣在先而郡在後郡因舊縣而

得名正如長沙丹陽之類也築城得金之説最爲陋劣無稽就令有之安見其不始於立縣之年而必在昭帝始元之歲耶若璩之武斷甚矣考史記秦始皇三十三年西北斥逐匈奴自榆中並河以東爲三十四縣城河上爲塞而匈奴傳亦云蒙恬築四十四縣臨河又六國表始皇三十六年徙民於北河榆中又本紀遷北河榆中三萬家夫徙民 不築城之理况三萬家又難限以一城一縣乎故漢時榆中金城

二縣毗連並列見地理志水經注所謂榆中縣在金城縣
東五十許里又言金城縣之南榆木成林是也然
初闢時總號榆中故王恢對武帝曰蒙恬為秦侵胡
以河為竟累石為城樹榆為塞而枚乘亦曰秦備榆
中之關閑即塞塞即城也蓋秦當樹榆之始統稱榆
中漢因累石之固持標金城二者皆縣也及昭帝置
郡則金城榆中二縣仍隸焉地理志所書班班可考
若如閻氏之說則既因置郡而肇建新名繼復劃襲

郡名以名其屬縣有是理耶若璩可謂欺人之甚矣且金城之名已明見史記大宛傳矣傳云渾邪王率其民降漢而金城河西西並南山至鹽澤空無匈奴（漢書張騫傳同此）考渾邪之降在武帝元狩二年下去昭帝始元置郡尚四十一年而當時已有金城之名則其置縣非秦末即漢初灼然明甚若璩奈何謬執郡名而於前史原文俱不深考耶地理志所注郡名凡三說均附會無理而師古郡置京西西方金名故名金

城之一說尤足惑人竟似有郡纔有此名未有郡即無此名此若璩之謬之所自來也今必欲考究其名則惟酈道元所稱較為明白酈引管子曰城外為郭郭外為土閬地高則溝之下則隄之命之曰金城故水經注於湟水條下載浩亹山亂流出峽南徑長寧亭東城有東西門東北隅有金城是也闞駰曰金城河初與浩亹河合又與勒且河合又曰河至金城縣謂之金城河道元亦云湟水東流注於金城河即積

石之黃河也然則金城之為城不但以名其縣且以名其河矣又闞駰曰石城津在金城西北則不特河指以為標即津亦援以為識矣若夫郡與縣中隔一河尤有釐然不可混者考十三州志曰大河在金城北門東流有梁家注之與酈注河水經金城縣故城北適相符合至水經元若縣條下注則曰金城郡治也河水徑其南不在其北可知縣境與郡治判然兩處而所謂得金者斷在金城之縣城而不在元吾之

郡治矣必如若璩之說則先吾之新城強目以得金之事而金城之舊縣並奪其城築之名何其妄哉嗟夫妄攻古文者謬以地理欺人大都如此如王鳴盛於書序肅愼偏謂安國承詔作傳時駒驪扶餘尚未通於上國而不考夫餘之名著已史記駒驪之號其載逸周書其鹵莽滅裂與若璩如出一轍可歎也夫

若璩原文史記大宛列傳元狩二年庚申金城河西西并南山至監澤是時已有金城之名然通鑑

胡三省注金城郡昭帝於始元六年方置史追書也余亦謂騫卒元鼎三年丁卯尤先始元庚子三十三載安得有金城郡乎果屬追書

辨正金城指縣而言猶始皇紀之舉榆中匈奴大宛等傳之屢舉令居皆縣也其舉榆中則由西而數於東其曰築令居以西則由東而數於西與茲之金城河西西並南山義例正同自胡三省錯認為郡而苦牴牾於年代則誣之以追書今試取太史公之文詳

味之豈追書耶夫金城河西云者蓋惟金城縣在河之東故冠於河西之上若舉郡而言則自郡治允吾與夫浩亹令居枝陽破羌安夷允街臨羌諸屬縣均驀越而居於河外是金城郡地已兼跨夫河西矣而又繼之以河西豈不複沓而混淆耶且金城古縣舊名雖衝逵而究為荒遠則與河西南山鹽澤俱堪慶幸曰空無匈奴可也若必指郡而追書則既誇為漢家堂堂天郡豈應為匈奴棲止而乃曰空無匈奴耶

此其文理不通史記豈容有此至所云河西者指黃
河以西班固云本匈奴昆邪休屠王地武帝時攘之
初置四郡曰武威酒泉張掖敦煌後漢書亦云初開
河西列置四郡又云河西地空稍徙人以實之是也
今若如胡三省追書之說則凡置郡者宜一例追書
矣而何以武威酒泉張掖敦煌先置者反不追書金
城郡後置必追書之金城無郡而作為有郡河西有
四郡而仍名河西天下有矛盾追書如此者哉至史

記西並南山云者漢書西域傳所謂南北有大山中央有河其南山東出金城與漢南山屬是也並猶傍也其曰至鹽澤者西域傳所謂于闐在南山下其水北流與葱嶺河合東注蒲昌海一名鹽澤是也彼則由南山而指金城此則由金城以指南山其地勢早昭人耳目其地名早挂人齒頰此非昭帝始元閒所特撰亦並非太史公作書時所創設也夫太史公據事直書確當不移如此無如後之人不加詳察而妄

誣之也且所謂追書者果何人耶謂太史自追書則司馬遷卒於昭帝之前不待辨矣若謂後人追書則不得謂之追書直是竄改試問何時曾經竄改耶即如遷自言五十二萬六千五百字班固作遷傳亦誌之其鄭重分明如此固又言遷卒後外孫楊惲宣布其書則除褚少孫及諸補編與漢書所闌入者如相如傳贊及景帝紀之類皆較然易辨未聞有竄易遷書之字句者也此外雖有馮商續七篇然曰續則非改之也商嘗稱張湯之

先與留侯同祖班固則曰司馬遷不言故缺焉夫商與固皆尊敬龍門如是而敢竄改之乎王伯厚藝文志攷曰史岑梁審蕭奮劉恂等相次撰續迄哀平間司徒掾班彪謂其言鄙俗不足以踵前史於是採其舊事旁貫異聞作後傳六十五傳其子固以為漢書由此觀之有續無改明矣若璩又謂張騫卒年先於始元庚子三十三載果屬追書云云此尤為逌詞夫金城與張騫何涉就令騫卒更在前數年而金城之為縣如故也就令騫卒更遲數十年而始元之置郡瞭然也其旁韋枝節不過欲炫精核以售欺

耳然其誣指追書之失詎可掩哉若璩之徒費強辯類如此

若璩原文又按黃子鴻誤信偽孔傳者向胡朏明難余曰安知傳所謂金城非指金城縣而言乎朏明曰不然安國卒於武帝之世昭帝始取天水隴西張掖郡各二縣置金城郡此六縣中不知有金城縣否班志積石山係河關縣下而金城縣無之觀羌中塞外四字則積石山不可謂在

金城郡界明矣況縣乎且酈注所叙金城縣在郡治允吾縣東唐爲五泉縣蘭州治宋曰蘭泉即今臨洮府之蘭州也與積石山相去懸絶傳所謂金城蓋指郡言而郡非武帝時有此豈身爲博士具見圖籍者之手筆歟

辨正 黄子鴻一難若璩已自知理屈故作爲胡朏明之答聊以勉强而支吾耳考昭紀載始元六年取天水隴西張掖郡各二縣置金城郡此六縣中必有金

城縣在內何者郡由縣取名則金城斷不能混入他郡矣且驗之水經諸注其疆界牽連實與本郡允吾浩亹等十餘縣互相聯絡其地勢分明雖至愚者亦知其在六縣內矣天水近裏張掖即河西地武帝時列置四郡之一也然則金城一縣必不在天水張掖四縣之中治在隴西二縣之內也觀後漢建武十二年省金城郡屬隴西益信胡朏明於地理自負知者乃謂曰不知有金城否蓋故閃爍其詞以抹倒金城使此縣之不足為憑信然後再引班志積石繫河關而河關在金城郡下以附會

孔傳之斷然指郡也又急援曰金城縣無之以誣證孔傳之斷然非縣也純用強詞虛駕以罔後學之耳目以必伸其邪說自非逐一為之平心靜勘未有不被其惑亂者矣夫河關縣係宣帝神爵二年析置（見水經注卷二河水條下）當安國時猶在金城縣內也既析置以後則金城縣西南別有河關一縣故班志必以積石移注於河關之下始為允當奈何胡朏明執此以攻孔傳耶不但不可攻愚正因班固河關一注益信孔傳

之確然在前無疑也而若璩輩恒謂孔傳多出漢書真極天下之誣枉者矣至謂積石不在郡界且與金城縣相去懸絶則尤其支絀之游詞而不足置辨者矣

又【辨正】應劭郡名之解率多附會如觧張掖郡曰張國臂掖故名張掖若果爾則因置郡而後制名斷無他混而何以武威所屬復有張掖縣乎且武威郡下另有武威縣與金城郡下另有金城縣事同一例知

若璩所稱始元以前無金城之名者真欺人之甚者
矣又如居延為張掖屬縣而李陵霍去病路博德等
傳只曰居延不追書為張掖也罕幵為天水屬縣而
趙充國等傳只曰罕幵不追書天水也臨洮為隴西
屬縣而史記漢書各傳只曰臨洮不追書隴西也此
與今居金城郡第三縣榆中第六縣枹罕第七縣等其例均同若
璩又何以見金城之必宜指郡乎且不特此也趙充
國時已有金城郡矣然傳言充國至金城須兵滿萬

騎乃渡河即至三國張既傳言河西大擾既至金城欲渡河其所謂金城亦皆縣也何則縣在河南若金城郡治允吾則已渡河而北矣而若據謂金城必係指郡言何其謬乎

第八十八

若璩原文前漢志河南郡穀城縣注曰禹貢瀍水出朁亭北後漢志河南郡穀城縣瀍水出注引博物志出朁亭山至晉省穀城入河南縣故瀍水為河南所有作孔傳者亦云瀍出河南北山此豈身為武帝博士者乎抑出魏晉間魏已併二縣為一乎實胡朏明教余云爾或難奈河南安知其不指郡言余則證以上文伊出陸渾山洛

出上洛山澗出澠池山皆縣也何獨澠出而郡乎殆與黃子鴻金城指縣言皆左袒僞書者胡朏明又曰荷澤在定陶而傳云在湖陵伊水出盧氏而云出陸渾澗水出新安而云出澠池橫尾山北去淮二百餘里而云淮水經陪尾江水南去衡山五六百里而云衡山江所經決非武帝博士具見圖籍者之言也至孟津移其名於河之南東漢安帝時始然而傳云在洛北是則

吾友百詩教余云爾某不敢諱也○按孔疏既引地理志伊出盧氏熊耳山洛出上洛冢嶺山瀍出穀城縣瞀亭北澗出新安縣東南入洛又為之說曰熊耳山在陸渾縣西冢嶺上在上洛縣境內澠池在新安縣西穀城瞀亭北此即是河南境內之北山也志詳而傳略所據小異耳

胡朏明正曰按漢陸渾盧氏本二縣熊耳山在盧氏縣西南五十里不與陸渾接界安得謂陸

渾縣西之山而云伊出陸渾山新安澠池亦本
二縣澗水出新安穀水出澠池流同而源異今
乃云澗出澠池山是以穀源為澗源也此不惟
略也而且誤矣至於河南穀城亦本二縣晉始
省穀城入河南而傳云瀍出河南北山是西漢
時穀城已為河南地也其精如此

辨正 水源介兩縣之間傳隨舉一縣以為標識亦取
其顯然易見者而已瀍水出朁亭山此山居河南穀

城二縣界則言穀城可也言河南亦可也然而屬之河南較爲明確何以言之周公營建洛都特言澗水東瀍水西是澗水在洛都之右瀍水在洛都之左兩經流遥遥對待炯然不可溷矣後澗水變稱穀水而穀城實因穀水得名括地志故穀城在河南西北十八里西臨穀水則穀城與穀水俱偏西而居右不問可知也穀城依穀水居右則河南依瀍水居左亦不問可知也河南不但居左且兼占乎瀍澗之中間班固所謂河南古郟鄏是

也今使釋瀍水者捨在東并在中之河南偏舊越西踰而牽混於西偏之澗穀是形勝溷淆大與周公洛誥之言相謬戾矣夫瀍澗二川握洛都之大勢說洛誥地形者自當以山川為主而從以郡縣斷未有以郡縣為主然後舉山川以從之者也今若璩嘵嘵然先以歷代縣名與為紛紜而轇轕以此釋經無怪其枘鑿矣又若璩因見晉書地志有河南而無穀城遂妄意其併入河南不知漢書師古注明言穀城即今

新安矣則當晉代裁省安見非入之新安今必曰入河南何其武斷乎且無論穀城之併歸何處而瀍水早在河南界上豈必待穀城來入而後得而有之乎若璩捉影捕風祇欲實魏晉閒人之說耳不知魏晉閒人如司馬彪劉昭（昭引博物志）等始能即證漢書而與之一轍非魏晉人自不能如此則其與班固牴牾又奚駭焉若謂瀍屬河南必在穀城歸併之後則傳之陸渾澠池豈亦係盧氏之省併與新安之省併耶若

璩胡朏明之謬不待辨而明矣

又孔沖遠禹貢正義有云高祖入咸陽蕭何先收圖籍則秦焚詩書圖籍皆在孔君去漢初七八十年耳身爲武帝博士必當具見圖籍此沖遠之臆說云爾而若璩即據此以犄摭孔傳因而掊擊古文噫謬矣考班孟堅作地理志嘗嘆先王之迹既遠地名又數改易其采獲舊聞考迹詩書不得已焉爾孟堅又言漢承百年當作百王之末國土變改人民遷徙成帝時劉

向略言其域分丞相張禹使屬潁川贛條其風俗猶未宣究觀孟堅此言則知沖遠所謂圖籍皆在者豈可信哉夫以更生之學而域分僅克略言以丞相之權而使屬未能宣究彼武帝時一博士亦何能為者縱令先秦圖籍存者無少缺而見者無少遺而欲以蕭何之所收一一符合於孟堅之所載此必不可得之數矣即如積石一山孔證以金城之縣班則注於河關之條攻孔者方自謂得其罅漏矣詎知河關乃

宣帝神爵二年析置見水經注當孔作傳時祇有金城縣而已詎可因班志之差歧而遂妄攻孔傳哉人孟堅生於東漢蘭臺之典冊自宜視前代加詳然考永平十二年明帝發卒數十萬使王景修治河渠所賜者不過山海經河渠書禹貢圖而已此殆即齊人延年所請案之圖書見溝洫志而史遷言天子所以名崑崙者見大宛傳除此之外別無他祕而西漢更可知矣然則去漢初七八十年具見圖籍云者沖遠想當然之詞豈

足據為鐵案也哉
又孔安國伊洛瀍澗傳曰伊出陸渾山洛出上洛山澗出澠池山瀍出河南北山祇標以縣城不復究其山名是孔之義例如此今若據於河南則有肴并之可誣於陸渾澠池無肴并之可誣乃亦妄加訾議嗚呼彼徒知有班志一書謂當準如蓍蔡耳盍試遂條考核之

伊水條　漢書地理志弘農郡盧氏縣注云熊耳山在東

伊水出乃孔傳則不言盧氏而指陸渾兩縣互殊故正義爲之會通曰熊耳山在陸渾西蓋謂此山介居二境可言盧氏亦可言陸渾也此自屬平情之論若璩援班以攻孔故妄嗤正義謂彼强爲之說且引胡朏明助己謂熊耳不與陸渾接界噫謬矣今試取漢志弘農十一縣一一考核於其圖古陸渾爲今嵩縣嵩以西盧以東并無他縣犬牙之參入而所謂熊耳者恰巍峙於嵩盧兩邑之中間然則正義之說確可

信矣至朏明謂熊耳在盧氏西南五十里已自與班志熊耳山在東之文顯相違背何得又援漢志以攻人夫果山在縣西南則縣遮山於東北其不接宜也乃班志明明指爲在東矣山在縣之東水又出山之東北此而不接於陸渾當接於何縣哉　熊耳山雖介居陸渾盧氏兩界之閒然度之以縣治大抵去陸近而去盧遠何以明之水經言洛水過盧氏縣南酈注亦言逕盧氏故城南則無論新城舊縣皆先有洛

河以隔截之矣洛在盧氏南伊水又在洛南相去實為寥邈今若舍近圖遠偏遥繫以洛北之縣名則竟似伊水自北而歸洛矣不則又似濟水絶流而南溢矣是一言盧氏即南北混淆如此故置盧而取陸乃善於說經者也　春秋傳言秦晉遷陸渾之戎於伊川一聚族而全檀川名知必據上源之地凡水之始出而少者多名為川不必大川也故水經注洛水上流有獲輿輿川一名郤川又有盧氏川臨亭川又穀水有黽池川廣陽川即伊川亦呼為鸞川或言伊源名鸞山也然自有左傳之一言而伊

川陸渾不可離而為二矣既以此戎名此縣即以此戎表此川是禹貢之伊水與春秋之伊川皆以陸渾為關鍵也以經解經莫妙於此　水經注伊水自熊耳山東北發源逕鸞川亭又經東亭城按東亭城在今嵩縣西南七十里然則去陸渾故城知無幾耳注又叙伊水所歷之三塗山引杜預曰在陸渾縣南引闞駰曰在陸渾東南道元詳核之曰山在陸渾故城東南八十許里以今嵩縣而言則三塗在嵩縣西南

十里是道元所指之故城最在西而杜預所云三塗在南者次之今之嵩縣則又在三塗之東去陸渾舊居遠矣再考春秋晉伐陸渾使使如周請有事於三塗時三塗尚屬周地知陸渾當僻遠在西也觀荀吳師至而陸渾人不知則由三塗以溯伊源不已得陸渾伊川之梗概哉　盧氏縣志言熊耳雖有伊源之名而無流行之迹伊水實出悶頓嶺之陽北流過嵩縣洛陽東至偃師入洛然則熊耳之說未確故蔡傳

駁漢志盧氏熊耳為非是又考括地志亦言伊水出盧氏縣東巒山巒山一名悶頓嶺在盧氏縣之東或則曰古熊耳盤基甚廣悶頓即熊耳也此即酈道元所謂即麓大同陵巒互別者耳然要必在盧氏縣之東始為確當若胡朏明西南五十里之說不但自與前志差池而改移方向以伸其不接陸渾之謬解亦太屬自欺矣

澗水條若璩訾孔傳之以穀源為澗源謂不惟畧也而

且誤矣此大不然夫後人之所謂穀水即禹時之澗
水故禹貢有澗而無穀不得謂禹貢誤也周靈王時
穀洛鬭而毀王宮即洛誥澗水東之地也然周公言
澗不言穀豈得謂周公誤乎夫穀澗之本為一水已
確然無疑矣自孟堅作地理志於澠池縣注曰穀水
出穀陽谷東北至穀城入洛於新安縣注曰禹貢澗
水在東南入雒由是兩水分屬兩縣儼分道而揚鑣
顧與大禹周公之言不協也於是有為之調停者曰

流同而源異夫穀澗之源果異則何以漢志不言澗水所出穀澗之流既同則何以漢志所載澗與穀各自入雒穀則入於穀城而云東北澗則入於新安而云東南乎夫若璩方欲奉漢志以攻孔傳然漢志已自相牴牾如此則豈得謂漢志之必是而孔傳之必非乎或曰漢志之前有山海經山海經分載澗穀非即孟堅之所本歟曰山海經言傅山之西有林焉曰墦塚穀水出焉東流注於洛又言婁涿山西四十里

曰白石之山瀾水出焉北流注於穀其言穀水注於洛可信也其言瀾水注於穀則顯與禹貢遠矣夫禹貢明言導洛自熊耳東北會於澗瀍果如山海經所云注穀則瀾與洛不相接而得稱爲會哉然則山經注穀之澗水恐非禹貢會洛之澗水是以孟堅不取白石山之說而且不言出而言在并改其北流入穀而爲東南入洛也酈道元既引山海經而特斷以地理志曰澗水在新安縣東南入洛是爲密矣密之云

者豈非以山經言入轂之徒足滋疑不如班志言入雒之較為近理哉然班說雖近理亦有未盡善者既不取白石之山而仍附新安之縣遂致水經及酈注司馬彪孔穎達等衆口同聲皆云出新安矣夫其改在為出雖不合孟堅之旨實則孟堅有以誤之矣考水經白石山在新安縣南夫澗水方於新安縣南而發源而遽於新安東南而入洛何澗水之短乃爾耶伊洛瀍澗皆豫州之巨流故禹特治之豈新安半縣

之水足以當之耶酈道元亦知孔傳之未可厚非乃於澗水條下注曰今新安縣西北有一水北出澠池界東南流逕新安縣而東南流入於穀水安國所言當斯水也其穀水條下注曰穀水又東左會北溪溪水北出澠池山東南流注於穀疑即孔安國所謂澗水也三注相符甚為確核然則若璩胡朏明等直不須嘵嘵置辯將謂穀澗本一水歟則有此委即有此源無庸多生枝節矣謂穀澗必有兩源歟則傳山之

西播塚林嶓陽谷是後人之所謂嶓源孔傳固未嘗冒認也若璩豈之曰是以嶓源為澗源也何其誣且妄耶

蓋其時嶓澗早判然為二大非禹貢周公之舊故謂澗為注嶓不得以尚書責之也然以此益見孔傳所指并非嶓源若條嶓源則酈氏不得補入嶓矣

第八十九

若璩原文濟水當王莽時大旱遂枯絶不復截河南過者晉初司馬彪之言也雖經枯竭其後水流逕通津渠勢改尋梁脈水不與昔同者後魏酈道元之言也通典據彪之言以析水經謂濟渠既塞都不詳悉其餘可知余讀郭璞山海經注而悟恐未足以服作水經者之心何則璞固有言矣曰今濟水自滎陽卷縣東經陳留至濟陰

北東北至高平東北經濟南至樂安博昌縣入海與禹時濟瀆所經河南之道無異蓋枯而復通者所謂津渠勢改昔則自琥公臺東入河出在敖倉之東南改流琥公臺西入河出亦非故處歟或禹時濟未必分南北此則分而二為不同歟安國果身當武帝時作禹貢傳祇當曰濟水入河並流數十里溢為滎澤在敖倉東南不當先之以濟水入河並流數十里而南截河北

條改流新道方継而曰又並流數里溢為滎澤在敖倉東南證以塞為平地之故迹古渠今濆雜然並陳殆亦翻以目驗為說而不察水道之有變遷時耳

辨正 按經文導沇水東流為濟孔安國傳曰泉源為沇流去為濟在温西北平地又經文入於河溢為滎孔安國傳曰濟水入河並流十數里而南截河又並流數里溢為滎澤在敖倉東南安國此兩傳簡括而

分明本無疑義何以若璩輩徑誣孔傳所言為改流新道蓋嘗推求厥故兼稽水經注知若璩有致誤之由矣考水經注言濟水入河之處新舊凡三路其最西一路為新瀆乃魏晋時現流之濟水酈道元云濟水於温城西北與故瀆分南逕温縣故城西又南歷虢公臺西又南流注于河郭緣生述征記曰濟水河内温縣注於河蓋沿歷之實證非謬說也按此即道元河水所注所云河水逕平縣故城北又東湨水入

焉又東濟水注焉是也其次西一路則所謂故瀆酈道元云濟水故瀆於溫城西北東南出逕溫城北又東逕虢公冢北又東南合奉溝水水上承朱溝於野王城西又東南逕李城西徐廣曰河內平皋縣有李城道元亦謂城西南淹地百許頃蒹葭萑葦生焉號曰李陂此俱孔傳平地合湨又逕隤城西屈而東北流逕其城北又東逕平皋城南應劭曰在河之皋勢處平夷故曰平皋春秋晉侯送女於邢邱即此處也漢武帝以為縣按韓詩外傳曰武王伐紂到邢邱史名邢邱曰懷然則平皋與懷屬聯境也其水又南注於河此一水魏

晉時已枯故酈道元目為故瀆河水注所云河自洛
口又東左逕平皋縣南又逕懷縣南濟水故道之所
入是也其偏東一路則漢志武德之說酈道元沁水
注云沁水於武德縣南水積為陂通結數湖有朱溝
水注之又云朱溝水東南注於湖湖水右納沙溝水
沙溝水又東逕隰城北又逕殷城西東南流入於陂
陂水又值武德縣南至滎陽縣北東南流入於河先
儒亦咸謂是溝為濟渠故班志及闞駰並言濟水至

武德入河蓋濟水枝瀆條分所在布稱亦兼丹水之目矣以上三條言值武德者一言分於温縣者二若璩閱之不審誤以言温縣者即屬新渠無怪其誣詆矣又酈注於河水爲濟水從北來句下引鄭康成言大伍在修武武德之界濟沇之水與滎播澤出入自此而復爲辨曰今濟水自温縣入河不於此也於是若璩輩愈胸横成竹遂以言武德者舉可信言温縣者舉可訾而不悟温縣中尚有故瀆一條在也且孔

傳方言在温西北何暇遠及於入河而所謂平地者言濟之全身由西北而來均一片坦平之地參諸應劭處勢平衍之解及季陂蕭葭百頃之情形尤鑿然足信誰謂此所信者之必為新瀆耶況新故分逄以後新瀆逕城西故瀆則東南出而逕城北新瀆南歷於虢臺故瀆則東逕於虢冢（若璩兩路俱稱虢臺謬）歷虢臺者水在臺西逕虢冢者水在冢北臺麗於溫南稱基址尚存冢表於郭東則曰濟水南大冢是也雖二事並

徵自皇覽閱者易淆然細按之迥不相同何若璩之
憒憒耶王鳴盛書夾行小注內雙引酈說先載溫縣注河一段次引濟水故瀆至冢北紙半段語
猶未畢酈氏於此處因經文隔斷遂先闡以川瀆云枯
竭津渠勢改等語冐於經文下續敘濟水故瀆云云
乃鳴盛於故瀆後半段不復全引遽總斷之曰此所
叙濟水入河之道正新道也其憒憒殊為可笑若璩
觀書草率始亦如此大抵心粗者必氣
浮見其半面遂據臂妄攻者有之矣
鳴盛原文傳云在溫西北入河此後世改流新道非
禹迹也云溢為滎在敖倉東南此則禹迹也傳
出魏晉間人嫁名孔安國乃云滎澤在敖倉東

南若不知有已塞之事此其苦心彌縫幾足亂真矣然其上文當仍依鄭注武德入河方合乃因嫌全與鄭同直據目驗而云在溫西北平地方繼以入河云云古澤今渠雜然並陳謬矣且溫在武德西數十里此其有意與鄭立異而不自覺敗闕并自相矛盾者也

辨正　在溫西北入河六字乃王鳴盛自撰非孔傳原文也傳曰泉源為沇流去為濟在溫西北平地解釋

首二句經意如此已足故傳文至此一斷下傳另提濟水爲爲入於河溢爲滎闡釋其上傳絶不相蒙則上傳之三語與下傳入河並流云云兩無干涉鳴盛奈何連合爲一以妄誣安國耶試思在温西北去河尚遠安得有河之可入今鳴盛曰西北入河是成何文理耶若夫南當鞏縣入於河乃水經所敘之新渠歷虢公臺西南入於河則蔡傳誤從之酈注孔安國傳中曷嘗有是耶且安國注山水於郡縣之名多從

簡略故發源不詳垣縣則入河亦竟畧平皋（平皋漢武帝時為縣故安國作書不能遽詳）此縣與班固地理志之專為郡縣者例固不同不得執彼法而繩之也獨東漢康成得見孟堅諸人之作故所陳地理大都與漢志同符如此水於發源必言垣縣於入河必言武德（見裴駰集解所引）與班氏如出一口是也若安國之書豈能責其如此今嗚盛乃謂其上文當仍依鄭注武德入河方合豈不大可笑耶至若溢滎之地著以敖倉則的確不移非若

今古縣名之遷徙，劉漢人於此尤昭彰耳目敖倉秦始皇所建漢高祖與項羽爭此遂得天下說水道者自宜指此為標今嗚戲見其合於古迹遂妄誣以苦心彌縫佞口工讒一至於此假令作傳者果係有心彌縫則上文未入河以前何難陰協於班固闞駰諸作以免差岐奈何徒苦心於此而不苦心於彼耶必無是理此益徵嗚戲輩之妄謬矣嗚戲又言溫在武德西數十里既云在溫入河則河泲並流應百餘里何得仍云數十里此言尤謬夫濟瀆本入河於平皋孔未嘗云入自温縣也在温入河四字又是鳴鹹之誣詞矣且孔於入河傳明云並流拾數里反陸氏音義數十本一作十所非鳴鹹與若璩俱改十數為數十欲以證成孔傳之彌縫耳而鳴鹹又甚之曰並流隱百餘里豈非一誣而無所不誣歟夫平皋之斜對敖倉易見也温西之南當鞏縣易知也使傳文果苦心彌縫必不肯云十數里今孔確然劃以十數里則所指入河者自非温西之地而何彌縫

之有哉若夫目驗之説造自題達但古人讀書得閒欲實事以求是不若後儒拾人牙慧徒吹毛以尋疵嗚戯曰畁鄭異曰不覺敗闕曰自相矛盾皆將無作有指是爲非如嗚戯者真爲貽誤後學者矣

古文尚書條辨卷五

長樂梁上國九山撰

第九十

若璩原文朱子言孔安國解經最亂道余謂亂道之尤者是江自彭蠡分而為三共入震澤大江安流千古無易遠在震澤東北二百餘里由揚子以入於海此豈入震澤者哉善乎鄭氏言三江既入海耳不入震澤也若似逆知魏晉閒有為

異說者豈作偽者并鄭注不觀歟抑王肅儀禮必反鄭氏而書注亦然傳實從肅來歟

鳴盛原文鄭曰左合漢為北江會彭蠡為南江岷江居其中則為中江三江分於彭蠡為三孔東入海鄭此注左合漢云云出初學記三江分云云出本疏今并合為一條初學記所引稱為鄭元孔安國注殊不可解徐堅不通經稱引舛錯不足怪傳云江入震澤亂道已極身為武帝博士

具見圖籍者豈如此疏曲附之皆非也

辯正 若璩此條攻傳非攻經也原不必與辨然其矯誣處未免太甚故聊復理之按三江之說紛如聚訟孔傳於北江中江條下闡之曰有北有中南可知此一解最為簡括獨所謂入震澤者與今水道不協耳若璩嗚戲輩憑倚康成遂極力撼搖孔傳殊不知鄭氏所謂彭蠡南江岷為中江漢為北江非本孔說而引伸之者乎即孟堅漢志以在吳南者充南江在毗

陵北者兗北江在蕪湖西南者兗中江雖非的解然亦足見安國時先有南北中名目故後人從而實指之耳至康成作注自應從其善而糾其違彭蠡南江云云是鄭從孔之善也其曰三江入海耳不入震澤也是鄭糾孔之違也若璩佞口謂鄭氏似逆知異説云云此適足為孔説在前之明證矣假令作傳者居康成之後詎肯率然獨唱入震澤之解以自著其差違乎若璩亦見及此於是鍛鍊周内設為王肅反鄭

之説夫無定之空談立異可也江河行於地乃能私憑已見而與人反戾乎雖有作僞之人愚不至此況此不入震澤云者乃穎達推鄭意如此并非鄭氏所曾明言也王肅雖反鄭何由見於震澤之辯而力反之乎若璩意與掊擊詆陷百端無怪其説之偏頗矣大抵先漢諸儒於地理精粗不無臆測班固所謂張禹時猶未宣究是也自穎達推崇失當一則曰孔君去漢初七八十年必當具見圖籍治梁岐疏及再則曰孔

為武帝博士地志無客不知荆州沱潛疏致後人孰為口實直謂安國必不應有少誤矣於戲此豈切當於情事也哉

餘論 嗚戲所引初學記胡渭已先引之次白會彭蠡上多一右字亦較明晰耳嗚戲以徐堅稱鄭元孔安國注為不可解豈知此有何難解耶孔鄭同一說唐初並尊用之故不能偽删其列鄭於前者益見康成之申明孔說耳噫徐堅不通經術引舛錯是嫚罵而

欠虛心爾噫稱引不外錯遂足誇爲通經耶

第九十一

若璩原文自孔安國傳武成不釋華山止釋孔林曰桃林在華山東是明指太華山言則所謂華山之陽亦即太華山可知下至唐陸氏釋文孔氏正義因之旁搜鄭注禮記張注史記並同無異說者竊以果太華山之陽為禹貢梁州地武王歸馬於此無乃太遠桃林塞為今靈寶縣西至潼關廣圍三百里皆是而馬獨驅而跨出太華

山南事所不解讀水經注洛水自上洛縣東北
分為二水枝渠東北出為門水門水又東北歷
陽華之山即華陽山海經所謂華陽之山門水
出焉者也而遂躍然曰原武成之華山乃華陽
山非太華山今商州雒南縣東北有華陽山其
斯為武王歸馬之地哉與桃林之野正南北相
望壤相接故桃林其中多野馬周穆王時造父
於此得驊騮綠耳盜驪之乘以獻非當日歸馬

之遺種手使遠隔於太華南焉得有此後惟陸氏武成音義華曰華山在弘農胡氏通鑑注華陽君芋戎曰華陽即武王歸馬處引水經注以實之余於是嘆窮經者多忽地理而真得其解如陸胡殆難其人焉

若璩原文安國又言華山桃林皆非長養牛馬之地欲使自生自死顯違言華山之旁尤乏水草不知本非指太華山其誤認且勿論而今靈寶縣

西有馬牧澤正山海經所云桃林中多馬者豈非水草之地哉且果如安國言將武王不及一田子方子方見老馬於道曰少盡其力老棄其身仁者不為曾謂武王一戰有天下即置牛馬於不長不養之地欲其殄滅乎蓋歸之放之不過示吾弗復乘弗復服耳注疏凡此等處既違事實又害義理安得竭力一掊擊耶

【辨正】若璩自誇創解謂武王歸馬之地即山海經陽

華之山而皆舊解華岳南者為非是是説也聊備一家言則可矣而乃妄作鍼砭謂華山以南乃禹貢梁州之地無乃太遠夫周都鎬京於華山何遠之有即數傳後尚有穆之獸半介居東虢宣之甫草寫漏西京彼二王不以為遠也而武王乃獨病此岳陽為遠耶且所歸之馬既亦弗服弗乘矣即稍遠庸何傷而曰是必與桃林壤相接又兼南北相望果安所取義也耶昔者山海經言桃林多馬後造父果於此得驊

騮騄駬之屬此足見山經記載之確耳而若璩乃推為武王歸馬之遺種而忘却當日桃林所放者惟牛也若璩之牽扯乱訣真可謂馬牛不辨矣至孔傳言華山桃林皆有長食牛馬之地者蓋剖别疑似釋經者之周密也夫數牧之養蓄臚於九職牧地之屬隸禁載在夏官兹之歸獸同歟否歟無乃類汧渭之間大能蕃息抑或當季春之令乃合累騰故既明辨之且申之曰欲其自生自死想祇活其餘年非更求其

孽阜傳疏同旨均以釋學者之疑耳今若璩乃以詞害意謂武王一戰有天下即置牛馬於不長不養之地且甚其詞由欲其殄滅於戲若璩逞其利口果顯然以掊擊自矜矣則一切事理經詮文何足與之深論也

第九十二

若璩原文詩與書相表裏信彼南山維禹甸之則禹貢之終南也豐水東注維禹之績則禹貢之□□□□也奄有下土續禹之緒則指禹汝平水土后稷播時百穀洪水芒芒禹敷下土方則指禹敷土大命多辟設都于禹之績則指五百里侯服等豈奕奕梁山維禹甸之為當日韓侯入覲之道有不指治梁反岐之梁在今韓城郡陽

二縣之境　　縣仍應屬雍州不得

如晁氏改爲冀州山

【辨正】禹貢治梁及岐孔安國傳云壺口在冀州梁岐在雍州從東循山治水而西後儒謂孔傳此語最精惟蔡氏從晁以道之説謂梁岐皆冀州山若據此條既知孔傳之是而晁蔡爲非矣夫晁蔡之非於古文何病今乃嘵嘵然標其雄辨以佐其詞鋒攻古文者之伎倆不過如是直置之不辨可矣

孔沖遠作疏最服臨淮此傳故爲推本其美曰高祖入咸陽蕭何先收圖籍則秦焚詩書圖籍皆在孔君去漢初七八十年身爲武帝博士必當具見圖籍其山川所在必是驗實而知壺口在冀州梁岐在雍州當時疆界爲然也沖遠此論想當然耳然冀州雍州之畫界則漢初圖籍或粗可憑其餘山水地勢作圖者豈能不失分釐閱圖者豈能毫無錯會今若據輩專持武帝博士一語於傳中疎誤之處攻擊不遺餘

力謂孔君斷不宜有此是真所謂癡人說夢者也假令此具見圖籍之一說出於臨淮之自言則即反唇相稽所謂以子方刺子盾亦攻人之妙術也今乃屬沖遠臆揣之詞臨淮有知詎能折服何後人乃挾為把柄乎噫攻古文者之把柄不過如斯而尚欲肆其佞口抹倒古經吾不解是何肺腑

第九十七

若璩原文爾雅為詁訓之書特少所襲用大禹謨朕宅帝位三十有三載即唐虞曰載允征每歲孟春遒人以木鐸徇于路即夏曰歲伊訓惟元祀太甲惟三祀商曰祀也泰誓惟十有三年春畢命惟十有二年周曰年也質之今文書反多未合商必曰祀何周公告成王曰肆中宗之享國七十有五年高宗五十九年祖甲三十三年及

罔或克壽者亦俱稱年多方有天惟五年須暇之子孫對商民言商君亦稱年疑祀年古通稱不盡若爾雅之拘觀周公稱高宗三年不言恭諸論語戴記俱然及一入說命便改稱三祀亦見其拘拘然以爾雅為藍本而惟恐或失焉情見乎詞矣

辨正 尔雅釋天篇有云夏曰歲商曰祀周曰年唐虞曰載原因四代之書各有專稱故特為闡釋也今若

璩謂質之今文多未合而古文拘拘以為藍本惟恐或失焉噫若璩之誣罔甚矣試證今文曰九載績用弗成曰在位七十載曰三載汝陟帝位曰五載一巡狩曰二十有八載曰三載考績曰五十載曰作十有三載禹貢雖夏書實唐虞時事有一語之未合者乎抑襲用爾雅而拘拘乎謂夏書每歲孟春句為襲用將夏小正初歲祭來亦藍本爾雅乎至無逸篇言中宗高宗祖甲之享國此則周公詞語何得不稱年而若璩顧引此

以闢爾雅者得毋謂語涉商事宜從商稱今乃不然
足證記年通用噫謬矣夫有夏歷年有殷歷年同此
周人之口吻況下有文王享國一段並見周公口裏
斷無不畫一爲年者然則尔雅之言信矣而若璩反
援此以作爲難端詎不大可笑耶若璩又見無逸有
乃或亮陰三年不言句坊記有高宗云三年其惟不
言句及論語子張所引三年不言句口頭熟慣遂深
惡説命三祀之文直誣其有所藍本殊不知無逸坊

記論語皆周人也其稱年自屬應爾若說命不稱三祀則宜作何稱若璩之妄甚矣哉

（若璩原文）按宣和博古圖録商兄癸卣銘曰惟王九祀周已酉方彝銘曰惟王一祀周亦稱祀

辨正 商自稱九祀周彝亦稱一祀足見商實未通用惟周乃有兼稱蓋後可沿前而前不能預同於後也周雅云文王初載知若璩之說則將謂年載通稱而虞書言載枸枸皆藍本於爾雅有是理耶今據周彝

一祀訦商書之三祀何以異此且若璩僅仗博古圖
何足為尚書疏證盍考之逸周書耶逸周書酆保篇
惟二十三祀小開篇惟三十有五祀柔武篇惟王元
祀大開武篇惟王一祀小開武篇惟王二祀寶典篇
惟王三祀酆謀篇惟王三祀大匡篇惟十有三祀文
儆篇惟十有三祀武儆篇惟十有二祀此皆紀文武
之年知周初猶沿商制足悟洪範十有三祀非酬酢
箕子乃初勝殷時由舊之稱耳及至成開篇稱成王

東或作東

元年作雒篇稱元年夏六月葬武王于畢又稱二年作師旅臨衛合之尚書金縢克商二年居東二年台誥命歷年惟有歷年洛誥萬億年承叙萬年惟七年多士有幹有年君奭多歷年所多方天惟五年呂刑享國百年殆自周公定制以來史官東筆無復書祀者矣即偶有以祀稱者必非史官之筆如載祀六百從我監五祀之類此亦猶文王初載云耳何足異哉由此觀之文武以前周人猶沿稱祀成康以後周人

盡改稱年然有追記周初者雖文武亦不稱祀如宅程三年作大匡及十有三年大會孟津之類是也蓋偃武修文于舊典不無潤色況一二大政經增潤于史臣所不免也則稱年以從畫一理必有之但若璩謂商人亦稱年則必無之事矣

若璩原文太甲元祀惟梅氏書而劉歆真古文仍是元年商亦稱年

辨正 書序言成湯既沒太甲元年伊尹作伊訓盖作

序者非商人亦非漢初人乃周季人也其稱年固宜劉歆作三統厤既採書序之三語即繼以伊訓篇曰惟太甲元年十有二月乙丑朔伊尹祀于先王誕資有牧方明蓋首句勦襲書序次句三句勦襲古文具誕資有牧方明六字則劉歆為之說曰言雖有成湯太丁外丙之服以冬至越茀祀先王于方明以配上帝按方明見儀禮諸侯覲天子為宮方三百步四門壇十有二尋深四尺加方明于其上儀禮又曰方明

者木也方四尺設六色東方青南方赤西方白北方黑上玄下黄設六玉上圭下璧南方璋西方琥北方璜東方圭注云方明者上下四方神明之象所謂明神也會同而盟明神監之則謂之天之司盟此與先王何涉即冬至配天南郊亦不聞有方明之祀也而劉歆附會之曰祀先王於方明以配上帝嗟乎此祇可以欺王莽而已蓋王莽飾鬼神符瑞以圖篡竊而依託經義以迎合之者莫若劉歆而若璩乃曰此劉

歆之真古文噫若璩亦譸張大甚矣

或有為劉歆斡旋者曰祀先王是一事祀方明又一事歆偶誤合為一耳殊不知祀方明之禮天子乘龍馬名載大旂象日月升龍降龍出拜日于東門外反而後祀方明又禮日南門外禮月四瀆北門外禮山川邱陵西門外即宮之四門也此豈越茀所行之事哉鄭解越紼行事不以卑廢尊也孔疏云六宗山川之神則否

第一百

原文若璩余向謂孔傳不甚通官制故有三公領六卿之說今且有兩職實不相通誤合為一既見經復見傳者周禮大馭中大夫掌馭玉路以祀戎僕亦中大夫掌馭戎車齊僕下大夫掌馭金路以賓道僕上士掌馭象路以朝夕燕出入田僕上士掌馭田輅以田以鄙此官皆馭王車而大馭為最尊又有大僕下大夫掌正王之服位

出入王之大命掌諸侯之送逆王出入則自左馭而前驅其佐有小臣掌王之小命詔相王之小灋儀祭僕掌受命于王以眡民祭祀御僕掌羣吏之逆及庶民之復隸僕掌五寢之掃除糞洒之事大僕雖有左馭前驅之文而其所重自在正服位出入大命是其與大馭初不相涉也晚出冏命篇出入起居罔有不欽發號施令罔有不臧是近臣有與于王之起居命令者則似大

僕所掌與書序合命汝作大正正于羣僕又云爾無昵于憸入充耳目之官則官高職親與王同車又似大馭非大僕所可當得毋誤記周禮二官為一安國早已自吐供招曰大僕長太御中大夫然其誤亦有故案漢百官公卿表太僕秦官應邵曰周穆王所置蓋大御衆僕之長中大夫也豈非經與傳所從出哉

辨正

既見經復見傳君璩此一語已極誣妄蓋心粗

氣浮偶遇前人瑕隙便已掀髯鼓掌而盡力攻擊以為能事復何暇虛懷分晰孰為前經孰為後傳後傳之指陳如彼前經之宗旨却如此豈知經自經傳自傳夫傳注之誤解何經無之善讀經者詎可因傳注之偶訛遂舉經史而并斥之哉今若璩曰既見經復見傳一語而株連兩罪其羅織全不費力可謂巧哉或曰攻古文者實疑經異傳為出于一乎是以迸而責之曰既曰復如其果爾則此兩字獄為明矣矣而

豈知大謬不然今經傳俱在盍平心而核之一手耶
不一手耶傳雖有太馭中大夫之訛而經文之侍御
僕從及出入起居等語實與太馭一職風馬牛不相
及假令一手僞造則必兩下互證以符己說而售其
欺而背北轍南轅留此乖舛耶若據攻傳以攻經識
以爲出于一手則盲于目復盲于心直不足與辨矣
若明知其非一手但奮然掊擊何惜一筆掃除則其
居心大不可問而迷誤後學愈深矣嗚呼光天化日

之世而有僞説彼行之滕曰甚間哉問

第一百十九

若璩原文梅鷟曰趙岐孟子盡信書章註云經有所美言事或過武成篇言武王誅紂戰鬬殺人血流舂杵孟子言武王以至仁伐至不仁殷人簞食壺漿而逆其王師何乃至于血流漂杵乎故吾取武成兩三簡策可用者耳其過辭則不取之也歧之言云爾平正無碍其得孟子口氣而晚出武成則言前徒倒戈攻于後以北血流漂

杵是紂衆自殺之血非武王殺之之血其言可謂巧矣然果紂衆怒紂以開武王當如史記言武王馳之紂兵皆崩方合兵機今僅自攻其後必殺人不多血何至流杵且均之無辜黨與什什伍伍爭相屠戮抑獨何心私意杜撰之書既非孟子元本而其言又躐居周初致孟子為不通文義不識事機之人讀書誤認紂衆自殺以為武王虐殺何其悖哉梅鷟之言止此余謂鷟說善矣

而抑末盡也此作僞者學誠博智誠狡見荀子有厭旦於牧之野鼓之而紂卒易鄉遂乘殷人而進誅紂蓋殺者非周人固殷人也淮南子有士皆倒戈而射史記有皆倒兵以戰遂兼取之成文方續以血流杵故曰學誠博魏晉間視孟子不過諸子中之一耳縱錯會經文亦何損而武王之爲仁人爲王者師甚著豈可不力爲回護去其虐殺以全吾經故曰智識狡

【辨正】梅鷟之言甚謬而若璩之所附和皆强辭也夫戰鬬殺人趙歧之誤解耳孟子不信書豈必謂武王殺之而後不信哉即此倒戈流血鋪張失實已足爲孟子所非矣今梅鷟輩乃謂孟子特洗雪武王虐殺何其誣耶夫武王之非虐殺誰不知之孟子所辨正不在此焉得謂讀書誤解耶總由攻尚書者誣罔百端謂孟子所辨則如此今書所載則如彼一似當孟子時另有尚書別本而非前徒倒戈之云云夫然後

今書與孟子判為兩旨而人既尊信孟子則不能不抹倒尚書其曰致孟子為不通文義不識事機之人誤認自殺者為虐殺云者蓋文致此不堪之罪狀而坐古文掃倒此篇則其餘將不攻自破矣其口舌殊為狡逞然而不足以服人也

梅鷟又云均之無辜黨與什什伍伍爭相屠戮抑獨何心噫以此解倒戈支離至極夫推簞食壺漿之旨則當曰紂氏宜無戈之可倒更何後之可攻杵血漂

流寶屬史臣之虛誕夫杵血尚不足憑今乃云什伍

爭屠戮耶杵即鹵鹵盾也血流于盾猶之左輪朱殷

何必多人若如趙岐作舂杵解又以漂爲浮則其血

必成川成渠而後可其情事太屬荒唐且舂杵豈戰

場所宜有耶考太史公周本紀紂師雖衆皆無戰之

心欲武王亟入紂師皆倒兵以戰以開武王武王馳

之紂兵皆崩畔紂荀子厭旦於牧之野鼓之而紂卒

易鄉遂乘殷人而進誅紂夫荀子與史記其説必有

所自來蓋由周史書誤載之是以世俗遂艷傳之故孟子汲汲與辨奈何妄誣書詞者謂爲私意杜撰且云去其虐殺以全吾經雖使孟子錯會經文而無損

嗟乎閻氏之矯誣至于如此是將以欺誰耶

若據文心雕龍夸飾篇云言峻則嵩高極天論狹則河不容舠說多則子孫千億稱少則民靡孑遺襄陵舉滔天之目倒戈立漂杵之論辭雖已甚其文無害也余謂諸說皆可獨標杵之論

不然所以孟子特為武王辨白正以有害於義

此非劉勰輩文士所知

原文 又若據此章血流漂杵孟子明著為武王事朱子猶謂孟子設為是言試思武王本無是事孟子何苦設為是言孟子本意為武王辨誣反先誣武王而後辨之乎朱子復生今日聞此亦應絕倒

辨正 劉勰之論正孟子之的解閻氏執迷是以蔑視

之耳至朱子解杵為舂杵與書本意商人相殺云云皆因有趙歧前說一則姑仍之一則辨正之也其實鹵盾之說朱子未嘗不兼取之其虛心如此至書本意三句是言據書意實是如此其設是言三句是表孟子此章所以立言之大旨蓋循書意則似不必辨然孟子特建此一番議論懼後世之惑長不仁之心猶殺一不辜而得天下不為之旨也朱子語意本無弊而閻氏摭其一字遂謂孟子先誣武王何異癡人

說夢耶肆詆至於晦翁更何有於劉勰噫揞盡儒先欲以獨伸其邪說其狂妄一至於是

梅鷟閻若璩皆强詞而妄辯耳何曾探得孟子意旨

孟子嘗曰殺一不辜而得天下不爲也史記載太王之言曰民在我與在彼何異民欲以我故戰殺人父子而君之予不忍爲觀此二義可以得至仁伐至不仁之解矣今武成所載倒戈流血説之者謂此紂衆自相殺夫紂衆之所以相殺非爲武王來伐而殺乎

爲武王來伐以致有此慘殺且張大其詞曰血流漂杵此其意與太王之云云大相剌謬夫太王所不忍爲豈武王獨悍然爲之耶是流血之詞不可以訓孟子故不得不爲之力辯且孟子明言一夫紂矣又明言簞食壺漿矣推此以詮無敵之旨則當日紂人當並無戈之可倒更有何後之可攻矧杵血之漂流彌鄰荒誕論古者所宜駁正豈因其誣虐殺於武王而後爲之洗雪耶且不特孟子口中毫無此意即趙岐

戰鬬殺人之解亦未嘗指目武王至朱子慮人疑混乃分疏之曰書本意云云設是言云云孰料攻古文者遂因此而誣妄百端謂孟子所讀之書則如彼今者古文所言則如此使孟旨與書旨適然兩歧而欲信孟子則必須攻倒古文矣噫如此武斷遂足以誑人耶

八閩文庫

福建文獻集成

吴格　主編

續編　經部　七

八閩文庫
文獻集成
207

海峽出版發行集團
THE STRAITS PUBLISHING & DISTRIBUTING GROUP
福建人民出版社

本册目次

詩經宗義八卷

［明］惠安張瑞撰

日本内閣文庫藏明隆慶三年刻本

詩經宗義八卷，明張瑞撰。瑞字應時，號東湖，惠安人。嘉靖十三年（一五三四）領順天鄉薦，十七年戊戌科進士。初授齊東知縣，改錢塘，後轉贛州，判南雄同知，入爲刑部郎中，遷知敘州府。所至一意爲民，有循良之號。性堅確質直，刻志力學，撰有毛詩説、四書存説等。年七十八卒。事跡具閩書卷八九、萬曆惠安縣志卷三、乾隆泉州府志卷四八等。

詩自毛傳鄭箋而來，宋以前注家，多不越其藩籬。洎朱子撰詩集傳，並詩序而廢之，乃一變説詩之風。元代以降，朱學既定於一尊，詩遂以集傳爲科舉範本。士子趨於功令，説詩者多僅爲朱傳之箋疏，其勢至明中葉後，學者始知返求古義，而異説紛出焉。是書則專宗朱子之説，首有郭惟賢、莊朝賓二序。郭序云「宗義者何，遡紫陽之宗而會其旨歸者也」，又云朱子詩集傳，「東湖先生蚤歲誦詩，每一下帷，輒廢寢食，諷詠涵濡，時有所自得，懼衆論異同，手自訂正。蓋雖墨守紫陽之乘，而温柔敦厚之宗旨益以闡明，如揭日月而行者」。莊序云：「衆説之同異，與雖異而終同焉者，一歸而正之，以附於紫陽夫子之説。」知是書主以折中衆説、羽翼集傳者。

正文不録原詩，先分段敘各章大意，要以詩集傳爲會歸。如邶風式微，毛序云：「黎侯寓于衛，其臣勸以歸也。」毛傳謂「黎侯爲狄人所逐，棄其國而寄于衛，衛處之以二邑，因安之。可以歸而不歸，故其臣勸之」，並解「中露」、「泥中」爲黎侯所居衛邑。朱子詩序辨説雖謂「詩中無黎侯字，未詳是否」，而解此篇仍姑從序説，繫之黎侯；訓「中露」、「泥中」又不取毛傳，解云「中露，露中也。言有霑濡之辱，而無所芘覆也」，「泥中，言有陷溺之難，而不見拯救也」，更切詩意。張氏説解更加詳焉，而實一承朱傳，無所乖違。各章大意之後，低一格更爲詳説，或訓解字義，或疏通辭脉，或指明修辭，或闡發章旨，多就朱傳引而申之。如木瓜，朱子疑爲男女相贈答之詞，張氏曰：「此詩若賦體而爲比者，蓋本是男女相贈答，而託言人我往來之禮。又曰木瓜、木桃、木李，曰瓊琚、瓊瑶、瓊玖，亦皆是借言厚薄之物耳，未必是事實也。」微不同者，如采芑一章「師干之試」，朱傳：「師，衆。干，扞也。試，肄習也。言衆且練也。」張氏曰：「師字指人説，勿作多字看。只重試字，不宜把衆字、練字平看。」則於朱傳又略有修正也。

前人於明代學術，每斥爲空疏無據，學者無所秉承，徒知好古矜奇，前不若宋儒之精於思辨，後不及清儒之長於考證。今觀張氏此書，於朱子詩學多能融攝調和，提煉精取，雖發明無多，而貴在能專主一家，洵亦詩集傳之功臣，非可一言抹殺。

是書海内未見藏本，此本卷端鈐「佐伯侯毛利高標字培松藏書畫之印」，曾經日本九州島佐伯藩第八代藩主毛利高標（一七五五—一八〇一）所藏者，後歸日本内閣文庫。（金曉東）

詩經宗義

木

詩經宗義序

詩經宗義者惠邑張東湖先生所論著也宗義者何述紫陽之宗而會其旨歸者也盖昔者孔子刪詩三百篇臚列國風亂以雅頌復戒門弟子

何莫學夫詩而謂其可以興可以觀可以群可以怨可以事父事君即多識鳥獸草木之名亦在所不廢於是及門之徒遂世世尊之為經與易書等傳至千餘禩而河汾王

氏刪叙漢魏宗廟之音及書
劉諸子之所咏撰巽續三百
篇之後而天下後世群起而
議之至名之曰僭逌紫陽朱
夫子折衷毛韓諸儒之見為
詩經集註學士大夫迄今宗

之不啻功令東湖先生蚤歲
誦詩每一下帷輙廢寢食諷
詠涵濡時有所自得懼衆論
異同手自訂正蓋雖墨守紫
陽之乘而温柔敦厚之宗旨
益以闡明如揭日月而行者

或曰是書也得無必新奇可
喜之論乎余曰是其所爲深
於詩也夫禁臠梁肉孰與太
羹玄酒和璧隋珠孰與商彝
周彝先生茲編余不敢謂其
青於藍余不敢謂其盡忘筌

蹄要以皷吹經旨其大者足
裨于忠孝興觀群怨之理其
細者亦足資夫鳥獸草木多
識之學紫陽集註為詩羽翼
而先生宗義為紫陽羽翼宗
傳相續知必不踵河汾之僭

也先生有四書存說未付剞
劂其古行古心猶有在于立
言之外者兹不具論
賜進士第嘉議大夫都察院左
副都御史前左右僉都御史
奉

勅巡撫湖廣地方提督軍務春

晲生郭惟賢謹譔

詩經宗義序

詩興於美刺而歌詠諷諭之意長故其微義所存雖序詩如聖門高第猶不能無惑於素絢之論詩豈易言哉漢儒擅治經以命氏顯其家學顧為詩立傳乃取諸辨物釋義而名之曰訓詁其他如箋與疏又皆竄搜類證旁出入他書以羽翼乎二毛者求其探討六義之微而歸諸奥要視紫陽夫子葢多讓焉今學者業宗紫陽而其所自為說或膠於見聞

髾陋掠陳詞盈累篇牘而竟莫究其大義此

於經術又奚賴耶余友東湖公少負穎悟知

讀書即求理會故今所治詩與四書皆有所

著說以發明其義葢自未第授徒時淂之方

其下帷讀古人之書綜衆說同異而時折衷

爲若將眩於見聞而欲以茲存也舉而口授

之徒其徒聽之問焉則以告疑焉則以觧如

是者窮歲月不變昭昭焉權衡定矣然而猶

有衆說者存反而求之研精而覃思鈎玄而

探要如是者又竄以歲月然後意之所會與衆說相爲融洽而同而異類乎其順涣乎其相説以鮮也隨所叩而授之徒其徒相與聽而受之又相與佩服而劄記之卷帙成而傳誦日以廣矣然以不及見爲憾者猶多也歲已未公登第餘二十年一日官歸敘守余得叩公所治業乃出此帙以示余余受而讀之愛其詞簡而旨明雖不搜奇刮垢以求異於衆説然衆説之同異與雖異而終同焉者一

歸而亚之以附於紫陽夫子之說其間刋去繁蕪出巳意而隱栝之不數語而大義瞭然此則紫陽夫子之所欲言而有待也宗紫陽者愛公之說而不忍私相與請之門下以廣其傳而公猶謙讓退托遲此十年乃出而付之梓人視昔所加訂則既詳矣夫以紫陽氏之留心經學不爲不篤至晚年更定乃自以呂氏讀詩記所採爲少年淺陋之說欲相與反覆辨論以求歸於真是而伯恭巳不可作

矣噫伯恭已矣使紫陽氏復作公持其說而
與之印證不知其欲辨論於伯恭而不可得
者所取蓋於公何如耶然公進能以治功顯
於時而退又為鄉邦所景慕則公之所以印
證紫陽者固不在於區區章句之末已也詩
有六義故題其書為宗義云
隆慶己巳春正月既望
賜進士出身廣西布政使司左參政致仕進階
嘉議大夫邑人璠泉莊朝賓書

詩經宗義卷之一

閩惠安東湖張瑞著

周南

關雎三章

文王得聖女姒氏爲之配。而宮人咏歌之如此。言彼關關然之雎鳩則相與和鳴於河洲之上。蓋其情摯而有別。乃物類中爲匹之善者也。此窈窕之淑女。以是令德而配我君子。吾知其相與也。洽伉儷之懽而不忘敬戒之義。有以理萬物之宜也。有以奉神靈之統也。妻道恪盡。而君子之中宮得人矣。豈不為善匹哉。蓋雖始至而一見之間。此固其可以逆覩者也。

窈窕就動容上說。本訓幽閒之意。詩柄加貞靜字。蓋其本也。好逑猶言好妻。主淑女說。非相媲美之意。註言其相與二句。正發好逑意。和樂其常也。重恭敬上。恭敬在恪盡妻道。非獨所謂相敬如賓而已。蓋妻道必謹。正敬恭實着處。此其大者。若看狹了。便不得好逑大義。若女曰鷄鳴夫婦。其亦有得於和樂而恭敬者乎。

夫參差荇菜。其未得也。則當左右無方以流之。此窈窕淑女。時乎未得。則當寤寐求之。無一時之或置。求之不得。則寤寐思服。其慨想之情。悠悠然愈久而愈深也。但見思之之切。至於或輾或轉或反或側。雖欲安寢而不能以自安焉。蓋其人既為君子之好逑。求之不得。則無以配君子。而成其內治之美。自不能不如是之憂思矣。

求之云者。圖所以得之也。曰寤寐。則無時不然矣。求之不得三句。一氣連屬。輾轉句見得思之之切。

夫參差荇菜。既得之。則當左右采之。此窈窕之淑女。既得之。則當琴瑟以友之。清音動盪。于以昭吾親愛之情也。參差荇菜。既得之。則當左右芼之。此窈窕之淑女。既得之。則當鍾鼓以樂之。雅韻鏗鏘。使其心為之而豁若也。蓋其人既為君子之好逑。幸而得之。則有以配君子。而成其內治之美。自不能不如是之喜樂矣。

此詩以首章為主。下二章都本好逑來。惟其為君子好逑。故未得則當憂之深。既得則當樂之至。蓋此人此德幾句。正發當字意。自此以下五詩。雖主言后妃之德。其實皆所以著明文王脩身齊家之効。

葛覃三章

后妃既成絺綌而賦其事。言向者初夏之時。葛之生也。連莖引蔓。施于中谷。其葉萋萋然蕃盛。斯時也。黃鳥于飛。集于灌木之上。而

其鳴喈喈睍睆之音。得於所聞。而其觸時動念。蓋有不容以自已者矣

當以葛作主看。不宜與黃鳥平說。黃鳥三句。是追叙初夏之景作動女工之思無妨。

迨時乎盛夏。葛之覃兮。施于中谷。其葉莫莫然茂密。此時葛既成而可治矣。遂從而刈之。又從而濩之。或為精者之絺。或為粗者之綌。而其服之也。愛惜之至。雖極垢弊。亦清其染而理其縷。不忍遽厭棄也。

註親執其勞三句。是朱子推出后妃之意。

絺綌之功既成。閨門之脩少暇。可以歸寧矣。遂告于師氏。使告吾君子。以將其歸寧之意。夫子制義我乃行也。然歸寧實非細故。衣服亦不可苟。則薄汚我私。煩撋之以去其垢。薄澣我衣。洗濯之以

致其潔何者當澣而何者可以未澣其可以未澣者固不必澣而其可以澣者則必澣之我將服之以歸寧於父母庶人子之情少罄其萬一也。

此章主歸寧者告師潔服皆是歸寧中事言告二句只重不敢自專之意薄澣四句是后妃自言不是告師之詞此詩總當以治葛作主看蓋歷叙其始終之事首章是追叙葛未成之時次章是治葛之事末章是葛既成以後事。

卷耳四章

后妃以君子不在而思念之故作此詩託言我方遵彼周行采采卷耳彼頃筐所以盛也而尚未至於盈斯時也心已馳於君子而適動其懷思之情一念切切不能為心之甚也由是物為人奪而事為情牽不能繼之以復采也坐之周行者寘之周行矣。

寘之。只是不復采

思我君子。欲陟彼崔嵬之山。以望其人而往從之。孰知我馬之病與行會奄然其虺隤而登高有所不堪。則其事終不諧矣。然情固不容以自已也。我姑酌彼金罍。庶惓惓之心。為之而少舒。蓋夫婦之情深。固不能恝然忘懷。但或不至於長以為念云耳

思我君子。欲陟彼高岡。以望其人而往從之。孰知我馬之病與行期至於玄變而為黃。而乘載有所不任。則其謀終不遂矣。然情固不容以自已也。我姑酌彼兕觥。庶忡忡之懷。為之而少釋。蓋夫婦之恩重。固不能恝然忘念。但或不至於長以為傷云耳

伊欲陟彼砠矣。以望其人而往從之。然登高必資於馬。我馬則瘏矣。御馬必資於僕。我僕則痡矣。僕馬俱病。往從之計。其亦已矣夫。君子之歸。既未可得。而我之往從。又不可遂。使我如何其憂嘆耶

蓋其憤懣之深。有非言語之所能形容者矣。

云何吁矣。言如何其憂嘆也。云何字有極深之意。此詩以思念君子作主看。曰采卷耳。曰登高。曰酌酒。曰馬病僕病。皆是托言。不可以下三章承首章說来只散開看

樛木三章

后妃能逮下。而無嫉妬之心。故衆妾樂其德而稱頌之曰。南有樛木。其枝幹之下垂。則葛藟纍之。而纏綿依附於其上矣。我君子也。慈祥愷悌。待群小之有恩。其德何可樂耶。夫有如是之德。則固有致祥之理矣。豈不福履綏之。嘉休畢集。使泰然康寧。而無有於顛危耶。

註樂其德三字。是推起說。

南有樛木。則葛藟荒之矣。我君子也。一德之可樂。其得天固有道

矣豈不福履降焉陰祐默相而莫或挫折之耶
南有樛木則葛藟縈之矣我君子也一德之可樂其得天固有道
矣豈不福履萃焉戩穀罄宜而莫或摧敗之耶
成字對敗字看有圖其人於萬全之意如有一事一時之不利
亦是摧敗困踣之而非成就之三章一意無淺深綏之將之成
之之字着后妃說

螽斯三章

后妃不妬忌而子孫衆多故衆妾作此詩言物群則爭惟螽斯羽
之為物也詵詵兮群處和集恒相依而不相賊夫和氣致祥是宜
其元化委焉而子孫之振振然其盛不可以一二計也
螽斯羽飛則群飛薨薨兮何其和耶是宜其和以召和而子孫之
生息蕃衍繩繩乎其不絕也

螽斯羽衆則會聚揖揖兮何其和耶足宜其和以召和而子孫之生息無窮蟄蟄乎其衆多也蓋其類之弗昌者每生忌刻之病而太和之鍾固足以滋化育之慶詩人之意蓋曰后妃有逮下之德而獲昌後之休茲固感應宜然之理也

一意而為三章蓋詠嘆無已之意一生九十九子是說螽斯之為物如此非為子孫衆多言也不宜專把此一事來說

桃夭三章

文王之化自家而國男女以正婚姻以時故詩人美之如此言桃之夭夭然少好則其吐而為華也灼灼乎其盛矣彼其之子當是之時而於夫家乎是歸則男女正而婚姻時矣其賢如此豈不有以宜其室家乎其處室也妻道必盡而倡隨之間自無乖戾其處家也婦道必循而上下之際罔不順適此蓋其可以逆覩者也

紂時風俗淫亂由文王之化故男女正而婚姻時賢字就在以正以時上因其賢故逆知其能宜室家

桃之夭夭則其實之所成也有蕡其盛矣彼其之子當茲仲春之時而為于歸之舉則其人賢矣豈不有以宜其家室乎吾知必克盡其道而庭闈之内怡然其和順也

桃之夭夭則其葉之所生也蓁蓁其盛矣彼其之子當茲仲春之時而為于歸之舉則其人賢矣豈不有以宜其家人乎吾知必克盡其道而閨門之間熙然其諧協也

三章一意只是反復詠嘆之大抵仲春桃正有華故因所見以起興而曰實曰葉只是變文以協韻耳桃夭及兎罝芣苢三詩見得文王家齊而國治

兎罝三章

化行俗美賢才衆多雖罝兔之野人而猶有可用之才故詩人作此以美之言設罝以待兔肅肅其整飭椓杙以張罝丁丁而有聲斯人也役事罝兔初非有陶鎔之素不過一赳赳之武夫耳然才則不可以此拘也使其脫微賤而佐公侯殆見干城固所以捍外而衛内也彼則經濟之有畧自能杜外侮於不作而鞏社稷于泰山四維之固謂之曰干城非耶

不可於赳赳上認才赳赳句不是美之乃言其只一野人耳此才字乃德之蘊於心而見於外者

肅肅兔罝則施于中逵矣彼為此者一赳赳之武夫而已然使其為公侯用焉殆見其運才畧以經綸也公侯之所能彼亦能之蓋與之相敵矣奚但干城而已耶

肅肅兔罝則施于中林矣彼為此者一赳赳之武夫而已然使其

為公侯用焉殆見其攄才能以施措也實能以公侯之心為心蓋與之合一矣又奚但好仇而已耶

公侯腹心不可作蘊於中看須就才說蓋其施為之間公侯之心如此彼之心亦如此也一章深一章始言干城便於用也繼言好仇則相匹配矣然猶有彼此之分終言腹心則合一矣更無彼此之分矣然好仇腹心亦只是本干城之意而極言之耳非有出於干城之外也不宜以他事入說

芣苢三章

化行俗美家室和平婦人無事相與采此芣苢而賦其事以相樂言爾我相攜采采芣苢始而薄言采之求其所生之何在也采采芣苢既而薄言有之得其生之所在矣

夫既得之可以用其力矣則采采芣苢薄言掇之從而拾其穗也

采采芣苢薄言捋之又從而取其手也

夫其取之必有以為之盛也則采采芣苢薄言袺之貯之以衣而執其衽於手中也采采芣苢薄言襭之貯之以衣而扱其衽於帶間也此其咏歌之間蓋有熙然自適莫知其所以然而然者矣

袺之襭之揔是說盛之之事以衣貯之而執其衽言執衣之衽以貯之也以衣貯之而扱其衽於帶間言扱衣之衽以貯之也

三章有次序無淺深賦其事便是相樂不必章章句句點綴字意

漢廣三章

文王之化自近而遠先及於江漢之間而有以变其淫亂之俗人見出游之女而知其不可求也故作是詩以咏嘆之言南有喬木上竦而無枝則其蔭不可以休息矣漢有游女其端莊靜一之德

固非情欲之所能誘也其可得而妄求之乎今夫水之狹者固可得而泳漢之廣矣將欲泳以渡之此勢之必不可得者也水之近者固可得而方江之永矣將欲方以濟之此亦勢之必不可得者也詩人之意蓋曰游女之賢決非人之所得而求也

端莊靜一就德說蓋望見其人而知其有是德也不可泳不可方言泳之方之不得也

夫翹翹錯薪有楚生焉則言刈其楚矣之子之賢吾心誠愛之使其于歸斯則有馬可秣矣吾願為之秣其馬蓋但知所以篤吾忻慕之情耳他固有所不恤也既興之復比之曰漢之廣矣不可泳思江之永矣不可方思曾謂之子之賢可得而求乎然則惟盡吾欽崇之意可矣容敢褻慢為耶

夫翹翹錯薪有蔞生焉則言刈其蔞矣之子之賢吾心誠愛之使

其于歸。斯則有駒可秣矣吾願為之秣其駒。詎但知所以盡吾好德之心耳。他固有所不計也。既興之。復比之曰。漢之廣矣。不可泳思。江之永矣。不可方思。曾謂之子之賢。可得而求乎。然則惟盡吾敬仰之意可矣。容敢玩侮為耶

此詩三章總是反覆咏嘆游女不可求。不宜只以首章為不可求。下二章為悅而敬之。夫愛敬皆以不可求也。漢廣汝墳二詩見得天下有可平之漸

汝墳三章

汝旁之國。亦先被文王之化者。故婦人喜其君子行役而歸。而作此詩。言向也遵彼汝墳。以伐其條枚。斯時也。我君子從役萬里。而未得以見之。暌違在念。甚不能以為心。其思望之深。惄然有如飢之重焉。

毛傳云調朝也朱註一作輖重也夫人之饑惟朝饑為最重然註似無此意只當云如重饑謂饑之甚也極言憂思之深而甚有所不堪云耳

乃今遵彼汝墳以伐其條肄斯時也我君子裝載來歸而既得以見之慨望之私于是而慰夫婦之好于是而伸何幸其不遠棄我耶

既又勞而勉之言魴魚之尾本白也今变而為赤其勞甚矣詩人之意蓋曰君子之從役何其勞耶汝之勞既如此王室之政且方爾酷烈而未知其所終譬如火之焚焉謂之何哉雖其酷烈而未已然我后之所以撫綏吾黎庶者無所不用其至其德如父母然則吾民固在於函育之中有怙而有恃可瞻而可依望之蓋甚近矣王室供役之勞獨不可以此而忘之乎

望之甚近只就父母上說。註尊君親上指文王說。此詩作於行役之歸。首章是因二章而追言之。上二章總是叙其情。末章是勉以正。不宜以首章爲未見。下二章爲既見。

麟之趾三章

文王后妃德脩于身。而子孫宗族皆化於善。故詩人作此。言麟性仁厚。故其趾亦仁厚。生草則不履。生蟲則不踐也。我君夫人仁厚。故其公子亦化之。振振然其仁厚焉。夫麟際文明之運而後出。固爲王者之瑞。公子之德如是。自足以啓天下之文明矣。王者之瑞不即此而在乎。吁嗟乎是即麟也。而何形之拘哉

此只以麟趾興公子。麟性仁厚。文王后妃仁厚。皆推起一層說。

文王后妃。言文王之后妃也。仁厚泛說

麟性仁厚。故其額亦仁厚。不以抵也。我君夫人仁厚。故其公姓亦

化之。振振然其仁厚焉。夫麟當太平之會而後出。固為王者之瑞

公姓之德如是。自足以開天下之太平矣。王者之瑞。又不即此而

在乎。吁嗟乎是即麟也。而何形之拘哉

麟性仁厚。故其角亦仁厚。不為害也。我君夫人仁厚。故公族薰炙

之間亦莫不仁厚。而其德振振然。夫麟。治世之徵也。王者之瑞也

公族之德如是。雍熙之治固在是乎。基矣。其為王者之瑞又何如

耶。吁嗟乎是即麟也。而何形之拘哉

三章平說。由其有關雎之德而後有麟趾之瑞。所謂麟趾爲關

雎之應也。

召南

鵲巢三章

南國被化。故諸侯之女之嫁。而其家人美之如此。言維鵲有巢其

結構之完固。則鳩焉來居之矣。之子之賢。而其于歸也。百兩御之轅轂相襲。繹絡於倉庚熠燿之天。不有以昭等威於不允耶

諸侯之女。嫁於諸侯。其送迎皆百兩。詩人之意。重之子之德有以宜其百兩耳。只順文說。不必把之子對鳩看。

維鵲有巢。其結構之完固。則鳩爲遞而有之矣。之子之賢。而其于歸也。百兩將之。後先掩映。連續於夭挑灼華之會。不有以壯行色於極觀耶

維鵲有巢。巢最工也。則鳩焉布滿於其中矣。之子之賢。而於夫家乎是歸。則百兩成之。其來迎也。儼邦君之儀。其往送也。隆夫人之餙。一來一往。而以成其于歸之禮者。不顯其光也耶

盈之註。謂衆媵姪娣之多。諸侯之禮。姪娣六人。媵二人。合二國而言。故曰成。蓋一來一往。而于歸之禮成矣。迎之者。迎之子以

歸也送之者送之子以歸也成之者成之子于歸之禮也俱應
轉上句三章平看

采蘩三章

南國被文王之化諸侯夫人能盡誠敬以奉祭祀而其家人敘其事以美之言我夫人也親執采蘩之勞于沼于沚之間是果何所用哉蓋公侯奉祭夫人主薦豆采是蘩也將於公侯之事用之也奉先之儀雖未舉而其精意不已通于神明也耶

于以采蘩于澗之中是果何所用哉蓋公侯有事於宗廟夫人主薦豆采是蘩也將於公侯之宮用之也享祀之禮雖未行而其明信不已惠于宗公也耶

其方祭也一念精白形而為被之竦敬僮僮然步雖移而其被不動于以承祭祀而夙夜在公事雖已久敬則無失時雖更閱禮則

莫從蓋有見於彼而可接焉其祭畢也一念敬愛形而為彼之歸
逢祁祁然若將復入而不欲遽去于以離公所而薄言旋歸事雖
既終心則無已時雖將去情則不忘蓋猶寓於彼而可覩焉
彼之僮僮祁祁皆心之形見也三章從首次第說至末總重誠
敬

草蟲三章

南國被文王之化諸侯大夫行役在外其妻獨居感時物之變而
思其君子如此言尚未有草蟲也亦未有阜螽也今則草蟲已喓
喓其聲昔所未聞而今聞之阜螽已趯趯而躍昔所未見而今見
之物既以時而變君子之出亦不為不久矣顧尚未得見而彼此
之參商思望之間不能為情憂心蓋忡忡焉是必亦既見止亦既
覯止有以遂我一念之私夫然後我心則降無復忡忡之不寧也

天涯阻隔果何時而復合乎。

降字。猶俗所謂放下也。即是忡忡之憂放下。

向未有蕨也。今陟彼南山。以望其君子。則蕨生可食。而言采其蕨矣。時物已變。我君子之出也。顧尚匪載匪來。而未得以見之。睽離在念。憂心盖惙惙焉。是必亦既見止。亦既覯止。夫然後我心則悅。無復惙惙之憂也。否則心之憂矣。其能以自已乎。

悅者。惙惙之憂轉而悅也。

向未有薇也。今陟彼南山。以望其君子。則薇生可食。而言采其薇矣。時物已變。我君子之出也。顧不言旋言歸。而未得以見之。慨想不忘。我心盖傷悲焉。是必亦既見止。亦既覯止。夫然後我心則夷。無復傷悲之介懷也。否則我之懷矣。其容以或置乎。

夷則不傷悲矣。傷悲則是不夷。三章平看。下二章雖有託言登

山之意然此意却不甚重揔重感時物之変意

采蘋三章

南國被文王之化大夫妻能奉祭祀而其家人叙其事以美之言祭所以崇追遠之孝而物則所以享之者也我大夫妻以蘋之為物可以羞神明則于以采蘋南澗之濱是蘋之采也必躬必親曾敢以或苟耶藻之為物亦可以羞神明則于以采藻于彼行潦是藻之采也必躬必親又敢以或苟耶

此重躬親意見其誠敬

既采之矣由是盛之有筐焉有筥焉維筐及筥各異而蓄之謹其別也一念之精白不於是而寓乎既盛之矣由是湘之有錡焉有釜焉維錡及釜隨品而調之嚴其類也一念之明信不於是而昭乎

采而盛。盛而湘。是循序。若混雜則褻瀆。故蘋藻二物。而盛之湘
之各以二器。是有常。循序有常。便是嚴敬整飭。
物焉既備。于以奠之在於宗室牖下。享祀之禮。於是而行也。籩豆
之事。誰其主之。乃有齊季女以斯人而薦斯豆。精白之休。固有溢
於蘋藻之外者矣。
此詩從頭鋪叙至末三章都是言其能奉祭祀。能字以誠敬言。
甘棠三章
南國思召伯之德。而相告語曰。是蔽芾甘棠。其生意之未涯也。則
固吾之願也。勿翦其枝葉。勿伐其條幹可矣。此豈區區為一甘棠
而已哉。昔召伯之循行也。蔽芾之陰。固嘗其所依以自蔽者也。召
伯有不可忘之德。吾民自有不容已之心。于所寓而傷之。忍乎哉。
或舍甘棠之下。或字當嘗字看。是因布政而嘗寓於此。非專舍

其下以布政。

蔽芾甘棠勿伐猶未足以盡吾惓惓之意也。雖一毀折之亦非所以遂其咸若之天其尚勿翦而勿敗矣乎。蓋是甘棠也。召伯之所憩也。樹固無足甚愛而獨不為召伯念之耶。

蔽芾甘棠勿敗又求足以盡吾惓惓之意也。雖一低抑之亦非所以若其自適之性。其尚勿翦而勿拜矣乎。蓋是甘棠也。召伯之所說也。物固無足深惜。而獨能於召伯忍之耶。

勿作相戒說。勿把勿字當不忍字看。只是相告語之詞。惟其不忍故如此相告語。勿敗勿拜。俱以條幹言。末句勿作推愛樹之故說。正發不忍之意。言召伯所茇。奚忍傷之。非覩物思人之意。乃為人而愛物也。一章深一章。

行露三章

南國之人遵召伯之教服文王之化有以革其前日淫亂之俗故女子有能以禮自守而不為強暴所汚者自述己志而作此詩言湛湛露斯在彼豐草道間何厭浥耶故我當早夜之時豈不欲於道間一優游哉特以露焉方濃其行不免有沾濡之患雖欲行而不敢行耳是非實畏多露之沾濡也乃畏強暴之侵陵而託言之也

此便是有不出閨門意思自守之意隱然於言外矣

貞女之自守如此猶或見訟而召致於獄因自訴而言曰人皆謂雀有角故能穿我屋誰謂雀無角乎無則何以穿我屋耶人皆謂汝於我嘗有求為室家之禮故能致我於獄誰謂汝無家乎無則何以速我獄耶不知雖能致我於獄而其求為室家之禮初未嘗備何曾有婚姻之夙盟耶禮實不足是特飾詐以相誣而已耳

誰謂鼠無牙。何以穿我墉。誰謂汝無家。何以速我訟。不知雖能致我於訟。然其求為室家之禮。既有所不足。則我亦終不汝從矣。訟徒致耳。此志其可得而奪乎。

此與上章一串意。只是室家不足。亦不汝從。全章通是以禮自守。

羔羊三章

南國化文王之政。在位皆節儉正直。故詩人美之。言燕居之服。多失之侈。美我大夫以羔羊之皮為裘。而其飾之也。素絲五紽。不事華麗。惟其制而已矣。何其衣服之有常耶。退私之容。多失之簡慢。我大夫退食自公。而其動容周旋。泰然於禮度之中。委蛇委蛇。何其從容而自得耶。

素絲五紽。便是節儉。委蛇委蛇。便是正直。從容自得。圭中禮說纔放肆失禮，便周章，便不從容。或曰：詩人美大夫節儉正直，不言公服而言私服，不言在朝而言退朝，何也？蓋不儉者，於公服或能勉從常飾，至私服則無所不用其美矣；不直者，於立朝或能勉循容止，至退朝則惰慢設於身体矣。故詩人云然。

羔羊之革，素絲五緎，不以私服而過為奢侈之飾也。委蛇委蛇，自公退食，蓋雖常情易忽之時，而動静之有度猶如是焉。

羔羊之縫，素絲五總，不以私服而極其文飾之華也。委蛇委蛇，退食自公，蓋雖無所拘束之際，而威儀之中禮猶如是焉。

下二章只是咏嘆無已之意。

殷其靁三章

南國被文王之化，婦人以其君子從役在外而思念之，故作此詩。

言殷殷然靁聲，則在南山之陽矣。何此君子獨違去家邦，以役于

外而夙夜之無已不敢以少暇乎況我君子振振然其信厚一念其德安能不動千里之思耶倘其早畢事而旋歸不我遐棄有以慰吾慨想之私者乎

此是即靁聲在南山之陽而嘆君子之隔遠鄉邦信厚之說重思念意

殷其靁在南山之側何此君子獨去此從役而莫敢遑息耶振振君子而今安在哉倘其早畢事而旋歸使我不至於長以為念者乎

殷其靁在南山之下何此君子獨去此從役而莫或遑處耶振振君子而今曷至哉倘其早畢事而旋歸使我不至於長以為傷者乎

三章一意變文叠言者思念之無已也

摽有梅三章

南國被文王之化。女子知以貞信自守。懼其嫁不及時而有強暴之辱也。故作此詩。言桃之有華。婚姻時也。今摽有梅。而在樹者其實七兮。則時過而太晚矣。感觸之際。殆有令人恐恐者也。求我庶士。幸無以遲緩為也。其必有及此吉日而來者乎。

摽有梅。其實之在樹者。特三兮而已。則婚姻之時。已過而益晚矣。感觸之際。殆有令人自懼者也。求我庶士。亦不必拘拘於日之吉也。其但以今日而來者乎。

摽有梅。其實之落已盡。而頃筐取之。則婚姻之時。已過而晚之甚矣。感觸之際。其得無動深長之思乎。求我庶士。及今而來固矣。若拘拘於禮儀之備而後來。則一時亦有難於卒辦者。其但一通父母之命。以定其婚姻之約者乎。

不是不拘其禮之備。夫婚禮若在所不計。便是情勝。豈得為貞女耶。須得其意。故註曰約可定。摽梅是未許嫁之女。蓋感婚姻之時之過。而懼其嫁不及時。有強暴之辱。而便言求我庶士云云只是欲許嫁有人。以免強暴之辱。只當見其自守之意。不宜說此時便要庶士來迎我以歸。夫婚姻須以時。如是則不顧其時之可否矣。豈曰止乎禮義者也。安得為賢。况亦未必便有來求者。則強暴之辱。終不免乎。故只須見其自守之意。三章一意。只是懼之之深。而詞意轉切耳。

小星二章

南國夫人承后妃之化。能不妬忌以惠其下。故其衆妾美之如此言嘒彼小星。三五在東。我之進御於君也。肅肅然其齊遬。而夜行於宮闈之中。或時而夙焉。夙在于公。見星而行也。或時而夜焉。夜在于公。見星而行也。速往速來。亦可謂勤矣。所以然者。蓋有生之始。其貴賤已有定賦。夫人得其貴也。吾則得其賤。而視之夫人不侔焉。然則往來之勤。命使然耳。而其得御於君也。夫人之惠何溥耶。

以上三句興下二句。末句另。肅肅二句一氣。夙夜在公。不重自幸之意。有速往速來意思。故繼之曰寔命不同。蓋上是言其進御而往來之勤。夫往來之勤。若可憾。其曰寔命不同。則深以得御於君爲云云之勤矣。

嘒彼小星。維參與昴。我之進御於君也。肅肅然。其齊遨而夜行於宮闈之中。或在初昏之時。抱衾與裯。見星而行也。或在將旦之時抱衾與裯。見星而行也。速往速來。亦可謂勞矣。所以然者。蓋賦命之初。其尊卑已有定分。夫人得其尊也。吾則得其卑。而視之夫人有問焉。然則往來之勞。命使然耳。而其得御於君也。夫人之德何厚耶。

肅肅二句亦一氣說

江有汜三章

是時汜水之旁。媵有待年於國。而嫡不與之偕行者。其後嫡被后妃夫人之化。乃能自悔而迎之。故媵妾作此詩。言江水之滔滔而逝。猶有復入之汜。之子之歸。挾已而偕行宜也。乃不我以。然始雖不我以。而其後也。則追其向者之失。而迎我以歸矣。豈終不知悔者耶。

悔字勿空說。迎以歸使在悔字中。

江水之滔滔而逝。猶有小洲之渚。之子之歸。與我而偕往宜也。乃不我與。然始雖不我與。而其後也。則迎我以歸。理順而心安矣。豈

二七

終不得其所處者耶。

江水之流，猶有分派別出之沱。之子之歸，固宜過我而與之俱也，乃不我過。然始雖不我過，而及其懲創往事，蹙口出聲以舒憤懣之氣，則悔而迎，迎而處，暢然自適，而為之嘯歌矣。豈終錮於私而不反者耶。

嘯字與上後字一例看。重歌字。蓋此句當串看全章。三平看。末章嘯歌雖承上二章，然只其意貫串耳。

野有死麕三章

南國被文王之化，女子有貞潔自守，而不為強暴所汚者。故詩人作此以美之。言野有死麕，人欲取之，尚以白茅包之。此女當春而有婚姻之懷，吉士以禮娶之可也。乃徒以情欲而誘之焉。林有樸樕，野有死鹿，人欲取之，尚以白茅而純束之。此女生質之美有如玉之瑩然其潔白焉。而何吉士之徒欲誘之耶。

此章不言誘者。蒙上章之意也。

此乃述女子拒之之詞。言婚姻不備。貞女不行。爾姑徐徐而來。足將進而趦趄可也。吾身之所佩有帨。吾之所以自持者。已確不可援身。决非爾之所得而相近也。無感我帨兮。吾家之所畜有犬。吾之所以自防者。已牢不可破。家决非爾之所得而輒至也。無使尨也吠。輕舉而妄動。祇見其惑耳。犯禮相求之念。其亦可無萌也已。

上二章是興其事。此是美之。

何彼襛矣三章

王姬下嫁。而詩人作此以美之。言何彼戎戎而盛乎。乃唐棣之華也。茲夫家之歸者。豈不肅肅而敬。雝雝而和。以執婦道者乎。乃王姬之車也。蓋雖以王家之女。釐降於侯國。而儀衛之間。曾無一毫之苟簡。厭翟輝煌。車以王姬之車。而其服亦以為差焉。其不敢挾貴以驕其夫家如此。能敬且和。豈不從可卜耶。

何彼襛矣。唐棣之華。言乃唐棣之華。戎戎而盛也。曷不肅雝。王姬之車。言即王姬之車。知其能肅雝也。蓋上之臨下。每易以慢如挾貴而驕。則于歸之儀。必苟簡而不如禮。車服皆如禮來。便是不挾貴以驕其夫家。故其能敬且和可卜也。王姬字重看。曰王姬之車。言其儀衛之如禮也。

何彼襛然而盛乎。乃桃之華。李之華也。茲婚姻之講。以女而言之。則平王之孫。派出天潢之尊者也。以男而言之。則齊侯之子。位崇君國之重者也。其世系之貴也如此。

其釣維何。乃二絲之合而為緡也。茲婚姻之成。自女之為家者言之。乃齊侯之子。配作大邦。而今居之處在是矣。自男之為室者言

之乃平王之孫姻連王牒而中宮之位得人矣其配合之稱也如此

大抵惟王姬有和敬之德故族類之貴婚姻之稱皆爲可美

騶虞二章

此詩所以美南國之諸侯也言茲春田之際但見茁然而壯盛者葭之生也草木何其茂耶壹發之間而有五豝之中禽獸何其多耶所以然者蓋我侯撙節之愛有以遂其咸若之天如此耳吁嗟乎生物不食生草不履騶虞之仁固有出於自然者矣而我侯之澤及族類此其仁心之由中達外初非勉於爲愛而自有不容已者耳非即眞所謂騶虞耶

彼茁者蓬草木之茂不可見乎壹發五豵禽獸之多不可見乎所以然者蓋我侯曲成之恩有以若其化生之性如此耳吁嗟乎生

物不食生草不履騶虞之仁固有出於自然者矣而我侯之恵及萬物此其仁心之感而遂通初非勉於為恩而自有不可遏者耳非即真所謂騶虞耶

草木不止此二者禽獸亦不止此二者蓋舉此以槩其餘耳此其仁心自然此其此字指恩及庶類說自然字着事上說與此字相關看猶言此其仁心之根於中自然而然也鵲巢之應云者蓋鵲巢言諸侯正心脩身以齊其家而治國根本培植於隱微之際騶虞言諸侯仁恩及於庶類而君道功用充塞於覆載之間是則必有是根本而後有是功用所謂騶虞為鵲巢之應也

詩經宗義卷之一終

詩經宗義卷之二

閩惠安東湖張瑞著

邶

栢舟五章

婦人不得於夫而作此詩。言以栢為舟堅緻牢實。以之乘載宜也。顧不以乘載無所依薄。但汎然於水中而已。詩人之意蓋曰我之不得於夫。而失其所主也。是以其心耿耿然當寐而不能寐。而其隱憂之深有如此者。非為無酒可以敖遊而解之也。蓋慨夫婦之変。而其所憂甚非他事之比。非酒之所可得而解耳。

曰耿耿者。其心憂傷之至。至於晦昧。惟耿耿小明而已。如有字不必泥。註明白說其隱憂之深如此。所謂隱憂之深如此。正指耿耿句說。本文此二句是一串意。

我遭此變非不欲求所以自善之道也但鑒能度物我心匪鑒明不足以有察而不可以茹其在我者既莫知所圖使兄弟而足恃吾猶有可望也雖有兄弟又不可依以爲重其往告之也非但不能爲我謀而反遭其怒謂之何哉

兄弟之恩薄故往愬而逢其怒蓋不得於夫無往非逆境

夫我之不得於夫使其有以取之亦無怪其然也今夫石可轉也我心則匪石貞固之極不可得而轉焉席可卷也我心則匪席正直之至不可得而卷焉心之所存既如此而其威儀之間又動容周旋無一之不中禮雖欲簡擇而取舍之不可得焉在我既無自取之尤而其不得於夫也何故哉

只無一不善便是富而閒胄

我屬夫婦之變憂心悄悄殊不能以爲心彼群小所以奉我者也

夫既不得於夫而反見怒於羣小讒譖以攻我而覯閔之既多也傲慢以接我而受侮之不少也顧茲逆境之遭靜言思之不寐而寤但摽然拊心而已夫憂憤之情蓋有不能以自堪者日當常明月則有時而虧日居月諸胡乃更迭而微失其常理不深為可怪耶詩人之意蓋曰衆妾反勝正嫡亦獨何哉夫名分蕩然綱常掃地吾心之憂矣至於煩冤憒眊如衣不澣之衣靜言思之從一而終我婦人之義也恨不能奮起而飛去焉

全章以不得於夫為主正風以關雎為首者處常而得其正也變風以柏舟為首者處變而不失其正也

綠衣四章

莊公惑於嬖妾夫人莊姜賢而失位故作此詩言間色賤宜以為裏正色貴宜以為衣今以綠為衣以黃為裏其失所甚矣詩人之

意蓋曰賤妾之家寵而尊顯正嫡之見疏而幽微也夫名分倒置人道之大變也心之憂矣曷能以自已哉

間色賤宜以爲裳正色貴宜以爲衣今以綠爲衣而黃者自裏轉而爲裳其失所甚矣詩人之意蓋曰賤妾之家寵而反尊正嫡之見疏而反卑也夫名分倒置人道之大變也心之憂矣曷能以或忘哉

綠方爲絲而汝又治之則尤見其美矣詩人之意蓋曰妾方少艾而汝又變之也我之於此亦思古人有常遭此而善處之者以自勵焉使不至於有過而已耳其寵妾也彼之事也吾且如之何哉

絺兮綌兮淒以其風則將何所用哉詩人之意蓋曰我之色衰而見棄也我遭此變思古人之善處此不討其夫之失而但求以自盡其道宜能先得我心之所求焉蓋我之心正欲惟求以盡其在

我而已耳。其疏我也，彼之責也。吾亦如之何哉。

末二章，只重下二句，意思蓋上二章言其失所，而不能以不憂；下二章則言爲我之計，惟求以自盡而已。

燕燕四章

戴嬀大歸于陳，而莊姜送之，作此詩。言燕燕于飛，其羽則差池之不齊。之子不幸遭此變故，而大歸于陳，我以相處之素，不忍於遽別也，則遠送于野。斯時也，存亡在念，而感慨彌深，離別殊常，而悲傷獨切。瞻望弗及，泣涕如雨，蓋有不能爲心之甚者矣。

燕燕于飛，則頡之頏之。之子于歸，我也重惜別離，而遠送于將之。瞻望弗及，佇立以泣，其悲憤之情，蓋有不能以自已者。

燕燕于飛，則下上其音。之子于歸，我也重惜別離，而遠送于南。瞻望弗及，實勞我心。其憂傷之至，蓋有不容以或寧者。

憂思則心勞。實勞我心。憂傷之至也。三章一意。無淺深。泣涕如雨等句。不專指後會無期說。須括盡覆轍變故意。

夫我不得於君子。恒情疎薄之所易生也。而仲氏於我相處之間。一情意之交孚焉。且自其立心而言之。允乎其塞實邃乎其淵深也。自其持身而言之。温恵之無間。淑慎之可羡也。其賢如此。是別也。又以先君之思而勗寡人。使我常念之而不失其守焉。持大義以相勉。其愛我以德何如耶。然則之子之歸。吾感念之間。惡能爲情也哉

仲氏四句。只是思其人之賢。不是因其賢故思之。終温且恵。俱以身言。一說塞淵以立心言。温恵以制行言。而足之曰淑慎其身。先君之思二句。做臨別時說。以莊姜之賢。乎日自不消如此勉之。至臨別而後會無期矣。故以大義相勉。亦因莊公之志。莊

姜故特勉莊姜以無忘莊公也上三章送別之情末章稱道其賢辭順曰余讀是詩未嘗不嘆莊公之狂惑也使其翻然悔悟立莊姜以爲之主俾戴嬀以爲之助則閨門正矣立子完以爲之嫡俾石碏以爲之輔則國本定矣顧乃以寵奪正以嬖奪宗卒貽國家無窮之禍不謂之狂惑乎

日月四章

莊姜不見答於莊公故呼日月而訴之言日居月諸照臨下土久矣今乃有如是之人夫婦之間曾不以古道相處豈非未之前聞者耶是其心志回惑果何時而定與夫者妻之所仰望而終身也而何爲其獨不我顧也

呼日月而訴之其意若曰日月之照臨下土久矣曾見有如此之人乎通章上二句是呼日月下四句都是訴其不得於夫之

詞曰胡能有定寧不我顧便是冀其改心易志而有仰望收恤之情故曰此詩之所以爲厚也。

日居月諸下土之是冐久矣今乃有如是之人夫婦之間曾無相好之情豈非未之有見者耶是其心志回惑果何時而定與婦人夫其所天也而何爲其獨不我報也。

不相好便是不古處不我報便是不我顧。

日居月諸出自東方其旁燭也久矣今乃有如是之人德音無良而失其相處之常道不亦深可怪耶是其心志回惑亦何能有定哉而何獨恬不加意使我爲可忘者耶。

此與下章末句皆是蒙上句胡字所謂出自東方東方自出亦只是照臨下土久矣之意。

日居月諸東方自出其垂照也久矣父兮母兮乃養我不終使我

惟此憂不亦深可慨耶。是其心志回惑亦何能有定哉。而何獨其所以報我者曾不循義理耶。

畜我不卒之嘆重不得於夫上來。

終風四章

是詩莊姜所作。言終日之風飄揚之暴疾。詩人蓋言君子之狂暴也。雖其狂暴如此。然亦有顧我則笑之時。但其顧我而笑也。不過謔浪笑敖而已矣。皆出於戲慢之意。而無愛敬之誠情。何薄乎。則又使我不敢言。而獨中心是悼焉耳。其憂傷不容以或忘也。

此顧我則笑及下惠然肯來。皆是叫起之詞。

終日之風。雨土而家騖。詩人蓋言君子之狂惑也。雖云狂惑。然亦或惠然而肯來。但特偶一來耳。又有置我於度外。而曾無往來之時。思何有乎。則使我悠悠而思之。其懷念不容以或已也。

莫往莫來言無往來也蓋常不來故曰無往來
終風且曀夫既曀矣不旋日而又曀詩人蓋言君子之狂惑暫開
而復蔽也我之思此其憂之也深常寤而不寐其思之也切感傷
閉鬱而成嚏焉
驟雨迅雷其止可待今曀曀其陰虺虺其靁殊未有開霽之期詩
人蓋言君子之狂惑愈深而未已也我之思此其憂憤之至常寤
而不寐其慨念之甚思之而又思焉
各章中心是悼悠悠我思願言則嚏願言則懷等句足見莊姜
正静自守之意莊姜初作栢舟綠衣惟自憂嘆而止於和平未
嘗譏莊公之爲人也至於終風則言其狂惑蔽固而亦不忍斥
言至日月而後極其詞此豈其情之得已哉

擊鼓五章

衛人從軍者作此詩言鼓以進兵也則擊鼓其鏜然以攻敵也則踊躍用兵我之所爲如此然而衛國之民或役土功於國或築城於漕當此之時皆無有安逸者而我獨南行馳驅於鋒鏑之間生死存亡尚未可知其危苦尤甚焉

下二句非役使不均意蓋因已勞苦而念衛國之民皆無安逸者然南行則危苦尤甚

我也從孫氏子仲合陳宋之好而爲伐鄭之舉夙夜無已不我與歸而鋒鏑死亡之是患憂心蓋有忡焉

只閒閒說不必作推南行之故

於是逍遥自適嬉然而逸居也於是優游自遂蕩然而安處也於是御忘其所有事丧失其馬而求之于林之下也失伍而離次寧復有鬭志乎

三爰字皆有聊且之意大意言姑遊戲以自樂不以戰鬬爲念也居字常如宿食屯住之類處字暫如進止坐立之類宿食屯住必有常次進止坐立必有常伍此兵之制也

我始爲室家之時死生契闊與子成說蓋期其不以隔遠而相忘棄生必同室死必同穴也又執子之手與子偕老蓋期以終無異志生則偕生死則偕死也

死生契闊言或死或生不以隔遠而相忘棄此就處患難言與子偕老只是終身無異志泛言

昔者契闊之約如此而乃今南行死亡之禍終必不免而不我活矣懷思之下其何以爲情而昔者偕老之信如此而乃今南行死亡之禍終必不免而不我伸矣慨念之間其何以爲心耶

不我活言必死亡也不得遂約之意在言外不我信言不得伸

其信也。死亡之意在言外。總是一般意思作詩體度不得不然
上三章是南行之憂。下二章是思家之情。

凱風四章

衛之七子作此詩。言凱風南來。吹彼稚弱而未成之棘心。但見棘心夭夭然少好。有以遂其生生之天也。詩人之意。蓋曰。吾母之生我七子。幼而育之。莫不得其所焉。然則母氏之劬勞。亦云甚矣。

此章言母之劬勞。正以見子之當孝。故云起自責之端。

凱風自南。吹彼棘薪。棘可以爲薪則成矣。然非美材也。我母氏識見之明睿。德性之温良。蓋聖善之母也。惜乎我無令人。類皆不肖之子。而不足以竭樂養之懽焉。七子之中。無一可恃。母之養子。初心豈願至此耶。此其罪將焉逃哉。

聖善之說。重下句。或以聖善就養子上說。此下三章。皆自責之

實。

爰有寒泉在浚之下。猶能有所滋益於浚。有子七人。反不能事母。而使母至於勞苦乎。是蓋寒泉之不如矣。其何以爲子耶。睍睆黄鳥。猶能好其音以悦人。有子七人。反不能承懽膝下以慰悦吾母之心。是蓋黄鳥之不如矣。其何以爲人耶。

雄雉四章

婦人以君子從役于外。而作此詩。言雄雉于飛。泄泄其羽。舒緩而自得矣。我之所思者。乃從役于萬里。自遺阻隔之憂。而不容以自適焉。

雄雉于飛。下上其音。飛鳴之自得矣。展矣君子。其奉公于外。不能不動吾心之忡忡也。實勞我心。

瞻彼日月。無徃而不來。顧我君子獨從役之久。但見其徃而未見

其來悠悠我思蓋有不容以或忘者矣夫萬里驅馳今果何時而能來使吾之所思于是而得以自慰乎

註只解上二句下二句當另看舊云能來言何時纔得來也

夫遠行易至於犯患而善處或可以得全百爾君子豈不知德行乎若能仁以愛人而不忮害義以持己而不貪求吾見有如是之德行則有以盡其在我自不至於啓釁而召禍固有無往不利者矣何所爲而不善哉然則雖在軍旅之中不亦可以保其身耶此則我之所望於君子者也

臧字就吉凶禍福上說上三章思君子之久役末一章冀君子之善處

匏有苦葉四章

此刺淫亂之詩言匏有苦葉尚未可用而濟渡之處方深又不可

以徑行是當如之何哉亦曰量其水之淺深而渡耳其深也則以衣而涉可也其淺也則褰衣而涉可也詩人之意蓋曰男女之際亦當量度禮義而行也

濟渡之處有瀰然而盈雉鳥之鳴有鷕然其聲夫濟盈必濡其軌雉鳴當求其雄此常理也今濟盈而反不濡軌雉鳴而反求其牡何物理之失其常哉詩人之意蓋曰淫亂之人不度禮義非其配耦而犯禮以相求不亦異乎

吾嘗觀諸古人之婚姻矣納采而請期其所用之物則雝雝之鳴鴈取其偶也其所用之時則旭日之始旦貴其始也士如氷泮而歸妻必迨氷未泮之先行此納采請期之禮夫然後親迎之典舉焉其求之不暴而節之以禮如此何淫亂者之不然耶

此章納采專就請期上說

今夫舟人招人以渡人皆就之而涉而我獨不從其招者必待我友之招而後從之也詩人之意蓋曰男女之際必待配耦而相從也而何此人之不然耶

首章說男女之際當履禮義而行下三章皆是刺淫亂者之違乎禮義

谷風六章

婦人為夫所棄而作此詩言習習谷風則二氣會合而陰陽和矣夫然後以陰以雨有渰淒淒而興雨之祁祁也此其意蓋曰夫婦和而後家道成耳夫婦必和而後家道成故為夫婦者當黽勉以同心惟務志意之相孚而不宜至於彼此之相怒蓋有怒則維家之索矣然則如之何其我怒耶要之其我怒也亦曰色衰焉已矣今夫葑菲根莖皆可食而其根則有時而美惡采葑菲者豈可以

其根之惡而棄其莖之美乎此其意蓋曰爲夫婦者不可以顏色之衰而棄其德音之善也但婦職之克脩婦道之克盡而德音不違則可以與爾同死矣蓋百年偕老之盟固當以德音而要其終棄德音而重顏色吾未見其可也。

上四句言其當和同心即和有怒便是不和下四句言夫婦之間當重德音而已大抵夫婦當同心而不宜有怒谷風婦人之見怒於夫只是爲色衰之故故又曰采葑云云同死言巳之無可怒也。

我之被棄行於道路遲遲而不進蓋其足欲前而心有所不忍心與足背故足爲心制而不能進耳夫我之不忍如此而君子之送我乃不遠而甚邇亦至其門內而止耳我不忍也君子顧若是恝焉謂之何哉今夫荼固苦矣然誰謂荼苦自我觀之反甘如薺蓋

非荼之甘也我之見棄其苦有甚於荼故視荼之苦反甘如薺耳夫我之苦如此而君子方且宴樂其新昏相親相愛譬則兄弟然蓋但耽于新昏之樂而於我恬不加諸意矣我甚苦也君子曾不恤焉謂之何哉

誰謂荼苦二句比又是一格蓋言荼固苦然以已之苦視之則荼反甘如薺也宴爾新昏宴字只當樂字看非宴飲之謂八句通是望夫之情夫不忍也苦也固見其不容已之情而曰夫之忍夫之不見恤則是尚以不忍與見恤望之於此尤足以見其不容已之情也

夫涇濁渭清方其涇未屬渭之時雖濁而未甚見由合於渭水而益見其濁然是涇也其別出之渚流或稍緩則猶有清處其沚固湜湜焉此其意蓋曰吾容貌之衰久矣又以新昏形之益見其憔

悴然色雖衰而其心則固有可取也但君子之安於新昏不以我爲絜而與之故雖有可取而不見取耳夫我之身雖棄而家之慮猶存彼梁所以通魚者也愼毋逝我之梁笱所以取魚者也愼毋發我之笱此其意蓋曰爾新昏毋居我之處毋行我之事也然要之我身且不見容何暇恤我已去之後哉雖逝梁而發笱吾亦不得而禁之矣

毋逝我梁二句雖見棄而猶不忘其家可見忠厚之意我躬不閱二句卒無聊而自嘆耳

彼渡水者就其深矣則方之舟之就其淺矣則泳之游之我之治家或有或無皆所不計而勉強以求之蓋但知汲汲於閨門之脩而已不以有而怠不以無而沮也其治家勤劳蓋如此又以鄉里鄉黨有相恤之義凡民有喪我則匍匐以救之助其用之所不足

費其力之所不逮而周睦之盡其道焉反覯內省我無尤也而何
其我棄耶
重治家比睦鄰意輕只帶言之
夫我於汝家勤勞如此汝既不我養而反以我為仇讎所以然者
惟其心既拒卻我之善毋於其所惡故雖勤勞而不見取如賈之
不見售也昔我於爾相與為生之時惟恐其生理窮盡而及爾皆
至於顛覆今既遂其生矣乃反比我於毒而棄之乎同爾於窮困
而棄我於安樂是誠何心哉
惟恐中有事在
我之所以蓄聚美菜者蓋欲以禦冬月乏無之時至於春夏則不
食之矣今君子安於新昏而厭棄我是但使我禦其窮困之時至
於安樂則棄之也亦獨何心哉且君子之所以待我者極其武怒

而盡遺我以勤勞之事夫婦之間畧無一毫之情愛曾不念昔者
我來息之時其接禮之厚固有如兄而如弟者豈如今日待我之
薄哉奚其情愛之不終耶

首章言爲夫婦之道以發見棄之端下五章皆悲怨之情六章
文理接續貫通不必粘綴牽合失詩人之旨

式微二章

黎侯失國而寓於衛其臣勸之曰我侯失國而寓於他邦衰微甚
矣何不歸哉蓋土地人民受之天子傳之先君雖微不可棄也其
歸於故國以圖恢復宜也且我之所以受辱於此者爲君焉爾矣
微君之故則亦何爲不得歸而有此中露之苦哉夫主憂臣辱義
固當然但爲君而辱及於臣如國何耶何不歸哉

上二句是勸之歸下二句則激切以勸之矣揔重勸之歸意思

宗社失守而羈旅狼狽衰微甚矣何不歸哉蓋土地人民受之天子傳之先君雖微不可棄也其歸於故國以圖恢復宜也且我之所以蒙難於此者為君為爾矣微君之躬則亦何為不得歸而有此泥中之禍哉夫君爾忘身固臣之分但為君而甘於失國亦何心耶何不歸哉

旄丘四章

黎之臣子久寓於衛而不見救故作此詩言旄丘之葛兮何其節之闊也夫時物已變而我之寓此亦不為不久矣叔兮伯兮衛國有急義所當救朝聞命而夕啓行宜也何其多日而赴救之兵不至耶

我之流離於此其聞難赴救夫固重有望於衛也叔兮伯兮何其安處而不來乎意者兵力不支有與國相俟而俱來因有所待而

然耳。不然鄰國之多難義固不容以坐視也何安處之若是耶我之播遷失國其恤災救患夫固於衛而日望之也叔兮伯兮何其久而不來意者時事相仍有他故而不得來因有所制而然耳不然鄰國之相援義固不容以遲遲也何其久之如是耶

我之在衛也久狐裘已敝而蒙戎矣而衛不我救豈我之車不東告於汝乎但叔兮伯兮不與我同心雖往告之而不肯來耳告急之車徒勞來救之兵不發其於睦鄰之道何如耶

我黎失守主憂而臣辱瑣兮尾兮威靈氣燄蕩然無餘其流離一至於此何可憐耶衛之諸臣其國相為脣齒固宜乎不勝其恫者矣叔兮伯兮乃褎然如塞耳而無聞曾不少動念焉亦獨何哉変生於鄰國質之天理揆之人情豈應若是恝耶

瑣細尾末細不大也不能自振也末不長也不能自存也上二

章言望救之意下二章言不救之意

簡兮四章

賢者不得志而仕於伶官有輕世肆志之心焉故其言曰我司伶官之職雜于俳優之間簡兮簡兮從容而無所檢束或秉干戚或持羽籥方將萬舞是舞也果何在乎日之方中在前上處以斯時也寓斯地也而舞斯舞也屈伸綴兆皆衆人之所共覩不有以昭吾之能耶

日之方中二句一串看

碩人俁俁然其大以其舞而言則公庭萬舞文能之武亦能之以其力而言則有力如虎剛勇之兼人莫能過也以其御而言則執轡如組投之所向無不如意也其才之無所不備也如此

碩人只就形躰說下三句開看

我也公庭之上。左手執籥。右手秉翟。屈伸俯仰于綴兆之間而其顏色之充盛赫然如厚漬之赤色焉。斯時也。公嘉其能錫我以爵賚予之親洽。不亦榮乎

山則有榛矣。隰則有苓矣。我之所惓惓懷思而不能忘者。果伊誰耶。蓋西方之美人耳。夫使其道里之相近。吾之思之猶可得而見也。彼美人兮。乃西方之人兮。道阻且長。夫雖思之。悪得而見之會悟無期。而顧見之思徒切。其何以自慰耶

上三章。皆是若自譽之語。而實自嘲之意。見于言表。皆有玩世不恭之意。至此則真心露矣。美人或就容貌上說。不知賢者之所思。固有不在於容貌者。西方之人。托言其遠也。不可入時之

先後說

泉水四章

衛女嫁於諸侯父母終思歸寧而不可得故作此詩言毖然之泉水亦流于淇矣而我為衛之女子不能不動宗國之念有懷于衛無日而不思慨想之情不容以或忘也夫其思也固欲歸也雖欲歸也而亦不可以遽歸也是以即彼孌然之諸姬而與之謀為歸衛之計或可或否蓋將賴之以一决焉

思是情謀是義

夫我之自衛而來也出宿則于泲飲餞則于禰女子于時而有行則固已遠其父母兄弟矣今父母既終而復可歸也哉是以問我諸姑遂及伯姊而謀其可歸乎否也

只重末二句

使今而歸也出宿則于干飲餞則于言載脂載舝旋其嫁來之車以往于衛其至衛疾矣然父母既終其歸也於義理得無害乎苟

有害焉宗國之恩雖切而先王之制亦豈可自我而亂之耶

此章只重末句

夫義固不可得歸而情終不能自已我思肥泉茲之永歎盖有不能以為心者思須與漕我心悠悠盖有不容以忘念者顧安得出遊於彼以寫我之憂乎憤鬱之情徒切于懷而已耳其將如之何哉

此章只就情上說而止乎禮義之意自見於言外四章俱發乎情止乎禮義只須會其意不必分何章為情何章為義夫思歸者情也思歸而必謀者義也不歸者義也不歸而思不已者情也大㮣此詩作於不歸之後只是叙其不果歸衛之意乃所以寫其情耳

北門三章

衛之忠臣作此詩言出自北門其行也背陽而向陰詩人之意蓋
自言其居亂世而事暗君也夫我生不辰逢此悖戾而憂心之殷
殷憤鬱之感固有不容以自已者又且祿之所入不足以供其所
需終窶且貧其窮困有如此者誰知我之艱耶夫我之貧窶殆將
終身而無復充裕之望已焉哉蓋出於人者猶或可為而出於天
者人固無所用其力是貧窶也天實為之謂之何哉亦惟安之而
已矣

憂心殷殷帶上看曰已焉哉云云則安之矣或兼處時之昏亂言

玩註只是貧窶而歸之天

王命使為之事既適于我國之凡百政事又一切以埤益我其勞
如此而貧窶又甚我入自內室人至無以自安而交徧讁我內外
俱困一至此極已焉哉蓋天實為之非人之所能移也其將如之

何哉

王事專就使外說政事泛說但國之政事皆是王命使為之事既敦于我國之凡百政事又一切以埤遺我其勞如此而貧窶又甚我入自內室人至無以自安而交徧摧我內外俱困一至此極已焉哉蓋天實為之人固不能違天也其將如之何哉

三章俱見安命之意鄭氏箋云詩人事君無二志故自決歸之於天

北風三章

此憂亂而欲去之之詩言北風其涼風何寒耶雨雪其雱雪何盛耶此其意蓋曰國家危亂將至而氣象之愁慘猶北風而雨雪也當此之時豈化遑時耶惠而好我之人固宜相與攜手同行以去

而避之是去也尚可以寬徐乎彼其禍亂之迫已甚苟為遲遲將有欲去而不可得者其去不可不速矣

註彼其禍亂之迫已甚任既亟頭

北風其喈飄揚之暴疾也雨雪其霏肅氣之四垂也此其意蓋曰國家危亂將至而氣象之愁慘猶北風而雨雪也當此之時豈仕進時耶惠而好我之人固宜相與攜手同歸以去而避之是去也尚可以寬徐乎彼其禍亂之迫已甚苟為遲遲將有欲去而不可得者其去不可不速矣

今夫狐不祥之物也其所見者莫赤匪狐今夫烏亦不祥之物也其所見者莫黑匪烏此其意蓋曰國家危亂凡其所見無非不善之景象猶之狐與烏也當此之時豈仕進時耶惠而好我之人固宜相與攜手同車以去而避之是去也尚可以寬徐乎彼其禍亂

之迫已甚苟為遲遲將有欲去而不可得者其去不可不速矣

此詩是仕於衛者所作註云猶賤者也蓋言官之卑者耳非野人也三章一意夫國無其人誰與共理衛至此已不可支矣不待新臺鶉奔而後决也

靜女三章

此淫奔期會之詩言閒雅之女姝然其美俟我於城隅我方未至彼其所愛而不得見為之搔首踟躕蓋心之憂矣故其行之不進如此也

愛而不見言其所愛者之不見也就女不見男說

閒雅之女孌然其好亦既見止遺我以彤管而彤管之有煒我也既得此物而又悅懌此女之美親愛之情油然也

是靜女也又自牧而饋我以荑但見其荑洵美而且異然非此荑

之為美特以美人之所贈故其物亦美耳

且異言美之甚也猶言非常之美也

新臺三章

衛宣公作新臺於河上以要子伋之妻國人惡之而作此詩言臨河為臺新臺泚然其鮮明而河水瀰瀰乎其盛彼為此者禮義蕩然彝倫掃地尚可謂之人乎哉夫齊女本與伋求為燕婉之好而反得籧篨不鮮之人可惡孰甚焉

非宣公有此疾國人惡其無禮義亂人倫故以惡疾言其人也

臨河為臺新臺洒然其高峻而河水浼浼乎其平彼為此者蔑恥斲喪人倫壞亂尚得以為人乎哉夫齊女本與伋求為燕婉之好而反得籧篨不殄之人可惡孰甚焉

夫魚網之設將以取魚而鴻反離之齊女本與伋求為燕婉之好

而反得此戚施之醜人所得非其所求矣事出大变行非人道亦獨何哉

二子乘舟二章

國人傷伋壽而作此詩言二子之如齊也乘舟渡河汎汎其影願言思子莫知其所終中心為之養養矣能以自定耶

中心養養盖思之不知此行何如

二子之如齊也乘舟渡河汎汎其逝願言思子一往而不還得無有害與何其不見歸耶

此詩作於伋壽既死之後始但曰中心養養終亦但曰不瑕有害盖不忍顯言而為是涵蓄不盡之詞耳安城劉氏曰衛三十九篇而邶風才十有九然觀綠衣則妾僭嫡矣燕燕則臣弑君矣谷風則夫婦之道乖新臺則男女之倫滅二子乘舟則父子

之恩絶旄丘則無恤鄰之義簡兮則無尊賢之心北門則失勸士之道亂常敗政莫甚於此所以居变風之首與於乎渡河對處已兆矣不待讀定之方中而後知也

鄘

栢舟二章

共伯蚤死共姜守義父母欲奪而嫁之故共姜作此以自誓言汎彼栢舟則在彼中河矣是髧然而垂之兩髦實維我之匹也夫此既為我之匹則偕老之約不容以或渝終我之身誓無他志蓋彼雖死矣吾亦待死而已耳此心斷斷乎其不易也是心也在他人而或不我諒亦無足怪母之於我覆育之恩如天罔極甚非他人比也而何其不諒我之心顧欲奪我使他適乎

髧彼兩髦指其人也

汎彼栢舟則在彼河側矣是髧然而垂之兩髦實維我之特也夫此既為我之特則從一之義不容以或悖雖至於死誓無邪念蓋吾身之不幸吾甘焉而已耳此心斷斷乎弗可改也是心也在他人而或不我諒亦無足怪母之於我覆育之恩如天罔極甚非他人比也而何其不諒我之心顧欲奪我使改節乎

莊姜盡禮無懟心共姜守義無二志故二栢舟為邶鄘之首

牆有茨三章

公子頑烝於宣姜詩人作此以刺之言牆有茨不可埽也中冓之言不可道也非不可得而道也蓋其污穢之甚所可道也言之醜也則固有令人恥言者矣故曰不可道也

末二句正是不可道意

牆有茨不可襄也中冓之言不可詳也非不可得而詳也蓋其邪

懸之說所可詳也言之長也則固有令人厭言者矣故曰不可詳
也
牆有茨不可束也中冓之言不可讀也非不可得而讀也蓋其禮
義廉恥蕩然無餘所可讀也言之辱也則固有令人言之而不出
諸口者矣故曰不可讀也

君子偕老三章

此刺宣姜之詩言夫人當與君子偕老秉從一而終之義不以存
亡而二其心惟其有偕老之德故副笄六珈其服飾可謂盛矣但
見既無愧德自無愧容動靜威儀之間委委佗佗雍容而自得如
山之安重也如河之寬廣也不又有以宜其象服而於副笄六珈
之盛無歉乎今子以夫人之貴則固有是服矣其於偕老之德何
如也不善乃如此雖有是服亦將如之何哉德之不稱祗見其足

羞也已

容止亦難於強為委委云云如河由於有偕老之德來若無偕老之德則於心自是有愧而容止之間安得如此六珈只是以玉加於笄而為飾只是笄如此不是另一物

自子之服而言之玼然鮮盛乃祭服之翟衣也自子之容而言之鬒髮如雲不屑於髢之益也不但有是翟而已以玉為瑱而以象為揥服何美耶不但有是髮而已眉上之廣而皙然其白容何美耶夫容貌服飾之美一至此極蓋世之所未始見者也創見之間意者其天之神乎意者其帝之神乎不然均君人也而何其容服之不類如此耶詩人之微意若曰獨惜乎其人之不足齒耳

胡字是疑之之詞所謂驚猶見神驚字意正在此上

自其服而言之瑳然鮮盛乃禮服之展衣也以展衣蒙彼縐絺之

上而又為之絏袢以自歛飭也自其容而言之視之清明也眉上之廣也額角之豐滿也服飾容貌若是其美展如之人兮孰得而並之色傾一邦蓋邦之媛也詩人之微意若曰獨惜乎其德之不若人耳

瑳兮四句文若對而意不對額角二字一串謂額之角美色兼容服言首章明責其不稱此二章皆黙寓譏刺之意蓋其所大缺者自見於言外矣若曰惜乎其獨少此耳三章揔是刺之

桑中三章

衛俗淫亂世族在位相竊妻妾故此人自言我將采唐於沬之鄉云誰之思彼美孟姜之人也期我乎桑中迎我乎上宮送我乎淇之上矣

我將采麥于沬之北云誰之思彼美孟弋之人也期我乎桑中迎

我乎上宮送我乎淇之上矣

我将采葑于沬之東云誰之思彼美孟庸之人也期我乎桑中迎我乎上宮送我乎淇之上矣

曰孟姜孟弋孟庸亦托言以指其所私之人非實有此三貴族之女也曰采唐采麥采葑亦只是托此而行不是說適采物于沬而有所思蓋思其所私之人而采物于沬以就之也

鶉之奔奔二章

宣姜與頑非匹耦而相從故衛人為惠公之言以刺之言鶉之奔奔鵲之彊彊居有常匹也飛則相隨也物且如此顧人之無良其行之汚穢曾鶉鵲之不如蓋不可以為人矣而我反以為兄何哉

鵲之彊彊鶉之奔奔居有常匹也飛則相隨也物且如此顧人之無良其行之醜惡曾鶉鵲之不如蓋不可謂之人矣而我反以為

君何哉

定之方中三章

衛為狄所滅文公徙居楚丘營立宮室國人悦之而作是詩以美之言我公營建以振中興之業謂不順天時未免於病農事也則適當定星之中尸方正為可用而作于是宮其興作之必以時也如此謂不審方面無以得其向背之宜也則度日之影以正其東西南北之位而作于楚室其興作之必以法也如此又以禮樂為國者之不可廢也則樹之榛栗所以為異日供籩實之需蓋雖草創之初而國之大禮已自是而預之矣樹之椅桐梓漆所以為異日伐琴瑟之用蓋雖經營之始而國之大樂亦已自是而預之矣

作楚宮楚室輕重審時辨方意審時還重不奪農時意此章見得文公之營建不苟

方其始也升彼虛矣以望楚與堂如此而為地之勢如此而因地
之勢領略之必詳也因日之所照而景山與京如此而為東西如
此而為南北揆度之必審也桑者民生之所資則降觀于桑察其
土宜之何似也卜可以決吉凶則契龜而卜訊其朕兆之何似也
夫始之望景觀卜固欲得其善也以至於終而果獲其善蓋望從
景從觀從卜從都邑之遷莫有如此地者矣
上章景字是正宮室之方面此景山與京是正都邑之方面此
景字不必說樹八尺之臬云云只是測山京之日影也終字與下
文終字無干猶言既而一般總是始時事卜云其吉言卜著吉
否不可遽謂卜而吉也此章是未營建時事
當獻歲發春時雨既降農桑之務作矣我公於是念農桑之重命
彼倌人星言夙駕遂往稅于桑田而勞勸之所以作其勤也夫急

於民事固可以見其秉心之塞淵矣然非獨此人之所以操其心者誠實而淵深也其所畜之馬他類且未暇悉舉只七尺而牝者亦已至於三千之衆矣此豈非秉心塞淵之一驗耶

星言夙駕云者只是夜尚早而見星之時便去駕車税于桑田勿作命倌人之詞秉心塞淵包得廣勤於勞勸亦秉心塞淵中事其語意若曰夫急於民事其操心可謂塞淵矣然非獨有是心而又有其驗也此章是營建之後事此詩作於文公季年上二章皆追言之耳

蝃蝀三章

此刺淫奔之詩言蝃蝀在東此天地之淫氣也而人不敢指詩人之意蓋曰淫奔之惡人不可道也況女子有行又當遠其父母兄弟則固有于歸之正禮也豈可不顧此而冒行乎

此詩是專刺女子看其詞語可見女子二句猶言女子終當適人而遂其父母兄弟言自有婚姻之正禮以見其不可淫奔也方雨而朝隮于西則淫慝之氣有害於陰陽之和其雨終朝而止矣詩人之意蓋曰淫奔之惡有害人道之正也況女子有行又當遠其兄弟父母則固有于歸之正禮也豈可不顧此而冒行乎人雖不能無欲要當有以制之乃如之人也惟戀戀於男女之欲而昏姻之是懷耳夫女子以不自失為信惟昏姻之懷而輕身以相從其於貞信之節何如也可謂大無信也已矣夫之子于歸理之正也惟昏姻之懷而蕩然于禮法之外其於天理之正何如也可謂不知命也已矣

相鼠三章

夫鼠物之可賤惡者也今視彼鼠而猶必有皮可以貴而為人乃

動靜之乖謬進退之悖違而反無儀乎夫人而無儀尚何以自立於天地間耶是不如死之為愈矣不死亦何為哉

相鼠猶必有齒可以人而無止乎人而無止不足以為人矣不死何俟

相鼠猶必有躰可以人而無禮乎人而無禮不足以為人矣胡不遄死

此詩不必指淫奔之事蓋惡人之無儀而作觀其語意惡之之甚也三章無淺深輔氏云蝃蝀相鼠二詩皆文公化行而人心去邪反正之時故其疾惡如此而後篇又繼以好善之詩焉

干旄三章

衛大夫往見賢者詩人美之如此言我大夫也尊德而樂道折節而下士乘此車馬而干旄建焉孑孑然之干旄則在于浚之郊矣

紕之以素絲而潔白之可尚也載之以四馬而順習之可美也夫以大夫之貴欲見賢而就之此其礼意可謂勤矣彼美賢者不知如何以畀之而荅其禮意之勤乎

紕之四之之字都指旗說紕字作活字看馬本是駕車但旗建在車後故曰良馬四之非專有四馬以載之也何以畀之就國人相議說蓋自是有以畀之但不知其所以畀之者果何如耶忘勢而就見此便是禮意之勤

孑孑干旟則在于浚之都矣組之以素絲載之以五馬之良矣屈已以往見賢者禮意可謂勤矣彼姝者子不知何以予之而荅其勤渠之禮意乎

組字是活字

孑孑干旌則在于浚之城矣祝之以素絲載之以六馬之良矣屈

已以往見賢者禮意可謂勤矣彼姝者子不知何以告之而荅其勤渠之禮意乎

三章一意只是見賢盛事出於曠見國人喜談樂道之無已也五之六之非真如是不宜重看只是变文協韻極其盛而言耳

載馳四章

許穆公夫人欲歸唁衛侯不果而作此詩言宗國破亡時事大变吾固不能以恝然也于焉馳驅而歸將以唁我衛侯而驅馬之悠悠以至于漕邑蓋一念憂悶之情或得於是而少伸耳未至而許之大夫已有奔走跋涉而來者夫其來也必將以父母既沒義不可歸為告吾歸唁于漕之私情恐終為公義所制而有不容以自遂者此心蓋以為憂矣

言至於漕至字須看得活

大夫既至果不以我歸為善則我之情為義屈不能旋反以至於衛矣雖視爾不以我為善然故都淪沒可閔之甚也而我欲歸之思終不能以自忘焉大夫既至果不以我歸為善則我之私為公奪不能旋濟以至於衛矣雖視爾不以我為善然宗國破亡不堪其憂也而我欲歸之思終不能以自已焉

不我嘉蓋先王制禮父母終無歸寧之義犯禮而歸於公義有害也視爾句輕我思謂欲歸之思也

既不適衛而思終不止故其反而在遠也陟彼阿丘以舒憂想之情言采其蝱以療鬱結之疾蓋女子所以惓惓於歸唁而憂思之若是其多者夫亦天理人情之至而各有其道也許國之衆人乃以為過是徒執先王之禮而曾不念在人不容已之情則亦少不更事而狂妄之人耳不知我之憂思實宜也而非過也

等懷土歸唁說若只是空憂思許人何為尤之若都恝然不以為念豈天理人情耶其不可歸唁亦以父母既沒耳若父母在則義當歸唁矣女子四句相照應

我歸途在野而涉芃芃之麥既不得歸唁思所以赴救顧我許國之小無能為也欲為之控告于大邦而資其土地甲兵之力以圖興復夫其往告于大邦也必有所因之人而其人固必其所可用者也必擇所至之國而其國固必其所可恃者也未知其將何所因而何所至乎夫許國之小既不能救而欲資於大邦所因所極又未知其孰可歸唁之心真有不容以自已者大夫君子無律我以先王之制而以我之歸唁為犯禮害義而有過也雖爾所以思此百方其為我謀固忠矣然不如使我得歸而唁之而女子之心得以自盡之為愈也蓋遭此大變而不得歸唁將何以為心其得

以盡其心也則固我之願也
百爾所思大抵只是欲止其歸許而多方委曲勸改之一說是欲其歸許多方代他處置衛事此詩比泉水雖均之止乎禮義然思歸之情則甚切何也夫故國顛覆此大變也宜其思之切也全章只是歸衛不果而憂思切至之意

衛

淇奧三章

衛人作此詩以美武公言瞻彼淇奧綠竹猗猗然柔弱而美盛有匪君子其學問之已精而益求其精有進無已如治骨角者既切而又磋之其自脩之已密而益求其密有進無已如治玉石者既琢而又磨之由是充實于中而盛德之容著焉瑟然其恭而儼然可畏瑟而僩也泰然從容而燦然光輝赫而咺也有匪君子但見

德容所感。而人心忻慕愛樂之深終不可諼兮

如切二句。還就作工夫說瑟是貌之恭。僩是威之嚴赫無訓釋大學赫喧。訓宣著盛大。此處已把宣著訓咺字。可以盛大來說赫字。蓋從容不迫也。咺是文采煥然可觀。所謂睟面盎背也。末二句本上二句說。蓋德容感人之深如此有匪是稱呼之詞不宜重看

瞻彼淇奧綠竹青青然堅剛而茂盛。有匪君子。充耳之瑱為之以石而實維琇瑩之美。真有以肅千乘之儀型也。弁之縫中。結玉為飾。而煥然如星之明。真有以起萬民之敬仰也。蓋德稱其服。故其尊嚴如此耳。且其誠於中而形於外。動容之間。矜莊而威嚴。瑟兮僩兮。盛大而宣著。赫兮咺兮。有匪君子。其德容如是。但見人之好之而終不可諼兮

德稱其服故其服飾尊嚴尊嚴全在德上然不宜直把德來說
蓋詩人只是言服飾尊嚴而其意則在德上
瞻彼淇奧綠竹之至盛如簀之比密有匪君子天性渾而私欲不
雜粹乎純一之貞如金如錫德性淳而和氣可掬譪乎睟盎之光
如圭如璧又且寬兮綽兮泰然舒適而無所於拘此常情所忽而
易致過差之地也彼則舒泰之中自有矩度者存可嗟乎如在於
重較而可觀也善戲謔兮和以與人而無事於嚴此亦常情所忽
而易致過差之地也彼則和易之中自有節制者在未嘗以意氣
加人而為虐也其動容周旋之間無適而非禮不於是而可見乎
蘊於中者如金如錫見於外者如圭如璧生質之溫潤着圭璧
說與鍛鍊精純一例看而武公之德亦須說得與溫潤意相粘
貼如豈弟樂只一般意思蓋其德性之養成如此寬綽與善戲

謔一例倚重較與不為虐一例看故註云寬綽無斂束之意戲
謔非莊厲之時皆常情所忽而易致過差之地也然猶可觀而
必有節焉猶可觀着重較句說必有節着不為虐句說寬廣而
自如自如字不可作自然意看正與可觀一意蓋言其雖寬廣
矣而不失於縱肆儼然可觀而容止之間自如也倚重較言如
在於重較之上則自有嚴謹之態矣勿謂可覲之容著於重較
之上不為虐者不以意氣加人也與和而流意稍異全詩揔是
咏歌武公之德

考槃三章

詩人美賢者言成其隱處之室在於澗谷之間其荒凉寂寞固恒
情之所戚也而此碩人身雖貧賤心則超乎貧賤之外浩然舒泰
罔然戚戚之意何寬廣耶抑豈出於矯強而已哉雖獨寐而寤寤

而言。人所不知。而已所獨知。于此之時。猶自誓其不忘此樂。澗谷之優游。吾老焉而已矣。功名富貴。惡足以動其心耶

寬字就心說。碩人只稱呼之詞。因其寬廣。故曰碩人。不宜把寬字碩字平看。獨字重看。曰不忘此樂。則更無一毫外慕之意。此樂指上三句說。蓋安於澗谷則樂矣

考槃在阿。而碩人處此。寬大自得。略無一毫之介懷。雖獨寐而寤寤而歌。猶自誓所願不踰於此。蓋若將終身矣

阿即澗旁之阿

考槃在陸。而碩人處此。從容自適。曾無一毫之憂憤。雖獨寐而寤。寤而宿。猶自誓不以此樂告人。蓋不願乎外矣

陸即澗上之陸。盤桓不行。即是從容自得意。告人便是有外慕之意。三章一意

碩人四章

莊姜不見答於莊公。衛人為之賦此詩。言惟此碩人頎然其長。衣錦於中。而加褧衣于其外。不使文章之太著也。是碩人也。自其族類而言之。齊侯其父。而彼為之子。衛侯其夫。而彼為之妻。東宮其兄。而彼為之妹。邢侯則彼為之姨。譚公則彼為之私。族類一何其貴耶。是君之親厚之宜也。反不見答。亦獨何哉

自其容貌而言之。手如柔荑。柔而白也。膚如凝脂。白之至也。領如蝤蠐。白而長也。齒如瓠犀。方正潔白。而比次整齊也。其額廣而方正。如螓之首也。其眉細而長曲。如蛾之眉也。巧笑倩然。口輔之美也。美目盼然。黑白之分明也。容貌一何其美耶。是君之親厚之宜也。反不見答。亦獨何哉

碩人敖敖。自齊來嫁。舍止于農郊。以言其馬則四牡有驕。驂服之

壯盛。而朱幩鑣鑣有以昭等威之隆也。以言其車。則飾以翟羽物
采之鮮明。而竹簟為蔽。有以嚴前後之度也。乘是車馬以入君之
朝。大昏之禮。於是成矣。斯時也國人樂得以為吾君之配。而吾君
親厚碩人之心。亦國人之所知也。故私相謂曰。諸大夫朝於君者
宜早退。無使君勞於政事。不得與夫人相親也。始時如此。而今之
不然亦獨何哉

不重車馬。只言其乘此車馬以入朝之時。而吾君親厚之也。此
言國人樂得以為莊公之配。亦首章之意也

夫河之為水。洋洋然盛大北流入海。活活然而逝。施罛入水濊濊
乎其聲。鱣鮪之魚。發發乎其盛。葭菼之草。揭揭乎其長。齊地之廣
饒如此。而夫人之來也。庶姜孽孽。足以動人之觀瞻。庶士有朅。足
以起人之敬仰。士女佼好。禮儀何盛備耶。是君之親厚之宜也。反

不見合亦獨何哉。

四章皆嘆莊公之昏惑。

氓六章

此淫婦爲人所棄而自敘其事以道其悔恨之意言氓之蚩蚩抱布貿絲實非來貿絲也來即我謀而假貿絲以爲名耳謀則謀矣然未便與之偕往送子涉淇至于頓丘而已是非我之爽其所約而愆期也子無良媒吾是以不往耳將子無怒秋以爲期可也始鋌以欲而迷後必以時而悟就人說無往不困就失身之女說即淫婦也。

與之期矣及期而乘彼垝垣以望復關不見復關我心爲之隱憂而泣涕漣漣及既見復關我心則悅而相與笑言於是問之曰爾之卜筮其所得卦兆之體若無凶咎之言則以爾之車來迎當以

我之賄往還也。

桑之未落，其葉沃若。何其潤澤耶。此蓋以言乎容色之光麗也。然又念其不可恃，此而從欲忘反，故遂自戒，曰：于嗟鳩兮，無食桑葚。于嗟女兮，無與士耽。夫士之耽兮，雖曰失之於此，而他尚可以自善，猶可說也。女之耽兮，則婦人無外事，一失其身，餘便無足觀矣，不可說也。

士猶可說，主婦人而言耳。所以甚言女之不可耽也。

桑之落矣，其黃而隕。此蓋以言乎容色之凋謝也。夫自我徂之爾家，三歲之間，食爾之貧，其窮困亦甚矣。乃反為所棄，渡水而歸，淇水之湯湯，而漸漬乎車之帷裳，蓋其窮困，而不免於見棄，不亦深可恨耶。夫其在我者，婦道已盡而無失，女也不爽，初無可棄之道，但士貳其行，反覆無常，罔有窮極，而二三其德，約之於始，背之於終若是乎其靡定耳。

自我徂爾二句，見其不當棄。

我三歲為婦，盡心竭力，不以室家之務為勞，早起而夜臥，無有朝旦之暇，是其於親宜也。顧與爾始相謀約之言既遂，而爾遽以暴戾加我，背其約而相棄，何其忍耶？兄弟見我之歸，不知其然，但咥然其笑而已，曾無閔恤之意。我也靜言思之，但躬自痛悼焉耳，亦何所歸咎哉。

我與爾本期偕老，不知老而見棄如此，徒使我怨也。夫淇則有岸矣，隰則有泮矣，而我總角之時，與爾相為宴樂，言笑之宴宴，而信誓之旦旦，曾不思其反復以至於此也。夫既不思其反復而至此矣，則亦如之何哉，亦已而已矣。

不思其反，只是不反復思之。

竹竿四章

衛女嫁於諸侯，思歸寧而不可得，故作此詩。言我衛女也，有懷于衛之情，寧容以或忘哉。以籊籊之竹竿而釣于淇水，此固吾心之所惓惓者也。是豈不爾思乎。特道里之遠而不可至耳。

非道遠不可至也，蓋義不可，而托言之云耳。思歸寧而不可得，是父母終。蓋泉水章已說了。故朱子此處不復贅耳。不是真實思以竹竿釣于淇水，只是思歸而托言如此耳。不然，釣豈女子事耶。

今夫泉源衛水也，則在衛之左；淇水亦衛水也，則在衛之右。二水各遂其縈回之勢如此。顧我女子有行，乃遠其父母兄弟，欲在宗國而不可得，反泉源淇水之不如矣，將何如其爲心耶。

淇水在衛之右，泉源在衛之左，是固可以供矢遊之情也。顧我欲歸而有所制。不得巧笑之瑳然于二水之上。洋魚焉。不得佩玉之儺然于二水之上。徘徊焉。莫能遂臻。徒增悵望。此恨其能以自已耶。

淇水滺滺。此我之所懷思者也。其中有檜楫松舟。可以泝流光而優游也。顧義不可歸。安得以是舟楫駕言出游於淇水之中。以寫吾心之憂乎。徒切懷思之情。莫遂旋歸之願。謂之何哉。

四章各另看。漸見得發乎情。止乎禮義之意。

芄蘭二章

此詩不知所謂。疑刺童子而作。言芄蘭之草。枝何茂耶。蓋其枝雖茂。而質則柔脆之甚也。維此童子。觽非所宜佩也。乃僭為成人之所飾。而佩觽焉。雖則佩觽。而其才能則寂寂無聞。曾不足為我之所知。但見威儀之間。舒緩放肆。而其帶之垂也。悸然而已。是其於成

人之道何如也佩觿獨無愧乎

勿說芄蘭無支如此則葉字難說不我知只是不足為我之所知容兮二句只足上句意以見其無他才能也言能不我知只如此而已一說容遂二句有偃然自是不知其非之意正見其可惡也。

芄蘭之章葉何盛耶蓋其葉雖盛而質則柔弱之甚也維此童子鞢非所宜佩也乃僭為成人之服而佩鞢焉雖則佩鞢而其才能則碌碌庸下曾不足為我之所推但見動靜之際舒緩放肆而其帶之垂也悸然而已是其於成人之道何如也佩鞢不亦歎乎

河廣二章

宣姜之女為宋桓公夫人者作此詩言我在河北予在河南我之所以不渡河者誰謂河廣而難渡乎但以一葦加之則可以渡矣

夫何廣之有我在于衛子在于宋我之所以不適宋者誰謂宋遠而不可至乎但一跂足而望則可以見矣夫何遠之有河可渡也而不渡宋可至也而不至蓋義不可而不得往耳

曰一葦杭之只是極言其不廣耳但說非不可至則不可往之義自隱然於言外矣

我之不渡河也誰謂河廣乎其中曾不容一刀之小奚其廣我之不適宋也誰謂宋遠乎其行曾不終朝而至奚其遠所以然者義實限之耳

不容刀亦不必說無事於刀而可渡只須見其河不廣之意君以爲無不容刀之理則但以一葦加之有可渡之理乎故說詩者不以文害辭不以辭害意

伯兮四章

婦人以夫久從征役而作是詩言伯之爲人也有才人也朅然其武而通國之中莫與爲侣乃邦之桀兮今方執殳以爲王之前驅奔走于警蹕之役徒想其才而不得以復其人將何如其爲心耶武勇使是才言其才之善者思之也執殳二句非惜其用之不得其所只重思之之意

自伯之東我也髮亂而不飾首如飛蓬是豈無膏沐可以爲容也哉蓋君子行役於外我何所主而爲容乎茲其所以怠於爲之耳瞻仰昊天與其沛然下雨而乃日出之杲杲焉不得以如其所期詩人之意蓋曰吾望其君子之歸而不歸也夫君子不歸吾何以爲情頤言恩伯不堪憂思之苦而至於首疾甘心也

吾望其君子而不歸心之憂矣焉得諼草樹之于北堂以忘吾憂乎要之君子者所仰望而終身者也萬里參商吾憂終不忍忘也

寧不求此章。而但顧言思伯。雖至於心痗。而亦有所不辭焉

此詩四章。皆是思念切至之情

有狐三章

國亂民貧。喪其配耦。有寡婦見鰥夫而欲嫁之。故作此詩。言有狐綏綏。獨行而無匹。在彼淇梁之上。夫在梁則可以裳矣。我也心之憂矣。之子無裳。感觸之間。固有令吾不能恝然者也。是非爲狐言也。意在鰥夫。而託狐以爲辭也

通作比看。註明白說託言有狐獨行。而憂其無裳。夫見鰥夫而憂其無裳。則其情可知矣。

有狐綏綏。在彼淇厲之間。夫在厲則可以帶矣。我也心之憂矣。之子無帶。蓋其見鰥夫而欲嫁之。託言有狐獨行。而憂其無帶耳。

有狐綏綏。在彼淇水之側。夫濟乎水則可以服矣。我也心之憂矣

之子無服。蓋其見鰥夫而欲嫁之，託言有孤獨行而憂其無服耳。

木瓜三章

此男女相贈答之辭。言禮尚往來，人或投我以木瓜之微，我則報之以瓊琚之重，是未足以為報也。人情施而不報則輕，故恩不能終。彼以木瓜投，而我以瓊琚報者，但欲其長以為好而不忘耳。人或投我以木桃，我則報之以瓊瑤，是匪報也，施而不態焉，所以使其恩之不遽廢，而求以為好耳。人或投我以木李，我則報之以瓊玖，是匪報也，來而往焉，所以使其恩之不遽止，而求以為好耳。此其意若曰男女之際，彼之所贈雖微物，而我之所答當以重寶，蓋欲其男女之情有始而有終也。

此詩若賦體而為比者。蓋本是男女相贈答，而託言人我往來之禮。又曰木瓜木桃木李，曰瓊琚瓊瑤瓊玖，亦皆是借言厚薄之物耳。未必是實事也。既義六衛多君子。於詩可見如淇澳之武公。固非諸國所有。而文公與衛。亦卓卓可稱者。其餘如凱風之孝子。北門之忠臣。北風之智者。干旄之賢大夫。簡兮之賢伶官。考槃之隱君子。豈不特然於變風時。其次則乘舟之爭死者亦有可憫之一節。又如賢婦人。六人。則莊姜共姜。許穆宋桓夫人。泉水竹竿之女也。其燕燕之全淑慎。伯兮之守專一。雄雉之知德行。谷風被棄而有同死之德音。又在六婦人以外。然則衛不特多君子也。亦可謂多賢婦人矣。

王

黍離三章

周既東遷。大夫行役。至于宗周。有感而作此詩。言我周之宗廟宮室。本在于是。以爰先王。以奉至尊。而今則所見者。彼黍離離。彼稷

之苗無復輪奐之舊觀矣我也觸目激中行邁靡靡而不前中心
搖搖而不定蓋悵周室之淪沒而其情之不容自已如此也彼知
我者謂我心憂矣是以其行之不進也不知我者謂我何求矣是
以其行之不進也是不知者固不知而其知者亦非灼見其所以
憂果孰有識吾之意者乎悠悠蒼天先王之成此王業亦艱難矣
所以使宮室宗廟之地為禾黍者果何人哉培之於累世而隳之
於一朝不亦深可恨耶

行邁二句只直說落來不必把中心句作推由說亦勿兩平說

知我四句總見是不知此何人哉深怨之也觀赫赫宗周褒姒

滅之之語則詩人之怨有所歸矣

彼黍離離彼稷之穗代也憤周室之顛覆行邁為之靡靡而心之
憂矣茫然自失有如醉焉知我者謂我心憂不知我者謂我何求

閔周之意莫得而知也悠悠蒼天其所以致此者果何人哉

彼黍離離彼稷之實我也憤周室之顛覆行邁爲之靡靡而心之憂矣不能喘息有如噎焉知我者謂我心憂不知我者謂我何求閔周之意莫得而知也悠悠蒼天其所以致此者果何人哉

三章一意無淺深皆一時事只是變文協韻

君子于役二章

大夫久役于外其室家思而賦之曰我君子之行役果何時而歸乎旋反之期吾不得而知也且今亦何所至哉彼徂之地吾亦不得而知也夫鷄棲于塒則日之夕矣日之夕矣羊牛則下來矣是畜產出入尚有旦暮之節而君子于役乃無休息之期使我如何而不思也哉一念惓惓固其情之不容已者耳

曷至哉不必作至家說只云今在何所之意

我君子之行役驅馳已久蓋不可以日月計矣今不知果何時可以來會萬里參商由是而聚首乎犬鷄棲于桀則日之夕矣日之夕矣牛羊則下括矣是畜產出入尚有旦莫之節而君子于役乃無休息之期今固未敢必其遄歸但庶幾其免於饑渴而已矣飲食之間吾不能以無慮焉

上章以久役不歸為言憂思之情也至於不敢必其還歸而但以苟無饑渴為望則憂之深而思之切矣

君子陽陽二章

此詩疑亦前篇婦人所作言困窮勞苦人情往往不堪其憂我君子歸自行役而加以貧賤方且處之泰然陽陽而自得左焉執簧右焉招我以由房優游于音樂之奏吾適吾意焉爾矣他固有所不知也夫困窮勞苦之頃忘而作樂以為樂是蓋脫然無一毫之

累而於凡外物皆不足以係其心矣其樂爲何如耶

其樂只且說得大分拘拘樂上說此便是君子坦蕩蕩之意

我君子也不以行役爲勞不以斧鉞爲困陶陶然其和樂在焉執翿右焉招我以由敖洋洋乎綴兆之間吾暢吾情焉爾矣夫是無容心也夫困窮勞苦之傾忘而振羽以爲樂是蓋豁然無外慕之意而一切世味皆不足以介其懷矣其樂又何如耶

揚之水三章

平王以申國近楚數被侵伐故遣畿內之民戍之戍者怨思而作此詩言揚之水其勢舒緩不流束薪彼其之子夫各一方不與我戍申夫室家之樂於相保而悼於相離人情也彼此阻隔殊難爲心懷哉懷哉一念之切切固有不能以自已者不知我之守此果何月得謝事還歸而以遂其室家之願乎

不與我戍申蓋其相離也大抵驅天子畿内之民以為侯國戍
守非其職矣故戍者怨恩至於以復讐討賊之師而反為報德
酬恩之舉此尤大節所在詩人未必知也夫申侯弒君天下之
賊也畿内之民天子之衛也恩讐不辨而討賊之師反為報德
之舉威令不行而毋家之守至用王室之衛其得罪於天與民
也甚矣

揚之水不流束楚彼其之子不與我戍甫室家參商如之何勿思
懷哉懷哉不知我之戍甫也果何月而得以還歸乎

揚之水不流束蒲彼其之子不與我戍許室家睽離如之何勿思
懷哉懷哉不知我之戍許也果何月而得以還歸乎

中谷有蓷三章

凶年饑饉室家相棄婦人覽物起興而自述其悲嘆之詞如此言

中谷有蓷無所以潤之嘆其乾矣有女仳離室家無以相保而憂憤之情不能自已慨其嘆矣嘅其嘆矣遇人之艱難矣蓋旱魃為災釀成離散之憂所遭如此安能恝然無愁也耶

末二句只是嘆其遇人之艱難

中谷有蓷雖脩然其長者亦傷於旱而為之燥矣有女仳離室家無以相仳而蹙口出聲以舒憤懣之氣條其歗矣條其歗矣遇人之不淑矣蓋荒歲為殃用致參商之變所遭如此安能釋然無恨也耶

中谷有蓷雖生于濕者亦傷於旱而不免於燥矣有女仳離室家無以相保而不能為心之甚啜其泣矣啜其泣矣何嗟及矣蓋事已至此且將如之何哉雖憂無益則亦安之而已矣

兔爰三章

周室衰微諸侯背叛君子不樂其生而作此詩言張羅本以取兎今有兎爰爰舒緩而得脫而雉以耿介反離于羅此蓋言小人致亂而以巧計幸免君子無辜而以忠直受禍也方我生之初天下尚無事及我生之後而逢時之多難乃知此治安之不可復見而危亂之莫得而逃何我生之不辰耶然且如之何哉則但庶幾寐而不動以死耳不然當此之時禍福無常吾懼其不免也已

罦之設也本以取兎今有兎爰爰而雉離于罦此蓋言小人致亂而以巧計幸免君子無辜而以忠直受禍也方我生之初天下尚無造及我生之後乃逢此百憂也變多端適當我身謂之何哉則但庶幾寐而無覺以死耳不然其何以自保耶

罿之建也本以取兎今有兎爰爰而雉離于罿此蓋言小人致亂而以巧計幸免君子無辜而以忠直受禍也方我生之初天下尚

怙然無嗣及我生之後乃逢此百凶時事多故適當其會謂之何哉則但庶幾寐而無聰以死耳不然其何以自善耶

曰尚寐無吪云云直有無所措手足之意

葛藟三章

世衰民散有去其鄉里家族而流離失所者作此詩以自歎言緜緜葛藟則在河之滸矣我也值此變故終遠兄弟而謂他人爲己父矣其謂他人父也亦望其我顧耳然已雖謂彼爲父而彼亦不我顧視吾之困恬不加意何曾有子父之恩耶

緜緜葛藟則在河之涘矣我也值此變故終遠兄弟而謂他人爲已母矣其謂他人母也亦望其我有耳然已雖謂彼爲母而彼亦莫我有視吾之困恝然忘情何曾有母子之愛耶

緜緜葛藟則在河之漘矣我也值此變故終遠兄弟而謂他人爲

已比夫其謂他人昆也亦望其我聞耳然已雖謂彼爲昆而彼亦莫我聞流離失所置之度外何曾有弟兄之情耶

采葛三章

此淫奔者之詩言彼采葛兮之人也吾一日不見如三月兮夫一日之與三月其久暫固不侔矣而思念之深見其如三月耳是蓋欲其不相遠者矣

彼采蕭兮之人也吾一日不見如三秋兮夫一日之與三秋其久暫又不侔矣而思念之深見其如三秋耳是蓋欲其常相親者矣

彼采艾兮之人也吾一日不見如三歲兮夫一日之與三歲其久暫之相去則又不侔矣而思念之深見其如三歲耳是蓋欲其無頃刻之或離者矣

大車三章

周衰大夫猶有能以刑政治其私邑者故淫奔者畏而歌之如此言大車之行其聲檻檻毳衣之色其青者如菼聞其車聲覩其服色直有令人恐恐者也吾豈不爾思而欲與爾一邂逅哉但以子之刑政凛乎其不可犯心雖欲奔畏子而不敢耳

大車之行啍啍而重遲毳衣之色其赤者如璊望其車塵接其服采直有令人惴惴者也吾豈不爾思而欲與爾一會晤哉但以子之刑政毅然無所假借心雖有懷畏子而不奔耳

大夫之刑政不特制我於一時而已吾知終其身為所制而不得以如其志生必不得以同室矣所異者百歲之後得以合葬而死則同穴焉耳如謂吾同穴之言特出於一時之感激而未必本於肺腑之真則有如皦日一念之誠切固其所照臨也

觀於此詩能使民畏而終身不奔而不能格其非心猶有百歲

之後同穴之想其民免而無玼者乎上二章是畏刑政之嚴末章則言終身畏之

丘中有麻三章

婦人望其所與私者而作此詩言子嗟之不來意者丘中有麻之處復有與之私而留之者彼留子嗟今安得其施施然而來以慰我之望乎

子國之不來意者丘中有麥之處復有與之私而留之者彼留子國今安得其就食於我以快我之願乎

丘中有李意者彼留之子丈夫是以不來耳彼留之子今安得其貽我以佩玖而與之遊遨乎

詩經宗義卷之三終

詩經宗義

火

詩經宗義卷之三

閩惠安東湖張瑞 著

鄭

緇衣三章

鄭桓公武公相繼為周司徒善於其職周人愛之故作是詩言凡為卿士者孰無是緇衣而未必其皆稱也子為司徒盡其職而無歉其服緇衣也甚宜使其敝焉我將為子更為之庶一念之愛於更衣而少輸也且將于子之館而一適焉蓋館之適與不適固不足為彼之重輕而在我欣慕之意則有不容以自已者既還而又授子以粲蓋粲之授與不授固不足為彼之有無而在我篤好之情則有不容以恝然者

緇衣之宜全在善其職上此二句相連不宜把首句另改為還

是有做更衣適館授粲都是好而無已二字則衣下二句見之

此詩為美武公作蓋武公繼桓公而為司徒也

子之服緇衣也甚好敝則我將為子改造之且將適子之館以挹其光範既還而又授子之粲以飲食之必如是始有以寫吾心之惓惓也

子之服緇衣也甚大敝則我將為子改作之且將適子之館以親其德輝既還而又授子之粲以飲食之必如是始有以傾吾心之切切也

蓆大勿就緇衣之制上說只就安舒自得上說

將仲子三章

此淫奔者之辭言將仲子兮無踰我里無折我之樹杞將進而復退可也是豈敢愛之畏我父母有所制而不得以自遂云耳蓋仲

可懷也。父母之言。亦可畏也。吾安敢蕩然無所顧忌。忽父母之言。而徒縱其情愛之私乎。

折樹杞。是託詞也。雖淫奔之詞。然猶有所畏忌。而不敢從其所懷。

將仲子兮。無踰我牆。無折我之樹桑。將前而復却可也。是豈敢愛之。畏我諸兄。有所禁而不得以自便云耳。蓋仲可懷也。諸兄之言。亦可畏也。吾安敢肆然無所忌憚。忽諸兄之言。而徒恣其一己之欲乎。

將仲子兮。無踰我園。無折我之樹檀。是豈敢愛之。特出於吝惜。而不欲其折哉。畏人之多言云耳。蓋仲可懷也。人之多言。亦可畏也。不恤人言。而徒快其意。於私情得矣。其如廉恥何耶。

叔于田三章

叚不義而得衆。國人愛之故作此詩。言叔出而田。則所居之巷若無居人矣。非實無居人也。但叔之平居也。視人猶巳。一至愛之流適者也。巷雖有居人。而不如叔之洵美且仁。則固有以超夫人之居而空之。是以若無人耳。

叔出而狩。則所居之巷若無飲酒矣。非實無飲酒也。但叔之於酒也。飲雖多而不為所亂者也。巷雖有飲酒。而不如叔之洵美且好。則固有以超夫人之飲而空之。是以若無飲酒耳。

叔適于野。則所居之巷。若無服馬矣。非實無服馬也。但叔之於馬也。驅馳之間。而磬控之有餘力者也。巷雖有服馬。而不如叔之洵美且武。則固有以超夫人之御而空之。是以若無服馬耳

美字就容上說。輕看仁好武各根本章居人飲酒服馬上說

大叔于田三章

是詩國人美叔段而作。言叔往而田，乘乘馬，且執轡也，則隨其所投而如組之柔；其兩驂也，則諧和中節，而如人之舞。御何善耶？迨夫叔在藪也，焚山而射，火烈具舉，但見力足以制大，而襢裼暴虎以獻于公所。又何勇耶？夫以叔之材且勇，其田獵誠有不可及者。然田事可能而不可習，將叔無習此事，習則驅逐之間，未必無不虞之禍，吾懼其傷汝矣，可不戒哉。

末二句，承上兩邊說。

叔于田，乘乘黃，兩服上襄，馬之極選者也；兩驂鴈行，少次于服後也。迨夫叔在藪也，火烈具揚，以言其射，則叔善射忌；以言其御，則又良御忌。但見其於御也，策馬而馳之，曲折之可觀；操馬而節之，執道而不逸，能磬能控，御之良也何如。其於射也，矢無虛發，而舍拔之命中，弦必引滿，而弓弭之外，又能縱能送，射之善也何如。

兩服二句。只是言其馬如此。不甚重。重射御之善意。

叔于田乘乘鴇其兩服也。則並首而在前。其兩驂也。則如手而稍後。殆夫叔在藪也。火烈具阜。但見叔馬慢忌。無復奔趋之忙。叔發罕忌。無復飛走之亂。抑釋掤忌。矢納於其中。抑鬯弓忌。弓藏而不用。田事將畢。而從容整暇如此。何幸其無傷耶。

兩服二句。只是言其馬如此。重畢事無傷意。叔馬慢忌四句。要形容出從容整暇之狀

清人三章

鄭文公惡高克。使將清邑之兵。禦狄于河上。久而不召。師散而歸鄭人為之賦此詩。言清人在彭。駟介旁旁。馳驟徒勞而不用。二子重英。器械徒備而不試。但相與遊戲河上乎翱翔。吾不知其所終矣。

清人在消。駟介麃麃。無事於進戰。二矛重喬。無事於奮擊。但相與遊戲。河上乎逍遙。其弊殆有不可勝言者矣

清人在軸。駟介陶陶。何有赴敵陷難之意。左旋右抽。何有挑鋒破陣之勇。中軍作好。何有運籌制勝之思。大衆屯集。無所事事。蓋深有可慮者矣。

春秋閔公二年。書曰鄭棄其師。傳云。君臣同責也。詩之意。專責其君。春秋之意。兼責其臣。

羔裘三章

此美大夫之詞。言羔羊之裘潤澤如濡。而其毛則直順。而且美焉。彼其之子。不徒其服則然也。其爲人也。當死生之際。又能以身居其所受之理。顧是非。不顧利害。確乎其不可奪也。其視諸裘之順美何歟哉。

含命不渝。當說與洵直且侯相粘貼。夫居其所受之理而不可奪。此便有理順心安之意。

羔羊之裘，以豹皮為飾。但見其甚武而有力焉。彼其之子，不徒其服則然也，其為人也。危言危行，不委靡而詭隨，乃邦之司直也。其視諸裘之武力何愧哉。

孔武有力。就裘說。註服其所飾之裘者如之。者字不指人說，只着在裘上。或把此一句註做觧邦之司直句，非也。

羔羊之裘，晏然其鮮盛，而飾之以三英，粲然其光明。彼其之子，不徒其服則然也，其為人也，和順積中，而英華著焉，乃邦國之所推英者也。是亦鮮明之至也。於裘其有不稱乎哉。

彥字以充實而有光輝說。要與三英句相粘貼。三章開開平平看。隨章說稱其服意，不宜泛泛無分別。曰洵直且侯則曰含命

不渝。曰孔武有力。則曰邦之司直。曰三英粲兮。則曰邦之彥兮。皆不苟且

遵大路二章

淫婦為人所棄而作此詩。言彼其之子。遵大路兮。我也摻執子之袪。而留之曰。子無惡我而不留。我之於子。相處之有其素。故舊之間。不可以遽絕也。

彼其之子。遵大路兮。我也摻執子之手。而留之曰無以我為醜而見棄。我之於子。相與之有其恩情。好之私。不可以遽忘也。

女曰雞鳴三章

此詩述賢夫婦相警戒之詞。言女曰雞鳴。蓋寢興有節。雞鳴則時當夙興。而不可以安寢矣。所以警其夫也。士曰昧旦。蓋未明求衣昧旦則夜已向晨。而不止於雞鳴矣。所以警其婦也。女又語其夫

曰夫既昧旦則子可以起而視夜之何如意者啓明之星已出而爛然此豈可以無所事事時也則當翱翔而往弋取鳧鴈以歸服勤乃職而無耽于逸可也

子誠有事于射弋言加之而得鳧鴈以歸焉則中饋者我婦人之職也我當為子和其滋味之所宜由是以之飲酒相樂協夫婦之情而期於偕老終身無異志也若然則其人已靜好矣而琴瑟之在御者自與之相為流通亦皆肅雝和鳴莫不安靜而和好也

與子偕老只見得夫婦篤好之情便是不是至此方為偕老之約靜即肅字之意好即雝字之意和樂不淫在大文宜言飲酒二句上

夫職固所當脩而親賢友善以成其德尤其所不可已者我苟知子之風聲感召所致而來之士則當解此雜佩以贈之盖但欲得

其懽心。以成其朋聚之樂而已耳。雜佩之贈，吾何吝耶。我若知子之意氣相孚，所依然而愛之士，則當解此雜佩以問之，蓋但欲得其懽心以賴其輔助之功而已耳。雜佩之問吾何惜耶。我若知子之情義相投所忻然而好之士，則當解此雜佩以報之，蓋但欲得其懽心以資其麗澤之益而已耳。雜佩之報吾何靳耶。

一意而三言之可見其惓惓之意。曰來曰順曰好，總是变文成章。不是三樣人。上二章是脩戒，末章是勉以脩德。

有女同車二章

此疑亦淫奔之詩。言有女同車。以言其生質，則顏如舜華。以言其服飾，則將翱將翔，佩玉瓊琚，是何其美耶。彼美色之孟姜，信美矣。而又閑雅。動止之間固有從容而不迫者也。

有女同車。以言其生質，則顏如舜英，以言其服飾，則將翱將翔，佩玉將將。是何其美耶。彼美色之孟姜。德音昭著。久而不忘。聲譽之聞。固有終始之如一者也。

山有扶蘇二章

淫女戲其所私者曰。山則有扶蘇矣。隰則有荷華矣。今乃不見彼美之子都。而特見此狂妄之人何哉。山則有橋松矣。隰則有游龍矣。今乃不見彼美之子充。而特見此狡獪之童何哉。

須知此是懽愛之詞。非有不滿之意。

蘀兮二章

此淫女之詞。言蘀兮蘀兮。則風將吹汝矣。叔兮伯兮。爾盍倡予爲其相念之愛。以發其相與之機乎。予將和汝男女之懷。已蓄于中。特待予爲之先耳。

蘀兮蘀兮。則風將漂汝矣。叔兮伯兮。爾盍倡予。投其相好之情。以開其相悦之端乎。予將要汝婚姻之會。已切于候。特待子而諧之耳。

狡童二章

此亦淫女見絕而戲其人之詞。言彼狡童兮。不念平日之恩。反成一朝之怨。不與我言兮。夫子雖不與我言。然悦己者尚衆。維子之故。豈便至於使我不能餐耶。

彼狡童兮。相好之情。不終而相棄之會。隨生。不與我食兮。夫子雖不與我食。然悦己者尚衆。維子之故。豈便至於使我不能安耶。

褰裳二章

淫女語其所私者曰。子惠然而思我。則將褰裳涉溱。而於子乎是從。若子不我思。夫豈無他人之可從。而必於子哉。狂童之狂也且。

其思乎否也。

子惠然而思我，則將褰裳涉洧。而於子乎是從。若子不我思，夫豈無他士之可從，而獨一子哉。狂童之狂也且。其思乎否也。

丰四章

婦人所期之男子。已俟乎巷，而婦人以有異志不從。既則悔之而作是詩。言子之丰兮。俟我乎巷兮。亦不可謂無情於我者矣。我乃不送之。使恩義從此而廢。則我之過也。悔予不送兮。子之昌兮。俟我乎堂兮。亦不可謂無意於我者矣。我乃不將之，使故舊自此而絕。則我之失也。悔予不將兮。

然雖失此人也，而亦奚至於使無所往哉。我之衣錦而尚之以褧衣，裳錦而尚之以褧裳，其服飾之盛備如此。固夫人之所同悅者也。叔兮伯兮。豈無駕車以迎我而偕行者乎。

我之裳錦而尚之以褧。裳衣錦而尚之以褧衣。其服飾之盛備如此。固夫人之所皆慕者也。叔兮伯兮。豈無駕車以迎我而與歸者乎。

東門之墠二章

此亦淫奔之詩。言東門之旁有墠。墠之外有阪。而其上則茹藘生焉。于此而會聚。則固我之願也。顧其室則邇。而其人甚遠。果何自而得見哉。

東門之旁有栗。栗之下有家室。而行列之整齊焉。于此而會聚。則固我之願也。夫豈不爾思。而子不我即。將何如其為心哉。

風雨三章

淫奔之女。言風雨之淒淒。雞鳴之喈喈。當是時也。既見君子。適我願兮。此心之中。如之何其不夷耶。

風雨之瀟瀟雞鳴之膠膠當是時也既見君子心用慰矣積思之病如之何其不愈耶

風雨之如晦雞鳴之不已當是時也既見君子期約之私以遂而懽忻之情自動如之何其不喜耶

子衿三章

此亦淫奔之詩言青青子衿之子也固我之所懷思者也悠悠我心其容以或忘乎縱我不往子何不繼續其音使聲問無爲之隔絶乎

青青子佩之子也固我之所動念者也悠悠我思其容以自已乎縱我不往子何不來使情意不至於睽隔乎

彼其之子跳躍之輕儇動静之放恣挑兮達兮在城闕兮我也一日不見如三月兮顧安得見之以少慰吾心之惓惓乎

揚之水二章

淫者相謂言揚之水則不流束楚矣終鮮兄弟則維予與汝矣是其相與之間情意之交孚宜也豈可以他人離間之言而疑之致使其恩之不終哉彼人之言特誑汝耳惡可聽之而墮乃計中耶揚之水則不流束薪矣終鮮兄弟則維予之二人矣是其相愛之際志意之堅定宜也豈可以他人離間之言而疑之致使其情之中止哉彼人之言實非真也惡可聽之而為所欺罔耶

出其東門二章

人見淫奔之女而作此詩言出其東門有女如雲矣而且衆誠若有足慕者然人各有匹不可瀆也雖則如雲而非我思之所存如巳之室家雖非有華麗之飾但縞衣綦巾而巳耳是固貧且陋矣然夫婦定耦情意自孚聊可以自樂也於如雲之女何有哉

出其闉闍。有女如荼。縞白可愛。誠若有足慕者。然人各有配。不可亂也。雖則如荼。而非我心之所思。如已之室家。雖非有服飾之盛。但縞衣茹藘而已耳。是固貧且陋矣。然婚姻夙盟。意氣自投。聊可以共樂也。於如荼之女何有哉。

野有蔓草二章

男女相遇於野田草露之間。故賦其所在以起興。言野有蔓草。則零露溥溥矣。有美一人。則清揚婉矣。其生質何可愛耶。于是而邂逅相遇。事出不期。慶生望外。得以適我之願矣。

野有蔓草。則零露瀼瀼矣。有美一人。則婉如清揚矣。其生質何可愛耶。于是而邂逅相遇。一朝會晤。夙心用慰。蓋與子偕臧矣。

溱洧二章

此詩淫奔者自叙之詞。言時維三月。氷鮮而水散。溱與洧方渙渙

兮當是之時采蘭于水上士與女方秉蕑兮女問於士曰盍往觀
乎士曰吾既往矣女復要之曰且往觀乎蓋洧水之外其地信寬
大而可樂也以如是可樂之地尚何吝於再往耶於是維士與女
相與戲謔且以芍藥為贈而結恩情之厚也
溱與洧波光洞徹瀏其清矣士與女采蘭水上殷其盈矣女問於
士曰盍觀往乎士曰吾既往矣女復要之曰且往觀乎蓋洧水之
外其地信寬大而可樂也以如是可樂之地尚何吝於再往耶於
是維士與女相與戲謔且以芍藥為贈而結恩情之厚也

齊

雞鳴三章

賢妃以君當勤政而告君使早起視朝詩人述其事而美之言賢
妃之御於君所也至於將旦之時而告之曰雞既鳴矣吾想會朝

之臣待漏金門既已盈矣尚可不起而視朝乎哉賢妃之告如此
然其實非鷄之鳴也乃蒼蠅之聲耳蓋人心有所懸則其聽每惑
於疑似鷄之鳴也蒼蠅之聲也此其迹之疑似者也賢妃恐晚之
心勝是以因蒼蠅之聲而遂以為鷄之鳴耳

既而又告之曰東方明矣吾想會朝之臣待漏金門既已昌矣尚
可不起而視朝乎哉賢妃之告如此然其實非東方之明也乃月
出之光耳蓋人心有所懷則其觀易眩於恍惚東方之明也月之
光也此其迹之恍惚者也賢妃恐晚之心勝是以因月出之光而
遂以為東方之明耳

既而又告之曰夜光向晨百蟲已作而蟲飛之聲薨薨矣斯時也我
豈不樂與子同寢而夢哉然群臣之會於朝者俟君不出以君為
耽於逸樂怠於政事將散而歸矣是無乃以我之故而并以子為

憎乎。區區以同夢之樂。而遺吾君以見憎之禍。甚不可也。君亦何為以一女子之故。而失賢人君子之心耶。

上二章首二句。是述其告君之言。下二句。是詩人推賢妃之心。末一章皆是述賢妃之言。註中述其事以美之一串意。不可以首二句作述其事。下二句作美。如此。則末章只是述其事。而非美之矣

還三章

儇者交錯於道路。而相稱譽如此。言田事以便捷為貴。而子之所以追禽逐獸者。極其便捷。吾固不能不于子而推讓也。一旦遭我乎峱之間。並驅以從兩肩。又不以便捷自居。而以輕利歸之于我揖我謂我儇兮。

儇訓利。亦即便捷之意

吾子之田也。迅速可尚。何其美耶。遭我乎峱之道。並驅以從兩牡。
反不自以為高。而揖我謂我好兮。
吾子之田也。射御俱敏。何其盛耶。遭我乎峱之陽。並驅以從兩狼。
反不自以為能。而揖我謂我臧兮。
曰茂曰昌。不宜外還字別生意思。曰好曰臧。不宜外儇字別生
意思

著三章

齊俗不親迎。女既至。見婿俟已而作此詩。言我之歸也。至于君子
之門。則俟我於著。而揖我以進。謂乎禮節之雍容也。其充耳之紞。
則素絲之所織。其加之以瑱。則瓊華之所為。服飾之盛。不有以昭
其鄭重之意者乎。
由明而之庭。則俟我於庭。而揖我以入于寢門。謙讓之風可挹也。

其充耳之紞則青絲之所織其加之以瑱則瓊瑩之所為服飾又何盛乎

由庭而之堂則俟我於堂而揖我以升階儀文之雅可尚也其充耳之紞則黃絲之所織其加之以瑱則瓊英之所為服飾又何盛乎

不可作誕說時俗不親迎女子不知其非也俟我言其禮文也下二句言其服飾也曰素曰青曰黃非次第易之蓋紞用雜絲線織之故有此數色瓊華瓊瑩瓊英只是變文協韻

東方之日二章

此亦淫奔者之詞因其時以起興言東方之日兮斯時也彼姝者子在我室兮在我室兮躡我之跡而相就兮

東方之月兮斯時也彼姝者子在我闥兮在我闥兮履我之跡而

行去兮

行去從男子而行去也

東方未明三章

此詩人刺其君興居無節號令不時言別色入朝此常禮也今東方之白未煥于此之時而顛倒其衣裳則其興也不為不早矣顛顛之倒之而又已有從君所而來召之者蓋猶以為晚焉是何其不常耶

東方之明未晞于此之時而顛倒其裳衣則其興也不為不早矣顛顛之倒之而又已有從公所而來令之者蓋猶以為晚焉是何其不常耶

令之號召之也興居無節則號令不時矣非兩平

今夫折柳以樊圃雖不足恃然狂夫見之猶知其為內外界限驚

顧而不敢越詩人之意蓋曰晨夜之限甚明不待智者而後知也今乃不能知而不失之早則失之暮不亦深可怪耶

上二章是舉其事刺其興起無節號令不時此章是訝之之意刺其易知而不知也

南山四章

此刺齊襄公與魯桓公之詩言南山崔崔雄狐行於其上而求匹其狀綏綏然詩人之意蓋曰襄公居高位而行邪行猶南山求匹之狐也且魯道有蕩齊子從之而歸于魯夫既歸于魯則固有定匹矣齊侯何為而復思之乎

葛屨五兩冠緌雙止屨必兩緌必雙物各有耦不可亂也詩人之意蓋曰夫婦之有定耦猶之葛屨冠緌然也而何襄公之淫亂耶且魯道有蕩齊子用之而嫁于魯夫既用之而嫁則固有攸配矣

齊侯何為而復從之乎

蓺麻如之何曰必先縱橫耕治其田畝娶妻如之何曰必先告其父母今魯公既告父母而娶矣其閑家也則固丈夫之責也又曷為使之得窮其欲而至此哉

析薪如之何曰必資於斧匪斧不克娶妻如之何曰必資於媒匪媒不得今魯公既有以得之矣其制義也則固大夫之道也又曷為使之得極其欲而至此哉

甫田三章

是詩戒時人躐等而作言田之大者其功多無田甫田也田甫田而力不給則其莠生焉而驕驕乎其盛矣人之遠者其至難無思遠人也思遠人而人不至則其心憂焉而忉忉乎其勞矣此其意以為天下之事厭小而務大忽近而圖遠將徒勞而無功甚不可

也
無田甫田田甫田而力不給則維莠為之桀桀矣無思遠人思遠人而人不至則勞心為之怛怛矣此其意亦以為天下之事厭小而務大忽近而圖遠將徒勞而無功甚不可也
今夫婉孌之童子總角丱兮見之未久而忽然戴弁以出不復為幼者之儀而已進于成人之列矣此豈躐等而強求哉蓋循其序而勢有必至耳此其意以為天下之事小可大邇可遠能循其序而脩之固可以忽然而至其極也若躐等而欲速則反有所不達矣

上二章言躐等之無益末一章言循序之有成皆欲人不躐等也

盧令三章

此亦獵者相稱譽之詩言追逐獸兔者犬也發縱指示者人也子之走田犬而從群醜領下之環令令乎其有聲而其人也田獵之間有輕利便捷之才是固美矣且慈祥惻怛而視人之猶己焉又何其仁耶。

美就田獵之善上說仁字泛就平居說勿專就田獵不私其所獲言。

盧重環其人美且鬈物之與人不皆有可稱耶。

盧重鋂其人美且偲物之與人不均有足取耶。

敝笱三章

此刺魯莊公之詩言笱所以取魚也敝笱在梁其魚魴鰥夫以敝壞之笱且如魴鰥何哉詩人之意蓋曰莊公失為子之道而不能防閑其母也是以齊子之歸于齊而從之者衆有如雲焉使公而

防閑之有其道豈至是耶

敝笱在梁其魚魴鰥豈莫或之能制矣詩人之意蓋曰莊公失為子之道而不能防閑其母也惟其不有以防閑之是以齊子歸止而其從如雨得以逞其欲往之私焉

敝笱在梁其魚唯唯豈任其出入而已耶詩人之意蓋曰莊公失為子之道而不能防閑其母也惟其不有以防閑之是以齊子歸止而其從如水得以快其欲往之便焉

大抵且未說到感動母心處但車馬僕從莫不俟命夫人便往不得詩人說從之者衆意蓋如此

載驅四章

此刺文姜之詩言車之行也載驅薄薄而車之飾也則簟笰朱鞹但見魯道有蕩齊子由之以歸而離其所宿之舍何為者耶

馬以駕車則四驪之濟濟轡以馭馬則垂轡之瀰瀰但見魯道有蕩蕩齊子驅馳於其上欣然自得何曾有一毫忌憚羞恥之意耶汶水湯湯乎其盛行人彭彭乎其多但見魯道有蕩齊子于焉而翱翔夫行人如彼其多也而顧翱翔以歸于齊不亦無恥之甚耶汶水滔滔乎其流行人儦儦乎其衆但見魯道有蕩齊子于焉而遊敖夫行人如彼其衆也而顧遊敖以歸于齊寧復知有廉恥耶

猗嗟三章

此刺魯莊公之詩言我公之威儀技藝俱極其美猗嗟昌兮自威儀而言其形躰也頎然而長雖曰抑之猶若揚之美目揚然而動也巧趨蹌然而進也此其威儀之間蓋有出人之右者矣自技藝而言其射也巧力俱全而貫矢之如破何其善耶此其技藝之間蓋有異於或之先者矣詩人之微意若曰惜乎獨不能以禮防閑其

毋耳

我公之威儀技藝俱有可稱猗嗟名兮自威儀而言其目也極清明之美其儀也終事而禮無或違自技藝而言終日射侯發矢皆命中而不出乎正之外夫以威儀技藝之若是其美誠稱其爲我齊之甥也已夫莊公本齊甥也而曰稱其爲齊之甥此則詩人之微意也

須知此章亦上章之意不可說此章之意獨在末一句末句見其非襄公之所生

猗嗟乎公之威儀技藝何孌然而好耶自威儀而言以目則清以眉則揚蓋婉然其可美也自技藝而言其舞也則文武俱優屈伸節奏之妙非人所可及而獨異於衆其射也則巧力俱全中而貫革復射而四矢皆得其故處射藝之精不可以禦亂乎詩人獨舉

其所長則其所缺者可見矣。

魏

葛屨三章

魏人使女縫裳而其女作此詩以刺之。言糾糾葛屨可以履霜矣葛屨而用之履霜失其宜矣摻摻女手可以縫裳矣謂之曰女則固未宜執婦功也而使之縫裳不亦異乎。又使治裳之要治衣之襋要襋方已而好人遂從而服之若有不待其畢者焉

褊迫故急促而褊急文原在儉嗇上末二句另要襋活字。

是好人也提提然安舒動靜之從容也宛然左辟遜讓之有節也佩其象揥之揥服飾之貴盛也其人如此若無有可刺矣惟其心之褊迫使女縫裳要之襋之而遂服之其急促有如此者吾是以為刺而葛屨之詠作焉

上章是刺其褊急此章則言其所以刺之者正以褊急故也提

提三句非美之意思在下二句

汾沮洳三章

此刺儉不中禮之詩言彼汾沮洳有莫生焉則言采其莫矣彼其之子生質極其美固有不可以尺寸量者然美則美矣而其儉嗇褊急之態殊異乎公路蓋貴人舉動決不如是之陋也所為之若是乎其陋不亦為貴人之羞耶

美無度就容上說故又曰如英如玉曰儉嗇褊急之態須就所為上說詩柄亦曰儉不中禮禮者天理之節文無過無不及過於儉便是不中禮

彼汾一方言采其桑彼其之子自其容而言之美如英英然雖美如英而儉嗇褊急之態殊異乎公行然則何以為貴人耶

彼汾一曲言采其藚彼其之子自其容而言之美如玉然雖美如玉而儉嗇褊急之態殊異乎公族然則何以為貴人耶

園有桃二章

詩人憂其國小而無政故作是詩言園有桃則其實之殽矣吾觸目激中此心有憂則我歌且謠所以釋其憂也然不知我之心者見其歌謠而反以我為驕且曰彼之所為已是矣而子之言獨何為哉無可非而非之不亦甚無謂耶是吾心之憂不過悵然獨抱而已耳其誰知之其誰知之夫此之可憂初不難知彼之非我特未之思耳誠思之則見其真有大可憂者將不暇非我而自憂矣而奚其不思耶大抵國小無政則將有喪亡之禍此詩人之所以深憂也

園有棘則其實之食矣吾觸目激中此心有憂則聊以行國所以

篤其憂也。然不知我之心者，見其出遊，反以我為縱恣，而無所至極。且曰彼之所為已是矣，而子之言獨何為哉。無可非而非之，不亦甚無謂耶。是吾心之憂，不過悵然獨抱而已耳。其誰知之，其誰知之矣。此之可憂，初不難知，彼之非我，特未之思耳。誠思之，則見其真有大可憂者，將不暇非我，而自憂矣，而奚其不思耶。

陟岵三章

孝子行役，不忘其親，而作此詩。言我之驅馳于外，去親遠而遠日久，甚有不能為心者。陟彼岵兮，以望其父之所在，蓋聆親舍于一方，而少寓吾一念之惓惓云耳。吾想吾父，豈不曰嗟乎，我之子行役，夙夜勤勞，不得以止息。慨念之間，殊有令人惕然者也。夫盡瘁于國，固爾之分，而保身亦非細故，庶幾慎之哉，勿輕舉而妄動，猶可以全其軀而來歸，無止於彼而不來也。

行役泛說想像兼念祝二意夫想像其父念已祝已之言思親之甚也無字不是禁止之詞蓋言能慎則可以來歸而不止於彼也

陟彼屺兮以望其母之所在蓋瞻親舍于萬里而少寄吾一念之切切云耳吾想吾母豈不曰嗟乎我之少子行役夙夜勤勞不得以寢息懷思之下殊有令人惻然者也夫服勞于君固爾之職而保身亦非細故庶幾慎之哉勿輕身而妄動猶可以全其軀而來歸無棄於彼而不來也

陟彼岡兮瞻望兄兮吾想吾兄豈不曰嗟予弟行役夙夜之間必與其儕同作同止而不得以自如也夫公事固不可廢而身亦不可以或輕庶幾慎之哉猶可以來歸無死於彼而不來也

此詩總是思親之孝不可分孝友言

十畝之閒二章

政亂國危。賢者不樂仕而作此詩。言十畝之閒兮。桑者往來于是。從容而自適。蓋禍福之慮。固有不足以嬰其懷者矣。何其樂耶。吾人亦何必依依不退。置其身于憂患之地哉。歸與歸與。行與子還兮。托農圃而容與可也

其友就在國者說。予字。指友而言。不指桑者。此詩人可謂見幾而作

十畝之外兮。桑者往來于是。優游而自得。蓋利害之变。固有不足以繫其心者矣。何其樂耶。吾人亦何必栖栖忘返。置其身于危殆之域哉。已而已而。行與子逝兮。托農圃而徜徉可也

伐檀三章

是詩美賢者厲志而作。言斯人也。坎坎伐檀兮。將以為車而行陸

蓋欲自食其力也。今乃寘之河之干兮。但見河水清且漣猗。而檀無所用。則雖欲自食其力。不可得矣。自他人處此。必有不勝其怨者。彼則其志自以為人必為其事。方可享其利。吾嘗觀之耕者矣。殫其力於稼穡。故可以得禾。不稼不穡。胡取禾三百廛兮。吾嘗觀之田者矣。殫其力於狩獵。故可以得獸。不狩不獵。胡瞻爾庭有縣貆兮。然則我之伐檀。宜諸河干而無所用。其不得以食其力。而窮餓之不免也。固其所也。尚何言哉。夫不遂於食力。而甘心於窮餓而不悔。是蓋利不苟取。其食也必其得之有道者也。彼君子兮。其真能不素餐哉

伐檀何為是。欲自食其力。天下之人。各有所事。則各食其力於所事。不稼四句。只是相形之言。總當把伐檀作主看。甘窮餓而不悔。不必入命說。只是以必為其事。方可享其利。伐檀而無所

用其窮餓也固宜云耳。非於窮餓便是不悔。悔之為言怨也。窮餓而能不悔。則不苟且以圖非分之得矣。一說伐檀是借言。不是實事。

坎坎伐輻兮。將自食其力也。乃寘之河之側兮。河水清且直猗。輻何用哉。雖欲自食其力而不可得矣。然其志則自以為不稼不穡胡取禾三百億兮。不狩不獵。胡瞻爾庭有縣特兮。不為其事。不可得而享其利如此。則我之伐輻而無所用。其窮餓也固宜矣。尚何言哉。夫不遂於食力。而非心於窮餓而不悔。彼君子兮。真能不素食者矣

坎坎伐輪兮。將自食其力也。乃寘之河之漘兮。河水清且淪猗。輪何用哉。雖欲自食其力而不可得矣。然其志則自以為不稼不穡胡取禾三百囷兮。不狩不獵。胡瞻爾庭有縣鶉兮。不為其事。不可

得而享其利如此則我之伐輪而無所用其窮餓也固宜矣尚何言哉夫不遂於食力而甘心於窮餓而不悔彼君子兮真能不素飧者矣

碩鼠三章

民困於貪殘之政而作此詩言害人之毒不可以屢逞碩鼠碩鼠無食我之黍也夫汝之食我黍也已三歲于茲蓋既貫矣我之見害亦不為不久矣其改圖也宜也顧曾不動念而遺害於我之不已亦獨何哉則我又安能鬱鬱久居此乎行將他往而去汝于以適彼可樂之土樂土樂土無復夙昔之殃殆晏然而自適矣不於是而得其所乎

碩鼠碩鼠無食我麥夫已三歲貫汝固宜其我德也乃不以我為德而肆其害我之毒亦獨何哉我將他往而去汝于以適彼可樂

之國樂國樂國無復為我之害矣不於是而得其宜乎

宜順適也只是樂意

碩鼠碩鼠無食我苗夫巳三歲貫汝固宜其我勞也乃不以我為勞而肆其害我之毒亦獨何哉我將他往而去汝于以適彼可樂之郊樂郊樂郊無復為我之害矣當復為誰而永號乎詩人之意蓋曰上之貪殘其亦可已矣顧貪殘不已吾將去之而適于有道之國以避其害也

通章俱是比首二句有冀其改更之意此詩有欲去不忍去之意三章一意疏義云魏國土地削小儉嗇褊急已可哀矣而又昏亂殘虐以促之使賢者思去其位民人思去其國上下離心如此不亡得乎

唐

蟋蟀三章

唐人歲晚務閑相與燕飲為樂而作此詩言向者所事方殷固不得以自逸乃今蟋蟀在堂而歲忽已晚矣而吾事畢矣是可以為樂之時也當此之時而不為樂則日月將舍我而去來歲旋至固有雖欲為樂而不可得者矣其可不及時為樂乎哉夫今雖不可以不為樂然樂不可過不已過於樂乎要當顧念其職之所居田里農桑之務凡為將來之計使其雖好樂而無荒如彼良士雖未嘗不為樂也然常念其所當念不忘其所有事則瞿瞿然長慮而却顧焉不然未有不至於危亡者也可不戒哉

樂而荒便是太康職思其居便是不過於樂而無荒職思其居還有事在如所謂既戒既種之類是也良士瞿瞿只接好樂無荒句說只重無荒意下倣此

蟋蟀在堂，歲聿其逝。不復有所事事，可以爲樂之時也。今我不樂，則日月將舍我而邁矣，惡可無一時之樂耶。要之今雖不可以不爲樂，然不已過於樂乎。天下之事，恆常生于平常思慮之外，盍亦職思其外，曲為之備，使其雖好樂而無荒，如彼良士，雖未嘗不為樂也，然勤勵自強，荒毋為懼，蹶蹶然動而敏於事焉。否則樂極悲來，可不戒哉

蟋蟀在堂，役車其休，不復有所事事，可以為樂之時也。今我不樂，則日月將舍我而過矣，惡可無一時之樂耶。要之今雖不可以不爲樂，然不已過於樂乎。凡其有關於吾身者，皆其所當憂也，盍亦職思其憂，事為之慮，使其雖好樂而無荒，如彼良士，樂而有節，不至於召患。休休然其安閑焉。否則樂極生哀，可不戒哉

憂字泛說，勿直說良士樂而有節，所以休休，只說使其好樂無

荒而禍患以免如良士之休休也只重無荒意註樂而有節不
至於淫所以安也本好樂無荒意未解三章平說勿把憂字意
上其居其外以休休為瞿瞿蹶蹶之効亦勿以瞿瞿蹶蹶休休
各着職思其居其外其憂上說

山有樞三章

此詩蓋亦荅前篇之意而觧其憂故言山則有樞矣隰則有榆矣
子有衣裳固可以服之而為樂者也而弗曳弗婁子有車馬固可
以乘之而為樂者也而弗馳弗驅吾見一旦宛然以死而他人取
之以為已樂服子之衣裳而乘子之車馬矣其不及時為樂也果
何爲哉

山則有栲矣隰則有杻矣子有廷內固可以洒之而為樂者也而
弗洒弗埽子有鍾鼓固可以鳴之而為樂者也而弗鼓弗考吾見

一旦宛然以死，而他人奄之以爲已有。子之廷內，而鳴子之鍾鼓矣。其不及時爲樂也，不亦徒哉。

山則有漆矣，隰則有栗矣，子有酒食，足供醉飽之懽，何不日鼓瑟。以享是酒食，凡百所事，姑勿思之，且以喜樂，協其笑語之情，使此日不至於虛度，而且以永日者乎。若一旦宛然以死，則他人入室，鼓子之瑟，而樂子之酒食矣。是安可不及時爲樂耶。

且者，凡事姑付諸度外之意。人多憂則覺日短，以多字與短字相關看。夫事皆拋去不憂，則無所事事，而日長難度，故飲食作樂，可以永長此日。蓋日長難度，必如是方度得此長日也。夫蟋蟀猶是憂生前之事，此詩則慮及死後矣，故曰憂愈深而意愈蹙。

揚之水三章

國人將叛晉歸沃而作此詩。言揚之水，其勢緩弱，白石鑿鑿，而巉巖之可仰也。詩人之意蓋曰晉之衰微，而沃之強盛也。故素衣朱襮，諸侯之服也，吾欲以是服而從子于沃，相率而戴之。既見君子，吾之志願諧矣，云何不樂。

揚之水，其勢緩弱，白石皓皓，而峥嶸之可觀也。詩人之意蓋曰晉之衰微，而沃之強盛也。故素衣朱繡，諸侯之服也，吾欲以是服而從子于沃，相率而歸之。既見君子，吾之思念慰矣，云何其憂。

揚之水，白石粼粼。詩人蓋言晉衰而沃盛也。夫晉衰無制沃之勢，而沃盛有傾晉之機固也。然機事尚密，一洩其謀，則其事終不可得而成矣。我聞有命，不敢以告人。夫聞其命而為之隱，蓋欲其事之成也。

命字作謀字看，不可認作命令之命。上二章欲歸沃，末一章隱其傾晉之謀隱其謀正歸沃之心也此詩國人將叛晉歸沃殆亦一時之私意未必通國之同情以晉世家考之初潘父弒昭侯而迎桓叔欲入晉晉人發兵攻桓叔桓叔敗歸曲沃晉人共立昭侯子平是為孝侯其後曲沃莊伯弒孝侯于翼晉人又攻莊伯莊伯復入曲沃晉人復立孝侯子郄是為鄂侯鄂侯卒莊伯伐晉晉人立鄂侯子光是為哀侯及武公誘小子侯殺之晉復立哀侯弟緡最後武公伐晉侯緡滅之盡以其寶貨賂周僖王王命武公為諸侯然後晉人不得已而從之耳然則國人之不與沃也屢矣

椒聊二章

此亦為沃作也言椒聊之實其生也蕃衍則采之盈升矣彼其之子人心之歸者衆則威靈氣焰赫然可畏而莫之與京蓋碩大而

無朋矣椒聊且遠條且其枝既遠其實不益以蕃乎詩人之意蓋曰沃之強盛人心將愈歸矣

末二句只是嘆之勿作推由説註中並無推由意

椒聊之實其生也蕃衍則采之盈匊矣彼其之子人心之歸者衆則威靈氣焰赫然可畏而積之已厚蓋碩大而且篤矣椒聊且遠條且其枝既遠其實不益以蕃乎詩人之意蓋曰沃之強盛人心將愈歸矣

綢繆三章

國亂民貧男女有失時而後得遂其婚姻之禮者詩人叙其婦語夫之詞曰方綢繆以束薪也而仰見三星之在天今夕不知其何夕也而忽見良人之在此伉儷盛典吾不意今夕而得遂之也子兮子兮其内助也子之職也如此良人何果能盡婦道而無歉矣

乎

今夕四句皆是喜之甚而自慶之詞下兮二句有思所以盡其道之意矣時不但以桃華之時言

既又夫婦相語曰方綢繆以束芻也而仰見三星之在隅今夕不知其何夕也而忽見男女之相遇室家之願一夕而諧蓋有出於意料之外者矣子兮子兮如此邂逅何子固以彼為室矣果能剛而健焉無忝於夫先之義矣乎子固以彼為家矣果能柔而順焉無忝於婦後之義矣乎

夫又語其婦曰方綢繆以束楚也而仰見三星之在戶今夕不知其何夕也而忽見粲者之在此婚姻大禮吾不意今夕而得講之也子兮子兮其刑家也子之職也如此粲者何果能盡夫道而無歉矣乎

杕杜二章

此無兄弟者自傷其孤特而求助於人之詞言杕然之杜其葉猶湑湑然彼此之相依附也人無兄弟則莫或我親而獨行之踽踽曾杜之不如矣然豈無他人之可與同行也哉特以其不如我之兄弟視我如路人而畧無相好之恩是以不免於踽踽耳吁嗟乎行路之人何不閔我之獨行而見親懽然以相與者乎人無兄弟何不憐我而見助至情交孚亦有如兄如弟者乎

不如我同父如字即猶字之意蓋兄弟則我親而他人不如是也下四句是求助於人人無兄弟人字是指本身說比與似只一意

有杕之杜其葉尚菁菁然人無兄弟又獨行睘睘曾杜之不如矣然豈無他人之可與同行也哉特以其情意恝然不如我同姓是

以不免於睘睘耳。嗟行之人。胡不閔我之獨行而見親乎。人無兄弟。胡不憐我而見助乎。

羔裘二章

羔裘豹袪。自我人居居。豈無他人。維子之故。羔裘豹褎。自我人究究。豈無他人。維子之好。

註云。君純羔。大夫以豹飾。則此是為大夫而作。但不知其何謂耳。

鴇羽三章

民從征役。而不得養其父母。故作此詩。言鴇之性。本不樹止。今乃肅肅鴇羽。集于苞栩之上。詩人蓋言民之性。本不便於勞苦。而今乃久從征役焉。夫忠孝不容以兩全。王事靡盬。制於奉公之勤。而無以盡其力於農畝。稷黍不得而埶之。其旨無所於供。父母其何恃乎。與言及此，將何以為心耶。悠悠蒼天，果何時使我得其所謝事言歸，得以供其子職，而承懽于膝下乎。

註今乃久從征役，是比中意，不是訓王事靡盬句。不能蓺稷黍本王事靡盬來，此二句是一串意，註不復貼王事靡盬句，蒙上文意也。朱註多有如此者。

肅肅鴇翼，集于苞棘，失其常性而樹止矣。詩人蓋言人本欲逸，今乃久從征役也。夫王事靡盬，私為公奪，不能蓺黍稷，父母其何食乎。是不亦深可慨哉。悠悠蒼天，事果何時而已，得以耕田而養其父母乎。

肅肅鴇行，集于苞桑，失其常性而樹止矣。詩人蓋言人本欲逸，今乃久從征役也。夫王事靡盬，家以國忘，不能蓺稻粱，父母其何嘗乎。是不亦甚足悲哉。悠悠蒼天，吾果何時而復其常，得以耕田而

養其父母乎

無衣二章

武公滅晉。賂周列於諸侯。此詩蓋述其請命之意。言七章之衣。吾力固得而爲之。豈曰無衣七兮。是若無待於請矣。而必請命者。蓋以不如服出於天子之命。則其服也有所自。既不杌桯。又無後患而安且吉兮。此其所以必請命也

上句有自誇之意。甚是驕倨。蓋有若不待其請之意。下二句是謙所以請命之意。安吉皆是無患。但安就一時言。吉就永久言。

此只是以利害說

六章之衣。吾力固得而爲之。豈曰無衣六兮。是若無待於請矣。而必請命者。蓋以不如服出於天子之命。則其服也有所本。既不杌桯。又可以久。而安且燠兮。此其所以必請命也

此煖字即席不暇煖之意即是久字意無後患則久矣變七言
六註云謙也愚意只是変文協韻而已看他詞語何等驕倨恐
無謙意

有杕之杜二章

此人好賢而恐不足以致之故言杕然之杜生于道左曾無蔽芾
之陰其蔭不足以休息此其意蓋曰巳之寡弱不足恃頼也夫既
寡弱而不足恃頼則招徠賢者之無其勢彼君子兮固將以我為
不可與有為矣亦安肯顧而適我哉然彼雖無意於我我則中心
好之一念愛慕之真實有不容以自巳者果何自得而飲食之有
以致君養賢之禮而慰其願見之思者乎

有杕之杜生于道周其蔭不足以休息此其意蓋曰巳之寡弱不
足恃頼也則彼君子者亦安肯顧而來遊哉然我中心好之則不

已也。果何自得而飲食之。于以伸吾一念之情乎。夫好賢而恐不足以致之。則凡可以致之者。必無不用也。賢者安有不至。而何寡弱之足患哉

曷飲食之。有思慮多方。輾轉屬望之意。正見好之切處。若以欲飲食而無由言。則其情不甚切矣。詩柄好賢而恐不足以致之。是會意來說。或分致賢之勢。好賢之心。不知此詩當一串看揔重好賢之意

葛生五章

婦人以其夫久從征役而不歸。故言葛生而蒙于楚。蘞生而蔓于野。物各有所依託如此。良人者。吾之所仰望而終身者也。獨萬里驅馳。而不在於是。則我其誰與哉。但獨處于此。而閨門之寂寥焉已耳。失其所依託。曾物之不如。其何以為心耶

誰與言無所與也獨處言但獨處於此耳非誰與共處之謂
葛生而蒙于棘蘞生而蔓于域物各有所依託如此而予之所美
者獨不在是則我其誰與哉但獨止於此耳矣其所依託曾物之
不如其何以為情耶

角枕粲然錦衾爛然物固在于此也而予之所美者獨不在是則
我其誰與哉但獨處至旦而已耳感觸之間如之何勿思耶
且君子之出而我之思之固有晝夜之不舍者然日之短者猶易
度四時之日無如夏日之為永寂寂無聊但覺此日之難夕而憂
思之無已也夜之短者亦易度四時之夜無如冬夜之為永耿耿
不寐但覺此夜之弗旦而憂思之無涯也夫征役不息君子之歸
無期生前之邂逅殆亦已矣但百歲之後歸于其居死焉之得以
相從是亦萬不得已中之一幸乎

夜之永者莫如冬之夜我之憂思蓋與夜而俱永也日之永者莫如夏之日我之憂思蓋與日而俱永也夫君子之歸無期生殆不可得而見矣但百歲之後歸于其室死而猶得以相從者乎

大抵凡憂思之切者夜間便不得旦來日間便不得夜來曰夏日冬夜則尤甚矣要之總是憂思之至時刻難度

采苓三章

此刺聽讒之詩言苓生於隰首陽之巔無有也子欲采苓於首陽之巔乎失其所矣詩人之意蓋曰讒言是聽惑之甚也夫讒之生也輕信召之也不知人之為是言以告子者反覆变亂未可遽以為信也姑舍置之而無遽以為然徐而察之審而聽之于以究其是非得失之真則情偽莫逃而奸邪之說無以售其巧人之為言胡得焉讒自為之而止矣顧乃言斯受之以滋其弊亦獨何耶

徐察審聽在無然內。舍旃二句。只是無信之意。人之為言六句。

一串意。蓋刺其不然也

首陽之下。非苦之所生也。子欲采苦於首陽之下乎。詩人蓋言聽讒之非也。夫人之為是言以告子者。未可遽許之也。姑舍置之。而無遽以為然。人之為言。胡得焉。讒自為之而止矣。何乃輕聽為耶。

首陽之東。非葑之所生也。子欲采葑於首陽之東乎。詩人蓋言聽讒之非也。夫人之為是言以告子者。未可遽從之也。姑舍置之。而無遽以為然。人之為言。胡得焉。讒自為之而止矣。何乃輕聽為耶。

秦

車鄰三章

此秦人創見其君之所有而誇美之也。言我秦前此雖亦有車馬。而謂之候度則未也。今則有車鄰鄰。何其衆耶。有馬白顛。何其盛耶。路車乘馬之數。蓋自是而始等威於不凡也已。向雖使令足於前而謂之侯度亦未也。今則未見君子。不遽進也寺人之令而後見焉。奔走服役之司。蓋自是而儼風采於頃異也已

秦之先。不過命為大夫而已。又不過封為附庸而已。至襄公始封為諸侯。而有此諸侯之儀衛。車曰鄰鄰。重衆上。曰有馬白顛。亦重多意。蓋天子萬乘。諸侯千乘。大夫百乘。而乘馬之數。多寡不同。自有定制。寺人亦必諸侯乃有之

阪則有漆矣。隰則有栗矣。假寺人之通。而既見君子。則並坐鼓瑟畧尊卑之分。而相與泮奐於清音之奏焉。夫國家初興。禮儀盛備。久矣其可樂也。今者不樂。則逝者其耋矣。是安可不及時為樂乎。

此下二章。皆蒙上章誇美意說來。並坐鼓瑟。正是為樂。曰今者不樂逝者其耋。言宜樂也

阪則有桑矣隰則有楊矣假寺人之通而既見君子則並坐鼓簧忘上下之勢而相與優游於雅韻之鳴焉夫國家初興禮儀繁備久矣其可樂也今者不樂則逝者其亡矣是安可不及時為樂乎

此詩皆是喜幸之意上一章誇其所有下二章欲樂其所有

駟驖三章

此亦誇美其君之詞言吾君之于田也馬以駕車則駟驖之孔阜轡以御馬則六轡之在手而又有公所親愛之人從公以往狩而便嬖使令之足於前焉是車馬之盛侍從之備蓋有出於末之始見者矣

方其田也虞人供職奉時辰牡以待我公之射而辰牡之孔碩焉公於斯時命御者使範我馳驅而左旋其車以逐獸但見舍拔則獲卽左而射之無不中也是禮儀之備射御之善蓋亦有出於末

之始見者矣

孔碩不重重奉字。田獵之時。虞人獻獸。惟諸侯爲然。公曰二句

以射御乎看

及田事之既畢。而遊于北園。但見四馬皆教之有素。調習而非泛駕者也。輶車鸞鑣。無事於驅逆。則載獫歇驕。所以休其足力也。是車馬之善綜理之周。蓋又有出於未之始見者矣

遊于北園只閑閑說。不必重勞逸之節意。四馬句帶上看。蓋駕乘車之馬也。輶車則是專用以逐獸。而非其所乘者。故以載犬。

小戎三章

襄公承命往征西戎。從役者之家人作此詩。言我公之興師以伐罪也。其以攻敵。則戎車之軫。惟四尺四寸。視之大車而特淺。如梁之輈。以皮革五處束之。而文章歷録之可觀。有游環焉。所以制驂

馬使不得外出。有脅驅、馬所以驅驂馬使不得內入。陰版之上。係靷以引車續靷之處。鋈環以為飾車中所坐之褥其文炳也。持輻受軸之轂其制長也。車何善乎。馬以駕車。則駕我騏馵皆極一時之選者也。馬何善乎。以是車馬。征彼西戎是固義之不容已者。然臣子固有不容已之義。而室家亦有不容已之情。言念君子。溫其如玉。和氣之可掬也。今方在彼板屋。可想而不可親。固不能不動吾心之忡忡矣。實亂我之心曲焉

車之制驂馬不當於衡。最為難御。故外轡以環引之。謂之游環又以皮二條。前係衡端。後係軫端。此皮當服馬之外脅。可以驅驂馬使不得內入。故謂之脅驅。有脅驅則驂之內轡無用。故只係於軾前之觼。兩服不言靷者。當車之衡也。兩驂若不用靷則為泛駕之馬。與車無干矣。故以皮繫驂之頸。循以衡加服之頸

必如此而後車可行也

馬以駕車則四牡之孔阜。轡以御馬則六轡之在手。內而服馬維騏之與騮也外而驂馬維騧之與驪也盡能於盾合而載之以為備。係軜之觼消沃白金以為飾此其軍容之盛未有以壯無敵之勢者乎。然為國固君子之大義而懷思亦我家人之至情。言念君子。溫其在邑將以何時為歸期乎。何為使我之思念一至此極也。顧安得畢事而歸以慰我之心哉

駕彼四馬皆以淺薄之金為之甲。但見其易於旋習而孔群也。公矛之下。以白金沃之而鑯乎其可觀。中干之上盡雜羽之文而苑然其奪目。虎皮以為弓之室鏤金以飾馬之膺。交二弓於韔中所以備破壞也以竹為閉而緄以約之所以檠弓躰使正也此其軍容之盛不有以壯莫犯之威者乎。然為國固君子之大義而懷思

亦我家人之至情言念君子起居為之不寧載寢而載興是厭厭良人也聲譽之隆一本於精蘊之著由中而達之外德音何秩秩耶想像之間吾安能為心哉

三章一意朱氏曰按成與非子本兄弟也成之族既為犬戎所滅非子之孫復敗于西戎則二戎者固秦之世讐也及幽王為犬戎西戎所殺則二戎者又非周之世讐與夫岐豐之地興王之地也乃曰能逐犬戎即有岐豐之地然秦能取之而周不能率諸侯以取之乎王而少有越句踐之志必不若是恝矣故嘗謂平王之東也忘先王之仇讐而不報棄先王之土地人民而不恤舍先王之宗廟墳墓而不顧壞先王之典章法度而不守卒使興王八百里之地悉歸于秦則秦之代興不待他日而其兆已見於此矣可嘆勝哉

蒹葭三章

此思其人而作。言蒹葭蒼蒼。白露始為霜。秋水時至。百川灌河之時也。所謂伊人者。乃在水之一方。超然不群。寂然而獨處。願見之思吾實不容以或忘也。于焉逆流而上以從之。或者得以一邂逅也。孰知求之雖殷。而就之則莫及。道阻而且長。野趣悠閒。空歸之詩想而已。又嘗順流而下以從之。或者得以一會逢也。孰知望之雖近。而親之則甚難。宛在水中央。村居寥廓。徒付之悵望而已。上下求之而皆不可得。吾將何如其為情耶

蒹葭二句。只是點出一時之景象如此。在水一方。言彼在一方。與吾各一方也。遡洄四句。只是極言其不可得親之意。實非限於地勢之難及。蓋此固求之。彼固拒之。而無相與之機云耳

蒹葭淒淒。白露未晞。秋水方盛之時也。所謂伊人者。乃與我隔越

而在水之湄。我也仰伊人之居。遡洄從之。則道阻且躋。企之而愈遠。遡游從之。則宛在水中坻。可望而不可即。夫上下求之而皆不可得。其何以自慰耶

蒹葭采采。白露未已。秋水方盛之時也。所謂伊人者。乃與我暌違。而在水之涘。我也仰伊人之居。遡洄從之。則道阻且右。而彼此之不相及。遡游從之。則宛在水中沚。而會晤之無其門。夫上下求之而皆不可得。其何以自慰耶

終南二章

此秦人美其君之詞。言終南何有。有條有梅。我君子至此。爵已列於諸侯。豈復昔日之舊觀耶。但見錦衣狐裘。服飾侈于七命。有以昭物采於不凡。顏如渥丹。氣躰移於居養。有以隆軌度於顛。其容服之盛。特出於創見。允矣千乘之具瞻也。豈不稱其為君矣乎

錦衣狐裘服狐裘而裼以錦衣也

終南何有有紀有堂我君子至止爵已列於諸侯豈復昔日之舊章耶但見黻衣繡裳而兩已之相戾以象別也佩之以玉而將將其和鳴以比德也服飾之美特出於創見吾願其居此位服此服而壽考之不忘焉

黻衣衣字泛言之衣也非上衣之謂只是刺黻於裳壽考句非祝壽之說

黃鳥三章

秦穆公卒以子車氏之三子為殉國人哀之而作此詩言交交黃鳥則止于棘矣誰從穆公之葬則子車奄息也維此奄息才德出衆乃百夫之特顧臨之以從葬臨其穴惴惴其慄蓋有令人惕然者也彼蒼者天于良人而保全之宜也乃殲我良人奚其忍耶假

使屬纊之亂命可以無從而穆公之從葬可以人代則人皆願百其身以易之蓋死固人之所惡而以愚易良則亦夫人之樂為也而何其必置之死地耶

交交黃鳥則止于桑矣誰從穆公之葬則子車仲行也維此仲行一足以當百乃百夫之防顫驅之以從葬臨其穴惴惴其慄良可痛也彼蒼者天云何不佑而殲我之良人乎若可贖以他人則人皆願百其身以易之矣而必置之死地亦獨何耶

交交黃鳥則止于楚矣誰從穆公之葬則子車鍼虎也維此鍼虎一足以當百乃百夫之禦顫驅之以從葬臨其穴惴惴其慄良可痛也彼蒼者天云何不佑而殲我之良人乎若可贖以他人則人皆願百其身以易之矣而必置之死地亦獨何耶

彼蒼者天呼天而嘆之也不是無所歸咎之謂如可贖兮人百

其身。深惜之之辭也

晨風三章

婦人以其夫不在而作此詩。言鴥彼晨風則歸于鬱然之北林矣。我君子也。一往而不還。未得以見之。而憂心為之欽欽矣。其容以或忘乎。夫我於君子。思之若是乎其切。彼君子者。如何而忘我之多。曾不念及室家之情而來歸者乎

如何二句。不必主富貴說。只承上句。言我不忘君子。而君子何為忘我。要之亦未必真是忘之。或者只因其未歸而云然耳

山則有苞櫟矣。隰則有六駁矣。未見君子。憂之之甚。其心為之而靡樂焉。我於君子。其憂思一至於此。彼君子者。如何而忘我之多乎

山則有苞櫟矣。隰則有樹檖矣。未見君子。甚不能為情而憂心在

如醉焉我於君子其憂思一至此極彼君子者如何而忘我之多
乎

無衣三章

秦俗強悍樂於戰鬭故其人平居而相謂曰吾豈以子之無衣而
與子同袍也哉其與子同袍也蓋所以結其心於平時一旦以天
子之命而興師則將脩我戈矛而與子同仇相與戮力於有事之
日此則我之意也豈曰無衣之故耶

豈曰子之無衣而與子同澤也哉蓋所以聯其恩意之厚一旦以
天子之命而興師則將脩我矛戟而與子偕作澤之同也為是故
耳

豈曰子之無衣而與子同裳也哉蓋所以投其情愛之素一旦以
天子之命而興師則將脩我甲兵而與子偕行裳之同也為是故

耳

渭陽二章

秦康公送其舅公子重耳而作此詩言舅氏之反國也我之送之不忍遽別而至于渭陽何以贈之路車乘黄聊以表一念之愛而已耳

送之贈之此自是甥舅之情不必別生意思

我送舅氏感觸之間念吾母之不可以復見而悠悠我思何以贈之瓊瑰玉佩一念至情于是而少伸焉

註故康公送其舅而念母之不見是朱子話不是序説看來依或曰註無妨路車乘馬瓊瑰玉佩皆諸侯所用之物故以此贈之

權輿二章

賢者因所養之不終而作此詩言昔者君之於我也供億甚厚而夏屋之渠渠禮意可謂隆矣今乃供億之薄每食而無餘何其禮意之衰耶吁嗟乎有始而無終不承權輿矣可慨也夫

養之不終重禮也禮意之薄蓋忘道也

昔者君之於我也供億甚厚而每食之四簋禮意可謂隆矣今乃供億之薄每食而不飽何其禮意之衰耶吁嗟乎有始而無終不承權輿矣可慨也夫

陳

宛丘三章

此刺常遊蕩者之詩言子之遊蕩于彼宛丘之上放逸自恣快其玩遊之適信有情思而可樂矣然溢於禮法之外容止之間蕩然斲喪殊無威儀可瞻望焉不亦可鄙之甚耶

夫逸樂之情不可耽也。乃坎其擊鼓宛丘之下，所以擊鼓而暢其聲者，常見其在是也。無冬無夏，值其鷺羽，所以振舞於宛丘者，無時而不然也。何其荒淫而無度與

註云：無時而不鼓舞於是。鼓舞乎說。鼓言宛丘之下，舞言無冬無夏，作詩不得不然。只是常在宛丘而擊鼓，常在宛丘而為舞。

坎其擊缶，宛丘之道。所以擊缶而達其音者，常見其在是也。無冬無夏，值其鷺翿，所以振舞於宛丘者，無時而不然也。何其荒淫而無度與

東門之枌三章

此男女聚會歌舞而賦其事以相樂也。言東門之枌，宛丘之栩，子仲氏之女婆娑於其下。依蔽芾之陰，而快其歌舞之情，不深有可樂耶

既差擇善旦期以會于南方之原於是遂棄其所有事不績其麻市也婆娑於以往其所而會其人焉又以善旦而往於是以其衆行至止南方之原而適其聚會之私但見我視爾顔色之美有如芘芣之華而爾則遺我以一握之椒相好之情不為之益歡乎以其衆行非與衆同去此如所謂曾孫來止以其婦子饁彼南畝一般

衡門三章

此隱居自樂而無求者之詞言衡門雖淺陋然君子之所居如是足矣衡門之下亦可以棲遲也泌水雖不可飽然遊者如斯自有深長之趣泌之洋洋亦可以樂飢也魚固食之所資然豈其食魚必河之魴蓋食魚惟會其適焉已矣

河之魴可也非河之魴亦可也吾何必哉妻固人之所不能無然豈其娶妻必齊之姜蓋娶妻惟足以內助焉已矣齊之姜可也非齊之姜亦可也吾何必哉

豈其食魚必河之鯉若必有所擇而食則所以自累者多矣吾豈為河之鯉而屑屑耶豈其娶妻必宋之子若必有所擇而娶則所以自累者多矣吾豈為宋之子而役役耶

食色是借言齊姜宋子往族之貴上自樂無求勿分貼蓋此四字相離不得須以意會之凡有所求者必不能自樂而自樂者必無求謂首章無無求之意不可謂下二章無自樂之意亦不可

東門之池三章

此亦男女會遇之詞言東門之池則可以漚其麻矣彼美淑姬言

其色之不可以常得者也。豈不可與晤歌。相為唱和以適其情乎。

東門之池。則可以漚紵矣。彼美淑姬。蓋其色之不可以常得者也。豈不可與晤語。相為問荅以適其情乎

東門之池。則可以漚菅矣。彼美淑姬。蓋其色之不可以常得者也。豈不可與晤言。相為笑談以適其情乎

東門之楊二章

此亦男女期會。有負其約而不至者。故因其所見以起興。言東門之楊。其葉牂牂然而盛。我之於子。其約以會於是也。本昏以為期今已明星之煌煌。而反不至何哉

東門之楊。其葉肺肺然而盛。我之於子。其約以會於是也。本昏以為期。今已明星之晢晢。而反不至何哉

墓門二章

此刺其人之詩。言墓門有棘。則斧以析之。此人之不良。其事迹彰著。不容以自秘。則國人無不知之矣。人之知也。吾猶望其因此而悔悟也。顧國人知之。猶肆行無忌而不自改。則自疇昔而已然。其所從來也舊矣。積之已非一日。孰得而救藥之耶

墓門有梅。則有鴞集之。此人之不良。人之所惡。亦人之所憫也。則有歌其惡以訊之者。夫其訊之也。吾固望其因此而動念也。乃歌以訊之。尚恬不加意。而不予顧。至於事勢之很狽。而後思予。則已失之晚矣。豈有所及也哉

顛倒還就禍患上說。蓋為惡者必及於禍。但曰至於顛倒。然後思予。則豈有所及哉。則是未然之詞。蓋所以惕之。使其及此而改圖也。予字。還着歌以訊之者說。今之作文。固多有說他人話而用吾字者。顧字即思字意。蓋思其所告。非思其人也

防有鵲巢二章

此男女之有私而憂或間之之詞言防則有鵲巢矣邛則有旨苕矣今此何人兮巧為離間之言而侜張予之所美相好之情由是而不孚使我心之憂矣直至於忉忉乎

中唐則有甓矣邛則有旨鷊矣今此何人飾為欺誑之詞而侜張予之所美相與之私由是而不固使我心之憂矣直至於惕惕乎

月出三章

此亦男女相悅而相念之詞言月出則皎然其光矣美人則僚然其好矣是美人也我之所懷思也安得見之而舒吾幽邃愁結之情者乎歎見而不可得見是以其思之之切為之勞心而悄然也

月出皓兮佼人懰兮顧安得見之而舒吾憂思之念者乎會晤之懽不得以自遂是以為之勞心而慅然也

月出照兮佼人燎兮顧安得見之而舒吾糾緊之懷者乎雖遁之
私不得以自慰是以為之勞心而慘然也

株林二章

靈公淫於夏徵舒之母朝夕而往夏氏之邑故其民相與語曰君
胡為乎株林乎曰從夏南耳然則非適株林也惟懷其人是以適
其邑特以從夏南故耳不曰從夏姬而以其子言之詩人之忠厚
也

駕我乘馬說于株野何其於彼而戀戀耶乘我乘駒朝夕于株何
其往来之数数耶

鮮頤曰衛之亂至於牆有茨而極於是有狄入衛之禍陳之亂
至於株林而極於是有楚入陳之禍然則狄非能入衛也宣姜
實召之也楚非能入陳也夏姬實召之也此所謂女戎也比事

以觀可以為淫亂者之戒矣

澤陂三章

此詩之旨與月出相類蓋亦男女相悅而相念之詞也言彼澤之陂則有蒲與荷矣有美一人而不可見則雖憂傷而如之何哉憤會寤之莫遂而懷思之甚切寤寐無為涕泗滂沱而已矣蓋必亦既見止始有以自慰也

彼澤之陂則有蒲與蕑矣有美一人碩大且卷其邂逅相遇也我之願也而乃不可見其何以為情哉寤寐無為中心悁悁此蓋不容以自禁者也

彼澤之陂則有蒲菡萏矣有美一人碩大且儼其邂逅相遇也我之願也而乃不可見其何以為心哉寤寐無為輾轉伏枕此蓋不容以自已者也

檜

羔裘三章

此詩為檜君而作。言羔裘逍遥狐裘以朝美其衣服而以適其逸遊之情信可樂矣然我之於爾實不能不動深長之思而其憂之之甚至於勞心之忉忉焉。蓋其徒玩細娛而付政治於度外而不能自強如國何耶吾惡得而恝然耶

羔裘翺翔狐裘在堂信足以快一時之欲矣然我尚有為爾思者。此心為之而憂傷焉

羔裘如膏日出有曜信足以快一時之欲矣然我尚有為爾思者。中心為之而哀悼焉

註檜君好潔其衣服逍遥遊宴一串意。蓋潔其衣服以逍遥遊宴也。羔裘朝服狐裘朝天子之服此與終南不同者。終南狐裘

是秦君服之於受賜之始詩人創見而美之。此是檜君服之於平時詩人習見其無節而憂之

素冠三章

此詩慨天下莫行三年之喪而作。言三年之喪。先王之中制也。固人子之所宜自盡者也。今乃莫之能行。我也與見夫終三年之喪冠其素冠思慕之意氣之未平。而哀毀骨立之可悼棘人。蓋欒欒然欲見而不得見其望之之切。勞心為之而慱慱。固有不能為心之甚者矣

素冠註曰既祥之冠。蓋禫服也。故冠此冠便是終三年之喪。庶幾期望之詞也

庶見素衣兮。其望之之切。我心傷悲兮。夫苟有如是之人。則秉礼人也。聊與子同歸兮。一動一静皆依乎子而不違也

庶見素韠兮其望之之切我心蘊結兮夫苟有如是之人則秉礼人也耶與子如一兮一動一静皆協之子而無間也

三章詞意一章深一章然摠是思望之切曰同歸曰與子如一何等切心

隰有萇楚三章

政煩賦重人不堪其苦而作此詩言隰有萇楚猗儺其枝夭然少好而沃沃然光澤但見生生化化于天地之間而未嘗有知無知則無憂於凡天下之事變皆非其所慮矣何其樂耶我生不辰逢此百罹孰若草木之無知而無憂乎

隰有萇楚猗儺其華夭然少好而沃沃然光澤但見自生自化初無家以為之累是雖有事之日非於彼無預也何其樂耶顧安得如草木之無家而得以自適乎

隰有萇楚，猗儺其實。夭然少好，而沃沃然光澤。但見自生自化，初無室以為之累。是雖時事之日非。於彼無頭也，何其樂耶。顧安得如草木之無室，而得以自便乎。

匪風三章

周室衰微，賢人憂嘆而作此詩。言常時風發而車偈，而中心怛然。今非風發也，非車偈也。特以顧瞻周道，思王室之陵遲，故中心怛兮。蓋其感念之間，而憂傷之情，不容以自禁如此也。

常時風飄而車嘌，而中心弔焉。今非風飄也，非車嘌也。特以顧瞻周道，思王室之陵遲，故中心弔兮。蓋其感觸之際，而憂憤之甚，不容以自寧如此也。

誰能亨魚乎。有則我願為之溉其釜鬵。當此王室衰弱之秋，誰將念君臣之大義而西歸乎。有則我願慰之以好音。幸綱常之再振

而揄揚其尊王之盛節。所以昭其忠也。顧安得一慰我之思乎

上二章是傷周道之衰。下一章是深致望於宗周之人

曹

蜉蝣三章

此詩蓋以時人有玩細娛而忘遠慮者。故言蜉蝣之羽猶衣裳之楚楚可愛也。然其朝生而暮死。豈能以久存哉。是其羽翼之鮮明固足喜。而不能久存。亦深足悲也。詩人之意蓋曰。夫人之玩細娛而忘遠慮。禍將不旋踵而至矣。故吾為子懼心之憂矣。諄諄而言之欲其於我歸處云耳。蓋聽我之言。無徒狃于一己之快。而必動深長之思。此則我之意也

於我歸處。只是必懷遠圖而不玩細娛之意。註云。欲其於我歸處耳。蓋曰。諄諄而言之者。欲其如是耳。玩細娛而忘遠慮。只是

相形意不宜分看

蜉蝣之翼猶采采之衣服誠可愛也然其朝生暮死豈能以久存哉詩人蓋言夫人之玩細娛而忘遠慮禍將不旋踵而至矣故我心憂之而欲其於我歸息處必及于遠而無徒細娛之是玩不虞之災或可杜耳

蜉蝣掘閱猶麻衣之如雪誠可愛也然其朝生暮死豈能以久存哉詩人蓋言夫人之玩細娛而忘遠慮禍將不旋踵而至矣故我心憂之而欲其於我歸說處必及于遠而無徒細娛之是玩不測之變或可袪耳

候人四章

此刺其君遠君子而近小人之詞言彼候人兮荷戈與祋宜也能

昔先王之制服所以章有德也故必有是德而後有是服彼其之

子。蓋小人也。顧乃三百赤芾濫膺名器，恣消朝階，亦獨何哉

候人亦是因所見以起興，嘆其彼之宜而此之不宜也

鵜在水則濡其翼，維鵜在梁，不濡其翼。必有大夫之德者方無愧於赤芾之服。彼其之子，其德何如也。於是服也奚其稱

非刺小人之不稱，乃刺用不稱之小人也

鵜在水則濡其咮，維鵜在梁，不濡其咮。必有大夫之德者方無愧於赤芾之寵。彼其之子，其德何如也。於是寵也奚其遂

今夫南山之草木，薈兮蔚兮，而朝隮雲氣升騰於其上，殊有動人之觀望者。詩人之意，蓋言小人衆多而氣焰盛也。今夫深閨之季女，婉兮孌兮，一貞自守，不妄從人，而反飢餓之不免焉。詩人之意，蓋言賢者守道而反貧賤也。夫親小人以盛其勢，而遠君子以窮其身，其何以為國耶

薈兮二句只一直說落來勿謂惟其薈且蔚故朝隮上三章言其遠君子而親小人末章言小人得志而君子貧賤總是刺其用舍之失

鳲鳩四章

詩人美君子之用心均平專一故言鳲鳩在桑則其子七矣而鳲鳩之飼之也平均而如一焉淑人君子動容周旋之中禮無隱顯之殊無終始之間其儀一兮其儀一則心如結矣蓋惟其蘊諸中者之有常故其見於外者亦如之不然何以有是儀耶

儀字說得廣下文并帶特其一端耳其儀一二句說者多不從外占知內意然亦不宜平說如結者心惟一樣如物結作一塊不能解而為二也

鳲鳩在桑則其子在梅矣子自飛去母常不移也淑人君子用心

之均平專一而其見之於威儀之間也自有常度自其帶而言之隨其所居之位夫固有一定之制也彼則帶用素絲而飾之以雜色蓋帶之制也惟其度也是何其有常而不差忒乎自其弁而言之隨其所處之分夫固有一定之色也彼則弁以青黑而有似於騏蓋弁之色也惟其度也又何其有常而不差忒乎

帶弁平看註中則字不宜深泥

鳲鳩在桑則其子在棘矣淑人君子其心一而其度有常威儀之所形皆得其道無差忒也夫其儀不忒則民極自我而建矣豈不足以正是四國而納民於軌度者乎

有常度而其心一故儀不忒故字勿重看大抵心一則其度有常有常度便是不忒正是四國着君子身上說未就國上說故註用足以字

鳲鳩在桑則其子在榛矣淑人君子其儀不忒而鼓舞变化之機妙焉有以正是國人範之於矩度之中也夫能正國人吾願其於萬斯年常爲吾民之則矣乎

淑人君子句俱不宜把淑字重看盖淑人只是稱呼之詞全章揔是美君子之用心有常

下泉四章

詩人傷今思古而言冽然之寒泉滔滔下流而苞稂見浸爲之受其病矣詩人之意盖曰王室陵夷而小國之困弊也夫冽彼下泉則浸彼苞稂矣我愾然寤嘆以念彼周京思昔日之盛不可以復見而感慨之切切焉

王室陵夷則大國横行故小國困弊念彼周京追念其昔之盛也

冽泉下流而苞蕭見浸詩人蓋言王室陵夷而小國之困弊也夫冽彼下泉則浸彼苞蕭矣我愾然寤嘆而京周之是念焉

冽泉下流而苞蓍見浸詩人蓋言王室陵夷而小國之困弊也夫冽彼下泉則浸彼苞蓍矣我愾然寤嘆而京師之是念焉

今夫黍苗之生也芃芃然其美是豈無所自哉亦曰有陰雨以膏之而鼓其生育之機焉耳詩人之意蓋曰小國之安寧由王室之盛有以庇之故也夫黍苗既芃芃矣又有陰雨以膏之四國既有王綱之紀之而各得其所矣又有郇伯以勞之之屏之翰而溥其撫馭之澤焉其蒙福爲何如耶昔者如此而何今之不然耶

首三章傷今思古末章思古而寓傷今之意總是傷今而思古也輔氏曰匪風作於東遷之前其意尚覬乎周道之復興故曰誰將西歸懷之好音下泉則作於莽桓之後不復有覬望之意

直慨嘆想慕之而已

豳

七月八章

周公以成王未知稼穡之艱難故陳后稷公劉風化之所由使瞽矇朝夕諷誦以教之言豳人之於衣也七月大火西流暑退而將寒矣九月則授衣以禦之蓋一陽之月觱發而風寒二陽之月栗烈而氣寒使無衣無褐則風氣之寒無以禦之果何以卒歲哉故九月而必授人以衣也豳人之於食也三陽之月則往脩田器而四陽之月則舉足而耕少者既皆出而在田老者則率其婦子以饁彼南畝但見治田早而用力齊有以慰勸農者之心田畯至止而深喜之焉

授衣非豳公授於民只是家長授於家衆卒歲只是禦寒之意

三之日二句抝是治田早蓋脩田器亦治田中事也不先之以于耜則欲及時而舉趾得乎此二句蓋一直意也或謂田畯所見只是舉趾欲不肯把三之日于耜屬治田早不知治詩正不宜如是之固也同我二句是用力齊註始字卽端字之意生終字來終字是盡言之也

自此至第五章皆終首章前段之意七月流火暑退而將寒九月則授衣以禦之然不先時而預之雖欲及時而授焉不可得也故春日載陽有鳴倉庚斯時也蠶始生矣則女執深筐而遵彼小徑以求乎穉桑所以養蠶也然春日遲遲斯時也又有蠶生而未齊者未可以食桑也則采蘩之女祁祁然衆多所以啖夫蠶之始生而未齊者也蓋其力於蠶桑之務是以九月有可授之衣耳是治蠶之女也姻連公室由是感時而其心傷悲蓋以將及公子

同歸而父母之遠且隨之矣奚容以無悲耶其風俗之厚而上下之情交相忠愛如此

春日載陽有鳴倉庚及春日遲遲揔是點出春天光景初無彼此之異不可泥定如此時節蚕生如此時節蚕生而未齊傷悲重遠父母上就下之愛上見上之愛下

七月流火暑退而將寒是歲禦冬之備亦庶幾其成矣而來歲治蚕之用不有以預擬之不可也時維八月萑葦既成于是而收蓄之將以爲曲薄之需也至來歲治蚕之月則采桑以供蚕食桑之大者可條取也則取斧斨以伐其遠揚之枝桑之小者不可條取也則取其葉而存其條但見葉盡而條之猗猗然大小畢取不可以見蚕生之盛而人力之至乎蚕事既備矣猶未也又於七月鳴鵙之後八月麻熟而可績之時則績其麻以爲布焉凡此蚕績之

所成者。從而染之。或玄或黃。而其朱者尤鮮明也。然豈敢自私哉以之供上。而爲公子之裳。使得以禦其寒焉。夫勞於其事而不自愛以奉其上。蓋至誠惻怛之意。上以是施之。下以是報之耳

重蚕績上。不重染意。爲公子裳。指玄黃朱言之。非蚕績之所成者。盡奉於上也。只是忠愛其上而不自私。意不必說所以得安於蚕績者。皆公子之澤意思

時維四月。純陽所感而葽秀。迨至五月。一陰所感而蜩鳴。自一陰以至四陰。則八月而早禾可穫。自四陰以至純陰。則十月而草木隕落。氣序推遷。而大寒之候將至矣。雖蚕桑之功無所不備。猶恐其不足以禦寒也。故一陽之月。爲于貉之舉。而取彼狐貍之皮。以爲公子之裘。及二陽之月。則又竭作以狩而載繼一日之武功。其所獲小者之豵。則私之於己。以禦寒。而大者之豜。則獻之于公以

禦寒焉

四月四句另武功不重不忘戰意蓋古者田獵以講武故詩人只曰載纘武功重行獵意貔豜不必作為隶說大抵如今遼人縫貂貉之皮為鞋韈之類

時因氣而變物因時而興五月斯螽生焉始躍而以股鳴六月則化為莎雞能飛而以翅鳴七月則在野八月則自野而之宇九月則自宇而之戶十月則又化為蟋蟀而入我之牀下時物變遷而至於蟋蟀之依人則寒將至矣由是遂治其在邑之居於室中之空隙者則塞之鼠乃能穴室者則熏之塞向以當北風墐戶以禦寒氣邑居既治為家主者語其婦子曰歲將改矣天既寒而事亦已可以入此室處矣老者之愛又不於是而可見乎

在野在宇在戶俱蒙莎雞說或欲就蟋蟀說非也事亦已訖

桑說。不可棄待徹，此室就在邑之宅說。

自此至末，皆終首章後段之意。六月食鬱及薁，七月亨葵及菽，八月剝棗，以充籩實，十月穫稻，以釀春酒，凡此皆物之美者也，則以供老疾，奉賓客，而介其眉壽，宜豐而豐，其長長之義有如此者。七月食瓜，八月斷壺，九月叔苴，采荼以為菹，而取樗以為薪，凡此皆物之薄者也，則以為常食，而食我農夫，宜儉而儉，其少少之義有如此者。

以介眉壽，是頌禱之詞，不可說供老疾之眉壽與賓客之眉壽。

此說食而乃曰新樗，蓋樗固炊爨之所資也，故兼言之，可見古人文字不甚拘滯，看此則首章于耜屬之治田無疑矣。

九月將收成矣，則築場於圃，以為收成之地，至於十月，則禾稼既穫，自田而納之於場，黍稷重穋之皆舉也，禾麻菽麥之無遺也，由是又自相警戒曰嗟我農夫我稼既同雖農事之已畢而其所以為來歲計者又不可以不預也及是時可以上入都邑而執治宮室之事矣晝往取茅夜而絞索亟升其屋而治之蓋獻歲發春則將復始播百穀而不暇為此矣念農事之旋至治屋其容以或緩乎夫豳人之於農也既趨終事之力又預始事之謀其憂勤艱難之意何如耶

治屋亦是為農事計摠重農事上可以上入都邑可以字有不敢休息之意

二之日相率以鑿冰而其意沖沖然三之日則以是冰而納于凌陰所以然者四之日其蚤斯時也我公將獻羔祭韭而舉啓冰之典使吾民不先時取而藏之其何以為我公及時之啓哉九月氣肅而霜降十月則速畢農事而掃滌場地朋酒由是而斯饗焉乎

以殺此羔羊。躋彼公堂之上、稱兕觥以酌我公。而頌其萬壽之無疆也。既勸趨藏冰之役以盡事君之義、又相戒畢事之速以盡好君之情、何其忠愛耶。

藏冰開冰、亦聖人輔相燮調之一事。蓋方陽氣之蘊伏而盛於下。故藏冰以節之、及陽氣之用事而作於上、故又開冰以節之。此藏冰開冰之意也。但本文之意、則非兩平說。蓋取冰而藏之、所以為卯公啓冰豫也。故註只云藏冰所以備暑也、不以節在下之陽氣言。獻羔祭韭、蓋將啓冰而祭司寒之神也。重啓冰意、不重薦寢廟意。朋酒是蜡祭之酒。民間自飲之、斯字有意。朋酒之饗、所以在饗公之先者、大蜡義也。饗公情也、稱彼兕觥二句相帶躋公堂。只言殺羔羊、祝壽只言稱兕觥、此當以意會、不可以詞拘。要之躋公堂、非單獨羔羊而無酒。而祝壽則還在酒上。

要亦非空飲酒而無敎。此四句只是饗公而祝之。

鴟鴞三章

周公作此詩以貽王。託為鳥之言曰。鴟鴞鴟鴞。爾既取我之子矣。無更毀我之室也。夫以我情愛之心。篤厚之意。養育此子。誠可憐憫。今既取之。其毒甚矣。况又毀我之室。而重之以莫大之禍乎。公之意蓋曰。武庚既敗管蔡。不可更毀王室也。

篤厚之意。只是情愛之篤厚。夫武庚既誅。而猶云爾者。周公遭此大変。憂國之至。故其詞之危懼如此。此詩雖重王室上。但看恩斯二句。則周公之誅管蔡者義也。而其情則自有不容已者矣。

夫晴雨不常。預防曲備之道。不可忽也。我及天未陰雨之時。而徃取桑根之皮。以纏綿乎巢之隙穴。使之堅固。以備陰雨之患。如是則雖一旦以陰以雨而吾巢之堅固風雨自不得而壞之今此下民孰敢有侮予者乎蓋有備則無患也公之意蓋曰已之深愛王室而先事爲備以防其患難者無不至也。

今女下民二句不重效上只當看預防之意上看。

我於作巢之始手與口而共作庶可以藉巢也則將而取之積而聚之迎見其役作之煩而手口爲之盡病是何其勞苦耶所以然者巢爲未成曰予未有室家雖若是其勞苦固有不得而辭者耳公之意蓋曰已前日之所以不敢少暇而勤勞之如此者以王室之新造而未集故也。

上句言手第四句言口蓋互文也王室新造而未集就成王嗣位時說勤勞就攝政上說。

然之勤勞於作室羽焉至於譙譙而殺尾焉至於翛翛而敝求以

成其室而室則翹翹然未定斯時也無以自固撼之而斯敗矣風雨又從而飄搖之則我之室也亦曰殆哉嘵嘵之音矣容以自已耶公之意蓋曰已既勞悴王室又未安而多難乘之則其作詩以諭王亦不得而不汲汲也

多難乘之就武庚煽亂以動搖王室說夫周公之身固王室安危之所係也故曰予維音嘵嘵上三章是喻其憂勤之意末一章是喻其作詩之由

東山四章

此周公勞歸士之詩爲之述其意而言曰我徂東山慆慆而不歸其出也既闊時之久及我來自東則零雨其濛其歸也又在途而有遇雨之勞焉方我在東而言歸之時遂動離室離家之念其心已西向而悲於是制其平居之裳衣而曰罪人既得天下無虞行

陳銜枚之事自今可以勿為矣道路之間觸目之際但見蜎蜎者蠋則在彼桑野有以若其自適之情也此敦然而獨宿者則亦在此車下裝載而歸各遂生全之慶何其幸耶

勿士行枚勿說兵凶器戰危事只是罪人既得天下無虞故曰可以勿士行枚即此亦可見其喜幸之情矣完師而歸只在末四句。

我徂東山慆慆不歸我來自東零雨其濛往來之勞在外之久殊有令人不能為情者也夫自我之東征也室廬其誰脩飭之果蠃之實吾知其施于宇也伊威吾知其在室也蠨蛸吾知其在戶也町畽吾知其廢以為場也宵行吾知其于此而熠燿也室廬荒廢至於如此亦可畏矣然豈可畏而不歸哉蓋此吾故居也生於斯長於斯夫雖荒廢亦可懷思而已安能不以往來於懷也耶

果臝六句皆是想像其如此此便是思之。

我徂東山慆慆不歸我來自東零雨其濛夫時將陰雨蟻出于垤而鸛就食之遂鳴于其上婦為有所感而為之嘆息于家蓋其遇雨而思行者之勞固有不能為心之甚者也由是洒掃穹窒以待其歸而我征之忽至有以慰其望焉既至于家因見有敦瓜苦繫於栗薪之上而曰自我之不見此也于今已三年矣相遠於累歲而得見於一朝物固無心而其在人者殊有不容已之情也。

鸛鳴四句摠重室家之情上蓋周公述其如此不必專自婦士說我征聿至帯上看與待其歸相呼應不見蕭氏栗說有敦瓜

昔二句亦與婦士之言無異蓋此詩或述其意而代之言或點其光景而敘其事不可句句作代婦士說話。

我徂東山慆慆不歸我來自東零雨其濛當至家之際適婚姻之

時彼倉庚于飛，熠燿其羽，斯時也，歸士之未有室家者，用講大婚之典，而之子于歸，皇駁其馬，母爲施衿而結帨，申其訓也，儀焉有九而有十，盛其禮也。二姓之好，茲其合之矣，夫及時婚姻，得遂室家之懽，是新者既甚美矣，其舊有室家者，萬里參商，由是而闔門之聚首，相見而喜，當如何耶。

皇駁其馬，只着于歸上說，蓋乘是馬以于歸也。親結二句平看，新舊開說，不宜相粘帶看，亦不必問其樂之孰甚，不宜以各章上四句爲閔其勞，下四句爲敘其情，通詩總是閔其勞，而勞之全在敘其情上，總見得曲盡人情。朱子曰：東山詩曲盡人情，方其盛時則作之於上，東山是也；及其衰世則作之於下，伯兮是也。

破斧三章

從軍之士以周公勞己之勤故言此以荅其意曰東征之役既破我斧又缺我斨此其勞亦甚矣然周公之東征也豈出於一己之私而已哉蓋一方倡亂而天下之人心或有因之而爲反側者公之聲罪致討正所以使四方之人由是而知反側之非而莫敢不一於正焉耳夫憫其陷於邪而挽之以歸於正其哀我人也豈不甚大矣乎然則雖有破斧缺斨之勞義固不得而辭矣奚其憚耶

東征而曰四國是皇者蓋東征者所以正其反側之罪也四方之反側者豈不由是而歸於正將字與下文嘉字休字各就本章皇字吪字遒字相照讙說夫憂民之邪而正之其所哀何大耶正字重看夫哀民之大便是嘉嘉即美也無甚異只是隨章變文耳而吪字遒字皆不出匡字之外我人字須看得活

東征之役既破我斧又缺我錡勞亦甚矣然三監啓衅人心或不

免於背逆周公之東征也所以鼓四國之人心而化之也夫閔其染惡而以變其舊而新之其哀我人也不亦甚善矣乎然則破斧缺錡之勞義得而辭哉

東征之役既破我斧又缺我銶勞亦甚矣然三監啓釁人心或不免於渙散周公之東征也所以歛四國之人心而固之也夫憫其乖離而以一其志而定之其哀我人也不亦甚美矣乎然則破斧缺銶之勞義得而辭哉

伐柯二章

東人喜見周公而作此詩言伐柯如何不有斧焉則無以為之其雖欲伐之不可能已娶妻如何不有媒焉則無以通其好雖欲娶之不可得已詩人之意蓋曰吾向者之於周公也深懷願見之思而無得見之由徒勞想像其人之曾不可得而親何如彼其難耶

執柯以伐柯則不過即此舊斧之柯而得其新柯之法其則不遠矣於伐柯乎何有娶妻而有媒則不過即此見之而成其同牢之禮籩豆有踐矣於得妻乎何有詩人之意蓋曰吾今者之於周公也因其東土之來得遂欲見之願平日慨慕一朝而覿接其人何幸其邂逅之易耶

此詩作於既見之後蓋因其得見之喜而追其欲見之難惟其平日欲見之難故一旦見之而不勝其喜須知追其欲見之難其詞若有憾焉其實乃深喜之

九罭四章

此亦東人喜見周公之詩言九罭之網其所得非凡魚也維鱒之與魴焉我覯之子其所見者乃袞衣繡裳五采之彰施九章之炫燿顧茲僻壤豈圖有此廊廟之威儀耶

袞衣裳九章。蔡氏曰：龍，取其變也。山，取其鎮也。華蟲，取其文也。火，取其明也。宗彝，取其孝也。藻，水草，取其潔也。粉米，白米，取其養也。黼，若斧形，取其斷也。黻，兩已相戾，取其辨也。

鴻飛則遵渚矣。王之於公也，將迎之以西歸，而處于朝廷之上矣。豈無所乎。今但於汝信處而已。吾人親炙之幸，其可久耶。謂之何哉。

於女信處，有慨其親炙無何之意。

鴻飛則遵陸矣。王之於公也，將迎之以西歸，而留相于王室，不復來矣。今特於汝信宿而已。吾人快覩之私，其有幾耶。謂之何哉。

夫我公惟至止東山，而信處信宿於此，是以東方有此服袞衣之人。朝廷文物，吾人幸得以接其盛也。然得以常常而見之也，我之願也。若遽迎之以歸，則將不復來，而拂吾之心，而悲生矣。野人愛

慕之私。猶願其且留於此無遽迎公以歸使我心為之而悲也。蓋王室之相位。固不可以久虛。而吾人好德之情獨可以不恤乎哉

註周公信處信宿於此。不重不久意。只是言其來此東土云耳。

首章是得見之喜。下三章則是將歸而留之。不必入德說。而公之能感東人。則在德上。

狼跋二章

周公雖遭讒言之謗。然所以處之不失其常。故詩人美之言狼進而躐其胡則退而跲其尾進退之不得以自適也如此我公之盡瘁為國其忠不可及也。乃讓其大美而不居。而自處於危疑之地玆蓋事变之衝固常度之所易失者也。公則從容自得而赤舄之几几。何嘗為之而倉皇耶。

只憑詩人語氣。做讓其大美說。所謂讓大美其意不在避居東

土上乃在流言之謗上蓋大美與不利孺子相形大美只是平
日為國之忠赤焉几几直說處变而不失其常無妨
狼退而跲其尾則進而躐其胡進退之有所係累也如此我公之
勤劳王室其忠無以尚也乃讓其大美而不居而自處於猜嫌之
域茲蓋變故之會因令名之所易損者也公則其實不容掩而其
名自彰何嘗為之而疵病耶
德音即大美之德音蓋雖有流言之謗而天下則稱其忠也華
陽范氏曰邠居風雅之間何也風之所為終而雅之所為始也
變風終於豳思明王賢伯之不可得於是次之以邠反之於周
公而後至於鹿鳴言周之所以盛者由周公也

詩

三終

詩經宗義卷之四

閩惠安東湖張瑞著

小雅

鹿鳴三章

此燕饗賓客之詩言呦呦鹿鳴食野之苹情何適耶我有嘉賓而其燕之也非樂無以為樂則鼓瑟於堂上而工歌之盈耳吹笙於堂下而鼓簧以出聲非實無以昭敬則奉筐而行幣帛飲則以酬賓送酒食則以侑省勸飽徹君臣之分協賓主之情而極其禮意之厚焉乎至誠所感而愛我之念油然而興凡其脩於家者皆陳於天子之廷而示我以大道也

鼓瑟有聲有詞吹笙有聲無詞李氏曰鼓瑟工歌鹿鳴之三是也吹笙笙奏南陔以下是也嘉賓只是稱呼之詞惟好我則誨

我一直意不可以誨我為好我之實

呦呦鹿鳴食野之蒿情何適耶我有嘉賓實愁而名彰赫赫乎其不容掩吾見風聲之入人自有感動皷舞之機豈不足以範夫人而化之使之反其漓而歸於厚耶此其理之可必者也夫德音之足以化民如此凡我君子有天下國家之責者皆當則而傚之仰其德音而跂勉於師資之益可也不然如治化何哉是則嘉賓亦不待言語之間而其所以示我者深矣我有旨酒與之式燕以敖優游鐏俎之間庶親炙之下而有以得其至教之妙者乎

以德音作主看惟德音孔昭故足以示民不恌足以字本孔昭來惟其德音之足以化民故君子當則傚其德音當字又本上二句來蓋法其所稱之善也夫德音所在而教便寓焉故曰不待言語之間而其所以示我者深矣

呦呦鹿鳴食野之苹。情何適耶。我有嘉賓。而其燕之也取瑟而歌。援琴而絃。清音動盪於罇爼之間所以昭其愛也但見琴瑟交作而爵酬酬迭興拱分畧於無拘固有油然至情之流通者且笑語之厭厭。而不醉無歸。所以相與泮奐而優游者。不遽已也和。樂而且湛焉。蓋非綢繆以相與。則其情終不甚協而其心必不甚歡我有旨酒所以與之燕。而和樂且湛者正欲其繾綣隆洽。而嘉賓之心自是其豁若。不徒養其體娛其外而已也。夫殷勤篤厚之如是庶乎人之好我而教示之無已云耳。

鼓瑟鼓琴。總是燕中事。以燕樂嘉賓之心。與和樂且湛相關說蓋和樂且湛者。正所以燕樂佳賓之心也。非止養其體娛其外與燕樂其心相形。此句只是足安樂其心一句耳。安樂其心便是致其殷勤之厚。所謂欲其教示之無已只是人之好我示我

周行意思猶云盡言而無隱也。勿說言者心之宣心樂而後言是

盡故安樂其心。

四牡五章

此勞使臣之詩。言我之承命而出使也。四牡騑騑馳驅之不息而

周道倭遲去國之萬里。當是時也。親舍遠隔人子之心固有不容

以恝然者矣豈不懷歸哉特以盡瘁于國臣子之分也。王事不可

以不堅固是以情為義制而言旋之莫遂但內顧而傷悲感慨之

情抱於獨憂而已耳。

豈不懷歸帶下省此三句語意皆是連屬呼應。

焉彼四牡而騑騑其行是嘽嘽乎衆盛者皆駱馬也當是時也家

鄉遠離思親之心固有不容以自已者矣豈不懷歸哉特以服勞

於君人臣之職也。王事不可以不堅固是以私為公奪而啓處之

不違馳驅萬里不得以周旋吾父母之左右也。

翩翩者鵻尚載飛載下而集于苞栩之上未始不自適也我以王事不可以不堅固而奔走於奉公之勤而父焉之不遑將事父之心不得以自遂曾鵻之不知矣其何以為情耶。

翩翩者鵻尚載飛載止而集于苞杞之上未始不自適也我以王事不可以不堅固勤勞於為國之忠而母焉之不遑將事母之心不得以自遂曾鵻之不知矣又何以為情耶。

夫駕彼四牡載驟駸駸是固所以忠於君之分也然事親之孝為之不得以自盡當是時豈不思歸乎顧君門萬里此情未必知也。是用作四牡之歌以不遑將之情而告于吾君或者體人子之情而憫其孝養之缺使我由是得歸而膝下之承歡者乎。

上二句只是提起使事以起下三句耳上四章總是出使而思

覩末一章。則是與其得歸

皇皇者華五章

此遣使臣之詩言皇皇者華。于彼原隰。向榮之天。盖無地而不然若征夫之奉命出使匪安匪徐其行也駪駪然是駪駪之征夫念委寄之重惟恐無以宣上德達下情而於使臣之職有負也靡及之懷其能以自已乎。

衆多疾行只重疾行上。故曰美其行道之勤要之此意亦不甚重。只重述其所懷意

夫靡及既在所懷當求以補之我馬則維駒也。六轡則如濡也載馳載驅。而徧於咨諏所以集衆思而廣忠益者必無所不用其至也。

一意而為四章要亦微寓反覆丁寧之意。四章平看。不宜以此

諸作士。下三章輕說。

我馬則維騏也。六轡則如絲也。載馳載驅。而徧於咨諏。所以求利病而盡聰明者。必無所不用其情也。

我馬維駱。六轡沃若。載馳載驅。而咨度之必周。博采之無遺。寧敢狃一人之見以自狹耶

我馬維駰。六轡既均。載馳載驅。而咨詢之必周。合併而為公。寧敢執一己之偏以自隘耶。蓋必如是。則上德或可得而宣。下情或可得而達。而有以盡其職云耳。不然。其如靡及之懷何哉。

首章無懷靡及。下四章則求所以補其靡及之懷。

常棣八章

此燕兄弟之樂歌。言常棣之華。則其鄂然而外見者。豈不韡韡乎。凡今之人。莫有如兄弟者。蓋兄弟也。人也。理固一而分則殊。故雖

曰天下之人皆不可以相薄。而其不容已之心。不可解之情。夫誰得與兄弟比耶。

下數章正發凡今之人二句。

夫死喪之禍乃他人所畏惡也。惟兄弟為相恤。哀痛慘怛。而無所不用其情焉。至或不幸而積尸裒聚於原野之間。誰其收之。亦惟兄弟為相求。而不忍其暴露焉。兄弟之至親。不於不測之変而徵之乎。

相卹不是空空哀之。蓋有事在。一項開說。不可以下二句為上二句之實。

脊令在原。飛則鳴。行則搖。何急遽耶。兄弟在急難之中。當是時也盡心竭力。而周旋其間者。亦惟兄弟耳。雖有良朋。其憂憫之甚。亦不過為之長嘆息而已。心固不能相忘。力亦豈能相及耶。兄弟之至親又不於急難之際而徵之乎。

但說每有良朋況也永歎便見得相扶持者惟兄弟不可說朋友之薄。

兄弟設有不幸而鬩很于蕭墻之內是情義之疏薄已甚而人心天理固為之暫失矣然或有外侮之來亦必同心以禦乃本然之天機一動未有不復其初者情豈容以自已義豈容以終絕哉斯時也雖有良朋亦徒懷憂憫而已豈能有所助耶兄弟之至親又不於小忿不廢而尤足徵之乎。

此章見得兄弟之愛根於天性而至情之真不容已處故曰所以消兄弟之義益深且切

夫患難之時兄弟相救非朋友可比迨夫既無意外之虞又無目前之変喪亂既平既安而且寧斯時也雖有兄弟乃或視之如路

人曾友生之不如焉，悖理之甚，人道不幾乎息耶。

平則安寧矣。註患難之時兼上三章說，獨言非朋友可比，蓋因不如友生句說起。然三章不測意外之事，尤非急難禦侮之比，則尤非朋友所能及明矣。天理存於急迫之際，人心溺於宴安之時，恒情大抵如此。

人於兄弟，患難之時則相恤，安寧之時則相疎，不知非獨相須於患難，而亦相須於安寧。今夫室家聚會，儐爾籩豆，而飲酒之飫，是固和樂矣。然必兄弟之具在，夫然後懽忻無間，而和樂之甚，有如赤子之慕父母者。使兄弟有不具焉，誰與共享其樂耶。

不具，非必死亡，但其時或不在，或失和氣而不與燕，皆是。

今夫妻子相與，至愛隆洽，而如鼓瑟琴，是固和樂矣。然必兄弟之既翕，夫然後乖戾不生，而和樂之情可以要之於永久。使兄弟有不合焉豈能久其樂耶。
好合。不可以燕飲求說但平時如此。
室家之和樂且孺本於兄弟之既具是兄弟宜爾之室家矣妻子之和樂且湛本於兄弟之既翕是兄弟樂爾之妻孥矣夫室家人之所厚者也妻孥人之最密者也而謂其情待兄弟而協之說不以為疑乎是特未之思耳試以是究而圖之豈不信其然乎蓋其宜爾室家樂爾妻孥此實理也亦實事也惟弗究則已苟為究之其理可推也惟弗圖則已苟為圖之其事足徵也有不自是而釋然耶相好之情吾見其自有不容已者矣。
究圖皆就心說但曰究則以理言曰圖則以事言蓋必兼理與事而思之始真見其然首章略言至親莫如兄弟之意下七章則詳言以發之。

伐木三章

此燕朋友故舊之樂歌言伐木則丁丁然鳥鳴則嚶嚶然是鳥也出自幽谷之中遷于喬木之上其所以嚶嚶而鳴者非徒以適其情已也蓋為求友而鳴也相彼鳥矣乃一物之微耳於友道宜若不及知也而猶有求友之聲況人為萬物之靈甚非鳥之比也可不求友生而甘於鳥之不如乎是友義信乎人之所當敦者也若人能篤朋友之好吾見顯而綱常倫理之昭著此理也幽而屈伸往來之默運亦此理也友義之克敦適有以通神明之德而神之聽之自將默而相為上下交而為泰今國和且平矣又必衍之為有秩之祐而和平之永終也豈但一時之天下治安而已哉

神之聽之蓋其理相孚契也終和且平或謂篤友便是和平止是篤友有終或謂止是鬼神無怨無恫或謂不必以為神錫之

福要之和平還就天下說此人君莫大之福還是神之所錫詩
人着神之聽之一句分明為錫福言此自是鬼神助順之道非
有求也
今夫伐木滸滸無所不用其力也友義不可以不篤而我之於友
釃酒有藇既有肥羜凡既備矣以速諸父夫固望其來也而或不
可必焉寧使彼適有故而不來無使我之不念乎諸父而恩意之
不至也蓋弗顧則我之失而可若是恝乎於粲灑掃陳饋八簋既
有肥牡凡既備矣以速諸舅夫固望其來也而或不可必焉寧使
彼適有故而不來無使我之寡恩於諸舅而過失之不免也蓋有
咎則我之責而可不自盡乎
寧適二句只是求以自盡之意微字有不可之意總言燕友不
重親疎之殺尊卑之等故註只云具酒食以樂朋友其曰親疎

之殺尊卑之等只是說大文措詞先後之序云耳豈有諸父諸

舅先第各各先後分燕之理

今夫伐木之所生也伐木則于阪矣我之於友也釃酒有衍籩豆有踐所以燕之也而兄弟之皆在焉語之措不於是而協乎且人之所以至於失朋友之義非必有大故也但吝一乾餱之薄不以分人而至於有愆耳夫乾餱至輕也朋友至重也愛其至輕而忘其至重失亦甚矣此其常情之所當懲者也故我於朋友有酒則湑之其有也固無所吝無酒則酤之其無也亦不遂已旨酒具而燕禮行坎坎鼓我蹲蹲舞我于以暢其樂飲之情也然是燕也豈限於常期哉但及閒暇便飲此酒以相樂盡其朋友之念無一時之或忘而其所以燕之者惟其得為而遂為之矣

說民之失德二句明白有以此爲戒之意不然徒說他人之失

何爲坎坎二句是燕中事勿就今日之燕上說蓋有酒六句都是表其用意如此故曰迨我暇矣飲此湑矣或謂有酒四句就是今日之燕獨不看註曰不計有無但及閒暇則飲酒以相樂也首章言當篤友之意下二章是盡篤友之道

天保六章

人君以鹿鳴以下五詩燕其臣臣受賜者歌此詩以答其君言吾君爲天之子奉天之道天之所以安定我君者極其固焉蓋其厚薄之相承未足謂福之盛也則使之盡厚而無薄者以間之但見源源相繼積之於既往而累之於將來何福而不除乎損益之相因亦未足謂福之盛也則使之皆益而無損者以間之但見穰穰其衆允極之於天下而萃之於一人何福而不庶乎此其保定孔固何如耶

何福不除只足上句意以莫不庶亦只足上句意固不可使作單厚多益看亦不可另外說夫曰以莫不庶固見其多益而除舊生新則厚亦可見矣但生新便是除舊只是相續之意非將舊者除而去之多益多字猶皆字之意何福何字以莫莫字皆不可放過

天於吾君又保而定之其思也若啓其行也若翼使凡所爲之事粹乎其盡善而千條萬緒無一之不得其宜也且爾既有以受天之祿矣而天又降爾以未艾之福其所以陰佑默相而使之動與理會者曾無頃刻之休息蓋有維日不足者矣天人之交相與又如此

戩穀二句以事當理說戩穀是統言凡事皆善罄無不宜是就中各各言其意一也下句只足上句維日不足只是日進無已

不少休息之意即是戩穀罄宜之福之無已言降福久遠無日
止足非多意故不宜以福無窮而日有限曰不足以盡所降之
福來說
天保定爾使福之集也兼一之不盛但見山阜岡陵高大之至也
則言君之福其高大者如山如阜如岡如陵川之方至盛長未可
量也則吾君之福其盛長者如川之方至又且寵綏之無已高大
者曰以高大盛長者曰以盛長悠乎不見其終窮何福而不增乎
盛長未可量未可量非言其久只是極言其盛長言莫量其盛
長之勢也蓋曰方至則固不但如是其盛長而已還更盛長於
此也以莫不增只是無止息意勿把此章做形容上二章之福
只就本章說
上托天福君至矣猶未足以盡其無已之意故又托神福君言吾

君之於宗廟謂吉蠲不可以不慎也則諏日擇士之詰齋戒滌濯
之潔謂酒食不可以不備也則酒醴之必豫粢盛之必飭于是以
孝以享行禴祀烝嘗之典於先公先王之神追遠之道不其盡乎
但見誠意之所格而乃傳神意言君曰卜爾以萬壽無疆之福豈
歆其祀而報之如此也

先言祭祀者獲福之由也

夫神之格矣又遺爾以多福蓋天子以四海為家民心多詐王化
之累也則民之質矣渾渾噩噩而機巧不用惟日用飲食而已耕
鑿之外不識不知也夫群黎百姓質實無偽而相忘於德化之中
則吾君之德為之而彰著則徼之下若或相之矣徧為爾德何如
耶王者之福孰大於是

日用飲食只足上句之意玩註而已字白明白徧為爲字去聲

毋爲衛君爲字一樣毋字正解爲字之義其曰猶助爾而爲德者本非助君爲德但則而象之則君德爲之彰著猶助之而爲德也此一句註當連接則而象之看蓋君德妙於無迹即民之德而君之德昭矣

神於吾君其寵佑之至百福攸萃方進而有加如上弦之月駸駸乎就盈也如始出之日駸駸乎就明也容可量乎多祜所鍾悠久而無間如南山之壽與天地相爲終始不騫而不崩也如松栢之茂而其葉之迭爲生化無不爾或承也容有已乎

此章分看勿蒙上二章之福來上三章托天福君下三章托神福君臣子愛君之心無窮而言語難盡故又各終之曰如山如阜云云曰如月之恒云云或承

采薇六章

此道戍役之詩爲其自言曰我之行也采薇以食則薇亦作止矣念彼歸期則歲亦暮止矣夫使我驅馳於萬里而舍其室家此豈上之人故爲是以苦我哉蓋以玁狁内侵之故耳夫夷狄干中國義固不容以不靖之也室家之舍其得而辭乎使我奔走於行伍而不暇啓居亦豈上之人故爲是以苦我哉蓋以玁狁爲寇之故耳夫蠻夷之猾夏義固不容以不平之也啓居之不暇又得而辭乎

此章不重出戍之由重出戍之在所不容已意思歲亦暮止來歲之暮也所謂至過十一月而歸也不遑啓居勿説不得於家啓居只就出戍説蓋夙夜無已之謂也

采薇以食則薇亦始生而柔矣念彼歸期則慨其閱時之遠而心亦憂矣斯時也阻家室于一方瞻雲山於萬里憂心烈烈而不能

爲心之甚也有如饑渴之切身焉然玁狁孔熾方戮力於疆圉之勤而我戍未定國爾忘家此其時也誰可使歸而問其室家之安否乎蓋其室家之情固有不得而恤者矣

興至心亦憂止住憂心烈烈二句帶下看註因心亦憂止三句摠是言憂故統辭之曰憂勞之甚不可不會其意雖使歸聘不重憂上右有不顧家之意

采薇采薇則薇亦既成而剛矣曰歸曰歸則在彼來歲之十月矣夫今日之行爲敵愾而行也邊塵之未清而王事靡盬盡瘁服勞啓處蓋有所不遑者斯時也慨蠻夷之猾夏憤王國之不臣憂心爲之而孔疚顧我此行寧敢有其身哉其死敵也分也吾其不旋歸矣蓋必有以平玁狁之難而後已者焉

我行不來有忘身之意非定要死蓋玁狁之難不平不已之意

誓不與虜俱生亦是此意。

彼爾維何乃常棣之華也彼路斯何乃君子之車也夫戎車既駕而四牡業業乎其壯是固足以為攻戰之資矣然克敵之道存乎勇是必鼓其雄畧之氣選鋒而銳進豈敢以定居哉夫威武奮揚庶乎一月之間三戰而三捷者乎。

此章言其奮揚也則何敢以定居則字是呼起之詞非家車馬說來庶乎非冀之之詞乃連接豈敢定居說來蓋必奮其威武方可以成功也。

駕彼四牡四牡騤騤是車也為君子之所依運籌於帷幄之中而制勝于千里之外為小人之所腓仰之以為安而恃之以無恐且四牡之翼翼行列何整治耶象弭而魚服器械何精好耶是固有以昭無敵之勢矣然備禦之道存乎儆豈不畏慎之無已常思患

預防而日相儆戒者乎。蓋儆戒之難甚急。一或忘備彼將得以擣吾之虛矣其可忽耶。

此章言其戒懼也。腓訓芘倚蓋恃賴之以無虞也。日相警戒言日日相警戒也。警戒有思患預防之意看事在不只是空空警戒故曰不可以忘備也。

此又設爲預自道其歸時之事。言昔我往矣楊柳依依。陽春之着物也。今我來思雨雪霏霏。冬氣之栗烈也。往來之久也如此。行道遲遲。非朝夕之可至。載饑載渴。而飲食之不充。道路之艱辛也。又如此。此其勤勞亦甚矣。感慨之情其容以已乎。我心爲之而傷悲其憤鬱無聊之甚。固有非人之所能得其情者。孰知我之哀耶。

饑渴作實說。曰莫知我哀見其傷悲之甚也。不必就君不知說

上五章俱是出戍之事。此一章是預道凱還之事。

出車六章

此勞還率之詩。言我承閫外之寄。我車載出于彼郊外之牧。而告諸人曰。玁狁為患。天子用憂。特命我以肅清之。今日蓋自天子之所謂我來矣。此其屬望責成之意何如也。於是召彼僕夫使之載其車以行。而戒之曰。王事多難。以戎狄而干中國。深可慨也。是行也。義不容以玩視。勢不容以自逸。維其棘矣。不然。非所以奉公而憂國也。

自天子所謂我來矣。重王命也。言受命之重。則不敢負。言王事之急。則不敢緩。有惕厲之意。

我出我車。于彼郊矣。設此旐焉。建彼旄焉。所以統軍士而為之節也。彼旟旐之斾。斾斾而飛揚。旗幟之精明。軍容何其盛耶。然將帥之心。則不恃此也。顧付託匪輕。而靡及之懷是切。惟恐肅清之任有孤也。憂心盖悄悄矣。彼僕夫者。覩感之下。亦莫不以將帥之心為心。以將帥之憂為憂。而戚然其憂悴焉。

大抵曰旟、曰旐、曰旄、曰旂。揔是言其旗。只重節制意。詩人不拘在前後左右上。此章重憂心悄悄句。所謂戒懼也。

夫王命南仲。往朔方而城之。以嚴出入之防。以明羌服之制。而南仲之奉命而往也。車以攻敵。則出車之彭彭。旗以統衆。則旂旐之央央。不足以鼓士氣而懾戎心耶。南仲遂傳命以振作其衆曰。天子命我城彼朔方。爾三軍之士。其亦念王命之重。為必守之計。而奮然自効者乎。但見是南仲也。威靈之著。而聲望之重。赫赫乎其光顯。彼玁狁者。畏服遠遁。而為之于襄。無復犯我之疆場矣

此章以傳命令衆為主。先提起王命二句。彭彭央央皆重看。天子二句。正是傳命令衆。盖振飭之以奮其力城守也。城字當重看

所主在此赫赫重看勿就平素說或泥呂氏註獨重車旗一句以爲奮揚不知此章以令衆爲主振飭意更重故呂氏亦會其意提起言之若拘泥其詞以王命二句爲傳命令衆則命我二句無着落矣所重獨在車旗則此行何爲而城字反輕耶或泥程子守備爲本不以攻戰爲先把城字看得平和不知傳命令衆正是飭以用力守備蓋作其銳氣也若曰但城守而已無振作之氣徒有是車旗何以能威令而所謂守備爲本豈安然守之而已哉夫必有不可勝之勇然後以禦則克必有不可犯之勢然後以守則固若不振揚何以能守而玁狁之難除耶玁狁之難以平既歸在途而曰昔我往矣黍稷方華夏之景也今我來思雨雪載塗春之時也此其出戍亦云久矣夫蠻夷猾夏而王事之多艱我也服勞于邊圉啓居爲之不遑是雖不容辭之義

而亦豈無不容已之情。旋歸之念。固非能付之於度外也。特以自
天子所謂我來矣。顧簡書之隆重。不可以或負。而情為義制。畏之
而不敢歸焉耳。
愚按非不得已之意。蓋以王命所托。而鞠躬盡瘁。為吾職之所
當盡。自不敢歸耳。
方其歸而未至。室家有感而動念曰。昔我君子之出。未聞草蟲之
鳴也。未見阜螽之躍也。于今草蟲喓喓而有聲。其得於耳者。已非
舊矣。阜螽趯趯而動。股其觸於目者。已更新矣。物以時變。何其久
耶。顧君子之出。尚不旋歸而未得以見之。吾何能為情哉。憂心蓋
忡忡也。是必亦既見止矣。然後慰我之思。而我心則降。不然。豈能
以自已耶。然此赫赫之南仲。今何在乎。蓋玁狁既却。遂還師以西
征。方往伐昆夷。而未歸也。夫果何時而得歸也哉。

伐西戎是實事。非料想之謂。註旨既字。是朱子自家說話。不是發詩人語意。此赫赫字輕。

時乎旋車既至。春日遲遲。何暄妍耶。卉木萋萋。何榮茂耶。倉庚之鳴。喈喈乎其和。采蘩之女。祁祁乎其衆。道路感觸之間。目遇之而成色。耳得之而成音。時固有足樂者。當此之時。執訊獲醜。薄言旋歸。邊塵以靖。所願之既遂。凱歌載道。與時而俱熙。此其樂何如也。是赫赫南仲。承王命以平玁狁之難。而玁狁其于夷矣。責任甚盡而天子之命無負矣。功何大耶。

凱還當主北伐說。執訊獲醜。不必甚拘。只重凱旋之樂意思。然朔方雖不戰而還。師以伐昆夷。豈無訊醜。要之不必拘牽。雖還師伐昆夷而凱還。自當以北伐爲主。赫赫南仲二句。見其職之盡。歸功南仲之意也。此赫赫字亦只是稱呼之詞。不必重看。首章惕勵之意。二章憂懼之心。三章振飭之威。皆出師事也。四章在途之感。五章室家之思。六章凱還之樂。皆班師事也。遣詩義重。雖言其私情。皆以義而忘之也。勞詩情重。凡言其大義。皆以情而敘之也

杕杜 四章

此勞還役之詩。追述其未還之時。室家感時物之變而思之。曰特生之杜。有睆其實。則秋冬之交矣。此正戍畢之時也。而征夫以王事不可以不堅固。乃鞠躬盡瘁。以日繼日。而無休息之期。至今日月陽止。宜其歸也。猶且不來。故女心傷止。而曰時維十月。征夫亦可以暇矣。何為而不歸哉

王事五句相連接。說總是切思念之情。下章亦如此

有杕之杜。其葉萋萋。春將暮矣。此正至家之時也。夫征夫以王事

之靡盬而服勞于外我心已爲之傷悲況今卉木萋止宜其至也
而尚未得以見之故女心悲止而曰時維暮春征夫固可以歸矣
何爲而不至哉
陟彼北山以望其君子則杞已可食而言采其杞是春既暮而歸
期過矣我征夫以王事之靡盬而尚不得歸萬里參商實勞親心
之動念蓋憂我之父母焉要之征夫雖曰未歸然檀車之堅吾想
其轉而敝矣四馬之壯吾想其疲而罷矣戍役已若是其久尚復
遲留乎哉其復我邦家也殆不遠矣
首二句當另看註解截斷明白其曰蓋托以望其君子只因登
山意解未盡故提起言之須揷入登山内看非以陟彼四句貫
串如此解也只拘此二句註連接則暮春意更無着落了蓋註
遂接之云而念其以王事詒父母之憂者只蒙君子字說来耳

須會其意說憂我父母尤見其可憫處亦重室家之念上蓋所
謂憂父母與相想像料度總是思念之意
夫歸期既至征夫不裝載而來歸固已使我念之而甚病矣况今
歸期已過而猶不至豈不使我多爲憂恤耶蓋有不能爲心之甚
者矣由是以鬼神爲能前知且卜且筮相襲俱作於以稽其歸期
之何似但見卜曰近筮亦曰近蓍龜無異詞也夫卜筮既協神不
我欺征夫之隨至決可即此而逆必之矣
此章脉絡連接北山章然須知又是一意須另作一章意思看
匪載二句只是叫起之詞正意在下重卜筮上只是歸期已過
不至又卜筮也范氏所謂思之切而無所不爲也上曰不遠此
曰邇止無甚異上是度其歸之近此則因卜筮而言其歸之决
近也通章只是感時而極憂思之情所以過期不至正因徵役

既郤而還師以伐昆夷也

魚麗六章

此燕享通用之樂歌言罶以取魚而麗于其中者既有鱨矣又有鯊焉君子之有酒以燕賓也其物品之芳潔而極乎一時之盛其旨而且多也乎

有酒只是設筵旨多就饌上說不燕酒酒難以羞言有鱨而又有鯊與旨且多下放此

罶以取魚而麗于其中者既有魴矣又有鱧焉君子之有酒以燕賓也合衆羞之並薦而極乎一時之選其多而且旨也乎

魚麗于罶既有鰋矣又有鯉焉君子有酒肴羞列天下之奇而一筵會天下之味其旨而且有也乎

曰旨且多又曰多且旨又曰旨且有總是反覆極言其豐盛

夫多則患其不嘉，今物之多者，非徒侈番衍也，而又有以昭其異焉，多而能嘉也如此。

旨則患其不齊，今物之旨者，非徒示間有也，而又有以昭其備焉，旨而能齊也如此。

有則患其不時，今物之薦，亦非徒有而已也，莫非新美之味，而皆當可焉，有而能時也又如此。是君子之燕，可謂曲全也已矣。

時者，言物之新美也。頻升詩兩處說時。註云：時，善也。此時字可憑此解者，不是不時不食之時，亦非烹調得宜之謂。上三章已有曲全意，下三章只是就上三章闡出曲全意。上三章旨字多字等平重，下三章各重下句，不宜逐章入曲全意。

南有嘉魚四章

此亦燕享通用之樂。言江漢之間有嘉魚焉，則必烝然而罩之。又畢矣君子有酒則必與嘉賓共之致殷勤於罇俎之間使其心悉之而諧若也。

只宜順文說。式燕以樂。重樂賓上。

江漢之間。有嘉魚焉。則必烝然而汕之。又汕矣。君子有酒。則必與嘉賓共之。恊笑語於獻酬之下。使其心爲之而暢然也。

南山有木。其枝榦下垂。故井瓠得以纍之。固結而不可解也。君子有酒嘉賓燕胥。情通於分之忘。心孚於意之適。其相得之深。無復有所介于懷者矣。

綏之。就心說。須體疊字之義。有相得意思。註曰。此興之取義者翩翩者鵻。烝然來思。君子有酒。且燕賓也。獻酬之儀雖既成。而殷勤篤厚之意則無已。又以其已行者而再行之。繼繼隆洽。謂乎情意之俞深也。

又思尸具既盡飲燕之禮了。而其情則未盡而再勸飲也。一說言頻頻燕享不但一時為然也。四章開開平平看。勿以又思打上三章

南山有臺五章

此亦燕享通用之樂。言南山則有臺矣。北山則有萊矣。樂只君子。皇圖賴之而鞏固屹然不可動也。其為邦家之基矣乎。樂只君子。元氣久之而滋盛。悠乎不可量也。寧不萬壽無期矣乎。

樂只輕邦家之基便是德。不必說德足為邦家之基矣。德祝壽兩開說。不必相承

南山有桑。北山有楊。樂只君子。夫固昭朝廷之有人也。非邦家之光乎。樂只君子。殆必永錫以難老也。其萬壽無疆乎。

南山有杞。北山有李。樂只君子。民之所好好之。民之所惡惡之。非

民之父毋乎。樂只君子，義聞之宣昭。愈久而愈隆，德音其不已乎。

民之父毋，便是言其德。不必說德足為民之父毋，德音開說，不必承上句說來。

南山有栲，北山有杻。樂只君子。吾願其齒之豐也，豈不眉壽乎。樂只君子。吾見其聲之宏也，何德音之茂乎。

曰遐不者，必之之詞也。

南山有枸，北山有楰。樂只君子。殆必慶膺黃耇，而其年之未涯乎。樂只君子。又必保艾爾後，而終老之無有害乎。

黃耇便是壽，不必說壽之徵。後守就老年說。通詩或並言德壽，或只言德，或只言壽，總是美其德，祝其壽。

蓼蕭四章

諸侯朝于天子。天子與之燕，以示慈恩，而歌此詩。言蓼彼蕭斯，則零露湑然矣。我於君子，向也願見而不可得，殊以為恨。乃今來朝而亦既見止，則夙昔之憾，為之輸寫而無餘矣。惟其喜之也至，故其遇之也自不容以不厚。燕禮斯行，而笑語以洽。蓋獻酬之下，但知敦其情焉已矣，形迹無拘也。夫君臣之際，每難於相遇，得君則其聲必著。君臣之好，每患於不終，得君則其寵必固。豈不有譽處乎哉。

燕便是示慈惠。恨是以不得見為恨，非恨君子也。此處亦便見得君臣至情，是以有譽處本燕笑語說來。

蓼彼蕭斯，則零露之瀼瀼矣。既見君子，朝廷為之增重，國家為之生輝，是其德誠可喜也。且龍光之德，久而不渝，其終也猶其始也。豈不永錫以難老之慶，而壽考不忘者乎。蓋其厚于德者，則固有厚于命之理也。

不爽。是常如此。不忘。只是有壽。

蓼彼蕭斯。則零露之泥泥矣。既見君子。則與之孔燕。勢分無所拎拘。油然至情之相與也。但見其為人也。豈弟人也。渾然和厚之可親焉。坦然易直之可美焉。上而有以宜其兄。下而有以宜其弟。凡式相好也。無相猶也。夫有如是之令德。則固有得福之道矣。豈不慶膺胡考。而身其用康壽。而且樂也耶

燕曰孔燕。蓋深協其情也。不宜把上章以勸戒主意。此章以警戒主意。只是美德祝壽。勸戒警戒。乃言外之意。故曰因以又曰亦所以。豈可把此意作主。況警戒亦只是宜兄宜弟一句內意

宜者。豈弟之德宜之也。令德。只是豈弟之德。壽豈。豈字帶壽字看

蓼彼蕭斯。則零露之濃濃矣。既見君子。其儀衛之間何者而不可

美。鞗革則冲冲而垂操縱之有度也和鸞則雝雝其聲節奏之可聞也。是君子也吾願其休祥之交然畢集萬福攸同而無有或遺者乎。

鞗革二句只就儀上說不必入德萬福句只做願其福勿干上文事通詩俱是即蕭之能受露與臣之能獲福也

湛露四章

此亦天子燕諸侯之詩言湛湛露斯非陽則不晞茲厭厭夜飲忘其分而盡其情其無不醉也吾之心也凡百君子是必從容以罄今夕之懽不醉則不歸否則何以慰吾無已之意耶。

畧其分而協其情則安矣久字足字俱就飲上說。

湛湛露斯則在彼豐草矣茲厭厭夜飲適而安也久而足也則在彼宗室以成其燕享之禮蓋必在宗者所以使其無所拘而得

以盡其和親之情也

重在宗上。不宜把考字重看。凡公法所在。便是嚴憚。故私燕必於宗室。私燕所重在情在宗始無所拘。而其情得盡

湛湛露斯。在彼杞棘。是顯允君子。獻酬之下。凡皆湛一自若。不以飲之多。而其心或亂也。夫孰不令德乎。

其桐其椅。其實離離。是豈弟君子。燕飲之間。凡皆溫恭自持。不以既醉而忒其度也。夫孰不令儀乎。

顯允就心說。豈弟就外說。一屬令德。一屬令儀。皆不苟。然俱不宜重看。上二章。是燕。下二章。是說臣。善其燕。作一直說。勿兩平對待看

詩經宗義卷之

詩經宗義

十

詩經宗義卷之五

閩惠安東湖張瑞著

小雅

彤弓三章

此天子燕有功諸侯而錫以弓矢之樂歌言我有弓焉。將來而孔陽鮮弛而不張是弓也。弓人所獻受而藏之于王府。所以待有功者。[illegible]乎。今我有嘉賓。敵王所愾。其功懋矣。弓之藏也夫正為斯人也。我中心實欲貺之。錫賚之意惟誠非徒貌焉而已也。由是鍾鼓既設。一朝享之報功之燕斯行。何嘗出納之或吝耶。首二句另提起燕為報功而燕。曰一朝享之。則一朝錫之矣。非有兩層。

彤弓弨兮。受言載之而使其射之常正所以待有功也。今我有嘉

賓其功不可忘也我也中心喜之愛樂之情固有根於一念之真者矣由是鍾鼓既設一朝右之其舉是弓以畀之也曾有遲惜之意乎

勸是勸之以酒尊是禮貌之

彤弓弨兮受言櫜之而使其色之常新所以待有功也今我有嘉賓其功不可沒也我也中心好之忻慕之情固有出於由衷之篤者矣由是鍾鼓既設一朝醻之其舉是弓以錫之也曾有不果之意乎

獻而酢酢而復酬故曰厚即此便是勸之三章一意無淺深

菁菁者莪四章

此亦燕飲賓客之詩言菁菁者莪則在于阿之中矣既見君子則喜衎之私以慰而悅樂之意油然而不可遏由是享賓之禮行焉

式燕以敖所以協其情也

儀字只就燕說勿作愛敬兩盡意

菁菁者莪則在于沚之中矣既見君子夙昔之意願一朝而遂其喜之之心蓋有不容自已者矣

菁菁者莪則在于陵之中矣既見君子夫人之盛德一朝而接其喜之之至若有錫我百朋者矣

曰錫我百朋只是極喜貝有五樣各二貝為一朋孔氏疏云古者貨貝言古者寶此貝為貨也五貝者大貝壯貝公貝小貝不成貝為五也五種之貝貝中以相與為朋非總五貝為一朋也

今夫汎汎楊舟無所維繫則載沉載浮而不能以自定矣詩人之意蓋曰我向者未見君子而懷思之不寧也于今亦既見止企仰之念以釋而無復往來于懷我心不休休然其安定矣乎

上二句是追言。重下二句。通詩揔重既見君子之喜。

六月六章

尹吉甫伐玁狁有功而歸。詩人作歌以序其事。言當時六月。承命出師。棲棲而不寧。車以攻戰則戎車之既飭。馬以駕車而四牡之騤騤。於凡戎事之常服皆載之而行焉。夫冬夏不興師法也。今乃六月而出師者。蓋玁狁陸梁深入而為寇何其熾耶裔以謀夏。天地之大界限亂矣中外之大名分爭矣。我是用急是討罪之師。義固不容以或緩也。故明王遇變而通之。不得已而王命於是出征以攘夷狄而復吾中國常尊之勢也。夫豈可已而不已也哉

此章重六月出師之故。王國為蠻夷所亂而不正。攘夷所以正王國也。王國不正。故曰我是用急

矣是行也。既比其物而馬力之齊。又四馬皆驪而其色之亦齊。馬

其有餘矣乎。閑習之。而行止疾徐。進退動靜。莫不中于法則。教之其有素乎。於是維此六月之中。即制我戎服。應變之速也。服焉既成。即日引道從事之敏也。而其行則日三十里。不疾而不徐。惟其度也。所以然者。夷狄干中國。天子之憂也。王命於此出征。欲其有以敵王所愾。而佐天子焉耳。夫豈窮兵也哉

此章註云欲其有以敵王之所愾云云可見重出師之意上與上章不同。即日引道。就在我服既成中。

車馬者。禦敵之具也。駕彼四牡。孔脩且張。而顒然其大於戰鬬乎何有。以此車馬。伐彼玁狁。孔熾之難。必自是而肅清之矣。豈不有以獻偉績於天廷耶。嚴敬者。又制敵之本也。為將帥者。莫不威武奮揚。而有嚴焉。以共武之事。戒謹恐懼。而有翼焉。以共武之事。夫嚴以共武事。則激烈之下。其勢莫敵。夫敬以共武事。則慎重之下。

爲謀必藏旨足以攘却外夷而靖吾之邊域矣王國不為之而定乎

還做飭御禦敵之具得制敵之本两項平看蓋自用兵論之固以嚴敬為重然要之車馬嚴敬皆不可無故詩人两舉而言之無偏重意曰奏膚功曰定王國其實一理作詩之躰不得不然有嚴所謂奮揚也有翼所謂戒懼也

夫中國帝王所自立夷狄安得而干之蠢爾玁狁不自度量乃肆其宄恃而整大衆以盤據於焦穫侵我之鎬及我之方而至我之涇陽深入爲寇如此其非豈容以不討耶於是師旅興焉旟以統前軍也織文鳥章精采之動人旐以統後軍也白旆央央鮮明之奪目而進退翕闢之間凡視此以為節矣又於戎車既飭之内而選元戎之十乘車縵輪焉爲被甲焉衡軛之上盡有劒戟焉以先

啓行銳然而往不有以動先聲於塞垣之外耶

上四句是聲罪下四句是致討因其深入而討之是直也直便壯建設旌旗選鋒銳進是律也律便臧

以言其車則戎車既安從後視之則如輊覆而前也從前視之則如軒却而後也車何其善乎以言其馬則四牡之騤騤不既壯耶且教之有素而法則之習熟焉馬何其善乎夫以如是之車馬非不可以柔勝而長驅也吉甫則薄伐玁狁而逐之惟至于太原外夷內夏之界限明斯已矣不窮追以為威也今夫非文無以附衆非武無以威敵兼之者鮮矣惟此吉甫之伐玁狁也于附衆見其文焉于威敵見其武焉文與武而俱全萬邦寧不以為憲哉蓋文事武備皆有國者之所不可廢也欲盡是道舍吉甫其誰法耶

車馬泛說不可究其或為前鋒為後軍薄伐不必重看自有至

于太原一句在非文無以附衆甫用師衆而成功是必撫綏有道而有以致其懷也非武無以威敵卽甫之能驅獫狁而使之遠遁可見其武矣萬邦爲憲泛說不宜以行師言

吉甫既歸而燕飲之禮行焉但見靖難之功有成而推轂之遣無負善樂油然而不容已也夫邊境爾清而華夷之名分以正固國家之慶亦臣子之福也其受祉不既多哉所以爲是燕者蓋以歸自千里之鎬而其行之永久朋友之情踈矣故飲御諸友而炰鼈膾鯉之維旅所以敦其好也是燕也侯誰在矣曰張仲者其孝友之德足稱也燕而得若人焉一時之授分不有增俎豆之輝耶吉甫之賢不從可見乎

一此必是私燕在飲至策勳之外看來歸四句可見上五章皆行師之事末章則既歸之事從頭次序說至末

采芑四章

宣王命方叔南征，從役者作此，言吾人之行也。薄言采芑，則于彼新田，于此菑畝矣。我方叔之承命為將，舉百萬之衆而隷之，而其涖止也，其車三千，數之盛也。師干之試，兵甲皆精也。方叔於是率之以往，以言其馬，則乘是四騏，四騏翼翼，何行列之整治耶。以言其車，則路車有奭，何物采之鮮明耶。車之上，有簟茀焉，有魚服焉，不有以凜難犯之威乎。馬之駕，有鉤膺焉，有鞗革焉，不足以為武備之壯乎。此其軍容何盛耶。

師干之試，師字指人説，勿作多字看，只重試字，不宜把衆字練字平看。

薄言采芑，則于彼新田，于此中鄉矣。方叔涖止，車所以攻敵也，而其車有三千之多，旗所以統衆也，而旂旐央央然，其鮮明。方叔於

是率之以行。以車而言。則皮以束其轂。錯以文其衡。既固而且華
也。以馬而言。則四馬九八鸞。馬動而鸞鳴。瑲瑲乎有節奏也。且爵
位之崇高。服天子所命之服。黄朱之芾。而其色斯皇。如葱之珩。而
其聲有瑲。是服飾之盛。固足以昭其威望之重。而見聞之下。不有
以振士氣而懾戎心者乎。軍容又何其盛耶。

命服重看。蓋位尊則望重。望重則威嚴。此乃是素有的。非出師
而天子又命以是服也

鴥彼飛隼。其飛戾天。而亦集於所止。是鳥有飛而亦有止也。方叔
涖止。其車三千。師干之試。方叔率止。其未戰而部分之也。則鉦人
伐鉦。而鼓人伐鼓。各執其所司。其将戰而誓告之也。則陳其師旅。
而示之紀律。以定其所守。猶未也。顯允方叔。其方戰而進兵也。以
鼓為之節。伐鼓淵淵。使聞鼓而進擊焉。及戰罷而振旅也。亦以鼓

爲之節伐鼓闐闐使聞鼓而歸營焉夫師衆之盛而進退有節如
此師律何其嚴耶
師衆之盛二句屬其車三句下文所云屬率止以下幾句陳師
旅而告之蓋告以聞金聲必退聞鼓聲必進也戰甚重進退上
使進退無節孰肯向敵終有一死又孰不退走不宜說宗以華
夷之分等意蓋憤蠻夷之猾夏此自出師時便是如此何待至
此而告之
蠢爾蠻荆肆其猖獗而大邦為讎奇以謀夏其咎以無討乎而南
征之將命我方叔其年雖老而其謀則甚壯蓋筭無遺策而討出
萬全者也方叔率止以言其士卒執訊者有焉獲醜者有焉以言
其戎車嘽嘽乎其衆焞焞乎其盛但見軍容盛而其威自振如霆
如雷孰敢嬰其鋒耶夫以方叔之善兵固足以收戰勝之功然顯

允方叔嘗征伐玁狁而與于襄之績是以蠻荊聞其名而皆來畏服蓋有不戰而自屈者矣

首二句是說蠻荊之在所必討元老七句總見得方叔善兵而末三句則又言其服之不假於兵也顯允輒只是稱呼之詞首二章重軍容之盛三章重軍律之嚴末章則言遠夷之服以見其軍功之成

車攻八章

此美宣王中興之詩言車以攻爲善我車則制度工巧而極其牢緻馬以同爲善我馬則足力之齊而四牡之龐龐蓋自王靈不振而東都之行遂廢今將往于東都而曠典之再振也

四牡句只帶既同句看攻字同字當重看見得王賦之復

田車既好足以歷險而從禽四牡孔阜足以任重而致遠蓋東有

甫章將於是而行狩。舉田獵之典于久廢之餘也

此章不重甫草。只重行狩上

旣至東都。惟此有司之官。從為于苗之舉。以田獵必資於車徒也。乃從而選之。其數之之聲。嚻嚻乎其衆盛。自數者之外無聞也。由是而建旐焉。由是而設旄焉。蓋敖山之下。平曠可以屯兵。翳薈可以設伏。將於此而搏獸也

之子。只就有司說。非不敢斥王之意。其聲嚻嚻。固可以見王賦之復。只數者之聲嚻嚻。又可以見軍律之嚴。此搏獸于敖只帶選徒說。未便玄事。

王者至止。諸侯畢朝。但見駕彼四牡。而四牡之奕奕。連絡布散。蓋有濟然而集者矣。而其入朝也。亦芾之在股。昭臣道也。金舄之在足。謹侯度也。會同之禮。於是而行。班列行次秩秩乎其相續。寧有

德儀者乎

王室衰弱。諸侯不知有周。宣王中興。而人心改觀。故無敢不来

會朝者。

既會同而遂田獵。决拾既佽。着於指臂而順適也。弓矢既調。強弱輕重之相得也。但見諸侯之来朝會者。九樂於趨事。飛弧走括。齊心而協力。于以助我舉柴。務使所獲之多。而樂天子之心也

决拾弓矢是筆當。佽字調字重着射夫。解云。蓋諸侯来朝者。可見只是諸侯。所謂使諸侯之人。人字。不宜他屬。蓋助我舉柴。只着射夫説。不必説舉之以歸。只是獲多意。言助我以斉積禽之多也

夫是田也。不但馬足之齊。駕四馬而皆黄其色。且純也。四馬之中。驂最難正。則兩驂之不倚軌道而趨也。以此車馬從其群醜。但見

其御也。則旋車以逐禽之左。而不失其馳。御何其善乎。其射也。則自左而達之右。而舍矢如破。射又何其善乎。

四黃二句。著田獵上說。可以見馬之有餘。可以見教之有素。射御則田獵之事也。五御中。惟逐禽左是御驅逆之車之法。惟御以法。而射皆舍矢如破。所以爲善射。舍矢如破。須以中左言。

自其終事言之。惟聞馬鳴之蕭蕭。惟見旆旌之悠悠。而徒御凡皆肅然靜定。無有諠譁之聲。其卒也。猶夫始也。終事之嚴如此。自其頒禽言之。上殺以奉宗廟矣。中殺以供賓客矣。所取以充君庖者。惟下殺而已。所得於下殺者。惟三分之一而已。其餘則散之士大夫之習射者。獲雖多而大庖不盈。頒禽之均也如此

上三句。見師律之嚴。王道之義也。下一句。見上下之情。王道之仁也。終事嚴。嚴字只在徒御不驚上。蓋此三句。若曰終事之際

惟聞馬鳴之蕭蕭惟見旆旌之悠悠而徒御無有諠譁者不必於蕭蕭悠悠中生意每禽者中殺之禽也而上中下殺皆取三十每等者上中下之等也而各得其十蓋得上殺之十以奉宗廟得中殺之十以待賓客而得下殺之十則以充君庖也其餘者得十之外與取三十之外皆是也不薦不獻之歟說一說每禽取三十焉三句以下殺言蓋上殺中殺皆有限以奉宗廟以待賓客惟下殺每樣禽取三十每等得十其餘則得十之外者也至此七章從頭循序說到末

此又揔叙其始終而深美之言之子之往東都始焉聞師之行而不聞其聲始此嚴肅也終亦聞師之行而不聞其聲終此嚴肅也夫師律固貴於嚴而尤貴於初終之無間今王師嚴肅無始無終自非德之純亦不已者其孰能與於此之人也信矣其君子也此

其事可謂周悉萬全。而粹乎其不容議也矣。之事也。誠哉其大成也。王者之盛德大業。不於是而足徵乎。

末二句。都就有始有終上說。蓋即此便見其德之無間斷。即此便見其事之萬全

吉日四章

此亦美宣王之詩。言田獵將用馬力。祭禱之禮不容以不斉也。則吉日維戊。祭馬祖而禱之。由是田車既好。牢緻之甚也。四牡孔阜。壯健之甚也。其升彼大阜。而從其群醜。自優乎其有餘裕矣。不足以供狩獵之役耶。

升彼二句。言其可以歷險而從禽也。着在車馬上說。不在田獵上。將用馬力而先祭禱。見得綜理之周

戊辰之日既禱矣。及吉日庚午。遂擇其馬而乘之。蓋田事尚矣。此

足力也。然泛然而往不可也。則視何者為獸之所聚而麀鹿麌麌乎其最多。夫惟漆沮之旁之為盛。其所從更無過於此者。宜為天子田獵之所也。獵地之審擇。其在茲乎。

擇其馬而乘之。只在擇上。乘字是連帶語氣。視獸之所聚。非觀視之謂。蓋審之也。此章之審擇獵地。亦見其綜理之周

其往而田也。瞻彼中原。地勢之寬大。而禽獸之甚多。或儦儦而趨焉。或俟俟而行焉。或三而為群焉。或二而為友焉。何其盛耶。於是率其同事之人。彼此各供其事。而無有不力於田者。于以樂我天子之心。蓋人心大同。則其所可樂固有出於待獵之外。而寓於待獵之中者。故相率而盡力。庶天子之心。為之而樂也

各供其事。在悉率左右內。見人力之齊。以燕天子。重人心大同

上說

既張我弓既挾我矢彼豝之小最爲難中者也而舍拔則獲一豝能
中微也如此兕之大最爲難制者也則一矢而斃其又能制大也
如此獸之得也以爲爼實而進於賓客上下之間且相與酌醴焉
蓋分在所畧而怡然笑語之相投矣
曰小豝則凡獸之小者槩之矣曰大兕則凡獸之大者槩之矣
重以御二句見君恩之洽此二章所謂可以見上下之情也古
者四時之田以講武事是田獵爲講武而設車攻吉日之田獵
以講武也

鴻鴈三章

周室中衰萬民離散而宣王能勞來還定安集之故流民喜之而
作此詩追叙其始而言曰鴻鴈于飛莫得所止則肅肅其羽矣之
子于征流離失所而無所於歸則劬勞于野矣且其劬勞者皆可

憐憫之人而哀此鰥寡天下之窮民而無告者也遭此不淑孰圖有今日耶

鰥寡正是矜人此二句不必說是劬勞中抽出尤者而言

此據其今而言曰鴻鴈于飛則集于中澤而得其所止矣之子蒙復蘇之恩而築室以居百堵於是而偕作夫今之築室也雖勞苦之不免然室家居處之休固可繼此而得之其終不安宅耶

此劬勞就築室上說註終字今字相照應

鴻鴈于飛而哀鳴之嗸嗸詩人盖言我之作此歌也夫是歌之作維此哲人則有以洞見其情謂歌雖作於安寧之後而實有感於昔者之劬勞其作之也盖追思悲惜之情之不容已者也維彼愚人則曰我之既得其所閒暇無事而作此歌以宣其驕縱云耳此則甚非我之意也

首二句只是以鴈之鳴比己之作歌無別意哲人四句只是自明其歌為劬勞而作之意蓋既勞苦而後安宅則其安而追思悲憤亦人情之不容已者也上二章追昔日之苦而幸今日之安末一章發作歌之意豐城朱氏曰惠鮮鰥寡文王之所以興也哿矣富人哀此煢獨幽王之所以亡也爰及矜人哀此鰥寡宣王之所以中興也然則宣王之勞來還定安集其有得於文王之家法也與

庭燎三章

周王將起視朝不安於寢而問曰夜何如哉早耶晚耶夫夜雖未央然庭燎之設以候吾之視朝者其殆有光乎君子至止以候入朝者其殆有鸞聲之將將乎今茲之夜得非此時耶

所謂庭燎之光君子云云只做問說言夜雖未央然其殆此時節

乎。
恐晚之念切。屢夜之不止此也。復問曰。夜如何哉夜雖未艾然庭
燎殆晰晰而小明。其設既久。而其光已衰乎。君子至止。殆鸞聲噦
噦其行既近而節奏之可聞乎。今茲之夜。又得非此時耶。
恐晚之念愈切。屢夜之又不止此也。復問曰夜如何哉夜光殆盡
而近曉天欲明而庭燎有煇。見其煙光之相雜乎。色可辨而君子
至止。其旂之可觀乎。今茲之夜。又得非至此時耶。
一章詞意轉切一章。只是一時事。非頃而復問之。謂至止字須
看得活。

沔水三章

此憂亂之詩。言沔彼流水。猶朝宗于海。鴥彼飛隼。載飛而猶或載
止。嗟我兄弟邦人諸友。當此變故之會。乃無肯念亂者。亦獨何哉

夫人各有父母也。亂則憂或及之、縱不為身謀、獨不為父母謀耶、

是豈可以不念哉

念亂中、便涵救亂之意。註憂或及之。非憂慮之意、即災禍之謂

沔彼流水。則其流之湯湯。鴥彼飛隼。則載飛而載揚。我也念彼不蹟事為悖戾、逸于道理之外。蓋深有可憂者、其憂念之深。至於不遑寧處、載起而載行。夫是憂也。其可以弭忘乎。蓋其觸目激中。雖欲自已其憂。惡得而已之

不循道。便是作亂。彼字着不蹟上來。勿做人說、載起載行。重憂上。

鴥彼飛隼。循循彼中陵而有所止。何民之訛言、繁與交構為亂而獨無懲止之者乎。此其禍亂寧有窮哉。居今之時、誠有大可懼者。然善處變者、亦反諸已而已耳。我友誠敬以自待。則戒慎之下。自

無所失讒言何自而興乎蓋讒者雖巧於爲譖要亦人之有以取之耳既無可乘之隙夫惡得而逞耶

敬字只是謹慎之意蓋以約失之者鮮能謹慎則所以立身行已者自然周密無間一章言亂之當念二章言憂亂之心三章言止亂之道

鶴鳴二章

此必陳善納誨之辭言鶴鳴于九臯而聲聞于野由中達外寧可以氵逐而限乎魚潛在淵而又或在于渚無彼無此寧可以一定而拘乎園有樹檀固可樂也而其下維蘀蓋有以累其勝矣是可以檀而掩其落蘀之賤乎他山之石若無取也而可以為錯蓋足以利其器矣是可以石而併棄其為錯之美乎

正意須二章說完了然後就學者入之所愛還是善者所惡還

是惡者。但不可偏於愛。而或有未好處。亦不知其惡。不可偏於惡。而或有善處。亦不知其美耳。

愛君之心無已。既告之復從而重致其意曰。鶴鳴于九皐。聲聞于天。蓋其有聲之寔。不容秘也。魚在于渚。或潛于淵。蓋其出沒之無常。惟其適也。樂彼之園。爰有樹檀。而其下惟穀。可愛之中。夫固有可惡者在矣。他山之石。可以攻玉。可惡之中。夫固有可美者在矣。是自鶴而觀之。可以見誠之不可揜焉。自魚而觀之。可以見理之無定在焉。自樂園與石而觀之。又可以見好惡之不可以或偏焉。此詩人諷王之意也

祈父三章

軍士怨於久役。故呼祈父而責之曰。祈父。予乃王之爪牙。其衛王室也。我之事也。汝胡乃轉我於憂恤之地。使我馳驅行伍之間。

離邦畿而無所止居乎。

驅以從戎故曰轉予于恤

祈父予乃王之爪士其在禁衛也我之分也汝胡乃轉我於憂恤之地使我奔走鋒鏑之下夙夜無已而靡所底止乎。且獨子歸養法固然也此法人皆聞之祈父獨不聞乎其誠不聰也哉胡乃轉我於憂恤之地使萬里從役不遑將母而吾母又主薪水之勞耶

上二章說役非其職末一章說役非其法總是怨於久役故如此責之豐城朱氏曰上二章責司馬不當以王之爪牙而遠從征役後一章責司馬不當以國之孤子而遠從征役安城劉氏曰不斥王而責司馬此詩人忠厚也猶北山稱大夫之意

白駒四章

為此詩者以賢者之去而不可留也故言林泉歸隱賢者之志已浩然矣皎皎白駒安得其食我之場苗我則縶之維之以永今朝夫白駒賢者之所資以行也駒既為我縶維則其人雖欲往而不可得其尚得以於此逍遥而有一朝之留矣乎夫一朝之間若不足以為幸也然不猶愈於遂去耶

所謂食苗縶之維之皆是託辭

皎皎白駒安得其食我之場藿我則縶之維之以永今夕夫白駒賢者之所資以行也駒既為我縶維則其人雖欲去而有所沮其尚得以於此嘉客而有一夕之留矣乎夫一夕之間若不足以為快也然不猶愈於遂行耶

曰嘉客者我為主而彼為客也此章與上章一意

此乗皎皎白駒之賢者若或回其必往之志而首然来思我則以

爾為公。以爾為侯爵位之隆重。授之而無所於吝。夫遐知於天子。而其道得以大行。此其逸豫寧有期耶。是我之所以待爾者。夫亦未為不可。其我就也宜也。豈可過於優游。山林之適。戀戀而不能舍。突於適思高隱之心。斷斷乎其不可挽。而終不我顧哉

逸豫無期就道得大行上說。優游適思。其意雖無甚異。然字義

自別

賢者必去而不可留矣。於是嘆之曰皎皎白駒。飄然而逝在彼空谷之中。而束其生芻以秣之。縶維之計。終不諧矣。夫伊人之德之美如良玉。然誠有動人之愛慕者。今林泉高風。既不可屈。顧安得親之耶。然人不可親。吾固未如之何也已。而其心尚無我絕乎哉一念不忘。而音聲之常相通焉可也。慎毋金玉爾音。而有遠我之心。恝乎其不少留情焉。蓋我之懷矣。實不容以自已。而絕人已甚。

殊非所望於君子也

曰其人如玉者。慨慕之辭也。蓋已覿乎其不可親。本人空谷說來。非着如玉上說。此一句詰承上起下。金玉只是貴重之義。非謂貴重其音如金玉。上三章都是留之之事。此一章則是旣去之後。而有篤望之情。總見好賢之無已。

黃鳥三章

民適異國。不得其所。故作此詩。託為呼其黃鳥而告之曰。黃鳥黃鳥。無集于谷。無啄我之粟。詩人蓋言異國之人之謂之曰。爾無居我之處而食我之食也。夫我之來也。亦冀其以善道相與耳。苟此邦之人。略無保愛賙恤之恩。而不以善道相與。則我亦何為於此哉。將言旋言歸而復我之邦族矣。

或黃鳥三句。做自謂無久留於異國說。

黃鳥黃鳥無集于穀無啄我之粟詩人蓋言異國之人之謂曰爾無居我之處而食我之食也夫我之來也亦冀其明之足以相知耳苟此邦之人緩急休戚之恬不相知而不可與明則我亦何為於此哉將言旋言歸而復我諸兄矣

黃鳥黃鳥無集于栩無啄我之黍詩人蓋言異國之人之謂曰爾無居我之處而食我之食也夫我之來也亦冀其可與處耳苟此邦之人曾無足恃賴而不可與處則我亦何為戀戀而不去哉將言旋言歸而復我諸父矣

三章各另看。

我行其野三章

民適異國依其婚姻而不見收恤故作此詩言我行其野蔽芾其樗依惡木以自蔽竆亦甚矣於是思婚姻之故而就爾居蓋望其

我穀也而爾不我畜我亦何為於此哉則將復我之邦家矣
我行其野言采其蓫取惡菜以自飽困亦甚矣於是思婚姻之故
而就爾宿豈望其我恤也而爾不我畜我亦何為於此哉其將言
歸思復也矣
我行其野言采其葍流離困苦之一至此極收恤之恩夫固重有
望於爾也爾乃不思舊姻而別求新匹亦獨何哉夫其棄我而就
彼也雖實不以彼之富而厭我之貧亦秖以其新而異於故耳厭
故而喜新無乃不可乎
上二章不見收恤而歸之决見其善於處己末章其責之也恕
見其厚以待人
斯干九章
此築室既成而燕飲以落之因歌其事言吾王重新帝居自其形

勢而言之所臨者。秩秩之斯干。襟而帶也。所面者。幽幽之南山。拱而立也。形勢之美何如哉。自其制度而言之下焉植本之堅厚。其固也。如竹之苞。上焉結構之工巧。其密也如松之茂。制度之美何如哉。室固美矣。吾願居是室者。兄之與弟。至恩流通彼此之相好。無各抱猜嫌而以相圖為也。彝倫攸敘人與室而俱美。不亦善乎。相猶者。謀以相害也。此一章籠統說盡意思。下章纔從頭詳細說去。

宮室圮壞。先人之業廢墜矣。故明王者作。似續妣祖竭競次之力。加肯構之功。而築室百堵。其在東者則西其户。其在北者則南其户。輪奐重新。不有以噓厄運之光耶。但見或正南面或舒其勤。於是居。於是處也。或樂而笑或時而言。於是笑於是語也。何者而不在茲乎。

自其垣墻而言之。束板以載。閣閣然上下之相承。投土以築。橐橐然杵聲之相應。但見上下四旁。凢皆牢密。風雨攸除。不得而賊其患焉。鳥鼠攸去。不得而施其害焉。垣墻何美耶。而君子居之。蓋有以振萬乘之勢。而係四海之瞻矣。不尊且大乎。

尊大。着君子身上說。要之重築室之美上。攸芋字却不甚重。下二章放此。上下四旁。勿分配。

自其堂而言之。其大勢嚴正。如人之竦立。而其恭翼翼也。其廉隅整飭。如矢之急而直也。其棟宇峻起。如鳥之驚而革也。其簷阿華采而軒翔。如翬之飛而矯其翼也。堂何美乎。而君子之所升以聽事。天下大政于是而理焉。

自其室而言之。殖殖其庭。平坦而正也。有覺其楹。高大而直也。噲噲其正。洞徹而開豁也。噦噦其冥。深邃而廖廓也。室何美乎。而君

子之所休息以安身萬機之暇于是而自適焉

宮室既成吾願吾君之居之下莞上簟乃安斯寢乃寢乃興乃占我夢吉夢果伊何耶夫晝之所為夜之所夢目之所接夢之所感此常理也今得之於夢者維熊維羆維虺維蛇夫熊羆也虺蛇也曾非耳目心思之所及而乃形於陰陽會合之際是何其異耶

占字只虛虛浮浮看過亦不必作記字意

於是召太人而訊之夢太人占之謂維熊維羆乃男子之祥蓋熊羆陽物也男子陽質也陽感則陽應其將得男子不於熊羆之夢而先見乎維虺維蛇乃女子之祥蓋虺蛇陰物也女子陰質也陰感則陰應其將得女子不於虺蛇之夢而先見乎

註贈惡夢贈如贈言之贈送之往也

由是而生男子載寢之牀隆其遇以尊崇之也載衣之裳盛其服

以寵異之也。載弄之璋，將使其德之成，亦若是純潔而溫潤也。且其泣也喤喤，寔覃寔訏，厥聲喤喤，不有以昭其生質之非常者乎？是男子也，有本宗者焉，則將服純朱之芾；有支庶者焉，則將服黃朱之芾。而煌煌然其鮮明。其支庶則以一國為室家之屏之翰而為君焉；其本宗則以天下為室家之綱之紀而為王焉。蓋雖在幼冲之時，而其職任之重已屬之矣。吾願吾君之生男子如此也。

朱芾斯皇，就後來為天子諸侯時說。

由是而生女子，載寢之地，宜卑而卑之也；載衣之裼，節其用而無加也；載弄之瓦，習其所有事也。彼有非，非婦人也，則口不出傲言；身不由傲行，而邪僻之泯如。有儀亦非婦人也，則於家不幹蠱，於國不預政，而善哲之閑。閑日用之間，惟庸力于閨門之脩，而酒漿之是冪，五飲之是精，自此之外，不識不知也。夫如是，以慰父母之願無傷其志而使之憂焉斯可矣吾願吾君之生女子如此也無父句承上二句說或泥註只帶唯酒食句看亦固矣蓋非之不可有自明而善之不可有其意隱朱子解經須是說得明白不得不用以順為正一段說話隔着若不消為人說較明白則朱子必只曰無非無儀唯酒食是議而無遺父母之憂則可矣此可以意會首章既言宮室之美而頌禱之二章至五章都是詳作室之事以下都是頌禱之辭

無羊四章

此詩美宣王牧事有成作也言向也羊嘗不足矣今誰謂爾無羊乎羊以三百為群其群不可數也向也牛嘗不足矣今誰謂爾無牛乎牛之犉者九十非犉者尚多也但見爾羊来思息而聚其角濈濈然和而不觸也爾牛来思呞而動其耳濕濕然潤澤而不燥也

下四句依王氏註濈濈濕濕見其盛也不如是安得爲盛
爾之牛羊或降于阿或飲水于池或寢而或訛無驚畏也而爾
牧之來荷蓑與笠以為陰雨之備或負其餱以爲飲食之需于以
從所適而順其性是以生養蕃息至於齊其色而別之凡為色三
十何所不備耶但見隨其所用而皆足以供之豈有不至於或乏
者矣

只如註開說落去不宜以或降二句為本於荷蓑二句來蓋
三十二句乃本從所適以順其性上來亦不宜以或降三句作
牛羊之性如此

夫牧人之所司者惟羊與牛耳其所事者惟牧與芻耳今爾牧來
思畜養有餘力薪蒸往焉以新而以蒸也雌雄往焉以雌而以雄
也且爾羊之來也矜矜兢兢有堅強之美不騫不崩無耗損之患

時當釆也但以手麾之使来則畢来時當升也但以手麾之使升則既升其馴擾從人而不假箠楚也如此

處置有法故有餘力不然方將力畜之不遑而奚暇於樵徵牧人乃夢衆維魚矣夫人與魚其類不相若也夢人維魚何其異耶旐維旟矣夫旐與旟各隨其所用也夢旐維旟又何其異耶於是牧人獻之太人從而占之謂人所生不如魚之多夢人乃魚以少變多之象也實維豐年之兆自今以始歲其有矣旐所統不如旟所統之衆夢旐乃旟以寡變衆之象也實惟民庶之兆自今以始此有人矣

維魚維旟勿用変字意此夢此占朱註不言禱頌之詞只宜作實說四章各另看首章牛羊之盛中二章皆是牧養之事此三章摠言牧事之成末章重富庶之兆

節南山十章

此詩家父所作。刺王用尹氏以致亂。言節彼南山。則維石巖巖矣赫赫師尹。位尊而望重。則民具爾瞻。而天下之休戚利病。皆於爾乎係矣。是其為民作福宜也。顧乃所為不善。使人憂心之甚。如火之燔灼然。又且畏其虐害之威。天下箝口。雖戲談而亦有所不敢焉。然民怨已極。天命且去。國既終斬絕矣。汝何用而不察哉。當人之國殆不應若是也。

戲談且不敢。況正言其失。直指其非乎。何用不監。只着國既卒斬上說。蓋察其然。則其所以改惡者。亦不容已矣

節彼南山。則有實其猗矣。赫赫師尹。乃任一己之私意而不平其心。謂之何哉。但見遺禍於天下。天怒而荐瘥。喪亂之降弘多。民怨而胥讒。言之所出無嘉。然夫神人共憤。是宜惕心易慮之不遑矣。尹

氏曾不懲創咨嗟，求所以自改焉，其何以回天人之心耶。

尹氏太師，實維國之根本，宗社以爾為安危，而秉國之均，國之權柄於爾焉寄也。任大而責重如此，是宜推行善政，于以維持乎四方，贊襄治道，于以毗輔乎天子，而使民之不迷亂，乃其職也。今乃不平其心，則既為天所怒，而不見愍弔於昊天矣，豈宜久在其位，使天降禍亂，而我衆以爾之故，并及空窮耶。

維周之氐二句，一直說國家之事，皆任其裁制，故曰秉國之均。毗輔天子，只以佐理言。

王委政於尹氏，尹氏又委政於姻婭之小人，而以未嘗問未嘗事者，欺其君也。故戒之曰：汝於國家政事，弗躬弗親，庶民已灼見其然，而不信其躬親矣。其所弗問弗事，祗以罔其君而已耳。為人臣而罔其君，甚不可也。是宜平爾之心，視所任之人有不當者，則罷

而去之無以小人之故而至於危殆其國家夫瑣瑣姻婭次非可用之人則皆無使膴仕焉可也

弗躬弗親就政說夫弗躬弗親則弗問弗仕矣曰庶民弗信勿罔君子只是說民不可得而欺只以欺君耳可乎哉上四句言其委政於小人之非下四句則欲其勿委政於小人君子就人君說此章乃指其實事而言之

昊天不均而降此窮極之亂昊天不順而降此乖戾之變災害一至於此然所以靖之者亦在夫人而已君子誠能凡事不以諉之小人無所苟而用其至則必躬必親而民之亂心息矣用人不任一己之私無所偏而平其心則式夷式已而民之惡怒遠矣夫天之視聽在民民之亂心既息惡怒既遠則夫鞠訩乖戾之災其將不反而為祥乎今乃不能謂之何哉

如屆是勿委政於小人如夷就退小人說不宜以立政用人乎
看蓋此詩重委用非人上不是政與人二項事註則必躬必親
則式夷式已不是下一層意
尹氏不平其心不見憫恤於昊天天怒而重之以災但見亂未有
所止而禍患與歲月增長俾民受其殃而不寧焉君子重有所感
憂心如酲而曰誰秉國成者乃不自為政而以付之姻婭之小人
其卒使民為之受其勞弊以至此耶快一已之私而禍天下之民
亦獨何哉
曰誰秉國成疾之之辭也秉國成即上章秉國均之意
駕彼四牡而四牡項領可以騁矣但我瞻四方無往而不昏亂蹙
蹙然曾無可往之所亦將何所騁哉蓋有欲避之而不可得者矣
無處可往故以為縮小出門有礙天地猶隘也

小人之性無常方其盛爾悪以相加也則怒氣不勝視其示戟如欲戰鬪及既夷平恔懌則又相與懽然如賓主而相酬酢恬不以爲怪焉喜怒之不可期如此而何以趨避哉此君子之所以無所適而可也

相彖作賓設曰如相讎則不作飲酒説但形容懽然相與之意耳

尹氏之不平其心意者天使之乎昊天其不平哉禍亂由是而生茲固天子之憂也我王可得而寧乎夫所為不善而遺患於君尹氏亦可惕然思矣猶不自懲創其心乃反怨人之正己者則其為悪何時而已哉

爲悪何時而已嘆其終於為悪也

家父作為此誦以窮究王政昏亂之所由釀成天下之禍皆不平

其心而委政小人之故也吾究而言之冀其因此感悟改心而易慮不委用小人而必自為政庶有以轉亂為治而畜養萬邦者乎曰作誦以究王訩只就詩中尹氏說不必入王用尹氏之意若王用尹氏則通篇是此意所謂究王訩只是不平其心故下句曰式訛爾心不平其心只是委政於小人改心只是小人勿用自首章至九章雖會貫通總是說尹氏不平其心而偏委政於姻婭之小人以致禍亂所謂不平乃指任用小人而言其言委政於姻婭之小人正指出不平之事實也亂之所由生也前後反覆言之不外此意末章則冀其改心易慮

正月十三章

此詩亦大夫所作言正月純陽用事而乃霜降之繁此天變之大者也我心既為之憂傷矣而民之造為奸偽之言以惑群聽者又

方甚大不深有可憂者耶然衆人曾莫以為憂念我獨兮憂心之京京而哀我小心癙憂之甚直至於病焉盖其觸目激中固有不容自已者也

京京三句只屬訛言一邊正月繁霜下已有我心憂傷一句了大抵此詩重訛言上看下数章可見

父母生我胡俾我瘉盖使亂而在我之先或在我之後則吾皆有所不及見可以無憂也今乃不自我先不自我後而使我適當是時焉謂之何哉夫人之有言必謀諸心則知罔上惑衆之為非而不敢譸張為幻今訛言之人虛偽反覆言之好者固不出於心而但出於口言之醜者亦不出於心而但出於口無所忌憚妄肆是非其禍亂曷有窮耶是以我之憂心日以益甚而人則不以為然非惟不見信且侵侮之實反有所不免焉

不自我先不自我後故曰胡俾我瘉所遭即訛言之亂曰胡俾云云此憂之甚而無聊之辭也

憂心惸惸念我不幸而遭國之將亡與此無罪之民將俱被囚虜而同為臣僕盖揆之事勢此固必及之患也哀我人斯將復從何人而受祿乎譬如視烏之飛不知其將止於誰之屋也其言及此不亦可痛心哉

或說忠臣義士不事二姓國雖淪喪我罔為臣僕但斯人于何從祿與註不合況本文已曰并其臣僕所謂哀我人斯非獨以他人言也

瞻彼中林或大而薪或小而蒸分明可見也民今方危殆疾痛呼訴於天而視天反夢夢然禍福之顛倒若無意於分別善惡者何哉然此特其未定之時耳方其未定人或能勝天及其既定則未

有不為天所勝者。為惡而降之以禍。終可免乎。有皇上帝。非有所憎而禍之也。淫者禍之。夫固自然之理耳。

末云伊誰云憎。可見雖人不勝。還主惡者說

夫人言之變亂顛倒。謂山蓋卑。而其實則岡陵之崇。據其實而較其所言。蓋有大相反者。民之訛言。一至於此。而王猶安然莫之止焉。是其止訛也。吾固無望於王矣。及其詢之故老。訊之占夢。以決其言之是非。則又皆曰。我雖聖矣。而烏之雌雄。亦孰得而辨之。或是或非。徒付之不知而已。然則訛言之人。其亦何所忌憚而不為耶。

謂山蓋卑二句。非實事。只是變亂是非之狀如此。具曰予聖。貫到尾。言之是非非真。猶烏之雌雄。不可辨也。蓋矯其非。而禍斯來之。因畏其禍。而但付之不知耳。獨曰故老占夢者。蓋故老明于域不占者也。占夢明于吉凶者也。宜其言之是非無不知者。
潰世之亂。謂天雖高。而不敢以不局。謂地雖厚。而不敢以不蹐。夫
以天之無所不覆。宜無事於局者。地之無所不載。宜無事於蹐者。
然我所以號呼而為此言。非妄發也。又皆有倫理而可考焉。蓋謹
言煽惑禍不可測。雖天地之高厚。寘身之無所。其局且蹐也。夫
固當如是也。哀今之人。胡為肆毒以害人。如虺如蜴。而使之一至
此乎。
瞻彼崎嶇墝埆之田。猶有菀然特生之苗。而天之於我。投以齟齬
頓挫之患。如恐其不克焉何哉。且彼之始而求我以為則也。無所
不用其至。惟恐其不我得。及其得之。則又執我之堅固。如仇讎然
徒終於厭棄。而不使我得少用其力焉。求之甚艱。而棄之甚易。是
何其無恒耶

執我仇仇，蓋束縛之甚，不得少舒也。

我心之憂，如或結之。所以然者，以今茲之國政，胡為如此之暴惡，其亡可立待也。今夫燎之方盛之時，未有能撲而滅之者，豈意赫赫宗周，天下統一，而威靈氣焰之盛，獨一褒姒足以滅之。蓋褒姒之淫妬讒諂，而王嬖而聽之，安得而不亡？以一女子之故，而釀成喪國之禍，不亦深可慨耶。

此章是窮其亂本，而歸於王之淫嬖。廬陵歐陽氏曰：此上七章，皆述訛言亂政，至此始言滅周由於褒姒，謂王溺女色而致昏亂，推其禍亂之本也。

今夫方懷道路之險，而慮其終有覆車之憂，又窘以陰雨，則泥濘而車易以陷矣。然使其知所慎焉，或者猶可以善終也。顧其車既載，乃舉爾輔而棄之，自毀其防，以取覆敗，至於載之既傾，而後號伯以助予是雖善御者亦未如之何也已尚何及哉詩人之意蓋曰國家將危矣乃棄其賢臣及難已至而後求助雖可免乎誠能始而謹焉無棄爾輔以益其輻則其車既固矣又數數顧視其僕所以維持而調護之者不必肆也夫能謹其始則厥終無難再見不隳爾所載而踰於絕險者初不以為意者矣尚何覆敗之慮耶詩人之意蓋曰於國家未危之時而能求賢圖治則危難終不至矣

不必以無棄爾輔作任相屢顧爾僕作庶職按是用賢之意上文輔與伯註亦皆說在用人上去

夫魚相忘於江湖者也今在于沼其為生已蹙矣故其潛雖深然沼之水淺亦甚炤然而易見何所逃於網罟之害乎詩人之意蓋曰君子之立于亂朝其勢危矣雖自韜晦而禍亦未必能免也是

以憂心慘慘念國之為虐痛時事之日非而其悲憤之懷不容以自已焉。

此下三章之亂不必牽扯訛言、

夫小人得志既有旨酒又有嘉殽以此洽其鄰里怡懌其婚姻相與燕樂如此徒知固寵以幸目前之快孰有慮其滅亡之將及者念我獨兮。覩天下之大亂懼國勢之將傾。心之憂矣直至於疚痛而慇慇焉

當時國勢將亡。君子知而憂之。小人則滅亡之形已著。猶不及知。而徒狃於目前之快。

夫佌佌然之小人既有屋矣數數窶陋者。又將有穀矣。群邪見用類皆得志而民今獨若是乎其不幸者。是天禍椓喪之耳謂之何哉亂至於此雖無一民之不受其殃但富人猶或可勝。此惸獨者

其將如之何耶吾見其不可支以亡矣豈不可哀之甚哉天下之亂至此而可莫之省憂耶

無祿即前註所謂不幸上十章極言訛言為亂而諷以用賢蓋第八章之窮其亂本揔歸於亂也九章不用賢之悔十章用賢之吉揔是諷以用賢後三章重小人用事其禍可畏蓋君子受病亦小人用事之禍也

十月之交八章

此詩大抵亦為憂亂而作言十月之交朔日辛卯日被月掩而為之食是陽不足以敵陰而為陰所勝陰壯之甚陽弱之極也醜亦甚矣夫陽宜足以勝陰而陰宜不能侵陽彼月所食猶無足怪此日不宜食而今亦食豈非天変之大者耶今此下民不亦甚可哀哉蓋非常之変亂亡之兆也遭世之亂亡其受禍可勝言耶

朔日辛卯雖是紀其日然亦可見陰盛之甚矣十月是純陰之月而是月之朔又是辛卯日蓋庚辛屬金而辛又爲陰金寅卯屬木而卯又爲陰木純陰之月而群陰互見陰何盛耶按周天三百六十五度又有一度四分之一分每度九百四十分天一晝一夜則行三百六十五度四分度之一周而復始又再行過一度日一晝夜適行一周天之度比天不及一度月一晝夜不能行一周天比天欠十三度又一度十九分之七曆家所謂一晝一夜日行一度月行十三度十九分度之七此則以不及天行之度倒說也其曰日一歲而一周天月二十九日有奇而一周天又逐及於日而與之會一歲凡十二會此皆以退度作進度說而以會時爲準言之耳夫日行速健次於天月行遲此陰陽自然之理若曰日一晝夜止行一度幾無日矣又安得一歲三

百六十日。月一晝夜行十三度十九分度之七。比日為多十餘倍。而陰反徤於陽若是耶。蓋天每日過日一度便與日不相會。大約積一年三百六十五日四分日之一。便過了日行三百六十五度四分度之一。此時天又過日行正一周。而日則三百六十五日四分日之一。不及天行三百六十五度四分度之一。必須三百六十五日四分日之一。天與日纔相會。所以盡一歲日與天會。蓋天趕過而逐及於日也。天每日過月十三度十九分度之七。大約積至二十九日有奇。則又過月行之度正一周。故月此時與天會。蓋天趕過而逐及於月也。其曰又逐及於日而與之會。亦是日趕過而逐及於月。蓋日每日大約過月行十二度十九分度之七。積至三十日。則過月行之度正一周。故日月會。而一歲凡十二會。蓋每月終一會也。曆家將不及度作行度。

雖有遲速不同要之終皆湊合故但如此看日月方會則月光都盡而爲晦已會則月光復蘇而爲朔朔後晦前各十五日日月相對則月光正滿而爲望蓋月本無光受日之光而有光正相對則全受其光漸遠則漸對而受光漸多漸近則漸斜而受光漸没沈括曰月本無光猶一銀丸日耀之乃光耳光之初生日在其傍故光側而所見纔如鈎日漸遠則斜照而光稍滿以今觀之望則日正落月正升日月相對故月光圓滿望後漸相近故月光漸虧朔後漸相遠故月光漸盈一說日自日月自月月之盈虧乃是月之爲月氣之消長一定如此各具自然之理也與日無干天有黄道有赤道沈存中云非天實有之特設色以紀日月之行耳天如一圓匣相似赤道是那匣子合縫處在天之中黄道一半在赤道之外一半在赤道之内會時是日月

在那黃道赤道十二路頭相交處相撞着。故曰晦朔而日月之合。東西同度，南北同道。蓋道之相交處。自有東西南北也。日所由謂之黃道。五代王朴云。月不行黃道，止行其餘八道。但此八道，皆斜出入於黃道之內外，故謂之九道。史家又謂月有九行。望時是月與日正相對。如一箇在子，一箇在午，皆同一度。雖同此一度，却南北相向。日所以食於朔者，月常在下，日常在上，既是相會，被月在下面遮了，故日食。望時月食，固是陰敢與陽敵。然曆家又謂之暗虛。蓋火日外影，其中實暗，明中有暗虛，而其盡至微。望時月與之對，無分毫相差，為暗虛所射，故食也。然日月之食，雖皆有常度，若王者修德行政，用賢去奸，使陰不敢抗陽而避之，亦自然當食而不食。

夫日月之行，雖或當食而月常避日，理之宜也。今日之食乃為月揜固失其道，而月之食，是乃與日亢，亦失其道矣。所以然者，則四國無政，不用善人，故事作于下，象動于上，而日月之告凶如此也。夫日月之食，固皆為天道之變，然彼月而食，是陰亢陽而不勝，猶可言也，亦維其常。此日而食，是陰勝陽而揜之，不可言也。異孰甚焉。其不臧何如耶。

不但日食而已。當此十月之際，爗爗震電，失序失時，不安而不善。又百川沸騰，山冢崒崩，高岸崩陷而為谷焉，深谷填塞而為陵焉，天道變於上，地道變於下，異亦甚矣。此實昊天心仁愛而警惕之意，王而脩省恐懼，改紀其政可也。哀今之人，胡為曾莫之懲創哉。變異之興，而豈徒哉。今夫皇父小人也，而為卿士，以專總乎六官。番小人也，而為司徒，以掌邦教。家伯小人也，而為冢宰，以掌邦治。仲允小人也，而為膳夫，以掌王之飲食。聚子小人也，而為內史，以掌王八柄之法。蹶小人也。而為趣馬以掌王馬之政。楀小人也。而為師氏。以掌司朝得失之事。至於后妃。所以相君子而主內治者也。當以貞淑之媛為之。乃有豔之妻。以冶容獲寵。方居其所而未變。有群小用事於外。有嬖妾蠱惑王心於內。此固變異之所為興也

使民當以時。抑此皇父。不自以為不時。胡為欲動我以遷徙。而不與我謀。乃遽徹我之牆屋。使我田不獲治。卑者汙而高者萊。其將何以為生乎。徒快一己之私。不恤下民之苦。害孰甚焉。顧曰非我戕汝。乃下供上役之常禮耳。夫往役固庶人之分。而非時病農。此豈人之所能堪耶。豈為人上者之道耶。

皇父是小人之魁。故此與下章。又特言之。此章首末重說他遷郤之失。只重役非其時上

且皇父自以為聖，謂不資於人，作都于向，曾不求賢，而其所擇以爲三卿者，亶維富而多藏者也。且人君之所托重而恃力者，賴有老成人耳。彼則耆德舊臣，又皆擯棄之，不勉強留一人以衛天子。但有車馬者，則擇而取之，悉與俱往于向，不知有君，而但知貪利以自私，亦獨何哉

不憖四句，是以君與身對言，不是以去取對言。棄賢不忠，擇有車馬二句，與擇三有事二句，皆貪利自私也。要之貪利自私，亦是不忠

我等黽勉從皇父之役，未嘗敢告勞也。猶且無罪無辜，而遭讒口囂囂之害焉，何其危困之甚耶。然則下民之孽，豈天之所為哉。噂噂沓沓，多言以相悅，而背則相憎，專力為此者，皆由讒口之人耳。是災害之興，凡小人之所為也，安得委諸天

當是之時天下病矣而獨憂我里之甚病自我視之四方皆有餘猶或得以自適也而我獨居憂困苦之莫舒焉民莫不逸猶或得以自暇也而我獨不敢休勞役之無已焉何其所遭之不幸耶然憂樂勞役之相懸乃天命不徹吾亦安其所遇而已耳豈敢不聽命於天而必傚我友之自逸哉

我里是皇父封內故尤病四方四句即我里孔痗之意四方之民皆病豈羨餘安逸但不至如我之甚自我之居憂視之則人爲羨自我之極勞視之則人爲逸居字不敢字俱重此四句揔是言被禍之甚非賦役不均之意末二句安於命也首三章言災異之變次四章揔見禍之由於人末章則委命自安

雨無正七章

此饑饉之後群臣離散其不去者作詩以責去者故推本而言昏

浩昊天不駿大其德惠而降此饑饉以殺伐四國之人夫昊天疾威何不思慮圖謀而遽為此耶彼有罪而饑死則是既伏其辜矣舍之可也此無罪者亦以饑饉之故而相與陷於死亡則如之何哉

此姑為怨天之辭以發端末四句是弗慮弗圖内意

世亂之甚且將有易姓之禍而宗周既滅靡所止戾矣且正大夫離居委天下事而去之而莫知我之勞勩三事大夫棄其官守而莫肯夙夜邦君諸侯舍其國家而莫肯朝夕夫天變既如彼而人離又如此庶幾曰王因此改而為善乃覆出為惡而不悛焉吾不知所終矣

此正大夫六句重人離意末以是責之

如何乎昊天也法度之正言王不聽而信之則如人之恣行而忘

亦將何所底止哉。然雖王之所為如此。凡百君子。要當更各敬其身。
而爾職之是恪焉可也。苟不敬其身。是不相畏也。不相畏。不畏天
也。胡不相畏獨不畏于天乎。離散而去。如之何其可耶。
各敬其身。只是各供其職。正大夫無離居也。三事大夫。皆夙夜
也。邦君諸侯。皆朝夕也
兵寇已成。而王之為惡不退。飢饉已成。而王之遷善不遂。夫不去
惡而遷善。其何以弭変乎。災亂將益甚矣。我暬御之臣。任添憂焦
陶之責。為此憂心憯憯而日瘁。蓋其感慨憤鬱。固有不能自已者。
凡百君子。皆當盡忠極言。而不容默者也。乃莫肯以是告王。雖王
有問而欲聽其言。則亦荅之而已。孰肯盡其言耶。一有譖言及己。
則遂皆退而離居。而莫肯夙夜朝夕於王矣。夫王雖不善。而君臣
之義。豈可若是恝耶

哀哉不能言。發必以正。而不務悅人。是非但出諸其口而已。言出而禍患乘之。適以瘁其躬。哿矣能言。巧好其詞。如水之流。而無所滯礙。則有以投其所快。而寵遇有加。使其身處於安樂之地焉。忠直反受禍。諛佞乃獲福。不亦深可慨耶。

此與下章。是言處亂世事暗君。不得其志。以見離散者為此之故。亦傷之之意。

當是之時。人皆曰往仕耳。曾不知仕之急且危也。蓋直道而盡言。王之所謂不可使者也。云不可使則得罪于天子。枉道以徇人。王之所謂可使者也。亦云可使則見怨于朋友。夫禍患非人情之所樂取。而公議又非君子之所可犯。仕亦難矣哉。

看此詩。見得寧得罪于天子。而不可得罪于君子。

國無其人。吾不忍也。謂爾反離退之心。而復還于王都。予乃辭我言予未有室家雖欲遷于王都不可得也辭之之切至於鼠思泣血無有言而不疾痛者其不欲出之甚如此夫爾之言曰未有室家昔爾之去也誰為爾作室者而今以是辭我哉如之何而不復還王都以左右王耶

苦辭只是懼禍室家就居官室家說註昔爾之去謂去王都也去往也通詩叙其禍亂而以君臣之義責去者首二章天變人離亂也第五章之倒顛六章之危急亦亂也三四章責去者末章亦責去者

詩經宗義卷之五

詩經宗義卷之五

閩惠安東湖張瑞著

小雅

小旻六章

大夫以王惑於邪謀不能斷以從善。而作此詩。言旻天之疾威敷布下下土使王之謀猶邪僻。無日而止。何為者耶。夫謀有善與不善。去取之際不可以不審也。乃謀之善者。則不從之而其不善者反用之用舍悖謬。我視其謀猶心之憂矣亦孔之邛。蓋其惑於邪謀。其弊固有不可支者。安得不為之甚病耶

曰旻天云云亦無所歸咎之辭

夫小人徇私滅公。喜則潝潝以相和。怒則訿訿而相詆。為國家遠慮者。憂其所終亦已可哀之甚矣。且謀之善者。則皆違之而其不

善者。則皆從之。不可違而違。不可從而從。我視爾之謀。猶顛倒紛亂。亦何能有所定乎。

上章指王而言。此章指小人而言。或謀之四句就王說。與上謀臧二句同

夫卜筮之屢。龜焉厭之而不復告其所圖之吉凶矣。顧謀夫甚衆是非相奪。而莫適所從。其所謀豈能有成也哉。蓋發言盈庭。各是其是。無肯任其責而決之者。則固無以辨其孰是而施之事矣。是猶不行不邁。而坐謀所適。謀之雖審。亦何得於道路哉。然則如之何其能有成耶

發言四句。正發是用不集之意。誰敢執其咎。蓋人君不明不斷人人自是。已見欲伸其說。至於國家之成敗。初不以為意。小人誤國。往往如此。中有君子。非不肯任其責。而決之但為小人所

奪其說不得伸耳。

哀哉今之爲謀自用其愚不以先民爲法偏執其私不以大道爲常惟淺末之言是聽惟淺末之言是爭而已夫爲謀不能從善而惟聽邇言以相爭吾未見其可以濟事也如將築室而與行道之人謀之人人得爲其論其能有成也哉。

上皆空空說此則舉其所謀者言之所謂邪謀不外此章所云而王惑焉。

今夫謀夫孔多國論雖不定然有思之德睿而聖者焉有否者焉固非皆愚人也饑饉雖散民雖不多然有視之德明而哲者焉有聽之德聰而謀者焉有貌之德恭而肅者焉有言之德從而乂者焉是聖哲謀肅乂皆嘉謀嘉猷之素具者也王而用之尚亦有利哉但王不用善則雖有善者不能自存將如泉流之不反而淪胥

以至於敗矣夫有可用之善而顧棄之使終淪於俱敗之禍亦獨
何耶
此章言國之有善以見王當用善也淪胥以敗言與國家俱亡
也
暴虎之患人皆知之而不敢暴虎馮河之患人亦皆知之而不敢
馮河然衆人之慮不能及遠于此近而易見之禍固知而避之若
夫所以喪人之國亡人之家隱於無形而爲未然將然之患者則
不知以爲憂也我也懼其禍之及戰戰然恐懼兢兢然戒謹如臨
深淵而恐其墜如履薄冰而恐其陷蓋有不敢以自寧者焉
莫知與人知相照不足說人皆不知憂而我獨憂戰戰三句乃
連接喪國亡家之禍意說來上一五章言惑於邪謀而不從善末
章慮禍而懼之深

小宛六章

此大夫遭時之亂而兄弟相戒以免禍之詩言宛然而小之鳴鳩亦翰飛而至于天矣我逢時多艱而此心憂傷豈能不念昔之先人哉是以夜尚未旦適光明開發之際斯時也而慮已叢于心不能復寐而有懷父母動吾深長之思矣

先人即指父母而言之有懷父母懼其辱及之也夫禍及於身則辱及於親既有懷二人則不容不求所以免禍矣故曰言此以為相戒之端以下都是求免禍之事皆是為親之心

今夫齊聖之人飲酒既醉猶温恭自持以勝而不為酒困彼昏然而不知者則一於醉而日甚矣我之兄弟要當以彼昏為監于齊聖而法之各敬爾之威儀一動一靜無所不謹俾臧俾嘉焉可也

蓋天命已去將不復來當此危亂之秋雖檢身若不及猶懼禍患

之難免安可以不慎耶。

一醉日富漫不知檢也各敬爾儀能敬則有德不是儀自儀德

自德天命不又就時事說言國將危也。

中原有菽漫生而莫有主之者則人人皆得而采之矣螟蛉之與蜾蠃其類雖不相若也然螟蛉有子則蜾蠃負之而化為已子矣此可見善道固不擇人而行不似者固可教而似也是必教誨爾子凡所以淑其身之道皆舉而廸之使勉於有為而變其凡陋之舊可也。

看註云終上文兩句所興而言則興意還在上四句內教誨二句當另看教誨不外是用善似之。

視彼脊令則且飛而且鳴矣我既日斯邁爾亦月斯征乾乾於為善而無一時之或懈可也否則暇逸之下禍患乘之我固不及為

爾謀爾亦豈及為我畜耶。盍不力於為善。禍將不免。禍其身。而辱其親矣。夙興而夜寐。各求免禍以無辱於父母而已耳。而可不努力耶。

不必牽謹儀教子說各章另看。日月之努力。不外夙興夜寐。盖其所以為善者。如此其勤也。

扈不食粟也。今交交桑扈則率場啄粟矣。病寡不宜岸獄也。今哀我填寡。則宜岸宜獄矣。王之不恤鰥寡。而喜陷人於刑辟如此。夫國有不中之刑罰。則民無所措之手足。趨避之路不可以不審也。於是以鬼神為明於吉凶之機。握持其粟出而卜之曰。居今之世，果何自而能善乎。盖言所以免禍之道何如也

自善之道。反何自能善。俱就禍福上說。不必就立身行己上說立身行己。自有上三章說了。

且遭世之亂溫溫恭人猶如集于木恐禍患之不免而無所不用其至惴惴小心猶如臨于谷亦恐禍患之不免而無所不用其至況我之視若人萬不侔也其所以處之者又當何如耶戰戰兢兢戒懼之至直如薄冰之履可也其容以少忽乎哉

如集木如臨谷如履薄皆有事在非徒空懼之而已首章以懷二人發端下數章如謹儀如教子如日邁月征夙興夜寐皆作德之事如握粟出卜如戰兢履薄皆是懼之意無非求以免禍而無遺父母之辱也不宜執泥把無忝爾所生句與有懷二人相照應看須各章另看章章是欲免禍以無辱父母意第五章說出刑辟之濫所求免之禍大抵不外此

小弁八章

宜臼被廢而作此詩言弁彼鸒斯則歸飛提提安閑而自適也民

莫不善凡相安於無事而我獨于憂不得於親而遭棄逐之變曾鸒斯之不如焉且我何辜于天而使我遭此患乎我罪果伊何哉蓋父子之道天性也而其不我愛者殆必有以取之而特不自知其罪耳夫我之不幸一至此極憂心雖切亦徒然耳其將如之何耶夫亦安之而已矣

何辜句是呼天我罪句是責己一串說蓋呼天而曰我罪伊何也

踧踧然平易之大道則將鞫為茂草矣我遭此變而心之憂傷惄焉如有物之擣其心然者其精神憒眊至於假寐之中而不忘永嘆但見以憂之故雖未老而用老焉不但如是而已心之憂矣不能為心之甚而疢如疾首蓋有不勝其恫者也

此章反覆極言其憂看註還興至如擣止下四句亦不外此意

盖憂之甚。而反覆極言之也。擣舂也。震動不寧之意。假寐二句
一串。實是疾首。疢如與如擣如字不同。猶論語中申申如也一
般。
今夫桑梓。父母所植。尚且必加恭敬。況父至尊也。我之所瞻仰。宜
莫不在於父。母至親也。我之所依倚。宜莫不在於母。顧父母之不
我愛。豈我不屬于父母之毛乎。豈我不離于父母之裏乎。不然則
固有天性之恩矣。而奚其我棄耶。天之生我。我辰安在。意者生時
之不善乎。何不祥至是也。
此亦無聊之意。孔氏曰太子為父所放耳。并言母者。以人皆有
父母之恩。故連言之。
菀彼柳斯。則鳴蜩嘒嘒矣。有漼者淵。則萑葦淠淠矣。物有所容。而
各得其所如此。今我獨見棄逐。而無所於歸。譬如舟之流于水中。

而不知其將何所至何所遭之不幸。一至此極耶。是以心之憂矣雖假寐而亦有所不遑焉。蓋其憂之之深。自有不容以或寐者。鹿斯之奔。尚維足伎伎。以留其群。雉之朝雊。尚不忘妃匹而求其雌。物莫不親其類。今我獨見棄逐而無父子之親。譬如傷壞之木。惟悴而無枝。何所遭之不幸。一至此極耶。是以心之憂矣。其誰知之。蓋其憂之之甚。固有非常情所得而窺者。

勿說以物之顧其親。興王之逐其子。此二章俱且就本身見逐說。當以無枝意。與留群求匹意相形看。曰寧莫之知。言憂之甚也。

相彼被逐而投人之兔。尚或有哀其窮而先脫之者。道有死人。尚或有哀其暴露而埋藏之者。蓋皆有不忍之心焉。而況父子之親耶。顧我君子。乃信讒人之譖。而棄逐其子。曾視投兔死人之不如此其秉心一何忍耶。我之處此，心之憂矣，為之而溺隕焉。
自此以下，纔着王身上說。申后之黜，宜臼之逐，皆因讒言，故註
加信讒字。要之自有下章，此但言忍心可也。
嗟我君子。惟讒之是聽，如受醻爵，得即飲之，曾不以父子之親少
加惠愛之意，而其於讒人之言，曾不舒緩而究察之，使得以售其
中傷之毒焉，亦獨何哉。彼伐木者，尚倚其巔；析薪者，尚隨其理，皆
不妄挫折之。今乃舍彼有罪之讒人，而加我以非其罪，刑罰之不
以其道，曾伐木析薪之不若，不亦重可慨耶。
此章只說王信讒棄子，未嘗指斥讒人。及觀無易由言之語，則
知讒言亦非專起於讒人也。
山莫高也，而或陟其巔；泉莫深也，而或入其底。况言語之發，淺近
而可乗耶。君子於言語之間，要當慎重，而不可輕易，恐耳屬于垣

者。聞其言。而得以窺覘其意之所存。而讒譖於是乎生也。此。閔我之所爲廢也。我雖廢矣。彼代我者。無逝我之梁哉。無發我之笱哉。其意蓋曰。爾無居我之處。無行我之事也。然要之我身且被逐而不見容。奚暇恤我已去之後耶。夫亦聽之而已耳。且奈何哉

只無逝二句是比。註蓋比詞也。乃指無逝二句說。國風中已分明辯了。或泥此句。若在四句之下。把末二句亦做比說。亦固矣

此重輕易其言以生讒亂。本在王言上。雖見棄因讒言。然而不可以讒言爲亂本。上七章是自傷其不得於親。皆見棄之事也

末章則推本亂之所由生。言語以爲階。蓋讒之所由入也。見棄之故也。

巧言六章

大夫傷於讒。無所控吾。而訴之於天曰。悠悠昊天。實維人之父母。

其保全之宜也。胡爲使無罪無辜之人遭亂如此其大也。且昊天之威已甚矣。我反諸身而審之，殊無罪也。昊天之威甚大矣。我反諸身而審之，殊無辜也。我既無致禍之道，天亦豈憖重我以如此之患耶。

曰亂如此憮，曰昊天已威。曰昊天泰憮。俱着遭讒者之禍。上說禍由讒人，而歸之天者，蓋無所控告而訴之天，故其辭如此。

亂之所以生者，由讒人以不信之言始入，而王涵容不察其真偽故也。蓋其進不信之言，所以試之也。惟其容之而不拒，夫是以無所忌憚而肆讒以致亂。從此起矣。亂之又生者，則既信其讒言而用之矣。蓋聽用讒人之言，此亂之所爲成也。是亂雖生於讒人，而生亂之機，不在于君子耶。君子見讒人之言，若怒而責之，使有所畏而不敢爲，則亂庶幾遄沮矣。君子見賢者之言，若喜而納之，使

端人正士得以盡其誠則亂庶幾遄已矣今乃涵容不斷讒信不分如之何其不亂耶

亂之初生尚未亂也本其所由生耳亂之又生則其乱已成矣如怒四句蓋嘆其不然也夫怒則其亂沮矣而顧涵容納賢人之言則乱已矣而顧信讒謂之何哉意各有所屬故朱註承之曰今涵容不斷讒信不分不斷謂不確然喜而納之也

君子如祉亂固可以遄已矣今不能已亂而乃屢盟以相要持攜貳之心適以開群枉之門則亂是用長矣君子如怒亂固可以遄沮矣今不能聖讒而惟信盜以為虐惑讒邪之口遂以滋罔極之奸則亂是用暴矣夫讒言之美如食之甘使人嗜之而不厭溺於其中且將何所不至哉則亂是用進矣然此讒人曾不能供其職事徒利口以覆邦家而為王之病焉耳矣顧言而用之何為者耶

屢盟二句。須體上如祉二句來看。人有疑乃有盟。盟之數者。疑之深也。王於賢者之言。而與之屢盟。是深疑而不信之也。故無以已亂而用長。蓋不信賢者之言。則惟讒言之信矣。故如祉而亂遄已中。便有去讒之意在。屢盟長亂中。便有信讒之意在。

奕奕寢廟。則君子以尊祖敬宗之心而作之。秩秩大猷。則聖人為天下後世之計而莫之。他人有心。則予得而忖度之。自彼而藏之幽者。自我而見之明矣。其容以或秘乎。今夫躍躍毚兔。若不可得而追也。遇犬便獲之。而無所於遁矣。詩人之意。蓋曰讒人之心。雖甚難測。而其情偽終莫逃吾洞察之下也。

大猷。就禮樂刑政之類說。讒人之心。憸邪反覆。所謂其心孔艱也。

荏染柔木。則君子樹之矣。往來行道之言。其是非邪正。則吾心能辨之而不可遁矣。若彼蛇蛇之碩言，其出於口宜也。巧言如簧，顯其狡詐，務以悅人之聽。如此諂媚之言，豈可出於口哉？言之徒可羞愧，而彼顏之厚，不知以為恥耳。

心焉數之，即辨其為碩言、為巧言也。意重照還蛇蛇四句，當一直說落來。

彼何人斯，居河之麋，雖無拳無勇，可以為亂，而讒口交鬬，專為亂之階。爾何可惡耶之人也，既微且尰，有若是之疾，亦何能勇哉？而其為讒譖之謀，則大而且多，一至於此，是必有助之者矣。然其所與居之徒衆幾何人哉？夫亦不甚多也，則其除之也何難之有？特惜王之不悟耳。

曰居河之麋矣，曰既微且尰矣，豈直不知其人哉？既微四句當一直說，不宜對看。首章言遭亂而自反無以致之，二章三章言王之聽讒。蓋亂生於信讒也。四章五章。言讒人之情易知而不難辨。六章則言其不難險。皆所以傷王之不悟也。

何人斯八章

暴公譖蘇公。而蘇公作此詩以絶之。不欲直斥暴公。但指其從行者而言曰。彼何人斯。其心艱險之甚。胡為往我之梁。而不入我之門乎。此必有故矣。既而問其伊誰之從。則從暴公而行也。夫以從暴公而不入我門。則其譖我者。不能無疑於爾矣。

暴公與其徒。二人相從而行。不知何者譖我。而為此禍乎。既使我得罪矣。而何其逝我梁也。又不入而唁我。付我於度外。若曾無一日之交然者。此其意。豈不以我為不足與耶。然汝始者與我親厚之時。豈嘗如今不以我為可乎。我固昔時人也。而寧之自今。夫何故耶。

可字如可人可字之意。

彼何人斯，胡爲徃我之陳，若是其近，而猶不入我門，我徒聞其聲而不見其身，聲可得聞，身不可得見，何蹤跡之詭秘耶。且讒譖之事，奸險之甚，最可耻也，汝不愧于人，而陰爲讒說，以相傾陷，是固以人爲可欺也，天亦可欺哉，汝獨不畏于天乎，柰何其譖我也。

不愧于人二句，就讒譖上說。大抵常人幽暗之中，而不敢爲非者，正以畏天之故也

彼何人斯，其徃來之疾，若飄風然，使其自北自南，而與我不相值焉，猶無妨也，胡不自北，胡不自南，胡逝我之梁，其人不相親，而其跡則相近，祇攪亂我心而已，蓋無以慰我之願望，適以重我之感慨，義若不會其適之爲愈耶。

下二章，惓惓於一來，而此曰祇攪我心者，爲其不我見也。

爾之平時無事安徐而行猶不暇休息况爾之亟行則何暇於脂其車哉今脂其車則非亟矣乃托以亟行而不入見我此豈其情耶夫或狃於事勢之怵迫固無怪乎其不及見既非有所狃爾獨忍之耶何不一來見我以少伸平生相與之好如何使我望汝之切乎

且爾之往也既不入我門矣倘還而入則我心猶庶乎其悅也還而不入是誠何心哉我不可得而知矣夫我之於爾其情固有不容以自已者而爾之於我獨若是恝耶何不一來見我以慰我惓惓之懷使此心爲之而安乎

我昔者與汝俱爲王臣之時義同兄弟而心相親愛伯則吹壎仲則吹篪迭相應和一至情之流通與爾譬如物之在貫然其相知也審矣豈誠不我知而譖我哉苟曰誠不我知則出此三物以詛

之可也不然吾終有不能釋然者。

吹塤吹篪，借言之也。

使汝為鬼為蜮則不可得而見矣汝乃人也靦然有面目與人相視無有窮極之時豈其情終不可測哉汝固掩之我固如見其肺肝矣是以作此好歌以究極爾反側之心悔邪之私不于是而畢露耶。

詩終矣乃窮其情而顯言之亦有與其悔悟之意。上七章是反覆刺譖人之非皆有涵蓄之意末章則顯言之耳詩忠厚於既絕之餘而猶有不終絕之意。

巷伯七章

時有遭譖而被宮刑為巷伯者作此詩言萋兮斐兮。與諸貝錦不侔也。虛僞不情之人因萋斐之形而文致之以成貝錦。詩人之意

蓋曰讒者因人之小過而飾成大罪也夫小過本無足深責而至於飾成大罪以重其禍彼讒人者亦已太甚矣何其心之忍耶

萋斐非物也只是言其文之微小大罪且着本身罪惡說不可以大禍字當之

哆兮侈兮際諸南箕不侔也虛偽不情之人因哆侈之迹而張大之以成南箕詩人之意蓋曰讒者因人之小過而飾成大罪也彼譖人者不知果誰尊主與之謀乎何其謀之闊耶

哆侈二句註不更說比意可見即是上章意思或係大全謂上言以小而成大此言以虛而為實歟註曰哆侈微張之貌南箕云則大張矣還是與上一意

緝緝然多言而翩翩然往來惟謀欲譖人以陷人於不測之禍夫其譖人也固自以為得意矣然無曰吾言之君必聽之可以無所

忌憚也其尚慎爾言哉苟不慎爾言聽者有時而悟且將以爾爲不信矣寧不由此而得罪耶

慎爾言是要他無肆爲讒譖之說謂爾不信則罪及之矣非不復得以譖人之意

捷捷然儇利而幡幡然反覆惟其謀欲譖言以肆其害人之毒夫上方好讒投之則聽夫豈不爾受哉然好讒不已寧不又聽人之讒乎吾恐遇譖之禍又遷而及於汝矣輕聽之門一啓而不虞之禍難免則亦何樂於爲此耶

捷幡供說言語說

驕人好好諸行而得意然也勞人草草遇譖而失度然也夫害人者不可逞而害於人者深可悲蒼天蒼天尚其視彼驕人抑遏而沮止之使不得爲善類之害者乎矜此勞人扶持而全安之使不

至於爲讒人所害者乎。

彼譖人者。誰適與謀。其罪固有不容於死者。取彼譖人。投畀豺虎。雖豺虎亦必不食。投畀有北。雖有北亦必不受。蓋其奸險之極。可惡孰甚焉。其爲人物之所共惡宜也。天道禍淫。則但投畀有昊。使制其罪。而奪而斃之。以無遺毒於世者乎。

投畀豺虎有北。都是欲必致之死意思。此五句見惡之之甚。

楊園之道。猗于畝丘。而欲登畝丘者賴之。是下地不有資於高地者乎。我寺人孟子。作爲此詩。是雖賤者之言。然譖始於微。而其漸將及於貴盛。我之所言。未必無補於君子也。凡百君子。尚其敬而聽之。而致謹以防不測之變者乎。

上六章總是惡其讒。末章則欲人之致謹以免禍。

谷風三章

此朋友相怨之詩。言習習谷風，則維風及雨矣。彼患難相乘，而將恐將懼之時，斯時也，殫厥心力，以支變故，維予與汝耳。乃今安樂而汝轉棄予，輒生嫌隙，遽爾睽絕，獨不念昔者艱難之共濟耶。

維予與汝，不是兩乎。言與汝同患者惟我也。

習習谷風，則維風及頹矣。將恐將懼之時，汝則寘予于懷，相親之甚也。乃今安樂，汝却棄予如遺，曾不少動念焉，亦獨何耶。

親之，蓋共患則相親，亦人情之常。

習習谷風，維山崔嵬，則風之所被者廣矣。然猶無不死之草，無不萎之木。詩人之意，蓋曰雖善於處人者，亦安得無小失耶。君子相與，要當思其大而忘其小。我之於汝，患難同之，此其德何如耶。區區之怨，舍之可也，豈可忘我大德，曾不念夙昔之好，而思我小怨遽相擯棄為耶。

忘我二句、言大德不可忘。小怨不可思也。德只就同患上說。上二章言其忘恩背義而相棄。末章言其不可也。

蓼莪六章

人民勞苦。孝子不得終養而作此詩。言昔謂之蓼蓼者莪。今非莪也。特蒿而已。詩人之意蓋曰。昔父母之生我以爲美材。可賴以終其身。而今乃不得其養以死也。哀哀父母。生我何劬勞耶。顧不得終養。吾何如其爲心哉。

昔謂之蓼蓼者莪。今非莪也。特蔚而已。詩人之意蓋曰。昔父母之生我以爲美材。可賴以終其身。而今乃不得其養以死也。哀哀父母。生我何勞悴耶。顧不得終養。吾何如其爲心哉。

夫缾資於罍。而罍資乎缾。缾之罄矣。實維罍之恥。詩人之意蓋曰。父母與子。相依爲命。父母之不得其所。是乃子之責也。夫爲人子而不足爲父母之所賴何以自立於天地之間鮮民之生不如死之久矣且靡瞻匪父無父則何所怙靡依匪母無母則何所恃但見出則中心銜恤入則如無所歸安往而不可痛恨耶

註蓋無父盖字與下是以字相照應非連接上句意思說來

父兮生我氣之所自受也母兮鞠我形之所由成也拊我畜我外以適其躰內以安其心也寒而爲之衣饑而爲之食也長我育我維持而調護之望其長大也涵養而薰陶之要其成立也顧我復我行在其後則必旋而視之也行在其前則必追而反之也出入腹我或將有所往或既自外歸皆懷抱而不忍舍置也父母之恩如此將欲報之以德則恩之有涯者固得而報之父母之恩如天罔極如何其爲報耶以莫知所報之恩而曾不得少盡吾爲子之常職其悲痛當何如耶

天以覆物之德言勿以形言。

南山烈烈則飄風發發矣民莫不善皆得以養其父母而我獨何爲遭此害父母之不是將以死耶

南山律律則飄風弗弗矣民莫不善皆得以養其父母而我獨不得終養何不幸之若此耶

上章是言不得終養而感念父母之恩曰劬勞曰勞瘁曰怙恃曰九我皆是也末二章則痛恨其不得終養

大東七章

東國困於役而遭於誅譚大夫作此以告病言有饛簋飧則有捄棘匕周道之平如砥則其直如矢道一也昔則君子之所履小人之所視無貴無賤凡由是而之京師蓋有忻逢其盛者也今乃睠言顧之而潸然出涕感觸之間殊不勝其憤鬱焉謂之何哉

視字只是行則視也。無他意思。此二句。須見盛時臣民氣象。小東大東杼柚皆已空。蓋無一國之不告匱矣。糾糾葛屨當著之服也。而可以履霜。何其貧耶。佻佻公子。不奈勞苦者也。而行彼周行。奔走往來之煩數。何其疲耶。夫竭人之財。竭人之力。而東國之受其禍。一至此極。直使我心憂而病焉。

有冽氿泉無浸已穫之薪。契契寤歎哀我劬勞之人。夫薪已穫矣而復漬之則腐。薪是穫薪。其載而畜之可也。民已勞矣而復事之則病。哀我憚人。其息而安之可也。不然。其何以能堪耶。

普天之下皆王土。率土之濱皆王臣。今東人之子。則專主於勞苦。而畧無慰撫之恩。西人之子。則粲粲衣服。暇豫而備飾焉。且舟人之子。何如人也。而熊羆是裘。可謂當也已矣。私人之子。何如人也。而百僚是試。可謂貴也已矣。賦役不均。而群小得志如此。不深有可慨耶。

東人或饋之以酒，而西人曾不以爲漿。東人或與之以鞙鞙之佩璲，而西人曾不以爲長。其出之也甚艱，而其視之也甚賤，謂之何哉。遭此不淑，吾於人無復望矣。惟天之有漢，則庶乎其光之監我而憫恤之有加者乎。跂彼織女，終日七襄，則庶乎其能成文章以報我者乎。

監我，只是監而恤之之意。時說謂監其是酒不是長否，亦淺矣。

夫無賴於人，而求助於天，亦無聊之意。

夫織女雖終日七襄，然名焉而已。女工固非其所優也。其能成報我之章乎。睆彼牽牛，亦名焉而已。駕車固非其所優也。其可以服我之箱乎。且東有啓明，西有長庚，又有捄然之天畢矣。亦皆徒有其名。施之行列而已矣。其果有實用，俾夜作晝，施於掩伏，而足爲我之一資乎。蓋我之於天，其望恤之心徒切，而天之佑我，亦且末如之何也已。謂之何哉。

箕可以簸揚也，維南有箕，非如箕之實足爲用也，不可以簸揚。斗可以挹酒漿也。維北有斗，非如斗之實足爲用也，不可以挹酒漿。

維南有箕，既無助於我矣，苟無害於我，猶之可也。今則載翕其舌。是不特西人有以吞噬於我也，而仰觀天象，亦若與之而同噬乎我焉。維北有斗，固無益於東矣，苟無損於東，猶之可也。今則西柄之揭，是不特西人有以挹取於東也，而天之垂象，又若助之而東取於我焉。所望於天者又如此，亦何所賴耶。

既無所赴愬，而望天之助，又言天之不能助我，又言天之反若困我。其窮蹙無聊之意何如耶。上四章，總是傷東人之窮困。下三章，總是仰訴於天。

四月八章

此亦遭亂自傷之詩言四月維夏則六月徂暑矣爲先祖者固宜子孫之是恤也先祖豈非人乎何忍使我遭此亂耶

按此詩言四月維夏六月徂暑則知周正建子未嘗改月不可以周之四月六月爲夏之二月四月也先祖二句言先祖同是此人何獨不愛子孫也亦無所歸咎之詞耳

秋日淒淒則百卉俱病矣我遭此禍憂心孔疚蓋有蹙蹙靡所騁者將何所適歸乎哉

冬日烈烈則飄風發發矣人莫不善凡安平無事而我獨何爲遭此禍憂患之不免耶

山有嘉卉則維栗與梅矣在位者不仁不義而亦爲殘賊夫果誰之過哉雖欲辭其責不可得矣

相彼泉水猶有時而清有時而濁我乃日日遺害曾無一時之獲安不知其何能淑也耶

滔滔江漢猶為南國之紀今我之盡瘁以仕固宜王之我恤也而何其不我識有使我之困瘏至此耶

今夫鶉鳶則能高飛矣我匪鶉匪鳶其能翰飛戾天矣乎鱣鮪則能深潛矣我匪鱣匪鮪其能潛逃于淵矣乎不能高飛深藏則禍亂之及也柰何哉

此所謂不能高飛遠走不在人間者無可柰何而自安之詞也若作歌避無所則又是奚其適歸之意

山則有蕨薇矣隰則有杞桋矣君子之作為此歌維以告哀而已蓋遭此不淑其悲憤之深固有不容以默默者

告哀者自陳其憂傷之情也曰維以告哀則其傷時感事敢憂

而不敢言之意。已溢於言語之外矣。上七章。是傷其遭亂之困。

末章則言作歌以告哀。

北山六章

大夫行役而作此詩。言陟彼北山。而采芑以食者。皆強壯之士子。而朝夕從事者也。但見以王事不可以不堅固。而鞠躬盡瘁之無已。萬里參商。實勞覲心之動念。蓋憂我父母矣。雖曰奉公憂國人臣之分。而爲子而貽父母之憂。亦何能爲心耶。且溥天之下。天地皆王土之有也。孰非王土。率土之濱。民皆王之臣也。孰非王臣。夫居王土而爲王臣者。既無彼此之異。則其服勤王事。亦無彼此之異宜也。顧大夫不均平。使我從事獨賢。何爲者耶。夫爲國任事。固我之職。而役使之不公。無亦大有不當人意也耶。

只云大夫云勿用王字勞字溥天之下四句一串意。

我之承命于役四牡彭彭然不息而王事傍傍然不已夫王之所以獨使我者而豈徒哉蓋既老而力已衰不可使也未壯而力尚弱亦不可使也王蓋嘉我之未老必我之適壯不老不幼其旅力方剛裕於有為而優於從事可以經營乎四方此其所以必使我耳。

所謂未老方將方剛亦獨賢之意。

夫均之爲人臣其勞逸固宜無不均也今乃或燕燕居息而事不相及或盡瘁事國不免當爲之苦或息偃在床而身得寧暇或不已于行不堪驅馳之勞何彼此之相懸耶。

或不知叫號若是其深居安逸或慘慘劬勞奔走而不勝其病或棲遲偃仰若是其傒游自適或王事鞅掌煩勞而不暇爲容又何

彼此之相懸耶。

或湛樂飲酒，憂慮不關于心。或慘慘畏咎，而罪咎之是懼。或出入風議，語言得以自盡。或靡事不爲，而百責之是萃。又何彼此之相懸耶。

首章言行役勞苦之意，下五章，皆是言役使之不均。

無將大車三章

此亦行役勞苦而憂思者之作。言無將大車也，將則塵汚之矣。無思百憂，祇以付之度外可也。苟爲思之，則有不勝其悁者，祇自病耳。

無將大車，將大車則維塵冥冥矣。無思百憂，思百憂則其心爲之晦昧，常在耿耿之中，而不能出矣。

無將大車，將大車則維塵蔽之矣。無思百憂，思百憂則其心之憒辭將有不能堪者。適自累耳。

三章一意。行役者進有王事督責之程。退有家事多端之慮。故曰百憂。思之則意阻於不副。情苦於難遍。適以自病而已。

小明五章

大夫以二月西征。至于歲暮而未得歸。故呼天而訴之曰。明明上天。照臨下土久矣。夫固無有不在其旁燭之下者。顧我征徂西。直至于艽野。自二月初吉。已奔命而出。于今歲且暮矣。歷暑而寒。尚未得歸。其行之遠而且久我也。心之憂矣。有如毒藥而甚苦焉。明明上天。何我之至此極耶。且自我之出。而僚友遂不得以相親。念彼共人。嘆聚散之無常。不能為情。涕零如雨也。是豈不懷歸哉。畏此罪罟。欲歸而不敢耳。

念彼共人。非謂我勞而彼亦勞。故念之。亦非因已之勞。而念彼

之逸此僚友乃素相得者如今人勞苦在外不得聚會相覩故念居内之人而重傷悲也

昔我之往也日月方除舊而生新今未知何時可還而歲已暮矣載離寒暑歸期尚未卜謂之何哉且我以一人之身而百事之供集焉有不勝其繁者心之憂矣鞠躬盡瘁曾得以少暇乎哉我也念彼共人欲見之也則其道無由欲置之也又不能自已至於睠睠而懷顧焉是豈不懷歸哉畏此譴怒欲歸而不敢耳

昔我之往也日月方奧今未知何時而可還乎彼政事愈急而經營之不暇是以歲聿云莫已采蕭而獲菽矣而尚不得歸遭此不淑心之憂矣伊誰之咎蓋其不能見幾而遠去今此之憂乃我之自遺耳謂之何哉於是念彼共人與言出宿悲憤之甚固有不能安于寢者若是豈不懷歸哉畏此反覆欲歸而不敢耳

承蕭句是點歲暮光景不着本身上説反覆亦就靡盬上説。
我之處此矣固無如之何矣然嗟爾君子事變不可測其尚慮有
勞將無曰安處之可常而以懷安爲也要當靖共爾位夙夜匪懈
以脩其職而惟正直之人可爲吾助者之是與勿比于匪人乎如
是則在我者其道已盡自有以當乎天心神之聽之而以穀祿與
汝矣不然不測之患吾恐其難免也可不慎諸。
無恒安處重無懷安意且虛説靖共二句其事也親賢雖脩職
之助然勿以爲靖共爾位之實敬職所該自廣不止親賢一事。
靖字即書經自靖之靖本義亦靖安也各安其義之所當盡以
遂其志于先王也靖字如此解較見明白。
嗟爾君子無恒安息要當靖共爾位敬其事而不忽惟好是正直
而古人之是親焉如是則神之聽之而介爾景福矣不然不虞之

禍。吾恐其或及也。可不慎諸。

上三章是自傷其勞瘁。下二章則戒友也。

鼓鐘四章

此詩爲幽王流連忘反而作。言鼓鐘將將淮水湯湯。當斯地也惕斯音也。其自爲樂得矣。如天下何。我聞之而憂心且傷。蓋其可慨之甚。固有不容不爲之痛悼者也。昔淑人君子。吾聞其致理之勤矣。未聞其荒淫無度之若是也。于今不可復作矣。我也思之。一念惓惓。其能以或忘乎。

鼓鐘鼓字作活字看。

鼓鐘喈喈。淮水湝湝。我也聞此淮上之音。其心恒然。而憂悲之不容以自已焉。思我淑人君子。勵精圖治。而罔淫于樂。其德何不回邪。

鼓鐘伐鼛。淮有三洲。我也悵其耽於逸樂。而憂心且妯。蓋有忡忡而不寧者。思我淑人君子。勤於政治。而宵旰弗遑。其德豈若此之荒亂耶。

聞其樂而憂之甚。豈樂之非古與。今夫鼓鐘固欽欽失。且鳴此瑟琴。奏彼笙磬。而上下之同音。無奪倫也。此其聲音之和。何異於古之樂耶。其詩也以雅。以南。其舞也以籥。三者皆惟其度。而不失之僭。此其歌舞之善。又何異於古之樂耶。樂則是。但其人則非。此其所以可痛悼之甚耳。

僭字只就雅南籥上說。僭。亂也。若後代之新聲則亂矣。不僭。言有倫而不亂也。非僭分之僭。上三章傷今而思古。末章涵蓄。量人非意。

楚茨六章

是詩述公卿有田祿者力於農事以奉其宗廟之祭言古初之時天下一荒土耳此楚楚然蒺藜之地有從而抽除其棘茨者而墾闢之古人何乃爲此事乎土地荒蕪不可以力農其闢之也蓋將使我於此執黍稷也乃今執我之黍而黍之番盛與與如也執我之稷而稷之番盛翼翼如也及其收成之際倉以儲之我倉則既盈也庾以積之我庾則維億也由是以之爲酒醴焉爲粢盛焉以饗以祀而行禴祠烝嘗之禮以妥以侑而昭尊祖敬宗之誠神之格矣不介以景福耶

楚楚者茨只是荒蕪之地抽棘只是闢地不可把棘字當茨字

饗祀妥侑總是說祭禮記郊特牲註曰尸始入祝則詔主人拜安尸使之坐儀禮少牢曰尸告飽祝獨侑曰皇尸未實侑尸又食主人不言拜侑尸又三飯

我公卿也。濟濟乎其齊一。蹌蹌乎其趨揚。于以潔其牛羊。而爲烝嘗之舉。或剝或亨。所以理之也。或肆或將。所以荐之也。而其於神也。不知其所在。則使祝祭于廟門之内。蓋自其生前待賓之處而求之。或者在于是也。夫於飾牲而昭其愼焉。於求神而昭其勤焉。祀事何孔明耶。但見至誠之所感。而先祖是皇。洋洋乎如在其上矣。神保是饗。于祭而歆之矣。孝孫其不有慶乎哉。昭格之下。報以介福。而萬壽之無疆也。其爲慶孰大於是。

濟濟句另。潔牲還就公卿説。蓋牲必親殺。然後他人終其事。故曰執其鸞刀以往。烝嘗未便行祭。乃連帶潔爾牛羊句。剝亨肆將雖非公卿自爲。要之還當以公卿爲主看。濟濟蹌蹌。不但屬潔爾牛羊二句。祝祭句亦大抵蒙此。但不必牽連耳。曰神保是饗。則神之歆其祭也可見矣。報爾介福二句。所謂孝孫有慶也。

壽即介福也

夫是祭也。執爨則踖踖然。而爲俎之孔碩。非蹇是牲也。或燔或炙。所以從獻者。無不飭也。主婦則莫莫然。而爲豆之孔庶。凡内羞庶羞所以盡歡心者。無不備也。又有助祭之賓客焉。獻酬交錯之間。禮儀之卒度。無失容也。笑語之卒獲。無諠聲也。夫合衆人之敬。而爲一人之祀。由是神保是格。尸之格者。神之格也。寧無以爲之錫乎哉。蓋報之以介福。而萬壽之攸酢焉。

爲俎。着在牲上說。爲豆。着在羞上說。儀禮特牲饋食曰。主人洗爵酌酳尸。賓長以肝從。主婦洗爵酌亞獻尸。兄弟以燔從。孔氏曰。從獻謂既獻酒即以此燔炙從之。而置在俎也。不可把獻酬屬賓客。交錯屬少長。此處還當以賓客作主。看中庸曰。旅酬下爲上。註曰。賓弟子兄弟之子。各舉觶於其長而衆相酬。何嘗少

長另分與賓客無干耶此以上三章俱重祭上首言酒食次言犧牲又次言籩豆亦是循序說來

我公卿禮行既久筋力竭矣而且式禮莫愆何其敬之至耶於是祝致神意徂賚于孝孫曰爾之祭也其物以享苾苾芬芬飲食可謂芳潔也已矣神其嗜之矣則卜爾百福使其來如幾按其欲也其多如式極其盛也所以為爾禮物之報者如此且爾之祭也威儀之間既齊而既稷既匡而既敕禮容何莊敬耶則永錫爾以衆善之極使會萬理於一心而時萬時億無一事之不得乎此也所以為爾禮容之報者又如此蓋隨其所感而報之各以其類若然也

齊整也動容周旋整肅齊一也稷疾也奔走之疾不怠惰勉強也匡正也動容正直不跛倚以祭也敕戒也無言無爭收斂戒

慎也俱就外說庶合禮容莊敬之語而其内心亦可見矣曰衆
善之極蓋萬理之統會也無一事不得乎此言事事皆協此理
也須就理上說五福之中不有攸好德乎蓋此類也禮物則錫
之以福禮容則錫之以善故曰報之以其類上數章福皆帶說
只重事神之節此正言獲福之節
禮儀既備禮無一而不卒矣鐘鼓既戒樂無一而不奏矣於是孝
孫徃于阼階下西向之位工祝傳尸之意而告利養之成畢斯時
也神具醉止而皇尸載起鐘鼓送尸而神保聿歸夫鬼神無形也
其醉與歸不可得而見也是蓋誠敬之至若或接之耳由是諸宰
則廢徹諸饌主婦則廢徹籩豆而皆不遲緩蓋以疾為敬也大祭
既畢矣賓客則歸之俎矣其諸父兄弟有親親之恩者也則皆留
與之燕以盡私恩所以親骨肉也

禮儀八句只是言畢事上章徂賓之位主人酳尸奉祭之位也此章徂位之位主人無事徃立西階之位也神無言故曰致神意尸有言故曰傳尸意神醉而尸起者尸以神為節也送尸而神歸者神以尸為依也註云送尸而神歸文曰言其醉而歸則神保聿歸只就神說可也廢徹即徹去之謂也備言燕私備具也此下二章是祭畢燕私之情

祭於廟而燕則於寢乃後奉祀之樂而入奏于路寢之中夫祭既受祿矣今茲之燕其將受後祿而綏之乎由是爾殽既將與燕之人無有怨者而皆怡然歡慶既醉既飽小大稽首而言曰向者之祭神既嗜君之飲食而報以壽考之福矣然是祭典也又豈不為千萬年之家法者乎蓋祭欲其順也而君之祀事則罔有或悖而甚順祭欲其時也而君之祀事則適當其會而甚時惠且時可謂

盡也已矣。是固可以傳之萬世而無斁者也。子子孫孫要當不廢而引長之，善傳于後嗣，此其為福何如也

以綏後祿。只以下文神嗜飲食六句來看。神嗜飲食云者，因燕而言也。曰子子孫孫勿替引之。正所謂後祿也，謂當不廢而引長之，當字連接孔惠二句來，蓋言祀事之善。子孫當世守之也。此四句雖重祀典之善意，而曰子子孫孫勿替引之。即此便是福，即頌中有穀貽孫子之類也。其為福孰大於是，然不可作祝願說。此一章。正言燕之事，以終上章末二句之意也。前四章是事神獲福之節，後二章。是以祭畢燕私言之

信南山六章

此詩亦是述公卿有田祿者。力於農事。以奉其宗廟之祭。言信乎此南山者，昔為荒蕪之區，維禹治之。故其原隰畇畇然，墾闢我曾

孫得以於此為田也。於是為之大界。而分畫之詳審焉。定其溝塗而條理之不紊焉。然地不皆平。水必就下。則順其勢之所宜。地勢東為下也。則其遂東入于溝。而從南以為畝。蓋所以使水之得以自西而東也。地勢南為下也。則其遂南入于溝。而從東以為畝。蓋所以使水之得以自北而南也

南山。只是指其所在而言。不宜握定一山上說。疆是分畫。箇夫井成同等之界限。理只是於夫井成同等之中。定其溝塗水道曰溝。所謂遂溝洫澮川是也。陸曰塗。所謂徑畛涂道路是也。順其地勢水勢之所宜。在南東其畝中。亦不過疆理之際。順其所宜而南東其畝也。不重畝上。重在水上。蓋田在溝下。南其畝者。正以其遂之東入于溝也。東其畝者。正以其遂之南入于溝也夫地勢東南下。而水趨之。其遂之自西而東入于溝。自北而南

入于溝。正是順其勢之所宜。要之自遂而達于溝。自溝而達于洫。自洫而達于澮。自澮而達于川。皆東入南入也。可以意會。遂溝洫澮川皆有橫有直。而田之橫直。皆隨水道之橫直。其遂東入于溝。則遂橫而畝亦橫。其遂南入于溝。則遂直而畝亦直

今夫田。於冬欲雪。而雪欲其盛。則上天同雲。而雨雪之雰雰。至春欲雨而雨。欲其徐。則又益之以霢霂。夫冬有積雪。春而益之以小雨。則嚴凝之氣深入。而浸漬之澤有加。其土膏為之饒洽。既優而既渥焉。既沾而既足焉。何其美耶。但見樹之百穀。蓋有以暢其發育之性。而百穀其生生矣

優字有肥澤之意。渥字有融液之意。霑字有滋潤之意。足字有流衍之意。總是土膏饒洽。而有四樣氣象

疆埸翼翼然整飭。而黍稷之生於其中者。彧彧然茂盛。是皆曾孫

之穡也。於是以其所獲。而為酒為食。因時而奉祭。獻于祖考。畀我象神之尸。與三獻既畢。畀我助祭之賓。一念追遠之孝。不于是而自盡乎。夫陰陽和。萬物遂。而人心懽悅。以奉宗廟。神之格矣。寧無以為之報耶。降以景福。而壽考之萬年焉

畀尸賓。總是祭中事。不必分重輕。只是祭

井田之中。有廬舍以便田事。而疆埸之上。種瓜以盡地利。迨夫瓜之成也。則取而剝之。而淹之以為菹。于以獻於皇祖。蓋貴四時之異物。順孝子之誠心也。由是昭格之餘。祖賚孝孫。使之萬壽無疆而受天之祜焉

瓜菹。是因祭而薦之。蓋此乃述公卿力農以奉宗廟之祭也。壽考。便是受天之祜

祭必求神也。則先以鬱鬯灌地。使芬芳條暢之氣。陰達於淵泉。蓋

先祖之魄歸于地。故灌地以求之也。由是而迎牲焉。從以騂色之牡，享於祖考之前。而其殺之也，不委諸他人。親執有鈴之刀，啓其毛焉。以牲貴於純，而示其色之不雜也。取其血焉，以牲貴於專，而示其殺之特舉也。又取其膋焉，以祭必求神於陽，而將調之以升臭也。其無所不盡其誠也如此

散散說落去，勿以騂牡二句，對清酒一句看。此章還重在牲上。

以此犧牲奉持而進之，式陳而享之。苾苾芬芬，足以為神之所嗜。而一念至誠於是乎彰矣。祀事何孔明耶。但見先祖居歆，洋洋乎若有在其上，若孚格之下，而報以介福，使萬壽之無疆焉

首章本其所以得力於農事。三章黍稷之盛，蒙二章意說來，主穀言。四章主瓜言。五章六章主牲言。此五章所謂事神獲福之節也。要之總是言其力於農事，以奉宗廟之祭，而從頭鋪敘落

求中間自有許多支節

甫田四章

此詩述公卿有田祿者力於農事以奉方社田祖之祭言倬彼甫田地方千里公田凡一萬私田凡八萬而歲取十千之入以為祿食斂其公田而不税其私田也及夫積之久而有餘則又新者存之而散其舊粟以食我農夫所以補不足助不給也所以然者蓋有年之慶非今斯今振古如茲是以陳陳相因而所積之富如此也然自古既有年矣今適南畝農人或稍耨以去壠草或壅土以附苗根而黍稷之生又薿薿其茂盛則其又將有年也不可必乎夫農夫之力田勞亦甚矣於是卽其美大而止息之處進我髦士而勞之蓋所以慰其心而因之以達于衆此固激勸之一機也

自古一句接上起下烝我髦士蓋以人衆不能徧及故進其中

之賢者而勞之使因以諭乎衆也勞者蓋叙其勞以慰之也此
正是鼓舞人心之道
夫穀既登矣報賽之禮不可以不舉也則以我明粢與我犧羊于
后土而祭之蓋物資地而生所以報其生物之功也于四方而祭
之蓋物至秋而成所以報其成物之功也且曰我田之所以善者
豈我之所能致哉乃農夫之慶吾賴之而有此耳夫既報矣祈年
之禮又不可以或後也遂奏我琴瑟擊我土鼓以迎田祖而祀之
冀其默斡化工而雨以時降庶有以大其黍稷復膺豐年之慶而
養其人民用遂飽食之休也
報言方社祈言田祖互文也報言禮祈言樂蓋禮以備物故於
報成言之樂以達和故於祈年言之各隨其所重也曰農夫之
慶蓋力田者農也故以田之善為農夫之福德是謙言非己所

能致之意

當芟耘之際曾孫之來省視也適我農夫之婦子來饁耘者於是與之偕至于南畝而田畯亦至而喜之蓋喜其人力之齊也曾孫乃攘其左右之饋以嘗其旨否而察其苦樂上下之間固有藹然若家人父子之相親者矣既又見其禾之易治不稂不莠竟畝之如一據其所見而卜其所成畢竟當善而且有也夫豐年可必而曾孫之心用慰是以無所於怒而農夫為之益以敏於其事蓋有所感激無待督責而自勸矣

此下二章勿作所祈之年說只是詳言其事耳以與也言與婦子之饁者一齊到也嘗其否還是所以察其苦樂不然何為若邪或謂只是相親之意不知察其苦樂非相親而何不相親則不察其苦樂矣善是好有是多總是豐年農夫克敏本曾孫不

怒求

及其收成也。曾孫之稼其斂而在田如茨之比密焉。如梁之穹隆焉。曾孫之庾其積而在場。如坻之特起焉。如京之高峻焉。於是求倉以處之。禾稼之多。乃求千斯倉也。求車以載之。禾稼之多。乃求萬斯箱也。此其收成一何富耶。曾孫於此不敢自以為已之所能致也。而曰凡此黍稷稻梁。皆農夫之慶。吾乃賴之而有此耳。是宜報以介福而萬壽之無疆者乎。其歸美於下。而欲厚報之如此

稼就已獲之稼說。倉只做倉廩說。楚茨言我庾維億。此說千倉何害。要之只是極言其盛耳。此詩首章三四章俱言力農。二章言祭。總是稱述其力於農事。以奉方社田祖之祭。非專為禱而作。而其中如取陳以食農人。祈年以穀士女。攘左右以嘗旨否。勸相之勤。歸農之功。介福之報。皆足以見公卿之盛德

大田四章

此蓋農夫之辭所以答其上也言田大而種多於今歲之冬而預為來歲之备于穀種而擇之使無非其類之雜于田器而飭之使無不可用之弊凡既備矣然後及時而事之靈雨既零不可緩於耕也則以其所飭之利耜而俶載於南畝既耕矣又不可緩於種也則以其所擇之百穀由是而遂播之其耕之也勤而種之也時是以苗之生也皆直而且大而有年之慶可必矣曾孫之心夫固欲其歲之成也禾稼之美不有以順其所欲者乎

以我覃耜三句所謂乃事也

夫是苗也或孚甲未合或始合未堅既方而既皁也或穀生克滿或形味之善既堅而既好也且不稂不莠而無有以奪其地力焉是其苗既盛矣然使其有蟲以戕之則田禾亦無以自存也又必

去其螟螣。及其蟊賊。然後可以無害我田中之禾。而年之大有可得也。顧此豈人力之所及哉。惟田祖有神。為我持此四虫。而付之炎火之中者乎。此固神之能也。而亦人之所望於其神者也

田稺。只是所謂方皁堅好之苗。蓋詩人之意。揔是說苗既如是之盛。又須無蝗蟲以害之。纔好。或田祖二句。亦要入與怙君德意。此意亦是。但下註明言與怙君德。而此不言。故或以為太深

雨。又穀之所賴以生也。天於我君。尚其眷佑不忘。有渰萋萋而興雨。祁祁。于以雨我公田。霡霂之膏。為君而沛。而遂及我之私田。八家所受。由是而得以蒙其餘惠也。夫雨以潤之。使歲其有焉。於收成之際。彼有不及獲之穉禾。此有不及斂之穧束。彼有遺棄之禾把。此有滯漏之禾穗。豐成有餘。而不及盡取。為寡婦者。得因而取之以為利。是既足以為不費之惠。而亦不至輕視天物而慢棄之

矣

天澤雖無先後。民心則有先後。故曰雨我公田。遂及我私。彼有

四句只是不及盡取。非專為寡婦之故

時乎收成而省歛也。農夫相告曰。曽孫來矣。於是其婦子饁彼南畝。而曽孫與之偕至其所。夫農夫在田。婦子行饁。人力齊矣。故田畯至而喜之。彼賽禱之禮。乃其所不可緩者也。曽孫之來。又為禋祀四方之祭。以其騂黑。與其黍稷。既享祀以報今歲之成。又享祀以祈來歲之有。致力於神。而其孚感之餘。豈不介以景福也哉

此祭祀。即前田第二章所云。以介景福。泛說。上三章。皆是言田事。如去虫得雨。皆田中事也。末章歸重介景福意。其省視禋祀皆為農也

瞻彼洛矣三章

此天子會諸侯于東都以講武事而諸侯美天子之詩言瞻彼洛矣維水決決然深而且廣不足以壯都邑之形勝而起萬國之朝宗耶我君子至此洛水之上執玉帛者萬國人心維一天命孔固福祿不如茨乎但見雖安平無事之時而不忘武備之脩服彼韎韐有奭然其赤子以大閱六師而振作之不曰邊鄙不聳兵可以無開也

福祿如茨只就會同上說看註此詩重講武上蓋此行是為講武而行非因會同而遂講武也

瞻彼洛矣維水泱泱君子至止會萬國之諸侯而武事講焉御彼刀鞞有琫以飾其上有珌以飾其下光芒奪目不有以禀難犯之威而鼓六師之氣耶夫安不忘危危終不至我君子豈不極萬年之久而有以保其家室皇圖統一之盛其永無不測之變矣乎

公劉註云琫刀上飾也。蓋鞞是刀鞘琫珌是刀飾亦戎服對上章韎韐說。萬年二句。不可做祝願說。蓋無事而不忘武備則自有久安長治之理

瞻彼洛矣。維水泱泱。君子至止。乃講武之典。而諸侯會焉福祿不既同乎。夫治不忘亂。亂終不生。我君子豈不極萬年之久。而有以保其家邦。土宇昄章之隆。其求無不爾之福矣乎

福祿既同與上福祿如茨一般。大抵首章說不忘武備。久安長治之道也。下二章重保家室家邦。意正所謂久安長治也

裳裳者華四章

此天子美諸侯之辭。蓋以荅瞻彼洛矣也。言裳裳者華。則其葉湑然而美盛矣。我覯之子。素懷願見之思。乃今來朝。而亦既覯止則其心傾寫而悅樂之矣。夫我心寫兮。則君之悅臣也深而臣之得

君也至。其聲聞自流。其寵命必固。豈不有譽處乎哉

詳夫能使我二句。是發其意。非正發詩人語氣。朱子此解。重諸侯之德有以致之上

裳裳者華。其色芸然而黃矣。我覯之子。但見和順之積。暢而為英華之發。光輝宣著。斐然德容之可觀也。維其有章矣。夫天下未有有其德而無其福者。維其有章矣。是以有慶矣。此固其理之可必者也

慶字泛說

裳裳者華。或其色之黃焉。或其色之白焉。我覯之子。馬以駕車則乘其四駱。色之齊也。昭其文也。驅馳之下。不有以壯其觀者乎。乘其四駱。而六轡沃若。質之柔也。適於用也。操縱之間。不有以儼其飾者乎

説車馬威儀之盛總歸於美其人不宜把上章做美其人此章做美其物

人每有能有不能鮮有盡天下事而優之者也今夫左之左之而君子無所不宜縱横闔闢投之而皆通右之右之而君子無所不有千変萬化運之而不窮蓋事雖至繁而所以應之者常裕如也所以然者維其有之方寸之中無一理之不具是以其形之於外也無所不宜無所不有而與其存諸中者相似也夫豈可以強為也哉

此章自其為人之素言之註中才全德備句乃統解此章之意不可分重言左之右之辭之疊也總是言左右皆其所長左右只是借言總是言其無所不能似之云者蓋無所不能亦如中之無所不具也上三章自其來朝而美之末章又美其為人之

素也

桑扈四章

此亦天子燕諸侯之詩言桑扈之飛交交然往來則其羽鶯然而文章之可覩矣我君子也從容和順示人以可好而不示人以難親詳樂只之君子也夫其德之盛者自有以動天之眷豈不受天之祐也哉

樂胥就形之於外者說即此便是德不必作德之符看

交交桑扈則有鶯其領矣我君子也和氣襲人何可樂耶吾知其任方伯連帥之職也必德之所施者溥而威之所制者廣禍亂泯於不興天下恃以無恐矣不為萬邦之屏者乎

萬邦之屏乃願之之辭也總是頌禱意思

我君子總萬邦而為之長奠而安之隱然屏蔽之捍衛植而立之

矻然翰翰之維持。但見其所統之諸侯莫不遵其矩度。而以之為憲焉。夫履崇高者易以肆。彼且守之以謹。收斂而不敢少放縱也。持之以慎。戒懼而不敢少輕忽也。然而受福豈不多乎。蓋其謙謹之至。則其福之進進無已而極其盛也。固其所耳

屏字有衛之意思。翰字有立之意思。百辟為憲。只是遵其矩度之意

兕觥上曲而其觩。旨酒調美而思柔。式燕以敖。上下之情。不於是而協乎。夫燕飲主於和樂。茲固恒情之所易狎也。彼則交際之間而其禮不廢。何有於傲慢耶。然而萬福不來求乎。蓋惟德動天。惟天眷德。則其福之集也。固有不期而然者耳

兕觥二句。不是空空說箇爵與酒如此。就燕飲說。四章開開看

鴛鴦四章

此諸侯所以荅桑扈也言鴛鴦于飛則掾畢以掩之張羅以取之矣君子萬年如彼其久也而福禄宜之盖其休祥之集固有不厭者矣

萬年不宜作壽說言萬年福禄宜之也宜字有歆慕而歸之之意

鴛鴦在梁則戢其左翼以相依矣君子萬年如彼其久也而宜其遐福盖其受天之禄固有未涯者矣

上重宜字此重遐字此句猶言為遐福之所宜也

乘馬在廐則或以芻或以粟而摧之秣之矣君子萬年則福禄艾之純嘏爾常所以培而養之者寧有既耶

艾養也陰佑而默相之也與福履將之一般

乘馬在廐則秣之摧之矣君子萬年則福禄綏之天休滋至所以

奠而安之者。寧有窮耶

四章平看。不可以為一層深一層

頍弁三章

此燕兄弟親戚之詩。言頍然而戴弁者。實維何人乎。爾酒既旨。爾殽既嘉。相與優游于罇俎之間者。豈伊異人哉。乃兄弟而非他也今夫蔦與女蘿施于松栢之上。纏綿依附。直有固結而不可解者。詩人之意蓋曰。兄弟親親之恩。亦猶是耳。其覓遠而其邇也。夫固我之願也。故方夫未見君子。感慨不容以自已而憂心之奕奕乎今亦既見止燕笑語今。心用慰矣。庶幾悅懌而無復憂焉

有頍二句是賦。然就以此二句興下四句。故曰賦而興。實維伊何。言何人也。非言何物。蔦與女蘿二句。喻其相親之情也

有頍者弁。實維何期。爾酒既旨。爾殽既時。與茲燕者。豈伊異人哉

乃兄弟之具來也今夫蔦與女蘿施于松上此其綢繆之勢何如邪詩人之意蓋曰兄弟親親之恩亦猶是耳我也未見君子而憂心之怲怲于今亦既見止我心寫兮庶幾其有臧焉

庶幾有臧猶言憂心綏好耳

有頍者弁實維在首爾酒既旨爾殽既阜與茲燕者豈伊異人哉乃兄弟甥舅莫有親焉者也且天將雨雪則先集維霰是霰之集乃將雪之候也詩人之意蓋曰老至則將死之徵也今既老矣死喪且隨之矣寧有多日也哉兄弟甥舅之相見其無幾矣失今不相與燕飲為樂後尚何及耶是但當樂飲以盡今夕之懽允我君子式燕以敖骨肉之愛于是而敦焉可也

上二章曰兄弟此曰兄弟甥舅只是協韻之詞不可拘泥無幾無日一般但上句以死喪言下句以相見言此二句亦見得燕

不容已處。上二章。燕飲而敘親親之情。末章重燕之不可已。而親親之情轉切矣

車舝五章

此燕樂其新婚之詩。言我之間關然設此車之舝者。夫何為哉。蓋思彼孌然之季女。故乘此車往而迎之也。但見匪饑也。匪渴也。特望其德音之來會。望之之切。而此心有如饑渴焉耳。今夕何夕。見此邂逅。是雖無好友。亦當燕飲以相喜樂。蓋其親愛之情固有不容自已者也

新昏之燕。只是夫婦。故曰雖無好友。式燕且喜一串滑

依彼平林。則有集維鷮。是婚姻以時之碩女。則以令德來配己。而教誨之。此其所可慶幸何如耶。式燕且譽。而悅慕之無斁焉。蓋得賢內助。自不容不如是其愛厚也

譽。樂也。與上章且喜一般

夫是燕也。雖我無旨酒。然在情不在酒。亦當式飲庶幾雖我無嘉殽。然在情不在殽。亦當式食庶幾雖我無美德可以與女。然夫婦之情重。賢愚固可以兩忘也。亦當式歌且舞。蓋但以盡今夕之懽已矣。他尚何計哉

陟彼高岡。析其柞薪。析其柞薪。則其葉湑然而盛矣。我於季女。迎之以歸而亦既覯止。邂逅自今。何其幸耶。慨望之私。于是而得以自慰我心傾寫而無留恨矣

此又舉其始終而言之。高山則可仰矣。景行則可行矣。馬以駕車。而四牡之騑騑。轡以御馬。而六轡之如琴。馬服御良。則可以迎彼季女。由是而見之。而慰我之心。企仰之私。不有以自遂耶

據高山仰止二句說為仁。亦不必說仰之而必陟其巔。行之而

必至其極。為仁而必底於成。只宜把仰字行字重看。為仁只宜說孳孳不懈之意。上四章。自始說至終。蓋親迎之始終也。末章揔而言之

青蠅三章

此詩為王好聽讒言而作。言青蠅之飛也。載往載來。其聲營營然有以亂人之聽。而止于樊焉。此其意蓋曰。讒言反覆之惑人也。豈弟君子。要當徐而究之。怒而責之。無信讒人之言。蓋信讒則其弊有不可勝言者。可不戒哉

營營青蠅。止于棘。彼讒人者。變亂是非。罔有紀極。而交亂乎四國無罪之人。每被飾成之害。何可惡耶

營營青蠅。止于榛。彼讒人者。變亂是非。罔有紀極。而搆我二人。試彼之人聽而罔之誣此之罪而禍之。何可惡耶

已與聽者要看得活不宜握定說首章戒以勿聽讒下二章言
讒人之害正以見其不可聽也

賓之初筵五章

衛武公飲酒悔過而作此詩言迎賓即席之初或左或右以次而列秩秩然其有序籩豆之有楚也殽核之維旅也酒既調美而飲酒之人甚齊一也曾有失儀者乎於是改宿懸之鐘鼓而遷于其下以避射位衆所奠之醻爵而往來逸逸交錯以徧大侯既抗脫中掩之束而繫左下之綱弓矢斯張持引滿之勢而躍舍拔之機選次群臣而為三耦者有焉自相取匹而為衆耦者有焉彼此更送以奏發矢之功斯時也各心競云我將發彼有的以求爾之飲觶蓋雖人懷必勝之意而亦隱然不露聲色者矣因射而飲其善如此凡飲皆然則亦何過之有哉

註因射而飲者。是摠起話。貫到尾。初筵禮儀之盛。只就首四句說。酒既和旨二句屬上看。至於二字可見。或以初筵禮儀之盛貫到尾。則註何為遺上四句。只從酒既和旨說起此燕為射而設。首六句。純以飲言。鐘鼓八句。方說歸射上去。摠是說因射而飲之善

夫祭必有樂也。則籥舞以昭其容。笙鼓以暢其聲。樂既和奏而進于烈祖之前。於以供其聽而樂之。此其樂何善乎。然又必有禮以成之也。則祀事備舉。罔有或遺。而百禮之既至。是不有壬乎其大耶。可謂周徧廣濶也已矣。是不有林乎其盛耶。可謂優裕充足也已矣。此其禮何善乎。是以神之格矣。純嘏於爾乎錫焉。斯祭也。但見為子孫者。則湛然樂於趨事。于主人三獻之後。各酌酒獻尸。而卒其所酢之爵。為賓者。則舉手挹酒。以進之于尸。為室人者。則又

入而酌酒。以加爵于尸。是子孫也。賓也。室人也。咸酌彼康爵。于以
行時祭之典。而無有不盡其禮者也。因祭而飲。其善如此。凡飲皆
然則亦何過之有哉
以洽百禮。不必牽樂來說。樂與禮平看。百禮既至。只是備舉無
遺。夫備舉無遺則大矣。盛矣。入又承賓客說來。蓋賓既酌酒獻
尸。而室人又酌酒獻尸也。酒所以安躰。故曰康爵。不宜重安躰
意。只是酌酒。子孫七句。只禮字足以該之。故註摠而言之曰始
時禮樂之盛
賓之初筵。凡皆嚴肅以自持。温温其恭。無失度也。然方其未醉。威
儀反反。而檢束之有加。曰既醉止。則漫不知省。幡幡然輕數。舍其
坐處而之他。屢以起舞而軒舉矣。方其未醉。威儀抑抑。而慎密之
可尚。曰既醉止則畧不知謹。怭怭然媟嫚而禮法其掃地矣。夫變

反反而幡幡変抑抑而怭怭是盖一至於醉而心為所昏曾不知其常度是以漬亂之一至此耳可不戒哉

此章分明說始乎治而卒乎亂上二章不宜補終之不飲意

夫賓既醉止載呼而載呶亂我之籩豆屢舞之僛僛是盖一至於醉而不知威儀斷喪之為過耳但見頍弁之傾側也屢舞而不止也何其謬迷之若是耶夫人固不能以不飲但既醉而出則賓為佳賓而主為良主俱有温恭之譽醉而不出一至此焉則為酒困矣是害其德也且飲酒之所以甚美者惟其有令儀耳今若此則無復有儀矣不亦可醜之甚耶

上八句是極言醉者之狀下六句只是因上文而言其非耳所以為戒也出去也謂去其醉者之狀也醉至若此便是害德不必推入一層做害中之德

凡此飲酒有醉者焉有不醉者焉是以既立之監而有失必糾或佐之史而有過必書則彼醉者所為之不善而不自知使不醉者反為之羞愧也斯人也安得從而告之使勿至于太怠乎其告之以為所不當言者則禁之而勿言所不當從者則禁之而勿語若醉而妄言則將罰爾使出無角之羖羊童羖不可以必得語言其容以不慎乎且汝飲至三爵已昏然無所記矣矧敢又多飲乎蓋或多飲則其辭又當何如耶可不戒哉

上六句意思相連串既立四句註故字則字相關此四句一氣不宜把立監二句截斷屬上看告之至童羖止故末二句註云又丁寧以戒之首二章說始燕之善中二章說燕飲而終之亂四章一直說落來非相對言末章則深以為戒也不宜把第四章屬下章看四章連接三章極言醉者之狀耳

魚藻三章

此天子燕諸侯而諸侯美天子之詩言魚何在乎在乎藻也則有頒其首而游泳之得其性矣王何在乎在乎鎬也宅中圖大有以合寰宇而統一之但見至治無虞豈樂而飲酒焉是蓋後天下之樂而樂耳豈荒于酒者耶

在鎬須重看所謂飲酒亦因燕而言

魚何在乎在乎藻也則有莘其尾而游泳之適其情矣王何在乎在乎鎬也居重馭輕有以極幅幀而綴旒之但見太平無事飲酒而豈樂焉是蓋以天下之樂為樂耳豈耽於飲者耶

魚在在藻則游泳自適而或依于蒲矣王在在鎬都天下之會而握天下之樞但見萬國理而治功成南面恭已神秉怡如也何如其安居乎

那字還就心上說三章平看

采菽五章

此天子所以荅魚藻也言采菽采菽則筐之筥之矣君子來朝錫予之與固不容以或廢也何錫予之夫今雖無以予之而路車乘馬已隨其親疎之分而為之賜矣又有何以予之而玄衮及黼亦已隨其尊卑之等而為之賜矣是特待諸侯之常禮耳其足以昭寵渥也耶

大抵天子之待諸侯自進地加律之外而車服之賜最重此一章盡矣下四章只是咏歌無已之意故下章所謂福禄命予之類皆不宜外車服而別生意思金路鉤樊纓九就象路朱樊纓七就曰玄衮及黼則曰龍曰山曰華蟲曰火曰宗彝曰藻曰粉米曰黼曰黻皆兼之矣但隨其尊卑而隆殺之耳

觱沸檻泉。言采其芹。君子之來朝。必有龍旂之建也。則言觀其旂及其旂淠淠。而物采飛揚之奪目。鸞聲嘒嘒。而節奏鏘鳴之盈耳。又見夫載驂載駟。而連絡布散之相望。則知君子之至於是矣興至觀旂止。下五句。又承上所興而言也。此下四章。蓋從頭鋪敘落去

我君子入朝。赤芾在股。邪幅在下。服飾之必謹昭其度也。但見其交際之間。動容周旋之齊遬。而不敢以舒緩乘之。何其敬耶。然蓋禮固臣之所以事其君。而隆恩則君之所以待其臣也。由是天子予之。而車服以庸之典行焉。夫錫予之所在。寵命之所在也。樂只君子。九重之特恩。於爾而加矣。不曰天子命之乎。寵命之所在。福祿之所在也。樂只君子。人臣莫大之慶。自爾而膺矣。不曰福祿申之乎

帶裳幅舄之類皆有差等之度但所重在彼交匪舒上禮以齊
遨為敬舒緩便是傲慢就容儀上說樂只四句只就天子所予
一句上咏嘆之耳天子命之自君之所賜而言福禄申之自臣
之所得而言曰天子命之蓋車則為命車服則為命服也即此
便是福禄此四句只連疊說落來勿兩平看或欲泛說謂若指
錫予則首章既猶以為薄而此又自以為厚矣夫猶以為薄者
好之無已之意也要之此外更難加厚而所謂天子所予又何
予耶故不外是車服之賜而所謂福禄者不外是矣
維柞之枝則其葉蓬蓬然樂只君子為君子之所予是宜其膺保
障之寄任翰屏之責而天子之邦爾其殿之矣夫名器不輕以假
人也樂只君子寵荷君恩萬福攸同何如耶抑且追琢其旅而平
平左右亦從之而至此何徃而不可美耶

辨有不維之意治有不亂之意就威儀上說

汎汎楊舟則必以紼而纚維之樂只君子為天子之所予則其忠君愛國之心天子必葵之而有以見知於其主矣夫名器不輕以假人也樂只君子寵荷君恩福祿膍之何如耶抑且畧無一毫勉強之意而優哉游哉以至於此亦何往而不可美耶

此二章不必重宜字必字看正意殊不在此上所謂福祿不離是就錫予上說蓋此二章皆是承天子所予之意說來曰殿天子之邦曰天子葵之蓋推廣而言之也不必牽扯彼交匪紓之敬入說

角弓八章

此刺王不親九族而好讒佞使宗族相怨之詩言騂騂角弓弛之而不張則翩然而外反矣兄弟婚姻蓋有親親之恩者也其貧遠

具邇宜也豈可不敦其愛使疏隔而相遠耶
夫一人之好尚而天下之俗係焉爾之遠矣則上之所為下之歸
也民胥然矣爾之教矣則寡恩之風自我導之民胥傚矣為人君
而倡薄惡之俗如之何其可耶

遠以倡之便是教

雖王化之不善然此令兄弟則綽綽有裕而不変親愛之情自如
也彼不善兄弟遂由是而交相病骨肉之間肆其戕賊之惡矣

此令兄弟二句輕其意在下二句

民之無良不念骨肉之愛胥戕胥虐而相怨一方膠於意見之偏
曾不參互彼已而平之蔽亦甚矣此其怨將何時已耶況兄弟相
怨相讒以取爵位而不知遜讓吾見貪爭不已終亦必亡而已矣
然則亦何樂於為此耶

下二句言不遜之禍蓋貪爭則自是終不為已有
馬既老則其力衰矣反自以為駒而膺重任曾不顧其後將有不
能勝之患焉詩人之意蓋曰爾但知讒害人以取爵位而不知其
不勝任也且食之已多宜其飽矣豈可以不止乎駒之所取亦已
甚矣豈可以無厭乎此其意蓋曰爾爵位之得已隆尚何貪求之
若是耶
或泥下二句有如字不作比說頗弁之詩不曰如彼雨雪乎此
二句俱就取爵位上說
夫猱之性本善升木其可復教之乎毋教猱升木又如於泥塗之
上而復以泥塗附之不愈甚耶詩人之意蓋曰小人骨肉之恩本
薄不可復有以啓之啓小人以薄恩是甚之也而可乎夫上者下
之倡也苟君子有美道隆骨肉之愛而篤於親焉則小人得於觀

感之間將反為善以附之而無不與於仁矣豈至於如此耶何乃不端風世之本也哉

小人骨肉之恩本薄如猱之性善升木毋教猱升木言毋啓小人以薄恩也啓小人以薄恩是泥塗之上加以泥塗也

雨雪瀌瀌何其盛耶見日氣則自散而消矣詩人之意蓋曰讒言遇明者當自止也王乃專信之不肯貶下而遺棄焉彼將何所忌哉適以滋之耳不更益以長慢耶為君而長慢焉亦獨何耶

雨雪浮浮何其盛耶見日氣則自流而去矣詩人之意蓋曰讒言遇明者當自止也而王乃好讒以長之但見無禮義而相殘賊是可以言中國之人乎如蠻如髦而已耳此大亂之道也我是用憂

燦然有文以相接懽然有恩以相愛中國之所以為中國也胥戕胥賊非夷狄而何此詩所謂讒佞蓋骨肉相讒也首章言宗

族之親不可相遠二章至五章則言王為之倡而宗族遂如此相怨蓋民之無良二章皆言其相怨皆由於王化之不善也第六章則戒以勿如此而端化本末二章皆斥其不然也與第六章連屬

菀柳三章

王者暴虐諸侯不朝而作此詩言有菀然茂盛之柳行路之人豈不庶幾欲就之而止息乎詩人之意蓋曰誰不欲朝事王者但王甚威靈可畏使人畏之而不敢近耳使我朝而事之以請王室後必將極其所欲以求於我而責之無已矣此其所以寧不朝也

註曰朝事曰朝而事之所謂事之有事在非空空朝之而已必力以助其不及財以資其不給也故雖為繼威神之意在暴虐上曰靖王室者諸侯不朝則王家自是有不平之意須看人上

看

有菀者柳行路之人豈不欲庶幾就之而愒息乎蓋言誰不欲朝事王者但王甚威神使人畏之直至於病雖欲往而不敢耳使我朝而事之以靖王室後必將求於我之過其分而有所不堪矣此其所以寧不朝也

曰病者畏之甚也

有鳥高飛極至於天耳彼王之心貪縱無極求責無已吾不知其何所至也夫其心之無所至如此則豈我能靖之乎其朝而事之也徒然自取凶矜耳與其朝之無益而召禍孰若無朝之為愈耶

曷予靖之明白是本其心之無所極說三章平看總見朝事之難

都人士五章

亂離之後人不復見昔日都邑之盛人物儀容之美而作此詩以嘆惜之言彼都人士狐裘黃黃服飾之極其盛也其容不改有常度也出言有章遠鄙背也服如是容如是言如是蓋深有可慕者但見行歸于周而為萬民之所仰望焉今無矣夫謂之何哉

此章雖但言人物儀容之美其意則重在今之不可復見也

彼都人士其服飾也臺笠緇撮彼君子女其容貌也綢直如髮是何其容服之善耶昔者如此今我不可得而見矣感慨誰已而此心為之不悅焉

彼都人士其服飾也充耳琇實彼君子女其容儀也謂之尹吉又何其容服之善耶昔者如此今我不可得而見矣憤懣之甚而此心為之苑結焉

禮法就容儀上說

彼都人士其服飾也垂帶而厲彼君子女其容貌也卷髮如蠆又
何其容服之善耶昔者如此今我不可得而見矣苟得見之其從
之而邁焉
夫士之帶非故垂之也帶自有餘耳女之髮非故卷之也髮自有
旟耳蓋自然閑美無假於脩飾也昔者如此今我不可得而見矣
誠有不能不動吾心之惓惓者如何而不望之乎
此詩摠是傷今而思昔各章另看一意而反覆言之憂嘆之無
已也

采綠四章

此詩婦人思其君子而作言我終朝采綠而一匊之不盈蓋其心
馳於君子而不專於所事故耳然歸期已至顧我之髮曲局而不
整非所以待君子也于是舍之不采而歸而沐之髣其容以待其

還焉

念我君子。不專於所事。終朝采藍不盈一襜。夫君子之出也約以五日而旋。今已六日矣尚不可得而見焉去時之約已過而其人之行未歸何為而然也。如之何勿思

五六字。須看得活。蓋借言其過期耳。信如五日六日。則行非甚遠。時未甚久。奚至思念之若此

彼其之子。若卒然而歸欲往狩耶。我則為之韔其弓。夫韔弓雖非我之所宜為。然夫婦之際固有不忍於相遠者。從而為之韔弓焉其情自不容已耳。欲往釣耶。我則為之綸其繩。夫綸繩雖非我之所宜為然夫婦之際固有甚樂於相親者。從而為之綸繩焉其心始得以自慰耳

為此言者總是望之切思之深

釣必有所獲也。其釣維何有魴焉有鱮焉維魴與鱮吾則從而觀之夫魚固不足以繫我之心。然夫婦之常相依焉。茲則吾之意也。雖不為魚往得不為人往耶

通四章皆是思念之情。至於欲無往而不與俱則其思念極切矣

黍苗五章

宣王封申伯於謝。命召穆公往營城邑。故將徒役南行。而行者作此言芃芃黍苗則維陰雨能膏之我輩以營謝之故。承命徃役。而悠悠南行。唯召伯為能勞之躰其休戚節其勞佚而撫綏之無所不至也

勞之不必拘拘役使上說。大遠行甚人情之所憚而不安者。必須有以勞之而人心始舒。徒役之利病全關於召伯。故首之曰召

伯勞之蓋喜之也

我任我輦我車我牛相襲而之謝茲往也謝邑之營既秩然而就緒則我輩其旋歸矣

只閑閑說勿做不久留意亦勿謂必如是纔得歸曰我行既集蓋云歸哉則安之而不以為憂矣

我徒我御我師我旅相率而之謝茲往也營謝之役既翕然而成功則我輩其歸處矣

夫謝邑之建城郭宮室無不就緒而肅肅然其嚴正是蓋召伯營之區處運為之有方而有以集其事也人必用奮凡我征師烈烈然趨事之不懈是蓋召伯成之鼓舞振作之有道而有以奮其勇也

謝功據肅肅字面還就城邑說即崧高所謂定申伯之宅也此

章是歸功於召伯

水土乃有國重務我召伯之營謝也度其原隰于焉而既平蓋高下隨宜而土田之無不徹矣觀其流泉于焉而既清蓋溝澮以疏而水利之有足資矣夫營建既就疆理亦斉則召伯之功以成王心其載寧乎蓋王封申伯而為之營謝於是役特注意焉厥功既成心用慰矣惓惓之念不釋然耶

原隰平泉流清即崧高所謂徹申伯土疆也此章重在有以安王心上王心寧蕪肅肅謝功作詩多如此須看待申伯意看或謂此就營謝之役說命以營謝自然留心功成則心寧然何為留心於營謝豈非特為申伯耶此詩從頭鋪敘至末末二章都是頌道其如此

隰桑四章

此喜見君子之詩言隰桑有阿則其葉有難矣既見君子適我願
今則其樂何如哉喜幸之情蓋有油然而生者矣
　如何無別意思只是言其樂也
隰桑有阿則其葉有沃矣既見君子適我願今則云何而不樂哉
忻躍之意蓋有不容自已者矣
隰桑有阿則其葉有幽矣既見君子夫固邦家之光也不有以侈
芳聲於天下者乎德音其孔膠哉
　德音者言朝廷有人自是膾炙人口孔膠言洋溢無間也要之
　摠是喜幸之辭
我於君子其愛之也非徒粉飾於外而已也中心誠愛之子今亦
既見此何不遂以告之而自達其情者乎蓋發於言者有盡藴於
心者無窮我但中心藏之將使何日而忘之耶一念之篤好固有

悠乎其未涯者矣

曰中心藏之何日忘之喜之至也四章揔是喜見君子之意

白華八章

幽王得褒姒而黜申后故申后作此詩言白華為菅則白茅為束是二物至微猶必相須為用詩人之意蓋曰夫婦而可不相親乎顧之子之遠不可得近使我孤而立焉亦獨何哉

英英白雲露彼菅茅是雲之澤物固無微而不被詩人之意蓋曰夫之於婦亦宜無時而不親也今我之遭此不淑時運何艱難耶何之子之不尚使我一至此乎

天步艱難就見棄上說

滮彼北流浸彼稻田是小水微流尚能浸灌乎物詩人之意蓋曰何王之尊大而反不能通其寵澤耶我之處此嘯歌傷懷念彼碩

人蓋彼雖我棄而其在我者固不能以或忘也
樵彼桑薪用之以烹餁宜也而乃烘于煁但為燎燭而已耳詩人之意蓋曰以嫡后之尊反見疎斥而卑賤也維彼碩人實勞我心蓋彼雖我棄而我之思之固有不容已者
鼓鐘于宮則聲聞于外未有鳴之而莫或聞者詩人之意蓋曰誠於此而動於彼宜也今念子懆懆若是其切而子曾不我顧視我反邁邁焉何哉
夫鶴之於鶖清濁不侔也今有鶖在梁有鶴在林鶖則飽而鶴則饑焉詩人之意蓋曰妾反見寵而嫡反見棄也維彼碩人實勞我心蓋有往來于懷而不能少置者矣
鴛鴦在梁則戢其左翼以相依而不失其常矣詩人之意蓋曰夫婦之間固宜常相親也何之子無良宅心之不恒二三其德眷我

於始而棄我於終耶

二三言無常也即此便是無良

有扁然而卑之石則履之者亦卑矣詩人之意蓋曰妾賤而寵之者亦賤也顧之子之遠知有妾而不知有我俾我憂之而甚病焉

此詩各章開首蓋憂之無已而反覆言之也

緜蠻三章

此微賤勞苦而思有所託者爲鳥言以自比言緜蠻之黃鳥大其聲而呼曰我止于丘阿而不能前蓋道之云遠不可以卒至而我之勞已甚雖欲前而不堪矣當是時也有能惻然哀矜飲之食之以拯其困教之誨之以開其迷而又命彼後車謂之載之以濟其力之所不能者乎

通是比三章一意

緜蠻黃鳥止于丘隅是豈敢憚行而不肯進也哉蓋其勞已甚畏不能趨而不得不止於是耳當是時也有能飲之食之教之誨之而又命後車以載之者乎

曰豈敢憚行畏不能趨只重勞苦已甚非有別意

緜蠻黃鳥止于丘側是豈敢憚行而不肯進也哉蓋其勞已甚畏不能至而不得不止於是耳當是時也有能飲之食之教之誨之而又命後車以載之者乎詩人之意蓋曰我之勞苦甚矣無以自存矣有能悲其窮而恤我者乎

瓠葉四章

此亦燕飲之詩言幡幡瓠葉采之亨之夫固非嘉蔬也然君子有酒則亦以是進之賓客而酌言嘗之但知聚會燕飲之為適而物之厚薄固有不自知者

註以是指瓠葉言。酌而嘗之以酒言

有兔斯首。炮之燔之夫固非珍羞也我君子有酒亦必以是酌而獻之但知嘉賓式燕之為樂而物之厚薄固有不暇計者

有兔斯首。燔之炙之物誠薄矣然君子有酒亦必以是酌而酢之。但知敎吾主賓相與之好而已耳。遑恤其他耶

雖說酢之其實重主人燕賓上

有兔斯首燔之炮之物誠薄矣然君子有酒亦必以是酌而醻之但知盡吾愛厚無已之情而已耳。他又何恤耶

獻酢酬是燕飲始終之禮然不宜以下三章對上一章看。只平平說落來尊言瓠葉與兔詞之謙也。不計物之厚薄當見得主人不容已之心

漸漸之石三章

將帥出征。經歷險遠不堪勞苦而作此詩言漸漸之石。何高峻耶山川蕩然何悠遠耶。夫其險也行之維艱其遠也行之無已經歷如是之道路。勞亦甚矣嗟我武人之東征日夜奔趨曾無朝夕之暇。亦獨何耶

石之高山川之悠遠。是叙其所經歷之路。維其勞一句另。不可拘泥句語

漸漸之石何崔嵬耶。山川蕩然何悠遠耶。道里之險遠。其所登歷何時而可盡乎。嗟我武人之東征惟日以深入而已曾不暇謀出亦獨何耶

豕喜雨也。今有豕白蹢而群然進涉水波。畢好雨也。今月以水之精而離于畢。驗之物性。徵之天象。其俾滂沱矣嗟我武人之東征而又遇此大雨勞苦之甚。其暇及他事乎

豕涉波分依張子註朱註明白說豕涉波月離畢將雨之驗也
攙文有豕四句相對然俾滂沱分明是總承亦與首章上四句
一類可見看詩當會意不宜拘泥不遑他總說勞苦之甚此詩
三章總是言其勞苦所以自悲傷也

苕之華三章

此詩憂周室之將亡而作言苕之華芸然而黃何其盛耶然附物
而生雖榮豈能久哉詩人之意蓋曰身逢國家之衰其得久存也
哉遭此不幸心之憂矣維其傷矣感慨之情其能以自已乎
苕之華其葉青青何其盛耶然附物而生雖榮豈能久哉詩人之
意蓋曰身逢國家之衰其得久存也哉所遭之不幸一至此極知
我如此詎若無生之為愈耶
夫牂羊之首本小也今則瘦瘠而有墳其首罶所以取魚也今則

無魚而水静但見三星之光而已蓋其饑饉之餘而百物之彫耗如此當此之時苟且得食足矣豈可望其飽哉何其不幸而生於此時也耶

全章皆是傷亂之意不可以末章為推原說

何草不黄四章

周室將亡征役不息行者苦之而作此詩言何草而不黄乎何日而不行何人而不將以經營於四方者乎蓋其奔走於役使之勞無有得以少暇之時亦無有得以自逸之人矣

何草而不玄乎何人而不矜乎蓋皆久從征役不得旋歸而失其室家之樂矣哀我征夫豈獨為非民哉何為使之至於此極耶

先王以民待民不得已而後用之今不以民視民而役之不已故曰獨為匪民

夫獸則走壙矣我征夫乃人也匪兕匪虎何為使之靡室靡家而率彼曠野者乎哀我征夫朝夕從事而不得以少暇何不幸之甚耶

有芃者狐則率彼幽草而奔走之不已矣我征夫從役有棧之車行彼周道載馳載驅其得以少息乎斯世斯民一何其不幸耶

有棧二句亦朝夕不暇之意全章俱是傷其征役之困此三詩與四牡采薇出車杕杜諸詩參看古今治亂盛衰興亡之際可以觀矣

詩經宗義卷之五終

詩經宗義

金

清畫家詩

詩經宗義卷之六

閩惠安東湖張瑞著

大雅 文王七章

周公追述文王之德明周家所以受命而代商者皆由於此以戒成王言文王既没矣其神則在上而昭明于天耿光之不磨也是以周家雖自后稷始封千有餘年而其受天命則自今始也夫文王在上而昭于天則有周之德豈不顯乎其明著而光輝也不可尚矣周雖舊邦而命維新則上帝之命豈不時乎其寵眷以王業也適其會矣夫天命不可以倖致也蓋以文王之神在天一升一降無時不在上帝之左右同運並行蓋與天合德者其德如是命之所以集也子孫之所以蒙其福澤而君有天下也夫豈偶然之

故哉。

一章揔是反覆言文王有顯德，上帝有成命。首四句已盡文王有顯德而上帝有成命意了。有周二句是贊美之詞，兩開說。末二句則又言因有是德，故有是命，豈偶然哉。此可見周公惓惓之意。因文王既没，故不曰德而曰神。所謂神之昭者，正言其德之顯也。使無不顯之德，何以其神之能昭于天耶。註是以字不必太着力，自有末二句在。自今始着文王說。文王蹶厥生，是固受命之一初也，而適當五百年興王之會，帝命降焉，故曰時。所謂顯者，是即其於昭而贊其顯也。所謂時者，是即其維新而贊其時也

亹亹文王，其德之純亦不已，若或勉之，故今既没，而其聲譽之隆猶侈於天下而不已也。惟其有不已之譽，是以上帝眷焉而敷錫

于周。惟文王孫子。其本宗則使之百世為天子。其支庶則使之百世為諸侯。子子孫孫勿替引之。而又及其臣子。使凡周之士。亦世世脩德。與周匹休。于以翌天下之治於無窮焉。

重孫子上。周士帶言。總註所謂不唯尊榮其身。只據本章推起說。不宜着上章看。故四章亦曰不惟誅罰其身。非有所牽扯也。

敷錫于周。朱註本令聞說。蓋其理一也。

天眷我周。福及群臣之後。使之愈久而愈盛。其傳世豈不顯乎。蓋其功懋者其後昌。周士之謀國也。不敢以苟且乘之。而其謀猷皆翼翼乎其恭敬焉。美哉此衆多之賢士。一皆際五百年之昌期。而生於此文王之國也。惟此王國。淑氣攸鍾。能生此衆多之賢士。則其相與圖理。所以維社稷而植立之者至矣。非周之楨乎。足濟濟多士。文王不亦賴以安耶。蓋國之理亂。茲固人君之所為憂樂者也。曰維周之楨，則文王為之而寧也。固其所也。夫周士有如是之功。其傳世之顯也宜哉。

厥猶以下，皆言周士宜其傳世之顯也。朝有世臣，國家之福也。故周士傳世之顯，為天眷文王之福，王國克生，重天眷上，不重聖化意。

穆穆然深遠哉，文王之德也。一敬貫徹，而無有間斷，於緝熙敬止。惟其德之若是乎，其盛是以大哉之天命於文王而集焉。今以有商孫子觀之，則可見矣。蓋商之孫子，其數十萬不啻也。何其衆耶。然以上帝之命既集於文王，而今皆維服于周，翕然化而為臣矣，豈非天之所在，人雖衆不能違耶。

穆穆字虛說，下句指實。緝熙二字一串，說云常常光明也。假哉天命，帶上看。

商之孫子，所以侯服于周者，蓋以天命之不可常，惟德是與，不德則奪之。天既奪商而與周，人固不能違天也。是以彼商之士膚而美焉，敏而疾焉，凡皆執祼將之禮，而助祭于周之京。是作祼將之士，常服夫黼之裳也，冔之冠也。殷士而助祭于周，不以天命之去商而歸周者乎。天天命集而人心戴，是皆爾祖之德所致也。王之藎臣得無念爾祖文王之德乎。其傷然興思，而奮然作求也，固其所不可以已者也。不然，其如天命人心何哉。

膚敏泛說，黼裳商周所同，而冔冕則商之制也。念字中有法之之意在。

夫爾祖之德，誠所宜念。然欲念之，豈可以他求哉。蓋德者我之所固有也，亦惟在於自脩其德，省察而克治之，以全其本然之天耳。然人心之出入無常，天理之存亡甚易，又當常自省察，使其所行無不合於天理蓋其所以自脩者無或間也夫然則可以合德於爾祖而獲大之福自我致之有不外求而得者矣爾祖固當法也殷又不可不鑒也昔者殷未失天下之特其德足以配乎上帝人孰不仰其盛耶今其子孫乃如此一興一廢豈偶然哉其故可推也宜以之為鑒而自省焉省其興廢之故則知天命靡常善則得之而不善則失之駿命何難保耶其兢兢業業之意當何如耶法祖而曰自脩其德者蓋德一而已矣吾之德即文王之德也但吾壞之而文王全之耳故欲法文王只求之吾身足矣脩者去人欲以全天理也即所謂省察而使其所行合於天理也配命句重永字今其子孫乃如此一句屬上省宜以為鑒而自省是省其興廢之故若做省吾身之得失則末句不串

惟命不于常最為難保紂惟穢德彰聞而自絕于天是以天命去

之爾必以此為戒無若紂之自絕于天而布明其善譽於天下俾凡快聖明之稱焉可也又度夫殷之所以廢興者而折之於天其興也天何為而興之其廢也天何為而廢之推求其故庶知所警惕而不敢以少肆者乎商固當鑒也爾宜又不可不法也蓋與天合德固君之所以為君也然上天之事無聲無臭微妙而莫測固有難乎其為功者文王之德即天之德也有可得而持循者也惟取法於文王仰其所謂敬者而脩之於身則萬邦自作而信之莫不尊親無異於父母孔邇之戴王后維翰之悅矣天命其有既乎

紂之自絕于天此醜聲也故曰布明其善譽於天下上天之載二句須就理說若就予奪上說此自有一定不可易之理安得謂不可得而度也首五章揔是說天命之所以歸周而絕商末二章揔是反復勸戒之意

大明八章

此亦周公戒成王之詩將陳文武受命故先言在下者有明明之德則在上者有赫赫之命惟德動天惟天眷德其道固如是也天人之相通而去就之無常天亦難信也哉蓋有德則予而不德則奪之矣為君亦不易哉蓋有德則王而不德則獨夫矣嘗觀之有商矣紂居天位其統紀則一也又爲殷適其傳受則正也乃使之不得挾四方而有之豈不以必下有是德故上有是命而紂之無其德也耶

明明二句是達乎上下即此便見得去就無常天難忱斯二句承明明二句之意說來天位殷適二項俱重看蓋以此爾是指首二句說此章當以首二句作主看

我周之業乃基於文王也文王之聖豈偶然哉蓋摯國仲女任氏

者。自彼殷商，而來嫁于周，以為嬪於京。乃及王季，惟德之是行。王季則剛健中正，凡其見之於身者，皆德行也。仲氏則柔順中正，凡其見之於身者，亦皆德行也。其配耦之賢如此。由是太任有身，生此文王。蓋有是父有是母，故和氣鍾而真元會，文王於是而有生也。

乃及王季，維德之行，分作德之相肖說，還是皆惟德之是行。總重二人皆賢之意。此章言王季太任之德，其意總歸重在文王上。

惟此文王，於緝熙敬止，而小心之翼翼。以上則昭事上帝，而聿來多福之集。蓋全其降衷，有以動天之眷也。以下則厥德不回，而以受四方來附之國。蓋盛德在躬，有以起人之趨也。夫其德之上而得天，下而得人，何其盛耶。

小心翼翼所謂緝熙敬止也即此便是昭事上帝便可謂厥德
不回矣天之所以付於人者本無一私之雜人而累於私則非
奉若而不違矣文王全其天之所付故曰昭事上帝此章重文
王之德上曰懷多福曰受方國皆以著其德之盛也多福以天
命之新言懷字受字着文王之德上看。
我周之業乃成於武王也武王之生又豈偶然哉天雖高也鑒照
實在于下而我周之德有以當其心假哉之命既集之矣故於文
王之初年而彼蒼者天為之默定其配所以在洽之陽在渭之涘
當文王將婚之期而大邦有子可以應擇德之求也此其伉儷之
問不有迥出尋常之外者乎蓋天命之集必得聖子以為之托而
將錫之以聖子固必有淑媛以為之配也。
初載是幼時嘉止以將定親言非娶之之謂也此與下章其意

歸重武王上。

夫大邦有子。其德之柔順中正。譬則天為之兄。而彼為之妹焉。蓋天為文王而生之。故畀以如是之淑德也。方其始也。文王既卜云其吉。而遂以納幣之禮定其祥。百年之盟。於是而繫矣。及其終也文王親迎于渭。而造舟為梁以通其行。二姓之好。於是而合矣。但見以文王之聖。而得淑女為之配。德以配德。蓋希世之婚姻也。豈不顯其光乎。

俔天之妹。不必說天之德如是。彼之德亦如是。陽剛陰柔。乾健坤順。天自是剛健。女德不外柔順。且如兄有剛健中正之德。妹有柔順中正之德。便是難兄難妹。便是相伯仲。何必一般。文定親迎。蓋舉婚禮之始終而言也。不顯其光。根德上說來。

天有命自天。既命此文王。于周之京矣。而克纘太任之女事者。維此莘國以。其長女來嫁于我。蓋以聖配聖。天實為之也。於是又篤厚之。淑氣鍾焉。使生武王。保之右之命之。而使之順天命以伐商也。

上五句只是上二章之意。而中言之耳。使生聖子。便是厚之。曰保右命爾。總見得上天惓惓之意。燮。和也。所謂順天命也。

武王之伐紂也。紂率其旅以拒之。而會集之如林。此其師可謂盛矣。兩軍皆陳于牧野。但見維我之師。為有興起之勢。同心同德。若將迫其陣而摧之者。然衆心猶恐武王以衆寡之不敵。而有所疑也。乃勉之曰。人不能勝天。我周之德。實當天心。上帝其臨汝矣。奉行天討。孰得而敵之。其無以衆寡之勢。而持不決之心可也。

設言以見衆心之同二句。做詩人設言說。

牧野之地洋洋而廣大。所以會戰者在是矣。以我周之師衆言之。

檀車煌煌，有以凜難犯之威；四騵彭彭，足以昭無敵之勇。師衆何其盛耶。以我周之將帥言之，官太師而號尚父者，乎時奮其勇，若如鷹之飛揚而將擊，于以助彼武王，而振其有嚴之氣勢，焉將帥何其賢耶。夫商罪貫盈，天誅不可以復留矣。於是縱兵而伐之，以除其穢濁，不終朝而天下清明，一統之業，於是而成矣。

檀車二句，註以為師衆之盛，蓋古者行軍，每車一乘，該得若干人，有一定之法，故言車馬而士卒在其中矣。此師衆之盛只在人心用奮上，不以人數言。涼彼武王只就將帥一邊說。曰終首章之意者，蓋首章是將陳文武受命，故先云云，此言伐商而天下清明，則天命在周矣。或謂二三章是終明明在下意，未都是終赫赫在上意，非也。文王之德有以基乎命，武王之會天命自是本於德，故詩柄曰將陳文武受命，此當以意會。蓋首章言天人交與之理。下七章揔是詳文武盛德受命之事。

緜九章

此亦周公戒成王之詩。言瓜之緜緜然延蔓不絶。其生也至末而後為瓜。而始之近本而生者則瓞也。詩人之意蓋曰。我周之業其在文考之時。固誕膺景命。而其勢之昌大矣。然民之初生。于土沮漆之上。而古公亶父之時不過陶復陶穴于是而居焉已矣。尚未有家室也。是其始一何微耶。

只文王受命一段意思。是比瓞初生民。是有周人之始。其後不窋奔竄。周人幾無生矣。至公劉居邠。而國復興。故亦以為民之初生。不言公劉而言太王者。蓋太王去邠遷岐。肇基王迹者也。古公亶父其居邠也。迫於狄人之難。於是去而避之。來朝走馬。率西水滸。至于岐下。雖當此患難播遷之際。而亦不為苟且目前之

圖爰及姜女聿來胥宇蓋其定都立國直存遠大之規而審擇所處固其所不容已者也

來朝循俗言早來非明朝之謂重胥宇上見不苟之意不重爰及姜女上不宜別生意思只是當時遷岐與其妃同來故云然其至岐而胥宇也但見周原之地膴膴然肥美雖以堇荼之苦而生於此者亦反甘如飴蓋土地之氣使然也是其地之可以都也固已于是而徵之矣然己雖以為可而未知人心之何如也於是始與豳人之從己者謀居之及卿士從庶人從矣又契龜而卜之既得吉兆則龜亦從矣乃告其民曰周原之地誠善可以止於是矣築室惟在于茲矣不必舍此而他圖也

太王胥宇而見周原膴膴堇荼如飴則其意以為可矣然不敢任一己之私故謀之衆人既謀之衆人而又卜以決之卜得吉

兆。乃告其民曰云室矣須以周原二句為主。下連接說落來。
都邑之謀既定矣謂民事不可緩也。于是而為之居焉。廼慰而廼
止也。廼左而廼右也。于是而授之田焉。廼疆而廼理也。廼宣而廼
畝也。夫自西徂東民未得所居也。而居之民未有田也。而田之康
功田功何者而不舉乎。
慰之使其心安於是而不感慨也。人心雖樂於從遷然風景之
殊。人情不能無感慨。故慰之。疆。畫其大界是分畫夫井成同等
之界限。理謂別其條理不外是定其溝塗。只是於夫井成同等
之中定其淸塗所謂徑畛塗道路遂溝洫澮川是也。溝塗定則
條理別矣。宣是授以田中廬舍。畝是闢其田地去荒蕪而使之
可耕也。一說畝是計畝而分之
民事既舉而公宮之役興焉。乃召司空乃召司徒使之建立室家

然營建以宗廟爲先則繩以正之室家之位處畢定而其所以爲宗廟者有在矣乃以索束版而築之投土築訖而升之而上下之相承載但見版築之功既盡而廟宇屹立翼翼然嚴正足以妥神靈而崇孝敬矣

室家所該者廣曰則直則是正了就位處之正說亦所該者廣升下而上是築既訖又升版而築之

宗廟既成而室居之役興焉盛土於器陾陾而衆多投土於版薨薨而有聲其築之也杵聲登登然相應其削屢也墻聲馮馮然遂聞而百堵之皆作焉但見人心競勸樂事赴功雖鼛鼓以使勿亟而有不能以止之者矣

百堵句屬上看故朱註於百堵皆興之下曰此言治宮室也鼛若緩也古人役民不欲急疾故設鼛鼓取徐緩之義擊此鼓者

所以節之不使急疾也今民心競勸而愈疾故鼛鼓不能止之
後世役民用鼓是其遺制但其意則在於作其勤而防其怠與
古人之意異矣

宮室既治而門社之役興焉廼立皋門而皋門之有伉是其明最
在外固所以嚴往來而鎮邦域而若是其高峻又不有以壯國家
之形勢者乎廼立應門而應門之將將是其君中應外固所以理
萬機而御臣民而若是其嚴正又不有以起朝廷之尊重者乎廼
立冢土而戎醜攸行蓋其起大事而動大衆必祭告于此而後出
是又不有以鼓三軍之氣者乎

戎醜攸行就用兵上說自廼止至此施為次第皆不苟且皋字
取遠而征外之義應字取應治之義

夫太王之遷岐也自脩之道無所不盡故雖不能殄絕混夷之慍

怒而亦不隤墜已之聲聞蓋其實修而其譽自彰無妄之災於我何損耶方是之時林木深阻人物鮮少及其後也積累久而培植深生齒漸以繁歸附日以衆由是柞域拔矣不如向之拳曲而蒙密也行道兑矣不如向之蔽翳而不可由也彼混夷者寧復敢為患哉畏之而自遁奔突竄伏維張喙以舒其氣而已曾遑息耶

文王之時固木拔道通然亦不宜把定文王上說蓋太王居岐已漸次開闢所謂林木深阻不曰太王始至之時乎故朱註只云至於其後蓋已為文王之時只着在混夷服上說

混夷既服而虞芮之君來質其訟之成蓋其有感於遜讓之風而累年所争之田皆相讓而退訟不待決而自平矣由是聖化遠聞人心歸而天命集雖曰以服事殷也精神風采已為之振動而其勢有勃勃乎不可遏者是雖盛德之所致然以子言之有疏附之

臣。百姓之所以親也。以予言之。有先後之臣。萬機之所以舉也。以予言之。有奔走之臣。德音之所以廣也。以予言之。有禦侮之臣。威靈之所以振也。蓋德其本也。而其得人之盛之助。亦自有不可誣者也。

不是因混夷之服。故虞芮來質其訟之成。其曰混夷既服。而虞芮云者。以其序而言之也。蹶厥生。全在諸侯歸周者。衆上首章統言太王文王事。下八章所謂追述太王始遷岐周。以開王業。而文王因之以受天命也。

棫樸五章

此亦以咏歌文王之德。言芃芃棫樸。則取之以爲薪。積之以待用矣。濟濟辟王。則左右趣之。愛戴而歸往。有不期而然者。蓋盛德之得人心如是也。

濟濟字輕不可就此上說德

濟濟辟王其祭祀也亞祼以璋瓚左右奉之供其職也但見奉璋峩峩氣象之可美而樂於趨事初無一毫勉強之意髦士攸宜矣其歸附而趨向之為何如耶

峩峩以容貌言攸宜者和順之意言其樂於奉璋也此便是歸附而趨向之此章只是終上章之意

淠彼涇舟則舟中之人無不楫之矣周王而有所往也則六師之衆無不追而及之翕然趨附有不容以自已者蓋衆歸其德不令而從也

于邁泛說君行師從豈獨行師為然追而及之只是隨之而往非必文王先行了六師在後而追之

倬彼雲漢則為章于天矣周王壽考而其在位之日久則其德之

薰於人者有素矣豈不有以化而成之而陶斯人於德教之中耶人之歸之其不以此也夫

作人須說得開只是久於其道而天下化成意

天下之物莫不有文惟追之琢之則極人為之巧所以美其文者至矣天下之物莫不有質惟金之玉之則極天下之寶所以美其質者至矣人君為四方之綱紀勉勉我王勵精圖治無一息之休廢則所以綱紀乎四方者至矣蓋勉勉則綱焉常張而不弛紀焉常理而不紊而其綱之紀之也貫始終而無間固有卓乎不可尚者人之歸之又不以此也夫

美其文者至全在追琢上美其質者至全在金玉上綱紀四方者至全在勉勉我王上勉勉須說政治上說蓋非勉勉而不已則所以綱之者於是而弛矣所以紀之者於是而紊矣重綱紀

上不宜把四方字重看綱者大綱紀之總括也紀者小紀綱之節目也總而言之則範圍不過而囿天下於統御之中分而言之則曲成不遺而秩天下于條理之内非綱自綱紀自紀之謂

上三章言聖德為人所歸下二章言聖德所以為人之所歸全在作人綱紀上

旱麓六章

此亦以咏歌文王之德言瞻彼旱山之麓則榛楛濟濟然其衆多矣我君子也豈焉而樂弟焉而易此其德何盛耶但見盛德在躬而景福為之集焉則其干祿也豈弟矣

豈弟便是德不可說中有是德故外有是容干祿豈弟蓋有是德故有是祿若干之然

瑟彼玉瓚容之貴重而華美者也則必有黃流之嘉味而注于其

中物理之相須如此。我豈焉而樂弟焉而易之君子。其得天也有道矣。則休祥必萃之而有福祿下其躬焉。蓋天人感應其機固如是也

註中明寶器明字。即知字之意。此是咏歌文王之德。就已然說不可把必字作未然看。

鳶之飛也。則戾于天矣。魚之躍也則出于淵矣。我豈焉而樂弟焉而易之君子。至德薰蒸用鼓維新之化而斯人皆得其所成就矣豈不作人乎哉

此作人。亦須說得闊。都是已然事。蓋據盛德之化。而嘆其必作人也

我豈弟君子。清潔之酒既載而在罇。騂色之牡既備而在俎以享以祀。所以盡追遠之禮而明德之馨固有孚于神而格之者。但見

其祖祭自不容已。不有以介景福乎哉

此章與上章開開說。所謂承上章者。只是豈弟二字蒙上章來耳。

瑟彼柞棫。則民以為爨燎之需矣。我豈弟君子。盛德所感。而神之聽之。陰佑而黙相。無所不用其至也。豈不為神之所勞乎

此章須另看。與上章無干。神字泛說

莫莫葛藟。則施于條枚之上矣。我豈弟君子。有是德而有是福。是其福之來也。固自有機焉以速之。君子無心也。求福其不回哉

六節開開說。總重德上。如獲福作人感神等。總是見其德之盛處

思齊五章

此詩亦歌文王之德。而推本言之。曰我文王之德之盛有自來矣

此莊敬之太任。乃文王之母也、而其事周姜也。左右就養之無方。其愛之也深、婦道克盡、不稱其爲周室之婦乎、是其母則然矣。又以太姒爲之妃、婦德足稱、有以繼太任之徽音。但見德普而慶衍子孫爲之衆多。而其男可以百計焉。是其妃則然矣。夫上有聖母。則所以成之者遠、內有賢妃、則所以助之者深、其德之盛也宜哉

思齊輕看。重思媚上。婦道莫大於事舅姑。能媚於周姜。故曰稱其爲周室之婦。言當箇婦也。太任之德、不止此一端、蓋舉其大者言之耳。太姒有德。便是嗣徽音。不必拘拘就媚太任說。太姒固是媚愛太任。然亦不必如此拘牽。則百斯男。即是螽斯之詩之意

文王之德、自其獲神而言之于宗公也。其志行與之交孚、有以順之而無違。由是鬼神歆之懽忻悅樂。無怨而無恫焉。德之格神也

如此。自其接人而言之。軌範立。而妻道以正。其儀法內施於閨門也。自閨門而兄弟。則懿親以敦。化行於兄弟也。又自兄弟而家邦。則民從以新。化行於家邦也。德之作人也如此

惠宗公。以平日言。勿就祭上說刑字意。貫到尾。然不必把刑字另提起刑于寡妻一句。下二句皆蒙刑字說去。所謂刑于云都就已化說。儀法內施施字。即行字之意

閨門之內。以和為主。文王之在宮。則極其和。雝雝然也。宗廟之中。以敬為主。文王之在廟。則極其敬。肅肅如也。身在於不顯之中。固人情之所易忽矣。而亦常若有臨之者。無一時之或肆也。心至於無斁之妙。固不待操之而自存矣。而亦常有所守焉。終日之乾乾也。其德之純亦不已有如此者。

不顯。就地說。亦臨。以心言。厭射。循懈怠之意。人心有怠忽之弊。

聖人無厭射之時如顏子不能無違於三月之後亦是瞬息間
不免頗有怠忽而心之未純也
夫文王之德之純故其大難雖不殄絶而光大亦無玷缺蓋德至
於極則固非変故之所能累耳且事之無所前聞者易至於乖方
也彼則雖不聞而亦式蓋從心所欲不踰矩矣人而無諫諍之者
易至於有過也彼則雖不諫而亦入蓋由仁義行矣其德之見於
事有如此者

烈假就德說此亦磨不磷涅不緇之意亦式亦入皆就事上說
蓋不聞而事亦合於法度不諫而事亦入於善也前人之事所
以為後人之法諫者所以防其不善而納之於善二句分配自
是不苟性與天合只就下二句說

夫文王之德見於事者如此故一時人材皆得其所成就成人則

有德也。小子則有造也。所以然者。蓋由文王之德。極純而不已。是以涵育薰陶之下。有以收作人之功。而此士之譽之隆。皆足為一時之美俊也。人材之得其成就。夫豈苟哉

有造。只是敏德。註得其所成就。當着成人小子身上說。正所謂有德有造也。此二句既承上章說來。又曰由其德純亦不已者。蓋德之純亦不已。其本也。不宜把雝雝四句未說。註只訓辭無斁二字之意。非本第三章說。首章言文王德有所本。下四章都是說文王之德。

皇矣八章

此詩叙太王太伯王季之德。以及文王伐密伐崇之事也。言皇矣上帝。其照臨下土。無幽而不燭。何有赫耶。而其監觀乎四方也。亦惟求斯民之安定而已耳。夫安民莫要於擇君。彼夏之國。厥政不

集于亯商之圖厥政亦不蠲烝天其弗與之矣維彼四方之國爰究爰度徧審而熟察之苟其德當天心而欲以為之君者則增大其疆境之規模使地焉攸闢而其澤之可以遠施也於是太王之德有以副其求莫之意乃眷然顧視西土必欲致之而以此岐周之地與太王為居宅所以宏其致理之資也

究是尋求安民之人度是較量其孰稱西字就漆沮說蓋以岐周視邠則邠為西意在太王然則太王之遷岐雖迫於狄難而實天之意矣

岐周之地不一荒丘耳太王承天意而遷都于是人物漸盛土地漸以闢作之屏之而拔起瘵去之無遺者其惟立死之菑翳之翳也脩之平之而疎密正直之得宜者其惟叢生之灌行生之栵也啓之辟之重致芟除使不得以復生者豈其檉其椐木之惡者也

攘之剔之去其繁冗使得以成長者其厭其柘材之美者也然此豈人力之所致哉蓋上帝以安民莫若明德乃遷此明德之君使居其地而昆夷為之滿路而去焉以內助必得賢妃又與以淑媛之配使正位中宮而成其內治之美焉夫是以土地漸次開闢而受命之既固有以垂之於無窮也不曰天實為之乎

作之八句是漸次開闢不是始至時事又立賢妃不是既遷明德串戎載路了又立賢妃以助之蓋有二項事故曰又言既如此又如此也受命既固只就土地開闢上說蓋此一句打轉上八句說上八句是說地闢下四句是歸之天夫太王遷岐天命之也居岐而土地開闢則其勢昌矣故曰受命既固

帝省其山見夫柞棫之木拔拔而上松柏之間道路以通則民歸之益衆可知而其業為可繼矣故既遷明德而作之邦又以莫為

之後不可也。而擇其可當此國者以君之。使衍其業於無窮。蓋看太伯王季之始生。而宜其作對之意。已於王季而定矣。於是太伯以讓王季。惟此王季其在平日之所以友乎太伯者。乃至情之自不容已。而因心以友其兄。初非有所勉而為之也。及其既受讓之後也。積功累仁。上以凝天命。下以固人心。而其祚益昌。彼太伯者由是而有知人之譽矣。不錫其兄以讓德之光耶。惟其有如是之德。是以得天之眷。受祿而不失。至于文武而奄有四方焉

作邦輕作對重。天意自太伯王季。所以後來有太伯之遜。有王季之受。維此王季上。亦須點出太伯至德意。因心二句。是未受讓之先。則篤二句。是既受讓之後。然只宜一直說落來。錫光就在篤慶上。註中益脩其德德字。就施為上說。其德如是。總承四句來。受祿無喪。無喪字只就王季本身說。

維此王季其心也帝實度之使妙裁制之宜其德音也帝實貊之使無非間之言德之本於天成如此是以其為德也是非之莫逃善惡之莫眩克明而克類也教誨之不倦刑賞之威慶克長而克君也不但如是而已王此大邦又克順克比慈和之徧服也上下之相親也且至於文王之時而其德尤無遺憾所謂明類長君而順且比者終其身有若焉是其德可謂盛也已矣是以命膺作對既受上帝之福而寵澤之流衍有以延及於孫子焉

度其心貊其德音之說比于文王言其父也只就王季身上說蓋繼世是文王故曰比于文王只是終身之意

帝謂文王人心有所畔援不可也爾則廓然大公無舍此而取彼人心有所歆羨不可也爾則湛然至正無肆情以徇物私欲之不累而獨能先知先覺以造道之極致蓋有以盡其分量而無餘者

焉天命文王之德蓋如此是以密人不恭彼諸侯不得相侵大邦之命則然也乃敢違其命而擅興師旅以侵彼阮國而往至于共此其衛行無忌固有不容以縱之者文王乃赫然震怒爰整其旅而往遏其徂共之衆夫文王為方伯違其命而倡亂也非周之福也往而遏之于以篤周祜焉文王為方伯其治亂而持危也天下之望也往而遏之于以對天下焉是其於密也亦因其可怒而怒之耳初何嘗有所畔援而歆羨哉

帝謂四句總是說天命文王以如是之德先登于岸言知而躰之無一毫之不盡也侵阮便是距大邦之命不必重擅興意註擅興師旅句為侵阮句說非為違命言也註亦因可怒而怒二句緊關着此二句纔見得一章意思串貫

文王之伐密也不煩親征之勞安然在周之京而所整之兵既遏

密人遂從阮疆而出以侵密所以討其罪也但見王師所至封疆不足以爲界而其所陟之岡即為我之岡矣岡之傍有陵也無敢陳兵於陵以拒我我陵我之阿也岡之下有泉也無敢飲水於泉以拒我我泉我之池也密既伐矣於是相其高原之善而程邑建焉居岐之陽有阻山之固也在渭之將有帶河之險也既徙都而人心畢萃萬邦于是而向方凡欲為之臣焉下民于是而歸王凡欲以為君焉

陟我高岡五句總見得王師無敵非據險要之意阿大陵也池則泉之所出不必說人歸益衆於是徙都蓋伐密而作程邑伐崇而作豐邑皆所以安民也山在北邑在南故曰居岐之陽在洽之陽亦如此萬邦二句還是既徙都而天下屬心

帝謂文王予念爾之明德其淵深微妙之極不大聲以色不長夏

以革。蓋形迹泯於不著。渾然其無可指也。文且默默聰明於若愚。初不用其智識而惟帝則之是循。事為之間任理而不任情也。文王有如是之德。故帝又命之。之謂爾之仇方。其惡稔矣。爾其與師而問罪焉。偕爾兄弟之國。以爾之鉤援。與爾之臨衝。而伐彼崇墉。使不得以復逞其惡焉可也

不大聲以色。只是無聲色。不長夏以革。只是無夏革。有聲色夏革之可指。則著其形迹矣。須會不大不長之意。深微全在此。四字有篤恭不顯之妙。不宜以聲色化民末也泥之。不識不知若事上說。因其譖文王。故曰仇方耳。文王奉天行伐。至公無私。初非以其私怨而伐之。天命文王伐崇。亦為其作亂。非專以譖文王之故也

維此文王。承上天之命。為伐崇之舉。方其始也。臨衝之閑閑。崇墉

之言言。執訊連屬而不奮。攸馘安舒而不怒。告祀上帝而類焉。告祀黃帝崇尨而禡焉。是非力不足也。非宗之弱也。正欲致其自至使之自附。而有以全之云耳。但見四方之人皆曰崇雖有不容誅之罪。其在聖人則有不容已之心。蓋無不畏服者。奚宜侮及其終不下也。臨衝之茀茀。崇墉之仡仡。伐之而大縱其兵也。絕之而使其殄滅也。蓋天誅不可以復留。罪人不可以不得故也。但見四方之人皆曰崇有不容貸之罪。其在聖人宜有不容已之舉。蓋無不順從者。奚宜拂始而仁以存之。終而義以亡之。仁義並行而不悖如此

此章正言伐崇之事。全詩詩柄明白。

靈臺四章

此述民樂之詞。言文王之為靈臺也。方其經度營表之際。而庶民

已耒攻之。其趨事者衆。爲之倏然而收功。曾不待終日。而其臺已
成焉。夫其耒攻也。豈迫於不得已之命也哉。雖王心恐煩民於經
度之初。戒令斯民以勿急。而民心樂之。九赴工之恐後。有如子趨
父事。不召而自耒焉。何嘗有一毫勉强之意也耶。
經訓度有商量區畫之意。表正也。蓋繩以正之也。既曰庶民攻
之。所以不終日而成之。則予耒下。不宜入此其所以不日成之
意思。蓋耒二句。只是說民之耒攻。是樂於耒也。庶民攻之。僾靈
出樂字意。得耒二句。
臺下有囿。王之在于靈囿也。但見麀鹿伏於是。濯濯乎其肥澤。白
鳥集於是。翯翯乎其潔白。忘化機而咸若。蓋足以暢吾君自適之
情者矣。何幸其有是耶。囿中有沼。王之在于靈沼也。吁。嗟乎魚滿
而躍。哉化育而不知。蓋足以供吾君自得之趣者矣。文何幸其有

是耶。
虡業之上懸鍾磬之處以綵色為崇牙。而其狀樅樅然。大鼓之賁。大鍾之鏞設之以待用。而樂器之既具由是鳴此鍾鼓有以極節奏之妙焉。扵倫哉鼓鍾也。以是鍾鼓而交奏於辟廱有以昭太和之盛焉於樂哉辟廱也。是維吾君之樂宮非吾民之至願耶

曰以綵色為崇牙。可見崇牙非另有物。只是懸鍾磬處綵畫之。而名為崇牙。扵倫。非噭如之謂。蓋極節奏之妙。所謂肅雍和鳴也。辟廱字不重。扵樂辟廱。非辟廱之可樂也。蓋以有倫之鍾鼓而奏扵是。故辟廱為可樂耳。鼓鍾辟廱。句雖對待。却是一串意

扵倫哉此鼓鍾也。扵樂哉此辟廱也。且樂音既闋而鼓聲復鼚鼚鼓逢逢而可聽。是乃矇瞍之方奏其事。其所以為吾君之樂者尚未已也。不亦深可幸耶。

首章是述其事不可牽強說亦是民詞蓋此詩述民詞居多故揔而言之曰述民樂之詞樂文王有臺池鳥獸之樂樂文王有鍾鼓之樂言樂其有是樂也須重民之樂之意思通章此意不可無

下武六章

此美武王之詩言我周之業恢廓於文王混一於武王文武嘗造周也遡而上之文王之前有王季而受祿之無喪王季之前有太王而受命之既固蓋世世有哲王焉是太王也王季也文王也雖已沒矣其精神則上與天合而耿光之猶在而武王之繼之帝業以成豐功茂烈視之三后而有光矣依其在京豈不有以配之而無歉耶

造周就業上說勿涉德上去王配于京亦只宜就功業上說勿

以德言。時下世德作求幾句上二句是言先緒相承。所以連武
王說者。蓋自武王起說上去也
武王所以能纘三后之緒。而配之于京者。有由然矣。蓋其仰先王
之德。奮然而求之。而其所行常合於天理。初無一息之或違焉。是
以盛德在躬。自妙作孚之機。而能成王者之信於天下也。三后之
對。豈偶然哉
永言配命。正是求世德之實事。看註云。合於天理。首篇註云。使
其所行無不合於天理。則永言配命。須以見於身之所行者言。
蓋求先王之德。須有脩為工夫。故曰永言配命。
武王之世德作求。永言配命。所以能感乎人心。而成王者之信。凡
天下之人。莫不仰而則之。是豈徒哉。蓋其一念之孝。原於秉彝。所
以循天理而繼先德者。不以久而忘。蓋天下之至孝也。是以其之

於身足以立天下之範而四方莫不以為法焉若有時而忘之則其孝者僞耳何足法哉

下土之式足式其配命之德所謂孝不外是世德作求永言配命二句蓋言武王能成王季而天下之法其孝德者正以永言孝思爲天下之至孝是以其孝可以爲法而人法之也不重孝字重永字故註又曰若有時而忘之云云足法哉

夫天下之人皆愛戴武王以爲天子而其所以應之者非刑驅而勢迫也惟以順德而已耳以一人之孝而感天下之大以天下之大而應一人之孝是其孝也真有存諸心而不忘躰諸身而不息者永言孝思何如哉不然人心之神不可欺一時勉強之孝吾未見天下之媚茲也而其嗣先王之事也可謂善繼善述也已矣豈不赫然而昭明哉蓋其豐功茂烈固視之先世而有光也

成王孚式下土使天下之人愛戴以爲天子非兩層事永言二
句盖本上句之意而賛之也大抵首章只閑閑說武王纘緒而
有天下次二章則說武王之有天下本於孝此章媚兹二句只
是申言上二章之意而遂賛之曰永言孝思昭哉嗣服
夫盡繼先之孝武王之道何昭明耶未世能繼其迹率乃孝行亦
循武王之作求世德而長合於天理焉則其所以祈天永命者有
道矣豈不於萬斯年常荷天禄而不替也哉
不重後人重武王之道足以裕後意思
夫受天之祐而四方自爲之來賀烈文辟公無有不北面而稱臣
者吾見萬年此人心萬年此羽翼所以夾輔王室者無窮也寧不
有助乎哉
来賀只是来朝言為之臣也此詩六章相連續從頭說將去前

四章以繼先言。末二章則言其垂裕後之休。裕後本繼先之孝末。盖其所以繼先者。即其所以裕後而裕後之休尤足以見其繼先之孝。

文王有聲八章

此詩言文王遷豐。武王遷鎬。而首章推本之曰。文王之有聲也。令聞昭彰。無遠而弗屆。甚大乎其有聲也。所以然者。其宅心之弘。自有以取之耳。文王之心何心也。一夫不獲。不忍也。務欲舉天下而奠之於熙皞之域。而有以覩其成功。既見斯民之安。夫然後其心始慰耳。遹駿有聲。而豈徒哉。夫為君之道。莫要於安民。文王之德如是。信乎其克君也哉

遹求二句。是文王平日為治之心。勿以為不外是伐崇作豐之意。只是以安民為心。故伐崇而作豐以安民。

文王之心惟在於安民是故崇侯為虐受天命而伐之罪人以得而武功其丕振矣既伐于崇遂作邑于豊所以為施德之地而登斯民於咸和之域也文王其克君哉

此章重作豊以安民雖伐崇以除暴然安民必有事在故作邑于豊若說欲安民故伐崇則伐崇為重而作豊反輕矣安民全在作豊上文王烝哉就安民上說

文王遷豊其築城也惟因舊溝為限而不大其制其作邑居也惟與城相稱而不侈其規夫伐崇之師方已而營建之役隨興茲豈恣一已之私而急求其所欲也哉誠以靖安斯民先人之志也其伐崇而遂徙都于豊正追先人之志于以撫綏斯民而未致其繼述之孝焉耳王后其克君哉

聿追來孝重安民上王后句須就安民上說不宜着孝上說

夫文王嘗以安民為心矣既而民得所安煥乎其有成功而若是其著明者正以其能築此豐之垣于以拯斯民於塗炭而登之于枕席故耳夫豈無所自哉是以去危而即安人之情也四方之民於是沛然來歸而以文王為楨幹凡倚之以自寧焉王后其克君哉

王公明白是安民之功就民已安上說作豐所以安民也故曰維豐之垣猶言文王安民之功如此其著明者正以其作豐以安民耳使豐邑不作安得有此安民之功王后句不重得人上重安民意

文王造之於始而武王則續之於終自武王言之豐水滔滔而東注此乃大禹治水之功也故四方之人得以遵豐水而來同大君之推戴膺褒宇而其心一也夫武王非有求於斯世而斯世自不

能外乎武王亦曰直足為民之父母云耳皇王其克君哉

此就得民心上贊武王之克君

天下畢歸豐邑不能容乃遷于鎬京俾都會之有其地由是他務未遑而辟廱建焉所以敷文教於四方而作興一代之人文也但見自西自東自南自北莫不會極歸極翕然於德教之中寧有不服者乎夫遷鎬而建學德教洋溢乎四海皇王其克君哉

此章重建學上然不可以建學作主看建學是遷鎬中事須以遷鎬作主看無思不服當就德教上說若曰心悅誠服蓋以為君則四方攸同皇王維辟武王乃遷鎬也此就遷都而教化行上替其克君

武王之遷鎬也契龜而卜之于以稽此鎬京之地果足為帝王之都否耶惟龜所告之吉而决其定宅之謀由是武王成之遂於此

而建都焉。以握天下之樞以一天下之勢。而民之攸塈在是矣。武王其克君哉

考卜維王。言武王考卜也。此就遷都之慎重上。替其克君。蓋民之歸者日衆。其地有不能容。故武王遷鎬。其卜基定都自関天下之大計。

豐水猶有芑。武王豈無所事乎。其謀猷之深長。而遷都于鎬固所以創業垂統。將使為之孫者。得以於此而居重馭輕。末為四方之極。而能敬之子。享其成而履其逸。有那其居。無為而治也。此則武王之事也。夫都邑之遷。慮在萬世。而民之容保無疆矣。武王其克君哉

詒厥二句。就遷都上說。此就遷都之遺謀上。替其克君。遺謀為世世保民計也。首章言遷豐之由。下三章皆遷豐之事。五章言

還鎬之由。末三章皆還鎬之事。文王四箇烝哉俱就安民上說
武王四箇烝哉雖各隨本章。皆當着民上看

生民八章

周公尊后稷以配天。故作此詩。言我周人有生之始。時維姜嫄生之也。生民如何。盖其當仲春之時。精意以享。而祀乎郊禖。於以祓除無子。而求其有子焉。于斯時也。神之格矣。見大人迹而履其拇遂歆歆然如有人道之感。由是即其所大所止之處而震動有娠及夫月辰而為側室之居。于焉而生。于焉而育。后稷是已。此周人所由以生之始也

此章重受胎之異上。生育還是生育。不宜牽強就受胎說。時維后稷句另。勿只帶載生句

姜嫄之於后稷。其誕彌厥月而生之也。雖曰首生。而直如羊子之

易。不坼而不副焉。無菑而無害焉。夫生而坼副菑害其母。人之常也。况首生乎。今后稷之生如是。是盖以見我之不凡。而昭其奇也。然則向者南郊之徃。太牢之將。上帝豈不寧乎。豈不康我之禋祀乎。冲漠之中。其必歆之而無怨恫也已。是以使我無人道而徒然生是子也

此章重生之之異上。或因此章說誕彌厥月。故把上載生句只就受胎上說。亦固矣。須隨章看。靈異異字。即奇字之意。康寧二字一般。歆之之謂也。此二句只是說禋祀上帝。寧之康之。猶所謂上帝居歆也

無人道而生子。或者其不祥也。於是寘之隘巷。則固投以牛羊之害矣。而牛羊乃腓字之。若有動其感者。是可異也。猶以出於偶也於是又寘之平林。則固無人之境矣。乃值人伐木而收之。若有遂

其會者。是又異也。則又以為逢其適也。於是又寘之寒氷。則固萬
無生理者矣。鳥乃以一翼覆之。以一翼藉之。若有使之然者。是不
為大異乎。鳥乃去矣。后稷呱矣。覃然而長。訏然而大。厥聲充滿於
道路之間。雖摧折困踣之餘。而聲氣且如是焉。其異又何如耶

此章說見棄之異。誕。或者。疑詞也。值人伐木而收之。自收之也
聲之長大。固見其異。而經此摧踣而有是聲。則尤異矣。摠為見
棄之異上說。不宜把此三句。與見棄意全不相干

方其手足並行。克岐克嶷。狀貌何峻茂耶。及自能食之時。而已有
種植之志。但見其所以快玩遊之情也。于荏菽而蓺之。則旆旆然
枝旟之揚起。于嘉禾而蓺之。則穟穟然成列之美好。于麻麥而蓺
之。則其生幪幪然茂密。于瓜瓞而蓺之。則其實唪唪然蕃盛。是樹
之而各遂其性。固特異於常人之所種。而卽此遊戲之習。其立志

亦不允哉濟人利物之功。不已兆於斯耶

此章重幼志之異。旃旆等固重。然毓荏菽等較重。故朱註只説

種植之志

后稷之長而好耕農。於其穡也。盡力以養之。而人事之無所不用其至。但見茀厥豐草。而種之黄茂。其始而漬種也。實方焉。房之固也。實苞焉。甲之未拆也。既而可為種焉。漸以長焉。自種而苗也。既又無不發焉。穟以生焉。自苗而秀也。既又堅而好焉。穎而栗焉。自秀而實也。是蓋人力有相之功。有以鼓其生成之機如此耳。使無以相之。吾未見其然也。后稷之穡如此。亮以其有功於民。由是舉以為農師。使即有邰而家室。周之有國。蓋自此始矣

茀厥七句。正言其盡人力之助也。去豐草。而黄茂始可種。非耘之謂也。有功於民。只是有益於民之意。此時未為農師。勿就教

民之功說有部句重筆封不重主祀意

稷爲農師遂降嘉種於民維秬維秠維穈維芑蓋皆帝命率育者也以是秬秠而徧種之及其成也穫而棲之於畝焉以是穈芑而徧種之及其成也任而負之以歸焉於是以爲酒食而肇祭祀之奉蓋稷既受國而爲宗廟百神之主用享之典固其不容已者

后稷之祀如何其於秬秠穈芑或舂而或揄之或簸而或蹂之釋之而其聲叟叟烝之而其氣浮浮是其粢盛之事則然矣載謀焉卜日而擇士載惟焉齋戒而具脩是其吉蠲之事則然矣取蕭合脂而爇之取彼牡羊而軷之是其求神之事則然矣載燔載烈而其羞之無所不備是其獻尸之事則然矣蓋如是以承祭祀乃所以開後使來歲之引而勿替以繼往歲於無窮也

取蕭祭脂是求宗廟之神軷是祭行道之神不可合而爲一句

與來歲而繼往歲者。此方肇祀耳。但自來歲而視今。則今歲爲
往矣

今尊后稷以配天。而其南郊之祀也。卬盛于豆。湆醢具焉。卬盛于
登。大羹具焉。但見其香始升。而上帝已安而享之。隨感而隨應何
其疾耶。夫虛文不足以格天。此何但芳臭之薦。信得其時哉。其所
以致其居歆之疾。要有出于豆登之外者。蓋自后稷之肇祀。其奉
若帝命。教民稼穡。而於上天屬望之意不負焉。則庶無罪悔矣。直
至于今。烝民乃粒。皆其誕降嘉種之賜也。后稷之無罪悔者。今不
猶昔乎。夫惟其有相天之功。故其配天之祭。而天之饗之。若是乎
其速耳

教民稼穡。而曰無罪悔者。蓋天生后稷。爲養民而生也。稷若不
教民稼穡。便是負上天之意。便是罪悔。以迄于今。蒙無罪悔句

說來。此亦自周公作詩時言耳。萬世之得所養。皆后稷相天之功。稷之功。當與天地同久。故以迄于今。只是無窮之意。或云。庶無罪悔。還當依曾氏說。上七章。歷叙后稷之事。歸重養民上。有相天之功。末一章。言格天之速。由於有養民相天之功。可見眞可配天。而尊之之意有在也

行葦四章

疑此祭畢而燕父兄耆老之詩。言敦彼勾萌之行葦。牛羊勿踐履以戕之。自是而甲拆。又自是而成形。發榮滋長。而其葉泥泥乎柔澤矣。凡今之人。莫如兄弟。何其親耶。誠無相疎矣。式相好矣。莫遠而具邇焉。則其情意浹洽。而燕胥之禮以行。或肆之筵以爲之坐。或授之几以爲之依。其相與優游於罇俎也。固其不容已者也

莫遠具邇。只是不相疎而相親。肆筵二句。摠是設燕

以燕禮言之。肆筵而設席矣。授之几矣。又僕從續代。以供其使令而不乏。其侍御則然也。既主人進酒於客。而客酢之。又主人洗爵醻客。而客奠之。其獻醻則然也。有醓醢之薦。有燔炙之列。又有嘉殽脾臄之味。其飲食則然也。或比於琴瑟而歌焉。或徒擊鼓而咢焉。其歌樂則然也。此其燕禮一何盛耶

嘉殽只是脾臄之殽

由是行射以為樂焉。敦弓既堅。而木理之皆正。四鍭既鈞。而本末之參亭。彼此俱發。各有所中。然不無多寡之異也。則序其孰為中之多。而負者在所罰。敦弓既句。則引滿矣。既挾四鍭。則徧釋矣。其貫革堅正。有如就而樹之者。然射又貴於尚德也。則序其孰爲憮無傲無背立踰言。而侮者在所罰。蓋勝負敬侮之間。固可以別能而辨德。而藉是以飲燕焉。情意浹洽。其樂為何如耶

行射就燕時說較藝較德不過是歡飲以為樂也非如大射賔
射專主觀藝觀德
由是舉酒以致祝焉曾孫維主其酒醴之厚而相與酌以大斗飲
此康酌祈以滋其元氣而黃耉台背之慶由是而得之壽矣而德
或不足未善也又必不忘進脩之功相引導焉不昧於所趨相輔
翌焉不怠於所從則年高而德亦邁其壽考不亦吉乎齒德俱隆
以介景福何如耶
維祺全在德上齒德兼隆故曰景福洪範五福一曰壽四曰攸
好德可見以德為福非牽強之說首章說燕禮所由行下三章
都是燕之事蓋射與頌禱皆是燕中事也

既醉八章

此父兄所以答行葦之詩言吾君之祭畢而燕也相與樂飲既醉

我以酒矣慇懃篤厚既飽我以德矣荷茲恩寵其何以爲報耶君子之在今日固有是景福矣又必極萬年之久而申命于天者弗替也景福之介其有窮乎

所謂景福不外是末三章所言者萬年所該者遠非止終身而已此詩蓋願以萬世之福也

吾君之燕既醉我以酒矣又將爾以殽矣荷茲恩寵其何以爲報耶君子之在今日固有是昭明之福矣又必極萬年之久而天之申錫者無疆也昭明之介其有既乎

昭明之福福之大者也非景福之外又有昭明之介味昭明字有俊偉顯著之義非尋常區區者之比

其昭明也煥乎極天下之光焉何有融耶湛乎無一毫之累焉何高朗耶福之昭明有如是夫是福也且綿綿乎其未艾去有要之

終而盡善者。蓋始者終之徵。今固未終也。而既有其始矣。終之善不預可知乎。抑非出於私媚也。向者之祭。公尸固傳神意而以是令終之福。為君告矣。臣子之願望。固其鬼神之前知者耳。

有融高朗。只是言其昭明之極耳。有融。言其昭明之極盛也。蓋明莫有明於此者。高朗。言其昭明之極盡也。蓋朗而曰高。則不可尚矣。只是純乎光明而無少累也。令終。只是昭明而有融高朗者令終也。上言萬年介爾昭明。此章昭明有融。高朗令終。其意一也。此章重下二句。公尸嘉告。著令終上說。看下所告是未然之福可見矣

公尸之所告云何。自奉祭之物而言之。籩豆之式。陳清潔而美。此其物何善耶。自助祭之人而言之。朋友之相攝佐者。皆有威儀當神意焉。此其人又何善耶

籩豆靜嘉。指其物而言。非以器言。公尸之告。先說籩豆朋友及下文君子孝子者。神之所由格。福之所由錫也

且爾之奉祭也。動容周旋之中礼。無有不得其宜者。威儀何孔時耶。及祭祀之終。而又有孝子以舉奠禮節之行。自始至終。一孝心之貫徹。其孝至誠而不竭也。夫祀事之孔明如此。神之格矣。是宜永錫爾以善。天下之至慶賚焉。悠乎不見其終窮也

曰舉奠者。蓋祝酌酒奠于神席前。祝祭告畢。迎尸入。至獻尸而旅酬。主人嗣子入。尸執前所奠之觶飲之。嗣子卒飲。洗酌酒酢尸。尸啐酒。仍奠其觶也

其所錫之類維何。蓋必眷之于室家之壼。其在今日。固有是祚胤矣。繼今以往。君子萬年。而祚胤之錫無窮。福祿久而愈隆。子孫久而愈昌也。其為善孰大於是

勿只就君子一身有祚有胤說。但祚胤無窮。固君子莫大之福也。爲天子而有孝子。則君子一身之祚胤。不待祝矣

錫之以胤。果何如耶。子孫雖盛。非祚無以爲承藉之地。則冲漠之中。先當使爾荷天之祿。蓋不但今日已也。君子萬年。而其駿命之附麗也。猶今日也。則子孫其有所享矣

君子萬年。景命有僕。所謂天被爾祿也。曰天被爾祿云者。蓋以錫之以無窮之祚。則無窮之子孫有所享。猶言先當使尔代代爲天命之所附也。先當字須與錫胤相關看。不是以君子對子孫說

命之所附果何如耶。國祚雖隆。非胤無以爲繼紹之托。則天作之合。而與以士行之女。由是和氣攸鍾。而孫子之隨以生焉。則福祿其有所行矣

說衎而以祚言說祚而以衎言其意趣最妙士女猶言女丈夫也釐爾士女未然之事也看此句亦可見不宜把萬年就君子一身說若就君子一身說則君子有孝子其得賢配舊矣何為又以釐爾士女為嘏詞上三章是感恩祝福下五章詳言其福之實大抵此一詩之意約而言之只求錫祚衎一句盡之矣曰萬年介爾景福曰萬年介爾昭明曰昭明有融高朗令終皆不外求錫祚衎一句意思為天子而又有孝子故曰有俶此詩萬年字最重萬年字不着君子本身上說

鳧鷖五章

此祭之明日繹而賓尸之樂言鳧鷖則在于涇矣公尸之來燕也畧尊卑之分而協咲語之情不其宜乎夫爾酒既清爾殽既馨公尸燕飲而九重之恩光集焉福祿來成何如耶

曰來寧者。燕則爲賓主。而分在所畧故也。福祿。只着燕飲上說

采菽詩福祿。亦只是以車服之賜言。成就也。言其來集也

鳧鷖則在沙矣。公尸之來燕也。上下相忘。而優游自適。不其宜乎。夫爾酒既多。爾殽既嘉。公尸燕飲。而五位之恩寵將焉。福祿來爲何如耶。

宜者。順適之意。爲字去聲

鳧鷖則在渚矣。公尸之來燕也。勢分無拘。可謂安也已矣。夫爾酒既湑。爾殽伊脯。公尸燕飲上沐天子之恩。福祿不來下耶

鳧鷖則在潀矣。公尸之來燕也。爲王嘉賓。可謂尊也已矣。夫向者之祭。既燕于宗。而尊敬之特至。福祿其攸降矣。乃今公尸燕飲。而又恩寵之有加。福祿不來崇耶

燕于宗。蓋享其所獻。如獻尸妥侑是也。福祿攸降。就在燕上。曰

來崇者。燕于宗。福祿既攸降矣。今又崇茲燕飲之福祿。故曰積而高大。積則高大矣

鳧鷖則在亹矣。公尸之來止也。熏熏然其和悅焉。夫旨酒欣欣。燔炙芬芬。公尸燕飲。吾見遇之隆者。其寵澤必多。寧有後艱也哉

欣欣就酒之可樂說。勿就人說後艱。只就本身無後患說。勿以子孫言

假樂四章

此疑公尸所以荅鳧鷖也。言假樂君子。私欲不累。而其德之明著光輝。不可尚已。德何善耶。但見人民未易宜也。則下焉有以宜乎民。而群黎百姓。凡愛之上焉。有以宜乎人。而百辟卿士皆媚之。天祿不易得也。則尊爲天子。富有四海。而受祿于天焉。然天之於王不但已也。猶反覆眷顧之不厭。既保之右之命之。而又自天申重

之主所以保右命者。尚未涯也

無私欲之累。則其德便明。宜民宜人二句。俱根德上說。不可把受祿于天。本宜民人來。保右二句。是未然事。申之。只是保右命之無已。不可惹受祿于天來。註中既字對又字看。此四章詩。惟顯顯三句是已然事

吾王德在是。而祿隨之。干祿而得百福。殆見其子孫之蕃。直至于千億。是固多矣。而又賢焉。穆穆然一敬之充。周皇皇然純粹而至善。其支庶。則其德裕於藩屏。而宜君也。其本宗。則其德裕於綱紀而宜王也。至若為君者。必有治一國之法。為王者。必有治天下之法。則不愆不忘。而禮樂刑政。惟先王之成憲是遵。無有自作聰明以紛亂之者。子孫之多而且賢。其為福孰大於是

宜君宜王。就德上說。慢露出事為。不率由舊章。便是遺忘了先

王之法便是與先王之法背馳不愆不忘者言不愆不忘先王之法也故註只曰穆穆皇皇以遵先王之法詞殺而意自足以遵以字是過落之辭非相承之詞穆穆二句是德不愆二句是為政自不相雜

吾願吾王之子孫威儀德之符也則抑抑乎其容聞譽德之華也則秩秩乎其有常是可以觀德已又能廓然大公不徇怨惡之私惟其人之賢者則舉而用之夫盛德具則有以為致治之本任賢公則有以為致治之輔是以能受無疆之福膺寶曆而凝駿命而為四方之綱天下一統無有出於範圍之外者也

威儀二句是即威儀德音上說德蓋有是德故有是威儀德音也無怨二句只是公心任賢不可把怨惡字先有所着落註無私怨惡言不徇怨惡之私也只是公或泥註只以此章與下章

為稱頌其子孫不知二章非稱頌其子孫乎蓋二章明言子孫
三章四章無子孫字朱子恐人不悟是就子孫上說故註曰皆
稱頌其子孫之辭皆字蒙上章而云也
其為天子而撫天下也之綱焉一人係萬國之心旌而無有散渙
之紀焉萬方歸一人之節制而無有紊亂而凡諸臣庶得以優游
而無患矣不賴之以安耶由是百辟卿士席其治安之慶皆媚愛
于天子惟欲其勵精圖治綱常張之紀理常之而不懈于位使天
下之民為之熙然於太和之盛也孰有不愛君以德者乎
不懈二句正是媚之之實此下三章正所謂保右命之自天申
之者也然三四章又不外是第二章之意獨言嫡而不及庶者
此荅王者之詩也曰稱頌其子孫之詞其字指王者蓋以如是
之子孫為王者頌也

公劉六章

召康公以成王將蒞政故詠公劉之事以告之言厚哉公劉之於民也其在西戎惕然自強匪居而匪康稼穡國之大務也則廼埸廼疆儲蓄國之大計也則廼積廼倉盡其力於所事有如此者然西戎僻陋非所以植其業也乃裹餱糧于橐于囊思以輯和其人民奠而安之而光顯其國家振而大之由是弓矢之斯張干戈戚揚之咸具而往遷于豳焉

公劉是厚民之君故曰篤公劉篤字只是稱呼之詞不必章章重厚民意廼埸二句不可作為遷都之計此是自家本等事若不遷都則將不如此乎田疇雖民治之而所以使民治田疇則君也故巡行而田野闢則為侯職之脩

篤公劉既至於豳由是而定都焉于胥斯原但見夫從遷之民既

庶既繁。求居之衆也。既順迺宣。安處之徧也。而莫不懽然自得。無有懷舊之嘆焉。此其所遷之得地。亦足徵矣。公劉於是陟則在巘既自上而視之。復降在原。又自下而視之。盖其定都立國。固不容不如是其詳審也。當時所帶。實維伊何。維玉及瑤。尚其德也。可以觀文已。鞞琫容刀。昭其威也。可以觀武已

既庶二句。只是初來時草草館舍。不可就家室說。重無永嘆意

註曰。得其所。不思舊。則其地之美而可都也可見矣。盖公劉胥原。而見從遷之民如此也

篤公劉。既而營度邑居。自下觀之。則逝彼百泉。而瞻彼溥原。自上觀之。則迺陟南岡。而迺覯于京。惟此京師之野。籌而畫之。於是為之居室。於是廬其賓旅。於是言其所言。於是語其所語。無不於斯焉

上是相其孰可立都。此則是既有定在而營度之西于時須着力省。正是營度其某處則處處。某處則廬旅云也。逝彼百泉四句。正所以營度之也

篤公劉。宮室既成。而燕以落之。但見于京斯依。群臣集焉。蹌蹌如也。濟濟如也。於是使人為之設筵使人為之設几。莫不登斯筵也依斯几也。乃造其曹。執豕于牢。惟其足以供燕飲之需焉已矣。不過盛也。酌酒之爵。用匏為之。惟其足以供獻酬之用焉已矣。無過飾也。是燕也既食之飲之。而上下之情以洽。又君之宗之而上下之分以嚴。蓋情義並行而不相悖也如此

食之二句。都是燕中事。揔是統之。而曰君曰宗。異姓同姓之別也。都就公劉身上說。以上數句。言其舉落成之燕也

篤公劉。其於豳也。上地之墾闢既廣而且長。民田于是可授矣。乃

考日景以正其方面乃登高岡以望其形勢陰陽相之以別其種植之宜流泉觀之以得其灌溉之利既辨土宜而授民以田矣由是而軍賦定焉兵出於農而三單以為制曰三單則上卒固有所備而亦未嘗悉民以為兵也由是而稅法定焉度其隰原而徹田以為糧曰徹田則君子固有所養而亦未嘗竭下以奉上也猶未也又度山西之田以廣之所以足民之食者無所不用其至也而邠人之居於此益大矣盖撫字之有其恩而民生之日以盛也固其所也國勢之振也孰禦焉

上三章是經營之事此章是疆理之事相字觀字皆有事在度其夕陽屬上看皆疆理之事也豳居句另此其效也不宜着夕陽句説謂隨田而受以居田廣而民亦廣此句包盡末章爰衆五句之意明白是公劉能養民而民生日盛看下章可見

此文揔叙其始終也篤公劉方其至邠之始宮室未立而于邠斯舘謂材木營建之所必資者也則涉渭以取材而為亂以濟渡謂厲鍛亦營建之所必資者也則取厲以利器而取鍛以為其宮室由是而成焉既止基於此矣乃疆理其田野所以遂民之生也但見生齒日益繁庶財用日益富足而民之所居有夾其皇澗者有遡其過澗者然止居之衆日以益密而皇過有所不能容乃復即芮水之外以奠民之居而豳地日以廣矣思輯用光之心不既慰乎

取鍛以上是叙其經營之事是始止基以下是叙疆理之事是終蓋爰衆五句乃疆理之效也取材非取材以為舟所以為宮室也亂即是浮橋大明詩曰造舟為梁首章言遷都思輯用光之心也下五章皆遷都之事有以輯和其民人而光大其國家

矣此詩可與緜並看公劉所以脩后稷之業太王所以開文武之基者精神命脉於此可見

泂酌三章

此召康公戒成王之詩言遠酌彼行潦挹之於彼而注之於此以澄而清之尚可以餴饎況君子之豈以強教弟以悅安而於民之好惡之性無拂也豈不為民之父母乎蓋其愛民如子而民亦愛之如父母也固其所也

大抵人皆好善而惡惡豈以強教使之遷善去惡也人皆好逸而惡勞弟以悅安使之去勞就逸也故曰民之所好好之所惡惡之民之父母還就民之愛戴說

泂酌彼行潦挹彼注玆尚可以濯罍況君子之豈焉弟焉其所以仁民者至矣斯民之戴之而不容釋也宜也豈不為民之所歸乎

泂酌彼行潦挹彼注茲尚可以濯溉況君子之豈焉弟焉其所以仁民者至矣斯民之依之以為安也宜也豈不為民之攸塈乎但曰豈弟君子云便見得無是德則不然此康公之微意也三章平省

卷阿十章

召康公從成王游歌於卷阿之上因王之歌而作此以為戒言有卷者阿飄風自南而來以斯地也值斯景也信可樂也我豈弟君子乘萬機之暇而駕言來游情之適矣歌斯形焉我之從之夫固不能無所感也用是繼王之聲而歌咏陳焉

豈弟字輕此章只是敘卷阿之詩所由作以下則詳其所矢之音

夫天下太和吾王以天下之安為安豁乎其心之舒展也何伴奐

爾游耶悠乎其心之從容也何優游爾休耶今日之福可謂盛也已矣然豈徒一時為然哉我豈弟君子必使爾自今而往直至於爾性之彌太平之慶與相為無窮似先公之善始而善終焉蓋其伴奐而優游也萬載一日矣

伴奐優游只是說太平之慶爾游游字與優游游字一般看不必着游歌卷向上說此二句是已然事曰豈弟君子云即伴奐優游者之終其身也是未然之福故曰以廣王心不宜把弥爾性作壽說似先公句不可把終始平看只是善終所謂善始而善終言終無間於始也是極言之不宜作願其如此

敷天之下尺地莫非王之有也爾土宇之昄章也如此且樹立之固屹乎其不可拔而其孔厚也又如此是今日之福可謂盛也已矣又豈徒一時為然哉我豈弟君子必使爾自今而往直至於爾

性之弥。而常為天地山川鬼神之主焉。蓋其昄章而孔厚也。萬載一日矣

既昄章。又孔厚。作二項說。曰百神爾主。則土宇之昄章孔厚如故矣。不然何以為之主

吾王之曆數在躬。已自幼冲而至于今。受命不既長耶。其恭己南面。而崇高富貴之樂享。茀祿不爾康耶。是今日之福。可謂盛也已矣。又豈徒一時為然哉。我豈弟君子。必使爾自今而往。直至于爾性之弥。常享此純全之福焉。蓋其天命與茀祿也。萬載一日矣。

受命。只就成王本身說。自踐祚以至于今。其受天命亦長久矣或說。自后稷以來。是所受之命長也。福祿只就為天子之所享者說

夫是福祿之盛也。致之有道焉。誠使朝廷之上有以萃天下之賢。

足為帝師而可為依者有之足為王佐而可為輔者有之善事其親者有之道得諸己者有之予以導其前而使知之明焉予以相其左右而使行之力焉夫得若人而自輔厥德脩閒覔矣豈弟君子四方其有不以為則者乎蓋君也者天下之觀也而德也者又人心之所同然者也君先得之而天下之式之固也

或以此章與下章言得賢自輔之益乃所以致上章福祿之由然註不曰此與下章而曰此章以下似括盡下數章蓋此與下數章總重用賢之意能用賢則庶明勵翼而上章之所謂福祿若可致矣

夫得賢自輔而其德之脩餙也外而體貌之尊嚴顒顒卬卬焉內而私欲之不雜如圭如璋焉其身心之淑有如此者德音孔昭足以流芳於百世動容中禮足以示法於天下其聲望之隆有如此

者。夫德之若是其盛。然而不足以感人者。未也。豈弟君子。四方以為綱矣。孰有出於皇極之外者哉

顒顒三句。錯綜徧夸。極言其德之盛也。顒顒卬卬。所謂正其衣冠。尊其瞻視是矣。令望重可望法意。顒顒二句。純以在己者言。令聞句。已着人上去。皆仰而則之。故曰四方之綱

鳳凰于飛。則翽翽其羽。而亦集於所止矣。藹藹王多吉士。則維君子之所使。而皆媚于天子矣。蓋為上為德。是固其本心也

吉士。就未用之賢說。維君子使。不是說賢才欲為王所使。只言隨王之所使也

鳳凰于飛。則翽翽其羽。而亦傅于天矣。藹藹王多吉人。則維君子之所命。而皆媚于庶人矣。蓋為下為民。是固其素志也

媚于庶人。不必拘拘牽扯君來。只重見得賢才有效用之心意

思

今夫鳳凰鳴矣。于彼高岡。其希世之音。足以動天下之聽聞。梧桐生矣。于彼朝陽。其品色之異。有以鍾天地之淑氣。是鳳凰也。梧桐也。所以相感而相遇也。豈偶然哉。蓋必梧桐之生。菶菶萋萋。其盛足棲也。夫然後鳳凰集焉。雝雝喈喈。和其聲以鳴太平之盛矣。詩人之意。蓋曰。賢才在野。明王在朝。必王之招徠有道。而賢才始為用耳。

此非泛比。以鳳凰比當時之賢才。以梧桐比成王也。勿謂鳳凰之鳴。必于彼高岡。如此便與菶菶二句礙

夫菶菶萋萋。則雝雝喈喈矣。君子之車。既庶而且多。君子之馬。既閑而且馳。有如是之車焉。以自奉而有餘。擴其用而無不足。其可不知所事事也哉。夫當君臣同遊之日。正言語得盡之時。顧我意

之所欲言者無窮。而詞不足以達意矣。詩蓋不多也。但以王載歌矣。而吾不可以不賡。故繼王之聲。而遂歌之。以少致吾獻納之微忱耳。區區愛君之意。是則或有取焉。詩固無足道也

首章言詩之所由作。伴奐三章。極言福祿之盛以歆之。有馮二章。說得賢才自輔之益。鳳凰于飛二章。說賢才有效用之心。高岡章。說人君必有以致賢才之為用。君子之車四句。說歸成王當用賢之意。要之自有馮至此。總是要啓成王用賢。用賢所以致福祿之道也。末二句總結之。其曰矢詩不多。維以遂歌。蓋謙詞也。愛君無已之意也。只是意無窮。言有盡。故云不多。猶曰矢詩不多。聊以賡歌云耳

民勞五章

此同列相戒之詩。言今此之民。勞亦甚矣。其得以小康也。固其所

望也。是可不加之意乎。夫中國乃四方之根本。其必於根本焉圖之撫字之有其澤。使天下之民由是而舉安焉。然民之所以弗安者。小人戕之也。而小人之所以得志者。縱之之過也。要當無縱詭隨使無良之人。自是而不敢肆。而寇虐無畏之人。自是而不得復逞。夫然後無以為民之害。而安民之功可施。於遠者寬而撫之。於近者擾而習之。予以定我王室。而鞏國勢於不搖矣乎

惠我二句。不是惠中國而四方自安。亦不是先惠中國。而後去綏四方。亦不宜用推字。蓋中國是四方根本。故必惠中國以立其根本。而使四方由以安也。惠字有工夫。綏字無工夫。要之致四方之安。亦自有事在。然欲安民。又在於遠小人。蓋害去然後利可興也。故曰無縱詭隨云云

民亦勞止。汔可小休。夫中國乃根本之地。則惠此中國。使萬民由

以安。而不至於離散焉。然欲安民。又必無縱詭隨以謹惛怓。而式遏寇虐。無俾小人之得以為民憂也。且爾之所以從事於安民者。亦既有素。若自今而止。前功盡棄矣。其尚無棄爾勞。以為王之休美者乎

民安。則王享太平之慶。故曰以為王休

民亦勞止。汔可少息。夫京師乃根本之地。必惠此京師。使四國由是而綏焉。然欲安民。又必無縱詭隨以謹罔極而式遏寇虐。無俾小人之得以恣其邪慝之為也。然不繼之以親賢。又不可也。而親賢必先以脩身。其尚敬慎爾之威儀使不見棄於賢者而以近有德之士者乎

親賢是禁奸之後事。必敬慎威儀。故賢者可得而親。親賢故有以安民

民亦勞止。汔可小愒。夫中國乃根本之地。必惠此中國使萬民之憂由是而去焉。然欲安民。又必無縱詭隨以謹醜厲。而式遏寇虐無使得以横行。而正道為之敗壞也。夫爾雖小子。而其所為甚廣大責任之重。一舉動而天下之利病關焉。其可以不慎乎哉

民亦勞止。汔可小安。夫中國乃根本之地。必惠此中國使四國之民由是而無有殘害之苦焉。然欲安民。又必無縱詭隨以謹繾綣而式遏寇虐。無使之肆其邪而反於正也。蓋王欲以汝為玉而寶愛之。靖安天下。惟子是望。故我用王之意。大諫諍於汝。惓惓然以安民之事為予誦之。是我之言。固王之意也。縱不為我聽。獨不為王聽之耶

王之意。只是安民之意。通詩不外是戒同列以安民。所謂小人。只是無良。蓋無良之人。其言則惛怓也。其行則罔極也。其態則

醜厲也其情則繾綣也其竊權於君則詭隨也其作威於民則寇虐也此皆敗道反正無良者之所為也觀此篇曰戎雖小子下篇曰小子蹻蹻則此必後生少年獨據要路而其所為甚姦王固安然信之而不悟也何嘗有欲其用賢愛民之意詩人此篇不發其過冀以感之感之而猶不省故下篇切責之云

板八章

此亦同列相戒之詞言天反其常道而使下民之盡病矣有安民之責者其可不為之惕然乎顧汝之出話皆悖謬而不合理為謀又淺近而不久遠且其心以為此時無復有聖人者但恣己妄行而無所依據又不實之於誠信凡其所行類皆虛偽而已耳是豈其謀之未遠而然乎何不思之甚耶何以回天之變而蘇民之病耶我用是大諫諍於汝蓋其憂時之心固有不容默默然者

靡聖二句就所行上說猶之未遠與為猶不遠不同此句總管
上四句猶言不思之甚也
天方艱難其憂懼宜也無得憲憲然自以為適天方蹶動其斂飭宜也無得泄泄然不以為事誠知所謹而言以先王之道辭之輯矣揆之天理而順也則足以挽回天變而民其洽矣寧復有離散之苦哉辭之懌矣質之人情而愜也則足以挽回天變而民其定矣寧復有擾亂之憂哉是安可徒憲憲泄泄為耶
我與爾雖不同職而皆為王臣乃同僚也顧我即爾謀爾乃囂囂然自得而不肯我受何其忽畧之甚耶夫我之所言者乃今之急事也爾勿以為笑先民有言尚詢及芻蕘以芻蕘之賤而古人且詢之况其僚友乎如之何不我聽耶
有言不是說先民有是言只是說先民以言而詢于芻蕘

天之方虐戲侮而無所忌憚不可也無然謔謔老夫知其不可不
畏而灌灌然盡其欵誠以告之小子乃不以為然反蹻蹻而驕焉
亦獨何哉是非我老耄而妄言也乃汝以憂為戲耳夫憂未至而
救之猶可為也苟俟其益多如火之熇熇乎其熾盛則雖有善者
亦末如之何而不可救藥也矣可不戒哉
天之方懠其思所以回之宜也無得以大言夸人以諛言毗人使
威儀之盡迷亂慫已妨賢而善人為之載尸不得一有所為也今
夫民方愁苦呻吟是固有以致之矣而莫敢揆度其所以然者是
以民之災禍日甚至於散亂滅亡而卒無能惠我衆也不亦深可
痛憾也哉

威儀卒迷只着夸毗上看或分言語威儀說喪亂蔑資就民上
說蓋莫敢葵則無所忌憚而其所以為民之殃者日熾矣言其

致亂則禍隨之故莫敢爽

上下之勢雖若相懸而感應之機則甚神。蓋嘗觀諸天之牖民矣啓其心而遂通。如壎如篪唱之而即和也。如璋如圭約之而即合也。如有所取而即攜。曾不待假於人以增益之。而費巳之力也。其牖民一何易耶。上之化下則亦有然者矣今民既多邪僻矣豈可又自立邪僻以道之耶。道之則滋甚矣。此豈為人上者之所宜耶

此上下。勿就君民說以臣對民言臣即上也

夫大德之人。足以保天下之治。其藩矣乎。六軍之衆。足以禦天下之侮。其垣矣乎。大邦維屏。蓋其兵力之強。王朝恃之以為蔽矣夫宗維翰蓋其聲望之重。國勢恃之以不搖矣德具則治隆有那其君可必也懷德不其寧耶情親則力協。防衛之固莫加也宗子非其城耶。是六者。皆君之所恃以安而德其本也爾為王之親臣要

當輔之以脩德。無使君德不脩，用致親戚之叛。而其城為之壞焉。城壞則藩垣屏翰皆壞，而獨居矣。而所可畏者至矣。無獨斯畏也哉。

藩以守也，垣以捍也，屏以蔽也，翰以障也，城以衛也。無俾者，戒同列無使如此也。

天之怒甚矣，其敬天之怒，而無敢戲豫可也。天之變甚矣，其敬天之渝，而無敢馳驅可也。蓋昊天曰明，及爾出往，無有一舉動而不與俱者。昊天曰旦，及爾游衍，亦無有一止息而不與俱者。日監在茲，其可以不敬乎哉。苟為不敬，何以回天之怒，弭天之變，而致民之安耶。

馳驅只是輕舉妄動之意，所謂肆欲妄行而無所忌憚也。下四句正言不可不敬天。通詩總重安民意。天怒而變，民之所以不

安也。人之致也。凡詩中言其不善，皆致之者也。敬天所以挽回天意而安民也。敬天在改其不善

詩經宗義卷之六終

詩經宗義　水

閩惠安東湖張瑞著

大雅

蕩八章

此刺厲王之詩言蕩蕩上帝乃下民之君民固望其仁之也今此暴虐之上帝其命乃多邪僻而使天下家其禍何哉盖天生衆民其命匪諶不可信者方其降命之初固純粹而至善也而人少能以善道自終形生知發之後汨於人欲之私者往往而是焉是人致此大亂使天命亦罔克終如疾威而多僻耳

只疾威二句是為怨天之詞天生烝民二句厲下説烝民民字不專着百姓説人皆民也泛説詩人之意為厲王不以善道自終而發因有初而罔終故曰其命匪諶

昔我文王慨商紂之不道而發嗟嘆之詞曰咨汝殷商維此暴虐之臣與此聚斂之臣曾是在位曾是用事傷天下之命而竭天下之財是乃天降慆慢之德而以為民之害者乎然非其自為之也其寵而任之者汝也乃汝興起此人而力為之耳果何所歸咎哉

彊禦掊克便是慆德汝興謂用之使在位在服也是力謂力為彊禦掊克也

文王曰咨咨汝殷商人君之所恃以共理者惟賢人君子耳汝用善類宜也反任此暴虐多怨之人使用流言以應對不以為佞而以為忠而親信之則是為寇盜攘竊而反居內矣是以殃民之甚而民乃作慝侯作侯祝靡屆靡究而其怨謗之無極也然則亦何樂於任用若人也耶

彊禦二句有親信意便是寇攘式內

文王曰咨。咨汝殷商。汝炰烋于中國。克很剛暴。多為可怨之事。而反自以為德。何其悖耶。夫不明爾德。而任非其人。前後左右。皆曠官也。時無背無側。爾德不明。而用不惟賢。三公六卿。皆備位也。以無陪無卿。然則其誰與共濟耶

炰烋言其盛氣以作威也。此二句就王暴虐說。不必作用暴虐之人以炰烋云云不明字重。德字輕。只是言共為德之不明也

文王曰咨。咨汝殷商。天豈使爾沈面於酒。而惟不義之是從而用哉。上天立君之意。決不如此。顧爾乃樂酒無厭。而其威儀之迷亂靡明靡晦。聲氣之讙譁。俾晝作夜。蓋有無時而不然者。窮日夜以娛樂。棄國事而不恤。其逆天也亦甚矣

靡明靡晦。即俾晝作夜之意

文王曰咨。咨汝殷商。肆其荒暴之惡。人情洶洶而不安。如蜩如螗

之噪亂也如沸如羹之騷擾也而小者大者皆栽於喪亡矣是固可懼之甚也爾尚由此而行安其危利其菑樂其所以亡而曾不知変焉謂之何哉但見民心怨怒之甚自中國而延及鬼方無近無遠皆視之若仇矣如之何其不亡耶

小大近喪言民之皆無以自存也

文王曰咨咨汝殷商天下其亡矣非上帝為此不善之時也但以殷為不道棄舊人舊法而盡棄之而致此禍耳夫老成人雖曰已凋謝矣無有存者然先王之典刑固所以維持天下而佑啓後人者也尚昭然具在可以循守夫苟遵之而其治之不古若者亦未也乃無聽用之者是以大命傾覆而不可救耳今日之禍豈曰天為之耶

舊字兼舊人舊法雖無老成人未必實無也王而不以為老成

雖有亦無矣至於典刑則雖以為無故直曰有而斥其不用

文王曰咨咨汝殷商人亦有言大木之將顛沛而揭然蹶起也其枝葉尚未有折傷而其根本之實已先絕然後此木乃相隨而顛拔耳此固夏之所以亡也蓋君身天下之本而乃為不義其本壞矣天下之隨以亡無怪也然則殷鑒豈遠哉特在夏后之世耳而奚踵其弊耶

言殷鑒在夏正以言周鑒之在殷前章發嗟嘆之端下皆託為文王嗟嘆云各隨本章看

抑十二章

衛武公作此詩使人日誦於其側以自儆言動容周旋無一而不中禮是抑抑威儀乃德之隅也蓋惟其具於中者有是嚴正之德故其著之威儀者然耳表裏之相符如此則有哲人之德者固必

有哲人之威儀矣人亦有言今之所謂哲者未嘗有其威儀無其威儀是無其德也何哲而不愚乎夫衆人之愚蓋氣禀之偏拘之也宜有是疾不足為怪哲人而愚其禀賦何如而反如此耶戾其常矣不亦異乎然則欲脩德者可不知所以謹儀耶

抑抑二句勿說威儀如是則德之廉隅可知只言抑抑威儀乃德之廉隅也蓋使德之不如是安得有是威儀庶人之愚四句只是就靡哲不愚一句上怪嘆之

人至貴也能全其本然之真而盡夫所以為人之道則其人無競而執範於是乎立矣四方孰不訓之耶行欲善也若凡其見於身者皆公平而正大則德行有覺而表儀於是乎端矣四國孰不順之耶感應之機如此則人極之存於吾身可見矣故為人上者其慮必關於天下之大而號令之惟允其謀必要諸萬世之遠而告

戒之惟時威儀又不可以或苟也則敬而慎之務範於禮節之中夫然後本之於身盡善盡美而可以為天下法焉否則反諸已猶有未盡其何以示憲耶

得為無競之人全在盡人道上不是下一層事天地之性人為貴蓋自其本等無競者言之惟人本等無競故盡人道便為無競之人若不然是亦物而已矣惡足以言貴上四句泛論感應之理如此已見得民極之寓於君身下四句則承而言之必如是方有以立民極只須得其脉絡貫通之意不宜討護三句牽強入道德於民則中入四方訓四國順来說此二章乃泛言德儀相符上下感應之理見不可不脩德未着武公身上說三章以下方說武公身上去

其在爾今日之所為政焉不治而迷亂之德焉不脩而顛覆之惟

荒湛于酒而已耳。夫汝雖惟湛樂之是從。獨不念所承之統緒乎。自先君而傳。固不可自我而墜也。如之何忘之。彼先王明刑維持國家之具也。顧乃不廣求而執守焉。其何以為國耶。其何以紹先人之業耶

汝雖湛樂從是承上逮下之辭。罔敷二句。只是言不廣求先王之明刑而持守之

爾之所為如此。故皇天所不尚而厭棄之。而其國勢之傾也如彼流泉之趨下。豈不宗社淪陷相與而亡乎。為今之計。要當內而庭除之近於事之小而常者謹之。夙興而夜寐洒掃于廷內。以為下民之章。使於我而觀法焉。外而蠻方之遠於事之大而變者謹之。脩爾之車馬。脩爾之弓矢戎兵。所以預為戎作之備。或蠻方猾夏則以是伐而遏之焉。自近及遠。慮無不周。而備無不飭。此固其所

不可已者也

淪胥句就國說。不是就流泉說。廷內只帶洒掃看。戎兵即弓矢是也。慮周備豫勿分

人民爾其質之。養以遂其生。教以復其性。侯度爾其謹之。分所當為者必為。職所當盡者必盡。而又防意外之患。曲為之備。使不測之變。無自而生焉。是其所以治國者然矣。而脩己之道又不可以不盡也。慎爾出話。非禮勿言。敬爾威儀。非禮勿動。俾凡出之口而見之身者。無不柔嘉可也。夫威儀之當敬。人或知之。出話之當慎人多昧焉。不知白圭之玷缺。尚可磨鑢使平。而言語一失。則駟不及舌。雖欲救之。不可得已。如之何而可以不慎耶

侯度不宜專就朝貢上說。所該者廣。用戒不虞。勿管上二句。威儀另說。勿着出話上說。白圭四句非推由之辭。乃所以戒之也

註不及威儀者。蓋本文致重在言語上。故註亦畧之

夫語言之間。不可以輕易耒之。無曰言自我發而可以苟且為也

蓋惟無人為我扻持其舌而詞之所發。惟意之徇。此差失之所由

生也。要當心常惺惺謹而持之。無使一息之放去。必可言然後言

而匪言則勿言焉。且天下之理。無有言而不讐。無有德而不報者

誠能言不妄發。發必當理。在朝而順于朋友。在野而順于庶人。以

至反求諸己。而小子亦心交焉。吾見餘慶之所及。厥後以昌。子孫

其繩繩也。至善之所在。人心自戴。萬民靡不承也。能謹言而其效

有如此者

言不可逝，就心說。此是謹言之功。惠字直貫下句。言朋友庶民

小子皆懷也。子孫二句平。勿把萬民就子孫說

自脩之功。不可以不密。視爾交接君子之時。和柔爾之顏色。是固

無有失矣。其戒懼之意。常若自省曰。豈不至於有過乎。所以修之於顯而兢兢業業有如此者。然視爾獨居於室之時。亦必常存敬畏使威儀之間。視之屋漏而無愧。然後可耳。無曰此非明顯之處其儀之淑慝。人莫得而見。可以少懈也。當知鬼神之妙。無物不躰其至於是。有不可得而測者。不顯亦臨。猶懼有失。况可厭斁而不敬乎。是其威儀信乎不可以幽獨而或肆也

首三句另提起對下。看固不可。把相在二句屬上亦非也。下七句意自連屬。無曰五句。正見雖在爾室。亦當不愧屋漏。然後可。

註當知字與無曰字相叫應。正心誠意。都着下七句說。此七句須着威儀上看。不宜空空說箇敬謹。蓋詩意在謹儀上。且其所謂莫予見者。指何而言耶

辟爾為德。當使之臧焉。使之嘉焉。蓋儀容之間每易過差。其必淑

慎爾之容止檢束之嚴而以納其儀於不愆若乎夫如是吾見有動容周旋中禮之妙而不失之僭有容貌斯遠暴慢之義而不失之賊民極自我而建矣孰不以為則耶此猶投我以桃而報之以李斷斷乎其必然者也彼謂不必脩德而可以服人是猶牛羊之童者而求其角耳亦徒潰亂汝而已豈可得哉然則其可不脩德乎

德字着威儀上看淑慎二句正言脩德之事也不僭句帶下看

荏染之柔木則可以矯揉屈抑而被之綸以為弓矣温温之恭人謙卑遜順不驕矜而自恣豈非進德之基也哉何也温温恭人所謂哲人也其維哲人以古之善言而告之則聽其所誨而順德之行若夫愚人而告之以話言非獨不聽已也而反以我為誣焉夫哲人納誨愚者拒之是其心之相去何懸絕耶此所以進德次非

愚人之所得與而惟温恭之哲人足以為德之基也

上数章教之已盡了此以下則欲其聽之也重恭字不可把温字雜看哲人即恭人也下六句正說恭人所以為德之基蓋聽言固可見其為德之基而愚人之不聽言亦可以見惟恭人為德之基

於乎小子未知臧否夫我之於爾教戒之無所不用其至非徒手攜之而已而又示之以事昭乎其迹之足徵也非徒面命之而已而又提其耳肅乎警惕之有加也是其所以喻之者亦既詳且切矣而何其昏昏乎假令言汝未有知識則汝既長大而抱子豈宜其未知哉宜知而未知不亦重可慨耶所以然者正坐自滿之弊耳人若不自滿足於其所教戒而必虛已以受之則自有以開其蒙而立進之明吾見知之既夙成自隨之厥德脩罔覺矣豈有既

早知而反晚成者乎。如之何其不謙以受言也耶

此章乃婉言以諷之使聽言也。能受教戒。正在靡盈衰

昊天孔明。禍福之不爽。而我生為之靡樂。蓋視爾夢夢。善不知為而惡不知去。其徵天禍也必矣。我心之慘慘而靡樂也。奚容以自已哉。夫我之於爾。其所以相啓廸者。諄諄然極其詳熟。爾乃忽畧吾言。藐藐然恬不加意。且不以我為教。而反以我為虐焉。何不思之甚耶。然則爾之夢夢無怪也。假令言汝非故為是。不明特未有知而然耳。則爾年既耄。豈宜其未知哉。而奚其不聽我之誨。甘自處於潰亂之域耶。

此章直言以責之使聽言也

於乎小子。我之所以教爾者。皆舊章也。爾誠聽用我謀。則其德以脩庶有以扶國祚於將傾而大悔其可免乎。不然吾不知所終也

蓋天運方此艱難而將有喪國之患矣我之取譬非遠而難知也
觀天道之所福者必善所禍者必淫而無有差忒則吾言自彰彰
矣今汝乃回遹其德所為之不善使民蒙其殃而至於困急則皇
天之所不尚如之何其不亡耶喪厥國也必矣是安可不聽用我
謀以求無祗悔也哉

此章是危言以懼之使聽言也大悔以喪國之禍言回遹其德
第三章所言是矣曰告爾舊止與上誨爾諄諄手攜示事面命
耳提等都不外首八章之所言者首八章摠是教以脩德末四
章摠是欲其聽之

桑柔十六章

此芮伯刺厲王之詩言桑之生也其葉沃若何茂盛耶此其意蓋
曰昔先王時周道之亨隆亦猶是也但見天下之人凡蒙至治之

澤。而無有不庇其蔭者。夫桑固茂也。一旦捋而采之。而遂以殘矣
此其意蓋曰。乃今上失其道。王室忽焉凋弊。亦猶是也。天下之民
復何所仰賴哉。失其蔭而受其病矣。然則其亦不幸而生於此時
也哉。時事之可慨何如耶。我是用憂不絕於心。而其悲悶之甚。直
至於病。蓋觸目激中。固不能不如是之痛憾也。倬彼昊天何不我
矜。而使我遭此变耶

只桑柔及捋采句作比。註其蔭無所不徧。與民失其蔭而受其
病。俱着周之盛衰上說來。或侯旬瘼此句。俱就桑說

四牡騤騤。日見其馳驅。旟旐有翩。日見其披拂。顧茲禍亂之生。曷
有平定之期耶。但見當是之時。四國皆受其殃。而無不泯滅者。黎
民俱蒙其禍。而無不灰燼者。於乎有哀。國步斯頻。吾見其傾也已
矣。謂之何耶

靡國國字。以天下之諸侯言。國步國字。就周說曰泯曰燼。皆言
無以自存也
國將危亡。天不我養。其君則無所定。欲自安而不可得也。其徂則
無所往。欲避之而亦不可得也。然非君子之有爭心。必欲摧天下
而困之也。誰實爲此禍階。使至今爲病者乎。是必有自來矣。何其
遺毒之慘耶
君子指王言。此二句不重。其意在下。曰誰生云云爲梗詞之婉也
致禍實在王。或謂誰生厲階。暗指下貪忍之人。不知用貪忍之
人以生禍爲重
我之征役也。憂心慇慇。念我土宇。蓋其邦家之遼之遠且久。固甚
有不能爲情者也。何我生不時。適逢天之厚怒。不自我先。不自我
後。而變故我其當之。但見自西徂東。維日奔走而已。寧有定處也

哉。夫鋒鏑之苦。曾不得以少紓。多矣我之見病也。疆圉之役曾不得以少暇急矣我之在邊也。是何其不幸耶

自西二句。正是逢天僤怒。蓋無所歸咎之辭也。多我二句。則因其自西徂東。無所定處而重自哀嘆也

天下之亂甚矣。王豈不謀且慎哉。然而不得其道。適所以長亂而自削耳。夫知而不言。非忠也。於是告之以其所當憂。蓋國無其人。誰與共理。奚容以恝然也。其思以招徠之宜也。而又誨之以序爵蓋人有賢否。而位有高卑。此官人之道也。其度材量德而任之宜也。且誰能執熱而不以濯者乎。賢者之能已亂。猶濯之能解熱為令之計。信乎不用賢不可也。苟不用賢則其何能善哉。吾見天下之亂。莫之挽以回。而相與入於陷溺焉已矣可不懼耶

告之以其所當憂者。使求賢也。孟子曰。堯以不得舜為己憂舜

以不得禹臯陶為已憂序辭云者因其賢否而辭閔之以高下

也否字乃其次者下四句皆言不可不用賢

王之肆行暴虐而天下紛亂其視之也悶然不堪其憂有如遡風之人氣唈而不能喘息焉但見時事之可慮雖有欲進之心皆使之曰世亂矣非吾所能及也於是退而好是稼穡盡其筋力與民同事以代祿食而已夫力於稼穡以代食是固勞矣然理亂不與雖勞而無患也其視夫從政而殆者何如耶稼穡維寶也哉代食維好也哉

皆使之曰孰使之耶厲王之亂使之也

天降喪亂固已滅我所立之王矣又降此蟊賊則我之稼穡又盡病而不得以代食矣哀恫中國其淪於傾覆者皆是也何往而不危病於耗斁者皆是也何往而不荒遭此不淑是以危困之極靡

有旅力。以念穹蒼之禍。夫何使我至於此極耶
維此順理之君。為民人之所尊仰。所以然者。蓋以能秉持其心。廓然大公。而以周徧謀度為念。謂輔相不可非其人也。則考擇之維慎。必衆以為賢而後用之。此其所以當乎人心。而無不尊仰之也。彼不順理之君。則自以為善。而不考衆謀。自有私見。而不通衆志。任一己之私。拂天下之公。使民眩惑而至於狂亂焉。其何以為君耶

宣猶。以操心言。此二句一串意。卒狂者。疑惑中有不平之憤。便是狂亂。非前後章所說之亂也

瞻彼中林。鹿之衆多而並行。甡甡如也。物尚如是。今朋友乃相譖而不能相善。曾鹿之不如矣。人亦有言。進退維谷。蓋上無明君。進固窮也。下有惡俗。退亦窮也。維此之時。一何其不幸哉

本章之意。重朋友上

維彼聖人。心體虛明。有以燭事幾於未然。其所視而言者。直决禍福於百里之遠。維彼愚人。不知禍之將至。而反往以喜。何昏惑之甚耶。今之用事者蓋如此。我非不能言也。如此畏忌何哉。蓋王甚威神。雖欲諫而不敢耳

瞻言一串看。重言上。註云所視而言。猶云有所見而言也。百里只是借言其遠。只是事之未然者。聖人愚人。皆就為臣者說。故曰今用事者蓋如此

夫人君宜親君子而遠小人。今乃維此良人。不求而進用之。而維彼忍心不仁之人。則顧念重復而不已。在位用事。類皆彊禦之臣民受其殃而不堪命。所以肆行貪亂。而安為荼毒。是其胥戕胥虐蓋迫於不得已而然耳。為人上者。惡得辭其責耶

世亂則民困至於民之貪亂則自為惡矣大抵亂世之民强者則憤於困苦而因自為亂弱者則受其禍而困於亂其勢往往如此

大風之行有隧蓋多出於空谷之中維此良人由仁義行作為之惟其善也維彼不順行與道悖而隱暗汙穢之是事也此君子之所以為君子而小人之所以為小人人君其可不知所用舍哉

大風則有隧矣貪人則敗類矣夫王使貪人為政我以其或能聽我之言而對之蓋望其退焉而不使進也然而知其不能聽也則但誦言而中心之如醉耳蓋由王之匪用其良惟小人之是用而反使我至此悖眊也

敗類就着在貪人上說則對就芮伯對王說誦言如醉誦言所以對也蓋知其不能聽故誦而心如醉我悖着如醉說

嗟爾朋友。予豈不知而作為此言也哉。其言固未必皆得也。而亦未必無一得也。如彼飛蟲。雖不能一弋而一中。然亦有時彈與弋會。而為所獲焉。是安可并其言之得者而盡棄之耶。且我以言告汝。蓋欲其善也。是徃陰覆於汝也。汝反來加赫然之怒於己。何為者耶

而作。就言說

民之所以貪亂而不知止者。專由此人。名為直諒而實則工為反覆。又為民所不利之事。如恐不勝而力為之也。蓋民受其害而不堪命。夫是以肆行而罔極耳。民之所以邪僻者。亦由此輩專競用力而然也。蓋民受其害。而不堪命。夫是以無所顧惜而回遹耳

涼而善背。言其為人如此也。職競用力。即為民不利如不克也

致民之罔極邪僻。在此上

民之所以未定者由有盜臣為之寇也蓋其為信也亦以小人為
不可矣及其反背也則又工為惡言以詈君子狡詐不情反覆無
常是何其可惡耶夫既工為惡言以詈君子且自文飾以為此非
我之言雖曰匪予則我既作爾歌蓋其情已莫遁而事且不容掩
雖自文飾惡得而售其偽耶
此詩屢言其亂而反覆於君子小人用舍之際不一而足大意
揔是刺王用小人以致亂

雲漢八章

此仍叔美宣王之詩言倬彼雲漢昭回于天其旱尚未已也於是
王嘆之曰於乎今之人果何罪耶天乃降此喪亂而饑饉之荐至
若是乎奪其養而困之耶我遇此旱災鬼神類皆索而祭之凡可
以祈禱者罔有不舉犧牲惟所用無或吝也圭壁悉以獻無餘藏

也。是固望其反旱而為雨也何莫我聽而曾不以為意者乎
通詩是述其仰天而訴之詞只雲漢二句是詩人敘事以發端
旱既太甚其陽氣蓄積之盛蟲蟲然熏蒸之可畏我圖所以弭之
而禋祀之不殄絕自郊以至于宮上祭天下祭地奠其禮而瘞其
物凡天地宗祖之神孰不致其敬而尊之耶然是祭也后稷欲救
此旱災而其力之不能勝上帝能去此旱災而其神乃不我享所
望於廟者既如彼所望於郊者又如此謂之何哉夫大旱為災使
民不聊生其耗敗下土一至於此胡為不自我先不自我後而當
我之身有是災耶

奠瘞不宜分天地寧丁我躬有罪己意思

旱既太甚不可得而推去之我之處此兢兢乎其恐業業乎其危
如霆如雷之震而其心驚畏之甚也夫當此大亂之後周餘之民

巳無復有半身之遺矣昊天上帝乃又降此旱災使我亦將淪沒而不見遺焉是安得不以爲畏也哉我不見遺先祖之祀且將自此而滅矣雖欲無畏其容巳乎

如霆如雷言其兢業之甚也註大亂不是旱災蓋厲王之時大亂也曰則不我遺先祖于摧甚言旱災之禍也

旱既太甚不可得而沮止之但見旱氣之赫赫而熱氣之炎炎我將何所容哉大命近止其能以久存乎是徒自哀傷而已耳何所瞻仰何所顧望耶我遭此變羣公先正則不我助而若是恝矣父母先祖至親者也其視我之窘迫何獨忍之乎

則不我助意輕曰胡寧忍予望之切矣此四句一直說非以羣公先正父母先祖對舉而並言也

旱既太甚山枯而無木川竭而無水有如滌而除之者夫旱魃爲

虐其熱氣之蒸人如惔而如焚我心之憚其暑而憂之之甚宜如熏灼之熱焉我遭此変群公先正則不我聞而莫之恤矣昊天上帝何不矜其無以自存使我得逃遁而去有以避之乎

群公四句亦一直說曰寧俾我遁詞氣悲哀亦有望恤之意

旱既太甚欲去而無可往之所黽勉而不敢去天果何為降此旱災以病我耶靜言思之憯不知其故蓋使我而實禱之或不謹其致此災宜也我祈年則孔夙上帝天宗之禱惟其時也我方社則不莫四方后土之報亦惟其時也昊天上帝何其不度我之心乎如我之敬恭明神祭祀以時而無敢或慢宜可以無悔怒矣豈宜瘨我以旱也耶

祈年孔夙方社不莫無致旱之道矣故曰憯不知其故敬恭明神此求以免災之心也而悔怒之不免可見不我虞矣

旱既太甚朝廷之上綱紀渙散而無存。庶正憫時之旱。而至於窮

也。冢宰憫時之旱。而至於病也。趣馬憂及於民而不秣而師氏亦

為之弛其兵矣。膳夫憂及於民而徹膳。而左右亦為之不脩造矣

或尊或卑。曾有付民瘼於若罔聞知。而不周救百姓者乎。又曾有

委天変於不可救藥。而遂止不為者乎。諸臣之同一救旱之誠有

如此者。其志亦可矜矣。瞻仰昊天顧乃不雨。我將何如其為憂耶

鞫哉數句。正所謂散無友紀也

又旱而仰天以望雨。則有嘒然之明星。殊未有雨徵也。其將如之

何哉然大夫君子。憂時之旱。助我以昭假于天者。精神已竭盡而

無餘矣。雖今死亡將近。其所以竭精神而昭假于天者。尚當益求

而脩之。或者天意可得而回也。豈可遂止不為。而棄其前日之功

者乎。此非徒求為我之一身而已。今日之変雖我之憂也。亦爾諸

臣之憂也。益圖格天以弭變而綏民。乃所以定衆正耳。其無棄爾成而益勉也。奚容已耶。於是又仰天而訴之曰。果何時而惠我以安寧乎

竭其精誠以昭假于天。只上文事是也。庶正。只是衆官之義。該上章庶正冡宰等。全詩八章開開看。東萊云。宣王小雅始於六月。言其功也。大雅始於雲漢。言其心也。無是心。安得有是功哉

崧高八章

宣王之舅申伯出封於謝。而尹吉甫作詩以送之。言崧高維嶽峻極于天。蓋衆山之宗也。而天地清淑之氣萃焉。維嶽山降其神靈和氣而為儁彥之鍾。生彼甫侯及此申伯。是申伯之生也。豈偶然哉。而其人之賢也。又豈他人比哉。維申及甫。其居中而夾輔王室也。實能為周之楨榦。所以植之於不撼者有餘裕也。其在外而綏

領諸侯也實能為四國之屏蔽所以捍之於無虞若有餘裕也且天子利民之政自我而溥之於天下其宣上德也其能事也蓋其足以有為申之在今猶甫之在昔矣

重申伯上蓋以申伯比甫侯也維周之楨云揔重說申伯之賢意思周以王室言四國以諸侯言四方以百姓言

亹亹申伯揔領諸侯其先世之事也王使纘之而作邑于謝俾南國之諸侯皆遵其矩度而以之為法焉由是王命召伯定申伯之宅凡城池廟社宮室之類皆為營之于以成是南邦使申伯之後世常守其功一時之締造固將以樹萬載之基也

此章是叙其封典之隆重式南國與世執意所謂王纘王命云云都是尹吉甫如此叙之非述王之辭也定宅并前朝後市左祖右社城池宮室皆在其中功字主言謝說言使申伯後世常守

登是南邦之功也

謝邑之封圖之審矣王遂命申伯委以連帥之寄使表率乎南邦之諸侯而告之曰因是謝邑之人為爾分封之國都邑之居于是而奠保障之功于是而立也夫既封之矣土田所係國之重事也則王命召伯以徹之定其經界正其賦税而足民足國之政可行矣室家相依人之至情也則王命傅御以遷之用俾私人皆就厥國而爰居爰處之樂其遂矣

因是謝人二句只是言立國於謝之意蓋述王之辭如此也此章是封之而綜理之周

謝邑之間基業植立茲申伯之功乃召伯之所營城郭所以衛國家者也則始作之而其險以建寢廟所以妥神靈者也則既成之而其制甚深營謝之後既集申伯之行有日矣由是王錫申伯四

牡蹻蹻極一時之選也。鉤膺濯濯，侈物釆之華也。寵遇之渥何如耶

申伯之功，功字猶業字之意。此章是謝邑既營而錫之以其將就國也

謝邑既成，王遣申伯以就國，其贈之也。路車乘馬不有以昭等威之不斥耶。於是告之曰：我圖爾居莫如南土之為善。故於爾乎授也。錫爾介圭，所以拜裂地之封而膺有國之重者，此其瑞矣。以作爾之寶也。又從而勉之曰：元舅茲徃南土，是保。餙治道以安邦家，茲爾之責也，亦我之望也

王遣申伯一句另，下皆是遣申伯時事。路車乘馬只逐章看，不必說只是向之所錫者，亦不必說未遣有四牡鉤膺之錫，既遣又有路車乘馬之錫。三章四章五章俱是未就國時事

申伯決往謝邑而王餞之于郿藹然綢繆之至情煒乎曠見之特典也由是申伯還南不復遅留弗果而謝于誠歸茲行也向者之營謝王命召伯隨其道里之所經歛其疆土之賦稅以峙其餱糧道路飲食之需蓋素備矣是以能速申伯之行而無淹滯之憂也重餞字郿字不重徹土疆就道路上說蓋隨地經歷而量田以賦其所入也只是向者營謝便已命之如此不是又特地命之預積其糧亦綜理之周也此章是就國之事

申伯番番既入于謝而徒御之嘽嘽但見周邦之人皆以為喜而相謂曰申伯之來吾知其保障之必裕也民其倚之以為安矣抑有良翰也哉抑不顯申伯乃王之元舅望何重耶而文與武之俱備凡茲南國之文士孰不仰其文而法之凡茲南國之武士孰不仰其武而法之蓋雖未然而要之此皆其理之可以逆必者也

番番字不重周邦勿倣王朝說普天之下莫非王土南國皆周邦也此章是預道其入國之事

申伯之德柔惠且直蓋仁義兼全而不偏者也其德盛者其治優操此萬邦而統御之有方焉其治善者其文章彰聞于四國而聲名之洋溢焉此皆其可以先事而必之者也茲行也吉甫作誦其所可稱者不一而足吾得而措之為詞規模固有其廣大者其詩何碩耶其載之於篇者無非實事吟味之間自有悠長之趣其風何好耶以是誦也贈我申伯授之而不為諛當之而不為愧僚友之情蓋于是而寄矣

萬邦所連帥之邦也四國通乎天下而言此四句是預道其治國之事孔碩指通詩說通詩從頭次第說落來首章言其賢而數章是詳分封之事曰式南國曰世執其功曰徹土田曰遷私

人與錫遣之事與餞之與峙其糧皆見其眷遇之厚末四句說
歸贈詩上去蓋以表僚友之情也

烝民八章

宣王命樊侯仲山甫築城于齊而尹吉甫作詩以送之言天生烝
民氣以成形而理亦賦焉有是物必有是則蓋物物各具一太極
也是乃民所秉執之常性我固有之而非由外爍者故人之情無
不好此懿美之德物之則也其天下之所同然者也夫烝民之生
無有不善如此况乎天之監視有周能以昭明之德感格于下是
以天心眷之而保佑之有加謂成天下之治功必資天下之英俊
而為之生此賢佐曰仲山甫焉是其生也有所自則所以鍾其秀
氣而全其美德者又豈特如凡民而已哉
民之秉彝還屬下看其必好是懿德正以此也重在美德上不

重情上〻不宜把性情平重看。生仲山甫正是保茲天子。此章上四句特以起下四句。言天生衆民皆如此。況仲山甫之生之特異者耶。註所以鍾其秀氣三句最緊關

仲山甫之德柔焉而嘉。適合乎大中之則而未嘗失之於委靡其見於外也望之儼然。即之也溫。令儀而令色。其存於中也。極其恂慄無少懈怠。小心之翼翼。物理推窮。必折諸古訓。其學問則然矣動容周旋。必求其中禮。其進脩則然矣闡而為謀猷。則允懋帝心而天子我其若之也。運而為經綸則克宣上德而明命我其布之也〻德之備也如是夫

言其德而曰天子是若。明命使賦者。蓋體無不統。用無不周德之分量本如是也全躰大用之具備夫然後為德之盛耳文云天子是若。不必專就謀猷上說。凡事為皆然

王於仲山甫命之以衆職位登冢宰而示法於百辟盖外則摠領諸侯也官紹祖考而王躬之是保盖内則輔養君德也王命賴之以出納而為王之喉舌盖入則典司政本也大政委之以外布而使四方爰發盖出則經營四方也職之備也有如是夫

此章開說不必承上章謂有是全德故王命以如是之職亦不必把式是百辟七句皆作述王之訓

夫肅肅王命未易將也仲山甫將之始焉承而布也終焉行而復也邦國若否未易明也仲山甫明之既知孰為利之當興也又知孰為弊之當革也理無不明事無不察而以保其身於無虞及諸已而足法焉夙夜之間無敢懈怠而以事乎一人務輔翼而歸諸道焉其於衆職之所寄不皆有以盡之而無負耶

四段各自說不必相牽纏亦不宜與上章相照應

人有常言曰柔者易凌則吞噬而茹之剛者難制則退避而吐之
蓋常人之情大率如此維仲山甫柔亦不茹剛亦不吐惟其不茹
柔也故矜寡可謂柔矣而甫則仁以懷之曾以其勢之弱而侮之
乎惟其不吐剛也故彊禦可謂剛矣而甫則義以服之曾以其力
之勇而畏之乎蓋其剛柔合德言其剛則剛善也言其柔則柔善
也而無或惡矣

不侮鰥寡二句即不茹柔不吐剛之實此章是即其剛柔不偏
見其能舉德註以此觀之云云皆是朱子觸悟之詞都不關此章
正意不必與柔嘉意相照應看

人亦有言德乃原於天命而具於吾心其輕如毛夆之特易易耳
然全其降衷者誰與人莫能舉也我儀圖之獨仲山甫能夆之物
則之懿固有全盡而無歉者是以心誠愛之惜乎所以夆德者其

機在彼。雖欲助之。而無所用其力焉。至於袞職有闕。事為之或失。亦獨仲山甫為能補之。至誠以感動。盡力以扶持。而復之於無恙也

民鮮句都是人言。仲山甫舉之不可以剛柔來說。有闕以事言。事闕則德闕矣。二章備言其德。三章備言其職。四章言能盡職五章即事以見其能全德。此章則言其獨能全德盡職。所以贊之也。只須會其意。不必一一比合

維此仲山甫。膺城齊之寄。方其啓行而祖祭以舉。但見四牡業業乎其健也。征夫捷捷乎其疾也。而仲山甫則念付托之重。而切靡及之懷。惟恐付托之有孤焉。夫四牡彭彭而強盛。八鸞鏘鏘而和鳴。茲行豈偶然哉。王命仲山甫。城彼東方。其往齊也。蓋奉天子之命而往也。固有甚非常行之比者矣

言所懷見其心之忠言王命見其行之重兩牡業業四句關關說不必拘牽或以業業二句為出祖之儀彭彭二句為戒行之儀淺矣

四牡騤騤八鸞喈喈仲山甫之徂齊也幸無以遲遲為也尚其速於旋歸而廟廊之不久虛者乎茲行也吉甫作誦篇什之中無非盛事而吟咏之下自有餘味猶之清風然蓋仲山甫之奉命城齊惟恐委任之不効此心蓋拳拳者故我作此詩以送之而其城齊之優為溢於言表蓋歎然之心用是而自慰焉

四牡二句只等閒看不宜各生意思首六章總見得仲山甫之賢末二章則就城齊上說又云末章曾氏註可從

韓奕六章

韓侯初立來朝始受王命而歸詩人作此以送之言奕奕之梁山

維禹治之而有倬然之大道韓侯除喪即位由斯道來朝以士服入見天子而聽其所命焉王者於此重其繼躰之初親從而命之謂爾之祖考分封于韓今爾亦於韓而侯而纘先世之事也尚其念朕命之重必求以副之而不容輕為廢置常自惕厲而夙夜之匪懈凡其職分之所當盡者必盡虔共爾位無或慢也朕兹命也其央不改易矣慨自周室衰弱天下多玩視而不朝爾其榦不廷方使名分以正王室以尊用賛爾辟興復之治乎哉此爾夾輔之責也吾亦於爾重有望也

無廢朕命六句皆是戒之以脩職業夙夜二句所該者廣榦不廷方其職業中之最大者周室衰微天下不知有周宣王撥亂此事最為緊要故特言之

韓侯之來朝四牡奕奕孔脩而且張但見其入覲也執介圭以合

瑞于王一貢一輯而彼此有徵矣既而王錫韓侯曰有旗焉淑旂綏章而簟茀錯衡所以飾車也曰有服焉玄衮赤舄而鉤膺鏤錫所以飾馬也車之飾又有鞹鞃淺幭焉馬之飾又有鞗革金厄焉此其儀物等威皆下之不可以濫得而上之所不輕與人者也而恩典須自九重不一而足是何其渥耶

韓侯既覲而反國出而祖焉宿于屠焉顯父以友朋之好而來餞送之禮清酒百壺旨且多也其殽則炰鼈鮮魚其蔌則維筍及蒲多且旨也其贈維何乘馬路車所以昭其交際之恭者又何渥耶于斯時也籩豆有且而侯氏之與顯父式燕以樂藹然至情之渾協矣

餞之只就顯父説不必做王命顯父説我送舅氏詩亦曰何以贈之路車乘黃康公為世子得以路車贈其舅顯父為卿士獨

不得以路車贈其友乎盖以路車贈諸侯此盖以其分之所當
得者贈之何不可耶贈之只是餞時事當以餞字作主看
韓侯既反國而遂娶妻焉汾王天子也則汾王之甥也蹶父卿士
也則蹶父之子也此其族類一何貴耶但見韓侯迎止于蹶之里
百兩之彭彭八鸞之鏘鏘豈不顯其光乎盖其親迎也儼邦君之
度也誠天下之勝事矣韓姞之歸合二國而徃媵萃九女以偕行
其行動也徐其容飾也覩祁祁然如雲之衆多韓侯顧之而爛其
盈門盖其于歸也侈夫人之儀也誠希世之隆典矣
汾王二句言其族類之貴迎止至末言其儀衛之盛親迎之百
兩于歸之諸娣當重看此諸侯夫人之禮也諸侯一娶夫人并
姪娣六媵二為九女此章是預道其如此
蹶父孔武奉天子之命而賦政于外靡國不到因隨其所至而為

韓姞擇可嫁之所莫有如韓之爲樂焉是孔樂韓土川澤訏訏乎其大此其形勝何如也魴鱮之甫甫麀鹿之噳噳熊羆有焉貓若虎有焉此其物産又何如也土地之美誠有擅天下之最者蹶父相攸喜其有此善居而韓姞之嫁也得其所矣豈不安樂乎哉非專爲韓姞相攸蓋奉命出使而因爲韓姞相攸也孔樂八句所以終爲韓姞相攸莫如韓樂之意蓋川澤五句是正說韓之好處曰慶既令居韓姞燕譽則相攸之心慰矣此章摠屬韓侯取妻中事

溥彼韓城乃昔者燕師奉王之命而築也今韓侯來朝王以爾先祖受命因是百蠻而長之矣於是錫韓侯以追貊使奄受此北國而爲之伯百蠻皆在其統馭之中而纘乎先世之事焉然其職不可以不盡也城池中國之大險也爾其脩之實墉實壑可也田稅

經國之大政也爾其餙之實畝實籍可也方物必獻義又當然也貔皮也赤豹也黄羆也皆韓之所有者也爾其貢之而盡事天子之義可也

以先祖十句不外是首章王親命之八句意思但首是述王之命此則所以致已之意也中数章則是備言其入覲叐國之事以美之

江漢六章

宣王命召穆公平淮南之夷詩人美之此章揔叙其事言江漢浮浮水之盛也武夫滔滔順流而徃也但見其敏於趨事匪安匪遊而曰淮夷之于我中國罪不容赦吾之来也維淮夷是求盖直薄其巢穴而削平之矣大車以攻敵也既出我車旗以統衆也既設我旟但見其敏於趨事匪安匪舒而曰淮夷之侵我疆域義所必

誅吾之來也。維淮夷是鋪。盖直縱其兵旅而戡定之矣

曰揔敘其事。不但彊理在其中。而論功行賞等。亦無非伐淮夷中事。此詩揔以平淮夷為主。曰淮夷來求來鋪。言其奮揚也

江漢湯湯。武夫洸洸。奉平戎之命。奮肆伐之勇。而經營乎四方。但見王師無敵。經營之功以成。遂馳捷音而告于天子焉。夫四方既平。則王國庶定。無復多難之虞。而時靡有爭。無復交鬭之擾。九重南顧之憂。自為之釋然矣。王心不載寧耶

經營四方。着淮夷上說。四方平。則王國庶定。而時靡有爭。此王心之所以寧也

淮夷既平。即此江漢之滸。王申召虎之命。凡四方所侵之地。皆從而經闢之。而治其疆界。井授於民。用新徹田之度。是非多事以病吾民也。亦非欲速以急吾民也。盖井田我周之成法也。所以厚夫

下之耕者也其徹疆土也但使其來取正於王國耳於是召虎承王之命遂為之大界而疆焉定其溝塗而理焉度地即功盡于南海而止句之據於淮夷者今皆截然於王朝經制之中矣不是滅了淮夷而疆理其地蓋周衰淮夷侵我疆境而田制皆為所壞故伐之而遂疆理焉一說經營疆理是一時之命非既命之平夷至此而又命之徹田然經營下有告成于王此又云王命召虎作前後命之可也

王命召虎來此江漢之滸徧治乎經營疆理之事以布其平我徹田之命于今功既成矣王曰昔我文武受命維爾祖召公敷政而闢國以贊成其大業蓋為文武之楨幹也今汝之肅清淮夷而并其田無曰以予小子之故也但自為嗣爾召公之事耳夫雖於君為忠要之不為繼先之孝乎然立功固爾臣子之職而報功則我

王朝之典。今既能開敏汝功。則我當錫汝以祉福。此固其所宜各盡其道而不容以已者也

此章是述王者論功行賞之辭。首二句。是詩人叙事以起之。註而曰蒙上王字來。勿連接王命說。一說文武六句是王命召虎時而言此以致勸勉之意

王賜召虎。其策命之詞若曰。功懋者懋賞。爾功懋矣。後嗣之賢。先祖之遺慶也。則賚爾圭瓚及秬鬯一卣。於以祀其先祖焉。進地有典。封邑所宜增也。則告于文人。錫山土田。於以廣其封邑焉。然是策命之賜。又豈於常所而受哉。爾祖康公嘗於岐周而受文王之命矣。今則使之于周受命。自召祖命。所以昭其克濟世美。而後先之相輝矣。人者固不得而與也。由是虎拜稽首。以受王命之策書。而致其祝曰。天子萬年

以上四句是策命之詞

既受賜而遂以奠之於廟虎拜稽首荅稱天子之美命蓋榮其賜也由是作召公之廟器而勒王策命之詞使煥乎其有稽焉且從而祝之曰天子其萬壽也既又謂德音固貴於孔昭而尤難於令終也我明明天子尚其令聞不已致治之盛愈久而愈隆也禍亂之戡固以武而致太平則存乎文也是必矢其文德以洽此四國陳常時夏納天下於王化也

考其成是成命非成功之謂也天子萬壽蓋勒王策命之末之祝言也明明謂聲實之顯著也即所謂令聞也故註只云美其召之令聞要君全在不已文德上此詩作於論功行賞之後首三章總是追敘其事下三章總是受賞之事

常武六章

宣王自將以伐淮北之夷詩人作此以美之言淮夷不道王人親征渙汗其大號赫赫明明命此卿士謂南仲為太祖兼太師而字皇父者以為卒不可用非所以戰也爾其整我六師使兵皆有制器不可用文非所以戰也爾其脩我戎事使備無不飭既敬而既戒無敢以苟且乘之于以除淮夷之亂而惠此南方之國焉

南仲二句是詩人指其人而言之重世功位望意必世臣者以其文事武備家庭素講也必尊官夙望者以其威重可以一人心也下四句是述王命之詞整六師脩戎事使是敬戒

王又詔尹氏策命程伯休父為司馬使之替皇父而治其事左右陳行師旅之列布而凡坐作進退攻殺擊刺之法皆從而誓戒之于以遵彼淮浦而省此徐州之土聲其罪而致討大憝既夷則式遏其歸不留而不處使三農之事得以就緒而不至於有荊棘之

嘆者乎

策命者。以策書而命之也。戒我師旅。非至此而教以坐作進退攻殺擊刺之法。如書所謂不愆止齊云是也。三事。就徐土之農說。此二章總是叙其命將之事以美之

六師就道。赫赫而業業。直有凛乎其不可犯者。蓋天子自將。氣勢萬倍。而其威之可畏若是也。但見王師舒徐而安行。惟其度焉已矣。不糾緊而失之疾也。亦不遨遊而失之徐也。而徐方聞之。已為之連絡騷動。膽落而氣喪。其震驚之至。譬如雷霆作於其上。惟恐觸之。而容身之無所也。徐方之震驚何如耶。是其風聲所至。固先奪其心也已

此章就在道說震驚三句。只是極言其震驚耳

及其至徐也。有嚴天子。奮其威武義氣之激烈。直如雷霆之震怒

由是虎臣進之振發於一鼓之下。而有闞如虓虎之猛。師旅陳之厚集於淮濆之上。而有仍執醜虜之雄。但見淮浦向固為犬羊之割據也。今則截然其不可犯。實維王師之所矣。兵雖未交。而無敵之形不已成耶

此章就至徐陳兵說。進字鋪字。皆蒙王字來。曰王師之所與我陵我阿我泉我池。一般意思

王師嘽嘽。以言乎其疾也。如飛如翰。以言乎其衆也。如江如漢。其靜則撼之而不可搖。如山之苞。其動則禦之而不可止。如川之流前後之連屬部伍之整齊。綿綿而翼翼也。應變之神妙。制勝之餘裕。不測而不克也。以此萬全之師大征徐方之國則莫我敢承矣。

如飛如翰。孔氏疏云鳥飛已是迅速。翰又疾於飛。如鷹鸇之類摯擊衆鳥者也。故毛傳作疾如飛。鷙如翰。此數句正是濯征徐

國事勿另一層看自第三章至此揔是表其自將之威以美之

也

然兵威可以屈人之力而不可以攻人之心惟王猶允塞以純王

之心行純王之政非徒文焉而已也而徐方仰中國之聖人久矣

故王師一至自爾革心俛然而歸附自肯效順翕然而俱集是其

心悅而誠服也非獨以兵威而致實王道有以感之乃天子之功

也夫四方既平而徐方來庭無不稱臣矣徐方不回無復逆節矣

於是王曰還歸蓋叛而討之服斯已焉何嘗窮兵以為快耶

王道就平日說曰既來既同曰來庭不回揔是言其服上五章

都是伐遠之事六章則歸其王道服遠之功因以為戒是言外

之意

瞻卬七章

此刺幽王嬖褒姒任奄人以致亂之詩言瞻仰昊天則不我惠甚久不寧而降此大亂但見天下日趨於桯机靡有所定而士之與民皆為之受其病焉彼蒼者天是何其忍耶今夫小人虐民而戕之者也民之蟊賊也則蟊賊之為害而靡有遺届今夫淫刑陷民於死者也民之網罟也則網罟之不收而靡有寬瘳然則天下之病曷維其已也耶

不寧則亂之謂也此二句正所謂不我惠邦靡二句其事也

上下之所得各有分也顧人有土田汝反有之人有民人汝覆奪之何若是之貪耶刑罰國之所用以威罪也顧此宜無罪汝反收之彼宜有罪汝覆脫之何若是之妄耶

汝字指幽王說

夫男子正位乎外為國家之主有智則能立國婦人以無非無儀

為善。而無所事哲。哲則適以覆國而已。是懿美之哲婦。乃為梟為
鴟何也。婦有長舌。其變亂是非。有以惑人之聽。而釀成天下之難
實維禍亂之階梯也。信乎其為梟鴟也已。然則所謂昊天不惠。降
此大厲者。豈其然哉。哲婦實為之。生自婦人而已耳。蓋其言雖多。
而非有教誨之益者。是惟婦人與奄人耳。豈可近哉。如之何其辟
而任之耶

婦寺之為人也。能以其智辯窮人之言。其心忮害。而變詐無常。但
見既以譖妄倡始於前。而終或不驗於後。則亦不復自謂其言之
放恣無所極也。而反曰是何足為慝乎。其情狀之可惡有如此者。
且朝廷之事。非婦人之所宜預。譬之商賈之利。非君子之所宜識
今則如賈者之獲利三倍。而其所以然之故。君子識之。蓋婦人無
朝廷之事。而反舍其蠶織之務。於公事而圖焉。不猶君子而識賈

三倍耶哲婦預政夫安得而不致禍耶

天何用責王神何用不富王哉此信用婦人有以取之耳夫內亂既深外變將作吾懼夷狄之大患不免也今王乃舍爾介狄不以為慮而反以我之正言不諱為忌焉亦獨何耶且天之降不祥庶幾王懼而自脩也乃遇災而曾不之恤君有君之威儀也而又威儀之不類善人所恃以自輔者也而又人之云亡則其何能淑耶邦國之殄瘁宜矣

夫天之降罔不一而足維其多矣可懼之甚也人之云亡夫誰與共理哉心之憂矣天之降罔不能久存維其近矣可懼之甚也人之云亡夫誰與共理哉心之悲矣王之視此天變人離何莫之動念耶

觱沸之檻泉其源甚深也我心之憂豈適今日而然哉夫禍亂之

極。不自我先不自我後。而適當此時。蓋已無可爲者。然藐藐昊天。雖若無意於物而其功用則神明不測。雖危亂之極。亦無不能鞏固之者。王誠改過自新。婦人遠之。奄人絕之。惟君子之是親。而不忝于皇祖焉。則天意可回。來者猶必可救。吾見亂反而爲治。而子孫亦蒙其福矣。可不知所勉哉

上六章皆言其襃姒任奄人以致亂。末章則欲其改過自新夫首章以降厲而咎乎天。末章以鞏而望乎天。實以見天人相與之理。責王不能以人而合天也

召旻七章

此刺幽王任用小人。以致饑饉侵削之詩。言旻天疾威。厚降喪亂而病我以饑饉荐臻之災。但見斯民盡爲之流散死亡。而國中而邊陲在在皆凶歲也。自內及外。何往而不荒哉

瘨我饑饉正所謂降喪之篤也

天降罪罟彼蟊賊之心術蟲壞昏椓之放縱不恭是皆回亂邪僻之人也疎遠而擯斥之宜矣王乃親信委任使之治平我邦群邪用事如之何而不致亂耶

小人在位皐皐然頑慢而無忌訿訿然謗毀之是事是最爲可惡者王曽不知其玷缺至於戒謹恐懼兢兢業業甚久而不寧者斯人也天子奚之宜也任用之專宜也其位乃更見貶黜何顛倒錯亂之如是耶

方今之時天下無復生意而憔悴之甚如彼歳旱草不潰茂日見其枯槁也如彼浮草棲於木上枯槁無餘潤也我相此邦滔滔皆是孰不潰亂者乎

紂昔之富未嘗若是之疚也維今之疚又未有如此之甚也民生

此時一何其不幸耶所以然者皆小人之致也夫小人之與君子邪正之相懸如莠與稗其分審矣而曷不自廢以避君子乎乃使我專爲此故至於愴怳引長而不能自已也耶

夫禍亂之興固有所自猶池水之鍾也其竭也自頻猶泉水之發也其竭也自中今乃池之竭矣不曰由外之不入泉之竭矣不曰由內之不出委其起禍生亂之端而不以爲然奚望其源之塞耶夫小人用事此其爲害亦已廣矣是使我心專爲此故至於愴怳日益弘大而憂之曰是豈不烖及我躬也乎

任用小人禍亂之所自起也不云然者言王不以爲然也

昔先王受天之命時有如召公者敷政南國江漢歸焉汝濆歸焉卒又至於四十餘國歸焉蓋日闢國百里也今也犬戎內侵諸侯外畔乃日蹙國百里何今昔之不侔耶亦曰用非其人云耳於乎

哀哉。今世雖亂然其人豈不猶有舊德可用者乎。何乃莫之用耶
辟國百里。只依本註。不必增入武王事實。蓋恢擴之功。盡在於
文王。特至武王始伐商耳。通詩反覆極言。總是刺王用小人以
致亂。此詩及前篇末一則曰無忝皇祖。一則曰不尚有舊。皆有
拳拳望治之意。幽王終不知改。周安得而不東哉。劉氏曰。此詩
居變雅之終。而第七章又居此詩之終。慨然有懷文武召公之
盛。以見亂極思治之理。其亦猶下泉之終變風歟。止齋陳氏曰。
周南繫於周公。召南繫於召公。豈非化之盛者。必有得乎二公
也。至於風之終繫以邠。雅之終繫以召旻。豈非化之衰者。必有
思乎二公也。

詩經宗義卷之七終

詩經宗義卷之八

閩惠安東湖張瑞著

周頌

清廟一章

此周公既成洛邑而朝諸侯因率之以祀文王之樂歌言於穆哉此清靜之廟祀事攸舉其助祭之公卿諸侯皆敬且和而寅恭樂易之並行其執事之濟濟多士又皆秉文之德而徽柔懿恭之是崇予以對越其在天之神精白乃心若或見也予以駿奔走其在廟之主疾趨厥事無或遲也夫奉祭之人而皆體文王之德如此則是文王之德豈不光昭於後世而甚顯乎可謂丕著而莫揜也已豈不尊奉於後世而甚承乎可謂敬守而不忽也已信乎其克當人心為人所悅服歆慕而不能忘也何有厭斁於人哉

肅雝即文王之德文德只是肅雝對越二句不必又入肅雝秉德說此五句一串意言其肅雝秉德以對越而奔走也所謂則是文王之德豈不云是就肅雝秉德上贊其德之盛註自明白既沒之後而德猶在人故曰不顯云人斯不宜把無斁句承不顯句來

維天之命一章

此亦祭文王之詩言維天之命無聲無臭於乎其深遠哉而流行不已焉蓋動靜通復之相因求有始合而終離者文王之德明着光輝於乎豈不顯哉而純一不雜焉蓋降衷秉彛之渾全亘有極誠而無妄者天之命也文王之德也其可以殊觀乎

把天與文王對舉並言正以贊文王之德之盛也不是以上二句贊下二句

夫文王之德若是乎其盛固後人之所當作求者也文王之神將何以恤我矜其愚而相之者乎有則我當受之以大順文王之道脩為之功必盡務求其合德也不獨我當順之繼我而為後王者又當篤厚之而不忘其所以策力於世德之脩者後先之相承可矣

駿惠字有工夫就脩為說看大雅云聿脩厥德永言配命又曰世德作求永言配命則其所以脩為者可見矣文王之道即純一之德也註中兩箇當字本文王之德之盛說上節贊文王之德下節即作求之意

維清一章

此亦祭文王之詩言我後人之治天下所當清而明之緝而熙之使敷布於四方者乃文王之典也蓋其以純王之心行純王之政

所以輯寧邦家者在是所以佑啓後人者在是後王惟其率由舊
章也是以自始祀以至于今天下皆為之太平子孫相繼而治功
胥集焉是文王之典我周家萬世治安之慶實賴之矣其不為周
之禎祥乎夫安可不清明而緝熙之耶
典刑如禮樂文章紀綱法度之類是也非典籍之謂肇禋就祀
文上說蓋從繼文王時說起也有成就治上說故字還蒙清緝
熙字說來蓋後王清明緝熙之所以有成也下三句正見其典
之當清明緝熙也

烈文一章

此祭於宗廟而獻助祭諸侯之樂歌言我之祭也諸侯相焉用格
神靈而祉福於我乎介非烈文辟公錫茲祉福耶福莫大於昌後
則惠我以無疆之慶使我之子子孫孫求言保之其有天下而為

天子也。悠乎其未涯也

註諸侯助祭使我獲福。是正發烈文二句之意。惠我二句是祉

福之實。子孫保之。所謂惠我無疆也

夫爾之在國也，取民有制。而貢出有經，無封靡于爾邦。則王當眷遇有加，而尊崇之不容已矣。文念汝之助祭，惠我無疆，子孫保之。而有此錫福之大功。其所以為爾報者。尚何靳哉。是宜使爾之子孫，求席裂土之封，繼其序而益大之，不以久而替也。此固以類而報之道也

上二句是叫起之文。上下文連屬之意。在下二句。皇之只在繼序上。蓋先隆後替則小矣。非增其爵土之謂也

凡我諸侯。亦知人之為人乎。舉天下之物無有強於人者。但見四方之大。凡立天地之間者。莫不自是人而為訓。蓋天下無人外之

道。則固無人外之極也。何強如之。文知德之為德乎。舉天下之物無有顯於德者。但見百辟之貴。凡任民物之寄者。莫不於此德而是刑。蓋其所以脩己者此德。而其所以治人者亦此德也。何顯如之。是道也。徵之先王可見矣。於乎前王之德。所以人不能忘。沒世雖久而歆慕無斁者。正以此也。蓋前王之不忘。夫固道德之感也。使人非莫強德非莫顯。其何以繫人心如是耶。凡爾辟公。可不念諸

四方其訓之。正見人之強。百辟其刑之。正見德之顯。故註只曰莫強於人。莫顯於德。但說人之強德之顯。便見君子當思所以自盡。而不可自暴自棄。故曰戒飭而勸勉之。先王之人不能忘。與四方訓之。百辟刑之。同一機也。取前王之不忘。而所謂無競維人云云刑之者。足徵矣。用此道也。用以也。此道着莫強二句說

循一言正是此道理也首節言諸侯助祭之功次節報之三節所以戒勉之也

天作一章

此祭太王之詩言天作岐山維我太王帝遷之于茲邑居建焉民事周焉自古無人之境至是而始為國矣太王既作之而文王又安之發政施仁所以輯寧邦家者無所不用其至也維太王作之於始而啓文王以康之於後由是彼險僻之岐山人歸者衆柞棫抜矣行道兊矣而有平易之道路不復如向之林木深阻也此其基業之成亦云艱矣開創之功亦云懋矣為子孫者要當廣繼述之懐盡治理之道保之而不失者乎

荒之如緜詩所云康之孟子所謂文王之治岐者是也當歸重太王上細玩六句語意自明保之有事在維天之命章末以駿

熹篤厚為言。此章末以子孫保之為言。總是歸美先王之功德以見其不可忘也

昊天有成命一章

此祀成王之詩。言天祚周以天下。既有定命。而文武受之。闢國而王業興。伐商而王業成矣。然使莫為之後。寧不替耶。惟我成王。撫茲大業。又能念天命不可以苟留。兢兢業業。不敢康寧。而其夙夜積德。以承藉天命者。又宏深焉。體之之全。無有一理之或遺也。靜密焉。守之之固。不為私欲之所亂也。如是而操心。如是而積德。吁嗟乎。是能紹文武之業而光明之。竭盡其心。無有一毫之苟且也已。故今能安靖天下。而保其所受之命也。文武固為裕後。而成王不為光先矣乎

不敢康以心言。宥密就積德上說。勿以德之已成言。於緝熙二

句。是就不敢康二句而嘆之盡心，只着在緝熙上。此二句一串
循言能盡其心以緝熙文武之業也。緝熙二字。亦一串說七句
語意連續不斷首二句從文武說起歸在成王繼之上去。成王
二句重末三句。則就中二句而嘆美之也

我將一章

此宗祀文王於明堂。以配上帝之樂歌。言時維季秋有事於明堂。
其所奉持而進。以行大享之禮者。維牛維羊也。夫大享以享上帝。
享之而來享固所望也。維天其降而在此牛羊之右者乎
首二句。只是敘大享之事。不必把維字重看。曹氏曰。以天道事
之。則藁秸以為席。陶匏以為器。繭栗之牲。掃地而祭。所以尊之
也。以帝道事之。則牛羊以為牲。簠簋以為器。豆俎之實。其薦用
孰所以親之也

使慼之無道其歆不可必也。今夫文王之典，所以致治者也。我則率由舊章而儀式刑之無違以日靖乎四方。奠天下而安之。則固庶無罪悔。而其所以曠幽明而相孚者。亦既有其素矣。但見此能錫福之文王。既降而在此之右。以享我之祭。固有若或覩之者也。

伊嘏輕。上節是奠其享。此節是決其享。天與文王不相離言天而文王在其中。言文王而天在其中。故下註云。天與文王。既皆右享我矣

夫天與文王。既皆右享我矣。而其致之也。亦曰法典以安民耳。我其敢不夙夜之間兢兢業業。畏天之威。而罔以肆心乘之。以保天與文王所以降監之意。其法典而安民也。不以久而懈用假其心於無窮。而或者右享之可常乎

夙夜畏天之威。只是敬。于時保之。全在法典安民上。蓋法典安

民此固天與文王所以降監之意也上二節一串異而決之也總重降監意全在法典安民上末節則自惕勵以保降監之意

時邁一章

此巡狩而朝會祭告之樂歌也言不易維王天難忱斯我之以時巡行諸侯是固天子事也所以奉天也不知天畀曆數在我躬而予之乎哉

巡狩專為朝會諸侯之舉然必行祭告之禮也柴望云者柴而望秩山川也蓋如於東岳之下祀東岳而及東方山川不能一一徧及故柴而望祭取其氣之旁達也若曰燔柴以祀天望秩以祀山川古者祭天必於郊有大事特告則倣郊禮而謂之類天子將出類于上帝豈至岱宗而始祭天也余三岳皆如岱禮則一歲巡狩而四祭天不已瀆乎

夫天於有周實尊之於天下之上序之於二代之後矣是以使我之朝會諸侯校淑慝而舉慶讓以示威也而四方諸侯莫不震懼惟恐侯度之不脩而罪戾之不免焉又能懷柔百神祭告依舉而無幽不格至于河之深廣嶽之崇高亦皆潛孚而効順也夫天子者神人之主也使非實右序有周其何以得此天下之畏鬼神之享而景命之僕足徵也信乎周王之為天下君矣

河岳是百神抽出大者而言懷柔者我懷之而神以懷我柔之而神以柔懷依附也柔安和也

且明昭乎有周也既以慶讓黜陟之典式序在位之諸侯有德有功者加地而進律不敬不順者削地而黜爵所以示勸懲也又載戢干戈載櫜弓矢不極意於武功而益求懿美之德以布陳于中國弘彝倫之化而文命之四敷焉所以綏太平也是其治道之倫

而所以祈天永命者固有道矣不信乎周王之能保天命耶

干戈四句重脩文上註中既字又字是分二項說不是相承次第武把載戢四句就巡狩之間如此說此乃王者大政不知朝廷間所為者何事必待巡狩方偃武脩文也此五句總是說治道之脩此節與上節都就已然說而天之子之可必矣此詩疑是武王之世巡狩而周公所作其後則周王巡狩通歌之或謂此是武王初即位巡狩之詩武王初即位巡狩自有般之頌在故曰時周之命以此為初即位巡狩何所據耶初即位巡狩何為有二詩耶大抵只因載戢二句便如此說不知就後來巡狩時說他偃武脩文又何不可耶縱非武王只守成之主其說他平日如此亦何不可耶

執競一章

此祭武王成王康王之詩言我周天下得之者武王也武王持其自強不息之心貫乎終始而無間是以能成大定之業致垂拱之治而其功烈之盛天下莫得而競焉保之者成康也豈不顯哉成王康王之德光輝而明著亦上帝之所君也而天命之不厭焉豈其克當天心而有不容以不眷者耳

執競如求世德配天命蓋繼志述事之心也功烈不必專就伐商有天下上說致治之功皆是曰上帝之所君還重德盛意

自彼成康繼世為天子而奄有四方但見其為德也明之至也斤斤然瑩徹而無有一毫私欲之累觀諸其命宥密對揚光訓之類是徵也其顯著也孰加焉

曰斤斤其明嘆其德之甚顯也註如此着在斤斤上言武王功德之盛人皆知之故獨於成康致詳焉或斤斤其明以德之着於

四方者言亦可如成王制禮作樂夫禮與天地同節大樂與天地同和康王率循大卞燮和天下以荅揚文武之光訓是矣

夫三后功德之盛如此乃今有事於宗廟樂所以樂神也鍾以宣之鼓以節之喤喤而和鳴磬以收之筦以間之將將而俱奏享祀之行而音樂之盛一念孝思於是乎伸矣但見神之歆之降福之穰穰焉

將將就音之集說作樂所以祭也曰喤喤曰將將其意不輕受福蒙祭上說然不可遺了樂

夫福之降既多則其勢自大降福蓋簡簡矣而其所以周旋於祀事者威儀之間愈益謹重曾不敢以少肆焉故格之來格享之來享既醉而既飽但見寵賚之無已福祿之來反覆而不厭也

上二節頌其功德下二節總是祭而獲福礼樂皆祭中事也雖

三節以樂言。四節以礼言。然必曰樂盛則如此。礼慎又如此。亦固矣

思文一章

此郊祀獻后稷之樂歌。言配稷於郊。因以尊稷也。而后稷之參贊乎化育。彌綸乎造化。文德之懋。眞有以配天而無歉焉。蓋烝民昔固艱食也。稷則誕降嘉種。使得以遂其粒食之休。是其一德之運有以抗萬民之命。而天下之遂其生者。皆后稷之澤也。其德孰加焉。且其貽我民以來牟之種。乃上帝之命。以此徧養下民者。是以民得所養而其德以正。無有遠近彼此之殊。君得以為仁。臣得以為敬。父得以為慈。子得以為孝。彝倫攸叙。而道化洋溢。孰非后稷之立民所致耶。此其養民之德。與上天生民之德。不足以相配。與其享配天之祭也宜哉

之德着在粒民之澤上說不是以其於已者言立我二句是正說后稷事貽我四句則因立我二句而言其所係之大也總是極言其教民稼穡之功總當以養民作主看註得以字全在養上來德之至猶言至德也就澤上說莫非字只當一箇是字看言是其至德也天有生民之德稷有養民之德即此便是德之配天

臣工一章

此戒農官之詩言嗟嗟臣工以農事為職其所係甚重也欽乃攸司而虔共爾位可也彼田野事宜在王有一定之法以詔告汝循之則其事集悖之則其事隳汝當來咨度之講求其成法而以為憑藉者乎

臣工專就農官說農官自有許多員故曰羣臣百官

嗟嗟保介。今此之時維暮之春矣。亦又何求。東作此其時也。新畬當以此時而治也。今如何哉。夫於皇來牟已為將熟則可以受上帝之明賜。而此明昭之上帝。又將賜我新畬以豐年矣。此時而可不治田耶。于是命我甸徒庤乃錢鎛。以治其新畬。而又將忽見田野之間。凡為銍艾之舉。而享收成之利矣。東作之功。失今不舉。西成之慶其可得乎。然而惡可不及時務農耶

此節正是示以成法。成法非盡於此。適春耕之時。而說此一件事耳。保介不可泥定。於皇四句一串。是發當治田之時意思。若斷章取義則重有年意

噫嘻一章

此亦戒農官之詞。噫嘻成王。念民事之不可緩。治田成法。已明賜爾農官矣。可不思所以自盡耶。夫力田者農也。而主其事則農官

也爾當乘靈雨之既零率是農夫以播其百穀無失時而廢事彼耕有遺地非所以盡利而或有遺人又非所以盡力也則使之大發其私田徧三十里而盡之而凡此農夫皆服其耕事并力齊心萬人為耦而並耕焉必如是則人事以盡爾職以脩而於成王之意為無負也

昭明也假告也猶云明白告爾也率時二句是大槩說駿發四句則言使之如此如此也四句一直意總歸於盡人事曰播曰耕不可分定總是治田之意

振鷺一章

此二王之後來助祭之詩言群飛之鷺將翱將翔于彼西雝之水瑩乎其潔白也我客之至止以助我之祭祀者和順奮至德之光英華露在中之美其容貌脩整亦如鷺之潔白焉何可愛耶

且我客也其統承先王而在彼則有以當乎在彼之人心而無惡之者其作賓王家而在此則有以當乎在此之人心而無斁之者夫譽之隆替係乎人心之愛憎彼無惡此無斁則庶幾其能夙而夜夜而夙循環不已以永終此譽德音孔昭秩秩乎其不替也

二節開首上主德容此主德譽在彼二句言無往而不為人所歆慕也蓋盛德之感人如此也不干容貌惟無惡斁故譽可久

註此譽此字無所指就着在譽上夙夜有久意庶幾二字本無惡斁說來只閑閑說落去永終譽就後來說

豐年一章

此秋冬報賽田事之樂歌言維玆豐年雨暘時若而高下燥濕寒暑之皆善黍之所收多焉稌之所收亦多焉黍稌如此百穀可知但見貯之以高廩而有萬億及秭之數其收入之富如是于焉以

之為酒以之為醴進而畀之祖妣而祭祀之百禮皆以之而舉也
夫祀事孔明神靈孚格於凡可致之祥其將畫介之矣降福不甚
徧耶有非田祖先農方社之神之佽相其何以得此報賽之典奚
容已哉

高廩二句正言其多也活看不着黍稌上洽百禮着酒醴上說
只就祭祀之禮說如薦牲求神獻尸導飲之類何者不以酒而
成禮降福只就祖妣說一說降福句是歸功於田祖先農方社
之神蓋收成之富禮儀之備皆神貺也

有瞽一章

序以此為始作樂而合乎祖之詩言大樂始作行為先祖奏之有
瞽有瞽以司樂也而在于周之庭焉

曰始作樂而合乎祖者蓋王者功成作樂樂始作而合奏於祖

此固事先之道也

夫虡業所以懸也。則設業設虡。虡業之上。以綵色為崇牙。崇牙之上。樹彩羽為儀文。有應焉有田焉而其鼓以縣有鞉焉。有磬焉而柷圉以列。凡旣備矣。然後奏之而簫也管也。亦于是而備舉焉群工獻技衆音交作。一代之盛德大業。不譪然於唱和之間耶

此一節是說作樂。縣鼓不是鼓名。只是將鼓縣之只着應田上

說

夫樂之作也。喤喤其聲。大小之異調而條理之分明。始終之相生而脈絡之通貫。蓋肅雝其和鳴也。但見先祖之神。雖曰幽而難格也。今則洋洋如在。而歆然音樂之是聽。至於我客之戾止。夫固重有所感慨者。亦且永觀厥成而無厭斁之心焉。樂之所感神人以和。可謂盛也已矣

此節是贊其樂之盛肅雝句只在喤喤厥聲中樂必肅雝然後可以言和先祖三句總是即感通之妙以見其樂音之美不必把先祖句重看把我客二句輕看大抵樂之作以象功也而德寓焉蓋德者功之本也

潛一章

此季冬薦魚季春薦鮪之樂歌言猗與漆沮其槮之所息有多魚焉鱣有之鮪亦有之而鰷而鱨而鰋而鯉之類皆無乎不有也魚之多固如是夫時乎季冬魚皆肥而可薦也則以魚而享祀乎其先時乎季春鮪獨肥而可薦也則以鮪而享祀乎其先蓋貴時物也順孝心也神之格思由是而介以景福焉

漆沮輕非不忘本之意享祀是薦非祭也冬魚不行孕性定而皆肥季春則鮪獨肥不是思其所嗜之意

雝一章

此武王祭文王之詩。言文廟一啓，諸侯畢集，来者皆雝雝其和，無有一毫之勉強；至者皆肅肅其敬，無有一毫之懈怠。而各以其職各盡其道，以助我之祭事。固有會天下辟公之誠而為一人追遠之舉者矣。但見天子之主祭也，而其容穆穆，盖其凝神于如在之天，但知盡吾孝享之心而已，自此之外，無思無慮也

和敬着祭上說，不是着来字至字上說。其容穆穆，敬之至也，須知其容穆穆之心，只另看，不必本上三句来

維此和敬之諸侯，用存碩大之牲，以助我孝享之舉，祀事攸行，盖有以得萬國之懽心者矣。夫斯祭也，其望格之心，吾固惓惓也。假哉皇考，尚其享我之祭，以安我孝子之心者乎

假哉輕，綏予句是冀其享也。祭之而享，孝子之心始慰

維我皇考。清明之在躬。宣焉哲焉。而其於得秀最靈之心。蓋有以全其妙矣。人之道不其盡乎。仁義之兼躰。文焉武焉。而其於定亂致理之功。蓋足以隨其用矣。君之德不其備乎。其德若是。故能輯寧邦家。奠斯民於儛俾之中。彼皇天以安民為心者也。亦為之而其心寧焉。由是天與人歸。有以佑啓我後人。而藉其垂裕之休者大矣。厥後之昌。非皇考之昌之耶

盡人道。就在宣哲上。備君德。就在文武上。只此二句是美文王之德。大抵直要說他昌後而德其本也。故從根原處說起。蓋美其德而歸其垂裕之澤也。總重歸功文王之意

夫福壽難得而燕之者也。假哉文王。綏我以眉壽。蓋慶流于後。我之所以引考也。助我以多福。蓋其造之於始。我因續而終之也。其至德之遺澤如此。使我於烈考之祭。既得以會萬國而奉之。而尊

烈考以天子之禮於文母之祭亦得以會萬國而奉之而尊文母以王后之禮此其昌厥後為何如耶

曰綏我眉壽者子之有壽固父之遺慶也武王末受命故云然介以繁祉所謂文王既勤止我應受之也蓋文王既造其始則武王續而終之無難矣此二句就已然說正是昌厥後之實下二句本上一句來非重烈考文母上重使我得以上見文德之垂裕處此四句總發克昌厥後一句之意首二節叙奉祭之事末二節是表先德之垂裕只閑閑說落來勿把下二節作推奉祭之由

載見一章

此諸侯助祭于武王廟之詩言烈文辟公相予肆祀其始之来也載見辟王曰求厥章蓋紀綱法度自天子出故必稟受而奉行之

無敢專也合其儀衛而言之龍旂之建鮮明之陽陽也和鈴之鳴
節奏之央央也鞗革之動其聲之有鶬也見聞之下等威不紊藹
儼然邦君之度矣豈不休有烈光者乎

載見二句是因來助祭而朝見天子非朝覲而因使助祭也休
有烈光只就上三句說蓋此是諸侯儀衛名器之所在也

載見之餘王乃率之以見夫昭考祭祀之禮於是而行君主之臣
助之于以致其孝享之誠也蓋合萬國之和敬而為一人之追遠
矣

上節言諸侯之來此是率之以祭不可把孝享說諸侯說

孝享攸行而昭考格焉既介我以眉壽享年之未涯也又使我永
言保此思皇之多祜而安富尊榮之無已也此豈我之所能致哉
蓋諸侯助祭用致多福之錫是乃烈文辟公綏我以多福使我得

繼而明之。眉壽之攸享。多祐之永保。其福之純全有如是也

此節是歸其助祭獲福之功。末言句帶下看。多福純嘏俱兼福壽二意。緝熙。只是自彼綏之。自我得之。註以至于純嘏猶言純嘏之一至此也

有客一章

此微子来見祖廟之詩。言有客有客。駕四牡而至止。亦白其馬。蓋禮物仍殷之舊也。自其人而言之。秉禮以自飭。肅乎其萋且爲。自其旅而言之。左右便便如出於選擇者焉。此其始至之所見。不有可美者耶

重言有客。詞之復也。無別意思。此二句相連只是說微子乘白馬而来也。萋且就外面說。敦琢其旅不是說擇從行之人只就旅說。蓋言其旅之美。如選擇出来的

我客戾止。吾固幸其來也。夫何未幾而且去焉。今特于此宿宿耳
特于此信信耳。信宿之外。其遂行矣。謂之何哉。而吾心則固有不
容已者。言授之縶、以縶其馬。庶於焉嘉客。而不得以遄歸者乎
宿宿信信。須知將去之意。勿就已然說。恐徵子之來。不但信宿
而遂去也。縶馬勿說是留之礙下節
縶馬之計不諧、我客去矣。吾惓惓之意。終不能以或忘也。薄言追
之。於以挽其行。而所以安而留之者。無所不用其至。蓋左右綏之
務釋其決去之心也。且曰我周之所以待爾者或薄。其於我若是
恝無怪也、今使爾統承先王廟廊。用天子之礼樂。而其等威亦云
大矣。是我周之降福於爾也。初無所係吝。而且非尋常之比。不孔
夷耶、爾獨無念乎。如之何其不為我少留耶
此是已去而追留之。綏之安其心也。蓋必有以挽回其心。始可

得而叐之也曰既有淫威降福孔夷則其留之切矣不可說是左右綏之之實用天子礼樂盖用之以祀其先王也非泛泛用之註各節明白

武一章

周公象武王之功為大武之樂言於皇武王其功烈之盛孰得而競之盖允文文王曰闢國百里而三分天下有其二有以佑啓乎後人武王則嗣而受之應天順人戎衣一着而紂之前徒倒戈攻于後以北而害虐烝民之暴不得以復逞勝商止殺士女於是乎見休四海於是乎永清而致定其功矣此其功烈之無競何如耶

無競維烈且屘下五句正言其功烈之無競也就济世安民上說勿區區以有天下言遏劉言遏止商紂之虐害也一說功之無競只在遏劉上盖有武功者多殺戮而武王則止戢其殘而

不妄殺。此其武功。眞有不可及者。文王開之而後文武王受之而遏劉。此詩人之意也。後文不可苟。凡看過武王伐商而有天下。而神武不殺。尤為卓越。故詩人特重遏劉之意

閔予小子一章

成王免喪。始朝于先王之廟。而作此詩。言閔予小子。天命方屬而未凝。人心新附而未固。遭家不造。亦已危矣。而嬛嬛然在於疚病之中。靡瞻靡顧。不深為可憂耶。於乎我皇考也。纘皇祖之緒。終其身而能孝焉

成王初涖位。故曰遭家不造。此其操心危矣。嬛嬛句。是嘆其無所依怙也。嘆皇考之永世克孝。明白有取法之意。故遂曰念茲云云不忘。此其嘆武王能孝之意也。夫成王除喪。而嘆武王之永世克孝。則固不以三年之喪為足以報其親矣。故有敬止思繼

序之說

夫文王既沒我皇考之繼之仰其盛德而思念之不忘常若見其陟降於庭蓋其念之也切固有洋洋如在者也皇考之孝蓋如此此固吾之見而知者也維予小子敢不夙夜之間戰兢惕勵無一息之少懈而作求世德之心亦如我皇考之無已者乎

不是惟孝故念皇祖云云夫念皇祖而常若見之此正是武王之孝

我之所以夙夜敬止者蓋我周之業自文王開之自武王成之於乎皇王其相傳之統不可以弗紹也其夙夜敬止正思以繼其序而不忘耳蓋一或不敬吾恐其貽莫大之憂也自文而傳之武自武而傳之我自我而失其傳可乎哉此則我之心也

繼序思不忘猶言夙夜敬止其所思在此也思便是不忘猶言

不忘繼序之思也此詩三節一直鋪敘落來蓋欲法武王以守成也夫念茲皇祖蓋思繼皇祖之緒以不墜也故成王亦夙夜敬止思以繼其序

訪落一章

成王既朝于廟因作此詩以道延訪群臣之意言帝王之治存乎道我茲涖政之初將與爾群臣謀之以循我昭考之道焉然嗟哉我昭考之道聖道也悠乎遠矣予不能及也將使予勉強以就之則聖道之遠不可以強得而所以繼之者猶恐道自道我自我判渙而不合也維予小子遭家不造其何以克堪耶是當如之何哉彼昭考之事有迹而可循者也道之寓也則亦即其庭之上下者而繼之允其所以正百官而臨萬民者皆以為式焉即其家之陟降者而繼之允其所以刑寡妻而和兄弟者亦皆以為式焉庶幾

賴其上下陟降之休。成法足據。而其守以定其見以徹有以保明吾身而已矣昭考之道或於是而可以少有所得。而先人之天下或者可以續之而弗墜乎。爾諸臣盍亦為我畫耶

首二句是發端之辭下都是發率時昭考之意。是即所以延訪群臣者也。勉強以就之盖不脩為而徒欲強得也。夫道不可以強得。故必紹庭上下。陟降厥家。休猶澤也。即上下陟降之休也大抵於乎二句是嘆其道如此將予四句。所以引起下意紹庭二句。正是率之之事休矣二句本紹庭二句說。要之總是說聖道之遂不可以無所脩為而強就則亦紹庭云云身意思相連接

敬之一章

成王受群臣之戒。而述其言曰謂敬不足行。人君之大患也王其敬之哉敬之哉盖天道甚明。臧否莫之能逃而或予或奪。其命靡

常。不可以易保也。無曰高高在上。於人不相及。而不吾察也。當知其聰明明畏。常若陟降於吾之所為。靜而天與之俱。動而天與之游。而其臨監于此。蓋有無日而不然者。一念之敬肆。悪得而逃之。未有不敬而能得天。未有不得天而能得命者也。其可以不敬乎哉

敬之之字虛。只是說當敬也。不是敬天之說。陟降二句。一直一横意。下句只是足上句。切不可以無時無事平看。看此二句則天道之顯可見矣

爾群臣之進戒也。惓惓于一敬。善哉言乎。維予小子。賦質之不聰而未能敬也。然願學焉。脩己以敬。盡操存涵養之功。肆躰驗擴充之力。日有所就。而月有所將。又續而明之。工夫之進進不已。以至于此心之中。一疵不累。而洞然光明。有以全其虛靈之初也。此我

之所以自期者也。然未有無所資而能獨成者。又賴爾群臣輔助我所負荷之任。而顯明之德行。可循之以入敬者。于我而開示。使我不昧於所從。而得以實用其力者乎

日就月將。直就用功上說。玩日字月字語意。亦不是閑閑有孜孜汲汲惟日不足之意。緝熙只是日就月將之不已。光明就心說。胸中豁豁無一物。則光明矣。此地位極大。文之敬止是也。此二句都是自期要如此。仔有只就以敬自負荷說顯德行。如中庸所謂齊明盛服。非禮不動是也

小毖一章

此亦訪落之意。言人情有所懲於前。斯有所謹於後。予何所懲而謹後患乎。夫蜂雖小而有毒。本不可使者也。予不知而使之。而卒致辛螫之禍。是遺以辛螫者蜂也。而輕任之失。將誰委耶。夫桃虫

能変小為大本不可信者也。予不知而信之而卒為拚飛之大鳥是変為飛鳥者桃虫也。而輕信之失。將誰委耶使不以為戒而慎焉。不又有此患乎。吾之所當懲者在是也。然我方幼冲。而遭家之不造。未有以堪之。而又乃集于辛苦之地。信任一誤釀成辛螫拚飛之変此其可閔亦甚矣。群臣柰何捨我而弗助哉

莫予四句。寓意之言也。莫字猶非字一般註此其所當懲者。正在莫字上。以此為戒而謹於後泛說。凡事皆然未堪家多難。未堪字就屬在幼冲上。此二句是發求助之意。集于蓼看管蔡之変上說。蓼字只借一苦字之意。或說辛苦之地。只是多難則文字難通

載芟一章

此詩詞意與豐年相似疑亦歌於報賽之間言時乎春也。除草而

芟焉。除木而柞焉。草木既除。從而耕之。其土澤澤而解散也

　芟柞而後耕之力可施

時乎夏也。千夫為耦而並耘。齊心協力。徂隰徂畛。盡乎田而無遺也

治田之事。莫重於耕耘。故首以此二者為言。下節又從頭歷歷鋪敘落去

夫人力每患於不齊、則主若伯之俱出焉。亞若旅之皆集焉。又有民之餘力而來助者焉。又有閒民而轉移執事者焉。但見婦子來饁。而耕夫食之嗿然其有聲。為夫者則思媚其婦、為婦者則有依其夫相為慰勞。藹然至情之流通也。于焉以有略之畟耜。而始事於南畝。其耕之也勤矣

　人力齊、兼饁婦說。末二句與饁婦無干。

旣耕矣。由是以其百穀而播之。浸漬之餘。生意以動其實含氣而生焉

實以種子言。函氣而生就甲而未拆時說

旣而甲者以拆。驛驛乎苗生而出土也。而其達之中。又有受氣獨足。傑然而先長者焉

旣而其苗之厭厭盡發。遂其榮長之性。竟畝如一也。而其耘之也緜緜然詳密。無疎畧之弊焉

迨夫西成之際。其穫之也。而人之濟濟乎其衆。旣而積之於場。則有實其積。而數極萬億及秭之盛。何其多耶。于爲以之爲酒爲醴用伸孝享之誠。進而畀之祖妣。而祭祀之百禮。皆以之而舉也

烝彼祖妣。以洽百禮。與豐年章一般

不獨可以奉祭祀而已。酒醴之載。芬芳條鬯。其香猶夫飶也。燕享

之典于是而行焉而天下之賢才以萃邦家其生輝矣其馨猶夫椒也供養之禮于是而盡焉而既衰之血氣以滋胡考其載寧矣

馨香蒙酒說来註未詳何物就飲說

夫耕種耘獲是稼穡之事豈獨此處有之哉夫祭祀饗養是豐年之慶豈獨今年有之哉遡而上之自我周開國以来有此人則有此事自古已無一處之不然矣有此事則有此慶自古已無一年之不然矣其所從来不既遠耶

振古只自周肇封以来說此句管上二句說不可只帶匪今句看上數節備言稼穡之事而及豐年之慶末節言其傳之遠

良耜一章

此詩疑亦歌於報賽之間言耜所用以耕者也畟畟良耜秉靈雨之既零而始其事于南畝蓋舉趾而耕矣

耕之固不可以不勤而播之又不可以不時由是播厥百穀其實含氣而生發育之性已勃勃矣

此二節是春耕之事蓋播亦春耕中事也

農夫在田婦子饁之載筐載筥而其所具則黍也或來瞻汝就饁耘說蓋在實函斯活之下則非饁耕亦非饁播矣

農夫所戴之笠糾然而輕農夫所荷之鎛趙然而蔽利于以薅荼蓼而去之使不得為田苗之害焉夫荼蓼既薅而朽止但見毒草朽而土以熟土膏肥而苗以盛我黍與與我稷翼翼凡發榮而滋長矣

此三節是夏耘之事

迨夫西成之際穫之挃挃而有聲積之栗栗乎其密其崇猶夫墉

也。其比猶夫徹也。于焉計畝均分，而同時入穀，以開百室矣。

此一節是秋收之事。

既收而藏之，百室皆盈，而五穀不可勝食，婦子其安樂矣。

此一節是冬藏之事。節段雖多，然當以耕耘收藏作主看，不可以婦饁苗生來無並重說。

既享有秋之利，當盡報賽之禮，遂殺時犉牡，有捄其角，而犧牲之既成備，是禮也，以似以續，衍吾往歲之所行，而續古之人祭祀之典，自先祖而脩者，不使自我而廢也。

此祭祀大抵是報賽之祭，犉牡亦舉一以槩其餘耳。以似以續就本身年年相繼而行說，或以此祭祀不作報賽之祭，亦如上章作豐年之慶。

絲衣一章

此祭而飲酒之詩言王假有廟多士畢集絲衣紑然而淨潔戴弁俅俅而恭順其將祭而執事也始焉省器於門堂視壺濯籩豆之屬而降往於基告主人曰壺既濯也籩豆既具也次而省牲從羊至牛反而告主人曰牲既充也又次而省鼎舉鼐鼒之鼎冪反而告主人曰鼎既潔也其有失禮者乎迨夫既祭而旅酬也兕觥其觩旨酒思柔矣語之卒復不讙譁也禮儀之卒度不怠傲也其有非謹者乎夫自始及終一至敬之貫徹神之格矣福斯介焉胡考之休爾其得之矣。

大夫以上祭服用冕士祭服用弁其色赤而微黑如爵頭然故曰爵弁俅俅訧弁詠其意之所重則在人上如被之僮僮祁祁一般自堂三句是將祭時事兕觥三句是既祭時事見其自始至終一於敬也

酌一章

此頌武王之詩。言武王初有於鑠之師。非不足以伐商也。然天人之厭亂未極。而其時尚晦。武王則師雖盛而不用。退自循養。與時偕晦。及紂之昏亂暴虐滋甚。顯戚畔之。天命誅之。則時弗可失。而純光矣。非復可以守經之日矣。由是戎衣一着。而天下大定焉。夫武王應天順人。而王業以成。後人於是寵而受此蹻蹻然王者之功。至貴之無敵。至富之無倫。而昔者創業之艱。今得之而爲守成之樂矣。其所以嗣之者。豈以他求乎哉。武王之伐殷。其因時卷舒者。足法也。亦繼仰而師之。凡百所爲。一以時爲之權衡焉已矣。

雖於鑠二句。見其不先時而動。純熙二句。見其不後時而靡。然本文四句。只一直意。不是對待之辭。下四句。則言後人繼其業當法其道。我龍受之蹻蹻王之造。承用大介。欲求註於是字明白本一戎衣而天下大定説曰能者其尊則爲天子其富則有四海也王之造著在用大介上爾公允師泛説勿以用武言註所以嗣之所以字撰落下句看

桓一章

此亦頌武王之功言商紂降災生民之禍極矣武王東征拯天下於塗炭而安之而屢獲豐年之慶蓋天矜于民其除害而安天下皆順天也故其感召和氣如此也然天命之於周久而不厭也故此桓桓之武王既獲仁人而保有厥士因商罪之貫盈而用之於四方祇承上帝以遏其亂略而華夏蠻貊罔不率俾天下其大定矣害虐之烝民於是復蘇而武王安民之德直上昭于天蓋有與日月爭光者也由是天下我其有之而君天下以代商矣此其功烈何盛耶

桓桓輕肴。厥士就亂臣十人說。于以四方。就伐商說。克定厥家。所謂一戎衣而天下大定也。天子以四海爲家。於昭于天。言安民之德昭著也。不必做格天說。皇以間之。勿本於昭之德說來。此詩總重安民意。不可以首二句作安民之効。下七句作用賢之効

賚一章

此頌文武之功。而言其大封功臣之意也。言文王不遑暇食用咸和萬民而肇三分有二之洪基。其所以勤勞天下者至矣。我子孫受而有之。因克開厥後之勲。而成四海爲家之業。然而不敢專也。土地之所在。文王功德之所在。而可繹思者也。則列爵惟五。分土惟三。敷時繹思。以賚夫有功之臣。使之屏之翰。于以夾輔王室。覃天下而安定之焉。是封賞也。皆我周之新命。惟賢惟能。而不濫及

于惡德非復商之舊政矣於乎有文王之功德故有今日之封賞
九爾諸臣尚其繹思文王之德而不忘也哉蓋繹思之則其所以
爲安天下者自不容已矣
詩意以文王成大業武王行大封平看文王勤勞以得天下因
以啓武王分封之典武王大封以安天下因以保文王勤勞之
業大封功臣之意意完敷時以下皆是也雖說武王之事居多
然其曰敷時繹思曰於繹思則武王之事無非文王之澤矣故
大封之議當兼文武看

般一章

此武王初即位而巡狩之樂歌言美哉此周也當受命之始舉巡
狩之典陟其高山曰墮山也曰喬嶽也而柴望之禮行焉而此一
方之諸侯由是而覲之矣於然四方不可以不徧也又道翕順之河

以周四方之嶽。而柴望之禮各行焉。而凡四方之諸侯皆無不覲之矣。所以然者蓋一代之興必有一代之制。敷天之下。莫不有望於我。故聚而朝之於方嶽之下。以協時月正日以同律度量衡以脩五禮。以如五器。而答其仰望之意耳。是乃我周之陟帝位。而重新典章。以與天下更始。蓋煥然昭代之號令矣。爾羣臣其遵守之哉。

惟其三句。歸重朝諸侯上。蓋祭告朝會。不可平看。惟其二句。是一方。允猶一句。是周四方。此是巡狩。敷天二句。是所以巡狩也。曰時周之命。所以儆之使遵守而不忽。

魯頌

駉四章

此美僖公之詩。言國君之富。每於秉馬之盛。而徵之。我公之牧焉駉駉然腹幹肥張而牧之于坰之野以避民居與田也薄言駉者驈有之皇亦有之驪有之黃亦有之以是馬而駕車但見彭彭然強盛之可美也此豈無所自哉蓋一心之微萬事之本也而我公之所思深廣而無窮不徒為目前之計而已故其思之及於馬而馬焉為之彭彭無有不善也

馬言色者只是即色之無所不有以見其盛不重色上思無疆句泛所該者廣思馬只思無疆中之一事耳蓋馬政之善故能致馬之盛也臧字打轉彭彭看下文才字作字徂字俱做此註立心之遠使立心不遠則其思必淺近奚思之遠便是立心之遠

駉駉牡馬在坰之野薄言駉者有騅有駓有騂有騏以是馬而駕車但見伾伾然強力之足稱也此豈無所自哉蓋我公不為淺近

之遇而其思也無期故其思之及於馬而馬焉爲之伾伾無不有材力也

材者以言乎力之强也

駉駉牡馬在坰之野薄言駉者有騂有騏有騅有雒以是馬而駕車但見無有或郤而不前者繹繹乎其相續焉所以然者良由我公之思極其勤而輾轉之不厭故其思之及於馬而馬焉爲之繹繹無有不奮起也

作者奮起前進也

駉駉牡馬在坰之野薄言駉者有駰有騢有驔有魚以是馬而駕車但見皆極一時之選祛祛乎其强健焉所以然者良由我公之思必以正而謀慮之無邪故其思之及於馬而馬焉爲之祛祛無不優於行也

四章一意無斁無邪只當就遠上說故詩以立心之遠一句該之蓋必爲遠啚非無斁不能而其啚之弗遠者皆非正也魯僖思無疆則思馬斯臧衛文秉心塞淵則騋牝三千衛文靈雨既零則星言夙駕魯僖三時不雨則與民同憂一君憂勤之心若合符節故其富盛之效亦大相類故致治之本在人君一心

有駜三章

此燕飲而頌禱之辭也言有駜而肥強者乃一乘之黃也當此國家無事之時我侯肆筵而群臣與燕夙夜在公其威儀之淑慎明明乎辨而不迷治而不亂但見燕必有樂舞以動其容也則鷺羽之振振或坐或伏如鷺之下焉鼓以暢其音也則鼓音之咽咽深而且長焉斯時也酒既醉止而復命工起舞蓋謂乎至情之發越矣是君臣之所以相樂者不既至耶

有駜有駜駜彼乘牡我侯肆筵而群臣與燕夙夜在公畧上下之分協賓主之情而相與飲酒但見其持鷺羽而舞之也振振然如鷺之飛其鳴鼓而聲之也咽咽然深而且長斯時也酒既醉止而後釋燕言歸蓋不醉無歸矣是君臣之所以相樂者不既至耶

醉言歸者醉而後歸也上章曰在公明明見其嚴至於醉言舞則嚴而泰矣此章在公飲酒見其和至於醉言歸則和而節矣此乃言外之意非詩人正意

有駜有駜駜彼乘駽我侯肆筵而群臣與燕夙夜在公相與式燕以敖但見君燕其臣臣媚其君而祝之曰自今以始其必屢獲乎豐年而歲其有乎君子有穀其必文遺於孫子而世有是善乎豈年穀常登則國富孫子皆賢則國昌此固人君莫大之福而為臣子者之所深願也是君臣之間其所以相樂者不既至耶

君子有穀詒孫子，詒字須看得活。只是願孫子亦有是善也，不必說君子以其善而垂裕之。蓋後先相繼，如遺之然。勿把詒字甚着力說。

泮水八章

此飲於泮宮而頌禱之詞。言思樂泮水，有芹生焉，則薄采其芹矣。我侯之戾于泮也，車行則旂建，言觀其旂，茷茷而飛揚；馬動則鸞鳴，載聞鸞聲，噦噦而清和。但見魯國之人，無小無大，允從公而往于泮，觀聽環乎橋門，于以仰教化之休也。

首二章只是言泣泮之事。戾止蒙泮水來。無小無大二句，言從着無間於大小，總見得人心樂從，意不必以泣泮爲創見而人心忻躍。

思樂泮水，薄采其藻，魯侯戾止，駕彼四牡，其馬蹻蹻而壯盛，倌仆美耶。舉此盛典，其音昭昭而顯著。魯侯何隆耶。但見敷教任寬，我侯則平易近民，載色而載笑，初無一毫之忿怒，而惟然講學論道，以作人也

其音昭昭，只就泮上說。蓋舉此盛典，自然有美譽，載色載笑便是匪怒

思樂泮水，薄采其茆。魯侯戾止，在泮飲酒。其樂何如也。吾人復何願哉。君身之慶，莫大於得壽也。吾願其既飲旨酒，有以滋養其元氣，而永錫難老者乎。君國之慶，莫大於服人也。吾願其順彼大道有以孚感乎人心，而屈此群醜者乎。

酒可以安體，故曰既飲旨酒，永錫難老。蓋亦因飲而言也。道者，服人之本，故說服人而必先之曰，順彼長道。順道亦願之也。群醜只就魯國之民說，所謂心悅誠服也，不宜兼淮夷

穆穆魯侯敬以明其德而蘊諸中若不累敬以慎其威儀而著於外者必淑如是則身可則矣允為吾民者其皆以之為法而各脩其身者乎且允文焉德之所施者博允武焉威之所制者廣與周公之以文武開國魯公之以文武承家者實曠幽明而相孚質之烈祖而無愧也此其善繼善述蓋靡有不孝矣國祚其為之靈長而自求多祜者乎此皆吾人之所以為侯願者也

敬字重看然不必說以敬為明德之輿以敬為謹儀之本只是敬以明德敬以謹儀蓋敬者聖學之所以成始成終明德謹儀非敬不克昭假烈祖便是孝自求伊祜就國祚之昌說

明明魯侯撥拘蔽之累而克明其德乃今既作泮宮雖講學行禮之區亦受成釋奠之所也彼淮夷之世為魯患者豈不由是而服乎矯矯如虎之臣其必臨此泮水而獻馘也淑問如皐陶之臣其

必臨此泮水而獻囚也蓋舊無可獻獻之自今也已
自此章以下重服淮夷上矯矯四句正是服淮夷處頌魯侯服遠之功而首之曰克明其德服遠之本也然不必拘拘必相蒙說曰既作泮宮淮夷攸服只因泮宮而說耳故註云古者出兵云云功也不可把淮夷服本作泮宮來曾在當時號爲禮義之邦惟武功不競故詩人頌之必曰允文允武獻馘獻囚其意可見我侯之濟濟多士其必克廣德心不爲血氣所閩不爲私欲所使但見懷敵愾之心桓桓于征以逷彼淮夷軍容貴於盛也則兵旅也集威武奮揚而有烝烝皇皇之勢軍律貴於嚴也則各守紀律各遵部伍而有不吳不揚之肅行師每患於不克克敵又患於不和也則不以爭功之事告於獄官而惟以所立之功于泮而獻之蓋克而和也吾頌吾侯之臣如是也

多士是士卒之士桓桓二句只是言往遏東南無他意思不必
把桓桓重看。烝烝四句是往遏東南中事正是廣德處盡勇
也肅也和也無非善也能勇能肅能和則克廣善意矣或以人
數言大以兵威言同歸於盛也不吳不諠譁也不揚十人爲什
五人爲伍無紛亂也同歸於肅也訩訟也屬治獄之官說
角弓觩然而健力之強也束矢搜然而疾行之神也戎車既飭而
孔博有難犯之威也徒御競勸而無斁有赴敵之勇也武備之壯
如此既有以折淮夷而丞之翕然効順而無復梗化矣然戎心叵
測苟有可乘之隙雖服而未必不復叛也又必審固其謀猷思患
預防算無遺策則不測之變可杜而淮夷終無不獲矣
式固爾猶所該者廣此蓋言淮夷既服之後而其所以爲不測
之慮者又不可苟也卒獲重卒字孔淑不逆則獲矣又式固其

諫猷則不復叛而終獲也雖有武備兵謀二項意則一聯

翩彼飛鴞本惡聲之鳥也今則集于泮林食我桑黮變其聲之悪而懷我以好音焉彼淮夷者向固鴟鷙爲患也今則一朝覺悟知大國之當尊而來獻其琛元龜象齒之是貢也荆揚之金之大賂也蓋雖非其素有者而亦無所於私知有魯而不知有已如此也淮夷之服必如是焉吾願其始快乎

憬字只閒閒說勿本上文德武功來元龜二句正所謂來獻其琛也淮夷其土不出象龜其國不屬荆揚蓋此是淮夷所無之寳故特言之也見其尊奉而不爲已私之意自明明魯侯章至此總是願其服遠按書載伯禽奄宅曲阜徐戎並興則淮夷之爲魯患自受封之時而已然矣故詩人須禱其君必至於淮夷卒獲來獻其琛而後已焉大抵此詩最重淮夷上而從頭鋪敘

說落来耳首二章是泣泮之事下六章是頌禱之一章各自為一章看不必相牽連想此是脩泮宮既成之初而為泣泮之行時詩

閟宮九章

此詩為僖公脩廟而作言瞻彼閟宮清靜之有侐實實乎其鞏固焉枚枚乎其礱密焉廟貌蓋更新矣然所以有魯之廟其從来則甚遠也昔赫赫姜嫄其德之不回上帝眷之歆其禋祀而震動有娠無災無害適終十月之期后稷為之而生焉是稷之生天生之也天豈虛生聖人哉降之以百福曰黍稷重穋曰稙稺菽麥無所不有而種植之性亦出於天然也堯於是以其有功於民封之于邰而奄有下國農師之職彼其任矣稷乃誕降嘉種而教民稼穡有稷有黍焉有稻有秬焉一人之福廣而為萬姓之利蓋徧下土

而奄有之矣不有以繼大禹平水土之業者乎
此詩爲脩廟而作故首二句以廟說起而自有周之始及周之有天下以至於封魯本其所以有廟也蓋從頭歷叙來其意總重在魯上黍稷二句是百福之實重穋稙穉只是生熟早晚之異稱非穀名降之百福天所以福后稷也俾民稼穡后稷所以福天下也奉天之命也曰黍稷菽麥曰黍稷稻秬蓋作詩錯綜成文耳纘是說五穀奄有下國封於邰也奄有下土只是說教稼穡徧天下夫禹平水土固足以爲稼穡之地使無稷以教稼穡則禹之功無繼其後矣故曰纘禹之緒
后稷之孫實維太王自邠徙居岐陽民之歸者曰衆王迹於是基矣翦商此其爲之始乎再傳而文三傳而武文能纘太王之緒戎衣一着而致天之届于牧之野蓋天之曆數自是而歸焉矣當是

時也雖彼衆我寡但人心用奮衆志大同皆謂武王曰無以衆寡之勢而有所疑惑顧慮也上天之意實臨于汝奉天誅暴茲固弗可已者夫伐商者武王弼武王以伐商者諸臣也凡諸敦商之旅同有其功而周公其尤者者成王念戎功呼叔父而告之曰維叔父當留相王室也我將建爾元子其封爵也則侯之于魯其封域也則大啓乃宇使之屏之翰以爲周室之輔焉

實始翦商以勢言也不是以太王之心言蓋興王之基原於此故曰實始翦商謂致天之屆于牧野者蓋此乃勝商之地而得天下之始也侯字大字俱重宇以國言不是宮室封伯禽所以報周公之功也蓋周公宜相王室故封其子

既告周公以封伯禽之意矣乃命魯公而封之俾侯于東列爵之貴也錫之山川土田附庸分土之廣也是以周公之孫莊公之子

脩先世之業。奉郊廟之祭。車行而旂建。龍旂之鮮明也。馬動而鸞隨。六鸞之柔從也。自其致敬於廟而言之。嘗祭惟其時。而春秋匪解。奉祭盡其禮。而享祀不忒。自其致敬於郊而言之。祀皇皇后帝。而配以皇祖后稷。其享之之牲。以騂牡也。但見郊則天神格。尊而后帝。親而后稷。皆是享是宜。而降福之既多焉。廟則人鬼享。遠而周公。近而皇祖。亦皆顧爾之祭。而錫爾以福焉

俾侯于東。即所謂侯于魯也。錫之山川二句。即所謂大啓爾宇也。龍旂二句。兼郊廟。春秋二句是廟祭。皇皇三句是郊祭。是享二句。就郊而獲福說。享者。享其禮物也。宜者。無怨恫也。周公二句。就廟而獲福說。言致敬郊廟。神之所以降福也

秋將行嘗之祭。夏已福衡其牛。牲之餙也。不既預乎。周公有王禮則別嫌而用白牡。魯公無所嫌。則從周而用騂剛。犧尊將將。清酒

之既載毛炰胾羹品物之俱陳有籩豆焉周公之事十六魯公之
事十二也有大房焉魚腊之載以三羊膚之益以五也兕其禮則
然矣樂又所以樂神者也則振萬以動其容而萬舞之洋洋是其
樂則然矣禮樂既備祀事孔明孝孫其不有慶乎哉神之格矣殆
必使爾之福方興而未艾焉曲全而無遺焉熾且昌也使爾之年
悠久而無疆焉壽考而維祺焉壽且臧也不但福在一身而已又
必保彼東方而魯邦之是常封域完而如故不虧也亦不崩也國
家安而無虞不震也亦不騰也又且三壽作朋同寅協恭于以輩
國祚於岡陵之固也

熾而昌而字不是連接相承說落來上下字須開開另看下俾
爾數句皆如此不虧完滿也不崩堅固也不震鎮靜也不騰和
平也三壽便作三卿看勿說三卿之有壽者蓋位至三卿央是

老臣

有田必有車我魯之爲國提封萬井而出車則千乘焉其在車者右焉持矛飾之以朱英左焉持弓約之以緑縢矛必以二便擊刺也弓必以重備折壞也國賦之盛何如哉有車必有徒我公之行師留其七於國而爲徒則三萬焉是公徒也在首之冑有文貝以爲之飾在身之甲有朱綅以爲之綴鼓譟而前增增乎其衆焉單咨之盛何如哉以是車徒戎狄之是膺荆舒之是懲夫孰敢抗我而禦之謚自有以屈其兵矣此其武功之盛可謂善繼善述而其昭假烈祖不有素耶是必使爾之得福也昌而熾焉使爾之享年也壽而富焉髮白復黄而背有台文焉壽考之臣而相與爲公用焉猶未也使爾之福昌而大焉使爾之年耆而艾焉愈進不已而萬壽之外又有千歲之增焉保艾爾後而眉壽之無有害焉

此亦因廟祭美其武功而祝之不是廟祭之外事下二章亦然

今夫泰山巖巖既爲魯邦之所瞻龜蒙並峙亦爲魯邦之奄有是舊封固有以全之矣又必自今以始遂荒大東之域至於近海之邦而淮夷之素爲魯患者亦皆來同焉凡玆連屬之國莫不効順而率從也舊未服而今服之魯侯之績其偉矣乎

來同與遂奄一例看海邦句至字蒙上遂奄來

今夫鳧繹二山魯保而有之是舊物固不失矣又必自今以始遂荒夫徐宅以至於海邦而淮夷蠻貊與彼南夷亦皆奄之焉凡玆連屬之國莫不率從革心而向化也莫敢不諾俯首而聽命也舊未服而今服之魯侯之心其順矣乎

遂荒字直貫至南夷此二節重服所未有蓋曰既如此矣又願其如彼也服從不是土地盡爲我有但其人服從耳

我公有郊祀之職者也吾願天錫公以純全之福焉眉壽保魯求不墜乎先人之緒也居常與許有以復乎周公之宇也以身而言則魯侯燕喜泮奐而優游也自身以及其家則令妻壽母彝倫之可樂也自家以及朝廷則宜大夫庶士在位之惟賢也自朝廷以及其國則邦國是有民心之歸戴也既多受祉矣猶未也而又黃髮兒齒享年悠乎其未涯也蓋必如是而後爲福之全耳

曰純嘏者蓋萬福俱全而無一之不吉也眉壽句至保魯章

詩自有末句眉壽以下正是純嘏之實既如此又如彼雜舉而

言之總見其純庶士即上士中士下士

以我侯脩廟之事而言之爲巨室必求大木取彼徂來之松與彼新甫之栢是斷是度乎彼此之用是尋是尺制其長短之宜但見工力就緒松桷之有舄也路寢之孔碩也而新廟奕奕規模體

藝視諸舊而改觀矣此乃奚斯所作蓋斯廟之脩其教護屬功謀其章程者奚斯也夫廟貌屹立孔曼且碩足以妥先靈而崇孝享矣彼周公之開國群公之守邦其功德之盛萬民固欲其享祀無窮者也是不有以順萬民之望也乎

曰松桷是舉桷以槩其餘曰路寢是舉寢以槩其餘新廟是統言之包寢等皆在其中不對路寢説蓋註曰僖公所脩之廟則非徧言之前廟矣孔曼句帶下看首二章是本其所以有魯之廟中六章皆致頌禱之詞末章説歸脩廟上去

商頌

那一章

此祀成湯之樂言廟貌載啓祀典攸行備與樂之多也置我鞉鼓而大小之俱備焉斯時也臭味未成音樂先作奏鼓之簡簡以衎

我烈祖蓋暢其聲而求神於陽也

此是未祭時事

迨矣祭也湯孫奏樂以格于烈祖則格之來格而向之思于齊者若見其容焉若聞其聲焉蓋成此人矣其所思於是乎慰矣綏我思成何如耶以所奏之樂言之鞉鼓之聲淵淵乎其深遠竹管之聲嘒嘒乎其清亮但見輕重疾徐之適宜清濁高下之當可既和且平而與堂上之磬聲唱和諧協無或相奪倫也嗟乎赫哉之湯孫奏堂下之樂而其聲依堂上之玉磬厥聲何穆穆乎其美耶

此是正祭時齊而思其人祭而如有見聞則成此人矣如是則向之所思者慰矣勿以淵淵嘒嘒爲便是和平淵淵以鼓聲言也嘒嘒以管聲言也淵淵嘒嘒不重重和平字和平則依磬聲矣亦勿謂磬聲如此和平鼓管亦如此和平乃下文註所謂無

相奪倫之謂也於赫輕不宜強生意思
至九獻之後鍾鼓交作金革之聲斁然而甚盛萬舞俱陳文武之容奕然而有序彼嘉客以先代之後而來助祭夫固有興亡之感者亦且為之心曠神怡而莫不悦懌則其樂之盛何如也
此是畢祭時然不可以嘉客二句屬祭畢說只重見其樂之盛意亦字不宜對先祖看蓋先代之後其感今思昔宜憂憤之不勝今亦悦懌則樂之美可知矣
夫敬又奉祭之本也自古在昔之先民其于祭也蓋其敬而敬焉是恭敬之道固古人所行而後世之所當取法者故我今日之祭遵而行之夙夜在公莫不溫恭自持而無須臾之或懈而凡所以執持乎祀事者皆肅然而有恪也容敢有弗敬乎
先民泛說不宜就商之先民說作字即行字有作就敬說即奉

祭之敬也溫恭二句就今之奉祭言不宜分時與事對看此二句語氣如陟降厥士日監在茲一般切不可就樂上說敬

我之作樂致敬以奉烝嘗之祭夫固望其格也湯其尚顧我烝嘗哉此湯孫之所奉者一氣之相通而其孝享之行其我顧也宜也二句皆是致丁寧之意曰湯孫之將非示以祭不攝於他人之意只重血脉相通以奠其享之意首三節作樂之盛四節備恭之遠皆言祭也末節則奠其享

烈祖一章

此亦祀成湯之樂言嗟嗟烈祖盛德格天而景命集焉有秩秩無窮之福其尊爲天子其富有四海可以申錫於無疆而引之爲億萬載之富貴也夫盛福流慶之遠是以及爾之身得以御皇極合人心而入烈祖之廟以奉烈祖之祭也仰德興思孰非先王之遺

泮乎。

無窮之福無窮不是父子之意大也猶言無限量也是尊爲天子富有四海不宜泛說及爾斯所本有朕二句來蓋曰今王之得奉祭祀於此廟乃其遺澤也因奉祭故云然。

大祭必有酒既載清酤所以待獻也而神之格思洋洋乎如在盖賚我以思成矣祭必用羹亦有和羹既戒既平但見以之進于烈祖之前而肅敬之極其至無諠譁之聲焉無紛競之容焉由是神歆而報之安我以秀眉之壽黄耇之無疆福孰有大於此者乎

此與下節正說奉祭之事皆成湯之澤也不外上文及爾斯所一句之意既戒既平不重重無言無爭上眉壽黄耇平看

夫祀典一行諸侯畢集約軝錯衡之有來八鸞鶬鶬之至止以假以享用鏊相祀之誠是固得萬國之懽心以祀其先王矣且得天

之眷而受命之廣大不殖我以饑饉也自天降康豐年穰穰而其黍稷收入之富是又可以備物而得以祭焉得人以贊其事得天以成其禮是以假之而祖考來假享之而祖考來享感通之下而降福無疆矣不有成湯之澤安有今日之祭是孰非申錫之慶耶以假以享就諸侯助祭說來假來享就烈祖歆祭說自天降康二句亦受命溥將中之一端也

湯其尚顧我烝嘗哉此湯孫之所奉者一氣之相通其顧也宜也

玄鳥一章

此亦祭祀宗廟之樂言我商人之生其孰爲之祖耶天於簡狄祈于郊禖之時命彼玄鳥降而生商於唐虞之際爲司徒而受封而宅芒芒之殷土此商人之所由生也而何以有天下乎昔上帝厭夏之亂謂湯之大德懋昭可以爲民主也乃命我武湯誅其殘暴

而正天下之封域。一代王業。於是而創矣
降是玄鳥降。勿當遺卵看。曰古帝者。自後人言之耳。此二句只說帝命之如此。然曰正域。爲變緐之亂言

湯膺正域之命。由是天下諸侯。皆遵我之節制。所方命厥后。天下土宇。盡入我之掌握。而奄有九有。夫人心土地。盡天下而無外。勢一而祚昌矣。商之先后。其受命不亦堅固而無危殆也哉。惟其受命之固。是以垂慶之遠。而其福至今在武丁孫子。蓋其尊爲天子。富有四海。皆成湯之遺澤也

方命二句。兩平看。受命不殆。只着方命厥后。奄有九有上說。孫子字便在武丁身上。非武丁之孫子也

維武丁孫子。襲武王之號。而實亦優於武。與衰起替。于湯有光矣其武何所不勝耶。惟其武德之有以振乎先業。是以自人心言之

廟貌載啓，而百辟効誠，莫不建交龍之旂，駕十乘之車，有來雝雝
至止肅肅，而奉其黍稷，以相祀事之行也。蓋人心之悅服，視諸方
命厥后者無異矣

勿以此二節作在武丁孫子之質，只就武丁孫子上說，武王靡
不勝意，不止此一節，佳乃二節之概耳

以土宇言之，邦畿之內，地方千里，而為民之所止，王都不過如是
而已。然所都雖有定制，而所統則無或外，盡天下之地皆入我之
版圖，其封域極乎四海之廣也。蓋土宇之版章，視諸奄有九有者
無異矣

只開說，不必本人心來

夫祀典一行，四海之諸侯，凡皆來假，而祈祈乎其衆多，一人之祭
天下之萃也，由中及外，孰非王臣。景山雄峙，而大河之水襟帶環

逺於四國，萬山之望，萬水之宗也。君重賦輕，孰非王土？人心土宇之所在，天命之所在也，而皆統一無外焉。殷之受命咸宜矣，人君之福大，孰有大於此者？百祿是荷，何如耶？

四海三句輕，即申言上二節之意，以起殷受命二句耳。全詩以成湯與武丁平重看。首節註曰「追叙商人之所由生，以及其有天下之始」，可見不重在契上。蓋說湯之有天下，自當從有商說起，亦猶閟宫之說魯廟而從后稷、太王、文武說來也。成湯是創業之君，武丁是中興之君。勿把末三節歸重湯之垂裕上，還重武丁之善繼善述意。

長發七章

此商人祫祭之詩。言商自湯而始受天命，固也。然由湯而遡之於前，世世有濬哲之君，是受命之祥，已肇於累世之先，其發見也久

頌　卷　十八

矣葢方洪水芒芒禹也下土方之是敷所以治而平之者無間於中外而幅幀爲之廣大斯時也有娀氏之國始大故帝立其女之子爲司徒而造商室一代之命葢已於是乎啓其端矣

濬哲維商須自湯倒推上去洪水以下是長發其祥之實外大國句只是中國甸治之外大國亦甸治之天下皆水其地自是狹小泛濫除而幅幀廣大矣此四句只是紀其時耳有娀指國

詠曰帝立子生商見商室之造皆天意也

玄王之爲司徒也勇於教民劳来匡直之不倦其所受有小國也德教行於小國而無所窒礙其所受有大國也德教行於大國而亦無所窒礙但見其宅身于倫理之中循禮而不過越人極葢自我立矣遂視其民而以身之教民自從之百姓親也五品遜也其有不發以應之者乎此命之所以基也及傳而相土商之氣勢益

以昌大烈烈然視諸昔而有加九四方之諸侯莫不歸之蓋截然整齊而無有於參商矣此命之所以延也是玄王相土孰非明德之君乎

勿以率履句作推由看註中並無此意禮字即殷因於夏禮禮字相土非有天下而曰海外有截者想是至是有總領諸侯之職此章是說契之開其業相土之振其業

夫商之先祖既有明德而天命未嘗去之由玄王而相土由相土而延至成湯湯之生也適際興王之期生與時會不遲而後也其聖敬又日躋升緝而續之無一時之間斷以至昭假于天遲遲然罔有終窮其歷諸久也亦循是也而此心之中惟上帝之是敬蓋靜與天俱動與天游其容一物之雜乎夫不徒生逢其適而又有是德以為得天之本故帝命之以為億兆之君師建其有極用式

九圍而正之一統之業不于是而成耶

湯齊齊字不必如蘇註湯降不可與敬德平看只宜一串說落來重德上日躋無工夫只是說敬德之無間斷昭假二句註中以至字非馴至之謂乃極言之詞看昭假二句則其敬之躋升何如耶惟上帝是祗不重敬天意只言心中渾是敬也帝命全在德上式字亦不可忽畧

湯以聖敬日躋之德而膺式于九圍之命小國奉小球以合瑞湯則受小球而有之大國奉大球以合瑞湯則受大球而有之而為下國之所附着是湯其綴也百辟其旒之綴也何者而不在範圍之内乎天下之福夫孰有大於此者荷天之休何如耶惟此成湯但見其日躋之敬發而為大政敏於集事而非欲速也審於有為而非苟安也不過於競亦不過於絿嚴毅英果而非直遂也慈祥

巽順而非姑息也不過於剛亦不過於柔而庶政之敷施弛張伸
縮惟適其宜焉已矣何優優乎寬裕耶有是善政則固足以綏天
下之太平矣其諸侯畢朝天休荷焉而萃百禄於其身也顧不宜
哉

此下三章正詳言成湯之事不宜以受小球三句爲本於不競
不絿三句來敬德爲受命之本上章已明言之不競二句難與
下章不震二句一例看蓋競絿剛柔皆不可無者豈可就惡邊
說但過於競絿剛柔則惡矣

小國大國各有所供之貢也湯則受小共大共而下國在所負荷
凡裂土相維之治湯皆任之矣其不爲之駿厖乎哉天下之福又
孰有大於此者荷天之寵何如耶惟此成湯但見其聖敬之德發
而爲武功赫而怒焉興師而致討焉勝敗攸關固難乎其心之不

亂也彼則泰然處之不震而不動又難乎其心之不懼也彼則浩然當之不懾而不竦有是大勇則固足以戡天下之禍亂矣其萬邦奉貢天寵荷焉而摠百祿於其身也不亦宜哉

敷奏其勇泛說

武王既受命於是肅將天威載白旆而秉黃鉞為天下誅暴但見兵義而勢自張如火烈烈而隨其所向天下無敵焉夫孰我敢遏耶由是倡亂之苞及夫苞本所生為黨之三蘗其惡皆不得以復逞莫遂莫達而天下截然歸商統紀於是乎一王業於是乎成矣其當時行師之序則初伐韋次伐顧次伐昆吾乃伐夏桀蓋先伐其黨以儆之或者桀悟而改過焉茲則湯之心也而終不悛而後不得已伐之耳茲豈湯之心哉

此自其伐夏之事言之有虔是互文見意湯之行師攸徂之民

室家胥慶東征西怨南征北怨矧曰遏之耶第三章言湯以敬德而膺天命此王業之所由成也小球三章則備言成湯之事王業成於湯故言之特詳章章各自開看不必把敬德受命作骨子逐章牽強與敬德受命相照應

天下之大業不可以獨成夫必有以爲之佐者昔在中葉之世有震然而懼且業然而危殷道其中衰矣迨成湯者起允矣天下之大君也故上天眷佑錫之以卿士才優王佐而生際昌期起於三聘之餘職任阿衡之寄商王之振微起弱尹實輔之革夏正而造商邑其資襄之力多也是湯爲興王之君尹實爲名世之佐配祀廟廷夫豈不宜

左右商王言其輔之以興衰撥亂也歸重在伐夏以造商上二章言發祥之久二章言世業之漸三章言王業之成四章五章

六章備言成湯之事七章重伊尹上

殷武六章

此祀高宗之樂言殷道式微荊楚背叛迨高宗者起撻然用武整其罪而奮伐之彼荊楚之衆不服而荊楚之地爲所割據也久矣則冐險阻而深入于以致其醜類之衆無所逃遁咸於我乎歸聚而盡平其地使截然齊一不復分裂而無統也是撥其亂而反之正用振王綱於既頹乃湯孫之緒真可謂善於繼述而于湯有光者矣

罙入三句正是奮伐荊楚之事夫恃其險阻出沒無常一遇王師之臨則逃匿巢穴而我不能致之故其亂難平故必窮其巢穴以致其衆故無所逃而來歸也平其地不出致其衆之外人歸則地平矣

既克之則告之曰爾荊楚雖遠亦居吾國之南鄉耳夫固未爲絶域也昔成湯之世氐羌之國何遠乎自彼氐羌亦以普天之下土皆王土則物皆王物莫敢不來享又以率土之濱臣皆王臣則爵皆王爵莫敢不來王曰此乃商之常禮苟不遵守而奉行之是不知有中國也是不知有上下也來享來王分固當然耳夫以氐羌之遠亦且朝貢況爾荊楚之近於氐羌者耶

曰商是常蓋天子者中夏之主亦外夷之主旣爲之主則來享來王自是常禮

荊楚既平王靈不振由是凡天命諸侯各建都邑于禹所治之地者仰殷道之復興謹侯度而弗忒覲期一臨皆以歲事來至于商以祈王之不譴敢復如昔之玩視耶歲事莫重於稼穡於是自述其職曰我之稼穡不敢懈也庶可以免咎矣

謂荆楚既平而諸侯畏服則可謂諸侯之不服由於荆楚之叛則不可天命二句但諸侯二字足以盡之更無別意思穡穡是歲事中之最大者

高宗之受命而中興也夫豈無所自哉彼天命之降監或去或就其視自我民視其聽自我民聽民之所與天弗棄也民之所棄天弗與也從違之際而天命隨之則下民亦大有可畏者矣惟我高宗之爲君不以私喜行賞其賞也必其所當賞者也而不失之僭不以私怒加刑其刑也必其所當刑者也而不失之濫兢兢業業是刑賞之公夫庸敢迨遑也耶玆固人心之所樂戴也玆固天心之所由眷也是以命之以天下使赫然中興奄九有而爲之主而至貴之無敵至富之無倫大建其福如此也

天命降監言天命所視以爲去就也此句中就涵民之視聽意

不僭不濫。不字着力看。就持刑賞說。不敢句。只是足上句。意大

建其福。全在命以天下上

王綱再振。氣勢改觀。商邑翼翼乎其整飭。不復如向者之廢弛矣。但見天下之治統於一。而紀綱法度。四方允於此乎取正。無有趨然於皇極之外者也。以其聲而言之。實大者聲楙。德音之孔昭。赫赫乎其可仰也。以其威而言之。功高者威著。王靈之丕振。濯濯乎其可畏也。而又壽考且寧。在位之日久。致治之功深。所以嘉靖殷邦。以固中興之業者至矣。凡繼世而守成者。類享治安之慶。一時之脩飭。不有遺我後生以萬世垂衣之樂耶

商邑本是指商邑。因中興。故氣勢改觀。威聲就已然說。壽考。只重在位之久意。壽考則道化積久。而致治無疆。寧則精神強明而圖治不倦

夫以高宗之功，當立不遷之廟。於是陟彼景山，而松栢之丸丸，乃斷之於山林之中，遷之於造作之處，方之以繩墨，斵之以斧斤，而材質成就，截然其整齊焉。以其桷而言之，則松桷梴然而長；以其楹而言之，則旅楹閑然而大。寢廟於焉既成，蓋矻然特立，不在三昭三穆之數，而血食無終窮，固非親盡則祧者矣，不有以安高宗之神耶？

首三章，是敘高宗中興之事。四章重不僭二句，是中興之由。五章則極言中興之盛，保我後生，其垂裕之澤也。合此五章，總見得高宗中興之功。末章是說其不遷之廟。

詩經宗義卷之八終

八閩文庫

福建文獻集成

吴格 主編

續編 經部 八

閩文庫

文獻集成 208

海峽出版發行集團
THE STRAITS PUBLISHING & DISTRIBUTING GROUP
福建人民出版社

本册目次

詩經治亂始末註疏合抄十四卷（卷一至卷九）

［明］閩陳鴻謨撰

北京大學圖書館藏清抄本

詩經治亂始末註疏合抄十四卷，明陳鴻謨撰。鴻謨字聖謀，籍里不詳，以是書卷端題「閩陳鴻謨聖謀甫纂」，知爲閩人。書中每稱「皇明」，又引孫鑛、姚舜牧、鍾惺、沈無回諸家説，可知爲晚明時人。

是書以詩爲商周史事所繫，各詩不仍舊序，乃據所記先後爲次，分别部居，以見盛衰之跡。總以周代爲主，始於生民，爲開創之先，止於下泉，爲變風之終，思明王之治也，而商頌五篇殿焉。其繫年多從毛詩小序，兼取魯詩、朱子詩集傳等，亦有出己意者，如以七月所陳爲公劉時事。全書以諸王事跡爲類，三百篇皆依類相從。若卷一盛周開剏聖君治略，爲后稷、公劉至成王、康王時詩；卷二盛周聖后内助治略，爲盛周王后詩；卷三周公輔治相謨、召公輔治相謨；卷九、十、十一宣王、昭王、厲王、幽王、平王、桓王、莊王、景王之詩；卷十二、十三列國治亂始末之詩；卷十四商頌。至於不能繫王年者，又分類而述，若卷四至八爲盛周宗廟祭祀祖先，廟祭燕饗父兄，朝廷燕饗兄弟、嘉賓、大臣、諸侯，勸農及遣勞使臣、戍役之詩云云。又以周道之衰，昭王始之也，至厲、幽則政益荒矣，惟宣王承厲王之烈，有中興之治，是以紊其世次，繫於盛周之後。雖不免割裂牽合之病，然大體不失條理，又多存舊説而斷以己意，與何楷詩經世本古義爲前後呼應之作，可並覽焉。

全書録三百篇原文，書眉、行間多評點，述其文法修辭。各詩前後有總評，章下亦附評語，或引他説，或述己見。是書題「治亂始末」，蓋欲藉詩以通考有周一代興衰之由，故評語於政之美惡、民之利疚，尤詳陳而備舉之。如於采薇首章評云：「玩兩言『玁狁之故』，毒民不繇其上，則人懷敵愾之心。」鴻雁首章評云：「單提出矜人鰥寡，益見王政周至。」何草不黄總評云：「昔周盛時，視民如傷，民無不得所，此周之所以興隆也。迨至桓王，兵革不息，征伐靡寧，民之愁苦極矣，曾不之惜，反視若禽獸，周之所以亡也。鑑乎興亡之機，而可勤兵遠略乎哉？」若夫卷九幽王亂略，又細别爲宫闈内亂、國儲之禍、不睦九族、銓選失人、聽信讒言之失、殘虐之失、朝覲禮廢、師饑薦臻、役使不均、憂亂相戒免禍等，爲類至密，而生民困苦之情，宛在目前。蓋鴻謨生當晚明，躬遇國艱，不能無黍離之思，則此書之作，殆由此歟？

書中鈐有「方功惠藏書印」、「大學堂藏書樓之章」朱文方印等印，爲巴陵方氏碧琳瑯館舊藏，後歸北京大學圖書館。（馮先思）

詩經治亂始末註疏合抄卷之一

盛周開剏聖君治畧　閩陳鴻譔　壁謙甫纂

后稷開剏治畧二篇

厥初生民全章　原編大雅

序云后稷生于姜嫄文武之功起于后稷

總評

故推之以配天焉愚按經傳所載帝王之生未有若后稷之奇者也降種肇於后稷萬世粒食皆稷功德是稷之生即民之生也開頭首句便云厥初生民煞有深意中間說到祭祀又開禮樂之祖以見教民粒食之功甚宏周家八百基

業綿長雖数聖相承實稷開先須此等巨筆揚厲洵足配天無愧愚故舉此以冠一代開刱治畧之首

厥初（開局冠冕）生民時維姜嫄生民如何克禋克祀以弗無子履帝武敏歆攸介攸止載震載夙載生載育時維（出題）后稷賦也

以祀字起案直貫到末篇首歆字與篇末居歆相呼應

古者玄鳥至之日以太牢祠于高禖禱生子也履帝武敏步高辛之武而趨事不遲也歆則上帝居然歆之史遷以履大人栂遂歆歆然有人道之感不經甚矣

誕彌厥月（緊接此言稷生之奇）先生如達不坼不副無菑無害以赫厥靈

上帝不寧不康禋祀居然生子賦也

姚氏曰如達註訓小羊出何典孟子不曰若火之始燃泉之始達乎首生胥苦于不達姜嫄之生后稷若或通之所謂先生如達也何比之生小羊哉　寧康疊言之以見上帝安享其祭耳

（詩人得意處全在虛幻蕩樣有致）

誕寘之（看他縱筆之妙）隘巷牛羊腓字之誕寘之平林會伐平林誕寘之寒冰鳥覆翼之鳥（忽插二句文情奇幻）乃去矣后稷呱矣實覃實訏厥聲載路賦也

無一處非死地無一物非護生可見天意湊合
之奇擁衛后稷若排佈然寫來絕奇絕險
毛傳云稷是人道所生何為棄之按春秋鄭莊
公寤生驚姜氏姜氏惡之安知稷之生無菑無
害姜嫄不疑而棄之乎　孫月峰云不說人
收却只說鳥去固蘊藉有致

誕（檗按）實匍匐克岐克嶷以就口食蓺之荏菽荏菽旆旆（旆旆等）
禾（句畫景）役穟穟麻麥幪幪瓜瓞唪唪　賦也

自兒戲時便有種植之志奇甚　薛方山云
旆旆等皆繇種植有道

誕后稷之穡（此章擧稷為農師時事）有相之道茀厥豐草種之黃茂實方實苞（詳得妙）實種實褎實發實秀實堅實好實穎實栗即有邰（敘分封）家室（之始）賦也

詳言成熟之次序者見稼穡之艱難非一日所能致或苗不秀秀不實稷能教民以盡人事故其穡如此　助天地生成之不及是有輔相之道　孫月峰云穀食雖始于神農或但有粒而已至后稷樹藝有方然後嘉美此描寫黃茂之形狀正見其有異於前

誕降嘉種（此言粢盛之供亦紀豐年之瑞）維秬維秠維穈維芑恒之秬秠是穫是畝（恒字古奥解云徧種也）

恒之縻芑是任是負以歸肇祀賦也

朱豐城曰稷之降種不一獨以秬秠縻芑言者

自其種之嘉可以供祭祀也　劉安成曰此

稷立國主祭之始則宗廟群神之祀皆始于此

誕我祀如何或舂或揄或簸或蹂釋之叟叟烝之浮（跌一句起此言將祭之事）（詳細得妙）

浮載謀載惟取蕭祭脂取羝以軷載燔載烈以興嗣（字字典奥）

歲賦也

（看他叙事瑣屑聲氣俱備）

周禮註云山行曰軷封土為山象以菩芻棘柏

為神主既祭以車轢之而去或舂四句為饎事

載謀句吉蠲事取蕭二句祀內外之神載燔句

獻內外之尸取蕭祭脂求神於陽姜源在其中

取羝以軷祭行道之神群神在其中　孫月

峰曰易大傳云□之利是堯舜事然則精食之

法固后稷所緻

稷相天之道久格于帝故歆之速

卬盛（接）于豆于豆于登其香始升上帝居歆胡臭亶時（句精鍊）

后稷肇祀庶無罪悔以迄于今賦也

以上備述后稷之事著其可配天之實此言郊

天之應而歸之后稷也　姚氏曰卬即古仰

字言仰盛于豆也作我字解非

後總評　嚴氏曰我將文王配帝之始生民后稷

配天之詩也我將言牛羊不足以必天之右惟儀式型文王之典庶天右享之此詩言豆登何足以致帝之歆惟世脩后稷之業乃有今日其意皆相類

思文后稷全章原編周頌

總評

序云思文后稷配天也言后稷厚生正德之功德可云配天着一文字見后稷栽成輔相開物成務手段可以經天緯地故稱配天玩立我烝民二語見阻饑以前民失嘗性迨播種以後存立農民之命而後各復其受中之性是民

之中皆后稷之中也或曰陳常非后稷事不知
民必得遂生而後教化可布也

思文后稷克配彼天立我烝民莫匪爾極貽我來牟（首句虛虛讚起側入實事）
帝命率育無此疆爾界陳常於時夏賦也（是思文之實）
曰民曰爾曰我曰帝后稷一肩上承天命下拯
衆生呼吸通乎帝座安危関于四海

後總評　寥寥数語該括后稷一生治畧文字簡
古實峻削難躋

公劉開刱聖君治畧二篇

豳總論　鄭氏譜曰公劉者后稷之曾孫邰居無恙也迨夏太康時避翟難而還豳猶修后稷之業勤恤愛民民咸歸之而國成焉其封域在禹貢雍州岐山之北原隰之野即今之右扶風栒邑是也其民有先王遺風好稼穡務本業故豳詩言農桑衣食之本甚備

篤公劉全章

總評　序云召公因成王將蒞政故戒以民事美公劉之厚于民而獻是詩也愚按此篇詳載公

劉經理還豳政事量地以制邑度邑以居民上自陰陽中至賦稅軍制旁及燕享牲牢器具無不齊備真有開䢅天下規模斯豈定之方中苟且圖存之術哉卒使民心悅懌歸從者日漸繁庶視之盤庚遷殷胥動浮言相去懸如天淵矣

篤公劉匪居匪康迺埸迺疆迺積迺倉迺裹餱糧于橐于囊思輯用光弓矢斯張干戈戚揚爰方啟行賦也

此篇節節陡然頻呼篤公劉令人惕然悚動其經營精神在匪居匪康四字其用意深遠在思

戢用光四字蓋伏處荒戎之中慨國勢之未張民生之未安早作夜思不敢安寧皆籌畫所以輯和人民者何在而用之以光顯國家也看下面許多事務皆是思輯的經濟況當時翟人迫逐勢必猖獗而公劉宿戒儲偹嚴整軍旅選精器械布告中外開道而行毫無張皇畏縮之狀後世閱屯羌十二事宜與武侯之流木車牛馬人皆驚服而不知公劉視之皆小技也周家篤厚民事莫如公劉故每章首篤公劉三字

篤公劉于胥斯原既庶既繁既順迺宣而無永嘆陟定民

居十分慎重

則在巘復降在原何以舟之維玉及瑤鞞琫容刀賦

何等雍容

也

維玉句文以象德鞞琫句武以防患公劉有文武全才愚以草創之初民歸之者庶繁難矣偏安而無故土室廬之嘆尤難矣看公劉服此盛飾以躋攀跋涉遑遑然以民居為遷都急着視朝市宗廟城郭為緩着真是聖主心腸無負歸附之民矣　劉氏曰此章之庶繁順宣民之居也　下章言邑居之成者君之居也　孫月峰曰於相地之時却叙述鞞佩之麗似涉無緊

要然風致正在此

參差叢雜喧鬧擾攘之象如在目前也

篤公劉逝彼百泉瞻彼溥原迺陟南岡乃覯于京京師之野于時處處于時廬旅于時言言于時語語 賦

後世京師之名始此

蕩漾有致在于疊句

觀公劉下以徧覽包絡之形方面之正高以遠觀流峙之形向背之宜營度邑居之審如此儘情寫出文景文神俱見 曹氏曰漢朝那縣隋改百泉縣䰠于其地置原州百泉溥原即其處也

雍穆渾朴諷詠自見

篤公劉于京斯依蹌蹌濟濟俾筵俾几既登乃依乃

造其曹執豕于牢酌之用匏食之飲之君之宗（大威權）之賦也

黃氏曰異姓若為君以統之同姓若為宗以統之 孔氏曰饗禮當亨太牢以飲賓此惟用豕者秋官掌客曰凡禮賓客國新殺禮公劉新至豳地故殺礼也 孫月峰曰陡出蹌蹌濟濟振起意態豕匏二語尤工妙君宗意收有力 韋氏曰草剏之初群臣並起艱難情意易於歘洽而禮法若不嚴肅為之君宗則立國之模定而上下相安愚以漢高之世初法簡易群

臣飲酒爭功甚至拔劍擊柱叔孫通綿蕞之儀既成長樂宮燕會侯王莫不振恐肅敬漢高笑曰吾今乃知為皇帝之貴也亦得此意濟濟之容盛矣筵几之礼隆矣而牢豕酌匏又何儉以質也開國燕享之禮敦朴如此

篤公劉既溥既長既景廼岡相其陰陽觀其流泉其（此節經制何等詳審立国大規）軍三單（數言盡之）度其隰原徹田為糧度其夕陽豳居允荒（字奇）賦也

既溥四句指疆理民田與上陟巘陟岡不同此宮室既成以後事也田畝既耕則立軍以壯國

勢定賦以儲國用設法有序至于軍定三單則不惡民以爲兵也稅什九十不竭民以奉上也周家軍制徹法實始于此及考之周禮小司徒之制起徒役無過家一人以其餘爲羨卒今言三單開國之初民無甚多欲盡驅之農也觀夕陽之度芮鞫之即規模便已宏遠不圖小小偏安

篤公劉于豳斯館涉渭爲亂取厲取鍛止基廼理爰（草剏經制）衆爰有夾其皇澗遡其過澗止旅廼密芮鞫之即賦也（民歸日衆有方興未艾氣象）

朱氏曰此節總叙其始終也

黄氏曰豳居允荒芮鞫之即思輯用光之心亦少慰矣　班固曰弦中谷芮水出西北東入涇水外曰鞫

後總評　按武之考卜公之洛食營造無不決之恊從公劉一眼覷定豳地擁上流可以養力田壤膏腴可以昭德不待詢謀卜筮但斷自聖衷識畧超越千古其後豳地在秦爲咸陽秦用此以傾諸侯而東周之勢去矣漢都之號稱關中又因之以制天下第秦徙天下豪傑十二萬戶漢徙齊魏大族以實之豈若公劉之專厚民生

培植根本之爲得也有此遷豳治畧遂有七月朴茂民俗

七月流火全

總評

朱註云周公以成王未知稼穡之艱難故陳后稷公劉風化之所繇使瞽矇朝夕諷誦以教之愚玫之世紀公劉實始遷豳七月篇居豳風之首則此詩宜爲公劉時事不屬后稷也明甚且篇中所載諄諄乎生民之衣食衣食既足則忠孝油然以生王化之所繇以成今編附篤公劉篇下以見公劉經國子民之猷亦以著公

劉所以遷豳之意為後代子孫進圖中原之根本孔叢子曰於七月見豳公之所以造周也魯詩載之小雅為邠雅謂周公陳農政之詩豈不偏哉

七月流火九月授衣一之日觱發（字法）二之日栗烈無衣（挈無）無褐（衣之苦）何以卒歲三之日于耜（挈農功之事）四之日舉趾同我婦子饁彼南畝田畯至喜　賦也

按孔氏以同我婦子及嗟我婦子述人民勸勉勤事之志非敘先公號令之詞向使非公劉教民周備授時有法民何知寒暑及時先事而憂

平愚觀田畯至喜則知公劉之所以教民者有素也月令孟春田舍東郊司徒之周視原野野虞之出行田原制始諸此　張氏曰周人慮事有豫七月之詩常于半年前提掇　首節總挈衣食二章三章四章說衣五章六章說食說衣必先獻公說食必養老末節以愛君結之

詩中畫景再提春日寫出女子感時豫備衣裳同諸侯之公子同嫁耳逼眞逼眞

七月流火九月授衣春日載陽有鳴倉庚女執懿筐遵彼微行爰求柔桑春日遲遲采蘩祁祁女心傷悲（因治蠶而摹擬）殆及公子同歸（到此傳神手）賦也

七月流火八月萑葦蠶月（字法）條桑取彼斧斨以（去葉存條曰猗）伐遠揚

猗彼女桑七月鳴鵙八月載績載玄載黃我朱孔陽
爲公子裳 賦也
爲公子裳爲公子裘獻豜于公皆急公之義此
因在下者之情而上之所施者可見
首四句記將寒之候
四月莠葽五月鳴蜩八月其穫十月隕蘀一之日于
貉取彼狐狸爲公子裘二之日其同載績武功言私
其豵獻豜于公 賦也
莠葽者物成之初鳴蜩者歲秋之漸 孔氏
曰孟冬已裘而仲冬始捕獸者爲來歲之用
攷之周禮大閱之典每年常行于田獵而寓

講武之術安不忘危必君民與共者便是君民
一體俾民知君長之戴周家武功之法始此不
言春夏秋者以冬有所獻而見也
五月斯螽動股六月莎雞振羽七月在野八月在宇
叙將寒之漸　一物叙得錯落
九月在戶十月蟋蟀入我床下穹窒熏鼠塞向墐戶
字法古
嗟我婦子曰為改歲入此室處　賦也
想見不擾農桑之樂
斯螽蝗類長角長股五月中以兩股相切作聲
莎雞如蝗而色班毛翅數重六月飛而振羽索
索有聲　黄氏曰此篇於十月曰為改歲言
農事畢也祭義於五月云歲既單矣言蠶事畢

也農桑大務故以歲言之

古者穫稻而漬米麴至春釀而為酒

此下養老之具

六月食鬱及薁七月烹葵及菽八月剝棗十月穫稻

字法古奧

為此春酒以介眉壽七月食瓜八月斷壺九月菽苴

此下壯者之食

采茶薪樗食我農夫賦也

公劉養老食壯豐儉劑量得宜先養老者惇本

也

九月築場圃十月納禾稼黍稷重穋禾麻菽麥嗟我

精神全在晝字宵字亟字始字

句新

農夫我稼既同上入執宮功晝爾于茅宵爾索綯亟

其乘屋其始播百穀賦也

當想憂勤不息之意十月納禾已畢始服公室

之後周家力役之法本此

以上諸章備寒此節云備暑是以冬無愆陽夏無伏陰春無淒風秋無苦雨聖人參贊手段

二之日鑿冰沖沖三之日納于凌陰四之日其蚤獻羔祭韭九月肅霜十月滌場朋酒斯饗曰（玩曰殺有拘）殺羔羊躋彼（戒獻公之誠）公堂稱彼兕觥萬壽無疆賦也

攷周禮凌人正歲十有二月令斬冰其制本此

鄭氏曰古者日在北陸而藏冰西陸朝覿而出之祭司寒而藏之獻羔而啓之此以節陽氣之盛是以癘疾不作民不夭札絕妙道理勿輕易看過　曰朋酒斯饗曰躋彼公堂呂氏謂豳之先公國容未備無君民之間非也蓋盛世君

民親如家人藹然平易近人愷弟君子民之父母其殆是乎　月令仲春天子乃獻羔開冰先薦寢廟時韭新出故云祭韭

後總評　張栻進講經筵以周公之告成王見于詩有如七月見于書有如無逸二篇欲知其稼穡之艱與小人之依俱是經世要領然愚按此篇上窺陰陽寒暑之節旁祭禽鳥草木之變節宣天時以教民趨事勸功公劉不但有開國經濟之才兼其欽若敬授之能且後來周家法度一一不出乎此周治始于豳終于二南非公劉

敬天勤民凝命之學能開先哉

又總評　各章紀月分有複有倒有錯現有詳畧文法出沒有生龍活虎之勢非聖手不能若史還項羽本紀之敘分封昌黎之傳毛頴皆學此而有意于鋪設者也

後評　孫月峰曰衣食爲經月令爲緯草木禽虫爲色横來豎去無不如意固是敘述憂勤然即事感物興趣更自有餘體被文質詞兼雅頌真是無上神品

太王開剏聖君治畧 二篇

綿綿瓜瓞全章 大雅

總評　朱註云此周公追述太王始遷岐周以開王業而文王因之以受天命也愚按公劉遷豳迄太王將十世矣周家世受　之禍太王上承公劉基業下啓文武豐鎬經營慘澹用意獨苦至岐之後先築室以安民心授田以蓄民生然後作廟以萃其渙立門建社制度森嚴文王不待有開剏之才而天下已有環拱之勢愚于是嘆太王之貽謀遠也

四字總冒

綿綿瓜瓞民之初生自土沮漆古公亶父陶復陶穴（推原）（重窟土室何）

未有家室（莩朴陋）比也

公劉云于豳斯館此云未有家室者以公劉垣

墉粗備不若太王之塗塈茨嘆羨在岐剏立故

下云俾立室家

古公亶父來朝走馬率西水滸至于岐下爰及姜女

聿来胥宇（出題）賦也

想人之迫在後間關倉忙首以胥宇是圖興

王規模便與靈武之避建康之還懸絕天淵當

是時不與公卿謀畫惟同姜女来相宅居千古

賢妃能賛議開刱者僅此耳

緊承胥字来

周原膴膴堇荼如飴爰始爰謀爰契我龜曰止曰時

奇句

築室于茲　賦也

相土地之宜建國先着曰止命其臣民止於茲

曰時命臣民以土功之時　林氏曰君臣已

有定謀乃卜洪範所以先乃心卿士庶人而後

卜也繼曰止曰時重在宣令以慰集人心玩下

文數迺字乃見

順接　字字有經畫可想可玩

迺慰迺止迺左迺右迺疆迺理迺宣迺畝自西徂東

周爰執事　賦也

迺難詞也草昧焦勞事事不苟　陸氏曰執
事安養之事重周字而周于未有宮室之前尤
見爲民深念
乃召司空乃召司徒俾立室家其繩則直縮版以載
作廟翼翼賦也
陸氏曰此命官營建必先宗廟蓋尊祖也其繩
以下主作廟言
捄之陾陾度之薨薨築之登登削屢馮馮百堵皆興
鼛鼓弗勝賦也
摹寫處全以疊字見筆意而樂功之情自見

迺立皐門皐門有伉迺立應門應門將將迺立冢土戎醜攸行賦也

輔氏曰二門立而大社遂立大社立而大衆攸行周家之勢至是勃勃不可禦矣　玩三箇迺立有奮然剏始之意與王等咸已具于此及周有天下遂尊爲天子之門諸侯不得立焉冢土之制子孫亦襲其舊皐門高大是肅乎外應門居此以應治是肅乎內

肆不殄厥慍亦不隕厥問柞棫拔矣行道兑矣混夷駾矣維其喙矣

順頂兩句奇悄

筆氣蕩漾在四箇矣字

是一句妙

孫民云上面叙遷岐事歷〻詳備舒徐有度至此則如駿馬下坡將近百年事數語收盡筆力絶雄勁絶有態　呂東萊曰邠關之内鬱鬱葱葱輪蹄輻輳則昆夷不待攘斥自鼠竄之不暇曰駾曰喙極善形容維其者言不暇他謀也

虞芮質厥成文王蹶厥生予曰有疏附予曰有先後予曰有奔奏予曰有禦侮　賦也

韋子曰四有字歸重文王國運之隆起如此予則謂文王能有此數臣耳蓋用得其人則德意旁暢而人心歸附天命所以集周也章末揭出

文有四臣分明是王者名世一體相成大業有如此　孫月峰曰予曰四句姿態更橫溢連下四予曰字尤奇峭

天作高山全章

總評

朱註云此祭太王之詩是矣魯詩謂祭岐而配之以太王文王亦牽強之甚愚按方域雍州惟荊岐二山最險故詩云彼徂矣岐公劉還豳尚在京隰之野屬岐山之陰地邇邊鄙至太王始置槷測景而還之焉據天險也其地有鄜社竹木南山檀柘之饒號稱陸海縣是文遷豐

武營鎬皆以岐為根本之地向非太王啟之闢之子孫焉能阻三面自守而以一面東制諸侯哉繼太王而安岐者文王也夫有太王以開先又有文王以繼武綏而柔之使民樂于畜宜牛馬穀宜黍稷之俗岐道雖險有平易之道可往歸也末云子孫保之分明是箇金甌無缺世界祖宗披荆斬棘之艱如此後世慎勿恃岐有梁山莫其東北岍與吳山亘其西南無虞瞷我內地者豈知我可守敵亦可取而伐也後世東遷王城再遷下都皆不能保者之失也然則保之

奈何亦遵召公之誥誡小民以為永命之本疾敬德以為誠和之本則曆年庶幾式勿替矣

篇僅七句瀠洄兩折便有無數煙波

天作高山太王荒之彼作矣一折文王康之彼徂矣二折岐有夷之行子孫保之叮嚀垂戒賦也

巍巍高山而曰天作帝臨簡在赫然可畏子孫何敢不豫設苞桑之計　孫月峰曰彼徂兩語工俏

後總評　吾讀是詩而歎古公之識畧真足空古帝王也何以言之蓋皇帝之都涿鹿屬于幽州堯舜之都平陽蒲坂夏之都安邑商之都河內

統屬冀州然而地曠人稀姦宄伏匿故舜析冀州增置幽并二州慮有腹心之患也太王一眼看定岐山而宅之搤中國之吭而拊其背神皐奥區形勝洵甲天下哉天固作之以畀我周惟太王能攘剔而修平之耳文王藉手而安之易易也玩彼徂矣二句要入太王上承天命下啓文謀意纔于詩旨有合試覩綿綿章所載慰止疆理等制坦坦周道民不于歸將焉往乎爲之子孫者亦當法太王遷岐之政如文王康之乃可據險而勿失已不然秦漢守關中終亦必亡

盛唐鎮長安不免播遷豈盡地利之扼塞無足恃哉易曰王公設險以守其國若太王之遷岐謂非開剏善策不可也彼夫都洛陽都汴梁卒流偏安不振豈非形勢弱耶我太宗建都金臺復黃帝堯舜幽冀之舊域誠得居重馭輕之勢第按京師北枕居庸則我之背也西南抵紫荊則吾之吭也壤接北邊近者百里遠亦不過三百里較之咸陽之去朔方長安之去吐蕃為甚邇又恐敵將搤我之吭而拊我之背為則設備之策不可不加嚴密也

太王太伯王季文王四后治畧

皇矣上帝全

總評　朱註云此叙太王太伯王季之以及文王伐密伐崇之事是矣愚讀諸詩太王之德見于綿綿之章文王之德錯出二南雅頌諸篇獨太伯王季之德闕焉未詳盖太王文王有事跡可揚易於表彰不知太伯王季負荷前後之際最為艱鉅故此篇合叙之以見世德積累四聖相承克配上帝殊非一二代崛起奄襲大位者比也此篇雖八章當分為三大段看自一章二章

叙太王之明德足以配天故稱帝者三稱天者一三章四章叙王季有克明之德以配天故稱帝者四然太伯之妙處在逃吳其德因王季以見耳五章至末叙文王有可懷之明德以配天故稱帝者四夫德之著于安民者歷歷可見西顧之天命亦昭昭有據天人呼吸可通惠迪從逆吉凶不爽晏居深宫者莫謂天眼高且遠也

皇矣上帝臨下有赫監觀四方求民之莫維此二國其政不獲維彼四國爰究爰度上帝耆之憎其式廓乃眷西顧此維與宅 賦也

眷顧眷字下得妙天心戀々不舍欲何為乎不過眷々其能安定斯民矣　孫月峰曰看他自上帝說來將二國四國較量轉展頓挫歸到西顧上是何等波折何等鎖截

作之屏之其菑其翳修之平之其灌其栵啓之辟之其檉其椐攘之剔之其檿其柘帝遷明德串夷載路天立厥配受命既固　賦也

有夷之行自太王以來世以平夷為治民串習其平夷歸往之者載路而不絕　孫月峰曰上章是走勢故此章用緩排語承之一直一橫

政是節奏　又曰太王事已詳緜篇故敘作宅稍畧此詩蓋厚在王季　顧氏曰還明德而外侮不作則基命有地立賢配而內治明章則凝命有助一代基業鞏固于此　鄧潛谷曰還明德曰帝五厥配曰天言人一莫能與焉

帝王之孝友其能興其世業與允廢不同因字可玩

帝省其山甚奇柞棫斯拔松柏斯兌帝作邦作對自太伯王季維此王季因心則友三則字語極際則友其兄則篤其慶載錫之光受祿無喪奄有四方賦也

黃氏曰太王受命既固福已厚矣王季益修其德故云篤慶篤慶者以王季之能維持天命固

結民心也　孫月峰曰頌周德舉太伯最是大論而此頌王季之不再讓尤為深切透快尤為正大　公劉思輯用光太王不隕厥問當時國勢亦已燦然可觀但岐周草昧初闢一時民物尚未熙皞使非王季其勤之德則前光不大遏佚乎周是家之光顯皆王季之所錫天于此處生一王季大是得力　對字下得妙即下章以對于天下對字有此邦而無賢君以承之其何以對國人

王季治畧詳著在此字字可玩

七箇克字本帝度来

維此王季帝度其心貊其德音其德克明克明克類

天誘其衷故能如此

克長克君王此大邦克順克比比于文王其德靡悔

承上生下

既受帝祉施于孫子賦也

顧氏曰述王季之德必曰比于文王者世至文王則時勢已隔固難乎為傳德如文王則神聖繼起又難乎為盛今其德至於文王而無遺恨其盛何如　至于文謨武烈皆藉王季之福以延及之王季之德流澤遠也　孫月峰曰此度貊仍承上受國來帝度其心與帝省其山同帝知王季之心重在宗社非是受祿位故靜其德音不使再播讓之名　姚承庵曰王季

之心維此孝友仰承上帝故上帝亦監度之使其聲問宣布於遐邇也度即鑒度之度貊即蠻貊之貊言遠也註謂制王季之心使有尺寸能度義又清淨其德音使無非間之言不知帝何以制其心又使其無何等非間之言也不敢從

帝謂文王無然畔援無然歆羨誕先登于岸密人不恭敢距大邦侵阮徂共王赫斯怒爰整其旅以按徂旅以篤周祜以對于天下 賦也

孫氏曰帝謂文王尤奇畔援歆羨字深入理窟將説伐密而乃先言無畔援歆羨將説伐崇而

先言不大聲色不識知總是明聖人非富天下意　陸氏曰文王性與天合自然無私托之帝謂有告戒之意故曰無然　鄧潛谷曰有人見則有畔援何適非天則何所離而畔何所攀而援有欲則有歆有羨何適非天則何歆羨何羨故畔援歆羨文王無之孔子絕四矣蓋其化而齊也故誕登于岸岸道之極則也至善之止也於人境異矣　常氏曰天欲文王安亂救民故借常人私心以激之謂無若此等沾戀不決而但救民之溺先登于岸耳故下遂以伐

峹之事實之見文王之征伐皆奉行天道者也
此論本之程氏于上下文甚貫串朱氏說理皆
迂
叙得磊落宏肆
依其在京侵自阮疆陟我高岡無矢我陵我陵我阿
無飲我泉我泉我池度其鮮原居岐之陽在渭之將
萬邦之方下民之王賦也
既克峹遂作程邑以萃人心與既伐崇作邑于
豐同意　輔氏曰文王之兵侵峹乃遷曰我
陵我阿辭直理正威靈氣燄莫敢敵者所謂帝
王之道出萬全者也　讀易經而以文王為

沉潛理學的聖人讀二南及雅頌諸篇又以文王爲溫醇愷弟的帝王讀至此見其依其在京駐兵國都以壯三軍之雄鎮涉我高岡先據勝地而後侵之又且左山陵右澤水以爲進戰退守之險阻且曰無矢無飲戒令森嚴處處合於兵法始信文王尤一老練英將區區李世民親臨對陣之能豈可同日語哉　看我岡等七我字見無一人不歸心無一地不納款至於萬邦方下民王又不特六州向化已也

帝謂文王予懷明德不大聲以色不長夏以革不識

兩節俱入細不違天道聖德者不能言于密但崇之侵之于崇則伐之絶之輕重天心

不知順帝之則帝謂文王詢爾仇方同爾兄弟以爾鉤援與爾臨衝以伐崇墉賦也

張氏曰不以革命有中國　程氏曰民由之而不知日遷善而不知為之者是不識不知而順夫天理也此解就民言從朱註以不識不知指文王若一木偶無為人耳何以能詢仇伐崇哉

臨衝閑閑崇墉言言執訊連連攸馘安安是類是禡（先閒暇而繼以迅奮大聖作用）是致是附四方以無侮臨衝茀茀崇墉仡仡是伐是肆是絶是忽四方以無拂賦也（鍾云西伯自少不得此舉動）

按春秋傳云文王伐崇三旬不降退修教而復伐之因壘而降於聖人勤德止武之心似矣此詩鋪揚聖武十分英烈且曰執訊絕忽必嘗對陣而戰崇不勝乃降耳

後總評

凡詩言人事必本之天道未有言天言帝若此篇之鑿鑿可畏可怕者也曰監觀曰西顧曰帝省若明明在上有眼以洞察乎人者曰究度曰帝度若冥冥彼蒼有心腹以忖量乎人者曰上帝耆之曰帝遷明德曰帝作邦作對若巍巍穹窿有手以提掇乎人者曰乃眷曰予懷

若恢恢天公有情戀戀乎人者曰天立厥配若浮然在上者之能為人作合也曰帝祉若漠無形者之實有福澤以及乎人也觀夫文王三箇帝謂又若皇天喃喃有口以誠勅乎人也詩人用意之奇如此至于筆法錯出顛倒離怪之極令人讀之字字醒惕儼然上帝之在我座隅也敢不為善哉

又總評　孫月峰曰長篇繁叙規模閎濶筆力甚馳騁縱放然却有精語為之骨有濃語為之色可謂善終始條理此便是後世歌行所祖以二

體論之此尤近行

文王聖君德化遠被治畧十六篇

思齊太任全 大雅以下三篇紀文王之德

總評 魯傳云歌文王之德而推本之此但解得首節意不能統括全篇意愚以德必考之事始為有得按文之德雝肅二字盡之思齊肅之本也思媚雝之本也惠于宗公三句肅之格于鬼神者刑于寡妻三句雝之儀于家而化及邦國者亦臨亦保則肅雝之無間也不殄不瑕則肅雝之蒙難而正志也末節紀肅雝之廣被自家廷宗廟說到天下自處常說到履變歸結在于

作人正見成物者成已之實效文王之德必至
于作人而後為至歟

思齊太任文王之母思媚周姜京室之婦太姒嗣徽（自文王之母說起溯源之論）（波及內）
音則百斯男（助之妻）賦也

思字勿作語詞一片愛敬自心思發出思齊思
媚四字該括婦德與訬勝于內則一篇觀列女
傳載胎教則文王之成德繇于太任可知
孫月峰曰本重在太姒却從太任發端又逆推
上及太姜然後以嗣徽音實之極有波折若順
下便味短

惠于宗公神罔時怨神罔時恫刑于寡妻至于兄弟

玩惠刑御字義深妙

以御于家邦　賦也

孫月峰曰說神罔怨恫大有精理　姚氏曰御字不應讀作迓字訓迎字車駕牛馬以行全賴人為之御可無險阻傾敗之虞家邦之衆猶車馬然故下箇御字　宗公難于惠順非惟寅直清無以協先公之心夫婦易于狎昵故貴刑謂舉動好惡足以為法也家邦易于淩轢御者以德迎而接之也此等學問皆德之體諸身而驗諸行者也

雝雝（纔說出德）在宮肅肅在廟不顯亦臨無射亦保　賦也

孫氏曰頌文德皆探微徹裏語經中亦罕有此

張氏曰雝雝肅肅于疊字見其至而在字

見時措之宜而亦字見至誠無息　功之嚴

密全在心之不顯中更凛寅畏又于符之無射

后倍加保守

肆（肆字）戎疾（頂上來深一層）不殄烈假不瑕不聞亦式不諫亦入　賦也

德妙于純自然不受人損亦不待人益

肆（肆字）成人有德（頂上又深一層）小子有造（至誠為能化）古之人無斁譽髦斯士　賦也

呂氏曰聖人流澤萬世者莫大於作人所以續

以德化作結如百尺層樓再進一步令人有無窮之思

天地生生之大德也故此詩以是終焉文王之無斁即孔子之誨人不倦是也　鄧潛谷曰古之人無斁以能壽考作人而俊乂在官故思齊作人之本也有德有造程門以爲纔學既學着力得力之別

瞻彼旱麓全　大雅

總評

魯詩云此咏文王之德也　愚按六章凡五言豈弟君子反覆咏歌有讚歎不盡意夫德養渾深總至樂易地位才鋒俱化藹然可親直至一世盡爲丕變斯稱德之至也篇中推至荷天

禄蒙神劳受景福洵哉文王之德足以格天神
也
瞻彼旱麓榛楛濟濟豈弟君子干禄豈弟興也（起得縹緲）
文王穆穆之德難窺詩人從其樂易想像之借
外以寫内　常昭云王者之德被及榛楛陰
陽調草木盛以興豈弟君子
瑟彼玉瓚黄流在中豈弟君子福禄攸降興也（句玄與）
鳶飛戾天魚躍于淵豈弟君子遐不作人興也（鍾云口頭說出化機）
想像飛躍自遣光景便可會晤文王化成天下
民日遷善而莫知其然之妙詩人極善寫繪

忽然變調文法方不板煞

燎字下得新

豈弟通乎神明

清酒既載騂牡既備以享以祀以介景福賦也

上言作人忽及祭祀蓋德足以化人斯可以格神矣

瑟彼柞棫民所燎矣豈弟君子神所勞矣興也

歌德必言介景福者即大戴禮所云德盛者神歆惟仁人能享帝而天神格惟孝子能享親而人鬼享也勞之者格其德而默相之有思或啓之竹或翼之意 鄭箋云燎者除其旁草而養治之

莫莫葛藟施于條枚豈弟君子求福不回興也

鄭氏曰葛也藟也蔓延于木之枝本而茂盛喻子孫依緣先人而起　不回者即易云受茲介福以中正是也干字求字不必為文王諱蓋有豈弟不回之德而福祿應之不爽若有挾而求者焉

後評

鄭滑谷曰知豈弟之為德也知德之必福也不益豈弟豈弟增修于德哉

芃芃棫樸全大雅

總評

魯傳云棫樸周公詠歌文王之德以訓嗣王按此詩言左右之趣言六師之及言壽考之

作人言我王之紀綱四方要皆德之昭然見諸
實事者固非元虛言德者比也蓋上有令德令
儀之主然後能養育賢才以列諸位知人善任
久道化成乃見文王之德之純也序单指文王
能官人則偏矣

芃芃棫樸薪之槱之濟濟辟王左右趣之興也

賈誼新書云古之人其謹於所近乎左右趣之
此言左右日以善進也　韋氏云趣者文王
盛德感人左右爭趣而不得已也

濟濟辟王左右奉璋奉璋峩峩髦士攸宜　賦也

就衣冠偉壯繪寫有道威儀真盡工手言君既
有德士皆髦俊祭祀之際行禮無不得宜
姚氏曰註云祭祀之禮王祼以圭瓚諸臣助之
亞獻以璋瓚文王當時爲諸侯不得用珪瓚諸
臣何得以璋瓚從耶蓋文王修德于已初無心
于天下之歸而人心自不能外之以他往如虞
芮質成後諸侯聞者四十餘國皆來歸其來必
峩峩奉璋如朝會之禮然故詩人特稱之如註
所云不幾文王自爲僭王乎不可以不辨
淠彼涇舟烝徒楫之周王于邁六師及之興也
每于興處浮沉有致

及字有爭先恐後如不及之之意　歐陽氏
曰此以見王所官之人入宗廟居軍旅皆可用
言文武之材各任其事也春秋繁露曰左右奉
璋此文王之郊也六師及之此文王之伐崇也
以此見文王之先郊而後伐也　姚氏曰周
王之行何以有六師之從曰當時已賜有節鉞
得專征伐矣但六師不令而自從則盛德之所
致耳要看一及字

倬彼雲漢爲章于天周王壽考遐不作人興也
曹氏曰商之末世士氣卑弱非鼓舞振動之惡

能奮而有成哉壽考只是久道意

追琢其章金玉其相（二句孔疏指文王之德）勉勉我王綱紀四方興也

姚承庵曰詩人謂文王之壽考作人不是偽召来的觀其外之發政施仁種種周到真是追琢其章一般其内關雎麟趾藹然充足真是金玉其相一般勉勉為我王以此德被及于天下真足為四方之綱紀而四方諸侯雖不欲歸其綱紀内有不可得者所謂周王壽考遐不作人者蓋如此上節遐字宜訓遠字不宜作何字解

周南召南總論

周之南則自雍州以至荆楊東

南之域周公主之召之南則是岐山以至梁益西南之域召公主之皆文王分岐時地觀此則知王化所及之地

麟之趾全 周南以下十三篇槩紀文王之化

總評

魯傳云此美公子之多仁亦得詩意愚按周南十一篇皆紀王公關雎葛覃卷耳樛木螽斯采苢六篇則后妃内助之化今已另編若麟趾兔罝桃夭喬木汝墳五篇美文王之化也蓋王化先被于家次及于邦又次及于召南故不敢狥舊編而以麟趾之篇爲王化及家之首此

非聽說也昔歐陽氏亦云此篇詩人美其國君
之德化及宗族同姓之親皆有信厚之行以輔
公室如麟有足有額有角以輔其身豈不信哉
序獨釋為關雎之應非大通之論也

麟之趾振振公子唱于數嗟不麟盡矣興也

姚承庵曰公子子也公姓孫也公族子孫之蕃
衍成族者始公子次公孫次公族即所謂子孫
賢族將大之意

麟之定振振公姓于嗟麟矣興也

麟之角振振公族于嗟麟矣興也

鄭氏曰麟之角末有肉示有武而不用　鄧潛谷曰麟之趾化成也王德單厚子孫保之毛虫之瑞臻焉一體之應也螽斯此成終矣之謂大順

肅肅兔罝　周南

總評　傳云文王得良臣于楚周人美之墨子曰文王舉閎夭太顛于罝網之中而授之政西土遂服愚以二説皆拘也朱註云化行俗美賢才衆多雖罝兔之野人才猶可用總見王化之行賢才蒸蒸奮起準舉獵狩武夫不重在赳赳之

文王之德重在作人此篇只誇武夫而人才之多自見然作詩者亦自具眼

才足用而在知有肅肅之敬至稱爲公侯腹心吾于是嘆小心翼翼之所造宏也

肅肅兔罝椓之丁丁赳赳武夫公侯干城興也（詩之雄偉足以稱題）國君列其武夫爲國守禦赳赳勇力使茲民不得竊發夫干城之夫至可倚爲腹心君臣一德真隆盛之治

肅肅兔罝施于中逵赳赳武夫公侯好仇興也

肅肅兔罝施于中林赳赳武夫公侯腹心興也好仇君臣相敬體之謂蓋嘉耦曰配怨耦曰仇反其詞曰好仇詩人鼓美筆趣處

後總評　姚承菴曰既稱兔罝之人其才可用于

世宜賦不宜興

桃之夭夭全　周南

總評　序云此后妃不妬忌則男女以正婚姻以

時國無鰥民愚竊觀之后妃深處重闈一不妬

忌焉能使國無鰥民哉蓋天下治亂之本在于

君身文王之化既行萬物皆得其所男女有不

正者乎婚姻有不時者乎國無鰥民皆文王之

德政有以使之然也文王之化直至草野女子

咸服宜家之教則文王刑于之化浹于民者深

也首録此篇以為民間風化之始亦王化起于
閨門之意也

曰華曰實曰葉無甚異義詩人全以重複見奇

桃之夭夭灼灼其華之子于歸宜其室家與也
桃之夭夭有蕡其實之子于歸宜其家室與也
桃之夭夭其葉蓁蓁之子于歸宜其家人與也
宜字義理淵涵女正位乎内男正位乎外大小
上下分定而情洽宇宙莫大之福

南有喬木全

總評
序云德廣所及也文王之道被于南國美
化行乎江漢之域無思犯禮求而不可得也深

詩測曰知礼從篇中入不可生来只識得不可之意礼在其中矣

得詩人之意思以録一江漢以見天下之家正也天下之家正而天下有不治者乎

南有喬木不可休息漢有游女詩題不可求思漢之廣矣而矣疊下

不丰逸可泳思江之永矣不可方思興而比也

正意只不可求便了却生出漢之廣矣四句比擬咏嘆反覆蕩漾情致無窮便人想像不盡

文王化游女不禁其游但令不可求而止正聖人作用與孔子獵較同

游女二字是題目無数波瀾自此生出雖云不可求思畢竟帶江漢騷逸丰趣

翹翹錯薪言刈其楚之子于歸言秣其馬（欣慕真情）漢之廣矣（複得妙）
不可泳思江之永矣不可方思興而比也
姚氏曰據首章漢猶有游女也茲則之子于歸
無復有出游者矣記曰男有分女有歸之子于
歸則已有成妃可知
翹翹錯薪言刈其蔞之子于歸言秣其駒漢之廣矣（複得妙）
不可泳思江之永矣不可方思興而比也
附論江漢　鄭夾漈曰周為河洛召為岐雍河雒
之南頻江岐雍之南頻漢江漢二南之地詩之
所起在于此屈宋以来騷客詞人多生江漢

總評

遵彼汝墳全

傳云受辛無道商人慕文王而歸之帚氏曰商人慕周則君子直指文王而未見之思既見之喜亦甚脗合愚謬是觀之分明是汝墳百姓感文王德化襁負思歸宋儒何見必以爲汝墳婦人思夫之作得毋因循小序之誤乎

遵彼汝墳伐其條枚未見君子惄如調饑賦也

作詩精神却在末節上二節先從虚中設想

薛氏曰調饑最難忍愚以着此語玅甚商人瞻依文王之懷一言難盡說到未見既見是丹青布景處詩人寫照之奇至此

孫月峰曰以

棄字上加一遐字妙

饑喻思絕妙

遵彼汝墳伐其條肄既見君子不我遐棄　賦也

文字古奥

魴魚頳尾王室如燬雖則如燬父母孔邇　比也

轉折

數句老

張廣漢曰王室如燬以民心雖怨乎紂而尚以周之故未至於泮散此論未當愚以紂政酷烈刑苛賦重力役煩瑣民之困頓極矣雖則如燬正是思脫火燄之中而遊西周清涼世界也

羔羊之皮全　以上周南詩此下召南亦王化由邇以及遠立言之序如此

序云召南之國化文王之政在位皆節儉

總評

正直德如羔羊也此解甚當每章必誦羔羊者

見褒得其制德稱其服可謂俯仰無媿矣

又按羔取其贄之不鳴殺之不號乳必跪而受之死義生禮若羔羊之德也大夫服此亦取其有群不失類行不阿黨之象乎

羔羊之皮素絲五紽退食自公委蛇委蛇賦也

退食自公委蛇委蛇分明畫出朝廷無事光景猶唐詩聖朝無闕事自覺諫書疎合觀芣苢想見二南朝野氣象　韓詩云素喻潔白絲喻屈柔詩人美賢士大夫有潔白之性柔屈之行愚以潔白之解柔屈之解與正直之説皆大夫

立朝貴乎剛氣勁節豈以柔屈開後世狐媚便門哉三章重言委蛇若摹寫大夫從容自得之貌則在公正直中無所媿可知矣吾觀史冊所載小人退朝非驕矜自肆則促迫急遽視此不相懸萬萬哉

委蛇二句迭變其詞以讚想之

羔羊之革素絲五緎委蛇（變詞以叶韻）委蛇自公退食賦也

胡氏曰縫之突兀謂之蛇有界限謂之緎合二為一謂之總

羔羊之縫素絲五總委蛇委蛇退食自公賦也

姚承菴曰畢命之書云茲殷庶士席寵惟舊怙

修滅義服美于人驕淫矜夸將由惡終俗之不良可想也一旦文王化之以卑服道之以敬止曾未幾時而在位者皆如此此所謂聖神感化之妙

後總評　王氏曰朝夕往來出入公門而已終無私交之行也

維鵲有巢全　上篇言化被大夫此下二篇言化及諸侯之夫人亦王化由男及女之序如此

總評　朱子曰文王之時關雎麟趾之化行于內諸侯蒙化以成其德而其道亦始于家人故其夫人靜專有常純一不二女德之正而類乎鳩

拙鳩專靜享得多少受用晨鷄巧慧惹却多少殃孽参看之可省閨禍

之拙亦猶周南之有關雎也

維鵲有巢維鳩居之之子于歸百兩御之興也

鳩之德安靜無為以比夫人之德若夫人一有作為即非婦道故詩人取鳩以像之居字有安然足以配六德而奉神靈之統

維鵲有巢維鳩方之之子于歸百兩將之興也

鍾氏曰方字即橫據所謂居之不疑也

維鵲有巢維鳩盈之之子于歸百兩成之興也

于以采蘩全

總評 朱註云南國被文王之化諸侯夫人能盡

誠以奉祭祀而家人叙其事以美之此論詳于
傳序然須寫出夫人孝敬宗廟周旋中礼皆德
足以將之也

于以采蘩于沼于沚于以用之公侯之事 賦也

公侯之事事字即祭統所云祭時君純冕立于
阼階夫人副褘立于東房君執鸞刀羞嚌夫人
薦豆此時執蘩采以將敬也

于以采蘩于澗之中于以用之公侯之宮 賦也

只説被更不補一語

被之僮僮夙夜在公被之祁祁薄言旋歸 賦也

孫月峰曰末字忽作變詞思濃而態溢經中多

用此語所謂乱之盈耳

後總評

連用四個于以分明寫出疾趨不寧之意僮僮在公何等竦敬祁祁還歸何等閒餘真傳神手也玩祁祁二字即祭義所云祭後陶陶遂遂如將復入然不欲遽去愛敬之無已也

于以采蘋全上二篇化被諸侯之夫人此下二篇化及大夫之妻王化由尊以及卑立言之序如此

總評

朱子曰南國被文王之化大夫妻能奉祭祀而其家人敘其事以美之此論亦詳于傳序

愚按此篇與前章後章皆主召南諸侯大夫之

內子被化而言見當時不特諸侯大夫能奉文王之教且有以深浹于婦人女子之流亘古以來德化之盛未有如文王者也

總論

一篇章法大奇前面連用五個于以字居衍文勢奔放迅快莫可遏禦而末忽接以誰其尸之二句如萬壑飛流突然頓住關鎖有法

于以采蘋（先叙事起）南澗之濱于以采藻于彼行潦賦也

于以盛之維筐及筥于以湘（字新）之維錡及釜賦也

于以奠之宗室牖下（跌法）誰其尸之（後點季女倒妝）有齊季女賦也

呂東萊曰采之盛之奠之所為者非一端所歷

者非一所矣煩而不厭久而不懈循事積誠然後祭事成焉

喓喓草蟲全上篇指大夫妻之孝敬此指大夫妻之貞守立言有序如此

總評

愚按申公云此篇南國大夫聘于周睹王室之多賢相率歸心亦意端之詞玩詩人感物興思多以類取歐陽氏曰草蟲阜螽異類而交合淫物也當紂之末世淫風大行及被文王之化大夫行役在外其妻能以禮義自防見彼草蟲喓喓而鳴呼阜螽趯趯然而從之故指以為戒守禮自閑以待君子之歸未見既見皆極其

望君子之情而暢言之于序意相符

孫云一聲一形點注絕妙

喓喓生動草蟲，趯趯阜螽。未見君子，憂心忡忡。亦既見止，亦既覯止，我心則降。賦也

孫月峰曰既見不足復益之既覯至使心降宛然初婚情志

陟山采蕨大夫之妻不必有其事有其情

陟彼南山，言采其蕨。未見君子，憂心惙惙。亦既見止，亦既覯止，我心則說。賦也

陟彼南山，亦采其薇。未見君子，我心傷悲。亦既見止，亦既覯止，我心則夷。賦也

摽有梅全

上四篇化被諸侯大夫之夫人此下二篇文王之化及庶人之女子立教

自貴以遠賤立言之序如此

總評

序云召南之國被文王之化男女得以及時愚按此篇與桃夭篇皆庶民女子被文王之德教婚姻以時但桃夭指教及周國此篇指教及召南之國不聯編者亦由近以及遠之義也夫女子性情嗜慾難制甚于男子矧淫風積習流行乎徼王化至此可謂盛矣

鍾氏曰三求我字急忙中有分寸

標有梅其實七兮求我庶士迨其吉兮賦也

標有梅其實三兮求我庶士迨其今兮賦也

標有梅頃筐塈之求我庶士迨其謂之賦也

黃氏曰至此猶行媒妁定約誓初不以過時而遂廢婚姻大禮王化匡俗貞信之守于此益見

後總評

摽有梅樂及時也幸之非冀之也今冀之無已偷乎

野有死麕全 上篇言百姓之婚姻以時此篇言夫婦之親迎以禮防設則流止其勢然也立言之序如此

總評

序云天下大亂強暴相侵遂成淫風被文王之化雖當亂世猶惡無禮呂氏又云此詩皆女子拒無禮之詞初猶緩而後益切皆非詩旨

愚按詩云吉士則必以禮法自守豈有強暴污

辱之事使有此等事亦安謂得被文王之化乎誘之云者使媒人以禮引道之有女如玉者取其堅而潔也舒而脫脫矣女子有莊然不可輕褻意此吉士使媒人以禮道之後而女子猶然嚴厲之詞也誘字解作道字本毛鄭說

野有死麕白茅包之有女懷春吉士誘之興也

白茅取潔清以興也誘之猶射禮先有誘射謂以禮道之也古文用字之妙　懷春指當婚時言勿說壞

林有樸樕野有死鹿白茅純束有女如玉　興也

舒而脱脱兮無感我甚于悅厲詞兮無使龎也吠賦也

孫月峰曰觀漢廣及此時正所謂發乎情止乎禮義此詩為正風當是取其雖懷春而終能以禮自妨意

後總評

曰林曰野曰龎宛然村落光景

彼茁者葭全以上諸詩俱就化及于人言此篇則德及于物由仁民而愛物立言之序如此

總評

序云鵲巢之化行人倫既正朝廷既治天下純被文王之化則庶類蕃殖蒐田以時仁如騶虞則王道成也愚按編詩以騶虞終召南為

鵲巢之應孔氏又以騶虞不食生物有至信之德則應之俱非詩旨據序所云明是王道既成澤及庶物騶者天子之囿也虞者司獸之官時當葭草茁然初生國君順時畋于騶虞其虞官乃翼驅五豕以待君之射君有仁心惟一發矢而已不多殺也及周有天下以中士四人下士八人司苑囿惟賓客喪祭則共獸物王制嚴合圍掩群之戒蕃庶物也後世以離宮波鳥獸恣情于射熊布騎羯作妨農之害何可勝歎哉

彼茁者葭壹發五豝（結有頓挫）于嗟乎騶虞 賦也

彼茁者蓬壹發五豵于嗟複句乎尤悠騶然虞賦也

以田獵得時揭起次入君不盡殺煞句呼騶虞

之官而讚歎之文勢浩蕩

經始靈臺全

總評

傳云文王遷都于豐作靈臺以齊七政奏辟雍周公述之以訓嗣王于詩人意未甚融洽

愚按以上諸詩稱頌文王之德之化備其詳至此篇首節寫文王愛民之心二節寫文王愛物三章至末寫文王教民之心文王之德至矣盡矣洵可樂矣試咏歌一遍治世之音滿目皆是

喜氣視之後世三重九艘水殿與觀風竹殿可以輪軸推移衣之以布飾以丹青非不窮奢壯麗然而民間怨咨多矣

經始靈臺經之營之庶民攻之不日成之經始（真聖世）勿亟庶民（君民）子來賦也

按周禮春官視祲掌十煇之法以觀妖祥辨吉凶一曰祲二曰象三曰鑴四曰監五曰闇六曰瞢七曰彌八曰叙九曰隮十曰想此法周公實本於文王又按公羊說天子有靈臺以察天文有四臺以觀四時施化有囿臺以觀鳥獸魚鼈

鄧潛谷曰經始而庶攻子來人和已人和化本也

着意摹寫太平氣色

王在靈囿麀鹿攸伏麀鹿濯濯白鳥翯翯王在靈沼於牣魚躍賦也

文王聖德上及飛鳥下及魚鼈覩物之各得其所則文王之民無失所可知孟子最善說詩只民樂其有麋鹿魚鼈一語道盡詩意

在囿在沼育物之樂於論於樂作人之樂也

虡陡業維樅賁鼓維鏞於論鼓鍾於樂辟廱賦也

呂東萊曰叙臺池苑囿即及辟廱學較蓋三代人君與士大夫甚親游宴之暬御征伐之扈衛

無所往而不與髦俊俱焉樂正司業父師司成

則樂者固學士之所常肄也夫豈二事哉

大射之禮亦先用樂則作樂于辟雍亦教中事

也古者之教者固不廢樂觀書經命典樂教胄

子章可見　孫月峰曰東漢左辟雍右靈臺

正是法周蓋二地相近

再加咏歎悠然有致

於頂論疊下来鼓鐘於樂辟雍鼉鼓逢逢矇瞍奏公　賦也

游息之餘即聞矇瞍之奏勝於朝廷諫諍之陳

宮壼史管之記此是文王建靈臺而遂制辟雍

于辟雍而懸設鐘鼓之妙用　韓詩註云不

言辟水言辟雍者取其雍和也所以教天下春射秋饗尊事三老五更　姚承庵曰於論論字不應作倫字解論論說也即矇瞍之所奏者此鍾鼓不虛設而於論說時設之此辟雍不苟臨于樂時始臨之故再咏佚曰鼉鼓逢逢矇瞍奏公正見此鍾之設設之于論說而不虛也此辟雍之臨臨之于樂而不苟也凡矇瞍所奏皆修身養性齊治均平之事天下之公言也天下之公事也故曰奏公不必訓公為功字

文王在上全

總評

申公說云周公追述文王之德明周家所以受命而代商者以訓嗣王而朱註從之亦確當但愚以前諸詩論次文王之德之化詳矣此篇似專言文王受命而有天下之故不待寧王耆定而天不庸釋之眷已在肇国西土之日玩篇首始說文王在上於昭于天繁說儀刑文王萬邦作孚而中稱其命維新帝命不時假哉天命上帝既命峻命不易命之一言諄復反覆凜凜靡常提醒亦極切矣而約其旨于聿修厥德永執以殷為鑒以祖為念如是則靡常之命亦

可永而配之矣厥後成王用能敬迓天威無敢豫怠此夫非明明在上有以攝其心哉論者不察以為文王無受命之理若然則是武成誕膺天命君奭受有殷命皆不經之談歟愚故編此于文王治畧之終

文王讚歎起在上於昭于天周雖舊邦其命維新申句有力有周不顯帝命不時文王陟降在帝左右 賦也

肇造區夏文王怙冒已聞于上帝時雖三分有二而殪戎殷之天命便屬文王昔武王之誥康叔已明言之矣即武成之書亦曰惟我文考克

成厥勳誕膺天命　姚承菴曰文王在上指文王在位時小心翼〻昭事上帝其德昭升于上而天命屬爲在上云者蓋周公與成王言之詞勿依註指文王之神言文王陟降亦就在位時一舉一動必嚴天命常若在帝之左右然秦誓云時哉弗可失此云帝命不時方應其期之謂令矯誣者塞口

亹亹文王令聞不已陳（字法）錫哉（句法）周侯文王孫子文王孫子本支百世凡（推到臣子文字縱法）周之士不顯亦世賦也

韋氏曰文王小心翼翼日乾乾不已雖德已純

岸已登而犹勉〻不已以令聞証亹〻之德所謂於昭是也不顯亦世魏志作不顯奕世犹云奕世光顯也孔氏曰言其皆有顯德而亦得継世食禄不則難免世卿之譏矣

世（緊頂）之不顯厥猶翼翼思皇多士生此王國王國克生維周之楨濟濟多士文王以寧　賦也

翼翼與亹亹同分明是君臣一德所以為周楨者此也　劉氏曰濟〻多士本繇文王教化而後生而文王之邦國天下又待多士以為安寧焉以寧者是臣任其勞而無叢脞之憂蓋國

侯當從鄭箋如字不必訓維

安而文王亦賴以安也

穆穆文王於緝熙敬止假哉天命有商孫子（鍾云接浮陡）商之孫（緊）子其（承句法）麗不億上帝既命侯于周服賦也

顧氏曰敬者德之聚德者民之本故天命歸之而驗于商孫子之臣服　孔氏曰文王所得六州殷之同姓未必皆歸之況其子孫乎而云不億者此作在成王之時從後見其歸周追其功于文王也　姚承庵曰假哉之假宜訓昭假之假註解大字未當

鍾云說得自然可畏可思

侯服（頂句）于周（勁）天命靡常殷士膚敏祼將于京厥作（勁接）祼將

常（存）服（殷）黼（制）冔王之藎（悚）臣（然一）無（呼）念爾祖　賦也

天命靡常善當傳後不如是則王公何以戒慎

民萌何以勸勉

曰自求則修德在己不可恃爾祖也

無（叠句）念爾（勁）祖聿脩厥德永言配命自求多福殷之未喪

師克配上帝宜鑒于殷駿命不易　賦也

疏義曰修德即敬也永言配命則敬無間斷亦

可至於文王之緝熙矣　呂氏曰王者代天

理物操典禮命討之柄以臨天下故曰配命又

曰配上帝

虞字有求其所以興亡而法戒

命（頂）之（得）不（勁）易無遏爾躬宣昭義問有虞殷自天上天之

意

鍾云末句與篇首相應

載無聲無臭儀刑文王萬邦作孚

韋氏曰義問不當訓善聲義如字所謂義勝欲以義制事是也宣昭者宣著此義不令昏晦也問則實盛而聲宏矣　呂氏曰宣昭義問所謂闢四門明四目達四聰蓋天命之大非小知偏學所能與也又虞度殷之興亡自天者自敬與怠瞭然可識愈敬懼而不敢怠矣　到此云無遏爾躬比前呼王之藎臣語更警切宣昭義問本修德來儀刑文王二句是極要緊話故結尾叮嚀之

附別解　文王時季秋之月甲子赤雀啣丹書入豐止于昌戶再拜稽首受之是時文王在豐〻人一朝扶老至者八十萬戶帝王受命之符卓然可見如此

後評　鄧潛谷曰顯曰不顯時曰不時念曰無念婉不質言也詩教也戒王曰藎臣鑒殷喪師曰未喪師即有商昏德不作言深厚至矣　孫月峰曰二章已及群士三章則言多士之翊周四章頌文王之德商之子孫臣服未嘗露天誅罰其身意但說子孫臣服則其餘無所不包意

最妙五章復點出天命因商以致訓戒

盛周文王武王聖君遷都治畧

文王有聲全　此下二篇合紀文武之事以見武王之得天下皆文王爲之謀始史遷合傳之法本諸此

總評

傳云周公述文武遷都豐鎬以訓嗣王此論甚是序云武王繼文王之伐功似偏按此篇武功僅一言耳定都建學追孝詒謀皆非武事悉可蔽以繼伐哉

文王有聲遹駿有聲遹求厥寧遹觀厥成文王烝哉

賦也

鍾氏曰聿觀厥成四字寫出聖人急急救民念頭

連用三個遹字妙民之待救甚切稍出之遲疑

而極之急緩則無及矣　姚承庵曰易解之彖曰無所往其来復吉有攸往夙吉来復之辭文王自道其適求厥寧之心也夙吉之辭文王自道其適觀厥成之心也此二語串看乃得其意烝字宜作盛字解凡物烝氣般般然其充盛不可遏也註作君字訓似未當

文王受命有此武功既伐于崇作邑于豐文王烝哉

賦也

朱豐城曰伐崇以除天下之暴作豐以立天下之本有以除天下之暴則人心服有以立天下

之本則人心歸焉此文王之所以克君也　黄氏曰伐崇而民歸之衆不能容乃遂作邑于豐

上節言作邑于豐此述作豐之制

築城伊淢作豐伊匹匪棘其欲遹追來孝王后烝哉

賦也

韋氏曰來孝者先世以來皆安民也

王公伊濯維豐之垣四方攸同王后維翰王后烝哉

賦也

疏義曰攸同四方有所歸也王后維翰有所附也　姚承庵曰不曰王功曰王公者文王求寧之心原公諸天下而其功昭濯于天下亦與

天下公之者也翰即羽翰之翰鳥以翰蔽翼其
身文王以德蔽翼天下故稱維翰註訓楨幹非
是　首節云有聲言安民以成功故聲大此
云伊濯言作豐以安民故功顯

豐水東注維禹之績四方攸同皇王維辟皇王烝哉
賦也

皇王纔指武王言攸同與上異上是得人心此
則一人心而盡乎人矣維辟與維翰亦異上是
恃以為依此則君乎天下矣

鎬京辟雍自西自東自南自北無思不服皇王烝哉

賦也

稱武王之建鎬而劈頭即說建學見武王之得天下以教化爲先務天下之服久矣此言辟雍之化深入其心也四方先言西者鎬京在西自近始也南先于北者王化肇基乎江漢也

考卜惟王宅是鎬京維龜正之武王成之武王烝哉賦也

黄氏曰卜筮之道必先斷于心故曰考卜惟王其考卜者所以齊衆志

豐水有芑武王豈不仕詒厥孫謀以燕翼子武王烝哉興也

玩豈不二字見武不敢暇逸徒襲文王故業
燕之下加一翼字妙言子孫能敬而始得安
也　輔代曰每章烝哉不獨歎美之意又以
示子孫使知必如文武之所為然後于君為宜
也　蔡元峰曰貽謀以遷鎬為主不外建學
作邑二事還帶安民之意在内　孫月峰曰
安子却乃從貽孫來語固妙　姚承庵曰豐
水有芑不是興豐水傍生物繁茂是道其實也
仕字亦不應作事字解如今初入仕者必歷事
觀政之謂言豐水生物繁茂此正宜于子孫武

王豈不歷事體而輕議遷乱第以豐地形較窄不足容四方朝會爲子孫王者謀不得不遷鎬以貽謀爲　翼訓敬于翼子二字聯讀説不去翼當作卵翼凭藉之謂

後總評

姚承菴曰文王之心只是箇適追來孝武王之心只是箇貽厥孫謀總之皆適求厥寧　文王之德緝熙敬止易知也武王之烈鞠旅耆定亦易知也此詩反稱文以武功頌武以建學果何爲也哉舊人有言覲武無烈匿文不昭則是用兵之要在于附民勘亂之餘尤亟修

文自古而已然矣竊笑祖伊無識之夫徒張皇于奔告孤竹垂虀之叟敢妄議其易暴嗟乎使前無文考後非武王俗若荼毒民彝泯亂寧有底乎　孫月峰曰首用兩有聲字奇勁有態每章尾皆用烝乱收又別是一新格

文武聖君受命治畧

明明在下全

總評

序云文王有明德故天復命武王也愚讀周書只載西伯戡黎一事其餘泰誓牧誓武成洪範諸篇皆載武王得天下事是書之紀武王詳于文王也今讀詩則歌咏文王之德獨詳于武王者何也惟文王蓄之既久而會朝之發必驟是有周之命至文王而始集武王特以承其未竟之緒焉耳故此篇叙文王聖德始自父母其發源遠繼得姒氏其内助賢亦以見世德相

承聖君毋后表裏協治以啟一代興王之業甲子昧爽之戟不崇朝而天下清明尤藉鷹揚老師之力哉

明明在下首節

明明在下赫赫在上天難忱斯不易維天王位殷適使不挾四方　賦也

明明者明而又明無一不可對上帝對天下文之緝熈昭事武之執競永請是也赫赫二字下得甚嚴而可畏使不挾三字説得有權柄在紂之惡自謂可以挾制天下惟我所用而莫之訶

天公却能使之不挾詩人用字之妙處

摯仲氏任自彼殷商來嫁于周曰嬪于京乃及王季
維德之行大任有身生此文王　賦也
鄭氏曰維德之行配王季而與之共行仁義之
德

維此文王小心翼翼昭事上帝聿懷多福厥德不回
敘聖德簡而盡
以受方國　賦也
張氏曰昭事上帝以敬德承天也懷多福則得
天矣厥德不回以敬德治人也受方國則得民
矣不回有敬以直內工夫　鄭潛谷曰天有

明命惟小心翼翼乃克昭事心粗則何自入微
心懈則何自能明棄其命矣
天監在下有命既集文王初載天作之合在洽之陽
在渭之涘文王嘉止大邦有子 賦也
敘太任太姒倫述嫁嬪親迎事蹟見內助之閑
係不小太姒德更盛故敘更詳
大邦有子俔天之妹文定厥祥親迎于渭造舟為梁
不顯其光 賦也
鄭氏曰迎太姒而更造梁者欲其昭著示後世
敬昏礼也

有命自天命此文王于周于京纘女維莘長子維行

篤生武王保右命爾燮伐大商　賦也

陸化熙曰燮其文從三火照純熙用介意看順

天命不足以盡之愚以伐商用兵是威猛的事

却說燮字有和柔意可恭可想

書言三千之一心以人壯戰士之胆此言臨汝之上帝以天貫武夫之勇

殷商之旅其會如林矢于牧野維予侯興上帝臨女

無貳爾心　賦也

侯字如字說

以尚父作結局法興

牧野洋洋檀車煌煌駟騵彭彭維師尚父時維鷹揚

涼彼武王肆伐大商會朝清明　賦也

商頌濬哲篇同竿頭再進之步

張氏曰至此方見以德之明普爲天下之明方是明明在下

武王聖君開創治畧共七篇更以上二篇與文王事相聯另編

下武維周全大雅

總評

序云武有聖德復受天命能昭先人之功愚以此猶未盡也武之配三后者求世德耳德胡以求求諸孝思也後人維其孝思脩德以維四方昭假以迓天祐何患無佐哉

首兩章意相應甚有味

下武維周世有哲王三后在天王配于京賦也

王氏曰太王王季文王以文德造始于上武王以武功續終于下故曰下武維周世有哲王故魯傳下武作大武維周亦通朱註訓下爲文王

本文未說及文王　嚴氏曰人知以武定天下而不知武王之心上文而不上武用武非得已也此詩首節先總說一代之意獨皆以武為下故云下武

王緊承配于京世德作求自德說到命永言配命成王之孚賦也

韋氏曰世德若論心法何難配合惟太王王季德在肇造勤家文王之德在修和服事時勢多不合處故必作而求之作者根起前代之緒求者多方圖度變而通之求不違乎天命而又不悖夫先德乃能成王者之孚言事殊德合天下

孝加以思妙

信之矣　孫氏云以下皆是演成王之孚意

成王又頂之孚下土之式永言孝思孝思維則賦也

武王帝者之孝與天下人分量不同如何法得

蓋跡雖不同而心思則一以武王之求德配命

為法而緣分以各盡天下之孝皆武王之孝也

孝碩不大歟

媚茲一人應侯順德永言孝思昭哉句法峭嗣服賦也

顧氏曰昭哉嗣服孝加百姓刑四海則繼先之

事明著天下非止一身一家之孝故曰昭武王

心事無不可對天下示子孫者此已

昭（推到後世）兹来許繩其祖武於萬斯年受天之祐 賦也

受（緊頂）天之祐四方来賀於萬斯年不遐有佐 賦也

陳氏曰天且福之人將往爲宜後世子孫之得人與得天相爲長久也不徒賀之而又佐之見人心藩屏王室之至也此二節見武王配京之業垂于無窮

於皇武王全 周頌 疏云周公象武王伐紂之事作大武

總評

說云此大武一成之歌陳氏曰武王之烈實丕承文王之德故不以武爲武而以止殺致定爲武武烈之中有文德寓爲

旣曰勝殷又曰遏劉蓋紂與蜚廉惡来輩殘虐生民非武王弔伐之禍將焉底

於皇武王無競維烈允文文王克開厥後嗣武受之勝殷遏劉耆定爾功 賦也

春秋邲之戰莊子猶知武以禁暴戢兵安民和衆則後世好殺屠城信不可謂武矣况古者成湯德及禽獸四方切徯后之望文王澤及枯骨六州與孔邇之歌其所大服天下者豈在武哉觀尚書武王克殷濟河即散馬歸牛藏車甲櫜弓矢止殺恤民之意見矣

於鑠王師全

總評 序云告成大武是矣而未詳也愚按上章

鍾云熙出于晦故能樂

兩時時字一公字篇中眼目

無穀篇頌武王之止殺此篇頌武之適時蓋窮兵黷武不足以為武悖天違時不足以成功玩末句又知武王因時而動其用師實天下之至公信可謂王師矣

於鑠（處處讚起）王師遵養時晦時純熙矣（逸句）是用（勁接）大介我龍受之（遒）蹻蹻（詞工鍊）王之造載用有嗣實維爾公（末以公字頓）允師賦也

造者有開天創業手段蹻蹻摹寫奮發有為所向無敵氣象全從十三年中小心事殷安靜養晦纔能使前途倒戈若用一分矯情陰用機權斷做不来

介字朱註訓甲不若常解訓助

言八百歸心更妙我字註訓後人嗣字註訓後人繼用武者不若言武王寵受天下之助嗣者以傳之後世公子明是至公註何為解作事不可不辨　姚承庵曰我龍二字極妙易乾之九四曰或躍于淵無咎九五曰飛龍在天利見大人聖人原是一個龍其飛躍一因乎時而已易曰飛龍在天大人造也蹻蹻王之造正此大人之造

文王既勤止全　序以賚名篇錫予善人也

總評

魯傳云此武王大封于廟之詩此論甚合

誓師之詞必曰文考無罪冊封之命亦曰文王既勤止煞有深意

愚按此章武王既平天下干戈甫定即當封建以分理天下一以公天下之物消英雄睥睨之心一以急天下之治宣主上仁民之德即易所云地上有水比先王以建萬國親諸侯書曰明王奉若天道建邦設都樹后王君公承以大夫師長立法甚善周之享年八百豈非以此歟

文王既勤止（先提文王）我應受之（倒入武王）敷時繹思（二層）我徂維求定時周（又提周字）之命（復）於繹思（煞）賦也（妙）

孫月峰曰古淡無比于繹思三字以歎勉含味最長

鍾伯敬曰敷時繹思又云於繹思說

得法下封建之典其恩以土地人民視之哉故曰君子賢其賢而親其親言恩也　不曰文之命武之命而曰維周之命分明提起一周字欲使受封諸臣向我周爵土當世世爲周室輔一眼直到五霸爭雄七国分裂不奉周命之憂善哉柳子厚之言封建非聖人意也不得已也唐末藩鎮之強亦其流弊歟愚嘗病秦始皇無道至其立法如廢封建立郡縣則可奉行也

綏萬邦全　疏云桓有威武之志故以名篇

總評

説云此大武六成之歌愚按周公作大武

以象武王之功不陳其蕩平征伐之武而獨序其用賢圖治之事立論甚妙此章與上無競於鑠皆頌武王之武功宜聯編但玩本文有保厥士句明是保全功臣列之封建下體詩人立言之序也

起局莊重

綏萬邦屢豐年天命匪懈桓桓武王保有厥士於以四方克定厥家於昭于天皇以間之賦也

歌詠數遍覺武王保士之心與湯數求哲人俾輔後嗣同有遠慮若漢帝之歌安得猛士矣守四方氣豪心粗

輔氏曰綏萬邦若武王除

暴救民之志也而上天即以豐年應之先天而天弗違天命匪懈者天命之無厭也而武王之桓桓無怠即承之後天而奉天時也　深信而重任之方是保字苟毀譽閒之難乎保矣德照于天緊須用賢圖治來妙甚　孫月峰曰陡起奇甚天命以下似是說綏豐所繇此蓋類所謂倒插者然

後總評　韋氏曰定亂以武保治以賢豈有堯舜之仁而股肱不備百職空虛則政事必隳惡澤不流矣故明主皇皇擇賢圖治以定四方此詩

保有厥士三句非徒保全功臣而已也凡士或以德進或以才舉或以言揚或優治賦或長軍旅隨器任使則群生蒙庥疆宇鞏固上天求莫之心不已斷乎

附別解　姚承庵曰皇以間之間字不作代字解即間氣間值之間字武王戡定禍乱天命既已屬之矣而任賢使能制礼作樂開萬世之太平又有此非常之功德皇〻上帝亦以非常之寵綏之有特異于他受命者即間之說

於皇時周全般 誌巡狩

總評

序云武王巡狩而祀四嶽河海曹氏解之曰巡狩而遍乎四嶽所謂般旋之義遂以般字名篇此解甚是自古帝王得天下必告于名山大川礼也若夫無聖人之功德而馳情般旋如秦王漢帝作鄜時祠陳寶登泰山禪梁父郊五帝祀泰一祠汾陰幸緱山卒底乱亡豈巡省之咎哉夫武王新受大命即行柴望大告明示一統百神爾主惟聖人爲能享帝不其然乎

於皇時周（起得峩卓）陟其高山嶞山喬嶽（末一句再提而言之令人惕然警省）允猶翕河敷天之下裒時之對時周之命（賦也）

劈頭提起皇時周三字即周官篇以惟周王撫萬邦

冠之局面開大通篇辭氣雄偉稱題

孔疏云裒時之對偏天下之神皆聚其下於是配而祭之不作朝諸侯而答其意于上文口氣更直截　皇字朱註訓美不若鄭箋訓君字

後總評

巡狩之礼先武王而行者有舜望山川偏群神是也須知聖人此舉只是一生功德可以昭時天地對質河嶽毫無赧愧　封建則曰敷時繹思巡狩則曰裒時之對皆當時人心之所共欲者皆云時周之命慭有深意

時邁其邦全　上章單指祭告此章因巡狩而朝會諸侯敘武王之德以此終之

總評

說云述武王巡狩而朝會祭告之樂歌愚

數語畢盡天子威服百辟大権直于巡行時見之可與舜典巡狩王制參看

以武王已定天下守土諸侯去天子漸遠若不行巡狩之礼申明制法陟黜一番列侯未免有驕蹇擅制之患故巡行其國至于方岳之下作告至之祭遂朝會之此周家初行朝會之礼至周公始定十二年一巡狩之制實本乎此

時邁其邦（以巡狩直起）昊天其子之賦也

實右序有周薄言震之莫不震疊（二字妙）懷柔百神及河喬嶽允王維后賦也

明昭有周式序在位載戢干戈載櫜弓矢我求懿德肆于時夏允王保之賦也

黃氏曰震之謂一正朔同制度考政令齊風俗以一天下之心志以新天下之耳目至武序在位句則有慶善讓惡而明其功罪意懿德當說得潤如崇德報功重民五教惇信明義建官位事訪洪範陳冊書皆是懿德因商穢濁蔽蒙故下一求之

總評

孫月峰曰首二句甚壯甚快儼然坐明堂朝萬国氣象下分兩節一宣威一布德皆以有周起以允王結整然有度遣詞最古而腴

武王治畧總評

吾嘗讀周書武王之立言有九

篇載伐商者泰誓三篇及牧誓武成是也洪範則武王訪道之書旅獒則武王窒欲之言康誥則武王明德慎罰之文梓材又武王與孟侯商確乎經世者也詩之紀武王者亦有七篇大雅下武篇美武王繼三后于既往開後嗣于方来功綦隆矣我故以此冠武王治畧之首若頌之六篇何為毛氏編次差訛及攷之魯傳析為武王六成之樂章矣夫以大武為一成之樂是矣但以賚篇為二成時邁為三成勺篇為四成般也桓也編之五成六成不無失序甚矣讀詩之難

也窃嘗思之古人之作書與先王之行事莫不有倫有理今編大武于下武之下者誌伐紂之始事頌武之止殺也勺篇頌武之適時也乱畧既遏即當分土以經天下故賚篇次之夫庶職宣猷則用賢亟爲于是歌桓之詩雖然藩侯就國久不聞有天子之尊於是專征擅伐者有之矣変礼易樂者有之矣革制度衣服者亦有之矣縱設屬長卒正以維之立二伯三監以糾之亦將如之何哉故以時巡朝會之詩編治畧之終明乎武王能操縱削流討之威錫加地進律

之福以畏服百辟維封建于無窮嗚呼此豈郡縣之所可及哉

盛周成王守成賢主治畧

閔予小子全

總評　王肅云此周公致政成王嗣位始朝于廟之樂歌此下四篇皆成王自警之辭愚按自古繼體之君守成匪易況成王時二叔流言多方屢叛雖然漸平乘釁窃發若甚衆哀慕之餘一眼看定皇考一念注着皇考步步率循真是繼述孝子真是守成令主把太甲三篇參看天資學問高他數等盖由周公在左召公在右誨導之功多矣

到末云繼序真有一肩負荷皇祖皇考這祖予怎能放下

閔予小子遭家不造（惻然淚下）嬛嬛在疚（咏歎起）於乎皇考永世克孝（皇考縱一步）

賦也

開口便下一閔字口角甚口憐即寵下遭家不造煢煢在疚意

念茲皇祖陟降庭止（如生）維予小子夙夜敬止（又擒住）賦也

緝熙敬止原是文王之家傳武王受丹書曰敬勝怠者吉周公演易曰君子敬以直內成王曰夙夜敬止其淵源亦深矣哉

於乎皇王繼叙思不忘（又咏歎結局）賦也

記曰致愛則存致敬則著著存不忘于心夫安

得不敬乎其精神結想全在思字不但懸空想念即皇考之所行者注之不忘從嬛嬛在疚來蓋心痛天命人心未固欲稍寬假不得

後評

一字一淚傷心處在不造兩字玩二於乎無限咽噎玩念字思字以心相照也敬字是成王學問得力處

訪予落止全

總評

說云此成王既朝于廟因作是詩以道延訪群臣之意愚讀是篇曰於乎悠哉曰繼猶判渙非十分究心探索說不出此真景容訪群臣

再三致其仰望弗逮之詞而其所以率時昭考者外而在庭內而在家言行政事遑遑企及歸結只在保明其身有治失其道欲為匹夫而不可得之恐具此兢業故異日周官之篇顧命之辭自著出經世大畧宜乎真西山尚論三代有學賢主獨取高宗與成王单行千古也帝王之學至成王此後絕響雖漢宣年十八受尚書論語孝經史輒稱之然不過訓詁焉耳

惟恐其悠遠而難及黽勉就之愈覺其判

訪予落止率時昭考（直喝出謀始本旨）於乎悠哉（瀠洄有致）朕未有艾將予就之（看他數箇虛字）繼猶判渙（幾多轉折）維予小子未堪家多難（句倒）紹庭上下（文法变）陟降厥

涣矣此望道未見真景鍾云此境亦是难到所謂欲從末由也

家休矣皇考以保明其身 賦也 又波瀾

王氏曰保其身無危亡之憂明其身無昏塞之患愚按此二字終身受用不盡 許氏謙曰紹庭上下欲法武王之正朝廷也陟降厥家欲法武王之齊其家也保明其身欲賴武王助其修身也成王之學有本末先後矣

予其懲 全

總評 序云此成王求助也鄭氏曰毖慎也天下之事當慎其小小時不慎後為禍大故成王求忠臣早輔助以救患難二説甚詳愚以前二篇

曰夙夜敬止曰保明其身尚又未説到彼患此
篇有懲刱改悔意謂管蔡誤已故慎彼在後恐
更有患難若唐明皇宋徽宗恃其富盛而不謹
于幾微一旦失國出奔皇孫貴姬手掬麵飯金
人南侵卒致青城之後可不嘆哉丘瓊山論炳
治亂之機獨録少康怨不在明與周官制治未
亂二語呈以進講其餘守成諸君俱未有取豈
非能識及此者少乎

鍾伯敬云
刱鉅痛深
傷弓之鳥

予其懲而毖後患莫予荓蜂自求辛螫肇允彼桃蟲
拚飛維鳥未堪家多難予又集于蓼 賦也

予其二字有悔悞自艾願與廷臣更始意朱傳失語氣　看莫予自求刻責何等痛切肇允拚飛防患何等周密未堪又集憂危何等驚惶集字有集萃不止一事之苦怎能承當得淒惻之音讀者不勝嘆息觀周召之誥君若至矣而成王猶張皇自恐直至聞敬之戒心始釋然

孫月峰曰全篇議論又推廣設譬以寓意其用意甚巧機甚悄諷詠之趣味最腴且永此是經中一新變格

書曰有備無患易曰君子以思患而豫防之言後患之當毖也而其機

在懲之一字
敬之敬之全

總評

序云此群臣進戒嗣王解尚未全愚按朱註云上節成王述群臣進戒之言下節成王乃自為答之之言甚確君臣一德交相勅勉以敬字為經世學問本領觀日監在茲天之監察在君行事之間顯德行君之求助亦在躬行實踐上就此言敬始不落元虚之學試看丹書之誥武王不出敬勝義勝二言若紂積貫盈之惡亦只不敬上天一語興亡之機已判然矣

鍾伯敬云成王于敬上自補一聰字玅甚天資最高處

敬之敬之天維顯思命不易哉無曰高高在上陟降厥士日監在茲賦也

維予小子不聰敬止日就月將學有緝熙于光明佛時仔肩示我顯德行賦也

輔氏曰毋不敬可以對越上帝天之明命不易保惟敬則能保之疊言敬之者誠之不已也匡衡曰日監在茲言天日監王者之處見深宮禁闈無處不有恢恢天眼日字尤妙見無刻不然也可不敬哉可不敬哉語〻警切善于進言不聰敬止三語是成王自勉學求在己當自心

心體研究故但云敬止佛時二句是求臣夾輔借資諸人當自德行可據故必云德行然二者皆曰光明曰顯者心體未至光明不可謂敬德行未至顯明不可謂緝熙二字是成王得力處然必見于行則就將緝熙方非虛无耳

孫月峰曰陡出敬之甚醒甚快天命兩句是對語此就將字即前篇將予就之意

後總評

鄧潛谷曰王朝廟群臣戒王受皆不言而將之以樂宣其所欲言斯爲不言之教不肅之嚴乎故父子君臣天人上下仁孝忠敬之道

咸在王周公朝廟閒故樂其深也

有客有客全

總評

說云成王既討武庚封微子啓于宋来朝于周見于祖廟讀此篇既足以見微子之賢尤足以見周家之厚以至誠待人雖四國煽乱多方頑民亦可愧悔而自息耳漢文帝之賜吳王几杖賜南粵王書一意謙厚便可去他驕亢況成王之盛德乎

讀有客有客周之待士何特達懇至也

有客有客亦白其馬寫他恪慎有萋有且敦琢其旅賦也

有客宿宿有客信信言受之縶以縶其馬賦也

薄言追之左右綏之既有淫威降福孔夷賦也

眷戀之情言不能盡　又曰淫威者述前日討武庚之威降福者叙今日追縶之福于來見之初而告之以順逆禍福之不苟最爲得體

後評

孫月峰曰起兩句意態絕妙敦琢字生峭宿宿信信故以拙見奇

昊天有成命全

總評

說云康王禘成王于明堂之詩愚按賈誼之言曰文王有大德而功未就武王有大功而治未成及成王嗣統堅持不敢康三字即舜之

無怠無荒文之日昃不遑是也嗚呼使人主常能疾敬其德不敢怠安雖使六卿華出三家接踵莽操同朝亦何能為哉若成王者真可稱能明文昭而定武烈者也

造語真奇真是格天之德

昊天有成命二后受之成王不敢康夙夜基命宥密於緝熙單厥心肆其靖之賦也

成王一生學業受用全從無逸一篇中來基者非造之于始承之于下無有動摇之謂也不在大力以負之而實小心以承之單心者盡其繼述之小心也單厥心上加緝熙二字絕妙

言當繼續先明纔說是盡心治平天下全在此

此　孫月峰曰嚴核無剩字理趣絕勝

姚承菴曰易云苟錯諸地而可矣藉之用茅何咎之有即夙夜基命宥密之謂也

附別解

鄧潛谷曰昊天有成命郊祀詩樂也我將祀文王于明堂配帝樂時邁巡狩柴望樂天德不可名故三詩言祈天不質言天成命言先王受命基命者弘深庶天其靖乎我將言後王儀式刑文王之德畏天之威庶天其右乎時邁則震疊懷柔戢武肆德一歸之于天庶天其子

乎皆祈天也皆言有遺旨遺味矣

盛周武王成王康王三后治畧

執競武王全

總評

朱氏善曰祭三王無其例然武王有世室則必有專祭矣此昭王時祭武王世室而配以成康之詩此論較當于小序傳註愚按此篇畧言武王者以武王功烈最著不用贅言而詳言成康者何也盖成康守成繼治之君人或謂坐享祖功宗德易易矣守成之主德不必顯可也繼治之君命襲于已然固也于是逸豫而滅德者有之矣燕安而取禍者有之矣如太康其著

者也故篇中首提其不顯之德繼即危言曰上帝是皇下遂三言其福不厭其詳所以悚惕歆動後世子孫者至矣

執競武王無競維烈不顯成康上帝是皇自彼成康奄有四方斤斤其明鍾鼓喤喤磬筦將將降福穰穰降福簡簡威儀反反既醉既飽福祿來反 賦也

以執競二字包括武王敬勝義勝之德簡而盡 三福字一以樂受福一以威儀受福一又以醉飽受福却敘得錯綜 三后德皆并提而武王言德即著其功蓋開刱不言功則子孫

不知𠒇業之艱難成康言德而即言上帝盖守成不言天則子孫不知天命之可畏立言各有意義要皆以德為建功敬天之本　君得只是箇劉與明武王則言執競成康則言不顯下又足以亣亣其明執競而歸之無競武烈伐殷垂拱而天下治矣不顯而歸之其明緝熙單心照臨于四方矣

附别解　當是頌成康而以武王發端耳未有祀三王而歸重成康也

後總評　孫月峰曰造語嚴凈無競與執兢相應

意甚工然不失其古中增反反一意復以來反

應轉申上意甚有波瀾曲折

詩經治亂始末註疏合抄卷之二

盛周聖后內助治畧

內助總論

愚按易基乾坤、禮本夫婦、詩首關雎、書言嬪虞、經之于夫婦、何詳言若斯也。臣竊有言、太上者民之父母、后夫人之行、不侔乎天地、則無以奉神靈之統、而理萬物之宜。淑女有窈窕之德、故可以配至尊而為宗廟之主。由是觀之、後代女史、如不食禽獸之肉、而獵較禽騶、歷引名臣在側、而游不同輦、極諫罷耗侈麗、而調兵不發。然此時機敏之妃、猶足匡正得失、況躬行接儉好學接下之馬后、從容納諫之長孫、尤能彌帝匪彝乎、要之女后之賢之盛、未有如周者也、厥初亶父之姜女、其後有思媚之任氏、至于文王能嗣徽音者、太姒也、世有內助、以致其治化之所被、天下之夫婦、以正、流及于列國、召南有采蘩孝敬之夫人、齊風有下嫁肅雝之王姬、聞鷄勸戒之君婦、周室有待罪永巷之母后、化之所被遠矣、嗚呼、白華之咏、宗周侵滅降而秦芊、太后始攝政事、穰侯權重于昭王、若漢后臨朝、嗣主騰書于象魏、昭儀入侍、唐祚驟移爲僞周之人，若始焉而陰柔，繼焉而剛惡悍，后之風烈更勝于莽操。世有幽閒貞靜之母德，豈至是哉。孔子曰：大哉關雎之道也，萬物之所繫，群生之所懸，王道之原，不外乎此。關雎冠爲國風之首，其以此歟。愚傷古今興亡，未有不繇閨闈始者，故特彙爲内助一編，即記所云天子聽男教，王后聽女順，陰陽分教，秩然有序，以備參考云。

關關雎鳩全

總評　按家人之卦曰：女正位乎内，男正位乎外男女正天地之大義也記曰天子后立六宮、三夫人、九嬪、二十七世婦八十一御妻、以聽天下之內治后之所關、若此、故篇中窈窕淑女三章說四遍文王欲正家以正天下、安得不資治內之力、此好逑之所以殷也、當時詩人深慶文王后妃德化流行、因寫其未得既得之誠、誌一代王風之所繇始也、及周既得天下、遂以此詩播於邦國、至于御覽、使朝廷委巷、莫不謳吟諷誦、所以風天下也。

窈窕淑女二句是詩題詩人翻

關關雎鳩○在河之洲○窈窕淑女○君子來逑○興也

空播美却說出未得時一段寫箇牢騷惆悵的光景。極其悲歡離合之趣。無非描畫好逑。若認作實景。便是夢中說夢。

參差荇菜。左右流之。窈窕淑女。寤寐求之。求之不得。寤寐思服。悠哉悠哉。輾轉反側。興也。

悠哉頓跌有神情

孫月峰曰。前後俱是和平調。獨此數語稍露精神。大抵男女之情。亦惟未得時濃。

參差荇菜。左右采之。窈窕淑女。琴瑟友之。參差荇菜。左右芼之。窈窕淑女。鍾鼓樂之。興也。

姚承庵曰。淑字下得妙。文王之德。盡于一敬字。后妃之德。盡于一淑字。敬合乾之健。淑合坤之順。故君子好逑之。

句陣刻絕。分明指點後人作賦法。

後總評

孫月峰曰、並舉淑女君子、是傍人語、第後兩章則是代君子辭耳、此是當時文人所作、以其辭指篤至而不失正、故以王者之配當之、鄭箋謂后妃求賢女、與共職、固大裨陰教、第恐于性情不近、　鄧潛谷曰、關雎后妃求媛作也、傳致群淑、以宣内教、后妃之德也、

葛之覃兮全

總評

傳云太姒將歸寧而賦葛覃此論未當子曰貴而能勤富而能儉踈而能孝斯可以觀化矣愚按此篇云絺綌之事者何也蓋王業之本

孫氏云首葛次衣次澣濯極有次第而意態飛動則

在稼穡后妃之本在女功是以月令所載東鄉躬桑后妃齊戒以肅其事共服郊廟周禮內宰亦于仲春之月詔王后帥內外婦治蠶於北郊制皆始于此迨後休其蠶職周室衰矣推其始毋后不行分繭稱絲之禮為故也終漢之世僅有置織室于濯龍宮身無香薰之飾史輒誦為賢后嗚呼內助之衰有繇然矣此王后第一本領事故后德以此為先

葛之覃兮施于中谷維葉萋萋黃鳥于飛集于灌木（字字生動如在耳目之前）其鳴喈喈賦也

全在末章

詩題在爲絺爲綌二句故伏中章却先描寫中谷葛之始生光景又無端添出黄鳥點綴如畫三章忽設歸寧一段空中構想無中生有奇奇怪怪若認作實事則詩趣索然

葛之覃兮施于中谷維葉莫莫是刈是濩爲絺詩題爲綌服之無斁　賦也

言告奇峰師氏言告言歸薄污我私薄澣我衣害澣害否歸寧父母　賦也

言污澣而愛惜之情自見

姚承庵曰言告師氏是已自告師氏言告言歸使師氏告于文王足見禮度之雍容　叙歸

室内仍帶衣服合而復離遠而復近氣味悠長

到末詰問一句頓住奇崛

采采卷耳全

總評

楊用修曰卷耳小序以為求賢審官朱子直以為文王朝會征伐而后妃思之是也但陟彼崔嵬下三章不必作託言原詩人之旨以后妃思文王之行役而云陟岡者文王陟之也馬元黃者文王之馬也僕痡者文王之僕也金罍兕觥者冀文王酌以消憂也蓋身在閨門而思在道塗若後世詩詞所謂計程應說到梁州之

詩題只在嗟我懷人一句無端轉入登高不必有其事不必有其理奇極幻極看他篇法超妙筆意濇宕

意耳

附別解　傳云文王遣使求賢而閔行役之艱也勞之以卷耳又歐氏云后妃以賢才難得宜愛惜之因其勤勞而宴犒之酌以金罍不爲過禮故以采采卷耳致興

采采卷耳不盈頃筐嗟我懷人寘彼周行　賦也　點詩題

未滿頃筐正宜採也而心忽念君子便爾都無意緒描寫人情最得其神若說手爲情奪故采之不盈便是俗筆

陟彼崔嵬我馬虺隤我姑酌彼金罍惟以不永懷　賦

也

姑字下得訬想彼行役之懷未易解姑以此稍寬耳下一永字更多婉曲蓋不能不懷但不永耳謗所云放下酒杯又愁起正是揣出懷思真情

再咏歎一遍愈覺悽愴

陟彼高岡我馬玄黃我姑酌彼兕觥惟以不永傷賦也

文情縹緲在四箇矣字

陟彼砠矣我馬瘏矣我僕痡矣云何吁矣賦也

云何吁矣言當何如其憂嘆蓋憂歎之極也

南有樛木全

樛木關雎之報也

總評

序云此后妃逮下也言能逮下而無嫉妬之心焉呂氏曰后妃如此樂哉君子福履綏之矣漢之二趙隋之獨孤唐之武后其禍至於亡國則樛木之后妃詩人安得不稱嘉而屢嘆之

首節道意後兩節換韵叶文此所謂一唱三歎者也

南有樛（用字刻）木葛藟纍之樂只君子福履綏之與也

鄭氏曰婦人之德莫大于不妬忌盖功容可勉而根于情者難自克也　姚承菴曰履字不作祿字解易曰視履考祥其旋元吉言人所履誠善吉祥不期自集即福履之謂

南有樛木葛藟荒之樂只君子福履將之與也

南有樛木葛藟縈之樂只君子福履成之興也
以樛木下其枝使葛藟得託而並茂映帶后妃
下其意以和衆妾衆妾得附之而並進于君子
神情迫眞后妃逮下無妬忌和平極矣天地和
而萬物生至和召祥福履將且成爲螽斯得無
應乎宜繩繩矣
螽斯羽全螽斯次樛木義相因也
總評
序云螽斯后妃子孫衆多也言若螽斯不
妬忌則子孫衆多也愚按春秋公子争立及晋
五王相傾卒至殘滅殆盡皆繇于宫闈不和一

念始之也嗚呼嫡庶相軋留侯無策詭設羽翼之成以定太子人彘之毒終以不免尤有甚者晉之愍懷以手書洩謀唐之太子瑛以衷甲羅禍若后妃者集宇宙之恊氣則百斯男之應詩人安得不反覆歌咏其休乎

是螽斯寫生手說螽斯即是說后妃隱之不道破意味自是無限

螽斯羽詵詵兮宜爾子孫振振兮比也

螽斯之和皆于飛處見此意不在生育之多全在宜字使人自思其所宜者何故都在詵詵薨薨揖揖等字想像詩人立言之妙

螽斯羽薨薨兮宜爾子孫繩繩兮比也

螽斯羽揖揖兮宜爾子孫蟄蟄兮比也

鍾伯敬曰物群則爭群而和乃眞和也　姚承庵曰取象于螽斯當矣而何取于羽羽犹翼也螽斯一子九十九子后妃一人耳安能生若是之多惟是思養衆妾若卵而翼之者然故其生衆多而未艾也味下宜爾子孫一宜字便見此一羽字甚重

采采芣苢全　此篇后妃之化被及天下民間婦人芣苢葛覃之感也

程氏曰螽斯惟言不妬忌若芣苢則更和

總評

平婦人樂有子謂妾御皆無恐懼而樂有子矣

由此言觀之似指宮中衆妾説不如云后妃無嫉妬之心則天下化而和平民間婦人皆以有子爲樂相與賦采芣苢爾不然有女仳離啜其泣矣即欲爲芣苢之采其可得乎

采采芣苢薄言采之采采芣苢薄言有之賦也

毛氏曰芣苢車前也宜懷姙也

采采芣苢薄言掇之采采芣苢薄言捋之賦也

采采芣苢薄言袺之采采芣苢薄言襭之賦也

吳氏曰終篇言樂不出樂字讀之自見長楚茗華能得此景象否

孫月峰曰一事説六遍

只采采芣苢句三節凡六複看他由采而有而掇而捋而袺而襭從容閒遠之意自見

止換一字經中僅見此

附別解 傳云文王之時萬民和樂兒童歌謠賦釆苢猶後世鬪草嬉戲之詞此亦天下和平氣象不若作婦人語更妙

嘒彼小星全 此二篇后妃之化被及南國夫人

總評 序云小星惠及下也夫人無妬忌之行惠及賤妾進御于君知其命有貴賤能盡其心矣此皆被后妃之化故能如此

嘒彼小星三五在東肅肅宵征夙夜在公寔命不同 衆妾亦知說命是紗

興也

情景逼真讀之如在昭陽長信間

黃氏曰夙夜在公其曰衆妾莫敢當夕者以禮言之天子之后五日一休以休沐爲義則一嬪與其御進凡四十有五日而九嬪畢見嬪僅九人女御至八十一人衆妾即女御也進御于君必從其嬪不敢自往故曰莫敢當夕也毛氏云三心五噣四時更見

嘒彼小星維參與昴肅肅宵征抱衾與裯寔命不猶

興也

黃氏曰抱衾與裯者即所謂掌敘御于燕寢之事也爲此事而往畢此事而還非往來皆抱而

携之之謂也夫有周之禮嚴于嫡妾如此盖以杜並后匹嫡之萌也今其安分如此其被化深矣　而言宵征皆曰肅肅進御恪共于此可見知命自安亦由此生来

附别解　傳説俱指小臣奉使而勤勞于公之詞玩本文頗類不遑啓處語意第抱衾與裯則非征夫之言矣

江有汜全

總評　序云江有汜美媵也勤而無怨嫡能悔過也文王之時江沱之間有嫡不以其媵備數媵

曼音擊節
拍度可想

遇勞而無怨嫡亦自悔也后妃之化被及南國之夫人使嫡媵相和澤之所及遠矣

江有汜之子歸不我以不我以（複句妙）其後也悔與也

呂氏曰始則悔寤中則相安終則相歡言之序也

江有渚之子歸不我與不我與其後也處與也

江有沱之子歸不我過不我過其嘯也歌與也

嘯即悔時歌即處時纔增二箇居字便妙

詩經治亂始末分編傳註合抄卷之三

周公輔治相謨

鴟鴞鴟鴞全

總評　申公說云管叔及其群弟乃流言于國周公避居于魯祿父遂與十七國作亂周公憂之作此以貽王欲王省悟以備殷全篇以鳥之育子成巢者比先王之剏業而代之言也愚以予字即指周公借鳥借懷更見愷切桉金縢云于後公乃為詩以貽王則作詩在罪人斯得後也明矣或曰罪人既得東土以寧何必如此嘵嘵

以嗚乎愚觀大誥之作周公奉王命以伐武庚在泣書親迎之後也然則書所云罪人斯得不過知是管蔡造此流言焉耳斯時四國煽亂多方景從周室尚危太公召公皆在何以默默無言公心愈戚矣今讀大誥多方多士皆公宣布王命之書瀠洄百折柔緩而寓愷切所以安天下之情君道也此篇敷誠悟主颺言而带血淚所以憂社稷之危臣道也絕無一語怨及流言之謗求釋主上之疑忠悃極矣周室加一番震動更加一番蟠固每讀是詩奕奕如生三代而

鍾伯敬曰本是愛室末語只云愛子蓋動之以至情也石人亦下淚矣

此下有天馬行空之勢章法絕妙

下惟武侯出師表與宗澤臨終絕句差足語此

鴟鴞鴟鴞既取我子無毀我室（文法三箇斯字）恩斯勤斯鬻子之閔斯比也

勤斯恩斯二句根無取我子來以下皆無毀我室意細讀此篇有起伏有賓主有呼應有逗接有錯綜有縱橫頓挫章法句法字法各極其玅

迨天之未陰雨徹彼桑土綢繆牖戶今女下民或厝敢侮懸予比也

程氏以此周公自言肇固深至如此不如王肅云先王致比大功至艱難而下民敢或侵侮下

連用十箇予字自任其責而嘗其苦之意惻惻悽悽可想可見

節周公始言我不可不遏絶以全周室室有得這箇室十分珍重　孫月峰曰此章是詩骨若成王能早爲計啟人當不叛

予手拮据予所捋荼予所蓄租予口卒瘏曰予未有室家　比也　加一曰字惻然

予羽譙譙予尾翛翛予室翹翹風雨所漂摇予維音嘵嘵　比也　煞結有力

通篇哀痛迫切真嘵嘵之鳴故末以維音嘵嘵結之

後總評　孫月峰曰代鳥爲辭㓗調特奇甚細味

此詩當是殷未叛時作蓋當危急存亡之際冀有以預弭之耳的可証居東之非若東征後則天下以定成王疑已盡釋復又何哓哓為且武庚已死烏能更毀王室也

我徂東山全

總評

申公曰周公伐武庚既克而歸勞其從行之士猶杕杜勞還役也葦氏曰兵者毒民于死地也人情誰不樂父母妻子之懽聚不得已而冒霜雪犯鋒刃之死而不悔者上有以感激之也不則適戍斷卒且躡足行伍奮臂而稱亂況

三軍之衆乎東山之詩曲體人情無隱不透故卒無脱巾反戈之患觀秦之所以速亡周之所以長久有天下者慎無罷敝厎牙致其憤怨而不可戢哉　細玩篇中脈理却分兩段自制彼裳衣至婦嘆于室是我心西悲光景自有敦瓜苦至末是我征聿至光景

旅思閨情歡顏愁態靡所不到非公不能作也

我徂東山慆慆不歸我來自東零雨其濛我東曰歸（鍾伯敬曰歸者將歸未歸之時）我心西悲（心悲正在此）制彼裳衣勿士行枚蜎蜎者蠋烝在桑野敦彼獨宿亦在車下（賦也）

枚者大閱云遂鼓銜枚而進自幸全身而歸顧

勿從事于行陣亦歸士之情叙其情以憫之歎
安閒貌獨宿自得貌亦字有望外之意

我徂東山慆慆不歸我來自東零雨其濛果臝之實
亦施于宇伊威在室蠨蛸在戶町畽鹿場熠燿宵行
不可畏也伊可懷也　賦也

鍾伯敬曰無端入果臝一段奇甚

描寫荒廢光景觸目動心言這段光景翻覺可懷也

我徂東山慆慆不歸我來自東零雨其濛鸛鳴于垤
婦嘆于室洒掃穹窒我征聿至有敦瓜苦烝在栗薪
自我不見于今三年　賦也

又轉一關然轉折無痕

鍾伯敬曰鸛鳴婦嘆何相關玅玅有敦瓜苦取
像得玅此等語惟漢魏樂府中間能有之

楊用修云烝當訓為麻軍士從征于外而麻無
人收或在栗薪耳

我徂東山慆慆不歸我来自東零雨其濛倉庚于飛
熠燿其羽之子于歸皇駁其馬親結其縭九十其儀
其新孔嘉其舊如之何　賦而興也

到末說出婚姻此人情最係戀者故摹寫獨至
補其舊句半神既佳情復周室即諺云新娶不
如久歸是也　孫月峰曰風骨高奇色澤蒼
蒨四章各寫一意絕自容有度

後總評　愚按武王牧野之師不過一戰即克東

征至于三年之久想亦叵數即春秋所載瓜期而往及瓜而還軍士便有怨聲周公何以使東征之士樂為之用而不辭也大抵征夫勞苦惟恐恤之不周甚至室家之情亦為之軫念説以使民民忘其死其惟東山乎秦漢以来民苦于兵久矣至于宋尤甚緣邊諸塞屯戍數十萬人以備北邊幸而無事則河北得以休息所苦者屯戍之民終身無復故土之思日聞悲笳輒擲戈而浩嘆君上弗聞也以積怨之士而臨強寇之衝大半携劍以降其餘潰卒隨棄營奔走耳

愚觀范仲淹上仁宗七策雖稱經畧邊方完策
然士卒益苦于兵終宋之世英賢輩出謀議疊
聞不免于敗我明邊防起自遼東歷宣府大同
延綏寧夏甘肅抵平凉等險戍卒不知其幾也
轉輸不知其幾也坐縻兵餉不知其幾也行伍
間涕泣老親弱女之不相保者又不知其幾也
聞戰輙頓足逭走歲費數千百萬以養此積怨
不濟事之卒奚為哉愚聞勾踐之伐吴也下歸
養父母之命令并詔不願從者聽是以一戰破
吴何則彼揆人情之所悅也況有至誠待人者

乎然則為今之計撤戍不可廢兵不能有一說焉選嘗居者家室田作如斯且以備之以便為之高城深塹具藺石布渠答隨處招集給以牛種寬其租稅編為里甲擇循吏為之生聚為之教訓使人自為戰家自為守有事則子弟衛其父兄無事則燕樂其妻孥又立別營衛屯于要害以為救護如古分番迭更之制仍行周初遣勞之禮以慰其情則民庶乎可用愚觀近世愈追慕周公矣因言及萬一

劉濬答曰東曰歸而心西悲何也慘怛一體之

愛身始東歸乃其心已周悉于歸人思婦室家町畽鸛垤栗薪之間不已悲乎悲所以爲德也既破我斧全

總評

說云周公至自征殷四國美之輔氏曰東山之詩周公能得歸士之心也破斧之詩歸士能得周公之心也所謂上下交而其志同也二論並存然愚按哀我人斯則我者四國自我也不如從傳說四國美周公更渾和由此以觀則周公不特有相才而且有將才又不特有將才而且有將德也善哉鍾伯敬之評曰破斧缺斨

不忍四国陷于反側而匡救之便是哀我人處

吪字妙向當迷瞶今始覺悟便即革心易慮

遒歛也俱收歛遵王之道歸于蕩平

下用哀字古人用兵用刑念頭如此真有讀詩之具眼也

既破我斧又缺我斨周公東征四國是皇哀我人斯亦孔之將賦也

既破我斧又缺我錡周公東征四國是吪哀我人斯亦孔之嘉賦也

既破我斧又缺我銶周公東征四國是遒哀我人斯亦孔之休賦也

後總評 嚴氏曰詩人言兵器必曰弓矢干戈無專言斧斨錡銶者斧斨乃豳民所用以採桑者

又錡爲鑿屬銶爲木屬皆非兵器矣周公奉王命以討罪四國聞之即窮蹙自守周公又遲之三年不爲急攻不事戰陣惟行師有除道樵蘇之事斧斨之用爲多歷時久則必敝故此詩言管蔡之亂何能爲哉但能破我之斧缺我之斨而已矣器初未嘗損也蓋周公東征惟四國是正而已一視同仁均爲我民乃哀矜之周公之德如天地豈不大哉　孫月峰曰破斧缺斨蓋亦于美中微寓傷歎意

伐柯如何全

總評

魯傳云伐柯周人思周公而作時周公尚在東征遲留未歸故周人思之首章言周之不可無公二章言欲公之歸亦無難冀得見公而陳其籩豆之列情何殷也

伐柯如何匪斧不克取妻如何匪媒不得 比也

伐柯伐柯其則不遠我遘之子籩豆有踐 比也

附別解

序云美周公也周大夫刺王之不知也

九罭之魚全

總評

歐陽氏曰此周大夫以周公出居東都成王君臣不知其心而不召使久處于外譬鱒魴

大魚反在九罭小罟以興公宜服上公之服而在朝廷愚按書經東征大誥在親迎之後豈有成王不知公心反執書以泣者乎歐氏之説未當盖東征已畢公將歸朝東人始欣瞻其儀範繼欲縶維其去轍曰信處曰信宿明乎公不可留矣煞乃云無以我歸悲懷何其深至讀此知公之功德入人深耳

九罭之魚鱒魴我覯之子袞衣繡裳興也

九罭豈小網鄭箋謂是喻聖如周公得不愧上公之服也

鴻飛遵渚公歸無所於女信處與也

東周之人欲公留不去故曉之云公西歸而無所居則可就女信處今當復其位不得留也

鴻飛遵陸公歸不復於女信宿與也

渚陸東人自謙不足淹留周公但意欲留之

是以有袞衣兮無以我公歸兮無使我心悲兮賦也

藹然如赤子之離慈母之懷

狼跋其胡全

總評

序云周公攝政遠則四國流言近則王不知周大夫美其不失聖也愚按古今處利害之際舉趾多不安其常懼者或至于喪履喜者或

至于析展周公惟危疑不易其心遜讓大美之功而不居故安然赤舄几几也

狼跋其胡載疐其尾公孫碩膚赤舄几几興也

狼猛于求欲者何取以比聖言狼前跋後疐進退困險不過以貪欲故也今公功高而不居德至若無有存心極其恭畏舉動自爾安全如泰山喬嶽巍巍不可震撼詩人最善想像處

狼疐其尾載跋其胡公孫碩膚德音不瑕興也

不瑕者無容擬議也德到無容擬議真造絕頂矣

後總評

愚按周公輔治之畧多不勝紀傳曰周公制禮作樂用之朝會受釐陳戒而有大雅爲文王生民公劉綿大明棫樸旱麓思齊皇矣靈臺大武文王有聲行葦既醉鳧鷖嘉樂以上十八篇皆周公述先德以訓成王也愚以各詩分附各君爲君畧不載入相謨傳又云小雅自鹿鳴至於魚麗菁莪共十六篇先文以治内武以治外皆周公所作之樂歌愚各别類分爲燕饗遣劳等編不載入相謨大柢盛周大業文王基之武成之制作規模得周公而大備寧可以幽

風數首畢其相業哉愚獨取鴟鴞為首篇者括盡周公盡瘁之勤取東征次之以師帥征商為相謨之大其餘三篇皆公德浹入人心而人思慕之也雖然公之相謨固不盡此也周禮一書以勑制勤治平之典周書數篇以口舌數輯寧之術畫易爻而定吉凶令天下後世因之以趨避焉相業頗不偉歟　孫月峰曰反興正承意旨與他篇稍有不同然跋胡疐尾周公之迹固近之第狼非佳物所以人多致疑然古人却不拘如越王竹成于吳乃以狐喻吳王在今人

豈不忌總是反意爲比要自無害耳

召公輔治相謨

蔽芾甘棠全　甘棠美德也

總評　傳云召康公勤於勞民燕人懷之賦甘棠燕人之思召伯甘棠勿伐楚人之懷叔子望碑墮淚與傳音同愚以天下之人見其人而念其德者有之矣即念其德而慕見其人者亦有之矣未有覩其現前之物而思其已往之人愛其所常憩息之樹如甘棠者也嗚呼召公之德及人深矣序云召伯之教明於南國看題尚淺

蔽芾甘棠勿翦勿伐召伯所茇　賦也

三節其神淡其意遠後人許多去思碑記更覺無味

漢王吉云昔召公述職當民事時舍于棠下而聽斷焉是時人皆得其所後世思其仁恩至乎不伐甘棠易林云召伯避暑于棠下　王氏曰召伯觀風省俗或茇棠下以受民訟

蔽芾甘棠勿翦勿敗召伯所憩　賦也

蔽芾甘棠勿翦勿拜召伯所說　賦也

按書經召公告武王戒其狎侮小人告成王欲其諴和小民則當時布德南國相畧早已辨了

附别解　王員曰紂時命文王為西伯召公安得伯爵而稱之況大統未集周雖欲限陝而分治

之召公于何地而施其督蒞耶甘棠追詠遺德疑尚在召公國燕之後此論近理存之

厭浥行露全

總評

序云此召伯聽訟也愚按歐陽氏曰紂世禮俗大壞及文王之化行而淫風漸止然強暴難化之男猶思犯禮將侵陵而女能守正不可犯自訴其事而召伯又能聽斷之爾

厭浥行露豈不夙夜謂行多露 賦也

鍾伯敬曰豈不夙夜二句正是遠嫌慎漸以禮守身處 先鳴其守為下文張本氣象從容

不突不急下文正意只雖速我獄二句便了卻先反振誰謂雀無角四句遂覺精神聳動筆力遒整乃知文章之妙惟反則不板惟反則不死首節如游魚啣鉤而出二三節如翰被雲而下墜

誰謂雀無角何以穿我屋誰謂女無家何以速我獄雖速我獄室家不足與也

誰謂四句猶云雀無角故不能穿我屋今雀亦能穿我屋矣雖云有角可也女無家故不宜速我獄今既速獄雖謂女有家可也此正對強暴

者而言

誰謂鼠無牙何以穿我墉誰謂女無家何以速我訟雖速我訟亦不女從興也

洞酌彼行潦全 大雅

總評

序云此召康公戒成王也愚按康公慎德之誠作旅獒以訓成王嗣後相宅作召誥以告成王旨在疾敬德至是又咏行潦以豈弟囑王獨以洞酌為言者左傳曰雅有洞酌昭忠信也夫道上流潦獨不堪飲而可以沃餴者以有忠信之德齋潔之誠以薦之故也矧為民父母者

可無愛民之實心乎豈弟愛民之心也實心愛民自然平易同民之好惡矣漢武帝方即位之初英明武斷仲舒逆慮其有任刑之失故舉天道明王道以啓其好生惡殺之心其後張湯趙禹之徒進而見知故縱之法行卒以任刑流毒四海由此以觀豈弟二字真君天下之要領歟

洞酌彼行潦挹彼注茲可以餴饎豈弟君子民之父母興也

張氏曰挹彼注茲彼茲二字宜玩君之于民總為尊卑闊絶所以民不被澤能平此之心體彼

之心則平易近民而呼吸相通休戚與共安得不爲民之父母

洞酌彼行潦挹彼注兹可以濯罍豈弟君子民之攸歸興也

黄氏曰攸歸有所歸也歸與窮民無所歸之歸同

洞酌彼行潦挹彼注兹可以濯溉豈弟君子民之攸塈興也

顧氏曰攸塈乃沐安治之慶而賴以安息意

有卷者阿全

總評

魯傳云卷阿召康公從成王遊于卷阿之上因王之歌作此以進戒愚按此篇用歌進諫語皆吉祥氣甚和藹引導賢君體當如是皐陶賡歌於有虞之世與此相符將順之中寓有箴規之意盛治之時而發憂危之思不似後世稱引符瑞交章頌聖也看篇中馮翼孝德之語與召誥無遺壽耇皆以用賢為君天下之要務厥後成王果能訓廸百官推賢讓能為有周令主謂非召公告戒之力歟

鍾伯敬曰此大臣告

有卷者阿飄風自南豈弟君子來游來歌以矢其音

君之體格非順美深宛渾大典則風雅不洩諫諍之氣又云前四章渾然不露五章以後本旨歸于用人所謂以人事君大臣之義也

賦也

陸化熙曰天音與遂歌相應許多意思尚說不出只以欲言之意披露于王前而已卷阿飄風四字下得妙以大陵之扈中屈體能容受化養萬物之風興起王當聽言

伴奐爾游矣優游爾休矣豈弟君子俾爾彌爾性似先公酋矣 賦也

一篇緊要

朱氏曰成王以持盈守成之主而欲似先公之善始善終則所以致此者惟益固爾性充盡君道而已

彌字作終字解無謂彌滿也充盡

九三言俾爾彌爾性，規之使嘗存

之謂也中庸盡性之說本此若逸豫滅德則不克彌其性俾字有大責成意

爾土宇昄章亦孔之厚矣豈弟君子俾爾彌爾性百神爾主矣賦也

陸氏曰昄章畿甸要荒倬然分明無或侵陵紊亂意主非徒主祭乃神之精靈依以為主也

爾受命長矣茀祿爾康矣豈弟君子俾三見爾彌爾性純嘏常矣賦也

陸氏曰受命長指成王踐祚已久言看爾字可見茀祿康謂撫盈成之運無事經營而安享太

平也此便是純瑕純如字說至善之意
有馮有翼有孝有德以引以翼豈弟君子四方為則
賦也
賢者之行不一必曰孝德何也伊訓有云立愛
惟親立敬惟長與周公抗世子法于伯禽欲令
成王之知父子君臣長幼之義同意　顧氏
曰馮者忠誠可托心膂以一身係朝廷之重輕
翼者才猷可任股肱以一身關君德之成敗孝
者順德事親則有移忠之心德者行道有得則
具正物之學　韋氏曰人主修德未有不資

輔弼而成者召公故以馮翼孝德風王使知敬沃不可不擇人而引翼不可不勉勵也二以字甚着力

顒顒卬卬如圭如璋令聞令望豈弟君子四方為綱

賦也

此彌性符驗皆自馮翼孝德之助來

鳳凰于飛翽翽其羽亦集爰止藹藹王多吉士維君子使媚于天子

興也

舉鳳凰稀見之物以喻賢臣難得王能致之吉士始居王朝藹藹處要補作人之功吉士即上

馮翼孝德是也維字見士委身不二惟任君之
使命也媚字下得妙

媚天子易言媚庶人難言蓋臨民易于權残忍雖下一媚字多少曲體多少豫悦

鳳凰于飛翽翽其羽亦傅于天藹藹王多吉人維君
子命媚于庶人與也
輔氏曰媚于天子則見賢者無勉強之意媚于
庶人則見賢者有維持浹洽之意　陸氏曰
媚于庶人者囿民于德化而以君為則為綱也
撫愛庶人即所以忠愛天子原非兩事

寫出君臣和協光景

鳳凰鳴矣于彼高岡梧桐生矣于彼朝陽菶菶萋萋
雝雝喈喈比也

黄氏曰必人君有待賢之盛禮而後群賢有和集之德音也

君子之車既庶且多君子之馬既閑且馳矣詩不多維以遂歌賦也

輔氏曰不明言其事而曰維以遂歌者蓋欲王自得之也

姚承庵曰但云君子之車云云而不言其所以用引而不發含意無窮詩人運筆極妙處

後總評

姚承庵曰成王遊卷阿必與群伴共奐釋于斯地因作歌以愉快召公見此是治亂一

大機就于其游歌時矢音以規之先教之彌爾性隨教之親近賢人君子以為盡性之助後教之備車馬以招徠天下之賢士蓋親禮賢士大夫以享太平之樂勝于同宦官宮妾優游于卷阿之上也故特從伴奐爾游說起儒者不察将伴奐優游共訓是閑暇之意恐未得召康公之旨

鄧滑谷曰卷阿召公将王德也伴奐游歌斯王心自得時乎故廣之以彌性必居以安必滋而深必廓而充彌之之道也彌性則克紹先德臻

子有終曰似先公酋彌性則百神集命有依曰
百神爾主彌性則天申右命眉壽無害曰純嘏
爾常然曰使爾彌性也非得馮翼之輔疇與引
翼歟惟孝惟德故求輔重吉士爲媚天子媚庶
人言順于上下也嘻虞歌勅天周雅彌性虞歌
喜起周詠藹藹多士虞鳳凰來儀周鳳凰雝喈
泰和在虞周宇宙也豈不諒哉

詩經治亂始末分編傳註合抄卷之四

盛周宗廟祭祀祖先之詩　閩陳鴻謨聖謀甫纂

維天之命全

總評　序云此以太平告文王也盖周之天下太平皆文王之德致之未及太平而崩今四海已平康將欲制禮作樂遂歌此以告文王但文王之德難於形容故舉天道以配之篇中云駿惠及篤字以篤厚祖德自任復致囑於後人欲紹繼祖於無疆也三箇我字見我與文王相承一脈不容推諉矣愚以為武王放馬歸牛之後所作

故冠爲祭先王之首

維天之命於穆不已於乎不顯文王之德之純假以（說天道聖德莫辨於此）

溢我我其收之駿惠我文王曾孫篤之賦也

瞿昆湖曰穆即不已之深遠是也顯即不雜之顯著是也溢解盈溢之溢言文王之德饒衍洋溢也篤字有變通擴大意　姚氏曰假昭假也文王之德蓄積　矣倘今之際昭假在天之靈而流澤波溢於我我其以身收受之

維清緝熙全

總評　申公說云此周公祭文王於明堂而奏象舞

之詩愚按文王時有擊刺之法武王作樂象而為舞號其樂曰象舞以象文王之事至周公時祀於明堂以配上帝曰肇禋者以文王配帝始於此也看煞句維周之禎則知文王所垂紀綱法度皆鞏固宗社之善經玩迄用有成言子孫能用之自可有成國家禎祥莫大乎是周初不以符瑞為祥而以典法為禎便已斷絕後世赤雀丹書之說讖緯符驗真不足尚矣

維清緝熙文王之典肇禋迄用有成維周之禎 賦也（清字緝字熙字奥義耐人思量四句有無窮摶折何以多得）

上章單舉文王之德此章始舉文王之典觀清

緝熙三字分明是箇德而以典言之者謂其德寓於法也蓋有是典法然後有是盛效其為禎祥也大矣

我將我享全

總評

申公云此季秋禘上帝于明堂而配以文王之樂歌愚按此篇開頭說天之饗我雖不敢必然我有確可持循者惟法文王之典以安民民安則四方靖即是受福矣曰儀曰式曰刑諄復言之以見取法之甚也則末忽又說出畏天時保不過常法典以安靖綿綿勿替而已古人一

祭祀之間輒懷赫〻可畏之威昔湯以顧諟明命之心祇肅上下神祇是以克昭天監召誥老臣事少主反覆於不敬墜命之戒是以能祈天永命後世人主一行郊祀明堂之禮類多哆然矜大如漢武諸詔是也其視我將之頌可媿多矣

首尾說天中間夾文王一段文字奇幻其右之尚不可必故末下一畏字呼應有法

我將我享維羊維牛維天其右之儀式刑文王之典日靖四方伊嘏文王既右享之（天）我（威）其（曰畏）夙夜（保曰）畏天（時）之（刻刻）威于（不）時（敢）保（放）之（胆）賦也

郊禘總評

陳氏曰古者祭天於圜丘掃地而行事

器用陶匏牲用犢此古郊祭天之禮也周公以古禮極簡未足以盡其意之委曲故於季秋之月又制有大享之禮即明堂之禘此周公始制也帝即天也郊祭曰天所以尊之故以后稷配之明堂祭曰帝所以親之故以文王配之義各有别　鄧潛谷曰天命赫〻監莫威焉我其夙夜祇威有嚴庶有保予存天載之神者惟存文王保昊天之命者惟畏天威祈天者篤矣

有来雝雝全

總評　朱註云此武王祭文王之詩愚按祭文王之

詩凡五篇或頌其不顯之德或頌其緝熙之典
或歸日請於儀文之典或推無射於秉文之德
尚未詳及燕天昌後若此篇也要其所以致此
者不過宣哲文武四字為人為君之道約而盡
讚曰假哉皇考綏予孝子綏我眉壽殆不虛耳
雖然祭先王之詩多言諸侯助祭者何也觀此
篇末言於薦肆祀却先寫雝〻肅〻儀容紆而
有致即揚雄所謂事親莫大於得四海之歡心
者此也今皇明一歲五享太廟無所謂禘祫者
天下藩臬郡縣請凡遇朝覲歲天下來朝官員

當歲暮孟春之享皆與助祭之列俾之佩祖功
宗德而知警是亦周制之遺意也

有来雝雝至止肅肅相維辟公天子穆穆賦也

寫出萬國歸心一統盛明世界絕似武王克商
告成氣象　先從相者説起以祭時陪祭者先
就位主祭者始就位

於薦廣牡相予肆祀假哉皇考綏予孝子賦也

宣哲維人文武維后燕及皇天克昌厥後賦也

宣哲二字合言之文武兼舉之最妙蓋宣是知
足以周萬物而哲不明炳於幾先不可云維人

文足以開太平而武不足戡禍亂不可稱維后

兩維字可玩

綏我眉壽介以繁祉既右烈考亦右文母 賦也

到末突出文母見内助聖后之力文情甚不測

附别解呂東萊曰文武雖同建王業然武王實得天下故歸功之言詳於武王而末章則推本於文王太姒焉

於穆清廟全 以上五篇皆祭文王之詩

總評序云周公既成雒邑朝諸侯率以祀文王焉

愚按當時雒邑初成多方睥睨雖武王敉寧之

開頭只嘆美深遠廟貌誕甚奇甚以文王既沒精神不可見祇於宮廟羨牆想

功無以服弗請之心周公故於助祭之時升歌清廟曰秉文之德曰對越在天曰駿奔走在廟儼然若文王盛德之容宛在目中直說到無射於人斯則文王之澤彌久而不忘也雖有奮命予復之奸能不肅然頓消乎昔武王之誓師也曰惟我文考無罪今周公之詰助祭諸侯也亦曰秉文之德以文王之德深浹於人故也

於穆清廟肅雝顯相濟濟多士秉文之德對越在天（礼記註云駿疾也疾）駿（字下得妙）奔走在朝不顯不承無射於人斯　賦也

不經說文王之德单就顯相寫出肅肅雝雝的

像之耳

氣象而對越之時有景仰如見之神奔走之際
有趨蹌恐後之心皆本於肅雝摹擬聖德在人
筆〻如畫

後總評　禮記每云升歌清廟則歌文王之德莫重
於清廟也明矣只此肅雝顯相數語周室重于
九咢覺多士多方諸誥尚費詞說然諸體主於
委折詳盡頌體主於謹嚴高雅立言各自有體
樂記有云清廟之瑟朱絃而疏越一唱而三嘆
其深得詩人之意歟

載見辟王全　此助祭於武王詩

總評

申公說此諸矦助祭於武王廟之詩愚按此篇劈空就說載見辟王曰求厥章盖操慶賞刑威以制萬國者辟王也法度之頒諸侯常世守之矣至來朝之時曰求厥章即王制所云考禮正刑一德於朝見之意也分明諸矦一政一事皆當請命天子若齊桓公專封而不請於王便是不禀受法度者春秋書築城於書譏之也看下文以孝以享以介綏以俾字等字非歸功於諸矦見得諸矦率職恭我正朔守我律度四海無虞便是天子多祜多福純嘏全在我有以制

孫氏曰一篇風致全在此車服数語上

馭之意若漢藩國之驕蹇唐藩鎮之竊據可謂
祜福乎可謂純嘏乎天子之法度何存乎

載見辟王曰求厥章龍旂陽陽和鈴央央鞗革有鶬
休有烈光率見昭考以孝以享以介眉壽永言保之
思皇多祜烈文辟公綏以多福俾緝熙於純嘏　賦也

来朝之意氣懽悦車服鮮明所云休有烈光是
也　眉壽多祜本是昭考所錫反歸之辟公綏
以者言非得諸侯助祭不能受此多福俾緝熙
於純嘏句極妙見福不幸綏必有緝熙之德然
後常保此純嘏耳

後總評　鄧潛谷曰載見諸矦假見朝廟也主朝王蓼蕭饗之湛露燕之雅見之矣主假祭載見見之臣工遣之振鷺有客賓之著之頌蓋其重也

有瞽全

總評　孔氏曰周公攝政六年制禮作樂一代之樂功成而合諸樂器於太祖之廟奏之告神愚按此篇都就樂器聲音寫出肅雝俾人領會肅雝之德於鏗鏘之餘是聽云者發揚祖功宗德與其精神契合并令聖人後裔永覩厥成肅然臣服不敢潛萌非心則樂之盛美可知嗚呼亂國

亡國之音其政散其民流誣上而行私是以商末師延工於靡靡之音至武王伐紂師延遂投死濮水至今傳有濮上之音所由來也漢末杜夔傳舊雅樂四曲一曰鹿鳴二曰騶虞三曰伐檀四曰文王皆未得周家制樂以象功德之盛善哉鍾伯敬之言肅雝周德也故曰聞樂知德合祖亦在此也此篇當得一代樂記不可草草

讀

有瞽有瞽在周之庭設業設虡崇牙樹羽應田縣鼓鞉磬柷圉既備乃奏簫管備舉喤喤厥聲肅雝和鳴

先祖是聽我客戾止永觀厥成 賦也
考索曰柷方二尺四寸陰也敔二十七鉏敔陽
也樂作陽也以陰數成之樂止陰也以陽數成
之固天地自然之理也　顧氏曰肅雝相濟然
後謂之鳴和先祖是聽根上二句來要本功德
說我客統承先王所用皆大聖人之樂後有作
者宜難為觀今觀之無斁樂盛可知　孫月峯
曰疊用樂器鋪填却不失之堆垛乃更有態此
是筆力高處
烈文辟公全

總評

序云此成王即政諸侯助祭也愚按洛誥周公誕保文武受命惟七年則周公攝政七年始歸政於成王是時伻殷承叙四方和恒邉鄙無虞皆周公力也成王即政之初作周官以訓廸百官所以治内也烈文辟公之詩以威服萬邦所以治外也篇中曰錫茲曰惠我儼然以文武錫命分藩惕之也曰維王曰無競曰不顯儼然以天子威德自命也曰子孫保之曰無封靡曰念茲戎功曰其訓之曰其刑之凛然以無敢作福作威世守屏翰勅之也篇首陡呼烈文辟公

使之震然竦篇末咏嘆前王功德在人使之悠然思歌於穆清廟則萬國仰文王之德歌烈文辟公則四海戴成王之威於七百七十國安敢不懾志臣事宗周哉宋志宴饗之儀設山樓排場為群仙隊伏六番進貢九龍五鳳之狀進酒賜花徒飾虛文此不足論間如漢之置法酒執法舉不如儀者宋陳靖所言令有司糾舉越次失節者此不過嚴肅其威儀而已不能使諸侯睠懷明德恪謹侯度皆失成王烈文辟公樂歌之意我皇明每歲三大朝賀及郊祀禮成行慶

成禮凡四舉焉或宴殿上或宴中左中右門或陪祀官宴於丹墀文武百官各以品定朝儀整肅視前代為倫洵漢魏晉唐之所不及也請以烈文辟公之詩賡歌朝堂使臣下勸志盡瘁無負聖明德意不宜視為虛文草草讀過

烈文辟公錫茲祉福惠我無疆子孫保之

文武造此周國故此等得列為諸侯則辟公之封建皆文武錫之子孫保之謂諸侯世守此分土也

拈出大病痛

無封靡於爾邦維王其崇之念茲戎功繼序其皇之

封是專利以自封殖如吴王濞擅山海之利拊
循招納山東七國之變相挺是也靡是奢侈以
傷財如淮南王南海尉佗衣冠車輿僭越帝制
自為是也哀周楚國僭王茅貢不入成王一眼
覷到預先謹誡即王制所云命典禮制度衣服
正　之意崇字便有慶讓在內　歐陽氏曰念
此大功世繼其序而增大之指辟公言愚以上
句如此解亦去得但增大貼在辟公說則非詩
旨今看來辟公所以享有爵土皆我周家錫之
之惠汝諸侯當念我封汝之大功繼序云者世

世繼序以蓄王室其皇之云者奉我周為皇主也故下節遂云無競維人四語氣終一貫

無競維人四方其訓之不顯維德百辟其刑之於乎

鍾云末句有含蓄

前王不忘　賦也

黃氏曰威力之強々乎一隅而止惟四方其訓則莫強於人可見爵位之顯々乎一身而止惟百辟其刑則莫顯於德可見愚以人字即有德之人直指前王看更直截不忘言天下後世之人仰慕愛戴之不忘也

後評

孫月峰曰錫福是神却乃歸之辟公聖王之

冲懷如此作三層意首賛次戒次勉末收曰前
王不忘則又無非神之福也簡而有波篇法絕
完凈
振鷺于飛全
總評　說云此先代之後助祭於周而勞之〻歌盖
先代之後一旦事人自非聖德服之則彼情未
適今二王之子孫助祭得宜是其敬服時王故
能盡主客之美也
振鷺于飛于彼西雝我客戾止亦有斯容在彼無惡
在此無斁庶幾夙夜以永終譽賦也

此宜作興體朱註以賦繹之末是鷺色潔白取其精白一心以事上也在彼謂居其國皆慎命率典無可怨惡之事在此謂其來朝世〻享德建爾上公無有削奪之患末句再三叮嚀再三祝頌藹然之情可掬可念

猗歟沮漆全

總評　愚按易云王假有廟致孝享也周家宗廟之祭有六享祫言肆獻祼禘言饋食二也又有春祠夏禴秋嘗冬烝之享四也此在廟以神道事之故云祭在寢以人道事之故云薦即月令所

云季春薦鮪於寢廟季冬漁師始漁天子親往乃嘗魚先薦寢廟是也愚於宗廟之祭而以薦寢居終者亦以見王者孝敬祖先無已也漢承秦弊不能親考古帝廟制合為都宮以序昭穆後漢明帝又欲遵儉自抑遺詔無起寢廟後世相沿而公私廟皆為同堂異室之制自此天子不復有七廟矣更歷魏晋隋唐其間非無奉先思孝之君據經守禮之臣而皆不能有所裁正古禮蕩然隨時薦寢之義何存乎

猗歟漆沮潛有多魚有鱣有鮪鰷鱨鰋鯉以享以祀

以介景福賦也

記漆沮之水者詳地産之美也記鱣鮪鰷鱨鰋鯉者詳及時之物也積柴養魚曰潛郭璞曰魚得寒入其裹藏隱因以薄圍捕取之言罹之有素也

上評　孫月峯曰寫燕樂情景堪味中間點注甚有姿態攝字最工

詩經治亂始末分編傳註合抄卷之五

盛周祭宗廟而燕父兄樂歌

敦彼行葦全

總評　申公說云此天子祭畢而燕父兄耆老之詩

愚按國語襄王怒鄭欲伐之富辰諫以兄弟雖有小忿不廢懿親襄王不從卒台狄難讀角弓葛藟二詩知幽平之所以壞讀杕杜之章知晉昭之所以滅周初之盛燕兄弟於朝廷常棣之華是也宗廟之祭則歌行葦為之肆筵授几酌斗祈壽抑何親〻懇篤歟且借射以勸飲歌咢

以侑觴絕無崇卑之隔正是莫遠俱邇處篇終望之以引以翼則是莫遠俱邇者非若後世狎眤之私蓋必懿德交修長為屏翰所謂攸好德而後考終命也或者曰周禮王燕公族必以膳夫為獻主者何也愚以臣莫敢與君抗禮立法之義則然也今此曾孫維主則以尊事黃耇豈非情重於義哉周家世賴宗藩之助王室之勢安于磐石雖歷多故而根本不搖者藉此也後世此禮不行情闕而詐生於是鄭伯居段於京使之多行不義以自斃漢文寬赦淮南使之素

驕不法而道亡宅心可謂忍矣迨後唐太宗遣列藩雖流涕不已明皇殿設五帳雖情惇同寢然皆不能擴充友愛之心終不免有讒間之入古今興亡之變只在骨肉厚薄之間愚讀史愈感聖人立教之意遠矣

敦彼行葦牛羊勿踐履方苞方體維葉泥泥戚戚兄弟莫遠具爾或肆之筵或授之几 興也 篇主意

行葦惟勿踐始有泥泥之茂兄弟惟莫遠乃盡戚戚之情戚戚關切意輔氏曰兄弟戚戚恩意本厚其所以至於薄者只緣相遠而相疏故

耳若使常相近情意浹洽則相親相敬其於肆筵授几之事自有不容已矣

肆筵設席授几有緝御或獻或酢洗爵奠斝醓醢以薦或燔或炙嘉殽脾臄或歌或咢 賦也

敘淂錯落而情意之懇自見

敦弓既堅四鍭既鈞舍矢既均序賓以賢敦弓既句既挾四鍭四鍭如樹序賓以不侮 賦也

荀子云天子彫弓諸侯彤弓大夫黑弓

四鍭者射用四矢故揷三矢於帯間挾一以射

顧氏曰較德較藝不過為勸飲設以盡相樂之情 王肅云比燕射也序賓以賢段泛言射序賓以不侮專言射勝用字甚斟酌

曾孫維主酒醴維醹酌以大斗以祈黄耇黄耇台背以引以翼壽考維祺以介景福 賦也

鄧潛谷曰祈黄耇何也人惟求舊以能引我勿迷也以能翼我勿怠故以爲養老乞言諸皆天德詠歌之勸歆焉

既醉以酒全

總評　申公云王族與燕賦此以荅行葦之詩羣子曰既醉祝君而曰昭明有融高朗令終可謂善頌禱矣蓋人君有不獲令終者明或不足也歷攷古聖如軒轅之聦明帝嚳之知遠察微堯之

劈頭說以德二字下面層層跌

欽明克明舜之明目達聰湯之懋昭文之緝熙莫非昭明高朗以承天寵命照臨萬方是以榮聞休聲治化光顯垂於無窮也泰誓曰亶聰明作元后未有不聰不明而受福善終者詩述嘏詞而告以孝子不匱永錫祚胤景命有僕其意深婉矣此篇只分截二段看自篇首至高朗令終為一段祭畢而燕頌禱之詞也自令終有俶至于卒章追道祭之受福以明頌禱之實也如此看氣終一貫

既醉以酒既飽以德君子萬年介以景福　賦也

駁格法井然

以下五章皆是就前章末句轉意節〻演出

上章以介是求以致之此云介以是彼自錫之耳萬年只是久不可作壽考說既醉非徒享是五福而已重在德有以致之不然民將盼〻疾視豈能獨享治平乎

既醉以酒爾殽既將君子萬年介爾昭明（生下）賦也

張榜曰昭明者熙洽景爍之意萬年者保亨大於日中煥重明於天下也愚按詩意必君德清明而後景運光昭此祝頌本旨

昭明有融高朗令終令終有俶公尸嘉告（有融高朗極讚明之極盛）賦也

高朗令終指祚亂之錫開萬年之統令終有俶

就今日昭明有融始也　姚氏云必舉公尸嘉
告者借其辭可以達已祈祝之意

其一告跌維何籩豆靜嘉朋友攸攝攝以威儀　賦也
禮器曰籩豆之薦四時之和氣也郊特牲曰籩
豆之薦水土之品也不敢用褻味而貴多品所
以交于神明之義也自此至孝子不匱內盡禮
外盡物君臣一德父子一誠此錫福之繇也

威儀孔時君子有孝子孝子不匱生下永錫爾類　賦也
彭氏曰觀其威儀孔時可以見成王之奉先思
孝矣固宜有孝子繼於其後蓋天之錫君以類

相從必然之理也按祭禮嗣子飲奠在旅酬之後其誠易竭不匱為難 類字朱註訓善字未確當作肖類之類

祚胤合說 妙

其類維何室家之壼君子萬年永錫祚胤賦也 二跌 生下

國語云類也者不忝前哲之謂祚胤也者子孫蕃育之謂也錫類之下緊接室家之壼見人君深居宮闈邃密之地莊敬自持肅然如對神明如臨師保便是天命凝聚祖宗之敷錫所在言此以見受福之有本與後世人主設施政教在朝廷象魏之間大不相同

其三

亂䟽維何天被爾祿君子萬年景命有僕 賦也

錫以亂而不錫以祚則命或難凝故先錫之被祿即為天子有僕者世〻為景命所附而不離也　僕字不宜訓附字當作臣僕歸附解言天既被爾祿是以君子世〻享有天命自然有臣僕歸附之故下緊接釐爾女士

其四

僕䟽維何釐爾女士釐爾女士從以孫子 賦也

女士女而有士行如文王之太姒是也坤卦文言曰陰雖有美含之以從王事弗敢成也助理陰教以為天地宗廟社稷之主有內助自有賢

亂如太姒之有武王是也釐女士二句重在孫子上然而歸妹秉剛求有螽斯之兆足紹祖德噫難矣哉　釐爾女士不宜訓女有士行生淑媛使為妃則上章室家之壼非女士乎從以句謂隨又生賢子孫則永錫祚亂者又何物乎前後重複不能解只承上有僕來言天下之臣妾無不歸往之言天釐爾女士皆隨從左右其孫子使世為天下君不曰士女而曰女士者叶下孫子之韵

凫鷖在涇全

總評

申公説云此祭之明日繹公尸之樂歌愚按周廟之制王季以上遷主祭於后稷之廟文武以下亦遷主穆之遷主祭於文王之廟昭之遷主祭於武王之廟凡遷主槩無特尸有廟則有尸后稷廟中后稷尸一昭穆尸各一文王廟中文王尸一穆共尸一武王廟中武王尸一昭共尸一繹者明日之祭也巳祭矣繹思之不厭更設饌於廟門外之西堂而事尸於堂於是日也煖其祭食以燕為尸之人竊慨宗廟之禮敗壞於秦漢高初定禮制亦不過令諸國王皆立太

上皇帝廟惠帝又立高廟又立原廟〻益猥繁并不聞有燕尸之禮彼盖尊君抑臣焉故也漢世去周未遠猶然如此況下此者乎試省此篇来燕来寧䓁句重複不一憪勞之意慇然一酒殽也頻頻叙出處具禮物以達上情一福禄也節〻提起寵渥爵禄以憪下心古人用意之篤行文篇法之妙俱見於此（一見）

鳧鷖在涇公尸来燕来寧爾酒既清爾殽既馨公尸燕飲福禄来成興也

来寧者為尸時未免拘束不安今則登筵依几

而安矣来如董子所云福禄自来之来福禄承
燕飲受君恩説
鳧鷖在沙公尸来燕来宜爾酒再見既多爾殽既嘉公尸
燕飲福禄来為興也
頤氏曰宜者克稱是燕為為有扶持輔相之意
鳧鷖在渚公尸来燕来處爾酒三見既湑爾殽既脯公尸
燕飲福禄来下興也
鳧鷖在潨公尸来燕来宗既燕於宗福禄攸降公尸
燕飲福禄来崇興也
孫云滿篇歡宴福禄而以無有
鳧鷖在亹公尸来止熏熏旨酒四見欣欣燔炙芬芬公尸

後艱收可見古人兢兢戒慎意

上評　孫月峯云是莊語然風致却有餘中間德舊章儀音群四綱紀臣民等參互棟入總歸之渾妙

燕飲無有後艱興也

九重殊遇有加無已福之隆于前者不替於後何後艱之有

假樂君子全

總評　申公云此公尸美王者之詩愚按此篇頌美之文却寓箴戒意嘗謂張蘊古大寶箴文何嘗不剴切然詞多巉峭令人驚悸看此篇開口便云君子之德可嘉可樂何苛和平次句即云顯顯蓋以為天子者必有明而又明之德方可以綱紀四方使百姓得所無作怨惡使百辟卿士

賴以安雖然不可恃也苟一有懈則昏晦不顯而民不獲安息天又豈肯保佑命中之哉為人君者曉得顯〻令德四字則指鹿之奸誤國之術不能從中蠱惑之矣篇中都是誦語即可作戒語古人立言之妙如此

假樂君子顯顯令德宜民宜人受祿於天保右命之自天申之賦也

毛氏曰宜民宜人宜安民宜官人即皐陶所云知人則哲安民則惠此令德之實顯然而可見者顯顯云者即光被四表勤施上下四海九州

咸仰王德如此說更直於大全輔氏

干祿百福子孫千億穆穆皇皇宜君宜王不愆不忘

率由舊章賦也

百福多矣单舉子孫言之丕承基緒是人世莫

大之福然必賢足以撫萬邦蕃王室故為穆穆

皇皇二句何等荷重何等讚揚又舉愆忘為戒

者蓋守文之主類欲自作聰明更張祖制此有

才智而過者其次即放棄典刑日與狎客燕安

此愚懦而失者漢唐諸君往往蹈此如府兵之

變為彍騎彍騎之變為藩鎮其一端也故緊

囑以率由舊章

威儀抑抑德音秩秩無怨無惡率由群匹受福無疆

四方之綱 賦也

先修君身以正出治之本次用賢才以羅輔治

之佐德政修明禮樂振舉四海雖遠皆係其統

括之内 賢者多嚴以規上人主雖敬之不能

無怨心況讒臣日離間之不能無惡心絕去怨

惡纔稱率由群匹匹是衆賢即易云遇其夷主吉

行是也

之綱之紀燕及朋友百辟卿士媚于天子不懈于位

民之攸塈賦也

綱紀即頂上修己用人来盖紀剛不立即雖强且富不是為人君之福故公尸頌美其君重以綱紀致戒紀綱内要點民安燕非賴之以安全不修職業但民安則臣得以從容佐理而已然古今叢脞之患皆因君心稍懈民必不得其安故到末推原在于君心不懈修德用賢終始如一也　鍾氏云為人父止於慈燕以翼子是也為人君止於仁燕及朋友是也

後評　既曰率由舊章又曰率由群匹既曰燕及朋

友又曰不懈于位見得不信仁賢則百度廢弛主心怠玩則庶職隨墜千古大患在此三者此篇一節緊一節立言有法

絲衣其紑全

總評

申公云此士執事于王祭而飲以旅酬之樂歌愚按旅酬之禮在天子揔干舞大武之後在太祝未徹祭之前遂行加爵為旅爵之始加爵者謂太子及三公之長一人九卿之長一人用壁角酌沇齊各行一加爵然後燀胞翟閽等皆有所賜予今觀自堂祖基由內及外牲具森列

尚未歌雍徹祭之時兕觥二句行獻酬之禮序以為繹賓尸未註謂祭而飲酒俱未詳確

絲衣其紑載弁俅俅自堂徂基自羊徂牛鼐鼎及鼒兕觥其觩旨酒思柔不吳不敖胡考之休賦也

曹氏曰大夫以下祭服謂之冕士祭服謂之弁其首服弁則衣用絲其說本於士冠禮有爵弁服純衣之制旅酬尊卑交酢之際祭畢將徹之時不譁譁不敖慢聖世威儀有道氣象其得壽考之休宜也　孫月峯曰言地言牲言器語簡而事備絕有致

詩經治亂始末分編傳註合抄卷之六

盛周朝廷燕饗兄弟之詩

常棣之華全

總評　申公云此天子燕兄弟之歌愚按敦彼行葦宗廟祭畢而燕父兄耆老此篇與有頍者弁朝廷而燕兄弟者也蓋手足之義死生苦樂無時可離而侯王之門易啟嫌忌何哉讀周公是詩則臧親定亂大不得已而悲憫惻怛之情亦於此見矣讀行葦有頍二篇極其和樂以篤兄弟之好而此專言死喪急難之事其志切其詞哀

說得委曲真切欲哭欲笑只是一箇真字篇中借朋友妻子比擬對勘愈見兄弟之親切

非序所云憫管蔡之失道歟

常棣之華鄂不韡韡凡今之人莫如兄弟興也（凡今二字包得廣一句唱破）

華萼相依而光明與兄弟相順而榮顯語真切

死喪之威兄弟孔懷原隰裒矣兄弟求矣賦也

說到死喪可怖可畏及流離群聚郊野之間惟兄弟肯相思念相依附真可一字一淚

脊令在原兄弟急難每有良朋況也永歎興也

非謂朋友可薄蓋示之以親疏之分使之反循其本由親及疏兄弟之情已篤則朋友之義亦敦矣反覆推求愈見兄弟之情切迫從世情上

勘破可涕可泣

兄弟鬩于墻外禦其務每有良朋烝也無戎 賦也

從鬩墻中看出禦侮雖人欲昏迷之極而天理又不滅者于此尤見兄弟至親也 或云鬩墻作鬭狠之勢內依于墻而外向見其同心協力以禦外侮不作常解亦妙 姚氏曰務字不必改作侮字凡外事之當抵禦者皆是若作侮字則止一事矣

喪亂既平既安且寧雖有兄弟（反應上莫如）不如友生 賦也

蘇子瞻曰人居平安不知兄弟可恃而相責望

則易以生怨揣出世情以責之

儐爾籩豆飲酒之飫兄弟既具和樂且孺 賦也

每對杯酒時〻泣下自嘆寡兄弟之孤影可憐

妻子好合如鼓瑟琴兄弟既翕和樂且湛 賦也

就世人所最愛處打算起來稱人心脾煞句澹遠有致

宜爾室家樂爾妻孥是究是圖亶其然乎 賦也

小人知慮雖淺莫不知有室家妻孥之樂是究是圖欲使之深思而遠圖之以信其然否善打動人心處

有頍者弁全

總評　申公云此燕王族之詩愚按魯傳與蔡邕石經俱列此詩於常棣之次則序云刺幽王之說非也蓋天子之兄弟伯叔分封散處相見甚難故以既見為歡周禮太宗伯以飲食之禮燕兄弟即此詩爾酒爾殽之意也　始二節猶只述未見之憂既見之樂末說到死喪相見無幾戚戚然及今暢飲有不能盡其情者矣

有頍者弁實維伊何爾酒既旨爾殽既嘉豈伊異人兄弟匪他蔦與女蘿施於松柏未見君子憂心奕奕

比意插入章中文法更跌蕩三章皆先言未見時恐踈遠而不得盡其歡則見時何等懽忭立言甚妙

既見君子庶幾說懌 賦而興又比也

黄氏曰蔦蘿無根依松柏為生死以興同姓與九族附於王者非自有尊託王之尊是興衰由乎王也極言利害切身安得不共力以蕃王室

有頍者弁實維何期爾酒既旨爾殽既時豈伊異人兄弟具來蔦與女蘿施于松上未見君子憂心怲怲既見君子庶幾有臧 賦而興又比也

有頍者弁實維在首爾酒既旨爾殽既阜豈伊異人兄弟甥舅如彼雨雪先集維霰死喪無日無幾相見樂酒今夕君子維宴 賦而興又比也

處来日之無多而及時以燕樂不遑顧其他故曰維宴詞迫而情懇　孫月峯曰轉折鋪張多意態自濃蔦蘿二句是俊語得此乃更有奇色　姚承菴曰詩本皆是賦中間有興有比成矣口之章朱子必分作三體於此篇云賦而興又比也支離甚矣　承菴又曰單兄弟則以蔦蘿松栢喻而期常見之親兼甥舅則以死生骨肉喻而圖相見之樂詩人一字不苟下

盛周朝廷燕饗嘉賓之詩

呦呦鹿鳴全

總評　申公云此天子燕賓師之詩愚嘗論天子之勢尊矣於人臣不能致其樂則不能得其志不能得其志則不能竭其力唐太宗時名儒學士常於北門候進止漢高祖尊顯賢士大夫遣詣相府署行狀嗚呼以此求賢苟有伊呂自負豈肯為之用哉盛周之於臣也食之以禮樂之以樂將之以實求之以誠欲其示我以周行也孔叢子曰於鹿鳴見君臣之有禮也信哉

藹然浹洽

呦呦鹿鳴食野之苹我有嘉賓鼓瑟吹笙吹笙鼓簧

承筐是將人之好我示我周行興也

姚氏曰示不專言語間周行說得寬凡修身齊

家治國平天下大道理皆是

呦呦鹿鳴食野之蒿我有嘉賓德音孔昭視民不恌

君子是則是傚我有旨酒嘉賓式燕以敖興也

孔氏曰此德音不但可示民而已乃君子於是

則之傚之君子指在位衆臣不必說君 德音

孔昭就嘉賓平日之所顯播者言之視不必訓

示字嘉賓敬畏自存所以視至賤之民亦不敢

怅也

呦呦鹿鳴食野之芩我有嘉賓鼓瑟鼓琴鼓瑟鼓琴
和樂且湛我有旨酒以燕樂嘉賓之心 興也

上節言以敖特使之情意暢遂不拘苦耳燕樂
其心直使中心歡欣鼓舞不能自已

隰桑有阿全

總評

申公云此天子燕士之詩愚按此詩一唱三
嘆神情宛轉皆是誌喜之詞序以為刺幽王且
云小人在位君子在野謬戾甚矣

隰桑有阿其葉有難既見君子其樂如何 興也

已前只虛虛白描到三節纔說德音蹈虛妙手寫得踴踴躍躍說得飄揚絕類風體

如何二字形容樂境不盡只道一爱字

隰桑有阿其葉有沃既見君子云何不樂興也

隰桑有阿其葉有幽既見君子德音孔膠興也

君子素有德音矣今一見之允矣名實相符而固結不可解也

心乎爱矣遐不謂矣中心藏之何日忘之賦也

姚氏曰遐字不宜作何字解言爱出於根心即從而謂之亦深遠而不能盡者但藏之中心有不容終忘者耳

菁菁者莪全

上意已足矣而復益以末章以汎汎楊舟

總評

申公云天子燕賓興之士則歌此詩盖人主無賢不肖莫不欲舉賢以自輔然皆未見賢若不克見既見賢亦不克由賢賢人誰肯竭心膂之力哉四章叠言四箇既見君子精神奕奕如見

菁菁者莪在彼中阿既見君子樂且有儀 興也

禮所以養天下之材樂且有儀所以為先也

菁菁者莪在彼中沚既見君子我心則喜 興也

張榜曰我心為社稷喜為蒼生喜

菁菁者莪在彼中陵既覯君子錫我百朋 興也

汎汎楊舟載沉載浮既見君子我心則休 比也

此未見時光景大有波瀾

休字見委任得人我心綣放得下

後總評

鄧潛谷曰大雅云濟濟多士文王以寧小雅云既見君子我心則休彼賢才多而天下安天下安而王安矣由鹿鳴至菁莪曰正小雅皆以燕始於尊賢終於育才才賢之府也才育之成而賢賢尊之矣故育才似殖不殖將落殖之而大化嗣續綿綿於無窮焉贊化育之道也王道備矣

南有嘉魚全

總評

序云南有嘉魚樂與賢也太平之君子至誠

樂字画出
聖主好賢
性情

樂與賢者共之也愚按首二節云烝然罩罩烝然汕汕興君子之求賢上籠之如罩下撩之如汕求賢無方如此曰樂曰衎曰綏曰又思情意綢繆有以安其心有加無已所以樂其心賢者聞風而至如翩翩飛鳥群然而自來皇皇多士生此王國豈不信哉

南有嘉魚烝然罩罩君子有酒嘉賓式燕以樂 興也

釋文云得賢置酒欣情怡暢故樂

陸氏曰嘉魚鯉質鱒鯽肌肉甚美食乳泉出丙穴

南有嘉魚烝然汕汕君子有酒嘉賓式燕以衎 興也

衎字不應作訓樂字易曰鴻漸於磐飲食衎衎
有相宜自適之意

南有樛木甘瓠纍之君子有酒嘉賓式燕綏之興也
呂氏曰樛木下垂以興君瓠之升以興臣言相
與固結而不可解也詩人善形君臣一德慶

翩翩者鵻烝然來思君子有酒嘉賓式燕又思興也
范氏曰人君之於賢者始則多方以勤求之繼
則禮貌以招延之其後賢者聞風自至擇主而
事氣類相感往往然也

後總評 鄭潛谷曰南有嘉魚興賢也士入官尚賓

之樂故以魚罩瓠纍鵻来為興之比鹿鳴而下燕親賢在位者故以此為興賢之樂歌

伐木丁丁全

總評

序云此燕朋友故舊也自天子至於庶人未有不須友以成者親〻以睦友賢不棄不遺故舊則民德歸厚矣愚按鹿鳴以臣為賓敬已至矣此以臣為友情益親焉夫以天子之貴而尊其友曰父曰舅親其友曰弟曰兄此皆知有朋友相須之義而不見有君臣相臨之分也篇中詳叙燕饗之具道及酣飲鼓舞之趣寫出太平

晏樂君臣相得興致淋漓極盡握手之歡是以大寮庶職鼓舞效命屏固周祚有八百之久也若漢明帝雖以師禮待其臣然所行者特醬酳之儀已矣所傳者特章句之業已矣非盛周中心好之如德音孔昭之嘉賓也至於繼世僕隸之臣諾諾唯唯君驕臣諂此所以多亂而少治也歟

入題逶迤有致

伐木丁丁鳥鳴嚶嚶出自幽谷遷於喬木嚶其鳴矣求其友聲相彼鳥矣猶求友聲矧伊人矣不求友生神之聽之終和且平 興也

孫月峯曰本說求友却棟入出幽遷喬句似無関正意然却有風致亦孰非至理　程氏曰朋友之信常久不渝可質於神明和謂相好平謂不變　姚氏云出谷遷喬有向于高明意見人欲進于高明舍友生何賴焉

伐木許許釃酒有藇既有肥羜以速諸父寧適不來微我弗顧於粲洒埽陳饋八簋既有肥牡以速諸舅寧適不來微我有咎興也

孫月峯云道款客之意殷勤懇至子建箜篌引等篇從此演出不來在人弗顧在我語語躬自

責意

伐木于阪釃酒有衍籩豆有踐兄弟無遠民之失德乾餱以愆有酒湑我無酒酤我坎坎鼓我蹲蹲舞我迨我暇矣飲此湑矣興也

蘇子由曰君子之于朋友無所愛者有則湑之無則酤之不以有無為辭也奏之以鼓重之以舞盡其所以樂之也　韋氏曰玩迨我暇矣飲此湑矣則朋友之好久而不懈其致和平之福矣秦皇漢祖柳何恐耶　姚承庵曰諸父諸舅皆尊者故但言速而不敢必其來兄弟同儕故

必召之使來而無遠且於諸父必曰肥羜於諸舅必曰陳饋八簋肥牡於兄弟但曰釃酒曰籩豆其隆殺有等如此

盛周燕饗大臣之詩

魯麗于罶全

總評　魯傳云此天子燕大臣也按六月序云魚麗廢則法度缺矣物不足則不能備法度當文武太平之日庶物繁盛故能備禮大失詩人意思噫周之待大臣可謂善始善終矣觀之周禮〻有燕禮樂有燕樂射有燕射皆所以隆君恩而

洽臣歓者也漢室之野兎盡而獵狗烹殘滅大臣不必言矣即如宋太祖設燕而釋兵權豈非猜忮未忘耶愚每讀史而益嘆周德之至不特此一事已也　細玩此篇旨字多字有字重複言之離〻合〻情意惇懇淵然難盡末推到時字妙甚

魚麗于罶鱨鯊君子有酒旨且多　興也

孫氏曰只道品物之豊更不及他然興趣固有餘

魚麗于罶魴鯉君子有酒多且旨　興也

又翻一遍洗發精神六句一韻當作一章者

魚麗于罶鰋鯉君子有酒旨且有興也

物其多矣維其嘉矣賦也

物其旨矣維其偕矣賦也

物其有矣維其時矣賦也

呂氏曰所謂時者不專為用之之時也苟非國家閒暇內外無故則物雖盛不能全其樂矣

後總評　鄧潛谷曰禮鄉飲酒若燕皆歌瑟而歌鹿鳴四牡皇華學亦如之所謂宵雅肄三者也然後笙堂下奏南陔白華華黍南陔養也白華孝子之潔白也華黍時和歲豐也雅道備于上孝

德達于下然後萬物盛多能備禮而睦誦聲興故華黍〻稷豐也生德之本魚麗品物阜也由庶物靡不得其所而由其道也是王道之終也書曰鳥獸魚鱉咸若傳以為太和在唐虞成周宇宙間諒夫

幡幡瓠葉全

總評

魯傳以為周初燕大臣之詩愚按宋李昌齡陳奏燕禮定名姓之籍列酒殽之司分命中使以糾察其於燕享之禮亦謹慎矣然未免拘畏而不歡洽周初之于大臣一以朴實相周不待

宴有好貨飧有陪鼎只瓠葉爲羞兔首爲殽酌之獻之臣下寧有情意隔絕乎觀春秋之世魚麗賦於季宿瓠葉賦於趙孟大夫而行天子之歌自貽王下堂而見諸侯周禮不復講也久矣西周安得不黍離乎

幡幡瓠葉采之亨之君子有酒酌言嘗之賦也

先親嘗其旨否而後行献酬之禮何等慎重何等周至後世燕飲但付之膳夫不幾褻乎

有兔斯首炮之燔之君子有酒酌言獻之賦也

鄭氏曰斯字作鮮齊魯之間聲相近

一兔首已何再三言之不已情意全在献之酢之醻

之

有兔斯首燔之炙之君子有酒酌言酢之賦也

有兔斯首燔之炮之君子有酒酌言醻之賦也

物薄而禮備吾於瓠葉兔首見之矣易云二簋可用享左傳又云苟有明信澗溪沼沚之毛可羞於王公即此意也此篇瓠葉只一言兔首三復言之以堂〻大臣雖至薄之物亦必酌而獻之正見情意綢密處

皎皎白駒全

總評

魯傳以此篇與鹿鳴隰桑菁莪伐木皆為燕賢之詩愚以上七篇為燕享賓與大臣而作此

篇是絶高賢臣功成則退如伊尹之告歸周公之明農留侯之從赤松子遊苛耳王若恐其欲去再三溫詞以堅留之好賢抑何篤也於焉逍遥於焉嘉客其人如玉不勝愛戀瞻注之至責然來思幾幸其在朝受職為公為侯勤勞王事不宜逸豫放蕩山林適志為也既又虞其謝蹤朝廷幻出在彼空谷有宛在水中央之憾皆留之之切而恐有或然之事煞句仍勉他就職示我以周行故云毋金玉爾音而有遐心也詩人立言明白如此何故考亭竟云賢者去不可留

看他反覆摶析思致無窮愛之至也

鍾云慎勉二字下得妙毋金玉爾音而有遐心与此二字相應

亦泥甚矣而序云大夫刺宣王不能留賢豈不謬哉

皎皎白駒食我場苗縶之維之以永今朝所謂伊人於焉逍遥　賦也

皎皎白駒食我場藿縶之維之以永今夕所謂伊人於焉嘉客　賦也

皎皎白駒賁然來思爾公爾侯逸豫無期慎爾優游勉爾遁思　賦也

先託以公侯之重任則自釋肩不得继戒以優游之逸思則當勉為我留而毋決於遁爾

瞻望懷思依依可思魚水之歡不忍決别可謂畫蠶留之興致

皎皎白駒在彼空谷生芻一束其人如玉毋金玉爾音而有遐心 賦也

鍾云遐心即遠心也考亭作遠我之心觧何等淺狹豈未讀陶詩耶讀其室則邇其人甚遠及遡洄從之四句遐心不勞註脚

詞不能給其心頌禱之妙趣在言表三節

盛周群臣祝頌天子之詩

天保定爾全

總評 序云天保下報上也君能下下以成其政臣能歸美以報其上焉愚以此篇盛陳人君受天之祐疊疊無已祈望以孝享致祝以民德必推極君德之所繇大異乎劇秦美新之文讀天保有臺二詩而知盛周君臣一德致治綿久有以也夫

天保定爾亦孔之固俾爾單厚何福不除俾爾多益以莫不庶 賦也

聯提起天保定爾句精神襄諫

易曰敦艮之吉以厚終也即單厚二句註脚又曰或益之十朋之龜弗克違元吉是多益二句註脚　積之極厚故云單厚得之極多故云多益

天保定爾俾爾戩穀罄（二語一篇綱領）無不宜受天百祿降爾遐福

維日不足賦也

戩穀二句就君所為皆善推得福之本言之歐陽氏曰既云何福不除矣又云俾爾戩穀又云無所不宜而受天百祿又云降爾遐福其所以殷勤重復如此而猶曰惟日不足也下遂以

山阜岡陵日升月恒等物以像之臣心可謂期
望無窮矣

天保定爾以莫不興如山如阜如岡如陵如川之方
至以莫不增 賦也

吉蠲為饎是用孝享禴祠烝嘗于公先王君曰卜爾
萬壽無疆 賦也

疏義曰此言祖宗降福之故必述嘏詞以祝之
明其出於神意而非無謂之言 無疆句使其
長為天地山川之主華夷民物之君 姚氏曰
卜字不宜作期解自平日所為者卜之

神（緊承上）之吊矣詒爾多福民之質矣（以百姓為福識為大）日用飲食群黎百姓徧為爾德賦也

黃氏曰人君統天下以為治則兼天下以為福民質自民心之淳言群黎二句自民行之興言首民之質三字便有後世澆漓狙詐之患鄭衛之淫亂秦楚之剽悍青齊之誇誕三晉之傾危人心不古亂之所自起一代風向全在開國之初大臣憂國之苦心如此

姚氏曰說到徧為爾德然後見君之實受其福故復着如月之恒一節以終天保定爾亦孔之固意

玩洪範

建歛福之極必云民無有淫朋歌咏文王之德亦云遐不作人可見皇天眷固全是安置這百姓得停妥

如月之恒如日之升如南山之壽不騫不崩如松柏之茂無不爾或承賦也

末句程氏云無不承其庇廕看得甚妙

後總評

詞之懇到意之深摯不必言文有天馬行空之勢有蜃樓百尺之奇中間数個如字筆趣鼓舞妙甚

南山有臺全

總評

按序云此詩樂得賢故能致太平君子指群臣言是矣第萬壽無期萬壽無疆諒非頌美臣子之言茲閱曾傳說始知為大臣報王頌美天子之詩則君子指天子説為當篇中無一用賢語意不必牽強插入先説邦家之基次説邦家之光然後頌之為民父母而歸之德音前以德而得壽後以壽而垂休規條截然德壽通篇相錯似亂實整朱註解為燕饗通用之樂歌豈於曾傳未之究耶

南山有臺北山有萊樂只君子邦家之基樂只君子

萬壽無期　興也

五章反覆詠嘆樂只君子句每節疊言之樂之至也令人神遊斯際恍彿盛明之世　姚氏曰有基然後光基且光然後稱民之父母語有次第

南山有桑北山有楊樂只君子邦家之光樂只君子萬壽無疆　興也

南山有杞北山有李樂只君子民之父母樂只君子德音不已　興也

程氏曰杞李可食之物興君子養人如父母德

播而爲音有仁心斯有仁聞不已言令聞無窮也　玩民之父母藹如一体之愛故下繫承以德音不已

南山有栲北山有杻樂只君子遐不眉壽樂只君子德音是茂興也

南山有枸北山有楰樂只君子遐不黃耇樂只君子保艾爾後興也

程氏曰枸楰木之尤高大者興君子德澤長遠施及後世故云保艾爾後真是大臣愛國之心無已也　二遐字不必作何字解宜作遠字訓

詩人倒字文法下得奇

後總評鄧潛谷曰南山有臺樂得賢也鹿鳴五篇

下下天保荅之美下下也南有嘉魚興賢南山

有臺美之樂得賢也王得賢樂歌如此乎將順

揚詡之也王聞之不益勸于樂賢哉

盛周朝廷燕享諸侯之詩

蓼彼蕭斯全

總評　申公説云諸侯来朝而天子燕之愚按蓼蕭湛露桑扈彤弓采菽裳華皆天子燕諸侯之詩而六篇中獨蓼蕭有宜兄宜弟之言湛露有在宗載考之語則是二篇為燕同姓諸侯也明矣且此篇開頭即説有譽處兮要其所可譽者云何次節遂舉龍光之德以賓之然龍象德之靈變光美德之昭明取其宜民宜人而止三節既云豈弟即際承以宜兄宜弟而豈弟之實莫先

於家庭是之謂令德蓋周初分寶玉於伯叔國四十有奇且時庸而展親之將以奠本支於百世迨及春秋繁其枝者披其根或以庶奪嫡或以孽代宗此晉鄭所以興椒聊蘀兮之嘆也此詩一則曰壽考不忘再則曰令德壽豈三則曰萬福攸同幾幾然望其初終靡懈永享其樂雖穆之氣沛為令儀荷天百福稱揚之中而寓勸勉之意莊詞篤論其箴規乎同姓也亦嚴矣次篇厭厭夜飲以盡款洽之情則是同姓之於王者庶無禮勝則離之患耳朱子泥於燕笑一語

乃云天子興之燕以示慈惠亦未括其義矣序云蓼蕭澤及四海也嗚呼使列侯盡能挾龍光之德而篤兄弟之愛卒以令德終謂之澤及四海豈不信哉

蓼彼蕭斯零露湑兮既見君子我心寫兮燕笑語兮是以有譽處兮 興也

姚氏曰蕭維長大而可承天之澤諸侯維令德而可承天子之澤此詩取興大主意自古謗毀日入美名難保使非譽命之上逮未有可自安者譽處二字實相因易云終以譽命上逮即

此意也

蓼彼蕭斯零露瀼瀼既見君子為龍為光其德不爽壽考不忘與也

姚氏曰龍字不宜作寵字解諸侯承流宣化允所以為變化霖雨天下者猶龍也為龍美其膏澤為光美其照臨即此便是諸侯之德

蓼彼蕭斯零露泥泥既見君子孔燕豈弟宜兄宜弟令德壽豈與也

宜兄宜弟之下緊接令德壽豈言人允弗念天顯弗念鞠子哀便是殘忍禍根必不可謂令德

壽字豈字合用妙甚有此令德縂可久長於安
樂也
蓼彼蕭斯零露濃濃既見君子鞗革沖沖和鸞雝雝
萬福攸同興也
　沖々雝々令德之有像
蓼蕭湛露總評　鄧潛谷曰蓼蕭之燕笑語也湛露
　之厭々飲也慈惠至矣而卒歸之德不爽沖々
　雝々也德顯著莫不令儀也和而節美夫
　湛湛露斯全
總評　詵云此天子燕同姓諸侯之詩愚按諸侯朝

覲會同天子與之燕所以示慈惠也況同姓之國乎故周禮燕享之禮獻主命之膳夫燕飲共之酒正臣固不可敵君矣然王有親燕臣下之禮而太僕相其左右況王燕則諸侯毛而司儀又供其儀天子之優渥諸侯抑何至也觀厭厭夜飲一云不醉無歸又云在宗載考天子殷勤之意篤於同姓夜飲不至於厭厭不已後兩章言令德令儀則雖過三爵亦可謂不繼以淫矣儀禮疏云受賓聘享則於太廟享食則於禰廟燕又在寢彌親也

前言醉而又言令德令儀則其醉亦有節厭々二字最親密

湛湛露斯匪陽不晞厭厭夜飲不醉無歸　興也
毛氏曰宗子將有事則族人皆侍不醉而出是不親也醉而不出是渫宗也

湛湛露斯在彼豐草厭厭夜飲在宗載考　興也

湛湛露斯在彼杞棘顯允君子莫不令德　興也
和氏曰修德以奉上忠順之心溫克之容皆令德也　鍾云末二節自寓良箴不必監史之設童羖之罰立言隱厚處

其桐其椅其實離離豈弟君子莫不令儀　興也
杞棘中實故興德桐椅外文故興儀　姚氏曰

顯允曰令德豈弟曰令儀亦自不可移易

附別解程子曰豐草柔從而盛者以興同姓之親杞棘卑下之物興小國諸侯桐梓高大之木興大國諸侯似此說不專指燕同姓亦存之

後評燕不於晝而於夜惧因飲而廢弛政事故既朝且夕而夜飲于宗寢庶可盡欵洽之情是以庶子司宫甸人閽人各執燭以共事儀禮劃然且其詞曰莫不令德莫不令儀以禮終始固非若後世長夜之飲也明矣

交交桑扈全　燕方伯

總評

申公云此天子燕方伯之詩愚按成周建國之初提封千里分國百四十二其間大小相維以小事大大比小載在職方形方二官昭然可考誠恐其地曠而莫之制各州置方伯以統正師長之權使得行其慶賞予奪方伯既設可消奸宄之謀而弭憑陵之患職誠重矣茲當來朝勉之以萬邦之屏百辟之憲戒之以匪敖勸戒之意殷殷囑于燕享之間篇中兩言君子樂胥寫出天子欣幸之意曰受福不那曰萬福來同皆祝願之詞毫無懲創之語真是盛世氣象昔

宋太祖之待郭進也曰使我無北顧之憂者郭進控扼西山之力也我視進豈減兒女耶寵異將帥故能得其死力頗合先王優待藩侯之意

交交桑扈有鶯其羽君子樂胥受天之祜興也

蘇氏曰古之君子樂循禮義鄭氏曰王者樂臣下有才智文章者樂胥俱持實胥字勿作語詞又云竊脂飛而往来有文章人觀視而愛之喻君臣以禮法威儀升降於朝廷天下亦觀視而仰樂之

交交桑扈有鶯其領君子樂胥萬邦之屏興也

劉氏曰領首出於身者欲有作為先舊其領文采四張鶯然可愛也

之屏之翰（連上起下之法）百辟為憲不戢不難受福不那　賦也

大抵功高權重者不肯收戢不肯思難則放肆而驕生福不盈皆而禍隨其後不戢註解戢也不難註解難也不那註解那也太回護分明三不字上下文俱正講此憑白文作反語更見惕悚

兕觥其觩旨酒思柔彼交匪敖萬福來求　賦也

孫氏云兕觥二句有婉致鄭箋作罰爵不用解

尤覺味長　交者上下交也情意暢時最易恣肆觀灌夫使酒罵坐不保爵位則匪教之受福可知矣不但此也天子之禮待既渥且又使之兢兢守職不使有盟會征伐之事亦不使有間咼睥睨之心匪傲之言一出挾天子以令諸侯之桓文聞之當亦縮胆肯酒非柔玩思柔兩字想見賓主對酌厭厭真神景

彤弓弨兮全

總評

申公云諸侯敵愾獻功天子賜弓矢燕之而奏樂歌遏觀春秋之間諸侯會盟繼又大夫帥

師強凌弱大并小天子之政令不行由於彤弓
禮廢而諸侯衰矣遡周初州置一長是為方伯
以統五屬十連三十卒其有功者賜之弓矢使
專征伐以正諸侯此王室之所以尊也而究其
所以得專征伐者如四裔入邊臣子簒弑不待
奏報者其他如九伐之法乃大司馬主之非諸
侯所得專也後世強臣拜表輙行者豈得以此
藉口哉
彤弓弨兮受言藏之我有嘉賓中心貺之鍾鼓旣設
一朝饗之賦也

劉氏曰行慶賞必與神人共之故行饗於廟以王府寶藏之弓一朝舉以畀之未嘗有遲留顧惜之意

直敘其事而鄭重溫款之意自見

彤弓弨兮受言載之我有嘉賓中心喜之鐘鼓既設一朝右之賦也

彤弓弨兮受言櫜之我有嘉賓中心好之鐘鼓既設一朝醻之賦也

看三箇一朝字妙司馬法曰賞不踰時欲其速得為善之利也

後總評 韋氏曰賞功勵世之大典賞當厥功則天

下激勸吝嗇不賞則天下解體治亂服畔分于其間可不慎欤中心貺之一朝饗之得激勸之道矣嗚呼漢高亦負德哉

采薇采薇全

總評　傳云天子之燕饗諸侯也愚按享禮爵命之儀辨於大行人牢禮餼献之數存之掌客然周禮徒有其法而見之施行者則有燕饗諸侯諸詩車馬衮黼之錫寓有分氏族別官階之意使服寵命者咸仰天子之尊而以殿邦自勉也

孫氏云用雖無轉意

采菽采菽筐之莒之君子來朝何錫予之雖無予之

大妙詩人多用此拗字

路車乘馬又何予之玄袞及黼 興也

黄氏曰金路以賜同姓而樊纓九就象路以賜異姓而樊纓七就袞龍繪於衣自公以下隨其等而降殺黼文刺其裳自大夫以上隨其等而加隆

觱沸檻泉言采其芹君子來朝言觀其旂其旂淠淠 寫出

鸞聲嘒嘒載驂載駟君子所届 興也 無敢馳驅 景象 寫出容邀

赤芾邪幅叙得甚瑣屑正見其無不恪恭

赤芾在股邪幅在下彼交匪紓天子所予樂只君子天子命之樂只君子福祿申之 賦也 命字有等級

荀子曰君子不傲不隱不瞽謹順其身彼交匪

紓天子所予惟匪紓所以克承寵命　董氏曰古者發大命頒爵祿必先自其祖廟亦不敢專則以德受命其得於神也宜矣

平平即荀子云分不乱于上能不窮于下治辨之極之意

維柞之枝其葉蓬蓬樂只君子殿天子之邦樂只君子萬福攸同（韓詩云平平有便便之閑雅之貌）平平左右亦是率從與也　孔氏曰殿取其鎮重之義天子以天下為家諸侯為天子守土故樂其鎮安天下之固也　柞惟氣脉盛故葉茂諸侯惟才德全故能殿邦與意甚貼切

鍾云優哉游哉二句

汎汎楊舟紼纚維之樂只君子天子葵之樂只君子

所謂有来難〻也

福祿膍之優哉游哉亦是戾矣與也

歐陽氏曰紼纚如天子以爵命維持諸侯爾

王氏曰君子所樂〻王以義揆之也君子事王以義而已若王無義以揆之則詐或見信忠或見疑以是為非以非為是則君子無樂矣

裳裳者華全

總評

傳云天子燕諸侯之詩也愚按後世廷臣與藩侯交構始也誇言迭起繼而嫌隙遂生人〻反側不敢自安此云我心寫兮君臣開心見誠省卻多少禍機末復以君子致望之至誠待人

諸侯孰不失心王室乎

裳裳者華其葉湑兮我覯之子我心寫兮我心寫兮（複句有神）是以有譽處兮（情）興也

楊新都曰裳〻者華其葉湑兮氣相屬潤相滋也

（一蹲一躍步驟精細）

裳裳者華芸其黃矣我覯之子維其有章矣維其有章矣是以有慶矣興也

朱子曰有章非僅威儀文采而已即蓼蕭為龍為光是也

裳裳者華或黃或白我覯之子乘其四駱乘其四駱

六轡沃若興也

左之左之君子宜之右之右之君子有之惟其有之 鍾云末二句深妙

是以似之賦也

張榜曰宜者大小常變各適其時有者百為庶務應之不竭似之猶取之左右逢其源也

燕饗總論 鄧潛谷曰王者視內外為一體外諸侯視內公卿蓼蕭視鹿鳴湛露視伐木彤弓視采薇王者無外矣諸侯荅賦豈亦歌天保若南山有臺歟

諸侯報天子之詩

瞻彼洛矣全

總許　申公云天子會武於洛邑諸侯美之愚按晉撤武備而祚移此篇首二節是講武以振威正安不忘危意人心翕理海宇奠安室家所以保也傳故次此篇於湛露彤弓之間非賢如成康曷克當此乎

瞻彼洛矣維水泱泱君子至止福祿如茨韎韐有奭君子福祿仍指王者得人心凝天命說作六師

以作六師賦也王者大閱以作之也講武以折窺伺故萬年保

其室家作字下得極好太平無事将士皆不習
武備天子一大閱皇靈丕振一番

瞻彼洛矣維水泱泱君子至止鞞琫有珌君子萬年
保其家室賦也

毛氏曰鞞容刀鞞也琫上飾珌下飾天子玉琫
而珧珌諸侯璗琫而璆珌大夫鐐琫而鏐珌士
珕琫而珕珌

瞻彼洛矣維水泱泱君子至止福禄既同君子萬年
保其家邦賦也

魚在在藻全

總評　申公曰此諸侯美天子之詩愚按屢提王在
鎬則宅中圖治居重馭輕所以有飲酒之樂使
王業偏安中外未一寧有是耶

魚在在藻有頒其首王在在鎬豈樂飲酒　興也
魚得所依故首尾充適王建其極故室家安

魚在在藻有莘其尾王在在鎬飲酒樂豈　興也

魚在在藻依于其蒲王在在鎬有那其居　興也
那字下得妙鄭氏曰天下平安王無四方之虞
故其居處那然安也

鴛鴦于飛全

總評

申公曰諸侯祝天子之詩黄氏曰福禄人君所固有者人臣祝君亦維欲其享此於萬年耳故重萬年上看末節安字如恭己以受萬國之朝四海無虞皇圖鞏固之意也

鴛鴦于飛畢之羅之君子萬年福禄宜之興也

鴛鴦在梁戢其左翼君子萬年宜其遐福興也

劉氏曰戢翼在梁人無害禽之心禽亦不疑于人得所依也　孫氏曰毛鄭謂於其蜚乃畢掩而羅之休息於梁人不驚駭自若無怨惧固自有意致

乘馬在廄摧之秣之君子萬年福祿艾之與也

鄭氏曰王者之馬無事則委之以莝有事乃予之谷愛國用也明王愛國用自奉養之節如此艾訓養字如受四方之貢獻以天下奉一人也

乘馬在廄秣之摧之君子萬年福祿綏之與也

總論

鄧潛谷曰畢羅于飛不畢宿也戢翼在梁不掩宿也澤及飛鳥矣乘馬在廄不在服也摧之秣之不縻粟也其節至矣其惟刑措之世乎臣節以戢難為共王德以及靈動為極故詩以交贊焉如朱註的實以鴛鴦于飛既畢而又羅之

興君子既宜福又宜祿殊非意義

詩經治亂始末分編傳註合抄卷之七

盛周勸農之詩

嗟嗟臣工全 此一篇勸農官

總評 輔氏曰周人以農事開國故成王周公時作詩以戒飭農官重其事也蓋周家當時每事皆有成法布在天下況后稷教民稼穡之事乎成法如鄉遂用貢法都鄙用助法之類咨茹謂憲出於天子來咨来度務使不悖於法可行於久不可視為虛文也維暮句最重下許多反覆皆欲其不失時耳後世惟周世宗留意農事嘗刻

木爲農夫蠶婦置於殿庭可謂念農蠶之苦矣

嗟嗟臣工敬爾在公王釐爾成來咨來茹嗟嗟保介維莫之春亦又何求如何新畬於皇來牟將受厥明明昭上帝迄用康年命我衆人庤乃錢鎛奄觀銍艾（結陡快）賦也

既嗟嘆而又告臣工又嗟嘆而告保介竦動其聽敬字下得妙

載芟載柞全 此二篇勸農民

總評 序云春籍田而祈社稷也愚按此篇無祈社稷意只於親耕籍田而勸農籍田甸師氏掌之天子千畝諸侯百畝天子於籍田之耕便道其耕耨播種之勤而述其倉廩豐實婦子喜樂之

孫月峰曰長章緩調鋪敘勻密模寫親切而陗句險字更自不乏嚴整中有活

潑最工最妙

際以感動之先言勤勞後言逸樂使勤者可以忘勞而怠者亦知以自奮也看末二句自古以来皆如此繼此以往尤願勿替也

載芟載柞其耕澤澤 賦也

澤澤者去草與木其耕順利而無阻塞註訓解散非是

千耦其耘徂隰徂畛

侯主侯伯侯亞侯旅侯彊侯以 侯訓衆 有嗿其饁思媚其婦 畫出當時情景

有依其士有略其耜俶載南畝 賦也

播厥百穀實言斯活 賦也

驛驛其達有厭其傑賦也

厭厭其苗緜緜其麃賦也

姚云吳楚人稱苗初放華曰麃

載穫濟濟有實其積萬億及秭為酒為醴烝畀祖妣以洽百禮賦也

有飶其香邦家之光有椒其馨胡考之寧賦也

匪且有且匪今斯今振古如茲賦也

後總評　鍾伯敬曰前半摹寫田家景象茅茨鷄犬歷歷在目有讓畔爭席之意後忽說向宗廟朝廷上去作大氣象大文字筆端變化豳風亦然

而體裁不同

畟畟良耜全

總評

序云此秋報社稷也愚按胡氏曰載芟良耜二詩閔其耕種之勞序其饋餉之情論其禾黍茂盈收入之富或為酒醴以祀祖妣而為邦家胡考之光寧(或)為百室盈婦子寧殺犉牡以嗣以續此皆田家勤苦勞逸之事而非告神之樂歌也若拘拘於祈報則感發之意微矣

畟畟良耜俶載南畝

播厥百穀實函斯活或來瞻女載筐及筥其饟伊黍

其笠伊糾其鎛斯趙以薅荼蓼
荼蓼朽止黍稷茂止
穫之挃挃積之栗栗其崇如墉其比如櫛以開百室
百室盈止婦子寧止殺時犉牡有捄其角以似以續
續古之人賦也

姚氏曰似續奉祭以承先古之人自來如此我
亦如此行之要見百姓日用而不知方是太平
景象

噫嘻成王全此康王戒農官

總評

申公曰此康王孟春祈穀於東郊以成王配

享之詩愚按此詩無配享意只是述成王起見臣工篇成王戒農官之詩此篇康王戒農官之詩大田云雨我公田遂及我私是民意之先公也此言駿發爾私言不及公主意之讓下也王者使官治農而王者治官終三十里者王者之立農官每三十里分為一部舉里遂則川可知舉川則天下可知觀周禮里宰以歲時合耦於鋤以治稼穡即十千維耦是也司稼掌巡邦野之稼而辨種稑之種即率農播穀是也率字重全在農官時巡而督率之也

噫嘻成王既昭假爾率時農夫播厥百穀駿發爾私終三十里亦服爾耕十千維耦　賦也

成王之戒農官也首下嗟嗟發端康王之戒農官也亦首下噫嘻發端令人振悚昭假云者昔成王嘗進爾農官而戒命之見得農官無容推委故下聯用三箇爾字播穀發私服耕皆爾農官己事也

後總論　務農之制設官分職不一而足凡命他官皆無詩而命農官獨有者蓋以農者王政之本周家以此開國故重其事也倉廩既實即有水

旱之災不至有易子敲骨流離而填溝壑者不特此也凡揭竿稱亂者皆游手事末之人盡驅而歸農則勞其筋骨而靡驕心安其田土而無異志周家享國所以長久者知重農也後世逐末游手之民多不服田畝一有兵旱雖議屯議糴豈有及乎

盛周報賽之詩

豐年多黍多稌全

總評序云秋冬報也愚按噫嘻之祈於春豐年之報於秋冬言收入之多而得以供祭祀備百禮

者皆田祖先農方社之所賜也故報賽之祭以
降福孔皆歸功於其神焉
豐年多黍多稌亦有高廩萬億及秭為酒為醴烝畀
祖妣以洽百禮降福孔皆 賦也
王氏曰利高燥而寒者黍利下濕而暑者稌多
黍多稌無所不熟也
信彼南山全
總評 申公云王者勸農而禱祀之詩愚按曾孫壽
考受天之祜報以介福萬壽無疆自王者言方
説得去朱晦翁何所見而俱作公卿之詞至若

序云刺幽王不能修成王之業以疆理天下益

幷謬矣　此篇首詳地勢次乘天時繼修田功終紀祀典煌煌經世之文細按其章法句法尤有次第可誦

信彼南山維禹甸之畇畇原隰曾孫田之我疆我理南東其畝　賦也

鄭氏曰禹治而丘甸之六十四井為甸

上天同雲雨雪雰雰益之以霢霂既優既渥既霑既足生我百穀　賦也（此言土膏之饒洽）

疆埸翼翼黍稷彧彧曾孫之穡以為酒食畀我尸賓（此舉尸賓該祭之終始）

壽考萬年賦也

中田有廬疆埸有瓜是剥是菹獻之皇祖曾孫壽考

此地無遺利祭無遺禮

受天之祜賦也

祭以清酒從以騂牡享于祖考執其鸞刀以啓其毛

取其血膋賦也

郊特牲曰周人尚臭灌用鬯臭鬱合鬯臭陰達於淵泉灌以圭璋用玉氣也既灌然後迎牲致陰氣也蕭合黍稷臭陽達於墻屋故既奠然後焫蕭合羶薌凡祭慎諸此䰟氣歸於天形魄歸於地故祭求諸陰陽之義也

是烝是享苾苾芬芬祀事孔明先祖是皇報以介福萬壽無疆賦也

疏義曰承上章牲酒言以此而進以此而享則飲食芬潔而祭祀明備矣畀賓尸獻皇祖皆議擬於其間至是而祀事成也　說農事即道及天祐介福萬壽不一而足非屬渺茫蓋不知稼穡艱難不念小人之依亦罔或克壽周書戒之矣

倬彼甫田全

總評　申公云農事既成祀田祖而并犒農夫之詩

按詩中所陳祭禮與儀禮周禮所載天子之禮合且所祝萬壽無疆等語亦非臣下所敢當者則朱註釋為公卿之祭謬矣今觀篇中三云曾孫明是天子對后稷自稱之詞且其親適南畝田畯曰農之慶祈年曰穀士女念切小人之依亦云至矣猶殷殷然甘苦與共藹如父子之親焉至於農事成矣千倉萬箱實君之福而上不居反稱慶於農夫犒之也亦喜之也於乎風歌朋酒羔羊曰躋公堂咸頌上以萬壽雅云黍稷稻粱曰農夫慶方自嘏以介福蓋上下交祝如

出一辭爲微忱心子惠豈及是乱

古者士出于農而工商不與爲

倬彼甫田歲取十千我取其陳食我農人自古有年
今適南畝或耘或耔黍稷薿薿攸介攸止烝我髦士

賦也

井田行故上有餘食得陳以食農後世折色之法興當其斂時農臧價而糶及其耕時室已懸罄矣上又無粟以補助之

以我齊明與我犧羊以社以方我田既臧農夫之慶
琴瑟擊鼓以御田祖以祈甘雨以介我稷黍以穀我士女

賦也

總是省耘時舉此二祭

姚氏曰上之祝曰我田既臧農夫之慶視私田即我田無二也下之祝曰雨我公田遂及我私視公田即我田無二也上下一體之情藹然於所祝間　始教造田謂之田祖先爲稼穡謂之先嗇亦祈年於田祖吹豳雅擊土鼓以樂田畯既報成而又祈年以爲農計耳祭法曰共工氏之伯九州也其子曰后土能平九州故祀以爲社曲禮註云祭以方謂祭五官之神於四郊也句芒在東祝融后土在南蓐收在西玄冥在北是也

曾孫來止以其婦子饁彼南畝田畯至喜攘其左右
此省耕時寫出上下真率光景
嘗其旨否禾易長畝終善且有曾孫不怒農夫克敏
賦也
至喜曰不怒言其喜怒歡戚專在於農　孫氏
曰嘗其旨否是偶然事湊洽來情景却絶妙
曾孫之稼如茨如梁曾孫之庾如坻如京乃求千斯
倉乃求萬斯箱黍稷稲粱農夫之慶報以介福萬壽
無疆賦也
報以介福萬壽無疆必是頌美曾孫若指農夫
則不倫　報以云者上為農祈此慶而神以是

報之耳黍稷稻粱慶歸之農夫萬壽無疆福還之天子詩人下字之妙處乃求云者昔之所備者不足貯而又求益也

楚楚者茨全

總評

申公云此農事既成乃祭宗廟燕及王族之詩甚得詩人意思序云刺幽王乖舛甚矣而朱註僻作公卿力農奉祀之嗣篇中如報以介福萬壽無疆永錫爾極小大稽首使君壽考等語豈以頌美公卿者乎夫周之王業起於農王政務農雅之本也饗祀於是乎具燕私於是乎舉

瓚自執爨豆俎以至於齊稷匡敕靡不悉備篇中西設工祝致告鋪揚卜福壽考之錫至於時萬時億爲與與翼翼之所賴宏哉

一步進一步何等次序通篇以叙事寫出歡洽之意

楚楚者茨言抽其棘自昔何爲我蓺黍稷我黍與與我稷翼翼我倉既盈我庾維億以爲酒食以饗以祀以妥以侑以介景福 賦也

茨郭璞云布地蔓生細草子有三角刺禮記註云楚薺茨當作薺

濟濟蹌蹌絜爾牛羊以往烝嘗或剥或亨或肆或將祝祭于祊祀事孔明先祖是皇神保是饗孝孫有慶

鍾氏曰二卒字妙無倦之意

報以介福萬壽無疆 賦也

非天子為神人之主惡能當萬壽無疆之福是皇者皇皇然臨之在上不應作君也大也解

執爨踖踖為俎孔碩或燔或炙君婦莫莫為豆孔庶為賓為客獻酬交錯禮儀卒度笑語卒獲神保是格報以介福萬壽攸酢 賦也

坊記云七日戒三日齊承一人焉以為尸過之者趨走以教敬也醴酒在室醍酒在堂澄酒在下示民不淫也尸飲三衆飲一示民有上下也因其酒肉聚其宗族以教民睦也 孔氏曰祭

祀之禮饔爨以亨肉廩爨以炊米此言臣各有司故兼二爨

我孔熯矣式禮莫愆工祝致告徂賚孝孫苾芬孝祀工祝致告以下皆叙嘏主人之詞神嗜飲食卜爾百福如幾如式既齊既即既匡既敕永錫爾極時萬時億　賦也

黄氏曰極乃至善如無所不用其極之謂

禮儀既備鍾鼓既戒孝孫徂位工祝致告此受嘏之後言祭畢之事神具醉止皇尸載起鼓鍾送尸神保聿歸諸宰君婦廢徹不遲諸父兄弟備言燕私　賦也

鬼神無形言具醉而歸者誠敬之至如或見之

上章云備言無私此即陳燕私之意

也

樂具入奏以綏後祿爾殽既將莫怨且慶既醉既飽小大稽首神嗜飲食使君壽考孔惠孔時維其盡之子子孫孫勿替引之賦也

孔氏曰後言從令以後之日也宗族不親則公室傾危故骨肉歡而君子福祿安同姓無怨而皆慶是其歡矣晉室兄弟相傾卒召五胡亂華貽害天下由此以觀真可痛心

後總評

呂氏曰楚茨推明先王致力於神明者甚詳觀其威儀之盛物品之豐所以交神明逮群

下至於受福無疆者非德盛政修者何以致之孫月峰曰器格閎麗結構嚴密寫祀事如儀注莊敬誠孝之意儼然有境有態而精語險句更層見錯出極情文條理之妙讀此便覺三閭九歌微躁微佻

盛周農夫頌美天子之詩

大田多稼全

總評

傳云此農人所以報上也愚按周初盛王皆以重農為務儉而朴勤苦而不怨與馬上得天下者異矣民戴其德故歌此以報上序以為刺

豳王戾其朱子訓為公卿力農之詞豈其然哉
魯傳以為南山甫田楚茨大田四詩為豳雅列
七月流火後亦有見
大田多稼既種既戒既備乃事以我覃耜俶載南畝
播厥百穀既庭且碩曾孫是若 賦也
曾孫無可顧欲惟年豐則盜賊衰息四裔賓服
是所欲也農夫勤敏力田用順曾孫之欲便是
聖世祥瑞
既方既皁既堅既好不稂不莠去其螟螣及其蟊賊
無害我田稺田祖有神秉畀炎火 賦也

平地中起出絶好樓閣

姚崇遣使捕蝗引此為証夜中設火火邊掘坑且焚且瘞盖古之遺法如此

有渰萋萋興雨祈祈雨我公田遂及我私彼有不穫穉此有不斂穧彼有遺秉此有滯穗伊寡婦之利 賦也

此農夫望雨之詞甚肖聖世良民口吻

鍾云陳者以食農棄者以利寡婦何意之大而審也可為慳利暴殄者之戒

曾孫来止以其婦子饁彼南畝田畯至喜来方禋祀以其騂黑與其黍稷以享以祀以介景福 賦也

呂氏曰来南方則用騂牲来北方則用黝牲略舉二方以為韻鄭氏又云陽祀用騂牲陰祀用

黜牲　孫月峰曰甫田篇言積穀之富此乃言結實之佳

詩經治亂始末分編傳註合抄卷之八

盛周遣勞使臣及戍役之詩

周國大夫從役詩

殷其靁全

總評

序云殷其靁勸以義也召南之大夫遠行從政不遑寧處其室家能閔其勤勞勸以義也思歸之詞不出征人之口便是樂於赴義其室家懷之自是至情

殷其靁（指分陝以西諸國大夫言）在南山之陽何斯違斯莫敢或遑振振君子歸哉歸哉　興也

只此一意播作三章反覆歌詠何等和平

與衰世凄凉塞詞奚啻天淵

呂氏曰再言歸者欲慎其歸以復命也遠行從後不辱君命然後可以言歸 姚氏曰易云地雷復雷收而發聲是一陽之復也夫征而不復婦人能無憫念乎故觸雷而起興

殷其靁在南山之側何斯違斯莫敢遑息振振君子歸哉歸哉 興也

殷其靁在南山之下何斯違斯莫敢遑處振振君子歸哉歸哉 興也

皇皇者華 全

總評 序云皇華遣使臣也送之以禮樂言遠而有

光華也愚按後世離宮三百戲車馳樂而天下危解不聞蓬萊羅絡院設十六而江都亂離不詢秦隋速亡必是故也周初遣使四方以觀省風俗采察善惡訪問疾苦宣道化於天下四國被化奕奕然有光華也漢武遣謁者巡行天下存問致賜任用匪人漢元臨遣十二人循行天下終鮮實惠唐貞觀初遣杜淹巡關內遣諸遂良等察四方吏治稍肅貪民康悅有唐盛治煥然耳嗚呼陸宣公建議五術八計三科四賦以至六德五要等論最是遣使巡撫善法然其要

在精選強幹廉明朝臣十許人分行天下盡籍
官吏能否而黜陟之天子垂拱深宫坐見官吏
善惡不遺一人於以按名責實救民急病如漢
之制舉唐之黜陟使可行也今皇民省署藩司
又設按察司而又歲遣御史一人巡按又三年
遣廷臣一員巡撫一省直愚讀祖宗官制班之
會典昭昭可稽其所使之人果能清吏治乎果
能除民害乎抑能恤民窮乎在今日綏定流冦
威服四裔此策當速留心

皇皇者華于彼原隰駪駪征夫每懷靡及興也

歐陽氏曰首節稱美其賢才能將君命為國光於外爾　姚氏曰不曰使臣而曰征夫者見使臣此心其屬亦此心也鍾伯敬曰此篇多告勉之詞似訓誥體每懷靡及句是千古臣子名箴下面諏謀度詢皆自此生出詩人筆舌之妙全在重複　懷字下得妙皇華四牡皆用懷字見當時之人其所懷不出於君親也

我馬維駒六轡如濡載馳載驅周爰咨諏　賦也

范氏曰王者遣使於四方教之以咨諏善道將以廣聰明也夫臣欲助其君之德必求賢以自

助故臣能從善則可以善君矣臣能聽諫則可以諫君矣未有不自治而能正君者也載馳載驅四節九説四遍即墨子所云古者國君諸侯之聞見善也皆馳驅以告於天子諏字有聚議意

我馬維騏六轡如絲載馳載驅周爰咨諏賦也

謀有計畫之意如謀及卿士庶人是也

我馬維駱六轡沃若載馳載驅周爰咨度賦也

度有體量之意如量度以取中是也

我馬維駰六轡既均載馳載驅周爰咨詢賦也

詢有究問之意如詢於八虞詢於蒭蕘是也

後總評 按叔孫穆子曰皇華君教使臣每懷靡及敢不拜教九服職居官有工虞教養禮樂兵刑之司皆當銘刻斯語一有憍心矜氣自以為及便是缺陷居多是以盛周天子遣使之際必戒以諏謀度詢周知天下之故以廣天子之視聽而後壅蔽盡撤無上下隔絕之患故篇首提起每懷靡及後面節節諭之以周字咨字見當沿途訪問逐件留心語語告勉有體看數箇我馬天子十分慎重看駒騏駱駰擇選良駟寵畀使臣

可謂厚矣吾觀盛世君臣皆虛心詢度天子巡狩方岳即就百年者問見之使臣循行下國輙採訪民風信無冤民乎

四牡騑騑全

總評

序云此勞使臣之來也有功而見知則說矣

程氏曰四牡之義閔使臣之勤勞故云有功而見知則悅矣愚按周家設大行人以掌賓客儀禮及親諸侯之道至於五物事故以錫予優恤諸侯五物分書以備載民風淑慝則小行人掌之又有撢人誦王志道國政以巡行天下是以

里巷之幽情窮民之寃抑無不畢達於王前迨夫後世四牡之義廢則上不知下之勞而下亦不肯盡其力朝辭殿陛氣志矜揚暮宿郡縣威福肆行使臣之出貽害不小又安望其和悅萬民哉吾慨暴秦亦勅御史以監郡國察獄訟二年一更常以十月奏事而天下之變騷然起矣至漢文以御史不法失職乃遣丞相出刺詰詔非不殷勤雖稍寧息然而去四牡之風遠矣

鄧潛谷曰四牡體臣也使臣勞於王事卷耳念之於內四牡宣之於外周之盛德也　孫月峰

曰道得情事曲盡轉折頓挫絶有味態

四牡騑騑周道倭遲豈不懷歸王事靡盬我心傷悲

賦也

范氏曰臣之事上也必先公而後私君之勞臣也必先恩而後義　思歸者私恩也靡盬者公義也傷悲者情思也妙在語語探他不言的情思私恩公義兩兩平較又妙在頭尾直敘中間插二節興體筆墨飛舞

四牡騑騑嘽嘽駱馬豈不懷歸王事靡盬不遑啓處

賦也

李氏曰駱馬最耐苦以耐勞苦之馬令則喘息則人勞可知矣

翩翩者鵻載飛載下集于苞栩王事靡盬不遑將父

賦也

姚氏曰懷歸者懷父母而思歸也故不遑將父二章無豈不懷歸句　王者遣勞多言及父母者蓋以人肯薄其所生之父母而置之弗念其人必不能盡忠從孝子忠臣所最關切者言之體其憂心而優恤之人未有不鼓舞而歡暢者也

翩翩者鵻載飛載止禁于苞杞王事靡盬不遑將母

賦也

駕彼四牡載驟駸駸豈不懷歸是用作歌將母來諗

賦也

姚承菴曰四牡篇是勞使臣詩故云豈不懷歸以曲體其情皇華篇是遣使臣詩故云每懷靡及以深作其勸　末畧父單言母者以父屬男子尚知敵愾之義不以子之出使為憂母係女流思子尤切

采微采微全

總評

序云此遣戍役也文王之時西有昆夷之患北有玁狁之難以天子之命命将率遣戍役以守衛中國故歌采薇以遣之出車以勞還杕杜以勸歸也今觀詩人於遣戍役而代為言曰我戍未定我行不来又曰豈敢定居豈不日戒所以警惕其心也雖戍不主戰然虜情莫測常操兢業以禦敵則三捷可期矣又道其傷悲之情以感動之易曰說以先民民忘其勞說以犯難民忘其死嗚呼此周之所以興也乎

采薇

采薇采薇薇亦作止曰歸曰歸歲亦莫止靡室靡家玁

歲亦莫豫想來年歲莫時

狁之故不遑啓居玁狁之故 興也

玩兩言玁狁之故毒民不繇其上則人懷敵愾之心又云靡室靡家不遑啓居與載渴載饑靡使歸聘將士之私情也先述其私情以慰之然後策以三捷曰戒壯其敵愾之氣終發其感隱之情以哀之立言之法如此

采薇采薇薇亦柔止曰歸曰歸心亦憂止憂心烈烈載飢載渴我戍未定靡使歸聘 興也

采薇采薇薇亦剛止曰歸曰歸歲亦陽止王事靡盬不遑啓處憂心孔疚我行不來 興也

我行不来要發他輕身殉國意思古人出師不顧忌如此

彼爾維何維常之華彼路斯何君子之車戎車既駕四牡業業豈敢定居一月三捷與也

孫氏云此章言軍容之壯下章言兵陳之整前後俱是私情若無此則不成戎歌不足勸士

駕彼四牡四牡騤騤君子所依小人所腓四牡翼翼象弭魚服豈不日戒玁狁孔棘興也

此待之以不可勝備之以不可乘終日若對敵然

須得其追憶感嘆之情

昔我往矣楊柳依依今我來思雨雪霏霏行道遲遲

遣戍而言莫知其傷悲乃所以深知之

載渴載飢我心傷悲莫知我哀　賦也

孫氏云首四句所謂眼前景口頭語然風致却大妙

附別解　申公曰宣王之世既驅玁狁勞其還師之詩論者齊魯韓傳俱闢序云文王之詩為誤攷之世紀文王時昆夷侵周文王閉門修德不與戰未嘗命將伐之況文武成康時並未聞有玁狁的事而其時之臣又無南仲況靡室靡家又非周初氣象則此詩非文王之詩為宣王之詩

故魯傳以此篇與出車杕杜次於六月之後想
是一時事又云此南仲與常武之南仲一也然
愚按宣王中興諸詩分遣將帥各有專屬已賦
之詩矣此三篇又屬之宣王不重複乎且宣王
時征玁狁者吉甫也六月之篇并未言及南仲
則此玁狁之伐又一時可知也考之漢書懿王
時戎狄交侵中國被其苦則此詩懿王作無疑
矣且聞周家世受荒裔之患穆王便有犬戎之
征不必拘定宣王詩可也
我出我車全

總評

序云出車勞還率也按鄭氏曰遣將率及戍役同歌同時欲其同心也反而勞之異歌異日殊尊卑也禮記曰賜君子小人不同日此其義也看篇中先戒懼而後奮怒故其怒也無敵先勞苦而後悅樂故其樂也有終非但曲盡人情抑且諳練將畧也

我出我車于彼牧矣自天子所謂我來矣召彼僕夫謂之載矣王事多難維其棘矣 賦也

重在自天子所二句言承王命之重趨事不可不敏 孫月峰曰此起其蒼勁古色可挹然半

孫云語古淡而氣勢甚壯闊覺精神渙發既云往城又云城彼詩固不厭重

是矣字法得來

我出我車于彼郊矣設此旐矣建彼旄矣彼旟旐斯
胡不旆旆憂心悄悄僕夫況瘁賦也
古者出師以喪禮處之命下之日士皆涕泣即
憂心之意　姚氏曰出車由郊而牧此詩倒言
者南仲身先士卒獨駕而至於牧餘車猶在郊
也觀召彼僕夫謂之載矣自見得

王命南仲往城于方（總說出所命的事實）出車彭彭旂旐央央天子命我（再提起南仲）
城彼朔方（出令軍中語）赫赫南仲玁狁于襄賦也
往城於方所以守衛中國主言城而勝玁狁禦

戎之道守備為本不以攻擊為先

昔我往矣黍稷方華今我來思雨雪載塗王事多難不遑啓居豈不懷歸畏此簡書　賦也

表南仲心事

喓喓草蟲趯趯阜螽未見君子憂心忡忡既見君子我心則降赫赫南仲薄伐西戎　賦也

忽插家人語妙

春日遲遲草木萋萋倉庚喈喈采蘩祁祁執訊獲醜薄言還歸赫赫南仲玁狁于夷　賦也

凱旋之景滿目皆有喜氣　孫氏曰狀景物濃麗以致美凱旋絕有風致襯貼得恰好

後總評　敘得威靈氣燄赫然動人真是盛世氣勢

蓋西北二邊相犄角為寇故征玁狁則西戎作
伐西戎則玁狁平

有杕之杜全

總評

序云此勞還役也按范氏曰出車勞卒故美其功杕杜勞衆故極其情前三章雖有王事靡盬而實重在私情故曰女心傷止曰女心悲止曰憂我父母皆就居者之思言凡行役惟居者之憂為甚所最易凄凉最易相思者莫過閨中少婦與衰暮老人曲體下情至此真是天地父母之心

有杕之杜有睆其實王事靡盬繼嗣我日日月陽止
女心傷止征夫遑止 賦也
詩是勞還宜叙已至之喜反述未至之思蓋望
極得慰喜不待言而樂後思苦感慨尤甚鍾伯
敬云詩以物記時妙筆後人不能
有杕之杜其葉萋萋王事靡盬我心傷悲卉木萋止
女心悲止征夫歸止 賦也
陟彼北山言采其杞王事靡盬憂我父母檀車幝幝
四牡痯痯征夫不遠 賦也
匪載匪來憂心孔疚期逝不至而多為恤卜筮偕止

會言近止征夫邇止　賦也

以卜筮終之極婦人思行人情景

采薇出車杕杜總論

鄧潛谷曰采薇出車杕杜治外也夫天保以上尊賢親親敬大臣體群臣雅道具矣乃推轂而遣將歸而飲至散軍而勞旅咸將之以燕饗樂歌推功憫勞下下之慮周且竭焉則忠之屬也故能內順治而外威嚴況城戍車戰為驅戎大法於三詩又悉備焉周過其曆有以也夫

詩經治亂始末註疏合抄卷之九

周宣王中興治畧

省災

倬彼雲漢全 以下五篇宣王中興治内事

總許

序云仍叔美宣王也宣王承厲王之烈内有撥亂之志遇災而懼側身脩行欲銷去之讀宣王諸詩小雅始于六月言其功也大雅始于雲漢言其心也後世人主一遇水旱即下詔引咎不則亦脩舉救荒等政徒虛文耳此宣王一曰寧丁我躬再曰寧俾我遯悽惻之極字字墜

淚至篇終不敢自必而勉聲正以昭假曷惠其
寧憂恤之中而致愷望之思文王如傷求寧之
心不是過也雖古致治令主固不盡于憂旱一
節然未有不畏天譴而知恤民者也是以自責
六事爰草夏正咸乂四篇庸挽毫祥天彗除穢
齋相郤禳怪之誣熒惑守心宋景獲三徙之應
此篇頻、呼天呼祖宗歸咎已身求助臣隣哀
籲迫切上天聞之當亦惻然也內治既脩外攘
斯舉故錄此為中興治畧之首

倬彼雲漢昭回于天王曰於乎今之人何辜天降喪

孫月峰曰：摭寫苦旱意，勃勃如吐，不盡重重複複，最見懇至。

亂，飢饉薦臻。靡神不舉，靡愛斯牲。圭璧既卒，寧莫我聽。賦也

文字之妙全在虛處，玩「於乎何辜今之人」，是引罪自責而悲斯民之無辜。玩「莫、寧」二字，咎己若之何，而神不我聽，有呼號瞻戀意，勿咎神之不聽。

以下六節首句皆以「旱既太甚」起見，宣王無時不危民，無刻不憂旱。

旱既太甚，蘊隆蟲蟲。不殄禋祀，自郊徂宮。上下奠瘞，靡神不宗。后稷不克，上帝不臨。耗斁下土，寧丁我躬。賦也

前已云靡神不舉，茲復舉祭祀中說一番積誠

籲天而天不聞事到無可奈何故曰寧丁我躬
即唐太宗吞蝗意也
旱既太甚則不可推兢兢業業如霆如雷周餘黎民
靡有孑遺昊天上帝則不我遺胡不相畏先祖于摧
賦也

不可推不可沮言無計可以推沮此旱

靡有孑遺言死者已死存者又饑無有孑然不
病者不我遺上加一則字見帝心太恝然下節
二則字羣公先正之心亦恝然也
旱既太甚則不可沮赫赫炎炎云我無所大命近止
靡瞻靡顧群公先正則不我助父母先祖胡寧忍予

惻然

賦也

輔氏曰上章兢兢業業如霆如雷心極危懼而天怒未息此云赫赫炎炎云我無所著天旱益甚而我心無所容也

旱既太甚滌滌山川旱魃為虐如惔如焚我心憚暑憂心如薰群公先正則不我聞昊天上帝寧俾我遯

賦也

神異經曰南方有人長二三尺袒身而目在頂走行如風名曰魃所見之國大旱赤地千里

不我聞句更慘聞亦付之不聞況我助乎我

之不善無當于群公先正如此寧使我遯去無
以我苦此瘝民也語更慘切
旱既太甚黽勉畏去胡寧瘨我以旱憯不知其故祈
年孔夙方社不莫昊天如上帝則不我虞敬恭明神宜
無悔怒賦也
孔氏曰祈年即月令孟春祈穀于上帝孟冬祈
來年于天宗祭四方與社即以社以方是也自
攜至此真是無聊之極亦見平日懇懇為民周
至黽勉句承上遯去言蓋云我之一身係天下
之重責無可委去無所之憯字不訓曾字有慘

然動心貌可見反躬自責精神看下面宜無悔
怒心是不知其故前目郊徂宫上下奠瘞是方
旱時祈禱此祈年孔夙方社不莫是平日祈禱
非媚神求福周礼荒政之一在索鬼神是也

前六節是君憂旱末二節是臣憂旱君臣同心共濟千古皆然

旱既太甚散無友紀鞫哉庶正疚哉冢宰趣馬師氏
靡失左右靡人不周無不能止瞻卬昊天云如何里
賦也
孔氏曰散無友紀者由于饑饉不足皆困于飢
不能如常相統領故謂之散非分散去朝也
鞫是精神勞竭疚是形体疾病致這等困苦

猶無有一人不周救百姓者無有自言不能而遂止者不為者庶正等官可稱協力脩者古今雖得上面呼上帝昊天者四呼先祖者三呼父母者一不下面單呼昊天者又三加瞻卬二字延頸望雨至誠昭假藹然如見里字力訓憂釋文本作瘇病之甚也姚承庵云里是虛字即如何是好之意

瞻卬昊天有嘒其星大夫君子昭假無贏大命近止無棄爾成何求為我以戾庶正瞻卬昊天曷惠其寧

賦也

再提大命近止生路愈歷猶曰無棄爾成言雖至于死定要格天以求雨詞决志堅以戾庶正却說得妙搢紳輩安民自安之心並提並重往往如是民不安未有庶正能自定者令人社稷已破尚思通行賄賂何異于剖腹藏珠乎哀哉

煞句妙在不敢絶望不敢自必

後總評

攷之雩祭所以禳旱而禱雨于民生最急夏商以前未之聞也始于周礼司巫之制國大旱則帥巫而舞雩爲蓋舞而擗踊噓而嘆息以斯民窮苦之狀哀傷之情上達于天聽耳其

後記之月令仲夏則有大雩帝之典命百縣雩祀以祈穀實春秋書雩者二十有一然皆脩雩祭之典未有憂旱激切如周宣王著觀其一種悲鬱幽愁宜其興復舊物也至于後世專令方士用符呪惄罵驅雷以爲卻睽妙訣噫是上帝之靈可以法術劫制之乎偶或有驗值其數也國朝時亦或襲其說先臣丘文莊請于郊兆之旁擇地以爲雩壇每歲孟夏行之世廟以歲鴈藝行祈穀禮于南郊大饗殿祭上帝用騂犢薦玉禮三獻樂九奏舞八佾上禱雨祭上帝如祈

轂禮去玉雖亦奉行敬天典禮而恤民之仁悲惻之情則闕焉中興令主必以宣王爲首

勤政

夜如何其全

總評

申公說曰庭燎宣王勤政史稱美之愚按禹以克勤造夏湯以昧爽式圍文以日昃興周自古撥亂爲治之主未有不怵惕惟厲而成者也北齊王以國事盡付大臣二三月一視朝唐順宗深居簾帷自帷中可百官之奏民間利病奚繇而知乎官吏臧否奚由而辨乎且夫高拱

稱朕長史欣奏事司馬門遲留不進章邯怨叛而況論決聽于倖佞耳目寄于匪人權下移而僭日逼天下之亂寔始于此故周制天子有四朝一外朝二中門三內朝四詢事之朝漢以大會殿為外朝宮中後殿為治朝若唐則有宣政殿有紫宸殿又有含元殿宋制文武每日赴文明殿正衙常參至我明祖制一日朝三上御奉天門朝事既畢往御武英殿或文華閣章疏午後出朝晚亦如之皆所以通壅蔽而達主聰者也第因例循習而憂勤志弛自千古以來惟宣

王能聽姜后永巷之諫不待雞人及時之告屢問夜如何其覸夢驚悸不敢安寢切〻然惟恐群吏之治賔客之令諸侯之復萬民之逆冗雜未理覩其三復君子至止一段渴見君子之懷藹然可掬夫此君子者非南仲則方叔非召虎則尹吉甫張仲諸人其蕩平外患輯寧黎庶全在待明未旦之時故錄此為中興治畧之二也

夜如何其夜未央庭燎之光君子至止鸞聲將〻　賦

夜如何其夜未艾庭燎晣〻君子至止鸞聲噦〻　賦

也

夜如何其夜鄉晨庭燎有煇君子至止言觀其旂賦也

與東方未明顛倒裳衣傳餐聽治疲神程書者氣象自別

大臣納誨

鶴鳴于九皐全

總評

序云雁鳴誨宣王也傳云宣王所以脩身也愚合二說觀之千古致治之主未有身不脩而能治天下者亦未有不察奸用賢而能脩身

若茲大臣之誨宣王也咏雁鳴言當知幾也咏淵魚言當察變也能聽九皐之聲洞在淵之潛則知凡在王左右近習之地無非壅蔽主聰遠處岩穴蹤跡之士皆堪砥礪君德末章反覆咏歎意更愷切變在野而云在天彰著益遥遠變在渚而言潛淵蹤跡愈詭幻穀爲惡木益當剪除不止落葉可憎已也攻則裨益實多不徒錯之硜硜雖合已也不曾實說一句卻語語至理不易每觀衰亂之朝大臣往往以推奸避事爲老成黨惡和光爲忠厚有語及國事當憂民瘼

當恤者則百口排斥不曰生事則曰好名至于
公差所過地方則論有司奉迎遲速以為臧否
事過回還籍原則視官府囑託行否以為毀譽
誰復有懷忠悃以納誨者乎如此天下安得不
亂宣王中興之業內得賢后脫珥以諫外得大
臣寉鳴之誨內外交正裨益不少故錄此為中
興治畧之三

鶴鳴于九臯聲聞于野魚潛在淵或在于渚樂彼之
園爰有樹檀其下維蘀他山之石可以攻錯比也
美惡並舉賢奸區別欲王知所决擇說箇他山

之石妙甚遠處孤臣一片忠君血誠何緣得達

鶴鳴于九皐聲聞于天魚在于渚或潛在淵樂彼之園爰有樹檀其下維穀他山之石可以攻玉比也

後總評　全設隱語枚乘奏吳王用此法鍾云胸中圓透目擊道存此詩如易之取象非譬喻也

安集流民

鴻雁于飛全

總評　序云萬民離散不安其居宣王能勞來還定安集之至于孤寡無不得其所焉又按歐陽氏云宣王遣其臣四出于野勞來還定安集之

其所遣使臣奔走于外而勞其体也夫當厲王犬戎內侵中國荼毒萬井寒烟鴻飛肅肅哀鳴嗸嗸蕭瑟極矣讀百堵皆作則前此屋舍倒塌墻垣傾頹昔當何如也天下殘破哀憫困窮最為急務宣王一人憂勤于上非得賢使臣以綏集之民矣由得安宅乎則嗸嗸之百姓安知不與蹂躪之犬戎互通為寇乎秦時民衣馬牛之衣食犬彘之食民愁亡聊亡逃山林轉為盜賊況今天下人衆萬倍于昔朝夕枵腹民幾蝟立矣而重以貪暴之吏兼并之豪安得不驅之而

流乎流而不止勢必為寇寇而不止勢必通乎異類蔓為腹心之疾已有多年此不可以含禁已責之庸論為能散其黨也亦非可以平糴散利之成法能集其衆也嘗論循吏傳所載杜詩于南陽修召信臣故所造鉗盧陂廣灌溉歲增多田二萬頃王景為廬江修孫叔敖所起芍陂境内豐給又聞仲長統言諸夏有十畝共桑之迫遠州有曠野不發之田今諸土廣人稀地未墾者限大家勿過制徙民力農者往業之昔魏武經畧四方用棗祗萊募民屯田許下得穀百

萬斛郡國別置田官則數年之閒積粟充裕又
以關中空虛用衛覬議設鹽監以其直市犂牛
以業耕者流亡競還關內乃由是富實矣其後
司馬懿用鄧艾計穿渠三百餘里溉田二萬餘
頃而淮南北五里一營營六十人且田且守自
壽春至于京師阡陌相屬雞犬相聞農官田卒
所在而是卒無流亡之患夫魏武鄧艾武將也
而經畫地利招集亡命可法可師今天下雲擾
無異于三國之戰爭也倘有諳于地力水利之
臣招集流民或收入兵籍或編氓廛地或徙置

邊郡武聽歸田里循乎人情予以生全民孰樂于流徙遷刼疲命鋒鏑乎然其要必擇廉吏以收之簡強幹以董之勅以便宜不時報績如漢元狩制郡立守相州設監史猶恐守相刺史不得其人後時遣在廷之人分巡天下存問無告振貸貧困伸理冤抑舉用人材黜陟官吏觀覽風俗則流者可安安者可久于是而無非望之心也古法雖不可盡行然要之勞來還定安集六字決不可缺愚深嘆宣王中興先計流民既安于宅雖後來征伐四出而根本不搖天下肅

然也故附其一二以相發明于此

鴻雁于飛肅〻其羽之子于征劬勞于野爰及矜人哀此鰥寡興也

单提出矜人鰥寡蓋見王政周至

鴻雁于飛集于中澤之子于垣百堵皆作雖則劬勞其究安宅興也

忽然説到百堵皆作聞者亦為神往

鴻雁于飛哀鳴嗸〻維此哲人謂我劬勞維彼愚人謂我宣驕比也

説哲人愚人兩箇謂我委曲道出自已勞來中

情照上哀鳴嗸嗸正是憂民未得安集苦境

後總評　黃氏佐曰劬勞自其始離散言之百堵皆作自其中還歸言之其究安宅自其後之安定言之也此詩不作于流離之時而作于安定之日痛定思痛是以知者以為劬勞不知者以為宣驕也今天下之民不屬敵則屬賊民無有流者矣遠方遙傳不苦敵賊而反苦我近民之官長此何等語為今之計雖曰禁游惰省徭役減租稅猶為緩圖惟揭貪婪之有司官長盡以高皇帝計贓之重法處之如此則官必清廉民

無荼毒若年有豐歉民苦飢寒則令各州縣先時積貯立息用壽昌之名斂散行李悝之法出納用劉汝愚父子之人庶上下無漏危應民之急未嘗失時不待困頓流亡始議賑救如此齊晉吴楚諸區望風而歸不戰而強弛授首耳

會朝東都

我車既攻全

總評

序云車攻宣王復古也宣王能內脩政事外攘戎翟復文武之境土脩車馬備器械復會諸侯于東都因田獵而選車徒焉愚按桑扈以

後諸侯不朝天子久矣令宣王不先安集流民而囂囂然以攘戎翟為功亦見其斃内以事外而適所以為亂亡之資也流民既安戎兵尤宜急講況周德之衰也以恩弛非以威裂須得此一番震疊故叙宣王中興武事居多車攻吉日二篇武備既張諸侯畏威其即天保治内采薇治外之道歟然必會諸侯于東都者何蓋文武定都豐鎬據天下之至險處上游以制六合周公營邑東土示天下之至公宅地中以朝諸侯宣王此舉據至險而朝于至公已得居重馭輕

之勢我明自成祖威行于蒙古瓦剌阿魯台而後僅見宣德親勦高煦頻年蒙古數寇東警繼至大將不聞有滅敵之請廷臣不聞上勦寇之章武備廢弛莫此為甚設今日有策密為經畧畫議屯兵專于選將急于教戰訓練義勇修固藩圍定計征伐興師問罪必若漢武之撻匈奴使陰山遠遁幕南無庭貽元成以稽顙稱臣之福然後快矣後世守成之主勵精飭武如宣王命將如吉甫方叔四裔安能為患亂

我車既攻我馬既同四牡龐龐駕言徂東 賦也

周自成王歧陽之蒐此後兵威不振宣王會諸
侯而與之田獵有威加四海氣象
田車既好四牡孔阜東有甫草駕言行狩賦也
孔氏曰宣王之時未有鄭國圃田在東都畿內
故得往田焉
之子于苗選徒囂囂建旐設旄搏戰于敖賦也
呂氏曰敖山之下平曠可以屯兵蒭蒿以可設
伏即甫草是也宣王之會諸侯先言田獵者諸
侯未至先張武布威以懾諸侯之氣此處便具
有擒敵斬將手段

駕彼四牡四牡奕奕赤芾金舄會同有繹 賦也
寫得整嚴可想懷德畏威光景
決拾既佽弓矢既調射夫既同助我舉柴 賦也
柴註訓積禽未是古者天子巡狩必舉柴望之
祭此當云彼射夫所獲的禽物助我舉柴祭耳
四黄既駕兩驂不猗不失其馳舍矢如破 賦也
叙獵事縱而有法
蕭蕭馬鳴悠悠旆旌徒御不驚大庖不盈 賦也
王氏曰武以不講士氣惰怯則有事而善驚不
驚御之有法也

蕭蕭四句粧點太平光景

之子于征有聞無聲允矣君子展也大成賦也

姚氏曰王者巡狩之獵以祭為重故車攻云助我舉柴大庖不盈蒐狩之獵以賓客為重故吉日云以御賓客且以酌醴立論甚得大體

始云選徒囂囂繼云徒御不驚終云有聞無聲大將節制于此見其一班大成謂致太平也

蒐狩講武

吉日維戊全

總許

傳云吉日閱武也愚按閱武之說始于周禮大司馬中冬教大閱前期羣吏戒衆庶脩戰

法也周禮既廢大閱之典雖存而天子不聞執路鼓戴大常而親臨之武備弛中原幾陷蕩矣宣王而後衰周暴秦槩不足言至漢興始行九月都試之法後乃定以十月車駕幸長安水南門會五營士為八陣進退名曰乘之其時官兵皆肄孫吳兵法材官騎卒一可當百故漢武得以逞志征伐唐制仲冬之月講武于都外除地為場四出立五表又別墠地于北廂南向為車駕停觀之處講武之日天子乘革輅至墠所于是兵部命將帥督騎士伏外四周軍分東西吹

角摯鼓偃旗止表頒得周禮戰陣之法治及宋

太宗御講武殿親臨較閱其法刻木為箭鏃裹以氈罽命强者两々相射避即挫之取其不避者又以木挺為馬楇施諸帶弰俾馳騎相擊取其尤勝者各分為等級以遷肆之自是師旅皆精銳漢唐宋三代今主教閱悉躬親之重武備也迨其季世講武之典不行其積弱也宜矣國

朝凡百禮曲制皆遵古典獨于軍禮所謂簡衆講武者缺焉歲時雖有教閱然止是命將肄習坐作進退之節而車駕少親焉惟永樂凡四閱武

正統凡三閲武其時駕臨令侯伯都督以下皆騎射以三矢為率否則罷黜自是將士咸知奮勵迨後此典不行宮禁邊卒相沿為故事一旦有警聞風遁竄有兵而不受兵之用此今日第一當憂者也然則欲興復教閲之典首莫重于馬政周礼掌馬之官甚詳一官馬必經校人趣馬巫馬牧師庾人圉師等官我皇明初于南京設太僕寺掌馬政而北平山西陝西遼東各設行太僕以司一方之馬至定都燕京除北平太僕繼置太僕以掌天子馬政每歲春秋遣太僕

寺官祭馬神而于州縣皆立馬神廟寘本周禮祭馬祖等事愚因讀吉日詩故備論之欲當事者留心武備焉

吉日維戊既伯既禱田車既好四牡孔阜升彼大阜從其群醜賦也

周礼校人春祭馬祖夏祭先牧秋祭馬社冬祭馬步馬祖之祭在春其嘗也而將用馬力則又禱之祭必用戊者禱用剛日也馬者國之大用故首言之

吉日庚午既差我馬獸之所同麀鹿麌麌漆沮之從

天子之所 賦也

先叙車牢馬健繞好歷險從禽漆沮水旁閒地

正天子田獵之所不至于蹂躪禾稼

瞻彼中原其祁孔有儦儦俟俟或群或友悉率左右

以燕天子 賦也

天子親執路鼓以御蒐狩之衆號令嚴明人心

宜有畏憚而反悉率左右人心競勸喜見天子

正是盛世君臣

既張我弓既挾我矢發彼小豝殪此大兕以御賓客

且以酌醴 賦也

以武始以文終煞句何等雍容

征伐

六月棲〻全以下皆中興治外之畧北伐玁狁宣王命將出征之始

總許　申公說曰六月尹吉甫帥師征玁狁史籀美之愚按西域傳穆王西征犬戎遷戎于太原㬎王衰微荒服不朝乃命虢公帥六師伐太原之戎至于俞泉宣王遣兵伐太原戎不克蓋自穆王遷戎于太原為戎翟之居宣王僅能驅之出境而已是以春秋于潛之會唐之盟皆書曰以謹之漢魏使降人入居中國障塞之地至西

晋有劉石之禍石晋以盧龍賂契丹至重貴有耶律之難内外之防不可不謹自欃槍内侵根本受禍蠻荊淮徐因而竊發故六月興師聿出獫狁而其詩曰戎車既飭曰既成我服曰戎車既安四牡既佶武備愷暇若宿具焉篇中聯提起以匡王國以佐天子以定王國嚴辟正氣一薄伐而妖氛遠遁矣然則後之有天下者誠能如宣王之將得其人大將功成于外而妨功之臣不阻于内必若成祖之征阿魯台也三擣其穴直至弥望荒塵野草敵隻影不見俾四裔畏

天子赫濯之威又何患寇之不滅乱

六月棲棲戎車既飭四牡騤騤載是常服玁狁孔熾我是用急王于出征以匡王國　賦也

周禮車僕掌戎路之倅廣車之倅闕車之倅屛車之倅輕車之倅註云戎路王在軍所乘廣車横陣之車闕車所用補闕之車也屛車所用對敵自蔽隱之車也輕車所用馳敵致師之車也

孔氏曰言載者以戎服當戰陣時乃服之在道故載之匡是正内外之分不使荒裔得以侵中國也

比物四驪閑之維則維此六月既成我服我服既成
于三十里王于出征以佐天子　賦也
姚承庵曰既曰王于何以又云天子王于者天
子之命也承天子之命以出征故云以佐天子
四牡脩廣其大有顒薄伐玁狁以奏膚功有儼有翼
共武之服共武之服以定王國　賦也
太公云將者人之司命三軍與之俱治與之俱
亂嚴翼二字即荀子云五無壙以敬貫之也此
服字不必別以事字訓服是服便事是事照上服
字看

玁狁匪茹整居焦穫侵鎬及方至于涇陽織文鳥章
白斾央央元戎十乘以先啟行賦也
嚴氏曰良將必訓練精熟拔其長技萃為一卒
臨陣視敵堅瑕而善用之或先薄之以挫其銳
或隱伏之以擊其惰未有不得其志者平原曠
野元戎馳馬為先山谷險隘輕騎精卒為先長
江大海樓舡戰艦為先顧用之若何爾庸師不
知邊鋒往往以卒予敵噫痛哉
戎車既安如輕如軒四牡既佶既佶且閑薄伐玁狁
至於太原文武吉甫萬邦為憲賦也

工叙威武到末歸本于將相調和自古未有權臣在位而大將能立功于外者也

玁狁之侵直至涇陽吉甫之伐僅至太原覺置

　邊郡列亭障為多事

吉甫燕喜既多受祉來歸自鎬我行永久飲御諸友

炰鱉膾鯉侯誰在矣張仲孝友賦也

　侯字不訓維字蓋天子之卿受地視侯故張仲稱侯紀其爵又紀其德重其人也見將相調和故底有功也讀張仲孝友句諸葛武侯之於黃皓安武穆之於秦檜深可浩嘆

後總評　黄氏曰勘定邊疆易輔養君德難倘非純純孝樸忠之臣朝夕迪王心而納於善則功多

而志怠易滋黷武之虞范文子不欲戰勝未爲無見也其言曰自非聖人不有外患必有內憂愚謂外患不難除而內憂不可舉似宣王使文武之臣征伐與孝友之臣居內所以克復文武之境而致中興也惜晚治不競意所與處者非其人乎

薄言采芑全 南伐蠻荊宣王命將出征之二

總評

申公曰采芑宣王命方叔征蠻荊之人來歸故史美之愚按六月北伐采芑南征皆作于班師時使非文武之吉甫無以却玁狁非顯允

之方將無以威蠻荊中興將帥之賢如此但六月之辭迫采芑之辭緩六月以討而定采芑以威而服立言各有体善乎孫子之言曰將者國之輔也輔周則國强輔隙則國弱後世如楊業自鴈門之役契丹畏之每見業旗幟即引去以視方叔何如哉篇中詳寫其軍容師律不及征戰一事到末節只叙一句克壯其猷此等將畧如武侯不親戎服羊祜輕裘緩帶堪與伯仲

薄言采芑于彼新田于此菑畝方叔涖止其車三千師干之試方叔率止乘其四騏四騏翼翼路車有奭

簟茀魚服鉤膺鞗革興也

呂氏曰涖止則布其行車故只曰其車三千卒

止則作而用之故言其車馬之盛服飾之美

姚氏曰軍行隨地采芑民無怨其蹂踐見治

兵有律采芑之外無他犯也是賦其事非興体

薄言采芑于彼新田于此中鄉方叔涖止其車三千

旂旐央〻方叔率止約軝錯衡八鸞瑲〻服其命服

朱芾斯皇有瑲葱珩興也

黄氏佐曰方叔精神氣餱見于車馬佩服之間

有以聳人之觀瞻其勝敵也必矣　芾服非軍

服和鸞非戎馬却叙得妙

鴥彼飛隼其飛戾天亦集爰止方叔涖止其師三千師干之試方叔率止鉦人伐鼓陳師鞠旅顯允方叔伐鼓淵淵振旅闐闐典也

此時戰之日陳列其師旅以誓告之

蠢爾蠻荆大邦爲讎方叔元老克壯其猶方叔率止執訊獲醜戎車嘽嘽嘽嘽焞焞如霆如雷顯允方叔征伐玁狁蠻荆來威賦也

元老猶易丈人之稱註云方叔雖老加一老字不妥壯不止矍鑠之意謀勇並優奇正莫測故

曰克壯也荀子所云慎行此六術五權三至而
處之以恭敬無壙夫是之謂天下之將則通于
神明矣軍中所重威明信賞必罰故再稱顯允
方叔

後總評

鄧潛谷曰師行在律〻在整暇二詩具
焉有嚴有翼共武之服敬也嘽〻焞〻如霆如
雷威也戎車既安如輕如軒四牡既佶既佶且
閑泰也伐鼓淵〻振旅闐〻靜也故脩攘舉而
國以中興周雅不終復哉然師行以六月出車
盡美卒歡御非歡至樂歌愷惻盡不若采薇出

車杖杜之懿也故以為變小雅焉

江漢浮〻全 伐淮南宣王命將出師之三

總評

序云江漢尹吉甫美宣王也能興衰撥亂命召公平淮夷畧按江漢之滸王命召虎者是淮南之夷若在淮北則江漢非所由入之路矣常武率彼淮浦省此徐方者是淮北之夷也若在淮南則徐土非聯接之地矣宣王北伐玁狁南征蠻荊命將誓師專為一方而言此篇伐淮南之夷始則曰經營四方再則曰式辟四方蓋淮南之夷叛亂近淮皆為所侵封建之疆界亦

為之變更甚至民不得奉行周之賦法騷擾之苦甚于玁狁蠻荊然則宣王何不舊武撻伐玁其戕而窮治之而但云淮夷來求淮夷來鋪且其經營之畧亦但曰徹我疆土來旬來宣者何也漢光武之勅馮異曰今之征伐非必畧地屠城要在平定安集之耳而況濱淮之民頻受侵暴伐叛之後速當去其苛平其賦斂以歡慰民心故既復先王封建之疆即復先王什一之法此救時良策平一淮夷且遠及于南海四方至此乃平也王心至此乃寧也其始也宣王方以

武功褒虎而終也虎乃以文德勉君當功業告成令聞方著之日而能納君于德此豈後世功臣名將之所可及乎

江漢浮〻武夫滔〻匪安匪遊淮夷來求既出我車既設我旟匪安匪舒淮夷來鋪賦也

兩言匪安見召公有嚴有翼不負王命若清人之師則安而遊矣

江漢湯〻武夫洸〻經營四方告成于王四方既平王國庶定時靡有爭王心載寧賦也

陸氏曰經營兼招携懷遠摧陷廓清說　黃

氏佐曰王國視四方以為安危王心視治亂以
為休戚故四方既平則王國庶定時靡有爭則
王心載寧矣　上說得甚急此只以經營二
字盡之且曰平定曰靡爭功效何等神速

江漢之滸王命召虎式辟四方徹我疆土匪疚匪棘
王國來極于疆于理至于南海

武事甫定即行疆理賦稅之法人或疑于病民
且疑于急迫故以非疚非急解之且什一中正
之法我周定制當時近淮地多為淮夷變亂徹
疆以治斷不容緩

忽述其勳銘廟器之詳文情幻甚

王命召虎来旬来宣文武受命召公維翰無曰予小子召公是似肇敏戎公用錫爾祉 賦也

此述王命以勸之欲其紹祖功上面似勅体以下又似叙事詩中之史变調也

釐爾圭瓚秬鬯一卣告于文人錫山土田于周受命自召祖命虎拜稽首天子萬年 賦也

數語王命臨之祖宗監之赫然可畏

虎拜稽首對揚王休作召公考天子萬壽明明天子令聞不已矢其文德洽此四國 賦也

後總評

孫月峰曰小雅北伐南征皆實用兵令

此平淮平徐惟是撫集招徠兵雖陳而不用蓋宣王在位經久德通隆矣通篇美召穆至此乃歸之天子通篇贊武功至此乃歸之文德此是補不足意置之結末是更進一步意又是掉尾意

赫〻明〻全（伐淮北宣王親征之四以上征伐共四篇）

申公曰此篇名常武宣王親征淮北之戎

總評

既服而歸召穆公美之還按周興西北岐豐去江漢最遠故淮人最難服從化則後爭倡亂則先動周人經理淮人用力最多成王初年淮人

同三監以數其後又同奄國以數伯禽就封又同徐戎以數至厲王之時四裔交侵宣王一命吉甫北方旋定繼命方叔伐蠻荊次乃命召公平淮南之戎至淮北之戎剽悍更甚非命將可平故督六師以親征之宣王征伐凡四篇惟此治兵有制行軍以律首言敬戒著軍律之嚴終言先塞見王道之大中間如王舒保作如震如怒如飛如翰等句全具一部兵法編詩者以江漢常武為宣王之終事而繫之大雅之末以恐淮夷未平則一方倡亂天下皆危故為是兢兢

孫氏曰整頓六師如是嚴肅蓋先為可戰而後用之以不戰

耳至今讀其整師脩戎非以威之惠南國也陳行戒旅非以毒之敘三事也雖王奮厥武迨四方既平徐方來庭王即曰還歸斯為王者之師與後世據險以乘之多方以誤之羸弱以誘之間諜以偵之豈不天淵懸絕哉

赫赫明明王命卿士南仲太祖太師皇父整我六師以脩我戎既敬既戒惠此南國賦也

周威靈以不振號令以不章故篇首下赫赫明明四字如雷霆乍發日月乍光用字之妙

王命尹氏謂程伯休父左右陳行戒我師旅率彼淮

浦省此徐土不留不處三事就緒賦也
張氏曰上既敬既戒見不慢敵此不留不處見
不病民皆行師之要也　兩箇王命最得簡
任大体皇父程伯與上篇召虎皆世臣老成持
重决不至于輕易悞國宣王之善將〻處
赫〻業〻有嚴天子王舒保作匪紹匪遊徐方驛騷
震驚徐方如雷如霆徐方震驚賦也
孫氏曰震驚二字是宣揚武冀彼自來服後齊桓
公召陵萊公澶淵皆此意　紹誕訓糾緊未
是往來相繼曰紹非往來逍遥以為事直看是

王奮厥武如震如怒進厥虎臣闞如虓虎鋪敦淮濆
仍執醜虜截彼淮浦王師之所 賦也
仍有不勞餘力之意
王旅嘽嘽如飛如翰如江如漢如山之苞如川之流
緜緜翼翼不測不克濯征徐國 賦也
王旅之盛根王奮厥武來若平王萎薾不振安
得有如此數如是字形容兵勢兵法寥寥數語具
全部武經濯字有洗滌寇氛而蕩平意
王猶允塞徐方既來徐方既同天子之功四方既平
徐方來庭徐方不回王曰還歸 賦也

曾氏曰宣王待荒裔以至誠不用詭詐徐方于是服而來歸至于咸服而無二心故云來同皆由宣王推赤心置其腹中故以爲天子之功

孫氏曰八句内四箇徐方用頂轉互爲呼應自是一調法

任賢使能

天生蒸民全

總評

序云蒸民尹吉甫美宣王也任賢使能周室中興焉蓋征伐四出將帥咸得其人而總領諸侯輔養君德又非易任有仲山甫之德總百

官均四海輔賛宣勞固宜左右宮庭豈可典司外務乎故曰保天子式百辟保王躬司喉舌補袞闕諄諄屬望八章之間凡言仲山甫十有二于以見尊慕之誠蓋詩人之情與作詩之体于所愛者則喜擧其名而道之故征伐之後即以此美宣王者豈非中興之烈得賢才之力居多耶

天生蒸民有物有則民之秉彝好是懿德天監有周昭假于下保茲天子生仲山甫 賦也

首四句從天人道理說甚迂濶却蘊義宏深方

叔南仲諸賢并未曾說得這關係惟山甫之生

自說天監極其珍重

仲山甫之德柔嘉維則令儀令色小心翼翼古訓是

式威儀是力天子是若明命使賦賦也

大臣職在啓沃太剛則難入過柔又枉道矣剛

柔得宜非學問深厚者不能故山甫式古訓而

後能若天子布明命宰相湏用讀書人非無見

也　嚴氏曰山甫令儀令色則動容周旋中

礼矣猶曰威儀是力何也謹其威儀致礼治躬

而養其德也斯湏不莊不敬則慢易之心入之

矣大臣以道事君而曰天子是順何也順者坤
也坤元承天順也六三直方亦順也將順匡救
皆出于忠愛無徃而非順也　顧氏曰儀
色者德之符小心者德之基儀色皆合于當然
小心不流于畏葸正維則屬柔之所以爲嘉也
威儀與上儀色異上以德之著言此以脩德言
力者力持而約之規矩之意　書稱文王之
德曰徽柔懿恭易亦曰内文明而外柔順又曰
孚于嘉吉柔嘉爲臣不易之則
王命仲山甫式是百辟纘我祖考王躬是保出納王

命王之喉舌賦政于外四方爰發 賦也
黄氏曰天子之職論一相宰相之職統百官故
一時諸侯得山甫以爲之式　王躬是保者
蓋天子之身有德則安無德則危故以引以翼
使王德日益高大乃所以保安其身而使之擧
固也
肅〻王命仲山甫將之邦國若否仲山甫明之既明
且哲以保其身夙夜匪懈以事一人 賦也
明是不惑于毁譽不奪于愛憎知其某善某不
善而爲王所當勸懲人臣以事天子爲保身必

夙夜匪懈而後可以事一人方能保其身保字是持滿有道非全軀之謂也

人亦有言柔則茹之剛則吐之維仲山甫柔亦不茹剛亦不吐不侮矜寡不畏彊禦賦也

呂氏曰首擧仲山甫之德獨以柔嘉維則蔽之崧高稱申伯亦曰柔惠且直然則入德之方其可知矣

帝子曰大臣匪躬均國必持扶善良剪除奸暴乃足以總百官而均四海若畏强而侮弱則焉用彼相矣

人亦有言德輶如毛民鮮克擧之我儀圖之維仲山

甫舉之愛莫助之袞職有闕維仲山甫補之 賦也

黄氏曰助者生于有所不足今山甫能舉人所不能舉之德則無所不足何助之有故雖愛之而莫能助之也 舉德在己人原着不得力莫助極言愛之至耳

仲山甫出祖四牡業業征夫捷捷每懷靡及四牡彭彭八鸞鏘鏘王命仲山甫城彼東方 賦也

陸氏曰每懷靡及正見山甫小心翼翼處

四牡騤騤八鸞喈喈仲山甫徂齊式遄其歸吉甫作誦穆如清風仲山甫永懷以慰其心 賦也

曹氏曰：賦政于外，維仲山甫之職，然保王躬，補王闕，尤其所急。城彼東方，其心永懷，蓋有所不安者。吉甫作誦，而告以遄歸，所以安其心也。

建國親侯

崧高維嶽全

總評

序云：崧高，尹吉甫美宣王也。天下復平，能建國親諸侯，褒賞申伯焉。愚按：當時四方底定，元勛如吉甫、方叔、召虎，扈從如皇父、程伯、南仲，輔佐如張仲、樊侯，未聞有尺土之封。天下初定，即封申伯于謝，何也？或曰：申伯，宣王舅也，封之萬親〻也故美之平王之戍申又何刺焉或曰平王忘仇雠故刺爾嗚呼為人君者忘宗社之久計而篤外戚之私恩未有不貽害者西漢呂王之逆東京梁竇之横其著聞者矣若夫晉之賈也唐之楊也石晉之馮也無亦藉口申伯之封竊與國政也乎是以古先王欲展親亦惟才德兼茂明試之以職事功業隆著而後封之若衛霍博陸庶不愧其功名矣夫以申伯之賢入為卿士夾輔王室茲出為方伯保障列侯故屢嘱以維翰于蕃于宣且曰南國是式〻是南邦

南土是保捄此萬邦委之以付托之重又頻提
王纘王命王錫王遣王餞等字見天子眷注之
隆亦見王朝勅命之嚴亦且一命召伯定宅再
命召伯徹土田徹土疆專其任也復命傅御遷
其私人預備委積郵其私也宣王之封建親侯
用意周浹綜理微密人臣孰不感激從王哉
崧高維嶽峻極于天維嶽降神生甫及申維申及甫
維周之翰四國于蕃四方于宣 賦也
先提出翰蕃宣是封謝之本如史之作案
亹亹申伯王纘之事于邑于謝南國是式王命召伯

定申伯之宅登是南邦世執其功 賦也
林氏曰前此申在王畿之内宣王始分封之以
扞王室楚經營北方其君多居于申合諸侯亦
在焉秦漢之際南陽爲要地高祖踰宛攻武關
光武起南陽以宛首事申即宛也
王命申伯式是南邦因是謝人以作爾庸王命召伯
徹申伯土田王命傅御遷其私人 賦也
疏義曰體勢不重則不足以鎮南邦故因謝邑
民居稠密而以之作邑然作邑之務首重土田
厲王後什一之法盡壞故使召伯正其井牧定

其賦稅也　作庸重建極意鄭箋起功之説

稍遠

申伯之功召伯是營有俶其城寢廟既成既成藐藐

王錫申伯四牡蹻蹻鉤膺濯濯　賦也

陸氏曰謝故無城今創築之故曰有俶城以衛民廟以奉上皆舉謝功之大者　按巾車金路鉤樊纓九就同姓以封申伯異姓而得此賜者以其命為侯伯故得車如上公

王遣申伯路車乘馬我圖爾居莫如南土錫爾介圭以作爾寶往近王舅南土是保　賦也

黃氏佐曰分封之典圭爲重土地人民籍是以
作鎮而朝覲聘問籍是以通信故曰以作爾寶
申伯信邁王餞于郿申伯還朝謝于誠歸王命召伯
徹申伯土疆以峙其粻式遄其行賦也
按郿于漢屬右扶風在鎬京之西岐周之東申
在鎬京之東南自鎬京適申塗不經郿是時冊
封申伯在于岐周先王之廟故王餞于郿
前曰徹申伯土田乃始疆之也今曰徹申伯土
疆則其疆定耳
申伯番番既入于謝徒御嘽嘽周邦咸喜戎有良翰

不顯申伯王之元舅文武是憲　賦也
孔氏曰美國君者應言身之有勇故云諸侯有
大功則天子賜之虎賁之士為之武備故道路
觀之則番番然總言其行經之勇也　頎氏
曰末句重望上見宣王非爵祿私其親也
申伯之德柔惠且直揉此萬邦聞于四國吉甫此誦
其詩孔碩其風肆好以贈申伯　賦也
結穴在德字鍾云其詩孔碩三句古人作詩自
知自貴如此　王氏曰此雅也而謂之風則
以肆不迫切而能感動人之善心故謂之風

後總評　通篇鋪揚之中帶有激厲之意到末節總推原申伯之德蓋民篇詳于叙仲山甫之德此篇詳于叙申伯之功仲山甫補闕王宫宜以德見也申伯保障南國宜以功見也立言有體

芃芃黍苗全

總評

申公說曰黍苗宣王命召穆公往城謝以還申伯史籀美之按王者衆建諸侯以衛王室欲天下之相安也申國近楚數被侵陵宣王南顧之憂久矣故命申伯鎮撫南服又特遣大臣為之疆理經營豈以私厥親哉蓋藉賢良以保

南土不得不役衆鳩工爾當是時干戈甫定即興土功菐大衆民或鞅〻所以城中丘城西郛春秋必譏漢之城長安也間一歲乃興役凡三調菐而城始成所以休民力也玩我任我輦等句嵭亦甚矣一曰盍云歸哉再曰盍云歸處願息之情殷如也召伯營謝精神在一勞字故開頭說陰雨膏之何等溫愷對末以土田言之建侯開國事民為重至召公告成而王心始寧其為天下之心不亦切乎此篇宜附崧高篇下以其事相聯也不鮮毛序何以編之小雅今改正

芃芃黍苗陰雨膏之悠悠南行召伯勞之興也

悠悠二字善狀悼役情景下一勞字體恤下情

十分婉至

我任我輦我車我牛我行既集蓋云歸哉賦也

任輦車牛徒御師旅八字南行的人各職其役

逐一數說透破民情

我徒我御我師我旅我行既集蓋云歸處賦也

肅肅謝功召伯營之烈烈征師召伯成之賦也

勞字營字成字緊相呼應惟有以勞之始可以

營始可以成三箇召伯全篇眼目

原隰既平泉流既清召伯有成王心則寧 賦也

營謝之功不誤及別事只正疆理通溝洫便是休國經野大規模蓄民生足國用統在于此

奕奕梁山全

總評

序云韓奕尹吉甫美宣王能錫命諸侯也

韓奕之序止于能命錫諸侯成康既沒始言荒服不朝于穆王繼而覲礼大壞于夷王諸侯肆行王且不有其國況能建國乎諸侯背叛結怨連禍況能親諸侯乎唐藩鎮之廢立由于裨將裨將之廢立由于士卒天子之權去矣夫賞罰

不行于上則襃賞申伯為可美錫命不行于下則錫命韓侯為可嘉宣王中興諸侯畏服韓侯之朝固出于忠誠亦上有以致之也然則所以致之者何盛立于上禮餙于下後恤其私使之展布自竭為王家屏翰故崧高之詩止于建國親侯而此篇後美之也細按此篇初命韓侯歸國只于首末二節見中間滂出祖餞娶妻等事奇峰橫出極文意變幻而君臣朋友之義父子夫婦之情備見于此天下大亂之後而能振起之以行天子之事是亦可道也已

奕奕梁山維禹甸之有倬其道韓侯受命王親命之
纘戎祖考無廢朕命夙夜匪解虔共爾位朕命不易
榦不庭方以佐戎辟　賦也
提出王親命之以天子之權自尊榦不庭方以
著王之任勉韓侯
四牡奕奕孔脩且張韓侯入覲以其介圭入覲于王
王錫韓侯淑旂綏章簟茀錯衡玄衮赤舄鉤膺鏤錫
鞹鞃淺幭鞗金厄　賦也
兩箇入覲有天顏不違咫尺意鋪列服飾重在
王錫二字

韓侯出祖出宿于屠顯父餞之清酒百壺其肴維何
炰鼈鮮魚其蔌維何維筍及蒲其贈維何乘馬路車
籩豆有且侯氏燕胥 賦也

孫氏曰寫餞事清脫有態點注各景物大妙

韓侯娶妻汾王之甥蹶父之子韓侯迎止于蹶之里
百兩彭々八鸞鏘々不顯其光諸娣從之祁々如雲
韓侯顧之爛其盈門 賦也

陸氏曰迎以邦君之禮送以夫人之禮亦閑始
受為諸侯

蹶父孔武靡國不到為韓姞相攸莫如韓樂孔樂韓

土川澤訏訏魴鱮甫甫麀鹿噳噳有熊有羆有貓有虎慶
既令居韓姞燕譽 賦也
輔氏曰上章言韓侯之親迎有以當其心此言
韓姞之歸韓國有以適其意男女相稱夫婦咸
和則家道正矣家齊則國治此固天子之所喜
而王朝之臣所贊詠也 鍾云借蹶父相攸
韓姞燕譽形容韓之富饒文章映帶之妙全在
碎雜處見奇
溥彼韓城燕師所完以先祖受命因時百蠻王錫韓
侯其追其貊奄受北國因以其伯實墉實壑實畝實

籍獻其貔皮赤豹黃羆　賦也

道及百蠻追貊正以撫柔諸部責望韓侯蓋髙城深池可以固圉徹田爲糧可以足食宣王爲邊方慮亦詳矣

中興落成詩

秩秩斯干全

總評

序云斯干宣王考室也孔疏云厲王之亂宮室毀壞先王作者無復可因宣王別更脩造雖在西都其宗廟路寢皆制如明堂不復如諸侯其非狹小可知愚按[illegible]穴之世周初立皋門

應門規模宏遠其得大壯上棟下宇以蔽風雨之義後世奢侈漸失其意至于毀徹民間墻屋而田卒咸滷萊矣所謂竹苞松茂者竟安在也哉自阿房宫成東西五百步南北五十丈周馳四閣再傳而矯詔殺長立庶視之式好無猶果何如乎不數載而土崩勢成視之室家君王又奚如乎迨漢武帝以營造耗屈民力延至靈帝遂以官之遷除責脩宫錢嗚呼東西二堂雖東晉之陋習而離宫結怨魏隋之亂亡赫赫有徵觀此詩首章言居室之美即頌其兄弟之和二節

以下言屋室之美即頌子孫之賢夫人君继世而立即疑忌其兄弟祖宗創造之艱多覆墜于子孫此二者實人君莫大之福毛詩故叙此于宣王諸篇之終以表中興之功不可泯爾愚特錄此于征伐之後者何也善乎霍去病之言曰匈奴未滅無以治宅為也外患既除邉釁不起而下莞上簟庶可高寢而卧矣

秩秩斯干幽幽南山如竹苞矣如松茂矣兄及弟矣式相好矣無相猶矣賦也

拈出式相好三字生却多少和氣拈出無相猶

三字省却多少猜嫌居家立國大經濟大學問

似續妣祖築室百堵西南其戶爰[illegible]爰處爰笑爰語

賦也

張賓王曰居就朝廷以聽治言處就宮室以安身言笑悅豫有協群情意語渙汗有集衆思意

約之閣閣椓之橐橐風雨攸除鳥鼠攸去君子攸芋

賦也

約之二語工鍊覺文成帝大華一殿勞費四萬人深可浩嘆

如跂斯翼如矢斯棘如鳥斯革如翬斯飛君子攸躋

賦也

殖殖其庭有覺其楹噲噲其正噦噦其冥君子攸寧

賦也

董氏曰噲噲其正所謂陽室也噦噦其冥所謂陰室也古者放陰陽以為宮室故其正為陽其冥為陰負陽抱陰以安其神所以寧也 唐太宗罷洛陽宮欲以露居巡幸亦好名之過

下莞上簟乃安斯寢乃寢乃興乃占我夢吉夢維何維熊維羆維虺維蛇 賦也

嚴氏曰考室時當有頌禱之語故曰願入此室

之後發于夢兆而有子孫之祥設想此景非實
有是事也
大人占之維熊維羆男子之祥維虺維蛇女子之祥
賦也
孫月峰曰考室以男女為祝固是情理但從夢
說來如此細陳瑣列漢以後决無此調
王氏曰人之精神與天地陰陽流通故夢各以
類應至先王置官觀天地之會辨陰陽之氣以
日月星辰占六夢之吉凶獻吉夢贈夢惡如此
則可以言性命矣

乃生男子載寢之床載衣之裳載弄之璋其泣喤喤
朱芾斯皇室家君王
鄭氏曰衣以裳者明當主于外事也玩以璋者
欲其比德焉正以璋者明成之有辨　王氏
曰其泣之美亦所以為君吉祥后稷之呱實覃
實訏楊食我之生也聞其聲者知其滅羊舌氏
矣　胡氏曰室家者天子以京師為室天下
為家
乃生女子載寢之地載衣之裼載弄之瓦無非無儀
惟酒食是議無父母貽罹　賦也

裼褓也縛兒被也褓制方令女子方正事人之
義　鍾氏曰無儀所謂善尚不可為何況惡
乎即此意
後總許　觀張老之禱攷室也曰聚國族于斯不
如此詩開卷即以兄弟始之終以兒女之賢良
東之斯真犖固王室之善術也厥後莊王時子
克子頹相繼而起微鄭伯將王自圉門入虢叔
自北門入五大夫煽禍其亂豈易弭乎襄王之
世叔帶召伊洛之戎以伐京師天子蒙塵于外
其後王猛敬王子朝之不敦睦也因舊官百工

之喪職秩者與靈景之族以作亂如是搶攘者二十餘年矣及子朝既殺而天王猶處于姑蕕以避儋翩之亂向非得單子伐簡城劉子伐盂以定王室雖有清暑宮玉燭殿安得逍遥以遊乎宜王改室一眼覷到後來許多事變天下蕩平即便洒掃廷內與大誥民不請亦在王宮邦君室同意昔隋仁壽宮成文帝見制度壯麗大怒曰楊素殫民力為離宮為我結怨天下此只晚得愛惜民力尚未美致雖起宮廷如宣王者可稱禦外侮內固不周密矣

中興牧事有成

誰謂爾無羊全

總評　序云宣王考牧也愚按鄭氏云厲王之時牧人職廢則是所謂濈〻濕〻者闕焉夫羊與牛祭祀燕饗之所需戎車牢礼之所資故周礼重牛人羊人之職而隷之地官夏官之籍其官皆中士下士為之後世之君以胥役之職目之無怪乎董其事者無有留心于蕃息者也設國家有時祈珥而責其羊牲無有也有時賓客而責其法羊無有也有時沉槱侯禳釁積而牧人

槩無以應之也且所云享牛求牛與夫膳羞兵車之牛牽犢任器之牛粹然用之倉皇莫辨公牛之典不幾弛乎夫牛羊二官既失其職則禮典廢闕民生摧殘國用乏絕其受病不獨牧事無事已也是以衛風魯頌之美文公之興也但曰騋牝三千頌魯僖之盛也且云牡馬十有六種然皆狹小之國而非一統之盛也今讀宣王之詩一群有三百則不知其群者何多也黃牛黑脣者有九十則不犉者又何多也篇中敘其降阿二節想見當年物情順適繪出太平景色到

末節歸然在豐年室家溱溱二意非夸大飾美之言蓋物力盛則民生蕃民生蕃則國本固由是而戶口日增版籍充盈此一定之理也我國朝以太僕掌馬政實本于周官馬質校人等官至于羊人牛人則闕而不備物力何自而盛乎民生何自而蕃乎國本何由而固乎然則處季世而欲使祭祀燕享之需戎車牢禮之資一如周官則牛人羊人之官不可不亟講也

誰謂爾無羊三百維群誰謂爾無牛九十其犉爾羊来思其角濈濈爾牛来思其耳濕濕賦也

孫氏曰首節整然是排體惟以呼應見勢次章
乃活潑有姿態

或降于阿或飲于池或寢或訛爾牧來思何簑何笠
或負其餱三十維物爾牲則具賦也
爾牧來思以薪以蒸以雌以雄爾羊來思矜矜兢兢
不騫不崩麾之以肱畢來既升
鍾云隱見人物閒適休養氣象末二語非惟相
唱抑且相忘矣　王氏曰及其將歸而
又雜其雌雄者視其多寡之數也矜矜兢兢者
豈非山川草木之所宜而牧之者不失其性而

至于堅强與不騫不崩言羊得其性而無耗敗
也不言牛者羊易耗敗故也
牧人乃夢衆維魚矣旐維旟矣大人占之衆維魚矣
實維豐年旐維旟矣室家溱溱賦也
黄氏佐曰此夢非頌禱之詞牧事關國家之盛
衰則富庶之兆宜形于牧人也
後總評　呂氏曰以斯干無羊之卒章觀之所願
乎上者子孫昌盛所願乎下者歲熟民滋皆不願
乎其外也彼秦漢好大喜功之主肯以是為可
願也哉　又曰斯干無羊皆宣王初年之詩

乃次于剌詩何也蓋宣王晚歲雖怠于政然中興周室之大德豈可以是而掩之乎故復取此二篇以終之也

宣王總論

黄氏曰繼亂圖治非徒一人憂勤蓋亦善用人爲宣王中興知人善任如六月采芑江漢常武所頌是矣平王優柔不振僅一文侯不能任無恠其不復興也使平王亦如宣王之脩車馬備器械會諸侯講武事任相命將大張征伐何至東遷避戎奄奄如小侯哉

後別解

鄧潜谷曰宣王雖終斯干無羊何也曰

隱之也宣初丁厲王之難而二相共和行政爲王冠勤德慎徽紀脩攘之政而中興詩人所爲賦六月車攻者也雅道幾有復乎迨白駒作而賢隱黃鳥賦而民哀王德怠矣考室安考牧富于是乎修心生而功潰乎有成故讀斯干無羊若修其盛而索之無獲也居處笑語芋蹐寢興晏晏不設備也三百九十濈濈濕濕牲足具而足也若乏經遠徼然又顧祥而好異噫是雅道之所窮也太子晉傷之曰自我先王厲宣幽平貪天禍至于今未弭嗟乎治興于憂勤圮于安

富其可懼也夫可懼也夫

宣王中興内助

間關車之舝兮全

總評

傳云車舝樂親婚也愚按申公説云宣王中興士得親迎其友賀之未切詩意夫關雎作于西伯時車舝作于宣王時以風雅異編故不並列豈有關雎爲文王内助之詩而車舝反作士親迎之詩乎且此詩首云德音來括次云令德來教又云雖無德與女又云高山仰止景行行止詞氣雄偉規模濶達明是天子喜令德之

配可以承宗祧而開後緒也絶不似士庶贈賦口吻抑又致之周史女后之賢太姒以後無聞已厭弧箕服之謡實兆亡周計中遘之周僅有姜妃足嗣徽音惟其有待罪進諫之王后是以有問夜不寢之天子比篇叙初婚時事匪飢匪渴與文王寤寐思服無以異也式燕且喜好爾無射式歌且舞我心寫兮與文王友之樂之無以異也但關雎之辭渾穆而和平車舝之辭歡洽而激切今於變雅之中特編此為宣王內助審時酌勢務合詩情非強入也若序云刺幽王

竊褒以思得賢女以配君子于詩人歡樂之情

相遠去矣

間關車之舝兮思孌季女逝兮匪飢匪渴德音來括

雖無好友式燕且喜 賦也

張氏榜曰未見而德已聞故曰德音德如內助

之美理萬物之宜意 姚承庵曰好友不作

他人解室家豈可以他人與哉礼夫婦相敬如

賓友此蓋自謳之辭耳

依彼平林有集維鷮辰彼碩女令德來教式燕且譽

好爾無射興也

疏義曰鷮來集林女來教已皆可喜者故以爲與上言德音聞其有是德也此言令德見其實有是德也辰訓時婚姻之以時也來教是賛内治竟譽樂也 鄭氏曰平林之木茂則耿介之鳥集焉疏曰美德能致碩女也

無無旨酒式飲庶幾雖無嘉殽式食庶幾雖無德與女式歌且舞 賦也

孔氏曰人燕樂欲與賢德者同之若非賢德則燕不樂矣上以已爲主故曰雖無好友者以彼爲主故云已身無德

陟彼高岡析其柞薪析其柞薪其葉湑兮鮮我覯爾
我心寫兮 興也
姚舜牧曰鮮字不宜作少字解鮮新也鮮我覯爾
是倒字文法
高山仰止景行行止四牡騑騑六轡如琴覯爾新昏
以慰我心 興也
高山仰止二句非深心學問人說不出四牡二
句自車馬之間微有德之動履玩何彼襛矣云
曷不肅雝王姬之車可與此參看
附別解
鄭潛谷曰車舝思淑女也褒姒諂巧王

感之大夫念不能得之王思得淑女配王移其心焉蓋王心蠱矣即有昌言格論終莫之能入思孌淑女即所嗜移之庶有濟乎有手卷自牖心矣曰德音來括庶有合乎曰令德來教庶有幾乎曰高山仰止景行行止好德萬矣庶有和乎誠覯之歌且舞樂之矣或曰是逆申后時詩與衛碩人之意同集傳以為樂新昏之詩親迎者所自然作唯然當入風非雅矣又風斯下矣

祈父于王之爪牙全

總許 序云祈父刺宣王也愚按以上數篇俱載

内政外畧可謂中興令主矣史稱姜后永巷進
諫故宣王勤于政治及姜后已死末政不終料
民太原人不足用乃令祈父出禁衛以從軍此
宣王之失非祈父所得專也通鑑併外紀三十三
年王伐戎不克三十八年王伐條戎奔戎王師
敗績三十九年戰于千畝王師敗績于姜氏之
戎四十一年王征申戎破之轉予于恤或謂此
四役爾百官獨司馬之官所係尤重蓋司馬得
其人則軍旅整鍊撻伐奮揚苟非其人布置乖
舛軍心離怨貽禍疆場矣宣王始命程休父為

鍾云三呼祈父已見其不聰矣

司馬克盡厥職是以嘗武美之祈父繼之不聰變古故衛士怨之如此無怪其屢致敗績也有天下者可不慎選樞臣哉

祈父予王之爪牙胡轉予于恤靡所止居　賦也

董氏曰司馬之屬有司右虎賁旅賁皆奉事王之左右所謂爪牙者當為王之守衛不宜使之從軍故有此怨

祈父予王之爪士胡轉予于恤靡所底止　賦也

祈父亶不聰胡轉予于恤有母之尸饔　賦也

八閩文庫

文獻集成

209

福建文獻集成

吴格 主編

續編 經部 九

海峡出版發行集團
THE STRAITS PUBLISHING & DISTRIBUTING GROUP
福建人民出版社

本册目次

詩經治亂始末註疏合抄十四卷（卷一〇至卷一四）

[明] 閩陳鴻謨撰

北京大學圖書館藏清抄本

詩經治亂始末分編傳註合抄卷之十

閩陳鴻謨聖謀甫纂

昭王

鼓鍾將將全 小雅

總評

申公曰鼓鍾昭王南遊宴樂於淮水之上

君子憂傷而作是詩序云刺幽王考詩書更記無幽王東巡之事何繇淮上作樂歐陽氏已辨之矣續考河紀註云昭王時鼓鍾之詩所為作則為昭王時詩無疑愚按外作禽荒禹訓之矣恒於遊畋湯戒之矣無逸於遊於田文王慎之矣厥後辛甲為周武王太史亦著虞人之箴

是以周公制禮囿人之設以刖人掌之示天子不近刑人之意抑且刖人不能從天子戲車角逐耳昭王忘其國恤冒於遨遊鼓鍾淮上久而忘反與太康畋洛弗返何別無怪其有南征不復之變也周道之衰昭王始之也詩人舉淑人君子者傷文武之治不復振也乎篇中只自道其憂心三復淑人君子辭氣和平視之相如伐獵之諫危言激切古今人文章分別如此

鼓鍾將將淮水湯湯憂心且傷淑人君子懷允不忘

賦也

玩懷允不忘句傷今思古深情甚于痛哭

鄭氏曰嘉樂不野合犧象不出門今乃於淮上作先王之樂失禮甚矣

鼓鍾喈喈淮水湝湝憂心且悲淑人君子其德不回

賦也

鼓鍾伐鼛淮有三洲憂心且妯淑人君子其德不猶

賦也

黄氏曰用於淮上其地遠也用於三洲其役久也其地遠其役久則民怨而音變悽苦之氣貫金石入陶匏故聞之者憂傷也

鼓鍾欽欽鼓瑟鼓琴笙磬同音以雅以南以籥不僭

賦也

孫月峰曰凡樂奏皆以鍾爲綱領諸音隨之而磬乃齊其節所謂金聲玉振也

厲王

上帝板板全 大雅

總評

說云厲王用事之臣多懷不忠以致禍敗公卿賦此以責之愚按此詩首節即云是用大諫分明是指厲王而言耳葢厲王惡聞其過乃使衛巫監謗告者殺之當其時道路以目故詩人不敢正言極諫君王借僚友以致箴而其憂

國恤民之心有不容已者嗟乎聞唯唯不聞諤諤簡子憂之所以興也退誹謗而殺直諫秦王蹈之所以亡也晏子曰下無言謂之暗上無聞謂之聾為人君者不虚懷受諫至使直臣託於隱刺其暗聾何如哉夫苟幡然改悟若宣公之藏詈文侯之懸瑟猶不失為令主惜乎厲王之不悟也

造詞用字甚奇峻　上帝板板字法下民卒癉出話不然為猶不遠靡聖管管不實於亶亶字猶之未遠可玩是用大諫賦也

然字出話合乎衆心之所同然靡聖者目無聖

人管字猶以管測天之管字解這等人狂妄自
姿絶大禍根皆由此等做出亶字解作誠字未
明况上已有實字則此亶字是盡力以為之
天之方難無然憲憲天之方蹶無然泄泄辭之輯矣
民之洽矣辭之懌矣民之莫矣賦也
辭是朝廷議論閧切廟謨國計者輯謂不拂輿
情懌謂可通衆志對首節出話不然為猶不遠
病痛下藥
我雖異事及爾同僚我即爾謀聽我囂囂我言維服
勿以為笑先民有言詢于蒭蕘賦也

韋氏曰天下事廣詠悖訪猶慮有蔽況嚚嚚拒
言乎從來小人誤國皆由自滿愎諫言者雖痛
切亦笑而却之所以天变不可回而國步淪洎
矣　維服字註訓事字未切此服字即書經紹
服衣德言之服字言當佩服也
天之方虐無然千古謔謔通患老夫灌灌小子蹻蹻匪我言耄
爾用憂字法謔勿將熇熇愷切不可救藥　賦也
姚承菴曰灌即灌溉之灌字灌灌者欲入其耳
而沃其心也
天之方懠無爲夸毗威儀卒迷善人載尸民之方殿

夸毗两字是
李林甫楊國

忠誤國的判語

屎則莫敢葵喪亂蔑資曾莫惠我師　賦也

善人載尸則不言不為袖手憂時即桀之多方義民不克永于多享是也蔑資謂民窮也使善人得行其志自有善政以惠民不必云賙賭鍾氏曰夸毗二字分開成不得小人訬在合用所謂寇賊之人即詭隨之人也　威儀指君子正色立朝言卒迷者小人必多方撓亂之使不得伸是以善人即懷有忠國愛民宏畧無由得展載尸二字描寫善人為小人擠陷光景故下緊接莫我敢葵曾莫惠我師皆自載尸来

孫月峰曰獨斯畏語甚工隋項城壞來尤有味

天之牖民如壎如篪如璋如圭如取如攜攜無曰益
牖民孔易民之多辟無自立辟賦也
此就上之導民言之告以為治之本下章告以
爲治之輔
价人維藩大師維垣大邦維屏大宗維翰懷德維寧
宗子維城無俾城壞無獨斯畏（四字簡至）賦也
脩德乃君之事輔之者臣也故以無俾無獨責
同列蓋云維城之重如此慎無使德薄親離而
致藩垣屏翰之或壞也
敬天之怒無敢戲豫敬天之渝無敢馳驅昊天曰明（深達天人）

及爾之際有本學問出王昊天曰旦及爾游衍賦也

孫氏曰旦而天明人乃出游即借此著監臨無不在意固精鈔　而箇敬字鈔易云洊雷震君子以恐懼脩省是敬字注脚

後總評　此篇凡說天便及民說民便及天憂時激切讀到末節令人毛孔直豎　鄧潛谷曰正雅首文王大明備言天人之際變雅首民勞板民勞言安民板言天言畏天

有饛簋飧全小雅

總評　傳云厲王之時諸侯勞於賦役而賦小東

愚按聖王以三十年之通制國用以備水旱兵患不幸罹災荒足以相恤即卒然有急不事捜括於民而師猶宿飽是操何術哉賦役均而用度節爾厲王竭東方財力以豢私人削有限之脂而供無窮之用民力屈矣國豈能久乎人君味哀我憚人之辭毋自剥其營衛而滋民之怨雖不幸有寇戎水旱之災猶可以有制之用無俟紛紛然增餉以剥下也

有饛(字)簋(新)飧有捄棘匕周道(周)如(初)砥(氣象)其直如矢君子所履

小人所視睠(鍾)言(云)顧(許)之潛(多)焉(情)出(事)涕 興也

精神有睠顧

首言簋飧者何蓋周禮之制諸侯賓至具飧牽
勞焉宰夫主之有饛者飧有捄者匕也勞來之
均故其時諸侯無困於役傷於財明是引古以
傷今賦體不宜作興　開頭就說周道如砥懷
思昔日賦役均平王道無偏從今顧視今昔不
同為之出涕

小東大東杼柚其空（貪婪之狀在目）糾糾葛屨可以履霜佻佻公子
行彼周行既往既來使我心疚 賦也
王氏曰公子不宜服役今公子行彼周之道路
則餘人可知矣

全是纏綿反覆處見奇

東人西人平提正見不均

入呼天處甚峻

織女三星跂然如隅襄者自卯至酉日經六次七

有洌(插入)氿(興體)泉無(妙)浸穫薪契契(傷心)寤嘆哀我憚人薪是(一說申)穫薪

尚可(者)載(筆)也(氣)哀(飄)我(蕩)憚(文)人(情)亦(惓)可(惓)息也 興也

東人之子職勞不來西人之子粲粲衣服舟人之子

熊羆是裘私人(私人)之(用)子百(事)僚(安)是(得)試(不亂) 賦也

歐陽氏曰周人方事侈富潔其衣服以相誇至於操舟之賤人亦衣熊羆之裘而私家之人皆備百官而祿食

或以(真可憐)其酒不以其漿鞙鞙佩璲不以其長維天有漢監亦有光跂彼織女終日七襄 賦也

楊泉物理論云漢水之精也氣發而着精華浮

襄舉其終始言之

上完轉隨流名曰天河一曰雲漢　鄭氏曰襄駕也襄謂更其肆也從旦至暮七辰一移因謂之七襄

又一纏綿更見精神

雖則紧轉七襄不成報章睆彼牽牛不以服箱東有啓明西有長庚有捄天畢載施之行　賦也

劉氏曰金星朝在東所以啓日之明夕在西所以續日之長

維南有箕不可以簸揚維北有斗不可以挹酒漿維南有箕載翕其舌維北有斗西柄之揭　賦也

董氏曰箕其踵似箕且有舌斗其方如斗且有

柄箕四星二爲踵二爲舌踵狹而舌廣故曰翕
斗四星爲斗三星爲柄垂而下揭故曰揭　鍾
伯敬云歷數織女牽牛啓明長庚天畢南箕北
斗想頭甚奇出語似謔顛倒淋漓變幻鼓舞揔
是窮極則呼天常態生出許多波瀾不明說明
不必深求如痴人說夢也晉明帝云長星勸爾
一杯酒語態近此

西周羣臣憂亂

民亦勞止全大雅

總評　申公說云厲王之時公卿憂亂同列相戒

而作此詩愚按詩言無良惛怓罔極醜厲繾綣皆極寫小人之情狀而總之以詭隨蓋權位尊重者往往樂柔媚（而僤）正直故詭隨之人得肆其志是皆居上者縱之也始也小人以詭隨媚上而行其寇虐繼也小人以寇虐威下而遂其詭隨不于詭隨之時而禁止之至于為虐寇而欲遏止之亦晚矣每章反覆重言之言愈切而防之彌嚴人主當書于座右可也

鍾云遏寇虐皆以無縱詭隨冠之未有不媚主能虐

民亦勞（詞緩）止汔（而意懇）可小康惠此中國以綏四方無縱（字字斧鉞）詭隨以謹無良式遏寇虐憯不（惕然）畏明柔（善）遠（固）能（邦本）邇以定我王

民者此等机局宜叅透之 賦也

鄭氏曰愛京師之人以安天下京師者諸夏之根本 張氏曰亦字與汔字相應有與其加意輯寧之意 書言柔遠能邇而必曰難壬人詩言柔遠能邇而必曰謹無良皆有常戒懼之意朱之曲營世嚳林甫之善養君欲此詩全為此輩說節節提起民亦勞止作冠令人惻然

民亦勞止汔可小休惠此中國以為民逑無縱詭隨以謹惛怓式遏寇虐無俾民憂無棄爾勞以為王休 賦也

爾勞指現前經營國事更妥若小人不去君側徒勞

無益

姚承庵曰人臣事君始何嘗不洗心為國迨其後悅詭隨而任之則前勞盡棄矣此言更提醒之使益加謹焉

民亦勞止汔可小息惠此京師以綏四國無縱詭隨以謹罔極式遏寇虐無俾作慝敬慎（孤立者可危）威儀以近有德賦也

顧氏曰此言小人蟠結朋黨之衆必合衆君子方可以勝之然有德之人不枉道徇人故必脩身謹儀而後可以親近也

民亦勞止汔可小愒惠此中國俾民憂泄無縱詭隨

（正敗二字可危趙高用事羣臣人人自危勝廣亂作於山東豈不知大）

以謹醜厲式遏寇虐無俾正敗戎雖小子而式弘大　賦也

黃氏佐曰憂泄二字最重蓋恐民怨不釋則禍患日廣也　顧氏曰小子以年言弘大以所為係天下安危閔民生休戚言所為甚廣大則去小人以安民者不容已矣

（到末句纔點出正意）

民亦勞止汔可小安惠此中國國無有殘無縱詭隨以謹繾綣（畫出小人）式遏寇虐無俾正反王欲玉女是用大諫　賦也

彭氏曰正反則善惡曲直無不倒置天下其可

得而正耶　千古論斷小人未有若此篇曲盡其情狀詳揣其智畧備載其殃孽者也曰無良曰惛怓曰罔極曰醜厲曰繾綣極其才力不至為寇為虐不止者極其傾陷不至正敗正反不止者故章章戒之無縱戒之謹戒之式遏無俾嚚之以敬儀者正身端本之論然天下事不可以一人為故須近有德詩詞責御事指實刺王末呼王而曰欲玉女也而大諫意傾至甚矣

後總評　韋氏曰為治在安民凡有國者皆知之矣往往民不獲安何哉蓋無良之人一據要地

內懷詐以惑主外挾威以虐民擅利擅害極惡窮凶反正亂常而不忌雖小康亦爲所敗况厲王之世乎善哉史雍之頌曰近乎民遠乎佞此詩曰近有德無縱詭隨皆千古不易之法也姚承菴曰五章結處三用王字所以警其臣者至矣如是立言使其臣聽之深聳而不違而其君聽之亦深思而不怒耳

蕩蕩上帝全大雅

總評

序云傷周室大壞也是時穆公見厲王無道知其必亡而自傷周室爾所以不及厲王而

設為文王咨嘆之辭陳厲王之失而託之商者以厲王弭謗不敢斥言之耳夫厲王之惡雖小人成之其所以興慆德用不義者由其德不明也德惟不明故不能辨賢奸而任用貪暴之小人以為寇攘至舉世洶沸而曾不知悟大命由是傾矣苟能自明其德則不沉湎於酒不炰烋自用畜任正人率由典刑前後左右皆得其人亂何難定耶愚觀厲王初立荆楚去王號材力亦足以宰制一世迨後溺於專利殺人以弭謗遂不免流亡豈不惜哉

首節作箇冒子以下皆以文王曰咨起立言玅刱格奇

蕩蕩上帝下民之辟疾威上帝其命多辟天生烝民其命匪諶靡不有初鮮克有終　賦也

疾威明是厲王所為無端歸之上帝立言甚玅下面都發疾威兩字

玩力字任之專信之篤深根固蔕

文王曰咨咨女殷商曾是彊禦曾是掊克曾是在位曾是在服天降慆德女興是力　賦也

四箇曾是陡甚

朱氏曰彊禦掊克即所謂慆德也而以為天降之者世之治亂雖関於氣化之盛衰然力起而用之者皆女之為也天豈任咎哉　孫月峰曰明是彊禦在位掊克在服乃分作四句各嘆以

曾是字以恣其態四句兩意雙頂固是一種調法

文王曰咨咨女殷商而秉義(句法)類彊禦多懟流言以對寇攘式(著小人之害)內侯作侯祝靡届靡究賦也

呂正獻公曰小人聚斂以佐人主之欲而不知其終為害也賞其納忠而不知其大不忠也嘉其任怨而不知其怨歸於上也天下之禍不由于外皆興於內此之謂也

文王曰咨咨女殷商女炰烋于中國斂怨以為德不明爾德時無背無側爾德(看他變調)不明以無陪無卿賦也

炰烋二字寫暴主精神

德既不明則舉錯失宜國之空虛無怪也曰背

側曰陪卿手足股肱之謂用非其人如無手足

股肱矣何以自立哉姚氏曰天下未嘗無賢

人維是不明其德賢者望望而去耳故反覆言

之

文王曰咨咨女殷商天不湎爾(句奇)以酒不義從式既愆(寫出)

爾止(湎)靡(酒光景)明靡晦式號式呼俾晝作夜 賦也

文王曰咨咨女殷商如蜩如螗(字法奇)如沸如羹小大近喪

人尚乎由行內奰于中國覃及鬼方 賦也

顧氏曰蜩螗怨謗並興意沸羹民情騷動意小

孰不尊信祖
宗孰不洞曉
近代曰文王
曰殷商周人
歷歷能言從
此喚醒也

大指國言人指厲王與用事之臣言　西京賦
云巨靈贔屭以流河曲則贔者怒而自作氣之
貌也
文王曰咨咨女殷商匪上帝不時殷（刺）不用（血語）舊雖無（有）老（曲）
成人（析）尚有典刑曾是莫聽大命以傾　賦也
文王曰咨咨女殷商人亦有言顛沛（遡源之言）之揭枝葉未有
害本實先撥（訛出引喻本意）殷鑒不遠在夏后之世　賦也
每章以文王咨商為言者蓋欲厲王之知所警
畏周邑雖定於武王而所以得天下者文王之
功為多也厲王雖自棄乎祖宗締造之勞豈可

忘耶末云殷鑒不遠二句所以感發乎王者至
矣

後總評　鄧潛谷曰蕩之篇大聲疾呼之道也不
作言王辟曰帝命多辟不作言周曰咨女殷商
不自言託之文王則詩之教然也昔周之得天
也周公託之天曰帝謂文王其失民也召公託
之文王曰文王曰咨咨女殷商詠歎惻怛矣

菀彼桑柔全大雅

總評　說云芮良夫傷厲王之失國也愚按此篇
曰具禍以燼曰云徂何往曰孔棘我圉曰瘵我

立王情切而音哀其流彘時乎國既失矣言之何益揆厥亂源始於王虐榮公貪虐濟以貪故聚歛殘忍之臣得以入之是顧是復盡屬忍心貪人自獨俾臧之主舉朝畏忌迨至失國雖切切告之以憂恤誨之以序爵開迪以秉心無競慎擇其相已無及矣向令厲王早納芮伯之諫知天下安危係乎輔相輔相臣賢則能察遠防微撫恤民艱扶植善類必有造福生民亂寧患其不夷乎惜也弭謗防口以喑啞失國厲階果誰生哉細玩篇中嘆國步念土宇痛立王哀中

國憫荼毒悲如醉傷之至矣末尤託告僚友以
窮其罔極之情反覆辨難詞尤悽怛厲王之詩
五篇此篇更為悲愴故云傷失國也

菀彼桑柔其下侯旬捋采其劉瘼此下民不殄心憂
倉兄（愴）填（甚）兮倬彼昊天寧不我矜 比也

鍾伯敬云黄落有漸捋采立窮盎歸罪於人也
朱註得之 填塞也倉兄填於胸中所謂有口
説不盡也註訓久字未當

四牡騤騤旟旐有翩亂生不夷靡國不泯民靡有黎
具禍以燼於乎有哀國步斯頻 賦也

天不我將造
句奇

張賓王曰無故而興師民見車馬旌旗不勝其厭苦國運之所以隆長者以四國定而萬民安也今國滅民燼則國運之急促可知

國步蔑資天不我將靡所止疑云徂何往君子實維秉心無競誰生厲階至今為梗賦也

姚承庵曰實維者言在位君子實國家綱維心所秉持當在休養斯民不可與天下為競一有競心則為荼毒為回遹與職競用力職盜為寇皆自此生去生厲階而為梗則土宇不可保矣與下節纔一貫　居無以自安往無以避患真

是苦累

憂心慇慇念我土宇我生不辰逢天僤怒自西徂東靡

所定處多我（句法鍊）覯痻孔棘我圉賦也

黄氏曰自西徂東二句當時必是四夷禍起故

征役不息有飢渴勞勩之苦故曰多我覯痻有

鋒鏑死亡之憂故曰孔棘我圉

為謀為毖亂況斯削告爾憂恤誨爾序爵誰能執熱

逝不以濯其何能淑載胥及溺賦也

陸氏曰為謀為毖是與小人謀之毖之故慎于

謀而適以長亂下緊云序爵是簡賢黜不肖使

稱其爵之意重在擇相上　謀嘉猷從後患原
好字眼只因註解况字為滋字故謀從亦不敢
從好邊說令况作勢况解言能謀且從則亂之
勢况斯削乎故下直示之以憂恤序爵末四句
反講文氣纔順　小人造謀更奸險覿順宗之
於王伾與王叔文等內外朋奸可見
如（四句）彼遡（用字新）風亦孔之僾民有肅心荓云不逮好是稼穡
力民代食稼穡維寶代食維好　賦也
姚承菴曰荓字恐不作使字解是並字意
遡風之喻逼肖憂亂鬱悶的光景當是時有人

振肅起精神為國謀慫衆乃交口謂時之不可
而止之不行是以彼樂於田疇力民之事以代
祿食稼穡維寶二句衍語以起下文卒痒卒荒
見亂世無處可以自樂真是憂時苦境

天降喪亂滅我立王降此蟊賊稼穡卒痒哀恫（寫得可）中國
具（悴）贅卒荒靡有旅力以念穹蒼　賦也
維此惠君民人所瞻秉（英明之主）心宣猶考慎其相維彼不順
自（暴主）獨俾（本色）臧自有肺腸俾（字法新）民卒狂　賦也

鍾氏曰畢竟歸重任人用人歸於擇相比深知
亂本

瞻彼中林甡甡其鹿朋友已譖不胥以穀人亦有言進退維谷　興也

陸化熙曰進退維谷承朋友之譖説益進既忌而擠之使不得任用退又乘而搆之使不得脱然豈不進退兩難此正為無明君容此纔佞在朝耳

維此聖人瞻言百里維彼愚人覆狂以喜匪言不能胡思畏忌　賦也

狂喜二字合用乃見其愚

韋氏曰瞻言灼有所見而言言必中窾凡禍幾之未形無不預察百里借以形其遠也畏忌指

監謗之時道路以目故芮伯亦難以直諫也吁
使臣畏忌而不敢言欲國人之毋畔得乎
維此良人弗求弗迪維彼忍心（本亂）是顧是復民之貪亂
寧為荼毒賦也
呂氏曰民豈有貪亂之心然既遭亂猖狂無依
是以反貪其亂而不愛其身將陷于荼毒亦如
令人困苦之極則不愛死也 姚承菴曰民亦
有良心寧肯貪亂而荼毒惟上所顧復在此一
輩人彼畜富貴功名不得不曲從故下一箇貪
字寧字此民字與下民之罔極民之回遹民之

未戾皆指在位言　僉任之亂人國全憑忍心
做去覲費無極之讒殺太子建連尹奢及郤宛
可見

隧字下得抄而本之中垢謂其有慝志爲

大風(興)有(句奇)隧有空大谷維此良人作為式穀維彼不順
征以(句)中(新)垢興也

貪人刺榮公聽言則對二句盡出昏君

大風有隧貪人敗類聽言則對誦言如醉匪用其良
覆俾我悖興也
見誦詩書之言則眠臥如醉魏文侯有言端冕
而聽古樂惟恐臥商鞅說秦孝公以帝道孝公
睡而弗應皆如醉然也

丁寧反覆其志可憐

一步深一步曲繪深狡的狼手李樒笑中有刀其一班也

嗟爾朋友予豈不知而作如彼飛蟲時亦弋獲既之陰女反予來赫　賦也

陸氏曰國存則小人亦在覆庇之中豈不是蔭女

民之罔極職涼善背為民不利如云不克民之回遹職競用力　賦也

姚承庵曰涼字不宜作直諒解此人專以寅亮為門面實則善于覆背罔極即如不克之謂

民之（罵）未（得快）戾職盜為寇涼曰不可覆背善詈雖曰匪予既作爾歌　賦也

姚承菴曰及到職盜為寇則盜寇之事已悉著矣猶曰口說此事不可為實覆背且畏忌君子善毀詈之俾不見用於朝雖曰二字詩人揣其不承認之心此詩人之極透骨深刻語

西周幽王亂略

宮闈内亂

白華菅兮全小雅

總評　說云幽王寵褒姒廢申后后歸申而作此詩愚按篇中推到天步言念彼言勞心俱就人倫大變說不僅僅為一身廢立已也言悲惻矣

而竟不回幽王之迷何哉噫好其色必授之情痴眊若晉獻無責己以從諫轉圜之漢高尚汨愛乎戚姬大臣爭之皆莫能得後非留侯畫策調護之羽翼安知永巷之囚不施之呂氏乎由此觀之並后匹嫡洵可戒也

白華菅兮白茅束兮之子之遠俾我獨兮比也

王肅云白茅束白華以興夫婦之道宜以潔白相申束然後成室家也

英英（晨景）白雲（如函）露彼菅茅天步（這関係）艱難之子不猶比也

鍾氏云蟲飛薨薨晨景之有聲者薈蔚朝隮白

以雲之露覆菅茅比王恩均於妻妾均鄭氏云猶圖

也

以小水之浸
滮為比尤切

雲管茅晨景之有色者此一幅畫圖然蓊蔚二
句景密而濃白雲二句景踈而淡各自成家

滮池北流浸彼稻田嘯歌不堪多讀傷懷念彼碩人 比也
樵彼比體桑薪卬烘于煁維彼碩人實勞我心 比也
鼓鍾于宮聲聞于外念真景子懆懆視我邁邁 比也
着念子懆懆自傷其誠意之不能動王撫膺浩
嘆真賢后哉
有鶖在梁有鶴在林維彼碩人實勞我心 比也
養鶖棄鶴貴賤易置處非其宜可怨可思
鴛鴦在梁戢其左翼之子無良二三其德 比也

韋氏曰斂其左翼雌雄相依不失其侶右尊而左卑戢左翼以讓右也譬之人女下于男庶下于嫡無有自斂讓右之義故以為興

右扁斯石履之卑兮之子之遠俾我悲切疧兮 比也

王尊如天今寵妾而自卑綱常不振故憂之而使我病也

瞻卬昊天全 大雅

總評

說云幽王寵褒姒任奄人尹伯奇憂亂而作此詩愚按内寵閹宦相倚為奸禍及宗社逆逆然也漢承秦制良璫左貂給事殿省及高后稱制乃以張卿為大謁者出入卧内受宣詔命則外内互結之勢成矣唐天寶中宦官黃衣以

上三千員衣朱紫者亦千餘人監軍持權分提禁兵故玄宗以遷崩憲敬以弒隕文以憂憤至昭而天下亡矣遡其所自何嘗非婦寺朋奸為之禍始哉人主茍能以禮御情以明察奸恒預剪乎禍萌雖婦人與寺人日在王左右賢否誠偽何難洞辨婦有長舌為能為亂階乎篇末猶諄諄然望其去讒遠色用賢人而除蟊賊無忝
皇祖之靈挽天變而救後艱忠臣愛國之誠惓惓於亂亡之秋可痛也夫

瞻卬

昊天則不我惠孔填不寧降此大厲邦靡有定

亂匪降自天二語喚醒幾多痴漢非胎有刚刀斬不斷這等妖魔

士民其瘵蟊賊蟊疾靡有夷屆罪罟（新句）不收靡有夷瘳

賦也

人有土田女反有之人有民人女覆奪之此宜無罪

女反收之彼宜有罪女覆說之　賦也

削黜諸臣亂罰無辜無道之君本色

哲夫成城哲婦傾城懿厥哲婦為梟為鴟婦有長舌（婦寺並言表裏相因禍乃慘烈）

維厲之階亂匪降自天生自婦人匪教匪誨時維婦

寺　賦也

孫月峰曰艷妻意淺哲婦意精說到哲處可謂

透入

豈曰不極二語摹寫忮忒險惡刻肖

鞫人忮忒，譖始竟背。豈曰不極，伊胡為慝。如賈三倍，君子是識。婦無公事，休其蠶織。賦也。

天何以刺，何神不富。舍爾介狄，維予胥忌。不弔不祥，威儀不類。人之云亡，邦國殄瘁。賦也。

輔氏曰：外國陰類也。自古寵任婦寺，多致外國之禍。危亂之君，不忌其所當忌，而忌忠臣義士之正已者，此所以滅亡也。

再咏嘆，愈覺傷心，文情在四箇矣字，妙。

天之降罔，維其優矣。人之云亡，心之憂矣。天之降罔，維其幾矣。人之云亡，心之悲矣。賦也。

顧氏曰：優，有紛至薦臻之患；幾，有幾彰禍迫之

恐

觱沸檻泉維其深矣心之憂矣寧自今（更切）矣不自我先不自我後藐藐昊天無不克鞏無忝皇祖（愛國至誠）式救爾後興也

國儲之禍

弁彼鷽斯全　小雅

總評　序云刺幽王也太子之傅作焉愚按宫闈內亂則纔人必因之而起漢武信江充之誣罪戾太子京城流血晉惠用賈后之譖廢愍懷太子中原塗炭隋文帝納獨孤后之言黜太子勇

遂失天下自古父子相疑未有不覆亡者也此詩誠太子傅所作篇中桑梓恭敬之言即李泌教舒王起敬起孝意也壞木無枝之言即李泌諫德宗陛下惟有一子柰何廢之而立姪意也舒冤之言即李泌從容三日究其端緒意也無易由言即李泌諫還宮勿露此意于左右意也李泌抽笏叩頭之泣能明太子之無罪而宜臼之傅惄然如擣之詩不能止放逐之難何哉李泌為德宗獨任之相而太子之傅不信任於幽王故也漢張良招致四皓羽翼儲宮唐九齡面

賦比興雜錯而出蓋情既迫切而詞復鏖隘千古絕調可與離騷鄒陽獄中上書恭看

叱宮奴力白子瑛宰相得人輕廢儲貳斷不能
行幽王之時吉甫張仲諸大臣想已凋謝莫敢
顯然抗疏正嫡庶之分後雖晉鄭脩捍之力噫
晚矣

弁彼鷽斯歸飛提提民莫不穀我獨于罹何辜于天（文法在三箇何字）
我（自猜）罪（自疑）伊何心之憂矣云如之何興也

鍾氏曰歸飛二字尠鳥得所歸而飛不若予之
無所歸也

踧踧周道鞫為茂草我心憂傷惄焉如擣假寐永嘆
維憂用老心之憂矣疢如疾首興也

惻然可傷孤臣孽子心緒宛然如見

漢伍被謂淮南王曰臣將見宮中荊棘露沾衣也即鞠為茂見其國之將亡意　鍾氏云古今說憂盡此數語非身歷不知只惟憂用老一句何等深究

維桑與梓必恭敬止靡瞻匪父靡依匪母不屬于毛不離于裏天之生我我辰（語甚懊恨）安在興也

鄧潛谷曰此章自明也讒人之媒孽人也必曰大不敬也大無恩也夫桑與梓必恭敬之矣則親之遺也人子何天親實其天吾何瞻非父乎吾何依非母乎乃何敢不恭也

興體不足以盡懷又用譬以喻之無限幽愁口道莫罄

以上歷歷哀呼痛心到此拈出忍字著禍萌也

菀彼柳斯鳴蜩嘒嘒有漼者淵萑葦淠淠譬彼舟流不知所届心之憂矣不遑假寐興也

鹿斯之奔維足伎伎雉之朝雊尚求其雌譬彼壞木疾用無枝心之憂矣寧莫之知興也

寧死而不知不堪其憂也

相彼投兔尚或先之行有死人尚或墐之君子秉心維其忍之心之憂矣涕既隕之興也

朱據屈晃泥頭自縛連日伏闕以明太子和之冤卒莫挽故鄣之徙孫權亦忍矣哉

君子信讒如或醻之君子不惠不舒究之伐木掎矣

析薪杝矣舍彼有罪予之佗矣賦而興也

嚴氏曰椅釋文從後牽之也杝以手離之也木本附根伐者既斧之又以索拽使其倒薪本一木析者既斧之又以手離之使其絕喻父子一體而讒人間之所謂有罪也乃舍之而罪我乎觧似有理　讒人指虢石父是也按國語褒后黜太子皆虢石父之謀　優施成謀而申生縊楊素懷奸而子勇囚讒言可畏如此舒究二字

玅甚

莫高匪山莫浚匪泉君子無易由言耳屬于垣鍾云無逝

我四句盖古有此語梁無發我笱我躬不閲遑恤我後賦而比也
梁笱之語非愛惜其舊物而不忍捨恐後人又
又蹈我之覆轍者故以為慮又云身之不顧而
遑恤後人乎
不睦九族
騂騂角弓全小雅
總評
序云父兄刺幽王也不親九族而好讒佞
骨肉相怨故作是詩也愚按人情恩深者其養
謹愛至者其求詳夫戚而不見殊者豈能無怨
明君惟恩以宥之義以制之使列辟輯輳歸誠

天子長久而不亂也漢文之于淮南也不為置
嚴相驕之太過致有七國謀反之變寛之咎也
鄭莊之於段也予以大邑不度幸其將崩卒有
五子爭立之禍忍之亢也襄王欲以敵伐鄭富
辰諫以小忿不廢懿親王不聽終受敵禍吾讀
角弓菀蕭杕杜與常棣行葦五篇則周之所以
興幽平之所以壞晉昭之所以亡皆灼然可見
矣唐太宗忍于隱巢之事而與荊王涕泣告別
則奚益哉

騂騂角弓翩其反矣兄弟婚姻無胥遠矣興也

綽綽二字是
友愛骨肉至
言若福急則
猜忌生矣

爾之遠矣民胥然矣爾之教矣民胥傚矣興也（文法飄逸）

此令兄弟綽綽有裕不令兄弟交相為瘉 賦也（此節訓寬）

民之無良相怨一方受爵不讓至于已斯亡 賦也

鍾氏曰兄弟相遠根于受爵不讓不讓則爭爭則怨怨則讒衆之至于已斯亡千古小人結局如此 詩意不忍言宗族怨王故就民之胥效而相怨言之一方非只一方也如沙中偶語瀸瀸然各相怨於一方也 鄧潛谷曰無良之交怨也各持一方焉莫能反觀各見其是意蔽于所謂是而不通於方也易地而處之絜心而推

之怨矣是已怨之道也夫怨不在大獻酬受爵而讓細已受爵不讓而怨萌生或以死亡子公之嘗黿是已禮無徵或怨是已怨之道也

老馬反為駒不顧其後如食宜饇如酌孔取比也

此節朱註指讒人而言呂東萊云小人慢世快意于上下節文氣不流貫語意太突鄧潛谷云懲貪甚有理義蓋人生享用有窮其用物亦有限不宜極奢過求以取戾怨老馬之不反為駒固也欲反為駒而不顧其後力之不及貪人之無厭似之宜饇孔取皆無厭之類惟不貪則無

求正已而不求則九族相睦而無怨是齊家之
道也亦節制宗藩之道也
母教猱升木如塗塗附君子有徽猷小人與屬比也
雨雪瀌瀌見晛曰消莫肯下遺式居婁驕比也
大陽曬天積陰即化曰消者迅詞也喻王若親
親讒邪斯滅矣莫肯下遺言王不肯以恩及下
九族式居者數數以驕心自居也呂氏曰王之
不肯降心下與族人者以其居于驕慢而不可
移也莫肯下遺二句如此訓亦是朱註從張氏
解于式居二字未當上云徽猷即慎徽五典

有恩以相接是已此云雨雪瀌瀌比王澤下逮
見晛曰消比九族積怨解釋也怨之道也惟王
莫肯以恩意下遺九族所以居然不朝而屡驕
也至于舋隙交搆日深骨肉如蠻髦然翩反也
豈不為天子之大憂哉如此解于上下文較順

雨雪浮浮見晛曰流如蠻如（句法奇）髦我是用憂比也

銓選失人

昊天疾威全 小雅

總評 說云大夫以幽王惑于邪謀不能斷以從
善而作此詩蓋國家之患最忌是非混淆從違

一篇忠誠懍怛可當騷經讀

李義府與敬宗等相推轂濟其奸謀棄骨肉大臣以奸言取富貴

倒置則譎訛之奸得以中進當國者惟忠貞沉毅之士可與商確而碌碌衆人無識而妄談擯之不用則凡憂國忠主之臣明達事机雖拂衆議而獨從之可矣然則依違而誤國計者可不自惕哉

旻天疾威敷于下土謀猶回遹何日斯沮（千古）謀臧（通患）不從不臧覆用我視謀猶亦孔之卭　賦也

潝潝訿訿亦孔之哀謀之其臧則具是違謀之不臧則具是依我視謀猶伊于胡底　賦也

劉向疏云衆小在位而從邪議歙歙相是一見

而責唐子社
稷真可梟哉

君子便羣詆之矣具者王與小人俱依違不能

自斷也與首章一例看朱氏指小人非　鍾云

滃滃訿訿四字寫盡末世囂誶險深之象

張九齡以守正持重力爭朔方之封見仆林甫

以面諛固寵然則盡臧者亦危哉

鍾氏曰執其
咎三字難言
非胆力兼到
不能

我龜既厭不我告猶謀夫孔多是用不集發言盈庭

誰敢執其咎如匪行邁謀是用不得于道　賦也

按大宋多賢集朝發言非不盈庭而是非相奪

莫可適從使人嘆息深于舉朝無人也惜哉沈

慶之云耕當問奴織當問婢可與匪行邁謀恭

以哀哉二字
唱歎起無限
不平

看

哀哉為猶匪先民是程匪大猶是經（説破時弊）維邇言是聽維邇言是爭如彼築室于道謀是用不潰于成　賦也

韋氏曰先民指先公先王如文謨武烈是也大猶古今通行大道治平之經是也匪程是狹小祖宗法度匪經是變亂古法衰亂之世多如是

國雖靡止或聖或否民雖靡膴或哲或謀或肅或艾如彼流泉無淪胥以敗　賦也

鍾伯敬云此章望以用賢然止述賢者名目而不敢聲言用賢知其言之無益直付之流泉一

說得怕人

嘆而已

不敢暴虎不敢馮河人知其一莫知其他戰戰兢兢如臨深淵如履薄氷賦也

孫月峰曰以上通論謀皆是實說惟此節寓言微婉蓋歎息省戒以申其惓惓未盡之意舉朝皆醉我獨醒可憐國家事皆以浮氣失之玩戰兢兩字即足夫可以勝予袵席時有戈矛纔是善謀的人

十月之交全小雅

總評

申公云幽王之時姦臣亂政于外嬖妾敗

德于内大夫憂亂亡之將至愚讀漢史至成哀時日食地震蝱起疊見者寵董賢而汩趙后則然也益嘆周大夫所刺益不誣哉幽王淫溺褒姒固為亂本而寵任皇父䇲執樞機繇是私人並進威福僭恣作都虐民以致流離破壞無所安處皇之不極日月亂行地震川沸不可畏乎古之人君見災而懼改行脩德則妖轉為祥高宗成王是也若其冥然不知覺悟則凶罰必及如二世明皇是也然則為人主者齊肅宮闈宮闈治則天下之亂可息慎選左右左右正則百

僚之邪自清雖然簡忠亮以總百官尤為要也蓋吏良政舉則表裏不相為奸雖有楚歌楚舞之夫人不能逞其毒于床第閒耳故篇中切切以皇父為言所謂慎簡乃僚格其非心者用此道也宜乎谷永之疏曰明主正五事建大中則日月理于上庶徵序于下豈非永鑒歟

通篇長于叙事詩史之祖也

十月之交（全是史筆）朔日辛卯日有食之亦孔之醜彼月而微此日而微今此下民亦孔之哀　賦也

疏義曰交而食陽微而陰乘之也交而不食陽盛而陰不能掩之也此則係乎人事所感

詞氣自然不為韻言所縛

孔氏曰交者日月相會同道則食月或在日道表或在日道裏則不食矣日月之食本無常時故曆象為日月交會之法大率以百七十三日有奇為限杜預見其參差乃云日月動物雖行度有大量不能不少有盈縮故有雖交會而不食者或有頻交而食者惟正陽之月君子忌之

日月告凶不用其行四國無政不用其良彼月而食則維其常此日而食于（于作吁）何不臧（解）賦也

許氏曰此言日食因不用善人婦也臣也小人也皆陰類也相與蠱惑王心而敗政事故譴見

起得兇怪

天也

爗爗震電不寧不令百川沸騰山冢崒崩高岸為谷深谷為陵哀今之人胡憯莫懲 賦也

國語幽王三年西周三川皆震伯陽父曰周将亡矣昔伊洛竭而夏亡河竭而商亡今周若二代之季矣其川源必塞塞必竭夫國必依山川山崩川竭亡國之徵是歲三川竭疑即此詩

天出怪異以警懼之上帝止亂一點熱血可稱愛君之至

上叙天地之變而即繼以

皇父總訖卿出題士番維司徒家伯冢宰仲允膳夫棸子內史

人事脉絡暗接

蹶維趣馬楀維師氏豔妻煽方處　賦也

晋驪姬以二五耦尚傾宗社周之七奸並典政要又有艷妻交結于内則其蟠結之勢真不可解　歐陽氏曰鄭氏言幽王時鄭桓公友為司徒非番也按幽王在位十一年至其八年始以友為司徒則番或在前未可知　賈充之奸楊后主于内荀勗等助於外夕陽亭之計行已兆石勒長嘯之禍

悍倨自得八極無人　鍾云酷肖虐主口吻

抑此皇父豈曰不時胡為我作不即我謀徹我牆屋田卒汙萊曰予不戕禮則然矣　賦也

看愸字擇字
畫出老奸誤
國愸態

胡氏曰三代之君每有興作謀及庶人如盤庚遷殷登厥民而告之故詩人曰胡為我作不即我謀廢民間田宅以為池囿作俑之始真可痛恨

皇父孔聖（聖字下得玅）作都于向擇三有事亶侯多藏不愸遺一老俾守我王擇有車馬以居（盡以室以行）徂向賦也

孔氏曰皇父封于畿內當二卿今增一卿以比列國則已奢而不制矣　陳氏曰擇多藏之人以為三公懼故老在位盡出之不遺一人以保我王漢靈帝時西園有三公之錢在幽王時此

錢歸之向矣　玩而擇字小人嗇利已董卓營郿塢之居用此術及勢崩壞空費精神可蔟一笑

黽勉從事不敢告勞無罪無辜讒口囂囂下民之孽匪降自天噂沓背憎職競由人　賦也

無罪猶且見讒而況敢告勞乎

噂沓背憎搯盡險深心腸

悠悠我里亦孔之痗四方有羨我獨居憂心莫不逸我獨不敢休天命不徹我不敢傚我友自逸　賦也

鍾氏曰末二句善于自處省了許多怨氣

不敢傚我友自逸有獨盡職奉公冀回天變感悟君相意不徒安命而已

旻天疾威全 大雅

總評 詩云幽王遍刑人用讒慝諸侯攜貳荒裔内侵饑饉因之國人流散尹伯奇諫王而作是詩愚按首章言飢饉之災卒章言侵削之事餘章皆言用小人之意要之用小人所以致飢饉而不免于侵削也此詩居變雅之終慨然有懷文武召公之盛以見亂極思治之理亦有下泉之終變風歟

旻天（玩民卒流亡二語哀颯光景慘可悲 闕）疾威天篤降喪瘨我飢饉民卒流亡我居圉卒荒賦也

此節前四節皆五句第五節以後或加七字八字十四字錯綜下整作法亦奇不可以常法律之

天降罪罟蟊賊內訌昏椓靡共潰潰回遹實靖夷我邦　賦也

顧氏曰罪罟即指蟊賊昏椓之人而言益小人得志陷斯民於羅網使無所措手足即罪罟也犬戎之害在外小人之害在內故曰蟊賊內訌

皐皐(真奸)訿訿(人)曾不知其玷兢兢業業孔填不寧(禍又烈)我位孔貶　賦也

小人之所以見用者雖其頑慢而又善于毀人以自益也故人君能堅讒始能用人養奸全在不知其玷四字

如彼歲旱草不潰茂如彼（画）棲（苦景）苴我相此邦無不潰止
賦也
此皆任用小人所致民蕩析離居無復生理故
如彼棲苴
維昔之富不如時維今之疚不如茲彼疏斯粺胡不
自替職兄斯引 賦也
九章粟米之法云粟率五十糲米三拾粺廿七
蓋言米漸細故數益小此時明糲粗出于粺故
為疏也 鍾伯敬云自替者傷人莫能如之何
也

總評　孫月峰曰音調悽惻語皆自哀苦中衷出忽若不經意而自有一種奇陗與他篇風格有別淡烟古樹入函固妙却于觸處收得正不必具全景

池之竭矣（文章甚逸）不云自頻泉之竭矣（昏主通弊）不云自中溥斯害矣職兄斯弘不烖我躬賦也

昔先王受命有如召公（今昔平較情景淒涼）日辟國百里今也日蹙國百里於乎哀哉維今之人（煞妙）不尚有舊賦也

陳定宇曰此詩及瞻卬篇末皆有拳拳望治之意瞻仰望其改過而無忝皇祖此詩望其改圖而擢用舊人審如是則否可泰危可安也豈至有犬戎之禍哉思先王而不可得故以於乎哀哉發之舊即召公謂有如舊日能辟國之人也若另指舊德之人則文勢散緩

綿蠻黄鳥全 小雅

序云此微臣刺亂也愚按幽王之時國亂禮廢恩薄大不念小尊不恤賤士人感嘆不遇如甯戚扣角之歌汙明澼絖之説流離感慨可謂至矣後車之載如渭濵之載尚父中年之載越石龔其振抜並登得輿而大用之也

總評

緜蠻黄鳥止于丘阿道之云遠我勞如何飲之食之敎之誨之命彼後車謂之載之 比也

如何者齟齬困頓口亦不能形容其勞也感慨嘆息之詞莫作乞憐酸語

緜蠻黄鳥止于丘隅豈敢憚行畏不能趨飲之食之教之誨之命彼後車謂之載之比也

緜蠻黄鳥止于丘側豈敢憚行畏不能極飲之食之教之誨之命彼後車謂之載之比也

幽王聽信讒言之失

營營青蠅

總評　序云大夫刺幽王也葢讒言持心傾險止樊止棘止榛之喻始若不必惡然其營營往來將入宮室汙几席不但止樊止棘止榛已也讒人為亂漸致馴臻如此易曰童牛之牿履霜之

正人之情常坦平直遂營營二字插出讒人中腸

構字下得玅憑空做成如伊戾之坎牲埋書以誣太子之類

戒當防其微也

營營青蠅止于樊豈弟君子無信讒言比也（題意）

營營青蠅止于棘讒人罔極交亂四國比也

顧氏曰讒言要其終極禍國之大原其始起于交搆之微欲王謹之于微也

營營青蠅止于榛讒人罔極搆我二人比也

張氏曰構者合二人而構煽之他的可惡正在合處分散四國之亂所以致也　李氏曰小人得志凡賢者無不被讒矣而獨曰構我二人者盖主見譖者而言也　真西山云止于樊止于

棘止于榛欲其棲泊于外以比讒人宜屏之外毋在朝廷以傷善類最合詩人之意

悠悠昊天全小雅

總評

序云巧言刺幽王也大夫傷讒故作是詩

愚按古今之亂出於讒讒乘于優柔不斷所以懷狐疑之心者来讒賊之口持不斷之意者開羣枉之門也為天子者當別白其是非使忠讒遴明則邪正無所混淆亂從安生故祉以納忠讜怒以除姦佞千古不易之道也為人君者當三復于斯

二遄字妙亦重用賢去奸在王心畧轉移間亂之沮止即在當下喜怒之時

悠悠昊天曰父母且無罪無辜亂如此憮昊天已威

予慎無罪昊天泰憮予慎無辜　賦也

亂（上）之（四）初（句）生（杜）僭（讒）始（以）既（辨）涵亂之又生君子（詩）信（題）讒君子（下）如（四）怒

亂（句）庶（杜）遄（讒）沮（以）君（斷）子如祉亂庶遄已　賦也

跡義曰容不當容則讒來而造亂用不當用則讒行而益亂若喜怒以遏惡揚善則讒無從生亂無從起矣

君子屢盟亂是用長君子信盜亂是用暴盜言孔甘亂是用餤匪其止共維王子卭　賦也

鍾氏曰屢盟字極刻形容

姚承菴曰君與小

人胥嘗有盟但小人日獻款于君君亦日相與之要結若盟誓然是謂之屢盟然小人之所為忠信實奸佞之所以禍國者而君不之知也而且日加親任爲故謂之信盜然其情則盜而其言則諂然忠君愛國之嘉謀也孰甘于是而孰不傾信之故又謂之盜言孔甘若君知其盜則不甘之矣小人要結其君之固人君信任小人之深此意極說得明透　孔甘如梁五東關五之間太子曰宗邑無主則民人不威言甚近理

孫氏曰前起處極其怨恨

奕奕寢廟君子作之秩秩大猷聖人莫之他人有心

此下卻但從
訕笑去

予忖度之躍躍毚兔遇犬獲之興而比也
嚴氏曰讒人雖狡險得志又更有狡險者中傷
于女自古小人更相傾陷豈有善終者哉兔犬
皆喻小人也　韋氏曰寢廟之規度剏于君子
維王盡制也作是作述之作大道之經綸盡於
聖人維聖盡倫也莫制定如定之以中正仁義
之定　玩君子作之聖人莫之見當自主張不
可委任匪人予忖度之見當徐斟酌不可輕信
誤國躍躍二句見有讒人速宜殲除不可寬假
養奸皆是比體不宜作興詞甚嚴毅

鍾云數字訬
不得作辨字
解曰數之辨
不必言矣

荏染柔木君子樹之往來行言心焉數之蛇蛇碩言
出自口矣巧言如（打）簧（動他）顏（良心）之厚矣（與也）
歐陽氏曰讒人能言徐緩敢為大言出口而無
忌憚碩字朱氏訓為善言者非　呂氏曰善人
易搖而難立護之當如護柔本讒言易入而難
忘聽之當如聽行路之言人之聽往來行路之
言者如風過耳心為常數之乎既不為其所惑
生見其情是鎮靜息讒良方行言上加往來極
狀小人進言之態出　姚承菴曰讒佞一立于
朝即宜加擯斥如犬遇㕙兔者然則得之矣乃

令于柔佞小人不勝廟廊大任者則培植之于緝翩往来之行言不足以賛猷而反禍國者則忠為親信而數近之如此觧上下文氣較順故下緊接云出自口矣顔之厚矣詭又何可信哉耶

多少宛轉多少含蓄

彼何人斯居河之麋無拳無勇職為亂階既微且尰爾勇伊何為猶将多爾居徒幾何　賦也

看他既無拳力又無勁勇所居之徒又無既極言其易殲除言此可令讒人奪魄

後評

鄧潛谷曰讒亂之所生也小弁父子之詭

也巧言君臣之讒也何人斯朋友之讒也天喪大泯亂矣故堅讒以巳亂也

萋兮斐兮全 小雅

總評

序云巷伯刺幽王也寺人傷于讒故作是

詩愚按馭世大權莫重于好賢惡惡記云好賢如緇衣惡惡如巷伯則爵不瀆而民作愿刑不試而民咸服今以寺人近習日進御君前然猶傷於讒則踈遠者益危其後王后太子及大夫果多以讒廢者是以孟子作詩雖自傷被讒語氣憤懣極矣而末以敬聽囑百君子使在位者

萋斐二字觀荀勗馮紞之讒張華齊王言言近理可令主聽

鍾云每于讒人用疊字極力摹寫

知所戒也

萋兮斐兮成是貝錦彼譖人者亦已太甚 比也

陳氏曰貝錦南箕皆曰成是者言我本無是實因萋斐張大以成之爾

哆兮侈兮成是南箕彼譖人者誰適與謀（讒必有覺） 比也

陸令萱與祖珽内外交煽以傾忠勞之斛律光

緝緝翩翩謀欲譖人慎爾言也謂爾不信 賦也

嚴氏曰盧言無實有時敗露聽者將謂爾不足信矣 鄧潛谷曰儆讒者曰慎言儆百君子也曰敬聽是惡惡者之則也謂無已甚也

鍾云身罹其害代為之謀似調似呆妙甚妙甚

捷捷幡幡謀欲譖人豈不爾受既其女遷 賦也

譖人害人不久自及毫髮不爽可怕可怕

驕人好好（字法）勞人草草（呼天）蒼天蒼天（情哀詞切）視彼驕人矜此勞人

賦也

黄佐曰末二句欲抑遏乎彼而扶持乎此蓋冀幸不可必得之辭 鍾氏曰視字妙卽俗所云看他不過也禍福我且後一步 孫氏曰上面俱至急調至此入慨嘆意却作緩勢腰鎖下章又極其痛作此是節奏

欲取同謀者皆殺之也

彼譖人者誰適與謀取彼譖人投畀豺虎（奇想）豺虎不食

上節音太迫故此以淡緩結之悠然無盡

投畀有北有北不受投畀有昊賦也

再提彼譖人二語甚痛悼之詞不食不受令譖人無處可以容身此篇全是峻詆

楊園之道猗于畝丘寺人孟子作為此詩凡百君子（以敬字作結）敬而（有本頌）聽之與也

天官序註云寺人內官也其官用奄上士四人為之在路寢侍王之側也孟子其字也　真氏曰楊園下地而其道可至於高丘以喻譖言先及於卑而高位者且馴至焉　又按朱註云寺人以譖被宮而為此官看来惟身歷譖言之害故

言言痛楚却解得是附存之

彼何人斯全

總評　序云何人斯蘇公刺暴公也蓋暴公是蘇公故交故作此詩尙以交情責之不然入門還入等語為不情矣按此篇無一語直斥暴公但言其從行而已并不著其譖已但云不入唁我而已篇中如及爾如貫為此好歌等語温詞和氣其愧人也甚于醜詆固拒哉

彼何人斯其心孔艱胡逝我梁不入我門伊誰云從維暴之云　賦也

入来覺緩漸
向槩切

愧人畏天四
字威如斧鉞

鍾氏曰描寫暴公百千閃爍逃避之狀着髓只
是內慚耳微詞緩詞無可藏身甚于豺虎有北
之投　奸險小人皆由此心發出許多禍萌

二人從行誰為此禍胡逝我梁不入唁我始者不如
今云不我可　賦也
彼何人斯胡逝我陳我聞其聲不見其身不愧于人
不畏于天　賦也
彼何人斯其為飄風胡不自北胡不自南胡逝我梁
祇覺我心　賦也
爾之安行亦不遑舍爾之亟行遑指爾車壹者之來

看来詨譖之人還是愧不敢来

首四句罵得他快末二句愧得他死

云何其盱　賦也

然實悵望煞實悽涼情真語惻筆不淚痕

爾還而入我心易也（又一縱一擒）還而不入否難知也（文字在三个也字妙）壹者之來

俾我祇也　賦也

伯氏吹壎仲氏吹篪及爾如貫諒不我知出此三物

以詛爾斯　賦也

敘起舊情真可悔恨真可傷心

為鬼為蜮則不可得有靦面目視人罔極作此好歌

以極反側　賦也

王氏曰作是詩將以絕之而曰好歌者惟其好

也是以極求其反側極其反側非惡之也有欲
其悔悟之心焉爾
習習谷風全

總評
序云刺幽王也天下俗薄朋友道絶爲愚
以刺幽王于時事甚切考之雅詩朋友之譏惟
彼何人斯一篇則此詩亦屬蘇公怨暴公而作
蓋蘇暴同爲卿士自稱伯仲締好之密實予與
女矣及寵辱勢殊交情遂變逝梁逝陳不入唁
我暴公自駝安樂心孔艱也嗚呼噂沓背憎險
陂相傾舉朝而已然矣然未有患難相須如寘

諸懷既安既樂反棄之如遺者也小怨雖可思
而大德伊可懷也漢張耳陳餘始居約時相然
信以死及據國争權卒相滅亡何落莫時相愛
戴之誠後相倍之戾也豈非利害之心太明哉
友誼衰薄詩書所載自暴公始也故附此于彼
何人斯之下事蹟相類昭然可考如此序何故
指天下俗薄朋友道絶也
習習谷風維風及雨將恐將懼維予與女將安將樂
女轉棄予興也
既稱為友則窮達如一何計利害胸中有苦樂

色相便是伏棄就心想常棣云既安且寧雖有

兄弟不如友生此云將安將樂女轉棄予此正

暴公鬼蜮不測處

習習谷風維風及頹將恐將懼寘予于懷將安將樂

棄予如遺興也

說到寘予于懷那時真是以朋友為性命不知

太熱即是冷落之漸

習習谷風維山崔嵬無草不死無木不萎忘我大德

思我小怨興也

思小怨多是忮刻的人朋友當存其大者以道

相成德何等大友以輔德寧厚責已無過繩人
何小嫌之有哉
幽王殘虐之失
四月維夏全 小雅

總評

序云四月大夫刺幽王也在位貪殘下國構禍怨亂並興焉夫幽王之世亂政日滋小人得肆其殘賊士君子動輒觸禍雖盡瘁以仕猶不免焉亦可哀也矣玩篇中我日構禍匪鶉匪鳶匪鱣匪鮪真有高飛遠逃而不得者恐懼至此維以告哀呑聲忍淚欲有言而不敢者舉朝

默默袖手安得不亂離瘼乎體羣臣者讀四月之詩寧無惻然耶

四月維夏六月徂暑先祖匪人胡寧忍予興也

𧿹義曰暑去有時禍去無時天不忍以暑害人先祖胡忍于禍害人也以暑氣酷烈興亂世貪殘虐政甚肖下面秋日凄凄冬日烈烈飄風發發九極摹肅殺光景

秋日凄凄百草具腓亂離瘼矣奚其適歸興也

冬日烈烈飄風發發民莫不穀我獨何害興也

山有嘉卉侯栗侯梅廢為殘賊莫知其尤興也

全篇不言恨而恨極

幽王暴而剥下下無完民而王竟不知其故民生何日瘳乎

相彼泉水載清載濁我日構禍曷云能穀興也

滔滔江漢南國之紀盡瘁已仕寧莫我有興也

蘇氏曰王者如江漢之紀衆水使天下有所宗而人有所賴經帶包絡有不忍違棄之意我有猶顧念也

匪鶉匪鳶翰飛戾天匪鱣匪鮪潛逃于淵賦也

山有蕨薇隰有杞桋君子作歌維以告哀興也

作此詩以告其哀憐天下之志非以為其身也

朝覲禮廢

有菀者柳全　小雅

序云菀柳刺幽王也暴虐無親而刑罰不中諸侯皆不欲朝言王者之不可朝事也又按呂氏云前二章猶欲靖以待幽王之改然後往朝末章言王心不知悛改故嘆曰曷為予靖以待之乎幽王方且自居以凶矜其惡日熾卽角弓所謂式居婁驕也傳說告高宗曰惟厥攸居政事惟醇自古聖賢之論治亂每言夫居焉

總評

有菀者柳不尚息焉上帝甚蹈無自暱焉俾予靖之

（眉批：孫月峰曰語多峻勁視他）

（夾注：煞句聯用六个焉文法甚古）

篇音調又稍別

後予

孔氏曰上帝斥王也言王者躁動無常行多過理無得往近之後予極焉懼其過求乎朝者

有菀者柳不尚愒焉上帝甚蹈無自瘵焉俾予靖之後予邁焉比也

有鳥高飛亦傅于天彼人之心于何其臻曷予靖之居以凶矜比也

凶字如一矜字寫出暴主入神

姚承菴曰觀俾予靖之一俾見當時天子猶能令諸侯但令之而復深求之故諸侯懷怨耳師饑薦臻

眼前景口頭語可為墮淚

苕之華全

序云苕華大夫閔時也幽王之時西戎東裔交侵中國師旅並起因之以饑饉君子閔周室之將亡傷己逢之故作是詩

總評

苕之華芸其（文之）黄（蕩漾）矣心（在三）之憂（矣字）矣維其傷矣　比也

孔氏曰以周室之盛忽見如此之衰故我心為之憂愁維其傷病矣傷其見侵削也

苕之華其葉青青知我如此不如（可憐）無生　比也

牂羊墳首三星在罶人可以食鮮可以飽　賦也

後總評

鄭氏曰牝羊首小今也羸瘠反首大而

身小牂羊而墳首心星而照罶皆不久也憂時憫國之言其詞簡其情哀周室之亡不可救矣

大夫勞于行役

役使不均

陟彼北山全 小雅

總評

序云北山大夫刺幽王也役使不均已勞于從事而不得養其父母嗚呼為國家者至使臣子慘慘畏咎視師濟之蹙何如哉夫朝廷待臣禮衰恩薄臨行又無慰諭之誠欲使臣子丁年奉使皓首而歸略無怨辭此實難矣

陟彼北山言采其杞偕偕士子朝夕從事王事靡盬憂我父母賦也

臣子以身許國馬革裹尸固不足恤以王事而貽親憂亦誼不容辭也獨以勞逸不均不能無怨懟耳

溥天之下莫非王土率土之濱莫非王臣大夫不均我從事獨賢賦也

鍾云獨賢字不必深解嘉我未老三句似爲獨賢二字下一注脚筆端之妙如此　鍾氏云獨賢二字可爲立言之法

四牡彭彭王事傍傍嘉我未老鮮我方将旅力方剛

經營四方 賦也

此下三節皆言役使不均兩兩對舉語意悲愴

或燕燕居息或盡瘁事國或息偃在牀或不已于行

賦也

或不知吽號或慘慘劬勞或栖遲偃仰或王事鞅掌

賦也

或湛樂飲酒（千古通患可為沸泣）或慘慘畏咎或出入風議或靡事不為

賦也

鍾伯敬曰或慘慘畏咎此句之苦更甚于他數語

孫月峰曰只如此便佳更不着收語

無將大車全

總評

序云此大夫悔將小人也玩篇中語氣無用小人意朱註云此亦行役勞苦而憂思者之作近是然而未盡得詩人意思愚以此篇首以行役所乘之大車賦起不宜作興玩自塵自疷自重等自字明是承上篇我獨賢勞而言也夫王事多難數天宜同左袒之心舉朝當勵敵愾之氣茲曰自塵云者勤王之車跡何稀也且曰自疷自重云者赴公之義憤又何少也國家高爵厚糈徒養此燕燕偷安苟活性命于亂世之

人豈不可深痛哭哉嗚呼憂者自憂而不知吁號者若弗聞也疧者自疧而湛樂飲酒者若弗知也上篇北山叙獨賢之劬勞此篇叙自憂之苦情下篇小明誨之以靖共戒之以居處庶乎同濟時艱國步可平也夫

無將大車祇自塵兮無思百憂祇自疧兮興也

百憂分明進悲靡鹽退懷尸饔愁緒多端憂郎一件的是無思若姑置之無可柰何耳天下有思百憂而至于病者其病猶可消遣無思百憂豈不把這百憂掛在心頭而隱隱惱人心中自

病其憂不可解也二句一直看

無將大車維塵冥冥無思百憂不出于熲興也

鍾伯敬云熲者沈憂之人胸中若有一物而又

無可指不出即沈字意衛風如有隱憂細玩如

有字可得不出之義

無將大車維塵雝兮無思百憂祇自重兮興也

別解

說云無將大車周大夫有親信小人者其

臣諫之而作是詩愚按幽王之時小人衆多賢

者與之從事反見譖害自悔與小人並也蓋小

人多險詐不得志類能殫智竭力以示可用既

得志則勢利昏迷盡喪所守憂且及于國家矣操薦舉者可不慎哉

明明上天全

總評

序云大夫悔仕于亂世也愚三復心之憂句所憂者祇爲我事孔庶政事愈蹙云爾至於念我獨兮憚我不暇復呼共濟且曰靖共爾位決無自家悔仕亂世之理即所云念彼共人亦非懷僚友而思歸蓋世之所稱共人者席寵偷安惟恐正直並朝形己之短故百般設計以遠役之彼人心毒手狠每一念及不覺其涕零爲

回顧而恐及焉欲寢而靡寧焉故下際接云畏
此罪罟畏此譴怒畏此反覆慄慄危懼矣末復
咨嗟而厚望之者何夫人雖刻毒初呼為共人
繼呼為君子正言亦所樂聞由是破其般安之
心尊之以稱職之名尤勸勉彼扶植正類是與
者同之戮力也好之者冀其與之誠也最妙是
然處以式穀景福歆之深知小人不怕清議不
怕國法惟懼神譴如此安置讒壬甚得法細咏
則知前之所憂者果是憂事庶政蹙獨力莫支
自古奸人在內未有忠臣能成功于外者也詩

詞豈不懇切乎

明明上天照臨下土我征（詩題）徂西至于艽野二月初吉載離寒暑心之憂矣其毒大苦念彼恭人涕零如雨豈不懷歸畏此罪罟　賦也

姚承菴曰出車云豈不懷歸畏此簡書臣子肅將之心讀之令人生恭心此云豈不懷歸畏此罪罟臣子憚戒之辭讀之令人生懼心

合全篇看來三箇豈不懷歸非真欲歸特喚起畏罪罟等語

昔我往矣日月方除（鍾氏曰曷云難定之辭）曷云其還歲聿云莫念我獨兮（三个我字）我事孔庶（可玩）心之憂矣憚我（句錬）不暇念彼共人睠睠懷顧豈不懷歸畏此譴怒　賦也

共字美名今呼造罪罟之人為共人畏讒至矣

歎息呼起今
人聳然
以字不訓与
能左右之曰
以猶助也

昔我往矣日月方奥曷云其還政事愈蹙歲聿云莫
采蕭穫（插得妙）菽心之憂矣自詒伊戚念彼共人興言出宿
豈不懷歸畏此（更毒）反覆賦也
嗟爾君子無恒安處靖共爾位正直是與神之聽之
式穀以女 賦也

鍾伯敬云两言恒字有隱憂長慮二章不獨忠告于友國亂時艱勉以共濟正從一念憂國之心出之 忽説到神之聽之甚誕渺却有至誠格天的意思人力既竭幾倖神助逞逞然也
宋景定咸淳間喪師失地殆無虚日而賈似道

賜第宅游燕自若誠安處安息足樂究之元兵東下似道走楊州表請遷都雖安處豈可得乎史譏其選進庸懦黜斥抗直所致良然

嗟爾君子無恒安息靖共爾位好是正直神之聽之介爾景福賦也

人臣不忠坐失事會只是靖共二字看不明透夫既居位則有爾位當共之事居以敬而不怠守以一而不梦所謂靖共也蓋亦難矣易曰開國承家小人勿用正直邪曲之繫於國運豈不大哉

将師勞于行後

漸漸之石全小雅

序云漸漸之石下國刺幽王也戎狄叛之荆舒不至乃命将率東征久病于外故作是詩也愚按古有連年征伐雖懸軍深入跋涉險阻而不患苦如東山出車諸詩是也又有偶爾出師亦不免嗟怨擊鼓之詩是也其故何也盛世君臣養其奮揚之氣而勿傷其心屢戰而不怨後世馭失其道心離氣餒即數日旋師而怨聲載道又况攀緣巉崿淫雨沾塗其廢思慮而專

總評

鍾氏云一篇三不遑皆有意不遑他更可憐一篇都用矣字煞文情飄蕩

憂患何怪乎

漸漸（寫景淒然）之石維其高矣山川悠遠維其勞矣武人（詩題）東征

不遑朝矣　賦也

漸漸之石維其卒矣山川悠遠曷其沒（沒字下得妙）矣武人東征

不遑出矣　賦也

有豕（語奇俏）白蹢烝涉波矣月離于畢俾滂沱矣武人東征

不遑他矣　賦也

埤雅云馬喜風豕喜雨故天將雨則豕進涉波

胡氏曰畢星好雨月水之精離畢而雨星象相

感如此

小民苦于征役

蓼蓼者莪全

總評

序云蓼莪刺幽王也民人勞苦孝子不得終養

爾愚按古今役民屯戍之法非物理所愜則不

寧非人情所欲則不同幽王之邊患一曰玁狁

二曰西戎三曰淮徐惟西戎最為逼近欲固封

疆安中國勢不復更戍之民但中土人甚柔脆

閒絕塞荒陬之苦則辛酸動容聆強蕃勁敵之

名則悁駭奪氣屈指歸期張顒待飼踰限不更

便爾仰天浩嘆且夫天子邊防職在率土父母

暮年匪子疇依驅内顧之民而督之執芟是虔之以所不欲也強久潰之卒而勸之勤王是責之以所不能也況乎缾罄罍恥生民顧死哀哀父母悲痛之深如此雖臨難援棄寨鎮豈盡民之咎哉末而節推出禍本為幽王者誦蓼莪則知民有父母歌采綠則知民有夫婦察其情以致其力賈其勇而憫其私無令彼出銜恤而入靡至則人人樂于荷戈以從王矣

蓼蓼者莪匪莪伊蒿哀哀（二字痛甚）父母生我劬勞與也

孟郊詩云誰言寸草心報得三春暉甚得詩人

詩情悽惻与常棣篇皆自至性流出讀此二篇而不

涕泣者其人必不孝友

興意

蓼蓼者莪匪莪伊蔚哀哀（又說一遍更痛）父母生我勞瘁 興也

缾之（譬語甚工似亦古有此語）罄矣惟罍之恥鮮民之生不如死之久矣無父

何怙無母何恃出則銜恤入則靡至 比也

玩鮮民之生六句的是親亡子在後所不得見

之之詞銜恤靡至四字寫出苦境

父兮生我母兮鞠我拊我畜我長我育我顧我復我

出入腹我欲報之德昊天罔極 賦也

極意摹寫親恩浩大人子益怨恨痛楚三復斯

言不覺涕下這等大恩如何消受得

南山烈烈飄風發發民莫不穀我獨何害興也

姚承菴曰南山烈烈非興也南山君象烈烈威嚴也飄風發發言其政令之迅疾不順乎人情故孝子卒勞苦而不得終養耳

南山律律飄風弗弗民莫不穀我獨不卒興也

玩我獨不卒語何等隱痛叛帥降敵肺腸從此語看破

後總評

吾讀後民勞苦諸詩未嘗不悲痛之也

役法載之周禮甚得其便破壞始於厲王大東爰始致刺至于幽王師卒俱慘則尤甚矣東遷

而後平之戍申而歌揚水桓之黷武而咏草黄卒致諸侯背叛而列國擅兵春秋一書備載生民荼毒之苦流及戰國其殃尤慘秦用商鞅之法月為更卒以給郡縣正卒以給中都兵不足而發謫又不足再發里門之左而天下潰矣漢承其弊更有三品有卒更爲有踐更焉有過更焉出錢僱更于不願往者雖便但以此防邊計則甚疎古稱漢髙閭世英明猶然發巴蜀之材官以衛軍霸上其後效之景帝發車騎材官屯雁門宣帝發四郡材官詣金城武帝大發天下

七科謫出朔方明帝募繫囚以出戍是皆強民
以苦安邊無策之甚者也東漢自光武罷都試
外兵一槩不練邊有寇攘則驅禁旅以出是強
內以弱外卒之天下之亂不在匈奴鮮卑而在
中國各據天子不足以制之卒釀三國鼎立之
慘唐矯東漢之弊其戍卒者分天下為十道置
府六百三十四其在關中者二百六十一府而
天下之大僅三百七十三府委其權于節度使
是強外以衛內外強一不可制而唐社遂傾于
藩鎮矣宋之邊戍方其遣之也引對便殿給以

裝錢及其代還亦入見犒以飲食實倣周初遣
勞之法揀拔精銳歲時特支每季加給又給以
薪水錢給以時服錢優待戍卒以邀死力勝于
漢唐是以終宋之世雖強寇疊迫而蕃兵團結
保寨熟户不聞有潰散潛逃者今日邊城之守
聖祖舊制專用客屯戍不諳敵情不便者一遠
勞饋餉不便者二又況歲久弊生消乏難以枚
舉簽補之例恐以生變既不可行召募之法未
經訓練又不足用惟于沿邊等處凡有人民及
蕃族令編其丁壯自為守禦其餘雜役一切復

之又令遠近民有自願投軍者量地予以屯田許其父母妻子自隨一切徭役一槩復之凡氓之戍邊者出戰無不給之憂內顧亦免餅罄之恥赴敵而不避死者非專以為上也亦自保固室家已耳雖然有材力而無有良吏猶亡功也大約衰周戍卒之患在于主上無以慰室家之情漢唐以後戍卒之患在于將帥恣其侵漁之暴無怪乎邊卒解體開門以延敵也愚因論戍役之苦故并及之

終朝采綠全 小雅

俱是設言思之甚想像如此耳以釣引下作波瀾

總評

傳云周人從軍室家念之而賦采綠首二章是思之深而不專所事三章是思之深欲無往而不與之俱也上無體悉下情之苦而家人自寫離合之情語語入情當作一篇閨怨讀

終朝采綠不盈一匊予髮曲局薄言歸沐　賦也

終朝采藍不盈一襜五日為期六日不詹　賦也

之子于狩言韔其弓之子于釣言綸之繩　賦也

幾幸其至而願與之同事想像歸家時光景思至此真有死則同穴之願婦人多情類如斯

其釣維何維魴及鱮維魴及鱮薄言觀者　賦也

煞處却虛幻得妙

憂亂相戒免禍

沔彼流水全小雅

總評

傳云此詩念亂益在位君子憂讒人亂國而諷友也毛鄭以爲諸侯不朝而規宣王以恩德懷之未有所據而歐陽蘇呂又曲爲之說益偏矣愚讀傳說及朱註而知此詩憫念亂之無人而痛訛言之莫懲篇終叮嚀我友敬矣此息讒弭亂之要務也揣其意豈非羣臣憂亂相戒以免禍乎今以此詩附於幽王之時情事亦相

類矣

沔彼流水朝宗于海鴥彼飛隼載飛載止嗟我兄弟

鍾伯敬云誰無父母四字問得意苦語微可思可涕

邦人諸友莫肯念亂念亂二字詩題誰無父母　興也

千古人臣都把國事付之大家公物有亂而莫之念至于禍變之成不特君國不得安即父母不獲保全故以父母動之摘出至情令人悚然

沔彼流水其流湯湯鴥彼飛隼載飛載揚念彼不蹟載起載行心之憂矣不可弭忘　興也

黄氏佐曰不蹟如無罪無辜讒口囂囂哀我填寡宜岸宜獄之類疏義所謂致亂之由也

因訛言而憂讒發見亂

鴥彼飛隼率彼中陵民之訛言寧莫之懲我友敬矣大閒鍵

讒言其興興也

讀喪亂諸詩無非戲渝馳驅所致此說敬字有本領念亂的人未有不敬者也　讒無端曰訛訛有螫曰讒

後別解　鄧潛谷曰汙水規聽讒也蓼蕭湛露之文毛鄭以汙朝宗風切侯不朝以飛隼刺之于春秋時事實類曰亂曰不蹟則王迹所自熄也大不蹟則釁亂仍而疇能免之故嗟兄弟邦人呼而告之曰誰實無父母乎庶有感哉而端始

于讒故周之失諸侯也則讒為之階易見之曰

上下不交而天下無邦諒夫

宛彼鳴鳩全小雅

總評

序云小宛刺幽王非也按傳說云大夫遭

周之亂而兄弟相戒以免禍之詩玩有懷二人

與無忝爾所生則知為兄弟相戒之詞到五章

始揭出亂本曰哀我填寡宜岸宜獄見當時嚴

刑峻法天下重足而立側目而視賢人君子安

得不戒懼乎溫溫恭人章[正]是免禍實事細看此

詩竟是一篇家箴不獨處亂世宜然

鍾氏云此詩與沔水同旨其說特詳次章至末章可作我友敬止二句註疏

宛彼鳴鳩翰飛戾天我心憂傷念昔先人明發不寐

有懷二人 興也

蘇氏曰二人文武也君子憂傷念其先王有懷文武哀其業之將墜此從序說不如依傳先人二人俱指父母為妥先拈出至情令人深念

人之齊聖飲酒溫克彼昏不知壹醉日富各敬爾儀 昏字惡根字新陷

天命不又 賦也

看此節則知荒腆二字是病根苟胸中刻刻存有天命則儀自刻刻致敬此等兢業小心非中正通明人鮮有解此鄭氏以各敬兼戒君臣不

如指兄弟為確

中原有菽庶民采之螟蛉有子蜾蠃負之教自是教子誨爾子
式穀弟互計似子興也

日邁月征正是各務努力處

題彼脊令載飛載鳴我日斯邁而月斯征夙興夜寐
無忝爾所生興也

東方朔云士所以日夜孳孳敏行不怠辟若脊
令飛且鳴矣

交交桑扈率場啄粟哀我填寡宜岸宜獄握粟出卜
自何能穀興也

孫月峰曰此章是詩骨益感無辜之受縶乃作

此詩耳　鄭氏曰桑扈竊脂之鳥肉食今無肉而循場啄粟失其天性不能以自活哀我窮盡寡財之人仍有訟獄之事無可以自救但持粟行卜從何能得生　岸韓詩作犴註云鄉亭之繫曰犴朝廷曰獄填寡韓詩作疹寡疹苦也曰宜者謂其勢不得不然也鍾氏云宜字甚苛憐握粟二句不待履氷語而局促畏懼可掬

影語不了最有味

温温恭人如集于木惴惴小心如臨于谷戰戰兢兢如履薄氷　賦也

歐陽氏曰此章與上章言君子小人所苦以見

舉國之人皆失所也

總評

正月繁霜全

申公說云正月周室喪亂大夫傷之而作是詩愚按亂之所生皆由正人擯棄僉壬秉權夫小人之所以蠱惑君心者首以訛言發端或斥直論為謗或詆正人為黨又藉嬖女以内荒主心而後呼類植朋肆所欲為而莫之止也是以幽王沉汨褒姒廢嫡立庶而小人之寵益固驪山之禍豈待事發而後知哉善哉太公之言曰可怒而不怒姦臣乃作可殺而不殺大賊乃

發繼治之君誠能知人則哲能官人則民可安國可久也漢孝宣拜官命吏必親賜問察其所行以質其賢有名實不相應者輙罪之如是則小人之言杜而明不蔽雖有宵人女謁亦奚間而入乎惜當時無以此言正告幽王而憂亂之言徒發之嗟嘆可勝悲哉

玩癙憂二字有先見之明

正月繁霜我心憂傷民之訛言亦孔子將念我獨兮憂心京京哀我小心癙憂以痒賦也

鄭氏曰建巳之月純陽用事而霜多急恒寒若之異傷害萬物故心為之憂傷　歐陽氏曰大

夫言已獨為王憂爾以見幽王之朝多小人而君臣不知憂懼也　鍾氏云念我獨兮千古亂亡通患若憂之者衆則亦不至亂亡矣　憂在天下國家景景抱此一腔熱血若鼠之憂伏不可以明言者而實不勝其癢癢也

父母生我胡俾我瘉不自我先不自我後好言自口莠言自口憂心愈愈是以有侮 賦也

張氏曰好言夸譽之言莠言譖謗之言　讒人利口直黨比周見有獨抱憂心者共排擊之有侮之故本此

憂心慘慘念我無祿民之無辜并其臣僕哀我人斯

于何從祿瞻烏爰止于誰之屋 賦也

并其臣僕鄭箋較長見刑罰濫及無辜並其臣

僕亦不免也居其位者安得不懼而思去耶

王心惑于訛言勢必用嚴刑民苦益甚

瞻彼中林侯薪侯蒸民今方殆視天夢（夢）夢（夢字下得音）既克有定

伊誰云憎語
冷然可畏

靡人弗勝有皇上帝伊誰云憎 興也

歐陽氏曰訛言亂國之民不見禍罰而使危殆

之民反被其害彼皇皇上帝果誰憎乎此怨訴

之言也

謂山蓋卑爲岡爲陵民之訛言寧莫之懲召彼故老訊之占夢具曰予聖誰知烏之雌雄（鍾云二句直是怕耳）賦也

鄭氏曰侮慢元老召之不問政事但問占夢不尚道德而信徵祥之甚具曰予聖從來亂亡通病聖人以此垂訓而猶有罪誹謗殺諫諍釀鹿馬之姦者亦何愚哉

（鍾氏云處亂世自應如此然使人至此已是亡國之象）

謂天蓋高不敢不局謂地蓋厚不敢不蹐維號斯言有倫有脊哀今之人胡爲虺蜴 賦也

家語曰孔子讀詩于正月六章惕焉如懼曰彼不達之君子豈不殆哉從上依世則道廢違上

離俗則身危時不興善已獨縣之則曰非妖則妄也故賢也旣不遇天恐不終其命焉桀殺龍逢紂殺比干皆是類也觀維號斯言一號朐中有許多不得已處

瞻彼阪田有菀其特天之杌我如不我克彼求我則如不我得執我仇仇亦不我力興也

杌我者明是人君齟齬頓挫乎我而曰天者正人居危推其命于天不予人君以權也虐主傲慢賢人始焉挫折之惟恐不勝繼而寵之以虛名求之惟恐不終得而執我者羈留乎我仇仇

者求責無已盡遺以勤勞之事無不力用我之意自古禁錮賢人率用此術

姚氏曰彼求我則者非真求為法則也以法亦深求乎我一不得則將加之媒孽耳執我仇仇者非執我堅固也未得則求之深既得則視我如仇亦不見之施行耳

孫氏曰前七節俱述怨恨至此乃指出事來

心之憂矣如或結之今茲之正胡為厲矣燎之方揚寧或滅之赫赫宗周褒姒威之 賦也

玩褒姒威之分明已然事舉以監戒若當其時何敢指褒姒之名以直斥之滅威意同而字别

蓋褒姒實為滅國之本而人不見其滅之形故
去滅旁之氵改作威字詩人用字甚有意義

終其永懷又窘陰雨其車既載乃棄爾輔載輸爾載
將伯助予 比也

呂氏曰前章既言周之必亡矣此懷不能已復
誨幽王曰此何等時乃棄賢者不以自輔乎

無棄爾輔員于爾輻屢顧爾僕不輸爾載終踰絕險
曾是不意 比也

張賓王曰輔以益輻大臣即吾輔所以益國也
僕以將車衆賢即吾僕所以効力也輔喻已用

之賢僕喻繼用之賢　絶大禍根皆由不意起
輻已負矣而猶眈眈屢顧爾僕其防患何慎耶
魚在于沼亦匪克樂潛雖伏矣亦孔子昭憂心慘慘
念國之為虐比也
唐玄宗幸蜀民有来獻者詢之曰伏草茅中知
有此事久矣即潛伏孔昭意也　看魚潛深淵
終為網罟所獲士雖隱匿山林亦為羅網所織
亂世君子真有朝野無堪容身處覺東方朔隱
居輦轂之下不可謂非盛明聖世　慘慘愁戚
不徒為一身計安危惟念國有虐政民莫聊生

耳

（憂鬱之甚見人笑喜更憎涕淚）

彼有旨酒（傾國多由此輩）又有嘉殽洽比其隣昏姻孔云念我獨兮（又説一句）

憂心慇慇　賦也

看來當時權臣奢富常以旨酒嘉殽為洽比計植黨自固一遇異已可為國家輔者輙斥逐之故下緊着念我獨兮二句

佌佌彼有屋蔌蔌方有穀民今之無禄夭夭是椓哿矣富人哀此惸獨　賦也

李氏曰衰亂之世要其極也貧富俱受其禍言其一時虐政富者之財猶可以勝其求貧者愈

不堪也　困苦之甚者又就其間較其淺深情益可憐非謂富人受福惸獨而可哀也

後總評　鄧潛谷曰按史稱幽暗厲虐詩刺幽王曰今茲之正胡為厲矣又曰憂心慘慘念國之為虐乃知暗必虐幽暗厲之階也又云節南山刺師尹正月刺褒姒十月之交刺皇父而並見羣凶千載如鏡可鑒也夫政在王故序歸之刺王于是乎有驪山之禍　孫月峰曰是深悲極怨之詞新意層出愈說愈不能盡　吾讀衰周羣臣憂亂之詩凡六篇厲王之時有三民勞蕩

蕩桑柔是也幽王之時亦有三汚流鳴鳩正月是也中皆反覆任用匪人之失以及乎生民塗毒之苦獨此篇音促而志哀甚于諸篇迄今讀其詩曰憂心京京曰癙憂以痒曰憂心愈愈曰憂心惸惸曰心之憂矣曰憂心慘慘曰憂心殷殷歷數言憂者七抑何憂之深也且其詩曰哀我小心曰哀我人斯曰哀今之人曰哀此惸獨歷數言哀者四又何哀之甚也揆厥禍始不在訛言之繁興而在艷妻之煽處此詩其作于驪山既弑之後乎不然赫赫宗周褒姒威之誰敢

作此不祥之語乎先儒強解以宗周尚存以褒
姒之淫妬知其必滅方其時幽王方寵幸之而
顯斥褒姒之名此斷斷必無之事也且夫烏止
誰屋鎬京之宅寧復有存乎載輸爾載之言傷
西周之陸沉也愚故編之此詩于西周之終爲
東周之始云爾

詩經治亂始末分編傳註合抄卷之十一

平王東遷之失

王風總論　沈無回曰周人之俗治產業力工商玩黍離以下大抵迫蹙憂傷之詞似非鄭衛比也

總論

彼黍離離全　王風

序云黍離閔宗周也周大夫行役至于宗周過故宗廟宮室盡爲禾黍閔周室之顛覆彷徨不忍去而作是詩吾讀二南之風以西伯而化彼天下東周之風以天子而降爲列國盛衰

全篇只傷今更不思古乃思古之意自是凄絶以知我喚起不知我者謂我何求蓋以黍離為固然而不

之懸一至此哉平王之風既同于列國而加以王之一字所以尊周亦所以愧之也然平王之東周即周公所營之雒邑耳至於威烈王之後以河南為西周以洛陽為東周拱手而聽七國之從横反列國之不如者可慨也夫傳以此詩為尹伯封所作不如序妥

彼黍離離彼稷之苗行邁靡靡中心摇摇知我者謂（煞句含）我心（有吞聲自嘆之意）憂不知我者謂我何求悠悠蒼天此何人哉　賦而興也

靡靡疲困無力之狀中心愴惻不覺步步頽靡

復知此為何地矣那得不哭有請敘上方之意 孔氏曰噎者咽喉閉塞之名憂深不能喘息

耳謂我何求不知我者怪我久留而不去也

彼黍離離彼稷之穗行邁靡靡中心如醉知我者謂[一複]我心[遍愈覺慘傷]憂不知我者謂我何求悠悠蒼天此何人哉 賦

而興也

彼黍離離彼稷之實行邁靡靡中心如噎知我者[又複]謂我心[一遍]憂不知我者謂我何求悠悠蒼天此何人哉 賦

而興也

後總評

劉勰曰思親者義篤不分閔周者黍稷莫辨蓋心在于憂與哀而視物之似而誤也此本韓詩憂懣不識于物視彼黍離憂甚之時反

以爲稷之苗説亦通

彼都人士全

總評

説曰都人士尹伯封作周既東遷見西周風俗之美而傷今之不古若也按此篇慨慕古昔皆自容儀服飾言之雖屬文采然世運之盛衰人心之邪正往往于此覘之故詩人傷今而思西周人物之盛也乎

彼都人士狐裘黄黄其容不改出言有章行歸于周（望字生下）

萬民所望（不見意）賦也

（望字快睹之意昔如此而今也則亡矣）

其容不改二句畫出有道氣象

彼都人士臺笠緇撮彼君子女綢直如髮我不見兮（首章單說士下三章兼說女合內外男女風俗看來）

我心不說（慨嘆深矣）賦也

鄭氏曰其性情密緻操行正直如髮之本末無隆殺也疾時皆奢淫我不復見士女之然者心思之而憂矣

彼都人士充耳琇實彼君子女謂之尹吉我不見兮

我心苑結　賦也

彼都人士垂帶而厲彼君子女卷髮如蠆我不見兮

言從之邁　賦也

黃氏佐曰言從之邁與國風與子同歸一意

玩四箇我不見兮神馳意想不可企及煞句無限感嘆無限淒凉

匪伊垂之帶則有餘匪伊卷之髮則有旟我不見兮緊承上轉生波瀾

云何盱矣賦也

後總評　序云緇衣以為長民者衣服不二從容有常以齊其民單就有位者說亦是一解

戍役之失

揚之水全　王風

總評　序云平王不撫其民而遠屯戍于母家周人怨思焉按申侯與犬戎攻周而殺幽王法所必誅為平王者討殺父之賊興復仇之節爲宜也第所難者不在立己之功不可忘而在討申

則子毋之恩絶矣然則為平王計者惟有痛心
勵志脩復文武之政誅弒逆于犬戎以申討賊
之義若申侯則準其功罪不伐不戍之則毋子
之恩可全也弒父之氣亦可伸也易曰剛中而
應行險而順以此毒天下而民從之者兵出於
正也平王戍申之舉剛中之謂何且其力弱不
足以固存猶激揚之水不能流移束薪故三云
彼其之子不與我戍申見東周政衰不能召發
諸侯而諸侯之強不可制不待擅盟而已見也
善乎陸宣公之告德宗曰加筭不止于舟車徵

卒殆窮于門濮笞肉捶骨呻吟閭里送父別夫號呼道路只此數語邊戍之苦歷歷如睹然則後之後中國之赤子以屯邊者不恤其情卒釀罷勛桂林之變豈不愚哉吾于平王戍役之詩不能無撫乎時事也

揚之水不流束薪彼其之子不與我戍申懷哉懷哉一遍

曷月予還歸哉（文情在三箇哉字）興也

申國在鄭之南後竟為楚所滅

揚之水不流束楚彼其之子不與我戍甫懷哉懷哉

曷月予還歸哉興也

（不明言戍申之失乃戍申之失意在言表數唱全在末三句）

張氏云甫許若以其俱為姜姓既重章以變文因借甫許以言申意實不戍甫許也

揚之水不流束蒲彼其之子不與我戍許懷哉懷哉曷月予還歸哉興也

孫月峰曰彼子當是泛指他人蓋苦不得代若所云獨賢意耳本怨戍申却以不戍申為詞何其婉妙篇中戍申戍甫戍許等字都下得精神懷哉二句三節複得妙無限烟波

君子于役全

總評

申公說云此戍申者之妻所作愚按尉繚

子言将者死官兵者凶器也是以古之徵會討
貳祓牲釁鼓必非可已而不已而在次之際尤
巡三軍拊而勉之士皆如挾纊何者得其歡心
也昔者李牧為趙備匈奴居雁門者数歲兵不
得歸楊柳依依雨雪霏霏者凡幾更矣當是時
弃不聞以廉室廉家之故而興嘆者反顧出力
死戰此奚故哉蓋牧盡捐市租日擊牛以饗士
習騎射禁捕虜謹收保多間諜厚其遇故其報
重蓄其氣故其發猛卒以選車千三百乘破匈
奴十数萬衆夫牧雖非王者之師猶能得士之

死力如此柰何任萬物父母之責者竟不一恤
其隱乎今讀此詩只在鷄棲牛羊眼前景象寫
出傷心人意中事情真語至聞者亦墮淚耳
君子于役不知其期曷至（陡）哉（健）鷄棲于塒日之夕矣羊
牛下来君子于役如之何勿思賦也
四呼君子于役情愴曷至哉詞恨如之何勿思
腸柔苟無飢渴望切摹出閨思逼真
君子于役不日不月曷其有佸鷄棲于桀日之夕矣
牛羊下括君子于役苟無飢渴賦也
衛風雄雉詩百爾君子不知得行語無脂粉氣似

諍友規諫此篇君子于役苟無飢渴絶肖兒女口角各有深思妙在言外

九族離散

緜緜葛藟全　王風

總評

序云葛藟王族刺平王也周室道衰棄其九族焉愚觀周之盛也戚戚兄弟莫遠具邇情誼何綢密也後世如漢顯宗推情以友東海王唐明皇隆恩以及宋王成器而平王乃遠棄族親至使宗族謂他人爲父母而王亦莫之顧莫之有莫之聞也嗚呼忍哉

依人之難千
古同慨

緜緜葛藟在河之滸終遠兄弟謂他人父謂他句特險人父
亦莫我顧興也
葛藟其支蔓聯屬有宗族之意原宜生山谷丘
陵間今在河滸失其所矣故以比興流離失所
謂他人父固已困已謂他人父亦莫我顧抑又
困矣須玩疊一句有進一層意
緜緜葛藟在河之涘終遠兄弟謂他人母謂他人母
亦莫我有興也
緜緜葛藟在河之漘終遠兄弟謂他人昆謂他人昆
亦莫我聞興也

賢者畏讒

彼采葛兮全 王風

説云采葛賢者被讒見黜於周周人憫之而作葢賢人在野國非其國思而不見憂心如渴所云三月三秋良非夸也傳以詩為王好讒大夫憂之于詩詞不類而朱子謬以為淫奔果

何所據耶

總評

彼采葛兮一日不見如三月兮 賦也

歐陽氏曰采葛采蕭采艾皆非王臣之事此賤有司之所為也　三箇不見字玅讒人譖賢者

此借以興賢人之在野耳認真作采物未免痴耳

多乘其不見而離間之一日云者言讒人之偵瞷甚密如三月三秋三歲云者人惟疎濶之久讒言始得乘間以入今一日如三月極言王者遺棄賢人之甚亦見奸人佈置之神巧處

彼采蕭兮一日不見如三秋兮賦也

彼采艾兮一日不見如三歲兮賦也

孫月峰曰作懼讒解儘有奥味

附别解

鍾伯敬云情語到至處不論邪正動人

則一

羣臣解體

浩浩昊天全 小雅

總評

說云東遷之初大夫有不忠于王室者暬御之臣閔之而作愚按此詩云周宗既滅又云昔爾出居明是平王東遷後事序以為刺幽王非也蓋王都既遷民苦兵荒無寧日矣當時之所大患者惟正大夫離居不肯戮力王室繇是而三事莫肯夙夜矣繇是而諸侯莫肯朝夕矣堂堂東都付誰撑持釆庶僚御事嘻嘻僻體訖言維仕孔棘且殆僅有暬御之臣憯憯日悴亦奚裨于戎成飢成哉急招共濟精神見于末節

首若為怨天之詞以發端中乃勉離居者以敬身箴離居者以用訊猶恐無以服其心也又設其時世之難處以窮其不得已之情令彼離居者誼不容去庶乎無可藉口矣到此纔勸之以遷都而不去者終以無室家為辭其離居仍自若也嗚呼祖宗數百年養士而服職為臣者專以室家為事不克興復西周徒使暬御之臣呑聲泣血豈不哀哉然則為之奈何居上者惟辟言是信黜巧言而進匪舌是出之士使滿朝皆憯憯日瘁東都雖小豐鎬之遺址可復也

浩浩昊天不駿其德降喪飢饉斬伐四國昊天疾威
弗慮弗圖舍彼有罪既伏其辜若此無罪淪胥以鋪
賦也

此詩有祖逖中流擊楫澄清中原氣槩讀是詩使人不忍說明哲二字

夫天威迅烈王當修省以回天怒今乃不思慮
不圖謀而刑罰倒置是益深天怒也鋪字韓詩
作痛相率而病義更深妙

周宗既滅靡所止戾正大夫（詩題在此一節）離居莫知我勩三事大
夫莫肯夙夜邦君諸侯莫肯朝夕庶曰式臧覆出為
惡 賦也

君臣解體衰颯光景有似肅宗播遷時

相畏卽各敬意故不畏者儆戒之辭

如何昊天辟言不信如彼行邁則靡所臻凡百君子各敬爾身胡不相畏不畏于天　賦也

鍾伯敬曰君子處亂世身在事中說不得明哲止用得一敬字除此皆苟免矣故我友敬矣各敬爾身各敬爾儀敬而聽之詩人屢言之也

戎成不退飢成不遂曾我暬御憯憯日瘁凡百君子

鍾云苟容畏禍泄泄光景

莫肯用訊聽言則答譖言則退　賦也

黄氏曰聽言則答言逢迎為悅未嘗盡言弭兵救飢也譖言則退畏禍而去之也於敬身之義何有

玩哀哉哿矣柳揚之中多少悲惋

哀哉不能言匪舌是出維躬是瘁哿矣能言巧言如流俾躬處休　賦也

匪舌是出語語皆自忠誠發出經國宏謨世反以為不能言嘗可人意佞人之舌世反以為能言忠佞顛倒如此昏主殊可浩嘆

替他說出吏開不得口矣此老吏斷獄手也

維曰于仕孔棘且殆（此不當是去者答也自解之詞）云不可使得罪于天子亦云可（令日宦情）使（那个怕朋友）怨及朋友　賦也

陳默庵曰今士大夫惟恐得罪天子友議之非悍然不顧曰怨及朋友者朋友相規以善從君為惡朋友安得不怨云

先画出奸頼
推委之狀末
句折倒他

一篇主意

謂爾遷于王都曰予未有室家鼠思泣血無言不疾

昔爾出居誰從作爾室　賦也

無聲曰泣血更淒惨玩昔爾出居句想當時正

大夫等輩亦曾隨平王至東都見事勢難收拾

故託言未有室家以為退循藉口耳

東遷衰周飢民流散

中谷有蓷全　王風悲離也

總評

序云中谷有蓷閔周也夫婦曰以衰薄凶

年飢饉室家相棄爾夫人非流離困苦之至必

不忍割夫妻之愛以携去者商紂之虐民猶有

携持婦子以出亡者矣茲以艱難之故而棄其妻嗟乎填國溝壑尚有不可言者耳是以昔之賢君年一不順君衣布揩本關梁不租山澤列而不賦土功不興大夫不得造車馬其所以防飢者至矣漢耿壽昌沿邊築倉穀賤增價而糴穀貴減價而糶可以少濟飢民宋富弼安置河北流民奏遣官察其無業可復盡給以田羸疾老弱不任農事者始以粟給之司馬光又言莫若擇公正之人為監司使察災傷州縣宰守不勝任者易之使各賑濟本州縣之民則飢民有

可生之路豈復有流散雖然護送流泯隨處安
揷使不至於刼奪而生亂已破室家復安堵而
如故臨機神明之用難以紙書噫難言已愚讀
中谷之詩而慨然於今時也

（細玩之其音節亦似離騷一步慘於一步）

中谷有蓷嘆其乾矣有女仳離嘅其嘆矣嘅其嘆矣（文法之逸在数个矣字）
遇人之艱難矣興也

玩遇人句悲傷而無怨懟之心曰何嗟及至於
無可奈何而猶不怨此婦亦賢矣姚承菴曰
有女仳離不及男者男皆散而之四方無復存
也

中谷有蓷暵其脩矣有女仳離條其歗矣條其歗矣遇人之不淑矣興也

姚承菴曰嘅其嘆猶有聲條其歗則蹙口出而聲亦微矣至於啜其泣乃所謂吞聲飲淚者

中谷有蓷暵其濕矣有女仳離（凄惋之極）啜其泣矣啜其泣矣何嗟及矣興也

讀中谷之離愁益想芣苢之逍遥民間之苦樂徵國運之盛衰二詩當恭玩之

附別觧

黍稷之後周無君矣中谷之嘅其離騷美人之悲乎作寓言讀乃知此詩之妙註却實

認凶年飢饉室家相棄之作是當與追蠡禹聲者同一姍笑

黄鳥黄鳥全 小雅

序云黄鳥刺宣王也愚按曽傳列此篇於王風則非宣王之詩矣盖王室之東則萬民遷徙靡定不能無失所之嘆亦其勢也上無還定安集之君下無畫井授廛之臣風景凄其不若故都邦族宅爾宅佃爾田猶有廬墓可依聚父兄而處之為安乎彼都人士之詩思西京之風俗也此篇與行野之詩皆念西京之田里也

總評

分明滿紙怨怒之詞託與鳥言便婉曲和緩此知調之為要也

黄鳥黄鳥無集于穀無啄我粟此邦之人不我肯穀
言旋言歸復我邦族 比也
玩集穀啄粟兩句則在上横恣其誅求可知
黄鳥黄鳥無集于桑無啄我梁此邦之人不可與明
言旋言歸復我諸兄 比也
黄鳥黄鳥無集于栩無啄我黍此邦之人不可與處
言旋言歸復我諸父 比也
由踈説到親苦愈甚而思依之念愈切
我行其野全 小雅
總評
魯傳亦列此篇於王風豈刺宣王之詩且

宣王承厲王之後勵精幹蠱修車馬選車徒南征北伐復文武之故境誠中興令主哉其詩有美有箴有誨所刺若僅祈父一篇耳至若白駒則留賢也即鴻雁之章亦柔懷遠人民喜得所未必離流困苦如此者也黃鳥我行其野魯傳編之王風明乎東遷之初之詩而以誣宣王則不倫矣

我行其野蔽芾其樗昏姻之故言就爾居爾不我畜復我邦家 賦也

樗惡木也惡木尚可庇而息為何昏姻而爾不

我畜殊可駭愕

我行其野言采其遂昏姻之故言就爾宿爾不我畜言歸思復賦也

我行其野言采其葍不思舊姻求爾新特誠不以富亦祇以異賦也

鍾云末二語為薄者開一生路所謂出妻令其可嫁也然詞愈恕而意益深矣

別解　鄧潛谷曰黃鳥刺不任不恤也我行其野刺不淵也王教廢民散矣此鴻雁之反

附別解　歐陽氏曰序言黃鳥刺宣王而不言所

刺之事蓋宣王承厲王之後中興之盛主也然其詩有箴有規有誨有刺者詩凡二十篇其興衰撥亂南征北伐則六月采芑江漢常武是也恢復文武之業萬民安集國富人衆廢職皆修則車攻鴻雁斯干無羊是也慎微接下任賢使能則吉日烝民是也親禮諸侯賞功襃德則崧高韓奕是也夙興勤政則庭燎是也遇災而側身勵行則雲漢是也其所稱美者衆矣然庭燎曰箴沔水曰規鶴鳴曰誨祈父白駒黄鳥我行其野四篇皆曰刺者所謂雖聖人不能無過也

其所任賢臣如方叔召虎尹吉甫仲山甫之徒多矣其用人之失若一祈父爾其有乘白駒而去者亦一人爾荒歲多淫昏亦不必歲歲皆然黄鳥所刺者一邦之事爾非天下皆然孔子刪詩並錄其功過者所以為勸戒也俾後世知大功盛德之君雖有小過不免譏刺耳

東遷學校廢弛

青青子衿 原編鄭風今從魯傳改王風

總評

申公說曰子衿王室下衰學政廢弛弟子多倍其師君子傷之而作是詩夫盛周之初國

子之教師氏保氏與大師樂掌之諸子之教大胥掌之學士之教小胥掌之虞與周皆以典樂之官而兼教導之事其有不率教者則移郊移遂移左移右是以人莫不尊師敬學而人材茂美矣迨至東遷之後徒存學宮之名而四術不崇四教不明相矜偷薄其勢然也繇此以觀世道之治亂係何風俗之醇澆風俗之醇澆由乎學宮之興廢也然則脩學宮育賢才使青青子衿有淑慎之儀而無挑達之失豈非王政之大務哉唐太宗粗知治體增創學宮舍屯營飛騎

亦給博士以至諸畨酋長悉令其子弟入學所以振作人材之意切矣然而未行周官六德六藝之教治效斯少遜歟

青青子衿悠悠我心縱我不往子寧不嗣音賦也玩縱我不往二句當作師責子弟之詞不必謂賢者念之

青青子佩悠悠我思縱我不往子寧不来賦也

玉藻云士佩瓀玫而緼組綬

挑兮達兮在城闕兮一日不見如三月兮賦也

挑達輕躍放恣之貌不羣聚學較而以遨遊城

闕為事一日不親師長則放辟邪侈之心遂生理欲倚伏之機判然于此此篇作思良友亦通朱子強以為淫奔之詩則枉甚

後總評　東周之敝政多矣而以學較廢弛終之者何也蓋師道不立則天下無善人儒道不立則天下無正學世道人心之壞莫不繇之也是以我聖祖立國子學于未登極前之三年立羣縣學於登極後之三年至於八年即立社學可謂得淑世之首務矣愚故編此於衰周之後慨衰亂之所從始歟

東遷以後桓王亂略之任用失

節彼南山全小雅

總評

序以爲刺幽王而作説云刺桓王之詩據春秋家父来求車則此詩當作于桓王之世不宜然指幽王也明矣當時尹氏以太師秉均濫用小人貽禍宗社秉權據重其勢不在後世權奸下然家父指斥其惡畧無一語回護當時不聞有斧鉞之加是以東遷延數百年之久則容受真言尚頼匡救之力歟夫前九章發揚尹氏之惡極矣而末復歸之王心誠推本之論也去

一尹氏則羣小自戢天下不崇朝而復治矣

節彼南山維石巖巖赫赫師尹民具爾瞻憂心如惔（開頭用莊語喚醒他）

不敢戲談（何等威嚴）國既則斬何用不監（興也）

李氏曰春秋書尹氏卒譏世卿也其後又書立王子朝則尹氏為正卿其來久矣太師重看見其世襲三公天下之安危係焉生民之休戚關焉宜其所為善矣今若此何用不監駭之也亦痛之也　鍾氏云不敢戲談從古亡國之象皆如此篇中監字懲字訛字實有次序惟監之始能懲惟懲之始能訛

節彼南山有實有倚赫赫師尹不平謂何天方薦瘥喪亂弘多民言無嘉憯莫懲嗟　興也

姚承菴曰不平二字是一篇緊要語心不均平則視民之好惡與已不相關而任用匪人行政乖謬有不可言者故大學平天下以絜矩為要鍾伯敬曰不平謂何問得甚苦懲字妙嗟而不懲何救于事

尹氏太師維周之氐秉國之均四方是維天子是毗俾民不迷不弔昊天不宜空我師　賦也

孫月峰曰刺其人却頌其職蓋反意則之以起

下章意　姚承菴曰不弔昊天由其立心行政
不平来不宜空我師註解未當師字即太師之
師字言尹氏不平不見愍于昊天則不宜空擄
太師之位如此看於上下文氣亦貫
弗躬弗親庶民弗信弗問弗仕勿罔君子式夷式已
無小人殆瑣瑣姻亞則無膴仕　賦也
孫月峰曰尹氏過失政在此只是不親事寄
柄瑣小輩此乃世臣常態　陳子曰牽引邪党
傾國罪孼莫大乎此讀奸臣傳可見　鄧潛谷
曰國有君子當就問也當材諸位也儆弗問也

棄弗仕也是罔君子也姻亞瑣瑣矣而問之仕之又膴仕之不夷不已是以天官官私人也不平甚矣

上章勿罔君子指王則此君子亦當指王為優

昊天不傭降此鞠訩昊天不惠降此大戾君子如届俾民心闋君子如夷惡怒是違 賦也

姚承菴曰傭字不宜作均是觧即傭工之傭也人不代天之工即天之不任其工也正應上弗躬弗親說

不弔昊天亂靡有定式月斯生俾民不寧憂心如酲誰秉國成不自為政卒勞百姓 賦也

此即承上章言如此可止亂而竟不如夷如届

不見愍於昊天蓋深罪之之辭

駕彼四牡四牡項領我瞻四方蹙蹙靡所騁賦也

呂氏曰根本病則枝葉皆瘁是以無可往之地

英雄没處用武自覺心折

方茂爾惡相爾矛矣既夷既懌如相醻矣賦也

相其忿爭之狀如矛戟然非真持矛也畫出小

人肝膈儼然如睹

昊天不平我王不寧不懲其心覆怨其正賦也

孫月峰曰至此乃透出我王字用以為下章王

訩也

畜字下得妙　家父作誦以究王訩式訛爾心以畜萬邦　賦也

千古諫臣多微加諷諭或隱匿姓名況尹氏積威使人不敢戲談而家父顯稱官字身當其怒而不辭者蓋家父周之世臣義宜與國同存亡盡忠竭誠視之出師表尚高一籌　鍾氏云末句猶有望之意厚之至也　鄧潛谷曰懲言創之深訛言變之速格心之道也

桓王黷武

何草不王全　小雅

總評

申公說曰桓王之時伐滕薛唐杞諸國連戍不息周人苦之而作是詩愚按昔周盛時視民如傷民無不得所此周之所以興隆也迨至桓王兵革不息征伐靡寧民之愁苦極矣曾不之惜反視若禽獸周之所以亡也鑑乎興亡之机而可勤兵遠略乎哉

何草不黄何日不行何人不將經營四方 興也

疏義曰此章怨國之多事以草之憔悴興人之勞苦而語語相呼也亂世氣象數言盡之

孫月峰曰此將字謂將征役也

獨謂匪民說不盡的暴虐說不盡的苦楚

何草不玄何人不矜哀我征夫獨謂匪民與也

匪兕匪虎卒彼曠野哀我征夫朝夕不暇賦也

孔氏曰比中各有取象兕虎比戰士取其猛也

有芃者狐卒彼幽草有棧之車行彼周道興也

上章只說獨爲匪民至比之虎兕芃狐上之視

民益賤而下之仇上也益深矣語甚狠甚冷

諸侯背叛

有兔爰爰全王風

總評

序云兔爰閔周也桓王失信諸侯背叛搆

怨連禍王師傷敗君子不樂其生焉攷之春秋

桓王即位五年王奪鄭伯政鄭伯不朝王以諸侯伐鄭鄭伯禦之戰于繻葛王卒大敗祝聃射王周之威福失柄實始于此其後子克內亂列國外爭無所底止釀成百憂百凶禍變不可名言者尚多也故以兔之大比諸侯雉之小周人自比言諸侯之背叛者恣睢自如而周人反受其禍至于自顧無覺無聦不恐其亂離情亦哀矣而朱子兔狡得脫雉亦耿介離羅以比小人倖而君子受禍殊非本旨

有兔爰爰雉離于羅我生之初尚無為我生之後逢

此百罹尚寐無吪　比也

有兎二語正意已盡却從有生之初翻出一段

迫蹙無聊之語何等筆力

有兎爰爰雉離于罦我生之初尚無造我生之後逢

此百憂尚寐無覺　比也

韋氏曰造作為也深文煆鍊皆造作以陷人者

有兎爰爰雉離于罿我生之初尚無庸我生之後逢

此百凶尚寐無聰　比也

附别解　按傳云萇弘忠于王晉趙鞅殺之賦有

兎以兎喻趙鞅以雉喻萇弘愚以為此敬王二

百憂百罹都從有為有造而生也棹尾四字寫盡迫蹙之狀

十三年事也去東遷之初尚十餘代而篇中云我生之初尚無為豈景靈簡定以上數王皆寧靖可仕耶不若序云桓王之去西周未久老成舊人尚有親睹豐鎬之遺者也

莊王簡賢（孔氏曰莊王名他桓王子也）

丘中有麻全（王風）

總評 序云丘中有麻思賢也莊王不明賢人放逐國人思之而作是詩愚按子嗟子國當時賢士留其氏也之子泛言晋氏之子也或曰子國子嗟父也主上簡賢子嗟子國隱居丘陵之間

而植麻麥菓實以為生民思其賢而庶其肯来以從政望之之詞也此詩與蒹葭杕杜同一情致不審朱子觧訓淫詞何歟

丘中有麻彼留子嗟彼留子嗟將其来施施賦也

丘中有麥彼留子國彼留子國將其来食賦也

丘中有李彼留之子彼留之子貽我佩玖賦也

首節施施二字懸想其來時光景次節思其來而禄之也

附後觧

歐氏曰麻麥之類生於丘中以其有用皆見收於人賢如子嗟子國獨留於彼而不見錄

景王嗜音

君子陽陽全 王風

傳云景王好音大夫諷之賦君子陽陽愚

總評

按國語載景王鑄無射為大林問律于州伶則王留情聲樂可知昔單穆公諫之以狂悖危之以離民語亦詳矣夫景王以天子而招士大夫作房中之樂奚啻陳後主與女學士狎客遊燕後庭酣歌達旦乎其樂只且大夫於擊節之中有嘆惜之意焉朱子以為夫婦相樂之詩于詩意未合

陽陽陶陶極狀昏主適意 君子陽陽左執簧右招我由房其樂只且 君子指王我大夫自謂也 賦也

盤樂光景由房由敖從樂于安息舞列之位朝事廢弛可知

君子陶陶左執翿右招我由敖其樂只且 賦也

附別解 序云君子陽陽閔周也君子遭亂相招為祿仕全身遠害而已夫君子不幸遭亂世苟不能撥亂反治遯世自全可也柰何相招苟祿陽陽自娛仁人君子固如是乎 蘇氏曰君子以樂官之賤為樂則貴者不可居也有貴位而君子不居周益不可輔矣

東周砥亂之臣

大車檻檻全 王風

總評 朱氏曰周衰大夫猶能以政刑治其私邑

者淫[故]奔者畏而歌之如此然其去二南之化則遠矣愚觀周之盛時君陳之繼周公以治也無依勢作威無倚法以削寬而有制從容以和上也後世若魯恭為中牟令專以德化為理不任刑罰而民閒之淫風頓息許荆為桂陽太守設立婚姻制度而人知禮禁亦稱德政化人次也茲何以獨使之畏大夫況畏心生則廉恥不道喪乎雖然衰末世界使民皆有所畏而不敢為淫風亦可稍戢矣吾故以此篇編於東周之末亦以見二南之風邈矣不可復追矣尤惜諸大

夫不能皆然而居大夫之上若又凌遲而不亢振也嗚呼痛哉

妙在不言大夫法令之嚴只寫其車聲儀容便已膽寒玩二豈不字淫心怦怦然動

大車檻檻毳衣如菼豈不爾思畏子不敢　賦也

鄭氏曰古者天子大夫服毳冕以巡行邦國衣繢而裳繡皆有五色焉其青者如鵻

大車啍啍毳衣如璊豈不爾思畏子不奔　賦也

孔氏曰璊淺赤也毳衣繢繡其青者如鵻其赤者如璊睹服色而愓懼則恐怖自斂也至矣

穀(真)則(死)異(心)室(真)死(怕)則(法)同穴謂予不信有如皦日　賦也

後總評　畏子不敢甚于敢矣畏子不奔甚于奔

矣謂予不信二句作總結一章尤剴明王致治常令人生歡喜心周衰至于民咸恐怖民生凋殘極矣宋熙寧中新法方行州縣騷然邵康節閒居林下門生故舊小臣者皆欲投劾而去康節以書慰之曰新法固嚴能寬一分則民受一分之賜投劾而去何益可見亂離之後尚賴數人維持愚故次此於衰周之下

附别解　按傳云周人從役而訊其家人之詞予指將帥言不奔不敢奔潰于本文亦叶若序以為刺周之大夫不能聽訟詩人之意全不相蒙

詩經治亂始末分編傳註合抄卷之十二

列國治畧　閩陳洪謨聖謨甫纂

一侯職克舉

魯僖公　凡四篇

駉　駉駉牡馬全　牧事

總評　按傳列此詩于伐柯破斧之後是為魯風

夫伐柯破斧之詩周公之相畧列為魯風則不倫矣魯公如僖公能儉以足用寬以愛民務農重穀牧于駉野于是季孫行父請命于周而史克作是頌雖借名為頌而體實國風非告神之

歌也今將此篇與其駁閟宮二篇皆列為國風首魯國者尊小宗也每章皆貫以思者天下萬化萬事起于君心思端于君心則馬政畢舉而牧事成矣此與衛風秉心塞淵騋牝三千之意相同

鍾氏云孔子刪詩列魯于頌即春秋編年之意也非大聖胆力不能如此舉止駉馬有駁二篇不能盡脫風体思樂閟宮

駉駉牡馬在坰之野鄭氏云又牧于坰者避民居与良田也薄言駉者有驈有皇有驪有黃以車彭彭思無疆思馬斯臧

按周制諸侯六閑馬四種朝祀所乘為良馬征伐所乘為戎馬田獵所乘為田馬供給宮之役為駑馬觀校所掌凡馬牡居四之一言牡馬之

二章漸開後世文章之端

盛則牝馬益多可知矣況國家牧馬者將以資軍馬之用固必以牡馬爲貴薄言者謂畧舉其腹幹肥張者已有十六種則駁而不純者當不勝數也上思者泛言君國子民皆是思馬思字方指馬亦非空思有馬故爲芻牧得其道蓄育之有方而馬斯臧若此耳要看斯字思之所及物即應之毛氏曰驪馬白跨曰驈黃白曰黃純黑曰驪黃騂曰黃　鄧潛谷曰魯頌首駉重本也思無邪政本也

駉

駉駉牡馬在坰之野薄言坰者有騅有駓有騂有騏

以車伾伾思無斯思馬斯才賦也
毛氏曰蒼白雜毛曰騅黃白雜毛曰駓赤黃曰
騂蒼騏曰騏
駉駉牡馬在坰之野薄言駉者有驒有駱有騮有雒
以車繹繹思無斁思馬斯作賦也
毛氏曰青驪驎曰驒白馬黑鬣曰駱赤身黑鬣
曰騮黑身白鬣曰雒
駉駉牡馬在坰之野薄言駉者有駰有騢有驔有魚
以車祛祛思無邪思馬斯徂賦也
毛氏曰陰白雜毛曰駰彤白雜毛曰騢豪骭曰

二目白魚

孫月峯曰姿態乃全在歷數諸馬上

後總評　按春秋左氏于衛文騋牝有褒詞而魯僖牡馬不聞有稱述之者何也衛文處其變而魯僖處其常[illegible]處常而馴致斯臧斯才斯作斯徂之盛易易耳然愚觀當時僖公享國三十三年值齊桓秦穆之會盟干戈亦甚擾矣而僖公能靜撫其國以致牧事有成豈非春秋之翹楚哉吾因是而益知馬政之關于國者大也趣馬得人則周政以立蹶惟趣馬詩人刺之秦非

養馬于汧渭之間而西周之勢遂失悲夫漢興始命太僕專司馬政至景帝造苑三十六所分布西北邊馬育三十萬匹亦云盛矣而其弊則牧于民而用于官唐之隆也自貞觀至麟德四十年間四十萬六千置八坊四十八監爲之其後以官名告身市馬于六胡州遂失牧馬于官而給于民之故制也宋朝始則牧之于官後則畜之于民又其後市之于邊至皇明兼用前代之制内地散之于民則有戶馬之令也邊地牧之于官即唐監牧之制也而于川陝有茶馬之

設非宋人市之于邊守愚備論馬政于此總不
若魯僖牧馬于坰之野水草甚美既不害于農
亦不至有賠賸之苦則車騎儲備蕃息益衆矣
愚計今日邊警擾外流毒内馬政尤宜急講
先臣丘文莊有言兩京畿及山東河南于民養
之外擇地以立監牧山西陝西遼東于官養之
外設法以爲俵散則畜養之規宜制也廐牧之
所宜備也牧地之數宜勘也収市之利宜廣也
支兑之等宜分也追賠之限宜寬也既不病國
亦不至于害百姓而馬無不得其所養抑何不

見之行事乎愚茲論及不能無致望于當事也

思樂泮水全　建學

序云泮水頌僖公能脩泮宫也愚按天子之學名辟雍諸侯之學名泮宫非王制始有此說也魯有泗水縣泮水出焉泮乃魯水名僖公建學宫于泮水之上後世因以名諸侯之學耳魯自桓莊以來學校久廢一旦僖公復古故篇中三言思樂者魯人樂僖公之賢而人才賴以成就也五言魯侯者以其君之美可爲四方所

總評

則非獨一國仰瞻已也推本其德于敬明而極

其功于獻馘夫豈無謂哉蓋古者建學養材在
此脩德在此而受成獻功亦在此所以然者欲
其先禮義而後勇力也魯在當時號稱弱國未
必有淮徐攸服之事况淮近魯世為魯患詩人
知其武威不足故以文德服遠頌之致之春秋
新作南門則書譏其盡民力也而作泮宫作閟
宫則不書以宫廟祀其祖先學校以教國之子
弟二者為國之先務雖用民力不可廢也漢元
狩閒三輔黄圖太學在長安西北七里唐太宗
增脩學舍宋元豐頒學令立三舍法至今煌煌

觀車旂音容
寫出欣睹賢
王至情

史籍

思樂泮水薄採其芹魯侯戾止言觀其旂其旂茷茷鸞聲噦噦無小無大從公于邁賦其章以起興也

于邁若往觀講學行禮環橋門而觀聽之者也

思樂泮水薄采其藻魯侯戾止其馬蹻蹻其馬蹻蹻其音昭昭載色載笑匪怒伊教賦其事以起興也

載色載笑即洪範所謂康而色者也見僖公不以尊貴而簡傲于卑賤宛然家人父子之相親

匪怒伊教言敬敷在寬意惟寬故教易入而成就多也

此頌魯侯之德二允字文非粉飾武不耀[illegible][illegible][illegible]

思樂泮水薄采其茆魯侯戾止在泮飲酒既飲旨酒永錫難老順彼長道屈此群醜賦其事以起興也

鍾伯敬云難老者祝君以其所難也蓋君德清明政治脩整于難義始備長道者經久不易之道凡君國子民皆是既順乎道政令自善人自服之詩人頌禱其君欲其服淮徐而先言服本國者蓋必内脩然後可外攘也

穆穆魯侯敬明其德敬慎威儀維民之則允文允武昭假烈祖靡有不孝自求伊祜賦也

黄氏佐曰敬明敬慎二敬字重敬德欲存養省

忽作變調命意遣詞與上絕不相似

察無間也故儀欲周旋中禮也表裡工夫一主于敬由是推之政事則長道莫之笑語則善教

明明魯侯克明其德既作泮宮淮夷攸服矯矯虎臣在泮獻馘淑問如皐陶在泮獻囚 賦也

顧氏曰多士兼將帥士卒言忠國愛君之心人所固有但不能推廣之或為利害所奪或為身家所阱不能達耳桓桓四句勇以立功不告二語和以獻功皆克廣德心之所致也

濟濟多士克廣德心桓桓于征狄彼東南烝烝皇皇不吳不揚不告不訩在泮獻功 賦也

角弓其觩束矢其搜戎車孔博徒御無斁既克淮夷
孔淑不逆式固爾猶淮夷卒獲
顧氏曰固爾猶有渥不可破定不可搖密不可
窺意卒獲指後日言方見頌禱語氣獲字妙不
徒勝之而又得其心也
翩彼飛鴞集于泮林食我桑黮懷我好音憬彼淮夷
來獻其琛元龜象齒大賂南金 興也
按禹貢淮夷隷于徐州所出者惟蠙珠暨魚而已
其土不出龜象其國不屬荆揚而有龜象南金
獻于魯者極言淮人向化之誠搜奇異以致貢

詩人之善禱至此

閟宮有侐全　脩廟

總評

申公說曰閟宮魯僖公新作后稷文王之廟于太廟世室及孝惠桓莊四親廟之上而史克作詩以頌之非孔子所錄愚按諸侯不應郊禘禮也東遷而降齊桓欲封禪而晉亦郊鯀若秦襄公始為諸侯作西時祀白帝皆僭禮也位在藩臣而臚于郊祀君子惧為閟宮之頌不幾誕乎況春秋傳僖公三十一年始書夏四月四卜郊不從猶三望訓始僭郊者僖公也至于閔公二

年始書夏五月禘于莊公譏始僭禘者閔公也明乎非成王賜之伯禽受之矣若然則詩又何頌焉聖筆不删其以著魯之僭而傷周之衰也欲令編為魯風也宜矣且夫周道之衰也至懿而風始變至厲而雅始變至平雅亡而頌聲息東周又安可為哉所可節取者作詩之意猶知上陳祖德收復土宇繼周公纘荆蠻之志而惓惓于淮徐之服從頌禱君以張撻伐矣

閟宮有侐實實枚枚赫赫姜嫄其德不回上帝是依無災無害彌月不遲是生后稷降之百福黍稷重穋

植稺菽麥奄有下國俾民稼穡有稷有黍有稻有秬奄有下土纘禹之緒賦也

后稷之孫實維太王居岐之陽實始翦商至于文武纘太王之緒致天之届于牧之野無貳無虞上帝臨女敦商之旅克咸厥功王曰叔父建爾元子俾侯于魯大啟爾宇為周室輔賦也

胡氏庭芳曰太王當祖甲之時後二百有六年商始亡且武王十三年以前尚臣事商則翦商之云太王亦決不萌之于心議者乃謂太王有是心太伯不從遂逃荆蠻何哉夫以唐高祖尚

能駿世氏之言曾謂太王之賢反不逮之乎按
說文引詩作實始戩商解云福也蓋謂太王始
受福于商而大其國家不知後世何以改戩作
翦此亦漢儒之悮也　孫月峯曰公劉王季不
敘敘太王文武之蹟甚簡核語質而態饒

乃命魯公俾侯于東錫之土田土田附庸周公之孫
莊公之子龍旂承祀六轡耳耳春秋匪解享祀不忒
皇〻后帝皇祖后稷享以騂犧是享是宜降福既多
周公皇祖亦其福女賦也

按王制云名山大澤不以封則專統土田是諸

侯之常山川附庸則是加賜之也明堂位云封
周公于曲阜七百里是于七百里之上又復加
之附庸魯于周法不得有附庸故以錫言之
疏義曰天子以冬祭天魯諸侯也不敢純用天
子之礼故用夏之正月按春秋莊公之觀齊社
也曹劌諫曰天子祀上帝諸侯會之受命焉諸
侯祀先王先公卿大夫佐之受事焉可見惠公
雖請之而魯郊禘猶未卑為常也僖公始作頌
以郊為夸耳

秋而載嘗夏而楅衡白牡騂剛犧尊將將毛炰胾羹

籩豆大房萬舞洋洋孝孫有慶俾爾熾而昌俾爾壽而臧保彼東方魯邦是常不虧不崩不震不騰三壽作朋如岡如陵賦也

周語云禘郊之事則有全烝王公立飫則有房烝全烝謂全牲房烝謂半体

公車千乘朱英綠縢二矛重弓公徒三萬貝冑朱綅烝徒增增戎狄是膺荊舒是懲則莫我敢承俾爾昌而熾俾爾壽而富黃髮台背壽胥與試俾爾昌而大俾爾耆而艾萬有千歲眉壽無有害

孔氏云僖公四年經書公會齊侯等侵蔡蔡潰

遂代楚、一名荆群舒又是楚之與國其代戎
翟則無文
泰山巖巖魯邦所詹奄有龜蒙遂荒大東至于海邦
淮夷來同莫不率從魯侯之功
王制注云魯人祭泰山礼器云齊人将有事于
泰山則泰山跨二國之間
保有鳧繹遂荒徐宅至于海邦淮夷蠻貊及彼南夷
莫不率從[illegible]敢不諾魯侯是若
天錫公純嘏眉壽保魯居常與許復周公之宇魯侯
燕喜令妻壽母宜大夫庶士邦國是有既多受祉黃

髮兒齒 賦也
孔氏曰諸侯有大德受采邑于京師為將朝而宿焉謂之朝宿之邑成王以周公之故而賜魯許田桓公元年鄭伯以璧假許田其地近鄭故鄭人易之 黃氏佐曰此詩頌禱僖公孝〻于壽考不一而足者以隱公及于鍾巫桓秉于彭生般殺于圍犖閔公戕于卜齮殺逆踵繼國人飲恨尚未舒也故以壽考為祝耳會于泲亦以釋齊人之討聲姜之賢也禘于廟以享夫人之尊成風之壽也宜有相得一体之意

徂來之松新甫之柏是斷是度是尋是尺松桷有舃路寢孔碩新廟奕奕奚斯所作孔曼且碩萬民是若賦也

鄒山記云徂來山在梁父奉高博城三縣界今猶有美松後魏志汶陽縣有新甫山　君子嘗建宗廟爲先庇庫次之魯當衰亂之餘寢廟隳壞僖能脩治誠足美矣矧周公皇祖有功德于民廟之弗稱民尤碩改作乎攷之廟制路寢在廟之後所以藏衣冠新廟在寢之前所以祀先祖孔曼且碩亦不容緩也

後總評　觀泮宮閟宮與有駜駉駉諸詩大抵皆僖公初年事當時所用者季友故能去慶父之難與齊桓之盟成此等舉動至末年小人用事則春秋多貶之晏子曰勿乘駑馬無置不肖于側左右輔弼豈可少哉

又總評　孫氏曰詩長篇鮮有踰此者其格宏壯其詞瑰瑋其色蒼古其思沉密首尾作室中間祖德侯封祭祀武備次第鋪叙而贊頌福祉作三段分揷整然有法細玩究似後世一篇紀碑與四詩格調又稍別

附別解　歐陽氏曰僖公在位三十三年其伐邾者四敗莒滅項者各一此魯自用兵也其伐楚侵陳伐鄭是時齊桓方稱伯主兵率諸侯之師而魯與焉二十八年圍許是文公方稱伯主兵率諸侯而魯亦與焉其自主兵所伐邾莒項皆小國雖能滅項反見執于齊其所伐大國皆齊晉主兵其有所救者皆力不勝而輒敗凡有侵伐春秋必書焉有所謂克服淮徐之事乎其曰戎翟是膺荊舒是懲事尤無據按僖公之元年齊桓二十七年也齊桓十七年伐山戎在僖公

未即位之前則僖從桓伐山戎必無也明矣且僖公之元年又楚成王之十三年也是時楚方強盛非魯所能制四年從齊桓伐楚乃次于陘盟于召陵此豈魯僖得以爲功哉舒在僖公之世未嘗與通由是言之所謂荆舒是懲者皆不合矣即齊人之有楚伐也不求助于魯而求助于齊以報之以此見徐非魯之與國也則所謂遂荒徐宅者亦不見于春秋矣然愚按魯按則淮人徐戎世爲魯患臣子咸加切齒故于作廟之時祈滅此而朝食頌禱何嫌溢詞焉

有駜有駜全　燕樂

總評　説云有駜燕飲而頌禱之詞愚按君臣燕飲礼也亦情也甘酒嗜飲五子以之悼太康德將無醉武王以之誥康叔興亡之机如此魯際承平群臣能脩明其職故在公多暇君致養以燕臣〻因燕以献替一則曰明〻再則曰言歸可謂潤以成礼不継以淫矣至末節自今以始歲其有君子有穀貽孫子二語頌不忘規豈非善頌善禱者哉唐太宗丹霄之燕相與辨論治道亦得此意　孫月峰曰亦近風然却含蓄包

内三言四句九古削陏

有駜有駜駜彼乘黄夙夜在公在公明明振振鷺鷺

于下鼓咽咽醉言舞于胥樂兮 興也

範氏曰醉言舞指臣言或謂君前不當舞兩君

燕會其臣起舞秦楚猶然後何疑哉

有駜有駜駜彼乘牡夙夜在公在公飲酒振々鷺々

于飛鼓咽々醉言歸于胥樂兮 興也

黄氏曰在公明々嚴矣然一于嚴情或不通故

醉而起舞是成之以樂也在公飲酒和矣然一

于和則流蕩忘返故醉言歸是節之以礼也

有駜有駜駜彼乘駽夙夜在公在公載燕自今以始歲其有君子有穀詒孫子于胥樂兮 興也

黄氏曰豐年繼于後則有以需國用而贍民生善道傳于後則有以固人心而承天命此等氣象可與商盤周誥參看

鄒潛谷曰有駜有小雅慈惠之心爲上下交則和而安故以爲君臣有道

衛武公

抑抑威儀全 原編大雅今改衛自警

總評 序云武公刺厲王亦以自警也申公説云

武公僖侯之子共伯之弟以宣王三十六年即位時厲王之世武公尚未即位不應作詩以刺王又考楚語有云昔武公年九十有五矣猶箴儆于國曰自卿以下至于師長無謂我耄而舍我于是作抑〻以自警時〻使人歌頌以箴云自首章至八章皆示以當脩德末四章示以當聽言以脩德然脩德之事不過曰毋僭言正爾容是也十二章言及話言者四及威儀者六推原脩悖之故反覆興亡之理惕然可惧玩篇中數言小子只作武公自稱二云借曰未知視爾

友君子誨爾諄諄告爾舊止等句皆武公設為自警誥誡之詞首曰維德之隅繼曰維德之基則武公作聖之功于是在焉敢自怠荒弗敬哉武公而後此學不講雖以武帝之雄辯駿發制誥燦然可觀無如仁義不施言浮于行何成帝嘉惠和說肈朝仰其穆穆無如情湛酒色立敬之本不直何也昔內史過之論晉侯曰禮不行而上下昏何以長國不久果亡其國然則國君欲脩其德者誠能儼若思安定辭則冒貢之非幾可杜而徽柔懿恭之程可幾矣如是作武公

靡哲不愚謂不脩德則無令儀雖哲亦愚下接云雖哲亦愚古今多少聰明人自悞

自儆無不昭合何必強解刺厲王訓國人也耶
孫月峰曰典則渾厚說理最密是箴銘之

調

抑抑威儀維德之隅人亦有言靡哲不愚庶人之愚亦職維疾哲人之愚亦維斯戾賦也

輔氏曰德與威儀內外之符也哲與愚德性之反也觀賓之初筵一詩習俗都無威儀可知矣此所以有靡哲不愚之嘆也大凡聰明聖知達天德者皆可謂之哲庶人不能勉自開發而終爲昏愚故下一疾字疾痼癖也痛加棒喝哲

人性明而本善惟不自脩慎而陷于過惡故下一戾字戾者背也故急、喚醒他

無競維人四方其訓之有覺德行四國順之訏謨定命遠猶辰告敬慎威儀維民之則賦也

歐陽氏曰汎言莫強于人乃以一身所為而訓道四方覺儆動也言德行脩著可以動人則四國服從矣

黄氏佐曰順之由于規矩之中而無違悖是也謨自綱領說所以立一代之規模也命告自號令說所以為一時之政事也政令道德之寓也

威儀德之符也　陸氏曰道德只在訏定遠辰
敬慎威儀上見脩政令謹威儀即人道競德行
覺也　此章約畧治道之要蓋四方遵其教訓
不過完其維人者以式之矣四國歸其有極惟
是不言而信以德見之行者覺之矣由是先事
而謀動關天下之安危以從不易之政命然猶
不敢自是也監觀百世之損益猷可謂遠矣猶
不敢輕出爲後長慮却顧思其所終稽其所敝
然後酌之時而播告之又終之以威儀者推本
一身以立則所謂脩身而天下平也

其在于今興迷亂于政顛覆厥德荒湛于酒女雖湛樂從弗念厥紹罔敷求先王克共明刑　賦也

史稱武公命瞽史歌詩以寓勸勉則此章即瞽史引當世之君以儆武公女字即作瞽史指武公而言有何不可　黃氏佐曰亂政即與訏謨二字相反而治失其道曰覆德則與敬慎相反而脩已失其道

肆皇天弗尚如彼流泉無淪胥以亡夙興夜寐洒埽廷内維民之章脩爾車馬弓矢戎兵用戒戎作用逷蠻方　賦也

常氏曰夙興有宵衣待旦意夜寐有旰食不遑
意治國馭外不可忘戰故脩車馬器械于無事
之日而為有事之防蓋以戒不虞而懾蠻方所
謂訏謨遠猷辰也
廷除近地最易服奸民之覲望條舊故必勤勵
廓清而後可為民之章程也

質爾人民謹爾侯度用戒不虞愼爾出話敬爾威儀
無不柔嘉白圭之玷尚可磨也斯言之玷不可為也
賦也

蘇氏曰內失民心外慢侯度則將有不虞之禍

起故以質之謹之用以戒懼之也　質字有成之定之二義生養遂倫理明是成之也爭奪息獄訟平是定之也礼樂征伐朝會貢賦天子所班者是侯度　顧氏曰所謂慎言者不獨謹閑不出必如定命辰告方是能慎下文惠于友朋四句正本此意

無易由言無曰茍矣莫捫朕舌言不可逝矣無言不讎無德不報惠于朋友庶民小子子孫繩繩萬民靡不承　賦也

嚴氏曰由言者由己言之也

黄氏佐曰國君言語國中之人禍福繫焉能慎

其言則人皆蒙其德惠矣是以天命祐之而子

孫繩繩人心歸之而萬民靡不承也

視爾友君子（此戒以內外交脩）輯柔爾顔不遐有愆相在爾室尚不愧

于屋漏無曰不顯莫予云覯神之格思不可度思矧

可射思 賦也

常民曰屋漏心之所然不寐處脩德用工正在

于此于此不愧則可以質鬼神惠臣民傳于子

孫法于天下矣豈但敬儀已哉 無刻不敬方

能不愧屋漏此常惺之法

辟爾爲德俾臧俾嘉（淑）愼爾止不愆于儀不僭不賊鮮

不爲則授我以桃報之以李彼童而角實訌小子賦

也

黄氏佐曰方言爲德即继以爲則若何也此言特

以明人君趋向之机所係甚大而端本澄源當力

爲之計耳

鍾云這纔是真哲人
以下四節反覆提命自慎之意十分懇怛

荏染柔木言緡之絲溫溫恭人維德之基其維哲人

告之話言順德之行其維愚人覆謂我僭民各有心

與也

張横渠曰柔和之木乃弓之材溫恭之人乃德

之質與淂妙　黄氏曰學士大夫未有不能受

善言而立德之基者況國君乎欲脩德洎先去
客氣客氣去心自虛而能受也
於乎小子未知臧否匪手攜之言示之事匪面命之
言提其耳借曰未知亦既抱子民之靡盈誰夙知而
莫知　賦也
昊天孔昭我生靡樂視爾夢〻我心慘〻誨爾諄〻
聽我藐〻匪用為教覆用為虐借曰未知亦聿既耄
賦也
於乎小子告爾舊止聽用我謀庶無大悔天方艱難
曰喪厥國取譬不[illegible]昊天不忒回遹其德俾民大棘

賦也

後總評　攷武公即位在宣王三十六年卒于平王之十三年其入卿王謨出謹侯度幽王之世居多故以爲刺王之過然愚思之以小子目其君而爾女之無人臣之禮一也幽王無道貪虐爲甚詩不以此箴其膏肓而徒以威儀辭令爲戒緩急失宜二也詩詞倨慢雖仁厚之君有所不能容幽王之暴何以堪之三也夫武公處亂世以恒儀謹言而君國子民所謂以大德而行以小心者也此篇自儆賓筵悔過淇澳是詩人

讚其德之盛宜編爲衛風魯毛詩公分之大小雅悞矣

鄧潛谷曰篇中精言似皐謨質言類説命深言爲學庸淵乃惇恒似周文王書金錫圭璧君子毓〻三復終身焉

賓之初筵全（原編小雅今改衛風悔過）

總許

説云賓之初筵衛武公自警之詩愚按篇從德字認宗旨其用力言語威儀之間與賓之初筵一章皆是武公考驗學問得力處此篇從事工証力行其吃緊處在祭祀燕射之際然

而必以酒立言者何也蓋人君之懈于政瀆于義悖于礼逸于德者莫不湎于酒始也是故沉湎喪儀紂之所以亡也武王臨殷紂之覆轍故以酒誥戒康叔所以懲忿窒欲若至矣武公感當世之燕喪而作賓筵所以存誡閑邪若亦切矣故開口不言酒之不當飲而言將祭必射以選士將射必行燕礼先王政以酒而寓隄制由防之教不與人以縱恣弛怠之机中復言飲之善如此其不善如彼一趨一避之路畫然當前而可為狂藥所盡哉

一飲酒事翻
出許多公案
前半典雅後
半槃薑非武
公不能作

孫月峰曰長篇大章鋪叙詳備首兩節叙述礼處甚濃古三四節寫醉態淋漓末節申戒收歸正構法匀整後三節稍露跌蕩

賓之初筵左右秩秩籩豆有楚殽核維旅酒既和旨飲酒孔嘉鐘鼓既設舉醻逸逸（逸逸二字描寫入神）大侯既抗弓矢斯張射夫既同獻爾發功發彼有的以祈爾爵 賦也

孔氏曰此言鐘鼓既設者以天子宮縣階間妨射位故改縣以辟射也大射諸侯之礼云樂人宿縣厥明乃射故知將射改縣也

鄭氏曰舉者舉鵠而棲之于侯也周礼梓人張

皮侯而棲鵠天子諸侯之射俱張三侯故君侯謂之大侯大侯張而弓矢亦張節也射夫既同即鄉射禮司射比三耦于堂西注云比選次其才相近者也　射義曰古者諸侯之射也必先行燕禮卿大夫之射也必先行鄉飲酒之禮故燕禮者所以明君臣之義也鄉飲酒禮者所以明長幼之節也由此以觀則將射之時禮節詳明人心嚴飭如此其飲酒者所以正威儀也寧至于亂哉

籥舞笙鼓樂既和奏烝衎烈祖以洽百禮百禮既至

有壬有林錫爾純嘏子孫其湛其湛曰樂各奏爾能
賓載有仇室人入又酌彼康爵以奏爾時 賦也
工章言未祭之燕故擇士而射為大射此章言
既祭之燕故因燕而射為燕射也
賓之初筵溫溫其恭其未醉止威儀反反曰既醉止
威儀幡幡舍其坐遷屢舞僊僊其未醉止威儀抑抑
曰既醉止威儀怭怭是曰既醉不知其秩 賦也
亦既醉止載號載呶亂我籩豆屢舞僛僛是曰既醉
不知其郵側弁之俄屢舞傞傞既醉而出並受其福
醉而不出是謂伐德飲酒孔嘉維其令儀 賦也

鍾伯敬云既醉而出非惟飲之有節飲酒之趣

亦自如此所謂飲酒無量不及亂飲之聖也

凡此飲酒或醉或否既立之監或佐之史彼醉不臧不醉反恥式勿從謂無俾太怠匪言勿言匪由勿語由醉之言俾出童羖三爵不識矧敢多又賦也

玉藻云君子之飲酒也受一爵而色洒如也二爵而言言斯禮已三爵而油油以退　按秦王趙王會于澠池御史書之戰國時尚存人君燕飲之遺

後總評　鍾氏曰古人造酒原為燕享祭祀而設

故從射祭說起文字甚典則後三章仍以賓之初筵說起似亦承射祭之始飲治終亂者如此蓋當時或有此事射燕禮法之飲其失如此則凡飲可知故因以為戒不然首二章覺無謂後三章不相蒙

瞻彼淇奧全 讚德

總評

序云淇奧美武公之德也有文章又能聽其規諫以禮自防故能入相于周美而作是詩

愚按衛學淵源始于康叔宅心知訓至武公而睿聖故衛風首淇奧明國有與立焉細看此篇

無一語説道學而有道學氣象奕〻如見三章言有次序而意無淺深

理學淵玅正言之不得故用數箇如字以讚嘆之字〻精鑿表裡俱見從來説理學無此深遠可當一部大聖大賢功過錄讀有味乎孔叢子曰吾于淇奥見學之可以為君子也故大學傳止至善而咏此首章有以也夫

瞻彼淇奥綠竹猗〻有匪君子如切如磋如琢如磨瑟兮僩兮赫兮喧兮有匪君子終不可諼兮興也

猗〻以竹臨風裊娜之態形容道學人丰神逼肖

瞻彼淇奥綠竹青青有匪君子充耳琇瑩會弁如星

瑟兮僩兮赫兮咺兮有匪君子終不可諼兮興也

姚承庵曰琇瑩會弁諸侯之法服諸侯皆有之而獨稱武公者何武公抑戒賓筵嘗用自儆惟恐或愆于儀而冕弁佩服一準于禮而不僭此詩獨稱爲有匪君子也

瞻彼淇奧綠竹如簀有匪君子如金如錫如圭如璧寬兮綽兮猗重較兮善戲謔兮不爲虐兮興也

姚承庵曰切磋琢磨至瑟僩赫喧其德固已成矣然而猶有瑟僩赫喧之可言也必到寬兮綽兮猗重較兮善戲謔兮不爲虐兮此方是從心所

欲不踰矩地位此乃爲德之成也中庸論入德直説到篤恭不顯正是此意

黄氏曰一猗三歎之外不加一辭而其人可想見　鄭潛谷曰如金如錫鍛鍊精神也如圭如璧充養温潤也寬綽重較守深神守也戲謔不爲虐氣和禮節也程淳公象之老子曰重爲輕根君子終日行不離輜重語重較也

衛文公　凡四篇

定之方中全　營國

總評　序云定之方中美衛文公也按春秋衛懿

公九年冬狄入衛懿公敗死宋桓公迎衛之遺民立宣姜子申以廬于漕是爲戴公是年戴公卒立其弟燬是爲文公于是齊桓公城楚丘而遷衛爲文公始建城市而營宫室得其時制猶且衣大布冠大帛務財訓農通商惠工敬教勸學授材任能元年革車三十乘季年乃三百乘也宜哉

定之方中作于楚宫揆之以日作于楚室樹之榛栗椅桐梓漆爰伐琴瑟賦也

作者奮然振作之意非秉心塞淵不能升望降

一篇只八十四字而綜理之周計畫之詳中與氣象煥然改觀中間章法句法字法伸縮錯綜各臻

其妙

覩星言夙駕皆是振作處皆由秉心来　首建
國便樹木以倫禮樂以光邉實以供器用規模
宏遠

升彼虛矣以望楚矣望楚與堂景山與京降觀于桑
卜云其吉終焉允臧

玩終焉允臧喜其果遂于志碩則未卜以前何
等躊懼

靈雨既零命彼倌人星言夙駕說于桑田匪直也人
秉心塞淵騋牝三千　賦也

黄氏曰衛自宣公迄乎惠懿荒淫無度不能秉

心國乃顛隮宜也文公光復故物全賴深心遠
慮以造邦家誠秉心之要也易曰山風蠱君子
以振民育德嗚呼顛危多難之日苟非痛自策
勵烏能撥亂而幹蠱乎
投我以木瓜全報封

總評

序云木瓜美齊桓公也衛國有[redacted]人之敗
[redacted]之[redacted]器服爲衛
人思之欲厚報之而作是詩愚觀春秋諱宣子
聘衛而賦木瓜向非兩國相好之詩則宣子必
不叶之歌章傳以爲友朋相贈之詩失其義矣

若朱子云此男女狎昵之私豈不誣哉

投我以木瓜報之以瓊琚匪報也永以為好也　比也

李氏曰人言遺我以微物必有以厚報之況齊桓公之德如此其大則報之當何如

投我以木桃報之以瓊瑤匪報也永以為好也　比也

孫月峰曰只是以重報輕意其色態全在瓜桃琚瑤等字面上

附別解

耑子曰古人交情于此見之若情好弟永雖一飯不忘千金以謝一當事變利害之際未免凶終如漢張耳陳餘是也永以為好豈非

透中世情乎

相鼠有皮全 正臣以禮

總評

序云相鼠刺無禮也衛文公能正其群臣而刺在位承先君之化無禮儀也愚按此詩三節煞句極其毒刻蓋溺于淫亂者既以疾惡不深則遷善不力所謂嚴辞威于斧鉞是也

相鼠有皮人而無儀人而無儀不死何為 興也

相鼠有齒人而無止人而無止不死何俟 興也

相鼠有體人而無禮人而無禮胡不遄死 興也

加一遄字更辣

蝃蝀在東全　化民以道

總許　序云蝃蝀止奔也衛文公能以道化其民淫奔之恥國人不齒也愚玩此詩嚴斥淫亂之詞語氣與無感我帨相類而傳以為衛靈公居子都于宋國人訕之無謂甚矣

蝃蝀在東莫之敢指女子有行遠父母兄弟　比也

蝃蝀虹也本陰物今在東則陰方之氣就交于陽刺女子之奔也莫之敢指者醜惡而嚴絕之也

朝隮于西崇朝其雨女子有行遠父母兄弟　比也

詩本和平此却嘔罵惡惡之詞故應尔尔

程氏曰朝隮于西者乃陽方之氣來交于陰則理之順故和而爲雨

乃如之人也懷婚姻也大無信也不知命也

一二章爲三章立案也何等步驟乃如四句語意森淳流亮如欲覺晨鐘令人深省

齊桓公國人屬望

子之丰兮全 原編鄭風今改入齊

總評

傅云公子小白適莒齊人慕之賦丰者也

魯詩[illegible]此列于齊風錦衣褧裳不過想像公子之服飾而屬望于莒曰安得丼兮伯兮駕而迎

我使予得之(與)同行同歸也齊人愛慕無已之情
如此而毛詩取入鄭風謬矣朱子且指爲淫婦
之辭何歟

子之丰兮俟我乎巷兮[illegible]予不送兮　賦也
子之昌兮俟我乎堂兮悔予不將兮　賦也
裳錦褧裳衣錦褧衣叔兮伯兮駕予與歸　賦也
衣錦褧衣裳錦褧裳叔兮伯兮駕予與行　賦也

附別解　孫月峰曰總是悔失前人意女蓋意在
擇好而不能定耳後兩節則既適人而始自怨
之詞當是粧飾將登車時賦絶得情態此與朱

註符存之

秦襄公

豈曰無衣全 奉命征戎

總評

傳云秦襄公以王命征戎周人赴之賊無衣夫幽王見弒于犬戎周之大仇平王汨于偏安弗克自振即晉文侯鄭武公同有衛王之功而不聞興討賊之[illegible]獨秦襄奮然而討偕作有忠義之氣周天子不能自振威福而徒委之秦秦功高而周國勢益弱矣魯傳以此冠秦風見襄公初勤王以著開國之本亦以大復仇之義

也噫宋高秦檜俱未讀此詩乎

豈曰無衣與子同袍王于興師脩我戈矛與子同仇

賦也

豈曰無衣與子同澤王于興師脩我矛戟與子偕作

賦也

豈曰無衣與子同裳王于興師脩我甲兵與子偕行

賦也

作有奮發振作意行有踴躍樂從意

小戎俴收全 出征西戎

總評 序云小戎美襄公也備其兵甲以討西戎

西戎方强而征伐不休國人則矜其車甲婦人能閔其君子焉按史記秦仲誅西戎而戎殺之宣王召其子莊公與兵七千使伐西戎破之至戎伐周殺幽王襄公將兵救周有功平王封襄公為諸侯賜之岐以西之地十二年伐戎至岐而卒夫秦地天水隴西廹近戎翟脩習戰備高上氣力以射獵為先漢興六郡良家子選給羽林期門以材力為官名將多出焉故後世定都以關中為最平王畏戎之强而輕以岐周之地予秦使得藉甲兵之强吞周而并六國誰之咎

哉竊嘗論燕雲不割則契丹不敢深入王國失险皆由自撤其藩也若平王者罪更在石晉上矣然則有天下者賞賚功臣富貴可推而土地必不可假況祖宗根本之地乎

小戎俴收五楘梁[illegible]游環脅驅陰靷鋈續文茵暢轂駕我騏馵言念君子溫其如玉在我板屋亂我心曲賦也

四牡孔阜六轡在手騏騮是中騧驪是驂龍盾之合鋈以觼軜言念君子溫其在邑方[illegible][illegible]期胡然我念之賦也

俴駟孔群厹矛鋈錞蒙伐有苑虎韔鏤膺交韔二弓竹閉緄縢言念君子載寢載興厭二良人秩二德音

賦也

後總許　蘇東坡曰觀后稷之稼穡則可以知周家卜世卜年之過其曆觀襄公之使人矜誇其車甲則可以知秦之傳祚二世而不及其期蓋非一朝一夕之故其所由來者漸矣

孫月峰曰閎壯而精麗氣骨特雄勁甚第比之周雅覺聲色太厲耳漢魏樂府諸奇峭調本此

終南何有全克戎取地

總許　傳云襄公克戎始取周地秦人矜之賦終南夫終南據天下之中在都之南雍州之重鎮也平王東遷遂失此山襄公故得收周餘民而據終南自是秦日强周日弱皆周之失算也有天下者慎無輕棄形勢哉

終南何有有條有梅君子至止錦衣狐裘顏如渥丹其君也哉 興也

西京賦終南太一隆崛崔崒　玉藻云錦衣狐裘諸侯之服也

終南何有有紀有堂君子至止黻衣繡裳佩玉將將

壽考不忘與也

有車鄰鄰全　受命為伯

總許

傳云襄公伐戎初命秦為伯國人榮之賦車鄰初命云者秦自非子至莊公襄公世為附庸今初得命也楊升庵曰為一國之君高居深宮不接群臣壅蔽已甚矣又不使他人而專使寺人傳令焉其蔽益甚矣柄用閹臣不待混一天下已然史記書繆公學于寺人即寺人也史書之醜之也三代之君必學于耆德以為師保而繆公乃學于寺人以刑餘為周召以法律為

寺人之令即稱朕之嚆矢也及時為樂正阿房之濫觴也識者病其眼孔太小

詩書則景監得以薦商鞅趙高得以殺扶蘇寺人之禍終于亡秦聖人錄此以冠秦風垂戒深矣

有車鄰鄰有馬白顛未見君子寺人之令 賦也

嚴氏曰未見而寺人傳令與三代侍御僕從罔非正人氣象何如也 孫月峰曰陡出寺人字絕有峭致隱然微諷意可見秦寺人之重

阪有漆隰有栗既見君子並坐鼓瑟今者不樂逝者其耋 興也

呂氏曰既見君子並坐鼓瑟簡易相親之俗也

今者不樂逝者其耋悲壯感歎之聲也秦之强

以此而止于爲秦者亦以此

阪有桑隰有楊既見君子並坐鼓簧今者不樂逝者

其亡 興也

駟驖孔阜全 田獵

總許 傳云襄公始有田園之事秦人喜之賦駟

驖夫秦喜射獵則車馬閑習可誇也射御精好

可誇也禮儀詳備可誇也獨所云公之媚子從

公于狩此伯國陋習則與聚崇僄輕無義小人

以爲私客馳射豕狐手格熊羆奚以異夫洛表

好一篇較獵賦文甚古勁不似漢魏靡蔓

之畋遂有距河之变而秦襄追北園之遊而無銜橜之訊何者詩人誇揚秦襄舍拔車𨍭馬閑之盛不聞角逐原野蹂躪禾稼萬民呼號秦襄之所以超于漢武昌邑若此欤

駟驖孔阜六轡在手公之媚子從公于狩　賦也

孫月峰曰寫意狀踴躍乃又以精工之辭出之故覺態濃而味永

奉時辰牡辰牡孔碩公曰左之舍拔則獲　賦也

游于北園四馬既閑輶車鸞鑣載獫歇驕　賦也

孫月峰曰載獫歇驕元美謂其太拙予則正美

其古質饒態

秦康公

我送舅氏全

總許　序云渭陽康公念母也康公之母晉獻公之女文公遭驪姬之難未反而秦姬卒穆公納文公康公時為太子贈送文公于渭之陽念母之不見也我見舅氏如母存焉及其即位而作是詩也

我送舅氏曰至渭陽何以贈之路車乘黃賦也

我送舅氏悠悠我思何以贈之瓊瑰玉佩賦也

孫月峰曰但畧點送贈意然寄趣自遠寥寥

數語興衰撥亂之意生死存亡之感無不畢具

曹叔

鳲鳩在桑全

總許

說云曹叔爲政有度國人美之而作是詩

按曹二十五君無足以當此者或後人思振鐸

之蹟以風其子孫也但是美其君之辭序以爲

刺非也每章咏淑人君子歎美不置則曹叔之

用心均平專一可知矣胡不萬年祝其國祚之

久非壽考之謂凡有國家者可不務結心于一

哉

鳲鳩在桑其子七兮淑人君子其儀一兮其儀一兮

心如結兮 興也

看其儀一與其儀不忒意義甚深成王一生學

問只在自亂威儀衛武賢聲著聞亦不過敬慎

威儀維民之則而已攷之春秋成子受脤不敬

劉康公曰成子惰棄其令矣而成子果卒于行

由此以觀曹詩之見美于詩也宜矣

鳲鳩在桑其子在梅淑人君子其帶伊絲其帶伊絲

其弁伊騏 興也

此儀一之徵
鳲鳩在桑其子在棘淑人君子其儀不忒其儀不忒
正是四國（興也）
此儀一之功化
鳲鳩在桑其子在榛淑人君子正是國人正是國人
胡不萬年（興也）
此儀一之受享
姚承庵曰胡不萬年不是頎其壽考詩人美此
儀之可以正國人者即萬年由之可也
孫月峰曰帶幷正是儀絲騏是一意在言外風

度大訬

二閫内女德

衛閫德

汎彼柏舟全

總許　序云柏舟共姜自誓也衛世子共伯蚤死其妻守義父母欲奪而嫁之誓而弗許故作是詩以絶之按共伯僖侯之世子未立而卒則共伯固卒于僖侯之前是共伯未嘗見殺而武公無簒弑之惡也明矣史記載釐侯世子共伯釐侯既葬武公襲攻共伯攷武公在位五十五年國語又稱武公年九十有五猶箴儆于國計其

初即位蓋已四十有餘歲矣使果弒共伯而篡立則共伯見弒之時其年又加長于武公安得謂之早死乎且髦者髮至眉如史記所云則共伯既脫髦矣詩安得猶謂之髧彼兩髦乎史書之誣不可不辯又嘗論鄘衛公室淫亂有共姜之死矢靡他之節足以起懦立頑誠末流閨闈之砥柱易曰婦人貞吉從一而終吾于共姜深景仰焉故編為閫德之首

汎彼柏舟在彼中河髧彼兩髦實維我儀之死矢靡他毋也天只不諒人只　興也

孫月峰曰兩髦當是未總角時細味辭旨當是未婚守節

汎彼柏舟在彼河側髧彼兩髦實維我特之死矢靡他母也天只不諒人只興也

鄭潛谷曰柏舟貞也衛以溼下首柏舟存女貞而衛存移風之道也

宋閫德

毖彼泉水全原編衛風今改作宋

總許

傳云宋桓姬閔衛之破也賦泉水按春秋衛懿公爲狄所滅宋桓姬與許穆公夫人皆懿公女也載馳載驅與此詩皆憫衛國之亡始爲

思歸發乎情也其卒也不歸止乎礼義也聖人
著之于經以示後世使知適異國者父母終無
歸寧之義也其後宋桓公迎衛之遺民立戴公
以廬于漕未必非桓姬内助之力也
毖彼泉水亦流于淇有懷于衛靡日不思孌彼諸姬
聊與之謀興也
有懷于衛靡日不思詩題也以下俱藉之以描
寫有懷之極思耳蜃楼海氣出有入無詩人作
惦如斯若認作實與諸姬謀之謀之不可而出
遊以寫其憂則詩為拙於作詩者為痴障趣極

奇甚一部莊子

出宿于泲飲餞于禰女子有行遠父母兄弟問我諸姑遂及伯姊 賦也

玩出宿飲餞述始嫁時事衛女思歸而不得覩致問于姑與姊却是婦女至情亦無聊之思

出宿于干飲餞于言載脂載舝還車言邁遄臻于衛不瑕有害 賦也

楊升菴曰干邘同今開封府有邘溝不瑕有害

朱註作疑而不敢自遂之詞良然 鍾云既曉不瑕有害意非到此纔看出來的聊與之謀聊字

内便了然矣姚云初疑如此可以不瑕乎卒乃
自信曰此有害不可行也
我思肥泉兹之永歎思須與漕我心悠〻駕言出遊
以寫我憂賦也
籊〻竹竿全
總評
傳云宋桓姬之媵和其小君之賦〻竹竿
傳以此詩次于泉水之後故云和其小君之賦
媵即泉水所謂諸姬是也
籊〻竹竿以釣于淇豈不爾思遠莫致之賦也（只說遠妙〻）
帯子曰發于情止于義只在遠莫致之四字見
起得縹緲要限情緒都在四思泉源淇水之間

之不必添出

泉源在左淇水在右女子有行遠父母兄弟賦也

淇水在右泉源在左巧笑之瑳佩玉之儺賦也

玩巧笑之瑳二句廻想見女之在其國者兒女

真情語却帶些妒恨意玩下節語氣自見

孫月峰曰巧笑二語雖簡而風致嫣然可挹蓋

兼撮倩兮碩人二詩之勝

淇水滺滺檜楫松舟駕言出遊以寫我憂賦也

末二語不但自恨不可得却還懷自寬之辭

誰謂河廣全

總評　傳云宋桓姬歸于衛思襄公賦河廣愚按宋桓公夫人衛文公妹生襄公而出襄公即位夫人思宋義不可往故作詩以自止夫夫人之不往義也天下豈有無母之人欤為襄公者如之何生則致其孝沒則盡其禮而已衛有婦人之詩自莊姜至于襄公之母六人焉皆止于禮義而不敢過也夫以衛之政教淫僻風俗傷敗然而女子猶知有禮而畏義者如此蓋以先王之化所及遠也

誰謂河廣一葦杭之誰謂宋遠跂予望之賦也

誰謂河廣曾不容刀誰謂宋遠曾不崇朝賦也

孫月峰曰但灑灑言宋之近曾不一及欲往之

意然意亦滂渤句法頓挫自呼應絶有妙致

後總許　說苑云宋襄公為太子請于桓公曰請

使目夷立公曰何故對曰臣之舅在衛愛臣

若終立則不可以往不曰欲見母而曰欲見舅者

恐傷其父之意也味此詩則推其毋子之心蓋

不相遠也處毋子之變者可以觀矣

許闇德原編衛風今改作許

載馳載驅全

總評

序云載馳許穆夫人作也衛懿公為戎所
滅國滅人分散露于漕邑許穆夫人閔衛之亡傷
許之小力不能救唁其父兄又義不可得故賦
是詩也細玩此篇首節起語甚愷切次節乃和
緩三四節不勝悽惋綿至到末節叙述情事尤
盡吁以一婦人懷兄弟之仇尚思控于大邦況
男子忘戴天之仇而甘臣二姓者哉

載馳載驅歸唁衛侯驅馬悠悠言至于漕大夫跋涉
我心則憂 賦也
揔是托以寫其悲思迫切之意非實事也開口

即說載馳載驅已奇無端更說大夫跋涉又奇陟丘行野柳又奇大畧與泉水篇情緒既同章法亦妙但泉水以委蛇勝此以英邁勝各自擅長節節除承妙絶

既不我嘉不能旋反視爾不臧我思不遠既不我嘉不能旋濟視爾不臧我思不閟賦也

陟彼阿丘言采其蝱女子善懷亦各有行許人尤之衆穉且狂賦也字新

我行其野芃芃其麥控于大邦誰因誰極大夫君子無我有尤百爾所思不如我所之賦也

歸逐涉冬亦是設言隱然見宗國丘墟盡委草莽景象他人到事勢不好時每氣阻志頹此女閔亡念亂篤親懷宗杰〻有丈夫氣

齊闔德

何彼襛矣全

總評

序云此美王姬也雖則王姬亦下嫁于諸侯車服不繫于其夫下王后一等猶執婦道以遂肅雝之德也按莊王四年齊襄公妻王姬春秋于莊公元年書王姬歸于齊則平王之孫為莊王女齊侯之子為襄公也明矣魯傳列此詩

于王風以為周後王之詩不若編此篇于齊風
為夫人內助之化為更當也
何彼襛矣唐棣之華昌不肅雝王妃之車興也
何彼襛矣華如桃李平王之孫齊侯之子興也
其釣維何維絲伊緡齊侯之子平王之孫興也
雞既鳴矣全
總許
說云齊衛姬勸桓公以勤政故作此詩按
桓公好畋衛姬為之不食禽獸之肉好音姬為
之不聽樂其賢可知古者后夫人入御于君雞
初鳴太史奏雞鳴于陛下夫人鳴佩玉于房中

告去也應門擊柝告避也昔周宣姜脫簪珥待
罪于永巷以諫宣王早朝晏罷與衛姬以蠅聲
為雞鳴者皆内助之賢姬也序以為哀公時事
郵滸有此賢姬乎
雞既鳴矣朝既盈矣匪雞則鳴蒼蠅之聲賦也
黃氏曰匪雞二句皆賢姬擬議之辭云若非雞
鳴豈蒼蠅之聲乎
東方明矣朝既昌矣匪東方則明月出之光賦也
妙在錯認蠅聲為雞鳴誤看月光為天明一片
驚皇精神隱然言外詩人却不說破詩思裔[…]

全不必有之事構想也

蟲飛薨薨甘與子同夢會且歸矣無庶予子憎　賦也

孫月峰曰末句作㢠幾無憎予與子風致較勝

後總評　姚承菴曰初說盈次說昌又次說會且

歸是作文之法

陳閶德

東門之池全

總評　鄭氏曰此思賢女也人君深居宮禁接見

吐大夫時少與妃嬪相處時多故凡人君脩身

謹行而無流連荒亡之禍者賴忠臣之進諫也

恒踈而資頤妃之規勸也恒邇覩夫周宣王之姜后齊桓公之衞姬楚莊王之樊妃則知閨闈之警戒漸清君心更神也朱子弦作淫詞有何意味

東門之池可以漚麻彼美淑姬可與晤歌 興也

池中漚麻取漸漬之意晤歌即誦詩風感意非歌舞也

東門之池可以漚紵彼美淑姬可與晤語 興也

東門之池可以漚菅彼美淑姬可與晤言 興也

三好賢用人

衛武公好賢

子〻干旄全

總許　傳云武公好賢樂善國人美之賦干旄夫

衛之衰也頃公在上而栢舟之仁人見愠于群

小以至于邁閔受侮多矣武公好賢則干旄大

夫亦奉王命而式廬爾

子〻干旄在浚之郊素絲紕之良馬四之彼姝者子

何以畀之賦也

子〻干旟在浚之都素絲組之良馬五之彼姝者子

何以予之 賦也

子〻干旌在浚之城素絲祝之良田馬六之彼姝者子

何以告之 賦也

鄭武公好賢

緇衣之宜兮全

總評

傳云鄭武公養賢而賦緇衣夫武公身為

平王卿士新取虢鄶十邑之地左洛右濟前華

後河開疆拓土功亦多矣然而土隘而險山居

谷飲俗號難治武公首以養賢為務授衣授餐

誠識治國之体且其所禮之賢人德稱其服故

始則曰緇衣之宜次云敝又改為曰予曰予重
言不一而足意何懇也

緇衣之宜兮敝予又改為兮適子之館兮還予授子
之粲兮　賦也

緇衣之好兮敝予又改造兮適子之館兮還予授子之
粲兮　賦也

緇衣之蓆兮敝予又改作兮適子之館兮還予授子
之粲兮　賦也

鍾云此詩好德至矣然要看改衣適館授粲皆
尋常事尋常語反覆周旋無已之意皆在其中

子產美子皮附

羔裘如濡全

總評

傳云子皮爲政忠直文武子產美之賦羔裘夫君子立朝惟是居易俟命不思偷免劉方之氣足以悍伏群奸斯所謂傑出之彥也今子皮舍命不渝是生平第一大節而服以武力之數爲飾則其剛强正直洵稱其服至子皮卒之日子產哭曰吾已無與爲爲善矣玩司直不渝則子產之知子皮也至矣「三章皆美詞而序以爲刺不可解也

舍字是怡然處天命之中不渝據詩作不踰更妙

羔裘如濡洵直且侯彼其之子舍命不渝　賦也

羔裘豹飾孔武有力彼其之子邦之司直（司字妙）　賦也

羔裘晏兮三英粲兮彼其之子邦之彥兮　賦也

齊國美桓公相管仲

風雨淒淒全　原編鄭風今改齊

總評　申公云風雨齊桓公得管仲以為相齊人喜之而作是詩黄氏曰風雨雞鳴正懷思君子之際如後世樂府雷（声）雨淚觸景傷懷雁過鳥飛牽人遠思豈盡淫邪也耶若此詩辭絶無一字狎褻而朱子誣以為淫奔抑何僻也再攷魯傳

此本齊詩則風雨淒〻以喻當時濁亂正待匡救之人既見管子得一賢相云何不喜平王之疑渙然冰釋矣

空館相思苦孤燈照雨声可想此詩情景

始曰夷继曰瘳終曰喜立言有序

風雨淒〻雞鳴喈〻既見君子云何不夷賦也
風雨瀟〻雞鳴膠〻既見君子云何不瘳賦也
風雨如晦雞鳴不已既見君子云何不喜賦也

晋國文公好賢

有杕之杜全

總評

說云晋文公好賢而國人美之常氏曰文公出亡十九年卒能復國伯諸侯皆求賢自輔

之力也史稱其自少好士有賢士五人其餘不名者數十人惟忠誠篤敬故狐趙諸君子周旋艱難雖之死而不忍去也漢武君申公轅生而卒不用蓋慕求賢之名而中心固不可測飲食雖腆烏足羈賢哉

有杕之杜生于道左彼君子兮噬肯適我中心好之曷飲食之　比也

有杕之杜生于道周彼君子兮噬肯來遊中心好之曷飲食之　比也

看他許氣何等委婉真有皇皇然如不我就之意

曰季薦賢附

總評

野有蔓草全 原載唐風毛本誤入鄭今改正

申公説云野有蔓草晉臼季薦郤缺于文公晉人美之按國語臼季使舍于冀野冀缺耨其妻饁之敬相待如賓從而問之冀芮之子也與之歸而進之文公曰臣得賢人敢以告文公使爲下軍大夫國人歌其事以美之推賢讓能机緣之奇如此再攷之春秋鄭伯之享趙孟六卿之餞范宣子子産與叔向相遇一時名賢率賦蔓草以相贈答是豈淫詞乎至若序謂君澤不下流男女失時思不期而會則又鑿矣序之誤

在泥邂逅二字朱子之悞在錯認美人二句然
則簡兮之美人亦指淫女乎哉

野有蔓草零露漙兮有美一人清揚婉兮邂逅相遇
適我願兮 賦而興也

野有蔓草零露瀼〻有美一人婉如清揚邂逅相遇
與子偕臧 賦而興也

後總評 家語云孔子遭程子于途故束帛以贈
曰詩不云乎有美一人然則古稱賢者皆云美
人此章所云非淫詞可知也

晉人美賢大夫附

羔裘豹祛全

總評

傳云晉大夫嗔國人美之賦羔裘常氏曰首句指其服飾以致相親之意自我人居〻若從我小人碩安之情而委曲定其居也自我人究〻者從我小人之疾苦而詳悉究察之也自我人三字正見体恤之周處曰維子則我人更無他仰賴情自不忍携矣舊都作刺時殊非語氣

羔裘豹祛自我人居〻豈無他人維子之故 賦也

羔裘豹褎自我人究〻豈無他人維子之好 賦也

四民俗醇美

鄭民俗

出其東門全

總評　申公曰鄭之貞士宜其室家不染淫俗而作此詩申公諒與魯傳相合而序乃云此閔亂也五公子爭立兵革不息男女相棄民人思保其室家爲不如傳説之解詩爲當也

出其東門有女如雲雖則如雲匪我思存縞衣綦巾聊樂我員賦也

出其闉闍有女如荼雖則如荼匪我思且縞衣茹藘

聊可與娛興也

女曰鷄鳴全

總許　申公曰此夫婦相警戒之詞夫鄭地山僻

而谷飲男女急聚會其大凡也閒有憂勤自勉

協氣翔洽觀靜女則和樂而不淫立家已有法

矣又能勉其夫以尊賢友善須識得勤業親賢

聞鷄鳴時語言商量夫良婦賢藹然可見序何

故作刺不悦德也

女曰鷄鳴士曰昧旦子興視夜明星有爛將翱將翔

弋鳧與雁賦也

鍾伯敬曰許多德業皆生于鷄鳴昧旦二語下面離居則勉以知德相聚則導以取友世間有此婦女真師傅也

弋言加之與子宜之宜言飲酒與子偕老琴瑟在御莫不靜好 賦也

此樂自憂勤中來故琴瑟亦爲感應莫不二字見和氣瓷洽絕無乖戾知

知子之羕來之襍佩以贈之知子之順之雜佩以問之知子之好之雜佩以報之

後總評 溱洧詞尚謔蕩鷄鳴語帶溫雅可垂閨

訓

唐　民俗

蟋蟀在堂全

總許

序云蟋蟀刺晉僖公也儉不中礼故作此詩以閔之欲其及時以礼娛樂也朱註詁以唐俗勤俭愚按此篇非俭不中礼并未曾説出俭字此皆強解者之過也每讀列國風惟唐本堯都民習其化故憂深而思遠誇説今我不樂日月其除即云無已太康戢思其居且申囑之曰好樂無荒良士瞿瞿夫既思其居又思其外見

其所思者當及其居之外也既思其外又思其憂見其所思者又當及于終身之憂也一節深一節始謂憂深而思遠尤妙在節〻下一戒字其居其外其憂皆戒分之所當營一刻放下不得一毫縱逸不得始爲瞿〻而却須繼爲蹶〻而舊勉到末緫云休〻而安閑立言之序如此夫時值歲暮固宜休適猶然瞿〻蹶〻休〻如此則無時敢自暇自逸可知玩三言良士則此篇專指民風憂勤明非刺國君之詩矣

蟋蟀在堂歲聿其莫今我不樂日月其除無已太康

職思其居好樂無荒良士瞿〻 賦也
鄭氏曰無已太康欲其樂而不淫也又當主思
于所居之事謂國中政令也
蟋蟀在堂歲聿其莫今我不樂日月其邁無已太康
職思其外好樂無荒良士蹶〻 賦也
蹶〻有震動不寧意
蟋蟀在堂役車其休今我不樂日月其慆無已太康
職思其憂好樂無荒良士休〻 賦也
周礼春官巾車曰役車方箱可載任器以供役
附別解
鄧潛谷曰蟋蟀思而則也俗憂勤自克

矣唐魏風重民俗故首葛屨首蟋蟀皆下以風
刺上下上未之能樹之風焉

詩經治亂始末分編傳註合抄卷之十三

一列國居身之失　閩陳鴻謨聖謨甫纂

衛惠公驕而無禮

芄蘭之支全

總評

序云芄蘭刺惠公也驕而無禮大夫刺之

按春秋載惠公即位時年十五自謂才能有餘而驕慢于大臣但習威儀不知為政以禮夫禮者衆之紀也紀散則衆散曲禮有言道德仁義非禮不成教訓正俗非禮不備分辨爭訟非禮不決君臣上下父子兄弟非禮不定宦學師

非禮不親班朝治軍涖官行法非禮威嚴不行

禱祀祭祀供給鬼神非禮不誠不莊是以君子

恭敬撙節退讓以明禮後之人君壞國喪家必

先去禮況挾才能以慢大臣乎衛國益不振矣

（妙在以贊嘆為嘲謔冷甚哭甚）

芄蘭之支童子佩觿雖則佩觿能不我知容兮遂兮（形容妙）

（甚）垂帶悸兮興也

童子服成人之佩固不妨着容兮二句寫出傲

慢之神

芄蘭之葉童子佩韘雖則佩韘能不我甲容兮遂兮（複說更妙）

垂帶悸兮興也

能不我知猶云其能非我所知也不我甲以不敢妄爲推崇言方渾厚

齊君不慎起居

東方未明全

總評

序云東方未明刺無節也朝廷興居無節號令不時挈壺氏不能掌其職焉夫周之盛也閽有厭厭之夜飲不聞有未明而來朝其設朝威也有節有度辨色而臣入日出而君視退適路寢聽政使人視大夫退然後適小寢釋服尤恐其匆忽也故周禮設挈壺氏守壺以水驗其

晷刻之多少守壺以犬視其漏箭之遷易其出入起居罔有不欽發號施令罔有不臧如此攷之漢有大會殿有後殿一準周外朝治朝之制唐之朝于正衙者為常恭朝于便殿者為入衙言事畢則賜之廊餐至宋神宗有常恭官有六恭官有朔望恭官一一定有日刻儀式雖有不同然皆有節有時使百官得以從容敷奏則上無壅蔽之患下有促縮之苦矣迄我朝每日晨興上便服御奉天門文東武西侍鳴鞭使官以須進各盡言陳對一日三朝永為定式本于禮

臣李原名等朝儀一書其法較善于前代可攷
也

東方未明顛倒衣裳顛之倒之自公召之　賦也

東方未晞顛倒裳衣倒之顛之自公令之　賦也

折柳樊圃狂夫瞿瞿不能晨夜不夙則莫　比也

鍾伯敬曰一種匆迫之氣固衰亂之象也咲畫痴態此詩之絕神處在數箇顛倒字

姚承庵曰折柳樊圃此細事也狂夫猶然瞿瞿不敢輕為之況臣子承君召令乎但恨不能測其晨夜不失之夙則失之莫耳較朱註更貼切莫字點得意完若日日早何顛倒衣裳之有

齊哀公好田獵

子之還兮全

總評

序云還刺荒也哀公好田獵從禽獸而無厭國人化之遂成風俗習于田獵謂之賢閑于馳逐謂之好馬夫外作禽荒禹訓所戒是以周公之設囿遊也惟以削者守囿必不能從王而馳逐桂獸惟賓客喪祭則共其獸物而已雖名囿遊而無一語及宴遊之事漢自武帝詔隴西北地良家子能騎射者期諸殿門故有期門之號其後成帝常自稱富平人家從近幸以出而昌邑王亦憑式樽衕使百姓廢耕桑治道牽馬

勞亦甚矣卒釀兵戈之變居人上者好尚不可不慎也

此騷賦之祖也三節三易其調爽爽神動想其自譽處豪氣俊逸令人有控弦鳴鏑之意

子之還兮遭我乎峱之間兮並驅從兩肩兮揖我謂我儇兮　賦也

子之茂兮遭我乎峱之道兮並驅從兩牡兮揖我謂我好兮　賦也

子之昌兮遭我乎峱之陽兮並驅從兩狼兮揖我謂我臧兮　賦也

還本刺君從禽卻言俗好獵斯風人之言哉去禽荒嚴厲之戒遠矣

齊襄公田獵

盧令令全

總評　序云盧令刺荒也襄公好田獵畢弋而不修民事百姓苦之故陳古以諷焉玩美且仁詩詞美古以傷今者不則鬭鷄走犬之習爾可謂賢君之畋乎

盧令令其人美且仁賦也

盧重環其人美且鬈賦也

盧重鋂其人美且偲賦也

孫月峯曰澹語却有風致

全不露一苦字細讀之傷心自見短歌可以當哭

後總評

姚承庵曰美且仁猶叔于田之美且仁蓋言其美而好也叔于田稱不如叔也洵美且仁是鄭習之不美處故其後有鄭伯克段于鄢一節盧令令其人美且仁是齊俗之不美處故其後有田氏簒齊一節教化關國之習俗習俗關國之興廢信然哉

別解

盧産韓國天下之俊犬也稱田犬之美與其人對舉並稱詩人極刻薄以頌為刺人字不作美古傷今又別一說

陳幽公遊蕩無節

子之湯兮全

總評　序云宛丘刺幽公也淫荒昏亂遊蕩無度焉夫人君動則左史書之言則右史書之所以節制其言動也趨以采齊為節行以肆夏為節故凡周旋則中規也折還則中矩也雖欲為蕩遊得乎後世此禮不講則有角逐原野以為樂者矣有盤于遊畋以恣志者矣又有撞萬石之鐘擊雷霆之鼓作俳優舞鄭女而工淫侈者矣若幽公者與昭王鼓鍾三淮如出一轍焉

有情無望可作四字藏望

子之湯兮宛丘之上兮洵有情兮而無望兮 賦也

字極妙即所謂民具爾瞻也情足以損望慎之哉

坎其擊鼓宛丘之下無冬無夏值其鷺羽賦也

祁寒大暑亦觥遊蕩更甚于十旬弗迈之太康

坎其擊缶宛丘之道無冬無夏值其鷺翿賦也

宛丘蕩子殆指在上之人乎上好下甚

後總評

于是有東門之枌之婆娑東門之池之晤歌有東門之楊之期會鵲巢隱處于侜張月出勞心于不見其極至于株林宣淫蕩然無復上下之分而陳之禍烈矣知風之自能無凛然

鄶君逍遥遊燕

羔裘逍遥全變調

總評

序云此大夫以道去其君也國小而迫君不用道好潔其衣服逍遥遊燕而不能自强于政治故作是詩也愚考國語史伯為鄭桓公謀取鄶云鄶仲恃險此詩逍遥而又翺翔出入遊燕有所恃之詞也古者諸侯之朝服緇衣羔裘大蜡而息民則有黄衣狐裘今以朝服燕祭服朝非徒好潔其衣服是玩愒朝事而逍遥自娱則政紀隳弛禍患必不免矣豈不爾思者憂之也至于勞心忉忉則無去其君之理

羔裘逍遥狐裘以朝豈不爾思勞心忉忉 賦也

病在逍遥翺翔四字

羔裘翺翔狐裘在堂豈不爾思我心憂傷賦也

羔裘如膏日出有曜豈不爾思中心是悼賦也

曹君奢侈無度

蜉蝣之羽全

總評

序云刺奢也昭君國小而迫無法以自守

好奢而任小人將無所依愚按此詩耑以衣

裳楚楚爲言則序云好奢誠是但本文未曾說

及任用小人上去況奢侈之損于君德者不少

是以克儉之主不恥惡衣而康功之后必首卑

服即漢唐令辟往往革韜不穿卻翡翠而除雕

璣則玉衡可正太平可階是奚以故人惟濬然無欲志念不紛百務亦繇之振舉耳若陳后主珠簾寶帳服玩瑰麗與女學士達旦之樂誠愉快矣忽而隋師臨于流頭灘束手受縛自古亂亡之速無踰此者詩人深見奢侈之禍故以蜉蝣為戒曰於我歸處歸息歸說云者決其必亡欲為之畫謀耳朱子云玩細娛而無遠慮只解得蜉蝣之義尚于衣裳楚楚意未盡該括

蜉蝣之羽衣裳楚楚心之憂矣於我歸處 比也

君方潔其衣裳志盈氣揚而詩人隱憂若已喪

亡者玩於我兩字見擧朝無一足恃君之飄零
無依情最可憐
蜉蝣之翼采采衣服心之憂矣於我歸息比也
於我歸息欲如楚芊尹申亥舍靈王于其家意
更愷切
蜉蝣掘閱麻衣如雪心之憂矣於我歸說比也
孔氏曰此虫土裏化生掘閱言其掘地而出形
容鮮閱麻衣如雪狀其鮮白耳
鍾伯敬曰歸處者猶言這里說不得到家
後評
裡與你說歸息歸說者急忙說不得坐一舍與

你說皆實話所謂一片老婆心也

魏君儉嗇褊急

糾糾葛屨全

總評

序云此刺褊也魏地陿隘其民機巧趨利其君儉嗇褊急而無德以將之愚按身衣弋綈足履革舄以帛帶劍莞蒲為席漢文不失為令主而錦繡被墻屋下妾習為后飾奢侈之俗賈誼以為已憂則是儉誠不足病也第以宰國大人而服葛屨失其等威不務修德所以日見削弱如是雖繚戾寒凉之服其何能國乎上節刺

君之嗇下節刺君之褊傳云魏之內子儉不中
禮勝者怨之果何以解乎

糾糾葛屨可以履霜摻摻女手可以縫裳要之襋之
好人服之興也

好人提提宛然左辟佩其象揥出題維是褊心是以為刺
賦也

後總評

後世之失天下者奢汰居十之八九而
儉約者特百之一二耳第恐一于固陋則文物
不章禮儀不定長幼失其別閨門三族失其和
朝廷官爵失其序田獵戎事失其策軍旅武功

失其制宮室失其度鬼神失其饗政事失其施

記曰國奢示之以儉國儉則示之以禮若魏風

者不示之以禮其何能國哉

列國致亂始末

二内亂之變

匹嫡之禍

衛國莊公

緑兮衣兮全

總評

序云緑衣衛莊姜傷已也妾上僭夫人失位而作是詩也按公子州吁之母嬖而莊姜失位倒置甚矣而莊姜之憂本爲宗國而非爲一已也蓋嫡妾之亂其禍將有不可勝言者曰曷維其已曷維其亡雖欲忘憂不可得也其後嬖

妾之子州吁果以簒立而衛為之大亂莊姜之

憂于是乎驗昔漢文帝所幸慎夫人與后同席

表盎見之引卻其坐説之以尊卑之序戒之以

人彘之禍帝卒解顏賜以兼金若漢文者超出

衛莊萬萬矣

綠兮(綠)衣(兮)兮(一)綠(呼)衣(有情)黃裏心之憂矣曷維其已　比也

綠以喻妾衣以喻上借兩兮字當玩憂只嫡妾

失常名分倒置不必推到君國之憂　孫月峯

曰寫意微婉全以不露妙

綠兮衣兮綠衣黃裳心之憂矣曷維其亡　比也

綠兮絲兮（何愛藉之深）女所治兮我思古人俾無訧矣 比也

鍾伯敬曰失意之人不求他好但求立身無過之地以免罪而已猶有畏心實獲我心若以為固然而安之矣

絺兮綌兮（何敝棄之甚）淒其以風我思古人實獲我心（真聖人） 比也

陳氏曰不得于其夫而不疾其妾惟思古人以自修其身憂而不傷怨而不怒真見古人法古自勵處 我意定于此矣而考諸古人確然與我相合恰似先有此意而古人得之有欣然會意狀此句法神品 一意自盡不曾他淒其之

風毫無嫉心忿事

終風且暴全

總評

傳云莊姜見怒于君賦終風是也序以為遭州吁之暴毛鄭呂藴諸家從之試玩謔浪笑傲悠悠我思願言則嚏等語則不可施于母子間矣吾讀是詩而知莊公之心恐也驟雷迅雨其止可待今陰而曀曀矣靁而虺虺矣開霽之期終絕望矣昔漢高之嬖戚夫人也許以易太子情甚膠漆迨四皓數語點化而楚歌楚舞泣數行下人以為漢高之情難割吾以為漢高之

顧我則笑謔浪笑傲惠然肯來莫往莫來中間用不得一轉莊公昏蕩狂蕩之態語語西出

轉圜尚在羽翼已成之前矣豈至于終風而且暴哉

終風且暴顧我則笑謔浪笑傲中心是悼 比也

（觀謔浪笑傲四字正是刻薄人）

終風且霾惠然肯來莫往莫來悠悠我思 比也

陰風終日意其止矣不旋日而又曀不勝延頸以望真莫可奈何

終風且曀不日又曀寤言不寐願言則嚏 比也

曀曀其陰虺虺其雷寤言不寐願言則懷 比也

讀而語寤言不寐莊姜之懷想愈懇鐵石人亦應墮淚而莊公之剛腸益堅不審州吁之母作

何蟠結莊公亐處不但在謔浪笑傲莫往莫来
即頋我則笑惠然肯来便不是
碩人其頎全

總評

序云此閔莊姜也莊公惑于嬖妾莊姜賢而不見荅國人閔之愚按以上綠衣終風篇莊姜自怨之詞此篇國人為之觧嘲全以詠諧而寓閔傷之意首節陳其家勢之貴盛次節讚其姿容之美麗三節叙其車服之整備若然宜為莊公所寵嬖矣故緊頓大夫夙退二句妙甚謔甚又忽生河水北流數語文情奇絶曠絶朱子

解為齊地廣饒士女佼好泥于說詩詎知河水
五句詩人政于百愁千惱塲中寫出一番悠優
活潑世界文勢若續若斷文氣若離若合化工
妙手不可思議到末緊收庶姜二句纔道破莊
姜所以廢棄之故孽孽即庶姜所生孽子州吁
是也孽子勇而好武庶人從之故云庶士有朅
讀左傳州吁事便見鍾伯敬曰世情之言愈
鄙愈妙三復此詩皆以常情望其君深得告庸
主之法

碩人其頎衣錦褧衣齊侯之子衛侯之妻東宮之妹

通篇不及莊公一語諷刺之意隱在言外詩人運筆之巧處

邢侯之姨譚公維私　賦也

衣錦褧衣句一篇大旨雖以世族之貴容貌之美而深自嶔歛無側媚之容所以棄也

手如柔荑膚如凝脂領如蝤蠐齒如瓠犀螓首蛾眉

巧笑倩兮美目盼兮　賦也

鍾伯敬曰首五句狀其形體之妙後二句并得其性情之生動處善于描美人者　孫月峯曰

君子偕老鋪張服飾此篇繪寫容貌皆各極其

致覺神女洛神猶多累句

碩人敖敖説于農郊四牡有驕朱幩鑣鑣翟茀以朝

大夫夙退無使君勞 賦也

姚承庵曰國人深喜莊姜之配私相告語曰大夫夙退無使君勞盖祝願其有子為宗廟社稷主莊公竟舍之不顧何為哉

河水洋洋北流活活施罛濊濊鱣鮪發發葭菼揭揭庶姜孽孽庶士有朅 賦也

姚承庵曰河流節與白華篇滮池北流浸彼稻田刺幽王寵褒姒而黜申后同意敝笱云敝笱在梁其魚魴鰥則此云施罛濊濊鱣鮪發發誠刺衛莊之昏惑而非謂齊地之廣饒也

情深苦境說不淂若說淂

燕燕于飛全

總評

傳云戴嬀歸于陳莊姜贈之于野賦燕燕

按州吁既殺戴嬀之子桓公幷其二母逐之故莊姜歸齊戴嬀歸陳張廣漢曰篇中屢言燕燕者以興巳與戴嬀嫡妾相與之善也獨言涕泣之情者蓋國家之事有不可勝悲也晉褚太后批桓溫廢立詔云未亡人不幸罹此百憂感念存殁心焉如割其有合于詩人之情歟大歸應在殺濮

左傳補碏見內外有人

燕燕于飛差池其羽之子于歸遠送于野瞻一望遍弗及

又不苦矣首三章都虛叙至四章總實點亦是倒法与釆蘋章同

泣涕如雨 興也

禽經曰鳥向飛背宿燕向宿背飛故莊姜以爲比取其背飛也禮婦人送迎不出門遠送至野情之不能已也精神却在瞻望弗及四字而子弑國危之痛毫不露出

燕燕于飛頡之頏之之子于歸遠于將之瞻望[二遍]弗及

佇立以泣 興也

劳心一語可謂一往深情

燕燕于飛下上其音之子于歸遠送于南瞻望[三遍]弗及

實勞我心 興也

溫且惠上着一終字其身

仲氏任只其心塞淵終溫且惠淑慎其身先君之思

上着一淑字是女德之最善者以勗寡人賦也

臨去之時情景甚慘戴嬀毫無怨恨猶以先君之思勉其夫人末章叙戴嬀之德不是見離别之故凡人朝夕聚首雖深恩厚誼都可相忘一經别離便想像他平日許多好處詩之曲盡人情如此

日居月諸全

總評

傳云衛州吁弑其君桓公莊姜歸于齊賦日月張廣漢曰緑衣方妾上僭之時故獨反已以自責而已至于日月之作則在州吁弑嫡之

後于是推原其致禍之本以爲由已不見荅于
先君之所致也春秋時子叔姬妃齊昭公生舍
叔姬無寵舍無威夫人見薄則家嗣之位望亦
輕國本之傾搖大率類是嫡庶不定之禍百世
而下猶憾莊公恩義之薄而莊姜終不忍忘之
徒自傷父母之養我不終而已吾甚爲莊姜哀
也

日居月諸照臨下土乃如之人兮逝不古處（一遍）胡能有
定寧不我顧 賦也

鍾伯敬曰莊姜自處則曰我思古人望人則曰

逝字下得妙有一往不返之槩定字道理淵微是病狂喪心人之對藥

古處便是一肚皮不合時宜處不見答于公末
必不繇此致之
日居月諸下土是冒乃如之人兮逝不相好二遍胡能有
定寧不我報 賦也
人疾病則呼天呼日月隱之至也胡能寧不一
意疊說正哀訴的口氣故情詞淒斷不相聯屬
日居月諸出自東方乃如之人兮德音無良三遍胡能有
定俾也可忘 賦也
忘字就不見答想出胡能字俾字可字語甚哀
婉有味

日居月諸東方自出父兮母兮畜我不卒胡能有定（四遍）

報我不述賦也

宣淫宮闈

衛宣公

新臺有泚全

總評

傳云衛宣公納伋之妻國人惡之賦新臺

按宣公名晉莊公庶子衛人殺州吁而立之生子伋長為娶于齊聞其美乃築新臺于河上以要之至則以為夫人是為宣姜金兀朮愛小卒之妻殺卒而奪之其妻尚持刃為夫報仇若宣

姜者小卒之妻媵之萬萬耳然則為宣公者殺其子而納其媳詩人既以籧篨之不能俯又以戚施之不能仰者詆之真莫容于覆載間矣鄧潛谷曰苦葉惡未形刺微而婉新臺著矣禽獸行無人道矣故刺痛而深

新臺有泚河水瀰瀰燕婉之求籧篨不鮮　賦也

新臺有洒河水浼浼燕婉之求籧篨不殄　賦也

魚網之設鴻則離之燕婉之求得此戚施　興也

宣公之惡極矣斥言之不盡只以籧篨戚施四字尽之狀之以見其俯仰有愧也

後總評

新臺者舊無此臺也謂蔑禮瀆倫自宣公始也不作臺名鮮明高峻皆自水中影見篇

中三言燕婉之求不知作幾多醜態衛宣殺二子再傳而為狄所滅楚平召鞭尸之禍唐明皇殺三子一奔西蜀幾失天下淫亂之報毫髮不爽可鑒哉玩籧篨戚施四字謝疊山評宣公既無人道亦非人形甚當

二子乘舟全

總評

傳云宣公殺其世子及母弟壽衛人傷之賦二子乘舟夫宣公奪伋之妻生壽及朔朔與其母愬伋于公是朔迫伋之死也而壽肯與之同死人情何甚相遠哉章氏云宣公之殺子申

培以爲沈之于河與左傳異而于乘舟汎汎則近之矣嗚呼以一媍人之故或至父子相殺兄弟相戮而國家因之敗亡何其愚也夫桀紂幽厲諸君非昏狂也惑于袵席遂至顛覆而不可救女戎禍水不大可畏哉故關雎爲萬福之原王化之基聖人特以冠三百篇也

二子乘舟汎汎其景（只是一語悽甚）顧言思子中心養養賦也

姚氏云此詩是悼死者其實是惡生者

二子乘舟汎汎其逝顧言思子不瑕有害賦也

鍾伯敬云只汎汎其景一語便讀不得詩人善

詩若直說遏害豈不索然無味今但想其去時之景而設爲憂危之言則其中含情無限寥寥數語有千

萬言不能盡者此所以稱風人之致也

言如此又云二子見害何必到此始疑蓋不忍顯言之也

匏有苦葉全

總評

序云此刺衛宣公也公與夫人並為淫亂

呂氏曰一章二章四章皆以物比而不正言其事三章雖言昏禮特舉士之歸妻蓋不欲斥言之所謂主文譎諫也

鍾氏云四節開說若不相蒙妙甚

匏有苦葉濟有深涉深則厲淺則揭比也

陸機云匏葉少時可為羹八月中堅剛不可食

有瀰濟盈有鷕雉鳴濟盈不濡軌雉鳴一詩大旨求其牡比也

雝雝鳴鴈旭日始旦士如歸妻迨氷未泮賦也

家語曰霜降而婦功成而嫁娶者行焉氷泮農業起昏禮殺于此

招招舟子人涉卬否人涉卬否卬須我友（以友作結）比也

孫月峯曰通篇皆寓物託意意在言外惟歸妻二字點出男子女婦而求牡亦是切喻意態員活造語婉妙絶耐玩味

君子偕老全

總評

序云此刺衛夫人也夫人淫亂失事君子之道故陳人君之德服飾之盛宜君子偕老也

閒口下偕老二字是詩人史筆首節正言只點題子之不淑一句以下反覆咏嘆其義更不補出不淑古人文章含蓄映帶之妙綺麗光怪直凌神洛高陽

鄭氏曰夫人宣公夫人惠公之毋人君小君也偕老之詞婉曼言也墻茨之詞嚴法言也然偕老詳容服不詳不淑墻茨言不可道不詳不可
道俱刺而有風焉詩人之詞幾乎肆罵矣

君子偕老副笄六珈委委佗佗如山如河象服是宜〔二句一詩斷案〕子之不淑〔刺得婉〕云如之何　賦也

程氏曰其德之深厚如山河乃稱象德之服泛
言小君之德宜如是孫月峯曰刺其惡却從服飾上說来構體甚奇寓意最深婉

玼兮玼兮其之翟也鬒髮如雲不屑髢也玉之瑱也

象之揥也揚且之皙也胡然而天也胡然而帝也（若驚若怪刺得尖巧）賦也

孫月峯曰撰語甚華甚工

瑳兮瑳兮其之展也蒙彼縐絺是紲袢也子之清揚

揚且之顏也展如之人兮邦之媛也（以至賤罵之出得婉）賦也

後總評

鬒髮如雲與蒙彼縐絺以下就其飾之芳麗貌之輕佻形容其不淑一則曰胡然而天也胡然而帝也再則曰展如之人兮邦之媛也畫出一個淫蕩輕佻體態隱隱與上如山如河相反

墻有茨全

總許

序云此衛人刺其上也公子頑通乎君母國人疾之而不可道也按鄭氏以宣公卒惠公幼其庶子頑烝于惠公之母生子五人齊子戴公文公宋桓夫人許穆夫人夫宣姜既失身于其父又失身于其子千古醜惡之事其汚甚矣聖人何取而著之於經蓋淫亂之君自以為閨房至密世無得而知者故自肆而不反聖人著之于經使後世淫蕩者知雖至隱而亦彰有所惕而不敢為也

墻有茨（玩数箇不可字甚嚴）不可埽也中冓之言不可道也所可道也言

先設後解之法

之醜也興也

鄧潛谷曰墻有茨刺而疾也曰不可言恥心若

觀火然或昏而覆為之甚矣欲之惑人也誠令

為之者充觀者之心廉恥有不興者乎

墻有茨不可襄也中冓之言不可詳也所可詳也言

長字有味

之長也

墻有茨不可束也中冓之言不可讀也所可讀也言

之辱也興也

鶉之奔奔全

總評

傳云衛昭伯無禮于宣姜國人惡之賦鶉

之奔〻按昭伯即公子頑之謚無禮謂上淫也宣姜從惡中冓極矣詩人遠言諷之君子偕老是也切言刺之鶉之奔〻是也删詩定此篇于定之方中之前誌衛為狄所滅之繇因是推之自古淫亂未有不至于殺身敗國而忘其家者然後知古詩垂戒之大而近世有獻議不以國風進講經筵者殊失聖經之旨矣

鶉之奔奔鵲之疆疆人之無良我以為兄 賦也

奔〻疆〻疊言之以狀其心針〻刺血

鵲之疆疆鶉之奔奔人之無良我以為君 賦也

玩我以為兄我以為君名分森然而甘為獸行奚啻斧鉞之誅

孫月峯曰此篇及相鼠皆是急切調

衛公室淫亂附

爰采唐矣全

總評

序云此刺奔也衛之公室淫亂男女相奔至于世族在位相竊妻妾期于幽遠政散民流而不可止桑中溱洧諸篇仲尼録之經所以謹世變之始也明是刺淫之什韓詩乃云匹夫匹婦相會于墻陰而明日有傳之者獨之不可不慎如此何也

云誰之思一篇線索憑空

爰采唐矣沫之鄉矣（文字縹緲在數箇矣字）云誰之思美孟姜矣期我乎（一遍）桑

構出期我乎桑中三句思中想像其如此真是波瀾萬丈

中要我乎上宫送我乎淇之上矣賦也

爰采麥矣沫之北矣云誰之思美孟弋矣期我乎桑二遍

中要我乎上宫送我乎淇之上矣賦也

爰采葑矣沫之東矣云誰之思美孟庸矣期我乎桑

中要我乎上宫送我乎淇之上矣賦也

姚承菴曰姜弋庸三姓是表表於衛者表表者

若此復何言他人乎

鄧潛谷曰唐麥葑匪一其采沫鄉沫北

後總評

沬東匪一其地孟姜孟弋孟庸匪一其姓而期

而要而送如出一軌焉潰風四流而莫可或止

也亡徵見矣故記以桑間爲亡國之音鶉奔又探本斥之而衛亡明衛有狄道故狄滅之也

齊襄公宣淫

南山崔崔全

總評

序云南山刺襄公也鳥獸之行淫乎其妹大夫遇是惡作詩而送之按襄公之妹魯桓公夫人文姜也襄公素與淫通至桓公十八年公與夫人如齊夫人愬之襄公襄公使公子彭生乘公而搤殺之夫人久留于齊莊公即位後乃來猶復會齊侯于禚于祝丘夫襄公無人道不

足責已詩人一則曰魯道有蕩再則曰魯道有蕩明以夫夫婦婦制自周公子孫世守斯爲魯道今乃綱弛紀壞蕩然無存是以不曰齊子于歸而曰齊子由歸言齊子文姜敢于違禮而歸齊者由于魯道有蕩焉故耳既曰歸止下緊接曷又懷止言從之歸既非禮又曷爲懷之而不恐舍也次節變懷而言從相從而不離三節變從而言鞠益愛憐之不加誅四節變鞠而言極尤容縱之而不能制一節深一節俱刺桓公不宜與夫人如齊每節皆用既曰曷又操縱其詞

以深其罪後兩節說娶妻必告父母匪媒不得
引律斷獄名教中正論也

南山崔崔雄狐綏綏魯道有蕩齊子由歸既曰歸止
曷又懷止　比也
姚承庵曰魯道有蕩當與匪風篇顧瞻周道大東篇周道如砥同看周道者周先王之道天下所視以為刑者也魯道者魯周公之道舉國所守以為則也　綏〻邪媚之狀與燕婉同一醜態

葛屨五兩冠緌雙止魯道有蕩齊子庸止既曰庸止

曷又從之比也

朱氏曰屨必兩緌必雙物各有偶不可亂此論甚當

蓺麻如之何衡從其畝取妻如之何必告父母既曰告止曷又鞠止興也

呂氏曰鞠養也曷為又養其奸而至于極也此二節刺魯侯

析薪如之何匪斧不克取妻如之何匪媒不得既曰得止曷又極之興也

鍾伯敬曰兩如字何深思之詞禮法俱在其中

後總評　又鄧潛谷曰懷字欲本也懷而不制則從從而窮其欲焉則極矣夫欲何窮之有是雄狐之行也

猗嗟昌兮全

總評　序云此刺魯莊公也齊人傷魯莊公有威儀技藝然而不能以禮防閑其母失子之道人以爲齊侯之子也愚按春秋書莊公二年十二月夫人姜氏會齊侯于禚則莊公從母以朝于齊可知爲莊公者哀痛以思父誠敬以事母威刑以督下車馬僕從莫不俟命夫人豈得徒往

乎夫人之往則公之威令不行哀誠不至爾篇中多言射技之善者何也以莊公從狩于齊也毋負大惡而莊公醜然逞其趨蹌射貫之能亦可羞矣故詩人淡言微刺只稱其射勇足以禦亂而禮不足以防淫之意自在言外矣

鍾伯敬曰章章着猗嗟二字其感深矣

猗（開口）嗟昌兮（咏嘆其意已可想見）頎而長兮抑若揚兮（五句威儀）巧趨蹌兮射則臧兮（一句技藝）

賦也

猗嗟名兮美目清兮儀既成兮（三句威儀）終日射侯不出正兮（三句技藝）

展我甥兮（有深刺）賦也

猗嗟孌兮清揚婉兮舞則選兮（二句威儀）射則貫兮四矢反兮（四句技藝）

以禦亂兮賦也

後總評　看他叙威儀技藝處長短間出極參差錯綜之致可破排偶陋習尤妙在以稱美爲嘆惜若俗筆便露出矣

載驅薄薄全

總評

序云此齊人刺襄公也無禮義故盛其車馬疾驅于通道大都與文姜淫播其惡于萬民爲按春秋莊公五年夫人姜氏如齊師葢因襄公伐衛納朔而假犒師之行以會之襄公疾驅其車以會文姜而文姜夕發于魯而徃會之極

寫其淫心所縱光景説文姜處一則曰豈悌再則曰翱翔三則曰遊敖其一種淫潑醜狀筆〻如畫廉恥盡喪矣詩人極意形容正是疾惡之至也春秋書姜氏如齊桓公之世一次至莊公即位而姜氏如齊者凡六次焉元年孫于齊二年會于禚四年享齊侯于祝丘五年如齊師即詩所刺載驅薄〻是也七年會于穀十八年又會齊侯于濼春秋為誅惡之書故載姜氏之淫行也詳矣

載驅（寫車上景）薄薄簟茀朱鞹魯道有蕩齊子（情真）發夕 賦也

發夕不待旦也

豈弟好字面用在此妙：亦不必甚解明

四驪（寫馬上景）濟濟垂轡瀰瀰魯道有蕩齊子愷悌賦也

娟人宜有冰蘗之操貞靜之守曰愷悌便不是

汶水湯湯行人彭彭魯道有蕩齊子翱翔賦也

魯氏曰汶水有二此出泰山萊蕪齊南魯北之境

節：頻呼魯道有蕩稠人指摘之場敢作如此豈弟如此翺翔如此遊敖真可愧殺

汶水滔滔行人儦儦魯道有蕩齊子遊敖賦也

後總評把此夕發之齊子與肅雝之王姬對看好醜自別

敝笱在梁全

總評

序云敝笱刺文姜也齊人惡魯桓公微弱不能防閑文姜使至淫亂爲二國患焉愚按春秋桓公弑兄自立三年命公子翬送女于齊以求援謹之會重在齊侯不重在親迎不能防閑之意已見不待敝笱之刺而後知也兹十八年矣會齊侯于濼遂與姜氏如齊復與襄公通爲桓公知而謫之襄公怒殺桓公之計決矣朱子以爲刺莊公不能防閑其母不若傳序之確也

敝笱在梁其魚魴鰥齊子歸止其從如雲 比也

孫月峯曰雄狐敝笱取喻特妙

只其從如雲三句蓋殺齊兒蓋殺魯君

敝笱在梁其魚魴鱮齊子歸止其從如雨 比也
魴鰥鱮俱是大魚喻文姜之淫縱也
敝笱在梁其魚唯唯齊子歸止其從如水 比也
後總評 吾讀敝笱在梁而知家之不可以弗閑也
易曰閑有家悔亡讀衛之施罛濊濊見衛莊縱
逸于壼之内也故其後有州吁之弒於敝笱在
梁見魯桓縱逸于壼之外也故其後有彭生之
乘夫為妻綱而可弗閑乎哉

齊莊公淫亂臣妻
東方之日全

總評　傳云莊公無禮齊人刺之按春秋莊公淫于崔杼之妻棠姜失其爲君之禮後竟爲崔杼所弑

東方之日兮彼姝者子在我室兮在我室兮履我即（語奇）兮興也

在我室履我即就莊公講爲是

東方之月兮彼姝者子在我闥兮在我闥兮履我發兮興也

陳靈公宣淫臣家

胡爲乎株林全

總評

序云株林刺靈君也淫乎夏姬馳驅而往朝夕不休息焉按左傳陳靈公與孔寧儀行父通于夏姬宣公十年飲酒于夏氏公謂行父曰徵舒似女對曰亦似君徵舒病之公出自其廄射而殺之陳氏讀是詩而斷之曰美色迷人賢者不免以一夏姬尤物喪亂陳國罪已彰彰矣而楚國君臣復蹈覆轍其愚為何如哉夫楚莊伯主也與之反俱欲納之當是時申公巫臣正言諫止一似明見女戎之禍而反為桑中之謀究且携夏姬逋亡于晉使其子教吴戰車導之

以複弄奇以疊呈奇龍文蜃氣豈復容入模擬次節又変一格

伐楚傾覆楚社只以一淫婦之故嗚呼若申公罪不容誅矣然則後之為人君公卿者遇有妖色即當戮之以示儆戒可也古今因女色而罹殺身亡國之禍又豈少乎哉

胡為乎株林從夏南匪適株林從夏南 賦也

（反 䆁以穷之字々斧鉞）

駕我乘馬說于株野乘我乘駒朝食于株 賦也

月出夜也朝食日間公從矣

孫月峯曰前章絕磊跌蕩此却以冷語承之然而流連沉湎之態固可想見一急一緩煞頓挫有致

後總評　鄧潛谷曰株林宛丘之應也宛丘蕩靡冬
夏矣株林淫靡朝夕矣于是乎身弑國亡而爲
楚成伯噫是春秋所深痛也
陳在位好色附
月出皎兮全
總評　序云此刺好色也在位不好德而悅美色
也愚按舒者遲緩之意婦人步貴舒緩故知窈
糾是舒遲丰姿則佼人指美色也明矣着他摹
寫美人處字〻着神詩中無不好德之意序所
云者不無增入傳説俱指朋友相期不至恐陳

俗無此良友也

月出皎兮佼人僚兮舒窈糾兮勞心悄兮興也

月出皓兮佼人懰兮舒懮受兮勞心慅兮興也

懰埤蒼作嬼妖也懮若有憂意亦舒遲之態

月出照兮佼人燎兮舒夭紹兮勞心慘兮興也

後附解宋玉神女賦其始來也燿乎若白日初出照屋梁其少進也皎若明月舒其光眈眙于此

首章曰悄次章曰慅三章曰慘用字一步深一步此急調也三章一韻亦是一格

詩亟

列國庶孽之禍

鄭莊公庶孽

將仲子兮全

總評　申公說曰莊公欲陷弟段授以大邑祭仲諫陽拒之大夫原其情而刺之愚以為莊公非陽拒祭仲也莊公之機心更險于祭仲也何以知之嘗讀左氏載封叔段事方其未封也毋姜氏欲立叔段不果既又封段以京〻城過百雉公非不知為國之害當時祭仲諫以難圖公不之慮叔段已入莊公之計中矣使段有可取之機雖父毋諸兄有言莊公必不中阻況人之多言乎觀其對祭仲曰多行不義必自斃子姑待

之既又對公子吕曰不義不暱厚將崩然則叚不臧公必寢食不安日夜伺其動靜及期而帥車二百乘一鼓而破之矣讀城潁誓詞生我之恩已絶况望其念鞠子哀乎愚以此詩特大夫設爲莊公拒諫之詞其實事難直遂姑爲好言以葢其奸曰仲可懷也亦可畏也吁莊公之奸甚矣傳序尚未深探公之隱情而朱子詘毛萇而從鄭樵以此爲淫奔豈不知當時事勢與上下文情詞相聯也哉

將仲子兮無踰我里無折我樹杞豈敢愛之畏我父（豈敢愛之跌得迦即緊自解二句有情有致）

仲字指祭仲
下仲字指叔

段辭雖却祭仲意則與之玩仲可懷也二句則拳拳于叔而不得已于姜氏者可見

毋仲可懷也父母之言亦可畏也 賦也

鄭氏曰無踰我里喻言無干我家事也無折我樹杞喻言無害我兄弟也段將為害我豈敢愛之而不誅以父母之故故不為也

將仲子兮無踰我墻無折我樹桑豈敢愛之畏我諸兄仲可懷也諸兄之言亦可畏也 賦也

將仲子兮無踰我園無折我樹檀豈敢愛之畏人之多言仲可懷也人之多言亦可畏也 賦也

人之多言畏四國擬議之顧慮至此用計深矣

孫月峯曰即是遥女辭然作刺莊公觧固無不

可大凡詩多有三項意如冉〻孫生竹傳毅作也其詞則女子語也意所託則君臣也讀詩須兼此三種意方盡詩人比興之旨

叔于田全

總評

傳云大叔段多才而好勇鄭人愛之夫古者之分封也立愛教睦立敬教順一道德而同風其爱之者心服也若段者特不義而得衆耳以得衆心為仁以飲酒為好以善服車馬為武異日繕甲兵具卒乘之謀已蓄于此段失子弟之職而謂鄭伯能隱忍坐視其襲鄭乎漢淮南

王自以爲最親數驕蹇不奉法帝寬赦之及謀反事覺客死蜀道夫淮南王特恣睢自大雖謀反事覺尚未收西鄙北鄙以爲已邑以友愛之漢文尚不能堪而况素有嫌隙之鄭伯乎然則叔段之死亦自取之也未可盡罪鄭伯也

叔于田巷無居人豈無居人不如叔也洵美且仁賦也

合下篇看來叔無大志一馳馬試劍輕肥公子耳其徒作詩以美之亦不過狎客從遊者流其氣象自與曲沃武公逕别

叔于狩，巷無飲酒。豈無飲酒，不如叔也，洵美且好。賦也

叔適野，巷無服馬。豈無服馬，不如叔也，洵美且武。賦也

玩三箇豈無不如，文法抑揚有致。

叔于田乘乘馬全

總評

傳云段不義而得衆鄭人歸之噫此速禍之道也愚觀詩之所載段袛豪舉自矜之公子耳以輕驕尚勇之叔段而當陰謀蓄奸之鄭伯其必敗一也以有寵不度之少年而襲將廢復立之長兄其必斃二也以群聚不義之烏合而

敵防患腹心之臣僚其必奔三也嗚呼骨肉之
際難言矣論者以叔多才好勇而得衆心而深
咎莊公使叔安庶子之分不為完聚襲鄭之舉
鄭伯雖欲削除大都將無蔓可葅也雖然子弟
之不肖皆父兄有以養之也為鄭伯者擇嚴師
傅以輔之導之剪除其異謀弗類之小人是亦
篤慶錫光之善經也鄭伯豈盡無罪哉

叔于田乘乘馬執轡如組兩驂如舞叔在藪火烈具
舉襢裼暴虎獻于公所將叔（媚子口吻）無狃戒其傷女 賦也

陳氏曰火烈具舉周禮中春蒐田用火獘献獸

以祭社爾雅火田曰狩田未嘗不用火也
叔于田乘乘黃兩服上襄兩驂鴈行叔在藪火烈具
揚叔善射忌又良御忌抑磬控忌抑縱送忌 賦也
叔于田乘乘鴇兩服齊首兩驂如手叔在藪火烈具
阜叔馬慢忌叔發罕忌抑釋掤忌抑鬯弓忌 賦也
寫得十分游俠鋪揚偉麗是一篇長楊賦着神
處在幻出叔在藪一段精光射人 自舉而揚
自揚而阜看他組織穿插之工 孫月峰曰氣
骨勁削傲然有挾風霜意便是戰國後俠氣發
軔

鄭昭公慶孽

楊之水全

總評

序云此閔無臣也君子閔忽之無忠臣良士終以死亡而作是詩也愚按莊公之子四人子忽子突子亹子儀互爭鄭國惟子忽正嫡而長論序則忽宜立也宋先納突立之忽出奔衛當時忽辭齊昏外失大國之援其臣如祭仲輩懷二心而外市內又無心膂之託矣觀原繁有言忽突亹儀而外尚有八人兄弟不可云鮮然皆各挾異志以相殘戮所與昭公同氣而協力

者惟子亹實昭公之同母弟也故云惟予與女惟予二人忽出亡五年復歸于鄭春秋大書世子忽以明突之為篡也所可虞者突居于櫟已有末大必折之憂四國會衺謀將納突以孤立之忽能支此衆爍乎未幾立兩年卒為高渠彌所殺兄弟如子儀子亹公子閼輩未曾有討賊而其臣並不聞有勤王者然則鄭非鮮兄弟之患正多強公子而讒間之為患也迄今知鄭有不流束楚之誚而為者不可不居重以馭輕也信哉

憂讒畏譏之言出自零丁孤苦者之哀悃〻動人

揚之水不流束楚終鮮兄弟維予與女無信人之言人實迋女與也

揚之水不流束薪終鮮兄弟維予二人無信人之言人實不信與也

蘀兮蘀兮全

總評　傳云公子五爭齊楚交伐鄭國大亂其臣謀欲諫而拯之愚按春秋鄭聽祭仲立昭公正也宋莊執祭仲而要之立厲公一爭也魯桓十四年雍糾謀泄祭仲殺雍糾而厲公出奔蔡矣是年昭公歸鄭而厲公入于櫟是二爭也魯桓

十七年高渠彌弑昭公而立子亹是三爭也十八年齊襄弑子亹而鄭人立子儀是四爭也魯莊十四年突使傅瑕弑子儀而已入國是五爭也以藐爾鄭國而經五次内殘復遭外伐析其宫椽則社稷之不夷滅也者幾希蘀兮蘀兮之咏傷本國之凋零也風其吹女之歌傷强鄰之漂蕩也君已無如之何矣群臣相謂倡和以救之可耳曰倡予者惧首事之匪易也故云和女要女矣其後鄭六卿餞范宣子子游賦風雨子旗賦有女同車子柳賦蘀兮遂有鄭其庶乎之

稱由此以覩則此詩皆諸臣憂患之詞也而朱子槩以淫狎目之其誣甚矣

蘀兮蘀兮風其吹女叔兮伯兮倡予和女興也（寥寥短章衰颯風景不殊黍離）

蘀兮蘀兮風其漂女叔兮伯兮倡予要女興也

鄭忽辭婚失援附

有女同車全

總評　序云鄭人刺忽之不婚于齊也太子忽嘗有功于齊齊侯請妻之齊女賢而不娶卒以無大國之助至于見逐故國人刺之按左傳魯桓六年忽爲齊敗戎師獲其二帥甲車三百齊欲

以文姜妻之怨辭祭仲諫之不聽忽或久聞雄狐之事郤扤晨之娟誠杰然以禮義自閑矣弟國人憐忽之弱益甚而究以强援將立追恨忽之母家鄧曼既不足恃又却齊援而不娶則無大援不立之語真先見也

有女同車顔如舜華將翺將翔佩玉瓊琚彼美孟姜洵美且都賦也

舜木槿也朝開暮落少過時則淺之矣

有女同行顔如舜英將翺將翔佩玉將將彼美孟姜德音不忘賦也

晋曲沃庶孽

揚之水全

總評

序云揚之水刺晋昭公也昭公分國以封曲沃曲沃盛強昭公微弱國人將叛而歸沃焉按昭公元年封桓叔于曲沃夫曲沃邑大於翼而成師又得民心以成篡國之謀易矣昔田氏之于齊也以家量貸民而以公量收之國人戴之大九不軌之臣欲行其志必先施小恵以收衆情桓叔得此術也不然民何恝于棄舊君而樂于從桓叔也耶書曰民罔常懷〻于克仁居

語俱隱妙不但晉主不知即桓叔亦不知

民上者可不惕然懼哉

揚之水白石鑿鑿素衣朱襮從子于沃既見君子云何不樂 比也

鄭氏曰國人欲進此服去從桓叔君子謂桓叔

鍾伯敬曰從子于沃欲何為者有密謀矣晉危矣哉

揚之水白石皓皓素衣朱繡從子于鵠既見君子云何其憂 比也

黃氏曰何憂蓋免禍而無危爾

揚之水白石粼粼我聞有(根甚)命不敢以告人 比也

黄氏曰我聞其事明明見篇什乃通國皆知之辭言不敢以告人者反辭以見意故泄其謀欲昭公知之雖不敢告乃深告之也

後總評 此巧于告密也陽雖為沃陰實貸晉猶厮養卒所謂名為求趙王實欲燕殺之也惜哉晉主孱庸辜幸此一片深心耳 鍾伯敬曰國寧蓄百叔叚不寧蓄一武叔此任城所以有棗蒂之毒陳思所以有萁荳之泣

椒聊之實全

總評 序云刺晉昭公也君子見沃之盛强能修

其政知其蕃衍盛大子孫將有晉國焉按春秋桓叔之孫武公始滅晉則此詩以遠條比其方來之盛不爲無謂也范睢云大其都者危其國實繁披枝之慮可不戒哉嫋嫋餘音真堪動人警惕

椒聊之實蕃衍盈升彼其之子碩大無朋椒聊且遠條且 興而比也

椒聊之實蕃衍盈匊彼其之子實大且篤椒聊且遠條且 興而比也

史記云自比秦益富厚輕諸侯此即實大且篤之意

有杕之杜全

總評　序云杕杜刺時也君不能親其九族骨肉離散獨居而無兄弟將為沃所并矣夫晉攘太原恒山之險一旦公室彫零強枝弱幹幾〻求輔于不足恃之人重言胡不比焉胡不佽焉孤立無援真可憐憫也巳

有杕之杜其葉湑湑獨行踽踽豈無他人不如我同父嗟行之人胡不比焉人無兄弟胡不佽焉興也

有杕之杜其葉菁菁獨行睘睘豈無他人不如我同姓嗟行之人胡不比焉人無兄弟胡不佽焉興也

後總評　讀杕杜之詩彼無兄弟者其情蓋亦悲矣今觀親兄弟同父母者因小忿而啟爭相尋殘賊忍哉

豈曰無衣全

總評　傳云曲沃併弑其三君僖王命為晉侯唐人刺之按晉世家初潘父弑昭侯而迎桓叔欲入晉：人發兵拒之共立昭侯之子孝侯是桓叔初舉而國人不與也其後曲沃莊伯弑孝侯于翼晉人又攻莊伯復立孝侯之子鄂侯是莊伯再舉而國人又不與也及鄂侯卒莊伯伐晉

晉人共立鄂矦子光是為哀矦此莊伯三舉而國人又不與也至武公擕哀矦而晉人復立哀侯之子小子矦是武公四舉而國人又不與也及武公誘小子矦殺之晉復立哀侯弟緡武公五舉而國人終不與也最後武公伐晉滅之知人心不服盡以其寶器賂周僖王王命武公為諸矦假王靈以鎮壓之耳此與唐藩鎮戕其主帥而代以坐邀旌節者無異聖人致嚴于名分之際無衣之詩不刪者所以著世變之窮而傷周權之下替也厥後威烈王之命晉大夫為諸

侯非襲僖王之跡者哉吾觀莽操等輩矯天子命而加九錫之命至今唾罵不已矧武公弑君簒國尤法所不赦者乎小序以為美之則大謬矣即朱註云自述請命之意亦非詩人之意也

豈曰無衣七兮不如子之衣安且吉兮 賦也

豈曰無衣六兮不如子之衣安且燠兮 賦也

詩人暴武公驕蹇之狀而設詞以刺之全篇大句精神如生可謂絕工之筆

雖曰安且燠中夜自思不無芒刺汗下末世天子反為亂人之資燠字妙甚不惟久假不歸且居之不疑耳

陳公子弑君

墓門有棘全

總評　序云此刺陳佗也陳佗無良師傅以至于不義惡加于萬民焉按左傳載佗勸陳侯許鄭平親仁善鄰之言中于事理蓋非昏愚者使當時有善人與居桓公雖卒佗佐太子免而立之集國人之分散者而綏定之則身不冒弒逆之名夫何乘國之亂弒君自立甘為不良人耶觀斧以斯之則佗之盤據難去非用斧不足以削除之佗之惡亦大矣再觀有鴞萃止則煽惡之小人日御于前佗更不自知篡弒之非矣越一

追維其始永思其終刺之者微之也前後文句中有許多轉折

年為蔡人所殺春秋不書曰君者以其不成其為君也書曰殺陳佗者著當討之賊也佗之明目張胆弑君如此誰不知之知而不之去昔誰為此乎蓋咎桓公之養奸也詩人雖曉曉歟以訊又昌濟乎

墓門有棘斧以斯之夫也不良國人知之知而不已誰昔然矣興也

墓門有梅有鴞萃止夫也不良歌（顛倒句）以訊之（西出）訊予（狼狽）不顧顛倒思予興也

至于顛倒之急乃思我言尚冀其改也

列國用人之失

用人之失先聽讒言次任匪人又其次賢者隱逸蓋國家邪正倚伏繇君心惑於邪説故所任用皆非正類簡賢慢士君子焉得不退乎立言之序如此

晉獻公聽讒

采苓采苓全

總評　序云此刺晉獻公聽讒也愚按晉國驪姬事千古娟人中第一奸險觀其于太子也陽則已譽之陰則使人誹之既又置毒胙中即涕泣

求退以安晋君父子如是雖英明不免激怒況冐色如獻公既受以情乎始聽士蔿之讒終惑驪姬之舌旁採二五之羅織遂至殺太子弒三君釀禍十六年讒言之可畏如此哉雖然讒人反覆之口能投于卒然之頃而不能不露于從容審察之後故舍旃舍旃為止讒良方漢昭帝悟燕王上書之詐蓋徐察其所繇来也然則堅讒之主豈可逞其英明剛決哉

采苓采苓首陽之巔人之為言苟亦無信舍旃舍旃苟亦無然人之為言胡得焉比也

呂氏曰采苓采苦采葑不曰郊野而曰首陽此興采聽之當遠也　大事人或明之至于小行人多不之察光明人或洞然至于幽僻人多為之蒙詩人故以采苓至細首陽至僻處指破迷根

千古息讒耐浔禎鈍细看無與無從可見

采苦采苦首陽之下人之為言苟亦無與舍旃舍旃苟亦無然人之為言胡得焉比也

采葑采葑首陽之東人之為言苟亦無從舍旃舍旃苟亦無然人之為言胡得焉比也

後總評　各章上四句如春水池塘籠烟浣月汪汪

有致下四句乃如風起波生龍驚鳥瀾莫可控

御細味其語氣當自得

陳靈公聽讒

防有鵲巢全

總評

傳云此靈公聽讒因泄冶內子憂之按靈公與孔寧儀行父宣淫無忌衷其裼衣以戲于朝泄冶正言以諫此讒口之所繇中也舉朝卿士不聞有釋讒之疏獨泄冶之內子憂之縉紳敢言之氣沮矣朱子以為男女有私何也

防有鵲巢邛有旨苕誰侜予美心焉忉忉與也

煢煢孤臣忘堪此乎憂患

深矣

鵲巢以積漸而成興譖言惑人非一朝一夕之故孔氏云防多樹木故鵲巢焉卭丘地美故苕生焉以言公信讒故讒言集之

中唐有甓卭有旨鷊誰侜予美心焉惕惕興也旨鷊綬草雜衆色以成文猶多言交織以成惑即貝錦之意也侜誣罔也予美從傳說内子指泄冶程氏指賢者亦通

陳殺戮諫臣附

彼澤之陂全

總評　申公説曰泄冶諫而死君子傷之愚按泄

治所諫靈公宣淫夏姬事且曰公卿宣淫民無效焉孔寧儀行父請殺之故春秋書國以殺者君與用事大臣同殺之也稱其大夫則不失其官治以諫成其名者也自古殺諫臣者必有隕身亡國之禍昔以此終陳風亦見忠直殺而淫邪恣徵舒弑君楚子滅陳之端未必不由此也

傷時之詩隱痛刺人不堪多讀

彼澤之陂有蒲與荷有美一人傷如之何寤寐無為涕泗滂沱興也

此詩不明說所以傷之故只詠嘆有美一人而讚其碩大且卷碩大且儼傷忠臣意于此見之

傷情都在末句

彼澤之陂有蒲與蕑有美一人碩大且卷寤寐無為

中心悁悁興也

彼澤之陂有蒲菡萏有美一人碩大且儼寤寐無為

輾轉伏枕興也

附別解序云此刺時也言靈公君臣淫于其國男

女相悅憂思感傷朱註從之細玩詩人語意都

有正大氣生當亂世臣不敢直言正諫故云傷

如之何

衛賢人困阨

汎彼栢舟全

總評

序云栢舟言仁而不遇也衛頃公之時仁人不遇小人在側愚按二南而下首衛風者衛居變風之首而變風又以仁而不遇爲首亦以見天下有道則百僚師師天下無道則群枉讒誣治亂之機肇于朝廷然則有國者知大臣不治則邇臣比毋而小謀大毋以遠言近毋以內啚外則大臣不怨邇臣不疾而遠臣不蔽黨錮之禍何繇成哉

汎彼栢舟亦汎其流耿耿不寐如有隱憂微我無酒

布局寬結構緊適篇反覆只寫隱憂二字搠云如有更覓淒然還有寫不出的愁腸

以遨以遊比也

玩亦字含愁無盡意味深長沈憂之人不知所憂何事但覺胸中有物難忘故曰耿耿只說微我無酒而不言非酒能解吞吐不了

茹訓納字惟鑒隨妍媸之照而納字匪鑒似有不能忍者

我心匪鑒不可以茹亦有兄弟不可（辛朝曠、）以據薄言（薄言二字）往愬逢（可哀）彼之怒

范氏曰公矦之臣僚類皆其兄弟 據字妙透宦情口是心非始然終否風波莫測往愬逢怒宜也亂朝皆然是真隱憂

看三箇不可字毅然事一

我心匪石不可轉也我心匪席不可卷也威儀棣棣

而無他

不可選也賦也

自精自度不能為情之甚非徒揚已而已威儀

閑習自有常度不可選以避禍卷即卷懷之義

憂心悄悄愠于群小覯閔既〔一箇佶宂在此〕多受侮不少靜言思之

寤辟有摽賦也

辟字加一寤字傷心最甚不敢明白寬辭但于

寤寐之間拊心而自解耳此苛幽懷對誰說得

摽字姚承庵作摽梅摽字訓落猶俗云自解自

落也勝註解　覯閔受侮曰既多不少者以着

小人之衆也而靜言思之多少情緒寤寐有摽

義命自安全由静言思之来義無可逃非有羽翰何以得去别安之而已是處謗之則也

有自反意

日居月諸胡迭而微心之憂矣如匪澣衣静言思之（仁人傷衛日朘月削忠臣憂国之心）不能奮飛比也

鍾伯敬曰如匪澣衣形容工妙後人累言不盡只此四字了耳古人文字簡奥如此不能奮飛安于義之無可去也臣不遇于君猶不忍去厚之至也勿作恨調

附别解

嚴氏曰夫婦萬化之原關雎鵲巢為三百篇綱領風之正也反乎此者為變風邶鄘衛風皆衛風也衛禍基于衽席覃及宗社居變風之

首二南之變也此其說本于朱註為婦人不得于其夫之作馬端臨既折其謬且孔子之誅少正夘也亦引憂心悄〻章以釋子貢之疑則此詩從序說為正

後總評　此詩辭溫情愷既曰耿〻不寐又曰靜言思之寤辟有摽又曰靜言思之不能奮飛怨而不過如此凡于人倫有不得者當以此為法如屈原之懷沙赴水此賢而過若徒悻〻以去付君父于不聞尤不可

簡兮簡兮全

總評

序云刺不用賢也衛之賢者仕于伶官無不可以承事王者王制有言官民材者論辨而後位之則位稱其德不至溷抑下僚今為伶人況吟懷思果何為也哉此詩通憐其才而惜其不遇之意若作伶人自謷不過潦倒俳優之夫奚足承事王乎

簡兮簡兮方將萬舞日之方中在前上處賦也

姚承庵曰賢者大抱負必不簡易不恭簡作加意簡閱若曰此雖一技不可忽也故緊接方將萬舞句此解亦順　以碩人而掌伶樂原簡略

分明為碩人作一傳讚其有王佐之才末節總說碩人本懷鍾伯敬云上三章素位之樂末節用世之思一時俱有未淂詩人悲惋之意

無事簡兮簡兮嘆閒散之賤不稱其才爾

碩人俁俁公庭萬舞有力如虎執轡如組　賦也

武力比于虎言碩人有御亂御衆之才可任為王臣又能籥舞則文武之道脩具咸于公庭萬舞時見其一班　玩碩人俁俁何等氣象何等材料若朱註云賢者自言大失口氣

左手執籥右手秉翟赫如渥赭公言錫爵　賦也

山榛隰苓影上有君而后下有臣甚切

山有榛隰有苓（悲悅之感甚深）云誰之思西方美人彼美人兮西方（熱有）之人兮（遠致）　賦也

碩人生東還既衰云誰之思而慨慕西周之賢

士大夫馳神其遣際彼美人兮者指碩人也嗟其美而真西周之人物而非今世之人也　不曰盛王而曰美人諱言于暗君也不曰生不同時而曰生不同地諱言于衰世也彼蓋謂當今之君曾無可意者

附別解　考補云簡其名也而舊說訓爲簡傲猶易震用伐鬼方震摯伯名而訓爲震揚威武書巧言令色孔壬孔壬乃共工名而訓爲包藏奸惡也

出自北門全

總評

序云北門刺仕不得志也言衛之忠臣不得其志爾按緇衣云忠敬不足而富貴已過猶有大臣不親百姓不寧之患矧忠臣而使之貧窶莫知其艱勸士之謂何仕之所以不得志也然不擇事而安之無懟恨之辭知其無可奈何而歸之于天此所以為忠臣也歟

出自北門憂心殷殷終窶且貧莫知我艱已焉哉天（三字淒絶）實為之謂之何哉（比也）

鍾氏曰終者無計可免之詞已焉哉即終之意憂心慇慇憂國也莫知是不得志之繇使在

上知我雖貧何患
王事適我政事一埤益我我入自外室人（实境难堪）交偏讁我
已馬（刚决）哉天實為之謂之何哉
范氏曰閔雎之化行婦人能閔其君子至于衰
世則室家日見而不知其心者交徧讁徧摧徃
徃英雄為之喪守
王事敦我政事一埤遺我我入自外室人交徧摧我
已焉哉天實為之謂之何哉賦也
韓詩云敦迫也　王事總名也政事則其日所
經理耳

後總評　看篇中適我敦我一埤益我遺我交徧讁我摧我三呼天實爲之自家豎起脊臂硬着心腸蹈實脚根做去天不能撓人不能亂只完全一箇我字令人認不得自家何身子事到棘手便云天實排定力不可爭家有內顧何暇計及四海君莫我知鞠躬奚益這等推諉成甚麽漢子

鄭嬖人秉權

山有扶蘇全

總評　傳云鄭靈公棄其世臣而任狂狡子良憂

之按狂氏狡名靈公嬖臣其初宋人也左傳載鄭公子歸生受命于楚伐宋宋華元樂呂禦之戰于大棘宋師敗績囚華元獲樂呂狂狡輅鄭人鄭人入于井倒戟而出之意狂狡從此遂為鄭臣而靈公嬖之耶古者官不及私昵維其能爵罔及惡德惟其賢而況世臣與國同休固宜用錫馬蕃庶晝日三接反廢棄不用何也其後靈公之弒果出公族子家而春秋書鄭公子歸生弒其君夷者責歸生以身統元帥卿列貴戚有討賊之權不能仗大義以制人為後世鑒耳

然則寵任嬖人可不戒哉

山有扶蘇隰有荷華不見子都乃見狂且興也（以子都喻賢臣猶離騷之美人也）

山有橋松隰有游龍不見子充乃見狡童興也

國宜有世臣賢人猶山之宜有橋松隰之宜有游龍也何山有橋松隰有游龍而朝不見有賢良耶憂之中帶有駭愕之意　孔氏曰龍草生于下隰而枝葉放縱一名馬蓼

後總評

序云以此刺忽也夫忽有救齊敗狄之功辭婚自強之槩在春秋中固杰公子也奈何作之為狂且為狡童此豈臣子所忍言哉且狂狡

載之左傳實有其人以此知序之考校未精也

而朱子作男女嬉戲之詞是亦未嘗窺魯傳爾

讀魯傳則知扶蘇狡童褰裳三篇傷靈公嬖倖

之失非為昭公刺也明矣

彼狡童兮全

總評

傳云子良諫用狂狡靈公不聽將去其國

賦麥秀按左傳靈公既弑國人立子良子良辭

之讓長于襄公堅則憂國之誠未賦麥秀而已

見矣從傳說則彼字下含用字若謂彼用狡童

便不與我言正人無繇畫謀便不與我食公正

斥逐于朝維子用匪人使我至于不能餐息戰
國時屈原雖放流睠顧楚國繫心懷王不忘欲
反冀幸君之一悟俗之一改即子良狡童之歌
是也

彼狡童兮不與我言兮維子之故使我不能餐兮 賦
也

讒諂蔽明方正自然不容始焉不與賢人畫謀
國政繼則屏絀且不與我同食國祿怎能不餐
息俱廢比忠臣肺腑言語與誰聽

彼狡童兮不與我食兮維子之故使我不能息兮 賦

也

狡童從范氏説直指昭公有狂狡之志而無成人之實孤危將亡君子憂之至于不能餐息愛君之至也序云刺忽不能與賢人圖事權臣擅命也

子惠思我全

總評

序云褰裳思見正也狂童恣行國人思大國之正已也按春秋魯宣公三年十月靈公即位至明年六月靈公見弑即位不久而詩言狂狡之寵不一辭何靈公汨愛之甚也至于舉國

不敢與爭而思大國問罪之師以清靈公之側此亦國人怨狂童之深無可奈何而發此under卹之思則狂童之恣行極矣狂童之狂已甚頃刻莫待也其后鄭六卿餞范宣子子大叔賦褰裳宣子曰起在此敢勤子至于他人乎觀此則思大國之正已于義得矣若朱子謂淫女語其所私豈燕享之間而容此淫褻之歌哉傳說俱指子良去國作此詩以諫靈公攷之左傳無所據不敢從

子惠思我褰裳涉溱子不我思豈無他人狂童之狂

也且 賦也

孫月峯曰煞句語勢拖靡風致絶勝

子惠思我褰裳涉洧子不我思豈無他士狂童之狂

也且 賦也

後註 歐陽氏曰彼大國有惠然思念我鄭國之

亂欲来爲我討正之者非道遠而難至但褰其

裳涉溱水而来則至矣子若不我思以諸侯之

衆豈無他國思救我者所以不能頃刻待者狂

童之狂已甚而不可緩也如此解方明白

魏貪夫得志

坎坎伐檀兮全

總評

序云伐檀刺貪也在位貪鄙無功而受祿君子不得進仕爾愚按張釋之十年不得調揚雄三世不徙官尚為漢朝選曹之疵況使貪夫在位而賢士阨于圭竇乎周禮廢置以馭其吏祿位以馭其士則下品不使有高門之倖上品不至有寒士之歎宋太平興國親選多士殆忘饑渴召見臨問觀其才拔而用之庶使野無遺賢而朝有君子耳魏國選舉不行而禾廛三百懸貆盈庭悉皆不稼穡不狩獵之人宜乎君子

之流落于河干也魏有貪鄙之臣萬民剥膚雖
欲不亡得乎
坎坎伐檀兮寘之河之干兮河水清且漣猗不稼不
穡胡取禾三百廛兮不狩不獵胡瞻爾庭有縣貆兮
彼君子兮不素餐兮賦也（倒入題）
首四句寫伐檀君子悠然河干遺佚不怨真景
不稼四句國人責小人之在位無功受禄末二
句復指伐檀自食之君子以醒之胡取胡瞻語
極冷極尖爾庭二字國人指小人言
忽而叙事忽而推情忽而斷制筆陣甚奇甚怪
坎坎伐輻兮寘之河之側兮河水清且直猗不稼不

穡胡取禾三百億兮不狩不獵胡瞻爾庭有縣特兮

彼君子兮不素食兮賦也

三節波瀾俱在不稼不穡四句

坎坎伐輪兮寘之河之漘兮河水清且淪猗不稼不

穡胡取禾三百囷兮不狩不獵胡瞻爾庭有縣鶉兮

彼君子兮不素飧兮賦也

後總評　韓詩章句云人但有質朴而無治民之材

名曰素飧固矣即使委質立朝而無濟于緩急

天下有道而枕石乎山林能逭尸素哉故士不

可不自勵也

曹國任用小人

彼候人兮全

總評　序云候人刺近小人也共公遠君子而好近小人焉按易解負且乘致寇至處非所據貞吝理之常也一部周官不過建官惟賢位事惟能二語盡之矣口辨超遷釋之止拜乎上林嗇胡先擢李綱阻封以侍郎所以禁風靡而正士類也迨其季墨勅除官則流品混殽開郎鬻爵而刀錐增重濫觴至此則鳴玉曳組趨蹡朝廷者無一正誼明道之儒豈不可慨哉善乎晉文公之責曹伯也曰乘軒三百曹之任用朋淫非

一朝矣

彼候人兮何戈與祋彼其之子（鄙之）三百赤芾（詞）賦也

此篇極言小人氣餤而君子之蕭索自見到末點出婉兮孌兮二句總粘着君子曰斯饑云者惟婉孌斯不免于斯饑乎恤之也亦哀之矣

獨取候人言者當時位列大夫有自候人升者故取其甚者言之耳夫候人只宜荷戈殳以守疆場如彼之人乃使服大夫之服至于三百之多其于諸候之制大夫五人不幾過乎

維鵜在梁不濡其翼彼其之子不稱其服興也

維鵜在梁不濡其咮彼其之子不遂其媾興也
媾者匹配同類之義小人宜卑賤而越在高位
非其宜失其類也

鍾氏曰婉孌二語不獨傷其遇亦重其守

薈兮蔚兮南山朝隮婉兮孌兮季女斯饑比也
鍾伯敬曰薈蔚朝隮寫盡山間朝景不獨狀氣
候之盛蓋狀小人皆速化而登之膴仕極肖
孫月峯曰清婉有風度直至季女饑用意可謂
深厚

秦康公簡賢

鴥彼晨風全

總評

序云此刺康公也忘穆公之業始棄其賢臣焉夫人君踐阼之初莫不欲舉賢以自輔憂心欽〻靡樂如醉狀康公初年想望賢者如是之切也末路禮衰敬弛甚至于忘之棄之秦國寡恩吾于晨風權輿二詩見之矣考之傳說皆以賢者見棄刺其終不如始也朱子以為婦人之詞何耶

如何如何嘆傷之深有說不盡處

鴥彼晨（晨風）風鬱（鸇也）彼北林未見君子憂心欽欽如（似詰）何如（似駮）何忘我實多興也

興處用字奇奧

山有苞櫟隰有六駮未見君子憂心靡樂如（複）何（一）如（句）何

忘我實多與也

蘇東坡曰山則有櫟隰則有駮可以大國而獨無其人乎

山有苞棣隰有樹檖未見君子憂心如醉如何如何（又複一句）

忘我實多與也

後總評　此詩明是剌棄賢却翻出未見賢人時憂心如此倒影見奇篇內三呼忘我實多惟忘故棄蓋忘功記過嗜殺好兵秦人之俗習也宜與國相終始焉

於我乎夏屋權輿全

總評

序云此刺康公忘先君之舊臣與賢者有始而無終也夫賢才如杖君之所恃以行者也盛周承筐以將之燕飲以歡之是以英能輻輳後之號稱禮賢者莫如漢明帝是也矣王設醬公卿饌珍躬親袒割執爵而酳升歌鹿鳴下管新宮終身不衰養賢抑何隆也康公禮賢不終其輕士甚矣夫輕士則褻道褻道則將廢詩書陵遲至于始皇焚燒六經坑殺儒生尚任法律所繇來矣嗚呼尊賢敬士周曆之所以久長也秦簡賢賤士欲不速亡得乎今仍魯傳編于晨

風之下毛氏以此篇終秦風誌秦之所以亡也

夫

於我乎夏屋渠渠今也每食無餘于嗟乎不承權輿

賦也

因其飲食一節以見其待賢之意已衰非専以

是責其禮也　屋既是俎則渠、作勤渠為是

於我（句法）乎每食四簋今也每食不飽于嗟乎不承權輿

兩節忽于中間頓起于嗟乎岩壁峭立　賦也

衛士隱逸

考槃在澗全

總評　魯傳云考槃美隱者之詩愚按考槃二字有歡然寢處山澤之意碩人知天下之不可復爲隱退之志決矣雖然如此退處至于幽獨寤寐之際猶有不忍忘其君豈徒掛冠長往者流哉

考槃在澗碩人之寬獨寐寤言永矢弗諼賦也

歐陽氏曰澗居雖狹賢者處之甚寬　大英雄人政于聲名消歇中而有悲天憫人之志只可寤言矣可自矢說一句不得

看弗過二字正是盧〻靡

考槃在阿碩人之薖獨寐寤歌永矢弗過賦也

騁箇中之樂自家且説不出如何告得人

考槃在陸碩人之軸獨寐寤宿永矢弗告 賦也

程氏曰賢者窮居澗谷雖德性寬裕而心在朝廷寤寐不能忘懷深念其不得以善道告君故陳其緜也細讀一過覺山川窺人澗芳襲袂脩然有世外想

鄭士隱退

遵大路兮全

總評

序云此思君子也莊公失道君子去之國人思望焉呂東萊曰武公之朝蓋多君子矣至于莊公尚權謀專武力舉朝無非祭仲高渠彌

祝畊之徒君子安得不去之乎不寁故也不寁好也詩人豈徒勉君子遲遲其行也感于事變而懷其舊者深矣

兩箇不寁甚妙蓋君子之去决不可留但少緩須臾以致思望之情詩意深曲如此

遵大路兮摻執子之袪兮無我惡兮不寁故也（寁字訓急遽）賦也

大凡世之盛也勧駕出仕把臂而歌子佩我戴世之衰也摻袪挽戀沿途而嗟棄輔輸載

遵大路兮摻執子之手兮無我魗兮不寁好也賦也

無情不是丈夫居官而不能使百姓扳轅涕泣亦不是有情丈夫直使百姓這苻繾綣是以情孚人君子有父母子民之親其去也即執袪

執手以留亦不為褻朱子槩以淫詩目之冤哉

魏士隱退

十畝之閒兮全

總評　說云十畝之閒政亂國危賢者不樂仕于其朝而思與友歸于農畝上云還兮相呼而共歸下云逝兮相呼而共往寫出村落作息真情景野興蕭然覺格隱詞無此親切

百千苦叔億萬患惱皆自忙中得來視閑閑者何如

十畝之閒兮桑者閑閑兮行與子還兮　賦也

十畝之外兮桑者泄泄兮行與子逝兮　賦也

言有盡而意無窮非身在宦境者不知此語之

真

秦士隱退

蒹葭蒼蒼全

總評

申公曰君子隱于河上秦人慕之而作是

詩夫世間原有高潔之士不肯受人羈紲巢許

夷齊而下春秋有介之推戰國有魯仲連輕世

肆志以自樂秦俗喜尚拳勇賤薄儒士君子恥

食其禄寄跡水濱使人從之無由有神農虞夏

忽兮没兮之意不諗宋儒何故泥于小序以爲

刺襄王不能用周禮耶

文情文景極其縹緲生出遡洄從之四句尤覺波瀾無際

蒹葭蒼蒼白露為霜所謂伊人在水一方遡洄從之道阻且長遡游從之宛在水中央賦也

鍾伯敬曰所謂伊人便是可望不可即可想而不可名之意異人異境使人欲仙

宛在水中坻蓋不易親之意藏自孤潔

蒹葭淒淒白露未晞所謂伊人在水之湄遡洄從之道阻且躋遡游從之宛在水中坻賦也

疊言之愈見淡遠

蒹葭采采白露未已所謂伊人在水之涘遡洄從之道阻且右遡游從之宛在水中沚賦也

陳士隱退

衡門之下全

總評

說云此君子樂隱之詩大凡士挟不足之心卽功名葢世俱無休歇處譬之食魚必魴鯉娶妻必姜子則終身有不獲者矣昔東方朔有言天子輦轂之下可以隱居閙多少不肖便門此詩就眼前所有衡門便可以棲遲眼前所有洋〻便可以樂饑首節兩箇可以二字甚自淂下面兩箇豈其必三字無等待所謂閉户弾琴詠歌先王之風者此物此志也

衡門之下可以棲遲泌之洋洋可以樂饑 賦也

首節正意下二節縱筆所之文勢奇幻可以字

與豈其字緊相呼應　孫月峯曰樂饑字大妙

與食貧同而意更超絕

豈其食魚必河之魴豈其取妻必齊之姜　賦也

豈其食魚必河之鯉豈其取妻必宋之子　賦也

後總評　鄧潛谷曰陳有風其以衡門乎彼駿邁也

此棲遲也彼婆娑也此樂饑也邪世不亂矣是

陳風之禎也

列國失治民之政

一魏君重斂

碩鼠碩鼠全

總評

序云碩鼠刺重斂也國人刺其君重斂蠶食于民不修其政貪而畏人若大鼠也按此篇屢提三歲貫女蓋言魏君掊克民當去之久矣姑事之至于三歲而莫我肯顧也君情絕矣夫魏地儉嗇褊急民已不堪而又殘虐以促之使賢者思去其位人民思去其國上下離心亡可翹足而待矣申公云大夫貪戾魏人惡之亦通

只指碩鼠更不粘着時事詩人隱刺之妙

碩鼠碩鼠無食我黍三歲貫女莫我肯顧逝將去女適彼樂土樂土樂土爰得我所比也

黄氏曰樂土樂國皆複言意望願想樂道之詞

貫訓慣習言貪人害我三歲習以為常

碩鼠碩鼠無食我麥三歲貫女莫我肯德逝將去女適彼樂國樂國樂國爰得我直比也

爰得我直赴愬他國而得其直也

杜詩云哀哀寡婦誅求盡痛哭郊原何處村此永號之謂也

碩鼠碩鼠無食我苗三歲貫女莫我肯勞逝將去女適彼樂郊樂郊樂郊誰之永號比也

誰之永號謂我將去爾而適樂郊誰復永號于

爾之土乎見空國無人萬灶寒烟當時無甚
樂郊只上不食苗便妙了刺重歛者以碩鼠
妙甚今之重歛乃狐張虎威以噬人惟恐不盡
寧復畏人知乎

魏臣擅利

彼汾沮洳全

總評

序云汾沮洳刺儉不中禮而朱註從之愚
按此詩并未說儉及禮傳云晉大夫侵奪民利
細揣之良是夫稱為公路公行公族則宜為君
敷惠于民職也而反與小民爭沮洳之利奚為

哉且采莫采桑采藚原屬小民鄙事今不幸民閒無高廩之積而至于務蓄菜情亦苦矣碩鼠之君既空地藏于上而大夫復循汾水以興小民爭錙銖之利雖垂紳委珮如英如玉何以稱長人之度哉故每煞句輒提其官職而别白之明非居尊者之所當下侵也此篇是賦體不宜作興解

彼汾沮洳言采其莫彼其之子美無度美無度殊異乎公路興也

彼汾一方言采其桑彼其之子美如英美如英殊異

乎公行興也

彼汾一曲言采其藚彼其之子美如玉美如玉殊異

乎公族興也

衛征役

雄雉于飛全

總評　序云雄雉刺衛宣公也淫亂不恤國事軍

旅數起大夫久役男女怨曠故作此詩愚按此

篇单是閨中愁怨之詞刺而怨也怨興旅而曠

也不敢望其歸但願其以善處詩全玉風首無

饑渴亦此意迄今讀不忮不求二句多少英雄

喜名而召怨好利而歛辱嗟乎漢唐宋諸大臣
以争黨構禍至于隕身誤國者莫不是忮害貪
求念頭不清反不如閨婦之淡于名利也多矣

雄雉于飛泄泄其羽我之懷矣自詒伊阻興也
自怨自解深于相思非多情人不肯說

雄雉于飛下上其音展矣君子實勞我心興也

瞻彼日月悠悠我思道之云遠曷云能來賦也
無端說到日月迅徃迭来相思人應有幻想

百爾君子不知德行不忮持身不求善世之方何用不臧賦也
開頭都寫懷思煞到自慰相思人有此處分情

至理透無閨閫氣

伯兮朅兮全

總評

序云伯兮刺時也言君子行役為王前驅過時而不返焉按春秋衛宣公之時蔡人衛人陳人從王伐鄭及期不至則憂此室人之情也夫兵以毒民孤人子寡人妻是以文王遣戍役周公之東征不得已而行皆叙其室家之情男女之私以閔之故民悦而忘其死每觀唐天寶間高仙芝擊大食安禄山之討奚契丹楊忠晶之討文蠻楊國忠鮮于仲通闗南詔之釁當斯

時也一隸軍籍便知頭顱僵仆首身分離臨行訣別家人皆以從軍為鬼録千古大慘莫甚于斯是皆可已之役而不已者也嗚呼為天養民者天子也征民之力豈可使民有久戍之苦哉侍御臣日以斯怨望詩進講人君當亦惻然念之耳

首節敘事起

伯兮朅兮邦之桀兮伯也執殳為王前驅 賦也

自伯之東首如飛蓬豈無膏沐誰適為容 賦也 （直是閨中心緒意懶光景）

其雨其雨杲杲出日願言思伯甘心首疾 比也

首疾之上加一甘心妙境苦境想得出

焉得諼草言樹之背願言思伯使我心痗賦也

諼草之樹非是無聊之詞最是苦得無可奈何

處

總評　髮亂猶未至于痛也首疾猶未及于心也

至于使我心痗則憂思之苦甚矣詩人一步深

一步如此

魏　征役

陟彼岵兮全

總評　序云此孝子行役思念父母也國迫而數

侵削役乎大國父母兄弟離散而作是詩愚按

直開三段文格極奇文情之奇妙在憑空構出陟岵陟屺陟岡上

此詩情至處全在設想父母與兄臨行勸戒之語則身羈行伍當何以為心復能自怨自儆篤至如此可以見忠孝之心耳毋謂流離之世無忠臣孝子也

陟彼岵兮瞻望父兮父曰嗟予子行役夙夜無已上慎旃哉猶來無止 賦也

鍾伯敬云上慎旃哉非守心養志人不能道此語 釋山云多草木為岵無草木為屺 孫月峯曰只出瞻望二字下却都作父母兄弟口中語以致其思念之懷意趣絕佳

陟彼屺兮瞻望母兮母曰嗟予季行役夙夜無寐上

慎旃哉猶来無棄賦也

呂氏曰母尚恩故曰無棄言無棄母而不歸也

鍾氏曰猶来者不敢必之詞慎心所發也

陟彼岡兮瞻望兄兮兄曰嗟予弟行役夙夜必偕上

慎旃哉猶來無死賦也

總評

通篇無一語是思親却妙在不說自已思

親而迴想親之思已一字一淚三箇嗟字妙

唐征役

肅肅鴇羽全

總評　傳云魏人苦于征役不得終養故作此詩

按昭公之後大亂五世昭公孝侯鄂侯哀侯小子侯是也兵革不請轉輸不休而民苦于役周自苕華桑柔而后送父別夫號呼道路者列國皆然晉衛之國為甚唐末之禍起于龐勛桂林之戍不更后世人主尚鑒之哉

肅肅鴇羽集于苞栩王事靡盬不能蓺稷黍父母何怙悠悠蒼天曷其有所　比也

說起父母何怙等語讀者墮淚況荷戈之子乎

肅肅鴇翼集于苞棘王事靡盬不能蓺黍稷父母何

食悠悠蒼天曷其有極比也

到此光景還念着王事靡盬猶是循民但百姓甘心父母骨肉失所而盡力于報國必不情之語

肅肅鴇行集于苞桑王事靡盬不能蓺稻粱父母何嘗悠悠蒼天曷其有常比也

有所有極有常俱打轉上文看得妙

後總評　平平敷叙中間縮父母何怙何食何嘗句味悠〻蒼天二句而音響節奏俱妙矣故知詩文在吞吐伸縮中得趣

晋征役

葛生蒙楚全

總評　申公曰晋献公之時國人久于征役室家念之而作是詩愚按民之所以惧籍為兵者不惟矢石之艱但恐一去鄉土終身于親愛宗族永相隔絶也若番代遞戍終身不離本鄉巢望邊事漸寧即息肩安業民豈憚于為兵哉嘗論漢代更之術與唐防秋之法入耕出戰遞為防戍初亦甚善漢至季世番上變為長屯長屯變為遠征而列郡王國矦國三等之兵日執殳而

浩嘆矣唐自永徽以後邊將屯防節度世襲而
戰卒長事行枚永無撤期宋初制禁軍廂軍鄉
軍各隨其所而團練之以為防守之兵兵無點
差之苦迨保毅軍之立于開寶八年簡弓箭以
分鎮戍寨民雖無戶籍之患已不勝久戍之愁
終宋之世羸兵滿籍戰將千員及虜犯闕無一
肯發矢者豈非强編民以為兵而兵不樂為之
用哉其後曹瑋建議給應募者以閒田蠲其繇
役有儆則簽以為正兵而富弼募河北流民之
伉健者以為廂兵隨教以武技斯不過以弭變

救敝焉已我朝平定之初即立衛所以護州縣
衛有五所一所千軍皆給之屯田郡國之軍既
無列屯坐食之弊又無仰給縣官之費法誠善
矣而在内設錦衣等上下二衛以衛宫禁即漢
南軍衛宫之制也設留守等四十八衛以衛京
城即漢北軍衛京之意也諸九省直各要害屯
兵皆募民爲之雖久屯而無内顧之憂即宋制
萃四方勁卒以悍邊圉收鷙鷙獷暴之夫而隸
之尺籍誠安邊止亂之術第國朝輿崙廣于唐
宋而邊防尤多是天下一尺一寸之土皆天子

自為守也漕運一有不給武夫悍卒嶅〻然亂可憂者一也況承平日久虛籍而靡餉者半之即有隸伍者亦皆不習訓練之士而債帥又剥其粮三之一卒然有警則以不諳地勢不習兵法之帥而統茲頑惰身家之卒持朽鈍之器以當誑蕩之寇未有不為寇前導者也此可憂者二也昔丘父莊為京城画策以順天保定真定河間永平五府近京輔計其所轄十七州八十九縣籍其現丁為兵可得四五十萬以壯國勢至于各郡國之兵則因其原設里社制為隊伍

一以所居民產為準里社丁户有不足者則移其少以就多以定百户之數每百户分為二隊隊五十名立總甲以督之總甲屬之州縣州縣屬之府愚以此周家因田賦以出兵伍兩卒旅之制確然可行務得廉明之牧庶不至于擾民耳第計順天等五府之民差役繁重茍既籍兵之後而州縣科差如故是民既苦役又苦戍則兩病也若欲籍順天等郡之民以藩衛京室必須法周官均平土地之高下徧知人丁之多寡又于人口之中考其身力之强弱能任其事與

否則人安于田畒不患于貧窘士習于訓練不苦于疲弱又于正卒之外皆有餘丁以為之副隨闕而隨補軍伍無有空也多用則多起分数無不足也一切差役槩停罷之有事則驅之于行陣事已則歸之于田里朝廷不受招收之繁而民間自無廩給之費如是何有怨女嘆角枕之粲錦衾之爛者哉雖然以周之制七家而給一兵七征而役一次更勞均逸如此而其後尚有予美獨處之悲况牛仙客之于戍卒晝則苦役夜縶地牢生還者十無一二而幾望邉士之

不外叛殺帥豈情也哉今天下之兵不耕而聚于畿輔列于邊鎮以食四方之貢賦無踐更之利而有禁兵之患其可寒心更甚于思家者萬萬為之上者不務得其情以綏安之民將噪呼為變矣如是雖有漢高勑長吏以葬死士宋太祖給絹匹以優役夫曷有濟哉愚因久于征役故備論之云爾

葛生蒙楚蘞蔓于野予美亡此（二語甚嬌媚）誰與獨處興也

葛生蒙棘蘞蔓于域予美亡此誰與獨息興也

角枕粲兮錦衾爛兮予美亡此誰與（持新俏）獨旦賦也

范氏曰角枕之粲錦衾之爛嫁夫未久情更可
憐
夏之日冬之夜百歳之後歸于其居賦也
計夏日冬夜皆是相思平嘗苦境逆料到百歳
後事剛腸恐耐非真相思不易說出
蘇氏曰思之深而無異志此唐風之厚也
冬之夜夏之日百歳之後歸于其室賦也
霞說一番聞之爲淒涼
鄘苦賦役
隰有萇楚全
總評 按傳說皆以賦重役煩民不堪其勞苦序

以為疾其君之淫恣何哉宋張方平言于仁宗曰陛下之民肝腦屠于白刃筋骨絕于餽餉流離破產鬻賣男女薰眼折臂自經之狀陛下必不得而見之也此言可悉此詩苦景

隰有萇楚猗儺其枝夭之沃沃樂子之無知 賦也

鍾氏曰此詩更不說自家苦只羨萇楚之樂而意自深矣凡苦之可言者非其至也

隰有萇楚猗儺其華夭之沃沃樂子之無家 賦也

有室有家累人最甚至于困于賦役并不有室家思來真可憐傷

隰有萇楚猗儺其實夭之沃沃樂子之無室　賦也

附別解　鄧潛谷曰萇楚疾淫也衛變風之首也陳

變風之極也皆以淫禍詩人傷其淫佚也不如

萇楚夭沃之為樂也以無知也無知則無欲也

以無室家也無室家則無知也恍足樂也人生

而有知其頎有室家者人之道也以從淫不如

無之為愈也涭痛至矣

一列國残刻虐民

衛威虐

北風其涼全

總評

序云北風刺虐也衛國并為威虐百姓不親莫不相攜持而去焉夫威以止奸欽恤之主不能廢象典之刑若欲慕刑措而飾太平則開元之朝刑部只奏死罪二十有四其間姦猾逋誅而平人寃抑者衆矣設懲輕出之失如魏衛覬奏置典刑博士教授律令沿至神宗之世置刑法科試生員律令義三道于是士習刻覈吏鮮循良民將攜持婦子以出亡若處〻皆嚴酷之吏勢必至于不揭竿而起不止者今天下亂離甚矣普天之下罔有樂土民之棄室家捐墳

墓競為流寇者不得已也愚讀北風其涼肅殺之氣已不堪矣又加以雨雪其雱則虔劉益甚譬之君既酷暴吏尤慘殺攜手同行、將安歸乎其虛其邪惟恐去之不速一國之民尚可轉屬況撫有天下全盛世界而聽長吏之習于深文峻法使我赤子一罹疑獄即吞聲赤族豈不痛哉願寵慈祥之吏有良善平恕斷獄允當者格外賞之夫吏能于五聽三覆之餘慇懃然顧之復之則君上不待月進因悵而民已不犯于有司樂得其生矣愚因北風愁慘之詩故論及

之當事者豈無意歟

北風其涼雨雪其雱惠而好我攜手同行其虛其邪既亟只且比也

北風其喈雨雪其霏惠而好我攜手同歸其虛其邪既亟只且比也

劉氏曰喈風聲疾也霏雪落急也禍害愈酷則去之愈速

莫赤匪狐莫黑匪烏惠而好我攜手同車其虛其邪既亟只且比也

賈誼曰國將亡逢時不祥舉狐烏者誌禍亂之

三言既亟只且神情何苛愴惶至于同行同歸同車去者衆矣國危矣哉

將至

後總評　程氏曰玫詩詞乃君子見幾而作相招無
及于禍患者也君子全身遠害惟恐去之不速
若然則是北門之安命為忠臣北風之先幾為
智士耳以愚論之既已委質為臣便說不得見
幾二字雖世當衰亂正吾輩鞠躬盡瘁之時何
恐携手同去委宗社于弗恤乎不如從序解事
理為當

附別解　姚承庵曰虛對實說邪對正說衛棄仁賢
如北門之貧窶簡兮之萬舞是國空虛衛蔑禮

法如新臺之設網二子之乘舟是倫理蕩斁國
虛君邪見幾者所以决去也
秦康公殘忍
交交黃鳥全
總評
傳云康公葬穆公以子車氏三子殉之秦
人哀之帝氏曰以人殉葬盖西戎之俗也秦近
戎因沿成習自先世而已然矣至穆公從死者
衆葢穆公秦之賢者尤多得人心爾穆公存日
不忍殺敗軍之將豈有卒而遺命三良從之乎
康公此舉不能無過嗚呼異俗亂華殆不止此

凡可恐心以殺人者何所不為哉垂此以為後
世殘忍者之戒

字ミ是血自有此詩三良生矣

交交黃鳥止於棘誰從穆公子車奄息維此奄息百
夫之特臨其穴惴惴其慄彼蒼者天殲我良人如可
贖兮人百其身與也

孫月峯曰臨穴惴慄從鄭箋作秦人哀傷意為
長若三良畏死如此安足稱百夫雄耶穆公
殉葬者百有七十人獨言三子者誌其良也

鍾伯敬云誰者若為不知之ミ詞悲之甚也

交交黃鳥止于桑誰從穆公子車仲行維此仲行百
夫之防臨其穴惴惴其慄彼蒼者天殲我良人如可

防字法

贖兮人百其身興也

交交黄鳥止于楚誰從穆公子車鍼虎維此鍼虎百夫之禦臨其穴惴惴其慄彼蒼者天殲我良人如可贖兮人百其身興也

總評　孫月峯曰辭氣哀颯以纏綿勝然却只是平叙去後曹王諸作揔不能出此範圍

後總評　鄧潛谷曰初歎伯益之功大矣佐禹奏鮮食竟成帝業也而悲其遄亡讀黄鳥則慄焉而興哀至坑儒咸陽令後宫從死已又閉工驪山亡已後矣宜子孫無噍類也夫

列國失教民之道

一喪禮久廢

鄶風

庶見素冠兮全

總評

申公曰三年之喪廢君子傷之而作愚嘗論生我之恩賢不肖丈夫女子之所同焉也生盡其力死盡其思雖百年不能釋何三年之足限哉考之喪禮既祥祭而縞冠素紕末世人子皆受三年之恩于父母而廢其喪禮嗟乎為人子而忘生我之恩是尚得為人子矣乎故詩人

覬幸一見素冠急于哀戚之人形貌欒〻者一則曰勞心慱〻再則曰我心傷悲三則曰我心蘊結傷時感懷抑何凄以切也夫五禮莫重于喪而列之詩載其事者惟鄶風一篇豈當時皆殘恐薄親安于夙習而不覺耶抑鄶國獨短其親喪耶庶見云者幾〻不可必得之詞嗚呼先王制禮之人邈矣不可復追詩人欲偕此素衣之人與之同歸欲偕此素韠之人與之如一則是天下之人履霜露而不知悽愴履雨雪而不知怵惕者夫豈少也哉然則世之奪情事君而

不冠素冠者罪又不在温嶠下矣

此中大有關係非為一冠服已也

庶見素冠兮（傷心在庶見二字）棘人欒欒兮勞心慱慱兮賦也

欒欒就既祥後思慕未平哀毀骨立說

庶見素衣兮我心傷悲兮聊與子同歸兮賦也

庶見素韠兮我心蘊結兮聊與子如一兮賦也

上云同歸〻于禮化之中不拘定喪禮一端又云如一則哀慕之深與之字契所謂志同道合也

後總評孫月峯曰本刺短喪却乃從輕服起想望來用意何其婉妙

二列國民俗壞亂

齊民俗壞亂

俟我于著乎而全

總評　傳云齊俗婚禮不行君子譏之愚按昏禮壻往婦家親迎既奠雁御輪壻乃先往俟于壻之門外婦至壻揖婦而入及寢門又揖入升自西階齊俗既不親迎此禮廢矣但行婦至壻家之禮壻道婦入于著于庭于堂每節皆俟之也夫禮禁亂之所自生猶坊止水之所從來也婚姻之禮廢則夫婦之道泯而淫僻之事起矣醮

子命迎可不講歟雖然齊比列國滛蕩之風猶善也夫以雄狐綏〻之君播滛于上而民俗猶不至若衞鄭之壞敗吾于是嘆太公之立教遠也故編此為民俗壞亂之首

俟我于著乎而充耳以素乎而尚之以瓊華乎而 賦也

借新娘之言寫詩人之意所謂客代主也若作新婦自言寧無唐突 訕刺在言外

俟我于庭乎而充耳以青乎而尚之以瓊瑩乎而 賦也

俟我于堂乎而充耳以黃乎而尚之以瓊英乎而 賦也

孫月峯曰婦渴欲見壻至門屏閒望飾服之美知其爲壻而喜又進而庭而堂到處細認一遍乍見時情況果是如此真寫得入神

唐民俗壞亂

綢繆束薪全

總評

説云晉亂民窮婚姻失時君子傷之而作是詩愚按此篇乃詩人感其婚姻過時故寫其慶幸不自禁之情狀如此非夫婦自相語也夫得遂其婚姻者喜則凡抑鬱不如願者怨曠又豈少耶況三星在天民之婚姻失時情必有不

獲已者是以周禮荒年有多婚之條漢惠帝不嫁有五算之罰設唐民不幸罹兵荒之變居上者為之原其情殺其禮俾男女得遂其欲又簡嚴正之里宰董之以婚義勅之以閫範幼而習之長而性成斯杜淫止亂之善術也讀束薪始則曰如此良人何繼則曰如此邂逅何終則曰如此粲者何䈏怖其卒也有秉蕳秉埴之漸欲不可縱歡不可極是在教民者先為之防焉然而唐俗猶有先王遺風其去衛鄭與陳遠矣故編此為民俗壞亂之二

澹澹寫景多少情緒慶幸多生于感慨

綢繆束薪三星在天今夕何夕見此良人子兮子兮如此良人何

興也

三星心星也昏而不見爲二月之合宿嫁娶之時也今見而在天則四月中矣故云過時

綢繆束芻三星在隅今夕何夕見此邂逅子兮子兮如此邂逅何

興也

綢繆束楚三星在户今夕何夕見此粲者子兮子兮如此粲者何

興也

後評

孫月峯曰三星入景妙今夕何夕一語狀心事刻酷是神來句

衛民俗壞亂

習習谷風全

總評

毛傳曰此棄婦之詞也是時宣姜有寵而夷姜縊其民化之遥于新昏而棄其舊室國俗傷敗由于上人可不慎歟愚按易之文言妻道與臣道地道並稱明乎娼以從夫亦猶地道無成而代有終也且記之言曰合二姓之好以繼先聖之后以為天地宗廟社稷之主苟夫婦反目不幾有興脫輻之譏乎況谷風之妻貞以正其云德音莫違及爾同死德無可棄也有亡黽

勉匐匍以救有喪才可無棄也昔育恐育鞠及爾顛覆其劳可無棄也不過以宴新昏遂不我屑以鳴呼以妻御窮洸潰之寡恩至矣哉此篇貞女見棄于淫夫詆之篇淫女見棄于良士並編之以誌衛俗夫婦之變衛風自是淫泆不可止矣

習習谷風以陰以雨黽勉同心不宜有怒采葑采菲無以下體德音莫違及爾同死比也

篇内九七比喻而悲怨之情藹然言外可謂善于立言夫婦之際有難顯言也

讀此詩益信世間忍心刻薄的事皆男子為之人何嚴于繩女而恕于責男最是不平　鍾氏

曰黽勉字有持久意為薄情開一便門　陳子

曰無以下體句亦可令没義漢塞口

行道遲遲中心有違不遠伊邇薄送我畿誰謂荼苦

有違是違我及尔同死之初願

其甘如薺宴爾新婚如兄如弟比也

鍾氏曰薄字可憐傷心在此

涇以渭濁湜湜其沚宴爾新昏不我屑以毋逝我梁

毋發我笱我躬不閱（可憐）遑恤我後（入題）比也

毋逝毋發戀戀不能捨意非禁之也

就其深矣方之舟之就其淺矣泳之游之何有何亡

治家說到凡民有喪上詎是尋常婦人家務語

黽勉求之凡民有喪匍匐救之興也

洸水湧潰水决俱寫横暴之狀肆者習以爲常也

不我能慉反以我爲讎既阻我德賈用不售昔育恐育鞫及爾顛覆既生既育比予于毒賦也

我有旨蓄亦以御冬宴爾新昏以我御窮有洸有潰既貽我肄不念昔者伊余來塈興也

鍾氏曰以我御窮四字可哭末二語激之非怒之也

後總評

鄧潛谷曰谷風緑衣之化也隱衷篤情棘哉其過與莊姜如出一轍焉谷風哀而俗傷

附別解

通篇渾厚沉着何物婦人有此雄筆或亦逐臣寄托之言乎

氓之蚩蚩全

傳云女婦非禮衺而見棄鄘人刺之愚按家語云女子者順男子之教而長其理者也故先王設立婚禮以樹其閑豈容苟合若婦人不以正未有不見輕於夫者千古失足之人枉作小人為後人鑒悲夫然使後人能鑒無許多小人耳讀此篇悲歡離合無不曲盡可稱傳神之作

總評

氓之蚩蚩抱布貿絲匪來貿絲來即我謀送子涉淇至于頓丘匪我愆期子無良媒將子無怒秋以為期

谷風之怨以正此篇怨而憤淫人筆舌更覺尖巧

賦也

朱氏曰初言氓者始見其人來莫知其爲誰既

與之謀則爾汝之矣　鍾氏曰奔豈有媒乎子

無良媒將子無怒秋以爲期皆是謔之之詞

孫月峯曰首章五轉意惱極情態絕有筆力

乘彼垝垣以望復關不見復關泣涕漣漣既見復關

載笑載言爾卜爾筮體無咎言以爾車來以我賄遷

賦也

畫出私奔圖

恍恍在目

桑之未落其葉沃若于嗟鳩兮無食桑葚于嗟女兮

無與士耽士之耽兮猶可說也女之耽兮不可說也

着此一段境

更活筆更舒

若俗筆徑接

以五章矣

比而興也

鍾伯敬曰世上淫婦人到狼狽時往往說許多

正經話

桑之落矣其黃而隕自我徂爾三歲食貧淇水湯湯

漸車帷裳女也不爽士貳其行士也罔極二三其德

比也

以爾車來未幾而漸車帷裳已至矣昔何等風

光今何等狼狽

三歲爲婦靡室勞矣夙興夜寐靡有朝矣言既遂矣

連用矣字俱妙

至于暴矣兄弟不知咥其笑矣靜言思之躬自悼矣

寥落悲前事支離笑此心

賦也

此媍始若不弃何減于谷風勤苦

及爾偕老老（恨極）使我（悔極）怨淇則有岸隰則有泮總角之宴

言笑晏晏信誓旦旦不思（方較了）其反反是不思亦已焉哉

賦而興也

附別解

韋子曰女之耽固不可說也士而失身

又焉可說乎自古未有不以正合而能逹主善

終者衛鞅之禍秦盖自始進之日而已乖謬矣

士之枉道輕進怙寵不悛者亦思其反乎哉詩

文之妙多是以客代主此殆有託而鳴者耳勿

作棄婦詞看

有狐綏綏全

總評

序云有狐刺時也衛之男女失時喪其妃耦焉愚按文王之化不過男女以正昏姻以時盡之矣夫民有配耦則男女不曠而戶口增多戶口增多而國殷富則百姓無仳離之嘆綏綏而獨行水上者寡矣況婚姻以時則媍安于有依士樂于思媚則必服禮教服禮教則必以鵲疆鶉奔為恥雖有無裳無帶無服亦弗聞也者而過之且夫婚禮既舉男女無媒不交無幣不

相見御輪三周而婦至敬慎重正而後親男女之别以成夫婦之義以立求有睹淇而心憂者豈可得哉衛自新臺燕婉之風一行民遂則而倣之繾綣于淇側搔首于城隅嗚呼壼教可不慎歟

有狐綏綏在彼淇梁心之憂矣之子無裳比也（動心在綏綏二字）

范氏曰狐獨行于水之梁失其所也

有狐綏綏在彼淇厲心之憂矣之子無帶比也

有狐綏綏在彼淇側心之憂矣之子無服比也

不說实淫事淡淡寫景却有意致

之子自無裳無帶無服何與伊事而彼為之憂

因其所言以探其所不言風人之情深矣

附別解 申公說云君子于寒夜見貧民與狐涉水而傷之于此見惻忍之仁焉雖無甚據然于詩詞亦稍貽合存之

靜女其姝全

總評 序云此刺時也按衛宣與二姜淫亂國人化之淫風大行舉國皆可刺而難于指名故曰刺時也

巧心慧舌為萬世情語之祖

靜女其姝〔清泠〕俟我〔縹緲之音〕於城隅愛而不見搔首踟躕 賦也

靜女其孌貽我彤管彤管有煒說懌女美 賦也

歐陽氏曰男女相說用此美色之管相遺以通
情結好耳

自牧歸荑洵美且異匪女之為美美人之貽　賦也

附別解　孫月峯曰彤管的為女史所用無疑細
玩此詩殆近所謂宮詞者然寓意絕深婉
凱風自南全

總評　朱註云衛之淫風流行雖有七子之母猶
不能安其室故七子作此詩以自責甚得詩意
而序乃云美孝子其于莫慰母心母終欲去何
哉夫決閑淫蕩在美少艾時如城隅之俟垝垣

之秉先王輙以垂戒況七子之母耄矣猶不能安其室衛俗潰敗古今所當烱戒讀此詩一則曰母氏劬劳再則曰母氏聖善三則曰母氏劳苦温辭慰藉抑何懇至復引咎自責曰我無令人莫慰母心一門兄弟號天涕泣悲愴極矣終不能挽甚矣淫風之溺人深也吾哀七子之用心獨苦措詞甚工凱風棘心之比像母子依〻也興之以寒泉者動母以清冽乎興之以好音者感母以聲歒乎子之辭益懇母之罪益甚矣

凱風自南吹彼棘心棘心夭夭母氏劬劳 比也

凱風自南吹彼棘薪母氏聖善我無令人比也

鍾伯敬曰棘心棘薪易一字而意各入妙用筆之工如此

爰有寒泉在浚之下有子七人母氏勞苦興也

睍睆黃鳥載好其音有子七人莫慰（益惻然）母心興也

附別解

鄒潛谷曰柏舟綠衣諸篇夫婦之變凱風母子之變也婦之天感在自反靜正子之天爽在自責痛深凱風可謂能自反矣自怨艾則道盡錄之美孝子也亦以見衛風爲此說本之小序

鄭民俗壞亂

溱與洧全

總評　朱註云此淫奔者自敘之詞愚按列國君上之淫惟衛齊與陳爲甚鄭君色荒槩未有聞焉民之淫淫蕩伊誰之倡哉第三月上巳之辰秉蕑祓除男女溷亂鄭俗之淫實遊觀始也設令鄭君嚴禁婦女毋觀懸之爲令敢有相讙于溱洧間者國有常刑又立比長之官課之以三德六行則民風可淑惟其不然鄭之士女淫于觀矣實上縱之也傳云靈公好倡國人化之于詩

詞不合序云兵革不息男女相棄則益謬矣

溱與洧方渙渙兮士與女方秉蕑兮女曰一折觀乎士曰

既且且往觀二折乎洧之外洵訏且樂維士與女伊其相

謔贈之以勺藥 賦而興也

女曰觀乎三句曲盡遊戲語態

溱與洧瀏其清矣士與女殷其盈矣女曰觀乎士曰

既且且往觀乎洧之外洵訏且樂維士與女伊其相

謔贈之以勺藥 賦而興也

孫月峯曰此則太俗蕩然無復拘簡矣然固

是傍觀作其俗談正是刺諷詠自見

東門之墠全

總評　序云東門之墠刺亂也男女有不待禮而相奔者也愚按野麕篇無感我帨貞女以之拒吉士之誘此篇始云其人甚遠思之深繼云子不我即就之切明目張胆敢于淫蕩廉恥道喪矣

東門之墠茹藘在阪其室則邇其人甚遠賦也

鍾氏曰秦風伊人六句意象縹緲極矣便是室邇人遠妙注必欲坐以淫奔枉甚冤甚

孫月峯曰室邇兩語工絕後世情語皆本此下

章不我即即人遠注脚

東門之栗有踐家室豈不爾思子不我即賦也

韓詩作有靖家室註云靖善也言東門之外栗

樹之下有善人可與為家室也

陳民俗壞亂

東門之楊全

總評

序云東門之楊刺時也婚姻失時男女多

違此論興詩意甚合但継云親迎女猶有不至

者愚不能無疑焉按二月桃夭于歸正也至楊

葉牂牂是謂三月中于昏姻迨氷未泮之時則

已晚矣夫標梅之詩尚以過時而求士迨謂之豈有壻行親迎既執鴈而入復御輪而出女猶有不至者乎況陳俗婆娑于市敢明目張胆播淫于國都則請期之禮久已不行男知執綏以授揖婦以入者寡矣陳之東門猶鄭之溱洧衛之淇側皆誌淫會之地也楊葉牂肺記婚姻失時之所致也然此云昏以為期尚知顧畏清議若私奔焉如下篇云市也婆娑敢作敢為廉恥裂喪矣明星煌煌晢晢記一時淫會之景正是昏以為期中事而朱子乃以男女期會負約不

至噫既期會矣而又負約何謂之淫奔乎

東門之楊其葉牂牂昏以爲期明星煌煌 興也

東門之楊其葉肺肺昏以爲期明星晢晢 興也

東門之枌全

總評 序云東門之枌疾亂也幽公荒淫風俗之所行男女棄其舊業亟會于道路歌舞于市井爾愚按地輿宛丘屬陳都會之區歌舞之習始于大姬而其後幽公即位又好爲荒淫無度由是變風作民遂習爲聚會以招摇于市耳夫鄭衛之俗雖淫然皆于淇岸洧外或假遊觀以相

樂未有婆娑于市總集男女結袖連騎悍無傾
忌若陳風者也故詩人両言婆娑狀其醜以刺
之又云不績其麻則是陳之婦女休其蠶織尚
以淫戲為事矣

東門之枌宛丘之栩子仲之子婆娑其下 賦也
穀旦于差南方之原不績其麻市也婆娑 賦也
差謂擇美日無風雨也于差男約女于逝女從
男皆刺之也

穀旦于逝越以鬷邁視爾如荍貽我握椒 賦也
越字訓于字不通當是男女總集越境而遊爾

菮郭璞云今荊葵也極形女顔之華如此
孫月峯曰可想見其盤遊怠惰之狀婆娑字形
容絶妙

列國經國無術之失有六

齊景急於甫伯無術之一

無田甫田全

總評

申公曰景公急于甫伯大夫諷之玩急于甫伯四字于詩情合矣序云刺襄公無禮義而求大功不修德而求諸侯苐襄公昏淫之人何知遠大惟景公享國日長或欲急追小白之烈以雪莊公之恥崮成大事而急遽無序是未可知也然則圖伯之事奈何先治内而後治外先正百姓而後匡列辟如管子之相桓公制國制

鄙治民以五罪建官以三遐次之貢朝于天子

沍淫于東南則三兩五草不試而天下服矣玩

詩詞甫田遠人明白遠大難省末節盡一箇躐

等無序與人看

鍾云一反一正無折腰之病好法好力

無田甫田維莠驕驕無思遠人勞心忉忉比也

前二節直下四箇無字訓戒鄭重末節連箇兮

字譬喻透切亦見運筆奇幻

銷人躁心

無田甫田維莠桀桀無思遠人勞心怛怛比也

婉兮孌兮總角丱兮未幾見兮突而弁兮比也

未幾突而四字可玩

晋昭公制于權臣無術之二

山有樞全

序云山有樞刺晋昭公也不能修道以正其國有財不能用有鍾皷不能以自樂有朝廷不能以灑掃政荒民散将以危亡四鄰謀取其國家而不知國人作詩以刺之也愚按左傳昭公國将危亡兆将先見若四鄰謀其國則未也

總評

何以言之昭公即位六年會于厥慭謀以救蔡二年伐鮮虞三年盟于平丘以示威復驅衝競以侵鮮虞五年荀吳復伐鮮虞𢹂鼓子䵣鞮以

歸亦云威命雄行矣而況治兵邾南能使魯公三至晉國豈非盛舉哉攷其時政出韓起有叔向而不知用徒袖手以聽韓起之所為三家分晉兆始于此詩人識炤事先故婉言以刺之實傷之也廷内而弗能灑掃雖築宫虒祈亦奚為乎甚至說到衣裳車馬酒食鼓瑟語若瑣屑所謂極悲愴以感動之即漢呂祿棄軍時其姑呂須女悉出珠玉寶器散堂下曰毋為他人守也同一凄涼由斯以觀則此詩非勸昭公及時歡樂本以遺愁翻令愁劇其疾權臣專國之意隱

見言表後之晉代風流陳隋極欲佩服斯章可
以惕然止矣

山有樞隰有榆子有衣裳弗曳弗婁子有車馬弗馳
弗驅宛其死矣他人是愉興也

山有栲隰有杻子有廷内弗洒弗埽子有鍾鼓弗鼓
弗考宛其死矣他人是保興也

山有漆隰有栗子有酒食何不日鼓瑟且以喜樂且
以永日宛其死矣他人入室興也

三復斯篇淡言冷刺可以當哭覺賈誼治安策太傷激切

鍾伯敬曰行樂之詞反以斥苦之音出之開後
來詩人許多憂生惜日之感而且以字有維日

不足之意末後促節更可當一部輓歌　孫月峯曰着力提醒有機鋒煞是峻快

後總評　讀此詩知昭公一生徒好服飾車馬宮室酒食之事經國大典全不整飭故詩人嵩以瑣務為言意以大難一至將欲曳之婁之馳之驅之洒之埽之鼓之考之酒食以作樂不可得矣可不慎哉衣裳車馬件〻提以子有此等物子而不能自有則土地人民皆屬他氏故節〻以他作結與子有二字對勘他人屬誰非專國之世卿乎

衛州吁黷武無術之三

擊鼓其鏜全

總評

序云衛州吁用兵暴亂使公孫文仲將而平陳與宋國人怨其勇而無禮也按左傳州吁與宋陳伐鄭圍其東門五日而還出師不為久而衛人怨之如此有犯大逆衆叛親離莫肯為之用耳篇中首序伐鄭遂記從軍訣別室家之詞夫從征軍士孰不欲滅此而朝食奏凱而還今乃為必敗之計痛恶州吁也試讀東山椺薇出車杕杜諸詩序情閔劳苦皆以室家之望為

首二節詞甚怨三節意甚憐四五節語甚悲愴皆自苦境說出

說是以民戴其上靡督責而人自為用弛禁防而衆自不攜周之所以盛也州吁黷武虐民財盡則民怨力盡則民懟即位不一年而于濮之及遂及矣

擊鼓(神飛)其鏜(氣揚)踊躍用兵土國城漕我獨南行賦也

古者用兵皆出于不得已此篇開口便摹州吁好兵喜鬭之狀州吁之所樂皆國人之所怨

從孫子仲(入題)平陳與宋不我以歸憂心有忡賦也

吕氏曰言所從乃孫子仲也則輕其帥可知

爰居(心慵)爰處(意懶)爰喪(之態)其馬(描四甚肖)于以求之于林之下賦也

孫氏曰怭促中却出閒淡語絶有風致

死生契濶與子成說執子之手與子偕老賦也

于嗟濶兮不我活兮于嗟洵兮不我信兮賦也

首二句自嘆夫婦離别不得相依以生末二句

重嘆果然遠去不歸偕老之志終不得伸說得

淒凉

醉卧沙場君莫笑古来征戰幾人回不我活之

意也可憐無定河邉骨猶是深閨夢裡人不我

信之意也

鄭文公失於御將無術之四

清人在彭全

總評

序云此刺文公也高克好利而不顧其君文公惡而欲遠之不能使克將兵而禦敵于竟久而不召衆散而歸高克奔陳公子素惡高克進之不以禮文公退之不以道危國亡師之本故作是詩愚按陸贄之告德宗曰克敵之要在于將得其人馭將之方在于操得其柄是以魏絳戮揚干亂行之僕所向有功祭遵能殺犯法舍中之兒諸將咸服節制易曰師出以律否臧凶甘誓亦有用命賞祖不用命戮社之條若

文公既有擇將之明又無威克之權安得不致
危亡乎書此可為後世馭將者之戒

清人在彭駟介旁旁二矛重英河上乎翱翔賦也

鄭氏曰擁大衆于外而無所事不為亂則潰散
爾

清人在消駟介麃麃二矛重喬河上乎逍遙賦也

讀到翺翔逍遙左旋右抽遊戲自樂與投石超
距氣象自別

清人在軸駟介陶陶左旋右抽中軍作好賦也

後總評

通篇不說破師潰字而只寫其逍遙閒

曠若以國事為戲者刺意自在言表嘗讀李廣
程不識傳見廣軍無步伍行陣就善水草舍止
人〻自便不擊刁斗未嘗遇害程李皆名將第
為將者當以程為法以李為戒況可以三軍之
命恣其逍遥乎

魏國侵削 無術之五

園有桃全

總評

序云大夫憂其君國小而迫而儉以嗇不
能用其民而無德教日以侵削故作是詩夫儉
以節用未可盡非而嗇則不能施故凡薄賦歛

廣儲蓄以充實倉廩水旱之憂無之矣易曰剥
上而厚下乃云安宅收集民心不過周官荒政
十二首曰散利二曰薄征三曰緩征四曰弛役
五曰舍禁六曰去幾七曰眚禮八曰殺哀九曰
蕃樂十曰多昏十一曰索鬼神十二曰除盜賊
雖然散利尤要也利不散則民不聚雖有眚禮
蕃樂多昏殺哀之政未必有實惠及民故周以
散利為聚民之首魏公之嗇所少者此耳或曰
魏地狹隘而隣秦晉可奈何夫以蕞尔之鄭有
作丘賦鑄刑書之子產治之優如也魏地雖小

于鄭何如哉設不幸有竊發奸民上既緩刑以原其情又設除盜以防之雖有窺覷澤之雄亦何能為哉況百貨流通商賈成市民生已厚則親上死長之教可興何侵削之足虞惜乎當朝臣子未有以此言者而使詩人刺之也

園有桃其實之殽心之憂矣(曲合樂曰歌徒歌曰謠)我歌且謠不知我者謂我士也驕(頓)彼人是哉子曰何其心之憂矣(疊二句)其誰知之(其誰知之多少惱)其(恨)誰知之蓋亦勿思　賦也

他人于心之憂矣我歌且謠意無餘矣此却借不知我者轉出一段光景而結以蓋勿思有波瀾有頓挫有含蓄有吞吐

心之憂說不盡故欲人深長思也思之則當有起敝扶衰之計非僅欲其知憂而已妙在中間

再提起心之憂矣令人聳然

園有棘其實之食心之憂矣聊以行國不知我者謂我士也罔極彼人是哉子曰何其心之憂矣其誰知之其誰知之蓋亦勿思 興也

聊以行國句妙蓋并欲歌謡亦不能惟踟躕顧步舉足皆愁全篇不說破所憂何事總評徑以侵削定之想其國勢或然耳非增入也 孫氏曰只一憂字輾轉演出將十句經中罕有亂國之朝危言說論非斥則逐反生奸

後總評

人排謗之口惟婉詞微中使之自思急為改圖

之計所謂諷諫深于棒喝也

黎困于翟難無術之六

旄丘之葛兮全

總評

傳云翟侵黎黎侯出奔衛衛穆公不禮焉黎人惡之賦旄丘愚覩自古國破依人鮮不待斃矧衛世受翟患而黎寓之失所據矣爲黎計者力能偃旆疾趍如公子突之謀勝戎師設三伏以待之可也不能則效魏絳之從容和戎陳五利以說之亦可也又不然擇强而事身與之市後無陰蔽先無陽察乘其大軍而進而已與心

腹死士左轅右蓐中權後勁罙其阻袌其旅豈不英聲震世哉夫何岀耤弱衞始駃其多日繼憾其充耳勿論衞之君臣不肯協謀奋翟即使傾國而来亦于蒙戎奚濟耶且以後事觀之滅赤翟甲氏及留吁諸翟大創略翟地立黎祠皆晋之力向非伏桓子士會諸人以彼怙其三雋之才寧弱衞所能制哉

旄丘之葛兮何誕之節兮叔兮伯兮何多日也　興也

何其處也必有與也何其久也必有以也　賦也

鍾伯敬曰四語替他觧說寬一步人益難堪愈

緩愈急
狐裘蒙戎匪車不東叔兮伯兮靡所與同〔主意在此〕賦也
瑣兮尾兮流離之子叔兮伯兮褎如充耳賦也
瑣兮二語悽涼蕭瑟為怨難申聞者為之撫膺
蘇子曰衛人以翟之微而不恤譬如流離之養
其子不知其為已患也然告之而不聽褎然如
或充其耳其後衛遂有翟難則流離之害見矣
式微式微全
總評　序云黎侯寓于衛其臣勸以歸也愚按此
篇語意當是望衛救不至之後而作故附于旄

丘之下窃以時勢度之翟嘗伐齊伐衛又伐晋至是奄有黎地而奪之伯宗数其五罪人人義憤殲滅異類之戈豈容緩哉惜也黎固孱弱為翟所逐而寓于衛衛處之以二邑因而安之當是時荀林父曲梁之捷未奏雖欲復歸故邑將安能乎為之臣子者縱念切露泥無有能上恢復之策區區欲勸之歸斯無術之甚者也况黎陽之地大不過一郡縣非若東西晋之可以去彼而適此也又非若唐靈武之可以避難而趨平也彼曰胡不歸吾恐歸將袖手就擒矣

重疊言之其音甚慼不堪多讀

式微式微胡不歸微君之故胡為乎中露賦也

既曉得微君之故則寄寓他國政當為君計恢復耳不然宗社覆亡之日正臣子視死如歸之日何徒困辱在此

式微式微胡不歸微君之躬胡為乎泥中賦也

國已失矣歸將安往曰中露曰泥中備嘗苦境十分鬱抑與其寄寓而不見救援不如歸去之為愈也

附別解　鄧潛谷曰式微勖君于義旄丘感衛以仁窮不失義困不遺君古之貞臣欤其録于衛

何也刺也黎君臣寓衛流離瑣尾殷鑒烈矣上
不能修方伯之職次不能親鑑以自强簡賢冒
色惟日不足已焉能無及乎故終之以載馳載
驅猶旄丘之志也

列國亂離思復周道

匪風發兮全鄶風

總評

序云匪風思周道也國小政亂憂及禍難而思周道焉愚嘗論光武再造猶能以思漢人心興復漢室漢高之功德比我周何如哉周自后稷發祥數聖累仁内及閫政外及相睯再推守成中興令主炳如日星其浹洽于人心者甚深也西周自厲幽二王漸失鎬京法度遂罹犬戎之患至于東遷氣象衰颯真如飄風發發不能終日矣當是時秦晉齊楚俱有南面稱帝之

心獨藐爾鄶人思復周道而猶欲以好音激勵當世此亦剥極思復之兆也嘗讀剥之卦諸陽消剥已盡獨有上九一爻尚存陽無可盡之理上九亦變則純陰矣後之儒者尚有執周禮一書興建治平況成周之故業猶存法度尚未全淹積鬱勃之氣發憤以致西周之盛豈難爲哉吾故編思周爲卒章亦以見變風至此爲極〻則未有不可反者也

匪風發兮匪車偈兮顧瞻周道中心怛兮 賦也

匪風飄兮匪車嘌兮顧瞻周道中心弔兮 賦也

逆唱起奇玩顧瞻二字一腔熱血有瞠目不語之恨

誰能亨魚溉之釜鬵誰將西歸懷之好音興也

鍾氏曰好音動之以名也清議存而主權亡矣

曹風

洌彼下泉

總評

序云下泉思治也曹人疾共公侵刻下民

不得其所憂而思明王賢伯也按此詩乃變風

之終也而繫之以思治之詩決言亂之可治也

玩詩詞下泉寒洌而童粱受害物何以堪三復

寤歎不能不重念乎周京也且夫天下無主則

群雄縱恣蠶食小國其虐政豈止于寒泉浸草

而已哉是以寤歎而思明王復欣瞻而仰郇伯猶泊者愈深而望救愈切望救愈切而呼號愈疾矣

上三章虛含末節實點文有由虛漸寔之法

冽彼下泉浸彼苞稂愾我寤歎念彼周京 比而興也

孫月峯曰只空：說念周然含意固深

冽彼下泉浸彼苞蕭愾我寤歎念彼京周 比而興也

冽彼下泉浸彼苞蓍愾我寤歎念彼京師 比而興也

芃芃黍苗陰雨膏之四國有王郇伯勞之 比而興也

後總論

呂氏曰匪風下泉思周道之詩獨作于曹鄶何也天下之亂皆始于政出諸侯則徵發

之煩共億之田侵伐之暴惟小國偏受其害所以睠懷宗周爲獨切戰國時房喜謂韓王曰大國惡有天子而小國利之豈非天子有權而強不凌弱各得其所乎賈誼欲衆建諸矦而少其力夫亦深懲強大憑陵之禍歟

鄭潛谷曰周南有風而召伯廣之四國有王而郇伯勞之是周之盛德也今冽浸矣浸苞稂苞蕭又浸苞著矣盖寤寐歎之庸渠可冀乎

詩經治亂始末分編傳註合抄卷之十四

商頌五篇載商家功德

商頌不仍舊定者何以世代爲先後也濬哲禘其始祖契及湯故編首那烈祖二篇祀湯次之元鳥祀契與湯及高宗又次之殷武則祀高宗故編末

濬哲維商全

總評

序云長發大禘也按禮記王者禘其祖之所自出而以其祖配之者禘是也然則周制郊恐與殷人之禘不同大約商之子孫于商祖廟

中歌頌成湯之興而推本于契之始故紀契與
相土之功德稍略而叙湯之功德獨詳然湯之
武德雖盛而其本實始于敬敬者何即契率履
不越之心是也末推到伊尹者以成湯九有有
截之天下非阿衡莫與戮力也商代聖君開創
之畧與賢相輔弼之功統著在此詩三百篇始
終于周而仲尼兼以商頌者所以存武周鑒殷
之心所以明克殷光湯之業所以明千百世相
沿之統故武王下車即訪箕子以洪範周公封
宋即命守祀以禮樂至今讀商詩駿發而嚴厲

商人之風俗在此攷古者其可因詩歌而想其
功德也歟
濬哲維商長發其祥洪水芒芒禹敷下土方外大國
是疆幅幀既長有娀方將帝立子生商 賦也
元王桓撥受小國是達受大國是達率履不越遂視
既發相土烈烈海外有截 賦也
書云契敬敷在寬詩却說他有武勇能治之才
妙甚蓋教不親不遜之民須有一段震肅嚴厲
之意契典弘敷則小大之國皆其所受達者教
化流行也

孔氏曰截字截斷之義截然整齊謂守其職不敢内侵外畔也

帝命不違至于湯齊湯降不遲聖敬日躋昭假遲遲上帝是祗帝命式于九圍賦也

陸氏曰敬乃成湯心學下數文奏勇皆從此出昭假有與天合一之意

受小球大球為下國綴旒何天之休不競不絿不剛不柔敷政優優百祿是遒賦也

受小共大共為下國駿厖何天之龍敷奏其勇不震不動不戁不竦百祿是總賦也

極有形容

夏運衰残非勇不能振刷奏者進也其勇進無退縮

湯所以荷天寵者在此

不震二句處大變而不疑臨大事而不惧真是英主

輔氏曰綴旒以喻為諸侯附着駿厖以喻能乘載諸侯也此惟厚德者能之上章言政事此章言武功先能自治而後能進其武功也

武王載旆有虔秉鉞如火烈烈則莫我敢曷苞有三蘖莫遂莫達九有有截韋顧既伐昆吾夏桀賦也

陸氏曰有虔二字重着盖以聖敬而奉天伐暴不敢不敬也如火二句根有虔說盖以戒惧為奮揚理直氣壯故威靈如此

昔在中葉有震且業允也天子降于卿士實維阿衡
實左右商王賦也
輔氏曰左右商王謂佐成湯以成王道也　末入
卿士有波瀾與大雅緜緜同法
猗歟那歟全
總評
序云祀成湯也微子至于戴公其間禮樂
廢壞有正考父者得商頌十二篇于周之大師
按正考父孔子之七世祖也自正考甫至孔子
又亡其七篇此篇就樂上摹寫雝雝穆穆神情
如見湯孫奏假綏我思成始焉人因樂而致其

感格之效也於赫湯孫穆穆厥聲終焉樂因人而成其和聲之美也至于庸鼓之斁然而盛萬舞之秩然有序則不特幽有以感乎神而嘉賓在位亦無不怡懌矣然則商之祭獨無納牲于庭血毛羹定腥俎熟殽之薦乎非也祭法不同虞尚氣周尚臭商尚聲故臭味未成滌蕩其聲三闋然後出迎牲祀湯先奏樂統承先王尚聲之舊也且樂以象德作先王之樂而先王之德不洋洋聲音間哉

猗歟那歟置我鞉鼓奏鼓簡簡衎我烈祖 賦也

鍾氏云商頌之文皆簡奥

炎峪歌舞中讀之有殺氣

末更叮嚀

湯孫奏假綏我思成鞉鼓淵淵嘒嘒管聲既和且平
依我磬聲於赫湯孫穆穆厥聲　賦也
庸鼓有斁萬舞有奕我有嘉賓亦不夷懌　賦也
自古在昔先民有作溫恭（結穴在此）朝夕執事有恪　賦也
顧予烝嘗湯孫之將　賦也

禮記曰鼓無當于五聲五聲不得不和是樂之所成在于鼓也鞉則鼓之小者又曰祭之日入室僾然必有見乎其位周旋出户肅然必有聞乎其容聲出户而聽愾然必有聞乎其嘆息之聲此之謂思成

蘇氏曰其所見聞本非有也而生于思故謂之思成張氏曰玉磬聲之最和平者可以養心依者與堂上之樂諧也

嗟嗟烈祖全

總評

傳云此祀成湯也那詩專言樂聲烈祖則及夫酒饌焉愚按此篇叙述祭祀之禮第二節自叙主祭者之禮既戒既平誠意之寓于物也無言無争誠意之存乎人也約軝錯衡三句叙助祭者之禮鋪揚無疆之錫溥將之命而成湯之功德自見開口且贊嘆嗟嗟烈祖一句起妙

甚有賛不盡的意思有這等功德故後世子孫得萬國之歡心以事先生享降康之豐年以昌厥後此皆烈祖之所錫也至今讀其詩嚴翌聳潔足稱合漢禮運所云以正君臣以篤父子以睦兄弟以齊上下夫婦有所承天之祜吾于烈祖之詩見之矣

嗟嗟烈祖有(虛)秩(籠)斯(起)祜申錫無疆及爾斯所賦也

既(繞)載(入)清(祭)酤(祀)賚我思成亦有和羹既戒既平鬷假無言

時靡有爭綏我眉壽黃耇無疆賦也

上篇綏我思成我所綏此賚我思成神所賚

呂氏曰及爾斯所言流慶無窮方于爾之所其

後蓋末艾也一奏假進奏也想亦用樂若云總

至何須說靡爭執事有倫有次也

約軝錯衡八鸞鶬鶬以假以享我受命溥將自天降

康豐年穰穰來假來饗降福無疆賦也

顧予烝嘗（又叮嚀）湯孫之將賦也

說到諸矦來助祭益見受命之廣大我受命溥

將繄足上三句又起下意

天命元鳥全

總評　序云元鳥祀高宗也桉之詩詞實不止祀

高宗武丁孫子以上二節推言前王開叙一代

之命以下三節詳言後王守成一代之命然君德以剛為主故曰武湯曰武王惟湯有天錫之勇智始有萬邦表正之弘略武王靡不勝勝字重看凡守成之主起敝興衰俱有精明果毅故能威馭百辟居中制外而會同有繹來假者自祈祈也則諸侯之受命于商者豈徒一國已哉而商王之受命于天者又豈徒一世已哉

此商家一代實録五箇命字緊相呼應

天命（造語奇）元鳥降而生商宅殷土芒芒古帝命武湯正域彼四方賦也

楊升庵曰元鳥者請子之候鳥也意者簡狄以

元鳥至之月請子有感詩人因頌之曰天命曰降者尊之貴之神之也

方（檃）命（承）厥后奄有九有商之先后受命不殆在武丁孫子賦也

始受天命者湯也殷道中衰高宗再造纘湯之緒法度著明故子孫得而行之亦是高宗之美也

武（檃）丁（承）孫子武王靡不勝龍旂十乘大糦是承賦也

曾南豊曰漢唐継體之君稱武帝武宗者多矣何疑湯之後王不可稱武耶

邦畿千里維民所止肇域彼四海

王肅云殷道衰四外來侵至高宗然後始復以

四海為境域也　先邦畿而後四海者京師

諸夏之根本王畿之內人心安止則四海之大

皆在統理之內也

四海緊承來假來假祁祁景員句鍊維河殷受一篇結束命咸宜百祿是

何　賦也

撻彼殷武全

總評　序云殷武祀高宗也愚按此詩紀高宗中

興之略楚為要荒之國世亂則先叛世治則後

恭默思道夅于古訓書紀其學問采入其阻裒荊之旅詩揚其武功然此等武功皆從學問中來秦皇漢武那得藉口

服商之中葉世為外患高宗中興之功惟伐荊楚為大作頌者言此以見殷之復治者在是蓋南蠻猾夏聖人所憂四裔来王非盛德所及歟

撻(撻)彼(言)殷(其)武(兵威神速)奮伐荊楚罙入其阻裒荊之旅(鋪揚)有截(甚壯)其所湯孫之緒賦也

太史公曰荊楚僄勇輕悍好于作亂千古皆然書大傳云武丁側身修行三年之後諸侯以重譯來朝者六國

維女荊楚居國南鄉昔有成湯自彼氐羌莫敢不来享莫敢不来王曰商是常賦也

孔氏曰氐羌之種漢世仍存其居在秦隴之西

首節言伐楚之功次節言責楚之義

勿予禍適二語有凜凜不敢自保之意

天命多辟設都于禹之績歲事來辟勿予禍適稼穡匪懈賦也

李氏曰要荒率服則天下無事所先者農事耳觀孟子載天子巡守惟以土地田野為慶讓之先則農事為重也

朱豐城曰觀勿予禍適之詞乃其兢惕戒懼所以奉王命保天命而君國子民之本也

百千禍孽皆自僭濫生來

天命降監下民有嚴不僭不濫不敢怠遑命于下國

百千僣濫皆
自怠遑生來

封建厥福 賦也

左傳蔡聲子曰善為國者賞不僣而罰不濫賞
僣則懼及淫人罰濫則懼及善人此敬天畏民
之學問 對上天上言故曰下國撫四裔朝諸
侯即其福皆天之所建

商邑翼翼四方之極赫赫厥聲濯濯厥靈壽考且寧
以保我後生 賦也

顧氏曰商邑翼翼百度脩明庶政整飭而國勢
改觀也四方之極兼歸德取正二意聲靈二句
鋪揚順教光景

王肅云桷極以松柏為之言無彫鏤也閑大也

陟彼景山松柏丸丸是斷是遷方斲是虔松桷有梴旅楹有閑寢成孔安賦也

商書曰七世之廟可以觀德九世而後隨其昭穆親盡迭遷其主而祧于太祖之廟高宗至帝乙當親盡則祧以其中興功高存而不毀特新其廟稱為高宗而祀之耳

商頌總論　蘇氏曰商既衰而復興者五周既衰而復興者宣王一人而已商多賢君其年宜過于周周之賢君不如商之多而乃數百其故何也周公務以文章繁縟之禮和柔馴擾剛強之

之民而去其剛毅果敢之志故享年至久而卒廢為至弱國何者擾柔和易可以久而不可以為強也若夫商人之所以為天下者不可復見矣而其風俗見之于詩駿發而嚴厲其書簡潔而明肅夫惟有剛強不屈之氣故後世有以自振湛其敗也一散而不可復止此商之所以不長而周之所以不振也

八閩文庫

八閩文庫

文獻集成 210

福建文獻集成

續編 經部 一〇

吴格 主编

海峽出版發行集團
THE STRAITS PUBLISHING & DISTRIBUTING GROUP
福建人民出版社

本册目次

毛詩國風繹一卷

[清]安溪陳遷鶴撰

中國國家圖書館藏清同治十三年木活字本

毛詩國風繹一卷，清陳遷鶴撰。遷鶴字聲士，號介石，又號景南。祖籍安溪，後徙晋江。清康熙二十四年（一六八五）進士，選庶吉士，二十七年授翰林院編修，歷中允、侍講、侍讀，官至左庶子，掌左春坊事，直南書房。撰有易説十五卷、尚書私記一卷、毛詩國風繹一卷、春秋紀疑三卷、春樹堂文集二卷、上峰堂文集二卷、韓江草詩一卷、閒居咫聞十二篇等。是書稿成未刻，晋江龔顯曾自陳氏後人遠汀處假得抄本傳寫，同里黄謀烈據以重校，用付剞劂。每半葉九行，行二十字。前有自序，又有後序。末附許祖滂、龔顯曾、黄謀烈三跋。

全書主於闡論詩旨，大抵以詩之本義世遠難稽，小序説以美刺，可風諭教人，使生畏惕，而三百篇皆可施於禮義，是以務明詩序之不可廢。首有詩説四篇、論易詩、詩闕疑説、詩刺時政説二篇、淫詩刺淫辨，以朱子詩集傳釋鄭風諸首，概作淫詩，故特申鄭詩本義非刺非淫，所云鄭聲淫者，非男女情欲之謂，乃其樂聲靡曼過度，與詩無關；又謂均之詩也，以刺淫讀之，可使肅然無邪，勝於以淫讀之者。究其宗旨所在，則欲以詩三百之旨，無一不歸於風教而有裨於政治也。其下分考國風諸篇，由關雎至狼跋，近五十首，皆紬繹於詩序及朱傳，而大旨以詩序爲近是。如柏舟，小序云「仁而不遇」，朱子解作「婦人不得於其夫，故以柏舟自比」，而陳氏乃云「反覆流連，無一言及其君，但似婦人不得於夫而作者。然仁人之用心，固若是隱約乎」。至於雅頌諸篇，則以「其詞易知，其意甚顯，毛序、朱傳間有同異，可以辨，可以無辨」，關係匪巨，故未肆力焉。

按詩宗毛鄭，古無異辭，至宋儒始各出新義，不復守漢唐舊説，而聚訟所在，莫過詩序之真僞。北宋歐陽修、蘇轍雖啓疑序之言，猶能爲持平之論。南宋諸家，鄭樵、王質倡之在先，朱子和之在後，皆力攻序説，不遺餘力。朱子作詩集傳，去序言詩，盡棄美刺不用，元明既以之取士，學者多所歸附，舊説幾廢。洎清儒治經，漸次返求古義，其初兼取漢宋，擇善而從，至乾嘉則專標漢幟，薄視宋學矣。康熙欽定詩經傳説彙纂，尚以集傳居先，亦不偏廢序説；乾隆御撰詩義折中，乃「分章多準康成，徵事率從小序」（四庫全書總目經部詩類二欽定詩義折中提要）。遷鶴當康熙間，亦漸染漢學風氣，故論詩多以小序爲是，然猶屢屢言「非敢與朱傳相抵捂」、「先儒與先師朱子之説蓋並存之」者，殆於漢學方萌之際，猶不欲顯斥朱子經詮歟？（馮先思）

毛詩國風繹

同治十三年冬日晉江黃
氏用予版印于楳石山房

序

按隋經籍志漢初有魯人申公受詩於浮邱伯作訓詁是謂魯詩齊人轅固生亦傳詩是謂齊詩燕人韓嬰亦傳詩是謂韓詩三家皆列于學宮又有趙人毛萇善詩自謂子夏所傳作訓詁傳河閒獻王好之未得立後漢有九江謝曼卿為毛詩訓東海衞敬仲受學于曼卿先儒相承謂之毛詩鄭衆賈逵馬融並作毛詩傳鄭康成作毛詩箋齊詩魏代已亡魯詩亡於西晉韓詩雖存無傳之者唯毛詩最後出而傳於世

其所最以後出而傳之者石林葉氏曰豈唯毛詩春秋之左氏禮之小戴俱以晚出獨傳蓋六經始出諸儒講習未精且未有他書以證其是非故雜偽之說可入歷時既久諸儒議論既精而　人簡書時出于山崖屋壁之閒可以為證故讀者得卽之以考同異較長短長者出而短者亡自然之理也唐太宗命孔穎達作毛詩正義遵之數百年無異解朱子起始與小序詆然吾卽其前後考之二程張子聞知大賢朱子之所私淑也論詩而用序楊龜山朱子淵源所

自也言詩亦用序胡文定朱子之前修也傳春秋引詩一依序呂東萊與朱子同時亦謂毛詩之義最得其眞後起大儒爲眞西山服膺朱子者引鴛鴦之詩而依序黄勉齋朱子門人篤信朱子者引風雨之詩而依序文相國引菁莪之詩亦依序至于馬貴與護序尤力辨之尤明且詳曰書序可廢詩序不可廢也今日竟廢置不講矣爲功令懸朱傳以取士郎精通毛傳於科舉無所用然而窮經之儒與好學深思之士著爲議論載之文章動稱序説豈非馬貴與所云

不可廢者哉試為由而繹之平心而察之六籍經秦燔之餘詩以諷誦獨不絕當漢初去古未遠諸儒或為雅或為頌相合而序大序相傳子夏所作小序出自子夏毛公及衛宏更加潤色又有以為國史所采錄亦未有定據而史記孔子世家古詩三千餘篇取其可施於禮義者三百五篇序自正風雅頌與夫忠臣孝子諸篇而外凡云刺淫能令讀者發其愧恥所謂夫也不良歌以訊之為詩人之忠厚凡云刺時能令讀者生其畏懼所謂邦之杌隉曰由一人為詩人

之忠君愛國合三百五篇皆可施於禮義也若夫辭
語之鄙淺則意在釋經而非作文羅仲素云善學者
勿爲文字所梏使文字解錯而道理通行者不害苟
可施於禮義矣雖文字參差何可廢哉今治詩之家
終身不見毛序甚且以不宜𡍼屋與稗官小説同類
而觀之吾故申明其説俾知六義之傳其原有自爲
不可廢而非敢與朱傳相抵捂云

毛詩國風繹

安溪　陳遷鶴　聲士著

詩說一

鄭衛之詩朱子詆小序曰求其說而不得則舉而歸之刺其君馬端臨復議朱子曰求其說而不得則舉而歸之於淫二者之論皆似也安所取衷哉按孔子在春秋所見異辭所聞異辭所傳聞異辭昭公十二年齊高偃帥師納北燕伯于陽伯于陽者何公子陽生也子曰我乃知之矣在側者曰子苟知之何以不

革曰如爾所不知何當昭公十二年孔子已二十三歲親見其事而非聞之然而不敢以一人之見掩衆人之不知者春秋者信史也孔子筆之旁人或詫焉則全書皆開億措赫赫王法于是隱矣春秋决嫌疑定猶豫一字襃貶而人奉爲律度莫能違者爲孔子不以不信之事疑天下後世也變風之作起于平王之初或自桓襄以下毛公生漢時距之數百年矣朱子生南宋距之又千五百年以數百年後人言數百年前事若夢若幻未可據以爲眞也從千五百年後

再翻千五年前案又何所憑而斷為是哉況知鄭詩之意者莫如鄭國之賢大夫鄭賢大夫嘗有賦矣昭公十六年鄭六卿餞晉韓宣子于郊宣子曰二三子請皆賦起亦以知鄭志子齹賦野有蔓草子產鄭賦之羔裘子太叔賦褰裳子游賦風雨子旗賦有女同車子柳賦蘀兮由羔裘而外皆毛公所謂刺其君朱子所謂淫也舉刺其君以為言是怨上也舉淫以為言是傷俗也怨上惡也傷俗亦惡也俱不可以聞於君子而諸大夫賦之名卿喜之曰鄭其庶乎二三子

以君命貺起賦不出鄭志二三君子數世之主也由是言之鄭詩不但非刺非淫且與草蟲黍苗濕桑蟋蟀桑扈諸襄二十七年鄭卿宴趙孟賦同其恭儉慈愛綢繆愷惻者也然而去聖云遠師說是傳廢師傳而創解則又不可將何所恃而讀之乎曰變風自春秋吾郎以春秋所傳之法讀之春秋内傳曰靜女之三章取彤管焉古人讀詩取其意不問其所作之由於將仲子取其訓家訓而懔清議也於有女同車取其始於悅色終於好德也於山有扶蘇取其所見必所美所不美者

不可見也於蘀兮取朋友之情此倡而彼和也於狡童取其愛人之言雖不見聽猶款款無已也於褰裳取惠思之宜勤人情可合亦可離也於丰取迎送之不容廢也於東門之墠取有思之卽至也於風雨取見君子之有喜也於遵大路取其舊好之不弃也於子衿取德音之宜嗣也於揚之水取讒言之勿從也於野有蔓草取處世者之思遇也夫如是凡詩皆可誦凡有誦皆可解可通反之十已得忠厚焉施之於人得和平焉吾知修身與及人而已刺其君也淫也

先儒與先師朱子之說蓋並存之何必紛紛多其億
措哉

詩說二

子曰鄭聲淫非男女情欲之謂也過焉者也凡物過
者皆謂之淫平地溢水謂之淫水雨澤泛多謂之淫
雨瀆于祭祀謂之淫祀濫于刑罰謂之淫刑恣荒田
獵謂之淫于原獸貪徇貨利同謂淫風天有六氣淫
生六疾寒暑風雨晦明一越其候咸謂之淫以其過
焉也昔先王之作樂也酌性情之宜協中和之聲遲

逮本末相及中聲以降不容彈矣是故琴瑟尚宮鐘尚羽絲竹利制革木一聲大不踰宮細不過羽物得其常曰樂極極之所集曰聲聲應相保曰和細大不踰曰平此先王之樂之節也周頌曰先祖是聽肅雍和鳴肅敬也雍和也和合於敬則不流敬出於和則不厲此人聽樂之情也正也無過也古樂既遙鄭聲代起誠不知節奏之何如而按諸樂記進退俯仰奸聲以濫溺而不止及優侏儒獶雜士女大要細陵其正聽聲越遠流連低回矣而往復之盡致入于媚嫋

嫋轉側矣而柔曼之極工傷于靡媚則惑耳靡則移心耳靡心移聲過其度所以謂之淫也與詩無與也或曰樂以宣詩詩苟不荒樂安得淫是不然古人賦詩則指事聽樂則考聲用詩指事有明徵矣春秋時別國大夫聘問而贈答或燕享而歌者是也聽樂考聲亦有徵焉吳公子札來聘請觀于周樂觀樂也非論詩也論詩以旨趣觀樂以聲音樂記云樂者音之所由生其本在人心心之感于物也有喜心感有怒心感有樂心感有敬心感季札觀列國之樂曰不怨

不怒不懼由其感而成聲者知之也齊國之詩雞鳴
而外皆荒淫之行而曰泱泱大風者為其聲發揚蹈
厲似太公之氣故曰表東海者其太公乎秦國之習
粗厲强悍而曰此謂夏聲杜預曰汧隴之西秦仲始
有車馬禮樂去戎狄之音而有諸夏之聲故曰能夏
則大大之至也由是推之邶鄘衛之分為三也地殊
而聲異也唐魏之不係以晉也以其用向日之舊聲
也古公遷岐文武遷豐鎬岐豐鎬之地人聲與豳不
同然欲揚公劉之業則必用豳土之聲故七月係之

豳也東山諸詩入焉者或周公覩王室之飄搖念朸
造之艱瘁欲子孫思及祖宗故令工人叶聲于豳以
悚動孺子王而人因以九罭諸章附末可知也小雅
思而不貳怨而不言大雅曲而有直體亦言聲也頌
五聲和八風平節有度守有序其論聲也彰明較著
矣三百篇叶于絃歌絃歌之調不傳于後所考證者
春秋内外傳耳季札之聰雖不及師曠然春秋時先
王宫懸猶在所見所聞必有其據學者如以左氏不
可信乎則季札之言為誣若徵信于左氏則觀樂固

論聲也即其觀于鄭樂亦曰美哉其細已甚細者繁絃曼節之謂如外傳所云細陵其正聲過也非詩淫也孔子曰放鄭聲鄭聲淫不曰放鄭詩鄭詩淫聖人立訓不原自不易如之何而改諸

詩說三

三百篇有大疑習焉不察嘗以問之宿儒無知者先儒之論曰天子巡狩朝諸侯于方岳之下大師陳詩以觀民風平王東遷天子不復巡狩矣列國變風之詩誰採之而誰陳之哉或曰天子遣大師下行列國

民間歌謠悉錄而登之王府也考之春秋王臣之來咸書于册太史來採風豈有不書且如此是天子尚以禮樂為事也天子曰以禮樂為事甯威令尚不行于天下乎則大師之不來可知也或曰列國使大夫貢之于王也按春秋二百四十二年魯聘周者僅七舉魯而他國皆然朝聘之禮猶略矧云獻詩抑如此是諸侯尚守王章也王章之是守豈不修述職乎則列國之不貢可知也或曰魯為宗邦秉禮之國羣后各以風詩遺之按春秋魯弱國也公如齊如晉如楚

俱見止焉季孫行父叔孫婼執于晉故魯之爲宗邦也由後世尊孔子而言也在當時諸侯之視魯無異其視衞鄭宋也則列國之不遺可知也或曰孔子删詩分遣弟子游列辟之庭發其故府按其藏書登其謠詠以備蒐擇夫蒐擇則必廣矣成康令德之君也宣王中興之主也成康相繼四十年宣王在位四十年八十年中巡守者屢焉之東岳之北岳之南岳之中岳公侯之國如宋如陳如齊如魯如衞伯子男之國如燕如許如曹如楚豈無頌美其君者竟泯焉無

聞至譏刺之作乃相續不絕治世無風詩亂世有風詩無是理也謂有之而孔子不錄則聖人舍治而存亂更無是理也鄭桓公武公相繼為周卿士善於其職緇衣之宜見於鄭風好賢之心無已也然鄭桓武之功何如晉文侯齊桓公晉文公悼公哉晉文侯捍王于艱齊桓公率天下諸侯而尊周北伐山戎南伐楚存三亡國兵車之會天下服其武衣裳之會天下歸其信晉文公繼桓之烈定襄王敗荆楚為中國盟主王室賴以安諸侯恃以固悼公修文之業其卿讓

於善其大夫力于教三駕而楚不能爭當是之時齊
晉之人士與國之大夫豈詩以顯揚伯主亦且渺焉
罕傳小國之賢君有詩伯國之賢侯無詩無是理也
即曰孔子黜伯功削而不載然而刪書存文侯之命
春秋美召陵嘉葵邱褒首止序城濮之績惡其主是戰乃胡氏
之說聖經無[illegible]詞善蕭魚之會于書春秋則稱之有詩則黜
之愈無是理也夫此三百篇之大疑也既緼疑于心
而莫能解及得孔氏傳所釋多異邶風管叔以殷畔
康叔憂王室賦柏舟管叔將畔大夫諫賦匏有苦葉

管叔以殷畔仕者苦之賦北門鄘風三叔搆周公鄘人風之賦牆有茨叔處不義鄘人刺賦相鼠管仲相桓公齊人美之賦風雨子皮為政忠直文武子産美之賦羔裘曹叔振鐸為政有度國人美之賦鳲鳩魯人申公說與此同然則變風之詩未必皆作自東遷以後郎作自東遷以後亦未必如今解者之所云去聖二千年我亦不敢知曰孔申說非毛公說是更不敢知曰孔申毛之說俱非唯朱子說是闕焉可也

詩說四

或問于余曰子之所疑周天子不巡狩則大師不採
風列國安得有詩是則然矣然大要何所依歸曰余
所疑質之老師宿儒而不得其解求之先儒而莫有
其解有疑則闕之孔子之教也吾何能强伸其說哉
旣以應客退而私為之記曰詩之為體一國之事繫
一人之本謂之風言天下之事形四方之風謂之雅
雅者正也言王政所由廢興也周轍而旣東矣刑政
不及於天下無有言及王政者矣故曰王者之迹熄
而詩亡然詩本性情終不亡于人間列國之賢人君

子或憎歡變故或懷念舊俗或憂時傷事而抒其忠孝之思或歷落坎軻而寫其無聊不平之意往往寓之於山川寄之於草木託之於飛禽走獸昆蟲甚且作為怨女悲婦之語以發其離憂其音流其節宕叶之宮商而無滯被之琴瑟而成韻能令聽者感心動耳生其欷嘘興其愛慕蓋其所言者皆一國之政後世之人不得知而當時之人則知之也古者列國皆有史官於是國之太史哀其志賞其聲採而登諸歌詠雖不敢升之朝會而士大夫私燕亦或用之故鄭

之諸卿得賦之韓起而起喜之曰二三子賦不出鄭志皆昵燕好也志者誌也誌一國之風俗而賢人君子之詩附焉者也左氏屢言鄭志則列國亦皆有志既列國皆有志夫子因得取而删之以備興觀羣怨周衰方岳不巡大師不陳詩而諸國有變風或以是故哉嗟夫風之義隱矣其立言也婉矣指其人以實之不可也作者原不欲著其名也指其事以實之不可也作者原不直陳其事也不可以近求作者之詞似近而其指則遠也不可以易而求作者之詞似易

而其中之紆回屈曲難言而又難以言也是故拘文牽義不可施之國風必如孟子之說不以文害辭不以辭害志以意逆志是謂得之何謂逆志時已異矣勢已殊矣其人邈不相接矣順文徑講其志不如詩之所云是必用意崎嶇之外相遇性情之中思之思之又重思之思之不得則展轉反側以致其合旁通觸類以期其是夫然後古人所為忠君愛國悲天憫人善善惡惡之志曠世如見其心如聞其語是之謂逆志是之謂得之也若執其字泥其句則其詩之儇

佻已甚何以謂之志亦何取于逆而得之哉是故志者正志也非淫志也子曰思無邪正志也本無邪以論詩其有背焉者鮮矣於其所不知蓋闕如也

論易詩

張横渠曰易為君子謀不為小人謀故撰德於卦雖爻有小大及繫辭其爻必諭以君子之義横渠之訓立而凡指其爻為小人者其說皆可正也楊龜山曰詩三百篇經聖人刪過皆可為後王法龜山之訓立而以詩為淫者自言皆可參酌古序反而救之也

詩闕疑說

或曰子於毛詩國風既繹之矣又有闕疑之說何也曰惟欲闕之故詳繹之夫國風作者非今時之人也其事非今時之事也以今時人言今時事尚有求其指而不得者況國風詩人皆先王禮義遺民其學深其識遠其用意纏綿而篤厚得不為之反覆深思但以輕易之見讀之乎是故毛公朱子並存其說無疑者可温故知新有疑者待博學詳說

詩刺時政說

或問毛傳說詩多歸刺時無乃刻乎曰萬方失所由于天王國中失所由于國君是故嫠婦不恤其緯而憂宗周之隕為將及焉凡民閒男女之怨曠室家之流離與夫賢人君子之退隱下位皆人君無道所致詩人之意非偶然也漢王吉事昌邑王以三百五篇為王道之危亡失道之君為王深陳之冀其悚動也若以民閒私事告之于王瀆則甚矣何可以當諫書

詩刺時政說二

或曰詩之為用專主美刺乎曰不主美刺詩以何為

古詩三千孔子删之爲三百誠不知去取之意何如
大抵有關於風化者存之無關於風化者棄之故言
近而指約若男女贈答錄登簡册則孔子删詩與蕭
統文選無異且書之兼兩弗竟豈但三百哉子曰誦
詩三百授之以政不達由是言思之詩三百篇無一
言不裨於政治者也或曰雅之刺君篇什著有明徵
風之刺君何據爲然曰家父作誦以究王訩自表其
姓氏而不避禍患尹氏太師皇父孔聖家伯冢宰仲
允膳夫聚子内史蹶維趣馬楀維師氏直指其人之

姓名而不虞怨怒赫赫宗周褒姒滅之顯斥王后之
惡而無所顧憚此雅之體也詩人所爲賦也若風之
體則異是婉而不徑隱而不彰或爲賦或爲比或爲
興若無與其事若無與其人而徐而聽之實爲此事
實爲此人詩人所爲風也是故從朱子之傳以說風
詩於文義爲順如毛氏之傳以說風詩於詩意爲深
不知文義不可也不知詩意亦不可也吾所以並而
論之也

淫詩刺淫辨

或問詩為淫者自賦與為刺淫者而作二者何適之從曰去聖已遥固未知作者之意何如但以吾心斷之均此詩也以為淫而讀之吾心蕩如也以為刺淫而讀之吾心肅如也蕩然幾入于邪肅然則無邪矣故馬貴與曰同一淫佚之詞出於奔者之口則可刪出於刺奔者之口則可録序歸于刺淫其説未可非也或曰大雅君子曰搜求里巷男女之陰私而譏之議之無乃傷于忠厚而流于瑣細乎是不然詩人所刺皆世家大族敗亂風化無關里巷之私蘇明允族

譜亭記有曰某人者鄉之望人也而大亂吾俗焉故其誘人也遂而爲害也深自斯人之以妾加其妻也而嫡庶之別混自斯人之篤於聲色而父子雜處讙譁不嚴也而閨門之政亂周德雖衰二南之風未遠食祿之家恣其情欲首弛帷薄因之婚姻道鈌貞信教微舉國淫亂相師而不可救君子痛焉而彰之刺大師感焉而採爲風孔子憫焉而錄爲戒孔穎遠曰風俗之敗自上行之所刺宜刺在位之人其說俱未可非也

周南

周南之詩一言以蔽之曰刑于寡妻而已不及文王者稱后妃而文王在其中矣然此房中之樂也房中之樂美后妃朝堂之樂美君上美君上者其聲清明而廣大美后妃者其聲温柔而和婉是故房中不用鐘磬節奏固不同也王化之行自家及國國中大夫之忠良由君上化之國中女子之貞淑由后妃化之易家人卦利女貞之外無他辭教化各有由起也或曰如是則兔罝羔羊何以列于二南曰蘇子瞻有言

婦德含章但相其夫有羔羊之節由是說推之安知
羔羊之大夫非由其妻佐之以恭儉嗇於用而裕於
財始能遂其委蛇委蛇正直在公之操乎則兎罝之
武夫又安知非由其妻勉之以德行勗之以文章而
激厲之以忠君愛國始可當干城腹心之選乎汝墳
勉之以正也勉之以正周南之女有士行矣殷其靁
勸之以義也小序說勸以義召南之女有士行矣麟之
趾振振公子父所訓也母之教也彼茁者葭則室家
和叶陰陽通暢效至于鳥獸咸若庶草蕃廡中庸曰

君子之道造端乎夫婦及其至也察乎天地關雎鵲巢夫婦之造端彼茁者葭一發五豝于嗟乎騶虞王仁遍于鳥獸草木天地之察二南為王化之基可以見矣

關雎

樂而不淫哀而不傷以聲言也聲音之道惟哀與樂而出於房中尤易踰節是故有所思則哀哀至於愁苦而不禁則損損斯傷矣有所喜則樂樂至於流佚而忘還則濫濫斯淫矣記曰志微噍殺之音作而民

思憂流辟邪散狄成滌濫之音作而民淫亂甚言哀
樂之感人而易底於過也關雎之詩形容后妃之德
哀麗於志樂中其則被之管絃式和且平如記所云
合生氣之和道五常之行陽而不散陰而不密剛氣
不怒柔氣不慴是人倫之本王化之基以為風始用
之房中焉用之鄉人焉用之邦國焉用之房中宮人
聽之邪慝不萌怨歎不作用之鄉人邦國士大夫及
士庶人聽之愛憎無頗志慮不惑集註云欲學者玩
其詞審其音而有以識其性情之正音邈矣而辭可

玩性情之正歸諸聖人而聽是音者亦可以自正其性情此先王以詩立教之用也今之解者謂宫人得性情之正大謬不然矣

摽有梅

男女及時也我詩人我之或父母我之未必女子自我也愚謂周南在文王國中强暴委禽事之所無召南染習紂化淫風以漸而革是故行露之女生在周南必無鼠雀之訟如玉之女生在周南必無舒脱脱之嫌江有汜之媵生在周南必不至其後始悔地相

去有遠近化所及有先後則召公布政敷德之功大矣毛公謂關雎麟趾之化王者之風故繫之周公南言化自北而南也巢鵲騶虞之德諸侯之風也先王之所以教故繫之召公其說是也

舒而脫脫兮

詩人極言其門戶之嚴整而不可犯也苟非嚴整則以幽貞之壼而男子得入其幃動其巾驚其尨乃囑其姑遲緩而來夫豈爲禮義之世

邶風

讀詩至邶風而有感也夫家國之應其猶樞機乎周南上有關雎之幽閒即下有桃夭之宜好召南上有繁蘋之恭儉即下有行露之貞正至兔罝武夫可備腹心羔裘大夫著其委蛇王化之行固若是速也降而邶風綠衣之怨生而民閒夫婦相棄谷風之刺興矣毋將子離而凱風之歎作矣賢否倒置而簡兮悲在下位矣君子道窮而北門傷於貧窶矣哲士見幾而作北風雨雪攜手同車以去矣及乎新臺蒙恥二子乘舟狄人入衛國幾亡人但知衛亂由于宣姜不

知推原本始在莊姜之失位使莊公之待莊姜能如
文王之待后妃則關雎之化復行矣嗚呼此治亂盛
衰之幾周太師樂歌編邶風次二南有以也夫

柏舟

小序云仁而不遇也我心匪石不可轉也我心匪席
不可卷也威儀棣棣不可選也可謂仁矣雖有兄弟
不可以據同姓之臣也憂心悄悄慍于羣小讒人高
張正士無名也然而善處怨矣反覆流連無一言及
其君但似婦人不得於夫而作者然仁人之用心固

若是隱約乎屈原袓三百篇而作離騷亦不欲直斥

君上然牢騷不平之氣橫於胸中悲憤歎恨之思溢

於詞語視之柏舟相去甚遠此詩人所為忠厚也

北門

剌仕不得行其志也言衛之忠臣不得其志爾召南

大夫退食自公委蛇委蛇盛世賢君周恤臣隱厚於

禄並優於賜故其臣得從容閑暇有餘力以趨事衰

世昏主下情隔絶薄於禄並嗇於賜故其俯仰乏資

無顔面以對妻子愚嘗論有國者欲富其民必先富

其官亦讀北門而有感也莫知我艱鄭氏云君旣然
矣諸臣亦如之所以如之者以常情待其僚謂我輩
皆富矣汝爲何獨硜硜矯廉以至困屈也室人交徧
讁我范氏曰關雎之化行婦人能閔其君子至于衰
世則室家日見而有不知其心者所以不知其心者
以常情待其夫謂人皆富矣汝爲何獨矯廉硜硜以
困累家室也讀此一詩而當日政事人情畢見

靜女

刺時也衛君無道夫人無德國家之敗君道邪也君

道之邪内德淫也故忠愛臣子望君夫人之賢同於望人君豔妻煽方處而車舝之詩作思得碩女以易褒姒周人之忠愛也新臺有泚而静女之詩作思彤管之貽以禮法範宣公衛人之忠愛也

君子偕老

碩人美夫人之容貌君子偕老美夫人之衣服然流連反覆之則美容貌者有幽閒貞静之意焉美衣服者有妖嬌豔冶之態焉詩人意在言外也胡然而天也胡然而帝也令人望而卻走春秋内傳曰深山大

澤實生龍蛇彼美懼其作龍蛇以禍汝也又有曰尤物足以移人苟非德義則必有禍如天如帝是龍蛇之尤物也禍人必矣熒澤之難詩人早識其幾詩所以有補于治也子之不淑云如之何毛傳云以予為不善將如之何言其善也玩下二章並無譏刺之語則隱而不露於意為深

桑中

刺奔也毛傳之說為長自古雖極大亂禮義銷亡之世男子必不敢自言曰我善淫也我將淫于某氏也

女子亦必不敢自言曰我喜淫也我將與人行淫于某處也在丈夫女子旣不敢公然宣之于口而太史亦不敢顯然登之于歌以播國惡聖人亦不敢存而不删以淫示人本之刺淫則作者有維風防俗之思太史採之聖人存之並有垂懲戒勵廉恥之訓此變風所以列于經也

氓之蚩蚩

始不以禮合終至于被棄而怨悔也大易歸妹象辭君子以永終知敝聖人知其終之必有敝也是故謹

防于始納采問名納吉納徵請期而又先之以媒妁重之以親迎以此防民猶有相怨如谷風者況不以禮乎其詩曰匪我愆期子無良媒媒妁不通矣以爾車來以我賄遷交接以財矣桑之未落其葉沃若悅慕以色矣無禮如此是故雖有志行不足欽也女也不爽徒自歎也雖歷荼苦不足矜也三歲為婦空自傷也雖堅信誓終至渝也信誓旦旦祇自悼也禮之於人大矣一日廢禮則釁戾及之後世君臣之間有以因夤而合有以他途而締比其後也君臣之好不

終亦氓之蚩蚩之類乎

王風

黍離之詩言王者之事降為國風蓋王室卑而等於列國矣雖然亦其詩不登于大小雅也風雅各自有體雅之體廣大風之體狹小吾嘗論大雅文王大明綿篤公劉生民諸篇必周公所作其他稱揚先德亦必出史佚諸賢之手小雅鹿鳴諸篇作之者必有德有言之士其音和其節古其辭醇其意厚萬世莫之能加厲王立而周道蕩矣變雅作矣然節南山諸篇

猶存廣大之體先民大猷是經是程者尚在也至于吉甫作誦其詩孔碩其風肆好殆追踵天保卷阿而與之同聲當其時有如是之詩宣王中興復古氣象巍巍如也東遷而後罔有耆壽俟在厥服不但材能之臣不逮西周王風十篇憂亂之詩狹小無廣大之意亦不能追變雅之體嗚呼可以觀世變矣

君子于役

刺平王也君子行役無期度大夫思其危難以風焉

讀此知周臣之同心也同心之臣居共其樂出處其

難居共其樂左執簧右招我由房其樂只且是也出慮其難君子于役如之何勿思苟無饑渴是也使平王擢而用之皆憂國奉公之臣也委置不用令其但與僚友發爲繾綣之詞蘇長公所以譏其旋旋無志也隋經籍志在心爲志發言爲詩上古人情湻朴情志未惑其後君尊于上臣卑于下而從面爲諛目諫爲謗故誦美譏惡以懲刺之亦諷詠而已君子因管絃以備勸戒風詩漢儒相傳以爲刺時說未可非

君子陽陽

閔周也君子遭亂相招為祿仕全身遠害而已此詩
為後世招隱詩之祖欲遠害則宜遐遯尚相招為樂
官戀升斗之祿不忍去蓋欲享厚祿恐危及其身欲
之南畝則饔飧無以自給君子處亂世事闇君不能
退不能遂勢固若是之難也有兎爰爰之君子或是
親臣義無所逃與此異觀

采葛

毛傳云懼讒也孔傳云王好讒大夫憂之而賦申公
云賢者被讒見黜于野國人閔之而作是詩鄭康成

云桓王之時政事不明臣無大小使出于外則為讒人所毀故懼之按三家及鄭箋之說皆為懼讒是詩也可以繹也春秋内傳曰世亂讒勝讒慝之離間忠良必先擯之於外使之蹤跡疏遠然後徐行其浸潤使賢人者進不得見於君退無以白其心事望九閽其如天瞻堂陛若關河而猶冀其君之一見可以自愬其無他也故曰一日不見如三月兮不能得矣則又曰一日不見如三秋兮久之竟不能得矣則又曰一日不見如三歲兮始計以月次計以時終計以歲

忠臣之憂讒畏譏而企望于君也如此由是言之欲讒說之不行唯在君臣之常相見也我覯之子燕笑語兮明良之情所以通也一日不見如三月兮堂陛之情所以隔也周室盛衰於斯斷矣

邱中有麻

思賢也古者諸侯封建卿大夫分有采地各撫其士各子其民經理有規田疇修治百穀用成民戴其主如父母然時王不明世臣放逐田疇廢百穀荒民思舊君曰某邱是吾君之所治也若麻若麥若李吾君

之所種植也冀其復來恤已故曰彼畱子嗟將其來施施彼畱子國將其來食彼畱之子貽我佩玖畱姓嗟國名疑其無據正義曰毛時書籍猶多或有所據當存其說

緇衣

小雅隰桑之四章心乎愛矣遐不謂矣中心藏之何日忘之好賢可云篤矣而古今言好賢者獨稱緇衣蓋隰桑之待賢也以心緇衣之待賢也以事心可以假而託也事不可假而託也何謂事愛賢必為賢者

謀謀必於其所最急最急者莫如衣與食吾切實而論之夫衣服所以章身也飲食所以養氣也衣不美則君子無儀食不具則君子斯饑無儀斯饑逝將去汝雖言授之縶以縶其馬浩然長往其肯為我畱哉如緇衣所咏其於待賢蓋款曲而周至矣宜非容以為宜而主以為宜也量其長短度其廣狹與體相稱然後贈之苟有衣必見其敝曰又改為則恐長短之未甚合廣狹之未甚適改而爲之欲宜之中又更宜也適館不但問起居而已邃其軒楹潔其庭宇風無

慮寒雨無慮溼暄無慮燥俾筵几以正其席上莞下
簟以安斯寢亦已與賢者載笑載言矣雖然籌及饔
飧不可以不亟亟還也米之為法八精九鑿十侍御
授之以精可矣乎曰未也猶近於糲授之以鑿可矣
乎曰未也僅少乎精至于侍御乃粲也然後授之以
粲則炰鼈膾鯉無不偕也肥牡肥羜無不備也我有
旨酒可坎坎鼓而蹲蹲舞也獨粲云乎哉主人之待
賢也如此其周故賢人樂其意而感其誠始肯盡其
忠告而示以周行主人德進而業修名彰而譽達恃

有此物此禮也後之好賢者不然名曰敬之而寔慢
之名曰親之而寔疏之無其物略其禮猶曰心乎愛
矣遐不謂矣其亦詐而已矣吾故曰心可假而託也
事不可假而託也古今來好賢者獨稱緇衣之詩豈
無故哉

將仲子

是詩也正論其義可以風也夫人立德成于畏太上
畏天其次畏身其次畏人昊天曰明及爾出王昊天
曰旦及爾游衍畏于天也溫溫恭人如集于木惴惴

小心如臨于谷畏其身也侯詛侯祝靡屆靡究畏于
人也是詩首言畏父中言畏兄終言畏人言內之唯
恐得罪于父兄外之唯恐得罪于鄉黨州閭推此志
也進于聖賢無難也而鄭莊公之見刺于詩人則不
然不勝其母以害其弟弟叔失道而公弗制祭仲諫
而不聽小不忍以致大亂焉曰畏我父母謂迫於姜
氏也曰畏我諸兄恐公族之議己也曰畏人之多言
言段得眾國人歸之欲討恐人情之不順也待其繕
甲兵將伐鄭然後從而攻之則姜氏不敢阻諸兄不

得怨國人皆無辭於罰也處心積慮陷成其惡故詩人原其心而刺之

大叔于田　叔于田　揚之水　椒聊

在鄭風者刺莊公也在唐風者刺昭公也段不義得衆而莊公不禁曲沃桓叔强盛而昭公不備國人憂之故作此詩以風其後鄭伯克段于鄢友愛之道不終翼併于曲沃舊封之社邱墟思深遠乎詩人其忠君愛國之至乎

遵大路

思君子也莊公失道君子去之國人思望焉按詩傳
武公桓公相繼爲周卿士善於其職國人愛之爲賦
緇衣度當時必有賢人君子爲之左右焉莊公嗣位
不紹先業賢人去國國人述舊德以畱之遵大路之
詩所由作也證之漢史楚元王於穆公白公申公俱
受詩於浮邱伯穆生不嗜酒元王常爲設醴及孫王
戊常設後乃忘設焉穆生曰醴酒不設王之意怠遂
謝病去白公申公强起之曰獨不念先王之德歟無
我惡兮不寁故也無我魗兮不寁好也卽此之謂也

狡童

龜山謂春秋鄭突書伯忽書名國人不以為君故斥之謂狡童朱子謂以淫奔之詞麗於訕上竊疑詩人但刺狡童耳而刺忽之意自寓如箕子朝周傷殷宮室之墟曰麥秀漸漸兮禾黍油油兮彼狡童兮不與我好兮紂非童也而箕子所刺者紂也風詩之體或祖諸此

山有扶蘇

刺莊公也所美非美然也國家無常治亦無常亂賢

否別白則治混殽則亂譬之於物扶蘇必在山矣荷花必在隰矣物固有自然之位也譬之於人子都子充人情所愛慕也狂且狡童人情所疾惡也乃高下失所賢奸睉目子都之不親而狂且之是卽子充之不近而狡童之是就海畔有逐臭之夫其鄭莊公之謂乎厥後四公子爭立大亂久而乃定則以用舍顛倒妍媸不辨故也

擇兮

君弱臣强不倡而和也言君不倡而臣自和臣下專

也愚意不然謂臣下自相倡和如風之吹籜不搖自落無自立者也作此詩者疑其在祭仲逐忽傅瑕弒子儀之時乎夫淮南欲謀反而憚汲直曹操欲篡漢而忌孔融使當逐忽弒子儀之時有人焉持正經引大義直言正色以折其奸祭仲傅瑕雖有無君之心亦不敢動于惡無如一人倡之衆人從而和之是故隨波汎浪以及此禍患也孔子作春秋治亂臣賊子必嚴其黨與子公欲弒君子家懼而從之書曰公子歸生弒其君夷趙穿弒君宣子亡不越境反不討賊

書曰趙盾弑其君夷臯首謀者倡也黨與者和也無和者則倡者之事不成是故倡之罪重和之罪尤重此春秋誅黨與之意也叔兮伯兮倡予和女罪倡和也

褰裳

思正己也狂童恣行國人思大國之正己也唐疏勝於漢注正義曰子斥大國之正卿也春秋之時主一臣二歸晉而不我思豈無齊楚脅之也懼之也狂童之狂也且托為男女戲謔之詞使之自悟所云言者

無罪聞者足戒詩人之婉諷也君臣之閒亦有時而然聲子曰惟楚有材晉實用之析公雍子子靈苗賁皇不善于楚而奔晉竟害楚國子不我思豈無他人也後世天下一君四海一國無庸慮此至於兩國兵爭之時則不可不知韓信陳平皆為項王將不用閒行從漢王遂以滅項子不我思豈無他人也韓范為西帥有張昊者曳石歌詩二公知其才也躊躇未用已奔西夏為之謀主作邊患者十餘年子不我思豈無他人也鄭風從小序言皆有國者之箴

丰

刺亂也婚姻之道缺陽倡而陰不和男行而女不至

人道始於夫婦夫婦之始重在婚姻考婚禮壻執雁

入揖讓升堂再拜奠雁降出御婦車而壻授綏御輪

三周先俟于門外婦至壻揖婦而入春秋而下禮義

廢弛有不親迎者矣有親迎而女後男至者矣其不

親迎者備譏于春秋其女後男至者如莊公二十有

四年夏公如齊逆女秋公至自齊八月丁丑夫人姜

氏入公不與夫人偕至夫人不從公而入婚姻之始

已失夫婦之正其後弑閔遜邾不勝其悔丰詩之刺
以此義推
東門之墠
刺亂也男女有不待禮而相奔者也其室則邇其人
甚遠言得禮則近不得禮則遠也男女雖亂猶有刺
亂之人先王禮教未泯也所以區區之鄭立國于溱
洧之閒雖衰亂而不亡蓋尚賴有教化之存焉不然
不可以終日矣安能傳至獲麟後三百年乎楊龜山
曰詩皆出于國史皆正于禮義卽如此類

風雨

思君子也亂世則思君子不改其度焉風雨晦冥刻漏闇淡司更者或迷其候雞則知時喈喈瀟瀟鳴而不止君子之處亂世亦然以在朝言之讒夫昌矣紀綱壞矣盈庭昏昏等於狂國君子獨持正直行忠讜不因奸佞衆多而易其操也以在野言之異端熾矣正道微矣風俗日下同於江河而君子獨法先聖崇仁義不因陂淫恣盛而渝其守也是故亂世之賴君子視治世更甚治世王化休明人有士君子之行亂

世邪說充塞雖有善人亦將變爲曲士當是之時得
一君子修身明道以維名教此天地所以長存日月
所以長明江河所以長流人物所以長蕃也風人之
思其深矣乎

揚之水

閔無臣也忽兄弟爭國親戚相疑後竟寡於兄弟之
恩雖有同姓之臣心腹可親而惑于讒閒終至乖離
故曰無信人之言人寔迋女無信人之言人寔不信
是可閔也夫兄弟疏遠盛衰所關角弓之詩作而西

周墮葛藟之詩作而東周替揚之水之詩作而鄭忽出奔杕杜之詩作而曲沃滅翼反復周公常棣之篇為之太息

子衿

刺學校廢也亂世則學校不修焉鄭國衰亂不修學校學者分散或去或畱故陳其畱者恨責去者之辭不嗣音者古者教以詩樂誦之歌之絃之舞之責其不來學習音樂廢弛舊業一日不見如三月兮謂禮樂不可斯須去身責其廢之久也夫國家理亂視乎

禮樂禮樂興衰視乎學校學校修則士子學有常業居有常處學校廢則士子膠庠之不居而候望以為樂重威之不聞而佻達以為習溱洧之詩曰維士與女伊其相謔士者何即離學校而出遊者是也及子產相鄭輿人誦之曰我有子弟子產誨之則以學校重修而人知教化也然則為國者之於學校其可忽乎哉

野有蔓草

衛之賢人仕亂朝居下位忽有思于古之明王曰山

有榛隰有苓云誰之思西方美人彼美人兮西方之
人兮鄭國之亂澤不下究人思遇時忽覯蔓草而起
興曰野有蔓草零露漙兮有美一人清揚婉兮邂逅
相遇適我願兮此二詩者所謂睪然深思也雖然明
王之遇不可追矣邂逅之遇三代而後往往有之言
乎君臣則甯戚飯牛而遇桓公燕昭王求士而遇樂
毅張子房過番而遇漢高祖昭烈屯新野而遇諸葛
孔明言乎朋友則臼季過冀而遇郤缺叔向適鄭而
遇鬷明伍舉奔鄭而遇聲子茅容避雨而遇郭林宗

馬周客長安而遇常何賈島敲詩而遇韓昌黎孫明復假錢而遇歐陽永叔如此之類史不勝書皆於邂逅之頃懽然道故而功建焉而名立焉洵哉其適所願而與偕臧也嗟夫遇之時大矣哉邂逅之遇其時更大矣哉易曰有隕自天程子曰有隕者本無而倐有之詞邂逅者亦本無而倐有之事君或遭衰亂而思賢才士或值困窮而思汲引民或處仳離而思拯救俱於必不可得之中而思萬或一得之遇郎詩人之云邂逅也千載下讀此詩者猶思之殷殷況當日

之咏之者乎

有女同車

刺忽也忽辭昏于齊無大國之助至于見逐故國人刺之按左氏昭公敗北戎齊人將妻之昭公辭祭仲曰必取之君多內寵子無大援將不立三公子皆君也弗從宋雍氏女於鄭莊公曰雍姞生厲公雍氏有寵于宋莊公故誘祭仲而執之脅以立突祭仲與之盟以厲公歸而立之昭公奔衛夫昭公為世子貴者也宜有國者也厲公庶子賤者也不宜有國者也宋

人所以敢執祭仲使立突逐忽必無大國之討也使
當日成昏于齊宋人必有所畏而祭仲亦不敢萌其
邪心邦基固矣國人恨之故曰彼美孟姜洵美且都
言齊女之可親也彼美孟姜德音不忘言齊女之可
恃也

溱洧

刺亂也兵革不息男女相棄淫風大行莫之能捄焉
作此詩者其憂時之君子乎愚嘗以鄭聲淫是聲非
詩或者疑而不信按鄭風二十一篇自緇衣叔于田

大叔于田清人羔裘女曰雞鳴出自東門七篇而外其十四篇皆淫詩也考漢書禮樂志郊廟詩歌内而掖庭才人外而上林樂府皆以鄭聲施於朝廷至成帝時鄭聲尤甚哀帝下詔曰放鄭聲鄭聲淫其罷府官郊祭樂及古兵法武樂當時所謂鄭聲豈絃歌鄭風十四篇哉龔其聲以祀郊廟而已而讀漢郊廟諸詩並無言及男女情欲之事則漢時所謂鄭聲者豈如今解詩者之所云哉吾故曰鄭聲淫聲也非詩也淫者靡曼之過也非男女情欲也

魏風羔裘

刺時也晉人刺其在位不恤民也列國封建有數百年之主臣大夫雖居居然不恤其民而民猶念故舊而不忍去唐堯之遺風可云厚矣愚謂是詩也當與鄭褰裳並讀也子不我思豈無他人欲鄰國之大夫聞之而生懼知人之將貳已也豈無他人維子之故欲當國之大夫聞之而生愛知人之尚戀已也風者諷也諷其人俾之感動非但自咏其志而已此三百篇之教也

唐風無衣

刺晋昭公也武公始幷晋國其大夫爲之請命天子之使而作是詩也傳及箋言美序言刺昭公壞王制而幷其宗罪不容誅其大夫爲之請命天子之使直咏其事刺可知矣子之衣子天子之使也因天子之使以請故曰子之衣雖未敢上斥天子然辭傲而意狠天子失政故諸侯大夫敢出此言

無衣

讀小戎之詩女子知義讀無衣之詩男子好勇夫豈

樂戰喜兵而與他國之人異尚哉文武成康之澤入人深矣一旦見宗社之邱墟宮室之禾黍慨然有復仇之志咏詩曰豈曰無衣與子同袍王于興師修我戈矛與子同仇大意謂若爲王興師則奮不顧身仇與子同之矣疾秦君不出公戰而以私鬭也夫以周民之拳拳于王如此使平王能夙興夜寐伸其大恥用畿内之民加以諸侯之師則殺敵曰果致果曰毅殲犬戎無遺類定豐鎬之疆土猶運之掌也怯懦無志委而去之俾秦人撫養摩厲以爲鋭士滅六國而

兼天下豈非自棄其民惜哉

東門之枌

疾亂也幽公淫荒風化之所行男女棄其舊業亟會于道路歌舞于市井爾國之將興人無閒曠男則耕女則織道路之閒非負耒耜之夫即執懿筐之女后稷公劉之所以造周端由此也及其旣衰人棄舊業南畝庠序之職廢機絲杼柚之聲絕招揺過市婆娑是事東遷而下所以亂由此也雖然風俗淫亂兆於君與大夫君不能正其家而大夫隨之大夫不能正

其家而國人隨之子仲之子刺有家者而其君之不正可知矣

東門之池

刺時也疾其君之淫昏而思淑女以配君子也淑善也關雎之詩美淑女也君子偕老之詩刺不淑也内助淑不淑而國家治亂判矣合樂曰歌直言曰言答難曰語得淑姬而與之歌與之言與之語非以黽勉善道相戒卽以推賢求士相勸如樊姬之於楚王責令尹使進賢楚國之霸與有力焉可無思乎如遇不

淑而與之歌與之言與之語非導以慆荒政事卽教以殤﨑骨肉如驪姬之於晉宣姜之於衞讒說日行國幾將亡將安用此詩人反言以見意欲人君聞之而自悟風之所為善諷也

東門之楊

刺時也婚姻失時男女多違親迎女猶有不至者也愚謂是詩也當與綢繆並觀也三星以為參在天昬見十月在隅十一月十二月在戶正月中也鄭以為心在天三月之末四月之中在隅四月之末五月之

中在户則六月矣指為參者謂自季秋盡孟春可以成婚失時矣故舉婚姻時以刺之指為心者謂婚禮必在仲春涉後月則不可昏以為期明星煌煌大意與此同按春秋書法婚姻常事不書失禮則書男女及期明星無所用其瞻視過期矣乃瞻明星而歎息

墓門

刺陳佗也陳佗無良師傅以至於不義惡加於萬民焉古之教世子也有方親正人聞正言見正事至於羣公子之教莫不皆然是故世子有麟趾之稱公姓

公族有麟角麟定之譽師傅力也東遷而下義方之訓不行佗既邪僻傅又無人遂弒太子僭居尊位國人憫之曰夫也不良國人知之知而不已誰昔然矣言國人皆知其惡而君猶命為輔刺陳桓公也弒儲自立禍將及身歌以訊之訊予不顧顛倒思予刺陳佗也雖然豈但佗也衛州吁弒君宣公五年本于與石厚遊楚商臣弒君文公元年由于以潘崇作傅馴至始皇以趙高教胡亥遂以亡秦輔導必擇其人久矣賈生保傅之策所由作也

防有鵲巢

憂讒賊也宣公多信讒賊君子憂懼焉君臣之閒有

以美稱者必以君以臣為美臣以君為美如金玉之

相映也彼小人者乃張誑其說詆潔為汙誣妍為醜

使人君黑白眩亂茫然無所信從然後離閒可入焉

嘗上下今古人而不為君所美小人不忌無庸肆其

謗毒人而為君所美小人深忌無所不用其譖潤如

魚朝恩之短郭子儀程元振之欲害李光弼張延賞

之感毀李晟皇甫鎛之媢惡裴度豈有夙仇哉特以

君子之才略功業為君所美恐其眷有所專而已不能保其寵祿誰侜予美詩人所以忉忉而惕惕也

月出

刺好色也在位不好德而悅美色焉讀是詩至勞心悄勞心慅勞心慘盡形容好色之致矣使當世大夫能易其輾轉窈窕之心為寤寐賢俊之心身安有不脩國家安有不長治哉子曰吾未見好德如好色者也好德多出于虛慕好色實出于眞情何謂眞情如月出之三章是也

澤陂

刺時也序說有補於治而愚以為未盡也有美一人
其刺陳靈公與公孫甯儀行父乎夫有其服無其容
君子恥之有其容無其行君子恥之靈公君也其服
其容具辟公之表焉公孫甯儀行父卿也其服其容
盛浚明之飾焉皆所云有美一人也使其言律身度
秉守周禮師式國人美哉德乎邦其興乎奈何毀其
儀邪其行以君父國卿之尊躬為狎媟淫亂之事傷
哉美而自穢其美國將危身將被弒國人憂之故至

于寤寐無為涕泗滂沱滂也由是上下今古人不美而為惡其為害於世也淺人美而為惡其為害於世也深朝廷之亂由于師尹之多僻風俗之壞由於卿士大夫之不衷師尹卿士大夫有負當世望者卽有美之人也不自愛重至於敗朝廷壞風俗如西漢之張禹孔光晉之王戎嵇康阮籍輩皆是㨿諸詩人之義在傷之之列也

豳風

豳風何以謂之變風文中子曰君臣相誚其能正乎

居變風之末言變之可正也變而克正危而克扶始終不失其本其惟周公乎文中子之言詩也允矣按春秋傳季札觀樂歌豳在齊之後秦之前歐陽公詩譜補亡序云豳齊衛檜陳唐秦鄭魏曹此採風之先後也周南召南邶鄘衛王鄭齊豳秦魏唐曹陳此孔子未删詩以前周太師樂歌之次第也周召邶鄘衛王檜鄭齊魏唐秦陳曹豳此鄭氏詩譜次第也黜檜後陳此今詩次第也如此則豳風居十五國末者次第出於康成而不出於周太師縱鄭詩譜虛而無據

而左氏傳則實而有徵文中子言可疑矣然康成風後雅前之論有近於理者鄭氏意以七月以下皆周公之事周公諸侯也諸詩於體為風不得升之雅而周公大聖人也輔成王負扆以朝諸侯所言皆關王室又不得下並於諸侯是故列豳風於變風之後以見其遠於列國而編在小雅之前以見其事近於天子予以鄭氏說差近學者合觀焉可也

七月二章

女心傷悲殆及公子同歸毛傳云豳公子躬率其民

同時出同時歸也鄭箋云欲嫁也夫女子自言欲嫁

衰世薄俗尚且隱諱公劉興豳方行篤厚之化不宜

有此語唐疏引公羊傳差為近理春秋莊公元年築

王姬之館于外公羊傳云於羣公子之舍則以卑是

諸侯之女稱公子也大抵豳公之時上下均勞于耜

舉趾則田畯親其役采蘩祁祁則公主與之偕且夫

人猶親蠶豈公主可不採桑乎其說似勝鄭箋更思

之

東山

陟岵鴇羽之詩憂念父母周公慰勞軍士殷勤妻子豈置父母於不問哉夫孝弟天性也然盡孝盡弟不可槩望之人人至夫婦之愛無人不爾而不敢以明言也聖人悉人情之同而代言其不敢言之隱是以感奮從戎蒙難弗悔諸葛武侯志周公之道者也與司馬懿戰於渭濱十二更下在者八萬時魏軍始陳衆謂宜權停下月兵以併聲勢武侯曰去者束裝以待期妻子鶴望而計日雖臨征戰義所不廢於是去者感悅願雷住者憤踊效命一戰大尅蓋惟聖賢能

以人情用師故悅之大人心共勸後世以狙詐使人
雖與軍士均甘同苦揆之聖賢之道其胥壤矣乎

狼跋

赤舄几几美威儀也德音不瑕美言語也人情處常
則威儀安重及值變則威儀匆遽有不暇為容者矣
否則矯飾鎮物猶之乎匆遽也惟聖人為能不改其
度詩人但舉其足容而一身之動作皆中禮也人情
處常則言語温醇及值變則言語忿疾有不能和平
以出者矣否則力為緘默猶之乎忿疾也惟聖人為

能不渝其素詩人但舉其辭氣而一心之涵養皆仁
義也感哉聖人之德非周公不能有是美哉詩人之
言非知聖之深不能如此形容之

毛詩國風繹終

後序

讀詩者宗朱傳曰守家法也而又當旁通者馬氏貴與曰孔子有思無邪之訓以其詞之不能不鄰乎邪也使篇篇如文王大明奚邪之可閑孟子有害意之誡以其詞之不能不戾其意也使章章如清廟臣工奚意之難明風之為體比與之詞多於敘述風諭之意浮于指斥學者雖守家法惟謹要不得屏序說使泯泯也至於雅頌其詞易知其意甚顯毛序朱傳閒有同異若楚茨以下諸篇序以為刺朱傳以為美總

之皆力農之詩魚藻以下諸篇序以為刺朱傳以為
美總之皆天子親諸侯之詩昊天有成命序以為合
祭天地朱傳以為祭成王總之祭祀之詩可以辨可
以無辨

跋

右毛詩國風繹一卷鄉先輩陳介石先生著也先生名遷鶴字聲士號介石安溪人康熙中以翰林入直南書房是時　南書房最號津要撰擬　批答皆出其手高澹人以侍直故氣燄熏灼時相亦趨其門自雍正間設軍需局後改軍機處於是代言始有專司而　南書房翰林但以書畫文詞供奉矣先生地處清切顧硁硁以窮經為事其志趣之高洵可欽尚是書向無刻本余從先生後人逵汀中翰假讀因傳

毛詩國風繹　一　梅石山房

寫一部其迻謄謬誤者悉爲刊正闕有脱字以臆見
標于眉端不敢率行增益先生所著尚有易説十五
卷　先大夫曾爲作敘又尚書私記一卷春秋紀疑
三卷春樹堂文集二卷上峰堂文集二卷今版行者
惟春樹堂集云元戳闇茂如月後學許祖滂識

跋

詩宗毛鄭古無異詞其廢小序以爲村野妄人所作昌言攻詆者則倡之爲鄭樵王質而朱子和之者也然樵作詩辯妄當時周孚即作非鄭樵詩辨妄指其謬而斥之質所作詩總聞不字字排毀小序故議之者頗尠至朱子詩集傳乃痛攻小序不畱餘力黄氏日鈔云雪山王質夾漈鄭樵始皆去序言詩與諸家之說不同晦菴先生因鄭公之說盡去美刺探求古始其說頗驚俗雖東萊不能無疑故吕氏讀詩記所

稱朱氏之說其時尚宗小序後因呂氏一激遂改從鄭樵之說自時厥後說詩家攻序宗序聚訟紛紛蓋越數百年儒者尚分左右袒伏讀

欽定詩經傳說彙纂以集傳居先而序說亦不偏廢

御纂詩義折中分章多準康成徵事率從小序然後毛鄭宗旨粲然復明于世鄉前輩陳介石先生自抒卓見著為毛詩國風繹首列詩說總論以次悉就國風分考紬繹于序及傳雖或兩存其說大旨則不離

小序者近是觀其自序云治詩之家終身不見毛序
且以不宜場屋與稗官小說同類而觀故申明其說
非敢與朱傳相牴牾又云讀詩者宗朱傳曰守家法
而又當旁通不得屏序說使泯泯嗚呼可以達作者
之恉矣至其繹詩不及雅頌則因其詞旨顯明易曉
毛序朱傳雖有異同關繫匪鉅無庸置喙惟集傳所
釋鄭風諸篇概作淫詩是書謂鄭聲淫聲非淫詩淫
者靡曼之過非男女情欲之謂於此處反覆詳明尤
為鄭重書未經鏤版會因許澂甫師假先生後人達

汀中翰所藏鈔本傳寫福祑同里黄氏新槧子版以
此書集字授印於是先生窮年矻矻之苦心足傳不
朽矣予遂不揆檮昧而詳識數言於後至先生事蹟
及他著潋甫師已述之茲不贅云晉江後學龔顯曾
謹跋

跋

予少時從陳遠汀師受業得讀其先世遺書介石先生著有毛詩國風繹以詩人刺淫為忠厚刺時為忠愛謂序說可與朱傳並存其立論和平諳厚合風人之旨而援史證經具千古知人論世之識郡志載先生行誼端厚家庭無閒言直南書房屢蒙睿賞邇事父遠事君其得力於詩者深矣是書遠汀師謀梓行未果龔詠樵太史耽經嗜書藏有傳鈔本予近過箴齋讀之如立函丈間喜而攜歸更求許氏校本

不可得因與杭生家叔詠時集士兩弟重校更正數字尚有闕文及疑似字不敢以意增改仍闕如焉授印畢因識顛末以志景仰且無忘吾師諄諄訓誨之意云爾閼逢閹茂陽月晉江後學黃謀烈謹跋

詩經口義二卷

［清］閩縣劉存仁撰

中國國家圖書館藏清同治元年刻屺雲樓集本

詩經口義二卷，清劉存仁撰。存仁（一八〇五—一八八〇），字炯甫，父母既歿，改字念莪，晚號蓼圃山人、蘧園，閩縣人。道光二十九年（一八四九）舉人，曾入林則徐幕，歷官甘肅渭源、永昌、平羅知縣，甘肅秦州、直隸知府等職，晚主福州道南書院講席。所著刊爲屺雲樓全集。

是書題詩經口義，而僅解小宛、常棣二首。卷一小宛解，前有序，自傷早孤，中年喪母，一妹又病瘵卒，憂擣之下而作此篇。卷二常棣解，序云「憶壬寅春，從遊治毛詩，夜間曾爲之講常棣一章」，「未幾蹇遭變故，灰心輟講。又三年矣，寒宵獨寐，回憶前景，因申其説而筆之於書焉」。按壬寅爲道光二十二年，則其成篇當在道光二十五年。存仁以屢遭親喪，思想之際，不能無傷，是以此書亦寓身世之痛，貫穿經義，以抒孝悌之忱，所謂引而進之於道也。

其論詩旨，小宛取朱子詩集傳之説，以爲「兄弟相戒以免禍之詩，其言至爲沈痛」，常棣從毛詩小序，爲「燕兄弟之樂歌，周公閔管蔡之失道，故制作之際，更爲此詩，以申兄弟之好」。全書不重章解句疏，惟藉經以宣義理，於立身處世之道與夫兄弟親親之誼，反復丁寧，而衷情發露，有不能止者。其長在能推求詩人之用心，屬辭敦厚，足以感人；其短在繁稱贅説，斷章取義，殊失解經之體。故常棣解末附黄肖巖語：「一腔心血，借經義抒發，作經解讀可也，不作經解讀亦可也。」可謂的評。（金曉東）

屺雲樓集

詩經口義

屺雲樓集

曲阜孔憲彝題

同治元年五

月琴于渭源

屺雲樓集　詩經口義一

閩縣劉存仁　念莪

小宛解

寒夜枯坐百憂如擣偶憶唐孟雲卿傷情詩云爲長心易憂蚤孤意常傷不禁沁入心脾不堪卒讀也念我不幸早孤中年喪母天乎自今以往長爲無父無母之人矣能無傷乎而同懷止一妹又以今秋病瘵卒骨肉之愛去若斷絲人欲長生久視人世何爲也迴溯庚子從兄逝世文字詩酒之樂闃如壬寅遭吾母大故百事灰槁柳州云長來覺日月益促不信然

邪羣從儒弱不諳生計環顧子姪漸巳長成以養以教迄無可恃身任家督日懼先德之就湮非所謂爲長必易憂者哉朝告夕面無所稟承凜凜危懼如蹈巨石而臨不測之淵一有蹉跌立身蠹粉矣白華孝子相戒以絜白也束廣微補亡云芳佯晨葩莫之點辱言不辱之爲貴也南陔孝子相戒以養也夕絜晨羞今既無望終天抱痛不忍復言而白華未嘗不可三復記曰父母既歿必求仁者之粟以祀之又曰將爲善思貽父母令名必果將爲不善思貽父母惡名必不果卽白華詩人相戒以絜白意也孝經云謹身

節用以養父母酒誥肇牽車牛往服賈用孝養厥父母厥父母慶自洗腆致用酒痛哉今無復望矣不及黃泉無相見也惟有思其嗜欲思其飲食思其笑語永抱此手澤口澤之痛而已孟郊遊子吟云誰言寸草心報此三春暉此猶爲逮事之親言耳若顯揚不及待貧賤勞苦黯然神傷其缺憾有不可勝言者惟有蓼莪之昊天罔極爲足洩其痛耳攺字曰念莪誌痛也夫南陔既不可望無已請歌小宛作小宛解

小宛兄弟相戒以免禍之詩其言至爲沈痛一章曰明發不寐有懷二人夫人勞生擾擾旦晝所爲既不能脫

離塵網私欲錮蔽心德日昏禍之萌芽潛滋暗長於不自知蜀先主所謂勿謂惡小而爲之是也所賴明發一刻如迴光返照大地光明羣邪退遁卽孟子平旦之氣牿之反覆日既消亡擴而充之火之始然泉之始達不可勝用矣而曰有懷二人眞有臨在上質在旁不減丁蘭刻木魏元城懸像遺意果能一番警省耿耿不寐如有隱憂艮心之發見意思之清明工夫全在不寐二字省發人情言性言理多視爲隔膜迂談若臨以二人未有不瞿然驚潸然涕者詩人救世之婆心無窮之隱痛也二章曰彼昏不知壹醉日富以飲酒爲喻喚盡夢夢

前章是使銅人下淚此章是使頑石點頭蓋見夫末俗
靡靡利欲薰心顛倒錯亂何異醉人之側弁傲傲屢舞
僊僊旁觀者爲之絶倒乎然不敢謂人濁我清人醉我
醒也婉而多風詩教也亦以免禍也語意渾含不露若
曰君子亦盡其在我而已滔滔者淪胥以敗耳繼之日
各敬爾儀天命不又質之天命剝復消長之機否泰循
環之理惠迪吉從逆凶滿招損謙受益福善禍淫天心
亦歷歷不爽者惟各敬爾儀以一禮範圍吾身隨處克
滿於持己接物之方無少罅隙以受人之指摘修身以
齊其家使一家內外肅然秩然所謂各敬也親之愛之

之意也此其所以相戒以免禍也禍免則福至循環之理也今人有意邀福福可邀乎詩曰自求多福書曰自作孽不可逭聖人明以示人皆言自也清斯濯纓濁斯濯足自取之也豈外求哉越人關弓而射之則已談笑而道之無他疏之也其兄關弓而射之則已垂涕泣而道之無他戚之也兄弟相戒以免禍戚之之義也疏之者其勢不能以相及其力不能以相勝其權不足以兼善則已耳戚之則不憚丁寧告誡反覆再三言之重焉詞之複焉其詞危其意逼其情傷其說連屬瑣碎周浹旁皇而不能自已若怨若懟若激若勵若勸若懲甚至

並無其事而若爲之預防其幾而絶其弊者思深矣可以怨矣揭之曰各敬至簡至要敬之時義大矣哉予之言極善譬喻彼鄉鄰同室之鬬往救不往救用情有差等亦可悟詩人之相戒施當其可之謂也三章

敎子其詩曰教誨爾子式穀似之穀善也傳曰臣聞教子教之以義方弗納於邪今人薄於孝而厚於慈所謂慈者亦非義方之教姑息焉而巳溺愛焉而巳記曰昔三代明王之政必敬其妻子也妻也者親之主也敢不敬歟子也者親之後也敢不敬歟君子無不敬也敬身爲大身也者親之枝也敢不敬歟不能敬其身是傷其

親傷其親是傷其本傷其本枝從而亡三者百姓之象
也正可引爲此章注脚詩意與上章連屬而下言能敬
其身而思所以爲善又當教其子使之爲善繼吾身即
以繼吾親也父父子子兄兄弟弟夫夫婦婦長長幼幼
家之肥也迨至太和之氣萃於一門肅肅邕邕安宴樂
愷六爻得位家道正矣不求福而福自至天祐善人豈
虛語哉古者適子冠於阼以著代也醮於客位三加彌
尊加有成也已冠而字之成人之道也古冠禮何若是
委曲而繁重也故行之於廟尊重事而不敢擅重事所
以自卑而尊先祖也然則敬其親以及其子閑家之道

故不慎歟且良弓之子必學爲箕良冶之子必學爲裘慎所習也習俗移人賢者不免習於善則善習於惡則惡孩提固有之天良導迎善氣涵養天機所以固根本煦培元氣者在此在詩人身經喪亂目擊流亡而嘆夫生前富貴烜赫不悖煦焉而爲墟者矣故家大族膏粱紈袴日即慆淫一旦時異勢殊困苦爲奴者有之良田美宅琴瑟鐘鼓宛其死矣他人入室者有之朱門酒肉黔首膏脂凌侮老成輕蔑鄉里橫吞攫取肆其恣睢之術其子弟橫行故智有金玉其外敗絮其中而恬不知覺者可勝道哉此詩人言外意也上觀天道下察人事

知一切俱無可恃深懼夫祖宗相傳之統緒綿綿延延
遺留一綫不容自我而失墜吾身有限而子孫無涯吾
之子孫與吾兄弟之子孫自吾祖吾父視之皆吾子孫
也不有敎誨何以善世而傳後因實指之曰敎誨爾子
危言也篤論也卽各敬爾儀而推廣言之也夫人莫不
知愛其子愛而勿勞禽犢之愛也但使讀書明理孝弟
力田率其子弟導之孝弟忠信鄰里稱爲善人卽可上
告祖宗而無愧而又耕田鑿井引養引恬終其身不見
水火兵燹之患流離遷徙之傷親親長長而天下平福
澤正自無量此豈倖而致哉易曰積善之家必有餘慶

德厚足以載之也故詩人不敢求福但求免禍茫茫身
世俯仰蒼涼慮遠憂深言近旨遠求其教誨爾子者其
道安在發出式穀二字在上則神聽正直式穀以女在
下則教誨爾子式穀似之禍福倚伏之原天人合一之
旨九五福以攸好德爲言知好德則穀矣昔人有云天
與我福薄我則修德以補之正此意也此詩人之家法
也後儒千言萬語家規家範等書不若詩人之言簡意
該情意懇到如欲覺晨鐘發人深省孟子以君子有三
樂而王天下不與首言父母俱存兄弟無故爲一樂此
天地間第一全福完人人生中年不能必高堂之健在

也故一則以喜一則以懼不幸樹欲靜而風不甯嫚嫚在疚茹泣嗍哀痛無及矣痛親恩之罔極無以塞其哀而放其悲不得已敬其身以及其子亦願兄弟之各敬其身以及其子庶可荅先靈於地下相戒免禍意深痛矣夫詩人之父母存亡未明言而自念莪千載下借端引喻就令幸存其身世喪亂憔悴困苦貧窶之景況不可復言觀下章握粟出卜可見設終天抱恨泣訴無從吾繹此詩可爲普天下無父無母之子齊聲而一慟又可爲普天下無父無母之兄弟大聲而疾呼之也念莪千古之傷心人也情發於中不必襲先儒成說而撰出

不秦不漢不唐不宋文字究之理不甚悖更可爲普天
下無父無母之兄弟正襟危言痛哭流涕而告以敬爾
身教爾子以毋忝所生於以放其哀思於無已而捍莫
報之恨於萬一也無父無母之兄弟形相依影相附天
屬一本之愛正自無多百年歲月之長正亦無幾加以
身世憂危貧困患難而不相戒以免禍者豈情也哉詩
言眞令人嗚咽欲絶也其四章曰題彼脊令載飛載鳴
先儒多解爲及時努力然詩多以脊令喻兄弟玩詩意
相戒免禍則急難意在其內可與常棣篇相發明急難
相戒平居相依兄弟之義也自暇自逸取禍之道也申

之曰我日斯邁而月斯征曰我曰而親之也相戒努力
也夫暇逸何以速禍游手失業縱佚放肆而本心之德
亡危乎微哉聖賢傳心之學君子莊敬之功不外是矣
淺而言之士農工商各有職業民生在勤勤則不匱聖
世所以無游民也自世教衰民不興行愈窮愈奢愈澆
愈吝於是放辟邪侈有不務職業而顯踰防檢者喪德
敗行職此之由薄俗滔滔良可哀憫士君子以明道爲
已任可勿進德修業欲及時乎大抵勤以補拙儉以助
廉各治生業既富方穀則善心自生業精於勤荒於嬉
行成於思毁於隨日邁月征努力進修吉人爲善維日

不足之意其所以然者亦求無忝於先人而已夫菑之
有待於播穫也室之有待於堂構也我先人亦曰吾有
後弗棄基猥曰棄之先靈能無恫乎人子能體無忝之
心則所以敬親以成身者無所不至能敬其身則能敬
其親矣記曰君子也者人之成名也百姓歸之名謂之
君子之子是使其親爲君子也是爲成其親之名也已
此無忝所生之說也夫斯干之訓女子也稱曰無非無
儀唯酒食是議無父母貽罹女子且然況丈夫乎揚名
顯親孝之大也人子行修名立則人必推本所生以溯
其積累之有自或以爲家學之淵源或以爲忠厚之食

報其榮有過於華衮者甚且朝廷推恩錫類叨封典以
榮及其親者里之人孰不欣而慕之曰孝哉有子此善
則歸親夙夜孜孜以求其無忝也詩人身世但求免禍
而必言無忝者亦以我先人未竟之緒幾幾泯没能無
辱於父母卽明哲之所以保身末二章免禍之意愈顯
淒音促節戒懼苦心和盤託出眞不愧自修之君子其
五章曰哀我塡寡宜岸宜獄握粟出卜自何能穀想見
刑政乖濫獄訟繁興晦盲否塞岌岌乎不可終日之勢
雖以秉道之君子猶貧窶困瘁且懼陷刑辟而不能自
全世道人心至此已甚至是別無可望但求免於刑禍

便爲成親之君子詩人之情愈悲矣夫人當困苦之餘
往往有求全之毁無妄之災詆諆姍笑動輒得咎賢人
君子見侮於流俗之口者何限而君子不以爲侮我而
慢我也兢兢刻勵雖以握粟之貧苦猶必求能穀之道
此君子之免禍君子之立身也修省恐懼正以磨勵精
神以底於光明之域盤錯以成其利器後之儒者貧賤
蹉跎喪守失志志氣卑薾退縮不前亦未繹小宛詩人
之義也夫夫詩人遭喪亂之時猶操守如是以今較之
其難易懸殊矣曷不早自樹立邪其卒章曰温温恭人
卽齊聖温克也温則不忤恭則不侮惴惴則慮以下人

危行言孫處世之道得矣集木臨谷危之也終之以戰
戰兢兢如履薄冰見得夙夜祇懼不敢荒甯必如是始
可以免禍不辱其身以事其親千古之孝子也方今世
運昌明束身名教士之讀書稽古斷無得禍之理讀是
詩不解詩人何以危苦如是而不知聖賢省心之學有
致謹於屋漏衾影而不敢自欺者孔子曰君子懷刑刑
豈爲君子而設猶禍豈爲君子而求免然而君子懷刑
者其幾甚微自修之道宜如是也不憂不懼達天知命
之學也君子懷刑克已謹獨之學也詩言藴蓄無盡哉
融貫經義悱惻動人足以補孔氏義疏之闕　陳少香

屺雲樓集　詩經口義二

閩縣劉存仁　念莪

常棣解

憶壬寅春從遊洽毛詩夜間曾爲之講常棣一章覺意思纏綿愷惻精神鼓舞旁皇晨雞喔喔三唱猶流連不舍此景可樂也然彼時聽者祇以爲講制舉義供文字取材已耳嗚呼孰與發余之覆而暢其義也此溺於科舉之弊也未幾蹇遭變故灰心輟講又三年矣寒宵獨寐回憶前景因申其說而筆之於書焉

作常棣解

常棣燕兄弟之樂歌周公閔管蔡之失道故制作之際更爲此詩以申兄弟之好其志切其詞哀處變之後痛定思痛眞情流露言必由中發於詞氣不能自掩如此朱子嘆爲委曲漸次說盡人情深可玩味不然當飲飫宴樂之時忽發出死喪急難鬩鬩諸事皦楚哀音令人不堪卒讀而使樂工侑觴於肆筵儐豆之餘不特語意不倫不且疑於臨觴掩泣有類中山王聞樂之對陳思煮豆之詩乎聖人立言得體不應如是不知周公不得已而作也燕兄弟者文武之政閔管蔡者周公之心當是時二叔流言幾於蕩搖王室不得援議親之典而在

周公之心未嘗不自咎自責而痛其失道未能一日釋
諸懷也因燕兄弟而連類及之不自覺其言之深痛此
天理人情之極也夫以管蔡得罪於君父雖至親不能
未減此千古忠臣孝子之大防管蔡雖得罪於君父而
至親不忍明言此千古孝子悌弟之至性故沒其哀戚
而寓於詠歌言重詞複只推明一本之愛恩義相維繫
一若反言以見意以見甘苦與同憂樂與共者皆此兄
弟足發人天性之感未肯明指管蔡也且使千萬世之
世主聞之動其親親之意若曰管蔡失道之甚謀爲不
軌禍變已成不得已奉天祖以討之其子胡率德改行

仍有蔡仲之命而吾王親親之恩自在也不爲管蔡之故薄待兄弟因噎而廢食後世人臣不善處人家人骨肉之間立言失體如尾大不掉强幹弱支諸說以致此以削藩封爲議彼以清君側爲名禍變相尋不可究詰甚至一失德而國除矣除名爲庶人矣禁錮高牆矣人主親親之薄動以大義滅親爲言而宗室之道苦雖咎由自取君人者能勿惻然乎是未嘗先幾而裁制之也常棣一詩教萬世之爲人子爲人弟亦以教萬世之爲人君爲人臣者也思深哉詩中宴樂而以凄音開之與有頍異有頍者弁曰死喪無日無幾相見樂酒今夕君

子維宴此燕故舊之詩樂極而出以苦語險語破鬼膽
也此詩曰死喪之威兄弟孔懷原隰裒矣兄弟求矣此
燕兄弟之詩追憶前此之危而獲安悲極而繼以哀音
語長心鄭重也今人平居無事里巷優遊與人言孝言
弟只言家庭和睦如聽古樂而思卧忽讀此詩驚心動
魄一段石破天驚議論豈不令人駭愕亦謂歡娛之言
難工愁苦之言易工說到淒淒切切感發人心聲淚俱
下有功於世道不少此詩之所以曲中人情也此周公
之所以爲教也千變萬化之人情無不包羅在內請更
以里語釋之其一章曰常棣之華鄂不韡韡不作樹亦

讀如字大抵人家之昌盛比諸樹木之發榮鄭康成解得最好謂鄂足得華之光明則韡韡然盛興弟以敬事兄兄以榮覆弟恩義之顯亦韡韡然傳所謂芘其本根毋縱尋斧是也凡今之人莫如兄弟即世間最難得者兄弟之意此章隱括大意下七章反覆申明不如之義

竊嘗就一人之身而計之人壽不能及百年不過古稀爲幸始而孩提終而老耄中間祇數十寒暑耳前後此不知有兄弟之可樂也及知兄弟之可樂而仕宦間之妻子間之疾病困苦又間之境無論貧富而牽車服賈宦學事師背離鄉井又間之爲間歡會之日有幾相聚

之日不落寞否無憂患否一堂聚首膝下怡怡高堂侍奉之日有幾不幸兩親蚤逝惟此屬毛離裏者所當相顧而驚心彼他人昆他人弟有眞情之關切否乎於此而恝然忘者非人情也自嗜慾紛於前利害奪於後人事滋與天性浸薄甚至爭產異財各立門戶如秦越人之相視肥瘠漠不關心不特市井然也讀聖賢書亦或陽奉而陰違焉此人心之蔽也世道之偷也主持風化者所隱憂也醒之曰莫如兄弟如當頭一棒棒殺愚蒙通身汗下恍有天地鬼神祖宗父母昭布森列日鑒在茲敢乎不敢匪惟不敢亦不忍固有之天良盡人可以

爲堯舜者也然而常人之情安常處順不覺也故次章將患難情形現前指點最爲親切易以激動人心莊子云以利合者迫窮禍患害相棄也以天屬者迫窮禍患害相收也正合此意其二章云死喪之威兄弟孔懷原隰裒矣兄弟求矣詩言如許慘傷如許痛切真到勢窮事迫收恤者非他人乃兄弟也不至此田地則闗切之情不見詩人之言多質直如陟岵詩云兄曰嗟予季行役夙夜無已猶來毋死以役人論之以行李載役之時不視其安富樂榮而只視其勿死幾疑其非吉祥語矣而不知正詩人之真也風霜寒暑食息起居嗜慾玩好

交遊徵逐無一非致死之具慮深而志切非至性人不能作此語文焉則僞矣杜子美同谷縣歌云有弟有弟在遠方三人各瘦何人强皆至情迸溢而出也其三章曰脊令在原兄弟急難每有良朋況也永歎脊令飛則鳴行則摇有急難之意故引以起興也言當急難之時雖有良朋不過相顧而長歎以見朋友之不如兄弟也嘗讀昌黎誌子厚墓銘云今夫平居里巷相慕悦酒食遊戲相徵逐詡詡强笑語以相取下握手出肝肺相示指天日涕泣誓生死不相背負眞若可信一旦臨小利害僅如毛髮比反眼若不相識落陷穽不一引手援反

擠之又下石焉者皆是也此一段淋漓痛快勘透末俗交情太史公所以痛身廢不用無大氣力者爲之引救故爲任俠作傳也今人酒肉交遊往往厚於朋友而薄於兄弟其所厚者薄而其所薄者厚一有急難望望焉去之豈盡交道之薄哉擇交之不正耳夫古之君子豈無急朋友之難哉平居以道義相引重久要不忘平生之言令人想交道之重而或勢阻形隔無可奈何付之一嘆所謂父母在不許友以死也若兄弟則不然同氣連枝甘苦共之猝有變故有赴湯蹈火而不辭親疏之殺理固如此聖人之言圓滿無少欠闕下汞歎二字見

得非不憂憫但視兄弟急難爲有差等耳善乎吕氏東萊之解詩曰疏其所親而親其所疏此失其本心者也故示之親疏之分使之反循其本然則閭巷小民雖至魯鈍而本心未嘗亡也聖人教人擴而充之則不可勝用矣然猶曰平居式好急難不得不救者人之恒情設不幸而有鬩很之事此爲不令兄弟矣宜其視若路人不相聞問矣然及其禦侮之時雖有良朋不及不令兄弟之可恃此正是良心發見語意視前章更緊愈轉愈深以見兄弟眞切之情惟此際見得分曉若平居視之或以兄弟與朋友等耳蓋人之情性剛柔或畸於一偏

如脾好暖胃好寒調劑得其平未嘗離而二之也兄弟同氣分形或薄物細故而稍有違言涓涓不塞遂成江河勢將流於離異而不覺不觀日月之蝕乎其食也人皆見之其更也人皆仰之要亦無損其爲明也鬩牆之事家庭之不幸也不轉瞬而遂爲兄弟如初者其本心未嘗泯也爲門割席絶交可施之兄弟否乎無他恩誼之相維也左傳云雖有小忿不廢懿親此鬩牆禦侮之明證也人情不經患難則志慮不光明迨至外侮之來禦之者惟兄弟未嘗不撫膺慟哭而天良之發見也其五章曰喪亂既平既安且甯雖有兄弟不如友生語意

承上章反覆申明迴環說來情至文生耐人尋繹切中
末俗膏肓其聲淒切動心大意與谷風相似谷風之將
恐將懼惟予與汝將安將樂汝轉棄予可作棄婦詞讀
此章之雖有兄弟不如友生可當求通親親表讀均足
發人至性卽上章反覆形容而知此中大有所不忍矣
嘗見世俗有以朋友賢於兄弟者大抵安居無事天理
爲人欲所蔽不知兄弟之可恃地親則易於責望情切
則畧於儀文斯干詩式相好矣無相瘉矣瘉訓病其始
以小嫌芥蒂後遂壅蔽不通其弊至交相病交相病則
過日見而隙日生此賊恩之大者也孟子言父子不責

善慮其賊恩也夫子教子路曰兄弟怡怡而切切偲偲只施之朋友怡怡則道得矣記曰孝子之有深愛者必有和氣孝與友連而及者也互文以見此意可思也然則怡怡然不見其有過失非所謂式好者乎六章則勸其相宴樂以申親慕之義其詩曰儐爾籩豆飲酒之飫兄弟既具和樂且孺謝氏枋得曰凡人飲宴待親戚朋友之禮常盛待兄弟之禮常簡愛有餘者敬或不足有味哉其言詩故勸以宴樂焉然或有不具者則無與其享其樂杜子美九日憶家詩云遙知兄弟登高處遍插茱萸少一人撫今思昔覩物懷人臨觴不御陟岡興懷

然後一家歡團圞聚之可樂也和樂且孺寫得融融洩洩一副天機無異孺子之嬉戲娛樂舉止皆真不論富貴貧賤人人皆有之樂特私欲錮蔽習焉而不察耳讀詩至此使人孝弟之心油然而生故下章推廣言之其氣爽其神腴其旨纏綿懇摯均在言外其七章曰妻子好合如鼓瑟琴兄弟既翕和樂且耽言兄弟之翕何以先言妻子刑于起化之意也蓋兄弟天合也天屬懿親其始非不知篤愛迨妻子備而忠孝衰世間兄弟不睦先由妯娌不和人人有自私自利之心無相賙相恤之意真多益寡推甘受苦子婦無私財婦人女子久已不聞

此大義矣甚至分門別户相習成風恬不爲怪劃然如鴻溝之不可越北阮富而南阮貧有識者譏之而彼晏然也推其意不過爲兒孫作馬牛耳豈知其子若孫少成若性習慣自然相習爲自私自利之謀而孝弟之原已薄又況蕩檢敗家之子安禁其不取之如錙銖而用之如泥沙也哉故曰身不行道令不行於妻子兄弟而不翕並妻子之樂而不可得矣是薄兄弟而厚妻子不知尊卑之等猶之薄兄弟而厚朋友不知親疏之序詩人歷歷言之勘透俗情打穿後壁說話矣夢夢者未之悟也哀哉其卒章曰宜室家樂妻孥警醒之曰是究是

圖畫其然乎餘音繞梁三日不絕令人熟思自得蓋人欲易溺天理難泯死生苦樂無一不相須兄弟之重如此人能返求諸心當曉然於眞情眞理之所在詩言和而婉委曲而切至雖千載下興起焉可也

爲聖賢設身處地即爲末俗振聵發聾有功彝教之言非止說詩解頤已也 陳少香

一腔心血借經義抒發作經解讀可也不作經解讀亦可也 黄肖巖

變雅斷章衍義一卷

[清]侯官郭柏蔭撰

福建省圖書館藏清咸豐十年刻同治間後印本

變雅斷章衍義一卷，清郭柏蔭撰。柏蔭（一八〇七—一八八四），字遠堂，號古傷心人、石泉，侯官人。道光十二年（一八三二）進士，改翰林院庶吉士，授編修。十七年補浙江道監察御史，歷轉山西道、京畿道，甘肅甘涼道、江蘇糧儲道等。同治五年（一八六六）任江蘇布政使，代理巡撫。翌年升廣西巡撫，改調湖北，署理湖廣總督，代理巡撫。晚主鼇峰書院講席。撰有天開圖畫樓文稿四卷、石泉集四卷、擊鉢吟存稿四卷、嘐嘐言六卷、續嘐嘐言四卷等。

是書前有咸豐十年（一八六〇）九月自序，卷末題「受業楊用霖敬録，吴穆敬校」，「宋鐘鳴雕」。南京圖書館藏楊用霖詩得稿本前有楊氏題識一則，云「甲子、乙丑間，爲遠堂夫子書變雅斷章衍義」，蓋其序雖作於咸豐十年，而全書撰成或在同治三、四年間。

詩序謂變雅之作，起於「王道衰，禮義廢，政教失，國異政，家殊俗」，刺政之惡者。郭氏此書，亦以身罹國家阽危，閔傷世事，自序云「中年以往，閱歷漸多，身世所經，千態萬狀，一腔煩懣，輒欲寄諸詠歌，而古人已有先我而言之者，其於事局之紛紜，人情之深阻，蓋不啻書符契而決著龜也」，爰採二雅之變，取賦詩斷章之義，抒憂時憤世之感，而語多激切，所陳有不盡與詩之本義相符者，蓋東莞倫明所謂「亦説經之别一體也」（續修四庫全書總目提要經部變雅斷章衍義提要）。

全書取變雅若干首，節録一至數句，敷説其義。如節南山「民言無嘉，憯莫懲嗟」，云：「爲士者不談道義而妄逞口舌之機鋒，爲農工商賈者不務本圖而相與譸張爲幻，鼓唇簧舌，顛倒是非，并爲一談，牢不可破，而要皆師尹之不平激之。使爲師尹者察其言之所自起，因以戒後此之非而歎從前之誤，則世變猶可以挽回也。乃『彼昏不知，壹醉日富』，而有心者亦徒爲之痛哭流涕於其間，憯莫憯於此矣。」所爲衍義，率皆類此，藉説經以針時弊、諷執政，痛憤之情，溢出言表。

原書序第一葉，卷一第一、第三十、第三十三、第三十五葉文字殘損，據蘇州圖書館藏本配補。（馮先思）

變雅斷章衍義

變雅斷章衍義序

兒時讀大小雅諸篇但覺其性情悱惻辭致纏緜初未悟古人之言皆有物也中年以往閱歷漸多身世所經千態萬狀一腔煩懣輒欲寄諸詠歌而古人已有先我而言之者其於事局之紛紜人情之深阻蓋不啻書符契而決蓍龜也酒後燈前燖溫及之時贅謬論於其簡端閒有與本經之旨不盡相符者亦賦詩斷章之義也狂草縱橫加以塗竄紙痕之鱗次字墨之模糊幾於不可辨識乃手自鈔輯都爲一編名之曰變雅斷章衍義

語多激切良非温柔敦厚之遺而大聲疾呼冀挽狂瀾於既倒當世之士儻亦有諒其區區者乎時庚申九月古傷心人自序於静坐讀書之室

變雅斷章衍義

小雅節南山之篇

憂心如惔不敢戲談

時事顛倒之極當世士君子或寓言以譏之或反言以誚之未嘗非出於嫉惡之本懷而自有心人觀之則皆戲談之類也天怒如此其甚民怨如此其深禍敗之機可翹足待此何如時猶謂嬉笑可以代怒罵耶其曰不敢戲談蓋實有所以不敢之故耳非畏尹氏之威而箝其口也

民言無嘉憯莫懲嗟

爲士者不談道義而妄逞口舌之機鋒爲農工商賈者不務本圖而相與譸張爲幻鼓脣簧舌顛倒是非幷爲一談牢不可破而要皆師尹之不平激之使爲師尹者察其言之所自起因以戒後此之非而歎從前之誤則世變猶可以挽回也乃彼昏不知壹醉日富而有心者亦徒爲之痛哭流涕於其閅憯莫憯於此矣

弗躬弗親庶民弗信

執政者雖不能盡平其心猶不至事事顛倒也乃未
幾而寄之左右矣未幾而委之僚屬矣未幾而付之
僕隸下人矣養尊處優無所事事而此數等人者方
且憑其威勢以號召庶民曰此固尹氏大師之所籌
畫也此固尹氏大師之所經營也而庶民卒不可欺
則姑勿論其事之爲是爲非而皆將滋其疑議矣況
信用此等人決無不至於顛倒者自古名臣秉政事
無大小從不假手於私人以示信也
弗問弗仕勿罔君子

用人者必考之以言而試之以事今則弗問弗仕而
遽授之以政權矣當此之時必有一二君子起而議
其不平者然從來權貴引用私人其援之甚力者其
護之也必甚堅其於端人正士之前尤必爲之揄揚
其善而掩覆其非所謂罔君子也豈知君子固不可
罔亦徒滋其不平之失而已耳故戒之曰勿罔君子
瑣瑣姻亞則無膴仕
姻亞而賢仕之可也曰瑣瑣其卑無足論可知已而
仕且膴焉非不平而何膴之爲言腴也美也以瑣瑣

者充之是即後世爲人擇缺之弊而當時僅以厚其
所親則猶有所限制也
君子如屆俾民心闋
屆字兼至止二訓與瞻卬篇靡有夷屆之屆義可互
參蓋民之於君子固甚懟其不平矣然業已如此則
猶冀其僅止於如此而鞫訩大戾之中猶可少蘇其
氣也至於如水益深如火益熱而斯民愁痛之心乃
不自爲政卒勞百姓
亦無所底止矣

不自爲政則其所信用者大抵皆弗問弗仕之小人
耳小人得志未有不依勢作威者徭役之繁科斂之
急民生日困無所息肩使君子而自爲之決不至如
是之甚也羣奸中飽其膏脂閭左實遭其荼毒而赫
赫師尹方且息偃在牀也可哀甚矣
方茂爾惡相爾矛矣既夷既懌如相醻矣
何爲而茂爾惡也曰爲仕而爭也爲仕之膴而爭也
或誒大吏之庭或駡同僚之座危言要挾則厲若豺
狼蜚語中傷則毒如蛇蠍旁觀之見之者以爲此不

可解之仇也俄而六博之場拍肩相屬矣俄而狹邪之陌竝轡出游矣前何其易離後何其易合也而究非一合而不復離也茍有尺寸之便利又將性命爭之矣

不懲其心覆怨其正

不以爲德反以我爲仇此相愛者之所以寒心而進言者之所以裹足也

正月之篇

民之訛言亦孔之將

曰

正月繁霜災異也民之訛言亦災異也漢書五行傳曰時則有詩妖是亦訛言之類也

好言自口莠言自口

不曰惡而曰莠爲其似是而非也似是而非乃訛之甚者耳訛之甚者安有好言而又未嘗不飾爲好言飾爲好言正所以濟其莠言也

民今方殆視天夢夢

天有顯道厥類惟彰豈有爲惡而不加之罰者訛言之惡排擠善類揺惑人心尤天之所必罰也特民之

身受其害以至於阽危者業已痛心切齒日望報應之分明而惡貫已盈冥誅不及則遂以爲天道之夢夢焉耳

召彼故老訊之占夢具曰予聖誰知烏之雌雄

訛言之人顛倒是非無所謂公道也故老占夢宜有公道矣乃亦諉爲不知此何故也蓋時當衰晚雖老成宿望亦不得不相習爲模棱以取容於當世使故老占夢而自謂知烏之雌雄不旋踵閒訛言及之矣昔趙高指鹿爲馬而左右即有證其爲馬者豈眞不

知爲鹿哉懼禍之濫而不敢有所異同也
哀今之人胡爲虺蜴
是非可以公言也恩怨可以明言也以恩怨而顛倒
是非則不平之甚矣公言之不能明言之亦不可也
逞其誹謗之私而匿其排擠之迹使夫受之者莫知
其所自來聞之者亦莫知其所自起也是之謂爲虺
爲蜴虺蜴者溼蟲之最爲陰毒者也有靦面目而竟
效其所爲直不齒於人數矣豈不可哀也哉
載輸爾載將伯助予

爾載之輸不決之於既輸之後而決之於棄輔之時當其時豈無大聲以疾呼者而彼不之信也至於將伯助予而事亦已晚矣士君子身居鄉邑手無斧柯於殭禦捂克者之所爲明知其必至僨事然而勸之不從沮之不得迨事局決裂其勢又不能袖手以旁觀乃復從敗壞已極之餘爲之張皇補救千辛萬苦僅而瓦全前之曲突徙薪者此人後之焦頭爛額者亦即此人也其亦傷心之甚矣

佌佌彼有屋蔌蔌方有穀

有者何不宜有也佌佌蔌蔌皆小人中之無足齒數者也誰實使之有屋誰實使之有穀者自當軸者首開言利之端而羣小乃得夤緣以分其潤未幾而營華屋矣未幾而買良田矣凡若輩之所以便其私圖者無一而非閭閻之膏血也

哿矣富人哀此惸獨

天夭是椓之後安有富人即有富人亦必朘削之使不聊生而後已哿於何有詩言富人殆即上文所謂有屋有穀者也十室九空而此輩居然安享彼小民

之窮而無告者能不爲之盡然傷心哉

十月之交之篇

皇父卿士番維司徒家伯維宰仲允膳夫聚子內史蹶維趣馬楀維師氏豔妻煽方處

此周幽王六年冬季一部搢紳也一一直書而官之不得其人人之不稱其職大臣之援引黨類分布要津攘竊大權交通宮掖一切情形無不歷歷如繪

曰予不戕禮則然矣

上以爲禮則然也而恣意以使之下以爲禮則然也

而勉力以赴之介於上與下之閒者亦以爲禮則然
也而詹用其民以逢迎其上曰予不戕而民之受其
戕者固已多矣

黽勉從事不敢告勞無罪無辜讒口囂囂

蕐小專權禍變將作黽勉從事蕇或可以挽回也上
以爲國下以爲民何勞之敢告雖然勞則不敢告矣
其如囂囂之讒口何嗟乎日月薄蝕謫見於天岸谷
變遷災生於地獨有盡瘁事國者爲之維持支拄於
其閒心力俱憊寢食不安然而疑忌及之謗毀隨之

其端起於鄉里之小兒浸淫而達乎貴游浸淫而達乎津要三言成虎衆口鑠金泄泄沓沓者危之於前捷捷幡幡者繩之於後興言及此一腔熱血不能不化爲冷水寒冰矣此詩寥寥十六字可括三閭一卷離騷知天下後世傷心人同此浩歎也

下民之孼匪降自天噂沓背憎職競由人

災變之端層見疊出以爲天作之孼而實非也風氣日澆人心日壞幸災樂禍造謗興謠一人言之衆人從而附和之今日言之明日從而反覆之且有貌爲

傾投而陰爲排陷者良心斵喪正氣消亡如炎天積
淫濁邪薰蒸必有疾風迅雷隨夫其後孽由自作尚
得諉之於天耶　與注說小異

我不敢傚我友自逸

曰我友則非憒然無識者可知矣其自逸也所以養
其高也所以成其爲明哲也沮溺丈人接輿荷蕢皆
其人也嗟夫令斯世而皆若人也禹可以不抑洪水
周公可以不兼夷狄不驅猛獸孔子可不必周流於
列國孟子可不必傳食於諸侯爲一身謀豈不甚善

然而旋乾轉坤撥亂世而反之正此事又將誰屬哉
我之所爲我友必不肯傚我友之所爲我亦决不敢
傚各行其志可也

雨無正之篇

舍彼有罪既伏其辜若此無罪淪胥以鋪
作善降之百祥作不善降之百殃此古今一定之天
理也而浩劫一臨則有玉石俱焚之慘彼有罪者稔
惡不悛釀成巨變夷滅誅戮猶不足以蔽其辜而禍
勢蔓延不可救療至使一方善類幷遘凶殘彼蒼者

天抑何其酷也

庶曰式臧覆出爲惡

時事倉黄勢若燎原之火智巧之士避之惟恐不遑及事局稍有轉關而紛紛進取者固即當日銷聲匿迹之人也而方且逞其舌鋒焉方且精其心計焉從辛苦凋敝之餘而妄有指陳謬爲變置務使地方之元氣蕩然無尺寸之存而中收其利其言非一説其事亦非一端而總歸於爲惡爲惡之心非必待式臧而始有也方其離居之時而已熟籌及之旁觀者亦

即於其離居之時而已逆料及之矣　與注說小異

鄙意以爲如此說來似於覆出二字神吻較合

譖言則退

直道而行不避疑謗一朝之上能有幾人哉譖言則

退亦恆情耳而詩顧云爾者責善也責善朋友之道

也

巧言如流俾躬處休

古之君子不以言舉人士之仕於其時者亦不屑以

言干進故在朝皆悃款樸忠而風氣日趨於敦厚自

執政者惡直好訐而巧言之端起矣巧言之人心計甚深口才則又甚捷能揣人之喜怒而宛轉以導其機聽言者不悟其奸而以爲善如人意則其愛之也深而予取予求惟所自擇榮之以高官置之以善地同列之耳而目之者莫不以爲一時之遭遇也而要皆從口舌中來耳此等辯給小人何足深責獨怪操黜陟之權者方以予智自矜而竟爲利口之徒所賣也

鼠思泣血無言不疾

鼠思泣血憂之甚也無言不疾憤之深也何爲其然也巧言者擠之而譖言者激之也羣疑衆謗相逼而來不得不畏景御走以防意外之危機故雖憂傷憔悴而終不謂故宇之可懷也此其情宜在可原之列而詩人卒不之原者人臣之義雖遭逢阨塞終不可以一日而忘君也

小旻之篇

謀臧不從不臧覆用

謀臧不從不臧覆用昧也偏也愎也以臧爲不臧以

不臧爲臧是其昧也我所不從者雖臧亦以爲不臧我所用者雖不臧亦以爲臧是其偏也羣以爲臧乃愈不從之羣以爲不臧乃愈欲用之是其愎也偏甚於昧愎甚於偏

謀之其臧則具是違謀之不臧則具是依

謀之其臧必無利於小人也盈庭相率而爲小人焉有不違之者謀之不臧必見斥於君子也盈庭相率而排君子焉有不依之者幷爲一談牢不可破而其端則皆肇於王之謀臧不從不臧覆用也

我龜既猒不我告猶

龜亦臧於謀者也謀焉而不之從宜其猒而不我告也

維邇言是聽維邇言是爭

古之大人罔違道以干百姓之譽罔咈百姓以從己之欲故其所議者皆可久可大之良規而不狃於目前之近後世不明此意沾沾然利便之是圖而仳仳敕敕之徒乃得進而售其說持市井之見以運帷幄之籌方且此亦一是非彼亦一是非聚訟紛更委曲

如瑣猶自謂經國之嘉猷救時之良策也抑何所見之不遠哉

如彼築室于道謀是用不潰于成

築室者必謀之於大匠大匠所守者先民之規矩所循者天下古今共循之法度也行道之人何知焉然而樂爲之謀者規其利也不自量而欲妄逞其聰明也然而室之不成行道者固不任其咎也然而就而與之謀者卒未嘗以之爲悔也不其傎哉

如彼泉流無淪胥以敗

明知其必至於決裂而無可如何也明知己之弁罹其災而又莫能以自拔也淪胥以敗此亦善類之奇冤也悠悠蒼天曷此其極

人知其一莫知其佗戰戰兢兢如臨深淵如履薄冰時事紛紜之會處堂之燕雀大都臨禍忘憂有識者獨以之滋懼而又不可以明言也然而臨深履薄之中其所維持者亦不少矣夫一士之拊膺垂涕曾何濟於時艱而畏天命憫人窮此心要不能自己也況吉凶悔吝義理本自循環惟賴此憂勤惕厲之心足

以救人事之日非而冀天心之悔禍詩人之意豈望
人知人亦誰足以知之者
小宛之篇
明發不寐
嚮晦宴息之時萬感皆寂漏盡天明精神完足外物
不交孟子所謂平旦正在此時當此之時而猶蒙頭
酣睡如此子弟不特惰竊不材抑亦太無忌憚也三
復詩言可想見古人家法
彼昏不知壹醉日富

不飲酒時如此飲酒時還是如此此此之謂酒德狂藥入口醜態畢呈此等人直謂之不能飲酒也可嘗謂飲酒而糊塗者其於不飲酒時亦本不能十分明白

握粟出卜自何能穀

曰邁月征夙興夜寐宜乎可告無罪矣而動輒得咎此時自視茫然正不知如何是可故欲握粟出卜求其指引一全身遠害之方然亦姑作是言如屈原之往見大卜鄭詹尹耳在外之禍福不可知在我之脩爲固當有以自決也自何能穀亦豈龜筴之所能知

哉

小弁之篇

維憂用老

怒也哀也惡也皆情之拂也然猶可以排遣而發揮

惟懼之一情最爲難解結轖於中而又不能以自白

也爲之寢不安席焉爲之食不甘味焉日積月累以

煎熬其心血而傷耗其元神曾不幾時而髮童童而

視昏昏衰態頹唐非復盛時丰采矣憂之傷人也如

此能免於此者其惟樂天知命之聖人乎

維桑與梓必恭敬止

今人謂同鄉爲桑梓義本此詩　同鄉之人朝夕相見初不覺其誼之親也及他鄉異地傾蓋相逢則娓娓而道家常其式好有同於兄弟者故在客而重鄉情者其人必義士也居官而敦鄉誼者其人必好官也若於同鄉之近而動輒反面無情四海九州之人其誰不解體

天之生我我辰安在

古來談星命者不一家而逢卯安命逢酉安身則爲

一定之成法命宮身宮即長之所在也陰陽諸曜經緯於三百六十五度之中各爲運行亦各爲喜忌人之生長所值即其終身遭遇之根苗也韓退之蘇子瞻皆一代大儒而以身坐磨蝎受困讒謗由此觀之長之所在其於人之進退失得憂虞所繫固不小矣

君子無易由言耳屬于垣

廢立者國家之大不幸而小人之大幸也李鄴侯諫德宗曰願陛下還宮勿露此意左右聞之將樹功於舒王太子危矣是即無易由言之戒也鄴侯其有得

於詩者乎由此推之不獨人主之言不可以或易也
地方大吏欲進一人欲舉一事而謀之幕友吿之屬
官防範稍疏即難保無左右之人竊伺其言以招搖
於外不知者以爲事權果由若輩也而實皆其所竊
聽之言耳夫垣猶可以屬也而況捧壺執燭奔走於
其前者乎

巧言之篇

亂之初生僭始既涵

涵者容忍不發之謂也容忍不發而所中譖言之毒

乃益深矣譖言非稱哉也然而謂之亂者是非倒置
舉錯混淆大亂之道也

他人有心予忖度之

君子非必與小人爲仇而其論事也常有以洞小人
之隱微而批擿之安得不招其忌安得不受其中傷

巧言如簧顏之厚矣

孔子云行己有恥孟子云人不可以無恥恥也者人
心不昧之天良也巧言之人非必全無天良而名利
薰心不得不藉資於口舌追揣摩漸熟而試之輒售

遂亦自以爲能而淩睨一切笑駡由他笑駡好官我自爲之幾不復知人閒有羞恥事矣

彼何人斯居河之麋無拳無勇職爲亂階既微且尰爾勇伊何爲猶將多爾居徒幾何

詳繹詩意若將過而問罪焉者若將得而甘心焉者而要皆不必也天地之大何所不有有麟鳳龜龍即有豺狼蛇蠍且更有蠅蚋蚊蝱能一一而與之校計乎且維其無拳無勇故不中於用而只好造作謠言也惟其既微且尰爲天之刑人故不勝其怨毒也居

徒固亦無多而當世人情喜聞人過雖明知讒言之不足信亦姑傳述之以爲談資非其居徒而爲之徒者衆矣能一一而與之校計乎

何人斯之篇

爲鬼爲蜮則不可得有靦面目視人罔極

暴公之與蘇公當係舊交平時蹤迹往來亦必甚密其譖之也度必假手於他人故蘇公亦不肯明言而但曰二人同行誰爲此禍若知其譖己又若不知其譖己焉者使之問心而自愧也然天下害人之迹目

前雖可掩飾日後終必分明故於篇終正言以發其奸冀其愧悔以全後此之交也古人之於朋友其當絕而不忍遽絕也如此

巷伯之篇

豈不爾受既其女遷

譖人者爲害於人而已收其利固自以爲得計之甚矣獨不思利口之夫何時不有凡我之所與謀者其捷捷幡幡皆有甚於我者也況在我本有可蹈之瑕而其君又即信讒之主可以因我之譖而加罪於人

亦可以因人之譖而加罪於我今日以小人而僨君子異日即以小人而陷小人豈不爾受既其女遷必至之勢也豈直天道好還哉

視彼驕人

小人得志其情狀可勝言哉其心以爲我能使人立致青雲也我能使人立擠溝壑也彼旁行側立而望我之顏色者皆其畏我者也皆其有求於我者也自飲食衣服動作起居以及交際往來語言文字無在而非驕氣之所憑陵無時而非驕氣之所薰灼即其

子弟僮僕目染耳擩亦且偃蹇恣睢不復知有天日以失意者與之周旋眞有且怒且笑而又莫之如何者惟望蒼天有眼耳

楊園之道猗于畝邱

卑者之言未必無可采也況其從患難中來者乎夫楊園之視畝邱高下懸絶矣然其道則相猗也可以至於楊園者即可以至於畝邱凡百君子聞寺人之被讒當必有爲之寒心者矣孟子曰無罪而殺士則大夫可以去無罪而戮民則士可以徙有國家者顧

可以誤聽人言而枉斷一人之罪乎哉

谷風之篇

忘我大德思我小怨

谷風陰雨相係於急難之中朋友之義則然也而至於凶終隙末之餘追憶當日之解衣以衣推食以食者如何其殷勤也善則相勸過則相規者如何其懇摯也今以一事之少違其意遂至悻悻於心將前此患難相係之情付之流水公孫之亟耶好人之褊心耶其亦不情之甚矣雖然以德始而以怨終詩人未

嘗不以之自懟也思我小怨而僅止於棄予如遺尚不至於拔刀相向也則猶古之人也

蓼莪之篇

缾之罄矣維罍之恥

缾貧夫罍父母之養貧夫子父母之養有闕人子之恥也然則由此而推之凡天下之相與爲資而有闕焉者皆其所當恥也四郊之壘多矣卿大夫之恥也溝壑之羸衆矣司牧者之恥也子衿之刺興矣師儒之恥也

大東之篇

周道如砥其直如矢君子所履小人所視睠言顧之潸焉出涕

周道依然也君子小人猶是當時之臣庶也風景不殊舉目有河山之感矣

小東大東杼柚其空糾糾葛屨可以履霜佻佻公子行彼周行

小民之財力困於朝廷之供億者十之二三困於官吏之誅求者十之七八損下而不能益上徒使閭閻

之元氣日就凋傷而傭夫販婦輿臺僕隸之微相與居其閒而收其利不數年閒而富者皆貧貧者且擠於溝壑矣名門宦裔敝衣垢面奔走於闤闠之中矣夫葛屨履霜儉之至也公子而行彼周行勤之至也其在人物富庶之時見之者方且引爲美談謂其風氣之近古也而當此民窮財盡生計蕭條則觸於目而傷於心者不以爲唐魏之遺而以爲狐續胥原之降矣

哀我憚人

憚者畏難之謂也困於役而力殫矣猶畏其重困之傷於財而用罄矣猶畏其重傷之如薪之已穫而復見浸於氿泉其情可哀也

舟人之子熊羆是裘私人之子百僚是試

舟人從貧中來者也雖暴富而不欲自炫其子則何知焉熊羆是裘竟忘其爲舟人之子矣私人從賤中來者也不可以入官且入官之利轉不如其爲私人也故不以其身而以其子百僚是試私人亦以子貴矣竭一方百姓之膏脂於朝廷曾無尺寸補而輿臺

負販莫不中飽其貪囊甚至出身微賤之乳臭小兒亦且盛飾衣冠叨竊名器紀綱之敗壞一至於此可勝歎哉

四月之篇

先祖匪人胡寧忍予

說者謂故爲悖慢之辭以明其怨恨也夫窮苦無聊而抱怨及於祖父天地閒容有是人然詩人決不當如此果其爲此言也其視唐棣之豈不爾思室是遠而辭意不尤爲刺謬乎是亦聖人之所必刪矣愚謂

詩人之意蓋云我之所遭者如此其甚而並世之人卒無有動其不忍之心者以其本係外人吾亦無望乎彼也我之先祖則非若外人也其視我之阽危宜如何動念者乃冥冥之中亦且忍而聽之則又何也

廢爲殘賊

服官之人非必好爲民害也而卒至於爲其所不忍爲爲其所不敢爲者不如是不足以見功不如是且將以見過也夫世豈無淆之不濁雖時俗波靡而終不肯效夫賊仁賊義之所爲者乎是則存乎人之自

立耳

盡瘁以仕盍莫我有

非莫我有也事勢孔棘之時所以激厲而奬勸之者

蓋嘗無所不至矣特事過境遷妨功害能者從而壅

遏之從而排擠之而當軸者威望日尊精神日退豈

能於奔走驅策之人一一記憶及之其莫我有也乃

事之常本不足怪所可怪者從事獨賢方且高閣束

之而若加諸膝者乃反在廢爲殘賊之人戶服艾以

盈要兮謂幽蘭其不可佩則眞使人心煩意亂而莫

知所從矣

君子作歌維以告哀

此詩人之本意也維以告哀所以爲君子也是故學

詩者可以怨　維以告哀不敢懟其君也不敢懟其

君而敢以悖慢之辭加於先祖乎吾愈以見其説之

必不然也

北山之篇

我從事獨賢

稱人以賢未有不樂爲之用者既而埤遺埤益啓處

不遑則有以前此之勇於任勞爲悔者矣而卒不敢自諉爲不賢以避事也此其所以鞅掌而不已於行也

或湛樂飲酒或慘慘畏咎

慘慘畏咎非爲意外之憂也大夫而不均矣非其私人其繩之必甚刻稍不畏咎而咎即及之是雖飫我以珍饌酌我以醇醪亦且不能下咽而一時志得意滿之人方且恆舞酣歌迭爲賓主俾晝作夜載號載呶蓋其目中本無一人其心中亦更無一事也苦樂

之不均有如此者
或出入風議或靡事不爲
造膝密談之語可以出而誇示於人市井瑣屑之詞
可以入而敷陳於上詼諧閒作形迹不拘忽而設一
謀焉以爲某事必當如此也某事必不當如此也忽
而進一言焉以爲某官如此其賢也某官如此其不
肖也抵掌華屋旁若無人惟其無所事事故也靡事
不爲者受其排擠又不能不歸其鈐轄其所爲勞筋
苦骨以奔走於風埃雨淖之中者固即其出入風議

之時所陰爲調遣者也同爲王臣而勞逸之不均又如此

無將大車之篇

無思百憂

思無解於憂也而有憂者自不能已於思以爲無思乃思之甚者也所謂憂從中來不可斷絕也

小明之篇

畏此反覆

首章曰畏此罪罟謂奉使無狀必有刑戮之加也畏

國法也二章曰畏此譴怒謂刑戮雖或可免而亦難逃於詰責之嚴也畏君威也三章曰畏此反覆謂夫成命者臣之信也今奉命西征而不終其事雖不必有罪罟之加譴怒之及而反之初心有不勝其慙負者其何以自解於反覆之譏耶畏清議也

無恆安處

凡人之情逸樂太過則驕慢之心易生其處君臣僚友之閒往往不得其道故必無恆安處而後能靖共爾位正直是與也此詩人之忠告也非因已之勞而

嫉人之安處也

鼓鐘之篇

鼓鐘欽欽鼓瑟鼓琴笙磬同音以雅以南以籥不僭三復是詩可想見周樂之盛雖經板蕩而不失其傳世之盛也大臣甄陶元氣鼓舞羣材衆正盈庭和衷共濟有如作樂者之各操一器倡和有應而無相奪倫焉吾於鼓鐘之卒章悠然會之

大雅民勞之篇

無縱詭隨

貴人之情順之則喜逆之則怒詭隨者巧爲逢迎以從其意固宜其莫逆於心也予取予求不女疵瑕以是言縱猶其小焉者耳縱之之甚者乃至於干預事權淩侮朝列雖明知其不可而亦謬爲不知也即至衆論譁然無可解免猶將爲之挺身受過以塞人言彼既有所恃而不恐矣則亦何事而不可爲乎

無俾正敗

先朝之定例當代之老成皆所謂正也詭隨者欲壞定例則曰此時不能拘守成法也欲擠老成則曰此

等迂腐之人只好高閣束之也於是乎正不敵邪而邪反勝正誰實使之然哉有縱之者無過之者也

王欲玉女是用大諫

事權之所屬責備之所歸也平時一官落拓碌碌然無所設施知交者猶從而恕之今則遭逢明威儼然自結夫主知矣宜如何發揮其事業以副同朝期許之殷者夫苞苴聲色之箴原不足爲賢者道而但有一毫好高好勝之心則詭隨者皆得乘其機而諛之使喜激之使怒好惡之矩不絜其平一意孤行衆人

側目豈特威名頓損抑亦上負聖天子知人任使之
明也此等藥石之論交淺者不肯言分卑者不敢言
棟折榱崩僑將壓焉爲之同列者又安得不披肝瀝
膽以盡忠告之忱也哉

板之篇

天之方蹶無然泄泄

否塞屯艱之會惟有大家振刷精神破除情面將前
此致亂根由考究分明埽除淨盡天心仁愛未嘗不
可以轉移也若猶苟且因循瞻前顧後是不特無救

於傾覆而且速之危亡矣
辭之輯矣民之洽矣辭之懌矣民之莫矣
文告之頒連篇絫牘牓之通衢百姓視爲廢紙也頑
悍之士且有摘其數語以爲笑罵之端者矣忠信之
長明察之官手治官書寥寥數語而環而誦之者乃
至欲歌欲泣則又何也蓋其所揭以示人者無一非
本於忠厚惻怛之懷而又出以和平有如家庭之父
詔兄勉而絕無所用其恫喝之威者小民具有天良
有不爲之歡欣感戴者乎況夫飢易爲食渴易爲飲

於方蹶方難之後而被以德音其所以收已渙之人心者尤爲事半而功倍乎

勿以爲笑

老成之議論新進之所厭聞也而偏欲與之盤桓鉤致其迂腐不堪入耳之言以資爲談柄彼老成者亦知其必以爲笑而又不能已於言也所憂者深所慮者遠也他日必有拊膺流涕而重念吾言者

善人載尸

羣小專權之日在位者非無善人也而禁之使不得

言焉制而縛之使不得施展焉必令如泥塑紙糊而後得安於其位也如立仗之馬焉稍一嘶鳴則斥而去之矣

民之多辟無自立辟

條教號令所以禁民之辟者如此其繁也桎梏鞭笞所以懲民之辟者如此其重也而一切奇衺輿㵾之行不免躬自爲之謂民不知而赫赫具瞻豈能掩衆人之耳目乎自立辟而惡民之多辟非恕也即强而禁之嚴而懲之民有不反脣以相稽者乎

無俾城壞

城者所倚以爲固者也家以宗子爲城國以賢士爲城地方之上以正人君子爲城庇焉而縱尋斧乃壞汝萬里長城也

敬天之怒無敢戲豫敬天之渝無敢馳驅

敬天之怒敬天之渝不在其既怒既渝之後而在其未怒未渝之時非謂不怒而遂可以戲豫不渝而遂可以馳驅也

蕩之篇

靡不有初鮮克有終

觀於此言可以知古大臣之所以憂盛危明與夫志士之自脩所以必貞其晚節也

曾是彊禦曾是掊克曾是在位曾是在服

彊禦言其酷也掊克言其貪也貪亦酷之一端而非酷不足以遂其貪則彊禦掊克不必出之兩人也若而人者方其未得志時衆人已盻而視之矣然猶冀上之知其爲人擯而不之用也即不能深知其人而猶未遽授之以柄也而竟在位矣而竟在服矣乘權

籍勢其爲害可勝言哉國家用一賢臣而間之者走相告也國家用一憸人而間之者亦走相告也相告同而所以相告之故則大不同也

流言以對

流言者無時而不有亦無地而不有然必市井無賴者之所爲從未有端人正士而倡爲流言者也聞之者亦惟付諸不論不議之列焉可矣奈何據以上聞竟熒主聽也且又安知夫所舉以對之流言非即其人之所散布乎流言而可以對也天下自此多流言

矣

如蜩如螗如沸如羹

當事之人漫無綱紀而混出主意者反多此以爲是
彼以爲非今日以爲是明日又以爲非局外者聒之
以口舌局中者攪之以公移頭緒紛綸朝更暮改其
嘈雜翻騰之情狀有令人耳不願聞目不願見者所
謂如蜩如螗如沸如羹也

雖無老成人尚有典刑

國家開創之初聖君賢相煞費精神定出一朝法度

來只爲後人不肯實力奉行生出許多流弊而新進少年動言變例獨不思後人之聰明見識豈能突過前人變例以求革弊不旋踵而弊竇反多則新法固不如舊章也

抑之篇

哲人之愚

哲人之愚哲而愚者也其自謂爲哲也乃其所以爲愚也自一話一言以及身世酬酢之閒無事而不取巧也本不必如此而每每如此也非愚乎衆人皆知

其如此而且盡厭其如此而彼猶自謂操術之甚工也非愚乎

洒埽廷內

宮寢糞除之役有主之者人君不必自爲之也亦不必親督之也詩曰洒埽廷內其謂宮禁之地不可以不肅清也此立言之體也

視爾友君子輯柔爾顔不遐有愆相在爾室尚不愧于屋漏

友君子而輯柔爾顔不遐有愆臣下有從而視之者

則甚矣容貌顏色之閒不可以或茍也推而至於爾室之地無不皆然則密之至矣視相二字字義亦微有不同視者目覩之所及相則不必其目之所及覩而審諦遙度之也

實虹小子

小子毫無成心只要當時瞞得過他以後再不來講究故謂之虹虹之爲象陸離光怪倏有而倏無者也

匪用爲教覆用爲虐

言之者以爲教而聽之者反以爲虐雖及門之弟子

有因此而背其先師者矣而况進諫於君上之前者乎

桑柔之篇

告爾憂恤

人主高拱深宫不知外事臣下之章疏大都粉飾昇平誰肯以憂恤告者然厝火積薪而處其上非賴有大聲疾呼者鮮不至於焦頭爛額矣抑非獨板蕩之世宜然也即在國家無事中外乂安亦不可不存憂盛危明之意四方災變不日取以上聞則土木禱祠

之事起矣古之大臣其慮事之深有如此者

誨爾序爵

周禮云爵以馭其貴祭統云古者明君爵有德而祿有功由此觀之命爵之權雖操之自上而其所以序而命之者固宜有一定之等差矣周自夷厲以降朝政日非而用人尤爲顛倒讀小雅皇父卿士一章而當時所序之爵亦大略可知矣故方告之以憂恤而即繼之曰誨爾序爵序爵而不均是亦國家之憂恤也

民有肅心荓云不逮

負攬轡澄清之志而時不可爲則亦廢然而思返耳

其憂則逹也有使之逹者也

靡有旅力以念穹蒼

知亂之將至也而爲之鄉守以防之知歲之將荒也

而爲之社倉以備之以人事救天事之窮皆所謂念

穹蒼者也乃幷此而不能焉是如人之一身元氣盡

傷無可下藥有坐而待斃已耳

自有肺腸

好惡者人情之公也而竟有大異乎人情者衆人以爲老成端謹也彼則以爲拘迂衆人以爲正直廉明也彼則以爲跋扈而貪昧無恥之輩大衆之所切齒而痛心者則反從而親信之從而拔擢之從而揄揚之且從而迴護之其好人之所惡惡人之所好也在彼亦若有一定之權衡焉眞所謂自有肺腸者也

朋友已譖不胥以穀人亦有言進退維谷

進既不得於君矣乃退而求之朋友而其言又皆反覆而不足信也出而戹於所遇處又無與爲徒此阮

籍所以爲窮途之哭也　譖讀如字朋友已譖若綦
公之於蘇公也與進退維谷句語脈尤貫
旣之陰女反予來赫
小人已壞之局君子起而維持之使不至於土崩瓦
解非以樹德於小人也而小人之受其蔭庇者則已
多矣彼小人何嘗不知之者然而反予來赫者是其
驕也是其愎也惟驕且愎所以謂之小人也
爲民不利如云不克
建一議焉論者以爲不利於民也而事爲之沮然終

以爲其說之必可行也假之他人以發其端而已乃復從而申其緒憑權藉勢以行之呼朋引類以行之有纖芥之稍違其意而必與爲仇讎也有錙銖之未析其微而必盡爲搜括也嗚呼其亦可謂不遺餘力矣獨惜其不用之以撫字而用之以横斂暴征也

涼曰不可覆背善詈

我以爲不可而彼以爲可猶可據理而與之爭也涼曰不可乃所謂說而不繹從而不改者矣而究非眞說也說之者其貌而猒之者其心也而亦未嘗從也

從之者其貌而違之者其心也至於積不能平而洩之於口舌或憑空而醜詆或羣聚而譏評緝緝翩翩則固小人之長技也

雖曰匪予既作爾歌

夫也不良歌以訊之是亦夏鼎之鑄神姦楚書之標檮杌也彼何人斯能無顏汗

瞻卬之篇

士民其瘵

瘵病也其不曰病而曰瘵者瘵之爲病日傷月損以

漸即於死期也

婦有長舌

三代之禍皆起於女戎而後世猶不知戒何也吾以爲非獨婦人也凡以甘言媚説取悦於其君者皆長舌之類也

譖始竟背豈曰不極伊胡爲慝

不信於其始者未有不背於其終者也而業已受其欺矣則又惟恐旁觀者之發其覆而蹈吾瑕隙而諱之也轉深而待之也轉厚貴人之護其所短往往然

也

如賈三倍君子是識

如賈三倍君子是識言以婦人而與聞公事也取譬之辭也然今之君子竟有於賈人之利市識之甚詳者世道之衰無人而不言利也可慨也夫

舍爾介狄維予胥忌

介狄之患切近災也其始非不聞警而張皇其後乃漸至於玩寇而佞倖之徒又時進賊不足患之言以寬其慮獨有一二老成憂深曆火其所議論而建白

者皆一時之所厭聞蓋不獨宦官宮妾之流忌其多事即人主亦甚忌其好爲危言也甘至失國不用此人讀史者所爲拊膺太息也

人之云亡心之憂矣

時事雖亟而其勢猶不至於決裂者賴有人以爲之維持也在內者尊主而大庇民在外者張國威而敵王愾即退居鄉里而砥厲廉隅扶翊名教使地方之善氣不泯於人心是皆宇宙閒有數之人也天不憖遺蒼生何賴焉有心世道者所以不能已於憂也

召旻之篇

蟊賊内訌

亂之自外而至者易防亂之自內而生者難料爲梟爲鴟亂其君者也爲鬼爲蜮亂其臣者也爲虺爲蜴亂其民者也紀綱盡壞而外寇乘之國非其國矣中蠱之人蘊毒於內浸淫以蝕其臟腑至於毒發然後知之而已不可救療矣是亦蟊賊內訌之比也

皋皋訿訿曾不知其玷

何爲而皋皋也有護之者也何爲而訿訿也有信其

言者也若而人者其罪狀蓋不可擢髮數矣豈僅以玷言哉乃抃其玷而亦不知焉則其信小人也深而其護小人也固矣夫玷也者美玉之小疵也

不烖我躬

溥斯害矣而曰不烖我躬是亦不思之甚矣惟其不思所以貪冒而不知返也

維今之人不尚有舊

否極而泰剝極而復天地之道則然也而所以維持斡運於絕續之交者則惟老成人是賴老成之人更

事既多其於前此得失善敗之由皆其所深識者也
朝廷從而嚮用之資其老謀碩畫以爲撥亂反正之
基且使後進少年尊爲模楷而事事必如老輩之認
眞事事必如老輩之存厚中朝之氣象必有煥然一
新者靈光巋然是亦中興之人瑞也

變雅斷章衍義終

受業　楊用霖敬錄
　　　吴　穆敬校

宋鍾鳴雕

詩得不分卷

〔清〕侯官楊用霖撰

南京圖書館藏稿本

詩得不分卷，清楊用霖撰。用霖字洵若，又字約庵，侯官人。生於道光二十二年（一八四二），同治間諸生，補博士弟子員。嗜讀書，蒐羅古籍甚力，又精校讎。藏書處名聞香小舍、循陔書室。精於說文，曾撰史遊急就篇詳注未就。事跡詳吴曾祺漪香山館文集外舅楊洵若先生家傳。

是書前有題記數則，首云：「甲子、乙丑間，爲遠堂夫子書變雅斷章衍義，因有詩寫官記之集。後得劉蔭蒼先生詩說，愛其訓詁簡要，去取詳明，中間有與異同者。孟子云，說詩不以文害辭，不以辭害意，以意逆志，是爲得之。張子云，詩人之意至平易，以平易求之，則思遠以廣。竊不自揣固陋，輯儒先之說，而附以己意，然序及毛公故訓則全録之，以參考云。光緒丁亥，侯官楊用霖識。」次引劉永樹論詩六義一則，以爲風雅頌者詩之名，賦比興者詩之體，體不可偏舉，故賦比興合而後成詩，言興則比賦即在其中。其下按語稱：「劉氏字蔭蒼，閩中舉人，著詩說，未刻。霖得之於舊書坊，今此録其說十之六七，而元本則仍寶藏，俟後日並付剞劂云。」按劉永樹字良修，一字蔭蒼，長樂人，所撰詩說又名詩經集說，今藏山東大學圖書館，原稿六册，今存五册。次引郭雍讀詩法一則，按語謂其有鈔本硃評而極細緻，詩得已録之。次朱筆記「毛詩古音考四卷，連江陳第撰」，自謂「録其音於旁，以便諷誦」。次撮録陸德明經典釋文詩敘録。

是書爲集解之體，先録詩序及正文，行間附毛傳，小字單行。韻脚處以朱筆記古音，皆録自毛詩古音考。正文後低二格爲解，輯先儒舊説，鄭箋孔疏之外，宋則張載、二程、楊時、朱熹、吕祖謙、嚴粲、金履祥等，明則朱謀㙔、何楷、曹學佺、顧炎武等，清則李光地、陳兆侖、劉永樹諸人，間出己説。書眉、行間有朱、墨二色批語。朱批多評點文字，疑爲過録之郭雍評語。墨批或引前人之説，或自爲按語，而以考詩旨、詩義爲主。

原書三册，首册國風，僅存周南、召南、邶、鄘、衛諸篇；第二册小雅，末題「七月二十一日校正一過」，後附昭我周王雅注作釗孟子作紹釋一紙；第三册大雅至商頌，末題「光緒丁亥七月一日書，七月二十二日校正」，知此書當作於光緒十三年（一八八七）前後。（馮先思）

宋端平間趙師恕謂羅大經曰觀山水如讀書隨其見趣之高下

又曰平生有三願一願識盡世間好人二願讀盡世間好書三

願看盡世間好山水

甲子乙丑間有遠堂夫子書受張魁章衍義因有詩寫定

記之集後得劉蘧蒼先生詩說盡其訓詁簡要多取詳明中

間有與異同者孟子云說詩不以文害辭不以辭害意以意

逆志是為得之張子云詩人之意至平易以平易求之則思

遠而廣鄙也不自揣因隨蹤儒先之說而附以己意於序及毛

公傳別說各錄之以參考云光緒丁亥夏宵楊用霖識

劉永樹曰周禮太師教六詩曰風曰賦曰比曰興曰雅曰頌大序
引以為說蓋風雅頌者詩之名也興比賦者詩之體也名不可亂
故雅頌各有其所體不可偏廢故興比賦合而後成詩自三百篇
以至漢唐其體猶是也毛公傳詩獨言興不言比賦以興兼比賦
也人之心思必觸於物而後興即所興以為比而賦之故言興而
比賦在其中毛氏之意未始不然也然三百篇維猗章褰裳棣林

清廟之類直指其事不假比興其餘篇之首之傳獨於詩之山川草木鳥獸起句者謂之興則無於偏矣詩或先興而後賦或先賦而後興（如荀子至辛年始云山梅阻若是也）見其篇法錯綜之妙毛傳獨以首章發端起為興則又拘於法矣文公傳詩又以興比賦分而為三毋乃失之愈遠乎

集劉氏字蔭蒼閩中崇人著詩說未刻霖得之於舊書坊今此錄其說十之六七而元本則仍寶藏俟後日並付剞劂云

郭雍曰書禪讀毛詩只作讀讀離騷只作讀讀漢魏六朝樂府只作讀
李杜歌行只作讀宋元詞曲低細唱歎頗有會心非慧業生天者
不肯讀不曉讀亦不許讀

蔡評氏字約園晚自號書禪閩福清人康熙舉人善讀毛詩
有鈔本殊評極細緻今此本存郭董狀世沖家茲所錄評語
即其元文也

毛詩古音考四卷連江陳第撰

案從來談詩皆云叶韻言古音自陳季立始足弱矣

稱為千古篤論信然今録其音於旁以便諷誦

陸德明曰孔子刪錄周詩上兼商頌以授子夏子夏遂作序或曰毛公作序漢興傳者四家魯人申公受詩於浮邱伯為訓故以教號曰魯詩弟子為博士者十餘人王臧趙綰孔安國周霸夏寬魯賜繆生徐偃闕門慶忌又以授瑕邱江公傳之後衆魯許生徐公丞相韋賢受詩於江公及許生傳子少翁又王式受詩於徐公而許生授張生長安及唐長賓褚少孫張生兄子游卿以授元帝傳王扶扶授許晏又薛廣德受詩於王式授龔舍　齊人轅固生作詩傳號

齊詩傳夏侯始昌〻〻授后倉〻授翼奉及蕭望之〻匡衡〻授師丹
及伏理滿昌〻授張邯及皮容後漢陳元方亦傳齊詩　燕人韓
嬰推詩之意作內外傳數萬言號曰韓詩貴生受之河內趙子事
燕韓生授同郡蔡誼〻授食子公及王吉〻子公授栗豐吉授長孫
順豐授張就順授髮福　毛詩者出自毛公徐整云子夏授高行
子〻〻〻授薛倉子〻〻〻授帛妙子〻〻〻授河間人大毛公〻〻〻為
詩故訓傳於家以授趙人小毛公（一云毛萇）小毛公為河間獻王博士

以其在漢朝故不列於學
一云子夏傳曾申〻傳魏人李克〻傳孟仲子〻孟仲子傳根牟子
根牟子傳孫卿子〻孫卿子傳魯人大毛公
漢書儒林傳云毛公趙人治詩授貫長卿〻〻授解延年〻〻授徐敖
敖授陳俠〻云陳俠傳謝曼卿後漢鄭衆賈逵傳毛詩馬融作毛
詩注鄭玄作毛詩箋
前漢魯齊韓三家列學官平帝世毛詩始立齊詩久亡魯詩不過

江東韓詩雖在人無傳者惟毛詩鄭箋獨立國學

案陸氏序次傳詩姓氏較為簡明

詩得

庠官楊用霖學

國風朱子曰國者諸侯所封之域而風者民俗歌謠之詩也謂之
風者以其被上之化以有言而其言又足以感人如物因風之
之動而有聲而其聲又足以動物也是以諸侯采之以貢於天
子天子受之而列於樂官於以考其俗尚之美惡而知其政治
之得
失焉

用霖謹案注疏本題毛詩國風正義曰詩國風舊題也
毛字漢世鄭氏六藝論云河間獻王好學其博士毛公
善說詩獻王題之曰毛詩是獻王始加毛也漢書儒林傳云毛
公趙人也為河間獻王博士不言其名范曄後漢書云趙人毛
長傳詩譜云魯人大毛公為訓詁傳於其家河間獻王得而獻
之以小毛公為博士然則大毛公為其傳由小毛公而題毛也
周召風之正經固當為首自衛以下十有餘國編次先後舊第
明說去聖久遠雖得而知欲言先後為次則齊哀先於衛頃鄭

武後於檜國而衛在齊先檜處鄭後是不由作之先後欲以國
地爲序則鄭小於齊魏狹於晉而齊後於鄭魏先於唐是不由
國之大小也欲以采得爲次則雞鳴之作遠在緇衣之前鄭國
之風必處檜詩之後何當後作先采先作後采乎是不由之得
先後也二三擬議悉皆不可則諸國所次別有意焉蓋迹其先
封善否參其詩之美惡驗其時政得失詳其國之大小斟酌所
宜以爲其次邶鄘衛者商紂畿內之地栢舟之作夷王之時有
康叔之遺烈武公盛德文公滅而復興故以爲變風之首邶鄘
則衛之所滅依其作之先後故以邶鄘先衛周則平王東遷化
之所被纔及鄭畿詩作後於衛頃待以天命未改王爵仍存不
可遺後諸侯故次于衛鄭以史伯之謀列爲大國桓爲司徒武
公來輔平王有厲宣之親有緇衣之美故使之次王齊則異姓
諸侯世有哀德以太師之後國土又大故使之次鄭魏國雖小
德而能勤儉虞舜之舊風有夏禹之遺化故次於齊唐雖爲大

顾炎武曰：吴楚無詩，楚僻在荆山，吴未通上國也。滕薛之詩微也，魏檜皆爲鄭滅，而魏獨無詩，陳蔡諸列會盟，而蔡獨無詩，有司失傳也。

國，賤則無與爭，廢則衰微孔多，故次鄭下。秦以秦仲始大，襄公始命，穆公遂霸，西戎卒爲强國，故使之次。居陳以三恪之尊食處齊，但以民多淫昏，國無令主，故使次秦。檜則其君淫恣，曹則人多寵，次之於末，宜哉。豳者周公之事，欲尊周公，使專一國，故次衆國之後，小雅之前，兼上下之美，非諸國之例也。鄭譜王在豳後者，退就雅頌，并言王世故耳，諸國之次，當是大師所第，孔子删定，或亦改張。左傳魯爲季札歌樂，齊之下即歌豳、秦，然後歌魏，杜云於詩豳第十五，秦第十一，後仲尼删定，故不同。以上皆孔氏說，實則謂大師所第，孔子略有更定，尚得子曰自衛反魯，然後樂正，雅頌各得其所。則國風之次，必有改易，至魯之歌與季札，或故錯綜先後，以見其識解之精。朱子考古國風之先後也。疏本照曰鄭氏箋正義曰：鄭氏名玄，字康成，北海高密人。當後漢桓靈之時，注此書，不言名而言氏者，漢承滅學之後，典籍出於人間，各專門命氏，以顯其家學，由此而言，毛氏爲

撮

傳、亦應自載毛字、但不必冠詩上耳、鄭於諸經皆謂之注、此獨言箋者，呂忱字林云箋者表也識也。鄭以毛學審備，遵暢厥旨，所以表明毛意記識其事，故特稱為箋。以上孔氏說。或謂鄭氏位卑於毛公，故不曰注而曰箋，駁之者則謂毛先鄭年遠，鄭何必致敬於毛、霖則謂字林之說、確當之至。疏本又問曰：周南關雎詁訓傳，正義曰：關雎者，詩篇之名，既以關雎為首，遂以關雎為一卷之目。金滕云公乃為詩以貽王，名之曰鴟鴞，然則篇名皆作者所自名。名篇之例，義無定準，多不過五，少纔取一，或偏舉兩字，或全取一句。亦有捨其篇首，撮章中之一言，或復都遺見文，假外理以定稱。詁訓傳者，注解之別名。毛以爾雅之作多為釋詩，而篇有釋詁釋訓，故依爾雅訓而為詩立傳。傳者傳通其義也。詁者古也，古今異言，通之使人知也。訓者道也，道物之貌以告人也。第，說文云次也。一者，言其次第當一，所以分別先後也。

周南朱子曰、周、國名、南、南方諸侯之國也、周國本在禹貢雍州境內、岐山之陽、后稷十三世孫古公亶父始居其地、傳子季歷、至孫文王、辟國寖廣、於是徙都於豐、而分岐周故地以為周公旦召公奭之采邑、且使周公為政於國中、而召公宣布於諸侯、德化大成、三分有二、武王又遷鎬、遂克商而有天下。○陸德明曰、於漢屬扶風美陽縣。

關雎、后妃之德也、風之始也、所以風天下而正夫婦也、故用之鄉人焉、用之邦國焉、風、風也、教也、風以動之、教以化之、詩者志之所之也、在心為志、發言為詩、情動於中而形於言、言之不足、故嗟歎之、嗟歎之不足、故永歌之、永歌之不足、不知手之舞之、足之蹈之

也、情發於聲、聲成文謂之音、治世之音安以樂其政和、亂世之音
怨以怒其政乖、亡國之音哀以思其民困、故正得失、動天地感鬼
神、莫近於詩、先王以是經夫婦、成孝敬、厚人倫、美教化、移風俗、故
詩有六義焉、一曰風、二曰賦、三曰比、四曰興、五曰雅、六曰頌、上以
風化下、下以風刺上、主文而譎諫、言之者無罪、聞之者足以戒、故
曰風、至於王道衰、禮義廢、政教失、國異政、家殊俗、而變風變雅作
矣、國史明乎得失之迹、傷人倫之廢、哀刑政之苛、吟詠情性、以風

其上達於事變、而懷其舊俗者也、故變風發乎情、止乎禮義、發乎
情、民之性也、止乎禮義、先王之澤也、是以一國之事、繫一人之本、
謂之風、言天下之事、形四方之風、謂之雅、雅者正也、言王政之所
由廢興也、政有大小、故有小雅焉、有大雅焉、頌者美盛德之形容、
以其成功告於神明者也、是謂四始、詩之至也、然則關雎麟趾之
化、王者之風、故繫之周公、南、言化自北而南也、鵲巢騶虞之德諸
侯之風也、先王之所以教、故繫之召公、周南召南、正始之道、王化

之基。是以關雎樂得淑女以配君子，憂在進賢，不淫其色，哀窈窕思賢才，而無傷善之心焉，是關雎之義也。鄭箋云：起此至用之邦國焉，名關雎序，謂之小序，自風風也訖末，名為大序。沈重云：案鄭詩譜意，大序是子夏作，小序是子夏毛公合作，卜商意有不盡，毛更足成之。或云小序是東海衛敬仲所作。正義曰：六義次第，詩之四始，以風為先，風之所用，以賦比興為之辭，故於風之下即次賦比興，然後次以雅頌，雅頌亦以賦比興為之，既見賦比興於風之下，明雅頌亦同之。鄭以賦之言鋪也，鋪陳善惡，則詩文直陳其事，不譬喻者，皆賦辭也。鄭司農云：比者，比方於物，諸言如者，皆比辭也。司農又云：興者，託事於物，則興者起也，取譬引類，起發己心，詩文諸舉草木鳥獸以見意者，皆興辭也。比之與興，雖同是附託外物，比顯而興隱，故比居興先，毛傳特言興也，為其理隱故也。慶

風變雅，必王道衰始作者。夫天下有道，則庶人不議，治平累世，
則美刺不興。何則？未識不善，則不知善為善；未見不惡，則不知
惡為惡。太平則無所更美，道絕則無所復譏，人情之常理也。故
初變惡俗，則民歌之，風雅正經是也。始得太平，則民頌之，周頌
諸篇是也。若其王綱絕紐，禮義消亡，民皆逃死，政盡紛亂，於此
時也，雖有智者，無復譏刺。成王太平之後，其美不異於前，故頌
聲止也。陳靈公淫亂之後，其惡不復可言，故變風息也。譜云：夷
身失禮，懿始受譖，則周道之衰自夷懿始矣。變雅始於厲王，無
夷懿之雅者，蓋孔子錄而不得，或有而不足錄也。凡是臣民，皆
得風刺，不必要其大史、小史、國史、御史所為。此文特言國史者，
鄭答張逸云：國史采衆詩時，明其好惡，令瞽矇歌之，其無作主，
皆國史主之，令可歌。如此言，是由國史掌書，故託文史也。苟能
制作文章，亦可謂之為史，不必要作史官。動聲曰吟，長言曰詠。
四始者，鄭答張逸云：風也、小雅也、大雅也、頌也，此四者人君行

之則為興，廢之則為衰。詩緯汎歷樞云：大明在亥，水始也；四牡在寅，木始也；嘉魚在巳，火始也；鴻雁在申，金始也。與此不同，我緯文因金木水火有四始之義，以詩文託之。又鄭作六藝論，引春秋緯演孔圖云：詩含五際六情。鄭以汎歷樞云：午亥之際為革命，卯酉之際為改正，辰在天門，出入候聽，卯天保也，酉祁父也，午采芑也，亥大明也。然則亥為革命，一際也；亥又為天門出入候聽，二際也；卯為陰陽交際，三際也；午為陽謝陰興，四際也；酉為陰盛陽微，五際也。六情則春秋云：喜怒哀樂好惡是也。

二南繫之二公者，志張逸問：王者之風，王者當在雅，在風何若？曰：文王以諸侯而有王者之化，述其本宜為風，以有王者之化，故稱王者之風。於時實是諸侯，詩人不為作雅。文王三分有二之化，王業基本此化，實一國謂之為風，道被四方，乃名為雅。文王總得六州，未統天下，統一雖則諸侯，亦大臣是大於諸侯者耳。二南之人，猶以諸侯待之，為作風詩，不作雅體，體實是風，不得

謂之為疑、箋云、哀窈窕、哀字誤、當為衷。衷謂中心恕之，無傷善
之心、謂好逑也。正義曰：毛以為哀窈窕之人，與后妃同德者也。
后妃以己則能配君子，彼獨處幽未升，故哀念之。案毛義哀
如字，似比鄭義為較順。又案正義曰：不淫其色，其者其后妃也。
婦德無厭，凡有情欲，莫不妒忌，惟后妃之心憂在進賢，賢人不
進，以為己憂，不縱恣己色以求專寵，此生民之難事，而后妃之
性能然，所以歌美之也。

詩得

國風周南　詁訓傳

關雎后妃之德也風之始也所以風天下而正夫婦也故用之鄉人焉用之邦國焉風風也教也風以動之教以化之然則關雎麟趾之化王者之風故繫之周公南言化自北而南也鵲巢騶虞之德諸侯之風也先王之所以教故繫之召公周南召南正始之道王化之基是以關雎樂得淑女以配君子憂在進賢不淫其色哀窈窕思賢才而無傷善之心焉是關雎之義也

朱子曰周之文王生有聖德又得聖女姒氏以為之妃宮中之人於其始至見其有幽閒貞靜之德故作是詩

興也關關和聲也雎鳩王雎也鳥摯而有別水中可居者曰洲后妃說樂君子之德無不和諧又不淫其色慎固幽深若關雎之有別焉然後可以風

關關雎鳩在河之洲窈窕淑女君子好逑　參差荇菜左右流之

化天下夫婦有別則父子親父子親則君臣敬君臣敬則朝廷正朝廷正則王化成　窈窕幽閒也淑善逑匹也言后妃有關雎之德是幽閒

窈窕淑女寤寐求之求之不得寤寐思服悠哉悠哉輾轉反側

貞專之善女宜為君子之好匹　荇接余也流求也后妃有關雎之德乃能共荇菜備庶物以事宗廟也寤覺寐寢也　服思之也悠

參差荇菜左右采之窈窕淑女琴瑟友之參差荇菜左右芼之窈

思也　宜以琴瑟友樂之　芼擇也　德盛者宜有鍾鼓之樂

窕淑女鍾鼓樂之

注疏本作關雎五章章四句故言三章一章章四句二章章八句

疏云五章是鄭所分故言以下是毛公本意後放此

薈蒼劉氏曰此詩鄭箋孔疏俱以淑女指三夫人以下言后妃不妬忌思得淑女以配君子寤寐之求琴瑟鍾鼓之樂皆就后妃之於淑女言之序所謂德者此也說此詩者多矣今錄其有合於箋疏之旨足與序說相發明者其餘亦廣采之以資見聞何玄子世本古義曰太姒將歸文王思得淑女以為媵故作是詩李文貞公詩所曰此文王后妃所自作也古者朝有外職官有內職外職曠天工不舉矣內職缺陰教不修矣故天則播五行於四時而月生焉王則齊家以治國而

寫得大雅謝康樂詩人別有長歌雅奉此即是負販人語口也

后妃主焉嬪御以下皆所以佐内理者如星之助月光也后
妃無妬害之私於識見之切可以章文王刑于之化周之興
也有自來矣故關雎者后妃見於内也鹿鳴者文王見
於外也家者國之本故風始而雅繼以至大雅之文王則曰
濟濟多士文王以寧頌之清廟則曰濟濟多士秉文之德嗚
呼觀於四始之義而知急親賢之為務矣二家之說從箋疏
而暢之者也呂成公讀詩記朱文公集傳俱以淑女指后妃
此詩則文王宮人所作也未得而憂既得而樂皆就宮人言
之而引夫子所稱樂而不淫哀而不傷者謂詩人之性情亦
得其正此與箋疏異而義亦多通者也至若齊魯韓三家皆
以為刺時之作魯詩云后夫人雞鳴佩玉去君所周康王后
不然故詩人嘆而傷之列女傳云周之康王夫人晏出朝關
雎起興思得淑女以配君子前漢杜欽傳曰佩玉晏鳴關雎
刺之後漢明帝詔曰昔應門失守關雎刺世注薛君章句曰

人君退朝，后妃御見有度，應門擊柝，鼓人上堂。今內傾於色，故詠關雎，說淑女，以刺時。楊賜傳云：昔周康王一朝晏起，夫人不鳴璜，宮門不擊柝，關雎之人見幾而作。司馬遷云：周道缺，詩人本之衽席，關雎作。又曰：周室衰而關雎作。楊雄云：周康之時，頌聲作於下，關雎作於上，習治也。故習治則傷始亂也。馮衍顯志賦曰：美關雎之識微兮，愍王道之將崩。罷沘跂史云：康王晏朝，畢公作關雎之詩以諷。又蔡邕張超以為畢公所作。此則皆傳說，不可信也。

周道

一片春光明媚，寫來入神，足千古以下人之處著想

葛覃

后妃之本也。后妃在父母家，則志在於女功之事，躬儉節用，服澣濯之衣，尊敬師傅，則可以歸安父母，化天下以婦道也。

葛之覃兮，施于中谷，維葉萋萋。黃鳥于飛，集于灌木，其鳴喈喈。

興也。覃，延也。葛所以為絺綌，女功之事煩辱者。施，移也。中谷，谷中也。萋萋，茂盛貌。黃鳥，搏黍也。灌木，叢木也。喈喈，和聲之遠聞也。

葛之覃兮，施于中谷，維葉莫莫。是刈是濩，為絺為綌，服之無斁。

莫莫，成就之貌。濩，煮之也。精曰絺，粗曰綌。斁，厭也。古者王后織玄

服之無斁說不
得是情福錦
繡才子試於此
細精之

紞公侯夫人紘綖卿之內子大帶大夫命婦成祭服士妻朝服庶士以下各衣其夫 言我也師女師也古者女師教以婦德婦言婦

言告師氏、言告言歸、薄污我私、薄澣我衣、害澣害否、歸寧父母。

容婦功祖廟未毀教于公宮三月祖廟既毀教于宗室 婦人謂嫁曰歸 污煩也私燕服也 害何也私服宜澣公服宜否 寧安也

呂氏曰、言后妃所以成德者、必有本也。愚謂本篇覃所陳是
也、朱子曰、此詩后妃所自作、故無贊美之詞。然於此可以見
其已貴而能勤、已富而能儉、已長而敬不弛於師傅、已嫁而
孝不衰於父母、此皆德之厚、而人所難也。張氏曰、后妃之貴
亦必立師傅以訓之、法家拂士、非惟人主不可一日無、后妃
亦然也。周自后稷以農為務、歷世相傳、其君子則重稼穡之
事、其女子則重織紝之勤、相與服習其艱難、詠歌其勞苦、此
實王業之根本也。故誦服之無斁之章、則知周之所以興、誦
休其蠶織之句、則
知周之所以衰。

卷耳

后妃之志也、又當求賢審官、輔佐君子、知臣下之勤勞、內有
進賢之志、而無險詖私謁之心、朝夕思念、至于憂勤也、

憂者之興也。采采，事采之也。卷耳，苓耳也。頃筐，畚屬，易盈之器也。懷，思；寘，置；行，列也。思君子官賢人，置周之列位。陟，升也。崔嵬，土山

采采卷耳，不盈頃筐。嗟我懷人，寘彼周行。陟彼崔嵬，我馬虺隤。

之戴石者。虺隤，病也。姑，且也。人君黄金罍。永，長也。山脊曰岡。玄黄，玄馬病則黄。兕觥，角爵也。傷，思也。

我姑酌彼金罍，維以不永懷。陟彼高岡，我馬玄黄。我姑酌彼兕

觥維以不永傷。陟彼砠矣，我馬瘏矣，我僕痡矣，云何吁矣。（二字作一極妙）

石山戴土曰砠。瘏，病也。痡，亦病也。吁，憂也。

楊用脩曰、余最愛荀子解卷耳詩云、卷耳易得也、頃筐易滿也、然而不可以貳周行。朱子曰、后妃以君子不在而思念之、豈嘗朝會征伐之時歟。李文貞曰、首章之我、后妃自我也、後三章之我、指文王也、言行役辛苦如此、盍姑酌酒以消憂乎。末乃為閔其歎息之辭、而設閔其為何、知必有所傷懷而不能已者也。

樛木

后妃逮下也。言能逮下而無嫉妒之心焉。朱子曰、此眾妾稱頌之詞、

南有樛木（興也。南，南土也。木下曲曰樛。南土之葛藟茂盛），葛藟纍之。樂只君子，福履綏之（履，祿。綏，安也）。南有樛木，葛藟荒之（荒，奄也）。

樂只君子，福履將之（將，大也）。南有樛木，葛藟縈之（縈，旋也）。樂只君子，福履成之（成，就也）。

永嘉鄭氏曰：婦人之德，莫大於不妬忌。蓋功容可勉，而根於情者難自克。呂氏曰：后妃如此，樂哉君子，可謂福履綏之矣。漢之二趙、隋之獨孤、唐之武后，世禍至於亡國，則樛木之后妃，詩人安得不深嘉之乎。

螽斯

后妃子孫眾多也。言若螽斯不妬忌，則子孫眾多也。朱子以為眾妾所作，言后妃有是德，宜有是福也。

螽斯（蚣蝑）羽，詵詵兮（眾多也，朱子和集皃），宜爾子孫，振振兮（仁厚也，朱子盛皃）。螽斯羽，薨薨兮（眾多也，朱子羣飛聲），宜爾子孫，繩繩兮（戒慎也，朱子不絕皃）。螽斯羽，揖揖兮（會聚也），宜爾子孫，蟄蟄兮（和集也，朱子亦多意）。

振〻二字强名，有取義乃思之，却不知其佳處，亦一恨事。

黄櫄曰、詩人以螽斯比后妃，取其子孫衆多也、作詩序者，既曰言若螽斯、又曰不妒忌則子孫衆多，言若云者，继上文之詞、不妒忌者，乃其推本之論。蓋子孫衆多者，人君之福，而不妒忌者，婦人所難也、漢明德皇后，嘗以皇嗣未廣，薦達左右，後宫有進幸者，多加慰納，宗社以隆，故嘗謂太姒不妒忌而周以興，思齊言則百斯男，皆是一意，朱善曰、二南言振振者凡三、此以衆盛言，麟之趾以仁厚言，殷其雷以信厚言、

桃夭

后妃之所致也、不妒忌則男女以正、婚姻以時、國無鰥民也、

桃之夭夭（少壯也），灼灼其華（華之盛也）。數 之子（嫁子之）于歸，宜其室家。姑 桃之夭夭，有蕡其實（實皃）。之子于歸，宜其家室。桃之夭夭，其葉蓁蓁（至盛皃）。之子于歸，宜其家人。

李文貞曰：或謂此周人美后妃始經婦道之詩。以詩中之子即指后妃言，非也。之子，自序閨中之女子，緣其漸濡於文王后妃之化，女德懋然，婦職修，故當始嫁之日，詩人預有以決之。而文王之脩身齊家以及其國者，隱然自見於言外。若指后妃言，則陳義太小矣。桃華則實，既實則復生，葉而茂盛不窮矣。家者統言內外，室者專言內寢。女謂男曰家，男謂女曰室。家人，則自家之內外長幼以至臣妾皆是也。女之初嫁，猶始華也，必能與夫相順，故自內以及外而曰宜其室家；既嫁而成生育，猶既實也，必能與其類相和，故自外以及內而曰宜其家室。此文以理內外，猶既實而葉也，必能使家之尊卑長幼，下逮臣妾，無不得其懽心焉，故曰宜其家人。○羅願曰：麻實謂之蕡。麻於植物中最多子，故以形桃實之盛。

兔罝

后妃之化也。關雎之化行，則莫不好德，賢人眾多也。朱子曰：化行俗美，賢才眾多，雖罝兔之野人，而其才之可用猶如此。

肅肅兔罝椓之丁丁椓杙聲赳赳武夫公矦干城扞也肅肅兔罝施于中逵九達之道

赳赳武夫公矦好仇肅肅兔罝施于中林赳赳武夫公矦腹心

全履祥曰樂墨子書文王舉閎夭泰顛於罝網之中授之政西土服此詩詞意脗合必為此事而作也○文肅肅敬也赳赳約也罝兔而體貌有肅敬之容武夫而步伐有約束之度此閎夭泰顛之所以為賢而文王所以取之也閎夭泰顛為文王疏附禦侮之友後為武王將威劉敵之人作歌其為公矦之干城好仇腹心者歟○

芣苢 亦一段也

后妃之美也和平則婦人樂有子矣朱子曰化行俗美家室和平婦人無事相与采此芣苢而賦其事以相樂也

芣苢馬舄馬舄車前也宜懷孕焉薄發聲也采取也

采采芣苢薄言采之采采芣苢薄言有之以采采芣苢薄言掇之拾之

采采芣苢薄言捋之（取也）

采采芣苢薄言袺之（執衽也）采采芣苢薄言襭之（扱衽曰襭）

楊中立曰、芣苢、和平之詩也、天下和平、非文詞形容所能及、故每章但言采之而已、無他詞也、劉薌蒼曰、按韓嬰詩序以為婦人傷夫有惡疾而作。劉向列女傳云、蔡人之妻者、宋人之女也、既嫁而夫有惡疾、母將改嫁之、女曰、夫之不幸、乃妾之不幸也、乃作芣苢之詩、冉伯牛有惡疾、故文選用其事曰、冉耕歎其芣苢、蓋相傳舊矣、陸佃曰、神仙服食法曰、車前之實、雷之　也、善療孕婦難產、及令人有子、黃佐曰、采者臨于求也、有者真于運也、掇、拾其穗也、捋、取其子也、采之既多、非手之所能容、故以衣貯之、而執其衽於手中、亦非手之所能執也、而扱其衽於帶間、徐鳳彩曰、掇者、芣苢之子在穗、故拾其穗、捋者、芣苢之用在子、故取其子、宋蔡婦人傷夫有惡疾、幸其懷孕、故采芣苢以療產、聖人取其有節而知義也。

漢廣 德廣所及也、文王之道被于南國、美化行乎江漢之域、無思犯禮、求而不可得也、朱子曰、出游之女、人望見之、知其端莊靜一、非復前日之可求也、

南有喬木（上竦也）、不可休息、漢有游女、不可求思、漢之廣矣、不可泳思（潛行為泳）、江之永矣、不可方思（泭也）

翹翹（薪貌）錯（雜也）薪、言刈其楚、之子于歸、言秣其馬（六尺以上曰馬）、漢之廣矣、不可泳思、江之永矣、不可方思

翹翹錯薪、言刈其蔞（蔞草中之翹翹然）、之子于歸、言秣其駒（五尺以上曰駒）、漢之廣矣、不可泳思、江之永矣、不可方思

鄭康成曰、紂時淫風遍於天下、惟江漢之域、先受文王之教化、孔穎達曰、游女尚不可求、則在室無敢犯禮可知、出者猶

文王化游女不禁其游、但令不可求而止、此正聖人作用法、淺處不比伊川先生一味板實也

能守貞，則處者自然。尤滋劉蓋曰：桀之子于歸，言秣其馬二句，箋云：於是子之嫁，我願秣其馬，致禮餼，示有意焉。歐陽公曰：既云不可得，乃云之子既出游而歸，我則願秣其馬，此悅慕之辭，猶言雖為執鞭猶忻慕焉者是也。竊謂婦人謂嫁曰歸，上一句當從箋說。秣馬乃悅慕之意，當從歐說。惠周惕曰：士昏禮，主人爵弁纁裳，從車二乘，婦車亦如之。昏義：壻親迎之後，出御婦車，而壻授綏，御輪三周。故曰之子于歸，言秣其馬，言得如是之女歸於我，則我將親迎而身御之，淺之深不覺詞之昵也。不言御車而言秣馬，欲速其行且微其詞也。若箋言禮餼，則納徵無用馬者。王志長曰：漢廣四章，意兼究廣，神理深微，非以形容游女之不可求，叠商季風淫，乃漢廣游女靚面有貞潤，豨犯之色，采風者推原厥所自，總於為心覺王者過化存神，真有如漢廣之不可泳，江永之不可方者，反覆長歌，所以謂之風也。否則游女既不可求，而猶留連不置、不發為後世高唐洛神乎。李文貞曰、休息、韓詩外傳作休思、荀子作課，朱子從韓詩是也。王會汾曰、休永為韻，通首皆以思為語辭、許氏謙曰漢言廣、謂橫渡也、江言永、謂沿泝也、沈守正曰、二南詩當作兩項看、岐周久被文王之化、其民庶、故詩多熙皞而平、桃夭芣苢之類是也。南國新被淫遠之風、其心悔、故詩多瀟洒而露、江漢行露之類是也。召南之所以不同於周南者止此、一采之於都內、一采之於列國故也。方苞曰、水之大者非舟楫不可通，女之貞者非禮義不可接也。

調飢，韓詩作朝飢。朝飢最難忍也。

汝墳

汝墳之國、婦人能閔其君子、猶勉之以正也、道化行也、文王之化、行乎汝墳之國。

遵彼汝墳、水名 大防也　伐其條枚、枝曰條，幹曰枚　未見君子、惄如調飢。飢意也　調，朝也

遵彼汝墳、伐其條肄。餘也　斬而復生曰肄　既見君子、不我遐棄。

魴魚赬尾、赤也 魚勞則尾赤　王室如燬。[illegible]　雖則如燬、父母孔邇。

劉蔭蒼曰、父母二字、箋疏俱指行役者之父母、自廣漢張氏
謂指文王、諸家多從之、蓋以爲文王言、尤切於事情也。霖案
君子亦皆指文王言、蓋汝墳之國、遭紂之暴虐、猶彼木之伐
無餘、未見文王、則如朝饑之無藝、既見文王、幸其不我遐棄、故
繼誦之曰、民勞亦甚已、能救者
魯詩作朝、調一作輖、重也。
文王者、其可爲之父母也。

麟之趾、閔雎之應也、閔雎之化行、則天下無犯非禮、雖衰世之公
子、皆信厚如麟趾之時也。朱子曰、文王后妃德修於身、而
子孫宗族皆化於
善、故詩人美之。

麟之趾、振振（信厚之）公子、（止）于嗟麟兮。
麟之定、（題也）振振公姓、（公同姓之）于嗟麟兮。
麟之角、振振公族、（公同祖之）于嗟麟兮。

傳曰、趾足也、麟信而應禮、以足至者
也、麟角所以表其德也。

麟趾騶虞用一字贊語不得故用以于嗟乎詠歎成文此處須

明眼人觀破

劉薩蒼曰：此詩朱傳最合詩意。蓋麟者王者之瑞，今周家子姓仁厚如麟，是即麟矣。以言瑞應，孰大於是？究其所以，致本於文王后妃之仁。何元子據說文麟訓牝麒，遂以麟趾比太姒，麟定比太任，麟角比太姜，言周家世有賢母，故子孫盛且賢如此，然於義精狭矣。杭世駿曰：孔仲達云詩有上二句爲韻，而下半句不入韻者，謂之腰句，此三章与騶虞二章末句，推之褰裳、摽與二篇末句，構聯末二句，采卷末四句，与同此例也。曾能始曰：末句不叶韻，凡麟趾詠歎例同。

周南之國十一篇三十四章百五十九句

朱子曰：案此篇首五詩皆言后妃之德，關雎舉其全體而言也，葛覃、卷耳言其志行之在己，樛木、螽斯美其德惠之及人，皆指其一事而言也。其詞雖主於后妃，其實則皆以著明文王身修家齊之效也。至於桃夭、兔罝、芣苢，則家齊而國治之效。漢廣、汝墳，則以南國之詩附焉，而見

天下已有可平之漸矣、若麟之趾、則文王者之瑞有非人力
所致而自至者、故復以是終焉。

周霖案、史記燕召公世家言、周同姓、姓姬氏、不言文王之子、今之左傳所言皇甫之言未確也、

詩得

國風召南 召、地名、召公奭之采邑也、李樗曰、分陝以東、此江漢汝墳、即陝之東也、分陝以西、此江沱、即陝之西也、故其詩有周南召南之辨、閻若璩曰、召亭有二、岐州岐山縣西南十里召亭、文王時召公食采邑、絳州垣縣召亭、是春秋時召公食采邑、

鄭康成曰、召伯姬姓名奭、食采於召、後封於燕、陸德明云、皇甫謐云、文王庶子、勝殷後封於北燕、留周佐政、食采於召、輔成王、康王之卒、謚曰康、案左傳言文之昭無燕、未詳

鵲巢 夫人之德也、國君積行累功、以致爵位、夫人起家而居有之、德如鳴鳩、乃可以配焉、朱子曰、南國被文王之化、諸侯能正心修身以齊其家、其女子亦被后妃之化、而有專靜純一之德、故嫁於諸侯、而其家人美之、

維鵲有巢、維鳩居之、之子于歸、百兩御之、 興也、鳩鳲鳩、秸鞠也、鳲鳩不自為巢、居鵲之成巢、百兩百乘也、諸侯之子嫁於諸侯、送御皆百乘、御迎之也

維鵲有巢、維鳩方之、

之子于歸百兩將之（送也）

維鵲有巢維鳩盈之（滿也）之子于歸百兩成之（能成百兩之禮也）

甫紀始曰鳩性拙於夫人之義何取先儒曰鳩之性靜專是其德之惟其靜專之德而端於享之是乃夫人之德有所作為此非婦道矣近日陳仲醇曰男子有德便是才女子無才便是德○桑李又貞方雪皐皆以鳩比諸婦（不若比夫人仍守舊說也）○

采蘩

夫人不失職也夫人可以奉祭祀則不失職矣○朱子曰夫人祭祀能者誠敬而世家人敘其事美之

于以采蘩于沼于沚（皤蒿也于於沼沚渚也公侯夫人執蘩菜以助祭神饗德與信不求備焉沼沚谿澗之草猶可以薦王后則荐菜也）于以用之公侯之事（之事祭事也）始

于以采蘩于澗之中（山夾水曰澗）于以用之公侯之宮（廟也）

被之僮僮（首飾也）韻　甚（竦敬也）夙夜在公（夙早也）被之祁祁（舒遲也去事有儀也）薄言還歸

劉蕃薈曰此詩呂成公朱子及諸家皆就祭祀言之於蘩可以供豆薦○可以供蠶事○觀蠶亦夫人之職也○故或以此詩

為美夫人親蠶之作。鄭忠嗣云，或疑夙夜在公，即特牲所言
視饎爨於夙興，而還歸則鄭氏所謂釋祭服而去者，按特牲
之視濯，宗人職之，少牢之溉者，溉甑甗，廩人職之，以玉王
之正祭，視滌濯，逆齍省鑊，則大小宗伯職之，俱於婦職無與。
況詩人若美夫人之奉祭，不應舍其祭時之致潔，而但述其
祭前戴被之景也。何元子曰，詩稱公侯之事，與兔罝詠公侯
干城同，周自王季受命為侯伯，至紂以文王為三公，故得稱
公侯。此詩美太姒親蠶也。李文貞曰，夫人采蘩以供蠶事，猶
之蒿宰之志。曰宮曰公，所謂公桑蠶室是也。三家之說與箋
疏異，然亦可參。被者，少牢云主婦被裼，注被裼讀為髲鬄，周
禮所謂次也。追師掌王后之首服，為副編次，追衡笄，注曰，副
者婦人之首服，祭統曰君卷冕立于阼，夫人副褘立于東房。
副之言覆，所以覆首為之飾，其遺像若今步搖，服之以從王
祭祀。編，編列髮為之，其遺像若今假紒，服之以桑也。次，次第

略用點綴紙上，便大有物蠢蠢欲動，頓覺頭神技也

髮長短為之，所謂髲髢。服之以見王，王后之燕居亦纚笄總而已。追猶治也。王后之衡笄皆以玉為之，唯祭服有衡，垂於副之兩旁當耳，其下以紞懸瑱。詩云「玼兮玼兮，其之翟也，鬒髮如雲，不屑髢也。玉之瑱也」，此之謂也。據此被也、髲髢也、次也，同物而異名耳。祭祀服副，不服副次，於親蠶說可從。

草蟲 大夫妻能以禮自防也。朱子曰：大夫行役，其妻獨居，感時物之變，而思其君子如此。

幽也 喓喓草蟲常羊也，趯趯阜螽蠜也。未見君子，憂心忡忡猶衝衝也。卿大夫之妻待禮而行，隨從君子。婦人雖適人，有歸宗之義。亦既見止，亦既覯止，止辭也。覯，遇。我心則降。降，下也。陟彼南山，周南山也。言采其蕨。鱉也。未見君子，憂心惙惙。憂也。亦既見止，亦既覯止，我心則說。服也。陟彼南山，言采其薇。菜也。嫁女之家不息火三日，思相離也。未見君子，我心傷悲。亦

既見止亦既覯止我心則夷（平也）

朱傳曰、張衡說大火流、草蟲鳴是深秋候、采蕨采薇春候、秋暮而往、春暮未還、道里悠遠、去此莫卜、是用隱憂、豈感物而興男女之思乎。集毛傳云、婦人雖適人有歸宗之義、鄭箋云、未見君子、謂在塗時也、在塗而憂、憂不當君子、無以寧父母、故心衝衝然、既見謂已同牢而食、既覯謂已昏也、易曰男女覯精萬物化生、此說拘泥不必從。

采蘋 大夫妻能循法度也、能循法度則可以承先祖、共祭祀矣、朱子同、

于以采蘋（大蓱也）、南澗之濱（厓也）、于以采藻（聚藻也）、于彼行潦（流潦也）、

于以盛之、維筐及筥（方曰筐 圓曰筥）

于以湘之（亨也）、維錡及釜（有足曰錡無足曰釜）

于以奠之（置之）、宗室（大宗之廟也）牖下（大夫士祭于宗廟奠于牖下）、誰其尸之（主）、有齊（敬）季（少也）女

蘋藻薄物也、澗潦至賤也、筐筥錡釜陋器也、少女微主也、古之將嫁女者、必先禮之於宗室、牲用魚、芼之以蘋藻

四字中天行物様

劉蔭蒼曰，按傳箋俱以為婦人將嫁教成而祭之。詩昏義曰：古者婦人先嫁三月，祖廟未毀，教於公宮；祖廟既毀，教於宗室。教以婦德、婦言、婦容、婦功。教成祭之，牲用魚，芼之以蘋藻，所以成婦順也。詩言蘋藻，此其證也。又曰祭在奧，室西南隅，詩言牖下也。凡昏事皆為女行禮，設几筵于戶外，取外成之義。昏禮云：納采，主人筵于戶西，西上，右几。問名、納吉、納徵、請期皆如初。今教成之祭，於戶外設奠，亦外成之義，故曰牖下，又其證也。序云：大夫妻者，箋云：女子十年不出，姆教婉娩聽從，執麻枲，治絲繭，織紝組紃，學女事以共衣服，觀於祭祀，納酒漿籩豆葅醢，禮相助奠，十有五年而笄，二十而嫁。今既嫁為大夫妻，能循其為女之時所學所觀之事，以為法度也。據此，則此詩為教成而祭之作，美其能以莊敬之心行之。序所云因其為女之時能修其教為此，則既嫁于大夫，自能循法度，以承其夫之祖先，以共祭祀也。王肅謂此詩所陳皆大

夫妻助夫氏之祭采蘋藻以為菹設之於奥奥即牖下孫毓
以王氏之說為長詩家多從之然以牖下為奥竊所未安
且詩明言季女則主教成之祭為長蓋女子未嫁之稱序說
據其後而言之耳又何楷曰此美邑姜也古者婦人將嫁教
於宗廟教成有蘋藻之祭武王元妃邑姜教成能修此禮詩
人美之此篇中有齊季女之齊當讀如字羅泌路史國名記齊
伯陵之故國伯陵之後為商侯仍封於齊地太公其繼焉為
也太公本齊後仍封於齊者武王為西伯時太公年已老則
邑姜為太公季女可知左傳將帥曰濟澤之阿行潦之蘋藻
寘諸宗室季蘭尸之敬也所謂季蘭即邑姜之名不可知而
其言濟澤之阿則尤齊地之證二南之詩為太姒詠者不一
而足至太姜太任亦再見於大雅之楚誦邑姜開國元妃猶
無一詩及之和詩甚辯博存之以備一解江永曰采蘋者大
夫妻將嫁教成而祭於宗子之廟以魚為羹而芼之蘋藻為

鉶羹，奠於奥之牖下，此然宗子不主，而季女主之，故曰誰其尸之有齊季女。季女者未嫁之稱，言尸之，則非助祭也。

甘棠

美召伯也。召伯之教明於南國，朱子曰：召伯循行南國，以布文王之政，或舍甘棠之下，其後人思其德，故愛其樹不忍伐也。

蔽芾（小皃）甘棠，勿翦（去）勿伐（擊也），召伯所茇（草舍也）。

蔽芾甘棠，勿翦勿敗，召伯所憩（息也）。

蔽芾甘棠，勿翦勿拜，召伯所說（舍也）。

孔穎達曰：此篇所陳巡民決訟之事，皆是武王伐紂之後，召公為王官之伯時事。若文王時，與周公共行王化，有美即歸王。詩人何得曲美召公哉！因詩繫召公，故録之於召南。論卷則總歸文王，指篇則專美召伯。尚伯分陝，當云西周，言南者，以篇在召南為正耳。按：曹粹中曰：拜，屈也，如人之拜，小低屈也。曰憩，曰說，尚未能如茇舍之久也。曰勿敗，則非但勿伐之而已；勿拜，則非但勿敗之而已，說亦精細。

朱彝尊曰，甘棠謂之棠梨，即今之蘋婆果也，云棠梨者以花似棠，實似梨，合而稱之耳。閩中夏季有名蘋林檎者，即蘋婆果也，亦即棠梨也，其色朱而微黃，最可愛。

此篇於詩中別開一調

召伯聽訟也，衰亂之俗微，貞信之教興，彊暴之男不能侵陵貞女也。

行露

厭浥行露，（濕意也）豈不夙夜，（道也）謂行多露。（言有之）誰謂雀無角，何以穿我屋。（不思物變而推其類，雀之穿屋似有角者）誰謂女無家，何以速我獄，雖速我獄，室家不足。（昏禮紂幣不過五兩）誰謂鼠無牙，何以穿我墉。（墉，牆也。視牆之穿，推其類，可謂鼠有牙）誰謂女無家，何以速我訟，雖速我訟，亦不女從。（不從，終不棄禮而從此彊暴之男）

劉蔭蒼曰，劉向列女傳云，召南申女者，申人之女也，許嫁於酆，夫家禮不備而欲迎之，女終持節守義，雖致之於訟，免不肯往，遂作行露之詩。韓詩外傳亦云。詳味詩詞，列女傳之說是也。蓋嘗許嫁焉，而六禮不備，故貞女不行，卒之貞女得以伸也。

其志者，則合約陵訟之明也。我疑暴男侵貞女，女固可為，男為何人，豈王化獨及女而不及男耶？何之子曰：鄷乃崇虎之地，文王滅崇後始作邑于鄷，此女為鄷人所訟，蓋染於崇虎之惡而然，此解得之。曹能始曰：家字即女子生而願為之有家之家，此是如字，原許字而婚姻未及時者，男子迫之，而致訟獄也。苟非合公明允，遂我不從之志，則雖為室家，亦不免於苟合矣。如此說，庶與首章豈不夙夜語意相貫，不然則未有女子貞潔，強暴侵陵之不從，而反訟之者也。

鵲巢之功致也。召南之國化文王之政，在位皆節儉正直，德如羔羊也。朱子曰：美其衣服有常，而從容自得如此。

羔羊（小曰羔，大曰羊）

羔羊之皮，素（白也）絲五紽（紽數也）。退食自公（公門也），委蛇委蛇（行可從迹也）。

羔羊之革（古者素絲以英裘，不失其制，大夫羔裘以居），素絲五緎（緎縫也。孔疏：英飾也。居，居於朝廷，非居於家也）。委蛇委蛇，自公退食。

羔羊之縫（言縫殺之大小得其制），素絲五總（總數也）。委蛇委蛇，退食自公

諸錦曰：記曰，長民者衣服不貳，從容有常，以齊其民，則民德
壹。紽謂絲飾衆之隱起處，緎是界限處，總是縫合處。徐光啓
曰：書畢命曰，茲殷庶士，席寵惟舊，怙侈滅義，服美於人，驕淫
矜侉，將由惡終。俗之不良乃示，文王一儉以卑服，道以龍茶
而過化存神，一至於此，自非上聖，其能若是。惠周揚曰：人臣
之於公也，勞則於私之逸，蓋心思智力盡之乎君而家無事
焉。故曰退食自公，委蛇委蛇，言無私營無私交也。不然，張湯
之造請諸公，無問寒暑，有終日私之而不厭者矣，何委蛇之
有。曹詩括曰：羔羊，小羊也，其色白，故以素絲緣之，取其相配，
又喻大夫有純白之操。退食，退朝而食。自公，言自公而來，即
至自其所之謂。委蛇，自得之貌。人臣之清白者，出入周從容
而自得，於非盛明之世亦未免於憂讒而畏讒，局促不安矣。
或問紽緎總之俱係以五何也，曰紽之為義它也，緎之為義
域也，總之為言聚也。數萃而緣緣之，則為它矣。其縫飾中之

有界限則為域矣，至於成功則為聚矣。劉瑾曰：此詩之言賢才，猶周南之有兔罝，蓋文王作人之效。春風和氣，所在生輝，故人才之所成就，賢者在野則赳赳之武夫，公侯腹心；賢者在朝則委蛇之大夫，節儉正直。文王之化，不可以淺深遠近論也。

孔疏曰：素絲為組紃，施於縫中，若今之絛。不言絲之善，絲則凡衣皆用，非為美。故素絲以英裘，非絲之論。程曰：狐貉之厚以居。注云：在家所以接賓客，則在家不服羔裘矣。論語注又云：緇衣羔裘，諸侯視朝之服，卿大夫朝服亦羔裘，惟狐裘與見異耳。明此為朝服之裘，非居家也。

殷其靁（雷聲也），勸以義也。召南之大夫遠行從政，不遑寧處，其室家能閔其勤勞，勸以義也。

殷其靁，在南山之陽。（山南曰陽。雷出地奮，震驚百里，山出雲雨以潤天下，信厚之。何此君子也，斯此違去，遑暇也）何斯違斯？莫敢或遑。振振君子，歸哉歸哉！

殷其靁，在南山之側。（亦在其陰與左右也）何斯違斯？莫敢遑息。（止也）振振君子，歸哉歸哉！

殷其靁在南山之下何斯違斯莫或遑處振振君子歸哉歸哉

或在其下 作

張子曰此詩如鶴鳴婦歎之義知風雨則思念行者何焯曰雷之所聞不過百里今我大夫則甚遠也輔廣曰此詩念其勞美其德冀其早畢事以還歸無棘欲之怨詞可謂得其性情之正矣婦人而能如此矣王之化深矣劉瑾曰此詩之念行役猶周南之有汝墳也然視汝墳猶未尊君親上之意者蓋彼作於既見君子之後故得慰其勞而勉以正此詩作於未見君子之時故但念其行役之苦也朱蒂中云莫敢或再莫或遑一何嘗非勉勵之意序所謂勸以義者此也

摽有梅男女及時也召南之國被文王之化男女得以及時也朱子曰南國女子知以貞信自守懼其嫁不及時而有強暴之辱也

摽有梅，其實七兮。落也，盛極則隨落者梅也，尚在樹者七。求我庶士，迨其吉兮。善也。

摽有梅，其實三兮。杜甫三迄。求我庶士，迨其今兮。急辭也。

摽有梅，頃筐塈之。取也。求我庶士，迨其謂之。鄭箋謂勤也，女年二十而無嫁端，則有勤望之憂。

毛傳：三十之男，二十之女，禮未備則不待禮會而行之者，所以蕃育人民也，不得備禮也。

劉蔭蒼曰：按此詩，或以為女子所自作，或以為女父擇壻之詞，要皆依序說而為之詞。惟寶鈔滋詩經質疑駁之曰：夫既謂貞信，未聞求偶，且此其急也。詩緒集之序，而觀求我之速，無是理矣。其解庶士曰：庶常之士，可備大夫之選者。梅之質素，而其用可以調羹，故堪為庶士之興。又曰：蓋喻求賢之旨，及時，不可急緩然，又不宜僭越之也。以此詩為求賢之作，言為近之。今從而暢其說。商書說命篇曰：若作和羹，爾惟鹽梅。周書立政篇言文武所用皆庶常吉士，此詩言梅言庶士，義與此合。古人於君臣遇合之際，多託為男女婚嫁之詞。蓋梅之質素，喻其品之高也；其實可以調羹，言其學之有濟於世也、梅之實熟則可用、士之學成則可行、今在樹者僅七、熟者多矣、在樹者僅三、熟者愈多矣、至頃筐取之、則無不熟矣、喻庶士之學有成也、迨吉云者、言學既有成、可及時自試、不必以為既也、蓋當時庶士涵濡於棫樸菁莪之化、勤勤典學、不急求知於上之人、美而求之為此言、易曰女子貞不字、十年乃字、亦及時之義也。

唐人曉行作云雨三點露滴如雨七八个星猶在天對此詩堪攄羹人口角

小星

惠及下也、夫人無妒忌之行、惠及賤妾、進御於君、知其命有貴賤、能盡其心矣、箋以色曰妒、以行曰忌、

嘒（微見）彼小星（小星衆無名者、三心五噣、四時更見）、三五在東、肅肅宵征（疾見、夜行）、夙夜在公、寔命不同（寔是也、命不得同於列位也）、嘒彼小星、維參（伐也）與昴（留也）、肅肅宵征、抱衾與裯（禪被也、鄭云牀帳也）、寔命不猶（若也）

程子曰、賤妾御于君、是備為可行、分限得循之時也、乃能謹於抱衾而知命之不猶、而叙化行矣、集序及朱子、皆以為美

夫人之詞，不若程子就衆妾身上說，較見透亮，而夫人之不妒忌自可於言外得之。又案齊詩猶資鄭曰：三五在東，初昏時也。參昴，西方二宿之名。抱深嬪見此言，人臣出外張院宵之後，禮從役，奔命而急公，亦豈笑（在）內而宴逸？蓋係所賦之命，不敢同而焉，以勉強為也。於此深參昴已見者，寢而不違寢，携抱衾與而行，實命之不如人矣，又奚怨夫進御居所不可言。拒且妾媵尚知以得幸為榮，當嗟命與我說。衾裯二字，婦人為切，曰余被也。裯、幬音義同，牀帳也。當寢抱衾理我有之，抱裯而往，亦所未聞，不如以行役者寢而不獲寢之為長也。小雅我息偃在牀數句即此意，存以廣異聞。

江有汜（決復入為汜）

江有汜，美媵也。勤而無怨，嫡能悔過也。文王之時，江沱之間有嫡不以其媵備數，媵遇勞而無怨，嫡亦自悔也。朱子同。

江有汜，之子歸，不我以。不我以，其後也悔。（嫡能自悔也）

江有渚（小洲也，水岐成渚），之子歸，不我

江有沱之子歸不我過不我過其嘯也歌 江之別者

與不我與其後也處 止也

呂氏曰、一章曰悔、二章曰處、三章曰歌、始則悔悟、中則相安、

終則相歡、言之序也。陸深曰、江有沱、次於小星之後、小星取其

下之能安、江沱取其上之能悔、人無不可改之過、其無不可

化之人、而其本皆始於家、是二詩之義也。槩此詩傳箋以下

無異詞、而質疑獨曰、江水至大、而有沱渚別流之名、豈謂人

而想然無情者乎。之子之歸、其不我以、其後也將悔矣、與猶

以也、處安也、過者、存而問之意、嘯歌則形容詠歎之詞而

悔過深矣、此似婦人之不得於其夫、猶棄其夫他日之悔悟、

而不忍終絶也。倂謂媵妾之不得與嫡偕行、其後爲嫡者被

化乃悔而迎之、似太費周摺矣。

野有死麕 惡無禮也、天下大亂、彊暴相陵、遂成淫風、被文王之化、

雖當亂世、猶惡無禮也。

但見大雅

郊外曰野。包，裹也。凶荒則殺禮，猶有以將之。野有死麕，羣田之獲，而分其肉。白茅取潔清也。

野有死麕，白茅包之。有女懷春，吉士誘之。林有樸樕（小木也），野有死鹿（廣物也）。

白茅純束（猶包之也），有女如玉。舒而脫脫兮（舒，徐也。脫脫，舒遲也），無感我帨兮（感，動也。帨，佩巾也），無使尨也吠（尨，狗也。非禮相陵則狗吠）。

劉蔭蒼曰：此美貞女之詞。序曰：惡無禮也。張周惕曰：毛傳曰：凶荒則禮殺，猶有物以將之。野有死麕，羣田之獲而分其肉。孔疏曰：禮雖殺，須有物以將之，故欲得麕肉用之。若此則詩人所言，甚爲有禮，而序何言惡無禮乎？且見未聞昏禮之用麕肉也。按史記有司言古者皮幣，諸侯以聘享，遠方用幣煩費不省，乃以白鹿皮方尺，緣以藻繢，爲皮幣，直四十萬。朝覲聘享，必以皮幣薦璧，然後得行。則古之行禮，有幣必有皮也。故士昏禮納徵玄纁束帛儷皮，以納吉禮注謂執束帛以致命，兩皮爲庭實。皮，鹿皮。則納吉納徵皆有皮幣，皮以鹿皮也。又昏禮贄不用死，帛必可制。今曰死麕，則不中禮之皮矣。曰白茅包之，則不中礼之皮，而又苟簡將之矣。非道而求昏，有誘之道焉，故曰吉士誘之也。林有樸樕二句，言死麕之不成皮，猶樸樕之不成林也。女惡之而不從，故曰白茅純束，有女如玉也。言束者不可解，白者不可玷也。末章則凛然有不可犯之意，見於詞色之間矣。按此詩詞旨音節，前二章以慨惜嘉美之詞刺之，末章寫其拒佻戲謔之詞以刺之。曹能悟質歟！曰：白茅所以藉物，玉，慎也。若色未年死，麕死麕，則亦寡貴於白茅矣。有女如玉，審何如其慎重乎？蒲其如惜吾之，念而為吉士所誘乎？正刺淫者，欲使人歸於無邪也。所解頗合，存之以俟考。

何彼襛矣，美王姬也。雖則王姬，亦下嫁於諸侯，車服不繫其夫，下王后一等，猶執婦道，以成肅雝之德也。

何彼襛矣（猶戎戎也），唐棣（移也）之華。曷不肅（敬）雝（和），王姬之車。姑

何彼襛矣，華如桃李

平王也武王女文王孫適齊侯之子

平王之孫齊侯之子　其釣維何維絲伊緡齊侯之子平王之孫

緡綸也

何楷曰美王姬下嫁齊桓公也。夫子特錄此詩附於召南。蓋許齊桓公与召公媲美。寓言深矣。惠周惕曰周室既微而王姬下嫁尚循婦道。以陶非鵲巢之化及於後者遠而被於人也深矣。春秋書王姬歸於齊一在莊元年為齊襄公一在莊十一年為齊桓公。傳曰齊侯來逆共姬。共周莒謹又与肅雝之義合。歟。是。婦。桓。公。者。

騶虞

騶虞鵲巢之應也。鵲巢之化行人倫既正朝廷既治天下純被文王之化則庶類蕃殖蒐田以時仁如騶虞則王道成也。

出也　蒐也　豕牝曰豝虞人翼五豝以待公之發　義獸也白虎黑文不食生物有至信之德則應之　一歲曰豵

彼茁者葭壹發五豝于嗟乎騶虞　彼茁者蓬壹發五豵于嗟乎騶虞

壹發搃連中之意也壹字不少泥

朱子從毛傳以騶虞為義獸。今按歐陽氏曰、賈誼曰、騶者天子之囿也。虞者囿之司獸者也。陳氏曰、禮射義云、天子以騶虞為節、樂官備也。則騶虞為虞官明矣。獵以虞為主、故嗟虞官而嗟歎之。故以為二官名、且氏華乘云詩于嗟乎騶虞說出因前篇麟趾為囿畜之應、故從以騶虞為獸、因指為鵲巢之應、今考射義謂之備官、則非獸明矣。說文、騶、廄御也、月令天子習五戎班馬政、命僕及七騶咸駕、則騶為掌廄之官。周禮山虞掌山林之政令、大田獵則萊山田之野、澤虞掌國澤之政令、大田獵則萊澤野、則虞為掌山澤之官。嚴華谷何元子俱以為官名。以爾雅乃詩詁無獸、無騶虞也。

召南之國十四篇四十章百七十七句 朱子曰、鵲巢至采蘋言夫人大夫妻、以見當時國君大夫被文王之化、而能修身以正其家也。甘棠以下、又見方伯能布文王之化、而國君能修之家以及其國也。其詞

纏綿往復，字字耐人尋繹

柏舟言仁而不遇也。衛頃公之時，仁人不遇，小人在側。朱子曰婦人不得於其夫，故以柏舟自比。

汎彼柏舟，（柏木宜為舟）亦汎其流。（亦汎其流，不以濟渡也）耿耿（猶儆儆也）不寐，如有隱憂。（此字妙，痛也，絕妙思）微我無酒，以敖以游。

我心匪鑒，（鑒所以察形也）不可以茹。（度也）亦有兄弟，不可以據。（依也）薄言往愬，逢彼之怒。（彼兄弟）

我心匪石，（石雖堅尚可轉）不可轉也。我心匪席，（席雖平尚可卷）不可卷也。威儀棣棣，（富而閑習之）不可選也。（物有其容，不可數也）

憂心（憂貌）悄悄，（怒也）慍于羣小。覯閔（病也）既多，受侮不少。（來也）靜言思之，寤辟（拊心也）有摽。（拊心貌）

日居月諸，胡迭而微。（謂虧傷也。居遥當常明，而日而月有虧盈，今君失道而任小人，大臣專恣，則日月虧）心之憂矣，如匪澣衣。靜言思之，不能奮飛。

孔叢子載孔子之言曰：吾於柏舟見匹夫執志之不可易也。

焦氏易林云：汎汎柏舟，流行不行。耿耿寤寐，心懷大憂。仁不逢時退隱窮居。劉向上封事論恭顯傾陷正人，引是詩解之曰：小人成羣，亦足慍也。鄭氏曰：臣不遇於君，猶不忍去，厚之至也。此皆與序說合，而列女傳以此為婦人之詩。今考其詞氣柔弱，且居變風之首，豈亦莊姜之詩乎。管世銘曰：仁人即受蔽於讒，無入而不自得，不必竄辟而摽也。潔身而退，徘徊有餘不盡者，不能奮飛也。此語言往愬二句，朱子仍就兄弟言之，似未得其旨理。兄弟即分宜至篤，漠然而已，短之則未必也。且既言其不可據矣，又何為而愬之。若以諸侯之文言之，則圓小物論兄弟不能自振者之傷，莫為兄弟傷也。按謂為莊姜所作，於詞旨尤合，而序說之不可不存也。

綠衣

衛莊姜傷己也。妾上僭，夫人失位而作是詩也。

綠兮衣兮，綠衣黃裏。綠間色，黃正色。心之憂矣，曷維其已。憂雖欲自止，何時能止也。

綠兮衣兮，綠衣黃裳。上曰衣，下曰裳。

心之憂矣曷維其已

綠兮絲兮女所治兮我思古人俾無訧兮

絺兮綌兮淒其以風我思古人實獲我心

綠為衣黃為裏失其宜矣綠為衣黃為裳失宜益甚矣三章之綠雜前二章言絲則喻其瑣細也女者莊姜自謂也言嫡御妃妾尤色之綠此物之絲皆后夫人之所治今乃使妾究瑣細之人擅感君心我所以思古人之善理內職而使居上立於無過之地未幸則以過時見棄擲於絺綌之不可禦寒風古人猶處之分明內外之職理實先得我心也不責莊公之過而言古人使之無過此又詩人之溫柔敦厚也

燕燕

衛莊姜送歸妾也鄭氏曰莊姜無子陳女戴媯生子名完莊姜以為己子莊公薨完立而州吁殺之戴媯於是大歸莊姜

遠送之於野，作詩見己志。

燕燕于飛，差池其羽。之子（去者也）于歸（歸宗也），遠送（遠送過礼）于野。瞻望弗及，泣涕如雨。

燕燕于飛，頡之頏之。之子于歸，遠于將（行也）之。瞻望弗及，佇立（久立也）以泣。

燕燕于飛，下上其音。之子于歸，遠送于南（陳在衛南）。瞻望弗及，實勞我心。

仲氏（戴媯字也）任（大也）只，其心塞淵（深也）。終溫且惠，淑慎其身。先君之思，以勗（勉也）寡人。

廣漢張氏曰：燕燕以興己與戴媯相與之善，欲獨言泣涕之情者，蓋因家之事，有不可勝悲者。晉禧太后批柩涖虜立語云：未亡人不幸，罹此百憂，感念存殁，心焉如割。其有合於詩人之情歟。徐與喬曰：戴媯以先君之思勗莊姜，因是風人忠

末章思承實勞我心說來，鑽心刺骨，欲泣眼枯，至今猶令人不堪卒讀也。更妙在多一字悲絕。

學上見姜与媯深心追騖歸陳為内應石碏之謀莊姜豈不佐之不動聲色而弒逆伏辜方不負臨岐一嗁究其作用皆從塞淵㳂慎來也霖閒之師曰先君之思以勗寡人是倒紫句法莊姜欲勸戴媯[illegible]宜常以先君為思以勗寡人[illegible]故倒言以見[illegible]言是義更深於史所謂于野于南明知犯礼而為考之者殆即密謀州吁之事故稱[illegible]

衛莊姜傷己也逼州吁之難傷己不見答於先君以至困窮之詩也

日月

日居月諸照臨下土乃如之人兮逝不古處胡能有定寧不我顧

日居月諸照臨之也 逮 故也 何 止也

日居月諸下土是冒乃如之人兮逝不相好胡能有定寧不我報

覆也 不及我以相好 盡婦道而不得

報 報

日居月諸出自東方乃如之人兮德音無良胡能有定俾也

日始月盛皆出東方 聲 善也

可忘　日居月諸，東方自出。父兮母兮，畜我不卒。胡能有定，報我不述。循也

乃如之人，指莊公說為是。劉蔭蒼謂以左傳衛獻公与定姜之事例之，乃如之人是指州吁，此詩作於州吁殺完自立之後。然曰去處，曰相好，曰無良，的。是。夫。婦。口。氣。不似。母。子。口。氣。徐無言曰，四章諸言胡能有定，必有宗社大計，為隱詞耳。案左傳石碏諫曰，將立州吁，乃定之矣，是時完之位未定也。姜望公之定完，則姜之怨非為身謀，乃關於宗社也。案徐氏之說本於箋疏，解此詩甚合。

終風

衛莊姜傷己也。遭州吁之暴，見侮慢不能正也。朱子曰，莊公之為人狂蕩暴疾，故莊姜刺之。

終風且暴顧我則笑謔浪笑敖中心是悼 終風且霾惠然肯來

莫往莫來悠悠我思 終風且曀不日有曀寤言不寐願言則嚏

曀曀其陰虺虺其靁寤言不寐願言則懷

呂氏曰驟雨迅雷其止可待至於曀曀之陰虺虺之雷則殊未有開霽之期也願言則嚏汝念我則我嚏矣母子之間感通本無間也願之則懷汝念我則我懷矣母子之間恩意本易復也

擊鼓 怨州吁也衛州吁用兵暴亂使公孫文仲將而平陳與宋國人怨其勇而無禮也

擊鼓其鏜踊躍用兵土國城漕我獨南行 從孫子仲平陳與宋

不我以歸，憂心有忡。

爰居爰處，爰喪其馬。于以求之，于林之下。

死生契闊，與子成說。執子之手，與子偕老。

于嗟闊兮，不我活兮。

兮于嗟洵兮，不我信兮。

州吁伐鄭，事見左傳。於時陳蔡方睦於衛，故宋公、陳侯、蔡人、衛人伐鄭，圍其東門，五日而還。隱公四年即此事也。陸挪云：此蓋行者與室家訣別之詞也。言甫行之役，有生死契闊之憂矣，故與子成永訣之說。言我之與子，蓋嘗執手而以偕老爲期者，今竟以契闊而不我活矣。我之心以偕老爲識，終爲今不得伸矣。孔穎達曰：古者謂戰器曰兵，左傳鄭伯朝於楚，楚子賜之金，既而悔之，與之盟曰：無以鑄兵。兵者人所執，因號人爲兵，與卒字同。卒字在說文爲士卒之衣，後因號衣卒之人曰卒。

契闊猶離闊，蓋也不克偕，離別說。

卒。何楷曰：伐鄭圍東門，五日而還矣。未幾，魯翬帥師來會，復往伐鄭，自夏徂秋，僅隔一時，必帥師在途，又聞後命，未得班師，故曰不我以歸也。左暄曰：契闊二字有數義，詩傳云勤苦也，此一義也。韓詩：契闊，約束也，二義也。朱子集傳：契闊，隔遠之意，又一義也。而梁書蕭琛荅高祖曰：雖云早契闊，乃自非同志。魏書蘇湛荅魏莊帝曰：臣与寶寅周遊契闊，則又以契闊為歡洽綢繆之意，四義也。史記稱鄭段之而州吁求与之友，吁得志而伐鄭，為段也。身負不義而又黨惡，此詩録之，鑒戒大焉。

凱風

南風謂之凱風，樂夏之長養。棘難長養者。

凱風，美孝子也。衛之淫風流行，雖有七子之母，猶不能安其室，故美七子能盡其孝道，以慰其母心，而成其志爾。

凱風自南，吹彼棘心。棘心夭夭，盛貌。母氏劬勞。病苦也。

凱風自南，吹彼棘薪。棘薪其成就者。

點出七人是眼目，雅忠厚和平，却正不可耐也

爰有寒泉，在浚之下。有子七人，母氏勞苦。

浚衛邑也，在浚之下，言有益于浚

母氏聖善，我無令人。

睍睆黄鳥，載好其音。有子七人，莫慰母心。

好貌　安也

閻若璩曰：東漢姜肱性篤孝，事繼母恪勤。母既年少，又嚴厲，肱感凱風之孝，兄弟同被而寢，不入房室，以慰母心焉。歌作詩者，能安母於千載之上；感詩者，亦能安母於千載之下。詩之有益人倫如此。孟子言凱風親之過小，故術儒多以序説爲非。其實不安其室，想不過是起居、恒衣食、勞貴之數。曰我無令人，曰莫慰母心，詞旨顯露。至於泉能益浚之流，黄鳥猶能睍睆其目，載好其音，我七子曾寒泉黄鳥之不如矣。説文：睍睆，目之出也，其字从目，當别爲言，更確，皆明。漢章帝賜東平琊瑯二王詔云：今送光烈皇后假紒帛巾各一，可時奉瞻，以慰凱風寒泉之思。章帝之于經深矣，其引義當不

楚海章曰：此衛之君子仕于亂世，其妻憂其不免而作是詩。

若是失倫。乃知東京以前，為毛詩者，必不如序說所言，而小序之為衛宏增竄，蓋可無疑矣。

雄雉 刺衛宣公也。淫亂不恤國事，軍旅數起，大夫久役，男女怨曠，國人憂之而作是詩。

雄雉于飛，泄泄其羽。（邶説見雌雉飛而鼓其翼泄泄然）我之懷矣，自詒伊阻。（難也）雄雉于飛，下上其音。展（誠也）矣君子，實勞我心。瞻（視也）彼日月，悠悠我思。道之云遠，曷云能來。

百爾君子，不知德行。不忮（害也）不求，何用不臧。（善也）

朱子謂憂其君子遠行犯害，冀其善處而得全也。此說極合詩旨。又詩說云：此衛之臣子諫其君而作，其義創而無徵。

匏有苦葉 刺衛宣公也。公與夫人竝為淫亂。節箋：夫人謂夫姜。

匏謂之瓠，瓠葉苦不可食。濟，渡也。由膝以上為涉，以衣涉水為厲，謂由帶以上也。揭，褰衣也。遭時制宜，如遇水深則厲，淺則揭矣。男女之際

匏有苦葉，濟有深涉。深則厲，淺則揭。有瀰濟盈，有鷕雉鳴。濟盈

安可以無禮義，將無以自濟也。深謂深水也。盈，滿也。深水人之所難也。鷕，雌雉聲也。衛夫人有淫佚之志，授人以色，假人以辭，不顧禮義之難，至使宣公有淫

不濡軌（九），雉鳴求其牡。雝雝鳴鴈，旭日始旦。士如歸妻，迨冰未泮。

昏之行。濡，漬也。由輈以上為軌。違禮義，不由其道，猶雉鳴而求其牡矣。飛曰雌雄，走曰牝牡。

本章以言宜家之道，非得所適，貞女不行；非以禮義，昏姻不成。

招招（二字墓神）舟子，人涉卬否。人涉卬否，卬須我友。

案此詩諸家多從序說，或又以為是刺宣姜，朱子則以為刺淫說，不必定指何人。惟李文貞曰：此賢人自重知時者之詩。首章言匏有葉則不可佩，濟水深則未可涉，君子量而後進，為涉者之斟酌其淺深也。二章言世俗之急進而求合也。濡猶滯也。濟水方盈，則當濡其軌而不前矣。雉之雌者，候雄之雄而求之可也。今也濟盈而不知滯其軌，雌雉鳴而先求其牡，可謂犯時而失義矣。三章承求牡之意而言，親迎之禮男下女也，於猶必先時預事而不苟合如此，易所謂漸女歸

案荀爽引此詩以諷聖人出處不能適淺深之宜者，即全詩之意。

又案敖孝引詩說云：卬人刺管胖之詩

吉者也況可自我而先求之乎四章承不濡軌而言始言德
涉者度也繼言車涉者慎也今有舟焉似無凱於涉矣然而
猶吾者君子之行必以其彙我友未至則猶不之涉也待曰
豈不欲往畏我友朋即此詩之意也所前於涉水者外度其
時也所喻於牝牡男女者內度其身也時之不可則無可行
之義矣然而進退之節尤必要之以禮焉夫義猶也禮門也
義不合而行則是水盈而不知濡其軌也禮不備而執則是
牝之求牡女之不待六禮而奔也禮義者持身之常而行止
之決必以同道占之此亦大易滯朋彙征之義也此與序說
異而說得精細可存以備一解。

谷風刺夫婦失道也衛人化其上淫於新昏而棄其舊室夫婦離
絕國俗傷敗焉

習習谷風以陰以陽黽勉同心不宜有怒采葑采菲無以下體德

和舒貌 東風謂之谷風陰陽和而谷風至夫婦和則室家成室家成而繼嗣生 言黽勉者思與君子同心也葑須也菲芴也下體根莖

音莫違及爾同死 行道遲遲中心有違不遠伊邇薄送我畿 誰
謂荼苦其甘如薺宴爾新昏如兄如弟 涇以渭濁湜湜其沚宴
爾新昏不我屑以毋逝我梁毋發我笱我躬不閱遑恤我後 就
其深矣方之舟之就其淺矣泳之游之何有何亡黽勉求之凡民
有喪匍匐救之 不我能慉反以我為讎既阻我德賈用不售昔
育恐育鞫及爾顛覆既生既育比予于毒 我有旨蓄亦以御冬
宴爾新昏以我御窮有洸有潰既詒我肄不念昔者伊余來塈

說到救喪微
總令人有思不到

南文曰匍匐救之
救字當音居尤切
詩補音引三墨伏怨
治體了理逐天使
譬治譽是其禍不
救文武之堅鍛溺

于淵爲子游之溺于人不可救也皆叶平聲

式微

毛氏曰，皆述迹婦之詞也。宣姜寵而夷姜縊，是以其民化之
而爲風之詩作，所謂一國之事繫一人之本者如此。
黎侯寓於衛，其臣勸以歸也。列女傳以爲黎莊夫人所作

式微式微（用也），胡不歸。微（衰也）君之故，胡爲乎中露（衛邑也）。式微式微，胡不歸。微君之躬，胡爲乎泥中（衛邑也）。

抑微君之故，君字指衛侯言。謂衛人之不以我爲急，君何爲
久寓而不去耶。蓋以君爲黎侯，則未免有怨懟意，非風人之
忠厚也。顧炎武曰：黎爲風而式微，旄丘錄於邶，許爲風而載
馳錄於鄘，聖人興滅之心也。黃櫄曰：衛失國而齊救之，黎失
國而衛不救，此齊所
以霸，衛所以亡也。

替他解說得
愈甚愈深

旄丘，責衛伯也。狄人迫逐黎侯，黎侯寓於衛，衛不能修方伯連率之職，黎之臣子，以責於衛也。

旄邱之葛兮，何誕之節兮。諸侯以國相連屬，憂患相及，如葛之蔓延相連及也。誕，闊也。叔兮伯兮，何多日也。日月以逝而不我憂。歎之輕倦

何其處也？必有與也。言與仁義也。何其久也？必有以也。必以有功德。

狐裘蒙戎，匪車不東。大夫狐蒼裘，蒙戎以言亂也。不東，言不來東也。叔兮伯兮，靡所與同。無救患恤同也。

瑣兮尾兮，流離之子。瑣尾，少好之貌。流離，鳥也。少好長醜，始而愉樂，終以微弱。叔兮伯兮，褎如充耳。褎，盛服也。充耳，盛飾也。大夫褎然有尊盛之服而不能稱也。罵得衛人深致

李文貞曰：篇首，黎侯也。狐裘，寓侯也。四序更易，其久可知。言非諸侯之車不東來與衛相助也。衛初無與同約耳。樂以瑣尾為煩碎，以流離為離散，此誤。董琮曰：詩人稱呼不一，有以賢人而稱為美女，此干旄之彼姝者子是也。有以婦人而為男子之稱，此燕燕之仲氏任只是也。有以異姓而稱為叔伯者，此詩是也。

簡兮　刺不用賢也。衛之賢者，仕於伶官，皆可以承事王者也。

傳簡兮三章章六句，與今本異。詩從伶官以至王室而自傷之詞　大德也　容見大也　萬舞非但在四方觀

簡兮簡兮，方將萬舞。日之方中，在前上處。四方之明行之以干羽為萬舞用之宗廟山川故言於四方　叔固子弟以日中為期　碩人俁俁，公庭萬舞。

在宗廟公庭　組織組之或力比於虎可以禦亂御衆有文章言能治衆動於近成於遠也　籥六孔　翟翟羽也　赫赤貌　渥厚漬也　祭有畀煇胞翟閽者

有力如虎，執轡如組。左手執籥，右手秉翟。赫如渥赭，公言錫爵。

忠下之道見忠不過一散　榛木名　下隰曰隰　苓大苦　乃宜在朝廷王室

山有榛，隰有苓。云誰之思？西方美人。彼美人兮，西方之人兮。

張子曰：為祿仕而抱關擊柝，則猶恭其職也；為伶官，則雜於侏儒俳優之間，不恭甚矣。然其中固有以過人者，又能卷而懷之，是亦可以為賢矣。秦蓮田曰：知舞所以知舞名。公羊節康成以萬為武舞，誤。又四代之樂皆有萬名。王氏曰：日之方中，至明而易見之時；在前上處，至近而易見之地。於是而不能容而用，所以刺也。秉執籥秉翟，赫赭言其顏色沉瘁而不

要知末章意即在前二章明兩層也

孔氏曰：籥雖吹器，舞時與羽並執，故得舞名。賓之初筵云「籥舞笙鼓」。

以之爲政務，領於卿，而上之人，第以危涯賜之，能不思古之聖人所貴者偏其事。陳祥道曰：籥所以爲聲，翟所以爲文，聲由陽來，故執之于左；文由陰作，故秉之於右。

泉水 衛女思歸也。嫁於諸侯，父母終，思歸寧而不得，故作是詩以自見也。

毖彼泉水（泉水始出，毖然流也），亦流于淇（水名也）。有懷于衛，靡日不思。孌（好貌）彼諸姬（同姓之女），聊與之謀（願也）。

出宿于泲（地名。祖而舍軷，飲餞于其側曰餞，重始有事于道也。禰，地名），飲餞于禰。女子有行，遠父母兄弟。問我諸姑，遂及伯姊（父之姊妹稱姑，先生曰姊）。

出宿于干（干、言，所適國郊也），飲餞于言。載脂載舝（脂舝其車，還，旋行也），還車言邁。遄（疾，至也）臻于衛，不瑕有害（遠也）。

我思肥泉（所出同所歸異爲肥泉），茲之永歎。思須與漕（須、漕，衛邑也），我心悠悠。駕言出遊，以寫（除也）我憂。

陳傅良曰：泉水、載馳、竹竿皆衛女思歸之作。然泉水、竹竿作于無事之時，故詞緩以婉；載馳作于國已亡之日，故詞切以悲。

楊氏曰，衛女思歸，發乎情也；其卒也不歸，止乎禮義也。聖人著之于經，以示後世，使知適異國者，父母終，無歸寧之義，則能自克者知所處矣。劉辰翁曰：衆諸家皆泥言衛女，獨何元子指為許穆夫人所作，以篇中有思須與漕一語，以是為戴公廬漕而作。但取竹竿、載馳二詩合觀之，語氣相類，出於一人之手無疑。

北門

刺仕不得志也。言衛之忠臣不得其志爾。

出自北門（背明向陰），憂心殷殷。終窶且貧（窶者無禮也，貧者困於財），莫知我艱。已焉哉！天實為之，謂之何哉！

王事適我，政事一埤益（厚也）我。我入自外，室人交徧讁（責也）我。已焉哉！天實為之，謂之何哉！

王事敦（敦，厚；箋敦猶投擲也）我，政事一埤遺（加也）我。我入自外，室

人交徧摧（沮也）我已焉哉天實為之謂之何哉

顧炎武曰凡交於大國朝聘會盟征伐之事謂之王事其國之事謂之政事劉曰此詩所以得為忠臣者楊氏所謂不擇事而安之無懟憾之辭是也顧以窶貧之故室人有交謫之辭則其公爾忘私國爾忘家又可見矣於此亦可以觀世變也其之治也婦人能恤其君子有懟憾之辭焉於汝墳之詩見之及其衰也不明於大義雖室人未諒其心焉故於北門之賢者所處抱歎焉耳

楊氏曰忠信重祿所以勸士衛之忠臣至於窶貧而莫知其艱則無勸士之道矣此仕之所以不得志也先王視臣如手足豈有以事投遺之而不知其艱哉然無怨懟之詞又知其無可奈何而歸之於天此所以為忠臣也

北風（寒涼之風）

刺虐也衛人並為威虐百姓不親莫不相攜持而去焉朱子曰此憂亂而思避之詩也

北風其涼雨雪其雱（盛貌）惠而好我攜手同行（道也）其虛（虛也）其邪既亟（急也）只且

范處義曰三章皆言其虛其邪既亟只且益懼及于禍故言今日之行當緩乎當急乎再三言之人情可見矣

北風其喈（疾皃）雨雪其霏（甚皃）惠而好我攜手同歸（歸有德也）其虛其邪既亟只且

莫赤匪狐莫黑匪烏（狐赤烏黑莫能辨也）惠而好我攜手同車（攜手就車　鄭箋邪讀如徐言今在位之人其故威儀虛徐寬仁者）其虛其邪既亟只且

今皆以為急刺之行矣所以當去以此也

朱子曰言北風雨雪以比國家危亂將至而氣象愁慘也。賓能將曰狐烏皆不祥之物所見皆此國將危亂可知

刺時也。衛君無道夫人無德

靜女

靜女其姝（貞靜之女德貞靜而有法度乃可說也姝美色也俟待也城隅以言高而不可踰）俟我於城隅愛（娟）而不見搔首踟躕（言志往而行正）

可以配人君也古者后夫人必有女史彤管之法史不記過其罪殺之后妃群妾以禮御于君所女史書其日月授之以環以進退之生子月辰則以金環

靜女其孌（既有靜德又有美色又能遺我以古人之法）貽我彤管彤管有煒說懌女美

退之當御者以銀環進之著于左手既御著于右手事無大小記以成法　煒赤皃彤管以赤心正人也牧田官也荑茅之始生也本之于荑取其

自牧歸荑洵美且異（特）匪女之為美美人之貽（異）

有始有終亦為其往說美色而已美其人能遺我法度則

朱子曰、此淫奔期會之詩、霖按傳曰、靜女之三章取彤管焉、干旄以以告之、以靜女與干旄二字對稱、則以爲好賢之作、亦古詛欲質卽曰、玩篇中靜女二字、且所貽者彤管、所歸者荑、恐非誨淫之器、或與朋友相期、似亦未赴、而贈遺之以物、故詩人借美媛以詠之耳、古膾曰、崔豹古今注云、自古有書契以來、便應有筆、蒙恬所造、則秦筆耳、今樂資子霸形篇、桓公於是令百官有司、削方墨筆、晏子春秋、攝札擲筆、魯語里筆曰、臣以死奮筆、習詩叢妄手曰、方臣之少也、進秉筆士、菑曰、臣以秉筆事君、莊子田子方篇、紙筆和墨、太公陰謀載武王筆銘曰、毫毛茂茂、曲禮史載筆、爾雅不律謂之筆、說文楚謂之聿、吳謂之不律、燕謂之弗、秦謂之筆、是古已有筆矣、解頤新語謂始於蒙恬非也、陳楷源曰、淫女而以靜名之、予乎其

新臺

刺衛宣公也、納伋之妻、作新臺於河上而要之、國人惡之而作是詩也、

沈守正曰：詩人溫厚，新臺篇畧不甚攻。嚴氏以為齊人之作，是說不但衛宣公人道滅、天理絶矣。新臺之作，三代之遺直也。且宣公既絶父子之倫矣，而嚴氏守君臣之分，能乎？於篇中止言齊女之失配，不言宣公之瀆倫，則亦不失為溫厚也。

新臺有泚，鮮明貌。河水瀰瀰。盛貌。燕婉安，順也。之求，籧篨不鮮。不能俯者。水所以潔污穢，反於河上而為淫昏之行。新臺有洒，洒，高峻也。河水浼浼。浼浼，平地也。燕婉之求，籧篨不殄。絶也。

魚網之設，鴻則離之。言所得非所求也。燕婉之求，得此戚施。不能仰者。

嚴氏曰：自齊人言之，故以籧篨戚施詆衛君，而言媾非衛人之望也。爾雅：籧篨口柔，戚施面柔。孔穎達曰：人之口柔者必仰面觀人顏色而為之辭，似籧篨不能俯之人；面柔者必低首下人以容色，似戚施不能仰之人。比宣公言貌之醜惡而醜之之詞耳。

二子乘舟，思伋壽也。衛宣公之二子爭相為死，國人傷而思之，作是詩也。毛傳曰：二子，伋、壽也。宣公為伋取於齊而聞其美，公奪之，生壽及朔。朔與其母愬伋於公，公令伋之齊，使賊先待於隘而殺之。壽知之，以告伋，使去之。伋曰：君命也，不可以此壽竊其節而先往，賊殺之。假至曰：「君命殺我，壽有何罪？」賊又殺之。國人傷其涉危遂往，如乘舟而無所薄，汎汎然迅疾而不礙也。

二子乘舟，汎汎其景。願言思子，中心養養。（養養然憂不知所定）

二子乘舟，汎汎其逝。（往也）願言思子，不瑕有害。（言二子之不遠害）

案：此詩傳及箋疏、朱子詩傳均從序說。非陸娜曰：假壽之事，國之大變也。是詩簡短，諱避亦未見甚有傷悼之意，安知非為二子作也？無乃懷人惜別之辭歟？不然，國人於宣姜之醜，我惜之，我嗣之，不一而作，何獨於此而諱之？且壽、急竊而往，如同時乘舟者也。此說頗有心思，至其見識古人書，不必即先儒之訓詁，而肯用心以玩索，則趣味愈覺新永耳。

洪邁曰：考左傳，衞宣公以魯隱四年立，至桓公二年十一月卒，凡十九年。其烝於庶母夷姜也，姑以即位之始便成淫亂，而伋即以次年生，勢須十四五年然後娶婦而奪之，又生壽、朔，已能同母譖兄，又能代為使者越境，非十歲以下兒所能辨。此十九年之間，何以容之？此必無之事，春秋紀事，必有之也。

案：宣公之淫亂固不待言，而洪氏為之辨明此節，亦讀書之細心而有得者。

邶國十九篇七十一章三百六十三句

邶鄘地既入衛、其詩皆為衛事、而猶繫其故國之名、蓋當日國史錄詩、因其所得之地、而存其國之舊、先邶而後鄘、豈以其亡之先後耶。

鄉之柏舟。老
礼者鬆也。鄘

詩得

國風鄘

柏舟　共姜自誓也。衛世子共伯蚤死，其妻守義，父母欲奪而嫁之，誓而弗許，故作是詩以絶之。

汎彼柏舟，在彼中河。髧彼兩髦，實維我儀。之死矢靡它。母也天只，不諒人只。

中河，河中。髧，兩髦之貌。髦者，髮至眉，子事父母之飾。儀，匹也。矢，誓。靡，無。之，至也。至己之死，信無它心。

諒，信也。母也天也，尚不信我。天，謂父也。

汎彼柏舟，在彼河側。髧彼兩髦，實維我特。之死矢靡慝。母也天只，不諒人只。

特，匹也。慝，邪也。

此詩序說甚明，無可疑者。惟兩髦之義，或以為不指共伯，乃共姜自云。蓋共姜守志，不事膏沐，髮垂其兩髦，如幼時之

之柏舟字義至
二志故皆以爲首
於母之慈愛猶
乃回也去之者哉
不易移也故共
善處之易此人
審之難

狀者實我髮居之容儀我髮婦之所獨亦有義焉又傳以天
指父言其實亦未必然蓋當時迫之者惟母於我又已先死
今時人有疾痛艱迕必呼父母 周西曰衛之淫亂極矣錄柏舟於淫亂
我呼天地即此意也傳從太泥 之間此狂瀾砥柱也孔子序詩微意也

牆有茨 衛人刺其上也公子頑通乎君母國人疾之而不可道也
鄭箋宣公卒惠公幼其庶兄頑烝於惠公之母生子五人
齊子戴公文公宋
桓夫人許穆夫人

牆有茨不可埽也 牆所以防非常茨蒺藜也欲埽去之反傷牆也 中冓之言不可道也 中冓內冓也 所可道也言之醜也 於房醜也

牆有茨不可襄也 襄除也 中冓之言不可詳也 詳審也 所可詳也言之長也 惡長也

牆有茨不可束也 束而去之 中冓之言不可讀也 讀抽也 所可讀也言之辱也

楊時曰：自古淫亂之君，自以為密於閨門之內，世無得而知之者，故自肆而不返。聖人著之於經，使後世為惡者，知雖閨門之內，亦無隱而不彰也。其為訓誡深矣。曾曰：詳之，言之也。讀，誦言也。言之長者，不欲言，託以語長難竟也。

君子偕老，刺衛夫人也。夫人淫亂，失事君子之道，故陳人君之德，服飾之盛，宜与君子偕老也。鄭箋：夫人，宣公夫人，小君，後作人君。

君子偕老，副笄六珈。委委佗佗，如山如河，象服是宜。子之不淑，云如之何。

能与君子偕老，乃宜居尊位，服盛服也。副者，后夫人之首飾，編髮為之。笄，衡笄也。珈，笄飾之最盛者，所以別尊卑。委委者，行可委曲蹤迹也。佗佗者，德平易也。山无不容，河无不潤。象服，尊者所以為飾。有子若是，何謂不善乎。

玼兮玼兮，其之翟也。鬒髮如雲，不屑髢也。玉之瑱也，象之揥也，揚且之皙也。胡然而天也，胡然而帝也。

玼，鮮盛貌。褕翟、闕翟，羽飾衣也。瑱，塞耳也。揥，所以摘髮也。眉上廣。皙，白皙也。尊之如天，審諦如帝。

瑳兮瑳兮，其之展也。蒙彼縐絺，是紲袢也。子之清揚，揚且之顏也。展如之人兮，邦

礼有展衣者，以丹縠為衣。蒙，覆也。絺之靡者為縐，是當暑袢延之服也。清，視清明也。揚，廣揚而顏角豐滿。展，誠也。

四字傾得起，好大手筆。

通章惟子之不淑二語是正筆，餘俱用藻繪字意作反襯，此所謂古人好文用筆不用墨者也。

之媛也　美女為媛

嚴氏曰、此詩極述夫人服飾之盛、容貌之尊、不及淫亂之事、但中間有子之不淑一言、而刺譏之意已見矣。案此詩委佗、山河等字、義與諸儒皆與毛傳異列、讀曹氏質疑此篇講義、簡明詳顯、錄之、云刺宣姜者曰、女子以身事人、則當與之偕老、宣姜豈不知能、且以其服飾言之、則有副有衡有笄、又有六珈之飾、委佗雍容而自得焉、又為山為河、而圖象於是服者、圖所不宜、是何其莊重也、以其容貌言之、玼兮其鮮盛、而新繡畫翟旅之有至粟也、黑髮如雲兮、而且美、不屑于加髢也、又玉之瑱耳也、象之揥髮也、廣眉而白皙也、見之者以為非世間人、胡然而天、胡然而帝、如此其美、神人也、且瑳兮其衣之鮮盛也、加縐絺于展衣之上、若紲而袢之、不露體也、子之清揚、既修眉、又為是其廣額也、為之人者、信為一邦之美女矣。姣。嫮。其。從。者。令。姿。而。鮮。貞。一。之。操。也。釋名云笄係也，所以係冠使不墜也。珈之言加也，若今步搖上飾。疏云，六珈，飾之者六也。翟，羽飾衣也。瑱，鎮也，懸當耳旁，不欲令人妄聽，自鎮重也。揥，摘髮，若今之篦也。展當（作襢）禮服也。眉上下皆曰揚，目上下皆曰清。李光型曰，後漢輿服志云，步搖以黃金為山題，貫白珠為桂枝相繆，一爵九華，熊虎赤羆天鹿辟邪南山豐大特六獸，詩所謂副笄六珈也。陳祥道謂漢之步搖以金為鳳，下有邸，前有笄，綴五采玉以垂下，行則動搖。徐廣曰，八爵九華，作一爵誤。

桑中

刺奔也。衛之公室淫亂，男女相奔，至於世族在位，相竊妻妾，期於幽遠，政散民流，而不可止。

爰采唐矣（唐蒙，菜名。沬，衛邑。）沬之鄉矣。云誰之思，美孟姜矣（姜，姓也。言世族在位有是惡行。）期我乎桑中，要我乎上宮（桑中、上宮，所期之地。），送我乎淇（水名也）之上（平声）矣。

爰采麥（密）矣，沬之北（必）矣。云誰之思，美孟弋（姓也）矣。

期我乎桑中要我乎上宫送我乎淇之上矣　爰采葑矣沬之東
矣云誰之思美孟庸矣（姓也）期我乎桑中要我乎上宫送我乎淇之上
矣

案此銘曰：桑中，刺奔也。刺衛之淫奔也。沬，衛邑；沬北、沬東，亦
一鄉一邑也。孟姜、孟弋、孟庸，非一氏一族也。著姓猶然，則編
戶可知矣。蓋長猶然，則幼艾更可知矣。桑中、上宫、淇上，所期不
一地也。采唐、采麥、采葑，所託不一事也。而全詩首尾，若代其
人自述。作詩者之與焉，固詩人忠厚之意，亦所謂據事直書
不待貶絕而自見者也。若以為淫者自言，以竊人妻妾，未必
肯自書
供狀也。

鶉之奔奔　刺衛宣姜也。衛人以為宣姜鶉鵲之不若也。

鶉之奔奔，鵲之彊彊。（鄭箋云：彊彊奔奔，言其居有常匹，飛則相隨之貌。）人之無良，我以為兄。（兄謂君之兄。）鵲之彊彊，鶉之奔奔。

人之無良，我以為君。（君國小君。）

朱子曰：衛人刺宣姜與頑非匹耦而相從也。范氏曰：衛詩至此，人道盡矣，異於禽獸，而國隨以亡。楊氏曰：詩載此篇，著衛為狄滅之由。故在鄘中。前集陳啓源引陸氏埤雅解此詩以兄為女兄，曰兄者歸刺宣姜之詞，曰君者妾刺宣姜之詞。於頑實惠公之兄，君字毛傳固以為女君，似不必如陸說之迂析也。

定之方中　美衛文公也。衛為狄所滅，東徙渡河，野處漕邑。齊桓公攘戎狄而封之。文公徙居楚丘，始建城市而營宮室，得其時制，可姓說之，國家殷富焉。

定之方中，作于楚宮。揆之以日，作于楚室。樹之榛栗，椅桐梓漆，爰伐琴瑟。

營室也。方中，昏正四方。楚宮，楚丘之宮也。仲梁子曰：初立楚宮也。揆，度也。度日出日入以知東西，南視定，北準極，以正南北。室猶宮也。椅，梓屬。

升彼虛矣，以望楚矣。望楚與堂，景山與京。降觀于桑，卜云其吉，終焉允臧。

漕虛也。楚丘有堂邑者。景山，大山。京，高丘也。地勢宜蠶，可以居民。龜曰卜。建國必卜之，故建邦能命龜，田能施命，作器能銘，使能造命，升高能賦，師旅能誓，山川能說，喪紀能誄，祭祀能語，君子能此九者，可謂有德音，可以為大夫。

靈雨既零，命彼倌人。星言夙駕，說于桑田。匪直也人，秉心塞淵，騋牝三千。

零，落也。倌人，主駕者。非徒庸君。秉，操也。馬七尺以上為騋。騋馬與牝馬也。

惠棟曰：管子大匡曰，狄人伐衛，衛君出致于虛。注，虛，地名。李光地曰：商頌云陟彼景山，衛地即商故都，則景山固是山名。顧炎武曰：魯僖務農重穀，而駉牡揚於頌；衛文務材訓農，而騋牝詠於風。古之馬政，皆本於田功也。劉承樹曰：匪直也人，人字當指人民言，言公之能勸桑田，勤於民事，如此是其秉心之塞淵也。如是則不但人民有富庶之象，即騋牝且至三千矣。倒插一筆作歇後語，傳末贊歎不盡之神。言騋牝多，馬政國所重也。定，北方之宿，營室星也。昏而中正，夏令十月之

蝃蝀

止奔也。衛文公能以道化其民，淫奔之恥，國人不齒也。

蝃蝀在東，莫之敢指。（虹也，天地之淫氣，虹氣盛，君子見戒而懼，諱之莫之敢指）女子有行，遠父母兄弟。 朝隮（升）于西，崇朝（終也，從旦至食時）其雨。（為終朝）女子有行，遠兄弟父母。 乃如之人也，（乃如是淫奔之人也）懷婚姻也。大無信也，不知命也。（不待命也）

案此詩朱子亦從序說，而我以為齊人刺宣公之作。新臺作於宣姜初至衛，此則作於既配公之後。較又以為衛靈公為

此詩亦序刺宣公，於詩辭較順。陰陽之氣不和，體而為蝃蝀，此天地之淫穢氣也。以比宣公之濁亂，而人莫敢言說矣。至宣姜則女子也。既嫁之後，不能

自知而豈知宣公之爲信不知命竟以婦爲妻也

甫子合宋朝於宋國人譏之蝃蝀之詩與艾豭之歌同姑録之以廣異聞命宋傳璧俱云不待父母之命程曰不知命則程子云命正理也謂此大無信之人實不知正理也較順張栻曰宣公無道國人化之淫奔中詩無恥極矣文公復國以身率下於是無礼者見惡於相鼠淫奔者不齒於蝃蝀下所趨向係於一人如此

相鼠刺無礼也衛文公能正其羣臣而刺在位承先君之化無礼儀也（無礼儀者雖居尊位猶爲闇昧之行　白虎通曰妻諫夫之詩也）

相（視也）鼠有皮人而無儀人而無儀不死何爲　相鼠有齒人而無止（所止息也）人而無止不死何俟（待也）　相鼠有體人而無礼人而無礼胡不遄（速也）死

陳第曰閔尹子謂聖人師拱鼠制礼埤雅亦云鼠見人則交其前兩足而拱謂之礼鼠李時珍曰古文謂之鼷鼠

干旄 美好善也衛文公臣子多好善賢者樂告以善道也

干旄之見注旄於干首大夫之旗也浚衛邑古者臣有大功世世食邑郊外曰野紕所以織組也總紕於此成文於彼願以素絲紕組之法御四馬也

子子干旄在浚之郊素絲紕之良馬四之彼姝者子何以畀之

姝順皃畀予也　鳥隼曰旟下邑曰都

子子干旟在浚之都素絲組之良馬五之彼姝者子何以予之

總以素絲而成組也驂馬五轡　祝織也四馬六轡

子子干旌在浚之城素絲祝之良馬六之彼姝者子何以告之

劉曰、案蘇氏曰、古者指大夫以旌、干旄所以指之也。素絲良馬、所以賜之也、況有以賜之、故人思有以畀之也。此以上の句、數者、為礼賢之物、此一說也、朱子曰、言衛大夫乘此車馬建此旌旄以見賢者、彼其所見之賢者、將何以畀之乎、此以上の句、數者、為大夫之儀衛、此又一說也、惟雜子說大夫建旌而來、就浚之郊、礼下賢者、素絲良馬、則大夫礼賢者之物軼二說爲勝。蓋忠敬而將以幣帛，以中心之好也。左傳云：于旄何以告之？取其忠也。李文貞曰：倚孫文公敬叔新學樓方任餞，故自蝦悚，亞此以之。意恥禮義，樂善尊賢矣。

載馳

許穆夫人作也。閔其宗國顛覆，自傷不能救也。衛懿公爲狄人所滅，國人分散，露於漕邑。許穆夫人閔衛之亡，傷許之小力不能救，思歸唁其兄，又義不得，故賦是詩也。

載馳五章，一章六句，二章四句，一章六句，一章八句

載馳載驅，歸唁衛侯。（弔失國曰唁）驅馬悠悠，（遠貌）言至于漕。（衛東邑）大夫跋涉，（草行曰跋，水行曰涉）我心則憂。

既不我嘉，不能旋反。（不能旋反我思也）視爾不臧，我思不遠。（不能遠衛也）既不我嘉，不能旋濟。（止也）視爾不臧，我思不閟。（閉也）

陟彼阿丘，（偏高曰阿丘）言采其蝱。（貝母也。升至偏高之丘，采其蝱者，將以療疾）女子善懷，亦各有行。（行道也）許

上四句一氣讀，大夫二句另頓，方得神情。

控于大邦物之已算到齊桓矣

尤過也言乃作衆穉且狂道取一象之義

許人尤之衆穉且狂　我行其野芃芃其麥　控于大邦誰因誰極

我行衛之野麥芃芃然方盛長　引　大見識　至之

大夫君子無我有尤　百爾所思不如我所之

以極親熱　尤　擇消但下矣　不如我所思之篤摯也

周容曰：以一婦人而有中包胥哭秦廷之意，衛安得終亡哉。許詩而傷之於斷也。朱子曰：聖人錄於此，於前所以著禮之經；錄載馳於後，所以考事之變。夫宗國覆滅，莫大之變，頂以父母既終而不得，則事之微於是者乃無矣。李文貞曰：來年控于大邦，乃見東國無主，據齊桓方伯也。其後齊桓公帥諸侯城楚丘而遷衛焉，夫人之志遂矣。卜休曰：左傳於許穆夫人賦載馳下，即繫以齊侯使公子無虧帥師戍曹，則是詩有以激之耳。

陸農師云：許穆夫人一婦人耳，似無赴他國控訴之理，且首以歸唁為言，是既歸且不得安於彼，欲于他國也。然是控馭之控。

鄘國十篇三十章十九章朱子作二百七十六句

集：控，字毛鄭皆訓控引，朱子謂持而告之也。陸農師云是控馭之控，言衛小，控制於大國，視其所向也。已以何所因、何所止極乎？然以控為控告於義較長。

詩得

國風衛　呂氏曰衛自康叔受封至君角凡四十世　地理志衛公徙于楚邱
今濮陽地是也秦并天下猶獨置衛君凡九百年最後絶

淇奧　美武公之德也有文章又能聽其規諫以禮自防故能入相于周美而作是詩也
隈也　王芻也篇竹也菉盛皃武公質美德盛有康叔之餘烈匪文章皃治骨曰切象曰磋玉曰琢石曰磨道其學而

瞻彼淇奧綠竹猗猗有匪君子如切如磋如琢如磨瑟兮僩兮赫
成也聽其規諫以自修如玉石之見琢磨也瑟矜莊皃僩寬大也赫有明德赫赫然咺威儀容止宣著也諼忘也青青茂盛皃

兮咺兮有匪君子終不可諼兮　瞻彼淇奧綠竹青青有匪君子
充耳謂之瑱琇瑩美石也天子玉瑱諸侯以石弁皮弁所以會髮

充耳琇瑩會弁如星瑟兮僩兮赫兮咺兮有匪君子如金如錫兮
積也　金錫煉而精圭璧性有質　寬能容眾綽緩也

圭如璧寬奧綠竹如簀有匪君子如金如錫如圭如璧寬兮綽兮

倚重較兮善戲謔兮不為虐兮 重較卿士之車 寬綽宏大雖則戲謔不爲虐矣

孔叢子孔子曰吾於淇奧見學之可以為君子也案此詩從家多異作奧字後漢書注云博物志有奧水流入於淇而水經亦云肥水謂之澳澳猶奧也綠爾雅作菉為王芻而綠朝采綠仍作綠字楚詞所謂薋菉竹字又作蓄見韓詩毛傳以為草名爾雅有萹蓄一作萹筑而史記云漢武塞河以淇園之竹為捷詩竹竿篇亦見淇水則淇奧本多竹之地矣之以廣見聞又毛傳訓會弁謂皮弁所以會髮而後儒有謂會縫也以玉飾皮弁縫中如星

考槃刺莊公也不能繼先公之業使賢者退而窮處 孔叢子孔子曰於考槃見遯世之士無悶於心也

考槃在澗 成 樂 山夾水曰澗 碩人之寬 獨寐寤言 永矢弗諼

考槃在阿 曲陵曰阿 碩人之邁 寬大貌

獨寐寤歌永矢弗過　考槃在陸碩人之軸（進也 新 軸病也）獨寐寤宿永矢弗告（不告先往也）

朱子曰、詩人美賢者之詞、陳启山曰、考叩也、槃器名、蓋叩之以節歌、如擊缶之類、

閔莊姜也、莊公惑於嬖妾、使驕上僭、莊姜賢而不荅、終以無子、國人閔而憂之

碩人其頎（長兒）衣錦褧衣（錦文衣也 夫人德盛而尊 嫁則錦衣加褧襜）齊侯之子衛侯之妻東宮之妹邢侯之姨譚公維私（妻之姊妹之夫曰私）

手如柔荑（如荑之新生）膚如凝脂（如脂之凝）領如蝤蠐齒如瓠犀（瓠瓣）螓首蛾眉（螓 額廣而方）巧笑倩兮（好口輔）美目盼兮（白黑分）

碩人敖敖（長兒）說于農郊（近郊）四牡有驕（壯兒）朱幩鑣鑣（幩飾也 人君以朱纏鑣扇汗 且以為飾 鑣鑣盛兒）翟茀以朝（翟翟車也 夫人以翟羽飾車 茀蔽也）大夫夙退無使君勞（大夫未退 見於朝于路寢 夫人聽內事於正寢 大夫退然後罷）河水洋洋北流活活（洋洋盛大之兒 活活流）施罛濊濊鱣

右傳洞漢注比四國連用十六个實字聖歎金先生說是作反華嚴經妙是言解讀此蓋信道是往事字不堪讀近佚非人境

鮪發發，葭菼揭揭，庶姜孽孽，庶士有朅。濊濊，施之水中貌。發發，盛貌。揭揭，長也。孽孽，盛飾。庶士，齊大夫送女者。朅，武壯貌。

嚴氏曰：此詩無一語及莊姜不見答之事，但言其族類之貴、容貌之美、禮儀之備，又言齊地廣饒，士女佼服，所以深寄其惘惜之意而已。惟大夫夙退、無使君勞二語，微見其意，而辭亦深婉。風人之詞，大抵然也。方苞曰：莊姜德行如彼之美，無一及焉，而所稱者，皆世俗之俳意，何也？此詩人微旨也。以爲之人德行如此，君猶不及知，而族姻之貴、顏容服色、士女之都，有目者所共睹，而君亦不知，所以益深譏莊公之狂惑，而致禍亂所從生。其理有不可解者。

氓

刺時也。宣公之時，禮義消亡，淫風大行，男女無別，遂相奔誘，華落色衰，復相棄背，或乃困而自悔，喪其妃耦，故叙其事以諷焉。

美及正刺
淫泆也、
氓之蚩蚩抱布貿絲匪来貿絲来即我謀送子渉淇至于頓丘匪
我愆期子無良媒將子無怒秋以為期　乘彼垝垣以望復關不
見復關泣涕漣漣既見復關載笑載言爾卜爾筮體無咎言以爾
車来以我賄遷　桑之未落其葉沃若于嗟鳩兮無食桑葚于嗟
女兮無與士耽士之耽兮猶可說也女之耽兮不可說也　桑之
落矣其黃而隕自我徂爾三歲食貧淇水湯湯漸車帷裳女也不

爽士貳其行（差也）士也罔極（中也）二三其德（的）

三歲爲婦靡室勞矣（數矣字似誤）夙興夜寐靡有朝矣言既遂矣至于暴矣兄弟不知咥其笑矣（咥笑）靜言思之躬自悼矣（傷也）

及爾偕老老使我怨淇則有岸（坡也）隰則有泮總角之宴（結髮也）

言笑晏晏（和柔也）信誓旦旦（信誓旦旦然）不思其反反是不思亦已焉哉

棄此棄婦之詞亦婦人之所自作旁人有不能道其曲折也是故婦人不可失身失身則至親亦賤之男子不可失德失德則朋友皆棄之始之不慎終頷之悔有不足供旁觀之嗤笑者答其始曰詩何以見錄於聖人也創鉅痛深欲亦理遏情於有悔過之誠女子聞之足以銷其淫泆之心男子讀之亦足以增其伉儷之篤不以其言出于失身之婦而遂全置之

遠莫致句是主
案定下三節
全用虛摹注
筆之雅者

惠士奇曰、穀梁傳曰、礼婦人謂嫁曰歸、反曰來歸、范注反謂
為夫家所遣、國策趙太后送燕后祝曰必勿使反、說不思
廿反、反字亦有　劉曰大抵蕃合於始者必悔恨於終、陳氏山謂此詩蓋有
依據、始末、　所指而云倫一人之始末以為戒者乎也
衛女思歸也、適異國而不見答、思而能以礼者也、

竹竿

籊籊竹竿、（長而殺也 釣以得魚如婦人待礼以成為室家）以釣于淇、豈不爾思、遠莫致之、
泉源在左、（小水之源）淇水在右、（大水也）以
女子有行、遠父母兄弟、
淇水在右、泉源在左、巧笑之瑳、（巧笑貌）佩玉之
儺、（行有節度）以本靈之整注
淇水滺滺、（滺滺流貌）檜楫松舟、（楫所以擢舟也舟楫相配得水而行男女相配得礼而備）駕言出遊、（出遊思鄉衛之道）以寫我憂、
顧棟高曰、左傳定十四年、晉人敗范氏之師于百泉、河南衛
輝府有蘇門山、山有百門泉、所謂泉源在左也、案此詩鄭箋

言上以爲婦人不見答於君子之詞，故以巧笑二句言已能不見答，猶不忍君子美其容貌，與孔儒之，其實不必說婦人爲人所棄，但思歸治切，以禮自裁而不能往，巧笑一事是思及其地之士女矣。言容止之樂而已，獨有所憂也。

刺惠公也。驕而無禮，大夫刺之。

芄蘭

芄蘭之支，童子佩觿。雖則佩觿，能不我知。容兮遂兮，垂帶悸兮。草也。君子之德當柔潤溫良。觿所以解結，成人之佩也。人君治成人之事，雖童子猶佩觿，早成其德，不自謂無知以驕慢人也。容儀可觀，佩玉遂遂然，垂其紳帶悸悸然有節度。韘玦也，能射御則佩韘。甲狎也。

芄蘭之葉，童子佩韘。雖則佩韘，能不我甲。容兮遂兮，垂帶悸兮。

樂此詩，朱子云不知所謂，不敢強解。李文貞曰：惰心動也。芄蘭柔弱物也，而有支有葉矣。童子未成爲成人之飾，而佩觿佩韘矣。雖然，此惟於其所能者，未有以知於人，未有以出於衆，則雖修飾其容以自遂其意，知其內不自安，將必悸於而心動也。猶傳說暢言之，不明指為刺惠公也。而馮時可詩臆曰：序所云刺惠公，說似矣。然詳繹不知所云，我甲則上與君驕態，而卑侮其君，非所以訓。義何取焉？以言逆之，其為邦當時之嬖臣也。童子佩觿，承君命而任事矣，然其才能實不過我，猶且恃寵而驕縱放肆，垂帶悸悸於此，於義應為害耳。其說異於諸家，存之。

呂東萊曰：說見曰：宋襄公為太子，請於桓公曰：請使目夷立。公曰：何故？對曰：臣之舅在衛，愛臣，若終立則不可以往。蓋此詩所推其母子之心，蓋不甚相遠。所記似可信也。不曰臣之母而曰臣之舅，逸傳其文之意也。母之在子之孝，篤止乎義而不敢過。

河廣，宋襄公母歸于衛，思而不止，故作是詩也。朱子曰：宣姜之女為宋桓公夫人，生襄公而出歸于衛。襄公即位，夫人思之，而義不可往，蓋嗣君承父之重，與祖為體，母出與廟絕，不可以私反，故作是詩。

誰謂河廣（二字摹神）一葦杭之 誰謂宋遠跂予望之 誰謂河廣曾不容刀

誰謂宋遠曾不崇朝

焉不幸處母子之變
抄此可以觀矣

劉常臣曰。桓寬鹽鐵論執務篇引孔子曰。丘於河廣知德之至也。以是詩為母之思子而不越于禮也。集嚴氏詩緝此詩作於衛未遷之前。襄公為世子時也。衛都河北。宋都河南。衛適宋必涉河。自狄入衛而後。戴公始渡河而南。魏說作於襄公即位而後。孔穎達正義。朱子集傳皆同。然鄭氏云。今我之不渡。直自不往耳。非為其廣。又曰。今我之不往。直以義不往耳。非為其遠。於詞旨相合。而初不指為何人何時所作。似正義與集傳說尤合。比

伯兮 刺時也。言君子行役為王前驅。過時而不反焉。

伯兮（州伯也）朅兮（武貌）邦之桀兮（特立也）伯也執殳（長丈二而無刃）為王前驅 自伯之東 首如飛蓬（婦人夫不在無容飾）豈無膏沐 誰適為容（主也）

其雨其雨 杲杲出日（杲杲然日復出矣）願言思伯 甘心首疾（厭也）

其字蓋神

二字深嘆

聲之莊詞誦之令人心惻復令人言清

忘憂之艸必不可得焉字最當動其沈痛

焉得諼草，言樹之背。願言思伯，使我心痗。

諼草令人忘憂　背北堂也　痗病也

諼艸忘憂之艸，樹之北堂，以忘其憂，可見其憂之甚，草也而云難得耶

范氏曰：兵者毒民於死者也，聖王重之，如不得已而行，則告以歸期，念其勤勞，哀傷惻怛，不啻在己。是以治世之詩，則言其君上憫恤之情；亂世之詩，則錄其室家怨思之作，以為人情不外乎此也。

有狐，刺時也。衛之男女失時，喪其妃耦焉。古者國有凶荒，則殺禮而多昏，會男女之無夫家者，所以育人民也。

有狐綏綏，在彼淇梁。心之憂矣，之子無裳。有狐綏綏，在彼淇厲。心之憂矣，之子無帶。有狐綏綏，在彼淇側。心之憂矣，之子無服。

綏綏匹行貌　石絕水曰梁　之子無室家，若裳之無所以配衣也　厲深可厲之旁　帶所以申束衣　言無室家若人之無服

范鎮曰：鶉奔先定中，著衛之所以亡；木瓜後有狐，著衛之所以存。然此詩諸儒多異解，其實以刺其君從匹人而棄君子。

之詞○云狐者在山而在於水，興小人者在野而反在朝之子宜受服於朝而反無裳無帶無服也○

木瓜美齊桓公也，衛國有狄人之敗，出處于漕，齊桓公救而封之，遺之車馬器械服焉，衛人思之，欲厚報之，而作是詩也。

楙木也，可食之木。瓊，玉之美者。琚，佩玉名。

投我以木瓜，報之以瓊琚，匪報也，永以為好也。投我以木桃，報之以瓊瑤，匪報也，永以為好也。投我以木李，報之以瓊玖，匪報也，永以為好也。

美玉　玉名　孔子曰

孔叢子孔子曰：於木瓜見苞苴之禮行焉。

於木瓜見苞苴之禮行

朱子曰：報人之施而曰如是報之足矣，則報者之情倦，而施者之德忘，惟其歉然而若無物之足以報之，則報者之情，施者之德，兩無窮也。

匪報也三字含人生感覺儒所相贈也無儒物

豆弱候以木瓜

木桃木李為物

木者瓜桃李者

衛國十篇三十四章二百四句

衛國地濵大河、其地土薄、故其
人氣輕浮、其地平下、故其人質
柔弱、其地肥饒、不費[illegible]耕、故其人心怠惰、其人情性如此、
則其聲音亦淫靡、故聞其樂、使人懈慢
而有邪僻之心也、鄭詩放此、

小雅

陸曰從鹿鳴至菁菁者莪凡二十六篇皆正小雅從鹿鳴至
魚麗十篇是文武之小雅宴勞嘉賓親睦九族事與隆重故
爲小雅皆聖人之正故訓之正朱子曰雅者正也正樂之歌也
其篇本有大小之殊而先儒說又各有正變之別以今考之小
雅燕饗之樂也正大雅會朝之樂受釐陳戒之辭也故或歡欣
和說以盡羣下之情或恭敬齊莊以發先王之德詞氣不同音
節亦異多周公制作時所定也
李光地曰風者室家之詩也雅者朝廷之詩也頌者郊社宗廟
之詩也始於室家行於朝廷達於郊社宗廟故曰造端夫婦察
乎天地也雅有小大以義別也通上下之情聯親疏之權其事
未遠於風是以爲小雅也推受命之原述祖宗之德其事已近
於頌是以爲大雅也黃櫄曰小雅者二南之積也大雅者小雅

政事之成也。故小雅言文武治内外之事。至大雅則言受命作周，復受天命。小雅言成王興賢育才之事。至大雅則言其受爵祿，尊祖配天。小雅言宣王北伐南征。至大雅則言其褒賞申伯。周室中興，雅而至於變雅亦然。小雅之刺幽王曰刺之而已。至大雅則曰傷周室大壞也。小大之雅，豈不明哉。劉瑾曰：考儀禮凡上下通用之樂止是小雅二南諸詩，而無歌大雅者。可見大雅獨爲天子之樂。此大小二雅所以分也。案：以上諸家說同。鄭康成箋詩譜，孔氏記師乙論樂及左傳季札觀樂云云，則大小二雅皆以音樂別之，與朱子意亦異。

說亦合。存之以備參考。

鹿鳴之什　朱子曰：雅頌無諸國別，故以十篇爲一卷，而謂之什。猶軍法以十人爲什也。

鹿鳴燕羣臣嘉賓也。既飲食之，又實幣帛筐篚，以將其厚意，然後忠臣嘉賓得盡其心矣。

我有二字妙極，便見他人決不容有此佳賓也

呦呦鹿鳴，食野之苹。我有嘉賓，鼓瑟吹笙。吹笙鼓簧，承筐是將。人之好我，示我周行。

苹，蓱也。鹿得苹，呦呦然鳴而相呼，懇誠發乎中，以興嘉樂賓客，當有懇誠相招呼以成禮也

好在我有二字

笙之吹笙而鼓簧矣，筐篚所以將幣帛之用，周行，道也

呦呦鹿鳴，食野之蒿。我有嘉賓，德音孔昭。視民不恌，君子是則是傚。我有旨酒，嘉賓式燕以敖。

蒿，菣也

恌，偷也。是則是傚，言可法傚也

敖，遊也

呦呦鹿鳴，食野之芩。我有嘉賓，鼓瑟鼓琴。鼓瑟鼓琴，和樂且湛。我有旨酒，以燕樂嘉賓之心。

芩，草也

湛，樂之久。燕安之意，不能致其樂，則不能得其志；不能得其志，則嘉賓不能竭其力

朱子曰：此燕饗通用之樂歌。蓋君臣之分以嚴爲主，朝廷之禮以敬爲主。然一於嚴敬，則情或不通，而無以盡其忠告之益。故先王因其飲食聚會，而制爲燕饗之禮，以通上下之情。

劉永樹曰：案何楷世本定爲文王時詩，李文貞亦云。四詩皆

首文王，則此篇必為文王之詩。文王既作靈臺，立辟雍，以大
興文教，故身與群臣並飲，講論於其中。俯有麀鹿，仰有白鳥，
作詩者即物以起興，此及於鶯之篇是也。此時內有后妃聖
德，寤寐求賢，而文王尊賢於外，詩文如此，皆以琴瑟鐘鼓之
音，朝廷相應，而後聖樂以成，而不淫，乃詩之所以為也已矣。乃司
馬遷則曰：仁義陵遲，鹿鳴刺焉。蔡邕琴操則曰：鹿鳴，周大臣
所作也。王道衰，大臣知賢者幽隱，彈琴諷諫，見於王庭。麟詩
者大抵本齊魯韓三家之說，猶關雎刺時作，風之意，不足信
也。孔叢子載孔子之言曰：
於鹿鳴見君臣之有禮也。

四牡，勞使臣之來也。有功而見知，則說矣。

四牡騑騑，周道倭遲。豈不懷歸？王事靡盬，我心傷悲。行不止之貌。周道，岐周之道也。倭遲，歷遠之貌。文王率諸侯撫叛國而朝聘乎紂，故周公作樂以歌文王之道，為後世法。 四牡騑騑，

靡盬不堅固也思歸者私恩也靡盬者公義也傷悲者情思也 嘽嘽喘息之貌馬勞則喘息白馬黑鬣曰駱 遑暇 啓跪 處居也 下安

嘽嘽駱馬豈不懷歸王事靡盬不遑啓處 翩翩者鵻載飛載下

命舍鵻于廟稱乃行 鵻夫不也

集于苞栩王事靡盬不遑將父 養也 翩翩者鵻載飛載止集于苞杞 杞枸檵也

駸貌 諗告也父母尊親之

王事靡盬不遑將母 駕彼四駱載驟駸駸豈不懷歸是用作歌

送母之親而尊不之

將母來諗

案此詩説家皆行序説而暢達多得其意惟以將母來諗説家皆謂以將母之情告於君將何苦于謂以將母之情告于母蓋上二節以父以母並言而父爲尊知大義母未必不牽於私情故思所以慰其母者如此朱子所謂設言其情以勞之也是也

君遣使臣也遣之以禮樂言遠而有光華也

皇皇者華

他人有心予忖度之我他人乎繇知汝自己情衷 豈不二字妙在一片心地不借圖文字然宗也

徃諮之也高平曰原下濕曰隰忠臣奉使能光君命無遠無近如華不以高下易其色駪駪衆多之貌征夫行人也每雖懷和也

皇皇者華，于彼原隰。駪駪征夫，每懷靡及。我馬維駒，六轡如濡。載馳載驅，周爰咨諏。忠信爲周訪問於善爲咨咨事爲諏

我馬維騏，六轡如絲。言調忍也 載馳載驅，周爰咨謀。咨事之難易爲謀

我馬維駱，六轡沃若。載馳載驅，周爰咨度。咨禮義所宜爲度

我馬維駰，陰白雜毛曰駰 六轡既均。調也 載馳載驅，周爰咨詢。親戚之謀爲詢兼此五者雖有中和當自謂無所及成於六德

朱子曰：春秋內外傳到此詩皆云君敎使臣。劉永樹曰：此詩下四章周字，從傳多解爲周徧之周，與毛傳忠信爲周異義，實則內外傳皆釋此之言，而義則相足也。蓋處于小，諏者聚謀意，謀者計畫意，度者斟酌意，詢者究問意，欲以告上，故貴詳審精密也。

常棣　燕兄弟也。閔管蔡之失道，故作常棣焉。

常棣之華，鄂不韡韡。凡今之人，莫如兄弟。死喪之威，兄弟孔懷。

原隰裒矣，兄弟求矣。脊令在原，兄弟急難。每有良朋，況也永歎。

兄弟鬩于牆，外禦其務。每有良朋，烝也無戎。喪亂既平，既安

且寧。雖有兄弟，不如友生。儐爾籩豆，飲酒之飫。兄弟既具，和樂

且孺。妻子好合，如鼓瑟琴。兄弟既翕，和樂且湛。宜爾室家，樂

爾妻帑。是究是圖，亶其然乎。

劉氏此說較諸家均覺圓密

詳案此詩委曲詳委，但讀假千百遍，自覺兄弟之情油然以生，信非聖人不能作也。劉蔭蒼說，欲有兄弟不如友生，傳言為思為義，箋言安寧之時以道藝相切磋，則友生急於兄弟。經失之滯而未圓。此詩首章根以莫如兄弟，後遂極言兄弟天性之恩，至此乃曰不如友生，豈不自相矛盾哉？又曰此就常人待兄弟之情言之，夫聖人即以常人之情似此偏薄之必不出諸口。竊意此二語乃周公痛定思痛，一字一淚，哀咽之語。此節隱以打入管蔡流言編說之事，其曰喪亂既平既安且寧者，指三監既平之世；曰雖有兄弟不如友生者，言以大義之故而滅親，則雖有兄弟曾不如友生之尚可曲全也。加聚首之言，至此情愫欲絕，有說不堪回想之意，夫而後從之續之曰，儐爾籩豆，飲酒之飫，適以發明莫如兄弟四字之義。此說心思深曲，性情懇摯，亟急錄之，以為有兄弟者勸勉。甚矣詩之益人不少也。

李文貞曰、常棣思兄弟也、首章言凡今之人莫如兄弟，而次四章備申其意，蓋朋友之義有宿草而不哭者，則原隰之裒惟兄弟求之而已、朋友有同患難之情，而有不反兵之義，則急難禦侮亦惟兄弟任之而已，曾是喪亂既平安寧，而謂兄弟之不如友生乎，故曰莫如兄弟也，後三章則言友于之道，凡兄弟之情不親者，乖離之漸，而妻子之言間之也、常人孺稚之時，兄弟同食同携，故其情相篤，長而日益遠焉，則疏矣，故必篤燕飲食，日相飲飫，則兄弟具在，莫適其適，而無異於孺慕時也，常人未有妻子，則其情專一，有妻子而不同心，則骨肉為之離間，故必妻子好合，如琴瑟之同調，則兄弟為之聯聚，不但和樂而且耽樂，以終身也，然則教兄弟之好者，必宜爾室家，而無有忿爭之事，樂爾妻帑，而無有離異之端，然後兄弟之情可終，人試究之圖之，此豈不誠然乎，
玩後三章之意如此，與舊說異，案此說甚圓穩，存記

伐木 燕朋友故舊也，自天子至于庶人，未有不須友以成者，親親以睦，友賢不棄，不遺故舊，則民德歸厚矣。

伐木丁丁，鳥鳴嚶嚶，出自幽谷，遷于喬木。嚶其鳴矣，求其友聲。（伐木聲也 驚懼也 深 言君子雖遷于高位不可以忘其朋友）

相彼鳥矣，猶求友聲；矧伊人矣，不求友生？神之聽之，終和且平。（深）

陸續之仔有天末游緣之妙

伐木許許，釃酒有藇。既有肥羜，以速諸父。寧適不來，微我弗顧。（許許柿兒 以筐曰釃 以藪曰湑 藇美兒 羜未成羊也 天子謂同姓諸侯 諸侯謂同姓大夫 皆曰父 異姓則稱舅 國君友其賢臣 大夫士友其宗族之仁者）

於粲洒埽，陳饋八簋。既有肥牡，以速諸舅。寧適不來，微我有咎。（微無也 粲鮮明兒 圓曰簋 天子八簋 咎過也）

伐木于阪，釃酒有衍。籩豆有踐，兄弟無遠。民之失德，乾餱以愆。（衍美兒 踐陳列兒 含之）

有酒湑我，無酒酤我。坎坎鼓我，蹲蹲舞我。迨我暇矣，飲此湑矣。（湑莤之也 酤一宿酒也 舞兒）

陸璣疏曰、罷敝引翁
絲雀伐木鳥鳴青
鶯、工言鶯是鶻鳥、
金口流自衰，至春破
土而出，此正出谷遷喬
之事，又禁玉篇云鶯
有友鳥，則以此為鶯
之來久矣、

真西山曰、鹿鳴之詩，以臣為賓；伐木之詩，以臣為友；以臣為賓，終已至矣；以臣為友，致意至焉。盖先王樂道忘勢，但知有朋友相須之義，而不見有君臣相臨之分也。李文貞曰，此並朋友而及親戚之詩，詩言與兄弟賓相首尾，一以緣朋友之懽而念及親之者篤，一則資朋友之益而助於親之者篤焉。此兩詩相為首尾之義也。

天保

下報上也。君能下下，以成其政，臣能歸美，以報其上焉。

天保定爾，亦孔之固。固，俾使。俾爾單厚，單，信也。或曰，厚也。何福不除。除，開也。俾爾多益，以莫不庶。庶，眾也。

天保定爾，俾爾戩穀。戩，福；穀，祿；罄，盡也。罄無不宜，受天百祿。降爾遐福，維日不足。

天保定爾，以莫不興。如山如阜，如岡如陵。言廣厚也。高平曰陸，大陸曰阜，大阜曰陵。如川之方至，以莫不增。

案此詩當是
祝壽之詞，詩
中凡壽祝皆
有詠頌之作
非專爲祝壽
未有專作此
歌其詩歟

吉蠲為饎是用孝享禴祠烝嘗于公先王君曰卜爾萬壽無疆

神之弔矣詒爾多福民之質矣日用飲食羣黎百姓徧為爾德

如月之恒如日之升如南山之壽不騫不崩如松柏之茂無不爾或承

嚴氏曰天下無德外之福故詩人祝君必本之以德曰厚曰篤曰穀皆以俾爾言之祝君之德也曰深曰庶曰宜曰興曰增皆以無不莫不言之祝君之福之歸美之中有責難者焉蓋君以為言福禄則令蕭皆喜悦之辭豈古君臣相與之義耶何五子得此詩為周公二公豐沿邑後報命祝頌之辭據史記列王克商長天保之未定夕遣周書今我未定天保何

豳詩之說何說似有證然朱子曰文王時周未有諸王者此必武王以後所作也

采薇遣戍役也文王之時西有昆夷之患北有玁狁之難以天子之命命將帥遣戍役以守衛中國故歌采薇以遣之出車以勞還杕杜以勤歸也

勤

采薇采薇薇亦作止曰歸曰歸歲亦莫止靡室靡家玁狁之故不遑啓居玁狁之故　采薇采薇薇亦柔止曰歸曰歸心亦憂止憂心烈烈載飢載渴我戍未定靡使歸聘　采薇采薇薇亦剛止曰歸曰歸歲亦陽止王事靡盬不遑啓處憂心孔疚我行不來　彼

作字新柔剛字更新絕人說之便杜撰可笑

爾華盛貌

爾維何維常之華常常棣也彼路斯何君子之車戎車既駕四牡業業業業壯也豈敢

定居一月三捷勝也駕彼四牡四牡騤騤彊也君子所依小人所腓辟也四牡

翼翼閑之象弭弓反末之所以解紛之魚服魚皮之象弭魚服豈不日戒玁狁孔棘

昔我往矣楊柳蒲柳之依依今我

來思雨雪霏霏甚之行道遲遲長遠之載渴載飢我心傷悲莫知我哀君子能盡人之情故人忘其死

劉永樹曰兵者聖人不得已而用之故遣之也勞其還皆代

言其情民所樂而忘死也能叙其情而未嘗不諷以義此

此詩首章言所以遣之之由二章三章道其思家之意至四

章五章則易以辭則以捷居則戒備屬望可以全師而歸所

謂臨事而懼好謀而成者皆於此見之末章復為之預計歸

期而重述其思家悲傷之意結之曰莫知我哀則深於知之

眼前淫說來
詩地風雅宜
吾人撩為第
一

者矣。聖人之世，人懷敵愾之心，而不覺別離之苦，范氏所謂
先王以人道使人者，是也。
勞還率也
出車
我出我車，于彼牧矣。（出車就馬于牧地）自天子所，謂我來矣。召彼僕夫，（御夫也）謂之載矣。王事
多難，維其棘矣。我出我車，于彼郊矣。設此旐矣，（龜蛇曰旐）建彼旄矣。（旄牛尾）彼旟（鳥隼曰旟）
旐斯，胡不旆旆。（旆旆垂貌）憂心悄悄，僕夫況瘁。王命南仲，（王周王也南仲文王之屬方朔方近獫狁之國也）往城于方。出車
彭彭，（彭彭四馬貌交龍為旂央央鮮明也）旂旐央央。天子命我，城彼朔方。（北方也）赫赫南仲，（盛也）獫狁于襄。（除也）昔我
往矣，黍稷方華。今我來思，雨雪載塗。（塗凍釋也）王事多難，不遑啓居。豈不懷
（前往也。獫狁即商之鬼方，周之獫狁，漢之匈奴，唐之突厥，宋之契丹，是也。）

鄰國有急以簡書相告則奔命救之

畏此簡書。喓喓草蟲，趯趯阜螽。未見君子，憂心忡忡。既見君子，我心則降。赫赫南仲，薄伐西戎。春日遲遲，卉木萋萋。茂也 倉庚喈喈，采蘩祁祁。執訊獲醜，衆也 薄言還歸。赫赫南仲，玁狁于夷。平也

劉永樹曰：此詩嚴華谷謂中間言將帥西戎之事，而未暢其說。今就詩詞玩之，意當時玁狁西戎交通為中國患。文王上承王命，命南仲為將帥，運籌帷幄之中，決勝千里之外。其謀甚密，其機甚速。於此乃見蓋玁狁正強，得者西戎助之，則愈強，故必先除西戎，以孤玁狁之勢。伐西戎即所以平玁狁之。此行也，意在西戎，却先城朔方，城朔方以備玁狁也。西戎不以我為意矣，乃又伐之。既城而後撤師而歸，及其在途，出簡書命之，移師而西伐，攻西戎之不意。果也執訊獲醜，不

方苞曰：南仲為皇父之太祖，必周初人也。此詩為專征時事，其稱天子及王命，皆謂商王。蓋方伯遣將出師，自當稱王命以聲。戎與秦風王于興師、衛風為王前驅同義。

踰時而告成功。故曰赫赫南仲，薄伐西戎。又曰：赫赫南仲，玁狁于夷也。終則第四章所言往矣，乃往城朔方之謂。黍稷方華，去時之所言來矣，乃城工既畢，撤師杜逢之說。雨雪載時也。甫杜逢又奉命而轉師西伐，至次年春暮始歸。而首章二章首風雪積深之色，末章則照，生萬物皆春矣。生機事不密則實感，故其詞若此。方苞曰：南仲爲皇父之太祖，周初人也。

杕杜

勞還役也。義曰：遣將帥及戍役，同歌同時，欲其同心也；反而勞之，異歌異日，殊尊卑也。禮記曰：賜君子與小人不同日。此其義也。

有杕之杜，有睆其實。睆實見杕杜猶得其時，蓋從征之者苦不得其天性 王事靡盬，繼嗣我日。日月陽止，女心傷止，征夫遑止。

有杕之杜，其葉萋萋。王事靡盬，我心傷悲。卉木萋止，女心悲止，征夫歸止。室家踰時則思

陟彼北山，言采其杞。王事靡盬，憂我父母。檀

王摩詰羽林閨人詞出門復映戶望望青絲騎行人過欲盡狂夫終不至全從此詩脫胎

檀車役車也幝幝敝貌痯痯罷貌

檀車幝幝四牡痯痯征夫不遠 匪載匪來憂心孔疚期逝不至而（逝往）

多為恤卜筮偕止會言近止征夫邇止

恤憂也遠行不必如期室家之情以期望之卜之筮之會人占之邇近也

范氏曰出車勞帥故美其功杕杜勞眾故極其情先王以己之心為人之心故能曲盡其情使民忘死以忠於上也劉曰此詩日月陽止即前篇雨雪將也陟山采杞即前篇春日遲遲也末章云期逝不至則以移師西戎之故士卒之家不聞其謀也方苞云此詩敘孝作忠總從周匪非聖人不能為此言也

南陔孝子相戒以養也

王應麟曰陔者訓戒鄉飲酒禮賓出奏陔夏注陔之言戒也以陔為節明無失禮朱子曰此笙詩也有聲無詞古經篇題之下必有譜焉如投壺魯鼓薛鼓之節而亡之耳葉沈諸儒毛亨斷皆嫌無詞之說然亦無確證之

魚麗　美萬物盛多能備禮也。文武以天保以上治内，采薇以下治外。始於憂勤，終於逸樂，故美萬物盛多，可以告於神明矣

魚麗于罶，鱨鯊。君子有酒，旨且多。誠屠之罶，曲梁之寡婦之笱之。鱨，揚也；鯊，鮀也。太平而後微物衆多，而又有時，用之有道，則物莫不多矣。古者不風不暴不行火，草木不折不操斧斤不入山林，豺祭獸然後殺，獺祭魚然後漁，鷹隼擊然後罻羅設。是以天子不合圍，諸侯不掩群，大夫不麛不卵，士不隱塞，庶人不數罟，罟必四寸然後入澤梁。故山不童，澤不竭，鳥獸魚鱉皆得其所然　魚麗于罶，魴鱧。君子有酒，多且旨。鱧，鯛也　魚麗于罶，鰋鯉。君子有酒，旨且有。鰋，鮎也　物其多矣，維其嘉矣　物其旨矣，維其偕矣　物其有矣，維其時矣

朱子曰：此燕饗通用之樂歌。方回續古今考載文王暮年三分有二，國家富樂之時，無事而飲酒，則歌此詩，疑亦有所本也。

白華　孝子之潔白也。

華黍　時和歲豐，宜黍稷也。有其義而亡其辭。朱子曰：鄉飲酒禮，鼓瑟而歌鹿鳴、四牡、皇皇者華，然後笙入堂下，磬南北面立，樂

南陔白華華黍，蓋亦以鼓瑟而歌鹿鳴四牡皇皇者華，然後笙入立于縣中，奏南陔白華華黍，南陔以下，今無以考其名篇之義，然曰笙曰樂曰奏，而不言歌，則有聲而無詞明矣。

鹿鳴之什十篇九十五章三百一十五句

案朱子集傳，以南陔附杕杜後，爲鹿鳴之什十篇一篇無聲，凡四十六章二百九十七句，云依儀禮更正，今從故訓傳，而南陔篇錯寫在魚麗上，應改

南有嘉魚之什 陸德明曰：自此下菁菁者莪六篇，並亡篇三，是成王周公之小雅，成王有雅名，公有雅德，二人協佐

以致太平，故

六並為正也。

南有嘉魚 樂與賢也。太平君子至誠，樂與賢者共之也。

江漢之間魚所產也

南有嘉魚，烝然罩罩。篧也 君子有酒，嘉賓式燕以樂。南有嘉魚，烝然

汕汕。樔之 君子有酒，嘉賓式燕以衎。樂之 南有樛木，甘瓠纍之。蔓也 君子有酒，

嘉賓式燕綏之。翩翩者鵻，鵻壹宿之鳥，鄭云：壹宿者，壹意於其所宿之木也 烝然來思。君子有酒，嘉賓式燕又思。

朱子曰此亦燕饗通用之樂歌而因以頌禱之辭而道達主人樂賓之意也

南山有臺　樂得賢也，得賢則能為邦家太平之基矣

南山有臺（夫須也）北山有萊（草也）樂只君子邦家之基（本也）樂只君子萬壽無期

南山有桑北山有楊樂只君子邦家之光樂只君子萬壽無疆

南山有杞北山有李樂只君子民之父母樂只君子德音不已

南山有栲（山樗）北山有杻（檍也）樂只君子遐不眉壽（秀眉也）樂只君子德音是茂

南山有枸（枳椇）北山有楰（鼠梓）樂只君子遐不黃耇（黃髮也　耇老也）樂只君子保艾爾後（艾養　保安之）

萬壽曰遐不眉壽遐不黃耇諸美其必或獲壽之意乃一曰是茂一曰保艾

後并前非修德者以致此者美不忘規箴其之雅大抵然也

朱子曰此亦燕饗通用之樂，所以道達主人尊賓之意，美其德而祝其壽也。劉氏樹曰：樂儀禮燕禮篇工歌鹿鳴四牡皇華，笙入，立於縣中，奏南陔白華華黍，乃間歌魚麗，笙由庚，歌南有嘉魚，笙崇丘，歌南山有臺，笙由儀，遂歌鄉樂周南關雎葛覃卷耳，召南鵲巢采蘩采蘋。太師告樂正曰正歌備。鄉飲酒禮篇相同。朱子獨此以此數詩為燕饗通用之樂，與序意正自相足也。

案此詩首二句言有是君則有是臣，上君子指臣言，下君子指君言。

說得之，不足信也。

由庚

萬物得由其道也。

崇丘

萬物得極其高大也。

由儀

萬物之生各得其宜也。有其義而亡其辭。

劉永樹曰：案笙詩六篇，毛傳謂有其義而亡其辭。但亡其辭三字，諸儒之說不同。朱子謂本有其辭，而其後亡之。或謂本無其辭。謂本無其辭者，據儀禮曰笙、曰奏、曰樂，而不言歌之爲；謂本有其辭而後亡之者，則以序云有其義，若本無其辭，何由有其義也。今持一說，莫有定論。而何玄子則曰：笙詩未嘗亡也。詩序所次篇目，合六笙詩共三百一十一篇，後人相傳以爲定本，而史記言古詩三千，及至孔子，去其重複，乃施於禮義者，三百五篇。漢藝文志、昌邑王曰：大王誦詩三百五篇。王式曰：臣以三百五篇諫。及樂緯、詩緯、尚書璿璣鈐，其傳自漢世者，皆以三百五篇爲夫子刪存之數，未嘗有三百十一篇也。抑微獨史記諸書而已，當孔子未錄商頌之時，所刪周家之詩，篇始于周南，而以魯頌爲殿，亦只有三百篇耳。故曰詩三百，一言以蔽之，曰思無邪。詩三百者，合詩之數；思無邪者，殿篇之語也。其後以己爲殷人，復錄商頌五篇，綴于魯頌用霖案：笙詩有辭無聲，朱子謂有譜於禮記投壺篇魯鼓薛鼓之譜。此義五方務易，漢宋明諸儒紛紛議論，今一徑決之。

之後今之好者三百五篇，烏有虛數六笙詩之名以為三百十一篇乎。大抵六詩具存，特因笙奏曲名與詩篇名異，遂致此悞。六笙於六詩所奏之時，別名新宮，時遂斷斷以鐘鼓奏之，遂別名九夏之。六詩伊何，南陔即華黍之，二章三章皆有陟彼南山之語，故曰南陔。陔者階之，謂南山之陔之。白華即采薇之，其四章曰維常之華，常者常棣，常棣白棣之，隱常棣之名，而著其色曰白華之。華黍即出車之，其四章黍稷方華，此則摘字為名，為淒慶之數，其尤昭晰之。三詩皆言為君宣力之事，與四牡皇華同意，故儀禮於燕禮鄉飲慶之，所以勸也。由庚即吉日也，以吉日庚午取之。乃歌魚麗則笙由庚，謂燕享之物，美所不備，水產有魚，陸產有鹿，鹿者肥哉。謂誠者乃之至也。崇丘即彤弓也，以彤弓取之，禮歌南有嘉魚則笙崇丘，謂上之人志在得賢，必有後車之載，而後足慰翩翩之思。此詩矣，貢士賓之也。由儀即菁莪之，以樂且有儀取之，訓繹南山有臺則望由儀和古者養老於太學，凡視學必養老。是教化之大者也。故儀禮均有取鄉飲說獨為詳備。然所常讌詩，數皆遺軼，以自信其說。束晳補亡，鄭漁仲、劉原甫皆議之，究其旨亦不必深辯，默然闕焉可已。

澤及四海也。

蓼蕭

蓼（長大兒）彼蕭（蒿也）斯，零露湑（湑湑然蕭上露兒）兮。既見君子，我心寫（輸寫其心也）兮。燕笑語兮，是以有譽處兮。

蓼彼蕭斯，零露瀼瀼（露蕃兒）。既見君子，為龍（寵也）為光。其德不爽（差也），壽考不忘。

蓼彼蕭斯，零露泥泥（霑濡也）。既見君子，孔燕豈弟（豈樂弟易也）。宜兄宜弟（為兄亦宜，為弟亦宜），令德壽豈。

蓼彼蕭斯，零露濃濃（厚兒）。既見君子，鞗革（鞗，轡也；革，轡首也。垂飾兒）沖沖。和鸞（在軾曰和，在鑣曰鸞）雝雝，萬福攸

同

朱子曰、諸侯朝於天子、天子錫之燕以示慈惠、故歌此詩。何玄子曰、此諸侯繼世嗣封、天子與之燕、而歌此詩也。左傳襄二十六年、齊侯鄭伯如晉、晉侯兼享之、齊侯賦蓼蕭、叔向命晉侯拜曰、寡君敢拜齊君安我先君之宗祧也、又昭十二年宋華定來聘、通嗣君也、享之、爲賦蓼蕭、據之傳、其爲繼世嗣封之詩明矣。若來朝燕詩、[illegible]則露斯蕭是矣、此不應複出也。劉子樹曰、詩中有當先宜弟一說、朱傳亦說諸侯繼世而立、多欲思其先第、則何說不爲之據也。

湛露　天子燕諸侯也、

露濃盛貌

湛湛露斯、匪陽不晞、陽日也　然而露雖湛湛然見陽則乾。厭厭安也。夜飲私燕也。宗子將有事則族人皆侍。不醉而出是　厭厭夜飲、不醉無歸。　湛湛露斯、在彼豐草、不視之醉而不出，是渫宗也。豐草也，夜飲必於宗室。

厭厭夜飲，在宗載考。湛湛露斯，在彼杞棘。顯允君子，莫不令德。

其桐其椅，其實離離。垂也豈弟君子，莫不令儀。

劉氏樹曰：左傳甯武子曰："昔諸侯朝正於王，王宴樂之，於是乎賦湛露。"蓋天子當陽，諸侯用命也。集此詩者左傳爲據，故諸家亦異說。惟篇中有夜飲，及在宗載考，說何玄子曰：考儀禮受賓聘享於太廟，享食則於禰廟，惟燕行於寢，此云在宗載考，就宗祖廟也。考成也，蓋享畢而燕言，燕於廟，行享禮又於路寢，成燕禮也。概指同異姓而言。儀禮燕禮：宵則庶子執燭於阼階上，司宮執燭於西階上，甸人執大燭於庭，閽人爲大燭於門外。朱傳集曰：此飯諸侯燕賓之禮，然推而上之，天子燕諸侯之禮，亦于是可想矣。此詩前兩章言厭厭夜飲，所以適其情之相親也。後二章言令德令儀，又美其德，將而

無醉也此

說得何

天子錫有功諸侯也

彤弓

彤弓弨兮（朱子曰以儀注習射弨弛皃言我也）受言藏之我有嘉賓中心貺（賜也 荒）之鐘鼓既設一朝饗之

彤弓弨兮受言載（載以歸之 祭）之我有嘉賓中心喜（樂也）之鐘鼓既設一朝右（勸也）之

彤弓弨兮受言櫜（韜也）之我有嘉賓中心好（說也）之鐘鼓既設一朝醻（報也）之

左傳甯武子曰、諸侯敵王所愾而獻其功、王於是乎賜之彤弓一、彤矢百、玈弓矢千、以覺報宴、又襄八年、范宣子來聘、公享之、宣子出、季武子賦彤弓、宣子曰、城濮之役、我先君文公獻功于衡雍、受彤弓于襄王、以為子孫藏、然則文章藏之

朱子曰後世賞賜非出於利誘則迫於事勢至有朝賜鐵券而暮屠戮者則與其中心貺之之異矣至賞功臣解體者有印刓而不忍予者則與其一朝饗之異矣

謂藏之于家也

曰自有樂也。

菁菁者莪　樂育材也。君子能長育人材，則天下喜樂之矣。

盛貌　莪蘿蒿也　阿中也大陵曰阿君子能長育人材如阿之長莪菁菁然

菁菁者莪，在彼中阿。既見君子，樂且有儀。　菁菁者莪，在彼中沚。

既見君子，我心則喜。喜也　菁菁者莪，在彼中陵。陵中也　既見君子，錫我百朋。

汎汎楊舟，載沉載浮。既見君子，我心則休。

后山陳氏曰，此詩美天子行禮於學校，燕飲而歌之歟。劉曰，

未辛追述未見君子時，心無定向，又私幸既見君子後，此心

日休之。李文貞曰，此詩

當為下頌上之辭。

張以寧曰周六月夏四月也若夏之六月正值盛暑北蕃了矣保脫校歷代書防秋

六月宣王北伐也。鹿鳴廢則和樂缺矣。四牡廢則君臣缺矣。皇〻者華廢則忠信缺矣。常棣廢則兄弟缺矣。伐木廢則朋友缺矣。天保廢則福祿缺矣。采薇廢則征伐缺矣。出車廢則功力缺矣。杕杜廢則師衆缺矣。魚麗廢則法度缺矣。南陔廢則孝友缺矣。白華廢則廉恥缺矣。華黍廢則蓄積缺矣。由庚廢則陰陽失其道理矣。南有嘉魚廢則賢者不安，下不得其所矣。崇丘廢則萬物不遂矣。南山有臺廢則爲國之基隊矣。由儀廢則萬物失其道理矣。蓼蕭廢則恩澤乖矣。湛露廢則萬國離矣。彤弓廢則諸夏衰矣。菁〻者莪廢則無禮儀矣。小雅盡廢，則四夷交侵，中國微矣。鄭云從此至菁〻者莪十四篇是宣王之詩小雅

六月棲〻（簡閱兒），戎車既飭（正也）。四牡騤〻（壯也），載是常服（日月爲常服戎服也）。玁狁孔熾（盛也），我是用急（言急也）。王于出征，以匡王國（汎也言急和於從用師）。比物四驪，閑之維則。維此六月，既成我服。我

服既成，于三十里。師行三十里 王于出征，以佐天子。出征以佐其為天子也 四牡脩廣，其大有顒。脩長廣大顒大貌 薄伐玁狁，以奏膚公。奏為膚大公功也 有嚴有翼，嚴威嚴也翼敬也 共武之服。共武之服，以定王國。玁狁匪茹，整居焦穫，周地接于玁狁者 侵鎬及方，至于涇陽。織文鳥章，白旆央央。鳥章錯革鳥為章也白旆繼旐者也央央鮮明貌元大也 元戎十乘，以先啓行。夏后氏曰鉤車先正也殷曰寅車先疾也周曰元戎先良也 戎車既安，如輊如軒。輊摯佶正也 四牡既佶，既佶且閑。薄伐玁狁，至于大原。言逐出之而已 文武吉甫，萬邦為憲。吉甫尹吉甫也有文有武憲法也 吉甫燕喜，既多受祉。祉福也 來歸自鎬，我行永久。飲御諸友，御進也 炰鼈膾鯉。侯誰在矣，張仲孝友。侯維也張仲賢臣也善父母為孝善兄弟為友使文武之臣征伐與孝友之臣處內

何元子按竹書紀年，宣王五年六月，王命尹吉甫帥師，師歸自鎬，行飲至之禮，詩人作此美之。

劉曰：篇中言嚴言翼，自大料軍用兵之慮，吉甫為此，宣王之能命將可知。既使文武之大臣征伐，又與孝友之臣處內，吉甫之能不辱命又可知。自古權臣在內，大將立功於外者，張仲類於飢狼之並，則又宣王朝夕與處之人可知矣。

結絕大雅，思路高別上，逼風雅。

采芑 宣王南征也

薄言采芑 于彼新田 于此菑畝 方叔涖止 其車三千 師干之試 方

田一歲曰菑二歲曰新田三歲曰畬 宣王能新美天下之士然後用之 方叔卿士也受命而為將也

芑菜也

涖臨 師衆也 干扞 試用也

叔率止 乘其四騏 四騏翼翼 路車有奭 簟茀魚服 鉤膺鞗革 薄

赤貌

鉤膺樊纓也

言采芑 于彼新田 于此中鄉 方叔涖止 其車三千 旂旐央央 方叔

鄉所也

率止 約軧錯衡 八鸞瑲瑲 服其命服 朱芾斯皇 有瑲葱珩 鴥彼

軧長轂之軧也朱而約之 錯衡文衡也 瑲瑲聲也 朱芾黃朱芾也 皇猶煌煌也

瑲珩聲也 葱蒼也 三命葱珩 言周

飛隼 其飛戾天 亦集爰止 方叔涖止 其車三千 師干之試 方叔率

宣王能新美天下之士 言其强美斯勞矣 急疾之

止 鉦人伐鼓 陳師鞠旅 顯允方叔 伐鼓淵淵 振旅闐闐 蠢爾蠻

伐鼓之鉦以靜之 鼓以動之 鞠告也

淵淵鼓聲也 入曰振旅 復長幼也

蠢動也 蠻荊

朱子曰南征蠻荊想不甚費力故只極稱其軍容之盛而已 …鐃 曰周官爲鉦人而鐃鐲鐃鐸統於鼓人故可謂之鼓人亦可謂之鉦人一官而二名也 李鍾傳曰六月采芑兩詩兩陳軍容之盛帥將帥之能王霸之赫然嚴之服至於臨陣合戰克敵制勝之謀無一及焉大雅江漢常武兩篇亦然要以見天子之師有征而無戰

戎也

荆州之蠻也

荆大邦爲讎方叔元老克壯其猶（元老也五官之長出于諸侯曰天子之老壯大猶道也）方叔率止執訊獲醜戎車嘽嘽（衆也）

嘽嘽焞焞（盛也）如霆如雷顯允方叔征伐玁狁蠻荆來威

陳傅良曰：六月之詞迫，采芑之詞緩。六月以討而亡，采芑以威而服。劉蒞道曰：篇中顯允句最重。顯明之，允信之。明功罰，信賞罰，亦行兵用師之要。克壯其猶者，嚴華谷曰：少年輕俊之人，往往以勇力求勝，未能深謀遠慮。惟方叔老成，爲謀不爲戰，以謀爲壯，不以力爲壯。較舊說勇決之義，更覺圓密。

車攻

宣王復古也。宣王能内脩政事，外攘夷狄，復文武之竟土，脩車馬，備器械，復會諸侯於東都，因田獵而選車徒焉。

我車既攻我馬既同（攻堅同齊之宗廟齊豪尚純也戎事齊力尚強也田獵齊足尚疾也）四牡龐龐（龐龐充實也東洛邑也）駕言徂東

田車既好四牡孔阜

王安石曰 諸侯人君宜朱芾 而此言赤芾者……

赤芾

東有甫草 駕言行狩

之子于苗 選徒囂囂 建旐設旄 搏獸于敖

駕彼四牡 四牡奕奕 赤芾金舃 會同有繹

決拾既佽 弓矢既調 射夫既同 助我舉柴

四黃既駕 兩驂不猗 不失其馳 舍矢如破

蕭蕭馬鳴 悠悠旆旌 徒御不驚 大庖不盈

之子于征 有聞無聲 允矣君子 展也大成

金履祥曰 宣王八年巡狩東都 朝會諸侯 因以田獵講武

按周制 天子十二年一巡狩 然自昭王膠舟 穆王迴徐州之馭 此禮曠不復行 至宣王乃下堂而見諸侯

天下之玩甚矣 至是東都行狩 致會同之有繹 赫然復睹昔……

杜 馬鳴風蕭蕭

李 蕭蕭班馬鳴

添一字便覺風景特殊

長楊羽獵濃麗

渲浩不堪與此作敵

李鍾岳曰 治軍而至於有聞無聲 則桓文之節制不足以言之 宣王時存六軍之帥其必方叔……

召虎、中山甫、尹吉甫詩人，仁以威信素孚于列校，慈和孔議周帀于衆心，始能至此。其曰之子，備軍帥也。其曰君子，指宣王也。整軍經武，宰成周之舊典，衆賢亮後數文武之烈，至二莫非繼世之君繼業之大成乎。

曰：威儀之盛，務非在內者，有安於不可動搖之勢，豈能車馬遠行乎？故於此可以見宣王中興之業也。

美宣王田也。能慎微接下，無不自盡以奉其上焉。

吉日

吉日維戊，既伯既禱。田車既好，四牡孔阜。升彼大阜，從其羣醜。維戊順類，乘牡也。伯，馬祖也。重物慎微，將用馬力，必先為之禱其祖。禱，禱獲也。

吉日庚午，外事以剛日。既差我馬。差，擇也。獸之所同，麀鹿麌麌。鹿牝曰麀。麌麌，衆多也。漆沮之從，天子之所。漆沮之水，麀鹿所生也。從漆沮驅禽而致天子之所。

瞻彼中原，其祁孔有。祁，大也。儦儦俟俟，或羣或友。趨則儦儦，行則俟俟。獸三曰羣，二曰友。悉率左右，以燕天子。驅禽之左右以安待天子。

既張我弓，既挾我矢。發彼小豝，殪此大兕。殪，壹發而死。言能中微而制大也。以御賓客，且以酌醴。饗醴，天子之飲酒也。

呂氏曰：車攻、吉日，皆以蒐狩為言，何也？蓋蒐狩之禮，可以見王賦之復焉，可以見軍實之盛焉，可以見師律之嚴焉，可以朱公遷曰：車攻終於頌禱，吉日終於騶虞，文德武功兼盡之矣。

見上下之情焉。所以見綜理之周，欽明文武之功業者，觀此足矣。樂惠卒右。李文貞說書從箋傳之言，即騶虞傳所說虞人翼五豝以待發者是也。至此詩為宣王詩，諸家無異辭。獨何玄子謂成王蒐于岐陽之詩，且援岐陽石鼓慕傳為宣王獵碣者，楊慎據左傳以為成王時物，又援竹書成王六年大蒐於岐陽以證。蓋何氏以此詩即笙詩中之由庚，儀礼乃周公所定，故遷就古人以自信其說如此。以上劉蔭蒼說。禱說文作禂，引詩作既禡既禂。成之言壯，馬必乘壯，其言也。傳說綏戌順類乘壯者以此。

南有嘉魚之什十篇四十六章二百七十二句 朱集傳以彤弓至鶴鳴為彤弓之什，與注疏本異，今依毛傳本錄。

鴻鴈之什

鴻鴈美宣王也。萬民離散，不安其居，而能勞來還定安集之，至于矜寡無不得其所焉。

鴻鴈于飛，（大曰鴻小曰鴈）肅肅其羽。（肅肅羽聲也）之子于征，（之子侯伯卿士也）劬勞于野。（劬勞病苦也）爰及矜人，哀此鰥寡。（矜憐也老無妻曰鰥偏喪曰寡）

鴻鴈于飛，集于中澤。（中澤澤中也）之子于垣，百堵皆作。（一丈為板五板為堵）雖則劬勞，其究安宅。（究窮也　鐸）

鴻鴈于飛，哀鳴嗸嗸。（未得所安集則嗸嗸然）維此哲人，謂我劬勞。維彼愚人，謂我宣驕。（宣示之　驕）

此詩諸家解（多異），何玄子引鄭元錫詩經繹云：王閔勤危功有皇華之心，故以此詩為王命使臣安集流民於其還也，勞之而

朱善曰：哀此鰥寡，宣王之所以中興也；哀此鰥獨，幽王之所以亡也。此處鮮於寡女之所以興歟。

悲駭極矣，思人字法大妙

作。鴻雁指流民也。之子指使臣也。未爭我宣王自我也。呂氏曰：未爭非以不知為慳，蓋深歎知之者鮮也。當時臣僚於其民惻怛深厚如此，則其所以中興歟。

焉樂，是詩當為流民作，以美其大夫之詞。王遣大夫安集流民，流民喜之，皆從役，當從役勞苦時，追念前此勞之之恩，嗚之者追許後日安宅之居，因以自慰，而遂以指人知勤勞。○美大夫，美大夫即所以美宣王也。

庭燎，美宣王也，因以箴之。

夜如何其？夜未央，庭燎之光。君子至止，鸞聲將將。央且也。庭燎大燭。君子諸侯也。將將鸞鑣聲。

夜如何其？夜未艾，庭燎晣晣。艾久也。晣晣明也。君子至止，鸞聲噦噦。噦噦徐行有節也。

夜如何其？夜鄉晨，庭燎有煇。光也。君子至止，言觀其旂。許謙曰：此王於勤於視朝，而在者之臣述王之意而設言之也。

何楷曰：宣王勤始懈終，自不藉千畝而後，衆治之志寢不如前，故詩人作此以諷。

沔水　規宣王也、　陳櫟曰始念亂而憂及父母終憂亂而發乎身憂念之中不忘孝敬詩人忠厚之意也

沔彼流水朝宗于海（沔水流滿也水猶有所朝宗）者鴥彼飛隼載飛載止嗟我兄弟邦人諸友莫肯念亂誰無父母（京師者諸侯之父母也）（邦人諸友謂諸侯也兄弟同姓臣也）

沔彼流水其流湯湯（言放縱無所入之）鴥彼飛隼載飛載揚（言無所定止之）念彼不蹟載起載行（不蹟不循道也）心之憂矣不可弭忘（弭止也）

鴥彼飛隼率彼中陵民之訛言寧莫之懲（[illegible]）我友敬矣讒言其興（疾王不能察讒也）

呂氏曰、事未之語辭為諸侯相語之詞實以規宣王者序總讒慝似忠順者安言而善所際之、讒人在朝、剛畏之本、故明言以（及後詩詞未見有規王處不若朱子憂亂之說說于詩本之中看存以且已摘而存之違）

鶴鳴　誨宣王也、

劉瑾曰晉語公子重耳賦河水注河當作沔字誤也

集不蹟猶言不錢遠從不率循舊章也

結語動而有[illegible]

何樂于彼園之觀乎　蘀落也尚有樹檀而

皋澤也言身隱而名著也　良魚在淵小魚在渚

鶴鳴于九皋聲聞于野魚潛在淵或在于渚樂彼之園爰有樹檀
下其蘀
其下維蘀他山之石可以為錯　鶴鳴于九皋聲聞于天魚在于
錯石也可以琢玉舉賢用滯則可以治國
渚或潛在淵樂彼之園爰有樹檀其下維穀他山之石可以攻玉
穀惡木也　攻錯也
先子曰此陳善納誨之辭也蓋鶴鳴九皋而聲聞于野言誠
之不可揜也魚潛在淵而或在渚言理之無定在也園有樹
檀而下維蘀言愛當知其惡也他山之石可以為錯言憎當
知其善也何玄子曰此必宣王末年之詩矣尹吉甫仲山甫
張仲召虎諸賢次第凋謝故其詩曰爰有樹檀其下維蘀至
及諫廢魯嫡諫不籍千畝諫料民太原諫殺杜伯諸讜論皆
不見聽此詩人所以發歎矣
于他山之石也語亦有含存〇

朱文公之後先子之說云
由前二者則中孚之必應
同心之必合不待求之而
自至矣由後二者則善
人非不善人之師不善
人非善人之資不待
遠之而自化矣四者
皆修身進德之要
而形于論交取友待
人接物之間其見創
田朱子與李氏說微
有不同而於序誨字
之意允合箋則亦取
宣王求賢人之未仕者

祈父 刺宣王也。 箋 刺用祈父不得其人也

祈父司馬也職掌封圻之兵甲

祈父予王之爪牙 胡轉予于恤靡所止居 祈父予王之爪士 胡

此勇力之士也宣王之末司馬職廢羌戎爲敗 士事也

轉予于恤靡所底止 祈父亶不聰 胡轉予于恤有母之尸饔

底至也 聰也 雅絶 尸陳也熟食曰饔

呂氏曰讀是詩見宣王廢古制者二焉 普興事既刺其以宿

衛之士從征役矣 未幾曰有母尸饔 親老而無他兄弟 其當

免征役 在古者有成法 故責其不聰 意謂此法人皆聞之 汝

獨不聞乎 劉永之曰 案毛傳此即千畝之戰 或又以此詩爲

祈指從穆王西征 七萃之士咸怨 祭公謀父以諷諫 或竟取

左傳祈招數句列於篇首 此未免好奇之過也。

白駒 大夫刺宣王也。

周孔晁貲氏詢 司右 勇士屬焉以左右王 鄭康成謂征伐之事例不敢 王之爪牙之士 蕭 中予字虎賁勇士自謂也

祁亭杜曰詩中靡所底止 伊于胡底 二底字今詩皆作底

宣王之末不能用賢，賢者有乘白駒而去者，縶絆縶之也。

皎皎白駒，食我場苗。縶之維之，以永今朝。所謂伊人，於焉逍遙。此陳詩公落字也。維此朝夕，遠勝三秋矣。焉字讀於虔反，狂王反。今更往那，此定生淘心快語也。

蒙猶留也。

皎皎白駒，食我場藿。縶之維之，以永今夕。所謂伊人，於焉嘉客。賦

飾也

皎皎白駒，賁然來思。爾公爾侯，逸豫無期。慎爾優游，勉爾遁思。

爾公爾侯邪，何為逸樂無期以反也。誠也

皎皎白駒，在彼空谷。生芻一束，其人如玉。毋金玉爾音，而有遐心。去 賦

李文貞曰：此賢者將隱，別於其友，而其友贈之之詞。一章二章，皆留行而皆款之之詞；三章相其出行之，言不必以下往者，恨設我以爾為公侯，則所善者大有為，而逸豫不可期矣。故有勸爾以進留者，不可不慎，而勉決以遁去可也。未章朋友之好，欲其雖去而音問常通也。劉曰：此說於第三章最為得情，乃鄭康翩詩傳闡則直以為訣[illegible]錢賢子之論，陳大士

讀後之章曲折深婉，覺援據出為文大雅全聖欽云，後人有岢青事，定是前人所先有，且前人所先有之所，為出於今人之所有，即如爾公爾侯是款款之詞，毋金玉爾音是之俯之之詞，援據先生固未嘗夢見及此也。

之謂白宗色宗宗彌援懃之馬頌有宗蒂也言之矣此義留
徹子子孫之詩歌皆出于膝撒録以廣異聞可耳。

黃鳥 刺宣王也。

黃鳥黃鳥無集于穀無啄我粟此邦之人不我肯穀言旋言歸復我邦族

黃鳥宜集木啄粟者喻天下室家不以其道而相去是失其性 善也 宣王之末天下室家離散 妃匹相去有不以禮者

黃鳥黃鳥無集于桑無啄我粱此邦之人不可與明言旋言歸復我諸兄

不可與明夫婦之道

黃鳥黃鳥無集于栩無啄我黍此邦之人不可與處言旋言歸復我諸父

處之 諸父猶諸兄之

劉向樂箋疏謂刺王以陰禮教親而不至也陰禮者男女之禮昏姻以時男女不怨曠是也故
左氏易林云黃鳥來集既嫁不答念我父兄思復邦族亦本此意存之以備一解

我行其野　刺宣王也

我行其野蔽芾其樗（樗惡木也）昏姻之故言就爾居爾不我畜（畜養也）復我邦家

我行其野言采其蓫（蓫惡菜也）昏姻之故言就爾宿爾不我畜思言歸斯復

我行其野言采其葍（葍惡菜也）不思舊姻求爾新特（新特外昏也）成不以富亦祇以異（祇適也）

陳旬山曰此詩序謂大夫刺宣王或云宣王時不宜王足見幽王之世士大夫憂悦之所作也周與申世為昏姻申為姜姓之國宣王時姜后以諫見稱幽王后亦申女也申為舅申伯之子也娶申伯女為后申侯以世姻之故蓋元舅之重故留京師翼王室所謂昏姻之故言就爾居也幽王三年得襃姒而嬖之生伯服遂欲廢申后及太子宜臼故曰不

然舊姻求爾新特也。主於應居遠中庚歸國，故曰求不我畜，復我邦家也。言歸思復，則中夫既歸而有所思，此為宜曰計耶。此詩之作，當在中庚歸國之時，與白華相當。明託為民間親枝相棄之詞，以寄慨。由此觀之，閨蛾以為德與，行野以漁色滅禮席之上，妒忌一辭而禍遂至，於不敢乃不慎於棄除。說與傳箋微異，於詩意頗合，存以

宣王考室也。

斯干

秩秩（流行也）斯干（澗也），幽幽（深遠也）南山仙。如竹苞（本也）矣，如松茂矣。兄及弟矣，式相好矣，無相猶（猶道也，鄭云猶當作瘉，瘉病也）矣。似（嗣也）續妣祖，築室百堵，西南其戶（西鄉戶南鄉戶也）。爰居爰處，爰笑爰語。約（束也）之閣閣（猶歷歷也），椓（用力也）之橐橐。風雨攸除，鳥鼠攸去，君子攸芋（大也，鄭云當作幠，幠覆也）。如跂斯翼

妙在通體靈變，雅鍊不稜，字句中古奧也。

如矢斯棘，如鳥斯革，如翬斯飛，君子攸躋。殖殖其庭，有覺其楹。噲噲其正，噦噦其冥，君子攸寧。下莞上簟，乃安斯寢。乃寢乃興，乃占我夢。吉夢維何？維熊維羆，維虺維蛇。大人占之：維熊維羆，男子之祥；維虺維蛇，女子之祥。乃生男子，載寢之牀，載衣之裳，載弄之璋。其泣喤喤，朱芾斯皇，室家君王。乃生女子，載寢之地，載衣之裼，載弄之瓦。無非無儀，唯酒食是議，無父母詒罹。

歐陽氏曰：古人成室而落之，必有稱頌禱祝之言，如歌於斯、哭於斯之類。若干斯詩之善頌善禱斯是矣，若云斯干爲考室之詞則一

看他起處極重，中間拔出一夢，幻絕未用輕妙筆，竟往何等靈處，何等巧妙。敘事處不蔓不支，又極雅鍊。此篇在小雅中應稱上乘。

張壯來曰：說女子以無非無儀爲明從，破婦儀、職休其蠶織，號爲覆邦方爲之禍業，斷不可。

閑之意，此亦詩人之微詞也。

朱子曰：儀禮曰下管新宮，大射儀曰乃歌新宮三終。李靈之曰：昭二十五年宋公享叔孫昭子，賦新宮。或說即斯干之詩。輔廣曰：善以新宮者之所非宣王時詩矣。

蕭之義蕭易而通明矣。劉曰：案此詩諸家皆從序說，以為宣王時詩，獨何立子以為即古新宮之詩，謂此為成王營洛之時之作，且云成王先康王，能守文武之業，善言奉於盤罍之替，矣于宣王，則繼宣者也，何足以應吉甫乎？

無羊

宣王考牧也。

呼起有不破天驚匡秋雨之抄

誰謂爾無羊？三百維群。誰謂爾無牛？九十其犉。爾羊來思，其角濈濈。爾牛來思，其耳濕濕。或降于阿，或飲于池，或寢或訛。爾牧來思，何蓑何笠，或負其餱。三十維物，爾牲則具。爾牧來思，以薪以蒸，以雌以雄。爾羊來思，矜矜兢兢，不騫不崩。麾之以肱，畢來既升。

四篇，數字五十三百九十來，散物之為不可言[illegible]

牧人乃夢衆維魚矣旐維旟矣大人占之衆維魚矣實維豐年陰陽和則魚衆多矣

大言矣之真正吉祥善事也

旐維旟矣室家溱溱溱溱衆也旐旟所以聚衆也

集箋以爾廖宣王言欠妥不若從歐陽公謂呼牧人而告之

曰誰謂爾多牛羊乎於義為安

鴻鴈之什十篇三十二章二百三十句

又披出一夢來奇妙

節南山之什　陸曰、從此至何草不黄、凡四十四篇、爲變小雅。

節南山　家父刺幽王也。朱子曰、此詩家父所作、刺王用尹氏以致亂。韋昭以爲平王時作、得之。

愚元龍云、節南山、正月、雨無正序、俱謂刺幽王。鄭謂十月以下當刺厲王、孔氏又謂雨無正較我四國變云、諸侯妄相侵伐、指厲王時。沔水箋云、諸侯妄相侵伐、指宣王時。而論說注平王東遷、諸侯始相侵伐、幽厲猶未適當。然諸侯三家之說已乖刺不相合矣、而待言六者可疑者四焉。厲幽之時亡也、傳公劉之篇良史知之、伯陽父劉之能稱曰此與彝何、四周室將亡、皆懼而戒其將然之詞。今曰國既卒斬、又曰周宗既滅、直是已然之事、若未斬未滅而以斬滅言之、不幾喪心病

狂，作祖天子乎。果甚小民為此言，猶將隱其姓名以免禍，不
應直言家父作誦也。其可疑一也。檿弧箕服之謠，頗聞于詩
矣，於黃褒姒之存，王室大夫亦何敢言今日赫赫宗周褒姒
威之，其可疑二也。春秋桓八年，天王使家父來聘，十五年使
家父來求車，是家父歷出乎桓三王，不應若是之壽，其可疑
三也。謂爾遷于王都，箋以王都為彘，刺群臣去不得王者居
王之流彘也。宣王在召公之宮，國人圍之，召公以子代宣王，
乃得解。厲王之流，宣王尚不能定從，而謂群臣能從之乎？且
彘不聞有都之名，其可疑四也。今桑節南山為家父刺尹氏，
而春秋隱三年書平王崩，是年即書尹氏卒，則詩之尹氏即
春秋之尹氏。其為平王之時無疑矣。公羊於尹氏卒為譏世卿，
其說與家父之詩合。家父之求車也在十年之後，其作詩也
在十年之前，亦為不甚懸隔矣。驪山之禍，據古來有作詩示
戒，正宜明言曰：既赫曰威之，亦殷鑒不遠之意。且褒姒于平

王爲讎、陳其惡而歸罪焉，亦平王意中

之事、言處其直斥、而推於罪昊也。

節（節高峻皃）彼南山，維石巖巖（巖石皃）。赫赫（顯盛皃）師尹，民具爾瞻（師大師周之三公也尹尹氏爲大師具俱瞻視惔燔也）。憂心如惔，不敢戲談。國（昊有此苦事）

既卒斬（卒盡斬斷），何用不監（監視也）。　節彼南山，有實（實滿）其猗（猗長也）。赫赫師尹，不平謂何。天

方薦瘥（薦重瘥病），喪亂弘（弘大也）多。民言無嘉，憯（曾也）莫懲嗟。　尹氏大師，維周之氐（氐本）。秉

國之均（均平），四方是維。天子是毗（毗輔也），俾民不迷。不弔（不至）昊天，不宜空（空窮之）我師。

弗躬弗親，庶民弗信（庶民之言不可信勿罔上而行也）。弗問弗仕，勿罔君子。式夷式已（式用夷平已止用平則已無以小人之言至于危殆也），無小人殆。瑣

瑣姻亞（瑣瑣小皃兩婿相謂曰亞膴厚也），則無膴仕。　昊天不傭（傭均），降此鞠訩（鞠盈訩訟也）。昊天不惠，降此大戾。君

子如屆俾民心闋君子如夷惡怒是違 不弔昊天亂靡有定式
月斯生俾民不寧憂心如酲誰秉國成不自為政卒勞百姓 駕
彼四牡四牡項領我瞻四方蹙蹙靡所騁 方茂爾惡相爾矛矣
既夷既懌如相醻矣 昊天不平我王不寧不懲其心覆怨其正
家父作誦以究王訩式訛爾心以畜萬邦
鍾惺曰尹氏赫赫人不敢議詩乃痛詆切責之憂國念深不
計其身也然後世之作奸亦不敢為此
朱子曰此詩亦大夫所作

逵按程子謂節南山以下俱是平王時詩其下小宛小弁一刺宣王一刺幽王安有平王之詩而在宣幽之前耶四詩本是歌誦口相傳授遭秦滅學失其倫次者多矣鄭氏大小雅譜因之十月之交雨無正小旻諸篇漢經師移其次第十月箋亦云此節南山一篇無正不相移之立中節

此醒字法勝此詩十倍

正月

劉瑾曰正月正陽之月夏之四月周之六月據竹書在幽王四年

今人痛痛総在於不自知其日予聖一語乃

正月繁霜我心憂傷民之訛言亦孔之將念我獨兮憂心京京哀

我小心癙憂以痒 父母生我胡俾我瘉不自我先不自我後好

言自口莠言自口憂心愈愈是以有侮 憂心惸惸念我無祿民

之無辜并其臣僕哀我人斯于何從祿瞻烏爰止于誰之屋 瞻

彼中林侯薪侯蒸民今方殆視天夢夢既克有定靡人弗勝有皇

上帝伊誰云憎 謂山蓋卑為岡為陵民之訛言寧莫之懲召彼

故老訊之占夢具曰予聖誰知烏之雌雄 謂天蓋高不敢不局

千古同病
天地之高厚而
跼不敢不蹐
其心之鬱抑如見

謂地蓋厚，不敢不蹐（蹐，累足也）。維號斯言，有倫有脊（倫，道；脊，理也）。哀今之人，胡為虺蜴（蜴，蜥也）。

瞻彼阪田，有菀其特（言朝廷曾無傑臣）。天之扤我（扤，動也），如不我克。彼求我則，如不我得。執我仇仇（仇仇，猶謷謷也），亦不我力。

心之憂矣，如或結之。今茲之正，胡然厲矣（厲，惡也）。燎之方揚，寧或滅之（滅之以水也）。赫赫宗周，褒姒烕之（宗周，鎬京也。褒，國也；姒，姓也。烕，滅也。有褒國之女，幽王惑焉而以為后，詩人知其必滅周也）。

終其永懷，又窘陰雨（窘，困也）。其車既載，乃棄爾輔（大車重載，又棄其輔）。載輸爾載，將伯助予（將，請；伯，長也）。

無棄爾輔，員于爾輻（員，益也）。屢顧爾僕，不輸爾載。終踰絕險，曾是不意。

魚在于沼（沼，池也），亦匪克樂。潛雖伏矣，亦孔之炤。憂心慘慘（慘慘，猶戚戚也），念國之為虐。

彼有旨酒，又有嘉殽（言禮物備也）。

真令人看不得
算不起說素口
道歷歷

洽比其鄰昏姻孔云念我獨兮憂心慇慇 佌佌彼有屋蔌蔌方

洽合鄰近云旋也 言王于不能親近以及遠 慇慇然痛也 小也 陋也

有穀民今之無祿天夭是椓哿矣富人哀此惸獨

民今之在位柳柳 哿可 獨單之

劉氏彬曰篇中褒姒威之繼之云滅其亦懷文寬陰雨玩文字證義明係言幽王之流乃上天陰雨之時若下不承良輔是將文寬之也故以此數篇爲東周詩則文義明顯以爲幽王之詩不得不曲爲之說矣李氏黄氏云大夫五庚年之詩況之詩蓋一時讒佞以讒言閉錮之口張黯孱居子而不行其言以取其用也頗節南山以下至於鐘可知其以周邦春而衰于小邦者豈止兩黍離序此平王之邪

十月之交

十月之交朔月辛卯日有食之亦孔之醜彼月而微此日而微今

之交日月之交會 醜惡也 起

此下民亦孔之哀 日月告凶不用其行四國無政不用其良彼

月臣道日君道

月而食則維其常此日而食于何不臧 爗爗震電不寧不令百

震電貌 震雷也

陳榕溪曰是詩宜杜
工上其高明處大之
自其他小人在下人
下其根跡鄙陋之
情態邪害意之
不好也佌佌蔌蔌之狠
可謂善于形容矣
呂東萊曰此役之甚也
自較其輕重故曰土國
城漕我獨南行固甚
之甚也自較其淺深
故曰哿矣富人哀此
煢獨使民至是蓋
甚可傷矣
朔月月字今本
皆誤作日

川沸騰山冢崒崩高岸為谷深谷為陵哀今之人胡憯莫懲　皇
父卿士番維司徒家伯維宰仲允膳夫棸子內史蹶維趣馬楀維
師氏豔妻煽方處　抑此皇父豈曰不時胡為我作不即我謀徹
我牆屋田卒汙萊曰予不戕禮則然矣　皇父孔聖作都于向擇
三有事亶侯多藏不憖遺一老俾守我王擇有車馬以居徂向
黽勉從事不敢告勞無罪無辜讒口囂囂下民之孽匪降自天噂
沓背憎職競由人　悠悠我里亦孔之痗四方有羨我獨居憂民

李文貞云：首三章言天變，次三章言人事，末二章述己之憂。

謹案：惠氏詩說（?）外傳史伯稱石父讒諂巧佞之人，立以為卿士。史蘇亦以褒姒與妹喜、妲己比，而逐太子宜咎，則幽王卿士乃號石父，非皇父也。李安溪謂豔妻非指褒姒，乃言幽時自卿士以下皆為（?）[illegible]宗（?）舊臣（?）[illegible]應次于諸臣之下。

詩所昊天疾威，句昊字作旻。陸云誤字，從唐石。

莫不逸，我獨不敢休。天命不徹，我不敢傚我友自逸。

徹，道也。親屬之臣心不能已。

惠元龍曰：刺皇父也。皇父以其為卿士，又擅兵柄，嘗與司徒豔妻之黨威亂幽王，以致亡國。及至平王，尤驕恣不臣，天子不敢問，下民不敢言。詩人特歷鼓其罪而切責之。豔妻以上，鼓其前日之惡也；抑此以下，數其今日之罪也。胡憯莫懲，所謂天變不足畏也；不即我謀，所謂人言不足恤也。曰作言，婦自皇父也；曰擇非命于天子也。不遠一老，有陵（?）詞誤臣之勢焉；以居徂向，曾不年稍請之心焉。平王乘亂東遷，所以容此跋扈之臣，蓋幽厲驕奢，威令尚行，未見如此不振也。

雨無正

大夫刺幽王也。雨，自上下者也，眾多如雨，而非所以為政也。

浩浩昊天，不駿其德。

駿，長也。

降喪饑饉，斬伐四國。

穀不熟曰饑，蔬不熟曰饉。

昊天疾威，弗慮弗圖。舍

舍，除。

經改正

歐陽公曰古人於詩多不命題，篇名往往無義例，其或有命名者，則必述詩之意，如巷伯、常武之類，今此詩名與本詩絕異，當闕其所疑。

彼有罪，既伏其辜。若此無罪，淪胥以鋪。（淪率也）周宗既滅，靡所止戾。（戾定也）正
大夫離居，莫知我勩。（勞也）三事大夫，莫肯夙夜。邦君諸侯，莫肯朝夕。庶
曰式臧，覆（反也）出為惡。如何昊天，辟（法也）言不信。如彼行邁，則靡所臻。凡
百君子，各敬爾身。胡不相畏，不畏于天。戎（兵）成不退，飢成不遂。（遂進也）曾
我暬御（侍御也），憯憯日瘁（病也）。凡百君子，莫肯用訊。聽言則答，譖言則退。（以言進退人也）哀
哉不能言，（哀賢人不得言不得出是者也）匪舌是出（吹去聲），維躬是瘁。哿矣能言，巧言如流，俾躬處休。（哿可也，可矣世所謂能言也，巧言從俗如水轉流）
維曰于仕（于往也），孔棘且殆。云不可使，得罪于天子。亦云可使，怨及朋友。

言臣不肯遷于王都之

謂爾遷于王都，曰予未有室家。鼠思泣血，無言不疾。昔爾出居，誰從作爾室。

言都曰涖，宅善所言而不見疾之

遇既遷者不從者 隨事作一䟽 侯

其友而不肯爲我之

信此說隨之不隨危石豈堪玩

朱子曰：此詩暬御之臣所作。韓詩篇首有雨無其極，傷我稼穡八字。朱子曰：第一二章本皆十句，今第一章多此二句，長短不齊，非詩之例。

李文貞曰：自節南山至此，其憂時之說至矣，終與刺屬幽王言之，輕重緩急殊科，蓋平王因宗周既滅，而其覆亂之由，未始不屬幽王之興也，故鼓詩責臣下之詞多指本言之，則王之不能自強而沮喪也，失道耳。

李文貞曰：此詩直言周宗既滅，則非幽王之世明甚。且於幽王時，宜曰還，不宜曰遷；宜曰退，不宜曰出。故為平王時詩。吳鄭王伯厚曰：大雅之變作於大臣，小雅之變作於羣臣。

小旻

旻天疾威，敷于下土。謀猶回遹，何日斯沮。謀臧不從，不臧覆用。我視謀猶，亦孔之邛。潝潝訿訿，亦孔之哀。謀之其臧，則具是違。謀之不臧，則具是依。我視謀猶，伊于胡底。我龜既厭，不我告猶。

布也　回邪遹邪　沮壞也　邛病也

潝潝患其上，訿訿思不稱其上。李文貞曰：潝潝，小人相比之狀；訿訿，專以君子爲訾病。

猶道也

李文貞詩所作底，注云今本作底誤　䏘

方苞曰：潝潝小人相比之狀，訿訿專以君子為詬病。

夫孔多，是用不集（宮本北宋本作錯、集象）（集，就之）。發言盈庭，誰敢執其咎？如匪行邁謀，是用不得（謀人之國，國危則死之，古之道也）

于道。哀哉為猶！匪先民是程，匪大猶是經。維邇言是聽，維邇言（古曰在昔，昔曰先民。程，法；經，常；猶，道；邇，近也。爭為近言）

是爭。如彼築室于道謀，是用不潰于成（潰，遂之）。國雖靡止，或聖或否。民（靡止，言小也。人有通聖者，有不能者，亦有明）

雖靡膴，或哲或謀，或肅或艾。如彼泉流，無淪胥以敗（哲者有明，謀者有聰，艾治也，肅者恭，艾者有治理者）。不敢暴虎，

不敢馮河。人知其一，莫知其他（徒搏曰暴虎，徒涉曰馮河。暴虎一非也，他不敬小人之危殆也）。戰戰兢兢（戰戰，恐也；兢兢，戒也），如臨深淵（恐隊也），如履薄冰（恐陷也）。

朱子曰：大夫以王惑于邪謀，不能斷以從善，故作此詩。

用窮集邇言是聽，邇言是爭，此不獨國之敗亂由於此也。

一家之中，始掃……亦多因此而生嫌隙。須能正己以應其

家，乃可相安於無事。君如詬誶時聞，厲階不遠也。又案人到

逗逗俟吾時，恨有斯々鏡々
慎之又慎乃可免々恥
朱子曰，此大夫遭時之亂而兄弟相戒以免禍之詩

小宛

小宛鳴鳩鶻鵰翰飛戾天也行小人之道責高明之功終不可得

宛彼鳴鳩，翰飛戾天。我心憂傷，念昔先人。明發不寐，有懷二人。先人文武也 明發發夕至明

人之齊聖，飲酒溫克。齊正 克勝之 彼昏不知，壹醉日富。醉而日富矣 各敬爾儀，天命不又。又復之

中原有菽，庶民采之。原中也 菽藿也力采者則得之 螟蛉有子，蜾蠃負之。螟蛉桑蟲也 蒲盧也 負持也 教誨爾子，式穀似之。

題彼脊令，載飛載鳴。題視之 脊令不能自舍君子有取節爾 我日斯邁，而月斯征。夙興夜寐，毋忝爾所生。忝辱之

交交桑扈，率場啄粟。小宛 竊脂之肯上有蛇故不宋下之 哀我填寡，宜岸宜獄。填者 岸訟之 握粟出卜，自何能穀。

罪殞曰教誨爾子式
穀似之蓋言國君之
民為他人所取耳說
此不知似字乃似續之
似謬以為相似之似遂
聞會其說
李文貞曰溫々克之而
而惴々惴々之不忘而
戰々兢々豈將遠害

乃修身之要也言愈危而去愈遠所處之時世可知君子遇險則修德顛沛必于仁凡此孜孜覺而後已非不敢以父母之身行殆也爲子臨絕引此方之孝子其用心一而已矣

和柔貌

温温恭人如集于木惴惴小心如臨于谷戰戰兢兢如履薄冰

恐隊之 恐隕之（朱批：絕）

讀此篇如見兄弟親愛之情油然以生詩之感人也如是少時讀此詩謂作者和○睦○親○兄○弟○而○翻○於○何○人○也○故以螟蛉蜾蠃言之又曰教誨爾子又曰毋忝爾所生由今觀之何忍不忍太泥之

小弁

刺幽王也太子之傅作焉

弁樂也 鸒卑居雅烏也提提群貌

弁彼鸒斯歸飛提提民莫不穀我獨于罹何辜于天我罪伊何心之憂矣云如之何

幽王娶申女生太子宜臼又說褒姒生子伯服立以爲后而放宜臼將殺之 舜之怨慕曰號泣于旻天于父母

踧踧平易也 周道周室之通道 鞫窮也

踧踧周道鞫爲茂草我心憂傷惄焉如擣假寐永歎維憂用老心之憂矣疢如疾首

惄思也 擣心疾也

說到假寐比如擣更深（朱批）

維桑與梓必恭敬止

父之所樹已尚不敢不恭敬

古詩思君令人老令字便覺弱（朱批）

瞻匪父靡依匪母不屬于毛不罹于裏天之生我我辰安在 菀
彼柳斯鳴蜩嘒嘒有漼者淵萑葦淠淠譬彼舟流不知所屆心之
憂矣不遑假寐 鹿斯之奔維足伎伎雉之朝雊尚求其雌譬彼
壞木疾用無枝心之憂矣寧莫之知 相彼投兔尚或先之行有
死人尚或墐之君子秉心維其忍之心之憂矣涕既隕之 君子
信讒如或醻之君子不惠不舒究之伐木掎矣析薪杝矣舍彼有
罪予之佗矣 莫高匪山莫浚匪泉君子無易由言耳屬于垣無

謝枋得曰李閎心者夢中亦長吁故云假寐永歎憂能使人老年少而憂白如之非憂用老

舊說莫之知所他人說桑常矣詩人自言其之疾我我心豈不自知也第君子之秉心甚忍我雖自知其罪究竟亦無如之何涕而已

舒究二字妙此即李泌教唐主意

憲憲孔深丁寧數四十字中不可去自是也

許謙曰：從之起第六章至卒章，由五言「心之憂矣」，一曰之長之何其詞(?)，尚綏(?)言曰疚如疾首，則切於身矣；三曰不遑假寐，則晝夜不休矣；四曰寔(?)美之至，則長歎(?)所(?)告訴而倉卒急迫，哀號之以隕涕也。

逝我梁，無發我笱。我躬不閱，遑恤我後。忘父事也。毛傳此下全引孟子高子曰小弁小人之詩全章，今未錄。此老杜老妻寄書數紙，應悉未歸(?)之祖也。

集：此詩當為宜臼所自作，宜臼不得為孝子也。觀篇中第一語不怨慕，高子以為小人非苛責也。聖人所以錄之者，以王者以太子為重，所謂太子國之本也。錄之以戒為天子者，非為宜臼傷也。趙岐注孟子，謂此詩伯奇所作，劉向說苑、王充論衡亦同。

巧言

刺幽王也。大夫傷於讒，故作是詩也。

悠悠昊天，曰父母且。無罪無辜，亂如此憮。憮，大也。昊天已威，予慎無罪。威，畏；慎，誠也。昊天大憮，予慎無辜。

亂之初生，僭始既涵。僭，數。涵，容也。亂之又生，君子信讒。君子如怒，亂庶遄沮。遄，疾；沮，止也。君子如祉，亂庶遄已。祉，福也。

君子屢盟，亂是用長。凡國有疑，會同則用盟而相要也。君

子信盗亂是用暴（盗逃也）盗言孔甘亂是用餤（餤進也）匪其止共維王之卬（病也）

奕奕寢廟（奕奕大貌）君子作之秩秩（秩秩進也）大猷聖人莫之（莫謀也）他人有心予忖度之躍躍（躍躍淺意也）

毚兔（毚兔狡兔也）遇犬獲之　荏染柔木（荏染柔忍也柔木椅桐梓漆也）君子樹之（著）往來行言心焉數之蛇蛇

碩言出自口矣巧言如簧顏之厚矣（甫）　彼何人斯（索性零落）居河之麋（水草交謂之麋）無拳（拳力也）

無勇職為亂階（基）既微且尰（骭瘍為微腫足為尰）爾勇伊何為猶將多爾居徒幾何（狐亂使俩盗賊肝腸和盤托出為時王不悟何）

李氏曰首呼天訴之中歸咎於王末則直斥其人也

何人斯　以絕之　蘇公刺暴公也。暴公為卿士而譖蘇公焉，故蘇公作是詩

王走長曰蘇君之為
人不詳云其被讒之
事首陷于君指之邪
正社稷之安危此蓋
人臣一身之用舍甚
小而國是之是非所
爭甚大也不能如此不過
同朝得謗相訴詈之
言何足登之雅乎

彼何人斯其心孔艱胡逝我梁不入我門伊誰云從維暴之云（云，言也）（通篇以胡字作態）

二人從行誰為此禍（虎）胡逝我梁不入唁我始者不如今云不我可

彼何人斯胡逝我陳（陳，堂途也）我聞其聲不見其身不愧于人不畏于天

彼何人斯其為飄風（飄風，暴起之風）胡不自北胡不自南胡逝我梁祇攪我心（攪，亂也）

爾之安行亦不遑舍（舒）爾之亟行遑脂爾車壹者之來云何其盱

爾還而入我心易也（易，說）（施）還而不入否難知也壹者之來俾我祇也（祇，病也）

伯氏吹壎（土曰壎，竹曰篪）仲氏吹篪及爾如貫諒不我知出此三物以詛爾斯（三物，豕犬雞也。民不相信則盟詛之，君以豕，臣以犬，民以雞）

為鬼為蜮（蜮短狐也）則不可得 有靦面目（靦姡也言姡面靦也）視人罔極 作此好歌（字注刪）以極反側（反側不正直也）

何言子曰 此詩蘇公刺暴公而作 時蘇公之友有與暴公同譖之者 故作此詩以責之 以暴公平昔交誼不如此人之深 而此人之與蘇行暴 初經易面 則無行義之尤者 暴公不足刺矣 刺此人 亦所以刺暴公也 詳味詩詞 此解甚合

刺幽王也 寺人傷於讒 故作是詩也

巷伯

萋兮斐兮（萋斐文章相錯也）成是貝錦（貝錦之文也）彼譖人者 亦已大甚

哆兮侈兮（哆大貌）成是南箕（南箕箕星也）

（侈之言見也 市田之形人自記 與婦之不當也）

彼譖人者 誰適與謀 緝緝翩翩（口舌聲 往來貌）謀欲譖人 慎爾言也 謂爾不信

捷捷幡幡（捷捷之也 幡幡之也）謀欲譖言 豈不爾受 既其女遷（遷去之）

驕人好好（喜之）勞人草草（勞心也）

再字誰適與謀桑[illegible]勝九[illegible]矣

草蒼天蒼天視彼驕人矜此勞人　彼譖人者誰適與謀取彼譖

投棄也

人投畀豺虎豺虎不食投畀有北有北不受投畀有昊　楊園之

北方寒涼而不作　昊昊天也　楊園之名

道猗于畝邱寺人孟子作為此詩凡百君子敬而聽之

猗加也　畝邱之名　寺人而曰孟子者罪已定矣而將踐刑作此詩也

視字乃思　妙　結出寺人二字真朝愧死矣

毛傳哆大貌南箕箕星也傳之言是必有因也斯人自謂辟嫌之不審也昔者顏叔子獨處于室鄰之釐婦又獨處于室夜暴風雨至而室壞婦人趨而至顏叔子納之而使執燭放乎旦而蒸盡縮屋而繼之自以為辟嫌之不審矣若其審者宜若魯人然魯人有男子獨處于室鄰之釐婦又獨處于室夜暴風雨而室壞婦人趨而託之男子閉戶而不納婦人自牖與之言曰子何為不納我乎男子曰吾聞之也男子不六十不閒居今子幼吾亦幼不可以納子婦人曰子何不若柳

下惠然，嫗不逮門之女，國人不稱其亂。男子曰：柳下惠固可，吾固不可。吾將以吾不可，學柳下惠之可。孔子曰：欲學柳下惠者，未有似於是也。孔疏：後世因物而大之名，後之言必有因者。由踵已大，故舌得侈之而為貨。時作詩之人自說於嫌不審，由事有嫌疑，故讒者得因之而為罪也。言顏叔子及魯人避嫌審不審之事以比之。箕四星，二為踵，二為舌。

自古為奄官者，多讒害忠良。漢之十常侍，唐之宦者傳，明之劉瑾、魏璫，比比皆是。至於為寺人，猶惡其緝緝捷捷，則其人其材究不合於知。

節節南山之什十篇七十九章五百五十二句

谷風之什

谷風 刺幽王也、天下俗薄、朋友道絶焉

風雨相感朋友相須 嚴華谷曰谷風大谷之風 葉説謂東風生谷

言朋友趨利窮達相棄

習習谷風 維風及雨 將恐將懼 維予與女 將安將樂 女轉棄予

積風之無輪者也風薄相扶而上喩朋友相須而成

習習谷風 維風及頹 將恐將懼 寘予于懷 將安將樂 棄予如遺

崔嵬山巔也雖盛夏萬物茂壯草木無有不死葉萎枝者

習習谷風 維山崔嵬 無草不死 無木不萎 忘我大德 思我小怨

朱子曰、此朋友相怨之詩也、呂氏曰、急則相求、緩則相棄、思曾不知、怨小必記、此小人之交也、

當風雨恐懼之時有今焉為之懲悔保身莫大於德之後為之懲悔則必有深謀遠慮為之保身則必有危言厲行孫讒小怨共在此篇類乎

惠棟曰蓼莪尋情
詩陳寵傳寵上疏曰
夫父母于子同氣異息
一體而分三年乃免於
懷抱先聖緣人情而著
其節制服二十五月是
以春秋臣有大喪君
三年不呼其門閔子
要絰服事以赴公難
退而致位以究私恩
故稱君使之非也臣
行之禮也周室陵
遲禮制不序蓼
莪之詩人作詩自傷
曰瓶之罄矣維罍
之恥言己不得終竟
子道者亦上之恥
也

蓼莪　刺幽王也。民人勞苦，孝子不得終養爾。

蓼蓼者莪（蓼蓼長大皃），匪莪伊蒿。哀哀父母，生我劬勞。蓼蓼者莪，匪莪伊蔚（蔚牡菣也）。哀哀父母，生我勞瘁。瓶之罄矣，維罍之恥（鮮小而罍大罄盡也）。鮮民之生（鮮寡也），不如死之久矣。無父何怙，無母何恃。出則銜恤，入則靡至。父兮生我，母兮鞠我（鞠養），拊我畜我，長我育我，顧我復我，出入腹我（腹厚也）。欲報之德，昊天罔極。南山烈烈（烈烈然至難也），飄風發發（發發疾皃）。民莫不穀，我獨何害。南山律律（律律猶烈烈也），飄風弗弗（弗弗猶發發也）。民莫不穀，我獨不卒。

李文貞曰此父母既沒而思慮之詩傷其不得早歸以逮親年。而謂樹欲靜而風不止者未知其之意也。朱備萬曰孝子行役不得以養其父母而形於歌詠者陟岵鴇羽皆是也。獨蓼莪之詩使人誦之流涕嗚咽而不能止何也。陟岵鴇羽思念於父母尚存之日。此則感傷於父母既沒之後也。

案瓶罄比子之不肖言子有不善實貽父母羞孔氏云將為善思貽父母令名必果將為不善思貽父母羞辱必不果即瓶罄罍恥之說也城下云鮮民之生不如死之久矣蓋自悲自失之詞也

大東

刺亂也。東國困於役而傷於財譚大夫作是詩以告病焉

有饛簋飧有捄棘匕（饛滿簋貌飧熟食謂黍稷也捄長貌匕所以載鼎實棘赤心也）周道如砥其直如矢（如砥貢賦平均也如矢賞罰不偏也）君子所履小人所視睠（睠音眷）言顧之潸焉出涕（潸涕下貌）

小東大東杼柚其空（空盡也）糾糾葛屨可以履霜佻（佻佻獨行貌公子譚公子也）佻公子行彼周行既往既來使我心疚

有冽氿泉（冽寒意也側出曰氿泉）無浸穫薪（穫艾也）契（契契憂）

遠氏周揚之大東五六七章刺當時君臣后妃也詩人不敢直指託之星象曰維天有漢監亦有光訊臣失其度而君不明也織女刺后宮也晉書杜皇后未崩之前三吳女子相與簪白花傳言天公織女死為之著服至是后崩故知織女為后宮

契契寤歎，哀我憚人。薪是穫薪，尚可載也。哀我憚人，亦可息也。東人之子，職勞不來。西人之子，粲粲衣服。舟人之子，熊羆是裘。私人之子，百僚是試。或以其酒，不以其漿。鞙鞙佩璲，不以其長。維天有漢，監亦有光。跂彼織女，終日七襄。雖則七襄，不成報章。睆彼牽牛，不以服箱。東有啓明，西有長庚。有捄天畢，載施之行。維南有箕，不可以簸揚。維北有斗，不可以挹酒漿。維南有箕，載翕其舌。維北有斗，西柄之揭。

帝長星勸汝一堂匯經意近之

戴翁曰天雅言婦有長舌之西楊之揚雅言倒待太阿授人以柄之此等五十月四年相似但彼則明刺此則微言耳義言眾官廢職庭發得之惜未詳言之

陳鵬飛曰古者諸侯各有史邦國之志小史掌之藏於周室故費誓附周書漢江沱及譚大夫之詩皆編入於南雅諸篇曰東人為此西人為彼舟人為此私人為彼錯舉互形以見其不均耳周史伯對鄭桓公語曰秃姓舟人則周滅之矣注秃姓彭祖之後舟人國名鐘惺曰後數牛女箕畢諸星出語甚奇顛倒變幻總是寃抑呼天常態不必明解深求為痴人說夢也詩是在天人人見之日日見之但須熟之人觸物生悲失時之時到處歸咎耳。

大夫刺幽王也在位貪殘下國構禍怨亂並興焉

四月

四月維夏六月徂暑 徂往之六月火星中暑盛而往矣 先祖匪人胡寧忍予 秋日淒淒 涼風之 百卉具腓 萎之 病之

亂離瘼矣 新憂瘼病 爰其適歸 適之 冬日烈烈飄風發發民莫不穀我獨何害

爰字今本皆誤作奚

劉爾楷曰先祖匪人胡寧忍予箋曰我先祖獨非人情乎人人先祖皆得享其子孫之祭今之為子孫者皆得隨時

以祀其先，今王何使我行役而不克盡子孫之道也。

朱氏曰：以詩考之，由夏而秋，由秋而冬，則見其經歷之久；由西國而南國，由鶉鷂而江漢，則見其跋涉之勞。此行役之證也。父母先祖胡寧忍予，則無所歸咎之詞也。既離亡而無所逃避之意也。此豈孤臣之作歟？告哀其避禍之言深矣。

山有嘉卉，侯栗侯梅。廢為殘賊，莫知其尤。（廢，忕也。說文曰：忕，習也。慣習為殘賊之行。）相彼泉水，載清載

濁。我日構禍，曷云能穀。（構，成；曷，逮也。）滔滔江漢，南國之紀。（大水貌。其神足以綱紀一方。）盡瘁以仕，寧莫我

有。匪鶉匪鳶，翰飛戾天。（鶉，鵰也。鵰、鳶，貪殘之鳥也。）匪鱣匪鮪，潛逃于淵。（大魚能逃處淵。）山有蕨薇，隰有

杞桋。（杞，枸檵也。桋，赤楝也。）君子作歌，維以告哀。

朱子曰：此亦遭亂自傷之詩。朱善曰：大夫行役，憂時之亂，懷禍之詞也。輔子引孔子之言曰：於四月見孝子之思祭也。其樂詳味詩詞，朱倫蒼說最合。天下事常壞于小人，而彼又巧于避患，相推諉而不知，讓莫知其尤一說，莫令人可笑可憐也。于事若說來，亦俱無道，推而作歌告哀而已。

北山

北山　大夫刺幽王也。役使不均，已勞於從事，而不得養其父母焉

陟彼北山，言采其杞。偕偕士子（偕偕強壯貌　士子有王事者也），朝夕從事。王事靡盬，憂我父母。

溥天之下（溥大　率循　濱涯也），莫非王土；率土之濱，莫非王臣。大夫不均，我從事獨賢（賢勞也）。措詞微婉

四牡彭彭，王事傍傍（彭彭然不得息　傍傍然不得已）。嘉我未老，鮮我方將。旅力方剛（將壯也　旅衆也），經營四方。

或燕燕居息（燕燕安息貌），或盡瘁事國（盡力勞病以從國事）；或息偃在牀，或不已于行。

或不知叫號（叫呼號召也），或慘慘劬勞；或棲遲偃仰，或王事鞅掌（失容也　鄭云鞅猶何也　掌謂捧之也　負何捧持以趨走）。

或湛樂飲酒，或慘慘畏咎（言促遽也）；或出入風議，或靡事不為。

用或字平平疊列，令人會意，意越微婉，越覺不堪

棄此詩孟子說詩最合。李文貞曰王非徒知其賢而勞之也，即或知其賢而勞之，亦直使爲其難，而藉此以疏遠之耳。彼無々居息，無人且以退格而制其命，蓋有駈馳惶悸，而功無可成，禍或不免者矣，所以惴々畏禍而憂我父母也。

大夫悔將小人也

欽彥林云：疧字宋劉彝以爲本作疷，病也，唐人避諱改，後人遂以爲白華俾我疧兮之疧，或於氏下更添一畫而讀爲祇，誤之甚矣。據此則疷字有武中巨支二切，義同。

無將大車

無將大車（大車小人之所將也），祇自塵兮。無思百憂，祇自疧兮（疧病也）。疷

無將大車，維塵冥冥。無思百憂，不出于熲（熲光也）。

無將大車，維塵雝兮。無思百憂，祇自重兮。

棄此詩無字宜重讀，是憂極而悔之詞。而天下之事變非一己所能救正，觀自在言外，有乘桴浮海居九夷意思。

大夫悔仕於亂世也。

小明

明明上天，照臨下土。我征徂西，至于艽野（艽野遠荒之地，初吉朔日也）。二月初吉，載離寒暑。心

張以寧曰周二月夏十二月也言自我征徂西至艽野之地其時十二月朔今則已離歷冬寒夏暑而尚未得歸此心之所以憂且苦也曰至者據已至彼地而言曰往者據在家始發而言二章三章乃追敘其始發之時也日月方除者除舊布新之謂日月方奧之與書厥民隩之隩同周以十一月為歲首民寒而聚居於隩我之始往自謂可以即歸何為歲莫而尚未得歸至九月采蕭穫菽以為卒歲之用也蓋以夏正之十一月始發征而以十二月至于艽野至明年之九月尚不得歸此詩首尾相

之憂矣其毒大苦念彼共人涕零如雨豈不懷歸畏此罪罟（罟網也）昔我往矣日月方除（除除陳生新也）曷云其還歲聿云莫念我獨兮我事孔庶心之憂矣憚我（憚勞也）不暇念彼共人睠睠懷顧豈不懷歸畏此譴怒 昔我往矣日月方奧（奧煖也）曷云其還政事愈蹙（蹙促也）歲聿云莫采蕭穫菽心之憂矣自詒伊戚（戚憂也）念彼共人興言出宿豈不懷歸畏此反覆 嗟爾君子無恒安處靖共爾位（靖謀也正直為正能正人之曲曰直）正直是與神之聽之式穀以女 嗟爾君子無恒安息（息猶處也）靖共爾位（千歷乃折從不敢越靖共正直之心）好是正直神之聽之介爾景福（介景皆大也）

庶叙次甚明。與周正合。若以夏正二月而言，則仲春非歲暮，不得云除舊布新。自二月至九月，二月氣已暖，九月霜降而始寒，亦不得為栽離寒暑也。頃棣高曰：采菽穫舜曰夏時九月之吉，而此言歲暮，非周正而何？

朱子曰：大夫以二月西征，至于歲暮而未得歸之詩。李文貞曰：此與四月、北山同意，皆君子瘁以仕而莫我有，靡事不為而猶畏咎者也。自四月至此，詩人睽同，蓋編詩者以類相從也。集人貴有恆，懷安處則不可恆。

鼓鍾 刺幽王也。

鼓鍾將將（此王用樂不與德比，會諸侯于淮上，鼓其淫樂以示諸侯，賢者為之憂傷），淮水湯湯（猶湯湯），憂心且傷。淑人君子，懷允不忘。

鼓鍾喈喈（猶將將），淮水湝湝，憂心且悲（悲猶傷也）。淑人君子，其德不回（邪也）。

鼓鍾伐鼛（大鼓也。三洲，淮上地），淮有三洲，憂心且妯（妯，動也）。淑人君子，其德不猶（善也）。

鼓鍾欽欽（欽欽，言使人樂進也。笙磬東方之樂也，同音，四縣皆同也），鼓瑟鼓琴，笙磬同音。以雅以南（為雅為南之舞。四夷之樂，大抵廣所及也。東夷之樂曰昧，南夷之樂曰南，西夷之樂曰朱離，北夷之樂曰禁。以為籥舞，皆是為和而不僭），以籥不僭（侵）。

不僭矣。

言外深悲

李文貞曰：東遷之後，禮壞樂崩，朝廷邦國之間，非復雅頌之舊，然時淮水之上，有鼓鐘於此，賢者閔而悲之，首三章皆憂思古之君子，卒章則所謂淑人君子之證樂也，欲之敬也，樂以禮為本，惟敬則和也

案此詩朱子以爲其義未詳、而諸家大旨多同毛傳、李文貞曰、鼓瑟鼓琴、堂上樂也、笙磬同音、堂下樂也、雅者、歌鹿鳴三終、魚麗三終、笙南陔三終、白華三終之數是也、南者、合樂之時、歌以周南三終、鵲巢三終之數是也、籥者、樂終而舞、左手執籥、右手秉翟、以為文舞也、蓋祇樂之次第如此、而其始終條理、歌舞之容、皆無奪倫、非有淑人君子、誰能與于斯。

楚茨刺幽王也、政煩賦重、田萊多荒、饑饉降喪、民卒流亡、祭祀不饗、故君子思古焉、

楚楚者茨、言抽其棘、自昔何為、我蓺黍稷、我黍與與、我稷翼翼、我倉既盈、我庾維億、以為酒食、以享以祀、以安以侑、以介景福、濟濟蹌蹌、絜爾牛羊、以往烝嘗、或剝或亨、或肆或將、祝祭于祊、祀事

楚楚，茨棘兒　抽除也　露積曰庾，萬々曰億　安安坐也　侑勸也　言有容也　亨飪之也　肆陳也，將齊也，或陳于牙，或齊于肉，統云牙者今廟　家號內祭於廟其內就其上而求之之，祊門內也

孔明先祖是皇神保先饗孝孫有慶報以介福萬壽無疆　執爨
踖踖為俎孔碩或燔或炙君婦莫莫為豆孔庶為賓為客獻酬交
錯禮儀卒度笑語卒獲神保是格報以介福萬壽攸酢　我孔熯
矣式禮莫愆工祝致告徂賚孝孫苾芬孝祀神嗜飲食卜爾百福
如幾如式既齊既稷既匡既敕永錫爾極時萬時億　禮儀既備
鐘鼓既戒孝孫徂位工祝致告神具醉止皇尸載起鼓鐘送尸神
保聿歸諸宰君婦廢徹不遲諸父兄弟備言燕私　樂具入奏以

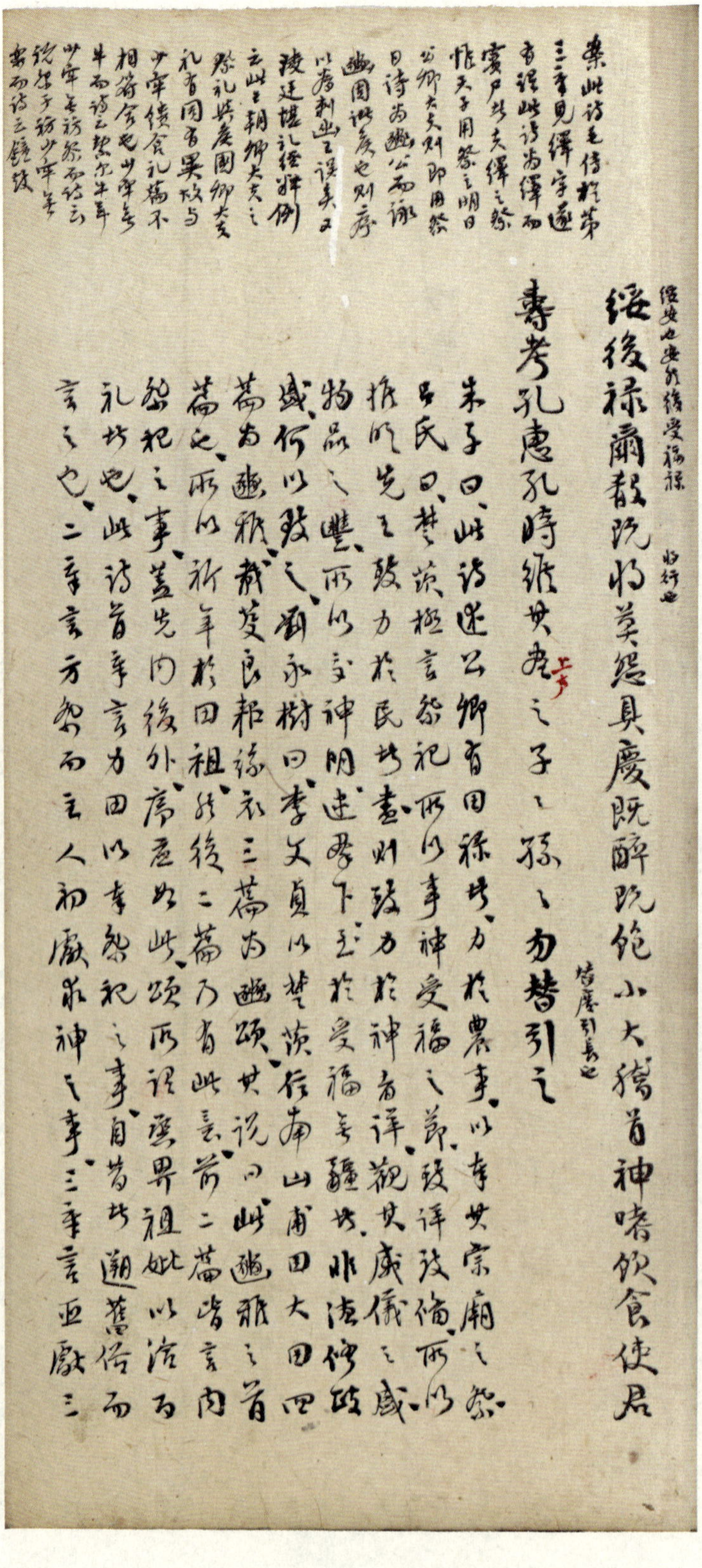

綏後祿爾殽既將莫怨具慶既醉既飽小大稽首神嗜飲食使君

綏安也安於後受福祿　小行也

壽考孔惠孔時維其盡之子子孫孫勿替引之

替廢引長也

朱子曰此詩述公卿有田祿者力於農事以奉其宗廟之祭

呂氏曰楚茨極言祭祀所以事神受福之節致詳致備所以

推明先王致力於民者盡則致力於神者詳觀其威儀之盛

物品之豐所以交神明逮群下至於受福無疆者非德修政

盛何以致之劉永樹曰孝文貞以楚茨信南山甫田大田四

篇為豳雅載芟良耜絲衣三篇為豳頌其說曰此豳雅之首

篇也所以祈年於田祖然後二篇乃有此言前二篇皆言內

祭祀之事蓋先內後外序應如此頌所謂蜡畀祖妣以洽百

禮者也此詩首章言力田以奉祭祀之事自當其邇舊俗而

言之也二章言方祭而主人初獻求神之事三章言亞獻三

集此詩毛傳於第
三章見繹字遂
有謂此詩為繹而
賓尸者夫繹之祭
惟天子用祭之明日
公卿大夫則即日祭
日詩為豳公而誤
豳國地處也則辟
以為刺幽王誤矣又
陵廷堪禮經釋例
云此上神卿大夫之
祭禮其處國卿大夫
禮首同吉異故與
少牢饋食禮篇不
相符合也少牢年
牛而諸公禮上年
少牢未祿祭而結云
說羊豕猶少牢年
共而說之錯誤

獻之、婦賓客獻神之事。四章言其獻畢受嘏之事。五章言祭畢而送神並寝之事。卒章總言並寝之事。詩言祭祀未有備始終如此者。中言君婦步，指諸父人也。朱子曰：主人酌賓曰獻，賓飲主人曰酢，主人又自飲而復飲賓曰酬。賓受之奠于席前而不舉，至旅而後少長相勸，交錯以徧也。劉彥臣曰：卜爾為福、與君曰卜爾，（卜字）皆當依爾雅作予字。鮮集玉篇以肆夏、韶以采薺。故曰采薺即楚茨也。

信南山思古焉、剌幽王也。不能修成王之業，疆理天下，以奉禹功，故君子

同雲二字擬古焉

信彼南山，維禹甸之。（陳。自治也）畇畇原隰，（畇畇，墾辟貌）曾孫田之。（曾孫，成王也）我疆我理，南東其畝。（疆，畫經界也；理，分地理也；或南或東）

上天同雲，雨雪雰雰。（抄筆一畫之差人之見）（雰雰，雪貌。豐年之冬必有積雪。小雨曰霢霂）益之以霢霂，既優既渥，既霑既足，生我百穀。

埸畔也翼翼讓畔也 彧彧茂盛也

疆埸翼翼黍稷彧彧曾孫之穡以為酒食畀我尸賓壽考萬年

剝瓜為菹也

中田有廬疆埸有瓜是剝是菹獻之皇祖曾孫壽考受天之祜

周尚赤也 鸞刀刀有鸞者言割中節也

祭以清酒從以騂牡享于祖考執其鸞刀以啟其毛取其血膋

烝進也

是烝是享苾苾芬芬祀事孔明先祖是皇報以介福萬壽無疆

朱子曰此詩與楚茨略同李文貞曰上篇詳于祀事此篇詳
于田事首章闢地之利也次章得天之利也三章言田藝黍
稷者也四章言中田之廬植蔬果者也五章言田廬中雜脈
物庶之富也以為牲者之六章乃終言祀事公劉乃后稷之
曾孫自此以下言曾孫者大抵皆指公劉而子孫之傳其
業者以此終之也是時當夏之世故推本於南山之所

謂乃隰南岡者、非維南山也。劉曰、臨川王氏曰、疆其溝之大
界、理其衡從其溝塗。長樂劉氏曰、疆謂有夫有畛有塗有道
有路以經界之也、理謂有遂有溝有洫有澮有川以疏通之
也、南東其畝者、順地勢及水之所趨也。二說俱可通、後說爲勝。

谷風之什十篇五十四章三百五十六句

甫田之什

甫田刺幽王也。君子傷今而思古焉

（倬明貌　甫田謂天下田也　十千言多也　尊者食新農夫食陳）

倬彼甫田歲取十千我取其陳食我農人自古有年今適南畝或

（耘除草也　耔雝本也　烝進髦俊也　治田得穀俊士以進　器實曰齊在器曰盛）

耘或耔黍稷薿薿攸介攸止烝我髦士　以我齊明與我犧羊以

（社后土也　方迎四方氣於郊也　田祖先嗇也）

社以方我田既臧農夫之慶琴瑟擊鼓以御田祖以祈甘雨以介

（穀善也）

我稷黍以穀我士女　曾孫来止以其婦子饁彼南畝田畯至喜

描繪田間景象纖毫畢見

攘其左右，嘗其旨否。禾易長畝，易治也。長畝，竟畝也。終善且有。曾孫不怒，農夫克敏。敏，疾也。

曾孫之稼，如茨如梁。茨，積也。梁，車梁也。曾孫之庾，如坻如京。京，高丘也。乃求千斯倉，乃求萬斯

箱。黍稷稻粱，農夫之慶。報以介福，萬壽無疆。

朱子曰：此詩述公卿有田祿者，力於農事，以奉其方社田祖之祭。李氏曰：所謂祈年於田祖，擊土鼓以樂田畯者，此篇正言之。葉時曰：周人待農與異于待士。故豳詩公堂，即前日穫稻之子；逸戒甓土，即平日耘耔之夫。以此見井田之行，不惟兵農不分，士農亦不分也。箋云：攘當為饟。饟，饁饟也。朱子曰：攘，如羊切，取也。輔廣曰：不曰取而曰攘者，以公卿之貴而食農夫之饈，彼必有不敢獻者，故攘其左右而取之。左右者，左右之所饋也。

大田　刺幽王也。言矜寡不能自存焉。（覃利也）

大田多稼，既種既戒，既備乃事。以我覃耜，俶載南畝。播厥百穀，既庭（庭直也）且碩，曾孫是若。

既方既皁（實未堅者曰皁），既堅既好，不稂不莠（稂童梁也。莠似苗也。食心曰螟，食葉曰螣）。去其螟螣，及其蟊賊（食根曰蟊，食節曰賊），無害我田穉。田祖有神，秉畀炎火（炎火盛陽也）。

有渰萋萋（渰雲興皃。萋萋雲行皃。祁祁徐也），興雨祁祁。雨我公田，遂及我私。彼有不穫穉，此有不斂穧；彼有遺秉（秉把也），此有滯穗，伊寡婦之利。（寫出去遺風令人起舞）

曾孫來止，以其婦子，饁彼南畝，田畯至喜。來方禋祀，以其騂黑（騂牛也，黑羊豕也），與其黍稷。以享以祀，以介景福。

朱子曰：此詩為農夫之詞，以頌美其上，若以答前篇之意也。李文貞曰：自楚茨至此，皆言豳公以來舊俗如此。蓋自后稷始興農事，公劉克篤前烈，故對后稷而稱曰曾孫也。豳風稱頌所稱，上不及天子，下不係卿大夫，其曰公、曰君、曰公子、曰君婦，諸有國者之名號。而信南山所謂曾孫田之，我疆我理，則於天子及卿大夫之事尤不相似，而為諸侯之始封土地者，與大雅公劉豳荒與岐之文正相應也。陳宏宇曰：此章雨我公田，不至知有已，而不知有居，則及寡婦，不至知有已，而不知有人，忠厚若此，其豳風之氣象乎。案何玄子世本以楚茨為武王秋祫嘗，信南山為武王冬祫烝之詩，而甫田、大田二篇與公劉、七月二篇，並列夏祫，與序說大異。然自節南山起至何草不黃，凡若干篇，序皆以為刺幽王，夫刺幽王何為如是之多耶？此序說之不可信者也。徐與喬曰：獲稗五句，意大而密，可為慳吝者戒，可為暴殄者鑑。

瞻彼洛矣　刺幽王也。思古明王能爵命諸侯，賞善罰惡焉。

瞻彼洛矣　維水泱泱　君子至止　福祿如茨　韎韐有奭　以作六師

洛宗周溉浸水也。泱泱深廣貌　韎韐者茅蒐染草也，一入曰韎。韐所以代韠也。天子六軍

瞻彼洛矣　維水泱泱　君子至止　鞞琫有珌　君子萬年　保其家室

鞞容刀鞞也。琫上飾，珌下飾也。天子玉琫而珧珌，諸侯璗琫而璆珌，大夫鐐琫而鏐珌，士珕琫而珕珌

瞻彼洛矣　維水泱泱　君子至止　福祿既同　君子萬年　保其家邦

劉蒼蒼曰。朱子曰。此天子會諸侯於東都以講武事，而諸侯美天子之詩。案此洛邑既成，王於新邑之事也。今就詩詞繹之，其曰瞻彼洛矣維水泱泱者，即周公洛誥所稱我乃卜澗水東瀍水西惟洛食者也。其曰韎韐有奭以作六師者，即立政所稱其克詰爾戎兵以陟禹之迹，顧後召公告康公曰張皇六師無壞我高祖寡命。周家以文德治天下，未嘗不以武

此詩為美成王營洛之作，似見於何氏世本古義，俟檢

事為燕之也。其曰君子至止福祿如茨，其即召誥所稱其作大邑其自時中乂者也。其曰君子萬年保其家室，其即洛誥所稱武王克殷遷九鼎於洛邑。又曰成王定鼎於郟鄏，卜世三十卜年七百者也。自此至鴛鴦四篇，李文貞以為皆東都之作，李少易也。然家信序之過，殊多曲解。京山郝氏乃謂名篇首二詞便達然皆河山今昔之感，審其意，豈其然乎？周家豐樂之事，如遷岐、遷豐、遷鎬，及靈臺、辟雍，無不見之歌詠，成王豐洛瞻彼之所及，遷乃事之大者，自應有詩，此詩為美豐洛之作，其之鄗鎬。或又以平王東遷當之，尤悖悖者矣。

棠棠者華，刺幽王也。古之仕者世祿，小人在位，則讒諂並進，棄賢者之類，絕功臣之世焉。或見

猶堂堂也

裳裳者華，其葉湑兮。我覯之子，我心寫兮。我心寫兮，是以有譽處

兮　裳々者華芸其黃矣（芸黃盛也）我覯之子維其有章矣維其有章矣是

以有慶矣　裳々者華或黃或白我覯之子乘其四駱乘其四駱

六轡沃若（言世祿也）　左之左之君子宜之右之右之君子有之維其有之（左陽道朝事之祀右陰道喪戎之事）

是以似之（似嗣也）

朱子曰此天子美諸侯之詞蓋以答瞻彼洛矣也案此可見
周室盛時諸侯皆德賢之選也首章領起二三章二章言其
威儀文詞之美三章言其車馬騑駱之節皆行其外觀之極
一見使人心寫也由其外以覘其中則形諸外者有諸內者
也末章指其實
而深歎美之

桑扈 刺幽王也。君臣上下，動無禮文焉。

交交桑扈，有鶯其羽。（鶯然有文章）君子樂胥，受天之祜。（胥，皆也。鄭云有才知之名）交交桑扈，有鶯其領。（領，頸也）

君子樂胥，萬邦之屏。（屏，蔽也）之屏之翰，（翰，幹）百辟爲憲。（憲，法也）不戢不難，受福不那。（戢，聚也。不戢，戢也。不難，難也。那，多也。不那，多也）

兕觥其觩，旨酒思柔。（不多，不多多也）彼交匪敖，萬福來求。

朱謀㙔曰：桑扈應候而至，有識者時見不違，所以節。吾湛曰：桑扈色青翠，鶯然有文章也。

朱子曰：此天子燕諸侯之詩。集花簃序穀梁曰：君臣之禮廢，則桑扈之刺興。然則序說由來久矣，而玩以詩詞，則當以朱傳也。

何氏涇說：婁今之剛，迢老抵觸放兕，角爲爵，飲者柔其性而歸於敖也。

李安貞曰：有年與天子下交元矣。

鴛鴦 刺幽王也。思古明王，交於萬物有道，自奉養有節焉。

（鴛鴦，匹鳥。太平之時，交于萬物有道，取之以時，于其飛乃畢掩而羅之）

鴛鴦于飛，畢之羅之。君子萬年，福祿宜之。鴛鴦在梁，戢其左翼。（言休息也）

君子萬年福祿艾之（艾養也）

乘馬在廄摧之秣之（摧莝也秣粟也）君子萬年福祿綏之

君子萬年宜其遐福

朱子曰此諸侯所以答桑扈也毛萇曰戢捷也謂捷其噣於左也凡禽鳥止息皆為長喙短喙也捷其噣於左翼

以鴛鴦斂翼相依興天子得界元侯之喜三章四章以人之飼馬而極其力興天子加惠元侯而收其功又曰此與蕭諸篇相合無一事之詩四篇詞意皆相似而篇什不相從以首篇推之則皆為東都之作無疑

鮮青之色歆來撲人

頍弁諸公刺幽王也暴戾無親不能宴樂同姓親睦九族孤危將亡故作是詩也（頍弁皃弁皮弁也）

有頍者弁實維伊何爾酒既旨爾殽既嘉豈伊異人兄弟匪他蔦（蔦寄生也女蘿兔絲松蘿也喻諸公非自尊託王之尊）與女蘿施于松柏未見君子憂心弈弈（弈弈然無所薄也）既見君子庶幾說懌

有頍者弁實維何期爾酒既旨爾殽既時（時善也）豈伊異人兄弟具來蔦與

女蘿施于松上未見君子憂心怲怲既見君子庶幾有臧　有頍

者弁實維在首爾酒既旨爾殽既阜豈伊異人兄弟甥舅如彼雨

雪先集維霰死喪無日無幾相見樂酒今夕君子維宴

朱子曰此宴兄弟之詩李文定曰繹其詞意蓋燕者之作故

以蔦蘿自比而繹之曰君子維宴則指主人言之耳劉曰言

者同道親親其歲時宴會自有常節戚康而後此言少懈故

未見而憂既見而喜而感念此樂之不可常得也非詩録此

蓋欲使上之人知兄弟親戚之情如此亦云勸也而說者乃

以為刺詩則失之矣

怲怲憂盛滿也臧善也

霰集雪也

一旦親喪至情覺千載相會不喜千秋萬歲之讀之令人泪下

兩語覺彼相下人安得不為歡讀之令人感泣

車舝

大夫刺幽王也褒姒嫉妒無道並進讒巧敗國德澤不加於

民周人思得賢女以配君子故作是詩也

間關設舝也

孌美貌季女謂有齊季女也

括會也

間關車之舝兮。思孌季女逝兮。匪飢匪渴。德音來括。雖無好友。式燕且喜。

依茂木貌平林林木之在平地者也鷮雉也辰時也

依彼平林。有集維鷮。辰彼碩女。令德來教。式燕且譽。好爾無射。

雖無旨酒。式飲庶幾。雖無嘉殽。式食庶幾。雖無德與女。式歌且舞。

陟彼高岡。析其柞薪。析其柞薪。其葉湑兮。鮮我覯爾。我心寫兮。

景大也

高山仰（昂）止。景行行止。四牡騑騑。六轡如琴。覯爾新昏。以慰我心。

慰安也

朱子曰。此燕樂其新昏之詩。朱善曰。正小雅有鹿鳴以燕羣臣。有常棣以燕兄弟。有伐木以燕朋友。而獨於夫婦缺焉。則此。飲。燕。樂。新。婚。其。亦。婚。禮。上。下。通。用。之。樂。也。歟。蓋此詩當為壻未反馬，而歸寧，何以美其壻之詞。首章溯親迎之時，次章述未反之事，三章美其壻，四章美壻家，五章則述其歸而美之，而曰陟彼高岡，又曰高山仰止，言其壻為大家世族，而婦寧之至之於是，則以其有德，故曰德音，曰令德，曰新昏，絕與女於此中三致意焉，亦可以見其義矣。以為婚禮通用之樂，較其說是也。

青蠅

大夫刺幽王也。

營營青蠅（營營，往來貌），止于樊（樊，藩也）。豈弟君子，無信讒言。營營青蠅，止于棘。讒人罔極，交亂四國。營營青蠅，止于榛（榛所以為藩也）。讒人罔極，構我二人。

蒼下曰，蒼蠅說聲，故風以之譬。旦青蠅說色，故雅以之刺讒。

樂本云構我二人，此必有所指也。蘇公與暴公之類，然不可考矣。

賓之初筵，衛武公刺時也。幽王荒廢，媟近小人，飲酒無度，天下化之，君臣上下沈湎淫液，武公既入而作是詩也。

賓之初筵，左右秩秩。（秩秩然有序也）籩豆有楚，殽核維旅。（楚列貌。殽豆實也。核加籩也。旅陳也）酒既和旨，飲酒孔偕。鐘鼓既設，舉醻逸逸。（逸逸往來次序也）大侯既抗，弓矢斯張。（大侯君侯也。抗舉也。有燕射之禮）射夫既同，獻爾發功。發彼有的，（的質也）以祈爾爵。（祈求也）籥舞笙鼓，樂既和奏。（秉籥而舞與笙鼓相應）烝衎烈祖，以洽百禮。百禮既至，有壬有林。（壬大林君也）錫爾純嘏，（嘏大也）子孫其湛。其湛曰樂，各奏爾能。賓載手仇，（手取也）室人入又。（室人主人也。主人請射于賓，賓許諾，自取其匹而射。主人亦入于次，又射以耦賓也）酌彼康爵，以奏爾時。（酒所以安體也，時中者也）

賓之初筵，溫溫其恭。其未醉止，威儀反反。（反反言重慎也）曰既醉止，威儀幡幡。（幡幡失威儀也）舍其坐遷，屢舞僊僊。（遷徙，屢數也，僊僊然）其未醉止，

醉酒之人喧嘩罵詈者有之嘔吐穢污者有之以飲而至於飲畢而歸亂因是成數以見之至並受其福者盡外者

罰例甚嚴可見武公不是一味板腐

案式勿從謂以下數句鄭箋之說亦明白然不若朱

威儀抑抑（抑抑慎密也）曰既醉止威儀怭怭（怭怭媟嫚也）是曰既醉不知其秩（秩常也）賓既醉止載號載呶（號呶號呼讙呶也）亂我籩豆屢舞僛僛（僛僛舞不能自正也）是曰既醉不知其郵（過）側弁之俄屢舞傞傞（傞傞不止也）既醉而出並受其福醉而不出是謂伐德飲酒孔嘉維其令儀 凡此飲酒或醉或否既立之監（立酒之監）或佐之史（佐酒之史）彼醉不臧不醉反恥式勿從謂無俾大怠（以）匪言勿言匪由勿語由醉之言俾出童羖（羖羊不童也）三爵不識矧敢多又

又案抑戒篇有荒耽于酒語則武公此詩或亦因莊公之耽酒乃作此詩以示飲酒之法度而言古人之飲酒有受[illegible]福於有功之人所以譏刺也

韓詩傳曰衛武公飲酒悔過也朱善曰因射而飲者飲於射前因祭而飲者飲於祭後飲於射先者方有事于射不敢醉

傳云安得從而告之使勿至於太怠乎告之者曰所不當言勿言所不當從勿從醉而妄言則將罰汝使出童羖矣女飲至三爵已昏然無所記矣況敢又多飲乎又丁寧以戒之童羖無角之羖羊必無之物也

也。飲在祭後，蓋可以醉矣，而禮儀欲其一一不舍，則亦何可醉哉。集飲醉之人，喧嘩罵座者有之，嘔吐穢汙者有之，以飲而至，飲畢即歸。禮因是成，歡因是合，益受其福，有礙於者。毛傳以射手仇爲敢射之匹，鄭箋仇讀曰㪺，以賓手挹酒與毛異。後儒多從箋說，李厚菴曰：賓載手仇，飲賓也，所謂獻酬交錯者也。室人入又，燕寢也，所謂樂具入奏者也，此說爲明。又三爵不識二句，鄭箋以獻酬旅酬三爵言，我於此辭亦飲三爵之不知，況能知其多復飲乎？陸氏未明了。詩人蓋曰：三爵之後，便無所知識矣，況敢多於三爵之外，而又獨來乎？嘗謂縱酒者，尚以此爲座者飾。式勿從謂，四謂鄭箋云：式讀曰慝。武公見時人多說醉者之狀，我以取怨致興，故爲設禁辭者有過惡，女無就而謂之也，當防護之，無使類作，至於怠慢也。其所陳說非所當說，無爲人說之也，亦無從而行之也，亦無以謂人也，皆謂其聞之將惹怒也。說極直截。

甫田之什十篇二十九章二百九十六句

魚藻之什

魚藻，刺幽王也。言萬物失其性，王居鎬京，將不能以自樂，故君子思古之武王焉。

魚在在藻，有頒其首。（頒，大首兒。魚本以依蒲藻為得其性）王在在鎬，豈樂飲酒。魚在在藻，有莘其尾。（莘，長兒）王在在鎬，飲酒樂豈。魚在在藻，依于其蒲。王在在鎬，有那其居。

朱子曰：此天子燕諸侯，而諸侯美天子之詩。案：此詩或以為武王克商，凱旋飲至之作，篇中豈即凱字。或以為衛武公諷（此見李文貞公詩所）厲王而作，然頌其莘尾，固非魚之常，即在藻依蒲，而亦興其不安之狀，謂為隱諷時王，或尚合於詩人之意也。

朱子云雖予之至意猶以為薄也

采菽刺幽王也侮慢諸侯諸侯來朝不能錫命以禮數徵會之而無信義君子見微而思古焉

采菽采菽筐之筥之（菽所以芼太牢而待君子也羊則苦豕則薇君子謂諸侯也）君子來朝何錫予之雖無予之路車乘馬又何予之玄衮及黼（玄衮卷龍也白與黑謂之黼）

觱沸檻泉（觱沸泉出皃檻泉正出也）言采其芹君子來朝言觀其旂其旂淠淠（淠淠動也）鸞聲嘒嘒（嘒嘒中節也）載驂載駟君子所屆

赤芾在股邪幅在下（諸侯赤芾邪幅幅偪也所以自偪束也紓緩也）彼交匪紓天子所予樂只君子天子命之樂只君子福祿申之（申重也）

維柞之枝其葉蓬蓬（蓬蓬盛皃）樂只君子殿天子之邦（殿鎮也）樂只君子萬福攸同平平左右（平平辯治也）亦是率從

汎汎楊舟紼纚維之（紼繂也纚緌也明王能維持諸侯也）樂只君子天子葵之（葵揆也）樂

只君子，福祿膍之。（膍，厚也。）優哉游哉，亦是戾矣。（戾，至也。）

朱子曰：此天子所以答魚藻也。孔叢子載孔子之言曰：於采菽見古明王所以敬諸侯也。然細玩詩詞，是賢人入為王朝卿士，而詩人美之之詞。故劉蔭萱謂疑衛武公入為周王卿士，周人喜其來助王者以重孔之。其曰柞枝葉蓬其，傳曰：公侯公室之枝葉，衛王族也，故以為喻。其曰命之葵之其，葵，揆也，有揆卿士之職，命之其命之為卿士也。大雅抑之篇曰：謹爾侯度，又曰：敬爾威儀。此詩言其鸞旂之美，帶幅之儀，可交左右之從，優游之度，皆盛德之形于外者。今武公其實厲且詩次於賓筵、魚藻之後，當有咏武公年歲。嗟，假厲王終位武公，何也？有流彘奔濟之禍乎，周人望其然，而王未必然，此有于菀柳之詩所由興歟？其說亦甚有意義，錄之。又何元子曰：據此詩元衮明上公之衣，亦元色，周禮言元冕，謂衣之善文者，其本色是元，然則凡冕服皆元衣，其說確矣。公衣五章，裳四章，而衣以袞為首；子男衣三章，裳二章，而裳以黼為首。此言元袞及黼者，舉公及子男以該之。詩者緊舉九章，皆始于袞，終于黻，故爾雅訓袞為黻，黻者袞之書也。此不言黻者，以卿大夫祇有裳一章刺黻無黼，故但言黼以別之，明此所錫予者，止于來朝之諸侯，不為卿大夫設也。

刺幽王也。不親九族，而好讒佞，骨肉相怨，故作是詩也。

角弓

騂騂角弓，翩其反矣。調利也。不善紲檠巧用，則翩然而反。兄弟昏姻，無胥遠矣。

爾之遠矣，民胥然矣。

爾之教矣，民胥傚矣。此令兄弟，綽綽有裕。綽綽，寬也。裕，饒。不令兄弟，交相為瘉。瘉，病也。

民之無良，相怨一方。受爵不讓[平声]，至于己斯亡。爵祿不以相讓，故怨禍及之。比周而黨愈少，鄙爭而名愈辱，求安而身愈危，己者。

老馬反為駒，不

毋教猱升木二句是謹小慎微之意曰莫肯下遺二句謂不肯貶下而遺棄之更無長慢也焉注鬱慢也孔簡急慢又讀之言縉也縻縻之意

顧其後（失而據高位之）如食宜饇（饇飽也）如酌孔取　毋教猱（猱猨屬）升木如塗ゝ（塗泥附著也）附君子有徽（徽美也）

猷小人與屬　雨雪瀌瀌見晛（晛日氣也）曰消莫肯下遺式居婁驕　雨雪

浮ゝ（浮ゝ猶瀌ゝ也）見晛曰流（流ゝ而去之）如蠻如髦（蠻南蠻之髦夷髦之）我是用憂

象劉向嘗引此詩、魏文帝報陳思王詔亦引此詩、前漢王吉
與王譚有隙杜鄴說音曰戈戚而不殊親能無怨此棠棣角
弓之所為作也其與棠棣並言者角弓刺不睦棠棣之勸
睦也、翁經曰衛將賈云人有不及可以情恕非意相干可以
理遣況兄弟之間乎親戚得有不善更慚以慈念攝之雅量
容之則宏忍所化怨毒俱消矣若斷ゝ不少假借纔此以逆
往來惡疑猜積何時已乎所謂景星慶雲妖氛屠孺皆自一
念之寬窄始

菀柳有息比老臣有益于國上帝二句言威虐甚速俾予二句說用賢不終未章言小人得尊位而其心則不知所至也昌字有理其君之悔悟而救國勢之危殆也朱子以國序說而解未直捷

菀柳，刺幽王也。暴虐無親，而刑罰不中，諸侯皆不欲朝，言王者之不可朝事也。

有菀者柳，（菀茂木也）不尚息焉。上帝甚蹈，（蹈動）無自暱焉。（暱近之）俾予靖之，（靖治）後予極焉。（極至之）

有菀者柳，不尚愒焉。（愒息也）上帝甚蹈，無自瘵焉。（瘵病也）俾予靖之，後予邁焉。

有鳥高飛，亦傅于天。彼人之心，于何其臻。（臻 真）（昌害）曷予靖之，居以凶矜。（矜危之）

彙此詩當是信小人以致貶黜，賢者歎王之有始而無終也。檀道濟云：乃壞汝萬里長城，即此詩之意歟。方靈皋曰：上帝甚蹈，蹈即發揚蹈厲之蹈，不啻斥言王之暴虐，而以上帝喻之也。振動言之，立言之體然也。訓蹈字比諸家較勝。

都人士，周人刺衣服無常也。古者長民衣服不貳，從容有常，以齊其民，則民德歸壹。傷今不復見古人也。

周而曰懷都人士而感及當常帶佩其所謂漢官威儀全於此矣千古傷心大抵如一　方苞曰於裘黃之上之人士臺笠緇撮而下之人士也于士則貴賤並舉于女則獨舉貴者其於衣不出此則賤者可知矣

帶有餘則士無執事之勞髮有旟則女無脩蓬之感

彼都人明王之

彼都人士　狐裘黃黃　其容不改　出言有章　行歸于周　萬民所望

周忠信也

彼都人士　臺笠緇撮（臺所以禦暑笠所以禦雨也緇撮緇布冠也）　彼君子女　綢直如髮（密直如髮也）　我不見兮（方結切）　我心不說

彼都人士　充耳琇實（琇美石也）　彼君子女　謂之尹吉（尹正也……）　我不見兮　我心苑結

彼都人士　垂帶而厲（厲帶之垂者）　彼君子女　卷髮如蠆　我不見兮　言從之邁

將業直是天仙化人

匪伊垂之　帶則有餘　匪伊卷之　髮則有旟（旟揚也）　我不見兮　云何盱矣

朱子曰亂離之後人不復見昔日都邑之盛衣服容儀之美故作此詩以歎息之

采綠　刺怨曠也　幽王之時多怨曠者也

自旦及食時為終朝

終朝采綠，不盈一匊。予髮曲局，薄言歸沐。（兩手曰匊）（局，卷也。婦人夫不在則不容飾）

終朝采藍，不盈一襜。（衣蔽前謂之襜）

五日為期，六日不詹。（詹，至也。婦人五日一御）之子于狩，言韔其弓。之子于釣，言綸之繩。

其釣維何？維魴及鱮。維魴及鱮，薄言觀者。

集云：采葉詩後二章乃追憶之子在家時事，陸后山詩思猶歸後之語，作追憶說，信覺有情。

黍苗

刺幽王也。不能膏潤天下，卿士不能行召伯之職焉。

芃芃黍苗，陰雨膏之。（長大貌）悠悠南行，召伯勞之。（行貌）

我任我輦，我車我牛。（任者、輦者、車者、牛者）（疑）

我行既集，蓋云歸哉。

我徒我御，我師我旅。（徒行者，御車者，師者，旅者）我行既集，蓋云歸處。

王引之曰：詹，至也。本爾雅。方言亦云：楚人謂至曰詹。

倩女離魂，論之心評。

數我字，寫出并力作事，喧氣成煙，揮汗。

戚而光勇古人筆底真宰有神

肅肅謝功（謝邑也），召伯營之。烈烈征師，召伯成之。原隰既平，泉流既清（土治曰平，水治曰清），召伯有成，王心則寧。

此詩只言王封申伯于謝，命召穆公往營謝邑，故將徒役南行，而行者作此詩，與大雅崧高相表裏。鄭忠簡云：黍苗代行役士庶之言；崧高鋪敘宏潤，自是名公鉅手。此大小雅所由別與？何玄子云：崧高言申伯，此詩言召伯，命意各別。

隰桑

刺幽王也。小人在位，君子在野，思見君子盡心以事之。

隰桑有阿，其葉有難（阿然美兒，難然盛兒，有以刺今之）。既見君子，其樂如何。隰桑有阿，其葉有沃（沃柔也）。既見君子，云何不樂。隰桑有阿，其葉有幽（幽黑色也）。既見君子，德音孔膠（膠固也）。

心乎愛矣，遐不謂矣。中心藏之，何日忘之。
朱子曰：此喜見君子之詩，辭意與菁莪相類。

白華　周人刺幽王也。幽王取申女以為后，又得褒姒而黜申后，故下國化之，以妾為妻，以孽代宗，而王弗能治，周人為之作是詩也。

周而曰申后，宜臼同見廢於宣王，而小弁之怨深，白華之怨淺。

讀天步二語，見詩人所憂者大，非僅兒女子之私情也。

白華菅兮，白茅束兮。白華野菅也，已漚為菅。之子之遠，俾我獨兮。
英英白雲，英英白雲貌。露彼菅茅。露亦有雲，言天地之氣無微不著，無不覆養。天步艱難，步行。之子不猶。猶可也。
滮池北流，滮流貌。畢沅曰：案字記滮水亦謂聖女泉，又名高都水。浸彼稻田。嘯歌傷懷，念彼碩人。
樵彼桑薪，卬烘于煁。卬我。烘燎也。煁烓竈也。桑薪宜以養人者也。維彼碩人，實勞我心。
鼓鐘于宮，聲聞于外。有諸宮中，必形見於外。念子懆懆，視我邁邁。邁邁不說也。
有鶖在梁，有鶴在林。維彼碩人，實勞我

心

鴛鴦在梁戢其左翼之子無良二三其德　有扁斯石履之（扁扁乘石貌王乘車履石）卑兮之子之遠俾我疧兮（疧病也）

鄭忠嗣云觀于宮于外在梁在林之詠似當時申后之廢處離宮以比後世之賦長門耳朱子曰申后所自作是也

緜蠻　微臣刺亂也大臣不用仁心遠忘微賤不肯飲食教載之故作是詩也

緜蠻黃鳥（小鳥兒）止于丘阿（丘阿曲阿也鳥止于阿人止于仁）道之云遠我勞如何飲之食之教之誨之命彼後車謂之載之

緜蠻黃鳥止于丘隅豈敢憚行畏不能趨飲之食之教之誨之命彼後車謂之載之

緜蠻黃鳥止于丘側豈

何也太子之廢國本之安危係焉后妃之廢不過一家之存廢故而已廢太子而怨淺則近于疏廢申后而怨深則近於淫二者奚得之

何彥子以此詩爲諸侯貢士於天子之作

李樗曰國將齊相驚則夕樹於魯國
枹之為言豈也

敢憚行畏不能枹飲之食之教之誨之命彼後車謂之載之

集此詩為秀思賢之作，以黄鳥之止邱阿，興人之趨向仁者，
中二章則史室邇其人遠之意，未可向，懷賢者待已之殷勤
已。周禮巾車注，韓詩以綿蠻為文皃，古賀山歌曰，母啄我葉，
綿蠻，樹葉亦稱綿蠻，則非鳥聲矣。阮元曰，詩不以雙聲疊
韻為聲，故綿蠻睍睆間關皆非聲。鄭曉曰，後車，副車也。于朝
祭曰貳車，于兵戎曰倅車，于田獵曰佐車，皆謂之後車。

瓠葉大夫刺幽王也。上棄禮而不能行，雖有牲牢饔餼不肯用也，故思古之人不以微薄廢禮焉。

幡幡瓠葉（幡幡瓠葉皃，庶人之菜也）采之亨之君子有酒酌言嘗之　有兔斯首炮之燔之（毛曰炮加火曰燔）
君子有酒酌言獻之（獻奏之）　有兔斯首燔之炙之（炕火曰炙）君子有酒酌言酢之（酢報也）

有兔斯首燔炮之君子有酒酌言醻之 醻道飲也

杜元凯左傳注曰古人不以微薄廢礼雖瓠葉兔首猶与賓客享之秦蕙田曰左昭元年趙孟賦瓠葉穆叔欲具五獻則此詩蓋燕饗用一獻之礼也礼有獻有酢有酬而後一獻之礼成故曰獻之礼成於酬虞允誠曰燕享小節也而礼詳載之飲食細故也而詩屢言之何也先王所以通天下之情而叙天下尊賢親親之意也宾燕兄弟伐木燕朋友羣臣兄弟朋友得其所而天下治矣於是為之賓主以達其情為之揖讓以習其儀為之琴瑟鐘鼓以和其辭為之立監佐史以防其失為之司射誘射以分别其賢不肖蓋明示以懲欲分偷之情而隱折其驕悍不馴之氣使之反情和志悟然自化而不知此聖人治天下之微權也自燕饗之礼廢上下之情不通賓筵作而天子無嘉賓頍弁作而天子無兄弟瓠葉作

而天子無朋友，懷戮抱深，相怨一方，天下遂自此多故矣，而謂飲食爲細故耶？天保之詩序也。曰吉蠲爲饎，是用孝享，月之言宴也。曰飲御諸友，炰鱉膾鯉，楚茨之獻皇祖也。曰中田有廬，疆埸有瓜，剝葉之斷居子也。曰有兔斯首，炮之燔之，至於采蘋采蘩，雅之行葦洞酌，何其儉而易行，歎先王之意非不知備物之爲貴，多品之爲美，而必是止者，以爲後將不可繼也。後不可繼，天下必有因此而廢禮者，則何如儉而可久之爲愈也。先王於一歲中祀天二、迎氣五、祭地二、宗廟四，舉祀宴享無算，其間隆殺不同，後世宴享已廢，獨有郊廟之禮，遂至三年一行，或議罷北郊，或議配祀，或議遣官攝事，豈不以費而害禮哉，惜乎先儒諸臣，終不能於今祭之是非而未有議及此者也。

漸漸之石

下國刺幽王也，戎狄叛之，荊舒不至，乃命將率東征，役久病在外，故作是詩也。

允矣

漸漸山石高峻

漸漸之石，維其高矣。山川悠遠，維其勞矣。武人東征，不遑朝矣。

鄭云武人謂將率也，言王之東行征伐不皇（遑）正朝廷（？）做之

朝乎（？）

漸漸之石，維其卒矣。山川悠遠，曷其沒矣。武人東征，不遑出矣。

卒竟沒盡也

豕豬也蹢蹄也將久雨則豕進涉水波

有豕白蹢，烝涉波矣。月離于畢，俾滂沱矣。武人東征，不遑他矣。

畢噣也月離陰星則雨

朱子曰：將帥出征，經歷險遠，故作此詩。徐與喬曰：申侯、犬戎皆在西，幽王不備西而征東，此詩言東而未露一他字，隱訊也。

大夫閔時也。幽王之時，西戎東夷交侵中國，師旅並起，因

苕之華，以饑饉。君子閔周室之將亡，傷己逢之，故作是詩也。

苕陵苕也將落則黃

苕之華，芸其黃矣。心之憂矣，維其傷矣。

苕之華，其葉青青。知我

華落葉青青然

如此，不如無生。

牂羊墳首，三星在罶。人可以食，鮮可以飽。

牂羊牝羊也墳大也罶曲梁也寡婦之笱也牂羊墳首言無是道也三星在罶言不可久也

治日少而亂日多

夜靜江寒漁
舟載月歸此

責也於焉殊矣古今人不相及如此

朱子曰、末章言飢饉之後百物凋耗如此苟且得全足矣豈可望其飽飫哉、葉末二經、似民可使由不可使知之意

何草不黃 下國刺幽王也、四夷交侵、中國背叛、用兵不息、視民如禽獸、君子憂之、故作是詩也、

何草不黃何日不行何人不將經營四方（言萬民無不從役） 何草不玄何人不矜哀我征夫獨為匪民（婉起 夏起）

匪兕匪虎率彼曠野（兕虎野獸也）哀我征夫朝夕不暇（曠空也）

有芃者狐率彼幽草（芃小獸貌）有棧之車行彼周道（棧車役車也）

朱子曰、周室將亡、征役不息、行者苦之、而作是詩、建元我曰、天地變化草木蕃、天地閉賢人隱彼黃者薇莫王道之成也

何草不黃之周室之衰也、一整二南之統、一整小雅之末、其旨微矣朱公遷曰自蓼莪至此其詩多似風體雅降為風亦由其漸欤、

徐興喬曰經排悽婉詞家之渴興聽印各更同其追往兩經二雅也

魚藻之什十四篇六十二章三百二句

七月二十一日校正一過

昭我周王雅注作釗孟子作紹釋

書武成昭我周王、孟子引作紹我周王、而郭景純注爾雅於頍賜覲釗下引逸書曰釗見周王。因所引者異、於是有謂昭紹同從召、以字形而異者；有謂昭釗音同、以字音而異。今案釋詁昭訓見、釗亦訓見、似昭與釗可相通、不知作昭者、梅氏之書、而孟子所引尚是真古文。梅作昭、郭作釗、皆紹之假借。紹有介紹之義、與見義近、故孟子趙注謂願見周王、是紹訓見[illegible]爾雅[illegible]或趙所見爾雅作紹、舊注訓以願見、而趙氏從之、亦未可知。若從梅書作昭、昭訓見、下文不當重出見字、應從郭氏作釗。釗、上文云勉也、方言云遠也、古書未有訓釗為見者、必是假借。考爾雅古本當從孟子作紹、紹訓為見、當依趙注為說、郭本作釗、或是假借之字、而郭未詳。今本疑有脫誤、據宋本見注文有釗字。郭引逸書即本梅書、依昭作寫、故見注文有釗字、注文因誤作釗矣。說文云釗刓也、此是釗之本義。段氏注云爾雅釗見無此假借、釗為昭亦引郭氏此注、而不知為紹之假借、亦其蔽也。

大雅　陸曰自此至卷阿十八篇是文王武王成王周公之正大雅

文王至靈臺八篇是文王之大雅下武文王有聲二篇是武王之大雅

文王之什

文王　文王受命作周也

文王在上（在上在民上也）於昭于天（於歎辭昭見也）周雖舊邦其命維新（乃新在文王也）有周不顯帝命不時（有周周也不顯顯也顯光也不時時也時是也）文

王陟降在帝左右（言文王升接天下接人也）亹亹文王（亹亹勉也）令聞不已陳錫哉周侯文王孫子（哉載也侯維也）

文王孫子本支百世（本本宗也支支子也）凡周之士不顯亦世（不世顯德乎之者世祿也）　世之不顯厥猶翼翼（翼翼恭敬）

思皇多士，生此王國。王國克生，維周之楨。濟濟多士，文王以寧。

穆穆文王，於緝熙敬止。假哉天命，有商孫子。商之孫子，其麗不億。

上帝既命，侯于周服。侯服于周，天命靡常。殷士膚敏，祼將于京。

厥作祼將，常服黼冔。王之藎臣，無念爾祖。無念爾祖，聿修厥德。

永言配命，自求多福。殷之未喪師，克配上帝。宜鑒于殷，駿命不易。

命之不易，無遏爾躬。宣昭義問，有虞殷自天。上天之載，無聲無臭。儀刑文王，萬邦作孚。

錫[illegible]曰：晉語胥臣謂文王即位，詢於八虞，咨於二虢，度於閎夭，謀於南宮，諏於蔡原，訪於辛尹，是多士以寧之實。

愚案：曰讀常服黼冔，自見周家忠厚之至。一代之典禮，改正朔，易服色，於[illegible]之詩書，則前代之禮樂固亦當廢也。王訪于箕子，猶稱十有三祀；殺麥臣我，而曰監于祀，猶用商之紀年也。一則曰商王士，再則曰殷多士，何嘗[illegible]有一毫鄙夷之心？其視後世之人之國則絕人之祀……

而冠禮樂始有光代之舊亡罕矣

朱子曰周公追述文王之德，明周家所以受命而代商者皆由於此，呂氏春秋周公作此詩以繩文王之德，繩譽也

文王有明德，故天復命武王也

大明

明々在下 明々察也文王之德明々于下故赫々然著見于天 赫々在上 天難忱斯 忱信也紂居天位而殷之正適也挾達也 不易維王 天位殷適 使不挾四方

摯仲氏任 摯國任姓之中女也 自彼殷商 來嫁于周 曰嬪于京 嬪婦 京大也 乃及王季 王季大王之子文王之父也 維德之行

大任有身 大任仲任也 身重也 生此文王 維此文王 小心翼々 昭事上帝 聿懷多福

厥德不回 回違也 以受方國 天監在下 有命既集 集就 文王初載 載識 合配也 天作之合

在洽之陽 洽水也渭水也涘厓也 在渭之涘 文王嘉止 嘉美也 大邦有子 大邦有子 俔天之妹 俔磬也

此篇雜在雅而雜

綿禾曰文王大明綿三篇周始以為兩君相見之樂朱子謂然岸一端而言其實此三篇天子御廣會相之樂西皇矣追述大王王季之德業與大明綿詩同意生民文雅本后稷所以積行累

功之由。朱子疑為郊祀之後受釐頒胙之詩。旱麓有玉瓚神勞等語，載上受釐之樂。思齊追述大任、大姒、太姜之德，言文王御家在宮之事為詳。疑此入而燕寢之樂。靈臺則出而游觀之樂，歎其機模。言文王之德，下武有醻，篤言武王之事。其柔載用之宗廟，載用之朝廷，今皆不可考。若行葦以下四篇為學禮之詞，公劉以下三篇為陳戒之詞，則文明白曉然矣。况家鉤曰詩猶一代之禮，莫備於大明

文定厥祥，親迎于渭。造舟為梁，不顯其光。言大姒之有文德也。祥，善也。言賢聖之配也。言受命之宜王基乃始于是也。天子造舟，諸侯維舟，大夫方舟，士特舟。造舟，然後可以顯其光輝。**有命自天，命此文王，于周于京。纘女維莘，長子維行，**纘，繼也。莘，大姒國也。長子，長女也。維行大任之德焉。**篤生武王。保右命爾，燮伐大商。**篤，厚。右，助。燮，和也。

殷商之旅，其會如林。旅，眾也。如林，言眾而不為用也。**矢于牧野，維予侯興。**矢，陳。興，起也。言天下之心歸周也。**上帝臨女，無貳爾心。**言無敢懷貳心也。

牧野洋洋，檀車煌煌，駟騵彭彭。洋洋，廣也。煌煌，明也。駵馬白腹曰騵。言上周下殷也。**維師尚父，時維鷹揚。涼彼武王，肆伐大商，會朝清明。**師，大師也。尚父，可尚可父。鷹揚，如鷹之飛揚也。涼，佐也。肆，疾也。會，甲也。不崇朝而天下清明。

李氏曰：文王、大明、綿，朱傳皆以為周公戒成王之詩。蓋使不忘先世，而思所守之重。中間又及列王后配，以至尚父之功、四臣之助，凡皆盛德盛受命之符也。嚴華谷謂明明在下，君之善惡不可掩也；赫赫在上，天之予奪尚甚嚴。解此二

鋪張家世淵源，前源粵自王季，而太任、文王，而太姒，而武王，而尚父見此，支漸君臣，又子祖孫姑媳，美不同。德、馬八百年之基業，不待卜而知矣。

句、雖無先儒異，與詩言卻合。國頌載烈祖子孫之言，以三詩均屬兩君相見之樂，豈亦以陳諷天命，廉常修德之功，無容少懈。劉諫曰：武信云楚詞天問篇，會鼂爭盟，何踐吾期，注爭一作請，孜相鼂同字，清請音近盟，明通用，左傳子引詩，蓋云以甲子日赴驟，昌請盟之期，亦如毛鄭所云也。數知下又有蒼鳥羣飛，孰使萃之句，亦當為時維鷹揚句證據，未之以備一解。

緜，文王之興，本由太王也。

緜緜瓜瓞，民之初生，自土沮漆。古公亶父，陶復陶穴，未有家室。（不絕貌。瓜，紹也。瓞，瓝也。民，周民也。自，用。土，居也。沮、漆，水也。古公，豳公也。古，言久也。亶父，字，或殷以名言，質也。古公處豳，狄人侵之，事之以皮幣，之云不得免，去豳，渠邑岐山下。陶其土而復之，陶其壤而穴之，室內家未有寢廟，亦未敢有家室。）

古公亶父，來朝走馬，率西水滸，至于岐下。爰及姜女，聿來胥宇。（率，循也。滸，水厓也。姜女，太姜也。胥，相。宇，居也。）

周原膴膴，堇荼如飴。爰始爰謀，爰契我龜，曰止曰時，築室于茲。（周原，沮漆之間也。膴膴，美也。堇，菜。荼，苦菜也。契，開也。）吉[illegible]

迺慰迺止，迺左迺右，迺疆迺理，迺宣迺畝，自西徂東，周爰執事。（慰，安。爰，於也。）

呂東萊曰：此詩纇以為專指太王，或以為專指文王，義皆未密。蓋總敘周家王業積𢒰歷伸之理，始於太王，終於文王耳。蓋王迹之事既專，則太王時安得有混夷駾矣之事乎？且矣曰帝省其山，柞棫斯拔，松柏斯兌，帝作邦作對，自太伯王季，皆則柞棫拔、行道兌，安得專指為文王之詩乎？

乃召司空，乃召司徒，俾立室家。其繩則直，縮版以載，作廟翼翼。言不失繩直也。乘謂之縮。君子將營宮室，宗廟為先，廄庫次之，居室為後。捄之陾陾，捄虆也。陾陾，眾也。度之薨薨，度，居也，言百姓之勸勉也。築之登登，削屢馮馮。登登，用力也。削牆鍛屢之聲馮馮然。百堵皆興，皆，俱也。鼛鼓弗勝。鼛，大鼓也，長一丈二尺。鼛鼓弗勝鼓，言勸事樂功也。迺立皋門，皋門有伉。迺立應門，應門將將。王之郭門曰皋門。伉，高貌。王之正門曰應門。將將，嚴正也。美太王作郭門以致皋門，作正門以致應門焉。迺立冢土，戎醜攸行。冢，大；戎，大；醜，衆也。冢土，大社也。起大事動大衆，必先有事乎社而後出，謂之宜。美太王之社遂為大社也。肆不殄厥愠，亦不隕厥問。柞棫拔矣，行道兌矣。混夷駾矣，維其喙矣。肆，故今也。愠，恚。隕，墜也。兌，成蹊也。駾，突。喙，困也。虞芮質厥成，文王蹶厥生。質，成也。成，平也。蹶，動也。虞芮之君相與爭田，久而不平，乃相謂曰：西伯仁人也，盍往質焉。乃相與朝周。入其竟，則耕者讓畔，行者讓路；入其邑，男女異路，斑白不提挈；入其朝，士讓為大夫，大夫讓為卿。二國之君感而相謂曰：我等小人，不可以履君子之庭。乃相讓，以所爭田為閒田而退。天下聞之而歸者四十餘國。予曰有疏附，予曰有先後，予曰有奔奏，予曰有禦侮。率下親上曰疏附，相道前後曰先後，喻德宣譽曰奔奏，武臣折衝曰禦侮。

漢儒說虞芮質成之日，為西伯改元受命之年，此大誤也。三分有二以服事殷，所說至德，豈敢稱王？朱子曰：此詩追述太

左昭二十二年左師展將以公乘馬而歸杜注展魯大夫欲與公俱輕歸劉炫云欲共公單騎而歸此乘馬之漸示此時作杜商但已單騎矣

清廟明堂大雅如在此篇是也

王始遷岐周，以開王業，而以成王。楊慎曰：土音作杜，杜水名，即杜陽也。水從漆水出，杜陽俞山是之。程大昌曰：古皆乘車，此曰走馬，恐此時已變乘為騎。蓋避狄之遷，不暇駕車。惠棟曰：汲冢古文武丁元年，邠遷于岐周，三年命周公亶父，後因以為天下號焉。

棫樸 文王能官人也。朱子曰：此詩首三章言文王之德為人所歸，後二章言文王之德有以振作綱紀天下之人而人歸之

芃芃棫樸（木盛兒），薪之槱之（棫白桵也，樸枹木也，槱積也，山木茂盛萬民得而薪之，賢人眾多國家得用蕃興）。濟濟辟王，左右趣之（趣趨也）。濟濟辟王，左右奉璋（半圭曰璋）。奉璋峩峩，髦士攸宜（峩峩盛壯也，髦俊也）。淠彼涇舟（淠舟行兒），烝徒楫之（楫櫂也）。周王于邁，六師及之（天子六軍）。倬彼雲漢（倬大也，雲漢天河也），為章于天。周王壽考，遐不作人（遐遠也，遠不作人也）。追琢其章，金玉其相（追彫也，金曰彫，玉曰琢，相質也），勉勉我王，綱紀四方。

業歡王之德而歸於勉之見生安之質不廢學問之勤故文治光昭而成才者衆是作人之本也受祖也周之先祖世脩后稷公劉之業大王王季申以百福干祿焉

旱麓

瞻彼旱麓（旱山名　麓山足）榛楛濟濟（濟濟衆多也）豈弟君子干祿豈弟（干求也言陰陽和山藪殖故君子得以干祿樂易）瑟彼玉瓚黃流在中（玉瓚圭瓚也黃金所以飾流鬯也九命然後錫以秬鬯圭瓚）豈弟君子福祿攸降　鳶飛戾天魚躍于淵（言上下察也）豈弟君子遐不作人

清酒既載（言年豐畜碩之）騂牡既備以享以祀以介景福（言祀所以得福也）瑟彼柞棫民所燎（瑟衆貌）矣豈弟君子神所勞矣　莫莫葛藟（莫莫施貌）施于條枚豈弟君子求福不回

鄭氏曰此詩見文王之盛德上有以得天下有以得人而幽有以格神張子所謂王者之謂德而順之謂福詩人之詠歎美慕之矣

案此詩疏謂文王受其祖之業，朱子謂歌文王之德，李文貞謂兼二説義始備，蓋謂文王能受祖業者以其德也，德惡在豈弟是也。釋文云，記曰，豈以強教之，易以悦安之，此德之實也，而其效莫著於作人，鳶飛魚躍，則韓昌黎所謂上下自然各得其所者。呂東萊以為非積累薰陶久且熟者，不能致此，此其德何如也。唐汝諤曰，棫樸言人心之自趣，此詩言天心之自福，無非見其德之盛也。

黄震曰，回非邪，乃所以入于邪也，人之初心未嘗不直，一轉念則私意起而入于邪矣，學者讀此句，宜銘諸心而佩服也。

思齊

文王所以聖也。

思齊（齊莊）大任，文王之母，思媚周姜，京室之婦。（媚愛也，周姜大姜也，京周也，室王室也。）大姒嗣徽音，則百斯男。（大姒文王之妃也，文王十子，衆妾則宜百子也。）

惠于宗公（宗公宗神也），神罔時怨，神罔時恫（恫痛也），刑于寡妻（刑法也，寡妻適妻也），至于兄弟，以御于家（御迎也）

陳櫟曰，文王之聖，生之者聖母，助之者賢妃，然文王固不能不資助于太姒，而實能修身以刑於寡妻三四章詩書修身事也，末章則不特成己而且能成物矣。蘇瓊曰：思齊一詩，修齊治平之道備矣。

邦

雝雝在宮，肅肅在廟。雝雝，和也。肅肅，敬也。不顯亦臨，無射亦保。以顯臨之，保安無厭也。肆戎疾不殄，烈假不瑕。肆，故今也。戎，大也。故今大疾害人……不聞亦式，不諫亦入。言性與天合也。肆成人有德，小子有造。造，為也。古之人無斁，譽髦斯士。性不絕之而自絕之，功業俱大也。

陳櫟曰：文王之德，生之者聖母，助之者賢妃。文王不能不資助于太姒，而實能修身以刑于寡妻。末章則不特成己而且成物矣。孔穎達曰：婦人無謚，從夫之謚，故頌稱太任為文母。太任非謚也，尊加于婦，故姜女稱曰太姜。惟武王妃左傳謂之邑姜，不稱太姜，蓋避大姜故也。

皇矣

美周也。天監代殷，莫若周，周世世修德，莫若文王。朱子曰：此詩敘太王、王季、太伯之德，以及文王伐密、伐崇之事也。

皇矣上帝臨下有赫監觀四方求民之莫維此二國其政不獲維

（皇大　莫定也　二國殷紂也）

彼四國爰究爰度上帝耆之憎其式廓乃眷西顧此維與宅　作

（彼々有道也　四國四方也　究謀度居也　耆老也　廓大也　憎其用大位行大政　顧々西土也　宅居也）

之屏之其菑其翳脩之平之其灌其栵啟之辟之其檉其椐攘之

（木立死曰菑自斃為翳　灌叢生也　栵栭也　檉河柳也　椐樻也　檿山桑也）

剔之其檿其柘帝遷明德串夷載路天立厥配受命既固　帝省

（徙就文王之德也　串習夷常路大也　配媲也）

其山柞棫斯拔松柏斯兌帝作邦作對自大伯王季維此王季因

（兌易直也　對配也從大伯之見王季也　無對反　因親）

心則友則友其兄則篤其慶載錫之光受祿無喪奄有四方　維

（善兄弟曰友　慶善　光大也　喪亡　奄大也）

此王季帝度其心貊其德音其德克明克明克類克長克君王此

（心能制義曰度　貊靜也　均）

大邦克順克比比于文王其德靡悔既受帝祉施于孫子　帝謂

慈和徧服曰順擇善而從曰比經緯天地曰文

文王無然畔援無然歆羨誕先登于岸密人不恭敢距大邦侵阮

無是畔道　無是援取　無是貪羨　岸高位也　國有密須氏　侵阮遂往侵共

徂共王赫斯怒爰整其旅以按徂旅以篤于周祜以對于天下

旅師按止也　旅地名也　對遂也

依其在京侵自阮疆陟我高岡無矢我陵我陵我阿無飲我泉我

京大阜也　矢陳也

泉我池度其鮮原居岐之陽在渭之將萬邦之方下民之王　帝

小山別大山曰鮮　將側也　方則也

謂文王予懷明德不大聲以色不長夏以革不識不知順帝之則

懷歸也不大聲見於色　革更也不以長大有所更

帝謂文王詢爾仇方同爾兄弟以爾鉤援與爾臨衝以伐崇墉

仇匹也　鉤鉤梯也所以鉤引上城者臨臨車也衝衝車也　墉城也

臨衝閑閑，崇墉言言，執訊連連，攸馘安安，是類是禡，是致是附，四方以無侮。臨衝茀茀，崇墉仡仡，是伐是肆，是絕是忽，四方以無拂。

閑閑，動搖也。言言，高大也。連連，徐也。攸，所也。馘，獲也。不服者殺而獻其左耳曰馘。於內曰類，於野曰禡，[illegible]致社稷群神，附、其先祖。

与之立後尊其号而親其親。茀茀，彊盛也。仡仡，猶言言也。肆，疾也。忽，滅也。

徐興喬曰：緜詩敘王業艱難，故詳太王遷岐，而於文王特述及，此詩敘王業盛大，故詳文王伐崇，而以太王王季爲緣起。錢天錫曰：太王遷岐，艱於畏狄，不知者而與宅天國與以安民之地也。王季受讓，艱於不友，不知篤慶順比，天國授以安民之任也。文王伐崇伐密，艱於自私，不知所對天下以順四方，此孰非衆民之莫也。朱善曰：王業之成雖在於武王得天下之時，而天命之定已見於大伯讓王季之日。大伯讓而無逝，王季受之而無愧，此王業之所由基也。文王創造於前，武王繼續於後，此王業之所由基也。大伯當立而不立，文王可爲而不爲，故皆謂之至德。非王季之友，無以成大伯之志。

非武王之孝，無以成文王之功，武王之孝易知也，王季之友難知也。此詩人所以再三咏歎於王季之惠棣曰，周書和寤解云，王乃出圖商至於鮮原，孔晁注：近岐周之地。汲郡古文云，帝辛十五年秋，周師次於鮮原，則鮮原乃商周之境。鄭訓為善，非也。集通鑑外紀亦云，西伯自岐徙於鮮原。劉彥曰，夏用木，華用皮，皆雕朴之刑也。

民始附也。文王受命，而民樂其有靈德，以及鳥獸昆蟲焉。

靈臺

神之精明者稱靈，四方而高曰臺。經，度之也。攻，作也。不日，有成也。

經始靈臺，經之營之。庶民攻之，不日成之。經始勿亟，庶民子來。

囿，所以域養禽獸也。天子百里，諸侯四十里。靈囿，言靈道行於囿也。麀，牝也。濯濯，娛遊也。翯翯，肥澤也。

王在靈囿，麀鹿攸伏。麀鹿濯濯，白鳥翯翯。王在靈沼，於牣魚躍。

植者曰虡，橫者曰栒。業，大版也。樅，崇牙也。賁，大鼓也。鏞，大鐘也。論，思也。水旋丘如璧曰辟廱，以節觀者。

虡業維樅，賁鼓維鏞。於論鼓鐘，於樂辟廱。　於論鼓鐘，於樂辟廱。

不日成之，古注云不設期日也，況見文王之仁心，於事理為協。

鼉鼓逢逢、矇瞍奏公

鼉魚屬、逢逢、和也、有眸子而無見曰矇、無眸子曰瞍、公、事也

劉厚菴曰、靈臺辟廱始自文王、其後遵之以爲天子之制、亦如皐門應門、始自太王、後世遵尊以爲天子之門耳、至靈臺辟廱在西郊、與明堂宗廟皆異處、義疏辨之已詳、穎子容春秋釋例云、太廟有八名、其體一也、肅然清靜、謂之清廟、行禘祫、敘昭穆、謂之太廟、告朔行政、謂之明堂、行饗射、養國老、謂之辟廱、占雲物、望氛祥、謂之靈臺、其四門之學、謂之太學、其中室謂之太室、總謂之宮、盧植禮記注云、天子太廟上可以望氣、故謂之靈臺、中可以昭穆序、故謂之太廟、圜之以水似璧、故謂之辟廱、古法皆同一處、近世殊異、分爲三耳、蔡邕月令論、賈逵服虔左傳注、亦以爲一物而異名、要皆不足信也、

下武

繼文也、武王有聖德、復受天命、能昭先人之功焉

下武維周世有哲王三后在天王配于京　王配于京世德作求

永言配命成王之孚　成王之孚下土之式永言孝思孝思維則

媚茲一人應侯順德永言孝思昭哉嗣服　昭茲來許繩其祖

武於萬斯年受天之祜　受天之祜四方來賀於萬斯年不遐有

佐

朱子曰此詩美武王能纘太王王季文王之緒而有天下也

案武王以既得天下而不知武王之心上文而不上武言以

武為下言周之家法也李文貞曰下武言上文也武王雖以

武顯然非所上也其思世德修德行仁是務下我之後繼武

下武即書所謂繼武也

修文，故曰下武。今就詩詞玩之，曰世德作求，曰永言孝思，與中庸夫子所稱達孝之旨相合。然則武王所爲昭嗣服而繩祖武者，正其善繼善述者也。洪鍾曰：武之樂曰武，武之謚亦曰武，而不知其不當武也。下武、文王有聲二篇，武王之曰大雅，繼伐也，武王能廣文王之聲，卒其伐功也。

文王有聲

文王有聲，遹駿有聲。遹求厥寧，遹觀厥成。文王烝哉（烝君也）。文王受命，有此武功。既伐于崇，作邑于豐。文王烝哉。築城伊淢，作豐伊匹（淢成溝也，匹配也）。匪棘其欲，遹追來孝。王后烝哉（后君也）。王公伊濯（濯大），維豐之垣。四方攸同，王后維翰（翰榦也）。王后烝哉。豐水東注，維禹之績（績業，皇大也）。四方攸同，皇王維辟。

皇王烝哉　武王作邑于鎬京　鎬京辟廱，自西自東，自南自北，無思不服，皇王烝哉。

考卜維王，宅是鎬京，維龜正之，武王成之，武王烝哉。　豐水有

上言皇王而變言武王者，皇，大也，始大其業至武王伐紂成之，故言武王也。

芑，武王豈不仕，詒厥孫謀，以燕翼子，武王烝哉。

芑，草也。仕，事。燕，安。翼，敬也。

鄗京山

蘇轍曰：詩首尾四章稱文武者，文始之，武終之也。中四章稱王后、皇王者，繼伐崇而為天子也。文王伐崇作豐，而王業始；武王伐商作鎬，而王業成。文王求寧觀成，以始武也；武王燕子賜孫，以終文也。故曰繼伐。章文曰：文王。四章先曰文王，後曰王后；武王四章先曰皇王，後曰武王。明文王乃追王而為王后者，武王則先著其為皇王，而後表其本稱。自樸以下數文王之自下，武以下歌武王也，若曰祖考不忘先也。朱子曰：此詩以武功稱文王，至于武王則言皇王維辟無思

不服而已。蓋文王既造其始，則武王續而終之，是疑文又以見文王之文非不足於武，而武王之有天下非以武取之也。黃淳曰：豪斎云：公劉遷豳，厚民之道備焉，故公劉八章皆冠以篤；文武遷豐鎬，居人之道著焉，故有辟八章均頌以燕。方芑曰：文王受命稱王之説本此。不知此謂受西伯之命，非專征伐耳。武王乃稱皇王，則文王受命稱王之説誤，即此將可證矣。李未泰曰：鎬名京，豐不名京，見文王臣節之克終也。方芑曰：文王度國也，故辟廱在郊外，此曰鎬京辟廱，則定為天子之太學，而遷於國中明矣。秦蕙田曰：天子於國中立五學，而辟廱居其中，其東西南北四學，則為教國子肄業之地，故武王臨辟廱而四學之士咸來觀禮，莫不感化於德，心悅而誠服。成周作人於斯為盛。詩云：自西自東，自南自北，謂成均、上庠、瞽宗、東序之學者，非泛指四方之人也。案此可備一解，而言四學皆在國中，俟考。

文王之什十篇六十六章四百一十四句

生民之什

生民，尊祖也。后稷生於姜嫄，文武之功起於后稷，故推以配天焉。

厥初生民，時維姜嫄。（生民本后稷也。姜姓也。后稷之母，配高辛氏帝焉。）生民如何，克禋克祀，以弗無子。（禋，敬也。弗，去也。去無子，求有子。古者必立郊禖焉。玄鳥至之日，以）履帝武敏歆，

（太牢祠于郊禖，天子親往，后妃率九嬪御，乃禮天子所御，帶以弓韣，授以弓矢于郊禖之前。履，踐也。帝，高辛氏之帝也。武，迹。敏，疾）攸介攸止，載震載夙，載生載育，時維后稷。

（也。從于帝而見于天，將事齊敏也。歆，饗。介，大。攸止，福祿所止也。震，動。夙，早。育，長也。后稷播百穀以利民。）誕彌厥月，先生如達。（誕，大。彌，終。達，生也。姜嫄之子先生者也。）不坼不副，無菑無害。以赫厥靈，上帝不寧。不康禋祀，居然生子。（赫，顯也。不寧，寧也。不康，康也。寘，置。腓，辟。字，愛也。天生后稷，異之於人，欲以顯其靈也。帝不順天，是不明也，故承天意）

誕寘之隘巷，牛羊腓字之。誕寘之平林，會伐平林。誕寘之寒冰，鳥（孝友貞曰腓芘也以足暖之字乳食之）

集註云：克禋克祀，以弗無子。○以弗無子。○吁嗟。○大不知向天神祈子者。○此如無之理也。然則何為而寘之平林。○寘之隘巷棄之。○曰履帝武敏之時。○既覺其異，常而先生如達，不坼不副。

又覺異常，收棄之，初彼此所辭，先有異與？聖耶？不然，牛羊腓字之，伐平林，鳥覆翼之，而知之，而見之，而何光儒盛古之說，世誣之也久矣。

而棄之於天下　大鳥來一翼覆一翼藉之人而收取之又其理也故置之於寒冰於是知有天異往取之矣后稷呱呱然而泣

覆翼之鳥乃去矣后稷呱矣實覃實訏厥聲載路　誕實匍匐克

覃長訏大路大也岐知意也嶷識也　荏菽戎菽也旆旆然長也役列也穟穟苗好美也幪幪然茂盛也唪唪然多實也

岐克嶷以就口食蓺之荏菽荏菽旆旆禾役穟穟麻麥幪幪瓜瓞

相助也　茀治也黃嘉穀也茂美也方極畝也苞本也種雜也褎長也發

唪唪　誕后稷之穡有相之道茀厥豐草種之黃茂實方實苞實

盡發也不榮而實曰秀穎垂穎也栗其實栗栗然邰姜嫄之國也堯見天因邰而生后稷故國后稷於邰命使事天以顯神順天命耳

種實褎實發實秀實堅實好實穎實栗即有邰家室　誕降嘉種

大降嘉種秬黑黍也秠一稃二米也穈赤苗也芑白苗也　恒徧

維秬維秠維穈維芑恒之秬秠是穫是畝恒之穈芑是任是負以

肇始也始歸郊祀也　揄抒臼也或簸糠者或蹂黍者釋淅米也叟叟聲也浮浮氣也

歸肇祀　誕我祀如何或舂或揄或簸或蹂釋之叟叟烝之浮浮

嘗之日涖卜來歲之芟獮之日涖卜來歲之戒社之日涖卜來歲之稼所以興來而繼往也穀熟而謀陳祭而卜矣取蕭合黍

載謀載惟取蕭祭脂取羝以軷載燔載烈以興嗣歲　卬盛于豆

俾臭達牆屋。先奠而后爇蕭合馨香也。羝羊，牡羊也。軷，道祭也。傳火曰燔，貫之加于火曰烈。興來歲，繼往歲也。卬，我也。木曰豆，瓦曰登。豆薦菹醢，登大羹也。迄，至也。

于豆于登，其香始升，上帝居歆。胡臭亶時。后稷肇祀，庶無罪悔，以迄于今。

朱子曰：周公制禮，尊后稷以配天，故作此詩。馬端臨云：古者一歲郊祀凡再，一為長至之郊，一為正月之郊。長至之郊，大報天；正月之郊，為祈穀，而皆配以后稷。竊意子讀此詩，為上辛祈穀之作。蓋祈穀而詳述后稷之農事，因農事而推本於所自生，見天為粒食烝民而生后稷，此其所以配天。長至之郊，稷固以祖配；祈穀之郊，稷實以功配也。

行葦

忠厚也。周家忠厚，仁及草木，故能內睦九族，外尊事黃耇，養老乞言，以成其福祿焉。

劉永樹曰：周道親親之誼，是詩忠厚之意藹然見於言外。篇中極陳

賦也。

敦彼行葦，牛羊勿踐履，方苞方體，維葉泥泥。戚戚兄弟，莫遠具爾。

行，道也。葉初生泥泥。戚戚，內相親也。肆，陳也。或陳筵，或授几也。

燕樂頌禱之辭，而其大要則在戚戚二字。毛公訓為內相親，是既公推之以為惟體之深，非為能識之，其旨深矣。

或肆之筵，或授之几。肆筵設席，授几有緝御。設席，重席也。緝御，踧踧之容也。或獻或酢，洗爵奠斝。

斝，爵也。夏曰醆，殷曰斝，周曰爵。以肉曰醓醢。臄，函也。歌者比於琴瑟也。徒擊鼓曰咢。

醓醢以薦，或燔或炙。嘉殽脾臄，或歌或咢。敦弓既堅，四鍭既

敦弓，畫弓也。天子敦弓。鍭矢參亭，已均中蓺。箋云：參亭謂三分矢一在前二在後，輕重均停也。又云三訂之而平者，前有鐵重也。舍矢既均，四矢皆均中也。序賓以賢，言賓客次第皆

鈞，舍矢既均，序賓以賢。敦弓既句，既挾四鍭，四鍭如樹，序賓以不

賢。毛傳引孔記孔子射於矍相之圃云云。箋申毛云：敦弓既句，天子之弓合九而成規。四鍭如樹，言皆中也。序賓句言其皆有賢才也。曾孫成

侮。曾孫維主，酒醴維醹，酌以大斗，以祈黃耇。黃耇台背，以引以

王之酺席也。大斗長三尺也。祈，報也。

翼。壽考維祺，以介景福。

朱子曰：祭畢而燕父兄耆老之詩。案此即中庸所稱燕毛之事也。方苞曰：祭畢豈能復行射禮？文王世子篇載公與族人之禮，又有公與族燕之禮，此其樂歌也。其說可存。

案方氏亂祭畢不能行射禮，此係四詩言全天子與其臣非祭畢而射之畢，而燕乎。

既醉 太平也。醉酒飽德，人有士君子之行焉。

既醉以酒（既飽者是禮終其事），既飽以德。君子萬年，介爾景福。既醉以酒，爾殽既將（將，行也）。

君子萬年，介爾昭明。昭明有融（融，長；朗，明也。始於饗燕，終於享祀），高朗令終。令終有俶（俶，始也。公尸，天子以卿言諸），公尸嘉告。

（恒豆之俎，水草之和也；其醯醢，昆蟲之物也。加豆之實，水物也；籩豆之薦，水土之品也。不敢用常褻味而貴多品，所以交於神明者，庶也。）

其告維何，籩豆靜嘉。朋友攸攝，攝以威儀。威儀孔時，君子有孝子。

（言道之徧也。攝，相攝佐者以威儀也。匱，竭；類，善也。淩蒙初曰：類者亦說其代生孝子世世相類耳。壼，廣也。）

孝子不匱，永錫爾類。其類維何，室家之壼。君子萬年，永錫

祚胤（胤，嗣也）。其胤維何，天被爾祿（祿，福也）。君子萬年，景命有僕（僕，附也）。其僕維何，釐（釐，予也）

爾女士。釐爾女士，從以孫子。

淩蒙初曰：類，《六十傳》訓善，乃上言君子有孝子，孝子不匱，則亦說其代生孝子世世相類耳。

劉承樹曰：此詩之義，朱傳甚明，蓋父兄既醉之後，亦言君子之祭，則是福而已，亦即中明神。

蝦之詞，以若之而已。自此尸未有若以下情蝦詞也。

朱子曰，此又見所以答行葦也。何義門曰，公尸，先公之尸也。皇尸，先王之尸也。言公尸者，卑遠以談近也。

鳧鷖　守成也。太平之君子，能持盈守成，神祇祖考安樂之也。

鳧鷖在涇（鳧，水鳥也。鷖，鳧屬。太平則萬物衆多），公尸來燕來寧。爾酒既清，爾殽既馨（聲香之遠聞也）。公尸燕飲，福祿來成。

鳧鷖在沙（沙，水旁也），公尸來燕來宜（宜宜其事也）。爾酒既多，爾殽既嘉（言酒品雖多而殽備矣）。公尸燕飲，福祿來爲（爲，厚之也）。

鳧鷖在渚（渚，止也），公尸來燕來處（處，止之）。爾酒既湑，爾殽伊脯。公尸燕飲，福祿來下。

鳧鷖在潀（潀，水會也），公尸來燕來宗（宗，尊也）。既燕于宗，福祿攸降。公尸燕飲，福祿來崇（崇，重之也）。

鳧鷖在亹（亹，山絕水也），公尸來止熏熏（熏熏，和說也）。旨酒欣欣（欣欣，樂也），燔炙芬芬（芬芬，香也）。

芬公尸燕飲無有後艱

言有後艱言不敬乎祈也

朱子曰此祭之明日繹而賓尸之樂劉蒼曰案燕尸之禮
大夫謂之賓尸即用其祭之日今有司徹是其事也天子諸
侯則謂之繹以祭之明日春秋宣八年書辛巳有事於太廟
壬午猶繹是說在明日也此公尸來燕是繹祭之事故箋云
祭祀既畢明日又設禮而與公尸燕也朱子謂繹而賓尸者
言繹祭既畢因而享尸云爾但公尸之說不同或曰公而爲
尸者白虎通引曾子之言曰王者宗廟以卿爲尸卿上卿出
封則爲侯伯故得以公言之或曰此詩但言公尸言公尸凡
五章是武王未有天下之先繹祭五廟享尸之樂也呂氏讀
詩記引橫渠張氏之說曰鳧鷖言天子之祭而言公尸何也
當成王時爲王尸者有文王武王其上皆公尸也故言公尸
公尸尸之尊者後說義長蓋周制七廟進王上止太王成王

呂氏說公尸二字
可取

時因應
有公阝
假樂，嘉成王也。
假樂君子，顯顯令德。宜民宜人，受祿于天。保右命之，自天申之。
假嘉也　宜民宜人宜安民宜官人也　申重也
干祿百福，子孫千億。穆穆皇皇，宜君宜王。不愆不忘，率由舊章。
宜君王天下也
威儀抑抑，德音秩秩。無怨無惡，率由羣匹。受福無疆，四方之綱。
抑抑美也　秩秩有常也
之綱之紀，燕及朋友。百辟卿士，媚于天子。不解于位，民之攸塈。
朋友羣臣也　塈息也
呂東萊曰：來芑曰友邦冢君，逐誥曰太史友、內史友，則朋友
者，舍百辟卿士言之也。君燕其臣，臣媚其君，此上下交而為

泰之時也泰之時所憂者急荒而已此詩所以綿于不懈於
位民之做怪也方豪之又規之其単闊廣歎之意也
名康公戒成王也戒成王以治政戒以民事美公劉之厚於民
而獻是詩也

公劉

篤厚也公劉居于邰而遭夏人亂迫逐公劉公劉乃避中國之難遂平西戎而遷其民邑於豳焉迺場迺疆言修其疆場也迺積迺倉

篤公劉匪居匪康迺場迺疆迺積迺倉迺裹餱糧于橐于囊思輯

言民事時和國有積倉也小曰橐大曰囊思輯用光言民相與和睦以顯於時也戚斧也揚鉞也張其弓矢秉其干戈戚揚以方開道

用光弓矢斯張干戈戚揚爰方啓行　篤公劉于胥斯原既庶既

路也之豳蓋諸侯之從者十有八國焉　胥相宣徧也民無長歎猶文王之無悔也巘小山別于大山也舟帶也瑤言有美德也下曰鞞上曰琫

繁既順迺宣而無永歎陟則在巘復降在原何以舟之維玉及瑤

言德有度數也容刀言有武事也　溥大　覯見也　曰京乃大

鞞琫容刀　篤公劉逝彼百泉瞻彼溥原迺陟南岡乃覯于京

衆所宜居之也廬寄也直言曰言論難曰語

師之野于時處處于時廬旅于時言言于時語語　篤公劉于京

斯依。蹌蹌濟濟，俾筵俾几，既登乃依，乃造其曹，執豕于牢，酌之用匏，（賓已升席坐矣，乃依几矣。曹，羣也。執豕于牢，新國則殺禮也。酌之用匏，儉以質也。）食之飲之，君之宗之。（爲之君，爲之大宗也。）

篤公劉，既溥既長，既景迺岡，（既景乃岡，考於日景，參之高岡。）相其陰陽，觀其流泉，其軍三單，（三單相襲也。）度其隰原，徹田爲糧，（徹，治也。）度其夕陽，（山西曰夕陽。荒，大也。）豳居允荒。

篤公劉，于豳斯館，（館舍也。正絕流曰亂。）涉渭爲亂，取厲取鍛，（鍛，石也。）止基迺理，爰衆爰有，夾其皇澗，遡其過澗，（皇澗名也。遡，鄉也。過澗名也。）止旅迺密，芮鞫之即。（密，安也。芮，水厓也。鞫，究也。）

金履祥曰：七月爲風，而公劉何以列於雅？蓋七月周公所陳，以爲瞽工之誦，使成王知祖宗衣食之原；公劉召公所獻，以倫燕饗之樂，使成王知立國勤勞之故。李氏曰：武成云「先王建邦啟土，公劉克篤前烈，太王肇基王迹，王季其勤王家」，相其陰陽，觀其流泉，八字堪輿家之法盡於此矣。

公劉為夏人迫逐
白侯齋

大王克成厥勳，誕膺天命，故后稷始封有邰，公劉遷豳，太王
遷岐，文王作邑於豐，皆周家受命之所由也。太王、王季
文武之事，自文王至有頌備矣，然後及於后稷、公劉焉。劉曰：
業周自后稷封于邰，夏政既衰，不窋失其官，竄於戎狄之
間，仍公劉纘業而安居于是，豳則亦不若有遷豳之舉矣。抑
稅安集其人民，以光大其國土，是以往遷於豳。至毛鄭俱以
公劉為夏人迫逐，呂氏公已據國語、史記而辯其非，則公劉
之氣象規模，可想見矣。首章述其整旅遷豳之事，而先言其
平日居處勤農之事，三章述其奠民居、相國都之事，四章、五
章述其定經制、作軍賦之事，末章則所謂風氣日開，生齒日
繁，版圖日廣，有方興未艾之勢焉。毛亭斷曰：過彼百泉，瞻彼
溥原，百泉即朝那，以豳地泉多故名也。溥原，竊謂豳地多原，
如五龍原、永壽原、淺水原等，故詩中於胥斯原、復降在原、度
其隰原，六章凡四稱原，則以衆原名溥原也。糧以多水名百

泉也。何楷曰：此詩第四章，行還廟之禮也。依，安也。蹌蹌，濟濟

然，祭之容也。筵几，為神設也。祭統云：鋪筵設同几，為依神也。

還廟之禮，奉神之衣服至於新廟，奉者升，君從升，所謂既登

也。祝曰：令月吉日，可以從于新廟。所謂乃依也。造，告而進之

也。有司曰：贊既祭之後，乃告羣臣將燕之也。執豕于牢，食之

也。酌之用匏，飲之也。宗之，立宗法也。其軍三單，乘長官大司

徒云：凡起徒役，毋過家一人，以其餘為羨卒。羨謂副丁也。今

言三單，則是三軍皆出而無副也。王應麟曰：以此詩考之，居

之宗之，宗法始於此；其軍三單，軍制始於此；徹田為糧，徹法

始於此。周禮有自來矣。爾雅釋水：正絕流曰亂。孫炎曰：直橫

渡也。孔疏：水以流為順，橫渡則絕其流，故為亂。止旅二句，朱

子曰：止居之眾日以益密，乃復即芮鞫而居之。

洞酌

名康公戒成王也。言皇天親有德，饗有道也。

洞酌彼行潦挹彼注茲可以饋饎豈弟君子民之父母　洞酌彼（洞遠也　行潦流潦也）（饋餾也　饎酒食也　樂以強教之　易以悅安之　民皆有父之尊　有母之親）

行潦挹彼注茲可以濯罍豈弟君子民之攸歸　洞酌彼行潦挹（濯滌也　罍祭器）

彼注茲可以濯溉豈弟君子民之攸塈（溉清也）

李文英曰舊說以為召康公戒成王然考詩意似說盛世之氣象物之道在乎器使一行潦之水也上可以沃酒食次可以濯尊罍下之可以滌器物人材亦猶是也在乎豈弟君子善收而並用之是真父母之道矣餴烝米一熟以水沃之再烝

卷阿（卷曲也）

召康公戒成王言求賢用吉士也

有卷者阿飄風自南豈弟君子來游來歌以矢其音（飄風回風也　惡人被德化而消猶飄風之入曲阿也）（矢陳也）　伴奐爾游（伴奐廣大有文章也）

藥挹彼注茲似亦人地相宜之意

藹華飄忽上有飄風自南之致

矣優游爾休矣豈弟君子俾爾彌爾性似先公酋矣（彌終也　似嗣也　酋終也）爾土宇昄（昄大也）
章亦孔之厚矣豈弟君子俾爾彌爾性百神爾主矣　爾受命長
矣茀祿爾康矣豈弟君子俾爾彌爾性純嘏爾常矣（茀小也　嘏大也）有馮有翼（道可馮依以為輔翼也）
有孝有德以引以翼豈弟君子四方為則（引長翼敬也）顒顒卬卬如圭如璋（顒顒溫貌　卬卬盛貌）
令聞令望豈弟君子四方為綱　鳳凰于飛翽翽其羽亦集爰止（鳳凰靈鳥仁瑞也雄曰鳳雌曰凰翽翽眾多也）
藹藹（藹藹猶濟濟也）王多吉士維君子使媚于天子　鳳凰于飛翽翽其羽亦傅
于天藹藹王多吉人維君子命媚于庶人　鳳凰鳴矣于彼高岡

無一字不飄灑一字不清真此等肯令屠宗伯衡前耶

高華博大之風脫下直是許風流經藝少見蘊素鵠矣

洪華廳制便
傷濃毳妙稱
由胃有病物
評

梧桐柔木也

梧桐生矣，于彼朝陽。菶菶萋萋，雝雝喈喈。

山東曰朝陽。梧桐不生山岡，太平而後生朝陽。梧桐盛也，鳳凰鳴也，臣竭其力，則地極其化，天下和洽，則鳳凰樂德。

君子之車，既庶且多。

上能錫以車馬，行中節，馳中法也

君子之馬，既閑且馳。矢詩不多，維以遂歌。

不多，多也。明王使公卿獻詩以陳其志，遂為工師之歌焉。

嚴華谷曰：此詩蓋爲君子，鄭箋指人臣說。是康公作此詩時，周公有明農之請，將釋天下之重任。昭王自為，康公憂公歸政之後，歷尚淺，任用非人，故反覆歌詠，蓋曰：公欲歸政矣，王所倚任者誰乎？吉士其可以繼滕公之任者，而繼之前者其人未得，其可遂明農之請乎？周召同心，為此乃知周公居東，王未悟時作鴟鴞，詒詩天下嗚嗚，謂朝廷不可一日無公，林召公亦不嘿嘿之，史傳略耳。姚舜牧曰：天保三言俾爾，其天所賜畀，此三言俾爾，其人所往，皆忠臣愛君之辭。

民勞至召旻凡十三篇為變大雅

民勞

召穆公刺厲王也

〔詭隨詭人之善隨人之惡者以謹無良慎小〕

民亦勞止，汔〔汔危也〕可小康。惠此中國〔中國京師也〕，以綏四方〔四方諸夏也〕。無縱詭隨，以謹無良。式遏寇虐，憯〔憯曾也〕不畏明。柔〔柔安也〕遠能邇，以定我王〔以繼大也〕。

民亦勞止，汔可小休〔休定也〕。惠此中國，以為民逑〔逑合也〕。無縱詭隨，以謹惛怓〔惛怓大亂也〕。式遏寇虐，無俾民憂。無棄爾勞，以為王休〔休美也〕。

民亦勞止，汔可小息〔息止也〕。惠此京師，以綏四國。無縱詭隨，以謹罔極。式遏寇虐，無俾作慝。敬慎威儀，以近有德〔求近德也〕。

民亦勞止，汔可小愒〔愒息〕。惠此中國，俾民憂泄〔泄去也〕。無縱詭隨，以謹醜厲〔醜衆厲危也〕。式遏寇虐，無俾正敗。戎〔戎大也〕雖小子，而式弘大。

民亦勞止，汔可小安。惠此中

國國無有殘（賊義曰殘）無縱詭隨以謹繾綣（繾綣反覆也）式遏寇虐無俾正反王欲玉女

無俾句一章深一章一層緊一層

是用大諫

沈氏鈁曰：讀是詩而知治世之文令人樂，讀民勞而知衰世之文令人悲。然是詩主於用賢，民勞主於黜不肖，所遇治亂頗異，所以操說路治則同也。朱子曰：此同列相戒之詞。姜氏曰：隨者不詭，不過賊模下賤承奉之態；詭者不隨，雖敎讒操辯亦無道身之路。今此二字可謂曲盡小人情態，若縱放明以難之，然後去之，決不姑息也。

板

凡伯刺厲王也。

上帝板板（板板反也上帝以指王者也），下民卒癉（癉病也）。出話不然（話善言也），為猶不遠（猶道也）。靡聖管管（管管無所依也），不實於亶（亶誠也）。猶（猶圖也）

方苞曰：靡聖管管，此一時不學無知之小人以聖人之道為迂拘

而不足信如而仍著之不悅學棄標語論語乃孔子立教之言不得不守未必能實之躬行之類

大臣謀國憂盛危明彼之所陳審有過慮於輯而紀之循而行之而無不補也無如同寮之泄泄者方且目笑者之腹非置之故直告之曰我言維服勿以為笑

之未遠是用大諫　天之方難無然憲憲　天之方蹶無然泄泄　辭

之輯矣民之洽矣　辭之懌矣民之莫矣　我雖異事及爾同僚　我

即爾謀聽我囂囂　我言維服勿以為笑　先民有言詢于芻蕘　天

之方虐無然謔謔　老夫灌灌　小子蹻蹻　匪我言耄　爾用憂謔　多將

熇熇不可救藥　天之方懠　無為夸毗　威儀卒迷　善人載尸　民之

方殿屎　則莫我敢葵　喪亂蔑資　曾莫惠我師　天之牖民　如壎如

篪　如璋如圭　如取如攜　攜無曰益　牖民孔易　民之多辟　無自立辟

憲憲猶欣欣也　蹶動也　泄泄猶沓沓也　輯和　洽合　懌悅　莫定也　僚官也　囂囂猶聱聱也　芻蕘薪采者　謔謔然喜樂　灌灌猶款款也　蹻蹻驕貌　八十曰耄　熇熇熾盛也　懠怒也　夸毗體柔人也　說人之于人不以大言者之則以諛言毗之毗附也　殿屎呻吟也　葵揆也　蔑無資財也　牖道也　如壎如篪言相和也　如璋如圭言相合也　如取如攜言必從也　辟法也

价善也　藩屏也　垣墻也　王者天下之大宗　翰幹也　懷和也

价人維藩，大師維垣，大邦維屏，大宗維翰，懷德維寧，宗子維城。

戲豫逸豫也　馳驅自恣也

無俾城壞，無獨斯畏。敬天之怒，無敢戲豫。敬天之渝，無敢馳驅。

無獨斯畏四字二層，言人不可以寡獨為，寡獨則畏實甚。

王往也　旦明　游衍游逸也

昊天曰明，及爾出王。昊天曰旦，及爾游衍。

嚴粲曰，朱子以此詩為切責其僚友用事之人，而義歸于刺王，與上篇同意。蘇轍曰，細味此詩，蓋朝廷始亂之時，其時文武之道法典章非不存也，老成才德非不有也，但王心荒縱，棄典章而不顧，疎老成而不用，時為之務，凡伯之徒，其國同休戚者，言不行，諫不聽，義又不可以去，故發為懇惻切直之詞以責之，勸之不厭繁複，欲其有所警悟焉。所謂發任之言，怨以怒，其政乖，其氣之謂歟。惠元說曰，出話不遠，此適責其頑矣，適言其論諛之階也，為猶不遠，此細娛其玩矣，細

媄者，禍亂之伏也。何者？侍武帝寵，退而告廿子，以國家在天

受命，創業垂統，未聞經國遠模，姚說平生常事，即此意也。

生民之什十篇，六十五章，四百三十三句

蕩之什

蕩召穆公傷周室大壞也厲王無道天下蕩蕩無綱紀文章故作是詩也

蕩蕩上帝（上帝以託君王也）下民之辟（君也疾病人矣威罪人矣）疾威上帝其命多辟天生烝民其命匪諶（誠也）靡不有初鮮克有終 文王曰咨（咨嗟也）咨女殷商曾是彊禦（彊梁禦善也）曾是掊克（掊克自伐而好勝人也）曾是在位曾是在服（服服政事也）天降慆德（天君慆慢之）女興是力 文王曰咨咨女殷商而秉義類彊禦多懟（對遂也）流言以對寇攘式內侯作侯祝（作祝詛也）靡屆靡究（屆極究窮也） 文

王曰咨〻女殷商女炰烋于中國（炰烋猶彭亨也鄭云自矜氣健之皃）斂怨以為德不明爾德時無背（背無臣）

無側（側無人也）爾德不明以無陪無卿（無陪貳也無卿士也）　文王曰咨〻女殷商天不湎爾以

酒不義從式（義宜也）既愆爾止靡明靡晦式號式呼俾晝作夜（俾晝為夜也）　文王曰

咨〻女殷商如蜩（蜩蟬也）如螗（螗蝘也）如沸如羹小大近喪（言居人上敢用行是道也）人尚乎由行內奰于（奰怒也不醉而怒）

中國覃及鬼方（鬼方遠方也）　文王曰咨〻女殷商匪上帝不時殷不用舊

雖無老成人尚有典刑曾是莫聽大命以傾　文王曰咨〻女殷商

人亦有言顛沛之揭（顛仆沛拔也揭見根皃）枝葉未有害本實先撥殷鑒不遠在夏后之

世泄

沈氏衍曰：案史記厲王好利，任榮夷公，是張樂揺先在位也。
王行侈傲，國人謗王，王得衛巫使監謗，道路以目，是使作疾
於靡屆靡究之，諸侯不享，淮夷入寇，其內奰中國覃及鬼方
之，召公凡伯芮良夫之諫皆不聽，其殷不用舊，曾是莫聽之，
此見經史之相符。唐汝諤曰：不用舊，並舊人舊法言，耶者老
成人二句，依晶其詞以折之，當時世亂必有以老成人為
言者，故設為此言，就使無老成之情，尚有先王之法可尚憑
藉之。案世本注，鬼方於漢則先零戎是也，又名鬼區，後漢書威霆作于鬼區。

抑　衛武公刺厲王，亦以自警也。

抑　抑抑，密也。

抑抑威儀，維德之隅。隅，廉也。人亦有言，靡哲不愚。靡哲不愚，國有道則知，國無道則愚。庶人之愚，亦職維疾。職，主也。哲

人之愚亦維斯戾 無競維人四方其訓之有覺德行四國順之
訏謨定命遠猶辰告敬慎威儀維民之則 其在于今興迷亂于
政顛覆厥德荒湛于酒女雖湛樂從弗念厥紹罔敷求先生克共
明刑 肆皇天弗尚如彼泉流無淪胥以亡夙興夜寐洒埽庭內
維民之章脩爾車馬弓矢戎兵用戒戎作用逷蠻方 質爾人民
謹爾侯度用戒不虞慎爾出話敬爾威儀無不柔嘉白圭之玷尚
可磨也斯言之玷不可為也 無易由言無曰苟矣莫捫朕舌言

不可逝（折）矣無言不讐（讐用也）無德不報（庶去声）惠于朋友庶民小子子孫繩繩萬

民靡不承　視爾友君子輯（輯和也）柔爾顔不遐有愆相在爾室尚不愧

于屋漏（西北隅曰屋漏）無曰不顯莫予云覯（覯見也）神之格（格至也）思不可度思矧可射思辟

爾為德俾臧俾嘉淑慎爾止（女為善則民為善矣止容也為人君止于仁為人臣止于敬為人子止于孝為人父止于慈與國人交止于信）不愆于儀不僭（僭差也）不賊鮮不為則投我

以桃報之以李彼童而角（童羊之無角者也而角自用之虹潰之郭云此人實潰亂小子之政）實虹小子　荏染柔木言緡（緡被也）之絲溫溫（溫溫寬柔也）

恭人維德之基其維哲人告之話言（話言古之善言也）順德之行其維愚人覆謂我

僭民各有心　於乎小子未知臧否匪手攜之言示之事匪面命

之言提其耳（借借也）借曰未知亦既抱子民之靡盈誰夙知而莫成（莫晚也）昊
天孔昭我生靡樂視爾夢夢（夢夢亂也）我心慘慘（慘慘憂不樂也）誨爾諄諄聽我藐藐（藐藐不入也）匪用
為教覆用為虐借曰未知亦聿既耄（耄老也）於乎小子告爾舊止聽用
我謀庶無大悔天方艱難曰喪厥國取譬不遠昊天不忒回遹其
德俾民大棘

用霖案此詩以誨子之言諄諄之時句句胸含蓋莊公既立為君而其父不欲斥言之故假人日誦以自警實則欲其子之知警也

謹案此詩舊說武公自警之作實則為誨莊公之詩蓋武公
入為卿士而其子已立為衛侯篇中曰爾曰女皆為尊者諱（是武公自謂）
年幼之詞而借曰未知亦既抱子（是謂莊公）與借曰未知亦聿既耄四
語尤為明顯考史記莊公名揚（莊）姜所謂謔浪笑傲者篇中述

劉瑾曰周之諸侯惟衛武公于國風二雅皆有詩風有淇澳等不顯矣賓筵抑詩所以得入二雅者蓋公作此二詩在於為王朝卿士之日而二詩之體制音節有合於大小雅者然而二詩但得附于變雅則與先王雅詩樂之自異相說矣出左

覺于政，荒湛于酒，云云，亦出一轍，其後果有州吁篡弑之事。曰聽用我謀，庶無大悔。曰天方艱難，曰喪厥國。曰回遹其德，俾民大棘。武公早慮及之矣。惜乎其終不悟也。何立子曰：抑之者，抑而又抑之，抑之與揚之相反，威儀揚則放，抑則斂。童以言過撻，易言童牛，賓筵言童羖也。除見桃曰，虹潰也，釋言文彼釋文云，虹訌同，古字通用。蓋人能念厥紹，則在國為賢君，在家為孝子，惟其念厥紹，故有祖父之大勳業，而子孫庶為皂隸者，欒郤胥原狐續慶伯，豈盡其君之過哉，亦其後多不肖者耳。又人能知戒不虞，如書之慮事，不然則憂不在千里之外，而患在几席之下矣。詩人於言柔嘉，頌仲山甫曰柔嘉維則，又曰威儀是力。此詩言慎爾出話，敬爾威儀，柔嘉無不可見，外圓內方，其為人祇務應酬，愛彼色厲內荏者，終無見責於聖人矣。若敬爾威儀與威儀是力，乃知其人一生一動，不可太脫略，而容貌顏色，如勉強於持久則存養熟矣。

劉瑾曰，列侯衛武公於風雅皆有詩，風有淇奥，年少氣矣，
賓筵、抑詩所以得入二雅者，蓋公在為王卿士時作，而其體
制音節有合乎大小雅，故於二詩但列於雅，則與先王雅樂
亦無相悖也。

桑柔

芮伯刺厲王也。

菀彼桑柔（菀，茂貌），其下侯旬（旬言陰均也）。捋采其劉（劉，爆爍而希也），瘼此下民（瘼，病也）。不殄心憂，倉兄填兮（倉，喪也；兄，滋也；填，久也）。倬彼昊天（昊天，斥王者也），寧不我矜。

四牡騤騤，旟旐有翩（騤騤，不息也；鳥隼曰旟，龜蛇曰旐；翩翩，往來不息也）。亂生不夷，靡國不泯（泯，滅也）。民靡有黎，具禍以燼（黎，齊也；鄭云言時民無有不齊被兵寇之害者）。於乎有哀，國步斯頻（步，行；頻，急也）。

國步蔑資，天不我將，靡所止疑（疑，定也），云徂何往。君子實維，秉心無競，誰生厲階，至今為梗（競，彊；厲，惡；梗，病也）。憂

方苞曰：民靡有黎，謂征役出戍所餘者惟老弱耳，步頻則蹶跌而易顛躓，故以為喻。

心慇ゝ念我土宇（宇居）我生不辰逢天僤（僤厚也）怒自西徂東靡所定處多我

覯痻孔棘我圉（圉垂也）為謀為毖（毖慎也）亂況斯削告爾憂恤誨爾序爵誰能

執熱逝不以濯（濯所以救熱也禮亦所以救亂也）其何能淑載胥及溺（弱）如彼遡風亦孔之僾民有（遡鄉僾唈荓使也力民代食代無功者）

肅心荓云不逮好是稼穡力民代食稼穡維寶代食維好（食天祿也）天降

喪亂滅我立王降此蟊賊稼穡卒痒哀恫中國具贅卒荒靡有旅（贅屬荒虛也）

力以念穹蒼（穹蒼蒼天）維此惠君民人所瞻（章）秉心宣猶考慎其相（相質也）維彼不

順自獨俾臧自有（奈何）肺腸俾民卒狂 瞻彼中林甡ゝ（甡ゝ衆多也）其鹿朋友已

疑音仡立不動也
儀禮婦疑立于
序西即靡所止
疑之疑

二方芒曰贅ゝ疣也若
子以生而附贅縣
疣出於人不決則
滋長決之則害身
危殆之時國家
之事勢結ゝ數此
若經四序王未滅
而曰滅我立王時
知其勢之必然也

与小雅赫赫宗周褒姒烕之同意

譖不胥以穀人亦有言進退維谷谷窮也 維此聖人瞻言百里遠慮也 維彼愚人覆狂以喜匪言不能胡斯畏忌 維此良人弗求弗迪迪進也 維彼忍心是顧是復民之貪亂寧為荼毒 大風有隧有空大谷隧道也 維此良人作為式穀維彼不順征以中垢中垢言闇冥也 大風有隧貪人敗類類善也 聽言則對誦言如醉匪用其良覆俾我悖覆反也 嗟爾朋友予豈不知而作 如彼飛蟲時亦弋獲既之陰女反予來赫赫炙也 民之罔極職涼善背涼薄也 為民不利如云不克民之回遹職競用力 民之未戾戾定也 職盜為寇涼

曰不可覆背善詈　雖曰匪予既作爾歌

序曰芮伯刺厲王也。箋曰芮伯畿内諸侯王卿士也，字良夫。疏曰左傳文元年引此云周芮良夫之詩曰大風有隧。王景文曰，序以為芮伯，毛氏以為芮良夫，蓋承左氏，其言既以芮從之。厲王說榮夷公，芮良夫曰，王室其將卑乎，夫榮公好專利而不知大難，夫利百物之所生也，天地之所載也，而或專之，其害多矣。此詩所謂貪人，其榮公也歟。芮伯之憂非一日矣。何玄子曰，周語榮公為卿士，諸侯不享。墨子亦云，厲王染於號公長父。荀子成相篇亦云，讒夫多進，郭公長父之難，厲王流于彘。然則號公、郭公長父皆一時用事之人歟。李文貞曰，舊說以為刺厲王，今繹其文意，首四章言世亂而生民困苦流散，次四章言王不能悔禍用人，使賢人遁去，甘於飢餓，自聖賢而不恤民，所謂厲階也。中間所述播從饑荒之苦，

皆以時事言、未必作者之自歷也。後。以。章。爲。僚。友。而。營。非斥
在上者、世亂。句。亦刺、意與前八章各爲一事感諷。而皆一人
之作、一時之言、蓋詩非聯而屬之、一則爲世所感因、一則見
周之亂、上下交譏也、劉曰案篇中言王二字、何玄子謂宜依鄭箋作我
王所恃以立者即 桂馥曰、及手未詳、釋文藉之作嚇、案漢律舊律有切略、迟猲猲、女字作猲、猲藉聲相近、藉借又嚇俗字、通作曷、又作喝、諺作愒、案
下文綴旒其從之 莊子有嚇字、亦猲之意、今閩中方言作人驚曰嚇、

雲漢 仍叔美宣王也、宣王承厲王之烈、內有撥亂之志、遇烖而懼、側身脩行、欲銷去之、天下喜於王化復行、百姓見憂、故作是
詩也、

倬彼雲漢、昭回于天、回轉也 王曰於乎、何辜今之人、天降喪亂、饑饉薦臻、薦重□也
靡神不舉、靡愛斯牲、圭璧既卒、寧莫我聽、旱既大甚、蘊隆蟲蟲、蘊、而爲隆、而蟲蟲、而

熱

不殄禋祀自郊徂宮上下奠瘞靡神不宗后稷不克上帝不臨耗

上祭天下祭地奠其幣瘞其物宗尊也國有凶荒則索鬼神而祭之

斁下土寧丁我躬　旱既大甚則不可推兢兢業業如霆如雷周

推去之　兢兢恐也　業業危也

餘黎民靡有孑遺昊天上帝則不我遺胡不相畏先祖于摧　旱

子然遺失也　摧去之

既大甚則不可沮赫赫炎炎云我無所大命近止靡瞻靡顧群公

沮止也　赫赫旱氣也　炎炎熱氣也　民近死亡也

先正則不我助父母先祖胡寧忍予　旱既大甚滌滌山川旱魃

先正百辟卿士也　先祖文武爲民父母也　滌滌旱氣也　山無木川無水　魃

為虐如惔如焚我心憚暑憂心如熏群公先正則不我聞昊天上

旱神也　惔燎之　憚勞也　熏灼之

帝寧俾我遯　旱既大甚黽勉畏去胡寧瘨我以旱憯不知其故

呂東萊曰宣王之小雅始於六月，宣王之大雅始於雲漢，言其心也。無其心則亦無其政矣。

祈年孔夙，方社不莫。昊天上帝，則不我虞。敬恭明神，宜無悔怒。悔恨也

旱既大甚，散無友紀。鞫哉庶正，疚哉冢宰。趣馬師氏，膳夫左右。歲凶年穀不登則趣馬不秣師氏弛其兵馳道不除祭事不縣膳夫徹膳左右布而不脩大夫不食粱士飲酒不樂周救也無不能止言無止不能也靡人不周，無不能止。瞻卬昊天，云如何里。里憂也

瞻卬昊天，有嘒其星。嘒衆星貌大夫君子，昭假無贏。大命近止，無棄爾成。何求為我，以戾庶正。戾定也瞻卬昊天，曷惠其寧。

案序以為仍叔美宣王，自王曰以下，大概述王之言，以為言耗斁二句，蘇穎濱謂王言與其耗敗下土，寧使我躬當其烖，尤見誠意惻怛。何立子曰：赫赫，是言日曝之象；炎炎，是言旱熱之氣。仰視曰瞻，還視曰顧。神異經曰：南方有人長二三尺，袒身而目

在頂上，逆行如風，名曰魃，所見之國大旱，赤地千里，一名旱母，遇者得之，投溷中即死，旱災消，王燾曰：云如何里，里，相助發，今北人猶有此言，陸佃云：旱久而星繁，星，陽之精也，陽之盛而亢則星稠于上，其理然也。

尹吉甫美宣王也。天下復平，能建國親諸侯，褒賞申伯焉。

出等高華大雅

崧高

崧高兒山大而高曰崧嶽四嶽也東嶽岱南嶽衡西嶽華北嶽恒堯之時姜氏為四伯掌四嶽之祀述諸侯之職於周則有甫有申有齊有許也駿大極至也嶽降神靈和氣以生申甫之大功翰幹也

崧高維嶽，駿極于天。維嶽降神，生甫及申。維申及甫，維周之翰。四國于蕃，四方于宣。

亹亹申伯，王纘之事。于邑于謝，南國是式。謝周之南國也 王命召伯，定申伯之宅。召伯召公也 登是南邦，世執其功。登成也 功事也

王命申伯，式是南邦。因是謝人，以作爾庸。庸城也 王命召伯，徹申伯土田。徹治也 王命傅御，遷其私人。御治事之官也私人家臣也

申伯之功召伯是營有俶(俶作也)其城寢廟既成既成藐藐(藐藐美皃)王錫申伯

四牡蹻蹻鉤膺濯濯(蹻蹻壯皃鉤膺樊纓也濯濯光明也)王遣申伯路車乘馬(乘馬四馬也)我圖爾居莫如南土

錫爾介圭以作爾寶(寶瑞也)往近(近已也申伯宣王之舅也)王舅南土是保申伯信邁王餞于郿(郿地名)

申伯還南謝于誠歸王命召伯徹申伯土疆以峙其粻式遄其行

申伯番番既入于謝徒御嘽嘽(番番勇武皃謝是申伯以功歸賜虎賁徒御嘽嘽徒行者御車者嘽嘽喜樂也)周邦咸喜戎有良翰不顯申伯(不顯申伯顯矣申伯也)

王之元舅文武是憲(言有文有武也)申伯之德柔惠且直揉此萬邦聞于四國

吉甫作誦(吉甫尹吉甫也作是工師之誦也)其詩孔碩其風肆(肆長也)好以贈(贈增也)申伯

鄒忠胤曰：崧高與烝民相表裏，彼代殺者言，此則王朝大臣
贈章祖道，詞篇迥別。蓋申伯美申伯，而予述王命，亦以見王之
寵之甚深也。都家山曰：詩至大雅，作者之志愈遠，而序者之
義愈精。故雲漢不為旱，以明格天之德；崧高不為贈行，以
明親賢之禮；烝民不為贈仲山甫，以表任能之功；梁山不為
韓封，以紀敵福之柄；江漢以下，諸子刺之。季野山曰：謝近荊，
荊與徐近，舊常表裏，為江漢患。申伯文武全材，任為州牧，以
鎮南國。蓋厲王失道，江漢上下荊徐並與。宣王命將伐荊，自
將伐徐，既服而使召虎疆理江漢，申在漢陽，因使虎徹謝田
以築城完邑。謝，荊徐之要衝，此扼吭之處也。劉曰：棠季氏此
論最精。宣王封申伯于南陽，本以制荊徐，乃晉時勝算，說者
因驪山之役，追咎崧高為尤，以啟戎攻宗周。且申伯後人之遂
節，豈宣王之所能預料哉？顧炎武曰：申伯，宣王之元舅也，立
功於周，而考甫作崧高之誦，其孫女為幽王后，無罪見黜，申

侯乃與犬戎攻殺幽王，乃未幾爲楚所滅。戎申之詩作焉。當
宣王之世，周興，而申仍以強；當平王之世，周衰，而申侯以弱；
至莊王之世，申爲楚縣矣。二舅之于周，功罪不同，而其所自
取如此。宋左師告華亥曰：女喪而宗國，於人何有，人亦於女
何有。讀二詩者，宜綜論二王之得失於東。定宇曰：箋云近游
也。劉瀠曰：近游發本作近，後人以形近致誤。

烝民

尹吉甫美宣王也。任賢使能，周室中興焉。

天生烝民，有物有則。民之秉彝，好是懿德。天監有周，昭假于下。保（烝眾物事則法彝常懿美也）
茲天子，生仲山甫。（[illegible]）（仲山甫樊侯也）仲山甫之德，柔嘉維則。令儀令色，小心翼翼。
古訓是式，威儀是力。天子是若，明命使賦。（古故訓道若順賦布也）王命仲山甫，式是百

辟纘戎祖考王躬是保出納王命王之喉舌賦政于外四方爰發

（戎大也）（賦言眾事之）

肅肅王命仲山甫將之邦國若否仲山甫明之既明且哲以保

（將行之）

其身夙夜匪解以事一人　人亦有言柔則茹之剛則吐之維仲

山甫柔亦不茹剛亦不吐不侮矜寡不畏彊禦　人亦有言德輶

（當隱也）

如毛民鮮克舉之我儀圖之維仲山甫舉之愛莫助之袞職有闕

（儀宜也）（有袞冕者居之上陷之）

維仲山甫補之　仲山甫出祖四牡業業征夫捷捷每懷靡及四

（善補過也）（言進職也）（業業言高大也）（捷捷言樂事也）

牡彭彭八鸞鏘鏘王命仲山甫城彼東方　四牡騤騤八鸞喈喈

（東方齊也古者諸侯之居逼隘則王者遷其邑而定其居蓋）

許說四惡民之詩反覆贊歎張其職業事功言大率主於穆耳八章間凡言仲山甫者十有二於以見情之尊慕之意也車之於南仲采芑之於方叔六月之於吉甫江漢之於召虎韓奕之於韓侯嵩高之詩人之情於所愛者則尊崇其名而道之於吉甫固可謂善言而宣王所以中興由賢臣多也

吉甫始而還于臨菑也　騤騤彭彭之喈喈，鏘鏘之遄疾之言，用之比仲山甫也　清微之風化養萬物者也

仲山甫徂齊，式遄其歸。吉甫作誦，穆如清風。仲山甫永懷，以慰其心。

千古第一義
自贊詩人

都宗山曰：尹作詩備獻納，非僚友私情之屬。王流于彘，戢內訌，處己不易，有天子齊遠而臣之之職，且以上請，豈非宣王之烈？作刪詩存，恐民春秋之旨也。若徒為送行，非關王政，何以登于雅乎？

何玄子曰：詩人以四語發端，其理甚精，而意甚切，乃統言之曰：及（仲）山甫，俱包括於天生之內，而言物各有則，維仲山甫能完其則，故繼予君以則觀。後章言柔嘉維則，是仲山甫之能自完其則也；又言袞職有闕，維仲山甫補之，是仲山甫之能予君以則也。又曰：德輶如毛，民鮮克舉之，言天則無形，不可控執，毫釐之差，千里之謬。詩言其微而難舉，而舊說相承，皆以為輕而易舉，非也。蘇氏曰：此詩言仲山甫柔嘉令色，此與漢胡廣、趙戒何異？又曰：不侮鰥寡，不畏彊禦，此與漢汲黯、朱雲何異？胡、趙柔而諂于諂，汲、朱剛而近于狂。仲山甫內剛外柔，非狂非諂，然後可以為王者佐，而當天下事矣。劉壽陽

曰樵徐與有云魯獻公仲子曰仲山甫入輔於周食采於樊則是纘戎祖考謂周公與獻公也都殺曰仲彼稱成湯不曰成湯至過曰政過樊侯佐周宣不曰無闕曰補闕皆於顯揚中宗規戒意也

尹吉甫美宣王也能錫命諸侯

韓奕

奕奕大也

奕奕梁山維禹甸之有倬其道韓侯受命王親命之纘戎祖考無

甸治也禹治梁山除水災宣王平大亂命諸侯有倬其道有倬然之道也受命受命爲侯伯也

戎大虔固共執也

廢朕命夙夜匪解虔共爾位朕命不易榦不庭方以佐戎辟　四

庭直也

牡奕奕孔脩且張韓侯入覲以其介圭入覲于王王錫韓侯淑旂

脩長張大覲見也

淑善也交龍

爲旂綏大綏也錯衡文衡也鏤錫有金鏤其錫也鞹革也鞃軾也中淺虎皮淺毛也幭覆式也厄烏蠋也

綏章簟茀錯衡玄袞赤舄鉤膺鏤錫鞹鞃淺幭鞗革金厄　韓侯

出祖出宿于屠顯父餞之清酒百壺其殽維何炰鼈鮮魚其蔌維何維筍及蒲其贈維何乘馬路車籩豆有且侯氏燕胥

屠地名也　蔌菜殽也　筍竹萌也蒲深蒲也贈送也王既使顯父餞之又使送以車馬所以贈厚意也人君之車曰路車所駕之馬曰乘馬

韓侯取妻汾王之甥蹶父之子韓侯迎止于蹶之里百兩彭彭八鸞鏘鏘不顯其光諸娣從之祁祁如雲韓侯顧之爛其盈門

汾大也蹶父卿士也　里邑也　祁祁徐靚也如雲言衆多也諸侯一取九女二國媵之諸娣衆妾也顧之曲顧道義也

蹶父孔武靡國不到為韓姞相攸莫如韓樂孔樂韓土川澤訏訏魴鱮甫甫麀鹿噳噳有熊有羆有貓有虎慶既令居韓姞燕譽

姞蹶父姓也　訏訏大也甫甫然大也噳噳然衆也　貓似虎淺毛者也

溥彼韓城燕師所完以先祖受命因時百蠻王錫韓侯其追其貊奄受北國

韓侯之先祖武王之子也因時百蠻長百蠻服之百國也追貊戎狄國也　奄撫也

右杜一領

何彥子曰竹書成王十二年王命燕師城韓是成宣子

因以其伯。實墉實壑，實畝實藉。獻其貔皮，赤豹黃羆。

言爲其城深其壑也

貔猛獸也追貊之國來貢而侯伯總領之

鄒氏曰：韓爲武穆，與晉同祖，均唐建國，諸侯之向背係焉。文密邇北國，爲一方屏翰，故莫急於得韓。蹶父以韓，良有以也。蹶父因以締姻，韓侯遂來朝，蓋繼世稟命之禮。王命之纘舊服，受北國爲伯，依此其隆重，故馭下之術亦緊見矣。黃震云：韓扞臨晉以制狄，謝衛武關以制楚，皆天下形勝，故特著之。又云：厲王時，錫命之典不行，至是命申伯以懷南諸侯，命樊侯以懷東諸侯，命韓侯以懷北諸侯，規模宏遠矣。東萊呂氏曰：詩人述宣王能錫命諸侯，而因道韓侯取妻之盛。王室奠安，人情豫樂矣，不在其中矣。林之奇曰：宣王時，北有玁狁，南有荊楚，東有徐夷，故式是南邦以申伯，城彼東方以仲山甫，奄受北國以韓侯，其爲謀甚遠也。毛西河曰：出宿于屠，屠即杜也。杜伯國在永興，左傳屠蒯，檀弓作杜蕢。謝枋得曰：中伯之行，王親餞之。韓侯之行，王使顯父餞之。禮亦有等差也。
何元子曰：行書成王十二年，王命燕師城韓。秦蕙田曰：此述
韓侯入覲儀節，與覲禮互相發明。四牡奕奕，孔脩且張，韓侯
入覲，即覲禮之乘墨車乃朝也。以其介圭入覲於王，即覲禮天
侯氏入門右，坐奠圭，再拜稽首也。王錫韓侯以下，即覲禮天
子賜侯氏以車服也。介圭，即玉藻諸侯所受之瑞，毛氏蓋得
之，箋以爲享禮之圭，璧非也。又曰：覲禮於饗禮乃歸之下無
侯氏出祖餞載，及卿士出餞之文，此詩所陳可補儀禮之未
及。玉乘馬路車之贈，又在錫車服之外，出於一時特典，未必
爲常制也。

江漢

江漢，尹吉甫美宣王也。能興衰撥亂，命召公平淮夷。

江漢浮浮，浮浮，衆彊貌。武夫滔滔。滔滔，廣大貌。匪安匪遊，淮夷來求。淮夷東國，在淮浦而夷行也。既出我車，既設我旟。匪

安匪舒淮夷來鋪（鋪病也）　江漢湯湯武夫洸洸（洸洸武貌）經營四方告成于王四

方既平王國庶定時靡有爭王心載寧　江漢之滸王命召虎（召虎召穆公也）式

辟四方徹我疆土匪疚匪棘王國來極于疆于理至于南海　王

命召虎來旬來宣（旬徧也）文武受命召公（召公召康公也）維翰無曰予小子召公是似（似嗣肇謀敏疾戎大公事也）肇

敏戎公用錫爾祉　釐爾圭瓚秬鬯一卣（釐賜也秬黑黍也鬯香草也築煮合而鬱之曰鬯卣器也九命錫圭瓚秬鬯文人文德之人也諸侯有大功德賜之名山土田附庸）告于文人錫山土田于

周受命自召祖命虎拜稽首天子萬年　虎拜稽首對揚（對遂）王休作

召公考（考成）天子萬壽明明天子令聞不已矢（矢施也）其文德洽此四國

朱子曰，宣王命召穆公平淮南之夷，詩人美之。陳后山曰，淮夷之地不一，徐州在淮北，徐州有夷，則淮夷之在北者也；揚州在淮南，揚州有夷，則淮夷之在南者也。江漢、常武同為宣王之詩，以地理考之，曰江漢之滸，王命召虎，是淮南之夷也，若在淮北，則江漢非所由入之路矣；曰率彼淮浦，省此徐土，是淮北之夷也，若在淮南，則徐土非所接之地矣。

秦蕙田曰，諸侯未賜圭瓚者，不得為鬯。白虎通云，天子鬯，諸侯薰，大夫芑蘭，士蕭，庶人艾。王制云，諸侯賜圭瓚然後為鬯，未賜圭瓚，則資鬯于天子。說者以為未賜圭瓚者，每祭請鬯於天子而用祼，非也。此言向未賜圭瓚，而今始賜之，則天子必資之以鬯。若詩江漢篇云，釐爾圭瓚，必兼言秬鬯一卣，經泰之云，初賜圭瓚，未及自為之鬯，即並鬯以賜，使歸告祖廟，此正所謂資鬯於天子也。書文侯之命，用賚爾秬鬯一卣；左傳二十八年，王賜晉侯秬鬯一卣。疏云，言秬鬯必以圭瓚副可知。是也。又曰：秬鬯即鬱鬯，秬黑黍，王親耕以供鬱鬯之用，鬯人釀之，鬱人築煮和之。先儒因周官分鬯人、鬱人為二職，遂以鬱鬯為和鬱者，秬鬯為不和鬱者。考鬱人和鬱鬯實彝而陳之，是鬱合鬯也。宗廟重祼，鬱人專掌祼事，故實之陳之皆鬱人。大宗伯祭大神，涖玉鬯，玉鬯即盛鬱鬯之器。天地大神至尊不祼，故不用鬱人，即令鬯人供之也。蓋秬黍所以為酒，必和鬱而後為鬯，不得謂鬱人和鬯，而鬯人之秬鬯不和鬱也。有鬯無鬱，固不成酒；有酒無鬱，則無以齊同，何以謂之秬鬯？字先生謹於祭祀，又以釀黍築鬱事各不同，故分二職以掌之耳。疏於鬱人注云：鬯酒者，文略也，實和鬯酒之詩秬鬯一卣，疏云：禮有鬱者，築鬱金之草而煮之，以和秬鬯之酒，但之芬芳條鬯，故謂之鬱鬯。今攷鬱字從鬯，則鬱以秬鬯得名，而秬酒謂之鬯，又以鬱之氣得名，故云：主秬言則謂之秬鬯，主鬱言則謂之鬱鬯，其實一也。

敘王嚴十分典重，是主言出之後，人追摹相倣，遂覺多嚼口臭耳。

昌黎平淮西碑千古絕奇，絕調後此直不堪作，效此作者不作亦可辨也。

常武，召穆公美宣王也。有常德以立武事，因以為戒然。

赫赫明明，（赫赫然盛也，明明然察也。王命南仲于太祖，皇父為大師。）王命卿士，南仲大祖，大師皇父。整我六師，以脩我戎。既敬既戒，惠此南國。

王謂尹氏，（尹氏掌命卿士，程伯休父始命為大司馬。）命程伯休父，左右陳行，戒我師旅。率彼淮浦，（浦，厓也。）省此徐土。不留不處，三事就緒。

赫赫業業，（業業然動也，嚴然而威。）有嚴天子。王舒保作，（舒，徐也；保，安也。）匪紹匪遊。（不敢繼以敖遊也。）徐方繹騷，（繹，陳；騷，動也。）震驚徐方。如雷如霆，徐方震驚。

王奮厥武，如震如怒。進厥虎臣，闞如虓虎。（虎之自怒虓然。）鋪敦淮濆，仍執醜虜。（濆，涯；仍，就。虜，服也。）截彼淮浦，王師之所。（截，治也。）

王旅嘽嘽，（嘽嘽然盛也，疾如飛，摯如翰。）如飛如翰，如江如漢。如山之苞，（苞，本也。）如

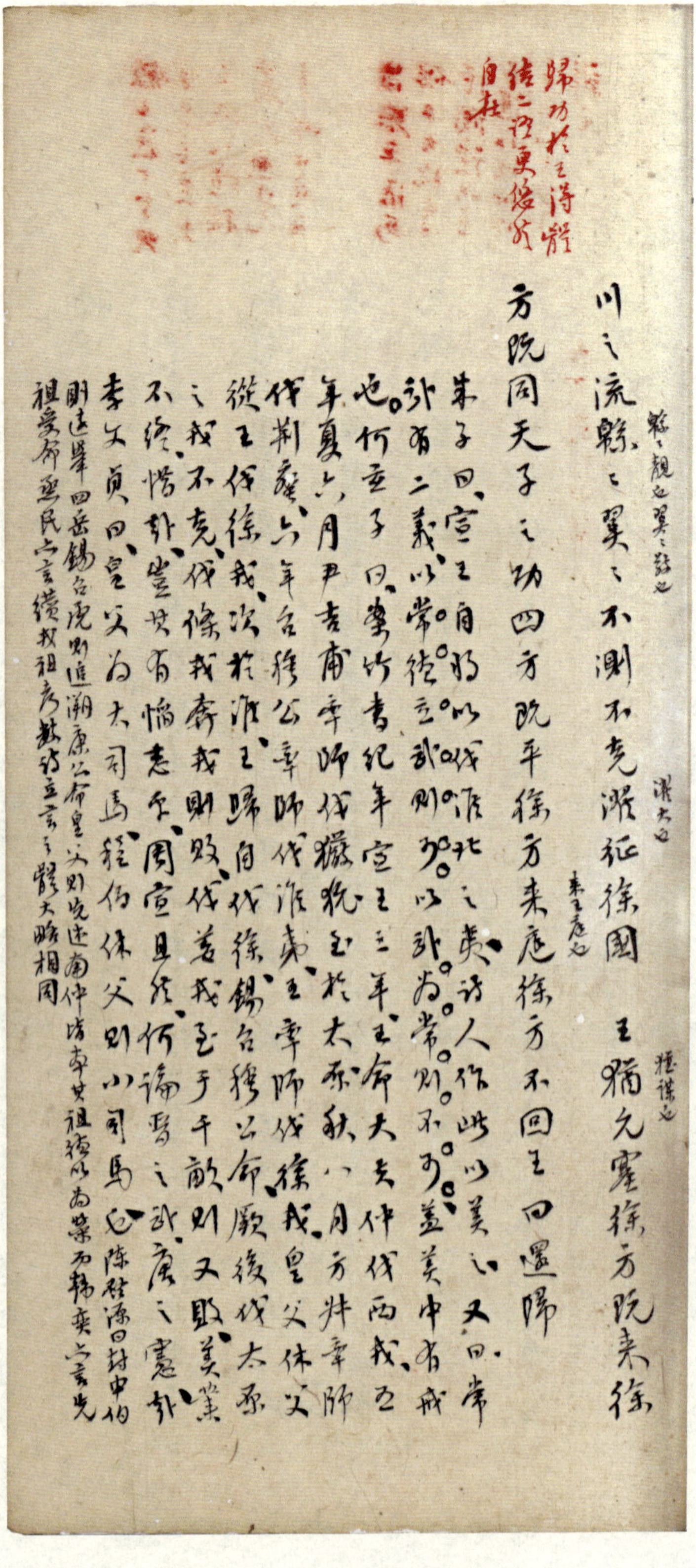

歸功於王得體，結二語更好自在

川之流，緜緜翼翼，不測不克，濯征徐國。王猶允塞，徐方既來，徐方既同，天子之功。四方既平，徐方來庭。徐方不回，王曰還歸。

緜緜，靚也；翼翼，敬也。濯，大也。猶，謀也。來，王庭也。

朱子曰：宣王自將以伐淮北之夷，詩人作此以美之。又曰：常武有二義：以常德立武則可，以武為常則不可。蓋美中有戒也。何立子曰：案竹書紀年，宣王三年王命大夫仲伐西戎，五年夏六月，尹吉甫帥師伐玁狁，至於太原。秋八月，方叔帥師伐荊蠻。六年，召穆公帥師伐淮夷，王帥師伐徐戎，皇父休父從王伐徐戎，次於淮，王歸自伐徐，錫召穆公命，厥後伐太原之戎不克，伐條戎奔戎則敗，伐姜戎至于千畝則又敗，美業不終，惜哉。豈其有惰志乎。周宣且然，何論晉之武、唐之憲哉。李氏貞曰：皇父為大司馬，程伯休父則小司馬也。陳櫟源曰：封申伯則述畢四岳，錫召虎則追溯康公，命皇父則先述南仲，皆本其祖德以為榮，而於韓奕之言先祖受命，烝民之言纘戎祖考，數詩立言之體大略相同。

瞻卬　凡伯刺幽王大壞也

瞻卬昊天（昊天斥王也），則不我惠。孔填不寧（填久厲惡也），降此大厲。邦靡有定，士民其瘵（瘵病）。蟊賊蟊疾，靡有夷屆（夷常也）。罪罟不收（罪罟設罪以為罟），靡有夷瘳（瘳愈也）。人有土田，女反有之。人有民人，女覆奪之。此宜無罪，女反收之（收拘收也）。彼宜有罪，女覆說之（說赦也）。哲（哲智也）夫成城，哲婦傾城。懿厥哲婦，為梟為鴟。婦有長舌，維厲之階。亂匪降自天，生自婦人。匪教匪誨，時維婦寺（寺近也）。鞫人忮忒（忮害忒變也），譖始竟背。豈曰不極，伊胡為慝——如賈三倍，君子是識。婦無公事，休其蠶織（休息也婦人無與外政非其所）。

千鍾百鍊成此妙句

如此而出

戲

從明淫心生千古同類者存之

賦篇季北予

猶亡綴織為事 天何以刺何神不富 刺責富神 舍爾介狄 狄遠 維予胥忌 忌怨也 不弔不祥威儀不類 類善 人之云亡邦國殄瘁 殄盡瘁病也 天之降罔維其優矣 優渥也 人之云亡心之憂矣天之降罔維其幾矣 幾危也 人之云亡心之悲矣 觱沸檻泉維其深矣心之憂矣寧自今矣不自我先不自我後藐藐 藐藐大貌 昊天無不克鞏 鞏固也 無忝皇祖式救爾後

讀式救不後及下章不為有舊之詩乃見追時慈父猶乃及此者於時亡之維不悖也於是而救逝亡

朱子曰此刺幽王嬖褒姒任奄人以致亂之詩何玄子曰凡伯作板詩在厲王末歷共和攝政十二年宣王在位四十六年至幽王三年嬖褒姒八年立伯服九年王室始騷中間相距六十餘年在幽王時計凡伯當為八九十歲老臣見國事

之作不過禍患憤激而言，故序以此詩及召旻皆以為刺大壞也。李文貞曰：褒姒敗周室將亡，賢人憂之而作，正與大雅之首，任姒嗣徽音賢楨周者相首尾也。蓋嬰喬曰：此篇言內嬖寵妻，後篇言外嬖小人，後宮色嬖則賢者隱微，學小偈言，則善類嗜唯，二詩皆為世永鑒歟。篤修曰：讀詩祀至皇祖文武也，周家王業皆由太姜太任太姒為之輔佐，此云無忝者，不過欲其遠追賢色賤貨貴德耳。也知婦人是寢，無忝皇祖是榮。

凡伯刺幽王大壞也。是閔也，閔天下無如召公之臣也。

召旻

旻天疾威，天篤降喪，瘨我饑饉，民卒流亡，我居圉卒荒。圉垂也 天降罪罟，蟊賊內訌，江潰也 昏椓靡共，椓夭椓也，潰潰亂也 潰潰回遹，實靖夷我邦。清濮東平也 皋皋訿訿，皋皋頑不知道也，訿訿窳不供 曾不

事也

訿其玷兢兢業業孔填不寧我位孔貶（貶隊也）如彼歲旱草不潰茂（潰遂也）如

彼棲苴（苴水中浮草也）我相此邦無不潰止　維昔之富不如時（往者富仁賢今也富讒佞）維今之疚不如（今則病賢也）

茲彼疏斯粺（彼宜食疏今反食精粺替廢況茲也引長也）胡不自替職兄斯引　池之竭矣不云自頻（頻厓也）泉之竭

矣不云自中（泉水從中以益者也）溥斯害矣職兄斯弘不烖我躬　昔先王受命有如

召公日辟國百里（辟開）今也日蹙國百里（蹙促也）於乎哀哉維今之人不尚有

舊

痛心裂肺抉腳椎胸者此十二字矣

老杜哀王孫作哀哉王孫慎勿疏五陵佳氣無時無今日之此詩歎息也

朱子曰此刺幽王任用小人以致饑饉侵削之詩也陳櫟曰

前詩望其改過而無忝皇祖此詩望其改圖而擢用舊人當

如是，則君猶可泰，危猶可安也。豈至有犬戎之禍哉。惠周惕曰：詩始周召，見造周者二公也。風終周公，雅終召公，見二公不作，周不可爲也。朱倫翰曰：大雅終於召旻，何也？曰：幽王無道，嬖妾蠱惑於內，小人用事於外，天變於上而不知，民怨於下而不恤，周室將亡，不可救矣。君子傷之，曰：必有君如文武，有臣如召公，則周室其可復興乎。是時去宣王中興未遠，亦豈無舊臣可任者，此王之不用何。此所以終于亡也。徐退山曰：前言內惑艷妻，此言外嬖小人。低昂輕重之勢，如持衡然。故曰後宮色盛，則賢者隱微。羣婢偏言，則善類噤啞。二詩其萬古永鑒。劉瑾曰：此詩慨然有懷文武召公之盛，以見先極思治之理，其亦猶下泉之終變風歟。王應麟曰：彼疏斯粺。箋云：疏謂糲米也，米之率，糲十，粺九，鑿八，侍御七。疏云：九章粟米之法云：粟率五十，糲米三十，粺二十七，鑿二十四，侍御二十一。言粟五斗爲糲米三斗，以下則米漸細，故數益少，四

陳傅良曰：周南係于周公，召南係于召公，豈非化之基本必有待乎二公也。至於風之終係以豳，雅之終係以召旻，豈非化之衰也必有思乎二公也。

雅之末，皆以三約之。何焯曰：頗以喻政，中以術德，用霸業，荀

人云：秦始皇焚書，惟易以卜筮得全。今以詩之一經言之，始

於周南召南，而終於周公召公，始末完備，豈援拾採輯此

漢儒之說乎？所焚原是多焚者，斯言猶信。

蕩之什十一篇九十二章七百六十九句

頌與容古字通用，故序以形容言之。周頌三十一篇，多周公所定，而亦有康王以後之詩。魯頌四篇，商頌五篇，因以其類附焉。徐鍇曰：詩有頌，所以明盛德而告成功，雖有文王之業，武王之功，微成王周公則不作矣，迄太平之事也。其商頌救止特附之而已矣，不救絕一代之事，因其所得而附之，非有所褒貶也。

頌

頌者，宗廟之樂歌，大序所謂美盛德之形容，以其成功告于神明者也。陳傅良曰，別以尊卑之禮，故魯頌以諸侯而後於周，序以親疏之義，故商頌以先代而後於魯。魏浣初曰，周頌嚴正，魯頌誇張，商頌古質，世體裁亦自有辨。

周頌清廟之什　張耒曰，治人之道尚明，故施政之堂曰明堂；事神之道尚潔，故文王之廟曰清廟。

清廟　祀文王也。周公既成洛邑，朝諸侯，率以祀文王焉。

於穆清廟，肅雝顯相。（於歎詞，穆美，肅敬，雝和，相助也）濟濟多士，秉文之德。（執文德之人也）對越在天，駿奔走在廟。（駿長也）不顯不承，無射於人斯。（顯於天矣，承於人矣，不見厭於人矣）

蘇轍曰：文武之世，天下未平，禮樂未備，則頌有所未暇。故其篇第之先後則不可究矣。考之以其時則不備，求之以其事則不類，蓋其亡以其類相從耳。

朱子集傳與序說同。王褒亦云：周公詠文王之德而作清廟。王肅云：宗，尊也。周人既祖其廟，又尊其祀，故祭法則云祖文王而宗武王。而孝經則云宗祀文王。何玄子曰：清廟、我將，周宗祀文王之詩。以小序及鄭箋之說考之，我將是季秋大享帝時所用，清廟乃洛邑初成，將率文王以配帝之樂歌。其後是詩移以他用，蓋有五焉。其一，祭統云：大嘗禘，升歌清廟，下而管象，天子之樂也。周祖文王，故大嘗禘歌之也。其一，文王世子曰：天子視學，釋奠於先老，遂設三老五更群老之席位焉，適饌省醴，養老之珍具，遂發詠焉，反登歌清廟，既歌而語，以成之也。下管象，舞大武，大合眾以事，達有神，興有德也。陳暘謂養老必歌清廟、下管象者，以文王善養老故也。其一，仲尼燕居曰：大饗，兩君相見，升歌清廟，示德也；下而管象，示事也。其一，君燕其臣與四方之賓，其升歌鹿鳴，下管新宮而已。大饗及兩君相見，皆歌清廟、管象者，以闡周之洪慶，得與於配帝之祭肅雝顯相之贊，據之頌詩，崇莫大焉。故於盛禮歌之也。

廿一明堂位曰：季夏六月以禘禮祀周公於太廟，登歌清廟，下管象。以此禮始於周公，故追思而報之。所以褒周公，非以賜魯也。遠此者，而升歌清廟之義明矣。

維天之命　太平告文王也。

孟仲子曰大哉天命之無極而美周之禮也

維天之命，於穆不已。於乎不顯，文王之德之純。假以溢我，我其收之。駿惠我文王，曾孫篤之。

純大假嘉溢慎收聚也

成王能厚行之也

何玄子曰：此清廟之第二章。下章維清爲清廟之第三章。季文貞亦云：清廟爲方祭之詩，此爲祭而受福之詩，下章爲祭畢送神之詩。此詩首四句言文王性與天合，中庸經純亡不已者是也。其義下四句轉慶源曰：何以恤我，我不啟自必之

極道學經邦，風雅絕世，不許宋室小儒饒舌也。

詞，我其收之，幸之之詞，駿惠我文王，自媚之詞，曾孫篤之，望於後人之詞，嚴華容曰，收所受，使不墜也，大順則無邪，須毫釐之違戾，既以自勉，並勉後人，繼自今為文王之子孫者，當如世篤學之不忘，無敢幸至，浸遠典型易墜，非用意篤學者不能守也。

維清

奏象舞也。

維清緝熙文王之典，肇禋迄用有成，維周之禎（典法也，肇始，禋祀也，迄至，禎祥也）

劉永柗曰 何玄子稽季彭山說以為清廟之第三章者，以禮之言歌清廟者，未嘗離爲象也。文王當時七年五伐，書傳云，二年伐邘，三年伐密須，四年伐犬戎，五年伐耆，六年伐崇者，今秦以其功次第象之為舞也。樂有文舞武舞，此獨奏武舞者，大雅陳暘曰：內則曰成童舞象，蓋文王之時雅王事，此見而大德猶未集也，以未說集之說舞之，以未成人之童，此所以謂之象歟。

曰文王受命有此武功，旣大其事，而於配帝之時特奏之也。
呂東萊曰：周公宗祀文王於明堂，以配上帝，所謂肆禮以文王配帝始於此也。陳暘曰：禮文王世子、明堂位、祭統、仲尼燕居諸言下而管象，左傳亦曰象箾南籥，蓋文王之樂，敬維清於堂上，奏鏡鼓舞象於堂下，先儒以象為武王樂，誤矣。
成王即政，諸侯助祭也。

烈文

烈文辟公，錫茲祉福，（烈光也，文文錫之，崇立也，我大皇美也）惠我無疆，子孫保之。無封靡于爾邦，（封大也，靡累也）維王其崇之。念茲戎功，繼序其皇之。無競維人，（競強，訓道也，前王武王也）四方其訓之。不顯維德，百辟其刑之。於乎前王不忘。

朱公遷曰：儀禮賓三獻尸之後，主人酌酒獻賓，歌烈文（其文見於儀禮）世杜

此時歟？歐陽氏曰：成王初見於廟，諸侯來助祭，既祭而君臣受福，自相勅戒之詞。故呼助祭之諸侯曰：烈文辟公，文錫茲祉福矣。惠我君王，以無疆之休，子孫其世永保之。臨川王氏曰：無競維人，四方其訓之者，戒之以用人也；不顯維德，百辟其刑之者，戒之以務德也。於乎前王不忘者，言此上所云則前王所念而不釋也。

天作　祀先王先公也。

天作高山，（作，生；荒，大也。天生萬物於高山，大王行道，能安天之所作也。）大王荒之。彼作矣，文王康之。彼徂矣，岐有夷（夷，易也）之行。子孫保之。

季於山曰岐，祀岐山之樂，按易升卦王用享于岐山，是周
祀岐山，豈其多樂，我非王作，杜漢陛大告武成之日歟

昊天有成命 郊祀天地也

昊天有成命，二后受之（二后文武也），成王不敢康，夙夜基命宥密（基始命信宥寬密寧也），於緝熙單厥（緝明熙廣單厚肆……）

心，肆其靖之（固靖和也）

劉蔭蓉曰，樂李文貞云，此成王祔祭於文王之詩，命天命也，信者命之基，發者信之聚，夙夜之間，極其嚴殺，是謂基天命於深密之中，易言說心退藏於密是也，繼續光明而盡其心，謂勤於學也，王自作詩曰敬之敬之，天維顯思，命不易哉，又曰日就月將，學有緝熙於光明，此詩所頌，即述王意也，肆其靖之，美其治功也，此解最確，考之國語，叔向引此詩云，道成

王之德也，成王能明文昭，能定武烈也。此在古注未出之前，故朱子力主國語之說，而歐陽氏亦云以為成王論則文理易通也。集序言郊祀天地，鄭謂郊天祭地，皆歌此詩，蘇文忠據此以言古者天地合祭，劉安世力詆其非，蓋古人子月祀天於南郊，午月祭地於大社，時既不同，則自非合祭耳。

祀文王於明堂也。

我將

我將將，大享獻也。我享，維羊維牛，維天其右之。儀式刑文王之典，儀，善；刑，法；典，常；靖，謀也。日靖四方。伊嘏文王，既右饗之。我其夙夜，畏天之威，于時保之。

濮一之曰：此王之祀既不敢同后稷於郊，又不屬天神於宗廟之理，故特尊其祀於明堂也。然其為曲者矣。呂東萊曰：明陳啟源曰古者祭天於圜丘掃地而祭器用陶匏牲用犢其禮極簡聖人之意以為未足以報本故于季秋之月有大享之禮焉天即帝也郊而曰天所以尊之也故以后稷配焉后稷遠矣配稷于郊亦以尊稷也明堂而曰帝所以親之也故以文王配文王親也配文王于明堂亦以親文王也然則郊者古禮而明堂周制也周公以義起之者也

堂祀上帝而文王配，故此詩必先言祀天，何立子如此篇為大享帝所用者。林之奇云：嘗之祭天者四，郊于冬至一也，祈穀于上帝二也，大雩於就見三也。郊之祭、祈穀之祭以后稷配，雩之祭以五人帝配，皆與文王無與，此云祀文王於明堂，故知其為大享也。

時邁

巡守告祭柴望也。

邁行 震動 疊懼 懷來 柔安 喬高也 高岳岱宗也

時邁其邦，昊天其子之。實右序有周，薄言震之，莫不震疊。懷柔百神，及河喬嶽。允王維后，明昭有周，式序在位。載戢干戈，載櫜弓矢。我求懿德，肆于時夏，允王保之。

戢聚 櫜韜也

夏大也

德盛所及，孝慕致順，此等是三代氣象，彼秦皇漢武直如竹馬小兒往來馳騁耳。

明矣郊未然也時邁然不然也

華之有扶雷濤而俱奔之勢

朱子曰，此巡守而朝會祭告之樂歌也。春秋傳曰，昔武王克
商作頌曰，載戢干戈，而外傳又以為周文公之作，則此詩乃
武王之世周外傳又曰，金奏肆夏樊遏渠，天子所以享元侯也。韋昭注云
公所作也。肆夏一名樊，韶夏一名遏，納夏一名渠，即周禮九夏之三也。
呂叔玉云，肆夏時邁也，樊遏
執競也，渠思文也。

執競　祀武王也。

執競武王，無競維烈。（言競競也，烈業也。不顯乎其成大功而安之也。皇，君也。）不顯成康，上帝是皇。自彼成康，奄有四方，斤（用彼成安之道也。奄，同也。斤斤，明察也。）
斤其明。鐘鼓喤喤（喤喤，和也），磬筦將將（將將，集也），降福穰穰（穰穰，衆也）。降福簡簡（簡簡，大也），威儀反反（反反，謹也）。既醉
既飽，福祿來反（反，復也）。

案序以此詩為祭武王，朱子謂祭武成康三王，朱公遷謂祭世三王、今世例，然王有世室，則必有專祭，豈昭王以後祭武世室，而配以成康歟？而何立子則曰祭成康之昭王之世，以成康備七廟。此其曰祭之詩也。天子廟制，先儒所說不同。皆謂代名異制者，禮緯稽命徵及春秋鈞命決，咸云唐虞五廟，親廟四，始祖廟一。夏四廟，至子孫五。殷五廟，至子孫六。周六廟，至子孫七。注謂夏始祖無功，不立。惟禹與二昭二穆，故五。殷契為始祖，湯為受命王，各立其廟，與親廟四，故六。周后稷始封，文王武王受命而王，是以三廟不毀，與親廟四，故七也。有主。四廟之說如此。喪服小記云：王者立四廟，即謂高曾祖考四親廟。南齊志云：先儒說高祖以下五世親盡，故親廟有四之有主。五廟之說如此。匡衡云：天序五行，人親五屬，天子奉天，故率其意而尊其制。是以禘嘗之序，靡有過五，受命之君，躬接于天，萬世不墮，繼烈以下，五廟而遷，上陳太祖，間歲而祫。

其道應天，故福祿永終。韋玄成奏云：禮，王者始受命，諸侯始
封之君，皆為太祖，以下五廟而迭毀。郤義曰：王者禘其祖之
所自出，以其祖配之，而立四廟。言始受命而王，祭天以其祖
配，而不為立廟，親盡也。立親廟四，親親也。親盡而迭毀，親疏
之殺，示有終也。周后稷、文王、武王，三廟不毀。成王成二聖之
業，制禮作樂，功德茂盛，廟猶不世，以行為謚而已。鄭康成上
同其說。馬融、中鄭之意，謂七廟者，有其人則七，無其人則五。
若諸侯廟制，雖有其人，不得過五也。有主七廟之說者，禮器
云：有以多為貴者，天子七廟。孫卿云：有天下者事七世。家語
子羔問廟制，孔子云：禮，天子立七廟，諸侯立五廟，大夫立三
廟。穀梁亦云：天子七廟，諸侯五廟。然七廟亦有二說，王制云：
天子七廟，三昭三穆，與太祖之廟而七。祭法則云：王立七廟，
曰考廟，曰王考廟，曰皇考廟，曰顯考廟，曰祖考廟，皆月祭之。
遠廟為祧，有二祧，享嘗乃止。王肅依據王制，而兼取二祧之

文、謂七廟高祖之父及高祖之祖為二祧，並始祖四親廟為
七、朱子考之圖說，又頗與肅異，大概謂太祖百世不遷，一昭
一穆為宗，亦百世不遷，二昭二穆為四親廟，親盡遷毀也。有
主七廟之外，宗無定數之說者，王肅云：周之文武受命之王，
不遷之廟，權禮所施，非常廟之數。殷之三宗，宗其德而存其
廟，亦不以為數。王舜、劉歆亦云：苟有功德則宗之，不可預為
設數。故殷太甲為太宗，太戊為中宗，武丁為高宗。周公無逸
之戒，舉殷三宗以勸成王。由是言之，宗無數也，所以勸帝者
之功德博矣。而鄭康成非之，謂禮器之文曰：周旅酬六尸，一
人發爵，則七尸七廟明矣。今使文武不在七數，豈禮也哉？張
融亦云：據曾子問云七廟無虛主，若王肅數高祖之父、高祖
之祖與文武而九，則主當有九，何云七廟無虛主乎？今新說
之說而折衷之，四廟習其近而忘其遠，五廟治其同而昧其別，
七廟則盡制矣，而無少處乎有功德而親盡者乎？朱子謂

初立一昭一穆，亦百世不遷。苟非德如文武，安足以當之？故不為宗無常數之說為長。陳祥道云：虞書禮于六宗，以見太祖。周官守祧八人，以從姜嫄之宮。則虞周七廟可知矣。伊尹言七世之廟，商禮也。禮記、荀卿、穀梁皆言天子七廟，不特周制也。則自虞至周七廟，又可知矣。古之人思其人而愛其樹，尊其人數其位，則況廟乎？況施於民則祀之，以勞定國則祀之，況祖宗乎？於是禮以義起，而殷之三宗，周之文武，漢之孝文孝武，唐之神堯、文皇，其廟皆在三昭三穆之外，而歷世不毀。此所謂不遷之廟，非謂祧也。王肅嘗謂禮自上以下，降殺以兩，使天子諸侯皆親廟四，則是君臣同等，尊卑不別也。王舜、劉歆論之於漢，韓退之論之於唐，皆與肅同。蓋理之所在，無異致也。故曰父昭子穆，而有常禮數者也。祖功宗德，而無定法者義也。是以周於三昭三穆之外，而有文武之廟，魯於二昭二穆之外，而有魯公之世室。觀春秋傳襄王致文武胙於

齊桓史記稱顯王致文武胙於秦孝公是時文武周已遠矣
襄王顯王猶且祀之則其廟之不毀可知矣特鄭康成以周
禮守祧有八人小記王者立四廟則謂周制七廟文武為二
祧親廟四而已不知周公之時文武尚為近廟其所以宗之
之禮特起于後代也果所以宗之者在七廟內使繼世祖先
固有豐功盛德不下文武復在可宗之列則親廟又益殺矣
理必不然祭法曰遠廟為祧祧者兆也天子以五世六世之
祖為祧所謂有二祧也諸侯以始祖為祧所謂先君之祧也
鄭氏以祧為超去之超誤矣且既曰祧矣又以文武為不毀
之祧何耶詳觀斯說而七廟之義益明矣然周禮守祧八人
而夏官隸僕職又云掌五寢之埽除糞洒之事鄭注謂五廟
之寢也前曰廟後曰寢周天子七廟惟祧無寢易氏以鄭說
為誤成王之時七廟頗立而未備以天子之禮祀大享者五
后稷太王王季文王武王五廟五寢也易氏之言深為可信

唐中宗時，太廟亦僅有六室。周之追王，止于太王，則自太王而上皆不得登於七廟之列。及成康殁，而周始備七廟，是則執競之詩所為作也。但一詩而以二王並言，文心疑之。案周語祭公謀父曰：日祭月祀時享歲貢終王，先王之訓也。又楚語觀射父曰：古者先王日祭月享時類歲祀。韋昭曰：日祭者薦新也。日祭之典雖不見於他經，而國語兩及之，韋昭劉歆皆為推明其說，則古有此禮矣。成於昭為祖，康於昭為禰，執競之詩當是於日祭上食時歌之，故以二王並言。篇中特舉石竹金革而言，可見其大祭祀不同矣。此一說也。李文貞曰：此康王祔祭於武王之詩，言成康者，猶前祔祭成王而稱二后，並祔祖則亦告考，文德武功相等，成康功德亦相等也。況武王始受天命，其入廟之典當殊，故俟武王祔王季之廟祭詩此，又一說也。二說俱有見，並錄之。

思文　后稷配天也、

思文后稷、克配彼天。立我烝民、莫匪爾極。（極，中也）貽我來牟、帝命率育。（牟，麥；率，用也）無此疆爾界、陳常于時夏。

王魯齋曰、周公敘周之所以興、上極后稷之功德、見於生民等作、可謂至矣。於思文言后稷之實不過八字、曰立我烝民莫匪爾極、此功此德、真足以配天。何立子曰、郊祀有二、皆配以后稷。日至之月、則有迎長日之郊；孟春之月、則有祈穀于上帝之郊。思文迎長日之郊也。何以知之、于貽我來牟一語知之。冬至於二爻易生、所謂復其見天地之心也。方苞曰、立當如字。蓋烝民阻饑、則教化不得施、而無以立人之道。自后稷播種、民人率育、彝常之道乃得編陳、是所以立烝民之命、

張彥望曰、后稷配天一事、已生民述事頗詳而文直、思文頌德最簡而旨深、雅頌之體其不同如此。

而使各保其粒者，皆后稷之功也。虞書烝民乃粒，萬邦作乂。義亦如此。古傳亦作立。杜注先王立其衆民，無不得中正。

清廟之什十篇十章九十五句

絹物擇在頌
中不可多得

周頌臣工之什

臣工 諸侯助祭遣於廟也、

嗟々臣工(嗟々勅之也工官也)敬爾在公(公君也)王釐爾成来咨来茹嗟々保介維莫之春亦

又何求如何新畬(田二歳曰新三歳曰畬)於皇来牟将受厥明明昭上帝迄用康年(康楽也)命我

衆人庤乃銭鎛(庤具銭銚鎛鎒銍穫也)奄観銍艾

劉薦叟曰、棠序以為助祭遣於廟之詩、誰郷張氏申明其意

曰、先王深知孔義之本原、起於稼穡之際、故其於農事常有

先天下之政，諸侯助成王祭，其歸而戒以農事者此也。先王巡田獵，校諸侯之善惡，其慶始於土地，次田野治，其罰始於土地荒蕪，田疇不治，是故戒諸侯之事，莫急於新畬之勤勸。諸侯之賞罰莫先於田野土地之政，則亦先王之意，蓋可見矣。呂成公讀詩記引之，此一說也。朱子謂此及下篇皆戒農官之詞，此又一說也。而何玄子則以為耕耤田之詩，樂記言武王祀乎明堂而民知孝，朝覲然後諸侯知所以臣，耕藉然後諸侯知所以敬。鄭康成云：明堂朝覲，則我將、載見諸詩是已。耕。藉。農。官。詩。此詩嗟臣工，正指公卿大夫之屬，至噫嘻，則義益顯矣。此又一說也。李文貞曰：此既祈穀於上帝，配以后稷，因而頒祭農官之詩。下篇同，臣工農官之徑祀后稷，其保介，農官之副也。臣工配享先王，故曰在公。元日祈穀于上帝，莫春不遠，故曰維莫之春。此又一說也。後二說亦可從。然之莫春，孔穎達曰：夏之正月。張以寧曰：時當未至而預期之詞。其曰「及何新畬」云云，皆夏正孟春事也。蓋待建辰之月，始治新畬，始序錢鎛，不亦晚乎？將受厥明，乃將之之詞，非即時賦物之比，不可以文害詞也。錢，王錫曰：錢以起土，用於耕；鎛以去草，用於耘；銍以刈禾，用於穫。

噫嘻

春夏祈穀於上帝也。

噫嘻成王，噫歎之，嘻和之。成王，成王之事也。既昭假爾。率時農夫，播厥百穀。駿發爾私，於民田之言，上欲富其民而讓於下，欲民之大發其私。終三十里。田有終三十里，言各極其望也。服爾耕，十千維耦。

按序謂春夏祈穀於上帝，疏引月令仲夏大雩帝以祈穀實。是雩為祈穀之文，而何玄子以為此建寅之郊也。康王春祈穀，既得卜於禰宮，因戒農官也。古者一歲郊祀凡再，冬至之郊為報本也，建寅之郊為祈穀也。建寅之郊用卜，冬至之郊

不用卜者秋青卜郊皆祈穀之郊卜以辛日上辛中辛下辛
三辛卜不吉則不郊，不出建寅一月，並三卜不得，既耕之後無用郊矣
知為祈穀卜郊者，以薦中春之勸農也，又家語載孔子之言
曰天子卜郊受命於祖廟作龜於禰宮此詩作於康王之世
故噫嘻成王者作龜禰宮而告成王也，李文貞曰此祭農實
之詩也其時雩祭謂其呼嗟以祭為民請命不勝祈禱之哀此
竭誠以噫之噫嘻
恭敬哉，其以此故，

振鷺 二王之後來助祭也，

興也。振振，群飛貌。鷺，白鳥也。雝，澤也。客，二王之後。

振鷺于飛，于彼西雝。我客戾止，亦有斯容。在彼無惡，在此無斁。庶幾夙夜，以永終譽。

寫出詩心暢快

下字都極鄭重仍凡雅宜人

樂序以為二王後來助祭詩何言子則繫為成王時微子來
助祭祖廟先(射)明於澤宮周人作詩美之白為殷所尚與祀
無此此一說也李文貞謂擇奠於太學之詩今以詩詞繹之
太學在西郊故曰西雝振鷺源白之義容止如此則其中之
所存可知彼指學者也無惡猶中庸所謂內省不疚無惡於
志也此指教者無斁猶論語所謂誨人不倦也照所去之
人無斁於學也序無二句其教學二者交相勸勉之義後說
尤覺有味

豐年秋冬報也

豐大

豐年多黍多稌亦有高廩萬億及秭為酒為醴烝畀祖妣以洽百
稌稻也廩所以藏盛之穗也數萬至萬曰億數億至億曰秭
禮降福孔皆 皆遍也

三山李氏曰：豳方氏稼穡之地高燥，其穀宜黍；荊揚之地下濕，其穀宜稻。是黍利高燥，稻利下濕也。豐年之時，或高或下無所不熟。李氏曰：百礼，指凡先農田祖社方之類也。古者事於報賽者，必先家祭，而後行之。故楚茨、信南山皆言祭祀先祖之事，甫田、大田乃及方社田祖，是皆遂畀祖妣以合百礼之謂也。

有瞽

始作樂而合乎祖也。

有瞽有瞽，在周之庭。設業設虡，崇牙樹羽。應田縣鼓，鞉磬柷圉。既瞽，樂官也。業，大版也，所以飾栒為縣也。捷業如鋸齒，或曰畫之。植者為虡，橫者為栒。崇牙，上飾卷然，可以縣也。樹羽，置羽也。應，小鞞也。田，大鼓也。縣鼓，周鼓也。鞉，小鼓也。柷，木椌也。圉，楬也。備乃奏，簫管備舉。喤喤厥聲，肅雝和鳴，先祖是聽。我客戾止，永觀厥成。

王志長曰：樂聲散始備，薦之於祖以告成事，非祭祀時所奏。故篇中詳序樂工之位、樂器之設，既備乃奏，至厥成而總爲美。樂初成，先薦之祖考，而後譜之樂官，登之郊廟也。

王雪山曰：此詩始簡，今樂略備。蓋先設鐘鼓之類于庭，然後小鼓與大鼓間作，小鼓與磬亦間作，小鼓多鐘，大鼓單鐘，小鼓節新，大鼓節全，樂聲與小鼓相參爲節，以均和諧樂，大鼓統而鎮之。鼓磬既備，則簫管次用，蓋應神坐舉徽聲。大樂器則一定而不動，凡以手擊者大也；小樂器則隨歌而應發，凡以口吹者小也。皇皇厥聲，大樂器也；肅雍和鳴，小樂器也。成樂舞之節段，至舞入而樂始闋矣。故以成言之，虞有九成，周有六成。

潛

季冬薦魚，春薦鮪也。

猗與漆沮，漆沮，岐周之二水也。潛，槮也。潛有多魚。有鱣有鮪，鰷鱨鰋鯉。以享以祀，以介景福。

賈公彥云：取魚之法，歲有五。月令季冬漁師始漁，此時詩取矣，一也。季春薦鮪於寢廟，即獻大春獻王鮪，二也。鼈人秋獻王

鱉之也。王制獺祭魚然後漁人入澤梁，與孝經援神契云隕
用事，木葉落，獺祭魚，漁人漁同時，是十月取魚，四也。潛詩季冬薦魚，
與月令季冬漁人同，其也。一歲三時皆取魚，惟夏不取，
故魯宣公夏濫于泗淵，里革諫之。此詩以潛為多魚為言，謂
天寒魚多潛藏，是季冬嘗魚薦寢之事也。秦留仙曰：毛氏解
潛為糝，謂積柴水中，令魚依之止息，因而取之。鄭元錫曰：柴
而涔之，若圍而取之，是盡物之心也，
非王心，應作潛藏說為是。

雝 禘大祖也。

有來雝雝，至止肅肅。相維辟公（相助），天子穆穆。於薦廣（廣大也）牡，相予肆祀。假（假嘉）
哉皇考，綏予孝子。宣哲維人，文武維后。燕（燕安也）及皇天，克昌厥后。綏我

此詩序以為禘大祖，鄭氏謂大祖即文王，朱子從劉向說，以為武王祭文王之詩，則以皇考烈考俱指文王，而篇中有文武維后句，遂不可通。又引周禮樂師及徹，帥學士而歌徹說，其以為即此詩。論語亦曰以雍徹，然則此蓋徹祭所歌，而亦名為徹之。未若王安石以烈考指太王，皇考指武王，此詩為周公成王祭武王之詩，而未嘗推本於文。又若東萊說，可以參觀。

眉壽介以繁祉，既右烈考，亦右文母

烈考，武王也；文母，太姒也。

劉蔭蒼集序曰：禘大祖也。惠元龍曰：禘祀之說，先儒紛紛，未有定論。以禘祫為一，祖宗並陳，昭穆皆列者，王肅之說也；以后稷配嚳，不兼群廟之主者，趙匡之說也。朱文公、楊信齋皆是趙說而非王說，然細求之，二者皆不能無弊。王謂合群廟之主，則嚳宜占東向之尊，稷退居子孫之位，將以稷為昭耶？為穆耶？抑虛昭穆之位而不居耶？亦不得而知也。趙謂后稷配嚳，則嚳為禘祭樂章，歌文王而不歌后稷，不應歌其所不祭，祭其所不歌也。朱子不得其說，於是以序為悞，改為武王祭文王之詩。然則禘祀大典，周人竟無一詩及之耶？祭法：周人禘嚳而郊稷，祖文王而宗武王，此不易之大典也。大傳：禮，不王不禘，王者禘其祖之所自出，以其祖配之，此禮經之明文也。合而觀之，可以得禘之說矣。曰祖文王，則文即所謂其

劉敞曰相予肆祀肆大
祭也与書牧誓言肆祀
周礼太祝言肆享大宗
伯言以肆獻祼享先王
義同

祖也。曰禘嚳，即禘文王所自出之祖也。推文世系，上溯帝嚳，
始為受命著祥之祖，厥初生民，時維姜嫄，詩人已明言之矣。
趙氏改大傳大祖為始祖，故致詩礼互相刺謬。今且以文
王為祖，而配帝嚳所自出之祖，則詩辭礼文終此發明，而昭
穆之位亦不必疑。世雖遠矣，禘嚳則姜嫄合食，文王太姒配
食，故曰既右烈考，亦右文母也。或曰：顯既禘，何以不呼嚳而
呼文王？曰：此作詩者之旨也。成時王則除先世之功，示報雖
之不可忘也；述祖德則道子孫之賢，頌語謀之所及遠也。且
推之人情，豈有美世子孫而祖宗不欣悅者乎？是詩不及帝
嚳，所以頌帝嚳者至矣。又曰：禘以祖配，不及武王，皇考烈考
俱謂文王，而傳謂烈考為武王，誤矣。武在昭位，不宜居右，且
無文母反在武王之右之理。趙悳詩疑問，又據三礼，肆以祭
法為非，是誤之誤者也。又曰：我將維天其右之，既右享之，此
篇既右烈考，亦右文母，鄭俱釋右為助，惟朱子集傳於我將

維天者，旬謂神北東向，在饌之右，而此篇則何以從鄭說？今案
我將祀文王於明堂，明堂之祭南向，則南者上帝，東北文王
也。神道事天，所以向明；鬼道事祖，所以受生氣。故曰右者，文位
上帝之右也。既祀帝嘗於宗廟，宗廟之祭東向，東北嘗北者
文王也，穆奉向北，父世次在穆，配祖宗則不敢越其序，故亦
曰右。父位帝嘗之右也。文位右者，如從文之位而居右，陰陽
之義也。通典注婦人之主處右，賈頊禮儀亦云：右，人道皆設
於廟君之右，其是也。

載見

諸侯始見乎武王廟也。

（載，始也）載見辟王，曰求厥章（章者文章也）。龍旂陽陽，和鈴央央（和在軾前，鈴在旂上）。鞗革有鶬（言有法度也），休有烈光。率

（昭考，武王也）見昭考，以孝以享（享，獻也），以介眉壽。永言保之，思皇多祜。烈文辟公，綏以

多福俾緝熙于純嘏

鄭箋云、諸侯始見成王、成王卒之見於武王廟、使助祭也。李
迂山曰、此助祭既畢、而慰勞之詩也。作者子曰、祭後有歸俎
餞飲二禮、因作此詩
以致其頌禱之意、

有客

微子來見祖廟也。

有客有客、亦白其馬。殷尚白也、亦如周也 有萋有且、萋且敬慎貌 敦琢其旅。有客宿宿、有客信信。一宿曰宿、再宿曰信、欲縶其馬而留之 言

授之縶、以縶其馬。薄言追之、左右綏之 既有淫威、降福孔夷。淫大威則夷易也

案此詩從家語從序説、獨作者子以詩中有薄言追之、語是
微子來事而歸、王使人餞之而作、理或然也。而王雪山則謂

當指佐武王克商之功而言。牧野誓眾陳常車，周公旦把大鉞，畢公把小鉞，太顛閎夭執劍，毛叔鄭奉明水，衞康叔封布茲，召公奭贊采，師尚父牽牲，史佚策祝，既助成淫威，自當受福也。說與詩家異，姑存之以廣異聞。

武 奏大武也。

於皇武王，無競維烈。烈業也 允文文王，克開厥後，嗣武受之，勝殷遏劉，耆武迹 劉殺 耆致也定爾功。

朱子曰，周公象武王之功，為大武之樂。王雪山曰，鄭氏以嗣武嗣子武王，非也，文王開之，武王受之。文王卅七武王九十三而終，則是武王癸丑生，乙酉崩，方其觀兵孟津，已八十五，及克商已八十七，所謂耆定爾功，既老而始定功也。何言子

劉敞曰文王之舞謂之象，武王之舞謂之武。昭年象則先歌維清，是以序曰奏象舞，武則先歌武，是以序曰奏大武。曰文王之典，曰於皇武王，武詞曰於皇武王也。

樂王說詩當以字讀，与朱子說底訓殊異，而与中庸武王未受命義同，然朱子卒言。

傳爲刊正

從申培說以此篇爲大武一成之歌，而爲大武之再成，賚爲大武之三成，般爲大武之四成，時邁爲五成，桓爲六成，合六詩爲大武六成之章，引樂記所云並節以昭見義，頗未有合，無可備一解也。

臣工之什十篇十章一百六句

閔予小子之什

閔予小子　嗣王朝於廟也。

閔予小子，遭家不造，嬛嬛在疚。於乎皇考，永世克孝。念茲皇祖，陟

閔病　造為　疚病也

降庭止。維予小子，夙夜敬止。於乎皇王，繼序思不忘。

庭直也　序緒也

朱子曰：成王免喪，始朝於先王之廟，而後世遂以爲嗣王朝

廟之樂歟。

訪落　嗣王謀於廟也。

二篇節甚短而情甚長，所謂一唱三歎，有餘音者也。

方苞曰：艾如太甲之自怨自艾，蓋治與繼而義言。昭考之道悠遠，已尚未能自繼治難，叙就之自知難合，惟冀皇考在天之靈時保護而誘其衷，庶幾能濟多艱乎。

訪予落止，率時昭考。（訪，謀；落，始；時，是；率，循；悠，遠；猶，道；判，分；渙，散也。）於乎悠哉，朕未有艾。將予就之，繼猶判渙。

維予小子，未堪家多難。紹庭上下，陟降厥家。休矣皇考，以保明其身。

何玄子曰：逸周書序云：成王既即政，因嘗麥以語群臣而求助，作嘗麥。竹書亦載成王四年春正月初朝于廟，夏四月初嘗麥。嘗麥、書序合，此詩之作，當在此時也。與小毖諸之二詩，當合為一篇。

敬之

群臣進戒嗣王也

敬之敬之，天維顯思（顯，見），命不易哉。無曰高高在上，陟降厥士（士，事也），日監在茲。

維予小子（小子，嗣王也），不聰敬止。日就月將（將，行也），學有緝熙于光明（光，廣也）。佛時仔肩（佛，大也；仔肩，克也），示

我顯德行

劉蔭蒼曰上六句所以自警也下六句望群臣之助已也

小毖 嗣王求助也

予其懲而毖（毖慎也）後患莫予荓蜂自求辛螫（荓蜂摩曳也鄭云謂為譎詐誑欺不可信也）肇允彼桃蟲拚飛維鳥（桃蟲鷦也鳥之始小終大者）未

堪家多難予又集于蓼（堪任予我也我又集于蓼言辛苦也）

蘇子由曰，成王始信二叔而疑周公，既而悔其無故，曰予其懲而毖後患，以朱子曰，蜂以比二叔，桃蟲以比武庚，蘇氏曰，小毖者，謹之於小也，謹之於小，則大患無從至矣，沈荼鉶曰，訪落謹始也，所以處常，小毖，謹後也，所以處變，生公還曰，

沈鬱頓挫

閔予小子之思念文武，訪落之專請於王，敬之勉於學問以敬天，小毖懲其往事以謹患，皆有皇皇不及之意，蓋一時詩也。

春籍田而祈社稷也。

載芟

載芟載柞，其耕澤澤。（除草曰芟，除木曰柞。隰，為新也。畛，場也。主，家長也。伯，長子也。亞，仲叔也。旅，子弟也。彊，強力也。以，用也。）千耦其耘，徂隰徂畛。侯主侯伯，侯亞侯旅，侯彊侯以。有嗿其饁，（嗿，眾貌也。）盈絕仍極大雅 思媚其婦，有依其士。有略其耜，（略，利也。）俶載南畝。播厥百穀，實函斯活。驛驛其達，（達，射也。言傑苗厭然特美也。）有厭其傑。厭厭其苗，緜緜其麃。（麃，耘也。）載穫濟濟，（濟濟，難也。）有實其積，萬億及秭。為酒為醴，烝畀祖妣，以洽百禮。有飶其香，（飶，芬香也。）邦家之光。有椒其馨，（椒猶飶也。）胡考之寧。（胡，壽也。考，成也。）匪且有且，（且，此也。）匪今斯今，振古如茲。（振，自也。）

李文貞謂此下三篇皆豳頌。今從之。周禮國大蜡擊土鼓吹豳頌以息老物。蜡後則有養老之禮。故此詩並言之。壽考者國之瑞。故曰邦家之光。言其養而安之也。振古如茲，言自后稷以來如此也。即豳雅自首何為自古有年之意

秋報社稷也。

良耜

略略點筆便古神

畟畟畟畟猶測測也良耜，俶載南畝。播厥百穀，實函斯活。或來瞻女，載筐及筥，其笠所以禦暑雨也趙刺也饟伊黍。其笠伊糾，其鎛斯趙，以薅荼蓼蓼水草也。荼蓼朽止，黍稷茂止。穫之挃挃挃挃穫聲也，積之栗栗栗栗衆多也。其崇如墉墉城也，其比如櫛。以開百室。百室盈止，婦子寧黃牛黑脣曰犉社稷之牛角尺止。殺時犉牡，有捄其角。以似以續，續嗣前歲續往事也古之人

傳説彙纂曰：報時特牲，則天子用太牢之禮也。其為報社稷無疑。曰：後世之人，則亦非宗廟之祭可知。此詩與載芟、良耜一祈一報，理亦當然。弟子曰：荷觀思文、臣工、噫嘻、載芟、良耜，即所謂豳頌者，亦未可與是否也。嚴華谷曰：先農、始教造田者，是人鬼；社是土示，龢所不同。陳用之謂社自社、先農自先農，極是。

絲衣　繹賓尸也。高子曰：靈星之尸也。

絲衣祭服也紑潔鮮見貌俅俅恭順貌基門塾之基自羊徂牛言先小後大也大鼎謂之鼐小鼎謂之鼒

絲衣其紑，載弁俅俅。自堂徂基，自羊徂牛，鼐鼎及鼒。兕觥其觩，旨酒思柔。不吳不敖，胡考之休。

吳譁也考成也

李文貞曰：蜡祭，擊土鼓，吹豳頌，以息老物。於是因亦養老焉。此則養老之詩也。絲衣爵弁，士之祭服也。何玄子曰：李云繹

賓尸，又引高子言靈星之尸，靈星者農祥也。東方蒼龍七宿
房心，並有農祥之稱。周語虢文公曰：農祥晨正，土乃脈發。韋
昭以為房星也。又伶州鳩曰：昔武王伐殷，月在天駟。月之所
在，辰馬農祥也，我太祖后稷之所經緯也。晉語董因曰：大火
閼伯之星也，是謂大辰。辰以成善，后稷是相。韋昭謂心星所
在大辰之次為天駟，駟馬也，故曰辰馬。辰為農祥，周先后稷
之所以成善道，成農事也。合前二說，則房心皆為農祥，亦以
二星相近故也。應劭引賈逵說以為龍第三星有天田，心為
靈星，故以壬辰日祀靈星於東南。張晏、范蔚宗亦以龍星左
角為天田，官主穀，祀用壬辰位祠之，壬為水，辰為龍，從其類
也。考星經，天田二星在角北，故服虔亦以靈星為角星。又有
天田九星在牛東南，非此天田也。逸周書作雒篇云：周公作
大邑成周于土中，乃設郊兆于南郊，以祀上帝，配以后稷，日
月農星，先王皆與食。是則農星有祭，自周公時已然，以周

家農事開基，而此星獨主農祥，故特著之祀典，不與凡星同。
所祀后稷之所經緯也。杜佑《通典》載周制仲秋之月祭靈星
于國之東南。王充《論衡》亦云：今靈星秋雩也。而漢舊儀列祀
古時歲再祭靈星，春秋用大牢。古禮無文，莫知是否。要此
孟冬蜡祭時事，以古蜡祭之禮用皮弁素服，他祭不然故也。
《月令》孟冬之月，天子乃祈來年于天宗，與祭八蜡、祠大社門
閭同時而舉，即此祭也。靈星之為天宗何也？《祭法》曰：幽宗，祭
星也。是星有宗，名靈。書禋于六宗，賈逵說天宗日月星，地宗
河海岱，而日月及他星皆無關農事，只晨見之時，當歲功之
始，而獨主穀者，惟靈星耳，故周特祀之。都京山曰：此祈穀之
詩。《月令》季春天子薦鞠衣于先帝，先帝大昊，木德之君，司蠶之
桑者，薦衣祈蠶也。靈星龍星，即房星，東方蒼龍之宿，蠶為龍
精，尸以象之。蠶為絲，故衣絲也。夫農桑國之本，農桑之詩多
矣，蠶絲惟此篇，故刪詩特存云。以上皆劉蘊蒼述。

酌 告成大武也、言能酌先祖之道、以養天下民也、

於鑠王師（鑠美遵率養取晦昧也）遵養時晦時純熙矣是用大介我龍受之蹻蹻王之造（龍和也蹻蹻武貌造為也）

載用有嗣實維爾公允師（公事也）

嚴滄浪曰、內則十三舞勺、說者謂即此詩為節而舞、夫勺成王之舞也、酌即為勺者、蓋成王之事、而詩言武王用兵、序云告成大武、則非勺舞明甚、何玄子曰、是為大武之再成、象武王滅商之事、亦名武宿夜、然氏云、此即大武之樂也、今案遵養時晦、即宿夜之謂也、至純熙而大介、則甲子昧爽之義也、方苞曰、武王時諸侯皆曰紂可伐、而遵之十有三年、必不得已而大介、則酌於時義審矣、蓋兵以行險而毒民、非聖人不能酌之至當也、

桓講武類禡也。桓武志也

綏萬邦屢豐年天命匪解桓桓武王保有厥士（士事也）于以四方克定厥

家於昭于天皇以間之（間代也）

案春秋傳以此篇為大武之六章，則今之篇次蓋已失其舊矣。篇內有武王之謚，則說為武王時作者誤矣。序以為講武類禡，豈後人取其義而用之於其事歟

賚大封於廟也。賚予也，言所以錫予善人也。朱子曰春秋傳以此為大武之三章，而序以為大封于廟之詩（勤勞塵勞繹陳也）

文王既勤止我應受之敷時繹思我徂維求定時周之命於繹思

徐幹中論云，先王將建諸侯而錫爵祿也，必于清廟之中陳

金石之樂，宗人擯相，內史作策也。案所繹思字最重繹思如

王平山曰大軍之後，必有凶年，桓武志也，而曰綏萬邦屢豐年，則其為武志也異乎人矣。天命匪解，有武王匪解天命亦匪解也，士既選之士也，能保而後能有天下，以四海為家，四方安而後厥家定也

方苞曰天生民而立之君，使司牧民之責，自文王既勤民，則我周應受天命，求眾數因以是繹思則知我之徂征惟以

朱氏之究而天以是命
周更無可推讓也來
又歎息而供之繹思其
義意與手書方相
表裏篇中絕無賚
及大封之意疑始革
殷命撥財發粟興
滅繼絕時諸論曾
及於此故以為大賚
之樂章而名之曰
賚說經者又推論
以為大賚耳

繹思文王之德也。朱一齋曰：工言敷時繹思，明以布其所繹思於天下人也；下言於繹思，於其存此乃繹思於子己也。敷時繹思，周所以求天下之安定，而於繹思，則又欲其共保安定於德久也。

巡守而祀四嶽河海也。

般

廣搜中曰名篇曰般取盤旋之義巡守而徧四岳所經盤旋也

於皇時周，陟其高山，墮山喬嶽（高山四嶽也，墮山山之墮墮小者也，翕合也），允猶翕河。敷天之下，裒時之對（裒聚也），時周之命。

王平仲曰：配對也，如帝作邦作對之對。古者五嶽視三公，四瀆視諸侯，其餘山川視伯子男，是帝於天之對，諸方群后於墮山喬嶽翕河之對也。裒聚四方群后而宣揚周家之新命，以行慶讓之典，必無愧於山嶽翕河之對於，而後可無愧于周之命，故曰裒時之對，時周之命。集篇名般，朱子以爲未詳。
都京山曰：天子巡守，案節徐行，故謂之般。又酌、桓、賚、般四篇，
李文貞以爲東都文武廟之詩，蓋因周公營雒而有朝會，然
享之詩，故後人不忘其志，猶之居東之詩之附豳風者耳。
東都之雅附於豳雅，故東都之頌附于豳頌，其義一也。詳
見詩所，鄭云：河言翕者，河自大陸之北敷爲九，祭者合爲一。
戴溪曰：祭先河而後海，故以河爲主。

閔予小子之什十一篇十一章百三七十句

魯頌

駉之什

駉頌僖公也。僖公能遵伯禽之法，儉以足用，寬以愛民，務農重穀，

駉牧于坰野，魯人尊之，於是季孫行父請命于周，而史克作是頌。

駉駉，良馬腹幹肥張也。坰，遠野也。邑外曰郊，郊外曰野，野外曰林，林外曰坰。牧之坰野則駉駉然。驪馬白跨曰驈，黃白曰皇，純黑曰驪，黃騂曰黃。

駉駉牡馬，在坰之野。薄言駉者，有驈有皇，有驪有黃，以車彭彭。思

黃騂是六閑馬，四種有良馬，有戎馬，有田馬，有駑馬。彭彭，有力有容也。

無疆，思馬斯臧。駉駉牡馬，在坰之野。薄言駉者，有騅有駓，有騂

蒼白雜毛曰騅，黃白雜毛曰駓，赤黃曰騂

有騏，以車伾伾。

蒼騏曰騏。伾伾，有力也。

思無期，思馬斯才。

才，多材也。

駉駉牡馬，在坰之野。薄言駉

青驪驎曰驒，白馬黑鬣曰駱，赤身黑鬣曰騮，黑身白鬣曰雒。繹繹，善走也

有驒有駱，有騮有雒，以車繹繹。思無斁，思馬斯作。駉駉牡馬，

在坰之野。薄言駉者，有駰有騢，有驔有魚，以車祛祛。思無邪，思馬

陰白雜毛曰駰，彤白雜毛曰騢，豪骭曰驔，二目白曰魚。祛祛，彊健也

斯徂。

疏：禮校人六閑，馬四種：有良馬，有戎馬，有田馬，有駑馬。首章言良馬，相祀所乘，故云彭彭，見其有力有容。二章言戎馬，齊力尚強，故云伾伾，見其有力。三章言田馬，田獵齊足尚疾，故云繹繹，見其善走。卒章言駑馬，主給雜使，貴肥壯，故云祛祛，見其強健也。崇李文貞曰：邪字古多作餘字解，史記曆書為如此。思無邪句，總是言思之周盡而無餘也。觀上言無疆無期無斁，皆是言思之深的意。思邶之北風亦作餘解，但此詩從來都說是邪正之邪，故詩所亦姑依舊解，不欲破從家說

只實作經說道理學問至世事人情，皆有接承來畫，嘉惜詩家之事物曲折情偽變幻無有遺餘，故曰思無邪也。存之

頌僖公君臣之有道也。

有駜

有駜有駜，駜彼乘黃。（駜，馬肥彊兒。馬肥彊則能升高進遠，臣彊力則能安國）夙夜在公，在公明明。振振鷺，鷺于下。（振振，群飛兒。鷺，白鳥也，以興絜白之士。咽咽，鼓節）鼓咽咽，醉言舞。于胥樂兮。也

有駜有駜，駜彼乘牡。夙夜在公，在公飲酒。（言臣有餘敬而君有餘惠）振振鷺，鷺于飛。鼓咽咽，醉言歸。于胥樂兮。

有駜有駜，駜彼乘駽。（青驪曰駽）夙夜在公，在公載燕。自今以始，歲其有。（豐年也）君子有穀，詒孫子。于胥樂兮。

朱子曰：此燕飲而頌禱之詞。何玄子以此詩為僖公大飲烝之作，以十月農事畢，僖侯與群臣燕飲於太學，以詩言振鷺

王雪山曰：燕飲多福祿之頌，此獨言豐年。春秋自莊閔至僖十餘年間，書大水、無麥禾、有蜚、不雨者屢矣，此詩當是此數年以後作也。

与周頌同盖亦太平中所見以起興也言之有理

泮水 頌僖公能修泮宫也

泮水泮宫之水也天子辟廱諸侯泮宫言水則采取其芹宫則采取其化 戾来止也言觀其旂言法則其文章也茷茷言有法度

思樂泮水薄采其芹魯侯戾止言觀其旂其旂茷茷鸞聲噦噦無

噦噦言其聲也

小無大從公于邁 思樂泮水薄采其藻魯侯戾止其馬蹻蹻其

言强盛也

色温潤也

馬蹻蹻其音昭昭載色載笑匪怒伊教 思樂泮水薄采其茆魯

茆鳬葵也

屈收醜衆也

侯戾止在泮飲酒既飲旨酒永錫難老順彼長道屈此群醜 穆

假至也

穆魯侯敬明其德敬慎威儀維民之則允文允武昭假烈祖靡有

難老二字在焉

不孝自求伊祜 明明魯侯克明其德既作泮宮淮夷攸服矯矯

虎臣在泮獻馘淑問如皋陶在泮獻囚（囚拘也） 濟濟多士克廣德心桓

桓于征（桓桓威武皃）狄彼東南烝烝皇皇（烝烝厚也皇皇美也）不吳不揚（揚傷也）不告于訩在泮獻功 角

弓其觩束矢其搜（觩弛皃五十矢為束搜衆意也）戎車孔博徒御無斁既克淮夷孔淑不逆（博）式固

爾猶淮夷卒獲 翩彼飛鴞（翩飛皃 鴞惡聲之鳥也）集于泮林食我桑黮（黮桑實也）懷我好音憬彼（憬遠行皃）

淮夷來獻其琛（琛寶也元龜尺二寸賂遺也南謂荊揚也）元龜象齒大賂南金

結語似雅體

朱子曰、此飲于泮宮而頌禱之詞、鄭氏泉曰、此詩見僖公建

學育才、固足稱頌者、而魯人欲其修德服遠、蓋亦寓規戒之

言。秦蕙田曰：魯立四學，其中爲泮宮，北曰米廩，東曰序，西曰瞽宗，不立成均者，避天子也。四學皆在國中，故水經注云：靈光殿之東南即泮宮也。

閟宮　頌僖公能復周公之宇也。朱傳曰：周成王賜周公以天子禮樂，故魯以夏正孟春郊祀上帝，配以后稷，先妣孔奕，魯人據其實而頌之，夫子因其甚而存之，亦春秋據事直書美惡自見之意也。

閟宮有侐，閟，閉也。先妣姜嫄之廟在周，常閉而無事。孟仲子曰：是禖宮也。侐，清淨也。實實枚枚。實實，廣大也。枚枚，礱密也。赫赫姜嫄，其德不回。上帝是依，上帝是依，依其子孫也。無災無害。彌月不遲，是生后稷。降之百福。黍稷重穋，稙穉菽麥。先種曰稙，後種曰穉。奄有下國，俾民稼穡。有稷有黍，有稻有秬。奄有下土，纘禹之緒。緒，業也。后稷之孫，實維大王。居岐之陽，實始翦商。翦，齊也。至于文武，纘大王之緒。致天之屆，于牧

此詩作法極流麗中後折衝疊後人叙事處甚数之能彷彿其一二者

之野無貳無虞上帝臨女敦商之旅克咸厥功王曰叔父建爾元

虞誤也　元首　王成王也

子俾侯于魯大啟爾宇為周室輔乃命魯公俾侯于東錫之山

宇居也

川土田附庸周公之孫莊公之子龍旂承祀六轡耳耳春秋匪解

謂僖公也　耳耳然至盛也

享祀不忒皇皇后帝皇祖后稷享以騂犧是饗是宜降福既多周

公皇祖亦其福女秋而載嘗夏而楅衡白牡騂剛犧尊將將毛

諸侯夏禘則不礿秋祫則不嘗惟天子兼之楅衡設牛角以楅之也白牡周公牲也騂剛魯公牲也犧尊有沙飾也毛炰豚也胾肉也羹大羹鉶羹也大房半體之俎也洋洋眾多也

炰胾羹籩豆大房萬舞洋洋孝孫有慶俾爾熾而昌俾爾壽而臧

震動也騰乘也　壽考也

保彼東方魯邦是常不虧不崩不震不騰三壽作朋如岡如陵

宋宗元曰魯用天子禮樂程子論固嚴正要以張子成王意不敢臣周公故以二王之後待魯之說為平允蓋成王之賜在周公沒後生時未嘗用之也周公大聖實百世師表成王尊師崇聖之心特加隆于身後以彰其德此豈不為善乎孔子亦取之今得

用天子禮樂成王以為宜則成王之賜不當非禮而伯禽為君命而受之亦不為過也惟後世循及於群廟且魯君亦僭用之是乃僭越耳且所謂天子禮樂者不過如舞用八佾籩用十二之類非許其郊天大禘直齊于天子也孔子歎周公其衰亦專指魯之郊禘言之可知成王所賜者為於周公之典禮哀也哉者蓋謂成王初未嘗賜乃魯人之僭越而非實事則未免臆度也

公車千乘朱英綠縢二矛重弓（大國之賦千乘　朱英矛飾也　縢繩也　重弓重於鬯中也）公徒三萬貝冑朱綅烝徒增ㄥ（貝冑貝飾也　朱綅以朱綅綴之　增增眾也）戎狄是膺荊舒是懲（膺當　懲止也）則莫我敢承俾爾昌而熾俾爾壽而富黃髮台背壽胥與試俾爾昌而大俾爾耆而艾萬有千歲眉壽無有害

泰山巖ㄥ魯邦所詹（詹至也）奄有龜蒙遂荒大東至于海邦（龜山也　蒙山也　荒有之）淮夷來同莫不率從魯侯之功

保有鳧繹遂荒徐宅至于海邦淮夷蠻貊及彼南夷莫不率從莫敢不諾魯侯是若（鳧山也　繹山也　宅居也　淮夷蠻貊而夷行也　南夷荊楚也　若順也）

天錫公純嘏眉壽保魯居常與許（常許魯南鄙西鄙）復周公之宇魯侯燕喜令妻壽母宜大夫庶士邦國是

徂來山也新甫山也八尺曰尋

有既多受祉黃髮兒齒　徂來之松新甫之柏是斷是度是尋是

桷榱也舄大貌路寢正寢也新廟閔公廟也有大夫公子奚斯者作是廟也

尺松桷有舄路寢孔碩新廟奕奕奚斯所作孔曼且碩萬民是若

惠氏周易曰
案通考謂明堂位首言命魯世祀周公以天子之禮樂又云
季夏六月以禘禮祀周公于太廟牲用白牡云云即此二言
觀之可見當時此詩如郊禘之祀未嘗諱，如遂作郊禘之
祀後乃至于禘嘗郊禮祀天配祖一一僭用天子之制故言同之

駉四篇二十三章二百四十三句

王安石曰周頌之詞約約所以為嚴
盛德故也魯頌之詞侈侈所以為夸
徒不足好也

何元子曰魯之郊祀與大嘗禘不知始于何時李氏之為禮運說魯不當郊禘如明堂位祭
統說以為魯者郊禘世異同如此時者從禮運之說也楊慎云成王命君陳奉之以遵周
公之獻訓獻祀之大無大於上下之分豈其命伯禽而首廢之歟且桓王之世京不極矣猶不
許魯以之請隧而謂成王於此棄王乎僖以魯之僭禮何始也曰著在春秋與魯頌

三百五篇中以一百二十句成篇者僅見於此

春秋桓五年書大雩雩之僭自桓公始閔二年書禘于莊公禘之僭自閔始也僖三十一年書四卜郊郊之僭始於僖也魯頌閟宮言周公之孫莊公之子以及于皇皇后帝皇祖后稷蓋魯自伯禽而下十有八世自僖公始有郊祀而詩人頌之則其不出於成王之賜益明矣

商頌之篇
宋之大夫人
記宋襄公時
所作甚不信也

商頌　顏炎武曰商頌何以在魯頌之後吳仲庶云太師所職者當代之詩也商為先代故次之周魯之後張子曰商頌之詞粹

那之什

那祀成湯也微子至于戴公其間礼樂廢壞有正考甫者得商頌十二篇於周之大師以那為首鄭云至孔子時又亡七篇

猗歟那歟置我鞉鼓（猗歎詞那多也鞉鼓樂之所成也夏后氏足鼓殷人置鼓周人縣鼓）奏鼓簡簡衎我烈祖（衎樂也烈祖湯有功烈之祖也假大也）湯孫奏假綏我思成鞉鼓淵淵嘒嘒管聲（嘒嘒然和也平正平也依倚也磬聲之清者也以象萬物之成周尚臭殷尚聲）既和且平依我磬聲於赫湯孫穆穆厥聲（於赫湯孫盛矣湯為人子孫之大德）庸鼓有斁萬舞有奕（曰庸斁斁然盛也奕奕然閑也）我有嘉客亦不夷懌（夷悅也先王稱之曰在古古曰在昔昔曰先民有作有所作也恪敬也）自古在昔先民有作溫恭朝

張氏曰湯為創業之始祖故後世率稱湯孫經周之言文子文孫耳

劉瑾曰頌詩所以美盛德告成功而協自歌工之口以導達主祭者之意故歌工自己身而指主祭者則曰爾自先祖之身而指主祭者則曰湯孫自主祭者之身而言則曰我曰予至言孫孫所指之人則一周頌斷

夕執事有恪顧予烝嘗湯孫之將

李文貞曰將升歌多之言未迎牲而先奏樂以安神商人之禮也

烈祖 祀中宗也

嗟嗟烈祖有秩斯祜申錫無疆及爾斯所既載清酤賚我思成亦（秩常也申重酤酒賚賜也）有和羹既戒既平鬷假無言時靡有爭（戒至鬷總假大也總大者言無爭也）綏我眉壽黃耉無疆約軧錯衡八鸞鶬鶬（言文德之有輝也假大也）以假以享我受命溥將自天降康豐年穰穰來假來享降福無疆顧予烝嘗湯孫之將

詩之所既稱夫子則自歌工之身指主祭者下文稱孝子之類此詩稱湯孫也其曰予曰我之類此詩之稱予我也

輔氏云、那與烈祖，皆祀成湯之樂。然那詩專言樂聲，至烈祖則及乎酒饌焉。商人尚聲，豈始作之時則歌那，既祭而後歌烈祖歟。季彭山曰、此必祭成湯而受釐降福之詩。李文貞曰、與前篇同，但此篇多說釐之詞，蓋祭畢受福送神，與周頌雝之比。

玄鳥

祀高宗也。

天命玄鳥，降而生商，宅殷土芒芒。（玄鳥鳦也春分玄鳥降湯之先祖有娀氏女簡狄配高辛氏帝帝與之祈于郊禖而生契故本其為天所命以玄鳥至而生焉）古帝命武湯，正域彼四方。方命厥后，奄有九有。（芒芒大貌　正長域有也九有九州也）商之先后，受命不殆，在武丁孫子。（武丁高宗也）武丁孫子，武王靡不勝。（勝任也）龍旂十乘，大糦是承。邦畿千里，維民所止，肇域彼四海。（畿疆也）四海來假，來假祁祁。（四方來至何任也）景員維河，殷受命咸宜，百祿是何。

元鳥者請子之候鳥也月令元鳥至是月祀高禖以祈子言者簡狄以元鳥至之月請子有娀詩人頌之曰天命曰降者尊之貴之神之也詩人興深意遠人以仲春之

月湖如生商是孝言之不失矣史記云元鳥翔水遺卵簡狄取而吞之此史公好奇之過也朱子詩傳亦承講不改何耶

王伯厚曰幅隕二字徐氏云自直言之曰幅自周圍言之曰隕曹氏云猶言廣輪也

李文貞曰、此當為時祫大廟之詩、集詩云商之先后、蓋自湯以下、凡有功德者皆羣之矣、故知其為時祫之作也、

長發大禘也、

濬哲維商長發其祥洪水芒芒禹敷下土方外大國是疆幅隕既長（濬深洪大也誕夏為外幅廣也隕均也）有娀方將帝立子生商（有娀契母也將大也契生商也）

玄王桓撥受小國是達受大國是達（玄王契也桓大撥治履禮也）率履不越遂視既發相土烈烈海外有截（相土契孫也烈烈威也）

帝命不違至于湯齊（至湯與天心齊）湯降不遲聖敬日躋昭假遲遲上帝是祇帝命式于九圍（不遲言疾也躋升也九圍九州也）

受小球大球為下國綴旒何天之休（球玉綴表旒章也）（休美也）不競不絿不剛不柔敷政優優（優優和也）百

顧炎武曰：敷奏其勇三句，苟非大受之人，驟而當天下之重任，鮮不恐懼而失其守。於此公孫丑所以有不動心之問也。

佳得跌宕，復粗獷悍。

蘇氏曰：大禘之祭所及者遠，故於中焉言先后之及卿士伊尹，蓋與於禘也。商書：茲予大享於先王，爾祖其從與享之。是亦知豈其起於商之世歟。

祿是遒（遒，聚也）。受小共大共（共，法；駿，大；厖，厚；龍，和也），為下國駿厖，何天之龍。敷奏其勇，不震不動，不戁不竦（戁、竦，懼也），百祿是總。武王載旆（武王，湯也；旆，旗也；虔，固；曷，害也），有虔秉鉞，如火烈烈，則莫我敢曷。苞有三蘗（苞，本；蘗，餘也），莫遂莫達，九有有截（有之中國於有，韋顧國於有，昆吾國名），韋顧既伐，昆吾夏桀。昔在中葉（葉，世也），有震且業（業，危也），允也天子，降予卿士，實維阿衡（阿衡，伊尹也；左右，助之），實左右商王。

序以此為大禘之詩。今案大禘不及群廟之主，此宜為禘祭之詩。李文貞曰：與前篇同。彼時祫，此其大祫歟。劉彥參集何玄子程禘有三：一時禘，春祠夏禘秋嘗冬烝，周改夏禘曰礿，而時禘之名廢。一吉禘，免喪即吉，陞新入廟之主於大廟。一大禘，不王不禘，禘其祖之所自出，以其祖配之。漢儒皆云大禘合祭群廟，程子、胡致堂從之。趙伯循、楊信齋泥大傳以其祖配一，注，謂禘祭推始祖所自出，配惟始祖一人，不及群廟。朱子因此說長發歷言商先后，宜為祫祭，然彥大傳以其祖配之，下云：諸侯及其大祖，大夫士有大事省于其君，干祫及其高祖。馬端臨謂只一祭，天子謂之禘，諸侯不得言禘而止大祖，大夫士不得言祫，請于君而祫其高祖，其是合祭祖宗，以昭穆之分，所及有遠近，而異其名。是何氏據馬氏之說以禘祫為一也。然五年而再殷祭，一禘一祫，鄭氏彥之已悉。故有謂祫大禘小，有謂禘大祫小者，迄莫定論，要不得合而為一云。

何元子曰：竹書紀：桀二十八年，昆吾氏伐商，會諸侯于景亳，遂征韋，商師取韋，遂征顧。二十九年，商師取顧。三十年，商師征昆吾。三十一年，商自陑征夏邑，克昆吾，大雷雨，戰于鳴條，夏師敗績，桀出奔三朡，商師征三朡，戰于郕，獲桀于焦門，放之于南巢。

殷武

祀高宗也。朱子同

撻彼殷武，撻，疾意也。殷武，殷王武丁也。奮伐荊楚。荊楚，荊州之楚國也。罙入其阻，罙，深。裒，聚也。裒荊之旅，有截其所，湯孫之緒。

劉永楷曰：元鳥之篇有武丁孫子，證明此及上長發二篇，皆當為殷高宗而作。

維女荊楚，居國南鄉。鄉，所也。昔有成湯，自彼氐羌，莫敢不來享，莫敢不來

王曰商是常　天命多辟，設都于禹之績。歲事來辟，勿予禍適，稼

辟君適過也

穡匪解。天命降監，下民有嚴。不僭不濫，不敢怠遑。命于下國，封

嚴敬也不僭不濫賞不僭刑不濫也

建厥福。商邑翼翼，京師也 四方之極。赫赫厥聲，濯濯厥靈。壽考且寧，以

保我後生。陟彼景山，松柏丸丸。是斷是遷，方斵是虔。松桷有梴，

丸丸易直也遷徙虔敬也梴長皃旅陳也寢路寢也

旅楹有閑，寢成孔安。

李文貞云：朱傳曰：此蓋爲百世不遷之廟，不在三昭三穆之數，既成，始祔而祭之之詩也。

那五篇十六章百五十四句　光緒丁亥七月一日書　七月二十一日校正

高宗恩適好學，兼有文德武功，尤留心祭祀之事，故書稱嘉請殷，郭其弭又為宗而世祭之頌後殷，武以為商之賢君，於此究矣。

那疏曰：此五魯頌新廟異，魯史新此始作也。

自在靈不可及

蘇氏曰：商詩駿發而嚴厲，殷後商人之風於此，故其後世有以自振於衰微。

班孟堅曰殷周之雅頌上本有娀姜嫄契稷公劉古公太伯王季姜女太姒太姒之德乃及成湯文武之德武丁成康宣王中興下及汾衛周召太公申伯召虎仲山甫之屬君臣男女有功德者靡不褒揚功德既盛美矣褒揚之聲盈於天地之間是以芳名著於當世遺譽垂於無窮也

圖書在版編目（CIP）數據

福建文獻集成續編. 經部. 第一輯：10册/吴格主編. --福州：福建人民出版社，2024.12. --（八閩文庫）. --ISBN 978-7-211-09684-8

Ⅰ. K295.7

中國國家版本館CIP數據核字第2025V6F885號

福建文獻集成續編·經部（第一輯）

主　　編：吴　格
責任編輯：連天雄
助理編輯：陳慧子
裝幀設計：張志偉
美術編輯：陳培亮
出版發行：福建人民出版社
電　　話：0591-87533169（發行部）
網　　址：http://www.fjpph.com
電子郵箱：fjpph7221@126.com
地　　址：福建省福州市東水路76號
郵政編碼：350001
經　　銷：福建新華發行（集團）有限責任公司
印刷裝訂：雅昌文化（集團）有限公司
地　　址：深圳市南山區深雲路19號
開　　本：787毫米×1092毫米　1/16
印　　張：365.5
版　　次：2024年12月第1版第1次印刷
書　　號：ISBN 978-7-211-09684-8
定　　價：5000.00元（全10册）